# DICTIONNAIRE
DE
# GÉOGRAPHIE
## SACRÉE ET ECCLÉSIASTIQUE,

**CONTENANT :**

LE DICTIONNAIRE GÉOGRAPHIQUE DE LA BIBLE, PAR BARBIÉ DU BOCAGE ;

UNE INTRODUCTION A LA GÉOGRAPHIE CHRÉTIENNE DEPUIS LA PRÉDICATION DE L'ÉVANGILE ; UN APERÇU DES PROBLÈMES DE LA GÉOGRAPHIE PHYSIQUE ; UNE STATISTIQUE DES PEUPLES ET DES VILLES DE LA GÉOGRAPHIE ANTÉRIEURE A L'AN 500 ; UN VOCABULAIRE DES NOMS LATINS ; UN TABLEAU COMPLET DES PATRIARCATS, DES MÉTROPOLES ET DES ÉVÊCHÉS DU MONDE CHRÉTIEN, DEPUIS LES PREMIERS SIÈCLES JUSQU'EN 1848 ; LA DESCRIPTION DES DIVERSES CONTRÉES, DES MONTAGNES, DES PRINCIPAUX FLEUVES DU GLOBE, DES VILLES PATRIARCALES, MÉTROPOLITAINES, ÉPISCOPALES, DES GRANDES ABBAYES, DES LOCALITÉS REMARQUABLES PAR LES CONCILES QUI S'Y TINRENT, DES MONUMENTS OU DES SOUVENIRS RELIGIEUX, AINSI QUE DES VILLES CÉLÈBRES DE L'ISLAMISME ET DE L'IDOLATRIE ; UN RÉSUMÉ DES MISSIONS CATHOLIQUES, DES DIFFÉRENTES MISSIONS PROTESTANTES, DE LA GÉOGRAPHIE MUSULMANE ET IDOLATRE ; UNE EXPOSITION DES TRAVAUX ET DES OPINIONS DES ANTHROPOLOGISTES MODERNES ; UN ESSAI SUR LA PHILOSOPHIE DE LA GÉOGRAPHIE ET UNE BIBLIOGRAPHIE GÉOGRAPHIQUE ;

## PAR M. BENOIST,

Auteur d'une Traduction des OEuvres choisies de saint Jérôme, d'un Essai sur sa vie et sur son siècle, d'une Vie de S. S. Pie IX.

Publié par M. l'abbé Migne,
ÉDITEUR DE LA BIBLIOTHÈQUE UNIVERSELLE DU CLERGÉ.

## TOME PREMIER.

3 VOL. PRIX : 24 FRANCS.

CHEZ L'ÉDITEUR,
AUX ATELIERS CATHOLIQUES DU PETIT-MONTROUGE,
BARRIÈRE D'ENFER DE PARIS.

1848

Imprimerie de MIGNE, au Petit-Montrouge.

# AVERTISSEMENT DE L'AUTEUR

## SUR LE BUT ET LE PLAN DE CET OUVRAGE,

AINSI QUE SUR LES DIVISIONS DU PREMIER VOLUME EN PARTICULIER.

C'est une tâche immense de réunir dans un ensemble les Eglises des contrées diverses avec les lieux mémorables qu'elles renferment et les peuples qui les ont habités ou qui les habitent encore, si l'on considère la multiplicité des détails, et si l'on réfléchit sur la nature des matières que nous devons traiter, et qui sont dispersées avec confusion dans de volumineux ouvrages chez les anciens comme chez les modernes. A la considération de ces difficultés, ajoutons que la science géographique n'est pas ce qu'elle pourrait et devrait être. La géographie n'est-elle pas la sœur et l'émule de l'histoire? Si l'une règne sur tous les siècles, l'autre n'embrasse-t-elle pas tous les lieux? Si l'une a le pouvoir de ressusciter les générations passées, l'autre ne saurait-elle fixer, dans une image immobile, les tableaux mouvants de l'histoire, en retraçant à la pensée ce théâtre intéressant de nos courtes misères, cette vaste scène, jonchée des débris de tant d'empires, et la Providence toujours occupée à réparer par ses bienfaits les ravages de nos discordes? Et cette description du globe n'est-elle pas intimement liée à la connaissance du christianisme, à l'étude des institutions et des vicissitudes de l'Eglise? n'offre-t-elle pas à plusieurs des sciences ecclésiastiques des renseignements précieux, un complément nécessaire? Les études géographiques recèlent d'ailleurs pour les esprits religieux plus d'un genre d'intérêt. C'est d'abord un devoir de reconnaissance qui nous invite à visiter, au moins par la pensée, la magnifique habitation que Dieu nous a faite. Et puis il y a sans doute un spectacle instructif dans cette savante disposition des montagnes et des fleuves, les unes comme autant de barrières, les autres comme autant de routes, pour séparer tour à tour et rapprocher les peuples; dans cette inégale distribution des trésors de la nature sous des climats divers, afin de multiplier entre leurs habitants les différences et les rapports; dans cet ensemble merveilleux, en un mot, où l'on peut lire écrit d'avance, en caractères ineffaçables, le dessein providentiel qui devait présider aux grands événements de l'histoire. Mais surtout si l'on contemple la terre comme la conquête de la force et de l'intelligence humaines, comme le champ fécondé par la sueur des fils d'Adam, on suivra avec une fraternelle curiosité la trace de leurs labeurs, on comptera sans se lasser les déserts que défricha leur industrie, les cités qu'ils élevèrent, les champs de bataille semés de leurs os. Mais il y a plus encore: quelle que soit la région lointaine dont nous ayons à considérer le tableau, nous devons éprouver quelque chose de l'émotion qui nous saisirait à la lecture d'un récit de la Terre-Sainte; car toujours nous y retrouverons le souvenir de la passion du Sauveur, renouvelée en la personne des martyrs.

Sans doute il eût fallu de longues années de loisir pour donner à un semblable livre toute la perfection désirable. Mais cependant le Dictionnaire que nous offrons au clergé répondra, nous l'espérons, aux vœux des personnes qui se plaignent de manquer absolument d'un ouvrage dans lequel on puisse apprendre la géographie ecclésiastique depuis dix-huit siècles. Le P. Charles de Saint-Paul, auteur de la *Géographie ecclésiastique* des six premiers siècles de l'Eglise, en un vol. in-folio, déclare qu'il a consacré une partie de sa vie à la composition de cet ouvrage: ce qui n'a pas empêché le savant Holstenius d'y relever dans ses notes des inexactitudes et des erreurs. L'abbé de Commanville, auteur de la *Géographie* seulement des archevêchés et des évêchés du monde chrétien, écrivait à M. de Novion, évêque d'Evreux, que les recherches et la rédaction de l'ouvrage l'avaient occupé pendant vingt ans. L'infatigable auteur de l'*Oriens Christianus*, en trois gros vol., le P. Lequien, dominicain aussi laborieux qu'instruit, avait travaillé toute sa vie à cet important ouvrage.

Il ne faut pas s'en étonner. Une Géographie exacte et complète du christianisme, depuis la dispersion des apôtres jusqu'à nos jours, est un livre hérissé de difficultés, qui proviennent en partie des variations dans les noms des villes et des provinces, et en partie des révolutions politiques. Ainsi il y a des villes épiscopales qui ont trois ou quatre noms, et qui sont désignées dans les notices, dans les auteurs, dans les actes des conciles du temps, tantôt sous un nom, tantôt sous un autre. Arras s'appelle *Origiacum, Nemetacum, Atrebates, Atrebati*; Belley, *Civitas Equestrium, Noviodunum, Beltica, Bellicium*; Lescar, ancienne ville épiscopale dont le siège a été supprimé par le concordat de 1801, *Civitas Benarnensium, Benarnum, Bencarnus, Lascura*. Et combien d'autres pourrions-nous citer encore?

Les provinces de l'empire romain éprouvèrent également des variations nombreuses dans leurs désignations spéciales. Prenons l'Espagne pour exemple. Les Romains la divisaient en *Citérieure* (la partie qui se rapprochait le plus de Rome) et en *Ultérieure* (ou la partie la plus éloignée). L'empereur Auguste divisa l'Espagne en trois grandes provinces, la Lusitanie, la Bétique et la Tarraconaise. Les dénominations de ces deux divisions se conservèrent en même temps; et ce qui vint augmenter la confusion, c'est que, dans le IVe siècle, les empereurs firent une nouvelle division en cinq provinces, Balearica, Tarraconaise, Carthaginense, Gallæcia et Lusitania. Lors de la domination des Goths et des Vandales, on conserva ces mêmes divisions; seulement la confusion devint encore plus grande, à cause des nouvelles dénominations mises en usage par les barbares. Dans les nouveaux États chrétiens qui s'élevèrent, au moyen âge, sur les ruines de la puissance des Maures, on introduisit d'autres appellations géographiques plus ou moins différentes des anciennes, et qui amenèrent de nouvelles complications pour l'étude de la géographie du pays.

Nous avons encore une observation à faire. A l'exception des archevêchés et des évêchés créés par des bulles expresses des papes dans les siècles postérieurs, presque tous les autres ont une origine fort inconnue et fort incertaine. Il y a dans chaque église une sorte de tradition qui a conservé la mémoire des premiers apôtres et des premiers évêques; mais il y a peu ou presque point d'églises auxquelles cette tradition apprenne le temps précisément où ils ont paru. Chaque ville a tâché de faire remonter son épiscopat jusqu'aux temps apostoliques. Il en est sans doute qui ont raison, quoiqu'elles ne puissent pas en administrer la preuve, mais il y en a bien aussi qui se trompent. On n'a presque rien sur l'établissement des archevêchés et des évêchés qui étaient dans les trois premiers siècles, parce qu'on a perdu les monuments qui pouvaient nous en instruire. On n'a guère plus de renseignements sur ceux qui ont commencé dans les siècles suivants; et l'on voit tout à coup paraître les évêques d'une ville dans un auteur ou dans un concile, sans qu'on nous dise s'il y en avait eu sur leur siége qui les y eussent précédés.

La grande migration des barbares renverse tout l'édifice de l'ancienne géographie; c'est en périssant que les Grecs et les Romains apprennent combien le monde était plus étendu que leurs systèmes ne le faisaient paraître: peu à peu ce chaos se débrouille, et, avec une nouvelle Europe, naissent les éléments d'une géographie nouvelle. Ces éléments surgissent en partie des missions des VIIe, VIIIe et IXe siècles. L'esprit des voyages se réveille; il conduit les Arabes aux Moluques, les Scandinaves en Amérique, mais inutilement pour la science géographique, qui n'est point là pour recueillir le fruit de ces courses audacieuses. Les pèlerinages et les croisades apportent de nouveaux éléments à la géographie; et les Italiens et les Portugais, à l'aide de l'aiguille aimantée, parcourent avec sûreté la haute mer. De toutes parts tombent les barrières qui rétrécissaient l'horizon de la géographie. Colomb nous donne l'Amérique. Par mer et par terre, tous les peuples s'élancent dans la carrière des découvertes, et, par leurs efforts réunis, le vaste ensemble du globe, malgré quelques ombres partielles, est enfin ouvert à la science géographique.

Le clergé aujourd'hui ne peut, ni ne doit y rester étranger. Quel est le point dans le globe où le christianisme ne soit annoncé? Est-ce que des missionnaires de diverses nations et de tous les ordres religieux ne sillonnent pas les mers dans toute leur immensité? Est-ce que les prairies de l'Amérique septentrionale, les déserts brûlants de l'Afrique, les montagnes couvertes de neige de l'Asie centrale, et les îles sauvages du Monde maritime n'offrent pas les empreintes de leurs pas?

En Chine, en Corée, dans la Dzoungarie, dans la Mongolie et la Mantchourie, il y a des missionnaires de l'ordre des Dominicains, de la congrégation de Saint-Lazare, et du séminaire des missions étrangères de Paris.

A l'Indo-Chine, comprenant le Tong-King, la Cochinchine et Siam, les missions étrangères continuent de fournir des martyrs.

Dans l'Hindoustan, les PP. Carmes et les PP. Jésuites y ont des missions. L'Église anglicane y a un clergé, et les sectes protestantes y envoient des ministres.

La Perse, l'Arménie, la Syrie, l'Anatolie, sont parcourues en tous sens par des missionnaires catholiques et des ministres protestants.

L'Afrique septentrionale et l'Afrique australe se réjouissent également de leurs missions.

Les États-Unis, l'Orégon, toute l'Amérique septentrionale en un mot, possède des missionnaires de la compagnie de Jésus et un clergé séculier qui est essentiellement missionnaire. Enfin, toutes les îles si nombreuses qui composent le Monde maritime sont successivement visitées par des prêtres de l'Église catholique, et par des ministres des diverses fractions du protestantisme (car on sait qu'il se fractionne à l'infini).

La propagande est active, zélée, multipliée: elle est universelle.

Il faut donc que le clergé connaisse les différentes contrées que nous venons d'énumérer, tout en s'instruisant dans la géographie de l'Eglise. L'origine, la langue, l'histoire, l'ordre politique des peuples, les montagnes, les mers, les fleuves, les climats, se trouveront-ils indiqués et décrits dans un dictionnaire de Géographie ecclésiastique? Pourquoi pas? Ne serait-ce point se placer au-dessous des connaissances de son époque que de présenter au clergé un ouvrage où il n'en serait pas question? Ne serait-il pas obligé à tout moment de consulter un autre dictionnaire? N'y aurait-il pas là un véritable inconvénient? Notre intention, en composant la géographie de l'Eglise, a été de faire un livre tout géographique; car on ne peut aujourd'hui séparer le christianisme de la description des cinq parties du monde, puisqu'on y retrouve partout son action puissante et glorieuse.

Une nation joue-t-elle un grand rôle dans le monde civilisé, nous indiquons ses forces, ses ressources, ses intérêts. S'agit-il d'une peuplade sauvage, nous nous attachons à peindre ses mœurs, et sa manière de vivre. Un pays offre-t-il le spectacle d'une riante culture, nous en détaillons avec soin les diverses productions. Est-il inculte, nous retraçons plus en grand le caractère que la nature lui a imprimé.

Le choix des villes et des lieux remarquables que nous décrivons est déterminé tantôt d'après l'importance ecclésiastique, tantôt d'après la célébrité historique. Nous prenons quelquefois la liberté de discuter en passant un point de géographie critique, de résoudre un doute, de relever une erreur.

Toutefois, en adoptant ce plan pour notre Dictionnaire, nous n'avons pas prétendu embrasser tous les détails des différentes branches de la science du géographe, entrer dans la géographie purement mathématique, dans la géographie des plantes, des minéraux et autres, un dictionnaire ne pouvant, sans tomber dans le défaut d'une étendue démesurée, comprendre l'astronomie, la géologie, la minéralogie, la météorologie, l'hydrographie, la botanique, la zoologie, l'orographie, la linguistique, l'archéologie et la climatologie.

Le clergé, nous le constatons dans notre Introduction, a contribué pour sa part au développement de plusieurs de ces sciences; et l'hydrographie si compliquée de l'Amérique méridionale, par exemple, n'a été révélée à l'Europe, avant les voyages et les observations de M. de Humboldt, que par les missionnaires. Il y a quinze ans à peine, on ne connaissait encore que par leurs récits les rivières, comme le Guainia, le Ventuari, l'Inirida, le Guaviare et le Sipapo dans l'Etat de Vénézuela. L'ingénieur Codazzi, qui les a remontées par ordre du gouvernement de Vénézuela, a confirmé le récit des missionnaires espagnols et italiens.

L'état des connaissances humaines varie, les peuples s'éteignent, les royaumes s'écroulent, les villes tombent en ruines et finissent par ne point laisser de traces de leur existence. On peut donc se figurer une série de géographies, dont chacune, très-différente de celles qui la précèdent ou qui la suivent, serait pourtant vraie, exacte et complète pour l'année ou même pour le siècle auquel elle appartiendrait. L'usage a consacré en quelque sorte une triple partition de la science sous ce rapport; on comprend dans la géographie ancienne tout ce qui est antérieur à l'an 500 de Jésus-Christ, ou à la grande migration des peuples; la Géographie du moyen âge descend jusqu'à la découverte de l'Amérique; le reste est regardé comme le domaine de la géographie moderne. Mais si l'on voulait mettre dans le langage une rigueur scientifique, on devrait distinguer autant de géographies qu'il y a eu de nations et de siècles marquants. Ces géographies peuvent être considérées chacune à part comme une science particulière; ce ne sont à la vérité que des systèmes incomplets et erronés, en comparaison de la géographie de notre siècle; mais il est intéressant, est important d'avoir une idée de cette marche lente et quelquefois rétrograde de la science, en tant qu'elle nous est connue avec quelque degré de certitude.

Lors de la naissance de Jésus-Christ, la géographie ne connaissait que trois parties du monde, l'Europe, l'Asie et l'Afrique; et encore ne les connaissait-elle que d'une manière très-incomplète et bien imparfaite. Les provinces de l'empire romain avaient une ville que l'on nommait métropole; il y avait d'autres villes auxquelles on donnait le nom de cité, où siégeaient les juges subalternes. On mit des métropolitains ou archevêques dans celles du premier rang, et des évêques dans celles du second : voilà l'origine et la forme du gouvernement ecclésiastique dans les premiers siècles. Constantinople, qui devint le siége de l'empire au IV° siècle, obtint le titre de Seconde et Nouvelle Rome, eut part en même temps aux priviléges de l'ancienne, fut ensuite revêtue des mêmes honneurs que les trois villes patriarcales, et composa son patriarcat de provinces détachées de celui de Rome et de celui d'Antioche.

L'Orient mérite une attention particulière; car c'est dans cette partie du monde que (1) l'Evangile de lumière et de paix a d'abord été prêché par le divin Sauveur lui-même et par ses disciples, et que fleurirent de nombreuses Eglises, illustres par le

---

(1) Lettre de N. T. S. P. le pape Pie IX aux Orientaux. Janvier 1848.

nom des apôtres qui les ont fondées. Dans la suite des temps et pendant un long cours des siècles, des évêques et des martyrs fameux, et beaucoup d'autres personnages célèbres par leur sainteté et par leur doctrine, ont surgi du sein des nations orientales; tout l'univers chante la gloire d'Ignace d'Antioche, de Polycarpe de Smyrne, des trois Grégoire, de Néocésarée, de Nysse et de Nazianze, d'Athanase d'Alexandrie, de Basile de Césarée, de Jean Chrysostome, des deux Cyrille, de Jérusalem et d'Alexandrie, de Grégoire l'Arménien, d'Ephrem de Syrie, de Jean Damascène, de Cyrille et Méthodius, apôtres des Slaves, sans parler de tant d'autres, presque innombrables, ou qui répandirent aussi leur sang pour le Christ, ou qui, par leurs savants écrits et leurs œuvres de sainteté, se sont acquis un nom immortel. Une autre gloire de l'Orient est le souvenir de ces nombreuses assemblées d'évêques, et spécialement des premiers conciles œcuméniques qui y furent célébrés, et dans lesquels, sous la présidence du pontife romain, la foi catholique fut défendue contre les novateurs, et confirmée par de solennels jugements.

Voici l'économie du premier volume de notre Dictionnaire.

Les différentes parties dont se compose la géographie physique ont fait, depuis quelques années, de très-notables progrès; il y a même des spécialités de cette science qui ont été entièrement créées. Il reste néanmoins encore bien des problèmes à résoudre, bien des mystères à pénétrer. Arrivera-t-on à leur solution? Quoi qu'il en soit, il nous a paru utile d'en présenter l'ensemble, afin que chacun sache que l'étude du globe est encore peu avancée, et que ce qui nous reste à connaître surpasse de beaucoup ce que nous avons appris.

Nous avons ensuite placé ce que nous appellerons les prolégomènes de la géographie, qui contiennent divers renseignements que les ecclésiastiques seront bien aises d'avoir sous la main, parce que l'on a besoin d'y recourir à chaque instant, et qu'on est ainsi dispensé de consulter d'autres ouvrages.

A cause de la confusion et des complications que renferme la géographie nominale des provinces ecclésiastiques, des villes épiscopales et des autres localités des premiers siècles, nous avons inséré dans ce premier volume deux vocabulaires des noms latins pour faciliter les recherches dans les auteurs, dans les actes des conciles et les chartes du moyen âge.

Nous passons ensuite à la géographie statistique des villes ruinées et des peuples antérieurs à l'an 500, puisque c'est à cette époque que l'on fixe généralement le terme de l'histoire et de la géographie anciennes. Notre intention n'a pas été de faire ici une géographie ancienne, nous avons seulement voulu offrir des renseignements à la géographie de la primitive Église, qui a une connexion relative avec la géographie historique antérieure à la décadence de l'empire romain, et constater la position de chaque peuple avant la grande migration. Car à ce moment le monde connu des Grecs et des Romains, ce monde ancien qui a vu naître et qui a voulu détruire le christianisme, va s'écrouler et disparaître à jamais. Les peuples barbares sont levés, le fer vengeur brille dans leurs mains; leurs hordes, que le courage rend innombrables, brûlent de détruire ces villes superbes dont nous cherchons en vain l'emplacement aujourd'hui. L'Angleterre est abandonnée aux Saxons; la Gaule est occupée par les Francs, l'Espagne par les Visigoths, l'Afrique par les Vandales; Rome et l'Italie elle-même passent du joug des Hérules sous la domination des Ostrogoths. En vain l'empire d'Orient reprend-il quelque vigueur sous Justinien; en vain Bélisaire et Narsès délivrent-ils l'Italie et l'Afrique, Constantinople ne jouit pas longtemps de ses conquêtes. L'Italie, négligée, tombe au pouvoir des Lombards; quelques provinces méridionales restent seules dans les mains des Grecs. Rome pose sur la tête de Charlemagne, du vainqueur des Lombards, des Saxons et des Sarrasins, la couronne impériale d'Occident. Ainsi cessèrent, en l'an 800, les bouleversements géographiques de l'Europe occidentale. Mais l'Orient restait à cette époque dans un état indécis. Les nations gothiques et hunniques avaient dévasté ses provinces d'Europe; les Bulgares, les Serviens, les Hongrois, les Valaques, s'y fixèrent. La Perse envahissait les frontières orientales. L'empire, qui déjà se défendait faiblement contre cette double attaque, fut comme pris en flanc par un troisième ennemi: les Arabes s'emparèrent de presque toutes les provinces d'Asie et d'Afrique; mais leur inexpérience dans la guerre maritime et la position très-forte de Constantinople arrêtèrent leurs progrès.

Ce débordement des peuples tour à tour conquis et conquérants avait sans doute pour cause générale un accroissement de population dans le Nord, peu proportionné aux moyens de subsistance que fournissait alors une terre mal cultivée. Mais, pour déterminer le mouvement presque simultané de tant de nations, il fallut une première impulsion. Elle fut donnée de deux points très-éloignés l'un de l'autre: du centre de l'Asie, l'immense foule des Huns se précipitait de ruines en ruines; du centre de la Scandinavie, un esprit audacieux et entreprenant conduisait un petit nombre de Goths de conquête en conquête; le choc de ces deux nations ébranla l'empire romain, et en ouvrit les avenues; tous les peuples barbares se jettent sur la riche proie qui venait de leur être indiquée; ils s'arrachent, les uns aux autres, les lambeaux sanglants de l'Europe.

Une nouvelle géographie ecclésiastique va se former, tandis que l'ancienne tombe dans la confusion. D'anciens évêchés vont disparaître, de nouveaux s'établiront. Les circonscriptions des patriarcats et des métropoles subissent des modifications importantes. Nous avons cru devoir publier des documents propres à faire connaître l'état géographique des diverses Eglises à cette époque, tant en Orient qu'en Occident, d'après le P. Charles de Saint-Paul et l'abbé de Commanville, les deux auteurs qui ont écrit sur la géographie de l'Eglise avec le plus de concision et de clarté, tout en embrassant l'ensemble des cinq grands patriarcats. Car à l'étude de la géographie actuelle du christianisme, il convient de joindre la connaissance de celle des siècles passés. L'une ne se comprendrait pas sans l'autre.

Des divers fragments de la Géographie sacrée du P. Charles de Saint-Paul, ainsi que des variantes qui les accompagnent, il résulte qu'il a existé dans quelques contrées une organisation épiscopale qu'on ne retrouve plus après le VI° siècle. Par exemple, en France, dans la Bretagne, en Angleterre, en Ecosse et en Irlande, il y avait eu, pendant deux siècles environ, antérieurement à l'arrivée des prêtres envoyés par le pape saint Grégoire le Grand, et à la mission du saint moine Augustin, de nombreux évêchés dont les noms sont consignés, avec plus ou moins d'exactitude, dans des actes de conciles et dans des chroniques locales. Saint Patrick (Patrice), qui fut comme le primat de l'Irlande; saint Colomban et saint Gall, qui établirent de grands et célèbres monastères, l'un en Austrasie, l'autre en Helvétie (cantons suisses), appartenaient à ce clergé primitif. Dans cette organisation, la ville d'York était la première métropole. Londres, Carléon et Cantorbéry venaient ensuite. C'est en s'appuyant sur ce précédent que les archevêques d'York contestèrent ensuite, pendant plusieurs siècles, la suprématie aux archevêques de Cantorbéry.

Le morcellement en petits Etats de l'Irlande et de l'Angleterre, ainsi que la conquête de cette dernière par les Angles et les Saxons, contribua à la ruine de cette première hiérarchie de l'Eglise des trois royaumes.

La partie de la Géographie ecclésiastique de l'abbé de Commanville, avec les tableaux, signale également les vicissitudes et les modifications survenues dans le corps épiscopal du monde chrétien, depuis les premiers siècles jusqu'au XVIII°. Les explications dans lesquelles entre cet auteur constatent l'état de la science géographique au XVII° siècle, et les idées, si différentes des nôtres, qui prédominaient alors; car les idées et le style peignent non-seulement un homme, mais un siècle. Nous avons donc laissé l'auteur à lui-même, sans faire aucun changment, afin que les lecteurs puissent comparer les deux époques, le XVII° et le XIX° siècle. Ainsi, l'on aura, en même temps, par le P. Charles de Saint-Paul, l'abbé de Commonville, et l'*Etat actuel de l'épiscopat dans l'Eglise catholique*, qui commencera le troisième volume, la *géographie comparée* des évêchés et des archevêchés depuis les premiers siècles jusqu'à ce jour.

On verra dans l'abbé de Commanville des observations naïves, singulières, et une vénération profonde pour le pouvoir royal. Pour être arrivée à la déconsidération européenne, qui la frappe à notre époque, il faut que la royauté, depuis la fin du XVII° siècle, ait totalement oublié ses devoirs, le but de son institution, et qu'elle ait déployé une profonde nullité.

La Prusse n'était rien qu'un électorat, du temps de l'abbé de Commanville, et il considérait comme un pays barbare la Russie, qu'il désigne par ce mot, avec une sorte de mépris, « le Moscovite. » On avait alors sur l'Amérique par les missionnaires, les navigateurs et les voyageurs, des notions presque aussi étendues et aussi complètes que celles d'aujourd'hui; mais on connaissait fort peu les contrées de l'Europe orientale (actuellement la Russie, les provinces danubiennes, telles que la Moldavie, la Valachie, la Servie, etc.), et presque pas l'Asie centrale et septentrionale. Quant à l'Afrique, on n'avait aucuns détails, aucuns renseignements sur son immense plateau intérieur. Il est vrai que même maintenant il nous apparait encore dans une grande obscurité, malgré les recherches, le dévouement et les sacrifices des missionnaires et des explorateurs modernes.

D'après ce premier volume, on connaîtra d'une manière complète la géographie ecclésiastique des six premiers siècles, et celle des siècles suivants jusqu'au XVIII°. Depuis le VI° siècle, la géographie a subi deux grandes révolutions, le schisme d'Orient, ou la séparation de l'Eglise grecque d'avec l'Eglise latine, et l'hérésie de Luther ou le protestantisme. Les variations qui en résultent sont indiquées.

Le II° volume se compose de la *Géographie des Légendes* par ordre alphabétique; de considérations sur l'anthropologie, ou l'histoire naturelle de l'homme, science moderne et encore peu avancée. Quelques géographes et des anthropologistes ont voulu y puiser des arguments contre l'*unité* du genre humain. Comme le christianisme s'adresse à tous les hommes et à tous les peuples, parce qu'ils sont frères, et que Jésus-Christ a versé son sang pour eux sans distinction aucune, il nous a semblé qu'une Géographie ecclésiastique ne pouvait demeurer étrangère à cette grande question.

L'anthropologie emprunte tous ses éléments à la géographie : loin de détruire l'unité de l'espèce humaine, elle la confirme. L'aperçu que nous traçons des travaux et des opinions des principaux anthropologistes ne laisse aucun doute à cet égard. Une bibliographie géographique termine le II<sup>e</sup> volume. Voici l'économie du III<sup>e</sup>.

Il commence par l'état de la géographie actuelle du christianisme dans tout le globe. La situation des patriarcats, des métropoles et des évêchés, a beaucoup changé depuis soixante ans : nous donnons, d'après la notice publiée par la congrégation de la Propagande à Rome, c'est-à-dire d'après les documents les plus authentiques, le tableau des archevêchés, des évêchés, des vicariats et des préfectures apostoliques dans les cinq parties du monde. Ce volume contient ensuite, par ordre alphabétique, tous les articles qui ne sont point compris dans la Géographie des Légendes ; en outre, un tableau des missions catholiques et des missions protestantes en général ; une esquisse de la géographie de l'islam (mahométisme), ainsi que de la géographie actuelle de l'idolâtrie ; et enfin un essai sur la philosophie de la géographie. Car l'étude de cette science n'est point aride et stérile, comme quelques personnes le croient ; elle donne lieu à des comparaisons intéressantes, à des rapprochements curieux, à des observations favorables au bien-être des populations par l'étude de la distribution providentielle des plantes et des animaux ; en même temps qu'elle offre de hauts enseignements sur les révolutions politiques qui bouleversent les empires, les ruinent, ou leur en substituent d'autres avec une instabilité qu'on ne retrouve que dans les choses humaines.

Le Dictionnaire de Géographie ecclésiastique sera donc aussi complet, plus complet même, sous le rapport de la science géographique, que les autres dictionnaires ; et il aura de plus l'avantage de faire connaître la géographie de l'Église catholique, des églises protestantes, de l'islam et de l'idolâtrie. On pourra en tirer cette conclusion, que le christianisme est partout en progrès, que l'islamisme perd du terrain, et que l'idolâtrie reste stationnaire dans les deux parties du monde où elle paraît s'être implantée de temps immémorial, en Afrique et en Asie.

Il sera joint à l'ouvrage une table alphabétique détaillée, raisonnée, faite avec le plus grand soin, et embrassant les trois volumes.

## AVIS.

*Nous plaçons en tête du Dictionnaire de Géographie ecclésiastique la Géographie de la Judée par feu Barbié du Bocage. Géographe laborieux et d'un mérite réel, Barbié du Bocage a laissé en géographie de nombreux travaux justement estimés. Il avait particulièrement étudié la géographie ancienne, si obscure et si compliquée, surtout dans ses rapports avec la géographie des premiers siècles de l'Eglise. On ne peut en effet se dissimuler que ces rapports ne soient multipliés et considérables, spécialement en ce qui concerne l'Asie Mineure, la Grèce, les Gaules et l'Afrique.*

*On a beaucoup écrit sur la Judée, et la bibliographie géographique seule de cette terre mémorable est très-volumineuse, depuis les ouvrages de saint Jérôme jusqu'à ceux de dom Calmet, de MM. James et Léon de Laborde. La Géographie sacrée de Sanson et de Robert était estimée en raison de leur réputation. Mais le travail de Barbié du Bocage, plus complet, plus satisfaisant, l'a fait oublier. Ajoutons qu'il est à la hauteur des connaissances géographiques modernes, car Barbié du Bocage a été l'un des membres les plus distingués de l'Académie des inscriptions et belles-lettres. Malheureusement sa rédaction s'est quelquefois ressentie des préjugés religieux de cet illustre corps; mais nous avons eu soin de modifier les quelques endroits qui s'éloignaient de nos pieuses croyances, de sorte que cet ouvrage est maintenant excellent sous tous les rapports.*

# Dictionnaire GÉOGRAPHIQUE DE LA BIBLE.

## A

ABANA, rivière de la Syrie, qui, de même que le Pharphar, arrosait le territoire de Damas. C'était probablement le nom de l'une des branches du Baradi, le *Chrysorrhoas* (courant d'or) des Grecs et des Romains, lequel, descendant des montagnes de l'Anti-Liban, vient encore aujourd'hui fertiliser le riche territoire de Damas, et traverse la ville, fort appauvri, il est vrai, par les nombreuses saignées qu'il y subit. Le reste de ses eaux disparait dans un lac à quelques lieues de la ville.

ABARIM, c'est-à-dire, *des passages*; chaîne de montagnes à l'orient de la mer Morte et du Jourdain. Elle s'étendait à travers le pays de Moab et dans la tribu de Ruben; le torrent d'Arnon la séparait en deux parties : celle du nord et celle du sud, à la première appartenait le mont Nébo, dont le sommet se nommait Phasga.

ABDON ou ABRAN, ville de la tribu d'Aser, limitrophe de la tribu de Nephthali; elle fut donnée aux lévites de la famille de Gerson.

ABEL, ville du pays des Ammonites, située dans une contrée de tout temps fertile en vignobles, ce qui la fit surnommer *Keamin* ou *des vignes*; elle est à deux heures environ au N.-O. de Rabbath-Ammon ou Philadelphie, capitale du pays.

ABEL (LE GRAND), pierre située à Bethsamès, et sur laquelle fut placée l'arche sainte, lorsque les Philistins, vainqueurs des Israélites à Aphec, la rapportè-rent pour se délivrer des maux dont ils étaient affligés depuis sa présence parmi eux.

ABELA, ABELA-BETH-MAACHA, ABEL-MAISON-DE-MAACHA ou ABEL-MAIM, ville célèbre, et *mère de beaucoup d'autres*, suivant les paroles de l'Écriture. Elle parait avoir été située au N. de la terre d'Israël, tribu de Nephthali, peut-être à l'O. du lac Samochonites. Elle était défendue par de fortes murailles quand Séba, révolté contre David, s'y réfugia. Benadab, roi de Syrie, et postérieurement Théglath-Phalasar, roi d'Assyrie, s'en emparèrent. Ce dernier en transféra les habitants dans son état. D'Anville place cette ville à l'O. de la mer de Galilée et au N.-E. du mont Thabor.

ABEL-MEHULA, ville située sur la rive droite du Jourdain, non loin de la ville de Bethsan ou Scythopolis. Elle devait appartenir à la demi-tribu de Manassé, en-deçà du Jourdain. Patrie du prophète Élisée.

ABEL-MIZRAIM, nom donné à l'Aire d'Atad par les habitants du pays de Chanaan. Voyez *Atad*.

ABEL-SATIM, dernier lieu de campement des Israelites avant le passage du Jourdain. Ce campement s'étendait jusqu'à Beth-Simoth, vis-à-vis de Jéricho, dans les parties les plus plates du pays des Moabites. Une ville du nom de *Settim* était tout proche de ce lieu. Quelques auteurs ont confondu l'une avec l'autre. Ceux qui les ont considérées comme distinctes, ont pensé que le mot *Abel*, signifiant en hébreu *deuil*, *affliction*, et ayant été ajouté à celui de *Satim* ou *Settim*, indiquait la plaine et la vallée près de Settim, où 24,000 hommes, tant Israélites que Moabites, périrent en punition du crime de fornication qu'ils avaient commis, et qu'il servait à consacrer le souvenir de cet événement déplorable.

ABEN-BOEN, ou *pierre de Boën*, rocher énorme qui se trouvait sur la frontière des tribus de Benjamin et de Ruben, peut-être dans le lit même du Jourdain, au S. de Beth-Agla, ville de la tribu de Benjamin.

ABES, ville de la tribu d'Issachar, vers le S.-E. de la tribu.

ABILA ou ABILÈNE, partie de la Cœle-Syrie ou Syrie-Creuse, située au N. de Damas, et ainsi nommée de sa capitale Abila. Quelques auteurs l'ont comprise dans la tribu de Nephthali, quoiqu'elle ne paraisse pas lui avoir jamais appartenu. Maundrell rapporte que le lendemain du jour où il eut quitté Damas pour revenir à Tripoli, il vit dans un petit village nommé *Sénie* une vieille construction élevée sur le sommet d'une haute montagne, et que l'on supposait être le tombeau d'Abel, lequel aurait autrefois donné son nom à l'Abilène. La longueur de ce monument est de 90 pieds, et l'on croit encore aujourd'hui qu'il était dans ses dimensions en rapport avec la taille du personnage qu'il renfermait. Cette partie de la Cœle-Syrie fut, sous Tibère, érigée en tétrarchie.

ABIMAEL, nom de l'un des fils de Jectan. Le peuple qui en était issu devait demeurer dans l'Arabie vers le Sud.

ABRAN. Voy. *Abdon.*

ACCAÏN, ville de la tribu de Juda, près du désert de Thécua.

ACCARON, autrefois *Écron*, à deux lieues de la mer, sur la limite méridionale de la tribu de Dan. Elle fut assignée à la tribu de Juda, mais elle dépendit constamment des Philistins. C'était une ville riche et puissante, la capitale de l'un des cinq princes ou rois de cette nation. Le roi de Syrie, Alexandre Bala, en fit don à Jonathas, en reconnaissance des services qu'il en avait reçus. On y adorait Béel-Zebub, dont les rois d'Israël eux-mêmes recherchèrent les oracles. On donnait son nom à la *vallée* qui l'avoisinait.

ACCHO, depuis *Ptolémaïs*, aujourd'hui *Acre* ou *Saint-Jean-d'Acre*. Voy. *Ptolémaïs.*

ACHAD, écrit *Archad* dans la version des Septante, ville du royaume de Babylone, située dans la terre de Sennaar. Sa dénomination se serait probablement conservée, dit M. Ed. Wells (*An historical Geography of the Old and New Testament*), dans celle de la rivière *Argades*, citée par Ctésias comme étant voisine de Sittace, ville bâtie elle-même près du Tigre, et la capitale du pays. On l'a même prise pour *Sittace*. S. Jérôme la reconnaissait dans la ville de *Nisibe.*

ACHAÏE, l'une des deux grandes divisions de la Grèce. Lorsque les Romains furent devenus les maîtres de la Grèce, ils y comprirent, indépendamment des pays qui composaient la Grèce proprement dite, l'ancien royaume de Macédoine; et ils en formèrent deux provinces; 1° la *Macédoine*, renfermant la Macédoine, l'Illyrie, l'Épire et la Thessalie; 2° l'*Achaïe*, comprenant la Grèce proprement dite et le Péloponèse, chacune de ces deux provinces était gouvernée par un proconsul. Corinthe était la capitale et le siège du proconsul d'Achaïe.

ACHAZIB. Voy. *Achziba.*

ACHOR, vallée située non loin de Jéricho, au N.-E. de la tribu de Juda. C'est là que fut lapidé Achan en punition du vol qu'il avait commis. Comme son crime avait causé un grand trouble dans Israël, cette vallée reçut le nom d'*Achor*, c'est-à-dire, *du Trouble*. Il paraîtrait y avoir eu de bons pâturages.

ACHSAPH ou AXAPH, ville de la Galilée supérieure, dans la tribu d'Aser, sur la frontière. Elle avait un roi particulier lors de l'arrivée des Israélites.

ACHZIB, ville de la tribu de Juda, entre Ceïla et Maresa.

ACHZIBA ou ACHAZIB, nommée *Ecdippa* par les Grecs, ville de la tribu d'Aser, située sur la mer, entre Ptolémaïs et Tyr. Elle était déjà importante à l'époque où les Israélites s'en emparèrent : c'est pour cela qu'ils n'en détruisirent pas la population. Aujourd'hui elle se nomme *Zib.*

ACRABATHANE, lieu situé vers la montée du Scorpion, non loin des frontières de l'Idumée. Les habitants en furent longtemps indomptables. On donnait aussi ce nom à la contrée qui s'étendait entre Jéricho et Sichem.

ACRON, ville assignée à la tribu de Dan, peut-être bien la même que Accaron. Voy. *Accaron.*

ADADA, ville de la tribu de Juda, sur la limite de l'Idumée.

ADADREMMON, ville de la Samarie, située dans la plaine de Mageddo, demi-tribu O. de Manassé. On l'appella aussi *Maximianopolis.*

ADAMA, ville située dans la plaine du Jourdain, au bord de la vallée des Bois, vallée remplie de sources de bitume, et qui depuis est devenue la mer Salée ou la mer Morte. Réunie à Sodome, Gomorrhe, Séboïm et Bala ou Segor, villes voisines, Adama forma avec elles le pays appelé *Pentapole*. Au temps d'Abraham, chacune de ces villes avait son prince particulier. Adama fut, ainsi que Sodome, Gomorrhe, Séboïm, et tout le pays d'alentour, auparavant arrosé comme un jardin de délices, détruite par une pluie de soufre et de feu ; elle fut envahie par les eaux.

ADAMI, ville de la tribu de Nephthali, située près des eaux de Mérom ou du lac Samochonites. On la nommait aussi *Neceb.*

ADAR ou ADDAR, ville de la tribu de Juda, sur la limite du pays de Chanaan, au S., non loin du désert de Cadès-Barné.

ADARSA, lieu où Judas Machabée défit, à la tête de 3,000 hommes, Nicanor, général de l'armée de Syrie, qui commandait une armée considérable. Ce lieu est placé par saint Jérôme dans la tribu d'Ephraïm : ce serait proche de Gazara.

ADAZEN, lieu confondu, avec assez de vraisemblance, par quelques auteurs avec Adarsa, quoique le texte sacré cite l'un et l'autre dans le même chapitre.

**Addar.** Voy. *Adar.*

**Addus,** forteresse située dans la tribu de Dan, au S.-E. de Lydda, et considérée comme imprenable. On suppose que c'était la même que l'*Adida* de Josèphe ; on la confond quelquefois aussi avec la suivante.

**Adiada,** ville fortifiée, que Simon Machabée construisit dans la plaine de Séphela, tribu de Dan, d'après l'ordre des anciens du peuple, pour servir de rempart contre les attaques du roi de Syrie.

**Adithaïm,** ville de la tribu de Juda, près de celle de Dan.

**Adom,** ville de la tribu de Ruben, sur le Jourdain, à peu près en face de Galgala. Ce fut là que les Israélites, conduits par Josué, passèrent le Jourdain.

**Adommim,** passage dans les montagnes entre Jéricho et Jérusalem, vis-à-vis de Galgala, tribu de Benjamin. Il paraîtrait, d'après le témoignage de saint Luc, que ce lieu était, de son temps, un repaire de voleurs et de brigands ; on y trouve aujourd'hui un karavansérail.

**Adon** ou **Addon,** pays de la Chaldée, d'où plusieurs des enfants d'Israël, à qui l'édit de Cyrus avait rendu la liberté, revinrent en Judée avec Zorobabel.

**Ador,** quelquefois confondue avec *Dor*, ville de la demi-tribu occidentale de Manassé.

**Adriatique.** Voy. *Mer Adriatique.*

**Adrumète,** ou plutôt **Adramyttium,** ville et port de la Mysie, dans l'Asie-Mineure. Cette ville donne son nom au golfe sur lequel elle est située.

**Adullam-Socho,** ville de la tribu de Juda, la même qu'*Odollam*. Voy. *Odollam.*

**Aduram,** ville de la tribu de Juda, citée au nombre de celles que Roboam releva et ferma de murailles, de manière à en faire des places très-fortes. On a mal à propos confondu cette ville avec celle d'Adulam ou Adollam, car cette dernière est citée pour le même fait dans le même chapitre des *Paralipomènes.*

**Aen** ou **Aïn,** ville lévitique de la tribu de Siméon.

**Afrique,** l'une des cinq grandes divisions du globe ; elle est située au S. de l'Europe, dont elle est séparée par la mer Méditerranée, et se rattache à l'Asie, au N.-E., par l'isthme de Suez ; du reste, elle est partout entourée par les eaux de la mer. Sa forme est celle d'un grand triangle, dont la base est formée par la Méditerranée, et le sommet par l'extrémité sud, le cap de Bonne-Espérance. Malgré la désignation de cette contrée, faite par le traducteur de la Bible dans le passage où le prophète Isaïe prédit la conversion future des gentils, il ne faut pas lui attribuer un sens plus étendu que le prophète n'en donne au terme qu'il emploie ; il ne pouvait avoir sur l'Afrique les mêmes idées que les modernes. Les connaissances des Hébreux n'étaient point en effet à beaucoup près aussi avancées ; elles se bornaient aux parties septentrionales et orientales de cette grande contrée, et encore étaient-elles à beaucoup d'égards, très-vagues. Quant à la dénomination *Afrique*, appliquée par les Romains à tout ce qu'ils en connaissaient, elle a été adoptée par les modernes ; mais elle n'appartenait primitivement qu'à cette partie de l'Afrique qui est située à l'opposé de l'Italie, et qui forma autrefois le territoire de la république de Carthage. Ce nom reçut d'eux la même extension que celle que les Grecs avaient donnée auparavant au mot *Libye* (voy. *Libye*), et les auteurs sacrés au mot *Éthiopie* (voy. *Ethiopie*).

**Agaréens** ou **Agaréniens,** peuple issu d'Agar, l'esclave d'Abraham, et cité par les auteurs profanes, qui le nomment les uns *Agræi*, et les autres *Agareni*. Les Agaréens appartenaient à la famille des Ismaélites ; mais, d'après le langage du Psalmiste, ils en formaient une branche tout à fait distincte. Du temps de Saül, ils demeuraient à l'orient de Galaad, près des Moabites. Malgré leur alliance avec les Iduméens, les Ismaélites et les Moabites, les Agaréens furent vaincus par les Israélites, qui s'emparèrent de leur territoire ; beaucoup des leurs périrent : tout ce qu'ils possédaient, 50,000 chameaux, 250,000 brebis, 2,000 ânes, fut la proie des vainqueurs, qui firent, en outre, 100,000 prisonniers. A cette énumération de richesses et de prisonniers que l'Écriture semble donner aux Agaréens seulement, il faut penser qu'ils formaient un peuple puissant. — On croit qu'ils furent les ancêtres des *Saraceni* ou *Sarrasins*, souvent appelés *Agareni*, et dont le nom est devenu si formidable.

**Agaréniens.** Voy. *Agaréens.*

**Ahalab,** ville de la tribu d'Aser.

**Ahava, Ava** ou **Avah,** lieu où Esdras réunit les familles juives qui revinrent de Babylone à Jérusalem avec lui après la captivité. On a supposé que ce nom devait s'appliquer exclusivement à une rivière de l'Assyrie ou à un canal qui aurait uni le Tigre à l'Euphrate : sans doute l'auteur sacré, Esdras, donne cette dénomination à une rivière qui se jetait dans le Tigre, mais au verset 15 du chap. VIII, il l'attribue aussi à une *localité*, soit ville, soit contrée, située sur la rivière ou le fleuve du même nom. L'existence de ce lieu se trouve confirmée au chap. XVII, verset 24, du liv. IV *des Rois*, par la mention du nom d'*Avah* parmi ceux des villes d'où furent tirés les habitants que Salmanasar transféra en Samarie à la place des Israélites, car *Avah* et *Ahava* paraissent identiques. La position d'Ahava est au reste difficile à fixer ; cependant ce lieu, ville ou contrée, devait se trouver en Assyrie. On l'a reculé jusque dans la Bactriane, où Ptolémée cite un peuple qu'il nomme *Avaditæ.*

**Ahion** ou **Aïon,** ville de la tribu de Nephthali, au N. Ce fut une de celles dont Theglath-Phalasar transféra les habitants en Assyrie.

**Ahon,** lieu situé non loin de Bethléem, dans la tribu de Juda, patrie d'Éléazar, l'un des trois plus vaillants capitaines de David. — **Ahohite,** habitant d'Ahoh.

**Aïalon,** ville très-forte de la tribu de Benjamin, à l'O. de Gabaon ; elle donnait son nom à la *vallée* la plus voisine. Si le soleil s'arrêta sur Gabaon, la lune ne dut point s'avancer sur la vallée d'Aïalon, comme l'ordonna Josué. Sous le règne d'Achaz, cette ville tomba, ainsi que plusieurs autres villes du midi de Juda, au pouvoir des Philistins.

AÏALON, ville lévitique de la tribu de Dan. Elle était située sur la montagne d'Harès c'est-à-dire *d'argile*, près d'Odollam ; on l'appelait aussi *Hélon*. Ses habitants étaient des Amorrhéens, que les Danites ne purent expulser de leurs demeures, d'où ils faisaient de fréquentes irruptions dans la plaine. Cependant ils finirent par être assujétis à un tribut.

AÏATH, probablement ville. Il n'en est fait aucune mention assez détaillée pour qu'on puisse lui assigner une position.

AÏLATH. Voyez *Elath*.

AÏN. Voyez *Aën*.

AÏON ou AMON. Voyez *Ahion*.

AIRE D'ARÉUNA ou D'ORNAN, Aire d'Aréuna ou Ornan, Jébuséen de nation, laquelle était située sur le mont Moria dans Jérusalem. David y construisit un autel ; depuis, Salomon y éleva le temple du Seigneur.

ALEXANDRIE, ville de la Basse-Égypte, située sur le bord de la mer, en dehors du Delta, à 31° 13' 5" de lat. N., et à 27° 35' 30" de long. E. de Paris. Elle se partage en deux villes, l'ancienne et la nouvelle. Celle-ci, sans régularité, même dans ses édifices, occupe une langue de terre étroite qui s'est formée entre le continent et la petite île de Pharos, placée vis-à-vis, et où s'élève à 450 pieds de hauteur le fanal que Ptolémée Philadelphe y fit construire, et ne renferme que 25 à 30,000 âmes. Pour l'ancienne ville, on en reconnaît l'enceinte parsemée de ruines antiques usées, renversées par le temps, et parmi lesquelles se distinguent encore la colonne en granit rouge dite à tort de *Pompée* (élevée de 86 pieds 6 pouces), les restes de l'hippodrome, et les deux obélisques fameux nommés *Aiguilles de Cléopâtre*, dont un seul est debout, mais qui tous les deux sont couverts de caractère hiéroglyphiques. L'ancien phare appelé *pharillon*, sert encore à éclairer les vaisseaux à 25 lieues en mer. Cette ville, construite ou plutôt reconstruite par Alexandre-le-Grand au bord de la mer et du lac Maréotis, par lequel elle communiquait avec le Nil, le fut en 332 avant Jésus-Christ, sur l'emplacement de l'antique *Rhacotis*, et ne tarda pas à acquérir, par le fait de sa position, la plus grande importance. Elle devint bientôt en effet l'entrepôt du commerce de l'Orient avec l'Occident, et l'une des villes les plus florissantes du monde. Alexandre l'avait presque entièrement peuplée de Grecs, mais beaucoup de Juifs vinrent à diverses époques se mêler à cette population. Sous les Ptolémées, elle fut la capitale de l'Égypte, et quand le pays fut réduit en province romaine, elle continua d'en être la métropole ou la ville principale. Alexandrie devint aussi le siège des arts, des sciences et des lettres, et, sous ce rapport, on connaît la célébrité dont jouit l'*École d'Alexandrie*. Ce fut là que fleurirent entre autres Ératosthènes de Cyrène et Ptolémée de Péluse, deux des plus célèbres géographes de l'antiquité ; ce fut là aussi que soixante-douze interprètes firent sur le texte hébreu la version grecque de l'*Ancien Testament*, qui de leur nombre fut appelée *version des Septante* ; ce fut là enfin qu'exista cette fameuse bibliothèque qui, brûlée lorsque César s'empara de la ville, reformée par Cléopâtre, dont elle reçut de précieux dons, et enrichie ensuite par de nombreuses acquisitions, fut tout entière, au VII° siècle, livrée aux flammes par les ordres du farouche Omar. Alexandrie jouit encore dans l'Orient d'une prépondérance religieuse étendue. Aux premiers temps de l'Église, saint Marc, son évêque, portait le titre de patriarche, et telle était la vénération qui s'attachait à la mémoire de ce saint personnage longtemps même après sa mort, que l'on vit les Vénitiens, à leur retour de la Terre-Sainte, enlever en fraude ses reliques, et les transporter à Venise dans la célèbre église de Saint-Marc ; qu'ils avaient construite pour les recevoir. — On a bien à tort confondu Alexandrie avec la ville de No la *nourricière*, citée dans le texte de Jérémie et d'Ézéchiel, car le nom de *No* désigne un tout autre lieu. Il a été appliqué par les Septantes à la ville que les Grecs appelèrent *Diospolis*, c'est-à-dire *de Jupiter*, nom qui n'était autre que celui qu'ils donnaient à l'antique cité de Thèbes, la *ville aux cent portes*, dans la Haute-Égypte. — *Alexandrins*, habitants d'Alexandrie.

ALIM, ville grande et forte du pays de Galaad, tribu de Gad.

ALMATH ou ALMON, ville lévitique de la tribu de Benjamin, au N.-E. d'Anathoth.

ALMON. Voyez *Almath*.

ALUS, dixième station des Israélites au désert de Lin, dans la presqu'île de Sinaï.

ALVA, peuple de l'Idumée, issu d'Ésaü par son petit-fils Alva.

AMAAL, ville de la Galilée supérieure, tribu d'Aser.

AMALEC, montagne du pays d'Éphraïm. Tombeau d'Abdon de Pharathon, qui fut juge d'Israël pendant huit ans.

AMALECH, ville capitale des Amalécites, peu éloignée sans doute de la frontière des Israélites.

AMALÉCITES, peuple issu d'Amalech, petit-fils d'Ésaü, établi dans l'Arabie Pétrée vers l'Égypte, au S. des terres d'Israël, et sur la côte, et gouverné par des rois. Ce peuple s'opposa à la marche des Israélites, lorsque ceux-ci se rendaient dans la terre promise. Il vint les combattre à Raphidim, mais il y fut défait par Josué, et Moïse prédit alors que la main de Dieu s'appesantirait sur lui de génération en génération. Voisins des Israélites, les Amalécites s'allièrent avec tous leurs ennemis, et ne cessèrent de les inquiéter et de piller leurs terres. Gédéon, Saül et David les combattirent successivement, parvinrent à les dompter, mais ce ne fut qu'après les avoir presque entièrement exterminés. Quoiqu'il soit dit, chap. XIV, ỳ 7 de la *Genèse*, que le roi des Élamites ravagea le *pays des Amalécites*, il faut entendre le *pays qui fut depuis connu sous le nom des Amalécites*, car ce peuple descendant d'Esaü, il est bien impossible qu'il ait existé au temps d'Abraham, dont le roi Chodorlahomor était le contemporain.

**Amam**, ville de la tribu de Juda, sur le torrent de Besor.

**Amana**, branche de l'Anti-Liban, d'où descendent les cours d'eau qui arrosent le territoire de Damas, et au nombre desquels il faut compter l'Abana. Il paraît que du temps de Salomon cette partie de montagnes, de même que les monts Sannir et Hermon, était remplie de lions et de léopards, animaux que l'on n'y rencontre plus à présent.

**Amatu** ou **Ematu** (pays d'). Voy. *Emath*.

**Auma**, ville de la tribu d'Aser, à l'E. de Tyr.

**Ammoni**, ville de la tribu de Benjamin, sur la limite d'Éphraïm, à l'O. Patrie de Selec, un des plus vaillants hommes des armées de David.

**Ammonites**, peuple issu d'Ammon, fils de Lot, de même que Moab, qui fut le père des Moabites. Les enfants de Moab et d'Ammon se partagèrent une partie des pays situés à l'orient du Jourdain, occupés alors par des nations nombreuses et puissantes, que leur haute stature faisait considérer comme des géants, et qu'ils exterminèrent. Le pays des *Émins* échut aux Moabites et celui des *Zomzommins* aux Ammonites. Les uns et les autres s'étendirent entre les torrents de l'Arnon et du Jabock, pays qui depuis paraît avoir été conquis par le roi des Amorrhéens, et qui faisait partie de ses domaines, du moins à l'époque où les Israélites vinrent dans la terre promise. Ce pays entra dans le partage des tribus de Gad et de Ruben; pour les Ammonites, ils se retirèrent à l'orient, au-delà des montagnes, qui les abritaient contre leurs ennemis, mieux que ne l'auraient pu faire de fortes garnisons. Cependant ils furent successivement vaincus par Jephté, par Saül, et, après une guerre très-acharnée par, David. Mis, par les pertes nombreuses qu'ils avaient éprouvées, hors d'état de résister encore, ils furent, sous ce dernier prince, soumis aux Israélites. Plus tard ils secouèrent le joug, mais, vaincus de nouveau, ils payèrent le tribut à Ozias et à son fils, rois de Juda. De même que les Israélites, ce peuple subit la loi des Assyriens et de Nabuchodonosor. Il ne fut point, il est vrai, transporté hors de son territoire, mais il n'en éprouva pas moins tous les maux prédits par les prophètes. Cependant, au retour des Juifs de la captivité, les Ammonites avaient repris assez de force pour s'opposer à la reconstruction des murailles de Jérusalem, que ceux-ci fortifiaient. Judas Machabée fut aussi obligé de les combattre, et les vainquit; ce qui ne les empêcha pas de favoriser encore les ennemis des Juifs. Au deuxième siècle après Jésus-Christ, les Ammonites disparurent de la scène du monde, ou du moins se perdirent parmi les Arabes. Ils étaient gouvernés par des rois. Leur capitale était *Rubba* ou *Rabbath-Ammon*. Pour principale divinité ils reconnaissaient *Moloch* ou *Melchom*, à qui l'on sacrifiait des enfants.

**Avona**, ville de la tribu de Ruben, à l'E. de la mer Morte. C'était près de cette ville que se trouvait la *vallée des troupes de Gog*.

**Amorrhéens**, peuple descendu d'Amorrheus, quatrième fils de Chanaan. Il habitait au S.-E. du pays de Chanaan, une partie des montagnes qui s'étendent entre la Méditerranée et la mer Morte. Au temps d'Abraham, Asesonthamar ou Engaddi, et la vallée de Mambré, étaient en son pouvoir; peut-être bien les Héthéens lui étaient-ils soumis. A l'époque de l'arrivée des Israélites, cinq rois amorrhéens régnaient à Hébron, à Jérimoth, à Lachis, à Eglon, et même à Jérusalem. Il devait y en avoir encore d'autres; car, malgré la défaite et la mort de ces rois, la tribu de Dan fut peu après tellement resserrée dans les montagnes par les Amorrhéens, maîtres d'Aïalon, de Salebim et autres lieux, qu'ils n'osaient risquer de descendre dans la plaine. Le peuple amorrhéen a eu aussi son époque de conquête et de gloire, probablement peu de temps avant l'arrivée des Israélites. Des montagnes en deçà de la mer Morte et du Jourdain, il s'élança au delà de ce fleuve, se jeta sur les terres des Moabites et des Ammonites, s'avança dans le pays de Galaad, et rendit tributaires plusieurs princes de Madian. Deux rois amorrhéens, Sehon et Og, maîtres du pays qu'ils avaient hérité ou conquis par eux-mêmes, régnaient l'un au sud, entre l'Arnon, le Jourdain, le Jaboc, et la limite des Ammonites; et l'autre au nord, entre le Jaboc, le Jourdain, et le mont Hermon. Ce dernier royaume portait le nom de *royaume de Basan*. Le pays de Basan n'était cependant pas entièrement occupé par les Amorrhéens, car ceux-ci ne paraissent guère avoir habité que le pays de Galaad. Il s'y trouvait aussi des restes d'une ancienne race de haute stature, appelée *race des géants*, qui avaient couvert autrefois le pays, et dont le roi Og était lui-même issu, et l'on en juge du moins par les énormes dimensions de son lit, que l'on voyait chez les Ammonites à Rabbath-Ammon. Quoi qu'il en soit de leur puissance, ces deux rois furent assujétis par les Israélites, et leurs pays, fertiles en pâturages, furent donnés aux tribus les plus riches en bestiaux, à celles de Ruben et de Gad, et à la demi-tribu de Manassé. Mais les Israélites avaient détruit beaucoup de villes, exterminé une grande partie des habitants, en sorte qu'ils furent obligés de relever ces villes abattues, et de les repeupler; alors ils leur donnèrent quelques-uns d'autres pays. Ceux des Amorrhéens qui échappèrent aux massacres que firent les Israélites sur plusieurs points du pays de Chanaan devinrent tributaires d'abord de la maison de Joseph, et ensuite du roi Salomon.

**Amorrhéens** (montagnes des). Sous cette désignation, il faut sans doute entendre non point une dénomination particulière, une localité distincte, mais une mention générale; elle semble appliquée par Moïse à tout le pays occupé dans la terre de Chanaan par les Amorrhéens; peut-être même l'est-elle à la terre de Chanaan tout entière. Placés au midi, vivant dans les montagnes, les Amorrhéens furent le premier peuple que les Israélites rencontrèrent en venant du désert, et le premier qu'ils combattirent. Ceux-ci trouvèrent même en lui une telle résistance, qu'ils furent forcés de se retirer à Cadès-Barné, où ils séjournèrent encore pendant trente-huit années. Ils auront donc pu, dans le premier moment surtout, appliquer le nom des Amorrhéens à tout le pays.

Amosa, ville de la tribu de Benjamin, située proche d'Ammoni.

Amphipolis, ville de la Macédoine, sur le Strymon. Fondée par les Athéniens, cette ville était une place fortifiée ; et sous Philippe, père d'Alexandre, ce fut un des boulevarts de son empire. Elle porta aussi le nom de *Novem-viœ* ; aujourd'hui, en ruines, sous le nom de *Jeni-Keuï*. Son port était *Eion*, actuellement en ruines comme elle.

Amthar, ville de la tribu de Zabulon sur la frontière de Nephthali.

Ana, ville située vraisemblablement sur le bord de l'Euphrate, dans la Mésopotamie. On trouve en effet dans cette ancienne province du royaume d'Assyrie, dans une île de l'Euphrate, une ville nommée *Anatho*, dont s'empara l'empereur Julien ; et sur le bord méridional du fleuve, et en face de cette position, est aujourd'hui un lieu que l'on appelle encore *Ana*. Ce ne serait donc point le nom d'une divinité, comme l'ont prétendu quelques commentateurs de la *Bible*.

Anab, ville de la tribu de Juda, dans les montagnes non loin d'Hébron. Ses premiers habitants appartenaient à la race des Géants, que Josué extermina.

Anaharath, ville de la tribu d'Issachar, vers la source du Cison.

Anama, ville de la tribu de Benjamin, où les enfants de Benjamin se rendirent au retour de la captivité ; elle était près de la ville d'Anathoth.

Anamim, peuplade de l'Afrique septentrionale, issue de Mezraïm par Anamim. Les uns la placent dans le voisinage du temple de Jupiter Ammon ; d'autres la reportent jusqu'au pays des Garamantes.

Anathoth, ville de la tribu de Benjamin, au N.-E. de Jérusalem. Elle avait été affectée aux lévites. Patrie de Jérémie. Ce prophète, de même qu'Isaïe, lui annonce les plus terribles châtiments. La tour d'Anathoth existait encore au temps de saint Jérôme ; mais aujourd'hui on n'y voit plus que les restes d'une belle église, construite par sainte Hélène en l'honneur de Jérémie, un monastère, près duquel coule une source médicinale, et quelques masures.

Anem, ville lévitique de la tribu d'Issachar. On suppose avec raison qu'elle est la même que la ville d'Engannim, citée par Josué. Elle ne devait pas être éloignée de Bethsan.

Aner, ville de la demi-tribu occidentale de Manassé. Elle fut donnée aux lévites.

Angé, montagnes élevées de la Cilicie, branche du mont Amanus.

Anim, ville de la tribu de Juda, peu éloignée de Dabir, et dans les montagnes.

Anti-Liban, partie orientale et la plus élevée de la chaîne des montagnes du Liban ; elle s'étend de la Galilée supérieure au S., jusqu'à la ville d'Héliopolis au N., et comprend les monts *Amana*, *Hermon* et *Sanir*. La vallée qui la sépare à l'occident du Liban était très-fertile. Voy. *Liban*.

Antioche, ville bâtie peu après la bataille d'Ipsus sur l'Oronte, à environ 5 lieues de la mer Méditerranée, par Séleucus-Nicanor, qui en fit la capitale de son empire, et lui donna le nom de son père Antiochus. Ce fut pendant longtemps l'une des cités les plus importantes de l'Orient. Dans les temps florissants de l'empire romain, Antioche était la résidence ordinaire des gouverneurs de l'Orient. Étendue et populeuse, elle avait 5 lieues de tour ; la nature autant que l'art avait contribué à rendre sa position formidable. Dès les premiers moments de son existence, cette ville s'embellit de palais somptueux et de temples magnifiques. Son cirque, ses théâtres, ses riches bazars, contribuèrent aussi à lui donner une célébrité qui s'accrut considérablement, lorsqu'elle fut devenue le siége des sciences et des lettres. Ses voluptueux bosquets de lauriers firent donner à l'un de ses faubourgs, qui renfermait d'ailleurs un temple consacré à Daphné, le nom de *Daphné* ; et elle-même reçut de là le surnom *Épi-Daphné*, qui la distingua de six autres villes qui, soit en Syrie, soit ailleurs, portaient le même nom. Aujourd'hui, cette ville est en ruines ; on la nomme *Antakièh*. Son port était *Seleucia-Pieria*, à l'embouchure de l'Oronte. Beaucoup de Juifs demeuraient à Antioche ; ils y jouissaient des mêmes droits et des mêmes priviléges que les Grecs. Ce fut là que les disciples de Jésus-Christ, désignés sous le nom de *Nazaréens*, furent pour la première fois appelés *Chrétiens*. Antioche était la patrie de saint Luc l'évangéliste, de Théophile, surnommé d'Antioche, de saint Chrysostôme, de saint Ignace et d'Ammien-Marcellin. Dans les premiers temps du christianisme, son évêque portait le titre de patriarche. Lat. N. 36° 12' 30" ; long. E. de Paris, 34° 2' 30".

Antioche de Pisidie, capitale de la Pisidie, dans l'Asie-Mineure, ville dont Séleucus-Nicanor fut encore le fondateur ; il s'y établit une colonie romaine. Maintenant on l'appelle *Akshehr*, ou la *Ville-Blanche*. Saint Paul y éprouva une persécution qui le força à quitter le pays, d'où il se rendit à Icone.

Antipatride, ville de la Samarie, primitivement connue sous le nom de *Capharsalama* ; mais, rebâtie par Hérode, elle fut ainsi appelée en l'honneur de son père Antipater. C'est maintenant le bourg d'*Arsuf*. Elle était sur la route de Jérusalem à Césarée.

Antonia, forteresse de Jérusalem élevée sur un rocher à l'angle N.-O. du temple par Hérode, qui lui donna, en l'honneur de Marc-Antoine, le nom qu'elle portait. Elle dominait sur tous les bâtiments du temple, et avait une garnison romaine ; les prisons de la ville s'y trouvaient sans doute placées. Elle renfermait le *prétoire*, lieu où se rendait la justice ; et le *palais*, qui était occupé par les gouverneurs de la Judée, lorsque quelque événement les appelait de Césarée, leur résidence ordinaire, à Jérusalem.

APAMÉE, ville de la Syrie, aujourd'hui *Famièh*, située sur l'Oronte, et où Séleucus-Nicanor faisait garder ses éléphants Son territoire portait le nom d'*Apamée*.

APHOEREMA, ville primitivement dépendante de la Samarie, et qui fut annexée à la Judée, ainsi que les villes de Lydda et de Ramatha, auxquelles l'Écriture donne comme à elle le titre de *toparchie*. Ce fut à la demande de Jonathas que le roi de Syrie, Démétrius Nicanor, renonçant aux impôts et à tous les produits de ces trois villes, les consacra avec toutes leurs dépendances à l'entretien des prêtres du temple de Jérusalem.

APHARA, ville de la tribu de Benjamin, au S.-E. de Jéricho.

APHARSACHÉENS ou APHARSATACHÉENS, peuple assyrien, envoyé en Samarie par Asarhaddon à la place des Israélites, qui furent transférés au delà de l'Euphrate. Lorsque, rendus à la liberté, les Juifs revinrent dans leur patrie, les Apharsachéens voulurent mettre obstacle à la construction du temple de Jérusalem, mais Darius, se conformant à l'édit de Cyrus, qu'il fit vérifier, ordonna que les travaux fussent continués.

APHARSATACHÉENS. Voy. *Apharsachéens*.

APHARSÉENS, peuple tiré de l'Assyrie et établi en Samarie comme les Apharsachéens, dont il suivit l'exemple en empêchant les Juifs de reconstruire le temple de Jérusalem.

APHEC, ville de la tribu d'Aser, au pied du Liban. Avant l'arrivée des Israélites cette ville était gouvernée par un roi ou prince indépendant, qui fut soumis par suite de la conquête. Aphec fut témoin de quatre victoires remportées successivement par les rois d'Israël sur Benadab, roi de Syrie, et sur Hazaël son fils.

APHEC, ville de la tribu d'Issachar, dont l'Écriture donne la position près de Jezrahel. Trois fois les Israélites y furent vaincus par les Philistins. La troisième fois Saül vint mourir sur la montagne de Gelboé.

APHECA, ville de la tribu de Juda, située vers le sud d'Hébron.

APHUTÉENS, habitants d'un lieu voisin de Caria thiarim, d'où ils tiraient leur origine.

APOLLONIE, ville de la Macédoine, située à l'entrée de la Chalcidique, et d'où saint Paul se rendit à Thessalonique. Elle ne présente plus aujourd'hui que des ruines sous le nom de *Palæo-Chori*.

APPIUS (marché d'). Voyez *Forum Appii*.

AR, ville capitale des Moabites, au S. de l'Arnon. Les Grecs la nommèrent *Areopolis*. Ses murailles, dit Jérémie, étaient de briques. Le prophète l'appelle *Moab*, du nom du fils de Lot, père des Moabites. Eusèbe et saint Jérôme la désignent ainsi ; d'autres écrivains la nomment *Rabbath*. Elle subit plusieurs révolutions. On l'a confondue à tort avec la ville d'Aroër au delà de l'Arnon. Ses murailles tombèrent en une nuit par l'effet du fameux tremblement de terre arrivé 365 ans après Jésus-Christ. *El-Raba* est son nom actuel.

ARA, ville située sur le fleuve Gozan, une de celles où Théglath-Phalasar, roi d'Assyrie, transféra une partie des habitants des tribus situées à l'orient du Jourdain : exemple suivi bientôt après par Salmanasar. Il est vraisemblable que cette ville appartenait à l'*Arie*, partie de la Médie représentée aujourd'hui par le territoire de *Hérat*. Dans cette contrée était *Artacoana*, connue aussi sous le nom d'*Aria*, et dont *Fuchendj* est le nom moderne. Y aurait-il identité entre l'Ara de l'Écriture et cette ville d'Aria ?

ARAB, ville de la tribu de Juda, située au S. vers l'Idumée.

ARABES, peuples de l'Arabie. Voyez. *Arabie*.

ARABIE, grande presqu'île formée par le golfe Persique à l'E., la mer Rouge ou golfe Arabique à l'O., et la mer des Indes, l'ancienne mer Érythrée, au S. Au N. elle était séparée de l'Assyrie et de la mer de Chanaan par de vastes plaines sablonneuses, qui, des bords de l'Euphrate, s'étendaient jusqu'au rivage de la Méditerranée. Placée à l'extrémité de la terre habitable, suivant Hérodote, cette contrée était aussi peu connue des anciens qu'elle l'est encore des modernes. Elle semblerait, par la nature de sa constitution, être une continuation de l'Afrique plutôt qu'une dépendance de l'Asie. Sous les mêmes degrés de latitude, ce sont, en effet, de part et d'autre, des déserts absolument pareils ; de telle sorte que, sans la présence de la vallée du Nil et de la mer Rouge, il n'y aurait aucune interruption dans le prolongement des déserts, qui du pied de l'Atlas, s'étendraient ainsi jusqu'à l'extrémité orientale de l'Arabie. De même qu'en Afrique, la fertilité du sol ne reparaît que vers le 20° degré de lat. Les montagnes, qui servent en quelque sorte de ceinture à cette vaste presqu'île à l'O. et au S., favorisent, par les nombreux cours d'eau auxquels elles donnent naissance, cette fécondité si précieuse qui a fait donner à une partie de l'Arabie le nom d'*Arabie-Heureuse*. Pour le centre du pays, il est couvert d'immenses déserts, qui, à l'exception de quelques parties privilégiées, comme le Nedjed, berceau de la nouvelle secte musulmane des Wahabis, lui donnent la plus monotone uniformité. Les similitudes qui viennent d'être signalées avec l'Afrique, relativement au sol, sont les mêmes pour le climat. L'*Yemen*, dont le nom a désigné tantôt toute la partie méridionale, tantôt toute la partie S.-O. de la presqu'île, jouissait anciennement d'un double avantage, comme lieu de production et comme lieu d'échelle pour le commerce de l'Afrique et de l'Inde. On en tirait des parfums précieux, surtout de l'encens, comme on en tire à présent le meilleur café ; et quoiqu'on n'y trouve plus d'or aujourd'hui, c'était autrefois un pays renommé pour cette production, aussi bien que pour ses pierreries, onyx, agates, rubis, etc. Ces avantages réunis lui donnaient une grande importance : on vantait non seulement ses propres richesses, mais encore celles que lui procurait son commerce, et qui passaient ensuite en Phénicie, où tous ces produits, indigènes ou exotiques, étaient considérés comme lui appartenant. Sans parler des dons précieux du pays d'Ophir, on voit les marchands ismaélites, ceux à qui Joseph fut vendu par ses frères, chargés de baume, de myrrhe, et d'aromates qu'ils portaient en Égypte ; et les Madianites laisser les Israélites, après leur entière extermination, maîtres d'un butin si considérable encore, qu'ils en firent de nombreux ornements de parure pour eux, et même des colliers pour leurs chameaux. Le commerce, dans l'intérieur de l'Arabie, se faisait alors, comme il a lieu encore aujourd'hui, par caravanes. Le cheval y est rarement employé, si ce n'est par les gens qui servent d'escorte ; les bagages et les marchandises sont portés par les ânes, les chameaux et les dromadaires ; de là vient la fréquente mention que l'Écriture fait de ces divers animaux, en parlant des contrées de l'Arabie.

Malgré l'aridité et la stérilité d'une grande partie de son sol, l'Arabie fut promptement peuplée. Les fils de *Chus* s'y établirent, particulièrement à l'occident, mais ils ne paraissent pas y être demeurés tous. Une partie passa de là dans l'Éthiopie, qu'elle peupla. Il résulte de cette émigration que les habitants de l'Éthiopie, quelquefois appelés *Chusites*, ont eu une origine commune avec les habitants de l'Arabie, en sorte que les mots *Éthiopie* ou *Éthiopiens* et *Chusites*, sont souvent reproduits par l'Écriture pour désigner l'*Arabie* ou les *Arabes* en général. Pour ceux des enfants de Chus qui continuèrent d'habiter le pays, ils donnèrent séparément leur nom aux localités dans lesquelles ils étaient établis. Postérieurement vinrent les *enfants de Jectan*, descendants de Sem par Héber, et par conséquent parents des Hébreux. A leur tour ils peuplèrent plusieurs parties de l'Arabie, auxquelles ils communiquèrent leur nom. La descendance d'Abraham, par Agar les Ismaélites, et par Céthura les Madianites, etc., vinrent au nord de l'Arabie, mais ils furent séparés de la terre de Chanaan par les *Amalécites* et les *Iduméens*, peuple issu d'Esaü ou d'Edom. Enfin, dans le N.-E. étaient les *Moabites* et les *Ammonites*, peuples qui descendaient tous les deux de Lot. Quant à la dénomination d'*Arabes*, donnée à tous les peuples de la presqu'île, elle ne le fut que longtemps après l'établissement de ces diverses populations.

La division de l'Arabie en trois parties, 1° l'*Arabie Pétrée*, 2° l'*Arabie Heureuse*, et 3° l'*Arabie Déserte*, ne paraît pas remonter plus haut que Ptolémée. La première occupait le N.-O., la seconde l'O. et le S. et la troisième s'étendait du centre jusqu'au golfe Persique et même au N.-E. jusqu'à l'Euphrate. Cependant les anciens plaçaient souvent dans l'Arabie-Heureuse toute la partie de la presqu'île resserrée entre deux golfes. L'Arabie ne comprenait alors que les déserts renfermés entre la Syrie, la Mésopotamie et la Chaldée. Cette division est encore suivie par les modernes. L'Arabie Pétrée fut ainsi appelée, de Pétra, sa ville principale ; les autres reçurent leur nom de la nature du pays, du climat et de la richesse ou de la stérilité du sol.

1. L'*Arabie Pétrée*, qui fut subjuguée par David et qui depuis passa sous la domination des Perses, et ensuite des Romains, renfermait les *Amalécites*, les *Thémanites*, et autres peuples issus d'Esaü et comme eux *Iduméens* ou *Edomites*, les *Nabathéens*, descendus soit de Nabajoth, fils d'Ismaël, soit de Nabath, petit-fils d'Esaü par Rahuel, les *Cédarites* ou émirs de Cédar, Ismaélites, et enfin les *Madianites*, venus de Madian, l'un des fils d'Abraham et de Céthura. Le nom des *Nabathéens* fut cependant celui qui l'emporta sur les autres ; les Grecs désignèrent en effet presque tous ces peuples sous cette dénomination, plus tard cependant, on la restreignit à l'Hedjaz. Leur capitale était *Pétra* (aujourd'hui *Karak*), dans une position très-forte et de la plus grande importance pour son commerce *Ailath*, *Asiongaber* et *Madian* appartenaient encore à cette division de l'Arabie. Les déserts s'étendaient surtout au N. ; cependant au milieu de ces déserts s'élevaient les *montagnes de Seïr* et quelques autres chaînes de collines. Au S. entre les golfes *Héroopolites* et *Elanitique*, formés par le fond de la mer Rouge, est la presqu'île de *Sinaï*, couronnée par les *monts Melanes* ou *Noirs*, dont le mont *Sinaï* et par conséquent le mont Horeb font partie. Les *déserts de Sur*, de *Sin*, de *Pharan* et de *Sinaï*, au milieu desquels les Israélites demeurèrent pendant quarante ans, se prolongent jusqu'à la mer Morte.

2. L'*Arabie-Heureuse* se compose, malgré son nom, de déserts beaucoup plus étendus que les terres douées de fertilité. Ces dernières sont particulièrement situées le long de la mer Rouge et de la mer des Indes, où des hauteurs les abritent contre l'ardeur du climat et le mouvement des sables. Les descendants de Chus, ceux qui du moins restèrent dans l'Arabie, s'y confondirent avec les enfants de Jectan ; cependant quelques-uns d'entre eux paraissent avoir conservé leur position première. Chus eut un fils et un petit-fils nommés *Saba*, et l'un des enfants de Jectan porta le même nom. Auquel attribuer l'origine des *Sabœi* ? Il en est de même du nom d'*Hevila* : il appartient à un fils de l'un et de l'autre ; de ceux de *Dadan* ou *Dedan*, attribués à un fils de Chus et à un fils de Céthura, et d'*Ophir* et *Opher*, donné à un descendant de Jectan et à un fils de Madian. Ces similitudes de noms produisent des difficultés qu'il est impossible de lever. Quoi qu'il en soit, en venant du nord, on trouvait *Thœma* (aujourd'hui *Tima*), dont le nom rappelle celui d'un fils d'Ismaël ; plus loin *Reema*, qui pourrait bien être dû à Regma ou Reema, fils de Chus, de même que *Sabbatha*, qui est tout-à-fait au S., sur la côte, au lieu à présent nommé *Schibaim* (suivant Gosselin), reproduit la dénomination d'un autre de ses fils. Pour le nom des *Sabœi*, dont la capitale était *Saba* (aujourd'hui *Sabbea*), son origine devient fort incertaine. *Dadan*, fils de Chus, pourrait bien être le *Dan* ou *Vadan* d'Ézéchiel. On le place à l'extrémité S.-E. de l'Arabie. Ce pays de Dan diffère d'un autre nommé *Dedan* ou *Dedanim*, et qu'il faut reconnaître sur le golfe Persique, peut être à l'île Bahrein, si renommée aujourd'hui

pour sa pêche de perles. D'un autre côté les enfants de Jectan furent au nombre de treize. *Elmodad*, l'un deux, passe pour être le père des *Allumæi* de Ptolémée ; un autre, *Seleph*, serait celui des *Salapeni*, placés par d'Anville, *carte d'Asie*, sous le nom d'*Alapeni*, dans les contrées du Nedjed ; *Asarmoth* ou mieux *Adramaut*, ou *Chatsarmavet*, variation du même nom, serait celui des *Adramites* ou *Chatramotites*, sur la côte méridionale de l'Arabie. *Jaré* aurait peuplé la partie de cette côte appelée Côte de la Lune. *Uzal*, la ville d'*Azal*, dont *Sanaa* serait le nom plus moderne. *Saba* serait la souche des *Sabæi*, chez lesquels régnait la puissante reine qui vint voir Salomon à Jérusalem. M. Gosselin place dans leur contrée le célèbre *pays d'Ophir; Ophir* était aussi un des fils de Jectan. Quant à ses autres enfants, *Aduram*, *Decla*, *Ebal*, *Abimaël*, *Hevila*, *Jobab*, on ne peut déterminer leur position ; leurs dénominations elles-mêmes ne sont pas toutes certaines. *Hevila*, cependant, paraîtrait avoir occupé le pays au fond du golfe Persique. Outre ces peuples ou tribus, il y en avait d'autres dans l'origine desquels on se perd. Parmi ceux-ci se distinguent surtout les *Homérites*, appelés *Hémiarites* par les Orientaux, nation qui subjugua les *Sabæi* et réunit leur pays au sien. Son territoire était, comme le leur, riche en aromates. *Jatrippa* (Médine), *Jambia*, *Macoraba* (la Mekke), très-ancienne ville, qui, suivant les Arabes, fut fondée par Abraham, *Haran*, *Saba* (Sahbea), *Mariaba* (Mareb), capitale des Homérites, *Raema*, *Musa* (Moka), *Aden* ou *Eden*, l'*Arabiæ emporium* de Ptolémée, *Cana*, ports sur la côte, et *Gerrha* (El-Katif), sur le golfe Persique, étaient les villes les plus importantes de cette partie de l'Arabie, surtout Aden et Gerrha, centres du commerce de l'Inde avec les Phéniciens et l'Occident. Le rivage du golfe Persique était en partie occupé par les Arabes appelés *Ichtyophages*, c'est-à-dire, *mangeurs de poissons*, et sur ce rivage on trouvait les *îles de Tylos* et d'*Arados*.

3. L'*Arabie Déserte* était peuplée dans les parties les plus voisines de la mer Morte par les enfants de *Moab* et d'*Ammon*, obligés, après la conquête des Israélites, de prendre place, les uns tout-à-fait au S. de l'Arnon, et les autres à l'E. du pays de Galaad ; par les *Ituréens* et les *Iduméens orientaux*. Les *Cédarites* paraissent s'être également étendus jusque-là, aussi bien que les *Agaréens* ou *Agaréniens*, qui étaient de la même famille qu'eux. On a quelquefois donné le nom de ces derniers à une tribu arabe qui, peu considérable d'abord, a fini par prendre une grande extension : c'étaient les *Sarrasins*. Outre cela, le pays était parcouru, comme il l'est encore à présent, par des hordes errantes dont la masse portait le nom d'*Arabes Scénites*, c'est-à-dire, *vivants sous des tentes*. Cette partie de l'Arabie ne présente, si ce n'est vers l'O., qu'un vaste désert de sable avec lequel vient se confondre une plaine immense à laquelle les Romains donnèrent le nom de *province d'Arabie* et dont la forteresse de Bostra devint la capitale ; c'est là que régnèrent les rois arabes Emalcuel et Arétas. Ce dernier paraît avoir été, au temps de saint Paul, maître de la ville de Damas, puisqu'il y avait établi un gouverneur.

Parmi les Arabes, les uns mènent une vie sédentaire : ce sont ceux qui habitent les parties les plus fertiles ; les autres, nomades par caractère autant que par le besoin de chercher leur subsistance, et divisés par tribus ou peuplades, se transportent continuellement d'un lieu dans un autre avec leurs troupeaux, vivent sous la tente, ne reconnaissent d'autre autorité que celle de leur chef ou émir. Ils remplissent les déserts de l'Arabie et de la Syrie, et tels ils sont aujourd'hui, tels ils ont toujours été. Ces peuples rendaient à Tyr et aux Phéniciens les mêmes services que les tribus nomades de l'Afrique rendaient à Carthage pour son commerce. C'était à eux en effet que l'on s'adressait pour monter des caravanes, et ils louaient ou vendaient leurs nombreux chameaux avec leurs gardiens ou conducteurs aux marchands étrangers. Avant le règne d'Alexandre, ils étaient les conducteurs des caravanes dans toute la Perse, où ils paraissent s'être étendus de bonne heure. Si ces tribus nomades ou errantes sont généralement portées au pillage, l'hospitalité a été du moins de tout temps en grand honneur parmi elles.

ARACÉENS, peuple issu d'Araceus, fils de Chanaan, et établi au pied du Liban. *Arcen* ou *Arcas*, depuis *Demetrias*, non loin de Tripoli, paraît avoir été sa principale ville. Il existe encore à l'E. de Tripoli un lieu nommé *Arka*.

ARACH, ville de la tribu de Ruben ; patrie de Chusaï, le conseiller de David.

ARACH, ville du royaume de Babylone, située dans la plaine de Sennaar.

ARAB, ville Amorrhéenne de la tribu de Juda, au S. d'Hébron ; elle eut, jusqu'à l'arrivée des Israélites, un roi particulier.

ARAD, ARADON ou ARPHAD, ville bâtie sur un rocher de 7 stades de circuit, située à une demi-lieue de la côte de la Phénicie ; on nomme encore ce rocher *Ruad*. Vis-à-vis de cette île, sur le continent, était une autre ville que l'on appelait *Antarad* ou *Antaradus* (aujourd'hui Tortose). Tout annonce qu'Arad était une ville très-commerçante dont la puissance ne laissait pas d'être considérable, même au temps des Romains. Alliée de Tyr, elle lui fournissait des soldats et des matelots. De même que la plupart des villes phéniciennes, Arad eut ses princes ou rois particuliers. On y adorait les faux dieux ; une colonie sortie de cette ville participa, avec les Sidoniens et les Tyriens, à la fondation de la ville de Tripoli, qui par ce motif reçut des Grecs le nom de *Tripolis*.

ARADA, vingt-unième station des Israélites dans le désert ; elle était située dans le pays des Amalécites.

ARADIENS, descendants d'Aradius, fils de Chanaan ; ils habitaient la ville d'Arad, et avaient la réputation d'être bons soldats et bons matelots : ils étaient en grand nombre sur les flottes de Tyr.

ARADON. Voy. *Arad*.

ARAM, nom donné à tout le pays compris entre la

Méditerranée, le mont Amanus, les montagnes de la Perse et celles de l'Arménie, c'est-à-dire, la *Syrie* prise dans sa plus grande extension. On l'avait ainsi nommée d'*Aram*, le plus jeune des fils de Sem, qui se serait établi dans ce pays; et, en effet, l'idiome général de ses habitants, quoique varié dans ses dialectes, paraissant, dit le savant HEEREN (*Politiq. et Comm. des peuples de l'antiquité*, t. 1, p. 190, trad. franç), être le même dans toute l'étendue de cette région de l'Asie, prouverait qu'une peuplade considérable s'y serait originairement fixée. L'Arménie, la Mésopotamie, la Babylonie, l'Assyrie proprement dite, ou le Kurdistan au-delà du Tigre, et la Syrie propre entre l'Euphrate et la mer Méditerranée, auraient donc été comprises dans cette vaste région appelée *Aram* dans l'Écriture, et *Syrie* dans les temps postérieurs. Ce dernier nom, de formation assez récente, dérive probablement du mot *Sour* ou *Tyr*; car les anciens écrivains grecs employaient le mot Ἀρμαι, *Arimi*, et non celui de *Syriens*, pour désigner les habitants de ces pays. C'est celui sous lequel on les reconnaît dans Homère (*Il.* II, v. 783.) Voy. *Syrie*.

ARAM, nom qui, mentionné au livre des *Nombres*, parait désigner la partie de l'Aram située près de l'Euphrate au-delà du pays des Ammonites, et où résidait le devin Balac; peut-être bien est-ce la Mésopotamie?

ARAMA, ville de la tribu de Nephthali. Il devait y avoir une autre ville du même nom au S. de la Palestine; ce serait celle aux habitants de laquelle David envoya une partie du butin fait sur les Amalécites, après leur défaite près de Siceleg.

ARARAT, nom d'une partie de l'*Arménie*. L'Arménie forme un plateau élevé, qui lui-même est dominé de tous côtés par des montagnes d'une grande hauteur, sur lesquelles l'emporte cependant le mont *Ararat*, dont le nom est resté au pays qui l'avoisine, et qui, suivant le prophète Jérémie, a dû former un royaume particulier. Le mont Ararat, célèbre parce que l'arche de Noé s'y serait arrêtée après le déluge, se rattache aux monts Gordyens ou des Carduques; aujourd'hui encore il est appelé *Kuki-Nuch* ou *montagne de Noé* par les Persans; les Arméniens le nomment *Macis*, et les Turcs *Agri-Dagh*; c'est-à-dire, la *montagne très-élevée*. Cette grande masse se compose de deux sommets, dont l'un, plus bas que l'autre, est aussi plus aigu. M. Parrot, qui gravit cette montagne en 1829, donne 2,700 toises au-dessus du niveau de l'Océan à la plus élevée de ses deux cimes. La neige et la glace dont elles sont couronnées, l'air qui se raréfie à mesure que l'on approche du faîte, et la forme conique de la montagne, en rendent l'accès sinon impossible, du moins très-difficile. La hauteur de la ligne des neiges éternelles est à 2,000 toises, hauteur extraordinaire pour cette latitude, qui est de 39° 45′. Beaucoup de cendres, de laves et de scories font présumer l'existence d'anciennes éruptions volcaniques, et cependant les moines du couvent d'Etzchmiazin, dont les prédécesseurs ont, depuis 800 ans, observé tous les phénomènes qui se sont passés sur cette montagne, n'y ont pas vu une seule fois de la fumée. — Le nom *Ararat*, donné par l'Écriture aux montagnes de l'Arménie, devait, suivant certaines hypothèses, s'étendre bien au-delà de ce pays. Il aurait, dit-on, suivant Moïse, été appliqué à la grande chaîne du Taurus; ce qui donne assez de latitude pour permettre de s'étendre jusqu'aux confins de la Tartarie, de la Perse, et même de l'Inde, où les uns font séjourner l'arche de Noé, tandis que les autres fixent le lieu où elle s'arrêta aux monts Gordyens, non loin des sources du Tigre. L'argument sur lequel se fondent les premiers, c'est que les peuples partis du côté de l'orient, descendirent dans les plaines de Sennaar, où ils habitèrent; mais cette opinion ne parait pas pouvoir soutenir un sérieux examen.

ARARI, ville de la tribu de Juda, patrie de l'un des vaillants capitaines de David.

ARBATES, ville de la tribu d'Issachar.

ARBATH, ville, patrie de l'un des vaillants capitaines de David, peut-être la même que la précédente?

ARBÉE. Voy. *Hébron*.

ARBELLES, ville de la Galilée, tribu de Zabulon, située à peu de distance du Cison, au S. de Sepphoris, ou Dio-Cæsarea; elle donnait son nom au pays qui l'entoure.

ARBI, ville de la tribu de Benjamin, patrie de l'un des vaillants capitaines de David.

ARCHI-ATAROTH, petit pays situé sur la limite méridionale de la tribu d'Ephraïm.

AREBBA, ville de la tribu de Juda, à l'O. de Jérusalem.

ARECON, ville de la tribu de Dan, dans le voisinage de Joppé.

ARÉOPAGE, nom du plus ancien et du plus honoré des tribunaux d'Athènes. Ce tribunal s'assemblait quelquefois sous le portique royal; mais le lieu ordinaire de ses séances était sur une hauteur à quelque distance de la citadelle, appelée Ἄρειος πάγος, consacrée au dieu Mars, et du nom de laquelle se forma celui d'*Aréopage*. Ce fut en se défendant devant ce tribunal que saint Paul convertit au christianisme un de ses juges, qui depuis fut saint Denys, surnommé l'Aréopagite.

AREUNA. Voy. *Aire d'Areuna*.

ARGOB, pays fertile situé au-delà du Jourdain, demi-tribu E. de Manassé, non loin du lac de Génézareth; il faisait partie de la domination du roi Og, lorsque les Israélites s'emparèrent du royaume de Basan. Donné à Jaïr, petit-fils de Manassé, ce pays possédait alors, dit l'Écriture, qui sans doute entend désigner sous ce nom tout le Basan, 60 villes fort grandes et fermées de murailles, sans parler de plusieurs bourgs et villages. Sa capitale portait le même nom; dans la suite on l'appela *Ragab*.

ARGOB, lieu dont il est mention au liv. IV *des Rois*, à l'occasion de la conspiration de Phacée, fils de Romélie, contre Phacéia, roi d'Israël, et de son attaque contre lui dans la tour de Samarie. Il est cité;

ainsi qu'un autre lieu nommé *Arié*, comme étant voisin du point où Phacée se jeta sur Phacéia, et par conséquent comme situé dans la ville même de Samarie.

**Arié**, lieu appartenant sans doute comme le précédent, à la ville de Samarie.

**Ariel**, nom sous lequel, suivant saint Jérôme, le prophète Isaïe aurait désigné la ville de David.

**Arimathie**, ville de Samarie sur le mont Ephraïm, tribu d'Ephraïm, au S. de Lydda, patrie de Joseph, qui ensevelit le corps de Jésus-Christ. Eusèbe et saint Jérôme la confondent avec la ville de *Ramatha*, où Samuel reçut le jour. Voy. *Ramatha*.

**Armagedon**, mot qui, en hébreu, signifie *mont Magedon*. C'était le nom d'une montagne située près de la ville de Magedo, et qui devait dominer la grande plaine qui s'étend jusqu'au pied du mont Carmel, et dont plusieurs batailles ont rendu le nom célèbre.

**Arménie**, contrée de l'Asie, au N. de la Médie, de l'Assyrie et de la Mésopotamie, connue aujourd'hui encore sous le même nom, quoique d'une moindre étendue que dans l'antiquité. Elle embrassait tout le pays où sont les sources du Tigre et de l'Euphrate, du Cyrus et de l'Araxe, ce qui lui valut l'honneur d'avoir, suivant quelques opinions, renfermé le *Paradis Terrestre*. Elle formait un plateau, dont la partie la plus élevée était occupée par le pays d'Ararat et par la montagne de ce nom. Elle est encore remarquable par les mêmes produits que ceux qu'on en tirait dans les temps anciens, où on la représentait comme un pays riche en chevaux et en mulets, dont beaucoup étaient vendus sur les marchés de Tyr. Le satrape, ou gouverneur de l'Arménie, envoyait annuellement au roi de Perse jusqu'à 20,000 poulains. Les anciens parlent aussi de mines d'or situées dans les montagnes, mais on n'y exploite plus à présent que le fer et le cuivre. On divisait cette contrée en deux parties, la *grande* et la *petite Arménie*. D'après le langage de l'*Ancien Testament*, l'Arménie comprenait les trois pays de *Thogorma*, d'*Ararat* et de *Menni*. Le *Thogorma* s'étendait au S. du Caucase, entre les deux mers Noire et Caspienne; l'*Ararat* avoisinait la montagne du même nom, et le *Menni*, dont le nom est cité par S. Jérôme, était proche de l'Ararat, dans le canton que l'on appelle encore *Minyas*. Bochart (lib. I, cap. III, p. 22.), explique le nom *Arménie* par celui de *Hermini*, c'est-à-dire, montagne de *Mini*. le pays montueux de Minyas. D'après Wahl (*Asien.*, p. 807), le nom *Minyas* a le même sens que le mot *Menni* de l'Écriture. De cette expression *Har-Menni*, s'est formé le nom *Arménie Har-Menni* signifie montagne du ciel ( *Hornung. Handb. zur Erlaut. aer Bibl. Gesch. u. Geogr.*, p. 20 ). Les Arméniens reconnaissent cependant pour leur auteur *Armenag*, arrière-petit-fils de Japhet par Haig, Thogorme et Gomer.

**Armon**, pays situé au pied du mont Hermon.

**Arnon**, rivière qui a sa source dans la chaîne des montagnes de Galaad, vers son point de réunion avec celle des monts Abarim. Elle coule d'abord au S. dans une vallée appelée *Vallée de Gad*, sans doute parcequ'elle appartenait à la tribu de ce nom; puis, à l'O., à travers les déserts et les terres des Moabites, dont elle forma la limite au N., et, enfin, elle se jette dans la mer Morte, au N.-E. L'Écriture l'appelle *torrent*, ce qui annoncerait un cours violent, impétueux, mais momentané. Son lit était parsemé de rochers.

**Aroër**, ville importante, située sur l'Arnon, vis-à-vis Rabbath, la capitale des Ammonites. Elle fut en partie détruite lors de la conquête du pays, en sorte que les Gadites, à qui elle échut, furent obligés de la reconstruire.

**Aror** ou **Arori**, patrie de trois des braves capitaines de David.

**Arphad**. Voy. *Arad*.

**Arphaxad**, nom de l'un des fils de Sem, qui franchit le Tigre, et vint s'établir dans l'*Arrapachitide*, pays dépendant de l'Assyrie, et auquel il communiqua son nom. On étend quelquefois la demeure de sa postérité jusque dans la plaine de Sennaar, et par conséquent dans la Chaldée. Ce qui donne de la force à cette opinion, c'est que ce fut de la ville d'Ur, qui appartenait à cette contrée, que sortit Abraham, l'un des descendants de ce fils de Sem, quand il se rendit au pays de Chanaan.

**Aruboth**, ville ou pays dont l'intendance, réunie à celle de Socho et du pays d'Epher, fut donnée par Salomon, à l'un de ses officiers. Ce pays devait être à l'O. de Jérusalem, non loin de cette ville, et dans la tribu de Juda.

**Asan**, **Jéta**, ou **Jota**, bourg, ou plutôt ville lévitique de la tribu de Siméon. Il est fait mention, au premier *livres des Rois*, des habitants des environs du *lac d'Asan*, auxquels David donne une part dans le butin qu'il a fait sur les Amalécites. Ce lac serait-il situé près de cette ville ? S. Jérôme le place dans le voisinage d'un autre lieu du même nom, appartenant à la tribu de Juda : de son temps, ou la nommait *Beth-Asan*.

**Asarmoth**, un des descendants de Sem, par Héber et Jectan, dont le nom s'écrit quelquefois *Hadramaut*, et même *Chatsarnavet*. Il s'établit dans le S.-O. de l'Arabie-Heureuse, où le nom *Hadramaut* s'est conservé. Voy. *Arabie*.

**Asasonthamar**. Voy. *Engaddi*.

**Ascalon**, ville maritime, du territoire des Philistins, située dans une contrée fertile, par 31° 39' lat. N., et 32° 12' 40" long. E. de Paris. On la considérait comme une des plus fortes places de la côte de Phénicie. C'était la patrie de la célèbre Sémiramis. Ascalon ne fut bien soumise aux Israélites que sous le règne de Salomon. Elle subit aussi successivement la domination des Assyriens, des Perses, des Macédoniens et des Romains. Origène parle de quelques puits et citernes situés près de la ville, et dont on attribuait la construction à Abraham. Ascalon avait un temple consacré à Vénus-Uranie, lequel fut détruit par les Scythes, 630 ans avant Jésus-Christ, un autre, dédié à Dercéto, que l'on croit être la même idole que Dagon, la divinité tutélaire des Philistins, à qui on rendait un culte particulier, et un autre où l'on adorait Apollon, et que desservait comme prêtre Hérode, le père d'Antipater, et l'aïeul d'Hérode-le-Grand, qui était lui-même né dans cette ville ; ce qui lui fit quelquefois donner le surnom d'*Ascalonite*. Dans les premiers temps du christianisme, Ascalon fut le siége d'un évêché. A l'époque des croisades elle n'était point encore sans importance : on la décora de plusieurs beaux édifices, mais, dans ce temps-là même, prise et reprise plusieurs fois par les Sarrasins, elle finit par être entièrement détruite. Ses ruines existent encore tout près d'une réunion d'humbles chaumières que l'on nomme *Djoura*. Elles gisent au bord de la mer, et embrassent un circuit de plusieurs milles. Quoique cette ville ait été une des principales cités maritimes de la Phénicie, elle n'offre pas aujourd'hui le moindre vestige d'un port ; mais elle est dans une position élevée, et susceptible d'être fortifiée.

Ascenez, nom de l'un des fils de Gomer, et petit-fils de Japhet. Comme nom de pays, ce mot n'est cité que par Jérémie ; le prophète réunit, dans sa prédiction contre Babylone et les Chaldéens, le nom du roi d'*Ascenez* à ceux des rois arméniens d'Ararat et de Menni, ce qui doit faire supposer que ce prince habitait au moins un pays voisin, sans doute, les bords de la mer Noire. Dans cette hypothèse, on a étendu la descendance d'Ascenez dans le N.-O. de l'Asie-Mineure ; nous ne parlons pas de ceux qui l'ont refoulée jusqu'en Allemagne. Les uns l'ont donc placée dans la Bithynie, les autres dans le Pont. Il y avait, en effet, dans la Bithynie, une *baie* qui portait le nom d'*Ascanius*, et dans laquelle se perdaient les eaux d'une rivière qui sortaient d'un *lac* du même nom ; une *ville* et une *province* même de la Troade s'appelait *Ascania* ; sur la côte se trouvaient aussi plusieurs *îles* nommées *Ascaniennes* ; enfin le nom d'*Ascanius*, ou *Ascagne*, appartenait à plusieurs personnages du pays. Bochart a fait, entre les noms d'*Ascenez* et celui d'*Euxin*, qui en serait dérivé, un rapprochement ingénieux, qui ne paraît nullement dénué de vraisemblance. A la suite de l'établissement de la famille d'Ascenez, sur la côte de l'Asie-Mineure, la mer Noire a reçu le nom de *mer d'Ascenez*. De ce nom les Grecs auraient fait, selon cet auteur, celui de Πόντος Ἄξεινος, *Pontus Axenus*, d'autant plus facilement que, perdant de vue l'origine du mot, ils ont pensé qu'il indiquait une mer que le caractère des peuples dont elle était entourée dans les premiers temps, rendait *inhospitalière*, comme cela a lieu encore aujourd'hui sur quelques parties de ses côtes. Mais plus tard, lorsqu'ils n'y rencontrèrent plus que des nations policées par leurs fréquents rapports avec eux, ils ont fait le changement de Πόντος Ἄξεινος, *mer inhospitalière*, en Πόντος Εὔξεινος, *mer hospitalière*, que l'on a rendu depuis par les mots *Pont-Euxin*.

Asedoth ou Asedoth-Phasga, ville de la tribu de Ruben, dans la plaine qui s'étend au pied du mont Phasga, dont elle a reçu le nom.

Asedoth-Phasga. Voyez *Asedoth*.

Asem ou Esem, ville de la tribu de Siméon, près de la frontière de l'Idumée.

Asemona, ville de la tribu de Juda, non loin du torrent de Bésor, et sur la limite de l'Idumée ; c'était encore un bourg considérable du temps de S. Jérôme.

Asena, ville de la tribu de Juda, sur le torrent de Sorec.

Aser, nom de la tribu dont les membres descendaient d'Aser, huitième fils de Jacob. Cette tribu occupait une partie de la Galilée, ayant pour limite, au N. le territoire de Sidon, à l'O. la mer Méditerranée, au S. la demi-tribu occidentale de Manassé et la tribu d'Issachar, et à l'E. les tribus de Zabulon et de Nephthali. Resserrée entre les montagnes du Liban et la mer, elle possédait sur son territoire, le mont Carmel et plusieurs ports ; mais soit faiblesse, soit insouciance, cette tribu ne posséda jamais tout le pays qui lui avait été assigné. Néanmoins, sous le règne de David, le nombre des individus appartenant à la tribu, et en état de porter les armes, s'élevait à 26,000 hommes. Le pays d'Aser se distinguait par sa grande fertilité. Jacob avait en effet prédit que le *pain d'Aser serait excellent, et que les rois y trouveraient leurs délices*. Le territoire de Tyr était enclavé dans le sien.

Asergadda, ville de la tribu de Juda, voisine de Gerara.

Asiarque, natif d'Asie, nom donné par S. Paul aux habitants d'Éphèse.

Asie, la partie la plus orientale de l'ancien continent, séparée de l'Afrique par la mer Rouge et l'isthme de Suez, de l'Europe par la Méditerranée, l'Archipel, la mer Noire, la mer Caspienne, le fleuve et les monts Ourals, et entourée des autres côtés par l'Océan. Son étendue est de 2,000,000 lieues carrées, et sa population de 530,000,000 d'habitants. Les anciens n'avaient point une connaissance aussi étendue de cette partie du monde que les modernes. La Sibérie et toute la partie orientale de l'Asie, la Chine et autres pays étaient ignorés d'eux. Les notions des Hébreux étaient à cet égard beaucoup plus bornées encore que celles des Grecs et des Romains ; et cependant l'Asie fut le berceau du genre humain, le siége des plus grands empires de l'antiquité, celui des nations les plus industrieuses et les plus commerçantes, et des villes les plus riches et les plus policées. Elle vit le peuple de Dieu s'établir dans la terre de promission et connut ses prophètes ; elle donna le jour à Jésus-Christ, et de son sein sortirent les apôtres, qui ont porté dans le monde entier les lumières de l'Évangile. — Ce nom d'*Asie* n'appartenait dans les plus anciens temps qu'à une portion de la Lydie, celle qu'arrose le Caystre, et dont les habitants se nommaient *Asiones*. Quand les Grecs s'établirent sur les côtes, le nom d'Asie reçut une plus grande extension. Il désigna tous les pays à l'orient de l'Europe. On appela *Asie inférieure* ou *antérieure* tout le pays à l'O. de l'Euphrate, et *Asie supérieure*, celui à l'E. pour le nom d'*Asie mineure*, il ne fut en usage qu'au quatrième siècle ; il s'étendait sur la Mysie, la Lydie, l'Ionie et la Carie, avec la Doride à l'O.; la Bithynie, la Paphlagonie et le Pont au N.; la Phrygie avec la Lycaonie et l'Isaurie, la Galatie et la Cappadoce au centre; la Lycie, la Pamphylie, la Pisidie et la Cilicie au S. Néanmoins les Romains ne donnèrent le titre d'*Asie proconsulaire*, qu'à la Mysie réunie à la Troade, à la Lydie, embrassant l'Eolie et l'Ionie, à la Phrygie et à la Carie renfermant la Doride. Quoi qu'il en soit cependant, on ne rencontre dans la Bible le nom d'Asie qu'aux *Livres des Machabées* et dans le *Nouveau Testament*, et encore n'est-il employé dans les *Machabées* que comme synonyme du mot Syrie : *roi d'Asie*, *armée d'Asie*, *diadème d'Asie*, tels sont les termes habituellement en usage pour désigner le *royaume de Syrie*. On a pensé que dans le *Nouveau Testament*, le mot *Asie* indiquait particulièrement la contrée qui avoisine Ephèse, mais c'est une erreur; il s'étendait au moins à l'Asie proconsulaire, où se trouvaient les sept églises chrétiennes de l'Asie : *Ephèse*, *Smyrne*, *Pergame*, *Thyatire*, *Sardes*, *Philadelphie* et *Laodicée*. Cette contrée porte aujourd'hui le nom d'*Anatolie* (Levant), qui lui a été donné en raison de sa position orientale relativement à la Grèce. C'est une large presqu'île dont les contours sont dessinés par le Pont-Euxin (mer Noire), le Bosphore de Thrace (détroit de Constantinople), la Propontide (mer de Marmara), l'Hellespont (détroit des Dardanelles), la mer Egée (Archipel) et la Méditerranée. A l'est, cette péninsule est limitée par l'Arménie et au S.-E. par la Syrie. Elle présente des montagnes qui ne sont que des ramifications du Taurus, et qui étaient autrefois vantées pour leurs richesses métalliques. Aujourd'hui, il y a encore quelques mines en exploitation. Les rivières, quoique célèbres, sont peu considérables, à l'exception du *Kizil-Irmak* ou *Fleuve Rouge* (anc. *Halys*), dont le cours n'a pas moins de 220 lieues de longueur, et qui va se perdre dans la Méditerranée. Un grand nombre de lacs sans écoulement, dont les eaux sont imprégnées de sel, atteste le peu de pente des parties centrales du pays. Outre les sources minérales que cette région renferme, elle possède des sources de bitume. On y trouve aussi des terrains volcaniques; et les tremblements de terre y sont fréquents. Le bois, si ce n'est au nord, est abondant; la vigne, l'olivier, donnent des fruits excellents; et les chevaux et les moutons étaient jadis renommés. La descendance de Japhet s'établit dans cette contrée, où quelques Syriens vinrent se mêler à eux, surtout dans la Cilicie et la Cappadoce, ses parties les plus orientales, successivement soumises aux grands empires des Assyriens, des Mèdes et des Perses.

ASIONGABER, ville de l'Idumée située sur le bras de la mer Rouge nommé *golfe Élanitique*, au S. de la ville d'Elana ou Elath, avec laquelle on l'a mal à propos confondue. Ce fut la trente-deuxième station des Israélites dans le désert. Son port, ce que l'on a peine à concevoir aujourd'hui d'un pays non moins dépourvu de bois que d'eau, et de tout ce qui est nécessaire au gréement des navires, acquit une très-grande importance dans les rapports des Phéniciens et même des Hébreux avec l'Afrique et les pays maritimes de l'Asie. Il fut, quoique à peu près inabordable à présent, l'un des entrepôts du commerce phénicien. De là partit la flotte que Salomon envoya dans les riches contrées d'Ophir. Il semblerait, ainsi que le pense le savant M. Heeren (*Comm. et Polit. des Peupl. de l'Antiq.*, t. II, p. 62, trad. fr.), que lorsque David eut reculé les frontières de la Judée jusqu'au golfe Arabique, les Phéniciens profitèrent de la circonstance pour porter leur commerce de ce côté, et pour ouvrir, de concert avec les Hébreux leurs alliés, une navigation avantageuse aux deux peuples, et que ceux-ci ne pouvaient entreprendre seuls, si on en juge d'après le secours que Salomon tira du roi de Tyr, en marins expérimentés et en vaisseaux. La difficulté est cependant de savoir si les Hébreux, devenus les maîtres de l'Idumée, n'y trouvèrent point les Phéniciens déjà établis, comme on pourrait le croire d'après l'experience des marins de Tyr, expérience relative sans doute à la navigation de la mer Rouge, et si ceux-ci, redoutant peu les Hébreux, qui n'étaient rien moins que navigateurs, n'ont point préféré traiter avec eux, afin de conserver leurs établissements. On peut d'autant mieux le supposer avec M. Heeren, que les marchands qui, selon Théophraste (*Hist. Plant.*, IX, 4), exploitaient le commerce de l'encens, et qui venaient de la ville d'Héropolis dans le golfe Héropolitin, puis au pays des Sabéens, devaient être des Phéniciens. En voyant Azarias, nommé Ozias dans les *Paralipomènes*, reconquérir la ville d'Elath, on doit croire que cette ville, aussi que le pays voisin, n'avait échappé à la domination de Juda que depuis peu, car l'Écriture apprend que l'un des prédécesseurs de ce prince, Josaphat, voulut aussi, à l'exemple de Salomon, équiper à Asiongaber, ce qui annonce bien que ce port était en sa possession, une flotte destinée à faire le voyage d'Ophir, mais que ce fut sans succès. Asiongaber reçut des Grecs le nom de *Bérénice*; aujourd'hui elle se nomme *Calaat-el-Acaba* ou le *Château de la Descente*.

ASOM, ville de la tribu de Siméon.

ASOR ou HASOR, ville très-forte de la tribu de Nephthali, située sur une hauteur au pied de laquelle coule le petit Jourdain, et qui domine la plaine dans laquelle Jonathas battit les généraux de Démétrius. Son roi, Jabin, était un des plus puissants de la contrée quand Josué vint dans le pays, mais il fut défait, et Asor sa capitale fut brûlée; Salomon la releva cependant sous le nom d'*Heser* ou *Aser*. Le titre de roi ne s'était point perdu malgré la conquête de Josué et la destruction d'Asor, car un autre prince, qualifié du titre de *roi chananéen d'Asor*, et nommé aussi Jabin, régna sur cette même contrée; il demeurait à *Haroseth*. Ce roi fit beaucoup de mal aux Israélites, et les tint pendant longtemps dans l'oppression; mais ceux-ci s'en affranchirent en faisant mourir Sisara, général de ses armées, et se rendirent à leur tour maîtres de ses états.

ASOR, ville de la tribu de Benjamin.

ASOR, nom de trois villes de la tribu de Juda. L'une

était l'*ancienne Asor*, située près de Cadès-Barné ; l'autre la *nouvelle Asor*, au N.-O. de celle-ci ; et la troisième la ville d'*Asor*, ou autrement de *Carioth-Hesron*, bâtie sur le torrent de Bésor. Ces trois villes sont toutes au S. de la Palestine, sur les confins de l'Idumée.

ASPHALTITE, lac ainsi nommé de la grande quantité d'asphalte ou de bitume dont ses eaux sont imprégnées. Voy. *Mer Morte*.

ASPHAR, lac situé dans la tribu de Juda, au désert de Thécua, non loin du rivage de la mer Morte.

ASSEDIM, ville très-forte de la tribu de Nephthali, vers la limite d'Aser, au N.

ASSON, ville et port de mer de l'Éolide, dans l'Asie-Mineure, vis-à-vis l'île de Lesbos.

ASSUR. Voy. *Assyrie*.

ASSURIM, fils de Dadan, arrière-petit-fils d'Abraham et de Céthura. Voy. *Arabie*.

ASSYRIE. Sous ce nom, dérivé de celui d'Assur, fils de Sem, sont compris l'*Assyrie proprement dite* et les deux *empires d'Assyrie*. L'Assyrie propre, située dans l'Asie supérieure, était limitée au N. et au S. par l'Arménie et la Babylonie, et à l'E. et à l'O. par les monts Zagros et le Tigre ; elle renfermait l'*Arrapachitide*, la *Corduène*, l'*Adiabène*, l'*Aturia*, l'*Arbelitide*, le pays de *Garamea*, la *Chalacène*, l'*Apolloniatide*, la *Chalonitide* et la *Sitacène*. Le Tigre et les rivières de Zab ou Lycus, le Gyndes et le Sillas, en étaient les cours d'eau principaux. La fameuse ville de Ninive, sur le Tigre, était sa capitale ; parmi ses autres villes, l'Écriture cite Chalé et Resen. La richesse de ce pays en grains, en beaux fruits et pâturages, et ses sources de naphte aussi abondantes que celles de la Babylonie, l'avaient autrefois rendue célèbre ; c'était là que se trouvait le lieu appelé *Gaugamela* ou *la maison du chameau*, destiné par Darius, fils d'Hystaspe, au somptueux entretien du chameau qui avait sauvé ses jours dans les déserts de la Scythie.

L'*Empire*, ou la *monarchie d'Assyrie*, avait une beaucoup plus grande étendue que l'Assyrie propre ; elle embrassait une très-grande partie de l'Asie supérieure, et s'avançait même, du côté de l'occident, jusqu'à la mer Méditerranée. La Mésopotamie et la Babylonie y furent comprises à certaines époques, et quelquefois la Syrie se confondit avec lui. Ce furent les descendants d'Assur qui originairement l'habitèrent ; de là vient que le nom d'*Assur* a souvent, dans l'Écriture, le sens du mot *Assyrie*. Ils sortaient de la Babylonie, au nord de laquelle ils s'établirent ; peu à peu ils s'étendirent aux dépens de leurs voisins, et construisirent des villes. Bélus paraît être le premier qui porta les limites de l'empire hors de l'Assyrie propre ; c'est à lui qu'est dû, malgré le rapport de Diodore de Sicile (lib. II, cap. 1), qui l'attribue à Ninus, la conquête de Babylonie. Ninus imposa un tribut à l'Arménie, et triompha du roi des Mèdes ; avec le secours des Arabes, il parcourut en vainqueur l'Égypte, la Cælésyrie, où les Assyriens devinrent des voisins fort incommodes pour les Israélites, une partie de l'Asie-Mineure et les pays qui confinent avec le Tanaïs. Plus tard, il se rendit maître de la Bactriane, contrée riche alors du commerce que lui procurait sa situation au centre de l'Asie et le pays des Saces. Sémiramis succéda à la fortune comme au trône de Ninus, son époux ; elle ajouta à l'empire, si l'on en croit Ctésias, l'Égypte, une partie de l'Éthiopie et de la Libye ; mais elle vint échouer sur les bords de l'Indus, où à son tour elle fut défaite. Depuis Ninyas son fils jusqu'à Sardanapale, l'histoire reste silencieuse sur les faits relatifs à l'Assyrie. Pour Sardanapale, contre qui les gouverneurs de la Médie et de la Babylonie s'étaient révoltés, il périt avec ses trésors dans les flammes, où il se précipita. Avec lui finit le premier empire d'Assyrie.

A peine cet empire fut-il renversé, que plusieurs États indépendants s'élevèrent sur ces ruines ; tels furent les *royaumes de Médie*, de *Babylone* et celui de *Ninive* ou d'*Assyrie*. A Ninive, régnèrent successivement, 1° Phul ou Sardanapale II ; 2° Théglath-Phalasar ; 3° Salmanasar ; 4° Sennachérib ; 5° Asar-Addon, quelquefois appelé *Sargon* dans l'Écriture ; 6° Saosducheus, ou Nabuchodonosor I$^{er}$ ; 7° Sarac, ou Chinaladan. Ce fut là la seconde monarchie des Assyriens ; elle dura de l'an 750 à l'an 650 environ avant Jésus-Christ. Faibles dans l'origine, ces princes prirent insensiblement une grande force. Phul fait irruption sur les terres d'Israël, et soumet Manahem au tribut ; Théglath-Phalasar ruine Damas, et se rend maître du pays de Galaad, de la Galilée et des terres de Nephthali, dont il emmène les habitants captifs en Assyrie, où il les établit comme colons ; Salmanasar détruit le royaume d'Israël, et, à l'exemple de son prédécesseur, en entraîne les habitants en Assyrie ; il tente ensuite, mais sans succès, la conquête de Tyr. Sennachérib, non moins ambitieux, est un moment maître de toute la Judée, excepté de Jérusalem, dont il abandonne le siége pour regagner honteusement l'Assyrie, où il est assassiné. Cet échec semblait devoir laisser respirer les malheureux habitants de la Palestine ; mais, sous Asar-Addon, Manassé leur roi est pris et mené à Babylone, événement qui précéda de peu de temps la chute du royaume de Juda. C'est ainsi que les princes assyriens se trouvèrent, hormis quelques villes maritimes dont ils essayèrent vainement la conquête, maîtres de la Syrie et de la Palestine. La Médie et la Babylonie subirent à leur tour le joug ; Asar-Addon s'empara de Babylone. Mais sous Nabuchodonosor I$^{er}$ commence la décadence ; Holofernes, son général, est tué à Béthulie ; et lui-même, battu par Cyaxare, roi des Mèdes, est assiégé dans sa capitale. La monarchie finit dans la personne de son successeur, qui perdit la vie après la prise de Ninive par Nabopolassar, gouverneur de Babylone, révolté contre lui. Malgré cet événement, le nom des Assyriens ne continua pas moins d'être en usage ; car les princes babyloniens héritiers du pouvoir des rois assyriens sont désignés sous cette dénomination, du moins chez les auteurs sacrés.

**Assyriens**, habitants de l'Assyrie, dénomination continuée aux Babyloniens lorsque ceux-ci eurent renversé le second empire d'Assyrie. Les Assyriens jouirent d'une civilisation assez avancée; ils cultivèrent avec succès, ainsi que l'attestent les monuments de la ville de Ninive, les arts aussi bien que quelques branches des sciences. Ce fut de ce peuple que, suivant toute apparence, les autres nations de l'Orient reçurent leurs caractères d'écriture; leur langage avait de l'affinité avec celui des Syriens, peuple avec lequel on les confondit fréquemment. Quant aux travaux industriels, ils s'en occupèrent également : on mit de bonne heure en œuvre chez eux les produits du pays, et l'Assyrie fit le commerce avec Tyr; ses draps de pourpre et ses broderies étaient en réputation, et son commerce avait, suivant les témoignages d'Ezéchiel et de Nahum, une très-grande activité. Voy. *Assyrie*.

**Astarotu-Carnaim**, ou simplement **Astaroth** ou **Carnaim**, ville du pays de Basan ou de la Batanée, demi-tribu E. de Manassé, sur la rive méridionale de l'Hieromax; c'était une des plus importantes du pays, même du temps d'Abraham. Prise par Judas Machabée, elle vit son temple incendié. Ce temple était celui d'Astarté (la lune), qu'on y adorait particulièrement comme à Sidon, et qui lui avait, dit-on, donné son nom. D'Anville considère, nous le croyons à tort, comme deux villes distinctes *Astaroth* et *Astaroth-Carnaïm*.

**Atad**, lieu situé à l'orient du Jourdain, et où les funérailles de Jacob furent célébrées avec grande pompe; on l'appela depuis *Abel-Mizraïm*, c'est-à-dire, le deuil de l'Égypte. Il ne devait pas être éloigné de la ville d'Hébron.

**Ataroth**, ville de la tribu de Gad, au N. d'Hésebon; elle fut détruite lors de la conquête, et rebâtie depuis.

**Ataroth-Addar**, ou simplement **Ataroth**, ville située à l'orient de la tribu d'Ephraïm, assez proche du Jourdain.— Une autre dans la même tribu, entre Béthel et Béthoron-la-Basse.

**Ater**, **Athar**, **Ather** ou **Ether**, ville de la tribu de Siméon, à l'E.

**Athach**, ville de la tribu de Juda, à laquelle David donna une part du butin fait sur les Amalécites.

**Athar** ou **Ether**. Voy. *Ater*.

**Athènes**, capitale de l'Attique, fondée par Cécrops 1582 ans avant Jésus-Christ, et l'une des villes les plus importantes de la Grèce. A peu de distance de la mer, cette ville avait trois ports, le *Pirée*, *Munichie* et *Phalère*, auxquels elle était réunie par deux murailles de 40 stades de longueur, et que l'on nommait les *longs murs*; elle était défendue par une citadelle appelée *Cécropia* ou *Acropolis*, dont la position était formidable. Le nombre de ses autels, de ses temples, de ses palais et autres monuments, pour lesquels l'art n'avait rien négligé, y était prodigieux. Ce fut une des villes de l'antiquité qui eut le plus de puissance, et cette puissance, elle l'avait acquise par sa navigation et son commerce, qui lui avaient permis non seulement d'étendre sa domination sur plusieurs îles, mais encore de porter au loin des colonies, et de combattre souvent contre les ennemis les plus redoutables. Sans parler de ses guerres contre les étrangers, elle soutint contre Sparte, sa rivale, et pour la domination de la Grèce, la guerre dite du *Péloponèse*, qui dura 28 ans. Elle succomba dans cette lutte mémorable, et cependant elle n'en conserva pas moins dans la Grèce un ascendant considérable. Plusieurs fois elle fut dévastée : d'abord par les Perses; puis par Lysandre, général des Lacédémoniens, qui força les Athéniens à abattre les longs murs; enfin par Sylla qui y mit le feu en plusieurs endroits et l'abreuva de sang. Depuis ce temps Athènes fut sans murailles; mais la faveur de l'empereur Hadrien la releva, et plusieurs de ses monuments, dont on voit aujourd'hui les ruines, sont dus à sa munificence. La barbarie eut son tour; tout s'y dégrada, et c'est à peine si à présent elle remplit la moitié de son ancienne enceinte : le reste est occupé par les débris de sa grandeur passée. Le culte que l'on y rendait aux dieux y était peut-être plus étendu que partout ailleurs; dans presque toutes les rues et les places publiques on voyait des autels et des idoles.... Chaque divinité avait son autel; et pour qu'il n'en manquât pas, on en avait consacré aux *dieux inconnus*. Siège des arts et des sciences, Athènes ne perdit point le renom que ses grands écrivains et la pureté de son langage lui avaient fait : c'était une école célèbre où la jeunesse romaine venait de toutes les provinces de l'empire s'instruire dans les lettres grecques, et Cicéron lui-même se rendit à Athènes dans ce but. A toutes les époques, les philosophes et les *discoureurs* furent en grand nombre dans la capitale de l'Attique; ils y soutenaient toutes les maximes. Aussi est-ce porté autant par l'usage qu'inspiré par son zèle religieux, que saint Paul prêchait non seulement dans la synagogue, mais encore dans la place publique en présence de tous, luttant surtout contre les stoïciens et les épicuriens, qui, au lieu de le réfuter, le dénoncèrent au tribunal de l'Aréopage. Là saint Paul eut la gloire de triompher de ses accusateurs; et, bien plus, celle de convertir un de ses juges à la foi chrétienne.

**Athéniens**, habitants de l'Attique et surtout d'Athènes. Vivant sur un sol généralement sec et stérile, les Athéniens portèrent de bonne heure leur attention vers la mer. Le commerce leur procura de grandes richesses et, par suite, de la puissance. Lorsqu'ils devinrent sujets des Romains, ils continuèrent encore à jouir d'une liberté plus grande qu'aucun autre peuple conquis. Les Athéniens étaient en général braves, entreprenants et spirituels, mais aussi curieux, bavards à l'excès et légers. D'un caractère inconstant, ils se montrèrent souvent ingrats envers leurs plus grands citoyens : ils les condamnèrent soit à l'ex.l, soit à d'autres peines. Aucun pays ne présente, relativement à son étendue, plus d'hommes célèbres que la ville et le territoire d'Athènes. Dans l'art de la guerre brillèrent Miltiade, Thémistocle, Cimon; parmi les hommes d'état, Pisistrate, Solon et Périclès; parmi les philosophes, Socrate et Platon ; parmi les poètes, Eschyle, Sophocle, Euripide et Aristophanes ; parmi les orateurs, Démosthènes et Eschines ; parmi les historiens, Thucydide et Xénophon ; et enfin parmi les artistes, Dedalus, Panænus, Phidias et Ictinus. Les Athéniens se disaient *autochtones*, ou originaires du pays ; mais ils étaient des Pélasges venus, à ce qu'il paraît, du Péloponèse. En s'établissant dans l'Attique, Cécrops y avait apporté le culte de Minerve, qui devint la protectrice d'Athènes.

ATHER. Voy. *Ater*.

ATMATHA, ville de la tribu de Juda, au S.-E. d'Hébron.

ATTALIE, ville maritime de la Pamphylie, ainsi nommée d'Attale II, roi de Pergame, qui fut son fondateur. Elle avait un port commodément placé pour le commerce, ce qui la préserva de sa ruine ; car les Turcs, loin de songer à la détruire, prirent au contraire grand soin d'en entretenir les fortifications et surtout celles de son château. On croit cependant la ville moderne, *Sattalia*, plus près de la mer que ne l'était l'ancienne.

AURAN, ville capitale de l'Auranitide, pays situé au N.-E. d'Israël et au S. de Damas ; on l'a confondue avec la ville de *Bostra*.

AUSITE. Contrée située entre le pays des Philistins et l'Égypte.

AUTEL DU TÉMOIGNAGE OU le TÉMOIN : autel dressé près du Jourdain, non loin de Galgala, par les tribus de Ruben, de Gad et de Manassé, lorsqu'elles vinrent s'établir à l'orient du fleuve.

AVA OU AVAH. Voyez *Ahava*.

AVIM, ville de la tribu de Benjamin, au S. de Béthel.

AVITH, ville de l'Idumée, résidence de l'un de ses rois.

AXAPH. Voy. *Achsaph*.

AZA, ville de la tribu d'Ephraüm, à l'E. de Sichem.

AZANOTH-THABOR, ville de la tribu de Nephthali, au S., et près du mont Thabor.

AZECA ou AZECHA, ville forte de la tribu de Juda, située dans le pays de Domnim, entre Jérusalem et Eleutheropolis. Ce fut devant cette place que David combattit et tua le géant Goliath. Lorsque Nabuchodonosor fit la guerre contre le malheureux Sédécias, cette ville se défendit, ainsi que Lachis, avec le plus grand courage et ne fut prise qu'une des dernières parmi les villes de la Palestine.

AZGAD, canton de la Judée auquel appartenait un nombre considérable des Israélites emmenés en captivité.

AZMAVETH, canton de la Judée, au S.-E. de Jérusalem, cédé aux lévites, au retour de la captivité.

AZOT ou AZDOD, ville du pays des Philistins, capitale de l'une de ses cinq provinces. Située à quelque distance de la mer, entre les villes d'Ascalon et d'Accaron, Azot était une ville fortifiée célèbre surtout pour le culte que l'on y rendait au dieu Dagon. Elle échut à la tribu de Juda ; mais elle n'en continua cependant pas moins de rester au pouvoir des Philistins. Ses habitants firent avec succès de fréquentes incursions sur les terres d'Israël, soit seuls, soit de concert avec les peuples voisins. Assiégée par les Assyriens, Azot devint leur possession, ainsi que toute la contrée qui l'entourait. Plus tard, le roi d'Égypte la prit après un siège prolongé, et la détruisit. Elle se releva cependant ; car au temps des Machabées elle paraît avoir recouvré une partie de son importance. Mais, à cette époque même, elle fut entièrement ruinée par Jonathas, pour avoir prêté asile aux débris des troupes syriennes. Non seulement le temple de Dagon fut, avec tous les malheureux qu'il renfermait, livré aux flammes, mais la ville elle-même fut renversée. Dans la suite, elle fut rebâtie par le général romain Gabinius. Dans les premiers temps du christianisme, Azot fut un siège épiscopal, et continua de former, jusqu'au temps de saint Jérôme, un beau village. On l'appelle encore aujourd'hui *Ezdod*.

AZOT, montagne située près de la ville de ce nom, et au pied de laquelle périt Judas Machabée, au moment de son triomphe sur l'armée syrienne, commandée par Bacchide.

## B

BAAL OU BAALATH-BEER-RAMATH, ville de la tribu de Siméon, au S. du torrent de Bésor et sur la limite du désert.

BAALA, montagne servant de limite à la tribu de Juda, vers le N.-O. Auprès d'elle est une ville du même nom.

BAALA OU BALA, ville de la tribu de Siméon, près de la montagne du même nom, sur la limite de la tribu de Juda.

BAALA OU CARIATHIARIM. Voy. *Cariathiarim*.

BAALAM, ville de la demi-tribu occidentale de Manassé, assignée aux lévites de la maison de Caath.

BAALATH, ville construite ou plutôt reconstruite par Salomon, dans la fertile vallée qui sépare le Liban de l'Anti-Liban, et que l'on nomme aujourd'hui *El-Beqâa*, par 33° 25' lat. N. Son nom signifie *Temple du Soleil*, c'est le même que celui de *Baalbeck*, qui veut dire *Vallée du Soleil*. *Héliopolis*, nom qui lui fut appliqué par les Grecs, est l'exacte traduction de la première de ces deux dénominations. Cette ville, où l'on rendait un culte renommé à *Baal* (le soleil), comme cela avait lieu dans un grand nombre de villes moins célèbres qui cependant avaient reçu de là une partie au moins de leur dénomination, possédait de très-beaux monuments dont on ne voit plus que les débris. Le temple du Soleil est celui dont les ruines frappent le plus vivement d'admiration pour ces antiques édifices. La main des Turcs, autant que les tremblements de terre, a concouru à la destruction de la belle ville de Baalbeck. Cette cité faisait autrefois un grand commerce.

**Baalath**, ville de la tribu de Dan, près de Gadara.

**Baalath-Beer-Ramath** ou **Baal**. Voy. *Baal*.

**Baal-Bérith**, temple élevé par les Sichemites dans leur ville à Baal, dont ils adoptèrent le culte. Le trésor de ce temple était très-riche; on en tira des sommes considérables, qui furent données à Abimélech, fils de Gédéon.

**Baal-Gad**, ville de la Galilée supérieure, sur la limite septentrionale de la tribu de Nephthali, au pied de l'Hermon, différente d'Héliopolis, ou Baalbeck, avec laquelle on l'a confondue à tort.

**Baal-Hasor**, ville de la Samarie, tribu d'Ephraïm.

**Baal-Hermon**, partie de la montagne d'Hermon, comprise dans le territoire de la demi-tribu E. de Manassé. Quelques-uns considèrent ce nom comme étant celui d'une ville située au N.-E. de Paneas.

**Baal-Maon**, **Baal-Méon**, ou **Beelméon**. Voy. *Baalméon*.

**Baalméon**, une des plus belles villes des Moabites, tribu de Ruben; elle était située au S.-E. d'Hesebon. Détruite lors de la conquête, elle fut reconstruite par ses nouveaux maîtres, les Rubénites.

**Baal-Pharasim**, c'est-à-dire, la *Plaine des divisions*, lieu de la tribu de Juda, situé soit dans la vallée de Raphaïm, soit auprès de Jérusalem. David y défit les Philistins.

**Baal-Salisa**, ville de la Samarie, tribu d'Ephraïm, à 5 milles de distance de Diospolis, au N. sur le mont Ephraïm.

**Baal-Thamar**, lieu de la tribu de Benjamin, situé près de Gabaa.

**Babel**, c'est-à-dire, *confusion*, nom donné à la tour immense que les hommes bâtirent après le déluge dans la plaine de Sennaar, au bord de l'Euphrate, et sur l'emplacement occupé depuis par la ville de Babylone, parce que, pendant la construction, leur langage cessa, selon la volonté divine, d'être le même; ce qui introduisit parmi eux une confusion qui les força à abandonner leur ouvrage et à se disperser. Les Grecs ont changé le nom de *Babel* en celui de *Babylone*, aujourd'hui *Bir's-Nemrod*. Voy. *Babylone*.

**Babylone** ou **Babel**, capitale de la Babylonie, une des quatre villes fondées par Nemrod. Elle était située sur les deux rives de l'Euphrate, à côté de la petite ville moderne de *Hilla*, par 32° 30' lat. N. C'était la ville la plus grande et la plus célèbre de l'Orient. « *La reine entre les royaumes du monde*, » dit le prophète Isaïe : « *Une coupe d'or entre les mains du Seigneur*, » suivant le langage de Jérémie. Au rapport d'Hérodote, qui l'avait visitée, Babylone formait un vaste carré, dont chaque côté avait 120 stades de longueur. Elle était entourée d'un fossé large et profond, rempli d'eau, revêtu de briques, et ayant une largeur et une profondeur considérables, et ceinte d'une triple muraille bâtie en briques. La muraille intérieure avait

DICTIONNAIRE DE GÉOGRAPHIE ECCL. I.

une épaisseur de 50 aunes et une élévation de 200. Les deux autres ne doivent pas avoir été dans de moindres proportions. La muraille extérieure était défendue par 250 *tours*; et, de chaque côté du carré de la ville, on avait pratiqué 25 *portes*. Ces portes étaient d'airain et fermées par des barres de fer. Dans cette enceinte si vaste, les rues étaient très-larges, tirées au cordeau, et séparées quelquefois par des espaces considérables : on y comptait beaucoup de jardins et même des champs ensemencés et cultivés, pour fournir aux substances de la ville en cas de siége. Sémiramis et Nitocris ont, de même que Nabuchodonosor, semblé rivaliser d'ardeur et de zèle, pour rendre cette ville la plus magnifique du monde. Un *pont* en pierre, long d'une stade et large de 30 pas, couvert d'un plancher en bois, que l'on enlevait à volonté, réunissait les deux rives du fleuve. Aux extrémités de ce pont, s'élevaient les deux plus fameux monuments de la ville, *le palais du roi*, entouré aussi d'une triple muraille et fortifié, et le *temple de Bélus*, dont l'enceinte avait 2 stades de circonférence. Au milieu de cette enceinte, était une tour haute de 855 pieds, et à 8 étages ou terrasses, dont la plus basse avait un stade en carré. En dehors de l'édifice, on avait pratiqué tout autour des escaliers ayant un pallier à chaque étage. A la dernière, et à la plus haute terrasse, se trouvait le sanctuaire avec une table et un siége d'or. Le temple renfermait à l'étage inférieur la grande statue assise de Belus ; elle était en or massif, et avait coûté 800 talents. Le trône et les degrés pour y arriver, la table qui était placée en avant, étaient, aussi bien qu'un grand nombre de vases, d'ustensiles et d'objets d'ameublement, également en or. Chacun des maîtres de Babylone s'était plu à orner ce temple et à l'enrichir de ses dons. Ce fut là que Nabuchodonosor II fit apporter les objets les plus précieux qu'il avait enlevés au temple de Jérusalem. Fondé par Sémiramis, suivant les uns, par Nabuchodonosor, selon les autres, ce magnifique monument aurait été restauré par Alexandre-le-Grand. Il existait encore en partie du temps de Pline, vers la fin du premier siècle de l'ère chrétienne. Il est vraisemblable qu'il servit d'observatoire pour étudier le cours des astres. Les fameux *jardins suspendus* dépendaient du palais du roi. Ils furent construits par Nabuchodonosor, pour plaire à sa femme, qui, habituée aux pays montueux de la Médie, où elle était née, ne pouvait voir sans peine l'uniformité des plaines de la Babylonie. De 400 pieds de longueur, ces jardins reposaient sur des voûtes élevées, soutenues par de fortes colonnes dont le dessus formait terrasse, et étaient arrosés par des jets d'eau tirée du lit de l'Euphrate. Alexandre-le-Grand voulait établir sa résidence dans cette ville célèbre, et en faire le centre de sa domination ; mais la mort le surprit avant l'exécution de son projet. Babylone perdit beaucoup de son importance lorsque Séleucus fonda, 293 ans avant Jésus-Christ, à deux journées de distance de son enceinte, sur la rive méridionale du Tigre, la ville de *Séleucie*, et lui conféra de nombreux privilèges. Dans

2

les iv° et v° siècles avant notre ère, elle était tellement délaissée que les rois Parthes en faisaient un lieu de chasse. Aujourd'hui, son antique enceinte n'offre plus que des ruines. Les nombreux monticules sous lesquels elles sont souvent enfouies laissent encore apercevoir la brique avec laquelle on construisait même ses grands édifices. Trois de ces monticules, situés à l'orient de l'Euphrate, sont surtout remarquables : 1° le *Mucallibé* (la Ruine), qu'on a pris à tort pour l'ancien temple de Belus, et dont l'intérieur est rempli de cavernes, retraite habituelle des bêtes féroces, qui en rendent l'approche dangereuse, et confirment par leur présence les prédictions si terribles des prophètes contre la grande Babylone ; 2° l'*El-Kassr* (le Château ou Palais), qui paraît avoir été le plus remarquable des édifices construits dans la partie orientale de la ville, et que l'on pourrait supposer être un reste des jardins suspendus ; 3° l'*Amram*, monticule de forme irrégulière, qui reçut son nom du prophète dont il renfermait le tombeau, et qui ne présente plus qu'un amas de briques, de mortier et de ciment. On peut encore reconnaître autour de ces différentes collines des restes des anciens murs et remparts. A l'ouest du fleuve, les ruines sont moins apparentes, hormis celles du *Bir's-Nemrod* (Bourg de Nemrod), qui occupent plus de 2 milles de terrain, et dont les retraites sont également occupées par les bêtes féroces. Babylone l'emportait sur toutes les autres villes de l'Asie par son heureuse position. Située près de l'embouchure de deux grands fleuves, le Tigre et l'Euphrate, elle pouvait faire le commerce non seulement avec les peuples de l'intérieur, mais encore, par le moyen du golfe Persique, avec ceux de la côte de ce golfe et celle de la mer des Indes ; aussi était-elle devenue le centre de relations actives et étendues qui justifièrent sans doute, par les richesses immenses qu'elles rapportèrent, les récits de tous les historiens sacrés ou profanes sur l'opulence et le faste de Babylone, la licence et la dépravation de mœurs de ses habitants.

BABYLONE, ville bâtie par une colonie persane à l'orient du Nil, et où l'on suppose que saint Pierre écrivit sa première *Épître* ; mais l'opinion générale est que sous ce nom le saint fait allusion à la ville de Rome.

BABYLONIE, contrée de l'Asie, arrosée par l'Euphrate et le Tigre, désignée dans les livres bibliques sous différents noms, et dont les limites ont varié suivant les époques. Le nom sous lequel elle fut primitivement connue fut celui de *Sennaar* ou de *pays de Nemrod* ; mais ces dénominations étaient restreintes à sa partie méridionale. On l'appela aussi *Chaldée*. Pour le nom de *Babylonie*, dérivé de celui de *Babel*, il lui fut appliqué par les Grecs. Sous Nemrod et Amraphel, les limites du royaume de Sennaar étaient très-resserrées ; sous Nabonassar, 747 ans avant Jésus-Christ, quand après la mort de Sardanapale la Babylonie fut séparée de l'Assyrie, elle était bornée par la Mésopotamie, l'Arabie, le golfe Persique, l'Euphrate et le Tigre. Vers 680 elle cessa de former un état particulier.

Reconquise par les Assyriens, elle fut de nouveau réunie à leur empire, en sorte que pendant 36 ans elle eut des gouverneurs ninivites. Mais en 625, Nabopolassar, l'un d'eux, renversa Sarac, son maître, le força à se donner la mort, et étendit à son tour son autorité sur tous les pays de la domination assyrienne. Le pouvoir des rois de Babylone succéda ainsi à celui des princes de Ninive ; Nabuchodonosor II lui donna la plus grande extension. Vainqueur de Néchao, roi d'Égypte, à Circesium, il s'empara deux fois de Jérusalem, et emmena les Juifs en captivité. Tyr tomba, après un siège de onze ans, sous son pouvoir, que furent obligés de reconnaître les Sidoniens et tous les peuples voisins de la Palestine ; ce prince poursuivit même sa marche triomphale jusqu'en Égypte, dont la peste seule le contraignit à sortir. Après lui l'empire tomba rapidement en décadence. En 538, le fondateur de la monarchie des Perses, Cyrus, en était le maître ; en sorte que, depuis, la Babylonie fut réduite à ne plus être qu'une simple province ou satrapie de la Perse. Alors ses limites redevinrent ce qu'elles avaient été au temps de Nabonassar. Définitivement cette contrée peut être considérée comme bornée à l'O. par le désert de l'Arabie, au S. par le golfe Persique, à l'E. par le Tigre, et au N. par la Mésopotamie. Une muraille en briques liées avec du bitume, et connue sous le nom de *mur médique* ou *mur de Sémiramis*, parce qu'on en attribuait la construction à cette reine, joignait l'Euphrate au Tigre, et séparait la Babylonie de la Mésopotamie. On n'en connaît point aujourd'hui les vestiges ; mais on en a découvert un autre beaucoup plus rapproché de Babylone. Ces constructions n'avaient sans doute d'autre but que de défendre le pays contre les incursions des brigands nomades qui les entouraient. Quelquefois on distingue la Babylonie de la Chaldée, en réservant pour la partie septentrionale le nom de *Babylonie*, on donne à la partie méridionale celui de *Chaldée* ; mais, dans la réalité, ce n'était qu'un seul et même pays soumis au même peuple, les Chaldéens. Voyez *Chaldéens*. Tous les écrivains de l'antiquité se sont accordés pour vanter la prodigieuse fertilité de la Babylonie. Outre ses deux grands fleuves, le Tigre et l'Euphrate, qui périodiquement inondaient une immense étendue de terre, elle était arrosée par un nombre considérable de canaux, dont quelques-uns servaient à la navigation ; les autres étaient spécialement destinés à l'irrigation des terres. Les trois canaux principaux étaient le *Fleuve royal*, qui unissait les deux fleuves ; le *Maarsares*, au N. de Babylone, lequel servait à alimenter les canaux voisins ; et le *Pallacopas*, au S. de Babylone, qui arrosait la campagne à l'O. de la ville, et se perdait dans les lacs et marais voisins. Les lacs étaient en effet nombreux : le génie actif et industrieux de l'habitant sut les rendre aussi utiles que les canaux. Le plus considérable, creusé, dit-on, par Nitocris, au N. de la capitale, à une assez grande distance, n'avait pas moins de 20 lieues de circuit, et longeait l'Euphrate dans une partie de son cours. Ce lac factice servait à Cyrus pour détourner, lorsqu'il fit le siège de Babylone, le cours de l'Euphrate ; en sorte qu'il entra dans la ville par le lit du fleuve mis à sec. Les irrigations exerçaient une grande influence sur les récoltes ; elles donnaient souvent deux et trois cents pour cent. Le blé en était le produit le plus important ; il formait, avec le dattier et le palmier, la principale ressource du pays. Ce n'est pas cependant que l'on n'y rencontre aussi des parties de pays couvertes de steppes arides et tout-à-fait incultes. Le manque de bois à brûler était cause que l'on avait fréquemment recours, pour les usages domestiques, au bitume et à la fiente des animaux. Cette disette de bois obligea Alexandre à transporter sa flotte par terre, des ports de la Phénicie, dans les eaux de l'Euphrate. A défaut de bois et de pierres, la nature a doté tous les environs de Babylone de cette excellente terre à tuile, qui, séchée au soleil ou cuite au feu, acquérait un tel degré de dureté, que les ruines des édifices, à la construction desquels on l'employa, ont résisté pendant des siècles aux injures du temps, et ont conservé intactes ces inscriptions gravées en caractères cunéiformes qui fixent à un si haut degré l'attention des savants modernes. Des sources abondantes de naphte ou de bitume minéral lui fournissaient aussi un produit excellent pour remplacer la chaux et former le ciment.

BABYLONIENS, habitants de la Babylonie et de la ville de Babylone. Assujétis par les Chaldéens, qui ne commencèrent à dominer dans leur pays que vers l'an 630 avant Jésus-Christ, ils paraissent appartenir à la descendance de Sem ; et leur langue, qu'on nomme mal à propos *chaldéenne*, puisque les Chaldéens, au contraire, peuple barbare et ignorant, échangèrent leur idiome grossier contre le leur, est un dialecte araméen très-peu différent du vrai syriaque (HEEREN, *Comm. et Politiq.* ; t. II, p. 166, trad. fr.). Toutefois, il est à remarquer que cette langue dut subir de grandes modifications par le contact continuel des peuples dans un pays qui est devenu le centre du commerce. Les Babyloniens, civilisés, avaient non seulement des demeures fixes, mais encore des connaissances fort avancées. Dès les premiers temps, en effet, où ils apparaissent dans l'histoire, on les voit soumis même à des institutions politiques; on les a confondus le plus souvent avec les Chaldéens, et l'on a fait à ceux-ci l'honneur de beaucoup de découvertes qui originairement ont dû leur appartenir. Si l'écriture et l'astronomie ne furent point inventées, ils les mirent, du moins, beaucoup en pratique; lorsqu'on sait que leurs bergers, leurs marchands, leurs guerriers, se guidaient d'après le cours des astres, il est naturel de penser que, dès l'origine, la fameuse tour de Bélus dut servir d'observatoire. Les Babyloniens étaient livrés au culte des faux dieux ; et ils déposaient dans leurs temples, comme dans des archives sûres, les observations qu'ils recueillaient. Bel, Socoth-Benoth, Nabo, sont les dieux cités à plusieurs reprises par l'Écriture. On offrait chaque jour à Bel, qui avait un collége nombreux de prêtres, douze mesures de farine du plus pur froment et six grands vases de vin, et on lui immolait quarante brebis. Les idoles étaient d'or et d'argent, ainsi que la plupart des ornements consacrés à leur culte. Les Babyloniens croyaient aux devins, aux mages et aux enchanteurs, aux prédictions et aux songes. Ils fabriquaient des toiles très-fines ; leur huile de sésame, leurs riches tapis, leurs étoffes brodées et leurs vêtements, avaient de la réputation. Les bateaux qui leur servaient à naviguer sur les fleuves ou sur les canaux étaient en saule, et garnis en cuir ; et, pendant qu'au moyen de leurs caravanes ils faisaient fleurir le commerce dans l'intérieur des terres, ils se livraient aussi, comme on doit le penser, d'après le prophète Isaïe, à la navigation et au commerce extérieur (XLIII, 14). Ils étaient, malgré leurs excessives richesses, doux et affables ; mais leurs mœurs dégénérèrent, et ils tombèrent dans la plus honteuse corruption.

BACENORIS, lieu qui appartenait probablement à la tribu de Siméon.

BAHURIM, lieu de la tribu de Benjamin, situé un peu à l'E. de Jérusalem.

BALA ou BAALA. Voy. *Baala*.

BALA ou SEGOR. Voy. *Segor*.

BALOTH, ville située au S. de la tribu de Juda.

BALOTH, petit pays voisin de la tribu d'Aser.

BAMOTH ou BAMOTH-BAAL, ville de la tribu de Ruben, dans la Pérée, sur une élévation voisine du mont Abarim. Ce fut une des stations des Israélites. On y rendait, à ce qu'il paraît, un culte particulier à Baal, car le nom de cette ville signifie *haute place de Baal*.

BAMOTH-BAAL ou BAMOTH. Voy. *Bamoth*.

BANÉ, ville de la tribu de Dan.

BARACH, ville de la tribu de Dan.

BARAD, partie du désert situé au S. de la tribu de Juda, et au N. de Cadès-Barné. Entre ces deux lieux était le puits ou la fontaine d'Agar.

BARASA, ville de la tribu de Gad, au pays de Galaad ; elle était grande et fortifiée : on l'a confondue avec celle de *Bosra*.

BASAN, partie de la Palestine situé à l'O. du Jourdain et échue à la demi-tribu orientale de Manassé. Comme royaume, dont Og le souverain fut défait par les Israélites. Le Basan embrassait tout le pays qui s'étend entre la rivière de Jaboc au S., et le mont Hermon au N., et entre le Jourdain à l'O., et les déserts de l'Auranitide à l'E. L'Écriture parle beaucoup des hautes montagnes de ce pays, de ses chênes, dont le bois était propre à faire des galères et des rames, et qui s'expédiaient à Tyr, de ses fruits, de ses pâturages, de ses troupeaux de menu bétail surtout, et généralement de sa beauté comme de sa fertilité. Ses premiers habitants étaient de la race des géants, dont Og paraît être lui-même un reste. La taille de ce prince était prodigieuse en effet, si on en juge d'après les dimensions de son lit, que l'on conservait dans la capitale des Ammonites. Le territoire de Basan comprenait la Batanée, la Gaulonitide, le pays d'Argob, et en outre une partie du pays de Galaad, et renfermait un grand nombre de villes fortifiées. *Edraï*, près du

laquelle Og fut vaincu par les Israélites, et qui paraît avoir été la capitale; *Astaroth*, *Gaulon*, ville de refuge et lévitique, comme Astaroth et *Salecha* en étaient les plus importantes.

Bascaman, ville de la tribu de Gad, où Tryphon fit assassiner Jonathas, frère de Judas Machabée.

Bascath, ville de la tribu de Siméon, située non loin de Lachis.

Bathuel, ville de la tribu de Siméon. Sa position était peu éloignée de celle de Sicéleg.

Baurami ou Beromi, patrie d'Azmoth ou Azmaveth, un des vaillants hommes de David. Elle appartenait à la tribu de Benjamin, et était voisine de Jérusalem.

Baziothia, ville de la tribu de Juda, près de Bersabée.

Bean, ville fortifiée, située sur les confins du pays de Gad, et assiégée par Judas Machabée.

Beelméon, Baalmaon, Baalméon. Voy. *Baalméon.*

Beelphégor, ville de la tribu de Ruben, probablement voisine du mont Phogor.

Beelséphon, lieu voisin de la mer Rouge, auprès de l'endroit où les Hébreux traversèrent cette mer. Sur une hauteur, et à la frontière de l'Égypte, le temple de Baal, qui y était, semble en quelque sorte avoir pour but de servir à protéger cette frontière. On l'a quelquefois confondue avec la ville d'Héroopolis.

Belma, ville de la tribu de Zabulon, voisine de Béthulie, et dans les montagnes. C'était là qu'Holoferne avait établi son camp lorsqu'il vint faire le siège de cette place.

Bene-Jaacan ou Jacam, lieu situé dans le désert, la 28ᵉ station des Israélites.

Ben-ennom ou Ge-ennom, ou vallée du fils d'Ennom, ou Gehenna. Voy. *Ennom.*

Benjamin, nom de l'une des douze tribus d'Israël. Cette tribu, placée entre celles de Juda, de Dan et d'Éphraïm, s'appuyait à l'O. sur le Jourdain, qui formait sa limite. Parmi ses principales villes se distinguaient *Jérusalem*, *Jéricho*, *Béthel.* On appelait ses habitants *Benjaminites.* La population y était considérable : le dénombrement fait, deux ans après la sortie de l'Egypte, en portait le chiffre à 35,400 hommes en état de prendre les armes, et le second dénombrement, fait avant l'entrée dans la Terre promise, s'élevait à 45,600. Réunie à la tribu de Juda, cette tribu forma sous Roboam, après la mort de Salomon, et lorsque les dix autres tribus eurent fait schisme, le *royaume de Juda.* — Benjaminites, les Israélites de la tribu de Benjamin.

Béra ou Bérée, bourg où Joatham, fuyant son frère Abimélech, vint chercher un refuge. Il était, suivant S. Jérôme, au N. d'Eleuthéropolis; cependant, d'après le livre des Machabées, sa position semblerait plus rapprochée de Jérusalem. Peut-être bien, comme le pense Reland, se trouvait-elle sur la route de Jérusalem à Sichem.

Bérée ou Béra. Voy. *Béra.*

Bérée, ville de la Macédoine, où S. Paul et Silas furent conduits de Thessalonique. C'était alors une ville grande et peuplée. S. Paul y prêcha l'Evangile, mais il y fut encore poursuivi par les Juifs de Thessalonique, qui le forcèrent à la quitter. Bérée était au S.-O. de cette ville.

Bérith, lieu de la tribu d'Ephraïm, situé près de Sichem, sur le mont Selmon. Il y avait un temple consacré à Bérith, divinité des Sichémites, circonstance d'où il avait pris son nom. Il était extrêmement fort on lui avait élevé une tour qu'Abimélech brûla.

Béromi ou Baurami. Voy. *Baurami.*

Béroth, ville de la tribu de Benjamin, auparavant dépendante des Gabaonites. Patrie de l'un des vaillants de David, et de l'un des deux chefs de brigands qu'Isboseth avait à son service.

Béroth, peut-être la *Bérotha* d'Ézéchiel, ville maritime de la Phénicie, au N. de Sidon. Elle fut prise sur le roi Adarezer par David, qui en enleva une prodigieuse quantité d'airain. Détruite par Diodotes Tryphon, 140 ans avant Jésus-Christ, elle fut rebâtie par les Romains, et jouit du *jus italicum.* On l'appelle aussi *Colonia Felix Julia* et *Colonia Julia Augusta, Felix Berytus.* Aujourd'hui elle se nomme *Bairouth*; mais elle n'a plus de ses magnifiques édifices construits par Auguste, Agrippa et autres souverains du pays, que des fragments de colonnes et des chapiteaux qui gisent sur le sol, ou sont employés à divers usages.

Bérotha. Voy. *Béroth.*

Bersabée, c'est-à-dire, *puits du Jurement* ou *Sabée*, ville située sur la frontière d'Israël, dans le pays des Philistins, à l'entrée du désert. Elle appartenait à la tribu de Siméon. Bersabée fut la demeure d'Abraham, qui y planta un bois, et d'Isaac. Elle avait été ainsi nommée de l'alliance contractée entre Abimélech et Abraham, et jurée quand le puits, creusé par les gens de ce dernier, eut été achevé. Ce fut une ville importante; elle est désignée, par les écrivains profanes, sous le nom de *Berzimma* ou *Bersabe.* Les croisés, maîtres de la Terre-Sainte, la regardant comme importante en raison de sa position sur la frontière, la fortifièrent. Les Romains y tenaient garnison; aujourd'hui encore *Bir-Sabea.*

Besecath, ville de la demi-tribu O. de Manassé, patrie de la mère du roi Josias.

Bésor (torrent de), situé au S. de la Judée. Il traversait les tribus de Juda et de Siméon, et le pays des Philistins ; ses eaux se jettent dans la Méditerranée, au S. de Gaza. Souvent à sec, son lit a environ 25 pieds de largeur. C'est sur le bord du Bésor que David défit les Amalécites, en fit un grand carnage, et leur prit un butin considérable.

Bète, ville de la Syrie Soba, conquise sur le roi Aderezer par David, qui en enleva, comme de Béroth, ville voisine, une immense quantité d'airain.

Beten, ville de la Galilée Supérieure, dans la vallée S.-E. de Tyr.

Béthacarem ou Béthacharam, ville de la tribu de Juda, au S. E. de Bethlehem et près de cette ville, sur une hauteur.

Béthacharam ou Béthacarem. Voy. *Béthacarem.*

Béthanan, ville de la tribu de Dan, entre Elon et Bethsamès.

Béthanath, ville de la Galilée-Inférieure, tribu de Nephthali, à l'E. de Sepphoris ou Dio-Cæsarea. Les Nephthalites, sans prendre cette ville, non plus que celle de Bethsamès, dont les habitants étaient Chananéens, se contentèrent de leur imposer un tribut.

Béthanie, bourg de la tribu de Benjamin, situé à environ 15 stades de Jérusalem, sur la montagne des Oliviers, et entouré de figuiers, de palmiers, et de dattiers qui lui firent donner son nom. Jésus-Christ y vint souvent méditer ; ce fut là qu'il ressuscita Lazare. Là aussi était la maison de Simon le lépreux. Maintenant Béthanie est un misérable village habité par les Arabes. On y montre encore la maison de Lazare et son tombeau creusé dans le roc, et où l'on descend par un escalier de dix à douze marches en pierre.

Béthanie, ville de la tribu de Gad, sur la rive orientale du Jourdain : c'était là que saint Jean administrait le baptême. La plupart des interprètes s'accordent à reconnaître qu'une faute de copiste a transformé, dans le texte de saint Jean (I, 28), *Béthabara* ou *Bethbera*, en *Béthanie*.

Béthanoth, ville de la tribu de Juda, au N. d'Hébron.

Bétharaba, ville de la tribu de Benjamin, sur la limite de celle de Juda.

Bétharam ou Bétharan, ville de la tribu de Gad, vers le confluent du Jaboc et du Jourdain, rebâtie et fortifiée par les Gadites après leur établissement. Près de là était une vallée à laquelle la ville donnait son nom. Philippe-le-Tétrarque fit de cette place une très-belle et forte ville qu'il nomma *Julias*, en l'honneur de la femme d'Auguste.

Béthasmaved, lieu voisin de Jérusalem.

Béthaven, ville située sur la frontière de Benjamin, à l'E. de Béthel, avec laquelle on l'a confondue à tort. Jéroboam y avait placé, dans un temple, une vache d'or, à laquelle on rendait, surtout les habitants de Samarie, un culte particulier. L'idole fut transportée en Assyrie lors de la conquête d'Israël par les Assyriens. Il y avait auprès de Béthaven une étendue de terrain vague qui portait le nom de *désert de Béthaven*.

Bethbera, lieu situé sur le bord du Jourdain, et où l'on traversait ce fleuve. C'était un poste important que Gédéon confia aux Éphraïmites pour intercepter le passage aux Madianites. Ce lieu paraît être le même que celui que l'évangile selon saint Jean (1, 28) désigne sous le nom de *Béthanie*.

Bethberaï, ville de la tribu de Siméon, non loin de Sicéleg.

Bethbessen, de la tribu de Juda, ville que Simon et Jonathas Machabée relevèrent de ses ruines, et dont ils firent une place forte.

Beth-car, ville de la tribu de Dan, peu éloignée de Bethsamès.

Beth-dagon, ville de la Galilée-Supérieure, située dans la tribu d'Aser, sur la limite de celle de Zabulon.

Beth-dagon, lieu de la tribu de Siméon, situé à peu de distance de la ville d'Azot, où les Syriens avaient leur idole Dagon. Poursuivis par Jonathas Machabée, les Syriens vinrent y chercher asile dans le temple de leur dieu, mais Jonathas y mit le feu après en avoir remporté les dépouilles : 8000 hommes périrent dans cette occasion, autant par le fer que par le feu.

Béthel, auparavant *Luza*, était située dans la tribu de Benjamin, quelques lieues au N. de Jérusalem, sur une montagne qui avait reçu de là son nom. Elle paraît avoir joui d'une certaine importance ; c'était une ville royale des Chananéens lorsque les Israélites s'emparèrent du pays ; mais déjà, et longtemps avant cet événement, Jacob y avait eu la célèbre vision de l'échelle mystérieuse, qui donna lieu au changement du nom de *Luza* en celui de *Béthel*, c'est-à-dire, *maison de Dieu*. Lorsque Jéroboam y eut placé un des deux veaux d'or qu'il avait fait couler exprès pour qu'on les adorât, lorsqu'il y eut bâti les hauts lieux, établi des fêtes, institué des prêtres, et fait lui-même des sacrifices, il attira sur Béthel, comme sur lui, la malédiction céleste. Béthel existait encore au retour de la captivité ; du temps des Machabées c'était une ville fortifiée.

Beth-emec, ville frontière de la Galilée-Supérieure, tribu d'Aser.

Bether, montagne située probablement sur le territoire de la tribu de Benjamin.

Bethgamul, ville de la Moabitide.

Bethhagla, ville de la tribu de Benjamin, sur la limite de Juda ; elle était peu éloignée du Jourdain.

Beth-horon ou Bethoron, nom de deux villes de la Samarie, situées dans la tribu d'Éphraïm, sur la limite de Benjamin ; elles furent fondées par Sara, arrière-petit-fils d'Éphraïm, à peu de distance l'une de l'autre, et distinguées par les surnoms de *Haute* et de *Basse Bethhoron*. La première était en effet placée sur une hauteur à l'O. de Gabaon. Toutes deux étaient lévitiques. Salomon les fortifia ; mais sous les Machabées, *Bethhoron la Haute* seule fut réparée et fortifiée de nouveau en même temps que les places voisines.

Bethjesimoth, ou Betusimoth, ville de la tribu de Ruben, autrefois dépendante des Moabites. Josué l'indique comme étant située sur la limite méridionale du royaume de Sehon, près de la mer Morte ou Salée ; et Eusèbe cite une place de ce nom à l'E. du Jourdain, à environ 10 milles de Jéricho, vers le sud.

Bethlebaoth, ville de la tribu de Siméon, que l'on confond avec celle de *Bethberaï*.

Bethléem ou Bethlehem, ville de la tribu de Juda, vers la limite de Benjamin, à environ 2 lieues au S. de Jérusalem. Primitivement cette ville se nommait *Ephrata*, dénomination qu'elle devait aussi bien que celle de *Bethlehem*, à la fertilité de son territoire. Elle a acquis une grande célébrité par la naissance de David, ce qui l'a fait appeler *ville de David* par saint Luc, et plus grand encore par celle de Jésus-Christ. Les premiers chrétiens y élevèrent une chapelle qui renfermait l'étable où naquit le divin Rédempteur. L'empereur Hadrien renversa cette chapelle et lui substitua l'autel d'Adonis, détruit à son tour par la mère de Constantin, qui construisit sur ses débris une église superbe dont la forme et l'architecture rappellent l'église de Saint-Paul-hors-des-Murs de Rome. Au-dessous de ce monument est une autre église dans laquelle se trouve la grotte où Jésus-Christ reçut le jour. Cette église souterraine est remarquable par ses chapelles incrustées de marbre, de jaspe et de lames de bronze doré, et éclairée par une innombrable quantité de lampes d'or et d'argent. La fertilité du territoire de Bethlehem est encore aujourd'hui la même : on y voit croître la vigne et l'olivier. Sous le nom actuel de *Beyt-el-lahm*, cette ville renferme environ 3000 habitants, pour la plupart chrétiens des rites grec et catholique, et dont la principale industrie consiste dans la fabrication d'objets du culte, tels que crucifix, chapelets, etc. Le tombeau de Rachel était peu éloigné de cette ville. Au temps de David il y avait près des portes de la ville une belle piscine; elle se trouvait sans doute du côté de Jérusalem, où Salomon fit exécuter de grands travaux, entre autres un aqueduc et des fontaines. Du côté d'Hébron s'étendait un souterrain qui venait de Bethléem, et se nommait le *Labyrinthe*. Le couvent des franciscains, que l'on trouve près de là, est un édifice fortifié, qui renferme cependant peu de moines.

BETHLÉHEM, ville de la Galilée Inférieure, tribu de Zabulon.

BETHMAON, ville de la tribu de Ruben, autrefois de la Moabitide. Jérémie menace ses habitants d'une cruelle captivité en punition de leurs crimes.

BETHMARCHABOTH ou MEDEMENA, ville de la tribu de Siméon, dans le voisinage de Siceleg.

BETHNEMRA, ville de la tribu de Gad, que les Gadites furent obligés de rebâtir, et qu'ils fortifièrent quand ils prirent possession du pays. Elle devait, aussi bien que la *vallée* à laquelle elle donnait son nom, se trouver sur la limite méridionale de la tribu, et près du Jourdain.

BETHORON ou BETH-HORON. Voy. *Beth-Horon*.

BETHPHAGÉ, bourg à une demi-lieue de Jérusalem, situé, comme Béthanie, sur la montagne des Oliviers. Ce fut là que Jésus-Christ envoya ses disciples chercher l'ânesse sur laquelle il fit son entrée dans Jérusalem.

BETHPHALET ou BETHPHELET, ville de la tribu de Juda, au S., près du puits d'Agar.

BETHPHELET ou BETHPHALET. Voy. *Bethphalet*.

BETHPHÈSES, ville de la Galilée Inférieure, tribu d'Issachar.

BETHPHOGOR, ville de la Pérée, tribu de Ruben, situé sur le mont Phogor, d'où elle prit son nom. Il y avait un temple dédié à Baal, qui avait également reçu le nom de *Baal-Phogor*.

BETHSAÏDA, *piscine des brebis*, ou réservoir, situé à Jérusalem, et où les malades se rendaient pour obtenir leur guérison. La source qui fournissait ses eaux était minérale ; elle sortait du rocher au N. de la piscine. Ce réservoir avait 120 pieds de longueur sur 40 de largeur et 8 de profondeur. Autour se trouvaient cinq rangs de galeries où se tenaient les baigneurs. Jésus-Christ y guérit un homme qui était perclus depuis 38 ans. On l'appelait *piscine des brebis*, parce qu'avant d'être offerts en sacrifice, ces animaux y étaient lavés et purifiés.

BETHSAÏDE, bourg de la Galilée, tribu de Nephthali, sur le bord occidental du lac de Tibériade. Il était habité par un grand nombre de pêcheurs, parmi lesquels étaient nés les apôtres Pierre, André et Philippe. Il est célèbre par plusieurs miracles qui eurent lieu dans son voisinage. Il y avait aussi une ville de *Bethsaïda*, au N. du lac, dans l'endroit où le Jourdain vient s'y jeter. C'est la même que *Chorazin* ou *Julias*.

BETHSAMÈS, ville de la Galilée Inférieure, tribu de Nephthali, située proche de Sepphoris ou Dio-Cæsarea, vers la frontière d'Issachar. Les Nephthalites laissèrent les Chananéens de Bethsamès et ceux de Bethanath en paix ; ils ne s'emparèrent point de leurs villes, mais ils se contentèrent de leur imposer un tribut annuel.

BETHSAMÈS, ville lévitique, de la tribu de Juda, sur la frontière, du côté de Dan. Ce fut dans ses murs que les Philistins, espérant être délivrés des maux dont ils étaient affligés, portèrent l'arche d'alliance, dont ils s'étaient emparés sur les Israélites. Cette ville fut témoin de la défaite d'Amasias, roi de Juda, par Joas, roi d'Israël, qui le fit prisonnier. — *Bethsamites*, habitants de Bethsamès.

BETHSAN ou SCYTHOPOLIS, *ville des Scythes*, appartenant à la demi-tribu O. de Manassé, et située non loin du Jourdain, au S.-E. de Jezrahel, vers l'extrémité de la plaine d'Esdrelon. Un grand nombre de Scythes, de ceux qui conquirent la Médie et la Syrie, étant restés dans cette ville, les Grecs la nommèrent *Scythopolis*. Ce fut aux murailles de Bethsan que les Philistins, après leur victoire sur le mont Gelboé, suspendirent le corps de Saül. Ce fut là aussi que l'ambitieux Tryphon attira le malheureux Jonathas, et le retint perfidement prisonnier, quand il l'eut engagé à se détacher de presque toute son armée. Gabinius fit de cette ville une place forte. Au IVe siècle elle avait un siége épiscopal, mais dans le XIVe, au temps d'Abulfeda, elle ne présentait plus que quelques murailles. Aujourd'hui, sous le nom de *El-Baisan*, ce n'est plus qu'un chétif village, autour duquel gisent de grandes masses de laves provenant des montagnes voisines, dont la constitution paraît tout à fait volcanique.

BETHSETTA, ville de la demi-tribu O. de Manassé, près de Bethsan. Ce fut jusque-là que Gédéon poursuivit les Madianites, qui, troublés, s'entretuèrent les uns les autres, et firent d'eux-mêmes un horrible carnage.

**Bethsimoth** ou **Betjesimoth**. Voy. *Bethjesimoth*.

**Bethsur** ou **Bethsura**, ville de la tribu de Juda, située dans un défilé, à 5 stades de Jérusalem. Elle fut rebâtie et fortifiée par Roboam, et, en effet, par sa position, elle couvrait Jérusalem du côté de l'Idumée. Sous les Machabées Bethsura devint une place de guerre d'une très-grande importance, dont la possession fut souvent disputée entre eux et les rois de Syrie. C'était une des places les mieux fortifiées de la Judée.

**Bethsura** ou **Bethsur**. Voy. *Bethsur*.

**Beth-taphua**, ville de la tribu de Juda, au S.-O. d'Hébron.

**Bethul** ou **Césil**, ville de la tribu de Siméon, non loin de Sicéleg. On l'a confondue avec celle de *Bathuel*.

**Béthulie**, ville de la Galilée Inférieure, tribu de Zabulon, à l'O. du lac de Tibériade, dans un pays montueux, et riche en sources et fontaines, d'où la ville tirait, par un aqueduc, une partie des eaux nécessaires à sa consommation, et dont Holoferne avait eu soin de la priver, en coupant l'aqueduc, soit en mettant des gardes aux fontaines. Le siège que ce général mit devant cette ville, et l'action courageuse de Judith qui, parvenue dans sa tente, lui trancha la tête, et délivra ainsi la ville de 142,000 ennemis qui l'assiégeaient, donnent à Béthulie une place importante dans l'histoire.

**Bethzacara**, ville de la tribu de Juda, à 70 stades de Bethsura, où Judas Machabée avait établi son camp, dans le combat contre Lysias, général du roi de Syrie, Antiochus V Eupator. Ce fut là que périt Eléazar.

**Bethzecha**, lieu situé au N. de Jérusalem, et nommé *Bezetha* (ville *nouvelle*) par Josèphe. Il fut enfermé dans l'enceinte de la ville par Hérode-Antipas. Voy. *Jérusalem*.

**Bétonim**, ville de la tribu de Gad, sur la frontière de Ruben, peut-être au N. d'Hesebon.

**Bezec** ou **Bezech**, ville de la tribu de Juda, près de Jérusalem, peut-être bien la même que *Betzecha*.

**Bithynie**, province de l'Asie-Mineure, située sur les bords du Pont-Euxin et de la Propontide. C'était en général un pays uni, quoiqu'on y remarquât l'Olympe, montagne élevée et boisée. Le Sangarius en était le fleuve le plus considérable; il y avait son embouchure. La Bithynie était fertile en grains, fruits et légumes; et de bons pâturages permettaient d'y élever un nombreux bétail, qui à son tour offrait à l'habitant les moyens de faire des fromages excellents. Les forêts se prolongeaient de l'intérieur jusqu'au bord de la mer, et fournissaient des matériaux faciles et abondants pour la construction des navires aux habitants des colonies grecques, dont la côte était parsemée, et surtout à ceux d'Héraclée. On vantait beaucoup le cristal de roche et le marbre de la Bithynie. Des peuples qui l'habitaient la plupart était d'origine thrace : parmi eux se distinguaient les *Bebryces* et les *Marian-*

dins. Quant aux *Bithyniens proprement dits*, ils paraissent être sortis des bords du Strymon dans la Macédoine; ils formèrent un royaume qui occupait presque toute l'ancienne province connue au temps d'Alexandre, et antérieurement, sous le nom de *Petite-Phrygie*. Nicomède, qui en fut le dernier roi, le légua aux Romains. Plusieurs villes célèbres appartenaient à la Bithynie: c'étaient *Nicomédie*, *Nicée*, *Chalcéaon*, *Prusa* et *Héraclée*. On voit, d'après la première lettre de saint Pierre, qu'il s'était formé en Bithynie plusieurs communautés chrétiennes.

**Boen** (Pierre de). V. *Abenboen*.

**Bonsports**, port situé sur la côte N.-E. de l'île de Crète, non loin du Samonium-Promontorium, et où saint Paul aborda.

**Boses**, un des deux rochers très hauts et très-escarpés qui bordaient le chemin que gravit Jonathas, fils de Saül, afin de surprendre les Philistins dans leur camp; l'autre se nommait *Séné*. Ils étaient situés entre Machmas et Gabaa, tribu de Benjamin.

**Bosor**, ville lévitique de la tribu de Juda, choisie pour être une des villes de refuge. Elle était située dans la Solitude de Misor, à laquelle elle donnait aussi son nom, sans doute, dans les plaines de Moab. Du temps des Machabées, Bosor était une ville importante par ses fortifications. Elle était défendue par une forteresse dont Judas fut obligé de faire le siège, quoiqu'il fût déjà maître de la ville, dont il avait passé tous les hommes au fil de l'épée, dont il avait enlevé toutes les richesses, et qu'il avait fini par incendier.

**Bosphore**, expression qui, dans le langage du prophète Abdias, semble indiquer les limites de l'Asie du côté de l'Europe, c'est-à-dire le *Bosphore de Thrace*. Le texte d'Abdias restreint *l'armée des enfants d'Israël* à de telles limites, qu'il ne paraît guère possible d'admettre qu'il ait, par l'expression de Bosphore, entendu parler du détroit de Gibraltar, comme quelques commentateurs l'ont pensé.

**Bosra**, ville contre laquelle les prophètes ont émis des prophéties terribles, et bien différente de celle de *Bosor*, avec laquelle, et dom Calmet est du nombre, plusieurs commentateurs l'ont confondue. Elle appartenait à la demi-tribu E. de Manassé, et fut donnée aux lévites. Etant située sur la frontière, au pays de Theman, dans l'Idumée orientale, on a supposé, avec assez de vraisemblance, que c'était la même ville que *Bostra*, qui donna naissance à l'empereur Philippe, surnommé l'Arabe, successeur de Gordien III. D'après les paroles d'*Isaïe* (LXIII, 1), on pourrait croire qu'il y avait à Bosra des ateliers où l'on teignait fort bien les étoffes en rouge.

**Bubaste**, ville d'Égypte à l'E. de l'une des branches du Nil, qui avait reçu d'elle le nom de *Fleuve Bubastique*, mais qui est plus connue sous le nom de *Branche Pelusiaque*. C'était une des villes les plus anciennes de la Basse-Egypte, et une des plus célèbres. Elle possédait un temple remarquable par la pureté de son architecture; ce temple était dédié à la déesse Bubaste (Diane). Plus de 700,000 personnes s'y rendaient annuellement de toutes les parties de l'Egypte à l'époque de la fête de la déesse ; et, pendant la durée de cette fête, on consommait plus de vin que dans tout le reste de l'Egypte. *Hérodote.* Ce fut sans doute cet éclat qui environnait Bubaste qui l'exposa aux menaçantes prédictions du prophète Ezéchiel. Ses ruines occupent 12 à 1,400 mètres d'étendue ; sa circonvallation était bâtie en briques, comme celle des autres villes égyptiennes. Parmi d'énormes blocs de granit sculptés et enterrés, on trouve encore un obélisque dont une des faces est parsemée d'étoiles placées irrégulièrement (Champoll., *Égypte sous les Phar.*, t. II).

Buz, pays de l'Arabie, menacé du courroux céleste par le prophète Ezéchiel. Peut-être bien appartenait-il à l'Idumée ? Adrichomius le place au N. du Mont-Hor.

## C

Cabséel, ville de la tribu de Juda, située sur la limite du pays d'Edom, patrie de Banaïas, l'un des plus vaillants hommes de David. Elle existait encore au retour de la captivité.

Cabul ou Chabul, lieu de la tribu d'Aser, dont le nom fut donné par Hiram, roi de Tyr, à tout le canton où se trouvaient les vingt villes que Salomon lui avait cédées. *Cabul*, en hébreu, signifiant *déplaisir, dégoût*, on a supposé que tout ce canton avait été ainsi appelé par Hiram, parce qu'il ne lui plaisait pas. Josèphe cite une ville du nom de *Chabalo* ou *Chubalon*, auprès de Ptolémaïs.

Cademoth, Cedimoth ou Jethson. V. *Cedimoth*.

Cades ou Cedès. V. *Cedès*.

Cadès ou Cadès-Barné, ville de l'Idumée sur la frontière de Juda, dans le désert. Cette ville était déjà importante lors de l'arrivée des Hébreux, qui séjournèrent longtemps dans ses environs. Au temps d'Abraham, il paraît y avoir eu une fontaine que l'on nommait *Misphat*, nom sous lequel la *Genèse* désigne le lieu même de Cadès. Cependant les Israélites y manquèrent d'eau, et il y eut parmi eux une sédition. Dieu permit enfin que l'eau coulât ; mais à cause du soulèvement cette eau reçut le nom d'*eau de contradiction*. Le Psalmiste parle du désert de Cadès-Barné, dénomination que l'on peut considérer dans sa bouche comme générale. Elle semble, en effet, s'appliquer à tous les déserts de l'Arabie dans lesquels les Israélites errèrent pendant quarante ans. De la position de Cadès, premier lieu que l'on rencontre dans le désert en sortant du pays de Chanaan, il est assez naturel de penser que son nom a pu s'étendre à l'ensemble du pays. C'est d'ailleurs ce que l'on doit conclure des *livres de Moïse*, qui placent Cadès, soit au désert de Pharan, soit au désert de Sin.

Cadumim, sans doute un des affluents du Cison, sur les bords duquel l'armée de Sisara fut défaite.

Calané, la même que Chalané, ville de la Chaldée à la ruine de laquelle Isaïe et Amos font allusion. On a pensé que la ville de *Ctésiphon*, la capitale des Parthes, avait été construite sur son emplacement au bord du Tigre.

Calvaire ou Golgotha, lieu, car les évangélistes ne se servent point d'un autre terme, quoiqu'on le désigne habituellement par le nom de *mont*, situé au dehors de Jérusalem, et près de ses murs, à l'O. Ce fut dans ce lieu légèrement élevé, et où on exécutait habituellement les malfaiteurs, que Jésus-Christ fut entraîné à sa sortie du prétoire, crucifié et ensuite enterré. Renversée par Titus, Jérusalem fut relevée par Hadrien, qui comprit le Calvaire et une partie du mont Ghion dans son enceinte. Il est vrai que cet empereur fit élever sur le Calvaire même la statue de Vénus, en même temps qu'il faisait placer celle de Jupiter sur le saint Sépulcre ; mais, deux siècles plus tard, Constantin et sainte Hélène, sa mère, déterrèrent les lieux saints, les ornèrent avec la plus grande magnificence, et les rendirent à la vénération des chrétiens. Aujourd'hui le *Calvaire*, le *saint Sépulcre*, le *lieu de l'Invention de la Croix*, et plusieurs autres également révérés, sont enfermés dans la magnifique église de la *Résurrection* ou *du saint Sépulcre* ; aussi cette vaste basilique présente-t-elle dans sa construction une forme très-irrégulière. Cependant on y reconnaît la figure d'une croix de 20 pas de largeur sur 70 de longueur. Elle est surmontée de trois dômes qui lui donnent l'apparence de trois églises distinctes. Celui qui couvre le saint Sépulcre et la nef de l'église a 30 pas de diamètre, et est ouvert par le haut comme la rotonde de Rome. Cette coupole est appuyée sur 36 pilastres séparés par une arcade qui forme une tribune circulaire partagée entre les diverses communions admises dans la basilique. Autrefois, on entrait dans l'église par trois portes, aujourd'hui, il n'y en a plus qu'une seule qui soit ouverte, et encore les Turcs en gardent-ils soigneusement l'entrée. Personne ne peut y pénétrer, même les moines qui desservent le temple, sans acquitter le paiement qu'il a plu aux Turcs d'imposer. La pierre d'onction sur laquelle le corps de Jésus-Christ fut oint de myrrhe et d'aloès avant que d'être mis dans le sépulcre est le premier objet que l'on y rencontre. Elle est couverte de marbre blanc, entourée d'une balustrade en fer, et au-dessus, huit lampes sont continuellement allumées. A 30 pas de là, et au milieu du grand dôme, est la chapelle du saint Sépulcre. Cette chapelle, de forme carrée, est construite en marbre, éclairée par des lampes d'une grande richesse, et recouverte en entier d'une tenture en velours. Le sépulcre lui-même est en marbre et assez bas, il a sept pieds de longueur sur deux et demi de largeur. Un escalier de 22 marches conduit de l'église à une autre chapelle construite sur le haut du Calvaire qui est assez peu élevé ; cependant, pour avoir pu être enclos dans l'église elle-même, cette chapelle, qui est revêtue de marbre en dedans, est séparée en deux par une arcade. La partie qui regarde le nord est l'endroit où Jésus-Christ fut attaché à la croix : il y a toujours 32 lampes ardentes entretenues dans ce lieu ; celle du midi est la **partie de la montagne** où fut plantée la sainte Croix. Là aussi, 50 lampes brûlent constamment. Le couvent des pères de la Terre-Sainte est à 400 pas de l'église.

CAMON, lieu de la sépulture de Jaïr, un des juges d'Israël, au pays de Galaad, demi-tribu E. de Manassé.

CAMP DE DAN, lieu situé au N. de Cariathiarim, et où campèrent les 600 Danites qui passèrent de là à la montagne d'Éphraïm, et ensuite à Dan, dans le nord de la Palestine.

CAMP DE DAN. V. *Dan.*

CANA, ville de la tribu d'Aser, surnommée la *grande*, pour la distinguer de la suivante.

CANA, surnommée la *petite*, ville de la tribu de Zabulon, à peu de distance de Capharnaüm, au S.-O., patrie de Nathanaël. Ce fut là que Jésus-Christ fit son premier miracle en changeant l'eau en vin.

CANATH ou NOBÉ, ville de la demi-tribu E. de Manassé, dans le pays de Galaad. Elle fut appelée *Nobé*, par Nobé, celui des fils de Manassé qui s'en empara. Gédéon y défit aussi les rois madianites Zébée et Salmana, qui s'y croyaient à l'abri de sa poursuite.

CAPHARA ou CAPHIRA. V. *Caphira.*

CAPHARNAUM, ville de la Galilée Inférieure, tribu de Nephthali, non loin de la limite de Zabulon, à l'extrémité d'une belle prairie, sur le bord occidental du lac de Génézareth. Sa position était tellement agréable, que c'était, disait-on, de là qu'elle tirait son nom, qui signifie *champ de joie ou de beauté*. L'Évangile la nomme la *ville de Jésus-Christ*, parce que ce fut pendant trois années le principal théâtre des instructions de Notre-Seigneur. Aujourd'hui, on ne voit plus sur son emplacement que des ruines éparses. Cette ville fut siége épiscopal ; alors on la nommait *Caparcotia*. Près de ses murs est une fontaine remarquable par sa beauté, et que l'on a appelée *fontaine de Capharnaüm*.

CAPHARSALAMA, ville de la tribu de Benjamin, située dans le voisinage de Jérusalem, et où Nicanor fut défait par Judas Machabée.

CAPHÉTÉTHA, nom donné à la muraille orientale de la ville de Jérusalem, rétablie par Judas Machabée.

CAPHIRA ou CAPHARA, ville de la tribu de Benjamin, autrefois dépendante des Gabaonites, et située non loin de la ville au N.-O.

CAPHTORINS, peuples issus de Mesraïm, fils de Cham, de même que les Philistins, dont ils devaient être voisins. Ils venaient de l'Égypte. On a fait dériver leur nom de celui de *Coptos*, appartenant à une ville de ce riche pays.

CAPPADOCE, province de l'Asie-Mineure, dont le nom s'étendit d'abord à tout le pays compris entre l'Halys et l'Euphrate, le Pont-Euxin et le Taurus : avec elle on confondait le Pont. Sous l'empire des Perses, tout ce pays fut divisé en deux satrapies, la *Grande Cappadoce* et le *Pont*, qui, sous les successeurs d'Alexandre, formèrent également deux royaumes distincts. Les Romains laissèrent les Cappadociens libres de se choisir un gouvernement ; mais ceux-ci préférèrent le gouvernement monarchique, et élurent un souverain, dont les successeurs les gouvernèrent jusqu'au temps de Tibère, époque où la Cappadoce fut réduite en province romaine. Les Cappadociens étaient d'origine syrienne ; mais à cause de leur teint, qui, dit Strabon (p. 819), était plus blanc que celui de leurs compatriotes du sud, ils ne sont désignés par les auteurs du temps des Perses que sous le nom de *Syriens blancs*. La Grande-Cappadoce, ou Cappadoce proprement dite, peu favorisée par la nature de son sol, était mal cultivée. Des terres labourables on tirait cependant quelque froment ; mais la majeure partie du pays, étant couverte de hautes steppes, seulement propres aux pâturages, et placée sous un climat âpre et rigoureux, était abandonnée. Le bois manquait aussi, ce qui, en mettant entrave à la construction des habitations, et par suite à celle des villes, réduisit le plus grand nombre des Cappadociens à la condition de pasteurs. Il est vrai que leur menu bétail et leurs chevaux étaient renommés ; ceux-ci, surtout, étaient vantés à cause de leur légèreté ; aussi étaient-ce là les objets les plus importants des exportations. Le peuple avait le renom d'être menteur. Il était réduit à un état d'esclavage dont il ne cherchait point à sortir, bien qu'il fût exposé à être vendu par les seigneurs, qui s'en défaisaient comme ils se débarrassaient de leurs bestiaux, et tiraient même de cette vente leur principal revenu. Comme au moyen-âge, dans les pays de l'Europe, la Cappadoce était alors couverte de châteaux-forts. On recherchait à Rome, pour en faire des portefaix, les hommes sortis de cette partie de l'Asie ; leurs larges épaules leur permettaient en effet de porter les plus lourds fardeaux. *Mazaca*, depuis *Cæsarea*, et aujourd'hui *Kaisarieh*, située au pied du mont Argée, en était la capitale. S. Basile y vit le jour.

CAPPADOCE. Quelques versions de la *Bible*, entre autres celle de de Sacy, que nous avons suivie dans notre travail, portent dans le texte du *Deutéronome* et dans celui des prophètes *Jérémie* et *Amos*, le mot *Cappadoce*, où d'autres écrivent *Caphtor* : ce qui annonce au moins de l'incertitude dans le nom à adopter. *Jérémie* indique que les Philistins sont sortis de l'île de Cappadoce. Peut-on interpréter que ce soit de la province de ce nom, située dans l'Asie-Mineure ? D'un autre côté, est-ce bien la qualification d'*île* qui convient ici ? Ceux qui l'ont pensé ont fait application de la localité désignée aux îles de Crète ou de Chypre. Il est cependant des interprètes qui ont pensé qu'il s'agissait plutôt d'une *région maritime* du continent que d'une île. Et, en effet, si on recourt au mot *Caphtor*, employé par quelques interprètes, et si surtout on se rapproche de celui de *Caphtorins*, qui se trouve même dans la version de de Sacy, et qui est appliqué à un peuple voisin des Philistins, v. *Caphtorins*, cette dernière hypothèse ne semblera point dénuée de quelque fondement.

CARCAA, ville de la tribu de Juda, située sur sa limite méridionale, près du torrent de Bésor.

CAREHIM, ville attribuée, sans autorité cependant, à la demi-tribu E. de Manassé.

CARIATH, ville de la tribu de Benjamin, au N. du Cédron.

CARIATHAÏM ou CARTHAN, ville lévitique et de refuge de la tribu de Nephthali.

CARIATHAÏM ou SAVÉ-CARIATHAÏM, ville forte du pays de Moab, où Chodorlahomor, roi d'Elam, défit les Emites. Elle était située au S. d'Héséhon, entre cette ville et la mer Morte. Elle fut détruite par les Israélites, et rebâtie plus tard par les Rubenites, à qui elle était échue en partage. De même que les autres villes de Moab, Cariathaïm fut le sujet des prédictions menaçantes des prophètes. Auprès de cette ville était la *vallée de Savé*, appellée aussi la *vallée du Roi*, où le roi de Sodome vint au-devant de Chodorlahomor.

CARIATH-ARBÉ, c'est-à-dire, *ville d'Arbée*, HÉBRON ou CHÉBRON. V. *Hébron*.

CARIATH-BAAL, BAALA ou CARIATHIARIM. V. *Cariathiarim*.

CARIATHIARIM, c'est-à-dire, la *ville des Forêts*, CARIATH-BAAL ou BAALA, ville située sur une colline, dans la tribu de Juda, sur les confins de Benjamin, vers l'O. Elle paraît avoir été originairement sous la dépendance des Gabaonites; mais, à son tour, elle aurait été la souche d'où seraient sortis les habitants de quelques lieux voisins, tels que les *Jéthréens*, les *Aphulthéens*, les *Sémathéens*, les *Maséréens*, desquels sont aussi venus les *Saraïtes* et les *Esthaolites*. Comme l'arche d'alliance rapportée par les Philistins à Bethsamès, et déposée par les Bethsamites à Cariathiarim ou sur son territoire, d'où David la fit porter à Jérusalem, y resta vingt ans, l'Écriture donne au territoire de cette ville le nom de *lieu du Repos*. Le prophète Urie, fils de Semeï, était né à Cariathiarim.

CARIATH-SENNA, CARIATH-SEPHER ou DABIR. Voy. *Dabir*.

CARIATH-SEPHER, c'est-à-dire, *ville des Lettres*, CARIATH-SENNA ou DABIR. V. *Dabir*.

CARIE, province excessivement fertile et très-commerçante, à l'extrémité S.-O. de l'Asie Mineure, entre l'Ionie, la Lydie, la Phrygie, la Pisidie, la Lycie et la Doride. Elle est arrosée par le Méandre, si connu par son cours sinueux. Ses habitants, dont l'origine était la même que celle des Lydiens, se servaient comme eux de la langue grecque. Ces deux peuples faisaient en commun des sacrifices avec les Mysiens. Les Cariens ont longtemps exercé le métier de pirates, ce qui leur donna les moyens de se rendre maître des Cyclades. Sous les Romains, le gouverneur de cette province résida d'abord à Halycarnasse, et ensuite à Aphrodisias.

CARIOTH, ville des Moabites, enveloppée dans les fatales prédictions des prophètes.

CARIOTH-HESRON ou AZOR. V. *Asor*.

CARITH, torrent que l'on suppose être un de ceux qui se jettent dans l'Hieromax, rivière tributaire du Jourdain.

CARMEL, ville située sur la montagne du même nom, appartenant à la tribu de Juda. Elle existait encore au temps des Croisades, et se trouvait, suivant Eusèbe, à 10 milles à l'E. d'Hébron. C'était la patrie d'Hesraï, un des forts de David.

CARMEL, chaîne de montagnes de la tribu de Juda qui s'étendait à l'orient d'Hébron, vers la mer Morte. Ce fut sur ces montagnes que Saül éleva un arc de triomphe en commémoration de sa victoire sur les Amalécites. Nabal, de la race de Caleb, avait son bien sur cette montagne; c'étaient des troupeaux de 3000 brebis et de 1000 chèvres qui y paissaient d'excellents pâturages. Après sa mort, sa veuve Abigaïl épousa David, dont elle eut un fils. Aujourd'hui, cette montagne se nomme encore *El-Carmel*.

CARMEL, suite de montagnes qui limitent, au S. et au S.-E., le bassin du Cison, dont les eaux baignent sa base. Elle s'étend jusqu'à la mer au S. du golfe de Ptolémaïs, et forme même un petit promontoire appelé le cap Carmel. Son nom signifie *champ fertile*; elle conserve encore aujourd'hui, et, en effet, le Carmel est couvert d'oliviers, de figuiers, de vignes et d'autres arbres à fruits, et les bois de chênes et de pins y sont encore à présent assez abondants pour que l'on puisse reproduire, à leur égard, les expressions de *grands bois* et de *forêts du Carmel* dont se sert l'Écriture. Ses pâturages, remarquables par leur bonté, contribuaient autant que ses jardins et ses vergers à donner au Carmel un aspect de beauté qui devait en rendre le séjour agréable, et bien fait pour lui mériter les louanges des prophètes. Les grottes dont le Carmel est percé sont innombrables; plusieurs ermites y sont venus, à diverses époques, chercher un paisible asile. Le séjour d'Élie et d'Élisée les ont surtout rendues célèbres. Au haut de la montagne, on montre encore celle où le prophète Élie se cacha pour fuir la persécution de Jésabel. Cette grotte peut avoir 15 ou 16 pieds de longueur sur 10 à 12 de largeur; on y descendait comme dans un puits. Une chapelle dédiée à la Vierge, qui venait souvent à Nazareth visiter le Carmel, est adossée à cette grotte, où l'on entre à présent par une porte; à côté est un hospice destiné aux pélerins. Plus haut que cette grotte, on trouve celle d'Élisée, qui peut avoir 25 pieds de longueur sur 10 à 12 de largeur. Ce fut au pied de cette montagne, sur le bord du Cison, que le culte de Baal fut détruit, que les 450 prophètes de ce dieu et les 400 prophètes des grands bois furent massacrés par l'ordre d'Élisée, et que l'impiété d'Achab se trouva confondue. Lors de la conquête du pays par Josué, la contrée du Carmel était gouvernée par un roi dont *Jachnan* était la résidence, et qui avait dans son domaine plusieurs bourgs et villages situés sur la montagne. Dans le partage du pays de Chanaan, le Carmel échut à la tribu d'Issachar. Du temps de Vespasien, on y adorait une divinité que l'on croit avoir été Baal, et que Suétone prétend même avoir été consultée par ce prince, fait auquel Tacite donne le démenti. Dès cette époque, le Carmel paraît s'être peuplé de pieux solitaires à qui l'on attribuait le pouvoir de prédire l'avenir. Au XIII° siècle, l'Ordre des Carmes y prit naissance; son fondateur fut saint Albert, patriarche de Jérusalem. Saint Louis et Jeanne de Dreux, femme de Philippe-le-Long, visitèrent le Carmel, et firent, surtout cette dernière, de grandes largesses au couvent.

CARNAÏM ou ASTAROTHCARNAÏM. V. *Astarothcarnaïm*.

CARNION, place forte, considérée, en raison de sa position, comme imprenable. Elle était située dans la Batanée, sur une des branches de la rivière Hiéromax, et il fallait traverser plusieurs défilés avant que d'y arriver; malgré cela, Judas Machabée s'en empara sur Timothée, qui y avait envoyé ses bagages comme dans un lieu sûr: Judas y tua 25,000 hommes. Au temps de saint Jérôme, on l'appelait *Carnea*, on l'a à tort confondue avec la ville de *Carnaïm*.

CARTHA ou CATETH, ville lévétique de la tribu de Zabulon, située au pied du mont Thabor, dont elle a quelquefois reçu le nom.

CARTHAGINOIS, habitants de la ville et du territoire de Carthage. Carthage était une colonie phénicienne fondée sur le rivage d'Afrique, vers l'an 1260 avant notre ère, dans une position habilement choisie; elle était située sur l'isthme d'une péninsule de 15 lieues de circuit, dans le golfe actuel de Tunis. Depuis, vers 860, Didon vint de Tyr, à la tête d'une nouvelle colonie, s'établir à Carthage; ce fut elle qui éleva la citadelle de *Byrsa*, sur une hauteur qui dominait la ville, et au point culminant de laquelle on construisit un temple consacré à Esculape. Cette ville avait deux ports, l'un *extérieur*, destiné à la marine marchande; et l'autre *intérieur*, réservé aux navires de guerre. Ce dernier, creusé en partie de main d'homme, se nommait *Cothon*; il renfermait une petite île du même nom, entourée, comme le port lui-même, de loges couvertes dans lesquelles 230 navires trouvaient un abri sûr. Ces deux ports sont aujourd'hui comblés, et l'isthme de la presqu'île, s'est lui-même élargi de telle sorte, qu'il n'en reste plus à découvert que très-peu de ruines de cette ancienne ville, qui fut pendant si longtemps la rivale de Rome. Les Phéniciens l'avaient appelée *Carthada*; ce qui, dans leur langue, signifiait *ville nouvelle*. Les Grecs changèrent ce nom en celui de *Carchedon*, dont les Romains ont fait *Carthago*. Cette cité fut puissante sur mer, même du temps que Tyr florissait encore, et elle hérita de son commerce quand cette dernière fut totalement ruinée. Carthage forma d'abord une république de marchands, et c'est à son grand commerce, en effet, que le prophète Ézéchiel fait allusion; elle devint ensuite conquérante, et soumit à son empire presque toute l'Afrique septentrionale, l'Espagne, les îles de Corse et de Sardaigne, et une partie de la Sicile. Ses expéditions appelèrent enfin l'attention des Romains, qui soutinrent contre elle, avec des chances diverses, trois guerres cruelles qui ne finirent qu'à la destruction complète de la ville. Malgré l'espèce d'anathème lancé par le sénat romain contre celui qui la relèverait, Jules César y envoya une colonie romaine, et la rebâtit. Depuis lors, Carthage devint la résidence du proconsul chargé du gouvernement de la province. Elle fut de nouveau détruite par les Arabes vers la fin du VII° siècle, et de ses ruines s'est augmentée *Tunes* ou *Tunetum*, la moderne. *Tunis*, capitale de la régence de ce nom, située à côté de l'emplacement de l'ancienne colonie phénicienne. Térence, esclave et ensuite affranchi à Rome, avait reçu le jour à Carthage.

CARTHAN ou CARIATHAÏM. Voy. *Cariathaïm*.

CASALOTH, ville de la tribu d'Issachar, entre Sunam et le mont Gelboé.

CASBON, ville du pays de Galaad, tribu de Gad, au N., dont Judas Machabée s'empara sur Timothée.

CASIS, vallée située dans la tribu de Benjamin, entre Jéricho et la mer Morte.

CASPHIA, un des lieux où les Israélites avaient été transplantés lors de la captivité; peut-être bien ce lieu était-il situé dans la *Cissia*, sur le Choaspes.

CASPHIN, ville forte de la tribu de Dam, située non loin de Jamnia ou Jabné; elle était environnée de hautes murailles, et on n'y entrait qu'au moyen de ponts-levis. La population, mélange de diverses nations, confiante dans la force de ses murailles et dans l'abondance des vivres dont elle avait fait provision, se défendait avec négligence, lorsque Judas Machabée, profitant de son aveugle sécurité, se jeta sur cette place, la prit, et fit un tel carnage des habitants, que l'étang qui était auprès de la ville, et qui avait deux stades de largeur, en fut totalement rougi.

CASPHOR, ville de la tribu de Gad, au N. C'était une place très-fortifiée, qui fut prise par Judas Machabée, de même que les autres villes du pays de Galaad, dont Timothée et les siens avaient cru se faire un rempart.

CATETH ou CARTHA. Voy. *Cartha*.

CAUDE, petite île au S. de la partie occidentale de la Crète, et au-dessous de laquelle fut poussée par le vent l'embarcation que montait saint Paul, lorsqu'il se rendait au port de Phénice, aujourd'hui *Grande-Gozo*.

CAVERNE DOUBLE OU SÉPULCRE DES PATRIARCHES, situé dans la vallée de Mambré, tout près de la ville d'Hébron. Cette caverne, où Abraham ensevelit Sara, avait été acquise, ainsi que le champ sur lequel elle se trouve, d'Éphron, moyennant 400 sicles d'argent.

CAVERNE DE LOT, retraite de Lot et de ses deux filles après l'embrasement de Sodome; elle devait être située dans les montagnes, au S. de la mer Morte, non loin de Ségor, d'où Lot sortait lorsqu'il vint y chercher asile.

CAVERNE DE SAÜL, située dans le désert d'Engaddi, sur la rive occidentale de la mer Morte, et où David maître de la personne de Saül, qui le cherchait pour le faire périr, se contenta de lui couper le bord de son vêtement.

**Cédar**, contrée de l'Arabie-Pétrée, située près des Nabathéens, et dont les habitants descendaient des fils d'Ismaël. Les Cédarites vivaient sous des tentes, comme le font encore les Arabes qui demeurent dans les mêmes lieux; ces tentes étaient noires, au dire du *Cantique des Cantiques*. Les Cédarites étaient occupés au transport des marchandises, se faisaient conducteurs des caravanes, et menaient en Palestine leurs agneaux, leurs béliers et leurs boucs, dont ils trouvaient un bon débit. Leurs archers avaient une grande réputation. Ils furent, comme tous les peuples de l'Arabie, enveloppés dans les menaces des prophètes. On les appela aussi *Cédareni*, et on les confondit avec les *Saraceni*. Sous le nom de *Cédar*, l'Écriture désigne souvent toute l'Arabie.

**Cédes**, **Cades** ou **Cydissus**, ville lévitique et de refuge de la tribu de Nephthali, dans la Galilée Supérieure. A l'arrivée des Israélites, Cédes avait un roi qui fut, comme les autres rois chananéens, vaincu par Josué. Située au N.-O. de la tribu au-delà d'Asar, elle fut témoin de la défaite des troupes de Démétrius Nicanor par Jonathas.

**Cédimoth** ou **Cadémoth**, la même que *Jethson*, ville lévitique et de refuge de la tribu de Ruben.

**Cedmonéens**, anciens habitants de la terre de Chanaan, probablement tout-à-fait exterminés par les Israélites lorsque ceux-ci s'emparèrent du pays; peut-être habitaient-ils au S.-E. de l'Hermon.

**Cédron**, torrent qui prend naissance au N. de Jérusalem, coule à travers la vallée de Josaphat, entre la ville et la montagne des Oliviers, et va se perdre dans la mer Morte. Son lit est souvent à sec; mais, lorsque la tempête éclate et que la pluie tombe, il se gonfle et croit avec une extrême rapidité; sa largeur est d'un peu plus de trois pieds, et sa profondeur à peine de deux. Jésus-Christ le passa peu de temps avant sa mort, pour se rendre dans le jardin où Judas le trahit. David l'avait également franchi lorsque, fuyant son fils Absalon, il quitta le séjour de Jérusalem. Ce fut dans la vallée de ce torrent qu'Asa, Ézéchias et Josias, brûlèrent les idoles au culte desquelles les Juifs s'étaient abandonnés. Son nom lui venait, suivant les uns, des cèdres qui croissaient sur ses rives; suivant les autres, de l'obscurité mystérieuse que l'ombrage des arbres y répandait. On voit dans cette vallée le lieu du martyre de saint Étienne, et le caveau consacré par les sépultures de la Vierge, de Joseph, de sainte Anne et de saint Joachim.

**Cédron**, ville frontière de la Judée, du côté des Philistins, au S.-E. de Jabné ou Jamnia, qu'Antiochus avait fait fortifier par Cendebée. On la confond quelquefois, mais à tort, avec *Gedor*.

**Céelatha**, dix-septième station des Israélites dans le désert; elle devait se trouver près du torrent d'Égypte.

**Ceïla**, ville de la tribu de Juda, à l'O. ou au S.-O. de la tribu, dans les montagnes. Les Philistins l'attaquèrent, mais elle fut défendue par David, qui sauva ses habitants en remportant sur les assiégeants le triomphe le plus éclatant. On y place le mausolée du prophète Habacuc.

**Célésyrie** ou **Syrie Creuse**, partie de la Syrie située au N. de la Palestine, et composée particulièrement des vallées formées par le Liban et l'Anti-Liban, qui lui avaient fait donner le nom qu'elle porte, et de la plaine où se trouve Damas et son territoire. Dans les premiers temps, ce pays était soumis aux rois syriens de Damas. Après la conquête de David, il fut assujéti au royaume d'Israël, et passa ensuite successivement sous la domination des Assyriens, des Babyloniens, des Perses, d'Alexandre, des Séleucides, et enfin des Romains. Le nom de Célésyrie date de l'époque des Séleucides; sous les Romains il s'éteignit insensiblement. Dans son acception la plus large, il embrassait tout le pays au S. de la Syrie des Séleucides jusqu'aux confins de l'Égypte, et déjà dans l'*Histoire des Machabées* on voit les noms de Célésyrie et de Phénicie toujours cités ensemble. Dioclétien précisa le tout en réunissant la Palestine et la Phénicie à la Célésyrie, et en donnant à tout ce pays le nom de *Phœnicia Libanesia* ou *Salutaris*. La Célésyrie était communément montueuse, mais d'une extrême fertilité, aussi bien dans les vallées que dans les plaines. *Damas* en était la capitale, quoique ce ne fût pas la ville la plus importante. Baalbeck ou *Héliopolis* était en effet plus considérable. Voyez *Baalath*.

**Cellon**, contrée de l'Idumée orientale qu'Holoferne ruina avant de se jeter sur les terres de la Palestine.

**Cenchrée**, un des ports de Corinthe, à peu près à trois lieues et demie au N.-E. de la ville, sur le Saronicus Sinus, aujourd'hui *Kenkrie*. Saint Paul, en quittant Corinthe, s'y embarqua pour retourner en Syrie.

**Cénéreth** ou **Cénéroth**, ville de la Galilée Inférieure, dans la tribu de Nephthali, sur le bord occidental du lac ou mer de Galilée, de Génésareth ou de Tibériade, auquel elle a également communiqué son nom, que saint Jérôme écrit *Chenereth*. Sur son emplacement fut bâtie la ville de *Tiberias*.

**Cénéroth** ou **Cénéreth**. Voyez *Cénéreth*.

**Cénéséens** (mer de) ou de **Cénéroth**, **Lac de Génésareth** ou **Eau de Génésar**, **Mer de Galilée** ou **Mer de Tibériade**. Voy. *Mer de Cénéreth*.

**Cénéreth** ou **Généséens**, peuple descendant probablement de Cenez, et habitant au midi de la terre de Chanaan.

**Ceni**, ville située au midi de la tribu de Juda, et que l'on a supposée peuplée par les Cinéens; peut-être bien la même que *Cina*.

**Céréthiens**, nom donné dans diverses circonstances, dit D. Calmet, aux Philistins; il signifie *voleurs*. Il y avait dans la garde de David, usage qui paraît s'être conservé sous ses successeurs, une légion composée de Céréthiens et une autre de Phélétiens. D. Calmet suppose que ce nom peut venir du mot *crétense*, parce que les Philistins, dit-il, étaient originaires de l'île de Crète. Dans leurs prophéties, Ézéchiel et Sophonie font allusion à ce peuple, qui habitait le bord de la mer.

**Césarée de Palestine**, sur le bord de la mer, par 32° 41' lat. N. et 32° 24' 30" long. E. de Paris, ville qui subsistait encore au temps des Croisades, mais dont il ne reste plus aujourd'hui que les ruines. Avant de s'appeler *Césarée*, dénomination qui lui fut donnée en l'honneur d'Auguste, par Hérode-le-Grand, lorsque ce prince la rebâtit, elle se nommait *Tour de Straton*. Cette ville n'acquit cependant de l'importance que sous ce nouveau nom. Dans la division de la Palestine en trois provinces, celle dont Césarée fut la métropole fut la première, et comme le gouverneur de la Palestine pour les Romains y avait établi sa demeure, qu'il y avait son tribunal et même sa cour, où il recevait jusqu'à des rois, cette cité conserva longtemps sa suprématie. Dans les premiers temps de l'Église, elle forma un siége épiscopal, puis archiépiscopal, auquel Jérusalem fut subordonnée jusqu'au moment où elle devint elle-même le siége d'un patriarche. C'est à Césarée que saint Paul fut amené de Jérusalem et mis en prison, et qu'il comparut devant le tribunal du gouverneur Félix. Les Arabes l'appellent encore *Kaisariéh*. La conservation de ses remparts, de son port et de ses monuments, inspire, dit un voyageur récent, une surprise indéfinissable.

**Césarée de Philippe**, anciennement *Paneas*, ville située au pied de la branche du Liban appelée Hermon, sur lequel eut lieu sans doute la transfiguration de Jésus-Christ. Ce fut en reconnaissance de ce qu'Auguste l'avait mis en possession de la Trachonitide, qu'Hérode éleva sur le mont Panium un temple à ce prince. Dans le partage des États d'Hérode entre ses enfants, Philippe, l'un d'eux, eut la Trachonitide. Soit parce qu'il hérita des sentiments de son père pour Auguste, soit par orgueil, ce prince changea le nom ancien de *Paneas* en celui de *Césarée*, et pour distinguer sa ville des autres qui portaient le même nom, il la surnomma *de Philippe*. Les croisés s'emparèrent de cette place, mais ils la perdirent ensuite. On reconnaît encore dans son nom moderne, *Baneias*, le nom ancien *Paneas*, mais on ne retrouve plus sur son emplacement que des ruines.

**Céséleththabor**, ville de la tribu de Zabulon, près du mont Thabor, dont elle a pris en partie le nom.

**Césil** ou **Bétuul**. V. *Béthul*.

**Césion**, ville lévitique de la tribu d'Issachar.

**Céthen**, **Céthéenne** ou **Héthéen**, **Héthéenne**. V. *Héthéen*.

**Céthéens**, habitants de la Macédoine, ainsi désignés comme descendants de Céthim.

**Céthim**, dénomination qui, à certains égards, peut sembler générale pour désigner les habitants des côtes de l'Asie, de la Grèce et de l'Italie, mais qui cependant paraît s'appliquer, 1° à la *Macédoine*, suivant le livre des Machabées; et, 2° à l'*île de Chypre*, selon Isaïe et Jérémie. Ce n'est cependant pas que, d'après la première partie de la prédiction d'Isaïe contre Tyr, on ne puisse croire que ce prophète fait allusion à la puissance d'Alexandre qui viendra détruire le commerce de Tyr, etc. Voyez *Chypre*.

**Céthlis**, ville de la tribu de Juda, au N.-O.

**Cétron**, ville de la tribu de Zabulon, au N. Les Zabulonites aimèrent mieux épargner et ménager les habitants de cette ville, et leur imposer un tribut, que de les détruire, comme le firent des Chananéens de quelques-unes des autres tribus.

**Chabul** ou **Cabul**. Voyez *Cabul*.

**Chalanné** ou **Calané**, ville du royaume de Babylone, dans la terre de Sennaar.

**Chaldée** ou **Pays des Chaldéens**, nom donné à la partie méridionale de la Babylonie, et quelquefois à la totalité de la Babylonie, quand elle fut au pouvoir des Chaldéens. Cette dénomination s'étendait primitivement sur une partie de la Mésopotamie, au S. de l'Arménie, où se trouvait la patrie d'Abraham, et où les Chaldéens habitaient encore au temps de Job, soit qu'ils fussent originaires de ce pays, soit qu'ils vinssent des contrées situées plus au N. Ce n'est que par suite de l'établissement de ce peuple dans le sud de la Babylonie, qu'une partie de cette dernière contrée en a pris le nom. Dans les prédictions de Jérémie et d'Isaïe, il s'agit de la Chaldée Babylonique. Voyez *Babylonie*.

**Chaldéens**, peuple qui paraît avoir originairement habité des contrées beaucoup plus septentrionales que celles où l'histoire nous les montre établis en maîtres. Michaelis (*Spicileg. geogr. Hebr. exter.*, II, 77, etc.) les considère comme des Scythes; M. Heeren (*Politiq. et Comm. des Peupl. de l'antiq.*, t. II, p. 169, trad. fr.) les fait descendre, soit des montagnes de la Tauride, soit de celles du Caucase. Quoi qu'il en soit, il est certain qu'ils sont venus du septentrion, et rien n'empêche que, comme l'ont fait d'autres peuples sortis des mêmes contrées, leurs hordes se soient répandues dans la Mésopotamie, où quelques-unes se fixèrent. C'est là qu'ils paraissent au temps d'Abraham; ils y vécurent comme vivent encore les Curdes, que l'on regarde comme leurs descendants, au milieu des montagnes, menant la vie des peuples nomades, et pillant partout où il y avait à prendre, mais vendant cependant leurs services aux étrangers, aux Assyriens, par exemple, car ils étaient remplis de bravoure. Des montagnes, quelques-uns descendirent dans les plaines, et se montrèrent en conquérants, soumettant à leur domination, non seulement la Babylonie, mais encore toute la Syrie, la Phénicie, la Palestine, et, selon toute apparence, l'Égypte. Cette époque brillante commence environ 625 ans avant notre ère. Nabuchodonosor II est celui des princes chaldéens qui a le plus fait pour sa nation, et l'un de ceux qui ont le plus travaillé à l'agrandissement et à l'ornement de la ville de Babylone. Sous son petit-fils Baltassar, Cyrus assiége et prend Babylone. Le royaume des Chaldéens est alors partagé en plusieurs provinces, à la tête desquelles Cyrus place des gouverneurs ou satrapes.— Selon le prophète Isaïe, les Chaldéens de la Babylonie se livraient non seulement à la navigation intérieure, mais encore à la navigation extérieure ou grande navigation. Leurs connaissances en astronomie leur vinrent sans aucun doute des Babyloniens, mais elles leur procurèrent une telle réputation, que, devenus les astrologues de la nation, leur nom fut donné à tous ceux qui se mêlaient de prédire les événements à venir. Le livre *de Daniel*, en effet, confond sous cette dénomination les mages, les enchanteurs, les augures, les sages enfin. A ce dernier titre, prêtres, interprètes des Écritures, les Chaldéens réunissaient dans leurs attributions tout ce qui peut asservir la raison humaine. Soit par suite de leur origine, soit par suite de leur contact avec les peuples d'origine araméenne, les Chaldéens parlaient la langue syriaque.

CHALÉ ou HALA, ville de l'Assyrie, située dans la Chalonitide, sur le Sillas, affluent du Tigre. Elle fut fondée par Assur, et reçut une partie des Israélites que les premiers Assyriens transférèrent de leur pays dans ces régions lointaines.

CHALI, ville de la tribu d'Aser, sur la frontière, au N.

CHAM, un des trois fils de Noé. Cham eut une postérité très-nombreuse : ses fils furent *Chus*, *Mesraïm*, *Phuth* et *Chanaan*, dont les enfants se répandirent en Afrique et dans quelques parties de l'Asie. Ceux de *Chus* peuplèrent la Babylonie, une partie de l'Arabie et de l'Éthiopie; ceux de *Mesraïm* la partie orientale et centrale de l'Afrique et le pays des Philistins en Asie; l'Égypte en reçut même le nom de *terre de Mesraïm*; ceux de *Phuth* s'établirent vers l'occident de l'Afrique, dans la Mauritanie, et enfin *Chanaan* et ses enfants demeurèrent dans le pays de l'Asie qui s'étend entre le Jourdain et la mer Méditerranée, pays conquis, excepté la Phénicie, par Josué. Quelques-uns s'étendirent encore un peu plus au N.

CHAM (terre de), dénomination appliquée, selon quelques auteurs (CHAMPOLLION, *Égypte sous les Pharaons*, t, 1. p. 104, 111), à toute l'Égypte, et suivant d'autres (BONJOUR, *Monument. coptic. Biblioth. Vatic.*) à la Basse-Égypte seulement. Ce nom semble naturellement dérivé de celui du troisième enfant de Noé, dont le fils, *Mesraïm*, s'établit dans l'Égypte, et lui communiqua pareillement son propre nom. Cependant le savant Champollion, envisageant la question sous un autre point de vue, présente une explication différente du nom de *Cham*, ici employé, et la tire de la langue copte, ancien idiome, idiome primitif de l'Égypte. Le mot *chami*, *chimi* ou *chmi*, que les anciens Égyptiens employaient pour désigner leur pays, signifiait, dans leur langage, *noir*, *noire*. Or, si l'on s'en rapporte au témoignage d'Hérodote, qui dit (II, 12) que le sol de l'Égypte, crevassé et friable, est *noir*; à celui de Plutarque, qui avance qu'il est *fort noir*, voy. *Égypte*, on ne saurait nier que cette particularité ait pu avoir de l'influence sur la dénomination donnée au pays, et que le mot *chami*, se rapprochant par sa forme de celui de *cham*, ait pu être adopté avec d'autant plus d'empressement par les Hébreux qu'il s'adaptait fort bien à leurs traditions; au surplus, tel fut le sens que les Grecs donnèrent au mot *chami* ou *cham*, qu'ils surnommèrent l'Égypte Μελάμβωλος *aux mottes de terre noire* (STEPH. BYZANTIN), et qu'ils appelèrent même Χώρα Μελαμπόδων, *le pays de ceux qui ont les pieds noirs*, ou *qui habitent une terre noire* (EUSTATH.).

CHAMAAM, fils de Berzellaï de Galaad, qui, après la mort d'Absalon, suivit David à Jérusalem. Le roi reconnut les services que le père lui avait rendus, en comblant le fils de ses bienfaits. Il lui fit don, entre autres choses, d'un bourg fort riche, situé près de Bethléem, dans la tribu de Juda, bourg qui reçut de là le nom de *Chamaam*.

CHANAAN, pays ou terre de *Chanaan* ou des *Chananéens* (noms très-fréquemment employés dans le *Pentateuque* et le *livre de Josué*, mais beaucoup moins dans le reste de *la Bible*), *Terre promise* ou *Terre du Seigneur*, pays habité par les descendants de Chanaan. La postérité de ce fils de Cham fut nombreuse : ses fils étaient, suivant *la Genèse*, Sidon, Hetheus, Jebuseus, Amorrheus, Heveus, Araceus, Sineus, Aradius, Samareus, Amaltheus ou Amatheus, et Gergeseus; ce dernier est cité seulement aux *Paralipomènes*. Chacun d'eux devint le père d'une lignée, qui forma autant de peuples différents renfermés dans l'étendue du pays dit de *Chanaan*, et désignés sous la dénomination commune de *Chananéens*. Issus de Cham, leur présence au milieu des descendants de Sem paraît due à quelques circonstances particulières qui nous sont inconnues. Au N. et à l'E., en effet, ils étaient en contact avec la postérité d'Aram, fils de Sem; mais au S. et au S.-E., ils confinaient avec la descendance de Chus, sortie de la même souche qu'eux. On pourrait croire, avec Reland et d'autres, que le pays de Chanaan était restreint à la région située entre la mer Occidentale ou Méditerranée et le Jourdain, et ne dépassait pas ce fleuve. C'est ce qu'autorisent d'ailleurs à penser plusieurs passages du *Pentateuque*, quoique Dieu ait dit que les limites de son peuple s'étendraient depuis les déserts du midi jusqu'au Liban, et depuis la mer Occidentale jusqu'au grand fleuve de l'Euphrate. Dans cette hypothèse, il y aurait donc une différence essentielle entre le pays de *Chanaan* et la *Terre Promise*. Celle-ci aurait compris, non seulement cette terre de Chanaan si délicieuse, où, selon les expressions de l'Écriture, *coulaient des ruisseaux de lait et de miel*, expressions qui indiquent bien l'abondance dont le peuple de Dieu devait y jouir, mais encore les terres à l'orient du Jourdain, où s'établirent aussi les enfants d'Israël, et qu'ils confondirent par extension avec le pays des Chananéens. Le mont *Liban* n'y était point renfermé, puisque l'Écriture distingue le pays des Chananéens de celui du Liban. Josué admet le pays du S.-O., où demeuraient les cinq rois *Philistins* de Gaza, d'Ascalon, d'Azot, de Geth et d'Accaron, quoique les Philistins soient issus, d'après *la Genèse*, d'un fils de Mesraïm et non de Chanaan; ce qui ferait supposer que leur demeure première était en Égypte. Pour les peuples de la *Phénicie*, nul doute que leur pays ne fût occupé par des Chananéens. Là vivaient certainement les fils de *Sidon*, d'*Araceus*, d'*Aradius* et d'*Amatheus*. Enfin Moïse indique, comme les points extrêmes de la terre des Chananéens, Sidon et Lesa au N.; Gerara, Sodome, Gomorrhe, Adama et Séboïm au S. Le nom de *Terre-Promise* fut donné à toute cette contrée, et étendu même aux terres situées à l'orient du Jourdain, en raison de la promesse faite par le Seigneur à Abraham dans la vision qu'eut le patriarche à Sichem. Depuis, cette promesse ne cessa d'être renouvelée, et très-souvent les prophètes y font allusion. *La Genèse* donne le nom des dix peuples dont les Israélites durent conquérir le territoire; c'étaient les *Cinéens*, les *Cénézéens*, les *Cedmonéens*, les *Héthéens*, les *Phérézéens*, les *Raphaïtes*, les *Amorrhéens*, les *Chananéens* proprement dits, les *Gergéséens* et les *Jébuséens*. Dans les autres parties de la *Bible*, et même dans l'*Exode* et le *Deutéronome*, on n'en trouve communément que sept. Ces sept peuples sont les *Chananéens*, les *Héthéens*, les *Amorrhéens*, les *Phérézéens*, les *Gergéséens*, les *Hévéens* et les *Jébuséens*. De là il faut conclure que parmi les peuples cités dans *la Genèse*, il en est qui depuis lors se sont éteints ou ont été soumis à d'autres plus puissants qu'eux, qui ont émigré ou qui se trouvent placés en dehors de la limite expresse donnée à la terre de Chanaan. Et, en effet, quelques-uns purent se porter dans les pays situés au N. de Chanaan ou bien s'établir sur la côte, où ils vécurent tranquilles, et se livrèrent au commerce, tandis que d'autres allèrent au loin. Suivant une tradition recueillie par Procope (Ουκνδαλικῶν, ἡ, b' 30), et consignée dans Suidas (v° Χαναὰν), les habitants du rivage septentrional de l'Afrique seraient les descendants des Chananéens, qui, à l'arrivée de Josué, quittèrent leur pays. Une inscription gravée en caractères puniques, sur deux colonnes de pierre, à Tingis, le prouverait. Les fugitifs se seraient d'abord rendus en Égypte, et de là ils seraient passés en Afrique, où ils auraient occupé plusieurs villes, jusqu'aux colonnes d'Hercule.

La terre de Chanaan était très-fertile et riche en toutes sortes de produits; elle répondait parfaitement sous ce rapport à l'idée que les Israélites en avaient conçue; mais ce qui frappa surtout les espions envoyés par Moïse pour reconnaître le pays, ce fut la taille extraordinaire de ses habitants, qui leur parurent des *monstres*, et auprès desquels ils semblaient eux-mêmes n'être que des *sauterelles*. Ces hommes étaient les fils d'Enac, de la *race de géants*. Les sept peuples que nous avons indiqués plus haut étaient à cette époque les plus considérables du pays; ils étaient beaucoup plus nombreux et plus puissants que les Israélites, et pourtant ils succombèrent sous leurs coups. Voici quelle était, autant que l'on peut la reconnaître, la position de chacun d'eux : 1° *Chananéens proprement dits*; ils s'étendaient, dit Josué, de l'orient à l'occident, c'est-à-dire, suivant le livre des *Nombres*, qui peut servir à expliquer les paroles de Josué, le long des côtes de la mer et du Jourdain. Abraham les trouva à Sichem, et le pays des Phéniciens était compris dans leur territoire; 2° *Phérézéens*: ils paraissent souvent confondus avec les Chananéens, au S. desquels ils vivaient probablement ; 3° *Hévéens*: ils habitaient

(1) L'auteur oublie en cet endroit que c'est en punition de leurs rébellions que les Hébreux furent condamnés à errer pendant quarante ans dans le désert. (*Édit.*)

depuis le pied du mont Hermon ou Baal-Hermon jusqu'au pays d'Emath; 4° *Gergéséens*: ils demeuraient vers les sources du Jourdain; cependant on les a portés plus au S., jusqu'à Gérasa, ville située à l'orient de la mer de Galilée, mais on s'est à tort fondé sur la prétendue conformité de leur nom avec celui des *Géraséniens* des Évangélistes; 5° *Héthéens*, 6° *Jébuséens*, 7° *Amorrhéens*. Ces trois peuples vivaient dans les montagnes, au midi de Chanaan, entre la mer Morte et la Grande-Mer. Les Héthéens étaient au S.-O. et aux environs d'Hébron; ce fut d'eux qu'Abraham acheta dans la vallée de Mambré la double caverne dans laquelle il ensevelit Sara; les Jébuséens, plus au nord, occupèrent l'emplacement où s'éleva depuis Jérusalem, et les Amorrhéens, qui acquirent assez de puissance pour soumettre les autres peuples, et porter leurs conquêtes même au delà du Jourdain, vécurent primitivement dans les montagnes, au S. et au S.-E. d'Hébron. Ces populations n'obéissaient point à un seul chef; elles en reconnaissaient au contraire plusieurs, indépendants les uns des autres et se faisant souvent la guerre; il n'y avait, pour ainsi dire, aucune ville qui n'eût le sien, et les Amorrhéens eux-mêmes, le peuple le plus puissant à l'arrivée de Josué, comptaient plusieurs princes ou rois. Dès le temps d'Abraham, ce pays était partagé en un grand nombre de royaumes; l'Ecriture nous montre, en effet, le saint patriarche marchant contre le redoutable roi d'Élam avec les cinq rois de Sodome, Gomorrhe, Adama, Séboïm et Ségor, dont les états, formés probablement d'une seule ville, étaient situés dans la vallée des Bois, devenue depuis la mer Morte. Quand les Israélites arrivèrent, sous la conduite de Josué, on ne voit pas figurer moins de 33 rois qu'ils vainquirent; et Adonibezec, roi des Chananéens, s'accuse après sa défaite, et pendant qu'on le mutile, d'avoir fait couper l'extrémité des pieds et des mains à 70 rois. L'état de guerre dans lequel vivaient continuellement ces rois, et qui avait toujours pour inévitable résultat la destruction d'une partie de la population, fut sans doute ce qui fit dire aux envoyés de Moïse que cette terre dévorait ses habitants. D'après le rapport de ces envoyés, Moïse ne pouvait point espérer dompter avec les Hébreux, dont la race s'était amollie en Égypte, des peuples habitués à combattre, et représentés surtout sous des traits qui devaient inspirer de la terreur; aussi les Israélites restèrent-ils encore errants pendant 39 ans dans le désert, en attendant que la race abâtardie se fût renouvelée et eût fourni des hommes forts et braves (1).

Conquise par les Israélites, la terre de Chanaan reçut le nom d'*Israël*, et *de terre* ou *pays d'Israël*, ses nouveaux habitants y conservèrent leur ancienne dénomination d'*Israélites* ou d'*Hébreux*, et prirent dans la suite celui de *Juifs*. Quant aux terres, le partage, préparé par Moïse entre les douze tribus, fut mis à exécution par Josué, qui les tira au sort. Le pays n'était cependant pas dans un tel état de sujétion que les restes de l'ancienne population n'aient pu s'y maintenir sur beaucoup de points, et surtout dans les montagnes, en possession du sol qu'ils occupaient. Beaucoup, il est vrai, payèrent au prix de leur vie la résistance qu'ils opposèrent, mais ceux que les tribus ménagèrent bon gré mal gré, dans les commencements, leur firent souvent la guerre. Dieu les avait d'ailleurs laissés subsister pour tenir son peuple en haleine et le former aux combats. Ces populations, alors isolées, et sans lien qui les unît entre elles, ne furent, malgré cette cause de faiblesse, totalement soumises que sous le règne de Salomon. Ce prince aima mieux leur imposer un tribut que continuer à les combattre. La terre de Chanaan n'était point, au moment de l'invasion, dépourvue de civilisation; elle possédait un grand nombre de cités fortes et importantes, dont plusieurs opposèrent une résistance opiniâtre aux vainqueurs. L'une d'elles, *Hébron*, était très ancienne; elle avait été bâtie sept ans avant Tanis, ville d'Egypte déjà très-florissante au temps d'Abraham. *Sichem*, *Bethel* ou *Luza*, *Haï*, *Gerara*, et d'autres, existaient déjà, aussi bien que les cinq villes de la Pentapole, *Sodome*, *Gomorrhe*, *Adama*, *Séboïm* et *Ségor*, lorsque le saint homme descendit du pays d'Ur et d'Haran dans celui de Chanaan. Voyez *Israël* et *Palestine*. — *Chananéens*. Nom sous lequel l'Ecriture désigne les habitants de la terre de Chanaan. Il est parfois employé dans un sens très-large, et alors il s'applique à tous les peuples d'origine chananéenne; mais le plus souvent il l'est dans un sens restreint. Dans ce cas il appartient aux peuples qui demeuraient dans la partie septentrionale du pays de Chanaan, entre la Méditerranée et le Jourdain. Voyez *ci-dessus*.

Characa, ville forte située sur le territoire des Tubianéens, qui devaient habiter aux environs des sources de Jaboc. Judas Machabée croyait y surprendre Timothée; mais celui-ci l'avait prévenu en quittant la ville, où cependant il avait laissé une garnison de 10,000 hommes, qui fut taillée en pièces par Judas.

Charan, ville de l'Idumée, au pied des montagnes de Seïr.

Charan ou Haran. Voyez *Haran*.

Charcamis, depuis *Circesium*, ville de la Mésopotamie, au confluent du Chaboras et de l'Euphrate, aujourd'hui *Karkisia*. Ce fut près de là que Nabuchodonosor, roi de Babylone, battit l'armée de Néchao, roi d'Egypte. Dioclétien la fortifia.

Chasluim, un des fils de Mesraïm, de qui sont issus les Caphtorins.

Chatiment d'Oza. Voyez *Chidon*.

Chedmon, ville de la tribu de Juda, non loin d'Églon.

Chébron ou Hébron, auparavant Cariath-Arbé. Voyez *Hébron*.

Chelmad, ville que l'on suppose appartenir à la Médie.

Chelmon, village dans la plaine d'Esdrelon, tribu d'Issachar.

Chené, ville commerçante que quelques interprètes confondent avec *Chalané*, mais que d'autres croient avoir été voisine de Damas.

Cheslon, ville de la tribu de Juda, sur sa frontière, au S. de Bethsamès.

Chidon ou Nachon (aire de), champ de Chidon, situé près de Cariathiarim, et où Oza fut frappé de mort subite pour avoir porté témérairement sa main sur l'arche du Seigneur, qui vacillait sur le chariot où elle était placée. Depuis cet évènement, ce champ a été appelé le *Châtiment d'Oza*.

Chio, île de la mer d'Égée, située sur la côte de l'Ionie, au S. de Lesbos. Son vin et ses figues jouissent encore à présent de la réputation qu'ils avaient dans l'antiquité. Les femmes de Chio avaient un grand renom de beauté. Aujourd'hui *Scio*.

Chobar ou Chaboras, rivière au bord de laquelle Ézéchiel eut ses visions prophétiques. Elle sortait, suivant Ptolémée, du mont Masius, non loin de Resaina, coulait à travers la Mésopotamie, et venait se perdre dans l'Euphrate, près de Circesium. Aujourd'hui *Al-Chabur*.

Chorréens ou Horréens, peuple qui vivait dans les montagnes de Seïr en Idumée, avant que les Édomites ou descendants d'Esaü ne vinssent s'y établir, et ne les forçassent à se répandre dans les déserts de l'Arabie Pétrée. Ils demeuraient dans les antres des rochers.

Chud, peuple que l'on place, les uns en Nubie, les autres en Ethiopie; d'autres enfin dans la Marmarique, vers les confins de l'Égypte. Saint Jérôme dit que les Chubéens étaient des Arabes établis dans la Haute-Egypte.

Chun, ville de la Syrie dont David s'empara sur Aderezer, et d'où il enleva une grande quantité d'airain, qui servit ensuite à Salomon pour l'ornement du temple. David dépouilla de même les villes de Bété, Béroth et Thébath. Chun devait être sur une colline du Liban, entre Baalath ou Héliopolis, et Laodicæa, près du passage pratiqué au-dessus de l'Eleutherus.

Chus, l'aîné des fils de Cham. Il eut pour fils *Saba*, *Hevila*, *Sabatha*, *Regma*, *Sabatecha* et *Nemrod*. Celui-ci fonda sur les bords de l'Euphrate un empire puissant. Ses autres fils s'établirent dans l'Arabie ou sur les confins de l'Arabie, d'où la descendance de quelques-uns d'entre eux passa dans l'Ethiopie. Voy. *Arabie* et *Ethiopie*. Il y avait dans la Susiane un peuple qui se nommait *Chusii*, et encore aujourd'hui la Susiane elle-même porte le nom de *Khozistan propre*. Ces dénominations ne se rattacheraient-elles pas au nom de Chus? Il n'est rien de plus naturel à penser, car la colonie dont Nemrod fut le père, et qui était par conséquent Chusite, put certes bien facilement s'étendre dans les contrées situées à l'orient du Tigre, et en Susiane plutôt qu'ailleurs.

Chypre, île que l'on appelait aussi *Cethim*, dénomination qui s'étendait non-seulement à cette île, mais encore aux côtes et aux îles voisines. Elle était située entre la Syrie et l'Asie-Mineure, non loin des côtes, dans cette partie de la mer Méditerranée que l'Ecriture appelle la *Grande-Mer*. C'était la plus grande île de cette mer; elle avait 120 lieues de circuit, et était très-fertile. On en tirait du vin excellent, de l'huile, du miel, de la laine, du cuivre et du cristal. L'air doux et pur qu'on y respirait avait une grande influence sur les mœurs des habitants, qu'on représentait comme livrés à la mollesse et à tous les plaisirs des sens. Vénus y était adorée plus particulièrement qu'en aucun autre lieu du monde. L'île avait reçu des colonies phéniciennes bien longtemps avant que des colonies grecques ne vinssent, postérieurement à la guerre de Troie, y former des établissements. Il y avait entre autres villes d'origine phénicienne, une place nommée *Cittium*, dont le nom a servi en partie à motiver le rapprochement que l'on a établi entre le mot *Cethim* des écrivains sacrés et l'île de Chypre. L'île renfermait neuf villes assez considérables pour avoir chacune un roi. Ces rois furent d'abord tributaires de la Perse, ensuite d'Alexandre, et, après ce conquérant, des rois de Syrie. L'île passa des mains de ces derniers dans celles des Romains. Après la mort de saint Étienne, l'île de Chypre fut le refuge d'une partie des chrétiens qui quittèrent Jérusalem. Saint Paul et saint Barnabé y firent des prédications. Ce fut à Paphos, l'une de ses villes principales, qu'ils trouvèrent Bar-Jésu, juif magicien et faux prophète, qu'ils punirent en le privant de la vue, miracle qui causa la conversion du proconsul Serge Paul à la religion chrétienne.

CIBSAÏM, ville lévitique de la tribu d'Éphraïm, au centre de la tribu.

CILICIE, province située sur la côte méridionale de l'Asie-Mineure, à l'E. de la Pamphylie, et séparée de la Syrie par le mont Amanus. Entrecoupée de hautes montagnes, la Cilicie renfermait partout à l'E. de grandes plaines et des vallons d'une extrême fertilité, qui donnaient en abondance des grains de toute espèce, des fruits et des raisins. Un certain *Cilix*, phénicien, vint s'y établir à la tête d'une colonie considérable ; ce serait de lui que l'île aurait reçu son nom. Les Ciliciens s'étendaient jusque dans la Cappadoce. Pendant longtemps le pays forma un royaume ; au temps de Cyrus, on y voit régner un prince nommé Syennesis. Elle fut assujétie aux Perses, et gouvernée par des satrapes ; et sur les flottes persanes se trouvaient beaucoup de matelots ciliciens. Soumise par Alexandre, la Cilicie passa de ses mains dans celles des rois de Syrie, dont elle forma une province. Sous les Romains, elle conservait encore quelques princes particuliers, quoique ceux-ci y envoyassent des gouverneurs. Cicéron, l'un d'eux, fut obligé de faire la guerre aux peuples des montagnes, et Pompée de combattre ses pirates, qui infestaient les mers et portaient la dévastation et la ruine jusque sur les côtes de l'Italie. On divisait la Cilicie en deux parties, la *Cilicia tracnea* ou la *Cilicie montueuse*, et la *Cilicia campestris* ou la *Cilicie des plaines*. *Tarse*, la patrie de l'apôtre saint Paul, ville considérable, riche et magnifique, sur le Cydnus, en était la capitale. Cette province forme actuellement la partie orientale de la Caramanie. On donnait le nom de *mer de Cilicie* et de *Pamphylie* à la partie de la mer Méditerranée qui baigne les côtes de ces deux contrées de l'Asie-Mineure.

CINA, ville de la tribu de Juda, vers son extrémité méridionale ; peut-être la même que *Cenni*.

CINÉENS, peuple issu de Cin, et vivant au S.-E. de la terre de Chanaan vers le pays des Moabites. Ce peuple fit occasionnellement cause commune avec les Amalécites contre les Israélites. Ses demeures étaient au milieu des rochers ; cependant Héber-le-Cinéen s'était séparé du corps de la nation, et était venu s'établir à la tête d'une colonie sur le territoire de la tribu de Nephthali, non loin de Cadès, dans une vallée appelée Sennim.

CISON, rivière auprès de laquelle Sisara fut mis en déroute. Elle coulait de l'E. à l'O., en traversant la plaine d'Esdrelon, et se jetait dans la mer Méditerranée, au N.-E. du mont Carmel. Ce fut en partie la limite des conquêtes de Téglath-Phalasar en Israël. En été, le Cison n'est qu'un ruisseau insignifiant ; mais dans la saison des pluies, il se change en un torrent large et impétueux. Ce fut probablement dans une circonstance de cette nature que les troupes de Sisara furent submergées dans ses eaux.

CITERNE. C'était une vieille citerne abandonnée où Joseph fut précipité par ses frères ; elle était dans la tribu de Zabulon, au N.-O. de Béthulie.

COA, lieu où il paraît qu'on élevait des chevaux de prix, et d'où Salomon en fit venir pour son usage. On donne, relativement à ce nom, diverses interprétations : aux yeux des uns, *Coa* serait l'île de *Cos* ; d'autres y voient une ville de l'Arabie, d'autres encore une de l'Égypte ; mais D. Calmet présente ce mot comme un mot hébreu de l'espèce de ceux que l'on nomme *appellatifs*. Cependant Ptolémée place une ville de Coa dans l'Arabie heureuse.

COCYTE, rivière de l'Épire, en Grèce, au N.-O. de l'Achéron, auquel elle vient se mêler, et dont elle partage la célébrité dans les traditions païennes. Son nom est tiré d'un mot grec qui signifie *gémir*. Le Cocyte entourait, disait-on, le Tartare, et ne se grossissait que des larmes des malheureux qui, après leur mort, erraient sur ses rivages pendant cent ans faute de sépulture.

COLLINE DE DIEU, située sur la frontière du pays des Philistins, et où se tenait une garnison composée de gens de cette nation.

COLLINE DE L'AQUÉDUC, sur le bord de la vallée qui conduit à Gabaon, dans la tribu de Juda, et où Joab poursuivit Abner, après avoir tué son frère Azaël.

COLOSSE ou CONOS, ville de la Phrygie, située à l'endroit où le Lycus se perd sous terre pour ne reparaître qu'à cinq stades de là, et se jeter bientôt après dans le Méandre. Du temps de saint Paul, le christianisme y fit de grands progrès : l'épître que le saint apôtre adresse de Rome à ses habitants en l'an 62 en fait foi. Colosse fut détruite par un tremblement de terre en même temps que Laodicée et Hiérapolis, peu après que saint Paul eut écrit cette épître. Elle fut, il est vrai, rebâtie; mais depuis longtemps elle est en ruines.

Coo ou Cos. Voy. *Cos.*

CORINTHE, auparavant *Ephyra*, une des villes les plus importantes de l'ancienne Grèce, située sur la pente d'une colline d'où elle dominait l'isthme de son nom et deux mers; le golfe Saronique à l'E., et le golfe de Corinthe à l'O. La position élevée de sa citadelle, l'*Acro-Corinthe*, au S. de la ville, avait donné lieu à ce proverbe, d'un fréquent usage dans l'antiquité : *Non cuivis homini contingit adire Corinthum*; il n'est pas permis à tout le monde d'aller à Corinthe. Cette citadelle était située par 37° 53' lat. N. et 20° 32' long. E. de Paris. Le voisinage des deux mers donnait à Corinthe le moyen de faire un commerce immense; son port était *Cenchrées*, sur le golfe Saronique. Elle implantait ses colonies dans les pays qu'elle visitait. Les côtes de la Thrace, celles de l'Épire, de l'Italie et de la Sicile en reçurent plusieurs. Près de la ville, on célébrait les jeux isthmiques, qui attiraient un grand concours de monde venu de diverses parties de la Grèce. Corinthe fut détruite l'an 146 avant Jésus-Christ par le consul Mummius, qui fit transporter à Rome une partie de ses richesses; mais César la releva, et y envoya une colonie romaine, qui prit le nom de *Colonia Laus Julia Corinthus*, et elle devint le siége du proconsul d'Achaïe. Aujourd'hui, sous le nom de *Corinthe*, cette antique cité, si riche et si florissante, ne se compose plus que de quelques habitations éparses entremêlées de nombreuses ruines. Saint Paul y vint prêcher; il a écrit deux épîtres particulièrement adressées à l'*Église de Corinthe*. — *Corinthiens*, habitants de la ville et du territoire de Corinthe.

COROZAÏM, petite ville située sur la rive septentrionale de la mer de Galilée, et qui, plus tard, reçut le nom de *Julias*, que lui donna Hérode en l'honneur de la femme de Tibère.

Cos ou Coo, petite île de la mer Égée, à l'entrée du golfe Céramique, au S.-O. d'Halycarnasse et au N.-O. de Cnide. Elle était généralement connue dans l'antiquité pour ses vers à soie; on y cultivait aussi beaucoup la vigne, qui produisait d'excellents vins. Aujourd'hui *Stanchio*.

CRÈTE, actuellement *Candia*, grande île oblongue, située à l'extrémité méridionale de la mer Égée, et s'étendant du 21° au 24° degré de long. E. de Paris, et du 34° 58 minutes au 35° degré et demi seulement de lat. N., entre les terres de la Grèce européenne et de la Grèce asiatique. Cette île montueuse, et où dominait le célèbre mont Ida, avait un sol fertile, abondant en vin, en huile, en blé et autres produits. Sa population était nombreuse, et elle passait pour avoir renfermé cent villes. La Crète fut d'abord habitée par des *Telchines*, qui paraissent être venus de l'Asie-Mineure ou de la Syrie. Ces peuples prirent ensuite le nom de *Curètes*. Les Phéniciens firent aussi plusieurs établissements dans la Crète, et la mythologie de cette île porte en effet des traces évidentes d'une origine phénicienne. Le culte d'Hercule s'y était naturalisé, et la fable de l'enlèvement d'Europe, dont la Grèce lui devait la connaissance, venait certainement (HEEREN., *Com. et Politiq. des Peupl. de l'Antiq.*, t. II, p. 43, tr. f.; de la Phénicie. L'île de Crète reçut aussi plusieurs colonies de la Grèce. Ses villes principales étaient : *Cnossus*, la patrie d'Épiménidès; *Cydonia* et *Gortyna*, auprès de laquelle était le fameux labyrinthe, que l'on croit retrouver dans une carrière du mont Ida. — *Crétois*, habitants de l'île de Crète; ils passaient pour menteurs. On connaît ces mots d'un poëte crétois de l'antiquité qui, dit saint Paul, passait pour un de leurs prophètes : *Les Crétois sont toujours menteurs; ce sont de méchantes bêtes qui n'aiment qu'à manger et à ne rien faire.* Ils avaient, au temps du saint Apôtre, conservé le même caractère.

CUTHA, pays d'où Salmanasar tira des colonies pour remplacer, dans le royaume d'Israël, les captifs qu'il en avait arrachés. On a placé ce pays dans la Susiane, où on voit quelque temps après, suivant l'histoire d'Esther et de Mardochée, des Juifs établis et fixés. On l'a aussi reculé jusque dans le pays des Scythes : mais la première de ces deux conjectures nous paraît la plus vraisemblable. — *Cuthéens*, habitants de Cutha.

CYRÈNE, aujourd'hui *Grennah*, ville située sur un plateau à environ 4 lieues de la mer, par 32° 50' lat. N., et 19° 28' long. E. de Paris, dans la Libye propre, autrefois une des plus grandes et des plus commerçantes de l'Afrique : son port était *Apollonia* : Cyrène était la capitale de la Cyrénaïque, et la principale des cinq villes qui firent donner à cette contrée le nom de *Pentapole*. Son origine était grecque; elle avait été fondée 631 ans avant notre ère, par une colonie sortie de l'île de Théra dans l'Archipel. Pendant longtemps elle forma un royaume, puis elle devint république; alors son territoire s'étendait beaucoup vers le S. Elle eut assez de force pour lutter contre Carthage; mais elle subit la domination des Ptolémées d'Égypte, et enfin devint province romaine. Au liv. IV *des Rois*, aussi bien que dans les prophéties d'*Amos*, il semble que Cyrène ait été soumise à la domination des rois d'Assyrie, puisqu'il y est dit qu'on y transporta des habitants captifs d'Israël; mais il est probable que le nom hébreu, rendu dans la traduction de la *Bible* par le nom de *Cyrène*, et dans la version d'autres interprètes par le mot *Kir*, est tout-à-fait autre que celui de la ville de *Cyrène*, et qu'il faut chercher le lieu indiqué dans les pays qui composaient l'ancienne Assyrie. Les lettres et les arts florissaient à Cyrène. Eratosthène, l'astronome et le géographe, Carnéades le philosophe, et le poëte Callimaque, étaient natifs de cette ville. Les Juifs y étaient nombreux : en s'emparant de Jérusalem, Ptolémée Soter en avait emmené à Alexandrie un grand nombre dont beaucoup ne restèrent pas dans cette ville, mais se répandirent dans le nord de l'Afrique et surtout à Cyrène. Simon, qu'on força à porter la croix de Notre-Seigneur, lorsqu'on menait celui-ci au supplice, était né parmi les Juifs de Cyrène. La Cyrénaïque était un pays fertile et riant ; il produisait, par un climat excessivement doux, des grains, des orangers, des oliviers, des vignes ; et une de ses plantes, que l'on paya quelquefois à Rome au poids de l'or, tant elle était précieuse, était le *sylphium*. Enfin tel est l'ensemble des beautés que présente cette contrée, bordée cependant par les arides déserts de sable de la Libye, que les anciens y placèrent le *jardin des Hespérides*.

Les cinq villes de la Pentapole étaient avec *Cyrène*, *Ptolémaïs*, *Barce*, *Teuchira* ou *Arsinoë*, et *Bérénice*. — *Cyrénéens*, habitants de Cyrène et de la Cyrénaïque ; ils passaient pour être très-adonnés au luxe et à la volupté ; aussi ne purent-ils, comme on l'a remarqué (Pacho, *Voyage dans la Cyrénaïque*), supporter le poids de la liberté, qui cependant s'offrit bien souvent à eux.

# D

Dabereth, ville lévitique de la tribu d'Issachar, sur les confins de celle de Zabulon, au pied du mont Thabor.

Dabir, Cariathsenna ou Cariath-Sepher, ville lévitique de la tribu de Juda. On l'avait nommée *Cariath-Sepher*, ou *ville des lettres*, soit parce que cette ville, étant le dépôt des archives du peuple, avait par ce motif acquis une importance toute particulière, soit parce que ce fut là que les premières écoles furent établies. Elle était peu éloignée de la ville d'Hébron ; elle fut, comme elle, dévastée par Josué, et vit toute sa population, qui appartenait à la race des géants, passée au fil de l'épée, sans qu'il en restât rien. Son roi avait été un des cinq princes amorrhéens qui avaient opposé le plus de résistance à Josué. Il paraît que, malgré cet épouvantable désastre, Dabir se releva promptement de ses ruines et que quelques restes de la race des géants continuèrent de l'habiter ; car, après la mort de Josué, Othoniel s'en empara de nouveau au nom de Caleb.

Dabir, ville de la tribu de Gad, située près du confluent de la rivière de Jaser et du Jourdain.

Dadan. Un des fils de Chus, qui pourrait bien être le *Dan* ou *Vadan* d'Ézéchiel, et dont la descendance aurait occupé l'extrémité S.-O. de l'Arabie. Voy. *Arabie*. Il y avait un autre *Dadan*, petit-fils d'Abraham et de Céthura, dont la postérité a dû se confondre avec les peuples de l'Idumée.

Dalmanutha, ville située dans un petit pays du même nom à l'orient de la mer de Galilée, dans la demi-tribu de Manassé, près de *Magedan*, avec laquelle on l'a confondue. Ce fut là que les pharisiens et les saducéens vinrent au-devant de *Jésus-Christ*, et lui demandèrent de leur faire voir quelque prodige dans le ciel ; mais Jésus leur répondit qu'il ne leur en serait pas donné d'autre que celui du prophète Jonas. Cette ville fut entièrement détruite par les Romains.

Dalmatie, partie de l'Illyrie romaine. Elle s'étendait le long de la mer Adriatique, entre la Macédoine, la haute Mésie et la Liburnie. On la connaît encore à présent sous le même nom. C'est un pays montueux où l'on trouvait cependant sur le bord de la mer quelques villes importantes. Les plus considérables étaient *Delminium*, la capitale du pays ; *Epidaurus*, et *Salonc*, aujourd'hui en ruines, mais célèbre par la retraite de Dioclétien, lorsque ce prince eut abdiqué l'empire. Tite, disciple de saint Paul, vint en Dalmatie pour y enseigner l'Évangile.

Damas. Une des villes les plus remarquables du monde entier pour son antiquité, puisqu'elle existait déjà au temps d'Abraham. Elle est située par 35° lat. N., et 34° 53' long. E. de Paris, dans une plaine immense qui s'étend au pied de l'Anti-Liban sur le *Chrysorrhoas*, le *Baradi* d'aujourd'hui, qui, par ses branches diverses, représente l'*Abona* et sans doute aussi le *Pharphar* de la Bible. Sa position est tellement riante que son territoire passe chez les Orientaux pour avoir été le siège du *Paradis-Terrestre*. A cet avantage, Damas en réunissait d'autres ; elle avait acquis, dès la plus haute antiquité, une très-grande renommée pour son industrie, son commerce, ses richesses et sa puissance. Jérémie la dit *belle* et l'appelle *ville de délices*, et Ézéchiel parle de son trafic avec Tyr, où elle portait des ouvrages variés et d'immenses richesses, du vin excellent et des laines d'une couleur vive et éclatante. Il faut croire, d'après cela, que Damas était un grand centre de commerce, un lieu de ralliement pour les caravanes qui parcouraient à longues journées les déserts de l'Arabie ou les riches contrées situées au N. et à l'E. de cette ville. Sa position semble l'avoir protégée, et lorsque tant de villes ont disparu, Damas a duré jusqu'à nous et s'est maintenue une des villes les plus florissantes du Levant. Sous la domination des Perses et des Séleucides, elle conserva son éclat ; sous les Romains, elle fleurit encore. Julien l'appelait *l'œil de tout l'Orient*. Dioclétien y avait établi, suivant la Chronique de Malala, plusieurs ateliers d'armes, et c'est depuis lors que la réputation des ouvrages d'acier et de lames d'épées, appelés *damas*, et fabriqués dans la ville, a commencé. C'est aussi de cette ville qu'est venue la fabrication de cette espèce d'étoffe si riche, connue également sous le nom de *damas*, et que l'on y faisait avec la plus grande perfection. Damas fut la résidence des rois de Syrie, dont il est fait mention dans l'Ancien Testament ; elle était alors considérée comme la capitale de la Syrie, et tout le district qui l'avoisine avait reçu d'elle le nom de *Syrie de Damas*, pour distinguer cette partie de la Syrie de toutes les autres. David profita de ce que les Syriens de Damas avaient prêté leur assistance à Adérézer, roi de la Syrie-Soba, pour placer garnison dans la ville, soumettre toute la Syrie et la rendre tributaire. Avec les rois d'Israël, Damas recouvra son indépendance ; cependant elle tomba entre les mains des rois de Juda, auxquels Jéroboam II, roi d'Israël l'arracha. Vers ce même temps les entreprises des Assyriens s'étendirent, non seulement sur le royaume d'Israël, mais encore sur la Syrie. Damas fut prise, pillée, incendiée et ses habitants transférés par Téglath-Phalasar à *Cyrène*, suivant quelques versions, et à *Kir*, suivant d'autres. Rasin, alors roi de Syrie, fut tué. Damas s'était cependant relevée de ce désastre, lorsque Nabuchodonosor y porta le fer et le feu. Ses campagnes furent entièrement dépouillées par Holoferne de leurs moissons, de leurs arbres, de leurs vignes, que le général, aussi cruel que son maître, n'épargna même point. Damas avait été puissante et riche; plusieurs fois elle avait agi contre le peuple de Dieu, de là les prédictions des Prophètes contre elle. Sous les Séleucides, elle devint la capitale de la Célé-Syrie, mais avant la domination romaine, il paraît qu'elle tomba au pouvoir des Arabes; car on voit un des princes de ces derniers, Aretas, avoir à Damas un gouverneur qui régissait la province en son nom. Ce fut ce gouverneur qui fit enfermer S. Paul dans une prison, d'où le saint Apôtre put cependant s'échapper en descendant dans une corbeille. Damas avait une synagogue de Juifs, et S. Paul, dont la merveilleuse conversion eut lieu dans cette ville, y prêcha l'Évangile, mais ce fut ce qui lui attira l'inimitié de beaucoup de Juifs, et ce qui causa sa détention. Dans le vii* siècle, elle fut pendant quelque temps la résidence des califes. Voici ce que rapporte, de son aspect actuel, un voyageur qui l'a récemment visitée, M. J. BUCKINGHAM. (Voy. *parmi les tribus arabes*, 1825). « La longueur de cette ville paraît être de trois milles et sa largeur de deux; elle s'étend sur la ligne orientale d'une belle plaine, sur un site uni, auprès d'une chaîne de collines qui se prolonge au N.-O., et la plaine s'agrandit à perte de vue. Les bâtiments de Damas étant construits, le bas en pierres et le haut en briques jaunes, tandis que les édifices publics sont peints des plus riantes couleurs, l'aspect de la ville est ravissant. Au centre se trouvent le château, entouré de murailles et la grande mosquée, édifices imposants par leur magnificence. Les nombreux minarets qui s'élèvent dans tous les quartiers donnent à la cité un caractère particulier d'élégance. Les jardins qui l'entourent du côté du N., ses plantations d'oliviers et ses longues avenues au midi, ses nombreux villages à l'E., le grand faubourg de *Salehyah* à l'ouest, tout cela joint aux sombres et hauts cyprès, aux peupliers élancés, aux champs de blés et aux rivières et ruisseaux qui fertilisent le sol, présente un paysage enchanteur et digne de l'imagination descriptive d'un conteur arabe. » Il ne faut donc pas s'étonner qu'on y ait placé le *Paradis Terrestre*. La population de Damas est estimée être d'environ cent dix mille âmes.

DAMNA ou REMMON. Voy. *Remmon*.

DAN, une des douze tribus d'Israël, formée de la postérité de Dan, cinquième fils de Jacob. Elle occupait sur le bord de la mer, entre le pays des Philistins et les tribus de Siméon, de Benjamin et d'Éphraïm, un des meilleurs cantons de la Palestine, qui, par sa position, leur offrait en outre le moyen de se livrer à la navigation; et, en effet, ils possédaient les ports de Joppé et de Jamnia. Ils eurent, lors de leur établissement dans le pays, beaucoup à souffrir de la part des Amorrhéens, qui, réfugiés dans leurs montagnes, ne cessaient de les harceler. Moïse avait prédit que Dan serait comme un *lion*, pronostic que justifia la bravoure des Danites; ils prospérèrent. A l'époque du dénombrement fait par Moïse, le nombre des hommes propres au combat s'élevait à 62,700; dans la suite, il augmenta à un tel point, que les Danites se trouvèrent trop à l'étroit, et qu'une partie d'entre eux alla former au nord de Nephthali une colonie importante.

DAN (camp de), lieu situé entre Saraa et Esthaol, d'où partirent les 600 Danites qui vinrent de là à Cariathiarim, derrière laquelle ils plantèrent leurs tentes, et se dirigèrent ensuite au nord vers Laïs, où ils s'établirent. Depuis cette époque, on a continué d'appeler ce lieu le *Camp de Dan*.

DAN, dans le pays de Rohob, au N. de la tribu de Nephthali, sur le petit Jourdain. Cette ville, colonie des Danites, se nommait auparavant Laïs; elle était fort éloignée de Sidon. Sans aucun commerce avec qui que ce fût, et tout-à-fait isolés, les habitants y jouissaient d'une paix profonde; leur pays était étendu, riche et très-fertile. Tel fut du moins le rapport qu'en firent les envoyés de Dan, chargés d'aller l'explorer, rapport à la suite duquel six cents hommes de Saraa et d'Esthaol quittèrent leur patrie pour venir prendre possession de Laïs et de son territoire. Ils passèrent par Cariathiarim, où ils formèrent un *camp*; puis, traversant la montagne d'Éphraïm, ils se dirigèrent au N. Les habitants de Laïs, qui ne s'attendaient point à leur arrivée, ne purent se défendre; ils furent néanmoins passés au fil de l'épée, et leur ville fut brûlée; mais les Danites s'aperçurent bientôt de leur faute, ils rebâtirent la ville, et à son nom de *Laïs* substituèrent celui de *Dan*. En raison de sa position sur l'extrême frontière d'Israel, au N., cette ville est souvent citée dans l'Écriture pour indiquer la limite du pays de ce côté. Il y avait dans les environs un bois qu'on nomma *bois de Dan*; et sur les hauts lieux voisins, Jéroboam éleva un des deux veaux d'or qu'il avait fait fabriquer pour les exposer à l'adoration du peuple; il avait placé l'autre à Béthel. Quant à ses vicissitudes politiques, cette ville, qui paraît avoir joui de quelque importance, subit le même sort que celles de Nephthali, dans la guerre d'Israël contre Benadad; elle fut prise, et sans doute qu'une partie de ses habitants fut depuis transférée en Assyrie, comme le furent ceux des autres villes de la même contrée.

DAN, que quelques versions écrivent *Vadan*, pays de Dadan, situé dans la partie S.-O. de l'Arabie.

DAN, nom de l'une des portes de Jérusalem du côté de l'orient.

DANNA, ville de la tribu de Juda, vers la frontière de Siméon.

DAPHCA, septième station des Hébreux dans le désert

Ils arrivèrent à Daphca en venant du désert de Sin; de là ils se rendirent à Alus.

DAPHNÉ, faubourg de la ville d'Antioche, qui en avait reçu le nom d'*Épidaphne*. Ce fut là que se réfugia le grand-prêtre Onias, supplanté par Ménélaüs, mais il y périt bientôt de la main d'Andronique, qui avait été gagné par ce dernier.

DAPHNIS, fontaine située vis-à-vis Rebla, sur la frontière d'Israël, au nord de Nephthali.

DATHEMAN, forteresse du pays de Galaad, où les Juifs, persécutés par les habitants du pays, qui voulaient les exterminer, vinrent chercher asile, et d'où ils implorèrent le secours de Judas Machabée; elle était située sur la frontière orientale de la tribu de Gad.

DEBBASETH, ville de la tribu de Zabulon, sur la limite S.-E. de cette tribu.

DEBERA, ville située sur la limite N.-E. de la tribu de Juda.

DEBLATHA ou DEBLATHAÏM, ville située dans un désert dépendant de la tribu de Ruben, non loin de l'Arnon.

DEBLATHAÏM ou DEBLATHA. Voy. *Deblatha*.

DÉCAPOLE, réunion de dix villes situées particulièrement vers le bord du Jourdain et de la mer de Galilée, contrée que Jésus-Christ a souvent parcourue, et où il a fait plusieurs miracles. Ces dix villes n'étaient point occupées par des Juifs; elles étaient peuplées en partie de Syriens et en partie de Grecs, et étaient dans une situation politique autre que celle des autres villes de la Palestine. Elles jouissaient, sous l'administration immédiate des Romains, de plusieurs priviléges particuliers. *Bethsan*, ou *Scythopolis*, passe pour avoir été la principale d'entre elles. *Gerasa* (Dsirès), *Gadara*, et même *Philadelphie* (Amman), en étaient également. Leurs ruines magnifiques, qui ne le cèdent en rien à celles de Palmyre, les débris de leurs temples, de leurs colonnades, de leurs amphithéâtres, montrent, d'après le rapport des voyageurs Seetzeen, Burckard, Banks et Buckingham, quelles furent dans l'antiquité leur grandeur et leur richesse. Outre ces villes, Pline (V, 18) cite comme étant comprises dans la Décapole, les villes de Damas, de Raphana, de Hippos, de Dium, de Pella et de Canathe; d'autres auteurs indiquent quelques lieux différents de ceux-ci, en sorte qu'il règne de l'incertitude sur le fait même de la réunion de quelques-uns d'entre eux à la Décapole.

DECLA, un des fils de Jectan, dont la postérité s'établit en Arabie.

DEDAN ou DEDANIM, peuple de l'Arabie soumis aux menaces des prophètes. Ce peuple était d'origine iduméenne, si l'on en croit Jérémie et Ézéchiel; et cependant plusieurs auteurs, judicieux critiques, l'ont placé dans le golfe Persique, à l'une des îles Bahrein ou l'une des îles voisines (HEEREN, *Comm. et Politiq. des Peupl. de l'Antiq.*, t. II, p. 270, traduct. franç. d'ASSEMANNI, *Bibl. orient.*, t. III), position très-éloignée de l'Idumée, dont la limite orientale ne s'étendait guère au-delà du 34° degré de long. Quoi qu'il en soit, les *Dédanites* formaient une population très-commerçante, dont le trafic avec Tyr était considérable, car ils venaient par caravanes jusque sur les marchés de cette ville, apporter de l'ivoire, de l'ébène et de magnifiques housses de chevaux, produits sans contredit étrangers à leur pays, mais qu'ils recevaient de nations plus éloignées par les différents ports de l'Arabie. Isaïe, menaçant l'Arabie de l'invasion des conquérants étrangers, ne manque pas de faire voir que le commerce qui forme la vie de ces populations, et entre autres de celles de Dedan, sera anéanti.

DEDANIM ou DEDAN. Voy. *Dedan*.

DELEAN, ville de la tribu de Juda, au sud de *Lachis*.

DÉLOS, la plus petite des îles Cyclades. Elle était autrefois célèbre pour le culte que l'on rendait à Apollon, qui y était né, et en l'honneur de qui on y célébrait des fêtes où l'on se rendait de toutes les parties de la Grèce. Ce fut dans cette île que les Grecs placèrent le trésor commun. Après la destruction de Corinthe, Délos fit un commerce considérable. La mention particulière qui en est faite au livre des *Machabées* prouve qu'elle n'était point alors sans importance. Cette île et celle de Rhenée, qui en est voisine, sont appelées aujourd'hui les deux Délos.

DENABA, ville de l'Idumée, capitale des rois du pays, ou du moins résidence indiquée de Bala, l'un d'eux; Adrichomius croit qu'elle devait se trouver vers la source du torrent d'Égypte.

DERBE, petite ville de la Lycaonie, sur la limite de l'Isaurie, où saint Paul et saint Barnabé se retirèrent lorsqu'ils furent forcés à quitter Icone, ce qui ne les empêcha cependant pas d'y retourner. Gaius, un des disciples de saint Paul, était natif de cette ville, qui fut aussi la patrie de saint Timothée.

DÉSERT, mot qui dans l'Écriture désigne un lieu inculte, un peu montagneux. Les déserts prennent en général leur dénomination des villes qui en sont voisines. Quant au mot *désert* employé seul, et d'une manière absolue dans la *Bible*, il indique en général le désert de l'Arabie entre la mer Rouge, les montagnes de Galaad et l'Euphrate; souvent il s'applique seulement à la portion du désert parcourue par les Hébreux à leur sortie de l'Égypte.

DESSAU, forteresse située dans le voisinage de Jérusalem, et où se rendirent par l'ordre de Judas Machabée, les Juifs effrayés de l'arrivée de Nicanor.

DIBON, ville située dans un pays fertile et riche en pâturages, au N. de l'Arnon, assignée aux enfants de Gad, rebâtie par eux, et entrée depuis sans doute dans le partage de la tribu de Ruben. Dibon, aujourd'hui *Diban*, a été le sujet des prédictions faites contre Moab; on y voit encore quelques ruines.

DIBON ou DIMONA, ville située au S. de la tribu de Juda, peut-être à l'O. de Cabséel.

DIBONGAD, la trente-sixième station des Israélites dans

le désert ; elle était située dans la Moabitide, entre le torrent de Zared et l'Arnon.

DIÉVÉENS, peuple originaire de la Chaldée, et établi sur les terres de Juda après la translation de la population Israélite de ce pays dans l'empire Chaldaïco-Babylonien. Ils s'opposèrent à la reconstruction du temple.

DIMONA ou DIBON. Voy. *Dibon*.

DINÉENS, peuple sorti originairement des terres de l'empire Chaldaïco-Babylonien, et établi dans la Judée lors de la captivité des Israélites. Ils s'opposèrent à la reconstruction du temple.

DOCH, petit fort construit auprès de Jéricho, par Ptolémée, gouverneur de cette ville, qui y attira Simon Machabée et ses deux fils par trahison, et leur ôta la vie.

DODANIM, nom de l'un des quatre fils de Javan, que les uns ont fixé dans la Doride et l'île de Rhodes, et que d'autres ont transporté en Épire, vers le lieu où depuis s'éleva Dodone et son temple.

DOMMIM, pays dépendant de la tribu de Juda, vers la source du torrent appelé *Sorec*, entre les villes de Socho et d'Azeca. Ce fut près de là que David tua le géant Goliath.

DOR ou DORA, ville maritime de la Samarie dans la demi-tribu O. de Manassé, ville royale avant l'arrivée des Hébreux, et capitale d'un district situé entre le mont Carmel et Césarée. Lorsque la tribu prit possession du pays, elle sut en ménager les habitants et se contenter de les rendre tributaires. Ce fut dans cette ville que se retira Tryphon, poursuivi par Antiochus, qui investit la ville par terre et par mer, à la tête d'une armée de 128,000 hommes et d'une flotte nombreuse, sans pouvoir parvenir, malgré cela, à s'emparer de cet ambitieux révolté.

DORA ou DOR. V. *Dor*.

DOTHAN ou DOTHAÏN. V. *Dothaïn*.

DOTHAÏN ou DOTHAN, lieu où Joseph fut vendu par ses frères. Il appartenait à la tribu de Zabulon, et était situé à peu de distance au N. de Samarie, auprès de la célèbre vallée de Jezrahël, à laquelle il a aussi en partie donné son nom, car la *Genèse* l'appelle *plaine de Dothaïn*.

DUMA, nom du sixième fils d'Ismaël, lequel fonda la ville de *Duma*, capitale de la contrée de Seïr. La version des Septante traduit ce mot par Ἰδουμαῖα, *Idumée*.

DURA, plaine située dans la province de Babylone, et où Nabuchodonosor fit élever une statue d'or de 60 coudées de haut et de 6 de large, qu'il exposa à l'adoration de tous ses sujets. Ce nom de Dura ne serait-il pas celui de la ville de *Duraba*, placée par Ptolémée au N. de la Chaldée, sur la rive orientale de l'Euphrate?

# E

EAU DE GÉNÉSAR OU LAC DE GÉNÉSARETH, MER DE CÉNÉRETH OU DE CÉNÉROTH, MER DE GALILÉE OU DE TIBÉRIADE. V. *Mer de Cénéreth*.

EAU DE CONTRADICTION, nom donné par Moïse aux eaux que Dieu fit couler à Cadès à la suite de la sédition du peuple.

ECBATANES, ancienne capitale de la Médie, sur l'emplacement ou du moins très-près de la ville moderne d'*Hamadan*, au pied du mont Oronte, le mont Almend d'aujourd'hui (MANNERT, t. V, p. 160). Ecbatanes était, à son origine, plutôt un château-fort qu'une ville ; cependant elle ne tarda pas à devenir la demeure des anciens rois des Mèdes, et plus tard elle fut aussi, à certaines époques, celle de plusieurs des souverains de la Perse. Ce fut ainsi qu'elle se plaça au rang des premières villes de l'Asie. L'un des princes Mèdes, depuis vaincu par Nabuchodonosor, Arphaxad, en fit une ville très-forte ; il y éleva des murailles de 70 coudées de largeur sur 30 de hauteur, protégées de distance en distance par des tours hautes de 100 coudées : ces tours étaient carrées, et sur chaque face elles avaient 20 pieds de largeur. Les portes de la ville étaient aussi élevées que les tours ; quant à son intérieur, cette ville avait un palais dont la magnificence pouvait lutter avec celle des palais de Suse et de Babylone. Selon Polybe (X, 27), ce palais avait 7 stades de circonférence, et on y avait prodigué les richesses de toute nature. Toute la boiserie était en bois de cèdre ou de cyprès, et partout resplendissaient des plaques d'or ou d'argent ; les tuiles étaient en argent : tout cela fut enlevé par Alexandre, Antiochus et Séleucus-Nicanor ; et cependant Antiochus-le-Grand y trouva encore assez d'argent pour en faire frapper 4,000 talents en monnaie. Il ne reste plus rien aujourd'hui de ce palais si magnifique, et où tant de richesses étaient accumulées. Suivant MM. PORTER (t. II, p. 103), et MORIER (t. II, p. 267), qui en ont reconnu l'emplacement, la ville s'étendait du sommet d'une colline occupée par le fort dans une plaine des plus pittoresques, et arrosée par des eaux nombreuses qui descendaient de l'Oronte. M. MORIER vit sur un rocher de cette montagne deux fragments d'inscriptions gravées en caractères cunéiformes, ressemblant aux inscriptions de Persépolis. Tout concourut à l'éclat que jeta la ville d'Ecbatanes : un sol fertile, un climat doux, le séjour d'une cour brillante, et surtout sa position sur une grande route commerçante qui menait de l'O. à l'E. de l'Asie ; mais tout a changé, et c'est à peine si on retrouve encore à Hamadan quelques restes de cette opulente cité.

ÉDÉMA, ville de la tribu de Nephthali, sur la limite d'Aser.

ÉDEN, pays appartenant à la Mésopotamie, et situé dans le pachalick actuel de Diarbékir, à l'O. du Tigre. Suivant ASSEMANNI (*Bibl. orient.*, II, 224), ce serait le pays appelé aujourd'hui *Maadan*. On a cependant appliqué aussi cette dénomination, dans le prophète *Ézéchiel*, au port de l'Arabie Heureuse, nommé encore à présent *Aden*. — Selon les versions, autres que celle de Sacy, le prophète Amos parlerait aussi d'une ville d'Éden, mais différente de celle-ci ; cette ville aurait été située dans le Liban, auprès du fleuve Adonis.

ÉDEN ou PARADIS, où Dieu plaça, dès le moment de la création, Adam et Ève. Il en sortait un fleuve qui se divisait en quatre canaux : le *Phison*, qui coule autour du pays d'Hévilath; le *Géhon*, qui entoure le pays d'Éthiopie; le Tigre (*Hiddekkel*), qui se répand vers les Assyriens, et l'Euphrate (*Phrath*). Mais rien n'est plus incertain que la position de ce jardin de délices ; elle a donné lieu à un nombre infini d'opinions. On l'a placé sur la terre et hors de la terre; on l'a transporté des régions glacées de la Suède aux climats étouffants de l'équateur, dans l'Inde, et même en Amérique. Cette question, d'une solution réellement difficile, sinon impossible, ne saurait avoir un terme qu'autant que l'on serait bien fixé sur le nom, la position et la correspondance de chacun des quatre canaux dont la *Genèse* fait mention. Voici les principales hypothèses qui ont été émises à ce sujet. BOCHART et HUET, conservant, comme l'ont fait d'autres commentateurs, les noms du Tigre et de l'Euphrate, font du *Phison* la branche occidentale du Tigre, et du *Géhon* la branche orientale. Dans ce cas, le mot *Éthiopie*, version du mot *pays de Chus* de la Genèse, devrait être rendu par le nom moderne de *Khosistan*; et alors *Éden* serait dans le pays de Sennaar, pachalick actuel de Bagdad. — RELAND et D. CALMET font correspondre le *Phison* au *Phase*, le *Géhon* à l'*Araxe*, et placent le pays d'*Hévilath* dans la *Colchide*, celui de *Chus* dans le pays des *Cosséens*, et *Éden* dans l'*Arménie*. — LECLERC (*Comm. in Pentat.*) adopte le *Chrysorrhoas* pour le *Phison*, l'*Oronte* pour le *Géhon*, et met *Éden* en Syrie, aux environs de Damas, où le reconnaissent d'ailleurs les mahométans. — Suivant MICHAELIS, le Géhon est l'*Oxus*, et le Phison est l'*Araxe* ; Éden serait donc dans le lieu que couvre maintenant la mer Caspienne : opinion dont se rapproche, quant à *Éden*, M. LATREILLE (*Mém. sur divers sujets de Géogr. anc.*, Paris, 1819, in-8°), qui le place dans le *Mazanderan*, pays situé sur le bord de cette mer, prenant l'*Oxus* pour le Phison, le *Géhon* pour le fleuve *Tedzen*, le *Mardus* pour le *Hiddekkel*, et le *Phrath* pour le *Phase* ou l'*Araxe*. — M. HARTEMANN (*Auklar. über. Asien*, t. I, p. 3 seq.), reconnaissant le *Phase* dans le *Phison*, l'*Oxus* dans le *Géhon*, la *Colchide* dans le pays d'*Hévilath*, la *Bactriane* dans celui de *Chus*, range *Éden* dans la riche plaine de *Cachemire*, le paradis des Indous. — M. BATTEMANN (*Erdk. des Morgenlandes*, Berlin, 1803) fait correspondre *Éden* avec les Indes : pour cela, le *Bésynga* représente le *Phison* ; le *Ganges*, le *Géhon* ; l'*Indus*, le *Hiddekkel* ; le pays d'*Ana*, celui d'*Hévilath* ; enfin l'*Éthiopie*, celui de *Chus*. L'honneur de renfermer le Paradis Terrestre a encore été attribué à l'île de *Ceylan*, à la *Prusse* et même à la *Suède*. Au milieu des difficultés sans nombre qui surgissent de cette question, il est, comme on le voit, à peu près impossible d'avoir une opinion établie sur une base fixe et sûre.

ÉDER, ville située sur la limite de la tribu de Juda, vers l'Idumée, et confondue, non sans vraisemblance, avec celle d'*Adar*.

ÉDOM, c'est-à-dire *roux*, dénomination très-fréquemment reproduite, soit seule, soit avec l'adjonction des mots *terre* ou *pays*, et qui désigne la contrée où s'établit la descendance d'Esaü, aussi appelé *Edom*. Cette contrée, dépendante de l'Arabie-Pétrée, était la montagne de Seïr, au midi de la terre de Chanaan. Là étaient fixés les Horréens, mais les enfants d'Esaü ou les exterminèrent ou les chassèrent, en sorte qu'il devinrent les seuls maîtres du pays. On appela ce pays, non seulement *Edom*, mais encore *terre des enfants d'Esaü*, ou *montagne d'Esaü*, ou bien *Idumée* (Voy. *Idumée*) ; et ses habitants furent indifféremment nommés *enfants d'Esaü*, *Edomites* ou *Iduméens*. Le territoire d'Édom se borna, dans le principe, au pays compris entre les monts Seïr et Hor, et le désert de Sin. Plus tard il se prolongea vers le S. et l'E., il s'étendit jusqu'à la mer Rouge, jusqu'à Dédan, Bosra, et même jusque dans la terre de Hus. Il renfermait une immense étendue de déserts et quelques montagnes, parmi lesquelles le mont Hor. On y trouve aussi, au S. de la mer Morte, la *vallée des Salines*. Les habitants se livraient au commerce et à l'éducation du bétail. Leurs villes principales furent *Elath*, *Asiongaber*, *Avith*, *Théman*, *Bosra*, *Dédan*, *Duma* et *Séla* ou *Pétra*. Les Edomites passaient pour être braves : Jérémie leur donne l'épithète de *vaillants*. Leur sort, aussi bien que celui du pays, fut souvent le sujet des prédictions des prophètes. Ils étaient gouvernés par des rois, dont la Genèse et les Paralipomènes donnent la série, puis par des gouverneurs. Tout formidables qu'ils étaient, au dire du Psalmiste, ils furent vaincus par Saül ; et David les dompta entièrement. Leur pays devenait une acquisition importante pour le royaume d'Israël, puisqu'elle lui livrait deux ports sur la mer Rouge, Elath et Asiongaber, dont Salomon tira un si grand parti. Sous ce prince, il y eut bien quelques soulèvements, mais ce ne fut que sous Joram, roi de Juda, que l'affranchissement du joug étranger fut complet, et que la royauté fut rétablie. Amasias, roi de Juda, reprit cependant la forteresse de *Jectehel*, après avoir remporté sur les Iduméens un magnifique triomphe; et Azarias, selon le *livre des Rois*, ou Osias, suivant les *Paralipomènes*, reprit Elath et la rebâtit. Victorieux à leur tour, les Edomites s'allièrent avec les Chaldéens contre les Israélites ; ce fut alors qu'ils donnèrent à leur territoire une si grande extension, que non seulement ils possédèrent Dédan, Elam, Bosra et la terre d'Hus, mais, au temps de l'exil des Israélites, ils s'emparèrent encore des terres méridionales de la Judée, et de plusieurs places, entre autres de celle d'*Hébron*, que dans la suite Judas Machabée leur arracha. Jean Hyrcan les assujétit entièrement, et leur pays fut alors incorporé au royaume de Judée, et passa avec lui sous la domination romaine. Des rois Iduméens s'assirent sur le trône de Judée : Hérode-le-Grand, et les deux Hérode Antipas, étaient, en effet, issus de ce pays.

EDRAÏ, ville de la demi-tribu E. de Manassé, dans l'ancien pays de Basan, dont elle était une des deux villes principales, et où se livra la bataille qui fit perdre la couronne et la vie au roi Og, et détermina la soumission de tout le pays de Galaad et de Basan aux Israélites. Ses habitants passaient pour appartenir à la race des géants. Elle était située à l'O. de Bostra, sur une montagne. C'est aujourd'hui le village de *Draa*, dans l'ancienne Auranitide ; on y voit quelques ruines.

EDRAÏ, ville de la Galilée Supérieure, tribu de Nephthali, au S.-E. de Cédès.

EGLON, ville de la tribu de Juda, dont le roi fut un de ceux que défit Josué. Elle était située au N.-O. d'Hébron ; on la nomme encore aujourd'hui *Églon* ; on y voit des ruines.

EGYPTE, *pays* ou TERRE D'EGYPTE, dont le nom se reproduit à tout instant dans l'Écriture, *terre de Mesraïm* ou *Cham, maison de l'esclavage* ou *de la servitude d'Israël*, contrée étendue, située au N.-E. de l'Afrique, séparée de l'Asie par l'isthme de Suez, que le prophète Isaïe appelle *langue de la mer d'Égypte*, et à l'extrémité orientale de laquelle coule le fleuve ou torrent d'Egypte, et par la mer Rouge ; et bornée au S. par l'Éthiopie, au-dessus de l'Egypte, à l'O. par les déserts de la Libye, et au N. par la mer Méditerranée. Le Nil l'arrose, d'une extrémité à l'autre, sur une longueur de sept degrés et demi. Comme les rives de ce fleuve sont bordées à l'E. et à l'O. du 24° au 30° degré par des chaînes de montagnes, la chaîne arabique et la chaîne libyque, ce fleuve coule à travers une vallée quelquefois excessivement resserrée : de là le nom de *vallée du Nil*, donné à une grande partie de la contrée qu'il parcourt. Le Nil sort des montagnes de l'Abyssinie, et procure à l'Égypte, dans ses débordements périodiques, une extrême fertilité, en répandant sur les terres le limon qui les féconde, voy. *Nil* ; bienfait d'autant plus précieux pour cette contrée que l'on y passe souvent toute une année sans pluie. L'industrie de l'habitant a su tirer parti de sa position, en creusant des canaux artificiels qui permettent aux eaux du Nil de s'étendre plus au loin sur les terres, et d'y déposer le limon dont elles sont chargées. L'antiquité avait pris soin aussi de construire des réservoirs qui, destinés à recevoir le trop-plein des eaux, venaient au secours de l'agriculture, lorsque l'inondation trop abondante menaçait de submerger tout-à-fait le pays. Le lac Mœris fut le plus beau monument de ce genre. Au moyen des dépôts, laissés annuellement par le Nil, les champs de l'Égypte jouissaient d'une fertilité extraordinaire, pourvu toutefois que les eaux ne se portassent pas à un niveau trop élevé, ou ne fussent pas au-dessous du niveau déterminé, et dont la mesure, conservée avec le plus grand soin à Memphis, comme on la garde encore aujourd'hui au Caire, permettait de préjuger l'importance de la récolte de chaque année. Ce niveau devait être, selon Pline, de seize coudées, la coudée valait un pied et demi. Le sol de l'Egypte, dit Hérodote, ne ressemble en rien, ni à celui de l'Arabie, qui était limitrophe, ni à celui de la Libye, ni même à celui de la Syrie : il consiste en une terre noire, friable, espèce de limon évidemment charié de l'Éthiopie par les eaux du Nil. Nous voyons, au contraire, le sol de la Libye rougeâtre et sablonneux, et celui de l'Arabie et de la Syrie plus argileux et pierreux. Ces observations, dont tous les voyageurs modernes ont confirmé la justesse, et cette particularité d'un sol noirâtre que Virgile avait lui-même signalée lorsqu'il a dit, en parlant du Nil (*Georg.* IV, 25) :

*Et viridem Ægyptum nigra fecundat arena.*

furent, selon CHAMPOLLION (*Egypte sous les Pharaons*, t. II, p. 107), le motif qui fit donner par les Égyptiens à leur pays le nom de *Chami* ou *Chmi*, dont les Hébreux ont fait *terre de Cham*. Ce sol, continuellement augmenté par l'accumulation de nouveaux dépôts, produisait toute sorte de grains, de légumes et de fruits ; et telle était l'abondance dont on jouissait sous ces rapports, qu'à toutes les époques, l'Égypte fut le grenier non seulement des peuples voisins, comme les Chananéens, les Syriens, les Phéniciens et les Tyriens, à qui, suivant Isaïe, elle fournissait leur nourriture habituelle, mais encore des nations éloignées. La Grèce, l'Italie, Constantinople, y ont cherché tour à tour leur subsistance ; et, encore à présent, cette dernière ville demande une grande partie de ses approvisionnements à l'Égypte. Le *papyrus*, le *lotus*, le *byssus*, et d'autres plantes, dont on tirait un immense parti, croissaient aussi en grande quantité en Égypte. Le papyrus était une espèce de roseau, dont les feuilles préparées servaient à l'usage auquel nous employons aujourd'hui le papier ; du lotus on faisait, dans plusieurs localités, du pain d'un bon goût et très-sain ; et on filait le byssus, espèce de lin extrêmement fin et délié, qui, tissu ensuite, soit simplement, soit en broderie, acquérait partout un si grand renom. Tyr empruntait aussi à l'Égypte les toiles dont elle fabriquait les voiles de ses riches navires (*Ézéch.* XXVII, 8). De grasses prairies, qui s'étendaient le long des *grandes eaux* (*Ézéch.* XXXII, 13), c'est-à-dire, *du Nil*, donnaient à l'Égypte les moyens d'élever du bétail. Les chevaux étaient renommés, et formaient un article d'exportation d'un haut intérêt. Salomon en fit venir plusieurs à Jérusalem ; il en paya un seul jusqu'à 150 sicles d'argent. La grande réputation des chevaux de l'Orient était donc déjà établie à cette époque. Il y avait encore surabondance de volaille, de gibier et de poisson. On faisait couver les œufs dans des fours artificiellement chauffés. Si l'Égypte était d'une telle fécondité que l'Écriture (*Jérém.* XLVI, 20) la compare à une *génisse belle et agréable*, il faut avouer cependant qu'elle était privée de beaucoup de productions importantes. Le palmier excepté, on n'y voyait point de bois ; et le fer et les autres métaux manquaient. En outre, cette fertile contrée était exposée à de cruels fléaux ; et sans parler de la peste, maladie qui paraît avoir été peu connue des anciens, et qui aujourd'hui y est cependant endémique, nous citerons les nuées de moucherons, les pluies de sauterelles, les déluges de poussière, qui parfois y produisaient les ravages les plus épouvantables. Ces fléaux si terribles, qui détruisent si vite les espérances du cultivateur, sont au nombre *des plaies* dont Dieu affligea l'Égypte.

L'Égypte se partage naturellement en deux parties, *la Haute* et *la Basse-Égypte ;* le Nil sert de base à cette division. La Haute-Égypte se prolonge en effet dans toute la vallée, depuis Éléphantine jusqu'à Cercasore, où le fleuve se divise en plusieurs bras. Là, les deux chaînes latérales de montagnes rompent leur direction pour courir l'une au N.-E., dans le voisinage de la mer Rouge ; l'autre au N.-O., formant un évasement considérable, entre les bords duquel sept bras du Nil prennent leurs cours jusqu'à la mer, et présentent par leur disposition la figure du *delta*, lettre grecque dont cette partie de l'Égypte conserve le nom. La Haute-Égypte comprenait aussi les déserts à l'E. et à l'O. du fleuve. A l'E. vivaient quelques tribus arabes ; à l'O. s'étendaient les déserts de la Lybie, où l'on trouvait les oasis de *Siouah* et d'*Audgelah* sur la limite de l'Égypte. Cette contrée possédait peu de ports commodes et sûrs, et cependant depuis Alexandre-le-Grand, fondateur ou restaurateur d'*Alexandrie*, qu'il agrandit au moins des deux tiers, elle jouit à l'extérieur d'une prépondérance commerciale considérable. Sur la mer Rouge, elle avait peut-être encore moins de ports que sur la Méditerranée, quoiqu'elle ait possédé, à certaines époques, quelques territoires à l'orient de cette mer. *Albus-Portus* ou *Myos-Hormos*, et *Bérénice*, étaient du temps des Ptolémées les grands ports de ce côté de l'Égypte. Riches de la fertilité de leur territoire, peu curieux de multiplier les relations avec les étrangers, peu portés d'ailleurs à le faire d'après la nature de leurs institutions, les habitants de l'Égypte entretenaient cependant des rapports fréquents avec les Arabes, et par l'intermédiaire de ceux-ci, avec l'Inde. Les vaisseaux de Tyr visitaient aussi leurs ports. Sous les anciens rois de race égyptienne, l'Égypte fut partagée en provinces, dont le nombre varia suivant les époques, mais que Séthosis fixa à trente-six (*Diod. Sic.* 1, 50) ; les Grecs les appelèrent *nômes*, dénomination correspondant à celle qui servait à désigner ces divisions. Sous les Grecs et les Romains, l'Égypte se partageait en trois parties, la *Haute-Égypte* ou *Thébaïde*, au S., qui renfermait dix nômes ; l'*Égypte du Milieu* ou *Heptanomide*, aujourd'hui *Ouestanièh*, qui en comprenait seize ; et la *Basse-Égypte* ou *Delta*, actuellement *Bahri*, qui en comptait dix. Ces nômes étaient subdivisés eux-mêmes en *toparchies*. A la Thébaïde appartenaient *Syène (Assuan), Éléphantine, Philæ* et *Thèbes*, la ville aux cent portes, la *No* de l'Écriture, la *Diospolis* des Grecs, toutes riches par la magnificence de leurs ruines, principalement cette dernière, sur l'emplacement de laquelle s'élèvent plusieurs villages, entre autres *Louqsor* et *Karnaq*. Dans l'*Heptanomide* était *Memphis*, la capitale de l'Égypte après Thèbes, aujourd'hui village en ruines, connu sous le nom de *Menfi*, et au nord duquel s'élève la ville moderne du *Caire*, la capitale actuelle. *Héliopolis, Bubaste, Héroopolis, Tanis, Saïs, Canopus*, et *Alexandrie* dépendaient de la *Basse-Égypte*. La *terre de Gessen* ou de *Ramessès*, où séjourna le peuple de Dieu, y était aussi renfermée. Les Égyptiens eurent des institutions qui les distinguèrent de tous les peuples de l'antiquité, et dont les législateurs et les philosophes de la Grèce ne dédaignèrent point l'étude. La royauté était héréditaire ; mais les rois étaient les premiers sujets de la loi. Placés au plus haut degré de l'échelle sociale, ils devaient en toute chose donner l'exemple ; A leur mort ils étaient jugés, et leur mémoire était, suivant les actes de leur vie, recommandée à la vénération de tous ou flétrie à jamais. On les appelait *Pharaons*, titre générique et non particulier à tel ou tel prince. Les prêtres tenaient en Égypte le premier rang après les rois. Dotés de grands priviléges, ils jouissaient d'immenses revenus, et formaient une caste à part. Outre les affaires du culte auxquelles ils donnaient leurs soins, ils étaient les *sages*, c'est-à-dire, les savants de la nation, et, à ce titre, les conseillers du roi, les interprètes de la loi, et les juges du peuple. Eux seuls avaient la connaissance des traditions historiques relatives à leur pays ; ils possédaient seuls la clé de ce langage figuré dont les signes pris des objets naturels exprimaient soit des sons comme simples caractères alphabétiques, soit des idées. Les idées étaient figurées à leur tour, tantôt par la représentation d'objets matériels, tantôt d'une manière allégorique. Ce langage était le langage, ou, pour mieux dire, l'écriture *hiéroglyphique*, dont les caractères se retrouvent encore sur les plus anciens monuments de l'Égypte. Les principaux colléges de prêtres étaient à Memphis, à Thèbes, à Héliopolis et à Saïs, où se trouvaient les idoles les plus vénérées et les temples les plus beaux. Les études des prêtres étaient en quelque sorte secrètes ; le vulgaire en était repoussé, et cependant Moïse, le législateur des Hébreux, était parvenu à se faire initier à toutes leurs connaissances, car il était instruit, dit l'Écriture, *dans toute la sagesse des Égyptiens*. C'était à l'aide du secret dont ils environnaient ainsi leurs actions que les prêtres égyptiens entretenaient cette prépondérance qu'ils gardèrent si longtemps. Après la caste sacerdotale venait la caste militaire, qui jouissait également de grands priviléges ; des terres étaient héréditairement assignées à ses membres dans différents nômes, car ils n'étaient ni également ni indifféremment disséminés dans toute l'Égypte. Selon Hérodote (II, 165, 166), tous les guerriers compris, leur nombre s'élevait à 410,000 hommes. L'Égypte ne commença à avoir des troupes mercenaires composées d'étrangers que sous le règne de Psammétique. C'étaient des Grecs, dont le nombre augmenta rapidement en Égypte. Le reste de la population, c'est-à-dire, les laboureurs, les pasteurs, les interprètes et les mariniers, formait le peuple. Autrefois, comme le fait observer M. Guizot (*Notes sur Rollin*), ces deux dernières classes ne durent être introduites que lorsque les relations avec les étrangers et la navigation intérieure eurent reçu un grand développement. Jamais nation ne fut plus superstitieuse que celle des Égyptiens; elle adorait une foule de divinités de différents ordres et de différents étages. Osiris et Isis étaient honorés dans toute l'Égypte. On a cru qu'ils représentaient le soleil et la lune; et, en effet, c'est par le culte des astres qu'a commencé l'idolâtrie. Mais outre ces dieux, l'Égyptien adressait un culte aux animaux, tels que le bœuf, le chien, le loup, l'épervier, le crocodile, l'ibis, le chat, etc. De tous ces animaux, le bœuf *Apis* était le plus révéré: on lui avait élevé des temples magnifiques. Sa mort était l'objet d'un deuil général. Les Égyptiens avaient l'esprit inventif. Ce qui étonne le plus dans leurs travaux, ce sont ces masses gigantesques encore existantes aujourd'hui, et dont la construction annonce une connaissance approfondie des sciences et des arts. Tels sont non seulement les magnifiques monuments de l'antique cité de Thèbes et de la plupart des villes de l'Égypte, mais encore ces *obélisques* de 50 à 180 pieds de hauteur que l'on avait élevés dans tout le pays, à l'entrée des temples, des palais et des galeries, et dont plusieurs ont été transportés de l'Égypte à Rome, à Constantinople et même à Paris; ces immenses *pyramides*, plus merveilleuses encore, monuments de grandeur et de magnificence destinés à la sépulture des rois, et dont la plus haute, bien que dégradée à sa base et à sa plate-forme, a plus de 474 pieds perpendiculaires, comptant encore 716 pieds 6 pouces à sa base, et 30 pieds 6 pouces à l'un des côtés de sa plate-forme; *le labyrinthe*, réunion de douze palais sous le même toit, renfermant trois mille chambres, dont la moitié était souterraine, et qu'Hérodote (II, 148) considère comme le plus magnifique ouvrage des hommes; et enfin le fameux *lac Mœris*, aujourd'hui *Birket-el-Keroun*, ou lac du Fayoum, dans la province de ce nom, lequel avait environ 35 lieues de tour. Hérodote (II, 149) le plaçait beaucoup au-dessus des pyramides, et même au-dessus du labyrinthe. On estime que la superficie de l'Égypte est d'environ 22,000 lieues; pour sa population, d'après Diodore de Sicile (I, 31) et Josèphe (B. J., II, 16, 34), elle était de 7 à 8 millions d'habitants, ce qui donnerait 318 à 365 habitants par lieue carrée. Vraisemblablement cette population ne s'élève pas aujourd'hui à 3 millions, c'est-à-dire, à 136 habitants par lieue. Elle compta, lors de la prise de Jérusalem par Nabuchodonosor, un grand nombre de Juifs qui vinrent y chercher asile, et qui y restèrent même après que Cyrus eut rendu la liberté à leurs compatriotes. Ces Juifs s'étaient particulièrement établis dans la Basse-Égypte. Ils encoururent par cette émigration les menaces des prophètes, menaces qui ont aussi frappé l'Égypte. On voit qu'au temps d'Abraham, l'Égypte, monarchie déjà existante depuis longtemps, jouissait de toutes les formes d'un gouvernement régulier. A l'époque où Jacob y alla, ses relations commerciales avec l'étranger s'étaient étendues, et la présence de Joseph prouve que le peu de penchant des Égyptiens pour les étrangers avait déjà bien diminué; mais ce ne fut qu'une trêve en quelque sorte momentanée; car les Hébreux, descendants des soixante-dix personnes venues avec Jacob en Égypte, et multipliées dans l'espace de 220 ans environ, au point qu'à leur sortie d'Égypte ils comptaient, sans les enfants, 600 mille hommes de pied, leur causèrent de l'inquiétude, les ramenèrent à leur premier penchant, et firent naître cette jalousie haineuse qui les porta à maintenir, depuis la mort de Joseph, la postérité de Jacob dans une continuelle oppression, à leur imposer les tâches les plus rudes; et, bien plus, à ordonner après tout la destruction des mâles nouveau-nés. A leur départ, les Hébreux furent accompagnés d'une multitude considérable de petit peuple d'Égypte; en sorte que la masse de ces émigrants devint immense. Ils emmenèrent aussi avec eux une multitude considérable de troupeaux de brebis et de bêtes de toute espèce. Ainsi composée de gens de tout rang, de tout âge, de tout sexe, et suivie d'animaux sans nombre, cette prodigieuse caravane devait sans cesse éprouver, dans les pays dénués de ressources, des privations de toute nature; aussi fallut-il toute l'autorité que Moïse s'était acquise par ses vertus et par *sa sagesse* pour la contenir. Jusqu'au règne de Salomon, qui épousa une fille du pharaon d'Égypte, ce pays n'eut plus que peu de rapport avec les Israélites. Sous le règne de Roboam, Sésac, roi d'Égypte, envahit le royaume de Juda, et pilla le temple. Osée, roi d'Israël, entra en négociations avec le roi d'Égypte pour s'affranchir du joug d'Assyrie; mais ce fut sans résultat, car avant que ce prince eût reçu aucun secours de l'Égypte, Samarie était prise, et ses habitants transférés en Assyrie. Sous le règne de Josias, roi de Juda, le pharaon Néchao marcha contre les Assyriens; vainement Josias chercha à s'opposer à sa marche, il fut vaincu et tué; mais, à son tour, Néchao fut défait sur les bords de l'Euphrate, et Nabuchodonosor devint le maître de tout le pays qu'il avait conquis. Déjà à son déclin, le royaume de Juda avait peine à se contenir; il invoqua le secours des Égyptiens, comme l'avait fait Israël, mais ce fut pour sa perte, car les Babyloniens finirent par le renverser totalement, emmenèrent un grand nombre de captifs; et, poursuivant leurs conquêtes, ravagèrent l'Égypte et la soumirent à leur pouvoir. L'Égypte fut ainsi dépendante d'eux jusqu'au temps de Cyrus, qu'elle se révolta; mais Cambyse, son fils et successeur, la fit rentrer dans l'obéissance. Sous le règne de Darius, fils d'Hystaspe, les Égyptiens s'insurgèrent encore, mais Xerxès les maintint dans une position plus dure. Ainsi s'accomplirent les prédictions des prophètes à l'égard de l'Égypte. Après plusieurs tentatives inutiles pour recouvrer son indépendance, ce pays fut enfin réduit en province de l'empire des Perses 350 ans avant Jésus-Christ. Telle était sa position lorsque Alexandre l'attaqua et le conquit. A la mort du jeune héros, elle échut à l'un de ses généraux, Ptolémée-Soter, dont les successeurs se maintinrent sur le trône jusqu'à la mort de Cléopâtre, qui amena la réduction de l'Égypte en province romaine. Peu après la mort de Mahomet, Omar la soumit; mais en 1174, les Turcs en prirent possession. De leurs mains elle passa dans celles des Mamelucks, qui étaient originairement des esclaves nés en Circassie, et qui formaient alors la garde des califes. Les Turcs la reprirent ; et encore aujourd'hui, sous leur dépendance, l'Égypte est gouvernée par les pachas que la Porte y envoie. Le pacha actuel, Méhémet-Ali, a cependant su malgré tout s'y maintenir ; il a considérablement amélioré l'état du pays : et sa position ressemble plus à celle d'un vassal quelque peu indépendant, craint et redouté de son souverain, le Grand-Seigneur, qu'à celle d'un pacha soumis et tremblant devant les décisions de Sa Hautesse.

ÉGYPTE (fleuve ou torrent d'), torrent situé sur la limite méridionale de la terre de Chanaan, du côté de l'Égypte. On le considère généralement comme le torrent qui se jette à la mer près de l'ancienne *Rhinocorura*. Cependant on le confond quelquefois, comme le fait Reichard, dans sa *carte de la Palestine*, avec le torrent de Bésor. On l'appelait aussi *Sihor*.

ÉLAM. Il devait y avoir deux lieux de ce nom dans les tribus de Juda et de Benjamin, puisque 1254 individus qui en étaient issus revinrent de la captivité sous la conduite de Zorobabel, mais rien n'indique quelle pouvait être leur position. — Serait-ce de l'une de ces villes ou d'une troisième qui aurait été reconquise sur les Juifs par Rasin, roi de Syrie, et qui passa ensuite entre les mains des Iduméens, qu'il serait question au liv. IV des *Rois*? Quelques versions portent *Elath*, port situé sur la mer Rouge et non *Elam*, et nomment les *Syriens* à la place des *Iduméens*. Suivant cette leçon il est facile de concevoir que Rasin, en guerre avec le roi de Juda, se soit emparé de la ville d'Élath, et que des Syriens s'y soient établis pour faire le commerce.

ÉLAM, un des fils de Sem, dont la descendance peupla en grande partie le rivage du golfe Persique, à l'orient du Tigre. Sous son nom, on comprit cependant d'une manière spéciale le pays renfermé entre l'Eulœus et l'Oroates, la Médie et le golfe Persique, qui conserva pendant toute l'antiquité la dénomination d'*Élymaïs*. Au N., l'Élymaïs était montueuse, et au S., marécageuse. Suivant Daniel, *Suse* a dû en être la capitale, quoique l'on trouvât sur les bords de l'Oroates, une ville d'Élymaïs qui était loin d'être sans importance. Ses habitants, appelés *Élamites*, étaient surtout ceux du sud, bons archers et guerriers redoutables, mais livrés au brigandage, comme l'ont toujours été à peu près les peuples montagnards de cette partie de l'Asie ; les autres se livraient plus facilement aux travaux sédentaires et surtout à l'agriculture. Dès le temps d'Abraham, on voit un de leurs souverains, Chodorlahomor, jouir d'un grand pouvoir ; il tient sous le joug, pendant trois ans, les peuples du pays de Chanaan. C'est à la suite d'une révolte de ces peuples, tentée dans le but de repousser cette domination étrangère, que la *Genèse* nous apprend ce fait qui, sans elle, nous serait inconnu. Les rois de Sennaar et de Pont fournirent des secours à ce prince, peut-être à un autre titre que celui d'allié, car on pourrait les croire alors sous la dépendance du roi d'Élam. Quoi qu'il en soit, ce pouvoir n'était pas très-bien affermi, car après la défaite de Chodorlahomor par Abraham, il n'est plus question de la puissance des princes d'Élam. Élam subit en effet le joug des Assyriens, des Mèdes et des Babyloniens, avant de s'élever, sous le nom de Perse, au degré de gloire que lui acquit le génie du grand Cyrus. Lors de la destruction du royaume de Juda, par Nabuchodonosor, une partie de la population juive fut remplacée sur les terres de la Judée par des peuples tirés de divers lieux du pays d'Élam ; et, au retour de la captivité, ceux-ci figurent encore au nombre des peuples transplantés qui s'opposèrent le plus vivement à la reconstruction du temple de Jérusalem.

ÉLATH ou AILATH, ville de l'Idumée, située au fond du golfe Élanitique, port non moins important pour le commerce que celui d'Asiongaber, avec lequel on l'a quelquefois mal à propos confondu. Voisine de cette ville, Elath, aujourd'hui *Ailah*, a été soumise aux mêmes vicissitudes qu'elle. Voy. *Asiongaber*.

ELCÈS, patrie du prophète Nahum. C'était un bourg de la Galilée dont on voyait encore les ruines du temps de saint Jérôme. Adrichomius l'a placé dans la tribu de Nephthali, près de Sephet.

ÉLÉALÉ, ville de la tribu de Ruben, située à un mille environ, au N., d'Hésebon, anciennement dépendante du pays de Moab, renversée lors de la conquête, et relevée par les Rubénites. Ses environs étaient très-fertiles, et les moissons abondantes. On y cultivait aussi beaucoup la vigne. Cette ville est comprise avec tout le pays de Moab, dans les fatales prédictions des prophètes.

ÉLEPH, ville de la tribu de Benjamin, entre Jérusalem et Sela.

ÉLEUTHÈRE, fleuve de la Syrie, qui prend naissance dans le Liban, et vient se jeter dans la mer Méditerranée, au N. d'Orthosia. Burckhardt le désigne comme un fort torrent qui devient très-dangereux lors de la fonte des neiges : aujourd'hui *Nahr-el-Kebir*.

ÉLICIENS, peuple que l'on suppose avoir habité dans l'Élymaïs, auprès de Suse, et dont le roi Érioch rendit de grands services à Nabuchodonosor, dans la guerre que celui-ci fit à Arphaxad, roi des Mèdes.

ÉLIM aux 12 fontaines et aux 70 palmiers, sixième station des Israélites, dans le désert entre le mont Sinaï et le désert de Sin. Ceux-ci y arrivaient de Mara, où ils avaient eu tant à souffrir de la privation d'eau. Selon BURCKHARDT, ce serait le *Wady-Corondel*, dans la riante vallée de Corondel, à environ 10 ou 12 lieues de Tor, et où SHAW ne compta que neuf puits, les trois autres ayant été probablement comblés par l'accumulation des sables.

ÉLISA, un des fils de Javan, dont la famille s'établit dans la partie occidentale du pays affecté à Javan, c'est-à-dire, sur la côte S.-O. de l'Asie-Mineure. Les Éoliens sont considérés par Josèphe comme devant leur origine à Élisa, dont ils auraient reçu le nom, et qui se trouvait aussi placé au N. de Dodanim, son frère. Bochart (*Phaleg. III*, 4) place Élisa dans l'*Elide*; d'autres dans la *Hellade*, et, comme Ezéchiel (xxvii, 7) dit que les Tyriens en tiraient de l'hyacinthe et de la pourpre, on l'a porté jusque dans la *Laconie*, qui était, suivant Pline (ix, 86), riche en coquillages donnant la pourpre.

ELMELECH, ville de la tribu d'Aser, située sur le bord de la rivière de Belus.

ELMODAD ou ALMODAD, un des fils de Jectan, dont le nom a été rapproché de celui des *Allumæi*, que Ptolémée place vers le centre de l'Arabie.

ELON, ville située sur la limite septentrionale de la tribu de Nephthali.

ELON, HÉLON ou AÏALON, dans la tribu de Dan. Voy. *Aïalon*.

ELTÉCON, ville de la tribu de Juda, sur la frontière de Benjamin.

ELTHÉCE ou ELTHÉCO, ville lévitique de la tribu de Dan, sur la frontière méridionale.

ELTHOLAD, ville de la tribu de Juda, assignée ensuite à celle de Siméon.

ELYMAÏDE, ville considérable de l'Élymaïs, sur l'Oroates. Antiochus Épiphane ayant su que son temple était très-riche, et qu'il renfermait une multitude d'objets précieux qu'Alexandre-le-Grand y avait laissés, marcha contre la ville pour s'en emparer et la piller; mais les habitants surent la défendre et le contraindre à la retraite, en sorte que cette ville opulente évita ainsi les horreurs d'un siége et du pillage. Son temple avait de la célébrité; il était dédié à Diane. On a supposé, mais à tort, que cette ville était la même que Persépolis.

EMATH, ville située au N. de la tribu de Nephthali, et servant de ce côté de limite à la Palestine. Elle devait se rapprocher par sa position du défilé ou passage qui menait à travers les montagnes du Liban à la grande ville syrienne d'Émath, et que pour cette raison on voit peut-être fréquemment désignée dans l'Écriture sous la dénomination de l'*Entrée d'Émath*. Cette désignation aussi souvent opposée à celle du torrent ou de *la rivière d'Égypte*, qui est au S. de la terre de Chanaan, que celle de Dan l'est au nom de la ville de Bersabée, indique la délimitation de ce pays au N.

EMATH, HÉMATH ou AMATH, appelée par les Grecs *Epiphania*, et aujourd'hui *Hamah*, grande ville de la Syrie, bâtie sur l'Oronte, et où régnait dans le xiv° siècle le sultan Abulfeda, plus connu comme historien et géographe, que comme prince. Émath, dont on a rapporté l'origine à Amatheus, le onzième fils de Chanaan, était une ville riche et puissante, assez importante pour avoir mérité les funestes menaces des prophètes. On y adorait une idole appelée *Asima*. Émath eut ses princes particuliers; du temps de David on y voit en effet régner un roi nommé Thoü, qui envoie son fils complimenter l'élu de Dieu, au sujet du triomphe qu'il a remporté sur Adérézer, roi de Soba. Quelle était la puissance du prince d'Émath? on pour-

(1) Erreur. *Voir* la note ci-dessus, col. 69. (*Édit.*)

rait croire, d'après le langage des *Paralipomènes*, que le pays de Soba dépendait jusqu'à un certain point de lui, puisque Soba est dans le pays d'Émath, et qu'Adérézer agissant contre David, d'après les instigations du roi d'Émath, aurait ensuite été abandonné par lui, et traité en ennemi. Quoi qu'il en soit, après la défaite d'Adérézer, Thoü reconnut David comme son maître, mais son pays fut positivement pris par Salomon, qui y fit même fortifier plusieurs villes déjà très-fortes. Il subit ensuite le même sort que le royaume d'Israël, et devint la proie des Assyriens, qui en tirèrent des colonies, qu'ils établirent dans la Samarie pour remplacer les Israélites que Téglath-Phalasar emmenait captifs.

EMATH, une des tours qui servaient à la défense de Jérusalem. Elle fut construite à l'époque dite du *second temple*.

EMER, ailleurs *Immer*, un des cantons de l'empire chaldaïco-babylonien, où des Juifs furent transférés. Les *Immireni* étaient une nation tributaire de la Perse.

ÉMIM, peuple belliqueux, et appartenant à la race des géants, et dont le nom signifie *terrible*. Il fut au nombre de ceux que vainquit Chodorlahomor et ses alliés. Il paraît avoir particulièrement occupé le pays des Moabites, d'où ceux-ci les chassèrent.

EMMAÜS, ville de la tribu de Benjamin, située à 60 stades au N.-E. de Jérusalem, et dans le territoire de laquelle Judas Machabée remporta une victoire signalée sur l'armée de Syrie. Depuis elle fut fortifiée, et devint une des principales places de la Judée. Ce fut là que Jésus-Christ se fit voir le jour même de sa résurrection à deux de ses disciples. Il y avait une autre ville du même nom dans la Galilée Inférieure.

ÉMONA, ville de la tribu de Benjamin, à l'O. de Jéricho.

ÉNAC, au pluriel ÉNACIM, peuple qui habitait au S. de la terre de Chanaan, et qui avait pris son nom d'*Énac*, le fils d'Arbée. Ce peuple passait aux yeux des Israélites, d'après le rapport que leur en firent les hommes envoyés par Moïse dans le but de reconnaître la Terre-Promise, pour être d'une taille extraordinaire, pour habiter des villes dont les murailles s'élevaient jusqu'aux nues, pour être enfin des *monstres* auprès desquels ils paraissaient eux-mêmes n'être, suivant leur langage, que des *sauterelles*. Cette opinion, qui avait rempli les Israélites d'épouvante, fut cause de leur séjour prolongé dans le désert (1), et dans leur esprit ces peuples ne furent plus que des *géants*. Ces géants habitaient tout le midi des terres de Chanaan et les montagnes de Juda, mais surtout autour d'Hébron, où résidaient les trois fils d'Énac, Sisaï, Ahiman et Tholmaï, de Dabir, d'Anab, et d'autres lieux, quand les Israélites s'emparèrent du pays; ils furent exterminés ou disparurent, il n'y en eut plus que quelques restes qui habitèrent dans les villes des Philistins, *Azot*, *Gaza* et *Geth*, d'où était natif le géant Goliath, tué par David. Les *Énim* et les *Zomzommim*, habitants anciens du territoire de Moab et de celui d'Ammon, passaient aussi pour être des géants. Il y en avait encore dans le Basan, et les villes d'Astaroth et d'Édraï en étaient peuplées. Og lui-même, roi de Basan, appartenait à cette race. Mais de tout ce que l'Écriture rapporte, il faut croire que l'imagination épouvantée des Hébreux a beaucoup grandi à leurs yeux, et ces peuples et leurs villes, et que l'opinion qu'ils en avaient était bien plutôt fondée sur la force et le courage de leurs ennemis que sur leur haute stature. Fréret, dans son savant *Mémoire sur les premiers habitants de la Grèce*, prétend que le nom d'*Enac*, au pluriel *Enacim*, était attribué particulièrement aux princes et aux plus braves du pays de Chanaan, et que les Grecs ont conservé dans leur mot Ἄναξ, *roi*, et ses dérivés, et le nom d'*Enac* et le sens de ce mot. Le célèbre Inachus, dont le nom figure dans l'histoire des colonies étrangères fondées en Grèce, et qui était sorti de l'Egypte, ne serait lui-même, suivant ce savant, qu'un chef d'origine chananéenne, dont le nom *Enac* aurait été changé en *Inachus*, et qui se serait porté, à une époque reculée, de l'Egypte, où une partie des Chananéens avait émigré, dans la Grèce. Clavier (*Histoire des premiers temps de la Grèce*, t. 1, p. 20) adopte la même opinion.

Enaïm, ville de la tribu de Juda, au N.-E. d'Hébron.

Enan ou Enon, village situé sur la frontière septentrionale de la tribu de Nephthali, du côté de Damas.

Endor, ville de la demi-tribu O. de Manassé, dont Saül vint consulter la pythonisse, et où périt l'armée de Jabin. Cette ville était située auprès du torrent du Cison. Elle existait encore au temps d'Eusèbe : aujourd'hui *Endar*.

Engaddi ou Asasonthamar, ville de la tribu de Juda, située auprès de la mer Morte, et dont les vignobles avaient de la renommée. Ses environs furent témoins de la défaite des Amorrhéens, des Amalécites et autres peuples confédérés contre le roi des Élamites Chodorlahomor et ses alliés, et de celle des Ammonites et des Moabites réunis contre Josaphat, roi de Juda. Ce fut aussi au désert d'Engaddi que David séjourna quelque temps dans les cavernes pour éviter les poursuites de Saül. Celui-ci ayant su le lieu de sa retraite, vint à sa recherche après avoir battu les Philistins, mais il y fut surpris dans une de ces grottes par David et ses compagnons, et forcé à reconnaître son innocence.

Engallim, ville de la tribu de Benjamin, située à l'embouchure du Jourdain, dans la mer Morte. Le prophète Ézéchiel en fait mention, et l'oppose à la ville d'Engaddi, lorsqu'il dit : « Depuis *Engaddi* jusqu'à *Engallim* on séchera les filets », ce qui indique que sa position se trouvait sur le bord de la mer.

Engannim, ville de la tribu de Juda, peu éloignée d'Enaïm.

Engannim ou Aném. Voy. Anem.

Enhadda, ville de la tribu d'Issachar, située près de celle d'Engannim.

Enhasor, ville de la tribu de Nephthali vers le centre de la tribu.

Ennom ( vallée du ou des fils d'Ennom ), Ben-ennom ou Ge-ennom, vallée charmante et fertile située au S.-E. de Jérusalem, au pied des hauts lieux appelés Topheth. Les Israélites lui ont donné de la célébrité par le culte effroyable qu'ils y rendirent à Moloch, l'idole des Ammonites, auquel ils sacrifiaient leurs enfants. Ce culte atroce fit appliquer à cette vallée le nom de *Vallée du Carnage*, et plus tard celui de *Geenna*, l'enfer. On y voit encore un grand nombre de tombeaux taillés dans le roc et couverts d'inscriptions.

Ennon, ville de la demi-tribu O. de Manassé, située non loin du Jourdain, sur un ruisseau qui court s'y jeter, et à peu de distance de Salim. Saint Jean y administrait le baptême.

Enon ou Enan. Voy. *Enan*.

Ensemès, c'est-à-dire, la *fontaine du soleil*, sur la limite de la tribu de Benjamin, au N. Ses eaux s'écoulaient dans le Jourdain et formaient la ligne de démarcation entre les deux tribus d'Éphraïm et de Benjamin.

Épha, canton de l'Arabie qui avait reçu ce nom de l'un des fils de Madian, et qui sans doute était dans le voisinage du pays habité par les Madianites. Isaïe prédit le rétablissement de Jérusalem, et fait allusion aux chameaux et aux dromadaires de Madian et d'Epha, dont les marchands ne voyageaient que par caravanes.

Épher, canton situé probablement dans le voisinage du territoire de Socho, ville de la tribu de Juda.

Éphèse, ville de l'Ionie, une des plus célèbres de la Grèce asiatique ; elle était située par le 38° degré lat. N., et le 25° degré 30' long. E. de Paris, à une lieue environ du bord de la mer, à l'embouchure du Caystre. Elle fut très-florissante par son commerce, et très-grande ; mais ce qui lui avait surtout donné sa renommée, c'était son fameux temple de Diane, qui passait pour une des merveilles du monde. Si elle jouit, sous ce rapport, d'une grande importance à l'époque du paganisme, dans le premier âge du christianisme elle fut également ornée d'une magnifique église dédiée à saint Jean, qui y avait résidé pendant longtemps, et qui de là avait administré les églises d'Asie. Son théâtre, dont il est question dans la grande sédition racontée dans le *livre des Actes des Apôtres*, est presque entièrement détruit ; il n'y reste plus que quelques gradins. Éphèse fut la métropole de l'Asie proconsulaire, et dans l'*Apocalypse*, elle est citée comme *une des sept églises de l'Asie*. Saint Paul y vint, et prêcha dans la synagogue de la ville, car il y avait beaucoup de Juifs à Éphèse, et en dehors de la synagogue ; il y convertit beaucoup de Juifs et de gentils ; une de ses épîtres est même adressée aux Éphésiens. Les prédications et le nombre des prosélytes qu'elles attiraient excitèrent vivement contre lui le peuple de la ville, soulevé par les fabricants de petits temples en argent de la déesse d'Éphèse, dont ils faisaient un trafic considérable. Ceux-ci, voyant le nombre des conversions toujours croissant, et craignant que leur genre d'industrie n'en souffrit, voulaient perdre saint Paul et les apôtres de la vérité. Ils eurent donc recours, mais sans succès, aux troubles et à la sédition. C'est ce qui fit dire à saint Paul qu'il avait combattu à Éphèse contre des bêtes farouches. Encore si florissante à la naissance du christianisme, et siége d'un évêque métropolitain, Éphèse ne compte plus aujourd'hui aucun chrétien parmi ses habitants. On lui donne, ou plutôt on donne à ses ruines le nom d'*Ayo-Solac* ou *Ayo-Theologos*, dénomination sous laquelle les Grecs désignent saint Jean l'évangéliste, fondateur de l'Église d'Éphèse. C'est à Éphèse que se tint le troisième concile général, dans lequel Nestorius fut condamné. — *Éphésiens*, habitants d'Éphèse.

Éphra, ville de la demi-tribu O. de Manassé, célèbre pour avoir donné le jour à Gédéon. Ce fut là que ce saint personnage vit un ange qui lui annonça qu'il était l'élu de Dieu pour délivrer son peuple du joug des Madianites. Il mourut dans cette ville et y fut enterré comme son père. Son fils, l'impie Abimélech, y fit mourir 70 de ses frères.

Éphraïm, terre ou pays d'Éphraïm, une des douze tribus d'Israël, descendant d'Éphraïm, un des fils de Joseph. Elle occupait tout le territoire qui s'étend au N. des tribus de Benjamin et de Dan; elle s'ouvrait à l'O. sur la mer Méditerranée, à l'E. elle s'appuyait sur le Jourdain, et au N. elle était bornée par la demi-tribu O. de Manassé. La fertilité et l'abondance régnaient sur ses terres, qui étaient les meilleures d'Israël. L'olivier et la *vigne*, cette dernière surtout, y croissaient à merveille et y donnaient des fruits excellents, qui ont servi à désigner quelquefois Éphraïm allégoriquement. A l'époque du dénombrement dans le désert, la tribu comptait 40,500 hommes en état de porter les armes. Mais ce nombre augmenta prodigieusement dans la suite, car, dans la guerre d'Éphraïm contre Galaad, 42,000 hommes d'Éphraïm succombèrent en une seule fois. De même que les autres tribus, celle-ci fournit aussi 24,000 hommes pour la garde de David. Les enfants d'Éphraïm passaient pour habiles archers. En prenant possession du pays, les Éphraïmites ménagèrent les habitants; ils se contentèrent de leur imposer un tribut. *Samarie* fut leur ville capitale; les autres villes les plus importantes ensuite furent *Sichem* et *Thirza*. Éphraïm se livra entièrement au culte des idoles, ce qui fut cause que les prophètes lancèrent contre elle leurs anathèmes; ils lui reprochaient aussi d'avoir sollicité contre Juda les secours étrangers des Assyriens et des Égyptiens. Le nom d'*Éphraïm* est quelquefois pris à celui du reste d'Israël, comme l'est celui de Juda. Dans beaucoup de circonstances, en effet, la tribu d'Éphraïm paraît et agit seule. — Le nom d'*Éphratéens* est donné, au *livre des Juges et des Rois*, à ses habitants.

Éphraïm (montagne d'), chaîne de montagnes commençant vers la limite des tribus de Benjamin et d'Éphraïm, et s'étendant au N. jusque dans la tribu d'Issachar. Elle appartenait presque entièrement aux tribus des enfants de Joseph, Éphraïm et Manassé; elle contenait plusieurs villes importantes : telles étaient *Thamnat-Saara*, qui fut donnée à Josué; *Sichem, Gabaa, Phanuel*, etc. Salomon établit une intendance pour elle seule. C'était sur cette montagne que se trouvaient en partie les hauts lieux d'Israël, et où était pratiqué, par conséquent, le culte des idoles.

Éphraïm (forêt d'), forêt située au-delà du Jourdain, dans le pays de Galaad, auprès de la ville de Manahaïm. Ce fut le théâtre de la défaite d'Absalon.

Éphraïm, nom de l'une des portes de Jérusalem, au N.

Éphrata ou Bethléhem. Voy *Bethléhem*.

Éphrem, peut-être bien la même que l'*Éphron* des *Paralipomènes*; ville de la tribu de Benjamin, dont Abner, roi de Juda, s'empara sur Jéroboam, roi d'Israël, ainsi que de Béthel et de Jédasa, et où Jésus-Christ se retira avec ses disciples après la résurrection de Lazare.

Éphron ou Éphrem. Voyez *Éphrem*.

Éphron, montagne de la tribu de Juda, située sur les confins de celles de Benjamin et de Dan, vers Cariathiarim.

Éphron, ville très-forte de la tribu de Gad, dans le pays de Galaad, vers le confluent du Jaboc et du Jourdain; ou, suivant d'autres, au N.-O. de Bethsan ou Scythopolis. Elle fut détruite par Judas Machabée.

Erchuéens, ailleurs *Arkéviens*, un des peuples tirés de l'empire babylonien, et établis sur les terres de Juda lors de la captivité des Juifs. Ils furent du nombre de ceux qui s'opposèrent à la reconstruction du temple de Jérusalem.

Ésaan, ville de la tribu de Juda, au S. d'Hébron.

Ésaü (enfants d'), Édomites ou Iduméens, habitants du pays d'*Edom* ou de l'*Idumée*. Voy. *Édom*.

Escol (vallée d') ou le la Grappe de raisin, vallée de la Judée située près d'Hébron, où l'on cultivait principalement la vigne, comme on la cultive encore, au dire de Shaw. Les espions envoyés par Moïse y coupèrent une branche de vigne avec sa grappe; elle était d'un tel poids, qu'il fallut deux hommes pour la porter; c'est de là que lui vint son nom de *Vallée de la Grappe de raisin*. Au fond de cette vallée coulait un torrent qui avait également reçu de la son nom *Nehel-Escol*, ou *Torrent de la Grappe*.

Esdrelon (grande plaine d'), Plaine de Mageddo ou Vallée de Jezrael, ou simplement Grande plaine; plaine ou vallée; car dans les écrivains bibliques ces dénominations ont souvent le même sens, d'environ 12 à 13 lieues de longueur sur 5 ou 6 de largeur, située dans la tribu de Zabulon, entre le mont Carmel et le Jourdain à son issue de la mer de Galilée. Dans les premiers âges du peuple juif, à l'époque de l'empire romain, au temps des croisades, et même dans les temps tout modernes, cette plaine fut le théâtre d'événements mémorables; aussi en y entrant, comme l'observe M. Buckingham, le voyageur ne peut-il se défendre de cette sorte d'émotion que Johnson attribue avec tant de vérité et d'éloquence aux campagnes de Marathon. Cette plaine est enfermée de tout côté par de hautes collines; c'est à peine si l'on y aperçoit quelques masures servant d'abri aux rares pasteurs arabes qui errent sur ses excellents pâturages, et cependant elle se fait encore remarquer par un luxe de productions qui justifie bien ce don spécial de fertilité qui lui est attribué par les livres saints; le Cison l'arrose en partie. Elle reçut les différents noms qui lui ont été appliqués de la position des lieux importants qui la dominent, tels que *Mageddo*, *Jezraël* et *Esdrelon*.

ÉSEM ou ASEM. Voy. *Asem.*

ÉSNA, ville de la tribu de Juda, à l'O. d'Hébron.

ESPAGNE, grande contrée de l'Europe, située à son extrémité S.-O., et formant une vaste péninsule. Après la réduction des Cantabres, qui eut lieu enfin sous Auguste, l'Espagne fit partie de l'empire romain. Les Grecs la nommaient *Iberia*, et les Romains *Hispania*, d'où est venu le nom moderne *Espagne*. Le pays fut peuplé par les *Ibères* ou Ibériens, que quelques auteurs font venir de la Colchide, d'autres de l'Inde, mais qui paraissent être sortis de l'Italie. L'intérieur était habité par des Celtes ou Gaulois, qui, par leur mélange avec les Ibériens, ont formé ce que depuis on a appelé les Celtibériens. Sur les côtes, les Phéniciens, puis les Carthaginois, formèrent des établissements; c'est parmi ces établissements qu'il faut chercher *Tartessus*, le *Tharsis* de l'Écriture, si remarquable par ses richesses. — Les principaux fleuves de l'Espagne étaient l'*Iberus* (Ebre) au N., lequel se jette dans la Méditerranée; le *Durius* (Douro ou Douero), le *Tagus* (Tage), l'*Anas* (Guadiana), et le *Bœtis* (Guadalquivir), qui se perdent dans l'Océan. Le sol est montueux; les montagnes les plus connues étaient le mont *Idubeda*, qui couvrait les sources du Durius et du Tagus; l'*Orospeda*, d'où descendait le Bœtis; et le mont *Marianus* (Sierra-Morena). Parmi les caps se distinguaient, comme ils se distinguent encore aujourd'hui, le *Dianum promontorium* (cap Saint-Martin), et le *Charidemum promontorium* (cap de Gata), sur la Méditerranée; le *Sacrum promontorium* (cap Saint-Vincent), et l'*Artabrum* ou *Nerium promontorium* (cap Finistère) sur l'Océan. Ses ports étaient nombreux et commodes. Les Romains, maîtres de la plus grande partie de l'Espagne, y établirent leurs divisions territoriales; ils en firent deux provinces distinctes, l'Espagne *citérieure* et l'Espagne *ultérieure*. Sous Auguste, cette dernière province fut divisée en deux parties: l'une s'appela la *Bétique*, et l'autre la *Lusitanie*; et l'Espagne *citérieure* prit du nom de *Tarraco* (Tarragone), sa capitale, la dénomination de *Tarraconaise*. Dans l'intérieur, le peuple était à peine civilisé, pauvre, âpre, rude et sauvage; mais sur les côtes, il était riche, de mœurs douces et policées, adonné au luxe, et jouissait de toutes les aisances de la vie. Le commerce, facilement alimenté par les produits intérieurs, donnés en échange des produits des contrées les plus éloignées, lui procurait en effet une opulence inconnue ailleurs. Parmi les villes, *Gades* (Cadix) était la plus

importante. Les bienfaits de la religion chrétienne n'étaient point encore, au temps de S. Paul, parvenus dans cette contrée. Le saint Apôtre avait, comme il nous l'apprend dans son *Épître aux Romains*, formé le projet de s'y rendre; mais il ne put mettre ce projet à exécution.

ESRON, ville de la tribu de Juda, située au N. de Cadès-Barné.

ESTÉMO, ESTHAMO ou ISTÉMO. Voy. *Esthamo.*

ESTHAMO, ESTÉMO ou ISTÉMO, ville lévitique de la tribu de Juda, entre Hébron et Eleuthéropolis, sur la limite de Siméon. Ce fut une de celles à qui David envoya une part du butin qu'il fit sur les Amalécites, auprès de Sicéleg.

ESTHAOL, ville de la tribu de Dan, à l'O. de Caria thiarim. Ce fut une des deux villes d'où partit la colonie qui alla fonder la ville de Dan, au N. de la tribu de Nephthali, sur l'emplacement de la malheureuse *Laïs*. On donnait à ses habitants le nom d'*Esthaolites*.

ÉTAM, bourg ou ville de la tribu de Juda, rebâtie et fortifiée par Roboam. Dans les environs de cette ville, qui devait se trouver sur la frontière, vers le S.-O., était le rocher d'*Étam*, dans la caverne duquel Samson alla demeurer, après avoir brûlé les moissons des Philistins, et où trois mille hommes de la tribu de Juda vinrent le trouver pour le livrer à ses ennemis.

ÉTHAM, deuxième station des Israélites, après leur départ de la terre de Gessen, à l'extrémité du désert. Ils venaient de Soccoth, et devaient ensuite se rendre à Phihahiroth. Suivant M. DUBOIS-AYMÉ (*Notice sur le séjour des Hébreux dans le désert*), Étham se nommerait aujourd'hui *Bir-Souès*, ou le *Puits de Suez*.

ÉTHAM (désert d'), à l'orient de la mer Rouge, le long du golfe Héroopolite; ce fut le premier désert que les Hébreux traversèrent pour arriver à *Mara*.

ÉTHER, ATER, ATHER ou ATHAR. Voy. *Ater.*

ÉTHIOPIE, grande contrée de l'Afrique, au sud de l'Égypte, dont le nom se rencontre souvent dans les divers livres de *la Bible*. Généralement les anciens désignaient sous cette dénomination tous les pays méridionaux de l'Afrique qu'ils ne connaissaient point, réservant celle d'*Éthiopie au-dessus de l'Égypte* à la partie de l'Éthiopie qui était la plus rapprochée d'eux. Le reste était appelé *Éthiopie intérieure*. Suivant quelques géographes, la rive orientale du Nil et la mer Rouge en formaient la limite; suivant d'autres, elle s'étendait plus à l'occident, et comprenait toute la *Nubie* et l'*Abyssinie* ou *Hhabesch*. On a même reculé ses bornes, au S., jusqu'au cap moderne Delgado, c'est-à-dire jusqu'à la côte de *Zanguebar*. Les pays qui avoisinent la Haute Égypte, et que l'on a coutume de désigner sous le nom de *Nubie*, sont en grande partie un vaste désert de sable, dans lequel ont erré de tout temps des hordes nomades. Le long du golfe Arabique courait la chaîne de montagnes qui s'étend aussi jusqu'en Égypte, et dont la portion comprise dans la Nubie était d'autant plus importante qu'elle contenait de riches mines d'or qui se trouvaient immédiatement au-dessus des frontières de l'Égypte, des émeraudes et peut-être des topazes, si toutefois le témoignage de Job se rapporte à cette partie de l'ancien pays de Chus. Le lit du Nil se replie sur lui-même dans la Nubie, et sa navigation devient, sinon dangereuse, au moins très-laborieuse, à cause des rochers dont son lit est encombré. Au-delà du 16° degré, la nature et l'aspect du sol changent; on y voit des terres fertiles, et on y recueille de précieux produits. L'encens y croît en abondance, ce qui fait appliquer au pays le nom de *Cinnamomifera* ou *Thurifera Regio*. L'or s'y trouve aussi, en sorte que ce pays, qui offrait avec l'Arabie, situé de l'autre côté de la mer Rouge, une similitude si frappante pour les productions, a joui des mêmes avantages qu'elle, et fait un commerce lucratif, surtout avec l'Égypte, qui paraît avoir eu d'ailleurs avec lui d'étroites relations. L'Éthiopie renfermait autrefois beaucoup d'habitants, et ce fut par elle que se peupla ou se civilisa l'Égypte. Quant à sa propre population, elle était en partie arabe, c'est-à-dire venue des parties de l'Arabie où s'établirent plusieurs enfants de Chus. Aussi la dénomination de *pays de Chus* ou *Chusan* s'étend-elle, dans l'origine, sur l'Arabie de même que sur l'Éthiopie, et même sur tous les pays occupés par la postérité de Chus : fait qui résulte de l'examen approfondi de la *Bible*, quoique, dans quelques-unes des versions qui en ont été faites, les mots *pays de Chus* soient toujours rendus par le nom de l'Éthiopie. On ne saurait douter que l'Écriture ne donne, dans certains passages, le *nom de pays de Chus* à l'Arabie, comme elle l'applique dans d'autres, évidemment à l'Éthiopie. Pour les autres passages qui font mention de ce nom, ils pourraient s'appliquer à l'une aussi bien qu'à l'autre de ces deux contrées. Ce qu'il y a de remarquable à cet égard, c'est qu'Homère (*Od.* 1, 23, 24) semble reconnaître aussi deux *Éthiopies*, lorsqu'il dit *que les Éthiopiens sont partagés en deux parties, et qu'ils habitent aux extrémités de la terre, les uns vers le soleil couchant, et les autres vers le soleil levant*. Le nom de *Chus*, lui-même, ne s'éteignit pas promptement, car, au temps de Josèphe, il était encore en vigueur. Le temps n'a rien fait, dit l'historien (*Ant.* 1, 6, 32), au nom de *Chusan, car les Éthiopiens s'appellent encore eux-mêmes Chuséens*, et c'est ainsi que les désignent les peuples de l'Asie. De bonne heure, il se forma des états régulièrement organisés dans l'Éthiopie au-dessus de l'Égypte. Il y en a eu de très-puissants, car les Éthiopiens se rendirent, pendant un temps, maîtres de l'Égypte, et on cite un de leurs rois, Thearco, vraisemblablement le Tharaca de l'Écriture, qui aurait non seulement porté les armes contre la Palestine, mais qui aurait encore pénétré jusqu'en Espagne par le détroit de Gibraltar. Le principal de ces états, ou du moins le plus connu, fut celui de *Méroé*, dont la capitale portait le même nom. Il existait encore du temps d'Hérodote (II, 30); c'était là que s'étaient établis les Égyptiens chargés de la garde de la frontière de leur patrie, du côté d'Éléphantine, mais qui l'abandonnèrent sous le règne de Psammétique. Des terres leur furent concédées dit l'historien, par le roi du pays. Méroé n'était qu'un état composé de prêtres, avec un roi à leur tête, comme les autres états égyptiens (Heeren; *Man. d'Hist. anc.*, trad. fr., 1827, p. 33). Sous le nom de *Méroé*, on comprenait le pays situé entre le Nil, du côté de l'O., et l'Astaboras, ou *Tacazze*, qui se joint au Nil, à l'E.; ce qui lui fait donner improprement le nom d'*île*. *Axum* ou *Auxume*, dont il n'est fait mention que bien postérieurement à Méroé, paraît cependant remonter, si l'on en juge d'après les restes encore subsistants, à une aussi haute antiquité que les autres villes de l'Égypte. Dans les premiers temps de l'administration romaine en Égypte, l'Éthiopie, ou une partie de l'Éthiopie, était gouvernée par une reine puissante, Candace, dont un des principaux officiers se convertit au christianisme. Les habitants du pays, où les *Éthiopiens*, passaient pour les plus justes des hommes; et, pour cette raison, on croyait que les dieux leur accordaient une longue vie. Le long de la côte de la mer Rouge, vivaient les *Éthiopiens Ictyophages*, ainsi appelés parce qu'ils ne se nourrissaient que de poisson, et les *Éthiopiens Troglodytes*, qui demeuraient dans des cavernes sous terre, et dont était composée une partie de l'armée que Sesac, roi d'Égypte, mena contre Juda.

ETROTH, ville de la tribu de Gad, rebâtie par les Gadites, après qu'ils eurent pris possession du lot qui leur était échu. Elle pouvait être au centre de la tribu.

EUPHRATE, ailleurs *Phrath*, fleuve de l'Asie occidentale sortant de deux sources qui sont situées dans les montagnes de l'Arménie et qui se réunissent un peu au-dessous d'Erzeroum pour ne plus former qu'un seul fleuve, courant d'abord dans la direction du sud et ensuite dans celle du sud-est. Il côtoyait, sur un cours estimé à 185 myriamètres de longueur (environ 417 lieues de 25 au degré, la Cappadoce, la Syrie, la Mésopotamie, l'Arabie Déserte et la Babylonie. C'est dans cette dernière région, à Corna, qu'il se joint au Tigre; depuis lors, les deux fleuves réunis sous le nom commun de *Schatt el-Arab*, le *Pasitigris* d'autrefois, se jettent, après un cours d'une trentaine de lieues, dans le golfe Persique. Cependant le cours de l'Euphrate ne fut pas toujours tel. Ce fleuve se rendait autrefois directement dans le golfe Persique. On en voyait encore les traces à l'occident du Pasitigris. L'Euphrate roule un volume d'eau considérable dans un lit en général peu profond et entre des rives basses, et son cours a moins de rapidité que celui du Tigre. M. Rich (*Voyage aux Ruines de Babylone*) a mesuré sa largeur à la hauteur de la position de Babylone, et lui a trouvé 75 brasses ou 450 pieds, mais comme le fleuve passe à travers des ruines, cette largeur varie. Sa profondeur était de deux brasses et demie. Le peu d'élévation de ses bords est souvent cause de crues subites qui produisent de vastes inondations. Au surplus, il a aussi, comme le Nil, ses crues périodiques, et les pays qu'il traverse, soit par lui-même, soit par les canaux qui en sont dérivés, jouissent d'une grande fertilité. Il se gonfle en hiver, mais c'est au printemps que sa grande crue a lieu ; cette crue, qui commence en mars, et que l'on peut dire arriver généralement entre le 15 avril et le 15 mai, dure une quinzaine de jours ; elle varie d'une année à l'autre en élévation. Pendant sa durée, le fleuve inonde tout le pays, remplit les canaux qu'on lui a préparés et facilite l'agriculture à un point surprenant. Son eau est regardée comme plus salutaire que celle du Tigre. Sans parler de la place que l'Écriture donne au fleuve sur la limite du Paradis-Terrestre, elle le cite souvent, et presque toujours en le qualifiant de *grand fleuve*. Elle en fait une des bornes de la Terre-Promise, et en effet David étendit ses conquêtes jusque-là, en sorte que l'empire de Salomon, son fils, allait des rives de l'Euphrate à celles du fleuve d'Égypte. Ces rives furent aussi témoins de la défaite du pharaon Néchao à Charcamis et de celle d'Arphaxad dans la plaine de Ragaü, qu'il arrose.

EZEB, pierre ou rocher situé à 5 stades de Jérusalem, et où Jonathas vint avertir David des mauvaises dispositions de Saül à son égard.

## F

FONTAINE D'AGAR, que l'ange fit connaître à la mère d'Ismaël. Elle est située au S. de la tribu de Siméon, entre la Palestine et l'Égypte : on l'appelait aussi le *Puits de celui qui vit et qui voit*.

FONTAINE DE DAPNIS. Voyez *Daphnis*.

FONTAINE DU DRAGON, fontaine qui coulait sous les murs de Jérusalem et au pied du Calvaire.

FONTAINE D'ÉLISÉE, source miraculeuse dont les eaux mauvaises furent purifiées par le prophète Élisée, de qui elle a pris le nom. Les eaux devinrent saines, au grand avantage de la ville de Jéricho, à côté des ruines de laquelle on la trouve encore, dit le voyageur BUCKINGHAM. Auparavant elles faisaient périr les fruits de la terre et rendaient même, prétendait-on, les mères stériles, ou faisaient mourir les enfants dans leur sein.

FONTAINE DE GIHON. Voy. *Gihon*.

FONTAINE D'HARAD. Voy. *Harad*.

FONTAINE DES JARDINS et PUITS DES EAUX VIVANTES, sources qui descendent avec fracas des montagnes du Liban.

FONTAINE DE JACOB, source sur le bord de laquelle Jésus-Christ, fatigué, vint se reposer ; elle était en Samarie, non loin d'une ville nommée Sichar, au pied de la montagne sur laquelle s'élève Sichem.

FONTAINE DE JEZRAHEL, fontaine située auprès de Jezrahel, dans la vallée de ce nom. Les Israélites, prêts à combattre les Philistins qui étaient à Aphec, vinrent y établir leur camp.

FONTAINE DE SAMSON, source sortie de la mâchoire d'âne avec laquelle Samson combattit les Philistins ; elle était située près du rocher d'Etam. Samson commençait à défaillir, lorsque cette eau le ranima ; le nom en est resté à l'endroit où elle se montra.

FONTAINE DE NEPHTOA, fontaine placée sur la limite des tribus de Juda et de Benjamin.

FONTAINE DE ROGEL, source près de laquelle David se détermina, lors de la révolte de son fils Absalon, à passer le Jourdain. Il y avait auprès un rocher nommé *la pierre de Zoheleth*, sur lequel Adonias, qui aspirait à la couronne de David, son père, offrit un festin à tous ses frères, excepté Salomon, et à tous ceux de Juda qui étaient au service du roi.

FONTAINE DE MISPHAT, à Cadès. Voy. *Cadès-Barné*.

FONTAINE DU SOLEIL OU ENSEMÈS. Voy. *Ensemès*.

FONTAINE DE TAPHUA. Voy. *Taphua*.

## G

GAAS, montagne dépendante de la montagne d'Éphraïm, et au N. de laquelle était situé Thamnathsaré, où Josué fut enseveli. Du pied de cette montagne s'échappe un torrent, le *Cana* qui court se perdre dans la Méditerranée. Sur les bords de ce torrent était né un des forts de David.

GAB, selon D. Calmet, grande plaine du pays des Philistins, où se livrèrent deux batailles importantes entre ce peuple et les Hébreux.

GABA, ville située dans le voisinage du mont Carmel, au S.-E., dans la tribu d'Issachar.

GABAA, GABAÉ, GABÉE, ou GÉBA, ville lévitique de la tribu de Benjamin, au N.-O. de Jérusalem, lieu de la naissance de Saül. Cette ville fut cause, par la conduite de ses habitants envers la femme du Lévite, qu'ils accablèrent d'outrages et finirent par tuer, de la guerre qui éclata entre les tribus d'Israël et la tribu de Benjamin, guerre qui se termina par la perte de 25,000 Benjaminites, et la mort de tous les hommes et les animaux de la ville de Gabaa. Asa, roi de Juda, la reconstruisit avec les matériaux de Rama. Gabaa est quelquefois prise comme ville marquant la limite du royaume de Juda, et opposée dans ce cas à la ville de Bersabée, qui est située au S. On conserva pendant quelque temps, à Gabaa, l'arche apportée de Cariathiarim. Ce fut de là que David la fit transporter à Jérusalem. Les habitants de Gabaa avaient la réputation d'être très-habiles à se servir de la fronde.

GABAATH, ville de la tribu de Benjamin où fut enseveli Eléazar, fils d'Aaron. C'était aussi la patrie de l'un des forts de David. Isaïe la nomme *ville de Saül*, ce qui semblerait, du moins à ses yeux, en faire la même ville que Gabaa.

GABAÉ, GADÉE, GABAA ou GÉBA. Voy. *Gabaa*.

GABAON, ville lévitique de la tribu de Benjamin, située sur une hauteur, au N. de Jérusalem. C'était, dit le livre de *Josué*, une ville grande comme une ville royale et plus grande que Haï. Ses habitants passaient pour être très-vaillants. Cependant le sort que subit la ville d'Haï terrifia les Gabaonites au point qu'ils allèrent faire leur soumission à Josué ; mais ils n'entrèrent dans l'alliance des Israélites qu'en se résignant au service le plus rude vis-à-vis du peuple. Les Gabaonites étaient d'origine amorrhéenne, et ils étaient assez puissants pour tenir dans leur dépendance, *Caphira, Béroth* et *Cariathiarim*. Leur défection leur attira l'inimitié et les hostilités de la ligue amorrhéenne, formée des cinq rois de Jérusalem, d'Hébron, de Jérimoth, de Lachis et d'Eglon, qui tentèrent de s'emparer de leur ville. Josué vint de Galgala, où était son camp, à leur secours; il se fit un grand carnage des Amorrhéens. Une pluie de pierres tomba du ciel pour les accabler, et ce fut dans cette occasion *que Josué commandant au soleil de s'arrêter sur Gabaon, et à la lune de ne point s'avancer sur la vallée d'Aïalon, le soleil et la lune s'arrêtèrent. Jamais jour ne fut aussi long*, dit Josué. Gabaon fut témoin de la défaite et de la mort d'Abner, général d'Isboseth. La rencontre entre ce général et les troupes de David eut lieu près de la *piscine de Gabaon*, alimentée sans doute par les sources environnantes, que Jérémie appelle les *grandes eaux*. Avant la bataille il y eut un combat particulier entre douze hommes des deux armées, qui s'entre-tuèrent de manière à ce qu'aucun d'eux ne survécut, ce qui fit donner à cet endroit le nom de *champ des vaillants*. Sept des enfants de Saül y furent aussi sacrifiés par les habitants de Gabaon, en représailles du sang que ce prince avait versé dans leur ville. Ils furent crucifiés. Gabaon fut le plus considérable des hauts lieux d'Israël. Le tabernacle du Seigneur, que Moïse avait fait dans le désert, et l'autel des holocaustes, y restèrent pendant quelque temps déposés ; Salomon vint y sacrifier, et le Seigneur lui apparut dans cette ville. *Samaïas*, le plus brave d'entre les trente vaillants de David, était aussi de cette ville. Isaïe appelle *vallée de Gabaon* celle qui ailleurs est désignée sous le nom d'*Aïalon*. Voy. *Aïalon*. — Gabaon communiquait aussi son nom à une partie du territoire qui l'environnait, et que l'on appelait le *désert de Gabaon*. — Ses habitants se nommaient *Gabaonites*.

GABATHON ou GEBBETHON. Voy. *Gebbethon*.

GABÉE, GABAÉ, GÉBA ou GABAA. Voy. *Gabaa*.

GABIM, lieu cité seulement par Isaïe, et dont on ignore la position. D. Calmet pense que ce nom s'applique généralement aux pays élevés, et que le passage d'Isaïe où il se trouve, signifie : *Et vous, habitants des collines, mettez-vous en sûreté*.

GAD, l'une des douze tribus d'Israël, descendant de Gad, fils de Jacob, et dont le nom signifie *prospérité*. Cette tribu était située à l'orient du Jourdain, et comme elle était riche en bestiaux, aussi bien que les tribus de Ruben et de Manassé, on lui abandonna, de même qu'à ces deux tribus, les anciens royaumes de Séhon, roi des Amorrhéens, et d'Og, roi de Basan, c'est-à-dire, tout le pays de Galaad et de Basan, terres fertiles et abondantes en pâturages. Les Gadites y firent des parcs, des étables pour leurs bestiaux, et construisirent ou relevèrent des villes fortes détruites par suite de l'invasion. Placés entre la tribu de Ruben, au S., et la demi-tribu de Manassé, au N., ils occupaient la partie méridionale du pays de Galaad, dont les montagnes formaient la limite à l'E ; à l'O. coulait le Jourdain, dans lequel venait se rendre le Jaboc, limite donnée à la tribu par le *Deutéronome*, et quelques autres rivières ou torrents qui entretenaient la fertilité du pays. Les villes principales furent *Aroër, Jazer, Dibon, Succoth, Phanuel, Mahanaïm, Ramoth-Galaad* et *Maspha*. Plus tard ce pays entra en partie dans la Pérée et la Batanée. La tribu de Gad prospéra ; les villes reconstruites acquirent de l'importance : ainsi se réalisa la prédiction de Moïse, *Gad a été comblé de bénédictions ; il s'est reposé comme un lion ; il a saisi le bras et la tête de sa proie*. Lors du dénombrement fait dans le désert, il se trouva dans la tribu 45,650 hommes en état de porter les armes. Depuis, ce nombre dut augmenter; il y eut un corps militaire de 24,000 Gadites compris dans la garde du roi David.

GAD, vallée étendue, située auprès d'Aroër, dans la tribu de Gad.

GADER ou GEDEN, ville royale des Chananéens, située dans le sud de la Judée, du côté de Dabir.

GADÉRA ou GÉDÉRA. Voy. *Gédéra*.

GADÉROTH ou GIDÉROTH, ville de la tribu de Juda, patrie de l'un des vaillants capitaines de David.

GADGAD, vingt-sixième station des Israélites dans le désert, montagne située entre Béné jaacan et Jétébatha, et dépendant sans doute des *Nigri montes* ou montagnes Noires.

GADI, patrie de l'un des forts de David, ville que l'on suppose appartenir à la tribu de Gad, au S. de Jazer.

GADOR ou GÉDON. Voy. *Gédor*.

GALAAD, dont le nom est fréquemment reproduit, partie de la Palestine située à l'orient du Jourdain, et s'étendant entre ce fleuve et les montagnes de Galaad, depuis le pied du mont Hermon jusqu'au fleuve d'Arnon. Le Jaboc la coupait à peu près vers le centre. Le sol y était bon, gras, fertile et riche en pâturages ; le bétail y venait et y multipliait très-bien ; aussi fut-elle assignée aux tribus qui possédaient le plus de bétail, à celles de Ruben et de Gad pour la portion située au S. du Jaboc, et à Manassé (demi-tribu orientale) pour la portion qui était au N. de cette rivière. Le pays de Galaad renfermait plusieurs villes importantes. Jaïr, fils de Manassé, en possédait soixante qui prirent aussi le nom général de *Havoth-Jaïr*, c'est-à-dire, *villes de Jaïr*. Osée, prophétisant contre ce pays, l'appelle une retraite de fabricateurs d'idoles. — Les *Galaadites* étaient les habitants du pays de Galaad.

GALAAD, chaîne de montagnes qui s'étend entre la Pérée et l'Arabie, à l'orient du pays de Galaad. Quelquefois cette dénomination s'applique à toute la suite des montagnes qui se prolongent depuis le mont Liban jusqu'à celles qui sont situées au N.-E. de la mer Morte. Cette montagne était célèbre pour son baume. Ce fut là que Laban retrouva Jacob qui fuyait il y eut paix entre eux; pour la cimenter, ils élevèrent sur la montagne un petit monument en pierre sur lequel ils mangèrent ensemble. Ce monument fut nommé *Galaad*, c'est-à-dire, *monument du témoin*.

GALATIE, province de l'Asie-Mineure située au centre de la presqu'île, entre la Bithynie, la Paphlagonie, le Pont, la Cappadoce, la Lycaonie et la Phrygie, et ainsi nommée des *Galates* ou *Gaulois*, reste de ceux qui, après avoir pillé le temple de Delphes, passèrent en Asie. Originaires de la Gaule, les Galates formaient trois peuples différents: les *Tolistoboïens*, les *Tectosages* et les *Trocmiens*. Ils ravagèrent l'Asie-Mineure, vendirent leurs secours aux princes du pays en guerre les uns contre les autres, et finirent par se faire céder différents cantons pris sur la Phrygie, la Bithynie, la Paphlagonie et la Cappadoce, lesquels réunis formèrent la Galatie, que l'on nomma aussi *Gallo-Grèce* (Strab., XII, 567). C'était un pays montueux et cependant très-fertile, arrosé par le *Sangarius* et l'*Halys*, qui tous deux se jettent dans la mer Noire. Parmi ses montagnes se distinguent le mont *Olympe*, au N.-O. d'Ancyre, et le mont *Adoreus*, près de Pessinus. Les *Tolistoboïens* habitaient à l'O., ayant pour villes principales *Pessinus*, *Gordium* ou *Juliopolis* et *Amorium*, patrie d'Esope. Les *Tectosages* étaient contigus; *Ancyre* (Angora) était leur principale ville. Les *Trocmiens*, les plus reculés à l'E., avaient pour capitale *Tavium*. Ces peuples conservèrent leur langage pendant 600 ans environ. Ces trois divisions furent plus à la suite partagées chacune en 4 *cantons* que l'on appela *tétrarchies*, en sorte que le nombre de ces tétrarchies fut de 12; chaque tétrarchie avait son *tétrarque*, son *décaste* et son *stratophylax*, c'est-à-dire, son gouverneur, son juge et son général. Il y avait un conseil ou sénat composé de 300 anciens. La constitution était aristocratique, et les assemblées générales se tenaient dans une forêt de chênes, *drynemetum* (Strab., XII, 567, trad. fr., t. IV, 2ᵉ part., p. 90). L'exercice de la souveraineté était d'abord entre les mains de trois chefs; elle passa bientôt entre celles de deux, et enfin un seul la posséda. Sous Dejotarus et Amyntas, qui s'élevèrent au rang de rois, le territoire de la Galatie s'accrut d'une partie de la Pamphylie et de la Lycaonie. Sylla, Pompée, Antoine, y firent la guerre. Devenus les maîtres du pays 25 ans avant Jésus-Christ, sous Auguste, les Romains, réunissant tout ce qui avait été ajouté par Amyntas à la Galatie, en firent une seule province. Sous Théodose-le-Grand ou Valens, on partagea cette province en *Galatia Prima* ou *Proconsularis*, capitale *Ancyra*, et en *Galatia Secunda* ou *Salutaris*, capitale *Pessinus*. — La population, composée de Grecs, de Celtes, et d'autres nations, était très-mélangée. Beaucoup d'habitants étaient Juifs. S. Paul les visita pendant son second voyage apostolique, et y fonda plusieurs communautés chrétiennes; et en l'an 52 il écrivit de Corinthe à ces communautés ou églises son *Épître aux Galates*, et vint les visiter de nouveau l'année suivante.— *Galates*, habitants de la Galatie.

GALGAL, contrée que les uns ont placée au N.-O. de la Palestine, et que d'autres ont reportée à Galgala de Judée, ou bien à *Galgala* de la tribu d'Ephraïm.

GALGALA, ville de la tribu de Benjamin, à l'O. du Jourdain, entre ce fleuve et Jéricho, un des lieux les plus célèbres de la Palestine. Les Israélites après avoir franchi le Jourdain, y restèrent campés pendant quelque temps, et en reconnaissance de leur passage, ils y élevèrent un monument composé *de douze pierres* tirées du fond du fleuve. Ce monument donna de l'importance à Galgala, qui devint dès lors une ville considérable. L'arche, qui y resta déposée pendant quelque temps, y attira un grand concours de peuple. Saül y fut confirmé roi par le peuple; ce fut là aussi que le malheureux roi des Amalécites, Agag, que Saül avait conservé malgré l'ordre de Dieu, fut coupé en morceaux. Élie sortait de Galgala, et était accompagné d'Élisée lorsqu'il fut enlevé au ciel. A son retour à Galgala, où régnait la famine, Elisée fit plusieurs miracles. La présence de l'arche à Galgala attira une grande vénération sur ce lieu, où on sacrifia plus tard aux idoles. C'est là le motif de cette prédiction d'Amos, *que Galgala sera emmenée captive*.

GALGALA ou GALGAL, ville autrefois royale, située dans la plaine de Saron, en Samarie, dans la tribu d'Ephraïm, à 6 milles N. d'Antipatris, selon Eusèbe et S. Jérôme. C'était là que Josué avait établi son camp lorsque les Gabaonites vinrent lui faire leur soumission.

GALILÉE, contrée de la Palestine située au N. de la Samarie, et au S. des montagnes du Liban, bornée à l'E. par la mer de Galilée ou lac de Génésareth et le Jourdain, et à l'O. par la mer Méditerranée. Elle comprenait quatre tribus d'Israël et plusieurs villes phéniciennes. On la divisait en *Galilée-Supérieure* ou *Haute-Galilée*, et en *Galilée-Inférieure* ou *Basse-Galilée*. Celle-ci renfermait les tribus d'Issachar et de Zabulon, et celle-là, les tribus de Nephthali et d'Aser. On donnait encore à cette dernière la dénomination de *Galilée des Nations* ou *des Gentils*, parce qu'elle s'étendait sur toute la côte de la Phénicie, depuis le mont Carmel jusqu'à Tyr. La Galilée est la partie de la Palestine la plus fréquemment citée dans le *Nouveau Testament*. Jésus-Christ y fit beaucoup de voyages, de prédications et de miracles: aussi les chrétiens du pays l'appellent-ils le *Pays de l'Annonciation* ou de *l'Evangile* (*Voyages de Jésus-Christ*, par C. M. D' M'. p. 187).— On nomme les habitants *Galiléens*. Suivant Josèphe (B. J., III, 2), ils étaient belliqueux et braves, ce qui tient sans doute à ce que, entourés de beaucoup de peuples étrangers, ils étaient souvent obligés de guerroyer contre eux. Leur territoire était très-fertile; aucune de ses parties ne restait sans culture. Leurs villes étaient nombreuses et riches, et la population y était considérable. Cette population subit quelquefois de grandes catastrophes, témoin la transplantation de ses habitants en Assyrie par Téglath-Phalasar.

GALILÉE (mer de), souvent citée dans le *Nouveau*

*Testament*, ou de Tibériade, *mer de* Cénéreth ou de Généroth, *eau de* Génésar ou *lac de* Génésareth. *1. Mer de Cénéreth.*

Gallim, ville de la tribu de Ruben, située non loin du torrent de Zared, dans le pays de Moab. C'était la patrie de Phetti, à qui Saül avait donné sa fille en mariage.

Gamzo, ville de la tribu de Juda, située vers la frontière du pays des Philistins, et dont ceux-ci s'emparèrent sur le roi Achaz.

Gareb, colline située près de Jérusalem.

Garizim, montagne située au S. de Sichem, vis-à-vis le mont Ebal, dans la tribu d'Ephraïm en Samarie, sur laquelle Josué fit élever, après le passage du Jourdain, et suivant l'ordre de Moïse, un autel de pierres pour offrir à Dieu des actions de grâces. Tant que les Hébreux restèrent unis par les liens de la religion, il n'y eut rien qui distinguât le Garizim des autres montagnes du pays; mais sous le règne de Darius-Nothus, roi de Perse, Manassès, fils de Jaddua ou Jaddus, grand-prêtre des Juifs, ayant été forcé de quitter Jérusalem à cause de son mariage avec la fille du gouverneur de la Samarie, éleva sur cette montagne un temple dont il se déclara le grand-prêtre. Les Samaritains préférèrent ce temple à celui de Jérusalem; ils s'y rendirent en foule, y firent des sacrifices, et offrirent des prières à Dieu. De là date le schisme qui s'éleva entre les Juifs et les Samaritains. Sous le règne d'Antiochus-Epiphanes, les Samaritains, voulant se rendre agréables à ce prince, consacrèrent leur temple à Jupiter, sous l'invocation de qui il resta jusqu'à ce que Jean Hyrcan l'eût détruit. Cependant les Samaritains qui voulaient adorer Dieu n'en continuèrent pas moins de se rendre sur cette montagne qui était le but de nombreux pèlerinages; aussi voit-on une Samaritaine demander à Jésus-Christ si c'était sur cette montagne ou à Jérusalem qu'il fallait adorer Dieu. Encore aujourd'hui la communion de Naplouse, composée de plus de 200 familles, regarde cette montagne comme *sacrée*.

Gaver, ville de la demi-tribu O. de Manassé, à l'E. de Mageddo. Ce fut là que le roi de Juda, Ochosias, reçut dans sa fuite une blessure dont il alla mourir à Mageddo même.

Gaulon ou Golan, ville lévitique et de refuge de la demi-tribu E. de Manassé, laquelle a donné son nom à la *Gaulonitide*, district de l'ancien pays de Basan, dans lequel elle est située, et dont elle était la principale ville. D'Anville la place au nord du Jaboc, et près de la mer de Cénéreth; d'autres la portent vers le centre du pays de Manasse oriental.

Gaza, ville du pays des Philistins, formant une de leurs satrapies, et située à une demi-lieue environ de la mer sur une éminence, et à l'extrémité de la terre de Chanaan. Elle était environnée de remparts et flanquée de tours; et cependant, malgré la force de sa position naturelle, augmentée encore par les ressources de l'art, elle ne put tenir contre Juda, à qui elle avait été assignée en partage; mais les conquérants en furent bientôt chassés par les naturels, qui en restèrent les maîtres, sans trouble, jusqu'au temps de Samson. Gaza subit toutes les vicissitudes des contrées voisines, et tomba successivement au pouvoir des Chaldéens, des Perses, et d'Alexandre-le-Grand. Alexandre en fit le siège en personne, et y fut blessé dans l'assaut. Plus tard, elle fut prise par les Machabées. Simon en chassa les habitants, la repeupla et la fortifia de nouveau. Une place si fréquemment exposée aux ravages de la guerre n'a pu conserver que bien peu de débris de sa grandeur passée. Aussi les *Actes des Apôtres* en parlent-ils comme d'une *ville déserte*. C'est à peine s'il en reste aujourd'hui quelques débris. Ses superbes colonnes de marbre, citées par quelques écrivains, ont disparu; les sépulcres mêmes ont été détruits avec les dépouilles qui leur étaient confiées (Buckingham, *Lettres sur la Palestine*, traduct. fr., p. 218). On voit à l'orient de la ville une vallée étroite; et derrière, un peu plus au N., une hauteur considérable, que l'on croit être la montagne qui regarde Hébron, et où Samson déposa les portes de la ville. Le port de Gaza se nommait *Majuma*. Plus tard, on l'appela *Constantia*. Quelquefois, pour distinguer cette possession de Gaza de la ville même, les anciens l'ont nommée *Gaza Maritima*.

Gazara, Gézer ou Gézeron, place forte, d'une grande importance du temps des Machabées, située dans l'ancien territoire des Philistins, sur la frontière du pays d'Azot, et qui devint la résidence habituelle de Jean Hyrcan, lorsque Simon Machabée, son père, le fit général de ses troupes, et lui confia la garde de cette partie du pays. On la confond ordinairement avec *Gazer*, ville dépendante évidemment de la tribu d'Ephraïm. Nous croyons cependant ces deux villes tout à-fait distinctes l'une de l'autre.

Gazer ou Gob, ville lévitique de la tribu d'Ephraïm, située à l'O. de la tribu, dans la campagne d'Ono. C'était une ville royale, dont le roi, Horam, fut défait par Josué; cependant ses habitants, Chananéens d'origine, furent épargnés par Ephraïm. Cette ville fut prise par le roi d'Egypte, qui la brûla et en extermina les habitants; mais donnée par ce prince à Salomon, comme dot de sa fille, celui-ci en releva les murailles. On a pensé, nous le croyons, à tort, qu'il y avait identité entre elle et Gazara. Voy. *Gazara*.

Gazer, Jaser ou Jazer. Voy. *Jazer*.

Géants, ou race des Géants. Voy. *Enac*.

Géants (vallée des) ou de Raphaïm. Voy. *Raphaïm*.

Géba, Gabaa, Gabaé ou Gabée. Voy. *Gabaa*.

Gébal, partie de l'Idumée, aussi nommée *Gabalène*, au midi de la tribu de Juda, et dont la ville principale était *Petra*.

Gébal ou Giblos. Voy. *Giblos*.

Gebbar, ville de la tribu de Juda, dont 95 habitants revinrent de la captivité avec Zorobabel; peut-être près de Bethléhem.

Gebbéthon ou Gabathon, ville forte des Philistins, attribuée à la tribu de Dan, et désignée comme lévitique. Ce fut là que Baasa, qui avait usurpé la couronne d'Israël, tua Nadas, fils de Jéroboam.

GÉDER ou GADER. Voy. *Gader.*

GÉDÉRA ou GADÉRA, ville de la tribu de Juda, au N.-O.

GÉDÉROTHAIM, ville de la tribu de Juda, dans le voisinage de Gédéra.

GÉDOR ou GADOR, ville de la tribu de Dan, à l'E. de Jamnia, patrie de l'un des forts de David. Cendebée la releva et la fortifia. Près de là était une *vallée* qui portait son nom.

GEENNA, vallée des fils d'ENNOM, BEN-ENNOM ou GE-ENNOM. Voy. *Ennom.*

GE-ENNOM, BEN-ENNOM, vallée des fils d'ENNOM ou GEENNA. Voy. *Ennom.*

GÉHON, second fleuve du Paradis terrestre. Il entourait le pays de Chus. Voy. *Eden.*

GELBOÉ, montagne de la tribu d'Issachar, formant l'extrémité nord des montagnes d'Ephraïm sur la limite N.-O. de la plaine de Jezrahel ou d'Esdrelon, et devenue célèbre depuis la défaite et la mort de Saül et de Jonathas son fils. On lui donne environ 1,000 pieds d'élévation. On y voyait un bourg assez considérable, appelé du même nom.

GELBOÉ, bourg situé en Issachar, sur la montagne de Gelboé.

GÉLO, patrie de l'un des vaillants de David, et ville de Juda au S.-E. d'Hébron, sans doute la même que *Gilo.*

GÉNÉSAR ou GÉNÉSARETH, petite contrée de la Galilée, dans la tribu de Nephthali, située sur le bord N.-O. de la mer de Galilée, à laquelle elle communiquait aussi le nom de lac de *Génésareth.* Elle était très-fertile et bien cultivée.

GÉNÉSAR (eau de) ou lac de GÉNÉSARETH; mer de CÉNÉRETH ou de CÉNÉROTH, mer de GALILÉE ou de TIBÉRIADE. Voy. *Mer de Cénéreth.*

GÉNÉSARETH ou GÉNÉSAR. Voy. *Génésar.*

GÉNÉSARETH (lac de) ou eau de GÉNÉSAR, mer de CÉNÉRETH ou de CÉNÉROTH, mer de GALILÉE ou de TIBÉRIADE. Voy. *Mer de Cénéreth.*

GÉNÉSÉENS ou CÉNÉSÉENS. Voy. *Cénéséens.*

GENTILS (pays des) ou des NATIONS. Sous ce nom, traduit du mot latin *gens*, au pluriel *gentes, nations*, l'Ecriture désigne les pays habités par les restes de l'ancienne population chananéenne, qui n'avaient pu être détruits. Ce nom établissait en outre, sous le rapport religieux, une ligne de démarcation très-prononcée entre ceux qui adoraient le vrai Dieu et les païens. Comme la Galilée Supérieure renfermait une grande partie de la population idolâtre, on l'avait nommée *Galilée des Gentils*; le roi d'Asor, Jabin, qui régnait à Haroseth, était du nombre.

GÉRARA, ville du pays des Philistins, non loin du torrent de Bésor, à l'E. de Gaza et au S. de la terre de Chanaan. C'était autrefois une des principales villes de la contrée, et même sa métropole; Abimélech en était le roi quand Abraham et Isaac s'y rendirent. Auprès de cette ville coulait un *torrent* qui prenait son nom du sien, et sur le bord duquel Isaac établit sa demeure, mais où il eut des querelles avec les pasteurs de Gérara, qui bouchèrent les puits qu'il avait fait creuser, et auxquels il donna les noms de *Puits de l'Injustice* et *Puits de l'Inimitié.* Quant à celui qu'il appela *Puits de Largeur*, comme il ne fut le sujet d'aucune querelle, il en put jouir librement. Asa, roi de Juda, poursuivit jusqu'à cette ville, Zara, roi d'Éthiopie (d'Arabie), et ravagea tout le pays. Quoique sur le bord du désert, le territoire de Gérara paraît avoir été favorable à l'éducation du bétail : on appela *Géraritique* le canton auquel cette ville appartenait.

GÉRASÉNIENS, habitants de la ville et du territoire de Gérasa, une des villes de la Décapole, que d'ANVILLE place au N.-E. de la mer de Galilée, et que, dans la carte de la Palestine, M. DUFOUR indique au S.-E., sur un petit torrent qui se jette dans le Jaboc. Cette ville, nommée aujourd'hui *Dsières*, possède des ruines non moins remarquables que celles de Palmyre et de Baalbeck, et qui témoignent de sa grande importance : c'est en touchant son territoire que Jésus-Christ guérit deux possédés du démon, qui étaient si furieux que personne n'osait y passer, à cause de la terreur qu'ils inspiraient. Ce territoire devait s'étendre jusqu'au bord de la mer de Galilée. On a, nous le croyons, confondu à tort les *Géraséniens* avec les *Gergéséens.*

GERGÉSÉENS, un des peuples qui habitaient la terre de Chanaan à l'arrivée des Israélites; ils devaient habiter vers les sources du Jourdain; ils descendaient de Gergeséus, un des fils de Chanaan.

GERRÉNIENS, habitants de Gerra, dont le territoire formait une des limites; l'autre était Ptolémaïde, du pays donné par Antiochus Eupator, roi de Syrie, à Judas Machabée à titre de chef et de prince. Quelques auteurs ont supposé qu'il était ici question de la ville de Gerra située dans la Basse-Egypte, entre Péluse et le lac Sirbonis; d'autres ont cru qu'il s'agissait de la ville de Gerra située dans l'Arabie, sur la côte O. du golfe Persique. Mais pour admettre la première conjecture, il faudrait qu'Antiochus eût été le maître de la partie de l'Egypte dont il gratifiait Judas.

GERZI, pays au S. de la Judée, et peut-être du pays des Philistins, où David venait, de Sicéleg, faire de fréquentes incursions.

GESSEN, contrée située dans la Basse-Egypte, au N. E. de la ville d'Héliopolis, entre le Nil à l'O. et l'isthme de Suez à l'E., et dans laquelle Jacob et sa famille vinrent s'établir. C'était la plus fertile de toute l'Egypte, et celle qui convenait le mieux sans doute à leurs nombreux troupeaux, à cause de ses pâturages; aussi fut-ce pour ce motif que le roi d'Egypte, auprès de qui Joseph était alors en si grande faveur, voulut qu'on la donnât aux Hébreux. Ceux-ci y séjournèrent 220 ans environ; pendant ce temps, leur nombre s'accrut prodigieusement. Lors de la sortie de la terre d'Egypte, on ne comptait pas moins de 600,000 hommes en état de porter les armes; ce qui ferait supposer une population totale de deux millions d'individus et plus. Ils se livraient beaucoup à l'éducation du bétail;

et si les Égyptiens leur montrèrent autant d'aversion qu'ils le firent, il est très-probable qu'*ayant en abomination* les pasteurs de brebis, dit la *Genèse*, ils avaient fait porter aux Israélites le poids d'une haine qui rejaillissait sur tout ce qui menait une sorte de vie nomade, peu en rapport avec leurs habitudes et leurs institutions. Cette circonstance réunie à la qualité d'étranger que l'Hébreu conservait sur la terre d'Égypte, dut en effet avoir une grande part dans la conduite que l'Égyptien tint vis-à-vis de lui. Cela devait être plus prononcé encore à son égard qu'à celui de tout autre peuple, puisque, indépendamment de ce que sa loi défendait à l'Israélite de s'allier avec aucun étranger, il conservait toujours sa langue, sa religion et ses coutumes particulières; d'un autre côté, sa population augmentait à tel point qu'elle devait donner les plus grandes inquiétudes.

Gessur ou Gessuri, partie de la Syrie située sur la limite de la Palestine, au N., et avec les habitants de laquelle les membres de la tribu de Manassé vécurent en bonne intelligence. Il semble, d'après Josué, que ce pays, qui confinait avec celui d'Argob et le territoire de Basan, ait fait partie de la demi-tribu E. de Manassé; et cependant, d'après les autres passages de *la Bible*, il paraît n'avoir été que contigu au territoire de cette tribu. Ce qui tend surtout à le faire croire, c'est que, tandis que partout dans le territoire les rois sont tués ou ont disparu, ici ils se sont maintenus; ils existent même au temps de David, à qui Tholmaï, l'un d'eux, donne sa fille en mariage. De cette union naquit le fougueux Absalon, qui vint à Gessur, chez son aïeul, comme dans un lieu de refuge, d'où Joab le ramena à Jérusalem. Ce pays de Gessur devait être une partie de ce que l'on a appelé depuis *Trachonitide* et *Iturée*.

Gessuri, pays situé au S.-E. de celui des Philistins, probablement sur les confins de Juda et non loin du fleuve Sihor. De Sicéleg, qu'Achis, roi de Geth, lui avait donnée pour demeure, David y fit plusieurs courses dont le pillage et l'incendie furent, en général, les résultats.

Geth, ville du pays des Philistins, une de leurs cinq satrapies, dont la position est fort incertaine. Les uns, Reichard, la placent près du bord de la mer, un peu au N. d'Azot; les autres, d'Anville, la reportent dans les terres au N.-O. d'Eleuthéropolis. Malgré l'extermination générale de la race des géants par les Israélites, il continua d'en exister à Geth, de même qu'à Gaza et à Azot. L'Écriture en cite plusieurs appartenant à *Geth*; le plus remarquable était Goliath, qui fut terrassé et tué par David. Ce prince fut maître de cette ville, et dans sa garde se trouvaient 600 hommes de Geth. Ethaï, qui était de cette ville, fut l'un des généraux de son armée. Roboam rebâtit la ville de Geth, et la fortifia; mais elle échappa, à ce qu'il paraît, des mains de ses successeurs immédiats, puisque le roi Osias s'en empara de nouveau. Le prophète Michée appelle Geth *ville de mensonge*. — *Géthéens*, habitants de Geth.

Geth, ville de la tribu de Zabulon. Au lieu de *Geth qui est en Opher*, quelques leçons écrivent *Gath-Hepher* ou *Geth-Épher*. Elle était peu éloignée de Sephoris; c'était la patrie du prophète Jonas.

Gether, troisième fils d'Aram, sixième fils de Sem. On croit que ses descendants allèrent peupler la Bactriane.

Géthaim, ville de la tribu de Benjamin, où s'enfuirent les habitants de Béroth après la mort d'Abner. Il faut la chercher près de la position de cette ville.

Gethremmon, ville lévitique de la tribu de Dan, à l'E. de Jamnia.

Gethremmon ou Jéblaam. Voy. *Jéblaam*.

Getsémani, vallon situé au pied de la montagne des Oliviers, entre cette montagne et la ville de Jérusalem. C'était dans un jardin de cette ville que Jésus-Christ se retirait pour prier quand il fut trahi par Judas. Cet endroit, à peine grand d'une demi-acre, est en partie fermé par une muraille peu élevée; on y voit huit oliviers d'une vénérable antiquité, dont on fait remonter la plantation au temps où le Christ fit son entrée dans la ville, quoique, d'après le témoignage de l'historien Josèphe, Titus ait fait couper pour les travaux du siège tous les arbres existants autour de Jérusalem.

Gézer, Gazara ou Gézéron. Voyez *Gazara*.

Gézéron, Gézer ou Gazara. Voyez *Gazara*.

Giblos ou Gebal, ville de la Phénicie, située au N. de Tyr et de Sidon, et appelée *Byblos* par les Grecs et les Romains. C'était une des plus anciennes villes; elle était surtout connue pour son temple consacré à Vénus et par les fêtes que l'on y célébrait en l'honneur d'Adonis. Cette ville possédait, à ce qu'il paraît, d'habiles ouvriers; il y en eut qui travaillèrent au temple du Seigneur à Jérusalem; ils étaient aussi adonnés à la mer, et soit qu'ils fissent le commerce par eux-mêmes, soit qu'ils fussent sur les flottes de Tyr comme marins, ils avaient sous ce rapport de la réputation. Sous le nom moderne de *Dschébail*, cette ancienne cité présente encore quelques ruines remarquables.

Gidéroth ou Gadéroth. Voyez *Gadéroth*.

Giéabarim ou Jéabarim, trente-cinquième station des Israélites dans leur marche, lieu situé sur la frontière méridionale du pays de Moab, près de l'extrémité S. de la mer Morte.

Gihon, fontaine que les commentateurs confondent avec celle de Siloé, et où Salomon fut sacré roi par le prophète Nathan et le grand-prêtre Sadoc. Ézéchias, voulant remédier à ce que les ennemis empêchâssent, en cas de siège, les habitants de Jérusalem d'user de cette source en bouchant le cours supérieur, en introduisit les eaux dans la ville par un canal souterrain. Voyez *Siloé*.

Gilo ou Gélo. Voyez *Gélo*.

Gnide, ville située sur un promontoire ou cap du même nom, dans cette partie de la Carie que l'on a plus spécialement nommée Doride. Gnide était remarquable par son temple de Vénus, qui renfermait la célèbre statue de la déesse due au ciseau de Praxitèle.

Ctésias l'historien, médecin d'Artaxerxès Memnon, et Eudoxe l'astronome, étaient nés dans cette ville, qui possédait autrefois un observatoire. En venant d'Alexandrie pour se rendre à Rome, saint Paul vint toucher à Gnide.

GOATHA, GOLGOTHA OU CALVAIRE. Voyez *Calvaire*.

GOB OU GAZER. Voy. *Gazer*.

GOG et MAGOG, dénominations qui désignent ici les Scythes, là les Perses, et ailleurs les Goths. Ceux qui embrassent cette dernière opinion prétendent que les guerres dont parle Ezéchiel ne sont autres que celles que les Goths firent, dans le v° siècle, contre l'empire romain. Il est aussi quelques interprètes qui pensent que ces deux noms doivent être pris dans une acception tout allégorique, pour les princes et les peuples ennemis de l'Église. En conséquence, le Gog d'Ezéchiel représenterait Antiochus-Epiphanes, le persécuteur des Juifs; celui que l'*Apocalypse* désigne comme l'Antechrist serait l'ennemi de l'Église et des fidèles. Josèphe applique le nom de Magog aux Scythes.

GOLAN OU GAULON. Voy. *Gaulon*.

GOLGOTHA OU CALVAIRE. Voy. *Calvaire*.

GOMER, fils de Japheth, dont la descendance paraîtrait s'être établie dans le nord de l'Asie-Mineure. Les anciens habitants des pays qui furent depuis occupés par les Galates, se nommaient *Gomares*. Gomer fut, dit-on, aussi le père des Cimmériens, établis au N. du Pont-Euxin dans la Crimée actuelle, et sa postérité peupla également la Grèce, l'Italie, la Germanie et les Gaules. La plupart des habitants de l'Europe lui seraient aussi redevables de leur origine. Au nombre des peuples que Gog doit rassembler contre Israël, Ezéchiel cite Gomer, avec toutes ses troupes, en même temps que Thogorma: ils viennent l'un et l'autre du côté de l'aquilon.

GOMORRHE, une des villes de la Pentapole, située dans la vallée de Siddim ou des Bois, et détruite, à cause des crimes de ses habitants, par le feu du ciel. Son emplacement est aujourd'hui recouvert par les eaux de la mer Morte. On prétend en voir les restes non loin d'Engaddi; cependant sa position est portée quelquefois plus au S., sur la même côte. Dans leurs prophéties, les prophètes menacent très-souvent les autres villes du châtiment qu'éprouvèrent Sodome, Gomorrhe et les villes qui périrent en même temps qu'elles. Voy. *mer Morte*.

GORTYNE, une des trois villes les plus considérables de l'île de Crète. Elle était située, suivant Strabon, dans une plaine, au pied du mont Ida, et sur le bord du Léthœus: ses deux ports étaient *Lebena* et *Metallum*. Du temps d'Homère, Gortyne était déjà une ville importante; elle était entourée de murailles, et possédait un temple célèbre consacré à Artémis. Il paraît qu'à l'époque des Machabées, elle n'avait point cessé d'être florissante. On voit encore aujourd'hui ses ruines dans les environs de la ville moderne d'*Ajousdeka*. Auprès était le labyrinthe de Crète, que l'on croit retrouver dans une carrière du mont Ida.

GOSEN, pays situé entre les montagnes de Juda et du Carmel, au S. de la ville d'Hébron. La ville, qui portait le même nom, fut une de celles de la tribu de Juda.

GOZAN, rivière située vraisemblablement dans la province médique de l'Aric, et sur les bords de laquelle s'élevait la ville d'Ara, une de celles dans lesquelles furent transférés, par ordre de Téglath-Phalasar, une partie des habitants des tribus qui demeuraient à l'orient du Jourdain. Quelques auteurs indiquent ce fleuve dans la Mésopotamie, d'autres le cherchent en Assyrie, dans la Chalonitide.

GRANDE-MER OU MER MÉDITERRANÉE. Voy. *Méditerranée*.

GRÈCE, contrée de l'Europe située à l'O. de la mer Égée, et séparée de l'Italie par la mer Adriatique. L'Illyrie, et, jusqu'au temps de Philippe, père d'Alexandre, la Macédoine marquaient sa limite au N. Du reste, entourée d'eau de tout côté, elle forme une presqu'île que les modernes nomment *presqu'île Hellénique*. Dans cet état, la Grèce se divise en deux parties distinctes, la Grèce et le Péloponèse, ou la Morée, autre presqu'île rattachée à la presqu'île Hellénique par l'isthme étroit de Corinthe. Une chaîne de montagnes traverse tout le centre de la Grèce, jetant, à l'E. et à l'O, des ramifications qui portent des noms divers et forment des limites positives à plusieurs de ses provinces. Cette chaîne est celle du Pinde, d'où se détachent, vers l'E., les monts *Cambuniens*, *Olympe*, *Ossa* et *Pélion*, *Othrys*, *Œta*, *Parnasse*, *Hélicon* et *Cythéron*, et vers l'O., les montagnes de l'*Epire*, parmi lesquelles figurent les monts *Callidrome*. Dans la Morée, le *Taygète* était la chaîne principale. Ces diverses montagnes, ou ramifications de montagnes, donnent nécessairement naissance, par leur prolongement, à un grand nombre de promontoires ou caps considérables, dont les principaux étaient, les promontoires *Sépias* en *Thessalie*, *Sunium* en Attique, *Scyllœum* en Argolide, *Malée* et *Tenare* en Laconie, *Acritas* en Messénie, *Chelonites* en Elide, *Leucate* en Acarnanie, et *Chimerium* en Epire. Ces caps, aussi bien que les golfes profonds appelés *Maliaque*, *Saronique*, *Laconique*, *Messeniaque*, *Cyparissius*, *Corinthiaque* et *Ambracique*, donnent à toutes ces côtes, un aspect particulier. De ces fleuves, les plus importants étaient: le *Pénée*, le *Céphise*, l'*Asopus*, l'*Eurotas*, l'*Alphée*, l'*Evenus*, l'*Achéloüs*, l'*Achéron*, la *Thyamis* et l'*Aoüs*. Parmi ces villes, Athènes brilla de l'éclat le plus vif, et *Thèbes*, *Corinthe*, *Argos*, *Mycène*, *Sparte*, jouirent aussi d'une grande splendeur. Les îles de la mer Egée, excepté celles qui sont situées le long de la côte asiatique, celles de la mer Ionienne, et l'île de Crète, faisaient aussi partie de la Grèce. Avant que Philippe eût asservi la Grèce, cette contrée renfermait l'Epire, la Thessalie, la Grèce proprement dite, le Péloponèse et les îles; depuis, la Macédoine y fut comprise. Sous les Romains, toute la Grèce, prise dans sa plus grande extension, fut partagée en deux provinces, la *Macédoine* et l'*Achaïe*. Outre la Macédoine, la première renfermait l'Epire et la Thessalie, et la seconde la Grèce propre, ou Hellade, et le Péloponèse. Dans l'*Ancien Testament* il faut prendre le mot Grèce dans sa plus large acception; il n'en est pas de même dans le *Nouveau*, car toutes les fois qu'il se reproduit, c'est abstraction faite de la Macédoine, qui d'ailleurs y est toujours mentionnée à part. Le mot *Grèce* devient donc, dans ce dernier cas, l'équivalent du mot *Achaïe*, tel que l'entendaient les Romains. Voy. *Achaïe*. Pour le nom même de *Grecs*, il reçut aussi, suivant les temps, une extension plus ou moins grande. Appliqué d'abord aux peuples de la Grèce seulement, il fut ensuite donné aux peuples soumis à Alexandre et à ses successeurs, auxquels beaucoup de Grecs vinrent se mêler; et ce nom envisagé sous ce dernier rapport, est souvent opposé, dans l'Ecriture, à celui des Juifs, qui s'étaient également répandus partout. Il peut même, alors, être considéré comme synonyme du mot *païen*; c'est ainsi que le *Nouveau Testament* distingue les Grecs d'Antioche, d'Icone, d'Alexandrie, de Thessalonique et de Corinthe, des Juifs qui ont leur synagogue établie dans ces mêmes villes. Les cités commerçantes de la Grèce entretenaient autrefois un trafic considérable avec Tyr; les prophètes y font allusion. On portait dans cette ville, soit de ses ports, soit de Thubal ou de Mosoch, car Ezéchiel ne distingue pas, des esclaves et des vases d'airain; sans doute que ces derniers objets sortaient de Corinthe. On tirait aussi de la Grèce des ouvrages renommés en fer poli. Après les conquêtes d'Alexandre, les usages des Grecs prévalurent dans tout l'Orient, en même temps que leur pouvoir et leur nom. Aussi voit-on les mœurs des Juifs, sinon se relâcher, du moins changer. On lit, en effet, au livre deuxième *des Machabées*, que les prêtres eux-mêmes ne font plus aucun cas de tout ce qui était en honneur dans leur pays, et qu'ils croient n'y avoir rien de plus grand que d'exceller en tout ce qui est en estime parmi les Grecs.

GURBAAL, ville et pays habité par les Arabes, et qui devait se trouver dans l'Idumée. On a pensé que ce pouvait être la partie de l'Arabie-Pétrée nommée *Gabalène*. Ce serait, dans ce cas, le même pays que le *Psalmiste* nomme *Gébal*, et dont la ville principale était *Petra*. Voy. *Gébal*. Le roi de Juda Osias combattit contre ses habitants, et les vainquit.

# H

HABOR, ville située sur le fleuve Gozan, et où furent transférés, par Téglath-Phalasar, une partie des Israélites enlevés à leur patrie. Ceux qui considèrent le fleuve Gozan comme étant le Chaboras, le placent, ainsi qu'Habor et Hala, sans doute, dans la Mésopotamie; d'autres le mettent en Assyrie. Ce serait donc là, dans cette opinion, qu'il faudrait chercher la ville d'Habor, de même que celle d'Hala.

HACELDAMA, c'est-à-dire *le champ du sang*, nom donné au champ d'un potier, que les princes des prêtres et les sénateurs du peuple juif achetèrent avec les 30 pièces d'argent que *Judas*, repentant de sa trahison, leur avait rapportées. Comme cet argent était le prix du sang de Jésus-Christ, le terrain acheté reçut le nom de *champ du sang*. Il était situé dans la vallée de Tophet ou Ennom, au sud de Jérusalem, et servait à la sépulture des étrangers.

HACHILA, colline située dans la tribu de Juda, vis-à-vis le désert de Ziph, dans une contrée boisée, à laquelle l'Écriture donne le nom de *forêt*. C'est là que David se retira pour éviter la fureur de Saül.

HADASSA, ville de la tribu de Juda, vers l'E.

HADID, ville de la tribu de Benjamin, au N. de Jérusalem.

HADRACH, pays menacé par le prophète Zacharie. Hadrach devait être une ville de la Syrie, située, elle et son territoire, non loin de la ville de Damas: c'est probablement la ville d'Adra, que Ptolémée place dans la Célésyrie.

HAÏ, ville de la tribu de Juda, située à l'orient de Béthel, dans le voisinage de Bethaven. C'était une des villes les plus anciennes du monde; elle existait déjà du temps du patriarche Abraham. Les habitants étaient d'origine amorrhéenne, comme le récit de Josué porte à le croire. Haï fut prise, pillée et incendiée par les Israélites, conduits par Josué, et toute sa population fut détruite par le fer ou le feu. Mais avant de devenir, suivant les paroles de l'Écriture, un *tombeau éternel*, elle fit une résistance courageuse, et causa de grandes pertes à ses ennemis. Son roi, vaincu par la ruse, fut attaché d'abord à une potence, et ensuite lapidé. Il paraît que depuis Haï se releva, car elle est indiquée comme subsistant encore à l'époque du retour de la captivité.

HALA, LABELA ou CHALÉ. Voy. *Chalé*.

HALCATH, HELCATH ou HUCAC, ville lévitique, de la tribu d'Aser, sur le bord de la mer, au N. de Ptolémaïs.

HALHUL, ville de la tribu de Juda, au S.-E. de Bethléhem.

HALICARNASSE, ville dorienne, capitale de la Carie, et résidence de ses rois, située sur la côte vis-à-vis de l'île de Cos. Quoique d'un très-difficile accès, et défendue par le brave Memnon, elle ne put résister à Alexandre, qui s'en rendit maître, mais ne la rasa cependant pas comme on l'en a accusé. Elle jouissait encore, à l'époque de la domination romaine en Asie, d'une importance assez grande pour que les Romains l'aient considérée plutôt comme alliée que comme sujette. Deux des historiens les plus recommandables de l'antiquité y ont reçu le jour: Hérodote, surnommé à juste titre le *Père de l'histoire*, et Denys, surnommé d'*Halicarnasse*. Vitruve vante beaucoup la magnificence de cette ville.

HAMATHEUS ou AMATHEUS. Voy. *Emath*.

HAMON, ville de la tribu d'Aser, vers le nord.

HAMON ou HAMMOTHDOR. Voy. *Hammothdor*.

HAMMOTHDOR ou HAMON, ville lévitique et de refuge de la tribu de Nephthali tout-à-fait au nord.

HANANÉEL, tour de Jérusalem, élevée de cent coudées, et située à son côté oriental.

HANATHON, ville de la tribu de Zabulon, vers le N.

HANES, ville de la Basse-Egypte, dont le nom ressemble exactement au nom copte *Hnès* d'Héracléopolis, mais que CHAMPOLLION (*Égypte sous les Pharaons*, I, p. 513) croit cependant indiquer la ville que les Grecs appelèrent *Daphnes*; il pense que le nom *Hhanes* ou *Hanes* du texte hébreu, n'est qu'une corruption de *Tahhaphnes*, nom primitif dont les Grecs ont fait celui de *Daphnes*. Cette ville, située à environ cinq lieues de Péluse, sur la branche pélusiaque, fut, sous les rois de race égyptienne, une place forte dans laquelle ces monarques entretenaient une garnison considérable pour s'opposer aux Arabes et aux Syriens, qui, à des époques fort anciennes, faisaient des invasions assez fréquentes dans la Basse-Égypte, voisine des contrées qu'ils habitaient.

HAPHARAÏM, ville de la tribu d'Issachar, vers l'O.

HARAD, fontaine située sur un lieu élevé au midi de la tribu d'Issachar.

HARAN, CHARAN, ou VILLE DE NACHOR, ville de la Syrie des rivières, ou Mésopotamie, située dans une contrée montueuse, à deux journées au S.-E. d'Édesse. Ce fut après Ur le premier séjour d'Abraham. Son nom s'est conservé dans celui de *Carræ* ou *Carrhæ*, sous lequel elle est connue dans les temps postérieurs; les pâturages y étaient abondants, et les troupeaux de Laban, comme l'apprend l'histoire de Jacob, y multipliaient beaucoup; mais, en outre, il paraît, d'après le prophète Ézéchiel, que la ville était également importante sous le rapport commercial. Lorsque le pays fut conquis par les Assyriens, Haran fut ravagée et ses dieux détruits. On sait que ce fut là que se retira Crassus après la défaite que les Parthes lui avaient fait éprouver près d'un petit endroit nommé *Ichnæ*; mais en se retirant et en cherchant à gagner cette ville, il fut de nouveau attaqué à *Sinnaca* dans les montagnes de l'Arménie, et tué. Les Romains, complétement défaits, perdirent dans cette circonstance 20,000 hommes tués, et 10,000 prisonniers. Ce lieu est en grande vénération chez les Turcs et les Persans comme ayant été le séjour d'Abraham.

HARÈS, montagne de la tribu de Dan, sur laquelle continuèrent de rester, malgré les Israélites, les Amorrhéens, qui se maintinrent longtemps maîtres dans Aïalon et Salebim. De là ils inquiétaient vivement les nouveaux possesseurs de la plaine.

HARET, forêt de la tribu de Juda, où se retira David fuyant les persécutions de Saül.

HARMA, HERMA OU HORMA, auparavant SEPHAATH. Voy. *Horma*.

HARODI, patrie de deux des vaillants de David; position ignorée.

HAROSETH, ville du pays des Gentils, située dans la Galilée-Supérieure, non loin du lac Samochonites. Elle était devenue, depuis la ruine d'Asor, la capitale des rois de ce dernier pays. Jabin, dont le général Sisara périt si misérablement sur les bords du Cison, régnait à Haroseth.

HARUPHI, patrie de l'un des vaillants de David; elle appartenait à la tribu de Juda.

HASARSUHAL ou HASERSUAL. Voy. *Hasersual*

HASARSUSIM, HASERSUSA ou SENSENNA. Voy. *Hasersusa*.

HASERIM, ville située au midi du pays de Chanaan, et peut-être dans la tribu de Siméon. Ce fut jusqu'à Gaza la demeure primitive des Hévéens, qui, chassés par les Caphtorins, se retirèrent vers le nord auprès du mont Hermon. D. Calmet la confond avec Haseroth.

HASEROTH, douzième station des Israélites dans le désert, la première avant Cadès-Barné.

HASERSUAL, ville de la tribu de Siméon, à l'E. de Bersabée.

HASERSUSA, HASARSUSIM ou SENSENNA, ville de la tribu de Siméon au N. de Gerara.

HASOR ou ASOR. Voy. *Asor*.

HASSEMON ou ASEMONA. Voy. *Asemona*.

HAVOTH-JAÏR ou BOURGS DE JAÏR, dénomination donnée aux villes ou bourgs que posséda Jaïr, l'un des descendants de Manassé, dans la demi-tribu E.; il y en avait 60.

HEBAL, un des sommets des montagnes d'Éphraïm, situé en face d'un autre appelé le Garizim, entre lequel et lui est située la ville de Sichem. Cette montagne, plus rocailleuse que le mont Garizim, était aussi moins fertile; son nom est associé à l'un des grands événements qui se sont passés parmi les Hébreux, lorsqu'ils se furent emparés du pays. Voy. *Garizim*.

HÉBREUX, dénomination venue, suivant l'opinion du plus grand nombre d'auteurs, d'*Héber*, fils d'Arphaxad et petit-fils de Sem, mais qui, d'après Bochart, aurait une autre origine. Abraham est le premier personnage que l'Écriture qualifie du titre d'*hébreu*. Quelle était donc l'origine d'Abraham, et d'où venait-il? Il était bien descendant d'Héber, mais il sortait des pays situés au-delà de l'Euphrate, du pays d'Ur en Chaldée; ce qui a fait dire à Judith que *les Hébreux étaient de la race des Chaldéens*. Or, ce serait là ce qu'exprimerait dans cette opinion le nom *hébreu*; il indiquerait un homme venu des pays situés au-delà du fleuve de l'Euphrate, considéré généralement dans l'Écriture comme le fleuve par excellence; il serait dérivé, soit du mot hébreu *habar*, qui signifie *transire*, *passer*, soit de la préposition *heber*, *ultra*, *trans*, *au-delà*; et de la sorte le mot *hibri*, que les nations occidentales ont représenté sous la forme *hebræi*, voudrait dire *ceux qui ont passé*, et on aurait donné ce nom à Abraham et à ses descendants, qui demeuraient primitivement au-delà de l'Euphrate, comme on a donné le nom d'*ultramontains*, de *transalpins*, aux peuples qui habitaient au-delà des montagnes, au-delà des Alpes. La vraisemblance de cette explication l'a fait adopter par plusieurs auteurs ecclésiastiques anciens et modernes. Cependant on n'a pas moins continué communément de rapporter le nom *Hébreu*, à *Héber*, bien que l'on ignore les faits qui ont donné à ce descendant d'Arphaxad une importance que n'ont pas les autres. Les Hébreux prirent aussi le nom d'*Israël*, peuple *d'Israël* ou *Israélites*, et de *Juifs;* mais les époques pour ces deux dernières dénominations sont distinctes, l'une était en usage avant, et l'autre le fut après la captivité. Voyez *ces mots.* Pour le nom *Hébreu*, on l'a indifféremment employé dans tous les temps, quoique moins fréquemment depuis la captivité. S. Paul a adressé une de ses épîtres aux Hébreux.

Hébron ou Chébron, auparavant Cariath-Arbé, c'est-à-dire, la ville d'Arbé, ville fondée sans doute par *Arbé*, le père d'Énac, de la race des géants, dont elle prit dans les premiers temps la dénomination. Elle est à sept fortes heures de Jérusalem, au sud de cette ville sur la montagne de Juda, au bord de la vallée de Mambré, ou d'Hébron, où Abraham vint demeurer. Elle paraît avoir été déjà florissante dès le temps du S. patriarche. C'était en effet une des villes des plus anciennes, car elle avait été bâtie sept ans avant Tanis, ville d'Égypte. Lorsque les Israélites en firent la conquête, Hébron était une ville gouvernée par un roi chananéen. Josué en fit une ville de refuge, et la donna aux Lévites, en réservant toutefois son territoire et les villages qui en dépendaient à Caleb. Ce fut là que la tribu de Juda reconnut, après la mort de Saül, David pour roi, et l'oignit de l'huile sainte. David en fit sa résidence pendant sept ans et demi, après lesquels la mort d'Abner, et ensuite celle d'Isboseth, ce dernier fils de Saül, le laissant maître de tout Israël, les autres tribus le reconnurent aussi pour roi; alors il échangea le séjour d'Hébron contre celui de Jérusalem. Absalon, son fils, y fit sans succès ses premières tentatives de révolte. La position d'Hébron était assez importante pour que, en songeant à la rebâtir, Roboam en fit une place très-forte; mais pendant le temps de la captivité à Babylone, les Iduméens n'étant plus contenus, s'en emparèrent, et la gardèrent longtemps. Judas Machabée la leur enleva cependant, ainsi que les villes qui en dépendaient. Hébron avait communiqué son nom à la *vallée* située au-dessous d'elle. Il y avait dans la ville une *piscine* auprès de laquelle furent suspendus les restes des meurtriers d'Isboseth, tués par l'ordre de David. Abner y fut enseveli, et la tête d'Isboseth fut déposée dans son tombeau. Sous le nom moderne *d'El-Kalil*, cette ville est devenue un repaire affreux de malfaiteurs, ce qui fait que les voyageurs la visitent peu. Sa population se compose de 4 à 5,000 Turcs et de quelques Juifs. La montagne sur laquelle elle est assise est nue et aride; mais au-dessous, la vallée qu'elle commande est fertile, et produit des oliviers, des vignes et de l'indigo. Hébron conserve encore son ancien temple converti en mosquée, et dont le portique est soutenu par seize colonnes. Aucun chrétien ni aucun juif ne peut y pénétrer. Le voyageur suédois Berggren faillit être lapidé par la populace, pour s'être montré dans un lieu public : ce qui justifie sans doute le mauvais renom de ses habitants. Les habitants se nommaient *Hébronites*.

Hébron, vallée. Cette vallée, d'où Joseph fut envoyé par son père vers ses frères à Sichem, où ils faisaient paître leurs troupeaux, paraît être la même que la vallée de Mambré. Voy. *Mambré.*

Hébrona, vingt-huitième station des Israélites dans le désert, entre Jétébatha et Asiongaber.

Hélam, lieu situé sur la frontière S.-E. de la Syrie, suivant Hase (*Regn. David. et Salomon.*) Ce serait le *Cholle* de la table de Peutinger, au-delà de Palmyre, vers l'Euphrate. David y vainquit Adérézer l'allié des Ammonites. Cette position nous paraît toutefois devoir être rapprochée de la limite d'Israël, et indiquée non loin du mont Hermon

Helba, ville de la tribu d'Aser, dont les Asérites conservèrent la population chananéenne.

Helcath, Halcath ou Hucac. Voy. *Halcath*

Heleph, ville de la tribu de Nephthali, au N.-O.

Héliopolis ou On, *la ville du Soleil*, une des villes les plus considérables de l'Égypte, vers le sommet du Delta du Nil, à 5 ou 6 lieues au N. de Memphis; en dehors du Delta, puisqu'elle était située sur une éminence factice qui s'étend à l'E. du Nil, et au pied de laquelle étaient des lacs ou des canaux qui la mettaient directement en rapport avec le Nil. Héliopolis jouissait, surtout comme ville *sacrée*, d'une grande importance sous les rois de race égyptienne. Elle couvrait un très-vaste espace; et, parmi ses nombreux monuments, ce qu'on admirait le plus, c'était son grand temple du soleil, où le bœuf Mnevis était adoré comme le bœuf Apis l'était à Memphis. Mnevis était nourri dans le sanctuaire même (Strab. xvii, 805). Ce temple était précédé d'une allée de sphinx et orné d'obélisques élevés par Séthosis, 1900 ans avant notre ère. Ses prêtres cultivaient la philosophie et l'astronomie; et les savants qui vécurent dans l'enceinte de ses temples lui donnèrent une grande célébrité. Putiphare paraît en avoir été le chef à l'époque où Joseph épousa sa fille, dont il eut deux fils, Ephraïm et Manassé. Les vastes bâtiments dans lesquels ces prêtres étudiaient les secrets du sanctuaire, subsistèrent même longtemps après la ruine totale de la ville, qui, sous Auguste, n'offrait plus que les tristes débris d'un éclat qui avait cessé. C'était là que les sages et les législateurs de la Grèce étaient venus puiser des documents et des principes déjà bien altérés sous l'influence étrangère. On nous montra dans ces bâtiments, dit Strabon (*ibid.*, 806), les endroits où avaient demeuré et étudié Platon et Eudoxe. Il faut reconnaître avec d'Anville et les autres géographes modernes l'emplacement de cette magnifique cité sur le lieu appelé aujourd'hui *Mathariah* ou *Aïn-Schams*. Les lacs dont parle le géographe grec existent à Mathariah, et un de ces obélisques de granit qui ornaient le grand temple, et dont deux furent transportés à Rome par l'ordre d'Auguste, y est encore debout sur sa base. Çà et là gisent d'autres ruines entourées de l'ancien mur d'enceinte, que l'on voit aussi debout. Ce mur était bâti en briques crues, et avait 50 pieds d'épaisseur.

HELMONDÉBLATHAÏM, trente-septième station des Israélites dans leur marche. Ils se trouvaient alors dans le pays de Moab. Ce fut en quittant ce lieu qu'ils arrivèrent aux monts Abarim.

HÉLON, ÉLON ou AÏALON, dans la tribu de Dan. Voy. *Aïalon.*

HÉMATH, ÉMATH ou AMATH. Voy. *Émath.*

HÉNOCH, ville bâtie par Caïn après le meurtre de son frère, et ainsi appelée du nom d'*Hénoch*, son fils. Où était-elle située? A l'Orient du *Paradis-Terrestre.* Mais rien n'est plus incertain que la position même du Paradis. HUET (*de Sit. Paradis Terrestris*) l'a placée en Susiane, au lieu même où Ptolémée indique une ville d'*Anuchta*, dont le nom serait dérivé, quant aux deux premières syllabes, de celui d'*Hénoch*. D'autres (M. ED. WELLS, *An historic. geogr. of the Old et New Testam.*, t. 1, p. 28.) la transportent dans l'Arabie-Déserte, se fondant 1° sur ce que Moïse, en désignant la position de cette ville à l'Orient le faisait eu égard à sa position plutôt qu'à celle du Paradis Terrestre; et, 2° sur ce que la Susiane, pays riche et fertile, est peu propre à l'accomplissement des desseins de Dieu dans le châtiment qu'il veut infliger à Caïn, en lui disant : *Quand vous l'aurez cultivée* (la terre) *elle ne vous rendra pas son fruit.* D'autres enfin transportent cette ville dans le Caucase, au milieu des *Heniochi*. Adrichomius la suppose dans la tribu d'Aser, et près du Liban.

HÉRED, ville royale des Chananéens, dont le prince fut au nombre de ceux que vainquit Josué. REICHARD, *Carte de la Palestine*, la confond avec la ville d'*Arad*, qu'il appelle aussi *Eder*, sur la limite méridionale de Juda.

HERMA, HARMA ou HORMA, auparavant SÉPHAATH. Voy. *Horma.*

HERMON, montagne surnommée *Major* ou *la Grande*, au delà du Jourdain, dans la demi-tribu E. de Manassé. Cette chaîne de montagnes, la plus élevée de la Palestine, fait suite à l'Anti-Liban, et se rattache aux montagnes de Galaad. Elle formait au N. la limite des états d'Og, roi de Basan. Les Sidoniens ou Phéniciens la nommaient *Sarion*, et les Amorrhéens *Sanir*. Cependant les *Paralipomènes* et le *Cantique des Cantiques* font des monts Sanir et Hermon deux montagnes tout-à-fait distinctes. On l'appelait également mont *Sion*. Elle servait autrefois, d'après l'Écriture, de retraite aux lions et aux léopards, animaux qui, aujourd'hui, ne se retrouvent plus dans le pays. Le mont Sanir produisait des sapins recherchés par les Tyriens pour la construction de leurs flottes. Aujourd'hui, le mont Hermon se nomme *Dschebel-el-scheikh*.

HERMON, montagne surnommée *Minor* ou *la Petite*, située en deçà du Jourdain, au S. du mont Thabor, dans la tribu d'Issachar.

HÉSÉBON, ville lévitique importante de la tribu de Ruben, Avant la conquête des Hébreux, c'était la capitale du royaume de Séhon, roi des Amorrhéens, qui est même souvent désigné sous le titre de roi d'*Hésébon*. Auparavant, elle avait appartenu aux Moabites, sur lesquels ce prince s'en empara. Elle fut, à ce qu'il paraît, comme beaucoup d'autres villes dont elle partagea le sort, détruite et ensuite rebâtie par les Rubénites. Elle possédait des fontaines et des bains chauds qui avaient de la renommée, puisque l'époux compare, dans le *Cantique des Cantiques*, la beauté des yeux de l'épouse aux piscines d'Hésébon, situées, comme dit le passage de l'Écriture, *à la porte du grand concours des peuples*; c'est-à-dire, de la terre de Chanaan. Hésébon eut, en diverses circonstances, beaucoup à souffrir de l'hostilité des peuples voisins. C'est une des villes qui semblent avoir disparu les premières. Isaïe dit : Les *environs d'Hésébon*, qui, selon Josué, renfermaient tant de villages disséminés dans la plaine, *sont déserts*; et Jérémie ajoute : *Moab ne se glorifiera plus d'Hésébon*; ce qui annonce que si, de leur temps, cette ville n'avait pas cessé d'exister, elle avait du moins beaucoup perdu de son importance. SEETZEN a cru retrouver son emplacement dans le lieu appelé aujourd'hui Husbân.

HESER, ASOR ou HASON. Voy. *Asor.*

HESMONA, vingt-deuxième station des Israélites, entre Methca et Moseroth.

HETH (enfants de). Voy. *Héthéens.*

HÉTHALON, ville de la Syrie, située dans le Liban, près de l'entrée d'Émath, au N. de la Palestine.

HÉTHÉENS ou CÉTHÉENS, peuple de la terre de Chanaan issu de *Heth* ou *Hetheus*, et habitant les montagnes au S. de Juda. Les Héthéens étaient répandus autour d'Hébron et de Bersabée; ils ne purent être détruits par les Israélites; mais, sous le règne de Salomon, leurs rois, car ils en avaient encore, devinrent tributaires de ce prince. Ils existaient aussi comme peuple distinct au retour de la captivité.

HETTHIM, petit pays que l'on croit avoir appartenu à l'ancienne patrie des Hévéens, au S. des tribus de Juda et de Siméon, et où un homme sorti de Béthel vint fonder une ville de *Luza*, qu'il appela aussi du nom de *Béthel*, lieu de sa naissance.

HÉVÉENS, peuple descendant d'*Hévéus*, fils de Chanaan, et habitant au pied du mont Hermon, d'où il s'étendit jusqu'à l'entrée d'Émath. Il faut croire qu'il occupait primitivement le pays aux alentours de *Gaza*, de *Sichem*, et celui de *Gabaon* à l'arrivée de Josué, car il s'en trouvait encore à cette époque dans cette dernière ville de même que dans la première. Si une partie considérable de ce peuple fut détruite par les Israélites, une autre partie resta cependant indépendante dans les montagnes, et ne fut soumise au tribut que par Salomon. Les Hévéens étaient adonnés au culte des faux dieux; leurs divinités étaient Nebahas et Tharthac.

HÉVILA, nom de l'un des fils de Chus, dont la descendance s'établit dans l'Arabie-Heureuse, au pays des *Chaulotæi*, le *Chaulan* actuel, entre les monts Lamlam et la mer Rouge.

HÉVILA, nom de l'un des fils de Jectan, de la race de Sem, et dont la descendance s'établit dans l'Arabie-Déserte, sur la côte orientale du golfe Persique, peut-être vers le pays des Léonites, et vers l'enfoncement du golfe qui porte ce nom.

Hévilath, pays entouré par le Phison, et où, suivant le témoignage de la *Genèse*, on trouvait de l'or très-bon, le bdellium et la pierre d'onyx. Considérant le Phase comme étant le Phison, on a placé ce pays dans la Colchide ; et, ainsi que le fait observer Rosenmuller ( *Handb. der Bibl. Altherthum.*, t. 1), ce n'est pas seulement sur la ressemblance des deux noms de fleuves qu'il faut se fonder pour admettre cette opinion, mais encore sur cette circonstance que, dans toute l'antiquité, le Phase est connu pour charrier de l'or, et pour sortir d'une contrée riche de ce précieux métal. Reland avait déjà admis cette opinion, controversée cependant, car d'autres auteurs ont placé la contrée d'Hévilath dans l'Arabie (Ed. Wells), dans la Susiane (Bochart), sur les bords du Gange (Eusèbe et S. Jérôme), et jusque dans le royaume d'Ava, dans la presqu'île Transgangétique (Buttemann, *Géogr. du Levant*).

Hiérapolis, ou *ville sainte*, située sur le bord du Lycus, au N. de Laodicée, dans la Phrygie. On l'avait ainsi appelée à cause de son temple de Cybèle, qui jouissait d'une grande célébrité. Elle était également renommée par le nombre extraordinaire de ses sources chaudes. Il y avait dans cette ville quelques chrétiens, comme l'annonce l'Épître de saint Paul aux habitants de Colosse, ville voisine. L'apôtre Philippe y fut enterré en l'an 84 de Jésus-Christ. Hiérapolis était la patrie du philosophe Épictète. Aujourd'hui on la nomme *Bambuk-Kalassi*, ou *Château de Coton*, parce que les rochers qui l'avoisinent sont d'une blancheur éblouissante et présentent l'aspect de cette substance.

Hir-mélach, c'est-à-dire, *la ville du Sel*, ville de la tribu de Juda, sur le bord de la mer Morte, non loin d'Engaddi.

Hir-semes, c'est-à-dire, *la ville du Soleil*, ville appartenant à la tribu de Dan, dans le canton d'Estaol.

Hoba, ville de la Syrie, au N. de Damas, où Abraham, à la tête de ses gens et de ses alliés, combattit et défit le roi d'Élam à son retour de la terre de Chanaan, d'où il avait emmené Lot prisonnier. On trouve encore, à un quart de lieue au N. de Damas, un village nommé *Hoba*.

Hodli, pays où Joab passa en venant de la terre de Galaad et en se rendant en Nephthali, pour faire, suivant l'ordre de David, le dénombrement du peuple d'Israël. Cette contrée se trouvait peut-être dans les terres basses et marécageuses situées entre le lac Samochonites et la mer de Galilée.

Holon ou Olon, ville lévitique de la tribu de Juda, vers le S. d'Hébron.

Hor, montagne située vers les confins du pays d'Édom et de Juda, et sur le haut de laquelle mourut Aaron. Les Israélites, sortant de Cadès-Barné et allant à Salmona, firent leur trente-et-unième campement au pied de cette montagne.

Horeb, montagne située dans la presqu'île formée par les golfes Héroopolite et Élanitique, à l'O. du mont Sinaï, auquel il est contigu, et avec lequel l'Écriture semble le confondre. Ce fut sur cette montagne que Dieu apparut à Moïse au milieu d'un buisson ardent, et lui ordonna non seulement de délivrer son peuple de la dure servitude sous laquelle il gémissait en Égypte, mais encore celui où il lui donna le code religieux et civil qui devait le régir, ce qui valut à la montagne le nom de *Montagne de Dieu*. Le *rocher d'Horeb*, d'où Moïse fit jaillir l'eau en le frappant avec sa baguette, et qu'il appela, en raison des murmures du peuple, *tentation et murmure*, s'y trouvait également. Enfin, le prophète Élie, fuyant la persécution de la reine Jézabel, vint chercher dans les retraites du mont Horeb un refuge contre la vengeance de cette cruelle princesse.

Horem, ville située vers le centre de la tribu de Nephthali.

Horma, Harma ou Herma, c'est-à-dire *anathème*, auparavant *Séphaath*, ville de la tribu de Siméon, au S. de Sicéleg. Les Chananéens et Amalécites y furent d'abord vainqueurs des Israélites ; mais ensuite ceux-ci se vengèrent, prirent la ville, et passèrent à leur tour les habitants au fil de l'épée. C'était, avant l'arrivée des Israélites, une ville royale dont le prince fut défait par Josué.

Horma, ville de la tribu d'Aser, sur la limite N.-O.

Horonite, terme ethnique fort incertain. On en a fait un synonyme du nom des *Horréens*, et on a supposé aussi, d'un autre côté, que c'étaient les habitants de la ville d'*Oronaïm* que l'on désignait ainsi.

Horréens ou Chorréens. Voyez *Chorréens*.

Hosa, ville de la tribu d'Aser, peu éloignée du rivage de la mer.

Hucac, ville lévitique de la tribu d'Aser, sans doute la même qu'*Halcath*. Voyez *Halcath*.

Hucuca, ville de la tribu de Nephthali, sur la frontière de celle de Zabulon.

Hus, patrie de Job, terre située sur les confins de la Palestine, au N.-E., à l'entrée des déserts.

Husati ou Husathi, patrie de Sobochaï, un des chefs de l'armée de David, lequel tua, dans une guerre contre les Philistins, Saphaï, qui descendait de la race des géants. Aucun indice ne nous règle dans la détermination de sa position.

Huzal ou Uzal. Voyez *Uzal*.

# I

Icone, capitale de la Lycaonie, sur la petite rivière nommée aujourd'hui *Marama*, auprès du lac Coralis. Elle jouit autrefois d'une grande importance. Le jeune Cyrus et les dix mille Grecs qui vinrent en Asie soutenir sa cause, y séjournèrent pendant trois jours. Elle fut, en l'an 1074, la résidence des Turcs Seljoucides, dont la dynastie se maintint pendant plusieurs siècles dans ces contrées. Lorsque saint Paul y vint, l'an 45 de notre ère, il y fit beaucoup de conversions, et entre autres celle de sainte Thècle ; mais, craignant d'y être lapidé par les Juifs, il se retira à Lystre, en Lycaonie. Sous le nom moderne de *Konièh*, cette ville occupe encore une circonférence de deux ou trois milles, sans compter ses faubourgs, qui sont tout aussi populeux qu'elle peut l'être elle-même. Ses murailles sont fortes, élevées, et flanquées de tours carrées, bâties du temps des princes seljoucides, qui employèrent à cette construction les restes des anciens monuments d'Iconium. On aperçoit encore à Konièh un grand nombre d'autels grecs, d'inscriptions, de colonnes, et d'autres fragments d'édifices anciens, mais dont l'antiquité ne remonte même pas jusqu'au temps de l'empire romain (LEAKE, *Tour and Geography of Asia Minor*, in-8°).

IDUMÉE, TERRE DES ENFANTS D'ÉSAU OU ÉDOM. Voyez *Édom*.

IDUMÉE (désert de l'), dénomination appliquée à l'Idumée, à cause du désert qui couvre une partie de son étendue.

IDUMÉENS, ÉDOMITES OU ENFANTS D'ÉSAU, habitants de l'Idumée ou pays d'Édom. Voyez *Edom*.

ILLYRIE, contrée de l'Europe, située le long des côtes des mers Ionienne et Adriatique. Dans son sens le plus large, ce nom s'étendait, sous les Grecs, à tous les pays montueux situés au N. de la Grèce ; et du temps des Romains, avant et sous Auguste, il embrassait les pays situés au S. de la Save et du Danube. Dans une acception plus restreinte, il s'appliquait à tout le pays situé entre le fleuve Arsia en Istrie et le fleuve Drilo ; et, dans l'intérieur, il allait du Drin à la Save. Cette partie de l'Illyrie porta, chez les Romains comme chez les Grecs, le nom d'*Illyrie barbare*. Elle se divisa en trois parties : 1° la *Japydie* ; 2° la *Liburnie* ; 3° la *Dalmatie*. Enfin, dans son sens le plus étroit, le nom d'Illyrie appartenait à tout le pays que Philippe, père d'Alexandre, annexa à la Macédoine, et qui se prolongeait du Drin à l'Aoüs. Ce pays fut le théâtre des premières guerres qui eurent lieu entre les Romains et la Macédoine. On l'appelle l'*Illyrie grecque*. Saint Paul dit, dans son *Épître aux Romains*, avoir prêché l'Évangile dans cette contrée.

ILES DES NATIONS OU ILES DE LA MER, termes sous lesquels les Hébreux comprenaient non seulement les terres entourées de tous côtés par les eaux, et que nous nommons *îles*, mais encore les pays dont la mer les séparait d'eux ou des Égyptiens, au milieu desquels ils demeurèrent si longtemps. Tout peuple qui leur était étranger et qui venait d'au-delà des mers était désigné par la qualification générale de peuple des îles : telles furent les contrées de l'Europe, de l'Asie-Mineure, et quelquefois même des pays maritimes dont la situation était peu éloignée de la leur. D'après un passage d'Isaïe (XI, 11), les *îles des nations* ou *de la mer* étant, en effet, parfaitement distinguées des pays intérieurs, tels que l'Assyrie, l'Égypte, Phétros, l'Ethiopie, Elam, Sennaar et Emath, ces expressions *îles des nations* ou *de la mer* devaient indiquer naturellement les nations d'au-delà de la mer, celles de l'Europe ou de l'Asie-Mineure, par exemple, qu'on ne visitait qu'en traversant la mer ; sinon, à quoi eût répondu cette mention à part des *îles* après les pays intérieurs cités par le prophète. Ézéchiel (XXXVII, 3) corrobore cette opinion, lorsqu'il dit que *Tyr est près de la mer ; qu'elle est le siége du commerce et du trafic des peuples de* TANT D'ÎLES DIFFÉRENTES, c'est-à-dire, de tant de peuples qui habitent au-delà des mers. Enfin, d'après le premier *livre des Machabées*, au milieu des louanges qui sont faites de Simon (XIV, 5), qui *prit Joppe pour lui servir de port et pour aller dans les* ILES DE LA MER, il devient évident que par les termes *îles des nations* ou *îles de la mer* les Juifs désignaient les pays occupés par les nations avec lesquelles leurs ports trafiquaient par le moyen de la navigation.

INDES OU INDE, grande contrée de l'Asie, bornée à l'O. par une portion de la chaîne du Paropamisus ; au N. par le reste de cette chaîne et les monts Imaüs et Emodus (Hindoukouch, Belurtag, Mustag et Himalaya), représentant le noyau des montagnes de l'Asie, et les points culminants du globe ; à l'E. par le pays des Sines, c'est-à-dire, la Chine, et au S. par la mer Érythrée ou l'Océan indien. De ce dernier côté, les Indes forment, telles que nous les connaissons, deux vastes presqu'îles, dont l'une triangulaire se termine au S. par le cap Comorin, le *Comaria* des anciens. Elles reçurent leur dénomination de l'*Indus* ou *Sind*, un des principaux fleuves de la contrée. Un autre fleuve, d'une importance au moins égale, est le *Gange*, dont le cours a servi de fondement aux divisions établies de l'*Inde en deçà*, et de l'*Inde au-delà du Gange*. Ainsi que nous venons de les circonscrire, les connaissances des anciens sur l'Inde semblent avoir été étendues et complètes ; loin de là, cependant, leurs notions, relativement à ces régions, étaient fort bornées et fort vagues ; et lorsqu'il est question dans l'antiquité de l'Inde, ce n'est même pas de la presqu'île entière de l'Indostan qu'il s'agit, mais seulement de la partie septentrionale, c'est-à-dire, des pays situés entre le Gange et l'Indus, aussi la configuration que les géographes grecs antérieurs à Ptolémée donnent à ce pays est-elle tout aussi bizarre que les récits que les historiens font des peuples qui l'habitent. Outre la division adoptée et encore suivie par les modernes, il y en avait une autre fondée sur le cours de l'Indus. On partageait, relativement à ce fleuve, les Indiens en *Indiens citérieurs* à l'O., et *Indiens ultérieurs* à l'E. Le pays des premiers forma l'*Inde Persique* ou *Macédonienne* : il avait effectivement fait partie des états assyriens et mèdes, et de la Perse ; et il fut subjugué par Alexandre. C'est vraisemblablement de cette partie du pays des Indiens que parle le livre premier des *Machabées* (VIII, 8), car elle passa à *Séleucus-Nicanor*, qui paraît lui-même avoir poussé ses conquêtes jusqu'à la ville de *Palibothra* sur le Gange. La domination des Séleucides sur l'Inde ne pouvait être que nominale ; car, bien que ces princes la comptassent au nombre de leurs possessions, leur pouvoir y était nul ou à peu près, puisque le pays était occupé par plusieurs peuples indépendants d'eux, et soumis d'ailleurs à des princes différents. Si les connaissances des Grecs et des Romains sur l'Inde étaient bornées, à bien plus forte raison celles des Hébreux l'étaient-elles aussi. Comme cela arrive de toute région éloignée, on s'en formait les idées les plus merveilleuses; les Indes passaient pour être excessivement riches, et dans la réalité, on en tirait beaucoup de produits précieux. Des autorités d'un grand poids ont placèrent la contrée d'*Ophir*, si vantée dans l'Écriture, sans que sa position soit nulle part précisée. Beaucoup de ses produits passaient dans le commerce que Tyr faisait avec l'Orient, mais sans désignation. Cependant Job parle expressément de marchandises que distinguait la vivacité de leurs couleurs, et Ézéchiel cite son ivoire comme un produit important.

Iscariote, bourg de la tribu d'Éphraïm, où l'on croit qu'était né le perfide Judas. Quelques auteurs substituant le nom *Issachariota* à celui d'*Iscariotha*, le placent dans la tribu d'Issachar; il en est aussi qui font dériver ce nom de la ville de *Carioth*, de la tribu de Juda.

Ismaélites, descendants d'Ismaël, fils d'Abraham et d'Agar. Ismaël habita d'abord le désert de Pharan, où sa mère lui fit épouser une Égyptienne. Il eut douze enfants: *Nabajoth*, *Cédar*, *Abdéel*, *Mabsam*, *Masma*, *Duma*, *Massa*, *Hadar*, *Théma*, *Jéthur*, *Naphis* et *Cedma*; qui devinrent ensuite les chefs de douze tribus différentes, et se répandirent depuis Hévila jusqu'à Sur. Placés en tête du désert, les Ismaélites se livrèrent au commerce, soit pour leur compte, soit comme commissionnaires. Ils faisaient, dans ce but, de fréquents voyages en Égypte, y portant, sur leurs chameaux, des parfums, de la résine et de la myrrhe. Ce fut à des marchands de cette nation, quelquefois confondus par l'Écriture avec les Madianites, que Joseph fut vendu par ses frères, et emmené en Égypte. Ce peuple vivait sous les tentes; un de ses usages était de porter des pendants d'oreille en or.

Israel, terre ou terres d'Israel, pays d'Israel, dénomination donnée, depuis l'entrée des Israélites, au pays conquis par eux sur les Chananéens, à cette terre délicieuse que Dieu avait promise à Abraham, Isaac et Jacob, et où il avait conduit son peuple après la sortie de l'Égypte et du désert. Le pays des Chananéens était d'abord resserré entre la Méditerranée, à l'O., et le fleuve du Jourdain, à l'E.; sous les Israélites, le nom de *terre de Chanaan* paraît avoir pris une acception plus large, et s'être étendu à l'orient du fleuve. Voy. *Chanaan*. Toutefois ce nom ne fut pas le seul en usage chez les Hébreux pour désigner le pays qu'ils occupaient; ils se servirent plus souvent encore de celui d'*Israël*, de *terre*, *pays d'Israël* ou *montagne*, auquel ils joignirent quelquefois celui de *Juda*. Quant aux noms de *Terre-Promise*, de *Terre du Seigneur*, on les trouve souvent reproduits dans l'Écriture pour désigner le même pays; celui de *Terre-Sainte* paraît beaucoup plus tard. Le nom de *Palestine* se trouve aussi dans la bouche des prophètes, mais, en général, avant Jésus-Christ, il s'applique plus spécialement au pays des Philistins, qu'à l'ensemble des terres d'Israël. Voy. *Palestine*. — *Israël*, c'est-à-dire, *fort contre Dieu*, fut le nom donné par le Seigneur à Jacob; il est passé à toute sa postérité, qui s'est nommée *Israël*, *enfants* ou *peuple d'Israël*, *maison d'Israël*. L'Écriture appelle indifféremment *Israélites*, *Hébreux* ou *Juifs*, tout le peuple. Elle le désigne aussi sous les noms de *peuple de Dieu*, *peuple saint*, de *nation sainte*. Ce ne fut qu'après le schisme, ou la séparation des dix tribus sous Roboam, que l'on distingua la maison d'Israël de celle de Juda, et le peuple d'Israël de celui de Juda. Mais quand l'Écriture veut parler de l'ensemble d'Israël, elle se sert des termes *tout Israël*. Le mot *Juif* est postérieur à l'époque de la captivité. Voyez *Juifs*.

Israel (royaume d') nom donné, avant le schisme des tribus, sous Roboam, à la totalité du pays occupé par les Israélites, mais réservé exclusivement, depuis cette époque, à celui où demeuraient les dix tribus qui s'étaient choisi un roi, en se séparant de celles de Juda et de Benjamin. Ce royaume ne laissa pas d'être assez puissant, car Jéroboam put y lever une armée de 800,000 combattants; mais, voisins des rois de Syrie, il fut exposé à de fréquentes attaques. Il succomba sous les coups des rois d'Assyrie, 130 ans environ avant que le royaume de Juda ne pérît sous ceux du fameux Nabuchodonosor. Ses capitales furent successivement *Sichem*, *Thirza* et *Samarie*. Voy. *Chanaan*, *terre d'Israël* et *Palestine*.

Israel (montagne d'), nom appliqué par le prophète Ézéchiel à la terre de Chanaan, en possession des enfants d'Israël. Voy. *Chanaan*, *Israël* et *Palestine*. On le donnait cependant aussi à la montagne d'Éphraïm.

Issachar, une des 12 tribus d'Israël, descendant du cinquième fils de Jacob. Elle était située au N. de la demi-tribu O. de Manassé, et au S. de celles de Zabulon et d'Azer. Le Cison la séparait de cette dernière. Elle renfermait le mont Carmel, le mont Gelboé, et la grande plaine d'Esdrelon. Cette tribu fut une de celles qui multiplièrent le plus; dans la deuxième année après la sortie d'Égypte, elle comptait 54,400 hommes capables de porter les armes, et lors du second dénombrement 64,300; sous David, sa prospérité était assez grande pour que ce nombre montât à 87,000. Les villes furent *Casuloth*, *Sunem*, *Hapharaïm*, *Anaharath*, *Rabboth*, *Césion*, *Abès*, *Rameth*, *Engannim*, *Enhadda* et *Bethphases*.

Isthémo, Estémo ou Estamo. Voy. *Estamo*.

Iston, vraisemblablement le même pays que *Tob*. Voy. *Tob*.

Italie, vaste contrée de l'Europe, formant une longue presqu'île, baignée par les eaux des mers Méditerranée, Thyrrhénienne, Ionienne et Adriatique, et bornée au N. par les montagnes des Alpes, qui semblent former un arc autour d'elle. A cette contrée se rattachent les îles de la Sicile, de la Sardaigne et de la Corse, les îles voisines de ses côtes les plus considérables. Sans parler des Alpes, qui couronnent la Péninsule au N.-O., au N. et au N.-E., sous diverses dénominations, l'*Apennin*, ou les *monts Apennins*, la traversent d'une extrémité à l'autre. Cette chaîne commence dans la Haute-Italie, à cette partie des *Alpes* que l'on appelle *maritimes*, suit le rivage de la mer d'assez près, et vient ensuite joindre le centre de l'Italie. Dans le S., elle se bifurque de manière à former d'un côté les promontoires de Zéphyrium et de Lacinium, et de l'autre celui d'Iapyge ou de Salente. Le Padus (Pô), quelquefois nommé *Éridan* chez les Grecs, en était le fleuve principal; il coule au N. de l'Italie, ayant sa source dans les Alpes, et son embouchure dans l'Adriatique. L'Arnus (Arno), le *Tiberis* (Tibre), et d'autres d'un cours beaucoup moins étendu, viennent ensuite. Les affluents du Pô sont nombreux; la plupart sont plus considérables, par le prolongement de leurs cours, que les autres fleuves de l'Italie. Au pied des Alpes sont des lacs nombreux, et qui présentent une vaste surface. Les caps, ou promontoires, sont ceux de *Populonium* en Étrurie, de *Circejum* et de *Cajetæ* dans le Latium, de *Misène* et de *Minerve*, ou de *Sorrente*, dans la Campanie, de *Palinure* dans la Lucanie, de *Zephyrium* et de *Lacinium* dans le Bruttium, de *Salente* ou d'*Iapyge* dans la Calabre, et enfin, de *Cumerium* dans le Picentin. Le sol de l'Italie est excellent, et généralement très-fertile, si ce n'est dans les parties montueuses et couvertes de rochers. Les graines, en général, les plantes, y viennent bien. Le gros et le menu bétail des pays de l'O. et du N. de l'Europe y sont beaux, si ce n'est dans certaines localités. L'Italie se partageait entre plusieurs nations d'origines différentes. Le nom d'Italie ne dépassait guère le Rubicon (Fiumesino) et la Macra (Magra). Tous les pays situés plus au N., et habités par des peuples en grande partie de race gauloise, portaient la dénomination générale de *Gaule Cisalpine* ou *en-deçà des Alpes*, qu'on divisait en *Gaule Transpadane* et en *Gaule Cispadane*. La partie la plus méridionale de l'Italie s'appelait la *Grande-Grèce*, à cause de nombreuses colonies grecques qui s'étaient établies sur ses côtes. De toutes les villes de cette contrée, la plus importante fut, comme elle l'est encore à peu près à présent, la ville de Rome, la capitale de l'empire romain. Au nord, fleurirent beaucoup de villes importantes, entre autres *Mediolanum*, *Papia*, *Mantua*, *Genua*, *Placentia*, *Bononia*, *Ravenna*, *Patavium* et *Verona*; dans le centre, on trouvait *Luna*, *Pisæ*, *Florentia*, *Arretium*, *Perugia*, *Clusium*, *Vulsium*, *Tarquinii*, *Centum-Cellæ* et *Roma*; au midi étaient *Neapolis*, l'ancien *Parthenope*, *Herculanum*, *Pompei*, *Metaponte*, *Pestum*, ou *Posidonia*, *Rhegium*, *Sybaris*, *Crotone*, *Tarentum* et *Brindisium*. Il paraît que les Phéniciens tiraient différents produits de l'Italie, puisqu'Ézéchiel (XXXVII, 6) parle de ce qui vient d'Italie et sert à faire les chambres et les magasins des vaisseaux tyriens. Peut-être le prophète entend-il parler des bois précieux d'orangers, de citronniers et autres que l'Italie donne en abondance? Dans la prédiction de Balaam sur Israël, il est aussi question de l'Italie; mais cette prédiction doit se rapporter, ce semble, à la puissance romaine, qui s'est étendue jusqu'en Asie dans l'ancien pays des Assyriens et des Hébreux. Cependant, suivant d'autres versions que celle que nous suivons, il ne s'agit pas, au livre des *Nombres*, de l'Italie, mais du pays de *Cethim*, ce qui alors ferait rapporter la prédiction de Balaam à l'invasion macédonienne en Asie.

ITURÉE, province de la Palestine, sur les confins de la Syrie et de l'Arabie, à l'Orient de la Gaulonitide, et au midi de la Trachonite, avec laquelle elle fut réunie au temps de Jésus-Christ pour former la tétrarchie qui fut donnée à Philippe, un des fils d'Hérode. Son nom lui venait, dit-on, de *Jethur*, ou *Jetur*, l'un des fils d'Ismaël. Ses habitants avaient la réputation d'être bons archers.

## J

JABÈS ou JABÈS-GALAAD, ville de la demi-tribu E. de Manassé, au pied de la montagne de Galaad. N'ayant pas voulu prendre part à la guerre que tous les Israélites réunis firent à la tribu de Benjamin, à cause du meurtre commis à Gabaa sur la femme du lévite, les habitants de Jabès furent passés au fil de l'épée; les femmes et les enfants périrent, il n'y eut d'épargné que 400 vierges qui furent livrées aux Benjaminites échappés au dernier combat. Quelques années après, vivement pressés et menacés par Naas, roi des Ammonites, les habitants étaient sur le point de se rendre, lorsque la présence de Saül délivra leur ville. Ils en conservèrent une si grande reconnaissance pour Saül et sa famille, que lorsque ce prince fut mort, ils allèrent chercher son corps et celui de ses fils qui avaient succombé avec lui, les transportèrent dans un bois voisin de leur ville, les ensevelirent honorablement, et firent ensuite un jeûne de sept jours.

JABNIE ou JAMNIA. Voy. *Jamnia*.

JABOC ou JEBOC, torrent qui descend des montagnes de Galaad, et qui vient se décharger dans le Jourdain, à trois lieues environ au S. de la mer de Galilée, suivant D'ANVILLE, et à 14 milles géographiques, selon REICHARD. Il formait la ligne de démarcation entre le territoire de Séhon, roi d'Hésébon, et celui d'Og, roi de Basan. Ce fut sur les bords de ce torrent que Jacob fit la rencontre de son frère Ésaü.

JACAN ou BENEJAACAN. Voy. *Benejaacan*.

JACISANAN DU CARMEL, JECONAM ou JECNAM, ville lévitique de la tribu de Zabulon, située au pied du Carmel. Avant la conquête, elle avait un prince qui fut vaincu par Josué.

JADASON, sans doute un des affluents du Tigre, près duquel Nabuchodonosor vainquit le roi des Mèdes, Arphaxad.

JAGUR, ville de la tribu de Juda vers le S.-E.

JAÏR. Voy. *Havoth-Jaïr*.

**Jamnia**, ou **Jabnie**, ville la plus septentrionale du pays des Philistins. Le roi Osias s'en empara, et en fit démolir les fortifications. Depuis, quelques Juifs vinrent l'habiter. Elle avait un port qui fut, ainsi que les vaisseaux qu'il contenait, brûlé par Judas Machabée. Celui-ci vengea sur cette ville et sur Joppe les cruautés commises contre les gens de sa nation par ceux de Joppe. Aujourd'hui ce n'est plus qu'un lieu misérable occupé par quelques pasteurs arabes : on l'appelle *Zania*.

**Janoé**, ville de la tribu d'Éphraïm, à l'E. de Sichem. Ce fut une des villes prises par Téglath-Phalasar, sur Phacée, roi d'Israël.

**Janum**, ville de la tribu de Juda, vers le S. d'Hébron.

**Japheth**, ville indiquée par Judith, comme le terme des victoires d'Holoferne. On a supposé qu'elle appartenait au pays de Madian, dont il est dit, immédiatement après le nom de Japheth, que ce général emmena une partie des habitants.

**Japheth**, l'un des trois enfants de Noé, celui dont la descendance occupa le N. et l'O. de l'Asie, et s'étendit ensuite en Europe. Ses fils furent, *Gomer*, *Magog*, *Madaï*, *Javan*, *Thubal*, *Mosoch* et *Thiras*. Les poètes profanes de l'antiquité ont eux-mêmes fait allusion à cette origine des peuples de l'Europe, témoins ces mots d'Horace : *Audax Japeti genus* (Od. III, lib. I). Virgile, Ovide, Valérius-Flaccus, font également des allusions de ce genre.

**Japhié**, ville de la tribu de Zabulon, sur sa frontière méridionale.

**Jaramoth** ou **Rameth**, ville lévitique de la tribu d'Issachar, sur la frontière de Manassé.

**Jaré**, un des fils de Jectan, dont la postérité s'établit, suivant quelques interprètes, sur le bord de la mer Rouge, dans le voisinage des Adramites.

**Jaréphel**, ville de la tribu de Benjamin, à l'O. de Jérusalem.

**Jarim**, montagne située vers les confins des tribus de Juda et de Benjamin, près de la ville de Cariathiarim.

**Jasa**, **Jassa** ou **Jaser**, ville lévitique de la tribu de Ruben, célèbre par la défaite de Sehon, roi des Amorrhéens. Elle était située au S. de Medaba.

**Jaser**, **Jasa** ou **Jassa**. Voy. *Jasa*.

**Jaser**, **Jazer** ou **Gazer**. Voy. *Jazer*.

**Jassaa** ou **Jaser**. Voy. *Jasa*.

**Javan**, quatrième fils de Japheth, et père d'*Elisa* de *Tharsis*, de *Cetthim* et de *Dodanim*. De Javan descendirent les Ioniens ou Grecs, qui peuplèrent l'Asie-Mineure. Les auteurs profanes eux-mêmes reconnaissent à ces derniers cette origine. Quelques traductions de la *Bible* ont conservé dans le texte d'Ézéchiel le nom de *Javan* au lieu de celui de Grèce, que donne la version de Sacy. Cela explique suffisamment comment cette opinion, que Javan fut le père des Grecs, s'est maintenue et propagée.

**Jazer**, **Jaser** ou **Gazer**, ville lévitique des Amorrhéens, dans la tribu de Gad, qui la rebâtit. Ses terres étaient, comme celles de Galaad, propres au pâturage; et ce fut le motif qui la fit donner avec son territoire à cette tribu, qui était riche en bétail. Judas Machabée livra près de là une bataille qui le rendit maître de cette ville et de celles qui en dépendaient.

**Jazer** (*mer de*), c'est-à-dire, *lac* situé près de la ville de Jazer, et d'où sort un torrent qui va rejoindre le Jaboc.

**Jéabarim** ou **Giéabarim**. Voy. *Giéabarim*.

**Jeblaam** ou **Gethremmon**, ville lévitique de la demi-tribu O. de Manassé, sur la frontière d'Issachar, non loin de Mageddo.

**Jebnael**, ville de la tribu de Nephthali, sur la frontière orientale, au bord du *Jordanus minor*.

**Jebnéel**, ville originairement de la tribu de Juda et depuis de celle de Dan, située proche de la mer. On la confond quelquefois avec **Jamnia**. Voy. *Jamnia*.

**Jéboc** ou **Jaboc**. Voy. *Jaboc*.

**Jébus**, ville des Jébuséens, sur l'emplacement de laquelle fut bâtie Jérusalem. Ce qui fait dire à Josué, *Jébus qui est la même que Jérusalem*. C'était déjà, à ce qu'il paraît, une ville importante lorsqu'elle échut à la tribu de Benjamin. Au temps de David, elle était encore entre les mains des Jébuséens. Voy. *Jérusalem*.

**Jébuséens**, habitants du pays de Chanaan lorsque les Israélites en firent la conquête. Issus de Jebuseus, fils de Chanaan, ils habitaient vers le midi; et *Jebus*, sur l'emplacement de laquelle fut construite la ville de Jérusalem, était leur ville capitale. Soit par crainte, soit par politique, les Israélites les ménagèrent, en sorte que les enfants de Benjamin, à qui leur pays était échu en partage, purent vivre en bonne intelligence au milieu d'eux et dans leur ville. Cependant les Jébuséens refusant d'ouvrir leurs portes à David, lorsque ce prince revenait d'Hébron, à la tête de tout Israël, on fit le siège de la ville : elle fut prise, mais les habitants furent épargnés. Salomon les traitant comme les autres peuples chananéens, dont les restes subsistaient encore, leur imposa un tribut qu'ils continuèrent de payer jusqu'à la dissolution du royaume de Juda.

**Jecmaan**, ville lévitique de la tribu d'Éphraïm, peu éloignée du Jourdain et vis-à-vis la ville d'Abel-Mehula.

**Jecnam**, **Jeconam** ou **Jachanan** du **Carmel**. Voy. *Jachanan*.

**Jeconam**, **Jecnam** ou **Jachanan** du **Carmel**. Voy. *Jachanan*.

**Jecsan**, l'un des fils d'Abraham et de Céthura, et père de Saba et de Dadan. Sa postérité s'établit en Arabie. Voy. *Arabie*, *Dadan* et *Saba*.

**Jectan**, fils aîné d'Heber. Il eut en partage, dit la *Genèse*, le pays qui s'étend de Messa à Sephar, qui est une montagne du côté de l'orient. Messa a été considéré comme représentant la région où se trouve le mont Masius, en Mésopotamie; et dans le mont Sephar, quelques auteurs ont cru reconnaître le mont Imaüs. Cependant on l'a aussi reculé jusqu'aux Andes dans l'Amérique méridionale. Mais Jectan, ou du moins ses treize enfants, ne se maintinrent pas dans ces limites, ils vinrent s'établir en Arabie. Suivant les chroniques de Samuel Arniensis et de George-le-Syncelle (*ap. Euseb. Chron. Pars* II, *p.* 9), ils auraient peuplé l'Inde, la Bactriane, la Scythie, l'Hyrcanie et l'Arabie. Voy. *Arabie*.

IECTÉHEL, forteresse située dans le pays des Iduméens. Amasias, roi de Juda, s'en empara après avoir défait les Iduméens dans la vallée des Salines ; mais il souilla son triomphe par la plus atroce cruauté, en faisant précipiter du sommet du rocher sur lequel cette forteresse était jours assise dix mille prisonniers. D. Calmet pense que cette forteresse n'est autre que la ville de Petra, capitale de l'Arabie Pétrée.

JECTHEL, ville de la tribu de Juda, à l'O.

JEDALA, ville de la tribu de Zabulon, vers l'O. du mont Thabor.

JEGBAA, ville de la tribu de Gad, reconstruite par les Gadites, et à peu de distance de Jazer.

JEMINI, mot qui, suivant D. Calmet, est employé à la place de celui de Benjamin. C'est dans ce sens, dit-il, que l'Écriture énonce que Saül était fils d'un homme de Jemini, c'est-à-dire, de la tribu de Benjamin. Jemini, en effet, signifie en hébreu *ma droite*, nom que Jacob donne à son fils Benjamin.

JEPHLET, ville de la tribu d'Éphraïm, sur la frontière de celle de Benjamin.

JEPHTA, ville de la tribu de Juda, vers l'O.

JEPHTHAEL, vallée dépendante de la tribu de Zabulon, et lui servant en partie de limite au N., vers les confins d'Aser.

JÉRAMÉEL, pays situé peut-être vers le S. de la terre des Philistins. David y faisait de Siceleg, où il demeurait, de fréquentes incursions.

JÉRICHO, ville de la tribu de Benjamin, située à environ sept lieues à l'E. de Jérusalem, et à deux du Jourdain, dans une plaine fertile au milieu de jardins délicieux ; ce qui avait donné lieu à ce dicton, *Sicut plantatio rosœ in Jericho*, et l'avait fait appeler la *ville des Palmes*. Ce fut parmi les villes de Chanaan celle que Josué attaqua la première après le passage du Jourdain. Dieu lui avait ordonné de faire faire pendant sept jours à ses troupes le tour de la ville. Josué obéit ; le septième jour, les murs s'écroulèrent au son des trompettes, et la ville fut prise. Son roi fut attaché à une potence, et ses habitants, hommes ou femmes, vieillards ou enfants, furent tous passés au fil de l'épée ; il n'y eut d'épargné que la courtisane Rahab, qui avait reçu chez elle les espions des Hébreux envoyés pour explorer le pays. La ville elle-même fut brûlée et rasée, et tout ce qu'elle renfermait fut consacré au service du Seigneur ; anathème fut lancé contre celui qui la rebâtirait. Cela n'empêcha cependant pas Hiel, natif de Béthel, de la relever sous le règne de Josaphat ; mais cet homme entreprenant subit les effets malheureux de l'anathème, car il perdit son fils aîné au moment où il jeta les fondements des murailles, et son fils le plus jeune lorsqu'il en posa les portes. Dans l'intervalle de temps qui s'est

DICTIONNAIRE DE GÉOGRAPHIE ECCL. I.

écoulé entre la ruine de Jéricho par Josué et sa reconstruction par Hiel, il est encore question dans l'Écriture de cette ville ; c'est là ce qui a porté D. Calmet à penser qu'il y avait eu non loin de l'emplacement de la ville de Jéricho une Jéricho nouvelle ; mais cette opinion trouve peu d'appui dans le texte de l'Écriture, qui permet de penser que la dénomination de cette ville ne se reproduit dans l'espace de temps indiqué que pour désigner les gens qui habitent sur l'emplacement de la ville ou aux environs. Sous les Machabées, Jéricho fut fortifiée. Le Sauveur du monde fit dans cette ville, alors une des cités les plus importantes de la contrée, plusieurs miracles, entre autres, ce fut là qu'il guérit l'aveugle. Jéricho était encore remarquable quand les chrétiens se rendirent maîtres de la Terre-Sainte, mais aujourd'hui cette ville ne consiste plus, sous le nom de *Ryhah*, qu'en un mauvais fort, gardé par une garnison de douze hommes, et quelques cabanes d'Arabes qui cultivent la canne à sucre et l'indigo. On sait que le sol de Jéricho, stérile avant qu'Élisée n'eût assaini ses eaux, était devenu ensuite d'une grande fécondité, ce qui provient vraisemblablement de ce que depuis lors on mit les irrigations en pratique. Il se distinguait encore sous ce rapport au temps de Jésus-Christ ; mais nulle part son aspect ne paraît avoir éprouvé d'aussi grands changements que ceux que l'on reconnaît dans la *plaine*. Le précieux arbuste qui fournissait le baume n'existe plus : on ne voit rien qui puisse être un reste de la fameuse *rose de Jéricho* ; et un triste palmier isolé rappelle seul les plantations nombreuses qui firent donner à cette cité le nom de *ville des Palmes*. En vain chercherait-on le figuier dont parle saint Luc ; on ne voit qu'un *désert* aride et dépouillé de verdure depuis les montagnes de la Judée jusqu'aux rives du Jourdain (*Bullet. de la Soc. géogr.*, t. v, p. 111). Entre Jérusalem et Jéricho, le pays, couvert de rochers et d'une désolante aridité, était tellement infesté par les brigands, qu'il s'y commettait continuellement des meurtres qui ont fait donner à ses montagnes le nom d'*Adommin* ou du *Sang*. Depuis les approches de Jéricho, le long du Jourdain et de la mer Morte à l'occident, existait une immense *solitude*, ou désert, que l'on appela le *Désert de Judée*. Ce fut là, non loin de Jéricho, que l'infortuné Sédécias fut pris et amené à Nabuchodonosor.

† JÉRIMOTH ou JÉRIMUTH, ville amorrhéenne, dont le roi Pharan fut un des cinq qui opposèrent le plus de résistance à Josué. Elle était située dans la tribu de Juda, vers le N.-O. Elle existait encore au retour de la captivité. Néhémias l'appelle *Jérimuth*.

JÉRON, ville de la tribu de Nephthali, vers le N.-E.

JÉRUEL, partie du désert de Juda, situé à l'occident de la mer Morte, et où le roi Josaphat remporta une victoire signalée sur les Ammonites, les Moabites et autres peuples qui étaient venus l'attaquer.

JÉRUSALEM, capitale de l'ancienne Palestine, située dans une position élevée, à 40 lieues environ du Jourdain et 46 de la mer Méditerranée, par 31° 47' 47" lat.

N., et 33° long. E. de Paris. Son origine remonte à l'une des époques les plus reculées de l'antiquité. On l'attribue à Melchisédech, roi et prêtre du Très-Haut tout à la fois, qui, vers l'an 1920 avant la naissance de Jésus-Christ, en jeta les fondements sur les monts *Moria* et *Acra*. Melchisédech l'appela *Salem*, c'est-à-dire la *Paix*, terme en contradiction avec les destinées de cette ville telles qu'elles se sont accomplies. Soixante ans s'étaient en effet à peine écoulés, que les Jébuséens, descendants de Jébus, fils de Chanaan, s'en emparèrent. Pour mieux assurer leur conquête, non seulement ils en fortifièrent les remparts, mais ils élevèrent encore une citadelle sur la montagne de Sion, qui était voisine de la ville, lui donnèrent le nom de *Jébus*, leur père, et en firent leur capitale. On commença à l'appeler aussi la ville de Jérusalem, mot qui signifie *vision de paix*, dont les Grecs ont fait Ἱεροσόλυμα, et les Latins *Hierosolyma*. Sous l'empire d'Adrien, elle prit le nom d'*Ælia Capitolina*. Quelques savants ont pensé, et Volney est du nombre, que c'était elle qu'Hérodote (II, 159; III, 5) désignait sous le nom de *Cadytis*. Les Juifs la qualifièrent du titre de *cité de Dieu*, et de *ville sainte*, dénominations justifiées par tous les événements importants pour la religion dont cette ville fut le théâtre. Danville (*Dissertation sur l'anc. Jérusalem*, 8°, p. 38) porte à environ 2,550 toises le circuit de la ville de Jérusalem; mais il la considère dans sa plus grande extension, car l'étendue de la ville a différé suivant les époques. Josèphe l'a décrite dans un assez grand détail (B. J. vi, 6). Elle était assise sur deux collines situées en regard l'une de l'autre et séparées par une vallée que cet historien nomme *Tyropœon*, qui se prolongeait jusqu'à la source de Siloé, et où se trouvaient de nombreuses habitations: l'une, sur laquelle était la ville primitive, se nommait *Acra*, et l'autre *Sion*. Sion, au S. d'Acra, était la plus élevée des deux; elle formait la *ville haute*, tandis que l'Acra formait la *ville basse*. Celle-ci avait une pente douce et facile, et celle-là, une pente au contraire, roide et prolongée. Une troisième colline plus basse que l'Acra était *Moria*, à l'E. Un étroit vallon qui fut comblé par les princes asmonéens les séparait l'une de l'autre. C'était sur cette dernière que s'élevait le temple si vénéré de Jérusalem. A l'angle N.-E. de Sion et au S. de Moria se trouvait le lieu d'*Ophel*, que rien n'annonce avoir été même un monticule (Voy. *Ophel*), mais qui fut enfermé dans l'enceinte de la ville par le roi Manassé. Il se forma, à ce qu'il paraît, vers le N. du temple, une réunion d'habitations qui, avec le temps, prit quelque extension, et finit par être comprise dans la ville: on l'appelait *Bezetha*, ou la nouvelle ville. Ce fut le roi Agrippa qui étendit jusque là l'enceinte de Jérusalem. La ville s'appuyait donc à l'E. sur le torrent de Cédron, et au S. sur la vallée des fils d'Ennon; à l'O. elle était naturellement défendue par la pente des montagnes de Sion et d'Acra; au N. elle offrait un plus facile accès. Les Hébreux la ceignirent de murs: du temps d'Ézéchias, on voit le peuple élever une deuxième enceinte. Josèphe parle de trois murs qui servaient à la défense de la ville, partout où les vallées qui l'entouraient n'étaient point impraticables. L'historien détermine avec soin l'emplacement de chacun d'eux. Celui qu'il nomme le plus ancien couvrait, selon d'Anville, non seulement Sion, mais séparait même la haute ville de la ville basse. Ce mur répondrait à l'enceinte méridionale de la ville moderne qui exclut Sion et dont on reporte la construction à Soliman, vers l'an 1520. La tour *Hippicos*, élevée à la partie S.-O. de cette enceinte, est le point de départ de ce vieux mur indiqué par Josèphe. Cet historien suit ce mur depuis la tour Hippicos, vers le N., jusqu'au temple, puis il revient à l'O.; et par le S. il arrive à la fontaine de Siloé (Voy. *Siloé*), d'où il traverse *Ophel* et vient joindre la face orientale du temple. Le second mur était renfermé dans l'intérieur même de la ville. Prenant à la porte de Genath ou des Jardins, qui s'ouvrait dans le mur précité entre Sion et Acra, il avançait droit vers le N. de la ville et venait se replier à l'angle N.-O. du temple. Ce mur indiquerait-il une ancienne enceinte de la ville? Pour le troisième mur, joint au premier, il achève la circonscription de Jérusalem. Il commence en effet à la tour Hippicos, et va directement au N. trouver une autre tour considérable que Josèphe nomme *Psephina*, qui n'était pas moins importante que toute autre pour la défense de Jérusalem, et que d'Anville prouve avoir été bâtie sur les fondements de l'ancienne tour de David, du haut de laquelle ce prince découvrit Bethsabée se baignant dans les jardins d'Urie. Sur son emplacement existe aujourd'hui le château de *Castel-Pisano*. Citadelle des Turcs, demeure de l'aga, Castel-Pisano sert à tenir en bride les habitants de la ville. Cette tour se trouvait à l'angle de la ville faisant face au N. et à l'O. laissant en dehors le lieu du Calvaire, qui ne fut compris dans l'enceinte de la ville qu'au temps d'Adrien. De Psephina, le mur tournait carrément autour du quartier de Bezetha, en passant au N. par les grottes royales, que l'on peut considérer comme voisines de la *grotte dite de Jérémie*; il venait aboutir au temple, le long du Cédron. Ce fut Agrippa qui, sous l'empire de Claude, le commença dans cette partie; mais ce prince ne put l'achever, en sorte que ce mur ne fut terminé que postérieurement à lui. Un circuit de murailles aussi prolongé devait être défendu par des tours fortement construites. On en compta effectivement plusieurs, mais dont la position ne se trouve pas toujours suffisamment déterminée. Telle est celle des tours d'Hananeel, d'Emath et des Fours; il n'en est point de même des tours Hippicos, de Psephina, de Phasaël, d'Antonia et de Mariame. Quant aux portes de la ville, elles étaient nombreuses et en rapport avec sa circonférence envisagée aux diverses époques. Le livre de *Néhémias* en compte dix-huit.

Dès les premiers temps l'assiette du mont Sion avait paru importante pour la défense ou l'attaque de la ville. Ce fut là ce qui engagea les Jébuséens à s'en rendre maîtres, et quoique les Hébreux fussent en possession de la ville, ils s'y maintinrent jusqu'au règne de David, qui les en chassa 824 ans après qu'ils s'y étaient établis. David fixa sa demeure dans cette formidable position. Bientôt les habitations se multiplièrent autour de lui, et Sion eut toute l'importance d'une ville. Elle prit le nom de *ville* ou *cité de David*, ou de *Sion*, dénomination qui, dans le livre des *Machabées*, s'étend sur la totalité de la ville. Outre plusieurs maisons que David bâtit à Sion, ce prince y prépara un lieu pour y placer l'arche du Seigneur; circonstance qui donna à la montagne de Sion un intérêt particulier; car bien que l'arche n'y soit point restée longtemps, puisque Salomon la fit transporter de là dans le temple, cette montagne n'en demeura pas moins consacrée aux fêtes solennelles des Juifs, et n'en conserva pas moins le nom de *Montagne sainte*. Voy. *Sion*. Salomon augmenta la Cité sainte ; il bâtit sur la colline Moria ce premier temple dont l'Écriture et l'historien Josèphe vantent la magnificence, et pour lequel Salomon composa lui-même de si beaux cantiques ; il l'éleva dans l'espace de treize années. Salomon construisit aussi le palais des rois, dont l'éclat répondait à celui du temple. La ville avait été cependant munie à diverses reprises de hautes murailles et de fortes tours. Il paraît même qu'Ézéchias en rebâtit avec soin les remparts, qui, de son temps, tombaient en ruines, et qu'il établit à l'extérieur une seconde enceinte. Il mit la forteresse en état, et fit aussi d'autres constructions dans la ville : il y bâtit entre autres une piscine et un aqueduc pour fournir de l'eau aux habitants, car l'aqueduc dit *du haut Étang*, ou de *la Piscine supérieure*, qui était situé sur le chemin du champ du Foulon, ne suffisait pas à la consommation. D'après deux passages combinés du livre de *Néhémias*, on doit croire que c'est le même *que l'aqueduc du Roi*, et que la piscine n'est autre *que la piscine même de Siloé*, qu'Isaïe nomme la *piscine d'en bas*, tandis qu'il paraît désigner l'autre sous le nom de *piscine ancienne*. Quant à la piscine *probatique* de l'Évangile, que l'on nommait aussi *Bethsaïde* (Voy. *Bethsaïde*), Josèphe l'appelant *l'étang*, ou *piscine de Salomon*, semble l'attribuer au fils de David. Ce qui en reste laisse voir un réservoir de 150 pieds de long et de 40 de large : il est soutenu par des murs. Cette piscine est maintenant desséchée et à demi comblée : il y croît quelques grenadiers et autres arbustes ; au côté occidental sont deux arcades qui donnent naissance à deux voûtes. C'était peut-être un aqueduc qui conduisait l'eau dans l'intérieur du temple ( M. DE CHATEAUBRIAND, *Itinéraire à Jérusalem* ). Manassé reprit aussi la construction des murailles de la ville : il les poussa jusqu'à Ophel; mais tant de précautions ne purent tenir contre les Chaldéens, qui, vers l'an 600, se rendirent maîtres de la ville, en abattirent les murailles, la saccagèrent, renversèrent son temple, la privèrent de sa population, qu'ils emmenèrent captive, et en firent un désert. Au retour de la captivité, vers l'an 536, les Juifs, conduits par Zorobabel et le grand-prêtre Josué, travaillèrent à relever les murailles, le temple, et les maisons de la ville ; ils y parvinrent malgré l'opposition des peuples étrangers établis à leur place sur le sol de la Judée. On peut lire dans le livre de *Néhémias* l'intéressant détail des travaux auxquels concoururent dans cette circonstance les enfants de Juda. Cette époque est connue dans l'histoire sous le nom d'époque du *second temple*. Jérusalem redevint après cette construction une ville très-forte ; son étendue était considérable, mais la population manquait. Il fut donc convenu que les princes du peuple demeureraient dans la ville. Pour le peuple, on le divisa en dix parties, et le sort dut décider quelle serait la dixième partie qui devrait s'y fixer. Les neuf autres dixièmes devaient s'établir dans les autres villes. Néanmoins, beaucoup restèrent volontairement. La ville fut alors divisée en plusieurs quartiers et subdivisions de quartiers, gouvernés chacun par un chef particulier. Jérusalem subit les vicissitudes du pays; comme lui elle passa sous le joug des successeurs d'Alexandre, dans cette partie de l'Asie. Ptolémée, fils de Lagus, et son fils, Ptolémée Philadelphe, la traitèrent bien ; mais il n'en fut pas de même des rois de Syrie. Poussés par une haine aveugle contre les Juifs, dont ils voulaient anéantir et la religion et le nom, ils firent éprouver à la ville, à son temple, à sa population, toute sorte de désastres, de profanations et d'avanies. Un des gouverneurs envoyés par Antochius-Epiphanes osa mettre le feu à la ville (1 *Mach.* I, 30-34), et pour que tant de haine et d'oppression n'enfantassent pas la rébellion, les Syriens se retirèrent dans une forteresse qu'ils élevèrent sur la colline d'Acra, comme le dit positivement Josèphe, d'accord avec le livre des Machabées, qui applique sans doute dans cette circonstance le nom de *ville de David* à toute la cité de Jérusalem. Non content de tant de violences, Antiochus fit placer dans le temple l'idole de Jupiter Olympien ; mais grâce au généreux dévouement des frères Machabées, la lutte, égale d'abord entre les deux partis, se termina à l'avantage des Juifs. Simon s'empara enfin de cette forteresse, qu'il abattit ; et pour qu'à l'avenir le temple dominât sur la ville, au lieu d'être dominé par elle, il rasa le sommet de l'Acra. Il profita de ces travaux pour fortifier aussi la montagne du temple. Simon transmit à Hyrcan, son fils, le gouvernement de sa patrie libre et indépendante ; mais la dissension ne tarda pas à s'y introduire. A sa faveur, Pompée assiège la ville et prend le temple ; Crassus la pille ; les Parthes viennent plus tard, ils saccagent la ville. Hérode-le-Grand, fils d'Antipater, officier de la cour d'Hyrcan, soutenu par les Romains, s'empare du royaume de Judée; et Antigone, le dernier des Machabées, est envoyé à Antoine. Attaché au poteau, ce prince, descendant d'une famille qui s'était sacrifiée aux intérêts du pays, est battu de verges et mis à mort. Hérode, possesseur paisible de Jérusalem, la remplit de monuments superbes : il restaura le temple, doubla l'espace de terre qui l'environnait, et le fit entourer à grands frais d'une longue muraille. Il éleva tout autour de magnifiques portiques, et réunit à cet édifice, à l'angle N.-O., la forteresse *Antonia*. Il construisit aussi dans la partie supérieure de la ville deux vastes palais, qui surpassaient même le temple par leur beauté. Ce fut sous le règne de ce prince que Jésus-Christ vint au monde. Hérode-Agrippa renferma dans la ville le quartier de *Bezetha*, séparé d'Antonia par un fossé très-profond ; toutefois il n'accomplit pas entièrement son projet, la politique soupçonneuse de l'empereur Claude ne le lui permettant pas ; s'il eût en effet continué la muraille comme il l'avait commencée, la ville serait devenue inexpugnable. Après la mort d'Agrippa, la Judée devint province romaine. Mais, impatients de leur joug, les Juifs se révoltèrent. Après un très-long siége, Titus s'empara, en l'an 70, de la ville, qui fut entièrement saccagée. Son temple ne fut point respecté, il fut brûlé ; il est vrai que ce fut malgré le général romain. Onze cent mille hommes perdirent la vie dans ce siége mémorable, et quatre-vingt-dix-sept mille furent faits prisonniers, dit Josèphe. La population de Jérusalem, qui, au temps d'Alexandre, n'était que d'environ cent vingt mille âmes, et qui, à d'autres époques, a pu monter jusqu'à cent cinquante mille, n'a sans doute point fourni un aussi grand nombre de combattants. Beaucoup de Juifs étaient en effet accourus du dehors à la défense de leur ville et du temple. Sous Adrien eut lieu une nouvelle révolte. Tout ce que Titus avait épargné fut alors renversé et détruit ; et sur les ruines de l'antique Jérusalem, où Adrien envoya une colonie romaine, s'éleva la ville nouvelle d'*Ælia Capitolina*. Défense fut faite aux Juifs d'y entrer, si ce n'est, suivant le témoignage de S. Grégoire de Nazianze, une fois par an. Le Calvaire fut compris dans la ville nouvelle ; mais la montagne de Sion et une partie du quartier de Bezetha en furent exclues : en sorte que la ville ancienne, qui présentait un carré long dans la direction N. et S., en forma un autre dans la direction E. et O. ; en définitive, son étendue fut moindre. Cette guerre nouvelle fut en quelque sorte encore plus funeste aux Juifs que ne l'avait été celle de Titus. Afin de mieux parvenir à faire tomber en oubli le nom de la sainte cité, non seulement on le changea, mais on fit de la ville une ville toute païenne en plaçant la statue de Vénus sur le Calvaire, et celle de Jupiter sur le saint Sépulcre. Ce ne fut que deux siècles après que Constantin et Hélène, sa mère, renversèrent les idoles, et consacrèrent les saints lieux par les édifices qu'on y voit encore. Depuis lors, Jérusalem éprouva encore bien des revers ; les Perses la conquirent en 613, mais Héraclius la leur arracha quatorze ans plus tard. En 636, les Mahométans en devinrent les maîtres. Elle ne leur fut enlevée par les Chrétiens, qui la possédèrent un siècle environ, qu'en l'an 1099. Les nouveaux possesseurs rétablirent partout les saints lieux, et encouragèrent les établissements utiles au christianisme. Mais les Mahométans la prirent de nouveau, et aujourd'hui encore ils en sont en possession. C'est ainsi que la cité de Dieu est devenue une dépendance du pachalich de Damas. La forme actuelle de Jérusalem est celle d'un carré. Cependant ses murailles n'offrent une ligne droite que du côté du Cédron ; du reste, elles sont inégales comme la pente des montagnes sur lesquelles elle est assise. Son enceinte remonte à Soliman, qui la traça en 1520. La hauteur des murs est de six brasses sur trois pieds d'épaisseur avec des tours placées de distance en distance. *Le Castel Pisano*, ou tour des Pisans, est aujourd'hui le siége du gouvernement turc. L'intérieur de la ville est mal construit, les rues sont étroites, et, pour la plupart, non pavées. Nous voudrions indiquer les monuments dont les ruines sont encore existantes ; mais nous aimons mieux renvoyer le lecteur à l'*Itinéraire* de l'illustre auteur du *Génie du Christianisme de Paris à Jérusalem* ; ouvrage qu'on ne peut se dispenser de consulter pour connaître ces contrées à jamais célèbres, et où se trouvent exposés, comme dans toutes les œuvres du même auteur, tant d'aperçus nouveaux et de vues profondes. Les Turcs, maîtres de Jérusalem, possèdent plusieurs mosquées ; la principale est sans contredit celle qu'Omar, maître de la ville, établit sur une partie de l'emplacement de l'ancien temple, couvert de décombres depuis la fatale expédition de Titus. Elle est devenue pour les musulmans presque aussi sacrée que les mosquées de la Mecque et de Médine. Les Juifs n'y ont plus qu'une synagogue, et sont tenus d'habiter dans un quartier séparé de la ville. Enfin les Chrétiens de toutes les communions y possèdent plusieurs églises, surtout les Grecs schismatiques, dont le nombre est considérable. Mais le temple le plus considérable et le plus vénéré de la sainte cité est l'église de *la Résurrection* ou du *Saint-Sépulcre*, qui est située dans la partie occidentale de la ville, et qui renferme le Calvaire. Voy. *Calvaire*. La population de Jérusalem ne dépasse pas vingt-cinq mille habitants arabes, arméniens ou juifs. A peine y compte-t-on deux cents familles catholiques.

Jésana, ville de la tribu d'Éphraïm, voisine de Béthel, et prise par Abia, roi de Juda, sur Jéroboam.

Jésimon, ville de la tribu de Juda, peu éloignée de Ziph, vers l'E.

Jessé (*pays de*) ou *terre de* Gessen. Voy. *Gessen*.

Jessé, ville de la tribu de Juda, vers le S.

Jéta, Jota ou Asan. Voy. *Asan*.

Jétéba, ville de la tribu de Juda, patrie de la mère du roi Ammon.

Jétébatha, vingt-septième station des Israélites dans le désert, au N. d'Hébrona et d'Asiongaber ; terre pleine d'eau et de torrents, dit le *Deutéronome*. Ce fut là que la tribu de Lévi fut choisie pour porter l'arche sainte et remplir les autres fonctions du sacerdoce.

Jéthéla, ville de la tribu de Dan, vers le centre de la tribu.

Jether, ville lévitique de la tribu de Juda, au S. d'Estémo, sur la frontière de celle de Siméon. David lui envoya une part du butin fait sur les Amalécites à Sicéleg.

JETHNAM, ville de la tribu de Juda, vers le S.

JÉTHRÉENS. Voy. *Jéthri.*

JÉTHRI ou JÉTHRITH, patrie de deux vaillants capitaines de David. Les Jéthréens, cités au premier livre des *Paralipomènes*, paraissent en être les habitants; ce serait alors une colonie de Cariathiarim, peu éloignée de cette place, dans la tribu de Juda.

JÉTHRITH. Voy. *Jéthri.*

JETHSON, CADÉMOTH ou CÉDIMOTH. Voy. *Cédimoth.*

JÉTHUR, un des enfants d'Ismaël, le père des Ituréens, qui soutinrent une guerre malheureuse, de concert avec les Agaréens et d'autres peuples du voisinage contre les Rubénites, les Gadites et la demi-tribu E. de Manassé, lorsque ceux-ci prirent possession du pays qui leur était échu en partage.

JÉSER ou JAZER. Voy. *Jaser.*

JEZRAEL, ville de la tribu de Juda.

JEZRAEL ou JEZRAHEL. Voy. *Jezrahel.*

JEZRAEL, ou JEZRAHEL (vallée de), ou plaine de MAGEDDO, *grande plaine* d'ESDRELON, ou simplement GRANDE PLAINE. Voy. *Esdrelon.*

JEZRAHEL ou JEZRAEL, ville importante de la tribu d'Issachar, dans la vallée du même nom : auprès d'elle est située la ville d'Aphec, célèbre par les échecs que les Philistins y ont éprouvés.

JIM, ville de la tribu de Juda, vers le S.

JONAB, un des enfants de Jectan. Voyez *Arabie.*

JOPPE, ville maritime de la tribu de Dan, située dans une position très-favorable au commerce, dans la plaine de Saron, au N.-E. de Jérusalem. Aussi s'en servit-on comme lieu de débarquement de tous les matériaux tirés du Liban, tant pour la construction du premier temple de Jérusalem que pour celle du second. Ses relations s'étendirent au loin. Jonas s'y embarqua pour se rendre à Tharsis; et lorsque Simon Machabée en fut le maître, non seulement il la fortifia, mais il en fit encore *un passage pour aller dans les îles des Nations.* Cependant Joppe ne lui resta pas entre les mains; elle rentra en la possession du roi de Syrie; mais ses habitants, pleins de haine pour les Juifs, en firent périr deux cents par la plus affreuse perfidie en les noyant après avoir obtenu d'eux qu'ils s'embarquassent sous le prétexte de faire une promenade en mer. Juda tira de cette trahison une vengeance éclatante. Joppe fut témoin du miracle de S. Paul, qui y fit ressusciter une femme nommée Tabithe. Ce fut là aussi que S. Pierre eut sa vision. Cette ville qui serait, dit-on, antérieure au déluge, porte aujourd'hui le nom de *Yaffa* ou *Jaffa*, devenue célèbre à la fin du siècle dernier par le siége mémorable qu'y mirent les Français, alors que leur armée était horriblement décimée par la peste. Le port est devenu, dans ces derniers temps, inaccessible aux vaisseaux d'une grande capacité : les sables, poussés par les vents dans la direction du N., s'y sont amoncelés; mal qui n'est cependant point tout à fait sans remède. « Jaffa deviendrait, dit le voyageur BUCKINGHAM, un entrepôt pour les manufactures de l'Europe, le blé de l'Egypte, les pierres précieuses et les épices de l'Inde, entre les mains d'un gouvernement actif et animé d'un bon vouloir. » L'eau potable, ce qui est un avantage d'autant plus précieux pour cette ville que la côte n'en est généralement point très-pourvue, y est abondante. Deux fontaines en fournissent aux habitants de la ville au-delà de leurs besoins. M. DE CHATEAUBRIAND parle beaucoup des sources qui existent dans les environs, et à peu de profondeur de la surface du sol. Pendant le temps des croisades, Joppe fut conquise par les Chrétiens, qui s'y maintinrent jusqu'à l'an 1188; les soudans d'Egypte s'en emparèrent alors. La femme de S. Louis y accoucha d'une fille qui fut nommée *Blanche.* La situation de Joppe offre deux déterminations différentes : selon M. de Hell, elle serait de 32° 2' 30" lat. N., et 32° 30' 35" long. E. ; suivant M. le capitaine Gauttier, ce serait 32° 3' 25" lat. N., et 32° 25' 55" long. E.

JOSAPHAT, ou vallée de BÉNÉDICTION, vallée où toutes les nations réunies doivent, dit le prophète Joël, assister au jugement dernier. Il existe, à l'égard de cette vallée, diverses conjectures. L'opinion la plus commune, attribuant son nom à Josaphat un des rois de Juda, prince renommé pour sa justice et sa vertu, l'applique à la vallée qui s'étend à l'orient de Jérusalem entre la ville et le mont des Oliviers, et que traverse le torrent du Cédron; ce qui a fait également appeler cette vallée la *vallée du Cédron.* Voy. *Cédron.* Cependant on a cru aussi que ce nom de Josaphat n'était point un nom propre, mais que c'était un mot purement appellatif, et qu'il exprimait *le Jugement de Dieu* ou *le grand jugement.*

JOTA, JÉTA ou ASAN. Voyez *Asan.*

JOURDAIN, fleuve de la Palestine, dont les sources sont situées au pied des montagnes de l'Anti-Liban, sur les limites de la contrée. Il y a deux sources principales dont la plus orientale sort d'un petit lac nommé *Phiala*, et après un trajet d'environ cinq milles sous terre, se précipite, près de Paneas ou Césarée de Philippe, d'une grotte située au pied d'une montagne; l'autre, la plus occidentale, porte le nom de *Jordanes minor* ou *petit Jourdain.* Toutes deux se réunissent un peu au N. du lac de Samochonites, appelé dans l'Écriture les *Eaux de Mérom*, et formant le véritable ou le *Grand Jourdain.* Cinq milles au-delà, ce fleuve entre dans la mer de Galilée ou lac de Tibériade. A sa sortie de ce lac par trois courants séparés, qui bientôt se réunissent, il se dirige par un cours sinueux vers le S., et arrose une plaine étendue, qui, en été, est excessivement sèche et chaude; mais qui, en hiver, est sujette à des inondations périodiques. Il faut cependant excepter de cette sorte d'anathème lancé sur le pays à l'orient du Jourdain par l'Écriture elle-même, qui l'appelle quelquefois *désert* (il est vrai qu'elle applique particulièrement ce nom aux pays du S.), les rives du fleuve qualifiées de *superbes* par les prophètes Jérémie et Zacharie, couvertes de bois, et où vécurent autrefois, à ce qu'il paraît, des lions que l'on y chercherait vainement aujourd'hui. Toutefois, il ne faut pas croire à la stérilité des terres à l'orient du fleuve : le Basan, le Galaad, étaient riches de leurs produits, et généralement les pâturages y abondaient, ce qui avait été le motif qui avait fait attribuer ces pays aux tribus de Ruben, Gad, et de Manassé E., comme étant celles qui possédaient le plus de troupeaux. En hiver, le Jourdain déborde; mais en été, il est extrêmement étroit, et l'Écriture signale des gués en plusieurs endroits, et surtout auprès de Bethsan et de Jéricho. Après un cours d'environ 130 milles, ce fleuve tombe dans un grand lac ou *mer close*, le lac Asphaltite ou mer Morte. A son entrée dans cette mer, il est profond et rapide, et il entraîne avec lui un volume d'eau considérable. Sa largeur paraît être, dans cet endroit, de 2 ou 300 pieds, quoique généralement son lit n'ait que 30 ou 40 pieds de largeur. Malgré l'abondance de ses eaux, ce fleuve s'entr'ouvrit pour laisser passer les Israélites, qui, en reconnaissance, élevèrent à Galgala, vis-à-vis Jéricho, un autel composé de douze pierres. Depuis, un autre autel fut encore élevé sur le bord du fleuve par les Rubénites, les Gadites et par ceux de la demi-tribu E. de Manassé, quand ils vinrent prendre possession des lots qui leur étaient échus. A la sortie de la mer de Galilée, l'eau du fleuve est d'une teinte sulfureuse blanchâtre, sans être cependant d'un goût désagréable : au moment où elle se jette dans la mer Morte, sa couleur est terne; mais généralement cette eau est limpide et brillante. Avant les grandes catastrophes qui ont bouleversé la contrée et détruit les cinq villes de la Pentapole, le cours de ce fleuve traversait la vallée des Bois, depuis devenue la mer Morte ou Salée, et se dirigeait vraisemblablement vers le golfe Élanitique de la mer Rouge, où il devait avoir son embouchure au moins à l'époque de la saison des pluies. Ses principaux affluents étaient à l'E., le *Hieromax* et le *Jaboc*. Ce fleuve si célèbre dans l'antiquité hébraïque, fut-il réellement la limite première de la terre de Chanaan? Cela doit être, car au-delà étaient les terres des rois amorrhéens Og et Séhon. Voy. *Chanaan*. Quoi qu'il en soit, le Jourdain divisait les terres d'Israël en deux parties, l'une orientale et l'autre occidentale, en sorte que l'on distingue toujours les terres placées *en deçà* de celles placées *au-delà* de ce fleuve. Saint Jean baptisait sur les rives de ce fleuve, et aujourd'hui, en commémoration de ce fait, on y célèbre des fêtes religieuses. Les pèlerins chrétiens aiment à se baigner dans ses eaux, et les chrétiens grecs y fêtent solennellement, le 6 janvier de chaque année, la consécration du Jourdain.

JUCADAM, ville de la tribu de Juda, vers le S.

JUD, ville de la tribu de Dan.

JUDA (tribu, terre ou pays, maison, royaume de), nom de l'une des tribus d'Israël, quelquefois, mais rarement donné à l'ensemble du pays. Cette tribu était située tout à fait au S. de la terre de Chanaan, et séparée du désert par une suite de montagnes appelées du nom général de *Montagnes de Juda*, où vivaient plusieurs peuples, les Amorrhéens, entre autres, qu'il fallut souvent combattre. Le territoire de cette tribu était plus considérable que celui des autres; il embrassait presque un quart de la totalité de la terre de Chanaan. Primitivement il s'étendait de la mer Morte à la mer Méditerranée; mais les parts des tribus de Dan et de Siméon ayant été prises sur lui, il se trouva réduit du côté de l'O. La tribu de Juda était la plus nombreuse et la plus puissante. Jacob avait dit de Juda que c'était *un jeune lion*, et qu'il mettrait *sous le joug tous ses ennemis*; et en effet cette tribu comptait 74,600 hommes, braves et en état de porter les armes. C'est là ce qui plus tard lui donna le moyen de contrebalancer, avec la tribu de Benjamin, le pouvoir des autres tribus. Après le schisme de Roboam, jusqu'au retour de la captivité, les noms *de terre* ou *pays de Juda, maison de Juda* ou simplement celui de *Juda*, se reproduisent fréquemment dans l'Écriture comme spécialement appliqués aux *tribus de Juda et de Benjamin* réunies, et sur lesquelles le fils de Salomon conserva son empire. Mais au retour de la captivité, et surtout après l'introduction de nouvelles divisions dans la Palestine (voy. *Palestine*), ce nom reçut une plus grande extension et devint synonyme du mot *Judée*. C'est ainsi qu'il faut le considérer dans les livres des *Machabées*. Voy. *Judée*. Ses habitants étaient appelés *enfants* ou *peuple de Juda*, ou simplement *Juda*. On les nomma aussi *Juifs*, mais cette dénomination s'applique souvent à la totalité des peuples de la Palestine après le retour de la captivité. Voy. *Juifs*.

JUDÉE, aussi nommée quelquefois PAYS DE JUDA, une des quatre grandes divisions de la Palestine, formée après le retour de la captivité. Elle se composait des anciennes tribus de Juda, de Benjamin, de Dan et de Siméon et du pays des Philistins, et comprenait tout le midi de la Palestine. Sous la domination romaine, on l'appela *Palestine consulaire*. Elle se divisa d'abord en sept petites provinces qui étaient, 1° la *Gératique*, au S., sur la frontière de l'Égypte; 2° la *Daromas*, au S., sur les confins de l'Idumée et de la mer Morte; 3°, la *Philistée*, à l'O., au-dessus de la Gératique et sur le bord de la mer; là s'étendait la grande plaine de *Séphéla*; 4° la *Joppique*, au N.-O., au-dessus de la Philistée, renfermait la plaine de *Saron*; 5° la *Gophnitique*; 6° la *Thamnitique*, et 7° l'*Acrabatène*, toutes trois au nord, sur les confins de la Samarie. Pline (V, 15) la partage en dix *toparchies*, dont l'historien Josèphe (B. J. III, 4) porte le nombre à quatorze. Quoique le nom de Judée appartienne spécialement à la partie sud de la Palestine, quelques auteurs, Ptolémée entre autres, et Pline, en font aussi une dénomination générale qu'ils donnent à la totalité de la contrée. Sous la domination persane on y jouit d'une assez grande liberté; les grands-prêtres y exercèrent un pouvoir fort étendu. Il n'en fut plus de même sous les rois de Syrie : ce fut sous ces derniers que les Machabées s'élevèrent et acquirent une si grande gloire. Le fils de Jean Hyrcan, Aristobule, héritier de toute leur gloire et de leur puissance, prit le titre de *roi de Judée*, mais il ne le posséda pas longtemps, et des dissensions intestines suivirent sa mort. Hérode, surnommé le Grand, profita de ces dissensions et des troubles auxquels le meurtre de César donna lieu, pour se faire donner, par les Romains, le titre de roi. Mais à la *Judée*, la libéralité d'Auguste ajouta la possession de la *Samarie*, de la *Galilée* et de la *Pérée*, c'est-à-dire, de la Palestine tout entière avec l'*Idumée*. Les trois fils d'Hérode se partagèrent les domaines de leur père : Archélaüs, l'un d'eux, régna sur la *Judée*, la *Samarie* et l'*Idumée* avec le titre d'*ethnarque*; mais son règne fut de courte durée; car, en l'an 6 de l'ère chrétienne, la Judée et la Samarie furent ajoutées à la province romaine de Syrie, et soumises à des procurateurs, parmi lesquels le plus connu est *Ponce-Pilate*. La résidence de ces gouverneurs était à Césarée de Palestine. Voyez *Palestine*.

Judée (désert de), où les Cinéens se retirèrent après avoir quitté Jéricho. Ce désert commençait aux environs de cette ville et se prolongeait à l'occident du Jourdain et de la mer Morte jusqu'au S. de la tribu de Juda. Ce fut dans le nord, sur le Jourdain, que saint Jean prêcha et baptisa, et probablement ce fut au S. de Jéricho, et dans la partie la plus montueuse et la plus solitaire de ce désert que Notre-Seigneur se retira après son baptême. Volney donne une idée de ces contrées sauvages lorsqu'il dit, en parlant des montagnes de la Syrie, qu'à mesure que l'on approche de la Judée, ces montagnes se dépouillent de leur verdure, que les vallées se resserrent, qu'elles deviennent arides et nues, et qu'elles se terminent par une masse énorme de rochers remplis de précipices et de cavernes. Du sommet de ces montagnes Maundrell nous apprend que l'on jouit d'une vue délicieuse des montagnes de l'Arabie, de la mer Morte et de la plaine de Jéricho.

Judée (montagnes de). Ces montagnes s'étendent à l'occident de la Judée, sur les confins de l'ancienne tribu de Siméon.

Juifs. Ce fut après la captivité de Babylone que ce nom fut donné à la race d'Abraham, que dans le principe on avait appelée *peuple de Dieu*. Son premier nom fut cependant celui de peuple *Hébreu*. Elle reçut ensuite de Jacob celui d'*Israélite*, et enfin, au retour de la captivité, la tribu de Juda étant la plus puissante de toutes celles dont il revint des enfants en Palestine, son nom resta au peuple, qui fut depuis appelé le *peuple Juif*. La ville et le temple furent alors relevés, le culte rétabli et les lois de Moïse reprirent leur cours. Les Juifs vécurent tranquilles sous la domination persane et sous le règne d'Alexandre-le-Grand et de ses successeurs jusqu'à celui d'Antiochus-Epiphanes, qui les persécuta. Ce prince entreprit de détruire le temple, la loi de Moïse et la nation juive tout à la fois, mais il trouva dans la famille des Asmonéens ou Machabées une résistance opiniâtre. Ceux-ci triomphèrent en effet non seulement des efforts d'Antiochus, mais de ceux de ses successeurs. Simon, l'un d'eux, parvint enfin à affranchir sa nation du joug de l'étranger, et réunit le pouvoir suprême au titre de grand-prêtre. Son fils Hyrcan le remplaça et montra non moins de courage. Il laissa la Judée à ses deux fils Aristobule et Alexandre, qui régnèrent l'un après l'autre; mais peu de temps après il s'éleva au sein de la famille des Asmonéens des dissensions qui n'eurent d'autres résultats que de favoriser les vues ambitieuses d'Hérode Antipas, l'Iduméen, qui, appuyé sur l'autorité de Jules-César, s'empara du royaume de Judée. Ce fut sous le règne d'Hérode que le Messie vit le jour; les Juifs le méconnurent, l'outragèrent indignement, le condamnèrent à mort et se vouèrent par là à toutes sortes de maux. Sous le règne de Vespasien, non seulement leur ville fut prise par les Romains après un siège opiniâtre conduit par Titus, fils de ce prince, mais le temple fut renversé, un très-grand nombre de Juifs périt, et ceux qui survécurent à ce désastre furent privés de leur liberté et vendus à l'encan. La nation ne put jamais se relever d'une si grande catastrophe; cependant du temps d'Adrien les Juifs éprouvèrent une nouvelle défaite, à la suite de laquelle ils se dispersèrent en Europe, en Afrique et surtout en Asie, où, méprisés, odieux à tous, ils restèrent néanmoins toujours attachés à leurs lois. Ils se partagèrent en deux sectes principales : les *Karaïtes*, qui ne reconnurent d'autre règle que la loi écrite par Moïse, et les *Rabbinistes*, qui ajoutèrent à cette loi les préceptes du Talmud.

# L

Laabim, fils de Mesraïm. On a supposé que *Laàbim* et *Lubim* n'étaient que le même nom un peu altéré seulement par le temps, et que de lui était dérivé le nom de *Lib_e*, dont Laabim aurait été de la sorte le premier habitant. Il faut toutefois penser que, dans le principe, cette dénomination n'était appliquée qu'à la partie septentrionale de la région africaine que l'on connut depuis sous le nom de *Libye*, c'est-à-dire, à la Cyrénaïque. Ce seraient les Grecs qui auraient changé le nom de Laabim ou Labim, en celui de Λιβύη, *Libye*, qu'ils auraient ensuite étendu à toute la côte du continent situé vis-à-vis d'eux, de l'autre côté de la Méditerranée.

Laban, lieu que dom Calmet place dans la plaine de Moab, au-delà du Jourdain.

Labana, Lebna ou Lobna. Voyez *Lebna*.

Labanath, ville de la tribu d'Aser, sur la frontière méridionale.

Lac de Génésareth ou eau de Génésar, mer de Cénéreth ou de Cénéroth, mer de Galilée ou de Tibériade. Voyez *Mer de Cénéreth*.

Lac de Tibériade ou mer de Tibériade, mer de Cénéreth ou de Cénéroth, eau de Génésar ou lac de Génésar ou mer de Galilée. Voyez *Mer de Cénéreth*.

Lacédémone ou Sparte, ancienne capitale de la Laconie, dans le Péloponèse, située sur le bord de l'Eurotas. Ce pays, d'abord habité par les Leléges, le fut ensuite par les Achéens, puis par les Doriens, qui y fondèrent la monarchie de *Sparte*, autrement appelée *Lacédémone*, du nom d'un de ses anciens rois. Cette ville ne fut entourée de murailles que postérieurement au siècle d'Alexandre. Jusque-là ses habitants s'étaient crus assez forts pour la défendre. Et en effet les Spartiates étaient extrêmement braves et courageux ; ils menaient une vie dure et étaient toujours dans les camps. Par ce moyen ils acquirent une prépondérance marquée sur tous les peuples du Péloponèse et se rendirent dignes de commander à tous les Grecs. Tant qu'ils suivirent les lois de Lycurgue, leur législateur, leurs mœurs conservèrent leur pureté, mais dès que le luxe se fut introduit parmi eux, ils dégénérèrent, et la conséquence fut leur asservissement à des tyrans des mains desquels ils passèrent entre celles des Romains. La ville de Sparte est actuellement détruite. Son emplacement porte le nom de *Palæa-Polis* ou *Palæo-Chori*. De ses ruines on a construit la ville de *Misitra* ou *Mistra*, qui en est éloignée d'environ trois quarts de lieue. Une tradition conservée chez les Juifs, c'est que les Lacédémoniens étaient issus du même sang qu'eux. *Il a été trouvé dans un écrit touchant les Spartiates et les Juifs*, dit le livre des *Machabées*, *qu'ils sont frères et qu'ils sont tous de la race d'Abraham*. Cette tradition, dont ce livre seul fait mention, dénuée d'ailleurs de tout appui, n'acquiert ici que le crédit d'une assertion. Toutefois ce fut dans cette persuasion que leur origine était commune que les Juifs sollicitèrent sous Jonathas Machabée l'alliance de leurs frères de Lacédémone. Cette recherche de l'amitié de Sparte prouve que, quoique soumise aux Romains, cette ville avait, comme Athènes et d'autres villes, conservé quelque liberté. — *Lacédémoniens* ou *Spartiates*, habitants de Lacédémone ou de son territoire.

Lachis, ville très-forte, située au S.-O. de Jérusalem, dans la tribu de Juda; elle était gouvernée par un roi amorrhéen, un des cinq qui s'allièrent contre Josué. Elle fut prise par le chef des Hébreux, et tous ses habitants furent passés au fil de l'épée. C'est à Lachis que fut tué le roi de Juda Amasias, qui était venu y chercher asile. Roboam la fortifia, mais elle fut prise par Sennachérib et ensuite par les Chaldéens. Lachis fut cependant une des premières villes habitées par les Juifs à leur retour de Babylone.

Lahéla ou Hala, ou Chalé. Voy. *Chalé*.

Lahem, ville de la tribu de Juda, confondue quelquefois avec Bethléhem.

Laïs, Lésa, Lésem-Dan ou Dan. Voy. *Dan*.

Laïsa, ville de la tribu de Benjamin, où Judas Machabée tailla en pièces, avec une armée de 5,000 hommes, le général de l'armée de Syrie qui en avait 20,000 sous ses ordres. Elle devait être dans l'O. de la tribu.

Lampsaque, ancienne *Pityusa*, ville célèbre sur le bord de l'Hellespont, à son issue de la Propontide. C'était la patrie d'Anaximène, précepteur d'Alexandre. Cette ville et son territoire étaient connus pour leurs vignobles que l'on cultive encore sur les coteaux voisins. On y adorait plus particulièrement que partout ailleurs le dieu Priape. Ce n'est point aujourd'hui *Lampsaki*, comme on l'a cru à tort, mais un petit village nommé *Tcherdak*. (J.-D. Barbié du Bocage, *Géogr. anc.*)

Laodicée, aujourd'hui *Eski-Hissar*, ville métropole de la Phrygie Pacatienne, dans l'Asie-Mineure, peu éloignée de Colosses. Elle comptait beaucoup de Chrétiens, et figurait au nombre des *sept églises*, ou communautés d'Asie. Son territoire était autrefois renommé pour la blancheur et la finesse de ses laines. — *Laodicéens*, habitants de Laodicée.

Lébaoth, ville de la tribu de Juda, que l'on croit être la même que *Beth-Lébaoth*. Voy. *Beth-Lébaoth*.

Lebna, quinzième station des Israélites dans le désert; ils venaient de Remmon-Pharès, et se rendaient à Ressa.

Lebna, ou Labana, ou Lobna, ville chananéenne, dont le roi eut le même sort que celui de Jéricho. Les habitants furent passés au fil de l'épée par Josué, et la ville fut saccagée : elle était située non loin du Sorec, au S.-O. de Jérusalem ; c'était une ville forte : elle fut donnée aux lévites. Il paraît y avoir eu une révolte sous le règne de Joram, roi de Juda.

Lébona, ville de la tribu d'Ephraïm au N. de Silo, et non à l'O., comme l'indique la *carte de la Palestine de* Reichard.

Léchi, c'est-à-dire, *la mâchoire*, ou Ramath-Léchi, c'est-à-dire, *élévation de la mâchoire*, lieu de la tribu de Juda, sur la limite du pays des Philistins, où Samson défit ceux-ci avec une mâchoire d'âne. Samson ayant enlevé une grosse dent de cette mâchoire, il en jaillit une source, qui fut appelée *Fontaine de Samson*. Voy. *Fontaine de Samson*.

Lécum, ville de la tribu de Nephthali.

Léhéman, ville de la tribu de Juda, vers le N.-O. de Lachis.

Lésa, Lésem-Dan ou Laïs, au N. de la Palestine. Voy. *Laïs* et *Dan*.

Lésem-Dan, Lésa, Laïs ou Dan. Voy. *Laïs* ou *Dan*.

Lévi, tribu descendant du troisième fils de Jacob. Cette tribu était chargée de toutes les fonctions sacerdotales. Dieu l'avait choisie dans le désert pour le service du tabernacle et du culte. Les lévites étaient en outre les législateurs du peuple et le jugeaient. Celui-ci devait leur remettre pour leur subsistance la dixième partie des grains, des fruits et des animaux récoltés. De plus, quarante-huit villes leur furent assignées dans toute l'étendue de la terre de Chanaan, avec des champs et des jardins et un territoire d'environ deux mille pas autour de chacune d'elles. Ce sont ces villes qu'on appela *villes lévitiques*. De ces quarante-huit villes, douze furent choisies pour être villes de refuge. Voy. *Palestine*.

Liban, chaîne de montagnes la plus considérable et

la plus célèbre dont il soit fait mention dans l'Écriture; elle formait la limite de la Terre-Promise au N. Cependant elle donne naissance à plusieurs rameaux, qui, sous des noms différents, se projettent dans l'intérieur des terres. Les Hébreux la nomment LEBANON, ce qui signifierait *montagne de neige*, dénomination justifiée par les paroles du prophète Jérémie : *La neige du Liban peut-elle jamais cesser de couvrir la pointe de ses rochers? Peut-on faire tarir une source dont les eaux vives et fraîches coulent sur la terre?* Les Grecs ont adopté ce nom, et de leur bouche il est passé dans celle des Romains. La chaîne de montagnes qu'il sert à désigner s'étend depuis les environs de Sidon à l'O., jusqu'au voisinage de Damas à l'E. Elle consiste en deux branches principales, distinguées chez les écrivains grecs sous deux noms différents; l'une à l'Occident est le *Liban*, et l'autre à l'Orient est l'*Anti-Liban*, c'est-à-dire, la branche opposée à celle qui est proprement appelée le *Liban*. Ces deux parties de la chaîne sont non seulement opposées l'une à l'autre, mais elles sont aussi parallèles; et, d'après MAUNDRELL (*Journ. from Aleppo*, etc., p. 118), elles se ressemblent parfaitement. Entre elles est située la Célé-Syrie, ou Syrie creuse. Sa plus grande hauteur est estimée être d'environ 3,000 yards (environ 2,743 mètres). La neige y séjourne une grande partie de l'année; cependant cette chaîne est en général bien cultivée et bien peuplée. Les cèdres, tant vantés dans les monuments bibliques, croissent dans les parties les plus élevées de la montagne, et sont remarquables autant par leur antiquité que par leur grosseur. Maundrell en mesura un des plus grands, et lui trouva 12 yards 6 pouces (environ 11 mètres de tour); son couvert occupait un espace de 37 yards (33 mètres) par le développement de ses branches. Le Bruyn dit aussi qu'il eut la curiosité de mesurer la grosseur de deux des cèdres les plus forts qu'il y ait rencontrés; il les trouva l'un de 57 palmes environ, et l'autre de 47. Quoique couverts de neige, ces arbres restent toujours verts. Outre les magnifique cèdres dont le bois fut employé autrefois à la construction du premier et du second temple de Jérusalem, et à celle du *palais de Salomon*, qui en avait reçu le nom de *maison de bois du Liban*, ces montagnes renfermaient de vastes forêts de pins et de sapins; dans les parties basses on trouvait aussi le palmier, l'aloès, des plantes aromatiques et médicinales, et d'autres encore pleines de force et de vigueur. Les dernières parties de la montagne contenaient aussi des pâturages où paissaient de jeunes taureaux ; mais un des objets les plus estimés, celui dont le prophète Osée fait mention, c'est la vigne du Liban, remarquable surtout, à ce qu'il paraît, par l'excellent bouquet du vin qu'elle fournit. On recueille ce vin particulièrement encore aux alentours de l'antique couvent de *Canobin*. Ce couvent, occupé par les Maronites, est généralement fréquenté par les voyageurs ; c'est là que réside le patriarche de cette secte religieuse. La situation du couvent dans la vallée de Canobin, longue de plus de 7 lieues, semble délicieusement choisie pour servir de retraite ; aussi ne faut-il point s'étonner du nombre d'ermitages, de cellules, de monastères qui ont peuplé cette vallée. Des deux côtés, elle est escarpée, et arrosée par des sources nombreuses qui y forment d'agréables cascades. Il semble que l'on se trouve à cette *fontaine des jardins*, et à ce *puits des eaux vivantes* dont le *Cantique des Cantiques* parle avec tant de complaisance. Le Liban est encore aujourd'hui, comme autrefois, rempli de cavernes; mais ces cavernes ne servent plus de retraite ni aux léopards ni aux lions, qui ne vivent plus même dans ces contrées, et où on ne rencontre pas davantage la licorne. Les peuples qui habitent au pied du Liban, vers le S., paraissent avoir été, pour la plupart, d'origine chananéenne.

LIBYE, dénomination qui peut avoir originairement appartenu, sous la forme *Lubim* ou *Laabim*, à la Cyrénaïque, mais qui cependant, chez les Grecs qui convertirent le mot *Lubim* en celui de Λιβύη, *Libye*, eut un sens plus étendu. V. *Laabim*. Chez les Hébreux eux-mêmes, ce nom ne paraît pas avoir toujours servi à désigner une contrée particulière, distincte, mais s'être appliqué quelquefois aussi à une vaste étendue de pays ; toutefois, il est à remarquer que rarement il est séparé de celui de l'Éthiopie ou Chus, et de l'Égypte. Parfois aussi il est réuni à celui des Lydiens, que nous supposons remplacer, dans ces circonstances, le nom de *Ludim*, peuple éthiopien. V. *Ludim*. Une erreur, en quelque sorte contraire, paraît exister dans le livre de *Judith*, où le nom de la *Libye* se trouve jeté parmi ceux de plusieurs peuples asiatiques sans rapports avec l'Afrique. Peut-être bien la traduction est-elle ici fautive, et devrait-elle porter, cette fois, *Lydie* au lieu de *Libye*. Le nom de Libye a eu, dans l'antiquité, trois significations différentes : 1° il s'est appliqué à *toute l'Afrique*; 2° on l'a donné à la partie de l'Afrique qui s'étend entre les Syrtes et l'Égypte ; il comprenait alors la Cyrénaïque, la Marmarique et le nôme égyptien de la *Libye*; 3° il appartenait encore en propre au nôme *Libyque*. En outre, les anciens donnaient le nom de *Libye-Extérieure* à la Cyrénaïque et à la Marmarique, celui de *Libye-Intérieure* à tout le pays au sud de la Cyrénaïque, et celui de *Libye Maréotide* à toutes les terres placées entre l'Égypte et les *Syrtes*. Les Libyens étaient les habitants de cette terre généralement aride et sablonneuse, si ce n'est dans quelque pays privilégiés ou oasis, et sur le fertile et riche plateau de la Cyrénaïque.

LOBNA, LEBNA ou LABANA. V. *Lebna*.

LOD, ville de la tribu de Benjamin, proche du Jourdain. Ce fut une des premières qui furent rebâties au retour de la captivité.

LODABAR, ville où Miphiboseth, fils de Jonathas et petit-fils de Saül, s'était retiré lorsque David le fit venir à sa cour. Elle était située au-delà du Jourdain.

LOTAN, un des fils de Seïr. Il devait être fixé au midi des Chananéens, dans la terre de Seïr.

LUD, quatrième fils de Sem. Il serait, dit-on, le père

des Lydiens dans l'Asie-Mineure; cependant il paraît plus convenable de placer sa postérité entre celle d'Arphaxad et celle d'Aram.

LUDIM, un des enfants de Mesraïm. Ce personnage passe pour être le père des *Éthiopiens*, bien que cet honneur puisse être partagé par la portion de la postérité de Chus qui passa de l'Arabie en Éthiopie. Il est vraisemblable, malgré la version française de la Bible, qui rapporte ce fait aux *Lydiens*, par le nom desquels elle nous paraît avoir à tort rendu le mot Ludim, du texte hébreu, que c'est du peuple issu de Ludim, et descendant par conséquent de Mesraïm, que les prophètes Isaïe, Jérémie et Ézéchiel parlent, lorsqu'ils vantent son habileté à tenir l'arc et à lancer des flèches.

LUITH, nom d'une colline du pays de Moab, voisine du mont Phogor.

LUZA OU BÉTHEL. V. *Béthel*.

LUZA, ville située au pays d'Hetthim, fondée par un habitant de Luza ou Béthel. V. *Hetthim*.

LYCAONIE, petite province de l'Asie-Mineure, autrefois dépendante de la Phrygie, et située au N.-E. de la Pisidie, et au N. de la Pamphylie et de la Cilicie. C'était un pays montagneux dont les habitants parlaient une langue particulière, probablement un idiome mélangé de grec et de syriaque, comme dans la Cappadoce. Au temps des apôtres, *Iconium* en était la capitale; en outre, elle renfermait les villes de *Derbe* et de *Lystre*.

LYCIE, province maritime de l'Asie-Mineure, située sur la côte méridionale, au S.-E. de la Carie, au S. de la Phrygie, et au S.-O. de la Pamphylie. *Myra* et *Patara* en étaient les ports principaux. Les Lyciens jouissaient de quelque civilisation, résultat de leur voisinage de la mer. Au dire de Strabon, leurs villes étaient confédérées depuis des temps très-anciens, à l'instar de la ligue achéenne. Leur liberté ne paraît avoir expiré que lorsque Cyrus devint le maître de leur pays; cependant, il paraît y avoir eu, sous la domination persane, quelques révoltes.

LYDDE ou DIOSPOLIS, ville située à l'E. de Joppé, et où saint Pierre guérit un paralytique. Elle fut, en même temps que Ramatha et Aphœrema, annexée à la Judée. V. *Aphoerema*. C'était une ville assez considérable, qui, dans le premier siècle de notre ère, fut livrée aux flammes par Cestius. Cestius s'en était emparé pendant que les habitants étaient allés à Jérusalem pour prendre part à la fête des tabernacles : il n'en restait plus que cinquante dans la ville. Les Grecs nommèrent cette cité *Diospolis, ville de Jupiter*, et les chrétiens lui donnèrent, à l'époque des guerres saintes, le nom de *Saint-George*, en partie à cause d'un temple magnifique que l'empereur Justinien avait fait élever en l'honneur du saint martyr, et principalement dans l'opinion que c'était là le lieu de son martyre.

LYDIE, une des provinces les plus riches de l'Asie-Mineure, à l'Occident de la presqu'île. Avant que d'être assujétie aux Perses, la Lydie était indépendante; l'Halys était alors sa limite à l'Orient. Depuis, les Perses la regardèrent comme la plus importante de leurs conquêtes. *Sardes*, ancienne résidence des monarques lydiens, en était la capitale. La fécondité des terres était extraordinaire ; et, par sa position, ce pays jouissait en outre, des avantages d'un commerce considérable. Il était, en effet, le centre du trafic qui se faisait entre l'Asie et les ports de l'Europe. Dans ses vastes plaines serpentaient le *Méandre* et le *Caystre*; et le *Tmolus*, montagne aurifère, s'éloignait peu de sa capitale, arrosée d'ailleurs par le petit ruisseau du *Pactole*, dont le nom a acquis tant de célébrité. Tout démontre qu'à l'époque de sa conquête par Cyrus, cette partie de l'Asie était dans l'état le plus florissant. Les Lydiens se sont toujours montrés fort industrieux; on leur attribue d'avoir les premiers monnayé l'argent. Les écrivains bibliques reproduisent plusieurs fois, suivant les diverses versions qui en ont été faites, les noms de *Lydie* et de *Lydiens*. Nous avons établi. (V. *Laabim*, *Ludim* et *Libye*), que les interprètes avaient substitué leurs opinions au véritable nom inscrit dans le texte, et que c'est ainsi qu'ils ont souvent traduit à tort le mot LUDIM par celui de *Lydiens* ; ce qui introduit une grande confusion dans les recherches géographiques relatives à ce pays. — *Lydiens*, habitants de la Lydie.

LYSTRE. Il y a deux villes de ce nom citées dans l'Écriture : l'une était située dans la Lycaonie, et l'autre dans la Lycie, selon la version française et même la version latine. Cependant il faut dire que cette seconde ville doit disparaître, car il y a erreur. L'interprète a substitué le mot *Lystra* au nom *Myra*; or, *Myra* est une ville de la Lycie qui n'en renferma point du nom de Lystre. Ces deux villes se réduisent donc à une seule, celle de la Lycaonie, à environ 50 milles au S. d'Iconium. Saint Paul guérit, dans cette ville, un homme perclus de tous ses membres et boiteux de naissance. D'abord, considéré par la population, lui et ses compagnons, comme des dieux, le saint apôtre ne tarda pas à éprouver les plus infâmes traitements de la part de cette même population, excitée par les Juifs ; il fut lapidé et traîné hors de la ville comme mort. *Lystre* est une ville célèbre chez les chrétiens qui la considèrent comme la patrie de saint Timothée, à qui saint Paul adressa deux de ses épîtres.

# M

MAACHA ou MACHATI, dont le nom a été donné à la portion de la Syrie qui est voisine de Gessur, pays situé au N. de la Palestine, vers la source orientale du Jourdain. Reichard place Machati sur le bord du lac Samochonites, au nord. Toujours réuni au pays de Gessur, dans la mention qu'en fait l'Écriture, le pays de *Maacha* ou *Machati* semble avoir éprouvé le même sort. On pourrait croire, d'après le livre de Josué, que ces deux territoires faisaient partie de la demi-tribu E. de Manassé, et cependant on voit ailleurs que Gessur est gouvernée par un roi nommé Tholmaï, même au temps de David. A la même époque, le roi de Maacha prêtait son secours aux Ammonites contre ce prince. Tout porte donc à penser que le territoire de Maacha, de même que celui de Gessur, n'était que contigu avec celui de la demi-tribu E. de Manassé, mais qu'il n'en faisait point partie intégrante. (V. *Gessur*.)

MAABA, lieu situé sur la limite de la tribu d'Aser, et appartenant aux Sidoniens. On y éleva, sous le règne des chrétiens, une forteresse qui passait pour imprenable. Reland y place une ville.

MACCÈS, canton de la tribu de Dan, où existe, selon Reland, une ville de même nom.

MACÉDA, ville royale chananéenne, au S.-O. de Jérusalem, sur le Sorec, près d'une grotte dans laquelle se réfugièrent les cinq rois amorrhéens que Josué fit prendre, et attacher à une potence. Cette ville dont les habitants furent alors passés au fil de l'épée, fit depuis partie de la tribu de Juda.

MACÉDOINE, contrée située au N.-E. de la Grèce. Elle était bornée au N. par les monts Scardus et Orbelus, qui la séparaient de la Dardanie; à l'E. par le mont Pangée, qui marquait sa limite entre elle et la Thrace; au S. par le mont Olympe et les monts Cambuniens, par lesquels elle confinait avec la Thessalie; et à l'O. par les montagnes du Pinde, qui laissaient derrière elle l'Épire et l'Illyrie. Trois grands fleuves l'arrosaient, le *Strymon*, l'*Axius* et l'*Haliacmon*. Une partie de ses habitants était de race illyrienne ou slave, une autre partie d'origine Thrace; plusieurs étaient Grecs. Néanmoins, au livre des *Machabées*, la Macédoine est positivement appelée *Céthim* et ses habitants *Céthéens*; ce qui reporterait leur origine, suivant les écrivains sacrés, à *Céthim*, fils de Javan. Quoi qu'il en soit, ce pays fut d'abord divisé en une multitude de petits états différents, que Philippe réunit sous sa puissance, et dont il forma un état puissant qui donna bientôt à Alexandre le moyen de conquérir la plus grande partie de l'Asie. Lorsque Philippe, puis Persée, eurent succombé dans la lutte qu'ils soutinrent contre les Romains, la Macédoine devint province romaine. Bientôt après Corinthe fut prise, en sorte que les Romains furent maîtres de toute la Grèce. Ils réunirent alors la Macédoine à la Grèce, et du tout formèrent deux provinces: 1° la *Macédoine*, qui embrassait la Macédoine proprement dite, la partie de l'Illyrie qui y touchait à l'O., l'Épire et la Thessalie, et 2° l'*Achaïe*, qui comprenait tout le reste de la Grèce. Thessalonique, Philippes, colonie romaine, Amphipolis, Appollonie, villes citées dans les écrivains sacrés, appartenaient à la Macédoine.

MACÉLOTH, vingtième station des Israélites dans le désert; ils venaient d'Arada, et se rendaient à Thabath.

MACHŒRUS, forteresse située au-delà du Jourdain, dans la tribu de Ruben, au N.-E. et près de la mer Morte, sur un rocher élevé, entouré de profondes vallées. Les Machabées l'avaient considérablement fortifiée. Gabinus la renversa; mais Hérode-le-Grand mit tous ses soins à la rétablir. C'est là qu'eut lieu, par l'ordre d'Hérode-Antipas, la décollation de saint Jean-Baptiste.

MACHATI ou MAACHA. Voy. *Maacha*.

MACHMAS, ville située sur la frontière des tribus de Benjamin et d'Éphraïm, à l'orient de Béthaven. Les Philistins vinrent y établir leur camp avant de se rendre à Gabaa, où ils furent complètement battus par les Israélites, qui les poursuivirent ensuite depuis Machmas jusqu'à Aïalon. Machmas existait encore à l'époque du retour de la captivité. Le *livre des Rois* la place à l'orient de *Béthaven*, et Eusèbe et saint Jérôme nous apprennent que, de leur temps, il y avait une grande ville conservant son ancien nom, et gisant, à 9 milles de Jérusalem, près de Rama. Ces deux énonciations ne sont point conciliables. A quoi cela tient-il? est-ce au texte hébreu de la Bible? Les Septante écrivent *Béthoron* au lieu de *Béthaven*, et les versions syriaque et arabe *Béthel*. Il en résulte que Machmas pourrait se trouver à l'E. de Béthel, et certainement à l'E. de Béthoron-la-Basse, mais non à l'E. de Béthaven; néanmoins, elle pourrait être située tout aussi près de Rama ou de Jérusalem que le disent Eusèbe et saint Jérôme. Si Béthaven est la véritable leçon, le mot hébreu qu'on traduit par celui d'*est*, doit être rendu par le mot *devant*, ou bien, comme il est dit dans la version des Septante, à l'*encontre*: de cette manière, les deux récits se concilient.

MACHMÉTHATH, ville de la demi-tribu O. de Manassé, sur la limite septentrionale de la tribu d'Éphraïm, au N. de Samarie.

MADABA ou MÉDABA. Voy. *Médaba*.

MADAÏ, troisième fils de Japheth. L'opinion communément admise est que Madaï fut le père des Mèdes, peuple établi dans la contrée qui avoisine la mer Caspienne. Cependant le savant M. Mède émet une opinion toute différente, et rapporte au nom de Madaï celui d'*Æmathia*, l'ancien nom de la Macédoine; il explique l'addition de l'A qui précède le mot *Æmathia* par le mot hébreu *ai*, qui signifie une *région*, et dont les Grecs formèrent leur mot αἶα, *aia*, *terre*, dont le sens est le même. De la sorte, le mot *Aimadia* ou *Aimathia*, converti chez les Latins en *Æmathia* par le changement de la diphtongue Ai en Æ, signifierait αἶα Μαδαι, *terre de Madaï*. Dans cette hypothèse ingénieuse, mais susceptible de réfutation, Madaï représenterait donc la Macédoine.

MADIAN, l'un des fils d'Abraham et de Cétura, dont les enfants s'établirent primitivement dans le voisinage des Moabites, à l'E. de la terre de Chanaan. Ce fut là que le peuple de Madian se développa et s'étendit de manière à devenir redoutable non seulement par son alliance avec les autres peuples ennemis des Israélites, mais encore par sa propre force. Ceux-ci, avant leur entrée dans la Terre-Promise, eurent à les combattre. Les habitants de Madian étaient voués au culte des idoles: des filles de leur nation, mêlées aux Israélites, avaient porté ceux-ci au désordre et les avaient excités à rendre un culte à Phogor. Dieu les en punit: mille hommes de chaque tribu attaquèrent, sous la conduite de Phinées, le peuple de Madian, le mirent en fuite, tuèrent ses rois, incendièrent ses villes, villages et châteaux, et firent un immense butin. Le faux prophète Balaam, dont les funestes conseils étaient cause de cette guerre cruelle, subit la peine de son crime; il perdit la vie. Quoique, d'après le langage de l'Écriture, le peuple de Madian paraisse avoir été alors détruit, on le voit cependant reparaître plus tard, jouissant encore d'un pouvoir imposant ; il maintient même, pendant sept années, les Israélites sous le joug le plus dur, s'établissant avec ses tentes et son nombreux bétail sur leurs terres, pillant et ravageant leur pays, surtout à l'époque des récoltes. Gédéon mit fin à cette calamité; suivi de 300 hommes seulement, il vainquit, dans la plaine de Jezrahel, les Madianites réunis aux Amalécites et à d'autres peuples de l'Orient, qui, franchissant le Jourdain, s'étaient portés jusque dans cette plaine célèbre, les força à la fuite, les poursuivit même au-delà du fleuve, et s'empara de quatre de leurs rois, qu'il fit tous périr. Depuis lors, dit le livre des *Juges*, *les Madianites ne purent plus lever la tête*. Cependant le nom de la nation ne disparut pas entièrement, car on le voit de temps en temps se montrer encore; mais il ne jette plus aucun éclat. Les Madianites ne formaient point un peuple soumis à une seule domination; vivant comme les Arabes ont toujours vécu, ils étaient sans doute partagés par tribus obéissant à autant de chefs ou émirs différents qu'ils comptaient de tribus, mais se réunissant lorsque quelque entreprise importante se présentait dans leur intérêt. Primitivement fixés aux bords orientaux de la mer Morte, ils s'étendirent vers le sud, et une de leurs colonies ou de leurs tribus vint s'établir sur le bord de la mer Rouge, non loin du mont Horeb. Ce fut là que Moïse, fuyant la colère du roi d'Égypte, vint chercher un refuge chez Jéthro, prêtre de cette colonie, dont il épousa la fille Séphora. Les Madianites se livraient beaucoup à l'éducation du bétail ; et sous ce rapport, d'après l'inventaire du butin présenté par le *Pentateuque* comme fait sur eux, leur richesse était considérable. Ainsi, sans compter les jeunes vierges captives, car tous les mâles et toutes les femmes qui avaient approché des hommes furent exterminés, on amena au camp des Israélites, dans la plaine de Moab, 675,000 brebis, 72,000 bœufs, et 61,000 ânes; et l'or s'y trouva en telle quantité, que les Israélites en firent ensuite non-seulement leur parure ordinaire, comme bagues, anneaux, bracelets, pendants d'oreilles, etc., mais qu'ils en fabriquèrent encore des colliers pour leurs chameaux. Les Madianites, que le livre des *Juges* confond avec les *Ismaélites*, sont un des premiers peuples que l'on voie apparaître dans le commerce de l'Asie occidentale et méridionale ; ils transportaient leurs marchandises le long de la frontière septentrionale de l'Arabie, et les déchargeaient dans le voisinage de la Phénicie. Ce fut, en effet, à des marchands de cette nation qui se rendaient dans ce dernier pays, chargés de baume, de myrrhe et d'aromates, que les fils de Jacob vendirent

leur frère Joseph. Facteurs actifs de ce commerce, ils acquirent ainsi ces richesses immenses dont il vient d'être question. Quelques passages de l'Écriture disent que Moïse, en prenant la fille de Jéthro en mariage, épousa une femme *éthiopienne*, ou autrement une femme *chusite*. Il faut croire que ce mot *éthiopienne* ou *chusite* est alors synonyme des mots *femme d'Arabie*, dont le pays de *Madian* faisait partie, et qui est souvent, ainsi que cela est démontré ailleurs, appelé pays de Chus. Voy. *Arabie* et *Éthiopie*.

Madon, ville située vers le nord du pays de Chanaan, et dont le roi Jobab, allié avec plusieurs autres princes voisins contre Josué, succomba avec eux. Pris par Josué, il fut tué et sa ville incendiée.

Magala, lieu où les Israélites avaient établi leur camp lorsque David tua le géant Goliath. Il devait être peu éloigné de la ville de Geth.

Magdal ou Magdalo, ville située à l'extrémité de la mer Rouge, sur la côte occidentale du golfe Héroopolite, à l'entrée de l'Égypte. Il y avait beaucoup de Juifs établis dans cette ville au temps du prophète Jérémie.

Magdalel, ville de la tribu de Nephthali, vers l'O.

Magdalgad, ville de la tribu de Juda, au S.-O. de Lachis.

Magdalo ou Magdal. Voy. *Magdal*.

Magédan, ville située dans la demi-tribu E. de Manassé. On l'a confondue avec *Dalmanutha*. Voy. *Dalmanutha*.

Mageddo ou Mageddon (plaine de), GRANDE PLAINE D'ESDRELON, VALLÉE DE JEZRAHEL, ou simplement GRANDE PLAINE. Voy. *Esdrelon*.

Mageth, ancienne ville du pays de Galaad, dépendante de la tribu de Gad, dont elle était une des places fortes.

Magog, deuxième fils de Japhet. Voy. *Gog*.

Magron, ville de la tribu de Benjamin, située aux environs de Gabaa, et où Saül apprit la victoire remportée sur les Philistins par Jonathas, son fils.

Mahanaïm ou Manaïm, ville lévitique de la tribu de Gad, située non loin du Jourdain, sur le bord du Jaboc, suivant d'Anville, et de l'Hiéromax, suivant Reichard, qui donne, il est vrai, à cette rivière une position plus méridionale que d'Anville. Ce fut là que David rencontra les anges de Dieu après la mort de Saül. Manaïm fut le lieu qu'Isboseth choisit pour séjour; là aussi se retira David lorsque ses troupes poursuivaient son coupable fils Absalon, qui fut vaincu et périt près de cette ville.

Mahumi, patrie de l'un des vaillants hommes de David.

Mallo, ville située à l'E. de Tarse, en Cilicie, sur le fleuve Pyramus. Cette ville avait acquis de la célébrité ; ses habitants se révoltèrent, de même que ceux de Tarse, contre le roi de Syrie, Antiochus Épiphanes.

Malte. Il existe deux opinions relativement à cette île, sur laquelle la tempête jeta saint Paul : l'une toute vivante dans l'île de Malte, située entre la Sicile et l'Afrique, veut que ce soit sur cette île que le saint apôtre ait trouvé son salut; l'autre, qui offre aussi quelque vraisemblance, le fait aborder dans l'île de *Méléda*, au N.-O. de Raguse, sur la côte de la Dalmatie. Il faut, dans cette dernière opinion, supposer que, lorsque la tempête surprit saint Paul dans son voyage à Rome, Brindes était le port vers lequel on se dirigeait pour aborder en Italie; et en effet, Brindes était alors le port le plus fréquenté pour le passage de l'Italie en Grèce, et réciproquement. La tempête aurait, dans ce cas, porté le navire plus au N. que la position de Brindes, et l'aurait fait échouer sur le rivage de *Méléda*.

MAMBRÉ ou VALLÉE D'HÉBRON, vallée fertile, située au-dessous de la ville d'Hébron. Ce fut là qu'Abraham vint s'établir, et que séjournèrent Isaac et même Jacob; ce dernier y demeurait lorsqu'il envoya Joseph vers ses frères, qui faisaient paître leurs troupeaux à Sichem. C'est là que fut enterrée la femme d'Abraham, Sara, morte à l'âge de 127 ans.

MANAHATH, lieu de la demi-tribu O. de Manassé, peuplé par des Benjaminites.

MANAÏM ou MAHANAÏM. Voy. *Mahanaïm*.

MANASSÉ, fils aîné de Joseph, à qui Jacob prédit, en lui donnant sa bénédiction, qu'il serait, et cela est effectivement arrivé, *la souche d'un grand nombre de peuples*. A la sortie d'Égypte, la tribu de Manassé ne comptait que 32,600 hommes en état de porter les armes; et lors du second dénombrement, ce nombre était de 52,700. Elle trouva, comme les autres tribus, sa part de la Terre-Promise, partie *en deçà*, partie *au-delà* du Jourdain; ce qui l'a fait diviser en *demi-tribu occidentale* et *demi-tribu orientale*. La demi-tribu O. prit, en deçà du fleuve, position entre les tribus E. au S., et d'Issachar au N.; et la demi-tribu E. eut en partage la moitié du pays de Galaad, tout le Basan, ancien royaume d'Og, et le pays d'Argob. Après l'expédition des trois tribus situées au-delà du Jourdain contre les Agaréens et leurs alliés, expédition qui se termina heureusement, les habitants de la demi-tribu E. de Manassé prirent, à ce qu'il paraît, quelque extension vers le nord; ils prolongèrent leurs demeures jusque sur la montagne d'Hermon, parce qu'ils étaient en fort grand nombre. Cette tribu était riche en bétail; aussi lui attribua-t-on au-delà du Jourdain des terres fertiles en pâturages. Les habitants, surtout ceux d'au-delà du Jourdain, passaient pour être hommes de guerre habiles, réputation qu'ils partageaient avec les Gadites et les Rubénites, et pour porter très-bien l'arc et l'épée; malgré cela, ils ne purent résister à l'invasion du roi de Syrie, Hazaël, qui ravagea entièrement leurs terres, non plus qu'à celle de Téglath-Phalasar, qui leur fit partager le sort des pays dont il emmena une partie de la population en captivité. Les villes principales de la tribu de Manassé étaient, en deçà du Jourdain, *Bethsan*, *Jéblaam*, *Dor*, *Thénac*, *Mageddo* et *Nophet*; et au-delà, sans parler des 60 villes ou bourgs de *Jaïr*, *Édraï*, *Astaroth* et *Gaulon*.

MAON, ville de la tribu de Juda, auprès d'un désert auquel elle donnait son nom, sur les bords des montagnes du Carmel, à l'E. de Siméon. David y séjourna quelque temps pendant que Saül le persécutait.

MARA, quatrième station des Israélites dans le désert. En sortant de l'Égypte, ceux-ci trouvèrent dans le désert d'Etham, dans lequel ils s'engagèrent, des eaux tellement amères, que ni eux ni leurs bestiaux ne purent en boire; ils leur donnèrent le nom de *Mara*, et se révoltèrent; Moïse pria le Seigneur; et lorsqu'il eut jeté dans ces eaux le *bois* (*lignum*) que Dieu lui avait montré, ces eaux devinrent aussitôt douces et potables, et la sédition s'apaisa.

MARCHÉ D'APPIUS, lieu situé, ainsi que les trois loges ou tavernes dont parlent les *Actes des Apôtres*, sur la route que parcourut saint Paul de Pouzzoles à Rome. Il se trouvait sur la voie Appienne, à environ trois milles de *Torre de Tre-Ponti*, à l'endroit appelé aujourd'hui encore *Tor-Appio*, à quelques milles de Rome.

MARÉSA, ville de la tribu de Juda, à l'O. de Lachis, une de celles que fortifia Roboam. Ce fut près de là, dans la vallée de Séphata, que Zara, roi d'Ethiopie, fut défait par Asa, roi de Juda.

MARETH, ville de la tribu de Juda, au N. d'Hébron.

MASAL ou MESSAL, ville lévitique de la tribu d'Aser, sur le bord du Cison, à son embouchure dans la mer.

MASALOTH, ville de la tribu de Zabulon, dans la Galilée Inférieure, près d'Arbelles.

MASÉPHA, ville de la tribu de Juda, au S.-O., sur le bord du Sorec.

MASÉRÉENS, habitants d'un lieu qui devait être peu éloigné de Cariathiarim, d'où ils étaient originaires.

MASÉRÉPHOTH, lieu situé sur le bord de la mer, non loin de Sidon, et connu pour ses salines. Comme il renfermait beaucoup de marais salants, c'est là sans doute ce qui le fait désigner par Josué sous le titre d'*eaux de Maséréphoth*.

MASOBIA, patrie de l'un des vaillants hommes de David.

MASPHA ou MASPHATH, ville située sur la limite des tribus de Benjamin et de Juda, où les Israélites vinrent jurer de venger sur les Benjaminites les cruels outrages faits au Lévite d'Éphraïm; ils firent le serment de ne leur donner aucune de leurs filles. Maspha était un lieu de réunion de prières pour Israël; c'était là que Samuel avait rendu la justice au peuple.

MASPHA ou MASPHÉ, ville de la tribu de Gad, située dans les montagnes de Galaad. Ce fut là que Jephté rassembla les troupes avec lesquelles il combattit contre les Ammonites. Judas Machabée s'empara de cette place, en enleva les richesses, et la brûla.

MASPHA, pays situé au pied du mont Hermon, et

dont le nom rappelle la défaite des Chananéens du N. par Josué, qui les poursuivit depuis les eaux de Mérom jusqu'à Sidon, Maséréphoth et le pays de Maspha, à l'Orient.

Maspha. Il paraît y avoir eu une forteresse de ce nom au pays de Moab.

Masphath ou Maspha, dans la tribu de Benjamin. Voy. *Maspha*.

Masréca, ville royale de l'Idumée.

Mathani, supposé le même lieu que *Matthana*, dans le pays de Moab. Patrie de l'un des forts de David.

Matthana, ville située dans le pays de Moab, non loin de d'Arnon, au N. de ce torrent.

Méchérath, patrie de l'un des forts de David.

Mechmas ou Machmas. Voy. *Machmas*.

Médaba, ville ancienne du pays de Moab, donnée à la tribu de Ruben, au S.-E. d'Hésebon. Elle est menacée de même que tout Moab par les prophéties d'Isaïe.

Meddin, lieu de la tribu de Juda, à l'orient dans le désert.

Médéména ou Bethmarchaboth. Voy. *Bethmarchaboth*.

Médéna, mot traduit par le nom de Médie, conformément à l'avis de la plupart des interprètes. Voy. *Médie*.

Médie. *Madaï* est considéré communément comme le père des Mèdes, qui d'après cela seraient de race *Japhétique*. Sa postérité, lors de la dispersion des peuples, aurait pris la direction du nord-est pour se fixer soit aux approches de la mer Caspienne vers le sud-est, soit plus au nord. Quoi qu'il en soit, l'histoire nous montre les Mèdes, peuple conquérant, habitant au S. de la mer Caspienne, et ayant pour frontière à l'O. le fleuve du Tigre. A l'E. leur limite a fréquemment changé; il serait impossible de la fixer. Cependant l'*Arie* et la *Bactriane* jusqu'à l'Indus et à l'Oxus durent autrefois s'y trouver comprises; *Ecbatane*, leur capitale, *Ragès*, *Hala*, *Habor*, sont au nombre des villes que l'Écriture cite comme leur appartenant. Ils possédaient quelques places fortes; leur frontière occidentale paraît en avoir été bien munie; parmi elles étaient *Mespila* et *Larissa* (*Xenoph. Anab.*). L'empire des Mèdes, qui s'éleva sur les débris du premier empire d'Assyrie, eut une grande puissance. Conquérants d'abord, les Mèdes s'étaient façonnés ensuite aux habitudes des peuples qu'ils avaient subjugués; aussi jouissaient-ils d'un assez haut degré de civilisation, qu'ils partagèrent plus tard avec les Perses, lorsque ceux-ci s'emparèrent de leur pays. Néanmoins, si l'on en juge d'après *Hérodote*, et même d'après *Isaïe*, ce peuple était toujours disposé à franchir ses limites; c'est ainsi qu'il poussa ses expéditions dans l'Asie occidentale jusqu'au bord même de l'Halys. Avant la domination persane, la Médie était le pays le plus policé de l'Asie. Elle devait ses richesses non seulement à ses conquêtes et aux tributs qu'elle recevait, mais encore à sa propre situation, qui en faisait un passage continuel pour le commerce du centre de l'Asie. Rien n'égale le luxe de ses rois, qui jouissaient d'ailleurs d'un pouvoir illimité. Sa religion était celle des mages. Conquise par les Perses, la Médie n'en fut plus qu'une simple province, mais resta toujours un des pays les plus fertiles de l'Asie, des mieux cultivés, et par conséquent des plus riches. On la divisa en deux parties, la *Petite-Médie* ou *Atropatène*, au N., pays montueux et d'un climat rude, et la *Grande-Médie* (Irak-Adjemi), formée de vastes plaines, parsemées de riches et verdoyantes collines. Ses pâturages, surtout ceux des environs de Nysa, jouissaient d'un renom qui s'étendait encore à plusieurs autres de ses productions.

Megbis, ville appartenant probablement à la tribu de Benjamin, et où 150 individus revinrent de la captivité.

Méjarcon, ville de la tribu de Dan, située près de Joppe.

Mello, ville de la tribu d'Éphraïm, peu éloignée de Sichem.

Mello, vallée profonde, dépendante de la montagne de Sion à Jérusalem, et que Josèphe nomme *Tyropœon*. Elle s'étendait au N. de la montagne jusqu'à la source de Siloé. Elle fut remblayée par l'ordre de David et de Salomon, et convertie en une rue large et spacieuse, où le peuple s'assemblait. Salomon y bâtit des habitations royales pour la fille du roi d'Égypte, qu'il épousa; mais pour cela il fit une coupure dans une partie des remblais qu'il avait apportés précédemment, de manière à isoler cette habitation, et à l'aide d'un pont qu'il y établit, il ménagea les moyens de se rendre de là au temple qui s'élevait sur le mont Moria. Le peuple de Jérusalem vit ce changement avec une peine d'autant plus vive, que pour tous les travaux entrepris par Salomon il était accablé d'impôts; ce fut à cette occasion que Jéroboam, le même qui depuis régna sur Israël, se mit à couver contre l'autorité royale. Joas habitait Mello; il y fut tué. Le nom de forteresse de *Mello* est quelquefois aussi appliqué à la forteresse même de Sion. Voy. *Jérusalem* et *Sion*.

Mélotie, ville de la Cilicie, prise d'assaut par Holopherne. C'est vraisemblablement la même ville que *Mello*, située près de Tarse.

Memphis, ville de l'Égypte, dont on rapporte la fondation à Ménès. Elle s'élevait sur le lit même du Nil, que ce prince avait détourné en lui en creusant un autre plus à l'orient que le premier, et au S. du point où commence à se former le delta du Nil. Memphis succéda à Thèbes comme capitale de l'Égypte, s'augmenta et s'embellit au point de devenir une ville très-considérable. Suivant d'Anville elle aurait eu, d'après Diodore de Sicile, 6 lieues un quart de circuit. Cependant il est hors de doute qu'elle eut une plus grande étendue. Abd-Allatif, qui vivait dans le xııı siècle de notre ère, dit que ses ruines occupaient alors environ *une demi-journée de chemin en tout sens*. Longtemps la position de Memphis fut incertaine: on crut d'abord la reconnaître dans l'emplacement du *Caire*; aujourd'hui on ne peut douter qu'elle ait occupé la situation de *Métraihè*. Ses environs sont couverts de ruines : au N. apparaissent ses trois grandes pyramides si imposantes, et l'énorme Sphinx, et à l'O., dans la plaine de Sakkarah, sont éparpillées d'autres pyramides moins grandes, destinées à servir de sépulture. En devenant la capitale du pays, Memphis devint en même temps, à la place de Thèbes, la principale échelle du commerce de l'Égypte. Il s'y établit même une colonie phénicienne (*Hérod.* II, 212) qui en occupait tout un quartier ; ce qui prouve que le commerce que faisait cette nation avec l'Égypte était réelment considérable. Des Juifs vinrent aussi y former, à diverses époques, des établissements : fait qui leur attira le courroux des prophètes. A son tour, la fondation d'Alexandrie porta un coup fatal à Memphis, en lui enlevant même une partie de sa population. Cette ville était tellement diminuée à l'époque de Strabon, que le palais des rois, monument immense, n'était plus qu'un déplorable monceau de décombres. Dans le VIIe siècle, elle devint la proie des Arabes, qui aux anciennes dévastations en joignirent de nouvelles ; il ne faut donc pas s'étonner, surtout en Égypte, de ce qu'une ville autant dévastée n'ait bientôt plus offert de traces évidentes de son existence. Par suite de l'état de barbarie dans lequel le pays est tombé, a délaissé les canaux qui servaient de décharge au trop plein des eaux du Nil, et le transportait dans les lacs creusés pour le recevoir ; rien n'a pu mettre, dès-lors, obstacle à ce que les couches du limon du Nil, se succédant annuellement, n'aient comblé en grande partie l'enceinte de la ville, ni à ce que les sables de la Libye, poussés par les vents, n'aient achevé l'œuvre et enfoui totalement ses beaux monuments. Memphis était, sous le rapport religieux, une des principales villes de l'Égypte, elle possédait un collège de prêtres. Les prophètes parlent de la dépravation de ses mœurs, qui ont perdu les Juifs. L'Écriture appelle cette ville *Noph*.

MENNI, nom d'une partie de l'Arménie, dans le voisinage du mont Ararat. Le peuple de ce pays est cité par le Prophète au nombre de ceux qui doivent fondre sur Babylone. Voy. *Arménie*.

MENNITH, ville du pays de Moab, au N.-E. d'Hésebon.

MÉPHAATH, ville lévitique et de refuge du pays de Moab, donnée à la tribu de Ruben, et comprise par les prophètes dans leurs funestes prédictions contre Moab. REICHARD la place au S. de l'Arnon.

MER. Ce mot se rencontre souvent dans la Bible, sans appartenir cependant exclusivement aux mers proprement dites. On en trouve l'application fréquemment faite aux lacs, et même à des lacs de fort peu d'importance. Quand le nom de *mer* se trouve sans autre addition de mot, il se rapporte communément à la mer Méditerranée.

MER ADRIATIQUE, nom donné aujourd'hui à la partie de mer qui s'étend entre les côtes orientales de l'Italie et occidentales de la Grèce. Cette mer le reçut de la ville italienne d'*Atria*, autrefois située sur son rivage occidental, mais à présent reculée à 6 lieues environ dans les terres, soit à cause des sables qui s'amoncellent continuellement sur la côte, soit à cause des dépôts successifs, formés par les fleuves voisins. Sous le nom de *mer Adriatique*, rapporté dans le récit de la navigation de saint Paul en Italie, il faut entendre toute cette portion de la mer Méditerranée qui de l'île de Crète se prolonge jusqu'à la Sicile, en comprenant l'Italie Inférieure, et dans laquelle saint Paul éprouva cette tempête si violente qui le fit aborder à Malte. Cependant quelques auteurs ont pensé que les termes de *mer Adriatique* se rapportaient à cette mer prise dans sa moindre étendue. Dans cette dernière opinion, il faudrait regarder l'île de *Méléda* sur la côte de la Dalmatie au N.-O. de Raguse, comme étant celle sur laquelle la tempête porta saint Paul, et supposer que le vaisseau qu'il montait se rendait au port de Brindes, où on l'aurait débarqué, et que de là il aurait traversé toute l'Italie pour se rendre à Rome. Cependant un fait établi par Strabon, contemporain de la rédaction des *Actes des Apôtres*, c'est que la mer Ionienne était considérée comme une portion de l'Adriatique.

MER DE CÉNÉRETH OU LAC DE TIBÉRIADE, lac situé dans la Galilée-Inférieure, entre la tribu de Nephthali et la demi-tribu orientale de Manassé, et nommé *mer* par un usage assez familier aux peuples de l'Orient. Il est formé par le Jourdain, qui le traverse, et dont on aperçoit très-bien le courant au milieu même du lac. Sa longueur est de 6 lieues environ, et sa largeur n'en dépasse pas deux ; le fond est sablonneux, l'eau en est claire, douce et saine, et de plus, très-poissonneuse. Autrefois, une multitude de pêcheurs répandus sur ses rives y trouvaient leur existence ; on sait que ce fut parmi eux que Jésus-Christ choisit ses premiers disciples. Ce lac est environné de quelques hauteurs qui semblent le mettre à l'abri des vents, et cependant on y éprouve des tempêtes violentes qui agitent la surface de ses eaux, comme celles de la mer dans les temps d'orage. Les environs sont pittoresques, et ajoutent à la vive impression qu'éprouve tout chrétien qui vient visiter ces lieux, témoins de tant de miracles. La fertilité y était grande, mais à présent le sol reste inculte faute de bras ; et à la place des nombreuses habitations et des villes qui existaient autrefois sur les rives du lac, on ne voit plus que des ruines. Cependant on y recueille encore une sorte de baume dont on faisait un si grand cas à Rome, que, selon Pline, Pompée voulut pour donner plus de magnificence à son triomphe, qu'on y portât un des arbres qui le produisaient ; c'est ce baume qui jouit d'une si grande renommée sous le nom de *baume de la Mekke*.

MER DU DÉSERT, MER SALÉE OU MER MORTE. Voy. *Mer Morte*.

MER D'ÉGYPTE OU MER ROUGE. Voy. *Mer Rouge*.

MER OU LAC DE GALILÉE, MER OU LAC DE TIBÉRIADE,

EAU DE GÉNÉSAR OU LAC DE GÉNÉSARETH, MER DE CÉNÉ-
RETH OU DE CÉNÉROTH. Voy. *Mer de Cénéreth.*

MER (GRANDE), MER OCCIDENTALE, MER DES PHILIS-
TINS, MER MÉDITERRANÉE ou simplement MER.

MER MÉDITERRANÉE, GRANDE MER, MER OCCIDENTALE,
MER DES PHILISTINS, ou simplement MER. Le nom de
*mer Méditerranée* est un mot nouveau, ainsi que l'indique son étymologie. On ne saurait le rapporter au
temps des Hébreux, ni même au temps des Grecs ; il
signifie *mer située au milieu des terres.* Les Romains,
qui le mirent en usage concurremment avec le mot
MARE INTERNUM, *mer intérieure*, ne l'admirent cependant eux-mêmes que fort tard, et lorsqu'ils eurent
pris, par leurs conquêtes successives, possession des
terres qui entouraient le bassin de cette mer. Alors,
maîtres de l'Italie, de l'Espagne, de la Grèce, de l'A-
sie-Mineure, de l'Égypte et de toute la côte de Barbarie, ils considérèrent la Méditerranée comme intérieure, c'est-à-dire, comme située au centre de leur
territoire; bien plus, comme leur appartenant en propre, car ils la nommèrent aussi MARE NOSTRUM, *notre
mer.* Le nom de Méditerranée s'est conservé, et aujourd'hui encore c'est le seul en usage. Par le sens
qui s'y attache, il donne l'idée de ce qu'est effectivement cette mer, partout environnée de terres, et
n'ayant de communication avec d'autres mers que par
des détroits très-resserrés, celui de Gibraltar à l'O.,
et celui des Dardanelles au N. Mais inconnue aux
Hébreux, qui étaient loin d'en connaître les parties
autres que celles qui les avoisinaient, et qui cependant
la croyaient très-vaste, elle fut désignée par eux sous
la dénomination générale de *Grande mer* ou de *mer*
par excellence, expression qui montre assez l'idée
qu'ils s'en formaient. On trouve cependant le nom de
*mer des Philistins* appliqué, dans l'*Exode*, à la partie
de la Méditerranée qui baignait les terres de ces peuples. Quant au nom de *mer Occidentale*, il tient évidemment à la position de cette mer relativement aux
Hébreux, à l'occident desquels elle se trouve. La mer
Méditerranée est fort étendue, mais on la connaissait
peu ; les Phéniciens et leurs colonies la pratiquèrent
seuls dans l'origine, et ce n'est que bien postérieurement à eux que vinrent les Grecs et leurs colonies.
La mer Adriatique en est une dépendance.

MER MÉRIDIONALE OU MER ROUGE. Voy. *Mer Rouge.*

MER MORTE, MER DU DÉSERT, MER SALÉE OU LAC AS-
PHALTITE, dénominations fondées sur l'immobilité en
quelque sorte de cette mer, sur sa position aux confins du désert, ou sur la nature des substances qu'elle
renferme. Cette mer, que les Arabes nomment *bahar
Loth*, *mer de Loth*, occupe la plus grande partie,
du moins le fond de l'ancienne vallée du Siddim ou
des Bois, autrefois si riche en pâturages et autres
produits, et sur laquelle la vengeance divine s'appe-
santit, en même temps qu'elle frappa les cinq villes
corrompues de la Pentapole. D'après MAUNDRELL
(*Jour. from Aleppo*), elle est ceinte à l'E. et à l'O. de
montagnes extrêmement élevées ; au N., elle a pour
limite la plaine de Jéricho, où elle reçoit les eaux du
Jourdain ; au S., elle est ouverte et s'étend à perte de
vue : cependant on lui donne 24 lieues de longueur et
6 ou 7 de largeur. Vers le sud on trouve, mais laté-
ralement, une petite chaîne de hauteurs appelée *montagnes de Sel*; et la portion de la vallée qui lui fait
suite, et par laquelle il semble que le Jourdain ait dû
se frayer autrefois un chemin jusqu'à la mer Rouge,
se nomme *la vallée des Salines.* Rien de plus triste et
de plus affligeant que le spectacle que présente la
mer Morte et ses approches : sur quelques points on
trouve dans la roche une épaisse incrustation de soufre
qui paraît étrangère à la substance même qui compose
la montagne, et dans les descentes escarpées qu'on y
rencontre, sont plusieurs cavernes profondes où le
Bédouin vient de temps en temps chercher asile pour
la nuit. Nulle part on n'aperçoit d'écoulement et rarement on y voit des oiseaux. Quant au lac considéré
en lui-même, l'eau paraît être très-basse, même à
une distance considérable ; elle ne ressemble, sous le
rapport de sa couleur et de sa qualité, à celle d'aucun
lac : elle est pesante, salée, âcre et amère. Il s'en
exhale des vapeurs bitumineuses que les rayons brûlants du soleil pompent de sa surface ; les vapeurs
prennent l'apparence de brouillards, et se montrent
quelquefois sous la forme d'une trombe. Des masses
de cette substance visqueuse et sulfureuse, dont les
sources abondaient autrefois dans la vallée de Siddim,
et qu'on appelle *naphte*, flottent en effet sur ses vagues
sombres et indolentes, qui cependant rejettent sans
cesse sur le rivage des bois pétrifiés et des pierres
poreuses et calcaires. Cette mer ne contient pas un
poisson vivant dans son sein, et aucun esquif n'en
sillonne la surface. Comme la terre d'alentour, elle
paraît inanimée, morte ; le sable, sans cesse mis en
mouvement par les vents, semble le seul être doué de
quelque vie dans cette contrée. Les Arabes racontent
de cette mer des choses merveilleuses ; ils n'en parlent qu'avec le respect le plus religieux. Sans doute
que partout ici on reconnaît l'image de la désolation,
terrible effet de la vengeance d'un Dieu outragé et
méconnu ; cependant, il est manifeste aussi que toutes
les régions placées entre la mer de Cénéreth et la
mer Morte ont, dans des temps reculés, été sujettes
à des convulsions volcaniques, et il est probable que
les sources brûlantes de Tibériade, le bitume de la
mer Morte et la poudre de soufre répandue sur les
terres environnantes, doivent leur commune existence
à la même origine, qu'attestent ces trombes de fumée
qui s'échappent encore aujourd'hui du sein du lac et
des crevasses nouvelles qui se forment continuellement sur ses bords. Pourquoi une convulsion de cette
nature n'aurait-elle point concouru avec le fait de la
punition des cinq villes maudites, qui disparurent sous
une pluie de soufre et de sel ou s'abîmèrent sous les
flots de la mer? Le texte même de la *Genèse* n'auto-
rise-t-il pas à le penser, lorsqu'il dit *que des cendres
enflammées s'élevèrent du sein de la terre, comme la
fumée s'échappe de la fournaise* (1).

---

(1) Pourquoi ces interprétations arbitraires du texte de la Genèse, après que l'on a reconnu le fait de l'intervention
divine dans la punition des villes coupables ? (EDIT.).

MER OCCIDENTALE, GRANDE MER, MER MÉDITERRANÉE ou simplement MER. V. *Mer Méditerranée.*

MER ORIENTALE. On a supposé que, mise en opposition, par *Joël*, avec la mer la plus reculée vers l'occident, cette mer Orientale devait correspondre au golfe Persique; cependant, d'après *Ézéchiel*, on pourrait aussi l'appliquer à la mer Morte.

MER DES PHILISTINS, partie de la mer Méditerranée avoisinant le pays des Philistins. V. *Mer Méditerranée.*

MER ROUGE, golfe de l'Océan Indien, resserré entre l'Arabie et l'Égypte, et séparé de la Méditerranée par l'isthme de Suez, et de l'Océan indien par le détroit de Bab-el-Mandeb. On lui donne environ 500 lieues de long et 60 dans sa plus grande largeur; quant à son niveau, il paraît être plus élevé que celui de la Méditerranée. Ce fut pendant longtemps le seul chemin de l'Inde pour le commerce de l'Europe, et pourtant sa navigation, embarrassée par un grand nombre de rochers et de bancs de corail réunis aux courants, aux bas-fonds multipliés que l'on y rencontre et aux vents, est fort dangereuse. Le nom de *Bab-el-Mandeb*, donné au détroit qui sépare cette mer de l'Océan indien, est fait, sans doute, pour porter l'épouvante dans les esprits; il signifie *portes de la mort*. Néanmoins, les navigateurs de l'antiquité et du moyen-âge ont affronté ces dangers. Durant ces deux grandes périodes, rien ne coûta pour les braver: témoins les navigations des Phéniciens et des Hébreux, qui partaient d'Elath et d'Asiongaber pour aller faire le trafic de l'Inde ou de la côte d'Afrique, et les flottes qui, sorties de Suez et de Cosseyr, avaient la même destination. A son extrémité septentrionale, la mer Rouge se divise en deux golfes, celui d'*Acaba* à l'E., et celui de *Suez*, à l'O. les golfes *Elanitique* et *Héroopolite* de l'antiquité. Dans la bifurcation que forment ces deux enfoncements, s'élèvent, en Arabie, les monts Sinaï et Horeb, si célèbres dans l'histoire du peuple hébreu. La mer Rouge ne reçoit aucun cours d'eau important; les marées y atteignent une hauteur considérable et une force qui peut-être devient plus sensible, parce qu'il ne s'y précipite point de fleuve qui vienne combler le déficit causé par le reflux. Ainsi, pendant que les eaux courent vers Bab-el-Mandeb, l'équilibre n'étant pas rétabli par un versement de fleuve, Suez, de même qu'un long espace du bas fond reste à sec. C'est dans le voisinage de Suez, à *Hadjéroth*, qui remplace aujourd'hui l'ancienne ville de *Phihahiroth*, près de l'endroit où fut depuis bâti *Clysma*, que les caravanes qui vont à la Mekke traversent la mer Rouge. Il n'y a dans cet endroit que des flaques d'eau, et en basse marée beaucoup de parties du sol sont à sec; mais lorsque la marée monte et lorsque le vent du midi souffle, le passage devient dangereux. Plusieurs voyageurs ont été victimes de leur imprévoyance. Napoléon faillit y périr un jour que, durant la basse marée il s'était hasardé à aller visiter les puits dits *fontaines de Moïse*, au-delà de ce bras de mer. Les Hébreux appelèrent cette mer *Jom-Souh*, *mer des Roseaux*, à cause des goëmons et autres fucus qui en tapissent le fond. Les Arabes la nomment *Bar-el-Colzoum*, du nom du port de *Colzoum*.

MER SALÉE, MER DU DÉSERT OU MER MORTE. V. *Mer Morte*

MÉRALA, ville de la tribu de Zabulon, vers l'O.

MÉROM (eau de), petit lac situé au N. de la Palestine, dans la tribu de Nephthali, et que traverse le Jourdain; c'est le même que le lac *Samochonites*. Josué vainquit sur ses bords les rois chananéens du nord confédérés contre lui.

MÉROMÉ, lieu situé probablement aux environs des eaux de Mageddo, où les troupes de Sisara furent mises en déroute.

MÉRONATH, patrie de l'un des officiers du service de David. *Néhémias* cite un habitant de cette ville, un *Méronathite*, qui s'employa à la reconstruction des murailles de la ville sainte, au retour de la captivité.

MÉROZ, pays dont les habitants ont été maudits pour n'avoir pas marché contre Sisara. Reland l'a placé près du Cison.

MERRHA, pays de l'Idumée. *Baruch* parle de ses habitants, qu'il réunit aux Agaréens et aux Thémanites, dont il combat et relève la fausse sagesse.

MÈS, quatrième fils d'Aram, que l'on suppose avoir possédé le mont Masius dans la Mésopotamie. De cette montagne s'écoule une rivière que Xénophon (*Anab.* 1) appelle *Masca*, et que l'on a conjecturé devoir son nom au petit-fils de Sem. Les habitants de la contrée voisine du mont Masius sont expressément appelés, par Etienne de Bysance, *Masieni*, ou *Masiani*: circonstance dans laquelle on a cru trouver un motif de plus pour fixer la demeure de Mès dans cette localité.

MÉSOPOTAMIE, contrée de l'Asie, séparée de l'Arménie par le mont Masius, partie de la chaîne du Taurus, qui la couvre au N.; de la Syrie, à l'O., et de l'Assyrie, à l'E., par les deux fleuves de l'Euphrate et du Tigre, qui en forment, pour ainsi dire, l'encadrement, même au S. Le nom de *Mésopotamie* est grec, et de formation assez récente parmi les Grecs eux-mêmes: il signifie *pays situé entre les fleuves*. Les habitants du pays l'appelaient *Aram-Naharaïm*, c'est-à-dire, *Syrie-des-Rivières*, dénomination équivalente. La plupart des passages de l'Ecriture qui font mention de ce pays, ajoutent, au nom de *Mésopotamie*, ces mots : de *Syrie ou qui est en Syrie*; et, en effet, on comprenait, dans ces temps reculés, ce pays au nombre de ceux de la Syrie; d'ailleurs le langage des peuples était le même. Sous la domination persane, le mot de Mésopotamie n'était point encore en usage, car Xénophon appelle ce pays *Arabie*; non plus qu'Hérodote, il ne connaît le nom de Mésopotamie : d'immenses steppes, semblables à celles de l'Arabie, et, plus que cela, le nombre des hordes arabes qui les parcourent, ont contribué à établir cette conformité de dénomination qui existait déjà, à quelques égards, dans la nature et l'aspect du pays. On désignait quelquefois aussi la Mésopotamie sous le nom d'*Assyrie*, mais c'était lorsqu'on y réunissait la Babylonie; enfin les modernes la nomment *Djezira*, d'un mot arabe qui signifie *île*, terme répondant à la position isolée de la contrée entre les fleuves et les montagnes. Malgré la présence de ses steppes, le sol de la Mésopotamie, généralement plus uni que montueux, offre de la variété. Si dans certaines parties on n'y voit d'habitants que quelques hordes nomades sorties de l'Arabie, ou descendant des montagnes, dans d'autres, et surtout au bord de l'Euphrate, et au pied même des montagnes, le pays est plus fertile et mieux cultivé. Aussi était-ce là que se trouvaient les villes les plus considérables, telles qu'*Edesse*, *Circesium*, la *Carchemis* de l'Ecriture, et autres situées dans le voisinage de l'Euphrate, et *Nisibis* vers le nord. Les villes d'*Ur* et d'*Haran* appartenaient également à cette contrée, bien que la première de ces deux villes soit considérée par *la Genèse* comme dépendante de la Chaldée. V. *Chaldée* et *Ur*. La population des montagnes se compose en partie de tribus barbares et belliqueuses qui ne reconnurent le joug d'aucun maître; c'était particulièrement celle qui longeait le Tigre. La Mésopotamie fit cependant partie des états de presque tous les conquérants de l'Asie, jusqu'à ce qu'elle fût partagée par les Romains et les Parthes, qui s'en disputèrent souvent la possession. A la faveur des troubles auxquels l'empire de Syrie fut en proie, la petite contrée d'Osroëne se forma en royaume, lequel dura fort longtemps, même pendant la domination romaine : Edesse en était la capitale.

MESPHÉ ou MASPHA. Voy. *Maspha*.

MESRAÏM, le second des fils de Cham. Son nom est un de ceux sous lesquels les Hébreux connaissaient l'Egypte, et encore aujourd'hui, les Arabes nomment cette même contrée MISSR. Quoique la *Genèse* ne fasse mention que de *Ludim*, *Ananim*, *Laabim*, *Nephthuim*, *Phetrusim* et *Chasluim*, comme enfants de MESRAÏM, les Arabes rapportent le nom de *Missr* à un autre de ses fils, tandis que les Hébreux en font honneur à *Mesraïm* lui-même : différence légère, qui n'altère en rien ce fait traditionnel, que l'origine de la population de la vallée du Nil est *Chamite*, ainsi que l'établit d'une manière si précise le *Psalmiste*, quand il désigne l'Égypte sous le nom de *terre de Cham*. Arrivés dans la vallée du Nil, par le midi, c'est-à-dire, par l'Éthiopie, ce n'est que petit à petit, sans doute, que Mesraïm et sa postérité ont descendu le fleuve et formé leurs établissements. Il y en eut, cependant, qui restèrent en arrière dans l'Éthiopie : les autres se portèrent dans les contrées environnantes. Chacun des six enfants de Mesraïm, cités par la *Genèse*, trouva sa place en dehors de la vallée du Nil, soit en Afrique, soit au S.-O. de l'Asie; il en résulte donc que, bien que l'Écriture n'en fasse pas mention, il faut que Mesraïm ait eu encore d'autres enfants qui seront restés sur les bords du Nil. Il en aurait eu, ce serait *Kobth*, que nous écrivons souvent ainsi *Cophte* ou *Copte*, ou bien *Missr*, suivant les Arabes. (CHAMPOLL., *Egypte sous les Phar.*, etc., t. I, p. 99, ex *Abd-Arraschid-el-Bakouï*). Indépendamment du nom de *Missr* qu'ils donnent au pays, ceux-ci appellent encore *Kobthi* les descendants des anciens Égyptiens; et il est démontré que la langue copte n'est autre que l'ancien idiome égyptien. Le savant M. ET. QUATREMÈRE a prouvé *(Recherh. sur la lang. et la littérat. de l'Egypte*, Paris, 1808, 8°, p. 4 et suiv.) qu'elle fut en usage jusqu'au XV$^e$ siècle de notre ère.

MESSA, lieu sur lequel on est fort peu d'accord, et dans lequel on a cru reconnaître le mont Masius, en Mésopotamie. C'est, avec Séphar, une des limites assignées à la postérité d'Hébert.

MESSA, vraisemblablement le nom d'un palais à Jérusalem.

MESSAL ou MASAL. Voy. *Masal*.

METHCA, vingt-deuxième station des Israélites dans le désert; ils venaient de Tharé et se rendaient à Hesmona.

MILET, place maritime de la plus grande importance, dans l'Ionie, partie de l'Asie-Mineure. Ce fut, après Tyr, la ville la plus commerçante de l'antiquité et la métropole de plus de cent colonies, dont plusieurs égalèrent en richesse et en grandeur la mère patrie, et la surpassèrent même dans la suite. Mais lorsque S. Paul y aborda, en venant de Samos, Milet était déchue et fort au-dessous, pour l'importance, de beaucoup d'autres villes de l'Asie-Mineure. Aujourd'hui, cette ancienne patrie de *Thalès*, d'*Anaximandre*, cette reine des cités commerçantes de l'Orient, ne présente plus que des ruines gisant aux environs des petits villages de *Palatsha*. Le golfe sur lequel elle était située est même comblé par les sables.

MISOR, lieu du pays de Moab; il donnait son nom à la partie du désert qui l'avoisinait, et où se trouvait la ville de Bosor. Voy. *Bosor*.

MISPHAT (fontaine de), le même lieu que Cadès. Voy. *Cadès-Barné*.

MITYLÈNE, une des principales villes de l'île de Lesbos, où S. Paul se rendit en sortant d'*Assos*. Cette place devint, avec le temps, assez importante pour donner son nom à la totalité de l'île, qui se nomme encore aujourd'hui *Metelin*, à environ sept milles, moins de deux lieues, de la côte de Troade. Cette île est une des plus grandes de l'Archipel; elle est célèbre pour avoir donné le jour à plusieurs personnages remarquables de l'antiquité, à *Sapho*, *Alcée*, *Pittacus*, *Eschine*, *Théophraste*, et au musicien *Arion*. La ville était située dans une position très-agréable, sur la côte orientale de l'île, dans une petite péninsule, et possédait deux ports ; elle était elle-même coupée par des canaux que la mer alimentait et que l'on nommait *euripes*. On célébrait autrefois, à Mitylène, des jeux où l'on disputait le prix de *poésie*.

Moab, c'est-à-dire, *engendré du père*, fils incestueux de *Loth*, et le père des *Moabites*, qui, primitivement, habitèrent tout le pays à l'orient de la mer Morte et de l'embouchure du Jourdain, jusqu'au temps où les conquêtes des Amorrhéens les forcèrent à se maintenir au S. de l'Arnon. Leur pays était, avant eux, occupé par les *Emim*, peuple de la race des géants. Il y eut toujours de grandes inimitiés entre les Moabites et les Israélites, et une haine qui, avec le temps, ne fit que s'accroître. Ils s'opposèrent, mais vainement, à ce que les Israélites missent, à leur arrivée, le pied sur leur territoire, et leur refusèrent, au milieu des nombreuses privations auxquelles ils étaient en proie, le pain et l'eau. Balac, roi de Moab, ordonna même au faux prophète Balaam de les maudire : ce qui fit dire par Moïse *que jamais ce peuple ne reconnaîtrait le vrai Dieu*. Néanmoins, Dieu conserva les Moabites comme instrument des punitions qu'il voulait infliger à son peuple : il permit qu'Israel subît leur joug pendant l'espace de dix-sept années après la mort de Josué. David combattit cette population remuante et la soumit au tribut qui paraît avoir été de cent mille brebis avec leur toison, et de cent mille agneaux. A l'époque du schisme, Moab passa sous le pouvoir des rois d'Israël, mais à la mort d'Achab, se révolta. Joram et Josaphat se réunirent, Moab fut vaincu, mais ce triomphe des rois d'Israël et de Juda, à qui s'était joint le prince d'Édom, n'amena aucun résultat important. A son tour Nabuchodonosor dévasta Moab lorsqu'il vint conquérir la Syrie, et il est probable que les habitants eurent alors le même sort que les enfants d'Israël, et qu'ils furent transférés en d'autres pays. Les prophètes font de vives menaces contre Moab qu'ils appellent, dans leur indignation, *peuple de Chamos*, nom de l'idole à laquelle les Moabites rendaient les principaux honneurs religieux. Le pays de Moab fut, de beaucoup, réduit par les Amorrhéens ; sa limite fut le lit du torrent de l'Arnon qui, ensuite, le sépara du partage de Ruben. Des autres côtés, il ne devait point avoir de borne précise, car il se prolongeait dans les grands déserts de l'Arabie. C'est là, sans doute, que les Madianites se trouvèrent établis au milieu des Moabites. Moab renfermait quelques villes importantes, entre autres la ville d'*Ar*, depuis *Areopolis*, sa capitale. Il avait aussi de grandes richesses en or et en argent. David déposa ce qu'il lui enleva dans la maison du Seigneur.

Moab (plaines de). Voy. *Plaines de Moab*.

Mochona, ville de la tribu de Juda, une de celles que les Juifs rebâtirent au retour de la captivité ; elle devait se trouver près de Sicéleg.

Modin, patrie des Machabées, et ville ou forteresse où Mathatias, le chef de la famille, se retira lors des persécutions que les rois de Syrie firent éprouver aux Juifs de Jérusalem. Suivant la *carte de la Palestine de* Reichard, et celle du docteur Pococke, cette place, bâtie sur une montagne, serait située dans la tribu de Dan. Cependant des voyageurs récents (Richardson, ii, p. 226) portent cette ville à environ 10 milles au N.-O. de Jérusalem ; position que lui assigne à peu près la *carte de la Palestine de* d'Anville. Il y eut un magnifique mausolée élevé dans cette ville par Simon, après le meurtre de son frère Jonathas par Tryphon, à la mémoire de Mathatias son père, mais ce monument fut détruit pendant la guerre qui rendit Titus maître de Jérusalem.

Molada, ville de la tribu de Siméon, située vers l'E., et rebâtie au retour de la captivité.

Molathi, ville que l'on confond avec la précédente.

Montagne, sans autre désignation, fort haute, et sur laquelle l'ange tentateur transporta Notre-Seigneur. On la place non loin de Jéricho.

Montagne des Amorrhéens. Voy. *Amorrhéens*.

Montagne du Scandale, montagnes où Salomon éleva, comme dans les hauts lieux, des autels aux idoles des peuples étrangers. Les uns croient reconnaître, dans la désignation qu'en donne le *livre des Rois*, la montagne des *Oliviers* ; d'autres croient plutôt qu'il s'agit ici d'une hauteur située au S. de Jérusalem, au-delà de la vallée des fils d'Ennon.

Montagne du Temple, ainsi nommée du temple qui y était construit ; c'est la même que le mont Moria. Voy. *Moria*.

Montée du Scorpion, défilé situé sur les confins de la tribu de Juda et de l'Idumée, à l'O. de la pointe méridionale de la mer Morte.

Morasthi, patrie du prophète Michée ; c'était, suivant saint Jérôme, un bourg de la tribu de Juda, à l'E. d'Eleuthéropolis.

Moria, une des collines renfermées dans l'enceinte de Jérusalem, celle où était située l'aire d'Areuna, où d'Ornan, et où David dressa, pour remercier Dieu d'avoir délivré Jérusalem de la peste, un autel remplacé depuis par le temple. Cette colline était d'abord de forme irrégulière ; aussi fallut-il, pour construire le temple et ses dépendances sur une surface unie et suffisamment étendue, augmenter son aire, et soutenir par d'immenses constructions ses côtés, qui formaient un carré. A l'orient, elle faisait face à la vallée du Cédron, vallée très-profonde, et communément appppelée de *Josaphat*. Au midi, elle dominait sur *Ophel*, d'une hauteur que Josèphe porte à 500 coudées, en sorte qu'il fallait un pont pour communiquer de Sion avec le temple. A l'occident était l'Acra, qui commandait à son tour le temple ; et enfin, au nord, un fossé profond creusé de main d'homme, et qui s'interposait entre le temple et le quartier de Bezetha. La fameuse tour *Antonia*, construite d'abord sous le nom de *Barcis*, par Hyrcan, et restaurée ensuite par Hérode, qui lui donna le nom d'Antoine son bienfaiteur, flanquait le temple à l'angle N.-O. On sait que c'était dans cette forteresse, construite sur un rocher élevé de 50 coudées, et escarpé de tout côté, que siégeait toute l'administration romaine, voy. *Antonia*. Lorsque les Syriens se conduisirent contre les Juifs avec cette atrocité qui devint la cause du généreux dévouement de la famille des Machabées, ils élevèrent sur l'Acra, afin de mieux tenir en leur pouvoir la ville de Jérusalem, une forteresse qui dominait sur le temple et sur la ville. Simon parvint à s'en emparer; son premier soin fut de la raser, de combler le vallon qui séparait l'Acra de Moria, et d'abaisser le sommet de la première de ces deux collines, pour que désormais le temple pût tout commander par sa position élevée et être vu de tous. Ces hauts faits de Simon furent consacrés par la reconnaissance publique. Des tables d'airain durent le transmettre à la postérité, et non seulement on en plaça, comme c'était l'usage pour les actes publics, sur la montagne de Sion, mais encore dans les galeries du temple : une copie en fut conservée dans le Trésor. Pour les changements survenus sur le mont Moria, voy. *Jérusalem*, et au *Diction. Archéolog.*, le mot *Temple*.

MOSEL, ville ou pays commerçant, où l'on faisait un grand trafic d'ouvrages en fer. On ne trouve aucune donnée qui puisse aider à fixer sa position.

MOSÉROTH, vingt-quatrième station des Israélites dans le désert. Partis d'Hesmona ils se rendaient à Béné-Jaacan.

MOSOCH, nom de l'un des fils de Japheth, toujours uni à ceux de Gog et de Magog. La même obscurité règne sur lui que sur eux. Cependant on a pensé que le prophète Ézéchiel avait désigné par ce nom les monts Moschiques sur les confins de l'Arménie, montagnes riches en mines de cuivre. D'autres versions que celle-ci, donnent au ch. XXVII, 15, d'*Ézéchiel*, le nom de Javan, en sorte que l'on a cru qu'il s'agissait des peuples descendus de Javan, c'est-à-dire, des *Grecs*. Au surplus, suivant le prophète, on tirait de ce pays, où les habitants font encore aujourd'hui la chasse aux hommes, des esclaves et des vases d'airain.

MYNDUS, petite ville maritime de la Carie, dans l'Asie-Mineure.

MYRA, ville maritime de la Lycie, dans l'Asie-Mineure, à l'O. de cette petite province. Dans son voyage à Rome, saint Paul toucha dans ce port, où il passa sur un autre bâtiment. On a confondu dans quelques traductions cette ville de Myra avec une prétendue ville de *Listra*, qui n'existe point en Lycie.

MYSIE, province de l'Asie-Mineure, au N.-O. La partie la plus occidentale forma l'ancienne Troade, dont la ville capitale, la malheureuse *Ilion*, acquit une si grande et si funeste célébrité. Des peuples de races différentes en occupaient l'étendue, mais il fut difficile même dans l'antiquité, d'en fixer les limites. Des Grecs éoliens occupaient le littoral, et étendirent la chaîne des colonies cariennes et lydiennes jusqu'à l'Hellespont et la Propontide, où Cyzyque, colonie de Milet, éclipsa toutes les autres. Le sol du pays, suivant le témoignage d'Hérodote (I, 149), surpassait presqu'en fertilité la féconde Ionie, et la culture des terres était l'occupation ordinaire des anciens habitants. *Troade* et *Assos*, où saint Paul débarqua, appartenaient à cette province.

# N

NAALOL, ville lévitique de la tribu de Zabulon, sur le bord du Cison, et dont les Chananéens restèrent en possession moyennant un tribut qu'ils payèrent aux Zabulonites.

NAAMA, ville de la tribu de Juda, vers l'O.

NAARATHA, ville de la tribu d'Éphraïm, au N.-E. de Jéricho.

NABAJOTH, l'aîné des enfants d'Ismaël dont la postérité paraît s'être propagée dans la partie de l'Arabie appelée le *pays des Nabathéens*.

NABATH, petit-fils d'Ésaü : on ne sait si c'est de lui ou bien de Nabajoth, fils d'Ismaël, que les Nabathéens ont reçu leur existence et leur nom.

NABO ou NÉBO. Voy. *Nébo*.

NABUTHÉENS, plus ordinairement *Nabathéens*, peuple de l'Arabie, issu, soit de *Nabajoth*, fils d'Ismaël, soit de *Nabath*, petit-fils d'Ésaü, par Rahuel. Il règne de l'incertitude sur l'étendue du pays que ce peuple occupait. On lui a assigné toute la contrée comprise entre l'Euphrate et la mer Rouge. Les Nabathéens ne paraissent pas, au moins sous ce nom, dans l'Écriture avant le temps des Machabées. Eux seuls assistèrent alors les Juifs dans les guerres que ceux-ci eurent à soutenir contre les peuples voisins. Cependant cette amitié se démentit plus tard, et les Nabathéens furent battus par Jonathas, frère de Judas, qui ravagea leur territoire. Les Nabathéens étaient un peuple pillard, comme le sont tous les Arabes ; mais ils s'étaient formés cependant à la conduite des caravanes de l'Yémen aux bords de la Méditerranée. L'éducation du bétail était en outre une de leurs principales occupations. Leur nom était celui que les Grecs connaissaient le mieux parmi les populations du nord de l'Arabie. Ils en firent même l'application à plusieurs peuples assez considérables ; dans la suite, cependant, le nom des Nabathéens ne désigna plus que cette partie de l'Arabie que nous appelons aujourd'hui l'*Hedjaz*.

NACHON ou CHIDON (aire de). Voyez *Chidon*.

NACHOR (ville de), ou HARAN, ou CHARAN. Voyez *Haran*.

NAHALIEL, plaine située dans le pays de Moab, au S. de Bamoth. Les Israélites y séjournèrent.

NAHAS, ville de la tribu de Juda.

NAÏM, ville où Notre-Seigneur rendit à la vie le fils

de la veuve. Elle appartenait à la tribu d'Issachar, et était située au pied du mont Hermon.

NAJOTH, près de Ramatha, dans la tribu d'Éphraïm. David, fuyant la colère de Saül, se retira dans cette ville auprès de Samuel. Il y avait là une école de prophètes.

NAPHIS, nom de l'un des fils d'Ismaël, qui devint celui d'un peuple. Ce peuple devait habiter dans le voisinage de l'Iturée ou d'Jethur, et des Agaréens, puisqu'il s'allia avec eux contre les trois tribus d'au-delà du Jourdain.

NAPLES, c'est-à-dire *Neapolis*, ville de la Macédoine, dans la partie la plus orientale de cette contrée, et où se rendit saint Paul en quittant l'île de Samothrace.

NATION SAINTE. Voy. *Hébreux*, *Israël* et *Juifs*.

NAZARÉEN, nom donné à Jésus-Christ comme ayant été élevé dans la ville de Nazareth. Il le fut aussi à tous les chrétiens, et devint ensuite celui d'une secte particulière.

NAZARETH, petite ville située sur une hauteur, au S. de Séphoris, dans la Galilée, tribu de Zabulon, à environ cinq lieues au S.-E. de Ptolémaïs, et à l'O. du mont Thabor. Patrie de la sainte Vierge, Nazareth est célèbre dans l'histoire de la religion. Ce fut là que Notre-Seigneur passa les premiers temps de son existence; il y fut menacé, cependant, par les habitants, qui voulurent le précipiter du haut en bas de la montagne sur laquelle la ville est bâtie. De peu d'importance avant la venue du Christ, elle resta après lui dans l'obscurité. Aujourd'hui ce n'est plus qu'une réunion de petites maisons disséminées en groupes irréguliers, jusqu'au pied d'une colline qui s'élève en forme d'amphithéâtre, et entoure à peu près la ville. Sa population, composée de 12 ou 1400 habitants, est en grande partie chrétienne. Il y a un couvent spacieux et bien construit qui renferme, dit-on, dans son enceinte l'ancienne demeure de Joseph d'Arimathie, et la place où l'ange annonça à la Vierge sa conception miraculeuse. Toute cette contrée est dans l'état le plus déplorable, quoique le sol soit léger et facile à mettre en œuvre. Son aspect justifie presque le sarcasme de Nathanaël : *Peut-il venir quelque chose de bon de Nazareth?*

NÉBALLAT, ville de la tribu de Benjamin.

NÉBO, ville de la tribu de Ruben, rebâtie par les Rubénites, lorsque ceux-ci eurent pris possession des terres qui leur étaient assignées. Quelques-uns de ces habitants furent de ceux qui revinrent de la captivité. Suivant les prédictions des prophètes, la main de Dieu s'était appesantie sur elle.

NÉBO, montagne dépendante des monts Abarim, et située dans la tribu de Ruben. Ce fut sur cette montagne que mourut Moïse après avoir pu jouir de la vue du pays de Chanaan. Le sommet s'appelait *Phasga*. Voy. *Abarim*.

NEBSAN, ville de la tribu de Juda, située dans le désert, non loin de la mer Morte.

NÉCEB ou ADAMI. Voy. *Adami*.

NÉHÉLAMITE, habitant ou natif de Néhélam : position inconnue.

NÉHEL-ESCOL ou TORRENT DE LA GRAPPE DE RAISIN. Voy. *Escol*.

NÉHIEL, ville de la tribu d'Aser, au S.

NEMRA ou BETHNEMRA. Voy. *Bethnemra*.

NEMRIM (eaux de), petit torrent de la tribu de Ruben, qui court se jeter dans le Jourdain.

NEMROD (pays de), nom donné à la Babylonie, où régna Nemrod, fils de Chus, et où il bâtit les quatre villes de *Babylone*, *Arach*, *Achad* et *Chalanné*. Voyez *Babylonie*.

NÉPHATH-DOR, canton de la ville de Dor, de la tribu d'Éphraïm, situé sur la mer Méditerranée, et dont Bénabinadab, gendre de Salomon, eut l'intendance.

NEPHI, lieu où fut caché, à l'époque de la captivité, le feu sacré pris sur l'autel dans le temple. Il était voisin de la piscine probatique. Néhémias le nomma *Nephtar* ou *Purification*.

NEPHTHALI, sixième fils de Jacob. Il fut la souche de l'une des douze tribus d'Israël. Le sort plaça cette tribu dans la Galilée Inférieure et Supérieure, au N. de la terre de Chanaan. Les Nephthalites aimèrent mieux se concilier l'esprit des habitants du pays que de se les aliéner en essayant de les chasser; ils leur imposèrent un tribut. Le territoire de cette tribu était très-fertile. Moïse avait prédit que Nephthali *jouirait en abondance de toutes choses*, *qu'il serait comblé des bénédictions du Seigneur*, *et qu'il posséderait la mer et le midi*. Ravagée par les Assyriens, la tribu de Nephthali vit ses villes et ses campagnes dévastées et dépeuplées par Téglath-Phalasar, qui en emmena les habitants en captivité. Lors du premier dénombrement dans le désert, Nephthali comptait 53,000 hommes en état de porter les armes; au second, ce nombre n'était plus que de 45,400. Trente-huit mille hommes bien armés de lances et de boucliers vinrent se joindre à David à Hébron, et le conduisirent de là à Jérusalem.

NEPHTHALI, ville de la tribu du même nom, située vers le centre. C'était la patrie de Tobie.

NEPHTALI (montagne de), partie montueuse de la Galilée, dans laquelle était située la ville de Cédès.

NEPHTAR ou NÉPHI. Voy. *Néphi*.

NEPHTOA, source qui se trouvait sur la frontière des tribus de Benjamin et de Juda.

NEPHTHUÏM, le quatrième des enfants de Mesraïm. Bochart place sa postérité dans le pays voisin de la Cyrénaïque, à l'E., c'est-à-dire, dans la Marmarique. D'autres l'établissent dans l'Éthiopie au-dessus de l'Égypte, entre le Nil et la mer Rouge.

NÉSAÏM, position ignorée.

NÉSIB, ville de la tribu de Juda, située dans le voisinage d'Hébron.

NÉTOPHAT, NÉTOPHATI, NÉTUPHA ou NÉTUPHATI, patrie de l'un des forts de David, ville de la tribu de Juda, située aux approches de *Bethléem*. — *Nétophatte*, habitant de Nétophat.

NICOPOLIS, ville que les uns placent en Macédoine, sur le Nessus, et d'autres en Épire, sur le golfe d'Ambracie. Il paraît que S. Paul y passa l'hiver de 63-64.

entre son premier et son second emprisonnement à Rome.

NIL, grand fleuve d'Afrique, célèbre moins par l'étendue de son cours que par les bienfaits qu'il répand sur le sol de l'Egypte : aussi, le peuple égyptien, frappé de son importance, lui a-t-il voué, dans sa reconnaissance, une sorte de culte. Il regardait le Nil comme *sacré*, et Plutarque (*de Isid. et Osirid.*) nous apprend que les Égyptiens le saluèrent du titre de *père* et de *sauveur* de l'Égypte. Sur une médaille de Julien, on lit : DEO. SANCTO. NILO., et Parménon de Bysance donnait à ce fleuve le nom de *Jupiter* : Αἰγύπτιε Ζεῦ Νεῖλε (M. LETRONNE, *Recherches sur l'Egypte*, in-8°, p. 397). Malgré les tentatives qui ont été faites pour y parvenir, les modernes ne sauraient déterminer avec une parfaite exactitude les sources de ce fleuve. Il ne faut donc point s'étonner si le tracé de son cours a donné lieu, à toutes les époques, à tant d'hypothèses différentes. Les uns les plaçaient sur les confins de l'Egypte, au S.; d'autres les transportaient dans la Mauritanie. Alexandre crut un moment reconnaître ce fleuve dans le cours de l'Hydaspe, rivière de l'Inde (*Strab.* XVII, 826). Dans les temps modernes, les Jésuites portugais les portèrent dans la province de Goyama, en Abyssinie, à l'orient du lac Dembéa; toutefois, plusieurs géographes, entre autres le célèbre D'ANVILLE, considéraient comme étant le Nil une rivière qui vient du S.-O., et qui est connue sous le nom de *Bahr-el-Abiad*, ou *rivière Blanche*. Cette rivière, dont aucun Européen n'a encore pu visiter les sources, puisqu'aucun ne s'est avancé, de ce côté, au-delà du 10° degré de latitude N., où est arrivé M. FRED. CAILLAUD, vient, selon les écrivains arabes, des monts *Djébel-Kamar* ou *montagnes de la Lune*, situées vers le 11° degré de lat. S. Cependant le major RENNELL indique cette source au S. du Darfour, dans une contrée nommée *Donga*, par 25° long. de Greenw. (23° 20', E. de Paris), et 8° lat. N., à plus de 4 degrés au S. de la source de l'*Abawi*, que les Jésuites et BRUCE ont pris pour le Nil. Il résulte de cette opinion que l'*Abawi* ou *Bahr-el-Azreq* et le *Tacazze* ou *Athbara*, rivières de l'Abyssinie, répondent à l'Astapus et à l'Astaboras, qui, selon les anciens, se jetaient dans le Nil. C'est au lieu nommé Halfay, situé au-dessus de Chendy, vers le 16° parallèle, que le *Bahr-el-Azreq*, *fleuve Bleu*, se réunit au *Bahr-el-Abiad*, *fleuve Blanc*, pour former le grand et le véritable fleuve du *Nil*, qui traverse toute la Nubie et l'Égypte. Au-dessous de Chendy, deux degrés plus au N. que la position d'Halphay, le Nil se grossit de l'*Athbara*, l'ancien *Astaboras*, limite de l'île de Méroé. Dans la Nubie, le lit du Nil se replie sur lui-même; mais il est encombré de rochers qui en rendent la navigation sinon dangereuse, du moins très-laborieuse. Il franchit les cataractes, qui ne sont point aussi effrayantes que les anciens nous le disent, et il arrive sur les terres d'Égypte, qu'il parcourt du S. au N. sur une longueur de 7 degrés et demi; et comme ses rives sont bordées, à l'E. et à l'O., du 24° au 30° degré, par des chaînes de collines, la chaîne arabique et la chaîne libyque, il coule à travers une vallée quelquefois excessivement resserrée. Ainsi maintenu, il reste enfermé dans un seul lit parsemé d'îles plus ou moins considérables jusqu'à la position de Cercasore. Alors, les deux chaînes de collines s'éloignent, et le Nil, partagé en plusieurs bras, forme un triangle dont le sommet est à Cercasore, et dont la base s'appuie sur la mer Méditerranée; son aspect est celui de la lettre grecque Δ, appelée *delta*, dont le nom est resté à toute cette partie de l'Égypte. Les bras du Nil sont nombreux dans cette partie du cours du fleuve; mais ils n'ont point tous une égale importance. On les nomme aussi *bouches*. Quelquefois ces bouches éprouvent des changements; en sorte que de principales qu'elles étaient d'abord, quelques-unes d'entre elles deviennent en quelque sorte secondaires, et réciproquement de secondaires principales. Les plus importantes étaient autrefois au nombre de sept, c'est à savoir, en venant de l'E. à l'O. : 1° la branche *Pélusiaque*; 2° la branche *Bubastique*; 3° la branche *Mendésienne*; 4° la branche *Phatnitique*; 5° la branche *Sébennytique*; 6° la branche *Bolbitine*; et 7° la branche *Canopique*. Les branches Canopique et Pélusiaque étaient autrefois les principales; aujourd'hui ce sont les branches Bolbitine et Phatnitique. Ce fleuve déborde annuellement, et couvre dans cette circonstance presque toutes les terres de l'Égypte. Dans ses crues périodiques, il y dépose ce limon bienfaisant qu'il apporte des pays où il a sa source et de ceux qu'il traverse, et qui procure au sol de l'Egypte une si incroyable fertilité, voy. *Egypte*; mais en fertilisant ainsi une contrée naturellement aride, et qui est cependant devenue à beaucoup d'époques le grenier des grandes nations, il exhausse son sol, et en même temps il l'étend; et en effet, sans cesse, il empiète même sur la mer, ainsi que le prouvent les monuments historiques d'époques très-connues et même très-voisines de nous, ainsi que le prouve aussi la position de villes qui, fondées autrefois sur le bord de la mer, en sont aujourd'hui placées à des distances plus ou moins considérables, telles que Damiette et Rosette. Dans l'espace de vingt-six années seulement, cette dernière a été reculée d'une demi-lieue dans les terres (DU MAILLET, *Description de l'Égypte*, t. I, p. 128). Hérodote (II, 4, 5) affirme que le Delta du Nil est un présent du fleuve, qu'il fut une époque où il ne formait qu'un immense marais; et, en effet, tout concourt à le prouver, les changements survenus dans la configuration du sol de la Basse-Égypte, aussi bien que sa propre nature, qui est tout-à-fait alluviale, c'est-à-dire, due aux atterrissements qui se sont successivement formés et consolidés. Le Delta a dû, en conséquence, former aux époques, anté-historiques, un golfe immense qui s'est comblé avec le temps, et s'est petit à petit converti en une terre-ferme. Les eaux du Nil sont, dit-on, saines quand elles sont épurées; mais elles sont très-bourbeuses. Ce fleuve reçut, dans l'antiquité, beaucoup de noms différents; il en dû quelques-uns à la reconnaissance. Les Grecs l'apperent ὠκεανὸς, *Océan*, nom corrompu, formé de ὠκεαμης, ἀετος, *aigle*, et Αἰγυπτος, *Egyptus*. Pour le mot *Nil*, il est de formation récente ( CHAMPOLL., *Egypt. sous les Phar.*, t. 1, p. 129 ). Diodore de Sicile (I, 17) assure que ce fut un roi nommé Νεῖλος, *Nilus*, qui le lui donna; cependant on lui attribue encore d'autres origines. Les anciens Égyptiens appelaient le Nil *Iaro*, *le fleuve*, dénomination conservée aussi par les Coptes ( CHAMPOLL., *ib.* ). Le prophète Ézéchiel désigne ce fleuve sous le nom de *grandes eaux*; ses rives étaient couvertes de grasses prairies.

NINIVE, dans l'Assyrie proprement dite, ville qui jouit autrefois de la plus grande importance. Suivant la *Genèse*, Assur en fut le fondateur. Les Grecs rapportant sa fondation à Ninus, la nommèrent *Ninus*. Quoi qu'il en soit, elle fut bâtie, peu de temps après Babylone, sur les bords du Tigre; on a cru retrouver son emplacement à une heure de chemin au N.-E. de la ville moderne de Mossoul. Ninive formait un carré long dont les côtés allongés avaient, suivant Diodore de Sicile (II, 3), 150 stades, et les plus courts seulement 90; son circuit était de 450 stades ou 18 lieues environ. Ses murs avaient 100 pieds de hauteur, et ils étaient assez larges pour que trois chars pussent y tenir de front. En outre, 1500 tours s'élevaient encore de 200 pieds au-dessus de ces murs. Depuis la conquête de Ninive par Arbacès, roi de Médie, dans le milieu du VIIIᵉ siècle avant Jésus-Christ, cette ville éprouva un grand bouleversement; mais elle fut de nouveau réparée par ce prince, et devint la capitale du grand empire d'Assyrie. Cent ans après, elle fut de nouveau conquise par Nabopolassar, et entièrement dévastée; c'est à peine si maintenant quelques faibles traces en révèlent l'existence. Lucien prétend, que de son temps, on ignorait son emplacement. Jonas prophétisa sa chute de la manière la plus terrible. Voici ce que rapporte de cette ville le voyageur M. BUCKINGHAM, qui se transporta de Mossoul sur son emplacement présumé; il y reconnut quatre espèces de huttes ou levées de terre disposées dans la forme d'un carré, et sur lequel on ne voit ni briques ni pierres, ni aucun vestige de bâtiments : ce sont simplement de grandes masses de terre recouvertes d'herbes, et ressemblant aux fortifications d'un camp abandonné. Le plus long de ces retranchements va du N. au S., et se présente sous la forme de plusieurs petites

chaînes d'inégale hauteur, qui se prolongent sur une étendue de 4 ou 5 milles. Il y en a trois autres près de la rivière, qui courent E. et O.; le premier de ces trois derniers, en partant du S., est appelé *Nebbe-Yonos* ou *Yonas*. On y voit, en effet, un tombeau où l'on prétend que reposent les restes du prophète Jonas; auprès est un petit village. Le second se nomme *Tal-Hermoush*, et n'offre rien de remarquable; le troisième à cause de sa régularité et de sa hauteur est appelé *Tal-Ninoé*, la *colline de Ninive*. On trouve des élévations semblables tant au S. qu'au N. pendant plusieurs milles; elles sont moins caractérisées et moins sensibles. Une plaine unie existe entre elles; on y remarque des fragments de poterie et d'autres débris pareils à ceux que l'on voit sur l'emplacement de toutes les villes détruites. En fouillant le sol, on a trouvé, ajoute plus loin le même voyageur, une foule de pierres précieuses antiques, et d'autres pierres chargées d'inscriptions hiéroglyphiques. Quelques-unes ont été découvertes et dessinées par M. Rich de Bagdad, dans les *Mines de l'Orient*. Dernièrement, on a trouvé une grande table en pierre couverte de dessins et de caractères inconnus (*Travels in Mesopotamia*, Lond., 1827).

NOA, ville de la tribu de Zabulon sur les frontières de Nephthali.

NOB ou NOBÉ. Voy. *Nobé*.

NOBÉ ou NOB, ville sacerdotale de la tribu de Benjamin ou de celle d'Ephraïm, dont Saül fit massacrer les habitants, parce que le grand-prêtre Achimélech, alors dans cette ville à cause de la présence du tabernacle, avait fourni quelques vivres à David.

NOBÉ ou CANATH. Voy. *Canath*.

NODAB, ville de l'Arabie qui subit le même sort que Naphis dans son alliance avec les Ituréens et les Agaréens contre les trois tribus d'au-delà du Jourdain; l'une et l'autre furent totalement dévastées.

NOPHÉ, ville du pays de Moab, conquises par les Israélites sur les Amorrhéens; elle n'était pas éloignée de Médaba.

NOPHET, ville dont un tiers seulement appartenait à la demi-tribu O. de Manassé: les deux autres tiers étaient probablement restés en la possession des Chananéens. Peut-être bien est-ce la même que *Néphat*, à l'Orient de Dor?

NORAN, ville de la tribu d'Ephraïm, près du Jourdain.

## O

OBÉDÉDOM, maison située dans un bourg voisin de Jérusalem, et où l'arche d'alliance fut momentanément déposée.

OBOTH, trente-quatrième station des Israélites dans le désert ; ils venaient de Phunon, et se rendaient à Géabarim. Ce lieu devait se trouver dans la vallée des Salines, au S. de la mer Morte.

ODOLLAM ou ADULLAM-SOCHO, ville de la tribu de Juda, environnée de cavernes dans l'une desquelles se retira David fuyant le courroux de Saül. Ce fut une des villes que Roboam fortifia aussitôt après le schisme. Voy. *Adullam-Socho*.

ODULLAM, OBOLLAM, ou ADULLAM-SOCHO Voy. *Odollam*.

OHOLI, patrie de l'un des forts de David.

OLIVIERS (mont des), montagne située à l'E. de Jérusalem, et séparée de la ville par le torrent du Cédron et la vallée de Josaphat. Elle était éloignée de la ville de toute la valeur *du chemin que l'on pouvait faire le jour du sabbat*. Cette montagne est très-fertile, bien cultivée et couverte d'oliviers qui lui ont fait donner le nom qu'elle porte. Le docteur CLARKE y a trouvé un bosquet de ces arbres d'une immense étendue, qu'il a supposé avoir été le jardin de *Gethsemane*. La montagne se partage en trois collines; celle du *milieu* domine les deux autres. Ce fut de cette colline qu'après sa résurrection Notre-Seigneur monta au ciel. Sur la plus belle de ces collines, celle qui regarde le midi, Salomon éleva des autels aux faux dieux, d'où cette montagne fut appelée *montagne du Scandale*. Quant à la troisième qui fait face au N., on l'appelle la *montagne du Galiléen*, paroles dites par les anges aux apôtres au moment de l'ascension de Jésus-Christ, prodige qui attira sur cette montagne toute la vénération des chrétiens, et encore aujourd'hui on y remarque les ruines d'une église bâtie par l'impératrice Hélène, sous le titre de l'*Ascension*. Du sommet de la montagne, on jouit de la vue du panorama complet de la ville.

OLON ou HOLON. Voy. *Holon*.

ONO, une des villes de la tribu de Benjamin, située sur le bord du Jourdain.

OPHAZ, que dom Calmet considère comme le Phase ou Colchide, Saumaise comme l'île d'Ophiode dans le golfe Arabique, et que l'on confond aussi avec OPHIR. Voy. *Ophir*.

OPHEL, quartier de la ville de Jérusalem, situé entre le mont Sion et le mont Moria, sur lequel s'élevait le temple. Parmi les commentateurs, les uns veulent que ç'ait été un lieu élevé, d'autres un lieu profond. Si l'on s'en rapportait à la version grecque (IV *Rois* v, 24), le mot Ophel serait rendu par celui de σκοτεινός, qui signifie lieu *obscur, ténébreux*; d'un autre côté, Josèphe dit qu'Ophel ou Oplan est un *lieu*, Χῶρος. Une circonstance qui doit faire considérer ce dernier terme comme décisif, c'est que cet historien cite ce nom précisément lorsqu'il décrit la direction de l'ancien mur de Jérusalem à travers Ophel, sur lequel il a déjà dit, en parlant du mont Moria, que dominait la face méridionale du temple. Ce fut, à ce qu'il paraît (II *Paralip*. xxxiii, 14), le roi Manassé qui renferma Ophel dans l'enceinte de la ville de David; ce qui prouve que jusque-là la cité de David n'avait point excédé les limites naturelles de la montagne de Sion, qui est réellement bornée par la ravine de Siloë. Manassé l'entoura et la fortifia. Voyez *Jérusalem*.

OPHER ou GETH-OPHER. Voyez *Geth*.

OPHÉRA, ville de la tribu de Benjamin, sur la limite au N.-E.

OPHIR, lieu, ville ou pays connu pour les richesses que le commerce en rapportait, et qui consistaient particulièrement en or. Sa position a donné lieu à de nombreuses opinions; et jamais question n'a été peut-être plus controversée; il en a été de même pour celle de *Tharsis*. Tous les pays qui possèdent des mines d'or ont eu, quel que fût leur éloignement, l'honneur d'être considérés comme représentant l'*Ophir* de la Bible. On l'a porté en Colchide, sur les bords du Phase, dans le Bengale, au Pégu, à Sumatra, à Ceylan, dans la presqu'île de Malacca, dans l'Inde, sur la côte occidentale de l'Afrique; on l'a même cru, après la découverte du Nouveau-Monde, à Saint-Domingue et au Pérou; enfin, et il faut le reconnaître, c'est l'opinion la plus commune, sur la côte de *Sofala*, en Afrique, vers le 20° degré de latitude méridionale. Pour adopter cette opinion, on s'est fondé, entre autres motifs, sur la ressemblance que l'on a cru remarquer entre ce nom de *Sofala* et celui de *Sophir*, forme sous laquelle les Septante et Josèphe écrivent le mot *Ophir*; mais il n'existerait entre ces mots, selon MICHAELIS (*Spicileg. Geogr.* Hébr., pars II, p. 199), aucune analogie, car *Sofala*, en arabe, signifie *le rivage de la mer*. D'après le savant GOSSELIN (*Rech. sur la Géogr. des anciens*, t. II, in 4°), c'est rechercher *Ophir* beaucoup trop loin, et dans des contrées que ni les Phéniciens, ni les Hébreux, ni les Egyptiens, ni même les Grecs et les Romains dans les temps bien postérieurs, n'ont jamais fréquentées. Quelques auteurs ont cependant entrevu que la position d'*Ophir* pouvait être en Arabie, surtout *Niebuhr*. Gosselin est de cet avis, et il l'expose avec détail; il place Ophir dans la position d'une ville appelée *Doffir*, ville considérable, capitale du Bellad-Hadsjé, dans l'Yémen, un peu plus au N. que Loheia, et près d'une autre ville nommée Affar. Doffir, autrefois sur le bord de la mer, en serait aujourd'hui à une quinzaine de lieues de distance, à cause du retrait des eaux. Quelque précision qu'apporte dans sa démonstration le respectable Gosselin, il est permis de croire cependant que la dénomination d'Ophir est une de celles que les anciens employaient, mais avec un sens vague, pour désigner des contrées éloignées; l'antiquité en offre plus d'un exemple. Ophir serait donc, dans cette hypothèse, une expression indiquant non un lieu fixé, mais simplement une région du monde, comme ceux d'*Indes orientales* et d'*Indes occidentales* dans la géographie moderne; elle aurait, en conséquence, appartenu aux riches pays méridionaux du littoral de l'Arabie, de l'Afrique et peut-être de l'Inde, où les Phéniciens avaient déjà gagné de grandes richesses par la voie des caravanes, remplacée depuis par la navigation. Cette opinion, émise par le savant HEEREN (*Politiq. et Comm.*, etc., t. II, p. 83), serait-elle plus près de la vérité que les autres, quelles que soient les vraisemblances de nom qui puissent exister d'ailleurs?

OPHNI, ville de la tribu de Benjamin, vers le N.

OREB, rocher auprès duquel deux des chefs madianites furent mis à mort. Il était probablement situé dans la demi-tribu O. de Manassé, sur le bord du Jourdain et près du gué de Bethberra.

ORIENT (peuples de l'). Par ce mot, les prophètes Isaïe, Jérémie, Ézéchiel et Joël, font allusion aux Arabes, dont la position était orientale relativement à eux.

ORNAN ou AREUNA. Voyez *Aire d'Areuna*.

ORONAÏM, ville de l'ancien pays de Moab, entrée dans le partage de la tribu de Ruben comme ville moabite. Cette ville, qui ne devait pas être éloignée d'Hésébon, est de celles que les prophètes désignent comme devant être victimes des fautes de Moab, et sur lesquelles doit s'appesantir la justice de Dieu.

ORONTES, rivière de la Syrie qui a sa source dans le Liban, traverse Émèse, Apamée et Antioche, au-dessous de laquelle elle se jette à la mer.

ORORI, AROR ou ARORI. Voyez *Aror*.

ORTHOSIADE, ville phénicienne, située sur la côte, au N.-O. de Tripoli. Ce fut là que Tryphon, poursuivi par Judas, se retira honteusement de Joppé sur un vaisseau.

OZENSARA, ville de la tribu d'Éphraïm, dont le fondateur fut Sara, qui bâtit aussi les deux Béthoron, Haute et Basse. Elle était au N. d'Aphærema.

# P

PALESTINE. Ce nom, qui dérive de celui des Philistins, s'appliquait originairement à la partie S.-O. de la Grande-Palestine, c'est-à-dire, au pays des cinq princes ou rois philistins d'Accaron, de Geth, d'Azot, d'Ascalon et de Gaza; mais jamais il ne fut étendu, avant le temps de Jésus-Christ, au pays que les Israélites occupèrent. Ceux-ci employèrent le nom de *terre de Chanaan*, d'abord restreint au pays situé entre la mer Méditerranée et le fleuve du Jourdain, mais qui ensuite, prenant une extension de plus en plus grande, embrassa la totalité des terres où ils demeurèrent, voyez *Chanaan*; celui d'*Israël* ou *terre d'Israël*, auquel on ajoutait quelquefois celui de *Juda* et ceux de *Terre du Seigneur*, *Terre-Promise*, et plus tard celui de *Terre-Sainte*. Les prophètes, surtout Ézéchiel, l'appellent vaguement la *montagne* ou les *montagnes d'Israël*. Ptolémée et Pline (v. 24, 25) la nomment indifféremment *Palestine* ou *Judée*.—Les frontières étaient, au N., la Syrie et une partie de la Phénicie; au S. et l'E., elle était entourée par le grand désert de l'Arabie, sur les confins duquel habitaient les Amalécites, les Iduméens, les Madianites, les Moabites et les Ammonites. Sous les règnes de David et de Salomon, ses limites furent reculées jusqu'à la mer Rouge et à l'Euphrate; depuis elles se resserrèrent de manière à devenir à peu près ce qu'elles étaient auparavant. En définitive, au temps de Jésus-Christ, la Palestine était bornée à l'E. par les montagnes de Galaad et les déserts de l'Arabie, au N. par la Syrie et le Liban, à l'O. par la Méditerranée et au S. par l'Arabie-Pétrée et l'Égypte. Sa longueur, fixée de Dan au N. à Bersabée au S., comme le fait l'Écriture, était d'environ 50 lieues, et sa largeur, de l'E. à l'O., variait entre 12 et 36. Sa superficie ne dépassait pas 750 lieues carrées, et cependant, dans les temps de prospérité, on y compta jusqu'à 5,000,000 d'hommes. Du nord une chaîne de montagnes, qui se divise au-dessus de la Palestine en deux branches parallèles, le *Liban* et l'*Anti-Liban*, confondues dans l'Écriture sous le même nom de *Liban*, c'est-à-dire, *couvert de neige*, parce que sur le plus haut sommet de cette chaîne la neige ne fond jamais, se projette vers le S. et le S.-E. de manière à circonscrire le bassin du Jourdain. L'*Hermon*, qu'il faut se garder de confondre avec le *Petit-Hermon*, situé de l'autre côté du Jourdain, est le nom appliqué à cette dernière partie du Liban. A la suite viennent les *montagnes de Galaad*, puis celles du *Basan*, et enfin les *monts Abarim*: toutes ces montagnes sont à l'orient du Jourdain. A l'occident de ce fleuve s'étend comme une suite du Liban, la chaîne à laquelle appartient le *mont Thabor*, le *Petit-Hermon*, et qui, au N. de Samarie, se bifurque de manière à pousser vers le N.-O. une branche qui se termine par le *mont Carmel*; puis vient la *montagne d'Éphraïm*, dont dépendait les monts *Gelboé*, *Garizim*, *Ébal*, *Silo* et *Quarantania*. Les montagnes de Juda forment la partie la plus méridionale de toute la chaîne; elles sont à l'O. de la mer Morte. Les monts *Seir* et *Carmel* du sud en sont les parties les plus importantes. Parmi les montagnes isolées, la plus remarquable est celle *des Oliviers*, à un quart de lieue à l'E. de Jérusalem. Le grand nombre de montagnes dont le pays est entrecoupé devait naturellement y former beaucoup de vallées; souvent ces montagnes laissent entre elles des plaines non moins remarquables par leur étendue que par l'intérêt historique qui s'y rattache. Les plus célèbres sont: 1° la *plaine du Jourdain*, ou la vallée formée par les deux rives du fleuve entre le lac ou mer de Cénéreth et la mer Morte, ou bien, suivant Eusèbe, depuis le pied du Liban jusqu'au désert de Pharan dans l'Arabie-Pétrée, de manière à comprendre, non seulement les champs fertiles de Jéricho, mais encore les plaines de Moab; 2° la *plaine d'Esdrelon* ou *vallée de Jezraël*, entre les montagnes du Thabor, du Carmel et d'Ephraïm; 3° les *plaines de Saron* et de *Sépheéla*, le long de la Méditerranée, entre le promontoire du Carmel et l'extrémité méridionale du pays des Philistins; 4° la *vallée du Cédron*, entre Jérusalem et la montagne des Oliviers; 5° la *vallée de Josaphat*; 6° la *vallée des fils d'Ennom*, fameuse par l'horible culte que l'on y rendait à Moloch; 7° la *vallée de Réphaïm* ou *des Géants*, qui s'étendait de Jérusalem à Bethléhem; 8° et enfin la *vallée d'Escol* ou *des Raisins*, non loin de la ville d'Hébron. — Le nom de *désert* apparaît souvent dans la *Bible*, sans s'appliquer toujours à de grandes plaines sablonneuses; quelquefois on le donnait à des terrains fertiles, mais vagues en quelque sorte et réservés aux pâturages : tels étaient le *désert de Jéricho*, celui *de Juda*, au S. de Bethléhem, ceux *d'Engaddi*, *de Bersabée*, *de Maon* et autres. — La mer Méditerranée borde la Palestine à l'O.; les Israélites la désignaient sous différents noms. Il y avait le long de la côte quelques bons ports. Pour les eaux intérieures, il faut les distinguer en lacs et en eaux courantes. Parmi les premiers sont le lac *Mérom* ou *Samochonites*, au N., le lac de *Cénéreth*, de *Génésareth*, de *Tibériade* ou bien de *Galilée*, que traverse le Jourdain, et la mer *Morte*, mer du *Désert*, lac *Salé* ou les *Asphaltite*, où ce fleuve a son embouchure. Le *Jourdain* excepté, tous les cours d'eau ne sont que des ruisseaux torrentueux, parmi lesquels il faut cependant remarquer l'*Hieromax*, le *Jaboc* et l'*Arnon*, qui se jettent, les deux premiers dans le Jourdain, et le dernier dans la mer Morte. Dans la Méditerranée se perdent le *Relus*, le *Cison*, le *Cana*, le *Sorec* et le *Bésor*. — La *Bible* représente sous les couleurs les plus attrayantes la fertilité et les beautés du pays de Chanaan, qui devaient paraître encore plus séduisantes aux Hébreux après le long séjour qu'ils avaient fait dans le désert, au milieu de privations de tout genre. Ses plaines étaient fécondes, et ses montagnes chargées d'une riche végétation en arbres et en pâturages. Les vignes, les oliviers, les fruits, les aromates et les grains y croissaient en abondance, mais son état actuel contraste bien avec les descriptions bibliques. — Nous avons indiqué au mot *Chanaan*, voy. ce mot, la position des premiers habitants du pays, il ne nous reste donc plus qu'à rendre compte de ce que devint cette contrée entre les mains des Israélites. Ceux-ci, à l'époque de la conquête, formaient, en y comprenant la descendance des deux fils de Joseph, Ephraïm et Manassé, 13 tribus. Douze de ces tribus prirent part à la division des terres qui fut faite au sort; la treizième, celle de *Lévi*, vouée au sacerdoce, n'eut en partage aucune contrée particulière, mais on lui attribua 48 villes disséminées sur le territoire des 12 tribus, et que l'on nomma *lévitiques*. Six de ces villes, appelées *villes de refuge*, avaient le privilége de servir d'asile aux malheureux qui s'étaient rendus involontairement coupables de quelques crimes : ces villes étaient *Cèdes* en Galilée, *Sichem*, *Hébron*, *Bosor*, *Ramoth-Galaad* et *Golan*. Le territoire assigné à la tribu de *Manassé* était partagé en deux parties, l'une située à l'orient et l'autre à l'occident du Jourdain, ce qui forme au total treize divisions, dont dix à l'O. et trois à l'E. du fleuve. Nous ne parlons pas du pays des Philistins qui ne furent que momentanément subjugués sous David. *Tribus à l'occident du Jourdain*: 1° la *tribu de* Juda, tout à fait au S. et à l'O de la mer Morte, avait le territoire le plus considérable. Ce territoire s'étendait primitivement jusqu'aux frontières de l'Égypte, mais les parts de Dan et de Siméon ayant été prises sur lui, cela resserra beaucoup sa limite à l'O.; 2° la *tribu de* Siméon était à l'O. de celles de Juda, entre elle et les Philistins; 3° la *tribu de* Dan, sur le bord de la mer, était au N. des Philistins et de la tribu de Benjamin; 4° la *tribu de* Benjamin, au N. de Juda, s'étendait entre celle de Dan à l'O. et le Jourdain à l'E.; 5° la *tribu d'*Ephraïm était au N. de celle de Benjamin: son territoire allait de la mer au Jourdain; 6° la *demi-tribu O. de* Manassé se prolongeait de même au N., entre le Jourdain et la mer; 7° la *tribu d'*Issachar s'appuyait au S. sur celle de Manassé, 8° la *tribu de* Zabulon était plus au N., adossée aux montagnes, entre elles et la mer de Galilée; 9° la *tribu d'*Aser était resserrée entre la mer et les montagnes; 10° la *tribu de* Nephthali, dans la position la plus septentrionale, s'étendait au N. de celle de Zabulon, et même de celle d'Aser. — *Tribus à l'orient du Jourdain*: 11° la *demi-tribu E. de* Manassé touchait au Jourdain et au grand Hermon; 12° la *tribu de* Gad était au S., et côtoyait le Jourdain et les montagnes de Galaad et du Basan; 13° la *tribu de* Ruben, plus au S., avait pour limites Gad, le fleuve du Jourdain, la mer Morte, l'Arnon et l'extrémité des montagnes du Basan. Tels furent les partages préparés par Moïse et exécutés par Josué après l'invasion du pays. Malgré quelques luttes avec les peuples voisins, luttes dans lesquelles les Hébreux n'eurent pas toujours le dessus, la nation sainte affermit sa puissance : Saül la consolida; David l'étendit. Ce prince transmit à son fils Salomon la possession de la plus grande partie de la Syrie et des pays compris entre l'Euphrate, la mer Rouge, l'Égypte et la Méditerranée. Il faut supposer que ce fut alors que David fit ce recensement qui lui donna le nombre prodigieux de 1,500,000 hommes en état de porter les armes; ce qui ne peut se concevoir qu'autant que l'on porterait la population générale de ses états au moins à 12,000,000 d'habitants. Salomon fut maître d'*Asiongaber* et d'*Élath*, et ses flottes visitèrent Tharsis et Ophir. Après lui, la monarchie commença à tomber en décadence. Son fils Roboam ne fut reconnu que par deux tribus, et, dès-lors, il se forma un schisme qui, en détruisant toute unité dans la défense du pays, en fit une proie d'autant plus facile pour le premier venu. Il se forma donc deux royaumes: 1° le royaume de Juda, composé des deux tribus de Juda et de Benjamin, et 2° le royaume d'Israël qui comprenait les dix autres tribus. *Jérusalem* resta la capitale du premier; *Sichem*, *Thersa* et *Samarie*, furent successivement capitales du second. Celui-ci succomba sous les coups des Assyriens, 124 ans avant celui-là, qui fut détruit par les Babyloniens. Les habitants de l'un et de l'autre subirent les horreurs de la transplantation et de la captivité, et furent remplacés sur leurs terres par des Asiatiques tirés des contrées où eux-mêmes on les emmenait. Ce fut ainsi que la Palestine devint province de plusieurs empires, en passant tour à tour des Babyloniens aux Perses, de ceux-ci à Alexandre, et d'Alexandre aux Égyptiens, puis aux Syriens, et enfin, après bien des troubles intérieurs, aux Romains. A la chute des deux royaumes d'Israël et de Juda, la division en tribu avait disparu. Au retour de la captivité, et à l'époque dite du *second temple*, de nouvelles divisions les remplacèrent. On y distingua quatre contrées principales : 1° la *Judée*; 2° la *Samarie*; 3° la *Galilée*, toutes trois à l'O. et en-deçà du Jourdain, et 4° la *Pérée* à l'E. et au-delà du fleuve. Cette dernière renfermait six provinces, la *Pérée*, la *Batanée*, la *Gaulonitide*, la *Gamalitique*, l'*Iturée* et la *Trachonitide*. La Palestine fut, sous les derniers Séleucides, en proie à de nombreuses dissensions, au milieu desquelles la famille des Machabées se montra avec la plus grande gloire. Jonathas, membre de cette famille, puis Simon, y acquirent une telle puissance que les rois furent obligés de reconnaître leur pouvoir sur la Judée. Jean Hyrcan, plus puissant qu'eux encore, laissa à son fils Aristobule les moyens de prendre même le titre de roi; mais ce ne fut pas sans agitations que ce faible royaume subsista jusqu'au temps d'Hérode. Celui-ci profitant des troubles survenus après le meurtre de César, chercha à capter la bienveillance des triumvirs, et se fit donner la Judée et nommer roi. Bientôt après, la générosité d'Auguste ajouta le *reste de la Palestine et l'Idumée* à ce premier don. Les trois fils d'Hérode se partagèrent l'héritage de leur père : Archélaüs eut, avec le titre d'*ethnarque*, la *Judée*, la *Samarie* et l'*Idumée*. Les deux autres, Philippe et Antipas, prirent le titre de *tétrarques*. Le premier régna sur la *Galilée* et la *Trachonitide*, et le second sur la *Pérée*. Mais, dès l'an 6 de l'ère chrétienne, Archélaüs perdit son *ethnarchie*, qui fut jointe à la Syrie et soumise à des procurateurs romains, parmi lesquels le plus connu est *Ponce-Pilate*. En l'an 34, la tétrarchie de Philippe eut le même sort. Cependant Caligula donna cette tétrarchie à Agrippa, petit-fils d'Hérode par Aristobule, lequel eut un moment une grande partie de la Palestine en son pouvoir. Mais à sa mort, arrivée en l'an 44, le tout rentra sous la dépendance des Romains à titre de *province*, et fut incorporé au gouvernement de la Syrie ; et Césarée de Palestine, sur le bord de la mer, devint alors le siège du gouverneur particulier de cette province.

PALMES (ville des) ou JÉRICHO. Voy. *Jéricho*.

PALMIER, arbre sous lequel la prophétesse Debora rendait ses oracles. Il était entre Rama et Béthel, dans la montagne d'Éphraïm.

PALMIRE ou PALMYRE, ville située dans un oasis du désert de la Syrie, à la distance d'environ 48 lieues des villes d'Halep et de Damas, et à quelques journées seulement de l'Euphrate. Son territoire était du petit nombre de ceux où la nature du sol permettait la culture, dans les déserts de l'Arabie et de l'Egypte. Il devait sa fécondité aux sources nombreuses qui l'arrosaient ; son air était pur, et sa position entre les montagnes la préservait du terrible fléau des sables mouvants qui désolent les autres parties du désert. Palmyre était entourée de palmiers et de figuiers, et, selon les Arabes, elle comptait dix milles de circonférence. Construite entre le golfe Persique et la mer Méditerranée, cette ville avait acquis une très-grande importance pour le commerce de l'Asie entre les deux points. C'était un des anneaux qui unissaient, dans l'antiquité, les contrées orientales de l'Asie avec les régions occidentales. Palmyre était un de ces entrepôts parsemés sur la route des caravanes qui transportaient les richesses des Indes en Europe. Lorsque le pouvoir des Romains et celui des Parthes se contre-balançaient en Asie, elle jouissait encore de la liberté, et sa destinée n'étant point changée, elle continuait d'être le grand marché du commerce entre l'orient et l'occident. Mais après les victoires de Trajan sur les Parthes, sa position cessa d'être la même, et elle se soumit à Hadrien lorsque ce prince se rendit en Egypte par la Syrie. L'empereur, charmé de la beauté de cette ville bâtie au milieu d'une plaine étendue et fertile, et environnée de trois côtés par une chaîne de montagnes, y fit construire plusieurs édifices magnifiques, dont les ruines excitent encore l'admiration des voyageurs et des antiquaires. Odenat de Palmyre, qui força le faible Gallien à l'associer à l'empire, épousa Zénobie, qui tirait son origine des rois macédoniens, et rivalisait de beauté et de talents avec la célèbre Cléopâtre. Sous Odenat, Palmyre acquit une plus grande célébrité ; mais, après sa mort, Zénobie ayant voulu secouer le joug des Romains, et s'étant déclarée reine de l'Orient, l'empereur passa en Asie à la tête de son armée. Après avoir beaucoup souffert, Zénobie abattue se retira à Palmyre, où elle tenta un dernier effort ; mais la fortune la trahit encore. Elle prit inutilement la fuite, et fut bientôt arrêtée. Palmyre devint le prix de la victoire. Peu de jours après, cependant, ses habitants se révoltèrent, et massacrèrent le gouverneur romain avec toute la garnison. Aurélien irrité revint sur ses pas, se jeta sur la ville, s'en empara de vive force, et en ordonna la complète destruction. Les habitants furent passés au fil de l'épée. Aurélien se repentit plus tard d'avoir écouté les sentiments de vengeance qui l'animaient alors : de cette ville si belle, si riche, si utile au commerce, il ne restait plus que des décombres. Il chercha à la réparer ; il releva ou restaura le magnifique temple du soleil, et permit aux habitants, qui s'étaient dérobés à la cruelle punition infligée à la ville entière, de revenir, et de la reconstruire ; mais comme il est plus difficile d'édifier que de détruire, cet ancien centre du commerce et des arts, dont la fondation remonte au moins jusqu'au temps de Salomon, ne put s'élever au-dessus du rang d'une petite ville ; sa forteresse n'eut plus qu'une faible importance ; et aujourd'hui, ce n'est plus qu'un misérable village environné de superbes ruines. On n'y parvient plus qu'après de grandes fatigues et des dangers réels. Sa population se compose de trente ou quarante familles arabes qui vivent dans des chaumières construites de boue au milieu de la vaste cour d'un temple magnifique.

PAMPHYLIE, contrée maritime et montagneuse de l'Asie-Mineure, vers le S. Au N. était la Pisidie, au S.-E. et au S.-O. la Syrie et la Cilicie. Reculés dans leurs montagnes, les Pamphyliens y vivaient en véritables barbares, et toujours en guerre avec les prétendus maîtres du pays. A leur exemple, sans doute, quelques-uns des Grecs établis sur la côte se livraient à la piraterie. Les villes principales de la Pamphylie étaient : *Olbia*, *Attalea*, *Perga*, *Aspendus* et *Side*.

PAPHOS, ville de l'île de Chypre, dans laquelle S. Paul, venant de Salamine, se rendit après avoir traversé l'île entière. C'était une place d'une très-grande importance, sur la côte occidentale de l'île, et le siège d'un proconsul romain. Elle possédait le temple de Vénus le plus ancien et le plus vénéré ; la déesse en avait reçu le nom de *Paphia*.

PARADIS-TERRESTRE ou EDEN. Voy. *Eden*.

PAROS, île de l'Archipel, situé à l'O. de Naxos, et contiguë à une autre île qui, en raison de cette position, porte le nom d'*Anti-Paros*. Cette île, de 16 lieues de tour, était bien cultivée, et nourrissait beaucoup de bétail ; mais ce qui avait le plus contribué, sous le rapport des produits, à lui faire un nom, c'étaient ses carrières de marbre. La matière qui en sortait était très-estimée : on n'en employait point d'autre dans la statuaire. Le poète Archiloque était natif de cette île, dont la ville principale portait aussi le nom de *Paros*.

PARTHES. Le nom de *Parthes*, qui couvrit une grande partie de l'Asie centrale et occidentale, se bornait primitivement aux contrées voisines de la mer Caspienne, au S.-E. et à l'E. Sous un climat rude, ce pays était pauvre ; et, lors de la domination persane, tel était le peu de ressource qu'il présentait, que les rois de Perse, dont il formait une des provinces, avaient coutume de le traverser, et non d'y séjourner, parce qu'il n'était point en état de fournir à leur subsistance. Ses habitants étaient barbares dans toute l'acception du mot ; mais à leur tour, comme beaucoup d'autres peuples aussi barbares qu'eux, débordant par-dessus leurs montagnes, ils se sont jetés sur le centre de l'Asie, l'ont envahie, conquise, et ont eu assez de force et de puissance pour contrebalancer, sur les bords de l'Euphrate, la puissance romaine. Il y avait parmi eux beaucoup de Juifs, quand les apôtres allèrent y proclamer les vérités de l'Évangile.

PATARA, ville de la Lycie, située dans la partie S.-O. de cette province, et sur le bord de la mer. Elle avait un bon port, et s'était acquis de la célébrité par son oracle d'Apollon. S. Paul vint y toucher à sa sortie de l'île Rhodes. Ce fut là qu'il s'embarqua pour Ptolémaïs. Elle porte encore aujourd'hui le même nom.

PATHMOS, île de l'Archipel, située au S.-O. de l'île de Samos, aujourd'hui nommée *Palmosa*. Elle est petite, montagneuse, mais extrêmement fertile. Sur une de ses montagnes s'élève une ville du même nom, dominée par un couvent de caloyers ou de moines grecs. C'était, sous la domination romaine, un lieu d'exil.

PÉLUSE, ville de l'Égypte-Inférieure, située tout près de la bouche du Nil, appelée de son nom *Pélusiaque*. C'est en raison de sa position que le prophète Ézéchiel la nomme la *force de l'Égypte*. Elle en était la clé du côté de l'orient, et, de plus, un de ses points militaires les plus importants. A 20 stades de la mer, au temps de Strabon, elle était entourée de vastes marécages, que les naturels nommaient *Bathra*, mais qui rendaient sa position plus sûre. Son territoire fut souvent le théâtre de combats sanglants entre les Égyptiens, les Syriens et les Arabes.

PENTAPOLE, district qui renfermait les cinq villes maudites, *Sodome, Gomorrhe, Adama, Séboïm* et *Ségor*. Ces villes étaient situées dans la vallée des Bois, convertie, par un effet terrible de la vengeance de Dieu, en une vaste plaine liquide, que la nature des substances qui surnagent à sa surface a fait nommer lac Asphaltite, et que l'on appelle aussi mer Morte. Voy. *Vallée des Bois* et *mer Morte*. C'était auparavant une contrée très-fertile, un pays de délices, arrosé par des sources nombreuses.

PERGAME, ville de la Mysie, située dans l'intérieur de cette province, à peu de distance du Caïcus. Cette ville fut la capitale d'un royaume assez florissant ; lorsqu'elle fut au pouvoir des Romains, elle devint celle de la province. On la nomme encore aujourd'hui *Pergame*. Ce fut une des sept communautés chrétiennes ou *églises de l'Asie*.

PERGE, ville de la Pamphylie, célèbre parmi les païens pour son temple de Diane, que l'on nommait *Diana Pergæa*, et en l'honneur de laquelle on célébrait de grandes fêtes. S. Paul, S. Jean et S. Barnabé s'y rendirent en venant de Paphos. S. Jean retourna en Phénicie ; les deux autres montèrent à Antioche de Pisidie.

PERSE. Suivant les livres saints, les Perses descendaient d'*Élam*, fils de Sem, dont l'Elymaïde a pris et conservé le nom. Hérodote, cependant, les connaît sous l'ancienne dénomination de *Céphènes* et d'*Artéens*. Ce peuple barbare, dont la demeure primitive *fut la Perse proprement dite*, à l'orient de la Susiane ou Cissie, suivit l'exemple des Mèdes et des Chaldéens ; comme eux il devint conquérant et assit sa domination sur la leur. En effet, Cyrus, le *Khaï-Khosrou* des Orientaux, eut bientôt abattu leur puissance, et porte ses pas dans l'Asie-Mineure. Successivement vainqueur des Mèdes, des Lydiens et des Babyloniens, il fonda, sur les débris de ces divers états, une monarchie puissante, qui subsista l'espace de deux siècles ; et le nom de *Perse*, auparavant borné au *Fars* ou *Farsistan* actuel, fut apliqué à tous les pays asiatiques, depuis la Méditerranée jusqu'à l'Indus, excepté à la presqu'île de l'Arabie. Ce qui est remarquable, c'est que, malgré les tentatives faites en certaines circonstances par les Perses pour franchir l'Indus, les auteurs hébreux et grecs (*Esth.* 4, 1 ; *Fragm.* 1, 1 ; *Hérod.* IV, 44 ) s'accordent à reconnaître ce fleuve comme limite de l'empire du côté de l'Orient. Au N., la mer Caspienne, le Caucase, l'Oxus et l'Iaxartes, couvraient la frontière, qui au midi n'avait d'autres bornes que la mer des Indes, le golfe Persique et l'Arabie. L'Euphrate partageait l'empire en deux grandes divisions, les *provinces en-deçà* et les *provinces en-delà* du fleuve ; ce qui doit le faire penser, c'est l'emploi des mots *provinces au-delà* du fleuve, fait par les auteurs hébreux ( *Esdr.* III, *pass.*; v. 6 ) pour désigner les pays conquis au-delà de l'Euphrate, vers la Méditerranée. Dans ces derniers étaient comprises l'Asie-Mineure, la Syrie et la Palestine, et dans les autres toutes les contrées situées entre l'Euphrate et l'Indus. Les Perses ne se continrent cependant pas dans ces limites étendues ; Cambyse conquit l'Egypte, une partie de la Libye jusqu'aux Syrtes, et une partie de l'Éthiopie jusqu'à l'île de Méroë ; et Darius, fils d'Hystaspes, se rendit maître de quelques territoires sur le littoral de la Thrace. Pour les tentatives de ce prince sur la Grèce, la valeur des Grecs le firent échouer aussi bien que celles de ses successeurs. Le *livre d'Esther* donne 127 provinces ou satrapies à l'empire. Suivant Hérodote, il n'y en aurait eu que 20, sans compter la Perse propre, directement gouvernée par les officiers du prince. Il est difficile, le défaut de connaissances géographiques à cette époque s'y oppose, de déterminer les limites fixes de chacune, ou au moins de beaucoup de ces provinces. C'est à Darius, fils d'Hystaspes, que l'on rapporte la première division de l'empire; jusque-là les Perses, restés barbares, en avaient peu connu l'utilité; mais ils subirent alors les lois de la civilisation, espèce d'hommage qu'ils rendaient aux peuples qu'ils avaient vaincus, et chez lesquels ils puisèrent des idées d'ordre, de richesse et de luxe, qui les amenèrent à une vie plus régulière et plus policée. A la tête de chacun de ces gouvernements était un gouverneur ou satrape, dont les fonctions étaient d'administrer le pays et de recouvrer les impôts. Quant à l'autorité militaire, elle reposait en d'autres mains tout à fait indépendantes de ces gouverneurs. *Suse, Ecbatane* et *Babylone*, furent les capitales de la Perse, et les résidences de ces princes. M. Heeren doute que *Persépolis* ait joui des mêmes avantages. Voy. *Persépolis*.

PERSÉPOLIS, une des cités les plus considérables et les plus importantes de la Perse, dont les ruines occupent une partie d'un plateau nommé *Merdasht*, d'un village que l'on appelle ainsi. Ce plateau ne comprend pas moins que l'espace d'un degré, du 30° au 31° de latitude septentrionale, ou environ 25 lieues du N. au S., sans suivre cependant la ligne directe. Il est très-fertile; et ce qui contribue à lui donner cet avantage, c'est le cours du *Bend-Émir*, l'ancien Araxe, qui reçoit le *Kur*, Cyrus, et s'écoule dans un petit lac auprès de Schiras. Cette plaine est, en beaucoup de places, couverte d'antiquités qui, d'après leur caractère, appartiennent à des époques bien éloignées l'une de l'autre. *Tchil-Minar* (les 40 colonnes) est le nom que les Arabes donnent, en général, aux restes de l'opulente cité de Persépolis. Cependant, ce nom s'applique particulièrement aux ruines de son palais, auprès duquel on retrouve encore deux grands mausolées. A environ deux lieues de ce palais, au N.-O., sont aussi, outre plusieurs ruines de colonnes, de piliers, etc., quatre autres mausolées nommés *tombeaux des rois*, et ces monuments, en relief ou en inscriptions taillées dans le roc, que le savant M. DE SACY est parvenu à déchiffrer (*Mém. sur des Antiq. de la Perse*, Paris, 1793). Dans la plaine de Murghaub, voisine du plateau de Merdasht, sont aussi les antiquités de *Pasagarda*; et plus au N., enfin, sur la frontière de la Médie, les monuments de *Bisutun*. Cette réunion de monuments indique certainement l'intérêt qui doit s'attacher à l'exploration de ce sol, que l'on peut considérer comme celui de la capitale de la Perse. Cette opinion, attestée par des historiens dignes de foi, et au besoin par la conduite d'Alexandre qui, épargnant les villes de Babylone et de Suse, crut se venger sur la Perse en immolant Persépolis, est cependant, sinon combattue, du moins mise en doute. Selon HEEREN (*Politiq. et Comm.*, etc., 1, 210), en effet, il ne faudrait pas voir en elle une résidence permanente des souverains de la Perse, comme dans les grandes villes de Suse, d'Ecbatane et de Babylone, avec lesquelles on ne saurait la mettre en parallèle, mais sans doute un séjour passager et fugitif. Toutefois, que Persépolis ait été capitale de l'empire des Perses, ou qu'elle ne l'ait pas été, toujours est-il qu'elle dut jouir d'une grande importance, si l'on en juge d'après les imposantes ruines et les antiquités nombreuses dont le sol qui l'environne est couvert. Antiochus Épiphanes voulut en vain s'en emparer; à sa honte il succomba dans son attaque. Ce fait est rapporté dans le deuxième livre des *Machabées* à Persépolis, et dans le premier à *Élymaïs*. Voy. *Élymaïs*.

PETRA, ville de l'Arabie, connue dès les premiers temps sous le nom d'*Arce* (*Joseph. Antiq.* IV, 4), et depuis sous le nom de *Petra*. Dans une situation élevée et forte au pays d'Edom, à l'entrée du désert, cette ville acquit une assez haute importance, commerciale surtout, qui probablement fut cause que son nom devint celui de toute la partie de l'Arabie dans laquelle elle se trouvait, et que l'on appela *Pétrée* : aujourd'hui, les Bédouins la nomment *Karak* ou *Sélah*. On donne sa position par 30° 20' lat. N. et 33° long. E. de Paris. Pétra était un de ces lieux privilégiés formant entrepôt pour le commerce; les peuples de l'Arabie méridionale y apportaient leurs diverses marchandises, qui passaient ensuite de là dans le nord. Plusieurs voyageurs modernes ont visité cette place et l'ont décrite. Les monuments qu'ils y ont rencontrés, bien que de l'époque romaine, attestent sa grandeur passée. Ces voyageurs sont MM. BURCKHARDT, BANKES, LEGH, et en dernier lieu M. LÉON DE LABORDE. Selon Diodore de Sicile, Pétra était à 300 stades de la pointe méridionale de la mer Morte. M. BURCKHART confirme ce rapport.

PEUPLE DE DIEU, PEUPLE SAINT, NATION SAINTE. Voy. *Hébreux*, *Israël* et *Juifs*.

PHAHAT-MOAB, lieu appartenant au pays de Moab.

PHALEG, second fils d'Héber, dont le nom signifie *division* : ce qui fait supposer, avec assez de raison, que ce fut de son temps que les hommes se séparèrent pour se répandre sur la surface de la terre.

PHALLONI, patrie de l'un des forts de David : peut-être la même que la suivante.

PHALTI, patrie de l'un des forts de David. On l'a cru dans la tribu d'Éphraïm.

PHANUEL ou PHÉNIEL, lieu où Jacob lutta contre l'ange. Il était vraisemblablement situé dans la tribu d'Éphraïm, où Jéroboam le bâtit.

PHANUEL, ville de la tribu de Gad, qui s'attira le courroux de Gédéon, et qui fut détruite par lui au retour de son expédition contre les Madianites. Elle était située auprès du Jaboc, à l'orient de Soccoth, ville plus importante, qui éprouva cependant le même sort.

PHARA, ville de la Judée, située au N.-O. de Samarie, bâtie et fortifiée par le général syrien Bacchide.

PHARAN, vaste désert de l'Arabie, qui s'étend du

mont Sinaï jusqu'à la limite méridionale de la Palestine, se confondant avec les déserts de Gadès et de Sin. Ce fut là qu'Agar, chassée de la maison d'Abraham, se retira avec son fils Ismaël. Celui-ci y épousa une Égyptienne, et devint le père d'une nombreuse postérité, qui forma la nation des Arabes : c'est à lui, en effet, que ce peuple reporte son origine. Les Israélites séjournèrent pendant 38 années dans cette immense solitude, et, quoiqu'elle fût tout-à-fait inculte, ils y jouirent abondamment de toutes choses : Dieu veillait sur eux. David vint y chercher un refuge contre les persécutions de Saül.

PHARATHON, patrie d'Abdon, juge d'Israël, et de l'un des forts de David, ville située sur la montagne d'Ephraïm, en Ephraïm.

PHARÈS ou PHAROS. Voy. *Pharos*.

PHAROS, lieu de la Palestine d'où étaient issus 2,172 des Juifs qui revinrent de la captivité. Position ignorée.

PHARPHAR, rivière de Syrie, qui arrosait le territoire de Damas. Voy. *Abana*.

PHARURIM, lieu situé près du temple à Jérusalem, et où était la demeure de l'eunuque Nathanmélech, chargé de la garde des chevaux que les rois de Juda avaient donnés au Soleil.

PHASÉLIDES, ville maritime de la Pamphylie, retraite de pirates.

PHASGA, sommet du mont Nébo. Quelques auteurs donnent cependant ce nom à toute la chaîne des monts Abarim. Voy. *Abarim*.

PHATURÈS (pays ou terre de), nom sous lequel les prophètes entendent probablement un des noms de la Haute-Égypte, que l'on appelait *Phaturites, Tatyrites, Pathurès, Patourès* et *Phatrous* (CHAMPOLL., *Egypt.*, etc., I, 370). Dans ce nom était comprise la partie de la ville de Thèbes située sur la rive occidentale du Nil. Beaucoup de Juifs s'y étaient réfugiés, ce qui fut la cause des menaces des prophètes contre eux.

PHAU, ville de l'Idumée, où régnait Adah, prince iduméen.

PHÉLÉTHIENS. Il y avait auprès de David deux légions composées, l'une de *Céréthiens*, et l'autre de *Phélétiens* ; ceux-ci paraissent, comme les premiers, être d'origine philistéenne. On a supposé qu'ils étaient des environs de la ville de Geth, si ce n'est de Geth même. Voy. *Céréthiens*.

PHÉNICIE, pays de l'Asie, situé sur les confins de la Syrie, de la Palestine et sur le rivage de la mer Méditerranée. Ce fut, même au temps de toute sa splendeur, un des plus petits états de l'Asie. Suivant Strabon (XVI, 520) la Phénicie comprenait toute la côte qui s'étend depuis Orthosiade, au N., jusqu'à Péluse, en Egypte, au S. ; selon Ptolémée, il faudrait la resserrer davantage. Elle renfermait tout l'espace contenu entre la rivière Eleutherus, au N., et celle de Chorseus, vers le S., au N. de la ville de Césarée ; à l'E., étaient les montagnes du Liban. Cette bande de terrain n'a guère plus de huit à dix lieues de largeur : sa longueur variait considérablement, comme on vient de le voir : quelques auteurs ne lui accordent que 50 lieues, quoiqu'ils portent sa position plus au nord, à Aradus : il est vrai qu'ils ne la font pas descendre plus au sud que celle de Tyr. On a évalué la superficie de la Phénicie à 240 milles carrés géographiques. Cette côte offrait, par le fait de la présence de ses montagnes, des promontoires qui avançaient en mer de manière à former des baies et des ports multipliés, abrités contre les vents, et sûrs ; d'un autre côté, elle était amplement munie de bois propres à la construction des navires, et dont le transport s'opérait facilement jusque dans les chantiers sur le bord de la mer. Riche sous ce rapport, le sol était ingrat sous d'autres ; il était peu propre à la culture, pauvre, et loin de suffire par ses produits aux besoins d'une population nombreuse. C'était donc, en quelque sorte, pour les Phéniciens une obligation que leur imposait leur position géographique de se livrer à la navigation. Les éléments ne leur manquaient point ; ils possédaient des matériaux abondants pour la construction de leurs flottes. C'est par le commerce, en effet, que ce peuple a brillé. Avec le temps, la mer a brisé et détaché du continent l'extrémité de quelques-uns de ses longs promontoires, et en a formé des îles sur lesquelles se sont élevées des villes également importantes. Aradus occupait la surface de l'une de ces îles nées après coup. *Aradus*, vis-à-vis d'une ville continentale que l'on a, pour ce motif, nommée *Antaradus*, était, au N., le premier anneau de cette chaîne de villes qui s'étendait de là jusqu'au nord de Césarée. Les villes intermédiaires étaient *Orthosiade, Tripolis, Byblos, Béryte, Sidon, Sarepta, Tyr*, et, suivant quelques-uns, la ville même de *Ptolémaïs*. On a varié sur l'origine des Phéniciens, de même que sur celle de leur nom. On les a reconnus parmi les peuples araméens, c'est-à-dire, sémitiques ; on les a considérés aussi comme Chananéens, et par conséquent comme peuple chamite. Ce qui semble fortifier cette dernière conjecture, ce serait non seulement leur voisinage des Chananéens, mais encore leur mélange avec eux ; bien plus, on voit les enfants de Chanaan s'établir sur la côte, y fonder des villes, et y porter des dénominations qui, telles que celle de *Sidon*, se trouvent de tout temps reproduites. D'un autre côté, ce peuple est-il sémitique ? Alors on suppose (HEEREN, *Polit. et Comm.*, II, 6) que de la pointe méridionale de l'Arabie il sera remonté, à des époques ignorées, à travers la presqu'île vers le nord, et qu'il aura fondé des établissements au bord de la Méditerranée. Sur la côte de l'Arabie, dans le golfe Persique, on trouve en effet deux îles, *Tylos* et *Arados*, d'où on les a supposés originaires, quoique la conformité de dénomination entre ces îles et celle de deux cités phéniciennes puisse tout aussi bien servir à prouver que ces îles ont pris leur nom d'établissements phéniciens formés à des dates aujourd'hui perdues. Dans l'incertitude où l'on était sur ces origines, on s'est rejeté sur les étymologies : le mot

*Phénicie*, en grec Φοινίκη *Phénice*, aurait signifié *pays des palmiers*, quoiqu'il ne paraisse plus en exister, au moins aujourd'hui, dans ces contrées. Suivant d'autres, ce mot grec, dérivé lui-même du vieux mot φοινός, sanglant, teint *de sang, rouge*, se rapporterait à la *couleur pourpre* que l'on tirait de ces contrées : opinion différente de celle qui, regardant le mot *phœnice* comme la traduction du nom hébreu *édom*, qui signifie *roux*, ferait de la population phénicienne un mélange d'Édomites, d'Horréens, d'Énacims, etc. On fait aussi venir le nom de Phénicie du mot *Énacim*, auquel on aurait ajouté l'article *ph* des Égyptiens ; il suivrait de là que les Grecs, qui auraient reçu ce nom de la bouche des Égyptiens, auraient converti *Ph'Énacim* en Φοῖνιξ *Phœnix*, opinion qui demanderait avant tout la preuve que les Grecs ont connu les Égyptiens avant les Phéniciens, ce qui n'est point vraisemblable. BOCHART, enfin, (*Phaleg*, p. 362), fait dériver ce mot des mots hébreux ou araméens *Phéné-Anak*, ou *Béné-Anak*, c'est-à-dire, des *Énacims*, que la *Bible* signale comme un peuple de géants établis dans la terre de Chanaan. Quoi qu'il en soit de toutes ces recherches et de leurs résultats, malheureusement incertains tant qu'en l'absence des anciennes annales phéniciennes détruites, on n'aura pas d'autres lumières que celles que l'on possède, tous les monuments historiques nous montrent les Phéniciens comme le peuple qui, dans l'antiquité, surpassa tous les autres dans la navigation et le commerce. Chez eux, et les écrivains hébreux eux-mêmes en font foi, était le marché général où l'on apportait les riches produits de tous les pays. Forcés par leur position à faire de la mer en quelque sorte leur patrie, ils ont prodigieusement étendu leur commerce. Ils visitèrent, au N.-O. de l'Europe, les îles Cassitérides, et pénétrèrent, suivant quelques opinions, jusque dans la Baltique ; ils virent le rivage occidental de l'Afrique, naviguèrent sur la mer Rouge, où Salomon sollicita leur expérience, sur le golfe Persique, et sans doute aussi dans les mers de l'Inde. Leurs nombreuses colonies dans la mer Méditerranée attestent la puissance qu'ils ont possédée et l'éclat qu'ils ont jeté ; parmi elles brilla surtout *Carthage*. Par la connaissance qu'ils firent avec les autres peuples, les Phéniciens répandirent les arts et les sciences, et firent une foule de découvertes utiles. Plus que tout autre peuple de l'antiquité, ils étaient instruits dans la science des nombres, dans l'astronomie, dans la construction des navires et dans la géographie ; c'était là un résultat naturel de leur occupation, que l'on peut appeler *nationale*. Ils inventèrent l'art de battre monnaie, de fabriquer le verre, de construire des galères, et celui bien précieux pour eux de se diriger sur mer la nuit de même que le jour. A Sidon, on tissait les étoffes les plus belles ; et Tyr s'élevait par l'emploi de ses coquillages à pourpre, qui donnaient un si grand renom et un si haut prix à ses teintures de couleur écarlate. Ce serait encore aux Phéniciens qu'il faudrait attribuer l'invention des caractères,

ceux du moins que Cadmus apporta dans la Grèce. Ils évitèrent tout démêlé avec leurs voisins : aussi se sont-ils conservés longtemps dans un état très-florissant. Lorsque Josué entra dans la terre de Chanaan, ils recueillirent beaucoup de Chananéens ; quelques autres se réfugièrent en Syrie et ailleurs ; mais ils se maintinrent en bonne amitié avec les Hébreux, avec lesquels on les voit même, en plusieurs circonstances, étroitement unis. Comme chez tous les peuples commerçants, la forme de leur gouvernement était celle de la république ; s'ils eurent des rois, le pouvoir de ces princes fut très-limité. Les conquêtes des Babyloniens, si terribles pour toute la Syrie, et celles des Perses, ébranlèrent la nation, mais ne la renversèrent pas ; elle se releva. A Alexandre était réservé de l'anéantir, non pas tant par la conquête qu'il fit de son territoire, que par le coup qu'il lui porta en élevant Alexandrie, et en faisant de cette ville une rivale d'autant plus redoutable, que beaucoup de marchands phéniciens même quittèrent leurs villes pour aller s'y établir. Les mœurs phéniciennes avaient toute la rudesse de celles d'une nation qui vit beaucoup de la mer, et dont le territoire est, du reste, enveloppé par des nations à peu près barbares. Quant à la religion, ce peuple, qui avait une mythologie à part, adorait particulièrement le soleil sous l'emblème d'*Hercule*, et la lune sous celui d'*Astarté*. C'était dans leur idée, adorer le père et le maître de la nature, et la nature elle-même ; mais ce culte était mêlé de sacrifices humains !

PHÉNIEL OU PHANUEL. Voy. *Phanuel*.

PHÉRÉZÉENS, peuple du pays de Chanaan. Ils n'avaient point une demeure fixe : souvent on les voit mêlés aux Chananéens proprement dits. Voyez *Chanaan*.

PHESDOMIM, lieu de la tribu de Juda où les Philistins furent taillés en pièces par David. Il était situé entre Socho et Azéca, à l'O. de la tribu.

PHÉTRUSIM, le cinquième des enfants de Mesraïm. Suivant la *Genèse* elle-même, le père des *Philistins*. Voyez *Philistins*.

PHÉTRO OU PHATURÈS. Voyez *Phaturès*.

PHIAHIROTH, lieu situé sur le bord du golfe Héroopolite, dépendant de la mer Rouge, près de l'endroit où fut construit *Clysma*. C'est aujourd'hui *Hadjéroth*.

PHILADELPHIE, l'une des sept communautés chrétiennes ou *églises* d'Asie, ville située dans la Lydie, au N.-E. du mont Tmolus, et à quelques lieues vers l'E. de Sardes. Cette ville fut exposée à de fréquents tremblements de terre, qui la dépeuplèrent et l'appauvrirent considérablement. On l'appelle *Allah-Sher* ; on y trouve plus de familles chrétiennes que dans aucune ville voisine.

PHILIPPES, auparavant *Cremides*, ville située dans cette partie de la Macédoine que l'on nommait *Édonide*, entre le fleuve Strymon et la mer, et dont elle était la ville principale. Elle devait son nom au père d'Alexandre, qui l'avait réparée, embellie et fortifiée ;

elle était alors importante par les riches mines d'or que l'on y exploitait au pied du mont Pangée. Ce fut dans ses plaines que furent défaits, 42 ans avant Jésus-Christ, les meurtriers de César, Brutus et Cassius, poursuivis par Octave et Antoine. *Philippes* était la métropole de la province de Macédoine. Octave en fit une colonie romaine sous le nom de *Colonia Aug. Julia Philippensis*. Aujourd'hui elle est en ruines ; on la nomme *Félibé*. Saint Paul y fonda une communauté chrétienne en l'an 53 de notre ère ; il félicite même l'église de Philippes dans l'épître qu'il adressa à ses habitants, non seulement de leur zèle et de leur amour pour la religion, mais encore de leurs libéralités. — Ses habitants se nommaient *Philippiens*.

PHILISTINS, peuple issu, dit la *Genèse*, de Phétrusim, le cinquième des fils de Mesraïm. De même que les autres enfants de ce personnage, Phétrusim dut avoir sa première demeure dans la vallée du Nil ou dans les contrées qui s'en rapprochent. D'après le nom de Philistins, appliqué à sa postérité, et comparé à celui de *Phalasch* ou *Phélesch*, qui signifie *errant*, et que l'on retrouve en Éthiopie (SICKLER, *Handb. der alt. Geogr.*), on pourrait supposer que les Philistins vécurent primitivement dans cette contrée, d'où ils descendirent ensuite vers le nord. D. Calmet les considère comme étant sortis de l'île de Crète, et cependant on serait plus porté à croire qu'ils sont partis des parties septentrionales et peut-être maritimes de l'Égypte pour se fixer dans le midi de la terre de Chanaan, où ils se trouvaient à l'époque de l'arrivée d'Abraham dans le pays. Ce fut là qu'ils s'établirent en effet autour d'Hasérim et de Gaza, dans le pays occupé déjà par les Hévéens, qui alors émigrèrent en partie. La possession par les Hévéens du territoire qu'ils envahirent prouve du moins que leur arrivée dans le pays a dû précéder de bien peu de temps celle du saint patriarche. Toutefois un de leurs princes, Abimélech, qui régnait à cette époque à Gérara, était redouté ; il lutta contre Abraham. Lorsque Josué entra dans la Terre-Promise, les Philistins y avaient acquis de la puissance. Quoique vivement froissés dans la guerre qui fut la suite nécessaire de l'invasion des Hébreux, ils purent encore se maintenir ; et si Josué assigna dans le partage des terres quelques villes des Philistins à la tribu de Juda, il est vrai de dire que ce ne fut que de nom, car ceux-ci en conservèrent la possession. Bien plus, sous le gouvernement des juges d'Israël, Dieu permit que son peuple subît leur joug. Les Philistins ne cessèrent de molester les Israélites, quoiqu'ils fussent souvent réprimés dans leurs courses ; la puissance seule de David, qui les soumit à sa domination, put mettre fin à leurs continuelles hostilités. Mais sous les successeurs de ce prince eurent lieu des révoltes fréquentes, à la suite desquelles les Philistins acquirent leur liberté ; ils en profitèrent pour accabler de maux leurs adversaires, ce qui leur attira les menaces et les malédictions des prophètes. Ce peuple passa successivement sous la domination des Assyriens, des Égyptiens, des Perses, et enfin sous celle d'Alexandre-le-Grand : il s'éteignit ensuite comme tous les peuples voisins. Les Philistins honoraient les faux dieux, et leurs villes principales renfermaient des temples consacrés à des divinités pour lesquelles non seulement eux-mêmes professaient une grande vénération, mais que les nations étrangères venaient également encenser. Les Juifs eux-mêmes les consultèrent dans leurs moments d'égarement. Leur pays, une des régions les moins fertiles de la Palestine, quoique arrosé par le Sorec et le Bésor, se composait de *cinq satrapies* ou principautés ; c'est à savoir : *Accaron*, *Geth*, *Azot*, *Ascalon* et *Gaza*. Du nom des Philistins s'est formé celui de *Palestine*, attribué à toute la partie méridionale de la Syrie ; il en reste encore aujourd'hui quelque souvenir dans le nom de *Falesthin*, qui s'est conservé.

PHISON, un des quatre fleuves qui environnaient l'Éden ou Paradis-Terrestre. Voyez *Éden*.

PHITHOM, ville de l'Égypte-Inférieure, que les Égyptiens forcèrent les Hébreux à bâtir, dans la terre de Gessen. Hérodote (II, 158) place dans la même partie de l'Égypte une ville nommée *Patumos*, avec laquelle celle de Phithom, de l'*Éxode*, paraîtrait avoir de l'analogie. Quelques-uns veulent que la ville de Phithom soit la même que celle d'*Héroopolis* ; mais cette opinion est contestée. On placerait plutôt Phithom plus à l'occident que la ville d'Héroopolis, à l'entrée d'un lieu resserré et à une distance peu considérable du *Canal des Pharaons*. Dans cette position, *Thoum* ou *Phithom*, se trouvant sur la route de la mer Rouge aux villes de la Basse-Égypte, dut jouir de grands avantages. Elle était peu éloignée de Bubaste.

PHOENICE, port de l'île de Crète, dans la partie occidentale de la côte méridionale. S. Paul, battu par la tempête, voulait aller hiverner dans ce port, quand son vaisseau fut jeté vers la petite île de *Caude*.

PHOGOR, montagne sur le haut de laquelle Balaam conduisit Balac, roi des Moabites, lorsqu'il prophétisa contre Israël. Elle était voisine du mont Nébo, dans le pays de Moab, et il y avait un temple consacré à l'une des principales divinités du pays, dont la célébration de la fête fut la cause d'un grand désordre parmi les Israélites, campés à Abelsettim. Ce fut dans la vallée qui regarde Phogor que Moïse fut enterré.

PHRYGIE, une des provinces de l'Asie-Mineure les plus grandes et les plus importantes. Elle était bornée, à l'O., par la Mysie, la Lydie et la Carie ; au S., par la Lycie et la Pisidie ; à l'E., par la Cappadoce ; et au N., par la Bithynie et la Galatie. Ainsi limitée, la Phrygie est appelée par les plus anciens auteurs la *Grande-Phrygie*, et elle se distingue par là de la *Petite-Phrygie*, qui comprenait une petite portion de la Mysie, toute la Bithynie et une grande partie de la Galatie. Les peuples qui l'occupèrent avaient une origine très-reculée ; on les regardait comme les plus anciens de l'Asie-Mineure. La Phrygie était située au milieu des terres : mais ses plaines, bien arrosées étaient en général fertiles et bien cultivées, car de bonne heure les habitants profitant de l'excellente nature de leur sol, l'avaient mis en culture, et s'étaient fait un renom sous ce rapport. Quelques plaines cependant étaient couvertes d'une légère croûte saline qui mettait obstacle à leurs travaux. On nommait *Katakekaumènè*, la *brûlée*, la partie fertile qui avoisinait la Lydie, parce que le sol y éprouvait de fréquentes secousses de tremblements de terre et y portait quelques indices de feux intérieurs. Le renom que les habitants s'étaient fait par la culture des terres ne les empêcha point de se livrer également à l'éducation du bétail, et surtout des brebis. Les laines des environs de *Celœnœ*, leur ancienne capitale, étaient vantées non seulement pour leur finesse, mais encore pour leur beau noir; et l'on sait de quelle réputation jouit encore le poil des chèvres d'Angora, qui appartiennent également à cette région de l'Asie-Mineure. La puissance des Phrygiens a été autrefois fort étendue; elle embrassa presque toute la Péninsule. Cependant ce peuple déchu devint à son tour le sujet de bien des maîtres. Soumis à Crésus, il le fut après aux Perses, puis à Alexandre-le-Grand; leur pays fit ensuite partie du royaume de Pergame, et enfin il devint province romaine. Ceux-ci la divisèrent en trois parties : 1° la *Phrygie-Pacatienne*, à l'O.; 2° la *Phrygie-Salutaire*, à l'E. ; et 3° la *Phrygie-Paroréenne*, au S. La *Petite-Phrygie* fut appelée *Epictète*. Laodicea, aujourd'hui *Eskihissar*, fut la résidence du gouverneur romain. Les autres villes importantes furent *Hierapolis*, *Colosse*, *Apamée*, *Cibotus*, antérieurement *Celœnœ*, nom sous lequel elle jouit d'une grande prépondérance. S. Paul visita cette province, dont plusieurs habitants embrassèrent le christianisme.

PHUNON, trente-troisième station des Israélites dans le désert. Cette place était située entre Salmona et Oboth, probablement au S. de la mer Morte; auprès de ce lieu se trouvaient des mines, aux travaux desquelles on condamna les martyrs chrétiens.

PHUTH, troisième fils de Cham, dont la postérité passa en Afrique, vraisemblablement à la suite de celle de Mesraïm. On a fixé sa demeure à l'orient de la Libye, sur la côte actuelle de la Barbarie, et jusqu'en Mauritanie; on trouve dans cette dernière contrée un petit fleuve appelé par Ptolémée *Phthuth*, dans le nom duquel on a cru reconnaître aussi bien que dans d'autres dénominations de cette partie de l'Afrique, quelque analogie avec le nom de Phuth.

PISIDIE, dans l'Asie-Mineure, province située entre la Phrygie et la Pamphylie, et en grande partie couverte par la chaîne du Taurus. Le caractère de la population ressemblait à celui des Isauréens et des Pamphyliens; néanmoins la Pisidie renfermait des villes importantes : telle fut *Antioche*, où S. Paul vint prêcher la foi dans la synagogue des Juifs, et convertit beaucoup de gentils ; ce qui lui attira l'inimitié et les persécutions des premiers.—Les anciens habitants de cette province se nommèrent aussi *Solymes*.

PLAINE (grande), PLAINE DE MAGEDDO OU MAGEDDON, GRANDE CAMPAGNE D'ESDRELON OU VALLÉE DE IZRAEL. Voy. *Esdrelon*.

PLAINES DE MOAB, grande plaine située au-delà du Jourdain, vis-à-vis de Jéricho, au pied des montagnes d'Abarim. C'était le pays le plus plat du territoire des Moabites, celui où campèrent les Israélites avant de passer le Jourdain. Moïse y donna ses dernières instructions à Israël, et mourut bientôt après.

PONT, province célèbre de l'Asie-Mineure, située sur le bord de la mer Noire ou Pont-Euxin, dont sans doute elle tira son nom. A l'E., elle touchait à l'Arménie; au S., à la Cappadoce; et à l'O., à la Paphlagonie, dont la séparait le fleuve Halys. Dans l'origine, elle avait fait partie de la Cappadoce, dont elle devint un démembrement. L'origine des habitants était en général la même, mais il s'y était aussi établi des populations diverses de mœurs et de civilisation : tels étaient les *Sannes*, les *Macrons*, les *Mosynœques*, les *Chabyles*, les *Tibaréniens*, et en général tous ceux que les Grecs désignaient sous le nom d'*Hepta-cometæ* ou des *sept peuples* ou *bourgades*. L'*Halys*, l'*Iris*, le *Thermodon*, en étaient les fleuves principaux; leurs rives se distinguaient par leur fertilité. A l'occident régnait quelque culture; on y recueillait le froment, l'olive, et tous les fruits de l'Asie et de l'Europe. Ce fut même de l'une de ces villes, de *Cérasonte*, que Lucullus apporta en Italie le cerisier, qui prospéra et se propagea si bien. A l'orient, le pays était plus montueux, le sol moins favorable et le climat plus âpre: on y trouvait des mines de fer et de cuivre. Le Pont forma un royaume qui fut très-florissant sous Mithridate VI ou le Grand, mais qui devint bientôt après une province romaine. Les villes principales du Pont étaient *Trapezus*, aujourd'hui Trébisonde; *Cerasus* ou Cérasonte, *Polemonium*, *Themiscyra*, *Amisus*, *Eupatoria*, *Amasea*, patrie de Strabon, *Zela* et *Comana-Pontica*.

POUZZOLE, autrefois *Puteoli*, ville d'Italie, située à quelque distance, deux lieues environ au N., de Neapolis ou Naples, en partie sur le rivage de la mer et en partie sur une hauteur. Elle se nomma primitivement *Dicearchia*. Pour le nom de Puteoli, il lui fut donné, disent les uns, à cause des puits que Q. Fabius y fit creuser pour avoir de l'eau qui manquait à la ville ; et suivant d'autres à cause de la forte odeur de soufre qu'on y respire : en effet le soufre abonde dans ses environs, aussi bien que les sources chaudes. Quoi qu'il en soit, Pouzzole fut une ville très-importante; elle renfermait des monuments considérables, ainsi que l'attestent ses ruines. Festus la comparait à Délos pour sa magnificence, et Cicéron l'appelait la *Petite-Rome*. Elle faisait, par son port, un commerce considérable, qui la rendait très-florissante. Vis-à-vis d'elle, également sur la mer, était le délicieux séjour de Baiæ. S. Paul se rendit de Reggium à Pouzzole ; ce fut de là qu'il alla à Rome.

PTOLÉMAÏDE, auparavant *Accho*, et aujourd'hui Acre ou *Saint-Jean-d'Acre*, à l'extrémité septentrionale du golfe, dont le promontoire du Carmel forme l'extrémité opposée, par 34° 44' 40" lat. N. et 18° 35' 45" long. E. de Paris. Cette ville fut importante dès les temps les plus anciens ; aussi, en prenant possession

DICTIONNAIRE DE GÉOGRAPHIE ECCL. I.                                    7

du pays, les Asérites se gardèrent-ils de lui porter aucune atteinte. Ptolémée-Soter la restaura et l'agrandit, et lui donna son nom de *Ptolémaïs* ; c'est sous ce nom qu'elle est désignée dans le récit qu'a fait saint Paul de son voyage à Césarée. Les Turcs en sont aujourd'hui en possession ; ils lui ont rendu son ancien nom. Ptolémaïs fut mêlée à toutes les guerres des croisades. Sa situation est des plus favorables pour la défense ; au N. et à l'E. de la ville s'étend une plaine vaste et fertile. Dans son état actuel, elle est entourée de hautes murailles, de fossés profonds, et de nouvelles fortifications forment à présent une double enceinte terrassée, flanquée de bastions qui la rendent redoutable. Partout on y trouve un mélange de ruines gothiques et de constructions modernes ; ses rues sont étroites et malpropres. Sa population est de 8 ou 10,000 Turcs, Arabes, Juifs et Chrétiens. On y fait encore quelque commerce.

Puits, lieu profond creusé en terre pour en tirer de l'eau potable. Dans les déserts où l'eau est rare, on est obligé de recourir à ce moyen de s'en procurer ; mais ceux qui les creusent les cachent ensuite sous des amas de sable, pour que d'autres, survenant après eux, ne les épuisent point. Ces puits, lorsqu'ils sont découverts, donnent souvent lieu à de graves démêlés entre les diverses peuplades du pays, comme autrefois cela arrivait entre les pasteurs. Un de ces puits est celui d'*Agar*, voy. *Fontaine d'Agar*, aussi appelé *le Puits de celui qui vit et qui me voit* ; d'autres furent creusés non loin de Gérara par les pasteurs d'Abraham, et donnèrent même lieu à de vifs débats. Le nom de *puits* est quelquefois employé dans le sens de source, fontaine ; telle est la désignation du *puits des eaux vivantes* descendant du Liban, dont parle le *Cantique des Cantiques*. On le prenait aussi dans le sens d'*endroits profonds*, et parfois encore on lui donnait une signification toute *morale*.

Puits de bitume. Il y avait beaucoup de puits de cette nature dans la vallée des Bois, avant qu'elle n'eût éprouvé le bouleversement qui en a fait un lac ou une mer, sous le nom de mer Morte.

Pygmées, race d'hommes qui passaient dans l'antiquité pour être de très petite taille. Le prophète Ézéchiel parle, dans la mention qu'il en fait, de la défense des murailles de Tyr, à laquelle paraissent contribuer ces Pygmées. Mais dans cette circonstance même il est impossible de donner une explication de leur nom ; aussi nous contenterons-nous de faire observer que quelques versions de la *Bible* substituent au mot *Pygmées* une dénomination toute différente.

# R

Rabath, Rabba ou Rabbath, ville des Ammonites, sur le bord d'un petit torrent qui courait se réunir au Jaboc, dans un pays bien arrosé, non loin d'Abel-Keamin au S.-E., et de Jazer, vers le 32° parallèle. C'était une ville très-importante à l'époque où vécut Moïse, et la capitale des Ammonites ; ce qui l'a fait quelquefois appeler Rabbath-Ammon. David en fit le siège, et la prit ; ses murailles furent alors renversées, et la plupart de ses habitants furent tués par les vainqueurs. Après le schisme cette ville passa, avec les tribus établies au-delà du Jourdain, sous la domination des princes d'Israël, et partagea le sort des pays qui leur étaient soumis. Les prophètes lancent contre elle des menaces terribles : suivant Ézéchiel, elle ne doit plus être que *la demeure des chameaux, et le pays des enfants d'Ammon la retraite des bestiaux*. Ptolémée-Philadelphe la nomma *Philadelphie*. Aujourd'hui ses ruines s'appellent *Ammon* ; elles sont magnifiques, et peuvent être comparées à celles de Palmyre ; elles prouvent son ancienne splendeur, quoiqu'elles ne paraissent pas remonter au-delà du siècle des Antonins.

Rabbath-Moab ou Ar. Voy. *Ar*.

Rabboth, ville de la tribu d'Issachar, non loin de Césion.

Rachal, ville située probablement dans la partie sud de la tribu de Juda, une de celles à qui David envoya une part du butin qu'il avait fait sur les Amalécites.

Rachel (sépulcre de). Voy. *Sépulcre de Rachel*.

Ragau, grande plaine dans laquelle Nabuchodonosor, roi de Ninive, défit Arphaxad, le roi des Mèdes. Elle était située entre le Tigre et l'Euphrate. Quelques critiques pensent que Ragaü est inscrit au livre de *Judith* pour *Ragès*.

Ragès, ville de la Médie, grande et importante, située à l'Orient d'Ecbatane (Hamadan). Les Macédoniens l'appelèrent *Europus*, et les Parthes *Arsacia* ; ses ruines ont, malgré ces changements de nom, conservé celui de *Raï*, évidemment dérivé du nom primitif. C'était là que demeurait Gabelus, à qui le jeune Tobie alla réclamer dix talents.

Rahab. Sous ce nom, qui exprime l'idée d'orgueil, d'arrogance, le *Psalmiste* désigne, selon D. Calmet, l'Égypte. Il place Rahab sur la même ligne que Babylone, au nombre des lieux qui connaîtront la puissance du Seigneur ; d'autres veulent que ce soit un canton de la Chaldée.

Rama, ville de la tribu de Benjamin, au N. de Gabaa. C'était une place fortifiée et située dans une position favorable sous le rapport stratégique, sur un lieu élevé, au centre d'un pays découvert. Baasa, roi d'Israël, s'en empara et la fortifia ; mais les attaques de Bénadab, roi de Syrie, qui, à l'instigation d'Asa, roi de Juda, vint fondre, malgré son alliance avec lui, sur son territoire et lui enlever plusieurs villes, le força d'interrompre ses travaux et de laisser son ouvrage imparfait. Asa profita de cette suspension de travaux pour enlever tous les matériaux et les transporter à Gabaa et à Maspha, aux fortifications desquelles il les employa.

Ramatha, surnommée Sophim, ville située dans la montagne d'Ephraïm, tribu du même nom, vraisemblablement la même que celle d'Arimathie. Patrie de

Samuel, c'était le lieu où celui-ci jugeait le peuple d'Israël; il y fut enterré. Primitivement dépendante de la Samarie, Ramatha fut ensuite annexée à la Judée. Voy. *Aphœrema.*

RAMATH-LÉCHI, c'est-à-dire, *élévation de la mâchoire*, ou LÉCHI. Voy. *Léchi.*

RAMESSÈS, ville de l'Égypte, située dans la terre de Gessen, terre très-fertile à laquelle elle paraît avoir aussi donné son nom. Cette ville fut une de celles que les Pharaons firent construire par les Hébreux, à qui ils imposaient toute sorte de rudes travaux; c'est de là que ceux-ci partirent pour la Terre-Promise.

RAMETH ou JÉRAMOTH. Voy. *Jéramoth.*

RAMOTH, ville de la tribu de Juda, qui prit part au butin fait par David sur les Amalécites.

RAMOTH, ville lévitique de la tribu d'Issachar, au S. de Sunem.

RAMOTH EN GALAAD, ville lévitique et de refuge du pays de Galaad, dépendant de la tribu de Gad. Elle était située auprès du Jaboc. Les rois de Syrie en restèrent pendant quelque temps les maîtres; les tentatives faites pour la leur reprendre coûtèrent la vie à Achab, roi d'Israël, ainsi que l'avait prédit le prophète Michée.

RAPHAÏM (vallée de) ou VALLÉE DES GÉANTS, célèbre par les victoires de David sur les Philistins. Elle se prolongeait des environs de Bethléhem à ceux de Jérusalem.

RAPHAÏTES, nom que la *Genèse* donne à une partie de la population d'Astaroth-Carnaïm, ville du pays de Basan. Est-elle ainsi appelée parce qu'elle serait venue de la vallée de Raphaïm dans cette ville, ou bien parce que son nom, portant avec lui le sens de géant, a été appliqué par les Hébreux aux populations qu'ils redoutaient?

RAPHIDIM, neuvième station des Israélites au désert, où ils arrivèrent à leur sortie de Sin. L'eau manqua; il en résulta des murmures dans le peuple. Moïse le conduisit alors au rocher d'Oreb, qu'il frappa d'une verge, et d'où il sortit une eau tellement abondante, que les bestiaux eux-mêmes en eurent assez pour étancher leur soif; cependant Moïse appela ce lieu *murmure* et *tentation*, à cause des murmures d'Israël. Cette station est de plus remarquable par la victoire que Josué y remporta sur les Amalécites, qui voulaient barrer le passage à cette multitude d'émigrants qui menaçaient leur territoire. Pendant le combat, Moïse était monté sur la montagne pour consulter le Seigneur et implorer son secours.

RAPHON, place du pays de Galaad, au N. de Jaboc et près de cette rivière. Timothée y était campé avec les Arabes, ses alliés, quand Judas Machabée l'attaqua et le força à prendre la fuite.

REBLA ou REBLATHA, ville située sur la limite de la Palestine, au pays d'Émath. Ce fut là que le malheureux roi de Juda Sédécias fut amené au roi de Babylone, qui lui fit crever les yeux et le chargea de chaînes.

REBLATHA ou REBLA. Voy. *Rebla.*

RECCATH, ville de la tribu de Nephthali.

RÉCEM, ville de la tribu de Benjamin, sur la limite d'Éphraïm.

RÉEMA, contrée de l'Arabie, située sur la côte occidentale de la mer Rouge, et dépendante de l'Arabie Heureuse. Elle était riche en parfums, en pierres précieuses et en or, suivant le prophète Ézéchiel; elle en faisait un grand commerce. On suppose qu'elle a pris son nom de l'un des fils de Chus.

REGMA, un des fils de Chus, qui s'établit en Arabie. Voy. *Réema* et *Arabie.*

REFUGE (villes de), villes destinées à servir d'asile aux malheureux qui avaient involontairement donné la mort à d'autres. Une fois réfugiés dans leur enceinte protectrice, ils échappaient à la vengeance de la famille du décédé, et ils avaient le temps de préparer leur défense. A l'O. du Jourdain, ces villes étaient *Cédès* en Nephthali, *Hébron* en Juda, et *Sichem* en Ephraïm; et à l'E., *Bosor*, *Golan* et *Ramoth-Galaad*, dans chacune des trois tribus situées de ce côté.

REMMON, rocher situé près de Gabaa, dans la tribu de Benjamin, et où se retirèrent les Benjaminites qui échappèrent à la défaite de leur tribu par les autres tribus confédérées pour venger l'outrage fait à la femme du lévite. Ces fugitifs, au nombre de 600, y restèrent retranchés pendant quatre mois.

REMMON, ville de la tribu de Siméon, d'abord assignée à celle de Juda. Elle était située au couchant de Sicéleg.

REMMON, REMMONO ou DAMNA, ville lévitique de la tribu de Zabulon, à peu de distance de la mer de Galilée.

REMMON PHARÈS, quinzième station des Israélites dans le désert; ils venaient de Rethma, et se rendaient à Lebna.

REMMONO, REMMON ou DAMNA. Voy. *Remmon.*

RESEN, grande ville citée par la *Genèse* comme ayant été bâtie par Assur. Elle était située en Assyrie, entre les villes de Ninive et de Chalé. On suppose que ce doit être la même que la ville de *Larissa*, qui était bâtie sur le Tigre. Le nom de *Larissa* est une dénomination grecque; il paraît pour la première fois dans Xénophon (*Anab.*, III, 18). Cette ville, dit l'historien, était grande, mais déserte; ses murs avaient deux parasanges de tour et 25 pieds de largeur sur 100 de hauteur; ils étaient de briques, mais la partie inférieure était, jusqu'à la hauteur de 20 pieds, construite en pierre. De ce que Larissa est un nom grec, on doit douter que Xénophon ait exactement reproduit le nom de la ville qu'il désigna; c'est ce qui porte Bochart à supposer que quand les Grecs demandèrent, lors de leur passage, aux habitants du pays, de quelle ville ils voyaient les ruines, ceux-ci leur répondirent *Laresen*, c'est-à-dire, *de Resen*, et que les Grecs changèrent ce mot en celui de Larissa, déjà connu d'eux, puisqu'il existe en Grèce une ville de ce nom, et d'un son plus doux à leur oreille.

RESEPH. On trouve dans Ptolémée deux villes dont le nom se rapproche, quant à la forme, de celui de Reseph: l'une, appelée *Resapha*, au S. de l'Euphrate, était située entre ce fleuve et Palmyre ; l'autre, nommée *Rescipha*, était sur la rive septentrionale de ce fleuve, mais plus à l'orient. Il est probable que quoiqu'on ait cru à l'identité de Reseph avec Resen, Reseph est représentée par l'une des villes que nous venons d'indiquer sur le bord de l'Euphrate. L'Ecriture n'offrant aucune particularité sur cette ville, qu'elle se borne à nommer, ne nous permet point de mieux éclaircir ce fait.

Ressa, dix-septième station des Israélites au désert; de là ils se portèrent sur Lebna.

Rethma, quatorzième station des Israélites au désert; ceux-ci se dirigèrent de là sur Remmon-Pharès.

Rhège, ville maritime de l'ancien Bruttium, en Italie, aujourd'hui *Reggio*, vis-à-vis de Messine, sur le détroit de ce nom, aussi appelé *Phare de Messine*. Fondée par les Chalcidiens, elle fut souvent détruite par les tremblements de terre. En sortant de Sicile, S. Paul s'y rendit, et y séjourna pendant un jour. De là il se dirigea sur Pouzzole.

Rhodes, île située sur la côte méridionale de la Carie, dans l'Asie-Mineure, et dépendante par conséquent de l'Asie, de même que Lesbos et Chypre. Elle était célèbre chez les anciens, par la pureté de l'air que l'on y respirait. On disait que le soleil ne restait pas un seul jour sans s'y montrer, d'où il résultait que cet astre était devenu l'objet du principal culte des habitants. C'était là que se trouvait, dans le port de la ville de Rhodes, le fameux colosse de bronze, haut de 70 coudées, et qui passait pour une des sept merveilles du monde. Il était à l'entrée du port, les deux pieds appuyés sur chaque côté du rivage, en sorte que les vaisseaux passaient entre ses jambes. Ce colosse fut renversé par un tremblement de terre ; et, peu de temps après, le bronze fut transporté en Égypte : neuf cents chameaux furent nécessaires pour ce transport. Rhodes fut de tout temps très-commerçante : elle acquit une grande importance pendant les guerres de la Terre-Sainte. Elle fut le siège de l'*ordre des chevaliers de Saint-Jean de Jérusalem*, depuis appelés *chevaliers de Malte*. S. Paul y aborda en venant de Cos, et en se rendant à Patara. On fixe à 36° 26' 53" lat. N., et 25° 52' 36" long. de Paris, la position de Rhodes à son môle.

Riphath, petit-fils de Japheth par Gomer, dont on a placé, d'après l'historien Josèphe (*Ant.* I, 7) la demeure dans la Paphlagonie. On l'a reculée aussi beaucoup plus au N. au-delà du Caucase, vers les monts Riphées, sur les confins de l'Europe et de l'Asie.

Rogel. Voy. *Fontaine de Rogel*.

Rogelim, ville de la tribu de Gad, en Galaad, résidence de Berzellaï, qui vint joindre David et lui fournit des vivres pour son camp, lors de la révolte d'Absalon.

Rohob, ville de la Syrie, située dans la tribu d'Aser, sur sa frontière, au N. Elle fut attribuée aux lévites. Bon gré, mal gré, les Israélites en respectèrent la population. La ville de Laïs, depuis Dan, était située sur son territoire. Soit que tout le territoire ancien de *Rohob* n'ait point été réuni à la terre d'Israël lors de la conquête, soit tout autre motif inconnu, on voit les Syriens de Rohob faire cause commune contre les Hébreux avec ceux de Soba, les Ammonites et d'autres peuples.

Rohoboth. Si l'on s'en rapporte aux *Paralipomènes*, cette ville aurait été située sur le bord de l'Euphrate, et elle aurait donné le jour à un roi d'Édom, nommé Saül. Cette position est bien éloignée du pays d'Édom ; et cependant on a pensé reconnaître en elle la ville de *Bir* ou *Birtha*, située en Mésopotamie, sur le bord oriental de l'Euphrate, au N. de Thapsaque, mais cette opinion paraît peu vraisemblable.

Romatii, patrie de l'un des officiers du palais de David.

Rome, la capitale de l'empire romain, fut fondée vers l'an 753 avant l'ère chrétienne : Joathan régnait alors sur Juda, et Phacée sur Israël. Cette ville devait, dit-on, sa première fondation à Evandre, qui, chassé du Péloponèse, se retira dans le pays du Latium. Evandre éleva sur le mont *Palatin*, au bord du Tibre, quelques chétives habitations ; mais, lorsque Romulus et Rémus furent venus s'y établir à la tête des pâtres de la contrée, ils lui donnèrent une plus grande étendue, et le premier lui imposa même son nom. Insensiblement la ville s'agrandit, et renferma sept collines différentes, ce qui la fit nommer *septicollis*, ou la ville aux *sept collines*. Son territoire, primitivement borné, pour ainsi dire, à l'enceinte de la ville, prit de l'accroissement par suite du succès des armes romaines. La lutte s'engagea d'abord entre les Romains et leurs voisins, qui furent soumis ; après ceux-ci vinrent les peuples plus éloignés ; ensuite l'Italie entière et ses îles ; enfin le monde connu passa sous leur pouvoir, de telle manière que le bassin de la mer Méditerranée ne dut plus être considéré que comme un immense lac au milieu de leur territoire. Aussitôt que le bruit de leur nom eut pénétré dans la Syrie, les Asmonéens cherchèrent à captiver leur bienveillance pour eux et pour le peuple juif. De tels succès influèrent sur la ville de Rome elle-même. Elle s'embellit, s'agrandit, se couvrit de temples, de palais, et devint une ville superbe, dont les ruines encore existantes attestent l'antique splendeur. Aujourd'hui, capitale du monde chrétien, elle se montre avec orgueil des monuments modernes de la plus grande magnificence, et dignes de lutter avec les chefs-d'œuvre antiques. Saint Paul vint deux fois à Rome ; la première dans l'année 61 de notre ère, par suite de son appel à César, et la seconde probablement en l'année 64. On exerçait alors à Rome contre les chrétiens une cruelle persécution, pendant laquelle, à ce qu'il paraît, le saint Apôtre fut emprisonné, et bientôt décapité près de la ville. Ce fut pendant son emprisonnement, de 61-63, qu'il écrivit ses *épîtres* aux Éphésiens, aux Philippiens, aux Colossiens et à Philémon. Pour la seconde à Timothée il est probable qu'il la rédigea pendant le second emprisonnement. Dans l'intervalle de sa première à sa seconde détention, il parait que saint Pierre vint aussi à Rome, et que ce fut de là qu'il écrivit également ses deux épîtres. On croit qu'il y fut crucifié la tête en bas, dans le même temps que saint Paul avait la tête tranchée. Saint Marc l'accompagnait vraisemblablement à Rome, car il y rédigea son évangile en 63 ou 64. — *Romains*, habitants de Rome et des autres villes et provinces de la république et de l'empire, jouissant des droits, titres et prérogatives de citoyens romains.

Ruben, fils aîné de Jacob, et souche de l'une des tribus d'Israël. Riche en bétail, cette tribu obtint, de même que celle de Gad, son partage à l'orient du Jourdain, dans des terres grasses et fertiles en pâturages. Son pays avait autrefois appartenu aux Moabites, et en partie aux Ammonites, et il était ensuite passé aux Amorrhéens, dont le nom disparut de ce côté du fleuve, depuis la conquête de Josué. Cette tribu s'étendait donc depuis le Jaboc au N., jusqu'au torrent d'Arnon au S. Les montagnes formaient à l'E.

sa limite, qui était déterminée à l'O. par la mer Morte et le Jourdain. Au centre s'étendaient les monts Abarim. Ses villes principales furent *Hésébon*, *Bosor*, *Aroër*, *Jazer* et *Abel-Kéamin*. Les Rubénites furent, comme les Gadites, obligés, lorsqu'ils prirent possession de leurs terres, de relever beaucoup de villes détruites par le fait de la conquête. Ils passaient pour gens d'expérience dans l'art de la guerre, et maniaient fort bien l'arc et l'épée; mais souvent ils étaient agités par des troubles intérieurs. Lors du dénombrement dans le désert, ils comptaient 46,500 hommes en état de porter les armes. L'invasion de Téglath-Phalasar ne leur fut pas moins préjudiciable qu'aux autres tribus d'Israël : la population fut transférée en Assyrie.

Ruma, ville de la tribu de Juda, située vers le S.

Ruma, ville de la tribu d'Ephraïm, au S. de Sichem, entre cette ville et le sommet du mont Garizim.

# S

Saananim, petit canton situé sur la limite de Nephthali, au N., et où se trouvait la ville d'Elon.

Saaraïm, ville de la tribu de Siméon.

Saba. Cette dénomination appartenait à l'un des enfants de Chus et à l'un des enfants de Jectan, qui tous deux s'établirent dans l'Arabie. Voy. *Arabie*. On a pensé que la ville de *Sabbea*, appelée par Ptolémée *Sabæ*, et que cet auteur place dans le pays des Sabéens, par 16° 50', était autrefois appelée *Saba*, nom qui se conserve encore aujourd'hui sous la forme de *Sabié*, dans la même contrée, et que c'était la résidence de cette célèbre reine qui vint trouver Salomon, chargée de riches présents en or, en parfums et en pierres précieuses, qu'elle apporta en telle quantité que jamais on n'en vit depuis autant à Jérusalem. D'autres, d'après Strabon (XVI, 768) et Pline (VI, 32), ont pensé que l'ancienne *Saba* était la ville de *Mariaba*, appelée *Marib* et *Mareb* par les Arabes, dénomination que Gosselin (*Recherches sur la géographie des anciens*, t. II, p. 103) prétend ne pas signifier autre chose que *métropole*, comme Pline (*ib.*) lui-même l'avance. Ce n'était là par conséquent qu'un terme appellatif, qui se reproduit comme tel chez plusieurs peuples de l'Arabie. Cependant, sur les confins de l'Yemen et de l'Hadramaut, au loin dans les terres, existe une ville de *Mareb*, ancienne capitale des Hémiarites ou Homérites, et maintenant presque détruite. Suivant les Arabes, cette ville, qu'ils prétendent avoir porté, chose au moins douteuse, le nom de Saba, devrait son existence à Saba, fils de Jectan, ou plutôt à Hémiar, fils de Saba. Quoi qu'il en soit, ces pays auraient été autrefois occupés par les *Sabéens*, dont la puissance paraît avoir été fort étendue en Arabie; et les Sabéens, issus de Jectan par Saba, seraient eux-mêmes la tige des *Hémiarites*, peuple également puissant, mais plus connu sous le nom d'*Homérites*. Rien n'égale la magnificence que déploya la reine de Saba : et, sans parler des parfums et des

aromates, elle emportait avec elle de l'or et des pierres précieuses. D'un autre côté, les prophètes, et surtout Ezéchiel, font allusion au grand commerce que ce pays faisait de ces produits. Mais aujourd'hui on ne trouve plus d'or en Arabie, et cependant c'est une remarque que les anciens n'ont jamais parlé de l'Arabie sans citer son or. Ils indiquent trois peuples, les *Debæ*, les *Alilæi* et les *Gasandi*, chez lesquels on ramassait l'or vierge ou natif, soit dans le lit des torrents, soit dans le creux des rochers, soit dans le sol. Or les Gasandi confinaient, dit Gosselin, avec les Sabéens, circonstance qui influe beaucoup sur l'opinion de ce savant, qui place le pays d'Ophir chez ces derniers. Voy. *Ophir*. Les Sabéens étaient, suivant Isaïe (XLIV, 14), d'une haute taille.

Sabama ou Saban, ville de la tribu de Ruben, rebâtie après la conquête. Elle était située non loin d'Hésébon. Son territoire paraît avoir été fertile en vignobles. Les prophètes Isaïe et Jérémie y font allusion lorsqu'ils annoncent la ruine des Moabites.

Saban ou Sabama. Voy. *Sabama*.

Sabarim, ville de la tribu de Benjamin, voisine d'Haï.

Sabée ou Bersabée. Voy. *Bersabée*.

Sabarim, ville de la tribu de Nephthali, du côté du N., sur les confins du pays d'Emath.

Sabatha et Sabatacha, fils de Jectan, établis en Arabie, vers le S. Il y avait une ville de *Sabbatha* chez les Adramitæ. Voy. *Arabie*.

Sachacha, ville de la tribu de Juda, située vers l'E.

Sadon ou Sidon. Voy. *Sidon*.

Salaboni, patrie de l'un des forts de David.

Salamine, première place de l'île de Chypre où se rendirent saint Paul et saint Barnabé. Elle était située dans sa partie orientale, à laquelle elle donnait son nom. C'était une des quatre villes les plus importantes de l'île de Chypre. Dans les premiers temps du christianisme, Salamine fut le siége du primat ou métropolitain de l'île. Sous le règne de Trajan, elle fut détruite par les Juifs et reconstruite; mais ayant été prise, saccagée et rasée par les Sarrasins, elle ne put jamais recouvrer son siége métropolitain, qui fut transporté à Nicosie. Des ruines de Salamine s'est formée *Famagusta*, capitale de l'île à l'époque où elle fut prise sur les Vénitiens, en 1570, par les Turcs, qui sont encore aujourd'hui maîtres de toute l'île.

Salebim ou Selebin, ville de la tribu de Dan, située près de celle d'Aïalon. Elle était occupée par les Amorrhéens, qui inquiétèrent vivement et pendant longtemps les Danites.

Salecha ou Selcha, ville du Basan, située sur la limite orientale du royaume d'Og. Elle devint celle de la tribu de Gad, du même côté.

Salem, c'est-à-dire, la *paix*, nom primitif de la ville des Jébuséens, qui fut depuis Jérusalem. Voy. *Jérusalem*.

Saleph, un des fils de Jectan, dont le nom se retrouve dans celui des *Salapeni*, que d'Anville place, *Carte d'Asie*, sous le nom d'Alapeni, dans les contrées du Nedjed, en Arabie.

Salim, petit pays situé sur le bord du Jourdain, au S. de Bethsan et au N. d'Ennon, où saint Jean administrait le baptême.

Salines (vallée des). Voy. *Vallée*.

Salisa, pays situé probablement en Ephraïm, sur la montagne d'Ephraïm.

Salmona, trente-troisième station des Israélites au désert, entre le mont Hor et Phunon, en Idumée.

Salmone, aussi appelée Salmonium, promontoire de l'île de Crète, dans sa partie orientale.

Sama, ville de la tribu de Juda, au S., non loin du torrent de Bésor.

Samaraïm, ville de la tribu de Benjamin, dans le voisinage de Béthel.

Samareus, un des onze fils de Chanaan, dont on pense que les Samaritains ont reçu leur nom.

Samarie, ville capitale de la province de la Palestine nommée *Samarie*, auparavant capitale du royaume d'Israël. Fondée par Amri, roi d'Israël, sur une montagne au N. de la tribu d'Ephraïm, achetée, moyennant deux talents d'argent, de *Somer*, dont le reçut le nom, elle succéda au titre de capitale à la ville de Thersa, de même que celle-ci avait succédé à celle de Sichem. Samarie fut détruite par Salmanasar, roi d'Assyrie, et partiellement reconstruite par les Cuthéens et autres peuples, que ce prince établit en Samarie à la place des habitants qu'il avait emmenés en captivité; mais elle fut de nouveau ruinée par Jean Hyrcan. Sous le règne d'Hérode-le-Grand, qui la rebâtit, elle reprit quelque importance. Ce prince l'appela, en l'honneur d'Auguste, *Sebaste*, dénomination que ses ruines conservent encore aujourd'hui. Dans la dernière guerre des Juifs Samarie prit parti pour les Romains. Sa situation est extrêmement belle et forte par son assiette. La montagne sur laquelle elle repose est en effet isolée, défendue par une vallée profonde et large, et entourée de quatre montagnes d'une élévation à peu près semblable à la sienne. Ses environs étaient propres à la culture de la vigne, à laquelle on paraît s'être beaucoup adonné.

Samarie, province de la Palestine, ainsi nommée de Samarie, sa capitale, auparavant celle de tout le royaume d'Israël. Cette province s'étendait, de l'O. à l'E., des bords de la mer Méditerranée au rivage du Jourdain, et du S. au N., de la Judée à la Galilée, et renfermait les territoires de l'ancienne tribu d'Ephraïm et de la demi-tribu O. de Manassé. Elle fut comprise avec la Judée dans la *première Palestine consulaire*. Lorsque les dix tribus furent emmenées en captivité en Assyrie, beaucoup de peuples de cette dernière contrée furent établis dans le pays. Ils s'y mêlèrent avec ceux des Israélites qui étaient restés, et avec ceux qui plus tard rentrèrent dans leur ancienne patrie. Ces peuples apportèrent le culte de leurs dieux avec eux, et l'imposèrent aux vaincus. Mais il paraît qu'avant la naissance de Jésus-Christ, les Samaritains étaient revenus à l'adoration de Dieu. Cependant ils différaient sous plusieurs rapports des Juifs. Ils n'admettaient que les seuls livres de Moïse comme étant de source divine, et considéraient le mont Garizim comme le seul lieu où la célébration du culte pût être agréable à Dieu. De cette différence de principes, naquit entre les Juifs et les Samaritains, dénomination qui alors ne fut plus seulement géographique, mais qui, sous le rapport religieux, servit à établir une ligne de démarcation bien prononcée, la plus grande aversion. La séparation ou le schisme des dix tribus, l'opposition que les Samaritains mirent à la reconstruction du temple de Jérusalem après le retour de la captivité, l'érection d'un temple sur le mont Garizim, et les avanies que l'on faisait subir à ceux qui traversaient la Samarie pour aller adorer Dieu à Jérusalem; tout cela explique suffisamment la haine des Juifs. Peut-être que des motifs au moins aussi puissants influaient sur la conduite des Samaritains envers eux, mais nous les ignorons. Il est certain que les Machabées prirent et détruisirent leur capitale, et subjuguèrent toute la contrée.

Samaritains, dénomination qui doit être prise dans un double sens : premièrement dans un sens géographique, et alors elle désigne les habitants de la ville et de la province de Samarie; et secondement dans un sens religieux : dans ce dernier cas elle est opposée à celle des Juifs, et elle indique la ligne de démarcation qui existait sous ce rapport entre les uns et les autres. Voy. *Samarie*, province.

Samir, ville de la tribu de Juda, dans les montagnes même de Juda, vers l'O. d'Hébron.

Samir, en Ephraïm, sur la montagne d'Ephraïm, ville où fut enseveli Thola, juge d'Israël.

Samos, île de l'Archipel, autrefois mer Egée, séparée de la côte d'Ionie par un canal étroit. Cette île chérie de Junon que l'on croyait y être née, et à qui la ville de Samos était consacrée, s'appela d'abord *Parthénie*. L'air y était sain, et le sol fertile ; les figuiers, les pommiers et la vigne même y portaient, suivant Athénée, leurs fruits deux fois par an. On attribue à ses habitants l'invention de la poterie. La capitale était *Samos*, patrie de Pythagore, qui y naquit 608 ans avant notre ère. Saint Paul toucha à Samos en se rendant de Chios à Milet. On a fixé la position d'une de ses montagnes, le Querki, à 37° 43' 44" de lat. N., et 24° 18' 6" de long. E. de Paris.

SAMOTHRACE, petite île de l'Archipel ou mer Egée, située vis-à-vis de la côte de la Thrace. Elle fut d'abord appelée *Leucosia*, puis *Samos*, et enfin *Samothrace*, en raison de sa position et de l'origine de ses habitants qui était thrace. On y voyait une ville du même nom, où était un temple dans lequel on célébrait, en l'honneur des dieux Cabires, des mystères aussi fameux que ceux d'Éleusis. Saint Paul toucha à Samothrace, en se rendant de Troade à Naples en Macédoine. Cette île porte aujourd'hui le nom de *Samandraki*; elle possède des ports meilleurs, dit-on, que les autres îles de ces parages.

SANAN, ville de la tribu de Juda, près du Sorec. Elle fut vraisemblablement comprise dans la tribu de Dan.

SANIR, SARION, SION ou HERMON, montagne. Voy. *Hermon-Major*.

SAPHON, vallée située sur la limite des tribus de Gad et de Ruben.

SARAA ou SAREA, ville de la tribu de Dan, qui existait encore au retour de la captivité. Elle était placée à l'O. d'Esthaol et au S. d'Eleuthéropolis. Les 600 Danites qui allèrent fonder Dan sur les ruines de Laïs, au N. de la tribu de Nephtali, étaient sortis de cette ville aussi bien que d'Esthaol. Ses habitants étaient appelés *Saraïtes*.

SARAÏM ou SAROHEN, ville de la tribu de Siméon à l'ouest.

SARAÏTES, habitants de Saraa. Voy. *Saraa*.

SARATHASAR, ville de la tribu de Ruben, dans la chaîne des monts Abarim, au N.-O. d'Hésébon.

SARDES, ancienne ville capitale de la Lydie, au confluent du Pactole et de l'Hermus, et au pied du mont Tmolus, représentée aujourd'hui par le chétif village de Sart. Après avoir été le séjour des rois de Lydie, elle continua de l'être des satrapes perses, et même des rois, lorsque ceux-ci venaient dans l'Asie-Mineure ; mais elle fut ensuite obligée de céder son rang à la ville d'Éphèse, qui devint le séjour du gouverneur de cette province pour les Romains. Sardes était une des sept communautés chrétiennes ou *églises* existant en Asie.

SAREA ou SARAA. Voy. *Saraa*.

SARED ou SARID, ville de la tribu de Zabulon, au midi.

SAREDA, ville de la tribu d'Ephraïm, patrie de Jéroboam qui devint roi d'Israël. Elle était peu éloignée du Jourdain.

SAREDATHA, ou SARTHAN ou SARTHANA, ville située au-delà du Jourdain, dans la tribu de Gad, et sur le bord même du fleuve. Lorsque les Israélites traversèrent le Jourdain, et que les eaux se séparèrent pour leur laisser le passage, celles-ci remontèrent jusqu'à Saredatha ou Sarthan. Entre cette ville et celle de Socoth, située plus au sud, mais toujours sur la même rive du fleuve, s'étendait une plaine qui reposait sur un sol d'argile, dans lequel Salomon fit jeter en moule les vases d'airain qu'il destinait au temple du Seigneur.

SAREPTA, ville phénicienne, située entre Sidon de qui elle dépendait, et Tyr sur le bord de la mer, aujourd'hui *Sarfand*. Le séjour chez une pauvre veuve de cette ville du prophète Élie, lorsque le royaume d'Israël était en proie à la famine, et surtout le miracle qu'il fit en rendant à la vie le fils de cette femme, l'ont rendue célèbre dans l'Ecriture. Du temps de saint Jérôme, on montrait encore la maison où le prophète avait trouvé cette touchante hospitalité, et sur l'emplacement de laquelle on éleva depuis une église. Il y avait à Sarepta, comme à Sidon, des verreries qui, selon Pline, durèrent une longue suite de siècles.

SARID ou SARED. Voy. *Sared*.

SARION, SANIR, SION ou HERMON, montagne. Voy. *Hermon-Major*.

SAROHEN ou SARAÏM. Voy. *Saraïm*.

SARON, ville de la tribu de Gad, située vers le S.-E., et près de laquelle était une montagne du même nom, où l'on faisait paître, ainsi que dans les vallées voisines, un grand nombre de bestiaux.

SARON ou SARONE, ville située non loin de Joppe, et qui donnait son nom à la grande plaine de Saron, qui s'étendait sur le bord de la mer Méditerranée jusqu'à Césarée en Palestine.

SARONE ou SARON. Voy. *Saron*.

SARTHAN, SARTHANA ou SAREDATHA. Voy. *Saredatha*.

SARTHANA, SARTHAN ou SAREDATHA. Voy. *Saredatha*.

SAVÉ, vallée située dans la tribu de Ruben, près de la ville de Cariathaïm, où le roi de Sodome vint au devant de Chodorlahomor. On la nommait aussi *vallée du Roi*.

SAVÉ-CARIATHAÏM ou CARIATHAÏM. Voy. *Cariathaïm*.

SCORPION (montée du). Voy. *Montée du Scorpion*.

SCYTHES, peuple barbare du nord de l'Asie. Ce nom vague s'appliquait à tous les peuples qui habitaient au nord du Pont-Euxin, de la mer Caspienne et même de l'Inde. Faute de savoir leur nom particulier ou plutôt de connaître les localités qu'ils habitaient, on les comprenait tous sous une dénomination générale. Magog aurait, suivant l'opinion commune, été leur père : ils appartiendraient donc aux races japhétiques. Presque tous ces peuples vivant au milieu de steppes immenses, sans avoir de demeure fixe, errants et vagabonds, nomades en un mot, avaient naturellement contracté cette rudesse de mœurs et de caractère qui frappent si fort les nations civilisées. Aujourd'hui les habitants du même sol mènent à peu près le même genre de vie. Ptolémée partage la Scythie d'Asie, car il y avait aussi des Scythes en Europe, en *Scythie en-deçà* et *Scythie au-delà de l'Imaüs*. L'Imaüs est cette chaîne de montagnes qui occupe le centre de l'Asie, forme le Belur-Tag et l'Indou-Kouch actuels, et à laquelle se rattachent les gigantesques monts Himalaya. Un parti considérable de ces peuples, sortis des Palus-Méotides en Europe, se jeta à travers les défilés du Caucase dans l'Asie, poursuivit ses conquêtes au midi et au centre, laissa quelques-uns des siens sur le bord du Jourdain, dans la ville de Bethsan, qui reçut de là le nom de Scythopolis, et domina en maître dans la Médie pendant vingt-huit ans. Cyaxare, premier roi de Médie, parvint enfin à se défaire de leurs principaux chefs, et à les chasser de son royaume.

SCYTHOPOLIS, *ville des Scythes*, ou BETHSAN. Voy. *Bethsan*.

SÉBOÏM, vallée limitrophe d'Éphraïm et de Benjamin. Elle tirait probablement son nom d'une ville qui fut rétablie après le retour de la captivité, car il n'est pas présumable que la ville reconstruite par les Hébreux, plus religieux alors que jamais, fût la malheureuse Séboïm de la Pentapole, si cruellement châtiée par la Providence.

SÉBOÏM, une des cinq villes de la Pentapole, située dans la vallée des Bois, et détruite par une pluie de feu et de soufre. Voy. *Vallée des Bois* et *Mer Morte*.

SECURONA, ville de la tribu de Dan, à l'orient d'Accaron.

SEDADA, ville de la tribu de Nephthali, sur la frontière, vers l'entrée d'Émath.

SÉGOR ou BALA, une des cinq villes de la Pentapole, détruite par la même catastrophe qui enveloppa les quatre autres villes, Sodome, Gomorrhe, Adama et Séboïm. Elle était située au point le plus méridional de la mer Morte, dans une des parties les plus désertes et les plus dangereuses de l'Arabie. Josèphe la nomme *Zoara*.

SEHESIMA, ville de la tribu d'Issachar, vraisemblablement au S.-E. du mont Thabor, sur la limite de la tribu.

SÉIR, chaîne de montagnes et pays situé sur la limite de la tribu de Juda, au sud, et s'étendant de la mer Morte à la mer Rouge avec une hauteur variée. Cette chaîne paraît élevée et très-abrupte ; un seul passage permet de la franchir, c'est vraisemblablement là le *haut chemin* que les Iduméens permirent à Moïse de traverser. Les Horréens sont les premiers habitants connus de ces montagnes ; après eux vinrent les Édomites, enfants d'Esaü, ou Iduméens, qui les exterminèrent, en partie au moins, et s'établirent sur leurs terres. Ceux-ci y formaient déjà un peuple nombreux et puissant quand les Israélites traversèrent le pays. Les Edomites eurent souvent la guerre avec ces derniers ; souvent ils se réunirent à leurs ennemis ; mais aussi ils subirent leur joug, et l'on voit Amasias, roi de Juda, vainqueur de 10,000 enfants de Séir dans la vallée des Salines. Des habitants de la tribu de Siméon, au nombre de 500, quittèrent, à ce qu'il paraît, vers le temps du règne d'Ézéchias, leur pays, vinrent en Séir, et s'emparèrent de quelques parties de territoire qu'ils ont toujours gardées depuis. Les Iduméens adoraient les faux dieux.

SEIRATH, lieu situé dans la montagne d'Éphraïm, vers le sud. Ce fut là qu'Aod, juge d'Israël, après avoir tué Églon, roi des Moabites, sous le joug de qui les Israélites étaient restés pendant huit ans, appela ceux-ci à la guerre.

SÉLA, lieu de la tribu de Benjamin où David fit ensevelir Saül et Jonathas. Ce lieu était situé près de Gabaon.

SELCHA ou SALECHA. Voy. *Salecha*.
SELEBIN ou SALEBIM. Voy. *Salebim*.

SÉLEUCIE, ville située sur le bord de la mer Méditerranée, un peu au N.-O. de la ville d'Antioche, près de l'embouchure de l'Oronte, et ainsi appelée de Séleucus, son fondateur, dont le nom fut aussi appliqué à la partie voisine de la Syrie. C'était en quelque sorte le port d'Antioche. Aujourd'hui cette ville ne présente que des ruines que l'on nomme *Suveidièh*. Saint Paul s'y embarqua pour passer dans l'île de Chypre.

SELIM, ville détachée de la tribu de Juda, pour être donnée à celle de Siméon.

SELLA, nom donné à la pente par laquelle on se rendait de Mello dans la ville même de Jérusalem, et sur laquelle s'étendait, au moins en partie, la maison de Joas, où ce prince fut tué. Voy. *Jérusalem*.

SELMON, montagne dépendante de celle d'Ephraïm, dans le voisinage de Sichem. Abimélech y fit couper une quantité considérable de bois avec lequel il mit e feu à la tour de Sichem. Plus de mille individus, tant hommes que femmes, périrent dans cet incendie. Le Psalmiste (LXVII, 14) parle des neiges du Selmon comme étant de longue durée, ce qui annoncerait que cette montagne avait une élévation considérable.

SEM, l'aîné des trois fils de Noé, dont la postérité peupla le centre de l'Asie, depuis le rivage de la mer Méditerranée jusqu'au rivage des mers de la Chine. La *Genèse* lui donne cinq enfants : *Élam*, le père des Élamites ou des Perses ; *Assur*, de qui sont issus les Assyriens ; *Arphaxad*, de qui descendaient Abraham et les Hébreux ; *Lud*, que quelques auteurs regardent comme le père des Lydiens ; et *Aram*, la souche des Araméens ou Syriens. On se sert de l'expression *langues sémitiques* pour désigner une certaine famille de langues parlées dans l'orient, mais il ne faut pas l'accepter comme devant s'appliquer rigoureusement aux descendants de Sem, car on y comprend quelquefois aussi l'idiome de peuples qui ne paraissent point avoir cette origine. (A. BALBI, *Atlas ethnogr. du Globe*, in-8°, p. 104.)

SÉMATHÉENS, habitants d'une ville dont le nom et

la position sont ignorés, mais qui seraient originairement sortis de Cariathiarim.

SEMERON, ville royale chananéenne, située dans la partie occidentale de la tribu de Zabulon, sur une montagne à laquelle elle paraît avoir donné son nom.

SEN, ville de la tribu de Dan vers le N. C'était entre cette ville et celle de Masphath que se trouvait la *Pierre du Secours*, lieu ainsi nommé par Samuel en témoignage du secours que les Israélites avaient reçu de Dieu dans le triomphe qu'ils venaient de remporter sur les Philistins.

SENAA, ville dont 3,630 individus revinrent de la captivité; elle appartenait sans doute à la tribu de Benjamin.

SENÉ, rocher, qui avec celui de Bosès, bordait le chemin que monta Jonathas, fils de Saül, pour surprendre les Philistins dans leur camp. Ces deux rochers, très-élevés et très-escarpés, étaient situés dans la tribu de Benjamin, entre Machmas et Gabaa.

SENNA, lieu situé au sud sur la limite de la Terre-Promise, entre la montée du Scorpion et Cadès-Barné.

SENNAAR, nom ancien et primitif de la Babylonie ou Chaldée; il s'étendait plus particulièrement à la partie méridionale de cette contrée, entre l'Euphrate et le Tigre. C'est dans ces belles plaines que fut élevée la célèbre tour de Babel. Voy. *Babylonie*.

SENNIM, vallée située dans la tribu de Nephthali, près de Cadès. C'était là que s'était retiré Haber-le-Cinéen, le mari de Jahel, qui tua Sisara, général de Jabin.

SENSENNA, HASERSUSA ou HASERSUSIM. Voy. *Hasersusim*.

SÉON, ville de la tribu d'Issachar, vers le nord.

SEPHAATH, depuis HORMA, HARMA ou HERMA. Voy. *Horma*.

SEPHAMA, ville frontière de la tribu de Nephthali, située vers la source du *Jordanes minor*. On l'a cependant portée beaucoup plus au N., jusque sur l'emplacement d'Apamée.

SEPHAMOTH, une des villes avec lesquelles David partagea le butin qu'il avait fait sur les Amalécites; elle devait se trouver au S. de la tribu de Juda, sans doute près d'Estémo.

SEPHAR, montagne mentionnée par la *Genèse* comme formant la limite des pays occupés par la postérité de Jectan, vers l'orient, ce qui a fait supposer à quelques critiques qu'elle représentait le mont *Imaüs*. Mais il est à remarquer que les Hébreux regardaient les Arabes comme placés à leur orient, et que ce sont toujours eux que les écrivains *bibliques* indiquent lorsqu'ils se servent des expressions *peuples de l'orient*. Voy. ces mots. Il devient donc naturel de penser que le mont Saphar, situé vers l'orient, était en Arabie; mais dans quelle partie de l'Arabie ? Ce nom ne pourrait-il pas se rapporter à celui d'*Afar* ou de *Saphar*, comme on le trouve écrit dans Pline (VI, 26), et dans Ptolémée (*Geogr.* VI, 7), et qui était celui d'une ville dépendante des Homérites, dans l'Arabie-Heureuse. Le mot de montagne est quelquefois employé comme synonyme du mot *pays*: sous ce rapport il pourrait très-bien s'adapter au pays d'*Afar* ou de *Saphar*; en second lieu, Saphar est cité comme limite du pays occupé par la descendance de Jectan. Or, les enfants de Jectan s'établirent dans cette partie de l'Arabie. Voy. *Arabie*. Cette dernière conjecture nous paraît donc de beaucoup la plus probable.

SÉPHARVAÏM, peuple transféré par Salmanasar dans la Palestine, mais dont le pays reste inconnu, à moins que l'on n'admette une sorte de concordance entre ce nom et celui de la ville de *Sipphara*, marquée par Ptolémée sur le bord de l'Euphrate, et à l'E. de Séleucie.

SÉPHATA, vallée située dans la tribu de Juda, aux environs de Marésa, et où Asa, roi de Juda, défit Zara, roi d'Éthiopie, et sa formidable armée.

SÉPHÉLA, plaine étendue, située le long de la mer, dans la tribu de Dan, où Simon Machabée éleva et fortifia la ville d'Adiada. Cette plaine fait suite au S à celle de Saron.

SÉPHER, dix-neuvième station des Israélites au désert. De là ceux-ci se rendaient à Arada.

SÉPHET, ville de la tribu de Nephthali, située à l'O. de la ville de Nephthali, lieu de naissance de Tobie.

SÉPULCRE DE CONCUPISCENCE, lieu situé dans le désert, et où Dieu, irrité des murmures des Israélites, les frappa d'une grande plaie. Ce lieu se trouvait entre le mont Sinaï et la station d'Haséroth.

SÉPULCRE DE DÉBORA, lieu où Débora, nourrice de Rebecca, fut enterrée : il était situé au pied de la montagne de Béthel, dans la tribu de Benjamin.

SÉPULCRE DE RACHEL, monument élevé à la mémoire de Rachel, fille de Laban, et femme de Jacob, dans le lieu où elle fut ensevelie. Il était situé près de Bethléhem.

SER, une des villes fortes de la tribu de Nephthali, vers sa limite septentrionale.

SETIM, SETTIM, ou ABEL-SATIM. Voy. *Abel-Satim*.

SICÉLEG, ville assignée d'abord à la tribu de Juda, et ensuite à celle de Siméon, mais qui paraît être restée au moins jusqu'au temps de David, dépendante du roi de Geth. Celui-ci la donna en effet à David pour demeure, et c'est de cette manière que Sicéleg est venue en la possession des rois de Juda. De là David fit diverses incursions sur les territoires voisins. Sicéleg fut prise, pillée, dévastée, et brûlée par les Amalécites; mais David leur fit payer chèrement ce succès passager; il les battit sur le bord du torrent de Bésor, les détruisit en partie, et fit sur eux un butin immense, qu'il partagea avec plusieurs villes de Juda et de Siméon. Ce fut à Sicéleg que David apprit la mort de Saül et de Jonathas; il en témoigna une vive douleur, et partit de là pour Hébron, où il fut bientôt reconnu roi par une partie d'Israël, et ensuite par tout le peuple. Cette ville fut rebâtie au retour de la captivité.

SICHAR, ville que l'on a confondue avec celle de Sichem en Samarie, et que REICHARD, *carte de la Palestine*, distingue cependant. Elle était, selon lui, située au N.-E. de cette dernière. Jésus-Christ vint dans cette ville, où il s'arrêta auprès d'un puits nommé la *fontaine de Jacob*, et convertit à la foi une femme samaritaine.

SICHEM, en Samarie, dans la tribu d'Éphraïm, à environ deux lieues S. de Samarie, ancienne capitale du royaume d'Israël. Jéroboam qui la rebâtit y avait en effet établi sa demeure. Elle se trouvait sur le côté oriental d'une étroite vallée, formée par les montagnes de Garizim et d'Ébal, et qui court du N. au S. Cette ville, fort ancienne, devait son origine aux Hévéens; elle existait déjà du temps d'Abraham; et ce fut là que l'on transporta, dans le champ que Jacob avait acheté d'Hémor, les restes de Joseph: singulière destinée, qui donnait à ce personnage un tombeau dans les lieux mêmes où il fut saisi par ses frères, et vendu par eux à des marchands qui le transportèrent et le vendirent en Égypte. Le pouvoir des Sichemites fut, à ce qu'il paraît, assez étendu dans les premiers temps; car ils eurent sous leur dépendance la ville de Salem. Josué réunit à Sichem toutes les tribus d'Israël, et leur présenta dans cette circonstance solennelle les préceptes et les ordonnances du Seigneur. Sichem fut une ville lévitique, et l'une des six villes de refuge. Détruite par Abimélech, ce fut à Jéroboam qu'elle dut sa reconstruction. Elle subit toutes les vicissitudes qu'éprouva la Samarie, et finit par changer de nom. On l'appela *Neapolis*, dénomination qu'elle conserve encore aujourd'hui dans celle de *Naplouse* ou *Nabolos*. Peu de villes, dit BUCKINGHAM, l'emportèrent sur elle par la beauté romantique de leur position. Ses édifices semblent s'élever au milieu de bosquets ornés de fleurs de toute espèce; ils sont environnés d'épais bocages et rafraîchis par des ruisseaux de l'eau la plus pure. Le commerce de Naplouse suffit pour donner aux rues principales de cette ville l'aspect du mouvement et de l'activité, quoiqu'elles soient étroites et fangeuses. L'Aga y possède un palais vraiment magnifique.

SICYONE, auparavant *Ægialée*, ancienne capitale de la Sicyonie, pays du Péloponèse, auquel elle avait donné son nom. C'était la plus ancienne ville de la Grèce. Située à peu de distance du golfe de Corinthe, elle était sur un emplacement aujourd'hui couvert de ruines, au milieu desquelles s'élève le petit village de *Basilica*. Aratus, natif de Sicyone, réunit cette ville à la ligue achéenne. A l'époque des Machabées, entièrement soumise aux Romains, elle n'avait plus pour elle que ses anciens souvenirs.

SICILE. Cette île, qui, à cause de sa forme, fut nommée par les Grecs *Trinacria*, c'est-à-dire, l'île aux trois pointes, présente en effet une figure triangulaire. Elle n'est séparée de l'Italie au S.-O. que par un bras de mer fort étroit, que l'on nommait le détroit de Sicile, et qui s'appelle actuellement Phare de Messine. Elle fut successivement occupée par les *Élymes*, les *Sicani* et les *Siculi*; ceux-ci lui laissèrent leur nom, qu'elle porte encore. Les Phéniciens formèrent quelques établissements sur les côtes, et les Grecs vinrent ensuite meubler presque toute l'île de leurs colonies. Longtemps les Carthaginois leur disputèrent la possession du sol, mais les Romains intervinrent. Les Carthaginois furent chassés, et désormais la Sicile n'eut d'autre maître que le peuple romain. Les Grecs y avaient formé quelques états assez puissants: les plus importants furent ceux de Syracuse et d'Agrigente; pour les Romains, ils en furent maîtres absolus. La Sicile est traversée dans toute sa partie septentrionale par une chaîne de montagnes, que les anciens nommaient monts *Nebrodes*, ou *monts Heræi*; sur la côte est le mont Etna, volcan remarquable par son élévation, son étendue et sa violence. En général les montagnes de cette île sont disposées de manière à former trois grandes vallées distinctes. L'air de la Sicile est doux et pur, et la fertilité de son sol est extrême. On la considérait autrefois, à cause de l'abondance de ses récoltes, comme le *grenier de Rome*. Ses villes principales étaient *Syracuse, Messana, Catane* et *Agrigente*.

SIDEN, ville maritime et port important de la Pamphylie, à l'entrée du Pamphylius Sinus, à l'Orient, et vis-à-vis Phaselis, qui était à l'Occident.

SIDON, longtemps la ville la plus grande et la plus riche de la Phénicie, aujourd'hui *Seïde*, sur le bord de la mer Méditerranée, à 33° 34' 5'' lat. N., et 33° 1' 23'' long. E. de Paris. La conformité de son nom avec celui de l'un des fils de Chanaan porte à penser que cette ville, aussi bien que les autres villes phéniciennes, avait une origine chananéenne; ce qui cependant est contesté. La plus ancienne de toutes ces villes, Sidon, fut la mère du commerce et de la navigation des Phéniciens, et, de plus, ce fut de son sein que sortirent les colons qui élevèrent Tyr, Arvad, et en partie Tripoli. Lorsqu'elle parle de cette ville, l'Écriture la désigne souvent sous le nom de *grande Sidon*. Sidon fut régie par des rois; mais leur pouvoir était très-borné. Son territoire avait quelque étendue; et, comme lieu dépendant de ce territoire, figurent *Sarepta* et *Laïs*, depuis *Dan*, dont la position s'éloignait beaucoup de la sienne à l'E., preuve de l'extension qu'il prenait dans ce sens. Les villes phéniciennes, bien qu'unies par une sorte de lien fédératif, étaient indépendantes les unes des autres; cependant on les voit concourir souvent aux mêmes opérations. Ainsi, c'est à des vaisseaux de l'une et de l'autre que fut confié le transport des matériaux nécessaires à la première et à la seconde construction du temple de Jérusalem, et que l'on tirait du Liban; et, selon Ezéchiel, Sidon et Arvad fournissaient même à Tyr ses marins et ses soldats. Mais, s'il y eut souvent union entre ces villes, quelquefois aussi il y eut désaccord et même révolte, lorsque Tyr eut pris l'ascendant sur toutes les autres villes, et que Sidon elle-même fut réduite à ne plus avoir que le second rang. Sidon était renommée dans l'antiquité pour certains produits, et surtout pour ses teintures. On y fabriquait aussi, comme à Tyr, une foule d'ornements pour la parure. Aujourd'hui son port est presque comblé; cependant on y fait encore quelque commerce. Elle est la résidence d'un pacha. Sa population est de 5 à 6,000 âmes.

Vis-à-vis d'elle est une île sur laquelle s'élève une citadelle qui communique avec la terre ferme par un pont magnifique.

SIMON, ville située sur la limite méridionale de la tribu d'Aser.

SIHOR ou fleuve d'Egypte. Voy. *Egypte*.

SILO, ville de la tribu d'Éphraïm, située sur une montagne au N. de Béthel, et devenue célèbre par suite de plusieurs événements importants dont elle fut le théâtre. Ce fut là que l'arche sainte fut déposée, et que s'opéra le partage des terres entre les diverses tribus: aussi ce fut, à tous égards, un lieu révéré. La présence de l'arche et du tabernacle y fit célébrer annuellement des fêtes religieuses, auxquelles, dans plusieurs circonstances, tout Israël était convoqué. L'une et l'autre y restèrent jusqu'à ce que les Philistins se fussent emparés de la ville.

SILONITE, habitant de Silo.

SILOÉ, source douce et abondante, située dans le fond d'une ravine profonde, qui coupe, au N.-E., la partie inférieure de la montagne de Sion, et se prolonge jusque sur le bord de la vallée du Cédron. A cette ravine aboutissait la cavité ou le vallon qui séparait Sion d'Acra, et que Josèphe appelle τῶν Τυροποιῶν, *des fromagers*. Cette source ne paraît point avoir été renfermée dans l'enceinte de la ville, si on en juge d'après le texte même de saint Matthieu (XXIII, 25). L'Edrisi parle du vallon où est situé Siloé, et il le nomme la *vallée d'Enfer*. Ezéchias paraît avoir construit une piscine à la Source de Siloé, et en avoir fait dériver les eaux au moyen d'un aqueduc appelé *aqueduc du Roi*, pour les amener dans la ville. Voy. *Jérusalem*.

SIMÉON, une des moindres tribus d'Israël, descendant de Siméon, le second fils de Jacob. Elle eut en partage des terres qui avaient été primitivement données à la tribu de Juda. Elle était bornée, au N., par les tribus de Dan et celle de Juda; à l'E., par cette dernière; au S., par le désert, et à l'O., par le pays des Philistins. Trop à l'étroit, sans doute, quelques Siméonites se jetèrent dans les monts Séir, où ils formèrent des établissements. Leurs villes principales furent *Bersabée, Remmon, Aïn, Sicéleg, Gerara* et *Horma*. Lors du premier dénombrement dans le désert, Siméon comptait 59,300 combattants.

SIN, dénomination qui semble générale et devoir s'appliquer à toute l'étendue de désert comprise entre la mer Rouge, le mont Sinaï et la limite méridionale de Chanaan. S'il en était ainsi, ce désert porterait aussi le nom de *Pharan* et de *Cadès-Barné*: c'est ce que nous pensons en effet. Ce désert est fort vaste; il peut avoir été désigné comme présentant deux lieux de station différents, par les livres de Moïse, mais toujours est-il que son nom se rapporte à l'ensemble du pays, car il apparaît dès que les Israélites mettent le pied hors d'Egypte, et lorsqu'ils vont quitter le désert, à ses deux limites au N. et au S.

SINA ou SINAÏ, montagne qui, par le fait qui s'y est accompli, occupe dans l'histoire sacrée le plus haut rang. Ce fut là, dans le douzième campement des Israélites, que Dieu dicta sa loi à Moïse, au milieu du tonnerre et des éclairs. Cette montagne est située en Arabie, dans la péninsule formée par les deux bras allongés de la mer Rouge, appelés l'un golfe Héroopolite et l'autre golfe Elanitique; elle touche le mont Horeb. Le voyageur CARNE (*Letters* I, 208) dit que l'aspect du pays autour du Sinaï est magnifique. La scène que présente la montagne est frappante: à droite s'étend, à perte de vue, une grande rangée de montagnes qui part du Sinaï; ces montagnes sont tout à fait nues, mais d'une forme majestueuse. Le Sinaï, ajoute-t-il, a quatre sommets: celui sur lequel se tint Moïse est au milieu des autres, en sorte que d'en bas il ne peut être aperçu. On suppose que le *mont Sainte-Catherine* actuel est le mont Horeb. Pour y arriver, il faut monter des rochers d'une grande hauteur, imposants par leur forme et leur masse. Son sommet n'est qu'un petit pic de 50 pieds de tour tout au plus. Cette montagne est la plus haute de toute la région dans laquelle elle se trouve; mais de son sommet, aussi loin que la vue peut porter, on n'aperçoit que des chaînes de montagnes nues, que séparent quelques ravins ou d'étroits vallons.

SION, une des montagnes renfermées dans l'enceinte de Jérusalem, et la plus élevée de toutes, ce qui lui fait donner par Josèphe (*B. Jud.* VI, 6) le nom de *Haute-Ville*, opposé à celui de *Basse-Ville* appliqué au mont Acra, situé au N. de Sion. Lorsqu'ils s'emparèrent de la ville de Salem, les Jébuséens y élevèrent une forteresse qui devait leur assurer la possession de la ville. Plus tard, ils furent eux-mêmes trop heureux d'y trouver un refuge contre les Israélites, maîtres du plat pays et même du reste de la ville. Ils s'y maintinrent néanmoins pendant toute la durée du gouvernement des Juges et du règne de Saül, inquiétant de temps en temps leurs voisins. David les soumit en s'emparant de la citadelle. Ce prince, maître de cette position, fit entourer la montagne de Sion dont dépendait le vallon creux et étroit de Mello ou de Tyropœon, comme le nomme Josèphe, situé au N., d'une muraille capable de la défendre. Lui-même y établit sa demeure, y fit plusieurs constructions et prépara un lieu pour y placer l'arche du Seigneur, circonstance qui donna à la montagne de Sion un intérêt tout particulier aux yeux du peuple hébreu. Depuis lors, en effet, bien que l'arche ait été transportée dans le temple par Salomon, la montagne n'en resta pas moins consacrée aux fêtes solennelles des Juifs, ce qui lui fit donner, à toutes les époques, le nom de *Montagne Sainte*. C'était là aussi que les actes et avis importants de l'administration étaient exposés à la vue et à la connaissance de tous. Jusqu'au règne de Manassé, la cité de David ne paraît pas avoir dépassé ses limites naturelles; mais ce prince étendit le mur d'enceinte jusqu'à *Ophel*, qu'il fortifia. Depuis les ouvrages de David, la montagne, qui s'était couverte petit à petit d'édifices et d'habitations, fut appelée *ville de David* et *ville de Sion*, dénominations quelquefois étendues à toute la cité. Indépendamment de sa forteresse, nommée aussi *Mello*, Sion renfermait le palais du roi, que Salomon avait mis treize années à bâtir, et dont rien n'égalait, dit-on, la magnificence; et les tombeaux des rois, parmi lesquels se distinguait particulièrement le sépulcre de David. Le tribunal, les prisons, l'arsenal étaient attenant au palais même. Lorsque Jérusalem fut ruinée, incendiée, détruite par les Chaldéens, la ville de David partagea son sort; ses édifices s'ensevelirent également sous leurs monceaux de cendres et de décombres. Mais lors de la réédification de Jérusalem, Sion ne put manquer de recouvrer son ancienne importance. Elle fut, à diverses reprises, fortifiée de nouveau de hautes murailles et de fortes tours, surtout au temps des guerres des Machabées contre les rois de Syrie. A l'époque de la Passion de Notre-Seigneur, elle renfermait les maisons des grands-prêtres Anne et Caïphe. Depuis, la cité de David n'a plus été considérée à part du reste de la ville; et son existence se trouve désormais tout-à-fait liée à celle de Jérusalem. Voy. *Jérusalem*.

SION, HERMON, SARION ou SANIR, montagne. Voyez *Hermon-Major*.

SION, ville de la tribu de Juda, voisine de celle d'Hébron.

SIRA, citadelle peu éloignée d'Hébron, et où Abner, appelé par Joab, fut tué par lui en trahison.

SIS, montagne que traversa l'armée de Moabites et d'Ammonites que Josaphat battit complètement. Elle était située vis-à-vis du désert de Jéruel, par conséquent dans la tribu de Juda, à l'orient.

SMYRNE, une des douze villes de cette brillante confédération ionique qui partageait avec les Phéniciens le privilége d'être les grands marchés du commerce asiatique et européen. Smyrne, dans le fond du golfe de son nom, fut de bonne heure une cité importante, mais elle souffrit et eut son époque de décadence. Alexandre la releva, et la construisit au pied du mont Pagus. C'est encore là que se trouve la moderne Smyrne, devenue la ville la plus considérable de toute l'Asie-Mineure. Sa situation avantageuse pour le commerce et la commodité de son port, y attirent une affluence prodigieuse de commerçants de toutes les nations. Entrepôt général de tous les produits du Levant et des denrées des principaux états de l'Europe, elle semble avoir hérité de la prépondérance que possédaient dans l'antiquité les douze cités ioniennes réunies. Sa population actuelle dépasse 130,000 âmes. Cette ville fut une de celles où il se forma le plus promptement une communauté chrétienne; elle fut une des *sept églises* d'Asie.

SOBA ou SUBA, partie de la Syrie dont Adérézer, défait par David, était roi. Elle devait être située au N.-O. de la Palestine, entre le pays d'Hémath et Damas, peut-être dans la Syrie-Creuse. C'était probablement le même pays que la *Syrie-Sobal* du livre de *Judith* (III, 1).

SOCHO, ville de la tribu de Juda, fortifiée par Roboam. Ce fut une des places de cette tribu dont les Philistins s'emparèrent sous le règne d'Achaz, roi de Juda. Cette ville doit être la même que celle d'*Adullam* ou *Odollam-Socho*. Voy. ces mots.

SOCHOTH, ville ainsi appelée par Jacob, qui y avait établi ses tentes. Elle appartenait à la tribu de Juda. Son nom signifie *tentes*.

SOCOTH, première station des Israélites à la sortie de Ramessès, en-deçà de la mer Rouge, du côté de l'Égypte. De là, ils passèrent à Étham.

SOCOTH, SOCCOTH ou SOCHOTH, ville de la tribu de Gad, située vers le confluent du Jaboc et du Jourdain, dont Gédéon fit écraser sous des épines les principaux habitants et sénateurs qui lui avaient refusé avec mépris les rafraîchissements qu'il leur demanda pour lui et pour ses gens, lorsqu'il poursuivait Zébée et Salmana, princes madianites.

SODI, fleuve de la Babylonie, sur le bord duquel Baruch lut ses prophéties devant Jéchonias, roi de Juda, et devant d'autres captifs. Sous cette dénomination quelques interprètes ont cru reconnaître l'Euphrate.

SODOME, ville située à l'extrémité de la terre de Chanaan, vers le S., la première des cinq villes de la Pentapole, enveloppée dans la terrible catastrophe qui les anéantit toutes. C'était dans ses environs, abondants en pâturages, que Lot avait été s'établir avec ses troupeaux. Il s'y trouvait à l'époque de sa destruction. Elle avait alors son roi particulier. On place sa position sous les flots de la rive occidentale de la mer Morte, l'ancienne vallée des Bois.

SOLEIL (fontaine du) ou ENSEMÈS. Voy. *Ensemès*.

SOPHAN, ville de la tribu de Gad, une de celles que cette tribu rebâtit après son établissement. Elle était vers le S.

SOREC, torrent qui avait sa source dans la tribu de Juda; il se perd dans la mer Méditerranée, près d'Ascalon. C'était dans la vallée du Sorec que demeurait Dalila, qui, gagnée par les Philistins, trahit si misérablement Samson.

SPARTE ou LACÉDÉMONE. — Habitants, SPARTIATES ou LACÉDÉMONIENS. Voy. *Lacédémone*.

SUAL, pays de la demi-tribu O. de Manassé, vers le N.-O.

SUBA ou SOBA. Voy. *Soba*.

SUH, patrie de Baldad, un des trois amis de Job, pays que l'on suppose avoir fait partie de l'Arabie-Déserte, et auquel Sué, fils d'Abraham et de Céthura, aurait donné ses habitants.

SUNAM ou SUNEM, ville de la tribu d'Issachar, où vinrent camper les Philistins en guerre contre Saül, dont les troupes étaient alors réunies à Gelboé. Abisag, femme de Sunam, épousa David lorsque celui-ci était déjà vieux. Le prophète Élisée fit plusieurs miracles à Sunam; entre autres, il y ressuscita le fils d'une pauvre femme. Cette ville était située au S. du mont Thabor.

SUNEM ou SUNAM. Voy. *Sunam*.

**Suph**, pays où était située la ville de *Ramathaïm-Sophim*, ou *Suphim*.

**Sur**, désert qui fait suite, si toutefois il n'est le même, à celui d'Étham, le premier que les Israélites rencontrèrent après avoir franchi la mer Rouge. Son nom paraît avoir désigné, en général, la partie du désert qui avoisine l'Égypte; aussi le trouve-t-on fréquemment mis en opposition avec celui d'Hévila, qui appartient à une contrée de l'Arabie orientale baignée par le golfe Persique.

**Suse**, ville de l'ancienne Susiane, province persane, située à l'O. de la Perse proprement dite, avec laquelle on l'a quelquefois réunie. C'était une des capitales des anciens rois, qui y demeuraient habituellement l'hiver. On y voyait toute sorte d'édifices, des palais, des cours, des jardins d'une étendue immense; mais le temps en a détruit jusqu'aux dernières traces; en sorte qu'il a laissé même de l'incertitude sur le véritable emplacement de cette ville, que l'on a pensé retrouver dans la ville moderne de *Schuster*, arrosée par le *Karun*, mais que d'autres (Rennell, *ap. Kinneir's Mem.*, p. 101) portent à vingt lieues plus à l'E. que cette position, au lieu appelé *Schuch*, dans le voisinage du fleuve Kerah. Suse était située sur le bord de l'*Eulæus*, appelé Ulaï par l'Écriture. Les Cissiens étaient au nombre des principaux habitants de la province qui aujourd'hui porte le nom de *Khosistan*, voy. *Chus*; mais qui, bien changée de ce qu'elle était autrefois, ne présente plus que l'apparence d'un désert. Il paraît que Suse était la demeure d'un grand nombre d'anciens captifs juifs.

**Susanéchéens**, un des peuples étrangers transférés en Israël, et qui s'opposèrent le plus vivement à la reconstruction du temple. Ils appartenaient peut-être à la Susiane.

**Syène**, ville frontière de l'Égypte, au S., par 24° 5' 23" lat. N., et 30° 30' 18" long. E. de Paris, sur la rive orientale du Nil, la dernière ville un peu considérable de ce côté. C'était une des places de guerre des anciens Égyptiens, qui y entretenaient des troupes afin d'empêcher les peuples de la Nubie de se jeter sur leurs terres. Il y avait des tours d'une hauteur prodigieuse. Syène renfermait, en outre, plusieurs monuments importants: aujourd'hui on la nomme *Assouan*.

**Syracuse**, ville de la Sicile, où saint Paul aborda, et d'où il partit pour Rhège. De toutes les colonies grecques, celle de Syracuse, fondée par les Corinthiens 757 ans avant Jésus-Christ, sur le rivage oriental de la Sicile, fut sans contredit une des plus importantes sous le rapport politique, de même que sous le rapport commercial. Elle était, en l'an 480, parvenue à une puissance assez grande pour mettre sur pied une armée capable de lutter contre les Carthaginois. Cette ville s'élevait sur un plateau qui venait finir dans la mer sous la forme d'une presqu'île resserrée par deux petits golfes, dont l'un, au N., formait le port de Trogyle, et l'autre, au S., était le grand port. Ce dernier était fermé par une petite île nommée *Ortygie*. La circonférence de la ville était de 180 stades. Cicéron en fait une description magnifique; alors elle comprenait cinq quartiers ou villes différentes: *Ortygie*, *Achradine*, *Tychè*, *Neapolis* et *Épipoles*. Voy. M. Letronne, *Essai sur la topographie de Syracuse*, in-8°.

**Syrie**, contrée étendue de l'Asie, comprenant, dans le sens que lui donne en général l'Ancien Testament, et même les *livres des Machabées*, la Syrie proprement dite, divisée en plusieurs parties, et la Mésopotamie, désignée par le nom de *Syrie des Rivières*. Voy. *Mésopotamie*. Elle était bornée au N. par la Cilicie, la Cappadoce et l'Arménie, à l'E. par la Babylonie et les déserts de l'Arabie, au S. par la Palestine et la Phénicie, et enfin à l'O. par la mer Méditerranée. La Mésopotamie doit être considérée à part; mais pour la partie de la Syrie à l'occident de l'Euphrate, elle était divisée entre plusieurs souverains dont les royaumes prenaient pour surnom le nom de sa ville principale. Ainsi, l'Écriture indique comme divisions de cette partie de la Syrie, la *Syrie de Damas*, la *Syrie de Rohob*, la *Syrie de Soba* ou *Sobal*, la *Syrie d'Émath*, la *Syrie de Maacha* ou *Machati*, la *Syrie de Gessur* ou *Gessuri*, et la *Syrie d'Istob* ou *de Tob*. Voy. ces différents mots. Le plus important de ces États cependant était celui de Damas, ville dont le Seigneur avait dit: *Damas demeurera la capitale de la Syrie*. (Isaïe, VII, 8.) Dans un sens plus étendu, la Syrie comprenait encore la Phénicie et la Palestine. Les Hébreux la nommaient *Aram*. Voy. *Aram*. Le nom de *Syrie* est plus moderne: aujourd'hui on la nomme *Soristan*. De toutes les montagnes de la Syrie, la plus considérable et la plus célèbre est le mont Liban, et le principal fleuve du pays est l'Oronte. Sur les côtes, le sol est montueux; dans l'intérieur, il est très-fertile, riche en vignobles et autres espèces de fruits et de parfums. L'écriture (III Rois x, 29 ; II *Paralip.* I, 17) fait mention des chevaux de prix que l'on tirait de cette province, et le prophète Ézéchiel (XXVII, 16) cite les divers objets exotiques ou indigènes que les Syriens portaient sur les marchés de Tyr; tels étaient la pourpre, les perles, les petits écussons, le fin lin, et toute sorte de marchandises précieuses. La contrée est malheureusement exposée à éprouver de fréquentes secousses de tremblements de terre. Ses villes anciennes les plus importantes étaient *Damas*, *Hamath*, *Palmyre* ou *Tadmor*, *Thapsaque* et *Héliopolis*. Les plus considérables parmi les nouvelles furent *Antioche*, sur l'Oronte, laquelle devint la capitale de l'empire des Séleucides, *Séleucie*, vers l'embouchure de ce fleuve, etc.

Dès les plus anciens temps, on voit la Syrie partagée, de même que la terre de Chanaan, entre plusieurs souverains ou rois dont plusieurs n'ont pour tout territoire que la ville où ils résident; quelques-uns cependant se sont élevés au-dessus des autres: tels furent les rois de la Syrie de Damas; le roi de la Syrie de Soba apparaît souvent aussi. Ces princes sont en lutte fréquente avec les Israélites, soit seuls, soit de concert avec d'autres populations ennemies. Déjà Saül fait la guerre au roi de Soba; mais David le soumet, et, de plus, il triomphe de tous les rois de Syrie même de celui de Damas, et met garnison dans sa ville. Des dépouilles des villes syriennes ce prince enrichit Jérusalem. Sous le règne de Salomon, on voit encore un roi de Soba, nommé Adérézer, comme celui que David avait vaincu; mais, depuis lors, il ne paraît plus y avoir eu de prince à Soba ni dans d'autres villes de la Syrie: il n'est plus fait mention que d'un roi de Damas. Sous les successeurs de Salomon, les princes de Syrie, affranchis de la domination des Hébreux, se montrent redoutables, et leur alliance est recherchée tantôt par les rois d'Israël, tantôt par ceux de Juda, qui aspirent à s'en faire un appui l'un contre l'autre; quelquefois ces deux princes se réunissent tous les deux contre le roi de Syrie, comme lorsqu'il s'agit de reprendre sur lui la place de Ramoth de Galaad, dont ce prince était en possession. Mais l'invasion de Téglath-Phalasar, roi d'Assyrie, dans les parties occidentales de l'Asie ne fut pas moins fatale aux Syriens qu'aux habitants du royaume d'Israël; le royaume de Damas, où régnait alors Rasin, fut détruit comme celui d'Israël, et la population syrienne transférée à Kir ou sur le Cyrus, en Perse, comme les Israélites le furent dans d'autres parties de la monarchie assyrienne. C'est ainsi que la Syrie passa successivement sous les dominations assyrienne, babylonienne, persane et macédonienne; elle ne se releva que sous les successeurs d'Alexandre-le-Grand, lorsqu'elle devint le centre du grand et immense empire des Séleucides, après la bataille d'Ipsus, 301 ans avant notre ère. Cet empire embrassait alors tous les pays compris entre la Méditerranée, le rivage occidental de l'Indus et l'Imaüs, et entre l'Oxus, la mer Érythrée et les déserts de l'Arabie. Les princes Séleucides ont été les ennemis les plus acharnés du peuple juif, dont ils voulaient détruire les croyances et le nom, et ils lui firent à outrance une guerre qui se termina par le succès des Machabées. D'un autre côté, l'empire s'affaiblit: beaucoup de nations, à peine soumises, se révoltèrent; beaucoup d'états nouveaux et indépendants se formèrent; parmi eux surtout s'éleva l'empire des Parthes. La puissance romaine, enfin, entra dans le partage des terres de l'Asie, et contribua au démembrement de cet empire, que la bataille d'Ipsus avait rendu si vaste. La mort d'Antiochus VII, tué par les Parthes, 131 avant Jésus-Christ, et les triomphes d'Hyrcan, portèrent le mal à son comble; la Syrie fut en proie aux plus grands désordres: en cet état, elle tomba entre les mains des Parthes. Tigranes, roi d'Arménie, en fit ensuite la conquête; mais il fut à son tour vaincu par les Romains. Les Séleucides disparurent tout à fait, et avec eux le royaume de Syrie, dont Pompée fit, 64 ans avant notre ère, une province romaine; et, comme telle, la Syrie fut placée sous le gouvernement d'un proconsul. Le langage des anciens Syriens, le *syriaque*, était frère de l'hébreu et de l'arabe, mais cependant il se rapprochait davantage du chaldéen ou araméen oriental; en sorte que les Syriens et les Chaldéens se comprenaient parfaitement. Après la conquête d'Alexandre-le-Grand, l'usage de la langue grecque se répandit de plus en plus, et se mêla au langage des indigènes; aujourd'hui la langue Syrienne s'est à peu près éteinte; elle n'est plus employée que dans les églises des Chrétiens de la Syrie. Cependant, dans quelques districts voisins du mont Liban, on prétend que l'usage s'en est conservé. Quant à la religion, elle offrait un mélange de la religion phénicienne et de la religion babylonienne. Baal était la principale divinité; les Syriens adoraient aussi Astarté ou Astaroth, Moloch, le soleil, la lune et les constellations. Les Hébreux prirent d'eux le culte d'Adonis.

SYRIE-SOBAL. Voy. *Soba*.

SYRIENS, habitants de la Syrie. La *Genèse* leur donne pour père Camuel, fils de Nachor. Voy. *Syrie*

SYRIENS DE CYRÈNE. Il ne saurait être question ici de la ville africaine de Cyrène; le texte ne parle même point de Cyrène, mais bien de *Kir*. Or, le nom de *Kir*, dont il s'agit, doit être celui du fleuve *Cyrus*, qui coulait dans la Perse non loin de Persépolis. De cette manière, le texte d'Amos s'explique, aussi bien que le transport des Syriens et des Israélites, que Salmanasar fit dans ses états; autrement, en considérant le nom de *Kir* comme se rapportant à la capitale de la Cyrénaïque, ce dernier fait surtout devient inintelligible.

SYROPHÉNICIENS, nom donné aux habitants de la Phénicie, voisins de la Syrie.

# T

TADMOR ou PALMYRE. Voy. *Palmyre*.

TANIS, ville de la Basse-Egypte, construite dans une plaine, sur le bord oriental de la branche du Nil qui reçut d'elle le nom de *branche Tanitique*. Capitale du nome de Tanis, elle fut en outre une ville très-considérable. Son enceinte renfermait de très-grands monuments, et ses ruines occupent encore un vaste espace de terrain. Sept obélisques de granit en partie brisés, des fragments de monolithes, des débris d'un colosse et des arrachements d'édifices égyptiens d'une dimension très-remarquable, gisent sur le sol et attestent l'ancienne importance de cette cité. A quelle époque remonte sa fondation? Suivant le livre des *Nombres* (XIII, 23), Tanis n'aurait été construite que sept ans après la ville d'Hébron, laquelle fut, dit-on, élevée peu de temps après le déluge. Il suivrait de là que Tanis serait une ville extrêmement ancienne; et cependant avant elle ont dû se montrer beaucoup de villes égyptiennes importantes, dont quelques-unes étaient déjà considérables lorsque Tanis ne pouvait encore exister. On serait porté à croire que tout ancienne qu'elle peut être, Tanis est récente comparativement aux villes de la Haute et même de la Moyenne-Egypte, car celles-ci, recevant la civilisation par le sud, ont dû être bâties avant les villes du Delta, qui reposent d'ailleurs sur un terrain en quelque sorte nouveau. Voy. *Nil*. Strabon et Etienne de Byzance la qualifient encore du titre de *grande ville*; mais au temps de Titus elle est tellement déchue, que ce n'est plus qu'une *petite ville*. Aujourd'hui ses ruines portent le nom de *Ssan* ou *Tzan*.

Taphnès ou Taphnis. Voy. *Taphnis*.

Taphnis ou Taphnès, ville importante de la Basse-Egypte, située sur la branche Pélusiaque du Nil, à cinq lieues au S. de Péluse. Hérodote la nomme *Daphnes*, et Etienne de Byzance, *Daphnè*. Sous les princes Egyptiens, cette ville était une place militaire importante où on entretenait une forte garnison pour résister aux incursions fréquentes des Arabes et des Syriens. Il paraît que les rois y avaient un palais (Jérém. XLIII, 9). On l'a quelquefois confondue à tort avec *Tanis*.

Taphsar, mot pris géographiquement dans la traduction de Sacy, mais qui, dans d'autres versions, est remplacé par le substantif *capitaine*. Etablissez contre elle (Babylone), dit le prophète Jérémie (LI, 27), *des capitaines, faites monter ses chevaux*, etc.

Taphua, ville de la tribu de Juda, résidence d'un roi chananéen avant sa conquête. Elle était située à l'orient de la tribu, vers Enganmin.

Taphua, torrent ou fontaine située sur la limite de la tribu d'Ephraïm et de la demi-tribu O. de Manassé, et qui se perd dans le Jourdain.

Taphua, ville qui fut donnée à la tribu d'Ephraïm, et dont le territoire échut cependant à la demi-tribu O. de Manassé. Elle était située sur le torrent du même nom, à la limite des deux tribus.

Tarse ou Tharse, ou Tharsis, ville capitale de la Cilicie, une des provinces de l'Asie-Mineure, située sur le *Cydnus*, fleuve qui faillit être si fatal à Alexandre-le-Grand, et sur lequel Marc-Antoine donna de brillantes fêtes à Cléopâtre. Ce fut autrefois une ville commerçante et riche. Les Romains lui conférèrent les grands privilèges des colonies romaines. De là vient que S. Paul, natif de cette ville, et près d'être frappé de verges, invoque sa qualité d'homme libre, de *citoyen romain* (*Act.* XXII, 25-29). Tarse avait de la célébrité comme lieu d'instruction; c'était un des lieux de l'Orient les plus remarquables sous ce rapport. On y cultivait la philosophie comme à Alexandrie et à Athènes. Aujourd'hui cette ville, connue sous le même nom, *Tarsous*, conserve encore quelque importance. Au N. de sa position étaient les *Ciliciæ-Pylæ*.

Tebbath, petit pays situé à l'occident du Jourdain, dans la demi-tribu de Manassé, et où se trouvait la ville d'Abel-Méhula.

Télem, ville située dans la partie orientale de la tribu de Juda.

Térébinthe, arbre planté près de Sichem, et sous lequel Jacob vint enterrer ses idoles domestiques.

Terre-Promise ou Terre du Seigneur, la même que la Terre ou le Pays de Chanaan. Voy. *Chanaan*.

Terre du Seigneur ou Terre-Promise, la même que la Terre de Chanaan. Voy. *Chanaan*.

Thabor ou *Itabyrius*, montagne calcaire, isolée, et de la forme d'un cône tronqué, située dans la tribu de Zabulon, au N. de la plaine d'Esdrelon. Elle a environ un quart de lieue en hauteur; ses flancs sont escarpés, mais couverts d'arbres et de broussailles. La vue dont on jouit, du haut de cette montagne, est étendue et véritablement délicieuse. C'était sur cette montagne que campait Barac lorsque, encouragé par Débora, il en descendit à la tête de 10,000 hommes, et défit l'armée de Sisara, à quelques lieues à l'E. du mont Hermon. On a placé sur cette montagne le théâtre de la *transfiguration de Notre-Seigneur*, opinion aujourd'hui contestée.

Thabor, petite ville située au pied du mont Thabor.

Thacasin, ville de la tribu de Zabulon, vers l'orient.

Thahath, vingt-deuxième station des Israélites dans le désert. Ils se rendaient de Maceloth à Tharé.

Thalassar ou Thélassar, petit pays situé probablement au N. de la Sittacène, à peu de distance à l'E. du Tigre, au lieu où Ptolémée indique une ville de *Thelbe*. Quelques Israélites y furent transférés.

Thalasse, ville située dans la partie N.-E. de l'île de Crète, et près de Bonsports, où aborda saint Paul.

Thamar, Asason-Thamar ou Engaddi. Voy. *Engaddi*.

Thamna, Themna ou Thamnan, ville de la tribu de Dan à peu de distance de celle d'Accaron.

Thamnan, Themna ou Thamna. Voy. *Thamna*.

Thamnata ou Thamnatha. Voy. *Thamnatha*.

Thamnatha ou Thamnata, ville de la tribu de Juda, située sur les confins du pays des Philistins. C'était là que demeurait le beau-père et la femme de Samson, qui furent brûlés par les Philistins. Thamnata fut fortifiée par Bacchides contre les Machabées.

Thamnath-Saraa ou Thamnath-Saré, ville de la montagne d'Ephraïm, dans la tribu de ce nom, où Josué établit sa demeure, où il mourut et où il fut enseveli.

Thamnath-Saré, ou Thamnath-Saraa. Voy. *Thamnath-Saraa*.

Thanach ou Thénach, ville lévitique de la demi-tribu O. de Manassé, à l'O., près de la source du Chorseus. Elle avait, avant l'invasion, un roi chananéen. C'était une ville assez considérable, dont les Israélites ménagèrent les habitants. Les eaux de Mageddo en étaient très-peu éloignées.

Thanathselo, petit pays situé sur la limite de la tribu d'Ephraïm, et de la demi-tribu O. de Manassé, à l'O. de Janoé.

Thapsa, ville de la demi-tribu O. de Manassé, située non loin de Thersa, prise et ruinée par Manahem, roi d'Israël.

Thapsaque, ville et place forte, importante, sur le bord de l'Euphrate, au N. de la Syrie, limite de la domination de Salomon, de ce côté.

Tharé, vingt-quatrième station des Israélites dans le désert, entre celles de Thahath et de Méthéa.

Tharéla, ville de la tribu de Benjamin, à l'occident de Jérusalem.

**Tharse, Tharsis** ou **Tarse**. Voy. *Tarse*.

**Tharse** ou **Tharsis**. Voy. *Tharsis*.

**Tharsis**, l'un des quatre fils de Javan. Il s'établit avec sa famille dans la partie orientale du sud de l'Asie-Mineure, dans la Cilicie, où l'on trouve la ville de *Tharsis* ou *Tharse*, aujourd'hui *Tarsous*, dont le nom serait, dit-on, dérivé du sien. Josèphe avance (Ant. 1, 7) que la Cilicie elle-même porta le nom de Tharsis. Quelques opinions ont rattaché à la ville de Tharse en Cilicie les faits qui se rapportent à la fameuse Tharsis, but des navigations des Phéniciens; mais ces opinions offrent peu de vraisemblance.

**Tharsis, Tharse** ou **Tarse**. Voy. *Tarse*.

**Tharsis**. Si la question relative à la position d'Ophir est des plus controversées, il en est de même de celle relative à Tharsis. Les uns, se fondant sur ce que les vaisseaux de Tyr, de même que ceux d'Asiongaber, prenaient part aux navigations de Tharsis, ont cru entrevoir qu'il y avait deux lieux ou pays de ce nom, l'un situé sur la côte de la mer Méditerranée, et l'autre sur la mer des Indes (Gossel., *Recherch.*, II, 127); les autres n'admettant qu'un seul Tharsis, lui ont assigné des places arbitraires. Ainsi on l'a marqué sur la côte méridionale de l'Arabie, sur les côtes orientales de l'Afrique, dans l'Inde, à Ceylan, dans la mer Noire et dans la Thrace, à Tharse de Cilicie, à Tunis, à Carthage, et même sur les côtes occidentales de l'Afrique. Toutefois, l'opinion la plus commune l'indique à Tartessus en Espagne, au-delà du détroit des colonnes d'Hercule. Heeren (*Politiq.*, etc., II, 469) voit dans l'expression de Tharsis un mot d'une acception générale désignant les contrées occidentales de l'Europe. Le savant Gosselin, dans sa *Dissertation sur les voyages de Tharsis* (Recherch., lib.), émet une opinion différente, énoncée vaguement avant lui, il est vrai, par quelques auteurs, mais non discutée. Il fait du mot *Tharsis* du texte hébreu, rendu tantôt par le mot *mer*, tantôt par le mot *Carthaginois*, tantôt par le mot *Tharsis* lui-même, une expression synonyme du mot *mer*, d'où il suit que les expressions *vaisseaux de Tharsis* devraient toujours se traduire par les mots *vaisseaux de la mer*. Cette opinion, conforme à la traduction de Luther, comme l'observe Heeren, a été observée par le savant docteur Vincent, dont le nom peut faire autorité en pareille matière. Et, en effet, rendue de la sorte, l'expression *Tharsis* s'explique facilement dans le plus grand nombre des circonstances où il est cité. Dans ce cas il indique la mer, une *mer quelconque*, aussi bien la mer Rouge, le golfe Arabique, et la mer des Indes, que la Méditerranée.

**Thébath**, ville de la Syrie-Soba, dépendante de la domination d'Adérézer, et une de celles d'où David enleva une grande quantité d'airain.

**Thèbes**, ville de la demi-tribu O. de Manassé au N. E. de Sichem. Ce fut là qu'Abimélech, qui était venu en faire le siège après s'être rendu maître de Sichem, périt la tête fracassée par un morceau de meule de moulin qui lui fut lancé du haut de la tour par une femme.

**Thécua** ou **Thécué**, ville de la tribu de Juda, au S.-E. de Bethléhem, fortifiée par Roboam. Elle donnait son nom au désert qui l'environnait, et qui était habité par quelques bergers.

**Thécué** ou **Thécua**. Voy. *Thécua*.

**Thélassar** ou **Thalassar**. Voy. *Thalassar*.

**Thelharsa**, vraisemblablement le même pays que Thalassar. Voy. *Thalassar*.

**Thelmala** ou **Thelmela**, vraisemblablement le *Thelme* de Ptolémée, lieu situé sur les confins du désert de l'Arabie, en Chaldée, non loin de l'embouchure du Tigre et de l'Euphrate.

**Thelmela** ou **Thelmala**. Voy. *Thelmala*.

**Théma**, un des fils d'Ismaël, qui par sa postérité peupla une partie de l'Arabie. Dans le nord de l'Arabie, Ptolémée place une ville de *Thœma*, aujourd'hui encore existante sous le nom de *Tima*, et dont la position semble convenir à celle que dut prendre dans cette région Théma et sa descendance.

**Théman**, nom de l'un des fils d'Éliphaz, donné à une partie du pays d'Édom. De même que les habitants de Merrha, ceux de Théman passaient pour des sages. Après la mort de Jobad, roi d'Édom, Husam, qui était du pays de Théman, le remplaça sur le trône. Quelques auteurs ont confondu ce pays avec celui de *Théma*. — *Thémanites*, habitants de Théman.

**Themna, Thamna** ou **Thamnan**. Voy. *Thamna*.

**Thénach** ou **Thanach**. Voy. *Thanach*.

**Therphaléens**, peuples transférés de la Babylonie en Judée; ils furent du nombre de ceux qui s'opposèrent à la reconstruction du temple de Jérusalem.

**Thersa**, ancienne ville royale des Chananéens, capitale du royaume d'Israël avant que Samarie fût construite, et lui succédât à ce titre. Elle appartenait à la demi-tribu O. de Manassé, et était située à l'orient de Sichem.

**Thesbé**, patrie du prophète Élie. Quelques auteurs la placent dans la tribu de Gad, et cependant elle paraîtrait être la même ville que *Thèbes*, dans la partie orientale de la demi-tribu O. de Manassé.

**Thessalonique**, aujourd'hui *Saloniki*, ainsi appelée du nom de Thessalonique, femme de Cassandre. C'était, à l'époque où S. Paul s'y rendit, la capitale de la Macédoine et la ville la plus peuplée de cette contrée. Il semble encore à présent qu'elle a peu perdu de son ancienne physionomie; elle est au fond d'un grand golfe, et possède un bon port, le principal de la côte orientale de la Grèce. Sa population actuelle est d'environ 60,000 âmes, dont un cinquième se compose de Juifs. S. Paul adressa deux de ses *épîtres* aux *Thessaloniciens*.

**Thiras**, un des fils de Japheth, que l'on suppose avoir été père des Thraces.

**Thochen**, ville de la tribu de Siméon, probablement voisine de Remmon et d'Ain.

**Thogorma**, nom de l'un des fils de Gomer, dont les descendants vinrent habiter les pays au nord de la Syrie, c'est-à-dire, une partie de l'Arménie. Ces contrées formaient la partie la plus riche de l'Arménie en chevaux et mulets. D'après une ancienne tradition des Arméniens, eux, les Géorgiens, les Lesghiens, les Mingréliens et les peuples du Caucase, seraient descendus de Thogorma, petit-fils de Japheth, dont ils prennent eux-mêmes le nom. Lors de la dispersion des peuples, Thogorma partit avec sa famille, et se fixa auprès de l'Ararat; il y vécut 600 ans, et eut une nombreuse postérité qui s'étendit au loin. A l'Orient, elle fut limitée par la mer Caspienne, au midi par l'Assyrie et la Médie, à l'Occident par la mer Noire et l'Asie-Mineure, et au nord par le Caucase.

THOLAD, ville de la tribu de Siméon, la même que ELTHOLAD. Voy. *Eltholad.*

THOPHEL, lieu de la tribu de Ruben, vis-à-vis Jéricho.

THOPO, ville de la Judée, une de celles que Bachides fortifia pour agir plus efficacement et avec moins de péril contre Israël.

THRACES, peuple d'Europe, habitant à l'E. et au N. de la Macédoine, et s'étendant jusqu'au rivage du Pont-Euxin. Ce peuple était un des moins civilisés du monde connu des anciens, même à l'époque de la puissance des rois de Syrie. Les Thraces paraissent avoir été bons cavaliers; il y en avait dans les armées de ces princes. On suppose les Thraces descendus de Thiras, fils de Japheth.

THUBAL, un des fils de Japheth, dont le nom est toujours accompagné de celui de Mosoch, autre enfant de Japheth, ce qui semble indiquer au moins le voisinage où ils étaient l'un de l'autre. Les descendants de Mosoch habitaient les monts Moschiques, au midi du Caucase; il y a donc toute apparence que ce serait là qu'il faudrait également chercher le *pays de Thubal.* Les noms de Mosoch et de Thubal se trouvent mêlés dans la bouche des prophètes aux grands projets de vengeance de Dieu contre Babylone, Tyr, et autres villes importantes du midi de l'Asie. Ces contrées sont riches en métaux, et l'on y fait encore, dans certaines parties, le commerce des esclaves, comme cela avait lieu au temps d'*Ézéchiel* (XXVII, 13).

THYATIRE, ville de la Lydie, située sur le bord du Lycus, encore importante aujourd'hui, surtout pour son commerce de coton. On y voit de nombreuses ruines. Thyatire fut une des sept villes de l'Asie où se formèrent les premières communautés chrétiennes ou églises. Son nom de Thyatire lui fut donné par les Macédoniens. Auparavant elle s'appelait *Pelopia*; à présent c'est *Akhissar* ou le *Château-Blanc.*

TIBÉRIADE ou TIBERIAS, ville bâtie par Hérode-Agrippa, tétrarque de la Galilée, sur l'emplacement de l'ancienne ville de Cénéreth, au bord occidental de la mer de Galilée, également appelée mer ou *lac de Tibériade.* Son fondateur la nomma ainsi, en l'honneur de Tibère: aujourd'hui elle s'appelle encore *Tabarieh.* Cette place considérable, même à présent, est fréquentée pour ses bains chauds, qui jouissent d'une grande réputation médicale. L'eau contient une forte solution de muriate de soude, mélangée d'une quantité également forte de fer et de soufre. Elle est tellement chaude, dit le docteur Richardson, qu'on ne peut l'employer que douze heures après qu'elle est dans le

DICTIONNAIRE DE GÉOGRAPHIE ECCL. I.

bain, et encore alors sa température est-elle très-élevée. Après la destruction de Jérusalem, Tibérias continua d'être la résidence des rabbins juifs, et fut le siége d'un patriarche qui jouissait de l'autorité suprême sur les individus de sa nation. Tibérias possédait une université juive, et même encore aujourd'hui on y voit un collége juif.

TIBÉRIADE (lac ou mer de), MER DE CÉNÉRETH OU DE CÉNÉROTH, EAU DE GÉNÉSAR OU LAC DE GÉNÉSARETH, OU MER DE GALILÉE. Voy. *Mer de Cénéreth.*

TICHON (maison de), lieu situé au S.-E. de la Syrie, sur les frontières de l'Auranitide.

TIGRE. Ce fleuve, un des principaux de l'Asie, et dont le cours embrasse une longueur de 100 myriamètres, est un de ceux que la *Genèse* indique comme formant une des limites du Paradis-Terrestre. Voy. *Éden.* Il prend, ainsi que l'Euphrate, avec lequel il finit par se confondre, sa source dans les montagnes de l'Arménie. Il côtoyait la Mésopotamie et la Babylonie ou Chaldée, contrées auxquelles il servait de limite, et sur ses rives s'élevaient plusieurs villes importantes. En avançant vers ce dernier pays, la Babylonie, il se rapproche considérablement de l'Euphrate, et à Apamia, les deux fleuves se mêlent. Il se grossit successivement du *Lycus*, du *Caprus*, du *Sillas*, du *Gyndes* et de l'*Eulæus.* Ce fleuve est infiniment plus rapide que l'Euphrate, et, bien que sorti des mêmes contrées, il ne commence, dit M. Riche, à croître qu'après lui. Quelquefois les inondations de l'Euphrate sont telles, qu'elles viennent presque toucher le rivage du Tigre.

TOB ou ISTOB, pays dépendant de la Syrie, et situé sur les confins du désert et du pays de Galaad. Ce fut là que Jephté se réfugia, lorsque ses frères l'eurent chassé de la maison paternelle.

TOPHET ou TOPHETH, hauts lieux situés dans la vallée d'Ennom, et où le peuple d'Israël sacrifia aux faux dieux, et surtout à Moloch. V. *Ennom.*

TORRENT D'ÉGYPTE ou DE SIHOR. V. *Égypte.*

TORRENT DE GÉRARA, petit torrent qui venait tomber dans celui du Bésor, un peu au-dessous de la ville dont il emprunte le nom.

TORRENT DE LA GRAPPE DE RAISIN ou NEHEL-ESCOL. V. *Escol.*

TRACHONITIDE, contrée dépendante de la Palestine, et située au-delà du Jourdain, sur les confins de la Syrie; elle était bornée au S. par l'Iturée et la Gaulonitide. Pays aride et en partie composé de déserts. Au temps des premiers apôtres, Philippe, fils du premier Hérode, en était tétrarque.

TRIPOLI, ville phénicienne, située sur la côte, au N. de Berytus, et possédant un bon port; elle fut fondée, comme l'indique son nom, par des colons sortis de trois villes, de Sidon, de Tyr et d'Arvad. Elle existe encore aujourd'hui sous le même nom; et c'est une des villes les plus importantes de la côte.

TROADE, dans un petit pays maritime, appelé Troade, du nom même de sa ville principale. Troade est un port de mer bâti à environ une lieue de l'emplacement de l'ancienne Troie, par Lysimaque, un des généraux d'Alexandre-le-Grand, qui la peupla avec les habitants

8

qu'il réunit des villes voisines, et l'appela *Alexandraa* ou *Alexandria-Troas*, en l'honneur de son maître. Mais plus tard on la nomma seulement *Troade*. Ce nom, chez les historiens sacrés, semble s'appliquer aussi bien au territoire de Troade qu'à la ville même. Saint Paul y fit prêcher l'Évangile. Le saint Apôtre y eut une vision, à la suite de laquelle il partit pour la Macédoine.

TROGLODYTES, peuple *vivant dans les cavernes*. C'est ainsi que l'on désigne les peuples qui n'ont d'autre demeure que les antres des rochers, quel que soit d'ailleurs le pays qu'ils habitent. Cette qualification tout à fait grecque est générale comme celle d'*ichthyophages, mangeurs de poissons*, et autres. Il y avait de ces peuples sur les côtes orientales du golfe Persique, comme il s'en trouvait sur la côte occidentale du golfe Arabique en Éthiopie. Ceux dont il est question au deuxième livre des *Paralipomènes* étaient de l'Éthiopie; ils faisaient partie de l'armée de Libyens et d'Éthiopiens que Sésac, roi d'Égypte, traînait après lui en Palestine.

TROIS LOGES, lieu de repos situé sur la route de Rome à Pouzzole, et où les chrétiens de Rome vinrent à la rencontre de l'apôtre saint Paul. Quelques antiquaires croient le reconnaître dans la petite ville de *Cisterna*, qui est à 10 lieues de Rome; d'autres en montrent les ruines à *Sermoneta*, l'ancienne *Sulmona*, à huit milles ou 3 lieues et demie de Cisterna.

TUBIANÉENS, habitants du nord de l'Arabie, sur les confins de la Batanée. Timothée se réfugia chez eux, mais il y fut surpris par Judas Machabée.

TUBIN, ville du pays de Galaad, où Timothée exerça de grandes cruautés.

TYR, aujourd'hui *Sour*, par 33° 17' lat. N., et 32° 52' 18" long. E. de Paris, la ville la plus importante et la plus célèbre de la Phénicie, la *force et la gloire de la mer*, selon le langage du prophète Isaïe. Tyr était située au S. de Sidon, dont elle était une colonie, et que bientôt elle éclipsa par ses richesses et par sa puissance. Sa position était en effet tellement favorable, qu'elle devint comme la ville de commerce de toutes les nations (Is. 23, 3). Tyr avait été primitivement construite sur le continent; elle fut ensuite rebâtie dans une île voisine. Son premier emplacement sur le continent ne porte plus que le nom de *Palæ-Tyr*, ancienne Tyr : on y voit encore aujourd'hui quelques ruines. Lorsque Nabuchodonosor se jeta sur l'Asie occidentale et la Palestine, Tyr, alors capitale de la confédération phénicienne, et que Salmanasar avait en vain essayé de soumettre, tomba aussi en sa puissance; ce ne fut cependant qu'après un siége de onze années. Le roi de Babylone ne trouva pour ainsi dire qu'une ville abandonnée; car, pendant le long siége qu'ils avaient subi, les Tyriens s'étaient transportés et établis dans l'île qui était située vis-à-vis de Palæ-Tyr. Irrités de ne prendre qu'un lieu désert, les Babyloniens la remplirent de ruines. Depuis lors Palæ-Tyr ne fut plus qu'un petit bourg sans importance. Quoi qu'il en soit, cet événement amena la soumission des Tyriens, et les plaça dans la dépendance des Babyloniens, et par suite dans celle des Perses, dont ils paraissent être devenus les tributaires. En attaquant l'empire des Perses, Alexandre-le-Grand dirigea aussi une partie de ses efforts sur la ville de Tyr, qui lui avait fermé ses portes, et dont il ne parvint à s'emparer qu'après un siége de sept mois, pendant lesquels il construisit une chaussée d'environ 4 stades de longueur, à l'aide de laquelle il joignit l'île de Tyr au continent, et assura ainsi son attaque contre la ville. Ce siége coûta beaucoup de sang à la malheureuse Tyr, qui, en outre, perdit et sa liberté et une partie de son importance commerciale. Rien n'égale, suivant le récit des prophètes, l'activité qui régnait dans ses ports, activité qui avait fait de cette ville le centre du commerce de toutes les nations, soit maritimes, soit méditerranées. Le prophète Ézéchiel surtout donne, chap. 27, un compte détaillé, non seulement de chacun des pays avec lesquels Tyr était en rapport, mais encore des produits que chacun d'eux apportait sur ses marchés. Ce monument du commerce de Tyr est le plus précieux que nous possédions. La frontière de la tribu d'Aser s'étendait jusqu'aux murailles de la forte ville de Tyr (Jos. 19, 29) ; ce qui amenait entre les Tyriens et les Hébreux un échange de rapports également avantageux aux deux pays. Aussi vit-on le roi de Tyr, Hiram, envoyer des ambassadeurs à David, et traiter avec Salomon, pour lui fournir tous les matériaux nécessaires à la construction du temple de Jérusalem et du palais du roi, et, en outre, les ouvriers habiles qui devaient s'occuper de ces constructions, et même ceux qui devaient en fabriquer les ornements. Hiram ajouta encore à tant de services celui d'envoyer à Salomon des vaisseaux et des matelots expérimentés, pour faire le voyage d'Ophir. Il est vrai qu'en retour Salomon abandonna à Hiram vingt villes dans le pays de Cabul, et lui concéda sans doute de grands droits et de grands priviléges dans les ports d'Elath et d'Asiongaber. V. *Asiongaber*. Si les habitants de Tyr se réunirent aux Iduméens et aux autres ennemis des Hébreux, ce fut plus tard ; peut-être bien la tentative infructueuse du roi de Juda, Josaphat, pour entreprendre de nouveau les voyages faits autrefois en Ophir, sous le règne de Salomon, doit-elle être attribuée à ces hostilités. Dans ce cas, les Tyriens auraient pu être les ennemis de Juda, sans l'être d'Israël. Fille de Sidon, Tyr fut la mère de plusieurs colonies importantes, et entre autres de Tartesse et de Carthage. Sa marine était en effet habile, puissante et nombreuse, et pénétrait dans les pays les plus éloignés et les moins connus. Ses navires paraissent avoir été construits avec luxe, ainsi que nous l'apprend encore Ézéchiel. On y employait outre le sapin de Sanir et le chêne du Basan, le cèdre du Liban, l'ivoire de l'Inde et des bois précieux de l'Italie. Le fin lin d'Égypte, tissu en broderie, était mis en usage pour faire des voiles, et l'hyacinthe et la pourpre, pour décorer ses pavillons. Sidon et Arad fournissaient ses meilleurs rameurs, tandis que le pays

et les fonctions de pilotes étaient réservés aux habitants mêmes de Tyr. Cette cité avait besoin de troupes pour la garde de ses murailles et de son territoire ; elle les recrutait à l'étranger, chez les Perses, les Lydiens et même chez les Libyens. Les Phéniciens en fournissaient peu ; cependant les soldats aradiens figurent au nombre de ses défenseurs. Une si grande prospérité devait avoir son terme, les prophètes le prédirent. Par suite de sa conquête par Alexandre, Tyr déchut rapidement, ce qui résulta moins cependant de la perte de sa liberté, que de l'élévation de la ville d'Alexandrie, qui, dès sa naissance, devint l'heureuse rivale de Tyr, et lui enleva non seulement la plus grande partie de son commerce, mais encore une portion de sa population. Pour elle, si ses marchands cessèrent d'être des *princes* et les *personnes les plus éclatantes de la terre* (*Is.* 23, 8), elle continua de subsister sous les dominations syrienne et romaine, mais sans autres avantages à peu près que ceux qu'on ne pouvait pas lui enlever. Ainsi, la situation de ces deux ports, l'un au N. du côté de Sidon, et l'autre au S. du côté de l'Égypte, la préserva d'une ruine complète ; et elle maintint sa réputation pour ses manufactures de draps teints en pourpre. Suivant le livre II des *Machabées* (4, 18), on y célébrait de cinq ans en cinq ans des jeux solennels. Antiochus l'Illustre, roi de Syrie, y assista. Saint Paul vint de Chypre à Tyr avant de se rendre à Ptolémaïde. Du temps des croisades, Tyr fut plusieurs fois assiégée et conquise ; elle finit par tomber pour toujours, et malgré une vive résistance, entre les mains des Mahométans, en 1291. La ville insulaire n'est plus aujourd'hui qu'un misérable bourg, du nom de *Sour* ; pour la vieille ville *Palæ-Tyr*, à peine en reste-t-il quelques débris. V. *Phénicie.*

# U

ULAÏ, nom de la rivière qui passe à Suse et court se réunir au Choaspes, autre rivière tributaire du Tigre. L'Ulaï n'est autre que l'*Eulœus.* Une des portes de la ville de Suse tirait son nom de cette rivière.

UR, ville située en Mésopotamie, dans la partie de cette contrée où se trouvaient établis les Chaldéens. La tradition s'est conservée dans toute sa force, à *Orfah*, capitale actuelle du Kurdistan, que cette ville représentait l'antique Ur, la patrie ou la demeure d'Abraham. Près de la ville, est un lac que l'on appelle encore *Birket-el-Ibrahim-el-Kalil*, et sur les bords duquel les Musulmans, pleins de vénération pour Abraham, ont construit leur mosquée. Lorsque le patriarche partit de la ville d'Ur pour aller dans le pays de Chanaan, il était chargé de richesses et conduisait avec lui de nombreux troupeaux.

UZAL ou HUZAL, un des fils de Jectan, qui s'établit en Arabie, vers le S.-O. Voy. *Arabie.*

# V

VALLÉE, espace creux et enfoncé, resserré entre des hauteurs, et dont le fond est occupé souvent, soit momentanément, soit d'une manière permanente, par un cours d'eau. L'Écriture cite un grand nombre de vallées, qui toutes reçurent leur dénomination, soit de la ville ou du lieu le plus proche, soit de quelque circonstance particulière, physique ou morale. Telles sont la *vallée d'Achor*, près de la ville de Jéricho, voy. *Achor* ; la *vallée d'Aïalon*, près de cette ville, voy. *Aïalon* ; la *vallée de Bénédiction* ou *de Josaphat*, voy. *Josaphat* ; la *vallée de Ben-Ennom* ou *des Fils d'Ennom*, voy. *Ennom* ; la *vallée des Bois* ou *de Siddim*, voy. *Vallée des Bois* ; la *vallée des Cadavres*, qui paraît avoir été sur le bord du mont Golgotha ; la *vallée du Carnage*, la même que celle d'Ennom, voy. *Ennom* ; la *vallée de Gad*, située au-delà du Jourdain et parcourue par l'Arnon, dans la partie supérieure de son cours ; la *vallée des Géants* ou *de Raphaïm*, voy. *Raphaïm* ; la *vallée de la Grappe de Raisin* ou *d'Escol*, voy. *Escol* ; la *vallée d'Hébron* ou *de Mambré*, voy. *Hébron et Mambré* ; la *vallée Illustre*, qui devait être située près de Sichem ; la *vallée de Jezraël* ou *plaine d'Esdrelon*, voy. *Esdrelon* ; la *vallée des Ouvriers*, peut être aux environs d'Ono, sur la limite des tribus d'Ephraïm et de Benjamin ; la *vallée des Passants* ou *des Troupes de Gog*, voy. *Amona* ; la *vallée du Roi* ou *de Savé*, voy. *Savé* ; la *vallée des Roseaux*, non loin de Taphua, sur la limite de la tribu d'Ephraïm et de la demi-tribu O. de Manassé ; la *vallée des Salines*, voy. *vallée des Salines* ; la *vallée de Séboim*, voy. *Séboim* ; la *vallée de Séphata*, voy. *Séphata* ; la *vallée du Sorec*, où le torrent de ce nom s'est formé un cours, voy. *Sorec* ; la *vallée du Térébinthe* ou *d'Elah*, où les Israélites étaient campés lors du combat qui eut lieu entre David et le géant Goliath : elle devait être entre Socho et Azeca ; et enfin la *vallée de Vision*, mots qui, dans le style prophétique, se rapportent, dit D. Calmet, à la ville même de Jérusalem.

VALLÉE DES BOIS ou DE SIDDIM, vallée située au S.-E. de la Terre-Promise, et changée, par la punition que Dieu infligea aux cinq villes de Sodome, Gomorrhe, Adama, Séboim et Ségor, à cause de leurs crimes, en un vaste lac auquel on a donné le nom de mer. Cette vallée commençait au N., au point où le Jourdain tombe à présent dans la mer Morte, et se prolongeait au S. jusqu'à Ségor. C'était, à ce qu'il paraît, un pays fertile et agréable, tout arrosé d'eaux comme un jardin de délices (*Gen.* XIII, 10). Ces eaux devaient provenir de celles du Jourdain, qui prolongeaient leur cours à travers cette vallée, la fécondaient et entretenaient ses pâturages. Ceux-ci devaient être beaux et nombreux, puisque Lot, possesseur d'un riche bétail, avait choisi pour demeure le séjour de Sodome. On y trouvait cependant beaucoup de puits, qui fournissaient du bitume en abondance (Gen. xiv, 10). Ce brillant état de choses changea lorsque la main de Dieu se fut appesantie sur toute cette région, dont les habitants, gâtés par les dons naturels dont ils jouissaient, s'étaient dépravés au dernier point. Une *pluie de soufre et de feu* tomba du ciel et perdit les cinq villes, ainsi que tout le pays d'alentour, avec tous ceux qui l'habitaient et tout ce qui avait quelque verdeur sur la terre; et, en outre, des *cendres enflammées s'élevèrent tout à coup de la terre*, comme la fumée du sein d'une fournaise (Gen. xix, 24, 25, 28). Un lac immense se forma, et toute la contrée voisine, couverte par le soufre ou par un sel brûlant, devint sèche, aride et tout à fait privée de verdure; et, désormais abandonnée, elle resta condamnée à une éternelle stérilité. Ce lac est le lac Asphaltite, aussi bien connu sous le nom de *mer Morte*. Voy. *Mer Morte*.

Vallée des Salines, située au S. de la mer Morte, et où David défit, après sa conquête de la Syrie, 18,000 Iduméens. Cette victoire le rendit maître de toute l'Idumée. Plus tard, Amasias, roi de Juda, y remporta un nouveau triomphe sur le même peuple et s'empara de la forteresse de Jectehel. Cette vallée dépendait en effet de l'Idumée.

Ville de David, nom donné par saint Luc (ii, 4, 15) à la ville de Bethléhem, où David était né. Voy. *Bethléhem*.

Ville de David ou Sion. Voy. *Sion et Jérusalem*.

Ville des Palmes ou des Palmiers, ou Jéricho. Voy. *Jéricho*.

Ville du soleil, Héliopolis ou On. Voy. *Héliopolis*.

Ville des Scythes, Scythopolis ou Bethsan. Voy. *Bethsan*.

# Z

Zabadéens, peuple de l'Arabie qui habitait dans les montagnes, à l'orient du pays de Galaad : Jonathas les vainquit. Dans Josèphe, on lit Nabathéens à la place du mot *Zabadéens*.

Zabulon, sixième fils de Jacob, dont descend une des douze tribus d'Israël. Cette tribu habitait la Galilée-Inférieure, au S. des tribus d'Aser et de Nephthali et au N. de celle d'Issachar, et s'étendait de la mer Méditerranée au lac de Tibériade. En donnant sa bénédiction à Zabulon, Jacob lui avait prédit *qu'il habiterait au bord de la mer*, mais une très-faible partie de son territoire y touchait; *qu'il vivrait de sa navigation, et que son pouvoir s'étendrait jusqu'à Sidon*. Le pays occupé par cette tribu était fertile et sa population nombreuse; ses villes principales étaient *Zabulon*, *Cana*, *Nazareth* et *Ptolomaïs*. Lors du premier dénombrement dans le désert, elle comptait 57,400 hommes en état de porter les armes.

Zambri ou Zimri, pays dont les rois sont cités par Jérémie comme devant éprouver le même sort que les rois d'Elam et ceux des Mèdes, mais dont la situation est absolument ignorée.

Zanoa ou Zanoé, Voy. *Zanoé*.

Zanoé ou Zanoa, ville de la tribu de Juda, auprès du mont Carmel, à l'orient d'Hébron. On a supposé qu'il y avait une autre ville de Zanoé vers les sources du Sorec. Ses habitants contribuèrent à la reconstruction de la ville de Jérusalem, et elle-même fut relevée à la même époque.

Zared, torrent ou vallée du pays de Moab lequel se jette dans la mer Morte, vers le sud, dans un enfoncement situé près du *gué* existant.

Zéphrona, ville située tout à fait au N. de la tribu de Nephthali.

Ziph, ville située dans la partie orientale de la tribu de Juda, vers l'E. d'Hébron, à l'entrée du désert du même nom, où était une montagne couverte de bois sur laquelle David, fuyant la persécution de Saül, se retira après la défense de Ceïla contre les Philistins. Il y fut trahi par les habitants de Ziph, et obligé de se réfugier au désert de Maon. Ziph fut au nombre des villes dont Roboam fit des places fortifiées.

Zoheleth, pierre qui était près de la fontaine de Rogel. Voy. *Fontaine de Rogel*.

Zomzommims, c'est-à-dire, *scélérats*, nom que les Ammonites paraissent avoir donné aux habitants du pays qu'ils occupèrent. Les Zomzommims passaient pour être des géants.

Zuzites, peuple de géants qui était allié aux Raphaïtes, lorsque ceux-ci furent défaits par Chodorlahomor à Astaroth-Carnaïm; mais sous le titre de géants, prodigué à plusieurs populations, il faut voir souvent des hommes robustes et courageux plutôt que des géants proprement dits. Voy. *Enac*.

Alex.-Fr. Barbié du Bocage,

Professeur de Géographie à la Faculté des Lettres de Paris, etc.

# INTRODUCTION.

Le christianisme occupe la première place dans l'histoire, comme l'affaire la plus importante de l'homme, et comme créateur et organisateur pour ainsi dire des sociétés modernes. A ce double titre, il est utile et intéressant de connaître les peuples qu'il a convertis et ceux qu'il s'efforce de convertir ; les lieux témoins de ses souffrances, de ses travaux et de son triomphe ; les localités qu'il a fondées, les églises monumentales qu'il a bâties, les hôpitaux et les établissements de tout genre qu'il a élevés en faveur de l'humanité. Cette connaissance constitue la géographie chrétienne, qui embrasse dix-huit siècles, et s'étend aujourd'hui aux cinq parties du monde. Elle présente cinq époques remarquables, qui se subdivisent elles-mêmes en d'autres époques : l'époque des martyrs, de l'arianisme, de l'inondation des barbares, du protestantisme, et enfin du concordat de 1801.

A la première époque, la majorité des populations était partout dans l'esclavage. Les classes laborieuses se trouvaient réduites à l'état de *choses négociables*, et les hommes libres composaient une aristocratie moins nombreuse peut-être que ne l'est actuellement celle de la Pologne ou de la Hongrie. Portant pour signe de ralliement l'instrument du supplice des esclaves, le christianisme déclara que tous les hommes sont égaux et frères, que tous ont reçu l'empreinte ineffaçable du doigt de leur auteur, que le royaume des cieux appartient aux pauvres et aux souffrants. On peut juger de l'effet de cette doctrine prêchée au milieu des masses qui gémissaient dans la servitude ; elle devint aussitôt leur religion, et ce fut une des principales causes du mépris et de la cruauté avec lesquels on traita les premiers chrétiens. Du reste, des martyrs du premier siècle aux martyrs du quatrième, on n'aperçoit aucun changement ; c'est la même foi, la même impassibilité devant les supplices, le même courage dans les tortures, et la même abnégation de la vie. Les chrétiens, au premier siècle comme au troisième, confessent publiquement Jésus crucifié, Fils éternel de Dieu et consubstantiel à son Père. Unité de Dieu, amour de Dieu et du prochain, égalité des hommes, immatérialité et immortalité de l'âme, tels sont les principaux points de la nouvelle religion. La mort n'avait plus rien d'effrayant ; on se familiarisait en quelque sorte avec elle, et en recevant le baptême on s'attendait à l'appel du bourreau, l'un étant en quelque sorte la conséquence de l'autre, d'après la législation en vigueur. La voie que suivaient les martyrs était ouverte, il n'y avait plus qu'à marcher sur les traces de sang que Jésus-Christ y avait laissées. Tous ces hommes généreux semblaient animés par une seule et même inspiration. Quelle que soit l'époque, quels que soient les juges, quels que soient les supplices, leur réponse est la même : Nous sommes chrétiens, nous n'admettons qu'un seul Dieu. Vous mourrez, disaient les juges, si vous n'adorez les dieux de l'empire en vertu des ordres des empereurs. — Eh bien, nous mourrons, car nous ne pouvons reconnaître vos dieux. — Et les juges formulaient ainsi leurs sentences : Un tel est condamné à mort pour s'être déclaré chrétien et avoir refusé d'obéir aux ordres de l'empereur. Cette sentence, écrite dans presque tous les actes des martyrs, a l'apparence d'un arrêt politique. En effet, le paganisme était tellement inhérent à la constitution de l'empire romain, que le refus de sacrifier aux dieux passait pour un acte de rébellion, et par conséquent pour un crime politique. C'est ainsi d'ailleurs que l'entendaient les empereurs romains et leur gouvernement ; mais ce n'est pas ainsi que le comprenaient les martyrs, ils ne voulaient que confesser publiquement Jésus, le rédempteur du monde, et aller jouir de sa gloire, au milieu des *Alleluia* et des *Amen* éternels des anges et des archanges.

Cette première époque, dite de géographie locale, est sanglante, magnifique d'horreur d'une part, et d'héroïsme d'autre part. La géographie ne distingue pas entre les provinces, pas entre les villes, pas même entre les villages, c'est-à-dire que chaque localité a contribué de son sang à fonder le christianisme naissant ; chaque localité a voulu inscrire son nom dans le Martyrologe, cette histoire géographique tout à la fois si simple et si glorieuse de l'armée du Christ. Rome y paraît la première, l'Italie la suit. Les Gaules, l'Espagne, l'Afrique et l'Asie mineure se présentent simultanément. De ces diverses provinces, quelles sont celles qui, géographiquement parlant, ont répandu le plus de sang ? C'est une question plus facile à poser qu'à résoudre. Après Rome, viennent l'Afrique et l'Asie mineure. Dans ces deux contrées, les proconsuls se montrent effroyables de cruauté.

La vie solitaire, fondée en Orient au III<sup>e</sup> siècle, par saint Antoine en Egypte et saint Hilarion en Judée, offre à la géographie ecclésiastique des ressources inattendues. Les couvents de la Thébaïde, des lacs Natron, des bords de la mer Rouge, de Saint-Saba, les solitaires des bords du Jourdain, commencent la géographie monastique qui plus tard devait se constituer en Occident avec des variations de forme. La correspondance de saint Jérôme est d'une grande ressource pour cette géographie. Au IV<sup>e</sup> siècle, on sait que Mélania, l'amie de la célèbre Paula, visita en Égypte cinq mille solitaires qu'elle soutint de ses aumônes (1).

Les pèlerinages en terre sainte alimentaient les monastères et les ermitages, et préparaient les croisades. La géographie des uns ne diffère pas de celle des autres ; c'est-à-dire que les croisés appartenaient aux diverses contrées de l'Europe, comme les pèlerins étaient venus de l'Ouest, du Sud, de l'Est et du Nord. Quant au but géographique, il était le même : la visite de la terre sainte.

A la seconde époque, la question géographique change. La révolution religieuse et sociale est faite dans les esprits, les masses de l'empire sont chrétiennes, sauf quelques exceptions. Le christianisme néanmoins, possesseur de la majorité, se voit au moment de la perdre dans sa lutte contre l'arianisme. Alexandrie, cette ville fameuse par son commerce, ses richesses, son école philosophique, comptait dans son clergé nombreux un prêtre appelé Arius, esprit subtil et délié, caractère fier, indocile et opiniâtre. Mécontent de n'avoir pas été choisi pour le patriarcat, Arius se livra dans son intimité à des subtilités théologiques et à des attaques contre le patriarche, son concurrent ; son entourage les répandit en les commentant. Sommé de s'expliquer à ce sujet, Arius entra dans des explications qui parurent insuffisantes. Le patriarche lui demanda une rétractation, qu'il refusa. Condamné par un concile de la province, Arius sortit d'Égypte en s'affermissant plus que jamais dans ses subtilités, dont la conséquence était la négation de la divinité du Christ. — Le premier concile général dans l'Église, assemblé par Constantin à Nicée, ville opulente et considérable de la Bithynie, condamna Arius comme hérétique, et déclara son système une hérésie dangereuse. Malgré cet imposant et solennel arrêt, l'arianisme, protégé plus tard par Constantin et par ses fils, triompha non-seulement dans tout l'Orient, mais il se répandit dans le midi des Gaules, en Espagne, en Italie et dans l'Afrique occidentale ; il fit presque le tour du monde alors connu, puisque, parti de l'Égypte (Afrique orientale), il vint avec les Vandales mourir dans l'Afrique septentrionale ; car ce fut là le terme de ses progrès et de sa puissance. Il se présente ici une difficulté historique et géographique assez grave. Pourquoi presque tous les peuples barbares qui envahissaient successivement les diverses parties de l'empire romain étaient-ils ariens ? Ainsi les Hérules, les Goths, les Suèves, les Visigoths, les Ostrogoths, les Vandales, les Lombards et les Burgondes étaient ariens. Ils n'adoptaient pas l'arianisme après leur invasion, mais ils l'apportaient avec eux. Comment l'avaient-ils reçu ? Ceci est un point géographique sur lequel les historiens ne sont pas d'accord. Il est probable qu'après la sentence du concile de Nicée, les ariens, obligés de se taire, se seront retirés dans les provinces situées à l'ouest de la mer Caspienne et au nord de la mer Noire, et qu'ils y auront fait des prosélytes ; il est encore probable qu'ils auront continué ce prosélytisme sous le règne de l'empereur Constance, qui les protégeait si ardemment, afin de se rendre plus puissant dans le présent et dans l'avenir.

L'Église d'Afrique succomba victime de la haine de l'arianisme. Le système des religions nationales n'est point nouveau de la part des gouvernements ; car les rois vandales ne poursuivirent si vivement l'Église catholique que pour n'avoir dans leurs États qu'une seule religion, l'arianisme, dont ils étaient les chefs (2). Leur persécution se développa avec une opiniâtreté systéma-

---

(1) Si l'élément grec et romain n'avait prédominé dans Alexandrie et dans une partie de l'Égypte, le christianisme n'y aurait pas fait de si rapides progrès. Pourquoi? dans l'ordre de l'état social de ce pays, la croix n'aurait été ni comprise, ni appréciée ; elle aurait révolté les intelligences, et blessé l'orgueil des castes. L'ancienne organisation de l'Égypte était incompatible avec le christianisme, qui n'aurait pu percer cette muraille impénétrable appelée la société égyptienne, comme il ne peut percer celle que lui oppose l'organisation de l'Hindoustan. Ces peuples, parqués par castes, qui n'ont point la conscience de la dignité de l'homme, ne comprennent pas l'égalité évangélique. Aussi, depuis l'apôtre saint Thomas jusqu'à ce jour, l'Hindou se tient-il immobile en face de la croix, en disant : *Non volo*, je ne veux pas. Enchevêtré, momisé dans le système des castes, il ne peut sans indignation et sans terreur songer à la pensée, honteuse et impie pour lui, de voir des enfants de Dieu, des frères, dans les *Parias*.

Il est à constater, en effet, que certaines organisations sociales apportent peut-être l'obstacle le plus immuable, le plus insurmontable à la propagation de la foi chez plusieurs peuples. Ce fait, signalé par de savants missionnaires, demanderait à être expliqué plus au long. (*Note de l'auteur*.)

(2) Le système de la domination universelle des papes ne serait-il pas favorable à la civilisation, ou plutôt n'aurait-il pas donné lieu à la civilisation de se développer, en réunissant tous les peuples sous la même autorité ? La lenteur des progrès de la civilisation chez les anciens s'explique en partie par leur état d'isolement, et par la diversité des religions, qui éloignaient les peuples les uns des autres. Le système des religions particulières ou nationales est donc nuisible à l'humanité, puisqu'il tend à isoler les peuples et à les ramener au point de départ de l'antiquité.

Les nations, immobilisées en quelque sorte par leurs institutions sociales et religieuses, deviennent le jouet des peuples fortement trempés. Les Chinois et les Hindous supportent tout, la guerre avec ses désolations, la conquête avec ses lourdes chaînes. Gouverne qui voudra, cela leur importe peu. Manquant d'esprit de nationalité, ils ignorent même ce que c'est : de là leur apathie, leur indifférence en face des invasions étrangères. Quelle en est la cause, si ce n'est leur organisation sociale et religieuse ? Voilà ce qui les a rendus, les rend et les rendra faibles et immobiles. Ce ne sont plus des nations, ce sont des individualités comprimées, enchaînées par une foule d'institutions mauvaises et absurdes. Le christianisme, auquel les Occidentaux sont en partie redevables de la puissance de leur nationalité, ne le a point saisis matériellement à l'exemple des religions orientales ; il ne les a point enchevêtrés dans un dédale de pratiques puériles, il ne les a point classés comme le botaniste classe les plantes dans

que. Victor, évêque de Vita, parle d'un bannissement d'évêques, de prêtres, de diacres et d'autres fonctionnaires de l'Eglise, à l'occasion duquel quatre mille neuf cent soixante-seize ecclésiastiques furent chassés en masse d'Afrique. Que sont devenus les quatre cents évêchés que possédait cette illustre Eglise? Il n'en est resté aucune trace. Il semble que l'arianisme en mourant ait voulu frapper de mort cette terre infortunée.

A cette époque, la géographie du christianisme se dessine et s'élargit. En Europe elle se composait des Eglises d'Italie, de la péninsule ibérique (Espagne et Portugal), des Gaules, de l'Irlande, de l'Angleterre, de l'Ecosse, de l'Illyrie et de la Grèce; en Asie, des Eglises de l'Asie mineure, du patriarcat d'Antioche, et de l'Eglise de Jérusalem; en Afrique, du patriarcat d'Alexandrie avec l'Egypte, et, dans toute la partie septentrionale, des ruines amassées par les Vandales.

La troisième époque intéresse l'histoire moderne de l'Europe en général, et de l'Europe septentrionale en particulier; il se manifeste un mouvement extraordinaire dans le clergé, et, pour se l'expliquer, il importe de connaître l'état religieux des populations avant l'établissement définitif des barbares dans les Gaules et sur les bords du Rhin. Ces provinces professaient le christianisme, et elles le professaient même avec une ardeur et une magnificence de zèle qui leur attiraient les éloges de saint Jérôme et des autres Pères de l'Eglise. Mais, comme ces nuages épais et noirs qui dérobent la vue du soleil, les barbares amenèrent avec eux l'idolâtrie et une foule de superstitions, qui voilèrent aux peuples l'éclat de la lumière de l'Evangile. Ainsi il fallut reprendre le travail des premiers missionnaires apostoliques dans plusieurs contrées de l'Europe, et le commencer pour la première fois dans certaines provinces septentrionales, comme dans la Frise, la Prusse, la Saxe, le Danemark et la Suède. La Frise, vaste contrée, renfermait tout le pays connu aujourd'hui sous le nom de Hollande, de Westphalie, de Hanovre et de Mecklembourg. Le vi$^e$, le vii$^e$, le viii$^e$, le ix$^e$ et le x$^e$ siècle, virent donc de pauvres et modestes prêtres, mais instruits, patients et énergiques en même temps, se réunir au nombre de six, de huit, et même de douze, conduits par des évêques *régionnaires* (comme par exemple les évêques *in partibus* d'aujourd'hui), pour annoncer dans les contrées que nous venons de nommer le nom de Jésus-Christ. Toutes les Eglises de l'Europe, à commencer par la grande Eglise de Rome, concoururent à cette bonne œuvre. Rome envoie ses prêtres dans les Gaules, dans les provinces Rhénanes, en Angleterre et en Ecosse. A leur tour, les Gaules, l'Irlande, l'Angleterre et l'Ecosse, envoient leurs prêtres dans la Germanie, dans la Suède et en Danemark. Rien n'arrête, rien n'effraye ces courageux prédicateurs de la foi révélée : ni l'ignorance, ni la barbarie des peuples auxquels ils vont s'adresser, ni l'état sauvage du pays qu'ils vont habiter. Ces fatigues, ces dévouements et ces abnégations se répètent de siècle en siècle, depuis le vi$^e$ jusqu'au xi$^e$. Les prêtres de l'Eglise de Rome se mettent à l'œuvre, et derrière eux viennent les prêtres français, irlandais, écossais et anglais. C'est une chose prodigieuse que le nombre de missionnaires que les trois royaumes formant aujourd'hui la Grande-Bretagne ont dépêchés à l'Allemagne septentrionale.

Mais, pendant que l'Occident porte la croix de Jésus-Christ dans les forêts de la Germanie, l'Orient se bouleverse (1). Le

son herbier; mais il leur a laissé la liberté de leurs mouvements, l'activité de leur esprit, et l'égalité de leur intelligence, pour les faire tous grands et glorieux. Les Orientaux, au contraire, endormis dans les langes d'une civilisation tracassière, ont subi la honte de la conquête et l'esclavage du premier venu. La Chine a été et sera toujours dominée par les soldats qui ont frappé et qui frapperont à ses portes. L'Hindoustan, cette hôtellerie de tous les conquérants de l'Asie, emmailloté dans le règlement de ses castes, dépourvu de toute force morale et de tout courage actif, ne sera toujours qu'un esclave. L'ancienne Egypte a été également à la merci du premier venu, et a fini même par disparaître de la liste des nations, malgré l'ancienneté et la sagesse si vantées, trop vantées, de ses institutions.

*(Note de l'auteur.)*

(1) L'Orient a exercé une influence profonde et durable sur les destinées de l'univers. Les modernes le regardent comme immobile; c'est une tradition classique en Occident que l'immobilité orientale. Mais quelle immobilité? Qu'est-ce que tous ces peuples qui ont sillonné tour à tour les plaines, les plateaux et les îles du continent asiatique? Qu'est-ce que toutes ces religions opposées qui se sont fait successivement et réciproquement la guerre? Qu'est-ce que toutes ces ruines de civilisations superposées comme des couches de granit?

Depuis l'histoire monumentale ou écrite jusqu'à nos jours, la vie de l'humanité se joue autour du bassin méditerranéen. L'histoire du monde repose tout entière entre le sud et le sud-est de l'Europe, le nord et le nord-est de l'Afrique, et l'Asie occidentale : le reste n'est qu'accessoire et subalterne. En dehors de ces contrées, il arrive sans doute de choses remarquables, mais qui n'intéressent pas néanmoins l'humanité aussi vivement. Voyons au contraire ce qui se passe auprès de la Méditerranée : les cinq parties du monde sont dans l'attente, chacun y prend part, l'affaire devient comme personnelle. En a-t-il jamais été de la sorte pour ce qui concerne la Chine, le Japon, l'Asie centrale, voire même l'Hindoustan et l'Amérique? Que l'Angleterre enfonce à coups de canon les portes immobiles et vermoulues de la Chine, l'univers s'en préoccupe-t-il sérieusement? Il en cause, il attend avec curiosité le dénouement; mais il ne croit pas ses intérêts compromis. L'Amérique du nord est-marche-t-elle à la conquête de l'Amérique du nord-ouest? L'univers ne s'en effraye pas et laisse faire. En est-il de même du bassin méditerranéen? S'y élève-t-il une guerre? Aussitôt tous les Etats s'en inquiètent, et chacun se dispose non à la défense, mais à l'attaque. Il ressort de cette disposition générale des esprits de hautes considérations en faveur de l'antiquité et de l'importance de l'Orient méditerranéen. Par quel prodige avons-nous les renseignements les plus anciens sur l'Asie occidentale et n'avons-nous rien sur l'Hindoustan, la Chine, le Ja-

patriarcat de Constantinople, érigé par le concile de Chalcédoine, brise violemment l'unité hiérarchique de l'Église catholique. Jusqu'alors il n'y avait qu'une Église, désormais il y en aura deux : ainsi le veut Constantinople. La primauté du siége apostolique lui cause un souverain déplaisir, il s'en débarrasse, et dans son schisme il entraîne tout l'Orient. Voilà un fait immense dans la géographie ecclésiastique, fait qui tenait à plusieurs causes, et surtout à la vieille jalousie populaire des Orientaux contre les Occidentaux. Ainsi la langue latine n'avait jamais pu s'implanter ni en Grèce, ni dans l'Asie mineure. Rome avait vaincu l'Orient, lui avait imposé sa législation et ses formes administratives; mais sa langue, non. Saint Jérôme, dans sa correspondance avec le sénateur Pammachius, nous apprend, de son désert de Syrie, que l'Orient regardait le latin comme une langue barbare, que personne ne la parlait, et qu'il lui était impossible de se procurer un copiste qui connût le latin, à moins de le faire venir de Rome.

L'Église grecque par orgueil se jette dans le schisme, elle veut commander et non obéir; mais elle ne commandera pas, elle sera esclave. L'esclavage le plus honteux, le plus déplorable l'attend. Quels sont ces escadrons du midi qui accourent au grand trot de leurs chevaux? Ce sont les Arabes qui agitent l'étendard de l'islam en criant : Dieu est Dieu, et Mahomet est son prophète. Ce ne sont pas de simples prêtres armés d'une croix de bois, qui annoncent Jésus souffrant : ce sont des soldats qui pillent et massacrent au nom de Mahomet. Les patriarcats d'Antioche, de Jérusalem et d'Alexandrie sont envahis : le sang coule, les églises s'écroulent et la désolation triomphe. De l'Afrique occidentale à la Perse, et de l'Océan à la mer Caspienne l'islam domine. En Afrique, il trouve moyen d'ajouter aux ruines faites par les rois vandales, et il enterre complétement cette célèbre Église des Cyprien et des Augustin.

Comme question géographique, la propagation de l'islamisme est des plus importantes dans l'histoire de la géographie moderne et dans l'histoire générale de l'humanité. Il s'est répandu en Afrique, en Europe, dans une grande partie de l'Asie et dans diverses contrées du monde maritime. Malheureusement l'histoire et la géographie sont silencieuses sur certains déplacements et certaines invasions des populations arabes. Il faut bien avouer du reste que même aujourd'hui l'Europe connaît peu l'histoire de la propagation de l'islamisme; et cette ignorance se comprend jusqu'à un certain point.

Lors de la décadence de l'empire romain et de l'inondation des barbares jusqu'au XVᵉ siècle, c'est-à-dire depuis le Vᵉ siècle jusqu'au XVᵉ (ce qui fait une époque de près de dix siècles), qui peut nous dire ce qui s'est passé dans les autres parties du monde? L'Europe méridionale et occidentale était absorbée par les invasions multipliées de tous ces peuples qui lui arrivaient du Nord et de l'Asie centrale. Qui nous assure que pendant cette période d'invasions il n'y en a pas eu dans les autres parties du globe? Pourquoi le monde occidental aurait-il été bouleversé, lorsque le calme et la paix auraient régné dans le monde oriental et maritime? Nous ne pouvons en aucune manière nous prononcer négativement sur ce sujet. L'Europe a vécu dans la confusion et dans l'obscurité la plus complète pendant un long temps (1)? Privée de tous renseignements, elle a dû ignorer ce qui s'est passé ailleurs. Les pays situés au sud de la mer Caspienne, et qui servaient de communication avec les régions du nord, subissaient de continuelles révolutions et changeaient sans cesse de maîtres. Aussi n'est-il pas de question géographique plus embrouillée et plus confuse.

Les Alains, qui à l'époque dont il s'agit habitaient au nord et au nord-ouest du mont Caucase, ont complétement disparu. Il est vrai que Klaproth a essayé d'établir l'identité des Ossètes avec les Alains dans un mémoire inséré dans le tome XVᵉ des Annales des Voyages. Cependant ses considérations ne paraissent pas suffisamment concluantes.

La contrée qui borde les deux rives du Volga et qui était bornée par la Bulgarie, la mer Caspienne et le territoire de la ville de Derbent, formait la Khazarie. Les Khazars eurent une puissance assez redoutable au commencement du moyen âge; leur décadence date du Xᵉ siècle. Astracan figurait parmi leurs villes principales. A l'orient des Khazars, les géographes arabes placent les Uzzes ou Ghozzes, dont le pays, limité à l'occident par les Khazars et à l'orient par le Jaik, s'étendait au midi peut-être jusqu'à la mer Caspienne, et au nord-ouest jusqu'à la Bulgarie. A l'orient des Uzzes on rencontrait une autre nation nommée Alodkosch ou peut-être Odkosch. A l'orient de celle-ci erraient, dans la Tartarie et la Sibérie, plusieurs hordes nomades, avec lesquelles les Arabes ont dû avoir beaucoup de relations, soit parce que la plupart de ces peuples professaient l'islamisme, soit parce que quelques-uns faisaient le commerce avec la Sibérie, tandis que d'autres commerçaient avec l'Hindoustan et la Chine.

Les Bulgares vivaient au nord de la Khazarie. Les Arabes venaient fréquemment jus-

pon et la haute Asie, qui existent, dit-on, depuis une antiquité merveilleuse, qui ont une civilisation blanchie par des milliers d'années? Quel est ce prodige? Que signifie ce problème? (*Note de l'auteur.*)

(1) L'histoire des pêcheries jette un peu de jour sur la géographie et les expéditions maritimes du moyen âge. Avant le Xᵉ siècle, les Norwégiens se livraient à la pêche de la baleine. Les Flamands

s'en occupèrent dans le XIᵉ siècle, les Islandais et les Normands dans le XIIᵉ, et les Basques dans le XIIIᵉ. Il est vrai que le voyage était court, parce que les baleines abondaient dans la Manche, sur les côtes de l'Océan, surtout dans la baie de Biscaye. Depuis, nombre des pêcheurs augmentant, les baleines s'éloignèrent, et les voyages devinrent plus longs.

(*Note de l'auteur.*)

qu'à ce pays; mais ils n'allaient jamais ou que très-rarement plus loin. Cependant, après l'établissement des Varègues, au IX⁰ siècle, dans la contrée appelée aujourd'hui Russie; les Arabes la visitèrent et la parcoururent de manière à se procurer des notions assez étendues sur ses habitants et leurs usages.

Nous n'aborderons pas en ce moment cette question, d'une si haute gravité : Quelle a été jusqu'à présent l'utilité de l'islamisme, et quels services a-t-il rendus à l'humanité? Nous y reviendrons plus tard. Il a châtié les populations chrétiennes et humilié l'Eglise grecque, mais sans la corriger ; car elle est encore prête à répéter les fameuses paroles qu'elle prononçait quelques heures avant la prise de Constantinople par Mohammède II : « Plutôt les Turcs que la réunion à l'Eglise latine. »

Dès le X⁰ siècle, l'empire des Khalifes était devenu la proie d'une foule de petits souverains ou émirs : les Ommiades régnaient en Espagne; les Fatimites possédaient la Syrie, l'Egypte, une partie de l'Arabie et de l'Afrique ; les Hadamonites, la Mésopotamie, l'Assyrie et le Kurdistan. La Perse occidentale appartenait aux Bouïdes ; la partie septentrionale était sous la domination des Samanides. Les provinces au sud et à l'ouest de la mer Caspienne obéissaient aux princes dilémites. Il ne restait aux Khalifes abassides que Bagdad et quelques provinces environnantes.

Les Turcs achetés comme esclaves, ou gagnés à titre d'auxiliaires, intervinrent au milieu de ces circonstances et se préparèrent l'avenir. Au commencement du XI⁰ siècle, Mahmoud, Turc d'origine, fonda la dynastie des Ghaznévides. Ensuite une autre tribu turque achevant la conquête de la Perse, par la destruction des Samanides, devint l'origine de la dynastie Seldjoucide ; laquelle finit bientôt par absorber ses voisins les Ghaznévides. Elle pénétra, vers 1081, dans l'Asie mineure, sous le règne d'Alexis Comnène. De là la première croisade prêchée par Pierre l'Ermite.

(1) Au X⁰ siècle, en 959, la princesse Olga envoya une ambassade à l'empereur Othon I⁰ʳ pour lui demander des ecclésiastiques ; car au IX⁰ siècle les Russes étaient encore plongés dans le paganisme.

Il résulte d'une lettre de Grégoire IX à l'évêque de Linkoping et à l'abbé des Chartreux, dans l'île de Gottland, sous la date de 1229, que les habitants ne devaient entretenir aucun commerce avec les Russes, comme étant ennemis du christianisme. Les Russes commerçaient avec Lubeck par l'intermédiaire de Gottland.

Au XI⁰ siècle, la ville d'Augsbourg faisait du commerce avec Kief (Russie), comme l'atteste un manuscrit latin de l'abbaye de Saint-Gall.

L'invasion des Mongols dans le sud de la Russie arrêta tout progrès, et nuisit tant à la religion qu'au caractère national de la population. En 1584, le tsar Féodor Ivanovitch institua le patriarcat de Moscou, qui soustrayait l'église russe à l'autorité suprême du patriarche de Constantinople. On sait que Pierre le Grand supprima le patriarcat, et le remplaça par un

Le sultan Kilidge, par ses conquêtes, fonda en Asie mineure la dynastie connue sous le nom de Seldjoucides d'Iconium, qui succomba plus tard sous les efforts des croisés et sous la puissance ascendante de la dynastie des Osmanlis.

Au XI⁰ siècle, les croisés, sous la conduite de Godefroi de Bouillon, s'emparent d'Antioche et de Jérusalem, forment un royaume latin de ce nom, ainsi que les principautés d'Antioche, d'Edesse et de Tripoli. L'ignorance de la géographie fut une des principales causes des malheurs éprouvés par les premières croisades. Ces gigantesques déplacements de populations sont un fait des plus curieux du moyen âge. Comme nous l'avons dit plus haut, les pèlerinages avaient préparé les croisades. Et qui n'aurait pas fait son pèlerinage à Jérusalem? Cette ville voyait accourir au tombeau de Notre-Seigneur des pèlerins de toutes les parties de l'Europe. Les nations du Nord montraient le plus d'enthousiasme. Les Scandinaves, par exemple, à peine convertis par saint Ansechaire (Anscharius), surpassent tous les peuples transalpins dans leur zèle pour les pèlerinages.

La géographie de l'Eglise catholique à cette époque avait varié. Elle embrassait toute l'Europe, sauf la partie orientale (la Russie (1) et le Bas-Empire), qui professait le culte grec, et une portion de l'Espagne, où régnaient les Arabes. En Asie, elle avait le royaume latin de Jérusalem et les principautés fondées par les croisés à Antioche, à Edesse et à Tripoli. L'Eglise grecque conservait l'Asie mineure telle que les guerres entreprises par les Musulmans la faisaient, c'est-à-dire malheureuse et ruinée. Les deux Eglises n'avaient presque plus rien en Afrique : l'islam seul y prévalait. Il s'étendait de plus en Espagne ; il dominait dans l'Arabie, dans les contrées voisines de la mer Caspienne, dans l'Asie centrale et en Perse. L'islam dans son triomphe s'était fractionné ; il y avait eu schisme et hérésie, on distinguait la secte d'Omar et la secte

saint synode dont les membres sont à la nomination et à la disposition du gouvernement.

Les tsars Iwan III, Vassili IV et Iwan IV, firent à diverses reprises des ouvertures au saint-siége pour se réunir à l'Eglise catholique. Ces propositions, soit qu'elles ne fussent pas sincères, soit par des causes ignorées, n'eurent aucun effet. Léon X chargea le moine Nicolas Schomberg d'aller à Moscou pour suivre les négociations avec Vassili, et pour en conférer avec le roi de Perse, que ce pontife voulait opposer aux Osmanlis. Quelque temps après, Paolo, voyageur génois, vient à Moscou avec des lettres du même pape. Il ne fut pas plus heureux que Nicolas Schomberg. Clément VII fit aussi des démarches, qui n'aboutirent à aucun résultat. Enfin l'empereur Charles-Quint écrivit au pape Jules III pour appuyer l'ambassadeur auquel Iwan IV confiait la mission de reprendre les négociations précédentes. La lettre de l'empereur, assez longue, confirme la bonne volonté du tsar de Moscou et du prince Jean, son fils.

Nous n'avons pu nous procurer par l'histoire aucuns documents relatifs aux suites ultérieures de ces négociations.  (Note de l'auteur.)

d'Ali. Cette dernière avait pris possession de la Perse.

Les croisades ont produit plusieurs résultats intéressants. Nous n'avons point à les examiner ici; cet examen sortirait de notre spécialité. Nous croyons seulement devoir constater que les croisades ont singulièrement contribué aux progrès des sciences géographiques, et donné lieu à une extension considérable du commerce méditerranéen. La Provence, le Languedoc, la Catalogne, Venise, Gênes et Pise, y prirent une part fort active. Ce mouvement maritime se continua depuis les croisades jusqu'à la découverte du cap de Bonne-Espérance par les Portugais, et de l'Amérique par les Espagnols.

Les croisades occasionnèrent également la création des consulats chrétiens dans le Levant. La prise de Constantinople par les Osmanlis fut un échec grave pour la navigation de la Méditerranée; et sa décadence ne fit qu'augmenter par les événements qui changèrent la route du commerce de l'Orient.

Il existe un caractère géographique différentiel entre les deux Églises grecque et latine, entre l'Orient et l'Occident, en ce qui concerne l'origine et la formation de beaucoup de villes et de villages.

Dans l'Orient, riche en cités populeuses et florissantes, l'Église grecque n'a donné lieu à la formation ni de villages, ni de villes. En Occident au contraire, l'Église latine, par ses pieux ermites, ses abbayes et ses évêchés, a créé beaucoup de villes et de petites localités. — Nous connaissions ce fait, mais nous le pensions moins étendu qu'il ne l'est réellement. Nous avons été surpris, en faisant nos recherches pour cet ouvrage, de remarquer le grand nombre de villages et de villes qui tirent leur origine des ermitages, des monastères et des prieurés. Cette puissance de création s'est fait sentir en France, en Allemagne, en Suisse, dans les Pays-Bas et en Angleterre. De tous les États européens, c'est la France qui peut citer le plus de villages. Or, la moitié n'existe que par suite d'ermitages, de pèlerinages, de fondations d'abbayes, et d'établissements d'évêchés. Combien de villes actuellement opulentes et très-peuplées dont l'histoire primitive est inséparable de la vie de saints personnages!

(1) Saint Cyrille et saint Méthode, missionnaires grecs, furent les apôtres des Slaves du sud-est de l'Europe. Ils ont laissé plusieurs ouvrages en langue slave. Le vieux slave en Russie était le langage dominant: c'est dans ce dialecte que le moine Nestor écrivit au xi° siècle sa Chronique russe, fondement de toute l'histoire de la Russie; d'autres moines suivirent son exemple, ou firent des homélies, genre de composition qui abonde dans l'Église grecque. L'Autriche compte plus de deux millions et demi d'individus qui tous font usage de l'alphabet de Saint-Cyrille, lequel forme le *slavo-serbe*. Ce dialecte n'est qu'une variété du dalmate.

Tandis qu'une partie de la nation slavo-serbe a conservé le culte grec et l'alphabet de Saint-Cyrille, une autre partie a adopté le rite latin. C'est ainsi

Dans le nord de l'Europe, les missionnaires se succédaient les uns aux autres. En 1156, l'abbé Bruno, religieux d'Oldenburg, se consacrait à la prédication évangélique sous la direction d'Othon, évêque de Bamberg, pour la conversion des Slaves dans cette partie de l'Allemagne connue aujourd'hui par la dénomination de grand-duché de Mecklembourg-Strélitz et de la Marche de Brandebourg (1). Les Slaves, encore idolâtres, avaient plusieurs temples, dont il reste même quelques ruines. Les Wendes en Poméranie, au x° siècle, formaient une branche des anciens Slaves. Le pape Grégoire IX, dans une bulle datée de l'année 1237, désigne les Quenes, les Karéliens, les Finnois, les Lettes, les Esthoniens, les Tawastiens, comme habitants de la Suède, de la Laponie, de la Norwége, de la Finlande, de l'Esthonie, etc.

En Suède, les premiers apôtres furent saint Ansechaire et saint Sigefrid. Après eux il y eut saint Olof, saint Erik, saint David, saint Bottwid, saint Æskill et saint Etienne. A l'exception des deux premiers, rois de Suède, les autres étaient des prêtres anglais. Le saint-siège avait souci de la propagation de la foi non-seulement en Europe, mais dans les contrées les plus éloignées.

Le pape Innocent IV, en l'année 1246, adressait un religieux, François Plan-Carpin, au khan mongol Ougadaï ou Otkaï. Les deux livres qui forment la relation de ce missionnaire contiennent l'historique de l'ambassade, et des remarques sur le pays et les usages des Mongols, fort précieuses pour le temps.

Les successeurs d'Innocent IV continuaient l'initiative prise par cet illustre pontife. Les Franciscains et les Dominicains allaient avec des missions du pape en Tartarie pour essayer de convertir le khan des Mongols et ses sujets, ou d'obtenir au moins la permission de bâtir des églises. Nous devons à ces religieux des relations de voyages qui nous révèlent l'état intérieur de l'Asie centrale à cette époque. Jean de Marignola, d'une famille de Florence, franciscain et professeur à Bologne, eut le bonheur de parvenir sain et sauf avec le titre de légat du pape dans l'intérieur de l'Asie. Il fut l'un des premiers missionnaires qui réussirent à pénétrer par le désert de Gobi jusqu'en Chine, où il séjourna quatre ans. De là il s'embar-

que les Croates, les Esclavons, les habitants de la Dalmatie, d'une partie de la Bosnie, parlent une langue qui diffère un peu du véritable serbe; le voisinage de l'Italie a contribué à sa douceur harmonieuse; elle est appelée dalmato-croate par un savant professeur de la Hongrie, M. Joseph Schaffarik. Les peuples qui la parlent ont, comme les autres nations de la race slave, deux langues, et de plus ils ont deux alphabets; ils se servent du vieux alphabet pour l'ancien slave, et des caractères romains pour leur langue moderne. Le plus ancien monument que l'on connaisse de ce dialecte est un Psautier composé par un prêtre d'Arbe vers 1220, et qui dans la suite passa pour un ouvrage de saint Jérôme.

(*Note de l'auteur.*)

qua pour l'Hindoustan, et ensuite pour le golfe Persique; il revint par la Palestine et par Chypre à Avignon en 1353.

Les missionnaires envoyés en Tartarie à l'époque de la domination mongole, pour convertir les peuples de cette vaste contrée, traversaient ordinairement, pour s'y rendre, l'ancien pays des Comans, au bord de la mer Noire. C'était à l'aide du dialecte turc, parlé par ce peuple, qu'ils pouvaient se faire comprendre dans toute l'Asie moyenne, jusqu'aux monts Altaï, où commençaient les habitations des tribus mongoles. Il paraît donc que ces religieux se rendirent familier cet idiome, avant d'entreprendre leurs longs et pénibles voyages. Les Génois, établis en Crimée, entretenaient aussi des relations directes avec les Comans; ils avaient pour cette raison un intérêt particulier à apprendre l'idiome de ce peuple, dont la connaissance facilita leurs entreprises commerciales dans les pays les plus éloignés de l'Asie. Il est donc présumable que beaucoup d'Européens, et principalement d'Italiens, étudièrent dans le XIII⁵ et le XIV⁵ siècle la langue comane.

Les Comans ou Comaniens étaient un peuple de la race turque qui parlait la même langue que les Palsmakes ou Polovtses. Ils campaient au X⁵ siècle dans les pays qui bordent la mer Noire et les Palus-Méotis au nord, et s'étendaient depuis le Volga jusqu'à l'embouchure du Danube. En 1237, ils furent soumis par les Mongols. Une partie des Comans s'était déjà fixée, vers 1086, en Hongrie; elle y fut rejointe par quelques tribus de la même nation, parvenues à se soustraire à l'oppressive domination mongole. Pendant trois siècles ces Comans menèrent une vie nomade. Ce ne fut qu'en 1410 qu'ils embrassèrent la religion chrétienne, et se firent agriculteurs.

Les Comans restés dans leur ancienne patrie, entre le Volga et le Danube, s'y mêlèrent insensiblement avec les Nogaïs et les Koptchaks, qui comme eux étaient de la race turque. C'est de cette manière qu'ils ont cessé de représenter une nation distincte. Ceux de la Hongrie habitent encore aujourd'hui, sur la Theis, les deux comtés de la grande et de la petite *Coumanie* (en hongrois Kun-Ság). La première compte 34,624 habitants, et la seconde 46,000. Ils ont complètement oublié leur langue nationale, et ne parlent que le hongrois. Le seul monument que nous en connaissions est un *Pater* incomplet conservé par Dugonies et Thunmann. Mohammède II introduisait l'islam dans Sainte-Sophie de Constantinople et détruisait pour toujours le Bas-Empire, que jusqu'alors il avait laissé vivre par pitié. Pendant que le culte du prophète de l'Arabie s'adjugeait la plus belle partie du bassin méditerranéen, les Portugais en Asie attaquaient les musulmans. Le Portugal avait fondé des colonies sur les côtes de l'Afrique occidentale; de là ses navigateurs s'avançaient dans l'espoir de découvrir un passage pour les Indes. L'un d'eux, Bartholomé Diaz,

atteignit l'extrémité de l'Afrique australe, qu'il nomma cap des Tourmentes ou des Tempêtes, à cause des tempêtes furieuses qu'il éprouva dans ces parages. Vasco de Gama le doubla ensuite et navigua dans l'Océan indien. Jean II, roi de Portugal, dans la prévision que cette route deviendrait celle des Indes, changea le nom de cap des Tempêtes en celui de Bonne-Espérance qu'il a conservé depuis. Ce prince ne se trompait pas. Les Portugais déployèrent leur pavillon dans l'Océan indien et s'y créèrent en très-peu de temps un empire assez étendu. La religion catholique s'y établit partout avec eux; et l'Église, qui, par suite de la marche victorieuse des divers peuples islamites, avait perdu dans l'Asie occidentale les dernières possessions des croisés, reparaissait dans l'Asie méridionale pour prendre Goa et Macao comme principaux points de ses missions. L'islam, apporté par les Arabes, imposé ensuite par Timur-Kan, y avait arboré son étendard. L'idolâtrie par le bouddhisme et le brahmanisme gouvernait la masse des populations. L'Europe orientale succombe sous la puissance ascendante des Osmanlis; mais l'Europe occidentale chasse les derniers Arabes du midi de l'Espagne. Au même moment un navigateur se proposait de traverser l'étendue de l'Océan pour gagner l'orient de l'Asie, et découvrir sur sa route de nouvelles terres si la Providence lui en offrait. La Providence lui en offrit. Cette découverte de terres inconnues est une révolution complète dans l'histoire de la géographie en général, et un événement considérable dans l'histoire de la géographie religieuse en particulier.

Christophe Colomb, ayant foi dans ses hypothèses, expose son projet à la reine Isabelle de Castille, qui l'adopte. Il part avec une flottille, et, après une navigation orageuse et fort difficile en raison du découragement de son équipage, il aborde à l'île d'Haïti, une des grandes Antilles, qu'il nomme *Hispaniola*, petite Espagne (depuis Saint-Domingue); puis il découvre les autres Antilles et enfin la terre ferme. — La magnificence de la végétation luxuriante et des productions de ces contrées, l'abondance de métaux précieux qu'on leur attribuait, l'aspect et les usages singuliers des indigènes, firent en Espagne et dans toute l'Europe une sensation inexprimable. Malgré la gravité de leurs intérêts en Asie, les Portugais ne voulurent pas abandonner à l'Espagne seule de si brillantes découvertes. Ils se hâtèrent et s'emparèrent de tout ce qui se trouva à leur convenance; ce qui détermina entre les deux gouvernements une discussion litigieuse qui fut déférée au pape Alexandre VI.

La bulle de ce pontife, qui disposait du nouvel hémisphère et traçait cette ligne de démarcation si renommée entre les domaines et les prétentions respectives de l'Espagne et du Portugal dans le nouveau continent, se lit dans un recueil de pièces authentiques concernant Christophe Colomb, publiées pour la première fois, d'après les manuscrits originaux, par l'ordre des décurions de la ville de Gênes, en 1823. Cette bulle est une pièce éminemment géographique; elle n'a cependant été, nous ne dirons pas rapportée, mais signalée par aucun géographe.

Peu d'hommes jouissent à un aussi juste titre d'une gloire immortelle que Christophe Colomb, qui a réellement ajouté un monde inconnu au monde connu. Nul homme supérieur n'a déployé à un plus haut degré la science, la sagacité, le courage et la persévérance. Entre autres faits qui attestent la supériorité de son intelligence, il en est un qui tient presque du prodige: c'est la précision de ses calculs divinatoires sur la distance qui séparait le point de départ d'avec le but à découvrir. Il annonce à ses compagnons qu'il leur faudra une navigation d'au moins 700 lieues avant d'atteindre une terre nouvelle, et l'événement confirme exactement sa prédiction. La gloire inattendue et les possessions immenses qu'il procurait à l'Espagne ne le sauvèrent ni des chaînes, ni de la prison. L'homme ne varie pas dans son ingratitude; qu'il agisse comme gouvernement ou comme peuple, il ne sait que châtier ceux qui ajoutent à son illustration ou à son bien-être.

Des terres nouvellement découvertes par Christophe Colomb il surgissait, pour le reste du globe, une foule de problèmes dont la solution a occasionné des suppositions plus fabuleuses les unes que les autres. Il en est un que nous croyons devoir signaler ici. Le continent américain, lors de son invasion par les Espagnols, manquait de ces graminées nourrissantes dont l'ancien continent a été riche de tout temps, le froment, l'avoine, l'orge et le seigle, désignés sous le nom général de céréales. L'usage du lait y était également inconnu. Or, l'usage des céréales et du lait remonte dans l'ancien continent à l'époque la plus reculée de l'histoire. Ce contraste frappant mérite toute l'attention de celui qui étudie l'histoire primitive des populations de l'Amérique, et n'avait point échappé aux premiers missionnaires espagnols et portugais, qui l'ont consigné dans leurs lettres et dans leurs écrits. Ce qui caractérise encore plus particulièrement ce contraste, c'est que les Espagnols ont rencontré en Amérique la société antique avec tous ses éléments, l'idolâtrie, les sacrifices humains, la haine du travail, le délaissement et l'esclavage de la femme; c'est-à-dire la violation des lois qui régissent l'ordre moral primitif.

Un fait très-digne d'attention, et qui ne nous paraît pas encore avoir été suffisamment apprécié, c'est que *nulle part on n'a trouvé l'homme à l'état sauvage se livrant à la culture de la terre*. Partout et de tout temps, dans les cinq parties du monde, les peuplades sauvages ont évité le travail agricole, et non, *comme on l'a dit, par inintelligence, par défaut des instruments nécessaires*, mais parce qu'elles le regardaient *comme une occupation trop dure et trop fatigante*, en un mot comme *un véritable châtiment*. — Cette appréciation intime, spontanée de l'agriculture, s'est manifestée et se manifeste avec une uniformité désolante chez les sauvages de l'Amérique, de l'Afrique et du Monde maritime. Si par hasard on a rencontré quelque culture chez certains de ces peuples, ce sont les femmes qui la pratiquent; elle leur est abandonnée, ou plutôt imposée par les hommes, qui la regardent comme au-dessous d'eux. Ce fait général, absolu, incontestable, ne remonte-t-il pas à la tradition primitive? La culture de la terre est un travail regardé partout comme très-pénible. L'homme n'a pas voulu s'y soumettre; il a préféré courir les chances du loisir et du repos. — Aussi, par cette insubordination, par cette sorte de révolte contre une nécessité inévitable, est-il tombé dans la misère la plus affreuse et l'abrutissement le plus complet.

En effet, toutes les peuplades des terres récemment découvertes abhorrent le travail, ne s'y livrent que momentanément et poussées par une nécessité extrême; vivent isolées les unes des autres, ou dans une guerre continue d'extermination, et enfin ont presque oublié les traditions primitives; car il est essentiellement inexact de dire que les peuples peuvent s'élever d'eux-mêmes aux idées religieuses sur la nature des choses. L'ensemble de ces idées qui apparaissent chez les peuplades sauvages, n'importe à quel titre et sous quelles formes, n'est qu'une altération plus ou moins profonde d'une révélation primitive. Dénaturées par la faiblesse de la raison humaine, ces idées passent d'un peuple à l'autre, mais elles ne s'inventent pas: la puissance de l'esprit humain ne va pas jusque-là.

Il est difficile de contester que l'Amérique aussi bien que le Monde maritime ait reçu sa population, comme ses langues, son écriture, son culte, ses traditions, de l'Asie, où la Genèse nous montre les premiers hommes échappant au cataclysme qui a ravagé la terre. Bientôt cette harmonie complète des traditions de tous les peuples, et leur accord avec les observations des géologues, frapperont avec une force irrésistible tous les esprits droits et dépouillés de préjugés. Loin d'étouffer les études et les recherches de toute espèce, on doit donc plutôt les encourager; car ceux qui, au milieu de tant d'intérêts divers, ont le loisir d'observer la marche générale des découvertes, les voient toutes converger vers un même et important résultat, celui qui établit de plus en plus l'unité de l'espèce humaine, et la vérité des antiques traditions consignées dans la Bible, et retrouvées, sous une forme à peine défigurée, chez tous les peuples, même chez ceux que l'isolement et les besoins physiques les plus pressants ont rendus à demi stupides.

L'état sauvage n'accuse pas les facultés intellectuelles des peuples qui le subissent, mais il accuse une dégradation morale complète. Or la dégradation n'exclut pas l'exislence, l'étendue et la hauteur des facultés intellectuelles. Ne voit-on pas des individus ayant de hautes et belles facultés tomber cependant dans l'abrutissement? Il en est de même des peuples, et toutes les accusations formulées contre l'intelligence inférieure de la race noire et de la race rouge, comme n'étant pas du même type que la race blanche et la race jaune, sont erronées. Cette dégradation est la conséquence de la violation permanente des lois qui régissent le monde moral. Il est à remarquer que les peuplades sauvages s'éteignent les unes après les autres, douloureusement résignées. Elles ne reçoivent ni n'acceptent la civilisation; il y a désaccord complet entre elle et leur tempérament. Les tribus sauvages sont tuées par notre civilisation, comme un malade qui ne peut digérer un médicament et qui en meurt. Comment se rendre compte d'un fait aussi étrange, aussi étonnant, dans l'histoire philosophique de l'humanité? L'homme, dans de certaines circonstances, ne parvient-il pas à un état de dégénération qui l'étiole et le rend incapable de supporter les charges d'une organisation sociale?

La race noire, que des philosophes systématiques ont mise à part des autres races, reçoit la civilisation : son tempérament vigoureux s'en accommode. Il n'en est pas de même de la race rouge, qui regarde avec une sorte d'hébétement la civilisation, qu'elle ne comprend pas, qu'elle ne désire point, qu'elle évite même, ou plutôt qu'elle fuit ; semblable aux individus avilis, qui, se trouvant heureux dans leur avilissement, regardent avec indifférence les secours qu'on leur offre pour les aider à en sortir ; puis, quand ils sont trop pressés, finissent non par refuser, mais par s'éloigner, parce qu'ils préfèrent l'existence à laquelle ils sont habitués à la nouvelle qu'on leur offre.

Quand l'évêque de Chiapa, Barthélemy de Las-Casas, proposa au gouvernement espagnol de substituer pour la culture des terres et les travaux des mines dans les nouvelles possessions espagnoles les noirs aux Indiens, pour justifier sa proposition il s'appuya sur la constitution vigoureuse des premiers qui étant d'une charpente plus robuste supporteraient plus aisément les fatigues que la race indienne, faible et délicate.

Les nègres en général sont à peu près ce que les localités les font : cultivateurs dans un pays fertile, pasteurs où les prairies abondent et où ils peuvent élever leurs bestiaux en sûreté; industriels où ils ont du superflu, qu'ils échangent par le commerce, et pillards quand ils sont obligés d'employer ce moyen pour subsister.

L'infériorité de la race noire est plutôt apparente que réelle, plutôt locale et temporaire qu'originelle et radicale. En un mot elle n'est pas inhérente à la personnalité de l'humanité. Cette race ne vit point dans l'état de société régulière, qui est l'état normal de l'homme. Hors la société, l'homme se déprave dans toutes ses facultés intellectuelles et morales pour laisser une effrayante énergie à ses penchants matériels, ou tomber dans une sorte d'imbécillité enfantine. Une forte partie de l'Afrique vit depuis des siècles dans cette position. Ce n'est pas précisément l'état sauvage dans sa nature primitive, mais ce n'est point non plus une société régulière. Or, plus on s'éloigne de la société, plus les traditions primitives s'effacent. L'homme perd peu à peu la conscience de sa valeur intrinsèque. Il se matérialise au dedans, il s'animalise au dehors. Cette situation devient héréditaire, elle se transmet de génération en génération à des peuples entiers, qui deviennent ainsi une éclatante et triste exception dans l'ordre providentiel de l'espèce humaine, sans pour cela rompre son unité.

La race blanche et une variété de la race jaune ont échappé à ce désolant état de choses par des causes purement géographiques. En Orient, au milieu de vicissitudes diverses sans doute, les peuples ont communiqué entre eux, par le commerce, par la guerre et par des alliances. Le climat, des fleuves navigables, les golfes méditerranéens y ont favorisé de tout temps les relations de peuple à peuple. Or, toutes ces différentes conditions réunies manquent, ont manqué, pendant une succession de siècles, à l'Afrique centrale et à la Nouvelle-Hollande.

Nous ne devons pas finir cette troisième époque sans faire ressortir les conséquences des déplacements des populations asiatiques et européennes, sous le rapport de la science anthropologique. Les tribus nomades de l'Asie, du nord et de l'orient de l'Europe, envahissent le centre, l'ouest et le midi de ce continent. Ces invasions, connues dans l'histoire sous le nom d'*inondations des barbares*, durent plusieurs siècles. Les Arabes ensuite parcourent les quatre parties du monde connu, l'Afrique, l'Europe, l'Asie et le monde maritime. C'est le triomphe de l'islam. L'Europe à son tour s'ébranle et se précipite sur l'Asie ; ce sont les croisades. Ces migrations successives ont occasionné un mélange de nations différentes, un croisement de races opposées. Ajoutons-y les transplantations forcées de populations entières, ou d'une partie, et demandons-nous quelle a pu être l'influence de pareils faits sur les races humaines. On n'ignore pas que les conquérants asiatiques ont eu pour système, dès les temps les plus anciens, de transporter toute une population d'un bout de leur empire à l'autre. La Bible nous apprend que ce système fut mis plusieurs fois en pratique par les Assyriens, les Egyptiens et les Babyloniens. Nous voyons dans Hérodote le même système adopté par la monarchie persane comme moyen de gouvernement. Tchingis-Kan et Timur-Kan (Tamerlan) firent de même. Plusieurs sultans des Osmanlis les ont imités. A-t-on réfléchi à la perturbation que ce déplacement de populations a dû opérer dans la géographie des races humaines? D'après les historiens chinois, des peuplades nègres ont habité les montagnes de Kuculun, au nord du Thibet, dans la haute Asie. Or, quelle était l'origine de ces peuplades? d'où venaient-elles? voilà certainement, si le fait est constant, un problème géographique fort curieux dont on ne peut chercher la solution que dans une transplantation forcée (1). Après ces migrations et ces substitutions diverses, comment apprécier l'état normal des races humaines? Après leur croisement multiplié, peut-on encore accorder de l'autorité à la contexture du crâne et à l'étendue de l'angle facial? Et cet argument a-t-il conservé sa valeur pour des variétés qui sont le résultat incroyable de races? Il n'est applicable qu'aux peuples qui sont restés eux-mêmes depuis leur origine, qui ont conservé leur personnalité. N'est-il pas manifeste que le croisement des races a dû jeter une extrême confusion dans la science anthropologique, et que les anthropologistes qui n'en tiennent compte s'exposent à commettre de singulières erreurs?

Les éléments de détermination ordinairement employés pour la solution des problèmes relatifs à l'histoire naturelle de l'homme sont : en première ligne, l'examen anatomique des individus, la comparaison directe des caractères des races ; en seconde ligne, la comparaison de leurs langues, de leurs coutumes, de leurs traditions, de leurs monuments de tout genre, et des circonstances de leur *habitat*. Ce sont là autant de sources d'inductions ; il n'est aucune d'elles qui n'ait déjà contribué à enrichir la science de résultats nombreux et intéressants. Mais ces éléments de détermination, quelle que soit leur valeur, suffisent-ils toujours à la solution des questions si difficiles et si complexes de l'anthropologie? N'arrive-t-il pas trop fréquemment qu'appuyés sur leur seul emploi, les efforts même les mieux dirigés ne puissent qu'entrevoir et indiquer, mais non démontrer d'importants résultats, ou même qu'ils échouent complètement devant des difficultés encore insurmontables?

(1) Et la transplantation des Africains, amenée par la traite de la race noire, dans les îles et sur la terre ferme du continent américain? Qui peut prévoir pour l'avenir les suites de ce fait géographique ?
(*Note de l'auteur.*)

(2) L'étude de la géographie climatologique exige un sérieux examen. Les lois physiques de l'atmosphère, du sol, du climat, n'exercent leur puissance qu'aux dépens de l'organisation humaine et de l'énergie morale ; plus cette puissance est grande, plus son influence sera forte et peut-être absolue. Il est un principe de philosophie médicale depuis longtemps acquis à la science, et qui repose sur des observations séculaires, savoir, qu'il existe des rapports de causalité et de dépendance entre les caractères physiques des saisons et la nature des maladies vulgaires qui leur correspondent. Douée en effet de sa nature propre, chaque saison détermine dans l'économie animale un ordre de mouvements particuliers ; elle y laissé, en fuyant, des empreintes d'autant plus marquées et plus durables, que son action s'est exercée sans mélange, plus fortement et plus longtemps.

L'action des qualités physiques de l'air sur l'homme, en un mot l'action organique des saisons demande

Ainsi l'anthropologie n'a pu jusqu'à présent comprendre et par conséquent expliquer l'état d'infériorité progressive des tribus sauvages de l'Asie, de l'Afrique, de l'Amérique et du Monde maritime ; ou bien les explications qu'elle a essayé de formuler ne sont ni logiques ni recevables. Indépendamment des causes physiques, il y a des causes morales.

Sur la surface du continent américain on comptait plus de 1,000 nations. M. d'Orbigny les a réduites à 39. La répartition des nations avant la conquête, comparée à leur état actuel, prouve que toutes occupent aujourd'hui les mêmes lieux qu'elles habitaient jadis. Leur ordre, suivant l'étendue de terrain qu'elles occupent, donne le premier rang à la nation Guaranise, pour ainsi dire à l'état sauvage. Les migrations des peuples, retrouvées par les langues, démontrent à l'auteur que la même nation, les *Guaranis*, les *Golibis* ou *Caribes*, s'étendait depuis les Antilles jusqu'à la Plata, depuis le pied des Andes jusqu'à l'Océan atlantique, extension non signalée avant lui. D'après ses recherches, le nombre actuel des Américains purs de race s'élèverait encore à plus de deux millions.

Dans l'Amérique méridionale, deux principes colorants existent parmi les indigènes. Le brun olivâtre plus ou moins foncé, et le jaune rougeâtre. La latitude, l'élévation du lieu d'habitation, ne sont pas sans influence sur la couleur de la peau, et la sécheresse de l'atmosphère a plus de part à son intensité que la chaleur. Les plus petits hommes sont sur les plateaux élevés des Andes, ce que M. d'Orbigny attribue à la raréfaction de l'air. La comparaison tend à prouver que la forme de la tête des Américains n'offre pas des caractères aussi certains, aussi tranchés qu'on l'avait pensé (2).

L'influence de la position sociale sur la physionomie des Américains est on ne peut plus évidente : le Péruvien, de tout temps

à être étudiée. C'est surtout de l'association de la température avec d'autres conditions déterminées que naissent les maladies régnantes. Ces conditions sont, pour les principales, l'habitation, le sol, les vents, les eaux, les aspects, les productions agricoles, la lumière, l'électricité, le magnétisme, etc.

Le nombre et l'intensité des modifications chez l'homme deviennent pour ainsi dire illimités. Habitant sous tous les climats et presque à toutes les températures, variant de cent et cent manières la qualité et la quantité de sa nourriture, se livrant aux professions les plus diverses, il présente dans la multiplicité de ses races, de ses sous-races, et l'on peut ajouter de ses innombrables variétés individuelles, l'effet naturel et nécessaire de la multiplicité des causes qui exercent sur lui, et depuis si longtemps, leur influence. Les modifications chez l'homme sont les circonstances locales, notamment l'habitation, le genre de vie et le régime diététique. Les effets des variations se présentent d'abord dans la taille et dans la couleur, puis dans la proportion et la forme des organes.

Le régime alimentaire doit entrer aussi comme considération importante dans l'étude de la science anthropologique. Or, le régime alimentaire dépend

soumis à la plus étroite servitude, l'a grave, réfléchie, triste même ; on dirait qu'il renferme en lui toutes ses pensées, qu'il cache aussi soigneusement ses plaisirs que ses peines sous une apparence d'insensibilité. L'Araucano libre, mais toujours en guerre, est aussi réfléchi et froid ; mais ce n'est pas de la tristesse, c'est du mépris. Il existe une inégalité étonnante entre le mélange des Espagnols avec telle ou telle race américaine. Avec les Guaranis, les Métis sont de belle taille, presque blancs ; leurs traits sont beaux dès la première génération, tandis qu'avec les Quichuos les traits américains sont plus tenaces et ne disparaissent qu'après plusieurs générations.

La comparaison des langues réduit à un très-petit nombre les nations qu'on croyait multipliées à l'infini. Il est démontré aujourd'hui que les facultés intellectuelles des Américains ne sont pas au-dessous de celles des autres hommes. Le caractère moral est purement national et tient évidemment à des dispositions prédominantes, particulières à chaque nation. Les Espagnols n'ont rien pu contre les Arancanos qui sont maintenant ce qu'ils étaient avant la conquête. Les animaux domestiques, la culture, ont une grande influence sur les causes de la réunion des Américains en grandes sociétés. L'extension comparative des gouvernements avec celle des nations distinguées par le langage démontre que le degré de civilisation ne suit pas toujours une marche relative à leur importance numérique, mais se rattache à *l'étendue et à la stabilité des sociétés*. L'influence de la température sur les cultes est évidente : on ne révèrait le soleil que sur les plateaux glacés des Andes.

Les 39 nations de l'Amérique, d'après M. d'Orbigny, se rapportent à trois types ou races. — 1<sup>re</sup>, Ando-Péruvienne : couleur brun olivâtre plus ou moins foncée, taille petite, front peu élevé ou fuyant, yeux horizontaux, pas bridés à leur angle extérieur. — 2<sup>e</sup>, Pampéenne : couleur brun olivâtre, taille souvent très-élevée, front bombé, non fuyant, yeux horizontaux, quelquefois bridés à leur angle extérieur. — 3<sup>e</sup>, race brésilio-guaranienne : couleur jaunâtre, taille moyenne, front peu bombé, yeux obliques, relevés à leur angle extérieur. La première compte trois rameaux, la seconde trois aussi, la troisième un seul.

Les peuples navigateurs du moyen âge ont connu le continent américain. La lenteur des communications explique en partie le peu de progrès que fit l'exploration des côtes de l'Amérique, entre le voyage d'Eric et celui de Colomb. Ainsi, la mort d'un évêque du Groënland, arrivée en 1377, ne fut connue à la métropole en Norwége qu'en 1383.

Il en était de même dans l'antiquité : les anciens avaient des connaissances géographiques plutôt pratiques que théoriques, et nous croyons qu'on les a mal jugés sous ce rapport. Ils ont connu et visité plus de pays que nous ne pensons. Le ton affirmatif pris à leur égard pour leur refuser la connaissance du continent africain et même des deux Amériques ne nous paraît nullement fondé. Les peuples commerçants et navigateurs parlent peu et écrivent encore moins. N'oublions pas que la jalousie commerciale est extrême en général. Au milieu de notre civilisation, de nos connaissances scientifiques, ne l'avons-nous pas vue s'ériger en système gouvernemental chez un peuple catholique, et se maintenir pendant plusieurs siècles dans les limites les plus étroites? Les possessions espagnoles de l'Amérique, c'est-à-dire près des deux tiers de ce continent, n'étaient-elles pas interdites aux étrangers? N'est-ce pas cette claustration séculaire qui a occasionné la perte de ces colonies, et enfanté l'anarchie qui les dévore depuis trente ans? Or, si la jalousie commerciale a pu exécuter dans les temps modernes un système si mesquin et si tracassier, que n'a-t-elle pas dû produire dans l'antiquité?

Le gouvernement espagnol ne se contentait pas de fermer l'Amérique aux étrangers, il prohibait sévèrement toute exploration géographique, même dans son clergé. Ses missionnaires avaient la liberté d'évangéliser les tribus sauvages des deux Amériques, et encore dans une certaine mesure; mais ils ne pouvaient en aucun cas, ni directement, ni indirectement, publier le résultat de leurs études et de leurs recherches, afin de dissimuler à l'Europe l'importance et la valeur de ces vastes régions. Que de travaux scientifiques des missionnaires espagnols et portugais sont restés inconnus! Ah! si le dépôt des archives de Simancas était encore au complet, combien de manuscrits précieux viendraient confirmer l'exactitude de nos paroles! Aucun peuple peut-être n'a plus contribué à l'extension des connaissances géographiques que le peuple espagnol; mais le gouvernement n'a laissé se répandre au dehors que ce qu'il n'a pu supprimer et étouffer. Plusieurs fois il ordonnait des expéditions de découvertes, soit dans les mers qui baignent les côtes de ses immenses possessions, soit pour explorer les solitudes arrosées par le fleuve des Amazones (le Maragnon), soit pour observer les zones climatériques des Cordillères, soit enfin pour visiter le Nouveau-Mexique et les Californies. Que faisait-il des relations de ces voyages, des remarques et des observations scientifi-

du plus ou moins de fertilité et des productions du sol.

La civilisation matérielle n'arrive à son dernier degré que dans les contrées où le climat et le sol sont durs à l'homme. Ainsi en Europe, où le climat est en général humide et froid, et où le sol ne produit que par un travail constant et opiniâtre, on s'est efforcé de satisfaire aux besoins et même aux exigences de la civilisation. La race noire et la race rouge vivent, au contraire, au milieu des splendeurs d'une végétation gigantesque et continue qui leur fournit ombrage, alimentation et abri; elles n'ont donc de préoccupations d'aucune sorte pour la satisfaction des besoins matériels.

(*Note de l'auteur.*)

ques qu'elles contenaient? Il y apposait le sceau de l'Etat, les envoyait au dépôt des archives des Indes, cet ossuaire des travaux de ses navigateurs, de ses administrateurs, de ses missionnaires, et tout était dit.

Après les Espagnols et les Portugais, l'Amérique voit les Français et les Anglais. La catholicité s'organise sur cette terre vierge. Mais, pendant que l'Eglise bâtit dans ces solitudes majestueuses, deux prêtres détruisent son unité en Europe. Un moine augustin, Luther, prêche en Allemagne d'abord contre le pape, puis successivement contre la discipline, la morale et le dogme. Un chanoine français, Calvin, l'imite en exagérant encore son système. La nouvelle hérésie réunit à la violence de l'arianisme la stupidité brutale des iconoclastes. Luther proteste contre le célibat ecclésiastique en épousant une religieuse. Les princes et les nobles s'emparent des biens du clergé, démolissent les églises et brûlent les abbayes. Un long cri de douleur et d'effroi s'échappe de l'Europe centrale. La quatrième époque s'ouvre donc par le bouleversement de la géographie ecclésiastique. L'hérésie de Calvin se répand en Hollande, en France et en Suisse. Luther révolutionne le centre et le nord de l'Europe. Des guerres d'extermination s'élèvent de tous côtés et durent plus d'un siècle. L'Allemagne septentrionale, qui a reçu la dernière, avec le Danemark et la Suède, la foi catholique, est la première à y renoncer. La Pologne et la Hongrie, qui ont tant souffert des guerres entreprises par les Osmanlis dans les siècles derniers, ne sont pas à l'abri des troubles nouveaux.

L'Angleterre, gouvernée par Henri VIII, de la famille des Tudor, sans adopter entièrement les idées de Luther et de Calvin, se sépare de l'Eglise catholique et se tient à part sous le titre d'Eglise anglicane. Henri VIII se réserve à lui et à ses successeurs l'autorité et la suprématie pontificales. Nous avons vu que les rois vandales lui avaient donné cet exemple en Afrique. Les empereurs romains ont eu le malheur d'avoir pour historien Tacite, qui a résolument employé toutes les forces de son intelligence et toutes les ressources de son génie à les peindre sous un épouvantable coloris. Les douze premiers Césars sont néanmoins au-dessous de la réputation que le célèbre historien leur a faite. Henri VIII les a surpassés par l'emportement de ses désordres, le machiavélisme de ses combinaisons, la puissance de sa cruauté et l'énergie de sa volonté.

Par la paix de Westphalie et le traité de Munster, les différentes sectes nées de la réforme et désignées sous le nom générique de protestantisme obtiennent droit de cité et entrent dans le droit public européen. Une partie de la Suisse, toute l'Allemagne centrale et septentrionale, la Suède, la Norwége, le Danemark, l'Ecosse, l'Angleterre et la Hollande composent une géographie protestante à côté de la géographie catholique. La Hollande, qui sortait de figurer dans la nomenclature des provinces de la monarchie espagnole, s'empresse d'organiser ses flottes pour attaquer les colonies des puissances catholiques. Le Portugal, réuni à l'Espagne par Philippe II, avait perdu son indépendance. La Hollande ruine successivement toutes ses colonies ou s'en empare, supprime ou proscrit les établissements ecclésiastiques catholiques. Dans l'océan Indien, le dommage fut irréparable, et la puissance portugaise y demeura définitivement abattue.

Les découvertes géographiques se continuent par les navigateurs des principales puissances de l'Europe, les Hollandais, les Anglais et les Français. Des îles, comme semées à profusion dans l'étendue de l'océan Pacifique, donnent lieu à une cinquième partie du monde sous le titre d'Océanie ou de Monde maritime. La principale de ces terres, l'Australie ou Nouvelle-Hollande, mérite par son étendue le nom de continent. Extraordinaire par la singularité de ses productions et de sa géographie climatologique, ce continent présente à l'observateur une population qui vit absolument en dehors des lois de l'ordre moral primitif : altération très-profonde des traditions religieuses primitives, isolement, aversion du travail, esclavage de la femme, voilà l'état social des tribus australiennes. L'Eglise catholique se préoccupe du sort de ces nouvelles populations, elle le confie à ses divers ordres religieux. Depuis la tribu des Ottawas dans l'Amérique septentrionale, sur le lac Michigan, jusqu'aux tribus errantes des pampas del Sacramento dans l'Amérique méridionale, toute cette population américaine indigène est évangélisée par les Franciscains, les Capucins, les Carmes, les Dominicains et les Jésuites. Ces missionnaires se font agriculteurs pour inculquer l'idée et le goût du travail aux sauvages, leur procurer une alimentation régulière, et pouvoir changer ainsi leur manière de vivre.

La géographie des missions s'étendait et s'étend encore dans les cinq parties du monde. En Amérique, elle distingue les missions des Antilles, du Canada, des Prairies, de l'Orégon, des deux Californies, du Mexique, de la Guyane, des Pampas, du Brésil, du Marañón, du Pérou, du Chili et du Paraguay; en Asie, les missions de l'Hindoustan, de l'empire d'An-Nam (la Cochinchine et le Tonquin), de la Chine, de la Corée, du Japon, de la Mantchourie et de la Mongolie; dans le Monde maritime, les missions des îles de la Sonde, des Philippines, de la Nouvelle-Guinée, de la Nouvelle-Hollande et de la Nouvelle-Zélande; en Afrique enfin, les missions de la Sénégambie, de la Guinée, de la Cafrérie et de Mozambique.

Les archevêques et évêques catholiques, dans les pays dont les gouvernements ne sont pas chrétiens ou sont hostiles à la religion, ont le titre de vicaires apostoliques et reçoivent un traitement de la Propagande, ainsi que les évêques catholiques des îles de l'archipel grec. Les Grecs-unis, en assez grand nombre, habitent principalement les îles de l'Archipel et une partie de l'Anatolie (Asie mineure); ils ont des archevêques et évêques envoyés par la Propagande, des églises ou chapelles desservies par des religieux. Il y a dans le Levant des membres de divers ordres, des Capucins, des Carmes, des Dominicains, des Augustins, des Lazaristes qui ont leurs églises particulières; des Arméniens catholiques dans l'intérieur de l'Asie; des Chaldéens-unis, répandus surtout dans le Kurdistan et l'ancienne Chaldée, gouvernés par un patriarche que nomme la Propagande et qui réside à Diarbékir; des Chaldéens nestoriens qui dépendent du patriarche arménien de Jérusalem; des Syriens catholiques nombreux en Mésopotamie, en Irak-Arabi, et qui ont un patriarche résidant au mont Liban; des Syriens nestoriens et jacobites qui ont des évêques particuliers.

La quatrième époque, commencée par le protestantisme, finit par la révolution française. La géographie ecclésiastique de France fut bouleversée sans l'assentiment et le concours de l'autorité pontificale. L'Assemblée constituante, imbue d'idées erronées en matière de religion, décréta une constitution civile du clergé. Cette constitution supprimait les sièges épiscopaux existants, sans souci des titulaires et du pape, et les remplaçait par autant de nouveaux sièges qu'il y avait de départements; car la division géographique de la France en provinces avait fait place à une distribution en départements. On ne disait plus: l'archevêque de Paris, les évêques de Soissons, de Beauvais, d'Amiens, de Chartres, etc., etc.; mais on devait dire: le métropolitain de la Seine, les évêques de l'Aisne, de l'Oise, de la Somme, d'Eure-et-Loir. Cet acte politico-religieux schismatique partagea le clergé en deux fractions; la majorité le repoussa, la minorité l'accepta. L'assemblée législative, qui succéda à la Constituante, oubliant que les pouvoirs politiques ne doivent jamais s'immiscer dans les choses religieuses, voulut imposer par la force la constitution civile du clergé. La Convention nationale, qui vint ensuite, embarrassée de ces difficultés religieuses qu'elle n'avait point soulevées, auxquelles elle était étrangère, n'ayant d'ailleurs en tête pour mesure du progrès que les républiques grecque et romaine, s'imagina rendre un grand service à l'humanité en la reportant à dix-huit cents ans dans le passé par l'abolition pure et simple du christianisme. Cette mesure échoua devant une formidable opposition, et la Convention nationale disparut avec ses idées et ses systèmes empruntés aux républiques anciennes. Le bouleversement n'avait pas été particulier à la France, il avait fait irruption chez les puissances voisines catholiques. Le clergé errant, les églises dévastées ou démolies, appelaient un meilleur état de choses. Le concordat de 1801, conclu entre le gouvernement français et le pape Pie VII, ramenait la géographie ecclésiastique à un état régulier par la création de nouveaux sièges archiépiscopaux et épiscopaux. Pie VII, de glorieuse mémoire, est le pape qui a cicatrisé le plus de plaies dans l'Eglise et dirigé le plus de négociations avec les gouvernements étrangers.

Si la géographie ecclésiastique n'est pas aujourd'hui aussi compacte, si elle ne procède point par masses, comme à d'autres époques, elle se groupe par localités; et ces localités se désignent, dans la géographie des cinq parties du monde, par les missions, comme nous venons de le voir; par les vicariats apostoliques, par les archevêchés et évêchés dans les pays où la religion est légalement admise. En Amérique, la géographie catholique est compacte, sauf les Etats-Unis. Ces anciennes colonies de l'Angleterre, fondées par des anglicans dissidents, devenues un Etat du premier ordre, appartiennent à la géographie protestante *nominalement*. Nous disons nominalement, car s'il fallait en réalité leur attribuer une géographie spéciale, notre embarras serait extrême. Les sectes chrétiennes, c'est-à-dire plus ou moins chrétiennes, y sont innombrables. En voici les principales, qui se subdivisent elles-mêmes en d'autres sectes :

Les congrégationalistes de la Nouvelle-Angleterre, ou orthodoxes unitaires, les presbytériens, l'Eglise hollandaise réformée, l'Eglise allemande réformée, l'Eglise épiscopale, les baptistes calvinistes associés, les frères moraves, les méthodistes, les luthériens évangéliques, l'Eglise de la Nouvelle-Jérusalem, la société chrétienne, les universalistes, les baptistes de volonté libre, les amis ou quakers, les trembleurs, les baptistes du 7e jour, les baptistes aux six principes, les tunkers, les mennonites, les baptistes de communion libre.

Les plus nombreuses de ces sectes sont les amis ou quakers, les méthodistes, les presbytériens et les orthodoxes unitaires.

En dehors de cette anarchie religieuse, l'Union américaine possède une Eglise catholique forte, nombreuse, et cependant toute nouvelle, puisque ses évêchés datent de Pie VII. Il y a deux archevêchés, Baltimore et Philadelphie, et dix-neuf évêchés dont la circonscription diocésaine est des plus étendues. Le culte catholique ne reçoit rien de l'Etat, les membres du clergé vivent ou de leur fortune personnelle ou des contributions volontaires des fidèles. Dans les autres parties de l'Amérique, le clergé, ou est propriétaire, comme au Mexique, ou l'Etat lui accorde un traitement. En Europe (1) le clergé anglican est le seul qui a conservé

---

(1) L'Europe compte douze familles couronnées, et huit autres qui, sans avoir le titre de rois, règnent cependant sous les diverses appellations de ducs, de grands-ducs, d'électeurs et de landgraves.

Les familles couronnées sont celles: 1° de Bourbon, qui occupe les trônes d'Espagne et des Deux-Siciles; 2° de Lorraine, qui règne en Autriche, en Toscane et à Modène; 3° des Guelfes, divisée en deux branches, dont l'aînée existe sous le nom de Brunswick, et la cadette gouverne l'Angleterre et le Hanovre; 4° de Hohenzollern, dont une branche est souveraine en Prusse et l'autre en Souabe; 5° de

DICTIONNAIRE DE GÉOGRAPHIE ECCL. I.

9

une fortune colossale, laquelle se compose : 1° d'immeubles, 2° des dîmes, 3° du casuel. Le clergé catholique, dans les trois royaumes a la même position que celui des Etats-Unis; il est subventionné par les catholiques eux-mêmes dans la proportion de leurs ressources personnelles. En France, l'Etat lui alloue un modique traitement. Il en est de même en Belgique, en Bavière, en Espagne, en Portugal, en Hollande et dans une partie de l'Allemagne. Cette règle n'est pas uniforme pour la monarchie autrichienne ainsi que pour l'Italie. Dans telle province, le clergé a conservé des propriétés ; dans telle autre, il reçoit une allocation du trésor public. Dans les îles de Sardaigne et de Sicile, ses propriétés n'ont pas été vendues. Quant à l'Eglise grecque, la situation financière de son clergé varie également. Les archimandrites et les popes russes sont à la charge du trésor impérial, qui n'use pas de générosité, surtout envers les derniers ; car les popes grecs sont les prêtres les plus pauvres, les plus malheureux et les plus ignorants qu'on puisse découvrir. L'Eglise grecque est propriétaire dans les principautés danubiennes (la Valachie, la Moldavie et la Servie), tandis qu'elle perçoit une contribution volontaire sur ses religionnaires sujets de la Porte. Cet état de choses, au reste, remonte à l'origine même du christianisme. Avant Constantin, les métropolitains, les évêques et les prêtres vivaient généralement de leur fortune personnelle, ou du produit des offrandes qui se recueillaient dans les assemblées des fidèles. Le revenu des églises, d'après saint Jérôme, ne reposait non plus que sur la piété plus ou moins généreuse des chrétiens.

D'après cet exposé, la géographie chrétienne a subi des variations multipliées. Elle n'est plus aujourd'hui ce qu'elle était au vi° siècle, ce qu'elle était au xv°. La cause essentielle de ces variations réside dans les guerres et les révolutions politiques. Le christianisme néanmoins suit, à notre époque, une marche ascendante. Sous l'apparence des intérêts de son commerce et de son industrie, l'Angleterre devient le principal instrument de ce progrès, instrument providentiel sans doute, puisque, si elle jette la Bible sur toutes les grandes routes du globe, elle disperse en même temps ses Irlandais catholiques dans ses comptoirs et ses colonies. Et quel est le point dans l'univers où la Grande-Bretagne n'a pas une société commerciale, un poste et quelques soldats pour le défendre ? Ces soldats sont presque toujours irlandais, par conséquent catholiques. Involontairement, mais par l'entraînement même de sa position, l'Angleterre fait donc du prosélytisme catholique.

L'Eglise grecque ne sort pas de l'orient de l'Europe et de l'occident de l'Asie. Quant à l'islam, il est en décadence morale et en perte sous le rapport géographique.

L'idolâtrie, sous différentes formes, semble se consolider dans son immuabilité chez certains peuples ; mais elle paraît ne vouloir faire aucun essai de propagande. Le brahmisme, le bouddhisme et le lamisme se partagent l'Asie méridionale, orientale et centrale. Le fétichisme paraît s'être approprié la race noire dans l'Afrique centrale, australe et dans le Monde maritime.

Il résulte de l'ensemble de la géographie religieuse qu'il n'y a pas de peuple, de tribu errante sans idées et sans traditions relatives à Dieu.

Il résulte aussi de l'ensemble de la géographie chrétienne que le christianisme a été en augmentant depuis le premier siècle jusqu'à ce jour.

Voici le tableau de sa marche progressive :

| siècle | |
|---|---|
| I<sup>er</sup> siècle | 500,000 |
| II° | 2,000,000 |
| III° | 5,000,000 |
| IV° | 10,000,000 |
| V° | 15,000,000 |
| VI° | 20,000,000 |
| VII° | 25,000,000 |
| VIII° | 30,000,000 |
| IX° | 40,000,000 |
| X° | 50,000,000 |
| XI° | 60,000,000 |
| XII° | 70,000,000 |
| XIII° | 75,000,000 |
| XIV° | 80,000,000 |
| XV° | 100,000,000 |
| XVI° | 125,000,000 |
| XVII° | 165,000,000 |
| XVIII° | 220,000,000 |
| XIX° | 286,000,000 |

Nassau, implantée en Hollande et dans le grand-duché de Nassau ; 6° de Holstein, qui possède le Danemarck et la Russie ; 7° de Savoie, établie en Sardaigne ; 8° de Misnie, divisée en deux branches, dont l'une tient le royaume de Saxe, et l'autre celui de Belgique ; 9° de Wittelsbach, qui gouverne la Bavière et la Grèce ; 10° de Bernadotte, française d'origine, établie en Suède en remplacement des Wasa ; 11° d'Othman, qui possède la Turquie ; 12° de Wurtemberg, qui régit le Wurtemberg ; 13° de la maison de Bragance, dans le Portugal et au Brésil.

Les familles régnantes sous les noms d'électeurs, de grands-ducs, de landgraves, sont celles de Hesse, d'Anhalt, de Lichtenstein, de la Lippe, de Mecklembourg, de Reuss, de Schwartzbourg et de Waldeck.

Les diverses branches de la maison de Bourbon professent la religion catholique ainsi que la maison de Lorraine, la maison de Savoie et la maison de Bragance. La branche cadette des Guelfes est chef du culte anglican, et son aînée, dite Brunswick, est protestante luthérienne. La famille de Hohenzollern est protestante évangélique en Prusse, et catholique en Souabe.

La maison de Nassau est protestante calviniste. Celle de Holstein est luthérienne en Danemark, et schismatique grecque en Russie.

La famille royale de Misnie est catholique, les branches ducales sont protestantes. La famille de Wittelsbach professe la religion catholique, celle de Bernadotte le protestantisme, ainsi que celle de Wurtemberg. Quant à la maison d'Othman, elle est le chef de l'islamisme comme substitué aux droits des anciens khalifes. (*Note de l'auteur.*)

Les catholiques entrent dans ce chiffre de 286,000,000 pour 153,000,000.
Les différentes sectes chrétiennes sous la désignation de protestants pour 78,000,000.
Les Grecs schismatiques pour 55,000,000.
Les juifs répartis en Europe, en Afrique et en Asie, sont au nombre de 2,500,000.

Les musulmans, répandus en Europe, en Afrique, en Asie et dans le Monde maritime, ne sont pas au-dessous de 117,000,000.

C'est encore l'idolâtrie qui, procédant par masses géographiques, compte le plus d'hommes courbés sous son joug. La mission du catholicisme est donc loin d'être terminée.

## CONSIDÉRATIONS GÉNÉRALES
### SUR LES DIVERS PHÉNOMÈNES OFFERTS PAR QUELQUES PARTIES DES SCIENCES GÉOGRAPHIQUES.

Dieu, après avoir créé le monde, a voulu le féconder d'éléments divers. De sa main puissante il a répandu des germes infinis, végétaux et animaux, qui sont allés peupler la terre et les eaux, depuis le sommet des plus hautes montagnes jusqu'aux plus grandes profondeurs des mers; mais il paraît s'être réservé le secret et l'harmonie de ces splendides merveilles, ainsi que la solution des problèmes qui résultent de l'ensemble du monde physique.

Les montagnes, les vallées, les eaux, les climats, les régions physiques, se présentent aux yeux de l'observateur sous un aspect très-compliqué, très-irrégulier, et qu'il est plus facile de dépeindre que de définir. La grandeur et la majesté de la nature échappant à la subtilité de nos combinaisons et à la petitesse de nos règles, nous révèlent toute la faiblesse et toute l'impuissance de notre esprit.

Nous avons donc cru qu'il était convenable et indispensable en même temps de réunir, dans un travail particulier, les points principaux sur lesquels les sciences géographiques sont incertaines, et quelques-uns des phénomènes dont l'explication leur échappe, et leur échappera longtemps encore. Plus ces phénomènes semblent difficiles à étudier, plus ils sont, par leur nature ou leur position, hors de notre atteinte directe, plus on est frappé des résultats auxquels des recherches approfondies ont conduit les hommes qui en ont fait le but de leurs études.

L'exploration du sol que nous foulons journellement sous nos pieds est devenue depuis un demi-siècle environ une des sciences les plus fécondes en résultats, non-seulement d'un haut intérêt pour les savants de profession, mais propres à saisir vivement l'imagination de ceux qui aiment à réfléchir sur les grands phénomènes de la nature, et à leur confirmer la vérité des récits bibliques.

En étudiant les couches qui composent l'écorce de la terre, leur ordre de superposition, leur nature et les débris d'animaux ou de végétaux qu'elles renferment, la géologie est en effet parvenue à esquisser l'histoire de la terre pendant la période qui a précédé son état actuel. Il importe toutefois d'ajouter qu'elle n'est point encore arrivée à nous expliquer les mystères de sa charpente intérieure.

Nous n'y sommes pas descendus d'une dix-millième partie du diamètre du globe. Les plus grandes profondeurs que l'homme a visitées n'excèdent pas 300 à 400 mètres au-dessous du niveau de l'Océan, et si l'on compare cette profondeur au demi-diamètre de l'équateur, qui est de 1,435 lieues, ou de 5,740,000 mètres, on verra que ce qu'il connaît de cette planète équivaut, sur un globe de 10 pieds de diamètre, à $\frac{1}{A}$ de ligne au plus.

Mais la surface même de la terre, est-ce que l'homme la connaît dans sa totalité? Il ignorera peut-être toujours les secrets qu'enferment les deux régions polaires, et combien ces secrets sont nombreux! Du reste, plus on étudie de près les phénomènes naturels, plus ils acquièrent de grandeur et de magnificence.

On a déterminé la masse du soleil, on connaît les lois de la pesanteur, on a recherché et on a décrit avec soin les plus petits animaux, les plantes les plus humbles; mais on n'a point encore considéré le globe terrestre en lui-même et comme le corps de la nature le plus digne d'attention, le plus important à apprécier. Des mots sans nombre ont été inventés pour représenter par la parole les signes et les formes des plus petites parties des minéraux, des végétaux et des animaux, et la géographie n'en a point encore pour dessiner plusieurs des grands traits que présentent les continents et les mers, pour exprimer convenablement la configuration si variée des côtes, les formes si diverses des montagnes, les lignes sinueuses et compliquées des fleuves et des rivières; pour caractériser enfin toutes les différences principales que le sol présente dans ses convexités et ses enfoncements, sa composition, sa nature et son aspect.

Il est des choses sur lesquelles nous discutons beaucoup et depuis longtemps, que nous ne savons pas encore, parce que leur étude est toute nouvelle ou impraticable. Ainsi, que d'efforts, que de discussions pour arriver à donner une explication raisonnée et plausible des *blocs erratiques* qu'on rencontre dans les régions du nord des deux continents.

Comme les lacs de la mer Baltique, les bords des vastes lacs américains présentent les traces les plus évidentes d'*un grand phénomène erratique* venu de la région du Nord. Ces traces s'étendent même sur une partie considérable du territoire des Etats-Unis, car le *groupe des blocs erratiques* s'y trouve répété presque partout. Des blocs énormes, tantôt primitifs, et le plus souvent de roches de transition, se voient dans presque toutes les régions de ce continent : les masses sont généralement anguleuses; beaucoup pèsent de mille à quinze cents kilogrammes, et quelques-uns ont jusqu'à cinq mètres sur chaque face. Indépendamment des blocs, le nombre des cailloux roulés de moindre dimension est aussi fort considérable, et dans certaines parties il y a des millions d'hectares rendus impropres à la culture par les amas de ces fragments erratiques. On en cite surtout d'immenses dépôts dans la Géorgie; mais on n'en trouve aucun vestige dans la Floride qui lui est contiguë. On peut même voyager, dans ce dernier pays, des journées et des semaines entières sans y rencontrer un seul caillou. Le sol y est généralement formé d'une argile rouge très-ferrugineuse, qui dans les États du Sud dénote constamment *les bonnes terres à coton*. Cette couche, qui varie en profondeur de sept à soixante-cinq mètres, est placée au-dessus du calcaire; elle forme ici l'extrémité sud d'une bande très-étendue qui commence dans le New-Jersey, et s'étend à travers les Carolines et la Géorgie, en suivant toujours le versant oriental des Allegahnys. Il convient de remarquer que cette bande de limon fertile occupe, par rapport au grand dépôt erratique du nord de l'Amérique, une position analogue à celle qu'occupe, par rapport au dépôt erratique scandinave, la zone de terres limoneuses fertiles qui traverse l'Europe, de la Picardie à l'Ukraine. L'uniformité du sol n'est relevée que par la présence dans quelques endroits de *blocs erratiques* nombreux appartenant aux roches primitives.

M. de Castelnau pense que ces *régions ont été à une époque quelconque recouvertes par les eaux.* Un savant géologue explique par un cataclysme local, *déluge partiel,* l'existence des blocs erratiques dans l'Amérique et dans l'Europe septentrionales.

Les roches de la large baie de Monterey, dans la Californie, sont des granits semblables à beaucoup de granits d'Europe. C'est un nouveau terme à cette série de rapprochements qui montrent combien *les principaux matériaux de l'écorce terrestre sont analogues entre eux dans les régions les plus éloignées.* Et en effet si l'on veut bien examiner à grands traits le monde physique comme le monde moral, on retrouvera partout les mêmes caractères généraux et les mêmes éléments principaux. Ainsi, pour la charpente du globe, sauf la variété des détails, qui est immense, les éléments constitutifs de la géologie se retrouvent dans toutes les parties du monde avec une généralité de caractère remarquable.

Dans la Scandinavie, en Suède et en Finlande, et dans les Alpes, on a remarqué fréquemment que les roches, à leur surface, portaient des marques de polissage, étaient polies et striées par le passage de grandes masses d'eau. Dans la vallée de la Seine, on n'a point remarqué cet effet; cela tient sans aucun doute au peu de dureté des roches qui forment le bassin de Paris, et à leur désagrégation mécanique sous l'influence des agents extérieurs. Il en est de même pour les contrées situées au sud de la mer Baltique, sur lesquelles le diluvium du Nord a formé des dépôts épais de débris des roches scandinaves : comme on n'y trouve que des schistes ou des calcaires, les marques produites par le passage des courants n'ont pu se conserver jusqu'à nos jours.

C'est donc aux actions atmosphériques que l'on doit attribuer l'absence de ces traces dans beaucoup de lieux qui ont été le théâtre du phénomène diluvien.

M. Lünd, qui a étudié plusieurs années l'histoire physique et naturelle du Brésil, a visité surtout la partie qui est comprise entre les rivières Rio das Velhas, un des confluents du Rio de S.-Francisco, et le Rio-Paraopeba. Ce pays, formant un plateau élevé de sept cents mètres au-dessus du niveau de la mer, est parcouru dans son milieu par une chaîne de montagnes hautes seulement de soixante-quinze à deux cent cinquante mètres. Cette chaîne est entièrement criblée de cavernes et traversée de fentes dans toutes les directions.

Il résulte des recherches comparées, des études attentives de ce savant que la zoologie antédiluvienne de l'Amérique méridionale, qui lui était particulière, comme elle lui est encore particulière aujourd'hui, se trouvait en rapport et en harmonie parfaite avec le climat et les productions végétales du pays; que les animaux nommés *Megalony* et *Mastodon* égalaient pour la taille les éléphants de l'autre continent, et les remplaçaient; qu'il n'a rencontré aucun vestige de l'existence de l'homme à cette époque; que l'Amérique méridionale possédait alors les mêmes formes animales qui la caractérisent aujourd'hui; que cette contrée, élevée de sept cents mètres au-dessus de la mer, est couverte d'une couche continue et très-puissante de terrains meubles qui s'étend indifféremment et sans aucune interruption sur les plaines, les vallées et les collines, et qui ne manque pas même sur les plateaux et les pentes douces des plus hautes montagnes (1500 à 2000 mètres); que ce terrain contient des couches sous-ordonnées de gravier et de cailloux qui remplissent toutes les fentes et cavernes des roches calcaires; qu'enfin on ne peut se refuser à voir les preuves les plus irrécusables d'une grande irruption des eaux qui, couvrant toute cette partie du globe, mit un terme à l'existence des êtres qui la peuplaient.

La grande plaine couverte d'alluvions qui traverse la Saône en France, est dominée par un étage supérieur de marnes argileuses et de sables fins avec bancs solides de minerai de fer piriforme. Indépendamment des coquilles terrestres et d'eau douce, peu différentes des nôtres, on a découvert dans ce terrain des ossements d'éléphant, de mastodonte, de rhinocéros, d'hyène et de cheval. Comment expliquer la présence de ces ossements dans une contrée où les animaux auquels ils appartiennent n'ont jamais vécu, sinon par une grande catastrophe physique?

Dans toute l'Amérique méridionale, on découvre une immensité d'os fossiles de grands pachydermes jusqu'à une hauteur de 2740 mètres. — Il en est de même en Sibérie. — Ainsi, à des hauteurs diverses, sous des latitudes opposées, sous des climats différents, on établit l'existence et la destruction de pachydermes gigantesques.

Il en est de même du granit que la géologie, quoique peu avancée encore, et malgré toutes ses variétés et ses incidents, offre avec un caractère constant d'uniformité en Sibérie comme en Égypte, à la Nouvelle-Hollande comme en Bretagne, sur les bords de l'océan Pacifique comme sur ceux de l'océan Atlantique.

Dans les Andes, sur les plateaux de Quito, M. de Humboldt a recueilli des dents d'éléphant et de mastodonte. — Il en a également découvert en Colombie près de Santa-Fé-de-Bogota et à Cumanacoa, près de Cumana.

M. Darwin, savant voyageur anglais, a remarqué, dans le limon pampéen près de Santa-Fé de Bajada, des ossements de mastodonte associés à des ossements de cheval. M. d'Orbigny a signalé, à Cobija, à Arica et sur toute la côte de l'océan Pacifique, d'anciens lits de torrents qui, postérieurement aux derniers mouvements du sol de l'Amérique méridionale, auraient, des sommets au littoral, sillonné toutes les pentes de la Cordillère. Il est convaincu que ces anciens lits de torrents tracés sur un sol où il ne pleut pas depuis les temps historiques, ne proviennent pas de pluies locales, mais doivent provenir de masses d'eau qui seraient descendues des Cordillères seulement. Aujourd'hui, jamais un nuage aqueux ne s'arrête sur les montagnes du versant occidental ; jamais une tache de neige ne se montre de ce côté des Cordillères. Il faut donc, pour expliquer ces torrents dont les traces s'observent sur un grand espace, supposer que les Cordillères ont reçu momentanément des pluies ou des neiges, qu'elles ne reçoivent plus de nos jours ; il se serait alors passé sur ces montagnes un phénomène aqueux analogue à celui dont on a observé les traces sur toutes les grandes montagnes de l'Europe.

Le terrain pampéen, qui est à toutes les hauteurs en couches horizontales, qui se compose partout des mêmes limons, qui ne renferme que des restes de mammifères, n'a pu être que le produit d'une cause terrestre générale. M. d'Orbigny a cru apercevoir cette cause dans l'un des soulèvements opérés dans la grande Cordillère, qui a dû produire un déplacement subit des eaux de la mer ; ces eaux, mues et balancées avec force, ont envahi les continents et anéanti les grands animaux terrestres en entraînant tumultueusement dans les parties les plus basses des continents ou dans le sein des mers. Peut-être les traditions d'un déluge universel se rapportent-elles à ce grand événement, dit M. d'Orbigny. Ces traditions d'un déluge, qu'on rencontre chez la plupart des peuples américains, pourraient n'être qu'un souvenir de cette révolution.

Plusieurs savants et des géologues expliquent tout le phénomène erratique du nord de l'Europe, et particulièrement de la Finlande, de la Norwége et de la Suède, par un déluge partiel ou inondation locale, ou par un soulèvement de la mer ; pourquoi ne pas l'attribuer au déluge universel? pourquoi supposer des déluges partiels pour chaque phénomène physique? Rien dans la science ne s'y oppose, ou plutôt le phénomène erratique de l'Europe et de l'Amérique septentrionales ne peut clairement s'expliquer que par une submersion violente, inopinée et générale.

M. Guillou a observé, à une grande hauteur au-dessus du niveau de la mer, des blocs erratiques, sur les côtes du détroit de Magellan. Le dépôt des blocs erratiques, non moins mystérieux que celui des terrains de limon, existe aussi dans l'Amérique méridionale ; mais ici comme en Europe il est placé à côté du limon et semble lui être parallèle.

Les blocs erratiques sont répandus en grande abondance sur l'extrémité australe du continent américain, comme sur son extrémité boréale et sur celle de l'Europe ; leurs formes sont généralement anguleuses, et leurs dimensions souvent gigantesques.

Dans les vastes prairies des Illinois, qui s'étendent de l'Ohio au Mississipi, on rencontre, dans quelques endroits seulement, de nombreux blocs erratiques appartenant aux roches primitives, et qui par conséquent ont dû être amenés d'une distance d'au moins quatre cents kilomètres.

Les blocs erratiques se voient également au milieu des plateaux marécageux et glacés qui renferment les sources du Tchou-Lichmone et le lac de la Tchou-Lachta, et sur ceux de la Tchonga et du lac Karakol en Sibérie ; ils s'y montrent nombreux, détachés et bien *granitiques*, tandis que les montagnes limitrophes sont exclusivement composées de schiste argileux.

Le lac Supérieur, le plus vaste et le plus reculé des grands lacs tributaires du Saint-Laurent, est aussi le plus sauvage. Séparé des autres par les rapides eaux de la rivière de Sainte-Marie, c'est le seul qui ne soit pas encore devenu le domaine de la navigation à vapeur. On y navigue toujours, comme dans les siècles précédents, dans des canots d'écorce, frêles et légères embarcations que les sauvages, dont les bords de cette mer d'eau douce sont peuplés, construisent et manœuvrent avec beaucoup d'adresse. Le lac Supérieur est entouré, surtout vers le nord, de plateaux ondulés de granit qui sont coupés à pic le long de ses bords, sur des hauteurs de 300 mètres, et qui conservent leur verticalité au-dessous de ses eaux jusqu'à une très-grande profondeur. Le plus souvent il n'existe aucune berge sur laquelle on puisse aborder, en sorte qu'il est très-difficile de débarquer, et que, même pour de minces canots d'écorce, il n'y a qu'un petit nombre de ports.

Parmi les blocs erratiques, qui, dans nos climats, font partie du terrain diluvien, il en est surtout au voisinage des hautes chaînes de montagnes, qui sont énormes, dont les angles ne sont point émoussés, que l'on s'étonne de voir comme suspendus sur des croupes élevées, et cela à des hauteurs qui atteignent quelquefois sept à huit cents mètres au-dessus des vallées adjacentes. Il y a des blocs de ce genre qui ont 400, 800 et jusqu'à 1400 mètres cubes, et qui se trouvent incontestablement à des distances de plus de vingt lieues des points dont on peut supposer qu'ils ont été originairement détachés. D'après ces caractères, beaucoup de géologues présument que le transport de ces masses n'a eu lieu que par l'intermédiaire de glaciers qui auraient été mis à flot dans les hautes montagnes voisines, et entraînés par la grande érosion diluvienne.

Par les relations de l'expédition anglo-américaine exécutée en 1830, nous savons que les plages des Nouvelles-Shetland sont couvertes de grands blocs erratiques formés de granit, et par conséquent d'une nature différente des autres roches du pays, M. James Eights, naturaliste et géologue, attribue le transport de ces blocs aux glaces qui viennent annuellement s'échouer et se fondre sur les plages dont il s'agit.

La Bohême est entourée par des chaînes de montagnes qui en font un bassin naturel. La partie la plus septentrionale de ce bassin présente la pente la plus rapide. C'est par une issue pratiquée dans cette partie du bassin que l'Elbe se rend dans la mer du Nord en traversant l'Allemagne septentrionale. C'est sans doute par cette issue que les eaux qui occupaient l'intérieur du bassin durent se précipiter pour aller se réunir à l'Océan lors du cataclysme général, et c'est probablement à cette irruption qu'il faut attribuer une partie des sables qui couvrent les provinces prussiennes de Magdebourg et de Brandebourg, le Mecklembourg et le Hanovre. La structure de l'écorce du globe nous offre, dans les contrées qui ont été bien observées, les traces très-apparentes d'un phénomène dont la notion commence à devenir vulgaire, mais qui n'en est pas moins extraordinaire. Ce phénomène consiste en ce que la formation de l'écorce de la terre a été interrompue à plusieurs époques par des ruptures, des dislocations, des bouleversements énormes.

La période géologique dans laquelle nous vivons a été immédiatement précédée d'un cataclysme dont nous connaissons depuis longtemps des traces irrécusables en Europe et dans l'Asie boréale. Ces vestiges consistent en dépôts meubles de sable, de graviers et de galets, qui non-seulement encombrent le fond d'une foule de vallées où ils sont ordinairement masqués par des alluvions fluviatiles, mais encore recouvrent des plaines immenses, des plateaux élevés, et remontent jusqu'au pied des plus hautes montagnes.

Les galets, et surtout les gros blocs de rochers qu'on trouve intercalés dans ces dépôts, sur tel point que ce soit d'un versant continental quelconque, proviennent, à n'en pas douter, des contrées respectivement supérieures qui font partie du versant ou des montagnes qui le terminent, et il en est de même du versant opposé. Ajoutons, comme une particularité remarquable, que les îles situées au nord de l'ancien continent et celles situées à l'ouest, telles que l'Angleterre et l'Irlande, ont éprouvé les mêmes effets. Les géologues diffèrent d'opinion, non-seulement quant à l'explication du phénomène, mais encore quant à sa généralité. Plusieurs supposent qu'il n'a affecté qu'une partie de la surface de la terre.

La science est incertaine sur le cours de plusieurs de ces mystérieuses rivières d'eau chaude et d'eau froide qui sillonnent la surface des mers. Par exemple, l'immense courant d'eau froide qui, venant de l'océan Antarctique, rencontre la côte occidentale de l'Amérique vers le parallèle de Chiloé, remonte ensuite le long des côtes du Chili et du Pérou, n'est pas encore parfaitement déterminé; et ses limites n'ont pas encore tracées avec toute la précision désirable. Ce courant ne doit plus être considéré comme une simple rivière superficielle d'eau froide; il est produit par une section considérable des mers polaires, marchant majestueusement du sud au nord. La masse liquide qui s'avance ainsi à la rencontre de la ligne équinoxiale n'a pas moins de 1780 mètres de profondeur. A-t-on des données certaines sur la direction et sur la vitesse des courants? Non, on n'a sur ce sujet important que des conjectures problématiques.

Il y a un courant à température chaude dans le sud-sud-est de la Terre de Van-Diémen. Cette rivière a-t-elle la permanence des trois autres grands courants connus jusqu'ici: 1° le courant froid du Chili; 2° le Gulph Stream; 3° le courant chaud qui longe le banc des Agullos, près du cap de Bonne-Espérance? C'est ce qu'on ne sait pas.

Il est curieux d'examiner comment à diverses distances des régions antarctiques se distribue la température dans l'immense masse liquide froide dont nous venons de parler. Dans une recherche faite en plein courant, au sud-ouest de Chiloé, le thermomètrographe donna:

à la surface de la mer. . $+13°\,0$;
à 500 brasses. . . . . $+\ 4°\,1$;
à 1,100 brasses (sans fond). $+\ 2°\,3$.

Il y a déjà bien longtemps qu'on s'est avisé de rechercher quelle température marquent les eaux de la mer à de grandes profondeurs. La Méditerranée, l'Atlantique, la mer Pacifique, les régions équatoriales, les régions polaires ont été et sont encore tour à tour, le théâtre de sondes thermométriques. Cependant cette question des températures sous-marines est loin d'être éclaircie. On est néanmoins forcé d'admettre l'exitence de courants sous-marins qui transportent jusqu'à l'équateur les eaux inférieures des mers glaciales. Mais quelle explication peut-on fournir de ce fait ? Aucune.

Quelle indication utile pouvons-nous donner sur une chose qui semble devoir nous rester à jamais inconnue, savoir : la direction des courants dont tout le mouvement s'opère dans les plus grandes profondeurs de l'Océan? Qui oserait soutenir que la question des marées soit épuisée, qu'il ne reste pas encore beaucoup à faire pour décider de quelle manière des obstacles invisibles, de quelle manière les inégalités du fond de la mer agissent sur la vitesse de propagation des vagues et sur leur hauteur, quand on aura remarqué des différences de deux heures et quart, de quatre heures et demie entre les heures des marées dans des ports peu éloignés les uns des autres et situés sur une côte où l'Océan peut cependant se développer en toute liberté ?

Quant aux vagues, c'est dans le sud de la Nouvelle-Hollande qu'on rencontre non les lames les plus hautes, mais les plus longues, lesquelles ont environ 150 mètres. Il n'en est pas de même de leur vitesse de propagation, dont on n'a point de mesures, et qui paraît devoir rester un problème.

La mer offre encore un mystère, quant à sa couleur, qui a exercé la sagacité d'un grand nombre de savants et de navigateurs, sans qu'on puisse dire que le problème soit entièrement résolu. Tantôt elle paraît bleue, tantôt rouge, tantôt verte, tantôt jaune, etc. On s'est jeté dans de verbeux et diffus détails pour expliquer cette diversité de coloration, détails qui n'ont rien expliqué et n'ont nullement satisfait. Les navigateurs avaient depuis longtemps remarqué la couleur olivâtre de l'Océan aux atterages de Callao, sur la côte du Pérou. Les officiers de la frégate française *la Vénus* ont constaté que dans ces parages l'eau n'est pas pure, qu'elle tient en suspension une matière impalpable, verdâtre, semblable à celle qui tapisse le fond de la mer par 130 brasses de profondeur. Cette matière dans son état naturel est inodore; mais quand on la brûle, elle répand l'odeur des matières animales en combustion; elle laisse alors une cendre blanchâtre qui a la plus grande analogie avec la terre végétale du plateau compris entre le Callao et Moro-Solar.

Ce changement de couleur n'est point un fait isolé, il s'observe aussi par 21° 50' de latitude nord et 21° 54' de longitude ouest.

La science avoue également ne pouvoir rien dire de la phosphorescence de la mer. Quelquefois l'éclat de la lumière est si grand, quand la mer se brise à la plage, qu'on pourrait lire même à une certaine distance, si les éclats de lumière étaient de plus longue durée. Ce phénomène de la phosphorescence de la mer en renferme un autre encore plus étrange et plus inexplicable pour l'homme. Il est dû à une quantité innombrable de corpuscules sphériques, transparents, fermes, laissant voir à la loupe un point noir entouré de stries également noires. Il y en a tant quelquefois, que l'eau devient comme sirupeuse. Si l'on en prend et qu'on la laisse dans un vase pendant un certain temps, 15 heures par exemple, elle cesse d'être phosphorescente, se décompose et répand une odeur affreuse de poisson pourri.

La détermination des plus grandes profondeurs de l'Océan n'a pas moins d'intérêt et d'importance que celle de la plus grande hauteur des montagnes terrestres. Dans les environs du cap Horn, la mer a une profondeur de plus de 4000 mètres, d'après une opération exécutée le 5 avril 1837 par les officiers de la frégate française *la Vénus*. A 140 lieues des terres les plus voisines, par un calme plat et un très-beau temps, par 57° 0' de latitude australe et 85° 7' de longitude occidentale, à 185 lieues marines dans l'ouest, 8° sud du cap Horn, on trouva que le plomb était descendu à 2411 brasses, ou un peu plus de 4000 mètres.

D'après une autre opération exécutée par les mêmes officiers le 27 juin 1837, près de la ligne dans *l'océan Pacifique*, sur un point situé à 230 lieues marines au sud des îles Bunker, par 4° 32' de latitude boréale, et par 136° 56' de longitude occidentale, le sondage, fait avec les mêmes précautions, par un calme plat, a donné plus de 3790 mètres pour la profondeur de l'Océan. Ces sondes nautiques, les plus remarquables peut-être qui eussent jamais été faites, autorisent à croire que si la mer venait à se dessécher, on verrait dans son lit de vastes régions, de grandes vallées, d'immenses gouffres, tout autant abaissés au-dessous de la surface générale des continents, que les principales sommités des Alpes se trouvent placées au-dessus. Les phénomènes de lumière atmosphérique sont rangés aujourd'hui dans la météorologie optique.

Le problème de météorologie optique qu'offrent l'arc-en-ciel et la série d'arcs secondaires rouges et verts dont il est bordé intérieurement est encore à résoudre. Tantôt l'arc-en-ciel paraît avec ses arcs secondaires, tantôt il paraît dénué de ces couleurs périodiques qui le plus souvent l'accompagnent. Qu'a-t-on à dire sur ce phénomène si curieux? rien, absolument. Dans les régions équatoriales, l'arc-en-ciel se montre toujours sans ses arcs supplémentaires, comme l'attestent les observations de M. d'Abbadie faites dans les régions équinoxiales, au Brésil.

Qui pourra procurer les moyens de reconnaître si les absorptions et les dégagements de gaz que la chimie a étudiés, se balancent exactement, ou si, au contraire, l'atmosphère terrestre finira dans la suite des siècles par s'épuiser? Personne n'est en état de nous éclairer à ce sujet, et personne ne serait assez hardi pour l'essayer.

Le magnétisme terrestre embrasse à lui seul des centaines de phénomènes qui demanderont des siècles d'observations pour être éclaircis, pour être mesurés avec toute la précision requise, pour découvrir enfin les lois qui les régissent.

S'agit-il de la déviation, par rapport au méridien, de l'aiguille magnétique horizontale, de la *déclinaison?* Elle est orientale à une époque, et occidentale à une époque différente. Les aurores boréales troublent notablement la marche de l'aiguille de déclinaison. Des observations qui datent seulement d'un petit nombre d'années ont prouvé que les perturbations dépendantes de cette cause se font sentir presque simultanément dans des lieux fort éloignés les uns des autres.

*L'inclinaison, l'intensité* de la force magnétique amènent naturellement des questions nombreuses et variées.

Les heures des *maxima* et des *minima* de la déclinaison ne sont point identiques sur toute la terre, et l'aiguille horizontale atteint les limites de ses excursions diurnes à des heures différentes suivant les climats. Ceci résulte d'une très-longue suite d'observations faites à Paris et dans d'autres contrées.

On comprend difficilement comment la chaleur solaire diurne peut modifier de la même manière, précisément au même degré, les propriétés magnétiques d'un hémisphère aqueux et celles d'un hémisphère solide, terrestre; mais sur la question si complexe du magnétisme du globe, il nous faudra encore, pendant bien des années, nous en tenir aux faits sans comprendre la théorie.

Les théories qui ne satisfont qu'à une, deux ou trois expériences, reposent sur des fondements légers. Au contraire, quand on parvient à leur faire représenter de longues suites de phénomènes, elles acquièrent le seul caractère de certitude auquel, dans les sciences d'observation, il soit donné à l'homme d'atteindre.

Les physiciens ne savent presque rien sur la hauteur ordinaire des nuages qui se forment au sein des atmosphères continentales et loin des montagnes; ils ne savent vraiment rien sur la hauteur moyenne des nuages répandus dans les atmosphères océaniques. Enfin ils sont dans une ignorance complète sur les nuages qui se forment dans la région des vents alisés et qui obéissent à leur impulsion. Toutes les observations faites à ce sujet n'ont pu produire que des incertitudes.

Ce qui paraît aussi devoir rester insoluble, ce sont les pluies qui tombent *par des temps parfaitement sereins.* Le fait est certain. Et ces sortes de pluies ont quelquefois lieu très-loin des tropiques. La science jusqu'à présent est restée silencieuse devant ces pluies mystérieuses, tellement que des physiciens éminents ont cru pouvoir les révoquer en doute.

Il y a encore un point de géographie physique sur lequel la science n'a que des explications plus ou moins contradictoires. La mer Caspienne, par exemple, reçoit par an régulièrement, des fleuves qui s'y jettent, vingt-trois billions et demi de pieds cubes d'eau, et cependant on ne lui accorde qu'une évaporation de 14 billions de pieds cubes; il lui reste donc une surcharge de neuf billions. Il semble que par cette masse d'eau le niveau de cette mer devrait avoir monté; mais il n'en est rien, puisqu'il a, au contraire, baissé. La mer d'Aral offre également ce phénomène, dans des proportions moindres toutefois.

Sous le rapport des pluies tropicales, on distingue deux grandes divisions atmosphériques, l'une comprenant les régions soumises aux vents alisés, et l'autre, celle où règnent les moussons.

Cette dernière ne comporte pas de déserts absolus, parce que le jeu alternatif des moussons y amène partout des pluies.

Cependant les effets de la chaleur tropicale, favorisés par quelques causes accessoires, telles que certaines brises, un sol naturellement maigre, l'absence de sources et de rivières, peuvent y produire de petits déserts locaux ou du moins une grande aridité générale (exemple, Tehama, Ormus, Beloudschistan, Scindhy, etc).

Dans la division des vents alisés, les terres basses à structure uniforme, situées entre les zones des pluies intertropicales et des pluies subtropicales, ne reçoivent aucune pluie et sont par conséquent douées d'une sécheresse absolue (Sahara de l'Agoa, basse Californie, littoral péruvien).

Une forte élévation du sol en forme de plateau peut déterminer le rapprochement des deux régions des pluies estivales et hiémales; de manière qu'elles se manifestent consécutivement dans une seule et même contrée (partie nord du plateau mexicain).

Enfin, une grande irrégularité du sol peut intervertir complétement l'ordre normal, en provoquant des pluies hors de saison, même entre les tropiques (littoral du Brésil, Nouvelle-Orléans, etc).

De combien d'anomalies les hautes chaînes de montagnes peuvent être la cause? A-t-on bien examiné les complications spéciales aux climats de l'Hindoustan? A-t-on apprécié l'étendue et les limites d'influence des Alleghanis dans l'Amérique septentrionale, des Cordillères dans la méridionale, et des monts Himalaya dans l'Asie centrale?

Il faut dire qu'indépendamment de la latitude, une foule de causes, telles que la différence de hauteur, la nature des terrains, de leurs plantations, de leur configuration, influent considérablement sur l'atmosphère de toute contrée.

Le voisinage de hautes montagnes, de pays chauds ou froids, la direction des vallées qui donnent entrée à de certains courants d'air, ou leur barrent le passage, les fleuves ou mers ambiantes qui font que les lignes isothermométriques ne suivent pas les mêmes parallèles, peuvent changer totalement la température de deux pays situés d'ailleurs sous le même degré de latitude.

Tous les voyageurs qui ont visité la côte N.-O. de l'Amérique ont remarqué la douceur extraordinaire de son climat, comparé à celui de la partie orientale du même continent comprise dans le même parallèle. Pendant que les habitants de Québec sont exposés durant les mois d'hiver à toutes les rigueurs du froid le plus intense, les naturels de la Colombia, ou haute Californie, qui vivent à peu près sous la même latitude, sont presque étrangers aux phénomènes de la gelée et de la neige. La cause la plus évidente de cette différence de température, remarquable entre les deux côtes opposées de l'Amérique septentrionale, provient probablement de ce que les vents du N.-O., en passant sur une vaste étendue de l'océan Pacifique, se chargent d'une grande quantité de chaleur et d'humidité qu'ils transportent et déposent dans l'atmosphère de ces côtes.

La configuration des montagnes, l'épaisseur de leurs massifs, la proximité et l'étendue des plaines qui les avoisinent, influent bien plus sur la hauteur de la limite des neiges, que de légères différences en latitude. M. Pentland fixe, dans les Andes boliviennes, par 16° de latitude australe, la limite inférieure des neiges perpétuelles à 4,900 mètres. C'est une altitude supérieure à celle que l'on observe dans certaines localités beaucoup plus rapprochées de l'équateur.

Les couches annuelles des neiges qui tombent dans les hautes régions se dessinent successivement d'une manière très-distincte sur la tranche superficielle des glaciers, à mesure que ceux-ci descendent dans les régions inférieures. Le nombre de ces couches, que l'on peut compter sur un espace plus ou moins considérable de la surface du glacier, correspond d'une manière frappante, dit M. Agassiz, au nombre d'années que le glacier met à franchir cet espace dans sa marche. La masse de glace et de neige dont se compose le glacier de l'Aar, qui est un des plus étendus de la Suisse, se sera écoulée avec tous ses affluents, et aura été remplacée par les neiges qui tomberont d'ici-là dans la partie supérieure de la vallée du Hasli.

Le glacier de l'Aar a au moins 227 mètres d'épaisseur du côté du Finsteraar.

Le glacier d'Alestsch, le plus considérable de tous ceux de la Suisse, met *trois à quatre siècles à s'écouler et à se renouveler entièrement*. *Un glacier de 100 kilomètres de longueur ne mettrait pas plus de dix-sept cents ans à s'écouler*; c'est-à-dire à rejeter à son extrémité son contenu en se fondant et en se retirant.

Il résulte de ceci qu'il est des points culminants du globe qui conservent en tout temps de la neige; mais cette neige se renouvelle annuellement et successivement. Ce n'est pas la même neige qui reste permanente sur le sommet des montagnes. Elle se liquide et est remplacée par de la neige nouvelle.

Comme la distribution des céréales et des plantes, la distribution géographique des animaux, considérée dans ses rapports avec les zones climatériques, est fort remarquable. En effet, lorsqu'on examine chaque famille, chaque genre en particulier, on est frappé de voir qu'il en est qui habitent certaines contrées du globe quelquefois très-limitées, tandis que d'autres sont répandus dans une étendue de pays beaucoup plus considérable, et que d'autres enfin sont jetés sur la plus forte partie, quelquefois la presque totalité du globe.

Les espèces, comme les genres, les tribus et les familles, se trouvent être en rapport d'harmonie avec le sol, l'humidité et la température des lieux qu'elles habitent. Certaines espèces sont répandues dans une grande étendue de pays, et d'autres n'habitent que certaines localités très-limitées; celles qui sont répandues dans une grande étendue de pays offrent des variétés individuelles sans nombre, tandis que celles qui vivent constamment dans les mêmes lieux n'en présentent point.

Les climats exercent de l'influence sur les formes et les couleurs. Cette influence est très-manifeste chez les insectes et les arachnides. Il est bien vrai qu'une foule de petites espèces sont répandues depuis l'équateur jusqu'aux pôles, sans qu'elles offrent rien de plus remarquable entre les tropiques que dans les contrées du nord; mais il est démontré en même temps que les espèces qui ont ou une grande taille, ou des formes singulières, ou des couleurs éclatantes, vivent toujours dans des circonstances de haute température et de grande humidité. Moins ces conditions de chaleur et d'humidité existent, plus les espèces sont petites et décolorées; en Afrique, où le sol est généralement sec et aride, et la chaleur intense, on a trouvé moins d'espèces de grande taille que dans l'Amérique intertropicale et aux Indes orientales, et la plupart sont noires ou de couleurs peu éclatantes. Dans les contrées froides, les grosses espèces disparaissent; on n'en trouve presque plus ayant de brillantes couleurs; les espèces d'un noir intense ont aussi disparu; enfin, on ne rencontre plus que des espèces d'un noir luisant, grisâtres ou brunâtres.

Nous n'avons pas signalé tous les phénomènes qui existent dans l'ordre physique, exposé tous les problèmes sur lesquels s'exerce l'esprit humain, la nomenclature en serait trop longue; notre intention a été de constater ici que, malgré leurs progrès, les sciences géographiques sont encore loin de pouvoir satisfaire la curiosité humaine, et que les savants ne s'accordent pas toujours sur l'évidence et l'incontestabilité des faits. Ainsi, ils se divisent sur les conclusions à tirer de l'uniformité constante du granit dans les cinq parties du monde, et la présence générale des blocs erratiques.

Si donc la science varie et s'égare devant des faits certains, irrécusables, on comprend parfaitement qu'elle demeure ignorante et impuissante en face de mystères que l'homme n'a aucun moyen d'approfondir. La géographie intérieure de la terre lui est pour ainsi dire inconnue, celle de la mer, comme nous venons de le voir, est pour lui un livre fermé et scellé, l'atmosphère avec sa puissance, ses forces, ses variations et ses influences, garde résolument ses secrets.

La science enfin sait très-peu de la géographie des vents, dont la connaissance serait si curieuse et d'une si haute importance. D'où vient leur diversité? quelle est leur influence générale et particulière sur la terre et sur l'eau? quel caractère différentiel comporte-t-elle? quelles variations ont-ils à subir? quelle en est la cause? est-elle uniforme, simultanée? A ces diverses questions la science n'a rien à répondre, absolument rien de clair et de positif.

Mais quoi qu'il en soit, il est néanmoins un fait acquis à la discussion, c'est que, par leurs découvertes réelles faites jusqu'à ce jour, les sciences géographiques, pour les esprits droits et les intelligences élevées, concordent avec le récit de l'Ecriture sainte.

# VOCABULAIRE
## Des principaux termes techniques de la géographie

Nous pensons que le *Vocabulaire* des principaux termes de la géographie avec ses tableaux ne sera pas inutile à MM. les ecclésiastiques; ils y trouveront réuni ce que l'on est souvent obligé d'aller chercher dans plusieurs ouvrages distincts.

Quant au Tableau des mesures et des monnaies françaises et étrangères, il peut être et il est réellement d'une utilité usuelle. A ce titre, il devait naturellement prendre place dans les prolégomènes de ce *Dictionnaire*.

Chacun sait que l'adoption de la division décimale avait pour but de mettre de l'uniformité dans le système entier des mesures, de les faire dériver toutes d'une même mesure linéaire et de ses divisions décimales. La question fut ainsi réduite au choix de cette mesure universelle, à laquelle on a donné le nom de mètre.

## A

*Aberration.*
*Aérolithes.*
*Africus* (vent).
*Aiguille aimantée* (déclinaison de l').
*Aiguilles.*
*Aimant.*
*Aimant, vertu magnétique, inclinaison.*
*Air.*
*Air de vent* ou *Boussole.*
*Alpes.*
*Amphibies.* Les amphibies vivent à la fois dans l'air et dans l'eau; les uns sont ovipares et les autres vivipares et mammifères, tels que les phoques et les morses; on range encore dans la même classe les cétacés, grands animaux également vivipares, tels que les baleines, les lamantins, les cachalots.

*Amphisciens.* Les peuples qui habitent à l'équateur ont la sphère droite; car, comme les deux pôles leur semblent être précisément dans l'horizon, ils voient les astres se lever droit ou perpendiculairement à cet horizon. On donne à ces peuples le nom d'amphisciens, parce qu'ils ont l'ombre alternativement des deux côtés.

*Animaux.*
*Année.* L'année est le temps de la révolution de la terre autour du soleil.

*Année sidérale.* C'est le temps que la terre emploie à revenir précisément en conjonction avec le soleil et la même étoile, c'est-à-dire au point d'où elle était partie l'année précédente.

*Année tropique ou équinoxiale.* C'est le temps qui s'écoule en deux équinoxes ou deux solstices : elle est de 365 jours 5' heures 48' 48", ou plus courte que l'autre de 20' 25". On l'appelle aussi année civile, parce que c'est elle dont on se sert dans l'usage ordinaire.

*Annulaire* (Eclipse). Lorsque la terre est au périhélie et la lune à l'apogée, le soleil paraît plus grand, la lune plus petite; elle ne peut le couvrir en entier; le soleil déborde tout autour, et forme une sorte d'anneau lumineux; c'est l'éclipse annulaire.

*Anse.*
*Antarctique.* Voyez *Arctique.*
*Aparctias* (vent).
*Aphélie.* On appelle aphélie la plus grande distance des planètes au soleil. La route ou orbite que les planètes décrivent autour du soleil n'est pas circulaire; elle a la forme d'un cercle allongé ou d'un ovale nommé ellipse.

*Apogée.* La lune est le satellite de la terre; elle décrit autour d'elle une ellipse. Le point de cette ellipse où la lune est le plus près de la terre se nomme Périgée; celui où elle est le plus loin s'appelle Apogée.

*Aquilon* (vent).
*Arc-en-ciel.*
*Archipel.*
*Arctique* (Articus). On appelle ainsi le pôle septentrional, ou le pôle qui est élevé sur notre horizon, à cause de la constellation de la Petite Ourse, dont la dernière étoile désigne le pôle septentrional. On donne aussi ce nom aux terres qui sont vers ce pôle; elles sont peu connues, si ce n'est vers quelques côtes. Le pôle méridional est appelé antarctique, opposé au pôle arctique.

*Argestin* (vent).
*Atmosphère.*

# VOCABULAIRE DES TERMES GEOGRAPHIQUES.

*Atlas.*

*Attolons.* Les Maldives, longue chaîne d'îles au nombre de 10 à 12,000, dont quelques-unes ne sont que des bancs de sable recouverts par le flux, sont partagées en 13 groupes, appelés Attolons.

*Attraction moléculaire.*

*Aurore.*

*Aurore boréale.*

*Auster* (vent).

*Australie.*

*Australasie.*

*Avalanches.*

*Axe de la terre.* C'est une ligne qu'on imagine passer par le centre du globe terrestre et sur laquelle il tourne. On appelle pôles ses deux extrémités.

*Azote.* L'air, qui forme la plus grande partie de l'atmosphère, se compose ordinairement de deux substances qui y entrent dans des proportions bien différentes, savoir : le gaz oxigène, qui est la partie respirable ; il en forme les 27 centièmes ; et le gaz azote, qui ne peut servir à la respiration, y entre pour 73 centièmes ; quelquefois l'air atmosphérique ne contient que 71 centièmes de gaz azote, et 2 de gaz acide carbonique, également non respirable.

## B

*Baie.*
*Ballon.*
*Ballons.*
*Bancs de sable.* Voyez *Bas-fonds.*
*Baromètre.*
*Barres.*
*Bas-fonds.* Quelquefois au milieu des mers il y a des endroits peu profonds qu'on appelle bancs de sable et bas-fonds ; des rochers à fleur d'eau s'appellent écueils ; des rochers voisins de la côte, où la mer se brise avec violence, ont le nom de récifs ou de brisants.

*Borée* (vent).
*Bosphore.* Voyez *Détroit.*
*Bouche.* Voyez *Embouchure.*
*Boussole.*
*Brasse.*
*Brisants.* Voyez *Bas-fonds.*
*Brise.*
*Brises.*
*Brouillard.*
*Bruine.*
*Brume.*

## C

*Calcaires* (montagnes).
*Cap.*
*Caravansérails,* c'est-à-dire hôtels ou palais des caravanes : édifices publics en Orient pour les voyageurs, au défaut d'auberges ou de cabarets.
*Cardinaux* (points). Voy. *Points.*
*Cartes.*
*Cartes chorographiques.*
*Cartes générales.*
*Cartes géographiques.*

*Cartes hydrographiques* ou *nautiques.*
*Cartes particulières.*
*Cartes plates.*
*Cartes réduites.*
*Cartes topographiques.*

*Cascades, cataractes, chutes.* Un cours d'eau change quelquefois subitement de niveau ; alors l'eau se précipite avec violence, et forme une cataracte, une chute, une cascade, quand il y a plusieurs sauts de suite.

*Caurus, Iapix* (vent).

*Centrifuge* (force). L'action de la force centrifuge étant opposée à la pesanteur, doit en contrarier l'effet ; ainsi les corps doivent peser moins à l'équateur que dans toute autre partie de la planète.

*Cercles* grands et petits. Ces cercles sont de deux espèces : les uns sont appelés grands cercles, parce qu'ils ont toute la grandeur que peut avoir un cercle sur le globe ; ils partagent la terre en deux parties égales, et ils ont pour centre le centre même de la terre : les autres sont appelés petits cercles ; ils divisent le globe en deux parties inégales, et leur centre est placé hors du centre de la terre, sur un point quelconque de l'axe. On divise un cercle en 360 parties égales dites degrés ; les degrés sont divisés en 60 minutes, les minutes en 60 secondes.

*Cérès.*

*Climats.* Les anciens géographes divisèrent l'espace compris entre l'équateur et le pôle en 30 parties qu'ils appelaient climats, c'est-à-dire inclinaisons, savoir 24 entre l'équateur et le cercle polaire, et 6 entre ce cercle et le pôle : les premiers sont nommés climats de demi-heure, parce qu'ils indiquent dans la durée du plus long jour une augmentation d'une demi-heure ; les seconds sont dits climats de mois, parce que cette augmentation est d'un mois.

*Col.*

*Confluent.* On appelle confluent la jonction de deux rivières.

*Conjonctions.* Lorsque nous ne pouvons apercevoir la lune, c'est le moment de la nouvelle lune ou de la conjonction. Deux jours après, vers le coucher du soleil, on commence à voir une très-petite partie de la moitié éclairée, sous la forme d'un croissant très-mince.

*Continent.*
*Continent* (ancien).
*Continent* (nouveau).
*Contre-courants.*
*Cornes.*
*Corps bruts* ou *inorganisés.*
*Corps organisés.*
*Cosmographie.*
*Côte.*
*Courants.*
*Couronnes.*
*Cratère.*
*Crépuscule.*

Crète.

*Cycle lunaire.* Les éclipses n'ont lieu que dans le cas où la lune, au moment de la conjonction ou de l'opposition, se trouve sur l'orbite de la terre, c'est-à-dire à l'un des deux points où cette orbite est coupée par celle de la terre. Ces points se nomment nœuds ; c'est ce qui a fait donner à l'orbite de la terre le nom d'écliptique. Cette circonstance se rencontre quelquefois. Les inégalités des mouvements du soleil et de la lune produisent à la longue des différences sensibles. La période de 223 lunaisons est ce qu'on appelle le cycle lunaire.

## D

*Degré.* Voyez *Cercles.*
*Delta.* Voyez *Embouchure.*
*Dents.*
*Détroit.*
*Droite* et *gauche* d'une rivière.
*Dunes.* Collines de sable qui bordent quelques côtes de l'Océan, et lui servent de digue pour garantir le pays voisin des inondations.

## E

*Eau.*
*Echelle.* Une échelle est un port ou un lieu de trafic, du vieux mot *escala*, qui signifie port de mer. On appelle Echelles du Levant les villes maritimes de l'empire ottoman, où les Européens font le commerce, et ont des consuls, des facteurs, des commissionnaires.
*Eclair.*
*Eclipses.* Si l'orbite de la lune était sur le même plan que l'écliptique, il est évident que, lors de la conjonction, cet astre nous cacherait toujours le soleil, et que, lors de l'opposition, il entrerait dans l'ombre de la terre. Il y aurait donc dans le premier cas éclipse de soleil, dans le second éclipse de lune, et chacun de ces deux phénomènes se reproduirait une fois pendant une révolution de lune.

*Ecliptique*, nom donné à l'orbite que la terre décrit autour du soleil.
*Ecluse*, clôture faite sur une rivière ou sur un canal avec une ou plusieurs portes qui se lèvent et se baissent pour retenir et lâcher l'eau.
*Ecueil.* Voyez *Bas-fonds.*
*Electrique* (machine).
*Ellipse.* Voyez *Aphélie.*
*Embouchure.* On appelle embouchure le point où un fleuve se jette dans la mer : quelquefois un peu avant son embouchure un fleuve se partage en deux bras, comme le Nil en Egypte ; l'espace compris entre ces bras prend le nom de delta.
*Equateur.*
*Equinoxe*, temps où le soleil parcourt la ligne équinoxiale, ce qui arrive le 21 mars et le 21 septembre.
*Est.* Voyez *Points cardinaux.*
*Estuaires*, fissures de la côte que la mer remplit à marée haute, en pénétrant dans l'intérieur des terres.
*Etésiens* (vents).
*Etoile polaire.*
*Etoiles tombantes.*
*Euronoton* (vent).
*Eurus Apliotis* (vent).

## F

*Faîte.*
*Falaise*, bords de la mer formés par des roches ou des montagnes hautes et escarpées.
*Fanal*, grosse lanterne, allumée sur la poupe d'un vaisseau amiral pour marquer la route aux autres vaisseaux qui le suivent. — Feux allumés sur de hautes tours à l'entrée des ports.
*Favonius* (vent).
*Feux épars.*
*Feux-follets.*
*Feu Saint-Elme.*
*Fleuve.* Voyez *Tableau des principaux fleuves.*

**TABLEAU DES PRINCIPAUX FLEUVES DU GLOBE.**

| NOMS DES FLEUVES. | PAYS QU'ILS ARROSENT. | MERS OU ILS DÉBOUCHENT. | DIRECTION DE LEURS COURS. | LONGUEUR EN L. | EN L. |
|---|---|---|---|---|---|
| | | **EUROPE.** | | | |
| Volga. | Russie. | mer Caspienne. | au N., à l'E., au S. et à l'E. | 700 | 980 |
| Danube. | Bavière, Autriche, Turquie. | mer Noire. | à l'E., au S. et à l'E. | 550 | 440 |
| Don. | Russie. | mer d'Azof. | au S.-E. et au S.-O. | 560 | |
| Dniéper. | Id. | mer Noire. | au S., au S.-E. et au S.-S.-O. | 550 | 450 |
| Oural ou Jaïk. | Limites des Russies d'Europe et d'Asie. | mer Caspienne. | au S., à l'O. et au S. | 340 | 900 |
| Rhin. | Suisse, France, Allemagne, Belgique et Hollande. | mer du Nord. | à l'E., au N. et au N.-O. | 225 | |
| Elbe. | Bohême, Saxe, Prusse, Allemagne. | Id. | au N.-O. | 190 | 760 |
| Vistule. | Pologne, Prusse. | mer Baltique. | au N.-E., au N.-O. et au N. | 190 | 750 |
| Loire. | France. | océan Atlantique. | au N.-O. et à l'O. | 180 | |
| Dwina. | Russie. | mer Blanche. | au S.-O. et au N.-O. | 160 | 640 |
| Dniester. | Autriche, Russie. | mer Noire. | au S.-E. | 160 | 640 |
| Tage. | Espagne, Portugal. | océan Atlantique. | à l'O. | 150 | |
| Petchora. | Russie. | mer Glaciale arctique. | au N. | 150 | |
| Oder. | Prusse. | mer Baltique. | au N.-O. et au N. | 150 | 600 |
| Niémen. | Russie, Prusse. | Id. | à l'O., au N. et à l'O. | 150 | |

## VOCABULAIRE DES TERMES GEOGRAPHIQUES.

| NOMS DES FLEUVES. | PAYS QU'ILS ARROSENT. | MERS OU ILS DÉBOUCHENT. | DIRECTION DE LEURS COURS. | LONGUEUR EN L. | EN K. |
|---|---|---|---|---|---|
| Düna. | Russie. | mer Baltique. | à l'O. et au N.-O. | 140 | 560 |
| Guadiana. | Espagne, Portugal. | océan Atlantique. | à l'O. et au S. | 140 | 560 |
| Rhône. | Suisse, France. | Méditerranée. | à l'O. et au S. | 130 | 520 |
| Ebre. | Espagne. | Id. | au S.-E. | 125 | 500 |
| Pô. | Italie septentrionale. | mer Adriatique. | à l'E. | 125 | 500 |
| Douro. | Espagne, Portugal. | océan Atlantique. | à l'O. | 125 | 500 |
| Goetha y compris le lac Wener et la Clara. | Suède. | Cattégat. | au S. | 125 | 500 |
| Garonne. | France. | océan Atlantique | au N., au N.-E. et au N.-O. | 115 | 460 |
| Seine. | Id. | Manche. | au N.-O. | 110 | 440 |
| Guadalquivir. | Espagne. | océan Atlantique. | au S.-O. | 100 | 400 |
| Weser. | Allemagne. | mer du Nord. | au N. | 100 | 400 |
| Shannon. | Irlande. | océan Atlantique. | au S. et au S.-O. | 70 | 280 |
| Escaut. | France, Belgique, Hollande. | Mer du Nord. | au N.-E. et au N. | 68 | 272 |
| Tamise. | Angleterre. | Id. | à l'E. | 60 | 240 |
| Severn. | Id. | océan Atlantique. | au S. et au S.-O. | 60 | 240 |
| Forth. | Ecosse. | mer du Nord. | à l'E. | 50 | 200 |
| Glommen. | Norwége. | Cattégat. | au S. | 50 | 200 |

### ASIE.

| NOMS DES FLEUVES. | PAYS QU'ILS ARROSENT. | MERS OU ILS DÉBOUCHENT. | DIRECTION DE LEURS COURS. | LONGUEUR EN L. | EN K. |
|---|---|---|---|---|---|
| Yang-tsé-Kiang. | Chine. | mer de la Chine. | à l'E. | 736 | 2944 |
| Oby. | Russie. | océan Glacial arctique. | au N. | 694 | 2776 |
| Iénisséi. | Id. | Id. | au N., à l'O. et au N. | 680 | 2720 |
| Léna. | Id. | Id. | au N.-E. et au N. | 668 | 2672 |
| Hoang-ho. | Chine. | mer Jaune. | à l'E., au S. et à l'E. | 640 | 2560 |
| May-kang ou Cambodge. | Chine, empire Annamitique. | mer de la Chine. | au S.-S.-E. | 600 | 2400 |
| Amur ou Saghalien. | Russie, Mantchourie. | golfe de Saghalien. | à l'E. et au N.-E. | 588 | 2352 |
| Pégu ou Irawaddy. | Empire Birman. | golfe de Martaban. | au S. | 580 | 2320 |
| Tsampo ou Burampoutre. | Thibet, Hindoustan. | golfe de Bengale. | à l'E., à l'O. et au S. | 400 | 1600 |
| Indus ou Sindh. | Thibet, Afghanistan, Hindoustan. | mer d'Oman. | à l'E. et au S. | 390 | 1560 |
| Euphrate. | Turquie d'Asie. | golfe Persique. | au S. | 370 | 1480 |
| Jichon ou Amu. | Tartarie-Indépendante. | mer d'Aral. | au N.-O. et au N. | 380 | 1520 |
| Gange. | Hindoustan. | golfe de Bengale. | à l'E. S.-E. | 300 | 1200 |
| Godavery. | Id. | Id. | au S.-E. | 280 | 1120 |
| Siboun ou Sirr. | Tartarie-Indépendante | mer d'Aral. | au N.-O. | 220 | 880 |
| Nerbuddah. | Hindoustan. | golfe de Cambay. | à l'O. | 200 | 800 |
| Kistnah. | Id. | golfe de Bengale. | à l'E. | 172 | 688 |

### AFRIQUE.

| NOMS DES FLEUVES. | PAYS QU'ILS ARROSENT. | MERS OU ILS DÉBOUCHENT. | DIRECTION DE LEURS COURS. | LONGUEUR EN L. | EN K. |
|---|---|---|---|---|---|
| Nil. | Nubie, Egypte. | Méditerranée. | au N. | 880 | 3520 |
| Niger. | Nigritie. | incertain. | incertain. | incer. | ... |
| Congo ou Zaïre. | Guinée inférieure. | océan Atlantique. | à l'O. | incer. | ... |

### AMÉRIQUE SEPTENTRIONALE.

| NOMS DES FLEUVES. | PAYS QU'ILS ARROSENT. | MERS OU ILS DÉBOUCHENT. | DIRECTION DE LEURS COURS. | LONGUEUR EN L. | EN K. |
|---|---|---|---|---|---|
| Mississipi. | Etats-Unis. | golfe du Mexique. | au S. | 1000 | 4000 |
| Rio-Bravo ou del Norte. | Mexique. | Id. | au S. | 450 | 1800 |
| Saint-Laurent. | Nouvelle-Bretagne. | océan Atlantique. | au N.-E. | 400 | 1600 |
| Colombia. | Etats-Unis. | océan Pacifique. | à l'O. | 350 | 1400 |
| Susquehanna. | Id. | océan Atlantique. | au S.-E. | 220 | 880 |
| Potomac. | Id. | Id. | au N.-E., à l'E. et au S.-E. | 150 | 600 |
| Savannah. | Id. | Id. | au S.-E. | 120 | 480 |

### AMÉRIQUE MÉRIDIONALE.

| NOMS DES FLEUVES. | PAYS QU'ILS ARROSENT. | MERS OU ILS DÉBOUCHENT. | DIRECTION DE LEURS COURS. | LONGUEUR EN L. | EN K. |
|---|---|---|---|---|---|
| Amazone. | Amérique méridionale. | océan Atlantique équinoxial. | à l'E. | 1100 | 4400 |
| Paraguay ou Rio-de-la-Plata. | Id. | océan Atlantique austral. | au S. et au S.-E. | 730 | 2920 |
| Orénoque. | Id. | océan Atl. équinox. | à l'E., au N. et l'E. | 500 | 2000 |
| Rio-Francisco. | Brésil. | Id. | au N. et à l'O. | 400 | 1600 |
| Tocantins. | Id. | golfe ou rivière de Para. | au N. | 400 | 1600 |
| Magdalena. | Colombie. | mer des Antilles. | au N. | 250 | 1000 |
| Paranayba. | Brésil. | océan Atl. équinox. | au N.-O. et au N. | 250 | 1000 |

## TABLEAU DES BASSINS DES PRINCIPAUX FLEUVES DU GLOBE.

| BASSINS. | | PRINCIPAUX FLEUVES. | BASSINS. | | PRINCIPAUX FLEUVES. |
|---|---|---|---|---|---|
| Mers. | Division des mers. | | Mers. | Division des mers. | |
| **EUROPE.** | | | | | |
| Océan glacial arctique. | Mer Blanche. | Petchora. Metzen. Dwina. Onéga. Kola. Tana. Alten. | Océan glacial arctique. | | Léna. Omoloï. Alazeia. Indigirka. Kolima. |
| Mer Baltique. | Golfe de Bothnie. | Kemi. Tornea. Lulea. Pitea. Umea. Dala. | Grand Océan boréal. | Golfe de Penjinsk. Mer de Behring. Mer d'Okhotsk. | Anadyr. Kamtchatka. Amur ou Saghalien. |
| | Golfe de Finlande. Golfe de Riga. | Néva. Duna. Aa. Niémen. Prégel. | Mer de la Chine. | Mer Jaune. Mer de Corée. Golfe de Siam. | Hoang-ho. Yang-tse-Kiang. May-Kong. Siam. |
| | Golfe de Dantzick. | Vistule. Oder. Vindau. | Océan Indien. | Golfe de Martaban. Golfe de Bengale. | Irawaddy. Tsampo ou Brampoutre. Gange. Godavery. Kistnah. |
| Mer du Nord. | Cattégat. | Gœtha. Glommen. Elbe. Weser. Rhin. Meuse. Tamise. Humber. | | Mer d'Oman. Golfe Persique. | Nerbuddah. Indus ou Sind. Euphrate, Tigre. |
| Océan Atlantique boréal. | Manche. | Severn. Shannon. Somme. Seine. | Méditerranée. | Archipel. | Oronte. Meinder, Sarabat. |
| | Golfe de Gascogne. | Loire. Gironde. Adour. Douro. Tage. Guadiana. Guadalquivir. | Mer Noire. | . . . . . | Kizil, Irmak. Sakaria. |
| | | | Mer Caspienne. | . . . . . | Kour. Ossa ou Teéjen. Emba. |
| | | Segura. Xucar. Ebre. | Mer d'Aral. | . . . . . | Sirr ou Sihon. Kizil-Daria. Djihon. |
| Méditerranée. | Golfe de Lyon ou du Lion. Golfe de Gênes. Mer Tyrrhénienne | Rhône. Arno. Tibre. | **AFRIQUE.** | | |
| | Mer Adriatique. | Pô. Drin. Wardari. | Méditerranée. Océan Indien. | Canal de Mozambique. | Nil. Zambèze. Riv. de Manica du St-Esprit. |
| | Archipel | Maritza. | Océan Atlantiq. austral. Océan Atlant. équinoxial. | Golfe de Guinée. | Orange. Zaïre ou Congo. Gambie. Sénégal. |
| Mer Noire. | | Danube. Dniester. Boug. Dnieper. Don. Kouban. | **AMÉRIQUE SEPTENTRIONALE.** | | |
| | Mer d'Azof. | | Océan Atlant. boréal. Golfe du Mexique. | Golfe de St-Laurent. | St-Laurent. Mississipi. Rio-del-Norte. |
| Mer Caspienne. | | Kouma. Tereck. Volga. Oural. | Océan Pacifique. Grand Océan boréal. | Golfe de Californie. | Colorado. Columbia. |
| **ASIE.** | | | **AMÉRIQUE MÉRIDIONALE.** | | |
| Océan glacial arctique. | Golfe d'Oby. Golfe de Jénisséi. Mer de Kara. | Oby. Jénisséi. Kara. Chatanga. Anabara. Olensk. | Océan Atlantique équinoxial. Océan Atlantique austral. | Mer des Caraïbes. | Magdalena. Orénoque. Essequebo. Rivière des Amazones. Para. Paranayba. St-Francisco. Rio-de-la-Plata. Rio de Mendoza ou Colorado. Rio-Negro. |

# VOCABULAIRE DES TERMES GEOGRAPHIQUES.

*Fluide magnétique.*
*Flux et Reflux.* Voyez *Marées.*
*Fluides.*
*Force vitale.*
*Foudre.*
*Frimas.*
*Fumée.*

## G

*Gan, Gaw, Gou, Gow,* terminaisons qui se joignent à plusieurs noms et répondent aux mots français contrée, canton, et au mot latin *pagus*, qui désignait ordinairement des cantons situés dans des vallons arrosés par quelques fleuves ou rivières.

*Gaz.*
*Gelée blanche.*
*Géologie.*
*Givre.*
*Glace.*

1er siècle av. J.-C. À l'embouchure du Palus-Méotide, les gelées sont si fortes, qu'en hiver un des généraux de Mithridate y défit la cavalerie des barbares, précisément à l'endroit où, en été, ils furent vaincus dans un combat naval (*Strab.*, liv. xi).

400 après J.-C. La mer Noire gela entièrement. Le Rhône fut pris dans toute sa largeur (ce dernier phénomène est l'indice d'une température de 18° centigrades au moins au-dessous de 0 (1).

462 L'armée de Théodomer traversa le Danube sur la glace. Le Var gela. (On a trouvé que le Var prend quand la température est de 10° ou 12° centigrades au-dessous de zéro.)

763 La mer Noire et le détroit des Dardanelles furent gelés.

822 Des charrettes pesamment chargées traversèrent sur la glace la Danube, l'Elbe et la Seine, durant plus d'un mois. Le Rhône, le Pô, l'Adriatique et plusieurs ports de la Méditerranée gelèrent (2). [20° au moins à Venise.]

829 L'année où le patriarche jacobite d'Antioche, Denys de Telmahre, alla avec le calife Mamoun en Égypte, ils trouvèrent le Nil gelé. (*Abd-Allatif, traduit par M. Silvestre de Sacy, page 505.*)

860 L'Adriatique et le Rhône gèlent à 20°. (*Calvisius cité par Delisle; Acad. 1749, M. 2.*)

1133 Le Pô était pris depuis Crémone jusqu'à la mer; on traversait le Rhône sur la glace; le vin gela dans les caves (18° au moins).

1216 Le Pô et le Rhône gelèrent jusqu'à une grande profondeur (18° au moins).

1234 Le Pô et le Rhône gèlent de nouveau, des voitures chargées traversent l'Adriatique sur la glace en face de Venise.

1236 Le Danube reste gelé dans toute sa profondeur pendant un temps considérable.

1292 Des voitures chargées traversent le Rhin sur la glace devant Brisach. Le Cattégat était aussi totalement pris.

1302 Le Rhône gèle (18°).

1305 Le Rhône et toutes les rivières de France gèlent (*Papon, Hist. de Prov. III*, 102).

1323 Le Rhône gèle. Les voyageurs à pied et à cheval allaient sur la glace du Danemark à Lubeck et à Dantzick.

1334 Tous les fleuves d'Italie et de Provence gèlent (18°).

1358 Dix brasses de neige à Bologne en Italie (*Matthieu Villani, cité par Papon, III*, 200).

1364 Le Rhône gèle à Arles jusqu'à une profondeur considérable; les chariots chargés passaient sur la glace [18° centig.]. (*Villani, cité par Papon, III*, 210.)

1408 Le Danube gèle dans tout son cours. La glace s'étend sans interruption de la Norwége jusqu'en Danemark. Les voitures traversaient la Seine sur la glace (*Félibien, description de Paris*).

1434 La gelée commença à Paris le dernier de décembre 1433, et continua pendant trois mois moins neuf jours; elle recommença vers la fin de mars, et dura jusqu'au 17 avril (*Félibien, Description de Paris*). Cette même année il neigea en Hollande pendant 40 jours de suite (*Vanswinden, d'après des recueils hollandais*).

1460 Le Danube reste gelé pendant 2 mois. Le Rhône gèle aussi (18°).

1468 En Flandre on coupe avec la hache la ration de vin des soldats (*Philippe de Comines*).

1493 Le port de Gênes était gelé les 25 et 26 décembre (*Papon, IV*, 48).

1507 Le port de Marseille gela dans toute son étendue (c'est l'indice d'un froid de 18° centigrades au moins). Le jour de l'Epiphanie il tomba trois pieds de neige dans la même ville (*Papon, IV*, 26).

1544 En France on coupe le vin dans les tonneaux avec des instruments tranchants (*Mézerai*).

1565 Le Rhône est pris dans toute sa largeur à Arles (18° centig.).

1568 Le 11 décembre les charrettes traversent le Rhône sur la glace. La débâcle n'arrive que le 21 (18° centigrades au moins).

(1) En février 1776, le Rhône n'était pas totalement pris au-dessous de Lyon, quoique du 16 jusqu'au 27 janvier la température se fût toujours maintenue au-dessous de 8° centigrades; on eut éprouvé des froids de 11° 2, de 12° 5, de 18° 7 et de 22° centigrades. On est donc, suivant toute apparence, en deçà de la vérité en fixant à 18° centigrades le degré auquel il est nécessaire que le thermomètre descende pour que le Rhône gèle à Arles ou dans tout autre point de la Provence.

(2) Quand le golfe de Venise gela en 1709, le thermomètre était descendu dans la ville à 20° centigrades (*Acad. 1749, hist. 2*).

1570-1571. De la fin de novembre 1570 à la fin de février 1571, hiver si rude, que toutes les rivières, même celles du Languedoc et de la Provence, étaient gelées de manière à porter les charrettes chargées (*Mézerai*).

1594. La mer gèle à Marseille et à Venise (20° centigrades au moins).

1603. Les charrettes passent le Rhône sur la glace de (18° centig.).

1621 à 1622. La flotte vénitienne se trouva prise par les glaces dans les lagunes de Venise (20°).

1638. L'eau du port de Marseille gèle autour des galères [20° centig.] (*Papon, IV*, 490).

1655 à 1656. La Seine fut prise du 8 au 18 décembre. Il gela ensuite, sans interruption, du 29 décembre jusqu'au 28 janvier.

1656. Une nouvelle gelée reprit peu de jours après, et dura jusqu'en mars (*Boulliaud*).

1657 à 1658. Gelée non interrompue à Paris depuis le 24 décembre 1657 jusqu'au 8 février 1658. Entre le 24 décembre et le 20 janvier la gelée fut modérée, mais ensuite le froid acquit une intensité extrême. La Seine était entièrement prise. Le dégel du 8 février ne dura pas; le froid reprit le 11, et dura jusqu'au 18 (*Boulliaud*). C'est en 1658, que Charles X, roi de Suède, traversa le petit Belt sur la glace, avec toute son armée, son artillerie, ses caissons, ses bagages, etc.

1662 à 1663. La gelée dura à Paris depuis le 5 décembre 1662 jusqu'au 8 mars 1663 (*Boulliaud*).

1676 à 1677. Gelée continuelle fort intense depuis le 2 décembre 1676 jusqu'au 13 janvier 1677. La Seine fut prise pendant 35 jours consécutifs (*Boulliaud*).

1684. La Tamise gèle à Londres jusqu'à 11 pouces d'épaisseur ; les voitures chargées la traversent.

1709. L'Adriatique et la Méditerranée à Gênes, à Marseille, à Cette, etc., sont gelées (20° centigrades).

1716. La Tamise gèle à Londres ; on y établit un grand nombre de boutiques.

1726. On passe en traîneau de Copenhague en Suède.

1740. La Tamise, à Londres, est de nouveau totalement prise.

De 1749 à 1781, le thermomètre, en Provence, ne descendit jamais au-dessous de 9° centig. Cette période de 33 ans n'ayant point offert des froids de 15 et de 18°, comme on en avait observé antérieurement, quelques personnes admettaient déjà que le climat s'améliorait ; mais en 1789, l'illusion fut détruite, car cette année on éprouva à Marseille un froid de 17° centigrades.

De 1800 à 1819, le thermomètre n'était pas descendu, dans le département des Bouches-du-Rhône, au-dessous de 9° centig., mais en 1820, comme dans quelques-unes des années remarquables dont nous avons fait mention dans ce catalogue, on éprouva un froid de 17° 5 centigrades. Ainsi, soit que l'on considère l'intensité du froid, soit qu'on examine après quels intervalles les froids extraordinaires se reproduisent, on ne voit aucune raison d'admettre que, dans une période de 1400 ans, le climat de la Provence ait notablement varié.

Venons maintenant au climat de la capitale, et déterminons d'abord à quel degré il est nécessaire que le thermomètre descende pour que la Seine gèle en totalité.

En 1740, la Seine était gelée ; le thermomètre marquait. 14°.

| 1742 | idem | 10° |
| 1744 | idem | 9° |
| 1762 | idem | 9° |
| 1766 | idem | 9° |
| 1767 | idem | 16° |
| 1776 | idem | 12° |
| 1788 | idem | 12°.9 |

Il faut donc, à ce qu'il paraît, un froid de 9° centigrades au moins pour que la rivière gèle à Paris. De là et des observations de Boulliaud, on peut conclure qu'en 1563 la température moyenne du mois de décembre dut être de plusieurs degrés au-dessous du terme de la glace : maintenant cette température est presque constamment positive.

Depuis 20 ans la température moyenne de janvier n'a pas été au-dessous de 1°. D'après les observations rapportées par Félibien, et d'après celles de Boulliaud, elle fut de plusieurs degrés centigrades au-dessous de zéro, en janvier, février et mars 1435 ; en janvier et février 1656 ; en janvier 1658, en décembre, janvier et février 1662.

Si ces observations ne paraissent pas assez nombreuses pour que l'on puisse en déduire la conséquence que les hivers à Paris étaient anciennement plus rudes qu'aujourd'hui, on accordera du moins qu'elles prouvent, contre une opinion fort répandue, que le climat de la capitale ne s'est point détérioré.

Glaciers.
Globe.
Globes célestes.
Globes de feu.
Globes terrestres.
Golfes.
Gorges.
Gouvernements.
Grêle.

### H

Havre.
Hémisphère austral.
Hémisphère boréal.
Horizon.

### I

Ile.
Isthme.

## VOCABULAIRE DES TERMES GÉOGRAPHIQUES.

### J

*Jour* (durée du). Les jours augmentent à mesure qu'on s'éloigne de l'équateur, en sorte que la durée du plus long jour varie à chaque latitude. A l'équateur, il est constamment de 12 heures, parce que ce cercle est constamment coupé en deux parties égales par la ligne terminatrice de la lumière : et au cercle polaire il est de 24 heures, puisque le jour du solstice les rayons du soleil dépassent le pôle de 23 degrés et demi; en sorte que le cercle polaire est tout entier dans la lumière. Au pôle, le plus long jour est de 6 mois, par la raison que depuis l'équinoxe du printemps jusqu'à celui d'automne, le pôle boréal ne cesse pas de voir le soleil ; et réciproquement il est plongé dans la nuit pendant 6 mois, savoir : depuis l'équinoxe d'automne jusqu'à celui du printemps.

*Junon.*
*Jupiter.*

### K

*Kaicias* ou *Cécias* (vent).
*Kercius* ou *Cercius* (vent).

### L

*Landes.*
*Langues* (principales).
*Latitude.*
*Longitude.* La longitude d'un lieu est la distance de ce lieu au premier méridien, comptée en degrés et minutes à l'équateur. Le plus grand degré de longitude qu'un lieu puisse avoir est de 180°. Les lieux situés sous le 1er méridien n'ont point de longitude, puisque c'est là que la longitude commence. La longitude est orientale ou occidentale.

*Lips* (vent).
*Lianos.*
*Lune.*

### M

*Magnétique* (vertu). Voyez *Aimant.*
*Mappemondes.*
*Malines* ou *hautes marées.*
*Marées.*
*Marées basses* ou *marées mortes.*
*Mars.*
*Mer.*
*Mer lumineuse.*
*Mer* (retraite de la).
*Mer* (salure et pesanteur des eaux de la).
*Mer Glaciale.* Voyez *Océan Glacial.*
*Mercure.*
*Méridien.*
*Méridiens.*
*Métaux.*
*Météores.*
*Météores aqueux.*
*Météores enflammés.*
*Météores lumineux.*
*Météorologie.*
*Mines.*
*Monde maritime.*
*Montagne.*
*Montagnes.*

### TABLEAU GÉNÉRAL
*Des hauteurs des principales montagnes du globe au-dessus de l'Océan.*

| Noms des sommets. | mèt. c. | Noms des sommets. | mèt. c. |
|---|---|---|---|
| EUROPE. | | Mont-Perdu (Pyrénées) | 3402,95 |
| Mont-Blanc | 4767,25 | Le Cylindre (idem) | 3369,82 |
| Mont-Rose | 4736,07 | Mont-Cervin (Alpes) | 3346,43 |
| Ortler | 4699,03 | Maladetta (Pyrénées) | 3340,58 |
| Grosglockner | 4332,62 | Vignemale (idem) | 3338,63 |
| Finsteraarhorn | 4299,49 | Bernardin (Alpes) | 3338,63 |
| Jung-Frauhorn | 4186,45 | Etna (Sicile) | 3336,63 |
| Monch (le Moine) | 4180,60 | Peschiora (pointe du Saint-Gothard) | 3239,25 |
| Pic Pisok | 4092,90 | Marsol (cime du Bernardin) | 3104,75 |
| Aiguille d'Argentière | 4081,20 | Watzmann (Alpes) | 2972,22 |
| Schreckhorn | 4079,25 | Büdosh (Transylvanie) | 2923,50 |
| Eiger | 3983,75 | Surul (idem) | 2923,50 |
| Wetterhorn | 3720,64 | Pic-du-Midi (Pyrénées) | 2909,85 |
| Blumlis-Alp | 3701,15 | Hochvogel (Alpes) | 2907,90 |
| Gällenstock | 3666,06 | Canigou (Pyrénées) | 2905,95 |
| Doldenhorn | 3664,92 | Mont-Cenis (Alpes) | 2816,30 |
| Mont-Genèvre | 3592 » | Mont-Viso (idem) | 2740,29 |
| Mulhacen (Sierra Nevada de Grenade) | 3558,87 | Pic de Lomnitz (Carpathes) | 2699,36 |
| Pic de Nethou (Pyrénées) | 3482,86 | Grand Sasso d'Italie | 2679,87 |
| Grand Saint-Bernard (Alpes) | 3469,22 | Monte-Rotondo (Corse) | 2672,07 |
| Picacho de la Veleta (Sierra de Grenade) | 3469,22 | Monte-d'Oro (idem) | 2650,64 |
| Pic Posets (Pyrénées) | 3438,03 | Lipose (Carpathes) | 2533,70 |
| Terglou (Alpes) | 3404,90 | Snechattan (Norwége) | 2500,56 |

DICTIONNAIRE DE GÉOGRAPHIE ECCL. I.

| Noms des sommets. | mèt. c. | Noms des sommets. | mèt. c. |
|---|---|---|---|
| Monte-Velino (Apennins) | 2593,37 | Pic de la frontière de la Chine et de la Russie | 5135,61 |
| Mont de la Sibylle (idem) | 2196,52 | Kasbeck (cîme du Caucase) | 4677,60 |
| Mézin (Cévennes) | 2001,62 | Ophyr (Sumatra) | 3950,63 |
| Olympe (Grèce) | 1987,98 | Mont-Liban | 2905,85 |
| Mont-Athos (idem) | 1968,49 | Petit Altaï (Sibérie) | 2203,37 |
| Brenner (Tyrol) | 1968,49 | **AMÉRIQUE.** | |
| Mont-Ventoux (France) | 1949 » | Chimborazo (Pérou) | 6544,74 |
| Mont d'Or (idem) | 1886,63 | Cayambé (idem) | 5954,19 |
| Puy-de-Dôme (idem) | 1868,14 | Antisana (volcan du Pérou) | 5808,08 |
| Cantal (idem) | 1857,39 | Cotopaxi (idem) | 5753,44 |
| Serra d'Estrella (Portugal) | 1699,52 | Le plus haut pic des monts Rocheux | 5665,70 |
| Puy Mary (France) | 1656,65 | Mont Saint-Elie | 5515,73 |
| Wharneside (Angleterre) | 1627,41 | Popocatepetl (volcan du Mexique) | 5387,63 |
| Hussoko (Moravie) | 1623,51 | Pic d'Orizaba | 5305,17 |
| Sneekoppe (Bohême) | 1609,87 | Mowna Roa (îles Sandwich) | 5024,3 |
| Aldershatta (Suède) | 1578,69 | Tunguragua | 4958,35 |
| Snaffials-Jokull (Islande) | 1559,71 | Rucu-Pichincha | 4868,40 |
| Mont-des-Géants (Bohême) | 1500,73 | Sierra Nevada (Mexique) | 4796,48 |
| Le Ballon (Vosges) | 1403,28 | Fair-Wheather (côte N. O.) | 4435,97 |
| Ben-Nevis (Ecosse) | 1383,79 | Toluca (Mexique) | 4607,45 |
| Pointe-Noire (Spitzberg) | 1344,81 | Coffre de Perote | 4284,5 |
| Fichtelberg (Saxe) | 1208,38 | James (monts Rocheux) | 5658,37 |
| Vésuve (Royaume de Naples) | 1198,63 | Montagne de Taïti (mer du Sud) | 5325,6 |
| Mont-Parnasse (Spitzberg) | 1169,40 | Arequipa (volcan du Pérou) | 2693,59 |
| Mont Erix (Sicile) | 1161,60 | Pic du Duida (près des sources de l'Orénoque) | 2551,9 |
| Snowdon (Pays de Galles) | 1140,16 | Montagnes Bleues (Jamaïque) | 2217,9 |
| Brocken (Harz) | 1130,42 | Washington (Alléghany) | 2021,1 |
| Sierra de Foja (Algarve) | 1091,44 | Volcan de la Soufrière (Guadeloupe) | 1537,7 |
| Shehelien (Ecosse) | 1058,81 | **AFRIQUE.** | |
| Hekla (Islande) | 1013,48 | Atlas (royaume de Maroc) | 3898,9 |
| **ASIE.** | | Pic de Ténériffe | 3705,0 |
| Monts Himalaya, | | Montagne des Ambatismènes (Madagascar) | 3508,3 |
| Pic n° 2. Lat. N. 30° 22' 19". Long. Est 77° 37' 7" | 7842,77 | Mont-Saluze (île Bourbon) | 3313,9 |
| N° 1. Lat. 30° 18' 30". Long. 77° 25' 39". | 7172,32 | Le Pic (Açores) | 2410,9 |
| N° 3. Lat. 30° 30' 42". Long. 77° 31' 18". | 7108 », | Schneeberg (pays des Hottentots) | 1949 » |
| Elbrouz (cîme du Caucase) | 5554,65 | Montagne de la Table (Cap de Bonne-Espérance) | 1229,0 |

**HAUTEURS EN MÈTRES**

*Des passages qui conduisent d'Allemagne, de Suisse et de France en Italie, et des passages des Pyrénées.*

| PASSAGES DES ALPES. | Mèt. | | Mèt. |
|---|---|---|---|
| Mont Cervin | 3410 | Le col de Tende | 1795 |
| Furca | 2530 | Les Taures de Rastadt | 1550 |
| Le col de Seigne | 2461 | Brenner | 4420 |
| Grand Saint-Bernard | 2491 | **PASSAGES DES PYRÉNÉES.** | |
| Le col Terret | 2524 | | |
| Petit Saint-Bernard | 2192 | Port d'Oo | 2600 |
| Saint-Gothard | 2075 | Port-Viel d'Estaubé | 2550 |
| Mont Cenis | 2066 | Port de Pinède | 2450 |
| Simplon | 2005 | Port de Gavarnie | 2340 |
| Splügen | 1925 | Port de Cavarère | 2170 |
| La poste du mont Cenis | 1906 | Passage de Tourmalet | |

**HAUTEURS** *de quelques lieux habités du globe.*

| LIEUX. | Mèt. | LIEUX. | Mèt. |
|---|---|---|---|
| Métairie d'Antisana (Colombie) | 4101 | Santa-Fé de Bogota (Colombie) | 2660 |
| Ville de Micuipampa (Pérou) | 3618 | Ville de Cuença (province de Quito) | 2635 |
| Ville de Quito (Colombie) | 2908 | Mexico | 2277 |
| Ville de Caxamarca (Pérou) | 2860 | Hospice du Saint-Gothard | 2075 |

## VOCABULAIRE DES TERMES GÉOGRAPHIQUES.

| LIEUX. | Mèt. | LIEUX. | Mèt. |
|---|---|---|---|
| Village de Saint-Véran (Alpes maritimes) | 2040 | Freyberg | 372 |
| Village de Breuil (Vallée du mont Cervin) | 2007 | Ulm | 369 |
| Village de Maurin (Basses-Alpes) | 1902 | Ratisbonne | 362 |
| Village de Saint-Remi | 1604 | Moscou | 300 |
| Village de Heas (Pyrénées) | 1465 | Gotha | 285 |
| Village de Gavarine (idem) | 1444 | Turin | 230 |
| Briançon | 1036 | Dijon | 217 |
| Bourg de Barèges (Pyrénées) | 1269 | Prague | 179 |
| Palais de Saint-Ildefonse (Espagne) | 1155 | Mâcon (Saône-et-Loire) | 168 |
| Bains du Mont-Dor (Auvergne) | 1040 | Lyon | 162 |
| Pontarlier | 828 | Cassel (Nord) | 158 |
| Madrid | 608 | Gottingue | 134 |
| Inspruck | 566 | Vienne (Danube) | 133 |
| Munich | 558 | Milan (jardin botanique) | 128 |
| Lausanne | 507 | Bologne | 121 |
| Augsbourg | 475 | Parme | 93 |
| Salzbourg | 452 | Dresde | 90 |
| Neufchâtel | 438 | Paris (Observatoire royal, 1er étage) | 65 |
| Plombières | 421 | Rome (Capitole) | 46 |
| Clermont-Ferrand (préfecture) | 411 | Berlin | 40 |
| Genève | 372 | | |

**HAUTEURS** *de quelques édifices.*

| | Mèt. |
|---|---|
| La plus haute des pyramides d'Égypte | 146 |
| La flèche de l'église d'Anvers | 144 |
| La tour de Strasbourg (le Munster), au-dessus du pavé | 142 |
| La tour de Saint-Etienne à Vienne | 138 |
| La coupole de Saint-Pierre de Rome, au-dessus de la place | 132 |
| La tour de Saint Michel à Hambourg | 130 |
| La tour de Saint-Pierre à Hambourg | 119 |
| Le dôme de Saint-Paul de Londres | 110 |
| Le dôme de Milan, au-dessus de la place | 109 |
| La tour des Asinelli à Bologne | 107 |
| La flèche des Invalides, au-dessus du pavé | 105 |
| Le sommet de Sainte-Geneviève, au-dessus du pavé | 79 |
| La balustrade de la tour de Notre-Dame, au-dessus du pavé | 66 |
| La colonne de la place Vendôme | 45 |
| La plate-forme de l'Observatoire royal | 27 |
| La mâture d'un vaisseau français de 120 canons, au-dessus de la quille | 73 |

Moussons.

### N

Nadir, point perpendiculaire au-dessus de notre horizon.
Neige.
Notos (vent).

### O

Océan.
Océan Atlantique.
Océan Atlantique Equinoxial.
Océan Atlantique Méridional ou Austral.
Océan Atlantique Septentrional ou Boréal.
Océan Glacial Antarctique.
Océan Glacial Arctique.
Océan (Grand) ou Oriental.
Océan Indien.
Océan Occidental.

Océan ou mer Pacifique.
Océanie.
Ouragan.
Ouragans.
Oxygène. Voyez Azote.

### P

Pallas.
Pampas.
Parhélies.
Parallèles de latitude.
Parasélènes.
Paratonnerre.
Pentes.
Périgée. Voyez Apogée.
Périhélie, la plus petite distance des planètes au soleil.

*Périsciens*, ceux dont l'ombre, lors du solstice, tourne autour des objets.

*Phare*. Voyez *Fanal*.
*Pics*.
*Pierres*.
*Plans géométriques*.
*Planisphères*.
*Plateaux*.
*Pluie*.
*Pointe*.
*Points cardinaux*.

*Pôles* (les), sont les deux extrémités de l'axe de la terre; l'un est appelé arctique ou septentrional, et l'autre antarctique ou méridional. Les cercles polaires sont des cercles décrits sur des cartes à 23 degrés de chaque pôle et parallèles à l'équateur.

*Polynésie*.
*Presqu'île ou péninsule*.
*Primordiales* (montagnes).
*Projections*.
*Projection conique*.
*Projection horizontale*.
*Projection orthographique*.
*Projection polaire*.
*Projection stéréographique*.
*Prodome* (vent).
*Promontoire*.
*Puys*.

## R

*Récifs*. Voyez *Bas-fonds*.
*Ressac*.
*Rhumb*.
*Rosée*.

## S

*Sable de la mer*.

*Saisons* (durée des). La terre étant placée au foyer d'une ellipse, on conçoit que la ligne des équinoxes ne doit pas la partager en deux parties égales; d'où il suit que la longueur des quatre saisons ne saurait être la même. La terre est plus loin du soleil en été de 1 trente-deuxième environ. Le printemps et l'été sont les deux saisons les plus longues de l'année; en effet, on compte :

De l'équinoxe du printemps au solstice
  d'été . . . . . . . . . . . . . . 92j. 22h. 14'
Du solstice d'été à l'équinoxe d'automne . . . . . . . . . . . . . . 93   13   34
De l'équinoxe d'automne au solstice
  d'hiver . . . . . . . . . . . . . 89   16   35
Du solstice d'hiver à l'équinoxe du
  printemps . . . . . . . . . . . . 89    1   47

Le contraire a lieu dans l'hémisphère austral; ce qui explique pourquoi, à une latitude égale, la température est plus basse que dans l'autre : l'été est plus court, l'hiver est plus long, et en outre la terre alors est plus éloignée du soleil.

*Saturne*.
*Savannes*.
*Sels*.
*Septentrionalis* (vent).
*Serein*.

*Signes*. On distingue dans le zodiaque les signes d'avec les constellations. Les noms des premiers suivent la marche du soleil et avancent comme lui par rapport aux étoiles. Les noms des secondes, au contraire, sont attachés aux mêmes étoiles, et conséquemment rétrogradent. On continue donc de dire, comme dans l'origine de l'astronomie, l'équinoxe de printemps a lieu lorsque le soleil est dans le premier signe du Bélier; mais, dans la réalité, il répond au premier degré de la constellation des Poissons, et la différence deviendra de jour en jour plus grande.

*Soleil*.

*Sphère* (positions de la). Par une suite naturelle de l'inclinaison de l'axe, les astres, pour les personnes placées sur différents points de la surface du globe, ne paraissent pas suivre la même direction dans leur course apparente; c'est ce qui a donné lieu aux expressions de sphère parallèle, sphère droite, sphère oblique. Les peuples qui habitent à l'équateur ont la sphère droite; car, comme les deux pôles leur semblent être précisément dans l'horizon, ils voient les astres se lever droit ou perpendiculairement à cet horizon. Au delà de l'équateur, l'un des deux pôles célestes semble s'élever au-dessus de l'horizon; l'autre s'abaisse au-dessous, et, à mesure que l'on s'approche de l'un des deux, les astres paraissent se lever obliquement et décrire des lignes obliques par rapport à l'horizon. La sphère est donc plus ou moins, mais toujours oblique entre l'équateur et les pôles. La sphère parallèle n'a lieu qu'aux deux pôles; les astres décrivent les lignes parallèles à l'horizon.

*Steppes*.
*Subsolanus* (vent).

## T

*Température*.
*Tempête*.
*Terre*.
*Terre* (aplatissement de la).
*Terre* (division de la).
*Terre* (tremblement de).

Les catastrophes les plus redoutables qui bouleversent notre globe, ce sont les tremblements de terre, parce qu'on ne peut ni les prévoir ni s'y soustraire; car on ne sait jamais combien de surface ils agiteront, et ils suivent leurs indices de si près, qu'on n'a pas le temps de fuir; et, quand même on en aurait le temps, où fuir et dans quelle direction? Ces tremblements sont annoncés quelques heures auparavant par divers présages. Un point noir se formant à l'horizon s'étend et couvre le ciel; souvent la chaleur de la terre est telle, que ses vapeurs, raréfiant l'air, occasionnent un vent impétueux; une autre fois le calme le plus profond règne sur la nature. C'est un silence comme celui du néant : on dirait que la terre, suspendant toutes ses facultés, attend avec inquiétude ce qu'il va être ordonné de son sort. Les êtres animés éprouvent une inquiétude, un mouvement indéfinissable d'irritation nerveuse, qu'il faut peut-être attribuer à l'électricité mise en action par les vapeurs métalliques que le feu intérieur produit. Les chevaux hennissent avec des marques d'effroi ; les chiens hurlent, et les oiseaux viennent se réfugier dans les maisons ; car le danger imminent suspend la défiance dans les faibles et la férocité dans les forts.

Les mêmes indices se reproduisent dans les ouragans ; mais dans les ouragans comme dans les tremblements de terre, il est un phénomène bien remarquable, c'est que dans le calme, dans le silence perfide qui précède la catastrophe, les feuilles des arbres éprouvent un frémissement qui les agite malgré le repos de l'atmosphère, comme si le danger les animait et leur inspirait un sentiment d'épouvante.

Les tremblements de terre des premiers âges sont peu connus.

On n'a aucune donnée certaine sur l'ancienne Atlantide. Cette île a disparu ; l'opinion la plus vraisemblable est qu'elle a fait naufrage, qu'elle a légué son nom à l'océan Atlantique, et qu'il se pourrait bien faire que les Canaries, Madère, les îles du Cap-Vert et les Açores en eussent fait autrefois partie.

Un tremblement de terre a séparé le mont Ossa du mont Olympe (en Grèce), et la Sicile de l'Italie ; c'est Strabon qui nous l'apprend ; et on peut voir dans le même auteur les bouleversements de l'Eubée, l'écroulement du promontoire Ceneum.

Pline attribue la formation du détroit de Gibraltar à une rupture occasionnée par un tremblement de terre.

Dans un tremblement de Phénicie une ville entière disparut, et Sidon fut aux deux tiers détruite : la Syrie fut ébranlée, ce qui n'est pas étonnant, puisqu'elle est limitrophe ; et, dans cet événement nous trouvons une particularité remarquable, c'est que Délos et les autres Cyclades ressentirent la commotion, qui s'étendit jusqu'en Eubée, aujourd'hui Négrepont.

**LISTE** *des principaux tremblements de terre arrivés depuis l'an 217 avant Jésus-Christ, jusqu'à nos jours.*

Av. J.-C.
217 A Trasimène (Pérouse), le jour de la bataille de ce nom, plusieurs villes furent détruites ; la terre eut 57 secousses, et le lac exhala des flammes.
92 A Modène (*Vetus Mutina*), qui fut ébranlée par le choc de deux montagnes, lesquelles se séparèrent après s'être heurtées avec fracas. Sous Tibère, qui détruisit Sardes, Ephèse, Césarée, Magnésie, avec 8 autres villes de la Natolie. Ce tremblement se fit sentir en Sicile, en Calabre et dans le royaume de Pont, où la terre s'entr'ouvrit.

Ap. J.-C.
114 A Antioche, qui fut détruite de fond en comble : l'empereur Trajan y fut blessé et se sauva par une fenêtre.
558 En Europe et en Asie. Nicomédie fut engloutie et dévorée par les flammes pendant 50 jours, et 150 villes éprouvèrent des désastres.
560 A Candie, où l'on vit s'écrouler 700 villes, villages et le tombeau de Jupiter.
Saint Augustin fait mention d'un tremblement de terre qui renversa 100 villes dans la Libye.
Qui, sous Valentinien I<sup>er</sup>, se fit sentir dans tout le monde connu.
742 En Égypte et dans l'Orient plusieurs vaisseaux furent assaillis et engloutis.
750 En Mésopotamie, où s'ouvrit un gouffre de deux milles d'étendue ; il transporta deux collines portant des villages. Dans le VIII<sup>e</sup> siècle, sur les côtes du nord de la Bretagne armorique, la côte se rompit et s'affaissa près de Saint-Malo. Quelques années après, entre Châteauneuf et Dol, on vit disparaître une forêt, et paraître un lac à la place.
860 Dans la plaine où se trouve aujourd'hui le Zuyderzée, qui fut engloutie, une des bouches du Rhin fut fermée. Ce tremblement se fit sentir en Asie.
1146  
1416 } Tremblements de terre presque universels en Europe.
1509
1571 A Kinan-Stone, comté d'Hereford en Angleterre.
1626 Le 30 juillet à midi, à Smyrne, dans l'Anatolie, à Raguse en Dalmatie : plus de 60 lieues de pays furent ravagées, on vit des lacs disparaître, et des rochers se fendre par la violence des secousses.
1627 A Manille, dans l'île de Luçon aux Philippines, où les deux monts Carvallos furent entièrement aplanis.
1667 Au Port-Royal à la Jamaïque, qui fut culbuté ; la terre s'ouvrit, plusieurs rochers s'avancèrent, et, poussant le terrain devant eux, formèrent un monticule de 59 pieds de haut.
1675 A Mindoro, aux Moluques, une montagne fut divisée, et la mer par cette ouverture inonda une plaine considérable, qu'elle couvre encore.
1680 A Malaga, qui vit s'écrouler des montagnes voisines. Ce tremblement se fit sentir en Suisse, en Italie, en Pologne et jusque dans l'Islande.
1690 A Lima, au Pérou, qui éprouva trois violentes secousses. Le même tremblement de terre

*Ap.J.-C.*
ébranla toute l'Allemagne, les villes de Bedford en Angleterre et de Laybach en Carniole.
1692 Dans plusieurs villes du Pérou qui furent abîmées, les édifices de Kingston à la Jamaïque renversés; les Antilles agitées par la même secousse qui sépara deux montagnes en Angleterre, près de Clarendon.
1703 A Yédo, capitale du Japon, on ressentit les secousses qui culbutèrent 90 villages, bourgs et villes en Italie.
1750 A Santiago, au Chili et à Méaco au Pérou, qui furent bouleversés par le même tremblement de terre.
1755 A Lisbonne, qui fut détruite, et toute l'Europe ébranlée à la fois. En Asie il s'ouvrit un gouffre à Kaschan. En Amérique Quito fut renversé de fond en comble.
1769 A Bagdad, qui fut renversé.
1770 Au Port-au-Prince, à Saint-Domingue.
1773 A Guatimala, au Mexique, qui fut ravagé.
1778 A Smyrne, qui renversa un grand nombre de ses édifices.
1782 Dans l'île Formose, qui fut ravagée : il en coûta la vie à un million d'hommes; l'île fut presque tout entière sous l'eau. Ce tremblement fut escorté d'un affreux ouragan qui dura 12 heures. 80 vaisseaux furent engloutis dans le port même.
1783 Dans toute la Calabre, qui fut violemment agitée.
1797 A Quito, au Pérou, qui fut presque détruit.
1801 A Edimbourg, à Glascow, à Perte en Ecosse. Ces villes ont vu renverser quantité de leurs

*Ap.J.-C.*
édifices par les commotions volcaniques. La France, l'Italie et la Hongrie éprouvèrent des secousses.
1802 A Constantinople, qui fut si violemment secoué, qu'on craignit sa destruction complète.
1822 13 août. A Alep et à Antioche, qui devinrent un monceau de décombres.
1823 En Sicile, dans le mois de mars.
1825 En Perse, à Schiraz, le 25 juin, qui renversa presque toutes les tours; en Afrique, qui se fit sentir le 2 juillet à Alger et à Blidah, il périt dans cette dernière ville 6 000 habitants sur 10,000.

*Terre (production de la).*
*Thermomètre.*
*Triangulation (ligne de).*
*Trombes.*
*Tropique.*
*Tonnerre.* Voyez *Foudre.*
*Tufs volcaniques.*

**U**

*Uranus.*

**V**

*Vallées.*
*Vallons.*
*Vapeurs.*
*Végétaux.*
*Vents.*
*Vénus.*
*Versants.*
*Vertus polaires.*
*Vesta.*
*Volcans.*

## TABLEAU DES VOLCANS DU GLOBE.

*Volcans brûlants sur les continents.*

| | SITUATIONS. | VOLCANS. | Latitude. | Longitude. |
|---|---|---|---|---|
| Europe. | Italie. | Vésuve. Solfatara. | N. | |
| Asie. | au Kamtchatka. | Awatcha. Totbatshi. Kamtchatka. | | |
| | près la Caspienne. | Demavend. | 34° 50' | E. 58° 0 |
| Afrique. | près de Fez. | Beniguazeval. | 33 40 | O. 11 40 |
| | Nouvelle Grenade. | Velez. Tocaima. | 5 10 4 0 | 74 |
| | | Popocatepetl. | 19 30 | |
| | | Guatimala. | 13 40 | |
| | Mexique. | Léon. | 12 25 | |
| | | Realejo. | 11 30 | |
| | | Nicaragua. | 10 40 | |
| | | Mumbacho. | 9 55 | |
| Amérique. | | Pichincha. | S. 0 11 | |
| | Pérou. | Cotopaxi. | 0 26 | |
| | | Sangay. | 2 28 | |
| | | Arequipa. | 16 15 | |
| | | Coquimbo. | 30 0 | |
| | Chili. | Guanèque. | 41 0 | |
| | | Osorno. | 41 29 | |
| | | Guyateya. | 44 45 | |
| | golfe de Chonos. | S. Clemente. | 46 25 | |
| | côte N.-O. | Entr. de Cook. | N. 60 0 | |

# VOCABULAIRE DES TERMES GÉOGRAPHIQUES.

## Volcans brûlants dans les îles.

| SITUATIONS. | | VOLCANS. | Latitude. | | Longitude. | |
|---|---|---|---|---|---|---|
| Méditerranée. | Sicile. | Etna. | N. 37° | 45 | E. 12° | 40 |
| | Lipari. | Stromboli. | 38 | 47 | 12 | 55 |
| | Islande. | Hékla. | 63 | 27 | O. 22 | 21 |
| | | Krabl. | | | | |
| | | Kaëtlegaw. | | | | |
| Océan Atlant. boréal. | Île du même nom. | Jean-Mayen. | 71 | 0 | 12 | 24 |
| | Açores. | Pico. | 38 | 27 | 30 | 48 |
| | Ténériffe. | Teyde. | 28 | 17 | 19 | 0 |
| | Canaries. | Île de Fer. | 27 | 45 | 20 | 30 |
| | | Palma. | 28 | 58 | 20 | 18 |
| | | Lancerote. | 29 | 14 | 15 | 45 |
| Océan Atl. équin. | Îles du Cap-Vert. | Fuego. | 14 | 56 | 26 | 44 |
| Océan Indien. | Île Bourbon. | Saluze. | S. 20° | 51' | E. 55° | 10" |
| | Sumatra. | Balataın. | | | 102 | 0 |
| | Java. | Panur-can. | 6 | 30 | 104 | 30 |
| | Moluques. | Machian. | N. 0 | 15 | 125 | 0 |
| | | Amboine. | S. 3 | 45 | 126 | 0 |
| | | Ternate. | N. 0 | 47 | 125 | 15 |
| Mer de Chine. | près Luçon, aux Philippines. | Taral. | 17 | 50 | 122 | 0 |
| | | Mindanao. | 6 | 7 | 124 | 6 |
| | Japon. | Pic d'Azo. | 37 | 30 | 135 | 0 |
| | | Pic d'Unſen. | | | | |
| | | Pic de Phezi. | | | | |
| Grand Océan Boréal. | Kourilles. | Rashkoke. | 47 | 40 | 154 | 0 |
| | Aléoutes. | Oumnak. | 54 | 30 | 168 | 0 |
| Id. Îles Sandwich. | Owhyhée. | Ounalashka. | 53 | 54 | 168 | 47 |
| | | Roa. | 20 | 17 | O. 158 | 0 |
| | Îles des Amis. | Toufoa. | S. 19 | 47 | 177 | 59 |
| | | Amata-foa. | 20 | 46 | 177 | 28 |
| Grand Océan Équin. | Nouvelles Hébrides. | la Pentecôte. | 17 | 50 | E. 166 | 0 |
| | | Mallicolo. | 16 | 25 | 165 | 15 |
| | | Ambrym. | 16 | 9 | 165 | 52 |
| | | Tanna. | 19 | 32 | 167 | 21 |
| | Îles Salomon. | I. Volcan. | 10 | 25 | 165 | 28 |
| | isolée. | I. Volcan. | 4 | 0 | 142 | 45 |
| | isolée. | I. Volcan. | 5 | 25 | 140 | 52 |
| Grand Océan Boréal. | isolée. | I. Volcan. | N. 26 | 30 | 145 | 18 |
| | isolée. | I. Volcan. | 33 | 15 | 141 | 13 |
| Mer Rouge. | isolée. | I. Volcan. | 54 | 0 | 137 | 20 |
| | | Gebel-Tor. | 15 | 57 | 39 | 21 |

## Récapitulation.

Volcans brûlants sur les continents... 25
Dans les îles..... 40.

On compte 92 volcans éteints, dont 45 sur les continents et 47 dans les îles. Ils conservent encore leur forme primitive.

**TABLEAU** des principales éruptions volcaniques qui ont eu lieu depuis 726 jusqu'à nos jours.

**Époques avant J.-C.**

Sons le consulat de Valérius Asiaticus, au milieu de l'intervalle qui sépare les îles de Théra de Thérasie, on vit s'élancer du fond des abîmes de grandes masses dont la réunion forma en peu de temps une île de 12 stades de circonférence.

726. Dans le même parage, on vit bouillonner la mer, la terre mugit profondément: ensuite il s'éleva des rochers embrasés qui se réunirent et formèrent une île.

495. De l'Etna en Sicile.
445. Idem, qui fut fatal à Catane.
215. Idem, où les laves coulèrent depuis le cratère jusqu'à la mer, ravageant tout sur leur passage.
184. Dans les îles Vulcano, où Vulcanello sortit des flots.
126. Dans le golfe de Toscane, où il s'éleva une île. Sa naissance fut accompagnée de flammes et d'un ouragan.

**Avant J.-C.**

40 De l'Etna, où la lave communiqua une telle chaleur à la mer, qu'elle brûla des vaisseaux à l'ancre, et tua les poissons jusqu'au milieu des îles Lipari.

**Après J.-C.**

39 De l'Etna. Elle eut lieu sous Caligula, qui fut obligé de fuir avec précipitation.
79 Du Vésuve, où périt Pline l'Ancien, et où fut ensevelie la ville d'Herculanum.
203 Du Vésuve.
472 Idem.
512 Idem, qui vomit un torrent de laves enflammées.
685 Idem.
993 Idem.
1036 Idem, dans laquelle ses flancs s'ouvrirent pour donner passage à un fleuve embrasé qui se précipita dans la mer.

*Après J.-C.*
1049 Du Vésuve.
1104 De l'Hékla en Islande.
1138 Du Vésuve.
1139 Idem.
1157 De l'Hékla.
1198 De la Solfatara, qui ravagea les champs Phlégréens, et couvrit d'une couche de matières volcaniques les ruines du temple de Sérapis, près de Pouzzoles.
1222 de l'Hékla.
1300 Idem.
1304 Du pic de Ténériffe. Elle fut si violente, que les laves coulèrent jusqu'à la mer et comblèrent le port de Garrachica.
1347 De l'Hékla.
1362 Idem.
1389 Idem.
1396 Du Vésuve.
1500 Idem.
1536 De l'Hékla.
1537 De l'Etna, dans laquelle il ouvrit un nouveau cratère qui brûla toute la végétation dans une tranche de cinq lieues de hauteur tout autour de la montagne. Il eut plusieurs autres éruptions dans le XVIe siècle, dans l'une desquelles il combla le port de Catane.
1538 Du Pichincha, dans les Cordillères.
1550 De Vulcano, qu'elle réunit à Vulcanello, en comblant l'espace qui les séparait.
1558 De l'Hékla.
1577 Du Pichincha.
1591 Dans l'île Saint-Michel, une des Açores; elle fut accompagnée d'un tremblement de terre qui renversa une partie de Villa-Franca, sa capitale. La secousse se fit sentir à Fayal et à Tercère.
1631 Du Vésuve. Elle s'annonça par de violents tremblements de terre et par un nuage de fumée. La montagne vomit une quantité épouvantable de laves.
1640 De Mindanao, une des Philippines. Il y eut une explosion dont le bruit répandit l'alarme à plus de 300 lieues. Tout le sommet de la montagne fut emporté à plus de deux lieues.
1646 Du volcan de l'île Machian, aux Moluques. La montagne se fendit avec fracas, exhalant des feux qui allèrent consumer le pays d'alentour.
1652 Du volcan de Palma, lequel s'ouvrit après un tremblement de terre qui fut ressenti dans tout l'archipel des Canaries.
1660 Du Pichincha.
1660 Du Vésuve. Eruption tranquille, où il exhala ses feux sans obstacle et sans bruit.
1667 Du volcan de l'île de Fer. Elle eut lieu au même instant où le Port-Royal, à la Jamaïque, était culbuté par un tremblement de terre.

*Après J.-C.*
1669 De l'Etna, une des plus fameuses, qui ensevelit en partie Catane sous ses laves. Dans une secousse la cime du volcan s'éboula dans le cratère, et bientôt après la montagne s'ouvrit par le flanc, à trois lieues et demie de Catane.
1672 Du volcan de l'île d'Amboine, aux Moluques, dans laquelle plusieurs montagnes s'ouvrirent et engloutirent des villages. On voit encore ces cratères qui ont jusqu'à 150 pieds de profondeur.
1682 Du Vésuve.
1693 De l'Hékla.
1693 Du volcan de l'île Sorca. Cette île, une des plus peuplées de l'archipel des Moluques, fut consumée par un lac embrasé de laves que vomit son volcan, et disparut entièrement, les anciennes laves qui la composaient s'étant fondues par la chaleur des nouvelles.
1694 De l'Hékla.
1701 Idem.
1704 Idem.
1707 Dans l'Archipel, d'où naquit la nouvelle île de Santorin.
1712 De l'Hékla.
1717 Idem.
1720 De l'île Saint-Michel, accompagnée de secousses, au milieu desquelles naquit un îlot d'une lieue et demie de long sur 360 pieds d'élévation au-dessus de l'eau : hauteur totale 1,260 pieds.
1724 Du Koëtlegaw, troisième volcan de l'Islande. Il eut plusieurs éruptions; celle-ci fut la plus terrible : l'incendie fondit des glaces énormes. Les torrents qu'elles formèrent charrièrent tant de rochers, que le rivage se poussa jusqu'à 600 toises en mer. Il s'y forma un petit morne qui subsiste encore.
1726 Du Kralh, deuxième volcan de l'Islande.
1728 Du Kralh. Il était environné d'éminences de soufre qui s'enflammèrent et se jetèrent dans le lac Myrvau, dont ils gonflèrent les eaux.
1730 De l'Hékla.
1737 Du volcan d'Awatcha. Durant 24 heures la mer s'éleva et se retira plusieurs fois. Elle s'éleva une fois à 180 pieds. Les prairies furent changées en collines et les champs en lacs.
1737 Du Vésuve. Elle dura 22 jours, pendant lesquels les laves vomies par le volcan ont été évaluées à 319,658,161 pieds cubes. Les pierres enflammées lancées par le volcan allèrent réduire en cendres une forêt.
1743 Du Cotopaxi. Le volcan fit tant d'efforts, qu'il ouvrit les flancs de la montagne en trois endroits, et répandit sur le pays voisin de l'eau et des neiges fondues à la distance de 5 lieues.

| Après J.-C. | Après J.-C. |
|---|---|
| 1744 Du même volcan, qui vomit à plein canal, par son cratère de 800 toises de diamètre, des gerbes de feu qui s'élevaient à plus de 300 toises, des quartiers de rochers cubant 15 toises, et des cendres que le vent porta en mer à la distance de 80 lieues. | moins 120 milliers fut lancé à plus de deux mille pieds. |
| 1751 Du Vésuve. Fut considérable et accompagnée de tremblement de terre et suivie d'un débordement rapide de laves qui comblèrent entièrement la vallée de Buon-Incontro. | 1781 De Stromboli. |
| | 1782 Du volcan de la petite île de Jean Mayeu. Il vomit pendant 4 jours des tourbillons de fumée et de cendres. |
| 1754 Du volcan de Taral, une des Philippines, auprès de Luçon; il vomit une quantité prodigieuse de fumée. | 1784 Du volcan d'Arequipa, qui culbuta une ville bâtie à sa base par les Péruviens. |
| | 1803 Du volcan de Cotopaxi. Se faisait entendre à 50 lieues de là comme un feu roulant d'artillerie. |
| 1754 Du Vésuve, accompagnée de cercles lumineux. Des blocs de 12 pieds de diamètre furent lancés à près de 100 pieds au-dessus du cratère. | 1820 Du volcan qui s'ouvrit aux îles Aléoutes, à Ounalashka et à Oumnak. La mer se retira des côtes à une distance considérable. Les matières volcaniques furent lancées avec tant de violence, qu'une partie de l'île Ounimak, distante de 300 wersts, en a été couverte. |
| 1757 Du Vésuve. N'eut rien de remarquable. | |
| 1760 Du Vésuve. Le cratère se trouvant obstrué, le feu se fit jour à la base de la montagne par 15 ouvertures, dont il fit des monticules. | 1824 D'un nouveau volcan qui vient de s'ouvrir à Lancerote. |
| 1766 Du Vésuve. Dura 9 mois. Les laves nouvelles allumèrent les anciennes, et toutes ensemble formèrent un lac embrasé de 4 milles de long sur 2 de large. | **Vulturnum** (vent). |

**Z**

*Zénith*, point diamétralement opposé à celui qui se trouve au-dessus de nos têtes.

*Zephyros* (vent).

*Zodiaque*. Ce nom vient d'un mot grec (*Zodion*) qui signifie animal, parce que le Zodiaque est occupé par 12 constellations ou signes qui portent presque toutes des noms d'animaux. Le soleil, fixe au temps de l'écliptique, nous semble, à raison du mouvement de translation de la terre, passer successivement devant chacune de ces 12 constellations; et, à la fin de l'année, il nous parait avoir parcouru toute l'étendue du zodiaque et être revenu au point d'où il était parti l'année précédente; mais dans la réalité, c'est la terre qui a fait ce mouvement.

*Zones*. Relativement au degré de chaleur que les différentes parties du globe éprouvent, on divise la terre en cinq zones ou bandes : la zone torride ou brûlée, entre les deux tropiques; les deux zones tempérées, entre les tropiques et les cercles polaires; les deux zones glaciales, au delà de ces derniers cercles.

| | |
|---|---|
| 1766 De l'Etna. | |
| 1767 Du Vésuve. Il vomit un fleuve de laves qui, dans certains endroits, avait 70 pieds d'épaisseur, et 2,000 de superficie. | |
| 1767 Du volcan de Luçon. Il vomit dans cette éruption un cône de flammes de 40 pieds de diamètre, auquel succéda un fleuve de laves embrasées de 120 pieds de largeur. | |
| 1770 Du Vésuve. | |
| 1771 Idem. | |
| 1773 Idem. } Ces sept éruptions presqu'annuelles n'offrent rien de remarquable, sinon que la dernière servit de prélude à la suivante. | |
| 1774 Idem. | |
| 1775 Idem. | |
| 1776 Idem. | |
| 1778 Idem. | |
| 1779 Idem. | |

Idem, une des plus fameuses, dans laquelle colonne de feu vomie par le cratère s'élevait à 11,482 pieds. Un globe pesant au

## OBSERVATIONS
### Sur quelques termes et noms géographiques, par ordre alphabétique.

**A**

*Aber*. Ce mot, dans l'ancien breton, signifie *chute d'un ruisseau dans une rivière* : telle est l'origine des noms de plusieurs confluents de cette nature et de plusieurs villes qui ont été bâties dans la Grande-Bretagne; comme *Aberdeen*, ville à l'embouchure de la rivière de *Den* ou *Dée*; *Abernety*, ville à l'embouchure de l'*Ern*; *Aberyswith*, à l'embouchure de l'*Yswith*.

*Acra*. Ce mot, en grec, signifie *élevé*, *haut*, *orgueilleux*, ainsi toutes les villes de ce nom, qui sont au nombre de treize, sont situées sur des hauteurs.

Lorsque l'on trouve la préposition latine *ad* jointe à un accusatif, dans la composition d'un nom géographique, il y a toujours mouvement d'un lieu à un autre. Les Romains, dans les marches de leurs armées, compassaient leurs routes de distance en distance; comme il n'y avait pas toujours une ville, une bourgade dans le lieu où ils devaient se reposer, ils donnaient à ce lieu un nom tiré de ce qu'il y avait de plus remarquable, comme un gros arbre, une statce, un pont, etc.; et dans la suite il s'y est formé insensiblement une ville ou une bourgade, qui ont conservé l'ancien nom.

La syllabe *al* est employée par les Arabes lorsqu'ils veulent dire quelque chose avec emphase; de sorte que cette syllabe peut être mise dans presque tous les noms géographiques de leur langue sans altérer leur signification.

*Alcanar*, en langue maure, signifie *château ou palais*, il est commun à plusieurs villes d'Espagne et d'Afrique; mais on ajoute à ce mot quelque surnom pour les distinguer.

*Aldea*, en langue espagnole, signifie un *bourg* en général; il est aussi particulier à quelques lieux; mais on y joint un surnom.

*Algarve*, signifie, en langue maure, une campagne fertile : de là vient que ce nom a été donné à la partie méridionale du Portugal.

*Algezir*, signifie en langue arabe une *île* et même quelquefois une *presqu'île* : de là vient qu'ils ont donné ce nom à plusieurs lieux isolés.

*Alp* ou *Alb*, en langue celtique, signifie *haute montagne* : de là vient que le nom d'*Albe* a été donné à plusieurs villes de l'Europe, toutes situées sur des montagnes.

*Altdore*, en langue teutone, signifie *vieux village* : de là vient qu'il y a beaucoup de lieux en Allemagne et en Suisse qui s'appellent ainsi : ce mot répond au mot français la *Vieuville*.

*Am*, est une particule abrégée de *Am-Den*, c'est-à-dire, *sur ou près le*, dont se servent les Allemands dans leur géographie, comme Francfurt-am-Mayn.

*Ambacht*, en flamand, signifie une *certaine étendue de juridiction*, ou un *territoire dont le possesseur a haute et basse justice* : c'est à peu près la même chose que *châtellenie*.

*Angra*, est un mot portugais qui signifie un *petit golfe dont l'entrée est plus étroite que le fond*. Ce nom a été donné à quantité de lieux situés sur les côtes méridionales et occidentales de l'Afrique; mais on leur donne un surnom pour les distinguer. Ce nom, qui signifie la même chose qu'une *baie*, a été donné à quelques villes, tant à cause de leur situation que de leur figure.

*Arden*, en langue celtique, signifie une *forêt* : de là vient que tous les lieux de ce nom situés dans les Gaules et dans la Grande-Bretagne sont ou ont été des forêts.

*Ava*. Tous les noms géographiques terminés par le mot *Ava* des Grecs et des Latins, par le mot *Aw* des Germains et des Scythes, par le mot *Of* ou *Ow* des Anglais, marquent que les lieux ont été bâtis dans les prés ou des pâturages.

*Audience*, est un nom donné par les Espagnols aux *tribunaux de justice* qu'ils ont érigés dans l'Amérique. Ces tribunaux jugent sans appel : de là vient que ces peuples divisent leurs possessions dans ce pays-là en *Audiences*.

**B**

*Bab*, signifie *porte* dans l'Orient; ainsi lorsqu'on voit ce mot joint à un nom de lieu, il signifie que ce lieu est situé sur les frontières d'une province; comme *Bab-El-Mandel*, île à l'entrée de la mer Rouge.

*Bach* ou *Pach*, entre souvent dans la composition des noms géographiques de l'Allemagne. Ce mot signifie que *le lieu est situé sur un ruisseau ou auprès*. *Bach*, en allemand, veut dire ruisseau; et le changement du *b* en *p* est fort ordinaire.

*Bagni*, est un mot italien qui signifie un *bain* ou un *lieu où il y a des eaux minérales et des bains salutaires*. Plusieurs lieux d'Italie portent ce nom; mais ils ont un surnom qui les distingue.

*Bec*, en normand et en anglo-saxon, signifie un *ruisseau*, et fait connaître que les lieux auxquels ils sont joints sont situés sur un ruisseau, comme *Caudebec*; il signifie encore une embouchure, comme *Bec-Dambez*, *Bec-d'Allier*, *Bec-du-Cher*.

*Bi*, *Bœuf*, *Bu*, sont des mots qui entrent dans la composition de plusieurs noms géographiques; ils signifient un village, comme Marbœuf, Quillebœuf, Triquebœuf, Kerkebu.

*Boli* et *Boul*, sont des mots qui entrent dans la composition de plusieurs noms géographiques, dans la Turquie, et sont des corruptions du mot grec *Polis*, qui signifie *Ville*.

*Bona*, est un mot qui entre dans la composition de beaucoup de noms de la géographie ancienne. Les lieux terminés en latin en *bona* étaient situés sur des collines ou dunes, comme *Juliobona*, *Lillebonne*.

*Bouche*, est un mot qui signifie *embouchure*, comme Bouche-d'Egre, Bouche-Mayenne.

*Bourb*, est un mot gaulois qui signifie la même chose que les mots *aquæ*, *thermæ* des Latins; ce qui se prouve par les noms de *Bourbonne-Lancy*, *Bourbonne-les-Bains*.

*Bouroug*, est un mot qui termine beaucoup de noms de lieux en Angleterre, et qui signifie un *bourg* : cette terminaison anglaise équivaut à celle de bourg en allemand.

*Brica*, *Briga*, *Briva*, sont des mots en langue celtique, qui signifient un *pont*, comme *Briva Isaræ*, Pontoise, Sammaro Briva, Amiens.

*Bridge*, en anglais, *Bruck* en allemand, signifient également un *pont*. Ainsi lorsqu'on voit ces mots à la fin ou au commencement de quelques noms de lieux d'Allemagne ou d'Angleterre, on peut dire qu'ils sont situés au passage de quelques rivières.

**C**

*Cande*, *Coblents*, *Condé*, *Confluent*, sont des mots qui signifient embouchure de rivière; comme *Cande* à l'embouchure de la Vienne; *Coblents* à l'embouchure de la Moselle; *Condé*, à l'embouchure de l'Aisne et de l'Escaut; *Conflans*, à l'embouchure de la Marne et de la Seine.

*Capi*, signifie chez les Orientaux une *porte* ou un *détroit* : de là vient qu'ils l'ajoutent à quelques noms géographiques, soit au commencement, soit à la fin, lorsque ces lieux se trouvent sur les frontières ou dans un défilé.

*Cognac*, *Cône*, signifient la même chose; comme *Cognac* à la jonction de plusieurs ruisseaux dans la Charente; *Cône*, à l'embouchure du Noain et de l'Œil.

*Cot*, en langue indienne signifie *forteresse*, et marque que tous les lieux de ce nom sont fortifiés.

*Contra* est un mot employé dans l'Itinéraire d'Antonin avec le nom d'une ville, pour marquer les distances, lorsque la route qu'il trace ne passe pas directement par ce lieu, mais tout auprès et vis-à-vis.

*Crènœ* est un mot grec qui signifie une *fontaine*; ainsi tous les lieux qui portent ce nom ont quelques sources ou fontaines.

### D

*Dam*, en français, signifie la même chose que *domnus* ou *dominus*; il entre dans la composition de plusieurs noms géographiques et se joint d'ordinaire à un nom de Saint, comme *Dam-Martin*, *Dam-Pierre*, *Dam-Remi*. On disait autrefois M. Martin, M. saint Pierre, M. saint Remi.

*Dam*, en langue hollandaise et en flamand, signifie une *levée de terre*, une *digue* pour retenir les eaux de la mer, d'une rivière, d'un canal : il désigne toujours que les lieux de ce nom sont situés sur une digue; mais on y joint pour l'ordinaire le nom de la rivière qui y passe, ou le nom de celui qui l'a faite, comme *Rotterdam*, *Amsterdam*, *Monikendam*.

*Demir-Capi*, est un mot qui signifie en langue turque, *porte de fer*, comme celui qui dirait en français *défilé*. Il indique que tous les lieux de ce nom sont des passages très-difficiles.

*Diospolis*, sont deux mots grecs qui signifient une *ville consacrée à Jupiter*: il y en avait beaucoup de ce nom.

*Dunum* en latin, *Dun*, *Down* en anglais, *Duynen* en flamand, *Dunen* ou *Dinen*, en saxon, signifient que les lieux sont situés sur une hauteur; comme *Laudunum*, Laon; *Dunkel* en Écosse, *Down-les-Dunes* auprès de Douvres, Duynkerke, Dunland, pays montueux. Du mot *dunum*, élévation, vient *donjon*, *dunette*, lieu le plus élevé de la poupe d'un vaisseau.

*Dunum*, est un mot joint à quantité de noms géographiques. Il peut venir du mot allemand *Thurn*, qui signifie *une tour*; ou du mot breton *dour*, qui signifie *de l'eau*. De là vient que les deux syllabes entrent dans la composition des noms de lieux situés au bord de l'eau. Il y en a qui croient que ce nom vient du mot breton *dor*, qui signifie *une porte*, une *entrée*, un *passage*; et en ce sens, il est employé souvent dans la composition de quelques noms de lieux, comme *Brayodunum*, Biberac; *Serviodunum* Straubing.

*Durum*, signifie en gaulois une *rivière*, et indique la situation du lieu.

### E

*Emporium*, est un mot latin qui signifie toujours un *lieu où se tenait le marché*. On donna dans la suite ce nom à tous les lieux d'étape et de commerce.

### F

*Feld*, en allemand, signifie une *plaine*, une *campagne*. Il entre dans la composition de plusieurs noms de lieux en Allemagne, comme *Bilefeld*, *Birchenfeld*, *Eichsfeld*, *Feldkirch*.

*Fels*, en allemand, signifie *roche*. Il entre aussi dans la composition de plusieurs noms géographiques, comme *Veisbenfels*, *Roche-Blanche*; *Hartenfels*, etc.

*Ferté*, répond au mot latin, *firmitas*. Il signifie que les lieux de ce nom sont situés sur quelques rochers. Il répond encore au mot *feritas*, pour marquer que les garnisons de ces lieux s'étaient rendues redoutables à leurs voisins. Il y a beaucoup de lieux de ce nom.

*Fium*, est un mot italien qui signifie *rivière*. Il entre dans la composition de plusieurs noms géographiques, mais il se joint à quelques dénominations particulières qui déterminent la rivière dont il est question.

*Fines*, est le nom de plusieurs villes des Gaules, d'Italie, de Macédoine et d'Illyrie; elles sont nommées *fines*, *fins*, à cause de leur situation sur les confins (in finibus) des territoires des peuples, qui étaient fixés par des pierres ou des colonnes. Les lieux de France qui ont encore ce nom, sont sur les confins des diocèses, et paraissent prouver que le gouvernement ecclésiastique des Gaules fut, à l'établissement du christianisme, réglé pour l'étendue, sur le gouvernement civil.

*Fleat*, en anglais, *fleet* en allemand et en flamand, *fleur* en français, sont des mots qui viennent du latin *fluctus*, flot, et signifient que *les noms terminés ainsi sont tous situés près de la mer et battus par ses flots*; comme *Harfleur*, *Wainfleat* en Angleterre, *Bierwliet* dans les Pays-Bas.

*Fleck*, en allemand, signifie un *bourg*, et entre dans la composition de beaucoup de noms géographiques.

### G

*Gau* ou *Gou*, est un mot qui, en langue allemande, répond au mot français *canton* et au mot latin *pagus*. Les anciens Allemands désignaient communément par ces mots *gau* ou *gou* les cantons situés dans les vallons, arrosés par quelque rivière ou ruisseau, comme le *Brisgau*, l'*Agow*, l'*Ortenaw*.

### H

*Heim*, mot commun dans le cercle électoral du Rhin, qui signifie *Mansio*, suivant Tacite : comme *Manheim*, Mansio hominis; *Oppenheim*, Mansio aperta; *Drusenheim*, Mansio Drusi; *Bohême*, Mansio Boïorum.

*How* ou *Hough*, désigne en ancien saxon un *lieu bas et creux*.

### K

*Kand* ou *Kond*, en persan, signifie *forteresse*; et ce

mot est ajouté au nom de plusieurs villes des Indes et de la Tartarie, comme *Samarkand, Yanikand, Kandahar.*

### L

*Lanum,* mot qui termine nombre de mots géographiques; il signifie que *le lieu est dans une plaine.*

*Loue* ou *Loe,* en ancien saxon, signifie un *tertre,* une *colline;* ainsi le nom *Hondeloë* signifie *Colline de Chien.*

### M

*Magnus,* est un mot qui termine nombre de mots géographiques, et indique que le lieu est dans une vallée.

*Mouth,* en anglais, signifie aussi *embouchure,* comme *Falmouth, Yarmouth, Plymouth,* etc.

*Mund* et *Monde,* en allemand et en flamand, signifient embouchure, et sont ordinairement joints au nom de la rivière, comme *Dändermonde, Rupelmonde, Ruremonde,* dans les Pays-Bas; *Dunemonde, Angermonde* en Allemagne.

### N

*Neur,* en langue indienne, signifie que *les lieux* auxquels ce mot est joint sont des *villes royales,* c'est-à-dire, qu'ils sont ou qu'ils ont été la résidence du souverain.

*Nider,* signifie *bas* dans la langue allemande, comme *Ober* signifie *haut* : par exemple, *Ober-Baden,* haut-marquisat de Bade; *Nider-Baden,* bas-marquisat.

### O

*Old,* en anglais et en hollandais, signifie la même chose que *alt* en allemand, c'est-à-dire, *vieux, ancien,* comme *Alt-Brandebourg.*

Les Romains nommaient *littus* les extrémités de la terre qui touchent à la mer; *ripa* les extrémités de la terre qui bordent les fleuves; *plaga* un rivage de basse mer; *stativ, positio,* une rade ou un autre lieu de la mer où l'on peut jeter l'ancre; *portus* tous les ports faits par la nature ; *catones* ou *cotones,* les ports faits par la main des hommes; *refugium,* tout port où les vaisseaux sont en sûreté; enfin *gradus,* tous les havres hauts où il fallait des degrés pour porter les marchandises dans les vaisseaux, ou des vaisseaux à terre.

### S

*Sand,* dans les langues qui dérivent du Teutonique, signifie *sable,* et entre dans la composition de plusieurs noms géographiques.

### T

*Taberna,* mot latin qui signifie *auberge, hôtellerie, cabaret,* a été employé dans la géographie pour désigner certains lieux où les voyageurs s'arrêtaient; et comme quelquefois il s'est formé des villes dans ces sortes d'endroits, elles en ont pris leurs noms : telles sont : *Tabernæ ad Rhenum,* Rhein-Zabern, *Tabernæ-Tuboccorum,* Elsar-Zabern.

*Tot,* commun dans la Normandie ; il fait la terminaison de plusieurs noms de lieux. Il vient de l'anglo-saxon *tost,* qui signifie la *place d'un bâtiment,* ou une *masure,* et, selon d'autres, un *petit bois* où l'on trouvait pour l'ordinaire des auberges et des écuries pour les chevaux et voitures publiques, et ces lieux se trouvent sur les grands chemins.

### V

*Vadi,* en arabe, signifie un *vallon,* même une *rivière,* un *lac,* un *étang; vara,* dans la même langue, signifie *derrière, au delà.* Ces deux mots entrent dans la composition de beaucoup de noms géographiques.

*Ver,* en celtique, signifie *gué, passage.* Il entre aussi dans la composition de plusieurs noms géographiques, soit au commencement, soit à la fin.

### W

*Weiller* ou *Weil,* signifie un *hameau,* un *petit village,* il répond au mot français *villiers.* Il entre dans la composition de beaucoup de noms de lieux d'Allemagne.

*Wic* ou *Wich,* dans l'ancien saxon, signifie un *village,* ou une *rivière courbe,* ou un *château,* suivant la nature et la situation du lieu.

## TABLEAU COMPARATIF
### DES MESURES AGRAIRES
#### DES PRINCIPAUX ÉTATS DE L'EUROPE

*Exprimées en anciens pieds-de-roi carrés, et comparées à l'ancien arpent d'ordonnance dit des eaux et forêts (1), et à l'hectare des nouvelles mesures agraires de France.*

| ÉTATS ET LIEUX. | | PIEDS CARRÉS. | ARPENTS. | HECTARES. |
|---|---|---|---|---|
| Alsace, *morgen.* | | 19,045 | 0,39283 | 0,2009 |
| Angleterre, *acre.* | | 38,376 | 0,79289 | 0,4049 |
| Autriche, *inchart.* | | 54,574 | 1,12750 | 0,5758 |
| Bavière, *iochart.* | | 31,700 | 0,65495 | 0,3345 |
| Danemark, *toende harthorn.* | | { 104,854 à 210,514 | 2,16640 4,34946 | 1,1064 2,2215 |
| Espagne. | *ingadd.* | 1,345,052 | 27,78993 | 14,1928 |
| | *fanega.* | 52,521 | 1,07491 | 0,5431 |
| | *cahizada.* | 195,124 | 4,03149 | 2,0589 |
| | *arauzada.* | 10,781 | 0,22271 | 0,1157 |

(1) Cet arpent était composé de 100 perches carrées et 22 pieds de côté.

## TABLEAU COMPARATIF DES MESURES AGRAIRES DE L'EUROPE.

| Pays | | | | | | |
|---|---|---|---|---|---|---|
| France. | arpent des eaux et forêts. | | | 48,400 | 1,00000 | 0,5107 |
| | arpent de Paris. | | | 32,400 | 1,66941 | 0,3418 |
| | arpent commun. | | | 40,000 | 0,82645 | 0,4220 |
| | hectare. | | | 94,768 | 1,95801 | 1,0000 |
| | are. | | | 947 2/3 | 0,01958 | 0,0100 |
| Hanovre. | morgen. | | | 24,653 | 0,50935 | 0,2604 |
| | vorling. | | | 12,326 | 0,25467 | 0,1300 |
| Hollande, | drohu. | | | 18,490 | 0,38202 | 0,1951 |
| | morgen. | | | 77,016 | 1,59124 | 0,8126 |
| Italie. | Rome. | rubbio. | | 175,138 | 3,61857 | 1,8480 |
| | | quarta. | | 43,784 | 0,90464 | 0,4620 |
| | | pezza. | | 25,020 | 0,51694 | 0,2639 |
| | Milanais, pertia. | | | 7,127 | 0,14725 | 0,0752 |
| | Naples, moggia. | | | 31,679 | 0,65453 | 0,3342 |
| | Toscane. | saccate. | | 46,986 | 0,97078 | 0,4957 |
| | | stioro. | | 5,546 | 0,11459 | 0,0585 |
| Lorraine, Venise. 1000 passi. | | | | 28,456 | 0,58792 | 0,3002 |
| Piémont, journal. | | | | 40,328 | 0,83325 | 0,4255 |
| | giornata. | | | 36,005 | 0,74390 | 0,3799 |
| Prusse. | grande hufe. | | | 1,613,150 | 33,32913 | 17,0218 |
| | haken hufe. | | | 107,542 | 2,22195 | 1,1347 |
| | land hufe. | | | 53,771 | | |
| | morgen | grand. | | 53,771 | 1,11097 | 0,5674 |
| | | petit. | | 24,197 | 0,49993 | 0,2553 |
| Russie, dasactina. | | | | 109,782 | 2,26756 | 1,1584 |
| Saxe électorale, acker. | | | | 52,247 | 1,07948 | 0,5513 |
| Sonabe, inchart. | | | | 13,299 | 0,27477 | 0,1403 |
| Suède, tunna-land. | | | | 46,773 | 0,96639 | 0,4935 |
| Suisse. | Berne, inchart, | de bois. | | 36,666 2/3 | 0,75755 | 0,3869 |
| | | de champs. | | 32,592 | 0,67338 | 0,3439 |
| | Zurich, inchart, | de champs. | | 30,711 | 0,63452 | 0,3240 |
| | | de bois. | | 33,120 | 0,70495 | 0,3600 |
| Tyrol, iauch ou iouchart. | | | | 40,999 | 0,84707 | 0,4326 |

## MESURES DE FRANCE.

### MESURES ITINÉRAIRES.

Myriamètre = . . . . . Dix mille mètres.
Kilomètre. . . . . . . . Mille mètres.
Décamètre. . . . . . . Dix mètres.
Mètre. . . . . . . . . . Unité fondamentale des poids et mesures. Dix-millionième partie du quart du méridien terrestre.

### MESURES DE LONGUEUR.

Décimètre = . . . . . 1 dixième de mètre.
Centimètre . . . . . . 1 centième de mètre.
Millimètre. . . . . . . 1 millième de mètre.

### MESURES AGRAIRES.

Hectare = . . . . . . . Dix mille mètres carrés.
Are. . . . . . . . . . . Cent mètres carrés.
Centiare. . . . . . . . Centième de l'are.

### MESURES DE CAPACITÉ pour les liquides:

Décalitre = . . . . . . Dix décimètres cubes.
Litre. . . . . . . . . . Décimètre cube.
Décilitre. . . . . . . . Dixième de décimètre.

### MESURES DE CAPACITÉ pour les matières sèches.

Kilolitre = . . . . . . Un mètre cube ou mille décimètres cubes.
Hectolitre. . . . . . . Cent décimètres cubes.
Décalitre. . . . . . . Dix décimètres cubes.
Litre. . . . . . . . . . Décimètre cube.

### MESURES DE SOLIDITÉ.

Stère = . . . . . . . . Mètre cube.
Décistère. . . . . . . Dixième de mètre cube.

### POIDS.

Millier = . . . . . . . Mille kilogrammes (poids du tonneau de mer).
Quintal. . . . . . . . Cent kilogrammes.
Kilogramme . . . . . Poids de l'eau sous le volume du décimètre cube, à la température de 4° au-dessus de la glace.
Hectogramme = . . . Dixième du kilogramme.
Décagramme. . . . . Centième du kilogramme.
Gramme. . . . . . . . Millième du kilogramme.
Décigramme. . . . . Dix-millième du kilog.

### Réduction des toises, pieds, pouces et lignes, en mètres et décimales du mètre.

| TOISES. | MÈTRES. | PIEDS. | MÈTRES. | POUCES. | MÈTRES. | LIGNES. | MÈTRES. |
|---|---|---|---|---|---|---|---|
| 1 | 1,9490 | 1 | 0,3248 | 1 | 0,0271 | 1 | 0,0023 |
| 2 | 3,8981 | 2 | 0,6497 | 2 | 0,0541 | 2 | 0,0045 |
| 3 | 5,8471 | 3 | 0,9745 | 3 | 0,0812 | 3 | 0,0067 |
| 4 | 7,7961 | 4 | 1,2994 | 4 | 0,1083 | 4 | 0,0090 |
| 5 | 9,7452 | 5 | 1,6242 | 5 | 0,1354 | 5 | 0,0113 |
| 6 | 11,6942 | 6 | 1,9490 | 6 | 0,1624 | 6 | 0,0135 |
| 7 | 13,6433 | | | 7 | 0,1895 | 7 | 0,0158 |
| 8 | 15,5923 | | | 8 | 0,2166 | 8 | 0,0180 |
| 9 | 17,5413 | | | 9 | 0,2436 | 9 | 0,0203 |
| 10 | 19,4904 | | | 10 | 0,2707 | 10 | 0,0226 |
| | | | | 11 | 0,2978 | 11 | 0,0248 |
| | | | | 12 | 0,3248 | 12 | 0,0271 |

# DICTIONNAIRE DE GEOGRAPHIE ECCLESIASTIQUE.

## TABLEAU
### DES PRINCIPALES MESURES ITINÉRAIRES
#### ANCIENNES ET MODERNES,
*Comparées à celles de France.*
##### RÉDUCTION EN MESURES FRANÇAISES.

| Mesures anciennes. | Tois. | Pieds. | Pouc. | Lig. |
|---|---|---|---|---|
| Le pied Philétérien, composé de 4 palestes ou 16 dactyles ; c'est le pied d'Allemagne de 20,000 pour un mille. | » | 1 | 1 | » |
| Pied égyptien ou coudée égyptienne. | » | » | 10 | » |
| Pied olympique, 600 pour le stade grec. | » | » | 11 | » |
| Pied pythique, 600 pour le stade pythique. | » | » | 9 | » |
| Pied ptolémaïque. | » | 11 | 10 | » |
| Pied de Drusus. | » | » | 12 | » |
| Pied romain. | » | » | 11 | » |
| Pied géométrique, 400,000 dans un degré. | » | » | 10 | » |
| Palme, mesure romaine antique. | » | » | 8 | 6 |
| Coudée d'Egypte et de Samos. | » | » | 10 | » |
| Coudée romaine, depuis le pli du bras, jusqu'au bout des doigts étendus. | » | 1 | 5 | » |
| Coudée géométrique des Hébreux, la grande. | » | 2 | 2 | » |
| Idem, la moyenne. | » | 1 | 10 | » |
| Idem, la petite. | » | 1 | 5 | » |
| Idem, la commune, suivant Paucton. | » | » | 12 | » |
| Coudée sacrée, ou deux pieds géométriques. | » | 1 | 8 | » |
| Coudée pythique (*Voyez* pied pythique, ci-dessus, c'est le même). | » | » | 9 | » |
| Coudée lythique ou noire, ou coudée royale des Perses. | » | 1 | 5 | » |
| Coudée du Nil ou Devalkh. | » | 1 | 8 | » |
| N. B. Cette coudée est celle *hachémique* des Arabes et des Mahométans, celle *sacrée* des Hébreux et des Egyptiens, celle *du sanctuaire* amma-hakkodesch, *amta* des Syriens, *olène* des Grecs, *brachium* des Latins. | | | | |
| Stade de Héron, mesure moyenne. | 114 | 0 | 7 | » |
| Stade pythique, de 600 pieds pythiques. | 76 | » | » | » |
| Grand stade asiatique, égyptien, hébraïque, phénicien, arabe, ou reis ou des Juifs. | 114 | » | » | » |
| Stade nautique, asparèze des Arméniens. | 85 | » | » | » |
| Stade de Xénophon, 30 pour une parasange. | 114 | » | 8 | 10 |
| Stade olympique. | 99 | » | » | » |

| Mesures anciennes. | Tois. | Pieds. | Pouc. | Lig. |
|---|---|---|---|---|
| Stade romain, ou aratoire, ou jugère, suivant Columelle, 125 pas, 625 pieds. | 101 | 1 | » | » |
| Stade des stades de Moïse, de Khorène (est de 143 pas, 500 pour un degré). | 114 | 3 | 5 | 5 |
| Schêne de Héron, vaut 30 stades de Héron. | 3422 | 10 | 2 | » |
| Schêne du Delta. | 3424 | » | » | » |
| Schêne de la Thébaïde. | 5136 | » | » | » |
| Schêne de l'Heptanome. | 10272 | » | » | » |
| Parasange (mesure persane) ou pharsang de 30 stades. (Il y a des parasanges depuis 24, jusqu'à 60 stades) (Moreri). | 3422 | 10 | 2 | » |
| Plethre de Héron, 120 pieds romains. | 25 | 4 | 1 | 6 |
| Plethre, suivant Paucton. | 14 | » | » | » |
| Diaule. | 171 | » | » | » |
| Hippicon. | 342 | » | » | » |
| Mille romain (*mille passus*). | 792 | » | » | » |
| Mille égyptien, arabe, arménien, palestin, syrien, million des Grecs, mil, mila, kibrat-bavah des Hébreux, Chaldéens et Syriens. | 856 | » | » | » |
| Dolichos. | 1369 | » | » | » |
| Pas géométrique. | » | 5 | » | » |
| **Mesures modernes.** | | | | |
| Palme de Marseille (c'est le pied olympique qui s'est conservé). | » | » | 11 | » |
| Cosse de l'Indre. | 1335 | » | » | » |
| Degré d'équateur. | 57287 | » | » | » |
| Degré sous le 48e parallèle, c'est-à-dire degré du méridien. | 57072 | » | » | » |
| Toise française. | » | 6 | » | » |
| Lieue d'Autriche, de 15 au degré de parallèle. | 3803 | » | » | » |
| Lieue d'Espagne, de 20 au degré de parallèle. | 2853 | » | » | » |
| Lieue de France de 25 au degré d'équateur. | 2291 | 3 | » | » |
| Lieue moyenne de France de 25 au degré de parallèle. | 2283 | » | » | » |
| Lieue des navigateurs, de 20 au degré d'équateur. | 2864 | 2 | » | » |
| Lieue de parallèle des navigateurs, 20 au degré, se calcule sous le 48e. Elle vaut : | 2853 | » | » | » |

## MONNAIES ÉTRANGÈRES COMPARÉES A CELLES DE FRANCE.

| Mesures anciennes. | Tois. | Pieds. | Pouc. | Lig. | Mesures anciennes. | Tois. | Pieds. | Pouc. | Lig. |
|---|---|---|---|---|---|---|---|---|---|
| Lieue de Lithuanie, de 20 au degré de parallèle. | 2853 | » | » | » | Mille asiatique. | 856 | » | » | » |
| Lieue de Pologne, de 20 au degré de parallèle. | 2853 | » | » | » | Mille de Ferrare. | 696 | » | » | » |
| | | | | | Mille de Flandre. | 2283 | » | » | » |
| Lieue du Portugal, de 18 au degré de parallèle. | 3170 | » | » | » | Mille de Florence. | 836 | » | » | » |
| | | | | | Mille de Hollande, de 20 au degré de parallèle. | 2853 | » | » | » |
| Lieue de Prusse, de 15 au degré de parallèle. | 3805 | » | » | » | Mille d'Italie. | 764 | » | » | » |
| Lieue de Suède. | 5483 | » | » | » | Mille de Morée. | 633 | » | » | » |
| Lieue de Suisse. | 3789 | » | » | » | Mille de Naples. | 989 | » | » | » |
| Lieue de l'Ukraine, de 12 au degré de parallèle. | 4756 | » | » | » | Mille de Turquie. | 759 | » | » | » |
| | | | | | Mille de Venise. | 941 | » | » | » |
| Mille d'Allemagne, de 15 au degré de parallèle. | 3805 | » | » | » | Parasange moderne | 2568 | » | » | » |
| | | | | | Roëning de Siam. | 1972 | » | » | » |
| Mille anglais, de 60 au degré de parallèle. | 961 | » | » | » | Werste ancien de Russie. | 713 | 2 | » | » |
| | | | | | Werste nouveau de Russie. | 552 | » | » | » |

## TABLEAU
### DES MONNAIES ÉTRANGÈRES
#### comparées à celles de France.

*Tableau de comparaison des monnaies étrangères avec les monnaies françaises, toutes supposées exactes de poids et de titre, d'après les lois de fabrication.*

| DÉNOMINATION DES PIÈCES. | Poids légal. | Titre légal. | Valeur. | DÉNOMINATION DES PIÈCES. | Poids légal. | Titre légal. | Valeur |
|---|---|---|---|---|---|---|---|
| **EUROPE.** | | | | Rixdale courante, ou pièce de 6 marcks danois, de 1750. | 26, 800 | 833 | fr. c. 4,96, » |
| **ANGLETERRE.** | | | | | | | |
| *Or.* | | | fr. c. | Marck danois de 16 schelings, de 1776. | » | » | 688 | 0,94, » |
| Guinée de 21 schelings. | 8g. 3802 | 917 | 26,47, » | | | | |
| Demi. | 4,1901 | 917 | 13,23,50 | Marck de Lubeck de 16 schelings, de 1740. | 9, 164 | 750 | 4,53, » |
| Un quart. | 2, 095 | 917 | 6,61,75 | **SUÈDE.** | | | |
| Un tiers ou 7 schelings. | 2,7934 | 917 | 8,82,33 | *Or.* | | | |
| Souverain depuis 1818, de 20 schelings. | 7,9808 | 917 | 25,20,80 | Ducat. | 3, 482 | 976 | 11,70, » |
| | | | | Demi. | 1, 741 | 976 | 5,85, » |
| *Argent.* | | | | Un quart. | 0,8705 | 976 | 2,92,5 |
| Crown ou couronne de 5 schelings anciens. | 30, 074 | 925 | 6, », » | *Argent.* | | | |
| Schelings anciens. | 6, 015 | 925 | 1,23,60 | Rixdale d'espèce de 48 schelings, de 1720 à 1802. | 29, 508 | 878 | 5,75,73 |
| Crown ou couronne, depuis 1818. | 28,2514 | 925 | 5,80,72 | Deux tiers de rixdale, ou double pelotte de 32 schelings. | 19, 672 | 878 | 3,83,29 |
| Schelings, depuis 1818. | 5,6503 | 925 | 1,16,14 | Un tiers, ou 16 schelings. | 9, 836 | 878 | 1,91,18 |
| **DANEMARK ET HOLSTEIN.** | | | | **RUSSIE.** | | | |
| *Or.* | | | | *Or.* | | | |
| Ducat courant depuis 1767. | 3, 143 | 875 | 9,47, » | Ducat de 1755 à 1763. | 3, 495 | 979 | 11,79, » |
| Ducat species, 1791 à 1802. | 3, 519 | 979 | 11,86, » | — de 1763. | 3, 473 | 969 | 11,59, » |
| Chrétien, 1773. | 6, 735 | 903 | 20,95, » | Impériale de 10 roubles, de 1755 à 1763. | 16, 585 | 917 | 52,58, » |
| *Argent.* | | | | Demi de 5 roubles de 1755 à 1763. | 8,2925 | 917 | 26,19, » |
| Rixdale d'espèce, ou double écu de 96 schelings danois, depuis 1776. | 29, 126 | 875 | 5,66, » | Impériale de 10 roubles, depuis 1763. | 13, 073 | 917 | 41,29, » |
| | | | | Demi de 5 roubles depuis 1763. | 6,5365 | 917 | 20,64,50 |

# DICTIONNAIRE DE GÉOGRAPHIE ECCLÉSIASTIQUE.

| DÉNOMINATION DES PIÈCES. | Poids légal. | Titre légal. | Valeur. | DÉNOMINATION DES PIÈCES. | Poids légal. | Titre légal. | Valeur. fr. c. |
|---|---|---|---|---|---|---|---|
| *Argent.* | | | | Ryder. | 9, 988 | 920 | 31,65 |
| Rouble de 100 copecks, de 1750 à 1762. | 25, 870 | 802 | fr. c. 4,61 | Vingt florins, 1808. | 13, 659 | 917 | 43,14 |
| | | | | Dix florins id. | 6,8295 | 917 | 21,57 |
| — Depuis 1763 à 1807. | 24, 011 | 750 | 4 » | Dix florins de Guillaume, 1818. | 6, 700 | 900 | 20,77 |
| **PRUSSE** | | | | *Argent.* | | | |
| *Or.* | | | | Florin de 20 sous. | 10, 597 | 917 | 2,15,94 |
| Ducat. | 3g. 491 | 979 | 11,77 | Escalin, ou pièce de 6 sous. | 4, 976 | 583 | 0,64 |
| Frédéric. | 6, 689 | 903 | 20,80 | Ducaton, ou ryder. | 32, 750 | 941 | 6,85 |
| Demi. | 3,3445 | 903 | 10,40 | Ducat, ou rixdale. | 28, 230 | 873 | 5,43 |
| *Argent.* | | | | **BADE.** | | | |
| Rixdale, ou écu thaler de 24 bons gros, de 1767 à 1807, | 22, 298 | 750 | 3,71,63 | *Or.* | | | |
| | | | | Pièce de 2 florins. | 6, 800 | 901 | 21,04 |
| | | | | Pièce de 1 florin. | 3, 400 | 901 | 10,52 |
| Demi ou 12 bons gros. | 11, 149 | 750 | 1,85,81 | *Argent.* | | | |
| Gros. | » | » | 0,15,48 | Pièce de 2 florins. | 25, 450 | 750 | 4,18 |
| | | | | Pièce de 1 florin. | 12, 725 | 750 | 2,09 |
| **HAMBOURG.** | | | | **SUISSE.** | | | |
| *Or.* | | | | *Or.* | | | |
| Ducat ad legem imperii. | 3, 491 | 986 | 11,86 | Pièce de 32 franken de Suisse. | 15,8297 | 904 | 47,63 |
| Ducat nouveau de la ville. | 3, 488 | 979 | 11,76 | Pièce de 16 franken de Suisse. | 7,6405 | 904 | 23,81,50 |
| *Argent.* | | | | Ducat de Zurich. | 3, 491 | 979 | 11,77 |
| Marcbanco (monnaie imaginaire). | » | » | 1,88 | Ducat de Berne. | 3, 452 | 979 | 11,64 |
| Marc ou 16 schelings, d'après la convention de Lübeck. | 9, 164 | 750 | 1,53 | Pistole de Berne. | 7, 648 | 902 | 23,76 |
| | | | | *Argent.* | | | |
| Rixdale de constitution, ou écu de banque. | 29, 233 | 839 | 5,78 | Écu de Bâle de 30 batz, ou 2 florins. | 23, 586 | 878 | 4,56 |
| | | | | Demi-écu, ou florin de 15 batz. | 11, 693 | 878 | 2,28 |
| **SAXE.** | | | | Franc de Berne, depuis 1803. | 7, 512 | 900 | 1,50 |
| *Or.* | | | | | | | |
| Ducats | 3, 491 | 986 | 11,86 | Écu de Zurich, de 1781. | 25, 057 | 844 | 4,70 |
| Double auguste, ou 10 thalers. | 13, 340 | 903 | 41,49 | Demi-écu, ou florin, depuis 1781. | 12, 5285 | 844 | 2,35 |
| Auguste, ou 5 thalers. | 6, 670 | 903 | 20,74,50 | Écu de 40 batz de Bâle et Soleure, depuis 1798. | 29, 480 | 901 | 5,90 |
| Demi auguste. | 3, 335 | 903 | 10,37,25 | | | | |
| *Argent.* | | | | Pièce de 4 franken de Berne, de 1799. | 29, 370 | 901 | 5,88 |
| Rixdale d'espèce, ou écu de convention, depuis 1763. | 28, 064 | 833 | 5,19,50 | Pièce de 4 franken de Suisse, en 1803. | 30, 049 | 900 | 6, 0 |
| Demi ou florin de convention. | 14, 032 | 833 | 2,59,75 | Pièce de 2 franken de Suisse, en 1803. | 15,0245 | 900 | 3, 0 |
| Thaler de 24 bons gros (monnaie imaginaire). | » | » | 3,89,63 | Pièce de 1 franken de Suisse, en 1803. | 7,5123 | 900 | 1,50 |
| Un gros, ou 32ᵉ de rixdale, ou 24ᵉ thaler. | 1, 982 | 368 | 0,16,21 | **AUTRICHE ET BOHÊME.** | | | |
| | | | | *Or.* | | | |
| **HOLLANDE.** | | | | Ducat de l'empereur. | 3, 491 | 986 | 11,86 |
| *Or.* | | | | Ducat de Hongrie. | 3, 491 | 990 | 11,90 |
| Ducat. | 3, 512 | 986 | 11,93 | Souverain. | 5, 567 | 917 | 17,55 |
| | | | | Demi-souverain. | 2,7835 | 917 | 8,79 |

## MONNAIES ÉTRANGÈRES COMPARÉES A CELLES DE FRANCE.

| DÉNOMINATION DES PIÈCES. | Poids légal. | Titre légal. | Valeur. | DÉNOMINATION DES PIÈCES. | Poids légal. | Titre légal. | Valeur. |
|---|---|---|---|---|---|---|---|
| *Argent.* | | | | 2 lire, 1 lira, 1/2 liras, 1/4 de liras, à proportion. | » | » | fr. c. » » » |
| Écu, ou rixdale de convention, depuis 1753. | 28, 064 | 833 | fr. c. 5,19,50 | GÊNES. *Or.* | | | |
| Demi-rixdale, ou florin. | 14, 032 | 833 | 2,59,75 | Sequin. | 3, 487 | 1000 | 12,01 » |
| Vingt creutzers. | 6, 682 | 583 | 0,86,50 | TOSCANE. *Or.* | | | |
| Dix creutzers. | 3, 898 | 500 | 0,43,25 | Ruspone, ou 3 sequins aux lis. | 10, 464 | 1000 | 36,04 » |
| VENISE. *Or.* | | | | Un tiers ruspone, ou sequin au lis, | 3, 488 | 1000 | 12,01,33 |
| Sequin. | 3, 484 | 1000 | 12, 0 » | Demi-sequin. | 1, 744 | 1000 | 6,00,67 |
| Demi-sequin. | 1, 742 | 1000 | 6, 0 » | Sequin à l'effigie. | 3, 488 | 1000 | 12,01,33 |
| Oselle. | 13, 666 | 1000 | 47, 7 » | Rosine. | 6, 976 | 896 | 21,54 » |
| Ducat. | 2, 175 | 1000 | 7,49 » | Demi-rosine. | 3, 488 | 896 | 10,77 » |
| Pistole. | 6, 764 | 917 | 21,36 » | *Argent.* | | | |
| *Argent.* | | | | Francescone de 10 pauls, livournine, piastre à la rose, talaro, léopoldine et écu de 10 pauls. | 27, 507 | 917 | 5,61 » |
| Ducat effectif de 8 livres piccolis. | 22, 777 | 826 | 4,18 » | Pièce de 5 pauls. | 13,7535 | 917 | 2,80,50 |
| Écu à la croix. | 31, 788 | 948 | 6,70 » | Pièce de 2 pauls. | 5, 501 | 917 | 1,12,20 |
| Justine ou ducaton. | 27, 954 | 948 | 5,91 » | Pièce de 1 paul. | 2, 751 | 917 | 0,56,10 |
| Talaro. | 28, 990 | 826 | 5,32 » | SARDAIGNE. *Or.* | | | |
| Oselle. | 9, 843 | 948 | 2,07 » | Carlin, depuis 1768. | 16, 056 | 892 | 49,33 » |
| Ducat courant de 6 quinzièmes de livres piccolis ou 124 sous, monnaie de compte. | » | » | 3,23,95 | Demi. | 8, 028 | 892 | 24,66,50 |
| Livre de 20 sous. | » | » | 0,52,25 | Pistole. | 9, 118 | 906 | 28,45 » |
| RAGUSE. *Or (Néant).* | | | | Demi. | 4, 559 | 906 | 14,22,50 |
| *Argent.* | | | | *Argent.* | | | |
| Talaro, dit ragusine. | 29, 400 | 600 | 3,90 » | Écu, depuis 1768. | 23, 590 | 896 | 4,70 » |
| Demi-talaro. | 14, 700 | 600 | 1,95 » | Demi-écu. | 11, 795 | 896 | 2,35 » |
| Ducat. | 13, 666 | 450 | 1,37 » | Quart d'écu, ou une livre. | 5,8975 | 896 | 1,17,50 |
| 12 grossettes. | 4, 140 | 450 | 0,41 » | Écu neuf de 5 livres, 1816. | 25, 000 | 900 | 5, 0 » |
| 6 grossettes. | 2, 070 | 450 | 0,20,50 | SAVOIE ET PIÉMONT. *Or.* | | | |
| PARME. *Or.* | | | | Sequin. | 3, 468 | 1000 | 11,94,50 |
| Sequin. | 3, 468 | 1000 | 11,95 » | Double neuve pistole de 24 livres. | 9, 620 | 906 | 30, 0 » |
| Pistole de 1784. | 7, 498 | 891 | 23,01 » | Demi de 12 livres. | 4, 810 | 906 | 15, 0 » |
| Pistole de 1786 à 1791. | 7, 141 | 891 | 21,91,50 | Carlin, depuis 1755. | 48, 100 | 906 | 150, 0 » |
| 40 lire de Marie-Louise, depuis 1815. | 12,9032 | 900 | 40 » » | Demi. | 24, 050 | 906 | 75, 0 » |
| 20 lire de Marie-Louise, depuis 1815. | 6,4516 | 900 | 20 » » | Pistole neuve de 20 livres, de 1816. | 6,4516 | 900 | 20, 0 » |
| *Argent.* | | | | *Argent.* | | | |
| Ducat de 1784 et 1796. | 25, 707 | 906 | 5,18 » | Écu de 6 livres, depuis 1755. | 35, 118 | 906 | 7,07 » |
| Pièce de 3 livres, depuis 1790. | 3, 672 | 833 | 0,68 » | Demi-écu. | 17, 559 | 906 | 3,53,50 |
| Pièce de 1 livre 10 sous, depuis 1790. | 1, 836 | 833 | 0,34 » | Un quart, ou 30 sous. | 8,7795 | 906 | 1,76,75 |
| 5 lire de Marie-Louise, depuis 1815. | 25, 000 | 900 | 5 » » | Demi-quart, ou 15 sous. | 4,5897 | 906 | 0,88,37 |

DICTIONNAIRE DE GÉOGRAPHIE ECCL. I.

| DÉNOMINATION DES PIÈCES. | Poids légal. | Titre légal. | Valeur. |
|---|---|---|---|
| | | | fr. c. |
| Ecu neuf de 5 livres, 1816. | 25, » | 900 | 5, 0 » |
| **ÉTAT ROMAIN.** | | | |
| *Or.* | | | |
| Pistoles de Pie VI et Pie VII. | 5, 471 | 916 2/3 | 17,27,50 |
| Demi. | 2,7355 | 916 2/3 | 8,63,75 |
| Sequin, 1769, Clément XIV et ses successeurs. | 3, 426 | 1000 | 11,80 » |
| Demi. | 1, 713 | 1000 | 5,90 » |
| *Argent.* | | | |
| Ecu de 10 pauls, ou 100 bayoques. | 26, 437 | 916 2/3 | 5,38,50 |
| 3 dixièmes d'écu, ou testons de 30 bayoques. | 7, 932 | 916 1/3 | 1,62 » |
| 1 cinquième d'écu, ou papeto de 20 bayoques. | 5, 287 | 916 2/3 | 1,08 » |
| 1 dixième d'écu, ou paul de 10 bayoques. | 2, 644 | 916 2/3 | 0,54 » |
| **NAPLES.** | | | |
| *Or.* | | | |
| Le titre des ducats est trop variable pour pouvoir en donner l'évaluation en monnaie française. | | | |
| Once nouveau de 3 ducats, depuis 1818. | 3, 786 | 996 | 12,99 » |
| Quintuple de 15 ducats, depuis 1818. | 18, 933 | 996 | 64,95 » |
| Décuple de 30 ducats, depuis 1818. | 37, 865 | 995 | 129,90 » |
| *Argent.* | | | |
| Douze carlins de 120 grains, depuis 1804. | 27, 533 | 833 1/3 | 5,10 » |
| Ducats de 10 carlins de 100 grains, depuis 1784. | 22, 810 | 839 1/2 | 4,25 » |
| Deux carlins, depuis 1804. | 4, 589 | 833 1/3 | 0,85 » |
| Un carlin, depuis 1804. | 2,2945 | 833 1/3 | 0,42, 5 |
| Ducat de 10 carlins, depuis 1818. | 22, 945 | 833 1/3 | 4,25, » |
| **SICILE.** | | | |
| *Or.* | | | |
| Once, depuis 1748. | 4, 599 | 906 | 13,73 » |
| *Argent.* | | | |
| Ecu de 12 tarins. | 27, 533 | 833 1/3 | 5,10 » |
| **ESPAGNE.** | | | |
| *Or.* | | | |
| Pistole ou doublon de 8 éc., 1772 à 1786. | 27, 045 | 901 | 83,93 » |
| Pistole de 4 écus. | 13,5225 | 901 | 41,96,50 |
| Pistole de 2 écus. | 6,7613 | 901 | 20,98,25 |
| Demi-pistole ou écu. | 3,3806 | 901 | 10,49,12 |
| Pistole ou doublon de 8 écus, depuis 1786. | 27, 045 | 875 | 81,51 » |
| Pistole de 4 écus. | 13,5225 | 875 | 40,75,50 |
| Pistole de 2 écus. | 6,7613 | 875 | 20,37,75 |
| Demi-pistole ou écu. | 3,3806 | 875 | 10,18,87 |
| *Argent.* | | | |
| Piastre, depuis 1772. | 27, 045 | 903 | 5,45 » |
| Réal de 2, ou piecette, ou 5e de piastre. | 5, 971 | 813 | 1,08 » |
| Réal de 1, ou demi-piecette, ou 10e de piastre. | 2,9855 | 813 | 0,54 » |
| Réallillo, ou réal de veillon, ou 20e de piastre. | 1,4928 | 813 | 0,27 » |
| *Nota.* Ces trois dernières pièces sont dénommées monnaie provinciale, elles sont fabriquées en Espagne, et n'ont cours que dans la Péninsule. | | | |
| **PORTUGAL.** | | | |
| *Or.* | | | |
| Moeda douro lisbonnine de 4,800 reis. | 10, 752 | 917 | 33,96 » |
| Meia moeda demi-lisbonnine de 2,400 reis. | 5, 376 | 917 | 16,98 » |
| Quartino, quart de lisbonnine de 1,200 reis. | 2, 688 | 917 | 8,49 » |
| Meia dobra, portugaise de 6,400 reis. | 14, 334 | 917 | 45,27 » |
| Demi-portugaise de 3,200 reis. | 7, 167 | 917 | 22,63,5 |
| Pièce de 16 testons de 1,600 reis. | 3, 583 | 917 | 11,31,5 |
| — de 12 testons de 1,200 reis. | 2, 538 | 917 | 8,03 » |
| — de 8 testons de 800 reis. | 1, 792 | 917 | 5,66 » |
| Cruzade de 480 reis. | 1, 045 | 917 | 3,50 » |
| *Argent.* | | | |
| Cruzade neuve de 480 reis. | 14, 633 | 903 | 2,94 » |
| 1,000 reis. | » | » | 6,12,5 |
| **AMÉRIQUE.** | | | |
| **ÉTATS-UNIS.** | | | |
| *Or.* | | | |
| Double aigle de 10 dollars. | 17, 480 | 917 | 55,31 » |
| Aigle de 5 dollars. | 8, 740 | 917 | 27,69,5 |
| Demi-aigle, ou 2 1/2 dollars. | 4, 370 | 917 | 13,80 » |

| DÉNOMINATION DES PIÈCES. | Poids légal. | Titre légal. | Valeur. | DÉNOMINATION DES PIÈCES. | Poids légal. | Titre legal. | Valeur. |
|---|---|---|---|---|---|---|---|
| | *Argent.* | | fr. c. | Roupie de 2 1/2 abassis. | » | » | fr. c. |
| Dollar | 27, 000 | 903 | 5,42 | | » | » | 2,45 |
| Demi-dollar. | 13, 500 | 903 | 2,71 | Abassis. | » | » | 0 97 |
| Un quart de dollar. | 6, 750 | 903 | 1,35 50 | Mahmoudi. | » | » | 0 48,50 |
| ASIE. | | | | Larin. | » | » | 1,03 |
| TURQUIE D'EUROPE ET D'ASIE. | | | | HINDOUSTAN. | | | |
| | *Or.* | | | | *Or.* | | |
| Sequin Zermahboud du sultan Abdoul-Hamet, 1774, | 2, 642 | 958 | 8,72 | Roupie du Mogol. | » | » | 38,72 |
| | | | | Demi-roupie. | » | » | 19,36 |
| | | | | Un quart de roupie. | » | » | 9,68 |
| Nisfie, ou 1/2 zermahboud, idem. | 1, 321 | 958 | 4,36 | Pagode ou croissant. | » | » | 9,46 |
| | | | | — à l'étoile. | » | » | 9,35 |
| Roubbié, ou 9/4 sequin foudoukli. | 0, 881 | 802 | 2,43,33 | Ducat de la comp. hollandaise. | » | » | 11,62 |
| | | | | Demi-ducat. | » | » | 5,81 |
| Sequin de zermahboud, de Selim III. | 2, 642 | 802 | 7,30 | | *Argent.* | | |
| | | | | Roupie du Mogol. | » | » | 2,42 |
| Demi-sequin. | 1, 321 | 802 | 3,65 | — de Madras. | » | » | 2,40 |
| Quart de sequin. | 0, 661 | 802 | 1,82,50 | — d'Arcade. | » | » | 2,36 |
| | *Argent.* | | | — de Pondichéry. | » | » | 2,42 |
| L'allmichlec de 60 paras, depuis 1771. | 28, 822 | 150 | 3,52 | Double fanon des Indes. | » | » | 0 63 |
| Yaremelec de 20 paras, ou 60 aspres, 1757. | » | » | 0,90 | Fanon. | » | » | 0 31,50 |
| | | | | Pièce de la comp. hollandaise. | » | » | 2,40 |
| Roubb. de 10 paras, ou 30 aspres, 1757. | » | » | 0,49,50 | JAPON | | | |
| Para de 3 aspres, 1773. | » | » | 0,04 | | *Or.* | | |
| | | | | Kobang vieux de 100 mas. | » | » | 51,24 |
| Aspre, dont 120 pour la piastre de 1773. | » | » | 0,01,33 | Demi-kobang vieux de 50 mas. | » | » | 25,62 |
| Piastre de 40 paras, ou 120 aspres, 1789. | 18, 015 | 500 | 2, 0 | Kobang nouveau de 100 mas. | » | » | 52,69 |
| Pièce de 5 piastres de Mahmoud, 1811. | » | » | 4,15,67 | Demi-kobang nouveau de 50 mas. | » | » | 16,34 50 |
| PERSE. | | | | | *Argent.* | | |
| (Par approximation, et faute de renseignements précis sur le poids et le titre des monnaies.) | | | | Tigo-gin, ou pièce de 40 mas. | » | » | 14,40 |
| | | | | Demi-tigo-gin de 20 mas. | » | » | 7,20 |
| | *Or.* | | | | | | |
| Roupie. | » | » | 36,75 | Un quart de tigo-gin de 10 mas. | » | » | 3,60 |
| Demi-roupie. | » | » | 18,37,50 | | | | |
| Double roupie de 5 abassis. | » | » | 4,90 | Un huitième de tigo-gin de 5 mas. | » | » | 1,80 |

# DISTANCE DE PARIS
## AUX PRINCIPALES VILLES DE LA FRANCE,
### RANGÉES PAR ORDRE ALPHABÉTIQUE.

Nous répéterons, au sujet de ce tableau, ce que nous avons dit de celui relatif aux mesures et aux monnaies françaises et étrangères. On est bien aise de l'avoir sous la main pour le consulter sur telle ou telle distance. Nous sommes en cela de l'avis de l'abbé Expilly, qui, par ses études constantes et ses recherches laborieuses, a, en quelque sorte, créé la statistique géographique de la France, à la fin du dernier siècle; de telle sorte que les comités de l'assemblée constituante ont eu souvent recours à ses aperçus.

*Nota.* Toutes les lieues sur lesquelles il n'y a pas d'observations doivent être comptées sur le pied de 3,000 pas géométriques, ou de 2,500 toises, le pas étant de 5 pieds.

## DICTIONNAIRE DE GÉOGRAPHIE ECCLÉSIASTIQUE.

**1. De Paris à Abbeville, 39 lieues, 186 k.**

| | lieues. | kil. |
|---|---|---|
| De Paris à Saint-Denis | 2 | 10 |
| de Saint-Denis à Lusarche | 4 | 19 |
| de Lusarche à Chantilly | 3 | 14 |
| de Chantilly à Clermont | 5 | 24 |
| de Clermont à Saint-Just | 4 | 19 |
| de Saint-Just à Breteuil | 4 | 19 |
| de Breteuil à Amiens | 7 | 33 |
| d'Amiens à Flichecourt | 5 | 24 |
| de Flichecourt à Abbeville | 5 | 24 |

**2. De Paris à Agde 198 lieues, 926 k.**

| | lieues. | kil. |
|---|---|---|
| De Paris à Pézénas (n° 32) | 195 | 780 |
| de Pézénas à Agde | 3 | 12 |

**3. De Paris à Agen, 147 lieues.**

| | lieues. | kil. |
|---|---|---|
| De Paris à Souillac (n° 7) | 125 | 500 |
| de Souillac à Villefranche | 8 | 32 |
| de Villefranche au Puy-l'Évêque | 4 | 16 |
| de Puy-l'Évêque à Agen | 10 | 40 |

*Nota.* Les lieues sont de 2000 pas géométriques de Paris à Orléans; d'Orléans à Limoges elles sont de 2500 pas, et depuis Limoges elles sont de 3000 pas.

**4. De Paris à Aire, 49 lieues, 235 k.**

| | lieues. | kil. |
|---|---|---|
| De Paris à Amiens (n° 1) | 29 | 141 |
| d'Amiens à Doulens | 8 | 33 |
| de Doulens à Saint-Pol | 6 | 29 |
| de Saint-Pol à Aire | 6 | 29 |

**5. De Paris à Aix en Provence. 185 lieues, 912 k.**

*Nota.* Les lieues sont de 2500 pas jusqu'à Avignon.

| | lieues. | kil. |
|---|---|---|
| De Paris à Villejuif | 2 | 10 |
| de Villejuif à Juvisy | 2 | 10 |
| de Juvisy à Essonne | 3 | 15 |
| d'Essonne à Ponthierry | 3 | 15 |
| de Ponthierry à Chailly | 2 | 10 |
| de Chailly à Fontainebleau | 2 | 10 |
| de Fontainebleau à Moret | 3 | 15 |
| de Moret à Villeneuve | 5 | 25 |
| de Villeneuve à Pont-sur-Yonne | 3 | 15 |
| de Pont-sur-Yonne à Sens | 3 | 15 |
| de Sens à Joigny | 7 | 34 |
| de Joigny à Auxerre | 6 | 30 |
| d'Auxerre à Vermanton | 5 | 25 |
| de Vermanton à Cussy-les-Forges | 7 | 34 |
| de Cussy à Rouvray | 2 | 10 |
| de Rouvray à Vitteaux | 7 | 34 |
| de Vitteaux au Pont-de-Panis | 6 | 30 |
| du Pont-de-Panis à Dijon | 4 | 20 |
| de Dijon à Nuits | 5 | 25 |
| de Nuits à Beaune | 3 | 15 |
| de Beaune à Chagny | 3 | 15 |
| de Chagny à Châlons | 4 | 20 |
| de Châlons à Tournus | 6 | 30 |
| de Tournus à Mâcon | 7 | 34 |
| de Mâcon à la Maison-Blanche | 4 | 20 |
| de la Maison-Blanche à Villefranche | 5 | 25 |
| de Villefranche à Lyon | 7 | 34 |
| de Lyon à Vienne | 7 | 34 |
| de Vienne au Péage-de-Roussillon | 5 | 25 |
| du Péage à Saint-Vallier | 6 | 30 |
| de Saint-Vallier à Valence | 7 | 34 |
| de Valence à la Drôme | 6 | 30 |
| de la Drôme à Montélimar | 6 | 30 |
| de Montélimar à Pierrelate | 5 | 25 |
| de Pierrelate au Pont-Saint-Esprit | 4 | 20 |
| du Pont-Saint-Esprit à Bagnols | 3 | 15 |
| de Bagnols à Avignon | 5 | 25 |

| | pas géométr. |
|---|---|
| D'Avignon à Bon-Bas | 6000 |
| de Bon-Bas à Cabanes | 2815 |
| de Cabanes à Saint-Andiol | 1718 |
| de Saint-Andiol à Orgon | 5660 |
| d'Orgon à Senas | 3641 |
| de Senas au Pont-Royal | 6324 |
| du Pont-Royal au Moulin du Vernègue | 1179 |
| du Moulin à Lambesc | 5057 |
| de Lambesc à Saint Canat | 2702 |
| de Saint-Canat à Saint-Louis | 5984 |
| de Saint-Louis à Aix | 4130 |
| *Pas géométriques* | 45,210 |

| | pas géométr. |
|---|---|
| D'Aix à Tarascon par Saint-Remi. | |
| d'Aix à Orgon | 29,017 |
| d'Orgon à la Bivoie d'Avignon | 1800 |
| de la Bivoie à Riofred | 5438 |
| de Riofred au Pont-de-Pélissier | 1181 |
| dudit Pont au Mas de Liotaud | 1193 |
| dudit Mas à Saint-Remi | 1005 |
| de Saint-Remi au Pont-de-Roussan | 1197 |
| dudit Pont au Mas de Gaï | 525 |
| dudit Mas à la Rode | 1947 |
| de la Rode à Saint-Lambert | 354 |
| de Saint-Lambert à Fontchâteau | 477 |
| de Fontchâteau à Saint-Estève | 1303 |
| de Saint-Estève à Laurade | 749 |
| de Laurade à Tarascon | 3045 |
| *Pas géométriques* | 49,180 |

**6. De Paris à Alais 173 lieues. 828 k.**

| | lieues. | kil. |
|---|---|---|
| De Paris au Pont-Saint-Esprit (n. 5) | 162 | 777 |
| du Pont-Saint-Esprit à Alais | 11 | 51 |

*Nota.* Les lieues sont de 2500 pas.

**7. De Paris à Albi, 155 lieues. 744 k.**

| | lieues. | kil. |
|---|---|---|
| De Paris à Bourg-la-Reine | 2 | 10 |
| de Bourg-la-Reine à Arpajon | 5 | 25 |
| d'Arpajon à Étampes | 6 | 30 |
| d'Étampes à Angerville | 6 | 30 |
| d'Angerville à Château-Gaillard | 6 | 30 |
| de Château-Gaillard à Orléans | 8 | 39 |
| d'Orléans à Chaumont | 8 | 30 |
| de Chaumont à Romorantin | 8 | 44 |
| de Romorantin à Vatan | 9 | 45 |
| de Vatan à Châteauroux | 8 | 30 |
| de Châteauroux à Argenton | 6 | 34 |
| d'Argenton à Boismandé | 7 | 33 |
| de Boismandé à Razes | 7 | 35 |
| de Razes à Limoges | 6 | 63 |
| de Limoges à Uzerches | 14 | 41 |
| d'Uzerches à Brives | 9 | 45 |
| de Brives à Souillac | 8 | 65 |
| de Souillac à Cahors | 14 | 45 |
| de Cahors à Saint-Antonin | 10 | 39 |
| de Saint-Antonin à Albi | 8 | 39 |

*Nota.* On a employé pour cette route des lieues de 2,000 pas géométriques chacune de Paris à Orléans; on s'est servi de lieues de 2500 pas depuis Orléans jusqu'à Limoges, et le reste par lieues de 3000 pas.
En réduisant toutes ces lieues en lieues égales de 3000 pas géométriques chacune, on trouvera 135 1/2 de Paris à Albi.

**8. De Paris à Alençon, 41 lieues. 170 k.**

| | lieues. | kil. |
|---|---|---|
| De Paris à Versailles | 4 | 17 |
| de Versailles à Houdan | 9 | 38 |
| de Houdan à Dreux | 4 | 17 |

DISTANCE DE PARIS AUX VILLES DE LA FRANCE.

|  | lieues. | kil. |
|---|---|---|
| de Dreux à Verneuil | 7 | 29 |
| de Verneuil à Mortagne | 9 | 38 |
| de Mortagne à Alençon | 8 | 33 |

*Nota.* Les lieues sont de 2500 pas.

**9. De Paris à Amboise 58 lieues. 232 k.**

| De Paris à Orléans (n. 7) | 35 | 140 |
|---|---|---|
| d'Orléans à Saint-Laurent-des-Eaux | 6 | 24 |
| de Saint-Laurent à Blois | 7 | 28 |
| de Blois à Amboise | 10 | 40 |

*Nota.* Les lieues sont de 2000 pas.

**10. De Paris à Amiens (n. 1), 29 lieues. 120 k.**

**11. De Paris à Angers, 65 lieues.**

| De Paris à Versailles | 4 | 17 |
|---|---|---|
| de Versailles à Rambouillet | 7 | 29 |
| de Rambouillet à Chartres | 9 | 38 |
| de Chartres à Nogent-le-Rotrou | 12 | 50 |
| de Nogent à La Ferté-Bernard | 4 | 17 |
| de La Ferté au Mans | 9 | 38 |
| du Mans à La Flèche | 10 | 42 |
| de La Flèche à Angers | 10 | 42 |

*Nota.* Les lieues sont de 2500 pas.

**12. De Paris à Angoulême 127 lieues. 508 k.**

| De Paris à Amboise (n° 9) | 58 | 232 |
|---|---|---|
| d'Amboise à Tours | 7 | 28 |
| de Tours à Montbason | 5 | 20 |
| de Montbason aux Ormes-Saint-Martin | 10 | 40 |
| des Ormes à Chatelleraut | 5 | 20 |
| de Chatelleraut à Poitiers | 10 | 40 |
| de Poitiers à Vivonne | 6 | 24 |
| de Vivonne à Sivray | 8 | 32 |
| de Sivray à Mansse | 11 | 44 |
| de Mansse à Angoulême | 7 | 28 |

*Nota.* Les lieues sont de 2000 pas.

**13. De Paris à Antibes 216 lieues. 892 k.**

| De Paris à Aix (n° 5). | 183 | 764 |
|---|---|---|
| d'Aix à Brignoles | 10 | 42 |
| de Brignoles au Luc | 6 | 25 |
| du Luc à Vidauban | 3 | 12 |
| de Vidauban au Muy | 2 | 8 |
| du Muy à Fréjus | 3 | 12 |
| de Fréjus à Cannes | 5 | 21 |
| de Cannes à Antibes | 2 | 8 |

*Nota.* Les lieues sont de 2500 pas jusqu'à Avignon.

**14. De Paris à Argentan 31 lieues, 155 k.**

| De Paris à Versailles | 4 | 20 |
|---|---|---|
| de Versailles à Pontchartrain | 4 | 20 |
| de Pontchartrain à Houdan | 5 | 25 |
| de Houdan à Dreux | 4 | 20 |
| de Dreux à Verneuil | 7 | 35 |
| de Verneuil à Hièmes | 3 | 15 |
| de Hièmes à Argenta | 4 | 20 |

*Nota.* Les lieues sont de 2500 pas.

**15. De Paris à Arles 177 lieues. 730 k.**

| De Paris à Avignon (n. 5) | 170 | 700 |
|---|---|---|

*Nota.* Les lieues sont de 2500 pas.

| | pas géométr. |
|---|---|
| D'Avignon au Bac de Barbentane | 2046 |
| dudit Bac à Cadillan | 5624 |
| de Cadillan à Frigolet | 780 |
| de Frigolet à la Mothe | 2034 |
| de la Mothe à Tarascon | 2347 |
| de Tarascon à Lausac | 2649 |
| de Lausac à Arles | 6273 |
| Pas géométriques. | 21,753 |

*Nota.* Les 21,753 pas géométriques donnent 7 lieues de 3000 pas chacune, plus 753 pas; ce qui fait pour la distance de Paris à Arles 148 lieues, plus 753 pas en comptant toutes les lieues sur le pied de 3000 pas, à quoi il faut ajouter les 2000 pas dont il est fait mention dans la 2ᵉ note sous le n. 5.

| | pas géométr. |
|---|---|
| D'Arles à Tarascon par la chaussée | 9371 |
| d'Arles à Saint-Gabriel | 6700 |
| de Saint-Gabriel à Saint-Remi | 7450 |
| Pas géométriques | 23,521 |
| D'Arles à Saint-Martin de Crau | 9527 |
| de Saint-Martin au Lion-d'Or | 723 |
| du Lion-d'Or à la Croix | 6233 |
| de la Croix au Merle | 3646 |
| du Merle à Salon | 3552 |
| de Salon aux Grottes | 5404 |
| des Grottes aux Quatre-Termes | 3393 |
| des Quatre-Termes à Aiguilles | 5463 |
| d'Aiguilles à la Croix de Saloni | 3298 |
| de ladite Croix à Aix | 2380 |
| Pas géométriques | 43724 |

*Nota.* Les 43,724 pas géométriques qu'on a mesurés depuis Arles jusqu'à Aix donnent 14 lieues de 3000 pas chacune, plus 1724 pas.

**16. De Paris à Arras 42 lieues. 173 k.**

|  | lieues. | kil. |
|---|---|---|
| De Paris au Bourget | 2 | 8 |
| du Bourget à Louvres | 3 | 12 |
| de Louvres à Senlis | 5 | 21 |
| de Senlis à Gournay | 8 | 33 |
| de Gournay à Roye | 7 | 29 |
| de Roye à Péronne | 7 | 29 |
| de Péronne à Arras | 10 | 41 |

*Nota.* Les lieues sont de 2,500 pas. Il y a une autre route qui mène de Paris à Arras, en passant par Amiens, n° 1, on compte 44 lieues.

**17. De Paris à Avignon (n° 5), 170 lieues. 700 k.**

| | pas géométr. |
|---|---|
| D'Avignon au bac de Château-Renard, | 1550 |
| dudit bac à Eyragues | 5848 |
| d'Eyragues à Saint-Remi | 3587 |
| Pas géométriques | 10985 |
| D'Avignon à Molières | 4610 |
| de Molières à Gadagne | 2148 |
| de Gadagne au Thor | 2662 |
| du Thor à Lille | 3005 |
| Pas géométriques | 12425 |

**18. De Paris à Avranches 63 lieues. 302 k.**

|  | lieues. | kil. |
|---|---|---|
| De Paris à Versailles | 4 | 19 |
| de Versailles à Pontchartrain | 4 | 19 |
| de Pontchartrain à Houdan | 5 | 24 |
| de Houdan à Dreux | 4 | 19 |
| de Dreux à Brezolles | 4 | 21 |
| de Brezolles à Chenebrun | 4 | 21 |
| de Chenebrun à Moulins | 6 | 29 |
| de Moulins à Séez | 5 | 24 |
| de Séez à La Ferté-Macé | 9 | 43 |
| de La Ferté à Domfront | 5 | 24 |
| de Domfront à Mortain | 5 | 24 |
| de Mortain à Javigni | 2 | 10 |
| de Javigni à Avranches | 5 | 24 |

**2ᵉ Route, 64 lieues. 312 k.**

| De Paris à Dreux | 17 | 82 |
|---|---|---|
| de Dreux à Verneuil | 7 | 33 |

DICTIONNAIRE DE GÉOGRAPHIE ECCLÉSIASTIQUE.

| | lieues. | kil. |
|---|---|---|
| de Verneuil à l'Aigle | 5 | 21 |
| de l'Aigle à Hièmes | 8 | 38 |
| d'Hièmes à Argentan | 4 | 19 |
| d'Argentan à Briouse | 6 | 29 |
| de Briouse à Mortain | 10 | 48 |
| de Mortain à Avranches | 7 | 33 |

3ᵉ *Route*, 66 *lieues*. 273 k.

| | lieues. | kil. |
|---|---|---|
| De Paris à Verneuil (n. 14) | 24 | 100 |
| de Verneuil à l'Aigle | 5 | 21 |
| de l'Aigle à Hièmes | 8 | 33 |
| d'Hièmes à Trun | 4 | 17 |
| de Trun à Falaise | 5 | 21 |
| de Falaise au pont d'Ouilli | 4 | 17 |
| d'Ouilli à Vire | 7 | 29 |
| de Vire à Avranches | 9 | 37 |

*Nota.* Les lieues des trois routes sont de 2,500 pas.

19. *De Paris à Auch*, 165 *lieues*. 660 k.

| | | |
|---|---|---|
| De Paris à Argenton (n. 7) | 74 | 296 |
| d'Argenton à Bois-Mandé | 7 | 28 |
| de Bois-Mandé à Razes | 7 | 28 |
| de Razes à Limoges | 6 | 24 |
| de Limoges à Magnac | 6 | 24 |
| de Magnac à Uzerches | 5 | 20 |
| d'Uzerches à Donzenat | 5 | 20 |
| de Donzenat à Brives | 2 | 8 |
| de Brives à Souillac | 8 | 32 |
| de Souillac à Peyrat | 3 | 12 |
| de Peyrat au Pont-de-Rodes | 4 | 16 |
| du Pont à Cahors | 6 | 24 |
| de Cahors à Castelnau | 4 | 16 |
| de Castelnau à Castel-Sarrasin | 10 | 40 |
| de Castel-Sarrasin à Beaumont | 6 | 24 |
| de Beaumont à Auch | 12 | 48 |

*Nota.* 1° Les lieues de cet article, de Paris à Orléans, sont de 2,000 pas; et d'Orléans à Limoges, elles sont de 2,500.

2° On peut abréger cette route de 10 lieues ou environ, en se repliant de Limoges sur la droite et en passant par Périgueux, Agen, etc.

20. *De Paris à Autun*, 64 *lieues*. 265 k.

| | | |
|---|---|---|
| De Paris à Auxerre (n. 5) | 41 | 170 |
| d'Auxerre à Avallon | 9 | 37 |
| d'Avallon à Saulieu | 6 | 25 |
| de Saulieu à Chissay | 4 | 17 |
| de Chissay à Lucenay-l'Evêque | 1 | 4 |
| de Lucenay à Autun | 3 | 12 |

*Nota.* Les lieues sont de 2,500 pas.

21. *De Paris à Auxerre* (n. 5), 41 *lieues*. 197 k.

22. *De Paris à Bagnols* (n. 5), 165 *lieues*. 770 k.

23. *De Paris à Bar-le-Duc*, 48 *lieues*. 198 k.

| | | |
|---|---|---|
| De Paris à Bondy | 2 | 8 |
| de Bondy à Meaux | 8 | 33 |
| de Meaux à Château-Thierry | 9 | 37 |
| de Château-Thierry à Epernay | 10 | 41 |
| d'Epernay à Châlons | 7 | 29 |
| de Châlons à Bar-le-Duc | 12 | 50 |

*Nota.* Les lieues sont de 2,500 pas.

24. *De Paris à Bar-sur-Aube*, 45 *lieues*. 186 k.

| | | |
|---|---|---|
| De Paris à Charenton | 2 | 8 |
| de Charenton à Brie-Comte-Robert | 4 | 17 |
| de Brie-Comte-Robert à Nangis | 8 | 33 |
| de Nangis à Provins | 5 | 21 |
| de Provins à Nogent-sur-Seine | 4 | 17 |
| de Nogent aux Granges | 5 | 21 |
| des Granges à Troyes | 6 | 25 |
| de Troyes à Vandœuvre | 7 | 29 |
| de Vandœuvre à Bar-sur-Aube | 4 | 17 |

*Nota.* Les lieues sont de 2,500 pas.

25. *De Paris à Bayeux*, 56 *lieues*. 268 k.

| | | |
|---|---|---|
| De Paris à Saint-Germain | 4 | 19 |
| de Saint-Germain à Triel | 3 | 14 |
| de Triel à Meulan | 2 | 10 |
| de Meulan à Mantes | 3 | 14 |
| de Mantes à Bonnières | 3 | 14 |
| de Bonnières à Passy | 4 | 19 |
| de Passy à Evreux | 4 | 19 |
| d'Evreux à la Rivière | 8 | 38 |
| de la Rivière à Duranville | 4 | 19 |
| de Duranville à Lisieux | 5 | 21 |
| de Lisieux à Moux | 6 | 19 |
| de Moux à Caen | 4 | 20 |
| de Caen à Bayeux | 6 | 25 |

26. *De Paris à Bayonne* 200 *lieues*. 826 k.

| | | |
|---|---|---|
| de Paris à Amboise (n. 9) | 58 | 230 |
| d'Amboise à Tours | 7 | 31 |
| de Tours à Montbazon | 5 | 21 |
| de Montbazon à Sainte-Maure | 6 | 25 |
| de Sainte-Maure aux Ormes Saint-Martin | 4 | 17 |
| des Ormes à Châtelleraut | 5 | 21 |
| de Châtelleraut à Clan | 6 | 25 |
| de Clan à Poitiers | 4 | 17 |
| de Poitiers à Vivonne | 5 | 21 |
| de Vivonne à Chaunai | 6 | 25 |
| de Chaunai à Ville-Fagnan | 7 | 31 |
| de Ville-Fagnan à Gourville | 5 | 21 |
| de Gourville à Châteauneuf | 8 | 33 |
| de Châteauneuf à Barbezieux | 5 | 21 |
| de Barbezieux à la Grolle | 6 | 25 |
| de la Grolle à Pierre-Brune | 8 | 33 |
| de Pierre-Brune à Cubsac | 6 | 25 |
| de Cubsac à Bordeaux | 4 | 17 |
| de Bordeaux au Barc | 9 | 38 |
| du Barc au Muret | 6 | 25 |
| du Muret à la Bouhaire | 6 | 25 |
| de la Bouhaire à l'Espéron | 7 | 29 |
| de l'Espéron à Magesse | 6 | 25 |
| de Magesse à Ondres | 8 | 33 |
| d'Ondres à Bayonne | 3 | 12 |

*Nota.* Les lieues de cet article, de Paris à Tours, sont de 2,000 pas; depuis Tours jusqu'à Bordeaux, elles sont d'environ 2400 pas; de Bordeaux à Bayonne de 2500 pas.

27. *De Paris à Beaucaire*, 175 *lieues*. 728 k.

| | | |
|---|---|---|
| De Paris à Avignon (n. 5) | 170 | 707 |
| d'Avignon à Tarascon | 5 | 21 |

*Nota.* 1° La ville de Beaucaire n'est éloignée de celle de Tarascon que de 1,526 pieds, que donne la largeur ordinaire du Rhône entre ces deux villes. Il y a au milieu de ce fleuve une petite île oblongue, où l'on a pratiqué une chaussée de 406 mètres de longueur sur 5 mètres de largeur. L'île et la chaussée ont leur direction suivant le fil de l'eau; à chaque extrémité de la chaussée, il y a un pont sur des bateaux. Le pont supérieur communique avec Beaucaire, celui qui est au-dessous communique avec Tarascon.

## DISTANCE DE PARIS AUX VILLES DE LA FRANCE.

le premier de ces ponts a 275 mètres de long sur 4 de large; l'autre a 200 mètres de longueur, et sa largeur est également de 4 mètres.

2° Les lieues sont de 2,500 pas.

**28.** *De Paris à Beaumont* (n° 30), 8 *lieues.* 33 k.

**29.** *De Paris à Beaune* (n° 5), 80 *lieues.* 330 k.
*Nota.* Les lieues sont de 2500 pas.

**30.** *De Paris à Beauvais*, 16 *lieues.* 66 k.

| | lieues. | kil. |
|---|---|---|
| De Paris à Saint-Denis | 2 | 8 |
| de Saint-Denis à Saint-Brice | 2 | 8 |
| de Saint-Brice à Beaumont | 4 | 17 |
| de Beaumont à Boucourt | 5 | 21 |
| de Boucourt à Beauvais | 3 | 12 |

*Nota.* Les lieues sont de 2500 pas.

**31.** *De Paris à Besançon*, 92 *lieues.* 380 k.

| | lieues. | kil. |
|---|---|---|
| De Paris à Dijon (n° 5) | 72 | 297 |
| de Dijon à Auxonne | 6 | 25 |
| d'Auxonne à Dole | 4 | 17 |
| de Dole à Saint-Vit | 6 | 25 |
| de Saint-Vit à Besançon | 4 | 17 |

*Nota.* Les lieues sont de 2,500 pas.

**32.** *De Paris à Béziers*, 200 *lieues.* 826 k.

| | lieues. | kil. |
|---|---|---|
| De Paris à Bagnols (n° 5) | 165 | 682 |
| de Bagnols à Nîmes | 10 | 41 |
| de Nîmes à Montpellier | 10 | 41 |
| de Montpellier à Pézénas | 10 | 41 |
| de Pézénas à Béziers | 5 | 21 |

*Nota.* Les lieues sont de 2,500 pas.

**33.** *De Paris à Blois*, 51 *lieues.* 204 k.

| | lieues. | kil. |
|---|---|---|
| De Paris à Orléans (n° 7) | 35 | 140 |
| d'Orléans à Saint-Laurent-ès-Eaux | 8 | 32 |
| de Saint-Laurent à Blois | 8 | 32 |

*Nota.* Les lieues sont de 2000 pas.

**34.** *De Paris à Bordeaux*, 156 *lieues.* 624 k. Voy. le *n*. 26.

*Nota.* 1° Les lieues de cet article, de Paris à Tours, sont de 2,000 pas chacune. Les autres lieues valent environ 2400 pas chacune. 2° On va également de Poitiers à Bordeaux, en passant par Saint-Jean-d'Angely, Saintes et Blaye. Mais cette dernière route est plus longue de quelques lieues.

**35.** *De Paris à Boulogne*, 57 *lieues.* 237 k.

| | lieues. | kil. |
|---|---|---|
| De Paris à Abbeville (n° 1) | 39 | 163 |
| d'Abbeville à Montreuil | 10 | 41 |
| de Montreuil à Boulogne | 8 | 33 |

*Nota.* Les lieues sont de 2500 pas.

**36.** *De Paris à Bourg-en-Bresse* 106 *lieues.* 438 k.

| | lieues. | kil. |
|---|---|---|
| De Paris à Mâcon (n° 5) | 100 | 413 |
| de Mâcon à Bourg | 6 | 25 |

*Nota.* Les lieues sont de 2500 pas.

**37.** *De Paris à Bourges* 66 *lieues.* 275 k.

| | lieues. | kil. |
|---|---|---|
| De Paris à Fontainebleau (n. 5) | 14 | 58 |
| de Fontainebleau à Nemours | 4 | 17 |
| de Nemours à la Croisière | 4 | 17 |
| de la Croisière à Montargis | 4 | 17 |
| de Montargis à Nogent | 4 | 17 |
| de Nogent à Briare | 6 | 25 |
| de Briare à Neuvy | 6 | 25 |
| de Neuvy à Cosne | 4 | 17 |
| de Cosne à Pouilly | 4 | 17 |
| de Pouilly à la Charité | 4 | 17 |
| de la Charité à Beaugis | 6 | 25 |
| de Beaugis à Bourges | 6 | 25 |

*Autre route*, 58 *lieues.* 240 k.

| | lieues. | kil. |
|---|---|---|
| De Paris à Orléans (n. 7) | 35 | 145 |
| d'Orléans à Bourges | 23 | 95 |

*Nota* Les lieues sont de 2500 pas.

**38** *De Paris à Brest*, 129 *lieues.* 533 k.

| | lieues. | kil. |
|---|---|---|
| De Paris à Alençon | 41 | 169 |
| d'Alençon à Prez-en Paille | 6 | 25 |
| de Prez à Mayenne | 8 | 33 |
| de Mayenne à Laval | 8 | 33 |
| de Laval à Vitré | 8 | 33 |
| de Vitré à Rennes | 8 | 33 |
| de Rennes à Montauban | 7 | 29 |
| de Montauban à Lambale | 9 | 37 |
| de Lambale à Saint-Brieuc | 4 | 17 |
| de Saint-Brieuc à Guingamp | 7 | 29 |
| de Guingamp au Poutir | 6 | 25 |
| du Poutir à Morlaix | 6 | 25 |
| de Morlaix à Landernau | 7 | 29 |
| de Landernau à Brest | 4 | 17 |

*Nota.* Les lieues sont de 2,500 pas.

**39.** *De Paris à Briare* (n° 37), 36 *lieues.* 149 k.
*Nota.* Les lieues sont de 2500 pas.

**40.** *De Paris à Saint-Brieuc* (n° 38), 99 *lieues.* 478 k.

**41.** *De Paris à Caen* (n° 25), 50 *lieues.* 242 k.

**42.** *De Paris à Cahors* (n° 7), 139 *lieues.* 665 k.

**43.** *De Paris à Calais*, 64 *lieues.* 264 k.

| | lieues. | kil. |
|---|---|---|
| De Paris à Boulogne (n. 35) | 57 | 235 |
| de Boulogne à Calais | 7 | 29 |

**44.** *De Paris à Cambrai*, 40 *lieues.* 165 k.

| | lieues. | kil. |
|---|---|---|
| De Paris à Péronne (n. 16) | 32 | 132 |
| de Péronne à Cambrai | 8 | 33 |

**45.** *De Paris à Carcassonne*, 177 *lieues.* 731 k.

| | lieues. | kil. |
|---|---|---|
| De Paris à Cahors (n. 7) | 139 | 573 |
| de Cahors à Montauban | 10 | 41 |
| de Montauban à Toulouse | 10 | 41 |
| de Toulouse à Saint-Papoul | 10 | 41 |
| de Saint-Papoul à Carcassonne | 8 | 33 |

*Voy.* la note du *n*. 7 jusqu'à Cahors, et depuis, les lieues sont de 2500 pas.

**46.** *De Paris à Carentan*, 65 *lieues.* 310 k.

| | lieues. | kil. |
|---|---|---|
| De Paris à Bayeux (n. 25) | 56 | 267 |
| de Bayeux à Carentan | 9 | 43 |

**47.** *De Paris à Cassel en Flandre*, 53 *lieues.* 254 k.

| | lieues. | kil. |
|---|---|---|
| De Paris à Aire (n. 4) | 49 | 235 |
| d'Aire à Cassel | 4 | 19 |

**48.** *De Paris à Castres*, 163 *lieues.* 782 k.

| | lieues. | kil. |
|---|---|---|
| De Paris à Albi (n. 7) | 155 | 745 |
| d'Albi à Castres | 8 | 38 |

**49.** *De Paris à Caudebec*, 37 *lieues.* 176 k.

| | lieues. | kil. |
|---|---|---|
| De Paris à Rouen (n. 174) | 30 | 144 |
| de Rouen à Caudebec | 7 | 32 |

**50.** *De Paris à Châlons-sur-Marne*, 36 *lieues.* 172 k. Voy. le *n*. 23.

**51.** *De Paris à Châlons-sur-Saône* (n. 5), 87 *lieues.* 417 k.

**52.** *De Paris à Chantilly* (n. 1), 9 *lieues.* 43 k.

**53.** *De Paris à Chartres* (n. 11), 20 *lieues* 96 k.

|   |   |
|---|---|
| 54. *De Paris à Châteauneuf*, 126 lieues. 604 k. Voy. le n. 26. | |
| 55. *De Paris à Châteauroux*, 68 lieues. 336 k. Voy. le n. 7. | |
| 56. *De Paris à Château-Thierry*, 19 lieues. 91 k. Voy. le n. 23. | |
| 57. *De Paris à Chatelleraut* (n. 12), 85 lieues. 407 k. | |
| 58. *De Paris à Chaumont* (n. 101), 52 lieues. 249 k. | |

59. *De Paris à Chauny*, 23 lieues. 109 k.

|   | lieues. | kil. |
|---|---|---|
| De Paris à Compiègne (n. 66) | 18 | 85 |
| de Compiègne à Chauny | 5 | 24 |

60. *De Paris à Cherbourg*, 78 lieues. 374 k.

|   | lieues. | kil. |
|---|---|---|
| De Paris à Bayeux (n. 25) | 56 | 269 |
| de Bayeux à Carentan | 9 | 43 |
| de Carentan à Valogne | 8 | 38 |
| de Valogne à Cherbourg | 5 | 24 |

61. *De Paris à Cîteaux*, 77 lieues. 319 k.

|   | lieues. | kil. |
|---|---|---|
| De Paris à Dijon (n. 5) | 72 | 298 |
| de Dijon à Cîteaux | 5 | 21 |

*Nota.* Les lieues sont de 2500 pas.

62. *De Paris à Clermont en Beauvaisis* (n. 1). 14 lieues. 67 k.

63. *De Paris à Clermont-Ferrand*, 98 lieues. 405 k.

|   | lieues. | kil. |
|---|---|---|
| De Paris à la Charité (n. 37 | 54 | 223 |
| de la Charité à Nevers | 7 | 29 |
| de Nevers à Saint-Pierre-le-Moutier | 7 | 29 |
| de Saint-Pierre-le-Moutier à Moulins | 9 | 37 |
| de Moulins aux Eschirolles | 6 | 25 |
| des Eschirolles à Gannat | 8 | 33 |
| de Gannat à Riom | 5 | 21 |
| de Riom à Clermont | 2 | 8 |

*Nota.* Les lieues sont de 2500 pas.

64. *De Paris à Clairvaux*, 46 lieues. 190 k.

|   | lieues. | kil. |
|---|---|---|
| De Paris à Troyes (n. 24) | 34 | 140 |
| de Troyes à Montirainé | 4 | 17 |
| de Montirainé à Longpré | 4 | 17 |
| de Longpré à Urville | 2 | 8 |
| d'Urville à Clairvaux | 2 | 8 |

*Nota.* Les lieues sont de 2500 pas.

65. *De Paris à Colmar*, 113 lieues. 542 k.

|   | lieues. | kil. |
|---|---|---|
| De Paris à Schelestadt (n. 179 *et* 181) | 107 | 513 |
| de Schelestadt à Colmar | 6 | 29 |

66. *De Paris à Compiègne*, 18 lieues. 86 k.

|   | lieues. | kil. |
|---|---|---|
| De Paris à Louvres | 5 | 24 |
| de Louvres à Senlis | 5 | 24 |
| de Senlis à Verberie | 4 | 19 |
| de Verberie à Compiègne | 4 | 19 |

67. *De Paris à Condom*, 155 lieues. 744 k.

|   | lieues. | kil. |
|---|---|---|
| De Paris à Agen (n. 3) | 147 | 706 |
| d'Agen à Condom | 8 | 38 |

68. *De Paris à Cosne* (n. 37), 46 lieues. 220 k.

69. *De Paris à Coulanges*, 47 lieues. 225 k.

|   | lieues. | kil. |
|---|---|---|
| De Paris à Auxerre (n. 5) | 41 | 196 |
| d'Auxerre à Coulanges | 6 | 29 |

70. *De Paris à Coutances*, 68 lieues. 326 k.

|   | lieues. | kil. |
|---|---|---|
| De Paris à Vire (n. 18, 3ᵉ route) | 57 | 273 |
| de Vire à Landelle | 2 | 10 |
| de Landelle à Saint-Guillain | 5 | 24 |
| de Saint-Guillain à Coutances | 4 | 19 |

|   | lieues. | kil. |
|---|---|---|
| *Autre route*, 68 lieues. 326 k. | | |
| De Paris à Caen (n. 25) | 50 | 240 |
| de Caen à Saint-Lô | 12 | 57 |
| de Saint-Lô à Coutances | 6 | 29 |

*Nota.* Les lieues sont de 2500 pas.

71. *De Paris à Crécy en Normandie*, 20 lieues. 88 k.

|   | lieues. | kil. |
|---|---|---|
| De Paris à Dreux (n. 78) | 17 | 74 |
| de Dreux à Crécy | 3 | 14 |

72. *De Paris à Dax*, 194 lieues. 931 k.

|   | lieues. | kil. |
|---|---|---|
| De Paris à Magesse (n. 26) | 189 | 907 |
| de Magesse à Dax | 5 | 24 |

73. *De Paris à Dieppe*, 39 lieues. 162 k.

|   | lieues. | kil. |
|---|---|---|
| De Paris à Saint-Denis | 2 | 8 |
| de Saint-Denis à Pontoise | 5 | 24 |
| de Pontoise à Magny | 7 | 29 |
| de Magny à Ecouis | 6 | 25 |
| d'Ecouis à Rouen | 7 | 29 |
| de Rouen à Toste | 6 | 25 |
| de Toste à Dieppe | 6 | 25 |
| de Dieppe à Amiens | 18 | 74 |
| de Dieppe à Eu | 6 | 25 |
| de Dieppe au Havre-de-Grâce | 18 | 74 |
| de Dieppe à Saint-Valery | 6 | 25 |

*Nota.* les lieues sont de 2500 pas.

74. *De Paris à Digne*, 175 lieues. 840 k.

|   | lieues. | kil. |
|---|---|---|
| De Paris à Lyon (n. 5) | 116 | 556 |
| de Lyon à Laverpilière | 7 | 33 |
| de Laverpilière à La Ferté | 7 | 33 |
| de La Ferté à Grenoble | 9 | 43 |
| de Grenoble à la Croix-Haute | 13 | 62 |
| de la Croix-Haute à Sisteron | 15 | 72 |
| de Sisteron à Digne | 8 | 38 |

75. *De Paris à Dijon* (n. 5), 72 lieues. 296 k.

*Nota.* Les lieues sont de 2500 pas.

76. *De Paris à Dole*, 82 lieues. 339 k.

|   | lieues. | kil. |
|---|---|---|
| De Paris à Dijon (n. 5) | 72 | 297 |
| de Dijon à Dole | 10 | 42 |

*Nota.* Les lieues sont de 2500 pas.

77. *De Paris à Douai*, 47 lieues. 194 k.

|   | lieues. | kil. |
|---|---|---|
| De Paris à Péronne (n. 16) | 32 | 132 |
| de Péronne à Cambrai | 8 | 33 |
| de Cambrai à Bouchain | 3 | 12 |
| de Bouchain à Douai | 4 | 17 |
| de Douai à Arras | 7 | 29 |
| de Douai à Dunkerque | 20 | 83 |
| de Douai à Lille | 7 | 29 |
| de Douai à Saint-Omer | 16 | 66 |
| de Douai à Valenciennes | 6 | 25 |

*Nota.* Les lieues sont de 2500 pas.

78. *De Paris à Dreux*, 17 lieues. 81 k.

|   | lieues. | kil. |
|---|---|---|
| De Paris à Versailles | 4 | 19 |
| de Versailles à Pontchartrain | 4 | 19 |
| de Pontchartrain à Houdan | 5 | 24 |
| de Houdan à Dreux | 4 | 19 |

79. *De Paris à Dunkerque*, 60 lieues. 248 k.

|   | lieues. | kil. |
|---|---|---|
| De Paris à Aire (n° 4) | 49 | 200 |
| d'Aire à Cassel | 4 | 17 |
| de Cassel à Dunkerque | 7 | 29 |
| de Dunkerque à Calais | 8 | 33 |
| de Dunkerque à Douvres | 16 | 66 |
| de Dunkerque à Gravelines | 4 | 17 |
| de Dunkerque à Lille | 16 | 66 |
| de Dunkerque à Londres | 38 | 156 |

# DISTANCE DE PARIS AUX VILLES DE LA FRANCE.

| | lieues. | kil. |
|---|---|---|
| de Dunkerque à Nieuport | 6 | 25 |
| de Dunkerque à St-Omer | 8 | 33 |
| de Dunkerque à Ostende | 9 | 37 |
| de Dunkerque à Ypres | 9 | 37 |

*Nota.* Les lieues sont de 2500 pas.

**80.** *De Paris à Embrun*, 163 *lieues.* 782 k.

| | | |
|---|---|---|
| De Paris à Grenoble (n° 91) | 139 | 667 |
| de Grenoble à Embrun | 24 | 115 |

**81.** *De Paris au Pont Saint-Esprit*, 162 *lieues.* 787 k. Voyez le n° 5.

**82.** *De Paris à Etampes*, 13 *lieues.* 62 *kil.*

| | | |
|---|---|---|
| De Paris au Bourg-la-Reine | 2 | 10 |
| du Bourg-la-Reine à Arpajon | 5 | 24 |
| d'Arpajon à Etampes | 6 | 28 |

**83.** *De Paris à Evreux* (n° 25), 24 *lieues.* 115 k.

**84.** *De Paris à Falaise*, 46 *lieues.* 220 k. Voyez le n° 18, 3° *Route*.

**85.** *De Paris à La Fère*, 30 *lieues.* 143 k.

| | | |
|---|---|---|
| De Paris à Chauni (n° 59) | 23 | 110 |
| de Chauni à La Fère | 7 | 33 |

**86.** *De Paris à La Flèche* (n° 11), 55 *lieues.* 264 k.

**87.** *De Paris à Saint-Flour* (n° 120), 123 *lieues.* 590 k.

**88.** *De Paris à Fontainebleau*, 14 *lieues.* 58 k.

| | | |
|---|---|---|
| De Paris à Villejuif | 2 | 8 |
| de Villejuif à Essonne | 5 | 21 |
| d'Essonne à Ponthierry | 3 | 12 |
| de Ponthierry à Fontainebleau | 4 | 17 |
| de Fontainebleau à Versailles sans passer par Paris | 15 | 62 |
| de Fontainebleau à Choisy-le-Roi ou Choisy-sur-Seine | 11 | 45 |
| de Fontainebleau à Compiègne | 26 | 108 |
| de Fontainebleau à Etampes | 9 | 37 |
| de Fontainebleau à Meaux | 14 | 58 |
| de Fontainebleau à Moret | 2 | 8 |
| de Fontainebleau à Orléans | 15 | 62 |
| de Fontainebleau a Senlis | 21 | 87 |
| de Fontainebleau a Troyes | 22 | 91 |

*Nota.* Les lieues sont de 2500 pas.

**89.** *De Paris à Forges* (n° 94), 38 *lieues.* 157 k.

**90.** *De Paris à Grasse*, 197 *lieues.* 814 k.

| | | |
|---|---|---|
| De Paris à Digne (n° 74) | 175 | 723 |
| de Digne à Senez | 5 | 21 |
| de Senez à Bargèmes | 9 | 37 |
| de Bargèmes à Grasse | 8 | 33 |

*Nota.* Les lieues sont de 2500 pas.

**91.** *De Paris à Grenoble*, 139 *lieues.* 574 k.

| | | |
|---|---|---|
| De Paris à Lyon (n° 5) | 116 | 479 |
| de Lyon à Bourgoin | 10 | 42 |
| de Bourgoin à Grenoble | 13 | 54 |
| de Grenoble à Briançon | 23 | 95 |
| de Grenoble à Chambéry | 10 | 42 |
| de Grenoble à Embrun | 23 | 95 |
| de Grenoble à Gap | 19 | 78 |
| de Grenoble à Valence | 17 | 70 |

*Nota.* Les lieues sont de 2500 pas.

**92.** *De Paris à Guéret*, 87 *lieues.* 359 k.

| | | |
|---|---|---|
| De Paris à Châteauroux (n° 7) | 67 | 276 |
| de Châteauroux à Guéret | 20 | 83 |

*Nota.* Les lieues sont de 2500 pas.

**93.** *De Paris à Guise*, 38 *lieues.* 182 k.

| | | |
|---|---|---|
| De Paris à Laon (n° 102) | 30 | 144 |
| de Laon à Crécy | 3 | 14 |
| de Crécy à Guise | 5 | 24 |

**94.** *De Paris au Hâvre-de-Grâce*, 45 *lieues.* 216 k.

| | | |
|---|---|---|
| De Paris à Rouen (n° 73) | 27 | 130 |
| de Rouen à Caudebec | 7 | 33 |
| de Caudebec aux Forges | 4 | 19 |
| des Forges au Hâvre | 7 | 33 |
| du Hâvre à Caen | 15 | 72 |
| du Hâvre à Cherbourg | 28 | 135 |
| du Hâvre à Dieppe | 18 | 86 |
| du Hâvre à la Hogue | 21 | 100 |
| du Hâvre à Plymouth | 70 | 336 |

**95.** *De Paris à Honfleur*, 48 *lieues.* 230 k.

| | | |
|---|---|---|
| De Paris à Lisieux (n° 25) | 40 | 192 |
| de Lisieux à Pont-l'Evêque | 4 | 19 |
| de Pont-l'Evêque à Honfleur | 4 | 19 |

**96.** *De Paris à Saint-Jean-d'Angely*, 115 *lieues.* 550 k. Voyez le n° 176.

**97.** *De Paris à Saint-Jean-de-Luz*, 204 *lieues.* 959 k.

| | | |
|---|---|---|
| De Paris à Bayonne (n° 26) | 200 | 926 |
| de Bayonne à Bidars | 2 | 10 |
| de Bidars à Saint-Jean-de-Luz | 2 | 10 |

**98.** *De Paris à Saint-Jean-Pied-de-Port*, 210 *lieues.* 968 k.

| | | |
|---|---|---|
| De Paris à Bayonne (n° 26) | 200 | 926 |
| de Bayonne à Saint-Jean-Pied-de-Port | 10 | 42 |

*Nota.* Les lieues sont de 2500 pas.

**99.** *De Paris à Joigny* (n° 5), 35 *lieues.* 164 k.

**100.** *De Paris à Landrecy*, 44 *lieues.* 221 *kil.*

| | | |
|---|---|---|
| De Paris à Guise (n° 93) | 38 | 182 |
| de Guise à Landrecy | 6 | 29 |

**101.** *De Paris à Langres*, 58 *lieues.* 240 k.

| | | |
|---|---|---|
| De Paris à Troyes (n° 24) | 34 | 140 |
| de Troyes à Bar-sur-Aube | 11 | 46 |
| de Bar à Chaumont | 7 | 29 |
| de Chaumont à Langres | 6 | 25 |

*Nota.* Les lieues sont de 2500 pas.

**102.** *De Paris à Laon*, 30 *lieues.* 124 k.

| | | |
|---|---|---|
| De Paris au Bourget | 2 | 8 |
| du Bourget à Dammartin | 6 | 25 |
| de Dammartin à Villers-Coterets | 8 | 33 |
| de Villers-Coterets à Soissons | 6 | 25 |
| de Soissons à Laon | 8 | 33 |

*Nota.* Les lieues sont de 2,500 pas.

**103.** *De Paris à Lille en Flandre*, 52 *lieues.* 215 k.

| | | |
|---|---|---|
| De Paris à Arras (n° 16) | 42 | 173 |
| d'Arras à Lens | 4 | 17 |
| de Lens à Lille | 6 | 25 |
| de Lille à Aire | 10 | 41 |
| de Lille à Béthune | 7 | 29 |
| de Lille à Bruxelles | 22 | 91 |
| de Lille à Calais | 21 | 87 |
| de Lille à Cambrai | 14 | 58 |
| de Lille à Douai | 7 | 29 |
| de Lille à Dunkerque | 16 | 66 |
| de Lille à Gand | 14 | 58 |

*Nota.* Les lieues sont de 2500 pas.

**104.** *De Paris à Limoges* (n° 7), 94 *lieues.* 451 k.

DICTIONNAIRE DE GÉOGRAPHIE ECCLÉSIASTIQUE.

|  | lieues. | kil. |
|---|---|---|
| 105. *De Paris à Lisieux* (n° 25), 40 *lieues.* | | |
| | 192 | k. |
| 106. *De Paris à Lodève*, 150 *lieues.* 720 k. | | |
| De Paris à Mende (n° 120) | 133 | 638 |
| de Mende à Lodève | 17 | 82 |
| 107. *De Paris à Lunel*, 191 *lieues.* 916 k. | | |
| De Paris à Bagnols (n° 5) | 165 | 792 |
| de Bagnols à Nimes | 10 | 48 |
| de Nimes à Montpellier | 10 | 48 |
| de Montpellier à Lunel | 6 | 28 |
| 108. *De Paris à Lunéville*, 68 *lieues.* 281 k. | | |
| De Paris à Bar-le-Duc ou Bar-sur-Ornain (n° 23) | 48 | 198 |
| de Bar-le-Duc à Toul | 11 | 45 |
| de Toul à Nancy | 4 | 17 |
| de Nancy à Lunéville | 5 | 24 |
| de Lunéville à Besançon | 36 | 148 |
| de Lunéville à Dijon | 40 | 165 |
| de Lunéville à Langres | 27 | 112 |
| de Lunéville à Metz | 15 | 62 |
| de Lunéville à Remiremont | 15 | 62 |
| de Lunéville à Strasbourg | 37 | 152 |
| de Lunéville à Verdun | 25 | 104 |
| *Nota.* Les lieues sont de 2500 pas. | | |
| 109. *De Paris à Luxembourg*, 70 *lieues.* 386 k. | | |
| De Paris à Thionville (n. 19) | 65 | 312 |
| de Thionville à Luxembourg | 5 | 24 |
| 110. *De Paris à Lyon* (n.5), 116 *lieues.* 555 k. | | |
| 2ᵉ route, 122 *lieues.* 585 k. | | |
| De Paris à la Charité (n. 37) | 54 | 259 |
| de la Charité à Nevers | 7 | 33 |
| de Nevers à Saint-Pierre-le-Moutier | 7 | 33 |
| de Saint-Pierre à Moulins | 9 | 43 |
| de Moulins à Varennes | 8 | 38 |
| de Varennes à la Palice | 5 | 24 |
| de la Palice à la Pacaudière | 6 | 29 |
| de la Pacaudière à Roanne | 6 | 29 |
| de Roanne à Saint-Symphorien | 4 | 19 |
| de Saint-Symphorien à Tarare | 6 | 29 |
| de Tarare à Bresle | 4 | 19 |
| de Bresle à Lyon | 6 | 29 |
| 3ᵉ route, par la diligence, 106 *lieues.* 438 k. | | |
| De Paris à Cussy (n. 5) | 53 | 219 |
| de Cussy à Saulieu | 5 | 21 |
| de Saulieu à Arnay-le-Duc | 7 | 29 |
| d'Arnay-le-Duc à Ivry | 4 | 17 |
| d'Ivry à la Rochepot | 2 | 8 |
| de la Rochepot à Chagny | 2 | 8 |
| de Chagny à Châlons | 4 | 17 |
| de Châlons à Lyon | 29 | 119 |
| de Lyon à Chambéry | 26 | 107 |
| de Lyon à Clermont-Ferrand | 30 | 123 |
| de Lyon à Genève | 32 | 131 |
| de Lyon à Grenoble | 23 | 95 |
| de Lyon à Valence | 25 | 103 |
| de Lyon à Vienne | 7 | 29 |
| *Nota.* Les lieues sont de 2500 pas. | | |
| 111. *De Paris à Mâcon* (n.5), 100 *lieues.* 480 k. | | |
| 112. *De Paris à Saint-Malo*, 77 *lieues.* 369 k. | | |
| De Paris à Alençon (n. 8) | 41 | 196 |
| d'Alençon à Domfront | 13 | 62 |
| de Domfront à Pontorson | 13 | 62 |
| de Pontorson à Saint-Malo | 10 | 48 |
| de Saint-Malo à Brest | 45 | 216 |
| de Saint-Malo au Havre-de-Grâce | 50 | 240 |
| de Saint-Malo à Nantes | 38 | 182 |

|  | lieues. | kil. |
|---|---|---|
| de Saint-Malo à Lorient | 34 | 163 |
| de Saint-Malo à Rennes | 15 | 72 |
| 113. *De Paris au Mans* (n.11), 45 *lieues.* 186 k. | | |
| Du Mans à Blois | 20 | 83 |
| du Mans à Orléans | 27 | 112 |
| du Mans à Rennes | 33 | 136 |
| *Nota.* Les lieues sont de 2500 pas. | | |
| 114. *De Paris à Mantes* (n. 25), 12 *lieues.* 57 k. | | |
| 115. *De Paris à Marseille*, 193 *lieues.* 922 k. | | |
| De Paris à Aix (n. 5) | 185 | 888 |
|  |  | pas géométr. |
| d'Aix à la Croix-d'Or (de Bouc) | | 6298 |
| de la Croix-d'Or au Pin | | 4000 |
| du Pin à Septème | | 1800 |
| de Septème à Notre-Dame | | 1000 |
| de Notre-Dame à la Visite | | 1500 |
| de la Visite à Saint-Louis | | 800 |
| de Saint-Louis à Marseille | | 4300 |
| Pas géométriques | | 19698 |

*Nota.* Les 19698 pas géométriques donnent 7 lieues de 2500 pas chacune, plus 2198 pas. Ces huit lieues, ajoutées à 185 lieues de Paris à Aix, donnent 193 lieues pour la distance de Paris à Marseille.

| 116 *de Paris à Maubeuge*, 47 *lieues.* 225 k. | lieues. | kil. |
|---|---|---|
| De Paris à Saint-Quentin (n. 161) | 30 | 144 |
| de Saint-Quentin à Câteau-Cambrésis | 7 | 33 |
| de Câteau-Cambrésis au Quesnoy | 4 | 19 |
| du Quesnoy à Maubeuge | 6 | 29 |
| 117. *De Paris à Mayenne*, 55 *lieues.* 264 k. | | |
| De Paris à Alençon (n.8) | 41 | 197 |
| d'Alençon à Prés-en-Paille | 6 | 29 |
| de Prés-en-Paille à Mayenne | 8 | 38 |
| 118. *De Paris à Meaux*, 10 *lieues.* 48 k. | | |
| De Paris à Bondy | 2 | 10 |
| de Bondy à Meaux | 8 | 38 |
| 119. *De Paris à Melun*, 11 *lieues.* 53 k. | | |
| De Paris à Villeneuve-Saint-Georges | 4 | 19 |
| de Villeneuve-Saint-Georges à Lieursaint | 4 | 19 |
| de Lieursaint à Melun | 3 | 15 |
| 120. *De Paris à Mende*, 133 *lieues.* 549 k. | | |
| De Paris à Clermont (n. 63) | 98 | 405 |
| de Clermont à Issoire | 8 | 33 |
| d'Issoire à Brioude | 8 | 33 |
| de Brioude à Saint-Flour | 9 | 41 |
| de Saint-Flour à Mende | 10 | 41 |
| de Mende à Avignon | 25 | 103 |
| de Mende à Montpellier | 25 | 103 |
| de Mende à Rodez | 17 | 70 |
| de Mende à Tarascon | 29 | 76 |
| de Mende à Viviers | 22 | 91 |
| *Nota.* Les lieues sont de 2500 pas. | | |
| 121. *De Paris à Sainte-Menehould*, 44 *lieues.* 211 k. | | |
| De Paris à Châlons (n. 23) | 36 | 173 |
| de Châlons à Sainte-Ménehould | 8 | 39 |
| 122. *De Paris à Metz*, 62 *lieues.* 297 k. | | |
| De Paris à Sainte-Ménehould (numéro précédent) | 44 | 211 |
| de Sainte-Ménehould à Verdun | 7 | 33 |
| de Verdun à Metz | 11 | 53 |

## DISTANCE DE PARIS AUX VILLES DE LA FRANCE.

| | lieues. | kil. |
|---|---|---|
| 2ᵉ route, 61 *lieues*. 252 k. | | |
| De Paris à Claye | 6 | 25 |
| de Claye à Gaudelu | 9 | 37 |
| de Gaudelu à Reims | 15 | 62 |
| de Reims à Suippe | 8 | 33 |
| de Suippe à Sainte-Ménehould | 5 | 21 |
| de Sainte-Ménehould à Metz | 18 | 74 |
| de Metz à Bar-le-Duc | 16 | 66 |
| de Metz à Lunéville | 15 | 62 |
| de Metz à Luxembourg | 12 | 50 |
| de Metz à Nancy | 10 | 41 |
| de Metz à Thionville | 7 | 29 |
| de Metz à Toul | 12 | 50 |

*Nota.* Les lieues sont de 2500 pas.

123. *De Paris à Meulan* (n. 23), 9 *lieues*. 43 k.

124. *De Paris à Mirepoix* (n. 128), 174 *lieues*. 835 k.

125. *De Paris à Montargis*, 26 *lieues*. 125 k. Voy. le *n.* 37.

126. *De Paris à Montauban*, 149 *lieues*. 713 k.

| De Paris à Cahors (*n.* 7) | 139 | 667 |
|---|---|---|
| de Cahors à Montauban | 10 | 43 |

127. *De Paris à Montélimar* (n. 5), 153 *lieues*. 734 k.

128. *De Paris à Mont-Louis*, 189 *lieues*. 907 k.

| De Paris à Montauban (*n.* 126) | 149 | 715 |
|---|---|---|
| de Montauban à Toulouse | 10 | 48 |
| de Toulouse à Mirepoix | 15 | 72 |
| de Mirepoix au Puy-Val-d'Or | 12 | 57 |
| du Puy à Mont-Louis | 3 | 15 |
| 2ᵉ route, 236 *lieues*. 975 k. | | |
| De Paris à Bagnols (*n.* 5) | 165 | 682 |
| de Bagnols à Nîmes | 10 | 41 |
| de Nîmes à Montpellier | 10 | 41 |
| de Montpellier à Pézénas | 10 | 41 |
| de Pézénas à Béziers | 5 | 21 |
| de Béziers à Narbonne | 5 | 21 |
| de Narbonne à Perpignan | 14 | 58 |
| de Perpignan à Mont-Louis | 17 | 70 |

*Nota.* Les lieues sont de 2500 pas.

129. *De Paris à Montpellier*, 185 *lieues*. 764 k. Voy. la 2ᵉ *route du numéro précédent.*

| De Montpellier à Arles | 15 | 62 |
|---|---|---|
| de Montpellier à Avignon | 18 | 74 |

*Nota.* Les lieues sont de 2,500 pas.

130. *De Paris à Moret* (n. 5), 17 *lieues*. 81 k.

131. *De Paris à Morlaix* (n. 38), 118 *lieues*. 566 k.

132. *De Paris à Mortagne* (n. 8), 33 *lieues*. 158 k.

133. *De Paris à Moulins*, 77 *lieues*. 359 k. Voy. le *n.* 110, 2ᵉ *route.*

134. *De Paris à Nancy*, 63 *lieues*. 302 k.

| de Bar-le-Duc à Toul (*n.* 23) | 48 | 230 |
|---|---|---|
| de Toul à Nancy | 11 | 53 |
| | 4 | 19 |

135. *De Paris à Nantes* 83 *lieues*. 343 k.

| d'Angers à Ancenis (*n.* 11) | 65 | 268 |
|---|---|---|
| d'Ancenis à Nantes | 11 | 45 |
| de Nantes à Bordeaux | 7 | 29 |
| de Nantes à Brest | 65 | 268 |
| de Nantes à Rennes | 60 | 248 |
| | 23 | 95 |

| | lieues. | kil. |
|---|---|---|
| de Nantes à la Rochelle | 30 | 124 |
| de Nantes à Lyon | 125 | 516 |
| de Nantes à Orléans | 65 | 268 |
| de Nantes à Lorient | 36 | 149 |
| de Nantes à Saint-Malo | 38 | 157 |
| de Nantes à Tours | 42 | 173 |
| de Nantes à Vannes | 25 | 103 |
| de Nantes à Montaigu | 6 | 25 |
| de Montaigu à Fontenay-le-Comte | 16 | 66 |
| de Fontenay à Saint-Jean-d'Angély | 16 | 66 |
| de Saint-Jean-d'Angély à Bergerac | 31 | 129 |
| de Bergerac à Marseille | 118 | 487 |

*Nota.* Les lieues sont de 2500 pas.

136. *De Paris à Narbonne*, 205 *lieues*. 986 k. Voy. le *n.* 128, 2ᵉ *route.*

137. *De Paris à Nemours*, 18 *lieues*. 86 k.

| De Paris à Fontainebleau (*n.* 5) | 14 | 67 |
|---|---|---|
| de Fontainebleau à Nemours | 4 | 19 |

138. *De Paris à Nevers*, 61 *lieues*. 292 k. Voy. le *n.* 110, 2ᵉ *route.*

139. *De Paris à Nice*, 220 *lieues*. 1056 k.

| De Paris à Antibes (*n.* 13) | 216 | 1037 |
|---|---|---|
| d'Antibes à Nice | 4 | 19 |

140. *De Paris à Nîmes*, 175 *lieues*. 840 k.

| De Paris à Bagnols (*n.* 5) | 165 | 792 |
|---|---|---|
| de Bagnols à Nîmes | 10 | 48 |

141. *De Paris à Nogent-sur-Seine*. 23 *lieues*. 111 k. Voy. le *n.* 24.

142. *De Paris à Noyon*, 22 *lieues*. 106 k.

| De Paris à Compiègne (*n.* 66) | 18 | 87 |
|---|---|---|
| de Compiègne à Noyon | 4 | 19 |

143. *De Paris à Nuits*, (n. 5), 77 *lieues*. 369 k.

144. *De Paris à Niort*, 110 *lieues*. 528 k.

| De Paris à Poitiers (*n.* 26) | 95 | 456 |
|---|---|---|
| de Poitiers à Lusignan | 5 | 24 |
| de Lusignan à Saint-Maixent | 5 | 24 |
| de Saint-Maixent à Niort | 5 | 24 |

145. *De Paris à Oléron*, 129 *lieues*. 619 k.

| De Paris à Niort (nᵒ *précédent*) | 110 | 528 |
|---|---|---|
| de Niort à Surgères | 7 | 33 |
| de Surgères à Rochefort | 6 | 29 |
| de Rochefort à Oléron | 6 | 29 |

146. *De Paris à Saint-Omer*, 53 *lieues*. 254 k.

| De Paris à Aire (*n.* 4) | 49 | 235 |
|---|---|---|
| d'Aire à Saint-Omer | 4 | 19 |

147. *De Paris à Lorient*, 113 *lieues*. 467 k.

| De Paris à Rennes (*n.* 38) | 79 | 326 |
|---|---|---|
| de Rennes à Vannes | 22 | 91 |
| de Vannes à Lorient | 12 | 50 |

*Nota.* Les lieues sont de 2500 pas.

148. *De Paris à Orléans* (nᵒ7), 35 *lieues*. 168 k.

| D'Orléans à Briare | 14 | 67 |
|---|---|---|
| d'Orléans à Chartres | 16 | 77 |
| d'Orléans à Fontainebleau | 19 | 92 |
| d'Orléans à Montargis | 14 | 67 |

149. *De Paris à Saint-Papoul* (nᵒ 45), 169 *lieues*. 811 k.

150. *De Paris à Pau* 199 *lieues*. 955 k.

| De Paris à Bordeaux (*n.* 26) | 155 | 744 |
|---|---|---|
| de Bordeaux à Dax | 29 | 139 |
| de Dax à Orthez | 8 | 38 |
| d'Orthez à Pau | 7 | 33 |
| de Pau à Auch | 22 | 105 |
| de Pau à Bagnères | 13 | 62 |

|  | lieues. | kil. |
|---|---|---|
| de Pau à Bayonne. | 18 | 86 |
| de Pau à Navarreins | 5 | 24 |
| de Pau à Oléron | 4 | 19 |
| de Pau à Ossun | 7 | 33 |
| de Pau à Pampelune | 25 | 120 |
| de Pau à Perpignan | 62 | 297 |
| de Pau à Toulouse | 38 | 182 |

**151.** *De Paris à Périgueux*, 112 *lieues*. 537 k.

|  | lieues. | kil. |
|---|---|---|
| De Paris à Argenton (n. 7) | 74 | 355 |
| d'Argenton à Boismandé | 7 | 33 |
| de Boismandé à Razes | 7 | 33 |
| de Razes à Limoges | 6 | 29 |
| de Limoges à Farges | 10 | 48 |
| de Farges à Périgueux | 8 | 38 |
| de Périgueux à Angoulême | 17 | 81 |
| de Périgueux à Bordeaux | 30 | 134 |
| de Périgueux à la Rochelle | 40 | 192 |
| de Périgueux à Toulouse | 44 | 211 |

**152.** *De Paris à Péronne* (n° 16), 32 *lieues*. 144 k.

**153.** *De Paris à Perpignan*, 219 *lieues*. 1051 k. Voy. le n. 128, 2ᵉ *Route*.

2ᵉ *Route*, 197 *lieues*. 814 k.

|  | lieues. | kil. |
|---|---|---|
| De Paris à Carcassonne (n. 45) | 177 | 721 |
| de Carcassonne à Perpignan | 20 | 83 |

*Nota.* Les lieues sont de 2500 pas.

**154.** *De Paris à Pézénas* 195 *lieues*. 936 k. Voy. le n. 128, 2ᵉ *Route*.

**155.** *De Paris à Plombières* 72 *lieues*. 343 k.

|  | lieues. | kil. |
|---|---|---|
| De Paris à Chaumont (n. 101), | 52 | 249 |
| de Chaumont à Plombières | 20 | 96 |

**156.** *De Paris à Poitiers* (n° 26), 95 *lieues*. 456 k.

**157.** *De Paris à Pontarlier*, 106 *lieues*. 508 k.

|  | lieues. | kil. |
|---|---|---|
| De Paris à Besançon (n. 31) | 92 | 441 |
| de Besançon à Pontarlier | 14 | 67 |

**158.** *De Paris au Pont-Saint-Esprit* (n° 5), 162 *lieues*. 777 k.

**159.** *De Paris à Provins* (n° 24), 19 *lieues*. 91 k.

**160.** *De Paris au Puy-l'Evêque*, 126 *lieues*. 520 k.

|  | lieues. | kil. |
|---|---|---|
| De Paris à Clermont (n. 63) | 98 | 415 |
| de Clermont à Issoire | 8 | 33 |
| d'Issoire à Brioude | 8 | 33 |
| de Brioude au Puy | 12 | 50 |
| du Puy à Lyon | 24 | 100 |
| du Puy à Mende | 28 | 116 |
| du Puy à Valence | 17 | 70 |

*Nota.* Les lieues sont de 2500 pas.

**161.** *De Paris à Saint-Quentin*, 30 *lieues*. 144 k.

|  | lieues. | kil. |
|---|---|---|
| De Paris à Noyon (n. 142) | 22 | 106 |
| de Noyon à Saint-Quentin | 8 | 38 |

**162.** *De Paris à Quimper-Corentin*, 129 *lieues*. 619 k.

|  | lieues. | kil. |
|---|---|---|
| De Paris à Lorient (n. 147) | 113 | 542 |
| de Lorient à Quimperlé | 5 | 24 |
| de Quimperlé à Quimper-Corentin | 11 | 53 |

**163.** *De Paris à Reims*, 30 *lieues*. 144 k. Voy. le n. 122, 2ᵉ *Route*.

**164.** *De Paris à Remiremont*, 74 *lieues*. 355 k.

|  | lieues. | kil. |
|---|---|---|
| De Paris à Plombières (n. 155) | 72 | 345 |
| de Plombières à Remiremont | 2 | 10 |

**165.** *De Paris à Rennes* (n° 38), 79 *lieues*. 379 k.

**166.** *De Paris à Rhétel*, 40 *lieues*. 194 kil.

|  | lieues. | kil. |
|---|---|---|
| De Paris à Reims (n. 122, 2ᵉ *Route*). | 30 | 144 |
| de Reims à Rhétel | 10 | 48 |

**167.** *De Paris à Rhodez* 139 *lieues*. 667 k.

|  | lieues. | kil. |
|---|---|---|
| De Paris à Uzerches (n. 19) | 105 | 504 |
| d'Uzerches à Tulle | 6 | 29 |
| de Tulle à Rhodez | 28 | 134 |

**168.** *De Paris à Richelieu*, 77 *lieues*. 369 k.

|  | lieues. | kil. |
|---|---|---|
| De Paris à Amboise (n. 9) | 58 | 278 |
| d'Amboise à Tours | 7 | 33 |
| de Tours à Richelieu | 12 | 58 |

**169.** *De Paris à Riom* (n° 63), 96 *lieues*. 460 k.

**170.** *De Paris à Roanne*, 102 *lieues*. 489 k. Voy. le n. 110, 2ᵉ *Route*.

**171.** *De Paris à Rochefort*, 123 *lieues*. 508 k. Voy. le n. 14.

|  | lieues. | kil. |
|---|---|---|
| De Rochefort à Brest | 95 | 393 |
| de Rochefort à Bordeaux | 28 | 115 |
| de Rochefort à Brouage | 3 | 12 |
| de Rochefort à l'île d'Aix | 5 | 21 |
| de Rochefort à la Rochelle | 7 | 29 |
| de Rochefort au château d'Oléron | 6 | 25 |
| de Rochefort à Saintes | 7 | 29 |
| de Rochefort à Saint-Martin de Ré | 12 | 50 |
| de Rochefort à Toulon | 163 | 674 |

*Nota.* Les lieues sont de 2500 pas.

**172.** *De Paris à la Rochelle*. 122 *lieues*. 504 k.

|  | lieues. | kil. |
|---|---|---|
| De Paris à Niort (n° 144) | 110 | 154 |
| de Niort à La Rochelle | 12 | 50 |
| de La Rochelle à Bordeaux | 35 | 144 |
| de La Rochelle au château d'Oléron | 7 | 29 |
| de La Rochelle à l'Ile d'Aix | 4 | 17 |
| de La Rochelle à l'Ile-Dieu | 22 | 91 |
| de La Rochelle à Marseille | 159 | 647 |
| de La Rochelle à Nantes | 30 | 124 |
| de La Rochelle à Saint-Martin de Ré | 4 | 17 |

*Nota.* Les lieues sont de 2500 pas.

**173.** *De Paris à Rocroy*, 50 *lieues*. 240 k.

|  | lieues. | kil. |
|---|---|---|
| De Paris à Reims (n° 122, 2ᵉ *route*) | 30 | 134 |
| de Reims à Rhétel | 10 | 48 |
| de Rhétel à Rocroy | 10 | 48 |

**174.** *De Paris à Rouen*, 30 *lieues*. 124 k.

|  | lieues. | kil. |
|---|---|---|
| De Paris à Saint-Germain | 4 | 17 |
| de Saint-Germain à Triel | 3 | 12 |
| de Triel à Meulan | 2 | 8 |
| de Meulan à Mantes | 3 | 13 |
| de Mantes à Vernon | 6 | 25 |
| de Vernon au Pont-de-l'Arche | 8 | 33 |
| de Pont-de-l'Arche à Rouen | 4 | 17 |
| de Rouen à Amiens | 22 | 90 |
| de Rouen à Beauvais | 15 | 62 |
| de Rouen à Caen | 28 | 116 |
| de Rouen à Compiègne | 29 | 120 |
| de Rouen à Chartres | 26 | 108 |
| de Rouen à Dieppe | 12 | 50 |
| de Rouen au Havre-de-Grâce | 18 | 74 |
| de Rouen à Lisieux | 16 | 66 |

*Nota.* Les lieues sont de 2500 pas.

**175.** *De Paris à Roye* (n° 16), 25 *lieues*. 120 k.

**176.** *De Paris à Saintes*, 122 *lieues*. 585 k.

|  | lieues. | kil. |
|---|---|---|
| De Paris à Poitiers (n° 26) | 95 | 456 |
| de Poitiers à Lusignan | 5 | 34 |
| de Lusignan à Melle ou Saint-Léger | 6 | 29 |

## DISTANCE DE PARIS AUX VILLES DE LA FRANCE.

| | lieues. | kil. |
|---|---|---|
| de Melle à Saint-Jean-d'Angély | 9 | 43 |
| de Saint-Jean à Saintes | 7 | 33 |

**177.** *De Paris à Sarrebourg*, 84 *lieues.* 403 k.
| | | |
|---|---|---|
| De Paris à Metz (n° 122) | 62 | 297 |
| de Metz à Vic | 11 | 53 |
| de Vic à Sarrebourg | 11 | 53 |

**178.** *De Paris à Sarlouis*, 74 *lieues.* 355 k.
| | | |
|---|---|---|
| De Paris à Metz (n° 122) | 62 | 297 |
| de Metz à Sarlouis | 12 | 58 |

**179.** *De Paris à Saverne*, 91 *lieues.* 436 k.
| | | |
|---|---|---|
| De Paris à Metz (n° 122) | 62 | 29 |
| de Metz à Vic | 11 | 53 |
| de Vic à Sarrebourg | 11 | 53 |
| de Sarrebourg à Phalsbourg | 4 | 19 |
| de Phalsbourg à Saverne | 3 | 14 |

**180.** *De Paris à Saumur*, 80 *lieues.* 384 k.
| | | |
|---|---|---|
| De Paris à Amboise (n° 9) | 58 | 278 |
| d'Amboise à Tours | 7 | 33 |
| de Tours à Saumur | 15 | 72 |

**181.** *De Paris à Schelestadt*, 107 *lieues.* 513 k.
| | | |
|---|---|---|
| De Paris à Saverne (n° 179) | 91 | 436 |
| de Saverne à Strasbourg | 8 | 38 |
| de Strasbourg à Schelestadt | 8 | 38 |

**182.** *De Paris à Sedan*, 50 *lieues.* 240 k.
| | | |
|---|---|---|
| De Paris à Réthel (n° 166) | 40 | 192 |
| de Réthel à Sedan | 10 | 43 |

**183.** *De Paris à Senez* (n° 90) 180 *lieues*, 864 k.

**184.** *De Paris à Senlis*, 10 *lieues*, 48 k.
| | | |
|---|---|---|
| De Paris au Bourget | 2 | 10 |
| du Bourget à Louvres | 3 | 14 |
| de Louvres à Senlis | 5 | 24 |

**185.** *De Paris à Sens* (n° 5), 28 *lieues.* 134 k.

**186.** *De Paris à Sisteron* (n°74) 167 *lieues.* 801 k.

**187.** *De Paris à Soissons* 19 *lieues.* 91 k.
| | | |
|---|---|---|
| De Paris au Bourget | 2 | 10 |
| du Bourget au Mesnil | 2 | 10 |
| du Mesnil à Dammartin | 4 | 19 |
| de Dammartin à Villers-Cotterets | 6 | 29 |
| de Villers-Cotterets à Soissons | 5 | 24 |

**188.** *De Paris à Souillac* (n° 7), 125 *lieues*, 600 k.

**189.** *De Paris à Strasbourg*, 99 *lieues*, 475 k. Voy. les n°s 179 et 181.

*Autre Route*, 95 *lieues*, 392 k.
| | | |
|---|---|---|
| de Paris à Lunéville (n° 108) | 66 | 272 |
| de Lunéville à Sarrebourg | 12 | 50 |
| de Sarrebourg à Phalsbourg, | 4 | 17 |
| de Phalsbourg à Saverne, | 3 | 12 |
| de Saverne à Strasbourg, | 8 | 33 |

*Nota.* Les lieues sont de 2500 pas.

**190.** *De Paris à Tarascon*, 175 *lieues*, 728
| | | |
|---|---|---|
| De Paris à Avignon (n. 5) | 170 | 702 |
| d'Avignon à Tarascon | 5 | 21 |

*Autre Route*, 163 *lieues.* 673 k.
| | | |
|---|---|---|
| De Paris à Mende (n. 120) | 133 | 549 |
| de Mende à Saint-Maurice de Ventalon | 12 | 50 |
| de Saint-Maurice à Alais | 6 | 25 |
| d'Alais à Uzès | 6 | 25 |
| d'Uzès à Remoulin | 3 | 12 |
| de Remoulin à Maine | 1 | 4 |
| de Maine à Beaucaire | 2 | 8 |

| | lieues. | kil. |
|---|---|---|
| de Beaucaire à Tarascon | | 0 |

*Nota.* Les lieues sont de 2500 pas chacune.

**191.** *De Paris à Thionville*, 65 *lieues.* 512 k.
| | | |
|---|---|---|
| De Paris à Verdun (n. 122) | 51 | 245 |
| de Verdun à Thionville | 14 | 67 |

**192.** *De Paris à Toul*, 59 *lieues.* 293 k.
| | | |
|---|---|---|
| De Paris à Bar-le-Duc (n. 23) | 48 | 230 |
| de Bar-le-Duc à Toul | 11 | 53 |

**193.** *De Paris à Toulon*, 199 *lieues.* 822 k.
| | | |
|---|---|---|
| De Paris à Aix (n. 5) | 185 | 764 |
| d'Aix à Roquevaire | 6 | 25 |
| de Roquevaire à Toulon | 8 | 33 |

*Nota.* Les lieues sont de 2500 pas, à compter de Lyon à Aix.

**194.** *De Paris à Toulouse*, 159 *lieues.* 763 k.
| | | |
|---|---|---|
| De Paris à Cahors (n. 7) | 139 | 667 |
| de Cahors à Montauban | 10 | 48 |
| de Montauban à Toulouse | 10 | 48 |
| de Toulouse à Avignon | 68 | 281 |
| de Toulouse à Auch | 7 | 29 |
| de Toulouse à Bayonne | 55 | 227 |
| de Toulouse à Bordeaux | 36 | 148 |
| de Toulouse à Montpellier | 50 | 247 |
| de Toulouse à Pau | 38 | 156 |

*Nota.* 1° Les lieues sont de 2500 pas.

2° Par les triangles qui doivent servir de fondement à la description géométrique de la France, on a trouvé que la ville de Toulouse était éloignée de celle de Paris de 300,951 toises en ligne droite. Cette distance donne celle de 144 lieues et demie de 2500 pas géométriques chacune.

3° On a trouvé par le même moyen (par la voie des triangles) que la ville de Montauban, qui est entre Cahors et Toulouse, était éloignée de l'une et de l'autre ville de 10 lieues de 2500 pas chacune ; cependant les habitants du pays ne comptent que 7 lieues de Cahors à Montauban, et autant de Montauban à Toulouse. Chacune de ces 7 lieues doit être par conséquent de 3,571 pas géométriques.

**195.** *De Paris à Tours*, 65 *lieues.* 312 k.
| | | |
|---|---|---|
| De Paris à Amboise (n. 9) | 58 | 279 |
| d'Amboise à Tours | 7 | 33 |

**196.** *De Paris à Troyes* (n°24), 34 *lieues.* 140 k.
| | | |
|---|---|---|
| De Troyes à Châlons-sur-Marne | 18 | 74 |
| de Troyes à Joigny | 14 | 58 |
| de Troyes à Reims | 29 | 120 |
| de Troyes à Sens | 12 | 50 |

*Nota.* Les lieues sont de 2500 pas.

**197.** *De Paris à Tulle*, 111 *lieues.* 532 k.
| | | |
|---|---|---|
| De Paris à Uzerches (n. 19) | 105 | 503 |
| d'Uzerches à Tulle | 6 | 29 |

**198.** *De Paris à Valence en Dauphiné*, 141 *lieues*. 676 k. Voy. le n. 5.

**199.** *De Paris à Valenciennes*, 47 *lieues.* 225 k.
| | | |
|---|---|---|
| De Paris à Péronne (n. 16) | 32 | 153 |
| de Péronne à Cambrai | 8 | 38 |
| de Cambrai à Valenciennes | 7 | 33 |

**200.** *De Paris à Valogne*, 71 *lieues.* 341 k.
| | | |
|---|---|---|
| De Paris à Bayeux (n. 25) | 56 | 269 |
| de Bayeux à Isigny | 7 | 33 |
| d'Isigny à Valognes | 8 | 38 |

|   |   |   |
|---|---|---|
| | lieues. | kil. |
| 201. *De Paris à Vandœuvre* (n° 24), 41 *lieues.* 197 k. | | |
| 202. *De Paris à Vannes* (n° 147), 101 *lieues.* 480 k. | | |
| 203. *De Paris à Vence*, 195 *lieues.* 936 k. | | |
| De Paris à Digne (n. 74) | 175 | 840 |
| de Digne à Vence | 20 | 96 |
| 204. *De Paris à Vendôme*, 40 *lieues.* 192 k. | | |
| De Paris à Chartres (n. 11) | 20 | 96 |
| de Chartres à Châteaudun | 12 | 57 |
| de Châteaudun à Vendôme | 8 | 38 |
| 205. *De Paris à Verdun* (n° 122), 51 *lieues.* 245 k. | | |
| 206. *De Paris à Vermanton* (n° 5), 46 *lieues.* 221 k. | | |
| *Nota.* Les lieues sont de 2500 pas géométriques. | | |
| 207. *De Paris à Verneuil* (n°8), 24 *lieues.* 114 k. | | |
| 208. *De Paris à Vernon* (n° 174), 18 *lieues.* 86 k. | | |
| 209. *De Paris à Vienne en Dauphiné* (n° 5), 123 *lieues.* 590 k. | | |
| 210. *De Paris à Villefranche près Lyon* (n°5), 109 *lieues.* 450 k. | | |
| *Nota.* Les lieues sont de 2500 pas géométriques. | | |
| 211. *De Paris à Villefranche, près Rhodez en Rouergue*, 149 *lieues.* 596 k. | | |
| De Paris à Rhodez (n. 167) | 139 | 556 |
| de Rhodez à Villefranche | 10 | 40 |
| *Nota.* Les lieues sont de 2000 pas jusqu'à Orléans, de 2500 pas jusqu'à Limoges, et les autres de 3000. | | |
| 212. *De Paris à Vitré* (n° 38), 71 *lieues.* 341 k. | | |
| 213. *De Paris à Uzerches* (n° 19), 105 *lieues.* 504 k. | | |

# DISTANCE DE PARIS
## AUX PRINCIPALES VILLES ÉTRANGÈRES
### RANGÉES PAR ORDRE ALPHABÉTIQUE.

|   | lieues. | kil. |
|---|---|---|
| 1. *De Paris à Acapulco* (au Mexique), 4,500 *lieues* (18,000 kilomètres). | | |
| De Paris à Brest | 129 | 516 |
| de Brest au cap Finistère | 125 | 500 |
| du cap Finistère à l'île de Madère | 255 | 1020 |
| de l'île de Madère à l'île de Fer | 110 | 440 |
| de l'île de Fer aux îles du Cap-Vert | 275 | 1100 |
| desdites îles à Fernambouc | 500 | 2000 |
| de Fernambouc au cap Frio | 370 | 1480 |
| du cap Frio au cap Saint-Antonio | 400 | 1600 |
| du cap Saint-Antonio au détroit de Lemaire | 440 | 1760 |
| dudit détroit au cap Horn | 36 | 144 |
| du cap Horn à l'île de Sainte-Barbe | 240 | 960 |
| de ladite île au cap de la Aguya | 900 | 3600 |
| du cap de la Aguya à Acapulco | 720 | 2880 |
| d'Acapulco à Manille | 2700 | 10800 |
| d'Acapulco à Yedo au Japon | 2200 | 8800 |
| d'Acapulco à Mexico | 60 | 240 |
| d'Acapulco à la Véra-Cruz | 96 | 384 |
| d'Acapulco à Loretto de Californie | 300 | 1200 |
| 2. *De Paris à Agra* (Hindoustan anglais) 1,722 *lieues* (6,888 k.) | | |
| De Paris à Strasbourg | 99 | 396 |
| de Strasbourg à Vienne | 185 | 740 |
| de Vienne à Belgrade | 106 | 424 |
| De Belgrade à Constantinople | 186 | 744 |
| de Constantinople à Diarbekir | 250 | 1000 |
| de Diarbekir à Bagdad | 160 | 640 |
| de Bagdad à Hispahan | 176 | 704 |
| d'Hispahan à Yèsd | 80 | 320 |
| d'Yèsd à Rasec | 130 | 520 |
| de Rasec à Multan | 220 | 880 |
| de Multan à Agra | 130 | 520 |
| *Autre route à Agra par mer*, 4,075 *lieues*. | | |
| De Paris à Lorient | 113 | 452 |
| de Lorient au cap Finistère | 125 | 500 |
| du cap Finistère à l'île de Madère | 255 | 1020 |
| de Madère à l'île de Fer | 110 | 440 |
| de l'île de Fer aux îles du Cap-Vert | 275 | 1100 |
| desdites îles au cap de Bonne-Espérance | 1342 | 5368 |
| dudit cap à l'île de Bourbon | 760 | 3040 |
| de l'île de Bourbon à Goa | 845 | 3380 |
| de Goa à Agra (par terre) | 250 | 1000 |
| 3. *De Paris à Aix-la-Chapelle* (n° 37), 86 *lieues* (344 k.). | | |
| 4. *De Paris à Alep* 848 *lieues.* (3,392 k.). | | |
| De Paris à Marseille | 193 | 772 |
| de Marseille à l'île Saint-Pierre | 110 | 440 |
| de ladite île au cap Bon | 67 | 268 |
| du cap Bon à Malte | 55 | 220 |
| de Malte à la hauteur sud de l'île de Candie (long. 42° 58', lat. 34° 30') | 195 | 780 |
| de ladite hauteur à la hauteur nord du cap Albisania en Chypre (long. 50 d. 25 m, lat. 35 d. 30 m.) | 127 | 508 |
| de ladite hauteur à Alexandrette | 76 | 304 |
| d'Alexandrette à Alep | 25 | 100 |

## DISTANCE DE PARIS AUX PRINCIPALES VILLES ETRANGERES.

| | lieues. | kil. |
|---|---|---|
| 5. *De Paris à Alexandrette* (n° 4), 823 lieues. | | |
| 6. *De Paris à Alexandrie en Egypte*, 754 lieues (3016 k.). | | |
| De Paris à Marseille | 193 | 772 |
| de Marseille à la hauteur de l'île Saint-Pierre (long. 25° 30', lat. 39° 0'), | 110 | 440 |
| de ladite hauteur au cap Bon | 67 | 268 |
| du cap Bon à Malte | 58 | 232 |
| de Malte à 10 lieues au nord du cap Rosat (long. 38° 25', lat. 35° 30') | 146 | 584 |
| de ladite hauteur à Alexandrie | 180 | 720 |
| 7. *De Paris à Alger*, 333 lieues (1332 k.). | | |
| De Paris à Marseille | 193 | 772 |
| de Marseille à la hauteur du Port-Mahon (long. 22° 10', lat. 39° 13' 45") | 72 | 288 |
| de ladite hauteur à Alger | 68 | 272 |
| 2° *Route de Paris à Alger par l'Espagne*, 422 lieues (1688 k.). | | |
| De Paris à Perpignan | 219 | 876 |
| de Perpignan à Barcelone | 37 | 148 |
| de Barcelone à Tortose | 32 | 128 |
| de Tortose à Valence | 31 | 124 |
| de Valence à Carthagène | 37 | 148 |
| de Carthagène à Alger par mer | 66 | 264 |
| 8. *De Paris à Amsterdam*, 109 lieues. | | |
| De Paris à Senlis | 10 | 40 |
| de Senlis à Péronne | 22 | 88 |
| de Péronne à Cambrai | 8 | 32 |
| de Cambrai à Valenciennes | 7 | 28 |
| de Valenciennes à Bruxelles | 19 | 76 |
| de Bruxelles à Anvers | 8 | 32 |
| d'Anvers à Mœrdick | 10 | 40 |
| de Mœrdick à Dort | 5 | 20 |
| de Dort à Rotterdam | 4 | 16 |
| de Rotterdam à Delft | 2 | 8 |
| de Delft à la Haye | 3 | 12 |
| de La Haye à Leyde | 2 | 8 |
| de Leyde à Amsterdam | 9 | 36 |
| 9. *De Paris à Andrinople* (n. 38), 524 lieues (2096 k.). | | |
| 10. *De Paris à Anvers* (n. 8), 74 lieues. | | |
| 11. *De Paris à Augsbourg* (n. 88), 166 lieues (664 k.). | | |
| 12. *De Paris à Bagdad* (n. 62, 2° route), 988 lieues (3952 k.). | | |
| 13. *De Paris à Bâle*, 101 lieues (404 k.). | | |
| De Paris à Charenton | 2 | 8 |
| de Charenton à Brie-Comte-Robert | 4 | 16 |
| de Brie-Comte-Robert à Provins | 13 | 52 |
| de Provins à Troyes | 15 | 60 |
| de Troyes à Bar-sur-Aube | 11 | 44 |
| de Bar à Chaumont | 7 | 28 |
| de Chaumont à Langres | 6 | 24 |
| de Langres à Vesoul | 17 | 68 |
| de Vesoul à Béfort | 12 | 48 |
| de Béfort à Bâle | 14 | 56 |
| *Nota.* Ces 101 lieues sont de 2500 pas | | |

| | lieues. | kil. |
|---|---|---|
| 14. *De Paris à Barcelone* (n. 7, 2° route), 256 lieues (1024 k.). | | |
| 15. *De Paris à Bareith* (n° 46), 181 lieues (724 k.). | | |
| 16. *De Paris à la Bastia*, 311 lieues (1244 k.). | | |
| De Paris à Marseille | 193 | 772 |
| de Marseille au sud des îles d'Hyères. (long. 23° 48' 11", lat. 43° 0') | 55 | 220 |
| de ladite hauteur à la hauteur nord du cap Corse (long. 27° 6', lat. 42° 57') | 55 | 220 |
| de ladite hauteur à la Bastia | 8 | 32 |
| 17. *De Paris à Belgrade*, 390 lieues (1560 k.). | | |
| De Paris à Strasbourg | 99 | 396 |
| de Strasbourg à Vienne | 185 | 740 |
| de Vienne à Belgrade | 106 | 424 |
| 18. *De Paris à Berghen en Norwége*, 336 lieues (1344 k.). | | |
| De Paris à Valenciennes | 47 | 188 |
| de Valenciennes à Quiévraing | 3 | 12 |
| de Quiévraing à Mons | 4 | 16 |
| de Mons à Braine-le-Comte | 5 | 20 |
| de Braine-le-Comte à Bruxelles | 5 | 20 |
| de Bruxelles à Wesel | 45 | 180 |
| de Wesel à Hambourg | 81 | 324 |
| de Hambourg à Berghen | 146 | 584 |
| 19. *De Paris à Berlin*, 220 lieues (880 k.). | | |
| De Paris à Verdun | 51 | 204 |
| de Verdun à Trèves | 24 | 96 |
| de Trèves à Mayence | 30 | 120 |
| de Mayence à Francfort | 7 | 28 |
| de Francfort à Fulde | 21 | 84 |
| de Fulde à Eysenach | 19 | 76 |
| d'Eysenach à Leipsick | 33 | 132 |
| de Leipsick à Wittemberg | 15 | 60 |
| de Wittemberg à Berlin | 20 | 80 |
| 2° *Route de Paris à Berlin*, 241 lieues (964 k.). | | |
| De Paris à Strasbourg | 99 | 396 |
| de Strasbourg à Spire | 22 | 88 |
| de Spire à Wurtzbourg | 30 | 120 |
| de Wurtzbourg à Bamberg | 15 | 60 |
| de Bamberg à Cobourg | 10 | 40 |
| de Cobourg à Leipsick | 30 | 120 |
| de Leipsick à Berlin | 35 | 140 |
| 3° *route de Paris à Berlin*, par *Bruxelles*, 213 lieues. | | |

| | milles |
|---|---|
| De Paris à Bruxelles (n° 18) | 64 |
| de Bruxelles à Louvain | 3 |
| de Louvain à Diest | 3 |
| de Diest à Heethem | 3 |
| de Heethem à Werth | 4 |
| de Werth à Boxten | 1 |
| de Boxten à Ruremonde | 1,5 |
| de Ruremonde à Kessel | 2 |
| de Kessel à Vanloo | 1 |
| de Vanloo à Gueldres | 2 |
| de Gueldres à Wesel | 4 |
| de Wesel à Burbaum | 2 |
| de Burbaum à Olfen | 3,5 |
| d'Olfen à Luhnen | 2 |
| de Luhnen à Ham | 1 |
| de Ham à Huldrop | 2,5 |

| | milles. |
|---|---|
| de Huldrop à Lipstadt | 2 |
| de Lipstadt à Rittberg | 2 |
| de Rittberg à Bielefeld | 3 |
| de Bielefeld à Herford | 2 |
| d'Herford à Minden | 3 |
| de Minden à Oldendorff | 3 |
| d'Oldendorff à Mehle | 4 |
| de Mehle à Sterwalde | 2 |
| de Sterwalde à Nettingen | 2 |
| de Nettingen à Bainum | 2 |
| de Bainum à Hornebourg | 2 |
| d'Hornebourg à Osterwick | 1 |
| d'Osterwick à Halberstadt | 2 |
| d'Halberstadt à Heimerſleben | 2 |
| d'Heimerſleben à Magdebourg | 4 |
| de Magdebourg à Bourg | 3 |
| de Bourg à Ziézar | 4 |
| de Ziézar à Brandebourg | 3 |
| de Brandebourg à Potzdam | 4 |
| de Potzdam à Berlin | 4 |

20. *De Paris à Berne*, 120 *lieues* (480 k.).

| | lieues. | kil. |
|---|---|---|
| De Paris à Besançon | 92 | 368 |
| de Besançon à Berne | 28 | 112 |

21. *De Paris à Bologne*, 253 *lieues* (1012 k.).

| | | |
|---|---|---|
| De Paris à Lyon | 116 | 464 |
| de Lyon à Bourgoin | 10 | 40 |
| de Bourgoin à la Tour-du-Pin | 4 | 16 |
| de la Tour-du-Pin au Pont-de-Beauvoisin | 4 | 16 |
| du Pont-de-Beauvoisin à Chambéry | 8 | 32 |
| de Chambéry à Montmélian | 3 | 12 |
| de Montmélian à Aiguebelle | 4 | 16 |
| d'Aiguebelle à la Chambre | 5 | 20 |
| de la Chambre à Saint-Jean-de-Maurienne | 2 | 8 |
| de Saint-Jean de Maurienne à Modène | 7 | 28 |
| de Modène à Lasnebourg | 5 | 20 |

(C'est ici le pied du grand mont Cenis).

| | | |
|---|---|---|
| de Lasnebourg à la poste du mont Cenis | 2 | 8 |
| de ladite poste à la Novalesa | 4 | 16 |
| de la Novalesa à Suze | 2 | 8 |
| | lieues 176 | 704 |
| | milles 246 | |

| | milles. |
|---|---|
| De Suze à Avegliana | 16 |
| d'Avegliana à Rivoli | 6 |
| de Rivoli à Turin | 6 |
| de Turin à Montcaliéri | 5 |
| de Montcaliéri à Asti | 25 |
| d'Asti à Anone | 5 |
| d'Anone à Félizano | 10 |
| de Félizano à Alexandrie | 6 |
| d'Alexandrie à Marengo | 8 |
| de Marengo à San-Giuliano | 4 |
| de San-Giuliano à Tortone | 5 |
| de Tortone à Ponte-Corona | 4 |
| de Ponte-Corona à Voghera | 7 |
| de Voghera à Pizzo | 6 |
| de Pizzo à Brono | 15 |
| de Brono à Castel-San-Giovanni | 9 |
| de Castel-San-Giovanni à Rottofreddo | 5 |
| de Rottofreddo à San-Nicolo | 2.5 |
| de San-Nicolo à Plaisance | 2.5 |
| de Plaisance à Saint-Lazare | 2 |
| de Saint-Lazare à Ponte-Nura | 3.5 |
| de Ponte-Nura à Cassadio | 4 |
| de Cassadio à Fiorenzola | 5 |
| de Fiorenzola à Borgo San-Domino | 3.5 |
| de Borgo San-Domino à Castel-Guelfo | 8.5 |
| de Castel-Guelfo à Palazzo | 3 |
| de Palazzo à Fraore | 2 |
| de Fraore à Crocetta | 4 |
| de Crocetta à Parme | 1 |
| de Parme à Saint-Hilaire | 7 |
| de Saint-Hilaire à Cassadio | 5 |
| de Cassadio à Cello | 2 |
| de Cello à Reggio | 3 |
| de Reggio à Rubiera | 12.5 |
| de Rubiera à Modène | 8.5 |
| de Modène à Saint-Ambroise | 7 |
| de Saint-Ambroise au fort Urbain | 3.5 |
| du fort Urbain à la Samogia | 6 |
| de la Samogia à Bologne | 9 |

22. *De Paris à Boston* (Etats-Unis, 1179 *lieues* (4716 k.).

| | lieues. | kilom. |
|---|---|---|
| De Paris à Brest | 129 | 516 |
| de Brest à la hauteur de l'île Mayda (long. 358° 40', lat. 45° 30'). | 245 | 980 |
| de ladite hauteur à l'île Verte | 105 | 420 |
| de l'île Verte à la pointe sud du grand banc de Terre-Neuve (long. 306° 15', lat. 41° 10'), | 400 | 1600 |
| de ladite pointe à Boston | 300 | 1200 |
| de Boston à Québec, par mer, | 520 | 2080 |
| de Boston au Cap-Français | 480 | 1920 |
| de Boston à la Havane | 480 | 1920 |
| de Boston à Angra des Açores | 760 | 3040 |

23. *De Paris à Breslaw*, 276 *lieues* (1104 k.).

| | | |
|---|---|---|
| De Paris à Strasbourg | 99 | 396 |
| de Strasbourg à Heilbron | 30 | 120 |
| de Heilbron à Nuremberg, | 35 | 140 |
| de Nuremberg à Egra | 27 | 108 |
| d'Egra à Prague | 33 | 132 |
| de Prague à Breslaw | 52 | 208 |

24. *De Paris à Bruxelles* (n° 18), 64 *lieues* (246 k.).

N. Les lieues sont de 2500 pas.

| | | |
|---|---|---|
| De Bruxelles à Gand | 11 | 44 |
| de Bruxelles à Liége | 22 | 88 |
| de Bruxelles à Ostende | 23 | 92 |
| de Bruxelles à Lille | 22 | 88 |
| de Bruxelles à Namur | 14 | 56 |
| de Bruxelles à Dunkerque | 31 | 124 |

25. *De Paris à Buénos-Ayres*, 2,198 *lieues* (8792 k.).

| | | |
|---|---|---|
| De Paris à Brest | 129 | 516 |
| de Brest à la hauteur du cap Finistère (long. 7° 0', lat. 43° 30') | 125 | 500 |

# DISTANCE DE PARIS AUX PRINCIPALES VILLES ETRANGERES

| | lieues. | kil. |
|---|---|---|
| de ladite hauteur à l'île de Madère | 255 | 1020 |
| de Madère à l'île de Fer | 110 | 440 |
| de l'île de Fer aux îles du Cap-Vert | | |
| desdites îles à la hauteur du cap des Augustins, au Brésil (long. 344° 0', lat. mérid. 8° 30') | 275 | 1100 |
| de ladite hauteur à la hauteur du cap Frio (long. 355° 15', lat. mérid. 220° 44') | 500 | 2000 |
| de ladite hauteur à l'île de Sainte-Catherine (long. 328° 30', lat. mérid. 28° 5') | 370 | 1480 |
| de l'île de Sainte-Catherine au cap de Sainte-Marie, à l'embouchure de la rivière de la Plata (long. 322° 30', lat. mérid. 35° 5') | 170 | 680 |
| dudit cap à Buénos-Ayres | 190 | 760 |
| N. Depuis Brest jusqu'au cap Finistère, et de là jusqu'à l'île de Madère, on fait route exactement au sud-ouest. | 74 | 296 |

Depuis l'île de Madère jusqu'à l'île de Fer, on porte le cap du sud. De là jusqu'aux îles du Cap-Vert, sud-sud-ouest. Depuis lesdites îles jusqu'au cap Saint-Augustin, sud-ouest; du cap de Saint-Augustin au cap Frio, sud-sud-ouest; du cap Frio à l'île de Sainte-Catherine, sud-ouest; depuis ladite île jusqu'à l'embouchure de la rivière de la Plata, sud-sud-ouest. On entre dans cette rivière en portant dans l'ouest, et l'on continue la navigation jusqu'à Buénos-Ayres, en faisant route au nord-ouest un quart à l'ouest.

26. *De Paris à Cadix*, 356 *lieues* (1,416 k.).

| | lieues. | kil. |
|---|---|---|
| De Paris à Madrid (n° 71) | 256 | 916 |
| de Sétafé à Illescas | 3 | 12 |
| d'Illescas à Illescas | 4 | 16 |
| de Cavañas à Cavañas | 3 | 12 |
| de Cavañas à Tolède | 3 | 12 |
| de Tolède à Illivea | 3 | 12 |
| d'Illivea à Lebènes | 3 | 12 |
| de Lebènes à la Venta-Deivan-de-Dios | | |
| de la Venta-Deivan à la Venta de la Zarevela | 3 | 12 |
| de la Zarevela à Malayor | 3 | 12 |
| de Malayor à Ciudad-Réal | 4 | 16 |
| de Ciudad-Réal à Caraquel | 3 | 12 |
| de Caraquel à Almodovar | 3 | 12 |
| d'Almodovar à Alcudia | 3 | 12 |
| d'Alcudia à la Conquista | 5 | 20 |
| de la Conquista à la Venta d'el Puerto de Sierra-Morena | 5 | 20 |
| de la Venta d'el Puerto à Adamaz | 6 | 24 |
| d'Adamaz à Cordoue | 4 | 16 |
| de Cordoue à la Venta del'Ar- | 6 | 24 |
| | 4 | 16 |

| | lieues. | kil. |
|---|---|---|
| del'Arrecife à Ecija | 4 | 16 |
| d'Ecija à Carmona | 5 | 20 |
| de Carmona à Séville | 5 | 20 |
| de Séville à los Palacios | 5 | 20 |
| de los Palacios à Lebrica | 5 | 20 |
| de Lebrica à Xérès de la Frontera | 4 | 16 |
| de Xérès à Puerto de Samaria | 2 | 8 |
| de Puerto à Cadix | 2 | 8 |

2e *Route de Paris à Cadix* (partie par mer), 422 *lieues* (1688 k.).

| | lieues. | kil. |
|---|---|---|
| De Paris au Havre-de-Grâce | 45 | 180 |
| du Havre à la hauteur du cap de la Hogue | 20 | 80 |
| du cap de la Hogue à la hauteur de l'île d'Ouessant | 52 | 208 |
| de l'île d'Ouessant au cap Finistère | 126 | 504 |
| du cap Finistère à la hauteur du cap Rocca-Cintra | 88 | 352 |
| du cap Rocca-Cintra à la hauteur du cap Saint-Vincent | 45 | 180 |
| du cap Saint-Vincent à Cadix | 46 | 184 |

2e *Route par Marseille*, 474 *lieues*.

| | lieues. | kil. |
|---|---|---|
| De Paris à Marseille | 193 | 772 |
| de Marseille à la hauteur de Port-Mahon | 72 | 288 |
| de ladite hauteur au cap de Gates | 128 | 512 |
| du cap de Gates à Gibraltar | 57 | 228 |
| de Gibraltar à Cadix | 24 | 98 |
| de Cadix à Angra (des Açores) | 300 | 1200 |
| de Cadix à Sainte-Croix de Barbarie | 150 | 550 |
| de Cadix à Canaria | 245 | 980 |
| de Cadix à Québec | 1100 | 4400 |
| de Cadix à Londres | 500 | 2000 |
| de Cadix à Brest | 320 | 1280 |
| de Cadix à Cayenne | 1100 | 4400 |

27. *De Paris à Cagliari* (île de Sardaigne), 334 *lieues* (1336 k.).

| | lieues. | kil. |
|---|---|---|
| De Paris à Marseille | 193 | 772 |
| de Marseille à la hauteur de l'île de Saint-Pierre (long. 25° 30', lat. 39° 0') | 112 | 448 |
| de ladite hauteur à Cagliari | 29 | 116 |

28. *De Paris au Caire*, 794 *lieues* (3168 k.).

| | lieues. | kil. |
|---|---|---|
| De Paris à Alexandrie (n. 6) | 754 | 3016 |
| d'Alexandrie au Caire | 40 | 160 |
| du Caire à Jérusalem | 85 | 340 |
| du Caire à Tripoli en Syrie | 145 | 580 |
| du Caire à Damas | 125 | 500 |
| du Caire à la Mecque | 240 | 960 |

29. *De Paris à Candie*, 625 *lieues* (2500 k.).

| | lieues. | kil. |
|---|---|---|
| De Paris à Marseille | 193 | 772 |
| de Marseille à Malte | 232 | 928 |
| de Malte à Candie | 200 | 800 |

30. *De Paris à Cantorbéry*, 80 *lieues* (320 k.).

| | lieues. | kil. |
|---|---|---|
| De Paris à Calais | 64 | 256 |
| de Calais à Cantorbéry | 16 | 64 |

31. *De Paris au cap de Bonne-Espérance*, 2236 *lieues* (8944 k.).

| | lieues. | kil. |
|---|---|---|
| De Paris à Brest | 129 | 516 |

|  | lieues. | kil. |
|---|---|---|
| de Brest à la hauteur du cap Finistère (long. 7° 0', lat. 43° 30') | 125 | 500 |
| de ladite hauteur à l'île de Madère | 255 | 1020 |
| de Madère à l'île de Fer | 110 | 440 |
| de l'île de Fer aux îles du Cap-Vert | 275 | 1100 |
| desdites îles à l'île de l'Ascension | 530 | 2120 |
| de l'île de l'Ascension à l'île de Sainte-Hélène | 232 | 928 |
| de l'île Sainte-Hélène au cap de Bonne-Espérance | 580 | 2320 |
| du cap de Bonne-Espérance à Olinde au Brésil | 1110 | 4440 |
| du cap de Bonne-Espérance à Buénos-Ayres | 1280 | 5120 |
| du cap de Bonne-Espérance à la Nouvelle-Hollande | 1800 | 7200 |
| du cap de Bonne-Espérance au cap Horn | 1500 | 6000 |

**32. De Paris à Carthagène en Espagne, 356 lieues (1424 k.).**

| | lieues. | kil. |
|---|---|---|
| De Paris à Perpignan | 219 | 876 |
| de Perpignan à Barcelone | 37 | 148 |
| de Barcelone à Tarragone | 17 | 68 |
| de Tarragone à Tortose | 15 | 60 |
| de Tortose à Valence | 31 | 124 |
| de Valence à Xativa | 10 | 40 |
| de Xativa à Orihuela | 18 | 72 |
| d'Orihuela à Carthagène | 9 | 36 |

*Nota.* Depuis Paris jusqu'à Perpignan on a employé des lieues de 2500 pas chacune, les autres lieues sont de 3000 pas chacune.

**33. De Paris à Cassel, 137 lieues (548 k.).**

| | lieues. | kil. |
|---|---|---|
| De Paris à Reims | 30 | 120 |
| de Reims à Stenay | 23 | 92 |
| de Stenay à Longwy | 8 | 32 |
| de Longwy à Luxembourg | 5 | 20 |
| de Luxembourg à Verquier | 5 | 20 |
| de Verquier à Trèves | 5 | 20 |
| de Trèves à Liser | 5 | 20 |
| de Liser à Alst | 5 | 20 |
| d'Alst à Carden | 6 | 24 |
| de Carden à Coblentz | 4 | 16 |
| de Coblentz à Diekirch | 8 | 32 |
| de Diekirch à Wetzlar | 4 | 16 |
| de Wetzlar à Giessen | 3 | 12 |
| de Giessen à Marpurg | 6 | 24 |
| de Marpurg à Gilsenberg | 7 | 28 |
| de Gilsenberg à Fritzlar | 6 | 24 |
| de Fritzlar à Gundensberg | 2 | 8 |
| de Gundensberg à Cassel | 5 | 20 |

**34. De Paris à Cayenne, 1544 lieues (6176 k.).**

| | lieues. | kil. |
|---|---|---|
| De Paris à Brest | 129 | 516 |
| de Brest aux îles Açores | 400 | 1600 |
| des îles Açores à Cayenne | 1015 | 4060 |

**35. De Paris à Chambéry, 142 lieues (568 k.).**

| | lieues. | kil. |
|---|---|---|
| De Paris à Lyon | 116 | 464 |
| de Lyon à Chambéry | 26 | 104 |

**36. De Paris à Cologne, 100 lieues (400 k.).**

| | lieues. | kil. |
|---|---|---|
| De Paris à Philippeville (n. 65) | 55 | 220 |
| de Philippeville à Namur | 9 | 36 |
| de Namur à Liége | 12 | 48 |
| de Liége à Aix-la-Chapelle | 10 | 40 |
| d'Aix-la-Chapelle à Cologne | 14 | 56 |

**37. De Paris à Constantinople, 577 lieues (2308 k.).**

| | lieues. | kil. |
|---|---|---|
| De Paris à Strasbourg | 99 | 396 |
| de Strasbourg à Vienne (Voy. le n° 134) | 185 | 740 |
| de Vienne à Belgrade | 106 | 424 |
| de Belgrade à Hyssargick | 6 | 24 |
| d'Hyssargick à Collar | 6 | 24 |
| de Collar à Hassan-Bacha | 6 | 24 |
| d'Hassan-Bacha à Yagodina | 12 | 48 |
| d'Yagodina à Rama | 6 | 24 |
| de Rama à Nissa | 12 | 48 |
| de Nissa à Schiarchioi | 12 | 48 |
| de Schiarchioi à Sophie | 12 | 48 |
| de Sophie à Jectiman | 12 | 48 |
| de Jectiman à Tatarpassagick | 12 | 48 |
| de Tatarpassagick à Philippopoli | 6 | 24 |
| de Philippopoli à Hermanli | 20 | 80 |
| d'Hermanli à Andrinople | 12 | 48 |
| d'Andrinople à Ahsa | 6 | 24 |
| d'Ahsa à Eskibaba | 7 | 28 |
| d'Eskibaba à Bergase | 7 | 28 |
| de Bergase à Chiourli | 10 | 40 |
| de Chiourli à Sélivrée | 10 | 40 |
| de Sélivrée à Constantinople | 12 | 48 |

*Nota.* Depuis Paris jusqu'à Vienne, on a employé des lieues de 2500 pas chacune; toutes les autres lieues de cet article sont de 3000 pas chacune.

2ᵉ *Route*, 669 lieues (2676 k.).

| | lieues. | kil. |
|---|---|---|
| De Paris à Naples (n° 92) | 418 | 1672 |
| de Naples à Barletta | 36 | 144 |
| de Barletta à Durazzo, par mer | 55 | 220 |
| de Durazzo à Occida | 25 | 100 |
| d'Occida à Munster | 20 | 80 |
| de Munster à Salonick | 15 | 60 |
| de Salonick à Empoli | 22 | 88 |
| d'Empoli à Trajanopoli | 40 | 160 |
| de Trajanopoli à Chiourli | 16 | 64 |
| de Chiourli à Sélivrée | 10 | 40 |
| de Sélivrée à Constantinople | 12 | 48 |

3ᵉ *Route*, 748 lieues (2992 k.).

| | lieues. | kil. |
|---|---|---|
| De Paris à Marseille | 193 | 772 |
| de Marseille à Malte | 232 | 628 |
| de Malte à l'île de Cerigo (Cythère) | 155 | 620 |
| de Cerigo à l'île de Tino | 50 | 200 |
| de Tino à l'ouest de l'île de Chio, à la hauteur de l'île d'Ipsera | 26 | 104 |
| d'Ipsera à Tenedo | 38 | 152 |
| de Tenedo aux Dardanelles | 14 | 56 |
| des Dardanelles à Constantinople | 40 | 160 |

**38. De Paris à Copenhague, 266 lieues.**

| | milles | kil. |
|---|---|---|
| De Paris à Bruxelles (n° 18) | | 64 |
| de Bruxelles à Wesel | | 25 |

## DISTANCE DE PARIS AUX PRINCIPALES VILLES ETRANGERES.

| | milles. |
|---|---|
| de Wesel à Vienbeck | 4 |
| de Vienbeck à Dulmen | 4 |
| de Dulmen à Munster | 4 |
| de Munster à Lateberge | 3 |
| de Lateberge à Lengerke | 2 |
| de Lengerke à Osnabruck | 2 |
| d'Osnabruck à Ferden | 18 |
| de Ferden à Rottembourg | 3 |
| de Rottembourg à Tostedt | 4 |
| de Tostedt à Harbourg | 4 |
| de Harbourg à Hambourg | 1 |
| de Hambourg à Pinneberg | 2 |
| de Pinneberg à Itzehoé | 5 |
| d'Itzehoé à Nemmels | 3 |
| de Nemmels à Rensborg | 3 |
| de Rensborg à Dannewerck | 3 |
| de Dannewerck à Flensborg | 4 |
| de Flensborg à Toldsted | 3 5 |
| de Toldsted à Hadersleben | 3 5 |
| de Hadersleben à Aaresunds-Fœrge | 2 |
| d'Aaresunds-Fœrge à Assens | 2 |

(On passe le Petit-Belt entre Aaresunds-Fœrge et Assens : ce trajet est de 2 milles par eau.)

| | |
|---|---|
| d'Assens à Odensée | |
| d'Odensée à Nyborg | 5 |
| de Nyborg à Korsoer | 4 |
| | 4 |

(On passe le Grand-Belt entre Nyborg et Korsoer : ce trajet est de 4 milles par eau.)

| | |
|---|---|
| de Korsoer à Slagelse | 2 |
| de Slagelse à Kingsted | 4 |
| de Kingsted à Roschild | 4 |
| de Roschild à Copenhague | 4 |

*Nota.* Depuis Paris jusqu'à Bruxelles, on a employé des lieues de 2500 pas géométriques chacune. Depuis Bruxelles jusqu'à Hambourg, on s'est servi de milles d'Allemagne, de 4 à 5000 pas géométriques chacun, et l'on a compté par milles danois, de 4000 pas géométriques chacun, depuis Hambourg jusqu'à Copenhague. De là, en réduisant les milles d'Allemagne et ceux de Danemark en lieues de 3000 pas géométriques chacune, on trouvera 125 lieues depuis Bruxelles jusqu'à Hambourg, et 77 lieues depuis Hambourg jusqu'à Copenhague : total 266 lieues.

39. *De Paris à Cordoue* (n° 26), 320 *lieues* (1280 k.).

40. *De Paris à l'île de Corse*, 285 *lieues* (1140 k.).

| | lieues. | kil. |
|---|---|---|
| De Paris à Marseille | 193 | 772 |
| de Marseille au cap Corse | 92 | 368 |

41. *De Paris à Cracovie*, 327 *lieues* (1308 k.).

| | | |
|---|---|---|
| De Paris à Breslaw (n° 23) | 276 | 1104 |
| d'Oppelen à Oppelen | 15 | 60 |
| d'Oppelen à Cracovie | 36 | 144 |
| *Autre Route*, 370 *lieues*(1480k.). | | |
| De Paris à Strasbourg | 99 | 396 |
| de Strasbourg à Vienne (n° 134) | 186 | 744 |
| de Vienne à Brin | 20 | 80 |
| de Brin à Olmutz | 12 | 48 |
| d'Olmutz à Ratibor | 18 | 72 |
| de Ratibor à Cracovie | 35 | 140 |

42. *De Paris à Damas* (n° 28), 919 *lieues* (3676 k.).

43. *De Paris à Dantzick*, 298 *lieues* (1192 k.).

| | lieues. | kil. |
|---|---|---|
| De Paris à Cassel (n° 34) | 137 | 548 |
| de Cassel à Halberstadt | 32 | 128 |
| de Halberstadt à Magdebourg | 13 | 52 |
| de Magdebourg à Berlin | 30 | 120 |
| de Berlin à Stargarst | 30 | 120 |
| de Stargarst à Kosslin | 18 | 72 |
| de Kosslin à Dantzick | 38 | 152 |

44. *De Paris à Douvres* (n° 47), 73 *lieues* (292 kilomètres).

45. *De Paris à Dresde*, 213 *lieues*.

| | | |
|---|---|---|
| De Paris à Strasbourg | 99 | 396 |
| de Strasbourg à Rastadt | 12 | 48 |
| de Rastadt à Heilbron | 20 | 80 |
| d'Heilbron à Hall | 9 | 36 |
| de Hall à Anspach | 16 | 64 |
| d'Anspach à Nuremberg | 10 | 40 |
| de Nuremberg à Bareith | 15 | 60 |
| de Bareith à Plauen | 10 | 40 |
| de Plauen à Swickaw | 5 | 20 |
| de Swickaw à Odern | 9 | 36 |
| d'Odern à Dresde | 8 | 32 |

46. *De Paris à Dublin*, 187 *lieues* (748 kil.).

| | | |
|---|---|---|
| De Paris à Saint-Denis | 2 | 8 |
| de Saint-Denis à Clermont | 12 | 48 |
| de Clermont à Amiens | 15 | 60 |
| d'Amiens à Abbeville | 10 | 40 |
| d'Abbeville à Montreuil | 10 | 40 |
| de Montreuil à Boulogne | 8 | 32 |
| de Boulogne à Calais | 7 | 28 |

| | milles. |
|---|---|
| De Calais à Douvres | 26 |
| de Douvres à Cantorbéry | 16 |
| de Cantorbéry à Sittingbourn | 16 |
| de Sittingbourn à Rochester | 12 |
| de Rochester à Dartford | 16 |
| de Dartford à Londres | 16 |
| de Londres à Barne | 10 |
| de Barne à Saint-Albans | 10 |
| de Saint-Albans à Dunstable | 10 |
| de Dunstable à Stonystratford | 14 |
| de Stonystratford à Tocaster | 6 |
| de Tocaster à Daventry | 10 |
| de Daventry à Coventry | 14 |
| de Coventry à Coleshull | 8 |
| de Coleshull à Lichtfield | 12 |
| de Lichtfield à Stafford | 11 |
| de Stafford à Namptwich | 16 |
| de Namptwich à Chester | 14 |
| de Chester à l'embouchure de la Déé | 15 |
| depuis Chester jusqu'à Dublin (par mer) | 123 |

*Nota.* Les trois milles d'Angleterre font une grande lieue, de celles dont on compte vingt au degré.

47. *De Paris à Edimbourg*, 197 *lieues*.

| | | |
|---|---|---|
| De Paris à Londres (n° 47) | 98 | |
| de Londres à Waltham | 12 | |
| de Waltham à Hodsden | 5 | |
| de Hodsden à Ware | 3 | |
| de Ware à Butinford | 8 | |
| de Butinford à Royston | 5 | |
| de Royston à Carlton | 9 | |

|  | milles. |
|---|---|
| de Carton à Huntington | 6 |
| de Huntington à Stamford | 21 |
| de Stamford à Grantham | 16 |
| de Grantham à Newarck | 10 |
| de Newarck à Tuxford | 10 |
| de Tuxford à Retford | 6 |
| de Retford à Doncaster | 12 |
| de Doncaster à Seherborn | 14 |
| de Seherborn à Tadcaster | 5 |
| de Tadcaster à Yorck | 8 |
| d'Yorck à Borughbrigd | 12 |
| de Borughbridg à Northallerton | 12 |
| de Northallerton à Dorlington | 10 |
| de Dorlington à Durham | 14 |
| de Durham à Newcastle | 12 |
| de Newcastle à Morpeth | 12 |
| de Morpeth à Alnwick | 14 |
| d'Alnwick à Barwick | 24 |
| de Barwick à Duns | 12 |
| de Duns à Edimbourg | 24 |

48. *De Paris à Egra* (n° 23), 191 lieues.

49. *De Paris à Florence*, 273 lieues.

|  | lieues. | kil. |
|---|---|---|
| De Paris à Bologne (n° 21) | 253 |  |
|  | milles. |  |
| de Bologne à Pianoro | 8 |  |
| de Pianoro à Lojano | 8 |  |
| de Lojano à Scarica-l'Asino | 6 |  |
| de Scarica-l'Asino à Fiorenzuola | 9 |  |
| de Fiorenzuola à la Scarperia | 8 |  |
| de la Scarperia à Ponte-Assieme | 8 |  |
| de Ponte-Assieme à Uccellatojo | 6 |  |
| d'Uccellatojo à Florence | 7 |  |

50. *De Paris à Francfort-sur-le-Mein*, 113 lieues (452 kil.).

|  | lieues. | kil. |
|---|---|---|
| De Paris à Verdun | 51 | 204 |
| de Verdun à Thionville | 14 | 56 |
| de Thionville à Trèves | 10 | 40 |
| de Trèves à Budelich | 4 | 16 |
| de Budelich à Haag | 4 | 16 |
| de Haag à Laufferweiler | 4 | 16 |
| de Laufferveiler à Eckiweiller | 4 | 16 |
| d'Eckiveiller à Creutznach | 5 | 20 |
| de Creutznach à Mayence | 9 | 36 |
| de Mayence à Edersheim | 4 | 16 |
| d'Edersheim à Francfort | 4 | 16 |

51. *De Paris à Fribourg en Brisgaw*, 115 lieues (460 kil.).

| De Paris à Schélestadt | 107 | 428 |
| de Schélestadt à Fribourg | 8 | 32 |

52. *De Paris à Gênes*, 260 lieues (1040 k.).

| De Paris à Antibes | 216 | 864 |
| d'Antibes à Nice | 4 | 16 |
| de Nice à Menton | 6 | 24 |
| de Menton à Ventimiglia | 1 | 4 |
| de Ventimiglia à San-Remo | 4 | 16 |
| de San-Remo à Onéglia | 6 | 24 |
| d'Onéglia à Albenga | 5 | 20 |
| d'Albenga à Final | 3 | 12 |
| de Final à Savone | 5 | 20 |
| de Savone à Gênes | 10 | 40 |

*Autre route*, 219 lieues (876 k.).

| De Paris à Turin (n° 21) | 185 | 740 |

|  | lieues. | kil. |
|---|---|---|
| de Turin à Alexandrie | 17 | 68 |
| d'Alexandrie à Novi | 5 | 20 |
| de Novi à Gavi | 3 | 12 |
| de Gavi à Ottaggio | 1 | 4 |
| d'Ottaggio à Lagnasco | 3 | 12 |
| de Lagnasco à Ponte-Décimo | 2 | 8 |
| de Ponte-Décimo à Teggia | 1 | 4 |
| de Teggia à Gênes | 2 | 8 |

53. *De Paris à Genève*, 148 lieues (592 k.).

| De Paris à Lyon | 116 | 464 |
| de Lyon à Montluel | 5 | 20 |
| de Montluel à Saint-Denis | 5 | 20 |
| de Saint-Denis à Nantua | 8 | 32 |
| de Nantua à Châtillon | 4 | 16 |
| de Châtillon à Genève | 10 | 40 |

2ᵉ *Route*, 146 lieues (584 k.).

| De Paris à Lyon | 116 | 464 |
| de Lyon à Saint-Denis | 10 | 40 |
| de Saint-Denis à Saint-Rambert | 3 | 12 |
| de Saint-Rambert à Seyssel | 7 | 28 |
| de Seyssel à Chaumont | 3 | 12 |
| de Chaumont à Saint-Julien | 5 | 20 |
| de Saint-Julien à Genève | 2 | 8 |

3ᵉ *Route*, 117 lieues (468 k.).

| De Paris à Châlons | 87 | 348 |
| de Châlons à Louhans | 7 | 28 |
| de Louhans à Cuzeaux | 4 | 16 |
| de Cuzeaux à Châtillon | 9 | 36 |
| de Châtillon à Genève | 10 | 40 |

4ᵉ *Route*, 127 lieues (508 k.).

| De Paris à Mâcon | 100 | 400 |
| de Mâcon à Bourg | 6 | 24 |
| de Bourg à Nantua | 7 | 28 |
| de Nantua à Genève | 14 | 56 |

(Les lieues de cet article sont de 2500 pas chacune.)

54. *De Paris à Gibraltar* (n. 26), 3ᵉ *Route*, 450 lieues (1800 k.).

55. *De Paris à Goa*, 3900 lieues (15600 k.).

| De Paris à Bayonne | 200 | 800 |
| de Bayonne à Vitoria | 34 | 136 |
| de Vitoria à Burgos | 21 | 84 |
| de Burgos à Valladolid | 22 | 88 |
| de Valladolid à Salamanca | 23 | 93 |
| de Salamanca à Ciudad Rodrigo | 17 | 68 |
| de Ciudad Rodrigo à Almeyda | 6 | 24 |
| d'Almeyda à Corvo | 32 | 128 |
| de Corvo à Santarem | 18 | 72 |
| de Santarem à Lisbonne | 14 | 56 |

(Le reste par mer.)

| De Lisbonne à l'île de Madère | 180 | 720 |
| de Madère à l'île de Fer | 110 | 440 |
| de l'île de Fer aux îles du Cap-Vert | 275 | 1100 |
| des îles du Cap-Vert à l'île de l'Ascension | 530 | 2120 |
| de l'île de l'Ascension à l'île de Sainte-Hélène | 232 | 928 |
| de l'île de Sainte-Hélène au cap de Bonne-Espérance | 580 | 2320 |
| dudit cap à l'île Bourbon | 760 | 3040 |
| de l'île Bourbon à Goa | 845 | 3380 |

56. *De Paris à Guayaquil*, 2117 lieues (8468 k.).

| De Paris à Cadix (n° 26) | 356 | 1424 |

# DISTANCE DE PARIS AUX PRINCIPALES VILLES ETRANGERES.

| | lieues. | kil. |
|---|---|---|
| de Cadix à Guyaquil (n° 66, 2ᵉ Route) | 1761 | 7044 |
| **57. De Paris à Hambourg**, 195 lieues (780 k.). | | |
| De Paris à Wesel | 109 | 436 |
| de Wesel à Ghemen | 7 | 28 |
| de Ghemen à Bentheim | 15 | 60 |
| de Bentheim à Lingen | 7 | 28 |
| de Lingen à Lœuninghen | 9 | 36 |
| de Lœnninghen à Kloppenborg | 4 | 16 |
| de Kloppenborg à Wildshusen | 7 | 28 |
| de Wildshusen à Delmenhordst | 4 | 16 |
| de Delmenhordst à Bremen | 3 | 12 |
| de Bremen à Ferden | 10 | 40 |
| de Ferden à Rotembourg | 6 | 24 |
| de Rotembourg à Tosteds | 6 | 24 |
| de Tosteds à Harbourg | 6 | 24 |
| de Harbourg à Hambourg | 2 | 8 |
| **58. De Paris à Hanover**, 168 lieues (672 k.). | | |
| De Paris à Cassel (n° 34) | 137 | 548 |
| de Cassel à Munden | 4 | 16 |
| de Munden à Gettingen | 5 | 20 |
| de Gettingen à Northeim | 3 | 12 |
| de Northeim à Embecke | 4 | 16 |
| d'Embecke à Bantelem | 7 | 28 |
| de Bantelem à Hanover | 8 | 32 |
| 2ᵉ Route, 173 lieues (692 k.). | | |
| De Paris à Osnabruck (n° 39) | 136 | 544 |
| d'Osnabruck à Bœmte | 6 | 24 |
| de Bœmte à Diepenau | 7 | 28 |
| de Diepenau à Léese | 8 | 32 |
| de Léese à Hagenborgh | 4 | 16 |
| de Hagenborgh à Hanover | 6 | 24 |
| d'Osnabruck à Minden | 15 | 60 |
| de Minden à Buckembourg | 2 | 8 |
| de Buckembourg à Stochen | 10 | 40 |
| de Stochen à Hanover | 4 | 16 |
| 3ᵉ Route, 167 lieues (668 k.). | | |
| De Paris à Liége (n. 63) | 76 | 304 |
| de Liége à Juliers | 15 | 60 |
| de Juliers à Dusseldorff | 8 | 32 |
| de Dusseldorff à Unna | 18 | 72 |
| d'Unna à Lippstadt | 13 | 52 |
| de Lippstadt à Neuhaus | 8 | 32 |
| de Neuhaus à Delmolt | 6 | 24 |
| de Delmolt à Hamelen | 11 | 44 |
| de Hamelen à Koppenbruk | 4 | 16 |
| de Koppenbruck à Stochen | 4 | 16 |
| de Stochen à Hanover | 4 | 16 |
| (Les lieues sont de 2500 pas.) | | |
| **59. De Paris à la Haye** (n. 8), 98 lieues. | | |
| **60. De Paris à Jérusalem**, 803 lieues (3212 k.). | | |
| De Paris à Marseille | 193 | 772 |
| de Marseille à l'île de Saint-Pierre | 110 | 440 |
| de ladite île à la Lampidoza | 115 | 460 |
| de la Lampidoza au cap Razat | 165 | 660 |
| du cap Razat à Saint-Jean d'Acre | 190 | 760 |
| de Acre à Nazareth | 8 | 32 |
| de Nazareth à Jérusa'em | 22 | 88 |
| du cap Razat à Joppé (port de mer) | 167 | 668 |
| de Joppé à Jérusalem | 12 | 48 |

| | lieues. | kil. |
|---|---|---|
| **61. De Paris à Ispahan**, 1162 lieues (4648 k.). | | |
| De Paris à Constantinople (n. 38) | 577 | 2308 |
| de Constantinop'e à Diarbekir | 250 | 1000 |
| de Diarbekir à Bagdad | 160 | 640 |
| de Bagdad à Ispahan | 175 | 700 |
| Autre rou'e, 1163 lieues (4652 k.). | | |
| De Paris à Marseille | 193 | 772 |
| de Marseille à Malte | 232 | 928 |
| de Malte à Alexandrette | 398 | 1592 |
| d'Alexandrette à Alep | 25 | 100 |
| d'Alep à Bagdad | 140 | 560 |
| de Bagdad à Ispahan | 175 | 700 |
| **62. De Paris à Kœnigsberg**, 328 lieues (1312 k.). | | |
| De Paris à Dantzick (n. 44) | 298 | 1192 |
| de Dantzick au Pillaw | 20 | 80 |
| du Pillaw à Kœnigsberg | 10 | 40 |
| **63. De Paris à Leipsick** (n. 19), 185 lieues (740 k.). | | |
| **64. De Paris à Liége**, 76 lieues (304 k.). | | |
| De Paris à Senlis | 10 | 40 |
| de Senlis à Compiègne | 8 | 32 |
| de Compiègne à Noyon | 6 | 24 |
| de Noyon à Guise | 16 | 64 |
| de Guise à Philippeville | 15 | 60 |
| de Philippeville à Namur | 10 | 40 |
| de Namur à Huy | 6 | 24 |
| de Huy à Liége | 5 | 20 |
| Autre route, 81 lieues (324 k.). | | |
| De Paris à Bruxelles (n. 18) | 64 | 256 |
| de Bruxelles à Louvain | 4 | 16 |
| de Louvain à Tirlemont | 4 | 16 |
| de Tirlemont à Saint-Tron | 3 | 12 |
| de Saint-Tron à Liége | 6 | 24 |
| de Bruxelles à Tirlemont | 8 | 32 |
| de Tirlemont à Landen | 2 | 8 |
| de Landen à Warem | 3 | 12 |
| de Warem à Liége | 4 | 16 |
| *Nota.* Il est encore deux autres routes qui mènent de Paris à Liége. La 1ʳᵉ passe par Soissons, Laon, Marle, Vervins, Philippeville, etc.; par la 2ᵉ on va de Laon à Givet, et de là à Namur, etc. | | |
| **65. De Paris à Lima au Pérou**, 3726 lieues (14,914 k.). | | |
| De Paris à Cadix (n. 26) | 356 | 1424 |
| de Cadix à l'île de Madère | 200 | 800 |
| de Madère à l'île de Fer | 110 | 440 |
| de l'île de Fer aux îles du Cap-Vert | 275 | 1100 |
| desdites îles à la hauteur du cap de Saint-Augustin, au Brésil (longitude 344°, latitude méridionale 8° 30') | 500 | 2000 |
| de ladite hauteur à la hauteur du Cap-Frio (longitude 335°15', latitude méridionale 22° 48') | 370 | 1480 |
| du Cap-Frio à l'île de Sainte-Catherine (longitude 328° 30', latitude mérid., 28° 05') | 170 | 680 |
| de ladite île au cap San-Antonio | 220 | 880 |
| du cap San-Antonio au détroit de Lemaire | 440 | 1760 |

DICTIONNAIRE DE GÉOGRAPHIE ECCLÉSIASTIQUE.

| | lieues. | kil. |
|---|---|---|
| du détroit de Lemaire au cap Horn | 36 | 144 |
| du cap Horn à l'île de Sainte-Barbe | 240 | 960 |
| de ladite île au Callao | 770 | 3080 |
| de Callao à Lima | 2 | 8 |
| *Autre route*, 2352 *lieues* (9408 kil.). | | |
| De Paris à Cadix (n. 26) | 356 | 1424 |
| de Cadix à l'île de Fer (des Canaries) | 270 | 1080 |
| de l'île de Fer à la Martinique | 860 | 3440 |
| de la Martinique à Carthagène | 300 | 1200 |
| de Carthagène à Santa-Fé de Antoquia | 90 | 360 |
| de Santa-Fé à Anzerma | 45 | 180 |
| d'Anzerma à Cali | 38 | 152 |
| de Cali à Popayan | 26 | 104 |
| de Popayan à Pasto | 30 | 120 |
| de Pasto à Quitto | 44 | 176 |
| de Quitto à Tacunga | 18 | 72 |
| de Tacunga à Guyaquil | 40 | 160 |
| de Guyaquil à Truxillo | 140 | 560 |
| de Truxillo à Lima | 95 | 380 |
| de Lima à Mexico (par terre) | 1000 | 4000 |
| de Lima à Mexico (par mer) | 850 | 3400 |
| de Lima à Guyaquil (par mer) | 240 | 920 |
| de Lima à Manille | 3360 | 13440 |
| de Lima à Yedo, au Japon | 3000 | 12000 |
| de Lima à Canton, à la Chine | 3360 | 13440 |
| 66. *De Paris à Lisbonne* (n° 56), 387 *lieues*. 2ᵉ *Route*, 362 *lieues* (1448 k.). | | |
| De Paris à Madrid | 256 | 1024 |
| de Madrid à Talavera-la-Reyna | 20 | 80 |
| de Talavera à Truxillo | 22 | 88 |
| de Truxillo à Mérida | 16 | 64 |
| de Mérida à Badajoz | 10 | 40 |
| de Badajoz à Lisbonne | 38 | 152 |
| de Lisbonne à Angra (des Açores) | 255 | 1020 |
| de Lisbonne à Cadix (par mer) | 92 | 368 |
| de Lisbonne à Funchal (de Madère) | 180 | 720 |
| de Lisbonne à Olinde | 1065 | 4260 |
| 67. *De Paris à Livourne* (n° 92, 3ᵉ *Route*), 324 *lieues* (1296 k.). | | |
| 68. *De Paris à Londres* (n° 47), 98 *lieues* (392 k.). | | |
| 69. *De Paris à Louvain* (n° 65, 2ᵉ *Route*), 68 *lieues* (272 k.). | | |
| 70. *De Paris à Madrid*, 294 *lieues* (1176 k.). | | |
| De Paris à Bayonne | 200 | 800 |
| de Bayonne à Bidars | 2 | 8 |
| de Bidars à Saint-Jean-de-Luz | 2 | 8 |
| de Saint-Jean-de-Luz à Orogne | 2 | 8 |
| d'Orogne à Irun | 2 | 8 |
| d'Irun à Oyarzum | 4 | 16 |
| d'Oyarzum à Orniera | 2 | 8 |
| d'Orniera à Tolosa | 3 | 12 |
| de Tolosa à Villa-Franca | 3 | 12 |
| de Villa-Franca à Zegama | 3 | 12 |
| de Zegama à Galareta | 3 | 12 |
| de Galareta à Udicava | 3 | 12 |
| d'Udicava à Vitoria | 3 | 12 |
| de Vitoria à la Puebla | 3 | 12 |
| de la Puebla à Miranda | 2 | 8 |

| | lieues. | kil. |
|---|---|---|
| de Miranda à Meugo | 2 | 8 |
| de Meugo à Señoreda | 3 | 12 |
| de Señoreda à Bibriesca | 2 | 8 |
| de Bibriesca à Castel de Péones | 2 | 8 |
| de Castel de Péones à Quintanapalla | 3 | 12 |
| de Quintanapalla à Burgos | 3 | 12 |
| de Burgos à Sarrazin | 2 | 8 |
| de Sarrazin à Madrigalejo | 3 | 12 |
| de Madrigalejo à Lerma | 2 | 8 |
| de Lerma à Buabon | 3 | 12 |
| de Buabon à Aranda | 4 | 16 |
| d'Aranda à Orombio | 3 | 12 |
| d'Orombio à Fresnillo | 3 | 12 |
| de Fresnillo à Castillejo | 3 | 12 |
| de Castillejo à Sumofiera | 3 | 12 |
| de Sumofiera à Bultrajo | 3 | 16 |
| de Bultrajo à Cavanillas | 4 | 12 |
| de Cavanillas à San-Agostino | 3 | 12 |
| de San-Agostino à Alcoviendas | 3 | 12 |
| d'Alcoviendas à Madrid | 3 | 12 |

*Nota.* 1° Depuis Bayonne jusqu'à Madrid, on a employé les lieues d'Espagne, de 3428 pas géométriques chacune.

2° En réduisant toutes les lieues, tant celles de 2500 pas que celles de 3428 pas, en lieues de 3000 pas chacune, on trouvera depuis Paris jusqu'à Madrid 256 lieues (1024 k.).

| | | |
|---|---|---|
| de Madrid à l'Escurial | 7 | 28 |
| de Madrid à Aranjuez | 7 | 28 |
| de Madrid à Saint-Ildephonse | 14 | 56 |
| de Madrid à Barcelone | 100 | 400 |
| de Madrid à Valence | 51 | 204 |
| de Madrid à la Corogne | 100 | 400 |
| de Madrid au Ferrol | 100 | 400 |
| de Madrid à Saragosse | 50 | 200 |

71. *De Paris à Magdebourg* (n° 44), 182 *lieues* (728 k.).

72. *De Paris à Mahon*, 265 *lieues* (1060 k.).

| | | |
|---|---|---|
| De Paris à Marseille | 193 | 772 |
| de Marseille à Mahon | 72 | 288 |

*Nota.* Au sortir du port de Marseille, on porte le cap à l'ouest, et on fait une lieue et demie sur cette route. On se trouvera par conséquent entre l'île de Ratoneau à l'est et la rade de Marseille à l'ouest, et à 45 brasses d'eau; de là on portera constamment le cap au sud un demi-quart vers le sud-sud-ouest, jusqu'à la hauteur du Port-Mahon (latitude 39° 53' 45"). Ayant reconnu le fanal ou la tour des signaux à l'ouest, on la dépassera de 150 pas géométriques ou environ, en allant vers le sud, et l'on se trouvera à l'entrée du Port-Mahon, qui est très-bon et semblable à une rivière. L'entrée de ce port n'a que 500 pieds ou 100 pas géométriques de large. On y trouve pour le moins 10 brasses d'eau entre la citadelle et le fort Philippe. Ce port a 1000 pas géométriques de profondeur ou plutôt de longueur, depuis son entrée jusqu'à la ville de Mahon, et sa largeur n'est jamais moindre de 100 pas, ni plus grande de 350 pas. On y trouve jusqu'à 18 brasses d'eau; mais devant la ville de Mahon, il n'y en a que 6 brasses et demie. Depuis Mahon jusqu'au fort de Saint-Philippe ou

# DISTANCE DE PARIS AUX PRINCIPALES VILLES ETRANGERES.

compte 1600 pas géométriques, ou une bonne demi-lieue

2ᵉ Route, 327 lieues (1308 k.).
De Marseille à Mahon, en suivant les côtes de cap en cap et de pointe en pointe, 134 lieues (536 k.).

| | lieues. | kil. |
|---|---|---|
| De Paris à Marseille | 193 | 772 |
| de Marseille à l'Estaque | 2 | 8 |
| de l'Estaque au cap de Méjan | 1.5 | 6 |
| du cap de Méjan au cap de la Couronne | 2.5 | 10 |
| du cap de la Couronne à la Tour de Bouc. | 3 | 12 |
| de la Tour de Bouc aux Tignes (embouchure du Rhône) | 5 | 20 |
| des Tignes aux Saintes-Maries | 5 | 20 |
| des Saintes-Maries à Cette | 10 | 40 |
| de Cette au fort de Brescou, | 4 | 16 |
| de Brescou au cap de Leucate | 9 | 36 |
| de cap de Leucate à Collioure | 10 | 40 |
| de Collioure au cap de Creutz ou Cadequié | 8 | 32 |
| de Cadequié à Palamos | 12 | 48 |
| de Palamos à Mataro | 12 | 48 |
| de Mataro à Barcelone | 5 | 20 |
| de Barcelone à Mahon | 45 | 180 |

3ᵉ Route par Lyon et Perpignan, 301 lieues (1,204 k.).

| | | |
|---|---|---|
| De Paris à Barcel. (n. 7, 2ᵉ R.) | 256 | 1024 |
| de Barcelone à Mahon | 45 | 180 |
| de Ciudadella à Collioure | 55 | 220 |
| de Ciudadella à Cadequié | 48 | 192 |
| de Ciudadella à Roses | 48 | 192 |
| de Ciudadella à Palamos | 38 | 152 |
| de Ciudadella à Barcelone | 36 | 144 |
| de Ciudadella au cap Fromentel, dans l'île de Mayorque. | | |
| de Ciudadella à Palma ou Mayorque | 10 | 40 |
| de Ciudadella à Yviça | 33 | 132 |
| de Ciudadella à Valence | 50 | 200 |
| de Port-Mahon à Ciudadella | 72 | 288 |
| de Port-Mahon à Mercadal | 9 | 36 |
| de Mahon à Aleyor | 5 | 20 |
| de Mahon à Ferrerias | 2.5 | 10 |
| de Mahon au port Fornello | 6 | 24 |
| de Mahon à Sainte-Agathe | 7.5 | 30 |
| de Mahon à Alger | 7 | 28 |
| de Mahon à Carthagène | 68 | 272 |
| de Mahon à Gibraltar | 100 | 400 |
| de Mahon à Tunis | 190 | 760 |
| de Mahon à l'île de Corse | 80 | 320 |
| de Mahon à l'île de Sardaigne | 80 | 320 |
| | 70 | 280 |

73. De Paris à Malte, 425 lieues (1700 k.).

| | | |
|---|---|---|
| De Paris à Marseille | 193 | 772 |
| de Marseille jusqu'à la hauteur de l'île de Saint-Pierre, près des côtes de Sardaigne (long. 25° 30', lat. 39° 0') | 110 | 440 |
| de ladite hauteur à l'île de Maretimo | 62 | 248 |
| de Maretimo à Malte | 60 | 240 |
| de Malte au golfe de la Sidra | 140 | 560 |
| de Malte à Corfou | 130 | 520 |
| de Malte à Cagliari | 115 | 460 |
| de Malte à Civita-Vecchia | 160 | 640 |

74. De Paris à Manheim, 122 lieues (488 k.).

| | lieues. | kil. |
|---|---|---|
| De Paris à Saverne | 91 | 364 |
| de Saverne à Landau | 18 | 72 |
| de Landau à Spire | 6 | 24 |
| de Spire à Manheim | 7 | 28 |

Autre route, 116 lieues (464 k.).

| | | |
|---|---|---|
| De Paris à Metz | 62 | 248 |
| de Metz à Saar-Louis | 12 | 48 |
| de Saar-Louis à Deux-Ponts | 13 | 52 |
| de Deux-Ponts à Munichweiller | 8 | 32 |
| de Munichweiller à Landau | 8 | 32 |
| de Landau à Spire | 6 | 24 |
| de Spire à Manheim | 7 | 28 |

75. De Paris à Manille, 4775 lieues (19100 kil.).

| | | |
|---|---|---|
| De Paris à Madrid (n° 71) | 256 | 1024 |
| de Madrid à Cadix (n° 26) | 100 | 400 |
| de Cadix à Canaria ou Palma | 245 | 980 |
| de Canaria à Ribeira-Grande (cap des îles du Cap-Vert) | 300 | 1200 |
| de Ribeira-Grande à l'île de l'Ascension | 530 | 2120 |
| de l'île de l'Ascension à l'île de Sainte-Hélène | 232 | 928 |
| de l'île de Sainte-Hélène au cap de Bonne-Espérance | 580 | 2320 |
| du cap de Bonne-Espérance à l'île Bourbon | 76 | 3040 |
| depuis l'île Bourbon jusqu'au détroit de la Sonde (long. 122° 25', lat. mér. 60° 45') | 1000 | 4000 |
| dudit détroit à Manille | 650 | 2600 |
| du détroit de la Sonde à Batavia | 50 | 200 |
| du détroit de la Sonde à Macassar | 260 | 2040 |
| du détroit de la Sonde à Siam | 480 | 1920 |
| de Manille à Yédo | 630 | 2520 |
| de Manille à Canton | 235 | 940 |
| de Manille à Pékin | 585 | 2340 |
| de Manille à Acapulco | 2700 | 10800 |
| de Manille à Lima | 3360 | 13440 |
| de Manille au cap Horn | 3800 | 15200 |
| de Manille à Pondichéry | 1100 | 4400 |

76. De Paris à la Martinique, 1449 lieues (5796 kil.).

| | | |
|---|---|---|
| De Paris à Brest | 129 | 516 |
| de Brest à Saint-Michel (des Açores) | 380 | 1520 |
| des Açores à la Martinique | 940 | 3760 |
| de la Martinique à Cadix | 1130 | 4520 |
| de la Martinique au Cap-Français | 250 | 1000 |
| de la Martinique à Cayenne | 275 | 1100 |
| de la Martinique à la Jamaïque | 300 | 1200 |
| de la Martinique à la Havane | 460 | 1840 |
| de la Martinique aux îles du Cap-Vert | 730 | 2920 |
| de la Martinique à l'île de Fer | 860 | 3440 |
| de la Martinique à Madère | 960 | 3840 |
| de la Martinique à Marseille | 1400 | 5600 |
| de la Martinique à la Nouvelle-Orléans | 650 | 2600 |
| de la Martinique à Québec | 1000 | 4000 |
| de la Martinique à Saint-Domingue | 190 | 760 |
| de la Martinique à la Véra-Cruz | 700 | 2800 |

**77. De Paris à Mayence, 105 lieues.**

| | lieues. | kil |
|---|---|---|
| De Paris à Reims | 30 | 120 |
| de Reims à Stenay | 23 | 92 |
| de Stenay à Longwy | 8 | 32 |
| de Longwy à Luxembourg | 4 | 16 |
| de Luxembourg à Werquiert | 5 | 20 |
| de Werquiert à Trèves | 5 | 20 |
| de Trèves à Budelich | 4 | 16 |
| de Budelich à Haag | 4 | 16 |
| de Haag à Laufferweiller | 4 | 16 |
| de Laufferweiller à Eickweiller | 4 | 16 |
| d'Eickweiller à Creutzenach | 5 | 20 |
| de Creutzenach à Mayence | 9 | 36 |

**78. De Paris à Méaco (au Japon), 5355 lieues (21420 k.).**

| | | |
|---|---|---|
| De Paris à Cadix (n° 26) | 356 | 1424 |
| de Cadix à Canaria | 245 | 980 |
| de Canaria à Ribera-Grande (Cap des îles du Cap-Vert) | 300 | 1200 |
| de Ribeira-Grande à l'île de l'Ascension | 530 | 2120 |
| de l'île de l'Ascension à l'île de Sainte-Hélène | 232 | 928 |
| de l'île de Sainte-Hélène au cap de Bonne-Espérance | 580 | 2320 |
| dudit cap à l'île de Bourbon | 760 | 3040 |
| depuis l'île de Bourbon jusqu'au détroit de la Sonde (long. 122° 25', lat. mérid. 6° 45') | 1000 | 4000 |
| dudit détroit à Méaco | 1230 | 4920 |

**79. De Paris à Messine, 509 lieues (2036 k.).**

| | lieues. | milles. |
|---|---|---|
| De Paris à Naples (n° 92) | 498 | 1672 |
| de Naples à Portici | | 6 |
| de Portici à la Torre del Greco | | 2 |
| de la Torre del Greco à la Torre dell'Annunziata | | 4 |
| de la Torre dell'Annunziata à Nocera de Pagani | | 8 |
| de Nocera à la Cava | | 4 |
| de la Cava à Viétri | | 4 |
| de Viétri à Salerne | | 2 |
| de Salerne à Vicenza | | 6 |
| de Vicenza à Battipaglia | | 6 |
| de Battipaglia à Evoli | | 4 |
| d'Evoli à la Duchessa | | 8 |
| de la Duchessa à lo Scorzo | | 4 |
| de lo Scorzo à Auletta | | 9 |
| d'Auletta à la Sala | | 10 |
| de la Sala à Casalnuovo | | 14 |
| de Casalnuovo à Lagonéro | | 7 |
| de Lagonéro à Lauria | | 9 |
| de Lauria à Castelluccio | | 8 |
| de Castelluccio à la Rotonda | | 6 |
| de la Rotonda à Castrovillari | | 12 |
| de Castrovillari à Esero | | 10 |
| d'Esero à Cicuzo | | 9 |
| de Cicuzo à Taverna-Pinta | | 9 |
| de Taverna-Pinta à Cosenza | | 9 |
| de Cosenza à Belsito | | 6 |
| de Belsito à Martorano | | 10 |
| de Martorano à San-Biagio | | 6 |
| de San-Biagio à Fondaco-del-Fico | | 13 |
| de Fondaco à Montéléone | | 13 |
| de Montéléone à San-Pietro di Mileto | | 8 |
| de San-Pietro à Drosi | | 12 |
| de Drosi à Seminara | | 9 |
| de Seminara al Passo di Solano | | 8 |
| de Passo di Solano à Fiumara di Muro | | 7 |
| de Fiumara à la Catona | | 4 |
| de la Catona à Messine | | 8 |

*Nota.* Les 273 milles que l'on compte de puis Naples jusqu'à Messine donnent 91 lieues de 3000 pas géométriques chacune.

2ᵉ *Route*, 406 lieues (1624 k.).

| | lieues. | kil |
|---|---|---|
| De Paris à Marseille | 193 | 772 |
| de Marseille au cap Corse | 77 | 308 |
| du cap Corse à Messine | 136 | 544 |

3ᵉ *Route*, 404 lieues (1616 k.).

| | | |
|---|---|---|
| De Paris à Marseille | 193 | 772 |
| de Marseille aux Bouches (ou détroit de Boniface) | 84 | 336 |
| du détroit de Boniface à Messine | 127 | 508 |

4ᵉ *Route*, 426 lieues (1704 k.).

| | | |
|---|---|---|
| De Paris à Marseille | 193 | 772 |
| de Marseille à l'île de Saint-Pierre | 110 | 440 |
| de ladite île au cap Taularo | 8 | 32 |
| dudit cap à Messine | 115 | 460 |

**80. De Paris à Mexico, 2169 lieues (8676 k.).**

| | | |
|---|---|---|
| De Paris à Brest | 129 | 516 |
| de Brest aux Açores | 380 | 1520 |
| des Açores au Cap-Français | 1090 | 4360 |
| du Cap-Français à la Vera-Cruz | 510 | 2040 |
| de la Véra-Cruz à Mexico | 60 | 240 |
| de Mexico à Acapulco | 60 | 240 |
| de Mexico à Manille | 2760 | 11040 |
| de Mexico à Yedo | 2260 | 9040 |

**81. De Paris à Milan, 216 lieues (864 k.).**

| | lieues. | milles. |
|---|---|---|
| De Paris à Turin (n. 21) | 185 | 740 |
| de Turin à Chivasco | | 12 |
| de Chivasco à Verceil | | 36 |
| de Verceil à Novara | | 9 |
| de Novara à Trecca | | 6 |
| de Trecca à Berna | | 9 |
| de Berna à Bufalora | | 4 |
| de Bufalora à Castelletto | | 6 |
| de Castelletto à Milan | | 12 |

**82.** *De Paris à Mittaw* (n. 87), 386 lieues (1544 k.).

**83.** *De Paris à Modène* (n. 21), 163 lieues (652 k.).

**84.** *De Paris à Mœrdick*, 84 lieues (336 k.).

**85.** *De Paris à Mons* (n. 18), 54 lieues (216 k.).

**86.** *De Paris à Moscou*, 660 lieues (2640 k.).

| | lieues. | kil. |
|---|---|---|
| De Paris à Kœnigsberg (n. 63) | 328 | 1312 |
| de Kœnigsberg à Labiaw | 7 | 28 |
| de Labiaw à Tilsit | 11 | 44 |
| de Tilsit à Midnicki | 17 | 68 |
| de Midnicki à Mittaw | 23 | 92 |
| de Mittaw à Riga | 8 | 32 |

# DISTANCE DE PARIS AUX PRINCIPALES VILLES ÉTRANGÈRES.

| | lieues. | kil. |
|---|---|---|
| de Riga à Fellin | 35 | 140 |
| de Fellin à Nerva | 38 | 152 |
| de Nerva à Coporio | 14 | 56 |
| de Coporio à Saint-Pétersbourg | 14 | 56 |
| de Saint-Pétersbourg à Nowogorod-Welicki | 50 | 200 |
| de Nowogorod à Moscou | 115 | 460 |
| 2ᵉ Route, 662 lieues (2648 k.). De Paris à Kœnigsberg (V. le n. 63) | 328 | 1312 |
| de Kœnigsberg à Memmel | 25 | 100 |
| de Memmel à Mittaw | 35 | 140 |
| de Mittaw à Riga | 8 | 32 |
| de Riga à Narva | 73 | 292 |
| de Narva à Saint-Pétersbourg | 28 | 112 |
| de Saint-Pétersbourg à Moscou | 165 | 660 |
| 3ᵉ Route, 622 lieues (2488 k.). De Paris a Cracovie (n. 42) | 327 | 1308 |
| de Cracovie à Lublin | 50 | 200 |
| de Lublin à Horodeck | 36 | 144 |
| de Horodeck à Myssz | 30 | 120 |
| de Myssz à Zinin | 25 | 100 |
| de Zinin à Swilocz | 17 | 68 |
| de Swilocz à Mohilow | 25 | 100 |
| de Mohilow à Smolensko | 27 | 108 |
| de Smolensko à Dorogobovie | 20 | 80 |
| de Dorogobovie à Wiasma | 20 | 80 |
| de Wiasma à Mosaisko | 30 | 120 |
| de Mosaisko à Moscou | 15 | 60 |
| 87. De Paris à Munich, 182 lieues (728 k.). De Paris à Strasbourg | 99 | 396 |
| de Strasbourg à Lichtenau | 6 | 24 |
| de Lichtenau à Stolhoffen | 1 | 4 |
| de Stolhoffen à Rastadt | 4 | 16 |
| de Rastadt à Canstadt | 20 | 80 |
| de Canstadt à Blochingen | 5 | 20 |
| de Blochingen à Gœppingen | 4 | 16 |
| de Gœppingen à Geisling | 5 | 20 |
| de Geisling à Vestersten | 3 | 12 |
| de Vestersten à Elchingen | 5 | 20 |
| d'Elchingen à Guntzbourg | 3 | 12 |
| de Guntzbourg à Sumerhausen | 6 | 24 |
| de Sumerhausen à Augsbourg | 5 | 20 |
| d'Augsbourg à Degenbach | 4 | 16 |
| de Degenbach à Brugg | 4 | 16 |
| de Brugg à Munich | 8 | 32 |
| 88. De Paris à Munster (n° 39), 114 lieues (456 k.). | | |
| 89. De Paris à Namur (n° 65), 65 lieues (260 k.). | | |
| 90. De Paris à Nancy, 63 lieues (252 k.). De Nancy à Lunéville | 5 | 20 |
| de Lunéville à Sarrebourg | 12 | 48 |
| de Sarrebourg à Phalsbourg | 4 | 16 |
| de Phalsbourg à Saverne | 3 | 12 |
| de Saverne à Strasbourg | 8 | 32 |
| 91. De Paris à Naples 418 lieues (1672 k.). De Paris à Rome (n. 113) | 368 | 1472 |

| | milles. |
|---|---|
| de Rome à el Torre | 7 |
| d'el Torre à Marino | 7 |
| de Marino à Velletri | 12 |
| de Velletri à Casa-Fondata | 10 |
| de Casa-Fondata à l'hôtellerie de Sermoneta | 5 |
| de Sermoneta aux Case-Nuove | 10 |
| des Case-Nuove à Piperno | 6 |
| de Piperno à Maroni | 8 |
| de Maroni à Terracine | 8 |
| de Terracine à la porte et barrière par où l'on entre dans le royaume de Naples | 5 |
| de ladite porte à Fondi | 7 |
| de Fondi à Itri | 8 |
| d'Itri à Mola di Gaëta | 8 |
| de Mola au Garigliano | 8 |
| de Garigliano à Sainte-Agathe | 8 |
| de Sainte-Agathe à Francolise | 8 |
| de Francolise à Capoue | 8 |
| de Capoue à Aversa | 8 |
| d'Aversa à Naples | 8 |

*Nota.* Les 149 milles que l'on compte depuis Rome jusqu'à Naples sont de 833 toises et 4 pouces chacun.

2ᵉ *Route*, 367 lieues (1468 k.).

| | lieues. | kil. |
|---|---|---|
| De Paris à Marseille | 193 | 772 |
| de Marseille au cap Corse | 77 | 308 |
| du cap Corse à la petite île de Palmaria (qui gît entre Piombino et Porto-Langone) | 18 | 72 |
| de Palmaria au mont Argentat | 13 | 52 |
| du mont Argentat à l'île de Ponza | 43 | 172 |
| de l'île de Ponza à Ischia | 17 | 68 |
| d'Ischia à Naples | 6 | 24 |

3ᵉ *Route de Marseille à Naples, de port en port* 232 lieues (928 k.).

| | | |
|---|---|---|
| De Marseille à la Ciotat | 10 | 40 |
| de la Ciotat à Toulon | 12 | 48 |
| de Toulon aux îles d'Hières | 10 | 40 |
| des îles d'Hières à Saint-Tropès | 13 | 52 |
| de Saint-Tropès à Antibes | 10 | 40 |
| d'Antibes à Villefranche | 5 | 20 |
| de Villefranche à Monaco | 4 | 16 |
| de Monaco à San-Remo | 5 | 20 |
| de San-Remo au Port-Maurice | 5 | 20 |
| du Port-Maurice à Noli | 10 | 40 |
| de Noli à Vado | 2 | 8 |
| de Vado à Savone | 2 | 8 |
| de Savone à Gênes | 9 | 36 |
| de Gênes à Porto-Fino | 7 | 28 |
| de Porto-Fino à Porto-Venere | 13 | 52 |
| de Porto-Venere à Livourne | 14 | 56 |
| de Livourne à Porto-Longone | 18 | 72 |
| de Porto-Longone à Porto-Ereole | 16 | 64 |
| de Porto-Ereole à Civita-Vecchia | 10 | 40 |
| de Civita-Vecchia à Gaëte | 37 | 148 |
| de Gaëte à Naples | 20 | 80 |

*Nota.* Toutes les lieues employées pour les distances de Marseille à Naples sont de 3000 pas géométriques chacune.

92. *De Paris à Nuremberg*, 164 lieues (656 k.).

| | lieues. | kil. |
|---|---|---|
| De Paris à Strasbourg | 99 | 396 |
| de Strasbourg à Heilbron | 30 | 120 |
| de Heilbron à Nuremberg | 35 | 140 |

|  | lieues. | kil. |
|---|---|---|
| Autre route, 165 lieues (660 k.). | | |
| De Paris à Spire (n. 75), | 115 | 460 |
| de Spire à Nuremberg | 50 | 200 |
| 93. *De Paris à Olmutz* (n° 42, autre Route), 317 lieues (1268 k.). | | |
| 94. *De Paris à Osnabruck* (n° 39), 124 lieues (496 k.). | | |
| 95. *De Paris à Ostende*, 69 lieues. | | |
| De Paris à Dunkerque | 60 | 240 |
| de Dunkerque à Ostende | 9 | 36 |
| 96. *De Paris à Palerme*, 559 lieues (2236 k.). | | |
| De Paris à Messine (n. 80) | 509 | 2036 |
| de Messine à Patri | 15 | 60 |
| de Patri à Céfalu | 22 | 88 |
| de Céfalu à Termine | 6 | 24 |
| de Termine à Palerme | 7 | 28 |
| 2ᵉ *Route*, 390 lieues. | | |
| De Paris à Marseille | 193 | 772 |
| de Marseille au cap Corse, | 77 | 308 |
| du cap Corse à Palerme | 120 | 480 |
| 3ᵉ *Route*, 403 lieues (1,612 k.). | | |
| De Paris à Marseille | 193 | 772 |
| de Marseille à l'île de Saint-Pierre | 110 | 440 |
| de l'île de Saint-Pierre à Palerme | 100 | 400 |
| 4ᵉ *Route*, 377 lieues (1,508 k.). | | |
| De Paris à Marseille | 193 | 772 |
| de Marseille au détroit de Boniface, entre la Sardaigne et la Corse | 84 | 336 |
| dudit détroit à Palerme | 100 | 400 |
| de Palerme à l'île d'Ustica | 13 | 52 |
| de Palerme à l'île de Ponza | 56 | 224 |
| de Palerme à l'île d'Elbe | 100 | 400 |
| de Palerme à l'île de Pantelaria | 45 | 180 |
| de Palerme à l'île de Lipari | 28 | 112 |
| 97. *De Paris à Pampelune*, 217 lieues (868 k.). | | |
| De Paris à Bayonne | 200 | 800 |
| de Bayonne à Pampelune | 17 | 68 |
| 98. *De Paris à Parme*, 232 lieues (928 k.). | | |
| De Paris à Turin (n. 21), | 186 | 744 |
| de Turin à Parme | 46 | 184 |
| 2ᵉ *Route*, 311 lieues (1244 k.). | | |
| De Paris à Gênes (n. 53), | 260 | 1040 |
| de Gênes à Novi | 12 | 48 |
| de Novi à Tortone | 4 | 16 |
| de Tortone à Plaisance | 20 | 80 |
| de Plaisance à Parme | 15 | 60 |
| 3ᵉ *Route*, 309 lieues (1236 k.). | | |
| De Paris à Gênes (n. 53), | 260 | 1040 |
| de Gênes à Ponte di Sestri | 14 | 56 |
| de Ponte di Sestri à San-Pietro | 5 | 20 |
| de San-Pietro à Varese | 2 | 8 |
| de Varese à Cento-Croci | 2 | 8 |
| de Cento-Croci à Terzogno | 4 | 16 |
| de Terzogno à Bergo-Val-di-Taro | 6 | 24 |
| de Bergo-Val-di-Taro à Belforte | 3 | 12 |
| de Belforte à Conégliano | 5 | 20 |
| de Conégliano à Fornovo | 3 | 12 |
| de Fornovo à Parme | 5 | 20 |

*Nota*. Les lieues depuis Gênes jusqu'à Parme sont de 2500 pas, également celles jusqu'à Avignon.

|  | lieues. | kil. |
|---|---|---|
| 99. *De Paris à Pavie*, 222 lieues (888 k.). | | |
| De Paris à Milan (n. 82) | 216 | 864 |
| de Milan à Pavie | 6 | 24 |
| 100. *De Paris à Pékin* 1,868 lieues (7,472 k.). | | |
| De Paris à Moscou (n. 87), | 660 | 2640 |
| de Moscou à Tobolsk | 358 | 1432 |
| de Tobolsk à Narim | 150 | 600 |
| de Narim à Jenisseisk | 150 | 600 |
| de Jenisseisk à Itkurtsk | 200 | 800 |
| d'Itkurtsk à Pékin | 350 | 1400 |
| *Autre Route, partie par mer*, 5196 lieues (20,478 k.). | | |
| De Paris au cap de Bonne-Espérance (n. 31), | 2236 | 8944 |
| du cap de Bonne-Espérance à l'île Bourbon | 760 | 3040 |
| de l'île Bourbon au détroit de la Sonde | 1000 | 4000 |
| du détroit de la Sonde à Canton | 350 | 1400 |
| de Canton à Pékin | 350 | 1400 |
| 101. *De Paris à Pétersbourg* (Saint-), 495 lieues (1580 k.). Voy. la *Route de Moscou*, n° 87. | | |
| 102. *De Paris à Plaisance* (n° 21), 225 lieues (900 k.). | | |
| 103. *De Paris à Pondichéry*, 1892 lieues (7568 k.). | | |
| De Paris à Constantinople (n° 38) | 577 | 2308 |
| de Constantinople à Diarbékir | 250 | 1000 |
| de Diarbékir à Bagdad | 160 | 640 |
| de Bagdad à Bassora | 100 | 400 |
| de Bassora à Gonrom | 200 | 800 |
| de Gonrom à Mécram | 125 | 500 |
| de Mécram à Dioul | 75 | 300 |
| de Dioul à Goa | 300 | 1200 |
| de Goa à Pondichéry | 105 | 420 |
| *Autre route par mer*, 3926 lieues (15,704 k.). | | |
| De Paris au cap de Bonne-Espérance (n° 31) | 3236 | 12944 |
| du cap de Bonne-Espérance à l'île de Bourbon | 760 | 3040 |
| de l'île de Bourbon à Pondichéry | 930 | 3720 |
| de Pondichéry à Moka | 900 | 3600 |
| de Pondichéry à Surate (par mer) | 570 | 2280 |
| 104. *De Paris à Postdam* (n° 19, 3ᵉ route), 209 lieues (836 k.). | | |
| 105. *De Paris à Prague* (n° 23), 224 lieues (912 k.). | | |
| 106. *De Paris à Presbourg*, 301 lieues (1204 k.). | | |
| De Paris à Vienne (n. 134), | 284 | 1136 |
| de Vienne à Fisch | 6 | 24 |
| de Fisch à Altembourg | 6 | 24 |
| d'Altembourg à Presbourg | 5 | 20 |
| 107. *De Paris à Canton* (n. 101, autre route), 4846 lieues (19,384 k.). | | |
| 108. *De Paris à Québec*, 1279 lieues (5116 k.). | | |

De Paris à la pointe sud du

# DISTANCE DE PARIS AUX PRINCIPALES VILLES ÉTRANGÈRES.

| | lieues. | kil. |
|---|---|---|
| grand banc de Terre-Neuve (n. 22) | 879 | 3516 |
| de ladite pointe à Louisbourg | 140 | 560 |
| de Louisbourg à l'île d'Anticosti ou de l'Assomption | 100 | 400 |
| de l'île d'Anticosti à Québec | 160 | 640 |
| 2º route de Paris à Québec, 1307 lieues (5228 k.). | | |
| De Paris à La Rochelle | 122 | 488 |
| de La Rochelle à la hauteur de l'île de Mayda | 280 | 1120 |
| de ladite hauteur à l'île Verte | 105 | 420 |
| de l'île Verte à la pointe sud du grand banc de Terre-Neuve (long. 306° 15′; lat. 41° 10′) | 400 | 1600 |
| de ladite pointe à Louisbourg | 140 | 560 |
| de Louisbourg à l'île d'Anticosti | 100 | 400 |
| de l'île d'Anticosti à Québec | 160 | 640 |

109. *De Paris à Quito* (au Pérou), 2059 lieues (8236 k.). Voy. la route de Lima (n. 66), autre route.

110. *De Paris à Ratisbonne*, 189 lieues (756 k.). Voy. la route de Vienne, n. 134.

111. *De Paris à Riga* (n. 87), 394 lieues (1576 k.).

112. *De Paris à Rome*, 368 lieues (1472 k.).

| | | |
|---|---|---|
| De Paris à Bologne (n. 21) | 253 | 1012 |
| | | milles. |
| de Bologne à San-Nicolo | | 10 |
| de San-Nicolo à Castel San-Piétro | | 4 |
| de Castel San-Pietro à Imola | | 6 |
| d'Imola à Castel Bolognèse | | 4 |
| de Castel Bolognèse à Faenza | | 7 |
| de Faenza à Villanuova | | 8 |
| de Villanuova à Forli | | 4 |
| de Forli à Forlimpopoli | | 3 |
| de Forlimpopoli à Césena | | 10 |
| de Césena à Lex | | 5 |
| de Lex à Sevignano | | 8 |
| de Sevignano à San-Vito | | 8 |
| de San-Vito à Rimini | | 4 |
| de Rimini à la Cattolica | | 16 |
| de la Cattolica à Castel di Mezzo | | 5 |
| de Castel di Mezzo à Pesaro | | 6 |
| de Pesaro à Fano | | 7 |
| de Fano à Marotta | | 12 |
| de Marotta à Sinigaglia | | 7 |
| de Sinigaglia à Casa-Bruciata | | 8 |
| de Casa-Bruciata alla Torette | | 12 |
| d'alla Torette à l'hôtellerie d'ell'Olmo | | 2 |

*Nota.* On laisse ici le chemin d'Ancône. Cette ville est à une demi-lieue de ladite hôtellerie d'ell'Olmo.

| | | |
|---|---|---|
| d'ell'Olmo à Camérano | | 11 |
| de Camérano à Loretto | | 10 |
| de Loretto à Recanati | | 4 |
| de Recanati à Sambuchetto | | 4 |
| de Sambuchetto à Macerata | | 8 |
| de Macerata à Arancia | | 8 |
| d'Arancia à Tolentino | | 3 |
| de Tolentino à Belforte | | 5 |
| de Belforte à Carpignano | | 2 |
| de Carpignano à Confino | | 1.5 |
| de Confino à Valcimara | | 4 |
| de Valcimara al Ponte della Trave | | 6 |
| de Ponte della Trave à Muccia | | 2 |
| de Muccia à Serravalle | | 9 |
| de Serravalle à Colle-Fiorito | | 4 |
| de Colle Fiorito al Case-Nuove | | 3.5 |
| de Case-Nuove à Foligno | | 11 |
| de Foligno à Pissignano | | 8 |
| de Pissignano à Spoleto | | 6 |
| de Spoleto à Somma | | 5 |
| de Somma à Strettura | | 2 |
| de Strettura à la Quercia | | 2.5 |
| de la Quercia à Terni | | 5 |
| de Terni à Narni | | 9 |
| de Narni à Taizano | | 4 |
| de Taizano à Otricoli | | 3 |
| d'Otricoli alle Rochette | | 3 |
| de Rochette à Borgetto | | 6.5 |
| de Borgetto à Civita Castellana | | 5 |
| de Civita Castellana à Stabbia | | 4 |
| de Stabbia à Rignano | | 4 |
| de Rignano à Castel-Nuovo | | 6 |
| de Castel-Nuovo à l'hôtellerie de Riano | | 3 |
| de ladite hôtellerie à Prima-Porta | | 6 |
| de Prima-Porta à Ponte-Molle | | 5 |
| de Ponte-Molle à Rome | | 1 |

*Nota.* Tous les milles dont on s'est servi pour la route que l'on vient de décrire, sont de 833 toises quatre pouces chacun. Soixante de ces milles donnent l'étendue d'un degré de latitude.

Les milles dont on se sert en Italie ne sont pas tous égaux les uns aux autres, ni par conséquent à ceux que l'on a employés. En Piémont, par exemple, le mille est plus long qu'en Lombardie d'un quart, souvent d'un tiers, et quelquefois de moitié. Dans l'État Ecclésiastique il est un peu plus court et beaucoup mieux déterminé que dans tout le reste de l'Italie. Le pape Benoît XIV a renouvelé la coutume des anciens Romains; il a fait mesurer les principales routes de ses États, et à la distance de chaque mille il a fait élever une pierre où est marqué le quantième du mille à compter depuis Rome; ce qui est d'une grande utilité pour les voyageurs. Trois milles romains valent une heure de chemin. C'est de ces derniers milles qu'on a fait usage dans cette route.

113. *De Paris à Salamanque* (nº 56) 300 lieues (1200 k.).

114. *De Paris à Salerne* (nº 80), 428 lieues (1712 k.).

115. *De Paris à San-Salvador au Brésil*, 1544 lieues (6176 k.).

| | lieues. | kil. |
|---|---|---|
| De Paris à Brest | 129 | 516 |
| de Brest à la hauteur du cap Finistère | 125 | 500 |
| de ladite hauteur à l'île de Madère | 255 | 1020 |
| de l'île de Madère à l'île de Fer | 110 | 440 |
| de l'île de Fer aux îles du Cap-Vert | 275 | 1100 |
| desdites îles à la hauteur du | | |

|  | lieues. | kil. |
|---|---|---|
| cap de Saint-Augustin au Brésil | 500 | 2000 |
| de ladite hauteur à San-Salvador | 150 | 600 |

*Nota.* C'est au port et à la baie de San-Salvador que l'on donne le nom de baie de Tous-les-Saints.

**116.** *De Paris à Saragosse,* 227 *lieues* (908 k.).

| | lieues. | kil. |
|---|---|---|
| De Paris à Toulouse | 159 | 636 |
| de Toulouse à Muret | 3 | 12 |
| de Muret à Noé | 2 | 8 |
| de Noé à Carbonne | 1.5 | 6 |
| de Carbonne à Saint-Julien | 2 | 8 |
| de Saint-Julien à Saint-Cacères | 2 | 8 |
| de Saint-Cacères à Saint-Martori | 2.5 | 10 |
| de Saint-Martori à Saint-Gaudens | 3.5 | 14 |
| de Saint-Gaudens à Saint-Bertrand | 4 | 16 |
| de Saint-Bertrand à Arréou | 6 | 24 |
| d'Arréou à Vieille | 2 | 8 |
| de Vieille à Bielsa | 7 | 28 |
| de Bielsa à Puertolas | 4 | 16 |
| de Puertolas à Ainsa | 3 | 12 |
| d'Ainsa à Sazas | 3 | 12 |
| de Sazas à Rodollar | 2 | 8 |
| de Rodollar à Ysaso | 1.5 | 6 |
| d'Ysaso à Labata | 1.5 | 6 |
| de Labata à Liessa | 1.5 | 6 |
| de Liessa à Siétamo | 0.75 | 3 |
| de Siétamo à Huesca | 2.5 | 10 |
| de Huesca à las Torres Secas | 2.5 | 10 |
| de las Torres Secas à Gurrea | 3.5 | 14 |
| de Gurrea à la Torre de la Camareta | 2 | 8 |
| de la Torre de la Camareta à Cuera | 1.5 | 6 |
| de Cuera à Villa-Nueva del Gallego | 2 | 8 |
| de Villa-Nueva à Saragosse | 2 | 8 |

2ᵉ *Route*, 235 *lieues et demie* (942 k.).

| | lieues. | kil. |
|---|---|---|
| De Paris à Pau | 199 | 796 |
| de Pau à Rebenac | 3 | 12 |
| de Rebenac à Laruns | 4 | 16 |
| de Laruns à Gabas | 2.5 | 10 |
| de Gabas à Canfran | 6 | 24 |
| de Canfran à Jaca | 3.5 | 14 |
| de Jaca à Ayerbe | 6 | 24 |
| d'Ayerbe à Gurrea | 4 | 16 |
| de Gurrea à Saragosse | 7.5 | 30 |

Les lieues de cet article sont de 3000 pas depuis Pau.

**117.** *De Paris à Séville* (n° 26), 338 *lieues* (1352 k.).

**118.** *De Paris à Smyrne,* 677 *lieues* (2708 k.).

| | lieues. | kil. |
|---|---|---|
| De Paris à Malte (*n.* 74) | 425 | 1700 |
| de Malte à l'île de Cérigo | 155 | 620 |
| de Cérigo à l'île de Tino | 50 | 200 |
| de Tino à Scio ou Chio | 25 | 100 |
| de Chio au cap Berneus | 8 | 32 |
| du cap Berneus à Smyrne | 14 | 56 |
| de Smyrne à Constantinople (par mer) | 96 | 384 |
| de Smyrne à Salonick (par mer) | 90 | 360 |
| de Smyrne à Alexandrette (par mer) | 220 | 880 |

**119.** *De Paris à Spire,* 121 *lieues* (484 k.).

| | lieues. | kil. |
|---|---|---|
| De Paris à Strasbourg | 99 | 396 |
| de Strasbourg à Spire | 22 | 88 |

**120.** *De Paris à Stockholm,* 385 *lieues.*

| | lieues. | milles. |
|---|---|---|
| De Paris à Copenhague (*n.* 39) | 266 | 1064 |
| de Copenhague à Elsingor (Elseneur) | | 5 |
| d'Elsingor à Helsingborg | | 1 |

On passe le Sund entre Elsingor et Helsingborg. Ce trajet est d'un mille danois.

| | milles |
|---|---|
| d'Helsingborg à Engelholm | 2.50 |
| d'Engelholm à Laholm | 3 |
| de Laholm à Halmsted | 2 |
| de Halmsted à Draera | 2 |
| de Draera à Ramnas | 1.75 |
| de Ramnas à Nissere | 1.62 |
| de Nissere à Bohlere | 1.37 |
| de Bohlere à Gislane | 2.25 |
| de Gislane à Ohra | 2.50 |
| d'Ohra à Unnere | 1.25 |
| d'Unnere à Jerra | 2 |
| de Jerra à Jenkiopink | 1.75 |
| de Jenkiopink à Rahbye | 2 |
| de Rahbye à Grenna | 1 |
| de Grenna à Kolkeberg | 1.25 |
| de Kolkeberg à Odesio | 1.37 |
| d'Odesio à Osta | 1.75 |
| d'Osta à Skenninga | 1.25 |
| de Skenninga à Bankeberg | 1.75 |
| de Bankeberg à Biorsholm | 1 |
| de Biorsholm à Kumla | 0.87 |
| de Kumla à Brinck | 1.12 |
| de Brinck à Narkioping | 1.50 |
| de Narkioping à Aaby | 0.75 |
| d'Aaby à Krokek | 1.50 |
| de Krokek à Vreta | 1.12 |
| de Vreta à Jehra | 1.50 |
| de Jehra à Nikioping | 1.25 |
| de Nikioping à Svelbourg | 2 |
| de Svelbourg à Aby | 2 |
| d'Aby à Pielkroch | 1.50 |
| de Pielkroch à Tellia | 2 |
| de Tellia à Fittia | 1.50 |
| de Fittia à Stockholm | |

*Nota.* 1° Les six milles que l'on compte depuis Copenhague jusqu'à Helsingborg peuvent être évalués à 4500 pas géométriques chacun; mais tous les autres milles (qui sont des milles suédois) valent pour le moins 6000 pas géométriques chacun. De là on comptera 120 lieues de 3000 pas chacune, depuis Copenhague jusqu'à Stockholm.

2° Il y a deux autres routes qui mènent d'Helsingborg à Stockholm. La première de ces routes est de 56 milles, et l'autre de 64 milles suédois. Les chemins de toutes ces routes sont très-beaux et fort bien entretenus; mais les auberges n'y sont rien moins que bonnes. On ne peut guère les comparer

# DISTANCE DE PARIS AUX PRINCIPALES VILLES ÉTRANGÈRES.

qu'à des caravansérails du Levant. Au reste, pour rendre justice à la vérité, il convient de dire qu'on voyage fort commodément et avec beaucoup de sûreté, tant en Suède qu'en Danemark et en Norwége.

2e *Route*, 363 *lieues* (1452 k.).

| | lieues. | kil. |
|---|---|---|
| De Paris à Hambourg (n. 58) | 195 | 780 |
| de Hambourg à Lubeck | 14 | 56 |
| de Lubeck à Travemunde | 4 | 16 |
| de Travemunde à Stockholm (par mer) | 150 | 600 |

3e *Route*, 370 *lieues* (1480 k.).

| | | |
|---|---|---|
| De Paris à Hambourg (n. 58) | 195 | 780 |
| de Hambourg à Wismar | 28 | 112 |
| de Wismar à Stockholm (par mer) | 147 | 588 |

*Nota.* Toutes les lieues de cet article sont de 3000 pas chacune, à l'exception des 64 lieues que l'on compte de Paris jusqu'à Bruxelles. Celles-ci ne sont évaluées qu'à 2300 pas chacune.

121. *De Paris à Tirlemont* (n° 65).

2e *Route*, 72 *lieues* (288 k.).

122. *De Paris à Tolède*, 269 *lieues* (1076 k.).

| | lieues. | kilom. |
|---|---|---|
| De Paris à Madrid (n. 71) | 256 | 1024 |
| de Madrid à Sétafé | 3 | 12 |
| de Sétafé à Illescas | 4 | 16 |
| d'Illescas à Cavanas | 3 | 12 |
| de Cavanas à Tolède | 3 | 12 |

123. *De Paris à Tortone* (n° 99).

124. *De Paris à Trèves* (n° 78), 75 *lieues* (300 k.).

125. *De Paris à Tripoli de Barbarie*, 465 *lieues* (1860 k.).

| | | |
|---|---|---|
| De Paris à Marseille | 193 | 772 |
| de Marseille à 10 lieues à l'ouest de l'île de Saint-Pierre (de Sardaigne) | 110 | 440 |
| de l'île de Saint-Pierre au cap Bon | 67 | 268 |
| du cap Bon à Tripoli | 95 | 380 |
| de Tripoli à Malte | 75 | 300 |
| de Tripoli à Messine | 125 | 500 |
| de Tripoli à Tunis (par mer) | 120 | 480 |
| de Tripoli à Corfou | 180 | 720 |

126. *De Paris à Tripoli de Syrie*, 817 *lieues* (3268 k.).

| | | |
|---|---|---|
| De Paris à Marseille | 193 | 772 |
| de Marseille à l'île de Saint-Pierre | 110 | 440 |
| de ladite île au cap Bon | 67 | 268 |
| du cap Bon à Malte | 55 | 220 |
| de Malte à la hauteur sud de l'île de Candie | 195 | 780 |
| de ladite hauteur à la hauteur sud du cap de Gaffe en Chypre | 140 | 560 |
| de ladite hauteur à Tripoli | 57 | 228 |
| de Tripoli à Famagouste | 40 | 160 |
| de Tripoli à Alep, par terre | 40 | 160 |
| de Tripoli à Alexandrette, par mer | 45 | 180 |
| de Tripoli à Seyde, par mer | 27 | 108 |

127. *De Paris à Tunis*, 373 *lieues* (1492 k.).

| | | |
|---|---|---|
| De Paris à Marseille | 193 | 772 |

| | lieues. | kil. |
|---|---|---|
| de Marseille à 10 lieues à l'ouest de l'île de Saint-Pierre (de Sardaigne) | 110 | 440 |
| de ladite hauteur à Tunis | 70 | 280 |
| de Tunis à Malte | 75 | 300 |
| de Tunis à Pantalarie | 35 | 140 |
| de Tunis à Maretimo | 35 | 140 |
| de Tunis à Palerme | 65 | 260 |
| de Tunis à Cagliari | 65 | 260 |
| de Tunis à Gênes | 166 | 664 |
| de Tunis à Livourne | 145 | 580 |
| de Tunis à Civita Vecchia | 115 | 460 |
| de Tunis à Naples | 105 | 420 |

128. *De Paris à Turin* (n° 21) 185 *lieues* (740 k.).

129. *De Paris à Valence, en Espagne*, 319 *lieues* (1276 k.).

| | | |
|---|---|---|
| De Paris à Barcelone (*Voy.* le n° 7, 2e route) | 256 | 1024 |
| de Barcelone à Tortose | 32 | 128 |
| de Tortose à Valence | 31 | 124 |

*Autre Route*, 297 *lieues* (1188 k.).

| | | |
|---|---|---|
| De Paris à Toulouse | 159 | 636 |
| de Toulouse à Carcassonne | 18 | 72 |
| de Carcassonne à Perpignan | 20 | 80 |
| de Perpignan à Valence | 100 | 400 |

130. *De Paris à Valladolid* (n° 26), 277 *lieues* (1108 k.).

131. *De Paris à Varsovie*, 356 *lieues* (1424 k.).

| | | |
|---|---|---|
| De Paris à Breslaw (n°. 23) | 276 | 1104 |
| de Breslaw à Oëls | 6 | 24 |
| d'Oëls à Wartemberg | 7 | 28 |
| de Wartemberg à Radliza | 16 | 64 |
| de Radliza à Piétrikow | 18 | 72 |
| de Piétrikow à Rava | 15 | 60 |
| de Rava à Varsovie | 18 | 72 |

132. *De Paris à Venise*, 798 *milles*.

| | milles. |
|---|---|
| De Paris à Milan (n° 82) | 600 |
| de Milan à Gorgonzolo | 12 |
| de Gorgonzolo alla Canonica | 7 |
| della Canonica à Urgnano | 8 |
| d'Urgnano à Pallazzuolo | 13 |
| de Pallazzuolo à Cocalio | 8 |
| de Cocalio à l'Ospitaletto | 4 |
| de l'Ospitaletto à Brescia | 6 |
| de Brescia al Ponte di San-Marco | 12 |
| d'el Ponte à Lonato | 3 |
| de Lonato à Desenzano | 3 |
| de Desenzano à Peschiera | 10 |
| de Peschiera à Castel-Nuovo | 9 |
| de Castel-Nuovo à Vérone | 10 |
| de Vérone à San-Martino | 7 |
| de San-Martino à Caldéro | 4 |
| de Caldéro à Villanuova | 12 |
| de Villanuova à Montebello | 8 |
| de Montebello à Olmo | 9 |
| d'Olmo à Vicenza | 4 |
| de Vicenza à San-Corce | 3 |
| de San-Corce à Piévego | 13 |
| de Piévego à Padoue | 8 |
| de Padoue à Stra | 4 |
| de Stra al Dolo | 3 |
| d'al Dolo à Mira | 4 |
| de Mira à Oriago | 4 |
| d'Oriago à Fusina | 5 |

## DICTIONNAIRE DE GÉOGRAPHIE ECCLÉSIASTIQUE.

| | milles. |
|---|---|
| de Fusina à Venise | 5 |

*Nota.* Les 798 milles que l'on compte depuis Paris jusqu'à Venise, donnent 266 lieues de 3000 pas géométriques chacune. Si l'on réduit les lieues de 3000 en lieues de 2500 pas, on trouvera 319 lieues plus 500 pas.

**133.** *De Paris à Vienne*, 284 lieues (1136 k.).

| | lieues. | kil. |
|---|---|---|
| De Paris à Strasbourg | 99 | 396 |
| de Strasbourg au Fort-Louis | 9 | 36 |
| du Fort-Louis à Rastadt | 3 | 12 |
| de Rastadt à Etlingen | 4 | 16 |
| d'Etlingen à Pfortzheim | 5 | 20 |
| de Pforizheim à Entzweing | 6 | 24 |
| d'Entzweing à Cannstadt | 5 | 20 |
| de Cannstadt à Schorndorff | 5 | 20 |
| de Schorndorff à Gemund | 6 | 24 |
| de Gemund à Aalen | 6 | 24 |
| d'Aalen à Hulle | 6 | 24 |
| de Hulle à Donauwörth | 6 | 24 |
| de Donauwörth à Neubourg | 7 | 28 |
| de Neubourg à Ingolstadt | 5 | 20 |
| d'Ingolstadt à Neustadt | 7 | 28 |
| de Neustadt à Sahl | 5 | 20 |
| de Sahl à Ratisbonne | 5 | 20 |
| de Ratisbonne à Pfada | 5 | 20 |
| de Pfada à Straubing | 6 | 24 |
| de Straubing à Plattling | 6 | 24 |
| de Plattling à Wilzhosen | 6 | 24 |
| de Wilzhosen à Passaw | 6 | 24 |
| de Passaw à Sysenbirn | 3 | 12 |
| de Sysenbirn à Bayerbach | 5 | 20 |
| de Bayerbach à Efferding | 5 | 20 |
| d'Efferding à Lintz | 5 | 20 |
| de Lintz à Ens | 6 | 24 |
| d'Ens à Stengberg | 5 | 20 |
| de Stengberg à Amstetten | 7 | 28 |
| d'Amstetten à Kemmelbach | 4 | 16 |
| de Kemmelbach à Melk | 5 | 20 |
| de Melk à Saint-Poelten | 7 | 28 |
| de Saint-Poelten à Perslin | 3 | 12 |
| de Perslin à Sigartskirck | 3 | 12 |
| de Sigartskirck à Purckdorff | 4 | 16 |
| de Purckdorff à Vienne | 4 | 16 |

2ᵉ *Route*, 289 *lieues*.

| | | |
|---|---|---|
| De Paris à Munich (n° 88) | 182 | 728 |
| de Munich à Anzingk | 5 | 20 |
| d'Anzingk à Haag | 7 | 28 |
| de Haag à Ampsing | 4 | 16 |
| d'Ampsing à Oetting | 5 | 20 |
| d'Oetting à Murcktel | 4 | 16 |
| de Murcktel à Braunaw | 4 | 16 |
| de Braunaw à Altheim | 5 | 20 |
| d'Altheim à Riet | 4 | 16 |
| de Riet à Haag | 6 | 24 |
| de Haag à Lambach | 7 | 28 |
| de Lambach à Wels | 3 | 12 |
| de Wels à Lintz | 5 | 20 |
| de Lintz à Vienne, ci-dessus | 48 | 192 |

3ᵉ *Route*, 291 *lieues* (1164 k.)

| | lieues. | kil. |
|---|---|---|
| De Paris à Bâle (n° 13) | 101 | 404 |
| de Bâle à Schaffhouse | 20 | 80 |
| de Schaffhouse à Stockach | 11 | 44 |
| de Stockach à Ravensbourg | 11 | 44 |
| de Ravensbourg à Memmingen | 10 | 40 |
| de Memmingen à Mindelheim | 6 | 24 |
| de Mindelheim à Schawbmonchingen | 6 | 24 |
| de Schawbmonchingen à Augsbourg | 5 | 20 |
| d'Augsbourg à Munich | 14 | 56 |
| de Munich à Vienne (ci-dessus) | 107 | 428 |

**134.** *De Paris à Wesel* (n° 18), 109 *lieues* (436 k.).

**135.** *De Paris à Wittemberg* (n° 19), 200 *lieues* (800 k.).

**136.** *De Paris à Yédo* (au Japon), 5286 *lieues* (21,144 k.).

| | | |
|---|---|---|
| De Paris à Brest | 129 | 516 |
| de Brest à la hauteur du cap Finistère (long. 7° 0' lat. 23° 30') | 125 | 500 |
| de ladite hauteur à l'île de Madère | 255 | 1020 |
| de Madère à l'île de Fer | 110 | 440 |
| de l'île de Fer aux îles du Cap-Vert | 275 | 1100 |
| des îles du Cap-Vert à l'île de l'Ascension | 530 | 2120 |
| de l'île de l'Ascension à l'île de Sainte-Hélène | 232 | 928 |
| de l'île de Sainte-Hélène au cap de Bonne-Espérance | 580 | 2320 |
| du cap de Bonne-Espérance à l'île de Bourbon | 700 | 2800 |
| de l'île de Bourbon au détroit de la Sonde | 1000 | 4000 |
| dudit détroit à la hauteur et à 80 lieues à l'ouest de Manille | 570 | 2280 |
| de ladite hauteur à la pointe (sud) de l'île de Formosa (de la Chine) | 180 | 720 |
| de ladite pointe à Yédo | 540 | 2160 |
| d'Yédo à Méaco | 80 | 320 |
| d'Yédo à Canton | 660 | 2640 |
| d'Yédo à Nangcheou | 440 | 1760 |
| d'Yédo à Pékin | 670 | 2680 |
| d'Yédo à Saint-Juan des Mariannes | 500 | 2000 |
| d'Yédo à Acapulco | 2200 | 8800 |
| d'Yédo à Lima | 3000 | 12000 |
| d'Yédo à Manille | 630 | 2520 |
| d'Yédo au port d'Avatcha ou de Saint-Pierre et Saint-Paul, au Kamtschatka | 500 | 2000 |

**137.** *De Paris à York* (n° 48), 147 *lieues* (588 k.).

# DICTIONNAIRE LATIN
## DE GÉOGRAPHIE.

Les PP. Sanadon et Buffier, membres fort distingués de la Compagnie de Jésus, ont composé tous deux une géographie à laquelle ils ont joint un dictionnaire géographique latin pour l'intelligence de la géographie ancienne et pour celle du moyen âge.

L'abbé Baudrand, auteur d'un dictionnaire de géographie, y a joint également un dictionnaire géographique des noms latins. Michel-Antoine Baudrand, né à Paris en 1633, fit ses études au collége de Clermont, où il eut pour professeur de rhétorique le P. Briet, auteur du *Parallela geographiæ veteris et novæ*, qui lui inspira le goût de la science géographique. Les nombreux voyages qu'il exécuta ensuite en Italie lui donnèrent occasion de faire ou de vérifier beaucoup d'observations géographiques.

L'abbé Baudrand mourut en 1700, en laissant outre son dictionnaire géographique, *Geographia christiana, sive Notitia archiepiscopatuum et episcopatuum totius orbis*, Géographie chrétienne, ou Notice des archevêchés et des évêchés de tout l'univers. Il est à regretter que ce manuscrit n'ait pas vu le jour. Nous n'avons pu nous servir du dictionnaire de cet auteur, parce qu'il est trop étendu, bien qu'il ne soit pas complet. Quant à ceux des PP. Buffier et Sanadon, comme ils sont encore plus incomplets, nous les avons consultés, mais nous ne les avons pas adoptés entièrement.

Ce dictionnaire facilitera la lecture des auteurs latins et des écrivains ecclésiastiques.

## A

Abacum, *Abbach.*
Aballaba, *Appleby.*
Aballo, *Avallon.*
Abarinus, *Navarin.*
Abbatis Cella, *Appenzel.*
Abbatis Villa, *Abbeville.*
Abdara, *Adra, Espagne.*
Abdera, *Asperosa.*
Abduas, *Adda, rivière.*
Abellinates, *Trémécen (roy. de).*
— Marsicum, *Avellino.*
Aberdomia, *Marsico-Vetere.*
Aberdomia, *Aberdeen.*
Aberystirium, *Aberyswith.*
Abeste, *Boste.*
Abieta, *Agria.*
Abisania, *Abian.*
Abnicum, *Anisi.*
Arnoba Mons, *Montagne-Noire.*
Abobriga, *Bagona, Villa-de-Conde, en Portugal.*
Abodiacum, *Hapach.*
Abolla, *Aula-Antiqua.*
Abonitichos, *Aineboli.*
Abraconium, *Abraconis.*
Abrinca, *Aar, rivière d'Allemagne.*
Abrincæ, *Avranches.*
Abrodicum, *la Corogne.*
Absarus, *Gounieh.*
Abudiacum, *Abbach, Fuessen.*
Abula, *Avila.*
Abus, *Humber, r.v. d'Angleterre.*
Ahusina, *Abensberg.*
Abus-Mons, *Abi-Dag.*
Abydus, *Aboutig.*
Abyla, *Nebi-Abel.*
Acalandrus, *Salandrella, rivière.*
Acamas, *Crusocco.*
Acamantide, *Cacamo.*
Acanthus, *Dashur.*
Acarnania, *Carnie.*
Acci, *Guadix.*
Accipitrum insula, *Saint-Pierre, île.*
Acco, *Acre (Saint-Jean-d').*

Acedum, *Geneda.*
Acerræ, *Gera.*
Acerris, *Gerri.*
Acesines, *Chen-Ab, riv. du Pange-Ab.*
Achada, *Achoury.*
Achantus, *Erizzo.*
Acherontia, *Acerenza.*
Achsaph, *Sherif-Tiron.*
Acidara, *Lucavez.*
Acilio, *Aiguillon.*
Acimincum, *Schlankemen.*
Acincum, *Bude.*
Acinipo, *Ronda-la-Vieja.*
Aciris, *Agri, riv. de la Basilicate.*
Acis, *Aci-d'Aquila.*
Acitodunum, *Ahun.*
Acmonia, *Lugo.*
Acona, *Acken.*
Acontisma-Angustiæ, *Asperosa.*
Acoris, *Tehené.*
Acraba, *Auraban.*
Acræ, *Palazzolo.*
Acragas, *Fiume de-Girgenti, rivière de Sicile.*
Acra-Melæna, *Calin-Acra.*
Acritus Promontorium. cap. *Gallo.*
Acro-Athos, *cap de Monte-Santo.*
Acronius Lacus, *Untersee ou lac Inférieur de Constance.*
Acropolis, *Hochstett.*
Actium, *Azio, Prevesa Vecchia.*
Acula, *Acqua-Pendente.*
Acunum, *Peter-Waradin.*
Acus, *Aiguille, montagne.*
Acutus, *Agoût, rivière.*
Aczıb, *Zib.*
Adaris seu Adris, *Ravee, rivière du Panje-Ab.*
Addanius. Vide *Tuanes.*
Addua, *Adda, rivière.*
Adellum, *Elda,*
Adetauna, *Echteren.*
Adramitum, *Edremit.*

Adradnutzium, *Ardanoudji.*
Adrana, *Eder, Fulde, rivière.*
Adranum, *Aderno.*
Adria, *Atri.*
Adrianopolis, *Andrinople.*
Aduatum, *Tongres.*
Adula, *Gothard (le mont Saint-).*
Advocatorum Terra, *Voigtland.*
Ædepsus, *Dipso.*
Ædera, *Eder.*
Ægabra, *Cabra.*
Ægades insulæ, *Maretimo et Favagnana.*
Ægeum mare, *Archipel.*
Ægida, *Capo-d'Istria.*
Ægidius (Sanctus), *Gilles (Saint-).*
Ægilia insula, *Cerigoto.*
Ægilium, *Giglio.*
Ægimutus, *Galite.*
Ægina, *Engia.*
Ægira, *Xilo Castro.*
Ægium, *Vastiza.*
Æglesburgum, *Ailesburg.*
Ægusa, *Favagnana.*
Ægyptus, *Egypte.*
Ælana, *Ailah.*
Ælia-Capitolina, *Jérusalem.*
Æmilianum, *Milhau.*
Æmodæ, *Schetland (îles).*
Æmona, *Laubach.*
Æmonia, *Cita Nuova, Iyis.*
Ænaria, *l'île d'Ischia.*
Æniadæ. Vide *Œniadæ.*
Ænos, *Eno.*
Ænussæ insulæ, *Sapienza et Cabrara.*
Æoliæ insulæ, *Lipari (îles de).*
Æra, *Air (Ecosse).*
Æria, *Aire (France, Pas-de-Calais).*
Æsernia, *Isernia.*
Æsis, *Jesi, rivière.*
Æssona, *Isona.*
Æstivalium, *Estival.*

Ætalis, *Elbe (l'île d')*.
Æthiopes Albicantes, *Albinos*.
Æthiopia Inferior, *Nigritie*.
Æthiopia sub Ægypto, *Nubie et Abyssinie*.
Ætolia, *Vlachia*.
Africanus (Sanctus), *Affrique (Saint-)*.
Agatha, *Agde*.
Agathenæ Portus, *Agay*.
Agathes, Agathopolis, *Maguelone*.
Agaunum, *Maurice (Saint-) en Valais*.
Agedineum, *Sens*.
Agedunum, *Ahun*.
Ageium, *Ai*.
Agenara Vallis, *Agerenthal*.
Ageripontum, *Tamesbruck*.
Agesina, *Angoulême*.
Aginum, *Agen*.
Agnanus (Sanctus), *Aignan (Saint-)*.
Agnio, *Aa, rivière*.
Agotus, *Agont, rivière*.
Agrianos, *Ergène, riv. de Romanie*.
Agriape, *Dergasp*.
Agrigentum, *Girgenti*.
Agrillum, *Biledgik*.
Agripanus (Sanctus), *Agrève (Saint-)*.
Agromontium, *Aigremont*.
Agylla, *Cerveteri*.
Agyrium, *Argiro*.
Aianteiou, *Voy*. Fondonkli.
Akesines, *Chen-Ab, riv. du Panje-Ab*.
Atla, *Alen; Aigle, en Suisse*.
Alaba, *Alava*.
Alambateir, *Guadel*.
Alanova, *Ebersdorf*.
Alanum Jovis, *Allenjoie*.
Alarici Castrum, *Atayrac*.
Alata, *Lésa, ville d'Arabie*.
Alata-Castra, *Edimbourg*.
Alauna, *Valogne*.
Alavardum, *Allevard*.
Alazones, *Esclavons*.
Alba, *Albotoduy, Alva-de-Tormes, Aube-Elvas*.
Alba ad Saravum, *Saralbe*.
Alba Bona, *Alagon*.
Alba Curia, *Abecourt*.
Alba Græca, *Belgrade*.
Alba Helvium, *Albe (Fr., Ardèche)*.
Alba Julia, *Akerman*.
Alba Longa, *Albano*.
Alba Maritima, *Zara-Vecchia*.
Alba Marla, *Aumale*.
Albana, *Niasabad, Holuan*.
Albania, *Brodad-Albin, Shirvan*.
Albaniæ Pilæ, *Derbend, Shirvan*.
Albanopolis, *Bacou, Albasano*.
Albautonium, *Aubenton*.
Albanus, *Samura, riv. du Daghestan*.
Alba Pompeia, *Albe, en Piémont*.
Alba Sebusiana, *Weissembourg (Fr., Bas-Rhin)*.
Alba Terra, *Aubeterre*.
Albiatum Crossum, *Biagrasso*.
Albiga, *Albi*.
Albinatium, *Aubenas*.
Albingaunum, *Lalbenque*.
Albinia, *Aubagne*.
Albis, *Elbe, rivière*.
Albium Ingaunum, *Albinga*.
— Intemelium, *Vintimille*.

Albius, Albisus, *Albis*.
Albocella, *Tordesillas*.
Albona, *Aubonne*.
Albonis Castrum, *Albon*.
Albula, *Tibre, rivière*.
Alburacis, *Ariége, rivière*.
Albus Mons, *Blamont*.
Albus Pagus, *Hawr, sur la mer Rouge*.
Albutio, *Aubusson*.
Alca Fucentis, *Alba-en-Abruzze*.
Alciacum, *Auxy*.
Aldenardum, *Oudenarde*.
Aldenburgum, *Altenbourg, Oudenbourg*.
Alduadubis, *Doubs, rivière*.
Alebium, *Delebio*.
Alecta, *Aleth*.
Alemania Propria, *Algow*.
Alena, *Alen*.
Alengonis seu Alingonis Portus, *Langon*.
Alentio, *Alençon*.
Alesia, *Alais, Alise*.
Alesiensis Pagus, *Auxois*.
Aletium, *Alais*.
Aletrium, *Alatri, Lecce*.
Alexandria, *Candahar, Coria*.
Alexandria Minor, *Alexandrette*.
— Oxiana, *Sati-Serai*.
— Statiellorum, *Alexandrie de la-Paille*.
Alexanum, *Alessano*.
Alexianum, *Alixan*.
Algara, *Alghieri*.
Algea, *Algow*.
Algia, *Auge*.
Alinda, *Mogla*.
Alingaria, *Langets*.
Aliso, *Wesel*.
Alla Narisca, *Aichstat*.
Almangovia, *Algow*.
Almanicæ, *Almenèches*.
Almantia, *Amance*.
Alminium, *Almissa*.
Alnetensis Tractus, *Aunis*.
Alnetum, *Lannoy, Aunay*.
Alnium, *Aunay*.
Aloni, *Ghilon-sur-le-Zob*.
Alonium, *Alicante*.
Alonta, *Terki, rivière*.
Alopes, *Aups*.
Aloya, *Alluye*.
Alphæa, *Pise*.
Alpi Saxum, *Alpstein*.
Alsa, *Alsen*.
Alsena, *Almeda*.
Alsona, *Auxonne*.
Alta Ripa, *Altenreiff, Hauterive*.
Alta Silva, *Haute-Selle*.
Altæa Olcadum, *Orgaz*.
Altenvillare, *Hautvilliers*.
Alterium, *Alatri*.
Altia, *Altzey*.
Altinum, *Tolna*.
Altriacum, *Autrny*.
Altum Promontorium, *cap de Guadel*.
Altus Fons, *Fontaine (Haute-)*.
Altus murus, *Altamura*.
Aluta, *Alaut; Olt, rivière*.
Alvernum, *Anvers*.
Amacaum, *Macao*.
Amantia, *Mohatz*.
Amantini, *Hongrie*.
Amardus, *Kezit-Ozein, Ipse-Nud*.
Amasuis, *Ems, rivière*.

Amastris, *Amasré*.
Ambacia, *Amboise*.
Amberta, *Ambierle*.
Ambianum, *Amiens*.
Ambibareti, *Nivernais*.
Ambiliates, *Lambale*.
Ambivariti, *Anvers*.
Ambletosa, *Ambleteuse*.
Ambra, *Saint-Hubert*.
Ambraciæ, *Arta (l')*.
Ambroniacum, *Ambournai*.
Amelia, *Ameria*.
Amida, *Diarbékir*.
Amigdalus, *Draganto, rivière de Cilicie*.
Amisia, *Embden*.
Amisus, *Ems, Samsoum*.
Ammedera, *Hedra*.
Ammon, *Rieh (Sant-)*.
Ampelusia Promont., *cap Spartel*.
Amphimates sinus, *Suda (golfe de)*.
Amphipolis, *Emboli*.
Amphissa, *Salone*.
Ampsagas, *Rumel, riv. du roy. d'Alger*.
Amstelodamum, *Amsterdam*.
Anacubis, *Zoara*.
Anagarum, *Nagera*.
Analibla, *Derinde*.
Anamis, *Ibrahim, riv. du Mogostan (Perse), tombant dans l'Erithrée*.
Anania, *Anagni*.
Anaphe, *Nansio*.
Anaplia, *Napoli*.
Anas, *Guadiana, rivière*.
Anasus, *Ens, rivière*.
Anassus, *Piave*.
Anatho, *Anah*.
Anazarba, *Aesaray*.
Anazarbus, *Anzarba*.
Ancalitia, *Heuley*.
Anchialus, *Akelo*.
Anciacum, *Ancy-le-Franc*.
Ancora, *Albert*.
Ancorarius Mons, *partie de l'Atlas*.
Ancyra, *Jar-Hisar, Angoury*.
Andaginum, *Hubert (Saint-)*.
Andegavum, *Angers*.
Andelous, *Andelot*.
Andelus, *Sangueza*.
Andematunum, *Langres*.
Andenesium, *Ancenis*.
Anderitum, *Javoulx*.
Andes, *Angers*.
Andetrium, *Mostar, Clissa*.
Andrianopolis, *Andrinople*.
Andrisium, *Andresy*.
Andropolis, *Scabur*.
Aneda, *Edimbourg*.
Anemobria, *Emboli*.
Anemundus (Sanctus), *Chamond (Saint-)*.
Angelopolis, *Angeles; Ange (Saint-)*.
Angeriacum, *Angely (Saint-Jean-d')*.
Angledura, *Anglure*.
Anglera, *Anghiera*.
Anglia, *Angleterre*.
Angria, *Eugern*.
Anguis, *Anguille*.
Anianus (Sanctus), *Aignan (Saint-)*.
Anicium, *Puy (Le)*.
Anienus Lacus, *Anagno, lac*.
Anio, *Teverone, rivière*.
Anisola, *Calais (Saint-)*.
Ansus, *Ens, rivière*.

Annabon, *Sigistan.*
Annes, *Auneau.*
Annesium, *Annecy.*
Anseola, *Anslo.*
Anseria, *Oye.*
Antæopolis, *Gawel-Sharkié.*
Antaradus, *Tortosa.*
Antenacum, *Andernach.*
Antibarum, *Antivar.*
Anticaria, *Antequerra.*
Antinoe, *Schiekabadé.*
Antinopolis, *Sheik-Ali.*
Antiochia Ciliciæ, *Antiocheta.*
Antiochia Margiana, *mesched, Maru-Shahigian.*
— Meandri, *Jegni-Shehr.*
— ad Pisidiam, *Ak-Sehr.*
Antipolis, *Antibes.*
Antium, *Anzio.*
Antivestæum, *cap Cornwall.*
Autropophagi, *côte de Mozambique.*
Antuerpia, *Anvers.*
Antunnacum, *Andernach.*
Antures, *Nantes.*
Anveila, *Anweiller.*
Anvermodium, *Envermeu.*
Anxanum, *Lanciano.*
Anxur, *Terracine.*
Anzicanum, *Anzico.*
Anzita, *Ansgu.*
Aodia, *Béotie.*
Aornos, *Tulekan.*
Aous, *Lao, rivière d'Albanie.*
Apamiæ, *Pamiers.*
Apavareticena, *Abivert.*
Aperi-Oculos, *Abrojos.*
Aphetæ, *fetio.*
Aphrodisium, *Afrique, ville.*
Aphrodites, *Sufany.*
Aphroditopolis, *Asphun, Itfu, Etsih.*
Apidanus, *Sa.amprio, rivière de Thessalie.*
Apis, *Lagusi.*
Apollinopolis Magna, *Edfu.*
— Parva, *Kous.*
Apollonia, *Abouillonte, Polina, Sisopoli, Sherban, Marza-Sozut.*
Apologi, *Oboleh.*
Aponus, *Landaw.*
Apri Monasterium, *Ebermunster.*
Aprus, *Aprio.*
Aprutium, *Abruzze.*
Apsorus Insula, *Assero.*
Apsus, *Crevesta, rivière d'Albanie.*
Apta Julia, *Apt.*
Apua, *Pontremoli.*
Apulia, *Pouille (la).*
Apulia-Daunia, *Capitanate.*
Apulum, *Albe-Julie.*
— Aix-en-Othe.
— Bella, *Aiguebelle.*
— Sparsa, *Aigueperse.*
— Viva, *Aiguevive.*
— Voconis, *Vic-le-Comte.*
Aquæ, *Furstenfeld, Bade en Souabe.*
— Augustæ, *Dax.*
— Bigerronum, *Bagnères-de-Bigorre.*
— Bormonis, *Bourbon-l'Archambaud.*
— Borvonis, *Bourbonne-les-Bains.*
— Calidæ, *Aigues-Caudes, Orense.*
— Bagnols, *Vichy, Hammamet.*
— Convenarum, *Bagnères-de-Luchon.*

DICTIONNAIRE DE GÉOGRAPHIE ECCL. I.

Aquæ Fervidæ, *Fervaques.*
— Flaviæ, *Chaves.*
— Gratianæ, *Aix (Mont-Blanc).*
— Helvetiæ, *Bade.*
— Lupiæ, *Guadeloupe.*
— Mattiacæ, *Wisbaden.*
— Mortuæ, *Aigues-Mortes.*
— Neræ, *Neris.*
— Nesinæ, *Bourbon-Lancy.*
— Origenes, *Orense.*
— Regiæ, *Ægeri.*
— Sextiæ, *Aix (Bouches-du-Rhône).*
— Solis, *Bath.*
— Statiellæ, *Acqui.*
— Tacapinæ, *Del-Hamma (royaume de Tunis).*
— Tarbellicæ, *Dax.*
— Veteres, *Oudewater.*
Aquensis Vicus, *Bagnères.*
Aquianum, *Evian.*
Aquicinctum, *Anchin.*
Aquila, Aquilegia, *Aigle (Suisse).*
Aquila, Aquilegia, *l'Aigle (Orne).*
Aquilina, *Angoulême.*
Aquilonia, *Cedogna.*
Aquineum, *Bude.*
Aquinum, *Acquaria.*
Aquis-Granum, *Aix-la-Chapelle.*
Aquistriæ, *Guistres.*
Ara-Ubiorum, *Bonn.*
Arabiæ Emporium, seu Arabia Felix, *Aden.*
Arachotia, *Candahar ou Arrokage.*
Arachotus, *Arrokage.*
Aradus, *Ruad.*
Aræ flaviæ, *Blaubeuern, Heidenheim.*
Arægenus, *Bayeux.*
Arar, *Saône, rivière.*
Araura, *Erault.*
Arausio, *Orange.*
Aravia, *Araw.*
Araxes, *Aras, Bendemir, rivière de Perse.*
Araxum Promont., *cap. Papa.*
Arbela, *Erbil.*
Arbis, *Manhanber.*
Arbor Felix, *Arbon.*
Arborica, *Avranches.*
Arborosa, *Arbois.*
Arce, *Arka.*
Archæpolis, *Ruki.*
Archelais, *Erekli-de-Caramanie.*
Archiæ, *Argues.*
Arciaca, *Arcis.*
Arcobriga, *Arcos, Medinacely.*
Arcolium, *Arcueil.*
Ardæa, *Ardres.*
Ardatum, *Ardfear.*
Ardeiscus, *Arngizes.*
Ardelica, *Peschiera.*
Ardiscus, *Arda, riv. de Thrace.*
Ardra, *Arder.*
Arduenna Silva, *Ardennes, forêt.*
Arcæ, *Hières.*
Arecomü, *Haut-Languedoc.*
Aredius (Sanctus), *Yrieix (Saint-).*
Arelate, *Arles, Bouches-du-Rhône).*
Arenacum, *Arnheim.*
Arethium, *Arezzo.*
Arethusa, *Restan.*
Areva, *Adaja.*
Argantomagus, *Argenton.*
Argathelia, *Argye.*
Argea, *Argovie (l').*

Argenes, *l'Orne ou plutôt la Vtre, rivière.*
Argentea, *Plata (la), rivière.*
Argentea regio, *Vers les royaumes de Mieu et de Pégu.*
Argenteus, *Argens, rivière.*
Argentigera, *Arget (l'), rivière.*
Argentina, Argentoratum, *Strasbourg.*
Argentolium, *Argenteuil.*
Argentonium, *Argentan.*
Argentovaria, *Colmar.*
ArgosAmphilochichum, *Amphilochia.*
Argovia Libera, *Frey-Aempter.*
Aria, *Arrant, Hérat.*
Ariana, *Khorasan.*
Aria Palus, *Zéréh (lac de).*
Ariconium, *Héreford.*
Aridagamautia, *Arouaise.*
Arimathia, *Ramlé.*
Ariminum, *Rumini.*
Arina, *Tezela.*
Ariolica, *Pontarlier.*
Arionius, *Arnon, rivière.*
Arisabium, *Ava.*
Arisontè, *Kirresoum.*
Aristadium, *Arnstadt.*
Aristera, *Especi-Pulo, île.*
Arizenus, *Vieux.*
Arlape, *Pechlarn.*
Arlodium, *Arleux.*
Armasanicæ. *Aymargues.*
Armenia Minor, *Aladulie.*
Armentariæ, *Armentières.*
Arminiensis Tractus, *Armagnac (l').*
Armozeia, *partie de la Kermanie, ou Kerman.*
Arnaldi-Villa, *Arnheim.*
Arnetum, *Arnay.*
Arnostadium, *Arnstadt.*
Arnus, *Arno, rivière.*
Aroa, *Arroe.*
Arola, *Arool, Aar, rivière.*
Arolæ Burgus, *Arbourg.*
— Mons, *Arberg.*
Aromatum Promontorium, *cap Guardafuy.*
Arovia, *Araw.*
Arpasus, *Arpason, rivière d'Arménie, qui se jette dans l'Arus.*
Arpis, *Bialogrod.*
Arrabona, *Raab, rivière.*
Arrabona Urbs, *Javarin.*
Arremarense monasterium, *Montier-Ramey.*
Arruccinova, *Moura.*
Arsacia, *Rai.*
Arschotium, *Aerschot.*
Arsicua, *Varsovie.*
Arsinarium Promont., *Cap-Vert.*
Arsinoe, *Tenkera, Poli, Fumagouste.*
Artabrum Promont., *cap Finistère.*
Artace, *Artaki.*
Artacogna, *Hérat.*
Artagicerta, *Ardis.*
Artane, *Agrch.*
Artaxata, *Ardek.*
Artemisium Promont., *cap N. O. de l'île de Négrepont.*
Artemita, *Dascara, Van.*
Arthenæum, *Artenay.*
Artigis, *Alhama.*
Artiscus, *Arda, rivière de Romanie.*
Arubium, *Modruss.*
Arula, *Aar, rivière de Suisse.*

13

Arulæ, *Arles*, ( *Pyrénées-Orientales* ).
Arunci, *Aronches*.
Arunda, *Ronda*.
Aruntina, *Arundel*.
Arupinum, *Rovigno*.
Arverni, *Clermont*.
Arze, *Erzerom*.
Arzes, *Argish*.
Asaac, *Azhor*.
Asanca, *Woynicz*.
Ascalingium, *Hildesheim*.
Ascanius Lacus, *lac près de Nicée*.
Ascensius, *Asche*.
Asciburgum, *Aschaffenbourg*.
Ascutum, *Ascoli*.
Asiacum, *Azay*.
Asorus, *Osoro*.
Aspadana, Aspahamum, *Ispahan*.
Aspalatos, *Spalatro*.
Aspasiacæ, *Turkestan*.
Aspendus, *Menougat*.
Asphynis, *Asphun*.
Aspro Castro, *Akerman*.
Assa Paulini, *Anse*.
Assidonia, *Medina - Sidonia*.
Assyria, *Kurdistan*.
Astacenus Sinus, *golfe de Nicomédie*.
Astacilis, *Tefezara*.
Asta colonia seu Pompeia, *Asti*.
Astapa, *Estepa*.
Asta Regia, *Xérès-de-la-Frontera*.
Astibus, *Stuzzaizzu, rivière de Macédoine*.
Astigis, *Ecija*.
Astinga, *Hastings*.
Astipalæa, *Stampalie*.
Astræus, *Vistriza, rivière de Macédoine*.
Atromela, *Istres*.
Asturica Augusta, *Astorga*.
Asulum, *Asolo*.
Atanacum, *Aignay*.
Atax, *Aude, rivière*
Aternum, *Pescara*.
Ateste, *Este*.
Athanagia, *Cardone*.
Atheiæ, *Athies*.
Athenopolis, *Grimaud*.
Athesinus Ager, *Etschland*.
Athesis, *Adige, rivière*.

Atochium, *Atock*.
Atrebates, *Arras*.
Atria, *Adria*.
Atropatena, *Aderbijan*.
Attalea, *Satalie*.
Attiniacum, *Attigny*.
Attipiacum, *Attichy*.
Atuatucum, *Tongres*.
Aturum, *Aire, (Landes)*.
Aturus, *Adour, rivière*.
Audematunum, *Langres*.
Audomaropolis, *Omer (Saint-)*.
Audura, *Eure, rivière*.
Aufidena, *Alfidena*.
Aufidus, *Ofanto, rivière*.
Auga, *Eu*.
Augia Dives, *Reichenau*.
Augia Minor, *Weissenau*.
Augila, *Aughela*.
Augusta, *Puycerda, Agosta, Tubingen*.
— Auscorum, *Auch*.
— Bassienorum, *Bassignana*.
— Deo, *Die*.
— Emerita, *Mérida*.
— Nemetum, *Spire*.
— Prætoria, *Aouste*.
— Rauracorum, *Augst., Bâle*.
— Salassarum, *Aouste*.
— Suessionum, *Soissons*.
— Taurinorum, *Turin*.
— Tiberii, *Ratisbonne*.
— Trevirorum, *Trèves*.
— Triscastinorum, *Paul - Trois-Châteaux (Saint-)*.
— Trinobantum, *Londres*.
— Vagiennorum, *Saluces, ou mieux Vico*.
— Vangionum, *Worms*.
— Vandelicorum, *Augsbourg*.
— Veromanduorum, *Quentin ( Saint-)*.
Augustavia, *Augustow*.
Augusti Lucus, *Lugo*.
Augustobona, *Troyes*.
Augustobriga, *Puente-del - Arcobisco*.
Augustodunum, *Autun*.
Augustomagus, *Senlis*.
Augustonemetum, *Clermont. (Puy-de-Dôme)*.
Augustoritum, *Limoges, Poitiers*.

Aulica, *Eltze*.
Aulis, *Vathi*.
Aulon, *Valone*.
Aurea Chersonesus, *Malaca, (presqu'île)*.
Aurea Regio, *vers le royaume d'Aracan, etc.*
Aureatum, *Aichstat*.
Aurea Vallis, *Airvaux, Orval*.
Aurelia Allobrogum, *Genève*.
Aurelianum, *Orléans*.
Auria, *Orense*.
Aurigera, *Ariége, rivière*.
Aurimontium, *Goldberg*.
Aurio, *Evron, Huiron*.
Ausa, *Vich en Catalogne*.
Ausonia, *Italie*.
Aussonia, *Auxonne*.
Austra, *Aussig*.
Austria, *Autriche*.
Austrinus Sinus, *Zuyderzée*.
Autariarum, *Abrobania*.
Autissiodorum, *Auxerre*.
Automala, *Tine*.
Autricum, *Chartres*.
Auxanum, *Lauzano*.
Auxara, *Osara*.
Auximum, *Osimo*.
Avalonia, *Inis-Owen*.
Avaricum, *Bourges*.
Avarus, *le Siret, rivière*.
Avas, *la Guadiana, rivière*.
Aveneriæ, *Avenières*.
Avenio, *Avignon*.
Aventicum, *Avenche*.
Aventinum, *Abensberg*.
Avetium, *Aveiro*.
Avitacum, *Aubière*.
Avitium, *Benavente*.
Avium insulæ, *Aves*.
Axelodunum, *Hexam*.
Axiace, *Oczakof*.
Axima, *Lauzo*.
Axiopolis, *Galacz*.
Axius, *Vardavi*.
Axona, *Aisne*.
Aymontium, *Ayamonte*.
Azama, *Zamora*.
Azamia, *Ajan (côte d')*.
Azilium Mansum, *Mas d'Azil*.
Aziris, *Erzerom*.
Azoum, *Azo*.

## B

Babylon, *Vieux Caire*.
Bacemam, *Baçaim*.
Bactra, *Balck*.
Baciriana, *Khorasan*.
Badenberga, *Bamberg*.
Badera, *Baziéges*.
Badis, *Jask*.
Bagacum, *Bavai*.
Bagradas, *Mégerda, rivière*.
Bajoce, *Bayeux*.
Balanea, *Belnias*.
Baldomerus ( Sanctus- ), *Galmier (Saint-)*.
Balearis Major, *Majorque, île*.
Balearis Minor, *Minorque, île*.
Balgentiacum, *Beaugenci*.
Balgia, *Batha*.
Balgiacum, *Baugé*.
Balliolum, *Bailleul*.
Ballivia Juncelana, *Vieux Joncs*.

Balmæ, *Beaumes*.
Balmo, *Baume*.
Balneolum, *Bagneux*.
Balneum regis, *Bagnarea*.
Balsa, *Albufeira*.
Balya, *Bali*.
Bambyce, *Membigz*.
Banasa, *Mamore*.
Banatia, *Moyhal*.
Banienses, *Bagnos*.
Bapalma, *Bapaume*.
Bara, *Dumbar*.
Baranium, *Baraniwar*.
Barbaellum, *Barbeaux*.
Barbaria, *Zanzibar, (côte de)*.
Barbaricum Ostium, *principale bouche de l'Indus*.
Barbaricus Sinus, *Monbaza, (golfe de)*.
Barbata, *Barbade*.

Barbesilium, *Barbézieux*.
Barbium, *Barby*.
Barbuda, *Barboude*.
Barce, *Barca*.
Barcelum, *Barcelos*.
Barcetum, *Berzeto*.
Barcilona, *Barcelonnette*.
Barcino, *Barcelone*.
Barcovicum, *Berwick*.
Bardarius, *Vardari*.
Bardeatis, *Bicaner*.
Bardorum Vicus, *Bardewic*.
Bardum, *Bardt, Bardi*.
Baris, *Is-Barteh*.
Barium, *Bar, Bari*.
Barnastapula, *Barnstable*.
Barofluctum, *Barfleur*.
Barsalia, *Bersel*.
Barsita, *Semarat*.
Barulum, *Barletta*.

Barum, *Bar.*
Babeæ, *Bazoches.*
Baseatis, *Vash, rivière.*
Basenis Sylva, *Forêt-Noire.*
Basiana, *Posega.*
Basilea, *Bâle.*
Basiliopolis, *Basiligorod.*
Basolus (Sanctus), *Saint-Basle, abbaye de Bénédictins, à 15 myr. de Reims.*
Bassa, *Tavira.*
Bassiana, *Sabaz.*
Bassiniacus Ager, *Bassigny.*
Bassivilla, *Basville.*
Bassorum Oppidum, *Bassée (la).*
Basti, *Baça.*
Bastitani, *Grenade (royaume de).*
Batara Castra, *Passaw.*
Batavodurum, *Wyk.*
Bathjense Monasterium, *Bath-Munster.*
Bathna, *Adané.*
Batoæ Sarugi, *Serug.*
Batrus, *Hask, rivière.*
Bavaria, *Bavière.*
Beascha, *Biah, rivière de Panje-Ab.*
Becia, *Baeça.*
Beda, *Biecz.*
Bedriacum, *Bitbourg.*
Bedusta, *Caneto.*
Beh-Ab, *Chelum, rivière du Punje-Ab.*
Belenis Villa, *Plainville.*
Belgida, *Balbastro.*
Belia, *Belchite.*
Belica, *Bellay.*
Belincanus, *Balaruc.*
Belisama æstuarium, *Liverpool, (baie de).*
Bellaaqua, *Belleaigue.*
Bellegarium, *Belaguer.*
Belicastro, *Belcastro.*
Belli Riparii Castrum, *Beaurepaire.*
Bellolordia, *Beaufort.*
Bellogardia, *Bellegarde.*
Bellomariscus, *Beaumaritz.*
Bellomontium, *Beaumont.*
Belloquadra, *Beaucaire.*
Bellovaci, *Beauvais.*
Bellus Jocus, *Beaujeu.*
Bellus Launomarus, *Bellomert.*
Belna, *Beaune.*
Belsia, *Beauce.*
Belsinium, *Boria.*
Belza, *Belz.*
Benacus Lacus, *lac de Garde.*
Benearnin, *Béarn.*
Benearnus, *Lescar.*
Benfeldia, *Benfeld.*
Bereum, *Bengazi.*
Berenice, *Gargaliz.*
Berga, *Berghen.*
Berga ad Tabernas, *Berg-Zabern.*
Bergamum, *Bergame.*
Bergula-ad-Zoman, *Berg-op-Zoom.*
Bergusia, *Bergas.*
Brigonium, *Balaguer.*
Berisa, *Tocat.*
Bernaburgum, *Bernbourg.*
Berosa Syriæ, *Kara-Veria.*
Berolinum, *Atep.*
Berona, *Berlin.*
Beryllus, *Beraun, Munster en Suisse.*
Baruth.

Besa, *Schiekabadé.*
Besbicus, *Kalo-Limno, île.*
Besechana, *Mesched.*
Besiniæ, *Besignano.*
Bessapora, *Bazardgik.*
Bestia, *Viesti.*
Bestum, *Béthisy.*
Besynga, *Siam.*
Betania, *Bithaine, abbaye près de Luxeuil.*
Betasii, *Brabant oriental.*
Beterræ, *Béziers.*
Bethana, *Bedor.*
Bethesmes, *Oxi.*
Bethsan, *Baisan.*
Bethsoloce, *Karck.*
Betius, *Bardilloi, rivière d'Arabie qui tombe dans la mer Rouge.*
Beturia, *Estramadure espagnole.*
Beugesia, *Bugey.*
Bey pasha, *Biah, rivière du Punje-Ab.*
Biatia, *Baeça.*
Bibacta, *Chilney.*
Bibacum, *Bibourg.*
Bibasis, *Biah, rivière.*
Bibiscum, *Vivy.*
Biblus, *Djebail.*
Bibractæ, *Autun.*
Bibracum, *Biberac.*
Bidiscum, *Bitche.*
Biducasses, *Vieux.*
Bielca, *Bielsk.*
Bifeldia, *Bitefeld.*
Bigerra, *Villena.*
Bigerrensis Ager, *Bigorre.*
Bilbilis. Voyez Calataiud.
Bilicha, *Belès, rivière qui se jette dans l'Euphrate.*
Biliomagus, *Billom.*
Bilisionum, *Bellinzone.*
Billœus, *Falios, rivière d'Anatolie, qui se jette dans la mer Noire.*
Bingium, *Bingen.*
Bipontium, *Deux-Ponts.*
Birchofeldia, *Birkenfeld.*
Birfletum, *Biervliet.*
Birtha, *Bir, Tecrit.*
Bisontio, *Besançon.*
Bisunianum, *Bisignano.*
Bitaxa, *Pasin.*
Biterræ, *Béziers.*
Bithynia, *Becsangil.*
Bithynium, *Bastan.*
Biturgia, *Borgo-di-San-Sepolcro.*
Biturigæ, *Bourges.*
Bituriges Cubi, *Berry et Bourbonnais.*
Bituriges Vibisci, *Bordelais (le).*
Bizia, *Vize.*
Blabyria, *Blaubeuern.*
Blanco, *Berga, Blankenberg.*
Blanda, *Blanes.*
Blandona, *Vrana ou Zava-Vecchia.*
Blanziacum, *Blanzac.*
Blavia, *Blaye, Blavet.*
Blenavium, *Bleneau.*
Blesæ, *Blois.*
Bletisa, *Ledesma.*
Bocca Tigris, *Pé-Kiang, rivière.*
Bocenum, *Bolzano.*
Bodencomagus, *Vide industria.*
Bodincus, *Pô, rivière.*
Bodotriæ æstuarium, *golfe d'Edimbourg.*
Bœotia. Voyez Béotie.
Bœthana, *Beder.*

Bœtica, *Andalousie et Grenade.*
Bœtis, *Guadalquivir, rivière.*
Bofniga, *Bopfingue.*
Bogadium, *Fritziar.*
Boii, *Modenais (le)*; *Buch (Tête-de-).*
Boiodurum, *Instadt.*
Bolbitinum ostium, *première bouche du Nil ou bras de Rosette.*
Bolerium, *Penrin.*
Bolerium Promontorium, *capCornwall.*
Boleslavia, *Boleslaw, Buntzlaw.*
Boleum, *Bolio.*
Bolonia, *Boulogne.*
Bonæ Fortunæ, *Bornéo.*
Bondate, *Montereau-Faut-Yonne.*
Bondicomagum, *Casal.*
Bonna Vallis, *Bonneval.*
Bononia, *Viden, Widdin, Bologne, Illoc.*
Bonum Fagetum, *Bonfay.*
Bonus Aer, *Bonaires, Buenos-Ayres.*
Borbetomagus, *Worms.*
Borbonium, *Bourbon.*
Boreum Ostium, *Bouches du Danube.*
Borgagiates, *Bourg-Saint-Andéol.*
Boringia, *Bornholm.*
Boristhenes, *Dnieper.*
Bormetomagus, *Worms.*
Borsippa, *Semavat.*
Borussia, *Prusse.*
Boscobellum, *Henrichemont.*
Bosporus, *Ochsenfurt.*
Bostra, *Bosra.*
Botolnia, *Bolton.*
Botrus, *Bairoun.*
Botzavia, *Orangebourg.*
Bovianum, *Botano.*
Bracara Augusta, *Brague.*
Braccum Saccum, *Brissac.*
Bracehum, *Bracciano.*
Brachbantum, *Brabant.*
Brachmani, *Thibet.*
Bradanus, *Bradano, rivière de la Calabre.*
Bragadurum, *Pfullendorff.*
Braicum, *Brou-Saint-Romain.*
Braja, *Brie.*
Brannesia, *Adenbourg.*
Brannovices, *Briennais ou Brianconnais, Bresse.*
Brasilia, *Brésil.*
Bratislavia, *Braslaw.*
Brattia, *Brazza (île de).*
Braunodunum, *Braunaw.*
Bravum, *Burgos.*
Brechinia, *Brecknock.*
Brega, *Brieg.*
Bregetio, *Strigonie.*
Bremenium, *Wuller.*
Bremocartum, *Bremgarten.*
Brenna Comitis, *Braine-le-Comte.*
Brennacum, *Braine.*
Breona, *Brienne.*
Briela, *Brille (la).*
Briganconia, *Briançon.*
Brigantes, *Northumberland.*
Brigantia, *Bragance, Bregentz, Briançon.*
Brigantium, *Betancos.*
Brigoona, *Brignolles.*
Brillindunum, *Burlington.*
Briocum, *Brieuc (Saint-).*
Briovera, *Lô (Saint-).*

Briscia, *Bresse, ville d'Italie.*
Brisellæ, *Bresse.*
Brisiacus Mons, *Brisac (Vieux-).*
Bristicia, *Windisch-Feistritz.*
Britannia, *Bretagne.*
Britolium, *Breteuil.*
Briva Curetia, *Brives-la-Gaillarde.*
Brivadurum, *Briare.*
Briva Isaræ, *Pontoise.*
Brivas, *Brioude.*
Brivates, *Brest.*
Brixellium, *Bercello.*
Brixia, *Bresse, ville d'Italie.*
Brixinium, *Brixen.*
Broagium, *Brouage.*
Brocomagus, *Brumpt.*
Broda Germanica, *Dentsh-Brod.*
Brodra, *Brodera.*
Brogurgus, *Bourbourg.*
Bronium, *Braine-l'Alleu.*
Brundusium, *Briades.*
Brunetum, *Brugneto.*
Brunna, *Brinn.*
Brunonis Mons, *Braunsberg.*
Brunopolis, *Brunswick.*

Bruntutum, *Porentrui.*
Brutii, *la Calabre.*
Bruzziæ, *Bruges.*
Buba, *Termoli.*
Bubua, *Bua.*
Bubulæ, *Bulle.*
Buccina, *Levanzo.*
Buccinium, *Bouchain.*
Buchovium, *Buchau.*
Bucino, *Bocino.*
Budissa, *Bautzen.*
Budovecium, *Budweis.*
Budruntum, *Bitonto.*
Bulla, *Bull.*
Bullio, *Bouillon.*
Bunitium, *Stralsund.*
Bunobara, *Beniarax*
Bura, *Buren.*
Burbo, *Bourbon.*
Burchusia, *Burckhausen.*
Burdigala, *Bordeaux.*
Burgi, *Burgos.*
Burgias, *Andéol (bourg Saint ).*
Burgidolum, *Déols.*
Burgundi, Burgundia, *Bourgogne.*

Burgundiæ Comitatus, *Franche-Comté.*
Burgus-Novus, *Bourganeuf.*
Burnonis Mons, *Bourmont.*
Burum, *Férol (Le).*
Burunkum, *Burick, Woringen.*
Busentiacum, *Buzançois.*
Busetum, *Buzet.*
Busiris, *Abusir.*
Bussatium, *Boussac.*
Buthovium, *Buthou.*
Buthrotum, *Butrinto.*
Butonia, *Bath.*
Butontos, *Bitonto.*
Butua, *Budoa.*
Buxentum, *Poliscastro.*
Buxeria, *Bussières.*
Buxetum, *Busseto.*
Buxtehuda, *Bouxtehoude.*
Byces, *partie du Palus-Méotide.*
Bylæ, *Gumishkaneh.*
Byrsa. *Voyez Carthage.*
Bysacium, *Begui.*
Bysanthus, *Rhodosta.*
Bysantium, *Constantinople.*

## C

Caballicus Ager, *Chablais.*
Cabeli, *Chablis.*
Cabellio, *Cavaillon.*
Cabillonum, *Châlons-sur-Saône.*
Cabira, *Sivas.*
Cadacherium, *Cadequié*
Cadi, *Kedous.*
Caditis seu Cadyta, *Jérusalem.*
Cadmea, *citadelle de Thèbes.*
Cadocum, *Cayeux.*
Cadomus, *Caen.*
Cadunium, *Cadouin.*
Cadurcinus Pagus, *Quercy (départ. du Lot).*
Cadurcum, *Cahors.*
Cæa, *Zia.*
Cærisi, *Namur (le comté de).*
Cæsar Augusta, *Acsarai, Saragosse.*
Cæsarea, *Grenesey.*
— Ad Lutram, *Kayserslautern.*
— Cappadociæ, *Kaizarié de Caramanie.*
— Mauritaniæ, *Dahmus.*
— Palæstinæ, *Quaisarié de Syrie.*
— Philippi, *Banias.*
Cæsareo Fortum, *Kesmark.*
Cæsaris Burgus, *Cherbourg.*
— Insula, *Kayersverd.*
— Mons, *Kaysersberg.*
Cæsarista, *Ceireste.*
Cæsaris Verda, *Kaysersverd.*
Cæsarodunum, *Tours.*
Cæsaromagus, *Beauvais.*
Cæsarotium, *Gisors.*
Cæsiæ Littus, *Calvi en Corse.*
Cætobris, *Sétuval.*
Cafa, *Caïfa.*
Cafria, *Cafrerie.*
Caiana, *Kaien.*
Caicus, *Gimarsti, rivière.*
Caieta, *Gaïette.*
Caino, *Chinon.*
Caira, *Quiers.*
Cairoanum, *Kairovan.*
Caistrus. *Vide Caystrus.*
Calabre, *Porri, île.*

Calæ, *Chelles.*
Calagorgis, *Cazères, Saint-Lizier.*
Calaguris, *Calahora.*
Calamæ, *Chaumes, Cambil.*
Calathe, *Galite, île.*
Calatia, *Cajazzo.*
Calatis, *Mangalia.*
Calatum, *Tadcaster.*
Calecutium, *Calicut.*
Caledonia, *Ecosse.*
Caledonium Mare, *mer d'Ecosse.*
Calemba, *Cambaie.*
Calenum, *Carinola.*
Cale portus, *Kerbé.*
Cales, *Calvi, au royaume de Naples.*
Calesium, *Calais.*
Caletensis Ager, *Caux (le pays de).*
Caleva Atrebatum, *Vatingfort.*
Caliaris, *Cagliari.*
Calidobecum, *Caudebec.*
Caliguris, *Calahora.*
Calinia, *Kalisch.*
Callaïci, *Galice (la).*
Callasia, *Galice.*
Callatia, *Kilia-Nova.*
Calle, *Porto.*
Calligeris, *Cananor.*
Callipolis, *Gallipoli.*
Calli Rhoe, *Orfa.*
Callium, *Cagli.*
Calniacum, *Chaune, Chauny.*
Calnucum, *Chaunay.*
Calona, *Chalonne.*
Calone, *Gueldres.*
Calonesus, *Belle-Isle.*
Calpe, *Gibraltar.*
Calumburgum, *Kalimbourg.*
Calum Ostium, *bouche du Danube.*
Calvarius, *Goura.*
Calvo Mons, *Chaumont en Bassigny.*
Calycadnus, *Kelikdni, rivière de la Caramanie.*
Calydna, *Calamo, île.*
Calypsus Nisula, *rocher de la côte orientale de la Calabre citérieure.*

Cama, *Kama.*
Camacus, *Kema.*
Camalodunum, *Maldon.*
Camane, *Chaul.*
Camaria, *Camargue.*
Camarinum, *Camérino.*
Camberiacum, *Chambéry.*
Cambodunum, *Kempten.*
Camboritum, *Cambridge.*
Camborium, *Chambord.*
Cambria, *Galles.*
Camechia, *Shamoki.*
Cameliacum, *Chambly.*
Camenecia, *Kaminieck.*
Cameracum, *Cambray.*
Camicus, *Platani, rivière de Sicile, dans le val de Mazare.*
Camiltacum, *Chemillé.*
Campagnia, *Campagna, Terre de Labour, Champagne.*
Campidonia, *Kempten.*
Campiniacum, *Champigny.*
Compodunum, *Kempten.*
Campolilium, *Lilienfeld.*
Camponi, *Campan.*
Campoveria, *Veere.*
Campus Rotondus, *Campredon.*
Camudolanum, *Northampton.*
Camulodunum, *Maldon.*
Canæ, *cap Coloni, en Anatolie (Mysie).*
Canastræum Promont., *cap Pigliouri ou Canonisiro.*
Cancia, *Canche.*
Candidobrense Oppidum, *Combronde.*
Canæ, *Cannes en Italie.*
Cane, *Kissen.*
Canganura Promont., *cap de Comnarvan.*
Canisa, *Canisca.*
Canis Suspensus, *Capendu.*
Cannoæ, *Cannes en France (Var).*
Canosida, *Shaima.*
Cantabria, *Biscaye.*
Cantabrigia, *Cambridge.*
Cantaropolis, *Canstad.*

Cantatium, *Catanzaro.*
Cantharus, *port d'Athènes à l'O. de celui de Phalère.*
Cantilia, *Chantel.*
Cantilliacum, *Chantilly.*
Cantium, *Kent (le comté de):*
Cantuaria, *Cantorbéry.*
Canuccis, *Sargel.*
Canum, *Cano.*
Canusium, *Canosa.*
Caphorée, *cap méridional de l'île de Négrepont.*
Caprea, *Capri, île.*
Capsulæ, *Caorle.*
Capua, *Capoue l'ancienne.*
Caput Aqueum, *Cappaccio.*
— Istriæ, *Capo-d'Istria.*
— Stagni, *Capestan.*
Caputuada, *Capudia.*
Capza, *Cafza.*
Caraci, *comté de Molise.*
Carala, *Kerali, Cagliari.*
Caramania, *Kerman.*
Carambis Promont., *cap Pisello.*
Carana, *Alma-Karana.*
Carantonus, *Charente, rivière; Charenton.*
Carauusca, *Thionville.*
Carcamis, *Kerkisia.*
Carcasso, *Carcassonne.*
Carcha, *Kark ou vieux Bagdad.*
Carcovitana, *Kirkeval.*
Cardontonium, *Carentan.*
Cardamine, *Camarana.*
Carentomagus, *Villefranche en Rouergue.*
Caretum, *Carhaix.*
Cargapolia, *Kargapol.*
Carianiacum, *Carignan.*
Carianum, *Cariati.*
Cariatha, *Cariathaim.*
Carilesus (Sanctus), *Saint-Calais.*
Carini, *partie de la haute Saxe.*
Carisiacus, *Quierzi.*
Carleolum, *Carliste.*
Carmania, *Kerman, ville, ou Sirjean.*
Carmaniola, *Carmagnole.*
Carmanum, *Carmaing.*
Carnarius, *Carnero.*
Carnia, *Frioul et Carniole.*
Carninæ alpes, *montagne de la Carniole.*
Carnine, *Asthtola, île.*
Carnovia, *Jagern dorff.*
Carnuntum, *Petronel.*
Carnutum, *Chartres.*
Carobriæ, *Chabris.*
Carocotinum, *Havre (le), au département de la Seine-Inférieure.*
Caroli locus, *Chailly.*
Carolomuntium, *Charlemont.*
Carolopolis, *Charleville, Compiègne, Charles-Town.*
Caroloregium, *Charleroy.*
Carolostadium, *Carlstadt.*
Caroplium, *Charrost.*
Carpates Montes, *Krapacks (les monts).*
Carpathus, *Scarpento.*
Carpella, Promont., *cap Bombareck.*
Carpentoracte, *Carpentras.*
Carpetani, *le milieu de la Castille-Nouvelle (Espagne).*
Carpinos, *Charmes (Vosges).*
Carpote, *Kart-Birt.*

Carpum, *Carpi.*
Carræ, *Harran.*
Carre, *Kara.*
Carrodunum, *Cracovie, Crainbourg. Kraibourg.*
Carrofum, *Charoux.*
Carsicis, *Cassis.*
Carsum, *Kersova.*
Cartenna, *Tenez.*
Carthago, *Carthage.*
— Nova, *Carthagène.*
— Vetus, *Villefranche-de-Panadès.*
Carthea, *Zia.*
Cartilotum, *Carlat.*
Carus, *le Cher, rivière.*
Carus Locus, *Charlieu.*
Casa Dei, *Chaise-Dieu.*
Casalus Sinus, *anse de Calvi en Corse.*
Cascantum, *Cascante.*
Caseolum, *Choiseul.*
Casinomagus, *Lombez.*
Casius Mons, *cap d'El-Kas, Karadgia-Daglar.*
Casnetum, *Quesnoy (le).*
Caspiani, *la province de Mogan en Perse.*
Casselatum, *Châtelet, au département de Jemmapes (sous l'Empire).*
Cassenaticum, *Sassenage.*
Cassilia, *Cashel.*
Cassinogilum, *Casseneuil.*
Cassiopea, *Janna.*
Cassiterides Insulæ, *Sorlingues (les).*
Castalius Fons, *au pied du Parnasse.*
Castania, *Castellanette.*
Castella, *Castille.*
Castelletum, *Catelet.*
Castellio, *Châtillon.*
Castellodunum, *Châteaudun.*
Castelloua, *Castellane.*
Castellum, *Cassel, dans la Hesse.*
— Arianum, *Castelnaudary.*
— Britonum, *Dumbarton.*
— Carnonis, *Châtel-Châlons.*
— Hunorum, *Castelaun.*
— Menapiorum, *Kessel.*
— Morinorum, *Cassel, (Nord) en France.*
— Novum, *Casselnau.*
— Tabernarum, *Bern-Castel.*
— in Vosago, *Châtel (Vosges).*
Castillo, *Castillon.*
— Stiverorum, *Castiglione-del-Stivère.*
Castra, *Castres, Châtres.*
— Alata, *Edimbourg.*
— Albina, *Alpen.*
— Batava, *Passaw.*
— Cæcilia, *Cacerès.*
— Claudia, *Glocester.*
— Gadaum, *Tegdempt.*
— Lucii, *Chalus.*
— Mororum, *Cafar-Tuta.*
— Ordeonii, *Ordingen.*
— Savavi, *Sarbourg.*
— Trajana, *Ribnik.*
— Ulpia, *Alphen.*
Castrimonium, *Castro.*
Castrum Album, *Castel-Blanco.*
— Aliso, *Else.*
— de Anjove, *Anjou, (Drôme).*
— Brientii, *Châteaubriand.*

Castrum Cameracense, *Château-Cambresis.*
— Caninum, *Château-Chinon.*
— Celsum, *Champtoceaux.*
— Gelosum, *Castel-Jaloux.*
— Heraldi, *Chatelleraut.*
— Lidi, *Château-du-Loir.*
— Mediolani, *Château-Meillant.*
— Nantonis, *Château-Landon.*
— Novum, *Châteauneuf-Castelnovo.*
— Novum Arii, *Castelnaudary.*
— Radulsi, *Châteauroux.*
— Urdiale, *Castro de Urdialès.*
Castulo, *Cazorla.*
Catabathmos, *Akabet-Assolon.*
Catæa, *Keish.*
Catalonia, *Catalogne.*
Catalaunum, *Châlons-sur-Marne.*
Cataonia, *pays de Roum, au sud de l'Amasie.*
Cataractes, *Dudeni, rivière d'Anatolie (Pamphylie).*
Cateliacum, *Cadillac.*
Cathara, *Cattaro.*
Catina, *Catane.*
Cattemelibocensis Comitatus, *Catzenellenbogen.*
Caturigæ, *Chorges.*
Cauca, *Coca.*
Caucasiæ Pilæ, *Tatar-Topa.*
Cauciacum, *Choisy.*
Caucoliberis, *Collioure.*
Caucones, *habitans de la Bithynie (Anatolie).*
Caudavii Montes, *monts Crasta.*
Caurium, *Coria.*
Cavares, *Comtat-Venaissin et Orange.*
Caviclum, *Motril.*
Cavodium, *Cavan.*
Caystre, *rivière qui passe à Ephèse, côte d'Anatolie.*
Cea, *Zia.*
Ceba, *Ceva.*
Cebennæ, *Cévennes (les).*
Cebrum, *Rahova.*
Celadus, *Cavado, rivière de Portugal.*
Celana, *Ned-Roma.*
Celanum, *Ceylan (l'île de), Celano.*
Celbis Burjus, *Kylbourg.*
Cella, *Zell-Celles.*
— Medulsi, *Sarramon.*
— Omnium Sanctorum, *Tous-Saints, ancienne abbaye de France.*
— Quercus, *Kildare.*
Celleia, *Cilley.*
Cellula, *la Selle.*
Celsa, *Xelsa.*
Celsiniatus, *Sauxillanges.*
Celsona, *Solsona.*
Celtiberi, *Castille-Nouvelle et Aragon.*
Celicum Promont., *cap Finistère, en Espagne.*
Celydnus, *Salnik, rivière de l'Albanie.*
Cenchræ, *port de Corinthe, au sud-est.*
Ceneta, *Ceneda.*
Cenetum, *Corte.*
Cenio, *la Fole, rivière d'Angleterre, en Cornwall.*
Cenomanum, *le Mans. Vide Cœnomani.*

DICTIONNAIRE DE GEOGRAPHIE ECCLESIASTIQUE.

Centrones, la Tarentaise (Mont-Blanc).
Centum Cellæ, Civita-Vecchia.
Centum Pagi. Vide Burgundi.
Centuripa, Centorbi.
Ceos, Zia.
Cepha, Hesn Keif.
Cephalæ Promont., cap Canan ou Mesrato.
Cephaledis, Cefalu.
Ceramus, Keramo.
Cerasus, Kirisonto.
Ceraunia, Cerines.
Ceretia, Circassie.
Cercina, Kerkent, île.
Cerentia, Cerenza.
Cereris sacrum, Sancerre.
Ceretani, nord de la Catalogne.
Ceretania, Cerdagne.
Ceretica, Cardigan.
Cervia, Chèvres.
Cervimontium, Hirsberg.
Cestria, Chester.
Cestrus, Kapri, rivière du sud de l'Anatolie.
Cethius Mons, Callemberg.
Cetobriga, Sétubal.
Cetobrix, Almaden.
Cezarista, Cereste.
Chaboras, Kabour, rivière d'Aldgézire, qui tombe dans l'Euphrate.
Chalcedon, Chalcédoine.
Chalcis, Negki, île; Négrepont, ville, Vieux-Alep.
Chaliat, Aklat.
Chalonitis, partie du Kurdistan.
Chalus, Cœic, rivière de Syrie.
Chalybon, Alep.
Chamum, Chamb.
Chaonia, Chimera.
Charidemum Promont., cap Gates, royaume de Grenade.
Charmontas Portus, Al-Sharm.
Charre, Harran.
Chaurana, Camul.
Chelidoniæ Insulæ, écueils de la côte sud de la Caramanie.
Chelonites Promont., cap Tornèse.
Chemnis, Akmin.
Chenoboscion, Casr-Esstiad.
Cherium, Quiers.
Chersonesus Extrema, Ras-Edom.
— Aurea, Mialaca.
— Portus, Spinalonga.
Chesinus, la Dwina, rivière.
Chestocova, Czenstocow.
Chilonium, Kiell.
Chio, Scio, île.
Choas, Kow, rivière que reçoit l'Indus.
Chorzene, Cars.
Chronus, Niémen.
Chrysites, Sidero-Capsa.
Chrysopolis, Emboli Scutari.
Chulmia, Herzegovine.
Chup-Der Bahka, Chen-Ab rivière du Punje-Ab.
Chytrus, Paleo-Chitro.
Ciabrus, Zibriz, rivière de la Servie.
Cianus Sinus, golfe de Ghio.
Cibalis, Swilei.
Cibinicum, Hermanstadt.
Cibotus, Kara-hisar-Aphiom.
Cicestria, Chichester.
Cilbianus Campus, plaine au N.-E. d'Ephèse, où est Ak-Hisar.

Cilia, Cilley.
Cillaba, Gher.
Cimacum, Chimay.
Cimmerium, Crim.
Cimolus, Argentière (l').
Ciniphus, rivière d'Afrique, près de Lébida.
Cinnalaph, Shelis, rivière de l'Algérie, qui tombe dans la Méditerranée.
Cinnamomifera Regio, midi de l'Abyssinie.
Circeii Oppidum, Monte-Circello.
Circesium, Kerkifia.
Cisæ, Salicora, île.
Cisamus, Kisamo.
Cissa, Pago.
Cissia, partie de la Susiane, en Perse.
Cistercium, abbaye de Citeaux.
Cita Julia, Constantine.
Citerium, Sitia.
Citharista, Céreste.
Cius, Ghio.
Civario, Chambéry.
Civitas, Ciotat (la).
Ciza, Zeitz.
Clanis, Chiaca, rivière.
Clanum, Glocester.
Clarascum, Cherasco.
Clara Vallis, Clerval, Clairvaux.
Clariacum, Clérac.
Claromons, Clermont, Chiaromonte.
Claromontium, Clermont.
Claros, Calamo.
Claudia, Clagenfurt.
Claudiopolis, Coloswar, Eskelib.
Claudius Mons, mont. de la Sclavonie.
Clausentum, Southampton.
Clausula, Ecluse (L').
Clavarum, Chiavari.
Clavasium, Shivas.
Clavenna, Chiavenna.
Clazomene, Vourla.
Cleopatris, Suez.
Climberis, Auch.
Cliniacum, Clamecy.
Clipiacum, Clichy.
Clitæ, Zafaramboli.
Clivia, Clèves.
Cloveshoua, Cloveshow ou Cliffe.
Clunia, Corugna.
Clusium, Chiusi.
Clykis Limen, Gykeon.
Clypea, Aclibia.
Clysma, Colzoum.
Coana Komm.
Coba, Bugie.
Cocayon Mons, Kaszou.
Cocermutium, Cokermouth.
Cochæ, Conches.
Cochima, Cockeim.
Cocosates, Bordelais (Garonne).
Cod-Ania, Copenhague.
Codanus Sinus, Cattegat (le).
Coderiæ, Caudiez.
Codiciacum, Coucy.
Cœle-Syria, Bequáa.
Cœne, El-Senn.
Cœnomani, Bressan.
Cœtenus, Cœsnon, rivière.
Cogana, Congoun.
Coguretum, Cogereto.
Colania, Warwick.
Colapis, Kulp, rivière de Croatie.
Colchis, Mingrélie.

Coldania, Coldaing.
Coltis, Colle.
— Martis, Colmar.
Colmensium, Culmsée.
Colobregra, Colberg.
Colocia, Cotocza.
Coloma, Colomey.
Colonia, Coulonges, Sulbury.
— Agrippina, Cologne.
— Allobrogum, Genève.
— Antonini, Colchester.
— Claudia, Acre.
— Equestris, Nyon.
— Felix Julia, Bareith.
— Jovaria, Saltzbourg.
— Julia, Bonn, Parme.
— Munatiana, Basle.
— Lapatricia, Séville.
— Trajana, Kaysersverdi, Keu le Rhin.
Coloniæ Vinosæ, Coulanges-lès-Vineuses.
Colossæ, Degniztu.
Columbæ, Coulon.
Columbaria, Colmar.
Columbariæ, Coulommiers.
Columbum, Colombo.
Columnæ Herculis. Vide Abila, Gibraltar.
Colurnium, Colorno.
Comacula, Comacchio.
Comagene, le nord de la Syrie.
Comagenum, Haimbourg.
Comana Pontica, Almons.
Comaria Promont., cap Comorin.
Combralia, Combraille.
Comisena, Comis.
Commeranum, Bois Commun.
Commoda, Commeteau.
Compendium, Compiègne.
Complutum, Alcalá-de-Henarès.
Compsa, Conza.
Comum, Come, Komm.
Concagium, Kendu.
Concha, Cuenca.
Concobar, Kenghever.
Concordia, Kochersberg, Cividad.
Concurcallum, Concressault.
Condate, Cande, Condé, Rennes.
Condivincum, Nantes.
Condrusi, Condros, Luxembourg.
Confluentes, Coblentz, Confolens.
Confugia, Kalfungen.
Conimbriga, Coimbre.
Conistorgis, Silves.
Conitia, Konitz.
Connacia, Connaught.
Conniacum, Cognac.
Consabura, Consuegra.
Consentia, Cosenza.
Consorani, Conserans, Saint-Lizier.
Constantia, Gaz, Coutances, Costanza, Tel-Kiuran.
Contenium, Conty.
Contestani, le royaume de Valence en Espagne.
Contria, Miranda-de-Duéro.
Convallia, Combrailles.
Convenæ, Saint-Bertrand, Comminges.
Copia, Sybaris.
Coracisium, Castel-Ubaldo.
Corasmia, Kowarezm.

Corax, Mons, partie du Caucase au N. E. de la mer Noire.
Corbeia, Corbie.
Corbia, Corvey.
Corbiniacum, Corbigny.
Corbolium, Corbeil.
Corcagia, Cork.
Corconti, Silésie.
Corcura, Kerkouk.
Corcyra, Corfou.
— Nigra, Curzola.
Corduba, Cordoue.
Corduene, partie du Kurdistan.
Coria, Cori.
Coriallum Promontorium, cap de la Hogue.
Coriallus, Cherbourg.
Corinium, Cirencester.
Corinthiacus Sinus, golfe de Lépante.
Coriovallum, Falkenbourg, Fauquemont.
Corisopitum, Quimper, Cornouailles.
Corium, Coria.
Cornelia Vimpina, Wimpfen.
Cornelianum, Cornelian.
Cornubia, Cornouailles.
Corhutus, Saint-Aubin du-Cormier.
Corona, Brassow, Landscron.
Corone, Coron.
Coronium, Corogne (la).
Coronoburgum, Cronembourg.
Corseæ, îles des Fourmis.
Corsica, Corse.
Corsinnanum, Pienza.
Corstopitum, Morpeth.
Corierate, Coutras.
Corteriacum, Courtray.
Corticata, Sizarga, île.
Coruna, Corogne (la).
Corycus, Curco.
Cos, San-Hancio, île.
Cosa, Porto-Hercole ou Orbitello.
Cosetani, le S. de la Catalogne où est Tarragone.

Cossæi, Roux.
Cossio, Bazas.
Cossira, Pentellaria, île.
Cotes Promontorium, cap Spartel.
Cotoneum, Codogno.
Cotonnora, Onore.
Cotyæum, Kintahié.
Covalia, Kyle.
Covordia, Cœvorden.
Cramoburgum, Crainbourg.
Cranæ, Ile-Longue.
Cratas, montagne au milieu de la Sicile.
Gratia, Ghenedeh.
Cratis, Crati, rivière de la Calabre ultérieure.
Creciacum, Crécy.
Credonium, Craon.
Cremisium, Krems.
Cremna, Kebrinan.
Crempa, Krempe.
Crenides, Philippi.
Creolium, Creil.
Crepicordium, Crève-Cœur.
Crepisa, Cherso.
Creta, Candie, île.
Crevenum, Cravant.
Crimiacum, Crémieu.
Crimisa, cap d'Alice.
Crin Metopon, cap Karadjé-Bourum, cap Crio.
Crisius, le Kerès, rivière de Hongrie.
Crispitiacum, Crespy.
Crista, Crest.
Crociatonum, Valogne.
Crocodilopolis, Adribé, Faïoum.
Crosa, Creuse (la), rivière.
Crossa, Crossen.
Groto, Crotone.
Croviacum, Crouy.
Cruciniacum, Creutznach.
Crudatium, Cruas, monastère.
Crumentum, Commorre.
Cruviscia, Kruswick.
Crux (Sancta), Sainte-Croix, Santa-Crux.

Cubani, Kuban.
Cularo Gratianopolis, Grenoble.
Culmisiacum, Cormicy.
Cumania, Carretopa.
Cumbria, Cumberland.
Cuminarius, la Zarga.
Cunetio, Malborough.
Cuneum, Coni.
Cuneus, l'Algarve.
Cupersanum, Conversano.
Cupramontana, Ripa-Transone.
Cuprimons, Kopersberg.
Cures, Corrèze en Italie.
Curia Rhætorum, Coire.
Curicla, Veglia, île.
Curiosolites, le département des Côtes-du-Nord.
Curium, Piscopia.
Curubies, Gurbes ou Garbès.
Cusæ, Cussié
Cussiacum, Cuissy.
Cusus, le Way, rivière de Hongrie.
Cutna, Kuttenberg.
Cybira, Buraz.
Cybistra, Busteré.
Cydamus, Gadumé.
Cydnus. Vide Cidnus.
Cydon, Canée (la) Cygnea, Zwiechau.
Cyllene, Chiarenza, montagne d'Arcadie.
Cyparissus, Arcadia.
Cypsela, Ipsala.
Cyrene, Curen.
Cyrescata, Cogend.
Cyrius (Sanctus), Saint-Cyr.
Cyrnos, la Corse, île.
Cyrrhus, Kilis, rivière de Syrie.
Cyrus, Coire, ville; Kur, rivière.
Cyssus, Tchesmé.
Cyta, Kutetis.
Cythæum, Setia.
Cythera, Cérigo, île.
Cythnus, Thermia, île.
Cytorus, Cudros.

## D

Daba, Aintab.
Dachanabades, Dachinabades, Décan.
Dædalion. Voyez Etnomus.
Dahæ Aparni, peuple du Dahistan.
Dalebium, Délebio.
Damascus, Damas.
Damasia, Augsbourg.
Dammona, Dam.
Dammum, Dam.
Danapris, Dnieper.
Danaralis, Derindé.
Danaster, Dniester, rivière.
Dahia, Denemark.
Danicum Fretum, le Sund.
Danorum Mons, Dannaberg.
Danubii Insula, Donawert.
Danus Indus, Ain, rivière.
Daradus, Sénégal.
Darantazia, Moutiers, dans la Tarentaise.
Darapsa, Drapsaca, Bamian.
Dargomanes, rivière du Tokaristan, qui se jette dans celle de Hask.
Dariorigum, Vannes.
Darnis, Derne.

Datii, Dax.
Daudyana, Diadin.
Daunia, Capitanate.
Daventria, Deventer.
Dea Vocontiorum, Die.
Decempagi, Dieuse.
Decetia, Decicia, Decize.
Delas, Diala, rivière du Kurdistan, qui tombe dans le Tigre.
Delitium, Delitsch.
Dellium, Delhi.
Delos, Sdili, île.
Delphi, Delft.
Delphinatus, le Dauphiné.
Demetæ, le comté de Pembroke.
Demetrias, Kerkouk, Volo.
Deminium, Demmin.
Dendrobosa, Daram.
Denonium, Denain.
Deobriga, Miranda-de-Ebro.
Deodatis (Sanctus), Saint-Dié.
Deonantum, Dinant.
Deppa, Dieppe.
Derbe, Alah-Dag.
Dercon, Derkous.
Dereta, Derote.

Deria, Londonderry.
Dermuta, Darmouth.
Derpatum, Derpt.
Dertona, Tortone.
Dertosa, Tortose.
Dervanse Monasterium, Moutier-en-Der.
Desena, Deussen.
Desiderius (Sanctus), Saint-Didier.
Deva, Chester, la Dée, rivière du comté de Galloway.
Devana, Turrif, Vieux-Aberdeen.
Develtus, Zagora.
Dia, Saint-Dié.
Diablintes, Jubleins.
Diachesis, Melela.
Dianium, Denia, cap Martin (Espagne, royaume de Valence).
Didymoticos, Dimotuc.
Diedonum, Dundée.
Diensus Tractus, Diois.
Dierna, Orsova.
Digba, Korna.
Dinannum, Dinan.
Dinaretum Promontorium, cap

Saint-André (île de Chypre).
Dindana, *Chelum, rivière du Punje-Ab.*
Dingobriga, *Dingelfing.*
Dinia, *Digne.*
Diocæsarea, *Acsaraï, Sefouri.*
Diolindum, *Bergerac.*
Diomedeæ Insulæ, *Trémiti.*
Dionisia, *Kasr-Kern.*
Dionontum, *Dinant.*
Diopolis, *Het.*
Dioscoridis Insula, *Socotera, île.*
Dioscuria, *Iskuria.*
Diospolis Magna, *Thèbes d'Egypte.*
— Parva, *How.*
Dirchovia, *Dirchau.*
Diritodis, *Teredon.*
Discamuta, *Dixmude.*
Discuria, *Socotera.*
Dispurgum, *Dieburg.*
Dissia, *la Succa.*
Dium, *Biu, Standia.*
Divio, *Dijon.*
Divodurum, *Metz.*
Divona, *Cahors.*
Divus, *Dée, rivière.*
Djalam, *Chelum, rivière du Punje-Ab.*
Dobrinum, *Dobrzin.*
Dobuni, *comté de Worcester.*
Doccum, *Dorkum.*
Docirana, *Dorna.*
Doliche, *Doluc.*
Dolum, *Déols.*
Domdevilla, *Doudeuville.*
Domiciacum, *Douzy.*
Doninium Martini, *Dammartin.*

Dommanantum, *Dormans.*
Donincum, *Doulens.*
Dordingum, *Dourdan.*
Dordracum, *Dordrecht.*
Dorobernum, *Cantorbéry.*
Dorodunum, *Dornock.*
Dorosturum, *Silistria.*
Dorsta, *Dorsten.*
Dorylæum, *Eski-Shehr.*
Dracenum, *Draguignan.*
Draconerium, *Dronero.*
Dracuina, *Ehingen.*
Dragamantina, *Travernunde.*
Drangæ, *peuple du Sigistan.*
Drangiana, *Sigistan.*
Drepanum, *Trapani.*
Drepanum Promontorium, *cap de la mer Rouge.*
Drilo, *Drin-Noir, rivière.*
Drinopolis, *Drinaward.*
Drivordia, *Trefurt.*
Drocum, *Dreux.*
Druentia, *Durance, rivière.*
Druna, *Drôme, rivière.*
Drusiburgum, *Doesbourg.*
Drusomagus, *Memmingen.*
Dryopolis, *Aichstat.*
Duacum, *Douay.*
Duama, *Dauma.*
Dubis, *Doubs, rivière.*
Dubris, *Douvres.*
Dubritonium, *Dunbarton.*
Ducatus Venetus, *Dogat.*
Duellium, *Hohenweil.*
Dumna, *Hoy.*
Dumnonii, *comté de Cornwal.*

Dumnonium Promontorium, *cap Lézard.*
Dumnus, *Dauhn.*
Dumum, *Puy-de-Dôme, montagne.*
Duncannium, *Dungannon.*
Duncheldinum, *Dunkel.*
Dunga, *Dabul.*
Dungalia, *Dunnegal.*
Dunhelmum, *Durham.*
Duracium, *Duras.*
Duranius, *Dordogne, rivière.*
Duratum, *Dorat.*
Durbara, *Mosul.*
Durbutum, *Durbuy.*
Durgaugia, *Turgaw.*
Duria, *Dure.*
Duria Major, *la Doria-Riparia, rivière.*
— Minor, *la Doria-Baltea.*
Durias, *Guadalaviar, rivière.*
Durius, *Duero, rivière.*
Durlachum, *Dourlach.*
Durnovarta, *Dorchester.*
Durobriva, *Stanford.*
Durobrivis, *Rochester.*
Durocasses, *Dreux.*
Durocatalonum, *Châlons-sur-Marne.*
Durocorturum, *Reims.*
Durostadium, *Wyck.*
Durostallum, *Duretal.*
Durostorus, *Drista.*
Durotriges, *comté de Dorset.*
Durovernum, *Cantorbéry.*
Duziacum, *Douzy.*
Dyrrachium, *Durazzo.*

# E

Ebellanum, *Bielaja.*
Ebirobritum, *Alcobaza.*
Eblana, *Dublin.*
Ebodia, *Aurigny.*
Ebodurum, *Butzaw.*
Ebora, *Evora.*
Eboracum, *Yorck.*
Eboriacum, *Farmoutiers.*
Ebrodunum, *Embrun, Yverdun.*
Ebrogilum, *Ebreuil.*
Ebroicæ, *Evreux.*
Ebronicum, *Evron.*
Ebrulphus (Sanctus), Saint Evroult.
Ebudæ, *Eburdes, Hébrides, îles.*
Ebura, *Eure, rivière.*
Eburones, *pays de Tongres.*
Eburovicum, *Evreux.*
Eburum, *Cremsir.*
Ebusus, *Ivica, île.*
Ecbatana, *Amadan.*
— Magorum, *Gnerden.*
Echinades, *Cursolaires, îles.*
Ecleasia, *Esclache, abb. d'Auvergne.*
Edessa, *Orfa.*
Edetani, *royaume de Valence.*
Edmundus (Sanctus), *Edmonsbury.*
Eflia, *Eiffel.*
Egelesta, *Iniesta.*
Eglesia, *Iglesias.*
Eisnæ, *Isne.*
Eisteta, *Aichstadt.*
Elana, *Tor.*
Elath, *Ailah.*

Elathia, *Turco-Corio.*
Elaver, *Allier, rivière.*
Elbora, *Talavera-la-Reina.*
Elborum, *Elbeuf.*
Elea, *Ialea.*
Eleæ Portus, *Parga.*
Elegia, *Ilija.*
Elepha, *Niebla.*
Elephantiacum, *Elwangen.*
Elethnya, *Elcab.*
Eleutherus, *Nah-Kibir, riv. de Syrie.*
Elgia, *Elgin.*
Elgovia, *Lenox.*
Eliocrata, *Lorca.*
Ellamium, *Etan.*
Ellus, *Ill, rivière.*
Elna, *Perpignan.*
Elno, *Saint-Amand (Nord).*
Elusa, *Eause.*
Elyma, *Canina ou mieux Belgrade d'Albanie.*
Elymander, *Sambara, rivière du Sigistan.*
Elyster, *Elster, rivière.*
Emathia, *partie de la Macédoine.*
Embricum, *Emmerick.*
Emelia, *Emmeley.*
Emesus, *Hems.*
Emetha, *Emden.*
Emisa, *Emèse.*
Emporiæ, *Ampurias.*
Emporium, *Debil.*
Engaddi Vallis, *Engenthal.*
Engelheimum, *Ingelheim.*

Engilbertum, *Moulins-Engilbert.*
Engolismæ, *Angoulême.*
Engyrum, *Enguien.*
Enipœus, *rivière qui passe à Farsi en Thessalie.*
Enna, *Castro-Giovani, Ain, rivière.*
Ens, *Ens, rivière.*
Ensia, *Ens, rivière.*
Eordæ, *vers la Macédoine, a Epire.*
Epamanduodurum, *Mandeure, Montbelliard.*
Epecium, *Spezze, Viscio.*
Epidaurus, *Malvasia.*
Epidium, *Isla, île.*
Epiphaneia, *Hamah.*
Episcopi Castrum, *Bishops-Castl.*
— Cella, *Bischofs-Zell.*
— Insula, *Bischofs-werda.*
Eporedia, *Ivrée.*
Eposium, *Ivoi.*
Epternacum, *Echteren.*
Equestris, *Nyon, sur le lac de Genève.*
Erebergum, *Ehrenberg.*
Eremus, *Hermitage.*
Erfurtum, *Erfert.*
Ergoviæ Pagus, *Munster (Helvetie).*
Eribantum Promontorium, *cap au nord de la Sardaigne.*
Eriberti Saxum, *Hamirstein.*
Eridanus, *Pô, à son embouchure.*
Ernacum, *Ernée.*
Erythræ, *Erethri.*

## DICTIONNAIRE LATIN DE GÉOGRAPHIE.

Erux, Lerici.
Esco, Schongaw.
Escorium Ecouis.
Esna, Aisne, rivière.
Esselatensis Comitatus, Auxois (l').
Essetilandia, Labrador.
Etona, Eaton.
Evandria, Olivenca.
Eubæa, Négrepont, île.

Euganæi, partie des États de Venise.
Eugubium, Gubio.
Eulæus, Karum, rivière du Khousistan.
Euna, Ain, rivière.
Eupatoria, Tchernike.
Eurimedon, Menougat, rivière.
Europa, partie de l'ancienne Thrace.

Evenus, Fidari, rivière d'Etolie (Vlakia).
Exaquense Oppidum, Lessay.
Exilissa, Ceuta.
Exinm, Essey.
Exoldunum, Issoudun.
Exonia, Excester.
Extrema, Estremos.

## F

Fabariæ, Pfeffers.
Fabirarum, Bremen.
Facundus (Sanctus), Saint-Sahagun.
Fæsulæ, Fiesoli.
Falerii, Falari.
Falesia, Falaise.
Falisca, Civita-Castellana, Montefiascone.
Falmutum, Falmouth.
Falstria, Falster.
Fama Augusti, Famagouste.
Famenensis Tractus, Famine.
Fanum Fortunæ, Fano.
— Jovis, Fanjaux.
— Martis, Pescia.
— Sanctæ Mariæ ad Portum, Jagona.
Faro, Fèré
Farense Monasterium, Farmouliers.
Farmanaghensis Comitatus, Fermanach.
Farus, Faro.
Fasia, la Faise, abbaye de la Guyenne.
Fasianorum Insula, île des Faisans.
Fauces, Fuessen.
Faucontium, Faucogney.
Faventia, Faïence, Huesca, Faenza, Barcelone.
Felsiza, Fistelle.
Felicitas Julia, Lisbonne.
Felsina, Boulogne.
Feltinum, Feuilletin.
Feltria, Feltri.
Feuetium, Fernières.
Feniculetum, Fenouillèdes.
Fereolus (Sanctus), Saint-Fargeau.
Fergusii Rupes, Carickfergus.
Fermeliodunum, Dumferling.
Ferna, Fearnes.
Ferrariæ, Ferrières.
Fesulæ, Fiesoli.
Fezza, Fez.
Fidemium, Femi.
Fidenates, la Sabine.
Fidentia, Borgo - San - Donnino.
Figiacum, Figéac.
Filicecum, Filleck.
Filiceriæ, Fougères.

Fimbria, Femeren.
Finarium, Final.
Fines, Fismes, Psin, Tuy, Veillane, Montauban, Villanova en Catalogne.
Finis Terræ, cap Finistère.
Finniogia, Finlande.
Fionia, Fuline.
Firmicum, Fermo.
Firmitas, Ferté.
Fiscamnum, Fiscicampus, Fécamp.
Fitacum, Fitachi.
Flanona, Fianone.
Flanum, Fiano.
Flaviniacum, Flavigny.
Flaviobriga, Bilbao.
Flavionavia, Aviles, dans les Asturies.
Flevo, le Zuyderzée.
Flexia, La Flèche.
Flixa, Flix.
Florentia, Fleurange.
Florentiola, Florenzuola.
Floriacum, Fleury.
Florium, Florennes.
Florum, Flores.
Florus (Sanctus), Saint-Flour.
Flotta, Flotz.
Flumium, Fiume.
Fluvius Magnus, Rio-Grande.
Foa, Faoué.
Focunates, Vogogna.
Fodovarium, Fodwar.
Follanebraium, Follembrai.
Fons Bleaudi, Fontainebleau.
— Ebraldi, Fontevrault.
— Rapidus, Fontarabie.
Fontanæum, Fontenai.
Fontanella, Fontenelle.
Fontanensis Arx, Fuentes.
— Ecclesia, Wells.
Fontanetum, Fontenai.
Fontes, Fontaines.
Fora, Fore.
Forchea, Forth.
Forcia de Prato, Pratz-de-Molo.
Forensis Pagus, le Forez.
Formiæ, Mola.
Forojuliensis Tractus, Frioul.
Fortalitium Agri, Forza-de-Agro.
Fortunatæ Insulæ, Canaries (îles).
Forum Alieni, Ferrare.
— Calcarium, Forcalquier.

Forum Claudii, Carinola, Moutiers (Mont Blanc).
— Cornelii, Imola.
— Diuguntorum, Crema.
— Domitii, Frontignan, suivant quelques-uns.
— Fulvii, Valence sur le Pô.
— Gallorum, Morillo.
— Julii, Fréjus, Ciudad-di-Friuli.
— Lidæ, Lidkoping.
— Limicorum, Ponte-de-Lima.
— Tivii, Forli.
— Neronis, Forcalquier.
— Novum, Fornove.
— Segusianorum, Feurs.
— Sempronii, Fossombrone.
— Tiberii, Kaysersthul.
— Trajani, Fordongiano.
Fossa Claudia, Chiozza.
— Maria, canal du bras gauche du Rhône à son embouchure.
— Nova, Fos-di-Novo.
Fossi, le duché de Hanovre.
Francæ Valles, Franquevaux.
Franciscopolis, Havre-de-Grâce.
Francoberga, Frankenberg.
Fraucodalia, Frankendal.
Francofordia, ou Francofurtum, Francfort-sur-le-Mein.
Fredericia, Frederichs-Ode.
Frento, Fortore, rivière de l'Abruzze.
Frequentum, Fricanto.
Fretum Caletium, Pas-de-Calais (le).
— Siculum, Phare de Messine.
Friberga, Friedberg.
— Stadium, Friderichstadt, Freudenstadt.
Fridericoburgum, Friderichsbourg.
Friesacum, Freisach.
Frisia Orientalis, Ost-Frise.
Frisinga, Freisingen.
Frislaria, Fritzlar.
Frontiacum, Fronsac.
Fruxinum, Freisingen.
Fuciniacum, Faussigny (le).
Fucinus Lacus, lac Celano.
Fulginia, Fulgineum, Foligny.
Fulium, Feuillans.
Fundi, Fondi.
Fusniacum, Foigny, abbaye du diocèse de Laon.
Fuva, Fodé.
Fuxum, Foix.

## G

Gabalicus Pagus, le Gévaudan.
Gabrantovicorum Sinus, baie du comté d'York, en Angleterre.
Gabro, Javron.
Gabrosentum, Newcastle.
Gabula, Djebileh.

Gadara, Kadar
Gades, Cadix.
Gadirtha, Rahabah.
Gagani, Caransebes.
Gaitia, Jaicza.
Galardo, Gallardon,

Galata, Galite.
Gallæcia, Galicie.
Galleora, Guator.
Gallia, France ou Gaule.
— Cisalpina, Lombardie, ou république italienne.

DICTIONNAIRE DE GEOGRAPHIE ECCLESIASTIQUE.

Galliacum, *Gaillac.*
Callio, *Gaillon.*
Gallita, *Guillestre.*
Galliva, Gallovidia, *Galloway.*
Gallo-Græcia. *Voyez* Galatie.
Gamapium, *Gamaches.*
Gambea, *Gambie.*
Gamundium, *Castellazzo.*
Ganabara, *Janeiro.*
Gandavum, *Gand.*
Gandulphi Arx, *Castel-Gandolfe.*
Gangræ, *Kiankari.*
Gannum, *Conga.*
Ganodurum, *Constance.*
Garamantes, *partie du Sahara du côté de l'Egypte.*
Garanæi, *partie de l'Assyrie (Kurdistan).*
Garganus Mons, *Ange (Saint-) en Capitanate.*
Gargogium, *Jargeau.*
Garocella, *Exiles.*
Gartia, *Gartz.*
Garumna, *Garonne, rivière.*
Garyenum, *Yarmouth.*
Gaudiacus, *Jouy.*
Gaudiosa, *Joyeuse.*
Gaulos, *Gozze, île.*
Gaumellum, *Biella.*
Gaza, Gazaca, *Tauris.*
Gazorus, *Tricala.*
Gebenna, Gebennensis, *Genève.*
Gedanum, *Dantzick.*
Gedrosia, *Mekran.*
Gela, *Terra-Nova, en Sicile.*
Gelæ, *le Ghilan.*
Gelnusa, *Gelnhausen.*
Gemblacum, Geminiacum, *Gembloux.*
— Sinus, *golfe de Macri.*
Gemmatium, *Jamets.*
Gemmeticum, *Jumiéges.*
Genabum, *Orléans.*
Genadium, *Chonad.*
Genave, *Chenab, rivière du Punje-Ab.*
Genesareth, *Voyez* Tibériade.
Gengulfinum, *Saint-Gengoux.*
Gentia, *Genzano.*
Genua, *Gênes.*
Genusus, *Semno, rivière d'Albanie.*
Gerardi Mons, *Grammont.*
Gerasa, *Jaras.*

Gerboredum, *Gerberoy.*
Gergovia. *Voyez* Clermont-Ferrand.
Germania, *Allemagne.*
Germanicia, *Marasch.*
Germanicopolis, *Kastamoni.*
Germia, *Kermen.*
Germiniacum, *Germigny.*
Gerra, *El-Katif.*
Gerunda, *Gironne.*
Geruntius (Sanctus), *Saint-Girons.*
Gervasius (Sanctus) *partie de Genève.*
Geryn, *El-Katif.*
Gesium, *Gex.*
Gesoriacum, *Boulogne ( Pas-de-Calais).*
Getæ, *à l'orient de la Dacie.*
Getara, *Bakow.*
Gienum, *Gien.*
Giennium, *Jaen.*
Gippevicum, *Ipswick.*
Girba, *Gerbe.*
Girfa, *Girffi.*
Girgium, *Girgé.*
Girunna, *Gironde (la), rivière.*
Gisenopolis (Sanctus), *Saint-Guillain.*
Gisna, *Guisnes.*
Gissa-Massorum, *Giessen.*
Glanafolium, *Saint-Maur-sur-Loire.*
Glanum, *Saint-Rémy ( Bouches-du-Rhône).*
Glannatera, *Glandève.*
Glarona, *Glaris.*
Glascua, *Glascow.*
Glatium, *Glatz.*
Glaucus, *Abascie.*
Glessariæ Insulæ, *Fero (îles de).*
Glota, *Arran, île; la Clyde, rivière.*
Goæ, *Goes.*
Goar (Sanctus), *Saint-Gower.*
Gobæum Promontorium, *cap près de Brest.*
Gollia, *Goille.*
Gomphi, *Jannina.*
Gontiana, *Gemaajedid.*
Gorgo, *Urgentz.*
Gorichemum, *Gorcum.*
Gornacum, *Gournay.*
Goselinum, *Josselin.*

Gossense Cœnobium, *Goes.*
Gothini, *le sud de la Silésie.*
Gothones, *Prusse.*
Gracuris, *Agreda, Tudela.*
Gradicum, *Gray.*
Gradus, *Grado.*
Græcium, *Gratz.*
Grafinianum, *Castelnovo-de-Garfagnane.*
Graiacum, *Gratz.*
Grampius Mons, *montagne d'Ecosse.*
Granateria, *Grenetière.*
Grancelum, *Grançai.*
Grandinurum, *Muros.*
Grandimontium, *Grammont.*
Grandis Silva, *Granselve, abbaye.*
Grandis Villa, *Granvionum, Granville.*
Granicus, *Oustvola, rivière.*
Granta, *Grantham.*
Granua, *le Gran, rivière de Hongrie.*
Gratana, *Grenade.*
Gratiana, *Gradisca.*
Gratianopolis, *Grenoble.*
Gratiosa, *Gracieuse.*
Gravenengæ, *Gravelines.*
Gravionarium, *Bamberg.*
Grinnicum, *Grasse.*
Grossum Boscum, *Grosbois.*
Gruka, *Grein.*
Grunestadium, *Grunstadt.*
Guardastallum, *Guastalla.*
Guba, *Guben.*
Guedinum, *Dantzick.*
Guelpherbitum, *Wolfenbuttel.*
Gugerni, *duché de Clèves.*
Guiardi Villa, *Guerville.*
Guillafordium, *Guilford.*
Guillelmi Stadium, *Willamstadt.*
Gundulphi Curia, *Gondrecourt.*
— Villa, *Gondreville.*
Guntia, *Guntzbourg.*
Guria, *Gaur.*
Gutteberga, *Kuttemberg.*
Gyarus, *Joura, île.*
Gymnasiæ Insulæ, *îles Majorque et Minorque.*
Gymnias, *Ginnis.*
Gyndes, *Zinderou, rivière qui passe à Ispahan.*
Gyzicus, *Zisik.*

## H

Haddina, *Haddington.*
Hadranum, *Aderno.*
Hadria, *Atri, Adria.*
Hadriani, *Edrenos.*
Hadrianopolis, *Andrinople.*
Hadunanum, *Haiuan.*
Hafnia, *Copenhague.*
Haga, *Haye.*
Hagenoia, *Haguenau.*
Hagiopolis, *signifie Ville sainte.*
Haiæ Domini Gilonis, *Ais-Daingilon.*
Hala, *Halle, Hallein.*
Halapum, *Halpo.*
Haliacmon, *Platamona, rivière de Macédoine.*
Halicarnassus, *Boudroun.*
Halicia, *Saleme.*
Haliola, Hallula, *Hallein.*
Hallonesus, *Dromo, île.*
Halus, *Galula.*

Halys, *Kitzil-Irmack ou Ermack, rivière.*
Hambia, *Hambye.*
Hamela, *Hamelen.*
Hammaria, *Hamar.*
Hammonia, *Hambourg.*
Hammonii, *partie de la Libye maritime.*
Hammus, *Ham.*
Hamptoni Curia, *Hamptoncourt.*
Hannebonum, *Hennebon.*
Hannonia, *le Hainaut.*
Hanovia, *Hanau.*
Harecortis, *Harcourt.*
Hareflorum, *Harfleur.*
Haristallium, *Heristall.*
Harmosia, *Bender-Abassi.*
Harmyris Lacus, *lac sur lequel est Kersova.*
Harum, *Haro.*
Hasselutum, *Hasselt.*

Hassia, *Hesse.*
Hastopolis, *Ratisbonne.*
Hatra, *Hatder.*
Hayna, *Hain.*
Hebron, *Habroun ou Cabr-Ibraim.*
Hebrus, *Mariza, rivière de Thrace.*
Hecatones, *Musconisi, îles.*
Helaniticus Sinus, *Bahr-el-Acaba ou golfe de l'Elan.*
Hela Velia, *Castel-a-Mare della Brucca.*
Helena, *Elne, Macronisi, île.*
Helenopontus, *partie du royaume de Pont.*
Helia, *Ely.*
Heliopolis, *Balbek, Soltwedel.*
Hellorus, *Atellari, rivière de Sicile.*
Helorum, *Muri-Ucci.*
Helvii, *Vivarais.*
Heniochi, *partie de la Circassie.*
Henricopolis, *Quillebeuf.*

Heortis Mons, *Hartberg.*
Heptænomis, *Egypte du milieu.*
Heraclea, Zeïtum. Voyez Héraclée.
— Pontica, *Erekli.*
Herbaria, *Rubiera.*
Herbipolis, *Wurtzbourg.*
Hercinia Silva, *Hartzwald.*
Hercinii montes, *montagnes qui entourent la Bohême.*
Herculanum, *Erckelens, Portici.*
Herculis Insula, *Asinara, île.*
Herculis Promontorium, *pointe de Hartland, en Angleterre.*
Herdowicum, *Hardewick.*
Herenachium, *Goch.*
Herepensis Pagus, *Hurepoix.*
Heristallium, *Herstall.*
Herius Fluvius, *Vilaine, rivière.*
Hermonactis, *Ackerman.*
Hermonassa, *cap Harompsa, sur la mer Noire.*
Hermontio, *Armançon.*
Hermopolis, *Benesouff.*
— Magna, *Achmounein.*
— Parva, *Damanhour.*
Hermunduri, *Bavière, Franconie et haute Saxe.*
Hermuntis, *Erment.*
Hermus, *Sarabat, rivière d'Anatolie.*
Hernius, *rivière débouchant au golfe de Smyrne.*
Herofelda, *Hirchsfeldt.*
Heroopoliticus Sinus, *golfe de Suez.*
Heroopolis, *Suez.*
Herulæ, *Werle.*
Hesebon, *Hesbon.*
Hesudrus, *Setledje, rivière du Punje-Ab.*
Hetturia, *Toscane.*

Hexi, *Mottil, Velez-Mulaga.*
Hiatrospolis, *Ratisbonne.*
Hibernia, *Irlande.*
Hiccara, *Carini.*
Hicesia, *Panaria, île.*
Hiddonis Ager, *Hitzacker.*
Hienipa, *Alcala-de-Guadaira.*
Hiera Germa, *Ghermasti.*
Hieracium, *Gierace.*
Hieracum Insula, *l'île de Saint-Pierre (Sardaigne).*
Hierapithna, *Girapetra.*
Hierapolis, *Membigz.*
Hierosolyma, *Jérusalem.*
Hildesia, *Hildesheim.*
Himera, *Termini, Fiume-Salso, rivière de Sicile.*
Hingoa, *Hinchoa.*
Hipæa, *If ou Titan.*
Hipera, *Ypres.*
Hippocrène, *fontaine de l'Hélicon.*
Hippolytus (Sanctus), *Saint-Poelten.*
Hipponium, *Bivona.*
Hippo Regius, *Bone.*
— Zaritos, *Biserte.*
Hipula, *Niebla.*
Hira, *Mesched-Ali.*
Hircania, *Hasterabad.*
Hispalis, *Séville.*
Hispiratis, *Ispira.*
Histria, *Istrie.*
Hæmi Extrema, *Emineh-Bouroun.*
Hæmus Mons, *Emineh-Dag, montagne de Thrace.*
Hogstratum, *Hoogstrate.*
Hoium, *Huy.*
Holacus, *Hohenloe.*

Holmetius Pagus, *Houlme.*
Holmia, *Stockholm.*
Holsetia, *Holstein.*
Homonada, *Ermenak.*
Horata, *Houat.*
Horea, *Forfar.*
— Margi, *Morava.*
Hornaceus, *Hornoy.*
Hortanum, *Orti.*
Horunda, *Marand.*
Hosdeneum, *Houdan.*
Hostedunum, *Autun.*
Hostilia, *Ostigha.*
Huneflorium, *Honfleur.*
Hungaria, *Hongrie.*
Hunnonis Curia, *Honnecourt.*
Hunnorum Tractus, *Hundsruck.*
Husanum, *Husum.*
Huxaria, *Hoxter.*
Hyarotes, Hydraotes, *Ravee, rivière du Punje-Ab.*
Hydaspes, *Shantrou, rivière de l'Inde.*
Hydropolis, *Feucht-Wagen.*
Hydruntum, *Otrante.*
Hyllis, *Sabioncello.*
Hyllus, *Sarabat, rivière d'Anatolie.*
Hymera, *Salso, rivière de Sicile entre le val de Noto et celui de Mazura.*
Hypæa, *Titan, île.*
Hypanis, *Bog, rivière; Kuban, rivière.*
Hypasis, Hyphanis, Hypanis, *Biah, rivière du Punje-Ab.*
Hyppius, *rivière d'Anatolie, passant à Uscubi.*
Hypsa, *Belici, rivière de Sicile.*

# I

Iaccetani, *le nord de l'Aragon.*
Iapides, *Morlaques.*
Iapigia, *Terre d'Otrante.*
Iapigium Promontorium, *cap Colone en Calabre ultérieure.*
Iatinum, *Meaux.*
Iatripa, *Medine en Arabie.*
Iberus, *Ebre, rivière.*
Iberia, *Espagne, Imirette.*
Iberiacum, *Ivry.*
Icaria, *Micaria, île.*
Icauna, *Yonne, rivière.*
Iccius Portus, *Wuissant.*
Icenorum Regio, *Essex ou le comté de Norfolk.*
Ichara, *Karek, île.*
Ichnusa, *Sardaigne, île.*
Iciodurum, *Issoire.*
Iconium, *Cogni.*
Icossium, *Serselli.*
Iculisma, *Angoulême.*
Idamus, *Ain, rivière.*
Idessa, *Saisberé.*
Iena Æstuarium, *golfe de Galloway.*
Igædita, *Idanah-Velha.*
Igilgilis, *Gigeri.*
Iguium, *Igni.*
Igorandis, *Ingrande.*
Iguvium, *Gubio.*
Ilcuscum, *Ilkush.*
Ilerda, *Lérida.*
Ilergetes, *partie de l'Aragon.*
Ilipula, *Niebla.*
Ilercaones, *partie de la Catalogne et du royaume de Valence.*

Illiberis, *Elne, Collioure.* Voyez Eliberis.
Illicis, *Ilicum, Elche.*
Illiturgis. Voyez Anduxar.
Illuro, *Mataro.*
Illyricum, *Dalmatie, Illyrie.*
Ilorcis, *Lorca.*
Iluro, *Oleron, ville.*
Ilza, *Iltz.*
Imbripolis, *Ratisbonne.*
Imbros, *Imbro.*
Inarimæ, *Ischia.*
Inculisma, *Angoulême.*
Indego, *Hain.*
Indiacum, *Saint-Flour.*
Indibilis, *Xert.*
Indigetes, *partie de la Catalogne.*
Indi Montani, *Belloyes, peuple de l'Inde occidentale.*
Indo-Scythia, *province de Sindi.*
Indus, *fleuve.*
Ingauni, *vers Albingue.*
Ingena, *Avranches.*
Inger, *Indre, rivière.*
Iniuladislavia, *Inowladislow.*
Innernium, *Innerness.*
Isani Montes, *montagnes pelées et arides de l'Ecosse.*
Insubrii, *le Milanais.*
Insula Barbara, *Ile-Barbe.*
— Sancta, *Heilgoland.*
Insulæ Itheos, *Ile, Isle, Isola, Lille.*
Intemelii, *les environs de Vintimille.*

Interamna, *Teramo.*
Inter Aquas, *Entraigues.*
Inter Amnes, *Antrains (Nièvre).*
Interamnum, *Intermna, Terni.*
Inter Valles, *Entrevaux.*
Ionopolis, *Aïnehboli.*
Ios, *Nio, île.*
Irca, *Irken.*
Irenopolis, *Bagdad (il signifie aussi ville de paix).*
Iria Flavia, *Padron.*
Iriæ Vicus, *Voghera.*
Iriniacum, *Irigny.*
Irtis, *Irtich, rivière.*
Irva, *Irwin.*
Is, *Het.*
Isala, *Yssel, rivière.*
Isalaburgum, *Ysselbourg.*
Isara, *Iser, Isère, Oise, rivières.*
Isaticæ, *Yesd, Isedkarst.*
Isaura, *Bei-Shehri.*
Isauria, *partie de la Caramanie.*
Isca, *Caerlleion.*
— Dumnoniorum, *Exeter.*
Ischalis, *Ilchester.*
Iscia, *Ischia.*
Isegemium, *Isenghien.*
Isiniacum, *Issigny.*
Isleba, *Isleben.*
Isontius, *Lisonzo.*
Issa, *Lissa, île.*
Isselstadium, *Isselstein.*
Issidolium, *Exideuil.*
Issoldupum, *Issoudun.*
Ister, *Danube inférieur.*

DICTIONNAIRE DE GEOGRAPHIE ECCLESIASTIQUE.

Istropolis, *Karakirmen.*
Isurium, *Aldborough.*
Itaca, *Theaki, île.*

Italica, *Séville-la-Viéja.*
Itius Portus, *Wuissan.*
Iturissa, *Sanguesa, Toloza.*

Ivaratti, *Ravee, rivière.*
Ivernis, *Cashell.*
Ivorcia, *Ivrée.*

## J

Jaba, *Java, île.*
Jabodii Insula, *Sumatra, île.*
Jacobus (Sanctus), *Saint-Jacques.*
— San-Iago, *James-Town.*
Jadera, *Zara.*
Jamad, Jaluni, *Chelum, rivière.*
Jamdunia, *Jandeure.*
Jamna, *Citadella, dans l'île de Minorque.*
Janoscopia, *Jenkoping.*
Janua, *Gênes.*
Januaria, *Jagodna.*
Jarmutum, *Yarmouth.*
Jassiorum-Municipium, *Jassi.*
Jassus, *Assemkalasi.*
Jatinum, *Meaux.*
Jauria, *Jawer.*
Jaurium, *Raab.*
Jaxarte, *Sihon, rivière.*
Jazer, *Zira.*
Jella, *Stradella.*

Jemptia, *Jempterland.*
Jendum, *Jedo.*
Jewia, *Jeverland.*
Joannes (Sanctus), *Saint-Jean, Saint-Juan.*
Joanvilla, *Joinville.*
Jocondiacum, *Joué.*
Jogalia, *Yougbil.*
Joncaria, *Jonquère.*
Jonnariæ, *Jonquières.*
Joppe, *Jaffa.*
Jordanis, *Jourdain, rivière.*
Josedum, *Corbeil.*
Jotrum, *Jouarre.*
Jovia, *le Grad, en Croatie.*
Joviniacum, *Joigny.*
Jovis Ara, *Jouarre.*
Judocus (Sanctus), *Saint-Josse.*
Judonia, *Judoigne.*
Julia, *Giula.*
— Cæsarea, *Alger.*

Julia Romula, *Cordoue.*
— Traducta, *Tariffe.*
Juliacum, *Juilly, Juliers.*
Juliana (Santa), *Santillane.*
Juliani Arcus, *Arcueil.*
Julianum, *Wollin.*
Juliobona, *Bonne, Bayeux, Lillebonne, Vienne.*
Juliobriga, *Val-de-Viesse.*
Juliodunum, *Loudun.*
Juliomagus, *Angers.*
Juncætana Ballivia, *Vieux-Joncs.*
Junonia Insula, *Lancerote.*
Jurassus, *Jura.*
Justiana, *Giustandile.*
Justinopolis, *Acsaraï, Capo-d'Istria.*
Jutia, *Jutland.*
Juvarum, *Salzbourg.*
Juvenacium, *Giovenazzo.*
Javiniacum, *Juvigné.*

## K

Kataia, *Keish, île.*
Kaufoura, *Kauffbeuern.*

Kilia, Kilonum, *Kiell.*
Kinhornia, *Kinhorn.*

Kirkembriga, *Kirkudbright.*
Kokensium, *Kokenhausen.*

## L

Labbana, *Mosul.*
Labeatus Palus, *Zenta (lac).*
Labellum, *Lavello.*
Laberus, *Limmerick.*
Labisco, *Pont-Beauvoisin.*
Laboduna, *Ladebourg.*
Labyrinthus, *Huara.*
Lacinium Promontorium, *cap d'Alice.*
Lacobriga, *Lagos.*
Laconicus Sinus, *golfe de Cochine ou de Colotkythia.*
Lactodurum, *Bedford, Lutterwort.*
Lactora, *Lectoure.*
Ladona, *Saint-Jean-de-Losne.*
Lædus, *le Loir, rivière.*
Lætitia, *Liesse (Notre-Dame de).*
Læri, *Novarois.*
Lagania, *Beibazar.*
Lagenia, *Leinster.*
Laghlinia, *Laglyn.*
Lama, *Lamego, Almarazo.*
Lamia, *Zeïtum.*
Lamum, *Lamo.*
Lancia Oppidana, *Ciudad-Rodrigo.*
— Transcudana, *Guarda.*
Landana, *Landevenech.*
Landavia, *Landau (Bas-Rhin).*
Landavium, *Landaff.*
Landericiacum, *Landrecy.*
Landinum, *Landen.*
Landosia, *Kir-Shehr.*
Langesium, *Langets.*
Langonium, *Langonets.*
Lanigara, *Guajida.*
Lantriguierum, *Tréguier.*
Lanuvium. *Vide Aricia.*
Laodicæa, *Eski-Hisar.*
— ad Mare, *Latakié en Syrie.*
— Combusta, *Latakieh en Anatolie.*

Laodicæa Libani, *Iouschia.*
Lapethus, *Lapito.*
Lapurdensis Tractus, *Labourd (France).*
Lapurdum, *Bayonne.*
Lar, *Falg, rivière d'Arabie.*
Lara, *Laar.*
Laranda, *Larendé.*
Larice, *Guzurate (province de).*
Larissa, *Laruzar, Chizar, etc.*
Larius Lacus, *lac de Côme.*
Lascura, *Lescar.*
Lassa, *Laas.*
Latiniacum, *Lagny.*
Latiscum seu Latzum, *Lans-sur-Leigne.*
Latium, *campagne de Rome.*
Latopolis, *Esna.*
Laubia, *Lobbes.*
Laubuna, *Lauban.*
Laudania, *Lathian.*
Laudiacum, *Mont-Louis.*
Laudunum, *Laon. Loudun.*
Laudus (Sanctus), *Lô (Saint-).*
Laumellum, *Lumello.*
Launomarus (Sanctus), *Lomer (Saint-).*
Lauracum, *Layrac.*
Laureanum, *Lorch.*
Lauretum, *Lorette.*
Lauri, *Leedam.*
Laureacensis Ager, *Lauraguais.*
Laus, *Laino.*
Laus Pompeia, *Lodi-Vecchio.*
Laus Sinus, *golfe de Poligastro.*
Lausona, *Lausanne.*
Lavara, *Aveiro.*
Laviacum, *Laufen.*
Laviburgum, *Lavenbourg (Holstein).*

Lavinium, *Pratica.*
Lavum, *Lao.*
Lazica, *Mingrélie.*
Lebadæa, *Livadie.*
Lebreti Vicus, *Albret.*
Ledesia, *Leeds.*
Ledo, *Lire.*
Ledo Salinarius, *Lons-le-Saunier.*
Ledra, *Nicosie.*
Legia, *Lys, rivière.*
Legio, *Pol-de-Léon (Saint-).*
Legio Septima Gemina, *Léon.*
Lemanus Portus, *Hith, Lyme.*
Lemovices, *Limoges.*
Lengiacum, *Laugéac.*
Lentia, *Lintz.*
Lentium, *Lens.*
Leobulium, *Leubus.*
Leoburgum, *Lavenbourg.*
Leocata, *Alicate.*
Leocorium, *Wittemberg.*
Leodium, *Liége.*
Leomania, *Lomagne.*
Leones, *Lions.*
Leonica, *Calenda en Aragon.*
Leonicæ, *Lorgnes.*
Leonis Monasterium, *Lemster.*
Leonis Sinus, *Golfe du Lion.*
Leontinum, *Brecknock.*
Leontium, *Lentini.*
Leontopolis Damar, *Tel-Estabé ou colline du Lion.*
Leontos, *Laute ou Casenich, rivière de Syrie.*
Leovardia, *Lewarden.*
Lepontia Vallis, *Leventina (Val-).*
Leporetum, *Albret.*
Leprosum, *Levroux.*
Lepta Extrema, *Kas-al-enf.*

DICTIONNAIRE LATIN DE GEOGRAPHIE.

Leptis Magna, *Lebda.*
Lera, *Lerins, Lero.*
Lerica, *Lero.*
Lerna Lacus, *lac de Molini.*
Lesa, *Alez.*
Lesuinus Pagus, *Lieuvain.* Voy. *Lieuray.*
Lesya, *Lewes.*
Lete, *Lita.*
Lethe, *Guadelète, Lima, rivière de Portugal.*
Letrumum, *Letrim.*
Leucadia, *Maure (île Sainte-).*
Leucæthiopes. Voyez Foulahs.
Leuceas, *Maure (ville de Sainte-).*
Leucecome, *Hawr.*
Leuci, le Toulois et une partie de la Lorraine.
Leucopetra, *Weissenfels.*
Leucopibia, *Lochquhabir* ou *Lochaber.*
Leucorea, *Witemberg.*
Leucoteon, *Nicosie.*
Levæ Fanum, *Lewes.*
Lexii. Voyez Pavie.
Leviniacum, *Levignac.*
Levitania, *Lavedan.*
Lexovium, *Lewis.*
Liba, *Liban.*
Liberalitas Julia, *Evora.*
Liberata (Santa), *Livrade (Sainte-).*
Libicii, *Montferrat.*
Libiosa, *Lesusa.*
Libora, *Talavera-la-Reyna.*
Liburnia, *Croatie.*
Liburnum, *Libourne.*
Libya Barca (royaume de).
Licestria, *Leicester.*
Liciniacum, Germain - Lambron (Saint-).
Licus, *Lech, rivière.*
Lidda, *Lod* ou *Loudd.*
Lidericus, le *Loir, rivière.*
Liger, la *Loire.*
Liguria, côte de Gênes.
Ligurium, *Ligueux.*
Ligurnus, *Livourne.*
Ligusticus Sinus, golfe de Gênes.
Lilibæum Oppidum, *Marsalla.*
— Promontorium, cap *Boco.*
Limius, *Lima, rivière de Portugal.*
Limolium, *Limeuil.*
Limonum, *Poitiers.*
Limosum, *Limoux.*
Lindana, *Landevenech.*
Lindum Colonia, *Perth.*
Lindum Oppidum, *Linlishgow.*

Linga, *Lingen.*
Lingones, *Langres, Ferrarais et Bolonais.*
Linum Regis, *Lynn-Regis.*
Linx, *Larrache.*
Lipsia, *Leipsick.*
Liptina, *Lestines.*
Liris, *Garillan.*
Liserpalus, *Liverpool.*
Lisimachia, *Eximatia.*
Lissa, *Selino.*
Lissus, *Alessio.*
Litomericum, *Leutmeritz.*
Livo, *Louvo.*
Lixa, *Larrache.*
Lobetum, *Albaraxin, Requena.*
Locri Epizephirii, *Motta-di-Burgan.* Voyez Locriens.
Locta, *Etnbagen.*
Locus Augusti, *Lugo.*
— Dei, *Loc-Dieu, abbaye.*
— Regis, *Loroy.*
Logana, *Lohne.*
Lomharium, *Lombez.*
Loncium, *Lientz.*
Londinum, *Londres.*
— Scanorum, *Lunden.*
Londobris, île *Barlengar.*
Longavilla, *Longueville.*
Longobardi, *Brandebourg, Lombardie.*
Longolatum, *Lonlay.*
Longoretum, *Cyran (Saint-).*
Longovadus, *Longuay.*
Longumvillare, *Lonvilliers.*
Longus Vicus, *Longwy.*
Lopadium, *Lubad.*
Loretum, *Lorette.*
Loriacum, *Lorris.*
Lotharingia, *Lorraine.*
Lotophagites, *Zerbi (île de).*
Lovanium, *Louvain.*
Lovesteniense Castrum, *Levenstein.*
Lovicium, *Lowick.*
Lovincum, *Louhans.*
Lovolantrum, *Vollore.*
Lubecca, *Lubeke.*
Lubecum, *Lubec.*
Lublana, *Laubach.*
Lucania, *Basilicate et Principauté citérieure.*
Lucca, *Lucques.*
Luccæ, *Loched.*
Lucena, *Luizen.*
Lucentum, *Alicante.*
Lucio, *Luçon.*
Lucis Stella, *Lucette.*
Lucius Vicus, *Luz (Saint-Jean de).*

Lucobriga, *Aguilar-del-Campo.*
Lucopibia, *Withehorn.*
Lucus, *Lugo, Luc.*
Lucus Asturum, *Oviédo.*
— Augusti, *Lugo.*
— Dei, *Gabebusch.*
Ludera, *Lure.*
Ludovici Arx, *Louisbourg, Fort-Vauban.*
Lugdunum, *Lyon.*
— Batavorum, *Brille (la).*
— Clavatum, *Laon.*
— Convenarum, *Bertrand (Saint-).*
— Segusianorum, *Lyon.*
Luguvallum, *Carlisle.*
Lumbaria, *Lombetz.*
Lumbariæ, *Lombez.*
Lumen Dei, *Leyme.*
Lunate, *Lundl.*
Lundinum, *Lunden.*
Lunensis Portus, Golfe de *la Spezzia.*
Lupa, *Loupe*; *Loing, rivière.*
Lupara, *Louvres.*
Luparia, *Altamura, Saint-Just-en-Chaussée.*
Lupariæ, *Louviers.*
Lu,iæ, *Lecce.*
Luporum Mons, *Wolfsberg.*
Luppia, *Lippe, Lipstadt.*
Lupus (Sanctus), *Leu (Saint-), Saint-Loup.*
Lusacra, *Lusarches.*
Luscum, *Lucko.*
Lusdum, *Lude.*
Lusitania, *Portugal et Estramadure espagnole.*
Lutera regia, *Konigstter.* Vide *Lutra.*
Lutetia, *Paris.*
Luteva, *Lodève.*
Lutipons, *Pruck.*
Lutitia, *Loytz.*
Lutosa, *Leuse.*
Lutra, *Lutter, Lure.* Vide *Lutera.*
Lutraburgum, *Lauterbourg.*
Lutum, *Louth.*
Luxovium, *Luxeuil.*
Luziniacum, *Lusignan.*
Lybissa, *Gebissé.*
Lycerius (Sanctus), *Lizier (Saint-).*
Lycia, *Milyas.*
Lycnidus, *Akrida.*
Lycopolis, *Siout.*
Lyctos, *Lassiti.*
Lydæ Forum, *Lidkoping.*
Lydda, *Loudd.*

## M

Maagrammum Caudi, *Ceylan, île.*
Macedunense Castrum, *Melun-sur-Yevre.*
Mace Practa, *Maisarékin ou mieux, Asmier-Muskierrum.*
Macesiæ, *Mézières.*
Maceta Maizières, abbaye.
Machæum Promontorium, cap *Moçadon.*
Macheum, *Machecoul.*
Macloviopolis, *Saint-Malo.*
Macomades, *El-Mahrès.*
Macoraba, *La Mecque.*
Macra (Sanctus) Fismes; *Mogra,* petite rivière de la république Ligurienne.
Macris, *Macronisi, île.*
Madeburgum, *Meidbourg.*
Madraspatanum, *Madras.*
Madus, *Maidstone.*
Madytos, *Mayto.*
Magalona, *Maguelone.*
Magdalonum, *Mataloni.*
Magdunum, *Melun.*
Maginiacum, *Guischard.*
Magnesia, *Mannchie, Guzel, Hisar, Magnésie.*
Magniacum, *Magny.*

Magnopolis, *Tcheniké.*
Magnum Promontorium, cap *Romania, au sud de la presqu'île de Malaca; Rocca-di-Sintra.*
Magnus Locus, *Manlieu.*
Magnus Portus, *Arzew, Southampton, baie de la Corogne, golfe d'Alméria.*
Magonis Portus, *Mahon.*
Magusa, *Makesin.*
Mahdia, *Africa, ville.*
Maia, *May, Mayo.*
Majama, *Gaze.*
Majorica, *Majorque.*

Majus Monasterium, *Marmoutiers*, abbaye.
Malaca, *Malaga*.
Malbodium, *Maubeuge*.
Malcos, *île de Mull*.
Maldunum, *Malmersbury*.
Malea Promontorium, *cap Malio, au sud-est de la Morée*.
Maleventum, *Bénévent*.
Maliarpha, *Méliapour*.
Malleo, *Mauléon*.
Malliacum, *Marly*, *Maillesais*, *Luynes*.
Malliana, *Méliana*.
Malmogia, *Malma*.
Malmundarium, *Montmédy*.
Malnoda, *Malnone*.
Malodunum, Malus Dumus, *Maubuisson*, abbaye.
Malua, *Maluia*, *rivière d'Afrique, royaume de Fez*.
Mamerciæ, *Mamers*.
Mamertinum, *Martorano*.
Mamertum, *Oppido*.
Manæana, *Miliane*.
Mandagara, *Mangalor*.
Mandubia, *Mandeure*.
Manduessedum, *Manchester*.
Manica, *Manche, province d'Espagne*, *Meymac*.
Manoba, *Almuneçar*.
Mansiada, *Mazan*.
Mansura, *Mansoure*.
Mansus Sanctarum Puellarum, *Mas-Sainte-Puelle*.
Mantianum, *Aire*.
Mantianus Lacus, *Actamar*.
Mantinæa, *Tripolizza ou Mandi*.
Mantinorum Oppidum, *Basita*.
Mantua, *Mantoue*.
Carpetanorum, *Madrid*.
Maracanda, *Samarcand*.
Marananía, *Maranante*, *Maragnan*.
Marantium, *Marans*.
Maranturum, *Maraja*.
Marazana, *Truzza*.
Marchia, *Marck (le comté de la)*; *Marche*.
Marci, *partie de la Westphalie*.
Marcia, *Marchena*.
Marciana Sylva, *la forêt Noire*.
Marcianopolis, *Marcenopoli*.
Marciliacum, *Marcilly*.
Marcinicum, *Marcigny*.
Marcodurum, *Voyez* Duren.
Marcoliæ, *Marolles*.
Marde, *Merdin*.
Maringium, *Marvejols*.
Mareotum, *Mareuil*.
Mareotis, *Sinah ou Sciovah*.
Mareotis Lacus, *lac Moirouth desséché, à l'ouest d'Alexandrie*.
Mareura, *Pégu*.
Margus, *la Morava, rivière de Servie; le Margab, rivière du Khorasan*.
Maria in Morellis (Sancta), *Moreaux*, abbaye.
Maria de Regali (Sancta), *la Réole, abbaye dans Perpignan*.
Mariadunum, *Caermarthen*.
Mariæ Berga, *Marienberg*.
— Burgum, *Marienbourg*.
— Cella, *Marienzell*.
— Mons, *Marienberg*.
— Stadium, *Marienstadt*.
— Vallis, *Marienthal*.

Mariandini, *le nord de la Bithynie (Anatolie)*.
Marianum, *Bonifacio*.
Marianus Mons, *la Sierra Morena*.
Marinæ, *Marennes*.
Marionis altera, *Wismar*.
Maris Stella, *Wettingen*.
Marisus, *Maros, rivière de Transylvanie*.
Maritima, *Maretimo*, *Martigues*.
Marmarica, *contrée du nord de la Libye, à l'ouest de l'Égypte*.
Marobodunum, *Prague*.
Marocanum, *Marochium, Maroc*.
Maroliæ, *Marolles*.
Maronea, *Marogna*.
Marrucini, *Abruzze ultérieure*.
Mardi, *idem*.
Marsigni, *Lusace et Silésie*.
Marsyas, *rivière de Phrygie (Anatolie)*, qui tombe dans le Meinder.
Martiniacum, *Martigné*.
Martinopolis, *Mersbourg*.
Martisburgum, *Merbourg*.
Matyropolis, *Miafarekin*.
Marus, *la Morave*, rivière.
Masaca, *Wadi-al-Sebau, rivière d'Arménie*.
Masacum, *Maeseyck*.
Masanderanum, *le Mazanderan*.
Mazaris, *Masara*.
Masembria, *Misebrie*, *sur l'Archipel*.
Maseris Castrum, *Mazères*.
Masius Mons, *Karadgia-Daglar ou Montagnes Noires*.
Massiacum, *Massey*.
Massilia, *Marseille*.
Matana, *Malan*.
Mateola, *Matera*.
Mathace, *Samatraki*.
Mathis, *Matia, rivière d'Albanie*.
Matianes lacus, *lac de Van*.
Matisco, *Mâcon*.
Matium, *Candie*.
Matritum, *Madrid*.
Matrona, *la Marne, rivière*.
Mattiaci, *le sud du cercle du Haut-Rhin d'Allemagne*.
Mattium, *Marpurg*.
Mauri Monasterium, *Marmoutiers*.
Mauriana, *Saint-Jean-de-Maurienne*.
Mauritania Cæsariensis, *royaume d'Alger*.
— Tingitica, *royaume de Fez*.
Mauritia, *Maurice, île*.
Maurocastrum, *Malaz-Kerd*.
Maurocena, *Chonad*.
Mausiacum, *Mauzac*.
Mausilium, *Mosul*.
Maxentius (Sanctus), *Saint-Maixent*.
Maxima Sequanorum, *Besançon*.
Maxula, *Marsa*.
Mazaca, *Kaizarieh de Cappadoce*.
Maxices, *Berebères (les)*.
Mazonis Monasterium, *Moisevaux*, abbaye.
Mazovia, *Masovie*.
Meander, *Meinder, rivière de la côte occidentale d'Anatolie*.
Mecca, *la Mecque*.
Mecklinia, *Malines*.
Medama, *Nicotera*.
Medemleca, *Medemblic*.
Mederiacum, *Mierle*.
Media, *Irak-Ajémi ou Persan*.
Medianum Castrum, *Midroé*.
Medianus Vicus, *Moyenvic*.

Mediolanum, *Milan*, *Evreux*, *Llanwitkin*.
— Santonum, *Saintes*.
Mediomatrici, *Metz (l'évêché de)*.
Medlicum, *Moelck*.
Medlinga, *Moedling*.
Medoacus Major, *la Brenta*, rivière.
— Minor, *la Brachiglione*, rivière *d'Italie*.
Meduana, *Mayenne (la), rivière*.
Meduli, *Médoc et les Landes*.
Medulicus Pagus, *Médoc*.
Medunta, *Mantes*.
Medus, *Abi-Kuren, rivière du Farsistan (Perse)*.
Megalopolis, *Mecklembourg*, *Leontari*.
Meidobriga Portalègre.
Melæna Promontorium, *cap Calaberno, vis-à-vis le sud de Lesbos*.
Melanes Sinus, *golfe Méyarisse*.
Melani montes, *le mont Horeb*.
Melano Getuli, *au nord du Sénégal dans le Sahara*.
Melas, *Kara-Sou, rivière de Cappadoce (Caramanie)*.
Meldæ, *Meaux*.
Meldula, *Meldella*.
Melerium, *Melleraye*.
Melfictum, *Molferta*.
Melignanum, *Marignan*.
Melita, *Malte, Meleda, îles*.
Melitene, *Malatia*.
Mellentum, *Meulan*.
Mellotum, *Melon, Marlow*.
Mellusum, *Melle*.
Melocabus, *Cobourg*.
Melochas, *Maluia, riv. du royaume de Fez (Afrique)*.
Melodunum, *Melun*.
Melos, *Milo*.
Melphis, *Melphi*.
Melus, *Astra, rivière des Asturies en Espagne*.
Membresa, *Tucaber*.
Menæ, *Minéo*.
Menalus, *montagne de l'Arcadie (Morée)*.
Menapii, *duché de Gueldre et de Clèves*.
Menariacum, *Merville*.
Menavia, *Man, île*.
Mandesium Ostium, *quatrième bouche du Nil*.
Mendicula, *Alcolea*.
Mendos, *Témaié*.
Menechildis (Sancta), *Sainte-Ménehould*.
Meneria, *Saint-David*.
Meninx, *Gerbes ou Zerbi, île*.
Menoba, *Almuneçar*.
Menosca, *Saint-Sébastien*.
Menus, *le Mein, rivière*.
Menuthias, *Madagascar, île*.
Meppa, *Meppen*.
Mercorium, *Mercuer*, *Mercour*.
Mercurii Promontorium, *cap Bon*.
Merenneium, *Marigny*.
Mergenthemum, *Marienthal*.
Merobriga, *Mora*.
Mervinia, *Mérioneth (le comté de)*.
Mesembria, *Misebric ou Messoura*.
Meseriæum, *Mézières (Indre)*.
Mesia Sylva, *Bosco*.
Mesnograda, *Egra*.
Messana, *Messine*.
Messapia. Vide Japigia.
Messenjacus Sinus, *golfe de Coron*.

Mesteno, Maintenon.
Metæ, Metz.
Metagonia, Caçaça.
Metalium, Medellin.
Metaris Æstuarium, golfe de Boston (Angleterre).
Metaurus, Metro, riv. du duché de Spolette (Italie).
Metelis, Fuar ou Faoué.
Methone, Modon.
Methymna, Medina, Médine, Porto-petera.
Metiosedum, Meudon.
Metropolis. Voyez Tireh.
Michael (Sanctus), Saint-Michel, Saint-Miñel, Saint-Miguel.
Micaicum, Saint-Mesmin.
Mido, Acsou.
Migdonius, Hermas, rivière d'Arménie.
Mila, Milazzo.
Miletopolis, Baliketri.
Milevium, Mila.
Miliaria, Milly.
Militensis Dynastia, Militsch.
Millehecum, Meaubec.
Mimate, Mende.
Mincius, Mincio, rivière.
Minda, Minden.
Mindonia, Mondonnedo.
Mingua, Muggia.
Minidunum, Moudon.
Minius, Migne ou Minho, rivière.
Minnagara, Mansora.
Minor insula, Minorque, île.
Minorissa, Manresa.
Minturna, Trajetto.
Miquinza, Miquenez.
Mirabellum, Mirebeau.
Mirapicum, Mirebeau.
Mira Vallis, Mirepoix.
Miravia, Mirevaux.
Miride, Miroux.
Mirdin, Merdin.
Miroies, petite île des côtes du désert de Barca.
Miriobriga, Ciudad-Rodrigo.
Misuacal, Masox.
Misericordia, Merci-Dieu (la), abbaye.
Misnia, Meissen.
Mniaza, Hubed.
Modoetia, Monza.
Modra, Aineghul.
Modunum, Meudon.
Modura, Maduré.
Mœdica, partie de la Thrace ou Romanie.
Mœnapia, Wexford.
Mœnus, le Mein, rivière.
Mæotis Palus, mer d'Asof.
Mæsia Inferior, Bulgarie (la).
— Superior, Servie (la).
Mogeciana, Papa.
Mogontiacum, Mayence.
Molina, Moliens, Moulins.
Molisanus, Molise.
Molundense Monasterium, Molome, abb. près Tonnerre.
Molyberga, Mullberg.
Momonia, Munster.
Mona, l'île de Man.
Monachium, Monaco, Munich.
Monachodanum, Monickedan.
Monæci Arx, Monaco.
Monapia, Mone dunoise, île.
Monagbamum, Monagan.

Monasteriolum, Monistrol, Montreuil-sur-Mer.
— Berlaii, Montreuil-Bellay.
— Senonum, Montereau.
Monasterium, Monaster, Munster, Moutier.
— In Dervo, Monstier-en-Der.
— Novum, Monstier-Neuf.
— Vetus, Montivilliers.
Monbacia, Monbaza.
Moncastrum, Akerman.
Monmelianum, Montmélian.
Monobia, l'île de Man.
Mons Acutus, Montaigu, Montegut, Montagut.
— Albanus, Montalban, Montauban.
— Albus, Montagne-Blanche.
— Alcinus, Montalcinio.
— Altus, Montalto.
— Argisus, Montargis.
— Arolæ, Arberg.
— Aureolus, Montauban.
— Barrus, Montbar.
— Bazonis, Montbazon.
— Belligardus, Montbelliard.
— Berulfi, Montbron.
— Brisonis, Montbrison.
— Cassinus, Mont-Cassin.
— Cinisius, Mont-Cenis.
— Contorius, Moncontour.
— Cornetus, Moncornet.
— Dei, Montdée, abbaye à 9 m. de Bayeux.
— Delphini, Mont-Dauphin.
— Desiderii, Mont-Didier.
— Dominans, Puy-de-Dôme, montagne.
— Dublelli, Mont-Doubleau.
— Falconis, Montfaucon, Montefalco.
— Ferax, Montferrat.
— Feriatus, Montferrat.
— Fortis, Montfort.
— Garganus, Monte-Sant-Angelo en Capitanate.
— Gomerius, Montgommery.
— Hannoniæ, Mons (anc. départ. de Jennmapes).
— Inaccessus, l'Aiguille, montagne.
— In Pabula, Mons-en-Puelle.
— Leonis, Châtillon-sur-Sèvre ou Mauléon.
— Leonum, Sierra-Leone.
— Letherici, Monthléry.
— Lodoici, Mont-Louis.
— Lupelli, Montluel.
— Luzzonis, Montluçon.
— Major, Montmajour, abb. près Arles (B.-du-Rhône).
— Maranus, Montémarano.
— Maurentiacus, Montmorency.
— Maurilionis, Montmorillon.
— Medius, Montmédy.
— Merulæ, Montmerle.
— Mirabilis, Montmirail.
— Olivarum, Montolieu.
— Penserium, Montpensier.
— Pessulanus, Montpellier.
— Petrolus, Montpeyroux.
— Pilosus, Montepeloso.
— Pulicianus, Montepulciano.
— Redonis, Metredon.
— Regalis, Montrejean.
— Relaxus, Morlaix.
— Rosarum, Montros.
— Rotundus, Montrond.

Mons Salionis, Mont-Saugeon.
— Sequax, Zotenberg.
— Thesauri, Montrésor.
— Vici, Mondovi.
— Viridis, Monte-Verde.
Montanoburgum, Montebourg.
Montegium, Montech.
Montensis Ducatus, duché de Berg.
Montes Cerconosii vel Sudeti, Monts des Géants.
Montilium Adhemari, Montélimar.
Montiniacum, Montagnac.
Montio, Monçaon ou Monçon.
Montorium, Montoire.
Mohumetia, Montmouth.
Mopsuestia, Massissa ou Messis.
Moræca, Miranda-de-Ebro.
Morantiacum, Morhange.
Moravia, Murray.
Morbonium, Morbegno.
Morelium, Moreuil.
Morenvallis, Morienval.
Moria, une des collines de Jérusalem.
Moricambæ Æstuarium, baie de Lancaster.
Moriginnum, Morges.
Moriniacum, Fontmorigny, abbaye.
Moritania, Mortagne.
Moritonium, Mortain.
Morlachia, Morlaquie.
Morolia, Moreilles.
Moron, Almeirim.
Morsiæ, Meurs.
Morta, Meurthe (la), rivière.
Mortuum Mare, Mortemar.
Morunda, Marand.
Morvinus Pagus, le Morvan.
Mosa, la Meuse, rivière.
Mosarna, le cap Passence.
Moschæ Portus, Mascate.
Moschica, partie de l'Ibérie, en Géorgie.
Moscua, Moskou.
Mosumum, Mouzon.
Motlia, Mothe.
Motuca, Modica.
Motula, Motala.
Mouchiacum, Mouchy.
Moxæne, partie de l'Arménie.
Mucksa Promontorium, cap Jask.
Mulcedonum, Mussidan.
Mulhusa, Mulhausen.
Mullana, Mugliano.
Munda, Munden, Monda, Mondago, riv. de Portugal.
Munimentum Trajani, Hanau.
Munsterberga, Monsterberg.
Mura, Muer.
Muræla, Mucraw.
Muratum, Morat.
Murgis, Almérie.
Muri Veteres, Morviedro.
Mursa, Essek.
Murus, Muro.
Murustaga, Mustagan ou Mostagan.
Musarna, Guadel.
Muscium Episcopale, Mussy-l'Evêque.
Mussiacum, Moissac.
Mussi Pontum, Pont-à-Mousson.
Mutina, Modène.
Mylasa, Melasso.
Myos-Hormos, Sufani.
Myrlea Apames, Mondania.
Mysia, partie d'Anatolie, à l'O. de la Phrygie.
Mytilis, Merthola.

## N

Nagrana, *Nageran.*
Naissus, *Nissa.*
Nanceium, *Nancy.*
Nanetes, *Nantes (l'évêché de).*
Nantogium, *Nanteuil.*
Nantuates, *Chablais (le).*
Naparis, *Jalonisa, rivière de la Valachie.*
Napoca, *Doboca.*
Nara, *Naro.*
Naracum Ostium, *une des bouches du Danube.*
Narahgara, *Kasr-Kibbir.*
Narisci, *Bavière et Bohême.*
Narnia, *Narni.*
Narona, *Narenta.*
Nasamones, *Agedabia.*
Naupactus, *Lepante.*
Nauplia, *Napoli.*
Nauportus, *Laybach.*
Naura, *le Vakan.*
Navaresium, *Navarreins.*
Navicellæ, *Nazelles.*
Naxuana, *Nacchivan.*
Naxus, *Naxos.*
Neætum, *Noto.*
Neapolis, *Naples, Scalanova, la Cavalle.*
— Nemetum, *Neustadt-ander-hart.*
— Syriæ, *Nablous.*
Nebrissa, *Lebrixa.*
Nebrodes Mons, *mont. vers le milieu de la Sicile.*
Nebusianus Ager, *le Nebouzan.*
Neccarus, *Neker, rivière.*
Negumbunum, *Negombo.*
Neharda, *Haditha.*
Nelo, *Ulla, rivière de Galice.*
Nematocenna, *Arras.*
Nemausus, *Nîmes.*
Nemetacum, *Arras (Pas-de-Calais).*
Nemetes, *le nord de l'Alsace, dép. du Bas-Rhin.*
Nemetodunum, *Nanterre.*
Nemosia, *Limissol.*
Nemosium, *Nemours.*
Nemosus, *Nevers.*
Neoburgum, *Neubourg, Naumbourg.*
Neocastrum, *Neufchâteau, Nicastro.*
Neocæsara, *Niesara.*
Neocomum, *Neufchâtel.*
Neætum, *Noto.*
Neomagus, *Nevers; Buckingham, Chichester, Nions.*
Neomarchia, *Neumarck.*
Neopolis, *Neustadt, Nabel.*
Neoportus, *Newport.*
Neoselium, *Neuhaus, Neuhausel.*
Neostadium, *Neustadt.*
Nepeta, *Nepi.*
Nepte, *Neft.*
Neptunium, *Nettuno.*
Nequinum, *Narni.*
Nerigon, *Norwége.*
Neritum, *Nardo.*
Nerium Promontorium, *cap Finistère.*
Nerolinga, *Nordling.*
Nessus, *Asso-de-Céphalonie.*
Nestus, *Mesto, rivière de Romélie ou Romanie.*
Nethus, *Noto, rivière de la Calabre ultérieure.*
Netin Dava, *Suyatin.*
Nettum, *Andria.*
Netum, *Noto.*
Nevirnum, *Nevers.*
Nicea. *Nice, Isnik ou Nicée.*
Nicephorium, *Racca.*
Nicer, *Necker, rivière.*
Nicii, *Nikios.*
Nicolaus, *Saint-Nicolas, Saint-Nicolo, Nicolæsbourg.*
Nicomedia, *Isnikmid.*
Nicopia, *Nicoping.*
Nicopolis, *Prevesa, Divrik, Nicopoli.*
— ad Hemum, *Ternovo.*
— ad Jatrum, *Nicop.*
Nidacum, *Nideck.*
Nidrosia, *Drontheim.*
Nigella, *Nesle.*
Niger Lacus, *Noirlac.*
Nigira, *Ghana.*
Nigra Pelissa, *Nègre-Pelisse.*
Nigrum Monasterium, *Noirmoutiers.*
Nilus, *le Nil, fleuve.*
Niniva, *Ninove.*
Ninos, *Ninive.*
Nioi, *Shesmeband.*
Nisinæ Aquæ, *Bourbon-Lancy.*
Nisæa, *Nesa.*
Nissa, *Neisse.*
Nissyros, *Nisaro, île.*
Nitiobriges, *Agénois (Lot-et-Garonne).*
Nitria, *Neytracht, Chaiat.*
Nivaria, *Ténériffe.*
Nivernum, *Nevers.*
Nivigella, *Nivelle.*
Nivium Insula, *Nieves, île.*
Nobiliacum, *Saint-Léonard-le-*
Noblet, *Neuilly, Noaillé, Nouille.*
Nœodunum, *Jublains.*
Noiodunum, *Noyon.*
Nolum, *Noli.*
Nonanti Curia, *Nonancourt.*
Nonnaticum, *Noningues.*
Norba Cæsarea, *Alcantara.*
Norcopia, *Norkoping.*
Norda, *Norden.*
Nordoburgum, *Nordbourg.*
Nordoricum, *Nordwich.*
Noricum, *évêché de Trente, de Brixen. Tyrol et partie d'Autriche.*
Norimberga, *Nuremberg.*
Northusa, *Nordhausen.*
Nosomacum, *Schoineck.*
Notium Promontorium, *cap Clear.*
Nova Cella, *Neven-Celle.*
— domus, *Neuhaus.*
Novæ Hersiæ, *Nien-Herse.*
Novantum, *Cokermouth.*
Novantum Peninsula, *presqu'île du C. de Galloway.*
Novempopulania, *Guyenne.*
Novem Viæ, *Temboli.*
Novesium, *Nuys (Roer.).*
Noviacum, *Neuvy.*
Novidunum, *Nyon.*
Novigentum, *Nogent, Saint-Cloud.*
Novimagus, *Neufchâteau.*
Noviodunum, *Nevers, Neumark, Neuvy, Noyon, Nogent-le-Rotrou, Nyon (Suisse).*
Noviomagus, *Lisieux, Nimègue, Noyon, Nuits, Spire.*
Novioregium, *Royan.*
Novius, *le Nid, rivière d'Ecosse, comté de Galloway.*
Novoburgum, *Nienbourg, Naumbourg.*
Novocomum, *Come.*
Novogardia, *Nisen, Novogorod.*
Novostadium, *Neustadt.*
Novum Plimuthum, *New-Plimouth.*
Novus Portus, *Nieuport.*
Nuceria, *Nocera.*
Nucetum, *Noyer, Noisay.*
Nucillum, *Noseroy.*
Nugaro, *Nogaro.*
Numidicus Sinus, *golfe de Bugie.*
Nursia, *Norcia.*
Nutium, *Nuits.*
Nysa, *Nous-Shehr.*
Nysa, *Nosli, Nagar ou Syrin-Nagar.*
Nysirus, *Nysaro, île.*

## O

Oaditæ, *Wadi-al-Kora.*
Obascinæ, *Obasine.*
Obius, *Oby.*
Oblincum, *Blanc (le).*
Occellum Darii. *Voyez Toro.*
Occidentalis, *mer d'Irlande.*
Occitania, *Languedoc.*
Oceanus Britannicus, *la Manche.*
— Germanicus, *mer d'Allemagne.*
Ocelis, *Ghela.*
Occlum, *Oulx, cap Spurn, à l'emb. de l'Humber (Angl.)*
Ochus, *Tedzen, riv. que reçoit la mer Caspienne au S.-E.*
Octapitarum Promontorium, *cap Saint-David, au comté de Pembroke (Angleterre).*
Octodurus, *Martinach-en-Valais.*
Octogesa, *Mequinença.*
Odessus, *Varna.*
Odrysæ, *le milieu de la Thrace (Romanie).*
OEa, *Voyez Tripoli de Barbarie.*
OEbalia, *un des noms de la Laconie.*
OEge, *Edissa.*
OEgeta, *Egeta.*
OEmona, *Laubach.*
OEnipons. *Voyez Muhldorff.*
OEnistadium, *Ænopolis, Instadt.*
OEnoe, *Ounié.*
OEnona, *Nona.*
OEnotria, *Italie (l').*
OEnotriæ Insulæ, *Pontia et Eschia, îles.*
OEnus, *l'Inn, rivière.*
OEnussa, *Spalmadori, îles.*
Oerinum Promontorium, *cap Lizard.*
OEseus, *Igigen; Tskar, rivière.*
OEsepus, *Sataldere, rivière d'Anatolie.*
OEsia, *l'Oise, rivière.*

# DICTIONNAIRE LATIN DE GEOGRAPHIE.

Œsis, Lesi, rivière d'Italie (Ombrie).
Œslii, partie de la Prusse.
Œtogesa, Mequinença.
Ofionis burgum, Offembourg.
Oga, Hongrie (la).
Ogyris, Ormuz, île.
Oihafriesa, Friesoire.
Oilina, Entin.
Ola, Alen.
Olario, Oleron.
Olavia, Wohlan.
Olcinium, Dulcigno.
Oldus, Lot, rivière.
Oleastrum, Spital.
Olgassus, Elkas, montagne.
Oliba, Olite.
Olicana, Reighley.
Olina, Orne (l'), rivière.
Olino, Hole.
Oltius, Oglio, rivière.
Olomutium, Olmutz.
Oloosson, Alessone.
Olsus, Else.
Oltis, le Lot, rivière.
Olympena, partie de Bithynie (Anatol.), où est Bursa.
Olyssipo, Lisbonne.
Omagum, Umago.
Omauimi, partie de la Pologne, vers la Wistule.
Omanum Emporium, Oman.
Ombro, l'Ombronne, rivière de Toscane.
Onoldium, Anspach.
Onuba, Moghera.

Onuphis, Banubis.
Ophiusa, Formentera, île; Rhodes, île; Thermia, île.
Opis, Antioche d'Assyrie.
Opitergium, Oderzo.
Oppavia, Troppau.
Oppidum Novum, Herba.
Oppolia, Oppelen.
Opta, Guele.
Ora, Haur.
Oracta, Kismiz, île.
Ora Dives, Costa-Rica.
Oratio-Dei, Oraison-Dieu, monastère.
Oratis, Tag, rivière entre la Susianne et la Perse.
Orautanum, Arlon ou plutôt Luxembourg.
Orbatum, Orbais.
Orbisterium, Orbestier.
Orcas Promontorium, cap Duncansby (Ecosse).
Orcelis, Orihuela.
Ordicus, Arugitzes, rivière de Valaquie.
Oreas, Orio ou Oreo.
Orestias, Andrinople.
Oretani, le sud de la Castille-Nouvelle.
Oretum, Calatrava; Almagro.
Organa, Ormus.
Orgelium, Urgel.
Origiacum, Orchies.
Orobii, Bergamasc.
Orolanum, Luxembourg.

Orontes, mont Elnend (Irak-Ajémi).
Orospeda, montagne (d'Espagne), royaume de Murcie.
Orrbea, Forfar.
Ortospana. Vide Carura.
Ortygia, Syracuse; Delos, île.
Oruros, Horur.
Osca, Huesca, Huescar.
Oscella, Domo-d'Oscella.
Osi, partie de la Silésie
Osilia, Œsel.
Osmus, Ozzam, rivière de Bulgarie.
Osones, Szirnig.
Ossonoba, Faro.
Ostrodes, Ustica, île.
Ostracine, Straki.
Oswescimia, Oswieczin.
Othna, Hastings.
Otholinia, Fife.
Othonos. Vide Calypsus.
Otinum, Entin.
Ottinga, Œttingen.
Ottonia Sylva, Ottenvald.
Otonium, Odensée.
Ovietum, Oviédo.
Ovilabis. Voyez Wels.
Oxiæ insulæ, Cursolaires, îles.
Oxiana, Tevereed.
Oxidrachæ, Outche.
Oxii, Ahuaz.
Oximus, Riesmes.
Oxonium, Oxford.
Oxus, Gihon, rivière.
Oxyrinchus, Bennef.

## P

Pacatiana, partie de la Phrygie (Anatolie).
Pachimerum Promontorium, cap Passaro (Sicile).
Pachoaras, Hetzordava, mont. de Perse (Farsistan).
Pachynum, Passaro (cap).
Paciacum, Pacy, Passy.
Pactæ, Pati.
Pactolus, riv. de Lydie (Anatolie), qui reçoit le Sarabat.
Pactya, Pazzy.
Padaigus. Voyez Busheer.
Padus, Pô, rivière.
Paganorum Insula, Pago, île.
Pagasæ, Volo.
Pagræ, Bagras.
Palæo Castrum, Policastro.
Palantia, Palentia.
Palatiolum, Palaiseau.
Palatium, Palacios, Palais, Palazzuolo.
Pallantia, Palencia, Alcudi.
Palma, Majorque, ville.
Palmarum Civitas, Ciudad-de-Las-Palmas.
Paloda, Palotta, Barlacin.
Palndelium, Palluau.
Palum, Pau.
Palumbaria, Palomera.
Palus, Palos, Palude, Palus.
Pamisus, rivière de Messénie (Morée).
Pampelo, Pampelune.
Pandionis Regio, au sud du Décan, dans l'Inde.
Paneas, Banias.
Pangæus Mons, monts Castagnatz.

Panisus, Vrana, rivière de Bulgarie.
Pannonia, Hongrie.
Panormus, Palerme, Panerma.
Papa, Nekade.
Paphos, Baffo.
Papia, Pavie.
Pappa, Doganhisar.
Pappua Mons, montagne de Numidie, près la mer.
Papulus (Sanctus), Saint-Papoul.
Para, Férah.
Paractacene, Pethauër.
Paralus, Berclos.
Paranucanum, Panarucan.
Paredum Moniale, Paray-le-Monial.
Parentium, Parenzo.
Parietina, Velez-de-Gomera.
Parisii, Île de France propre, prov.; comté d'York.
Parisium, Pariz.
Parium, Parosile, Camanar.
Parœtonium, Al-Barton.
Paropamisus, entre la Bactriane et l'Arachosie.
Parthaunisa, Nesa.
Parthenope, Naples.
Parthenopolis, Magdebourg.
Parthia, Sablestan.
Partiniacum, Porthency.
Paryadres Montes, montagne de Cappadoce (Arménie).
Pasargada, Pasar.
Pasi Tigris, Khore-Moosa, rivière.
Pasvalcum, Passewalck.
Patavium, Padoue.
Paterniacus, Payerne.
Paterniana, Pastrana.

Paulliacum, Pouilly, Pavilly.
Pax Augusta, Badajoz.
Pax Julia, Beja.
Pechinum, Pékin.
Pedemontium, Piedmont.
Pedens, Pedio, rivière de l'île de Chypre.
Pelagonia. Voyez Pœonie et Pelagonie.
Pelagus (Sanctus), Saint-Palais.
Pelasgiotis, plaine de Thessalie où est Larisse.
Pelendones, Castille-Vieille.
Peligni, Abruzze citérieure.
Pella, Jenizzar.
Pelorum Promontorium, cap Faro, au nord de la Sicile.
Pelsina, Pilsen.
Pelusium, Tineh.
Penafela, Pegnafiel.
Penaflos, Pegnaflor.
Pendenissus, Behesni.
Peninsula, Penixcola.
Penna Fidelis, Pegnafiel.
Penni Lucus, bois près du lac Léman.
Peparethus, Pelagnisi, île.
Peregia, Pereccus.
Perga, Kara-Hisar.
Perierbidi, partie de Russie du côté de la Lithuanie.
Perimulum, Patane.
Perinthus, Erekli de Romanie.
Peri-Saboras, Ankar.
Permia, Permsk.
Pernavia, Pernau.
Perre, Perrin.
Persepolis, Tchilminar.

DICTIONNAIRE DE GÉOGRAPHIE ECCL. I. 14

Persi, *Gaures.*
Persidis, *Farsistan.*
Perticum, *Perche (le).*
Pertisus Pagus, *Pertois.*
Perusia, *Pérouse.*
Peruvia, *Pérou.*
Pesciera, *Peschiera.*
Pessinus, *Nalikan.*
Pestanus Sinus, *golfe de Salerne.*
Petavionum, *Puebla-de-Sanabria.*
Petilia, *Strongolo.*
Petiliana, *Petigliane.*
Petina, *Podena.*
Petovia, *Pétau.*
Petra, *Crac.*
Petræ, *Les Pierres.*
Petra Pertusa, *Pierreport.*
Petrifons, *Pierrefons.*
Petri Monasterium (S... *Pierre-le-Moutier.*
Petrimons, *Pyrma.*
Petrocia, *Peyrusse.*
Petrocorium, *Périgueux.*
Petrodava, *Piatra.*
Petromantalum, *Magny.*
Petropolis, *Pétersbourg.*
Petrosa, *Peyrouse.*
Petuaria, *Beverley, Péterboroug, Kinston-Hull.*
Peucela, *Rénas.*
Peucetia, *Terre-de-Bari.*
Peucini, *partie de la Pologne.*
Phabiranum, *Brême.*
Phadisana Promont., *cap d'Anatolie, à l'embouchure du Sidin.*
Pharbæthus, *Belbeis.*
Pharia, *Pharus, Piesina.*
Pharsalus, *Fursa.*
Pharusii, *royaume de Hagi, dans le désert de Sahara.*
Phaselis, *Fionda.*
Phasis, *Poti, ville; Rioné, rivière; Aras, rivière.*
Phausiana, *Terranuova.*
Phazania, *royaume de Fezzen.*
Phazemon, *Morzifoun.*
Pheacorum Insula, *Corfou, île.*
Phieneos, *Phonia.*
Phicocle, *Cervia.*
Philadelphia, *Alah-Shehr, Moud, Ammon.*
Philippoburgum, *Philisbourg.*
Philippopolis, *Philipstadt, Philippeville, Ciudad-Réal.*
Philocandros, *Pholegrandus, Policandro, île.*
Philoteras Portus, *Cosseir.*
Phocæa, *Fokia.*
Phœnicon, *Tor (Et), Caldat-el-Moilah.*
Phorbantia, *Levanzo.*
Phorea, *Pforizheim.*
Physius, *Sarabat, rivière.*
Phycus Promontorium, *cap Razat (pays de Barca).*
Pica, *Pico.*
Picentia, *Bicenza.*
Picenum, *Marche d'Ancône.*
Piciacum, *Saint-Avy.*
Picintini, *principauté de Salerne.*
Pictavium, *Poitiers.*
Picti, *Ecosse septentrionale.*
Pictones, *partie du Poitou.*
Pigneium, *Piney.*
Pilæ Albaniæ, *Derbend, Shirvan.*
— Caspiæ. *Voyez* Rai.
— Caucasiæ, *Tatar-Topa.*

Pilæ Zagri, *Dertenk.*
— Syriæ, *entre la mer et les montagnes de Syrie.*
Pinarolium, *Pignerol.*
Pinciacum, *Pecquigny.*
Pinellum, *Pinhel.*
Pinna, *Civita-di-Penna.*
Pinthia, *Valladolid.*
Piperacum, *Pebrac.*
Pirum, *Megesward.*
Pisæ, *Poix.*
Pisaurum, *Pesaro.*
Piscenæ, *Pézénas.*
Pisciacum, *Poissy.*
Piseleo, *Pizzigitone.*
Pisoraca, *Pisuerga, rivière de la Vieille-Castille.*
Pistæ, *Pistis, Pont-de-l'Arche.*
Pistoria, *Pistoie.*
Pituerium, *Pluviers.*
Pityus, *Pi chinda.*
Pityusæ Insulæ, *pet. îles entre Ivica et Formentera.*
Pixus, *Vide* Pyxus.
Placentia, *Plaisance.*
Plana Sylva, *Pleine-Selve.*
Plavia, *Plave, Plauen.*
Pleumocia, *Honschote.*
Plexiacum, *Plessis.*
Plimuthum, *Plimouth.*
Plona, *Ploen.*
Plouscum, *Ploczko.*
Plumbariæ, *Plombières.*
Plumbinum, *Piombino.*
Podium, *Puy.*
Podium Celsum, *Puicelay.*
Podius Ceteranus, *Puycerda.*
Pœmani, *Luxembourg.*
Pœni, *Carthaginois.*
Poesici, *Asturies.*
Polemniacum, *Polimiacum, Poligny, Polignano.*
Polemonium, *Vatisa.*
Poliarus, *Antiparo, île.*
Pollentia, *Polenza.*
Polotium, *Polocski.*
Poly Timetus, *rivière de Bukarie, passant à Samarcand.*
Pompedita, *Juba.*
Pompeiopolis, *Palessoli.*
Pompelon, *Pampelune.*
Pomponniana, *Pomègue.*
Pomptinæ Paludes, *les Marais Pontins (campagne de Rome).*
Pons Pruk.
— ad Araxim, Verd...n (Saône-et-Loire).
— ad Ligerim, Pont de Cé.
— Alutis, *Ponteau.*
— Archiepiscopi, *Puente-del-arcobispo.*
— Arcuensis, *Pont-de-l'Arche.*
— Audomarus, *Pont-Audemer.*
— Castelli, *Pont-du-Châtel.*
— Dominarum, *Pont-aux-Dames.*
— Elaveris, *Punta-lier.*
— Fractus, *Pont-Fract.*
— Gardo, *Pont-du-Gard.*
— Levis, *Pont-Levoi.*
— Mosæ, *Maestricht.*
— Oironus, *Poutron.*
— Panis, *Paimpont.*
— Regis, *Kœnigsberg.*
— Reintrudis, *Porentrui.*
— Saii, *Pont de Cé.*
— Theofredi, *Pontifroy.*
— Trajani, *Alcantara.*

Pons Tremulus, *Pontremoli.*
— Ursoni, *Pontorson.*
— Vallensis, *Pont-de-Vaux.*
— Velius, *Pont-de-Veyle.*
— Vetus, *Pontevedra.*
Pontana, *Drogheda.*
Pontes, *Pons, Reading, Pontevedra.*
Pontia, *Pons, Ponza, île.*
Ponticarium, *Pondichéry.*
Pontiniacum, *Pontigny.*
Pontiopolis, *Saint-Pons de Thomières.*
Pontisara, *Pontoise.*
Pontius (Sanctus), *Saint-Pons.*
Pontivus Pagus, *Ponthieu.*
Pontus, *rivière de Macédoine.*
Porata, *Poretus, le Pruth, rivière de Moldavie.*
Porcetana abbatia, *Burscheid.*
Porta, *Pfoerten.*
— Cœli, *Tennenbach.*
Portianus (Sanctus), *Saint-Pourçain.*
Portus Alacris, *Port-Alègre.*
— Augusti, *Porto sur le Tibre.*
— Delphini, *Porto-Fino.*
— Divini, *Oran, Marsaquivir.*
— Gratiæ, *Havre-de-Grâce.*
— Herculis Cosani, *Porto-Hercole.*
— Herculis Labronis seu Liburni, *Livourne.*
— Herculis Monœci, *Monaco.*
— Iccius, *Boulogne, Wuissant.*
— Magnus, *Almerie, Arzelo, Portsmouth, Cologne.*
— Magonis, *Port-Mahon.*
— Romanus, *Porto.*
— Romatinus, *Porto-Gruaro.*
— Santonum, *La Rochelle.*
— Sequanæ, *Barbeaux.*
— Suavis, *Poussey.*
— Titanis, *vers Aja ciо en Corse.*
— Ulterior, *Tréport, Calais.*
— Veneris, *Port-Vendres, Porto Venere.*
— Venetus, *Venise.*
— Victoriæ, *Saint-Ander, dans les Asturies.*
Posonium, *Presbourg.*
Possidonia, *Pesti.*
Postoina, *Adelsberg.*
Potentia, *Potenza.*
Poynum Castrum, *Peine.*
Præneste, *Palestrine.*
Prætoria Augusta, *Romdin en Mor davie.*
Prætorium, *Kolbené.*
Prassum Promontorium, *Mozambique (cap).*
Pratum molle, *Prémol.*
Premislia, *Pezeymysla.*
Priapus, *Caraboa.*
Primisluvia, *Prentzlow.*
Priscianis, *Darel-Hamira.*
Prochyta, *Procida.*
Procolitia, *Colchester.*
Proconnesus, *île de Marmara.*
Projectus (Sanctus), *Saint-Priest, Saint-Prix.*
Prophtasia, *Zarang.*
Propontides, *île des Princes.*
Proieshum, *Préaux.*
Provincia, *la Provence.*
Prulliacum, *Preuilly.*
Prusa, *Brousse, Uscubi.*
Psophis, *Dimisana.*

DICTIONNAIRE LATIN DE GEOGRAPHIE.

Psyra, *Ipsera*, île.
Ptolemaïs, *Acre*, *Tolometa*.
— Hermii, *Meushié*.
Pudentiacum, *Pouancé*.
Pugenses Aquæ, *Pougues*.
Pura, *Foreg*.
Purgos. Voyez Kurgos.

Puscensis Ager, *Puisaie*.
Puteoli, *Pouzzol*.
Puteolis, *Puiseaux*.
Putidi, *Puants (les), ancienne nation d'Amérique*.
Putiscum, *Pautzke*.
Pydna, *Kitro*.

Pylora, *Polior*, île.
Pylus, *Zonchio*, *Navarin*, *Pylos*.
Pyræus, *Porto-Leone*.
Pyramus. Voyez Acsari, *Massisa*, Geihoun, rivière.
Pythecusa, *Ichia*.
Pyxus, *Policastro*.

## Q

Quadi, *la Moravie*.
Quadrigellæ, *Charolles*.

Quercetum, *Quesnoi*.
Querimba, *Quirimba*.

Quinciacum, *Quincy, Quinçay*.
Quintilinoburgum, *Quedlimbourg*.

## R

Rabacha, *Rabat*.
Rabariæ, *Ravières*.
Rabdium, *Tur Rabdin*.
Rabellum, *Ravello*.
Raceburgum, *Ratzebourg*.
Rachelburgum, Racoburgum, *Rackasbourg*.
Radacofanum, *Radicofani*.
Radis, *Ré*, île.
Rado, *Raon*.
Radosus, *Rodesto*.
Raga, *Roye*.
Ragnebertus (Sanctus), Saint-Rambert.
Ramatha, *Rama*.
Rambacia, *Ermagil*.
Rambolium, *Rambouillet*.
Rana, *Rein*.
Randrusium, *Randerson*.
Rapa, *Rapoé*.
Raphaneæ, *Rafiné*.
Rapi Stagnum, *Rabastens*.
Rastastum, *Limoges*.
Ratæ, *Leicester*.
Ratiara, *Aritza*.
Ratiatæ, *Retz*.
Ratolfi Cella, *Rastolfszell*.
Rauciacum, *Roncy*.
Randa, *Roa*.
Raudii Campi, *Rhô*.
Rauranum. Voyez Rom.
Realis Villa, *Réalville*.
Reate, *Rieti*.
Rebellio, *Robil*.
Rebellum, *Revel*.
Redingæ, *Reading*.
Regalis Mons, *Réalmont, Royaumont*.
Regiacum Atrebatium, *Arras*.
Regiana, *Ellerana*.
Regimunda, Saint-André (Écosse).
Regina, *Reyna, Ratisbonne*.
Reginæ Comitatus, *Queen's Conty*.
— Gradecium, *Königsgratz*.
Reginapolis, *Queen'stown, Ratisbonne*.
Regiomons, *Kœnigsberg*.
Regiopolis, *Kingstown*.
Regis Comitatus, *King's Conty*.
Regis Curia, *Königshoffen*.
Regiteste, *Rethel*.
Regium, *Riez, Reggio* (Calabre).
— Julii et Lepidi, *Reggio*.
Regni, le comté de *Sussex*.
Regnum, *Chichester*.
Regularis Locus, *Royal-lieu, abbaye*.
Remi Apollinaris, *Riez*.
Remi, *Reims*.
Remfroona, *Reinfreu*.
Reomense Monasterium, *Moutier-Saint-Jean*.
Reontium, *Rions*.
Repta, *Ampase*.
Rerigornium, *Staranwer*.
Resa, *Récs*.
Resaina, *Ras-Aïn*.
Resbacum, *Rebais*.
Rescha, *Rescht*.
Rescipha, *Elersi*.
Retona, *Redondo*.
Reiza, *Rez*.
Reuvisium, Saint-Gildas-de-Ruys.
Revalia, *Revel*.
Revanum, *Erivan*.
Revessio, Saint-Paulien, le Puy.
Rha, *Wolga*, rivière.
Rhætia, Grisons et pays d'alentour.
Rhage, *Nottingham*.
Rhamnus, *Tanrocastro*.
Rhatacensis, *Soczawa*.
Rhedones, *Rennes*.
Rhemi, les environs de Reims.
Rhenana Vallis, *Rhinwald*.
Rhenea. Voyez Sdili.
Rhenoberga, *Reheinbergen, Rhinberg*.
Rhenus, *Rhin, rivière*; Reno, rivière.
Rhigodunum, *Warington*.
Rhitymna, *Retimo*.
Rhiufiavia, *Rosenfeld*.
Rhizinium, *Risano*.
Rhizæum, *Riza*.
Rhoda, *Roses*.
Rhodanus, *Rhône*, rivière.
Rhodigium, *Rovigo*.
Rhodope, partie de la Thrace.
Rhœdestus, *Rodesto*.
Rhombus, *Mariza*.
Rhosus, *Rose* (Syrie).
Rhuconium, *Reghen*.
Rhuteni, *Rouergue*.
Ribodi Mons, *Ribemont*.
Ricardus (S.) ceu S. Ricardi fanum, Saint-Riquier.
Ricina, *Raghlin*, île.
Ricolocus, *Richelieu*.
Ricomagus, *Riom*.
Riduna, *Aurigny*, île.
Rigodunum, *Richemont, Riom*.
Rigomagum, *Rimmagen*.
Rinocolura, *Arish (El)*.
Rintelia, *Rintlen*.
Riobe, *Provins*.
Ripa, *Ripen, Rye*.
Ripadavia, *Ribadavia*.
Riphearma, *Reame*.
Ripulæ, *Rivoli*.
Riseta, *Rille*.
Rithymna, *Retimo*.
Rivadium, *Ribadéo*.
Rivanæ, *Rivi, Rieux*.
Rivovilla, *Ruisseauville*.

Rivus, *Riz*.
— Morenti, *Romorantin*.
Roas, rivière de la Colchide (Géorgie).
Roboretum, *Rovere, Londonderry*.
Rodemacria, *Rodenmachern*.
Rodensis Abbatia, *Munchroden*.
Rodericopolis, *Ciudad-Rodrigo*.
Rodia Ducis, *Rolduc*.
Rodium, *Roeulx*.
Rodolium, *Reuilly*.
Rodunna, *Roanne*.
Roffa, *Rochester*.
Roffianum, *Ruffec*.
Roma, *Rom, Rome*.
Romandiola, *Romagne*.
Romanum, *Romano, Romans*.
— Monasterium, *Romain-Moutier*
Romarici Mons, *Remiremont*.
Rosacum, *Roscha*.
Rosariæ, *Rosières*.
Roscianum, *Rossano*.
Resemburgum, *Rauschenberg*.
Rosetum, *Grosetto, Rosoy, Roselle*.
Rossia, *Ross*.
Rotalium, *Ruel*.
Roterodamum, *Rotterdam*.
Rothomagus, *Rouen*.
Roto, *Redon*.
Rotondus Mons, *Romont*.
Roxolani, *Russie polonaise*.
Rubea Villa, *Rowyl*.
Rubeacum, *Ruffac*.
Rubeus Mons, *Rougemont*.
Rubi, *Ruvo*.
Rubricatus, *l'Obrégat*, rivière d'Espagne. — Une autre en Afrique, royaume de Tunis.
Ruconia, *Rioza*.
Ruda, *Ruden*.
Rudolphiverda, *Rudolphsworth*.
Rufæ, *Ruvo*.
Rufiacum, *Rufecq*.
Rugia, *Rugen*.
Rugii, *Poméranie orientale*.
Rugium, *Rugenwalde*.
Rugulæ, *Rugles*.
Ruico, Fiumezino, petite rivière de la Romagne.
Rupella, *La Rochelle*.
Rupes. la Roque.
— Amatoris, *Roquemadour*.
— Ardennæ, *La Roche*.
— Cavardi, *Rochechouart*.
— Poseii, *Rocheposay*.
— Rapoldi, *Rapolfstein*.
— Regia, *Rocroi*.
Rupifortium, *Rochefort*.
Rusadir, Melilla, cap des Trois-Fourches.
Ruscinonensis Comitatus, *Roussillon* (le).

DICTIONNAIRE DE GEOGRAPHIE ECCLESIASTIQUE.

Ruscurum. Voyez Alger.
Rusellæ, Rosella.
Rusicade, Rucaicada.
Russilaria, Rousselart.

Rustonium, Temendefust.
Rusvinum, Roswengen.
Rutheni, le Rouergue, Rodez

Rutheni Comitatus, Reuste (comté de).
Rutupiæ, Sandwich.

## S

Sabaria, Sawar.
Sabatha, Sanaa en Arabie.
Sabaudia, la Savoie.
Sabi, Mesila.
Sabio, Seben ou Brixen.
Sabiri, parties de la Circassie.
Sabis, Sambre, rivière.
Sablonium, Sablé.
Sabo, mont. de Lima, vers le golfe Persique (Arabie).
Sabrina, Saverne, rivière.
Sabrinæ Æstuarium, golfe de Bristol.
Sabulonetta, Sabionetta.
Sacasene, partie de la Géorgie turque.
Sachalites Sinus, golfe des Herbes (Arabie Déserte).
Sacrum Promontorium, Cabo Corso, Sagres, cap Chelidoni, au sud-ouest de Satalie.
Sælodium, Salo.
Sagium, Séez.
Saguntia, Morviedro.
Saii, Séez et les environs.
Salacia, Alçacar-do-Sal.
Salah, Petra.
Salambina, Salabrena.
Salamboria, Harbert.
Salaminias, Salémiah.
Salamis, Costanza.
Salapia, Salpé.
Salassi, duché d'Aoust.
Salathi, partie du royaume de Tombut.
Salberga, Salhberg.
Saldae, Tedelez.
Salencena, Salenkemen.
Salentinum, terre d'Otrante.
Saleria, Saletio, Seltz.
Salernum, Salerne, Salers.
Salia Vetus, Oldensel.
Salientes, Saillans.
Saligunstadium, Selingstadt.
Salinæ, Salins, Torda.
Salinarum Vallis, Saltzdal.
Salingiacum, Selingstadt.
Saliniacum, Salignac.
Salisburgum, Salzbourg.
Salmantia, Salamanque.
Salmidessus, Midjeh.
Salmona, Salm.
Salmurium, Saumur.
Salo, Xalon, rivière d'Aragon.
Salodurum, Soleure.
Salomonis Villa, Samansweiler.
Salopia, Schrewsbury.
Salsulæ, Salses.
Saltus, Sault.
Salum, Salo.
Salutiæ, Saluces.
Salva, Sauves.
Salva Terra, Sauveterre.
Salvatorium, Sauvoir, abbaye.
Salvitas, Salvetat.
Salvius (Sanctus), Saint-Sauve.
Salyes, le département du Var.
Samachia, Shamoki.
Samara, Somme, rivière.
Samaria, Sébaste.

Samarobriva, Amiens.
Sambracia, Grimaud.
Samonium Promontorium, cap Salamone, en Crète.
Samosate, Semosat.
Samus Danica, Samsoe.
Sanctio, Seckingen.
Sandabala, Chenab, rivière.
Sangarius, Zacara, rivière de Galatie (Anatolie).
Sangossa, Sanguesa.
Sanguitersa, Santerre.
Sanitium, Senez.
Sanni, partie de l'Arménie.
Santonia, Saintonge.
Saponariæ, Savonnières.
Sapora, Shapor.
Saræ Pontum, Sarbruck.
Saramane, Siarman.
Saranga, Setledje, rivière.
Sarapansa, Shorabani.
Saravi Pons, Sarbourg, Sarbruck.
Saravus, Sare, rivière.
Sardes, Sart.
Sardinia, Sardaigne, île.
Sardones, Roussillon (le).
Sarepta, Sarfand.
Sariga, Seraks.
Sarisburia, Salisbury.
Sarmatia, Pologne et Russie.
Sarnia, Gersey, île.
Saronicus Sinus, golfe d'Engia.
Sarrium, Castro-Saros.
Sarunetes, Sargans.
Sarus, Seihun, rivière de la Cappadoce (Caramanie).
Sassa, Sas-de-Gand.
Satanacum, Stenay.
Satluz, Setledje, rivière.
Satulartis, Sautourt.
Sauconna, Saône, rivière de France.
Savia, Sclavonie.
Savus ceu Sabus, Ad-Jidi, rivière de l'État d'Alger se jetant dans un lac.
Saxonia, Saxe.
Saxulum, Sassuoto.
Scachia, Shamoki.
Scalabis, Santaren.
Scalæ, Échelles (les).
Scaldiæ, Ziric-Zée.
Scaldis, Escaut, rivière.
Scaldistadium, Schelestat.
Scalia, Schowen, île.
Scamander, rivière qui passait à Troie.
Scampis, Iscampi.
Scandia, Scandinavie, Schonen.
Scandile, Scangero, île.
Scaphusia, Schaffouse.
Scaptahila, Skipsilar.
Scarcapos, Sarabus.
Scardona, Isola-Longa, île.
Scardus Mons, Monte-Argentaro en Dalmatie.
Scelestadium, Schelestadt.
Scemnicium, Schemnitz.
Scicyon, Basilico.
Sciedamum, Schiedam
Sclavonia, Esclavonie.

Scodra, Scutari, en Albanie.
Scombraria Promontorium, cap Palos, roy. de Murcie.
Sconhovia, Schoonhove.
Scopulus, Scopelo.
Scoriale, Escurial, Escurolles.
Scotia, Ecosse.
Scotusa, Licostomo.
Scupi, Uscopia.
Scyathus, Skiate, île.
Scydisses Montes, Aggi-Dag ou montagne Amère.
Scylacium, Squillace.
Scymnia, partie de la Géorgie turque.
Scyrus, Sciro, île.
Sebaste, Sivas.
Sebastopolis, Turcal.
Sebathus, Rio della Maddalena, au roy. de Naples.
Sebatum, Brixen.
Sebendunum, Campredon.
Sebennitus, Semmenoud.
Secalaunia, Sologne (la).
Secerræ, Cervera.
Secontia, Roa.
Secor Portus, Sables d'Olonne.
Secovia, Seckau.
Secura, Segura.
Securitas Confinium, Segura de la Frontera.
Sedena, Seyne.
Sedunum, Sion.
Segalauni, Valentinois.
Segessera, Bar-sur-Aube.
Segesta, Sisseg, Sestri-di-Levant. Voy. Castel-à-Mare.
Seghetusa, Segeswart.
Segobriga, Segorbe, Cabeça de Vide.
Segodunum, Rodès, Siegen.
Segontia, Placencia.
Seguntia, Siguenza.
Seguntium, Caernarven.
Segusani, Lyonnais et Forez.
Segusium, Suze. Vide Forum.
Segustero, Sisteron.
Sciliniacum, Seignelai.
Selenus, Selenti.
Seleucia, Souadie.
— Pieria, Surcidia.
— Trachea, Selefkeh.
Seleucobelus, Schagr.
Selimbria, Sélivrée.
Selinæ Nubonenses, lac salé vers la Numidie.
Semnones, haute Saxe et Silésie.
Sena, Sains, Sienne.
Senagallica, Sinagaglia.
Senia, Segni.
Senius, Serchio.
Senones, environs de Sens et d'Auxerre; autres en Ombrie.
Senones Celsi, Senonches.
Senouiæ, Senones.
Sentica, Zamora.
Senus, Shanon, rivière.
Separa, Seure.
Septa, Ceuta.
Septenilium, Septenil.
Septimanca, Simancas.

Septonia, Schafrsburg.
Sequana, Seine, rivière.
Sequanorum Maxima, Franche-Comté.
Sequanus (Sanctus), Saint-Seine.
Serapis, Maceira, île.
Serbetes, Zeitun, rivière de l'État d'Alger.
Sergianum, Sarzane.
Seriacum, Serry.
Sefiade, Esrieh.
Serica, pays des Eleuths.
Seriphnus, Serpho, île.
Sernæ, Serres.
Servania, Schirvan.
Servesta, Zerbst.
Servitia, Sarwitza.
Seryfos, Serfo.
Sessites, la Sesia, rivière d'Italie.
Sestos, Ak-Bachi-Liman.
Setabis, Xativa.
Seteia Æstuarium, baie de Chester.
Setelsis, Urgel.
Setia, Exea.
Setuacatum, Aichstat.
Severacum, Civrai.
Severi Vallum, rempart contre les Pictes en Ecosse.
Severopolis, Saint-Sever, San-Severo.
Sevinus lacus, lac d'Iseo.
Sexiona, Xicona.
Sextianum, Albonol.
Sextum, Sesto, Sestri.
Shan-Tron, Chen-Ab, rivière.
Sbatooder, Setledje, rivière.
Siagros Promontorium, cap Ras-al-Gat.
Siata, île près de Belle-Isle.
Siazuroc, Sherezur.
Siberina, Severina.
Sicaminos, Atlik.
Sicania, Sicile, île.
Sicinus, Sikino, île.
Sicoris, Sègre.
Side, Candeloro.
Sidena, partie du royaume de Pont.
Sideri, Saide.
Sideris, Vide Syderis.
Sidoleucum, Saulieu.
Siega, Siegen.
Sigillariæ, Seillières.
Sigitannus (Sanctus), Saint-Cyran.
Signia, Segni.
Sigua, Baiazid.
Silina, Sorlingues, îles.
Silva, Silves.
— Ducis, Bois-le-Duc.
— Major, Sauvemajeure, abbaye.
— Vetus, Oudenbosc.
Silvanectum, Senlis.
Silviniacum, Souvigny.
Simæthus, Giarretta, rivière de Sicile.
Simenia, Hampshire.
Simoïs, rivière de la Troade, se jetant dans le Scamandre.
Sina, Chine, Sin, Sina.
Sinabria, Sinoria, Snarvier.
Sinagria, Sumira.
Sincerra, Sancerre.
Sindarium Insula, Célèbes, île.
Sine Aqua, Senanque.
Sindica, partie de la Circassie.

Sinemurum, Semur.
Singidunum, Belgrade.
Singilis, Xenil, rivière; Gonzalo.
Sinoa, Hue.
Sinuessa, Mondragon.
Siphnos, Sifanto, île.
Sirmium, Metroviza, Sirmich.
Sisapo. Voyez Almaden.
Siscia, Zagrab, Sissek.
Sistarica. Sisteron.
Sitace, Karkuf.
Sithomagus, Thetfort.
Sitifi, Setif.
Situres, le comté de Brecknock.
Slagosa, Slagel.
Slanukauvia, Slaukau.
Slavia, Esclavonie.
Slota, Slooten.
Slucum, Sluczk.
Slusæ, Ecluse (l').
Smaragdus Mons, mont. d'Egypte, près la mer Rouge.
Socanda, Abi-Scoun, rivière du Daghistan.
Soccona, Saône, rivière.
Socor, ou pays de l'encens, au S.-E. de l'Arabie.
Sœpias Promontorium, cap Saint-Georges, en Magnésie.
Soepinum, Sipino.
Sœtabis, Xativa.
Sogdi, Lourhi.
Solemniacum, Solignac.
Solensis Ager, Soule, (le pays de).
Soli, Solea.
Solisbacum, Sultzbach.
Solisquella, Soltwedel.
Solliacum, Souillac.
Solnocum. Zolnoek.
Somona, Somme, rivière.
Sonegiæ, Soignies.
Sontina, Zous.
Sontius, Lizonzo.
Sophène, partie de l'Arménie.
Soretana Abbatia, Schussenried.
Soricinium, Sorèze.
Sorviodunum, Salisbury.
Sospitellum, Sospello.
Soteropolis, Saint-Salvador.
Sotiates, Sos, la partie méridionale du Bazadois.
Spallio, Espan.
Sparnacum, Epernay.
Sparno, Espernon.
Spauta Lacus, Urmia (lac d').
Sphetia, Sfetigrado.
Spinatium, Epinal.
Stabuletum, Stavelo.
Stachiræ, portion du Sénégal.
Stagnum, Etanches, Etaim, Stagno.
Stamedium, Tamies.
Stampæ, Estampes.
Starcum, Estarké.
Statberga, Stadsberg.
Statio, Stade, Stantz.
Stella, Etoile, Estella.
Stenium, Stein.
Stenoberga, Steenberg.
Stenovium, Steenwick.
Stephanus(Sanctus), Saint-Etienne.
Stirps, Esterp (l').
Stivagium, Estival.
Stœchades, îles d'Hières.
Strapulæ, Estaples.

Strata, Extrées.
Stratonicea, Eski-Shehr.
Stregnesia, Strengnes.
Strigonium, Gran.
Stripaniacum, Etrechy.
Strongyle, Stromboli, île.
Strumense Monasterium, Estrun.
Strurum, Ribaudon.
Stucia, Istuysth, rivière d'Angleterre.
Styra, Steyer.
Suana, Soana.
Suani, partie de la Circassie.
Suardones, partie de la Poméranie.
Suatus, Suvat, rivière qui se jette dans l'Indus.
Subdinium, Mans (le).
Subisia, Soubise.
Sublacense Monasterium, Sublaqueum, Subbiaco.
Subsilvania, Underwald.
Succorum Angustiæ, Zuccora.
Succosa, Ainsa.
Sucro, Xucar, rivière.
Sudeni, Lithuanie.
Suecia, Suenonia, Suède.
Suessa-Aurunca, Sezza.
Suessa-Pometia, à 45 minutes S.-E de Rome.
Suessones, Soissons.
Suevi, Prusse et Pologne.
Suevia, Souabe, ou plutôt nom général de la Germanie.
Suevus, Sprée, rivière.
Suinburgum, Schwinbourg.
Suindunum, le Mans.
Suitium, Schwitz.
Sulgas, Sorgues, rivière; Pont de Sorgues.
Sulmo, Salmona.
Sulsis, Iglesias.
Sumere, Samera.
Sumerium, Sommières.
Sumina, Somme, rivière.
Suneberga, Sonneberg.
Sunium Promontorium, cap Colonni, en Attique.
Suprosa, Souprose.
Surrio, Surrey.
Surregium, Belgrade.
Susa, Suses, Souse, Zeugan.
Susatum, Soest.
Susella, Souselle.
Suvinnia, Schmeniz.
Syagros, Fartaque.
Sycoris, Segres, rivière de Catalogne.
Syderis, Ester, rivière du Mazanderan.
Sydon, Seyde.
Sylletium, Squillace.
Sylva Benedicta, Sauve-Bénite, abbaye.
— Lata, Saubalade.
Syndicus Portus, Sundgik.
Synnada, Batchenlu.
Syros, Syra, île.
Syrticus Ager, Landes (les).
Syrtique, royaume de Tripoli, en Afrique.
Syrtis major, golfe de Sidra.
— Minor, golfe de Cabès.

# T

Tabas, *Sana*, en Afrique.
Tabellicum, *Taillebourg.*
Taberna, *Saverne.*
Tabraca, *Tabarca.*
Tabuda, Demer ; *l'Escaut vers son embouchure.*
Tacapa, *Cabès.*
Tacène, *le Tak.*
Tacubis, *Abrantes.*
Tader, *Sojura*, rivière qui passe à Murcie.
Tænialonga, *Targa.*
Tagaste, *Tajelt.*
Tagodastum, *Isadagas.*
Tagularia, *Tilliers.*
Tagum et Anam (*Provincia inter*), *Alentéjo.*
Talabriga, *Talavera, Toroças.*
Talartium, *Tallard.*
Talca, *Alca.*
Talcaburgus, *Taillebourg.*
Talemundum, *Talmond.*
Talga, *Alca.*
Talhuda, *Tagasa.*
Taliaris, *Gradisca.*
Taliequitium, *Tagliacozzo.*
Tallaba, *Thalaban.*
Tamare, *Tavistock.*
Tamedunum, *Taunton.*
Tamesis, *Tamise*, rivière.
Tamnum Burgus, *bourg de l'Ain* (Bresse).
Tamy Deni, *Tzammud*, peuplade de l'Arabie Heureuse.
Tanaïs, *Don*, rivière.
Taneto, *Tanet*, île.
Tanis, *Tanna.*
Tanneium, *Tenailles.*
Taoce, *Taug.*
Taphræ, *Précop.*
Taphros, *détroit de Bonifacio.*
Taprobane, *île de Ceylan.*
Tapsacus, *El-Der.*
Tapuri, *le Comis et partie du Mazanderan.*
Taraenna, *Terouenne.*
Taraco, *Taragone.*
Tarbellicæ Aquæ, *Dax.*
Tartesium, *Tartas.*
Tartessus, *Torsish.*
Tarusates, *Tursan.*
Tarvisus, *Trévise.*
Tatta palus, *Tuzla*, marais salé.
Taum Æstuarium, *Perth* ( le golfe de ).
Tauniacum, *Tonnay.*
Tauresium, *Giustandil, Tauris.*
Tauriacum, *Toury.*
Taurinjacum, *Thorigny.*
Taurinum, *Turin.*
Tauromenium, *Taormina.*
Taurunum, *Tzerninea.*
Taurus, *Toro.*
Tavera, *Tver.*
Tavium, *Tchouroum.*
Tavus, *Tay.*
Taxilla, *Attek.*
Tchenar, Tchendar Bargar, *Chen-Ab*, rivière.
Teanum, *Tiano, Tyana.*
— Appulum, dans la Capitanate.
Teatæa, *Chieti.*
Tebeste, *Tebess*, en Afrique.
Tecea, *Teck.*

Tecelia, *Tecklenbourg.*
Tectosages, *bas Languedoc ; partie de la Galatie.*
Tedlosa, *Tedlez.*
Tegea, *Moklia.*
Tegovarina. *Tegorarin.*
Tela, *Tel Kiuran.*
Teleboas, riv. d'Arménie tombant dans l'Euphrate.
Teleboides Insulæ, îles près de Sainte-Maure.
Telliolum, *Tilleul.*
Telmenissus, *Sermin*, en Syrie.
Telmyssus, *Macri.*
Telo Martius, Telopium, *Toulon.*
Telos, *Piscopia*, île.
Temesna. *Temicen.*
Temeste, *Messa.*
Tenarum Promontorium, *cap Matapan.*
Tenercemunda, *Dendermonde.*
Tenissa, *Tremecen.*
Tenos, *Tine.*
Tentyra, *Denderah.*
Tephlis, *Tiflis.*
Terdona, *Tortone.*
Tergeste, *Trieste.*
Terina, *Sainte-Euphémie.*
Teritias, *Aureille.*
Ternæ, *Xacca.*
Termessus, *Estenaz.*
Ternobum, *Ternova.*
Tersatica, *Tersatz.*
Tertiaria, *Tercère.*
Terulium, *Teruel.*
Teurnia, *Villach.*
Teutoburgium, *Doesbourg, Duisbourg.*
Teutorburgium, *Dethmold.*
Thamiatis, *Damiète.*
Thamuditæ, peuplade de l'Arabie Heureuse.
Thebæ, *Tiva.*
Theburman, *Urmia.*
Thelmissus, *Macri.*
Thema, *Tima.*
Themi, *Beni-Témim*, tribu de l'Arabie Déserte.
Themiseyra, *partie du royaume de Pont (Anatolie).*
Thenotiæ, *Thenailles.*
Theocicoria, *Tewksbury.*
Theodemerensis Ager, *Thimerais.*
Theodonis Villa, *Thionville.*
Theodosiopolis, *Assancalé.*
Theolocus, *Theulley.*
Theophilis, *Gottlieben.*
Theorascia, *Thiérache.*
Theorodunum, *Wels.*
Theos, *Sigagik.*
Theotfridus ( Sanctus ), Saint-Chaffre.
Theotvaldum, *Doé.*
Thera, *Santorini*, île.
Theramnæ, *Galamata.*
Therma, *Saloniki.*
Thermæ, *Bouz-Ok.*
— Austriacæ, *Bade.*
— Salonichi, *Xacca.*
— Carolinæ, *Carlsbad.*
— Himerenses, *Termini.*
— Inferiores, *Bade en Souabe.*
— Selinuntiæ, *Siacca.*
— Superiores, *Bade en Suisse.*

Thermes, *Thiermes.*
Thermidava, *Dagno.*
Thessaliotis, partie de la Thessalie.
Thessalonica, *Saloniki.*
Thetis, *Tet*, rivière.
Thierium, *Thiers.*
Thracia, *Romanie.*
Thræsus, *Calara.*
Thudinum, *Thuin.*
Thunum, *Thoun.*
Thurgovia, *Turgaw.*
Thyana, *Tyana*, d'Anatolie.
Thyella, *Aëlo.*
Thyni, partie de la Bithynie.
Thynias, *Tiniada.*
Thysius, *Kefken*, île.
Tiaranthus, *Aluta*, rivière de Valaquie.
Tibareni, partie du roy. de Pont (Pays de Reum).
Tiberis, *Tibre*, rivière.
Tibiscum, *Titul, Teweswar.*
Tibiscus, *Teysse*, rivière de Hongrie ; *Temeswar.*
Tibium, *Tévin.*
Tibula, *Longo-Sardo.*
Tibur, *Tivoli.*
Tiburnia, *Villach.*
Ticinum, *Pavie.*
Ticinus, *Tosino.*
Ticis, *Teck.*
Tifernum-Tiberinum, *Citta di Castello.*
Tigernum, *Thiers.*
Tigranocerta, *Sert.*
Tigulia, *Sestri.*
Tigurum, *Zurich.*
Tieburgum, *Tilbourg.*
Tillum, *Tiel.*
Timavus, *Timao*, riv. tombant dans le golfe de Trieste.
Tingis, *Tanger.*
Tingœsi, *les Toungouses.*
Tiparenus, *E-peci*, île.
Tipasa, *Tifas.*
Tironellum, *Tironneau.*
Tisa, *Tiiz.*
Tisidis, *Tecort.*
Tisuris, *Teuzar.*
Tiviotta, *Tiviotdale.*
Tivurtium, *Trévoux.*
Tmolus Mons, *Bouz-Dag* ou montagne Froide.
Toarcium, *Thouars.*
Tobinium, *Zoffengen.*
Tobius, *Tewi*, rivière d'Angleterre, pays de Galles.
Tocari, *Tokaristan.*
Tociacum, *Toucy.*
Tolbiacum, *Zulpich.*
Tolistobi, partie de la Galatie (Anatolie).
Tolka, *Touque.*
Tolosa, *Toulouse.*
Tomeratium, *Saint-Pons.*
Tomi, *Tomiswar*, sur la mer Noire.
Tonnesium, *Tonneins.*
Toredon. *Vide* Abadan.
Torenna, *Turenne.*
Toriniacum, *Torigny.*
Tornacum, *Tournai.*
Tornodunum, *Tonnerre.*
Torpatum, *Derpt.*
Torunium, *Thorn.*

DICTIONNAIRE LATIN DE GÉOGRAPHIE.

Tospitis Lacus, lac d'Erzen.
Tossiacus, Thoissey.
Toxandri, le nord du Brabant.
Tragurium, Trau.
Trajanopolis, Palæoli, Selenti.
Trajectum ad Mosam, Maestricht.
— Ad Rhenum, Utrecht.
Transmontana Provincia, Trasos-Montes.
Transtagana Provincia, Alentejo.
Tranum, Trani.
Trapesus, Trébisonde.
Trasimenus Lacus, Pérouse (le lac).
Trasistana Provincia, Over-Yssel.
Treca, Troyes.
Trecorium, Treguier.
Trelonium, Trelon.
Tremonia, Dortmunde.
Tremonium, Dartmont en Westphalie.
Tremulium, Trémouille.
Trenorobium, Tournus.
Tretum Promont., cap de Numidie, État d'Alger.
Treva, Lubeck.
Trevenum, Trivigno.
Treveri, Trèves.
Trevoltium, Trévoux.
Triboci, le sud de l'Alsace, département du Haut-Rhin.
Tribullium, Trebigna.
Triburia, Trebur.
Tributum Cæsaris, Tribsées.
Tricasses, Troyes, en France.
Tricastini, Saint-Paul-trois-Châteaux.
Tricca, Tricala.
Tricesimæ, Kell, dans la république Batave.
Tricontium, Sanscoins.

Tridentum, Trente.
Tridinum, Trino.
Trileucum Promontorium, cap Ortegal.
Trimontium, Dumfries.
Trinacria, Sicile, île.
Trinobantes, comté d'Essex.
Triopium Promontorium, cap de la Croix (Anatolie).
Tripolis, Terboli, Tripoli.
Tritium, San-Domingo la Calcada.
Triviæ Lacus, lac du bois d'Aricie.
Troas, partie occidentale de l'Anatolie (Karasi).
Troca, Troki.
Troezen, Damala.
Tromi, partie de la Galatie (Anatolie).
Tropetopolis, Saint-Tropès.
Trophæa, Tropea, Drusi, Magdebourg.
Trosleium, Trosli.
Trudonopolis, Saint-Tron.
Trutnovia, Trautnau.
Tuæsis, Avon, riv. du comté de Galloway (Anglet.).
Tubucci, Punhente.
Tubona, Tubna.
Tuccivetus, Ogiva.
Tubusuptus, Burg, ou Bougie en Afriq.
Tucubis, Abrantes.
Tudæ, Tuy.
Tuderium, Todi.
Tuerobis, rivière d'Angleterre, comté de Cardigan.
Tugium, Zug.
Tulingi, Stulingen.
Tullum Leucorum, Toul.
Tunetum, Tunis.
Tungri, Tongres.
Tunonium, Thonon.

Tura, Turgow.
Turaso, Taracona.
Turba, Tarbes.
Turbalo, Turbula, Terrel.
Turchestania, Turquestan.
Turcia, Turquie.
Turdetani, Andalousie occidentale.
Turdili, Andalousie orientale.
Turia, Guadalaviar, rivière.
Turichemum, Turckheim.
Turicum, Zurich.
Turiosa, Turazona.
Turno, Tournon.
Turones, Tours.
Turris Ardens, Tour d'ordre.
— Juliana, Truxillo.
— Libisonis, Porto-de-Torre.
— Sillano, Tordesillas.
— Stratonis. Vide Cæsarea Palestinæ.
Turtavia, Forchain.
Turturiscium, Tourtoirac.
Turullus, Chiourlic.
Tuscia, Toscane.
— Suburbicaria, patrimoine de Saint-Pierre.
Tusculum novum, Frascati.
Tutela, Tudela, Tulle.
Tutumontium, T am.
Tyatira, Ak-Hissar.
Tychopolis, Gluckstat.
T de Gravionum, Tuy.
Tylos, Bahrain, île.
Tyras, Dniester, rivière.
Tyrius, Vathia.
Tyrrheni, Toscans.
Tyrsus, Oristagni, rivière de Sardaigne.
Tyrrus, Sour.
Tzorolus, Chiourlic.

## U

Ucetia, Uzès.
Udino, Kuma, rivière qui tombe dans la mer Caspienne.
Unugia, Aufugu.
Ugosa, Ugocz.
Uicinium, Dulcigno.
Uleacus, Oléron, île.
Ulissæa, Ultzen.
Ulissinga, Flessingue.
Ulna, l'Orne, rivière.
Ulva-Topiris, Bourom.
Ulpianum, Prisdène, Kolosvar, Giustendil.
Ulsterium, Elster.
Ulterior Portus, Calais.
Ultonia, Ulster.
Ultrajectum, Utrecht.
Ulyssipo, Lisbonne.
Umbilicus Maris, Maelstrom.
Umbria, Ombrie.

Umbro, Ombrone.
Umlandia, Ommelande.
Unelli, le Cotentin, dép. de la Manche.
Ungania, Ungwar.
Ungiacum, Oigni.
Urba, Orbe.
Urbiventum, Orviette.
Urbs, Lorbus.
Urci, Portilla.
Urcinium, Ajaccio.
Urdacum, Urdache.
Urgo, Gorgonne.
Uria, Oira.
Uricum, Ourique.
Urii templum, Ioren.
Uriponium, Rippon.
Ursi Campus, Ourcamp.
Ursinum, Irsingen.
Ursa, Ossuna.

Urus, Ouse, rivière.
Usargala, montagne de la Nigritie.
Ushium, Ipswick.
Uscudama, Statimaka.
Usellis, Oristagni, Ussel.
Usetia, Uzès.
Usipii, Zutphen (le quartier de).
Ustinga, Oustiona.
Utica, Porto-Farina, Almaçaran.
Uticum, Saint-Evroul.
Uti-Dava, Udvarheli.
Utina, Udine.
Uxama, Osma.
Uxantus, Ouessant.
Uxella, Lestwithiel.
Uxentum, Ugento.
Uxii, Asciacs.
Uxus, Usson.
Uzorchia, Luzarche.

## V

Vabrincum, Vabre.
Vacæi, royaume de Léon.
Vacua, Vouga, rivière de Portugal.
Vada Sabatia, Vadi.
Vadicium, les Vès.
Vadaciuni, Vaas.
Vadensis Pagus, Vaudemont.
Vaga, Neucaus.
Vagienni, vers la source du Pô.

Valabria, Valcheron.
Valaricus (Sanctus), Saint-Valery.
Valcum, Walpon.
Valderfinga, Vaudrevange.
Valentinianæ, Valenciennes.
Valentiniani Munimentum, Manheim.
Valeponga, Albarazin.
Valescia, Valasse.
Vallesia, Valais.

Valletria, Barréges.
Vallia, Galles.
Valliacum, Vailly.
Vallis Benedicta, Val-Benoît, abbaye.
— Burgum, Wallsbourg.
— Color, Vaucouleurs.
— Diaboli, Vaudables.
— Dominarum, Frauenfeldt.
— Guidonis, Laval.

Vallis Macræ, *Macra.*
— Memorensis, *Demona.*
— Romana, *Val-Romey.*
— Roscida, *Roncevaux.*
— Scholarium, *Val-des-Ecoliers.*
— Serena, *Val-Sery.*
— Telina, *Valteline.*
— Viridis, *Valverde.*
Vallisoletum, *Valladolid.*
Vallocuria, *Walcourt.*
Valium, *Vals.*
Vallum Romanum, *le Val du Necker au Danube.*
Valonæ, *Valognes.*
Vandalia, *Wensyssel.*
Vandalitia, *Andalousie.*
Vandopera, *Vandeuvre.*
Vaaduara, *Air.*
Vangiones, *pays de Worms, Palatinat.*
Vangio Rivus, *Vignori.*
Vanii Regnum, *la Hongrie du côté de Presbourg.*
Vapincum, *Gap.*
Varactum, *Guéret.*
Varar Æstuarium, *golfe de Murray.*
Vardo, *Gardon, rivière.*
Varduli, *partie de la Biscaye.*
Varia, *Logrono.*
Variacum, *Varzy.*
Variana, *Silauna.*
Varini, *partie de l'Etat Vénitien.*
Varinum, *Waren.*
Variscorum Curia, *Hoff.*
Varmia, *Ermeland.*
Vasatæ, *Bazas.*
Vasconia, *Gascogne et Navarre.*
Vasio, *Vaison.*
Vastalla, *Guastalla.*
Vastena, *Warneton.*
Vastinia, *Gastine.*
Vastinium, *le Gâtinais.*
Vastum, *Guasto.*
Vaurium, *Lavaur.*
Vectis, *Wight, Ile.*
Vedassus *Bidassoa, rivière.*
Vedastus (Sanctus), *Waast Saint-).*
Vedinum, *Udine.*
Vedra, *la Were, riv. du comté de Durham (Angle).*
Vegia, *Veglia, suivant quelques géographes.*
Veicelia, *Vicence.*
Velauni, *Vélay.*
Veldidena *Insnruck.*
Velia, *Castel-a-Mare.*
Veliocasses, *le Vexin.*
Velinus, *Velino, rivière d'Italie.*
Velitræ, *Veletri.*
Velocassinus Pagus, *le Vexin.*
Venantodurum, *Huntington.*
Vendili, *partie de la haute Saxe.*
Vendocinum, *Vendôme.*
Vendopera, *Vandeuvre.*
Venelli, *Vide Unelli.*
Veneram ad Siccam, *Keff.*
Veneris Flos, *Kinhod.*
Venetiæ, *Vannes, Venise.*
Veneliola, *Venezuela.*
Venta Belgarum, *Winchester.*
— Silurum, *Cheptow.*
Ventium, *Vence.*
Venusia, *Venosa.*
Veragri, *le Valais.*
Verbanus Lacus, *lac Majeur.*
Verbinum, *Vervins.*
Verceliæ, *Verceil.*

Verda, *Ferden.*
Vergilia, *Murcie.*
Verimbrea, *Vernibria, Verberie.*
Vernogilum. *Vernolium, Verneuil.*
Vernotum, *Vernon.*
Verodunum, *Verdun.*
Veromandui, *Saint-Quentin et les environs.*
Verona, *Bonn.*
Verovicum, *Warwick.*
Versaliæ, *Versailles.*
Vertudum, *Vertus.*
Vertusium, *Saint-Sauveur-des-Vertus.*
Verucæ, *Verue, Monte.*
Verulæ, *Veroli.*
Verulamium, *Saint-Abans d'Angleterre.*
Vesalia Inferior, *Wesel.*
— Superior, *Ober-Wesel.*
Vescerita ceu Vescether, *Pescara en Afrique.*
Veseliacum, *Vedelize.*
Vesonna, *Périgueux.*
Vesontio, *Bezançon.*
Vestini, *Abruzze citérieure.*
Vestmaria Damnii, *Westmoreland.*
Vestmonasterium, *Westminster.*
Vestrovicum, *Westerwick.*
Vesullum, *Vesoul.*
Vesulus, *Viso.*
Vesuna, *Périgueux.*
Vetasta, *Cheium, rivière.*
Vetera, *Santen.*
Veltones, *Estramadure espagnole.*
Via Æmilia, *partait de Rimini jusqu'à Aquilée.*
Via Appia, *allait de Rome à Capoue, puis a Bénévent, où elle se partageait, pour aller d'un côté à Brindes, et de l'autre à Reggio.*
Via Aurelia, *allait de Rome jusque dans les Gaules, par les côtes de Toscane et de Ligurie.*
Via Claudia, *allait de Rome par le milieu de l'Etrurie jusqu'à Porto-Venere, où elle joignait la voie Aurélienne.*
Via Flaminia, *allait de Rome jusqu'à Rimini.*
Via Salaria, *allait de Rome à Ancône.*
Via Valeria, *allait de Rome à Pescara.*
Viadrus, *Oder (l'), rivière.*
Vibiscus, *Vevay.*
Vibo, *Bivona.*
Viceliacum, *Vézelay.*
Vicinacia, *Vicinonia, Vilaine, rivière.*
Victoria, *Agobel, Stirling.*
Victoriacum Franciscum, *Vitry-le-François.*
Vicus Aquensis, *Vico-Aquense.*
— Augusti, *Kairvan.*
— Braiæ, *Vibraie.*
— Ad Cererem, *Vic en Carlades.*
— Cuminarius, *la Zarga.*
— Iriæ, *Voghera.*
— Julius, *Aire-sur-l'Adour; Germesheim.*
— Monasterii, *Vimoutier.*
— Sarina, *Vicegrad.*
— Spacorum, *Vigo.*
Videnburgum, *Vicdenbruck.*
Viducasses, *Vieux, évêché de Bayeux.*
Viduliacum, *Vesly.*

Vidurlus, *Vidourle, rivière.*
Vierium, *Vihers.*
Vieto, *Wightown.*
Vigenna, *Vienne.*
Vigiliæ, *Bizeglia.*
Vignoliæ, *Vigniogou.*
Vigornia, *Worcester.*
Villa Berona, *Munster (Helvétie).*
— Dei, *Ville-Dieu.*
— Franca, *Villefranche.*
— Lupensis, *Villeloin.*
— Magna, *Villemagne.*
— Martis, *Albe.*
— Murum, *Villemur.*
— Regalis, *Villa-del-Rey, Villa Réal.*
— Vetus, *Villemur, Vieuville.*
Villaris ad Collum Retiæ, *Villari Coterets.*
Villarium, *Villiers.*
Villoburgum, *Villebourg.*
Viltonia, *Wiltshire.*
Vimacensis Pagus, *Vimeu.*
Vimania, *Wangen.*
Vimaranum, *Guimaraens.*
Viminacium, *Neuville.*
Vimutium, *Weimouth.*
Vinacium, *Vignats.*
Vinaria, *Vreimar.*
Vinciacus, *Crèvecœur.*
Vincium, *Vence.*
Vinda, *Windau.*
Vindana, *Varmes.*
Vindasca, *Venasque.*
Vindascensis Comitatus, *Comté Venaissin.*
Vindejorium, *Windsor.*
Vindibilis *(Belle-Isle), Ile.*
Vindinum, *le Mans.*
Vindobona, *Vienne.*
Vindonis, *Windsor.*
Vindonissa, *Vindisch.*
Vindossinense Castrum, *Altenbourg.*
Vinea, *Weingarten.*
Vinemacus Pagus, *Vimeu.*
Vintium, *Vence.*
Vintonia, *Vinchester.*
Virgi, *Vera, Musacra.*
Viridarium, *Verger.*
Viride Folium, *Verfeuil.*
Viridunum, *Verdun.*
Virimandis Castrum, *Vermand.*
Viritium, *Greiffenhagen.*
Viriziacum, *Saint-Basle.*
Viromanduensis Pagus, *Vermandois (le).*
Viroresca, *Birbiesca.*
Virsio, *Vierzon.*
Viruburgum, *Wurtzbourg.*
Virunum, *Freissac.*
Virvedrum Promontorium, *Wrath (N. de l'Ecosse).*
Visburum, *Wisby.*
Vistringium, *Fenestrange.*
Visurgis, *Weser, rivière.*
Vitelliacum, *Witlich.*
Vitodunum, *Winterthour.*
Vittebarea, *Wittenberg.*
Vitus (Sanctus), *Saint-Weit.*
Vivarium, *Viviers.*
Vlodimeria, *Wlodzimiets.*
Vocontii, *le Diois ou arrondissement de Die.*
Vodiocæ, *Vieux.*
Vodium, *Void.*
Vodona, *Vodana.*
Voigtia Variscia, *Voigtland.*

Volavia, *Wolaw.*
Voicæ. Voy. Atecomici, Tectosages.
Voliba, *Bodman, Falmouth.*
Vollaterra, *Volterre.*
Vologesia, *Meshed-Hosein.*
Volsinium, *Bolsena.*
Volutaria, *Voltuvara.*

Volvraium, *Vourrai.*
Vorganium, *Carchaix.*
Vormatia, *Worms.*
Vosagus Saltus, *les Vosges.*
Vosalia, *Ober-Wesel.*
Vosium, *le Vigeois.*

Vosonnus, *Vouzon.*
Vrastilavia, *Breslau.*
Vulcaniæ Insulæ, *Lipari (îles de).*
Vuldavia, *Moldaw.*
Vulsinium, *Bolsena.*
Vulturnus, *Voltorno.*

## X

Xanthus, *Eksenidé.*
Xera Equitum, *Xerès de Badajos.*

Xicienum, *Xicien.*

Xynelopolis, *Laheri.*

## Y

Ypergræcia, *Oberkirch.*

Yrawutti, *Ruvée, rivière.*

Yvodium, *Yvoi.*

## Z

Zabothus, *Zotemberg.*
Zabus, *Zab, rivière du kurdistan (Assyrie).*
Zabus Minor, *Altun-Sou ou rivière d'Or en Assyrie.*
Zacinthus, *Zante.*
Zadudrus, *Zardrus, Setledje, rivière du Punja-Ab.*

Zalam, Zeloum, *Chelum, rivière du Punja-Ab.*
Zalisca, *Teflis.*
Zancle, *Messine.*
Zariaspa, *Balk.*
Zermizegethusa, *Varel.*
Zela, *Zelch.*
Zenobia, *Zelebi.*

Zephirium, *Zaphra.*
Zeugma, *Romkala.*
Zeznes, *Czerneez.*
Zichi, *partie de la Circassie.*
Zilis, *Arzilla.*
Zitru, *Zeits.*
Zonum, *Znaim.*
Zuvulla, *Zwol.*

# NOTICE GÉOGRAPHIQUE
## DES VILLES ANCIENNES RUINÉES,
### ET DE CELLES QUI ONT CHANGÉ DE NOM DEPUIS LE CHRISTIANISME.

Si les terres et les mers conservaient toujours leur premier nom, on pourrait faire une géographie éternelle pour tous les temps, et universelle pour tous les peuples ; mais l'instabilité des affaires humaines n'a pas épargné les noms, qui sont des choses arbitraires et dépendantes de la volonté des hommes. Les inondations des barbares, les bouleversements des empires, les transplantations des populations, et la vanité des conquérants et des princes ont changé plus d'une fois la face de la terre. Par ces changements continuels il est arrivé que la même contrée, la même province, la même ville, le même peuple, ont eu successivement différents noms, et que le même nom a passé d'une ville à une autre et d'un pays à un autre. Le moyen d'avoir quelque chose de stable et d'assuré dans une si grande confusion ? les villes, les royaumes et les empires ont leurs destinées comme les familles, comme les hommes. Une ville remplace une autre ville, un nom efface un autre nom. Il faut chercher sans cesse le rapport des noms anciens avec les noms modernes, parce qu'il n'y a point de position qui soit marquée d'une manière précise. La même ville a dix noms différents, *Gazer, Gazera, Gezer, Gezera, Gezerots, Gezerothaim, Gezeroth, Giseroths, Gadaroths, Gaderoths.* La ville d'Hhalep en Syrie offre un exemple du trouble qu'a dû jeter dans la géographie la pluralité de noms d'une même localité. Ainsi Hhalep reçut de Séleucus I<sup>er</sup> le nom de Berœa. Dans le pays on lui donna celui de *Schauba*, la *Blanchâtre*, à cause de la couleur de ses maisons dont les pierres conservent toujours sans altération leur nuance blanchâtre primitive.

Il y a des villes qui ont figuré successivement dans les conciles sous divers noms, ce qui a occasionné des erreurs dans la géographie ecclésiastique. Il en est qui de ces différents noms n'en ont conservé aucun, et qui en ont reçu un nouveau au moyen âge, ou qui ont disparu de la géographie sans laisser de traces de leur existence.

La *Gallia Togata*, ancienne province de la république romaine, appelée ensuite sous l'empire *Picenum Annonarium*, vient encore à l'appui de ce que nous disons. Le P. Charles de Saint-Paul, dans sa Géographie de l'Eglise pour les six premiers siècles, place dans cette province neuf évêchés, savoir : Æsis (aujourd'hui Jesi), Senogallia (Sinigaglia), Fanum Fortunæ (Fano), Pisaurum (Pezaro), Ariminum (Rimini), Urbinum (Urbin), Tifernum Metaurense, Forum Sempronii (Fossombrone), Callium (Cagli).

Or, M. Mincone, auteur de savantes recherches sur cette même province, qui ont paru en 1825, en un vol. in-4°, ne s'accorde pas avec le P. Charles de Saint-Paul. A l'exception de Tifernum Metaurense, qui n'existe plus depuis la chute de l'empire, les villes que M. Mincone cite ne sont pas du tout celles que nous venons de nommer. L'obscurité la plus épaisse règne sur la géographie avant et après l'inondation des barbares. Nous pourrions en citer une foule d'exemples. La ville de Javons, qui avait acquis, en raison de sa position de Toulouse à Lyon, de Rodez au Puy, une assez grande importance, a occasionné entre les érudits et les archéologues des discussions embrouillées. Cette ville commença à se dépeupler vers le ve siècle, et sa ruine fut tellement complète au xe siècle, qu'il n'en est resté que de faibles débris. La ville de Mende, qui prospérait déjà à la faveur du pèlerinage dont les miracles de saint Prival, son patron, étaient la cause, recueillit la succession de Javons.

L'ancienne géographie des Gaules était peu connue, et elle est aussi restée fort obscure, malgré les travaux et les recherches de plusieurs géographes et archéologues estimés. Cette obscurité provient en partie de la grande invasion des barbares, qui ravagèrent la Gaule depuis le Rhin jusqu'à l'Océan; ravage affreux, dont Salvien et d'autres auteurs ont laissé une description lamentable. Saint Jérôme en parle dans sa lettre adressée à une pieuse veuve de l'Aquitaine (Agéruchia), et il nomme les Saxons au nombre des peuples qui désolèrent alors les Gaules.

Les variations géographiques dans les noms de villes venaient encore augmenter la confusion. Ainsi il devient très-difficile de préciser quelque chose sur la position des villes nommées Justiniana, et distinguées entre elles par le surnom de *prima* et de *secunda*. L'empereur Justinien étant né dans un petit lieu nommé Taurésium, près d'un château appelé Bédériana dans la province de Dardania, limitrophe de la Macédoine et de la Thrace, fit de ce lieu une ville considérable qu'il décora de superbes édifices publics. Il lui donna le nom de Justiniana, et lui obtint des papes Agapet et Vigile le titre d'archevêché dont la juridiction s'étendrait sur les deux provinces de Dacia Ripensis et Mediterranea, sur la Dardania et Prævalitana, sur plusieurs parties de la Mœsie, de la Pannonie et de la Macédoine.

La seconde Justiniana était une ancienne ville de la même province Dardania, et appelée antérieurement Ulpianum, que Justinien répara et embellit, parce que son oncle l'empereur Justin y était né. C'est ainsi que Procope s'en explique. Plusieurs auteurs veulent que Justiniana prima soit la même ville que l'ancienne Lychnidus, connue postérieurement et du temps du Bas-Empire sous le nom d'Acrida. Le P. Charles de St Paul, dans sa Géographie sacrée, partage cette opinion, qui avait été celle de Guillaume de Tyr ; car, en parlant de Justiniana prima, il dit « *quæ vulgo hodie dicitur Acrida*, qui aujourd'hui est appelée communément Acrida. » L'abbé de Commanville confond également dans sa Géographie ecclésiastique Justiniana prima avec Acrida. Le célèbre d'Anville, dans un de ses mémoires qui ont servi à éclaircir tant de points géographiques, a établi que Justiniana prima et l'ancienne Lychnidus ou Acrida étaient deux villes tout à fait distinctes.

Les différends qui s'élevèrent entre les grandes villes de plusieurs provinces contribuèrent aussi à la confusion que nous signalons, d'après le savant cardinal Noris et l'abbé Belley, archéologue instruit du xviiie siècle. De quelle nature étaient ces différends et quelle en était la cause ? ces différends dégénéraient en disputes et en querelles fort vives au sujet de la prééminence représentée par le titre de métropole que se disputaient réciproquement les villes de Nicomédie et Nicée en Bithynie ; de Smyrne, d'Ephèse et de Pergame dans la province proconsulaire d'Asie, de Tarse, d'Anazarbe dans la Cilicie, et de Sardes dans la Lydie. Toutes ces villes étaient anciennes, riches, très-peuplées. Chacune voulait avoir le titre de première métropole, et le posséder seule, aussi faisait-elle frapper des médailles pour attester ses droits. Ce sont ces médailles qui ont singulièrement préoccupé les numismates, les géographes et les érudits.

Nous avons donc voulu faire connaître les villes ruinées, celles dont les noms sont perdus, celles qui en ont changé au moyen âge, afin qu'on puisse se rendre compte des rapports qui existent entre la géographie ancienne et la géographie ecclésiastique des premiers siècles. Il y a une infinité de villes qui n'existent plus (un savant religieux du siècle dernier en comptait 30,000, mais ce chiffre est évidemment exagéré) ; il en est beaucoup d'autres qui avaient plusieurs noms.

D'après le tableau indicateur des villes anciennes on remarquera que l'Espagne en général en comptait un nombre considérable, ainsi que l'Espagne tarragonaise en particulier.

## A

*Aarasus*, ancienne ville de l'Asie Mineure, dans la Pisidie, selon Strabon, qui n'en donne pas la situation précise.

*Aba*, ville de la Phocide, bâtie par les Abantes, et ruinée, dit-on, par Xerxès.

*Abacæna* et *Abacænum*, ancien nom d'une ville de Sicile.

*Abacenia*, ville d'Asie dans la Médie.

*Abacæna*, ville de l'Asie Mineure dans la Carie, selon Pline.

*Abœæ*, anc. ville du Péloponnèse.

*Abalé*, anc. ville de l'Ethiopie sous l'Egypte, Pline.

*Aballaba*, anc. ville de la Grande-Bretagne, l'on croit être Appleby, ville d'Angleterre, Northumberland.

*Aballo*, dans la 1re Lyonnaise. C'est aujourd'hui Avallon en Bourgogne.

*Abara*, anc. ville épiscopale de la province Proconsulaire en Afrique assez près de Carthage.

*Abaratha*, ville de l'île de Taprobane, selon Ptolémée, sur la côte orientale et à l'opposite de l'île de Zibala.

*Abate*, anc. ville des Gaules dans la Septimanie, aujourd'hui le Languedoc. On n'en connaît pas la situation précise.

*Abathura*, anc. ville de la Marmarique sur les confins de la Cyrénaïque.

*Abdara-Abdera* (aujourd'hui Abdra), anc. ville épiscopale du royaume de Grenade en Espagne, bâtie par les Phéniciens, selon Strabon.

*Abdere*, *Abdara*, anc. ville maritime de la Thrace, près de l'embouchure du Nestus. Cette ville prit ensuite le nom de Témesius et fut la patrie de Démocrite, de Protagoras, d'Anaxarque, d'Hécatée et de plusieurs hommes illustres.

*Abdere*, anc. ville épiscopale de la province Proconsulaire en Afrique, selon Holstenius; c'est la même qu'Abber et Abdirita.

*Abezamis*, ville de l'Arabie Heureuse, dans la terre des Omans, selon Pline.

*Abeste*, anc. ville d'Asie, dans le pays des Arachosiens, sur l'Erymante; son véritable nom est Parasbestes, suivant La Martinière, mais Pline la nomme Abeste.

*Abida*, Abila, anc. ville d'Asie dans la Célésyrie.

*Abide*, *Abidus*, *Abidos-Regia*, anc. ville d'Afrique dans la Bysacène.

*Abila*, *Abyla*, anc. ville de la Célésyrie, sur un roc près de Béthulie; il en reste encore des ruines.

*Abodrica*, anc. ville d'Espagne que quelques-uns croient être un bourg de port, aujourd'hui nommé ville de Condé, et d'autres Bajona en Galice.

*Abrincæ*, anc. ville de l'Armorique, nommée aussi Civitas Abrincatum, ou ville des Abrincates; c'est aujourd'hui Avranches.

*Abs*, anc. ville de France, autrefois capitale du Vivarais, en latin Alba Helviorum, à huit kilomètres de Viviers. On y voit encore plusieurs marques d'antiquités.

*Absare*, anc. ville d'Asie dans la Colchide, à l'embouchure de la rivière du même nom; elle s'appelait d'abord Absyrte. Il n'y restait du temps de Procope que des ruines de ses anciens ornements.

*Abudiacum*, anc. ville de la Vindélicie; c'est, suivant les uns, Apping, bourg de Bavière, et, suivant d'autres, Füssen, qui est de l'autre côté du Danube.

*Abula*, ville d'Espagne dans le pays des Bastitaniens. Quelques-uns croient que c'est Vilchés ou Bilches, ville de l'Andalousie, et d'autres Villaforda dans le royaume de Grenade.

*Abydos*, anc. ville de l'Asie Mineure sur le détroit de l'Hellespont, bâtie par les Milésiens. Elle fut brûlée, puis rétablie, et devint ville épiscopale dès les premiers temps du christianisme, et ensuite métropole.

*Abydos*, *Abidus*, anc. ville d'Egypte qui était située au-dessous de Diospolis et de Tentyre, en descendant le Nil vers le Delta.

*Abydos*, petite ville de la Japygie dans le pays des Peucentins, c'est-à-dire dans cette province du royaume de Naples où sont aujourd'hui les villes de Trani et de Bari.

*Abystrum*, anc. ville des Brutiens; on croit que c'est aujourd'hui Orsimarso, bourg de la Calabre citérieure, dans le royaume de Naples.

*Abzirite*, anc. ville de l'Afrique propre qui était au nombre des trente villes libres de cette contrée; elle était épiscopale.

*Acabarus*, anc. ville de commerce en Asie, dans l'Inde en deçà du Gange.

*Acabis*, ville de la Cyrénaïque, au sud du marais de Paliure.

*Acadira*, *Acadra*, anc. ville dans le pays des Lestes, pirates qui habitaient le royaume de Cambou.

*Acamantium*, anc. ville de la grande Phrygie; elle fut bâtie par Acamante, fils de Thésée.

*Acanthe*, *Acanthus*, anc. ville de la Macédoine selon Pline, et, selon Etienne le Géographe, de la Thrace sur le golfe Strimonien, dans la partie septentrionale de l'isthme de la presqu'île où est le mont Athos. C'était anciennement un port de mer.

2 *Acanthe*, *Acanthus*, anc. ville de l'Athamanie, province de l'Epire sur les confins de l'Achaïe.

3 *Acanthe*, *Acanthus*, ville d'Egypte à 320 stades de Memphis.

4 *Acanthe*, *Acanthus*, ville de la Carie dans l'Asie Mineure, elle s'appelait aussi Dulopolis.

*Acarnanie*, anc. ville de la Sicile.

*Acasesium*, anc. ville de l'Arcadie dans la Grèce.

*Accana* ou *Acanna*, anc. ville maritime sur la côte d'Éthiopie au delà de la montagne appelée Eléphas.

*Accatucci*, anc. ville d'Espagne dans la Bétique. On tient que c'est aujourd'hui Huelma, bourgade de l'Andalousie.

*Aceltum*, *Acedum*, *Acilium*, anc. ville d'Italie dans le territoire des Vénètes, qu'on croit être aujourd'hui Montagnana, d'autres Monfelice, et le plus grand nombre Asolo.

*Acera* ou *l'Acerra*, *Acerræ*, anc. ville de la Campanie aujourd'hui dans le royaume de Naples.

*Acerræ*, anc. ville de la Gaule cisalpine, entre les Alpes et le Pô. Son nom moderne est la Girola ou l'Agerola dans le Milanais.

*Acerris*, ville de Lacétaniens, en Espagne, qu'on croit être Gerri, bourg de la Catalogne.

*Achaie*, ville de l'île de Rhodes, selon Ortelius.

*Achais*, ville d'Asie à l'est de la mer d'Hircanie, proche du fleuve Oxus.

*Achanis*, anc. ville d'Arabie, où, selon Eupolème, David faisait équiper les vaisseaux qu'il envoyait à Ophir.

*Acharna*, anc. ville de l'Attique dans la tribu OEneide.

*Achérontia*, anc. ville de la grande Grèce dans la Lucanie, que quelques-uns croient aujourd'hui Acerenza, mais qui paraît la même que celle dont Tite-Live nomme les habitants Achérontins, c'est-à-dire qui était auprès de l'Achéron, où périt Alexandre roi des Epirotes.

*Achilleon*, anc. ville que Pline dit avoir été bâtie près du tombeau d'Achille et qui paraît être la même que Sigée, ou du moins avoir été bâtie sur ses ruines.

*Achnæ*, anc. ville de la Thessalie, nommée aussi Ichnæ.

*Acholla*, anc. ville de la Libye près de Syrtes.

*Achride*, *Acridus*, *Acrida*, anc. ville de la Bulgarie macédonienne sur le bord oriental du Drin Noir.

*Acila*, ville de l'Arabie Heureuse, que Pline fait la plus marchande du pays, et où l'on s'embarquait pour les Indes.

*Acilia-Augusta*, anc. ville de la Vindélicie, aujourd'hui Straubingen, suivant les uns, et Azelbourg, suivant les autres.

*Acilum*, anc. nom d'une ville d'Italie sur les confins de la Germanie, qui fut épiscopale et qu'on croit être la même qu'Acellum.

*Acinipo*, anc. ville d'Espagne dans la Bétique, qu'on croit être Konda la Vieja, dont on voit encore les ruines dans les montagnes de Grenade.

*Acitodunum* ou *Accitodunum*, anc. ville des Gaules, selon Ortelius, qui n'en dit pas la situation. On croit que c'est Ahun dans la Marche.

*Acmonia*, anc. ville de la Dacie, qu'on croit aujourd'hui Severino Mario.

*Acmonia*, anc. ville de la Phrygie Capatienne, bâtie par Acmon, fils de Maneus.

*Acmonia*, troisième ville de même nom qui était dans l'Asie Mineure vers le fleuve Thermodon.

*Acopende*, anc. ville de l'Asie Mineure, qu'on croit être Olbia sur le golfe de Satalie.

*Acra*, ville de la Grèce dans la Japygie, à l'extrémité du cap que l'on nomme aujourd'hui il-capo-Sancta Maria di Leuca, dans le royaume de Naples.

*Acra* ou *Acræ*, anc. ville de la Sicile, à l'ouest de Syracuse, qui était entre les villes de Noto et d'Avula, qui existent aujourd'hui.

*Acra*, autre ville dans la Syrie, près de l'Oronte, au-dessus d'Antioche, qu'Ortelius dit avoir été aussi nommée Aspasium.

*Acradas*, anc. ville de la Sicile, qu'on croit être Girgento.

*Acradas*, ville anc. de la Libye, dans l'Asie Mineure, qui paraît être la même que la ville épiscopale d'Acrassus. Il y avait des villes du même nom dans l'Eubée, dans l'Etolie et en Chypre.

*Acræ*, autre ville dans la Scythie, qu'on croit être la même que celle que Ptolémée place dans la Sarmatie européenne sur le Palus-Méotide.

*Acraiphia*, anc. ville de la Grèce dans la Béotie.

*Acrandine*, anc. ville de la Sicile dans l'île du même nom.

*Acrée*, anc. ville de Sicile, dépendante de Syracuse, nommée aussi Acremont, c'est aujourd'hui Palazzolo.

*Acria*, anc. ville maritime du Péloponnèse, à l'extrémité du golfe de Lacédémone, près de l'embouchure de l'Eurotas. On croit que c'est à présent Ormoas.

*Acrillæ*, anc. ville de Sicile, entre Agrigente et Syracuse.

*Acroathon*, *Acroathos*, anc. ville de la Thrace sur le mont Athos.

*Acropolis*, ville de Libye dans la Marmarique, appelée aussi *Antipirgus*. Ce n'est plus qu'un village.

*Acrorii*, anc. ville de la Grèce dans la Triphylie.

*Acsera*, *Axara*, *Anaxarbus*, anc. ville de la Natolie dans la karamanie. C'est aujourd'hui un bourg sous la puissance des Turcs.

*Actium*, anc. et petite ville de la Grèce dans l'Acarnanie, sur le golfe de Larta. Elle est célèbre par la bataille qu'Auguste gagna sur Marc-Antoine et sur Cléopâtre.

*Acufida*, anc. ville épiscopale de la Mauritanie dont parle la Notice d'Afrique.

*Acuincum*, anc. ville de la Pannonie.

*Acula* ou *Aquila*, anc. ville de la Toscane qu'on croit être aujourd'hui Aquapendente.

*Acumincum*, anc. ville de la Pannonie sur le Danube; les uns croient que c'est Peterwaradin, d'autres Salankemen.

*Acunum*, ville de la Valérie en Hongrie, entre le Drave et la Save, qu'on croit être l'Acumincum de Ptolémée.

*Acurgia*, anc. ville de la Bétique en Espagne, selon Ptolémée; Pline l'a nommée Uculliniacum.

*Acusio Colonia*, ville de la Gaule narbonnaise, qu'on croit être le bourg d'Ancône sur le Rhône, près de Montélimar.

*Ad Aquas*, petite ville qu'Antonin place dans la Mœsie.

*Ad Casas Cæsarianas* : c'est aujourd'hui Saint-Cassano, village de la Toscane près de Florence.

*Ad Duos Pontes*, anc. ville d'Espagne entre Braga et Astorga.

*Ad Fonticulos* ou *Funtulos*; c'est aujourd'hui le village d'Alla Fonsana près de Fiorenzola, en allant vers Plaisance.

*Ad Herculem Castra*; on croit que c'est aujourd'hui la ville de Bude en Hongrie.

*Ad Septem Fratres*, anc. ville de la Mauritanie Tingitane, à la pointe intérieure du détroit de Gibraltar, ainsi nommée de sa situation auprès des montagnes appelées par les anc. les Sept-Frères.

*Ad Tricesimum*, anc. ville sur le bord méridional de l'Inn; c'est aujourd'hui la ville de Tricesimo dans le Frioul.

*Adaba*, anc. ville de la Médie qu'on croit avoir été près d'Abacène.

*Adacha*, anc. ville d'Asie dans la Palmyrène.

*Adana* ou *Adena*, anc. ville de l'Asie Mineure dans la Cilicie. Cette ville subsiste encore.

*Adana*, ville de l'Arabie Heureuse.

*Adaras*, ville d'Espagne entre Séville et Cordoue, la même que Ad-Aras.

*Adari*, anc. ville de l'Arabie Heureuse.

*Adasathra*, anc. ville de l'Inde en deçà du Gange.

*Addedus*, anc. ville de l'Arabie Heureuse.

*Adeba*, anc. ville d'Espagne qu'on croit être Amposta, village de la Catalogne.

*Aden*, anc. ville de l'Arabie Heureuse, célèbre port d'Orient; elle fut ruinée par Caius César, petit-fils d'Auguste et ensuite rétablie par les flottes romaines. Cette ville subsiste encore.

*Aderno*, anc. ville de Sicile au pied du mont Etna.

*Adestum*, anc. ville d'Italie; c'est aujourd'hui *Este*.

*Adethauna*, anc. nom d'une ville du duché de Luxembourg sur le bord méridional de la Sure; c'est aujourd'hui Echternach.

*Adopissus*, anc. ville de la Libye.

*Adra* ou *Adrad*, ville de l'Arabie Pétrée qu'Eusèbe place dans la Batanée et que D. Calmet croit être la même qu'Edrai. Elle fut ensuite épiscopale.

*Adra* ou *Abdera*, anc. ville épiscopale d'Espagne dans le royaume de Grenade.

*Adra*, ville de la Liburnie qu'on croit être aujourd'hui Odria.

*Adramytte*, anc. ville maritime de la Mysie sur le Caïque, à l'opposite de Lesbos. Pline lui a donné le nom de Pedasus.

*Adrane*, anc. ville de la Thrace près de Bérénice.

*Adrane*, ville dans la Mysie inférieure sur le fleuve Rhodius. Les Turcs la nomment aujourd'hui Endrenos. Beaudrand en a fait une ville épiscopale.

*Adrapsa*, anc. ville de l'Hircanie dont on ne connaît pas la véritable situation.

*Adrusdii*, siége épiscopal dans le patriarcat d'Antioche, le 18e sous la métropole de Séleucie et le 8e siège de ce patriarcat.

*Adrassus* ou *Arrassus*, anc. ville de l'Isaurie, selon une notice qui la fait épiscopale sous Séleucie; elle paraît la même qu'Adraon dans l'Arabie.

*Adria*, anc. ville archiépiscopale dans le patriarcat de Jérusalem, et la 20e des 25 archevêchés qui ne relevaient d'aucun autre et n'avaient point d'évêchés sous eux.

*Adria*, ville d'Italie dans les Etats vénitiens. Cette ville, que les Latins appelaient Atria et qui était si peuplée, fut détruite par les inondations.

1. *Adriana*, ville épiscopale de l'Hellespont dans le patriarcat de Constantinople, sous la métropole de Cyzique.

2. *Adriana* ou *Adrianopolis*, autre ville épiscopale dans la seconde Pamphylie dont Perges était la métropole.

*Adriane*, anc. ville de la province de Cyrène en Afrique.

*Adriani*, ville de Bithynie dans la Mysie.

1. *Adrianopolis*, ville de l'Epire qui est aussi nommée Justinianopolis à cause de l'empereur Justinien.

2. *Adrianopolis*, ville de la Thrace, qu'on a prétendu avoir été fondée par Oreste. C'est aujourd'hui Andrinople ville de la Romanie.

*Adrumette*, anc. ville maritime dans l'Afrique propre. On prétend que les Phéniciens l'avaient fondée; elle fut épiscopale. Ses anciens noms sont : Adrymé ou Adrumé, Adrymetus, Adrumetus, Adrumettus, Adrymettus, Adrumetum, Hadrumetum, Hadrumentum et Hadrito.

*Aduaticorum Oppidum*. C'est le nom qu'on donnait à la principale ville des Aduacites. Les uns croient que c'est Beaumont en Hainaut, d'autres Douai, et quelques autres Namur.

*Aduatuca*. C'est le nom latin de la ville de Tongres dans le pays de Liége. Elle était connue du temps de César.

*Adule* ou *Aduli*, anc. ville de l'Ethiopie sous l'Egypte.

*Adurniportus*. Ville maritime de la Grande-Bretagne. C'est, suivant Cambden, Aderington

1. *Æa*, anc. ville d'Afrique dont les habitants étaient une colonie de Siciliens mêlés avec des Africains.

2. *Æa*, autre ville dans la Colchide.

*Æane*, ville de Macédoine, dont le nom vient d'Ænus.

*Æantium*, *Œantium* ou *Ajasium*, ville de la Troade sur le rivage de la mer dans le pays appelé Sigée.

*Æantium*, ville de la Macédoine dans le pays des Pelasgiotes.

*Æapolis* ou *Thiapolis*, ville de la Colchide sur le Pont-Euxin.

*Æbura*, ville de l'Espagne tarragonaise. C'est aujourd'hui Talavera-de-la-Reyna sur le bord du Tage. Cette ville eut aussi le nom de « Elvora-Talabrica. »

*Æcana Civitas*, anc. ville d'Italie dans la Pouille, que quelques-uns nomment Æcæ, Ecæ et Escæ; c'est aujourd'hui Troja.

*Æculanum*, anc. ville d'Italie, dans le territoire des Hirpins, que Sylla attaqua. Elle fut ensuite nommée *Decimum Quintum*. On en voit encore les ruines auprès de Mirabello.

*Æeta*. C'est aujourd'hui Gaiette, ville d'Italie, dans la terre de Labour.

1. *Ægæ*, anc. ville de l'Achaïe dans le Péloponnèse, à l'embouchure du fleuve Crathis.

2. *Ægæ*, anc. ville de Macédoine.

3. *Ægæ*, ville maritime de l'Asie Mineure, proche d'Issus, entre cette ville et Serrepolis, à l'occident septentrional de la dernière et à l'est de la seconde, selon Ptolémée.

*Ægœa*, anc. ville de la Macédoine propre, ou de l'Emathie, qui, selon Justin, fut ensuite nommée Edessa.

*Ægelion*, anc. ville de Macédoine près de la mer Egée.

Ægeste, anc. ville de la Sicile.

Ægeta, anc. ville de la Mœsie entre Talia et le Pont de Trajan.

Ægiale, anc. ville de l'île d'Amorgos; c'est aujourd'hui Hyali.

Ægialus, ville de l'Asie Mineure auprès de Cromna.

Ægida, anc. ville de l'Istrie; nommée ensuite Justinopolis; où, selon une ancienne inscription, les Argonautes prirent terre en revenant de la Colchide.

Ægilips, anc. ville de l'Acarnanie qui était près de Crocilus en Epire.

Ægira, anc. nom d'une ville du Péloponnèse dans l'Achaïe propre.

Ægipa, anc. ville de l'Ethiopie sous l'Egypte, au bord du Nil.

Ægirum ou Ægirus, anc. ville de l'île de Lesbos; c'est un bourg nommé à présent Gernia.

Ægitalum ou Ægitarsus, anc. ville de Sicile entre Lilibée et Drépane.

Ægithium, anc. ville de la Grèce, dans l'Etolie, sur les frontières des Locres.

1. Ægium, anc. ville de la Grèce, dans l'Achaïe propre.

2. Ægium, autre ville de la Béotie, dont on ne sait pas au juste la situation.

Ægosthenia, anc. ville de la Grèce dans la Locride.

Ægypsus, anc. ville de la basse Mœsie, sur le Danube.

Ælana, anc. ville de l'Arabie Pétrée, au fond du golfe Arabique.

Ælia, ville d'Asie dans l'Eolide, dont le véritable nom est Elea.

Ælia; c'est un des noms de la ville de Zama.

Ælia Augusta; on croit que c'est un des noms de la ville d'Augsbourg.

Ælia Ricina, ou Helvia Riccina, anc. ville dont les masures sont encore nommées aujourd'hui Recina Rovinata, de laquelle s'est formé Recanati dans l'Etat de l'Eglise.

Æmarum Mons; c'est aujourd'hui Montélimar, ville du Dauphiné.

Æmiliana, anc. ville d'Espagne, dans le territoire des Orcains.

Æminium ou Emenium, anc. ville de la Lusitanie qu'on croit Agueda ou Conimbre.

Æmonia, ville d'Istrie, sur la rivière de Quieto, ruinée par les Hongrois et dont les masures sont aujourd'hui nommées Emonia Rovinata. On a bâti sur ses ruines une nouvelle ville qu'on nomme Cita-Nova.

Æna ou Æina, anc. ville de l'Arabie Heureuse.

Ænela, anc. ville de la Grèce dans l'Acarnanie, sur l'Acheloüs, qui était détruite du temps de Strabon.

Ænia, ville de Macédoine. C'est aujourd'hui Moncastro, sur le bord oriental du golfe Salonique.

Ænona, ville de la Liburnie que Pline nomme Civitas Pasini; c'est aujourd'hui Nona.

Ænos; Æncium et Ænus, ville de la Thrace; bon l'appelle aussi Poltiobria. Les Turcs la nomment Ygnos et les Grecs Eno.

Æpie; anc. ville de l'île de Chypre; au lieu est à présent Alexandretta.

Æqua et Æquana, ville des Picentins, en Italie près des ruines de laquelle Charles II, roi de Naples fit bâtir une nouvelle ville, appelée par les habitants Vicus ou Vicus Aquensis, et par les Italiens Vico, Vico-di-Sorrento, aujourd'hui ville épiscopale, la terre de Labour près de la mer.

Æqua-Bona Equa-Bona, anc. ville de la Lusitanie qu'on croit être aujourd'hui Couna, bourg de Tramadure.

Æquus-Tuticus, anc. ville d'Italie dans le territoire des Hirpins, à l'ouest de l'Apennin; on croit c'est aujourd'hui Arcano.

Æria, ville de la Gaule Narbonnaise, qu'on croit être Vaison dans le comtat de Venaissin.

Æsernia, ville d'Italie dans le pays des Samnites, c'est aujourd'hui Isernia.

Æsymé, anc. ville sur la frontière commune de Thrace et à la Macédoine.

Ætna, anc. ville maritime de Sicile; c'est aujourd'hui Catania.

Ætna, autre ville de la Sicile; près de la montagne de ce nom. C'était anciennement la ville d'Ætna ou Innessa, Inesa et Enesia. On croit que c'est aujourd'hui San-Nicolo-de-Arenis.

Æxonia, ville de la Grèce dans la Magnésie, est nommée aussi Exoneia, mais on ne connaît sa situation précise.

Æzala, ville de la grande Arménie, selon Ptolémée, que ses interprètes nomment Dizaca ou Dizara au nord de la branche la plus septentrionale de l'Araxe.

Aga, anc. ville de la Proconsulaire en Afrique auprès de laquelle Jules-César campa deux fois, fut épiscopale.

Agabra, petite ville d'Espagne dans la Bétique, c'est aujourd'hui Carba dans la basse Andalousie.

Agalla, ville d'Arabie.

Agara, ville des Phylliates dans l'Inde en deçà du Gange, qui paraît être Agra, ville de l'Indoustan.

Agathopolis, anc. ville du royaume de Naples, aujourd'hui Sant-Agata de Goti, ville de la Principauté ultérieure.

Agathyrium, ville de Sicile, selon Ptolémée, on ne connaît pas les ruines.

Agathyrsum, ville de la Sicile, qu'on nomme aujourd'hui San-Marco d'Orlando. Quelques-uns croient que c'est Sanfratello.

Agde, ville de la Gaule narbonnaise nommée Agatha; c'était une ville épiscopale.

Agelorum ou Segelocum, ville des Loritains dans la Grande-Bretagne; c'est aujourd'hui le bourg de Litleboroug.

Agendicum ou Agedicum, anc. ville de la Celtique

c'est la ville de Sens, archevêché. Cette ville était la capitale des Sénones, nation ou peuple de la IVᵉ Lyonnaise.

*Agidos* ou *Nagidos*, ville de l'île de Chypre.

*Aginnum Nitiobrigum*; c'est aujourd'hui Agen, ville des Gaules, qui fut fondée par les Nitiobriges dont elle était le chef-lieu.

*Agyra* ou *Agiro*, ville de Sicile, près du mont Etna, qui est célèbre pour avoir été la patrie de Diodore, fameux historien.

*Agiria*, ville d'Espagne entre Saragosse et Laminium.

*Agora*, ville de la Chersonèse de Thrace sur l'Hellespont. C'est aujourd'hui Melagra, suivant la plus commune opinion.

*Agraga*, ville épiscopale d'Espagne; on ignore sa situation.

*Agrigente*, ville de Sicile, fondée par les Ioniens. Agrigente fut nommée anciennement Omphace. Les Latins l'appelaient Agrigentum, et les Grecs Agragas. On en voit encore les ruines près de l'endroit nommé Gergenti Vechio.

*Agrilium*, ville de l'Asie Mineure dans la Bithynie.

*Agrinagara*, ville de l'Inde au deçà du Gange.

*Agrippina-Colonia*, ville des Ubiens sur le Rhin, selon Tacite; c'est aujourd'hui Cologne.

*Agris* ou *Agrisa*, ville maritime de la Carmanie.

*Agropsi*, ville de l'Éthiopie sous l'Égypte, au bord du Nil.

*Agryle*, ville de Sardaigne, fondée par les Athéniens.

*Agurium*, *Agyrium* et *Argyrium*, ville de Sicile, près la rive droite du fleuve Symæthus; c'est aujourd'hui Saint-Philippe d'Argyrone.

*Agylla*, ville d'Italie, dans le pays des Bérites, sur le bord occidental de la rivière de Cæretanus. Elle fut appelée Cære à cause de ses fondateurs. C'est aujourd'hui Cervetère.

*Aila*, *Ailah*, *Elana*, *Elath*, *Elas*, *Elan* ou *Elon*, ville de l'Arabie pétrée à l'extrémité orientale de la Palestine. Ce n'est plus qu'une tour.

*Alabanda*, ville de la Carie.

*Alabastra*, ville de la Thébaïde, où l'on trouvait des topases.

*Alalcomene*, ville de la Béotie.

*Alalia* ou *Alalis*, ville épiscopale de la Phénicie du Liban.

*Ala-Miliariensis*, ville épiscopale d'Afrique, dans la Mauritanie césarienne.

*Ala-Narisca*, ville de la Germanie. On croit que c'est aujourd'hui Aichstat.

*Alandriana*, ville de la Grèce en Épire, près de Sopoto.

*Alania*, anc. siège épiscopal, qui était probablement aux environs de Constantinople.

*Alanova*, ville de la Pannonie que Simler croit être Ebernesdorff.

*Alantia*, ville des Gaules; c'est aujourd'hui Alanches en Auvergne.

*Alantonis*, ville d'Espagne, près de Pampelune.

*Alapia*, ville de la Cœlésyrie, qu'on croit être Alep.

*Alava*, anc. ville d'Espagne, dans la Celtibérie, qui n'est plus qu'un village d'Aragon.

*Alauna*, ville des Damniens, dans l'île d'Albion, c'est-à-dire en Écosse. Le P. Briet croit que c'est aujourd'hui le village d'Alannay.

*Alaunium*, ville de la Gaule narbonnaise, qu'Antonin met entre Regusturo et Apta-Julia.

*Alba*, ville de la Dacie, quelques-uns croient que c'est Biellogrod, capitale de la Bessarabie.

*Alba*, ville de la Germanie, sur les bords du Neker.

*Alba*, ville de l'Espagne tarragonaise, dans la Cantabrie.

*Alba Julia*; c'est auj. Weissembourg en Hongrie.

*Alba Longa*, ville la plus ancienne d'Italie.

*Alba maritima*, ville de Dalmatie; il n'en reste plus que les ruines qu'on croit être Zara-Vecchia, où l'ancienne Zara.

*Alba Mala* ou *Alba Maria*; c'est aujourd'hui Aumâle.

*Alba Pompeia*, ville épiscopale du mont Ferrat; c'est aujourd'hui Albe.

*Alba Sebusiana*; c'est aujourd'hui Wissembourg.

1. *Albanopolis*, ville autrefois capitale de l'Albanie et très-forte; elle est aujourd'hui sans murailles et totalement déchue.

2. *Albanopolis*, ville dans la grande Arménie; on la nomme aussi Albania et Albanum.

*Albi*, *Albiga*, *Albia*, *Albigis*, ville de France; elle est nommée dans les anciennes notices des provinces et cités de France, civitas Albiensium, et dans d'autres, civitas Albigensium.

*Albi Castrum*; c'est aujourd'hui Castel Blanco, ou Branco, ville de Portugal.

*Albinia*, ville de l'île de Corse, à l'endroit où est aujourd'hui Saint-Boniface.

*Albinimium*; c'est aujourd'hui Vintimille en Italie.

*Albistrum*, ville de la grande Grèce; c'est aujourd'hui Orsimarso.

*Albocella*, ville de l'Espagne tarragonaise, dans le pays des Vaccéens, qu'on croit être l'Albocela de Tite-Live, l'Albucella d'Antonin, et l'Abucolé d'Étienne le Géographe.

*Albonica*, ville de l'Espagne tarragonaise, entre l'ancien Liminium et Saragosse, selon Antonin; mais le P. Hardouin veut qu'on lise *Albonenses*.

*Alcé*, anc. ville du Péloponnèse; on n'en connaît pas la situation.

*Alcas*, ville d'Espagne, entre Mérida et Saragosse.

*Alcimœnis*, anc. ville de la Germanie; on dit que c'est Ulm.

*Alcione*, anc. ville de la Thessalie.

*Ale*, ville de Syrie, entre Pédalie et Sélines.

*Alea*, ville de Grèce dans l'Arcadie.

*Alebece*, *Reiorum Apollinarium* : c'est ainsi que Pline nomme la ville de Riez en Provence; mais c'est une faute.

*Alectum*, anc. ville de la Grande-Bretagne, qu'on croit être Dundée en Ecosse.

*Alesa* ou *Alæsa*, anc. ville de Sicile, épiscopale sous la métropole de Syracuse; elle est aujourd'hui ruinée, et on en voit encore les ruines au bourg de Tosa, dans la vallée de Demona.

*Aletum*, dans la Lyonnaise III<sup>e</sup>; c'est aujourd'hui Saint-Malo.

*Alexandrette*, anc. ville de la Syrie, nommée la Petite Alexandrie, pour la distinguer d'Alexandrie d'Egypte qu'on appelait la Grande.

1. *Alexandrie*, ville de l'Arachosie, selon Ptolémée.

2. *Alexandrie*, autre ville dans l'Arie dont Alexandre était fondateur.

3. *Alexandrie*, autre ville de la Bactriane, fondée par Alexandre.

4. *Alexandrie*, autre ville de la Margiane. Antiochus, qui la rétablit, l'appela Antioche.

5. *Alexandrie*, autre ville de la Sogdiane, que Pline dit être bâtie par le héros macédonien.

6. *Alexandrie*, autre ville dans l'Adiabène, selon Pline, que le P. Hardouin conjecture avoir été bâtie dans l'endroit où Alexandre défit Darius.

7. *Alexandrie*, ville d'Egypte près de la mer Méditerranée, à quatre lieues de l'embouchure la plus occidentale du Nil, porta autrefois le nom de *No*. Sennachérib l'ayant ruinée, Alexandre le Grand la fit rebâtir 332 ans avant Jésus-Christ, et lui donna son nom. Elle fut le siége de la puissance des Ptolémées, rois d'Egypte, puis tomba sous la domination des Romains. Elle avait deux célèbres académies, le *Serapeum*, et l'*Osseum*, qui tiraient leur nom de Sérapis et d'Isis. Ptolémée Philadelphe y avait fait amasser plus de 500,000 volumes. Alexandrie a été un siége patriarcal qui était le premier après Rome.

*Alexandropolis*, ville de la Thrace, qu'Alexandre nomma ainsi, parce que l'ayant prise, il y établit des peuples de diverses nations.

*Algidum*, *Aldum*, anc. ville près de Tusculum, au sommet d'une montagne : c'est aujourd'hui Rocca-del-Papa.

*Aliana*, *Alianorum Civitas*, *Aliona* et *Alionorum Civitas*, anc. ville épiscopale dans la Phrygie Pacatienne, sous la métropole de Laodicée.

*Aliartus*, anc. ville de la Messénie dans le Péloponnèse. C'est aujourd'hui Niocastro ou Arcadie.

*Aliciæ*, *Alicicæ* et *Haliciæ*, nom latin de Salemi, petite ville de Sicile.

*Alida* ou *Alinda*, anc. ville de la Carie, la même qu'Alima. On la trouve à présent dans la province d'Aidinelli en Natolie.

*Alipha* ou *Aliphæ*, anc. ville d'Italie; c'est aujourd'hui Aliphi dans la Terre de Labour.

*Alisea*, anc. ville de la Pannonie, auprès du Danube. On veut que ce soit aujourd'hui Almas, ville de la Hongrie, ou Aniawar.

*Alisineum*, anc. ville de la Gaule lyonnaise, dont Antonin fait mention. Baudrand la nomme *Aquæ-Niscensæ*, et l'a donnée pour Bourbon-Lancy.

*Alison* ou *Alisum*, anc. ville de la Germanie, qu'on croit être le bourg d'Harnstein en Souabe, ou la ville d'Hailbron sur le Necker.

*Alista*, anc. ville de l'Ile de Corse, qu'on croit être Isla ou Porto-Vecchio.

*Alisus*, anc. ville de la Germanie septentrionale, qu'on croit être la ville de Barth en Poméranie.

*Allata*, ville dans la Dalmatie; c'est aujourd'hui Mosh.

*Allectum* ou *Alectum*, c'est aujourd'hui Dundée, ville d'Ecosse.

*Almedena*, ville métropole de la Mésopotamie, suivant Ortilius, qui parait l'avoir confondue avec Amydena.

*Alminium*, c'est le nom latin d'Almissa, ville de la Dalmatie.

*Alona*, *Alone* et *Aloneis*, ville maritime de l'Espagne tarragonaise, selon Méla. On croit que c'est aujourd'hui Guardamar.

*Alpesa*, ville d'Espagne, dans la Bétique, qui est détruite; le lieu est aujourd'hui nommé Fatial Cacar.

*Altanum*, ville ou bourg des Brutiens. On croit que c'est aujourd'hui Calegnano, dans la Calabre inférieure.

*Altanum*, autre ville d'Italie qu'on croit être aujourd'hui Soreto dans la Calabre.

*Attao*, ville de la Mauritanie césarienne. On croit que c'est aujourd'hui Calao.

*Alta-Ripa* ou *Ripa-Alta*, c'est aujourd'hui Tolna dans la Hongrie.

*Altinum*, ville d'Italie, dans la province située sur la mer Adriatique; elle a été épiscopale; c'est maintenant Altino.

*Altissiodorum*, c'est un des noms latins d'Auxerre, ville de France.

*Aluca*, ville maritime de l'ile de Corse; c'est aujourd'hui la ville d'Alota.

*Aluda* ou *Alida*, ville de l'Asie Mineure, dans la grande Phrygie, aux confins de la Lydie; c'est actuellement Luday.

*Alutinensis Civitas*, ville d'Afrique, qui parait être Abitina, ville épiscopale de l'Afrique proconsulaire.

*Amaccura*, ville d'Afrique dont parle saint Augustin; elle parait être Amora.

*Amagetobrica*, lieu des Gaules dont parle César, dont on ne connaît pas la situation. Les uns croient que c'est Thoaut, d'autres Montbelliard, et d'autres Masières.

*Amaia*, *Amaja* et *Amagia*, ville capitale des Cantabres en Espagne. On n'en voit plus que les ruines dans la Vieille-Castille.

*Amantia*, ville maritime dans l'Illyrie. Ferrarius nomme cette ville Porto-Ragusco.

*Amanum-Portus*, place maritime de l'Espagne qu'on croit être aujourd'hui Bilbao.

*Amasia*, ville de la Germanie, qu'on croit être Marpurg, ou Embden.

*Amastre*, *Amastris* et *Amastride*, ville maritime de

la Paphlagonie, sur le bord du Pont-Euxin, nommée aussi Amastro, autrefois fort peuplée. Elle a été ville épiscopale sous la métropole de Gangres.

*Amathonte* ou *Amatha*, ville de l'île de Chypre; on croit que c'est aujourd'hui Limisso.

*Ambacia*, dans la IIIe Lyonnaise; c'est aujourd'hui Amboise dans la Touraine.

*Amboglana*, ville de la Grande-Bretagne, qu'on croit être Amblesinde.

*Ambratia*, ville d'Espagne dans la Lusitanie, qu'on croit être la Vera de Plasentia dans l'Estramadure.

*Ambrissus*, ville de la Grèce sur le Parnasse; Spon croit que c'est le village d'Arachora : son ancien nom était Cyparissus.

*Ambrussus*, lieu de la Gaule narbonnaise, qu'on croit être aujourd'hui le pont de Lunel.

*Amiens*, *Ambianum*, ville de la seconde Belgique; elle est connue par son ancienneté; elle fut successivement ravagée par les Alains, les Vandales et les Normands.

*Amiterne*, *Amiternum*, ville d'Italie, dans le pays des Sabins; elle a été épiscopale.

*Ampœlos*, *Ampelus* et *Ampelusia*, ville de Crète; c'est aujourd'hui Lapo-Sacro dans le golfe de Candessa.

*Amphimala*, ville de Crète; c'est aujourd'hui le port de Sude.

*Amphissia*, ville maritime de la grande Grèce, qu'on croit être le bourg de la Rocella dans la Calabre ultérieure.

*Anabagata*, ville épiscopale d'Asie, avec titre d'archevêché sous le patriarcat de Constantinople.

*Anabis*, ville de l'Espagne tarragonaise. On croit que c'est aujourd'hui Igualada, bourg de la Catalogue.

*Anamassia*, ville de la basse Pannonie, que quelques-uns croient être Almaze.

1. *Anastasiopolis*, ville épiscopale d'Asie, dans la seconde Phrygie pacatienne.

2. *Anastasiopolis*, ville épiscopale d'Asie, dans la Carie, sous Aphrodosias, métropole.

3. *Anastasiopolis*, ville épiscopale d'Asie, dans la Galatie première, sous Ancyre, métropole.

4. *Anastasiopolis*, ville épiscopale de Thrace, dans la province du mont Hæmus.

*Anatetarta* ou *Anotetarta*, ville épiscopale d'Asie, dans la Carie, sous la métropole de Stauropolis.

*Anazarbe*, ville d'Asie dans la Cilicie. Il vaudrait autant, dit la Martinière, avouer que l'on ne sait pas l'état présent de cette fameuse ville, que de dire avec Molet que c'est Axar; avec Leunclavius, que c'est Acserai, ou avec Gollius, que c'est Ainzarba.

*Anchialos*, ville de la Thrace; c'est aujourd'hui Kenkis sous la domination des Turcs.

*Ancuensis*, siége épiscopal de la Bysacène.

*Ancyre*, *Ancyræ*, ville capitale de la Galatie, que Ptolémée fait métropole des Tectosages. C'est aujourd'hui Angouri, Engouri, ou Angoura, dans la

DICTIONNAIRE DE GÉOGRAPHIE ECCL. I.

*Andautonium*, ville de la haute Pannonie, qu'on croit être la même que Dautona.

*Andelaus*, lieu de la Gaule; c'est aujourd'hui la ville des Andelys, en Normandie.

*Anderidum*, ville de la Gaule aquitanique : Catel croit que c'est Javoux ou Javous dans le Gévaudan.

*Andes*, dans la IIIe Lyonnaise; c'est aujourd'hui Angers, capitale de l'Anjou.

*Andomatunum*, ville de la Gaule belgique, qu'on croit être Langres.

1. *Andriaca*, ville de la Thrace, sur la côte du Pont-Euxin; son nom moderne est Gotopoli.

2. *Andriaca*, ville de la Libye; c'est aujourd'hui Gorante.

*Andrinople*, ville de la Thrace; c'est aujourd'hui une ville célèbre dans la Turquie; elle s'appelait primitivement Ascudama; les Turcs la nomment aujourd'hui Adranath.

*Andusia*, dans la Ire Narbonnaise; c'est aujourd'hui Anduse dans le Languedoc.

*Anée*, ville épiscopale de la Carie, sous la métropole d'Éphèse.

*Aneianum*, ville d'Italie. On croit que c'est Monte-Agnano, entre Padoue et Modène.

*Anemurium*, ville de la Cilicie. Niger dit que son nom moderne est Halemura.

*Anglona*, ville du royaume de Naples dans la Lucanie, et il n'y reste plus qu'une église.

*Aninetus*, ville épiscopale d'Asie, sous la métropole d'Éphèse et le patriarcat de Constantinople.

*Anithorgis*, ville d'Espagne. Les uns disent que c'est Pampelune, et les autres Albazarin.

*Anius*, lieu dans le voisinage de Pouzzol; c'est aujourd'hui Lago-Sudatorio.

*Antandros*, ville d'Asie, dans la Mysie, au fond du golfe d'Adramit. Elle fut nommée Cimmeris et a été épiscopale.

*Antarade*, ville de Syrie ou de Phénicie, qui subsiste encore. Elle fut nommée Constantia et on l'appelle aujourd'hui Tortose. Elle a été épiscopale sous la métropole de Tyr.

*Anteæ*; on croit que c'est Faïence, en Provence.

*Anthab*, ville de l'Asie Mineure, dans la Caramanie, aujourd'hui nommée Antiochetta.

*Antiana*, ville de la Pannonie. On croit que c'est Zamko sur la Drave.

*Antibes*, ville maritime de France, qui est l'ancienne Antipolis.

*Anticyre*, ville de la Grèce dans la Phocide : son nom moderne est Suola.

1 *Antigonea* ou *Antigonia*, petite ville de Macédoine, dans la Mygdonie; c'est aujourd'hui Antigoca.

2. *Antigonea* ou *Antigonia*, ville de l'Épire; c'est aujourd'hui Argiro Castro.

3. *Antigonea* ou *Antigonia*, ville du Péloponnèse, dans l'Arcadie; elle était bâtie à la place de l'ancienne Mantinée.

1. *Antioche*, ville capitale de la Syrie sur l'Oronte.

15

fondée par Séleucus Nicanor, qui lui donna le nom de son père, Antiochus. Elle fut le séjour de plusieurs empereurs. C'était la ville la plus riche, la plus opulente de l'Asie Mineure ; elle est complétement ruinée. Son nom moderne est Antakia.

2. *Antioche*, sur le Méandre, bâtie par Antiochus, père de Séleucus, ville épiscopale.

*Antium*, ville des Latins, près de laquelle les Romains gagnèrent sur les Antiates le premier combat naval. Antio Ruinato, son nom moderne, exprime assez sa destruction.

*Anxa*, ville de la Grèce, sur le golfe de Tarente ; c'est aujourd'hui Gallipoli. On l'avait nommée Callipolis avant le temps de Pline.

*Apamée*, ville de Syrie, sur l'Oronte ; son nom moderne est Hama. On y trouve encore des restes remarquables.

*Apenestæ*, ville de la Pouille daunienne. On croit que c'est aujourd'hui Vieste.

*Aphar*, métropole de l'Arabie Heureuse, vers une baie du golfe Arabique.

1. *Aphrodisia*, ville dans le golfe Mélanien, sur la rivière Mélanus. Elle était peu éloignée de la mer Egée ; son nom moderne est Megarisa.

2. *Aphrodisia*, ville de la Cilicie, que Pline nomme Veneris Oppidum. C'est aujourd'hui San-Théodore.

*Aphrodisium*, ville maritime de l'Afrique propre, qu'on a nommée ensuite Africa et que les Maures appellent Mahadian.

*Apis*, ville maritime de la Libye, qu'Hérodote nomme Apia et place dans l'Egypte.

1. *Apollinis Civitas Magna*, ville d'Egypte, dont le nom moderne est Munsia, suivant Ortelius ; c'est la même que l'Apollo Superior d'Antonin.

2. *Apollinis Urbs* ; Virgile nomme ainsi la ville d'Astérie, qui fut ensuite nommée Délos.

1. *Apollonie*, ville de la Mysie sur le Rhyndacus, qui fut ensuite épiscopale. C'est aujourd'hui Abouillona.

2. *Apollonie*, ville de la Macédoine, dans la Chalcidique, loin de la côte ; c'est aujourd'hui Erisso.

*Aponus*, lieu fameux près de Padoue ; c'est présentement Abano.

*Aprutium*, ville de l'Abruzze ultérieure ; c'est présentement Teramo.

*Apta Julia*, ville de la Gaule narbonnaise : c'est aujourd'hui Apt, ville épiscopale de France.

*Aptera*, ville de Crète ; c'est aujourd'hui Paleo Castro.

*Aptugi Fanum*, ville d'Afrique, que Ptolémée met dans la Pentapole, et que ses interprètes nomment Longifaria. Elle a été ville épiscopale.

*Apua*, petite ville de la Ligurie, vers les sources de la rivière de Magra : on la croit aujourd'hui Ponte Tremoli.

*Aquæ Albenses*, ville épiscopale d'Afrique, dans la Mauritanie.

— *Augustæ et Tabellicæ* ; c'est aujourd'hui Dacqs, en Gascogne.

— *Aquæ Balissæ* ; c'est aujourd'hui Selle, dans la basse Hongrie.

— *Bilbilitanorum* ou *Salutares*, lieu fameux de l'Espagne tarragonaise ; c'est aujourd'hui Los Banos de Alhama dans le royaume d'Aragon.

— *Bilichum* ; c'est aujourd'hui Wasserbellich, bourg du duché de Luxembourg.

— *Bormonæ* ; c'est aujourd'hui Bourbon-les-Bains.

— *Calidæ* ; c'est aujourd'hui Bagni di Balicano, en Toscane.

— *Calidæ* ; c'est aujourd'hui Bagnols en Languedoc.

— *Calidæ* ; c'est aujourd'hui Bath, ville d'Angleterre.

— *Flaviæ* ; c'est aujourd'hui Chaves, ville du Portugal, en Tra-los-Montès.

— *Grani* ; c'est aujourd'hui Aix-la-Chapelle.

— *Gratianæ* ; c'est aujourd'hui Aix en Savoie.

— *Helvetiorum* ; c'est aujourd'hui Bade, en Suisse.

— *Mattiacæ* ; c'est aujourd'hui Weisbaden.

— *Mortuæ* ; c'est aujourd'hui Aigues-Mortes dans le Languedoc.

— *Neapolitanæ* ; c'est aujourd'hui Villasor, en Sardaigne.

— *Nisineæ* ; c'est aujourd'hui Bourbon-Lancy, dans le Lyonnais.

— *Regiæ*, ville d'Afrique qui a été épiscopale et qui n'est plus à présent qu'un village, entre Adrumète et Suffetula.

— *Segestæ* ; il y a deux endroits de ce nom dans l'ancien Itinéraire. Nicolas Sanson croit que le premier est Montargis et le second Saint-Jean de Bonnefons.

— *Spertiæ* ; c'est aujourd'hui Aigue-Perse, ville d'Auvergne.

*Aquila*, ville d'Italie dans l'ancienne Toscane ; c'est aujourd'hui Aqua pendente.

*Aquicum*, ville de la basse Pannonie ; les uns croient que c'est Bude, capitale de Hongrie, les autres Cépol sur le Danube.

*Aquilonia*, ville d'Italie, dans le territoire des Hirpins ; les uns la croient entièrement détruite, d'autres la prennent pour la Cedogna, dans la principauté ultérieure, au royaume de Naples.

*Ara Cæsaris*, lieu de l'Insubrie ; c'est aujourd'hui Arsago, village du Milanais.

— *Lapidea* ; c'est aujourd'hui Pechlar, ville d'Autriche.

— *Lugdunensis* ; c'est aujourd'hui Ainay, dans le Lyonnais.

— *Obiorum*, ville de la basse Allemagne qu'on croit être Bonn.

*Aræ Genuæ* ; c'est aujourd'hui Argentan, en Normandie.

— *Muciæ*, dans le territoire des Véiens, qu'on croit être Aremuze, ville de l'Etat ecclésiastique.

— *Philenorum*, dans l'Afrique, au bout de la Cyrénaïque, aux confins de la province tripolitaine ; c'est aujourd'hui le port de Sable.

*Aræ Sestianæ*, dans la presqu'île du cap Finistère. On croit que c'est aujourd'hui Cabo de Mongia.

— *Sabeæ*, ville de la Médie, sur la mer Caspienne ; c'est aujourd'hui Caitachi.

*Arabrica*, ville d'Espagne, dans la Lusitanie : on croit que c'est aujourd'hui Rubida, ou Aravida, ou Gallage, ou Castanheira.

*Araca*, ville de la Chaldée, dans la terre de Sennaar : on croit que c'est l'ancienne Edesse et l'Orpha d'aujourd'hui.

*Aracillum*, ville d'Espagne, qu'Auguste prit et renversa : on croit que c'est Araciel ou Araquil, deux bourgs de la Navarre.

*Aradita*, ville de la province Proconsulaire en Afrique ; elle était épiscopale. Ortélius soupçonne que c'est Arudis, en Sardaigne.

*Araduca*, ville de l'Espagne tarragonaise, qu'on croit être Arzia, ou Arzaa, ou Guimaranes, en Portugal.

*Araducta*, ville de la Lusitanie, qu'on croit être Ardora ou Arouca en Portugal.

*Araura*; c'est le nom que l'Itinéraire d'Æticus donne à Saint-Tubéri, ville du Languedoc sur l'Hérault.

*Arausio*; c'est aujourd'hui Orange.

*Arauzona*, ville de l'Illyrie selon Ptolémée. Niger croit que c'est Ostroviza.

*Arbèle*, ville de l'Assyrie : c'est aujourd'hui Erbel, ville d'Asie, dans la Perse, sur les frontières de la Turquie asiatique.

*Arborea*, ville de l'île de Sardaigne : on croit que c'est la même que Oristagni.

*Arcenum*, ville de la Toscane ; c'est aujourd'hui Bracciano.

*Arcilacis*, ville d'Espagne, dans la Bétique, qu'on croit être aujourd'hui Alcala Horra, bourg du royaume de Grenade.

*Arcobriga*, ville dans l'Espagne tarragonaise, qu'on croit être Ariza, en Aragon.

*Ardrata*, siége épiscopal d'Irlande sous la métropole d'Armach.

*Aréthuse*, ville dans la Cassiotide en Syrie ; elle a été épiscopale ; c'est aujourd'hui Fornacusa.

*Aréthuse*, ville de la Macédoine, dans l'Amphanitide. Quelques-uns la nomment aujourd'hui Tadino, et d'autres Fodino.

*Argelia*, ville de la Germanie, qu'on croit être ou Torgawen-Saxe sur l'Elbe, ou Erfort, capitale de la Thuringe.

*Argentanum*, ville d'Italie, dans la terre des Brutiens, qu'on croit être Argentina dans la Calabre citérieure, quoique quelques savants pensent que c'est San-Marco.

*Argenteis*, dans la II$^e$ Narbonnaise ; quelques-uns pensent que c'est aujourd'hui Lorgues en Provence.

*Argentomagus*, dans l'Aquitanique ; c'est aujourd'hui Argenton dans le Berry.

*Argentoratum*, dans la Germanie I$^{re}$ ; c'est aujourd'hui Strasbourg.

*Argenus*, ville de la Gaule lyonnaise II$^e$ ; son nom moderne est Aure en Normandie.

*Argiri* ou *Argari*, ville de l'Inde en deçà du Gange ; on croit que c'est Oriza.

*Argyra*, ville capitale de l'île de Jabados, aujourd'hui Java.

*Arialbinnum*, ou *Artalbinum*, lieu dont parle Antonin, qu'on croit être Bâle, en Suisse, ou Mulhausen, ou Pautzenhein.

*Ariarathia*, ville près de la Cappadoce, dont Antonin et Etienne font mention.

*Ariaspe*, ville de la Drangiane.

*Ariassor* ou *Ariassus*, ville de la Pamphylie ; elle a été épiscopale.

*Aricie*, ville d'Italie dans le Latium, au pied et au delà du mont Albano. Elle était plus ancienne que l'établissement des Grecs et des Latins en Italie. C'est aujourd'hui la Riccia, bourg avec titre de duché.

*Arigæum*, ville de l'Inde, près de l'Indus, qu'Alexandre trouva abandonnée et brûlée.

*Arina*, ville de la Mauritanie Césarienne, qu'on croit être la même que Tézela.

*Arisabium*, ville de l'Inde au delà du Gange, qu'on soupçonne être Ava, dans le royaume de ce nom.

1. *Arisbe*, ville de la Troade.

2. *Arisbe*, autre ville dans l'île de Lesbos, qui fut renversée par un tremblement de terre.

*Arisitum*, ville de France, que Grégoire de Tours fait épiscopale, mais qui a été détruite, et dont on voit encore des ruines dans le petit pays d'Arsac.

*Aristæum*, ville bâtie, dit-on, par Aristée, fils d'Apollon, sur le sommet du mont Hémus.

*Aristonis Urbs*, la ville d'Ariston ; Antonin la place dans l'Egypte.

*Aritium*, ville de la Lusitanie ; c'est aujourd'hui Bénévent, village de l'Estramadure.

*Armuza*, ville que Ptolémée place à l'entrée du golfe Persique, qu'il nomme aussi Armozon.

1. *Arna*, ville d'Italie dans l'Ombrie ; c'est aujourd'hui Civitella d'Arno, ville de la Toscane.

2. *Arna*, ville de la Béotie.

1. *Arne*, ville dans le voisinage de la Thrace.

2. *Arne*, ville de la Béotie, qu'on appelait aussi Chéronée.

*Arnidella*, ville épiscopale, sous la métropole de Pétra en Arabie ; elle ne subsiste plus.

*Arnissa*, ville de la Grèce, dans le pays des Tolantiens, peuple de la Macédoine.

*Arphad*, ville de la Syrie, qui était près d'Emath ou Emèse.

*Arpi*, ville d'Italie, dans la Pouille daunienne, autrefois nommée Argos Herpium. On en voit les ruines à Faggia dans la Capitanate. Elle a été épiscopale.

*Arpinum*, ville d'Italie, dans la terre des Hirpins ; c'était la patrie de Cicéron. C'est aujourd'hui Arpino, bourg de la Terre de Labour au royaume de Naples.

*Arponium*, ville d'Italie dans la grande Grèce, qu'on croit être aujourd'hui Quarquano.

*Arrhapa*, ville d'Assyrie.

*Arriana* ou *Arrianæ*, ville de la première Pannonie de la Norique ripense, qu'on croit être Altenhoven, bourg de l'Autriche, sur le Danube.

*Arsaratha*, ville de la grande Arménie.

*Ariscua*, ville de la Germanie ; on dit que c'est Olmultz dans la Moravie.

1. *Arsinoé*, ville de la Grèce, selon Strabon.
2. *Arsinoé*, ville d'Egypte, près du lac Mœris ; elle était chef-lieu d'un nome qui en portait le nom. Cette ville fut ensuite épiscopale.
3. *Arsinoé*, l'un des noms qu'a eus la ville d'Ephèse.
4. *Arsinoé*, ville de l'île de Chypre, près de Callinuse, dans la partie septentrionale.
5. *Arsinoé*, autre ville de l'île de Chypre, sur la côte méridionale.
6. *Arsinoé*, ville maritime de Chypre, entre l'anc. et la nouv. Paphos.
7. *Arsinoé*, ville de Syrie, non loin de Damas.
8. *Arsinoé*, ville d'Egypte, au fond du golfe Arabique.
9. *Arsinoé*, ville d'Afrique, dans la Cyrénaïque, entre Leptis et Ptolémaïde, nommée anciennement Barcé.

*Artacana*, ville dans la partie septentrionale de l'Arie. Quinte-Curce en fait la capitale de cette province.

*Artagera*, ville de l'Arménie, près de laquelle César fut dangereusement blessé.

*Artasia* ou *Artesia*, ville de la Syrie, dans le voisinage d'Antioche.

*Artaxate*, capitale de l'Arménie, sur l'Araxe. Elle fut rasée sous Néron et ensuite rebâtie ; on la nomma Néronie. On voit encore des ruines de cette anc. ville ; Artaxate est auj. Testis en Géorgie, suivant les uns, et Erivan suivant d'autres.

1. *Artemisium*, ville des Œnotriens, peuple de la Grande-Grèce. C'est auj. Sainte-Agathe, dans le roy. de Naples.
2. *Artemisium*, ville maritime de la Grèce, dans la Magnésie, auprès de la ville de Sépias.
1. *Artena*, ville d'Italie, dans la Toscane.
2. *Artena*, ville du pays des Volsques ; elle est détruite.

*Artiaca* ou *Arciaca*, ville dans les Gaules, sur la route de Milan à Gessoriacum.

*Artobriga*, ville de la Vindélicie : c'est auj. Artzbourg.

*Artymnesus*, ville d'Asie, dans la Lycie.

*Arucia*, ville d'Illyrie, que Ptolémée place dans la Lyburnie, et que ses interprètes croient être Bregna.

*Arunda*, ville d'Espagne dans la Bétique : c'est auj. Rhonda.

*Arx*, ville des Volsques : c'est auj. Arce, château de la Terre de Labour.

*Asabaia*, ville de l'Arabie, selon la Notice de l'Empire.

*Asanca*, ville de la Germanie, qu'on dit être auj. Cleppern en Pologne.

*Asca*, ville de l'Arabie heureuse.

*Ascalingium*, ville que Ptolémée met dans la Germanie et qu'on prend pour Hildesheim.

*Ascaucalis* ou *Ascaulis*, ville de la Germanie ; c'est auj. Swetz.

*Asciburgum*, ville de la Germanie ; c'est auj. Duisbourg.

*Ascruvium*, ville de Dalmatie ; c'est auj. Cataro.

*Asculum-Apulum*, ville de la Pouille, aux confins de la Lucanie ; c'est auj. Ascoli di Satriano.

*Asculum-Picenum*, ville d'Italie, dans le Picentin ; c'est Ascoli dans la Marche d'Ancône.

1. *Asibe*, ville de la Mésopotamie, que les anciens nommaient Antiochia.
2. *Asibe*, ville dans la Cappadoce, vers l'Euphrate et les monts Moschiques.

*Aspabota* ou *Aspobata*, ville des Scythes d'en deçà l'Imaüs.

*Aspachan*, nom d'un lieu dont parle Cédrène ; c'est auj. Ispahan.

*Aspada*, ville d'Asie ; ce pourrait bien être l'Aspadana de Ptolémée, dans la Perside.

*Aspaluca*, ville de l'Aquitaine ; on croit que c'est auj. Acous, lieu situé dans la vallée d'Aspe.

*Aspavia* ou *Aspaula*, place forte en Espagne, près de Cordoue ; c'est auj. Espejo.

*Aspis*, ville de l'Afrique propre ; c'est auj. Nubia.

*Aspis*, ville de Macédoine.

*Aspledon*, ville de la Grèce, dans la Béotie.

*Aspona* ou *Asponitana Civitas*, ville municipale de la Galatie.

*Assa*, ville de Macédoine, dans le voisinage du mont Athos.

*Assabensis Plebs*, ville d'Afrique, qui était épiscopale.

*Asso*, ville de l'Espagne tarragonaise, qu'on croit être Ossea.

*Asson*, ville de l'Eolide, dans l'Asie Mineure ; c'est auj. Asso et autrefois Apollonie.

1. *Assorus*, ville de la Macédoine ; c'est auj. Asoro.
2. *Assorus*, ville de Sicile, nommée aussi Assorium et Aserus ; c'est auj. Azary ou Azoro, bourg.

*Asta*, ville d'Italie, dans la Ligurie ; c'est auj. Asti en Piémont.

*Asta Regia*, ville d'Espagne, dans la Bétique. Les ruines de cette ville se voient entre Xérès et Tribuxena.

*Astacilicis*, ville d'Afrique, dans la Mauritanie ; Marmol croit que c'était Teféraza.

*Astapa*, ville d'Espagne. Steppa ou Estepa a été bâtie sur ses ruines, suivant la plus commune opinion.

*Asterusia*, ville située sur le Caucase, dans la Sindique.

*Astromela*, ville de la Gaule narbonnaise, selon Pline; c'est, suivant les uns, Martigues, et Marignan, suivant les autres.

*Astygis-Juliana*; c'est auj. Athama, ville entre Grenade et Malaga en Espagne.

*Astygis*, surnommée l'Ancienne; c'est à présent Alahameda.

*Astyra*, ville de la Phénicie, dans le voisinage de l'île de Rhodes.

*Atarbicis*, ville de l'île de Prosepitis, dans le Delta de la basse Egypte.

*Atarna*, ville de la Mysie, sur l'Hellespont. Strabon la nomme Atarneus.

*Ategua* ou *Attegova*, ville d'Espagne, au delà du Salado. Elle était près de l'endroit où se trouve Alcala Real.

*Atella*, ville de la Campanie; c'est auj. Sant-Arpino, entre Naples et Capoue.

*Athanagia*, ville des Ilergettes; on ne connaît pas sa situation.

1. *Athènes*, ville de la Grèce, capitale de l'Attique; c'est auj. Sétines, ville de la Livadie. Elle fut d'abord appelée Cécropie, de Cécropa, son premier roi.

2. *Athènes*, ville de l'Eubée, sur le rivage artémisien.

3. *Athènes*, ville du Péloponnèse, dans la Laconie, au pays de Lacédémone.

*Athénopolis*, ville de la Gaule narbonnaise, que les uns croient être Riez, les autres Fréjus, quelques-uns Hyères, d'autres Antibes, de sorte que l'on ne connaît pas sa véritable situation.

*Athribio*, ville de l'Egypte, dans le Delta; métrop. d'un nome nommé Athribite.

*Atia* ou *Atina*, ville de la Campanie; c'est auj. Atino.

*Atina*, ville d'Italie, dans le territoire des Véiens, qui était déjà détruite du temps d'Antonin.

*Atlanta* ou *Atalanta*, ville de la Grèce, dans le pays des Locriens.

*Atra*, ville de la Mésopotamie.

*Atrax*, ville de la Thessalie.

*Atria*, ville des Toscans, qui a donné son nom à la mer Adriatique.

*Atribis*, ville épiscopale d'Egypte dans l'Augustamnica, sous la métropole de Léontopolis.

1. *Attalie*, ville maritime de la Pamphylie, dans l'Asie Mineure; c'est auj. Satalie.

2. *Attalie*, ville de la Lydie; c'est la même que Pline met dans l'Eolide.

*Atalyda* ou *Allydda*, ville de la Lydie.

*Attuaca*, *Attuacuta*, *Attuatuca* et *Aduoca*, ville de la Gaule belgique, sur la route de Cambrai à Cologne; on croit que c'est auj. Tongres.

*Avaris* et *Abaris*, ville d'Egypte, que les Israélites possédaient; on croit que c'est la même que Ramessès.

*Audaritus*, ville de la Macédoine, dans la Pélagonie.

*Aventicum*, ville des Helvétiens, dont on ne connaît pas bien la situation; on croit que c'est auj. Avenche dans la Suisse.

*Aufina* ou *Aufinum*, ville d'Italie, que Pline place chez les Vestins; ce fut dans la suite une ville épiscopale.

*Augusta*, ville de la Gaule narbonnaise, c'est auj. Aoste, village entre Die et Valence.

*Augusta*, ville de Sicile, dans la partie orientale de cette île; c'est auj. Agouste.

*Augusta*, ville de la Germanie; c'est auj. Tubingen.

*Augusta Asilia*; c'est auj. Azelbourg, bourg de Bavière.

— *Asturica*, ville de l'Asturie en Espagne, qu'on croit être Astorga.

— *Ausciorum*, ville d'Aquitaine; c'est auj. Auch en Gascogne.

— *Bracarum*; c'est auj. Brague en Portugal.

— *Emerita*; c'est auj. Mérida en Espagne.

— *Londinium*; c'est auj. Londres, capitale de l'Angleterre.

— *Nemetum*; c'est auj. Spire en Allemagne.

— *Romanduorum* ou *Veromanduorum*: on croit que c'est auj. Saint-Quentin.

— *Suessiorum*, auj. Soissons.

— *Taurinorum*; c'est auj. Turin.

— *Tiberii*: on croit que c'est auj. Regensbourg sur le Danube.

— *Trajana*: on croit que c'est auj. Trajanopolis.

— *Turonum*, auj. Tours.

— *Vagiennorum*: on croit que c'est auj. Bassignana ou Saluces en Italie.

— *Vessonum*; c'est auj. Soissons.

— *Vindelicorum*; c'est auj. Augsbourg.

*Augusto-Bona*; c'est Troyes.

*Augustobrica*, ville d'Espagne; c'est auj. Aldea-el-Muro, dans la Castille-Vieille.

*Augusto-Dunum*, ville considérable des Ædui; c'est auj. Autun.

*Augusto-Magus*, ville de la Gaule, sur la route d'Amiens à Soissons, que Simler croit être la plus grande ville des peup. nommés Sylvanectæ, ce qui paraît être Senlis.

*Augustoritum*, ville de la Gaule, qu'on croit être Poitiers.

*Avia* d'Italie, au territoire des Vestins, qu'on croit être communément auj. Civita-di-Bagni.

*Aulide*, ville et port de la Béotie, sur le détroit de Négrepont.

*Aulon*, ville et port de mer de la Macédoine.

*Aurana*, ville de l'Arabie déserte, qu'on a soupçonné être Auran.

*Auria*, ville épiscopale de l'Espagne, sous la métropole de Braga; c'est auj. Orense.

*Ausa*, ville de l'Espagne tarragonaise. On croit qu'Ausa est auj. Vich en Catalogne.

*Ausigda*, ville d'Afrique, dans la Pentapole, qu'on croit être Zadra.

*Autentum*, ville d'Afrique, dans la Byzacène; elle était épiscopale.

*Autolala*, ville de la Libye.

*Autricum*, ville de la Gaule lyonnaise; c'est auj. Chartres.

*Auxumum*, ville d'Italie qui était métropole du pays des Picentins; c'est auj. Osimo.

*Auza*, *Auzia* et *Auzina*, ville de la Mauritanie césarienne.

*Auzacia*, ville de la Scythie d'au delà l'Imaüs.

*Axum*, *Axume*, *Ascum* et *Accum*, grande ville de l'Abyssinie, auj. simple village. Elle était la métropole de toute l'Ethiopie.

*Azagarium*, ville de la Sarmatie européenne, dans le voisinage du Borysthènes.

*Azica* ou *Axica*, ville de l'Inde en deçà du Gange.

*Azorus*, ville de la Pélagonie, dans la Grèce.

# B

1. *Babylone* ou *Babel*, ville capitale de la Chaldée, bâtie par Nemrod, agrandie par Bélus et embellie par Nabuchodonosor; elle est aussi célèbre par son antiquité que par son étendue. On croit ordinairement que Bagdad tient la place de l'anc. Babylone; mais il n'y a rien de certain sur sa position.

2. *Babylone*, ville d'Egypte, près du Nil, qui a été épiscopale. Le Grand-Caire s'est formé de ses ruines.

*Babysenga*, *Beganga* et *Bessiga*, ville de l'Inde au delà du Gange.

*Babytace*, ville sur le bord septentrional du Tigre, en Asie.

*Bactra*, *Bactre* et *Bactres*, grande et riche ville d'Asie, capitale de la Bactriane, nommée aussi Zariaspa. Le nom moderne de Bactra est Bag-Dasan, ou Termend.

*Badacum*, ville de la Norique, près du Danube, qu'on croit être Fainbourg.

*Badeos*, ville de l'Arabie heureuse, au bord de la mer Rouge, qu'on croit être Biada ou Socquia.

*Badara*, dans la 1re Narbonnaise; c'est auj. Barèges.

*Badia*, ville d'Espagne que prit Scipion, et qu'on a crue la même que Pax Augusta de Strabon.

*Baebro*, ville d'Espagne, qui paraît être la même qu'Agabro; c'est auj. Cabro.

*Baccula*, ville de l'Espagne bétique.

*Baethana* ou *Bathana*, ville de l'Inde en deçà du Gange. Ptolémée fait cette ville capitale.

*Baga*, ville de l'Afrique propre ou de la Numidie; on la nomme aussi Bagaia, Bagi ou Vagay; elle fut une ville épiscopale.

*Bagiah* et *Bagiliah*, ville de l'Afrique propre; c'est auj. Bugie.

*Baies*, *Baia*, ville d'Italie, dans la Campanie, dont il ne reste plus que les cent petites chambres, nommées Cento Camerelle, et quelques ruines d'un pont que Caligula voulut faire construire sur le golfe qui sépare cette ville de Pouzzols.

*Balaneæ*, ville épiscopale de la Syrie, qui doit être la même que Bagnia.

*Balantipyrgon*, ville de l'Inde, en deçà du Gange.

*Balara*, ville sur la mer des Indes.

*Balcea* ou *Balcia*, ville de la Thuiranie, peu loin de la Propontide.

*Balda*, ville des Turdules, peup. de la Bétique.

*Balesium*, ville de la Grande-Grèce, dans la Messapie, qui est la Calabre, qu'on croit être aujourd'hui Saint-Cataldo, ou Saint-Marco.

*Baliensis*, siége épiscopal dans l'Osrhoene, qui paraît être le même que Bathnoé.

*Balsa*, ville de la Lusitanie qui était, à ce que l'on croit, dans le territoire des Tudertains; c'est auj. le bourg d'Abulfeira.

*Balsio* ou *Bilsinum*, ville de l'Espagne tarragonaise.

*Bandobena*, ville de l'Inde en deçà du Gange.

*Baniana*, ville de l'anc. Espagne dans la Bétique, au territoire des Turdules.

*Bantia*, ville d'Italie dans la Pouille.

*Barace*, ville de l'Inde en deçà du Gange.

*Baracum*, ville de l'Afrique intérieure.

*Baracura*, ville marchande de l'Inde, au delà du Gange, qu'on croit être Bengale.

*Barathema* ou *Barathena*, ville de l'Arabie déserte, aux confins de la Mésopotamie.

*Barathia*, ville de l'Afrique propre; c'est auj. Caçar.

*Barbanda*, ville de la haute Egypte, sur le bord du Nil, qu'on croit être auj. Andara.

*Barbariana*, ville d'Espagne, qu'on croit être auj. Araviana ou Almenara.

*Barbythaée* ou *Barbytacæ*, ville du royaume de Perse.

*Barcé*, ville de l'Inde.

*Barce Tolemeta*, ville maritime sur la côte orientale du golfe de la Sydre; elle avait été nommée Ptolemais.

*Bacucena* ou *Justinianopolis*: On croit que c'était une ville archiépiscopale dans la Phénicie du Liban.

*Barea*, ville d'Espagne, sur la mer d'Ibérie; c'est auj. Mera.

*Barensis*, siége épiscopal dans l'Esclavonie, sous la métropole de Raguse.

*Bares*, ville épiscopale dans l'Hellespont en Asie, sous la métropole de Cyzique et le patriarcat de Constantinople.

*Bargaza*, ville épiscopale, dans la Carie, sous la métropole d'Ephèse.

*Bargiacis*, ville de l'Espagne tarragonaise.

*Bargyla*, *Bargylia*, *Borgila* et *Bargilia*, ville épiscopale de la Carie, sous la métropole de Statropolis, nommée aussi Barbyli.

*Baris*, ville de la Pamphylie dans la Pisidie, contrée de l'Asie Mineure.

*Bartimiensis*, *Bartiniensis* et *Vardiniensis Sedes*, siège épiscopal de la Mauritanie césarienne.

*Barygaza*, ville de l'Inde, en deçà du Gange : on ignore quelle ville moderne tient sa place, les uns veulent que ce soit Goa, d'autres Calicut.

*Basera*, ville de la Phénicie.

*Basi*, ville de l'Espagne tarragonaise.

*Basilæum*, siége épiscopal dans l'Asie Mineure, sous la métropole d'Ancyre.

*Basilia*, ville de la Gaule belgique, entre Reims et Verdun, qui semble être aujourd'hui le village de Vadelaincourt.

*Basilippum*, ville de l'Espagne dans la Bétique; c'est la même que Bésippo.

*Bassania*, ville de la Macédoine, aux frontières de l'Illyrie.

*Basta*, ville de la Calabre, c'est aujourd'hui Vaste, bourg entre Castro et Otrante.

*Batavodurum*, ou *Batavorum Oppidum*, ville des Bataves, au sud-ouest de Nimègue; elle était la capitale du pays et la seule ville qu'il y ait eu jusqu'au temps de Vespasien. C'est aujourd'hui Batenbourg.

*Batetara*, ville du pays des Lygiens, qui habitaient aux confins de la Germanie.

*Bathenas*, ville de la Syrie entre Cyrrhus et Edesse.

*Batia*, ville des Aborigènes en Italie, qui est aujourd'hui Riéti.

*Baudobrica*, dans la Belgique I$^{re}$; c'est aujourd'hui Boppart, dans l'électorat de Trèves.

*Bavota*, ville d'Italie au territoire des Salentins; c'est aujourd'hui le village de Parabita, dans le royaume de Naples.

*Bazanis*, ville d'Arménie dans l'Heptapole, dont elle était métropole.

*Bebba*, ville royale de la Grande-Bretagne; c'est aujourd'hui Bamborrow.

*Bebriacum*, ville voisine de Crémone.

*Béganna* ou *Bhéganna*, ville de l'Arabie déserte, voisine de la Mésopotamie.

*Beltina*, ville du Péloponnèse, dans la Laconie.

*Belgeida* ou *Belgida*, ville de la Celtibérie; on croit que c'est aujourd'hui Balbastro ou Bélichite.

*Belica*, ville épiscopale des Gaules, dans la II$^e$ Lyonnaise; c'est aujourd'hui Belley.

*Belippo*, ville d'Espagne, dans le département de Cadès.

*Belisso*, ville de l'Espagne tarragonaise.

*Belo*, ville de l'Espagne dans la Bétique : on pense que c'est Belona, village de l'Andalousie.

*Belodaro*, *Beltodaro* et *Villodaro*, ville épiscopale de l'Espagne tarragonaise. C'est aujourd'hui un petit bourg dans la Vieille-Castille.

*Benagurum*, ville de l'Inde en deçà du Gange.

*Bendena*, ville de l'Afrique propre, entre Tabraca et le fleuve Bagradas.

*Benearnum*, *Benearnum* et *Benearnensium Civitas*, ville des Gaules dont Antonin fait mention; qui devait être assez considérable. Il n'en reste aucun vestige où elle était située, dans la Novempopulanie.

*Benna* ou *Bena*, ville de la Thrace.

*Bentensis* ou *Ventensis*; c'était le nom de plusieurs villes de la Bretagne, dans lesquelles les Romains avaient des gynésies.

*Berlis*, ville de la basse Pannonie dont on croit trouver des vestiges à Barbowyna.

*Bérénice*; c'était le nom de quatre villes qui étaient situées sur les côtes de la mer Rouge.

*Beretra*, ville d'Italie au territoire des Prégutiens. On doute si c'est Célino ou Montorio.

*Bergidum*, ville de l'Espagne tarragonaise, qu'on croit être le Vergium de Tite-Live. Les uns la nomment aujourd'hui Bénévarri, d'autres Roda, et quelques-uns Balbastro.

*Bergula*, *Bergulium* et *Brugula*, ville de la Thrace. C'est aujourd'hui Bergase.

*Bergusia*, ville de l'Espagne tarragonaise, chez les Ilergètes.

*Bergusia*, autre ville dans la Gaule narbonnaise.

*Béroé* ou *Bertoca*, ville épiscopale de la I$^{re}$ Syrie, sous le patriarcat d'Antioche.

*Berroé*, ville épiscopale de la I$^{re}$ Syrie, sous le patriarcat d'Antioche. On croit que c'est Alep.

*Bersabora*, ville d'Asie, dans la Perse; elle était grande et bien peuplée.

*Bersiqum* ou *Belsinum*, ville de la Gaule Aquitanique.

*Beryte* ou *Baruth*, ville de la Phénicie sur la Méditerranée, entre Tripoli et Sidon. C'était une des trois villes où l'on enseignait la jurisprudence. Elle n'a plus rien conservé de son ancienne splendeur.

*Bésida*, *Bessida*, *Béséda*, ville que Ptolémée met dans l'Espagne tarragonaise. C'est aujourd'hui San-Joan de las Badesas.

*Bresidia*, ville d'Italie; c'est aujourd'hui Bésignano.

*Bétard*, ville maritime de la Phénicie, entre Diospolis et Césarée.

*Bétera*, ville d'Espagne, au royaume de Valence.

*Bétulio*, *Bætullo*, *Bætulo*; c'étaient les noms d'une ville capitale des Bétules, peup. d'Espagne.

*Bézira*, *Bazira* ou *Beira*, ville d'Asie dans les Indes.

*Biandina*, ville du Péloponnèse dans la Laconie. On la nomme aujourd'hui Brignico.

*Bibacum*, ville de la Germanie, qui doit être Biberac ou Bibourg.

*Bibium*, ville de la Liburnie; c'est auprès de ses ruines que fut élevée la ville de Carlostadt, dans la Croatie.

*Bibonum Civitas*, ville des Bibons; on croit que c'est Huy sur la Meuse, au pays de Liége.

*Bibracte*, ville des Gaules, qu'on croit être Autun.

*Bibrax*, ville des Gaules, dans le Remois, sur la véritable situation de laquelle les auteurs ne paraissent pas d'accord. Il en est fait mention dans les Commentaires de César; les uns l'expliquent par Brainie, d'autres par Fismes.

*Bicurgium*, ville de la grande Germanie, que les savants croient être Erfurt.

*Bigastrum*, ville épiscopale d'Espagne, sous la métropole de Tolède.

*Bigerra*, ville de l'Espagne tarragonaise. La situation en est incertaine.

*Bilæna* ou *Bilbana*, ville de l'Arabie heureuse, qu'on croit être la ville de Bérou.

*Bilbium*, lieu d'Espagne ; c'est aujourd'hui Castillo-Villovio.

*Bilumnum*, *Belumnum*, *Oblimum*, *Oblinum* et *Obelon*, lieu qu'on place dans la Gaule narbonnaise et que Sinler explique par Beauvais ; mais cette conjecture n'est pas vraisemblable.

*Bion* ou *Boelo*, ville de la Doride, partie de l'Achaïe.

*Birdama*, *Bridama*, ville de l'Inde en deçà du Gange.

*Birgigellorum Civitas*, nom d'une ville épiscopale des Gaules, dont parle saint Athanase.

*Biza* ou *Bizia*, ville de la Thrace.

*Bisantha*, ville de la Thrace, nommée aussi *Rhædestum* ; c'est aujourd'hui Rhodosto.

*Biscara*, ville d'Afrique, au royaume d'Alger, bâtie par les Romains et ruinée par les Arabes.

*Bisschopia* ou *Episcopia*, ville de l'île de Chypre dont on voit encore les ruines.

*Bisulgum*, ville d'Espagne, dans la Lusitanie, qu'on dit être aujourd'hui Tomar, ville de Portugal.

*Bityla*, ville du Péloponnèse, dans la Laconie, assez loin de la mer. Ortélius croit que c'est la Tylo de Strabon.

*Bixabda*, ville de Perse. Ortélius croit que c'est Besabde, nommée aussi *Phœnica*.

*Bizye*, ville de la Thrace, et résidence des anciens rois.

*Blanda*, ville de l'Espagne tarragonaise, c'est aujourd'hui Blanes.

*Blanda*, ville qui a été épiscopale, dans le territoire des Brutiens en Italie, et dont le siége a été uni à celui de Marsico. Les uns disent que c'est Belvéder d'autres Bucino.

*Blavia*, il y avait deux endroits de ce nom dans les Gaules, aujourd'hui Blaye et Blavet.

*Blera* ou *Blere*, ville d'Italie en Toscane ; c'est aujourd'hui Bieda.

*Boæ* ou *Boeæ*, ville du Peloponnèse, dans la Laconie.

*Boatium Civitas*, ville des Gaules. On croit que c'est Bayonne.

*Bocanum Hemerum*, ville de la Mauritanie tingitane; c'est aujourd'hui Maroc, suivant quelques géographes.

*Boéon*, ville de la Chersonèse Taurique ; c'est aujourd'hui Czurgab.

*Bogadium*, ville de la Germanie, qu'on croit être Fritzlar.

*Bolbitina*, ville d'Égypte, qui donnait son nom à une bouche du Nil ; c'est aujourd'hui Rosette.

*Bolentium*, ville de la haute Pannonie, qu'on croit être Bachelsbourg.

*Bondella*, ville d'Italie en Toscane, dans les terres qu'on croit être la Boderia d'Antonin.

*Bonconica*, dans la Iʳᵉ Germanie ; c'est aujourd'hui Oppenheim, dans le palatinat du Rhin.

*Bonium* ou *Bovium*, lieu de la Grande-Bretagne qu'on veut être aujourd'hui Banehor.

*Bonna*, dans la IIᵉ Germanie ; c'est aujourd'hui Bonn dans l'Électorat de Cologne.

1. *Bononia*, nom de la ville de Bologne en Italie.
2. *Bononia*, ville de la basse Pannonie, qu'on croit être aujourd'hui Bonmonster, sur le Danube.

*Borbetomagus*, ville de la Germanie, que les uns croient Agersheim, d'autres Worms.

*Borcovicum*, ville de la Grande-Bretagne, qu'on croit être aujourd'hui Barwick, ou Warwick.

*Bosphorus* ou *Posporus*, ville sur le Pont-Euxin, près du golfe Cimmérien. On croit que cette ville, nommée depuis Panticapoum, est la ville de Vosporo d'aujourd'hui, qui a été archiépiscopale sous le patriarcat de Constantinople.

*Botris*, ville de la Phénicie, fort riche, bâtie par Thobal, roi de Tyr, du temps du prophète Elie ; elle a été épiscopale dans les premiers temps du christianisme, mais elle n'est presque plus rien aujourd'hui.

*Bouconia*, ville de la Germanie, entre Worms et Mayence.

*Bragodurum*, ville de la Rhétie, qu'on dit être Bibrach ou Rockembourg.

*Brannogenium*, ville de l'île d'Albion que les interprètes de Ptolémée disent être Worcester.

*Brannodunum*, *Branodunum*, ville d'Angleterre qu'on croit être aujourd'hui Brancastre.

*Bratuspantium*, ville d'un peuple de la Gaule belgique. Les uns pensent que c'est Clermont, d'autres Beaumont, d'autres Granville ; mais Samson croit que c'est Beauvais.

*Bregætium*, ville de la haute Pannonie ; c'est aujourd'hui Bregnitz, selon Ptolémée.

*Brennacum*, ville de la Gaule, selon Grégoire de Tours. On croit que c'est Mézières ou Saint-Michel en Brenne sur la Claise.

*Breviodurum*, dans la IIIᵉ Lyonnaise ; c'est aujourd'hui Pont-Audemer en Normandie.

*Brigodurum* ou *Brirodurum*, lieu de la Gaule, sur la route d'Autun à Paris, qu'on croit être Briare sur la Loire.

*Brigetium*, ville d'Espagne, qu'on prend pour Brivescia, pour Oviédo et même pour Léon ; mais aucune de ces opinions n'est appuyée.

*Brigantio* ; c'est le nom de deux endroits dans les Alpes maritimes : l'un est Briançon, l'autre Briançonnet.

*Briva Isaræ*, dans la IIIᵉ Lyonnaise ; c'est aujourd'hui Pontoise.

*Bubaste*, *Bubastis*, ville d'Égypte, sur la rive droite du bras du Nil le plus oriental de tous. Elle a été épiscopale.

*Bulcaltum*, siége épiscopal d'Égypte, qui paraît être Bubaste.

*Budorgis*, ville de la Germanie, que les uns ont dit être Breslaw, d'autres Ratisbonne.

*Budruntus* ou *Butuntus*; c'est aujourd'hui Bitonto, ville épiscopale suffragante de Barri.

*Bullæum*, ville d'Albion, qui est aujourd'hui Buelt en Angleterre.

*Burdou*, *Burdua* ou *Burdura*, ville municipale d'Espagne, dans la Lusitanie.

*Busiris*, ville d'Égypte, sur le Nil, qu'on a cru être le Phaturès de l'Écriture sainte.

*Butrium*, ville d'Italie; c'est aujourd'hui Butrio, bourg dans le territoire de Ravenne.

*Byblos*, ville de Phénicie, entre Sidon et Orthosie, était fameuse et fut épiscopale; c'est aujourd'hui Gibel ou Gebail.

## C

*Caballinum*, selon Ptolémée, ou *Cabillonum*, selon César; c'est aujourd'hui Chalons-sur-Saône.

*Cabassus*, ville de la petite Arménie; c'est aujourd'hui Thébasse.

*Cabellio* ou *Caballio*, c'est aujourd'hui Cavaillon, qui était aussi connue sous le nom de Cabilliorum Colonia.

*Cabilo*, *Cabillonium* ou *Cabillonum*. Ce sont les différents noms des villes qui s'appellent Châlons en français.

*Cadmea* ou *Cadmeia* : on nomma ainsi l'anc. ville de Thèbes en Béotie.

*Cadytis*, grande ville de la Syrie dont parle Hérodote, et que quelques-uns ont cru être Jérusalem.

*Cænina*, ville du Latium.

*Cæsaropolis*, ville épiscopale de la Macédoine, sous la métropole de Philippe.

*Cæsarodunum*, ville de la Gaule lyonnaise, qu'on croit être Tours.

*Cæsaromagus*, ville capitale du peuple nommé Bellovaci qu'on estime être Beauvais.

*Cæsarotium*, ville qu'on pense être Gisors.

*Cæsena*, ville d'Italie; c'est aujourd'hui Césène dans la Romagne.

*Cafsa*, ville d'Afrique; elle est anc. et de la fondation des Romains.

*Caieta*, ville d'Italie, dans le Latium, avec un port de mer.

*Caladunum*, ville de l'Espagne tarragonaise, que l'on conjecture être Mirandela en Portugal.

*Calœgia*, ville de la Germanie, qu'on croit être Wittemberg en Saxe.

*Calagorris*, dans la Narbonnaise 1re; c'est aujourd'hui Cazeres au diocèse de Toulouse.

*Calama*, ville épiscopale de la Numidie, entre Constantine et Hippone.

*Calanna* ou *Calanne*, ville dans la terre de Sennaar en Asie, qu'on croit être Ctésiphonte.

*Calatia*, ville de Campanie qui est aujourd'hui le village de San-Gaiazzo ou Cajazza.

1. *Calcaria*, ville de l'île de la Grande-Bretagne, qui est aujourd'hui Yorck.

2. *Calcaria*, ville de la Gaule viennoise, aujourd'hui Vitrolles.

*Caledonia*, ville des Caledones, qui subsiste encore sous le nom de Dunealden.

*Calinda*, ville maritime de la Lycie, capitale des Calindiens.

*Calpurniana*, ville d'Espagne, dans la Bétique; c'est aujourd'hui Carpio.

*Camara*, ville de l'île de Crète, qu'on croit être aujourd'hui Camera.

*Camarocensium Civitas*, ville de la seconde Belgique, qui est Cambrai.

*Cambodunum* ou *Campodunum*, ville de la Vindélicie, qu'on croit être Munich.

*Cambonum*, dans la Narbonnaise II*; c'est aujourd'hui la Baume des Arnauds.

*Camelianum*, ville dans l'Ombrie.

*Camerta*, ville d'Italie : on la voyait à droite en allant d'Otricoli à Rimini.

*Camirus*, ville de l'île de Rhodes.

*Canagora*, ville de l'Inde en deça du Gange, On croit que c'est aujourd'hui Canago.

*Canas*, ville d'Asie dans la Lycie, la 15e ou 16e épiscopale de cette province.

*Candara*, ville de la Paphlagonie en Asie; c'est aujourd'hui Candari.

*Canope*, ville d'Égypte, vers une des embouchures du Nil.

*Cantabria*, ville de l'Espagne tarragonaise, qui était épiscopale; c'est aujourd'hui Cantabriga.

*Canusium*, ville de la Pouille; la ville de Canosa en a pris la place.

*Capara* ou *Cappara*, ville de la Lusitanie; c'est aujourd'hui Las Ventas de Capara dans le royaume de Léon.

*Capedunum*, ville des Scordisques, peuple de la basse Pannonie, près du Danube. Lazius croit que les traces s'en voient à Captenberg.

*Capidava*, ville de la basse Mysie, sur la route de Nicodémie.

*Capitolias*, ville de la Cœlésyrie, selon Ptolémée.

*Capitulum*, ville d'Italie, au-dessus de Préneste.

*Capoue*, ville d'Italie, dans la Campanie, était une des plus grandes villes après Rome et Carthage. On y voit encore les restes d'un amphithéâtre et de plusieurs autres monuments dans une bourgade appelée Sainte-Marie, qui est située sur les ruines de l'ancienne Capoue. La nouvelle ville est bâtie à deux milles de l'ancienne.

*Cappara*, ville d'Espagne, qui était la même que Capara.

*Capytium*, ville de Sicile, au milieu des terres, que les uns croient être la Capitonia d'Antonin, et d'autres la Capizzi d'aujourd'hui.

*Caracca*, ville de l'Espagne tarragonaise, qu'on croit remplacée par Guadalajara ou Guadalaxora.

*Carambis*, capitale sur la côte méridionale de la mer Noire, dans la Galatie, c'est aujourd'hui Capo-Pisello, entre Samastre et Sinope.

*Caranusca* ou *Saramusca*, ville entre Metz et Trèves, qu'on croit être Sarrebourg.

*Carape*, ville de l'Arménie mineure, selon Ptolémée.

*Cachemis* ou *Carcamis*, ville d'Asie, sur l'Euphrate; on croit que cette ville était la même que Cucusium, Circussum ou Circetum.

*Cardavianea*, ville de la Valérie Ripense, qu'on croit être aujourd'hui Fribourg, dans la Styrie.

*Carilocus*, dans la I<sup>re</sup> Lyonnaise; c'est aujourd'hui Charlieu.

*Carissa Regia*, ville d'Espagne dans le département de Cadès ou Cadix.

*Caristum*, ville d'Italie dans la Ligurie.

*Carmana*, ville d'Asie, dans la Carmanie, dont elle était la capitale.

*Carmanis* ou *Carmanda*, qui paraît être la même que Carmana.

*Carmona*, ville d'Espagne, dans l'Andalousie; elle subsiste encore aujourd'hui, et on y voit des preuves de son ancienneté.

*Carna*, ville de l'Arabie heureuse.

*Carocontinum*, dans la II<sup>e</sup> Lyonnaise; c'est aujourd'hui Harfleur en Normandie.

*Caronum*, ville d'Espagne; c'est aujourd'hui Corana.

*Carpentoractæ Meminorum*, ville des Méminiens, dans la Gaule narbonnaise; c'est aujourd'hui Carpentras.

*Carpi*, ville d'Afrique, qui n'est plus qu'un village.

*Carraca*, ville d'Italie, qu'on croit être aujourd'hui Caravaggio.

*Carrhæ*, ville de la Mésopotamie.

*Carrhes*, ville de la même contrée; c'est aujourd'hui Carrha, qui est la même ville que Haram des anciens patriarches, selon saint Jérôme, Eusèbe, dom Calmet. Elle a été épiscopale.

1. *Carrodunum*, ville de la Germanie, dans la Vindélicie; c'est aujourd'hui Krambourg.

2. *Carrodunum*, ville de la haute Pannonie; c'est aujourd'hui Karnbourg dans la Styrie.

*Carrodunum*, ville de la Germanie, Cracovie en Pologne, aujourd'hui à l'Autriche.

*Carsidava*, ville de la Dacie; c'est Kurima.

*Carthage*, *Carthago*, ville d'Afrique, capitale d'une puissante république qui occupa une partie de l'Afrique, de l'Espagne et les îles de Sicile et de Sardaigne. Elle était dans cette partie de l'Afrique qui appartient aujourd'hui au bey de Tunis. Elle devint archiépiscopale, et le siége du primat de l'Afrique. Complétement ruinée par les Arabes, il ne reste plus de cette ville qu'un vaste amas de masures que les Africains nomment Bersach, avec une tour appelée Almenare.

*Carthage* (l'anc.), ville du pays des Ilercaons; c'est aujourd'hui Villa Franca de Panades en Catalogne.

*Carthage* (la nouvelle), ville maritime d'Espagne, qu'on nomme Carthagène.

*Carusa*, ville de la Paphlagonie, qui avait un port sur le Pont-Euxin.

*Carya*, ville du Péloponnèse, que les Grecs rasèrent.

*Carystus*, ville de l'île d'Eubée; c'est de là qu'on tirait le marbre qui en porte le nom.

*Cascar*, ville de la Mésopotamie, où les Romains avaient garnison. Elle fut épiscopale.

*Casilinum*, ville d'Italie, dans la Campanie, qu'on dit avoir été épiscopale, et qu'on croit être aujourd'hui Castel-Lucio.

*Casinomagus*, dans la Narbonnaise I<sup>re</sup>; c'est aujourd'hui Lombez.

*Casinum*, ville d'Italie, dans le pays des Volsques; elle fut municipale et donna son nom à la montagne que la retraite de saint Benoît a rendue si fameuse sous le nom de Mont-Cassin.

*Casmène*, ville de la Sicile, bâtie par les Syracusains : on n'en connaît pas la situation.

*Casperia*, ville d'Italie, au pays des Sabins; c'est aujourd'hui le village d'Aspra.

*Cassandria*, ville maritime de la Macédoine.

1. *Cassiope*, ville et port de la mer d'Épire, dans la partie méridionale.

2. *Cassiope*, autre ville dans la partie septentrionale; c'est aujourd'hui S.-Maria di Cassiopo, en l'île de Corfou.

*Castabala*, ville d'Asie, dans la Cilicie.

*Castania*, ville d'Italie, dans la Pouille, près de Tarente.

*Castellum Album*, nom latin de Castelblanco, en Portugal.

— *Aquarum*, nom latin de la ville de Bade.

— *Arianorum*, c'est aujourd'hui Castelnaudary.

— *Cattorum*, aujourd'hui Cassel, capitale de Hesse.

— *Durantii*; c'est aujourd'hui Urbanéa, dans l'État de l'Église.

— *Heraldi*, nom latin de Châtelleraut.

— *Morinorum*, dans la Belgique II<sup>e</sup>; c'est aujourd'hui Cassel en Flandre.

— *Romanum*, aujourd'hui Brittenbourg, en Hollande.

*Castola*, ville d'Italie. Ce pourrait être une de celles qui sont nommées aujourd'hui Castiglione.

*Castra*, ville de la Gaule; c'est aujourd'hui Chartres.

*Castra Cæcilia*, ville d'Espagne, qu'on croit être Cacères dans l'Estramadure.

— *Constancia*, aujourd'hui Coutances.

— *Flavia*; c'est aujourd'hui Vienne en Autriche.

— *Germanorum*; c'est aujourd'hui Brescar en Afrique.

— *Julia*; c'est aujourd'hui Truxillo en Espagne.

*Castrum Albigensium*; c'est Castres, dans le département du Tarn, diocèse d'Alby. Avant la ville actuelle, il y avait un monastère de Bénédictins ou moine Andald déposa, en 858, le corps de saint Vincent, diacre et martyr, qu'il avait emporté de Valence en Espagne pour le mettre en sûreté.

— *Castrum Bruntii*; c'est Châteaubriand en Bretagne.

— *Cabilonense*; c'est aujourd'hui Châlons-sur-Saône.

— *Cameracense*; c'est aujourd'hui Câteau-Cambrésis.

— *Caninum*; c'est aujourd'hui Château-Chinon en Nivernais.

— *Dunum*; c'est aujourd'hui Châteaudun dans l'Orléanais.

— *Gontherii*; c'est aujourd'hui Château-Gonthier en Anjou.

— *Lucii*; c'est aujourd'hui Chalus dans le Limousin.

— *Portianum*; aujourd'hui Château-Porcien dans les Ardennes.

— *Salinarum*; aujourd'hui Château-Salins en Lorraine.

— *Theodorici*; c'est Château-Thierry, dans le département de l'Aisne.

*Castulo*, ville d'Espagne, sur le Guadalquivir; il y eut dans le IV<sup>e</sup> siècle un siége épiscopal qui a été uni à celui de Carthagène.

*Clauderia*, dans la Viennoise; c'est aujourd'hui Catherieu en Savoie.

*Catulliacus Vicus*, lieu où saint Denis, évêque de Paris, et ses compagnons martyrs, furent ensevelis.

*Caulonia*, ville maritime d'Italie, dans la Grande-Grèce.

*Celeia*, ville de la Norique; c'est aujourd'hui Celley dans la basse Styrie.

*Cemeos*, siége épiscopal dans l'Osrhoene; c'est le même que Callinicus ou Léontopolis.

*Cemelanum* ou *Cemenelium*, ville de la Gaule; c'est aujourd'hui Cimiez près de Nice. Elle était épiscopale, et son siége a été uni à celui de Nice.

*Celtobrica*, ville d'Espagne dans la Celtibérie.

*Centum Colles*, ville de la Hongrie; c'est aujourd'hui Hundert-Bühel.

*Ceramarum Forum*, ville de l'Asie Mineure, aux confins de la Mysie.

*Cerasus*, ville de la Cappadoce. C'est aujourd'hui Emid ou Omid ou Chirisonda.

*Cercasorupolis*, ville d'Égypte, à l'endroit où le Nil se partage pour former le Delta.

*Ceressus*, ville de l'Espagne tarragonaise. Le P. Briet conjecture que c'est Solsone.

*Cersunum*, ville de l'île de Corse, dans les terres, selon Ptolémée; ses interprètes donnent Nébio pour son nom moderne.

*Certima*, ville très-forte d'Espagne, dans la Celtibérie.

1. *Césarée* de Cappadoce, ville de la Cappadoce, dont elle était la métropole; elle jouissait de l'exarchat du diocèse du Pont. Cette ville a été démolie et rebâtie quatre fois, aussi on n'y trouve aucun monument.

2. *Césarée*, ville de l'Arménie Mineure que le P. Hardouin croit être la même que Néocésarée.

3. *Césarée*, ville de l'Afrique dans la Mauritanie; elle fut métropole d'une partie de la province, qui en prit le nom de Césarienne; elle était près de l'endroit où est aujourd'hui Tenez.

4. *Césarée*, autre ville de la même province, la même que Tingis, d'où la partie dont elle était métropole fut appelée Tingitane.

*Césata* ou *Césada*, ville de la Celtibérie; c'est aujourd'hui Ila dans la Nouvelle-Castille.

*Cestria*, c'est aujourd'hui Chester en Angleterre.

*Cetaria*, ville de Sicile; son nom moderne est Scupello.

*Cetobriga*, *Catobriga* ou *Cabrix*, ville d'Espagne, dans la Lusitanie, qu'on croit être aujourd'hui Sétubal, Sétural ou Saint-Ubes, et qu'on a crue aussi être Troja.

*Chaa*, ville du Péloponnèse, dans l'Élide.

*Chabaca*, ville de la Cappadoce, dans la province nommée Sidène.

*Chaberis*, ville de l'Inde, en deçà du Gange; d'après Ptolémée c'était une ville marchande, avec un port situé à l'embouchure de la rivière Chaberus.

*Chalanne*, ville d'Asie, dans la campagne de Sennaar.

*Chalastra*, ville de Macédoine, sur le golfe Thermeen, qui est aujourd'hui celui de Salonichi.

*Chalcédoine*, ville d'Asie, dans la Bithynie, sur le Bosphore. Cette ville, qui a été fameuse, n'est plus aujourd'hui qu'un village.

1. *Chalcis*, ville capitale de l'île d'Eubée.

2. *Chalcis*, ville de Macédoine, dans la Chalcidique.

3. *Chalcis*, ville de Grèce en Etolie. Le village de Caliccia est à sa place.

*Charadra*, ville dans l'Épire.

*Charax*, ville dans la petite Arménie, dans l'intérieur du pays.

*Charax*, autre ville au fond du golfe Persique.

*Chemnis*, ville de la Thébaïde.

*Chéronée*, ville de la Grèce dans la Béotie.

*Cherronesus*, ville de l'Asie Mineure auprès de Cnide, dans la Doride.

*Cherronesus*, ville maritime vers les Palus Méotides.

*Chios*, ville de la Carie.

*Chios*, ville de l'île de ce nom, vers le milieu.

*Chobata*, ville d'Asie, dans l'Albanie, entre l'Albanus et le Casius.

*Cibalos*, ville épiscopale de la basse Pannonie, entre la Save et la Drave; c'était la plus considérable de la province.

*Ciberis*, ville de la Chersonèse de Thrace, que Justinien fit rebâtir.

*Cibinium*, ville de la Dacie, au milieu des terres; c'est aujourd'hui Hermanstad.

*Cibyra*, ville épiscopale de la Carie, selon la Notice de Léon.

*Cilla*, ville dans la Troade.

*Cimela* ou *Cemela* et *Cemeneleium*, ville épiscopale de la Gaule, dans les Alpes maritimes.

*Cingulum*, ville d'Italie, dans le Picenum; c'est aujourd'hui Cingoli ou Cingolo.

*Cinna*, ville de l'Espagne tarragonaise.

*Cinniana*, ville d'Espagne, vers les Pyrénées.

*Cirphis*, ville de Grèce dans la Phocide.

*Cirra* ou *Cirrha*, ville dans la même contrée; c'est aujourd'hui Aspropiti.

*Cirta*, ville d'Afrique dans la Numidie, la ville capitale des États de Massinissa. Elle était la métropole de toute la Numidie.

*Cisamus*, ville de l'île de Crète, dans sa partie septentrionale.

*Cissa*, *Crissa* ou plutôt *Cressa*, ville de la Chersonèse de Thrace.

*Cissæ*, ville de la Mauritanie césarienne, selon Ptolémée. Antonin la nomme Cisi dans son Itinéraire, et lui donne le titre de municipe.

*Cisthène*, ville d'Asie, dans la Mysie.

*Citamum*, ville de la Grande-Arménie, vers l'Euphrate.

*Cithira*; c'était autrefois une ville célèbre et épiscopale de l'île de Chypre. Ce n'est plus qu'un village.

*Citium*, ville de l'île de Chypre; elle était le siége d'un évêque.

*Civitas nova*, ville de Scythie.

*Cius*, ville d'Asie en Bithynie, auprès de la mer.

*Clanum*, ville de la Gaule, sur la route de Milan Arles, selon Antonin.

*Claritas Julia*, ville d'Espagne dans la Bétique.

*Clastidium*, ville d'Italie, dans la Ligurie ou la Gaule cisalpine.

*Claterna*, ville d'Italie, dans la Gaule Cisalpine, dont il ne reste qu'un lieu nommé Quaderna.

*Clazomène*, ville célèbre de l'Ionie en Asie.

*Clevum*, ville de la Grande-Bretagne; c'est aujourd'hui Glocester.

*Clibanus*, ville de l'Asie Mineure, dans les terres, en Isaurie.

*Climberrum*, nom de la ville d'Auch, selon quelques savants.

*Clisobora*, ville des Indes, selon Arrien.

*Clitæ*, ville d'Asie dans la Bithynie.

*Cluaca*, ville d'Asie dans la Médie; c'est aujourd'hui Piano de San-Giacomo.

*Clunia*, ville de l'Espagne tarragonaise.

*Clunium*, ville de l'île de Corse, dans sa partie orientale.

*Cocylium*, ville d'Asie dans la Mysie. Elle ne subsistait déjà plus du temps de Pline.

*Codropolis*, ville de l'Illyrie, au fond de la mer Adriatique.

*Cœcila*, ville de l'Espagne dans la Bétique.

*Cœtiobriga*, ville de l'Espagne tarragonaise; c'est aujourd'hui Bergania.

*Cœlos*, ville et port de mer de la Thrace, entre Elée et Cardie.

*Colania*, ville de la Grande-Bretagne, chez les Damniens; c'est aujourd'hui Coldingham.

*Colchi*, ville maritime et marchande, en deçà du Gange.

*Coli*, ville d'Asie, dans la Chersonèse d'Or, selon Ptolémée.

*Colippo*, ville d'Espagne, dans la Lusitanie; elle ne subsiste plus.

*Collentum*, ville de l'Illyrie dans l'île de Scardone.

*Collicat*, ville d'Ethiopie sous l'Egypte, au bord du Nil.

*Colobona*, ville en Espagne dans la Bétique, au départ de Séville; c'est aujourd'hui Tribuxena.

*Colonia*, ville d'Angleterre sur la route de Londres à Carleil; c'est aujourd'hui Colchester.

*Colonia-Agrippina-Ubiorum* ou *Colonia Agrippinensis*, ville bâtie par les Ubiens sur les bords du Rhin.

— *Allobrogum*; c'est aujourd'hui Genève.

— *Augusta*; c'est aujourd'hui Nîmes.

— *Augusta-Rhetorum* et *Vindelicorum*; c'est aujourd'hui Augsbourg.

— *Julia*; c'est aujourd'hui Bonn en Allemagne.

— *Senensis*; c'est aujourd'hui Sienne en Italie.

*Colophon*, ville de l'Asie Mineure, dans l'Ionie.

*Combrea*, ville de la Grèce, dans la Macédoine.

*Combretonium*, lieu d'Angleterre; c'est aujourd'hui Brettenham, suivant Gale.

*Combusta*, ville de la Gaule narbonnaise, vers les Pyrénées.

*Comploenta*, ville de l'Espagne tarragonaise, au pays des Arévaques.

*Comidava*, ville de la Dacie, selon Ptolémée. Luzius croit que c'est maintenant Dees.

*Comopolis*, ville d'Assyrie, selon Ptolémée.

*Complutica*, ville de l'Espagne tarragonaise, au pays des Collaïques.

*Compsa*, ville d'Italie dans le territoire des Hirpins; c'est aujourd'hui Consa.

*Conadipsa*, ville de la Scythie en deçà de l'Imaüs.

*Concana*, ville d'Espagne dans l'Asturie, selon Ptolémée; on croit que c'est maintenant Santillane.

*Concordia*, ville d'Espagne dans la Lusitanie; c'est aujourd'hui Temar.

*Concordia*, ville de la Germanie; c'est aujourd'hui Rochersberg.

*Condate-Rhedonum*; c'est aujourd'hui Rennes, ville de France.

*Condato-Magus*, dans l'Aquitanique; c'est aujourd'hui Vabres.

*Condivicnum*, ville de la Gaule lyonnaise; c'est aujourd'hui Nantes.

*Conimbrica*, ville de la Lusitanie; c'est aujourd'hui Condéja la Veja, à deux lieues de Coïmbre.

*Conistorsis*, ville d'Espagne, dans la Celtibérie.

*Consentia*, ville d'Italie, dans la Grande-Grèce; c'est aujourd'hui Cosenza.

*Consilinum*, ville d'Italie; on croit que c'est aujourd'hui Cassano.

*Constantia*, ville de la Valérie, au voisinage du Danube.

*Constantia-ad-Rhenum*, aujourd'hui Constance.

*Constantia-Castra*, ville des Gaules, dans la II<sup>e</sup> Lyonnaise; c'est aujourd'hui Coutances en Normandie.

*Constantinople*, ville de la Thrace, à l'extrémité de la Romanie, autrefois capitale de l'empire Grec. C'est l'ancienne Byzance, rebâtie par Constantin, qui lui donna son nom.

*Copiæ*, ville d'Italie, dans le golfe de Tarente. Ligorius dit que c'est présentement Cupo.

*Coptos*, ville d'Egypte, dans le nome ou province qui en prenait le nom. Quelques savants pensent que c'était le *Contracopton* des anciens.

*Corbilum*, ville marchande de la Gaule, sur la Loire.

*Corcoba*, ville de l'île de Taprobanne.

*Corcyra*, ville de l'île de même nom; c'est aujourd'hui Corfou.

*Corda*, ville de la Grande-Bretagne; c'est aujourd'hui Cunnoth.

*Corinium*, ville de l'Illyrie, sur la côte de la mer Adriatique.

*Corinthe*, ville de la Grèce, que l'on appelle Coranto, dans la Morée; elle a été archiépiscopale, elle est maintenant sans murailles et presque déserte.

*Coriola*, ville d'Italie, dans le pays des Volsques, dont elle était la métropole.

*Coriosopitum*, ville épiscopale de la Gaule; c'est aujourd'hui Quimper.

*Coritus*, ville d'Italie, dans la Toscane; c'est aujourd'hui Cortone.

*Cornacum*, ville de la basse Pannonie; c'est aujourd'hui Zata.

*Cornus*, ville de l'île de Sardaigne; c'est aujourd'hui Corneto.

*Corobillium*, dans la IV<sup>e</sup> Lyonnaise; c'est aujourd'hui Corbeil.

*Corocondama*, ville à l'entrée du Bosphore Cimmérien, dans le Pont-Euxin.

*Corolia*, ville de l'Arabie heureuse, sur le bord de la mer Rouge.

*Coromanis*, ville maritime de l'Arabie heureuse, dans le golfe Persique.

*Coritone*, ville d'Espagne, dont les habitants étaient au nombre des peuples qui dépendaient de la juridiction de Saragosse.

*Corycus*, ville d'Asie, dans la Lycie.

*Coryne*, ville du Péloponnèse, dans l'Elide.

*Dactonium*, ville de l'Espagne, dans la province de Tarragone; c'est aujourd'hui Ribadeo.

*Damas*, ville de la Syrie, qui subsistait du temps d'Abraham.

*Cossium* ou *Cossio*, ville de la Gaule, au pays des Vassates dont elle était la capitale; c'est aujourd'hui Bazas.

*Cottæobriga*, ville d'Espagne dans la Lusitanie; c'est aujourd'hui Ciudad-Rodrigo.

*Cotyora*, ville grecque dans l'Asie Mineure.

*Cotyrga*, ville de la Sicile, dans l'intérieur du pays, selon Ptolémée.

*Cougium*, ville de l'Espagne tarragonaise, au pays des Vaccéens, selon Ptolémée. Les interprètes disent que c'est aujourd'hui Cabeçon.

*Crémone*, ville d'Italie, dans la contrée qui en prend le nom de Crémonais. Cette ville était aux Cénomani, et devint ensuite une colonie romaine.

*Cromnum*, ville du Péloponnèse, près de Megalopolis.

*Crossa*, ville sur le Pont-Euxin, aux confins de la Thrace et de la Macédoine.

*Crotone*, ville de la Grande-Grèce, en Italie, qui conserve encore son nom.

*Ctesiphon*, ville d'Assyrie près de Babylone.

*Cularo*, nom de la ville de Grenoble.

*Cumes*, ville de la Campanie, dont les eaux ont été vantées à cause de leur salubrité. Il n'en reste que des ruines.

*Cumes*, ville en Asie, la plus belle et la plus grande de l'Eolie.

*Cumi*, ville de l'Ethiopie, sous l'Egypte, au bord du Nil.

*Cunion-Charion*, capitale de l'île de Sardaigne, à l'est de sa partie orientale.

*Curnonium*, ville de l'Espagne tarragonaise; c'est aujourd'hui Carnobio, dans la Navarre.

*Cursula*, ville d'Italie, dans le Latium; c'est aujourd'hui Cassia dans l'Ombrie.

*Curubis*, ville de l'Afrique propre, entre Clypée et Néapolis.

*Cutacium*, ville de l'Arménie; c'est aujourd'hui Cutaye ou Chiutaye.

*Cutiliæ*, ville d'Italie; c'est aujourd'hui Conégliano.

*Cybutra*, ville d'Asie, dans la petite Arménie; c'est aujourd'hui Arminacha.

*Cybistum*, siége épiscopal sous le patriarcat de Constantinople.

*Cyropolis*, ville des Caduciens, dans la Médie; c'est aujourd'hui Schammacki.

*Cytæum*, ville de l'île de Crète; c'est Sitia: c'était un siége épiscopal.

*Cyterium*, ville d'Italie dans l'Œnotrie; c'est aujourd'hui Cytizano.

*Cythère*, ville de l'île de Chypre: on croit que c'est aujourd'hui la ville de Conucha.

## D

*Damiana*, ville d'Espagne, dans le territoire des Édétains, on ne connaît plus au juste sa position.

*Danubii Fontes*; c'est aujourd'hui Doneschingen.

*Danubii Insula;* c'est aujourd'hui Donawert, ville de la Souabe.

*Darantasia;* c'est aujourd'hui Moustier, ville de la Tarantaise en Savoie.

*Dardane,* ville de la Troade; elle donna son nom à la Dardanie.

*Dardanie,* ville capitale de la province de ce nom, dans le royaume de Troie.

*Dariorigum,* ville de la Gaule dans l'Armorique; c'est aujourd'hui Vannes.

*Daudia,* ville de la Macédoine, dans le canton des Eordètes, assez près de Scampis, qui est aujourd'hui Scopia.

*Decempagi,* nom d'une ville de Lorraine; c'est aujourd'hui Duose, selon Simler, et Dieuze, selon Corneille.

*Declana,* ville de l'Espagne tarragonaise.

*Delphes,* ville de la Grèce; ce n'est plus qu'un amas de ruines sur lesquelles on a bâti un petit village nommé Castris, entre Salone et Livadia.

*Denia,* ville d'Espagne, sur la côte de Valence; elle est ancienne : Ptolémée en fait mention.

1. *Deobriga,* ville municipale d'Espagne, dans le pays des Autrigons; c'est aujourd'hui Haro ou Miranda-de-Ebro.

2. *Deobriga,* ville dans l'Espagne Lusitanique, selon Ptolémée; celle de Placentia dans l'Estramadure fut bâtie de ses ruines, l'an 1180.

*Deorum Portus,* ville de la Mauritanie césarienne : on croit que c'est aujourd'hui Mazagran.

*Derton, Dertona,* ville d'Italie, dans le territoire des Taurins. Léandre croit que c'est Tortona, entre Gènes et Plaisance.

*Dertosa,* nom de Tortose, ville d'Espagne.

*Devana,* ville de la Grande-Bretagne. Cette ville est la même que la vieille Aberdeen.

*Devona,* nom d'une ville de la Germanie; c'est aujourd'hui Newmarck.

*Dia,* ville épiscopale de France, sous la métropole d'Arles; c'est aujourd'hui Die.

*Diachersis,* ville de la Cyrénaïque; Marmol croit que c'est aujourd'hui Carcora, dans la province de Barca, en Afrique.

*Dictum,* ville de la Grande-Bretagne; c'est aujourd'hui Diganwey.

*Didattium,* ville de la Belgique, dans le pays des Sequani, il y en avait une autre dans la grande Séquanaise : c'est Cassavant en Franche-Comté.

*Didymotichos,* petite ville de la Trace, Leunclavius dit que c'est aujourd'hui Dimotue.

*Dierna,* ville de la Dace, Niger croit que c'est Chelo.

*Diocésarée.* Il y a eu trois villes de ce nom et toutes trois épiscopales : une dans la Cappadoce, sous le patriarcat de Constantinople; une dans l'Isaurie, au nord de Séleucie, sous le patriarcat d'Antioche; et l'autre du patriarcat de Jérusalem.

*Dioclea* ou *Doclea,* ville de la Dalmatie; elle a été épiscopale.

*Diolindum,* dans l'Aquitaine II<sup>e</sup>; c'est aujourd'hui la Linde, dans le diocèse de Périgueux.

*Diomedia,* ville d'Italie, dans le territoire des Dauniens.

*Dionysiopolis,* ville de la basse Mésie; c'est aujourd'hui Varna.

*Dioscurias,* ville de la Colchide, sur le Pont-Euxin.

*Dioscurium,* ville du Péloponnèse.

1. *Diospolis,* ville de Syrie, près de la ville de Laodicée, sur la mer.

2. *Diospolis* la Grande, c'est la même que Thèbes.

3. *Diospolis* la Petite, ville épiscopale d'Égypte, dans la II<sup>e</sup> Thébaïde.

4. *Diospolis,* autre ville d'Égypte, dans le Delta.

*Dippo,* ville d'Espagne, entre Cordoue et Mérida.

*Direa,* ville d'Éthiopie, sous l'Égypte, sur le bord du Nil.

*Diridotis,* ville dont il est parlé dans la Vie d'Alexandre. On croit que c'est aujourd'hui la ville de Bassora.

*Dirigothia,* ville de la basse Mésie; c'est aujourd'hui Drimago.

*Dispargum* ou *Disporum,* ville que l'on prétend être Duysbourg, au duché de Clèves.

*Divodurum,* ville des Gaules; c'est aujourd'hui Metz.

*Divona Cardurcorum :* on appelait autrefois ainsi la ville épiscopale de Quercy en France, que l'on nomme aujourd'hui Cahors.

*Diur,* nom de la ville de Teculet en Afrique, qui est dans le royaume de Maroc.

*Drahonus,* dans la Belgique I<sup>re</sup>; c'est aujourd'hui le Traun dans l'électorat de Trèves.

*Drepanum,* ville de la Sicile, que l'on connaît sous le nom de Trapani.

*Drusomagus,* ville de la Vindélicie; c'est aujourd'hui Memmingen, qui a été ville libre et impériale dans la Souabe.

*Dryope,* ville du Péloponnèse, dans l'Argie.

*Dryopis,* ville dans la contrée d'Œta; Strabon la nomme Tétrapole.

*Dubris,* nom de la ville de Douvres.

*Dulma,* ville autrefois épiscopale, suffragante de Spanato. Elle était dans la Bosnie.

*Dunrodunum,* ville de la Bretagne ultérieure; c'est aujourd'hui Dornock, ville de l'Écosse septentrionale.

*Dunum,* nom latin des villes de Châteaudun en France, Downe en Irlande, Dun en France, Dunamase en Irlande.

*Duodeciacum,* ville de France dans l'Austrasie. Ortélius dit que c'est Douse en Lorraine. Ortélius confond sans doute ici Douse avec Dieuze. Il y a Douse dans le diocèse de Périgueux.

*Dureria,* dans la Lyonnaise III<sup>e</sup>; c'est aujourd'hui Rieux en Bretagne, diocèse de Vannes.

*Durocasses* ou *Durocassæ,* nom latin de la ville de Dreux en Normandie.

*Durocatellauni,* nom latin de Châlons-sur-Marne.

*Durocortorum*, nom latin de la ville de Reims.

*Durocoiregum*, dans la Belgique II^e ; c'est aujourd'hui Douriers en Picardie.

*Duronum*, ville de la Gaule belgique II^e ; c'est aujourd'hui Estrun-Cauchie dans le Hainaut.

*Durotinum*, ville de la Gaule narbonnaise ; c'est aujourd'hui Villars d'Aresnes, village du Dauphiné entre Grenoble et Briançon.

*Durovernum Cantiorum*, ville d'Angleterre dans la Bretagne citérieure ; c'est aujourd'hui Cantorbéry.

# E

*Eborodunum*, *Eberodunum* ou *Eburodinum* ; ce sont les anciens noms d'Embrun en Dauphiné et d'Iverdun en Suisse.

*Ebroicum*, nom latin d'Evreux.

*Eburonia*, ville de la Gaule belgique ; c'est aujourd'hui Boury, village du pays de Liége.

*Eburum*, ville de la Germanie ; c'est aujourd'hui Olmutz.

*Ecbatane*, ville d'Asie dans la grande Médie : on place ses ruines à Tauris ou à Casbin.

*Echelle*, ville de la Sicile, vers les sources du fleuve Acïates. On la nomme aujourd'hui Ochula ou Aquila. Elle était autrefois très-forte.

*Echinus*, ville de Grèce, au fond du golfe Maliaque ; elle a été épiscopale.

*Edesse*, ville de la Mésopotamie ; elle était à gauche de l'Euphrate, et on la nommait autrefois Antioche.

*Egabra*, *Agabra*, *Egabro* et *Egabrum*, ville d'Espagne dans la Bétique ; elle a été épiscopale, sous l'archevêché de Séville, du temps des Goths. C'est aujourd'hui le bourg de Cabra en Andalousie.

*Egara*, ville de l'Espagne tarragonaise ; ce n'est plus qu'une bourgade appelée Terassa, dans la Catalogne.

*Egelaste*, ville de l'Espagne tarragonaise ; c'est aujourd'hui Yniesta, ville de la Nouvelle-Castille.

1. *Eger*, ville de la haute Hongrie ; c'est aujourd'hui Agria.

2. *Eger*, ville de la Bohême ; c'est aujourd'hui l'Egre.

*Egosa*, ville de l'Espagne tarragonaise, dans le territoire des Castillans ; les interprètes de Ptolémée croient que c'est Castel-Follit, place forte de la Catalogne.

*Eïone*, ville de la Thrace, près de l'embouchure du Strimon : on la nomme Stramona.

1. *Eliberis*, *Illiberis*, *Elyberri*, *Illiberis*, *Ilybyrris* ou *Elibere*, ville grande et riche de la Gaule narbonnaise ; c'est aujourd'hui Elna et non pas Collioure.

2. *Eliberis*, *Elibiri*, *Iliberi* ou *Eliberini*, ville d'Espagne dans la Bétique ; ce pourrait être Elvire.

*Elibia*, ville épiscopale de l'Afrique proconsulaire.

*Eliocroca*, ville d'Espagne ; c'est aujourd'hui Lorca au royaume de Murcie.

*Elmechani*, ville épiscopale de la Troade, suffragante de Cyzique ; ce n'est plus qu'un bourg de la Natolie propre.

*Eloia*, ville de Paphlagonie, province d'Asie ; c'est aujourd'hui Helva.

*Elvire*, *Eliberis* ou *Illiberis* : cette ville, connue par le concile qui y fut tenu vers l'an 305, est à présent si ruinée, qu'on ne sait pas même où elle a été. Quelques-uns pensent que Grenade tient sa place.

*Elusa*, ou *Elusatium Civitas* ; c'est Eause dans l'Armagnac, ville ancienne qui fut longtemps la capitale de la Novempopulanie et le siége d'un évêché.

*Elusio*, dans la I^re Narbonnaise ; c'est aujourd'hui Narouze en Languedoc.

*Etyma*, ville maritime de la Macédoine, selon Ptolémée ; ses interprètes l'expliquent par la Canina, qui est aujourd'hui une ville de l'Albanie.

*Eminium*, ville épiscopale d'Espagne, dont le siége a été uni à celui de Coïmbre.

*Emporiæ* ; c'est aujourd'hui Ampurias, ville maritime d'Espagne, dans la Catalogne.

*Empulium*, *Empulum*, lieu d'Italie, dans le territoire des Tiburtes ; c'est aujourd'hui Saint-Lupédio ou Saint-Elpidio, bourg assez considérable dans le Picentin.

*Endideium*, ville de la Rhétie ; c'est aujourd'hui Newmarck ou Bolsano, l'un et l'autre dans le Tyrol.

*Engeriacum* ou *Angeriacum Palatium*, nom latin de la ville de Saint-Jean d'Angely.

*Enna* ou *Henna*, ville municipale de Sicile, vers le milieu, sur une montagne. Le nom moderne d'Enna est Castro Giovanni.

*Epamanduodurum*, dans la grande Sequanaise ; c'est Mandeure dans le comté de Montbéliart.

*Ephèse*, *Ephesus*, ville de l'Ionie dans l'Asie. Les Turcs l'appellent aujourd'hui Ajasalouc, et les Italiens Efeso. Elle est dans l'Anatolie propre, sur l'Archipel, à l'embouchure de la rivière de Chiais et vis-à-vis l'île de Samos. Elle a eu un siége archiépiscopal, et on y célébra le 3^e concile œcuménique l'an 431 : elle est aujourd'hui presqu'entièrement ruinée et habitée par des Turcs.

*Epiacum*, ville des Brigantes dans la Grande-Bretagne. Caubden croit que c'est Pape Castle en Northumberland.

*Epidarum*, ville de l'île de Chypre ; son nom moderne est Pitareuil.

*Epotium*, dans la Narbonnaise II^e ; c'est aujourd'hui Upais dans le Dauphiné.

*Epusium*, dans la Belgique I^re ; c'est Ivoix ou Carignan.

*Equabona*, ville d'Espagne. Quelques auteurs disent que c'est aujourd'hui Conna, village du Portugal, dans l'Estramadure.

*Equestris Colonia*, ville de l'anc. Gaule, au pays des Séquaniens. On dispute si c'est Nyons en Suisse, ou Coulonges dans le pays de Gex.

*Equus Tuticus*, petite ville des Hirpins en Italie. Cluvier croit que c'est aujourd'hui Ariano, ville du royaume de Naples, dans la principauté ultérieure.

*Eractum*, ville des Bastarnes dans la Sarmatie européenne. On croit que c'est Row, petite ville de Pologne.

*Erbita*, ville de Sicile, qu'on croit être aujourd'hui Nicosia, dans la vallée de Demona.

*Erdonia*, lieu d'Italie, qu'on croit être la Cedogna, dans le royaume de Naples.

*Eremberti Lapis*; c'est aujourd'hui Hermastein en Allemagne.

*Eremus Helvetiorum*; aujourd'hui Enisideln en Suisse.

*Eresburgum*, nom latin de Stadtberg en Wesphalie.

*Eresos* ou *Eressos*, ville de l'île de Lesbos. Niger dit que c'est aujourd'hui Cidonia. Mais le P. Hardouin dit que c'est Geremia.

*Eretum*, ville des Sabins dans l'Ombrie; c'est aujourd'hui Monte-Rotondo dans la Sabine.

*Ergavia*, ville de l'Espagne tarragonaise; c'est, selon quelques modernes, Ygualada en Catalogne.

*Eragvica*, ville des Celtibériens, dans l'Espagne tarragonaise; c'est le lieu nommé aujourd'hui Penna-Escritta ou Santander.

*Ergetium*, ville de Sicile; elle était à quelque distance de la mer, et ses ruines sont aujourd'hui nommées Citadella.

*Eribœa*, ville d'Asie dans la Bithynie, dont le nom moderne est Gebyse ou Lehussa.

*Erimum* ou *Erinum*, ville de l'Œnotrie. Gabriel Barri veut que ce soit aujourd'hui le bourg nommé Regina, dans la Calabre citérieure.

*Ermandica*, ville des Vaccéens; quelques-uns pensent que c'est Salamanque.

*Ermione*, ville du Péloponnèse, dans le golfe Argolique: on croit que c'est aujourd'hui Castri.

*Ernaginum* ou *Enargina*, ville de la Gaule narbonnaise, qu'on croit être aujourd'hui ou le Vernegues ou Maillane en Provence.

*Ernodonum* ou *Ernodurum*, ville de la Gaule; c'est aujourd'hui Saint-Ambroise, village près de Bourges.

*Erythræ*, ville de l'Ionie; les voyageurs nomment ce lieu Gesmé; c'est aujourd'hui un village.

*Eryx*, nom d'une ville de Sicile; elle était fameuse, et s'appelle aujourd'hui Trapani-del-Monte, à cause de la montagne sur laquelle elle est située.

*Esuris*, petite ville de l'anc. Espagne; c'est Herce en Andalousie.

*Etanna*, dans la Viennoise; c'est aujourd'hui Yenne en Savoie.

*Etocetum*, ville d'Angleterre, qu'on croit être aujourd'hui Litchfield.

*Evandria*, petite ville d'Espagne dans la Lusitanie. Les modernes croient la retrouver à Talavera-la-Veja, bourg de la Vieille-Castille.

*Eubœa*, ville de Sicile, remplacée par une forteresse nommée Castellazio.

*Evodunum*, petite ville forte de l'Écosse méridionale; son nom moderne est Dunstafag.

*Europus*, ville de Syrie sur l'Euphrate; elle était épiscopale.

*Exilissa*, ville de la Mauritanie tingitane; les modernes croient que c'est aujourd'hui Ceuta en Afrique.

*Exonaba*, ville d'Espagne, dans la Lusitanie: on croit que ce pourrait bien être l'Ossonaba de Ptolémée, que quelques-uns mettent à Estombur, village de l'Algarve.

*Extrema*, nom latin d'une petite ville de France dans le Limousin: on la nomme aujourd'hui Bort.

# F

*Fabiranum* ou plutôt *Phabiranum*, anc. lieu de la Germanie, que l'on croit être aujourd'hui Brême.

*Fabrateria*, ville des Volsques dans l'Italie, sur la rivière Trerus; c'est aujourd'hui Falvatera, bourg de l'État de l'Église.

*Falesia, Faleria, Faleris, Falerii*, ville anc. d'Italie dans la Toscane, aujourd'hui ruinée. Elle était, dit-on, à l'endroit où se trouve à présent civitas Castellana.

*Fanum Canici*, ville forte d'Irlande, dans la province de Lagenie au comté de Kilkenni dont elle porte le nom aujourd'hui.

— *Fidei*, Sainte-Foi, ville d'Espagne, au royaume de Grenade.

— *Fortunæ*, ville d'Italie, qui prit son nom d'un temple de la Fortune qui y fut bâti par les Romains. Cette ville est dans l'État de l'Église et s'appelle Fano.

— *Jovis*, aujourd'hui Fanjaux, petite ville du Languedoc.

*Fanum Luciferi*, aujourd'hui Saint-Luc, place forte dans l'Andalousie.

— *Junonis Argivæ*, aujourd'hui Gisoni dans le pays des Picentins.

— *Martis*, dans le Hainaut, à quelques lieues de Valenciennes, était une anc. ville qui n'est plus qu'un village.

— *Martis*, ville d'Italie; c'est maintenant Pescia en Toscane.

— *Sancti Ægidii*, aujourd'hui Saint-Gilles, ville de France dans le Languedoc.

— *Sancti Africani*, Saint-Affrique, ville de France dans le Rouergue.

— *Sanctæ Agathæ*, Sainte-Agathe dans le royaume de Naples.

— *Sanctæ Agathæ Gothorum*, ville d'Italie au royaume de Naples, dans la principauté ultérieure, aujourd'hui Sancta-Agatha-di-Gothi.

— *Sanctæ Agathæ*, aujourd'hui Santia dans le Piémont.

*Fanum Sancti Agripani*, aujourd'hui Sainte-Agrève, ville de France dans le Vivarais.

— *Sancti Albani*, auj. Saint-Albans en Angleterre.

— *Sancti Albini*, auj. Saint-Aubin-du-Cormier en Bretagne.

— *Sancti Amandi*, aujourd'hui Saint-Amand dans le département du Nord.

— *Sancti Amarini* ou *Sancti Marini*, Saint-Amarin ou Saint-Damarin, bourg de France dans l'Alsace.

— *Sancti Andreæ*, Saint-André, petite ville d'Allemagne dans la Carinthie.

— *Sancti Andreæ*, Saint-Andrew, ville épiscopale d'Ecosse.

— *Sancti Andreæ*, Santander, ville d'Espagne dans la Biscaye.

— *Sancti Anemundi*, Chaumont, ville de France dans le Lyonnais.

— *Sancti Angeli*, Sant-Angelo, ville du royaume de Naples.

— *Sancti Angeli Longobardorum*, Sant-Angelo de Lombardie, ville d'Italie dans le royaume de Naples.

— *Sancti Angeli*, Sant-Angelo, bourg de l'Etat de l'Eglise.

— *Sancti Angeli*, Sant-Angelo dans le Milanais.

— *Sancti Angeli Vidani*, Sant-Angelo in Vado, petite ville d'Italie dans l'Etat de l'Eglise.

— *Sancti Antonii*, Saint-Antoine, bourg de France en Dauphiné.

— *Sancti Antonini*, Saint-Antonin, petite ville de France dans la Guienne.

— *Sancti Arredi*, Saint-Yrieix, petite ville de France dans le Limousin.

— *Sancti Arnulphi*, Saint-Arnoult, petite ville de France dans la Beauce.

— *Sancti Asaphi* ou *Asaphopolis*, petite ville épiscopale d'Angleterre, nommée Saint-Asaph.

— *Sancti Audomari*, aujourd'hui Saint-Omer.

— *Sancti Bertrandi*, petite ville de France dans la Guienne, sur la Garonne.

— *Sancti Botolphi*, Boston, ville d'Angleterre dans le Lincoln.

— *Sancti Brioci* ou *Briocum*, Saint-Brieuc, ville épiscopale de France.

— *Sanctæ Christinæ*, Sainte-Christine, ville d'Espagne dans l'Aragon.

— *Sancti Christophori*, Saint-Christophe, ville de France en Touraine.

— *Sancti Clari*, Saint-Clair, ville de France dans l'Ile de France.

— *Sancti Claudii*, Saint-Claude, ville de France, en Franche-Comté.

— *Sancti Claudoaldi*, Saint-Cloud, près Paris.

— *Sanctæ Columbæ*, Sainte-Colombe, petite ville de France dans le Lyonnais.

— *Sanctæ Crucis*, Sainte-Croix, nom latin que portent différents lieux.

— *Sanctæ Cyriacæ*; c'est le nom que les auteurs du moyen âge ont donné à Giéraci, ville du royaume de Naples.

DICTIONNAIRE DE GÉOGRAPHIE ECCL. I.

*Fanum Sancti Cyriaci*, Saint-Cyr (abb.) dans l'Ile de France.

— *Sancti Davidis*, ville épiscopale d'Angleterre au pays de Galles.

— *Sancti Deodati*, Saint-Dié, ville de Lorraine et ville sur la Loire, près de Blois.

— *Sancti Desiderii*, Saint-Dizier, ville de France en Champagne.

— *Sancti Desiderii*, Saint-Didier, bourg de France dans le Forez.

— *Sancti Desiderii*, petite ville de France dans le Velay.

— *Sancti Dionysii*, Saint-Denis, ville de l'Ile de France.

— *Sancti Dyonisii*, Saint-Denis, ville de France en Normandie.

— *Sancti Dionysii*, dans les Pays-Bas (abbaye).

— *Sancti Edmundi*, Saint-Edmonds-Buri, bourg d'Angleterre dans la province de Suffolk.

— *Sanctæ Euphemiæ*, Sainte-Euphémie, ville du royaume de Naples.

— *Sancti Eutychii*, San-Toyo, petite ville d'Espagne dans le royaume de Léon.

— *Sancti Felicis*, San-Felice, place forte dans l'Etat de l'Eglise.

— *Sancti Felicis de Quixolis*, Saint-Félien de Quixoli, ville d'Espagne en Catalogne.

— *Sanctæ Fidei*, Sainte-Foi, ville de France en Guienne.

— *Sancti Florentii*, San-Fiorenzo, bourg d'Italie.

— *Sancti Flori* ou *Floropolis*, Saint-Flour, ville épiscopale de France.

— *Sancti Galii*, Saint-Gal, ville de Suisse.

— *Sancti Galmerii*, Saint-Galmier, petite ville de France dans le Forez.

— *Sancti Gaudentii*, Saint-Gaudens, petite ville de France.

— *Sancti Genesii*, presqu'île de France en Provence près de Martigues; il y avait un gros bourg qui ne subsiste plus.

— *Sancti Germani*, San-Germano, petite ville de Piémont.

— *Sancti Germani*, San-Germano dans la Terre de Labour.

— *Sancti Germani in Laya*, Saint-Germain-en-Laye, ville et maison royale de l'Ile de France.

— *Sancti Germani in Lembruno*, Saint-Germain-Lembrun, petite ville de France dans l'Auvergne.

— *Sancti Goari*, Saint-Gover, ville d'Allemagne sur le Rhin.

— *Sancti Gothardi*, Saint-Gotard dans la basse Hongrie (monastère).

— *Sancti Gisleni* ou *Gislenopolis*, Saint-Guilain ou Saint-Gislain, petite ville des Pays-Bas dans le Hainaut.

— *Sancti Hippolyti*, Saint-Polten, petite ville d'Allemagne dans l'Autriche.

— *Sancti Hippolyti*, Saint-Hippolyte, petite ville de France dans l'Alsace.

16

*Fanum Sancti Hippolyti*, Saint-Hippolyte, bourg dans le Languedoc.

— *Sancti Huberti*, Saint-Hubert, ville du pays de Liége.

— *Sancti Joannis*, Saint-Jean, ville de Savoie.

— *Sancti Joannis*, Saint-Jean, bourg d'Allemagne.

— *Sancti Joannis ad Lavum*, Saint-Johnston, ville de l'Ecosse septentrionale.

— *Sancti Joannis Angeriaci*, Saint-Jean-d'Angely, ville de France en Saintonge.

— *Sancti Joannis de Rupe*, Saint-Jean de la Pena, monastère d'Espagne dans l'Aragon.

— *Sancti Joannis in Piscaria*, Saint-Jean de Pesquera, forteresse de Portugal.

— *Sancti Joannis Laudonensis*, Saint-Jean de l'Aône, ville de France en Bourgogne.

— *Sancti Joannis Lusii*, Saint-Jean-de-Luz, ville de France dans les Basses-Pyrénées, diocèse de Bayonne.

— *Sancti Joannis Pedeportuensis*, Saint-Jean-Pied-de-Port, idem.

— *Sancti Irenes*. Santarem, ville de Portugal.

— *Sanctæ Julianæ*, Santillane, petite ville d'Espagne dans les Asturies.

— *Sancti Laudi*, Saint-Lô, ville de France.

— *Sancti Laurentii de Areolis*, Saint-Laurent-des-Eaux, bourg de France entre Blois et Orléans.

— *Sancti Leodegarii*, Saint Léger, bourg de France dans le Poitou.

— *Sancti Leonardi*, Saint-Léonard, petite ville d'Allemagne. Il y a plusieurs localités de ce nom en France.

— *Sancti Leonis*, Saint-Léon, ville d'Italie dans État de l'Eglise.

— *Sancti Leonis*, Saint-Léon, petite ville du royaume de Naples.

— *Sancti Leonis*, Saint-Léon, bourg de France en Champagne.

— *Sancti Lucæ Majoris*, Saint-Lucar-Major, bourg d'Espagne dans l'Andalousie.

— *Sanctæ Luciæ*, Santa-Lucia, petite ville de Sicile.

— *Sancti Maclovii*, Saint-Malo, ville de France en Bretagne.

— *Sancti Marcellini*, Saint-Marcellin, bourg de France dans le Dauphiné.

*Sancti Marcelli*, Saint-Marceau, l'un des faubourgs de Paris.

— *Sancti Marci* ou *Marcopolis*, petite ville d'Italie au royaume de Naples, dans la Calabre citérieure, appelée San-Marco.

— *Sanctæ Marinellæ*, Sancta-Marinella, château de l'Etat de l'Eglise.

— *Sancti Marini* ou *San-Marinum* ou *Mons-Titanus* ou *Mons Aur*, San-Marino, petite capitale de la république de ce même nom, en Italie.

— *Sancti Mathæi*, San-Matheo, ville d'Espagne au royaume de Valence.

— *Sanctæ Mauræ*, ville de la Grèce, aujourd'hui Sainte-Maure, dans l'île de même nom.

*Fanum Sancti Mauri* ou *Morum*, San-Mauro, ancienne ville épiscopale, présentement village du royaume de Naples.

— *Sancti Mauri*, Saint-Maur-des-Fossés, bourg de l'Ile de France.

— *Sancti Mauritii*, petite ville de Savoie appelée Saint-Maurice.

— *Sancti Maxentii*, Saint-Maixent, ville de France dans le Poitou.

— *Sancti Maximini*, Saint-Maximin, ville de France en Provence.

— *Sanctæ Menehildis*, Sainte-Menehould, ville de France en Champagne.

— *Sancti Michaelis Archangeli* ou *Archangelopolis*, Archangel, ville de l'empire russe.

— *Sancti Michaelis*, Saint-Michel, ville de Lorraine sur la Meuse.

— *Sancti Miniati Teutonis*, San-Miniato-al-Tedesco, ville d'Italie en Toscane.

— *Sancti Naboris*, ou *Nova Cella*, Saint-Avaud, bourg de France en Lorraine, ancienne abbaye.

— *Sancti Nicolai*, Saint-Nicolas, bourg de France en Lorraine.

— *Sancti Nicolai*, Saint-Nicolas, bourg des Pays-Bas.

— *Sancti Palatii*, Saint-Palais, petite ville de France dans la Navarre.

— *Sancti Papuli* ou *Papulopolis*, Saint-Papoul, anc. ville épisc. de France dans le haut Languedoc.

— *Sancti Pauli*, Saint-Paul, petite ville de France.

— *Sancti Pauli*, Saint-Paul, petite ville de France dans le haut Languedoc.

— *Sancti Pauli Fœniculensis*, Saint-Paul de Fenouillèdes, petite ville de France, en Languedoc.

— *Sancti Pauli Leonini*, Saint-Pol-de-Léon, anc. ville épisc. de France en Bretagne.

— *Sancti Pauli Tricastinensis*, Saint-Paul-Trois-Châteaux, anc. ville épisc. de France en Dauphiné.

— *Sanctæ Petronillæ*, Sainte-Pétronille, place forte d'Allemagne dans la basse Autriche, sur le Danube.

— *Sancti Pontii Tomeriarum* ou *Tomeria* ou *Pontiopolis*, Saint-Pons-de-Tomières, anc. ville épisc. de France en Languedoc.

— *Sancti Portiani*, Saint-Pourçain, ville de France dans l'Auvergne.

— *Sancti Quentini*, Saint-Quentin, ville forte de France en Picardie.

— *Sancti Quirici*, San-Quirico, bourg d'Italie en Toscane.

— *Sancti Ramberti*, Saint-Rambert, ville de France, dans le Forez.

— *Sancti Reguli*, ville d'Ecosse. C'est la même que Saint-André.

— *Sancti Remigii*, Saint-Remi, petite ville de France en Provence.

— *Sancti Ricarii*, petite ville de France en Picardie.

— *Sancti Romuli*, San-Remo, petite ville d'Italie sur la côte de Gênes.

NOTICE GEOGR. DES VILLES ANCIENNES RUINEES, ETC.

*Fanum Sancti Salvatoris Vicecomitis*, petite ville de France dans la Normandie, appelée Saint-Sauveur-le-Vicomte.

— *Sancti Sebastiani*, Saint-Sébastien, ville d'Espagne dans la province de Guipuscoa.

— *Sancti Selerini*, Saint-Sélerin, bourg dans le Maine.

— *Sancti Severi* ou *Severopolis*, San-Severo, ville du royaume de Naples dans la Pouille.

— *Sancti Severi* ou *Severopolis*, Saint-Sévère, ville de France en Gascogne.

— *Sancti Symphoriani de Ausone*, Saint-Saphorin d'Ozon, bourg de France, en Dauphiné.

— *Sancti Simphoriani ad Layam*, Saint-Saphorin-de-Lay, petite ville de France dans le Beaujolais.

— *Sancti Spiritus*, le Saint-Esprit, ville de France dans le Languedoc.

— *Sancti Stephani*, Saint-Etienne, bourg de France dans le Forez, maintenant ville considérable.

— *Sancti Theodorici in Monte Aureo*, Saint-Thierri-du-Mont-d'Or, village de France en Champagne.

— *Sancti Thomæ*, Thomasthowne, bourg d'Irlande.

— *Sancti Torpetis*, Saint-Tropez, ville de France en Provence.

— *Sancti Trudonis* ou *Trudonium*, Saint-Truyen ou Saint-Tron, petite ville d'Allemagne au pays de Liége.

— *Sancti Trudonis*; c'est ainsi que les écrivains du moyen âge nomment Santander, ville d'Espagne dans la Biscaye.

— *Sancti Valerici*, ville de France en Picardie appelée Saint-Valery.

— *Sancti Valerici*, Saint-Valery, bourg de France en Normandie.

— *Sancti Valerii*, Saint-Valier, ville de France dans le Viennois.

— *Sancti Venantii*, Saint-Venant, petite ville de France en Artois.

— *Sancti Vendelini*, Saint-Vendel, bourg d'Allemagne dans l'électorat de Trèves.

— *Sancti Vincentii*, San-Vincente de la Barquera, bourg et bon port d'Espagne dans la Biscaye.

— *Sancti Viti*, Saint-Weit, ville d'Allemagne dans la haute Carinthie.

— *Sancti Ursicini*, Saint-Ursane, ville d'Allemagne dans l'évêché de Bâle.

— *Sancti Yvonis*, Saint-Yves, bourg d'Angleterre en Huntingtonshire.

— *Vaccinæ*, Vocone, anc. ville de la Sabine, en Italie.

— *Voitumnæ*, Viterbe, ville d'Italie, capitale du patrimoine de Saint-Pierre.

NOTA. Ce mot *Fanum* signifie en latin, un temple, une église ou même simplement un lieu dédié ou consacré.

*Faucena*, nom latin de Fouessen, ville de Souabe.

*Faventia*, nom latin de Faenza en Italie.

*Felicitas Julia*, anc. nom de la ville de Lisbonne.

*Felsina*, anc. nom de la ville de Bologne.

*Feradimaiensis*, anc. siége épisc. de la Byzacène en Afrique, qu'on croit être le même que les deux siéges suivants.

*Feraditana*, *Major* et *Minor*, anc. siéges de Bysacène en Afrique.

*Ferarius Portus*; c'est le nom latin de Porto-Ferajo.

*Ferenta*, anc. ville d'Italie dans la Pouille; c'est auj. la ville de Forenza.

*Fesulæ*; c'est auj. Fiesoli, petite ville d'Italie dans le Florentin.

*Ficulnea*, anc. ville d'Italie dans le Latium; on croit que c'est auj. Saint-Vasile.

*Ficus*, ou *ad Ficum*, c'est-à-dire au Figuier, anc. siége épisc. de la Mauritanie sitifienne en Afrique.

*Fidena*, *Julia Fidentia*, anc. ville de l'Emilie, auj. San Donino, entre Parme et Plaisance.

*Firma*, ou *Augusta Firma*, l'un des surnoms de la ville d'Astigis, qui est présentement Eceja, ville d'Espagne.

*Firmanorum Castellum*, anc. nom que Pline donne à la ville de Fermo en Italie.

*Flaminium Forum*, ville d'Italie dans l'Ombrie, auj. Sonte Centesimo.

*Flammona*, *Flanona* ou *Flavona*, anc. ville de l'Illyrie; c'est auj. Fianona.

*Flavia Augusta*, l'un des noms de la ville de Pouzzol dans le royaume de Naples.

*Flavia*, *Curva Papia*, Césène, ville d'Italie dans la Romagne.

*Flavia*, *Firma Sura*, Sura, ville de la Syrie sur l'Euphrate.

*Flavia Gallica*, ville de l'Espagne tarragonaise; c'est auj. Fraga dans l'Aragon.

*Flavia Lambris*, ville de l'Espagne tarragonaise, sur la position de laquelle les géographes sont partagés. Quelques-uns croient que c'est Sainte-Marie-de Finistère.

*Flaviana Aba*, ou *Flaviana Castra*, ou *Flavianum*, auj. Vienne en Autriche.

*Flaviniacum*, c'est le nom moderne de Flavigny, ville de France en Bourgogne.

*Flavionavia*, ancienne ville de l'Espagne tarragonaise, auj. Santander dans l'Asturie.

*Flaviopolis*, ville de la Cilicie, au pied du mont Taurus; elle a été épiscopale.

*Flaviopolis*, dans la Bithynie, épiscopale sous le patriarcat de Constantinople.

*Flavium Arvense*; on croit que c'est Alcolia en Espagne, à huit lieues de Séville.

*Flavium Brigantium*, ville de l'Espagne tarragonaise, auj. Bétancos dans la Galice.

*Flavium Interamnum*; on croit que c'est Pontferrada au royaume de Léon, en Espagne.

*Flavium Salpesanum*, anc. ville d'Espagne dans la Bétique; on en voit encore des ruines en Andalousie, à une heure et demie de la ville d'Utrera, selon Rodericus Carus.

*Flavium Vivitanum*, petite ville d'Espagne dans la Bétique, détruite depuis longtemps. Le village d'Ermita de los Palacios, en Andalousie, tient sa place.

*Flexum*, ville de la haute Pannonie, qu'on croit être Presbourg.

*Florentium*, *Farentinum* et *Ferentinum*, anc. ville de la Pouille, qui a été épiscopale sous la métropole de Bénévent; c'est auj. Fiorentiola ou Florentiola.

*Fccia*, anc. ville épiscopale qu'on croit être Phocée ou Phocia Vechia en Italie.

*Fons Bellaqueus*, Fontainebleau, ville de France.

*Fons Calcarius*, Forcalquier, ville de France.

*Fons Episcopi*, Fontaine-l'Évêque, ville des Pays-Bas dans le Hainaut.

*Fons Paderæ*, nom latin de Paderborn, ville d'Allemagne dans la Westphalie.

*Fons Salubris*, nom latin de Hailbron, ville d'Allemagne dans la Souabe.

*Forcomo - Furconium*, anc. ville épiscopale du royaume de Naples, détruite par les Lombards, dans l'Abruzze ultérieure.

*Fornacusa* ou *Arethusa*, anc. ville épiscopale d'Asie sous la métropole d'Apamée, auj. village de Syrie, près la ville d'Hama.

*Forum*. Ce mot, qui signifie un lieu de marché, est celui de plusieurs villes dans la langue latine. Voici les principales :

*Forum Adriani*, auj. Voorbourg, village de la Hollande, suivant Cluvier.

— *Alieni*, ville de l'Émilie sur le Pô, selon Tacite. Quelques autres la placent dans le lieu où est auj. Ferrare.

— *Appii*, ville des Volsques dans le Latium; elle a été épiscopale, et auj. elle est entièrement détruite. On croit qu'elle était dans le lieu nommé Il Caffarillo di Santa Maria, non loin de Rome.

— *Bibalorum*, ville de l'Espagne tarragonaise; on croit que c'est Fomillan, bourg du Portugal.

— *Calvicii*, ville de la Gaule cisalpine; c'est auj. Calvisano dans la Lombardie.

— *Cassii*, ville de l'Étrurie, anc. épiscopale, auj. bourg nommé S.-Maria Forcassi, dans le patrimoine de Saint-Pierre.

— *Claudii*, ville d'Italie dans la Campanie; elle a été épiscopale et ensuite ruinée.

— *Claudii*, ville maritime de la Toscane, où a été le siége d'un évêque; on pense que c'est auj. Oriolo, de l'État de l'Église.

— *Claudii*, ville de la Gaule narbonaise, auj. Moutiers en Tarentaise.

— *Cornelii*, ville de l'Émilie dans la Gaule cisalpine; quelques auteurs l'ont nommée Cornelium et d'autres Syllæ Forum. C'est auj. Imola.

*Forum Diuguntorum* ou *Jutuntorum*, ville de la Gaule transpadane; c'est Crema, ville forte de Lombardie.

— *Domitii*, ville de la Gaule narbonaise. Les uns croient que c'est Fabrègue, ville du Bas-Languedoc, les autres Frontignan.

— *Egurrorum*, ville de l'Espagne tarragonaise; c'est auj. Medina de Rio Seco, ville du royaume de Léon.

— *Flaminii*, ville de l'Ombrie où il y a eu un siége épiscopal.

— *Fluvii*, ou *Forum Valentium*, ville de la Gaule cisalpine dans la Ligurie; c'est la ville de Valenza dans le Milanais.

— *Gallorum*, petite ville de la Gaule cisalpine dans l'Émilie; c'est Castel-Franco, petite ville du domaine de l'Église.

— *Gallorum*, ville de l'Espagne tarragonaise dans le pays des Vascones; les uns veulent que ce soit Guera, les autres Luna, toutes deux dans l'Aragon.

— *Julii*, ville d'Italie, auj. Cividad di Friuli, ville du Frioul.

— *Lebuorum* ou *Libuorum*, ville de la Gaule cisalpine, auj. Borgo l'Avizaro, bourg du duché de Milan.

— *Lepidi*, ville d'Italie dans la Gaule cisalpine, auj. Reggio, ville de Lombardie.

— *Licinii*, ville de la Gaule transpadane; c'est auj. la Pieve d'Incino, bourg du Milanais.

— *Limicorum*, ville de l'Espagne tarragonaise, auj. Ponte de Lima, ville du Portugal, dans la province d'entre Duero et Minho.

— *Livii*, ville de la Gaule cisalpine dans l'Émilie; auj. Forli, ville d'Italie avec évêché, dans la province de Rome.

— *Narbasorum*, ville de l'Espagne tarragonaise, vers les confins du Portugal, sur le Duero; c'est, à ce que quelques-uns croient, la Torre de Montcorvo en Portugal.

— *Neronis*, ville de la Gaule narbonaise, dans la Provence; quelques-uns ont cru que c'était Forcalquier, mais fort mal à propos.

— *Novum*, ville de la Gaule cispadane, Fornoe, forteresse d'Italie au duché de Parme.

— *Novum*, ville d'Italie dans le pays des Sabins; elle a été épiscopale.

— *Popilii*, ville de la Gaule cisalpine dans l'Émilie; elle a été épiscopale et s'appelle Forum Popoli, dans la Romagne.

— *Segusianorum*, ville de la Gaule celtique dans le Lyonnais, auj. Feurs.

— *Simpronii*, ville de l'Italie dans l'Ombrie, auj. Fossombrone, ville épiscopale du duché d'Urbin, dans l'État de l'Église.

— *Statullorum*, ville de la Ligurie, auj. ville de Fo, bourg du duché de Milan.

*Forum Tiberii*, ville de la Gaule celtique, auj. Keysersthal, ville de la Suisse.

— *Truentinorum*, ville de la Gaule cisalpine, entièrement détruite.

— *Vibii*, ville de la Gaule subalpine, auj. Castel-Fiori, bourg du Piémont.

— *Vulcanii*, lieu de la Campanie, proche de Pouzzol, auj. la Solfarata, dans la province de Labour.

*Fossa Clodia*, anc. ville de la Vénétie, aujourd'hui Chiozza, dans l'Etat de Venise.

— *Nova*, petite ville de Toscane, la même que Fos-di-Novo.

*Franciscopolis*, nom latin de la ville de France nommée Havre-de-Grâce.

*Frateria*, ou *Phrateria*, ville de la Dacie, qu'on croit être Zazuara en Hongrie.

*Fratuolum*, anc. ville d'Italie dont le nom moderne est Palo.

*Fredelatium*, anc. ville de France en Languedoc, aujourd'hui Pamiers, ville épiscopale.

*Fregellæ* et *Fregellanum*, ville d'Italie dans le Latium. Quelques-uns veulent que Ponte-Corvo, dans la Terre de Labour, en tienne la place; mais d'autres pensent que c'est Ceprano.

*Freyena* et *Fregenæ*, anc. ville de la Toscane; c'est aujourd'hui Perge.

*Fricenti*, anc. petite ville du royaume de Naples, dans la principauté ultérieure, qui avait un siége épiscopal dans le vᵉ siècle. Ce n'est plus aujourd'hui qu'un village appelé Frigento.

*Frontanetum*, anc. lieu de la France dans l'Auxerrois, qui doit être Fontenai.

*Fulfinium*, anc. ville de l'Illyrie dans l'île de Curieta, aujourd'hui l'île de Veglia au golfe de Venise.

*Fulginia*, ou *Fulginium*, ville d'Italie dans l'Ombrie, Foligni, dans le duché de Spolette.

## G

*Gabala*, ville de la Syrie, dont les uns disent que le nom moderne est *Gibel*, d'autres *Margad*: mais c'est sans doute Jebylée ou Jubaye.

*Gabalensis*, siége épiscopal de l'Asie.

*Gabé*, ville épiscopale de la Syrie, nommée Gaba par Josèphe, et Gabaé dans les notices.

*Gabies*, *Gabri*, ville d'Italie dans le Latium; c'est aujourd'hui le village de Hosteria-di-Finschio.

*Gabris*, dans l'Aquitanique Iʳᵉ; c'est Chabris en Berry.

*Gabrumagum*, ville de la Norique. Lazius croit que c'est Grobming.

*Gades*, ville d'Espagne; c'est aujourd'hui Cadix.

*Galava*, ou *Gallava*, ville de la Grande-Bretagne; c'est aujourd'hui Kellenton.

*Galeria*, ou *Galaria*, ville de Sicile; c'est aujourd'hui Gagliano.

*Gangara*, ville de l'Albanie, qu'on croit être Rocha ou Citraen.

*Gangra*, Gangre, ville d'Asie dans la Paphlagonie: on la nomme maintenant Gangri.

*Ganodurum*, ville des Helvétiens, sur le Rhin. Les modernes disputent si c'est Constance ou Zurzach, ou Lauffenberg; cependant on a employé Ganodurum dans le moyen âge pour signifier Constance.

*Gariannorum*, ville de la Grande-Bretagne; on dit que c'est maintenant Burghcastle, à l'ouest d'Yarmouth.

*Gavanodurum*, quelques-uns ont cru que Saltzbourg a été appelé ainsi. Ptolémée ayant donné ce nom à une ville de Norique, les uns l'ont expliqué par Saltzbourg, d'autres, comme Lazius, par Lamerding; d'autres enfin par Ludinbourg.

*Gela*, ville de Sicile bâtie par les Rhodiens et les Crétois; elle s'appelle à présent Terra-Nova.

*Geminæ*, dans la Viennoise; c'est aujourd'hui Mens en Dauphiné.

*Genabum*, ville de la Gaule; on pense que c'est Orléans.

*Genabum*; c'est un des noms de la ville de Genève.

*Geneva Allobrogum*, ville des Allobroges dans la Gaule celtique; c'est aujourd'hui Genève.

*Genua*, ville de l'ancienne Ligurie, aujourd'hui Gênes.

*Gerœa*, ville de la Lusitanie. Quelques-uns croient que c'est aujourd'hui Cacères, à 9 lieues de Mérida.

*Gerainæ*, dans la Narbonnaise IIᵉ; c'est aujourd'hui Jarain en Dauphiné.

*Gerticos*, ville de la Lusitanie; elle a été ainsi appelée du temps des Goths, et on la nomme aujourd'hui Vamba.

*Gerulata*, lieu de la Pannonie; c'est aujourd'hui Kerlburg, à ce que l'on croit.

*Gerunium*, ville d'Italie, nommée aussi Gerenia. Polybe dit qu'elle est dans la Pouille.

*Gesodunum*, ville de Norique; c'est aujourd'hui Saltzbourg.

*Getia*, ville de l'Albanie, nommée par les Turcs Cotzarck.

*Giennium* ou *Oningis*, nom latin de Jaën, ville d'Espagne.

*Gilba*, ville d'Afrique dans la Numidie; il y en avait deux de même nom dans cette province, et toutes les deux étaient épiscopales.

*Glanatica*, ville des Alpes maritimes; c'est la même que Glandate (aujourd'hui Glandève).

*Glandelacum* ou *Bistagna*, ville autrefois épiscopale en Irlande, dans la province de Leinster; c'est aujourd'hui Glandeleur ou Glandelach.

*Glannibanta*, ville de la Grande-Bretagne; c'est aujourd'hui Bainbrig.

*Glanum Livii*, ville de la Gaule au pays des Salyens. Bouche croit que c'est Saint-Remi, ville de Provence.

*Glemona*; on croit que c'est aujourd'hui Gémona dans le Frioul.

*Goniga*, ville de la Grèce en Thessalie, connue aussi sous le nom de Gonos. Ce n'est plus qu'un village près du Pénée.

*Gracuris*, *Graccuris* ou *Gracchuris*, ville de l'Espagne tarragonaise. C'est aujourd'hui la ville d'Agreda près de Tarazona, aux confins de l'Aragon.

*Græcium*, nom latin de la ville de Gratz en Allemagne.

*Granius*, nom latin de la ville de Gran en Hongrie.

*Grannonum*, dans la Lyonnaise II$^e$; c'est aujourd'hui Granville en Normandie.

*Granta*, ville de la Grande-Bretagne; c'est Cambridge.

*Gratianopolis*; c'est aujourd'hui Grenoble, ville du Dauphiné.

*Gravinum*, dans la Lyonnaise II$^e$, c'est Gravine en Normandie.

*Gravionarium*, ville de la Germanie. Les interprètes de Ptolémée disent que c'est Bamberg en Franconie.

*Graviscæ*, ville de la Toscane, auprès de l'embouchure de la Marta. Cette ville fut épiscopale, et son siége était du IV$^e$ siècle; mais, la ville ayant été ruinée, l'évêché fut transféré à Corneto.

*Grisclum*, dans la Narbonnaise II$^e$; c'est aujourd'hui Gréoux, ville du diocèse de Fréjus.

*Gyzis*, port de la Marmarique. Le nom moderne est Golfo de-Cli-Arabi.

# H

*Hafnia*, nom latin de Copenhague, ville capitale du royaume de Danemark.

*Hagunoa*, nom latin de Hain, petite ville d'Allemagne, en Misnie.

*Halicarnasse*, ville d'Asie dans la Carie, dont elle était la capitale. On en attribue la fondation à des Grecs venus d'Argos. Ses ruines s'appellent aujourd'hui Tabia suivant les uns, et Boudron suivant d'autres.

*Haliciæ*, ville de Sicile entre Lilibée et Entella. Il y a aujourd'hui dans la même place le bourg de Salemi.

*Halmyris*, ville épiscopale de Scythie; c'était la même que Salmorudis.

*Haluntium*, ou *Aluntium*, ville de Sicile, sur une hauteur; c'est aujourd'hui San-Marco, à l'est du cap Orlando.

*Hannonii Montes*, nom latin de Mons, ville du Hainaut.

*Harmastis*, ville d'Asie dans l'Ibérie; c'est l'Armactica de Ptolémée.

*Hectodurum*, ville de la Rhétie; c'est aujourd'hui Echtal.

*Hedua-Civitas*; c'est un des noms d'Autun.

*Hélène*, ville de Bithynie. Cette ville devint épiscopale, et est nommée Hélénopolis dans les notices.

*Heliopolis*, nom de Corinthe, qui fut d'abord ainsi, puis Pagus, puis Ephyra, et enfin Corinthe.

*Helium*, lieu dont parle Pline, qui paraît avoir été une des embouchures du Rhin, et où l'on croit qu'est aujourd'hui le village d'Helvoet.

*Hellènes*, ville de l'Espagne tarragonaise, au pays des Calaici; c'est aujourd'hui Ponte-Vedra.

*Helvetum*, ou *Elcebus*, ville de la I$^{re}$ Germanie, qu'on croit être Schelestadt.

*Heorta*, ville des Scordisques, dans la basse Pannonie; c'est aujourd'hui Hardberg, forteresse de la basse Autriche.

*Hephelia*, *Hefelia* ou *Nephelia*, ville épiscopale du patriarcat d'Antioche.

*Heptapylos*, nom qu'a eu la ville de Thèbes en Béotie.

*Hepta Udata*, lieu de l'Italie; c'est aujourd'hui le lac de Sainte-Suzanne.

*Héraclée*, nom de Cita-Nova, ville située dans une petite île à l'embouchure de la Piave, dans le territoire de Venise.

*Héraclée*, nom de la ville d'Oderso dans l'État de Venise.

*Héraclée*, bourg et ensuite ville des Gaules, à l'une des bouches du Rhône; c'est aujourd'hui Saint-Gilles.

*Héraclée*, ville de Grèce dans la Macédoine, à l'est de la ville de Scotusa; elle est nommée Heracléa-Sintica.

*Héraclée*, ville du Pont en Bithynie, capitale des Maryandiniens; elle fut la deuxième épiscopale d'Honoriade, sous la métropole de Claudiopolis.

*Herbanum*, ville d'Italie dans la Toscane; c'est aujourd'hui Orviète ou Orviéto.

*Herbatilicum*, ville de la Gaule dans la seconde Aquitaine, à deux lieues de la Loire, sur la gauche; c'est aujourd'hui le village appelé Herbauge.

*Herculia*, ville de la Pannonie, sur la route de Sopianæ à Bregentio; c'est aujourd'hui la ville de Bude.

*Herculis Fanum*, port de l'île de Malte; c'est aujourd'hui la Marsa Siroco.

*Herculis Monœci Portus*; c'est la ville de Monaco.

*Herculis Turris* ou *la Tour d'Hercule*, ville de la Cyrénaïque sur la mer Méditerranée; c'est aujourd'hui Corcuera ou Camera-Torre.

*Hermupolis-Parva* ou *la Petite Hermupolis* ou *Hermopolis*, ville d'Égypte hors du Delta, dans le nome d'Alexandrie, à l'ouest du bras occidental du Nil. Elle était épiscopale.

*Herociæ*, ou *Herculaneus Pagus*; c'est un bourg sur la montagne où est aujourd'hui Caserta Vecchia dans le pays des Samnites.

*Hetriculum*, ville de la Grande-Grèce, au pays des Brutiens ; c'est aujourd'hui Lattarico dans la Calabre citérieure, au royaume de Naples.

*Hiastropolis*, ou *Hastopolis*, ou *Imbripolis*; c'est le nom de Ratisbonne.

*Hienipa*, lieu de l'Espagne bétique ; c'est *Alcala de Guadaria*, petite ville de l'Andalousie.

*Hierocepia*, ville de l'île de Chypre ; c'est aujourd'hui le bourg de Hierochippe.

*Himeria*, ville épiscopale dans l'Asie, sous la métropole d'Édesse.

*Hippo-Curausiarum*, ville d'Espagne dans la Bétique. Le P. Hardouin fait trois villes de ce nom, Orippo, Caura et Siarum. Il place la première à Villa-de-dos-Hermanas et la dernière à Sarracatin.

*Hirpinum*, ville d'Italie au pays des Hirpins ; c'est aujourd'hui Harpaia.

*Hispalis*, ville d'Espagne dans la Bétique, sur le fleuve Bétis, au pays des Turdetains ; Séville est le nom moderne de cette ville.

*Histonium*, bourg d'Italie dans la quatrième région ; c'est aujourd'hui Guasto-di-Amone.

*Histrica Civitas*, nom de Capo-d'Istria.

*Honosca*, ville maritime de l'Espagne tarragonaise, entre l'Èbre et Carthagène ; on croit que c'est aujourd'hui Villa-Joyosa, bourgade au royaume de Valence.

*Hortanum*, ville d'Italie dans l'Étrurie ; c'est aujourd'hui Orti.

*Hostilia*, village d'Italie entre Vérone et Modène ; c'est aujourd'hui Ostiglia.

*Hunnum*, ville de la Grande-Bretagne ; le nom moderne est Sewenshalle au Northumberland.

*Hybla Parva*, ou *la Petite*, ville maritime dans la Sicile, sur sa côte orientale. On la nommait aussi Galeotis, et plus souvent Mégare. Ses ruines sont entre Catario Fiume et Fiume San-Cosmano.

*Hyccara*, ville de la Sicile, qui était petite et maritime. Les ruines en sont nommées Murodi-Carini.

*Hydruntum*, ou *Hydrus*, ville maritime de la Grande-Grèce. Le nom moderne est Otrante.

*Hyela*, ville de la Grande-Grèce ; c'est aujourd'hui Bonfatti dans la Calabre citérieure.

*Hygris*, ville de la Sarmatie en Europe ; c'est aujourd'hui Sabardi.

*Hypsela*, ville de la Cilicie ; le nom moderne est Alascear.

*Hypselle*, ville d'Égypte à l'ouest du Nil, dans un nome dont elle était chef-lieu. Elle était épiscopale.

*Hypsitanæ (Aquæ)*, ville de l'île de Sardaigne dans l'intérieur de l'île ; c'est aujourd'hui Fordingiano.

*Hypsus*. Leunclave trouve une ville de ce nom dans la Phrygie, et prétend que le nom moderne que lui donne les Turcs est l'Upsu.

*Hyria*, ville dans la Japigie ; elle avait été bâtie par les Crétois. C'est l'Uria.

# I

*Ibliodurum*, lieu de la Gaule belgique, sur la route de Reims à Metz.

*Ichnæ*, ville de la Grèce en Macédoine ; c'est la même qu'Achnæ.

*Iciodorum*, *Iciodrum*, *Icciodorum* et *Iciodorensis Vicus Arvernorum*, noms latins de la ville d'Issoire en Auvergne.

*Icosium*, ville de la Mauritanie césarienne ; c'est Alger ou quelque autre lieu voisin.

*Idassensis*, siège épiscopal d'Afrique dans la Numidie.

*Idensis*. Il y avait en Afrique dans la Mauritanie césarienne deux villes de ce nom, et toutes deux épiscopales.

*Idunum*, ville de la Norique, qu'on croit être Udine ou Idenaw.

*Igeditæ*, ville d'Espagne dans la Lusitanie ; c'est aujourd'hui Idanha-la-Vieille.

*Ilgilgili*, ville de la Mauritanie césarienne ; c'est aujourd'hui Gigeri.

*Ildum*, ville d'Espagne sur la route de Dertosa ; on croit que c'est aujourd'hui Salfadella, village dans la partie septentrionale du royaume de Valence.

*Ilipa*, ville d'Espagne aux confins de la Lusitanie ; c'est aujourd'hui Pégnaflor en Andalousie.

*Ilipla* ou *Elepia*, ville épiscopale d'Espagne dans la Bétique ; c'est la même qu'Hispalis (aujourd'hui Séville).

*Illicias*, ville maritime de l'Espagne tarragonaise.

*Illipula*, ville d'Espagne ; c'est aujourd'hui Grenade.

*Illiturgis*, ville d'Espagne dans la Bétique ; c'est aujourd'hui Andujar el Vejo sur le Guadalquivir, au-dessus de Cordoue.

*Ilorcis*, ville de l'Espagne tarragonaise ; c'est aujourd'hui le village de Lorqui dans le royaume de Murcie.

*Iluro*, ville de l'Espagne tarragonaise ; c'est aujourd'hui Oléron dans le Béarn.

*Incibili*, ville d'Espagne, qu'on croit être la même que l'Indibilibe de Frontin.

*Indiacum Castrum*, nom latin de Saint-Flour, ville épiscopale de France, en Auvergne.

*Indibilis*, ville d'Espagne. Ce fut là que Hannon fut mis en fuite par Scipion ; c'est aujourd'hui le bourg de San-Matheo, qui est sur la route de Tortose à Valence.

*Ingena*, nom de la ville d'Avranches.

*Insula* ; c'est aujourd'hui Isola en Italie.

*Insulæ*, nom latin de Lille, dans le département du Nord.

*Insula Arabum* ; c'est aujourd'hui Gezirah, ville bâtie dans une île du Tigre.

*Intemelium Album*, ville maritime d'Italie dans la Ligurie ; c'est aujourd'hui Vintimille.

*Interamna*, ville d'Italie en Ombrie; le nom moderne est Terni.

*Interamna*, ville d'Italie au pays des Volsques, auprès du confluent des fleuves Liris et Casinus, c'est-à-dire du Gariglan et du Succo; c'est aujourd'hui Torre-di-Termine.

*Interamna*, ville d'Italie au pays des Prægutiens; c'est aujourd'hui Teramo.

*Interamnium Flavium*, ville d'Espagne sur la route de Brague à Astorga; c'est aujourd'hui Fuente-Encelada.

*Inutrium*, ville de la Vindélicie; c'est aujourd'hui Mittenwald, ville de la Bavière.

*Iporcense Municipium*, ville de la Bœturie au pays des Tardules; son nom moderne est Constantia.

*Irensis*, siége épiscopal d'Afrique dans la Byzacène; c'est le même qu'Hirenensis.

*Iria*, ville d'Italie; c'est aujourd'hui Voghera dans la Lombardie.

*Isala*, nom latin d'Issel.

*Isca*, ville d'Angleterre chez les Dumniens (aujourd'hui Excester).

*Iscalis*, ville d'Angleterre, qu'on croit être aujourd'hui Ilcester.

*Ischopolis*, ville d'Asie en Cappadoce dans le Pont; c'était Tripoli sur la mer Noire.

*Ispinum*, ville de l'Espagne tarragonaise; c'est aujourd'hui Spinario.

*Isurium*, ville de l'île d'Albion, au pays des Brigantes; c'est, dit-on, Aldbrough.

*Italica*, ville d'Espagne dans la Bétique (aujourd'hui l'Andalousie). Cette ville, connue des anciens géographes, est devenue très-fameuse par les grands hommes dont elle a été la patrie : trois ont été empereurs de Rome, savoir : Trajan, Adrien, son cousin et son successeur, et Théodose le Vieux ; c'est aujourd'hui Sévilla-la-Véja.

*Iturissa*, ville d'Espagne au pays des Vascons; c'est aujourd'hui Tolosa dans le Guipuscoa.

*Ivollum*, ville de la basse Pannonie. Lazius dit que le nom moderne est Vilach qui est en Hongrie sur le Danube.

*Ixias*, ville d'Italie dans l'Œnotrie, aujourd'hui Caroles.

## J

*Jaco*, petite ville de la Thessalie, aujourd'hui le village d'Icolcos sur le golfe de Volo.

*Jadera*, ville et colonie de la Liburnie, aujourd'hui Zara.

*Jarsath*, ville de la Mauritanie césarienne; c'est aujourd'hui Tedelet.

*Jaspis*, ville de l'Espagne tarragonaise : on croit que c'est l'Aspis d'Antonin.

*Jatinum*, nom propre de la ville de Meaux, avant qu'elle eût pris le nom du peuple auquel elle appartenait.

*Jopilia Villa*, village sur la Meuse près de Liége; c'est aujourd'hui Jupille au bord oriental de la Meuse, au-dessous de Liége.

*Joviacum*, ville de la Norique. Lazius conjecture que c'est Saltzbourg.

*Julia Claustra*, lieu dans les Alpes juliennes qu'on croit être le village de Chiuza dans le Frioul.

— *Liberalitas*; c'est aujourd'hui Evora en Portugal.

— *Libyca*, ville de l'Espagne tarragonaise, aujourd'hui Livia en Cerdaigne.

— *Mirtylis*, aujourd'hui Meriola en Portugal.

— *Restituta*, aujourd'hui Ségida en Espagne.

— *Scarabantia*, dans la Norique qu'on croit être aujourd'hui Scapring ou Sopron, nommé aussi Œdenbourg.

*Julia Segisama*, colonie qui était où l'on voit aujourd'hui Sierra d'Occa, aux confins de la Vieille-Castille.

— *Traducta*, dans la Bétique en Espagne, où est aujourd'hui Tarifa.

— *Traducta*, ville de Mauritanie, la même que Tingis.

*Juliense Castrum*; c'est aujourd'hui Citta-di-Friol en Italie.

*Juliobona*, ville de la haute Pannonie sur le Danube : on croit que c'est aujourd'hui la ville de Vienne.

*Juliobriga*, ville de l'Espagne tarragonaise dans la Cantabrie; c'est aujourd'hui El Puerto de Santono dans la Biscaye.

*Juliola*, ville de l'île de Sardaigne, dans sa partie septentrionale. Cluvier a cru que c'était Castro Doria.

*Juliomagus*, nom latin de la ville d'Angers.

*Juliomagus*, ville de la Germanie entre Tenedine et Brigobanne; c'est aujourd'hui Dutlingen.

*Julium Præsidium*; c'est le même lieu que Scalabis : c'est aujourd'hui Santarem en Portugal.

*Junonia*, surnom de la ville de Carthage.

## L

*Labicum*, ou *Lavicus*, ville du Latium aux environs de Tusculum, aujourd'hui la Colonna.

*Lacédémone*, ville de Grèce dans le Péloponnèse sur le bord de l'Eurotas; était nommée aussi Sparte. Lacédémone est une ville archiépiscopale et porte le nom de Misitra d'Ebada, dans la Laconie en Morée.

*Laconimurgum*, ville d'Espagne chez les Wetons à l'est de la Lusitanie; c'est aujourd'hui Constantia dans l'Andalousie.

*Læmocopia*, ville d'Europe dans le Bosphore de Thrace sur la Propontide. Elle est proche de Sestos et on la nomme aujourd'hui Bogazasar.

*Læstrygoniæ Rupes*; c'est un des noms de la ville de Formies dans la Campanie.

*Lagara*, ruines de l'anc. Lagaria; elles sont dans la Calabre citérieure.

*Lagenia*, nom latin de la ville de Leinster en Irlande.

*Lagentium*, *Lagecium*, ou *Lageolium*, lieu de la Grande-Bretagne, sur la route d'York à Londres; c'est aujourd'hui Casterford.

*Lagina*, bourgade de la Carie; c'est la même que Laginia.

*Lagnutum*, ville de la Mauritanie césarienne; c'est aujourd'hui Ténès.

*Lagyra*, ville de la Chersonèse Taurique, ou, ce qui est la même chose, ville de la Crimée, c'est aujourd'hui Soldaïa.

*Lama*, ville de la Lusitanie au pays des Wétons. Quelques-uns croient que c'est Lamegal, village de Portugal.

*Lametia*, ville d'Italie dans la Grande-Grèce, au pays des Brutiens; c'est aujourd'hui Sainte-Euphémie, qui donne son nom au golfe appelé en latin Lametinus Sinus.

*Laminium*, ville de l'Espagne, chez les Carpétaniens; c'est aujourd'hui Montier.

*Lanuvium*, ville d'Italie dans le Latium, sur la voie Appienne. Son nom moderne est Civita Indovina.

*Laodicée*, ville de la Carie, d'abord nommée Diospolis, puis Rhoas et Laodicée sur le Licus, pour la distinguer d'autres villes de ce nom. Elle a été célèbre dans l'antiquité. Elle fut autrefois archiépiscopale, et, ayant été renversée par un tremblement de terre, elle se releva par ses propres forces; elle a été depuis détruite dans les guerres des Osmanlis.

*Laodicée*, ville d'Asie dans la Syrie, dans un pays qui en prenait le nom de Laodicène. Elle était épiscopale.

*Laodicée sur la mer*, autre ville de la Syrie; c'est aujourd'hui Latakié.

*Lapurdum*, ville de la Gaule dans la Novempopulanie; on croit que c'est peut-être Bayonne.

*Laquedonia*, nom latin de la Cedogna, ville épiscopale du royaume de Naples.

*Larema*, ville d'Espagne: on la nomme aujourd'hui Lerme.

*Latoné*, ville d'Egypte sur le Nil; c'est aujourd'hui Dérote, ville fameuse, mais sans murailles.

*Laudunum*, ville de France, aujourd'hui Laon.

*Lauriacum*, lieu de Norique. Antonin le met pour extrémité d'une route. Semler croit que c'est Larch en Autriche.

*Lauro*, ou *Lauron*, ville de l'Espagne tarragonaise. Cette ville est aujourd'hui le bourg de Liria au royaume de Valence.

*Laxta*, ville de l'Espagne tarragonaise, dans la Celtibérie. Les uns disent que c'est Hita, ville de la Nouvelle-Castille; les autres que c'est Tragazète, village de la même province.

*Légion*, ville de l'Insubrie, ce n'est plus maintenant qu'un village de la Lombardie.

*Lemica*, ville d'Espagne; c'est aujourd'hui Lamego.

*Lentudum*, ville de la haute Pannonie; c'est aujourd'hui Lutemberg.

*Leonica*, ville de l'Espagne citérieure, au pays des Hédétains. Ses habitants sont nommés Leonicenses; c'est aujourd'hui Alcanitz sur la rivière de Guadalupa, dans l'Aragon.

*Leonina Urbs*: On a ainsi nommé une partie de la ville de Rome; son nom moderne est Borgo.

*Leontini*, ville de Sicile qui subsiste encore et qui se nomme Lentini.

*Lepe*, autrefois ville d'Espagne dans la Bétique; ce n'est plus qu'un bourg de l'Andalousie.

*Leprium*, *Lepreum*, *Lepreon* et *Lepreus*, ville du Péloponnèse dans l'Elide. Niger croit que le nom moderne est Chaiapa.

*Leria*, ville de l'Espagne tarragonaise au pays des Hédétains, dans les terres. Clusius et Moralès disent que c'est Liria.

*Leuca*, ville d'Italie au pays des Salentins; c'est aujourd'hui Sancta Maria de Leuca, dans la terre d'Otrante.

*Leucosia*; c'est aujourd'hui Nicosie, ville capitale de l'île de Chypre.

*Libisoa*, ville d'Espagne; c'est aujourd'hui un village nommé Lezura.

*Libora*, ville de l'Espagne tarragonaise au pays des Carpétaniens; c'est aujourd'hui Talavera de la Reyna.

*Libyssus*, lieu de la ville de Rome: on le nomma aussi Argæus; ce fut ensuite la rue de Toscane.

*Lilibæum*, ville de Sicile dans sa partie occidentale, près du cap du même nom. Cette ville a été ensuite nommée Helvia Colonia, et c'est aujourd'hui Marsalla.

*Limeneia*, ou *Limenia*, ville de l'île de Chypre, dans les terres. Le lieu où elle était conserve encore à peu près l'ancien nom, et s'appelle Limnat: ce n'est plus qu'un simple village.

*Lindum*, ville de l'île de la Grande-Bretagne; c'est aujourd'hui Lincoln.

*Linternum*, *Liternum* ou *Liternus*, ville d'Italie dans la Campanie, à l'embouchure de la rivière Clanis. Tous les auteurs qui ont parlé de Liternum disent qu'après sa destruction par les Wandales en 455, on érigea la tour qu'on voit encore. Cette tour est appelée Torre-di-Patria. Cette ville a été épiscopale avant que d'être détruite.

*Lipara*, ville de l'île du même nom. L'une et l'autre l'ont conservé, si ce n'est que les habitants aussi bien que les Siciliens les nomment Lipari, au lieu de Lipara.

*Littus Cæsiæ*, ville de l'île de Corse; c'est aujourd'hui Calvi.

*Liturium*, lieu d'Italie dans la Ligurie; c'est aujourd'hui Ritorbie, village du Milanais, dans le Pavésan.

*Lisisis*, ville de la Dacie; c'est aujourd'hui Laorzalos, lieu qui tombe en ruine.

*Lobetum*, ville de l'Espagne tarragonaise; c'est aujourd'hui Albaracin.

*Londinum*, ville de la Grande-Bretagne chez les Trinobantes; c'est aujourd'hui Londres.

*Longaticum*, lieu entre Aquila et Ænnonia. Lazius croit que c'est Logitz, village de Carniole.

*Longovicus*, lieu de l'île de la Grande-Bretagne; le nom moderne est Lonchester.

*Longuntica*, ville maritime d'Espagne. Quelques-uns croient que c'est aujourd'hui Guardamar, place sur la côte du royaume de Valence.

*Loventinum*, ou *Luentinum*, ville de la Grande-Bretagne; c'était une des deux villes des Demètes, près de l'embouchure de la rivière Tuerobis. On croit qu'elle a été abîmée par un tremblement de terre, et qu'elle était à l'endroit du pays de Galles.

*Luciferi Fanum*, lieu d'Espagne dans la Bétique; c'est aujourd'hui San-Lucar-de-Barameda.

*Lucus Augusti*, ville de la Gaule narbonnaise; elle était alliée des Romains. C'est la ville de Luc en Dauphiné.

*Lucus Augusti*, lieu d'Espagne sur la route de Brague à Astorga.

*Lucus Asturum*, nom latin d'Oviédo, ville d'Espagne, dans l'Asturie.

*Lugdunum*, *Lugodinum*, *Lugdunus*, *Lugudunum*, *Lygdunum*, *Lugodunum*, noms latins communs à plusieurs villes à cause de leur situation, mais qui sont plus particulièrement appliqués à la ville de Lyon. Cette ville est fort ancienne, elle fut fondée 41 ou 42 ans avant Jésus-Christ.

*Lugidunum*, ville de la grande Germanie; c'est Glogau en Silésie.

*Lugio*, ou *Legio*, lieu de la Pannonie; c'est Bath, ville de la basse Hongrie.

*Lugodinum*, ville des Bataves dans la Gaule belgique; on croit que c'est Leyde.

*Luguvallium*, lieu de la Grande-Bretagne; c'est aujourd'hui Old-Carleil (Nous l'appelons en français Carlile).

*Lumbaria*, nom latin de Lombez, ancienne ville épiscopale de France en Gascogne.

*Lumbaria*; c'est aujourd'hui Lumbier, ville d'Espagne dans la haute Navarre.

*Luna*, ville et port de mer. La ville était dans l'Étrurie, au bord oriental de la Macra, près de son embouchure. Il ne faut pas confondre la ville et le port de Luna. Les ruines de la ville s'appellent Luna Distrutta; elles donnent leur nom à un canton appelé la Lunegiane.

*Luna*, ou *Lunna*, lieu de la Gaule lyonnaise; c'est aujourd'hui Cluny, suivant quelques-uns.

*Lupatia*, ville d'Italie dans la Pouille. Elle est aujourd'hui détruite, et on a élevé à sa place Attamura, ville du royaume de Naples.

*Lupiæ*, ou *Lupia*, ville d'Italie dans la Calabre, sur la côte de la mer, entre Brindes et Otrante. Ce lieu est la tour de Saint-Cataldo, suivant les uns; mais plusieurs croient que Lupiæ est aujourd'hui la ville de Leve.

*Lurinum*, ville de Corse; c'est aujourd'hui le bourg de Luri.

*Lutetia*, nom latin qu'avait la ville de Paris.

*Lycon* ou *Lycopolis*, ville d'Égypte, dont le nom signifie ville des loups. Elle a été ensuite nommée Numia et ville épiscopale.

*Lycon*, ville de même nom en Espagne; qu'on croit être Lobon.

*Lysias*, ville du Péloponnèse dans l'Arcadie. Le nom moderne est Crépa.

*Lysimachia*, ville de la Thrace; on la nommait autrefois Hexamilium; c'est ce nom qu'elle a gardé, et on l'appelle aujourd'hui Hexamili, ou Polichron.

# M

*Macaria*, ville de l'île de Chypre, au nord de l'île, sur la côte, entre Aphrodisium et Ceraunia. On la nomme aujourd'hui Jalines.

*Macella*, ville d'Italie; elle était épiscopale, dans la Calabre; c'est aujourd'hui Strongili.

*Machobilla*, ville de la Gaule narbonnaise.

*Macolicum*, ville de l'Hibernie dans les terres; c'est aujourd'hui un lieu nommé Malk dans les cartes modernes.

*Magalonensium Civitas*, ville de la Gaule narbonnaise, qui s'est appelée depuis Maguelone. Ruinée dans le moyen âge, son évêché a été transféré à Montpellier.

*Maguntiacum*; c'est un des noms anciens de la ville de Mayence.

*Malanius*, ville d'Italie; elle était dans les terres et dans le pays des Œnotriens. C'est aujourd'hui Maida, ville de la Calabre ultérieure.

*Mamertum*, ville de la Grande-Grèce, chez les Brutiens, aujourd'hui Martorano.

*Mamillensis*, ou *Mammilensis*, ou *Mammillensis*, siége épiscopal d'Afrique, dans la Mauritanie césarienne.

*Mamuga*, ville de Syrie. Le nom moderne est Mabuga.

*Mamurrarum Urbs*, nom qu'Horace donne à la ville de Formies.

*Manæana*, ou *Manliana*, ville de la Mauritanie césarienne. Le nom moderne est Miliana.

*Manapia*, ville de l'Hibernie. Les interprètes de Ptolémée croient que c'est aujourd'hui Waterford dans l'Irlande.

*Mancunium*, *Mamucium*, *Manucium*, lieu d'Angleterre; c'est aujourd'hui Manchester, ou Mancastle.

*Mandasumitanus*, *Mandasummitanus*, ou *Mandasumitanus*, siége épiscopal d'Afrique dans la Byzacène.

**Mandela**, village d'Italie dans la Sabine : on croit que ce village est aujourd'hui Poggio-Mirleto.

**Mandonium**, ville d'Italie ; c'est aujourd'hui Casal-Nuovo, dans la terre d'Otrante, suivant une conjecture fort légère.

**Manduessedum**, lieu de la Grande-Bretagne ; c'est aujourd'hui Mancester ou Manchester ou Warwickshire.

**Manduria**, ville de la Grande-Grèce, au pays des Salentins. Le nom moderne est Casal-Nuovo.

**Manoba**, ou *Mœnoba*, ville d'Espagne, dans la Bétique, aujourd'hui Torres, dans le royaume de Grenade.

**Mantua, Carpetanorum**, ville d'Espagne : on dispute si c'est aujourd'hui Madrid ou Villamanta, qui n'en est pas loin.

**Marathos**, ville de Phénicie ; c'est aujourd'hui Margat.

**Marcelliana**, ville d'Italie dans la Lucanie ; on croit que c'est aujourd'hui Pola.

**Marcina**, ville d'Italie entre Sirenuse et Posidonie. Cluvier croit que c'est ce qu'on appelle aujourd'hui Vietri, sur la côte de Salerne.

**Marcopolis**, ville épiscopale à l'est d'Athènes, à l'entrée de l'Euripe ; c'est peut-être la ville que l'on appelle Marco-Poulo.

**Mardinum**, ville de l'île d'Albion. Ptolémée la donne aux Demètes. On croit que c'est aujourd'hui la ville de Caermarden.

**Mariniana**, ville de la Pannonie : on nomme aujourd'hui ce lieu Mar burg.

**Marinum**, ville d'Italie dans l'Umbrie ; elle se nomme aujourd'hui San-Marini.

**Marionis altera**, ville qu'on croit être aujourd'hui Lubeck, d'autres la prennent pour Sberir, et d'autres pour Sundis.

**Maritima Colonia**, ville de la Gaule narbonnaise, dans le pays des Anatili : on prétend que c'est Martigues.

**Maronia**, ou *Maronias*, ville de Syrie dans la Chalcidie, entre Tolmidessa et Coara. Il y en a qui croient qu'elle s'appelle aujourd'hui Marat.

**Martinopolis**, ou *Martiopolis*, noms donnés par divers auteurs à la ville de Mersbourg, en Saxe, dans la province de Misnie.

**Martis Castra**, ville de la Mysie ; c'est aujourd'hui Marotha, ville au-dessus des ruines de Sirmium.

**Masoga**, ville de l'Inde et la résidence du roi Assacan ; c'est la même que Massada.

**Mataritanensis**, *Mataritanus*, siège épiscopal d'Afrique dans la Byzacène.

**Matreio**, *Matreium* ; c'est aujourd'hui Matra, bourg du Tyrol.

**Mazaca**, ville de la Cappadoce, dans la préfecture de la Cilicie ; c'est aujourd'hui Sarmuzada, ville de Natolie.

**Mazaris**, ou *Mazara*, ville de la Sicile, qu'on croit être celle qui porte à présent le nom de Mazara ou Mazzara.

**Medama**, ville d'Italie dans la Grande-Grèce, au pays des Locres, sur la côte. C'est aujourd'hui Rossarno, ou Rossano.

**Medena**, nom d'une ville nommée aujourd'hui Newport, dans l'île de Wight, sur la côte d'Angleterre.

**Mediolanum Aulercorum**, ville de la Gaule dans le pays du peuple Aulerii-Eburovices ; c'est aujourd'hui la ville d'Évreux.

**Mediolanum in Gugernis**, lieu de la Gaule belgique ; c'est aujourd'hui Int-Ham, entre Kellen et Santhove, entre le Rhin et la Meuse.

**Mediolanum Insubriæ**, aujourd'hui Milan, ville d'Italie ; elle est très-ancienne, et la première ville que les Gaulois aient bâtie en Italie.

**Mediolanum Santonum**, ou *Mediolanium Santonum*, ville de la Gaule celtique ; c'est aujourd'hui la ville de Saintes. On y voit encore des restes de son ancienneté.

**Medma**, ville maritime d'Italie au pays des Brutiens. Les modernes ne s'accordent pas sur le nom moderne.

**Medoetia**, ville des Insubres près de Milan : on la nomme aujourd'hui Monza.

**Medullum**, ville de la Vindélicie. Lazius dit que c'est Medlingen.

**Megledunum**, ville des Gaules près de Bourges ; c'est aujourd'hui la ville de Mehun.

**Meliodunum**, ville de la Grande-Germanie ; c'est aujourd'hui Milensko dans la Bohême.

**Mellaria**, ville d'Espagne dans la Bétique, auprès de la mer ; on ne s'accorde point sur son nom moderne.

**Melpum**, ville d'Italie dans l'Insubrie. On soupçonne que c'est Melzo, bourg du Milanais.

**Memphis**, ville d'Égypte ; elle était la capitale du nome ou nomos auquel elle donnait son nom. Du temps de Strabon, elle était la seconde ville d'Égypte. Amrou, l'ayant ruinée, bâtit le Caire de ses ruines de l'autre côté du Nil.

**Menaricum**, ville de la Gaule belgique. Merville, village de Flandre, sur la Lys, est le nom moderne, suivant quelques auteurs.

**Menesthei Portus** ; c'est aujourd'hui Puerto de Santa-Maria.

**Menosca**, ville d'Espagne, chez les Vardules. On croit que c'est aujourd'hui la ville d'Orea ou Orio ; c'est la même que Menlascum.

**Menosgada**, ville de la Germanie ; c'est aujourd'hui Egra, aux confins de la Bohême.

**Mentesa**. Il y avait deux villes de ce nom en Espagne, l'une chez les Oretani et dont les habitants étaient nommés Mentesani Oretani, l'autre chez les Bastetani ou Bastuli.

**Meschela**, ou *Maschala*, ville d'Afrique fort grande et fort considérable ; elle avait été fondée par une colonie de Troyens.

**Messana**, ville de Sicile et la première que l'on rencontre en traversant de l'Italie dans cette île.

Elle est située sur le détroit ; c'est aujourd'hui la ville de Messine.

*Messene*, ville du Péloponnèse, capitale de la Messénie, fondée par Epaminondas le Thébain ; elle a été et est encore le titre d'un évêque *in partibus*.

*Mesuium*, ville de la Germanie entre Lupia et Argelia ; c'est aujourd'hui Meydenburg sur l'Elbe.

*Metaurum*, ville des Brutiens, aujourd'hui Tifarnuna.

*Metelis*, ville d'Egypte à l'embouchure du Nil. C'est aujourd'hui la ville de Rosette, que les Turcs appellent Raschis.

*Metorensium Civitas*, ville d'Asie ; elle n'était pas éloignée de la ville de Troie.

*Metropolis*, ville de la Sarmatie européenne, auprès du Borysthène.

*Metulum*, ville des Jadypes. Son nom moderne est Troja, et elle est sur le fleuve Savus, dans le Méduihthal.

*Mevoniola*, ville d'Italie, aujourd'hui la ville de Golcate dans la Romandiole.

*Miletopolis*, nom de la ville de Borysthénis, dans la Sarmatie. Elle avait été appelée de la sorte, parce que c'était une colonie de Milésiens.

*Mileium*, ville d'Italie, chez les Brutiens, aujourd'hui dans la Calabre ultérieure et dans les terres. Elle se nomme encore Mileto.

*Miletus*, l'une des plus anciennes villes de l'Ionie, auparavant appelée Pithyusa, Anactoria et Lelegis.

*Milonia*, ville d'Italie au pays des Samnites.

*Minaticum*, ville de la Gaule belgique sur la route de Bayacum à Durocorturum.

*Minervæ Castrum*, lieu fortifié d'Italie dans la Calabre, au pays des Locres ; c'est aujourd'hui Cripteria.

*Minturnæ*, ville d'Italie dans le Latium, sur le fleuve Lyris, un peu au-dessus de son embouchure.

*Mirobriga* ou *Merobriga*, ville de la Lusitanie dans les terres, chez les Celtiques, entre Bretolæum et Acobriga. On prétend que c'est aujourd'hui San-Iago-de-Cacem à une lieue et demie du rivage.

*Mitylene*, ville de l'île de Lesbos, très-puissante et très-peuplée. Elle a essuyé de grandes calamités en divers temps et souffrit beaucoup de la part des Athéniens durant la guerre du Péloponnèse, et durant celles contre Mithridate, de la part des Romains qui la ruinèrent après l'avoir prise. Sa situation avantageuse lui procura bientôt son rétablissement, et Pompée lui rendit sa liberté. Trajan l'embellit et lui donna son nom. Castro, aujourd'hui capitale de l'île de Lesbos, a été bâtie sur ses ruines.

*Mniaria*, ville de la Mauritanie césarienne, entre Atoa et Timici ; c'est aujourd'hui Rubet, bourgade de la province d'Alger.

*Modrena*, ville de la Bithynie : on la nomme aujourd'hui Mudurni.

*Modunga*, ville de la Mauritanie césarienne, entre Rasicibar et l'embouchure du fleuve Serbes.

*Modura*, ville des Dieux, comme la nomme Ptolémée, qui la place dans l'Inde, en deçà du Gange, chez les Caspiræi. Cette ville s'appelle aujourd'hui Bisnagar.

*Molismum*, ville de la Gaule près de Langres ; c'est, dit-on, Molesme.

*Monobrica*, ville de l'Espagne bétique : on la nomme aujourd'hui Monbriga. Ce n'est plus qu'un village de l'Andalousie.

*Monoglossum*, entrepôt de l'Inde en deçà du Gange, c'est aujourd'hui Mangalor.

*Mons Albanus*, nom latin de la ville de Montauban.

— *Argisus*, nom latin de la ville de Montargis.

— *Barrus*, nom latin de la ville de Montbar en Bourgogne.

— *Brisiacus*, nom latin de la ville de Brisach.

— *Picionis* ou *Pincionis* ; c'est aujourd'hui Montpinson dans le Maine.

— *Piligardæ*, nom latin de la ville de Montbéliard.

— *Politianus*, Monte-Pulciano en Toscane.

— *Regalis* : on a donné ce nom à plusieurs villes ou châteaux bâtis sur des montagnes, ou à cause de quelques tours ou forteresses que les rois y avaient élevés.

— *Relaxus*, nom latin de la ville de Morlaix.

*Morbium*, ville de la Grande-Bretagne ; c'est aujourd'hui Moresby.

*Moridunum*, ou *Muridunum*, ville de la Grande-Bretagne ; c'est aujourd'hui Seaton.

*Moritania*, lieu fortifié dans la Gaule belgique, sur le bord de l'Escaut : on l'appelle aujourd'hui Mortagne.

*Morosgi*, ville de l'Espagne ; c'est aujourd'hui Saint-Sébastien.

*Moson*, ou *Mosium*, ville de la Galatie, dans les terres, entre Dacasya et Sacorsa. Niger l'appelle Aricanda.

*Motenum*, ville de la haute Pannonie, sur la route de Sabaria à Vindobona, entre Scarabantia et Vindobona. Ce pourrait être aujourd'hui Bruck-an-der-Leyta.

*Mucialla*, lieu d'Italie à une lieue de la ville de Florence, du côté de Ravenne ; c'est aujourd'hui Mugello.

*Mutelacha*, ville de la Mauritanie tingitane.

*Multitanus*, ou *Mullitensis*, siége épiscopal d'Afrique dans la province Proconsulaire.

*Munda*, ville d'Espagne au royaume de Grenade à cinq lieues de Malaga.

*Munitium*, ville de la grande Germanie. Les interprètes de Ptolémée l'expliquent par Gœttingen, ville du pays de Brunswick ; mais ce n'est qu'une conjecture.

*Murgantia*, ville d'Italie dans le Samnium. On ignore en quel lieu précisément elle était située.

*Moroela*, ville de la haute Pannonie entre Sacarbantia et Lentudum. Quelques-uns croient que c'est aujourd'hui Mureck.

**Muscaria**, ville de l'Espagne tarragonaise, entre Tarraga et Setia.

**Mutilum**, ville d'Italie dans la Flaminie, au-dessus de Modène. Ce lieu s'appelle aujourd'hui Medolo.

**Mutina**, ville d'Italie dans la Gaule cispadane, entre les fleuves Gabellus et Scultenna, sur la voie Émilienne. Elle devint colonie romaine en même temps que Parme et Aquilée. Mutina est aujourd'hui la ville de Modène.

**Mutusca**, ou *Mutuscœ*, village d'Italie dans la Sabine; ce lieu s'appelle aujourd'hui Trevi.

**Mycenæ**, ville du Péloponnèse dans l'Argie et la capitale du royaume d'Agamemnon.

**Mylasa**, ou *Mylassa*, ville de la Carie; elle était située dans une riche campagne, et elle passait pour une des trois villes principales de la province.

**Myndus**, ville de la Carie. Le nom moderne de cette ville est Mentèse.

**Myre**, ville de Lycie, où saint Paul s'embarqua pour aller à Rome sur un vaisseau d'Alexandrie. C'est aujourd'hui Strumita.

**Myrina**, ville de l'Eolide; c'est aujourd'hui Marhuni, selon Leunclavius.

**Mystia**, ville d'Italie dans la Grande-Grèce; c'est aujourd'hui Monasteraci ou Monte-Araci.

**Mytistratum**, ville de Sicile; c'est aujourd'hui Mistretta.

## N

**Naagramma**, ville d'Asie sur le Gange entre Budæa et Camigra.

**Naboburum**, ville de la Mauritanie césarienne, entre Zaratha et Vitaca.

**Nabel**, ville de l'Afrique, aujourd'hui Napoli de Barbarie, dans la seigneurie de la Goulette, dans la régence de Tunis; elle avait été bâtie par les Romains et fut dans la suite une ville épiscopale.

**Nachor**, ville de la Mésopotamie, qu'on croit être la même que Haran.

**Nacoleia**, ville de la grande Phrygie, aujourd'hui Ainebghioi, auprès d'un lac.

**Nagnata**, ville de l'ancienne Hibernie, sur la côte occidentale; c'était une ville considérable, et on croit que c'est aujourd'hui Limerich.

**Napitia**, ville de la Calabre dans le pays des Brutiens. C'est aujourd'hui Pizzo, château de la Calabre Ultérieure au royaume de Naples.

**Naples**, ville d'Italie qui est aujourd'hui capitale d'un royaume de même nom; elle fut d'abord appelée Parthénope.

**Nardinium**, ville de l'Espagne tarragonaise sous les Longones, après Sælinorum.

**Nardus**, ville de l'Inde au delà du Gange.

**Nasica**, ville des Indes en deçà du Gange, à l'est de ce fleuve.

**Navalia**, ville de la Germanie inférieure, entre Asciburgium et Mediolanium. On croit que c'est la ville de Swol.

**Navos**, ville d'Ethiopie sous l'Egypte, sur le bord du Nil.

**Naupactus**, ville de Grèce dans l'Etolie; c'est aujourd'hui Lépante, ville de la Livadie.

**Nauplia**, ou *Nauplia Navale*, ville et port de mer dans l'Argie. On a jugé que ce devait être Napoli de Romanie, ville de la Scanie dans la Turquie européenne.

**Nauportum**, ville des Taurisques, vers les sources de la rivière Nauportus, où est aujourd'hui Oberlaubach.

**Naxos**, ou *Naxus*, ville de la Sicile, sur la côte orientale de cette île; c'est aujourd'hui Castel-Schiso.

**Nazianze**, ville d'Asie dans la Cappadoce, au voisinage de Césarée. Cette ville était petite, mais elle devint célèbre dans la suite. Elle fut d'abord suffragante, depuis on l'érigea en métropole.

**Neæ**, ville de Sicile; quelques-uns croient que c'est aujourd'hui Noti, d'autres soutiennent que c'est Minio.

**Neapolis**. C'est aujourd'hui Naplouse, ville de la Sourie dans la terre sainte.

**Neapolis**, aujourd'hui Napoli, dont il est parlé dans les Actes des apôtres. C'est une ville de Macédoine, où saint Paul arriva en venant de l'île de Samothrace.

**Nebrissa**, ou *Nabrissa*, ville d'Espagne dans la Bétique. On la nomme maintenant Lebrixa.

**Nemetobriga**, ville de l'Espagne tarragonaise, qu'on croit être aujourd'hui Val-de-Nebro.

**Néocésarée** ou *Niesara*, ville épiscopale de la province de Pont, comprise assez souvent dans la Cappadoce, était célèbre par son commerce et fort peuplée. C'est aujourd'hui Tockat, ville de la Natolie.

**Neodunum**, ville de France dans la Bretagne : on croit que c'est peut-être Dol.

**Neomagus**, *Novimacus* ou *Noviomagus*, ville des Regni, peuples de l'île d'Albion; c'est aujourd'hui Woodcote.

**Neomagus**, ou *Noviomagus Batavorum*, ville de la IIe Germanie, sur la rive gauche du Wahal, à l'extrémité de la Gaule. C'est aujourd'hui Nimègue.

**Nepeta**, ville d'Italie dans la Toscane, dans les terres entre Forum-Claudii et Falerinum. C'est sans doute la ville de Nepe ou Nepi, auprès du fleuve Pozzolo, entre Rome et Viterbe.

**Nerea**, ou *Alapia*, ville de la Cœlésyrie. Il y en a qui croient que c'est aujourd'hui Alépo.

**Neressus**, ville de l'Archipel, dans l'île nommée Cia par les Latins et Zea par les modernes.

**Neris**, *Nerus*, *Nerea*, *Aquæ Neri*, ou *Nereensis Vicus*; c'est aujourd'hui Néris, bourg sur les confins du Bourbonnais et de l'Auvergne.

**Neritum**, ville d'Italie dans le pays des Salentini;

on croit assez généralement que c'est aujourd'hui la ville de Nardo.

*Nertobriga*, ville de l'Espagne tarragonaise, chez les Celtibères; elle était grande et fort considérable: on en voit encore les ruines auprès de Mérida.

*Nerulum*, ville d'Italie dans la Lucanie, qu'on croit être aujourd'hui Lagonero.

*Nesactium*, ou *Nesartium*, ville de l'Istrie, prise par Manlius l'an de Rome 575. Durant le siége, les habitants égorgèrent leurs femmes et leurs enfants. Le roi se tua pour ne pas être emmené captif. C'est, dit-on, Castel-Nuevo, à l'embouchure de l'Arsias.

*Nestus*, ou *Nastus*, ville de la Thrace; on croit que c'est aujourd'hui Nyssa, métropole de la Servie.

*Nestus*, ville de l'Illyrie; c'est aujourd'hui Nissava.

*Nethum, Nea, Næthum*; ce sont les noms latins de la ville de Noto en Sicile.

*Nicæa*, ville de la Thrace; ville de l'île de Corse; elle fut fondée par les Etruriens.

*Nicée, Nicæa*, ville de Bithynie; c'est aujourd'hui Isnich, ville de la Natolie. Elle est célèbre par le concile qui s'y tint en 325 contre Arius.

*Nicée, Nicæa*, ville de Bithynie sur la côte; elle se nommait anciennement Olbia, nom qui lui est aussi donné par Ptolémée. Cette ville est différente de la précédente.

*Nicephorum*, ville de la Mésopotamie sur l'Euphrate. Quelques-uns veulent qu'elle se nomme aujourd'hui Nasinancasi; d'autres l'appellent Nephrum.

*Nicomédie, Nicomedia*, ville d'Asie, capitale et métropole de la Bithynie, sur la Propontide, entre Chalcédoine et Nicée, appelée aujourd'hui Comidia par les Italiens.

*Nicopolis*, ville de la Grèce dans l'Epire, à l'entrée du golfe d'Ambracie, sur la côte septentrionale, à l'opposite de la ville d'Actium. On la nomme aujourd'hui Prevesa; elle est sur le golfe de Larta.

*Nicopolis*, ou *Nicopolis ad Hæmum*, ville de la Thrace au pied du mont Hémus, vers la source du fleuve Iatrus.

*Nicopolis*, ville de la basse Mésie, sur l'Iatrus, à l'embouchure de ce fleuve dans le Danube. Pour la distinguer de Nicopolis sur l'Hémus, on l'appelle Nicopolis ad Danubium.

*Nicopolis*, ou *Nicopolis ad Nessum*, ville de la Thrace sur la rivière de Nesse ou Neste, à gauche.

*Nigira*, ville métropole de la Libye. Ptolémée la place près du Nigir ou Niger.

*Nimetacum*, ville sur la route de Castellum à Colonia Agrippina. Ortélius dit que ce doit être Lens en Artois.

*Ninive, Ninus*, une des plus anciennes villes du monde; elle fut bâtie par un petit-fils de Noé. Quelques-uns croient que ce fut Assur, fils de Sem, qui en fut le fondateur; d'autres disent Nemrod, fils de Cham. Ses ruines sont maintenant introuvables.

*Niossum*, ville de la Sarmatie européenne.

*Nisa*, nom de plusieurs anciennes villes dont une dans la Myliade en Lycie.

*Nisa*, ville de l'Asie proconsulaire, sur le Méandre. Elle a été épiscopale.

*Nisa*, ou *Nyssa*, ville de la Cappadoce sur la route d'Ancyre à Césarée.

*Nisibe* (*Nisibis*), ville très-ancienne et très-célèbre dans la partie septentrionale de la Mésopotamie; elle était à deux journées du Tigre. On prétend que Nemrod en fut le fondateur. Ce n'est plus qu'un village du nom de Nesbin, dans le Diarbeck.

*Noæ*, ville de Sicile dont les habitants étaient nommés Noæni. On croit que c'est aujourd'hui Noara.

*Noega*, ville d'Espagne chez les Asturi, sur la côte: on croit communément que c'est Navia.

*Noela*, ville de l'Espagne tarragonaise dans le pays des Asturi; c'est aujourd'hui Noya sur le Tambre.

*Noemagus*, ville de la Gaule lyonnaise.

*Noedunum*, ville des Gaules. Ptolémée la donne aux Aulerci.

*Nole, Nola*, ville d'Italie au royaume de Naples, dans la Terre de Labour, avec un évêché suffragant de Naples. Cette ville est très-ancienne; elle a beaucoup perdu de sa splendeur, ayant été ruinée plusieurs fois.

*Norba*, ville d'Italie dans le Latium; c'est aujourd'hui Norma.

*Nova Germania*, ou *Noba Germania*, ville épiscopale d'Afrique dans la Numidie.

*Nova Petra*, ville épiscopale d'Afrique dans la Numidie, sur la route de Théveste à Sitifis par Lambèse.

*Nova Sparsa*, ville de l'Afrique propre.

*Nova Urbs*, ville de Thrace, aux environs de Pallène.

*Novæ*, ville de la basse Mysie sur le Danube.

*Novæ*, ville de la haute Mésie sur la route de Viminacium à Nicomédie.

*Novæ*, ville de la seconde Pannonie.

*Novæ*, ou *Ad Novas*, ville d'Espagne, sur la route d'Astorga à Tarragone.

*Novana*, ville d'Italie dans le Picenum; c'est aujourd'hui Citta-Nova.

*Novaria*, ville de l'Insubrie; c'est aujourd'hui la ville de Novare dans le Milanais.

*Novasennensis, Novasumensis, Novasinensis* ou *Novasinensis*, ville épiscopale d'Afrique dans la province de Numidie.

*Novempagi*, ville de la Toscane dans les terres; c'est aujourd'hui Bagnarea.

*Noviodunum Biturigum*, ville des Gaules, chez les anc. Bituriges. Quelques-uns croient qu'elle était où est Neuvi; d'autres que c'était où est placée aujourd'hui la ville de Sancerre.

*Noviodunum*, ville de la Pannonie, sur la route d'Æmona à Sirmium. On croit que c'est aujourd'hui Krainburg.

*Noviomagus Batavorum*; c'est aujourd'hui Nimègue, ville des Pays-Bas.

*Noviomagus Nemetum*; c'est aujourd'hui Spire, ville enclavée dans le cercle du Rhin.

*Noviomagus Trevirorum*; c'est Neumagen.

*Noviomagus Veromanduorum*, ville des Gaules dans la seconde Belgique.

*Nevioregum*, ville d'Aquitaine, sur la route de Bordeaux à Autun.

*Novo-Pyrgum*. Chalcondyle place cette ville auprès du Maurave. On croit que c'est Monte Novo.

*Nuceria*, ville d'Italie dans l'Ombrie, en deçà de l'Apennin, auprès de la source du Tinno. C'est aujourd'hui la ville de Nocera, surnommée Camalaria.

*Nuceria*, ville d'Italie dans la Campanie aux confins du Picenum, auprès du fleuve Sarno. On l'appelle à présent Nocera, et, pour la distinguer des autres villes de même nom, on lui donna le surnom d'Alphaterna.

*Numana*, ville du Picenum; elle fut bâtie par les Siciliens. On l'appelle aujourd'hui Humana.

*Numance*, *Numancia*, ville de la Celtibérie. Les Numantins se rendirent célèbres par la résistance qu'ils firent aux Romains, Scipion l'Africain fit raser cette ville l'an 620 de Rome. On en voit encore les ruines à *Puente Guaray* dans la Castille-Vieille, sur le Duero.

*Nursia*, ville d'Italie dans le pays des Sabins; c'est aujourd'hui Norcia, ville de l'Ombrie, dans l'État ecclésiastique.

# O

*Oasis*, ville et désert d'Egypte, aux confins de la Libye. Il y avait deux villes nommées Oasis et que l'on distinguait par les surnoms de grande et de petite. La grande Oasis était située dans les montagnes de la Thébaïde, à l'ouest et aux confins de la Libye, dans une vallée qui conserve encore quelque chose de l'ancien nom, avec l'article El; car on la nomme El-Ouah. La petite Oasis était à quelque distance plus vers le nord, au sud du lac Kerron-Kern : on nomme encore le lieu où elle était la petite El-Ouah.

*Obila*, ville d'Espagne dans la Lusitanie, chez les Vettons.

*Obulcon*, ville d'Espagne dans la Bétique.

*Oceluni* ou *Ocelus*, ville ou bourg de la Gaule dans les Alpes; c'est aujourd'hui Exilles dans le Dauphiné.

*Ocriculum*, ville sur la voie flaminienne près du Tibre; c'est aujourd'hui Otricoli.

*Octodurus*, ancienne ville du haut Valais dont elle était la capitale. Ce n'est aujourd'hui qu'un simple village.

*Octodurum*, ville de l'Espagne tarragonaise, dans les terres, au pays des Vaccéens, selon Ptolémée. Ses interprètes veulent que ce soit Toro.

*Oeanthe*, ville de Grèce dans la Locride. Le nom moderne est Pentagii.

*Oeni Stadium*; c'est aujourd'hui Instad, ville d'Allemagne en Bavière.

*Oespolis* ou *Isporis*, ville de l'Afrique. Le nom moderne est Sibaca.

*Olarso*, ville d'Espagne, dans l'Espagne tarragonaise et dans les villes maritimes des Vascons. C'est aujourd'hui Oiarco, à 2 lieues de Fontarabie.

*Olbia*, ville maritime de l'île de Sardaigne, sur la côte orientale.

*Olbia*, ville de la Gaule narbonnaise. Quelques-uns croient que c'est Hyères, ville de Provence.

*Olbia*, ville de la Sarmatie européenne, à l'embouchure du Borysthène.

*Olbia*, ville de l'Asie Mineure dans la Pamphylie.

*Olchinium*, ville de la Dalmatie. Ce nom s'est conservé en celui de Dulcigno, qui est le nom moderne.

*Oleastrum*, ville d'Espagne sur la route de Tarragone à Tortose.

*Oliba*, ville de l'Espagne tarragonaise, au pays des Berons. On croit que c'est aujourd'hui Olit.

*Olimacum*, ville de la haute Pannonie. On croit que c'est Lymbac, en Hongrie, aux confins de la Styrie.

*Olina*, ville de l'Espagne tarragonaise, chez les peuples Calaïci-Lucinsii, dans les terres. On croit communément que c'est Molina.

*Olulis*, ville de Sicile dans sa partie occidentale; c'est aujourd'hui Sorunto.

*Olympia*, ville du Péloponnèse dans l'Élide, auprès de l'Alphée. C'est aujourd'hui Longanico.

*Olysippo* : c'est ainsi que quantité d'auteurs écrivent le nom d'une ville très-ancienne située à l'embouchure du Tage, et qui est aujourd'hui Lisbonne, ville capitale du Portugal.

*Onbi*, ville d'Egypte, capitale du nome auquel elle donnait le nom d'Ombites-Nomos.

*Onœum*, ville de l'Illyrie dans la Liburnie; c'est aujourd'hui Cabo Cumano.

*Onchestus*, ville de la Grèce dans la Béotie : on croit que Diminia en occupe le terrain.

*Onoba-Æstuaria*, ville d'Espagne dans la Bétique, au pays des Turditains, au bord de la mer et à l'ouest de l'embouchure orientale du fleuve Bétis (ou Guadalquivir), dans le golfe ; d'où lui vient ce surnom Æstuaria, pour la distinguer de l'autre Onoba.

*Onochrinum*, ville de la Pannonie; c'est aujourd'hui Kew.

*Onuphis*, ville d'Egypte dans le Delta, vers le milieu, sur la rive droite du canal du Nil. Elle était capitale d'un nome particulier nommé Onuphites-Nomos.

*Onus*, lieu épiscopal d'Asie sous la métropole de Césarée dans la Palestine.

*Oppidium*, ville de la Mauritanie césarienne, elle était dans les terres.

*Oppidonobensis*, ou *Oppidonebensis*, siége épiscopal de la Mauritanie césarienne.

*Oppidum Novum*, ville de la Mauritanie tingitane, entre Tremulæ et Ad Novas.

*Opsicella*, ville d'Espagne dans la Cantabrie.

*Ora*, ville de l'Inde, selon Arrien, qui parle du siége qu'en fit Alexandre.

*Orbitanium*, ville d'Italie dans le pays des Samnites.

*Orcelis*, ville de l'Espagne tarragonaise chez le peuple Bastitani, dans les terres. On croit que c'est aujourd'hui Origuella.

*Oria*. Strabon nomme ainsi une ville d'Espagne au pays des Oretains. On croit que c'est la même qu'Oretum.

*Orinx*, ville d'Espagne dans la Bétique. Son territoire était très-fertile.

*Oropus*, ville de Syrie; elle avait été bâtie par Nicator.

*Oropus*, ville de Grèce dans la Béotie, aux confins de l'Attique.

*Orton*, ville d'Italie; c'est aujourd'hui Ortone-sur-Mer, dans l'Abruzze citérieure.

*Ortona*, ville d'Italie chez les peuples Frentani; c'est la même qu'Orton.

*Osca*, ville de l'Espagne tarragonaise au pays des Ilergètes, dans les terres; cette ville est aujourd'hui Huesca en Aragon.

*Oscella*, ville des Lépontiens dans les Alpes cottiennes en Italie. Ce nom se conserve encore dans Domo d'Oscella, ville du Milanais.

*Osicerda*, ville de l'Espagne tarragonaise chez les Hédétains : on croit que c'est Ossera.

*Ossigi*, ville d'Espagne, au département de Cordoue.

*Ossonoba*, ville d'Espagne dans la Lusitanie; c'est aujourd'hui Estombar.

*Ostie*, *Ostia*, ville d'Italie, dans la campagne de Rome. Cette ville fut fondée par Ancus-Martius et détruite par les Sarrasins; elle a été rebâtie depuis.

*Ostie*, *Ostia Aterni*, autre ville à l'embouchure de la rivière Aternus, dont le nom moderne est Pescara, nom commun à la ville et à la rivière.

*Ostracine*, ville d'Egypte selon Ptolémée; elle était dans la Cassiotide; elle fut épiscopale.

*Otricoli*, autrefois ville célèbre de l'Ombrie, à présent village d'Italie dans l'Etat de l'Eglise, au duché de Spolette. Otricoli est le nom moderne; l'ancien était Ocriculum.

*Ottniga*, nom latin d'OEttingen, ville de Bavière.

*Oxynia*, ville de Grèce sur l'Ion.

*Oxyrynque*, ville d'Egypte sur la rive occidentale du Nil, dans un nome dont elle était la capitale.

## P

*Pacoria*, ville de la Mésopotamie sur l'Euphrate, entre Addaca et Terida.

*Palæa*, ville de l'île de Chypre, entre Citium et Amatus; elle se nomme aujourd'hui Pelandre.

*Paleis*, ville de l'île de Céphalonie. Spon prétend que c'est Palichi.

*Paloda*, ville de la Dace. Elle était dans le quartier qu'on nomme aujourd'hui les champs de Bléchisfeld.

*Panephysis*, ville d'Egypte. Ptolémée en fait la capitale d'un nome appelé Neut.

*Panormus*, port ou lieu de l'île de Samos. Il y avait aussi *Panormus*, sur la côte septentrionale de l'île de Sicile. C'est aujourd'hui Palerme, ville archiépiscopale.

*Parastafaba*, ville royale des Bulgares.

*Parentium*, ville d'Italie dans l'Istrie, entre l'embouchure du fleuve Formiou et la ville de Pola. On la nomme aujourd'hui Parenzo.

*Parienna*, ville de la Germanie, entre Arsiana et Setuia. Il y en a qui veulent que ce soit Frideck en Silésie.

*Parorania*, siége épiscopal, premièrement sous la métropole de Rhodes, ensuite sous le patriarcat de Constantinople.

*Paropus*, ville de Sicile sur la côte septentrionale; c'est aujourd'hui Colisano.

*Parthanum*, ville de la Vindélicie; c'est aujourd'hui Partenbirck.

*Parthenia*, ville de l'Illyrie; on croit que c'est aujourd'hui Præsa.

*Parthenicum*, ville de la Sicile, sur la route de Lilybæum à Tyntaride.

*Parthos*, ville d'Illyrie selon Étienne le Géographe; elle donnait le nom aux peuples Partheni, et Parthos pourrait bien être la même ville que Parthenia.

*Patavia*, nom latin de la ville de Passau.

*Patavium*, nom latin de Padoue, qu'on dit être plus ancienne que Rome.

*Paterniana*, ville de l'Espagne tarragonaise : on la nomme aujourd'hui Pastrana.

*Paternum*, ville d'Italie dans la Grande-Grèce, sur la côte occidentale, vers le cap appelé Capo-dell-Alice, connue à présent sous le nom de Ziro.

*Patiorus*, ville de Sicile; on croit que c'est aujourd'hui Palazzuolo dans le val de Noto.

*Patistama*, ville de l'Inde en deçà du Gange. Ptolémée la place sur le bord de ce fleuve.

*Patridava*, ville de la Dacie. Ptolémée la place entre Tiphulum et Carsidana. Lazius veut que ce soit Pettersdore.

*Patrovissa*, ville de la Dacie. Lazius croit que c'est aujourd'hui Brassoua.

*Patycos*, ville d'Italie; Étienne le Géographe la donne aux Brutiens et la place dans les terres. C'est la ville de Panle.

*Pavie*, ville d'Italie, capitale du Pavesan; elle a été d'abord nommée Ticinum.

*Pax Julia*, ville de la Lusitanie. Ptolémée la place dans les terres, et l'Itinéraire d'Antonin la met près d'Aruci. On ne peut douter que ce ne soit aujourd'hui la ville de Beja.

*Peda* ou *Pède*, ville d'Italie dans l'Ausonie.

*Pedalium*, ville de l'Asie Mineure sur le Pont-Euxin.

*Peguntium*, ville de la Dalmatie sur la côte, entre Epetium et Onæum. On croit que c'est aujourd'hui Almisa.

*Pella*, ville de Macédoine, et qui devint capitale de ce royaume après que celle d'Edesse eut cessé de l'être. Pella était située assez près de la mer, aux confins de l'Eméthie.

*Pellana*, ville de la Laconie. Pausanias dit qu'il y avait deux choses remarquables dans cette ville, savoir le temple d'Esculape et la fontaine Pellana.

*Pelua*, ville de l'Illyrie, sur la route de Sirmium à Salone.

*Peluse*, *Pelusium*, ville d'Egypte dans l'embouchure du bras le plus oriental du Nil et le plus voisin de la Palestine. Elle fut souvent assiégée et prise, quoique difficilement.

*Pannocrucium*, ville d'Angleterre; c'est aujourd'hui le bourg de Penkridge dans le Staffordshire.

*Perga*, ou *Perge*, ville de la Pamphylie, dans les terres, entre le fleuve Cestron et Cataractes; elle est renommée par la naissance d'Apollonius, surnommé le grand Géomètre.

*Pergamum*, ville de la Thrace, dans les terres, entre Topiris et Trajanopolis. Elle porte aujourd'hui le même nom, car elle s'appelle Pergamar.

*Pergamus*, ou *Pergamum*, ville de l'Asie Mineure dans la grande Mysie, selon Strabon, qui dit que le fleuve Caïcus passait au travers.

*Pergantium*, ville de la Ligurie; c'est aujourd'hui Bregançon sur la côte de Provence.

*Peripolium*, ville d'Italie chez les Locres ; on l'appelle vulgairement Mendolia.

*Persepolis*, ville de la Perside, capitale de l'Orient, proche de l'Araxe, qu'on a confondue mal à propos avec Elymais, qui, après la ruine de Persepolis, devint la capitale de la Perse. Elle fut brûlée par Alexandre le Grand. Quelques géographes croient qu'elle était entre Hispahan et Schiras, en un lieu nommé Chilminara.

*Petelia*, ou *Petilia*, ville d'Italie dans les terres, chez les Brutiens; elle devint métropole.

*Petovio*, *Poetovio*, *Petavio*, *Petobio*, ville de la haute Pannonie. C'est aujourd'hui la ville de Petau ou Petteau sur la Drave.

*Petra*, ville capitale de l'Arabie Pétrée et de l'Idumée méridionale. Elle a eu aussi les noms d'Agra et d'Alagor.

*Petra*, ville de Sicile dans les terres, entre Enna et Megara. Niger dit qu'on nomme aujourd'hui cette ville Peira-Patria ; mais Léandre en fait deux lieux

DICTIONNAIRE DE GÉOGRAPHIE ECCL. I.

différents, l'un appelé Petralia-in-Monte, et l'autre Petralia Sottana.

*Petuaria*, ville de la Grande-Bretagne. Ptolémée la donne aux peuples Parisi; quelques-uns disent que c'est aujourd'hui Péterborn, et d'autres disent Beverley.

*Phabiranum*, ville de la Germanie, dans sa partie la plus septentrionale, selon Ptolémée, qui la place entre Tecelia et Treva. On croit que c'est peut-être la ville de Brême.

*Phacussa*, village d'Egypte et le chef-lieu du nome d'Arabie, selon Ptolémée, qui lui donne le titre de métropole.

*Phæstum* ou *Phæstus*, ville de l'île de Crète ; c'est aujourd'hui Festo.

*Phæstum*, ville de Macédoine. Ptolémée la donne aux Estiotes.

*Phæunta*, ville du Péloponnèse, selon Diodore de Sicile ; elle devait être quelque part vers l'Argie.

*Phagres*, ville de la Thrace.

*Phalacra*, ville d'Afrique, dans la Cyrénaïque.

*Phalacrus*, ville d'Egypte, sur la route de Coptus à Bérénice.

*Phalaris*, ville de la Toscane chez les anciens Falisques.

*Pharbœtus*, ville d'Egypte, la capitale d'un nome auquel elle donnait le nom.

*Pharsalus*, ville de la Thessalie, sur une petite rivière, fameuse par la bataille que Jules-César y gagna contre Pompée et qui le rendit maître de l'empire. On la nomme aujourd'hui Parsa, et elle a été ville épiscopale.

*Phenustus*, *Fenustus* et *Phenutus*, siége épiscopal de l'Arabie, sous la métropole de Bostra.

*Pheræ*, ville du Péloponnèse, au delà du fleuve Pamisus.

*Philadelphie*, ville de l'Asie Mineure (aujourd'hui la Natolie), était autrefois célèbre par ses jeux publics. Ce fut un des premiers siéges établis par les apôtres. Les Turcs la nomment aujourd'hui Allascheyr, et elle n'est presque plus rien.

*Philadelphie*, autre ville de ce nom, autrement appelée Rabbat ou Rabbat-Ammon, capitale des Ammonites; elle était située dans les monts de Galaad. C'est aux habitants de cette ville que saint Ignace, martyr, écrivit sa lettre.

*Philadelphie*, autre ville épiscopale de la Cilicie, sous la métropole de Séleucie.

*Philæum*, ville de la basse Germanie, que quelques-uns croient être Groningue.

*Philippes*, *Phelippi*, ville de la Macédoine ou de la Thrace, appelée d'abord Datus et Crenides, selon Appien. Mais Philippe la fortifia et lui donna son nom.

*Philonis vicus*, village de la Libye. Ptolémée lui donne aussi le titre de nome.

*Philotera*, ville dans le voisinage des Troglodytes. Selon Etienne le Géographe, Ortelius juge qu'elle pouvait être aux environs du Caucase, sur le bosphore Cimmérien.

17

*Phinthia*, ville de Sicile. Elle était précisément dans l'endroit où est aujourd'hui Licata.

*Phlagusa*, ville de la Chersonèse, voisine de la ville de Troie. Cette ville avait un port nommé Crater.

*Phocée*, ville de l'Asie Mineure, que Ptolémée place dans l'Eolide, parce qu'elle était en deçà du fleuve Hermus, qu'il donne pour borne entre l'Eolide et l'Ionie. Ce n'est actuellement qu'un misérable village.

*Phoronicum*, nom que Pausanias et Etienne le Géographe donnent à la ville d'Argos, capitale de l'Argie dans le Péloponnèse.

*Phreata*, ville de la Cappadoce, dans la Garsaurie.

*Phthembuti*, nome d'Egypte; sa métropole était Tava.

*Phthenotes*, nome d'Egypte dont la capitale était Butos.

*Phycocle*, ville d'Italie dans la Romandiole, appelée aujourd'hui Cervia.

*Phylace*, ville de la Thessalie dans la Phthiotide, au voisinage des Maliens.

*Physce*, ou *Physca*, ville de la Mœsie inférieure, entre les embouchures de l'Axiacus et du Tyras. On l'appelle aujourd'hui Chosabet.

*Picuentum*, ville de l'Istrie; on la nomme aujourd'hui Pinguento.

*Pintia*. Ptolémée place deux villes de ce nom dans l'Espagne tarragonaise. Il donne l'une aux Callaici-Lucensii, et l'autre aux Vaccei. Charles Clusius et Mariana prétendent que cette dernière est aujourd'hui Valladolid; d'autres la mettent pourtant à côté de cette dernière ville. Villeneuve dit que l'autre Pintia est Chérogy, mais Surita veut que ce soit Pegnafiel.

*Pintia*, ville de Sicile. Le nom moderne est Polluci.

*Pirum*, ville de la Dacie; elle était, selon Ptolémée, entre Phanidana et Zusidana. Quelques-uns croient que c'est Pixendorf, bourg de la basse Autriche.

*Pisaurum*, ville d'Italie appelée aujourd'hui Pesaro.

*Piscopia*, ville de Chypre qu'on nomme aujourd'hui Arnica, et dont les ruines font connaître qu'elle a été autrefois très-considérable.

*Pisilio*, ville de la Carie, entre le fleuve Calbis et la ville Caunus.

*Pisinda*, ville de l'Afrique propre, parmi les villes qui étaient entre les deux Syrtes.

*Pissyrus*, ville de Thrace. Il y avait dans cette ville un lac très-poissonneux et dont l'eau était extrêmement salée.

*Pistoria*, ville d'Italie dans la Toscane; c'est aujourd'hui la ville de Pistoie.

*Pistra*, ou *Pistre*, ville de l'Ethiopie, sur le bord occidental du Nil.

*Pistrensis Villa*, lieu de la Pannonie, aujourd'hui Vistrica.

*Pitane*, ville de l'Asie Mineure dans la Mysie, proche du Caïcus, de l'embouchure duquel Strabon dit qu'elle était éloignée de 30 stades.

*Pithecussœ*, ou *Pithecusæ*; Diodore de Sicile met trois villes de ce nom dans l'Afrique propre.

*Pitinum*, ville d'Italie. Ptolémée la donne aux Ombres, qui habitaient dans les terres, au nord des Toscans. On en trouve le nom et des vestiges dans un lieu appelé aujourd'hui Torre di Pitino.

*Placentia*, ville d'Italie dans la Gaule cisalpine, sur la rive méridionale du Pô. Elle fut bâtie, ainsi que Crémone, à la nouvelle que l'on eut qu'Annibal avait passé l'Ebre et se préparait à porter ses armes en Italie. Elle eut dans la suite le titre de municipe. C'est la ville de Plaisance.

*Plagiara*, ou *Plagiaria*, ville de la Lusitanie : on en voit encore aujourd'hui les ruines près du bourg de Botua dans l'Estramadure.

*Platea*, ville d'Espagne dans le royaume d'Aragon : on croit que c'est aujourd'hui le bourg de Castejon de las Armas.

*Platée*, ville de la Béotie au sud de Thèbes, aux confins de l'Attique. Ce fut près de cette ville que les Grecs gagnèrent une fameuse bataille contre Mardonius l'an de Rome 275.

*Plera*, ville d'Italie dans le royaume de Naples. On croit que c'est aujourd'hui Gravina.

*Plubium*, ville de l'île de Sardaigne, sur la côte septentrionale, entre Errebautium Promontorium et Juliola Civitas. C'est aujourd'hui Saffari.

*Podius Ceretanus*, nom latin de la ville de Puicerda en Espagne.

*Poedicum*, ville du Norique au sud du Danube. Lazius dit qu'elle était près de Villac.

*Politium*, ville d'Italie chez les Marrucini.

*Politorium*, ville d'Italie dans le Latium et dans la première région.

*Pollentia*, ville de la Ligurie. Cette ville conserve encore son ancien nom; on l'appelle aujourd'hui Polenza; elle est au confluent du Tanaro et de la Stura.

*Pollentia*, ville d'Italie dans le Picenum.

*Polura*, ville de l'Inde en deçà du Gange.

*Polusca*, ville d'Italie dans le pays des Volsques.

*Pompeii*, ville d'Italie au royaume de Naples, dans la Campanie, un peu plus loin de la mer que ce qu'on appelle aujourd'hui Civita, et à la droite du Sarnosiple.

*Pompelon*, ville de l'Espagne tarragonaise. Strabon et Ptolémée la placent chez les Vascones. C'est aujourd'hui la ville de Pampelune, capitale du royaume de Navarre.

*Porphyreum*, ou *Porphyreon*, ville de Phénicie; quelques-uns veulent que le nom moderne soit Haypho, d'autres l'appellent pourtant Scafasso.

*Portus Annibalis*, ville de la Lusitanie. C'est Albor ou Alvor, bourgade du Portugal.

*Portus Magnus*, port de la Grande-Bretagne; c'est aujourd'hui Portsmouth.

*Portus Moritius*, ville de la Ligurie sur la côte de la mer; on la nomme aujourd'hui Porto-Moriso.

*Posidium*, ville d'Egypte; c'est aujourd'hui la ville

de Huez ou Quez. C'était autrefois un entrepôt pour les marchandises d'Asie.

*Potentia*, ville d'Italie chez les Lucaniens; c'est aujourd'hui Potenza dans la Basilicate.

*Potentia*, ville d'Italie dans le Picénum, sur le bord de la mer : on en voit les ruines au voisinage du port de Recanati.

*Potentia*, ville d'Italie dans la Ligurie et dans les terres : on la nommait autrefois Polentia Carrea.

*Præmiacum*, lieu de France sur le territoire de Bordeaux, sur la Garonne : on le nomme aujourd'hui Preugnac.

*Præsidium*, ville d'Espagne sur la route de Bracara à Asturica.

*Prætorium*, ville de la Pannonie supérieure.

*Prætorium*, ville d'Espagne sur la route de Carthage à Spartaria.

*Procolitia*, ville de la Grande-Bretagne. Camden juge que c'est aujourd'hui Colecester dans le Northumberland.

*Prusa*, ville capitale de l'anc. Bithynie; elle est la plus grande et la plus magnifique d'Asie.

*Psenethu*, nome d'Egypte selon Pline. C'est le même que Ptolémée appelle Phthénotes, et dont Butos était la métropole.

*Ptolemaïs*, ville d'Egypte dans la Thébaïde. Strabon dit qu'elle était la plus grande ville de la Thébaïde; qu'elle ne le cédait pas même à Memphis pour la grandeur.

*Ptolemaïs*, ville d'Afrique dans la Cyrénaïque : on la nommait anciennement Barcé.

*Pulchrum Littus*, ville de Sicile sur la côte septentrionale.

*Populum*, ville de l'île de Sardaigne sur la côte méridionale.

*Puteoli*, ville d'Italie dans la Campanie heureuse, aujourd'hui Pozzuolo ou Pouzzol. C'était une place forte où les Romains avaient envoyé une colonie.

*Putiensis*, ou *Putiaiensis*. La Notice des évêchés d'Afrique connaît deux sièges épiscopaux du nom de Putiensis; l'un dans la Numidie, et l'autre dans la Byzacène.

*Pyræ*, ville d'Italie et dans le Latium au delà de la ville de Formies.

*Pyrgi*, ville d'Italie dans la Toscane, sur la côte. Quelques-uns croient que le nom moderne est San Marinello, parce que l'église de ce lieu s'appelle Santa-Maria-di-Territorio-Purgano.

*Pyrrhicus*, ville de la Laconie; elle était à quelque distance de la mer.

*Pyrrhum*, ville de la Pannonie.

*Pythæum*, ville de la Macédoine.

*Pythium*, ville de la Macédoine.

*Pythopolis*, ville de Bithynie sur le fleuve Soloönte.

*Pythopolis*, ville de la Carie.

## Q

*Quadratum*; c'est aujourd'hui Viselbourg, village de Hongrie.

*Quercetum Aimonis*; c'est aujourd'hui le Quesnoy, ville du département du Nord.

## R

*Ricetiaria*, ville de la haute Mysie, près de Dorticum. Le nom moderne est Ressana.

*Rata*, ville de la Grande-Bretagne sur la route de Londinium à Lindium.

*Ravenne*, ville d'Italie, aujourd'hui dans la Romagne et la capitale de ce qu'on nommait autrefois l'Exarchat.

*Reateæ*, ou *Reate*, ville d'Italie dans l'Ombrie, chez les Sabins, au voisinage d'Interoera. On la nomme aujourd'hui Rieti.

*Reatium*, ville d'Italie. On croit que c'est aujourd'hui Messurga.

*Redintuinum*, ville de la Germanie, entre Marobudum et Nomisterium. C'est une ville de Bohême appelée Tein.

*Refugium Chalis*, lieu de Sicile. Le nom moderne est Terra-Nova.

*Refugium Apollinis*, lieu de la Sicile : on l'appelle aujourd'hui Porto-di-Longobardo.

*Regia*; c'est aujourd'hui Armach, ville d'Irlande.

*Regiana*, ville d'Espagne sur la route de Séville à Mérida. Ortelius croit que ce pourrait bien être Reyna.

*Regitesse Remorum*; on prétend que c'est Rethel, ville du département des Ardennes.

*Regium Lepidi*; c'est peut-être Reggio, ville du duché de Modène.

*Regnum*, ville de la Grande-Bretagne ; c'est auj. Ringwood dans le Sussex.

*Regula Vasatum*; c'est la ville de la Réole.

*Ressa*, ville assez célèbre dans l'Arabie pétrée.

*Rhabana*, ville de l'Arabie heureuse; c'était la résidence d'un roi.

*Rhæeba*, ville de l'Hibernie. Camden croit que c'est auj. Rheban.

*Rhæda*, ville de l'Arabie heureuse, dans les terres.

*Rhæsana*, ville de la Mésopotamie.

*Rhage*, ville de la Grande-Bretagne, Ptolémée la donne aux Coritains.

*Rhazunda*, ville de Médie; elle se nomme auj. Rhemen.

*Rhegium*, ou *Rhegium Julium*, ville d'Italie chez les Brutiens; c'est auj. Reggio dans la Calabre.

*Rhigodunum*, ville de la Grande-Bretagne : on croit que c'est Rippon.

*Rhitia*, ville de la Mauritanie césarienne. Ptolémée

la place dans les terres, entre Arina et Victoria.

*Rhium*, ville du Péloponnèse dans la Messénie.

*Rhobonda*, ville de la Mauritanie césarienne.

*Rhoda*, ville de l'Espagne tarragonaise chez les Idigètes, selon Etienne le Géographe. Cette ville, bâtie par les Rhodiens, est sur le bord d'un fleuve qui tombe des Pyrénées. C'est auj. la ville de Roses, et le nom latin de ses habitants est Rhodenses.

*Rhodumna*, ville de la Gaule lyonnaise.

*Rhubra*, ville de l'île de Corse, sur la côte méridionale.

*Ricina*, ville d'Italie dans la Ligurie, sur la côte à l'est de la ville de Gênes. C'est peut-être le village de Recco.

*Rigiacum*, ville de la Gaule belgique. Ptolémée la donne pour capitale aux peuples Atrebatii. On croit que c'est Arras.

*Rigomagum*, ville d'Italie, sur la route de Milan à Arles.

*Rigomagum*; c'est l'anc. nom latin de la ville de Rieux.

*Rigomagus*, ou *Ricomagus*, nom latin de la ville de Riom en Auvergne.

*Roboretum*, ville d'Espagne sur la route de Bracara à Asturica.

*Romatiana Civitas*, ville de l'Italie dans la Carnie, auj. Cargna.

*Ropicum*, ville de l'île de Corse. Ptolémée la place dans les terres auprès de Cersunum. Le nom moderne est Rogela.

*Rostrum Nemaviæ*, ville de la Vindelicie; c'est auj. Memmingen.

*Rothomagus*, ville capitale des Velocaces; c'est auj. Rouen.

*Ruconium*, ou *Rhuconium*, ville de la Dacie: on la nomme auj. Roma, et Lazius l'appelle Regen.

*Rudiæ*, ville d'Italie dans la Calabre, entre Tarente et Brindes. Le P. Hardouin croit que c'est auj. Caroulgna.

*Rufiana*, ville de la Gaule belgique. Ptolémée la donne aux Némètes. On croit que c'est Oppenheim sur le Rhin.

*Rugium*, ville de la Germanie dans sa partie septentrionale. Les uns la prennent auj. pour Holmbourg, d'autres pour Camin, et d'autres pour Rogewolde.

*Ruscia*, *Ruscianum*, ou *Roscianum*, lieu d'Italie dans la Calabre, aux confins des Brutiens. Le nom moderne est Rossano.

*Rusicade*, ville de l'Afrique propre dans la Mauritanie césarienne; son nom moderne est Succaicade.

*Rustenium*, ville de la Mauritanie césarienne: elle est appelée Breca.

*Rutunium*, ville de la Grande-Bretagne. Camden dit que le nom moderne est Routon dans la Phropshire.

*Rutupiæ*, ville de la Grande-Bretagne. Ptolémée la donne aux peuples Cantii, et la marque au voisinage de Daruernum.

## S

*Saba*, ville d'Asie dans l'Arabie déserte; le nom moderne est Simiscashar.

*Sablones*, lieu de la Belgique; on croit que c'est Santen sur le Rhin.

*Sabsadia*, siége épiscopal de Thrace, au voisinage d'Aphrodisiade.

*Sacili Martialium*, ou *Sacilis*, ville d'Espagne dans la Bétique, au pays des Turdules, dans les terres: on croit que c'est auj. Alcorrucen.

*Sæpinum*, ville d'Italie au pays des Samnites: c'est auj. Supino au comté de Molisse, dans le royaume de Naples.

*Sætabis*, ville de l'Espagne tarragonaise, au pays du peuple Contestani; c'est auj. Rio d'Alcoy.

*Saguntum*, ville d'Espagne au pays des Hédetains. La ville de Morvèdre occupe à peu près la place de l'anc. Sagonte.

*Saïs*, ville de la basse Egypte dans le nome qui en prenait le nom de Saites Nomos, et dont elle était la métropole.

*Sala*, ville de la haute Pannonie, selon Ptolémée, qui la nomme Pétavium (Petaw), d'où elle ne devait pas être fort éloignée.

*Salacia*, ville de l'Espagne lusitanique, au pays des Turdetains, auj. Alcacer do Sal.

*Salamine*, ville de la Grèce, entre Athènes et Megare, dans le golfe d'Egine, près de l'Achaïe, avec un anc. siége épiscopal.

*Salaria*, ville de l'Espagne tarragonaise, au pays de Bastitains, dans les terres.

*Salaria*, autre ville de l'Espagne tarragonaise, dans les terres, au pays des Orétains.

*Salduba*, bourg d'Espagne qui fut en quelque façon l'origine de la ville de Saragosse.

*Salis*, ville de la basse Pannonie, auj. Zalawar.

*Salmantica*, ville de la Lusitanie chez les Vettons. Salamanque est son nom moderne.

*Salmunti*, ville maritime d'Asie où Alexandre sisia à des jeux de théâtre.

*Salona*, ville maritime de la Dalmatie.

*Salpe*, ville d'Italie dans la Pouille: on en voit les ruines dans la Capitanate.

*Salsulæ*, lieu de la Gaule: c'est auj. Salses dans le Roussillon.

*Salvaria*, ville de la haute Pannonie; c'est auj. Leibnitz.

*Samosate*, ville épiscopale d'Asie, sur l'Euphrate, dans la Comagène, dont elle était la capitale sous la métropole d'Edesse.

*Samothrace*, ville de l'île de même nom.

*Samunis*, ville d'Asie dans l'Albanie; c'est auj. Samachie.

*Sanctio*, ville de la Germanie ou de la Rhétie; c'est Sechingen.

*Sandara*, ville de la Dacie; c'est auj. Schesburg.

*Sanitium*, ville des Alpes maritimes, auj. Senez.

## NOTICE GEOGR. DES VILLES ANCIENNES RUINÉES, ETC.

*Sarabris*, ville de l'Espagne tarragonaise; c'est auj. Zamora, suivant quelques géographes.

*Sarbacum*, ville de la Sarmatie européenne près du Borysthène.

*Sarbena*, ville de l'Assyrie entre Gaugamele et Arbèle.

*Sardes*, ville d'Asie dans la Lydie, dont elle était la capitale. C'était la résidence de Crésus. Tout y était alors riche et superbe, mais elle est auj. changée en un pauvre village qui n'a que de chétives cabanes.

*Sardica*, ou *Serdica*, anc. capitale et métropole de l'Illyrie orientale.

*Sarsina*, ville d'Italie dans l'Ombrie.

*Saruena*, ville de la Cappadoce. Ptolémée la marque dans la préfecture de Chamane.

*Sarum*, ou *Saron*, ville de la Sarmatie européenne.

*Sasima*, ville de la Cappadoce sur la route de Constantinople à Antioche.

*Sasum*, ou *Sasus*, petite ville de la Natolie dans l'Amasie : on croit que c'est l'anc. Sasima.

*Satricum*, ville d'Italie dans le Latium au voisinage de la ville de Coriol.

*Saubatha* et *Sabattha*, ville de l'Arabie heureuse, où elle avait le titre de métropole. Cette ville était dans les terres, et Arrien dit que le roi y faisait sa résidence.

*Saustia*, ville d'Asie dans la Natolie et dans l'Anadouli; c'est une ville qui est auj. fort délabrée; elle était autrefois métropole de la 1re Arménie.

*Savatra*, ville de la Galatie dans l'Isaurie. Le nom moderne est Souraceri.

*Scalabis*, ville de la Lusitanie, selon Pline, qui lui donne le titre de colonie. Son nom moderne est Santarem.

*Scamandria*, petite ville de la Troade, sur le Scamandre. Les Turcs la nomment aujourd'hui Samandria.

*Scandea*, ville de l'île de Cythère; elle était sur le bord de la mer.

*Scardona*, ville sur la côte de la Liburnie; elle devait être considérable, puisqu'on l'avait choisie pour le lieu de l'assemblée générale de la province, et qu'elle se trouvait le siége de la justice, pour les Japydes et pour quatorze villes de la Liburnie; ce qu'on appelait Conventus Scardonitanus. Scardona n'est considérable aujourd'hui que par son siége épiscopal sous la métropole de Spaltro.

*Scingomagus*, ville des Alpes. Le nom moderne est Suze.

*Scissa* et *Scissum*, ville d'Espagne. C'est auprès de cette ville que les Carthaginois furent battus pour la première fois par Scipion. On croit que c'est aujourd'hui Gpissona.

*Scodra*, ville de l'Illyrie, sur le Drilo (aujourd'hui le Drino) ; elle est appelée Scutari par les Italiens, et Scadar par les habitants du pays.

*Scopelus*, ville de la Sarmatie asiatique sur le fleuve Varadanus.

*Scopelus*, ville de la Drace, au voisinage de Zagora.

*Scotusa*, ville de la Macédoine dans l'Audomantice, au-dessus de Berga.

*Scurellus*, ville de l'Inde, en deçà du Gange. Le nom moderne est, suivant quelques auteurs, Schmeben.

*Scylaseum*, ville d'Italie chez les Brutiens, dans le golfe Sylaceus.

*Sebaste*, ville du Pont. Cette ville de Sebaste est la Sebaste d'Arménie dont il est parlé dans les martyrologes.

*Sebastopolis*, ville de l'Asie Mineure dans l'Eolide. Son véritable nom était Myrina.

*Sebastopolis*, ville de l'Asie Mineure.

*Sebennytus*, ville d'Egypte dans le Delta. Ptolémée en fait la métropole du nome Sébennytique.

*Secerræ*, ville de l'Espagne tarragonaise ; c'est aujourd'hui, à ce qu'on croit, San-Cœloni ou Celloni.

*Segesterorum Civitas*, ville de la Gaule narbonnaise, c'est aujourd'hui la ville de Sisteron.

*Segobriga*, ville de l'Espagne tarragonaise. Il ne serait pas impossible que Siguenza fût l'ancien Segobriga, mais on n'a là-dessus que des conjectures.

*Segodunum*, ville de la Gaule celtique; c'est aujourd'hui la ville de Rodez.

*Segontia*, ville de l'Espagne tarragonaise. Cette ville, qui se nomme aujourd'hui Siguenza, pourrait bien être l'ancien Segobriga, capitale de la Celtibérie.

*Segontia*, ville de l'Espagne tarragonaise sur la route d'Emerita à Saragosse.

*Segontia*, ou *Segoncia*, ville de l'Espagne bétique, vers le détroit.

*Segontia Saramica*, ville de l'Espagne tarragonaise, dans les terres.

*Segovia*, ville de l'Espagne bétique : on l'appelle aujourd'hui Segovia-la-Menor.

*Segovia*, ville de la Germanie : on croit que c'est aujourd'hui Seckow, siége épiscopal dans la Styrie.

*Salambina*, ville de l'Espagne bétique sur la mer d'Ibérie, entre Sex et Extensio. Le nom moderne est Salobrena.

*Seleucia*, ville de la Mésopotamie aux confins de la Babylonie, dans l'endroit où l'Euphrate se joignait au Tigre.

*Seleucia Aspera*, ville de la Cilicie Trachée. Séleucie fut la métropole de l'Isaurie dans le patriarcat d'Antioche. Elle est aujourd'hui dans la Caramanie et fort délabrée; on la nomme Seleschie.

*Seleucia*, ville de l'Asie Mineure dans la Pisidie, ce qui fait qu'on l'appelle Seleucia Pisidiæ ; et, comme la Pisidie s'étendait jusqu'au mont Taurus, on nomma encore cette ville Seleucia ad Taurum.

*Seleucia*, ville de Syrie : on la trouve aussi appelée Seleucée, et surnommée Piera. Ce n'est plus qu'un village nommé Seleucie-Jelber.

*Sena Galica*, ville d'Italie dans l'Ombrie. Ptolémée la donne aux peuples Senones, de qui elle tirait son nom. C'est aujourd'hui Sinigaglia.

**Sena Julia,** ville d'Italie dans l'Etrurie. Ce surnom de Julia, commun aux autres colonies qu'Auguste envoya dans l'Etrurie, fait voir que Sena Julia fut aussi fondée et rétablie dans ce temps-là. C'est aujourd'hui la ville de Sienne.

**Senia,** ville de la Liburnie dans l'Illyrie; c'est sans doute la ville de Segna.

**Sentinum,** aujourd'hui Sentina, ville d'Italie dans l'Ombrie.

**Sephama,** ville de Syrie qui servait de limite à la terre promise. Ce pourrait être Apamée.

**Septem Peda,** ville d'Italie dans le Picenum : on veut que ce soit aujourd'hui San-Severino.

**Septicollis,** nom que l'on donna anciennement à la ville de Rome, à cause des sept collines sur lesquelles elle a été bâtie.

**Septimanea,** ville d'Espagne sur la route d'Emerita à Saragosse.

**Sera,** ville de la Sérique. Ptolémée lui donne le titre de métropole. Le nom moderne est Cambalech, selon Niger, et Sindinfu, selon Mercator.

**Sermitium,** ville de l'île de Corse dans les terres. On croit que c'est aujourd'hui la bourgade nommée Sannutio.

**Sestium,** ville d'Italie dans l'OEnotrie. Gabriel Barri pense que c'est peut-être Saracena.

**Setia,** ville d'Italie dans le Latium, aujourd'hui Sezza.

**Setia,** ville de l'Espagne tarragonaise.

**Sex ax Sexi,** ou *Sexti,* ville de l'Espagne bétique : on croit que c'est aujourd'hui Velez-Malaga.

**Sextasio,** ville de la Gaule narbonnaise; Soustantion est son nom moderne.

**Siagua,** ville de l'Afrique propre, qu'on croit être maintenant la ville de Suze.

**Siatutanda,** ville de la Germanie, aujourd'hui Scittwoldt ou Sideburen dans la province de Groningue.

**Sicyone,** ville du Peloponnèse, dans l'Achaïe propre, près de l'Asopus. Elle était autrefois puissante; elle eut ses rois particuliers, et devint ensuite libre. C'est aujourd'hui Basilica, et elle était encore considérable lorsque les Vénitiens étaient maîtres de la Morée.

**Sida,** ville de l'Asie Mineure dans la Pamphylie, sur le bord de la mer; c'était une colonie des Cuméens. Elle fut dans la suite une ville archiépiscopale.

**Sidoloucum,** ou *Sidolencum,* ville de la Gaule lyonnaise; auj. Saulieu, petite ville de la Bourgogne.

**Sidon,** ville de la Phénicie en Syrie. Elle fut, dit-on, fondée par Sidon, fils aîné de Chanaan. Les Sidoniens avaient beaucoup de génie pour les arts. Sidon s'appelle aujourd'hui Seide.

**Sidonia Medina,** ville d'Espagne dans l'Andalousie, qui a été épiscopale, et dont le siége est à Cadix depuis 1267.

**Sidrona,** ville de l'Illyrie dans la Liburnie. Le nom moderne est Belas.

**Siga,** ville de la Mauritanie césarienne.

**Sigindunum,** dans la haute Moesie, parmi les villes qui étaient sur le bord du Danube.

**Silviniacum,** ou *Silviniacus,* bourgade de France, aux confins du Berri et de l'Auvergne. C'est aujourd'hui Souvigny.

**Simidiccensis,** siége épiscopal d'Afrique dans la province Proconsulaire.

**Sinda,** ville de l'Inde au delà du Gange.

**Singidunum,** *Singidonum Castra,* ou *Singindiae Castra;* c'était une ville de la Pannonie que Hostien nomme aujourd'hui Zendrin.

**Sinuessa,** ville du Latium, dont on voit encore les ruines.

**Siponte,** ville de la Pouille, colonie romaine, sur la côte de la mer Adriatique. Elle n'offre plus que des masures.

**Sir,** grande ville fort peuplée et la capitale des Illyriens.

**Sirmisch,** ville épiscopale, capitale d'une contrée du royaume de Hongrie, dans l'Esclavonie, où le siége épiscopal fut établi.

**Sirmium,** ville archiépiscopale de la basse Pannonie, métropole de cette province. Dès le IVe siècle, elle fut ruinée par les Huns, et ce n'est plus qu'un pauvre bourg dans l'Esclavonie.

**Sisalo,** ville d'Espagne, sur la route d'Emerita à Saragosse.

**Sisan,** ville aux confins de la Cilicie.

**Sisapone,** ville de l'Espagne. Ptolémée la donne aux Oretani, et la place vers les confins de la Bétique. Le P. Hardouin veut que ce soit Almaden, dans l'Andalousie, au-dessus de Séville.

**Sitifis,** ville de la Mauritanie césarienne, et en suite capitale d'une des Mauritanies, à laquelle elle donna son nom. C'était une ville considérable et illustre. C'est aujourd'hui un village de l'Algérie.

**Sitionenta,** ville de la basse Moesie au voisinage du Danube. Le nom moderne est Tulza, suivant Niger.

**Sitomagum,** ou *Sitomagus,* ville de la Grande-Bretagne; on croit que c'est Thetford, en Nord-Folkschire.

**Smyrne,** ville de la Turquie en Asie, dans l'Anatolie, qui a été un des premiers siéges épiscopaux du christianisme.

**Soana,** ville d'Italie dans la Toscane, qui porte encore aujourd'hui le nom de Soana.

**Sobalassara,** ville de l'Inde en deçà du Gange.

**Sobatale,** ville de l'Arabie heureuse. Pline en fait la capitale des Atramites.

**Socunda** ville de l'Hircanie, sur la côte de la mer Caspienne.

**Soletum,** ville d'Italie dans la Calabre, au-dessus d'Otrante. Elle était déserte du temps de Pline; elle a été repeuplée depuis. C'est aujourd'hui Soleto ou Solito.

**Solvense Oppidum,** ville du Norique; c'est aujourd'hui Solveldt dans la Carinthie.

**Sophianæ,** ville de la basse Pannonie; le nom moderne est Zeblach.

*Sora*, ville de l'Inde en deçà du Gange. Ptolémée lui donne le titre d'Arcati-Regia.

*Sora*, ville d'Italie dans le Latium.

*Soroga*, ville de la haute Pannonie. Lazius croit que c'est aujourd'hui Sagrabia près de Scyscia.

*Sorores*. Strabon dit qu'on donnait ce nom à quatre villes : Antioche, près de Daphné; Séleuci, dans la Pierie, Apamée et Laodicée, à cause de la concorde et de la bonne union qui existaient entre elles.

*Sparte*, ville du Péloponnèse, dans la Laconie, sur le fleuve Eurotas. Elle fut aussi nommée Lacédémone.

*Spinæ*, ville de la Grande-Bretagne; on croit que le bourg de Newbury s'est élevé des ruines de cette ville, qui n'est plus qu'un petit village appelé Spene.

*Stabiæ*, ville d'Italie dans la Campanie; elle ne subsistait plus du temps de Pline.

*Stereontium*, ville de la Germanie; c'est aujourd'hui la ville de Cassel.

*Stragona*, dans la Germanie; aujourd'hui Posnanie ou Posen, ville de la Pologne prussienne : du moins le croit-on.

*Stridon*, ville entre la Pannonie et la Dalmatie, la patrie de saint Jérôme, ruinée par les Grecs; son nom moderne est Sdrigna.

*Stymphalus*, célèbre ville de l'Arcadie, frontière de l'Argolide.

*Subaugustanus*, siége épiscopal de l'Italie dans la Campanie, dont fait mention le Concile de Rome sous saint Hilaire. La ville se nommait Subaugusta ou Augusta Helena, et on voit ses ruines à Torre-Pignatara. Ce siége avait été établi vers l'an 490.

*Sublœum*, ou *Siblium*, ville épiscopale de la Phrygie Capatienne, sous la métropole de Laodicée, aujourd'hui ruinée.

*Sublavio*, ville épiscopale du Norique ou de la Rhétie, aujourd'hui modeste bourg, le siége ayant été transféré à Brixen.

*Succurar*, ville de la Mauritanie césarienne. Pline lui donne le titre de Colonia Augusta.

*Succubo*, ville d'Espagne. Pline la met dans la Basilanie et dit qu'elle était une des villes de l'assemblée générale de Cordoue.

*Suche*, ville de l'Ethiopie, au voisinage du golfe Adulique. Elle tirait apparemment son nom de Suchus, son fondateur.

*Sucidava*, ville de la basse Moesie, près du Danube.

*Sudernum*, ville d'Italie dans la Toscane; c'est aujourd'hui Maderno.

*Suessula*, ville d'Italie dans la Campanie, nommée aujourd'hui Castel-di-Sessola.

*Suissatium*, ville d'Espagne, sur la route d'Asturica à Bordeaux.

*Sulmo*, ville d'Italie dans la première région. On croit que Sarmonetta a été bâtie dans la place qu'elle occupait, et que de Sulmo on a fait par corruption Sarmoneta et Sermonetta.

*Suphtha*, ville de la Parthie, selon Ptolémée; son nom moderne est Gestie, si nous en croyons Thevet.

*Surrentum*, ville d'Italie dans la Campanie, sur le bord de la mer.

*Susa*, ville de Perse et la capitale de la Susiane. Elle fut aussi autrefois la résidence des rois de Perse.

*Suses*, ou *Suzes*, ville capitale de la Susiane, ou du pays d'Ælam, c'est-à-dire de la Perse. Cette ville porte aujourd'hui parmi les Perses le nom de Sousier ou Schouster et Tousler.

*Susudata*, ville de la Germanie, selon Ptolémée. Il y en a qui veulent que ce soit Wilnasch dans le Brandebourg.

*Sutrium*, ville d'Italie dans l'Etrurie. Cette ville était autrefois célèbre; on la nomme aujourd'hui Sutri.

*Sybaris*, ville d'Italie dans la Lucanie; on ne trouve plus aujourd'hui que les ruines de cette ville, et qui sont marquées dans les cartes sous le nom de Sibari Rouinata.

*Sybaris*, ville de la Colchide.

*Sycaminos*, ou *Sycaminon*, ville de la Béotie, appelée aujourd'hui Scamino ou Sicamino.

*Syene*, ville d'Egypte sur le Nil, aux confins de l'Ethiopie.

*Sylleceum*, ville de l'Afrique propre, à une lieue de Carthage.

*Synaus*, ville de la grande Phrygie, près de Dorylæum, aux confins de la petite Phrygie.

*Synnada*, ville de la grande Phrygie.

*Syracuse*, ville capitale de l'île de Sicile, bâtie dans la plus haute antiquité par Archias Corinthien, un des Héraclides.

*Syringa*, ville de l'Hyrcanie, à une petite distance de Tambrace.

*Syscia*, ou *Siscia*, ville de la haute Pannonie sur la Save.

## T

*Tabæ*, ville aux confins de la Pisidie, du côté de la mer de Pamphylie.

*Tabana*, ville de la Chersonèse Taurique : elle était dans les terres.

*Tabes Tabæ*, ville d'Asie dans les montagnes de la Parétacène, sur les frontières de Perse et de la Babylonie.

*Tacutua*, ville de l'Afrique propre; selon Pline et Ptolémée, elle était sur la côte, entre Rusicades et Hippone. Le nom moderne est Mahra, selon le P. Hardouin.

*Tacubis*, ville de la Lusitanie dans les terres, entre Scalabiscus et Concordia.

*Tagabaza*, ville de l'Inde en deçà du Gange.

*Tagaste*, ville d'Afrique dans la Numidie, entre Hippone et Sicca-Veneria. C'était un siége épiscopal qui a subsisté même longtemps après les ruines de Carthage et d'Hippone. Cette ville a été encore célèbre par la naissance de saint Augustin et de saint Alype son ami.

*Talarica*, ville de l'Inde au-delà du Gange.

*Talcinum*, ville de l'île de Corse ; ce n'est plus aujourd'hui qu'un village appelé Talcini.

*Tamare*, ville de la Grande-Bretagne ; c'est aujourd'hui Tamerton.

*Tamoubari*, ville de Thrace dans la province de Rodope.

*Tamusiga*, ville de la Mauritanie Tingitane. Le nom moderne est Tifelfeld.

*Tamyna*, ville de l'Eubée dans le territoire de la ville d'Erétrie.

*Tamiraca*, ville de la Sarmatie européenne.

*Tania*, ville de la Grande-Bretagne. Ce pourrait être aujourd'hui Tanea, lieu d'Ecosse au comté de Ross.

*Tanis*, ville de la basse Egypte, nommée en hébreu Zoan.

*Tanites*, ou *Taniticus Nomus* et *Tanitica Præfectura*, Préfecture de la basse Egypte le long de la branche du Nil, appelée bouche Tanitique. Sa métropole était Tanis.

*Taposiris*, ville d'Egypte à une journée à l'ouest d'Alexandrie.

*Taposiris*, ville d'Égypte un peu au delà de la précédente.

*Tarba*, ville de l'île de Crète sur la côte méridionale, entre Lissus et Poecilasium.

*Tarentasia*, ville des Alpes graiennes chez les Centrons ; c'est aujourd'hui Moustier ou Monstier en Tarentaise.

*Tarodunum*, ville de la Germanic. Lazius croit que le nom moderne est Dornstet.

*Tarragone*, ville d'Espagne dans la Catalogne, appelée par les Latins Tarraco, elle est très-ancienne et donna son nom à l'Espagne tarragonaise. Tarragone était autrefois puissante, riche et forte ; mais les Maures, qui la prirent en 719, la rasèrent jusqu'aux fondements ; elle a été rétablie depuis, mais elle est bien éloignée de son ancienne splendeur.

*Tarse*, *Tarsus*, ville la plus ancienne, la plus belle et la plus peuplée de toutes les villes de la Cilicie, ancienne province d'Asie. Cette ville soutint avec éclat sa dignité de métropole, fut une ville libre, et jouit de sa liberté même sous les Romains.

*Tarusco*, ville de la Gaule narbonnaise, c'est aujourd'hui Tarascon.

*Tasagora*, ville de la Mauritanie césarienne, sur la route de Cala à Rusucurrum.

*Tasopium*, ville de l'Inde au deçà du Gange.

*Tasta*, ville de la Gaule dans l'Aquitaine, aujourd'hui Montesquiou, petite ville située sur l'Osse.

*Tatillum*, ville de la Mauritanie césarienne, sur la route de Carthage à Césarée.

*Taua*, ville d'Égypte dans le nome Phthamphuthus.

*Tavium*, ville de la Galatie.

*Taupana*, ville de l'Arie, entre Orthiana et Astanda.

*Taurania*, ville d'Italie, dans la Campanie ; elle ne subsistait déjà plus du temps de Pline.

*Tauresium*, ville de la Dardanie européenne.

*Taurunum* et *Taururum*, ville de la basse Pannonie à l'embouchure du Save dans le Danube. On l'appelle aujourd'hui Alba-Græca ou Belgrade.

*Taurice*, ville de la Médie.

*Taxgetium*, ville de la Rhétie vers les sources du Rhin, près de Brigantium. On croit que ce pourrait être aujourd'hui Tussemberg.

*Tazus*, ou *Tazos*, ville de la Sarmatie asiatique sur la côte septentrionale du Pont-Euxin.

*Teanum*, ville d'Italie dans la Campanie et dans les terres ; aujourd'hui Tiano.

*Teanum*, ville d'Italie dans la Pouille ; c'est aujourd'hui un lieu nommé Civita ou Civitate.

*Teatea*, ou *Teate*, ville d'Italie ; Ptolémée la donne aux Marrucini, dont elle était la capitale.

*Tecolata* ou *Tetolata*, ville de la Gaule narbonnaise. Sinler a cru que c'était aujourd'hui Saint-Maximin, mais c'est vouloir deviner au hasard.

*Tedium*, ville de l'Arabie déserte, au voisinage de la Mésopotamie.

*Tela*, ville d'Espagne, sur la route d'Astarica à Saragosse.

*Telessia*, ou *Telesia*, ville d'Italie : on la nomme aujourd'hui Telesse, et c'est une ville du royaume de Naples.

*Telmessus*, ville de l'Asie Mineure dans la Lycie ; c'était la première ville que l'on trouvait en entrant de la Carie dans la Lycie.

*Telobis*, ville de l'Espagne tarragonaise. Ptolémée la donne aux peuples Accetani.

*Temmelissus*, ou *Temmetison*, ville de Syrie sur la route de Calecome à Larisse.

*Temnos*, ville de l'Asie Mineure dans l'Éolide.

*Tentyra*, ou *Tentyris*, ville d'Égypte et la métropole d'un nome appelé nomus Tentyrites.

*Teos*, ville de l'Asie Mineure dans l'Ionie.

*Tergis*, ville de la Libye, aux confins de l'Ethiopie.

*Teriolum*, ville de la Rhétie ; c'est aujourd'hui le château de Tyrol.

*Temera*, ville de la Carie, près du promontoire des Myndiens, qu'on appelait aussi promontoire Termerium.

*Termes*, ville d'Espagne dans la Celtibérie. Le nom moderne est Lerma ou Lerme sur l'Arlanzon.

*Terta*, ville de la Thrace, dans les terres.

*Tessara*, ville de l'Ethiopie sous l'Egypte.

*Tetarium*, ville dans la partie de la Lycaonie que Ptolémée comprend dans la Galatie.

*Teurnia*, ville du Norique au sud du Danube. Les modernes ne conviennent pas sur la situation précise de cette ville.

*Teuthron*, ville du Péloponnèse, sur le golfe de Laconie.

*Teutorurgium*, ville de la basse Pannonie sur le Danube.

*Thabba*, ville de l'Arabie heureuse.

*Thabba*, ville de l'Afrique propre. Elle était au nombre des villes situées entre les fleuves Bagrada et Triton.

*Thabraca*, *Tabracha* et *Tabraca*, ville d'Afrique dans la Numidie; c'était une colonie romaine et un siége épiscopal.

*Thabuca*, ville de l'Espagne tarragonaise dans les terres.

*Thæna*, *Thenæ*, ou *Thænæ*, ville d'Afrique sur la côte, vers le commencement de la petite Syrte.

*Thagulis*, ville de l'Afrique propre.

*Thagura*, *Thigura*, *Tagura*, ou *Thagora*, ville de Numidie.

*Thamarita*, ville de la Mauritanie césarienne.

*Tamaschaltis*, ville de l'Afrique propre.

*Thapsacus*, ou *Thapsacum*, ville de la Syrie sur l'Euphrate.

*Thapsus*, ville de l'Afrique propre. Ptolémée en fait une ville maritime au sud de la petite Leptis.

*Thar*, ville de l'Arabie heureuse.

*Théame*, ville de la Babylonie aux confins de l'Arabie déserte.

*Thebæ*, ou *Thebæ Luanæ* et *Thebæ Italiæ*, ville d'Italie dans la Lucanie. Elle ne subsistait plus du temps de Pline.

*Thèbes*, *Thebæ*, ville considérable de l'Achaïe. Elle était capitale de la Béotie, Alexandre le Grand la ruina, mais elle fut ensuite rétablie et devint le siége d'un archevêché. On assure que cette ville a encore une lieue et demie de circuit, mais qu'elle ne renferme que trois ou quatre cents habitants, Turcs ou chrétiens. Elle est dans la Livadie, et on la nomme Thiva ou Stives.

*Thèbes d'Egypte*, *Thebæ*, ville capitale de la Thébaïde, qui est maintenant la haute Egypte. On dit qu'on y voyait cent portes; de là vient le nom d'Hecatompylos, qu'on lui donna. Elle était très-vaste et très-peuplée. Quelques voyageurs l'appellent Thèves; d'autres la mettent à Girgio ou à Minio, deux villes de la haute Egypte, situées sur le Nil assez proche l'une de l'autre.

*Theodoropolis*, ville de la Thrace dans la Mœsie, un peu plus loin que Cintodeme.

*Theodosiopolis*, ville de l'Arménie sur les frontières de la Persaménie.

*Theodosiopolis*, ville de la Mésopotamie.

*Theodosiopolis*, siége épiscopal d'Egypte, dans la première Thébaïde, sous la métropole d'Antino.

*Therambus*, ville de la Macédoine dans la péninsule.

*Theramnæ*, *Thérapné*, ou *Therapnæ*, ville du Péloponnèse, dans la Laconie.

*Therme*, ou *Therma*, ville de la Thrace.

*Thermida*, ville de l'Espagne tarragonaise.

*Thespia*, ou *Thespiæ*, ville de la Béotie, au pied du mont Hélicon du côté du sud. Elle fut ruinée par les Thébains sous Epaminondas.

*Theudale*, ville de l'Afrique propre, selon Ptolémée, qui la met au rang des villes qui étaient entre la ville de Thebraca et le fleuve Bagrada.

*Theudurum*, ville de la basse Germanie sur la route de Colonia Trajana à Colonia Agrippina.

*Thia*, ville du Pont cappadocien, sur la route de Trapezunte à Satala.

*Thiauma*, ville de l'Albanie, entre les fleuves Cæsius et Gerrus.

*Thiga*, ville de la Libye intérieure.

*Thisa*, ville de l'Arcadie, près du mont Licée.

*Thon*, ville de l'Afrique propre. Ce fut dans cette ville qu'Annibal se retira après la défaite de son armée par Scipion.

*Thoricium*, ville d'Italie au voisinage de Crotone et de Crimissa.

*Thou*, ville d'Egypte sur la route de Peluse à Memphis.

*Thramus Dusis*, ville de l'Afrique propre.

*Throni*, ville de l'île de Chypre. Le nom moderne est Cabo del Groda, selon Molet; Pile et Cabo di Pile, selon Lusignan.

*Thurium*, ville de la Grande-Grèce, sur le golfe de Tarente, dont on voit encore quelques restes près de la mer.

*Thyatire*, ville de l'Asie Mineure dans la Lydie. Les Turcs nomment aujourd'hui cette ville Ah-Hissar.

*Tiariulta*, ville de l'Espagne tarragonaise. Le nom moderne est Teruel.

*Tiasum*, ville de la Dace; le nom moderne est Diod.

*Tiberiopolis*, ville de la Bulgarie sur le bord du Pont-Euxin; le nom moderne est Varna.

*Tibisca*, ville de la basse Mœsie; le nom moderne est Sophia.

*Tibula*, ville de Sardaigne. Cette ville était apparemment la capitale des peuples Tibulatii.

*Tibur*, ville d'Italie dans le Latium; c'est aujourd'hui Tivoli.

*Ticinum*, ou *Ticinus*, ville d'Italie chez les Insubres, sur le bord d'un fleuve du même nom. Le nom moderne est Pavie.

*Tifernum*, ville d'Italie dans la partie de l'Ombrie qui est en deçà de l'Apennin, sur le bord du Tibre. Le nom moderne est Cittadi-Castello.

*Tignium*, ville d'Italie dans le Picenum; on croit que c'est aujourd'hui Santa Maria in Georgio.

*Tigranaana*, ville de la grande Arménie.

*Tigulia* et *Segesta Tiguliorum*, ville d'Italie dans la Ligurie.

*Tincontium*, ville de la Gaule lyonnaise sur la route de Bordeaux à Autun.

*Tingis*, ville d'Afrique dans la Mauritanie tingitane, dont elle était la capitale et à laquelle elle donnait son nom; c'est aujourd'hui Tanger.

*Tirista*, ville de la basse Mysie; le nom moderne est Terwisch.

*Tissa*, petite ville de Sicile au pied du mont Etna, du côté du nord, près du fleuve Onobala. On croit que c'est aujourd'hui Randazzo, ou du moins la ville de Randazzo est bâtie auprès de l'endroit où était Tissa.

*Tituacia*, ville de l'Espagne tarragonaise. Quelques-uns veulent que ce soit aujourd'hui Xetafe, et d'autres Bayonne.

*Tolbiacum*, ville de la Gaule belgique, aux confins du territoire de Cologne. Le nom moderne est Zulpich.

*Tolède*, ville d'Espagne, capitale du royaume du même nom, et aujourd'hui la capitale de la Nouvelle-Castille.

*Tomi*, ville de la basse Mœsie, vers l'embouchure du Danube.

*Topaza*, ville de l'Inde; elle était dans un lieu où se trouve la pierre précieuse de topaze.

*Torone*, ville de l'Epire, selon Ptolémée. Niger appelle cette ville Parga.

*Trajana*, ville d'Italie dans le Picénum; c'est la ville Trea de l'Itinéraire d'Antonin.

*Trajana Legio*, ville de la Gaule belgique. Il y en a qui veulent que ce soit aujourd'hui Coblentz, et d'autres Drechthausen, places sur le Rhin.

*Trajani Pons*. Les anciennes inscriptions, dit Ortelius, paraissent donner ce nom à une ville d'Espagne située sur le Tage, et qu'on appelle aujourd'hui Ponte de Alcantara.

*Trajanopolis*, ville de la Thrace sur le fleuve Hébrus; on la nomme encore aujourd'hui Trajanopolis; c'est une ville de la Romanie.

*Trajanopolis*, ville de la Cilicie Trachée ou Apre; c'est la même que Selinunte, où mourut l'empereur Trajan.

*Trajectum*, ou *Trajectum Superius ad Mosam*, c'est-à-dire le passage de la Meuse, ville de la IIe Germanie sur la Meuse, aujourd'hui Maestricht.

*Transducta*, ville de l'Espagne bétique.

*Trans Marisca*, ville de la IIe Mœsie; le nom moderne est Maurice.

*Trebula*, ville d'Italie dans la Sabine, s'il est vrai que ce soit aujourd'hui Monte-Leone.

*Tres Tabernæ*, ou *Taberna*, ville d'Italie dans le Brutium, aujourd'hui dans la Calabre ultérieure.

*Tricalum*, ou *Tricala*, ville de Sicile; le nom moderne est Træcoli.

*Tricornium*, ville de la haute Mœsie près du Danube; c'est aujourd'hui Glumbatz.

*Trifanum*, lieu d'Italie dans la Campanie. Tite-Live dit que ce lieu était Sinuessa et Minturnæ.

*Triclypton*, ville de l'Inde en deçà du Gange. Ptolémée en fait la ville royale du pays appelé Randamarcotta.

*Trimontium*, ville de la Grande-Bretagne. Ptolémée la donne aux peuples Selgovæ. Camden croit que c'est aujourd'hui Asterith en Ecosse.

*Triphulum*, ville de la Dace; le nom moderne est Filesia.

*Tritæa*, ville du Péloponnèse dans l'Achaïe propre. Les auteurs ne s'accordaient pas sur la fondation de cette ville.

*Trivicum*, ville d'Italie dans la Campanie et dans la Pouille; le nom moderne est Trevico.

*Troade*, *Troas*, ville de l'Asie Mineure, dans la Troade ou dans la petite Phrygie, sur la côte de l'Hellespont, vis-à-vis l'île de Tenedos. Cette ville fut aussi quelquefois appelée Antigonia et Alexandria.

*Troezen*, *Troezene*, ville du Péloponnèse dans l'Argolide, sur la côte orientale, un peu au delà du promontoire Scyllæum, à l'entrée du golfe Saronique.

*Tropæa Augusti*, ville de la Ligurie. Quelques-uns veulent que ce soit aujourd'hui Torbia ou Turbia, et d'autres Villa-Franca.

*Thropiana*, ville d'Italie dans la Calabre. Le nom moderne est Tropea.

*Troie*, ville d'Asie, capitale de la Troade et du royaume de Priam, dans l'Asie Mineure, au pied du mont Ida, à une lieue de l'Archipel, et au détroit de Gallipoli, que les Grecs rendirent célèbre par un siége de dix ans. Les vainqueurs la ruinèrent tellement, qu'il n'en reste plus aucune trace. Alexandre le Grand fonda sur la côte de la Troade, à cinq lieues de l'ancienne Troie, une autre ville de ce nom qui fut ensuite épiscopale, sous la métropole de Cyzique; elle a été ruinée, et la place qu'elle occupait est appelée Eski-Stamboul.

*Tuder*, ville d'Italie dans l'Ombrie; le nom moderne de cette ville est Todi.

*Tuesis*, ville de la Grande-Bretagne, selon Ptolémée, qui la donne aux Vacomagi. On croit que c'est aujourd'hui la ville de Berwick dans le Northumberland.

*Tuficum*, ville d'Italie. Holsten prétend qu'elle était entre Matolica et Fabriano dans la Marche d'Ancone. C'est la même ville que Ptolémée nomme Jusicum.

*Tuggensis*, ou *Municipium Togiæ*, siége épiscopal d'Afrique dans la province Proconsulaire.

*Tugia*, ville d'Espagne. Elle donnait son nom à une montagne appelée par Pline Tugiensis Saltus et qu'on appelle aujourd'hui Sierra-di-Alcaraz.

*Tuliphurdum*, ville de la Germanie, selon Ptolémée. Ortelius croit que ce pourrait être Drechsden dans la Westphalie.

*Tulisiorgium*, ville de la Germanie, selon Ptolémée : on croit que c'est aujourd'hui Brunswick.

*Tunnocelum*, ville de la Grande-Bretagne. Camden dit que c'est aujourd'hui Tinmouth.

*Tuntobriga*, ville de l'Espagne tarragonaise; on croit que c'est le village de Bargua-de-Regoa dans la province de Tra-los-Montes, en Portugal.

*Turba*, ville de l'Espagne, dans le pays des Bastitans.

*Turrebladensis*, siége épiscopal d'Afrique dans la Byzacène.

*Turudensis*, ou peut-être *Turusensis*, siége épiscopal d'Afrique dans la province Proconsulaire.

*Tusculum*, ville d'Italie dans le Latium. Les masures de Tusculum sont à deux milles de Frescati ou Frascati, au-dessus de la montagne.

*Tutia*, ville de l'Espagne citérieure. Ce fut, selon Florus, une des villes que les Romains reprirent après que Sertorius eut été assassiné, et que Perpenna eut été vaincu et livré à Pompée.

*Tuticum*, ville d'Italie dans le pays des Samnites.

*Tyndarium*, ville de Sicile sur la côte septentrionale. Pline nous apprend que la mer avait englouti la moitié de cette ville. Le reste est aujourd'hui dévoré; on n'y voit plus qu'une église, appelée Santa-Maria-in-Tindaro.

*Tyr*, ville d'Asie dans la Phénicie, sur le bord de la mer, au sud de Sidon, très-célèbre dans l'histoire sacrée ainsi que dans l'histoire profane; mais elle a bien changé de face. On ne trouve aujourd'hui dans ses ruines que de faibles traces de son ancienne splendeur. On y voit encore quelques restes de ses palais abattus, de ses pyramides renversées, de ses colonnes de jaspe et de porphyre rompues et presque ensevelies dans le sable. Ses fortes murailles sont détruites. La ville de Tyr a eu le titre de métropole et celui de premier siége archiépiscopal sous le patriarcat d'Antioche. C'est aujourd'hui Sur, village de la Sourie en Turquie.

*Tyrissa*, ville de la Macédoine dans l'Emathie; le nom moderne est Ceresi.

*Tzurulum*, ville de Thrace; Crusius la place environ à moitié chemin entre Constantinople et Andrinople, et dit que le nom moderne est Ciorlo; mais Leunclavius et Corneille Scepper l'appellent Zorli.

# U

*Ucecensis*, siége épiscopal de la Gaule; c'est aujourd'hui Uzez.

*Ucetia*, ou *Ucecia*, même ville.

*Ucralis*, ville capitale de la Sarmatie Blanche.

*Ucya*, ville de l'Espagne bétique.

*Ulci*, ville d'Italie dans la Lucanie, selon Ptolémée, qui la marque dans les terres. On croit que c'est aujourd'hui Bucino ou Bulcino sur le Silaro.

*Uliarius*, ville de la Gaule aquitanique nommée maintenant Oléron.

*Ulizibirrha*, ville de l'Afrique propre.

*Ulpianum*, ville de la haute Mœsie dans la Dardanie; le nom moderne est Ulpia.

*Ulpsica*, ville de l'Espagne bétique.

*Undalus*, ou *Undalum*, ville de la Gaule narbonnaise, dans l'endroit où la Sorgue se jette dans le Rhône.

*Urbinum*, ville d'Italie dans l'Ombrie : on la nomme aujourd'hui Urbino.

*Urbs Salvia* (aujourd'hui Urbi-Saglia), ville d'Italie dans le Picenum.

*Urbs Vetus*, ville d'Italie dans l'Etrurie; c'est aujourd'hui la ville d'Orviète.

*Uria*, ville du royaume de Naples, aujourd'hui nommée Oira.

*Uriconium*, *Uroconium* ou *Viroconium*, ville de la Grande-Bretagne. Cette ville ne subsiste plus. On voit seulement un petit village qu'on appelle aujourd'hui Worchester, et par corruption Wroxester.

*Urso*, ville de l'Espagne bétique. Le nom moderne de cette ville est Ossuna.

*Usdicesica*, préfecture de la Thrace près du mont Hémus.

*Usellis*, ville de l'île de Sardaigne; le nom moderne est Bossa, selon Niger.

*Ussubium*, ville de la Gaule aquitanique : on croit que c'est aujourd'hui la Réole, sur la rive droite de la Garonne.

*Utica*, ville de l'Afrique propre. Strabon dit que par sa grandeur et par sa dignité elle ne le cédait qu'à Carthage; après la ruine de celle-ci, elle devint la capitale de cette province. Elle était située sur le même golfe que Carthage.

*Utidava*, ville de la Dace; aujourd'hui Utarhel.

*Uxama Argellæ*, ville de l'Espagne tarragonaise : on la trouve aujourd'hui dans la Vieille-Castille, sur le bord du Diero, sous le nom de Borgo d'Osma.

*Uxela*, ville de la Grande-Bretagne. Camden veut que ce soit aujourd'hui Lestwithiel ou Lestuthiell au comté de Cornouaille.

*Uxellodunum*, ville de la Gaule aquitanique; c'est aujourd'hui Cadenac.

*Uxena*, ville de l'Espagne bétique qu'on dit être Ucélis ou Uzélis.

*Uxentum*, ville d'Italie dans la Calabre. L'ancien nom se conserve dans Usento.

*Uzabirensis*, ou *Unuzibirensis*, siége épiscopal d'Afrique, dans la Byzacène.

# V

*Vabrense Castrum*; c'est aujourd'hui Vabre.

*Vacorium*, ville du Norique. Elle était, selon Ptolémée, au sud du Danube. Quelques-uns veulent que ce soit aujourd'hui Villac dans la Carinthie, sur la Drave.

*Vadentinianensis* ou *Valentinianensis*, siége épiscopal d'Afrique dans la Byzacène.

*Vogoritum*, ville de la Gaule lyonnaise. Ptolémée la donne aux peuples Aruvii ou Arubii; Ortelius croit que ce pourrait être aujourd'hui Vaugiron.

*Valena*, ville de la haute Pannonie. Selon Lazius, c'est Valbach.

*Valentia*, ville de l'Espagne tarragonaise, aujourd'hui Valence.

*Valentia*, ville d'Espagne; c'est aujourd'hui Valença, bourg de Portugal, dans la province de Tralos-Montes.

*Valentianæ*, nom de la ville de Valenciennes.

*Valeria*, ou *Valeria Celtiberorum*, ville de l'Espagne tarragonaise, aujourd'hui Valera-la-Veja.

*Vannia*, ville d'Italie. Quelques-uns croient que c'est Fanna, bourg de l'État de Venise.

*Vapincum*, *Vapinguum* et *Vapingum*, ville de la Gaule narbonnaise; c'est aujourd'hui Gap.

*Varcia*, ville de la Gaule belgique. Alting croit que c'est aujourd'hui Verear, village sur la Saône.

*Varia*, ou *Vania*, ville d'Italie dans la Pouille; c'est la ville de Bari.

*Variana*, ville de la basse Mœsie. Le nom moderne est Brannicero, selon Lazius; mais dans un autre endroit il dit que c'est Varadin.

*Varianæ*, ville de la Pannonie; c'est aujourd'hui Wara, sur la Drave.

*Vasio Vasiorum*, ville de la Gaule narbonnaise, aujourd'hui Vaison, ancienne ville épiscopale du Comtat Venaissin, actuellement département de Vaucluse et diocèse d'Avignon.

*Vassates*, ville de la Gaule narbonnaise. Belleforêt dit que c'est Bazas.

*Veii* ou *Veies*, ville de l'Étrurie près du Tibre, détruite par les Romains. Le village d'Isola en tient la place aujourd'hui.

*Velitræ*, ville d'Italie dans le Latium, et la capitale des Volsques.

*Vellanis*, ville de la haute Mœsie. Si nous en croyons Lazius, le nom moderne est Larzii.

*Vallaunodunum*, ville de la Gaule celtique ou lyonnaise. Les uns veulent qu'elle soit Villenove en Lorraine, et d'autres Auxerre, Vézelay ou Château-Landon.

*Vempsum*, ville d'Italie dans le Latium, selon Ptolémée; quelques-uns veulent que ce soit aujourd'hui Val-Mentone.

*Venafrum*, ville d'Italie dans la Campanie, aujourd'hui Venafro.

*Vendenis*, ville de la haute Mœsie; le nom moderne est Ravenitzen.

*Vennonæ*, ville de la Grande-Bretagne. Camden veut que le nom moderne soit Benfordbrige.

*Venta Belgarum*, ville de la Grande Bretagne; elle fut la capitale des Belges établis dans la Grande-Bretagne. C'est la ville de Winchester.

*Venta Silurum*, ville de la Grande-Bretagne: on croit avec beaucoup de vraisemblance que Chepstow dans le comté de Monmouth s'est agrandie de ses ruines.

*Venusia*, ville d'Italie aux confins de la Pouille et de la Lucanie. Le nom moderne est Venosa.

*Verala*, ville de l'Espagne citérieure, sur la route d'Italie en Espagne, entre Calagurra et Tritium. C'est aujourd'hui Varea, selon Moralès.

*Veretum*, ville d'Italie dans la Messapie ou Calabre; on la nomme aujourd'hui Santa-Maria-de-Vereto.

*Vergæ*, ville d'Italie chez les Brutiens; c'est aujourd'hui Bogiano.

*Vergeminum*, petite ville de la Gaule cispadane qu'on nomme aujourd'hui Vigevano.

*Vergentum*, ville de l'Espagne bétique, aujourd'hui Guelves, dans l'Andalousie.

*Verlucio*, ville de la Grande-Bretagne. Les uns prétendent que c'est Westbury, d'autres disent Hedington, d'autres Lechham, et d'autres Warmister.

*Verodunum*, ville de la Gaule belgique, aujourd'hui Verdun.

*Verolamium*, *Velolamium*, *Velovanium* ou *Verulmium*, ville de la Grande-Bretagne. Tout le monde convient que cette ancienne ville était près de la ville de Saint-Albans, qui s'est accrue de ses ruines.

*Verona*, ville d'Italie sur l'Adige, dans les terres aux confins de l'ancienne Rhétie, aujourd'hui Verone.

*Verteris*, ville de la Grande-Bretagne; ce n'est plus qu'un village.

*Vertobrige*, ville de l'Espagne bétique; c'est aujourd'hui Valera-la-Pega.

*Verulæ* ou *Verule*, ville d'Italie dans le Latium, au pays des Herniques; on l'appelle aujourd'hui Veroli.

*Vesontio*, ou *Visontio*, ville de la Gaule belgique chez les Séquaniens. Elle était déjà très-considérable du temps de César. C'est aujourd'hui Besançon.

*Vettoniana*, ville de la Vindélicie, aujourd'hui Wintend, bourgade de la Bavière, sur le Danube.

*Via*, ville de la Mauritanie césarienne.

*Viana*, ville de la Rhétie au sud du Danube. Le nom moderne est Wangen.

*Viana*, ville de Norique; c'est aujourd'hui la ville de Vienne en Autriche.

*Vibantanarium*, ville de la Sarmatie européenne; c'est peut-être Bar dans la haute Podolie.

*Victoria*, ville de la Grande-Bretagne. Ptolémée la donne aux Danii. C'est aujourd'hui Caer-Guick.

*Victoria*, ville de la Mauritanie césarienne, dans les terres: on l'a nommée depuis Agobel.

*Vienna*, ville de la Gaule narbonnaise sur le Rhône, capitale des Allobroges. Vienne conserve encore quelques restes d'antiquités, mais elle est tout au plus le quart de ce qu'elle était autrefois.

*Vincentia*, ville de la Valerie ripense; le nom moderne est Wameza.

*Vindinum*, ville de la Gaule lyonnaise. Villeneuve croit que c'est aujourd'hui Vendôme.

*Vindomora*, ville de la Grande-Bretagne; c'est aujourd'hui Farnham sur le Wey. Cependant Camden veut que ce soit Silcester au comté de Southampton.

*Vinundria*, ville de la haute Pannonie. Lazius dit que c'est aujourd'hui Windischgratz.

*Virgao*, ville de l'Espagne tarragonaise; c'est aujourd'hui Arjonna.

*Virgi*, ville de l'Espagne où est aujourd'hui Almacaran à l'embouchure du Guadalentin.

*Viriballum*, ville de l'île de Corse; le nom moderne est Punta-di-Adiazza.

*Virosidum*, ville de la Grande-Bretagne; c'est aujourd'hui Warwick, bourg de Cumberland.

*Virossa*, siége épiscopal d'Asie sous la métropole de Ruba.

*Virovesca*, ville de l'Espagne tarragonaise: le nom moderne est Birviesca ou Briviesca.

*Virunum*, c'est aujourd'hui Volmarr, petite ville de la Carinthie.

*Vissalsensis*, siége épiscopal d'Afrique dans la Mauritanie césarienne.

*Vivariensis*, siége épiscopal de la Gaule narbonnaise, auj. Viviers.

*Vobernum*, ou *Voberna*, ville d'Italie dans la Gaule transpadane, auj. la Chiese.

*Vobrix*, ville de la Mauritanie tingitane; c'est auj. la ville de Lampta au royaume de Fez.

*Volci*, ville d'Italie dans l'Étrurie. Ptolémée la marque dans les terres.

*Voliba*, ville de la Grande-Bretagne. Camden croit que ce pourrait être auj. Falmouth.

*Volubilis*, ville de la Mauritanie tingitane. Cette ville pourrait bien être Fez.

*Vosavia*, lieu de la Gaule belgique. Tout le monde convient que c'est auj. Ober Vesel.

## X

*Xanthus*, ou *Xanthopolis*, ville de l'Asie Mineure dans la Lycie.

*Xantodunum*, ou *Sacrum Cæsaris*: on prétend que c'est l'ancien nom de Sancerre, ville de France, dans le Berri.

*Xois*, ville d'Egypte dans le nome qui prenait d'elle le nom de Xoite.

## Z

*Zadrama*, ville de l'Arabie heureuse.

*Zagira*, ville de la Galatie, dans la Paphlagonie.

*Zagora*, ville de la Galatie, dans la Paphlagonie, sur le bord du Pont-Euxin.

*Zalissa*, ville d'Asie, dans l'Ibérie. On la nomme auj. Scander.

*Zama*, ville d'Afrique, dans la Numidie; le nom moderne est Zamora.

*Zancle*, ancien nom de la ville de Messine, selon Hérodote.

*Zanes*, ville de la haute Mœsie.

*Zaragardia*, ville de la Mésopotamie, sur le bord de l'Euphrate.

*Zarai*, ville de la Mauritanie césarienne, sur la route de Lamasba à Sitifis.

*Zarex*, ville du Peloponnèse, dans la Laconie.

*Zela*, ville de Thrace.

*Zelesa*, ville de l'Asie Mineure, dans la Troade, au pied du mont Ida.

*Zeles*, ville d'Espagne, dans la Bétique, et voisine de Tingis.

*Zeugma*, ville de la Dace. Lazius la place à Zazsebes.

*Zeugma*, ville de Syrie, au bord de l'Euphrate, dans la Comagène.

*Zigere*, ville de la Thrace, dans les terres.

*Zilis*, ville de la Mauritanie tingitane, près de la côte de l'océan Atlantique.

*Zimara*, ville de la grande Arménie.

*Zipoetium*, ville de l'Asie Mineure, dans la Bithynie.

*Zazogara*, ville de la grande Arménie. Il y en a qui veulent que ce soit auj. la ville de Testis.

*Zigantis*, ville de la Libye.

*Zygris*, ville du nome de Libye, sur la côte. Le nom moderne est Solonet.

---

# NOTICE GÉOGRAPHIQUE
# DES PEUPLES ANCIENS
## QUI ONT VÉCU AVANT LE CHRISTIANISME,
### ET DE CEUX QUI VIVAIENT AU MOMENT DE SA PRÉDICATION.

Nous voulions publier une esquisse de la géographie historique ancienne dans ses rapports avec la géographie chrétienne primitive. Après mûres réflexions, nous avons vu que cette esquisse ne remplirait peut-être pas le but que nous nous proposions. Nous avons alors entrepris un travail difficile et ingrat, en recherchant, dans la géographie ancienne, les peuples qui ont vécu avant le christianisme, et ceux qui vivaient à son apparition. C'est leur notice géographico-nécrologique que nous avons rédigée; car presque tous figurent directement ou indirectement, par eux-mêmes ou par leurs descendants, dans le martyrologe géographique du christianisme. Parmi ces divers peuples, tous sans doute n'étaient pas morts. Ils avaient perdu leur nom primitif, soit par la force des événements politiques, soit en changeant de pays; et souvent ils entraient dans l'Église sous ce nouveau nom.

Ce sont ces difficultés et ce vague de la géographie ancienne qui avaient déterminé le P. Briet, célèbre professeur de rhétorique, à entreprendre son ouvrage intitulé : *Parallela geographiæ veteris et novæ*, Parallèle de la géographie ancienne et moderne. Ce savant jésuite signalait à ses élèves les rapports multipliés que la géographie ancienne conservait avec la nouvelle, et les leur expliquait pour l'intelligence des auteurs latins.

Plus on étudie l'histoire des peuples anciens, plus on la compare avec celle des peuples modernes, plus on trouve qu'il y a identité complète et parité absolue. Les peuples non civilisés qui vivaient avant le christianisme ou lors de son apparition, et les peuples découverts dans les deux Amériques (continent et îles) et dans le Monde maritime, se ressemblent sous le rapport matériel, intellectuel et moral : misère physique, ignorance et passions brutales. En effet, n'aperçoit-on pas aux deux époques des traditions religieuses confuses, altérées; des habitudes barbares, l'esclavage ou la mort des prisonniers, l'isolement, l'aversion et le mépris du travail, enfin la servitude de la femme?

Tous les peuples de l'Asie centrale ancienne avaient les mêmes mœurs et la même manière de vivre que ceux d'aujourd'hui : du lait, de la chair de cheval, des chariots pour abri, et les steppes pour circonscription.

Les anciens habitants de l'Asie centrale s'appelaient Abiens, Alains, Huns, etc; les modernes s'appellent Tartares-Mongols, Tartares-Mandchoux, etc. : il n'y a de changé que la dénomination géographique.

Il résulte de cette Notice qu'avant l'inondation des barbares, on distinguait dans l'ancien continent, comme en Amérique au moment de sa découverte, une foule de petites nations, de peuplades qui avaient leurs usages et leur dialecte particulier.

Il paraît que plus l'humanité est barbare, plus les nations sont subdivisées et fractionnées, plus les langues deviennent pauvres, dures et confuses. Le langage suit le progrès de l'intelligence, tous deux sont comme inséparables et indivisibles. Il résulte encore que ces peuplades n'avaient point, en partie, leur subsistance assurée. En Afrique et dans de certaines contrées de l'Asie elles mangeaient des sauterelles, des chiens, des serpents, etc. L'Amérique et le Monde maritime, par abandon du travail, nous ont montré la même incertitude sur la vie matérielle de leurs habitants, et les mêmes tristes ressources employées par eux. Il ressort de plus un fait remarquable, c'est que l'hospitalité antique ne se retrouve et ne s'est conservée que dans l'Orient. Plus on s'éloigne de cette région, plus elle disparaît. Dans l'antiquité, à l'exception de l'Asie occidentale, l'hospitalité était presque inconnue. Les peuples de l'Asie centrale, d'une partie de l'Europe et de l'Afrique attaquaient les étrangers absolument comme les indigènes de l'Amérique ou du Monde maritime les ont attaqués et les attaquent par surprise quand ils le peuvent.

Par l'étude de la géographie ancienne nous avons aussi constaté un fait qui se représente avec une généralité constante : c'est que les peuples barbares anciens tuaient les vieillards et abandonnaient les malades, comme font les indigènes modernes de l'Afrique australe, de l'Amérique septentrionale, etc., etc. Nous avons enfin rencontré les *suttées* de l'Hindoustan, qui ont prévalu jusqu'à présent contre la puissance anglaise, chez les peuples anciens les plus arriérés, chez les Hérules par exemple. Les femmes n'y pouvaient survivre à leurs maris; il leur fallait ou les suivre dans la fosse, ou monter sur le bûcher.

D'après la Notice qui suit, l'Afrique contenait des anciens comptait 141 peuples, l'Espagne 109 et l'Arabie 68. Venaient ensuite la Thrace, la Germanie et les Gaules.

## A

*Abannes*, peuples de la Maurit. voisins des Capraricus. Le C. Théodose, père de l'emp. de ce nom, les assujettit les uns et les autres.

*Abantéens*, d'Argos, ainsi nommés de leur roi Abas.

*Abantes*, anc. peup. de la Thrace; ils passèrent dans la Grèce, où ils bâtirent la ville d'Abée ou d'Aba, du nom de leur chef. Ils se retirèrent ensuite dans l'île d'Eubée et donnèrent leur nom aux habitants. Ces peuples se coupaient les cheveux par devant, de peur d'être pris par là en combattant. Ils marchaient d'abord à l'ennemi l'épée à la main, sans se servir de flèches, ni de frondes.

*Abares*, reste des Huns, qui se répandirent dans la Thuringe et qui se mêlèrent avec d'autres peuples.

*Abdulnates*, nation ancienne d'Afrique qui occupait le royaume de Tlemcen, avant les Romains et les autres princes particuliers qui en ont été les maîtres. C'était une branche des Zénètes, venus des Magaraos qui ont commandé dans toute l'Afrique. Les Zénètes ayant été chassés par les Romains, reprirent

empire depuis, avec le secours des Goths, auxquels ils payèrent un certain tribut, jusqu'au temps où les successeurs de Mahomet s'emparèrent de l'Afrique, dont toutes les provinces furent soumises aux khalifes de l'Arabie, après la conquête d'Espagne.

*Abolinates*, anc. peup. d'Italie aux environs de la Pouille, distingués par les surnoms de Marses et de Protropres.

*Abrites* ou *Abarites*, anc. peup. maritimes d'Asie dans la Gédrosie, qui habitaient la province de Mecran, aujourd'hui comprise dans la Perse, à l'est de la rivière d'Arbius. Alexandre combattit dans leur pays.

*Abiens*, *Abii*, dans l'Hircanie; ils prennent peut-être leur nom de la rivière Abia, qui se décharge dans l'Oxus.

*Abiens*, peup. de la Scythie, qui vinrent se mettre à Alexandre le Grand pendant qu'il était à Maracande. Ptolémée les place à l'est du mont Imaüs, mais sans marquer les bornes de leur pays. Ces peuples habitaient des huttes soutenues sur des roues et vivaient comme les nomades, du lait de leurs troupeaux. Ils donnaient leurs terres à cultiver sous une légère redevance, et ils ne portaient les armes que lorsqu'on leur refusait le tribut. Il était permis chez eux d'avoir plusieurs femmes.

*Aborigènes*, anc. peup. d'Italie auxquels on donne tant de différentes origines, qu'on ne peut se déterminer pour aucune. Ce qu'il y a de certain, c'est qu'ils prirent le nom de Latins qu'ils se joignirent à Énée, et qu'ils nommèrent le pays nommé le Latium, aujourd'hui la Campagne de Rome.

*Abrincates*, nom latin des peuples qui habitaient le pays appelé l'Avranchin; ils étaient de la II° Lyonnaise. Ils avaient pour voisins au N. les Unelli, au S. les Audenomani et les Redones, à l'E. les Biducasses ou Baiocasses; à l'O. leur pays était terminé par l'Océan. Ingena ou Abrincas (Avranches) était leur chef-lieu.

*Abrites*, *Arbites* ou *Arabites*, ancienne nation des Indes, qui prit son nom du fleuve Arbis ou Arabius; elle occupait le pays entre ce fleuve et l'Indus, et avait un langage différent des Indiens; elle était si jalouse de sa liberté, qu'elle aima mieux s'enfuir que de se soumettre à Alexandre.

*Absiliens*, *Absilii*, peup. d'Asie soumis aux Grecs, demeurant à l'orient du Pont-Euxin.

*Absyntiens* ou *Absynthiens*, anc. peup. que Procope place proche du Pont-Euxin, sur une montagne appelée Absynthe.

*Abyliens*, anc. peup. qui habitaient le long du Nil près des Troglodytes.

*Abyndiens*, anc. peup. des Indes dans le royaume de Sinda du Gange.

*Abyléens*, dans la Libye; on ne connaît pas leur véritable situation.

*Abzoes*, dans la Scythie, à l'est du détroit par lequel les anciens croyaient que la mer Caspienne communiquait avec la mer Chronienne.

*Acabitontichites*, dans la Mauritanie, au pied du mont Atlas.

*Acadres*, *Acadræ*, anc. peup. d'Asie au delà du Gange, sur lesquels les anciens ne nous ont laissé que des notions incertaines. Ptolémée leur donne environ 26 deg. de lat. sept., et 175 de long.

*Acarnanie*, ancienne province de la Grèce libre, entre le golfe de l'Arta, nommé alors d'Ambracia. L'ancien nom de l'Acarnanie était Curetide. Les Acarnaniens furent attirés par les Amphiloches, qui leur apprirent la langue grecque. Ils étaient excellents frondeurs et primaient dans les cinq exercices des jeux publics. Les guerres des Macédoniens et ensuite celles des Romains ayant ruiné une des villes de l'Acarnanie, Auguste, qui vit que plusieurs de ces villes étaient presque dépeuplées, en rassembla les habitants dans une seule ville qu'il nomma Nicopolis à cause de la victoire qu'il avait remportée près de là sur l'armée d'Antoine et de Cléopâtre.

*Achaïe* (la grande), anc. province de Grèce, qui était entre l'Épire, la Thessalie, la mer Égée et le Péloponèse. Elle renfermait: 1° l'Attique, 2° la Béotie, 3° la Doride, 4° l'Étolie, 5° la Locride, 6° la Mégaride, 7° la Phocide. Les Romains, ayant subjugué la Grèce, la divisèrent en deux parties, la Macédoine et l'Achaïe, et donnèrent à chacune de ces deux parties une étendue beaucoup plus grande qu'elles n'avaient auparavant.

*Achalicces*, dans l'Ethiopie, nommés par Ptolémée après des Xilicces, nation voisine du mont Aranga.

*Achames*, *Achamæ*, dans la Libye intérieure, au nord des Tarvaltes et au sud des Ethiopiens-Odrangides, entre les monts Caphas et Thala, vers le 8° degré de lat. sept.

*Achaniens*, *Achani*, Scythes nommés Acharniens par Théopompe.

*Achemènes*, ou *Achæmènes*, anc. peup. de la Syrtide en Afrique.

*Achemenides*, peup. qui habitent l'Achéménie. *Voy.* l'art. suivant.

*Achéménie*; c'est le nom que porta durant quelque temps une partie de la Perse, et il lui fut donné à cause d'Achemènes, premier roi de Perse, dont les descendants régnèrent jusqu'à Darius et furent nommés Achéménides parce qu'ils étaient de la famille de ce prince.

*Acherini*, anc. peup. de la Sicile, dont parle Cicéron; mais il n'en donne pas la situation.

*Achisarnes*, *Achisarni*, anc. peup. de l'Ethiopie selon Pline.

*Achites*, *Achitæ* ou *Accitæ*, dans l'Arabie heureuse, que Ptolémée place sur le mont Climax.

*Achomes* ou *Ackoméniens*, *Achomeni*, dans l'Arabie heureuse, selon Etienne le Géographe.

*Acibi*, anc. peup. de la Sarmatie européenne qu'on soupçonne avoir habité la contrée où est aujourd'hui la principauté de Biela; mais ce n'est qu'une conjecture.

*Acitani* ou *Accitani*, nom d'un ancien peuple d'Espagne; vraisemblablement les habitants de la ville et du territoire d'Accitum.

*Acridophages*, peup. d'Ethiopie qui habitait un pays voisin des déserts au delà du Nil;

leur nom signifiait mangeurs de sauterelles. Ces peuples étaient petits, légers à la course et ne vivaient guère au delà de 40 ans. La maladie pédiculaire, résultat de leur nourriture et de l'air qu'ils respiraient, causait presque toujours leur mort.

*Acuensii*, dans la Mauritanie césarienne; on les appelait plus communément Nacuensii.

*Adées, Adei*, anc. peup. arabe en Egypte, près de la petite cataracte du Nil, dans un pays presque entouré de montagnes.

*Adraistes*, anc. peup. qui habitait la partie supérieure de l'Indus.

*Adramites*, anc. peup. de l'Arabie heureuse; Ptolémée et Théophraste parlent d'un lieu de même nom en Arabie, qui produit l'encens, la myrrhe et la cannelle.

*Aduatices* ou *Aduatiques*, dans la Gaule belgique; ils habitaient le pays où est à présent le comté de Namur. Lorsque Auguste divisa cette partie des Gaules en quatre provinces consulaires, les Aduatices furent compris dans la Germanie inférieure. Ces peuples furent gouvernés par des rois, dont quelques-uns prirent le nom de prêtres de Neptune. On croit qu'ils étaient les mêmes que Pline nomme Betasi et Betasii; et peut-être sont-ils encore les mêmes que les Vétasiens, nommés par la Notice de l'Empire.

*Adulitæ*, peuple qui habitait le long de la côte appelée Adulicus Sinus sur la mer Rouge.

*Adunicates*, peuples de la Gaule narbonnaise; Pline les met dans le voisinage des Quariates et des Suétriens, anciens peuples de la Provence.

*Adyrmarchides*, dans la Libye; ils observaient scrupuleusement la loi du talion. Leurs mœurs étaient presque les mêmes que celles des Egyptiens; les femmes portaient des cuissards de cuivre et laissaient croître extraordinairement leurs cheveux.

*Æbisocenses*, *Æbisoci*, habitaient la ville de Chaves dans la Galice.

*Æcaniens*, anc. peup. de la Toscane, vaincus par Camille, qui ravagea leur ville.

*Ædui*, peup. de la partie des Gaules, où sont aujourd'hui les diocèses de Châlons-sur-Saône, d'Autun, de Nevers et une partie de celui de Mâcon, entre la Saône, la Loire et la Seine. Ils avaient pour voisins au nord ceux que les Romains nommaient Lingones; au sud les Seguziani; à l'est les Sequani; à l'ouest les Vadicasses et les Senones. Les premiers à s'allier aux Romains, ils furent qualifiés de frères du peuple romain. Ils avaient eu, selon César, la principale autorité dans la Gaule, même avant l'alliance des Romains; Augustodunum (Autun) était leur capitale. Ils avaient aussi Bibracte, que quelques-uns ont cru mal à propos être Autun. Les pays qui dépendaient de cette nation, en y ajoutant ceux qui étaient occupés par ses alliés ou sujets, comprenaient la plus grande partie de la province de Bourgogne, la Bresse, le Lyonnais, le Beaujolais, le Forez, le Bourbonnais et le Nivernais. Les Seburii ou Seguriani, les Ambarres, les Branovices et les Branovii étaient les uns sujets, et les autres alliés des Eduens.

*Ægones*, ancien peuple de la Gaule d'en deçà du Pô, par rapport à Rome, mais qu'on connaît imparfaitement.

*Æletani* ou *Eletuni*, en Espagne; ils en occupaient une partie aux environs de la Catalogne.

*Æluæones*, anc. peupl. de la Germanie que Pline nomme Helviones; Tacite, Hellusti et d'autres Heilli. Ils habitaient l'île de Hell dans la mer Baltique, selon Willichius; mais Ortelius les prend pour les Dalécarliens, peup. de la Suède.

*Æluri*, que Suidas dit être séparés des Gaulois par les Alpes. Leur pays était rempli de châteaux dont les Goths se saisirent pour garder les passages et faire des courses.

*Ænianes*, peuples de la Thessalie dans la Thessaliotide, sur le fleuve Sperchius, entre les monts du Pinde, d'Othrys et d'Oéta. Ils étaient la plus noble portion de la nation thessalienne. Hypata était leur capitale.

*Æques*, *Æqui*, *Æquiculi*, *Æquicolæ* et *Æquilani*, en Italie, habitaient le long de l'Anio, qui séparait leur pays en deux parties. Ils étaient voisins des Sabins, des Volsques, des Marses, des Herniciens et des Latins. Leur pays, plein de montagnes et de forêts, était arrosé par trois rivières qui y avaient leurs sources: l'Anio (qui est le Teverone); Turonius (le Turano); et Trerus (le Gariglan). Les deux premières se jettent dans le Tibre, et la 3ᵉ passe dans le royaume de Naples. Ce peuple vivait de rapines et cultivait ses terres les armes à la main. Inférieur aux Romains en bataille rangée, il avait la supériorité pour les courses, les partis et le pillage.

*Æstiæ* ou *Æstii*, anc. peup. de la Sarmatie européenne qui occupait tout le pays entre la Vistule et le golfe de Finlande. Il était composé, 1° des Æstii proprement dits, qui habitaient la partie de la Prusse au delà de la Vistule; 2° des Ombrones, qui étaient dans la Samogitie; 3° des Scyrri, où sont aujourd'hui les duchés de Curlande et de Samogalle; et enfin des Hirri dans les provinces de Lettie et d'Esthonie. Ce peuple, dont les mœurs étaient barbares, fut entièrement exterminé par les Sarmates.

*Ætuates* ou *Ætuatitii*, sur les frontières de la Rhétie, proche des sources du Rhin, dans le lieu où est aujourd'hui la juridiction de Tavetsch.

*Ætymandri*, anc. peup. d'Asie dans l'Arie, entre les Drachamæ et les Burgii, et au nord des Cassirotæ.

*Ævei*, peup. de la Palestine, dont la capitale était Gabaon, à 50 stades de Jérusalem.

*Æzari*, formaient l'un des cantons de la Marmarique. Leur nom venait du mont Æzar, qui bornait cette province au sud.

*Afri*, nom des peuples qui habitaient l'Afrique et que nous appelons Africains.

*Agabeni* ou *Agubeni*, anc. peup. de l'Arabie déserte, sur les frontières de l'Arabie heureuse.

*Agalasses*, habitaient la partie supérieure

du fleuve de l'Indus, et furent vaincus par Alexandre.

*Agaréens* et *Agaréniens*, peuples ainsi nommés d'Agar, mère d'Ismaël, dont ils descendaient. L'Écriture les nomme Ismaélites; ils habitaient l'Arabie heureuse ou la Sabée, et furent depuis appelés Sarrasins. Ils eurent guerre avec les tribus de Ruben, de Gad et de Manassès sous le règne de Saül, et sous Trajan ils firent une si vigoureuse résistance contre les forces de cet empereur, qu'il fut contraint, après de grandes pertes, de lever le siège d'Agarena ou Agarenum, leur capitale.

*Agathyrses*, habitaient le pays où sont les provinces de Cargapol et de Vologdha en Russie. Ils étaient voisins des Gélons. Leurs femmes étaient communes, afin d'être tous parents et ne composer qu'une même famille; ils étaient magnifiques en habits et teignaient leurs cheveux et leurs corps en bleu. Ces peuples se répandirent en Europe sous Domitien.

*Agazziri*, peup. vers l'embouchure de la Vistule, selon Jornandès.

*Agesinates*, peup. de la Gaule aquitanique, dans le voisinage des Pictons ou Poitevins. On les distinguait en Combolestres et en Atlantiques ; on croit que les premiers occupaient ce que nous appelons aujourd'hui l'Angoumois. Ratiastum ou Inculisma était leur chef-lieu.

*Aginatlæ* ou *Aginnatæ*, anc. habitants de l'île de Bazacata dans le golfe du Gange.

*Agræi* ou *Agrenses*, peuples de l'Arabie heureuse; c'étaient de forts bons guerriers.

*Agræi*, autre peup. de l'Arabie déserte, voisin de la Batanée.

*Agræi*, autre peup. dans l'Étolie en Grèce, sur les bords de l'Achéloüs.

*Agrianes*, peuples de Thrace voisins du mont Pangée et des Dombères.

*Agriens* ou *Agréens*, dans la contrée de la Thrace nommée Péonie, entre les monts Hémus et Rhodope.

*Agriophages*, peup. d'Éthiopie dont le nom signifie qu'ils se nourrissaient de la chair des bêtes féroces, comme des panthères, des tigres, des lions.

*Agubeni*, nation de l'Arabie déserte, selon Ptolémée.

*Aguensis*, peup. d'Afrique dont on ignore la situation.

*Alains*, *Alani*, anc. peup. de la Sarmatie européenne, que Cluvier place dans la Russie, au nord du Don ; mais d'autres les mettent dans la Lithuanie. Quoi qu'il en soit, ils firent une irruption dans la Médie et l'Arménie sous Vespasien. Volagèse, roi des Parthes, demanda du secours contre eux à cet empereur, qui les tint en crainte pendant quelque temps ; mais, à la fin du IVᵉ siècle, ils se joignirent aux Vandales, dans les Gaules, vers l'an 406. Ils avancèrent depuis le bord du Danube jusqu'au Rhin, sans trouver aucune résistance, et mirent tout à feu et à sang. On comptait parmi les Alains, les Neuriens, les Vindins, les Gélons, les Agathyrses et les Melanchlænes ; ils allaient par hordes comme les nomades, ne labourant point, n'ayant pas de maisons, vivant de viande et de laitage, et se reposant sur des chariots couverts d'écorces, qu'ils promenaient dans des déserts immenses.

*Alauni*, peuple de la Norique, selon Ptolémée, et peut-être les précurseurs des Alains, qu'il nomme aussi Alauni et qu'il place dans la Sarmatie européenne.

*Albici*, peuple de la IIIᵉ Viennoise et ensuite de la IIᵉ Narbonnaise ; le même qui, du temps de César, était allié des Marseillais et qui aida ceux-ci à soutenir le siège que César avait mis devant leur ville. Plusieurs savants ont cru que les Albici devaient être placés aux environs de Riez, mais M. de Remerville a prouvé dans une savante dissertation qu'il fallait les mettre dans le diocèse d'Apt. Ils occupaient le terrain qui s'étend depuis le village de Lioux jusqu'au mont Ventoux, c'est-à-dire cinq lieues du sud au nord, vingt kilomètres.

*Albonensis*, peuples que Ptolémée a mis dans la Dacie. Ortelius croit que ce sont ceux que les Rasciens nomment Cosova, et les Hongrois, Rigomeza.

*Albonenses*, dans l'Illyrie, selon Pline ; c'étaient les habitants d'Albona, selon Ortelius.

*Alboti*, anc. peup. de la Macédoine nommé aussi Almopi.

*Alemanni*, *Alamanni*, *Alemani*, et *Allemanni*, noms latins des Allemands, anciens peuples, différents des Allemands d'aujourd'hui par les mœurs et les bornes de leur pays ; ainsi on ne doit pas les confondre avec les Germains, ni avec le peuple qui porte à présent le même nom. Ils occupèrent d'abord le pays entre le Mein, le Rhin et le Danube. Ils s'étendirent ensuite jusqu'à la Lhona et ravagèrent les Gaules sous leur roi Crocus. Ils avaient à peu près les mêmes mœurs que les Germains, qui sacrifiaient à leurs divinités des chevaux et d'autres animaux. Ces peuples étaient si nombreux, qu'ils ne parurent pas affaiblis, quoique Constantin en eût tué 60 mille et Gratien 30 mille. Clovis les ayant défaits en 496, ils se soumirent à ce prince. Le nom particulier de ces peuples est devenu celui de tous ceux qui habitent à présent l'Allemagne.

*Aleseni*, anc. peup. arabique, vers le golfe Persique et la Babylonie.

*Alileens*, peup. de l'Arabie heureuse, vers l'ouest, dans le voisinage des Cassanites.

*Alitrophages*, *Alitrophagi*, dans la Scythie, selon Ammien-Marcellin ; Ptolémée a placé les anthropophages dans le même endroit. C'était apparemment le même peuple.

*Allobroges*, anc. peup. de la Gaule narbonnaise, qui habitait entre les Alpes grecques, le lac Leman ou lac de Genève, l'Isère et le Rhône ; ainsi ils occupaient une partie du Dauphiné et presque toute la Savoie. Vienne était leur capitale selon Ptolémée. Les Allobroges eurent des rois héréditaires, mais qui n'avaient que le commandement des armées et le choix des officiers ; l'autorité résidait dans leur sénat, composé de la principale noblesse, qui réglait les choses importantes. Leur religion était remplie de superstitions

DICTIONNAIRE DE GÉOGRAPHIE ECCL. I.        18

ridicules; Jupiter et Mercure étaient leurs dieux principaux. Ils ne le cédaient à personne en courage; ils prirent le parti des Carthaginois contre les Romains, et ils entrèrent en Italie avec Annibal. Les Romains, irrités de leur conduite, envoyèrent contre eux, l'an 634 de Rome, Cneus Domitius Ænobarbus qui les vainquit; et ensuite Fabius Maximus, qui les subjugua entièrement et en remporta le titre d'*Allobrogique*; ils formèrent depuis une partie de la Gaule que les Romains appelaient Narbonnaise. Les Allobroges étaient bornés au nord par les Séguriani, les Sequani et les Hebretii; au sud par les Segalauni, les Vocontii et les Caturiges; à l'est par les Veragri, les Centrones et les Brigantini; à l'ouest par les Velauni.

*Aloni*, en Asie, selon Pline, au delà du Tigre, aux confins de l'Assyrie près des Gordiens.

*Alontigiceli*, anc. peup. d'Espagne dans la Bétique, près de la ville de Ménoba aujourd'hui Rioguadalete.

*Aloritæ*, peuple de la Macédoine, qui prenait son nom du bourg d'Aloros dont on ignore aujourd'hui la situation.

*Alpini*, en Espagne, auprès de l'Èbre; selon Varron, ils avaient d'excellentes mines.

*Alutæ*, peup. de l'Illyrie, d'après Pline.

*Alutraenses*, dans le Tyrol.

*Amaci*, dans l'Espagne tarragonaise; Astorga était leur capitale.

*Amadociens*, dans la Sarmatie européenne, dont la capitale était Amadoca, selon Pline.

*Amali*, peup. parmi les Gètes, à qui les Ostrogoths obéissaient selon Jornandès.

*Amanteni* ou *Amantes* dans la Pannonie entre la Save et la Drave.

*Amaranthes*, dans la Colchide, aux sources du Phase sur la montagne d'Amarante.

*Amarispii*, peuple d'Asie dans la Bactriane, selon Ptolémée.

*Amassi*, dans la Sarmatie asiatique.

*Amatæ*, près de l'Indus, selon Pline.

*Amathæi*, peuple de l'Arabie heureuse.

*Amaxhobiens*, dans la Sarmatie, depuis la Moscovie, et maintenant la Russie.

*Ambarri*, peuple de la Gaule celtique, que César nomme parents et alliés des Eduis. Les savants disputent s'ils habitaient le Nivernais ou le Charolais. Quoi qu'il en soit, du temps d'Honorius, les Ambarri étaient compris dans la Iᵉ Lyonnaise.

*Ambatæ*, peuple de l'Inde au delà du Gange dans le pays des Sines.

*Ambeautæ*, peuple d'Asie dans la Paropanisade, qui répond à une partie du Turquestan.

*Ambialites* ou *Ambiates*, dans la Gaule celtique; ils étaient voisins des Sexovii, des Nannètes, des Diablintes et des Osissimii. Ils habitaient, selon quelques-uns, entre Avranches et Coutances, et, selon d'autres, entre Avranches et Saint-Malo.

*Ambiani*, peuple de la Gaule belgique, dont le pays répond à l'Amiennois. Sous Honorius, ce peuple habitait une partie de la seconde Belgique, qui forme le diocèse d'Amiens. Ambianorum, Amiens, était leur capitale.

*Ambibareti* ou *Ambivareti*, que l'on croit avoir fait partie des Edui et avoir habité le diocèse de Nevers.

*Ambibarii*, peuple de la Gaule celtique et habitant les villes armoriques. Ils avaient pour voisins les Rhedones et les Semorices. On pense qu'ils occupaient la basse Normandie.

*Ambilaxii*, peuples que l'on estime être les mêmes que les Ambialites.

*Ambivarites*, dans la Gaule belgique, anciens habitants du Brabant.

*Ambritæ* ou *Abritæ*, peuple de l'Inde deçà de l'Indus.

*Ambrons*, qui, selon Festus, habitaient les environs d'Embrun, et, selon Cluvier, les cantons de Zurich, Berne, Lucerne et Fribourg. Les Cimbres étaient leurs alliés; Marius vainquit les uns et les autres dans une plaine entre Aix et Saint-Maximin, l'an 653 de Rome.

*Amitæ*, peuple d'une île voisine de la Grande-Bretagne.

*Amorrhéens*, peuple descendu d'Amorrhæus, quatrième fils de Chanaan, qui habitait d'abord les montagnes à l'ouest de la mer Morte, et qui eut ensuite des établissements à l'est de cette mer, d'où ils chassèrent les Ammonites et les Moabites. Moïse fit la conquête de leur pays.

*Amphippi*, habitaient sur les bords du Danube; on les nomma ainsi parce qu'ils sautaient d'un cheval sur un autre, selon Ortelius.

*Ampsoni* dans la Germanie, vaincus par Germanicus. On ne sait où les placer d'une manière précise.

*Amycléens*, dans la Cyrénaïque; c'était apparemment une colonie de Lacédémoniens.

*Amyrgiens*, dans la Scythie, dont on ne connaît pas la position précise.

*Anagnutes*, dans la Gaule aquitanique, que le P. Hardouin met entre le diocèse de Nantes et le Poitou; mais l'abbé Baudrand croit que c'est le pays d'Aunis.

*Anamari*, peuple dans le voisinage de Marseille.

*Andaræ*, habitaient au delà du Gange, selon Pline; ils avaient 30 villes murées et fortifiées, quantité de villages, et fournissaient au roi cent mille hommes de pied, vingt mille chevaux, mille éléphants. Le P. Hardouin prétend que ce peuple habitait le royaume de Pegu.

*Andologenses*, dans l'Espagne tarragonaise.

*Andosini*, en Espagne, selon Polybe, qui les met avec les Ilergètes, les Barquisiens et les Ærénosiens, lesquels s'étendaient jusqu'aux Pyrénées.

*Andri*, peuple de la Gaule cisalpine ou près de Clastidium.

*Andrimachides*, peup. d'Afrique.

*Androgynes*, idem.

*Androphagi* nation voisine des Scythes, selon Hérodote, qui la dépeint barbare, sans lois, habillée à peu près comme les Scythes, mais parlant une langue particulière.

*Anerita*, au nord de la Marmarique.

*Angli* ou *Angili*, dans la Germanie, que Tacite et Ptolémée ont placés parmi les Suèves dans la basse Saxe. Ces peuples, s'étant joints aux habitants de cette contrée, et ne formant plus qu'une même nation, furent nommés Anglo-Saxons ; ce sont les mêmes qui furent appelés dans la Grande-Bretagne, où ils s'établirent dans le v<sup>e</sup> siècle.

*Angrivariens*, de la nation des Istevons dans la Germanie ; ils étaient voisins des Chamaves ; les uns les placent dans la contrée où sont aujourd'hui les diocèses de Munster, Paderborn et Osnabruck, et d'autres les mettent dans un coin de l'Over-Issel, ou dans le comté de Bantheim et de Mecklembourg, ou sur les bords de la Sala, qui est aujourd'hui l'Issel.

*Annibi*, peuple et montagne de la Sérique.

*Ansianactes*, dans l'île de Madagascar ; dans la partie occidentale, vers celle de Ste Marie.

*Ansibarii*, peup. de la Germanie, selon Tacite, qui, chassés par les Causses, se saisirent d'un pays que les Romains avaient forcé les Frisons d'abandonner.

*Antacæ* ou *Autacæ*, dans la Sarmatie asiatique.

*Antæ*, placés par Procope avec les Huns et les Slavons au delà du Danube, qu'ils passaient de temps en temps pour ravager les terres de l'Empire, et que Germain, maitre de la milice de Thrace, défit. Ils habitaient dans le pays qu'on nomme aujourd'hui Budgiac en Bessarabie.

*Antibarani*, peuple d'Asie dont la situation est incertaine.

*Antixeni*, dans les montagnes au delà de l'Indus.

*Antobroges*, dans la Gaule aquitanique, qu'on pense être les Nitiobriges.

*Antoniopolites*, peuple de Lydie, au bord du Méandre.

*Anxani*, surnommés Frentani, qui habitaient dans l'Abruzze citérieure en Italie ; leur ville, appelée en latin Axanum Oppidum, est aujourd'hui Lanciano.

*Anxentini*, peuples d'entre les Marses, qui habitaient où est aujourd'hui Civita d'Antia, dans l'Abruzze ultérieure, au royaume de Naples.

*Aobrigenses*, en Espagne, dont il est fait mention dans une inscription des Romains.

*Aorsi*, peuple d'Asie, sur les bords du Tanais ; leur pays est aujourd'hui l'Ukraine.

*Apaitæ*, en Asie Mineure au-dessus de Trébisonde.

*Aparni*, dans le voisinage de l'Hircanie, selon Strabon ; ils habitaient au bord de la mer Caspienne, et faisaient partie du peuple nommé Dai.

*Apartheni*, dans la Sarmatie asiatique, vers les Palus-Méotides.

*Apharantes*, nation de la Libye qui disait des injures au soleil levant.

*Apharsekiens* ou *Apharsaciens*, peuples de la Sarmatie venus d'une contrée entre le Tigre et l'Euphrate.

*Apiates*, en Aquitaine, domptés par Crassus, selon Dion ; ce sont peut-être les Sontiates de César.

*Appiani*, peup. de l'Asie Mineure, dans le département de Synnade, ville de la grande Phrygie.

*Aprustani*, que Pline place dans le cœur du pays des Brutiens. L'abbé Baudrand veut que ce soit aujourd'hui Castrovillare, d'autres Castro-villano, et d'autres Agrigliano, qui tienne la place de leur contrée.

*Aquenses Taurini*, peuple d'Italie qui habite près de Civita Vecchia.

*Aquicaldenses*, dans l'Espagne tarragonaise, qui habitaient où est Caldes, à 4 lieues de Barcelone.

*Aqui Flavienses*, qui restaient à l'endroit où est Chaves en Portugal.

*Arab-Ægyptii*, peuples arabes aux confins de l'Égypte, au bord oriental de la mer Rouge, surnommés mangeurs de poissons, parce qu'ils en faisaient leur principale nourriture.

*Arabici*, peuple de la Pannonie, dont on ne connaît pas trop le pays.

*Arbali*, nation sarmate, selon Ptolémée ; elle était dans le voisinage du Volga.

*Arbiens*, nation d'Asie dans la Gédrosie, ainsi nommée de la ville d'Arbis, ou plutôt de la rivière d'Arbis, dont elle habitait les bords.

*Arcagantes*, nation voisine des Sarmates, qui fut chassée du domicile de ses pères.

*Ardiéens* ou *Ardiæi*, peuple que Strabon met dans l'Illyrie sur les bords du Narenta, et dont le nom paraît tiré de la ville d'Ardia.

*Arecomici Volcæ*, dans la I<sup>re</sup> Narbonnaise. Ils étaient séparés des Ruteni et des Gabali par le mont Cebenna, les montagnes des Cévennes ; et ils occupaient le pays qui s'étend entre ces montagnes, la Méditerranée et le Rhône, et qui est distribué aujourd'hui entre les diocèses de Montpellier, de Nîmes et de Mende. Vers le sud-ouest, les Volcæ Arecomici avaient pour voisins les Volcæ Tectosages. Ces deux peuples occupaient presque tout le Languedoc. La ville de Nemausus (Nîmes) était le chef-lieu des Arecomici. Avant que les Romains pénétrassent dans les Gaules, ils étaient fort puissants, mais ils furent vaincus des premiers ; et depuis ce temps-là il n'en a plus guère été mention.

*Aretini*, dans l'Etrurie, que Pline distingue en trois classes : Veteres, Fidenses et Julienses ; ils habitaient trois villes différentes dont deux sont absolument détruites et la troisième est Arezzo.

*Arevacæ*, peuples de l'Espagne tarragonaise : ainsi nommés, selon Pline, à cause de la rivière d'Areva, dont le territoire répondait à une partie de la Merindale de Valladolid, à toute celle de Ségovie et à une partie de celle de Burgos.

*Argeadæ*, nation de la Macédoine dont les rois avaient gouverné avec gloire. Ils sont connus sous le nom d'Argeades.

*Argetæ* ou *Evergetæ*, peuple d'Asie, à l'orient, dans le voisinage de l'Indus.

*Argippæi*, dans la Scythie ou la Sarmatie, ne vivaient que de fruits et ne faisaient jamais la guerre à leurs voisins.

*Argyrini*, dans l'anc. Epire. Ils n'étaient pas fort éloignés des monts Cérauniens.

*Ariacæ*, peuple de la Scythie, entre les Aorses et les Namastes, aux bords de la mer Caspienne, dans le pays aujourd'hui habité par les Usbecks.

*Arienates*, dans l'Ombrie, partie de la 6e région d'Italie; ils ne subsistaient plus du temps de Pline.

*Arii*, peuple de la Germanie compris sous le nom de Lugiens ou Lygiens, selon Tacite, dans la confédération des peuples germains. Cet historien les peint comme des hommes féroces, joignant la ruse et l'artifice à leur férocité naturelle. Ils choisissaient la nuit pour combattre, afin d'inspirer plus de terreur. On ne sait pas précisément le lieu qu'ils habitaient.

*Arimaspes* ou *Arimaspiens*, dans la Sarmatie européenne, habitaient le pays que nous nommons l'Ingrie, le duché de Novogorod et celui de Pleskow.

*Arimasthæ*, peuples dans le voisinage du Pont-Euxin, dont Orphée parle dans son poëme des Argonautes, et qu'Ortélius regarde comme les mêmes que les Arimaspes qui furent surnommés Evergètes.

*Arimphées* ou *Arimphéens*, peuples auprès des monts Rhiphées, c'est-à-dire, près de la source du Tanaïs. Pline, qui les y place, dit qu'ils ressemblaient aux Hyperboréens; qu'ils habitaient les bois, se nourrissaient de baies, et se faisaient honneur, hommes et femmes, de porter les cheveux courts; c'étaient les mêmes que les Argippæi d'Hérodote.

*Armalausi*, peuples de Germanie dont parle Dion-Cassius, ils furent ensuite nommés Narisques.

*Armeno-Chalybes*, que Pline place à l'est des montagnes voisines de Trébisonde; il les nomme Armeno-Chalybes pour les distinguer d'autres peuples nommés Chalybes, qui n'étaient pas de l'Arménie.

1. *Aroteres*, que Pline met dans l'Ethiopie, sur la mer Rouge, près du golfe Dulitique.

2. *Aroteres*, Scythes qui habitaient entre le mont Hæmus et les bouches du Danube.

3. *Aroteres*, Scythes sur la mer Caspienne, vers le fleuve Cyrus.

*Arphasacéens*, que les rois d'Assyrie envoyèrent pour habiter le pays de Samarie, à la place des Israélites transportés au delà de l'Euphrate.

*Arpi*, ancien peuple de la basse Mysie, qui habite aujourd'hui la Bessarabie. Arpis était leur capitale.

*Arræi*, que Pline met au rang des Sarmates, aux environs du Danube, entre ce fleuve et la Thrace; on les nommait aussi Areatæ.

*Arrechi*, *Arrichi* et *Arinchi*, aux environs des Palus-Méotides, dans la province nommée depuis la Comanie; c'était une nation barbare et corrompue.

*Arrocæ* ou *Arocæ* et *Aronicæ*, peuple de la Libye intérieure qui était plus au nord que la montagne d'Aranga.

*Arsagalitæ*, peuple des Indes au delà de l'Indus.

*Arsicodani*, dans l'Arabie heureuse, selon quelques éditions de Pline; mais ce sont deux mots différents. Arsi est celui du peuple dont il est parlé ci-dessus, et Codani, d'un autre qui est inconnu.

*Arsietæ*, nation de la Sarmatie européenne qui habitait le pays où est aujourd'hui le palatinat de Chelm en Pologne.

*Artabri* ou les *Artabres*, peuple d'Espagne près le promontoire Nerium. Ils ont été nommés par Pline, Arrotrebi.

*Artacii*, peuples vers la Mysie ou la Thrace, que Dion dit avoir été vaincus par Crassus.

*Arthabalitæ*, dans l'Ethiopie.

*Arthitæ*, avaient autrefois occupé un canton de la Dalmatie; ils ne subsistaient déjà plus du temps de Pline.

*Arucci*, en Espagne, que Ptolémée met dans le pays des Bætici Celtici.

*Arverni*, peuple célèbre et l'un des plus puissants de la Gaule celtique, et ensuite de la Ire Aquitaine. Il occupait le terrain dont on a formé depuis le diocèse de Clermont et celui de St-Flour. Si l'on en croit Strabon, les Arverni avaient étendu leur domination jusqu'au territoire de Marseille, et jusqu'aux Pyrénées, l'Océan et le Rhin. Leur trop grande puissance leur suscita des jaloux. Les Ædui appelèrent les Romains, et César profita des circonstances pour subjuguer les uns et les autres. Vercingétorix, chef des Arverni, fut mené prisonnier à Rome, après avoir fait des prodiges de valeur. Gergovia était la capitale des Arverni; cette ville n'était pas fort éloignée du lieu où est aujourd'hui Clermont.

*Arvii* ou *Aruvii*, que Ptolémée met dans la Gaule lyonnaise; il leur donne Vagoritum pour capitale. On croit qu'ils habitaient une des contrées méridionales du Maine qui est arrosée par la rivière d'Hervé.

*Asbestes* ou *Asbystes*, *Asbistæ*, dans la Libye, au-dessus de Cyrène, chez lesquels Jupiter Ammon avait un temple fameux.

*Ascalani*, ou plutôt *Asculani*, un des peuples qui, selon Diodore de Sicile, attaquèrent les Romains.

*Aschilacæ*, peuple d'Asie dans la Troade, colonie de Macédoniens.

*Asciæ*, dans l'Arabie heureuse, près du promontoire Syagre.

*Asdatæ*, dans les Indes, auprès du Caucase, selon Pline. Cet auteur dit qu'on trouvait des topazes dans leur pays.

*Aseni*, dans l'Inde. Pline leur donne trois villes. La capitale portait le nom de Bucéphale, parce qu'Alexandre y fit enterrer son cheval, après lui avoir fait faire des funérailles magnifiques.

*Asptoiæ*, entre l'Oxus et le Tanaïs. Ce sont les Aspasiatræ de Strabon et les Aspasii de Ptolémée.

*Aspithræ*, nation d'entre les Sinces. On sait

*Aspungitani*, peuple d'Asie vers les Palus Méotides.

*Assanitæ*, peuple d'entre les Sarrasins.

*Asseriates*, habitaient les Alpes. Simler croit que le val de Serra répond à leur pays.

*Assesiates*, en Italie. Selon Pline, ils tiraient leur nom de la ville d'Assesia dans l'Illyrie.

*Astageni*, *Asateni*, peuple de l'Arabie heureuse.

*Astapæi*, dans la Libye : vraisemblablement leur nom venait du fleuve Astapus.

*Asti*, dans la Thrace, au-dessus de la Byzacène. Ils avaient la ville de Calybe, où Philippe, fils d'Amyntas, relégua tous les scélérats qu'il put trouver, afin d'en débarrasser le pays.

*Astures*, peuple d'Espagne qui habitait à peu près la contrée nommée l'Asturie. On la divisait en Transmontani et Augustani. Les premiers habitaient la partie septentrionale et les autres la méridionale. On ne convient pas du nombre des villes qu'avaient les Transmontani à l'égard des Augustani, on leur en compte sept, et la capitale de tous ces peuples était Asturica Colonia.

*Asulani*, en Italie. Ce sont les mêmes que les Asilani.

*Atabuli*, peuple de l'Ethiopie, peu éloigné de l'île de Méroé.

*Atacini*, nation peu considérable. On appelait de ce nom ceux qui habitaient les bords de l'Atax, aujourd'hui la rivière d'Aude en Languedoc. Cette nation faisait partie de Volcæ, et la ville de Narbonne peut être considérée comme leur chef-lieu.

*Atintanes* ou *Atintunia*, peuple et pays de l'Épire dans les montagnes. Tite-Live nomme ce pays Atintanie.

*Atlantes*, en Ethiopie. D'après Hérodote, ils n'avaient point de nom qui les distinguât les uns des autres, quoiqu'on leur donnât en général celui d'Atlantes.

*Atramitæ*, dans l'Arabie heureuse, qu'Étienne le Géographe réunit aux Sabéens ; ils demeuraient dans la contrée qu'on appelle aujourd'hui Hadramut.

*Atrebates*, dans la IIᵉ Belgique. Ce peuple occupait partie de la province d'Artois, partie du comté de Flandre, et partie du Hainaut. Il avait pour voisins au nord et à l'ouest les Morini ; au sud les Reromanduï et les Ambiani ; à l'est et au nord-est les Nervii. Nemetacum ou Nemetocena, aujourd'hui Arras, était leur capitale.

*Attasii*, peuples d'entre les Massagètes et les Sacæ, selon Strabon, qui leur adjoint les Corasmusiniens ou Chorasmiens. Pline y ajoute les Attasini, qui sont le même peuple.

*Attidiates*, que Pline met dans l'Ombrie, et dont le nom semble s'être conservé dans celui d'Attigio, ville dans la Marche d'Ancône.

*Attuarii*, dans la Germanie, qui tiraient leur origine des Cattes ; leur première demeure fut au delà du Rhin, dans la partie de la Germanie qu'on nommait encore Attuariæ ou Atoriæ, du temps de Louis le Débonnaire. Ce nom s'est conservé en partie dans celui d'Hatterech ou Hatteren, ville située sur la Lippe. Ces peuples se répandirent aussi dans la Bavière et dans les Gaules.

*Auchatæ* ou *Auchetæ*, peuple de la Scythie qui habitait une partie de ce qu'on nomme aujourd'hui l'Ukraine.

*Auchisæ* ou *Auchitæ*, dans la Cyrénaïque, selon Diodore de Sicile. Hérodote les fait seulement limitrophes de cette contrée.

*Augasii*, peuple d'entre les Massagètes. Voyez Attasii.

*Augiles*, *Augilæ*, peuples d'Afrique, dans la Cyrène, qui ne reconnaissaient d'autres divinités que les dieux mânes.

*Aulerces* (les), *Aulerci* ou *Aulercii*, nation des Gaules qui fut divisée en Brannovices, Cenomani, Diablintes et Eburovices, dont Tite-Live et César n'ont fait qu'un seul peuple.

*Aurunoi*, en Italie : les derniers habitants du Latium que les Romains soumirent.

*Auruspi*, en Ethiopie, dont Pline met la ville assez loin du Nil.

*Auseculani*, peup. d'Italie entre les Hirpins.

*Auses* ou *Ausenses*, dans la Libye, aux environs du lac Tritonide. Ils avaient presque tout le visage couvert par leurs cheveux. Leurs filles, armées de pierres et de bâtons, combattaient entre elles une fois l'an, en l'honneur de Minerve ; et celles qui étaient vaincues ou qui mouraient dans le combat passaient pour avoir mal gardé leur virginité. On promenait celles qui étaient victorieuses autour du lac.

*Ausones*, peuple d'Italie qu'on a confondu mal à propos avec les Arunci ; il fut subjugué sous le consulat de M. Pœtilius et de C. Sulpicius, l'an de Rome 440.

*Autæi*, grande nation d'Asie, le long de l'Inde, de la Gédrosie, de la Carmanie, de la Perse et des îles adjacentes.

*Authiandæ*, peuplade scythe, vers les Palus Méotides.

*Automoli* ou *Automoloe*, en Ethiopie, vers la source du Nil.

*Autonomi*, dans le voisinage de Philippes, ville de la Thrace.

*Autrigones*, dans l'Espagne tarragonaise ; ils habitaient une partie de l'Alava et de la Biscaye.

*Avantici*, peup. des Alpes, dont on ne connaît pas la situation précise.

*Avares* ou *Avarites*, dans la Scythie ; ils avaient la même origine que les Huns, avec qui ils formaient société. Il s'établirent dans la Dacie orientale, où sont maintenant les Valaques, les Moldaves, les Russes, les Podoliens et les Cosaques, pendant que les Huns se rendirent les maîtres de la Pannonie, à laquelle ils donnèrent le nom de Hongrie.

*Avatici*, peuple de la Gaule narbonnaise qui habitait un canton de la Provence, dont la capitale était la ville de Mantina.

*Azani*, peuplade scythe en deçà de l'Imaüs.

# B

*Badai*, peuple de la Sarmatie asiatique qui adorait le soleil ou un morceau de drap rouge élevé en l'air, qui devait en être le symbole.

*Baetarreni*, dans la troisième Palestine et dans l'Iturée; mais on croit qu'il faut lire dans Pline, *Bætocemi* ou *Bethemi*.

*Bagurii* et *Bacyriani*, peuples voisins des Parthes et des Mèdes.

*Baienni*, peuple d'Allemagne, dont la cité est aujourd'hui *Fainge* en Bavière, ou Vaihingen en Souabe.

*Baiocasses*, de la II⁵ Gaule lyonnaise, qui habitaient le territoire de Bayeux en Normandie.

*Balacri*, que Quinte-Curce et Arien mettent dans l'armée d'Alexandre; on n'en connaît que le nom.

*Balanagræ*, dans la Cyrénaïque; selon Pausanias ils adoraient Esculape.

*Bambycatiens*, peuple voisin du Tigre; c'étaient les habitants de Bambyce ou Hiérapolis.

*Barangæ*, qui servaient avec les Francs en Ibérie, dans les troupes de l'empereur Michel. On ne sait point aujourd'hui ce qu'était cette nation.

*Barcæi*; ils brûlaient le corps de ceux qui mouraient de maladie, et ils exposaient aux vautours ceux qui avaient été tués par les ennemis. L'abbé Baudrand les place entre la Colchide et l'Ibérie.

*Bardietæ*, en Espagne sur l'Ebre, non loin de l'endroit où est Calahorra.

*Barduli*, peuple d'Espagne. Voyez Varduli.

*Bargeni*, en Ethiopie, dans la Troglodytique.

*Bargusii*, auxquels les envoyés des Romains, en Espagne, s'adressèrent les premiers pour solliciter les peuples de préférer le parti de Rome à celui de Carthage; mais Annibal les subjugua après les Ilergètes.

*Basilidæ*, de la Scythie européenne : ce sont les Sauromates basiliens d'Appien.

*Basiliscæi*, de la Sarmatie asiatique; ce sont les mêmes que les Basilidæ de Pline.

*Bassachilæ*, peuple de la Marmarique.

*Bastanæi*, *Bathanæi*, *Batani*, *Batanii*, *Batavi*, *Botani*, *Catanæi* et *Catanii*, peup. de l'Arabie déserte.

*Bastarnæ*, *Basternæ*, *Blastarni*, *Baternæ*, *Pecutæ*, *Peuceni*, nation de l'Europe. On ne connaît pas trop le peuple parmi lequel elle se confondait, ni quelles étaient les bornes de son pays. Les uns la joignent aux Germains, d'autres aux Sarmates, et quelques-uns aux Gaulois; il paraît qu'elle habitait à l'embouchure de l'Ister et de l'île de Peuce, d'où elle fut appelée *Peuceni*. D'autres la placent dans la Podolie, la Bessarabie, la Moldavie et la Valachie.

*Bastitani*, peuples de l'Espagne tarragonaise, dont le pays était nommé Bastitania, et répond au territoire de Murcie et à l'évêché de Guadix. Urce (aujourd'hui Vera) en était la capitale. Ces peuples sont différents des Bastetani de Strabon, qui sont les mêmes que les Bastules. Voyez Bastuli.

*Bastuli*, dans la Bétique, entre la nouvelle Carthage et Calpe. Leur pays était nommé la Bastitanie et s'étendait au delà du détroit. On les nommait aussi *Pœni*, à cause qu'ils étaient Phéniciens d'origine. Les modernes ne sont pas d'accord avec les anciens sur le nom de leur ville ni sur l'étendue du pays qu'ils habitaient.

*Bataves*, *Batavi*, peuples de la basse Allemagne, originaires des anciens Cattes, qui sont les Hessiens d'aujourd'hui. Ils occupaient tout le pays qui est entre le vieux Rhin et le Wahal; pays qu'on nommait l'île des Bataves, et qui forme une partie de la Hollande, du pays d'Utrecht et de la Gueldre hollandaise. Ils s'étendaient encore au delà du Wahal, jusqu'à la Meuse, dans le pays de Nimègue et dans celui qu'on nomme *Maeswael*. On y retrouve encore des restes du nom des anciens Bataves, dans la ville appelée Batenbourg.

*Bati*, peup. de l'Inde au delà du Gange.

*Batieni*, dans la Ligurie; c'étaient les Vagieni de Pline, dont la capitale était nommée Augusta-Batienorum.

*Baucadæ*, dans les Alpes, près de la Savoie, mais on ne peut pas assigner précisément leur pays.

*Bebryces* et *Bebricie*, peuple et contrée de la Gaule narbonnaise en deçà des Pyrénées.

*Bechuni*, en Italie, habitaient où est aujourd'hui la vallée de Camonica.

*Belitani*, en Espagne. La ville de Beleia, que le P. Hardouin dit être aujourd'hui *Belchite*, leur appartenait.

*Belli*, peup. d'Espagne, qu'Appien joint presque toujours à d'autres nommés Tethii et Arvaci; c'étaient apparemment les Belitani de Pline.

*Bellovares* ou *Bellovacæ*, peup. de la Gaule dans la II⁵ Belgique, qui occupaient ce que nous appelons aujourd'hui le Beauvoisis; Cæsaromagus, aujourd'hui Beauvais, en était le chef-lieu. Ce peuple avait au nord les Ambiani, au sud les Parisii, au sud-est les Silvanectes, à l'est les Suessiones, vers le nord-est les Veromandui, et à l'ouest les Velocassos.

*Bercorates*, nation de la Gaule aquitanique dont on ne connaît plus que le nom. Quelques-uns la placent à Biscarosse en Gascogne.

*Bergistane*, peup. d'Espagne entre l'Èbre et les Pyrénées.

*Berones*, dans l'Espagne tarragonaise, voisins des Autrigons et des Arevacæ.

*Besadæ* ou *Basadæ*, dans l'Inde, au delà du Gange; ils étaient contrefaits, courbés, trapus, avec un front large et la peau blanche.

*Betasii*, habitaient le pays de Juliers dans la Gaule belgique.

*Bibali*, dans l'Espagne tarragonaise, dont la capitale était Forum-Bibalorum.

# NOTICE GÉOGRAPHIQUE DES PEUPLES ANCIENS.

*Biducesii*, peup. de la Gaule lyonnaise, qui paraît être le même que Viducasses.

*Biessi*, dans la Sarmatie, auprès des monts Krapacks.

*Bigerri, Begerri, Begeritani, Bigerrones*, ou *Bigerriones*, peup. de la Gaule, que Jules César met entre les Tarbelli et les Preciani. Ce sont les habitants du Bigorre. Turba Oppidum (Tarbes) en était le chef-lieu. Ce peuple était borné au nord et au nord-est par les Auscii; au sud par les Pyrénées, qui le séparaient de l'Espagne; à l'est par les Convenæ et les Conseranni; à l'ouest par les Benearni, et au nord-est par les Tarusates.

*Bipedimut*, de l'ancienne Gaule, dans l'Aquitaine, que Pline nomme avec les Aercoscates, autre peup. aussi peu connu.

*Bisaltes*, dans la Scythie, sans aucune demeure fixe, vivant de lait et de la chair du cheval.

*Bisgargitani*, en Espagne, ainsi nommés d'une ville des Ilercanes, au milieu des terres. Cette ville est appelée Bissargis par Ptolémée.

*Bithibanitæ*, ou *Cithebanitæ*, peup. de l'Arabie heureuse. Ortelius soupçonne que ce sont les Gebanitæ de Pline.

*Bituriges*, dans l'ancienne Gaule; ils étaient divisés en deux parties, les Bituriges-Vibisques, qui occupaient une partie de la Guyenne propre, et les Bituriges-Cubes, qui habitaient le Berry où leur nom s'est conservé. Ces derniers dominèrent sur toute la Gaule lyonnaise et y firent, l'an 164 de Rome, sous Bellovèse et Ségovèse, neveux d'Ambigas leur roi, une expédition très-fameuse. Bellovèse passa en Italie, en conquit toute la partie qui fut appelée la Gaule cisalpine, et ensuite la Lombardie. Les Bituriges-Cubes étaient bornés au nord par les Aureliani; au sud par les Lemovices et les Arverni; à l'est par les Senones et les Boï, à l'ouest par les Turones et les Pictavi, et au nord-est par les Carnutes. Les Bituriges-Vibisques étaient séparés des Santones par la Garonne, vers la partie inférieure de son cours, et par conséquent ils occupaient le terrain qui correspond aujourd'hui au Médoc.

*Blastophœnices*, peuples d'Espagne qui étaient peut-être dans la Lusitanie. On croit qu'ils y furent amenés de Lydie par Annibal.

*Blemyes* ou *Blemmyes*, habitaient l'Ethiopie. Blétonesiens, on ne sait quelle fut leur habitation. Les Romains, ayant appris que dans leurs sacrifices ils immolaient des hommes, firent venir les principaux de la nation et leur défendirent cette barbarie.

*Bliutæi*, dans l'Arabie heureuse, voisins des Zécrites et des Omanites.

*Bocani*, dans l'île Taprobane, sur la côte orientale, vers le sud.

*Bodeni* ou *Budini*, dans la Sarmatie européenne. Hérodote les met dans la Scythie, voisine des Sauromates, à qui il donne Gélonus pour capitale, quoiqu'ils fussent distingués des Gélons.

*Bodiontii*, peup. de la Gaule, dont Dinia (aujourd'hui Digne) était la capitale.

*Boïens, Boii*, nom commun à plusieurs peuples en Germanie, dans les Gaules, en Italie et en Asie. 1° Ceux de la Germanie occupaient la forêt d'Hercynie et ont donné leur nom à la Bohême. 2° Ceux des Gaules occupaient le pays entre la Loire et l'Allier, qui appartenait autrefois aux Æduens. C'est le Bourbonnais. 3° Il y en avait d'autres vers les confins de la Novempopulanie et dans le pays de Bordeaux dans la II° Aquitaine, où se trouve Buch. 4° Ceux de l'Italie firent partie des Gaulois qui passèrent les Alpes l'an 364 et s'emparèrent de l'Ombrie et de l'Etrurie. 5° Ceux d'Asie, Gaulois d'origine, s'avancèrent, sous la conduite de Brennus, jusqu'à Byzance; et, ayant pénétré dans l'Etolie et l'Ionie, s'y établirent; on les nomma aussi Tolistoboiens.

*Boioariens*, peup. de la Germanie, que les auteurs modernes connaissent sous le nom de Bavarois, et leur pays sous celui de Bavière. On croit que ce peuple sortait des Boiens. Sous l'empire d'Honorius, il se forma dans la Germanie différentes ligues pour secouer le joug des Romains. Celle des Boioariens fut composée, selon l'opinion commune, des Buriens, des Marcomans et des Narisques; et à la faveur de Théodoric, roi d'Austrasie, ils s'établirent en deçà du Danube.

*Bolingæ*, peup. de l'Inde que Pline place dans la partie orientale du mont Vindius et à qui il donne les villes de Tagabaza et de Baramatis.

*Bonchnæ*, en Asie, entre l'Euphrate et le Cyrus.

*Borani*, Scythes, auprès du Danube, qui, sous Julien, passèrent le Bosphore et s'établirent en Asie.

*Boructuarii*, peup. de Germanie; c'est peut-être le même que les Bructères.

*Borystenitæ*, Scythes, près du Borysthène et de la mer.

*Botteins* ou *Bottiens*, peup. de la Thrace, que Plutarque fait originaires de Crète, d'où ils passèrent en Italie et de là en Thrace, où ils reçurent leur nom. On place cependant leur pays dans la Macédoine autour de Pella, sur la côte du golfe de Thessalonique.

*Bourguignons, Burgundiones*, peuple de l'ancienne Allemagne qui était une partie des Vindiles ou Vandales. Leur première demeure fut la Cassubie en Poméranie et une partie de la Pologne. Ils vinrent s'établir dans le palatinat du Rhin, vers la fin du III° siècle ou au commencement du IV°, d'où ils entrèrent dans les Gaules et y fondèrent, l'an 404 ou 408, le royaume de Bourgogne dans les pays qui portent encore leur nom et dans les contrées circonvoisines.

*Brentii*, peup. d'Italie dont parle Hesyche.

*Breuni*, habitants de la Vindélicie et des Alpes, chez les Lépontiens.

1. *Brigantes*, dans la Grande-Bretagne, au sud des Elgoviens et des Otadiens, dont le pays répond à la plus grande partie des comtés d'Yorck, de Durham, de Lancastre, de Westmorland et de Cumberland.

2. *Brigantes*, en Irlande, au sud de la côte orientale; ils occupaient le comté de Wenfort et de Kilmeni. Quelques auteurs pré-

tendent qu'on doit les nommer plutôt Birgantes, du nom de la rivière de Birgus, qui arrose ce pays.

3. *Brigantes*, association de différentes nations, soutenue par des colonies que les Gaulois envoyaient en Espagne, en Italie, en Allemagne et dans la Grande-Bretagne, et qui habitaient les lieux les plus élevés du pays.

*Brisagavi*, habitants du Brisgaw, suivant une opinion assez générale.

*Britolagæ*, dans la basse Mœsie, vers l'embouchure du Danube, dans la mer Noire.

*Brix*, *Brigæ*, peuple de la Macédoine, aux confins de l'Illyrie.

*Bructères*, *Bructeri*, peuple de la Germanie, dont le nom souffre bien des changements dans les divers auteurs. Les Bructères s'étendaient au nord jusqu'à l'embouchure de l'Ems, qui, selon Strabon, les séparait à l'est des Chauces, des Chamaves, des Agrivariens et des Tubantes. Ils étaient bornés au sud par la Lippe, et on ne sait pas ce qui les séparait à l'ouest de la Frise. Ayant été défaits par les Romains, ils vinrent s'établir sur les bords du Rhin, et furent détruits dans la guerre qu'ils eurent contre les Saxons, vers l'an 728.

*Brutiens*, *Brutii*, originaires de Lacédémone; ils habitaient l'extrémité de l'Italie, appelée la Grande-Grèce, et qu'on distinguait en transmontains et cismontains. Ils furent nommés auparavant Lucaniens, et les Romains les méprisèrent, parce qu'au lieu de tenir pour eux contre Annibal, ils se rendirent aux Carthaginois.

*Bubetani* ou *Bubentani*, peuple d'Italie dans le Latium.

*Budini*, Scythes, voisins des Sauromates. Ce sont les mêmes que les Bodeni de Ptolémée, les Wildini d'Ammien-Marcellin, et les Dudini de Pline.

*Bulgares*, entre le Danube et la mer Noire, la Romanie et la Servie : ils vinrent des environs du Volga dans la Sarmatie asiatique, passèrent le Danube vers la fin du v$^e$ siècle, et s'établirent dans la Mœsie.

*Bumathani*, peuple de la Taprobane, dont le pays répond à ce qui a été depuis nommé le royaume de Cota, dans l'île de Ceylan.

*Byhemanei*, peuple de l'Arabie, derrière le golfe Læanitide.

*Bylthæ*, Scythes près du mont Imaüs.

*Byrsi*, dans la Macédoine, où était la ville de Cydria.

# C

*Cadetes*, que César a distingués des Caletes, et qui paraissent avoir été les habitants du diocèse de Bayeux, dans la Gaule.

*Cadrusi*, en Asie, chez les Paropanisades, près du Caucase, où Alexandre bâtit une ville.

*Cadurci*, peuples de la Gaule; ils occupaient le diocèse de Cahors, en Querci, et la partie de celui de Montauban, qui est située au nord du Tarn. Ils avaient pour voisins au nord les Lemovices, au sud les Volcæ Tectosages et les Lactorates, à l'est les Arverni, les Rhuteni et les Eleutheri, à l'ouest les Nitiobriges et les Petrocorii. Divona, et ensuite Cadurci (Cahors), était leur chef-lieu.

*Cadusiens*, habitaient quelques contrées voisines du Pont-Euxin, et occupaient la partie septentrionale de la Médie Atropatène.

*Cæresi*, peuples de la Germanie dont parle César. Sanson les place près de Liége; d'autres croient qu'ils habitaient dans le pays de Luxembourg, et qu'*Orolanum*, aujourd'hui Arlon, était leur chef-lieu.

*Calasiris*, en Egypte : leur pays comprenait le territoire de Thèbes, de Bubaste, l'Aphitide, la Tanitide, la Mendésie, la Lébennitide, l'Athribitide, la Pharbætide, la Thmuytide, l'Onuphitide, l'Anitie et la Miecphoritide. Ils n'avaient d'autre profession que les armes, qu'ils apprenaient de père en fils.

*Caledones*, peuple de l'Ecosse, que Tacite croit être Germains d'origine.

*Caleti*, que César place dans la Belgique. Ils s'étendaient depuis le Havre-de-Grâce jusqu'au château d'Eu, et depuis la Seine jusqu'à la rivière d'Eu. Ils étaient bornés au nord par l'Océan; au sud ils avaient pour voisins les Vélocasses, au nord-est les Ambiani, et au sud-ouest les Lexovii.

*Calicoeni*, dans la Macédoine, aux confins de la Thrace.

*Calingæ*, peuples des Indes que Pline distingue en Calingæ Mari Proximi, qui étaient du nombre des Brachmanes, et en Gangaridæ Calingæ, qui différaient des Gangarides et qui avaient Parthalis pour capitale.

*Calingii*, dans l'Arabie heureuse : leur capitale était Mariaba.

*Calitæ*, peuples de la Libye intérieure, qui s'étendait jusqu'au marais de Nuba.

*Callæci* ou *Callaici*, en Espagne, au nord de la rivière de Duero : ils en sont nommés par corruption Galæci ou Gallæci.

*Callepidæ*, Scythes, près des Palus Méotides.

*Calucones*, dans la Rhétie, entre les Suanètes et les Brixantes; ils habitaient le pays entre les sources du Rhin et l'évêché de Brixen dans le Tyrol.

*Camaritæ*, au bord de la mer Caspienne, dans l'isthme qui la séparait de la mer Noire, entre le Callichoros et le Phase, rivière de la Colchide. Ce peuple était nombreux.

*Cambistholi*, dans l'Inde, vers l'endroit où l'Hydroate mêle ses eaux avec celles du Gange.

*Cambolectri*, peuples des Gaules, dont Pline met les uns dans la Narbonnaise et joint les autres aux Pictons.

*Camelitæ*, en Asie, à trois journées de l'Euphrate.

*Camuni*, peuple des Alpes que Strabon joint aux Lépontiens.

*Canarii*, en Afrique, vers le mont Atlas, ainsi nommés parce qu'ils mangeaient des chiens.

*Canchlei*, touchaient à l'Arabie pétrée du côté de l'est. Le P. Hardouin les prend pour les Amalécites.

*Candei*, dans la Troglodytique, au couchant de la mer Rouge, près de la II⁰ Bérénice. Pline leur donne le surnom d'Ophiophages, parce qu'ils mangeaient des serpents.

*Canine Fates*, voisins des Bataves, sous lesquels on les a quelquefois compris. On croit que le lieu appelé aujourd'hui Ulaurding, en Hollande, était leur chef-lieu.

*Cantabres*, dans l'Espagne tarragonaise; ils possédaient le Guipuscoa, la Biscaie, les Asturies et la Navarre, dont la principale ville était *Juliobriga*. Ces peuples, sous lesquels étaient compris les Autrigons, les Charistes et les Vardules, subirent fort tard le joug des Romains. S'étant révoltés sous Auguste, cet empereur vint lui-même pour les soumettre; mais il n'y réussit que difficilement, et beaucoup aimèrent mieux se tuer que de se voir dans l'esclavage.

*Cantes*, peuple qui habitait la partie orientale d'Armanoth, dans la province de Ross, en Écosse.

*Canthiens*, dans l'île d'Alb on (Angleterre), les premiers habitants chez qui Jules César prit terre: ils occupaient la contrée où sont Cantorbéry, Douvres, Leneham et Rochester.

*Capillati*, peuple de la Ligurie qui portait les cheveux longs; d'où lui venait le surnom de *Capillati*, c'est-à-dire chevelus.

*Caprarienses* ou *Capprariens*, dans la Mauritanie; ils se retiraient dans les montagnes de même nom, où ils furent défaits par l'empereur Théodose avec les Abannes, leurs voisins.

*Caraæ* ou *Cares*, dans la Carie.

*Caracates*, paraissent avoir été voisins des Triboci, habitants d'une grande partie de la Lorraine. Quelques savants les placent dans le Palatinat.

*Caraceni*, peuple d'Italie dont la capitale était *Aufidena*.

*Carastasei*, dans la Sarmatie asiatique, vers le Caucase.

*Caratæ*, nation au delà de la mer Caspienne, faisant partie des anciens Sacæ sur le Jaxarte.

*Carduques* ou *Carduchi*, qu'on pense être les Kurdes d'aujourd'hui. Ce sont ceux qui donnèrent le plus de souci à Xénophon dans la retraite des dix mille.

1. *Careni*, peuple de l'île d'Albion qui habitait, à ce que l'on croit, la province de Loquabir en Écosse.

2. *Careni*, vers la Perse propre, entre l'Euphrate et le Cyrus.

*Carentani*, dans le voisinage de la Bavière, c'est aujourd'hui la Carinthie.

*Carentini*, peuples d'Italie dans la quatrième région: Pline les distingue en supernates et infernates.

1. *Cares*, habitants des bords des Palus Méotides, vers le Tanaïs.

2. *Cares*, établis en Égypte, vers Bubaste, du côté de la mer.

*Caristi*, dans l'Espagne tarragonaise, selon Ptolémée.

*Carmacæ*, dans la Sarmatie européenne, près des Palus Méotides.

*Carni*, dans les Alpes; ils avaient trois villes, Forum Julium, qui a donné son nom au Frioul, Concordia et Aquilée. Orose dit que c'était une nation gauloise qui fut vaincue par le consul Quintus Martius, l'an de Rome 635.

*Carnonacæ*, *Carnovancæ* ou *Carnones*, peuples de l'île d'Albion.

*Carnutes*, que César dit avoir été sous la protection de Reims; ils habitaient entre la Seine et la Loire. Autricum (depuis Carnutes et aujourd'hui Chartres) était leur capitale. Cette nation, des plus puissantes et des plus guerrières de la Gaule celtique, était bornée au nord par les Aulerci-Eburovices et par les Parisii; au sud par les Bituriges-Cubi et par les Turones; à l'est par les Senones, et à l'ouest par les Aulerci-Diablintes et par les Aulerci-Cenomani.

*Carpi*, peuple Sarmate de la Pologne.

*Carpiani*, peuple de la Sarmatie, entre les Peucins et les Basternes. Ce sont probablement les mêmes que les Carpi.

*Carrei*, dans l'Arabie heureuse, dont la métropole était Carriatha ou Cariatha.

*Carseæ*, dans l'Asie Mineure, voisins des Mysiens.

*Carseolani*, habitaient la ville de Carseoli au territoire des OEques, une des trente colonies romaines dont on voit encore les ruines, selon quelques-uns, dans une plaine nommée Piano di Carsoli.

*Carsitani*, en Italie, près du territoire de Præneste.

*Carsuli* ou *Carsulani*, dans l'Ombrie, dont Carsulæ était la capitale. On voit encore les ruines de cette ville dans le duché de Spolette.

*Caryons*, dans la Sarmatie européenne, entre les Alains et les Amaxobiens.

*Cascantenses*, peuple de l'Espagne citérieure, dont la capitale était Cascantum: c'est aujourd'hui Cascante, dans la Navarre.

*Casluin* ou *Chasluchim*, descendus de Mizraïm, qui a, dit-on, habité la haute Égypte.

*Casmonates*, habitants des montagnes de la Ligurie.

*Caspiens*, Scythes voisins de l'Hyrcanie, ont donné leur nom à la mer Caspienne. Lorsque leurs pères et leurs mères avaient atteint l'âge de soixante à soixante-dix ans, ils les renfermaient dans un lieu étroit et les laissaient mourir de faim.

*Cassanitæ*, dans l'Arabie heureuse sur la mer Rouge.

*Cassi*, dans la Grande-Bretagne. Camden les a placés dans le comté d'Hertford.

*Castologi*, que Pline place dans l'ancienne Gaule auprès des Atrebates, et que le P. Hardouin prétend être les anciens habitants de Châlons-sur-Marne.

*Castriani*, Scythes qui furent entièrement détruits par Aurélien.

*Castrimonienses*, habitaient la ville de Castrimonium, ancien municipe dans la Campanie.

*Catabanes*, dans l'Arabie heureuse, entre Péluse et la mer Rouge.

*Catabani*, peuple de la même contrée, vers le détroit du golfe d'Arabie.

*Cataceti* ou *Catazeti*, nation de la Sarmatie asiatique qui habitait au delà du Tanaïs.

*Catadræ*, au sud du mont Garbatè en Ethiopie.

*Catadupes*, nom des peuples qui habitaient aux environs des cataractes du Nil.

*Catazeti*, nation de la Sarmatie asiatique, au delà du Tanaïs.

*Cathari*. Diodore nomme ainsi un peuple des Indes.

*Cathilci*, dans la Germanie. Strabon les met au nombre de ceux qui furent subjugués par César.

*Cathulci* et *Cathulcones*, dans la grande Germanie aux environs de Lunebourg et de Danneberg.

*Cati* et *Daci*, peuples nommés ensemble en plus d'un endroit des Silves de Stace. Ortelius se demande si ce nom n'est point pour Catti ou plutôt pour Gothi.

*Catilly*, près du Téverone; ils prirent leur nom du mont Catillus près de Tibur, aujourd'hui monte di Tivoli.

*Cattes*, *Catti*, *Chatti*, *Chassi*, en Allemagne; ils occupaient la Hesse, une partie de la Thuringe et du duché de Brunswick, avec le comté de Schaumbourg. Il passa quelques-uns de ces Cattes dans le pays des Bataves, où l'on voit encore aujourd'hui les villes de Castwick, qui portent leur nom. Les Cattes étaient des peuples guerriers et acharnés dans le combat.

*Catuatici*, dans la Gaule, les mêmes que les Aduatici.

*Catudæi*, nom des peuples qui faisaient leurs demeures dans des espèces de caves qu'ils creusaient et couvraient ensuite d'un toit.

*Caturiges*, *Catiriges*, *Catoriges*, c'était anciennement un peuple de la Gaule narbonnaise placé entre les Allobroges, les Ebruntiens, les Mimeniens et les Vocontiens. Ils avaient pour villes principales Vapincum et Caturigæ.

*Caulci*, peuples de la Germanie, vers l'ouest.

*Caulonii*, paraissent avoir eu une ville appelée Caulonia, en Toscane.

*Caurenses*, habitants de Coria dans la Nouvelle-Castille.

*Cavares*, dans la Gaule narbonnaise, sur les bords orientaux du Rhône, dont Avignon était la métropole. Ils occupaient le pays depuis l'Isère jusqu'à la Durance, comprenant le Valentinois et le comtat Venaissin.

*Cavions*, près de l'Elbe, où sont aujourd'hui les villes de Danneberg et Lawenbourg.

*Celelates*, dans la Ligurie; ils se soumirent aux Romains l'an de Rome 555.

*Celtes*, peuple des Gaules, qui fut célèbre sous le règne d'Ambigat, du temps de Tarquin l'Ancien, roi de Rome. Ses successeurs envoyèrent deux colonies en Italie et en Allemagne, la première sous Bellovèze, la seconde sous Segovèze. Du temps de César, ces mêmes Celtes tenaient encore tout ce qui est depuis le Rhin jusqu'à l'Océan, entre les Vosges, la Marne, la Seine d'un côté et le Rhône, les montagnes des Cévennes et la Garonne de l'autre. Après César, la région des Celtes fut nommée Gaule celtique ou lyonnaise.

*Celtibériens*, peuples de l'ancienne Gaule, s'établirent en Espagne le long de l'Iber, et se répandirent dans l'Aragon et la Castille. Ils étaient bons soldats.

*Celtici*, peuple de l'ancienne Espagne qui confinait à la Lusitanie. Le P. Hardouin croit que leur pays est cette partie de l'Andalousie au-dessus du Guadalquivir jusqu'au bord de la Guadiana, où est la ville de Badajoz. Pline les fait venir des Celtibériens établis dans la Lusitanie.

*Celtici Neriæ*, peuple celtique qui habitait cette pointe de l'Espagne que nous connaissons sous le nom de cap Finistère.

*Celtorii*, voisins du Senonois, dans l'ancienne Gaule.

*Cenicenses*, habitants de la partie de la Provence qui est au-dessus de Marseille.

*Cenimagni*, dans la Grande-Bretagne.

*Cenomans*, dans le Maine, en France. Il en passa une colonie en Italie qui conserva le même nom et qui habitait sur les bords du golfe Adriatique.

*Centrones*, dans la Belgique.

*Centrones*, dans les Alpes grecques. Ils habitaient les environs de la Tarentaise, en Savoie.

*Cercopes*, peuple de l'île Pithécuse.

*Cesi* et *Cetriboni*, peuple des Indes.

*Chabareni*, voisins des Calybes.

*Chadæi*, dans la partie orientale de l'Arabie heureuse.

*Chadramotitæ*, nation d'Asie, sur le golfe Indien, auprès du fleuve Prion.

*Chamæ*, dans la grande Germanie, entre l'Ems et le Weser.

*Chalcidenses*, voisins de la rivière du Phase.

*Chaldéens* ou *Babyloniens*, dans le pays d'Assyrie, aujourd'hui Yerack ou Irack Arabi, et Diarbeck.

1. *Chalybes*, entre la Colchide, l'Ibérie et l'Arménie.

2. *Chalybes*, dans l'Asie Mineure, sur le rivage méridional du Pont-Euxin.

3. *Chalybes*, dans le Pont, entre les Mosynæciens et les Tibaréniens.

4. *Chalybes*, autre peuple aux environs du fleuve Chalybs.

*Chamaves*, dans la Germanie inférieure, possédaient le pays habité après eux par les Tubantes et les Usipiens, qu'on trouve ensuite unis et contigus aux Angrivariens. L'Ems les séparait des Bructères. S'étant rapprochés du Rhin, ils se joignirent enfin aux Franks pour ne faire plus qu'un peuple avec eux.

*Charcitani*, dans l'Espagne tarragonaise, ils habitaient des cavernes dans les montagnes au delà du Tage.

*Charauni*, Scythes au delà de l'Imaüs.

*Chasluim*, nation dont parle l'Ecriture, qui descendait de Chasluim fils de Mezraïm. On ne connaît pas sa position.

*Chaubi*, peuple de la Germanie, au bord de l'Océan, entre les Sicambres et les Bructères.

*Chauci* ou *Cauci*, nation de la Germanie qui avait la même origine, les mêmes mœurs, la même bravoure que les Frisons, et qui ne fit ensuite qu'un même peuple.

*Chelidonii*, dans l'Illyrie au nord des Séaréthiens.

*Chelonophagi*, dans l'Arabie, entre le mont Casius et le golfe Persique, dont le nom signifie mangeurs de tortues. On trouve un peuple de ce nom en Asie dans la Carmanie.

*Chidnei*, aux environs du Pont-Euxin.

*Choatræ*, dans la Sarmatie, vers le Tanaïs.

*Choramnæi*, nation de la Perse, selon Etienne le Géographe, qui l'appelle sauvage.

*Chorasmiens*, en Asie, dans la Parthie, vers l'est.

*Chorréens* ou *Orréens*, dans l'Arabie. Ce furent les premiers habitants du pays de Séhir, qui fut depuis occupé par les Iduméens.

*Chrysæi*, habitant les montagnes entre l'Indus et le Jomanes.

*Chutéens*, peuple au delà de l'Euphrate, que Salmanasar, roi d'Assyrie, transporta dans Samarie à la place des Israélites.

*Cibyratæ*, dans la Phrygie, selon Strabon; c'étaient les descendants des Lydiens qui avaient occupé la Caballide, dont le pays était compté pour un des plus grands gouvernements d'Asie. Leur capitale se nommait *Cibyra*, où l'on travaillait facilement le fer au tour.

*Cicones*, dans la Thrace ; ils habitaient le mont Ismarus, sur le Bosphore, du côté de l'Asie.

*Cilbiceni*, en Espagne, dans la Bétique, au bord de la mer.

*Ciliciens*, peuple de l'Asie Mineure, au fond du golfe d'Adramyte. C'était une colonie des Ciliciens que Pline nomme aussi Mandacadeni. Leur pays, appelé Cilicie, différent du précédent, avait reçu le surnom de Cilicie thébaïque, à cause de la ville de Thèbes, qui en était le chef-lieu.

*Cimbres*, peup. les plus septentrionaux de l'Allemagne et les plus anciens habitants qu'on connaisse de la presqu'île, contenant le Holstein, le duché de Sleswig et le Jutland, d'où elle a pris le nom de Chersonèse cimbrique.

1. *Cimmériens*, habitaient les environs des Palus Méotides et du Bosphore cimmérien, qui portait leur nom.

2. *Cimmériens*, vers la Géorgie et la mer Caspienne.

3. *Cimmériens*, en Asie, où est aujourd'hui Synope. Leur ville principale se nommait *Cimmerium*.

*Cinædocolpitæ*, peup. de l'Arabie heureuse, dont Zaaram était la capitale.

*Cinchrophoses*, dans la Thrace.

*Cinithii*, peup. d'Afrique dont parle Corneille Tacite.

*Citæ*; ils étaient ou Ciliciens ou Cappadociens.

*Clariæ*, peuple de Thrace sur le Danube.

*Classite*, en Assyrie, près du fleuve Lycus.

*Clautinatii*, dans la Vindélicie. On les croit les mêmes que les Catenates ou Clatenates.

*Clitæ*, dans cette partie de l'Asie qui fut soumise à Archelaüs, roi de Cappadoce.

*Clusini novi*. Pline met dans l'Etrurie deux peuples nommés Clusini, et les distingue par les surnoms de nouveaux et d'anciens. Les nouveaux étaient vers les sources du Tibre, et Chiuzi, sur un ruisseau qui tombe dans l'Arno, y conserve encore leur nom.

*Clusini veteres*; ils étaient sur la rive occidentale de la Chiana dans la Toscane, aux frontières du Pérugin, où est Chiuzi.

*Clytæ*, peup. de la Macédoine, chez lequel se trouvait d'excellent nitre.

*Cnizomenes*, peup. d'Asie, voisin du golfe d'Arabie.

*Cobandi*, dans la Chersonèse cimbrique, sur sa côte orientale.

*Cœlaletæ*, dans la Thrace, selon Tacite. Pline les nomme Cœletæ, et les distingue en grands et petits : les grands habitaient, selon lui, au pied du mont Hémus, et les petits au pied du mont Rhodope.

*Cœlerini*, dans l'Espagne tarragonaise, d'après Ptolémée ; Pline les range sous la juridiction de Braga.

*Cœti*, auprès du Pont-Euxin, au voisinage des Tibaréniens.

*Cogienses*, en Italie. On croit que leur ville était la même que Conegiano dans l'Etat des Vénitiens.

*Colæpiani*, dans la Pannonie, sur la Save.

*Colarnum*, peup. de la Lusitanie, dont la métropole portait le même nom.

*Coli*, en Asie, près du Caucase, chez les Coraxes. Le pays nommé Colica était dans ce même endroit.

*Colpeti*, dans la Thrace. On les appela ensuite Colpidici, et le pays qu'ils habitaient fut nommé *Colpida Regio*.

*Comenii*, dans l'Illyrie, voisins des Daursiens et des Vardéens.

*Comini*, faisaient partie des Æquicules en Italie.

*Commoni*, dans la Gaule narbonnaise. Ptolémée leur donne Marseille.

*Conapseni*, au delà des monts Coraxiens, dans la Sarmatie asiatique.

*Coniaci*, dans le voisinage des Cantabres; ils n'étaient pas loin des sources de l'Ebre, en Espagne.

*Conisci*, dans la Cantabrie.

*Consarburenses*; leur ville, appelée Consœbrum, est aujourd'hui Consuegre, ville de la Nouvelle-Castille.

*Consoranni*, dans l'Aquitaine, au pays de Conserans.

*Consuanetes*, dans la Vindélicie, à l'endroit où est aujourd'hui le pays de Schnidnaw, sur l'Iser.

*Contestani*; ils occupaient une bonne partie

de ce que nous appelons le royaume de Valence.

*Coracinsii*, dans l'île de Sardaigne, suivant Ptolémée; ils étaient vers le nord de l'île.

*Coralli*, peuple barbare au nord du Pont-Euxin, vers le Danube, dans la Sarmatie européenne.

*Corasphi* ou *Coraxi*, Scythes, en deçà de l'Imaüs.

*Cordus*, dans la Gaule tarragonaise, sur la côte de la mer Méditerranée, auprès des Pyrénées.

*Coritani* ou *Coritavi*, dans l'île d'Albion, suivant Ptolémée. M. d'Audiffret (géogr. hist. tom. II, page 56) croit qu'ils occupaient les comtés de Northampton, de Leycester, de Rutland, de Lincoln, de Nottingham et de Darby.

*Cornabui* ou *Kornavii*, dans l'île d'Albion, selon Ptolémée.

*Corneates*, dans la Pannonie; c'étaient les habitants de Cornacum.

*Cornensii*, dans l'île de Sardaigne.

*Corpilli*, dans la Thrace.

*Corsi*, dans l'île de Sardaigne; c'était une colonie venue de l'île de Corse qui portait aussi ce nom.

*Coumadeni*, en Corse, vers le S. de l'île.

*Crefennæ*, peup. du Nord; ce sont les Scritisinni de Procope.

*Creones*, dans l'Ecosse septentrionale; ils étaient voisins des Cérons.

*Creophagi*, en Ethiopie.

*Cubulterini*, en Italie, vers la Campanie.

*Cunei*, en Espagne; ils possédaient une ville nommée Cunistorgis. Ce peuple et cette ville devaient être dans la Lusitanie où se trouvait le promontoire Cuneus (aujourd'hui Cabo di Santa Maria).

*Cunusitani*, dans l'île de Sardaigne, sur la côte orientale.

*Curiosolites*, dans l'Armorique; la ville du même nom est presque inconnue; on croit que sa position était près de Dinan.

*Cuthæi*, en Assyrie. Ce peuple fut transporté dans la Samarie par Salmanazar.

*Cycaia*, dans l'Attique, de la tribu OEantide.

*Cyclopes*, habitants de l'île de Sicile.

*Cyconæ*, dans l'Inde vers le nord.

*Cynetæ*. Ce sont, selon Hérodote, les peuples les plus occidentaux de l'Europe, sans doute le long des côtes de la Méditerranée.

*Cyrræus*, dans l'Ethiopie, sur le Nil.

## D

*Daces*, habitants de la Dacie. On les appelait aussi Gètes; car Strabon place les Gètes après les Suèves, et les étend jusqu'aux Tyrigètes. Pline prétend que les Grecs les nommaient Gètes, et que les Romains les appelaient Daces.

*Damnii*, dans la partie de la Grande-Bretagne que les anciens nommaient ultérieure, barbare, ou septentrionale. On les rangeait parmi les Velturions.

*Damnonii*, *Dumnonii*, *Doumnonii*, peuple de la Grande-Bretagne dans la partie qui forme les Cornouailles et le Devonshire.

*Dandariens*, peuple méotique, c'est-à-dire de cette partie de l'Asie qu'on appelle la Cumanie.

*Daonæ*, dans les Indes, habitaient auprès de la ville et de la rivière Daona. Le royaume de Laos, qui occupe aujourd'hui leur place, semble avoir conservé quelque chose de l'ancien nom.

*Dardaniens*, *Dardani*, peup. de la Dardanie, soit Phrygienne, soit Illyrique.

*Dardi*, peup. d'Italie, dans la Daunie, lequel fut détruit par Diomède.

*Dassarètes*, que Plutarque place près du fleuve Lycus. Le P. Lubin croit ce peup. le même que celui désigné par Ptolémée dans la Macédoine, aux confins de l'Illyrie.

*Datii*, dans l'Aquitaine. Ils habitaient dans le diocèse d'Acqs ou aux environs.

*Deciates*, dans la II° Narbonnaise; c'étaient les habitants de Biot, ville près d'Antibes.

*Deculani*, peup. d'Italie voisin de la Pouille.

*Decumani*, habitants de Narbonne.

*Denselatæ*, dans l'ancienne Thrace, à droite du Strymon.

*Dersæi*, nom d'un peuple de la Thrace ou de Macédoine.

*Desuviates*, *Desuviatii*, peuples de la Gaule narbonnaise, voisins des Anatiliens et des Cavares, selon Pline. Ces peuples occupaient le territoire de Tarascon.

*Deucaledonii* ou simplement *Caledonii*, dans la Grande-Bretagne, vers la partie occidentale de l'Ecosse; leur pays répondait à ce qu'on appelle aujourd'hui les provinces de Rosse, Lochabir, Braid-Alban, Lorne et Argile.

*Deurigiens*, *Deuringi*, dans l'ancienne Germanie. Cluvier prétend que, selon les divers dialectes, ce même peuple a été nommé Toringi, Thoringi et Turingi. On les place dans la moyenne marche de Brandebourg.

*Diablintes*, habitaient le pays où est aujourd'hui le Perche, entre la Beauce et le Mans. Noriodonum (Nogent le-Rotrou) en était la capitale. D'autres les placent auprès de la ville de Dol en Bretagne où il y a encore quelques terres nommées les *Diablères*, et des familles appelées le *Diable*.

*Didunes*, peup. de la Germanie, dans le palatinat de Sandomir.

*Diduri*, dans l'Ibérie, vers la Géorgie.

*Didymi*, peup. de l'île de Milet, duquel sortaient les Branchides.

*Dienses*, dans la Gaule narbonnaise, auprès du Rhône.

*Dii*, dans la Thrace; ils habitaient la province de Rhodope.

*Dittani*, dans l'Espagne tarragonaise, vers Orospeda.

*Dobuni*, dans la Grande-Bretagne; ils occupaient le pays où sont aujourd'hui les comtés d'Oxford et de Glocester.

*Dodii*, dans l'île de Panchée, vers l'Arabie heureuse.

*Dodonéens*, *Dodonæi*, dans la Grèce.

*Doliones*, peup. de l'Asie Mineure; ils habitaient aux environs de Cyzique, depuis la rivière OEsepus jusqu'au Rhyndacus et au pays des Dascyliens.

*Doloncy*, dans la Thrace, auprès de l'Hèbre.

1. *Doriens*, peup. de l'ancienne Grèce.
2. *Doriens*, dans l'Asie Mineure.
3. *Doriens*, dans la Daunie, en Italie.

*Dorisques*, sur les confins de l'Arie, de la Carmanie et de la Drangiane, en Asie.

*Dosci*, dans la Sarmatie asiatique, près du Pont-Euxin.

*Dragogi*, selon Arrien, qui les met avec les Dranges en Asie.

*Dranses*, *Drausæ*, *Drausi* ou *Thrausi*, peuples de la Thrace.

*Drillæ*, dans la Cappadoce, selon Xénophon, sur le Pont-Euxin, entre Trébisonde et la Colchide.

*Druides*, peup. de l'ancienne Gaule qui habitait les environs de Dreux.

*Dryopes*, peuples de la Grèce, dont les différentes migrations sont cause qu'on les trouve placés en diverses contrées.

*Dudini*, en Illyrie.

*Dulgumini*, nation de l'Allemagne peu connue.

*Durotriges*, dans la Grande-Bretagne; ils avaient les Belges à l'est et au nord; les Dommiens à l'ouest et la mer au sud. Leur pays était à peu près le même que le Dorfetshire, et leur capitale, Dunum, répond à Dorcester.

## E

*Eburaici*, peuple de la Gaule qui habitait le pays d'Evreux.

*Eburini*, dans la Lucanie, en Italie.

*Eburones*, dans la Gaule belgique ou la Germanie. Ils habitaient auprès de Tongres et dans Tongres même, qui était leur capitale.

*Ectenæ* ou *Ecteni*, peuple de la Grèce qui habita premièrement Thèbes, dans la Béotie, sous le roi Ogygès. C'est à cause de ce peup. que la ville de Thèbes a été surnommée Ectenia.

*Ectini*, dans les Alpes, furent vaincus par Auguste. Ce sont les habitants de la vallée de Barcelonnette.

*Edetani*, peup. de l'Espagne tarragonaise, qui occupait une partie du diocèse de Saragosse et du royaume de Valence.

1. *Edi*, peup. de Scythie.
*Edones*, *Edoni* ou *Edonii*, dans la Thrace, ainsi nommés à cause d'Edonus, frère de Mygdon.
2. *Edones*, peuplade scythe.

*Eguituri*, peuple des Alpes qu'Auguste vainquit.

*Egurri*, dans l'Espagne tarragonaise, selon Ptolémée, qui même en nomme le chef-lieu Forum-Egurrorum. Vasatus dit que c'est Medina-de-Rio-Secco.

*Elamites*, *Elamitæ*, dans l'Arabie heureuse.

*Eldamarii*, peuple arabe voisin de la Mésopotamie.

*Eldiméens*, peup. maritime d'Asie, dans la Susianne.

*Elenitæ*, nommés sur une médaille dans le recueil de Goltzius.

*Elephantophagi*, en Ethiopie.

*Elesyces*, nation particulière des Gaulois que Festus-Avienus dit avoir jadis habité les environs de Narbonne, qui était leur capitale.

*Elethi*, dans la Thrace.

*Eleuthériens*, dans la Gaule aquitanique; ils étaient établis dans l'Albigeois.

*Eleutherolacones*, peup. maritime de la Laconie.

*Eleuthii*, peuplade de la Iapygie.

*Elgovæ*, peup. de l'île d'Albion, qui habitait la province de Lennox, suivant les uns, et celles d'Annendale, d'Eskdale et de Nithsdale, suivant les autres.

*Elicoci*, peuple de la Gaule narbonnaise qui habitait où est aujourd'hui Aubenas.

*Elini*, dans la Thesprotide, en Grèce. Leur pays se nommait Elinia.

*Elisyci*, dans la Ligurie.

*Elotes*, dans la Laconie, ainsi nommés de la ville d'Hélos.

*Elulii*, dans la Mauritanie césarienne.

*Elurii*, ainsi désignés par Cédrène et qui ne diffèrent peut-être point des Erules, ou Herules, ou des Ælures de Zonare.

*Elyméens*, *Elimæi*, peup. d'Asie, entre l'Hircanie et la Bactriane.

*Elymes* ou *Elymiens*, dans la partie occidentale de la Sicile, vers le nord.

*Emicynes*, voisins des Massagètes et des Hyperboréens.

*Emin*, dans le pays de Chanaan, au delà du Jourdain.

*Emmi*, dans l'île Taprobane.

*Enchelæ*, dans l'Illyrie.

*Endigeti*, *Indigeti*, *Endigetes*, *Indigetes*, peup. de l'Espagne tarragonaise, qu'on croit avoir possédé le Roussillon.

*Eniades*, dans l'Acarnanie.

*Enienses*, nation de la Grèce, auprès de la source du Sperchius.

*Enipi*, dans l'Afrique intérieure.

*Enotocoetes*, dans les Indes. Les anciens disaient que c'étaient des sauvages.

*Eones*, qu'Arrien met sur le Pont-Euxin à 150 stades au delà du Boristhène, vers l'orient.

*Eorites*, peup. d'Asie, dans l'Arachosie.

*Epageriæ*, peup. de la Sarmatie. Il était dans les montagnes du Caucase.

*Epanterii*, nation d'Italie; elle était vers Albingue et Vintimille.

*Eporitæ*, dans l'Arcadie.

*Ephthalites*, peuplade scythe.

*Epicteti*; ils touchaient à la Bithynie à l'est.

*Epidiens*, en Ecosse, qui habitaient, dit-on, l'Ile d'Arren.

*Eretrii*, originaires de l'Eubée, établis dans la Babylonie.

*Erezii* ou *Erixii*, dans l'Asie Mineure, non loin du Rhindacus, fleuve de Mysie.

*Essui*, peup. d'entre les Belges, dont on ne connaît pas la situation.

*Estions*; ils habitaient aux environs de Campodunum, dans la Vindélicie, lieu auquel a succédé la fameuse abbaye de Kempten, sur la rivière d'Iller dans la Suabe.

*Esubiani*, peuples des Alpes maritimes, c'étaient les habitants de la vallée de Barcelonnette.

*Ethaguri*, peuple d'Asie dans la Sérique, Ptolémée les met au-dessus des Issédons.

*Euburiates*, peuple qui habitait vers la côte de Gênes.

*Eudoses*, dans la Germanie, compris autrefois parmi les Suèves septentrionaux; ils habitaient la partie de la Poméranie où sont les villes de Stralsund et de Bard, c'est-à-dire la partie la plus occidentale. Le temple de Herta, si révéré des Germains, rendait leur pays célèbre.

*Euganei*, en Italie vers les Alpes. L'abbé Baudrand les met dans le Bressan et le Bergamasque.

*Evenitæ*, peuple d'Egypte qui adorait un poisson.

## F

*Fagifulani*, peuple ancien de l'Italie, dans le voisinage ou même dans le pays des Samnites.

*Falarienses*, ancien peuple d'Italie dans le Picentin, selon Pline. Leur ville, quoique ruinée, garde encore son ancien nom, et ses ruines sont nommées Faleroni ou Falari.

*Falisques*; ils habitaient la ville de Falésia et son territoire, sur le Tibre.

*Feliginates*, ancien peuple d'Italie dans l'Ombrie, qui ne subsistait plus du temps de Pline.

*Fenni*, peuplade pauvre et barbare à l'est de la mer Baltique, dans la Livonie; d'où il y a apparence qu'elle passa dans la Finlande.

*Fertinates*, anciens habitants d'une île de l'Illyrie, aujourd'hui la Végia.

*Fertini* ou *Feltrini*, anciens habitants de Feltri dans la marche Trévisane en Italie.

*Fibularenses*, anciens peuples d'Espagne nommés aussi Calaguritani, habitants de la Castille-Vieille.

*Fidentiores* ou *Fidentes*, dans l'Etrurie.

*Firséens*, anciens peuples de la Scandinavie. Audriffret les place dans la partie du royaume de Suède qui porte aujourd'hui le nom de Westmanland. Ce sont apparemment les Phiræsi de Ptolémée.

*Flamonienses Vanienses*, ancien peuple vers le fond du golfe Adriatique, qui habitait la ville de Flamonia aujourd'hui Flagogna, village peu éloigné de la rivière de Tagliamento.

*Flanates*, dans l'Illyrie, ainsi nommés de Flanona leur ville. Ils donnaient le nom au golfe voisin.

*Flavi*, dont ils est parlé dans Tibule, mais sur lesquels les géographes ne disent rien de certain.

*Focunates*, peuple des Alpes qu'on soupçonne être les habitants du Fossigni, mais cette conjecture est hasardée.

*Foretani*, au delà du Pô, en Italie.

*Foretii*, ancien peuple dans le Latium, qui ne subsistait plus du temps de Pline.

*Fosatisii*, restes des Huns qui s'étaient jetés dans la Romagne.

*Fosi*, dans la Germanie; ils se ressentirent de la ruine des Cherusques, dont ils étaient limitrophes; on ne sait pas précisément l'endroit qu'ils occupaient.

*Frentani*, anciens peuples d'Italie qui faisaient partie des Samnites.

*Friniates*, dans la Ligurie. Le consul C. Flaminius les reçut à composition et les désarma après avoir remporté sur eux divers avantages.

1. *Frisons*, *Frisii*, *Fhrisii*, *Frisones*, anciens peuples d'Allemagne qui étaient renfermés entre l'Ems, le Rhin et l'Océan, distingués en Grands et Petits.

2. *Frisons* (les Grands) *Frisii Majores*; ils étaient entre l'Océan, la rivière d'Ems, le lac Flevo (ou le Zuiderzée) et les Bataves, avec les Marsatiens. Ils occupaient la province de Frise, celle de Groningue, avec le pays de Sallands et de Drente en Overissel.

3. *Frisons* (les Petits) *Frisii Minores*, anciens peuples de la Germanie qui étaient au couchant des Grands Frisons, entre le lac Flevo (qui est le Zuiderzee), l'Océan et le Rhin, qui les séparait des Bataves. Ainsi ils possédaient toute la partie du comté de Hollande qui est au nord du Rhin, et une partie de la seigneurie d'Utrecht.

## G

*Gabales* ou *Gabali*, peuple de la Gaule dont le pays était le Gévaudan.

*Gabri*, dans la Sarmatie près des Palus Méotides.

*Gadabitani*, peuple barbare en Afrique près de Tripoli.

*Gadeni*, habitants du pays qui est entre l'embouchure de la Twede et le Forth, à Edimbourg, Ecosse.

*Gadrosii*, peuple des Indes qui avait la ville de Palimbrote.

*Gætuli*, habitants de la Gétulie, au sud de la Mauritanie; c'est où Ptolémée les a placés, mais dans la suite ils avancèrent dans la Mauritanie et la Numidie; de sorte que leurs limites ne sont pas faciles à indiquer.

*Galabrii*, nation de la Dardanie, voisine de la Thrace.

1. *Galactophages*, peuple de la Mysie.
2. *Galactophages*, peuple de la Libye.

*Galotæ*. Ce nom a été commun à plusieurs peuples; il signifie proprement les habitants de la Galatie.

*Galatani*, dans la Sicile. Le nom moderne de la ville qu'ils habitaient est Galati.

*Galli*, nom latin des Gaulois qui habitaient les divers pays auxquels le nom de Gallia était commun tant en deçà qu'au delà des Alpes, et dans l'Asie.

*Galliani Saltes*; ils habitaient la huitième région d'Italie, dans l'endroit où se trouve à présent Galeata, près de Forli.

*Gallitæ*, dans les Alpes. Auguste les soumit.

*Gallitalutæ*, dans l'Inde, au voisinage de l'Indus.

*Gallo Ligures*, dans la Gaule narbonnaise. Florus les appelait aussi Celtoligures. Ils occupaient une partie de la Provence.

*Gamphasantes*, peuple de la Libye, très-sauvages, sans maison et allant tout nu.

*Gangani*, en Irlande, au comté de Kerry et de Limmerick.

*Gangaridæ*, peuple de l'Inde auprès de l'embouchure du Gange, selon Ptolémée, qui lui donne pour capitale une ville nommée Gangé. Ce sont aujourd'hui les habitants du Bengale, vers le Delta.

*Gangines*, en Ethiopie, dans la partie qui forme aujourd'hui la Guinée.

*Garamantes* (les); dans la Libye intérieure; ils vivaient en commun. Ils avaient la Gétulie au couchant, l'Afrique propre, la Cyrénaïque au nord, l'Ethiopie sur l'Egypte au levant, et l'Ethiopie intérieure au midi. On juge qu'ils occupaient la partie occidentale du Sahhrâ.

*Garenæi*, peuple dans la Sérique, à l'est des Annibiens.

*Gargarenses*, Scythes, au voisinage des Amazones et au pied du mont Caucase, du côté du nord.

*Gargaridæ*, dans les Indes auprès de l'Hypanis et du Megarsus.

*Garindæ*, dans l'Arabie heureuse, vers le coin du golfe Arabique; ils habitaient le pays des Maranites, qu'ils avaient exterminés par ruse.

*Garites* (les), dans la Gaule aquitanique, se soumirent aux Romains. Ils demeuraient au pays de Gaure, entre Eause et Auch, en tirant vers Lectoure.

*Garoceli*, peup. de la Gaule; les uns le placent au mont Cenis, les autres dans la Maurienne.

*Gaule* ou les *Gaules*, grand pays d'Europe, qui avait à l'est la Germanie et l'Italie; les Alpes la séparaient de celle-ci, et le Rhin de celle-là. La mer d'Allemagne et celle de Bretagne la baignaient au nord, l'océan Aquitanique ou Occidental au couchant, et la mer Méditerranée au midi; les montagnes des Pyrénées la séparaient de l'Espagne entre le midi et le couchant. Cette région était habitée par un grand nombre de peuples, aussi barbares les uns que les autres. La colonie des Grecs, qui fonda Marseille 600 ans avant Jésus-Christ, ne put polir ceux qui étaient ses voisins, ni étendre sa langue au delà de son territoire. Les dialectes du langage celtique se faisaient remarquer par des sons gutturaux fort durs. Les Gaules renfermaient la France actuelle, plus la Savoie, la Suisse, une partie du pays des Grisons, et toute la partie de l'Allemagne et des Pays-Bas qui sont au couchant du Rhin. Plus tard les Gaulois y ajoutèrent une partie de l'Italie.

Lorsque Jules César eut fait la conquête de la Gaule vers l'an 48 avant Jésus-Christ, il la divisa en Gaule narbonnaise, Gaule aquitanique, gaule lyonnaise et Gaule belgique. La Gaule fut encore subdivisée dans la suite, et nous parlerons de chaque partie séparément.

I. *La Gaule narbonnaise*, une des grandes parties de la Gaule transalpine, s'étendait d'orient en occident, depuis les Alpes, qui la bornaient au levant, jusqu'aux Pyrénées et à la Gaule aquitanique au couchant. Elle avait la Gaule lyonnaise au nord et la mer Méditerranée au midi. Elle comprenait le Languedoc, le comté de Foix, le Gévaudan, Le Velay, le Vivarez, la Provence, le Dauphiné et la Savoie. Cette Gaule fut divisée en trois parties; la première, la seconde et la troisième Gaule narbonnaise. Mais vers la décadence de l'empire romain, on suivit une autre division pour cette partie de la Gaule, savoir: *Gaule viennoise première, seconde, troisième, quatrième et cinquième*.

1° La Gaule viennoise première, ou narbonnaise troisième, était la contrée de la Gaule transalpine qui avait Vienne pour capitale; elle renfermait les archevêchés de Vienne, d'Arles et d'Avignon avec les suffragants.

2° La Gaule viennoise seconde, ou narbonnaise première, était la contrée de la Gaule au couchant de la viennoise première, qui avait Narbonne pour capitale et pour habitants les Volques Arecomices et les Volques Tectosages; elle comprenait les archevêchés de Narbonne et de Toulouse avec leurs suffragants.

3° La Gaule viennoise troisième, ou narbonnaise seconde, dont Aix était la capitale; elle contenait le diocèse de cet archevêché et de ses suffragants.

4° La Gaule viennoise quatrième s'étendait dans les Alpes maritimes. Embrun en était le chef-lieu, et la population se répandait dans cet archevêché et dans celui de Turin.

5° La Gaule viennoise cinquième se formait des Alpes Grecques et des Pennines. La capitale était Tarantasia (Moutier en Tarantaise).

II. La *Gaule aquitanique* ou *Aquitaine* se renfermait entre la Garonne, les Pyrénées et l'Océan, du temps de Jules-César. On l'étendit ensuite jusqu'à la Loire, qui la séparait de la Gaule lyonnaise depuis sa source jusqu'à son embouchure. Ainsi elle comprenait toute cette partie de la France où l'on trouve maintenant le Poitou, la Saintonge, le Périgord, la Guienne, la Gascogne, le Béarn, le Quercy, le Rouergue, l'Auvergne, le Limousin et le Berry. Cette partie des Gaules se divisait en *première*, *seconde* et *troisième*.

La première Gaule aquitanique était la plus orientale de l'Aquitaine et avait pour capitale Avaricum (auj. Bourges).

La seconde Gaule aquitanique était la plus septentrionale et s'étendait le long de l'Océan; sa capitale était Bordeaux.

La troisième ou la partie la plus méridionale de la Gaule aquitanique était le long des Pyrénées et de l'Océan. Auch en était la capitale.

III. La *Gaule lyonnaise* ou *celtique* avait la Gaule belgique au nord, et l'aquitanique avec la narbonnaise au sud, l'Océan au couchant et les Alpes au levant. On la divisait en cinq parties distinguées par les noms de *première*, *seconde*, *troisième*, *quatrième* et *cinquième*.

La Gaule lyonnaise première avait pour capitale Lyon, et comprenait ce diocèse et ses suffragants.

La Gaule lyonnaise seconde avait pour chef-lieu Rouen.

La Gaule lyonnaise troisième contenait l'archevêché de Tours et ses suffragants. Tours était la capitale.

La Gaule lyonnaise quatrième, qui avait pour capitale Sens, se formait de l'archevêché de Sens et de ses suffragants.

La Gaule lyonnaise cinquième avait Besançon pour capitale et réunissait la Franche-Comté, la Bresse, le Bugey et la Suisse.

IV. La *Gaule belgique*, la plus grande et la partie la plus septentrionale de la Gaule, avait au levant la Germanie, dont le Rhin la séparait; au midi la Gaule narbonnaise; au couchant la lyonnaise avec la mer de Bretagne; et au nord l'océan Germanique. Elle renfermait toute la partie de l'Allemagne qui est à l'ouest du Rhin, avec l'Alsace, la Lorraine, la partie des Pays-Bas qui est au couchant du Rhin, la Picardie, la plus grande partie de la Champagne et de l'Ile de France; elle était divisée en *Belgique première* et *Belgique seconde*.

La Gaule belgique première est la partie qui s'étendait vers le midi et les sources du Rhin et de la Moselle. Elle renfermait la Germanie supérieure et avait Trèves pour sa capitale; ainsi elle comprenait l'archevêché de Trèves, les évêchés de Metz, Toul, Verdun, ceux de Strasbourg, de Spire, de Wormes et une partie de l'archevêché de Mayence.

La Gaule belgique seconde, située vers le nord et l'embouchure du Rhin et de la Moselle, contenait la Germanie inférieure et avait la ville de Reims pour chef-lieu; elle comprenait encore tous les pays qui sont entre la Loire, la Meuse et le Rhin, depuis son confluent avec la Moselle jusqu'à son embouchure.

*Gaures (les)* ou *Gu`bres*, peuples dispersés dans l'Asie, principalement dans la Perse et dans les Indes, qui remontent à une haute antiquité. Ils sont sectateurs de Zoroastre, qu'ils regardent comme le grand prophète que Dieu leur avait envoyé pour leur communiquer sa foi.

*Gazatæ*, peup. de la Syrie dans la Cyrrhestique.

*Gebadæi*, à l'est de la mer Rouge, dans l'Arabie.

*Geles*, peuplade scythe.

*Genoœi*, en Grèce, aux confins de l'Épire et de la Thessalie.

*Genunii*, en Bretagne. Ils étaient alliés du peuple romain et voisins des Brigantes.

*Gépides (les)*, *Gepidi*; du nombre des barbares qui se répandirent dans l'empire dans le temps de sa décadence, après avoir abandonné avec les Goths une île entourée de marais formés par la rivière de Viscla (la Vistule). Alboin, roi des Lombards, les détruisit presque entièrement.

*Germains*, peup. qui habitaient la Germanie ou l'Allemagne actuelle.

*Germanie*, *Germania*, grande région de l'Europe, bornée anciennement au levant par la Vistule qui la séparait de la Sarmatie européenne; au sud par le Danube, qui la séparait de la Vindélicie et du Norique. Le Rhin la baignait du côté du couchant, et la distinguait de la Gaule; la mer de Germanie, avec la Baltique, la limitait vers le nord. Outre les trois grands fleuves qui lui servaient de bornes, on y remarquait encore le Jader (l'Oder) et l'Albis (l'Elbe). Ce pays était habité par un grand nombre de peuples compris dans ces trois divisions: les Istevons, les Hermions et les Vindiles. Les Istevons étaient au midi occidental et s'étendaient entre le Rhin et l'Elbe, depuis la mer de Germanie jusqu'aux sources du Danube.

Les Hermions se voyaient au midi oriental, depuis le Danube jusqu'aux Vindiles, lesquels occupaient toute la côte de la mer Baltique et la Chersonèse Cimbrique.

1° Les Istevons se divisaient en douze autres petits peuples: 1. les Frisii ou Frisiones, 2. les Dulgibini, 3. les Angrivarii, 4. les Marsaci, 5. les Chassuarii, 6. les Chamavi, 7. les Marsi, 8. les Sicambri, 9. les Tencteri, 10. les Bructeri, 11. les Mattiaci, 12. les Sedusii.

2° Les Hermions se subdivisaient aussi en douze peuples: 1. les Cherusci, 2. les Chatti, 3. les Hermunduri, 4. les Alemanni, 5. les Armalansi, 6. les Marcomanni, 7. les Quadi, 8. les Gothini, 9. les Asi, 10. les Marsingi, 11. les Burii, 12. les Lugii, Lygii ou Logiones.

3° Le troisième peuple de la Germanie, les Vindiles, contenaient vingt-deux peuples: 1. les Angli ou Angili, 2. les Varni ou Varini, 3. les Caviones ou Aviones, 4. les Deuringi, Reudingi et Redigni, 5. les Eudones, 6. les Saèves, 7. les Huithones, 8. les Vardones, 9. les Rugii, 10. les Heruli ou Lemovii, 11. les Carini, 12. les Gythones, Gothones, Guttones, Gotthi, Gothi, 13. les Sidini, 14. les Longobardi, 15. les Burgundiones ou Burgundi, 16. les Semnones, 17. les Cauchi, Cauci, Chauceci, ou Cayci, 18. les Saxones, 19. les Cymlui, 20. les Teutones, 21. les Suiones, 22. les Silones.

La Germanie avait des dépendances vers le nord et vers le sud. Les anciens ont remarqué vers le nord les Ingævones, divisés en trois parties principales, comme des dépendances de la Germanie; ces parties sont : Scandia, Feningia et les îles de Sinus-Godanus. Les provinces vers le sud dépendantes de la grande Germanie étaient Helvetia, Rhætia, Vindelicia et Noricum. On voit par toutes ces divisions que l'ancienne Germanie était beaucoup plus étendue que l'Allemagne d'aujourd'hui.

Les différents peuples qui habitaient ces vastes contrées étaient presque tous barbares, ayant pour unique retraite des cabanes où, d'un côté, le père, la mère, les frères, les sœurs, les enfants, couchaient nus sur la paille, et de l'autre côté étaient leurs animaux domestiques. Ils aimaient mieux vivre de rapines que de cultiver la terre; et après avoir pillé leurs voisins, ils retournaient chez eux manger et dormir. La chasse faisait leur unique occupation. Ils vivaient de lait et de la chair de leurs troupeaux. Leur pays, d'un très-difficile accès, arrosé de fleuves et de rivières, tout couvert de bois et de marais, ne devait pas tenter les Romains; cependant ils tâchèrent d'y pénétrer. Le premier général qui remporta des victoires sur la lisière de la Germanie fut honoré du titre de Germanique. Les noms de Germains et de Germanie ne furent guère en usage après la chute de l'empire romain, et on y substitua peu à peu ceux d'Allemands et d'Allemagne.

*Gerrhæ*, peup. de la Scythie européenne au S. du Danube.

*Gerrhi*, dans la Sarmatie asiatique, fort près de la mer Caspienne.

*Gessorienses*, dans l'Espagne tarragonaise, près de Girone.

*Gètes (les)*, *Getæ*, Scythes qui vinrent s'établir aux environs du Danube. Ils occupaient la Transylvanie, la Moldavie et une partie de la Bulgarie, trois pays de la Turquie européenne. Ils parlaient la même langue que les Thraces.

*Gevini* ou *Gyvini*, peup. de la Sarmatie européenne.

*Gevissi*, peup. de la Grande-Bretagne; dans le voisinage de Wessex, vis-à-vis de l'île de Wight.

*Gigamæ*, dans l'Afrique; ils touchaient aux Adyrmachides et habitaient vers l'Océan, où ils avaient pour voisins les Asbytes, jusqu'à l'île d'Aphrodisiade.

*Giplonsii*, peup. de l'Afrique propre, voisins des Cinithiens et des Achemènes.

*Gletes*, nation de l'Espagne; elle était voisine de Cynetes.

*Gnebadei*, peuplade arabe parmi les Troglodytes, dans l'Éthiopie.

*Gorduni*, peup. de la Gaule belgique, dans la dépendance des Nerviens. Comme Jules César est le seul qui l'ait nommé, et qu'il ne dit rien qui puisse faire conjecturer sa situation, on ne sait aujourd'hui quel pays il occupait.

*Gorgones*, peup. de la côte d'Afrique sur l'océan Atlantique.

*Gortuæ*, peup. de l'Eubée qui se trouvait en Asie à la suite de l'armée de Darius.

*Gothini*, dans la Germanie; mais ils n'étaient pas Germains d'origine : on croit qu'ils habitaient les frontières de la Pologne, de la Silésie et de la Moravie, aux sources de la Vistule, de l'Oder et de la Morave.

*Goths*, peup. de la Sarmatie dont la première origine est, dit-on, l'île de Gothland. Ils occupèrent ensuite dans la Scythie (d'où quelques historiens leur ont donné le nom de Scythes) la partie qui est au bord du Pont-Euxin et au delà du Danube. Ils profitaient souvent des règnes faibles des empereurs pour passer ce fleuve et se répandre dans la Thrace; de temps en temps on les rechassait au delà du Danube. On ignore l'époque de leur division en Ostrogoths et Wisigoths, mais elle existait déjà du temps de l'empereur Claude. Leur mésintelligence sous Valens attacha les Ostrogoths à l'empereur d'Orient, et cet empereur les infecta de l'arianisme que toute leur nation embrassa et porta en Italie, dans les Gaules et en Espagne.

Les Ostrogoths, tantôt vainqueurs, tantôt vaincus, obtinrent enfin la Thrace. Les Wisigoths attaquèrent l'empereur romain sous Radagaise, et ensuite sous Alaric, qui pilla Rome. Athaulfe, son successeur, s'accorda avec Honorius, et, lui cédant l'Italie, se retira dans les Gaules avec ses Wisigoths. Il en resta pourtant en Italie : ils y devinrent si puissants qu'Odoacre, l'un d'entre eux, usurpa l'empire. Théodoric, parti de Thrace avec les Ostrogoths, défit Odoacre et commença le règne des Ostrogoths en Italie. Ses successeurs se brouillèrent avec l'empereur Justinien, qui détruisit leur monarchie. Les Wisigoths, alliés avec les Francs, rompirent avec eux, quittèrent le séjour de Narbonne et fondèrent en Espagne une nouvelle monarchie qui dura jusqu'à l'invasion des Maures.

Les Goths n'étaient pas un seul et même peuple, c'était une confédération de diverses nations qui, s'étant unies avec eux, combattirent sous leurs enseignes; et on s'accoutuma à leur donner le même nom. Les Goths étaient souvent nommés Scythes par les Romains, parce qu'ils habitaient la petite Scythie; quelquefois Sarmates, à cause de leur origine, et plutôt à cause de leur liaison avec les Sarmates méridionaux; ou même Gètes, parce que d'ailleurs leurs noms avaient assez de ressemblance; mais eux-mêmes ils s'appelaient Goths.

*Gothuni*, peup. barbare dont parle Claudien, qui paraît être un mélange de Goths et de Huns.

*Grammitæ*, peup. de l'île de Crète; il prenait son nom de la ville de Grammium, qu'il habitait.

*Granni*, sortis de la Scandinavie; ils s'avancèrent vers la Pannonie et la Dacie.

19

*Gravii*, en Espagne. On croit qu'ils demeuraient dans la tarragonaise et qu'ils étaient une colonie grecque.

*Grèce*, pays d'Europe et même d'Asie qu'on peut considérer sous huit âges : 1° depuis la fondation des premiers rois jusqu'au siège de Troie, ce qui comprend les temps héroïques ; 2° depuis la prise de cette ville jusqu'à la bataille de Marathon ; 3° depuis cette bataille jusqu'à la mort d'Alexandre ; 4° depuis les successeurs de ce conquérant jusqu'à la conquête qu'en firent les Romains ; 5° sous la république romaine ; 6° sous Auguste et ses successeurs jusqu'à la division des deux empires ; 7° sous les empereurs d'Orient jusqu'à l'irruption des Turcs ; 8° sous la tyrannie des Turcs. La Grèce comprenait deux parties considérables, savoir : le royaume de Macédoine (regnum Macedonicum) et la Grèce propre (Græcia vera). L'un et l'autre se partageaient encore en plusieurs autres royaumes ou provinces, ainsi qu'il suit :

Le royaume de Macédoine doit se diviser en quatre parties : la Macédoine, la Thessalie, l'Epire et la Thrace. La Macédoine fut d'abord appelée Pœonia, ensuite Œmonia et enfin Macedonia. Elle se divisait en quatre parties. La première formait quatre provinces, qui sont : 1. Edonis ou Hédonis, 2. Odomantis, 3. Bisaltia, 4. Santica ou Sintica. La seconde province de la Macédoine se divisait en huit petites provinces, savoir : 1. Mygdonia ou Mygdonis, 2. Pelagonia, 3. Pœonia, 4. Orbelis ou Orbelia, 5. Almopia ou Almapios, 6. Amphaxitis ou Amphaxis, 7. Paraxis ou Paraxia, 8. Calcidia. La troisième province de la Macédoine se divisait en cinq autres provinces, savoir : 1. Œmathia ou Macedonia propria, 2. Botiœa, 3. Pieria, 4. Lyncestis, 5. Pœoniæ pars. La quatrième province contenait dix peuples ou provinces, savoir : 1. les Taulantii, 2. les Albani, 3. les Eordæi ou Eordeatæ, 4. les Dassareti ou Dassaratæ, 5. les Deuriopes, 6. les Parthiæi, 7. Pelagonia Tripolitis, 8. Stimphalia, 9. Orestæ ou Orestis, 10. Elymiotæ.

La Thessalie, qui était la seconde partie du royaume de Macédoine, se divisait en cinq provinces, qui sont : 1. Pelasgiotis, 2. Estiotis, Hestiæotis ou Œstiætis, 3. Thessaliotis, 4. Phthiotis, 5. Magnesia œmonia et Magnes Campus.

L'Epire, qui était la troisième partie du royaume de Macédoine, se divisait en neuf provinces, savoir : 1. Chaonia, 2. Thesprotia ou Thesprotis, 3. Cassiopæa, 4. Almene, 5. Acarnania, 6. Amphilochia, 7. Athamaniæ, 8. Dolopia, 9. Molosia ou Molosis.

La Thrace, qui était la quatrième partie du royaume de Macédoine, se divisait en trois parties, qui sont : 1. la Thrace au deçà du mont Argentaro, 2. la Thrace au delà du mont Argentaro, 3. la Thrace chersonèse.

Celle au deçà du mont contenait cinq provinces, savoir : 1. Medica ou Græcia Macedonica, 2. Drobica, 3. Sapaica, 4. Corpialica, 5. Urbana provincia.

Celle au delà se divisait en huit provinces, savoir : 1. Cœnica, 2. Selletica, 3. Samaica, 4. Usdicestica, 5. Bennica, 6. Gerdica, 7. Dantheltica, 8. Bessica.

La Thrace chersonèse ou presqu'île de la Romanie, qu'on appelle aussi Hellespontia, n'était connue par aucune division particulière.

La Grèce propre comptait trois parties, l'Achaïe, le Péloponnèse et les îles.

L'Achaïe avait sept provinces : 1. Attica, 2. Megaris, 3. Bœotia, 4. Phocis, 5. Doris, 6. Locri, 7. Œtolia.

Dans le Péloponnèse il y avait six provinces, qui sont : 1. Achaia propria, 2. Argia ou Argolis, 3. Laconia, 4. Messenia, 5. Elis, 6. Arcadia.

Les îles de la Grèce, qui en formaient la troisième partie, se divisaient en deux classes : les îles de la mer Ionienne, et celles de la mer Egée ou de l'Archipel.

*Grèce asiatique (la)* ; c'était la partie de l'Asie où les Grecs s'étaient établis ; elle comprenait principalement l'Œolide, l'Ionie, la Carie et la Doride.

*Grèce (la Grande-)* (*Magna Græcia*) ; c'était une contrée de l'Italie qui contenait le pays des Lucaniens et des Brutiens, lequel répond aux deux Calabres et à la Basilicate d'aujourd'hui. On a même donné le nom de Grande-Grèce à toute l'Italie méridionale et à la Sicile, parce qu'elles avaient été peuplées de nouveau par les colonies des Grecs.

*Grinæi*, nation scythe, voisine des Massagètes.

*Gronii*, en Espagne, aux environs du promontoire Celtique; on croit que ce sont les mêmes que les Gravits.

*Gugerni*, peup. de la Belgique entre les Ubiens et les Bataves ; c'est aujourd'hui le pays de Clèves.

*Guranii*, en Asie, vers l'Arménie et la Médie.

*Gutæ*, dans la Scandinavie, selon Ptolémée. Ils passèrent ensuite dans la Chersonèse cimbrique, où ils donnèrent leur nom au Jutland.

*Guttones* ; c'est le même peup. que l'on a connu ensuite sous le nom de Goths.

*Gyrei*, dans l'Arabie heureuse.

*Gyrisæni*, dans l'Espagne tarragonaise, aux environs de Jaën.

*Gyzantes*, peup. d'Afrique qui faisait du miel avec des fleurs.

# H

*Halani*, voisins des Perses.
*Hallin*, peup. de la Scandinavie.
*Halydienses*, peup. de l'Asie Mineure dans la Carie.

*Hamaxici*, peuplade scythe entre le Tanaïs, le Borysthène et le Palus-Méotide.
*Harmi*, peup. de la Germanie. *Ortélius*

conjecture qu'il était quelque part vers la Saxe.

*Hedetani*, dans l'Espagne tarragonaise, dont le pays répond à une partie de l'évêché de Saragosse et à une partie de celui de Valence.

*Helvetii*, peup. de la Celtique, borné au nord par les Rauraciens et la Vindélicie ; au sud par les Allobroges, les Séduniens et les Véragriens ; à l'est par la Rhétie, et à l'ouest par les Séquaniens. Leur pays répondait à la Suisse, en exceptant le canton de Bâle. On distingue les Helvétiens en anciens et en nouveaux. Les anciens Helvétiens comptaient quatre peuples : les Ambrons, les Tuguriens, les Tugéniens et les Orbigéniens. Leurs principales villes étaient Aventicum, Eburodurum, Salodurum (Avenches, Iverdun et Soleure). Les nouveaux ont succédé aux anciens, et ce sont les Suisses, qui sont un mélange des premiers Helvétiens et des Allemands.

1. *Hénètes (les)*, peup. de la Paphlagonie. Strabon dit qu'on n'en trouvait plus de son temps.

2. *Hénètes*, en Italie, au fond du golfe de Venise : ce sont les mêmes que les Veneti. Ils venaient d'un peuple des Gaules, dont Vannes en Bretagne conserve encore le nom.

*Heniochi*, à l'est de la mer Caspienne, vers l'Oxus et la Bactriane.

*Heptacometæ*, au bord du Pont-Euxin : on les nommait aussi Mosynæci. Ils étaient à l'extrémité du mont Scydisse, et surpassaient tous les autres barbares en férocité ; ils se retiraient sur des arbres ou dans de petites tours. Ils se nourrissaient d'animaux sauvages, de glands, et tendaient des embûches aux voyageurs.

*Hequesi*, peup. d'Espagne dans le département de Braga.

*Hercates*, peup. de la Ligurie.

*Hermions*, dans la Germanie. Pline donne ce nom comme un nom collectif qui était commun à quatre grandes nations, savoir : les Suèves, les Hermundures, les Chattes et les Chérusques.

*Hermocapolitæ*, dans la Troade, et sous la juridiction de Pergame.

*Hermunduri*, peup. de la Germanie, que Pline range parmi les Hermions, les Suèves, les Chattes et les Chérusques.

*Hernici*, dans le Latium. Ce peuple n'est guère connu que par les guerres qu'il eut contre les Romains, qui le soumirent de bonne heure.

*Herticei*, dans la Sarmatie asiatique, au bord du Tanaïs.

*Hérules* en Allemagne. Ils habitaient vers la mer Baltique dans le duché de Mecklembourg. Udon, leur prince, a été la tige des ducs de Mecklembourg et des anciens ducs de la Poméranie. Ces peuples étaient païens et des plus barbares. Ils sacrifiaient à leurs dieux des victimes humaines. Ils regardaient comme un acte de charité de tuer les vieillards et les malades incurables, et obli-

geaient leurs femmes à ne pas survivre à leurs maris.

*Hetrusques (les)*, peup. qui habitait l'Hétrurie, ou l'Etrurie.

*Hevelli*, nation particulière, entre les Salves. On les nommait aussi Heveldi et Havelani ; ils habitaient le Havelland, auprès de Havelberg et de la rivière de Havel.

*Hierolophienses*, peuple de l'Asie Mineure, dans la Pergamène.

*Hillevions*, peup. de la Scandinavie. C'était la première nation et peut-être la seule que les Romains connussent du temps de Pline ; ils étaient dans la partie la plus méridionale de cette presqu'île.

*Hippio-Prosopi*, anthropophages peu connus et qui habitaient dans l'Inde en deçà du Gange.

*Hippophagi*, épithète qui signifie des gens qui mangent des chevaux.

*Hirpi*, familles particulières d'Italie, à peu de distance de la ville de Rome, au territoire des Falisques.

*Hirpini*, peup. d'Italie qui avait pour villes, suivant Ptolémée, Aquilonia, Abellinum, Æculanum, Franolum.

*Hirri*, peup. de la Sarmatie, vers la Courlande.

*Hisconienses*, peup. d'Italie qui habitait où est aujourd'hui *Guasto*.

*Horesti*, dans la Grande-Bretagne. On croit qu'ils restaient dans le pays nommé aujourd'hui Eskedal, Eusdal et Liddal.

*Horréens*, en Asie près de la Palestine ; ils habitaient au commencement dans les montagnes de Seïr, au delà du Jourdain ; ils avaient des chefs et étaient déjà puissants avant qu'Esaü eût fait la conquête de leur pays.

*Huns (les)*, peup. du Nord qui habitaient une partie de la Sarmatie. On prétend que, s'étant établis dans les Pannonies, ils donnèrent naissance à la nation hongroise. Leur roi Attila, surnommé le fléau de Dieu, en conduisit une partie en Allemagne, en Italie et en France. Ayant été défait dans ce royaume par Aëtius, général des Romains ; il se retira dans la Hongrie. Quelques auteurs croient que les Avares, Abares ou Abari, dont il est parlé si souvent, ne sont point différents des Huns. Il est certain qu'ils en faisaient partie.

*Hyantes*, peup. de la Grèce, près d'Alacomène dans la Béotie.

*Hylogones (les)*, chasseurs d'Ethiopie, voisins des Hylophages ou mangeurs de bois.

*Hylophages*, ou les mangeurs de bois, voisins des précédents ; ils broutaient les branches les plus tendres des arbres, et, par une légèreté qui était en eux un effet de l'habitude, ils grimpaient tous jusqu'à la cime avec une facilité qui paraît incroyable. Ils se cantonnaient et se faisaient quelquefois la guerre ; leurs armes, qui consistaient en des bâtons, leur servaient à repousser les ennemis et à les mettre en pièces après la victoire. La plupart d'entre eux périssaient par la faim.

*Hyperboréens (les)*, au delà des Scythes, du côté du nord. On leur donnait ce nom parce qu'ils habitaient au delà des lieux où se forme le borée ou le vent du nord.

# I

*Ibeni*, dans la Gaule celtique.

*Icatalæ*, dans la Sarmatie asiatique.

*Iceni*, dans la Grande-Bretagne; c'étaient ceux qui habitaient les bords de l'Ouse.

*Ichthyophages*, c'est-à-dire mangeurs de poissons. Ptolémée en trouva dans la Chine, et Agatarchide dans la Carmanie et la Gédrosie, toujours sur le bord de la mer.

*Iconii*, peup. de la Gaule narbonnaise, dans le voisinage des Cavares.

*Idetes*, dans l'Ibérie.

*Idraé*, dans la Sarmatie européenne, voisins des Ubions.

*Igilliones*, peup. de la Sarmatie d'Europe, dont on ne peut déterminer les bornes.

*Igletæ*, peup. particulier de l'Espagne qui ne cultivait qu'un canton assez restreint et qui donna son nom aux Espagnols en général.

*Ilercaones*, dans l'Espagne tarragonaise, vers l'embouchure de l'Èbre; ils occupaient une partie de la côte de Catalogne jusqu'à celle de Valence.

*Ilergètes*, peup. de l'Espagne tarragonaise, sur la Sègne. Le P. Briet borne les Ilergètes par les Pyrénées au nord, par les Jaccetani à l'est, les Ilercaones au sud; par l'Èbre au sud-ouest, jusqu'auprès de Saragosse; et par les Vascons à l'ouest et au nord-ouest.

*Ilotes* ou *Hilotes*, les habitants d'Helos, ville maritime du Péloponnèse, dans la Laconie.

*Iluates*, dans la Ligurie.

*Imaduchi*, dans la Sarmatie asiatique près du Caucase.

*Imityi*, peup. de la Sarmatie asiatique, près du fleuve Imityis.

*Immirénicns*, à l'extrémité de l'Arabie et tributaires de la Perse.

*Inalpini*; c'étaient les peup. qui habitaient dans les Alpes.

*Indopratæ*, dans l'Inde, voisins des Iberinges.

*Indoscythæ*, aux confins de la Scythie et de l'Inde, vers le confluent du Cophène et de l'Indus. Ce sont les Scythes que Denis le Periegète appelle méridionaux.

*Ingævons*; on les comptait quelquefois parmi les peuples de la Germanie, et ils habitaient au nord de la vraie Germanie, dont ils étaient séparés par le golfe Vénédique, qu'on appelle aujourd'hui la mer Baltique. Ils occupaient la Scandie avec ses îles, et la Finningie. On leur donnait aussi la Chersonèse cimbrique, qui est le Jutland.

*Ingauni-Ligures*, peup. particulier de la Ligurie, qui habitait où est aujourd'hui Albingue.

*Ingriones*, dans la Germanie, entre le Rhin et les monts Abnobes.

*Ionus*, en Égypte, au-dessous de Bubaste, près de la mer. Ces Ioniens étaient une colonie des Ioniens asiatiques.

*Isaftensium Gens*, dans la Mauritanie.

*Isarci*, peup. d'Italie dans les Alpes et l'un de ceux qu'Auguste soumit à l'empire romain.

*Isondæ*, dans la Sarmatie asiatique vers la mer Caspienne.

*Isthævones* ou *Istevones*, une des cinq grandes nations de la Germanie qui étaient sous-divisées en d'autres peup. Il est difficile d'assigner la contrée de chacun de ces peuples. On croit qu'ils étaient à l'orient des Hermions et au sud des Vindiles, bornés ailleurs par le Rhin et par la mer. Ils possédaient une partie de la Souabe, de la Franconie, tout ce qu'on trouve à la droite du Rhin, et une partie de la Saxe.

*Italie*, contrée de l'Europe entre les Alpes et la mer; elle a pris son nom, ou d'Italus, un des rois qui y ont régné, ou de ses bœufs, que les Grecs nommaient *Itaoli*. Elle a porté anciennement plusieurs autres noms, comme celui de petite Hespérie, pour la distinguer de l'Espagne, qu'on nommait la grande Hespérie; et ceux de Saturnie, d'Œnotrie, d'Ausonie. L'Italie n'a pas toujours eu les mêmes bornes, car dans les temps primitifs, ce nom ne convenait guère qu'au milieu. Outre que la Grande-Grèce en faisait une partie, tout ce qui est entre les Alpes, l'Arno et l'Iesi (ou l'Æsis des anciens) portait le nom de Gaule cisalpine; mais, après que les Romains eurent subjugué cette Gaule, ils reculèrent les frontières de l'Italie jusqu'aux Alpes. L'empereur Auguste la partagea en onze régions ou provinces.

La 1re renfermait le Latium, ancien et nouveau, avec toute la Campanie, où étaient Rome et Capoue comme capitales; ce qui répond à la campagne de Rome et à la plus grande partie de la Terre de Labour.

La 2e partie comprenait les Picentins, transportés du Picenum dans une partie de la Campanie, et les Irpins, alliés des Samnites; ce qui répond à une partie de la Principauté Citérieure, où est Salerne, et à toute la Principauté Ultérieure.

Dans la 3e on voyait les Apuliens, les Dauniens, les Peucétiens, les Messapiens, les Salentins, les Calabrois, les Lucaniens et les Brutiens; c'est-à-dire une partie de la Principauté Citérieure, une partie de la Capitanate, les terres d'Otrante et de Barri, haute et la basse Calabre.

La 4e contenait les peup. Frentani, Marrucini, Peligni, Marsi, Vestini, Samnites, Sabini, qui occupaient une grande partie de l'Abruzze ultérieure, toute la citérieure, une partie de la Capitanate, le comté de Molise, quelque peu de la Terre de Labour, une partie du duché de Spolette et la Sabine.

La 5e comprenait le Picenum; elle s'étendait depuis la rivière d'Æsis (auj. l'Iesi) jusqu'à la rivière Matrinus (auj. la Piomba). Cela fait la plus grande partie de la Marche d'Ancône et une partie de l'Abruzze ultérieure.

La 6e s'étendait à l'ancienne Ombrie, qui répond à une partie de la Marche d'Ancône; à une partie de la Romagne florentine, au duché d'Urbin, à une partie du territoire de Peruse, au comté de Citta-Castellana et à la plus grande partie du duché de Spolette.

Dans la 7e se trouvait l'Etrurie, où étaient les Toscans et les Etrusques. Leur pays est aujourd'hui la Toscane, la principauté de Lucques, partie de la Carfagnane, quelque peu de l'Etat de Gênes, le duché de Massa-Carrera, le duché de Castro, le Patrimoine de St-Pierre, le comté de Ronciglione, une partie du territoire de Peruse et tout celui d'Orviette.

La 8e comprenait la Gaule cispadane, ou sont aujourd'hui les Etats du duché de Parme et de Modène, partie du Mantouan, le duché de la Mirandole et le Bolonais, partie de la Romagne et la meilleure partie de la Romagne florentine.

La 9e contenait la Ligurie; c'est aujourd'hui la côte de Gênes, une partie du Piémont; le marquisat de Saluces, le comté de Nice, la plus grande partie du Montferrat, la partie du duché de Milan qui est au delà du Pô.

La 10e embrassait la Vénétie, où étaient les peuples, Veneti, Carni, Istri, Japydes; c'est aujourd'hui toute l'Istrie, une partie de la Croatie et de la Carniole, le Frioul, le Bellunèse, le Cadori, une partie du Trentin, le Vicentin, la Marche Trévisane, une partie du Véronais, le Dogat, la Polésine de Rovigo et la plus grande partie du Ferrarois.

La 11e enfin comprenait la Gaule transpadane, au delà du Pô, ce qui renferme aujourd'hui une partie du Véronais, la plus grande partie du Mantouan, le Bressan, le Crémonèze, une partie du Trentin, le Bergamasque, la Valteline, le Cremasque, tout le duché de Milan en deçà du Pô, les sujets des Suisses en Italie, la seigneurie de Verceil, quelque peu du Montferrat, partie du Piémont, le Val d'Aost et quelques lisières du Dauphiné.

L'empereur Constantin, ayant fait des changements dans la répartition des provinces de l'empire, la divisa en trois diocèses ou parties dont la principale était l'Italie. Il la soumit à deux vicaires dont l'un avait la qualité de vicaire de Rome, et l'autre celle de vicaire d'Italie. Il y avait dix provinces sous le vicaire de Rome : 1. Le Latium et la Campanie; 2. la Toscane et l'Ombrie; 3. le Picenum; 4. la Valérie, 5. le Samnium; 6. la Pouille et la Calabre; 7. la Lucanie et les Brutiens; 8. la Sicile; 9. la Sardaigne; 10. la Corse. Il y en avait sept sous le vicaire d'Italie : 1. la Venetie et l'Istrie; 2. l'Æmilie; 3. la Flaminie et le Picenum; 4. la Ligurie; quelques-uns y ajoutent la Toscane et l'Ombrie; 5. les Alpes Cottiennes; 6. la première Rhétie; 7. la seconde Rhétie.

*Italiotæ.* On appelait ainsi les étrangers qui étaient venus s'établir en Italie, comme les Grecs, qui s'y formèrent une nouvelle Grèce; et par ce nom on les distinguait des Italiens originaires du pays même.

*Itamari,* une des nations qui furent vaincues par les Huns. C'étaient des Scythes voisins des Alains.

*Itani,* peup. d'Espagne, le même que les Lacetani.

*Itrici,* dans la Sarmatie européenne, près du fleuve Tyras.

*Ixibatæ,* peup. voisins du Pont-Euxin.

*Isgi,* dans l'Inde. Ils étaient vers les monts Emodes.

## J

*Jacetani,* dans l'Espagne tarragonaise.

*Jadoni,* dans l'Esp. tarragonaise; ils étaient dans le département de Lugo et voisins des Arrotrebes.

*Japodes,* nation mêlée d'Illyriens et de Gaulois, qui occupait ce qu'on nomme aujourd'hui la Croatie. Elle avait sept villes au bord de la mer, deux dans les terres et cinq dans les îles voisines, dont la plupart subsistent encore sous d'autres noms. Elle vivait pauvrement d'épeautres et de millet, mais elle était très-belliqueuse. Comme les Japodes s'étaient adonnés au brigandage, Auguste, lassé des plaintes que faisaient leurs voisins, entreprit de les réduire et en vint à bout. Depuis lors, ils demeurèrent soumis aux Romains.

*Jaxamatæ,* peup. de la Sarmatie, vers l'embouchure du Tanaïs.

*Jaxartæ,* peup. de la Scythie en deçà de l'Imaüs.

1. *Jaziges,* dans la Sarmatie européenne, à l'est.

2. *Jaziges Metanastres,* voisins de la Dacie; ils demeuraient entre la Theisse et le Danube. Ils étaient bornés au nord par une partie de la Sarmatie; au sud par les monts Sarmates, jusqu'au mont Krapack; à l'ouest et au sud par la partie de la Germanie qui s'étendait depuis les monts Sarmates jusqu'au Danube, auprès de Carpis; à l'est, par la Dacie. Vers la décadence de l'empire, ce pays fut occupé par les Vandales et ensuite par les Goths.

3. *Jaziges-Basilii,* peup. de la Sarmatie qui se joignaient aux Jazyges, voisins du Pont-Euxin.

*Jobacchi,* peup. d'Afrique dans la Marmarique, voisins des Anagombres et des Ruadites.

*Jobaritæ,* dans l'Arabie heureuse, voisins des Sachalites.

*Jordii,* peuplade scythe en deçà de l'Imaüs.

*Jori,* dans la Macédoine; Jorum était leur capitale.

*Juliani,* en Espagne; ce sont les habitants de Julia Libica (auj. Livia), dans la Cerdagne.

*Julienses,* peup. d'entre les Carnes.

# L

*Lacetani*, en Espagne. Ils occupaient une partie de la Catalogne.

*Ladii* et mieux *Lazii*, peup. dont parle Capitolin; Antonin le Pieux leur donna un roi.

*Læstrygones*, que les anciens ont placés diversement en Italie aux environs de Lamus, ville qui dans la suite a été nommée Formies. Ils appellent leur pays la Spacieuse Lestrygonie.

*Laletani*, en Espagne. Leur pays commençait au Lobregat. Ce peuple faisait partie de la Catalogne et occupait Barcelone et ses environs.

*Lambrani*, dont parle Suétone; c'étaient les habitants du pays que baigne le fleuve Lambrus. C'est actuellement le Lambro.

*Langates* ou *Langenses*, peuple de la côte de Ligurie. Quelques-uns croient que Lagnasco leur appartenait.

*Langobardi*, en Allemagne; ils se répandirent dans les provinces méridionales et formèrent un royaume en Italie.

*Lapihes* (les), peuple de Macédoine près du mont Olympe.

*Larinates*, dans la Pouille.

*Lartolæetæ*, peuple de l'Espagne tarragonaise, entre les Pyrénées et l'Èbre. Il était contigu aux Lacétaniens.

*Latobriges* (les), dans la Gaule, voisins des Helvétiens, aux environs de Bâle.

*Latovici*, dans la Pannonie, aux environs du confluent de la Save et du Danube.

*Laxiens*, peuplade sarmate; elle demeurait près d'un enfoncement des Palus Méotides, vers le nord.

*Laze*, peuple qui a occupé la Colchide, à laquelle il a donné quelque temps le nom de Lazique.

*Leaei*, peuple de la Pœonie, aux confins de la Macédoine et de la Thrace, sur le Strymon.

*Leanitæ*, dans l'Arabie heureuse, auprès d'un golfe qui en prenait le nom et que l'on appelait Léanites Sinus.

*Lebui* ou *Libui*, dans la Gaule cispadane; ils étaient où se trouvent maintenant Brixia et Vérone.

*Lebuni*, dans l'Espagne tarragonaise.

*Leges*, en Asie; ils habitaient vers le Caucase, le long de la mer Caspienne.

1. *Lemovices* ou *Limovici*, peuple de la Gaule aquitanique; c'est le Limousin, province de France, ou, ce qui revient au même, les diocèses de Limoges et de Tulle.

2. *Lemovices*, peuple de la Gaule, vers la côte de Bretagne.

*Lentienses*, peuple de la Vindélicie.

*Lepontii*, aux confins de l'Helvétie, de la Rhétie et de l'Italie, que les uns placent dans le pays des Grisons, les autres dans le Valais.

*Lestæ*, dans l'Inde, au delà du Gange.

*Leti*, peuple de la Gaule dont on ne connaît pas la situation.

*Leuci*, peuple de la Gaule et qui répond aux habitants de l'ancien diocèse de Toul, lequel s'étendait en Lorraine et dans le Barrois.

*Leuco-Æthiopes*, dans la Libye intérieure, au pied du mont Rissadius.

*Leucolithi*, dans la Lycaonie, ou du moins dans quelque pays voisin.

1. *Leuni*, peuple de la Vindélicie, qui habitait le long du Glon, rivière de la haute Bavière.

2. *Leuni*, dans l'Espagne tarragonaise; il demeurait entre le Duero et le Minho.

*Levaci*, dans la Gaule, entre les vassaux des Nerviens.

*Levi* ou *Lævi*, dans la Ligurie, proche des Insubriens, le long du Pô. Ce peuple était aux environs de Pavie et occupait le Pavesan.

*Lexobii* et *Lexovii*, dans la Gaule; leur pays répond au diocèse de Lisieux.

*Libertini*, peuple dont il est parlé dans les Actes des apôtres et sur lequel on ne sait rien.

*Libici*, *Lebui* ou *Libicii*, dans la Gaule transpadane; ils avaient deux villes, Laumellum et Verceil.

*Libui*, aux environs de Vérone et de Brescia.

*Libyægyptii*, dans la Libye proprement dite; ce peuple était voisin des Gétuliens et des Leucœthiopiens.

*Libyarchæ*, dans la Libye et plus particulièrement dans la Marmarique, dont ils occupaient la partie septentrionale.

*Licatii*, dans la Vindélicie, aux bords du Lycias, aujourd'hui la rivière de Leck.

*Lichneni*, dans l'île de Corse. Ils habitaient la vallée nommée aujourd'hui Val de Niolo.

*Ligitani*, en Espagne, vers la Siera d'Aillo, à trois mille pas d'Alcaudète.

*Ligyes* ou *Ligues*, nom grec des Liguriens; de là vient qu'on trouve des Ligyes partout où les anciens avaient mis des Liguriens: en Espagne, en Colchide, sur les côtes de France et d'Italie, et même en Afrique.

*Ligyrii*, dans la Thrace.

*Limici*, dans l'Espagne tarragonaise, sous la juridiction de Brague.

*Limignantes*, peuple de la Sarmatie. C'étaient des esclaves qui s'étaient emparés du pays, à l'exclusion de leurs maîtres. L'empereur Constance en fit un grand carnage et les chassa du pays. Ils étaient entre le Theisse et le Danube.

*Limyraii*, chez qui les femmes étaient communes et qui élevaient leurs enfants en commun.

1. *Lingones*, dans les Gaules; ils habitaient le pays de Langres et furent alliés des Romains. Civitas Lingonum (aujourd'hui Langres) était leur ville. On met un vaste territoire sous la dépendance des anciens Lingones, savoir: le pays des Attuarii, le Duesmois, le Leçois, le Maimont, le Dijonnais, le pays de l'Ouche, le Tonnerrois, le Bassignol, le Pagus-Portuensis ou Portensis, peu connu

à présent ; le pays de Bar-sur-Seine, celui de Bar-sur-Aube. Presque toutes ces localités étaient autrefois comprises sous la dénomination de Pagus-Longonicus.

2. *Lingones*, dans la Gaule cispadane ; ils tiraient leur nom des Gaulois-Lingons qui avaient passé en Italie. Ils étaient tellement liés avec les Boïens, qu'ils semblent n'avoir formé qu'une seule nation avec eux. Cependant, originairement, c'étaient deux peuples distincts l'un de l'autre. Du côté du nord, ils étaient séparés des Veneti par le Pô ; du côté de l'est, ils avaient pour bornes le fleuve Montone ; du côté du sud, l'Apennin les séparait de la Toscane, et, du côté de l'ouest, la rivière d'Ivice les séparait des Boïens. Leur pays comprenait ainsi une partie du Bolognèso, de la Romagne, et de la Romagne-Florentine.

*Lionenses*, peuple du Péloponnèse.

*Lobetani*, dans l'Espagne tarragonaise ; ils prenaient ce nom de leur ville, appelée Lobetum.

1. *Locres-Epicnémidiens* (les), peuple de la Grèce propre, dans la Locride. Ils étaient séparés des Locres-Ozoles par le mont Parnasse, et ils habitaient les terres qui sont entre cette montagne et le golfe Maliaque. Ils tiraient leur nom de la montagne Cnæmis ou Cnémides. Cenemie (aujourd'hui Eretia) était leur ville principale.

2. *Locres-Opuntiens*, peuple de la Grèce propre, dans la Locride ; leur pays s'étendait depuis les Locres jusqu'à la Béotie, en tirant vers le sud. Ils furent appelés Opuntiens, de leur capitale, nommée Opus.

3. *Locres-Ozoles*, peuple de la Grèce propre, dans la Locride. On les voit aussi nommés Zephyrii, c'est-à-dire Occidentaux, parce que leur pays s'étendait à l'occident de la Locride. Il commençait à Naupactus (aujourd'hui Lepanto) et finissait aux confins de la Phocide. Ainsi, il ne comprenait le long de la côte qu'un espace de 200 stades au plus, ce qui revient à huit lieues environ, ou 32 kilomètres. Leur ville principale s'appelait Amphissa. Une partie de leur pays était très-fertile ; l'autre partie était coupée de rochers.

*Locres*, peup. d'Afrique dont on ne connaît pas la situation.

*Logiones*, dans la Germanie, que l'empereur Probus battit auprès du Rhin. Ils avaient pour chef un certain Semnon, qui se soumit avec la nation.

*Lombards*, peup. d'Allemagne. Ils prirent leur nom de leurs longues barbes et de leurs longues pertuisanes ou hallebardes, qu'ils appelaient barden. Ils habitaient entre l'Elbe et l'Oder, dans le pays qu'on nomme maintenant la moyenne Marche de Brandebourg. L'empereur Justinien les fit venir en Italie pour s'en servir contre les Goths ; et, en récompense de leurs services, il leur donna, l'an 548, le Norique et une partie de la haute Pannonie. En 578, ils passèrent en Italie, sollicités par Narsès ou poussés simplement par le désir de posséder un pays dont ils connaissaient la beauté. Alboïn, leur chef, fut déclaré roi par son armée, en l'an 570, à Milan. Ce royaume subsista sous le nom de royaume de Lombardie, jusqu'en 772, que Charlemagne prit Desiderius ou Didier, roi des Lombards, et se rendit maître du royaume, qui contenait, outre la Lombardie actuelle, tout l'Etat de Venise, jusqu'à l'Istrie exclusivement ; l'évêché de Trente, une partie du Tyrol, le pays des Grisons, le duché de Gênes, la Toscane et quelques autres pays. D'après l'acte final du congrès de Vienne en 1815, la Lombardie et l'Etat de Venise portent dans la géographie de notre époque le titre de royaume *Lombardo-Vénitien*, lequel appartient à l'Autriche.

*Lops*, dans la Liburnie. Leur ville s'appelait Lopsica. Ce lieu est d'autant plus aisé à reconnaître qu'il s'appelle encore maintenant Lopsico.

*Lorsgitæ*, qu'Annibal laissa à son frère Asdrubal pour défendre l'Espagne contre les Romains. Ortélius a raison de dire que c'était un peuple d'Afrique.

*Lotophages*, en Afrique, auprès du golfe de la Sidre.

*Lubieni*, peup. sauvage d'Asie, dans les montagnes qui sont entre l'Ibérie et l'Albanie des anciens.

*Lubienses*, en Espagne, voisins des Lacétaniens.

*Luceni* dans l'Hibernie, vers le sud : ils tiraient leur origine des Lucensii, peup. d'Espagne.

1. *Lucenses*, surnom distinctif d'une partie du peuple Callæci.

2. *Lucences*, peup. d'Italie, au pays des Marses ; il tirait son nom du bourg Lucus ; et ce bourg était ainsi appelé à cause d'un bois, le même que Virgile nomme *Angitiæ Nemus*.

3. *Lucenses* ou *Lucii*, dans la Gaule.

*Lucencis Conventus*. Pline nous apprend que l'Espagne était divisée en sept départements ou juridictions qui avaient chacune leur ressort séparé. Les deux derniers se nommaient *Lucensis* et *Bracarum*. Tous ces noms de Lucensis, Lucenses, Lucensii, viennent de Lucus (aujourd'hui Lugo), alors capitale de ce peuple et même des autres peuples qui étaient de ce département.

*Lumberitani*, peup. d'Espagne, dont la ville de Lumbier conserve encore le nom.

*Lusitani*. Ils habitaient la Lusitanie ; on pense que le nom vient de Lusus ou Lysus, fils ou compagnon de Bacchus. Ptolémée a compris parmi ces peuples les Turditani, les Celiti et les Vergones ; il leur donne neuf villes maritimes et trente dans les terres. Les Lusitani aimaient mieux faire des courses sur leurs voisins et vivre de brigandages que labourer la terre, quoiqu'elle fût très-fertile dans leur pays. Leur manière de vivre était d'ailleurs assez simple : ils se chauffaient avec des cailloux qu'ils faisaient rougir ; se baignaient dans de l'eau froide, n'usaient que d'un seul mets à leur repas, et mangeaient fort sobrement. Leur habillement était noir. Au lieu d'argent monnayé, ils faisaient des échanges. Quelques-uns se servaient pour leurs achats de lames d'argent dont ils coupaient des morceaux. Comme les Égyptiens, ils exposaient leurs malades dans les chemins publics, afin que les passants qui sauraient des remèdes à leur maladie pussent les leur indiquer. Enfin ces peuples étaient belliqueux, et les Romains les soumirent moins par la force que par la ruse et l'artifice.

*Lusones*, en Espagne, sur l'Ebre, dans le voisinage de Numance. Ils s'étendaient jusqu'aux sources de l'Ebre.

*Luti*, peup. de la grande Germanie. Ptolémée met deux peuples nommés Lutti dans la Germanie; les uns étaient vers la Vistule, les autres vers l'Algow.

1. *Lycaoniens*, les habitants de la Lycaonie.
2. *Lycaoniens*; ils furent quelque temps appelés les Æzei, et, après leur invasion en Italie, OEnotriens, du nom d'OEnotrus, fils de Lycaon II, qui en était le chef.

*Lydiens*, habitants de la Lydie ; ils étaient renommés dans les combats pour l'agilité de leurs chars et leur vitesse, leur cavalerie était aussi en réputation, et ceux qui passèrent en Italie et qui bâtirent plusieurs villes en Toscane, sont réputés comme les inventeurs du jeu qui prit d'eux le nom de Ludus.

*Lyncestæ*, dans la Macédoine. Leur province, nommée Lyncestide, était à l'ouest de l'Emathie ou Macédoine propre, et prenait son nom de Lyncus.

# M

*Macæ*, dans l'Arabie heureuse, sur le golfe Persique.

*Macæ* et *Maces*, peup. d'Afrique, au voisinage de la Cyrénaïque.

*Macatulæ*, en Afrique, dans la Pentapole. Ils habitaient sur les monts Velpi.

*Macci*, dans la Libye intérieure, au pied du mont Girgiris.

*Maccuræ*, dans la Mauritanie césarienne, au pied des montagnes Garaphi.

*Machageni*, peuplade de la Scythie, en deçà de l'Imaüs.

*Machlæi*, peup. de l'Inde qui s'étendait le long du fleuve Indus jusqu'à la mer.

*Machlyenses*, dans la Scythie, auprès des Palus-Méotides.

*Maclyes*, en Afrique, aux environs des Syrtes.

*Macoprogones*, dans la Sarmatie asiatique aux environs du Pont-Euxin. Ces peuples laissaient croître leur barbe.

*Macrobii*, peup. d'Ethiopie sur l'océan Atlantique ; c'était aussi le nom des habitants de l'île de Meroé.

*Macrocephali*, en Asie, voisins de la Colchide, ainsi nommés de la longueur excessive de leurs têtes.

*Macrones*, peuple du Pont, sur les bords du fleuve Absarus et dans le voisinage du fleuve Sydenus.

*Madianitæ*, en Syrie, où ils habitaient deux pays très-différents l'un de l'autre, l'un sur la mer Morte, l'autre sur la mer Rouge, vers la pointe qui sépare les deux golfes de cette mer.

*Magelli*, dans la Ligurie.

*Malliens* ou *Malli*, dans les Indes, voisins des Oxidraques, vers la source de l'Indus. Alexandre, voulant attaquer une de leurs places, courut risque de périr.

*Mamertins (les)*, dans la Campanie; ils passèrent en Sicile, s'établirent à Messine, et y devinrent si puissants, qu'ils se rendirent maîtres de la ville. Pyrrhus les détruisit.

*Mandei*, peup. de l'Inde, sur le Gange, au voisinage du peuple Malli et du mont Mallus.

*Mandori*, dans la Libye intérieure, ils s'étendaient jusqu'aux Darades.

*Mandri* ou *Mandi*, dans les Indes ; ils ne passaient point l'âge de quarante ans ; ils vivaient de sauterelles, selon Pline. On leur comptait trois cents villes.

*Manci*, en Espagne, vers l'embouchure du fleuve Bætis.

*Manimi*, peup. de la Germanie, selon Tacite, qui le regarde comme faisant partie de la nation des Lygiens, sans nous en marquer autrement le pays.

*Maranitæ*, peup. de l'Arabie heureuse dans un coin du golfe Arabique.

*Maratiani*, à l'est de la mer Caspienne, vers la Sogdiane.

*Marchomodes*, *Marchomedi*, *Marcomedes* et *Marcomedi*; c'est le nom d'un des peuples qui fut vaincu par l'empereur Trajan ; il restait quelque part dans l'Assyrie.

*Marcomani* ou *Marcomanni*, peup. de la Germanie, parmi les Suèves qui s'établirent dans le pays qu'on nomme aujourd'hui la Bavière et la Moravie, et se répandirent dans quelques autres contrées voisines.

1. *Mardi*, peup. de la Margiane. Il s'étendait dans la Margiane jusqu'aux Bactriens.

2. *Mardi*, autre peup. entre les Sarmates, sur la côte septentrionale du Pont-Euxin.

*Mardyeni*, dans la Sogdiane, au pied des montagnes et à peu de distance de l'Oxus.

*Mares*, peup. qui avait ses troupes dans l'armée de Xerxès lorsqu'il passa en Europe pour attaquer la Grèce.

*Mariandyni*, dans la Bithynie. Ptolémée écrit Mariandini. Ils étaient aux environs d'Héraclée, entre la Bithynie et la Paphlagonie, et donnaient le nom au golfe où tombe le fleuve Sangar ou Sangaricus.

*Marici*, en Italie ; ils avaient leur demeure aux environs d'Alexandrie de la Paille; ils possédaient une ville nommée Maricum ; elle est détruite.

*Marmores*, dans la Cilicie ; ils osèrent attaquer Alexandre, et, se voyant sur le point d'être forcés, ils mirent le feu à leurs maisons, et, traversant de nuit le camp des Macédoniens, se sauvèrent dans les montagnes.

1. *Marsi*, aux environs du lac Fucinus en Italie (aujourd'hui le lac Célano). On croit communément qu'ils avaient les Vestini au nord, les Péligni et les Samnites à l'est, le

Latium au sud, et les Sabins à l'ouest.

2. *Marsi*, dans la Germanie: ils habitaient avec les Bructeri au sud de la Frise, au nord de la Lippe, et à l'ouest du Rhin.

*Marucæi*, peup. aux environs de a Margiane ou de la Bactriane.

*Maruceni* ou *Marucini*, en Italie, sur la mer Adriatique.

*Marundæ*, dans l'Inde au delà du Gange.

*Masæi* ou *Masei*, Arabes qui habitaient aux environs de la Mésopotamie.

*Masdorani*, peup. de l'Arie qui occupait la contrée voisine de la Parthie et de la Caramanie Déserte.

*Masemorum Regio*, aux environs de l'Euphrate, en Asie.

*Masiani*, peuplade de l'Inde entre les fleuves Cophen et Indus.

*Massæ Libyi*, dans l'Afrique propre, voisins des Massæ-Syliens.

*Massagètes*, peup. que les historiens, surtout les Grecs, ont placé différemment. Il y a lieu de croire que c'étaient les branches d'une seule et même nation qui s'était étendue, et les parties dispersées en divers lieux de l'Asie formèrent autant de peuples. Ils furent d'abord voisins des Gètes, et, avançant le long de la mer Noire, ils restèrent quelque temps entre cette mer et la Caspienne; ils se répandirent ensuite dans d'autres contrées. Les Massagètes d'Hérodote étaient au delà de l'Araxe, ceux de Ptolémée habitaient la Margiane; ceux de Procope sont les mêmes que les Huns, etc. Les Massagètes tuaient les vieillards, buvaient le sang de leurs chevaux et exposaient aux bêtes ceux qui mouraient de maladie.

*Massani*, le long du fleuve Indus, auprès de son embouchure.

1. *Mastitæ*, en Ethiopie sous l'Egypte au nord des Nitrioes et des Oasites.

2. *Mastitæ*, peup. d'Egypte qui s'étendait depuis les marais Colœ jusqu'aux marais du Nil.

*Masuæ*, dans l'Inde entre les Moruntes et les Pagungæ.

*Mateolani*, dans la Pouille, aux environs du mont Garganus.

*Matiani*, dans l'Asie, aux environs de la Sogdiane.

*Mattiaci*, dans la Germanie, ainsi nommés de la ville de Mattium, capitale du pays des Castes. Ils habitaient sur le Rhin.

*Maures*, *Mauri*: on appelait ainsi anciennement les habitants des trois Mauritanies. Ces peup. longtemps inquiétés par les garnisons romaines, leur avaient abandonné presque toutes les côtes de leur pays; ils payaient des tributs pour posséder en paix les campagnes. Ils essuyèrent le même sort sous les Vandales. Les kalifes de Bagdad, ayant ensuite étendu leurs conquêtes le long de la Méditerranée, en Afrique, portèrent le mahométisme chez les Maures, jusque-là chrétiens, quoiqu'infectés de l'arianisme par les Vandales. Ils occupaient primitivement une grande contrée dans l'Afrique, partie sur la mer Méditerranée, partie sur l'océan Occidental.

*Maurusii*. Les Grecs donnaient ce nom aux Maures que les Romains appelaient Mauri.

*Mausoli*, dans la Libye intérieure, sur la côte au-dessous de Gétulia.

*Mazæi*, voisins de la Liburnie, à l'est de cette province.

*Mazorani*, aux confins de la Parthie et de la Caramanie.

*Meci*, en Asie; ils faisaient une classe avec les peuples Sangatii, Sarangæi, Thamanæi et Utii et avec les habitants des îles de la mer Rouge; entre les sujets de Darius fils d'Hystaspe.

*Medeni*, dans l'Afrique propre, entre Thabraca et Maduré.

*Mèdes* (les), en Asie; Ptolémée comptait dans la Médie les peuples suivants: 1. Les Caspiens, et sous eux la Margiane, le long de l'Assyrie; 2. les Cœliges, les Caduciens, les Dribyces, les Amariaques et les Mardes; 3. Le long des Cadusiens, les Carchuques et les Marundes, jusqu'au lac Martiane; 4. les Margases, et après eux l'Atropatène, qui s'étend jusqu'aux Amariaques-Albriens du mont Zagros; 5. les Sagartiens et après eux jusqu'à la Parthie, la Choromitrène, plus au nord d'Elemaïde; 6. les Tapures, dans la partie orientale. 7. Au sud de la Choromitrène, les Sidices, ensuite la Sigriane et la Ragiane, et après ce pays, au-dessous du mont Jasonium, les Vaddases, la Daritide et enfin la Syro-Médie, tout le long de la Perside.

*Medimni*, dans l'Ethiopie, sous l'Egypte.

*Mediomatrici*, peup. de la Gaule belgique.

*Meduli*, dans les Alpes: leur pays est aujourd'hui une partie de la Savoie et s'appelle la Maurienne.

*Megabari* ou *Megabradi*, dans l'Ethiopie, auprès de l'île Meroé.

*Megari*, aux environs du fleuve Indus

*Melandeptæ*, peup. de la Thrace, au nord de la Propontide.

*Melano Gætuli*, dans la Libye intérieure: on les nommait les Gétules noirs pour les distinguer des autres, qui n'étaient que basanés.

*Mélesses*, dans la Celtibérie, en Espagne.

*Melinophagi*, mangeurs de *Sani*, sorte de blé approchant du millet: ils se trouvaient en Thrace.

*Memaceni*; ils formaient une nation belliqueuse et puissante, voisine de la Perse.

*Memini*, peup. de la Gaule narbonnaise. Pline donne ce nom aux habitants de la ville et du territoire de Carpentras.

*Menanimi*, dans la Sicile; ils habitaient où est aujourd'hui Meno.

*Menapii*, dans la Gaule belgique. Du temps de César, ils avaient des terres, des maisons et des bourgades sur l'une et l'autre rive du Rhin. Ils s'étendaient aussi entre la Meuse et l'Escaut. Ils occupaient la partie la plus méridionale de l'ancien diocèse d'Utrecht, et les pays où ont été établis, en 1559, les évéchés de Middelbourg en Zélande; Anvers et Bois-le-Duc, en Brabant; Ruremonde, en Gueldre, et le duché de Clèves, sur les deux côtés du Rhin.

*Menidæ*, dont Tertullien fait mention. Il dit qu'ils s'emparèrent du Péloponnèse.

*Menismini*, peup. d'Afrique au nombre des nomades Ethiopiens, le long du fleuve Astragus, en tirant vers le nord et à une distance de dix journées de l'Océan.

*Menocaleni*, dans les Alpes; on croit que Mingelstat était leur principale ville.

*Mentonines*, aux environs de Gênes, en Italie.

*Merdi* ou *Serdi*, dans la Thrace; ils furent subjugués par Crassus.

*Merens*, peup. d'entre les Goths vaincu par les Vandales.

*Mesæ*, dans l'Inde, aux environs de l'Indus.

*Messoli*, en Afrique; leur forteresse fut emportée par Calpurnicus Crassus.

*Metibi*, dans la Sarmatie européenne, parmi les peuples qui habitaient au N. des monts Coraces.

*Metinates*, dans la Pouille.

*Milesii*, peup. de la Grèce asiatique, dans l'Ionie.

1. *Minyæ*, dans la Béotie, auprès de la ville Orchoménus.

2. *Minyæ*, dans la Béotie, au voisinage de la ville de Scarphia.

*Misioniani*, sous la dépendance de Colchos.

*Mocoretæ*, peup. de l'Arabie heureuse, au-dessous des Minæi.

*Modogalica*, dans les Indes. Pline dit qu'ils habitaient une île du Gange.

*Mœgirani*, peup. d'Italie, dans le Latium.

*Mœsie*, grande région de l'Illyrie qui s'étendait depuis le confluent de la Save dans le Danube jusqu'au Pont-Euxin; elle avait au nord la Dacie, dont elle était séparée par le Danube; au sud, la Thrace et la Macédoine, à l'est le Pont-Euxin, et à l'ouest l'Illyrie propre. Ce pays était divisé en deux parties : la Mœsie supérieure, qui renfermait la Dardanie, était à l'ouest; la Mœsie inférieure, qui embrassait le pays qu'on appelle la Scythie pontique ou la Scythie de Thrace, était à l'est. Ce pays prit ensuite les noms de Bulgarie et de Servie, lesquels existent encore aujourd'hui.

*Mordensimnis*, peup. d'entre les Goths vaincus par les Vandales.

*Morgetes*, en Italie, dans l'OEnotrie; ils furent chassés de leur pays par les OEnotriens et ils passèrent en Sicile.

*Mories*, dans l'Inde; ils habitaient des maisons de bois.

*Moriseni*, peup. de la Thrace, près du rivage du Pont-Euxin.

*Moschi*; ils demeuraient le long de la mer d'Hircanie, vers la source du Phasis.

*Mossini*, dans l'Asie propre, aux environs de Pergame.

*Mosyli*, dans l'île de Méroé, au-dessus du promontoire et du port Mosylon.

*Mosynœci*, peup. qui habitait sur le bord du Pont-Euxin.

*Muchtusii*, dans l'Afrique propre, au-dessous de Mulargures.

*Muditti*, peup. de l'île de Taprobane, dans sa partie septentrionale.

*Mugilones*, dans la Germanie. Marobuduus les avait subjugués; ils habitaient dans l'Autriche, sur les bords du torrent Muhel.

*Musarnœi*, dans la Gédrosie, auprès de l'Arachosie.

1. *Mygdones*, nom des habitants de la Mygdonie.

2. *Mygdones*, peup. d'Asie, au voisinage de la Troade et de la Phrygie.

3. *Mygdones*, dans la Mysie. Ils habitaient au pied du mont Olympe.

*Myriandri*, peup. de la Syrie, au bord du fleuve Amanus.

*Mysia*. Contrée de l'Asie Mineure qui avait la Troade avec l'Hellespont à l'ouest, l'Eolide au sud, la grande Phrygie à l'est, la Bithynie avec la Propontide au nord.

*Myso-Macedones*, dans la Mysie et dans la grande Phrygie. C'étaient des Macédoniens mêlés avec des Mysiens.

*Mysolmolitæ*, dans la Lydie. C'étaient apparemment des Mysiens mêlés avec des Tourlites, qui habitaient le mont Tmolus.

# N

*Nabannæ*, peup. d'Asie, dans la Sérique, selon Ptolémée, qui les met plus à l'ouest que les Annibi.

*Nabasi*, dans la Mauritanie césarienne, sur le mont Cinaba.

*Nabdæi*, différents des Nabathéens, que David dompta.

*Nabiani*, dans la Sarmatie asiatique, voisins des Aorses, qui vivaient errants.

*Nacmusii*, dans la Mauritanie césarienne, que Ptolémée place derrière le mont Durdus avec les Tolotæ et les Elulii, jusqu'aux monts Garaphes.

*Nacuensii*, dans la Mauritanie césarienne, au pied des monts Garaphes.

*Nagadibi*, dans l'île de Taprobane, sur la côte appelée Littus Magnum.

*Nageri*, peup. de l'île de Taprobane, dans la partie la plus méridionale.

*Nagnatæ*, peup. de l'ancienne Hibernie sur la côte occidentale.

*Naharvali*, dans la Germanie; ils habitaient avec d'autres peuples, entre la Ouest et la Vistule.

*Nangologæ*, peup. de l'Inde au delà du Gange, après les Dabasæ.

*Nannetes*, dans la Gaule celtique, au diocèse de Nantes.

*Nanosbes*, dans la Libye intérieure, entre les Gongalæ et les Nabathræ.

*Narisci* ou *Narisques*, dans la Germanie; ils occupaient le palatinat de Bavière, à droite et à l'opposite de Ratisbonne.

*Nariti*, peup. de l'Arabie heureuse sur le golfe Persique.

*Nasabutes*, dans la partie occidentale de l'Afrique propre entre le Misulam et les Nysibes.

*Nasamones*, en Afrique, selon Hérodote ; ils étaient nombreux, habitaient la Syrte à l'ouest des Auschisæ. Dans l'été, ils laissaient leurs troupeaux le long des côtes de la mer, et se rendaient à un lieu, dans les terres, nommé Augila, pour y cueillir des dattes. Ils mangeaient aussi des sauterelles. Leur pays était une partie du Sharâ ou désert de la Barbarie.

*Nasci*, dans la Sarmatie européenne, au voisinage des monts Riphæi, auprès des Acibi et au-dessus des Vibiones et des Idræ.

*Natembes*, dans la Libye intérieure, plus au nord que la montagne Usargala.

*Neapolitæ*, peup. de l'île de Sardaigne, au nord, près des Valentini et au-dessous des Siculensii.

*Nearchi*, dans la Gaule narbonnaise.

*Nechræi*, dans les Indes, voisins des Oxydracæ et des brachmanes.

*Neli*, peuplade troglodytique, sur le golfe Arabique.

*Nemaloni*, dans les Alpes ; Pline les met au nombre de ceux qui furent subjugués par Auguste. Il y en a qui croient qu'ils habitaient où est aujourd'hui Miolans, au voisinage d'Embrun ; mais dans la Savoie.

*Nementuri*, peup. des Alpes au nombre de ceux qu'Auguste subjugua.

*Nemetes*, peup. du diocèse de Spire, anciennement dans la Gaule belgique.

*Nemitsi*, dans la Gaule : on pense que ce sont les mêmes que les Nemetes.

*Neretini*, dans le pays des Salentini, ils habitaient où est aujourd'hui la ville de Nardo en Italie.

*Nerii*, peup. de l'Espagne tarragonaise, entre les Tamarici, près du cap Nérium.

*Neripi*, dans la Sarmatie asiatique, entre les Catoni et les Agandei.

*Nerusii* ou *Nerusi*, dans les Alpes maritimes, subjugués par Auguste.

*Nerviens*, *Nervii*, dans la Gaule belgique, dont Bavai en Cambrésis était la ville principale. Ces peuples occupaient le comté de Hainaut.

*Nestœi*, peup. de l'Illyrie, auprès des monts Céraunicns et du fleuve Nisis.

*Nigentimi*, dans l'Afrique propre ; ils s'étendaient depuis les Cinichii jusqu'au fleuve Cyniphus.

*Nisœi*, dans l'Arie. Ptolémée dit qu'ils en occupaient la partie septentrionale avec les Astaveni.

*Nisicates* ou *Nisitæ*, peup. de l'Ethiopie sous l'Egypte, habile à tirer de l'arc.

*Nisive*, peup. de l'Afrique propre.

*Niteris*, dans l'Afrique intérieure, du nombre de ceux que subjugua Cornélius Balbus.

*Nitiobriges*, peup. entre les Celtes ; dans la suite ils furent mis entre les Aquitains. Ils habitaient où est aujourd'hui le diocèse d'Agen en Guienne.

*Nobatæ*, en Ethiopie, aux environs du Nil, au voisinage d'Oasis.

*Nomœa*, peuplade de Libye ; Elien rapporte qu'elle fut détruite par les lions.

*Nomastæ*, peuplade scythe en deçà du mont Imaüs.

*Novantæ* ou *Novantes*, dans la partie septentrionale de l'île d'Albion, selon Ptolémée, qui leur donne deux villes, savoir : Leucopibia et Retigonium.

1. *Nubœi*, Arabes aux environs du mont Liban.

2. *Nubœi*, au delà de Méroé, entre l'Arabie Pétrée et la rive du Nil.

*Nygrii*, peup. de l'Afrique propre, entre les Yigbeni et les Macæi-Sytitæ.

*Nygbnitæ*, dans l'Ethiopie sous l'Egypte, après les Orypæi.

## O

*Obareni*, peup. qui habitait une partie considérable de l'Arménie, aux environs du fleuve Cyrus.

*Obaræ*, dans l'Arie, au S. des Palutæ, autre peuple du même pays.

*Obelæ*, dans la Mauritanie. Ils étaient entre les Sentites et les Æzari.

*Obidiaceni*, dans la Sarmatie asiatique, sur le Pont-Euxin.

*Octulani*, dans le Latium, en Italie.

*Ocypodes*; Strabon nomme ainsi certains peuples des Indes, à cause de leur légèreté à la course.

*Odombœræ*, dans l'Inde. Pline dit qu'ils avaient assez d'infanterie et de cavalerie pour se passer d'éléphants.

*Odones*, dans l'ancienne Thrace; ils étaient voisins du peuple Mœdi.

*Odontomantes*, dans la Thrace ; ils pratiquaient une espèce de circoncision ; ce sont les Odomanti.

*Odrysœ*, dans la Thrace ; ils étaient très-puissants, et les poëtes en ont pris occasion d'appeler la Thrace Odrysiæ Tellus.

*OEcalicæ Populi*, en Ethiopie, chez lesquels est la source du Niger.

*OEchardæ*, dans la Sérique ; ils habitaient auprès du fleuve du même nom.

*Ogdœmi*, dans la partie méridionale du nome de la Libye.

*Olostræ*, peup. de l'Inde joignant l'île de Patale.

*Ombrici*, vers la Japygie et près de la mer Adriatique, en Italie.

*Onobrisates*, peup. de la Gaule aquitanique.

*Opharitæ*, dans la Sarmatie asiatique. Ils habitaient aux environs de la rivière dont ils prenaient leur nom.

*Opheusis*, ou plutôt *Ocusis Populus*, peup. d'Afrique dont parle Tacite, sous l'empire de Vespasien.

*Ophiophages* (*les*), peup. d'Ethiopie ; ce nom veut dire mangeurs de serpents. Leur véritable nom était Candei, l'autre n'est qu'un surnom.

*Ophlones*, dans la Sarmatie européenne, selon Ptolémée. Il les met au coude du Tanaïs.

*Opiœ*, peup. des Indes, sur les bords du fleuve Indus.

*Opici;* ils habitaient la côte de la Campanie et une faible partie du Latium.

*Orcaoryci,* dans l'Asie Mineure. Ils étaient auprès de Pessinonte, aux confins des Tectosages et de la grande Phrygie.

1. *Orcheni,* dans l'Arabie Déserte, auprès du golfe Persique.

2. *Orcheni,* peup. d'entre les Chaldéens dans la Mésopotamie, vers Hipparenum et plus au sud.

*Ordabæ,* peup. indien, voisin de l'Indus et à l'est de ce fleuve.

*Ordovices* (les), dans l'île d'Albion, sur la côte occidentale, entre les Brigantes au nord et les Cornavi à l'est. Le P. Briet place leur pays dans les comtés de Flint, de Denbich, de Caernaervan, de Merioneth et de Montgomeri, contrées du pays de Galles.

*Oretani* (les *Orétains*), dans l'Espagne tarragonaise. Ptolémée dit qu'ils étaient plus méridionaux que la Celtibérie et la Carpétanie.

*Orgasi,* dans la Scythie en deçà de l'Imaüs.

*Orgenomesci,* peup. d'Espagne; ils faisaient partie des Cantabres.

*Ori,* peup. maritime, au voisinage de la Carmanie.

*Origeviones,* en Espagne, voisins des Autrigons et au bord de la rivière de Nesua. Cette rivière traversait la Cantabrie.

*Oritæ,* à l'extrémité occidentale de l'Inde, aux confins de la Gédrosie.

1. *Oritani,* peup. de la Grèce, dans la Locride, aux environs d'Opus.

2. *Oritani,* en Espagne. Il y avait chez eux un siège épiscopal à Mentesa.

*Orniaci,* peup. de l'Espagne tarragonaise, dont l'unique ville était Intercassia.

*Orobii,* peup. de la Gaule cisalpine en Italie, qu'on croit être les mêmes que les Cenomani.

*Oromansaci,* voisins des Moriens, en Belgique.

*Orosbes,* peuplade scythe en deçà de l'Imaüs.

*Orphes,* dans la Libye, voisins de la montagne nommée par les anciens Deorum Currus (le char des dieux), que quelques modernes expliquent de Sierra-Leone.

*Orthophantæ* ou *Orotophanitæ,* voisins des Chaldéens, en Asie.

*Osi,* peup. d'Allemagne dont on ne peut assigner la situation précise. La plus commune opinion les met dans la Silésie.

*Osquidates,* dans l'Aquitaine; on présume qu'ils ont habité les environs d'Auch.

*Ossadiens* (les) *Ossadii,* peup. de l'Inde; ils étaient libres.

*Osseriates,* dans la haute Pannonie; selon Ptolémée ce sont les Osériates de Pline.

*Ostrani,* peup. d'Italie, selon Pline; il le met entre les Vilumbri. Ce sont sans doute les habitants d'Ostra.

*Otesini,* dans la huitième région de l'Italie.

*Othrionei,* peup. de la Macédoine, entre les pays Lyncestæ et Amantini.

*Oties* (les); ils figuraient parmi les habitants de Chypre.

*Oxiani,* peup. d'Asie, dans la Sogdiane. Il prenait son nom de l'Oxus, dont il habitait les bords.

*Oxybii,* peup. de la Gaule, aux confins de la Ligurie; il occupait le diocèse de Fréjus et cette ville était la capitale de la nation.

*Ozuti,* dans l'Afrique proprement dite, auprès de la Bazaticide et dans le voisinage du peuple Cerophæi.

## P

*Pabii,* peup. de la Paropanisade, au-dessous des Aristophyles.

*Padœi,* dans l'Inde, selon Hérodote, qui rapporte qu'ils se nourrissaient de chair crue.

*Padinates,* en Italie, selon Pline; le P. Harduin croit qu'ils demeuraient vers l'embouchure du Panaro dans le Pô, à l'endroit où est aujourd'hui le bourg de Bondeno.

*Pœmani,* peup. dans la Gaule belgique.

*Pœsagæ;* ils habitaient auprès du mont Caucase.

*Pagyritæ,* dans la Sarmatie européenne. Ptolémée les place avec les Aorsi, au-dessus des Agathyrsi et au-dessous des Savari.

*Palionenses,* dans la Calabre.

*Pallienses,* peup. ou ville d'Italie, au voisinage de Rome.

*Pandoræ,* dans l'Inde. Pline raconte plusieurs choses ridicules sur ce peuple.

*Panebi,* dans la Libye; ils gardaient la tête de leurs rois, la faisaient dorer et la mettaient dans leur temple.

*Papieni,* aux environs de Sinuesse, en Italie.

*Paracheloitæ,* dans la Thessalie, voisins de la ville de Malia, sur le bord du fleuve Achéloüs.

*Parapiani,* aux environs de l'Arachosie, en Arie.

*Parietæ,* dans la Paropanisade; Ptolémée dit qu'ils en occupaient la partie méridionale.

*Parmecampi,* dans la Germanie, sur le Danube.

*Parymæ,* peup. d'Asie, vers le mont Caucase.

*Pascæ,* dans la Sogdiane, auprès des monts Oxii.

*Pasiani,* en Asie; Strabon les met au nombre de ceux qui enlevèrent la Bactriane aux Grecs.

*Patzinacæ,* Scythes appelés Basili; ils habitaient au delà du Danube, dans les plaines qui s'étendent depuis le Borysthène jusqu'à la Pannonie.

*Pazalæ,* peup. de l'Inde, quelque part vers le Gange.

*Pelasgi,* dans la Grèce; d'abord ils habitaient l'Argie, et tiraient leur nom du roi Pélasgus, fils de Jupiter et de Niobé. Ils quittèrent le Péloponnèse après la sixième génération et vinrent dans l'Hémonie, depuis la Thessalie. Les chefs étaient Athéus, Phthius et Pelasgus, qui, ayant chassé les habitants du pays, le partagèrent et donnèrent à chaque portion le nom qu'ils portaient, d'où vinrent ceux d'Achaïe, de Phthiotide et de Pélasgiotide. Les peuples de cette dernière partie furent nommés Pélasgiotæ ; on y comptait quatre villes maritimes et neuf dans les terres.

*Pelestini*, dans l'Ombrie, en Italie. On croit qu'ils habitaient le quartier appelé aujourd'hui Plesteia et où est la bourgade Piobigo.

*Peligni*, peup. d'Italie. Le Sagrus le séparait des Marucini, selon Strabon.

*Pellenii*, en Italie ; c'était une colonie des Grecs sortis de la ville de Pellène en Achaïe.

*Pentri*, peup. d'Italie dans le Samnium.

*Perisadyes*, dans l'Illyrie, près des mines de Damastium.

*Perrhœbi*, peup. de la Thessalie, le long du fleuve Pénée, vers la mer.

*Pesendaræ*, dans l'Ethiopie sous l'Egypte, au sud des Ethiopiens-Eléphantophages.

*Petrocorii*, dans la Gaule ; Jules César les plaça parmi les Celtes, et Auguste les comprit depuis dans l'Aquitaine. Ils habitaient la contrée que renferment les diocèses de Périgueux et de Sarlat ; car Sarlat a été tiré de l'ancien diocèse de Périgueux.

*Petulantes*, qu'Ammien Marcellin nomme avec les Celtes, comme s'ils étaient de la même nation.

*Peucestæ* ; ils firent irruption dans les terres du royaume du Pont avec les Hérules et les Goths ; ils habitaient près de l'île Peuce.

*Peucetii* ; ils habitaient au nord du golfe de Tarente, c'est-à-dire dans une partie de la terre d'Otrante et de la terre de Barri, en Italie.

*Pharodeni*, dans la Germanie. Ptolémée dit qu'ils habitaient après les Saxons, depuis le fleuve Chalusus jusqu'au fleuve Suève.

*Phavonæ*, peup. de la Scandinavie. Ptolémée les place avec les Phiræsi, sur la côte orientale.

*Phelessæi*, aux environs de la Japygie et dans le voisinage des Ombres, en Italie.

*Phicari* ou *Phycari* ; ils habitaient sur le mont Caucase.

*Phicores*, peup. d'Asie au nombre des Méotiques qui habitaient entre le Bosphore et le Tanaïs.

*Phigous*, peup. de l'Attique, dans la tribu Erectheïde.

*Philaræi*, dans la Syrie, le long de l'Euphrate.

*Philistins*, descendus de Mizraïm, qui donna son nom à la Palestine, quoiqu'ils n'en occupassent qu'une partie. Après diverses révolutions, ils tombèrent sous la domination des Perses, puis sous celle d'Alexandre le Grand, qui ruina la ville de Gaza, la seule ville des Phéniciens qui osa lui résister. Sous Antiochus Epiphane les Asmonéens démembrèrent petit à petit diverses villes du pays des Philistins, qu'ils assujettirent à leur domination.

*Phlyenses*, habitants de la bourgade Phlya, dans la tribu Cropide, en Attique.

1. *Phocenses*, dans la Grèce, entre l'Etolie et l'isthme de Corinthe. Ils habitaient la Phocide.

2. *Phocenses* ou *Pocenses*, peup. d'Italie, dans l'Etrurie, entre Sienne et Lucques.

*Phrangi*, voisins des Alpes, en Italie.

*Phrugundiones*, dans la Sarmatie européenne, au-dessous de Sulanes et au-dessus des Avarini, près de la source de la Vistule.

*Phrygi*, peup. de l'Illyrie, au voisinage des monts Cérauniens.

*Phthirophagi* ; ils habitaient sur les bords du Pont-Euxin.

*Phundusii* ; ils demeuraient à l'ouest de Chali.

*Phylacensii*, peup. de Phrygie, au-dessous des Moxiani et au-dessus des Hieropolitæ.

*Phylarchi*, Arabes qui habitaient au voisinage de l'Euphrate et dans la Syrie.

*Piarensii*, peup. de la Mysie inférieure, en Europe.

*Picentinorum Gens*, *Picentini* et *Picentes*, peup. d'Italie, sur la côte de la mer de Toscane, depuis le promontoire de Minerve, qui les séparait de la Campanie, jusqu'au fleuve Silarus, qui était la borne entre les Picentins et les Lucaniens. Dans les terres, ils s'étendaient jusqu'aux limites des Samnites et des Hirpini, limites qui nous sont absolument inconnues.

*Pictes*, peup. qui vinrent, à ce qu'on croit, de Scythie en Ecosse, où ils s'établirent et firent alliance avec les Ecossais.

*Pictones*, dans la Gaule aquitanique ; ils étaient connus dès le temps de César, qui, voulant faire la guerre aux Venètes rassembla les vaisseaux des Pictones, des Santones et des autres peuples, qui vivaient en paix. Les Pictones sont les habitants des diocèses de Poitiers, de Maillezais et Luçon, lesquels ont été autrefois tous réunis dans le diocèse de Poitiers.

*Pirustæ*, dans l'Illyrie ; ils envoyèrent des ambassadeurs à César pour faire leur soumission.

*Pitulani*, dans l'Ombrie, dans la 6ᵉ région d'Italie.

*Pleninenses*, peup. d'Italie, dans le Picenum.

*Pleræi*, dans la Dalmatie, sur le bord du fleuve Naro.

*Pleumosii*, de la Gaule belgique, dans la dépendance des Nerviens. C'est le pays de Peule, au diocèse de Tournay, dans la Flandre wallonne.

*Polyphagi* ; ils habitaient sur le mont Caucase.

*Posseni*, dans l'Illyrie. Appien les compte parmi ceux qui composaient la nation des Japodes.

*Potulatensii*, dans la Dacie. Ptolémée les place avec les Sensii et les Albocensii au sud des Caucoensii.

*Prabiotæ*, peup. de l'Inde, à l'est du fleuve du Gange.

*Præguttii*, en Italie, selon Ptolémée. Il dit qu'ils étaient plus à l'est que les Mursi, et plus à l'ouest que les Vestini.

*Prætutii*, en Italie ; ils habitaient à l'est des Marses, selon Ptolémée, qui leur donne deux villes. Ce sont les habitants de la contrée appelée Prætutiana Regio.

*Prassebi*; ils habitaient la Thesprotie.

*Pratitæ*, en Asie, voisins des Corduéni, selon Pline; on les surnommait Paredoni; ils étaient maîtres des Portes Caspiennes, et ils habitaient à l'est des Parthes.

*Preciani*, peup. des Gaules, dans l'Aquitaine, du côté de l'Espagne.

*Preti*, peup. de l'Inde en deçà du Gange.

*Proselemmenitæ*, dans la Galatie, au-dessous des Trœmi et au nord des Byceni.

*Prosoditæ*, dans la Marmarique de Libye, dans les terres.

*Prothingi*, peup. scythes qui passèrent le Danube du temps des empereurs Gratien et Théodose.

*Psessi*, dans la Sarmatie européenne; ils habitaient la même contrée que les Tauri.

*Psylacenses*, dans l'Arcadie. C'était, selon Pausanias, une tribu des Tégéates.

*Psylli*, peup. d'Afrique, dans la Cyrénaïque.

*Ptoemphanæ*, peuple d'Ethiopie sous l'Egypte.

*Pyraci*, nom d'un peuple dont on ne peut préciser le pays.

*Pyræthi*, dans la Cappadoce. Ortélius dit qu'ils allumaient des feux afin de tirer des présages pour l'avenir.

*Pyrrhœi*, dans la Libye intérieure, au sud du fleuve Gir.

## Q

*Quacerni*, dans l'Espagne tarragonaise, selon Ptolémée; ils avaient chez eux des eaux minérales, avec un bourg sur la route de Braguez à Astorga.

*Quades (les)*, *Quadii*, dans la Germanie; ils occupaient la Moravie et le terrain qui s'étend le long du Danube, à l'opposite de Vienne, de Haïmberg et de Strigonie.

*Quariates*, dans la Gaule narbonnaise; ils restaient dans les diocèses de Senez et de Digne, en Provence.

*Quarqueni*, peup. de la Gaule transpadane, selon Pline; il était dans le pays qui a formé depuis l'Etat de Venise, vers la Marche Trévisane et le Frioul.

*Querquetulani*, peup. d'Italie, dans la première région.

## R

*Rauraci* et *Raurici*, dans la Gaule lyonnaise; ils occupèrent d'abord le territoire de Bâle, ensuite l'Alsace méridionale, puis le Suntgaw.

*Remi* ou *Rhemi*, dans la Gaule belgique; ils possédaient du temps de César la contrée comprise dans les diocèses de Reims, de Châlons et de Laon, et ils avaient encore tenu auparavant le pays qui forme le diocèse de Soissons.

*Reudigni*, dans la Germanie. Tacite les nomme avec divers autres peuples qui habitaient au nord de la Germanie et qui adoraient la terre.

*Rhacalani*, de la Sarmatie européenne, entre les Amaxobii et les Roxolani.

*Rhacatæ*, dans la Germanie. Ptolémée dit qu'ils habitaient au voisinage des Teracatriæ, aux environs de la Bohême.

*Rhœci* ou *Rœci*, peup. d'Italie.

*Rhœplutæ*, dans l'Arachosie, voisins des Fidri et des Eorites.

*Rhœteni*, dans l'Arabie Pétrée; ils habitaient près des montagnes de l'Arabie heureuse.

*Rhamnæ*, dans la Gédrosie. Ptolémée dit qu'ils habitaient sur le bord du fleuve Indus, près de Parisène.

*Rhapses*, dans la Perside. Ptolémée dit qu'ils étaient au sud de la Parétacène.

*Rhatacensii*, dans la Dace. Ptolémée les met avec les Predavensii et les Caucoensii, au sud des Anarti, des Teurisci et des Cistoboci.

*Rhatini*, dans l'Arabie heureuse, selon Ptolémée, qui les place avec les Tappharitæ, près des Homerites.

*Rhedones*, peup. de la Gaule, dans l'Armorique, au diocèse de Rennes.

*Rhétie*; c'était anciennement la partie occidentale de l'Illyrie. Elle s'étendait depuis les sources du Rhin jusqu'à celles de la Drave, ayant au sud la Gaule cisalpine et au nord le Danube qui la séparait de l'Allemagne. On la divisait en deux parties : la Rhétie première, ou propre, qui était autour des Alpes rhétiques et tridentines; elle renfermait ce que nous appelons aujourd'hui le Tyrol, le Trentin, le Feltrin, le Belunois et le pays des Grisons. La Rhétie seconde, qu'on nommait aussi la Vindélicie, était au nord de la première; elle comprend la partie du cercle de Souabe et celle de la Bavière, qui sont au sud du Danube, entre le lac de Constance et la rivière d'Iun.

*Rhibii*, peup. de Scythie. Ptolémée les place en deçà de l'Imaüs, près du fleuve Joxus, et leur donne une ville nommée Dauaba.

*Rhobasci*, peup. de Scythie, en deçà de l'Imaüs.

*Rhos*, dans la Scythie; ils habitaient au nord du mont Taurus.

*Rhuacensii*, peup. de l'île de Sardaigne, au sud des Cornensii et au nord des Celsitani et des Corpicensii.

*Rhuaditæ*, dans la Libye extérieure, à l'ouest de l'Egypte.

*Rhucantii*, ils étaient les plus mutins de toute la Rhétie.

*Ripuarii*, *Ribuarii*, *Riboarii*, *Ribuarii*, et *Riparioli*; tous ces noms sont corrompus du latin Riparii et ont été employés par les écrivains du moyen âge pour désigner un peuple distingué des Francs, des Bourguignons, des Gaulois, des Allemands, des Frisons ou Frisæbons, des Baioaricus et des Saxons; on ne connaît pas leur situation précise.

*Rocas*, peup. d'entre les Goths, vaincu par les Vandales.

*Roxani*, en Asie; ils habitaient, à ce qu'on croit, au voisinage du Tigre.

*Roxolani*, peuple de la Sarmatie européenne, au voisinage du Tanaïs.

*Rugusgi* et *Riguscæ*, peuple de la Rhétie, dans sa partie septentrionale. Ils habitaient les pays connus aujourd'hui sous les noms de Rheintal et de Rheingow.

*Rutuli*, dans le Latium en Italie; ils habitaient le long de la mer et étaient voisins des Latini, dont on ne peut guère les distinguer, parce qu'ils furent confondus avec ces derniers après la victoire d'Enée.

## S

*Sabæi*, peup. de l'Arabie heureuse. Voy. Sabéens.

*Sabalengii*, dans la Chersonèse Cimbrique, selon Ptolémée; ils avaient pour voisins les Singulones et les Gobandi.

*Sabéens*, peup. de l'Arabie heureuse, qui s'étendait d'une mer à l'autre, selon Ptolémée.

*Sabini*, en Italie. L'ancienne Sabine était bornée au nord-ouest par l'Ombrie, au nord-est par des montagnes qui la séparaient du Picenum, à l'est par le peuple Vestini, au sud-est par les Marses et les Eques, au sud par le Latium, et à l'ouest par le Tibre, qui la séparait des Falisques et des Véiens. Le mot de Sabelli, qu'on trouve dans les divers historiens, est, suivant quelques-uns, le diminutif de Sabini, et signifie le même peuple: ce qui est vrai; mais il faut l'entendre des Sabins proprement dits, et demeurés dans le pays des vrais Sabins. Le P. Briet divise l'ancienne Sabine en trois parties, savoir: 1° les Sabins au delà du Velino : c'est aujourd'hui une partie du duché de Spolette, qui appartient au pape, et de l'Abruzze ultérieure, qui est au royaume de Naples; 2° les Sabins en deçà du Velino, aujourd'hui la Sabine, ou Sabio; 3° les villes dont la possession a été incertaine entre les Sabins et les Latins.

*Sacæ*, peup. d'entre les Scythes. Les Sacæ étaient nomades, vivaient dans des huttes qu'ils transportaient où ils voulaient. Ils n'avaient point de villes et se logeaient dans les bois et dans les cavernes. Hérodote les partage en plusieurs peuples : près du Gaxarte étaient les Carates et les Comares; dans le pays des montagnes, les Comèdes; près de l'Ascatancas, les Massagètes; entre ceux-là, les Grinéens, Scythes et les Toornes; et en plus au sud, près de l'Imaüs, les Byttes. Le P. Hardouin dit que les Sacæ occupaient une partie du Zagathaï et ce que nous avons appelé le royaume de Samarcand, de Timur-kan (Tamerlan).

*Sachalitæ*, dans l'Arabie heureuse, sur la côte de l'Océan, dans un golfe qui actuellement n'est pas reconnaissable.

*Segnini*, peup. d'Italie entre les Volsques.

*Setani*, peup. de l'Espagne tarragonaise, selon Ptolémée; il lui donne pour ville unique Nardinium.

*Sagartii*, peup. de la Médie, à l'est du mont Zagros.

*Salassi*, dans les Alpes. César les subjugua et les fit vendre à l'encan; ils habitaient la vallée d'Aost.

*Sali*, dans la Sarmatie européenne, au nord des Agathyrses.

*Sallyes* ou *Salyes* (*Salyi*, *Salvii* et *Salluvii*), peup. de la Provence, le long de la mer, entre le Rhône et le Var.

*Salpinates*, en Italie; ils s'unirent aux Vulsiniens pour faire la guerre aux Romains. Leur ville était dans l'Étrurie.

*Samagenses*, dans la Gaule narbonnaise; ils habitaient où est aujourd'hui Senez.

*Samarabriæ*, au delà du fleuve Indus, sur le bord même de ce fleuve.

*Samatæ*, peup. de l'Assyrie, au voisinage de l'Apolloniatide.

*Sambasti*, proche de l'Indus. Ils furent vaincus par Alexandre le Grand.

*Samnites*, peup. d'Italie, dont le pays s'appelait Samnium. On distinguait parmi eux, 1. les Picentes, qui habitaient une partie de la Marche d'Ancône, de l'Abruzze et le pays autour d'Ascoli, de Teramo et d'Atri; 2. les Vestini, dans la partie de l'Abruzze entre les rivières de Piomba et de Pescara; 3. les Marrucini, dans le territoire de Chietti; 4. les Frentani, dans une partie de l'Abruzze et dans la Capitanate; 5. les Peligni, dans le territoire autour de Sermona, entre la Sermona et la Pescara; 6. les Marses, autour du lac Celano; 7. les Hirpini, dans la Principauté ultérieure. Le peuple qu'on appelait proprement Samnites tenait la partie de l'Abruzze supérieure, le comté de Molisse, une partie de la Capitanate et de la Terre de Labour.

*Sanari*, peup. de la Sarmatie asiatique, au nord de l'Albanie.

*Santones*, peup. de la Gaule; leur pays est aujourd'hui la Saintonge.

*Sapæi*, dans l'Ethiopie sous l'Egypte, au sud du peuple Memmones, qui était entre le Nil et l'Astapus.

*Saraparæ*, voisins de l'Arménie. Il paraît qu'ils étaient originaires de Thrace.

*Saritæ*, dans l'Arabie heureuse. Ptolémée les place après les Massonitæ.

*Sarmatie*, vaste contrée qui, prise en général, renferme divers grands pays de l'Europe et de l'Asie. Les anciens la partageaient en deux parties, l'une appelée Sarmatie asiatique et l'autre Sarmatie européenne. Le Bosphore Cimmérien, les Palus-Méotides et le Tanaïs en faisaient la séparation.

*Sarmatie asiatique* (la), était terminée du côté du nord, selon Ptolémée, par des terres inconnues, à l'ouest par la Sarmatie européenne, autrement par le Tanaïs, depuis sa source jusqu'à son embouchure, dans les Palus-Méotides et par la rive orientale des Palus-Méotides jusqu'au Bosphore Cimmérien; au sud, partie par le Pont-Euxin, depuis le Bosphore Cimmérien jusqu'au fleuve

Chorax; partie par la Colchide, l'Ibérie et l'Albanie, en tirant une ligne droite depuis le Chorax jusqu'à la côte de la mer Caspienne; et à l'est par la Scythie en deçà de l'Imaüs. Ce pays renfermait nombre de peuples fort peu connus, dont les principaux étaient les Sarmates propres, les Perserbibes, les Asturcans, les Mœotes, les Henioches, etc. Il répond à ce que nous connaissons aujourd'hui sous le nom de Circassie et à une partie des gouvernements de Moscou, de Kasan et d'Astracan.

*Sarmatie européenne (la)*, était bornée au nord, selon Ptolémée, par l'océan Sarmatique, par le golfe Vénédique et par des terres inconnues; à l'ouest par la Vistule et par les monts Sarmatiques; au sud par les Jazyques-Métanastes, par la Dacie jusqu'à l'embouchure du Borysthène, et de là par le rivage du Pont-Euxin jusqu'au fleuve Carcinite, par le palus ou marais Byce, par le rivage des Palus-Méotides, jusqu'à l'embouchure du Tanaïs; par ce fleuve et au delà, par une ligne tirée vers le nord au travers des terres inconnues. Les principaux peuples de toute la Sarmatie européenne étaient les Vénèdes, les Agathyrses, les Borusces, les Hamaxobiens, les Alains, les Roxolans, les Basternes, les Peucins, les Tauroscythes, etc. Cette Sarmatie renferme maintenant toute la partie de l'ancienne Moscovie, qui est en deçà du Don (Russie), la Krimée, l'Ukraine, la Pologne et la Lithuanie avec leurs dépendances, jusqu'à la Vistule, à la mer Baltique et à la Livonie.

*Sarrasins* (Saraceni). C'était anciennement un des peuples de l'Arabie heureuse. Ils étaient aux confins de l'Arabie Pétrée, et Jatripa (auj. Médine) était leur capitale. Ils furent les premiers disciples de Mahomet, et ils conquirent une partie de l'Asie et de l'Afrique, l'Espagne, la partie méridionale de l'Italie, avec les îles de Candie, de Sicile et de Sardaigne.

*Sasones*, peuplade scythe en deçà de l'Imaüs.

*Satagæ*, dans la Pannonie intérieure.

*Satmali*, peup. des pays septentrionaux.

*Satræ*, dans la Thrace. Hérodote nous apprend que les Satræ passaient pour n'avoir jamais été subjugués, et qu'ils étaient les seuls dans les Thraces qui avaient conservé leur liberté.

*Satrapeni* et *Satrapei*, dans la Médie. Ils servaient dans l'armée de Tigrane, et furent mis en fuite par Lucullus.

*Saturchæi*, peup. de la Sarmatie asiatique, au nombre des peuples qui habitaient au voisinage des Palus-Méotides.

*Satyri*, dans l'Afrique intérieure, selon Pomponius-Mela, qui les représente comme errants et comme n'ayant aucune demeure fixe.

*Sauromatæ*, nom que les Grecs donnaient aux peuples que les Latins appelaient Sarmates.

*Saxons*, peup. de l'Allemagne dont la première demeure était au delà de l'Elbe, dans la contrée qu'on nomme aujourd'hui le duché de Holstein. Vers le déclin de l'empire romain, ils passèrent l'Elbe et ils occupèrent tous les pays que nous avons compris sous l'ancienne Saxe. Ils envahirent, conjointement avec les Anglais, la meilleure partie de la Grande-Bretagne, et ils y fondèrent trois royaumes nommés Essex, Sussex et Westsex; mais, l'an 827, Egbert, se voyant roi de toute la Grande-Bretagne, ordonna à ses sujets de prendre le nom d'Anglais et il abolit celui de Saxons. Les Saxons restés sur le continent, attaqués par Charlemagne vers l'an 877, furent soumis à son empire et convertis au christianisme après une guerre opiniâtre de trente-trois ans.

*Scammos*, en Ethiopie sous l'Egypte. C'était, selon Pline, un peuple nomade qui vivait sous des tentes.

*Scapitani*, dans la partie septentrionale de l'île de Sardaigne, au sud des Celsitani et des Corpiensii.

*Scenitæ Arabes*, dont plusieurs auteurs anciens ont fait mention et qu'ils ont placés en divers pays. Ce sont proprement les Sarrasins.

*Scordæ*, dans la Bactriane; ils habitaient, ainsi que les Maricæi et les Varni au sud des Tochares ou Thocares.

*Scordisci* ou *Scordiscæ*, dans la Pannonie. Ptolémée dit qu'ils demeuraient dans la partie orientale de cette province, en tirant vers le sud.

*Scoti*, dans la partie septentrionale de la Grande-Bretagne appelée Ecosse. Ce peuple venait, à ce que l'on croit, de l'Irlande, mais on n'est pas d'accord sur l'époque. Il avait à peu près les mêmes mœurs que les Bretons d'Angleterre; c'était de part et d'autre une barbarie égale. Dans la suite, les Saxons s'emparèrent de cette partie de l'Ecosse, dont les Romains avaient fait une province, et chassèrent les Scots et les Pictes, qui furent forcés de se retirer dans le nord de leur pays.

*Scymnitæ*, peup. de la Sarmatie asiatique.

*Scythie*, vaste contrée de l'Asie au nord; elle faisait partie de la région appelée depuis Tartarie. On la divisait en citérieure ou en Scythie en deçà de l'Imaüs, et l'ultérieure ou au delà de l'Imaüs. La citérieure était bornée au nord par l'océan Septentrional, au sud par la mer Caspienne, à l'est par l'ultérieure et à l'ouest par la Sarmatie asiatique. Ptolémée y place trente-huit peuples différents et n'y marque que la seule ville de Danaba. La Scythie ultérieure était bornée au nord par des terres inconnues, au sud par l'Inde au delà du Gange, à l'est par la Sérique et à l'ouest par la citérieure et le pays des Saces. On y trouvait sept peuples et quatre villes. On connaissait encore la petite Scythie en Europe, qui était la partie méridionale de la Sarmatie européenne; aux environs des Palus-Méotides. Il y avait aussi la Scythie pontique sur le Pont-Euxin.

Les Scythes vivaient dans une grande simplicité; les sciences et les arts leur étaient inconnus. Le lait et le miel faisaient leur principale nourriture. Ils habitaient sous des tentes, qu'ils transportaient de côté et d'autre sur des chariots. Leurs armées étaient fort nombreuses; les femmes mêmes s'adonnaient à l'exercice des armes. Ils coupaient la main droite aux ennemis qu'ils avaient vaincus. Ces peuples adoraient Vesta, Jupiter et la Terre, qu'ils croyaient sa femme; Apollon, Mars et Hercule. Quelle différence existe-t-il entre ce genre de vie et celui des Tartares actuels? Nous n'en voyons aucune.

*Secundani*, peup. de la Gaule. Les habitants de la ville d'Orange portaient ce nom.

*Secusses*, dans les Alpes. Pline dit qu'on les voyait depuis la ville de Pola jusqu'à la contrée de Tergeste.

*Sedochesori*, peup. du Pont, au voisinage du fleuve Cohibus.

*Seduni*, dans la Gaule narbonnaise, voisins des Nantuates et des Veragri, avec lesquels ils habitaient le pays depuis les confins des Allobroges, le lac Léman et le Rhône, jusqu'aux Alpes.

*Sedusii*, peup. de la Germanie, entre le Mein et le Necker.

*Segestani*, aux environs de la Perse.

*Segontiaci*, dans la Grande-Bretagne. Ils furent du nombre de ceux qui se soumirent à César. Ils habitaient dans le voisinage des Trinobantes.

*Segoregii*, à l'est du Rhône, sur le bord de la mer, dans la Gaule narbonnaise.

*Segovellauni*, peup. de la Gaule narbonnaise, qui habitait ce qu'on appelle le Valentinois.

1. *Segusiani*, peup. de la Gaule celtique ou lyonnaise.

2. *Segusiani*, dans les Alpes graïennes. La ville de Suze était leur métropole.

*Semigermanæ Gentes*. Tite-Live donne ce nom aux peuples qui habitaient les Alpes pennines.

*Semnones*, dans la Germanie, entre l'Elbe et l'Oder. Ces peuples étaient nombreux et avaient jusqu'à cent bourgades; ils s'étendirent plus tard dans la Misnie et la Pologne.

*Sempsii*, dans la Sarmatie asiatique, entre les Palus-Méotides et les monts Hippiques.

*Sennates*, peup. de la Gaule aquitanique.

1. *Senones*, peup. de la Gaule celtique ou lyonnaise, vers l'embouchure de l'Yonne.

2. *Senones*, dans la Gaule cispadane, sur le bord de la mer Adriatique. Vers l'an 462, ils furent entièrement exterminés par les Romains, sous le consulat de Publius Cornélius Dolabella.

*Sentii*, peup. de la Gaule narbonnaise. Ce sont les habitants de la ville et de l'ancien diocèse de Die, Dinia.

*Septumani*, peup. de la Gaule narbonnaise.

*Sequani*, dans l'ancienne Gaule. Du temps de César, ils faisaient partie de la Celtique, mais Auguste les mit sous la Belgique.

*Serbi*, dans la Sarmatie asiatique. Ils habitaient, avec les Orinæi et les Vali, entre les monts Cerauniens et le fleuve Rha.

*Serranates*, peup. d'Italie aux environs de l'Ombrie.

*Sestinates*, peup. de l'Italie, dans l'Ombrie.

*Setæ*, dans l'Inde. Pline dit que leur pays produisait beaucoup d'argent.

*Seuri*, dans l'Espagne tarragonaise, à l'ouest de l'Asturie.

*Sevaces*, dans le Norique. Ils habitaient, selon Ptolémée, dans la partie occidentale de la Provence, en commençant par le nord.

*Sextani*, peup. de la Gaule narbonnaise où est la ville d'Arles.

*Sicambri*, dans la Germanie. Ils furent ainsi nommés du fleuve Sigus ou Segus. Ils s'avancèrent de là vers le Rhin, dont ils étaient voisins. Ils étendirent ensuite leurs limites jusqu'au Weser. Ce fut un peuple puissant et nombreux, le plus considérable des Istevons, et qui passait pour le plus belliqueux. César n'osa pas l'attaquer, et se contenta d'en ravager les terres. Les Sicambres paraissaient avoir été partagés en trois nations : les Usipètes, les Ténctères et les Bructères. Ayant quitté leur ancien nom, ils prirent celui de Francs. Ceux qui vinrent dans la Gaule belgique y jetèrent les fondements de la monarchie française, et ceux qui restèrent dans la Germanie prirent le surnom de Francs orientaux, d'où est venu le nom de Franconie.

*Sicani*, peup. d'Italie, dans la première région.

*Sicibates*, dans la Scythie européenne, les mêmes que les Sigipèdes.

*Sideni*, peup. de la Germanie, dans le territoire de Stetin.

*Sidones*, dans la Germanie, entre l'Oder et la Vistule.

*Siginni*, en Asie. Strabon dit qu'ils avaient les mêmes mœurs que les Perses.

*Sigulones*, dans la partie occidentale de la Chersonèse cimbrique.

*Silingi*, peup. d'entre les Vandales, dans l'Espagne bétique.

*Silures*, dans la Grande-Bretagne. Pline les étend jusqu'à la mer d'Hibernie. Les Silures paraissent être venus de l'Espagne, à cause de leur teint brun, leurs cheveux courts et frisés, au lieu que les Gaulois et les autres Bretons étaient naturellement blonds.

*Simæthii*, dans l'île de Sicile. Selon Pline, ils habitaient sur le bord du fleuve Simetus.

*Simeni*, dans la Grande-Bretagne. Ptolémée leur donne une ville nommée Venta. Il y en a qui croient que ces peuples sont les habitants de l'Hamshire.

*Sindi*, dans la Sarmatie asiatique, près du Bosphore cimmérien.

*Singæi*, peup. de la Grèce, aux confins de la Macédoine et de la Thrace.

*Sinsii*, peup. de la Dacie, au nord des Saldensii.

*Sinti*, peup. qui habitait au-dessus du Bosphore de Thrace.

*Sipii*. Etienne le Géographe les compte parmi les habitants de la Thrace.

*Siraceni*, dans la Sarmatie asiatique : Ptolémée place leur pays au sud des Jaxomates. Il y a apparence que ce sont les Siraci de Strabon.

*Siraci*, en Asie. Strabon dit qu'ils habitaient vers le mont Caucase.

*Sirangæ*, dans la Libye intérieure, au

DICTIONNAIRE DE GÉOGRAPHIE ECCL. I.     20

nombre des petites nations qui s'étendaient depuis Gétulie jusqu'au mont Mandrus.

*Sirbi*, peup. de la Sarmatie asiatique.

*Sisolenses*, peup. d'Italie, dans la première région.

*Sitones.* Tacite nomme ainsi l'un des trois principaux peuples qui habitaient la Scandinavie. Les Sitones demeuraient au delà du mont Sevo.

*Sizyges*, dans la Sérique, vers le nord, entre des peuples anthropophages et les Annibi.

*Slavi*, dans la Sarmatie ; avec les Vénèdes, ils s'établirent dans la Germanie entre l'Elbe et la Vistule. Ils n'avaient que de misérables chaumières.

*Soleadæ*, dans l'Inde, au pied du mont Caucase.

*Solonates*, peup. d'Italie, dans la huitième région ; leur ville est aujourd'hui Ceuta-del-Sole.

*Solventii*, dans la Libye intérieure, plus à l'est que les Sophucæi.

*Sondræ*, en Asie, au pied du Caucase.

*Sophanitæ*, peup. de l'Arabie heureuse, dans la partie méridionale de cette contrée.

1. *Soræ*, dans l'Inde, au voisinage de la Carmanie et de la Gédrosie, près du fleuve Caberon.

2. *Soræ*, en deçà du Gange. Ptolémée, qui en fait des peuples nomades, les place entre les monts Bütigus et Disathrus.

*Sotiates*, marqués dans l'Aquitaine par César. Leur ville n'existe plus.

*Spinambri*, Grecs établis dans la Toscane, selon Justin, qui remarque que les Tarquins tiraient leur origine de ce peuple.

*Stapheni*, dans l'Inde ; ils furent subjugués par Alexandre.

*Stoni*, dans les Alpes ; on ne sait pas où ils demeuraient.

*Struthopodes*, peup. de la partie méridionale de l'Inde.

*Strutophagi*, dans l'Ethiopie sous l'Egypte, ainsi nommés parce qu'ils ne s'occupaient que de la chasse des autruches.

*Sturii*, peup. de la basse Germanie, dans le territoire de Staveren.

*Styrei*, peup. de la Grèce qui habite l'île d'Ægelia.

*Suani*, peup. de la Colchide compris parmi les Laziques.

*Suardones*, peup. de Germanie, entre les Suèves.

*Subagræ*, dans l'Inde, subjugués par Alexandre.

*Subaltii*, dans la Germanie ; Germanicus en triompha.

*Subasani*, dans la partie méridionale de la Corse.

*Subocrini*, dans les Alpes. Pline les nomme parmi les peuples qui habitaient entre Pola et Tergeste.

*Successes*, dans la Gaule aquitanique.

*Sudeni*, dans la Sarmatie européenne, au sud des Marcomans.

*Suebi* ou *Syebie*, peuplade scythe, en deçà de l'Imaüs.

*Suelteri*, dans la Gaule narbonnaise, où sont aujourd'hui Brignole et Draguignan.

*Suessiones*, dans la Gaule belgique ; ils habitaient le pays compris aujourd'hui dans le diocèse de Soissons.

*Suevi*, nom général que Tacite applique non-seulement aux peuples qui habitaient au delà de l'Elbe et même de la Sarmatie, au delà des limites de la Germanie, mais encore aux habitants de la Scandinavie. C'est de là que tous les vastes pays qu'occupaient ces nations nombreuses furent appelés du nom général Suexia. Dans le ve siècle, lorsque les Suèves passèrent en Espagne, le nom de ces peuples était encore celui de diverses nations. Depuis ce temps-là les Suèves ne paraissent plus avoir été qu'un peuple particulier, fixé dans le pays des anciens Hermunduri. Iornandès, en donnant les bornes du pays des Suèves, dit qu'il a les Brajorarii à l'est, les Franci à l'ouest, les Burgundiones au sud et les Thuringi au nord.

*Suillates*, dans l'Ombrie ; ils habitaient la contrée où est aujourd'hui Sigello, aux confins de la Marche d'Ancône.

*Sunici*, dans la Germanie en deçà du Rhin.

*Superæquani*, peup. d'Italie dans la quatrième région.

*Superatii*, peup. de l'Espagne tarragonaise. Ptolémée cite Pelavonium pour sa capitale.

*Surdaones*, dans l'Espagne tarragonaise, sur le bord du fleuve Sicoris (la Ségre). Pline nomme pour leur capitale la ville d'Ilerda (Lérida).

*Suriates*, dans l'Ombrie, en Italie.

*Susanechæi*. Ils étaient venus d'au delà de l'Euphrate pour habiter la Samarie.

*Susobeni*, peuplade de la Scythie en deçà de l'Imaüs.

*Syburpores*, peup. de la Libye au sud du mont Usargala.

*Sydraci*, dans l'Inde. Le pays de ce peuple fut le terme des expéditions d'Alexandre.

*Sylvorum Gentes*, en Asie, dans l'Ibérie, au voisinage de l'Albanie. Ces peuples sauvages et farouches habitaient le commencement de la chaîne de montagnes qui s'étend de l'est à l'ouest.

*Symbari*, dans l'Ethiopie sous l'Egypte, du côté de l'Arabie, entre les montagnes et le nord.

*Symbri*, peup. de l'île de Corse, sur la côte occidentale.

*Syracusii*, dans la partie méridionale de la Sicile, en tirant vers l'est.

*Syrietæ*, peup. que Pline met au nombre des nomades indiens.

## T

*Tabieni*, peup. de la Scythie en deçà du mont Imaüs.

*Tachari*, en Asie, dans l'Hircanie ; ils étaient nomades.

*Tacorei*, dans l'Inde au delà du Gange, entre les monts Imaüs et Bepyrrus, vers le nord.

*Tadiœtes*, peup. d'Italie, dans la quatrième région.

*Tadinates*, peup. d'Italie dans la sixième région. La ville épiscopale était Tadinas. Gualdo, qui la remplace, a été bâtie sur une colline à côté de l'ancienne Tadinæ, ou Tadinos.

*Talori*, en Espagne; ils furent au nombre de ceux qui bâtirent le pont d'Alcantara.

*Tamagani*, dans la Lusitanie, la ville de Chiaves était leur capitale; la rivière qui arrose cette ville s'appelle encore Tamaga.

*Tambyzi*, dans la Bactriane, sur le bord de l'Oxus, au sud des Acinacæ.

*Tanaitæ*, dans la Sarmatie européenne, au bord du Tanaïs.

*Taranei*, Arabes établis quelque part dans la Syrie.

*Tarati*, montagnards de l'île de Sardaigne. Strabon dit qu'ils habitaient dans des cavernes et qu'ils négligeaient la culture de leurs champs pour le pillage.

*Tarinates*, en Italie, dans la Sabine. Il y a encore dans la Sabine une bourgade appelée Tarano; on croit qu'elle retient le nom de ce peuple.

*Tarpetes*, sur le Pont-Euxin, dans la Sarmatie asiatique.

*Tarrabeni*, dans l'île de Corse.

*Tarragenses*, dans l'Espagne citérieure; ils étaient alliés des Romains. Leur ville est aujourd'hui Tarrega dans la Catalogne.

*Tarusates*, peup. de la Gaule aquitanique qui habitait le Tursan, dont Aire est la capitale.

*Tasci*, dans la Perside, au voisinage des Pasargadæ.

*Tascutini*, peuple du Pont, aux environs de la Colchide.

*Taulantii*, dans l'Illyrie, selon Thucydide, qui les dit voisins d'Epidamnum.

*Tauri*, peup. de la Sarmatie européenne. Eustache dit qu'ils habitaient la péninsule appelée la Course d'Achille.

1. *Taurini*, peup. d'Italie.

2. *Taurisci*, dans la Pannonie. Ce sont aujourd'hui les habitants de la Styrie.

2. *Taurisci*, dans les Alpes; ils habitaient près de la source du Rhône.

*Taurocini*, peup. d'Italie dans la Grande-Grèce, au voisinage de la ville de Rhegium.

*Tecpani*, dans la basse Libye, entre les monts Mandrus et Sagapola.

*Tectosages*, dans la Gaule narbonnaise. Ils faisaient partie des Volcæ et s'étendaient dans les anciens diocèses de Toulouse, Lombez, Montauban, Lavaur, Saint-Papoul, Rieux, Pamiers, Mirepoix, Carcassonne, qui formaient une forte partie du Languedoc. Les Tectosages étaient célèbres 250 ans avant Jésus-Christ. Lorsque les Gaulois jetèrent la terreur dans toute l'Asie jusque vers les monts Taurus, comme nous l'apprend Tite-Live, les plus fameux d'entre eux allèrent jusqu'au fleuve Halys, à une journée d'Ancyra, l'ancienne ville d'Ancyre, et s'y établirent.

*Tencteri*, peup. de la Germanie. Les Cattes les ayant chassés de leur première demeure, ils furent errants pendant trois ans et vinrent ensuite se réfugier sur la droite du Rhin, dans le pays des Ménapiens, vis-à-vis de Cologne, dont ils étaient séparés par le fleuve.

*Tergilali*, peup. d'Italie, dans la Lucanie.

*Terotæ* et *Berini*, dans la Libye, chez lesquels on trouvait beaucoup d'ivoire.

*Terphalæi*, transférés d'Asie dans les villes de Samarie par Asénaphar.

*Teurio-Chamæ*, dans la Germanie, au nord des monts Sudètes. Quelques-uns veulent que ce soient les habitants de la Thuringe.

*Teurisci*, peup. de la Dacie dans la partie septentrionale de cette contrée.

*Teuristæ*, dans la Germanie. Strabon semble les mettre auprès du Danube.

*Teutons (les)*, dans la Germanie, alliés des Cimbres, qui parurent ne faire avec eux qu'un seul peuple. Des corps d'armées se mettaient en campagne tous les printemps, et pillaient les contrées par où ils passaient. Marius les battit.

*Thaces*, peuplade scythe en deçà de l'Imaüs et près de cette montagne.

*Thaiphali*, scythes au delà du Danube.

*Thalæ*, dans la Libye intérieure, près du mont Thala.

*Theleboæ*, peup. de l'Epire, dans l'Acarnanie. Les Theleboæ passèrent en Italie et s'établirent dans l'île de Caprée, qui est à cause de cela appelée Theleboum Capreæ par Virgile.

*Theruingi*; ils habitaient une partie de la Dacie, au delà du Danube, du temps d'Eutrope.

*Thimanei*, dans l'Arabie heureuse, voisins des Nabathæi.

*Thirophagi*, dans la Sarmatie asiatique, à la source du fleuve Rha.

*Thrace*, contrée considérable d'Europe entre le mont Hémus, la mer Egée, la Propontide et le Pont-Euxin; elle comprenait anc. les principaux peuples suivants : 1. Les Gètes, 2. les Daces et 3. les Mysiens, lesquels se subdivisaient en divers autres peuples.

*Throani*, dans la Sérique, à l'est des Scedones.

*Thryasii*, peup. du Péloponnèse, dans l'Achaïe propre.

*Thuidi*, peuple d'entre les Goths, vaincu par les Vandales.

*Thunicates*, dans la partie la plus septentrionale de la Vindélicie; ils habitaient le canton de Bavière appelé aujourd'hui Im-Thunca.

*Thuringi*, dans la Germanie, célèbres principalement depuis la décadence de l'empire romain. Ce sont les mêmes peuples que les Thoringi et Doringi. Ils restaient dans la Thuringe.

*Thyssagetæ*; ils se tenaient près des Palus-Méotides.

*Tibareni*, peup. du Pont, aux environs de la Cappadoce.

*Tibii*, aux environs de la grande Arménie.

*Tiburtes*, dans l'Italie, dont la capitale était Tibur.

*Tipanissæ*, peup. d'Asie, près du Caucase.

*Titiani*, dans l'île de Corse, entre les Tarrabeni et les Balatoni.

*Titthi*, dans la Celtibérie, en Espagne.

*Toani*, dans l'Arabie heureuse, aux environs du détroit du golfe Arabique.

*Toenii*, dans la Germanie, voisins d'un lac commun entre eux, les Rhétiens et les Vindéliciens.

*Tolistoboii* ou *Tolistobogi*, peup. de l'Asie Mineure, dans la Galatie.

*Toornæ*, en Asie. Ptolémée les comprend sous le nom général de Sacæ.

*Torboletæ*, en Espagne; ils demeuraient au voisinage de Sagunte.

*Tortuni*, peup. du Péloponnèse, dans l'Achaïe propre.

*Toxandri*, dans la Gaule belgique. On ne connaît pas leur situation précise.

*Toxili*, *Taxili* ou *Taxilæ*, dans l'Inde, entre les fleuves Cophes, Indus Hydaspe et Acésine; leur ville se nommait Taxila.

*Trachonitæ Arabes*, peup. arabe dans la Saccée, au pied du mont Alsadamus.

*Trauchenii*; ils habitaient les environs du Pont-Euxin.

*Traxitæ*, peup. d'entre les Goths. Ils s'étaient fixés au delà du pays des Antes.

*Trebiates*, dans l'Ombrie. C'étaient les habitants de la ville de Trebia, Trevi.

*Trerones*, peup. des environs du Pont-Euxin; ils faisaient des excursions, jusque dans la Paphlagonie et la Phrygie.

*Treviri* ou *Treveri*, dans la Germanie en deçà du Rhin; ils ne différaient guère des Germains ni pour les mœurs ni par la férocité. Ils restèrent alliés du peuple Romain jusqu'au règne de Vespasien. A cette époque ils conspirèrent contre les Romains; mais Céréalis les ayant vaincus, Vespasien les punit de leur révolte par la perte de leur liberté. Ils demeurèrent soumis aux Romains jusqu'à la chute de l'empire; ils s'allièrent alors avec les Franks.

*Triacenses*, peup. d'Italie, dans le Picenum.

*Tribocci*, dans la Germanie en deçà du Rhin; les bornes de leur pays sont bien difficiles à fixer.

*Tricassini*, peup. de la Gaule celtique ou lyonnaise, et dont le pays était presque renfermé entre la Seine et la Marne. Ce sont les Tracasses de Pline et les Tricasii de Ptolémée.

*Tricastini*, dans la Gaule narbonnaise; ils habitaient sur le Rhône, et leur capitale est nommée Augusta Tricastinorum, aujourd'hui Saint-Paul-Tricastin ou Saint-Paul-Trois-Châteaux.

*Tricollori*; dans la Gaule narbonnaise. Pline éloigne ce peuple de la mer. Leur pays est, selon le P. Hardouin, l'ancien diocèse de Sisteron, et la capitale était Alarante (auj. Talard), lieu du Dauphiné, sur la route de Sisteron à Gap.

*Tricornesii*, dans la haute Mésie. Le nom moderne de leur pays est Topliza.

*Trigabeli*, Toscans; ils demeuraient entre les deux bouches du Pô.

*Trigæcini*; selon Florus, ils devaient habiter près des Asturies, en Espagne.

*Trinemii*, dans l'Attique. Strabon dit que le fleuve Céphise prenait sa source chez eux.

*Trinobantes*, *Trinouantes* et *Trinoantes*, dans la Grande-Bretagne. Ils habitaient, selon quelques-uns, aux environs de Londres; d'autres les mettent dans le pays appelé Essex, et d'autres veulent qu'ils aient habité le Middlesex. Les Trinobantes, voyant que César s'approchait de leur pays, lui envoyèrent des députés pour lui demander la paix.

*Trittenses*, peup. du Péloponnèse, dans l'Achaïe propre.

*Trochini*; c'est le nom d'un des trois peuples Gaulois qui allèrent s'établir dans la Galatie. Les Trochini se fixèrent à l'est, près du fleuve Halys.

*Troglodytes*, ainsi nommés à cause des cavernes où ils faisaient leur demeure. On ne trouve de peuples de ce nom que sur le golfe Arabique. Les auteurs anciens ne s'accordent pas précisément sur les bornes du pays qu'ils habitaient.

*Truosi*, peup. de Thrace au voisinage du mont Hémus.

*Tubantes*, dans la basse Germanie, au delà du Rhin; ils habitaient le pays qui est entre l'Ems et le comté de Bentheim, y compris ce comté et cette partie de l'Over-Issel appelée auj. Twente.

*Tulingi*, dans la Mauritanie césarienne. Ptolémée les place entre les Machurebi et les Baniuri.

*Tungri*, peup. de la Gaule belgique, selon Ptolémée, qui lui donne Atuacutum pour capitale.

*Turcæ*, aux environs des Palus-Méotides. On convient assez généralement qu'ils tiraient leur origine des Scythes qui habitaient le Caucase, entre le Pont-Euxin et la mer Caspienne. Si nous nous en rapportons à Chalcondylas, leur nom signifie des hommes qui mènent une vie champêtre.

*Turdetani*, en Espagne; ils habitaient la partie appelée la Bétique. On prétend que la ville de Téruel est ce qu'on nommait Turdetanorum Urbs. Les Turdétains s'appliquaient à l'étude de leur langue; ils avaient d'anciennes histoires et des lois écrites en vers. Leur pays fut conquis par les Romains et ils prirent les mœurs de leurs vainqueurs en oubliant même leur propre langage.

*Turduli*; ils habitaient divers endroits de l'Espagne. Strabon les dit les mêmes que les Turdétains, mais Ptolémée les distingue parfaitement; les Turduli se trouvaient aussi en Portugal.

*Turmentini*, en Italie, dans la seconde région et dans les terres.

*Turmodigi*, en Espagne. Pline dit qu'ils étaient de l'assemblée générale de Clunia et qu'ils y menaient avec eux quatre peuples, entre lesquels il nomme les Segisamonenses et les Sogisamejulienses.

*Turodi*, dans l'Espagne tarragonaise. Ptolémée leur assigne une ville nommée Aquæ Læœ.

*Turones* ou *Turoni*, dans la Gaule, sur le bord de la Loire; c'étaient les habitants de Tours.

*Turupi*, peup. de la Gaule lyonnaise, sur le bord de la Loire.

*Tusanienses*, dans l'Etrurie, selon Pline. On croit qu'ils habitaient dans le lieu présentement nommé Toscanella, au duché de Castro.

*Tusci*, dans la Sarmatie asiatique. Ptolémée prétend qu'ils étaient fixés entre le Caucase et les monts Cérauniens.

*Tutienses*, dans le Latium et dans la première région, en Italie.

*Tydii*, dans la Sarmatie. Pline les place près du Caucase.

*Tymbriani*, peup. de l'Asie Mineure, aux environs de la Lycaonie.

*Tzani*, voisins de l'Arménie.

## U

*Ubii*, peup. de la Germanie, au nord des Sicambres, à l'est des Cattes, à l'ouest du Rhin et au sud du Mein. Les Ubiens furent les premiers des peuples au delà du Rhin qui appelèrent les Romains pour se défendre contre les Cattes, mais cette alliance leur attira l'inimitié des autres peuples germaniques.

*Udini*, dans la Scythie. Pline, qui en parle, le met à la droite, à l'entrée du détroit par lequel on croyait anciennement que la mer Caspienne communiquait avec la mer Chronienne.

*Ulmerugi*, peup. de la Germanie, selon Ortelius, qui cite Jornandès et qui dit que ce peuple habitait dans la Poméranie sur le bord de l'Océan.

*Ultizuri*, peuple barbare qu'Agathias comprend sous le nom général des Huns.

*Ulutirni*, peuple d'Italie, selon Pline; on ne le connaît pas. Il devait être vers la Pouille.

*Umbranici*, dans la Gaule narbonnaise.

d'après Pline; leur ville pouvait être Umbranicia, que la Table de Peutinger marque au voisinage des Volces tectosages et de Nîmes.

*Urgi*, dans la Sarmatie européenne. Strabon, qui les place avec d'autres peuples entre le Borysthène et le Danube, constate les migrations qu'ils avaient faites.

*Uri*, peuple de l'Indus sur les bords de l'Indus, vers sa source.

*Ursentini*, dans la Lucanie. Pline les marque dans les terres. On croit que leur ville s'appelait Ursæ ou Ursentum, et que c'est aujourd'hui celle d'Orso.

*Usipii*, dans la Germanie; ils sont nommés avec les Tincteri, à cause de leurs migrations simultanées.

*Uterni*, peuple de l'Hibernie, sur la côte méridionale de l'île.

*Utidorsi*, peuple d'entre les Scythes sur la mer Caspienne, vers le fleuve Cyrus.

*Utii*, sujets ou alliés des Perses.

*Uzaræ*, dans l'Afrique propre. Ptolémée dit qu'ils habitaient au pied du mont Vasalætus.

## V

*Vaccæi*, dans l'Espagne tarragonaise. Ils habitaient à l'est des Gallæci.

*Vacomagi*, dans la Grande-Bretagne, selon Ptolémée, qui les place au sud des Calédoniens. Il y en a qui croient qu'ils demeuraient dans la province de Stirling en Ecosse.

*Vadassi*, peuple de la Médie, au pied du mont Jasonius.

*Vadicassii*, dans la Gaule celtique ou lyonnaise, d'après Ptolémée; ce sont les Vadicasses de Pline. Le Briet pense que ce peuple faisait partie des Ædui, et il désigne pour leur ville Noviodunum Æduorum ou Nivernum (aujourd'hui Nevers).

*Vageni*, *Vagenni*, *Bageni* ou *Vagienni*, dans la Ligurie vers la source du Pô. Pline les appelle Vagieni-Ligures et les surnomme Moutani. Leur capitale s'appelait Augusta Vagicunorum.

*Vanaceni*, peuple de la Corse dans le nord de l'île.

*Vandales*, dans la Germanie; ils habitaient le long de la mer Baltique, entre la Vistule, l'Elbe et le Chalus, qui est aujourd'hui nommé la Trave. Ils avaient au sud les Istævons et les Hermions, et au nord les Ingævons. Ils comprenaient les peuples suivants: les Angles, les Varins, les Cavions, les Deuringiens, les Eudoses, les Sidiniens, les Suardoniens, les Nuithons, les Vardons, les Rugiens,

les Hérules, les Lémoviens, les Carins, les Guttons, les Longobards et les Bourguignons. Ainsi ils occupaient la partie de la Pologne qui est à l'ouest de la Vistule, l'électorat de Brandebourg, la Poméranie et le duché de Mecklembourg; mais dans la suite les Eudoses, les Sidiniens, les Suardoniens et les Nuithons, qu'on rencontrait à l'ouest de l'embouchure de l'Elbe, s'étant ligués ensemble, prirent plus particulièrement le nom de Vandales. Ce fut sous ce nom qu'ils traversèrent les Gaules et qu'ils battirent les Romains dans l'Espagne bétique, à laquelle ils donnèrent le nom de Vandalitie, qui reste à l'Andalousie. Il y avait 31 ans qu'ils y étaient établis, lorsqu'ils en furent chassés par les Goths; ils se retirèrent alors en Afrique, où ils fondèrent le royaume des Vandales, que Bélisaire, général de Justinien, détruisit par la défaite et par la prise du roi Gilimer, l'an 533, et le 95e du règne des Vandales en Afrique.

*Vangiones*, peup. de la Gaule belgique et originaire de la Germanie.

*Vapluarii*, vers l'embouchure du Rhin.

*Varalii*, dans la Dalmatie; ils furent d'abord nommés Ardini.

*Varduli*, dans l'Espagne tarragonaise, sur l'océan Cantabrique; il est constaté que le pays des Vardules est aujourd'hui le Guipuscoa.

*Vargiones*, dans la Germanie, suivant Ptolémée. Scudus fixe l'établissement de ce peuple vers les sources du Danube, dans le comté de Barr.

*Varini*, dans la Germanie. Pline prétend qu'ils faisaient partie des Vandales.

*Vasarii*, dans la Gaule aquitanique; ils devaient habiter l'Armagnac.

*Vascones*, dans l'Espagne tarragonaise. Ptolémée les borne au nord, partie par l'océan Cantabrique, partie par les Pyrénées; à l'est par le pays des Suessitani, au sud par le fleuve Ibérus, à l'ouest par le pays des Vardules. Pline les met auprès des Ceretani; ils possédaient la Navarre. Lorsqu'ils eurent passé les Pyrénées pour s'établir dans la Gaule, ils furent appelés Gascons.

*Vasinabroncæ*, peup. d'entre les Goths, vaincu par les Vandales.

*Vediantii*, dans les Alpes. Ptolémée nomme leur ville Cemelenum Vendiontiorum, et en détermine la position dans les Alpes maritimes. C'est aujourd'hui Cimies près de Nice.

*Velabori*, peup. de l'Hibernie, sur la côte occidentale de l'île, au sud des Gangani.

1. *Velienses*, en Espagne. Pline rapporte qu'ils formaient une des cinq cités des peuples Vennenses.

2. *Velienses*, dans le Latium, en Italie.

*Veliterni*. On appelait ainsi les habitants de la ville de Velitræ, en Italie.

*Vellocases*, *Velocasses* ou *Veliocasses*, dans la Gaule belgique; ils habitaient le Vexin, en Normandie.

*Veltæ*, dans la Sarmatie européenne. Ptolémée les place sur l'Océan, dans une partie du golfe Vénédique.

*Veneti*, dans la Gaule lyonnaise; ils habitaient un canton de la province de Bretagne.

*Veneni*, dans la Ligurie. On ignore leur véritable situation.

1. *Veneti*, peuple de la Gaule celtique, dans l'Armorique; c'était le plus puissant des peuples établis sur ces côtes, à cause du nombre de ses vaisseaux et de son habileté dans la navigation; il occupait la contrée représentée par le diocèse de Vannes.

2. *Veneti*, autre peup. d'Italie, à l'est des Euganéens; il s'étendait jusqu'à la mer, depuis l'embouchure du Pô, près de Ravenne. Il y a deux opinions sur son origine; les uns le font venir d'Asie, et les autres des Gaules; mais le plus sûr est de ne s'arrêter à aucun des deux.

*Venienidi*, dans l'Hibernie. Ptolémée dit qu'ils habitaient sur la côte occidentale.

*Vennenses*, en Espagne. Pline soutient qu'ils étaient, ainsi que les Carietes, de l'assemblée générale de Clunia.

*Venostes*, dans les Alpes. On les trouvait, d'après le P. Hardouin, dans la vallée où l'Adige prend sa source et qu'on nomme aujourd'hui Val-Venosca.

*Veragri*, peup. des Alpes, dont le chef-lieu est nommé Octodurus ou Octodorus, aujourd'hui Martigni ou Martignach.

*Vergunni*, peup. des Alpes, du nombre de ceux qui furent subjugués par Auguste. On trouve des traces de leur nom dans Vergons au diocèse de Senez.

*Veromandui*, dans la Gaule belgique. Au dire de Pline, ils habitaient au sud des Nerviens, au nord des Suessones, dont ils étaient séparés par la rivière d'Oise, à l'est des Ambiani et à l'ouest de la forêt des Ardennes.

*Vertacomacori*, peup. de la Gaule narbonnaise. Il faisait partie des Vocontii, et on remarque encore aujourd'hui un souvenir de son nom dans le territoire appelé Vercors, dans le Dauphiné.

*Vertæ*, peup. d'Asie, allié des Perses, et qui se trouva au siége d'Amida.

*Verucini* ou *Verrucini*, dans la Gaule narbonnaise. Pline les met au-dessus des Suelteri, et le P. Hardouin croit qu'ils habitaient le quartier de la Provence où sont aujourd'hui Vérignon et Barjols.

*Verues*, dans la Mauritanie tingitane. Ils sont placés par Ptolémée au sud des Suecosii et des Macanitæ.

*Vesentini*, dans la Toscane; ils habitaient sur le bord du lac Volsinien, appelé maintenant Lago-di-Bolsena.

*Vestini*, en Italie. Ils restaient dans l'Abruzzo, sur les deux bords de l'Aternus, depuis la source de ce fleuve jusqu'à la mer.

*Vettones*, dans la Lusitanie; ils habitaient le long des frontières. Ils étaient si simples, qu'ayant vu des officiers romains faire quelques tours de promenade, ils crurent qu'ils n'avaient pas leur bon sens. Ils ne pouvaient s'imaginer qu'il y eût du délassement à un pareil exercice; et ils allèrent civilement leur offrir le bras pour les conduire à leurs tentes. Ce trait de simplicité naïve rappelle la surprise enfantine des indigènes des Antilles et du continent américain à la vue des Espagnols et de leurs actes. Il y a une connexité frappante entre l'histoire des peuples anciens non civilisés et celle des peuples sauvages modernes.

*Viacienses* ou *Viatienses*, dans l'Espagne citérieure, d'après Pline; ils étaient connus sous le nom général d'Oretains.

*Viberi*, dans les Alpes; ils faisaient partie des Lepontii, et habitaient aux environs de Pfin, capitale du Valais.

*Vibinates*, dans la Pouille: leur ville s'appelle actuellement Bevino dans la Capitanate.

*Victophali*, dans la Dacie. Eutrope rapporte que leur pays avait été subjugué par l'empereur Trajan.

*Vidioarii*, peup. qui se tenait à l'embouchure de la Vistule.

*Vimitellarii*, en Italie. Pline les compte dans la première région.

*Vindélici*. Contrée de l'Europe, au nord des Alpes et au sud du Danube. Lorsque les Vindéliciens furent soumis par les Romains, la Vindélicie ne forma pas une province particulière; mais elle fut toujours jointe à la Rhétie. Les Vindéliciens, quoique habitant la même contrée avec les Rhétiens, demeurèrent néanmoins un peuple distinct et ne perdirent leur nationalité qu'au commencement du moyen âge.

*Vindinates* ou *Vindenatii*, peup. d'Italie dans l'Ombrie.

*Viruni*, dans la Germanie. Ptolémée dit que les Viruni et les Teutonari habitaient entre le pays des Saxons et celui des Suèves.

*Visburgii*, dans la Germanie. Ptolémée les indique après les Cogni, au nord de la forêt Hercynienne.

*Vitæ*, dans la Germanie; ils ont donné leur nom à la ville de Wittenberg en Saxe.

*Vittii*, peup. que Strabon nomme parmi ceux qui habitaient sur le bord de la mer Caspienne.

*Vividaria gens*, peuple germain ou sarmate; car Jornandès dit qu'ils habitaient une île de la Vistule.

*Vocates*, dans la Gaule aquitanique. César qui en parle les met au nombre de ceux qui furent subjugués par Crassus. On ne s'accorde pas sur le nom moderne du pays qu'ils habitaient.

*Vocontii*, dans la Gaule narbonnaise, à l'est des Tricastini, et à l'ouest des Triscorii. Les Romains les exemptèrent de la juridiction du président de la province. Ces peuples étaient établis dans le Diois, canton du Dauphiné, et dans le territoire de Vaison au comtat Venaissin.

*Volcæ Arecomici*, dans la Gaule narbonnaise; ils occupaient les diocèses de Narbonne, de Perpignan, d'Aleth, de Saint-Pons, de Béziers, de Lodève, d'Agde, de Montpellier, de Nîmes et d'Usez.

*Volcæ Tectosages*, dans la Gaule narbonnaise; ils étaient répandus dans les diocèses de Toulon, de Pamiers, de Rieux, de Lombez, de Montauban, de Lavaur, de Saint-Papoul, de Mirepoix et de Carcassonne.

*Volciani* ou *Volsciani*, dans l'Espagne tarragonaise, connus principalement par la réponse vigoureuse qu'ils firent aux ambassadeurs romains, lorsque ceux-ci les sollicitèrent de renoncer à l'alliance des Carthaginois. On croit que leur ville est aujourd'hui Villa Dolce au royaume d'Aragon.

*Volsci*, compris dans le nouveau Latium. Ils habitaient depuis la mer d'Antium jusqu'à la source du Lyris et au delà. L'étendue du pays qu'ils tenaient a été cause que Pomponius-Mela l'a distingué du Latium, comme s'il eût fait une contrée séparée. Les Volsques étaient une nation fière et indépendante, qui bravait Rome et qui dédaignait d'entrer dans la confédération que plusieurs autres peuples avaient faite avec elle. Tarquin, selon quelques historiens, fut le premier des rois de Rome qui fit la guerre aux Volsques. Quoi qu'il en soit, il est certain que Rome ne trouva pas en Italie d'ennemis plus obstinés; 200 ans suffirent à peine pour les dompter ou pour les détruire.

*Volsones*, dans la Pouille, auprès de Luceria.

*Voluntii*, peup. de l'Hibernie, sur la côte orientale, au sud des Darnii.

*Vulgientes*, dans la Gaule narbonnaise. Pline leur donne pour ville Apta-Julia, qui est aujourd'hui la ville d'Apt, au diocèse d'Avignon (départ. de Vaucluse); les Vulgientes faisaient partie des Tricorii.

# X

*Xylines*, peuple éthiopien, dans la Libye intérieure, à l'est des Agangines, au pied du mont Arvalte.

# Z

*Zabaddens* ou *Zabadiens*, Arabes qui demeuraient à l'est des montagnes de Galaad.

*Zabii*, dans l'Inde. On est incertain de savoir si les Zabiens étaient un peuple particulier ou une secte de philosophes, ou si leur nom marque simplement leur religion, leur pays ou leur situation.

*Zacutæ*, peup. de la Sarmatie, vers la source du Tanaïs.

*Zageræ*, dans l'Ethiopie au nombre des Troglodytes.

*Zaleni*, peup. que Zosime compte parmi ceux qui passèrent sous la domination des Perses en vertu de la trève de 30 ans, conclue entre la Perse et les Romains du temps de Jovien.

*Zumiræ*, dans l'Inde au delà du Gange. Ils étaient anthropophages, selon Ptolémée, et habitaient près du mont Méander.

*Zanclœi*, dans la Sicile, sur la côte du détroit qui sépare cette île de l'Italie. Ils avaient pris leur nom de l'ancienne ville Zancle.

*Zani* ou *Tzani*, dans les environs de la Colchide; ils ne dépendaient de personne et menaient une vie barbare. Leurs terres étant stériles, ils ne subsistaient que de ce qu'ils pillaient dans l'empire romain, où ils faisaient de fréquentes irruptions. On les battait; mais ils se retiraient dans leurs montagnes pour revenir quelque temps après. Sylla les ayant défaits par les armes, acheva de les conquérir par son habileté. Ils adoucirent depuis la rudesse de leurs mœurs, en s'enrôlant parmi les Romains et les servant dans leurs guerres; ils embrassèrent même la religion chrétienne.

*Zaretæ*, *Zarethæ*, peup. que Ptolémée range parmi les Scythes en deçà de l'Imaüs.

*Zeches*, en Asie, limitrophes de la Lazique.

*Zinchii* ou *Zicchi*, peup. de la Sarmatie asiatique, au bord du Pont-Euxin.

*Zobidæ*; ils habitaient les environs de la Carmanie.

*Zoelæ*, dans l'Espagne tarragonaise: Pline rapporte que leur cité était voisine de Gallæcia et près de l'Océan.

*Zuthi*, peup. d'Asie, dans la Carmanie déserte.

**Zyges**, peup. de la Libye extérieure, vers la côte de la mer Méditerranée, à l'ouest du nome Maréotide.

**Zygi**, en Asie. Strabon et Etienne le Géographe les comptent parmi les peuples qui habitaient le Bosphore cimmérien pris dans un sens étendu, et le premier les place entre les Athæi et les Heniochi. Les Zygi étaient des peuples féroces adonnés à la piraterie, et qui habitaient un pays d'accès difficile.

---

# LISTE PAR ORDRE ALPHABÉTIQUE

## DES VILLES ÉPISCOPALES

### DANS LES CENT VINGT-DEUX PROVINCES DE L'EMPIRE ROMAIN

#### TANT EN EUROPE QU'EN AFRIQUE ET EN ASIE,

#### DU PREMIER AU SIXIÈME SIÈCLE.

Au IV$^e$ et au V$^e$ siècle, l'empire romain se partageait en cent vingt-deux provinces, tant en Europe qu'en Afrique et en Asie. On voyait dans ces diverses provinces dix-huit cent trente-cinq siéges épiscopaux, tant métropoles qu'archevêchés et évêchés. Le patriarcat de Rome comprenait soixante-seize provinces, lesquelles renfermaient onze cent six diocèses; les sept cent vingt-neuf autres étaient répartis entre les patriarcats d'Alexandrie, d'Antioche, de Jérusalem et de Constantinople. Ce dernier des trois était le plus considérable par son étendue et par le nombre des diocèses.

L'Afrique, non compris le patriarcat d'Alexandrie, offrait un chiffre vraiment étonnant d'évêchés, comme l'on peut s'en assurer par le tableau que nous publions. Ce chiffre surprend d'autant plus qu'il ne reste rien de ces villes épiscopales, et que l'histoire ne rapporte aucun renseignement à leur sujet. L'Asie Mineure a beaucoup souffert aussi; mais cependant, de ses métropoles si célèbres, de ses villes épiscopales si nombreuses, il reste des ruines, quelques chaumières délabrées qui forment de pauvres villages. En Afrique, elles ont disparu sans laisser de traces. Nous ne savons rien sur leur origine, rien sur leur destruction. Beaucoup de ces villes ne sont connues que par les actes des martyrs, ou par les actes des conciles qui portent la signature de leurs évêques.

Les colonies romaines étaient multipliées dans les provinces africaines, représentées aujourd'hui par la régence de Tunis, l'Algérie et une partie de l'empire de Maroc. Ces provinces comptaient des petites villes, des bourgades à l'infini; mais elles ne possédaient pas, comme l'Asie Mineure, des métropoles importantes par leur population, par leur opulence et par la splendeur de leurs monuments. Ces localités africaines ne sont sorties de leur obscurité que par les martyrs qu'elles ont fournis à l'Église, et que par les persécutions successives qui probablement ont fini par les accabler. Échappées à peine à la cruauté des proconsuls romains, elles ont subi la guerre si opiniâtre des donatistes, la persécution impitoyable de l'arianisme et des Vandales, et enfin les ravages des Sarrasins avec l'établissement de l'islamisme.

Dans cette Liste des villes épiscopales des premiers siècles, nous devons dire que la majorité au moins n'existe plus. Nous avons distingué des provinces remarquables par un nombreux épiscopat, et d'autres qui avaient peu de diocèses. Malgré nos recherches, nous n'avons pu nous rendre compte d'une manière satisfaisante de ce caractère différentiel. Les auteurs qui ont écrit sur la géographie primitive de l'Église sont si peu d'accord entre eux; il existe dans leurs écrits, composés les uns après les autres, des différences et des variations si grandes, qu'il est difficile d'établir une certitude sur certains points géographiques. Ce qui ajoute encore à cette confusion et à cette obscurité, c'est qu'il est même des provinces dont la position n'a jamais été bien déterminée. Ainsi, il y a *Hispania incerta posita*, *Ægyptus incerta posita*, c'est-à-dire une contrée de l'Espagne, de l'Egypte, dont la position géographique est incertaine. Or, que peut-on dire des évêchés d'un pays qu'on ne connaît pas?

Dans cette Liste, on ne trouvera pas les évêchés de l'Ecosse (Scotia) et de l'Irlande (Hibernia). L'Église primitive de ces deux pays est restée presque ignorée; on ne commence à la connaître avec quelque certitude qu'au VI$^e$ siècle.

## A

Abaradira, in Bizacena.
Abbirita, in Proconsulari.
Abdara, in prov. Bœt.
Abdera, in prov. Proconsulari.
Abdera, in Rhodope.
Abellinum, in Campania.

## LISTE DES VILLES ÉPISCOPALES DANS L'EMPIRE ROMAIN.

Abidus, in Bizacena.
Abitina, in Proconsulari.
Abora, in Proc.
Abrinca, in proc. Rothomag.
Abritum, in prov. Mœsiæ infer.
Absasalla, in Proc.
Abula, in prov. Lusitaniæ.
Abyda, in Phœn. Libani.
Abydus, in Hellesp.
Abyla, in Phœnicia Libani.
Acelum, in Venetia.
Acerra, in Campania.
Acci, in prov. Carthag.
Acherontia, in Apulia.
Achrida, in prov. Prævalitana.
Acinonia, in Phrygia.
Acolita vel Achula, in Bizac.
Acrassus, in Lydia.
Acrassus, in Lycia.
Acropolis, in Lucania.
Acufida, in Maurit. Sitifensi.
Adada, in Pisidia.
Adana, in Cilicia prima.
Adra, in Arabia Petræa.
Adramytium, in Asia.
Adriana, in Hellesp.
Adriana, in Pamphylia altera.
Adrianopolis, in prov. Nicopolitana, seu Epiri Veteris.
Adrianopolis, in Pis'dia.
Adrianothere, in Hellesp.
Adrumetum, in Bizacena.
Adsinnada, in Mauritan. cæsariens.
Ægæ, in Cilicia secunda.
Ægea, in Asia.
Ænos, in Rhodope.
Æsis, in Piceno Annonario.
Afufenia, in Bizacena.
Aga, in Proconsul.
Agatha, in prov. Narbonensi.
Aggarita, in Biz.
Aginnum, in prov. Burdigalensi.
Agna, in Maur. cæsari.
Agrigentum, in Sicilia.
Agrippina, in Germania secunda.
Ala Miliarensis, in Maur. cæs.
Alabauda, in Caria.
Alaesa, in Sicilia.
Alalis, in Phœnicia Libani.
Alba Pompeia, in Alpibus Cottiis.
Albanum, in Campania.
Albiensium civitas, in prov. Viennensi.
Albiensium civitas, in prov. Bituricensi.
Albigaunum, in Alpibus Cottiis.
Aleria, in Maur. cæs.
Aletium, in Corsica.
Aletum, in Calabria.
Aletum, in prov. Turonensi.
Alexandria, in Ægypto prima.
Alexandria, in Cilicia secunda.
Alicarnassus, in Caria.
Alinda, in Caria.
Aliona, in Phrygia Pacatiana.
Alipha, in Samnio.
Altaba, in Numidia.
Altibura, in Maur. cæs.
Altinum, in Proconsulari.
Altinum, in Venetia.
Amadassa, in Phrygia Salutari.
Amalphia, in Campania.
Amantia, in prov. Epiri Novæ.
Amasia, in Armenia secunda.
Amastris, in Helenoponto.
Amathus, in Paphlagonia.
Amathus, in Cypro.

Amathus, in Palæstina secunda.
Amaura, in Maur. cæs.
Ambia, in Maur. cæs.
Ambianensium Civitas, in prov. Rhemensi.
Amblada, in Lycaonia.
Ameria, in Umbria.
Amida, in Mesopotamia.
Amisus, in Helenop.
Amiternum, in Valeria.
Ammedera, in Proc.
Amorium, in Phrygia Salutari.
Amphora, in Numidia.
Amurdasa, in Biz.
Amyton, in Caria.
Anæa, in Asia.
Anagnia, in Campania.
Anastasiopolis, in Caria.
Anastasiopolis, in Gal. prima.
Anastasiopolis, in altera Phrygia Pacatiana.
Anazarbus, in Cilicia secunda.
Anchialus, in Hæmim.
Anciasmus, in prov. Nicopolitana.
Ancona, in Piceno Suburbicario.
Ancus, in Biz.
Ancyra, in Phrygia Pacatiana.
Ancyra, in Galatia prima.
Andicanorum Civitas, in prov. Turonensi.
Andrapa, in Helenop.
Andrasia, in Phrygia Pacat.
Andropolis, in Ægypto prima.
Anemurium, in Isauria.
Aninetum, in Asia.
Anitha, in Arabia Petræa.
Antæum, in Thebaide prima.
Antandrus, in Asia.
Antaradus, in Phœnicia prima.
Anthedon, in Palæstina prima.
Antinoe, in Thebaide prima.
Antiochia Mæandri, in Caria.
Antiochia, in Pisidia.
Antiochia, in Syria prima.
Antiochia, ad Tragum in Isauria.
Antipatris, in Palæstina prima.
Antiphellus, in Lycia.
Antiphra, in Libya altera.
Antiphrygus, in Libya altera.
Antipolis, in prov. Aquensi.
Antisiodorum, in prov. Senonensi.
Antithoii, in August.
Antium, in Campania.
Apamea, in Pisidia.
Apamea, in Bithynia altera.
Apamea, in Syria secunda.
Aphnæum, in Augustamn.
Aphrditopolis, in prov. Arcad.
Aphrodisia, in Europa Thraciæ.
Aphrodisias, in Caria.
Apiaria, in prov. Mœsiæ inferioris.
Apira, in Phrygia Pacat.
Apollinis Civitas, in Theb. prima.
Apollinis Fanum, in Lydia.
Apollonia, in prov. Epiri Novæ.
Apollonia, in Lydia.
Apollonias, in Caria.
Appollonias, in Bithynia.
Apta Julia, in prov. Aquensi.
Aptuchi Fanum, in prov. Libyæ Pentapoleos.
Aquaviva, in Tuscia.
Aquæ Albæ, in Maur. Sitifensi.
Aquæ Albenses, in Bizac.
Aquæ, in Maur. Cæs.
Aquæ Novæ, in Numid.
Aquæ, in prov. Elusana.

Aquæ, in prov. Sardicensi.
Aquæ Regiæ, in Biz.
Aquæ Sextiæ, in prov. Aquensi.
Aquæ Statiellæ, in Alpibus Cottiis.
Aquæ Tibilitanæ, in Numidia.
Aquiaba, in Biz.
Aquileia, in Venetia.
Aquinum, in Campania.
Aquisira, in Maur. Cæs.
Arabyssus, in Armenia secunda.
Aracia, in Palæstina prima.
Arad, in Palæstina tertia.
Aradita, in Procons.
Aradus, in Phœn. prima.
Aræ, in Maurit. Sitifensi.
Arane, in Lycaonia.
Arausio, in prov. Arelat.
Araxa, in Lycia.
Arca, in Armenia secunda.
Arca, in Phœnicia prima.
Arcabrica, in prov. Carthag.
Arcadiopolis, in Europa.
Arcadiopolis, in Asia.
Archelais, in Palæstina prima.
Areopolis, in Lydia.
Arethusa, in Syria secunda.
Aretium, in Tuscia.
Aretum, in prov. Arelat.
Argentoratum, in Germanica.
Argos, in prov. Corinthi.
Ariarathia, in Arm. secunda.
Ariassus, in Pamphyl. altera.
Ariminum, in Piceno Annonario.
Arindela, in Palæstina tertia.
Ariopolis, in Palæstina tertia.
Arisita, in prov. Bituric.
Arista vel Aristium, in Bithynia.
Arpi, in Apulia.
Arsenaria, in Maur. Cæs.
Arsicarita, in Num.
Arsinoe, in prov. Arcadiæ.
Arsinoe, in Cypro.
Arsurita, in Biz.
Arvernorum civitas, in prov. Bituricensi.
Asana, in Phryg. Pacat.
Ascalon, in Palæstina prima.
Asculum, in Piceno suburbicario.
Asindum, in Prov. Bætica.
Aspendus, in Pamphylia.
Aspona, in Galatia prima.
Assafa, in Maur. Sitif.
Assisium, in Umbria.
Assum, in Asia.
Assurus, in Proc.
Asta, in Alpibus Cottiis.
Astigi, in prov. Carthag.
Asturica, in Gallæcia Lucensi.
Astygis, in prov. Bætica.
Asuna, in Cappadocia secunda.
Asvoremita, in Maur. Sitif.
Atella, in Campania.
Aternum, in Piceno suburbicario.
Athanassus, in Phrygia Pacatiana.
Athenæ, in prov. Corinthi.
Atina, in Campania.
Atribis, in Augustamn. secunda.
Attalia, in Lydia.
Attalia, in Pamphylia.
Attudi, in Phryg. Pacat.
Aturum, in prov. Elusana.
Auca, in prov. Tarraconensi.
Aucanda, in Lycia.
Augurium, in Num.
Augusta Rauracorum, in Bisunt.
Augusta Suessonum, in prov. Rhemensi.

Augusta Taurinorum, in Alpibus Cottiis.
Augusta Trevirorum, in prov. Trevirensi.
Augusta Vindelicorum, in Rhætia secunda.
Augustodunum, in prov. Lugdunensi prima.
Augustopolis, in Palæst. tertia.
Augustopolis, in Phryg. Salut.
Aulium, in Asia.
Aulon, in prov. Epiri Novæ.
Aurelia, in prov. Senonensi.
Aureliopo'is, in Asia.
Auria, in Gallæcia Lucensi.
Ausana, in Proc.
Ausciorum civitas, in prov. Elusan.
Ausona, in prov. Tarraconensi.
Ausucurro, in Numid.
Autentum, in Biz.
Auximum, in Piceno suburbicario.
Auzeger, in Biz.
Avara, in Arabia Petræa.
Avenio, in prov. Arelat.
Aventicum, in prov. Bisuntina.
Azotus, in Palæst. prima.

## B

Babra, in Numid.
Babylone, in August. secund.
Bacanaria, in Maur. Cæs.
Bætiræ, in prov. Narbonensi.
Bahana, in Maur. Cæs.
Baioca, in prov. Rothom.
Balanæa, in Theodoriade.
Balandus, in Lydia.
Balbura, in Lycia.
Balneum Regis, in Tuscia.
Bana, in Biz.
Bana, in Lydia.
Bapara, in Maur. Cæs.
Baratha, in Lycaonia.
Barce, in Libya Pentap.
Barcino, in prov. Tarraconensi.
Bares, in Hellesponti provincia.
Bargaza, in Asia.
Bargyla, in Caria.
Baris, in Pisidia.
Barium, in Apulia.
Basilæa, in prov. Bisunt.
Basilinopolis, in Bithynia.
Basti, in prov. Carthag.
Bathnæ, in Osihoena.
Belesase, in Numid.
Belica, in prov. Bisuntina.
Bellovacorum Civitas, in prov. Rhemensi.
Bellunum, in Venetia.
Benefensis, in Biz.
Benepota, in Maur. Cæsar.
Beneventum, in Samnio.
Beneventum, in Proconsulari.
Bercera, in Numidia.
Berenice, in Libya Pentap.
Bergomum, in Liguria.
Beriffe, in Armenia prima.
Berinopolis, in Galatia prima.
Berinopolis, in Lycaonia.
Berihœa, in prov. Thessalonicensi.
Berroea, in Syria prima.
Berytus, in Phœnic. prima.
Bida, in Mauritania Cæsar.
Bigastrum, in prov. Carthag.
Bilta, in Maur. Cæs.
Bindeum, in Pisidia.
Bita, in Maur. Cæs.
Biturigæ, in prov. Bituric.
Bizacium, in Biz.
Blanda, in Lucania.
Bleandrus, in Phrygia Pacat.
Blera, in Tuscia.
Boana, in Biz.
Bobium, in Alpibus Cottiis.
Bolita, in Proc.
Bononia, in Æmilia.
Bononia, in prov. Rhem.
Bonusta, in Proc.
Bosphorus, in Scythia.
Bostra, in Arabia Petræa.
Bottys, in Phœnicia prima.
Boua, in Brutia.
Bouianum, in Samnio.
Bracara, in Gallæcia Bracarensi.
Brincum, in prov. Turon.
Britonia seu Britonium, in Gallæc. Lucensi.
Brixellum, in Æmilia.
Brixia, in Liguria.
Brizum, in Phryg. Salut.
Brullena, in Asia.
Brundusium, in Calabria.
Bubastus, in August. secund.
Buhelia, in Bizacena.
Bubon, in Lycia.
Bucon'a, in Numidia.
Buffada, in Numidia.
Bula regia, in prov. Proconsulari.
Bulla, in Proconsulari.
Bullidum, in prov. Epiri Novæ.
Bultoria, in Maur. Cæs.
Burca, in Numidia.
Burdigala, in prov. Burdigal.
Busiris, in secund. Ægypto.
Buthrotum, in Epiro Vet.
Butus, in secunda Ægypto.
Buxentum, in Lucania.
Byblus, in Phœn. prima.
Byzia, in Europa Thrac.

## C

Cabasa, in Ægypto secunda.
Cabellio, in prov. Arelatensi.
Cabilonum, in prov. Lugdunensi.
Cadamusa, in Maur. Sitif.
Cadi, in Phryg. Pacat.
Cadurcorum Civitas, in prov. Bituricensi.
Cæcirita, in Proc.
Cælala, in Proc.
Cælia, in Numidia.
Cæsaraugusta, in prov. Tarac.
Cæsarea, in Numidia.
Cæsarea, in Maur. Cæs.
Cæsarea, in Cappadocia prima.
Cæsarea in Bithynia.
Cæsarea, in Euphratensi.
Cæsarea, in Palæst. prima.
Cæsena, in Flaminia.
Calagurris, in prov. Tarrac.
Calama, in Numidia.
Galatia, in Campania.
Calenum, in Campania.
Calinda, in Lycia.
Callinicus, in Osrhoena.
Callipolis, in Calabria.
Callipolis, in Europa Thraciæ.
Callium, in Piceno Annonario.
Caltadria, in Maur. Cæs.
Camarina, in Sicilia.
Cameracum, in prov. Rhemensi.
Camerinum, in Umbria.
Camuliana, in Cappad. 1.
Candida Casa, in Britan.
Canna, in Lycaonia.
Cannæ, in Apulia.
Cantanum, in prov. Cretæ.
Canusium, in Apulia.
Caparcotia, in Palæst. secunda.
Capitolias, in Palæst. secunda.
Caprai, in Maur. Cæs.
Caprula, in Venetia.
Capse, in Biz.
Capua, in Campania.
Caput Cillanum, in Maur. Cæs.
Carallis, in Sardinia.
Carallus, in Pamphyl.
Carcabia, in Biz.
Carcaso, in prov. Narbon.
Caressia, in prov. Corinthi.
Carina, in Brutia.
Carleona, in Britannia.
Carnutum, in prov. Senonensi.
Carpathus, in insulis Cyclad.
Carpentoracte, in prov. Arelat.
Carpis, in Pannon. infer.
Carpis, in Proc.
Carre, in Osrhoena.
Cartenna, in Maur. Cæs.
Carthago, in prov. Proconsulari.
Carthago, in prov. Carthaginensi.
Carystus, in prov. Corinthi.
Casæ Madianæ, in Numidia.
Casæ Nigræ, in Numidia.
Casæ Calanæe, in Numid.
Caschara, in Mesopotamia.
Cassandria, in prov. Thessalon.
Cassinum, in Campania.
Cassium, in Augustamn. prima.
Cassus, in Pamphyl.
Castabala, in Cilicia secunda.
Castellum, in Numid.
Castellum Titulianum, in Numid.
Castellum, in Maur. Sitif.
Castellum Medianum, in Maur. Cæs.
Castellum Tetraportiense, in Maur. Cæs.
Castellum, in Maur. Cæs.
Castellum Ripense, in Maur. Cæs.
Castellum Sabaritanum, in Maur. Cæs.
Castellum Minus, in Maur. Cæs.
Castra nova, in Maur. Cæs.
Castra Severiana, in Maur. Cæs.
Castrum, in Biz.
Castrum Ucciense, in prov. Narbon.
Castrum Martis, in prov. Sardicensi.
Castulo, in prov. Carthag.
Casula, in Procons.
Catabita, in Maur. Cæs.
Catana, in Sicilia.
Catra vel Castra, in Maur. Cæs.

# LISTE DES VILLES ÉPISCOPALES DANS L'EMPIRE ROMAIN.

Catuellannorum Civitas, in prov. Rhemensi.
Catula, in Maur. Cæs.
Caunus, in Lycia.
Cauria, in Lusitania.
Cebaradefa, in Biz.
Celenderis, in Isauria.
Celia, in Pann. infer.
Celeina, in Venetia.
Cellæ, in Proc.
Cellæ, in Biz.
Cellæ, in Maur. Sitif.
Cemelenensis Civitas, in prov. Ebredunensi.
Cenculiana, in Biz.
Ceneta, in Venetia.
Cenomanorum Civitas, in prov. Turon.
Centenaria, in Numid.
Centum Cellæ, in Tuscia.
Centurio, in Numid.
Centusia, in Numid.
Ceramus, in Hellesponto.
Ceramus, in Caria.
Cerasus, in Ponto Polem.
Cerillus, in Brutia.
Cestrus, in Isauria.
Cethaquensusca, in Numid.
Chalcedon, in Bithynia.
Chalcis, in prov. Corinthi.
Chalcis, in Syria prima.
Cheretapa, in Phryg. Pacat.
Cherronesus, in prov. Cretæ.
Chersonesus, in Europa Thraciæ.
Chersonus, in Scythia.
Chios, in insulis Cyclad.
Choma, in Lycia.
Chytrus, in Cypro.
Cibalis, in Pann. infer.
Cibirus, in prov. Nicopolitana.
Cissus, in Cappad. prima.
Cibesita, in Proc.
Cidamus, in Maur. Sitif.
Cidissi, in Phryg. Pacat.
Cillita, in Bizacena.
Cingulum, in Piceno suburbicario.
Cinna, in Galat. prima.
Circesia, in Osrhoena.
Circinita, in Bizacena.

Cirta, in Numidia.
Cissæ, in Maur. Cæs.
Citium, in Cypro.
Ciumtuturbo, in Proc.
Cius, in Bithynia.
Clasomène, in Asia.
Claudiopolis, in Honoriade.
Claudiopolis, in Isauria.
Cleopatris, in Ægypto prima.
Clisma, in Arcadia.
Clusium, in Tuscia.
Clypea, in Proc.
Cocusum, in Armenia. secund.
Codrus, in Pamphylia.
Coelos, in Europa Thraciæ.
Colibrassus, in Pamphyl.
Colonia, in Britan.
Colonia, in Cappad. tertia.
Colonia Agrippina.
Colophon, in Asia.
Colossa, in Phryg. Pacat.
Columnæ, in Maur. Cæs.
Comacuh, in Flaminia.
Comæa, in Mœsia infer.
Comana, in Armenia secunda.
Comana Pontica, in Pont. Pol.
Commacum, in Pamphyl.
Comoara, in Phœn. Libani.
Complutum, in prov. Carthag.
Comum, in Liguria.
Conimbrica, in Gallæcia Braccarensi.
Consentia, in Brutia.
Consorannorum Civitas, in prov. Elusana.
Constantia, in prov. Rothom.
Constantia, in Maxi. Seq.
Constantina, in Cypro.
Constantine, in Arab. Petræa.
Convenarum Civitas, in prov. Elusana.
Coprithis, in Ægypto prima.
Coptus, in Theb. secunda.
Coracesium, in Pamphyl.
Corada, in Phœn. Libani.
Corbasa, in Pamphyl.
Corcyra, in prov. Nicopol.
Corduba, in prov. Bæt.
Coricus, in Cilicia prima.

Corinthus, in prov. Corinthi.
Corisopitum, in prov. Turon.
Corna, in Lycaonia.
Cornetum, in Tuscia.
Corniculana, in Maur. Cæs.
Corone, in prov. Corinthi.
Cortona, in Tuscia.
Corydalla, in Lycia.
Cos, in insulis Cyclad.
Cotena, in Phryg. Salut.
Cotenopolis incer. pos., in Ægypt.
Cotiaium, in Phryg. Salut.
Cous, in Pamphyl. altera.
Covium, in Maur. Sitif.
Cratiaquæ et Flaviopolis, in Honor.
Cremona, in Liguria.
Crepedula, in Bizacena.
Crotona, in Brutia.
Cubdis, in Proconsul.
Cufrura, in Bizacena.
Cuiculum, in Numidia.
Cullicitanis, in Numidia.
Cullu, in Numidia.
Culsita, in Proc.
Cululi, in Bizacena.
Cuma seu Cyme, in Asia.
Cumæ, in Campania.
Cupersanum, in Apulia.
Curbi, in Proc.
Cures, in Valeria.
Curia, in Rhætia prima.
Curium, in Cypro.
Curta, in Pannonia infer.
Cusa, in Thebaide prima.
Cybira, in Caria.
Cybistra, in Cappad. secunda.
Cydonia, in prov. Cretæ.
Cyla, in Europa Thraciæ.
Cynaboreium, in Phryg. Salutar.
Cynopolis, in Arcad.
Cynus, in Ægypto secunda.
Cypera, in prov. Larissena.
Cypsela, in Rhodope.
Cyrene, in Libya Pentap.
Cyrrhus, in Euphratensi.
Cysanus, in prov. Cretæ.
Cyzicus, in Hellesponto.

## D

Dablis, in Bithynia.
Daldus, in Lydia.
Dalisandus, in Isauria.
Damascus, in Phœn. Libani.
Damatcore, in Numidia.
Danaba, in Phœn. Libani.
Darantasia, in Alpibus Graiis.
Dardanum, in Hellesponto.
Darnis, in Libya.
Dausara, in Osrhoena.
Deborus, in Macedonia.
Decoriana, in Bizacena.
Delos, in insulis Cyclad.
Demetrias, in Thessalia.
Derbe, in Lycaonia.
Dertona, in Alpibus Cottiis.
Dertosa, in prov. Tarrac.
Develtus, in Hæmim.

Dia, in prov. Arelat.
Diana, in Numidia.
Dianium, in prov. Carthag.
Dicea, in Bizacena.
Diciozanabrus, in Pamphyl.
Dinia, in prov. Ebredunensi.
Diocletiana, in prov. Dardaniæ.
Diocletianopolis, in Thracia.
Dionysias, in Arab. Petræa.
Dionysiopolis, in prov. Mœs. infer.
Dionysiopolis, in Phryg. Pacat.
Diospolis, in Thracia.
Diospolis, in Ægypto secunda.
Diospolis, in Palæst. prima.
Diospontum, in Armenia secunda.
Disthis, in Libya Pentap.
Dium, in prov. Thessalon.
Doara, in Cappad. tertia.

Docimæum, in Phryg. Salut.
Dodonia, in prov. Nicopolitana.
Dola, in prov. Turon.
Doliche, in Euphrat.
Domitiopolis, in Isauria.
Dorain, in Palæst. prima.
Dorcinca, in Britannia.
Dorilæum, in Phryg. Salut.
Dorovernum, in Britannia.
Drusipara, in Europa Thraciæ.
Duæsenepsalitinæ, in Proc.
Duæssedemsai, in prov. Proconsul.
Dumium, in Gallæcia Braccarensi.
Dummok, in Britan.
Dura, in Bizacena.
Durostorum, in Mœs. infer.
Dyrrachium, in Epiro Nova.

## E

Ebageua, in Lycaonia.
Eboracum, in Britannia.
Ebredunum, in prov. Ebredun.
Ebroica, in prov. Rotho.

Echinus, in prov. Larissena.
Edissa, in Osrhoena.
Egabro, in prov. Bætica.
Egara, in prov. Tarrac.

Egara, in Phryg. Pacat.
Egita, in prov. Lusitan.
Egnatia, in Apulia.
Egnatia, in Bizacena.

Eguge, in Proconsul.
Elæa, in Asia.
Elana, in Arab. Petræa.
Elatia, in prov. Corinthi.
Elbora, in prov. Lusitan.
Elearchia, in Ægypto secunda.
Elefantaria, in Maur. Cæs.
Elesma, in Ægypto incertæ posit.
Eleuthera, in prov. Cretæ.
Eleutheropolis, in Palæst. prima.
Elia, in Palæst. prima.
Eliberi, in prov. Bætica.
Elibia, in Proc.
Eliocrota, in prov. Carthag.
Elusa, in prov. Elusana.
Elusa, in Palæst. tertia.

Emerita, in prov. Lusitaniæ.
Emesa, in Phœn. Liban.
Eminentiana, in Maur. Sitif.
Eminium, in Hispania incer. posit.
Emona, in Istria.
Emporiæ, in prov. Tarrac.
Engolismensium Civitas, in prov. Burdigal.
Ephesus, in Asia.
Epidaurus, in Dalmatia.
Epiphania, in Syria secunda.
Epiphania, in Cilicia.
Eporedia, in Liguria.
Equizotum, in Maur. Sitif.
Ergavica, in prov. Carthag.
Erisi, in Caria.

Erra, in Arab. Petr.
Erymni, in Pamphyl.
Erythra, in Libya Pentap.
Erythræ, in Asia.
Esbus, in Arab. Petræa.
Eteue, in Pamphyl.
Eucarpia, in Phryg. Salut.
Eudala, in prov. Proconsul.
Eudocias, in Lycia.
Eudoxias, in Pamphyl.
Eugubium, in Umbria.
Eumenia, in Phryg. Pacat.
Euria, in prov. Nicopolitana.
Europus, in Euphrat.
Evarius, in Phœn. Libani.
Evusum, in Sardinia.

## F

Fæsulæ, in Tuscia.
Fallaba, in Maur. Cæs.
Fanum Jovis, in Asia.
Fanum Fortunæ, in Piceno Annon.
Fatum, in Numidia.
Faustinopolis, in Cappad. secund.
Faventia, in Flaminia.
Febianum, in Bizacena.
Feltria, in Venetia.
Feradimaia, in Bizacena.
Ferentium, in Tuscia.
Ferentinum, in Campania.
Fesseita, in Numid.
Ficoclæ, in Flaminia.
Ficus, in Maur. Sitif.
Fidene, in Valeria.

Fidoloma, in Maur. Cæs.
Filace, in Bizacena.
Firmum, in Piceno suburbicario.
Flaviopolis, in Cilicia.
Flenucletu, in Maur. Cæs.
Florentia, in Tuscis.
Florianum, in Maur. Cæs.
Flumenzerata, in Maur. Cæs.
Flumen Piscis, in Maur. Sitif.
Forataniana, in Bizacena.
Ferme, in Numid.
Forme alia, in Numid.
Formiæ, in Campania.
Forontcniana, in Bizacena.
Forum Claudii, in Tuscia.
— Novum, in Umbria.

Forum Flaminii, in Umbria.
— Sempronii, in Piceno Annonario.
— Cornelii, in Flaminia.
— Livii, in Flaminia.
— Populi, in Flaminia.
— Julii, in Histria.
— Trajani, in Sardinia.
— Julii, in prov. Aquensi.
Frequentum, in Samnio.
Frontæ, in Maur. Cæs.
Frontoniana, in Bizacena.
Fulginum, in Umbria.
Fundi, in Campania.
Furconium, in Valeria.
Fussala, in Numidia.

## G

Gabala, in Lydia.
Gabala, in Theodoriade.
Gabalum, in prov. Bitur.
Gabbus, in Syria prima.
Gabii, in Campania.
Gadamusa, in Maur. Sitif.
Gadara, in Lycaonia.
Gadora, in Palæst. secunda.
Gangra, in Paphlag.
Garbis, in Numidia.
Gargara, in Asia.
Garra, in Maur. Cæs.
Garriana, in Bizacena.
Gasauphala, in Numidia.
Gasula, in Ægypto incertæ posit.
Gatiana, in Bizacena.
Gauæ, in Ægypto incertæ posit.
Gaudiabe, in Numidia.
Gauriana, in Numidia.
Gauvarita, in Bizacena.

Gaza, in Palæstina prima.
Gegita, in Mauritania Sitif.
Gemellæ, in Numidia.
Geneva, in prov. Viennensi.
Genua, in Alpibus Cottiis.
Geone, in Pamphyl.
Gerasa, in Arab. Petr.
Germa, in Hellesp.
Germania, in Numidia.
Germanicopolis, in Ausur.
Germinica, in Euphrat.
Gerrum, in Augustam. prima.
Geronda, in prov. Tarrac.
Gilba, in Numidia.
Gilba, in Numid.
Gira, in Numidia.
Girba, in Tripol.
Girumons, in Maur. Cæs.
Girus Marcelli, in Numidia.
Girus Tarasi, in Numidia.

Gisipa, in Proc.
Giutrambacaria, in Proc.
Glannatina civitas, in prov. Ebreduneusi.
Gnidus, in Caria.
Gnossus, in prov. Cretæ.
Gordus quæ postea Juliopolis, in Lydia.
Gortena, in Pisidia.
Gortyna, in prov. Cretæ.
Gradus, in Venetia.
Gratianopolis, in Maur. Cæs.
Gratianopolis, in prov. Vien.
Gravisca, in Tuscia.
Gummita, in Bizacena.
Gunagita, in Maur. Cæs.
Guncia, in prov. Proconsulari.
Gurgaita, in Bizacena.
Gurgues, in Maur. Cæs.
Gypsaria, in Maur. Cæs.

## H

Hadria, in Piceno suburbic.
Hadria, in Flaminia.
Hadriana, in Bithynia.
Hadrianopolis, in Hæmimonte.
Hagulstadia, in Britan. Magna.
Harpasa, in Caria.
Helena, in prov. Narbon.
Helia, in Bizacena.
Helice, in prov. Corinthi.
Heliopolis, in August. secund.
Heliopolis, in Phœnic. Libani.
Hellene, in Lydia.
Hellenopolis, in Bithynia.
Helmham, in Britannia.
Hephæstia, in Maced.

Hephæstus, in Augustamnica.
Heraclea, in Maced.
Heraclea, in Europa Thraciæ.
Heraclea, in Lydia.
Heraclea Latmi, in Caria.
Heraclea Salbaci, in Caria.
Heraclea Ponti, in Honoriade.
Heraclea, in prov. Arcadiæ.
Herefordia, in Britannia.
Hermiana, in Bizacena.
Hermontis, in Thebaide secunda.
Hermopolis, in Ægypto prima.
Hermopolis, in Thebaide prima.
Hermopolis, in Isauria.
Herpis, in Maur. Cæs.

Hicrapetra, in prov. Cretæ.
Hierapolis, in Phryg. Pacat.
Hierapolis, in Isauria.
Hierapolis, in Euphrate.
Hierico, in Palæst. prima.
Hierocæsarea, in Lydia.
Hierusalem, in Palæst.
Hilta, in Proconsul.
Himerius, in Osrhoena.
Hippa, in Maur. Sitif.
Hippo Regius, in Numidia.
Hippo Zarito, in prov. Proconsul.
Hippus, in Palæst. secunda.
Hipsele, in Thebaide prima.
Hipsus, in Phrygia Salutari.

Hirina, in Bizacena.
Hispalis, in Bætica.
Hispellum, in Umbria.
Hizirzada, in Numidia.
Honomada, in Lycaonia.

Horrea, in Maur. Sitif.
Horrea Cælia, in Bizacena.
Horta, in Proconsul.
Hortanum, in Tuscia.

Hyda, in Lycaonia.
Hydrax, in Libya Pentap.
Hydruntum, in Calabria.
Hypæpa, in Asia.

## I

Iborea, in Helenop.
Iconium, in Lycaonia.
Icosium, in Maur. Cæs.
Ida, in Maur. Cæs.
Idassa, in Numid.
Idicra, in Numidia.
Ierafita, in Maur. Sitif.
Igilgili, in Maur. Sitif.
Iledra, in prov. Tarrac.

Ilipa, in Bæt.
Ilistra, in Lycaonia.
Illici, in prov. Carthag.
Illiturgi, in Hispa. incertæ posit.
Ilium in Hellesp.
Illuzi, in Phryg. Pacat.
Interamna, in Umbria.
Interamnia, in Piceno Suburbicar.

Irenopolis, in Cilicia secund.
Iria Flavia, in Gallæcia Lucensi.
Irpiniana, in Bizacena.
Isaura, in Lycaonia.
Isindus, in Pamphylia.
Ita, in Maur. Cæs.
Italica, in Bæt.
Itoana, in Phryg. Pacat.

## J

Jabruda, in Phœnic. Liban.
Jadera, in Dalmat.
Jannia, in Palæst. prima.
Jassus, in Caria.
Joppe, in Palæstina prima.

Jotape, in Isauria.
Jubaltiana, in Bizacena.
Jubeclidia, in Bizacena.
Juliopolis, in Galat. prima.
Junca, in Bizacena.

Junca, in Maur. Cæs.
Junopolis, in Paphlag.
Justinopolis, in Cappad. secund.
Juvavia, in Norico.

## L

Labdia, in Maur. Cæs.
Lacedæmon, in prov. Corint.
Lacobriga, in Hisp. incertæ posit.
Lactoratium, in prov. Elusana.
Lagavia, in Pamphyl.
Lamasua, in Numidia.
Lambæsa, in Numid.
Lambiri, in Numid.
Lamecuum, in Gallæc. Bracar.
Lamfua, in Numid.
Lamia, in prov. Lariss.
Lamiggiga, in Numid.
Lamiggiza, in Numid.
Lampsacus, in Hellesp.
Lamsorte, in Numid.
Lamus, in Isauria.
Landava, in Britannia.
Laniobra, in Hisp. incertæ posit.
Laodicea, in Phryg. Pacat.
Laodicea, in Pisidia.
Laodicea, in Theodoriade.
Laodicea, in Phœnic. Libani.
Lapda, in prov. Procons.
Lapidis, in Maur. Cæs.
Lapithus, in Cypro.
Lappa, in prov. Cretæ.
Laranda, in Lycaonia.
Lares, in Numidia.
Larissa, in prov. Larissena.
Larissa, in Syria secunda.

Lascara, in prov. Elusana.
Lateranum Romæ.
Latopolis, in Thebaide secunda.
Laudunum clavatum, in prov. Rhemensi.
Laureacum, in Norico.
Laus Pompeia, in Liguria.
Laverrica, in Hisp. incert. posit.
Lebedus, in Asia.
Ledra, in Cypro.
Legæ, in Numid.
Legæ, alits Legiæ, in Numid.
Legecestria, in Brit.
Legio, in Gallec. Barcar.
Lemelefi, in Maur. Sitif.
Lemfocta, in Maur. Sitif.
Lemnadus, in Libya Pentap.
Lemovica, in prov. Bitur.
Leontini, in Sicilia.
Leontopolis, in August. secund.
Leosita, in Maur. Cæs.
Leptis Minor, in Bizacena.
Leptis Magna, in Tripol.
Lesvita, in Maur. Sitif.
Lete, in prov. Thessalon.
Letus, in Ægypto prima.
Lexobia, in prov. Turon.
Lexovium, in prov. Rothom.
Libertina, in Procons.
Libias, in Palæstina prima.

Lichfeldia, in Britannia.
Limenopolis, in Pisidia.
Limmica, in Bizacena.
Limyra, in Lycia.
Lindisfamia, in Britan.
Lindo Colnia, in Britan.
Lingonum civitas, in prov. Lugdun
Linoe, in Bithynia secund.
Lipara, in Sicilia.
Lirbæ, in Pamphyl.
Lisinia, in Pisidia.
Lista, in Valeria.
Locri, in Brutia.
Londinum, in Britannia.
Loryma, in Caria.
Luca, in Tuscia.
Lucus Augusti, in Gallæc. Lucensi
Lugdunum, in prov. Lugdun.
Lugura, in Numidia.
Luna, in Tuscia.
Lutenensium civitas, in prov. Narb
Lybias, in Isauria.
Lychnidus, in Epiro Nova.
Lycopolis, in prima Thebaide.
Lylibœum, in Sicilia.
Lypia, in Calabria.
Lysias, in Phryg. Salut.
Lysimachia, in Europa Thraciæ.
Lystra, in Lycaonia.

## M

Macaula, in Maur. Cæs.
Macomades, in Numidia.
Macri, in Maur. Sitif.
Macriana, in Bizacena.
Mactaris, in Bizacena.
Mada, in Numid.
Madassumma, in Bizacena.
Madaurus, in Numid.
Mæonia, in Lydia.
Magalona, in prov. Narbonensi.
Magdidis, in Pamphylia.
Magnesia Mæandri, in Asia.
Magnesia Sipyli, in Asia.
Magnetum, in Hispa. incertæ posit.
Maiuca, in Maur. Cæs.
Maiuma, in Palæstina prima.
Malaca, in prov. Bætica.

Malliana, in Maurit. Cæs.
Mallus, in Cilicia.
Malus, in Pisidia.
Mamilla, in Maurit. Cæs.
Manaccenseri, in Maur. Cæs.
Manturanum, in Tuscia.
Maraggarita, in Procons.
Maraquia, in Bizacena.
Marathon, in prov. Corinthi.
Marazana, in Bizacena.
Marciana, in Lycia.
Marcopolis, in Osrhoena.
Marculita, in Numidia.
Mareotis, in Ægypto. prima.
Mariama, in Syria secunda.
Marianopolis, in Euphrat.
Mariauum, in Venetia.

Marmarica, in Libya.
Maronana, in Maur. Sitif.
Maronia, in Rhodope.
Marsi, in Valeria.
Martianopolis, in prov. Mœsiæ infer.
Martyropolis, in Mesopot.
Mascliana, in Bizacena.
Mascula, in Numidia.
Massilia, in prov. Arelatensi.
Massimana, in Bizacena.
Masucaba, in Maur. Cæs.
Matarita, in Bizacena.
Matelica, in Piceno Suburbicario.
Materiana, in Bizacena.
Mathara, in Numid.
Matisco, in prov. Lugdunensi.

Mattiana, in Procons.
Maturbum, in Maur. Cæs.
Maura, in Maur. Cæs.
Mauriana, in Maur. Cæs.
Mauriana, in prov. Viennensi.
Maximiana, in Numid.
Maximianopolis, in Arab. Petr.
Maximianopolis, in Palæst. secund.
Maximianopolis, in Rhodope.
Maximianopolis, in Pamphyl. alt.
Maximianopolis, in Theb. secund.
Maxita, in Maur. Cæs.
Maxula, in prov. Procons.
Mazaca, in Numidia.
Medava, in Arab. Petræa.
Medianum, in Bizacena.
Mediolanum, in Liguria.
Mediomatricum, in prov. Trevir.
Megalopolis, in prov. Corinthi.
Megara, in prov. Corinthi.
Meglapolis, in Procons.
Melia, in Apulia.
Melicbuza, in Maur. Sitif.
Melita, in Sicilia.
Melitene, in Armenia secund.
Melitopolis, in Helles.
Melos, in insulis Cyclad.
Melzita, in Procons.
Membresa, in Procons.
Membro, in Procons.
Memphis, in prov. Arcad.

Menelai, in Ægypto prima.
Menephessa, in Bizacena.
Menevia, in Britannia.
Mennith, in Palæst. secunda.
Mentesa, in prov. Carthag.
Mesembria, in Hæmim.
Messana, in Sicilia.
Messene, in prov. Corinthi.
Mestaura, in Asia.
Mestaura, in Lycia.
Metæ, in Numidia.
Metagonium, in Maur. Cæs.
Metelis, in Ægypto prima.
Methymna, in insula Lesbo.
Metropolis, in Asia.
Metropolis, in prov. Larrissena.
Metropolis, in Pisidia
Mevania, in Umbria.
Mibiarcesis, in Bizacena.
Midaium, in Phrygia Sa'ut.
Midila, in Numidia.
Midita, in Bizacena.
Migirpa, in Procons.
Miletus, in Caria.
Mileum, in Numidia.
Milevi, in Numidia.
Mimiana, in Bizacena.
Minna, in Maur. Cæs.
Minorica, in Sardinia.
Minturnæ, in Campania.
Miriciana, in Bizacena.

Misenum, in Campania.
Misthium, in Lycaonia.
Mocissus, in Cappad. tertia.
Moguntia, in Germanica prima.
Monte, in Numidia.
Mopsuestia, in Cilicia secund.
Moroteorita, in Bizacena.
Mosthena, in Lydia.
Mosynus, in Phryg. Pacat.
Moxorita, in Numidia.
Mozota, in Maur. Sitif.
Mulia, in Numidia.
Mullita, in Procons.
Municipi et Gernisia, in Bizacena.
Municipitogia, in Procons.
Municipium Canapium, in Procons
Municipium, in Numidia.
Muranum, in Brutia.
Murconium, in Maur. Cæs.
Mursa, in Pann. infer.
Murustaga, in Maur. Cæs.
Musti, in Numidia.
Mutecita, in Maur. Cæs.
Mutina, in Æmilia.
Muzua, in Proconsulari.
Muzuca, in Bizacena.
Myndus, in Caria.
Myra, in Lycia.
Myrrhyna, in Asia.
Myrum, in Phrygia Salut.
Mytilene, in insula Lesbo.

## N

Nabala, in Maur. Cæs.
Nacolia, in Phryg. Salut.
Namnetum Civitas, in prov. Turon.
Nara, in Bizacena.
Narangara, in Numidia.
Naratcata, in Numidia.
Narbo, in prov. Narbon.
Narnia, in Umbria.
Nasbinca, in Maur. Cæs.
Natio, in Bizacena.
Naucratis, in Ægypto prima.
Nauloclus, in Asia.
Naupactus, in prov. Corinthi.
Naxus, in insulis Cyclad.
Nazianzum, in Cappad. tertia.
Nea, in Phryg. Pacat.
Neapolis, in Campania.
Neapolis, in prov. Procons.
Neapolis, in prov. Thessal.
Neapolis, in Caria.
Neapolis, in Arab. Petr.
Neapolis, in Palæst. prima.
Nebium, in Corsica.
Nemausum, in prov. Narbon.

Neocæsarea, in Ponto Polem.
Neocæsarea, in Bithynia.
Nepe, in Tuscia.
Nephelis, in Isauria.
Neptia, in Bizacena.
Nessyna, in prov. Dardaniæ.
Nesus, in Lycia.
Niba, in Numidia.
Nibe, in Arab. Petræa.
Nicæa, in prov. Ebredun.
Nicæa, in Bithynia.
Nicephorum, in Osrhoena.
Nicium, in Ægypto prima.
Nicomedia, in Bithynia.
Nicopolis, in prov. Nicopol.
Nicopolis, in prov. Mœs. infer.
Nicopolis, in Thracia.
Nicopolis, in Armenia prima.
Nicopolis, in Palæst. prima.
Nicotera, in Brutia.
Nilopolis, in prov. Arcad.
Nisibis, in Mesopotamia.
Nitria, in Ægypto prima.
Nivernum, in prov. Senon.

Noba Barbara, in Numidia.
Noba Cæsaris, in Numidia.
Noba Germania, in Numidia.
Nobalicia, in Maur. Sitif.
Nobas-Parsi, in Numidia.
Nobasina, in Numidia.
Nobica, in Maur. cæs.
Nola, in Campania.
Nomentum, in Valeria.
Nova, in Venetia.
Nova Aula, in Asia.
Novæ, in Maur. cæs.
Novæ, in prov. Mœsiæ infer.
Novaria, in Liguria.
Noviodunum, in Pann. infer.
Noviodunum, in prov. Rhemensi
Nuceria, in Umbria.
Numana, in Piceno Suburbicario
Numidia, in Maur. cæs.
Nummula, in Proconsulari.
Nursia, in Valeria.
Nyssa, in Asia.
Nyssa, in Cappadocia prima.

## O

Oasis, in Thebaide prima.
Obba, in Maur. cæs.
Oborita, in Maur. cæs.
Occa, in Hellespont.
Ocriculum, in Umbria.
Octabium, in Bizacena.
Octabum, in Numidia.
Octabum, in Bizacena.
Octodurum, in Alpibus Graiis.
Odessus, in prov. Mœsiæ infer.
Oea, in Tripolitana.
Oeneanda, in Lycia.
Ofita, in prov. Proconsulari.
Olbia, in Pamphylia.
Olbia, in Libya Pentapol.
Olbus, in Isauria.
Olero, in prov. Elusana.

Oliva, in Maur. Sitif.
Olympus, in Lycia.
Olysippo, in prov. Lusit.
Ombi, in Thebaide secunda.
Onii, in Augustamn. secunda.
Onosatta, in Syria prima.
Onuphis, in Ægypto prima.
Opitergium, in Venetia.
Oppenna, in Bizacena.
Oppidum Novum, in Maur. cæs.
Oppinum, in Maur. cæs.
Opus, in prov. Corinthi.
Orcades, in Britannia.
Orcistus, in Galatia secunda.
Orestis, in Brutia.
Oretum, in prov. Carthag.

Oreum, in prov. Corinthi.
Orgellum, in prov. Tarrac.
Orthosia, in Mesopotamia.
Orthosias, in Caria.
Ortona, in Samnio.
Osca, in prov. Tarrac.
Osissinum, in prov. Turon.
Ospitum, in Numidia.
Ossonaba, in Lusitan.
Ostia, in Campania.
Ostracina, in Augustamn. prim.
Otrum, in Phrygia Salut.
Ovilabis, in Norico.
Oximus, in prov. Rothom.
Oxirincus, in prov. Arcadiæ.
Oxoma, in prov. Carthag.

## P

Pachnemunis, in Ægypto secunda.
Pœmanium, in Hellesp.
Pæstum, in Lucania.
Palæopolis, in Asia.
Palæopolis, in Pamphyl. altera.
Palebisca, in Libya Pentapol.
Pallentia, in prov. Carthag.
Palma, in Sardinia.
Palmyra, in Phœn. Libani.
Paltos, in Theodoriade.
Pamaria, in Maur. Cæs.
Pampilona, in prov. Tarrac.
Panæphysus, in Augustam. prima.
Panatoria, in Maur. Cæs.
Paneas, in Phœn. prima.
Panium, in Europa Thraciæ.
Panopolis, in Theb. prima.
Panormus, in Sicilia.
Paphos, in Cypro.
Papia, in prov. Proconsulari.
Pappa, in Lycaonia.
Paretonium, in Libya secunda.
Paralas, in Pisidia.
Paralus, in Ægypto secunda.
Parembola, in Arab. Petr.
Parentium, in Istria.
Parisii, in prov. Senonensi.
Parisium, in Proconsul.
Parium, in Hellesp.
Parma, in Æmilia.
Parnassus, in Cappadocia tertia.
Parœcopolis, in prov. Thessal.
Paros, in insulis Cyclad.
Partenium, in Maur. Sitif.
Patara, in Lycia.
Patavium, in Venetia.
Patavium, in Bithynia.
Patræ, in prov. Corinthi.
Pax Julia, in prov. Lusita.
Pederodiana, in Bizacena.
Pellas, in Palæstina secunda.
Pelte, in Phrygia Pacat.
Peltenesus, in Pamphyl. altera.

Pelusium, in Augustam. prima.
Pepere, in Asia.
Peradamium, in Bizacena.
Perdires, in Maur. Sitif.
Pergæ, in Pamphyl. altera.
Pergamus, in Asia.
Perte, in Euphra.
Perte, in Lycaonia.
Perusia, in Tuscia.
Pessinus, in Galatia secun'a.
Petavium, in Norico.
Petenisus, in Galatia secunda.
Petra, in Palæst. prima
Petra, in Palæst. tertia.
Petrocorium, in prov. Burdigal.
Phacusa, in Augustam. prima.
Phalaris, in Tuscia.
Pharan, in Palæst. tertia.
Pharbæthus, in August. secunda.
Phasaelis, in Lycia.
Phausania, in Sardinia.
Phellus, in Lycia.
Phenon, in Palæst. tertia.
Philadelphia, in Lydia.
Philadelphia, in Isauria.
Philadelphia, in Arab. Petr.
Philæ, in Theb. secunda.
Philippi, in prov. Thessal.
Philippopolis, in Thracia.
Philippopolis, in Arab. Petr.
Philomelium, in Pisidia.
Phocæa, in Asia.
Phœnicia, in prov. Nicopol.
Photica, in Epiro Vet.
Phragonea, in Ægypto secunda.
Phthenoti, in Ægypto prima.
Pia, in Proconsulari.
Pictavi, in prov. Burdigal.
Pinna, in Piceno Suburbicario.
Pionia, in Hellesponto.
Pisæ, in Tuscia.
Pisaurum, in Piceno Annonario.
Pisinda, in Pamphyl. altera.

Pitane, in Asia.
Placentia, in Æmilia.
Plataeæ, in prov. Corinthi.
Plotinopolis, in Hæmim.
Podalæa, in Lycia.
Pola, in Istria.
Polemonium, in Ponto Polem.
Polybotus, in Phryg. Salut.
Polymartium, in Tuscia.
Pompeiopolis, in Paphlag.
Pompeiopolis, in Cilicia prima.
Populonia, in Tuscia.
Porphyrium, in Phœn. prima.
Porthmus, in prov. Corinthi.
Portucale, in Gallæcia Bracar.
Portus Augusti, in Tuscia.
Potentia, in Piceno Suburb.
Potentia, in Lucania.
Præcausa, in Bizacena.
Præconnesus, in Hellesp.
Præneste, in Valeria.
Prænetum, in Bithynia.
Præpenissus, in Phryg. Salut.
Præsidium, in Bizac.
Priene, in Asia.
Privatum, in Maur. Sitif.
Pronus, in prov. Epiri Novæ.
Proselene, in insula Lesbo.
Prostama, in Pisidia.
Prusa, in Honoriade.
Prusa, in Bithynia.
Prymnesia, in Phryg. Salut.
Psynchus, incertæ posit. in Ægypto.
Ptolemais, in Thebaide secunda.
Ptolemais, in Phœn. prima.
Ptyusa, in Ponto Polemon.
Pugla, in Pamphyl. altera.
Puuentiana, in Numidia.
Pupput, in Procons.
Putea, in Numidia.
Putea, in Bizacena.
Puteoli, in Campania.

## Q

Quæstoriana, in Bizacena.
Quidia, in Numidia.

Quidium, in Maur. Cæs.

Quintanæ, in Rhætia secunda.

## R

Raphanea, in Syria secunda.
Raphia, in Palæst. prima.
Ratispona, in Rhætia secunda.
Ravenna, in Flaminia.
Reate, in Valeria.
Redonum civitas, in provin. Turon.
Regium Lepidi, in Æmilia.
Regium, in Num.
Reii, in Maur. Cæs.
Remessiana, in prov. Aquensi.
Reperitanum, in prov. Sardicensi.
Respecta, in Numid.

Ressana, in Numid.
Rhegium, in Brutia.
Rhemi, in prov. Rhemensi.
Rhesina, in Mesopot.
Rhinocorura, in Augustam. prima.
Rhodia, in Lycia.
Rhodus, in insulis Cyclad.
Rhosi, in Britannia.
Roma, in Tuscia.
Rossus, in Cilicia secunda.
Rotaria, in Numidia.
Rothomagum, in provinc. Rothom.

Rucuma, in prov. Procons.
Rufiniana, in Bizacena.
Rusadir, in Maur. Cæs.
Rusella, in Tuscia.
Rusgonia, in Maur. Cæs.
Rusicade, in Numidia.
Ruspe, in Bizacena.
Rusticiana, in Numidia.
Rustonium, in Maur. Cæs.
Rusubicari in Maur. Cæs.
Rusucurrum, in Maur. Cæs.
Rutena, in prov. Bituric.

## S

Sabaria, in Pann. superiori.
Sabatra, in Lycaonia.
Sablona, in Venetia.
Sabrata, in Tripol.
Sadagena, in Lycaonia.
Sæpinum, in Samnio.
Sagalassus, in Pisidia.
Saïs, in Ægypto prima.

Saium, in prov. Rothom.
Salaria, in prov. Carthag.
Saldæ, in Maur. Sitif.
Salernum, in Campania.
Salmantica, in prov. Lusit.
Salona, in Dalmatia.
Salpis, in Tuscia.
Samnium, in Samnio.

Samos, in insulis Cyclad.
Samosata, in Euphratensi.
Sanafer, in Sardinia.
Saniciensium Civitas, in prov. Ebredunensi.
Sanis, in Phrygia Pacat.
Santonum Civitas, in prov. Burdigal.

Sarcina, in Flaminia.
Sardica, in prov. Sardicensi.
Sardis, in Lydia.
Sarracenæ, in Phœn. Libani.
Sasimi, in Cappad. secund.
Satafa, in Maur. Sitif.
Satafa, in Maur. Cæs.
Satala, in Lydia.
Satala, in Armenia prima.
Savona, in Alpibus Cottiis.
Sbide, in Isauria.
Scampes, in prov. Epiri Novæ.
Scarabantia, in Pann. sup.
Scepsis, in Hellesp.
Schedia, in Ægypto prima.
Scilita, in Proconsul.
Scodra, in Dalmat.
Scodra, in prov. Prævalitana.
Scupi, in prov. Dardaniæ.
Scyllatium, in Brutia.
Scythia, in Scythia.
Scythopolis, in Palæst. secunda.
Sebasta, in Phryg. Pacat.
Sebasta, in Arm. prima.
Sebaste, in Sicilia prima.
Sebaste, in Isauria.
Sebaste, in Palæstina prima.
Sebastopolis, in Armenia prima.
Sebennythus, in secunda Ægypto.
Seberinna in Bizacena.
Secobia, in prov. Carthag.
Sedunum, in Alpibus Graiis.
Segermis, in Bizacena.
Segestero, in prov. Aquen.
Segobrica, in prov. Carthag.
Segontia, in prov. Carthag.
Sela in Augustam. prima.
Selenus, in Isauria.
Seleucia, in Numidia.
Seleucia, in Pisidia.
Seleucia, in Pamph. altera.
Seleucia, in Syria prima.
Seleucia, in Syria secund.
Seleucia, in Isauria.
Selga, in Pamphyl.
Selymbria, in Europa Thraciæ.
Semina, in Proconsulari.
Semmenches, in Pamphyl.
Sena, in Tuscia.
Senæ, in Augustamn. secund.

Senogallia, in Piceno Annonario.
Senonum Civitas, in prov. Senon.
Seolseia, in Brit. Magna.
Septe, in Lydia.
Sepiempeda, in Piceno Suburbicario.
Septiminicia, in Bizacena.
Serbatiana, in Bizacena.
Sereddeli, in Maur. Cæs.
Sergropolis, in Euphrat.
Serre, in prov. Thessal.
Serta, in Maur. Cæs.
Serteita, in Maur. Sitif.
Sestum, in Maur. Cæs.
Setabis, in prov. Carthag.
Sethraetes, in Augustamn. prima.
Sfasteria, in Maur. Cæs.
Sibindus, in Phryg. Salut.
Sicca, in Proconsulari.
Siccesi vel Siccese, in Maur. Cæs.
Sicilibra, in prov. Proconsul.
Sicla, in Pamphyl.
Sidon, in Phœn. prima.
Siduacestria, in Britannia.
Sidyma, in Lycia.
Signia, in Campania.
Silandus, in Lydia.
Silbium, in Phryg. Pacat.
Sile, in Numidia.
Sillilita, in Num.
Silva Candida, in Tuscia.
Silvanectum, in prov. Rhemensi.
Simithu, in Proconsul.
Singidonum, in Pann. infer.
Simandus, in Pisidia.
Sinitu, in Numidia.
Sinnada, in Phryg. salut.
Sinnai, in Phryg. Pacat.
Sinope, in Helenop.
Sinuara, in Proconsul.
Sion, in Asia.
Sipontum, in Apulia.
Sirmium, in Pann. infer.
Siscia, in Pann. infer.
Sistroniana, in Numid.
Sitæ, in Maur. Cæs.
Siteum, in prov. Cretæ.
Sitifi, in Maur. Sitif.
Smyrna, in Asia.

Sobara, in Lycaonia.
Socia, in Maur. Sitif.
Sodoma, in Palæst. tertia.
Soli, in Cypro.
Solva, in Norico.
Sophene, in Armenia secund.
Sora, in Campania.
Sora, in Paphlag.
Sozopolis, in Hemimonte.
Sozopolis, in Pisidia.
Sozusa, in Libya Pentapol.
Sozusa, in Palæstina prima.
Spira Nemetum, in Germanica prima.
Spoletum, in Umbria.
Stabiæ, in Campania.
Stauropolis, in Caria.
Stectorium, in Phryg. Salut.
Stobi, in prov. Thessalo.
Strategis, in prov. Corinthi.
Stratonice, in Caria.
Stratonicia, in Lydia.
Stridon, in Pann. infer.
Suaba, in Numidia.
Suana, in Tuscia.
Subaugusta, in Campania.
Sublecte, in Bizacena.
Subrita, in prov. Cretæ.
Subur, in Maur. Cæsar.
Sucarda, in Maur. Cæsar.
Succuba, in Proconsul.
Suessa, in Campania.
Sufes, in Bizacena.
Suffara vel Suffassar, in Maur. Cæs.
Suffetula, in Bizac.
Sugia, in Numidia.
Sulchi, in Sardinia.
Suliana et Vassinassensis et Aquensis, in Bizacena.
Sulmo, in Samnio.
Sumula, in Maur. Cæs.
Sura, in Euphrat.
Surista, in Maur. Sitif.
Surrentum, in Campania.
Susicasia, in Numidia.
Sutricum, in Tuscia.
Sycaminon, in Phœn. prima.
Sylvium, in Pamphyl. altera.
Syracusis, in Sicilia.

## T

Tabaceara, in Maur. Cæs.
Tabae, in Caria.
Tabia, in Galat. prima.
Tabla, in Maur. Cæs.
Tabora vel Taborenta, in Maur. Cæs.
Tabuca, in Proconsul.
Tabuda, in Numidia.
Tacape, in Tripol.
Tacarata, in Num.
Tadama, in Maur. Cæs.
Tadua, in Procons.
Tagara, in Procons.
Tagarbala vel Tagarbola, in Biz.
Tagariata, in Bizac.
Tagasa, in Bizacena.
Tagaste, in Num.
Talapta, in Bizacena.
Talbonda, in Pamphyl. altera.
Talbora, in Proconsul.
Tamadempsis, in Maur. Cæs.
Tamalluma, in Biz.
Tamalluma, in Maur. Sitif.
Tamascania, in Maur. Sitif.
Tamassus, in Cypro.

Tamaza, in Biz.
Tamazuca, in Maur. Cæs.
Tambaia, in Biz.
Tamita, in Corsica.
Tamogazia, in Num.
Tamuda, in Maur. Cæs.
Tamugada, in Numid.
Tanagra, in Prov. Cor.
Tanaramusa, in Maur. Cæs.
Tanis, in Augustamn. prima.
Tapsus, in Bizacena.
Tarassa, in Numidia.
Taraza, in Bizacena.
Tarba, in prov. Elusana.
Tarentum, in Calabria.
Tarquinii, in Tuscia.
Tarracina, in Campania.
Tarracona, in prov. Tarraconensi.
Tarsus, in Sicilia prima.
Tarvanna, in prov. Rhemensi.
Tarvisium, in Venetia.
Tasacora, in Maur. Cæs.
Tasbalte, in Bizacena.
Tathyris, in Theb. secunda.
Tatia Montauensis, in Procons.

Tauracina, in Procons.
Taurianum, in Brutia.
Tauromenium, in Sicilia.
Tava, in Ægypto prima.
Teanum, in Campania.
Tebeste, in Numid.
Tegea, in prov. Corinthi.
Tegla, in Numidia.
Tegula, in Sardinia.
Telepte, in Bizacena.
Telmissus, in Lycia.
Tempsa, in Brutia.
Temuniana, in Bizacena.
Tenissa, in Maur. Cæs.
Tennona, in Procons.
Tentyra, in Theb. secunda.
Tenus, in insulis Cyclad.
Teos, in Asia.
Tercitana, in Bizacena.
Tergestum, in Istria.
Termessus, in Pamphyl. altera.
Teuchyra, in Libya Pentap.
Thabraca, in Num.
Thagamuta, in Bizac.
Thamagristra, in Maur. Sitif.

Thamiate, in prov. Arcadiæ.
Thassus, in prov. Thessal.
Theatea, in Samnio.
Thebæ, in prov. Lariss.
Thebæ, in prov. Corinthi.
Thebais, in Theb. secunda.
Thele, in Proconsul.
Themissonium, in Phryg. Pacat.
Themissus, in Phryg. Pacat.
Thenæ, in Bizacena.
Thennesus, in Augustamn. prima.
Theodosiopolis Nova, in Europa Thrac.
Theodosiopolis, in Phryg. Pacat.
Theodosiopolis, in Cappad. prima.
Theodosiopolis, in prov. Arcad.
Thera, in insulis Cyclad.
Therenunthis, in Theb. secunda.
Thermæ, in Sicilia.
Thermæ Basilicæ, in Hellesp.
Thermæ, in Cappad. prima.
Thespiæ, in prov. Corinthi.
Thessalonica, in Macedone.
Theudalis, in Procons.
Theuzita, in Bizacena.
Thiatira, in Phryg. Salut.
Thigura vel Thagura, in Numid.
Thinissa, in Procons.
This, in Theb. secunda.
Thmuis, in Augustamn. prima.
Thoi, in Theb. secunda.
Thou, in Augustamn. secunda.
Thubunæ, in Maur. Cæs.
Thurium, in Brutia.
Thyatira, in Lydia.
Tiberias, in Palæst. secunda.
Tiberiopolis, in Phryg. Pacat.
Tiberiopolis, in Cypro.
Tibur, in Valeria.
Ticelia, in Libya Pentapol.
Tices, in Bizacena.
Ticinum, in Liguria.
Ticualta, in Bizacena.
Tididia, in Numidia.

Tifernum Tiberinum, in Umbria.
Tifernum Metaurense, in Piceno Annonario.
Tifilta, in Maur. Cæs.
Tigamibena, in Maur. Cæs.
Tigava, in Maur. Cæs.
Tigillaba, in Numidia.
Tigimna, in Procons.
Tigis, in Maur. Cæs.
Tigisi, in Numidia.
Timici, in Maur. Cæs.
Timida, in Procons.
Timida, in Maur. Cæs.
Tindarium, in Sicilia.
Tingaria, in Maur. Tingit.
Tipasa, in Numidia.
Tipasa, in Maur. Cæs.
Titiopolis, in Isauria.
Titua, in Pamphyl. altera.
Tituli, in Procons.
Tium, in Honoriade.
Tizia, in Bizacena.
Tizzica, in Procons.
Tlos, in Lycia.
Tolentinum, in Piceno Subub.
Toletum, in prov. Carthagin.
Tolonium, in prov. Arelatensi.
Tolosa, in prov. Narbon.
Tomi, in Scythia.
Topiris, in Maced.
Torcellum, in Venetia.
Tornacum, in Prov. Rhemensi.
Torone, in Macedon.
Trajanopolis, in Rhodope.
Trallis, in Asia.
Trallis, in Lydia.
Tranopolis, in Phryg. Pacat.
Tranum, in Apulia.
Trapesopolis, in Phryg. Pacat.
Trapezus, in Ponto Polem.
Trebia, in Umbria.
Trecæ, in prov. Senon.
Tremenithyri, in Phryg. Pacat.
Tremithus, in Cypro.

Tres Tabernæ, in Campania.
Tricastinorum civitas, in provinc. Arela.
Triccæ, in prov. Larissena.
Tridentum, in Venetia.
Triocala, in Sicilia.
Tripolis, in Phœnicia prima.
Tripolis, in Lydia.
Trisipellis in Proconsul.
Troas, in Hellesp.
Trocmi, in Galat. secunda.
Trofiniana, in Bizacena.
Tropia, in Brutia.
Tubulbaca, in Bizacena.
Tubunia, in Numidia.
Tuburbo, in prov. Procons.
Tuburbo Minus, in Procons.
Tubursica, in Numidia.
Tubusubtus, in Maur. Sitif.
Tucabor, in Procons.
Tucca, in Numidia.
Tucca, in Maur. Sitif.
Tucci, in Bætica.
Tude, in Gallaec. Lucensi.
Tuder, in Umbria.
Tulana, in Procons.
Tullum, in prov. Trevir.
Tunes, in Procons.
Tungrorum Civitas, in German. sec.
Turonorum Civitas, in prov. Turon.
Turre Blandis, in Bizacena.
Turres Ammeniarum, in Num.
Turres Concordiæ, in Num.
Turris, in Sardinia.
Turris, in Bizacena.
Tuscamia, in Maur. Cæs.
Tuscania, in Tuscia.
Tusculum, in Campania.
Tuzirita, in Bizacena.
Tyana, in Cappadocia secunda.
Tyfutus, in Byzacena.
Tymbria, in Asia.
Tyrassona, in prov. Tarrac.
Tyrus, in Phœn. prima.

## U

Ubaba, in Maur. Cæs.
Uceciense Castrum, in prov. Narb.
Ucula, in Proconsul.
Ullita, in Numidia.
Ulpianum, in prov. Dardaniæ.
Unizibira, in Bizacena.
Unuricopolis, in Bizacena.
Uuxela, in Pamphyl.
Urbinum, in Piceno Annonario.

Urbs Vetus, in Tuscia.
Urci, in prov. Carthag.
Urcinium, in Corsica.
Urcita, in Procons.
Uria, in Calabria.
Urima, in Euphratensi.
Usinada, in Maur. Cæs.
Usula, in Bizacena.
Uthina, in Procons.

Utica, in Procons.
Utimmira, in Procons.
Uvigornia, in Britannia.
Uvintonia, in Britannia.
Uvormacia Vangionum in German. prima.
Uzala, in Procons.
Uzipparita, in Procons.
Uzita, in Procons.

## V

Vada, in Numidia.
Vadentiniana, in Bizacena.
Vadesita, in Numidia.
Vaga, in Numidia.
Vagada, in Numidia.
Vagæ, in Numidia.
Vagal, in Maur. Cæs.
Vagarmelita, in Maur. Cæs.
Vagrava, in Numidia.
Valencia, in prov. Vienn.
Valentia, in prov. Carthag.
Valentia, in Gallæcia.
Valentinianopolis, in Asia.
Vallis, in prov. Carthag.
Valva, in prov. Procons.
Vamalla, in Samnio.
Van Dinum, in Maur. Sitif.
Vandinum, in Maur. Cæs.

Vantena, in Ægypto incert. posit.
Vapingum, in prov. Aquensi.
Vararita, in Bizacena.
Vardimissa, in Maur. Cæs.
Vasatæ, in prov. Elusana.
Vasio, in prov. Arelat.
Vassinassa et Aquæ, in Bizac.
Vazarita, in Numidia.
Vazna, in Proconsul.
Vecta, in Britannia.
Vegesela, in Numidia.
Velia, in prov. Tarrac.
Velitræ, in Campania.
Vellava, in prov. Bituricensi.
Venafrum, in Campania.
Venciensium Civ., in prov. Ebredun.
Venetia, in prov. Turonensi.
Venta, in Britannia.

Venusia, in Apulia.
Vercellæ, in Liguria.
Veri, in Procons.
Verodunum, in prov. Trevirensi.
Verona, in Venetia.
Veseli, in Numidia.
Vessetra, in Maur. Sitif.
Vettonium, in Umbria.
Vibo, in Brutia.
Vico-Habentia, in Flaminia.
Victoriana, in Bizacena.
Vicus Pacis, in Numid.
Vicus Ateriæ in Bizacena.
Vienna, in prov. Vienn.
Vigilia, in Apulia.
Vigintimilium in Alpibus Cottiis.
Villa Magna, in Procons.
Villa Degensis, in Numidia.

DICTIONNAIRE DE GÉOGRAPHIE ECCL. I     21

Villanoba, in Maur. Cæs.   Vissalsa, in Maur. Cæs.   Volsinium, in Tuscia.
Vindobona, in Pann. sup.   Vite, in Bizacena.   Voncaria, in Maur. Cæs.
Vindonnissa, in prov. Bysunt.   Viva, in Proconsul.   Voncariana, in Maurit. Cæs.
Viseum, in Gallæcia.   Vol, in Proconsulari.   Vulturnum, in Campania.
Visontium, in prov. Bysont.   Volaterra, in Tuscia.

## X

Xantus, in Lycia.   Xoes, in secunda Ægypto.

## Z

Zabi, in Numidia.   Zarai, in Maur. Sitif.   Zerabena, in Arabia Petr.
Zabi, in Maur. Sitif.   Zarna, in Procons.   Zeugma, in Euphrat.
Zabulon, in Palæstina prima.   Zattara, in Numidia.   Zicchia, in Scythia.
Zagylis, in Libya.   Zela, in Hellenop.   Zigga, in prov. Proconsulari.
Zallata, in Maur. Sitif.   Zelona, in Armenia secunda.   Zoara, in Palæstina tertia.
Zama, in Numidia.   Zenopolis, in Lycia.   Zuchabari, in Maur. Cæs.
Zaradta, in Numidia.   Zepbyrium, in Sicilia prima.   Zygris, in Libya.

### TABLEAU DES PROVINCES DE L'EMPIRE ROMAIN,

#### DU PREMIER AU SIXIÈME SIÈCLE,

*D'après le nombre des diocèses qu'elles contenaient.*

| N. d'ordre. | NOMS des provinces. | NOMBRE des évêchés. | N. d'ordre. | NOMS des provinces. | NOMBRE des évêchés. | N. d'ordre. | NOMS des provinces. | NOMBRE des évêchés. |
|---|---|---|---|---|---|---|---|---|
| 1 | Numidia | 143 | 41 | Phœnicia prima | 12 | 83 | Cappadocia secunda | |
| 2 | Mauritania Cæsariensis et Tingitana | 134 | 42 | Rhemensis (prov.) | 12 | 84 | Ebredunensis (prov.) | |
| 3 | Bizacena | 128 | 43 | Augustamnica secunda | 11 | 85 | Emilia | |
| 4 | Africa Proconsularis | 87 | 44 | Insulæ Cyclades | 11 | 86 | Gallæcia Lucensis | |
| 5 | Mauritania Sitifensis | 48 | 45 | Elusana (prov.) | 11 | 87 | Gallæcia Bracarensis | |
| 6 | Asia Proconsularis | 42 | 46 | Flaminia | 11 | 88 | Hispania incerta posita | |
| 7 | Campania | 39 | 47 | Narbonensis (prov.) | 11 | 89 | Larissena (prov.) | |
| 8 | Tuscia | 36 | 48 | Va'eria | 11 | 90 | Mesopotamia | |
| 9 | Phrygia Pacatiana | 32 | 49 | Ægyptus secunda | 11 | 91 | Pontus Polemoniacus | |
| 10 | Lycia | 28 | 50 | Bætica | 11 | 92 | Rhodope | |
| 11 | Britannia magna | 26 | 51 | Arcadia | 11 | 93 | Syria prima | |
| 12 | Carthaginensis (prov.) | 25 | 52 | Alpes Cottiæ | 10 | 94 | Viennensis (prov.) | |
| 13 | Corinthi, seu Achaia (prov.) | 25 | 53 | Arelatensis (prov.) | 10 | 95 | Bisuntina (prov.) | |
| | | | 54 | Creta insula | 10 | 96 | Hemimons | |
| | | | 55 | Liguria | 10 | 97 | Armenia prima | |
| 14 | Lydia | 25 | 56 | Palæstina secunda | 10 | 98 | Cappadocia tertia | |
| 15 | Caria | 24 | 57 | Pannonia inferior | 10 | 99 | Epiri novæ (prov.) | |
| 16 | Palæstina prima | 25 | 58 | Samnium | 10 | 100 | Histria, seu Istria | |
| 17 | Pamphylia | 23 | 59 | Sardinia | 10 | 101 | Lucania | |
| 18 | Phrygia salutaris | 23 | 60 | Thessalonicensis (prov.) | 10 | 102 | Macedonia | |
| 19 | Lycaonia | 22 | 61 | Turonensis (prov.) | 10 | 103 | Noricum | |
| 20 | Isauria | 20 | 62 | Armenia secunda | 10 | 104 | Paphlagonia | |
| 21 | Pisidia | 19 | 63 | Bituricensis (prov.) | 9 | 105 | Scythia | |
| 22 | Hellespontus | 19 | 64 | Mœsiæ inferioris (prov.) | 9 | 106 | Tripolitana | |
| 23 | Umbria | 18 | 65 | Osrhoena | 9 | 107 | Corsica | |
| 24 | Arabia Petræa | 17 | 66 | Palæstina tertia | 9 | 108 | Dalmatia | |
| 25 | Tarraconensis (prov.) | 17 | 67 | Picenum Annonarium | 9 | 109 | Dardaniæ (prov.) | |
| 26 | Ægyptus prima | 17 | 68 | Thebaida prima | 9 | 110 | Galatia secunda | |
| 27 | Venetia | 17 | 69 | Lusitaniæ (prov.) | 9 | 111 | Germanica prima | |
| 28 | Brutia | 16 | 70 | Cilicia secunda | 9 | 112 | Honoriade | |
| 29 | Sicilia | 16 | 71 | Nicopolitana (prov.) | 8 | 113 | Theodoriade | |
| 30 | Bithynia | 15 | 72 | Rothomagensis (prov.) | 8 | 114 | Thraciæ (prov.) | |
| 31 | Pamphylia altera | 14 | 73 | Aquensis (prov.) | 7 | 115 | Treverensis (prov.) | |
| 32 | Phœnicia Libani | 14 | 74 | Arcadiæ (prov.) | 7 | 116 | Sardicensis, seu Sardica (prov.) | |
| 33 | Picenum Suburbicarium | 14 | 75 | Calabria | 7 | | | |
| 34 | Libya Pentapolis | 14 | 76 | Galatia prima | 7 | 117 | Alpes Graiæ | |
| 35 | Cyprus, insula | 13 | 77 | Senonensis (prov.) | 7 | 118 | Insula Lesbus | |
| 36 | Euphratensis | 13 | 78 | Syria secunda | 7 | 119 | Pannonia superior | |
| 37 | Thebaida secunda | 13 | 79 | Libya altera | 7 | 120 | Rhætia secunda | |
| 38 | Europa Thraciæ | 13 | 80 | Cilicia prima | 7 | 121 | Germania secunda | |
| 39 | Apulia | 12 | 81 | Burdigalensis (prov.) | 6 | 122 | Prævalitana (prov.) | |
| 40 | Augustamnica prima | 12 | 82 | Cappadocia prima | 6 | | Total des évêchés. | |

Nous croyons devoir ajouter à cette Liste générale des évêchés des premiers siècles, à titre de documents particuliers relatifs à la géographie de l'Eglise orientale et du patriarcat de Constantinople, les Notices suivantes.

# NOTITIA PATRIARCHATUS CONSTANTINOPOLITANI.

L'une de ces Notices est à la bibliothèque royale, section des manuscrits : du moins, elle y était encore il y a quelque temps, écrite en grec.

La lettre *M* devant les noms de villes signifie métropole, et la lettre *A* signifie archevêché. Ce mot ne comportait point alors l'idée et la juridiction qui y ont été attachées depuis.

La Notice tirée de la bibliothèque royale fera voir par son préambule en deux lignes quelle haute idée l'on se faisait en Orient du patriarcat de Constantinople. On s'aperçoit facilement que les patriarches tirent vanité de Constantinople comme ville impériale, et qu'ils ne tarderont pas à s'égaler aux pontifes romains sous le rapport des droits et de la juridiction.

## NOTITIA
### PATRIARCHATUS CONSTANTINOPOLITANI.

*Ordo sedium metropolitarum.*

| | | |
|---|---|---|
| I Provincia | Cappadociæ, | M. Cæsareæ. |
| II —— | Asiæ, | M. Ephesi. |
| III —— | Europæ, | M. Heracleæ. |
| IV —— | Galatiæ, | M. Ancyræ. |
| V —— | Hellesponti, | M. Cyzici. |
| VI —— | Lydiæ, | M. Sardeorum sive Sardium. |
| VII —— | Bithyniæ, | M. Nicomediæ. |
| VIII —— | ejusdem, | M. Nicææ. |
| IX —— | ejusdem, | M. Chalcedonis. |

*Ab his archiepiscopi.*

| | | |
|---|---|---|
| Provincia | Insulæ, | A. Cretæ. |
| —— | Peloponnesi, | A. Corinthi. |
| —— | Insulæ, | A. Siciliæ. |
| —— | Illyricæ Macedoniæ, | A. Thessalonieæ. |
| X —— | Pamphyliæ, | M. Sidæ. |
| XI —— | Armeniæ primæ, | M. Sebasteæ. |
| XII —— | Helenoponti, | M. Amasiæ. |
| XIII —— | Armeniæ primæ, | M. Melitinæ. |
| XIV —— | Cappadociæ secundæ, | M. Tyanorum. |
| XV —— | Paphlagoniæ, | M. Tyanorum. |
| XVI —— | Paphlagoniæ, | M. Gangrorum. |
| XVII —— | Honoriadis. | M. Claudiopoleos. |
| XVIII —— | Ponti Polemoniaci, | M. Neocesareæ. |
| XIX —— | Galatiæ secundæ, | M. Pisinuntis. |
| XX —— | Lyciæ, | M. Myrorum. |
| XXI —— | Cariæ, | M. Stauropolis. |
| XXII —— | Phrygiæ Capatianæ, | M. Laodiceæ. |
| XXIII —— | Salutaris, | M. Synadorum. |
| XXIV —— | Lycaoniæ, | M. Iconii. |
| XXV —— | Pisidiæ, | M. Antiochiæ. |
| XXVI —— | Pamphyliæ, | M. Pergæ sive Silæi. |
| XXVII —— | Cappadociæ, | M. Cokissi. |
| XXVIII Provincia | Laziæ, | M. Tuphandis. |
| XXIX —— | Thraciæ, | M. Philippopolis. |
| XXX —— | Rhodopes, | M. Trajanopolis. |
| XXXI —— | Insularum Cycladum. | M. Rhodi. |
| XXXII —— | Hemimontis. | M. Adrianopoleos. |
| XXXIII —— | ejusdem, | M. Marcianopoleos. |
| XXXIV —— | Phrygiæ Capatianæ, | M. Hierapoleos. |
| XXXV —— | Helladis, | M. Athenarum. |
| XXXVI —— | Achaiæ, | M. Patrarum. |
| XXXVII —— | Helladis. | M. Larissæ. |
| XXXVIII —— | Macedoniæ, | M. Philipporum. |

*phalorum archiepiscoporum.*

| | | | |
|---|---|---|---|
| 1 | Provincia | Mysiæ, | A. Odyssi vel Baræ. |
| 2 | —— | Scythiæ, | A. Tomis. |
| 3 | —— | Europæ, | A. Bizyæ. |
| 4 | —— | Paphlagoniæ, | A. Pompeiopolis. |
| 5 | —— | Asiæ, | A. Smyrnæ. |
| 6 | —— | Asiæ, | A. Leontopolis. |
| 7 | —— | Rhodopes, | A. Maroniæ. |
| 8 | —— | Bithyniæ, | A. Apamiæ. |
| 9 | —— | Rhodopes, | A. Maximianopolis. |
| 10 | —— | Galatiæ, | A. Germiorum. |
| 11 | —— | Europæ, | A. Arcadiopolis. |
| 12 | —— | Thraciæ, | A. Beroæ. |
| 13 | —— | Lesbi insulæ, | A. Mitilenes. |
| 14 | —— | Hellesponti, | A. Parii. |
| 15 | —— | Cariæ, | A. Meliti. |
| 16 | —— | Lycaoniæ | A. Selgæ. |
| 17 | —— | Thraciæ, | A. Nicopolis. |
| 18 | —— | insulæ, | A. Priconesi. |
| 19 | —— | Rhodopes, | A. Anchiali. |
| 20 | —— | Europæ, | A. Selymbriæ. |
| 21 | —— | Lesbi insulæ, | A. Methymnæ. |
| 22 | —— | Bithyniæ, | A. Cii. |
| 23 | —— | Europæ, | A. Apni. |
| 24 | —— | Rhodopes, | A. Cypselorum. |
| 25 | —— | Zechiæ, | A. Chersonis. |
| 26 | —— | ejusdem, | A. Bospori. |
| 27 | —— | ejusdem, | A. Nicopseos. |
| 28 | —— | Sauriæ, | A. Cotradorum. |
| 29 | —— | Elenoponti, | A. Euchaitarum. |
| 30 | —— | insularum Cycladum. | A. Carpathi. |

| | | | | | |
|---|---|---|---|---|---|
| 31 Provincia | Rhodopes, | A. Æni. | 38 Provincia | Helladis seu Achaiæ, | A. Athenarum. |
| 32 —— | Europæ, | A. Drixeparorum. | | | |
| 33 —— | Emimonti, | A. Mesembriæ. | 39 —— | Paphlagoniæ, | A. Amastræ. |
| 34 —— | Armeniæ, | A. Heracleopolis seu Pedaclitharum. | 40 —— | Lycaoniæ, | A. Misthiæ. |
| | | | 41 —— | Helladis. | A. Æginæ. |
| 35 —— | Amasiæ, | A. Sebastopolis. | 42 —— | Thraciæ, | A. Dercorum [a]. |
| 36 —— | Galatiæ, | A. Amorii. | 43 —— | ejusdem, | A. Mesinæ. |
| 37 —— | Ponti Polemoniaci, | A. Trapezuntorum. | 44 —— | ...... | A. Gariallorum. |
| | | | 45 —— | Siciliæ, | A. Catanes. |
| | | | 46 —— | Calabriæ, | A. Rhegii. |

## NOTITIA ALTERA ECCLESIASTICA.

(Ex Regia Bibliotheca.)

*Ordo sedium sanctissimorum Patriarcharum.*

1. Romanus, 2. Constantinopolitanus, 3. Alexandrinus, 4. Antiochenus, 5. Hierosolymitanus.

*Ordo sedium metropolitanorum, et autocephalorum et episcoporum sub apostolico throno urbis regiæ, et a Deo custoditæ* (Constantinopoleos) *agentium.*

| | | |
|---|---|---|
| Provinciæ Cappadociæ, | M. Cesareæ. |
| —— Asiæ, | M. Ephesi. |
| —— Europæ, | M. Heraclæ Thraciæ. |
| —— Galatiæ, | M. Ancyræ. |
| —— Hellesponti, | M. Cyzici. |
| —— Lydiæ, | M. Sardium. |
| —— Bithyniæ, | M. Nicomediæ. |
| —— ejusdem, | M. Nicææ. |
| —— ejusdem, | M. Chalcedonis. |
| —— Pamphyliæ, | M. Sidæ. |
| —— Armeniæ, | M. Sebastææ. |
| —— Elenoponti, | M. Amasææ. |
| —— Armeniæ, | M. Melitinæ. |
| —— Cappadociæ, | M. Tyanæ sive Christopolis. |
| —— Paphlagoniæ, | M. Gangrorum. |
| —— Honoriadis, | M. Claudiopolis. |
| —— Ponti Polemoniaci. | M. Neocesareæ. |
| —— Galatiæ. | M. Pissinuntis sive Justinianopolis. |
| —— Lyciæ, | M. Myrorum. |
| —— Cariæ, | M. Stauropolis. |
| —— Phrygiæ Capatianæ, | M. Laodicæ. |
| —— Phrygiæ Salutaris. | M. Synadorum. |
| —— Lycaoniæ, | M. Iconii. |
| —— Pisidiæ, | M. Antiochiæ. |
| —— Pamphyliæ. | M. Pergæ, sive Silæi. |
| —— Cappadociæ secundæ, | M. Mocisi. |
| —— Lazicæ, | M. Phasidis. |
| —— Thraciæ, | M. Philippopolis. |
| —— Rhodopes, | M. Trajanopolis. |
| —— insularum Cycladum, | M. Rhodi. |
| —— Æmimonti, | M. Adrianopolis. |
| —— ejusdem, | M. Marcianopolis. |
| —— Phrygiæ Capatianæ, | M. Hierapolis. |

*Hactenus metropolitæ, sequuntur autocephali.*

| | | |
|---|---|---|
| Provinciæ Misiæ, | A. Odyssi. |
| —— Scythiæ, | A. Tomes. |
| —— Europæ, | A. Bizyæ. |
| —— Paphlagoniæ, | A. Pompeiopolis. |
| —— Asiæ, | A. Smyrnæ. |
| —— Isauriæ, | A. Leontopolis. |
| —— Rhodopes, | A. Maroneæ. |
| —— Bithyniæ, | A. Apameæ. |
| —— Rhodopes, | A. Maximianopolis. |
| —— Galatiæ, | A. Germiorum. |
| —— Europæ, | A. Arcadiopolis. |
| —— Thraciæ, | A. Beroæ. |
| —— insulæ Lesbi, | A. Mityleues. |
| —— Hellesponti, | A. Parii. |
| —— Cariæ, | A. Mileti. |
| —— Thraciæ, | A. Nicopolis. |
| —— Insularis, | A. Proconesi. |
| —— Rhodopes, | A. Anchiali. |
| —— Europæ, | A. Selymbriæ. |
| —— insulæ Lesbi, | A. Methymnæ. |
| —— Bithyniæ, | A. Cii. |
| —— Europæ, | A. Apti. |
| —— Rhodopes, | A. Cypsalorum. |
| —— Zichiæ, | A. Chersonis. |
| —— ejusdem, | A. Bospororum. |
| —— ejusdem, | A. Nicopsis. |
| —— Isauriæ, | A. Cotiadorum. |
| —— Helenoponti, | A. Euchætorum. |
| —— Armeniæ, | A. Ræenorum. |
| —— insularum Cycladum, | A. Carpathi. |
| —— Rhodopes, | A. Æni. |
| —— Europæ, | A. Driziparorum, sive Mesenes. |
| —— Æmimonti, | A. Mesembriæ. |
| —— Armeniæ, | A. Heracleopolis sive Phylacteræ. |
| —— Abasgiæ, | A. Sebastopolis. |

[a] *Dercorum.* Quæ urbs sic dicta est ab adjacente palude Delco, ita enim eam vocat Diogenianus; inscite ergo archiepiscopatum *Dercis* vocant, *r pro i* assumentes.

## NOTITIA ALTERA ECCLESIASTICA.

Provinciæ Ponti Polemoniaci, A. Trapezuntis.
— Paphlagoniæ, A. Amastridis.
— Lycaoniæ, A. Misthiorum.
— Pisidiæ, A. Neapolis.

Provinciæ maris Ægæi, A. Æginæ.
— Phrygiæ Salutaris, A. Cotyaii.
— Pamphyliæ, A. Selgæ.

### Provincia Cappadociæ.

1. Cæsareæ.
2. Basilicarum Tnermarum.
3. Nissæ.
4. Methodiopoleos Armeniæ.
5. Camulianorum.
6. Ciscisi.

### Provincia ejusdem.

1. Nicææ.
2. Modrinæ, sive Melinorum.
3. Linoes.
4. Gordoservorum.
5. Numaricorum.
6. Tai.
7. Maximianæ.

### Provincia Asiæ.

1. Ephesi.
2. Hypeporum.
3. Traleorum.
4. Magnesiæ prope Mæandrum.
5. Elææ.
6. Adramyntii.
7. Assi.
8. Gargarorum.
9. Mæstaurorum.
10. Calses.
11. Briulorum.
12. Pittamnes.
13. Myrrhinæ.
14. Phociæ.
15. Aurelopolis.
16. Nisæ.
17. Maschaconiæ.
18. Metropolis.
19. Barettorum.
20. Magnesiæ.
21. Aninatum.
22. Pergami.
23. Aneorum.
24. Prienæ.
25. Arcadiopolis.
26. Novæ Aulæ.
27. Templi Jovis.
28. Augazorum.
29. Sion.
30. Colophonæ.
31. Tenedos.
32. Tei.
33. Erythrarum.
34. Clazomenarum.
35. Antandrorum.
36. Theodosiopolis, sive Peperinæ.
37. Cyme.
38. Palæopolis.

### Provincia Pamphiliæ.

1. Sidæ.
2. Aspendi.
3. Ettenæ.
4. Orymnæ.
5. Cassorum.
6. Semneorum.
7. Caraliorum.
8. Coracissii.
9. Syethrorum.
10. Myrabæ.
11. Onamandorum.
12. Dalisandi.
13. Isynorum.
14. Lirbæ.
15. Colybrassi.
16. Manæorum.

### Provincia Armeniæ.

1. Sebasteæ.
2. Sebastopolis.
3. Nicopolis.
4. Satalorum.
5. Coloniæ.
6. Cerissæ.

### Provincia Elenoponti.

1. Amasseæ.
2. Amissi.
3. Sinopæ.
4. Ibornorum.
5. Andrapodorum.
6. Zalichi, sive Leontepolis.
7. Zelorum.

### Provincia Armeniæ.

1. Melitenes.
2. Arcæ.
3. Cucusi.
4. Arabissi.
5. Ariarathæ.
6. Ceomannorum.

### Provincia Cappadociæ.

1 Cyanorum, seu Christopolis.
2. Cybistrorum.
3. Faustinopolis.
4. Sasimorum.

### Provincia Europæ.

1. Heraclea Thraciæ.
2. Panii.
3. Calliopolis.
4. Chersonesi.
5. Cylæ.
6. Rædesti.

### Provincia Galatiæ.

1. Ancyræ.
2. Tabiæ.
3. Eliopolis.
4. Asponæ.
5. Berinopolis.
6. Mizzi.
7. Cenæ.
8. Anastasiopolis.

### Provincia Paphlagoniæ.

1. Gangrorum.
2. Junopolis.
3. Dadybrorum.
4. Sorarum.

### Provincia Honoriadis.

1. Claudiopolis.
2. Heracleæ Ponti.
3. Prusiadis.
4. Tii.
5. Cratæ.
6. Adrianopolis.

### Provincia Hellesponti.

1. Cyzici.
2. Germes.
3. Pœmanii.
4. Oææ.
5. Dareos.
6. Adrianotherarum.
7. Lampsaci.
8. Abydi.
9. Dardani.
10. Ilii.
11. Troadis.
12. Pioniæ.
13. Melitopolis.

### Provincia Polemoniaci, scilicet Ponti.

1. Neocesareæ.
2. Trapezuntiorum.
3. Cerasuntorum.
4. Polemonii.
5. Comanorum.

### Provincia Galatiæ, scilicet secunda.

1. Pissinuntis.
2. Myricii.
3. Eudoxiadis.
4. Pitamissi.
5. Trocnadorum.
6. Germocoloniæ.
7. Spaniæ, sive Justinianopolis.
8. Orcisti.

### Provincia Lydiæ.

1. Sardium.
2. Philadelphiæ.
3. Tripolis.
4. Thyatirorum.
5. Settorum.
6. Auriliopolis.
7. Gordorum.
8. Troallorum.
9. Silorum.
10. Silandi.
11. Mæoniæ.
12. Fani Apollinis.
13. Orcanidis.
14. Mostinæ.
15. Acrasi.
16. Apolloniadis.
17. Attaliæ.
18. Bagæ.
19. Balandi.
20. Mesotymoli.
21. Hierocesareæ.
22. Dallæ.
23. Stratonicææ.
24. Ceraseorum.
25. Satalorum.
26. Gabalorum.
27. Ermocapeliæ.

### Provincia Lyciæ.

1. Myrorum.
2. Mastaurorum.
3. Telmesi.
4. Limyrorum.
5. Araxæ.
6. Aprilorum.
7. Podaliæ.
8. Orycandorum.
9. Tæporum.
10. Arneorum.
11. Sitymorum.
12. Zenopolis.
13. Olympi.
14. Otlorum.
15. Corydallorum.
16. Canni, sive Acaliæ.
17. Acrassi.
18. Xanthi.
19. Sophianopolis.
20. Marcianæ.
21. Onundorum.
22. Chomatis.
23. Candanorum.
24. Phelli.
25. Antiphelli.
26. Phaselidis.
27. Rhodopolis.
28. Acalisi.
29. Lebissi.
30. Acandorum.
31. Paliotarum.
32. Eudociadis.

### Provincia Bithyniæ.

1. Nicomediæ.
2. Prusæ.
3. Præneti.
4. Elenopolis.
5. Basinopo is.
6. Dascylii.
7. Apolloniadis.
8. Adrianorum.
9. Cesareæ.
10. Galli, seu Lophorum.
11. Daphnusiæ.
12. Eristæ.

33. Patarorum.
34. Comborum.
35. Nysorum.
36. Barburorum.
37. Meloetorum.
38. Coaneorum.

*Provincia Cariæ.*

1. Stauropolis.
2. Cibyræ.
3. Sizorum.
4. Heracleæ Sualbacæ.
5. Apolloniadis.
6. Heracleæ.
7. Lacymorum.
8. Taborum.
9. Larborum.
10. Antiochiæ Mæandri.
11. Tapassorum.
12. Arpasorum.
13. Neapolis.
14. Orthosiadis.
15. Anotetartæ.
16. Alabandorum.
17. Stratoniceæ.
18. Alindorum.
19. Mylassorum.
20. Amizo.
21. Jassi.
22. Barbyliorum.
23. Alicarnassi.
24. Ylarimorum.
25. Cnidorum.
26. Metaborum.
27. Mondi.
28. Hieri seu Templi.
29. Cindramorum.
30. Cerami.

*Provincia Phrygiæ Capatianæ.*

1. Laodicæ.
2. Tiberiopolis.
3. Azanorum.
4. Ancyro Synsi.
5. Peltorum.
6. Appiæ.
7. Acadorum.
8. Icriorum.
9. Cariæ.
10. Tranopolis.
11. Sebastæ.
12. Eumeniæ.
13. Timeno Therarum.
14. Agathæ Comæ, sive Boni Vici.
15. Alinorum.
16. Tripolis.
17. Attanassi.
18. Trapezopolis.
19. Siblios.

*Provincia Phrygiæ Salutaris.*

1. Synadorum.
2. Doryleæi.
3. Nacoliæ.
4. Medæi.
5. Hipsi.
6. Promisi.
7. Meri.
8. Sibildi.
9. Phytiæ.
10. Hierapolis.
11. Eucarpiæ.
12. Lysiadis.
13. Augustopolis.
14. Bryzi.
15. Otri.
16. Lycaonis.
17. Stectorii.
18. Cinaborii.
19. Conæ.
20. Scordapiæ.
21. Nicopolis.
22. Abroclorum.
23. Piscopos Cadennorum.
24. Alopex.

*Provincia Lycaoniæ.*

1. Iconii.
2. Lystrorum.
3. Onasadæ.
4. Amdadorum.
5. Onomanadorum.
6. Larandorum.
7. Beretæ.
8. Derbæ.
9. Ilydæ.
10. Sabatrorum.
11. Cani.
12. Berinopolis.
13. Galbanorum sive Eudociadis.
14. Helistrorum.
15. Pertorum.

*Provincia Pisidiæ.*

1. Antiochiæ.
2. Sagalassi.
3. Sozopolis.
4. Apameæ.
5. Cibyræ.
6. Tyræni.
7. Baris.
8. Adrianopolis.
9. Limenorum.
10. Laodiceæ Combustæ.
11. Seleuciæ ferreæ.
12. Adadorum.
13. Zarzelorum.
14. Tibriadorum.
15. Tomandi.
16. Conanæ.
17. Mali.
18. Siniandi.
19. Tytiassi.
20. Metropolis.
21. Papporum.
22. Parallæ.
23. Bindei.

*Provincia Pamphyliæ.*

1. Pergæ, seu Silæi.
2. Attaliæ.
3. Magydi.
4. Eudociadis.
5. Termisi.
6. Isyndi.
7. Maximianopolis.
8. Laginorum.
9. Palæopolis.
10. Cremni.
11. Corydalorum.
12. Peltinissi.
13. Diciozanabrorum.
14. Ariassi.
15. Puglorum.
16. Ardianæ.
17. Sandidorum.
18. Barbæ.
19. Perbænorum.
20. Coi.

*Provincia Cappadociæ.*

1. Mocissi.
2. Nazianzi.
3. Coloniæ.
4. Parnasi.
5. Doarorum.

*Provincia Lazicæ.*

1. Phasidis.
2. Rhodopolis.
3. Abisenorum.
4. Petrarum.
5. Tzyganeorum.

*Provincia Thraciæ.*

1. Philippopolis.
2. Diocletianopolis.
3. Diospolis.

*Provincia insularum Cycladum.*

1. Rhodi.
2. Sami.
3. Chii.
4. Coi.
5. Naxiæ.
6. Theræ.
7. Pari.
8. Lethri.
9. Andri.
10. Teni.
11. Meli.
12. Pisynæ.

*Provincia Æmimontis.*

1. Adrianopolis.
2. Mesembriæ.
3. Sozopolis.
4. Plutinopolis.
5. Zoidorum.

*Provinciæ ejusdem.*

1. Marcianopolis.
2. Rhodostoli.
3. Tramarisci.
4. Noborum.
5. Zecedeporum.
6. Sarcaræ.

*Ejusdem Provinciæ.*

1. Trajanopolis.
2. Peri.
3. Anastasiopolis.

*Provincia Phrygiæ Capatianæ.*

1. Hierapolis.
2. Metellopolis.
3. Dionysopolis.
4. Anastasiopolis.
5. Attædorum.
6. Mosynorum.
7. Marcianopolis.
8. Rhodostoli.
9. Tramariscorum.

*Provincia Galatiæ secundæ.*

1. Amorii.
2. Philomelii.
3. Docimii.
4. Clanx.
5. Polyboti.
6. Pissiæ.

Sunt et alii metropolitæ avulsi a Romana diœcesi nunc subjecti throno Constantinopolitano, et qui sub ipsis sunt episcopi.

1. Thessalonicæ.
2. Syracusæ.
3. Corinthi.
4. Rhegii.
5. Nicopolis.
6. Athenarum.
7. Patrarum.
8. Novarum Patrarum.

Hi additi sunt synodo Constantinopolis eo quod papa veteris Romæ sub gentibus positus esset, sicut et ab orientali diœcesi separatus est metropolita Seleuciæ Isauriæ, et ipse cum suis 24 episcopis res sacras facit sub Constantinopolitano.

# TABLEAU GÉNÉRAL
## DES PATRIARCATS, DES MÉTROPOLES,
### DES ARCHEVÊCHÉS ET DES ÉVÊCHÉS
#### DU MONDE CHRÉTIEN,
##### DEPUIS LE VIᵉ SIÈCLE JUSQU'A LA FIN DU XVIIIᵉ.

### EXPLICATION DES NOTES.

Les notes employées dans ce Tableau sont ou particulières ou générales. Les notes particulières sont expliquées dans les endroits où l'on a eu besoin de les employer. Les notes générales concernent la situation ancienne de la métropole ou de la province, ou l'état présent de l'archevêché ou de la province. — Par exemple, veut-on savoir de quelle métropole et de quelle province était anciennement l'évêché de Porto, qu'on trouve dans la table de l'Italie moyenne? Il a entre deux crochets la minuscule romaine *a*, et la minuscule grecque α, l'une est à côté de Rome dans la première colonne de la table géographique, l'autre à côté de Tuscie dans la seconde colonne; ceci signifie que Porto était de l'ancienne métropole de Rome et de l'ancienne province dite Tuscie ou Tuscia. Veut-on savoir de quel archevêché et de quelle province est à présent ce même évêché de Porto? L'archevêché se connaît sans note, parce qu'il est à la suite de celui de Rome; et la province se connaît par la majuscule romaine B qu'il a entre des crochets, qui se trouve à côté de la province nommée dans la table *Patrimoine de saint Pierre;* d'où il faut conclure que Porto est à présent de l'archevêché de Rome et de la province appelée patrimoine de saint Pierre.

Les tables géographiques des pays qui ont fait partie de l'empire romain ont quatre principales colonnes : des deux premières, l'une est pour les métropoles, et l'autre pour les provinces, selon l'état ancien; et des deux autres, l'une est pour l'archevêché, et l'autre pour la province, suivant l'état présent.

Les archevêchés et évêchés qui ont existé dès les huit premiers siècles ont les trois notes entre des crochets, savoir : les minuscules romaine et grecque, et la majuscule romaine, parce qu'on a dû faire connaître tant leur situation ancienne que leur situation présente. Quant à ceux postérieurs au VIIIᵉ siècle, ils n'ont entre leurs crochets que la majuscule romaine, parce qu'il a suffi de faire connaître leur situation présente, n'ayant point fait partie de l'état ancien.

Les chiffres romains employés avec la lettre *s* dans les tables servent à désigner le siècle dans lequel ont été érigés les archevêchés et les évêchés. Ainsi, après Porto on a mis II s., ce qui signifie que Porto est un évêché qui date du IIᵉ siècle. Au nom Silva-Candida, dans la même province, on a mis III s., uni à Porto XII s., ce qui veut dire que Silva-Candida, datant du IIIᵉ siècle, a été réuni à Porto dans le XIIᵉ. Nous n'avons pas toujours mis le siècle de l'origine des archevêchés et évêchés anciens, parce que cette origine est ignorée ou incertaine.

A l'exception de quelques archevêchés et évêchés que les papes ont érigés par des bulles expresses, presque tous les autres ont une origine presque inconnue ou fort douteuse. Il existe une espèce de tradition dans chaque Eglise qui y a conservé la mémoire de ses premiers apôtres et de ses premiers évêques, mais il est peu d'Eglises auxquelles cette tradition apprend le temps précisément où ils ont paru. Chaque ville a tâché de faire remonter sa prélature jusqu'aux temps apostoliques. Il en est sans doute qui ont raison, quoiqu'elles ne puissent pas en fournir la preuve, mais il y en a bien aussi qui se trompent. On n'a presque rien de positif sur l'origine des archevêchés et des évêchés qui étaient dans les trois premiers siècles, parce qu'on a perdu les monuments qui pouvaient nous en instruire. On n'en sait guère plus sur ceux qui ont commencé dans les siècles suivants, et l'on voit tout à coup paraître les prélats d'une ville dans un auteur ou dans un concile, sans qu'on nous dise s'il y en avait eu dans leur siège qui les y eussent précédés. Cependant il fallait prendre un parti dans cette incertitude; or, pour lever cette difficulté, nous avons cherché dans un auteur digne de foi ou dans une souscription de concile le temps où figure l'archevêque ou l'évêque d'une ville. Nous ne voulons point soutenir pour cela qu'il n'y en ait point eu plus tôt, ni apporter aucun préjudice aux prétentions de celles qui se croient plus anciennes; nous reconnaissons même que des archevêchés et des évêchés, qui ne sont marqués que pour être du ivᵉ et du vᵉ siècle, datent peut-être du iiᵉ et du iiiᵉ; que ceux du royaume de Naples, par exemple, placés presque tous au xᵉ, suivant quelques notices assez authentiques, pourraient être du viiiᵉ ou du ixᵉ; mais ce que nous avons voulu dire, c'est qu'il n'y a point de preuves ni de conjectures bien solides pour une antiquité plus reculée.

La hiérarchie ecclésiastique composée du pape, des patriarches, archevêques et évêques, dont nous avons à parler ici, fut dressée autant que possible sur la forme du gouvernement civil. Ainsi Rome étant le siége des empereurs, saint Pierre y établit pour lui et pour ses successeurs le siége pontifical sur tout le monde chrétien.

Cette même ville, ayant un préfet avec une autorité particulière sur la partie de cet empire qui s'étendait en Europe et dans l'Afrique occidentale, acquit en même temps au pape la dignité de patriarche sur les provinces qui embrassèrent le christianisme.

Antioche et Alexandrie étaient aussi la résidence de deux préfets, l'un pour l'Asie et l'autre pour l'Afrique appelée Orientale, elles devinrent patriarcales.

Constantinople, devenu le siége de l'empire au ivᵉ siècle, et ayant obtenu la qualité de seconde et nouvelle Rome, eut part en même temps aux priviléges de l'ancienne, et fut revêtue des mêmes honneurs que les trois précédentes en prenant sur Rome et sur Antioche de quoi composer son patriarcat.

Enfin Jérusalem, d'où la foi s'était répandue dans toute la chrétienté, par une considération de religion, fut associée à la dignité de ces villes capitales; ce qui se fit par un démembrement du patriarcat d'Antioche, opéré en sa faveur.

C'est de la sorte que s'établirent durant les premiers siècles les cinq patriarcats qui partagèrent le gouvernement spirituel de toutes les provinces chrétiennes.

Ces provinces avaient une ville, que l'on nommait métropole, où résidait le juge supérieur; et sous cette métropole il y avait d'autres villes auxquelles on donnait le nom de cité, où siégeaient les juges subalternes. On mit des métropolitains ou archevêques dans celles du premier rang, et des évêques dans celles du second : de là l'origine et la forme du gouvernement ecclésiastique durant les sept ou huit premiers siècles. C'est ce que nous appellerons l'*Etat ancien* dans tout le cours de cet ouvrage.

Le changement qui arriva dans l'état civil vers le ixᵉ siècle, en amena en même temps un dans l'Eglise; car l'empire ayant été divisé alors en oriental et occidental, on vit aussitôt l'Eglise grecque se séparer de la latine.

Rome n'eut pas de peine à conserver son autorité sur tous les Etats qui formaient l'empire d'Occident; elle l'étendit dans les siècles suivants, non-seulement sur les peuples qui se convertirent à la foi en Europe, par ses soins et par ses missions, mais encore sur tous les lieux où les Européens catholiques s'établirent en Asie, Afrique et Amérique; et c'est de quoi s'est formée une Eglise à laquelle nous donnons ici le nom de Latine, parce que sa liturgie est en latin.

Constantinople, qui se vit capitale de l'empire d'Orient, voulut s'égaler à Rome, et comme elle n'y pouvait réussir que par le schisme, elle y entraîna les trois anciens patriarches qui dépendaient du même empire: ce qui fit une Eglise que nous nommons Eglise grecque, parce que sa liturgie est en grec.

Enfin du sein de cette Eglise grecque sont sorties plusieurs communions, dont les unes se sont réunies à la latine ou à la grecque; les autres entretiennent schisme avec l'une et avec l'autre. Elles ont toutes affecté des liturgies dans leurs langues particulières : ce qui nous a engagés à les mettre sous le nom d'Eglises qui ne sont ni du rite grec ni du rite latin.

La vaste étendue du sujet, le grand nombre d'auteurs qu'il a fallu consulter pour parler non-seulement des points discutés et connus, mais aussi des points négligés ou demeurés obscurs; les contradictions continuelles qui sont dans les livres, surtout en fait de chronologie et de géographie ancienne, où les plus habiles se trompent, et où sur plusieurs auteurs on n'en rencontre pas deux qui s'accordent : ces diverses raisons font qu'un semblable travail est très-minutieux et fort délicat de sa nature.

Il y a différentes dignités entre les évêques de l'Eglise latine. Outre les patriarches titulaires des quatre Eglises d'Orient, on voit quelques archevêques qui prennent le titre de patriarche, comme ceux d'Aquilée, de Venise et de Bourges; mais c'est simplement de pure forme.

Il en est qui portent le titre de *primat*, comme ayant sous eux plusieurs archevêques et plusieurs provinces; mais il n'y en a presque point qui jouissent de ce droit, à parler rigoureusement, si ce n'est celui de Lyon.

Le nom d'archevêque et celui de métropolitain signifient la même chose dans l'Eglise latine. Ces appellations se donnent aux évêques qui sont supérieurs sur ceux d'une province.

Entre les simples évêques, il en est qui prétendent au titre de prototrônes; c'est-à-dire qu'ils prétendent avoir le premier pas entre ceux de leur province, non point en vertu de leur ancienneté, mais en vertu de leur siége.

Nous n'avons pas toujours indiqué le siècle des suppressions des archevêchés et des évêchés, parce que beaucoup se sont éteints insensiblement par la ruine des villes auxquelles leur titre était attaché. Mais voici comment on distinguera ceux qui sont supprimés d'avec ceux qui subsistent encore: les archevêchés et les évêchés qui existent avancent davantage sur la gauche dans les colonnes du tableau, et ont le nom vulgaire avant le nom latin ; les archevêchés et les évêchés supprimés sont un peu rentrés dans ces mêmes colonnes, et ont le nom latin avant le nom vulgaire (*).

# PATRIARCHES ET CARDINAUX DE L'ÉGLISE ROMAINE.

L'origine des Eglises patriarcales et des cardinaux de l'Eglise romaine est un des faits les plus controversés de toute l'histoire ecclésiastique.

Baronius rapporte à l'an 1057 un code provincial de l'Eglise romaine, qui paraît être du XIe ou XIIe siècle, dans lequel on voit les cinq églises de Rome qui y sont nommées patriarcales desservies chacune par sept cardinaux, savoir : celle de Saint-Jean de Latran, par des cardinaux-évêques ; et les quatre autres : de Saint-Pierre, de Saint-Paul, de Sainte-Marie-Majeure et de Saint-Laurent, par des cardinaux-prêtres. Le pape se réserva dans la suite des temps l'église de Saint-Jean de Latran pour son titre particulier, et assigna les quatre autres pour servir de titres à des prélats qu'il honora de la dignité des quatre anciens patriarches de l'Eglise grecque, savoir : de Constantinople, d'Alexandrie, d'Antioche, et de Jérusalem. Il paraît avoir eu pour motif de pouvoir représenter dans les conciles et autres assemblées extraordinaires les principaux membres de l'Eglise universelle. Mais ce qui lui donna lieu encore d'agir ainsi, ce furent les croisades, durant lesquelles il y avait eu occasion d'établir des patriarches latins sur ces quatre sièges de l'Orient ; car ces prélats s'étant réfugiés à Rome après avoir été chassés de leurs Eglises par les infidèles, le pape continua à leur nommer des successeurs, au moins pour la forme : ce qui dure encore à présent.

Pour le nom de cardinal, il ne signifie autre chose, dans son origine, qu'un ecclésiastique attaché à son église. Mais tout ce qu'on dit des titres établis à Rome, tant pour les prêtres que pour les diacres, durant les trois premiers siècles, est trop incertain pour être rapporté ici. On lit dans les souscriptions du concile romain, sous le pape Symmaque, plusieurs prêtres et diacres qui prennent le titre de cardinaux des églises de Rome. On ne voit pas bien cependant quel en était le nombre alors, ni s'il était fixe, comme tant d'auteurs l'ont dit sur la bonne foi les uns des autres, sans aucune preuve. Il est probable que ce ne fut que dans le XIe siècle qu'on limita le nombre des cardinaux, comme on le trouve dans l'ancien code provincial dont nous avons parlé ci-dessus, parce qu'ils avaient seuls le droit d'être élus pape, et seuls le droit de l'élire. Leurs titres y sont rapportés comme on le verra à la fin de ce paragraphe, savoir : sept évêques desservant les diocèses les plus voisins de Rome, vingt-huit prêtres qui étaient les principaux curés de la ville, et dix-huit diacres, dont il y en avait quatre pour le palais du pape et quatorze pour les quatorze quartiers dans lesquels la ville était partagée depuis longtemps.

Cependant le nombre des cardinaux dans la suite n'a rien eu de constant, et l'on en voit dans les siècles suivants, tantôt plus, tantôt moins, jusqu'à Sixte V, qui les réduisit par sa bulle de l'an 1586 au nombre de soixante-dix, savoir : six évêques, parce qu'il y en a eu un de supprimé, cinquante prêtres, Caliste III ayant ajouté un titre de plus aux vingt-huit anciens ; Sixte IV un ; Léon X douze ; Jules III trois ; Paul IV un ; Pie IV un ; et Pie V trois, ce qui fait les cinquante ; et pour les diacres, ils ont été réduits par cette bulle à quatorze.

Ces cardinaux ont dans l'Eglise de leur titre les droits épiscopaux, mais il n'y en a presque point qui y résident, et on en a vu même souvent qui ne sont pas parvenus à en avoir. C'est le pape Innocent IV qui leur donna le bonnet et le chapeau rouge l'an 1245, et c'est vers le temps du pape Boniface VIII qu'ils ont pris l'habitude de porter l'habillement de cette couleur.

Les cardinaux sont les conseillers-nés du pape et président aux congrégations et aux tribunaux qui se tiennent à Rome pour les plus importantes affaires de la religion.

*Les congrégations principales sont au nombre de neuf.*

1. La congrégation du Saint-Office, pour les matières qui concernent l'hérésie.
2. La congrégation des Evêques et des Réguliers, pour les différends qui arrivent entre les uns et les autres.
3. La congrégation du Concile, pour les difficultés qui peuvent naître à l'occasion du concile de Trente.
4. La congrégation des Rites, où l'on règle tout ce qui concerne l'office divin.
5. La congrégation de l'Indice, pour l'examen des livres qui s'impriment.
6. La congrégation de la Consulte, pour ce qui regarde le gouvernement temporel de l'Etat du pape.
7. La congrégation des Affaires consistoriales, pour les provisions des évêques et des abbés, et autres matières que l'on doit proposer dans les consistoires.

(*) Dans les Etats protestants, comme en Hollande et en Allemagne, * ce signe indique les archevêchés et les évêchés catholiques supprimés par les protestants avant la paix de Westphalie. ʘ indique les archevêchés et les évêchés supprimés en vertu des dispositions du traité de Munster. † désigne les archevêchés et les évêchés catholiques dont les titulaires étaient princes de l'Empire, ou souverains indépendants. — Ces signes ont un autre sens pour les pays soumis à la Turquie. * signifie que le siége épiscopal n'existe plus. † indique que l'évêché dont l'authenticité a été reconnue existe encore. ✠ a la même signification pour les archevêchés. — La lettre S signifie siècle.

8. La congrégation *de Propaganda Fide*, pour les missions étrangères.

9. La congrégation des Immunités ecclésiastiques.

*Les tribunaux les plus considérables sont six.*

1. **La Rote**, où se jugent en dernier ressort les procès dont est appel à Rome de tous les endroits de la chrétienté.

2. Le Consistoire où l'on pourvoit aux bénéfices qu'on nomme consistoriaux, comme évêchés et abbayes.

3. La Daterie, où s'expédient les provisions de tous les bénéfices, à l'exception des évêchés.

4. La Chambre, où se portent les comptes de l'épargne.

5. La Chancellerie, où s'expédient les lettres et les bulles apostoliques.

6. La Pénitencerie, où se traitent les affaires de conscience.

*Les principales charges de l'Etat du pape sont douze.*

1. Le vicaire du pape, qui est comme l'évêque de la ville.

2. Le grand pénitencier, qui absout des cas réservés.

3. Le vice-chancelier, qui a l'expédition des lettres apostoliques.

4. Le camerlingue, qui préside à la chambre et qui a le gouvernement temporel de l'Etat ecclésiastique durant la vacance.

5. Le préfet de la signature de justice.

6. Le préfet de la signature de grâce.

7. Le préfet des brefs.

8. Le bibliothécaire de la sainte Eglise.

9. L'auditeur général de la chambre apostolique.

10. Le maître du sacré palais.

11. Le majordome du palais apostolique.

12. Le camérier secret ou maître de la chambre de Sa Sainteté.

*Les légats qui gouvernent les principales provinces de l'Etat du pape sont cinq.*

1. De Bologne.
2. De Ferrare.
3. De Romagne.
4. De Pérouse et Ombrie.
5. D'Urbin.

La Campagne de Rome et le Patrimoine de saint Pierre n'ont que des gouverneurs.

*Eglises patriarcales de Rome.*

1. Saint-Jean de Latran, le pape.
2. Saint Pierre, le patriarche de Constantinople.
3. Saint Paul, le patriarche d'Alexandrie.
4. Sainte-Marie-Majeure, le patriarche d'Antioche.
5. Saint Laurent, le patriarche de Jérusalem.

*Titres des cardinaux-évêques de Saint-Jean de Latran.*

1. Ostie, doyen des cardinaux.
2. Porto, sous-doyen.
3. Sabina.
4. Palestrine.
5. Tusculum.
6. Albano.

*Titres des cardinaux-prêtres de Saint-Pierre au Vatican.*

7. Sainte-Marie Transtevere.
8. Saint Chrysogone.
9. Sainte Cécile.
10. Sainte Anastasie.
11. Saint Laurent *in Damaso*.
12. Saint Marc.
13. Saint Martin du Mont.

*Titres des cardinaux-prêtres de Saint-Paul-hors-les-Murs.*

14. Sainte Sabine.
15. Sainte Prisque.
16. Sainte Balbine.
17. Saints Nerée et Achillée.
18. Saint Sixte.
19. Saint Marcel.
20. Sainte Suzanne.

*Titres des cardinaux-prêtres de Sainte-Marie-Majeure.*

21. Les douze Apôtres.
22. Saint Ciriaque.
23. Saint Eusèbe.
24. Sainte Potentiane.
25. Saint Vital.
26. Saints Marcellin et Pierre.
27. Saint Clément.

*Titres des cardinaux-prêtres de Saint-Laurent-hors-les-Murs.*

28. Sainte Praxède.
29. Saint Pierre-aux-Liens.
30. Saint Laurent *in Lucina*.
31. Sainte Croix en Jérusalem.
32. Saint Etienne *in Cœlio Monte*.
33. Saints Jean et Paul.
34. Les saints Quatre Couronnés.

*Titres nouveaux des cardinaux-prêtres.*

35. Saint Nicolas *inter Imagines*.
36. Saint Jean-Porte-Latine.
37. Saint Césaire au Palais.
38. Sainte Agnès *in Agone*.
39. Saint Apollinaire.
40. Saint Laurent *in pane et perna*.
41. Saint Sylvestre *in campo Martio*.
42. Saint Thomas *in Parione*.
43. Saint Pancrace.
44. Saint Caliste.
45. Saint Barthélemy dans l'île.
46. Saint Matthieu *in Merulana*.
47. Sainte Marie du Capitole.
48. Sainte Marie *in Via*.
49. Sainte Barbe.
50. Saint Siméon.
51. Sainte Marie *super Minervam*.

*Titres anciens des cardinaux-diacres.*

52. Sainte Luce *in septem soliis*.
53. Sainte Marie *in Aquiro*.
54. Saint Théodore.
55. Sainte Marie *in Cosmedin*.
56. Saint George *ad Velum aureum*.
57. Saints Côme et Damien.
58. Sainte Marie la Neuve.
59. Saint Adrien.
60. Saints Serge et Bacche.
61. Sainte Marie *in via lata*.
62. Sainte Marie *in Porticu*.
63. Saint Nicolas *in Carcere*.
64. Sainte Marie *in Dominica*.
65. Saint Eustache.
66. Saint Ange.
67. Saint Vit *in Macello*.
68. Sainte Agathe.
69. Sainte Luce *in Cilice*.

*Titre nouveau d'un cardinal-diacre.*

70. Saint Onufre au Vatican.

On remarquera qu'il n'y a jamais eu rien de bien constant dans ces titres, tant pour les cardinaux-prêtres que pour les diacres, et qu'il y en a que quelques auteurs désignent autrement.

Avant de commencer le tableau général des évêchés, nous publions la Notice suivante, tirée de la bibliothèque royale, à titre de document sur les variations que la géographie primitive des cinq patriarcats a subies.

## NOTITIA QUINQUE PATRIARCHATUUM.

(Ex Regia Bibliotheca.)

Sancta Romana Ecclesia, mater Ecclesiarum omnium et magistra, habet sub se, vel habere debet hos patriarchas et metropolos, et suffraganeos inferius denotatos. Sed magnam partem eorum subtraxit Romanæ Ecclesiæ superbia Græcorum, remotio locorum, repugnatio hæreticorum, infidelitas paganorum. Cum summo vero pontifice sunt hii cardinales, Christi et Ecclesiæ negotia pertractantes.

Septem cardinales episcopi primæ sedis, qui ad sacrosanctum altare dominicum in basilica Salvatoris per hebdomadas suas vice apostolici celebrare debent quotidie, hii sunt : episcopus Ostiensis, episcopus Portuensis, episcopus Sanctæ Rufinæ, episcopus Albanensis, episcopus Sabinensis, episcopus Tusculanensis, episcopus Prænestensis.

Cardinales Sanctæ mariæ Majoris sunt hii : Sanctorum Apostolorum, Sancti Cyriaci in Termas, Sancti Eusebii, Sanctæ Prudentianæ, Sancti Vitalis, Sanctorum Marcellini et Petri, Sancti Clementis.

Cardinales Sancti Petri sunt hii : Sanctæ Mariæ Transtyberim, Sancti Chrisogoni, Sanctæ Cæciliæ, Sanctæ Anastasiæ, Sancti Laurentii in Damasco, Sancti Marci, Sanctorum Martini et Silvestri.

Cardinales Sancti Pauli sunt hii : Sanctæ Sabinæ, Sanctæ Priscæ, Sanctæ Balbinæ, Sanctorum Nerei et Achillei, Sancti Sixti, Sancti Marcelli, Sanctæ Susannæ.

Cardinales Sancti Laurentii sunt hii : Sanctæ Praxidis, Sancti Petri ad Vincula, Sancti Laurentii in Licina, Sanctæ Crucis in Hierusalem, Sancti Stephani in Celio Monte, Joannis et Pauli, Sanctorum Coronatorum.

Diaconiæ sunt decem et octo : Sanctæ Mariæ in Dominica, ubi est archidiaconus, Sanctæ Luciæ in Circo juxta Septa Solis, Sanctæ Mariæ Novæ, Sanctorum Cosmæ et Damiani, Sancti Adriani, Sanctorum Sergii et Bachi, Sancti Theodori, Sancti Georgii, Sanctæ Mariæ in Schola Græca, Sanctæ Mariæ in Porticu, Sancti Nicolai in Carcere, Sancti Angeli, Sancti Eustachii, Sanctæ Mariæ in Aquiro, Sanctæ Mariæ in Via Lata, Sanctæ Mariæ in Equo Marmoreo, Sanctæ Luciæ in Capite Subure, Sancti Quirici.

Isti sunt episcopi sub Romano pontifice, non sub alio vel alterius provincia constituti.

Anagninus.
Signinus.
Ferentinus.
Alatrinus.
Verulanus.
Teracinensis.
Soranus.
Fundanus.
Gaietanus.
Tiburtinus.
Forcouensis.
Spoletanus.
Reatinus.
Tudertinus.
Ameliensis.
Fulginas.
Nucerinus.
Eugubinus.
Callensis.
Urbinas.
Mariscanus.
Valvensis.
Teatinus.
Pennensis.
Aburtinus.
Sutrinus.
Civitatontensis.
Ortanus.
Balneoregensis.
Urbevetanus.

Auximanus.
Eninanus.
Aneonuitanus.
Esinas.
Esculanus.
Firmanus.
Camerinensis.
Ravenensis.
Ariminensis.
Viturbiensis.
Tuscanensis.
Castrensis.
Suanensis.
Elusinus.
Perusinus.
Castellanus.
Aretinus.
Grossetanus.
Vulteratinus.
Lucanus.
Pistoriensis.
Florentinus.
Fesulanus.
Lunensis.
Senogaliensis.
Fanensis.
Peusauriensis.
Forosimbronensis.
Feretranus

Panormitana metropolis, hos habet suffraganeos :
Agrigentinum.
Mazariensem.     Milevitanum.

Archiepiscopus Montis Regalis hunc habet suffr. :
Syracusanum.

Mesana metropolis hos habet suffraganeos :
Cephaludensem.          Cataniensem.
Pactensem.              Sancti Marci.
Lipariensem.            Miletensem.

Archiepiscopus Reginus hos habet suffraganeos :
Cassanensem.            danum.
Neocastrensem.          Bonensem.
Catacensem.             Geratinum.
Roloniensem.            Squillacensem.
Cropiensem.             Miletensem
Oppenseinum vel Oppi-   (est domini papæ).

Archiepiscopus Cusentinus hunc habet suffragan. :
Marturanensem.

Archiepiscopus Rossanensis hos habet suffraganeos :
Bisinianensem           Sancti Marci.
   (est domini papæ).

Archiepiscopus S. Severini hos habet suffraganeos :
Ebuacensem.             Gerontinensem.
Stroniensem.            Insulensem.
Genetocastrensem.       Sancti Leonis.

Archiepiscopus Consanus hos habet suffraganeos :
Marannensem.            Satrian.
Lequadonensem.          Montis Viridensem.

Archiepiscopus Tharentinus hos habet suffraganeos :
Mutilensem.             Castellanum.

Archiepiscopus Ageruntinus hos habet suffraganeos :
Potentinum.             Carponiensem.
Tricanensem.            Graumensem.
Venusinum.              Anglonensem.

Archiepiscopus Brundusinus hunc habet suffragan. :
Astunensem.

**Archiepiscopus Hidruntinus** hos habet suffraganeos :
Castreusem.
Galopolitanum.
Liciensem.
Ugentinum.
Leucensem.

**Archiepiscopus Barensis** hos habet suffraganeos :
Bocuntinum.
Malfetanum.
Iwenacensem.
Rubetinum.
Salpensem.
Cannensem.
Bitentinum.
Conversanum.
Menervinensem.
Polignanensem.
Caterinensem.
Tivellinum.

**Archiepiscopus Tranensis** hos habet suffraganeos :
Nestanum.
Metropolitan.
(est domini papæ).
Trojanum
(est domini papæ).
Melfiensem
(est domini papæ).
Rapolleusem
(est domini papæ).

**Archiepiscopus Beneventanus** hos habet suffragan. :
Telesinum.
Sanctæ Agathes.
Alifiensem.
Montis Marenensem.
Montis Corvinum.
Avellinum.
Vitanum.
Avenensem.
Binariensem.
Asculenum.
Licherinum.
Torribulenensem.
Draconariensem.
Vulturanum.
Alarinum.
Civitatenensem.
Termolensem.
Trequentinum.
Frequentinum.
Buninensensem.
Uvardiensem.
Musanensem.

**Archiepiscopus Salernucanus** hos habet suffragan. :
Capudaquensem.
Policastrensem.
Nusquetanum, vel Tuscauum.
Sarnensem.
Acerrarensem.
Marficensem.
Ravellensem.

**Archiepiscopus Amalficanus** hos habet suffraganeos :
Capcitanum.
Scalensem.
Minorensem.
Lutaunum.

**Archiepiscopus .....** hos habet suffraganeos :
Equensem.
Lubrensem.
Castelli Majoris, vel Stabiensem.

**Archiepiscopus Neapolitanus** hos habet suffraganeos :
Aversanum.
Nolanum.
Puteolanum.
Cumanum.
Iusculanum, vel Insulanum.

**Archiepiscopus Capuanus** hos habet suffraganeos :
Theanensem.
Calvensem.
Calmensem.
Casertanum.
Soranum.
Cajaeztensem.
Suessanum.
Venastreanum.
Aquentense.

**Archiepiscopus Pisanus** hos habet suffraganeos :
Massanum.
Aleriensem.
Ajacensem.
Sagonensem.

**Archiepiscopus Januensis** hos habet suffraganeos.
Babionensem.
Aprumaccensem.
Maraciensem.
Albinganensem.

**Archiepiscopus Ravennas** hos habet suffraganeos.
Adiensem.
Foropopuliensem.
Sareviensem, vel Biensem, vel Sassanatum.
Vinolensem.
Reginum.
Comachesensem.
Foroliviensem.
Bononiensem.
Parmensem.
Cerninsem.
Cesanetem.
Faveatinum.
Mutinensem.

**Archiepiscopus Mediolanus** hos habet suffraganeos :
Bergamensem.
Buxiensem,
Cremonensem.
Laudensem.
Novariensem.
Placentinum (est domini papæ).
Ferrariensem (est domini papæ).
Vercellensem.

Yporiensem.
Taurinensem.
Astensem.
Aquensem.
Albensem.
Terdonensem.
Saunensem.
Albigensem.
Viginti Miliensem.
Papiensem (est domini papæ).

**Patriarcha Aquileiensis** hos habet suffraganeos :
Mantuanum.
Veronensem.
Ternisinum.
Fleirensem.
Parentinum.
Comadensem, vel Petensem Capitis Ystræ, vel Justinopolitanum.
Civitatis novæ, vel Emonensem.
Cumanum.
Paduanum.
Concordiensem.
Bellunensem.
Triestinum, vel Teriestinum.
Tridentuum.
Vincentinum.
Cenetensem.
Polanensem.
Emonensem.
Maranensem.

**Archiepiscopus Gradensis** hos habet suffrag. :
Castellanum.
Tersellanum.
Equilensem, vel Esculanum Civitatis Novæ.
Caprulensem.
Elugiensem.

**Archiepiscopus Jadre** vel **Jadretinus** hos habet suffrag. :
Siguensem.
Apsarensem.
Veglinensem.
Arbensem.
Novensem.

**Archiepiscopus Spolatinus** hos habet suffrag. :
Traguriensem.
Scardonensem.
Arbensem.
Croatensem.
Kerbanensem.
Tiniensem.
Signensem.
Novensem.

**Archiepiscopus Ragusiæ** hos habet suffrag. :
Stanensem.
Bossonensem.
Tribuniensem.
Rose.
Biduanum.
Catarinensem, qui est suffraganeus Barenensis.

**Archiepiscopus Annarensis** hos habet suffrag. :
Dulchinensem.
Suacinensem.
Driuascensem.
Polatensem.
Scodinensem.
Arbanensem.
Sardensem.
Scutarensem.

**Archiepiscopus Straigoniensis** hos habet suffr. :
Agriensem.
Nutriensem.
Vatiensem.
Jauriensem.
Quinqueecclesiensem.
Vespruniensem.

**Archiepiscopus Colocensis** hos habet suffr. :
Ultrasilvanum.
Zagabriensem.
Waracliensem.
Chenadiensem.

**Archiepiscopus Kevesesensis** hos habet suffr. :
Vredicilatensem, vel Civaniensem.
Gratisloviensem
Lubicensem.
Plozensem.
Grocoviensem.
Pozuaniensem.
Mazoniensem.
Pomeraniensem

**Archiepiscopus Maguntinus** hos habet suffr. :
Pragensem.
Moraviensem, vel Holomocensem.
Eistetensem.
Herbipolensem, vel Wraburgensem.
Constantiensem
Curiensem.
Argentinensem.
Spirensem.
Verdensem.
Ildemesensem.
Alunstatensem.
Palteburnensem.
Pandeburgensem.
Augustensem.

**Archiepiscopus Coloniensis** hos habet suffr.
Leodiensem.
Trajectensem.
Monasteriensem.
Midensem.
Osemburgensem.

## NOTITIA QUINQUE PATRIARCHATUUM.

Archiepiscopus Bremensis hos habet suffr.:
Barduicensem.
Solecuisensem.   Libicensem.
Raskeburgensem.   Rigensem, *vel* Amonen-
Zermensem.   sem.

Archiepiscopus Mandeburgensis hos habet suffr.:
Albebergensem.
Brandeburgensem.   Meseburnensem.
Misensem, *vel* Misnen-   Cisensem, *vel* Nunbunge-
sem.   num.

Archiepiscopus Salseburgensis hos habet suffr.:
Pataviensem.
Ratisponensem.   Gurcensem.
Frisingensem.   Brixinensem.

Archiepiscopus Treverensis hos habet suffr.:
Metensem.
Tullensem.   Virdunensem.

Archiepiscopus Tharentasiensis hos habet suffr.:
Sedunensem.   Augustensem.

Archiepiscopus Bisuntinus hos habet suffr.:
Basilensem.
Lausanensem.   Bellicensem, *vel* Sillicen-
   sem.

Archiepiscopus Ebredunensis hos habet suffr.:
Dignensem.
Nicensem.   Glandecensem.
Antipolitanum.   Senecensem.
   Ventiensem.

Archiepiscopus Aquensis hos habet suffr.:
Aptensem.
Regensem.   Vapicensem.
Foroliviensem.   Sistericensem.

Archiepiscopus Arelatensis hos habet suffr.:
Massiliensem.
Avinionensem.   Cavellicensem.
Avrasicensem.   Triscatiniensem.
Vasiosensem.   Carpentoratensem.
   Tolonensem.

Archiepiscopus Narbonensis hos habet suffr.:
Carcasonensem.
Bitterensem.   Megalonensem.
Agathensem.   Neamassensem.
Lothovensem.   Uticensem.
Tholosanum.   Elnensem.

Archiepiscopus Viennensis hos habet suffr.:
Valentinum.
Vivariensem.   Gratianopolitanum.
Diensem.   Maurianensem.
   Gebennensem.

Archiepiscopus Lugdonensis hos habet suffr.:
Eduensem.
Masticonensem.   Cabilonensem.
   Lingonensem.

Archiepiscopus Senonensis hos habet suffr.:
Parisiensem.
Carnotensem.   Altissiodorensem.
Aurelianensem.   Trecensem.
Nivernensem.   Meldensem.

Archiepiscopus Rhemensis hos habet suffr.:
Suessionensem.
Cathalaunensem.   Ambianensem.
Cameracensem.   Novionensem.
Tornacensem.   Silvanectensem.
Morinensem.   Belvacensem.
Attrebatensem.   Laudunensem.

Archiepiscopus Rothomagensis hos habet suffr.:
Baiocensem.
Abrincensem.   Sagiensem.
Ebroicensem.   Luxoviensem.
   Constantiensem.

Archiepiscopus Turonensis hos habet suffr.:
Cenomanensem.
Audegavensem.   Redonensem.
   Nannetensem.

Corisopitensem.   Trecorensem.
Venetensem.   Leonensem.
Mactoviensem.   Dolensem.
Briocensem.

Archiepiscopus Bituricensis hos habet suffr.:
Claremontensem.   Abigensem.
Ruthenensem.   Aniciensem, *vel* Podien-
Carturcensem.   sem, qui est domini
Lemovicensem.   papæ.
Cumacensem.

Archiepiscopus Burdegalensis hos habet suffr.:
Pictavensem.   Petragoricensem.
Xanetonensem.   Agennensem.
Engolismensem.

Archiepiscopus Auxitanus hos habet suffr.:
Aquasem.   Tarviensem.
Lectorensem.   Olorensem.
Convennarum.   Vasacensem.
Consuranensem.   Lascurrensem.
Bigoriensem.   Adurensem.
Baionensem.

Archiepiscopus Terraconensis hos habet suffr.:
Barcinonensem.   Tirasonensem.
Gerundensem.   Caloguritanum.
Leridensem.   Cæsaraugustanum
Ausonensem, *seu* Vicen-   Serragæensem, *vel* Nu-
sem.   macensem.
Urgellensem.   Dortoscusum.
Hylerdensem.   Pampilonensem.
Oscensem.

Archiepiscopus Toletanus hos habet suffr.:
Seguntinum.   Occinctininsem.
Oxomensem.   Burgensem, qui est do-
Segobricensem.   mini Papæ.
Segobiensem.   Palentinum.
Concensem.

Archiepiscopus Emeritensis, *vel* Compostalanus hos habet suffr.:
Abusensem.   Civitanensem.
Placentinum.   Ulisbonensem.
Elborensem.   Legionensem, qui est do-
Salamantinensem.   mini Papæ.
Amacensem.   Ovetensem, qui est do-
Egitaniensem.   mini Papæ.
Cannensem.   Zomorensem.

Archiepiscopus Bracarensis hos habet suffr.:
Portugalensem.   Auriensem.
Colimbriensem.   Astoricensem.
Visensem.   Tudensem.
Lamecensem.   Minduniensem.
Lucensem.

Archiepiscopus Hispalensis hos habet suffr.:
Valenciensem.   Goram.
Dunia.   Meleyda.
Sibilliensem.   Evitia.
Ubedanum.   Formentaria.
Cordubensem.   Alchoroz.
Alacha.   Almaria.
Baccia.   Monequa.
Olispona.   Gilbaltaria.
Spala.   Septa.
Petrosa.   Gey.
Complutum.   Tharuf.
Malecha.   Lucerna.
Sativa.   Ventosa.
Granada.   Caporra.
Accintina.   Adama, sed hæ quatuor
Ubis Deserta.   deseriæ sunt.
Ugria.

**Archiepiscopus** Cantuarensis hos habet suffr. :

Londoniensem.
Roffensem, *sive* Rouccestrensem.
Exnoniensem.
Batoniensem.
Conventrensem.
Oxoniensem.
Wintoniensem.
Baligorensem.
Limolniensem.
Landonensem.
Saresbriensem.
Wingorinensem.
Herefordensem.
Helyensem.
Nornicensem.
Menevensem.
De Sancto Asaph.
Cicestrensem.

**Archiepiscopus** Eboracensis hos habet suffr. :

Dunelmensem.
Cardocensem, *vel* Carleolensem.

**Archiepiscopus** Londensis hos habet suffr. :

Rochiltensem.
Otheniensem.
Selewicensem.
Rippensem.
Wibergensem.
Artisiensem.
Burganensem, *vel* Burgalenensem.

**Archiepiscopus** Nidroniensis hos habet suffr. :

Bergensem.
Stavangrensem.
Amatropensem, *vel* Amarensem.
Hosionensem.
Nortadensem.
Studeregensem, *vel* Subtrajensem.

**Archiepiscopus** Ubsalensis hos habet suffr. :

Auguriensem.
Lingacopensem.
Stratwinensem.
Scarensem.

**Archiepiscopus** Sancti Andreæ hos habet suffr. :

Glasenensem.
Candidæ Casæ.
Cathariensem.
Dulchedensem.
Dumblaniensem.
Brechinensem.
Aberdonensem.
Murenensem.
Morianiensem.
Rosmarchinensem.
Dearegorchel, qui est domini Papæ.

**Archiepiscopus** Armachiæ primatus totius Hiberniæ hos habet suffr. :

Connerinensem.
Dedundalehglas.
Ingurouaam.
Ilvalnirand, *sive* Midensem.
Cluanensem, *vel* Cluanerdensem.
Rochinocensem, *vel* Rathbotensem.
Conerensem, Ileugamensem.
Deconnannas.
Deardarchad.
Deralhboth.
Derathlurig.
Dedamæliæliagg.
Dedarrich.
Dunensem, *vel* Drumorensem.
Runensem, *vel* Revelensem, *vel* Crocorensem.
Artagadoum, *vel* Ardæcadensem.

**Archiepiscopus** Dublinensis hos habet suffr. :

Glendelaci, *vel* Glaudelacensem.
Femensem.
Darensem.
Glensem, *vel* Gluisonensem.
Gaininch.
Caldetensem, *vel* Kiscarensem.
Ossinensem.
Liceliuensem.

**Archiepiscopus** Casellensis hos habet suffr. :

Decendalvensem, *vel* Laonensem.
Deardefertensem.
Lunech.
Firmaberensem, *vel* Fymbanensem.
Dedusnomanum, *vel* Clovanum.
Carthox.
Deconeagia, *vel* Corcogensem.
Derosailitcher.
Tubricensem.
Artfertilensem.
Wartefordensem.
Derostreensem, *vel* Widifordianum.
Delisinod, *vel* Lismorensem.
De insula.
Landensem.
Decelleninabrach.
Denulech, *vel* Omblicensem.

**Archiepiscopus** Tuam, hos habet suffr. :

Demageonensem.
Celmacduacum.
Roscomen.
Achadsen.
Conari.
Cellumabrach.
Duacensem.
Nelfinensem.
Eacdunensem.
Cluartifertensem.
Bladensem.

**Archiepiscopus** Calaritanus hos habet suffr. :

Sulciranum.
Suellensem.
Doliensem.

**Archiepiscopus** Turritanus hos habet suffr. :

Sorrensem.
Plavacensem.
Sipharelensem.
Ampuriensem.
Gisardensem.
Clastrensem.
Othanensem.
Bosenum.

**Archiepiscopus** Albicensis hos habet suffraganeos :

Usellensem.
Sanctæ Justæ.
Terræ Albæ.
Civitatensem, qui est domini papæ.
Caldellilensem, qui est domini papæ.

## CHANANEA.

Patriarchatus Hierosolymitanus habet sub se hos Metropolos inferius annotatos, et hos suffraganeos, quorum primus est Lidda, id est sanctus Georgius, qui prius..... Gaza dicitur; Joppe id est Japhe.

Betheleem, id est Effrata.
Meivias.
Piodicianopolis.
Petra, id est Cara.
Legionensis, id est Ligum.
Beigeberin.
Bersabee.
Sebastia, id est Samaria Thabor, ubi transfiguratus est Christus.
Jerico.
Tiberiadis.
Diocæsarea.
Turris Stratonis, prius Dor dicta.
Ebron, id est Abraham, prius Arbe dicta.
Mambre.
Adrogæ.
Mauronensis.
Capitolina.
Gedam.
Affra.
Helispharan.
Henelopolis.
Patracensis.

Montis Regalis, qui habet sub se quemdam episcopum Græcum qui est in monte Sinai; ibi sunt et aliæ civitates quæ non habent proprios episcopos, scilicet Aschalonia, quæ sub episcopo de Betheleem, quæ prius Gaza dicebatur, ubi Joannes Baptista, Helyas et Abdias prophetæ mortui sunt, Est et Neapolis, id est Siccima, *vel* Sychanam, quæ est in jurisdictione Canonicorum Sepulcri Domini.

Caiphas, id est Porphyria, quæ est sub episcopo Cæsareæ.

## PALESTINA.

Sedes prima Cæsarea maritima, quæ et Palestina, quam reædificavit Herodes. Sub hac sunt episcopatus viginti, videlicet :

Dæra.
Antipasdrida.
Jammias.
Assur.
Nixopolis.
Emaus.
Onus.
Sorucis.
Rapsias.
Regium Patos.
Gaza.
Regium Jerico.
Regium Lutas.
Regium Gadaron.
Azolusti.
Parabas, id est Paliternum.

## NOTITIA QUINQUE PATRIARCHATUUM.

Azotuisti [a].
Tipum [c].
Estomason, *vel* Estilion.
Tricomias.
Tocxus.
Saltium [b].
Constantiniaquis [b].

Psmirina.
Darnia.
Troja.
Gordien, id est Sardis.

Calanne, id est Seleucia.
Cappadocia.
Cucusa.
Cæsarea.

Sedes secunda Scithopolis, id est Batsan : sed hodie translata est sedes ad Nazareth ob reverentiam Annuntiationis dominicæ, et nativitatem beatæ Mariæ Virginis. Sub hac sunt episcopatus 9 :

Capitaliados.
Mirum.
Gadarum.
Pelonnillos [c].
Y Popopulus et Wilippus.
Terratomus.
Clincaganlanis [c].
Comanas.
Tiberias.

Sedes prima, Ipsus Tyrus ; sub hac sede sunt episcopatus 16 :

Porfireon, id est Caiphas
Athis.
Ptolomaidis, id est Accon.
Sydon.
Sarepta, id est Sarfent.
Byblium, id est Gibelet.
Botrium, id est Butrini.
Orchosia, id est Sarchais.
Betulus, id est Baruth.

Arados.
Gabulaun.
Antarados, id est Tortosa.
Paneas, id est Belinas, *vel* Cesarea Philippi prius Cinercth dicta.
Tiberias, id est Arath.
Tripolis.

Ibi sunt adhuc Betsaida, Naun, et Capharnaum, sed alio nomine vocitantur, nec habent episcopos.
Sedes tertia Arrabba Moabitis, id est Petra deserti. Sub hac sunt episcopatus, 13 :

Augustopolis.
Arindiza,
Earach.
Jarapolis.
Mensidos.
Elucis.
Zora.
Virossara.
Pentacomia.
Mamapson.
Mitrocomias.
Saltum [d].
Jeraticon [d].

Sedes 2, Tharsus ; sub hac sede sunt episcopatus 6 :

Sebastis.
Mallos.
Thyna.
Charicos.
Podandos.
Nichopolis.

Sedes 3, Edessa, ubi beatus Thomas apostolus requiescit ; hæc prius dicta est Arech. Prius Reges, modo dicitur Roaes, sub hac sede sunt episcopatus isti :

Unchi.
Constancia.
Carræ.
Mereopolis.
Vatrion.
Cedinaron.
Ymeria.
Querquusia.
Tapsaron.
Callunices.
Ninitte.
Babilonia Deserta.
Thamarcha.
Escolera.
Asposon.
Tyrancerta.
Yerapolis.
Seleucia.
Chilsipin.
Isibim.
Elma.
Orina.
Susis.
Isumbus.
Nisa.
Buchepalon.
Ptinia.
Aris.
Pelocarea.
Ebathanis.
Persepolis.
Diospolis.
Faciacis.
Corduba.
Elimaidis.
Tesiphons.
Antiocha.
Carabe.
Margam.
Carsani.
Emathia.
Cerdola.

Sedes quarta Beurra Arabiæ. Sub hac sunt episcopatus 35 :

Adrason.
Dyas.
Medavers.
Jessaron.
Nevi.
Filadelphias.
Constantianis.
Pentaconias.
Triconias.
Canafados.
Saltum.
Volaneos.
Conus e Mahdercou.
Comocoreatas.
Conus Capron.
Conus Vilvanos.
Conus Purgro et Arcthou [f].
Conus Pateris.
Comisariocon.
Esius.
Neopolis.
Filipopolis.
Fenustus.
Dionysias.
Exacomias.
Enacomias.
Comogonias.
Comogeros.
Comostanis.
Comis Nectis.
Comis Vestamos.
Comisariothas.
Comistraconos.
Clima Anatolicum.

Sedes 4, Apamiæ, id est Albani, sub qua sunt, episcopatus :

Epiphania.
Seleuciæ.
Vuallæ.
Larissa.
Vallanea.
Raphania.
Mariæne.
Aretusa.

Sedes 5, Jerapolis, id est Malbech ; sub qua sunt episcopatus 8 :

Henmos.
Sauron.
Varnalis.
Neochesarea.
Perrea.
Orcimon.
Dolichi.
Europi.

Sedes 6, Bostra, id est Buselech ; sub qua sunt episcopatus 19 :

Gerison.
Philadelphia
Zoraima.
Herri.
Cycui.
Euthimi.
Constancia.
Adraon.
Medavon.
Paramboli.
Dionysa.
Conaacori.
Maximopolis.
Philippolis.
Crisopolis.
Austando.
Betirendon.
Æylon.

Patriarchatus Antiochenus antiquitus sub se hos habet suffraganeos et metropolos cum suffraganeis suis inferius denotatos. Nunc enim habet centum quinquaginta et tres ecclesias cathedrales, ad instar illius Evangelii, impletum est rete magnis piscibus CLIII. Aliæ autem Syriorum et Armeniorum sunt, et Romanæ Ecclesiæ non obediunt ; aliæ paganorum quæ Christo nec Ecclesiæ obediunt ; tamen omnes antiquitus et Christo et Ecclesiæ obedierunt, et hæc sunt suffraganeæ ejus :

Caris.
Cisidia.
Ephesus.
Laodicia.
Tratira.
Pergamus.
Menandrius.
Antandrus.
Yrinopolis, id est Hastach.
Palmaria.
Catholica.
Bithynia.
Nicea.
Nicomedia.
Yerniolis.

[a] Ex his duobus vocabulis conflce *azotus ippini*.
[b] Pro his duabus urbibus unam legit Tyrius quam vocat *Salton Constantiniaces*.
[c] *Pelle et Belles*.

[d] Alibi *Salton Jexaticon* una urbs est, unde et 12 tantum episcopatus Petræ subjiciuntur.
[e] Ubique legendum arbitror *Come* pro *Comus*
[f] Pyrgoaruton.

Lorica.
Nisibis.

Syngara.
Eudemon.

Archiepiscopus Yracliensis hos habet suffrag. :
Redestonemsem.
Peristasiensem.
Calypolensem.
Danensem.

Chyodotensem.
Archadopolitanum.
Missinensem.

### Sedes 7, Anavarza ; sub qua sunt episcopatus 10 :

Epiphania.
Alexandos, id est Panna.
Yrinopolis.
Cambrisopolis.
Flavias.

Roseos.
Castavalis.
Egnas.
Sisiæ.
Militava.

Archiepiscopus Verisiensis hos habet suffrag. :
Rusiorensem.
Optensem.

Kiptalensem.

### Sedes 8, Seleucia ; sub qua sunt episcopatus 24 :

Galandiopolis.
Diocæsarea.
Oropi.
Dalixandos.
Sevyla.
Kelenderis.
Anemori.
Tytopolis.
Lamos.
Andehia.
Parva.
Nephelia.
Kistra.

Seleucinta.
Notapi.
Philadelphia Parva.
Yrinopolis.
Germanicopolis.
Mobda.
Dometiopolis.
Sibidi.
Zinopolis.
Adrason.
Miloi.
Neapolis.

Archiepiscopus Maclitensis non habet suffrag. :

Archiepiscopus Adripopolitanus, nihil.

Archiepiscopus Trajonolitanus hunc habet :
Amensem.

Archiepiscopus Makcensis hunc habet suffrag. :
Maroniensem.

Archiepiscopus Messinopolitanus hunc habet suffrag. :
Xanthiensem.

Archiepiscopus Philippensis hos habet suffrag neos :
Christopolitanum.
Dragmensem.

Pellanum.
Chrisopolitanum.

### Sedes 9, Damascus, sub qua sunt episcopatus 10 :

Abli.
Pamipon.
Laodicia.
Euxia.
Konokora.

Yabruda.
Danabi.
Karotea.
Hardani.
Surraquini.

Archiepiscopus Sarrensis nullum habet.
Archiepiscopus Chessalonitensis hos habet suffrag.
Citrensem.

Verienum.

Archiepiscopus Nichosiensis hos habet suffraganeos :

Paphensem.
Pamagustanum.

Limichoniensem *vel* Limochiensem.

Archiepiscopus Tornoniensis primas est.
Archiepiscopus Netesbudiensis.
Archiepiscopus Prostibulensis.
Patriarcha Alexandrinus hos habet metropolitanos ; et suffraganeos habet et multos amisit.

Themanum.
Puechanum.

Bosra.

Archiepiscopus Ptaphneos hos habet suffraganeos.

Memphis id est Damieta.
Ramesse.
Babilon prius Vellicus dicta.
Heliopolis.

Urbs Heroum.
Thebei Gesen.
Catinos.
Thionius.

Cirene metropolis hos habet suffraganeos :

Berenice.
Pentapolis.
Ptolemaide.
Andromatus.
Apollonia.
Centria.
Bisantium.
Ocha.
Zeoges.

Kartago.
Berete.
Leptis Magna.
Utica.
Pone Regium.
Cretensis Coloni.
Rusicadæ.
Yponiene, in qua fuit Augustinus episcopus.

### Tingis metropolis :

Cæsarea.
Tiburtinæ.
Stisi.
Lixa.

Gneo Cæsareæ.
Colonia.
Hycosium.
Septa Gados.

Constantinopolitana Ecclesia hos habet suffraganeos et metropolos :

Solunbribriensem.
Naturensem.
Sepigacensem.
Panadensem.
Derquænensem.
Calcedonensem.
Janopolis.
Epyrus.

Micenas.
Lacedemonia.
Pelopen.
Andianopolis.
Eraclot.
Geldoiba.
Caonia.
Molosia.

Archiepiscopus Larissenus hos habet suffr. :
Dimtriensem.
Amurensem.
Cardicensem.

Sydoniensem.
Nazarocensem.
Dunicensem.

Archiepiscopus Neopatrensis hunc habet suffr. :
Lanacensem.

Archiepiscopus Thebanus hos habet suffr. :
Zarodoniensem.
Castoriensem.

Pelopen.

Archiepiscopus... hos habet suffr. :
Thermopilensem.
Davaliensem.
Saloniensem.
Nigriponthensem.

Abetonensem.
Reonensem.
Megarensem.
Eguineum.

Archiepiscopus Corinthiensis hos habet suffr. :
Argiviensem.

Achaiensem.

Archiepiscopus Patracensis hos habet suffr. :
Mothonensem.
Coronensem.
Annelensem.

Andrevillensem.
Cephalumensem.
Jacithiensem.

Archiepiscopus Cor iensis.
Archiepiscopus Durathensis.
Archiepiscopus Crisensis.

Archiepiscopus Cretensis hos habet suffr. :
Canticensem.
Cortinensem.
Arianen·em.

Milopothamiensem.
Kirotonissiensem.

Archiepiscopus Colocensis qui dicitur Rhodo, habet suffr. :
Rodum.
Choum.

Paphum.

In Tenedos insula Tegne civitas.
In Delos insula Delos.
In Paron insula Paros, id est Melos.
In Sanos insula Samon.
In Colcos insula Dyoscaria.

TABLEAU GENERAL DES PATRIARC., METROP., ETC., DU VI° AU XVIII° SIECLE.

## L'ÉGLISE LATINE

*Comprenait anciennement les*

| PROVINCES | EXARCHATS DE | DIOCÈSES | ÉTATS DE |
|---|---|---|---|
| Suburbicaire. Italique. | Italie. | 41 arch. 257 év. | Italie. |
| Lyonnaise. Belgique. Germanique. Aquitanique. Narbonnaise. | Gaule. | 21 arch. 116 év. | France. |
| Tarragonaise. Bétique. Lusitane. | Espagne. | 8 arch. 46 év. 3 arch. 10 év. | Espagne. Portugal. |
| Illyrie occidentale. Illyrie orientale. | Illyrie. | 8 arch. 50 év. 2 arch. 14 év. 6 arch. 20 év. 2 arch. 16 év. 2 arch. 12 év. 2 arch. 12 év. | Allemagne. Hongrie. Dalmatie. Pologne. Suède. Danem. |
| Britannique. Césarienne. Valentienne. | Bretagne. | 8 arch. 60 év | Grande-Bretagne. |
| Afrique propre. Mauritanique. Numidique. | Afrique occident. | 8 arch. 50 év. | Et colonies chr. d'Afrique. Asie et Amérique. |
| | | 111 arch. 673 év. | |

## L'ITALIE

| MÉTROPOLES DE | *Comprenait anciennement les* PROVINCES DE | ARCHEVÊCHÉS ET ÉVÊCHÉS DE | *Comprend aujourd'hui les* PROVINCES DE |
|---|---|---|---|
| Rome. | Tuscie et Ombrie. Valérie. Campanie. Picenum. Samnium. La Pouille et la Calabre. Lucanie et Brutie. Sicile. Sardaigne. Corse. | L'Italie moyenne. La basse Italie. Iles d'Italie. | Toscane. L'Église. Royaume de N ples. Sicile. Sardaigne. Corse. |
| Milan. | Alpes cottiennes. Ligurie. Emilie. Flaminie. Vénitienne et Istrienne. Rétie première. Rétie seconde. | La haute Italie. Ces deux provinces sont aujourd'hui d'Allemagne. | Gênes. Lombardie. Romagne. Venise. |

## L'ITALIE MOYENNE

| MÉTROPOLES DE | *Comprenait anciennement les* PROVINCES DE | ARCHEVÊCHÉS DE | *Comprend aujourd'hui les* PROVINCES DE | |
|---|---|---|---|---|
| Rome en sa partie supérieure. | α Tuscie. β Ombrie. γ Valérie. δ Campanie. en partie. ε Picenum. en partie. | Florence. Sienne. Pise. Rome. Fermo. Urbin. | A. Toscane. B. Patrimoine de saint Pierre. C. Ombrie. D. Campagne de Rome. E. Marche d'Ancône. F. Duché d'Urbin. | Au Grand-Duc. Au Pape. |

### PROVINCE DE ROME.

*Archevêché,*

Rome, Roma [a δ D], capitale de la chrétienté, 1 s.

*Évêchés :*

Ostie, Ostia [a δ D], II s.

Velitræ, Velitri [a δ D], IV s., uni à Ostie XI s.

Tres Tabernæ, Cisterna [a δ D], IV s., uni à Velitri VI s.

Porto, Portus Augusti [a α B], II s.

DICTIONNAIRE DE GÉOGRAPHIE ECCL. I. 22

Silva Candida, Sainte-Rufine [a α B], III s., uni à Porto XII s.
Lorium..... [a α B], v s.
Sabina, Cures Sabini [a γ C], résidait à Castro Corrèse v s., réside à Magliano xv s.
Forum Novum, Vescovio [a γ C], v s., transféré à Sabina.
 Nomentum, Lamentana [a γ C], IV s., uni à Sabina.
 Sancti Antimi..... [a γ C], uni à Nomentum, VI s.
 Fidene, Castel Jubileo [a γ C], v s.
Palestrine, Præneste [a δ D], III s.
 Gabii, il Campo Gabio [a δ D], v s.
Frascati, Tusculum [a δ D], VI s.
 Subaugusta, Torre Pignatara [a α D], v s.
Albano, Albanum [a δ D], v s.
 Pavici, la Colonna [a δ D], VI s.
Tivoli, Tibur [a δ D], v s.
Alatri, Alatrium [a δ D], v s.
Veroli, Verulæ [a δ D], VI s.
Ferentino, Ferentinum [a δ D], v s.
Anagni, Anagnia [a δ D], VI s.
 Trebа, Trevi [a δ D], VI s., uni à Anagni.
Segni, Signia [a δ D], v s.
Terracine, Terracina [a δ D], III s., réside à Sessa.
 Antium, Nettuno [a δ D], v s.
 Pripernum, Priperno [a δ D], v s., uni à Terracine.
Sutri, Sutrium [a α B], IV s.
 Nepe, Nepi [a α B], IV s., uni à Sutri xv s.
 Forum Claudii, Oriola [a α B], III s.
Corneto, Cornuetum [a α B], IV s.
 Tarquinia, la Tarquina [a α B], v s., uni à Corneto.
 Gravisca..... [a α B], IV s., uni à Corneto.
 Mons Physcon, Montefiascone [B], XIV s., uni à Corneto.
Viterbe, Viterbium [B], XII s.
 Tuscania, Toscanelle [a α B], VI s., uni à Viterbe XIII s.
 Ferentinum Novum, Ferento [a α B], v s., transféré à Viterbe XII s.
 Polimartium, Bomarzo [a α B], v s., uni à Ferento IX s.
 Civitas Vetus, Civita Vecchia [a α B], VI s., uni à Viterbe.
 Centum-Cellæ, Cincelle [a α B], IV s., transféré à Civita Vecchia.
 Blera, Bieda [a α B], v s., uni à Cincelle.
 Manturanum, Barberano [a α B], VII s.
Citta Castellana, Fatera seu Fatisci [a B], v s.
 Aqua Viva, la Fontana d'Aqua Viva [a B], v s.
 Frescennia, Galese [a α B], VI s., uni à Citta Castellana XIV s.
 Orta, Orta [a α B], v s., uni à Citta Castellana xv s.
 Valentinum..... [a α B], v s.
Orviete, urbs vetus [a α B], VI s.
 Volsinium, Bolsene [a α B], v s., uni à Orviete.
Aquapendente, Acula [B], XVII s.

Castrum, Castro [a α B], v s., transféré à Aquapendente XVII s.
Volcia seu Bulcentina, il Pianto di Volci [a α B], VI s., transféré à Castro.
Salpis..... [a α B], v s.
Bagnarea, Balneum Regis [a α B], VI s.
Rieti, Reate [a γ C], v s.
Terni, Interamnia [a ε C], v s.
Narni, Narnia [a ε C], VI s.
Amelia, Ameria [a ε C], v s.
Ocriculum, Civita d'Ocria [a ε C], v. s.
Todi, Tuder [a ε C], v s.
Spolete, Spoletum [a ε C], v s.
 Hispellum, Spello [a ε C], v s., uni à Spolète.
 Mevania, Vivania [a ε C], v s., uni à Spolète II s.
 Nursia, Nursia [a ε C], v s., uni à Spolète.
Citta di Pieve, Civitas Plebis [C], XVII s.
Pérouse, Perusia [a ε C], v s.
Citta di Castello, Tifernum Tiberinum [a ε C], v s.
Assise, Assisium [a ε C], VI s.
Bittona, Vettona [a ε C], v s.
Foligni, Fulginium [a ε C], v s.
Trebia, Trevi [a ε C], v s.
Forum Flaminii, San-Jouanni in Fior Flammo [a ε C], v s.
Nocere, Nuceria [a ε C], v s.
Tadinum..... [a ε C], v s., uni à Nocere.
Ancone, Ancona [a ε E], III s.
Humana, Numana [a ε E], v s., uni à Ancone.
Lorete, Lauretum [E], XVI s.
Recinetum, Recanati [E], XIII s., transféré à Lorette XVI s.
Potentia, Potenza [a ε E], v s.
Osimo, Auximun [a ε E], VI s.
Cingulum, Cingoli [a ε E], VI s., uni à Osimo.
Jesi, Æsis [a ε E], v s.
Matelica, Matilica [a ε E], v s.
Camerin, Camertium [a ε E], v s.
Ascoli, Asculum Picenum [a ε E], v s.

### PROVINCE DE FERMO.
*Archevêché,*
Fermo, Firmum [a ε E], v s., érigé en archev. XVII
*Evêchés :*
Macerata, Helvia Ricina [E], XIV s.
Tolentinum, Tolentino [a ε E], v s., uni à Macerata XVI s.
Bausulum, Monte d'Elmo [a ε E], v s.
Ripa Tran-one, Ripa Trassonia [E], XVI s.
Truentum, Porto d'Ascoli [a ε E], v s.
Urbs Salvia, Urbi Saglia [a ε E], v s.
Montalto, Mons Altus [E], XVI s.
Sanseverino, Septempeda [a ε E], VI s., rétabli XVII s.
Aurena, Ofena [a ε E], v s.

### PROVINCE D'URBIN.
*Archevêché,*
Urbin, Urbinum [a ε F], VI s., érigé en archev. XVI
*Evêchés :*
Fossembruno, Forum Sempronii [a ε F], IV s.

Senigaglia, Senogallia [a ε F], IV s.
Fono, Fanum Fortunæ [a ε F], V s.
Pesaro, Pisaurum [a ε F], V s.
Monte Feltro, Feretrum [a ε F], XII s., réside à Pennade Billi XVI s.
Urbanea, Castrum Durantis [F], XVII s.
Tifernum Metaurum, Santo Angelo in Vada [a ε F], V s., transféré à Urbanea XVII s.
Santo Angelo papale, Callium [a ε F], IV s.
Gubio, Engubium [a ε F], IV s., exempt.

Les États de l'Église comprenaient six archevêchés, savoir : Rome, Fermo, Urbin, Bénévent, Ravenne et Bologne, et cent sept évêchés.

### PROVINCE DE FLORENCE.

*Archevêché,*

Florence, Florentia [a α A], III s., érigé en archev. IV s.

*Évêchés :*

Fiesole, Fæsulæ [a α A], V s.
Borgo di San-Sepulchro, Biturgia [A], XVI s.
Pistoie, Pistorium [a α A], X s.
Pratum, Prato [a α A], V s., uni à Pistoie.
Aresso, Aretium [a α A], III s., exempt.
Cortone, Crtonium [a α A], VI s., rétabli XIV s., exempt.

Monte Pulciano, Mons Politianus [A], XVI s., exempt.
San-Miniato-al-Tedesco, Miniatum Teutonis [A], XVII s.
Colle, Collis [A], XVI s., exempt.
Volterra, Volaterræ [a α A], V s., exempt.

### PROVINCE DE SIENNE.

*Archevêché,*

Sienne, Sena [a α A], IV s., érigé en archev. XV s.

*Évêchés :*

Pienza, Corfinium [A], XV s., exempt.
Chiusi, Clusium [a α A], IV s.
Mont-Alcino, Mons Alcinoi [A], XV s.
Massa, Mossa Veternensis [a α A].
Populonia, Piombino [a α A], V s., transféré Massa.
Grossete,-Auxella [a α A], VI s.
Soana, Soana [a α A], V s.

### PROVINCE DE PISE.

*Archevêché,*

Pise, Pisa [a α A], III s., érigé en archev. X s.

*Évêché,*

Luques, Luca [a α A], IV s., exempt.

Le grand-duché de Toscane comptait trois archevêchés, savoir : Florence, Sienne et Pise, et dix-sept évêchés.

## LA BASSE ITALIE OU ROYAUME DE NAPLES

| | Comprenait anciennement les | | Comprend aujourd'hui les | |
|---|---|---|---|---|
| MÉTROP. DE | PROV. DE | ARCHEV. DE | | PROV. DE |
| a Rome en sa partie inférieure. | α Picenum. en partie. | Chieti. | | A Abruzze ultérieure. |
| | 6 Valérie. en partie. | Lanciano. | | B Abruzze citérieure. |
| | γ Campanie. en partie. | Capoue. Naples. Sorrento. | | C Terre de Labour. |
| | | Amalfi. Salerne. | | D Principato Citra. |
| | δ Samnium. | Bénévent. | | E Comté de Molises. |
| | | Conza. Siponto. | | F Principato d'Oltra. |
| | ε Pouille. | Nazareth. Trani. Bari. Acerenza. | | G Capitanate. H Terre de Bari. I Basilicate. |
| | ζ Calabre. | Tarente. Brindisi. Otrante. | | K Terre d'Otrante. |
| | η Lucanie. | Rossano. Cozenza. | | L Calabre citérieure. |
| | θ Brutie. | Sauseverino. Reggio. | | M Calabre ultérieure. |

### PROVINCE DE CHIETI.

*Archevêché,*

Chieti, Theate [a δ B], V s., érigé en archev. XVI s.

*Évêchés :*

Ortona, Ortona ad Mare [a δ B], V s., rétabli XVI s.
Teramo, Aprutium [a α A], V s., exempt.
Civita di Penna, Pinna [a α A], V s., exempt.
Atrium, Atri [a α A], VI s., uni à Penna XIII s.
Aternum, Pescara [a α B], VI s., uni à Atri.

Civita Ducale, Civitas Caliensis [A], XVI s., exempt.
Aquila, Aquila [A], XIII s., exempt.
Furconium, Forconio [a 6 A], VII s., transféré à Aquila, XIII s.
Amiternum, San-Victorino [a 6 A], V s., uni à Forconio.
Pitinum, la Torre di Pitina [a 6 A], V s.
Sulmone, Sulmo [a δ B], V s., exempt.
Valna seu Corfinium [a δ B], V s., uni à Sulmone.

Marsi, Marsi, résidait à Marruvium [a 6 A], VII s.; réside à Piscina, XVI s., exempt.
Istonium..... [a δ A], VI s.
### Archevêché de Lanciano.
Lanciano, Lancianum [B], XVI s., érigé en archev. XVI s., sans suffragants.

## PROVINCE DE CAPOUE.
### Archevêché,
Capoue, Capua [a γ C], II s., érigé en archevêché x s.
### Evêchés :
Surica et Berolasis [C], IX s., uni à Capoue x s.
Caserte, Caserta [a γ C], x s.
Calvium, Cales [a γ C], x s.
Teano, Teanum Sidicinum [a γ C], V s.
Cajasso, Calatia [C], x s.
Carinola, Celenna [C], XI s.
Forum Claudii, Civita Rotta [a γ C], VI s., transféré à Carinola XI s.
Sessa, Suessa [a γ C], V s.
Gaete, Gaieta [a γ C], ... s. exempt. *
Mola, Formia [a γ C], V s., transféré à Gaete.
Trajectum, Trajetto [a γ C], VI s., uni à Gaete.
Minturnæ, Garigliano [a γ C], V s., transféré à Trajetto.
Fundi, Fundi [a γ C], V s., exempt.
Aquino, Aquinum [a γ C], V s., réside à Ponte-Curvo.
Cassinum, Cassino [a γ C], V s., rétabli XIV s., supprimé XIV s.
Venafri, Venafrum [a γ C], V s.
Isernia, Æsernia [a γ C], V s.
Sora, Sora [a γ C], V s., exempt.
Atinum, Atino [a γ C], V s., supprimé XII s.
Vulturnum, Castel di Volturno [a γ C], VI s.

## PROVINCE DE NAPLES.
### Archevêché,
Naples, Neapolis [a γ C], II s., érigé en archevêché x s.
### Evêchés :
Aversa, Adversa [a γ C], XI s., exempt.
Atella, Sant-Arpino [a γ C], transféré à Aversa XI s.
Cumæ, Cumes [a γ C], V s., uni à Aversa XIII s.
Pouzol, Puteoli [a γ C], III s.
Cerra, Acerra, Miseno [a γ C], V s.
Misenum, Miseno [a γ C], V s., uni à Naples x s.
Nola, Nola [a γ C], IV s.
Liternum, la Torre di Patria [a γ C], VI s.
Ischia, Ænaria, île [a γ C] VI s.

## PROVINCE DE SORRENTO.
### Archevêché,
Sorrento, Surrentum [a γ C], IV s., érigé en archevêché XI s.
### Evêchés :
Massa, Massa Lobrensis [C], XI s.
Vico, Vicus Arquensis [C], XIII s.
Castel a Maredi-Stabia, Castellum Stabiense [a γ C] V s.

## PROVINCE D'AMALFI.
### Archevêché,
Amalfi, Amalfitum [a γ D], VI s., érigé en archevêché XI s.
### Evêchés :
Minori, Regina Minor [D], XI s.
Scala, Scala [D], XI s.
Ravellum, Ravello [D], XI s., uni à Scala XVI s.
Letterre, Litteranum [D], XI s.
Capri, Caprea, île [D], XI s.

## PROVINCE DE SALERNE.
### Archevêché,
Salerne, Salernum [a γ D], IV s., érigé en archevêché x s.
### Evêchés :
Cava, Cava [D], XIV s.
Nocera di Pagani, Nuceria Paganica [D], x s.
Sarno, Sarnum [D], x s.
Nusco, Nuscum [D], x s.
Acerno, Acernum [D], x s.
Campagna, Campania [D], x s.
Satrianum, Satri [a η D], ... s., uni à Campagna.
Capacio, Caput Aqueum [D], x s.
Pæstum, Pesti [a γ D], V s., transféré à Capacio x s.
Marsico, Marsicum [D], x s.
Grumentum, Saint-Labier [a η D], VI s., transféré à Marsico.
Agropolis, Agropoli [a η D], VI s.
Blanda, Porto di Sapri [a η D], VI s.

## PROVINCE DE BÉNÉVENT.
### Archevêché,
Bénévent, Beneventum [a δ F], II s., érigé en archevêché XI s.
### Evêchés :
Santa Agata di Goti, Agatopolis [F j, x s.
Avellino, Abellinum [a δ F].
Frequentum, Fricento [a δ F], IV s., uni à Avellino XV s.
Monte Marino, Mons Maranus [F], x s.
Ariano, Arianum [F] x s.*
Trevico, Vicus [F], x s.
Ascoli di Satriano, Asculum Satrianum [F], x s.
Bovino, Bovinum [F], x s.
Lucera, Luceria [G], x s.
Florentinum, Fierenzuola [G], x s., uni à Lucera XV s.
Turtibulum, Tortiboli [G], x s., uni à Lucera.
Volturara, Volturaria [G], x s.
San-Severo, Fanum Sancti Severi [G], XVI s.
Teanum Apulum, Civitate [G], x s., transféré à San-Severo XVI s.
Tragonara, Dragonara [G], x s., uni à San-Severo XVI s.
Lesina, Lesina [G], x s., supprimé XVI s.
Mons Corvinus, Monte Corvino [G], x s., uni à ...
Volturara XVII s.
Larino, Larina [E], x s.

TABLEAU GENERAL DES PATRIARC., METROP., ETC., DU VI° AU XVIII° SIECLE.

Termoli, Termulæ [E], x s.
Guardia al Feres, Alferia [E], x s.
Triventó, Triventum [E], x s. *
Boiano, Bovianum [a δ E], v s.
Alifa, Allipha [a δ E], v s.
Telese, Telese [E], x s., réside à Cerrito.
Æclanum seu Decimumquintum [a δ C], v s.
Sæpinum, Supino [a δ E], vi s.

### PROVINCE DE CONZA.

*Archevêché,*

Conza, Compsa [F], x s., érigé en archevêché xi s., résid. à San Menna.

*Evêchés :*

Santo Angelo di Lombardi, Angelopolis Longobardorum [F], xi s.
Mons Viridis, Monte Verde [F], x s., uni à l'archevêché de Nazareth.
Muro, Murum [l], x s.
Bisacium, Bisaccio [F], x s., uni à Santo Angelo xv s.
Lacedonia, Alcedonia seu Aquilonia [F], x s.

### PROVINCE DE SIPONTO.

*Archevêché,*

Siponto, Sipontum, Saint-Michel du mont Gargan [a ε G], v s., érigé en archevêché xi s., réside à Manfredonia.

*Evêchés :*

Troie, Troja, Æca [a ε G], v s., exempt.
Vesti, Bestia [G], xii s.
Arpi, l'Arpi [a ε G], vi s.

*Archevêché de Nazareth.*

Nazareth, Nazareth, érigé en archevêché titulaire, réside à Barletta [H], sans suffragants.

### PROVINCE DE TRANI.

*Archevêché,*

Trani, Tranum [a ε H], ii s., érigé en archevêché x s.

*Evêchés :*

Biseglia, Vigilia [a ε H],
Andri, Andria [H], x s.

### PROVINCE DE BARI.

*Archevêché,*

Bari, Barium [a ε H], iv s., érigé en archevêché x s.

*Evêchés :*

Canusium, Canosa [a ε H], v s., uni à Bari xi s.
Jovenazzo, Jovenatium [H], x s.
Molfetta, Melphitum [H], x s., exempt xvi s.
Bitetto, Bitettum [H], x s.
Ruvo, Rubetum [a ε H], v s.
Minervino, Minervinum [H], x s.
Lavello, Lavellum [l], x s.
Bitonto, Bituntum [H], x s.
Conversano, Cupersanum [a ε H], v s.
Monopoli, Monopolis [H], x s. *
Egnatia, Egnazza [a ε H], v s.
Poliniano, Polinianum [H], x s.
Salapiæ, Salpi [a ε H], v s., uni à Trani, xv s.
Canna, Canna Disrutta [a ε H], v s., uni à Nazareth xv s.

### PROVINCE D'ACERENZA.

*Archevêché,*

Acerenza, Acheruntia [a ε l], vi s., érigé en archevêché xi s., réside à Matera xii s. *

*Evêchés :*

Venosa, Venusia [a ε l], v s.
Melfi, Melfitum [a ε l], v s., exempt.
Rapolla, Rapolla [l], xi s., uni à Melfi xvi s.
Monte Peloso, Mons Pelusius [l], xv s., exempt.
Potenza, Potentia [a η l], v s. *
Tursi, Tursia [l], xii s.
Anglona, Anglona [l], xi s., transféré à Tursi.
Gravina, Gravina [l], xi s.
Tricarico, Tricaricum [l], xi s.

### PROVINCE DE TARENTE.

*Archevêché,*

Tarente, Tarentum [a 6 K], vi s., érigé en archevêché xi s. *

*Evêchés :*

Castellanetta, Castania [K], xi s.
Motula, Motula [K], xi s.
Oria, Uria [a ζ K], vi s.

### PROVINCE DE BRINDES.

*Archevêché,*

Brindes, Brundusium [a ζ K], vi s., érigé en archevêché xi s. *

*Evêché :*

Ostuni, Ostunum [K], xi s.

### PROVINCE D'OTRANTE.

*Archevêché,*

Otrante, Hydruntum [a ζ K], vi s., érigé en archevêché x s.

*Evêchés :*

Castro, Castrum [K], x s.
Alessano, Alexanum [K], ... s.
Leuca, Sancta Maria di Leuca [K], x s., transféré à Alessano.
Ugento, Ugentum [K], x s. *
Gallipoli, Gallipolis [a ζ K], vi s. *
Nardo, Neritum [K], xv s., exempt.
Lecce, Aletia [a ζ K], ii s.
Lupia, San Cataldo [a ζ K], vi s., uni à Lecce.

### PROVINCE DE ROSSANO.

*Archevêché,*

Rossano, Rossanum [L], xi s., érigé en archevêché xii s.

*Evêchés :*

Thurium, Sibari Rovinata [a θ L], vi s., transféré à Rossano xi s.
Bisignano, Besidianum [L], xi s., exempt.

### PROVINCE DE COZENZA.

*Archevêché,*

Cozenza, Cusentia [a θ L], vi s., érigé en archevêché xi s.

*Evêchés :*

Uffugum, Montalto [a θ L], vi s., uni à Cozenze.
Martorano, Marturanum [L], xi s.

San-Marco, Fanum Sancti Marci [L], xı s., exempt.

Tempsa, Metuito [a θ L], v s., transféré à San-Marco.

Cassano, Cassanum [L], x s., exempt.*

Cassilianum et Massilianum [a θ L], v s.

Muranum, Murano [L], x s.

### PROVINCE DE SANS-EVERINO.
#### Archevêché,

San-Severino, Siberina [a θ M], vıı s., érigé en archevêché x s.

#### Evêchés :

Leonia, Santo-Leone [M], x s., uni à San-Severino xvı s.

Strongoli, Strongylus seu Petilia [L] x s.

Umbriatico, Umbriaticum [L], x s.

Paternum, Loziro [a θ L], transféré à Umbriatico x s.

Cerenza, Geruntia [L], x s.

Cariatis, Cariati [L], x s., uni à Cerenza.

Belcastro, Bellicastrum [M], x s.

Isola, Insula [a θ M], vıı s.

Sitamun, Sitamo [M], x s.

Florentinum..... [M], xıı s.

### PROVINCE DE REGGIO.
#### Archevêché,

Reggio, Regium Julium [a θ M], ı s., érigé en archevêché ıx s.*

#### Evêchés :

Carina, Carina [a θ M], v s., uni à Reggio vı s.

Bove, Bova [M], ıx s.

Girace, Hieracium [M], ıx s.

Locris, Palepoli [a θ M], vı s., transféré à Girace.

Oppido, Oppidum Mamertum [M], ıx s.

Mileto, Miletum [M], xı s.

Taurianum..... [a θ M], vı s., transféré à Mileto xı s.

Hippo, seu Vibo Valentia, Vibo [a θ M], v s., uni à Mileto xı s.

Nicotera, Nicotera [M] x s.

Tropea, Trophæa [M], x s.

Adamantia, Amantia [a θ M],..... s., uni à Tropea.

Nicastro, Neocastrum [M], ıx s.

Squillace, Scyllatium [a θ M], v s.

Turres..... [a θ M], vı s., uni à Squillace.

Cantazaro, Cantazarum [M], xıı s.

Taberna, Taverna [a θ M], v s., transféré à Cantazaro xıı s.

Crotone, Croto [a θ M], vı s.*

Orestis..... [a θ M], v s.

Cerillus..... [a θ M], vıı s.

*Le royaume de Naples sans la Sicile contenait vingt archevêchés, savoir : Chieti, Lanciano, Capoue, Naples, Serrento, Amalfi, Salerne, Conza, Siponto, Nazareth, Trani, Bari, Acerenza, Tarente, Brindes, Utrante, Rossano, Cozenza, San-Severino, Reggio, et cent cinquante-sept évêchés.*

## LES ILES D'ITALIE

| *Comprenaient anciennement les* | | | *Comprennent aujourd'hui les* | |
|---|---|---|---|---|
| MÉTROPOLES DE | PROVINCES DE | ARCHEVÊCHÉS DE | | PROVINCES DE |
| a Rome dans les îles | α Sicile.... | Palerme.... Messine.... Montreal.... | A Sicile..... | au roi d'Espagne. |
| | ϐ Sardagne.. | Cagliari.... Oristagni.... Torre.... | B Sardagne... | |
| | γ Corse..... | | C Corse..... | aux Génois |

### PROVINCE DE PALERME.
#### Archevêché,

Palerme, Panormus [a α A], v s., érigé en archevêché xı s.

#### Evêchés :

Girgenti, Agrigentum [a α A] v s.

Mazara, Mazara [A], xı s.

Lilybæum, Massala [a α A], v s.

Thermæ..... [a α A], v s.

Triocala..... [a α A].

Malte, Melita, île, v s., réside à Medina dans l'île.

### PROVINCE DE MONTRÉAL.
#### Archevêché,

Montréal, Mons Regalis [A], xıı s., érigé en archevêché xıı s.

#### Evêchés :

Catane, Catania [a α A], v s.

Syracuse, Syracusæ [a α A], ıv s.

Leontina, Leontina [a α A], v s.

Camarina, la Torre di Camarana [a α A], v s.

### PROVINCE DE MESSINE.
#### Archevêché,

Messine, Messana [a α A], v s., érigé en archevêché xıı s.

#### Evêchés :

Cifalu, Cepha'edia [A] xıı s.

Tauromenium, Taormina [a α A], v s.

Agathyrsum, San Marco [A], xıı s.

Alæsa, Tosa [a α A], vıı s.

Patti, Pactæ [A], xıı s.

Lipari, Liparæ, île [a α A], uni à Patti xıı s., séparé xıv s.

### PROVINCE DE CAGLIARI.
#### Archevêché,

Cagliari, Calaris [a ϐ B], ıv s., érigé en archevêché vı s., primat de Sardagne xı s.

#### Evêchés :

Villa Ecclesiæ, Villa d'Iglesia [B], xvı s., uni à Cagliari.

# TABLEAU GENERAL DES PATRIARC., METROP., ETC., DU VIᵉ AU XVIIIᵉ SIECLE.

Sulci, Su'ci [a 6 B], vii s., transféré à Villa d'Iglesia xvi s.
Galtellis, Galtelli [B], xii s., uni à Cagliari xvi s.
Suelli, Suelli [B], xii s., uni à Cagliari.
Dolia..... [a 6 B], vii s.
Tegula..... [a 6 B], vii s.

### PROVINCE D'ORISTAGNI.

*Archevêché,*

Oristagni, Arborea [B], xii s.

*Evêchés :*

Temo..... [a β B], vi s., transféré à Arborea xii s.
Santa Justa..... [B], xii s.
Alez, Lesa [B], xvi s.
Civitas Caldellina..... [B], xii s.
Usellæ, Usel [B], xii s., transféré à Alez, xvi s.

### PROVINCE DE TORRE.

*Archevêché,*

Torre, Turris Libissonis [a β B], iv s., érigé en archevêché xi s., primat de Sardagne, réside à Sassari xvi s.

*Evêchés :*

Sorra..... [B], xii s., uni à Torre xvi s.
Plubium seu Planacum, Ploagues [B], xii s., uni à Torre xii s.
Orula..... [B] xii s.

Flumina.... [B], xii s.
Castel Aragonese, Castellum Aragonense [B], xvi s.
Empuriæ, Amporie [a 6 B], vi s., transféré à Castel Aragonese xvi s.
Civitas Phausiana, Terra Nova [a 6 B], vi s., uni à Amporie.
Algheri, Algaria [B], xvi s.
Othana..... [B], xii s., transféré à Algheri xvi s.
Castrum, Castro [B], xii s., uni à Othana xv s.
Bisarchium, Gisara [B], xii s., uni à Othana xvi s.
Bosa, Bosa [B], xii s.

*Evêchés de Corse sous l'archevêché de Pise.*

Aleria, Aleria [a γ C], vi s., réside à Corte.
Sagona, Sagona [a γ C], vi s., réside à Calvi ou à Vico xvi s.
Aiazzo, Adiacium [a γ C], vi s.
Ursinium... [a γ C], v s., transféré à Aiazzo vi s.

*Evêchés de Corse sous l'archevêché de Gênes.*

Mariana, Mariana [a γ C], vii s., réside à Bastia xvi s.
Accia, Accia Rovinata [a γ C], v s., uni à Mariana.
Nebio, Nebium [a γ C], vii s., réside à Saint-Florent.

*Les îles de l'Italie, la Sicile, la Sardagne ou Sardaigne, la Corse et Malte, comptaient six archevêchés, savoir : Palerme, Montréal, Messine, Cagliari, Oristagni, Torre, et quarante-deux évêchés.*

## LA HAUTE ITALIE

| Comprenait anciennement les | | Comprend aujourd'hui les | |
|---|---|---|---|
| MÉTROPOLES DE | PROVINCES DE | ARCHEVÊCHÉS DE | PROVINCES DE |
| a Milan | α Alpes Cottiennes | Turin | A Piémont. |
| | 6 Ligurie | Milan | B Milan. |
| | | | C Montferrat. |
| b Ravenne | γ Flaminie | Gênes | D Gênes. |
| | δ Émilie | Ravenne | E Romagne. |
| c Aquilée | ε Vénitienne | Boulogne | F Basse Lombardie. |
| | ζ Istrie | Venise | G Venise. |
| | | Aquilée | H Frioul. |
| | | | I Istrie. |

### PROVINCE DE MILAN.

*Archevêché,*

Milan, Mediolanum [a α B], ii s.

*Evêchés :*

Bergame, Bergamum [a 6 G], iv s.
Bresse, Brixia [a 6 G], iv s.
Cremone, Cremona [a 6 B], iv s.
Lodi, Laus Pompeia [a 6 B], iv s.
Pavie, Ticinum [a 6 B], iv s.
Vigevano, Vigevanum [B], xv s.
Novarre, Novarra [a 6 B], iv s.
Vercell, Vercellæ [a 6 A], ii s.
Casal, Casale Sancti Evasii [C], xv s.
Aste, Hasta Pompeia [a α A], iv s.
Alexandrie, Alexandria a Palea [B], xii s.
Tortone, Dertona [a 6 B], iv s.
Albe, Alba Pompeia [a 6 G], v s.
Aqui, Aquæ Statelliæ [a α G], iv s.
Savone, Savona [a α D], vi s.
Vintimille, Intemelium [a α D], vi s.

### PROVINCE DE TURIN.

*Archevêché ,*

Turin, Taurinum [a α A], iii s., érigé en archevêché xv s.

*Evêchés :*

Jurée, Eporedia [a 6 A], iv s.
Salusses, Salutiæ [A], xvi s.
Fossano, Fons Sapus [A], xvi s.
Mondovi, Mons-Vici [A], xiv s.

### PROVINCE DE GÊNES.

*Archevêché,*

Gênes, Genua [a 6 D], iv s., érigé en archevêché, xii s.

*Evêchés :*

Bobio, Bobium [a α B], v s.
Bruguet, Aprumiatum [D], x s.
Sarsane, Serisana [D], xv s.
Luna, Porto Venere (en Tuscie), v s, transféré à Sarsane.

Noli, Naulum [D], xii s.
Albenga, Albingaunum [a α D], iv s., rétabli..... s.

### PROVINCE DE RAVENNE.
*Archevêché,*
Ravenne, Ravenna [b γ E], iii s., érigé en archevêché vi s.

*Evêchés :*
Cesenne, Cesenna [b γ E), iii s.
Cervia, Ficocle [b γ E], vi s.
Rimini, Ariminum [b γ E], iii s.
Sarsine, Sarsina Boibus [b γ E], v s.
Bertinoro, Petra Honorii [E], xiv s.
  Forum Popilii, Forlinpopoli [b γ E], v s.
Forli, Forum Livii [b γ E], vii s.
Faenza, Faventia [b γ E], iii s.
Imola, Forum Cornelii [b γ E], iv s.
Ferrare, Ferraria [b γ E], vii s.
  Vicohabentia, Vicouenza [b γ E], iv s., transféré à Ferrare vii s.
Comachio, Comacula [b γ G], v s.
Rovigo, Rodigium [b γ G], x s.
  Adria, Atri [b γ G], transféré à Rovigo v s.

### PROVINCE DE BOLOGNE.
*Archevêché,*
Bologne, Bononia [b δ F], ii s., érigé en archevêché xvi s.

*Evêchés :*
Modène, Mutina [b δ F], iv s.
Regio, Regium Lepidi [b δ F], iv s.
  Brixellum, Bressel [b δ F], ... s.
Parme, Parma [b δ F], v s.
Borgo San Donnino, Burgum Sancti Donnini [F], xvi s.
Plaisance, Placentia [b δ F], iv s., exempt.
Creme, Crema [G], xvi s.

### PROVINCE DE VENISE.
*Archevêchés,*
Venise, Venetiæ [c ε G], viii s., érigé en patriarcat xvi s.
  Gradum, Grade [c ε G], patriarcat vi s., transféré à Venise xiv s.

*Evêchés :*
Chiogia, Fossa Clodia [G], x s.

Metaucum, Malamocco [c ε G], vi s., transféré à Chiogia.
Torcello, Torricellum [c ε G], v s.
  Altinum, Altino [c ε G], iv s., uni à Torcello vii s.
Caorle, Caprula [c ε G], vi s.
Equilia, Jesol [c ε G], vii s.

### PROVINCE D'AQUILÉE.
*Archevêché,*
Aquilée, Aquileia [c ζ H], ii s., archevêché iv s., patriarcat vi s.; réside à Udine dans le Frioul xii s.

*Evêchés :*
Forum Julii, Citta di Friouli [c ζ H], vi s., uni à Aquilée vii s.
Trieste, Tergeste [c ζ I], vi s.
Cabo d'Istria, Caput Istriæ [c ζ I], vi s.
Citta Nova, Civitas Nova [c ζ I], vi s.
Heraclea, Héraclée [c ζ I], iv s., transféré à Citta Nova.
Pedena, Petinum [c ζ I], v s.
Parenzo, Parentium [c ζ I], iii s.
Pola, Pietas Julii [c ζ I], v s.
Concorde, Concordia [c ε H], vi s., réside à Porto Gruaro.
Opitergium, Oderzo [c ε H], vii s.
Marianum ..... [c ε H], iii s.
Ceneda, Ceneta [c ε G], iv s., réside à Serravallo.
Belluno, Bellunum [c ε G], iii s.
Feltri, Feltrinum [c ε G], iii s.
Acelum, Acelo [c ε G], iii s.
Julium Carnicum, Zuglio [c ε G], vi s.
Celina, Moniago [c ε G], v s.
Trévise, Tarvisium [c ε G], iii s.
Padoue, Patavium [c ε G], iii s.
Vicenze, Vicentia [c ε G], iii s.
Verone, Verona [c ε G], iii s.
Mantoue, Mantua [c ε F], viii s.
Come, Comum [a ϵ B] iv s.
Trente, Tridentum [c ε dans le Tyrol], iii s., prince de l'Empire, exempt.
Laubac ou Laybach, Labacum [dans le Carniole] xv s., exempt.

*La haute Italie renfermait cinq archevêchés, savoir: Milan, Turin, Gênes, Venise, Aquilée, et soixante évêchés.*

## LA FRANCE

*Comprenait anciennement les*

| MÉTROP. DE | PROV. DE |
|---|---|
| a Lyon..... | α Lyonnaise première. |
| b Rouen.... | β Lyonnaise deuxième. |
| c Tours.... | γ Lyonnaise troisième. |
| d Sens..... | δ Lyonnaise quatrième. |
| e Besançon... | ε Maxime Séquanaise. |
| f Trèves..... | ζ Belgique première. |
| g Reims..... | η Belgique seconde. |
| h Bourges... | θ Aquitanique première. |

*Comprend aujourd'hui les*

| ARCHEV. DE | PROV. DE |
|---|---|
| Lyon...... | A Lyonnais. |
|  | B Bourgogne. |
| Rouen...... | C Normandie. |
| Tours...... | D Bretagne. |
| Sens...... | E Champagne. |
|  | F Ile de France. |
| Paris...... | G Orléanais. |
| Besançon.... | H Franche-Comté. |
| Trèves...... | I Lorraine. |
| Reims...... | K Picardie. |
| Cambrai..... | L Flandre française. |
| Bourges | M Berry. |

# TABLEAU GENERAL DES PATRIARC., METROP., ETC., DU VIe AU XVIIIe SIECLE.

*i* Bordeaux... *ι* Aquitanique seconde.
*k* Eause..... *x* Novempopulanie.
*l* Narbonne... *λ* Narbonnaise première.
*m* Aix..... *μ* Narbonnaise seconde.
*n* Arles..... *ν* Viennoise seconde.
*o* Vienne.... *ξ* Viennoise première.
*p* Embrum... *o* Alpes maritimes.
*q* Tarentaise.... *π* Alpes penninnes.

{ Albi...... N Auvergne.
  Bordeaux.... O Guienne.
  Ausch...... P Poitou.
  Narbonne.... Q Gascogne.
{ Toulouse...  R Languedoc.
  Aix......   S Provence.
  Arles......
{ Avignon.....  T Comté Venaissin.
  Vienne.....  V Dauphiné.
  Embrun.....
  Tarentaise... X Savoie.

### PROVINCE DE LYON.
*Archevêché,*
Lyon, Lugdunum [*a α* A], II s., primat des Gaules XI s.

*Evêchés :*
Mâcon, Matisco [*a α* B], v s.
Châlons-sur-Saône, Cabillonum [*a α* B], IV s.
Autun, Augustodunum Æduorum [*a α* B], IV s., prototrône.
Langres, Lingones [*a α* E], IV s.

### PROVINCE DE ROUEN.
*Archevêché,*
Rouen, Rothomagus [*b 6* C], III s., primat de Neustrie VIII s.

*Evêchés :*
Bayeux, Bajocasses [*b 6* C], IV s., prototrône.
Avranches, Abrincæ [*b 6* C], IV s.
Evreux, Ebroïcum [*b 6* C], III s.
Lisieux, Lexovium [*b 6* C], v s.
Coutances, Constantia [*b 6* C]. IV s.
Séez, Sagium [*b 6* C], IV s.

### PROVINCE DE TOURS.
*Archevêché,*
Tours, Turones [*c γ* G], III s.

*Evêchés :*
Le Mans, Cenomanum [*c γ* C], III s., prototrône VII s.
Angers, Andegavum [*c γ* C], IV s.
Nantes, Nannetes [*c γ* D], IV s.
Dol, Dolum, Diablintes [*c γ* D], IX s., érigé en archevêché IX s., réduit en évêché XI s.
Saint-Malo, Maclovium [D], XII s.
Alethum, Aleth [*c γ* D], v s., transféré à Saint-Malo.
Vannes, Veneliæ [*c γ* D], VI s.
Saint-Brieuc, Fanum Sancti Brioci [D], IX s.
Saint-Paul de Leon, Leonia Ossismum [*c γ* D], VI s.
Quimper-Corentin, Corisopitum [D], IX s.
Tréguier, Trecorium [D], IX s.
Lexobium...... [*c γ* D], v s., transféré à Tréguier II s.

### PROVINCE DE SENS.
*Archevêché,*
Sens, Senones [*d δ* E], III s., primat des Gaules et de Germanie IX s.

*Evêchés :*
Troyes, Tr cæ [*d δ* E], IV s.

Auxerre, Autissiodorum [*d δ* B], IV s.
Nevers, Nivernæ [*d δ* G], III s.
Betléem, Bethleem, réside à Clameci [G], XIII s., évêque titulaire, exempt.

### PROVINCE DE PARIS.
*Archevêché,*
Paris, Parisii [*d δ* F], III s., érigé en archevêché XVII s.

*Evêchés :*
Meaux, Meldæ [*d δ* F], III s.
Chartres, Carnutes [*d δ* G], III s.
Castrodunum, Châteaudun [*d δ* G], v s., supprimé VI s.
Blois, Blesæ [G], XII s.
Orléans, Aureliæ [*d δ* G], III s.

### PROVINCE DE BESANÇON.
*Archevêché,*
Besançon, Vesontio [*e ε* H], III s., prince de l'Empire.

*Evêchés :*
Basle, Basilea [*e ε* en Suisse], VI s., réside à Porentruy [Il], XVI s.
Augusta Rauxacorum, August. [*e ε* en Suisse], v s., transféré à Bâle.
Lausane, Lausanium [*e ε* en Suisse], VI s., réside à Fribourg XVI s.
Aventicum, Avenches [*e ε* en Suisse], v s., transféré à Lausane.
Belley, Bellicium [*e ε* en Bugey], v. s.
Noviodunum Equestrium, Nions [*e ε* en Suisse], v s., transféré à Belley v s.

### PROVINCE DE TRÈVES.
*Archevêché.*
Trèves, Augusta Trevirorum [*f ζ* en Allemagne], III s., électeur de l'Empire et chancelier pour les Gaules.

*Evêchés :*
Metz, Metæ [*f ζ* I], III s.
Toul, Tullum Leucorum [*f ζ* I], IV s.
Verdun, Virodunum [*f ζ* I], IV s.

### PROVINCE DE REIMS.
*Archevêché,*
Reims, Rhemi [*g η* F], III s., duc et pair.

*Evêchés :*
Soissons, Suessiones [*g η* F], III s., prototrône.
Châlons-sur-Marne, Catalaunum [*g η* E], IV s., comte et pair.
Senlis, Silvanectum [*g η* F], III s.

Laon, Laudunum [g η F], v s., duc et pair.
Noyon, Noviodunum [g η K], vi s., comte et pair.
  Vermandui, Vermand [g η K], iv s., transféré à Noyon.
Beauvais, Bellovacum [g η K], iii s., comte et pair.
Amiens, Ambianum [g η K], iii s.
Boulogne, Bononia [g η K], viii s., rétabli xvi s.
  Tereana, Terouanne [g η K], iv s., supprimé xvi s.

### PROVINCE DE CAMBRAI.
*Archevêché,*
Cambrai, Cameracum [g η L], iv s., érigé en archevêché xvi s., prince de l'Empire xv s.
*Evêchés :*
Arras, Atrebatum [g η K], vi s., uni à Cambrai vi s., séparé xi s.
Tournay, Tornacum [g η L], iii s., uni à Noyon vi s., é. a ó xi s.
Saint-Omer, Fanum Sancti Audomari [K], xvi s.
Namur, Namurcum [L], xvi s.

### PROVINCE DE BOURGES.
*Archevêché,*
Bourges, Bituriges [h o M], iii s., primat d'Aquitaine viii s.
*Évêchés :*
Limoges, Limovices [h θ O], iii s.
Tulles, Tutela [O], xiv s.
Clermont, Claromons [h θ N], iii s.
Saint-Flour, Floropolis [N], xiv s.
Le Puy, Podium Anicium [h θ N], vi s.

### PROVINCE D'ALBI.
*Archevêché,*
Albi, Albiga [h θ O], iii s., érigé en archev. xvii s.
*Évêchés :*
Cahors, Cadurcum [h θ O], iii s.
Mende, Mimate [h θ O], v s.
  Civitas Gabalorum, Javoux [h θ O], iii s., transféré à Mende.
Rodès, Ruthena [h θ O], v s.
  Arisitum, Arsat [h θ O] vi s., supprimé vii s.
Vabres, Vabræ [O], xiv s.
Castres, Castrum Albiensium [O], xiv s.

### PROVINCE DE BORDEAUX.
*Archevêché,*
Bordeaux, Burdigala [i ι O], iii s., primat de la seconde Aquitaine.
*Évêchés :*
Agen, Agennum [i ι O], iv s.
Périgueux, Petrocorium [i ι O], iv s.
Sarlat, Sarlatum [O], xiv s
Angoulême, Engolismæ [i ι G], iv s.
Saintes, Santones [i ι O], iv s.
Poitiers, Pictavium [i ι P], iv s.
La Rochelle, Rupella [i ι G], xvii s.
Malleacum, Mallesais [P], xiv s., transféré à La Rochelle.
Luçon, Luconia [P], xiv s.
Condom, Condomum [O], xiv s.

### PROVINCE D'AUCH.
*Archevêchés :*
Auch, Augusta Ausciorum [k κ Q], iv s., archevêché viii s.
  Elusa, Eause [k κ D], iv s., transféré à Auch viii s.
*Evêchés :*
Lectoure, Lactoracum [k κ Q], vi s.
Bazas, Vasatum [k κ Q], vi s.
Aire, Aturum [k ν Q], vi s.
Bayonne, Bayona, Lapurdum [k κ Q], ix s.
Lescar, Lascura, Benarni [k κ Q], v s.
Oléron, Elorona [k κ Q], vi s.
Tarbes, Tarba [k κ Q], v s.
Comminges, Convenæ [k λ Q], v s.
Couserans, Conseranum [k κ Q], v s.

### PROVINCE DE NARBONNE.
*Archevêché*
Narbonne, Narbo [l λ R], iii s.
*Evêchés :*
Carcassonne, Carcasso [l λ R], iv s.
Alet, Aletium [R], xiv s.
Elne, Helena Caucoliberis [l λ en Roussillon], iv s., réside à Perpignan xvii s.
Agde, Agatha [l λ R], v s.
Béziers, Biterræ [l λ R], iv s.
Saint-Pons de Tomiers, Fanum Sancti Pontii Tomeriæ [R] xiv s.
Lodève, Luteva [l λ R], v s.
Montpellier, Mons-Pessulanus [R], xvi s.
  Magalona, Maguelone [l λ R], v s., transféré à Montpellier.
Nîmes, Nemausus [l λ R], v s.
Alais, Alesia [R] xvii s.
Usez, Ucetia [l λ R], exempt.

### PROVINCE DE TOULOUSE.
*Archevêché ,*
Toulouse, Tolosa [l λ R], iii s., érigé en archevêché xiv s.
*Evêchés :*
Pamiers, Apamiæ [R], xiii s.
Saint-Papoul, Fanum Sancti Papuli [R], xiv s.
Rieux, Rivi [R], xiv s.
Lombez, Lombaria [R], xiv s.
Montauban, Mons Albanus, xiv s.
Lavaur, Vaurum [R], xiv s.
Mirepoix, Mirapincum [R], xiv s.

### PROVINCE D'AIX.
*Archevêché,*
Aix, Aquæ Sextiæ [m μ S], iv s.
*Evêchés :*
Fréjus, Forojulium [m μ S], iv s
Riez, Reii [m μ S], v s.
Apt, Apta [m μ S], iv s.
Sisteron, Segustero [m μ S], v s.
Gap, Vapincum [m μ S], v s.

### PROVINCE D'ARLES.
*Archevêché,*
Arles, Arelate [n ν S], iii s.

## TABLEAU DES ABBAYES, ETC., EN FRANCE.

*Evêchés :*

Marseille, Massilia [n v S], III s.
Toulon, Tolonium [n v S], IV s.
Orange, Arausio [n v S], IV s.
Saint-Paul-Trois-Châteaux, Fanum Sancti Pauli Tricastinum [n v S], v s.

### PROVINCE D'AVIGNON.

*Archevêché,*

Avignon, Avenio [n v V], III s., érigé en archevêché xv s.

*Evêchés :*

Cavaillon, Cabellio [n v T], VI s.
Carpentras, Carpentoracte [n v T], VI s.
Vaison, Vasio [n v T], IV s.

### PROVINCE DE VIENNE.

*Archevêché,*

Vienne, Vienna Allobrogum [o ξ V], III s., primat des primats XII s.

*Evêchés :*

Genève, Geneva [o ξ X], IV s., réside à Annecy XVI s.
Grenoble, Grationopolis [o ξ V], IV s.
Valence, Valentia [o ξ V], IV s.
Die, Dea [o ξ V], IV s., uni à Valence XIII s., séparé XVII s.
Viviers, Vivarium [o ξ R], v s.
Civitas Albensium, Albs [o ξ R], IV s., transféré à Viviers v s.
Saint-Jean de Maurienne, Mauriana [o ξ X], III s.

### PROVINCE D'EMBRUN.

*Archevêché,*

Embrun, Ebrodunum [p o V], IV s.
Digne, Dinia [p o S], v s.
Senez, Sanitium [p o S], v s., réside à Castellane.
Grasse, Grassa [S], XIII s.
Antipolis, Antibe [p o S], v s., transféré à Grasse XIII s.
Vence, Venciæ [p o S], IV s.
Nice, Nicæa [p o X], v s., rétabli VIII s.
Cemenele, Cemele [p o X], III s., uni à Nice VIII s.
Glandeve, Glandate [p o S], v s., réside à Entrevaux XVII s.

### PROVINCE DE TARENTAISE.

*Archevêché,*

Tarentaise, Tarentasia [q π X], IV s., archevêché VIII siècle.

*Evêchés :*

Aouste, Augusta Salassiorum [q π X], v s.
Sion, Sedunum [q π en Suisse], VI s., prince allié à la Suisse.
Octodurum, Martinach [q π en Suisse], v s., transféré à Sion VI s.

*On voyait en France vingt-un archevêchés, savoir :*
*Lyon, Rouen, Tours, Sens, Paris, Besançon, Trèves, Reims, Cambrai, Bourges, Albi, Bordeaux, Auch, Narbonne, Toulouse, Aix, Arles, Avignon, Vienne, Embrun, Tarentaise en Savoie, et cent vingt-un évêchés.*

---

# TABLEAU

Des abbayes en commende, des abbayes en règle d'hommes, des abbayes de femmes, et des prieurés qui existaient en France, avec l'indication des ordres religieux auxquels ils appartenaient.

| ABBAYES. | DIOCÈSES desquels elles dépendent. | ORDRES auxquels elles appartiennent. | REVENU en livres. | ABBAYES. | DIOCÈSES | ORDRES | REVENU |
|---|---|---|---|---|---|---|---|
| Absie (l') | La Rochelle | St-Benoît | 2950 | Allyre (St-) | Clermont | Idem | 10000 |
| Acey | Besançon | Cîteaux | 6000 | Amable de Riom (St-) | Clermont | séculier | 9000 |
| Acheul (St-) | Amiens | St-Augustin | 5000 | Amand (St-) | Tournay | St-Benoît | 60000 |
| Ahun | Limoges | St-Benoît | 1200 | Amand de Coli (St-) | Sarlat | Idem | 1800 |
| Aiguebelle | Châteaux | Cîteaux | 3000 | Amand de Boise (St-) | Angoulême | séculier | 3000 |
| Aiguevive | Tours | St-Augustin | 2400 | Ambournay | Lyon | St-Benoît | 14000 |
| Aires (St-Martin-lez-) | Troyes | Idem | 3000 | Ambroix (St-) | Bourges | St-Augustin | 3500 |
| Airvaux | La Rochelle | Idem | 6000 | Anchin | Arras | Idem | 70000 |
| Aisnay | Lyon | Abbayes séculières | 31000 | André (St-) | Clermont | Prémontré | 1800 |
| Alleux (les) | Poitiers | St-Benoît | 5000 | André de Villeneuve (St-) | Avignon | St-Benoît | 5000 |

# DICTIONNAIRE DE GÉOGRAPHIE ECCLÉSIASTIQUE.

| Nom | Diocèse | Ordre | Valeur |
|---|---|---|---|
| André en Goufern (St-) | Séez | Cîteaux | 24000 |
| André (le Bas St-) | Vienne | St-Benoît | 2500 |
| Andres | Boulogne | Idem | 3000 |
| Angéli (St-Jean d') | Saintes | Idem | 12000 |
| Angle | Poitiers | St Augustin | 2000 |
| Angle | Luçon | Idem | 3000 |
| Aniane | Montpellier | St-Benoît | 12000 |
| Aphrodise (St-) | Béziers | séculier | 900 |
| Ardennes (N.-D.-des) | Bayeux | Prémontré | 4700 |
| Ardorel | Castres | Cîteaux | 3000 |
| Arles | Perpignan | St-Benoît | 4500 |
| Arnoux (St-) | Metz | Idem | 20000 |
| Artoux | Acqs | Prémontré | 1500 |
| Asnières-Belley | Angers | St-Benoît | 3000 |
| Astier (St-) | Périgueux | séculier | 1600 |
| Aubats (St-Laurent-lez-) | Auxerre | St-Augustin | 1200 |
| Aubepierre | Limoges | Cîteaux | 3000 |
| Auberixe | Langres | Idem | 20000 |
| Aubeterre | Périgueux | Idem | 1800 |
| Aubignac | Bourges | Idem | 1800 |
| Aubin (St-) | Angers | St-Benoît | 20000 |
| Aubin des Bois (St-) | St-Brieux | Cîteaux | 2700 |
| Aubrac (Domeric) | Rhodez | St Augustin | 40000 |
| Augustin (St-) | Limoges | St-Benoît | 7500 |
| Aulnay | Bayeux | Cîteaux | 7000 |
| Aumale | Rouen | St-Benoît | 8000 |
| Aumône (l') | Blois | Cîteaux | 4500 |
| Aurillac | St-Flour | séculier | 12000 |
| Autrey | St-Diez | St-Augustin | 1500 |
| Avold (l') | Metz | St-Benoît | 11000 |
| Baigne | Saintes | St-Benoît | 3000 |
| Balerne | Besançon | Cîteaux | 6000 |
| Barbeaux | Sens | Idem | 20000 |
| Bardoux | Auch | Idem | 10000 |
| Barthélemy (St-) | Noyon | St-Augustin | 7000 |
| Barzelles | Bourges | Cîteaux | 3000 |
| Basle (St-) | Reims | St-Benoît | 8500 |
| Bassac | Saintes | Idem | 2500 |
| Basses-Fontaines | Troyes | Prémontré | 1200 |
| Baugerais | Tours | Cîteaux | 2800 |
| Beaugency | Orléans | St-Augustin | 3600 |
| Beaulieu | Boulogne | Idem | 5000 |
| Beaulieu | Tours | St-Benoît | 3000 |
| Beaulieu | Verdun | Idem | 20000 |
| Beaulieu | Langres | Cîteaux | 4500 |
| Beaulieu | Limoges | St-Benoît | 4000 |
| Beaulieu | St-Malo | St-Augustin | 1600 |
| Beaulieu | Le Mans | Idem | 9000 |
| Beaulieu | Rodez | Cîteaux | 3500 |
| Beaume-les-Messieurs | Besançon | St-Benoît | 15000 |
| Beauport | St-Brieux | Prémontré | 8000 |
| Beaupré | Beauvais | Cîteaux | 9000 |
| Bec (le) | Rouen | St-Benoît | 60000 |
| Bégard | Tréguier | Cîteaux | 9000 |
| Belchamp | Toul | St-Augustin | 50000 |
| Belle-Aiguë | Clermont | Cîteaux | 25000 |
| Bellebranche | Le Mans | Idem | 10000 |
| Belle-Etoile | Bayeux | Prémontré | 1400 |
| Belle-Fontaine | La Rochelle | St-Benoît | 4000 |
| Belle-Perche | Montauban | Cîteaux | 12000 |
| Bellevaux | Nevers | Prémontré | 1500 |
| Bellevaux | Besançon | Cîteaux | 6000 |
| Belleville | Lyon | St-Augustin | 4000 |
| Bellozanne | Rouen | Prémontré | 3000 |
| Belval | Reims | Idem | 9000 |
| Bénévent | Limoges | St-Augustin | 8000 |
| Bénigne (S¹-) | Dijon | St-Benoît | 16000 |
| Benoît (St-) | Orléans | Idem | 14000 |
| Bernay | Lisieux | Idem | 16000 |
| Beuil | Limoges | Cîteaux | 1100 |
| Boze | Langres | St-Benoît | 8000 |
| Billon | Besançon | Cîteaux | 1000 |
| Bithaine | Besançon | Idem | 4500 |
| Blanche (N.-D.-la) | Luçon | Idem | 5500 |
| Blanche-Couronne | Nantes | St-Benoît | 3500 |
| Blanchelande | Coutances | Prémontré | 5000 |
| Blasimont | Bazas | St-Benoît | 1500 |
| Blayes (St-Romain) | Bordeaux | St-Augustin | 4000 |
| Blayes (St-Sauveur) | Bordeaux | St-Benoît | 4000 |
| Bocherville | Rouen | Idem | 2000 |
| Boheries | Laon | Cîteaux | 16000 |
| Bois-Aubri | Tours | St-Benoît | 1600 |
| Bois-Grosland | Luçon | Cîteaux | 1800 |
| Boissière (la) | Angers | Idem | 2400 |
| Balbone | Mirepoix | Idem | 9000 |
| Bonfay | St-Diez | Prémontré | 2000 |
| Bonlieu | Bordeaux | Cîteaux | 2000 |
| Bonlieu | Limoges | Idem | 4000 |
| Bonne-Combe | Rodez | Idem | 14000 |
| Bonnefond | Cominges | Idem | 7000 |
| Bonne-Fontaine | Reims | Idem | 4800 |
| Bonneval | Chartres | St-Benoît | 4500 |
| Bonneval | Rodez | Cîteaux | 12000 |
| Bonnevaux | Poitiers | Idem | 2500 |
| Bonnevaux | Vienne | Idem | 2500 |
| Bon-Port | Evreux | Idem | 18000 |
| Bon-Repos | Quimper | Idem | 16000 |
| Boquien | St-Brieux | Idem | 1200 |
| Boscaudon | Embrun | St-Benoît | 6000 |
| Boschaud | Périgueux | Cîteaux | 1500 |
| Bouchet (le) | Clermont | Idem | 1600 |
| Boulencourt | Troyes | Idem | 7500 |
| Bourfau | Auxerre | Idem | 1800 |
| Bourgueil | Angers | St-Benoît | 14000 |
| Bournet | Angoulême | Idem | 1700 |
| Bourydieu | Bourges | St-Benoît | 6000 |
| Bourymogen | Blois | St-Augustin | 6000 |
| Bouzonville | Metz | Idem | 5000 |
| Braime | Soissons | Prémontré | 7000 |
| Brantome | Périgueux | St-Benoît | 3500 |
| Brétœuil | Beauvais | Idem | 20000 |
| Breuil-Benoît | Evreux | Cîteaux | 6000 |
| Breuil-Herbaud | Luçon | St-Benoît | 5000 |
| Bussière (la) | Autun | Cîteaux | 10000 |

# TABLEAU DES ABBAYES, ETC., EN FRANCE.

| | | | | | | | |
|---|---|---|---|---|---|---|---|
| Buzal | Nantes | Citeaux | 3000 | Chéron (St-) | Chartres | St-Augustin | 3200 |
| Cadouin | Sarlat | Idem | 5600 | Chési | Soissons | St-Benoît | 5000 |
| Caen (St-Etienne) | Bayeux | St-Benoît | 70000 | Chezal-Benoît | Bourges | Idem | 6000 |
| Caignotte (la) | Acqs | Idem | 2000 | Chinian (St-) | St-Pons | Idem | 16000 |
| Calers | Rieux | Citeaux | 5500 | Chors | Autun | Idem | 2000 |
| Calés (St-) | Le Mans | St-Benoît | 4500 | Clairac | Agen | Idem | 8000 |
| Candeil | Albi | Citeaux. | 2600 | Clairfaix | Amiens | séculier | 4000 |
| Cannes (les) | Narbonne | St-Benoît | 3000 | Claire-Fontaine | Chartres | St-Augustin | 5000 |
| Capelle (la) | Toulouse | Prémontré | 3500 | Claire-Fontaine | Besançon | Citeaux | 5000 |
| Carnoet | Quimper | Citeaux | 3000 | Clairmont | Le Mans | Citeaux | 8000 |
| Case-Dieu (la) | Auch | Prémontré | 3000 | Clarté-Dieu (la) | Tours | Idem | 2000. |
| Catherine-du-Mont (Ste) | Rouen | St-Benoît | 20000 | Clausonne | Gap | St-Benoît | 6000 |
| | | | | Clément (St-) | Metz | Idem | 9000 |
| Celle (la) | Troyes | Idem | 7000 | Cluny | Mâcon | Chef d'ordre | 50000 |
| Celle Frouin | Angoulême | St-Augustin | 1100 | | | | |
| Celle Saint-Hilaire (la) | Poitiers | Idem | 1200 | Coetmaloen | Quimper | Citeaux | 4000 |
| | | | | Colombe (Ste-) | Sens | | 6500 |
| Celles | Bourges | Idem | 3000 | Combelongue | Conserans | Prémontré | 2000 |
| Celles | Poitiers | Idem | 9500 | Conche | Evreux | St-Benoît | 30000 |
| Cendras | Alais | St-Benoît | 4000 | Conques | Rodez | séculier | 10000 |
| Cercamp | Amiens | Citeaux | 35000 | Corbeil (St-Spire) | Paris | Idem | 1000 |
| Cercanceaux | Sens | Idem | 2000 | Corbie | Amiens | St-Benoît | 66000 |
| Cérizy | Bayeux | St-Benoît | 16000 | Corbigny | Autun | Idem | 7000 |
| Chaage | Meaux | St-Augustin | 10000 | Cormeilles | Lisieux | Idem | 12000 |
| Chaalis | Senlis | Citeaux | 50000 | Cormery | Tours | Idem | 4270 |
| Chaffre (St-) | Le Puy | St-Benoît | 10000 | Corneille (St-) | Soissons | Idem | 20000 |
| Chaise-Dieu (la) | Clermont | Idem | 20000 | Corneville | Rouen | St-Augustin | 5000 |
| Chalade (la) | Verdun | Citeaux | 5500 | Coulombs | Chartres | St-Benoît | 11000 |
| Chalivoy | Bourges | Idem | 2000 | Cour-Dieu (la) | Orléans | Citeaux | 4000 |
| Chambon | Poitiers | St-Benoît | 2500 | Couronne (la) | Angoulême | St-Augustin | 5000 |
| Chambons (les) | Viviers | Citeaux | 8500 | Coutarre (la) | Le Mans | St-Benoît | 15000 |
| Chambre-Fontaine | Meaux | Prémontré | 4000 | Crespin en Chaye (St-) | Soissons | St-Augustin | 3000 |
| Champagne | Le Mans | Citeaux | 7000 | | | | |
| Chantermerle | Troyes | St-Augustin | 2500 | Crespin le Grand (St-) | Idem | St-Benoît | 10000 |
| Chantoyeu | Clermont | Idem | 5000 | | | | |
| Chapelle (la) | Troyes | Prémontré | 2200 | Creste (la) | Langres | Citeaux | 9000 |
| Charié (la) | Besançon | Citeaux | 12000 | Croix St-Leufroy (la) | Evreux | St-Benoît | 9000 |
| Charlieu | Besançon | Idem | 20000 | | | | |
| Charon | La Rochelle | Idem | 1100 | Croix (Sainte-) | Bordeaux | Idem | 15000 |
| Charroux | Poitiers | St-Benoît | 6000 | Crouis | Sisteron | St-Augustin | 5000 |
| Chartreuve | Soissons | Prémontré | 3500 | Cruas | Viviers | St-Benoît | 4000 |
| Chassaigne (la) | Lyon | Citeaux | 4500 | Cybas (St-) | Angoulême | Idem | 3500 |
| Chastres | Saintes | St-Augustin | 1500 | Cyprien (St-) | Poitiers | Idem | 3700 |
| Chastres | Périgueux | Idem | 1300 | Cyran (St-) | Nevers | Idem | 2000 |
| Châteaudun | Chartres | Idem | 3000 | Dalon (N.-D.) | Limoges | Citeaux | 3500 |
| Château-Landon | Sens | Idem | 1500 | Daoulas | Quimper | St-Augustin | 12000 |
| Chateliers (les) | Poitiers | Citeaux | 12000 | Denis (St-) | Paris | St-Benoît | 100000 |
| Chateliers (les) | Saintes | Idem | 7000 | Denis (St-) | Reims | St-Augustin | 18000 |
| Chatillon (N.-D.) | Langres | St-Augustin | 4500 | Dilo | Sens | Prémontré | 1200 |
| Chatrice | Châlons-sur-Marne | Idem | 5000 | Doudeauville | Boulogne | St-Augustin | 1500 |
| Chaume | | | | Eaunes | Toulouse | Citeaux | 2000 |
| Chaume | Sens | St-Benoît | 6000 | Ebreuil | Clermont | St-Benoît | 6000 |
| Chaume (la) | Nantes | Idem | 2000 | Elan | Reims | Citeaux | 6500 |
| Chaumont | Reims | Prémontré | 8000 | Eloy de Noyon (St-) | Noyon | St-Benoît | 24000 |
| Chaumousay | St-Diez | St-Augustin | 6000 | | | | |
| Chéery | Reims | Citeaux | 6000 | Eloy-Fontaine (St-) | Noyon | St-Augustin | 6500 |
| Cheminon | Châlons-sur-Marne | Idem | 8000 | | | | |
| | | | | Epvre (St.) | Toul | St-Benoît | 30000 |
| Cherbourg | Coutances | St-Augustin | 15000 | Esaldieu (l') | Tarbes | Citeaux | 1600 |

| | | | | | | | |
|---|---|---|---|---|---|---|---|
| Eschalie | Sens | Cîteaux | 5500 | Georges des Bois | Le Mans | St-Augustin | 1230 |
| Espeau (l') | Le Mans | Idem | 6000 | Germain d'Auxerre (St-) | Auxerre | St-Benoît | 14000 |
| Espernay | Reims | St-Augustin | 4500 | | | | |
| Essey | Agen | St-Benoît | 1800 | Germain des Prés (St-) | Paris | Idem | 150000 |
| Essomes | Soissons | St-Augustin | 4500 | | | | |
| Esterpe | Limoges | Idem | 5000 | Germer (St-) | Beauvais | Idem | 12000 |
| Etienne (St-) | Dijon | Idem | 6000 | Gilbert (St-) | Clermont | Prémontré | 1800 |
| Etienne de Vaux (St-) | Saintes | St-Benoît | 1200 | Gildas (St-) | Bourges | St-Benoît | 4000 |
| | | | | Gildas des Bois (St-) | Nantes | Idem | 5500 |
| Etival | St-Diez | Prémontré | 3500 | Gildas de Ruis (St-) | Vannes | Idem | 6000 |
| Etoile (l') | Poitiers | Cîteaux | 3000 | Gilles (St-) | Nîmes | séculier | 14000 |
| Eu (N.-D.) | Rouen | St-Augustin | 6000 | Gimont | Auch | Cîteaux | 8500 |
| Eusèbe (St-) | Apt | St-Benoît | 5000 | Goaille | Besançon | St-Augustin | 5000 |
| Euverte (St-) | Orléans | St-Augustin | 5000 | Gondom | Agen | Cîteaux | 1500 |
| Eveau | Toul | Cîteaux | 7000 | Gorze | Metz | séculier | 45000 |
| Evron | Le Mans | St-Benoît | 6000 | Gourdom (N.-D.) | Cahors | Cîteaux | 1500 |
| Evroul (St-) | Lisieux | Idem | 20000 | Grâce-Dieu (la) | La Rochelle | Idem | 6000 |
| | | | | Grand-Champ | Chartres | Idem | 2600 |
| Faise | Bordeaux | Cîteaux | 4500 | Grand-Selve | Toulouse | Idem | 16000 |
| Falaise (St-Jean) | Séez | Prémontré | 3000 | Grasse (la) | Carcassonne | St-Benoît | 18000 |
| Faron (St-) | Meaux | St-Benoît | 18000 | Grenetière (la) | Luçon | Idem | 6000 |
| Fécamp | Rouen | Idem | 80000 | Grestain | Lisieux | Idem | 6000 |
| Femi | Cambray | Idem | 8500 | Gué de Launai | Le Mans | Idem | 5000 |
| Feniers | Clermont | Cîteaux | 1600 | Guilhem du Desert | Lodève | Idem | 4500 |
| Ferme (St-) | Bazas | St-Benoît | 5000 | Guingamp (Ste-Croix de) | Tréguier | St-Augustin | 400 |
| Ferrières | Poitiers | Idem | 2500 | | | | |
| Ferrières | Sens | Idem | 4500 | Guistres | Bordeaux | St-Benoît | 3500 |
| Figéac | Cahors | séculier | 15000 | Ham (N.-D.) (le) | Noyon | St-Augustin | 12000 |
| Flabemont | Toul | Prémontré | 3000 | Hambie | Coutances | Idem | 1500 |
| Flaran | Auch | Cîteaux | 1600 | Haute-Fontaine | Châlons-sur-Marne | Cîteaux | 4500 |
| Flavigny | Autun | St-Benoît | 5200 | | | | |
| Florent (St-) | Angers | Idem | 10000 | | | | 2030 |
| Foigny | Laon | Cîteaux | 15500 | Haute-Seille | Toul | Idem | 5000 |
| Fontaine-Daniel | Le Mans | Idem | 4000 | Haut-Villiers | Reims | St-Benoît | 7000 |
| Fontaine-Blanche | Tours | Idem | 4000 | Hérevaux | Paris | St-Augustin | 4000 |
| Fontaine-Jean | Sens | Idem | 2700 | Hermières | Paris | Prémontré | 2100 |
| | | | | Hilaire (St-) | Carcassonne | St-Benoît | 2000 |
| Fontaine le Comte | Poitiers | St-Augustin | 2000 | Honce (la) | Bayonne | Prémontré | 500 |
| Font-Douce | Saintes | St-Benoît | 4000 | Honnecourt | Cambrai | St-Benoît | 5500 |
| Fontenay | Autun | Cîteaux | 8000 | Huiron | Châlons-sur-Marne | Idem | |
| Fontenay | Bayeux | St-Benoît | 6500 | | | | 9000 |
| Fontenelles | Luçon | St-Augustin | 2500 | Humblières | Noyon | Idem | |
| Font-Froide | Narbonne | Cîteaux | 8000 | Igni | Reims | Cîteaux | 20000 |
| Font-Gombaud | Bourges | St-Benoît | 2500 | Isle-Barbe (l') | Lyon | St-Benoît | 8000 |
| Font-Guillon | Bazas | Cîteaux | 2200 | Isle-Chauvet (l') | Luçon | Idem | 4500 |
| Font-Morigny | Bourges | Idem | 4000 | Isle-Dieu (l') | Rouen | Prémontré | 5500 |
| Forcs-Montier | Amiens | St-Benoît | 6000 | Isle de Médoc (l') | Bordeaux | St-Augustin | 4000 |
| Franquevaux | Nîmes | Cîteaux | 2000 | Isle en Barrois (l') | Toul | Cîteaux | 12000 |
| Frenade (la) | Saintes | Idem | 1500 | Issoire | Clermont | St-Benoît | 1500 |
| Froidemont | Beauvais | Idem | 2200 | Issoudun | Bourges | Idem | 2500 |
| Fuscien (St-) | Amiens | St-Benoît | 4000 | Iverneaux | Paris | Idem | 1100 |
| Gaillac | Albi | Idem | 5000 | Ivry | Evreux | St-Benoît | 4500 |
| Gard (le) | Amiens | Cîteaux | 12000 | Jacques (St-) | Beziers | St-Augustin | 4000 |
| Garde-Dieu (la) | Cahors | Idem | 4000 | Jacut (St-) | Dol | St-Benoît | 6000 |
| Gastines | Tours | St-Augustin | 5200 | Jard (le) | Sens | St-Augustin | 5000 |
| Geneston | Nantes | Idem | 1200 | Jau (le) (St-André) | Perpignan | Cîteaux | 800 |
| Genlis | Noyon | Prémontré | 2000 | Jussels | Béziers | St-Benoît | 2500 |
| Genou (St-) | Bourges | St-Benoît | 2000 | Jean (St-) | Amiens | Prémontré | 5000 |
| Georges (St-) | Angers | St-Augustin | 1500 | Jean en Vallée (St-) | Chartres | St-Augustin | 4500 |

## TABLEAU DES ABBAYES, ETC., EN FRANCE.

| Nom | Ville | Ordre | Revenu |
|---|---|---|---|
| Jean (St-) | Laon | St-Benoît | 11.000 |
| Jean des Prés (St-) | St-Malo | St-Augustin | 5500 |
| Jean des Vignes (St-) | Soissons | Idem | 50000 |
| Jendures. | Toul | Prémontré | 3000 |
| Josaphat | Chartres | St-Benoît | 3300 |
| Josse-sur-Mer (St-) | Amiens | Idem | 5500 |
| Jouy-Dieu | Lyon | Idem | 5300 |
| Jouin-les-Marnes (St-) | Poitiers | St-Benoît | 8000 |
| Jouy | Sens | Cîteaux | 15000 |
| Jovillier | Toul | Prémontré | 2000 |
| Joyenval | Chartres | Prémontré | 10000 |
| Juilly | Meaux | St-Augustin | 4000 |
| Julien (St-) | Tours | St-Benoît | 5500 |
| Jumiége | Rouen | Idem | 25000 |
| Just (St-) | Beauvais | Prémontré | 10000 |
| Justemont | Metz | Idem | 2000 |
| Kemperlay | Quimper | St-Benoît | 6500 |
| Lagny (St-Pierre) | Paris | St-Benoît | 12000 |
| Landais | Bourges | Cîteaux | 3500 |
| Landevenek | Quimper | St-Benoît | 4500 |
| Landèves (N.-D.) | Verdun | St-Augustin | 3300 |
| Langonnet | Quimper | Cîteaux | 6000 |
| Lannoy | Beauvais | Idem | 4000 |
| Lantenac | St-Brieux | St-Benoît | 2500 |
| Lanvaux | Vannes | Cîteaux | 1200 |
| Lassé en Brignon | Poitiers | St-Benoît | 2000 |
| Lavedan (St-Savin-) | Tarbes | Idem | 2400 |
| Léon (St-) | Toul | St-Augustin | 4000 |
| Léonard de Chaume (St-) | La Rochelle | Cîteaux | 1800 |
| Léoncel | Valence | Idem | 3500 |
| Lérins (St-Honorat-) | Grasse | | 12000 |
| Lessay | Coutances | St-Benoît | 9300 |
| Lezat | Rieux | Idem | 12000 |
| Licques | Boulogne | Idem | 5000 |
| Lieu-Croissant | Besançon | Idem | 3000 |
| Lieu-Dieu | Amiens | Cîteaux | 4600 |
| Lieu-Dieu en Jard | Luçon | Prémontré | 7500 |
| Lieurestauré | Soissons | Idem | 3900 |
| Liguaire (St-) | Saintes | St-Benoît | 10000 |
| Lire | Evreux | Idem | 17000 |
| Livri | Paris | St-Augustin | 4000 |
| Lô (St-) | Coutances | Idem | 6000 |
| Loc-Dieu | Rodez | Cîteaux | 4500 |
| Lomer (St-) | Blois | St-Benoît | 8000 |
| Longay | Langres | Cîteaux | 2250 |
| Longeville | Metz | St-Benoît | |
| Long-Pont | Soissons | Cîteaux | 15000 |
| Longues | Bayeux | St-Benoît | 3000 |
| Longvay | Reims | Prémontré | 1800 |
| Long-Villiers | Boulogne | Cîteaux | 6000 |
| Lonlay | Le Mans | St-Benoît | 4500 |
| Loroy | Bourges | Cîteaux | 4000 |
| Loroux | Angers | Idem | 5500 |
| Loup (St-) | Troyes | St-Augustin | 12000 |
| Lucien (St-) | Beauvais | St-Benoît | 10000 |
| Lunéville | Toul | Idem | 12000 |
| Lure | Besançon | Idem | 10000 |
| Lure | Sisteron | Idem | 2500 |
| Luxeuil | Besançon | Idem | 2500 |
| Macheret | Troyes | Grammont | 8000 |
| Madion | Saintes | St-Benoît | 1200 |
| Magloire (S.-) | Paris | Idem | 18000 |
| Mahé (St-) | Léon | Idem | 2500 |
| Maisières | Châlons-sur-Saône | Cîteaux | 7000 |
| Maixent (St-) | Poitiers | S:-Benoît | 1400 |
| Manlieu | Clermont | Idem | 5500 |
| Mansui (St-) | Toul | Idem | 20000 |
| Marcel (St-) | Cahors | Cîteaux | 2000 |
| Marcheroux. | Rouen | Prémontré | 1600 |
| Marguerite (Ste-) | Autun | St-Augustin | 1900 |
| Marien (St-) | Auxerre | Prémontré | 3400 |
| Marmoutiers | Tours | St-Augustin | 20000 |
| Marsillac | Cahors | Idem | 10000 |
| Martial (St) | Limoges | séculier | 5200 |
| Martin aux Bois (St-) | Beauvais | St-Augustin | 9000 |
| Martin d'Autun (St-) | Autun | St-Benoît | 4500 |
| Martin (St-) | Nevers | St-Augustin | 5000 |
| Martin (St-) | Séez | St-Benoît | 20000 |
| Martin (St-) | Laon | Prémontré | 2500 |
| Martin aux Jumeaux (St-) | Amiens | St-Augustin | 5000 |
| Mas | Aire | St-Benoît uni à l'évêch. d'Aire. | |
| Mas-d'Azil (le) | Rieux | Idem | 5300 |
| Mas-Garnier (le) | Toulouse | Idem | 5500 |
| Massay | Bourges | Idem | 5000 |
| Maubec | Bourges | Idem | 5000 |
| Mauléon | La Rochelle | St-Augustin | 4200 |
| Maur (St-) | Angers | Idem | 4400 |
| Maur-des-Fossés (St-) | Paris | uni à l'arch. de Paris | 20000 |
| Maurin (St-) | Agen | St-Benoît | 2000 |
| Mours | St-Flour | Idem | 2500 |
| Mauzac | Clermont | Idem | 4000 |
| Maymac | Limoges | Idem | 2000 |
| Mazan | Viviers | Cîteaux | 7500 |
| Médard (St-) | Soissons | St-Benoît | 50000 |
| Méeo (St-) | St-Malo | Idem | 7000 |
| Mégemont | Clermont | Cîteaux | 700 |
| Melaine (St-) | Rennes | St-Benoît | 9500 |
| Melinais (le) | Angers | St-Augustin | 6000 |
| Meleray | Nantes | Cîteaux | 4500 |
| Melun (St-Pierre) | Sens | (de Clermont-Tonnerre) | 4000 |
| Menat | Clermont | St-Benoît | 6500 |
| Menge (St-) | Châlons-sur-Marne | Cîteaux | 6000 |
| M rci-Dieu (la) | Poitiers | Cîteaux | 1400 |

| | | | | | | | |
|---|---|---|---|---|---|---|---|
| Mesmin (St-) | Orléans | St-Benoît | 12000 | N.-D. du Val | Paris | Cîteaux | 10000 |
| Michel en l'Herm (St-) | Luçon | Idem | 30000 | N.-D. du Val Noyers | Bayeux Tours | St-Augustin St-Benoît | 3000 2000 |
| Michel en Thiérarche (St-) | Laon | Idem | 24000 | Obazine | Limoges | Cîteaux | 7300 |
| | | | | Oigni | Autun | St-Augustin | 4500 |
| Michel (St-) | Verdun | Idem | 5000 | Olivet | Bourges | Cîteaux | 2500 |
| Miseray | Bourges | St-Augustin | 2800 | Orbais | Soissons | St-Benoît | 5000 |
| Moiremont | Châlons-sur-Marne | St-Benoît | 1500 | Orbestier | Luçon | Idem | 4000 |
| | | | | Ouen (St-) | Rouen | Idem | 55000 |
| Moissac | Cahors | séculier | 1800 | Ourcamp | Noyon | Cîteaux | 45000 |
| Molesme | Langres | St-Benoît | 14000 | Paimpont | St-Malo | St-Augustin | 4000 |
| Molosme | Langres | Idem | 9000 | Paul (St-) | Sens | Prémontré | 4000 |
| Monstier en Argone | Châlons-sur-Marne | Cîteaux | 15000 | Paul (St-) | Verdun | Idem | 10000 |
| | | | | Pé de Generest (St-) | Tarbes | St-Benoît | 2500 |
| Monstier en Der | Idem | St-Benoît | 2000 | Pébrac | St-Flour | St-Augustin | 2400 |
| Mont-Benoît | Besançon | St-Augustin | 10000 | Pélice (la) | Le Mans | St-Benoît | 4500 |
| Mont-Dée | Lisieux | Prémontré | 14000 | Père en Vallée (St-) | Chartres | Idem | 25000 |
| Montebourg | Coutances | St-Benoît | 12000 | Pérignac | Agen | Cîteaux | 2000 |
| Montfort la Canne | St-Malo | St-Augustin | 2500 | Perruy-Neuf (le) | Angers | Prémontré | 2530 |
| Montierneuf | Poitiers | St-Benoît | 6000 | Perseigne | Le Mans | Cîteaux | 2350 |
| Montier-Ramé | Troyes | Idem | 10000 | Pessan | Auch | St-Augustin | 5000 |
| Mont-Majour | Arles | Idem | 20000 | Peyrouse (la) | Périgueux | Cîteaux | 4000 |
| Montmorel | Avranches | St-Augustin | 8000 | Pierre (St-) | Auxerre | St-Augustin | 1500 |
| Montolieu | Carcassonne | St-Benoît | 2000 | Pierre aux Monts (St-) | Châlons-sur-Marne | St-Benoît | 8000 |
| Montpeiroux | Clermont | Cîteaux | 3000 | | | | |
| Mont Ste-Marie | Besançon | Idem | 9000 | Pierre (St-) | Châlons-sur-Saône | Idem | 4500 |
| Mont St-Martin | Cambray | Prémontré | 1200 | | | | |
| Mont St-Michel | Avranches | St-Benoît | 30000 | Pierre le Vif (St-) | Sens | Idem | 5000 |
| Mont St-Quentin | Noyon | Idem | 18000 | Pierre-sur-Dive (St-) | Séez | Idem | 8000 |
| Moreaux | Poitiers | Idem | 1000 | Pierre (St-) de | Vienne | séculier | 5500 |
| Moreilles | La Rochelle | Cîteaux | 9000 | Pleine-Selsec | Bordeaux | Prémontré | 2300 |
| Mores | Langres | Idem | 3000 | Plein-Pied | Bourges | St-Augustin | 1400 |
| Moreuil | Amiens | St-Benoît | 5000 | Polycarpe (St-) | Narbonne | St-Benoît | 4500 |
| Morigni | Sens | Idem | 10000 | Ponteau | Aire | Cîteaux | 4500 |
| Mortemer | Rouen | Cîteaux | 8000 | Pontifroi | Metz | Idem | 5000 |
| Moutier-St-Jean | Langres | St-Benoît | 9000 | Pontlevoy | Blois | St Benoît | 6000 |
| Mouzon | Reims | Idem | 20000 | Pontoise (St-Martin) | Rouen | Idem | 12000 |
| Murbach | Basle | St-Augustin | 15000 | | | | |
| Mureaux | Toul | Prémontré | 6500 | Poutron | Angers | Cîteaux | 4000 |
| Nanteuil | Poitiers | St-Benoît | 5000 | Pornid | Nantes | St-Augustin | 2000 |
| Nantz | Vabres | Idem | 5000 | Poultière | Langres | St-Benoît | 7000 |
| Neaufle le Vieux | Chartres | Idem | 4500 | Préaux | Lisieux | Idem | 34000 |
| Nesle la Resposte | Troyes | Idem | 3000 | Pré-Benoît | Limoges | Cîteaux | 900 |
| Nicaise (St-) | Reims | Idem | 40000 | Prée (N.-D.) (la) | Bourges | Idem | 4000 |
| Nicolas (St-) | Angers | Idem | 18000 | Preuilly | Sens | Idem | 7500 |
| Nicolas des Bois (St-) | Laon | Idem | 15000 | Preuilly | Tours | St-Benoît | 5700 |
| | | | | Prix (St-) | Noyon | Idem | 4000 |
| Nicolas des Prés (St-) | Verdun | St-Augustin | 3000 | Provins (St-Jacques) | Sens | St-Augustin | 5000 |
| Nieuil | La Rochelle | Idem | 3000 | Psalmody | Alais | Idem | 10000 |
| Nisors | Cominges | Cîteaux | 5000 | Puy-Ferrand | Bourges | Idem | 1000 |
| Noaille | Poitiers | St-Benoît | 3000 | Quarante | Narbonne | St-Augustin | 1800 |
| Noë (la) | Evreux | Cîteaux | 4000 | Quentin (St-) | Beauvais | Idem | 7000 |
| Nogent (N.-D.) | Laon | St-Benoît | 8000 | Quentin en l'Ile (St-) | Noyon | St-Benoît | 25000 |
| Noirlac | Bourges | Cîteaux | 2700 | Quinçai | Poitiers | Idem | 2500 |
| N.-D. du Palais | Limoges | Idem | 1400 | Quincy | Langres | Cîteaux | 2500 |
| N.-D. des Vertus | Châlons-sur-Marne | St-Augustin | 3800 | Rambert (St-) | Lyon | St-Benoît | 2000 |
| | | | | Rangeval | Toul | Prémontré | 2000 |

## TABLEAU DES ABBAYES, ETC., EN FRANCE.

| | | | | | | | |
|---|---|---|---|---|---|---|---|
| Réal (la) | Perpignan | St-Augustin | 8000 | Silvanès | Vabres | Cîteaux | 1400 |
| Réau (la) | Poitier | Idem | 2800 | Simore | Auch | St-Benoît | 4000 |
| Réaule (La) | Lescar | St-Benoît | 2000 | Solignac | Limoges | Idem | 2500 |
| Rebais | Meaux | Idem | 17000 | Sordes | Acqs | Idem | 10000 |
| Reclus | Troyes | Cîteaux | 3500 | Sorèze | Lavaur | Idem | 10000 |
| Redon | Vannes | Saint-Benoît | 11144 | Souilhac | Cahors | Idem | 3500 |
| Relecq (Saint-) | Léon | Cîteaux | 11000 | Stulzbronn | Metz | Cîteaux | 8000 |
| Remy (Saint-) | Reims | Saint-Benoît | 32000 | Sully | Tours | St-Benoît | 5000 |
| Idem | Sens | Idem | 4000 | Sulpice (St-) | Bourges | St-Benoît | 12000 |
| Ressons | Rouen | Prémontré | 4000 | Symphorien (St-) | Beauvais | Idem | 2500 |
| Reuille (La) | Tarbes | Saint-Benoît | 5000 | Symphorien (St-) | Metz | Idem | 15000 |
| Ribemont | Laon | Idem | 10000 | | | | |
| Rigaud (Saint-) | Mâcon | Idem | 2000 | Talmond | Luçon | Idem | 4000 |
| Rigny | Auxerre | Cîteaux | 6000 | Tasque | Tarbes | Idem | 1800 |
| Rille-lès-Fougères | Rennes | St-Augustin | 3000 | Taurin (St-) | Evreux | Idem | 18000 |
| Riom (St-Amable) | Clermont | Idem | 9000 | Terrasson | Sarlat | Idem | 3500 |
| Riquier (Saint-) | Amiens | Saint-Benoît | 35000 | Thénaille | Saintes | St-Benoît | 3600 |
| Rivoure (La) | Troyes | Cîteaux | 5000 | Thénailles | Laon | Prémontré | 8000 |
| Rocamadour | Cahors | unie à l'évêché de Tulle | 7000 | Theulley | Dijon | Cîteaux | 8000 |
| | | | | Thibery (St-) | Agde | St-Benoît | 3700 |
| Roche (La) | Paris | St-Augustin | 1500 | Thierry (St-) | Reims | Idem | 12000 |
| Roches (Les) | Auxerre | Cîteaux | 6000 | Thiers-de-Saon(St-) | Valence | St-Augustin | 1000 |
| Roë (La) | Angers | St-Augustin | 3400 | Thiers | Clermont | St-Benoît | 1200 |
| Rosières | Besançon | Cîteaux | 4500 | Thoronet (Le) | Fréjus | Cîteaux | 5500 |
| Royaumont | Beauvais | Idem | 11000 | Thouars (S. Laon) | Poitiers | St-Augustin | 2700 |
| Rustaing (St-Sever) | Tarbes | St-Benoît | 2500 | Tiron | Chartres | St-Benoît | 14000 |
| Sablonceaux | Saintes | St-Augustin | 3500 | Tironneau | Le Mans | Cîteaux | 4000 |
| Samer | Boulogne | St-Benoît | 8000 | Tonnay-Charente | Saintes | St-Benoît | 1600 |
| Saramon | Auch | Idem | 2800 | Tonnerre(S.-Michel) | Langres | Idem | 4000 |
| Satur (Saint-) | Bourges | St-Augustin | 12000 | Torigny | Bayeux | Cîteaux | 3500 |
| Saubalade | Lescar | Cîteaux | 2200 | Tournus | Châlons-s.-Saône | séculier | 20000 |
| Sauve | Alais | Idem | 4000 | | | | |
| Sauve (Saint-) | Amiens | Idem | 2500 | Tourtoirac | Périgueux | St-Benoît | 1600 |
| Sauvecanne | Aix | Cîteaux | 6000 | Toussaints | Angers | St-Augustin | 3500 |
| Sauve - Majeure (Notre-Dame) | Bordeaux | St-Benoît | 8000 | Toussaints | Châlons-sur-Marne | Idem | 4000 |
| Sauveur (Saint-) | Lodève | Idem | 1500 | Tréport | Rouen | St-Benoît | 7500 |
| Sauveur de l'Etoile (Saint-) | Blois | Prémontré | 2000 | Trisay | Luçon | Cîteaux | 3000 |
| | | | | Troarn | Bayeux | St-Benoît | 38000 |
| Sauveur le Vicomte (Saint-) | Coutances | St-Benoît | 7000 | Trois-Fontaines | Châlons-s.-Marne | Cîteaux | 50000 |
| Savigny | | | | | | | |
| Idem | Avranches | Cîteaux | 15000 | Tronchet (Le) | Dol | St-Benoît | 2200 |
| Savin (Saint-) | Lyon | St-Benoît | 11000 | Turpernay | Tours | Idem | 2000 |
| Scellières | Poitiers | Idem | 3000 | Urbain (St-) | Châlons-s.-Marne | St-Benoît | 15000 |
| Seine (Saint-) | Troyes | Cîteaux | 2500 | | | | |
| Selincourt | Dijon | St-Benoît | 6000 | Uzerche | Limoges | séculier | 6000 |
| Sénangues | Amiens | Prémontré | 5500 | Vaas | Le Mans | St-Augustin | 2500 |
| Idem | Apt | Cîteaux | | Val-Benoîte | Lyon | Idem | 1200 |
| Septfontaines | Cavaillon | Idem | 2800 | Valbonne | Perpignan | Idem | 1200 |
| Idem | Langres | Prémontré | 1600 | Val-Chrétien | Soissons | Prémontré | 2000 |
| Serge (Saint-) | Reims | Idem | 7000 | Val-Croissant | Die | Cîteaux | 900 |
| Sernin (Saint-) | Angers | St-Benoît | 7000 | Valence | Poitiers | Idem | 2500 |
| Serry | Toulouse | séculier | 8000 | Valeroy | Reims | Cîteaux | 12000 |
| Sever (Saint-) | Amiens | Prémontré | 5000 | Valery (St-) | Amiens | St-Benoît | 24000 |
| Sever Cap (Saint-) | Coutances | St-Benoît | 5500 | Valette (La) | Tulles | Cîteaux | 2500 |
| Sevrin (Saint-) | Aire | Idem | 8000 | Vallemont | Rouen | Idem | 8000 |
| Signy | Poitiers | St-Augustin | 3500 | Vallesse (Le) | Rouen | Cîteaux | 12000 |
| Silly | Reims | Cîteaux | 50000 | Valloires | Amiens | Idem | 14000 |
| | Séez | Prémontré | 2500 | Val-Magne | Agde | Idem | 8500 |

DICTIONNAIRE DE GÉOGRAPHIE ECCL. I.                                    23

DICTIONNAIRE DE GÉOGRAPHIE ECCLÉSIASTIQUE.

| | | | | | | | |
|---|---|---|---|---|---|---|---|
| Val-Richer | Bayeux | Citeaux | 3300 | Vieuville (La) | Dol | Citeaux | 2500 |
| Val-Sainte | Apt | Idem | 1700 | Vigeois | Limoges | St-Benoît | |
| Val-Secret | Soissons | Idem | 4000 | Ville-Dieu | Acqs | Prémontré | |
| Valsery | Soissons | Prémontré | 2000 | Villeloin | Tours | St-Benoît | |
| Vandrille (St-) | Rouen | St-Benoît | 50000 | Villelongue | Carcassonne | Citeaux | |
| Vannes (St-) | Verdun | St-Augustin | 24000 | Villemagne | Béziers | St-Benoît | |
| Varenne | Bourges | Citeaux | 1500 | Ville-Neuve | Nantes | Citeaux | |
| Vauluisant | Sens | Idem | 18000 | Villers-Bertmack | Metz | Idem | |
| Vaux de Cernay | Paris | Idem | 7500 | Vincent (St-) | Laon | St-Benoît | |
| Vaux en Ornois | Toul | Idem | 7000 | Vincent (St-) | Le Mans | Idem | |
| Vendôme (La Trinité) | Blois | St-Benoît | 12000 | Vincent (St-) | Senlis | St-Augustin | |
| | | | | Vincent (St-) | Metz | St-Benoît | |
| Vermand | Noyon | Prémontré | 4000 | Vincent (St-) | Besançon | Idem | |
| Vernuce (La) | Bourges | St-Augustin | 3300 | Vincent aux Bois (St-) | Chartres | St-Augustin | |
| Verteuil | Bordeaux | Idem | 6500 | | | | |
| Vertus (S.-Sauveur) | Chalons-s-Marne | St-Benoît | 2000 | Vincent du bourg (St-) | Bordeaux | Idem | |
| Vézelay | Autun | séculier | 20000 | Vincent du Luc(St-) | Oléron | St-Benoît | |
| Victoire (La) | Senlis | Citeaux | 14000 | Visignole | Amiens | St-Benoît | |
| Victor (St-) | Marseille | séculier | 33000 | Volusien de Foix (St-) | Pamiers | St-Augustin | |
| Victor (St-) | Paris | St-Augustin | 35000 | | | | |
| Victor en Caux(St-) | Rouen | Idem | 5500 | Vulmer (St-) | Boulogne | Idem | |
| Vierzon | Bourges | St-Benoît | 1200 | | | | |

## ABBAYES D'HOMMES EN RÈGLE.

| | | | | | | | |
|---|---|---|---|---|---|---|---|
| Abbecourt | Chartres | Prémontré | 6000 | Citeaux | Chef d'ordre | | |
| Airi (St-) | Verdun | St-Benoît | 6000 | Clairlieu | Toul | Citeaux | 12000 |
| Altorf | Strasbourg | Idem | 6000 | Clair-Marais | St-Omer | Idem | 2800 |
| André (St-) | Amiens | Prémontré | 4000 | Clairvaux | Langres | Idem | 9000 |
| Antoine (St-) | Chef d'ordre de | St-Augustin | 40000 | Colombe (la) | Limoges | Idem | |
| Arrouaise | Arras | Idem | 30000 | Corneu | Besançon | Prémontré | |
| Aubert (St-) | Cambrai | Idem | 4000 | Crespin | Cambrai | St-Benoît | 15000 |
| Auchi | Boulogne | St-Benoît | 8000 | Cuissi | Laon | Prémontré | 8000 |
| Augustin (St-) | St-Omer | Prémontré | 12000 | Cuixa | Perpignan | St-Benoît | 18500 |
| Barbery | Bayeux | Citeaux | 13000 | Cysoin | Tournai | | |
| Beaubec | Rouen | Idem | 18000 | Denis (St-) | Cambrai | St-Benoît | 15000 |
| Beaulieu | Troyes | Prémontré | 5000 | Dom-Evre | St-Dié | Prémontré | 16000 |
| Beaupré | Toul | Citeaux | 15000 | Dommartin | Amiens | St-Augustin | |
| Benoît (St-) | Metz | Idem | 10000 | Doue | Le Puy | Prémontré | |
| Bergues | Ypres | St-Benoît | | Eaucourt | Arras | St-Augustin | 15000 |
| Bertin (St-) | St-Omer | Idem | 25000 | Ebersheimmunster | Strasbourg | St-Benoît | 16000 |
| Blangy | Boulogne | Idem | 18000 | Escurrey | Toul | Citeaux | |
| Bonnaigue | Limoges | Citeaux | 8000 | Faverney | Besançon | St-Benoît | |
| Bouillas | Auch | Idem | 3000 | Fermeté (la) | Châlons-s.-S. | Citeaux | 30000 |
| Bucilly | Laon | Prémontré | 10000 | Feuillants | Chef d'ordre | | |
| | | | | Foncaude | St-Pons | Prémontré | 10000 |
| Cambton | Cambrai | Idem | 35000 | Foucarmont | Rouen | Citeaux | 12000 |
| Canigou | Perpignan | St-Benoît | 3000 | Frostroff | Metz | Idem | 6000 |
| Cantimpré | Cambrai | St-Augustin | 16000 | Geneviève (Ste-) | Chef de congrégation | St-Augustin | 50000 |
| Cateau-Cambraisis | Cambrai | St-Benoît | 25000 | | | | |
| Chaloché | Angers | Citeaux | 5000 | Grâce-Dieu (la) | Besançon | Citeaux | 40000 |
| Chancelade | Chef de congrégation | | 20000 | Grammont | Chef d'ordre | | |
| | | | | Gros-Bas | Angoulême | Citeaux | |
| Charité (la) | Langres | Citeaux | 2000 | Guillau (St-) | Cambrai | St-Benoît | |
| Charmoise (la) | Châlons-s.-M. | Idem | 6000 | | | | |
| Château-l'Abb. | Arras | Prémontré | | Ham | St-Omer | Idem | |
| Châtillon | Verdun | Citeaux | 1200 | Hasnon | Arras | St-Augustin | |
| Choques | St-Omer | St-Augustin | 11000 | Haultemont | Cambrai | St-Benoît | |

## TABLEAU DES ABBAYES, ETC., EN FRANCE.

| Nom | Ville | Ordre | Revenu | Nom | Ville | Ordre | Revenu |
|---|---|---|---|---|---|---|---|
| Hennin | Arras | St-Augustin | 8000 | Oulx | Savoie | Cîteaux | |
| Hornbach | Metz | St-Benoît | | Pairis | Basle | Idem | |
| J. de la Castelle (Saint-) | | | | Paul (St-) | Besançon | St-Augustin | 15000 |
| J. de Valenciennes (Saint-) | Aire | Prémontré | 5000 | Phalampin | Tournai | Idem | |
| | Cambrai | St-Augustin | 20000 | Pierres (les) | Bourges | Cîteaux | 6000 |
| J. au Mons (St-) | Ypres | St-Benoît | 12000 | Piété (la) | Troyes | Idem | |
| Léger (St-) | Soissons | St-Augustin | 3000 | Pin (le) | Poitiers | Idem | 6000 |
| Letanche | Verdun | Prémontré | 5000 | Pont-à-Mousson | Toul | Prémontré | 5000 |
| Liefles | Cambrai | St-Benoît | 25000 | Pontigny | Auxerre | Cîteaux | 16000 |
| Lobbes | Cambrai | Idem | 2000 | Prémontré | Laon | Prémontré | 45000 |
| Loos | Tournai | Cîteaux | | Prières | Vannes | Cîteaux | 2000 |
| Lucelle | Basle | Idem | | Riéval | Toul | Prémontré | 2000 |
| Luzerne (la) | Avranches | Prémontré | 8000 | Rivet (Le) | Bazas | Cîteaux | 600 |
| Malmedy | Liége | St-Benoît | | Ruf (St-) | Valence | St-Augustin | 10000 |
| Marchiennes | Arras | Idem | 60000 | Ruisseauville | Boulogne | St-Augustin | 8000 |
| Marcilly | Autun | Cîteaux | 5000 | Salival | Metz | Prémontré | 15000 |
| Mareuil | Arras | St-Augustin | 10000 | Senones | Toul | St-Benoît | 10000 |
| Marmoutier | Strasbourg | St-Benoît | 50000 | Sept-Fonts | Autun | Cîteaux | 10000 |
| Maroilles | Cambrai | St-Benoît | 30000 | Sépulcre (St-) | Cambrai | St-Benoît | 15000 |
| Martin (St-) | Limoges | Feuillants | 5000 | Sulpice (St-) | Belley | Cîteaux | 6000 |
| Metloch | Trèves | St-Benoît | 30000 | Trappe (La) | Séez | Cîteaux | 9000 |
| Moncets | | | | Vaast (St-) | Arras | St-Benoît | 40000 |
| Moyen-Moutier | Châlons-sur-Marne | Prémontré | 4000 | Val-des-Écoliers | Langres | St-Augustin | 4000 |
| Mont-St-Eloi | St-Diez | St-Benoît | 5000 | Val-Dieu | Reims | Prémontré | 6000 |
| Morimont | Arras | St-Augustin | 50000 | Vaucelle | Cambrai | Cîteaux | |
| | Langres | Cîteaux | 15000 | Vaucler | Laon | Cîteaux | |
| Nancy | Nancy | St-Benoît | 12000 | Vaux-la-Douce | Langres | Cîteaux | 2500 |
| Neubourg | Strasbourg | Cîteaux | 10000 | Vicogne | Arras | Prémontré | 50000 |
| Orval | Trèves | Idem | | Villers-Cotterets | Soissons | Prémontré | 9000 |

### ABBAYES DE FILLES.

| Nom | Ville | Ordre | Revenu | Nom | Ville | Ordre | Revenu |
|---|---|---|---|---|---|---|---|
| Agnan (St-) | Bourges | Cîteaux | | Beaulieu | Arras | St-Augustin | 8000 |
| Allois (les) | Limoges | St-Benoît | 2000 | Beaumes-les-Dames | Besançon | | 7000 |
| Almenêches | Séez | St-Benoît | 9000 | Beaumont | Clermont | St-Benoît | 7000 |
| Amand (St-) | Rouen | St-Benoît | 24000 | Beaumont | Tours | St-Benoît | 35000 |
| Amour-Dieu | Soissons | Cîteaux | 5000 | Beaupré | St-Omer | Cîteaux | 6000 |
| Andecy | Châlons-sur-Marne | St-Benoît | 8000 | Beaurepaire | Vienne | Cîteaux | 4500 |
| Andlau | Strasbourg | St-Benoît | 16000 | Beauvoir | Bourges | Idem | 5000 |
| Andoche (St-) | Autun | St-Benoît | 10000 | Belle-Combe | Le Puy | St-Benoît | 5000 |
| André (St-) | Vienne | St-Benoît | 4000 | Bellemont | Langres | Cîteaux | 4500 |
| Annai | Arras | Cîteaux | | Bénisson-Dieu (la) | Lyon | Idem | 9000 |
| Annonai | Vienne | Urbanistes | 4000 | Benoîte-Vaux | Toul | Idem | 3000 |
| Antoine (St-) | Paris | Cîteaux | 50000 | Bernard (St-) | Lombez | Idem | |
| Arcises | Chartres | St-Benoît | 5000 | Bernard (St-) | Acqs | Idem | 5000 |
| Argensoles | Soissons | St-Benoît | 6000 | Bethaucourt | Amiens | St-Benoît | 5000 |
| Aubaigne | Marseille | St-Augustin | 2000 | Biache | Noyon | Cîteaux | 6000 |
| Aubenas | Viviers | Urbanistes | | Bibelsheim | Strasbourg | St-Benoît | 1000 |
| Auxone (St-) | Angoulême | St-Benoît | 14000 | Bival | Rouen | Idem | 5000 |
| Avenay | Reims | St-Benoît | 25000 | Blanche (la) | Avranches | Cîteaux | 8000 |
| Avesnes | Arras | St-Benoît | 10000 | Blandecque | St-Omer | Idem | 7000 |
| Avit (St-) | Chartres | St-Benoît | 5000 | Blesse | St-Flour | St-Benoît | 4000 |
| Barre (la) | | | | Bois (l'Abbaye-aux-) | Paris | Cîteaux | 10000 |
| Battant | Soissons | St-Benoît | 4500 | Bondeville | Rouen | Idem | 5000 |
| Beaucaire | Besançon | Cîteaux | 5000 | Bonlieu | Lyon | Idem | 8000 |
| | Arles | St-Benoît | | Bonlieu | Le Mans | Idem | 1400 |
| | | | | Bonne-Saigne | Limoges | St-Benoît | 4000 |

| | | | | | | | |
|---|---|---|---|---|---|---|---|
| Bonneval | Poitiers | Cîteaux | 10000 | Ferté-Milon (la) | Soissons | Urbanistes | |
| Bons | Belley | Idem | 4000 | Fervaque | Noyon | Cîteaux | |
| Bourbourg | St-Omer | St-Benoît | 10000 | Filles-Dieu | Rouen | | |
| Bourdillière (la) | Tours | Cîteaux | | Flines | Arras | Cîteaux | |
| Bouxières | Toul | St-Augustin | 2500 | Fontenelles | Cambrai | Idem | |
| Braghac | Clermont | St-Benoît | 5000 | Fontevrault | Poitiers | St-Benoît | |
| Brailles | Arras | Cîteaux | 6000 | Font-Gauffier | Sarlat | Idem | |
| Brienne | Lyon | St-Benoît | 3000 | Font-Guerard | Rouen | Cîteaux | |
| Bugues | Périgueux | Idem | 2000 | Geniez (St-) | Montpellier | St-Benoît | |
| Buis (le) | St-Flour | Idem | | Geoire (St-) | Vienne | Idem | |
| Bussière | Bourges | Cîteaux | 3000 | Georges (St-) | Rennes | Idem | |
| Caen (la S. T.) | Bayeux | St-Benoît | 30000 | Gif | Paris | Idem | |
| Catherine (Ste-) | Genève | Cîteaux | 2000 | Gigean | Montpellier | Idem | |
| Césaire (St-) | Arles | St-Benoît | 10000 | Gistinguen | Cambrai | Idem | |
| Chaillot | Paris | St-Augustin | 5000 | Glossinde (Ste-) | Metz | Idem | |
| Charenton | Bourges | St-Benoît | 10000 | Gomerfontaine | Rouen | Cîteaux | |
| Château-Châlon | Besançon | Idem | 5000 | Grâce-Dieu (la) | Cahors | Idem | |
| Chazeau | Lyon | Idem | 3000 | Guiche (la) | Blois | Urbanistes | |
| Chazes (les) | St-Flour | Idem | 6000 | Haies (les) | Grenoble | Cîteaux | |
| Chelles | Paris | Idem | 30000 | Hières | Toulon | Idem | |
| Claire (Ste-) | Arles | Urbanistes | 4000 | Hières | Paris | St-Benoît | |
| Claire (Ste-) | Verdun | Idem | | Hoilde (St-) | Toul | Cîteaux | |
| Claire (Ste-) | Clermont | Idem | 3000 | Honorat (St-) | Meaux | St-Benoît | |
| Claire (Ste-) | Sisteron | Idem | 3000 | Hou (St-) | Toul | Cîteaux | |
| Claire (Ste-) | Grenoble | Idem | | Isles (les) | Auxerre | Idem | |
| Claire (Ste-) | Narbonne | Idem | 4000 | Issy | Paris | St-Benoît | |
| Claire (Ste-) | Rodez | Idem | 3000 | Jacques (St-) | Châlons-s-M. | Cîteaux | |
| Claire-Fontaine | Trèves | Cîteaux | | Jarcy | Paris | St-Benoît | |
| Clavas | unie à l'abbaye de la Séauve. | | | Jean-Baptiste (St-) | Cavaillon | Idem | |
| Clérecs (les) | Chartres | Cîteaux | 28000 | Jean des Choux (St-) | Strasbourg | Idem | |
| Colonnes (les) | Vienne | St-Benoît | | Jean le Grand (St-) | Autun | Idem | |
| Cordillon | Bayeux | St-Benoît | 10000 | Jean de Saverne (St-) | Strasbourg | Idem | |
| Corentin (St-) | Chartres | Idem | 3000 | Jouarre | Meaux | Idem | |
| Crisenon | Auxerre | Idem | 7000 | Jourcez | Lyon | | |
| Croix (Ste-) | Apt | Cîteaux | 2000 | Joye (la) | Sens | Cîteaux | |
| Croix (Ste-) | Poitiers | St-Benoît | 15000 | Joye (la) | Vannes | Idem | |
| Cuffet | Clermont | Idem | 10000 | Julien (St-) | Auxerre | St-Benoît | |
| Cyr (St-) | Chartres | Idem | 10000 | Julien (St-) | Dijon | Idem | |
| Denaing | Arras | Idem | 20000 | Julien (St-) | Le Mans | Idem | |
| Déserte (la) | Lyon | Idem | 4000 | Just (St-) | Vienne | Cîteaux | |
| Désir (St-) | Lisieux | Idem | 5000 | Kerlot | Quimper | Idem | |
| Dizier (St-) | Châlons | Cîteaux | 5000 | Kœnisbruck | Strasbourg | Idem | |
| Doullens | Amiens | St-Benoît | 8000 | Lancharre | Châlons-s-S. | St-Benoît | |
| Eau (N.-D. de l') | Chartres | Cîteaux | 5000 | Landes (les) | Chartres | Idem | |
| Epinal | St-Diez | St-Benoît | 3000 | Laurent (St-) | Bourges | St-Benoît | |
| Esclache (l') | Clermont | Cîteaux | 6000 | Laurent (St-) | Comminges | Idem | |
| Espagne | Amiens | Idem | 5000 | Laval | Paris | Idem | |
| Esprit (St-) | Béziers | St-Augustin | 3000 | Laval | Vienne | | |
| Essay | Séez | Idem | 10000 | Lestré | Evreux | Cîteaux | |
| Estival | Le Mans | St-Benoît | 8000 | Letanche | Toul | Idem | |
| Estrun | Arras | Idem | 20000 | Leyme | Cahors | Idem | |
| Etienne (St-) | Reims | St-Augustin | 12000 | Lieu-Dieu | Autun | Idem | |
| Fabas | Comminges | | | Lieu (N.-D.) | Orléans | Idem | |
| Faremoutier | Meaux | St-Benoît | 20000 | Lieu (N.-D.) | Lyon | Idem | |
| Favas | Toulouse | Cîteaux | 5000 | Ligueux | Périgueux | S.-Benoît | |
| Felixprés | Cambrai | | | Longchamp | Paris | Cîteaux | |
| Ferre (la) | Laon | St-Benoît | 10000 | Lons le Saulnier | Besançon | Urbanistes | |
| Ferté (la) | Nismes | Idem | 3000 | | | | |

TABLEAU DES ABBAYES, ETC., EN FRANCE.

| | | | | | | | |
|---|---|---|---|---|---|---|---|
| Louis (St-) | Metz | | | Paraclet (le) | Troyes | St-Benoît | 20000 |
| Loup (St-) | Orléans | Cîteaux | 8000 | Parc-aux-Dames | Senlis | Cîteaux | 15000 |
| Lourre | Metz | St-Augustin | | Paul (St-) | Vienne | Cîteaux | 4000 |
| Lys (le) | Sens | Cîteaux | 20000 | Paul (St-) de Beauvais | Beauvais | St-Benoît | 20000 |
| Magdeleine (Ste-) | Metz | St-Augustin | | Paul (St-) lez-Soissons | Soissons | St-Augustin | 6000 |
| Malnoue | Paris | St-Benoît | 8000 | | | | |
| Marie (Ste-) | Metz | Idem | 10000 | Perrey (le) | Angers | Cîteaux | 50000 |
| Marquette | Tournai | Cîteaux | 50000 | Perrigne (la) | Le Mans | St-Benoît | 5000 |
| Maubeuge | Cambrai | St-Benoît | 7000 | Petit Claiveaux | Metz | Idem | 9000 |
| Maubuisson | Paris | Cîteaux | 25000 | Pierre (St-) | Lyon | St-Benoît | 40000 |
| Maur (St-) | Verdun | St-Benoît | 10000 | Pierre (St-) | Metz | Idem | 4000 |
| Menou (Ste) | Bourges | Idem | 15000 | Pierre (St-) | Reims | Idem | 20000 |
| Mercoire | Mende | Cîteaux | 5000 | Pont-à-Mousson | Toul | Cîteaux | |
| Migette | Besançon | Urbanistes | 5000 | Pont-aux-Dames | Meaux | Idem | 12000 |
| Molaize | Châlons-s-S. | Cîteaux | 6000 | Port-Royal | Paris | Idem | 12000 |
| Momère | Tarbes | unie à l'abb. de Fontevrault. | | Poulangy | Langres | St-Benoît | 6000 |
| | | | | Poussey | Toul | Cîteaux | 2000 |
| Monce | | | | Pralon | Dijon | St-Benoît | 8000 |
| Mons | Tours | Cîteaux | 4500 | Préaux | Lisieux | Idem | 20000 |
| Montfort | Cambrai | St-Benoît | 100000 | Premy | Cambrai | St-Augustin | 8000 |
| Montigni | Le Mans | St-Benoît | 4000 | Prés (les) | Arras | Cîteaux | 6000 |
| Montivillier | Besançon | Urbaniste | 3500 | Puy d'Orbe | Langres | St-Benoît | 9000 |
| Montmartre | Rouen | St-Benoît | 10000 | Quesnoy | Cambrai | St-Augustin | 4000 |
| Mont de Sion | Paris | St-Benoît | 48000 | | | | |
| Montreuil | Marseille | Cîteaux | 3000 | Ranteaulme | Auxerre | St-Benoît | 5000 |
| Montreuil | Amiens | Idem | 12000 | Reconfort (le) | Autun | Idem | 5000 |
| Morienval | Laon | Cîteaux | 20000 | Refuge (le) | Cambrai | Idem | 6000 |
| Mouchy | Soissons | | 8000 | Règle (la) | Limoges | St-Benoît | 10000 |
| | Beauvais | Cîteaux | 6000 | Remi (St) | Soissons | Idem | 5000 |
| Neubourg | | | | Remiremont | St-Diez | | 15000 |
| Neufchâteau | Evreux | St-Benoît | 6000 | Revensberg | St-Omer | Cîteaux | 8000 |
| Nid d'oiseau | Toul | Cîteaux | | Rieunette | Carcassonne | Cîteaux unie à l'abb. de St-Bernard de Lombez. | |
| Nogent | Angers | St-Benoît | 10000 | | | | |
| Nonenque | Soissons | Urbanistes | 7000 | | | | |
| N.-D. des Anges | Vabres | Cîteaux | 10000 | | | | |
| N.-D. des Fonds | Coutances | St-Benoît | 4000 | Roncerai | Angers | St-Benoît | 24000 |
| N.-D. de Meaux | Alais | Idem | | Rougemont | Langres | St-Benoît unie à St-Julien de Dijon. | |
| N.-D. de Nevers | Meaux | St-Augustin | 8000 | | | | |
| N.-D. des Plans | Nevers | St-Benoît | 10000 | | | | |
| N.-D. des Prés | Orange | Cîteaux | | | | | |
| N.-D. des Prés | Troyes | Cîteaux | 2500 | Royal-Lieu | Soissons | St-Benoît | 8000 |
| N.-D. de Saintes | Tournai | St-Augustin | | Saens (St-) | Rouen | Cîteaux | 14000 |
| N.-D. de Sens | Saintes | St-Benoît | 40000 | Salenques | Toulouse | Idem | 6000 |
| N.-D. de Soissons | Sens | Idem | 9000 | Sauchois (le) | Cambrai | Idem | 7000 |
| Nouveau Cloître | Soissons | Idem | 50000 | Sauveur (St-) | Evreux | St-Benoît | 10000 |
| Oileux (les) | Ypres | St-Augustin | | Sauveur (St-) | Marseille | Idem | 6000 |
| Olive (l') | Narbonne | Cîteaux | 4000 | Sauvoir | Laon | Cîteaux | 4000 |
| Oraison-Dieu | Cambrai | Cîteaux | 4000 | Seauve (la) | Le Puy | Idem | 6000 |
| Oraison-Dieu | Toulouse | Cîteaux unie à Salenques | | Sernin (St-) | Rodez | St-Benoît | 12000 |
| | | | | Sézanne | Troyes | Idem | 6000 |
| Origni | Rodez | Cîteaux | 18000 | Sigismond (St-) | Lescar | Idem | 1000 |
| Otmarsheim | Laon | St-Benoît | 12000 | Sigismond (St-) | Acqs | Cîteaux | 3000 |
| Ounans | Basle | | | Soyon | Valence | St-Benoît | 5000 |
| Pacl | Besançon | Cîteaux | 8000 | Spinlieu | Cambrai | Cîteaux | 8000 |
| Paix (la) | Evreux | St-Benoît | 15000 | Sulpice (St-) | Rennes | St-Benoît | 10000 |
| Pantemout | Cambrai | Idem | 8000 | Tarascon | Avignon | Idem | 6000 |
| Paraclet | Paris | Cîteaux | 10000 | Tard (le) | Dijon | Cîteaux | 5000 |
| | Amiens | Idem | 10000 | Théraenghein | Gand | Idem | |

| | | | | | | |
|---|---|---|---|---|---|---|
| Thouars | Poitiers | St-Benoît | 12000 | Vielmur | Castres | St-Benoît | 6000 |
| Thure (la) | Cambrai | St-Augustin | 16000 | Vignats | Séez | Idem | 6000 |
| Trésor (le, | Rouen | | 10000 | Vignogoul (le) | Montpellier | Cîteaux | 6000 |
| Trinité (la) | Poitiers | St-Benoît | 12000 | Villechasson | Sens | St-Benoît | 5000 |
| Val-de-Grâce (le) | Paris | Idem | 30000 | Villencourt | Amiens | Cîteaux | 6000 |
| Valogne | Coutances | Idem | 4000 | Villers Canivet | Séez | Idem | 10000 |
| Valsauve | Usez | Cîteaux | 5000 | Villers | Sens | Cîteaux unie à La Joye. | |
| Vassin (la) | Clermont | Idem | 6000 | Virginité (la) | Le Mans | Cîteaux | 12000 |
| Vergaville | Metz | St-Benoît | 6000 | Vitri | Châlons-s-S. | Idem | 5000 |
| Vergey | Cambrai | Cîteaux | 7000 | Vivier (le) | Arras | Idem | 9000 |
| Vernaison | Valence | Cîteaux | 4000 | Voisins | Orléans | Idem | 4500 |
| Verneuil | Evreux | St-Benoît | 4000 | Woostines | St-Omer | Idem | 5000 |
| Vernon | Evreux | St-Augustin | 25000 | | | | |

# PRIEURÉS A LA NOMINATION ROYALE.

## PRIEURÉS D'HOMMES.

Abbayes desquelles ils dépendaient.
(Le revenu n'est pas indiqué.)

| | | | |
|---|---|---|---|
| Aignan le Jaillard (Saint-) | Orléans | Saint-Benoît | Marmoutiers |
| Aisnay Saint-Benoît | Luçon | Idem | Idem |
| Aisy Saint-Martin | Langres | Idem | Moutier Saint-Jean |
| Amand (Saint-) | Rodez | Idem | Saint-Victor de Marseille |
| Ambroise Saint-Denis | Tours | Idem | Marmoutiers |
| André-lez-Aire (Saint-) | Saint-Omer | Saint-Augustin | Dom Oudermack |
| Andrezy (Notre-Dame) | Sens | Saint-Benoît | Saint-Pierre-le-Vif |
| Anfonvelle | Besançon | Idem | |
| Angle (Notre-Dame de l') | Luçon | séculier | Niœil |
| Antonin (Prieuré-Mage de Saint-) | Rodez | Saint-Augustin | |
| Anzem | Limoges | séculier | Duché de Châteauroux |
| Arbois (Saint-Just) | Besançon | Saint-Benoît | |
| Arcomps | Bourges | séculier | Duché de Châteauroux |
| Areq (Saint-Etienne) | Rouen | Saint-Benoît | |
| Arcys (Notre-Dame) | Troyes | Idem | Marmoutiers |
| Argenteuil (Notre-Dame) | Paris | Idem | Saint-Denis en France |
| Argenton (Saint-Etienne) | Bourges | séculier | Duché de Châteauroux |
| Argenton (Saint-Benoît) | Idem | Idem | Idem |
| Ars (Saint-Etienne) | La Rochelle | Saint-Benoît | Saint-Michel en l'Herme |
| Aubin (Saint-) | Orléans | Idem | Saint-Benoît |
| Auge | Sisteron | Saint-Augustin | Ile Barbe |
| Auneuil (Notre-Dame) | Beauvais | Saint-Benoît | Marmoutiers |
| Auxon (Saint-Pierre) | Sens | Idem | Saint-Pierre-le-Vif |
| Azerable | Bourges | séculier | Duché de Châteauroux |
| Bailly (Sainte-Colombe) | Troyes | Saint-Benoît | Marmoutiers |
| Bajasse (la) (Saint-Jean) | Saint-Flour | Saint-Augustin | |
| Ballée (Saint-Sulpice) | Le Mans | Saint-Benoît | Idem |
| Bar le Régulier (Saint-Jean) | Autun | Saint-Augustin | |
| Bar-sur-Aube (Saint-Pierre) | Langres | séculier | Saint-Claude |
| Barbaras (Notre-Dame) | Saint-Paul | Idem | Ile Barbe |
| Barbe en Auge (Sainte-) | Lisieux | Saint-Augustin | |
| Barre de Mont (la) (Saint-Nicolas) | Luçon | Saint-Benoît | |
| Barrême (Saint-Jacques) | Senez | Idem | |
| Bayonne | Embrun | séculier | Ile Barbe |
| Bazainville (Saint-Georges) | Chartres | Saint-Benoît | Marmoutiers |
| Beaudré | Bourges | séculier | Duché de Châteauroux |
| Beaulieu (Notre-Dame) | Rouen | Saint-Augustin | |
| Beaumont-le-Roger | Evreux | Grammont | |
| Beaumont la Chartre | Le Mans | Saint-Benoît | Marmoutiers |
| Beaurin (Saint-Martin) | Boulogne | Idem | Idem |

# TABLEAU DES ABBAYES, ETC., EN FRANCE.

| | | | |
|---|---|---|---|
| Bécherel (Saint-Jacques) | Saint-Malo | Saint-Benoît | Marmoutiers |
| Bellabre | Bourges | séculier | Duché de Châteauroux |
| Belle-Fontaine | Besançon | Saint-Augustin | |
| Belle-Noue (la Trinité) | Luçon | Saint-Benoît | Saint-Michel en l'Herm |
| Belleroy (Notre-Dame) | Langres | Saint-Augustin | |
| Beneste (Sainte-Catherine) | Saintes | Idem | Nioeil |
| Bénévent | Rodez | | |
| Beno | Tours | Saint-Benoît | Saint-Julien de Tours |
| Benoît (Saint-) | Luçon | Idem | Saint-Michel en l'Herme |
| Beray (Saint-Sauveur) | Nantes | Idem | Marmoutiers |
| Bernay | Saintes | séculier | Duché de Châteauroux |
| Bercé ou Grammont | Le Mans | Grammont | |
| Biencourt (Notre-Dame) | Amiens | Saint-Benoît | Marmoutiers |
| Blaise (Saint-) | Bourges | séculier | Duché de Châteauroux |
| Biéron | Idem | Saint-Augustin | |
| Bioutière (la) (Saint-Thomas) | Coutances | Idem | |
| Bohon (Saint-André, Saint-Georges) | Angers | Saint-Benoît | Marmoutiers |
| Bois d'Alonne (Notre-Dame) | Poitiers | Grammont | |
| Bois Vayer (Notre-Dame) | Tours | Idem | |
| Boissé (Saint-Martin) | Angers | Saint-Benoît | Marmoutiers |
| Bonne (Saint-André) | Poitiers | séculier | Duché de Châteauroux |
| Bonne-Fontaine (Sainte-Madel.) | Bazas | Saint-Benoît | Marmoutiers |
| Bonne-Nouvelle (Notre-Dame) | Orléans | Idem | Idem |
| Bonnevaut (Saint-Marcellin) | Besançon | Idem | |
| Bonvaux ou Notre-Dame du Val | Dijon | | |
| Bort (Saint-Jean) | Limoges | | |
| Bouchauds (Notre-Dame des) | Luçon | séculier | Nioeil |
| Bouchoux (Notre-Dame des) | Saint-Claude | Saint-Benoît | |
| Boulogne (Notre-Dame) | Blois | Grammont | |
| Bourg-Achard | Rouen | Saint-Augustin | |
| Bouteville | Saintes | Idem | |
| Boyre (St-Pierre et St-Paul) | Le Mans | Saint-Benoît | Marmoutiers |
| Brèche (Saint-Cyr) | Tours | Idem | Saint-Julien de Tours |
| Breil (Saint-Antoine) | Luçon | Idem | Marmoutiers |
| Brétencourt (Saint-Martin) | Chartres | Idem | Idem |
| Breuil-Baslin (Notre-Dame) | Saintes | séculier | Nioeil |
| Briand (Sainte-Catherine) | Poitiers | Saint-Benoît | Asnières-Bellay |
| Brisson (Saint) | Bourges | Idem | Saint-Benoît |
| Brives la Gaillarde | Limoges | séculier | |
| Broglio | Gap | Idem | Isle-Barbe |
| Bronio | Sisteron | Idem | Idem |
| Buell (Saint-Pierre) | Tours | Saint-Benoît | Saint-Julien de Tours |
| Buisson (Saint-Barthélemi du) | Sens | Idem | Saint-Pierre-le-Vif |
| Bussière-Badil | Limoges | Idem | |
| Campagnac (Saint-Nicolas) | Usez | Saint-Augustin | |
| Candide (Saint-) | La Rochelle | Saint-Benoît | Saint-Michel en l'Herme |
| Canourgue (la) (Saint-Martin) | Mende | Saint-Augustin | Saint-Victor de M. |
| Carbay (Saint-Martin) | Angers | Saint-Benoît | Marmoutiers |
| Carque-Fou (Saint-André en) | Nantes | | |
| Cassau (Notre-Dame) | Béziers | Saint-Augustin | |
| Catherine (Sainte-) | Paris | Idem | |
| Cécile (Sainte-) | Luçon | Saint-Benoît | Saint-Michel en l'Herme |
| Célerin le Géré (Saint-) | Le Mans | Idem | Marmoutiers |
| Céline (Sainte-) | Meaux | Idem | Idem |
| Celle-sous-Chantemerle (la) | Troyes | | |
| Celle (la) (Saint-Pierre) | Meaux | Saint-Benoît | Marmoutiers |
| Cellier-Bruère (la) | Bourges | séculier | Duché de Châteauroux |
| Cellier (le) | Nantes | Idem | Idem |

| | | | |
|---|---|---|---|
| Cernay (Notre-Dame) | Poitiers | Saint-Benoît | Marmoutiers |
| Cestairols | Alby | séculier | Gaillac |
| Chagny | Châlons-sur-Saône | Idem | |
| Chaillac | Bourges | Idem | Duché de Châteauroux |
| Chaise (la) | Idem | Idem | Idem |
| Chaise-Dieu (la) | Tours | Saint-Benoît | Saint-Julien de Tours |
| Chalard (le) | Limoges | Saint-Augustin | |
| Chambeirac | Bourges | Idem | |
| Chambon (Sainte-Valérie) | Limoges | Saint-Benoît | uni au prieuré de Cluny |
| Chambon (Saint-Julien) | Blois | Idem | Marmoutiers |
| Champlite (Saint-Christophe) | Dijon | Idem | |
| Chanoinie (la) (Notre-Dame) | Luçon | séculier | Nioeil |
| Chantoceaux (Saint-Jean) | Nantes | Saint-Benoît | Marmoutiers |
| Chapelande (la) (Saint-Denis) | Bourges | Idem | Saint-Denis en France |
| Chapelle-Largeau (la) (Notre-Dame) | La Rochelle | Idem | Saint-Michel en l'Herme |
| Chapelle-Paluau (la) | Idem | Idem | Idem |
| Charaix (Saint-Michel) | Viviers | Saint-Augustin | |
| Chardavon dit la Baume | Gap | Idem | |
| Charnier (Saint-Georges) | Luçon | Saint-Benoît | Saint-Michel en l'Herme |
| Chartier (Saint-) | Bourges | séculier | Duché de Châteauroux |
| Chassignolles | Idem | Idem | Idem |
| Chatain | Poitiers | Idem | Idem |
| Château du Loir (Saint-Guingalois) | Le Mans | Saint-Benoît | Marmoutiers |
| Château de l'Ermitage (N.-D.) | Idem | Saint-Augustin | |
| Château-Méliand | Bourges | séculier | Duché de Châteauroux |
| Châteauneuf-sur-Cher | Idem | Saint-Benoît | Saint-Benoît |
| Châteaurenaud | Tours | Idem | Saint-Julien de Tours |
| Château-Thibaud | Nantes | Idem | Saint-Jouin |
| Châtellaillon (Saint-Romuald) | La Rochelle | Idem | Saint-Michel en l'Herme |
| Châtillon (Notre-Dame) | Soissons | Idem | Marmoutiers |
| Chaussey | Coutances | Saint-Augustin | |
| Chaux-lez-Clerval | Besançon | Saint-Benoît | |
| Chavanon (Notre-Dame) | Clermont | Grammont | |
| Chemillé (Saint-Pierre) | Angers | Saint-Benoît | Marmoutiers |
| Chenaye (la) (Saint-Nicolas) | Bayeux | Saint-Augustin | |
| Chenusson | Tours | Saint-Benoît | Saint-Julien de Tours |
| Cherlieu | Troyes | Citeaux | |
| Chesne-Galon (Notre-Dame) | Séez | Grammont | |
| Cholet (Notre-Dame) | La Rochelle | Saint-Benoît | Saint-Michel en l'Herme |
| Chomart (Saint-Martin) | Chartres | Idem | Marmoutiers |
| Choussy (Saint-Martin) | Blois | Idem | Idem |
| Chuines (St-Gervais et St-Protais) | Chartres | Idem | Idem |
| Cicogne | Tours | Idem | Saint-Julien de Tours |
| Cirgues (Saint-) | Saint-Flour | | |
| Clédat | Limoges | Saint-Augustin | |
| Clémensane | Gap | séculier | Isle-Barbe |
| Clépé | Lyon | Idem | Idem |
| Clermont (Saint-Jean) | Angers | Saint-Benoît | Clérac |
| Clion | Bourg | séculier | Duché de Châteauroux |
| Clisson | Nantes | Saint-Benoît | Saint-Jouin |
| Cluys-Dessous | Bourges | séculier | Duché de Châteauroux |
| Cluys-Dessus | Idem | Idem | Idem |
| Coligny (Saint-Martin) | Saint-Claude | Saint-Benoît | |
| Colombiers et Drévenet | Bourges | séculier | Duché de Châteauroux |
| Combourg (la Trinité) | Saint-Malo | Saint-Benoît | Marmoutiers |
| Côme (Saint-) | Agen | Saint-Augustin | |
| Commequiers (Saint-Pierre) | Luçon | Saint-Benoît | Marmoutiers |
| Compriant | Bordeaux | Saint-Augustin | |
| Comps | Bourges | séculier | Duché de Châteauroux |

# TABLEAU DES ABBAYES, ETC., EN FRANCE.

| Nom | Lieu | Ordre | Rattachement |
|---|---|---|---|
| Cordelle (Saint-Nicolas) | Laon | uni aux Minimes de Laon | |
| Corneilla de Conflent | Perpignan | | |
| Cornillon (Saint-Robert) | Grenoble | Saint-Benoît | |
| Cornus | Vabres | | |
| Coron (Notre-Dame) | La Rochelle | Saint-Benoît | Saint-Michel en l'Herme |
| Cosan (Saint-Paul) | Chât. | séculier | Isle-Barbe |
| Coulommiers | Bourges | Idem | Duché de Châteauroux |
| Couptrain (Saint-Denis) | Le Mans | Saint-Benoît | Saint-Julien de Tours |
| Courte-Fontaine | Besançon | Saint-Augustin | |
| Courtevroust (Notre-Dame) | Meaux | Saint-Benoît | Marmoutiers |
| Cousan | Lyon | séculier | Isle-Barbe |
| Crecy | Bourges | séculier | Duché de Châteauroux |
| Crespin (Saint-) | Nantes | Saint-Benoît | Saint-Jouin |
| Croix (Sainte-) | Nantes | Saint-Benoît | Marmoutiers |
| Crost (Notre-Dame) | Evreux | Idem | Idem |
| Crozan | Bourges | séculier | Duché de Châteauroux |
| Crozon (St-Nicolas) | Idem | Saint-Benoît | Marmoutiers |
| Cunfins (Saint-Maurice) | Langres | séculier | Saint-Claude |
| Cusance | Besançon | Saint-Benoît | |
| Cyprien (Saint-) | Sarlat | Saint-Augustin | |
| Cyr (Saint-) | Rennes | Idem | Saint-Julien de Tours |
| Cyr en Paille (Saint-) | Le Mans | Saint-Benoît | Idem |
| Cyran du Jambot (Saint-) | Bourges | séculier | Duché de Châteauroux |
| Dampierre (St-Pierre et St-Paul) | Troyes | Saint-Benoît | Marmoutiers |
| Dannemarie | Besançon | Saint-Augustin | |
| Daumeray (Saint-Martin) | Angers | Saint-Benoît | Saint-Pierre-le-Vif |
| Deffers (Saint-Nicolas) | La Rochelle | séculier | Nioeil |
| Defiis (Sainte-Rose du) | Agen | Grammont | |
| Denis (Saint-) | Amiens | Saint-Benoît | Marmoutiers |
| Denis de Letrée (Saint-) | Paris | Idem | Saint-Denis en France |
| Denis du Payré (Saint-) | Luçon | Idem | Saint-Michel en l'Herme |
| Denis en Vaux (Saint-) | Poitiers | Idem | Saint-Denis en France |
| Dieu-en-Souvienne | Toul | Saint-Augustin | |
| Dinan | Saint-Malo | Saint-Benoît | Marmoutiers |
| Dognon (le) | Limoges | | |
| Douges (Notre-Dame) | Nantes | Saint-Benoît | Marmoutiers |
| Droileval | Saint-Diez | Cîteaux | |
| Echemiré (Saint-Bibun) | Angers | Saint-Benoît | Saint-Jean de Tours |
| Eloi (Saint-) | Idem | Idem | Marmoutiers |
| Enemye (Sainte-) | Mende | Idem | Saint-Chaffre |
| Enfourchure (l') (Notre-Dame) | Sens | Grammont | |
| Epernon (Saint-Thomas) | Chartres | Saint-Benoît | Marmoutiers |
| Epineuil | Bourges | séculier | Châteauroux |
| Epineuval | Châlons-sur-Marn. | Saint-Augustin | |
| Epoisses | Châlons-sur-Saône | Grammont | |
| Ernée | Le Mans | Idem | |
| Espeaux (l') (Notre-Dame) | Auxerre | Saint-Benoît | |
| Espinasse (Saint-Martin) | Rodez | séculier | Saint-Victor de M. |
| Essone | Paris | Saint-Benoît | Saint-Denis en France |
| Esvrunes (Saint-Pierre) | La Rochelle | Idem | Saint-Michel en l'Herme |
| Etoile (l') | Besançon | Idem | |
| Evaux (Saint-Pierre) | Limoges | Saint-Augustin | |
| Fauchecourt | Besançon | Saint-Benoît | |
| Faux en Ricey | Langres | Saint-Benoît | |
| Faye (Notre-Dame) | Nevers | Grammont | uni à la cathédrale |
| Faye Jumillac (la) | Périgueux | Idem | |

| | | | |
|---|---|---|---|
| Félix (Saint-) | Valence | Saint-Augustin | |
| Félix de Mont (Saint-) | Perpignan | uni au séminaire. | |
| Féolle (la) (Notre-Dame) | La Rochelle | Saint-Benoît | Saint-Michel en l'Herme |
| Ferréol (Saint-) | Le Puy | séculier | Isle-Barbe |
| Ferté-Macé (la) | Le Mans | Saint-Benoît | Saint-Julien de Tours |
| Fissonnière (la) (Saint-Blaise) | La Rochelle | Idem | Asnières |
| Flovier (Saint-) | Tours | séculier | Châteauroux |
| Fontaine (Saint-Jean d'Evreux) | Luçon | Saint-Benoît | Marmoutiers |
| Fontaine-Gehard (Notre-Dame) | Le Mans | Idem | Idem |
| Fontaine-Meilland (Notre-Dame) | Blois | Saint-Benoît | Marmoutiers |
| Fontaines (Saint-Pancrace des) | Besançon | Idem | Idem |
| Fontenay | Idem | Idem | |
| Forts | Poitiers | séculier | Duché de Châteauroux |
| Fosse-Bellay (Saint-Martin) | Angers | Saint-Benoît | Asnières |
| Fosse-Magne (Saint-Rambert) | Vienne | séculier | Ile-Barbe |
| Fougères le Château | Rennes | Saint-Benoît | Marmoutiers |
| Fougères-Saint-Laurent | Luçon | Idem | |
| Fougères-Sainte-Trinité | Rennes | Idem | Marmoutiers |
| Francou | Cahors | Grammont | |
| Fremont (Saint-) | Coutances | Saint-Augustin | |
| Freteval (Saint-Nicolas) | Blois | Saint-Benoît | Marmoutiers |
| Friardel (Saint-Cyr) | Lisieux | Saint-Augustin | |
| Frigolet | Avignon | uni au doyenné de Tarascon | |
| Froid-Mont (Sainte-Magd.) | Luçon | Saint-Benoît | Saint-Michel en l'Herme |
| Gahart | Rennes | Idem | Marmoutiers |
| Gargilèse | Bourges | séculier | Duché de Châteauroux |
| Gauburge (Sainte-) | Séez | Saint-Benoît | Saint-Denis en France |
| Gemtour du Blanc (Saint-) | Bourges | séculier | Duché de Châteauroux |
| Gennevroye (la) (Notre-Dame) | Langres | Saint-Benoît | |
| Geosme (Saint-) | Idem | Saint-Augustin | |
| Gerald (Saint-) | Limoges | Idem | |
| Géréon (Saint-) | Nantes | séculier | Duché de Châteauroux |
| Germain-en-Laie (Saint-) | Paris | Saint-Benoît | Coulombs |
| Gien | Auxerre | | |
| Gilles (Saint-) | Blois | Saint-Benoît | |
| Gilles sur Vie (Saint-) | Luçon | Idem | Saint-Michel en l'Herme |
| Gisors (Saint-Ouen) | Rouen | Idem | Marmoutiers |
| Gobert (Saint-) | Laon | Idem | Saint-Denis en France |
| Gouldois (Saint-André) | La Rochelle | Saint-Benoît | Asnières |
| Grâce (la) | Agen | séculier | Duché de Châteauroux |
| Grandmont | Bourges | | |
| Grandmont | Evreux | Grammont | |
| Grandpuits (Saint-Blaise) | Sens | Saint-Benoît | Saint-Denis en France |
| Grez (Saint-Jean) | Tours | Saint-Augustin | |
| Grezilli (la) (Saint-Blaise) | Angers | Saint-Benoît | Asnières |
| Grip | Saintes | séculier | Nicœil |
| Grue (Saint-Nicolas) | Luçon | Saint-Benoît | Saint-Michel en l'Herme |
| Guarigues (Notre-Dame) | Agen | Grammont | |
| Gué de l'Orme | Orléans | Saint-Benoît | Saint-Benoît |
| Guéniau (Saint-Léonard) | Nantes | séculier | Nicœil |
| Habit (l') | Le Mans | | |
| Haie aux Bons-Hommes (la) | Angers | Grammont | |
| Heauville (Saint-Pierre) | Coutances | Saint-Benoît | Marmoutiers |
| Hennemont (Notre-Dame) | Chartres | Saint-Augustin | |
| Herbiers (les) (Notre-Dame) | Luçon | Saint-Benoît | Saint-Michel en l'Herme |
| Herbiers (les) (Saint-Pierre) | Idem | Saint-Augustin | Idem |
| Hérival | Saint-Diez | Idem | |

## TABLEAU DES ABBAYES, ETC., EN FRANCE.

| | | | |
|---|---|---|---|
| Hermitage (l') (Saint-Jacques) | Troyes | Saint-Augustin | uni à l'évêché de Troyes |
| Hermites (les) (Saint-Eloi) | Châlons-sur-Marne | Idem | |
| Hilaire-sur-Hiaire (Saint- | Blois | séculier | Duché de Châteauroux |
| Hon (le) (Saint-Magloire) | Saint-Malo | Saint-Benoît | Marmoutiers |
| Huriel | Bourges | séculier | Duché de Châteauroux |
| Iffendie (St-Pierre) | Saint-Malo | Saint-Benoît | Marmoutiers |
| Igny le Jard (St-Quentin) | Soissons | St-Augustin | Epernay |
| Indre | Nantes | séculier | Duché de Châteauroux |
| Ineuil | Bourges | séculier | Duché de Châteauroux |
| Inglevert (Saint) | Boulogne | Saint-Augustin | |
| Irénée (Saint) | Lyon | Saint-Augustin | |
| Isle-Bouchard (l') (Saint-Léonard) | Tours | | |
| Isle Tristan (Saint-Tutuarn) | Quimper | Saint-Benoît | Marmoutiers |
| Ispagnac (Saint-Pierre) | Mende | séculier | Saint-Victor de Mende |
| Jarry (Notre-Dame du) | Saintes | Grammont | |
| Jaulgy | Bourges | séculier | Duché de Châteauroux |
| Javersay (Notre-Dame) | Luçon | Saint-Benoît | Saint-Michel en l'Herme |
| Javron | Le Mans | Saint-Benoît | Saint-Julien de Tours |
| Jean aux Bois (Saint-) | Soissons | Saint-Augustin | uni au prieuré de Royal-Lieu |
| Jean de Colle (Saint-) | Périgueux | Idem | |
| Jean Lasfonts (Saint) | Limoges | | |
| Jean l'év. à Provins (Saint-) | Sens | Saint-Augustin | |
| Josselins (Saint-Martin) | Saint-Malo | Saint-Benoît | Marmoutiers |
| Jugon (N.-D.) | Saint-Brieux | Saint-Benoît | Marmoutiers |
| Jully le Château (N.-D.) | Langres | Idem | Moutier Saint-Jean |
| Lairoux (St-Pierre) | Luçon | Saint-Benoît | Saint-Michel en l'Herme |
| Lamballe (Saint-Martin) | Saint-Brieux | Idem | Marmoutiers |
| Lançay (Saint-Martin) | Blois | Idem | Idem |
| Landes (les) | Saintes | séculier | D. de Châteauroux |
| Landes (Saint-Sauveur) (les) | Rennes | Saint-Benoît | Marmoutiers |
| Landevielle | Luçon | Saint-Benoît | Saint-Michel en l'Herme |
| Langon (Saint-Pierre) | La Rochelle | Idem | Idem |
| Langone | Mende | Idem | Saint-Chaffre |
| Lantenans | Besançon | Saint-Augustin | |
| Lanville (N.-D.) | Angoulême | Idem | |
| Lartige (Saint-Laurent) | Limoges | Idem | |
| Latrecey (Saint-Léger) | Langres | séculier | Saint-Claude |
| Laurent (Saint-) | Châlons-s.-S. | Idem | D. de Châteauroux |
| Laurent en Lyhons (Saint-) | Rouen | Saint-Augustin | |
| Laval (Saint-Jean) | Besançon | Saint-Augustin | |
| Laval (Saint-Martin) | Le Mans | Saint-Benoît | Marmoutiers |
| Lavardin (Saint-Martin) | Idem | Idem | Idem |
| Lavaurice (Ste-Catherine) | La Rochelle | séculier | Niœil |
| Lavayolle (N.-D.) | Poitiers | Grammon | |
| Laverri | Idem | séculier | D. de Châteauroux |
| Lazare (Saint-) | Blois | Saint-Augustin | uni à l'Hôtel-Dieu de Blois |
| Lehon (Saint-Magloire) | Saint-Malo | Saint-Benoît | Marmoutiers |
| Lens | Gap | séculier | Ile Barbe |
| Léons (Saint-) | Rodez | Idem | Saint-Victor de Marseille |
| Lescure (Saint-Michel) | Alby | Idem | Gaillac |
| Letton (Saint-Nicolas) | La Rochelle | Idem | Niœil |
| Lezer (Saint-) | Tarbes | | |
| Lézin de Marçon (Saint-) | Le Mans | Saint-Benoît | |
| Lieuru (St-Pierre et St-Paul) | Evreux | Saint-Augustin | |
| Liran (N.-D.) | Nantes | Saint-Benoît | Marmoutiers |
| Lô (Saint-) | Rouen | Saint-Augustin | |

| | | | |
|---|---|---|---|
| Locornan | Quimper | Saint-Benoît | |
| Lonjumeau (Saint-Eloy) | Paris | Saint-Augustin | |
| Lons-le-Saulnier (St-Désiré) | Besançon | Saint-Benoît | |
| Loup du Gast (Saint-) | Le Mans | Idem | Marmoutiers |
| Louthaix (Saint-) | Besançon | Idem | Baume |
| Louvigné (Saint-Martin) | Le Mans | Idem | Marmoutiers |
| Louye (N.-D.) | Chartres | Grammont | |
| Loye (la) | Besançon | Saint-Benoît | |
| Luynes (Saint-Venant) | Tours | | |
| Machecoul (St-Lazare) | Nantes | St-Benoît | Marmoutiers |
| Machecoul (St-Martin) | Idem | Idem | Idem |
| Madeleine des deux Amants (la) | Rouen | St-Augustin | uni au collége de Rouen |
| Madeleine de l'Hôpital (la) | Idem | Idem | |
| Madeleine d'Ordios (la) | Acqs | | |
| Magnac St-Pardoux | Limoges | séculier | D. de Châteauroux |
| Maillé (St-Vincent) | Tours | St-Benoît | Marmoutiers |
| Maintenay (N.-D.) | Amiens | Idem | Idem |
| Maintenon (N.-D.) | Chartres | Idem | Idem |
| Maison-Feyne | Limoges | séculier | D. de Châteauroux |
| Malval | Idem | Idem | Idem |
| Mantes (St-Martin) | Chartres | St-Benoît | Marmoutiers |
| Mantilly (N.-D.) | Le Mans | dem | Idem |
| Marc de la Futaye (St-) | Le Mans | | |
| Marc des Prés (St-) | Luçon | St-Benoît | Saint-Michel en l'Herme |
| Marcel (St-) | Besançon | Idem | |
| Marchais (N.-D. des) | Le Mans | Idem | Marmoutiers |
| Marcherais | Troyes | Grammont | |
| Marcilly (Saint-Pierre) | La Rochelle | St-Benoît | Saint-Michel en l'Herme |
| Marie (Ste-) | Châlons-s.-S. | Idem | Ste-Bénigne |
| Marly le Bourg | Paris | Idem | Coulombs |
| Marmande | Agen | Idem | Clairac |
| Mornay (St-Denis) | Troyes | Idem | Saint-Denis en France |
| Marœuil (St-Gilles) | Luçon | Idem | Saint-Michel en l'Herme |
| Marœuil (St-Sauveur) | Luçon | Idem | Idem |
| Mars (St-) | Tours | Idem | Saint-Julien de Tours |
| Marsac | Agen | Idem | Clairac |
| Martigny (St-Symphorien) | Rennes | Idem | Marmoutiers |
| Martin (St-) | Valence | séculier | Ile Barbe |
| Martin-sous-Beaumont (St-) | Dijon | | |
| Martin-sous-Bellencombre (St-) | Rouen | Saint-Augustin | |
| Martin des Champs (St-) | Bourges | Saint-Benoît | Marmoutiers |
| Martin au Val (St-) | Chartres | Saint-Benoît | Marmoutiers |
| Mauriac (Doyenné) | Clermont | Idem | |
| Maurice de Reims (St-) | Reims | Idem | Idem |
| Maurice de Senlis (St-) | Senlis | St-Augustin | |
| Mauves | Nantes | séculier | D. de Châteauroux |
| May (le) (St-Michel) | La Rochelle | St-Benoît | Saint-Michel en l'Herme |
| Médard-lez-Vendôme (St-) | Blois | Idem | Marmoutiers |
| Meillant | Bourges | séculier | D. de Châteauroux |
| Melun (St-Sauveur) | Sens | St-Augustin | |
| Mesnel | Beauvais | Grammont | |
| Michel de Lodève (St-) | Lodève | Idem | |
| Millesse (St-Ouen) | Le Mans | St-Benoît | Saint-Julien de Tours |
| Monastère-del-Camp | Perpignan | | |
| Mongie (la) | Limoges | | |
| Monnaye (St-Etienne) | Angers | Grammont | |
| Montaigu (St-Jacques) | Luçon | | |
| Montauberon | Montpellier | Grammont | |

## TABLEAU DES ABBAYES, ETC., EN FRANCE.

| | | | |
|---|---|---|---|
| Mont aux Malades (St-Thomas) | Rouen | St-Augustin | |
| Monteireigne (N.-D.) | Luçon | St-Benoît | Saint-Michel en l'Herme |
| Montejean (St-Martin) | Angers | Idem | Marmoutiers |
| Montfaucon | Nantes | Idem | Saint-Jouin |
| Montguyon et Annexe | Le Mans | Grammont | |
| Montigny (Saint-Gilles) | Blois | Saint-Benoît | Marmoutiers |
| Montjeux | Besançon | St-Augustin | |
| Montluçon | Bourges | Saint-Augustin | |
| Montmorin et Annexe | Gap | | |
| Montrelais | Nantes | séculier | Duché de Châteauroux |
| Morée (Notre-Dame) | Blois | Saint-Benoît | Marmoutiers |
| Mortagne (Saint-Etienne) | Saintes | Saint-Augustin | |
| Morlaux (St-Pierre et St-Paul) | Besançon | Saint-Benoît | |
| Mosterot (Saint-Pierre) | Idem | Idem | |
| Moutier-en-Bresse | Idem | Idem | |
| Naud (Saint-Loup) | Sens | Idem | Saint-Pierre-le-Vif. |
| Néris | Bourges | Saint-Augustin | |
| Neufontaine | Soissons | Saint-Benoît | Marmoutiers |
| Neuvy-Pailloux | Bourges | séculier | D. de Châteauroux |
| Nieppe (Saint-Martin) | Boulogne | Saint-Benoît | Marmoutiers |
| Nocil (Saint-Philbert) | La Rochelle | Idem | Saint-Michel-en-l'Herme |
| Noblac (Saint-Léonard) | Limoges | Saint-Augustin | |
| Noirmoutier (Saint-Philbert) | Luçon | Saint-Benoît | Tournus |
| Nort-Saint-Georges | Nantes | Idem | Marmoutiers |
| Notre-Dame des Champs | Paris | Idem | uni au séminaire d'Orléans |
| Notre-Dame du Rocher | Avranches | Idem | Marmoutiers |
| Nouzières (Notre-Dame) | Saintes | séculier | Nicœil |
| Nouzières (Notre-Dame) | Limoges | Idem | D. de Châteauroux |
| Nouzillé | Tours | Saint-Benoît | Saint-Julien de Tours |
| Œuf (Saint-Martin) | Boulogne | Idem | Marmoutiers |
| Orchaise (Saint-Barthélemi) | Blois | Idem | Idem |
| Origné (Saint-Etienne) | Le Mans | Idem | Idem |
| Orvillon (Sainte-Madeleine) | Troyes | Idem | Idem |
| Oulmes (Notre-Dame) | Saintes | Saint-Augustin | |
| Parthenay (Sainte-Magdeleine) | Poitiers | Idem | |
| Paul-lez-Bourges (Saint-) | Bourges | séculier | D. de Châteauroux |
| Pellerin (Notre-Dame) | Nantes | Saint-Benoît | Marmoutiers |
| Perrières (Saint-Vigor) | Seez | Idem | Idem |
| Peyrat (Saint-Etienne) | Périgueux | Saint-Augustin | |
| Pierrefonds (Saint-Sulpice) | Soissons | Saint-Benoît | Marmoutiers |
| Figanes (Notre-Dame) | Fréjus | séculier | |
| Pile (Saint-Denis de) | Bordeaux | Saint-Benoît | Marmoutiers |
| Pinel (Notre-Dame) | Toulouse | Grammont | |
| Plessis-Grimault (Saint-Etienne) | Bayeux | Saint-Augustin | |
| Ploërmel (Saint-Nicolas) | Saint-Malo | Saint-Benoît | Marmoutiers |
| Pommier-Aigre | Tours | Grammont | |
| Pontarlier (Notre-Dame) | Besançon | Saint-Augustin | |
| Pontaudemer (Saint-Gilles) | Lisieux | Idem | |
| Pontchateau (Saint-Martin) | Nantes | Saint-Benoît | Marmoutiers |
| Pontchrétien | Bourges | séculier | D. de Châteauroux |
| Port-Dieu (le) | Limoges | Saint-Benoît | La Chaise-Dieu |
| Pouancé (Sainte-Magdeleine) | Angers | Idem | Marmoutiers |
| Pradeaux | Limoges | séculier | D. de Châteauroux |
| Prahan-Culan | Bourges | Idem | Idem |
| Prevessin | Genève | Saint-Benoît | |
| Puy-Bétiard (Saint-Pierre) | Luçon | Idem | Marmoutiers |
| Puy-Chevrier (Notre-Dame) | Poitiers | Grammont | |

| | | | |
|---|---|---|---|
| Puy-Guirault | Agen | Saint-Benoît | Clairac |
| Puyset (Saint-Nicolas du) | Orléans | Idem | Marmoutiers |
| Quentin en Mauges (Saint-) | Angers | Idem | Idem |
| Quinçaines | Bourges | Saint-Augustin | |
| Quinquennavaud (Ste-Magdeleine) | Nantes | séculier | Nioeil |
| Radegonde (Sainte-) | La Rochelle | Saint-Benoît | Saint-Michel en l'Herme |
| Radegonde (Sainte-) (prévôté) | Poitiers | | |
| Rambert (Saint-) | Lyon | séculier | Isle Barbe |
| Ramrup (Notre-Dame) | Troyes | Saint-Benoît | Marmoutiers |
| Rançay | Tours | Idem | Saint-Julien de Tours |
| Raray | Meaux | Grammont | |
| Ravaud (Notre-Dame) | Angoulême | Idem | |
| Relanges | Saint-Diez | Saint-Benoît | |
| Renty (Saint-Denis) | Boulogne | Idem | Marmoutiers |
| Revilly (Saint-Denis) | Bourges | Idem | Saint-Denis en France |
| Rheuny | Clermont | Idem | |
| Rillé (Saint-Loup) | Angers | Idem | Marmoutiers |
| Ritz | Clermont | Idem | |
| Robert des Filles (Saint-) | Alby | séculier | Gaillac |
| Roche (la) (Saint-Laurent) | Besançon | Saint-Benoît | |
| Rochecervière | Luçon | séculier | D. de Châteauroux |
| Rochefort (Saint-Cyr) | Vannes | Saint-Benoît | Marmoutiers |
| Roche-sur-Yon (la) (St-Etienne) | Luçon | Idem | Idem |
| Roman-Moutier | Besançon | Saint-Benoît | |
| Romain (Saint-) | Vaison | séculier | Isle Barbe |
| Romette (Saint-Pierre) | Gap | Idem | Saint-Victor de Marseille |
| Roquebrune (Notre-Dame) | Fréjus | | |
| Roucy (Saint-Nicolas) | Laon | Saint-Benoît | Marmoutiers |
| Roulière (la) (Sainte-Catherine) | Luçon | séculier | Nioeil |
| Rouvre-lez-Bois | Bourges | Idem | D. de Châteauroux |
| Royal-Lieu | Soissons | Saint-Augustin | |
| Royal-Pré (Notre-Dame) | Lisieux | Saint-Benoît | |
| Sabine (Sainte-) | La Rochelle | séculier | Nioeil |
| Sablé (Saint-Nicolas) | Le Mans | Saint-Benoît | Marmoutiers |
| Sacey (Saint-Martin) | Avranches | Idem | Idem |
| Salertaine (Saint-Martin) | Luçon | Idem | Idem |
| Salles (les) | Limoges | Saint-Augustin | |
| Salvetat (Notre-Dame) | Perpignan | | |
| Sarancolin (Notre-Dame de) | Comminges | Saint-Benoît | |
| Sarton (Notre-Dame) | Amiens | Idem | Marmoutiers |
| Saugé | Poitiers | séculier | D. de Châteauroux |
| Saulceuse | Rouen | Saint-Augustin | |
| Saulières | Limoges | séculier | |
| Septdormans | Tours | Saint-Benoît | Marmoutiers |
| Sermaise | Châlons-sur-M. | séculier | Saint-Claude |
| Sernin du Bois (Saint-) | Autun | Saint-Augustin | |
| Serqueux | Besançon | Saint-Benoît | |
| Serrières | Vienne | séculier | Isle Barbe |
| Sévère (Sainte) | Bourges | Idem | D. de Châteauroux |
| Seveux | Besançon | Saint-Benoît | |
| Sigournay (Saint-Saturnin) | Luçon | Idem | Marmoutiers |
| Silvarouvre (Saint-Félix) | Langres | séculier | Saint-Claude |
| Soudari (le) (Sainte-Magdeleine) | Lectoure | Saint-Benoît | Marmoutiers |
| Sury le Comtat | Lyon | séculier | Isle Barbe |
| Symphorien (Saint-) | Autun | Saint-Augustin | |
| Target | Bourges | Idem | |
| Tartaras | Lyon | | |

# TABLEAU DES ABBAYES, ETC., EN FRANCE.

| | | | |
|---|---|---|---|
| Tavant (Notre-Dame) | Tours | Saint-Benoît | Marmoutiers |
| Thibault (Saint-) | Soissons | Idem | Idem |
| Thorigné (Saint-André) | Luçon | Idem | Saint-Michel en l'Herme |
| Thouars (Saint-Michel) | Poitiers | Idem | Idem |
| Toiselay | Bourges | séculier | D. de Châteauroux |
| Tombebe | Agen | Idem | Clairac |
| Tonnay-Boutonne | Saintes | Idem | D. de Châteauroux |
| Torcé (Notre-Dame) | Le Mans | Saint-Benoît | Marmoutiers |
| Torrendelle et Annexe | Sisteron | séculier | Isle Barbe |
| Touget (Saint-Martin de) | Lombez | Saint-Benoît | |
| Tour (la) (Sainte-Austrille) | Limoges | séculier | D. de Châteauroux |
| Treize-Vents (Notre-Dame) | La Rochelle | Saint-Benoît | Marmoutiers |
| Trinité (la) | Saint-Flour | | |
| Trion (Saint-Nicolas) | Poitiers | Saint-Benoît | Marmoutiers |
| Trois-Maries | Idem | | |
| Ubaye | Embrun | séculier | Isle Barbe |
| Vailly | Bourges | Saint-Benoît | Saint-Benoît-sur-Loire |
| Val aux Grés (Saint-Jacques) | Rouen | Saint-Augustin | |
| Val des Choux | Langres | Cîteaux | |
| Val-Croissant | Autun | | |
| Val-Dieu (le) (Notre-Dame) | Troyes | Saint-Benoît | |
| Val-Duc (le) (Notre-Dame) | Dijon | Idem | |
| Valérien (Saint-) | La Rochelle | Idem | Saint-Michel en l'Herme |
| Val-Saint-Benoît (Saint-Paul) | Autun | Cîteaux | uni au grand séminaire d'Autun |
| Vannes | Orléans | Saint-Benoît | Saint-Benoît |
| Vaso-lez-Dames | Châlons-sur-M. | uni à l'abbaye de | Saint-Paul de Verdun. |
| Varades (Saint-Martin) | Nantes | Saint-Benoît | Marmoutiers |
| Vassy | Langres | Cîteaux | |
| Vaucluse | Besançon | Idem | |
| Vaulx en Auxois | Langres | Saint-Benoît | |
| Vaux-Poligny (Notre-Dame) | Idem | Idem | |
| Ventelet (Saint-Remy) | Reims | Saint-Benoît | Marmoutiers |
| Vertou | Nantes | Langres | Saint-Jouin |
| Vertus (Notre-Dame) | Langres | | |
| Vesly (Sainte-Magdeleine) | Rouen | Saint-Benoît | Marmoutiers |
| Vezin (Saint-Pierre) | La Rochelle | Idem | Saint-Michel en l'Herme |
| Viaye (Notre-Dame) | Le Puy | Grammont | |
| Victor (Saint-) | Limoges | séculier | D. de Châteauroux |
| Vieuxpoux (Saint-Maurice) | Sens | Grammont | |
| Vieux-Vic | Chartres | Saint-Benoît | Marmoutiers |
| Vigan (le) (Saint-Pierre) | Alais | séculier | Saint-Victor de Marseille |
| Vigor le Grand (Saint-) | Bayeux | Saint-Benoît | |
| Vigou | Bourges | séculier | D. de Châteauroux |
| Villeberfol (Saint-Nicolas) | Blois | Saint-Benoît | Marmoutiers |
| Ville-Dieu | Bourges | séculier | D. de Châteauroux |
| Villemaur (Saint-Flavit) | Troyes | | |
| Villepreux (Saint-Nicolas) | Paris | Saint-Benoît | Marmoutiers |
| Villorbe (Notre-Dame) | Tours | Grammont | |
| Vincent (Saint-) | Besançon | Saint-Benoît | |
| Viray (Sainte-Croix) | Orléans | séculier | D. de Châteauroux |
| Vivien (Saint-) | Rennes | Saint-Benoît | Marmoutiers |
| Vivoin (Saint-Hippolyte) | Saintes | Idem | |
| Vobles (Saint-Etienne) | Le Mans | Saint-Benoît | Marmoutiers |
| Vocillou | Lyon | Idem | |
| | Bourges | séculier | D. de Châteauroux |
| Zelle (Saint-Denis) | Metz | Saint-Benoît | Saint-Denis en France |

## PRIEURÉS DE FILLES A NOMINATION ROYALE.

| | | |
|---|---|---|
| Agnan (Saint-) | Bourges | Cîteaux |
| Andely (Saint-Jacques) | Rouen | Saint-Augustin |
| Barthélemy (Saint-) | Aix | Saint-Dominique |
| Bellefond | Rouen | Saint-Benoît |
| Bizy | Evreux | Idem |
| Bourdelière (la) | Tours | Cîteaux |
| Bruyère (la) | Lyon | Saint-Benoît |
| Château-Thierry | Soissons | Saint-Augustin |
| Chatenet (le) | Limoges | Saint-Benoît |
| Colombe (Sainte-) | Vienne | Idem |
| Crespy | Senlis | Saint-Augustin |
| Domfron | Le Mans | Saint-Benoît |
| Donne Marie | Sens | Idem |
| Drouille Blanche (la) | Limoges | Grammont |
| Fermeté (la) | Nevers | Saint-Benoît |
| Filles-Dieu (les) | Chartres | Saint-Augustin |
| Filles-Dieu (les) | Le Mans | Idem |
| Filles-Dieu (les) | Rouen | Idem |
| Fontaine-Saint-Martin (la) | Le Mans | |
| Genest-lez-M. (Saint-) | Clermont | Saint-Benoît |
| Just (Saint-) | Beauvais | Feuillants |
| Lomaria | Quimper | Saint-Benoît |
| Louis (Saint-) | Rouen | Saint-Augustin |
| Montfleury | Grenoble | Saint-Dominique |
| Moutons | Avranches | Saint-Benoît |
| Neufchâtel | Rouen | Cîteaux |
| Nicolas de Compiègne (Saint-) | Soissons | Saint-Augustin |
| Pardoux (Saint-) | Périgueux | Saint-Dominique |
| Poissy | Chartres | Idem |
| Pont-de-l'Arche | Evreux uni à l'abbaye de Verneuil. | |
| Pontoise (Saint-Nicolas) | Rouen | Saint-Augustin |
| Prouilhan | Condom | Saint-Dominique |
| Prouille | Saint-Papoul | Idem |
| Salvetat de Lautrec (la) | Castres | Saint-Benoît |
| Saussaye (la) | Paris | Idem |
| Thorigny | Bayeux | Cîteaux |
| Tullens | Grenoble | Idem |
| Vaudier (la) | Saint-Flour | Saint-Benoît |

### ÉTAT COMPARÉ
*Des abbayes d'hommes, de filles et des prieurés de l'Eglise de France dans son ancienne organisation.*

NOMBRE DES ABBAYES ET PRIEURÉS QUI DÉPENDAIENT DES ORDRES DE

| | St-Benoît | Cîteaux | St-Augustin | Prémontré | Séculier | Grammont | Feuillants | Urbanistes | St.-Dominique | TOTAUX de chaque espèce d'abbayes et prieurés |
|---|---|---|---|---|---|---|---|---|---|---|
| Abbayes en commende. | 295 | 197 | 125 | 60 | 20 | 1 | » | » | » | 698 |
| Abbayes d'hommes en règle. | 50 | 41 | 19 | 22 | » | » | 2 | » | » | 114 |
| Abbayes de filles. | 133 | 115 | 17 | » | » | » | » | 15 | » | 280 |
| Prieurés d'hommes à la nomin. royale. | 278 | 5 | 86 | » | 114 | 33 | » | » | » | 516 |
| Prieurés de filles à nomination royale. | 14 | 5 | 9 | » | » | 1 | 1 | » | 6 | 36 |
| Totaux de chaque ordre. | 750 | 363 | 256 | 82 | 134 | 35 | 3 | 15 | 6 | Tot. gén. 1,644 |

### ÉTAT COMPARÉ
*Des mêmes abbayes des différents ordres sous le rapport du revenu.*

MONTANT DES REVENUS.

| NOMS DES DIFFÉRENTS ORDRES auxquels les abbayes appartiennent. | des abbayes en commende. | des abbayes d'hommes en règle. | des abbayes de filles. | TOTAUX des revenus de chacun des ordres |
|---|---|---|---|---|
| Saint-Benoît. | 3,165,144 | 493,600 | 1,496,000 | 5,154,744 |
| Cîteaux. | 1,535,300 | 459,300 | 819,600 | 2,394,200 |
| Saint-Augustin. | 706,200 | 344,000 | 107,500 | 1,157,700 |
| Prémontré. | 278,100 | 223,000 | » » | 501,100 |
| Séculier. | 362,200 | » » | » » | 362,200 |
| Grammont. | » » | 40,000 | » » | 40,000 |
| Feuillants. | » » | 35,000 | » » | 35,000 |
| Urbanistes. | » » | » » | 42,000 | 42,000 |
| Totaux des revenus des différentes abbayes. | 5,846,944 | 1,574,900 | 2,465,100 | T. gén. 9,886,944 |

# GÉOGRAPHIE ET CARTOGRAPHIE
## DIOCÉSAINES ET MONASTIQUES
### PARTICULIÈRES A L'EGLISE DE FRANCE, DANS SON ANCIENNE ORGANISATION.

Nous avons cru devoir, comme renseignement, ajouter au tableau des archevêchés, des évêchés et des abbayes de France, la Note suivante concernant les cartes des diocèses, et les cartes des communautés religieuses.

*Notitia Chorographica Episcopatuum Galliæ*, auctore Petro Bertio : *Parisiis*, 1625, in-fol.
(Cette carte est à la tête du *Gallia Christiana* de Claude Robert.)

*Antiquorum Galliæ Episcopatuum geographica Descriptio* : *Parisiis*, 1641, in-fol.
(Cette carte est dans la géographie sacrée du P. Charles de Saint-Paul.)

La France, divisée par les provinces de l'Eglise gallicane : Description des archevêchés et évêchés de ce royaume, leurs noms anciens et modernes, avec les universités : Paris.—Boisseau, 1642, in-fol.

La France et les environs, jusqu'à l'étendue de l'ancienne Gaule, divisée en ses primatiats, provinces ecclésiastiques, et diocèses des archevêchés et évêchés, où se trouvent les abbayes, chefs d'ordre, les résidences des évêques qui ne peuvent la faire dans leur ville épiscopale, par Nicolas Sanson : Paris, 1651 (1679), in-fol.

La France, divisée en archevêchés, évêchés et abbayes, par MM. de Sainte-Marthe ; Paris, Mariette (1656), in-fol.
(Cette carte a été dressée pour leur ouvrage, intitulé *Gallia Christiana*, et se trouve au tome IV et dernier de cette première édition qui contient à part les abbayes.

La France ecclésiastique, par Nicolas de Fer : Paris, 1674-(1714), in-fol.

La France chrétienne, ou l'état des archevêchés et évêchés de France, leur situation, leur distance de Paris, le nom de leurs cathédrales, etc., par Jacques Chevillard, généalogiste et historiographe de France : Paris, 1693, in-4°.

Provinces ecclésiastiques de France, rangées par ordre alphabétique des métropoles, selon l'ancienne Notice des provinces, par Jean-Baptiste Nolin le fils ; en plusieurs feuilles : Paris, Nolin, 1715 et suiv., in-fol.
(Ces cartes doivent être placées dans la seconde édition de l'ouvrage intitulé *Gallia Christiana* ; elles sont latines avec ce titre : *Galliæ Christianæ Provincia ecclesiastica*, etc., *descripta a Joanne Baptista Nolin, regii geogr. filio.*)

La France divisée par archevêchés et évêchés, dans lesquels se trouvent toutes les abbayes d'hommes et de filles à la nomination du roi ; en 4 feuilles ; par Bernard Jaillot : Paris, 1736, in-fol. (Cette carte a en marge une table alphabétique de toutes les abbayes.

*Geographia synodica, seu Regionum, Urbium et Locorum ubi sunt celebrata concilia œcumenica, nationalia, provincialia et synodi diœcesanæ, Tabula geographica, Italiam, Galliam et Angliam exhibens : auctore Guillelmo Sanson. Parisiis*, Mariette, 1667, 1672, in-fol.

*Gallia, cum locis ubi martyres passi sunt ; auctore Augustino Lubin, Augustianiano : in 4°.*
Cette carte est dans son édition du *Martyrologium Romanum*, etc. Paris, 1660, in-4°.

## CARTES PARTICULIÈRES DES DIOCÈSES DE FRANCE,
### Rangées par ordre alphabétique.

### A

Év. Evêché d'Agde, par Nicolas Sanson : in-fol.
Evêché d'Agen, par Nicolas Sanson : Paris, 1679 (1741, Robert), in-fol.
Év. Evêché d'Air, par Nicolas Sanson : in-fol.
Le même, par Pierre Du Val : Paris 1653, in-fol.
Év. même, par de Classun, Paris, 1675, in-fol.
Evêché d'Albi, par Pronostel ; Paris 1642. Tavernier, Amsterdam, 1667 ; Jean Blaeu, in-fol.
(Albi fut érigé en archevêché l'an 1678 et distrait de la métropole de Bourges.)
Archevêché d'Albi, par Nicolas Sanson : Paris 1679 (1704-1741, Robert), in-fol.
Év. Evêché d'Alet, par le même, in-fol.
Evêché d'Amiens, par le même ; en 2 feuilles : Paris 1656, 1667 (1741, Robert), in-fol.

DICTIONNAIRE DE GÉOGRAPHIE ECCL. I.

Evêché d'Angers, par Jean Le Loyer et Sanson : Paris, 1652 (Robert 1742), in-fol.
Le même, par Nicolas de Fer : Paris, 1697, in-fol.
Evêché d'Angoulême, par Nicolas Sanson : Paris (Mariette 1694) (Robert 1742), in-fol.
Evêché d'Anvers et de Bois-le-Duc, par le même : Paris, in-fol.
Evêché d'Arras, par le même : Paris 1656, 1667 (1710 et 1732 Robert), in-fol.
Evêché d'Avranches, par le même : in-fol.
Archevêché d'Auch, par Pierre Moullart Sanson : Paris, 1714 (Robert), in-fol.
Evêché d'Autun, par Nicolas Sanson : en 2 feuilles (Paris, 1659) (Robert, 1740), in-fol.
Evêché d'Auxerre, par le même : Paris, 1660, in-fol.

24

Le même, corrigé par Robert, sur les observations de M. l'abbé Lebœuf (1742), in-fol.

Carte du diocèse d'Auxerre (ancien), par le sieur Robert : in-4°

Cette carte se trouve à la fin du tome II des Mémoires concernant l'histoire d'Auxerre, par M. l'abbé Lebœuf : Paris, 1743, in-4°.

**B**

Évêché de Bayeux, par Nicolas Sanson (Paris), in-fol.

Le même, par Petite : Paris, 1675, in-fol.

Le même, par Outhier : Paris, Jaillot, 1736, in-fol.

Évêché de Basle, par Nicolas Sanson : Paris, 1660, 1689, in-fol.

Ms. Évêché de Bazas, par le même : in-fol.

Évêché de Beauvais, par le même : Paris, 1657, 1665, 1667 (Mariette) (1741, Robert), in-fol.

Le même, par Guillaume de l'Isle, 1710, in-fol : Paris, 1710

Archevêché de Besançon, par Nicolas Sanson (Paris, 1658, 1659) (Robert, 1740), in-fol.

Le même : Paris, 1674, in-fol.

Ms. Évêché de Béziers, par le même : in-fol.

Évêché de Blois : Paris, Jaillot, 1706, in-fol.

Le même, par N. Sanson : Paris, Robert, 1731, in-fol.

Évêché de Boulogne, par N. Sanson : (Paris) 1656 (1741, Robert), in-fol.

Archevêché de Bourges, par Guillaume Sanson, en 4 feuilles : Paris, 1678, in-fol.

Le même, en 2 feuilles : Paris, 1690.

**C**

Évêché de Cahors, par N. Sanson : in-fol.

*Archiepiscopatus Cameracensis : Amstelodami, Blaeu*, 1657, in-fol.

Archevêché de Cambrai, par N. Sanson ; 2 feuilles Paris, 1655, in-fol.

Ms. Évêché de Carcassonne, par Nicolas Sanson : in-fol.

Évêché de Castres : Paris, Jaillot, 1690, 1700, in-fol.

Le même, par N. Sanson : in-fol.

Évêché de Châlons-sur-Marne, par N. Sanson : Paris, 1656 (Robert, 1742), in-fol.

Évêché de Châlons-sur-Saône, par le même : Paris, 1659 (Robert, 1742), in-fol.

Évêché de Chartres, par N. Sanson, en 2 feuilles : Paris, 1660, 1696 (Robert et Jaillot, 1731), in-fol.

*Joannis Gigantis Prodromus geographicus, sive Archiepiscopatus Coloniensis et vicinarum regionum Descriptio ; Coloniæ, Amstelod., Guillelmi Blaeu*, in-fol.

Archevêché de Cologne, par N. Sanson, en 4 feuilles : Paris, in-fol.

Ms. Évêché de Cominge, par le même : in-fol.

Le même, par Jaillot : Paris, 1700, in-fol.

Ms. Évêché de Condom, par N. Sanson : in-fol.

Ms. Évêché de Conserans, par le même : in-fol.

Ms. Évêché de Coutances, par le même, 2 feuilles : in-fol.

Le même, par G. Mariette de la Pagerie, en 4 feuilles : Paris, Langlois, 1689, in-fol.

Ms. Évêché de Dax ou Acqs, par N. Sanson : in-fol.

**D**

Ms. évêché de Die, par N. Sanson : in-fol

Carte du diocèse de Dijon ; 2 feuilles in-fol.

Le même, par N. Sanson : Paris, Robert, 1731, in-fol.

Évêchés de Dol et de Saint-Malo, par le même : in-fol.

**E**

Archevêché d'Évreux, par Nicolas Sanson : (Mariette et Robert), in-fol.

Ms. Archevêché d'Embrun, par Nicolas Sanson : in-fol.

**G**

Évêchés de Gand et de Bruges, par N. Sanson Paris, in-fol.

Ms. Évêché de Gap, par le même : in-fol.

Évêché de Genève, par le même : Paris, in-fol

Ms. Évêché de Grenoble, par le même : in-fol.

Carte du diocèse de Grenoble, divisée en ses quatre archiprêtrés, par M. le chevalier de Beaurain : Paris, 1741, in-fol.

Évêché d'Ipres : *Amstelodami*, Blaeu, 1663, in-fol.

**L**

Évêché de Langres, par N. Sanson, en 2 feuilles : Paris, 1656, 1658 (Robert, 1741), in-fol.

Le même, en une feuille : Paris, in-fol.

On a tiré, en 1731, du diocèse de Langres, de quoi former l'évêché de Dijon : ainsi la carte de Sanson ne représente plus le premier évêché tel qu'il est aujourd'hui.

Évêché de Laon, par N. Sanson : Paris, 1650, 1656 (Robert, 1731), in-fol.

Évêché de Lavaur, par Trinquier, curé de Cadix : Paris, Jaillot, 1683, in-fol.

Évêchés de Lausane et de Constance, par N. Sanson, en 5 feuilles : Paris, 1660, 1661, 1689, 1690, in-fol.

Ces deux évêchés de Suisse étaient autrefois de l'ancienne Gaule, et c'est pour cela que nous en faisons ici mention. L'évêque de Lausane demeure aujourd'hui à Fribourg : il n'est plus suffragant de l'archevêché de Besançon. Quant à l'évêque de Constance qui en dépendait aussi, il est aujourd'hui suffragant de Fribourg en Brisgaw.

Évêché de Lescar, par N. Sanson : in-fol.

Évêché de Liége, par le même, en 2 feuilles : Paris, in-fol.

Ms. Évêché de Limoges, par le même : in-fol.

Évêchés de Limoges et de Tulles, par J.-B. Nolin : Paris, in-fol.

Le même, par Nolin fils : Paris, 1742, in-fol.

## GEOGRAPHIE ET CARTOGRAPHIE DE L'EGLISE DE FRANCE.

Archevêché de Lyon, par N. Sanson, en 4 feuilles : Paris, 1659 (Robert, 1741), in-fol.

Ms. Evêché de Lisieux, par le même : in-fol.

Le même, par M. d'Anville, en 2 feuilles in-fol.

Evêché de Lodève, par N. Sanson : in-fol.

Evêché de Luçon, par le même : Paris, 1679, 1698 (1705, 1742, Robert), in-fol.

## M

Evêché de Mâcon, par N. Sanson : Paris, 1659 (Robert 1741), in-fol.

Diocèse de l'évêché de Malines, par le même : Paris, in-fol.

Le même, par Van Gestel : in-fol.

Cette carte se trouve à la tête de sa Nouvelle Histoire ecclésiastique de Malines.

Evêché du Mans, par N. Sanson : Paris, 1650; Jean Blaeu, Amsterdam (Robert, 1742), in-fol.

Le même, par Jean Couffé : Paris, 1695, in-fol.

Le même, par MM. Maréchal, prêtre; Jean Prévost, chanoine de l'Eglise du Mans, et autres du même diocèse; en 4 feuilles : Paris, Jaillot, 1698, 1706, in-fol.

M. l'abbé Lebœuf (Dissertation sur l'Histoire de Paris, tome 1er, pag. 161) dit que cette carte est une des plus belles qu'il ait vues pour l'exactitude.

Archevêché de Mayence, Trèves et Cologne, par Nicolas Sanson : Paris, 1656, in-fol.

Evêché de Meaux, par le sieur Chevalier, de l'Académie royale des sciences, en 2 feuilles : Paris, Jaillot, 1698, 1701, in-fol.

Le même, par M. Outhier; en 2 feuilles : Paris, 1717, in-fol.

Evêché de Mende, par N. Sanson, in-fol.

Evêché de Metz, par le même; en 2 feuilles : Paris, 1656, 1679 (Robert, 1730), in-fol.

Diocèse de Metz dans la partie septentrionale de la Lorraine, sur les Mémoires de Didier Bugnon, premier ingénieur et géographe de Son Altesse Royale, 1725, in-fol.

Cette carte se trouve à la tête du tome 1er de l'Histoire de Lorraine du P. Calmet.

Ms. Evêché de Mirepoix, par N. Sanson : in-fol.

Evêché de Montauban, E. G. Figuier, prêtre et prébendier de la cathédrale : Paris, 1700, 1707, Besson, in-fol.

Evêché de Montpellier, par N. Sanson : in-fol.

Le même : Paris, Jaillot, 1706, in-fol.

## N

Evêché de Namur, par N. Sanson : Paris, in-fol.

Ms. Evêché de Nantes, par le même : in-fol.

Le même, par Guillaume de Lambelly, jésuite : Paris, Jaillot, 1695 (1706), in-fol.

Archevêché de Narbonne, par N. Sanson : in-fol.

Le même, par Lafont, reformé par Guillaume de l'Isle : Paris, 1704, in-fol.

Le même, levé par messieurs de l'Académie des sciences de Montpellier, et par ordre des Etats,

exécuté par Philippe Buache; en 3 grandes feuilles : 1764, in-fol.

Evêché de Nevers, par N. Sanson : Paris, 1665 (Robert, 1741), in-fol.

Ms. Evêché de Nîmes, par le même : in-fol.

Le même, par H. Gauthier, ingénieur : Paris, Nolin, 1698, in-fol.

Evêché de Noyon, par N. Sanson : Paris, 1656 (Robert, 1742), in-fol.

## O

Ms. Evêché d'Oléron, par le même : in-fol.

Evêché d'Orléans, par le même : Paris, 1653 (Robert, 1741), in-fol.

## P

Evêché de Pamiers, par le même : in-fol.

Archevêché de Paris, par Pierre Du Val : Paris, 1667, in-fol.

Le même, par N. Sanson : 1679 (1705, Mariette), in-fol.

Le même, par N. De Fer; en 4 feuilles : Paris, 1714, in-fol.

Le même, dressé par ordre de M. le cardinal de Noailles; en 4 feuilles : in-fol.

Le même, avec les environs de Paris, par le P. Robert de Vaugondy : Paris, 1761, in-fol.

Le même, par les sieurs Denis et Berthault, en 16 petites feuilles : Paris, 1765, petit in-4°.

Ces cartes sont accompagnées d'une description historique de chaque feuille : in-8°.

Diocèse de Paris, par Denis; en 10 cartes topographiques : Paris, 1765, petit in-4°.

Elles sont jointes au pouillé raisonné de cet archevêché.

Evêché de Périgueux, par N. Sanson; en 2 feuilles : Paris, 1679 (Robert, 1742), in-fol.

Evêché de Perpignan, par le même : Paris, 1660 (Mariette et Robert), in-fol.

Evêché de Poitiers, par le même; en 2 feuilles : Paris, 1630 (Robert, 1741), in-fol.

Evêché du Puy en Velai, par le même : Paris (Mariette), 1670 (Robert, 1740), in-fol.

## Q

Ms. Evêché de Quimper-Corentin, par le même : in-fol.

## R

Diocèse de Reims, par Jean Jubrien; en 4 feuilles : 1623, in-fol.

Cette carte de Jubrien, qui était de Châlons en Champagne, est peu commune; elle est estimée, et tous les lieux, avec leurs distances, y sont bien désignés. Elle se trouve aussi dans les Atlas de Janson le Blaeu.

Le même diocèse, en 2 feuilles : Paris, De Fer, 1654, in-fol.

Archevêché de Reims, par N. Sanson; en 2 feuilles : Paris, 1656 (Robert, 1731, 1741), in-fol.

Le même : 1661, in-fol.

Ms. Evêché de Rennes, par N. Sanson : in-fol.

*Ms.* Evêché de Rodez, par N. Sanson : in-fol.
*Ms.* Evêché de Riez, par le même : in-fol.
*Ms.* Evêché de Rieux, par le même : in-fol.
Le même, par un curé du pays : in-fol.
Evêché de la Rochelle, par Guillaume Sanson : Paris, 1682, 1696 (Robert, 1741), in-fol.
*Ms.* Archevêché de Rouen, par N. Sanson : in-fol.
Le même, par M. Frémont; en 6 feuilles : Paris, Berey et Jaillot, 1715, in-fol.
Evêché de Ruremonde, par N. Sanson : Paris (Mariette), in-fol.
Ce diocèse a été tiré de Cologne lors de l'érection des nouveaux évêchés dans les Pays-Bas.

### S

*Ms.* Evêché de Saint-Brieuc, par N. Sanson : in fol.
*Ms.* Evêché de Saint-Flour, par le même : in-fol.
*Ms.* Evêché de Saint-Malo, par le même : in-fol.
Evêchés de Saint-Omer, d'Ipres et de Tournai, par le même : Paris, 1657 (Mariette, 1703), in-fol.
*Ms.* Evêché de Saint-Papoul, par N. Sanson : in-fol.
*Ms.* Evêché de St-Pol de Léon, par le même : in-fol.
*Ms.* Evêché de Saint-Pons, par le même, in-fol.
Evêché de Saintes, par le même : Paris, in-fol.
Evêché de Sarlat, par J<sup>n</sup> Tarde, chanoine (Paris, Tavernier, 1624) : *Amstelodami*, Hondius; *ibidem*, *Guillelmi* Blaeu, in-fol.
Le même, par N. Sanson : Paris, 1679 (Robert, 1742), in-fol.
Evêché de Séez, par le même : in-fol.
Le même, par Louis de la Salle, religieux trinitaire : Paris, Jaillot, 1718, in-fol.
Evêché de Senlis, par N. Sanson : Paris, Mariette, 1657, 1667 (Robert, 1741), in-fol.
Le même, par M. Parent, curé d'Aumont, revu par Guillaume de l'Isle : Paris, 1709, in-fol.
Archevêché de Sens, par N. Sanson ; en 2 feuilles : Paris, 1660 (Robert, 1740, 1741), in-fol.
Le même, par M. Outhier, prêtre du diocèse de Besançon : Paris, veuve Mazier, 1751, in-fol.
Evêché de Soissons, par N. Sanson : Paris (Mariette, 1656; Robert, 1736), in-fol.
Le même, dessiné par M. Noël le Vacher, prêtre, chanoine de Laon, curé de Berzy ; dédié à M. Simon Legras, évêque de Soissons, et gravé par Etienne de Vouillemont en 1656; petit in-fol.
Cette carte passe pour la plus exacte et la meilleure.
Evêché de Spire, par N. Sanson : Paris (Mariette, Robert, 1741), in-fol.
Evêché de Strasbourg, par N. Sanson : Paris, 1659 (Robert, 1731), in-fol

### T

*Ms.* Evêché de Tarbes, par le même : in-fol.
Evêché de Toul, par le même ; en 3 feuilles : Paris (Mariette, 1656; Robert, 1751 et 1755), in-fol.
Le même, sous le titre de *Civitas Leucorum*, par Guillaume de l'Isle : Paris, 1707, in-fol.
Le même évêché de Toul, sur les Mémoires de Didier Bugnon : 1725, in-fol.
Dans le tome I<sup>er</sup> de l'Histoire de Lorraine du P. Calmet.
Archevêché de Toulouse, par N. Sanson : in-fol.
Le même, par Hubert Jaillot : Paris, 1695, 1706, in-fol.
Evêché de Tournay : Paris, Jaillot, 1695 (1726), in-fol.
Archevêché de Tours, par N. Sanson : Paris, 1694, Robert, 1741, in-fol.
*Ms.* Evêché de Tréguier, par le même, in-fol.
Archevêché de Trèves, par N. Sanson ; en 3 feuilles : Paris, Robert, 1730 et 1739, in-fol.
Le même sur les Mémoires de Didier Bugnon, 1725, in-fol.
Cette carte se trouve à la tête du tome I<sup>er</sup> de l'Histoire de Lorraine du P. Calmet.
Evêché de Troyes, par N. Sanson : Paris, 1656 (Robert, 1741), in-fol.
Le même, avec les noms de tous les évêques qui y ont été jusqu'à présent, gravé par Etienne de Vouillemont, 1675, in-fol.
*Ms.* Evêché de Tulle, par N. Sanson : in-fol.

### V-U

*Ms.* Evêché de Vabres, par le même : in-fol.
*Ms.* Evêché de Valence, par le même : in-fol.
*Ms.* Evêché de Vannes, par le même : in-fol.
Le même évêché de Vannes : Paris, Jaillot, in-fol.
Evêché de Verdun, par le même : Paris, Mariette, 1656 (Robert, 1731), in-fol.
Le même sur les Mémoires de Didier Bugnon, 1725, in-fol.
A la tête du tome I<sup>er</sup> de l'Histoire de Lorraine du P. Calmet.
*Ms.* Archevêché de Vienne, par N. Sanson : in-fol.
*Ms.* Evêché de Viviers, par le même, in-fol.
Evêché de Vorms, par le même : Paris, in-fol.
Archevêché d'Utrecht et évêché de Middelbourg, par le même; en 3 feuilles : Paris, in-fol.
*Ms.* Evêché d'Uzès, par le même, in-fol.
Le même évêché d'Uzès, par H. Gautier, ingénieur : Paris, Nolin, 1714, in-fol.

## CARTES DE QUELQUES COMMUNAUTÉS RELIGIEUSES.

Le royaume de France, divisé en six provinces monastiques, où sont marqués tous les monastères de Saint-Benoît de la congrégation de Saint-Maur ; par François le Chevallier, religieux convers de la même congrégation : Paris, 1710, in-fol.

La France Bénédictine, ou carte générale des abbayes et prieurés conventuels de l'ordre de Saint-Benoît, tant d'hommes que de filles ; dressée par François le Chevallier : Paris, 1726, in-fol., avec une table alphabétique, etc., collée aux deux côtés.

*Germania Benedicta*, etc. : *Noriberge*, Homan, 1752, in-fol.

*Provinciæ Franciæ Fratrum Minorum Sancti Francisci de Observantia* : La Province de France des RR. PP. Cordeliers : Paris, 1695, in-4° (avec les monastères de filles).

*Provinciæ Franciæ Parisiensis ordinis Fratrum Minorum Sancti Francisci de Observantia chorographica Descriptio* : in-fol. et in-4°.

*Provinciæ Turoniæ magnæ in Gallia, Fratrum Minorum chorographica Descriptio*, auctore F. Renato Rochéron : 1659, in-4°.

*Chorographica Descriptio provinciarum et conventuum ordinis Minorum Sancti Francisci, ordinis Capucinorum, quorumdam fratrum labore et industria delineata et impressa* : *Romæ*, 1643, in-fol.

Abbayes et prieurés des chanoines réguliers de la Congrégation de France, par Pierre Du Val : Paris, 1661, in-fol.

Cartes des bénéfices des chanoines réguliers de Saint-Augustin dans l'archevêché de Reims, où sont les diocèses de Boulogne, Amiens, Beauvais Senlis, Noyon, Laon, Soissons, Reims et Châlons; par René le Bossu : Paris, 1664, in-fol.

Cartes des bénéfices des chanoines réguliers de l'archevêché de Sens, où sont les diocèses de Sens, Troyes, Auxerre et Nevers; par le P. René le Bossu : 1665, in-fol.

*Provinciæ Eremitarum Sancti Augustini in Gallia*, auctore Augustino Lubin : Paris, petit in-4°.

*Gallia Augustiana*, auctore Mattheo Seuttero : *Augustæ Vindelicorum*, in-fol.

Carte des maisons des Frères de la Charité, dressée par Philippe Buache, premier géographe du roi (elle est dans une maison des Frères de la Charité de Paris).

Carte de France, où sont marquées les maisons des Sœurs de la Charité, par le même : 1727 (elle se trouve dans la première maison, à Paris, vis-à-vis Saint-Lazare).

Carte des cinq provinces des Jésuites de l'Assistance de France : Paris, Nolin, 1705, in-fol.

La même avec des remarques historiques : Paris, Longchamps, 1761, in-4°.

La même, seconde édition, corrigée par les dates et augmentée de quelques parties de France : Paris, Longchamps, 1761, in-4°.

Cartes de l'Assistance des Jésuites de France, pays de Grèce, d'Asie et de l'Amérique française : Paris, Denis, 1764, in-fol. (Ce recueil paraît avoir été fait d'après l'Arbre géographique des Jésuites.)

Carte générale des maisons de l'ordre des religieuses de la Visitation de Sainte-Marie : in-fol.

La Nouvelle Thébaïde, ou la Carte très-particulière et exacte de l'abbaye de la Maison-Dieu Notre-Dame de la Trappe, de l'étroite observance de Cîteaux, située dans la province du Perche, diocèse de Séez; par M. de la Salle : Paris, 1700, demi-feuille. (On a aussi des plans de cette abbaye fameuse depuis un siècle par son austérité.)

## TRAITÉS

### DE LA GÉOGRAPHIE ECCLÉSIASTIQUE DE FRANCE ET POUILLÉS DE SES BÉNÉFICES.

*Notitia episcopatuum Galliæ, ex codice manuscripto* (anni 1234).

*Notitia episcopatuum Galliæ, scripta paulo post annum* 1322.

Ces deux notices des évêchés de France se trouvent au commencement du tom. I<sup>er</sup> des Historiens de France, publiés par Du-chesne, p. 24 et 26.

*Hierarchiæ Galliæ Topographia*, auctore Rob. Cœnali.

Ce traité se trouve dans l'ouvrage intitulé *Historia Gallica* : Paris 1557, 1581, in-fol.

*Notitia archiepiscoporum et episcoporum Galliæ, secundum veterem provinciarum dispositionem.*

Cette notice se trouve dans l'ouvrage de Jean Doujat, tom. 1<sup>er</sup>, intitulé *Specimen juris ecclesiastici apud Gallos*, etc. : Paris, 1674, in-12.

*Catalogus Diœceseon Galliæ.*

Ce catalogue se trouve dans l'ouvrage intitulé : *Provinciale Romanum ante annos fere quingentos scriptum* : Venetiis, 1568, in-4°.

*Catalogus archiepiscoporum et episcoporum qui in variis Galliæ ecclesiis sederunt :* auctore Antonio Monchiaceno Demochare, Doctore Sorbonico : *Parisiis*, 1562, in-fol.

*Catalogus quorumdam pontificum in antiquiorum Galliarum Ecclesiis;* auctore Stephano Lusignano, Dominicano : *Parisiis*, 1580, in-8°.

*Notitia episcopatuum Galliæ, quæ Francia est : Papiri Massoni opera : Parisiis*, 1606, in-8°.

*Notitia antiqua episcopatuum Galliæ* : Paris, 1641, in-fol.

Cette notice se trouve au liv. v, pages 117, 156, de la Géographie sacrée de Charles de Saint-Paul.

*Notitia moderna archiepiscopatuum et episcopatuum Galliæ.*

Imprimée dans l'ouvrage intitulé : *Gallia Christiana*, tom. I<sup>er</sup>.

Archevêchés et évêchés de la France, par l'abbé de Commanville.

C'est le chapitre 8 de son Histoire de tous les archevêchés et évêchés de l'univers, Rouen, Paris, 1700, in-8°.

La clef du grand pouillé de France, composé du dénombrement des archevêchés, évêchés, abbayes, prieurés, etc., de la nomination du roi, avec les annates et le revenu de chacun : ensemble les catalogues des couvents, monastères et maisons de tous les ordres religieux, congrégations, etc.; par Jean Doujat et Augustin Lubin : Paris, 1671 et 1672, in-12, trois volumes.

État du clergé de France, du clergé de Paris et de la chapelle du roi, etc. : Paris, 1757, in-12; par Duchesne, et formant une partie de l'ouvrage intitulé : *Europe ecclésiastique*, etc.

France ecclésiastique ou Etat du clergé séculier et régulier, des ordres religieux militaires, etc. : Paris, Desprez, 1764, in-12.

Dénombrement des archevêchés et évêchés et autres bénéfices de France : Saint-Germain des Prés, in-fol.

La division du monde, contenant les noms des archevêchés, évêchés et abbayes du royaume de France : Paris, veuve Chrétien, 1558, in-8°.

Pouillé général des archevêchés et évêchés de France : 3 vol. in-fol. (Saint-Germain des Prés).

Pouillé de quelques évêchés : in-fol. (bibliothèque du roi).

Ms. Pouillés des diocèses de France, abbayes, etc., rangés par ordre alphabétique et au nombre de près de 150, en quatre gros porte-feuilles : in-fol.

Ms. Description de quantités de diocèses, en plusieurs volumes : in-fol.

Table du pouillé royal, ou recueil fait par Pierre Pourcelet, des archevêchés, évêchés, abbayes, doyennés, trésoriers, prévôtés et autres bénéfices à la nomination et collation du roi : Paris, 1618, in-4°.

Notice des bénéfices de France étant à la nomination et à la collation du roi, et des diocèses de l'Eglise universelle; par M. J. T. : Paris, Tarya, 1621, in-8°.

Etat des archevêchés, évêchés, abbayes et prieurés de France, tant d'hommes que de femmes, de nomination ou collation royale, dans lequel on trouve l'histoire, la chronologie et la topographie de chaque bénéfice et dix-huit cartes géographiques, avec une table générale, qui comprend aussi la taxe en cour de Rome, le revenu des titulaires, et la date de leur nomination : Paris, Boudet, 1754, in-4°.

Le même, troisième édition, augmentée des bénéfices, dépendant des abbayes de Marmoutiers, de l'Isle-Barbe, de Saint-Claude, de Saint-Victor de Marseille, de Saint-Julien de Tours et du duché de Châteauroux, par Antoine : Paris, Boudet, 1743, in-4°, 3 vol.

Numerus et tituli cardinalium, archiepiscoporum et episcoporum, taxæ et valor beneficiorum regni Galliæ, cum taxis cancellariæ apostolicæ, nec non sacræ pænitentiæ : Parisiis, 1555, in-12.

Ms. Taxe générale des expéditions des archevêchés, évêchés, abbayes et prieurés conventuels du royaume : in-fol.

Ce manuscrit se trouve dans la bibliothèque de Saint-Jacques de Provins.

Valor beneficiorum regni Galliæ : Parisiis, Alliot, 1625, in-8.

Le grand pouillé des bénéfices de France, des archevêchés, évêchés, abbayes, prieurés et autres bénéfices à la collation et nomination du roi, et ceux de la disposition des archevêchés et évêchés, etc., avec les annates : Paris, Alliot, 1626, in-8°, 2 vol.

Recueil historique, chronologique et topographique des archevêchés, évêchés, abbayes et prieurés de France, tant d'hommes que de filles, de nomination et collation royales ; par dom Beaunier : Paris, 1626, in-4°, 2 vol.

Pouillé royal, contenant les bénéfices à la nomination ou collation du roi, ensemble les maladreries, hôpitaux et maisons-Dieu appartenant au grand aumônier, à l'ordinaire des lieux, aux abbés, prieurs et autres particuliers, par le P. Labbe, jésuite : Paris, Alliot, 1648, in-4°.

Archevêchés, évêchés, abbayes, prieurés qui sont à la nomination du roi, selon les concordats, avec les taxes qui sont écrites au livre de la chambre apostolique, selon lesquelles on paye en cour de Rome les annates et provisions : Dijon (parlement).

Etat général de tous les bénéfices de France, de leur valeur, taxe, etc. : in fol. (bibliothèque du roi, n° 9472).

Catalogue alphabétique des archevêques, évêques, abbés, prieurs qui possèdent des bénéfices dépendant du roi, leurs revenus, la taxe de Rome et la date de leur nomination : Paris (d'Houry), 1738, in-fol.

Pouillé général du diocèse de Besançon, extrait de la chambre archiépiscopale de ce diocèse (Saint-Germain des Prés).

Pouillé de l'Eglise de Besançon, par M. Dunot de Charnage : Besançon, 1750, in-4°.

Pouillé des archevêchés de Bordeaux et de Bourges et de leurs suffragants : Paris, 1748, in-4°, 2 vol.

Pouillé général des bénéfices de l'archevêché de Bordeaux et des évêchés d'Agen, Condom, Angoulême, Luçon, Maillezais (ou la Rochelle), Périgueux, Poitiers, Saintes et Sarlat : Paris, Alliot, 1648, in-4°.

Pouillé des bénéfices du diocèse de Bordeaux, par Jérôme Lopez : Bordeaux, 1668, in-4°.

Pouillé général de tous les bénéfices du diocèse de Bordeaux, par un chanoine de Saint-Seurin-lez-Bordeaux : 1724, in-4°.

Pouillé général de l'archevêché de Bourges et des diocèses d'Albi, Cahors, Castres, Clermont, Limoges, Mende, Le Puy, Rodez, Saint-Flour, Tulles et Vabres : Paris, Alliot, 1648, in-4°.

Notitia beneficiorum diœcesis Bituricensis, auctore Joanne Chenu.

Cette notice est imprimée avec son Historia chronologica archiepiscoporum Bituricensium : Parisiis, 1621, in-4°.

Le pouillé de Bourges, par Nicolas Chaterinot : Bourges, 1683, in-4°.

Etat de clergé du diocèse de Limoges, contenant les revenus, communiants, étendues, limites, etc., des cures ; par Gilles Leduc (Il est au séminaire de Limoges).

Pouillé des bénéfices du diocèse de Limoges, par M. Joseph Nadaud, curé de Teyjac en Périgord.

Pouillés anciens de l'archevêché de Cambrai (ils se trouvent aux archives de l'archevêché).

Etat du clergé séculier et régulier de la ville et de

diocèse de Cambrai, avec des remarques historiques. Il se trouve dans le calendrier ecclésiastique de Cambrai, 1761, Berthoud, in-12.

État des paroisses du diocèse d'Arras.

Les cures de l'évêché de Tournay, avec leurs patrons; Tournai, 1712, in-8°.

Pouillé général des bénéfices de l'archevêché de Lyon et des diocèses d'Autun, Châlons-sur-Saône, Langres et Mâcon : Paris, Alliot, 1648, in-4°.

Le catalogue des bénéfices du diocèse de Lyon, par Jean-Marie de la Mure.

Ce catalogue est imprimé dans son Histoire du Forez : Lyon, 1674, in-4°.

Pouillé des bénéfices de Châlons-sur-Saône, Lyon 1662, in-4°.

Les pouillés des bénéfices des provinces de Bresse, Bugey, etc., se trouvent page 992-1002 des preuves du Traité des Régales, par François Pinsson : Paris, 1688, in-4°.

État des paroisses et des bénéfices du diocèse de Narbonne, avec ses statuts synodaux : Narbonne, 1706, in-8°.

Pouillé des bénéfices de l'évêché de Nîmes (Histoire de Nîmes, par Ménard, in-4°, à la fin du tome VI°).

Pouillé général des bénéfices de l'archevêché de Paris et des diocèses de Chartres, d'Orléans et de Meaux ; le tout selon les mémoires pris sur les originaux desdits diocèses et registres du clergé de France : Paris, Alliot, 1648, in-4°.

Pouillé des bénéfices de l'archevêché de Paris.

Il est imprimé dans le Supplément des Antiquités de Paris, par du Breuil : Paris, 1612, in-4°.

Pouillé raisonné du diocèse de Paris, avec des cartes topographiques : Paris, Denis, 1765, in-4°.

Catalogue des bénéfices du diocèse d'Orléans ( Histoire d'Orléans : Paris, 1947, in-fol.).

Pouillé du diocèse de Chartres, par Nicolas Doublet, libraire à Chartres : Chartres, 1738, in-8°.

Liste des bénéfices simples et paroisses du pays Blaisois, Vendomois et Dunois : in-fol.

Pouillé du diocèse de Meaux, par Toussaint du Plessis, bénédictin. Il est à la suite des pièces justificatives du tome II de son Histoire de l'église de Meaux : Paris, 1731, in-4°, 2 vol.

Pouillé général des bénéfices de l'archevêché de Reims et des diocèses de Châlons, Senlis, Soissons, Noyon, Laon, Beauvais, Amiens, Boulogne et Arras : Paris, Alliot, 1648, in-4°.

Pouillé des évêchés de Normandie, sous la metropole de Rouen. Il est cité dans le catalogue des manuscrits de M. de Thou, page 461.

Pouillé des bénéfices de la province de Normandie. (Il est à la bibliothèque du roi).

Pouillé général des bénéfices de l'archevêché de Rouen et des diocèses d'Avranches, Bayeux, Coutances, Evreux, Lisieux et Séez : Paris, Alliot, 1648, in-4°.

Pouillé des bénéfices de Rouen ( diocèse ) : Rouen, 1704, in-4°.

Pouillé général des bénéfices de l'archevêché de Sens et des diocèses de Troyes, Auxerre et Nevers : Paris, Alliot, 1648, in-4°.

Le pouillé du diocèse de Sens est à la bibliothèque de Saint-Germain des Prés.

Catalogue des bénéfices du diocèse de Troyes : Troyes, 1612, in-8°.

Pouillé de l'évêché d'Auxerre : bibliothèque du roi, in-fol.

Registrum, seu, ut alii vocant, Folio omnium beneficiorum totius diœcesis Nivernensis (anno 1478).

Ce pouillé est au trésor de l'abbaye de Saint-Martin de Nevers.

Pouillé général des bénéfices de l'archevêché de Tours et des diocèses d'Angers, Dol, Le Mans, Nantes, Quimper-Corentin, Saint-Brieuc, Saint-Pol de Léon, Tréguier et Vannes : Paris, Alliot, 1648, in-4°.

Pouillé de l'archevêché de Tours, avec ses onze évêchés, in-fol. (bibliothèque du roi).

Paroisses, chapelles et bénéfices tant réguliers que séculiers situés au diocèse et comté du Maine.

Ce catalogue est imprimé avec la Topographie des villes du Maine : au Mans, 1558, in-16.

Description de la carte cénomatique, contenant les villes, forêts, rivières, paroisses, chapelles et bénéfices, tant réguliers que séculiers, situés au diocèse et comté du Maine, avec les patrons et collateurs : au Mans, veuve Olivier, in-12. Isambart, 1675, in-12.

Histoire des bénéfices, lois et usages de la Lorraine et du Barrois, par T. Thibault : 1672, in-fol.

Pouillé de l'évêché de Metz : in-fol. (bibliothèque de Saint-Germain des Prés).

Pouillé de l'évêché de Toul : in-fol. (bibliothèque du roi).

Pouillé ecclésiastique et civil du diocèse de Toul, par Benoît de Toul, capucin : Toul, 1711 in-8°, 2 vol.

Pouillé du diocèse de Verdun.

C'est le livre II de l'Histoire ecclésiastique et civile de Verdun, par un chanoine de cette ville : Paris, Simon, 1745, in-4°.

Recueil général de toutes les paroisses de France. Il est imprimé avec le supplément du Traité des aides : Paris, 1643, in-8°.

Pouillé des abbayes et prieurés de France : in fol. (bibliothèque de Saint-Germain des Prés).

Pouillé général des abbayes de France et des bénéfices qui en dépendent : Paris, Alliot, 1629, in-8°.

Pouillé des abbayes de France : Paris, 1721, in-8°

Catalogus Ecclesiarum Galliæ exemptarum.

Recueil général de toutes les commanderies de France et des dépendances, avec leurs noms latins, leurs qualités, diocèse et le lieu où elles sont situées ; par Jacques Pelletier : Paris, 1690, in-12.

État des unions faites des biens et revenus des maladreries, léproseries, etc., aux hôpitaux des pauvres malades, en exécution de l'édit du roi de 1693 : Paris, Thierry, 1705, in-4°.

## SUITE DU TABLEAU GÉNÉRAL

### DES PATRIARCATS, DES MÉTROPOLES, DES ARCHEVÊCHÉS ET DES ÉVÊCHÉS DU MONDE CHRÉTIEN.

### L'ESPAGNE ET LE PORTUGAL

| Comprenaient anciennement les | | Comprennent aujourd'hui les | | |
|---|---|---|---|---|
| MÉTROPOLES DE | PROVINCES | ARCHEVÊCHÉS DE | ROYAUMES DE | |
| *a* Carthage | α Carthaginoise | Valence | A Valence, B Majorque | |
| | | Tolède | C Murcie, D Castille-Neuve | |
| | | Burgos | E Castille-Vieille, F Biscaye, G Navarre | Au roi d'Espagne |
| *b* Tarragone | 6 Tarragonaise | Tarragone, Saragosse | H Catalogne, I Aragon | |
| *c* Séville | γ Bétique | Séville, Grenade | K Andalousie, L Grenade | |
| *d* Merida | δ Lusitane | Compostelle | M Asturie, N Galice, O Léon | |
| *e* Bragues | ε Galécienne | Lisbonne, Bragues, Évora | P Portugal, Q Algarve | Au roi de Portugal |

### PROVINCE DE TOLÈDE.
#### Archevêché,
**Tolède,** Toletum [*a* α D], III s., érigé en archevêché et en primatie v s., rétabli xi s.
#### Évêchés :
**Cordoue,** Corduba [*c* γ K], III s., rétabli XIII s.
    Tuccum, Martos [*c* γ], vi s.
**Jean,** Gienna [*c* γ K], XIII s.
    Montesa, Monteiar [*c* γ], iv s., transféré à Jaen.
**Cartagène,** Cartago Nova [*a* α C], métropole III s., réduite en évêché vii s., rétabli à Murcie XIII s.
    Complutum, Alcala de Henares [*a* α D] v s.
**Becetia seu** Baetia, Baesa [*a* α K], vii s.
    Castulo, Castona [*a* α K] vi s.
    Eliocreta, Lorqui [*a* α K] vi s.
    Oretum, Oreto [*a* α D] v s.
**Cuença,** Concha [D], xii s.
    Valeria, Valera [*a* α D], v s., transféré à Cuença xii siècle.
    Arcobriga, Arcas [*a* α D], v s., uni à Cuença xii s.
**Siguença,** Seguntia [*a* α D], v s.
**Ségovie,** Segobia [*a* α E], v s.
**Osma,** Oxoma [*a* α E], v s.
**Valladolid,** Vallisoletum [E], xvi s.
    Ergavica [*a* α], vi s.

### PROVINCE DE VALENCE.
#### Archevêché,
**Valence,** Valentia [*a* α A], v s., érigé en archevêché xv siècle.
#### Évêchés :
**Origuela,** Orcellis [A], xv s.
**Dianum,** Denia [*a* α A], vi s.
**Setabis,** Xativa [*a* α A], v s.
**Illicis,** Elche [*a* α], vi s.
**Majorca,** Majorica île [*b* 6 B], vi s., rétabli XIII s., réside à Palma, capitale de l'île.
**Minorica,** Minorque, île [*b* 6 B], vi s.
**Evusum,** Juica [*b* 6 B] île, v s.

### PROVINCE DE BURGOS.
#### Archevêché,
**Burgos,** Burgi [E], xi s., exempt xii s., érigé en archevêché xvi s.
#### Évêchés :
**Palencia,** Palentia (*a* α O), v s.
    Auca, Nostra signora d'Occa [*b* 6 E], v s., transféré à Burgos xi s.
**Calahorra,** Calagurris [*a* α E], vi s.
    Calceata, Calcada [G], xiii s., uni à la Calahorra xvi siècle.

# TABLEAU GENERAL DES PATRIARC., METROP., ETC., DU VIe AU XVIIIe SIECLE.

Alba seu Alava Armentegui [a α], xi s., transféré à Calcada xiii s.
Pampelone, Pampelona, Pompeiopolis [b 6 G], v s.

### PROVINCE DE TARRAGONE.
*Archevêché,*
Tarragone, Tarraco [b 6 H], iv s.
*Evêchés :*
Tortose, Dertosa [b 6 H], v s.
Barcelone, Barcino [b 6 H], iv s.
Egara, Tarassa [b 6 H], v s., uni à Barcelone vii s.
Lerida, Ilerda [b 6 H], vi s.
Hictosa seu Octogesa, Mequinenza [b 6], v s.
Girone, Gerunda [b 6 H], v s.
Empuriæ, Ampurias [b 6 H], vi s.
Vic, Vicus Ausonæ [b 6 H], vi s., rétabli ix s.
Solsone, Solsona [H], xvi s.
Urgel, Urgellum [b 6 H], v s.

### PROVINCE DE SARAGOSSE.
*Archevêché,*
Saragosse, Cæsaraugusta [b 6 I], iv s., érigé en archevêché xiv s.
*Evêchés :*
Huesca, Osca [b 6 I], v s.
Jacca, Jacca [I], xi s.
Balbastro, Balbastrum [I], xii s.
Rota, Rota [I], x s., transféré à Balbastro xii s.
Albarasin, Lobetum [I], xii s.
Segorbe, Secobriga [a α A], v s.
Teruel, Terulum [I].
Taraçona, Turiasso [b 6 I], v s.

### PROVINCE DE SÉVILLE.
*Archevêché,*
Séville, Hispalis [c γ K], iii s.
*Evêchés :*
Italica, Talca [c γ K], vi s.
Elepla, Niebla [c γ K], vi s.
Astygis, Acija [c γ K], vi s.
Cadix, Gades [c γ île], vi s.
Asindum, Medina Sidonia [c γ K], v s.
Guadix, Acci, Guadixium [a α L], v s.
Basti, Baeza [a α L], vi s.
Bagastrum, Magastra [c γ K], vi s.
Egabra, Cabra [c γ K], v s.
Salaria ......... [c γ K], vi s.

### PROVINCE DE GRENADE.
*Archevêché,*
Grenade, Granata, Eliberis [c γ L], iv s., érigé en archevêché xv s.
*Evêchés :*
Malgues, Malaca [c γ L], iv s., rétabli xv s.
Almeria, Almeria Abdera [c γ L] v s.
Urgi, Urci [a α], vi s., uni à Almeria xii s.

### PROVINCE DE COMPOSTELLE.
*Archevêché,*
San Iago di Compostella, Compostella [N], xi s., érigé en archevêché xii s.
Emerita, Merida [d δ D], iv s., transféré à Compostelle xii s.

*Evêchés :*
Iria, el Padrone [e ε N], transféré à Compostelle xi s.
Tui, Tude [e ε N], v s.
Orenze, Auria [e ε N], vi s.
Lugo, Lucus Augusti [e ε N], v s., érigé en archevêché, vi s., réduit en évêché, vii s.
Mondonedo, Mindonia [M], vii s.
Oviédo, Ovetum [e ε M], vii s., érigé en archevêché ix s., réduit en évêché x s.
Britonia, Bretagna [e ε N], vi s., transféré à Oviedo vii s.
Léon, Legio [e ε O], iv s., exempt.
Astorga, Asturica [e ε O], iv s.
Zamora, Zamora [O], xii s.
Numantia, Garaï [d δ E], vi s., transféré à Zamora xii s.
Salamanque, Salmantica [d δ O], vi s.
Ciudad-Rodrigo, Rodericopolis [E], xii s.
Calabria.... [d δ ....], vi s.
Avila, Abula [d δ E], v s.
Coria, Cauria [d δ O], vi s.
  Placentia [O].
  Pax Julia, Beja [d δ ....], v s.

### PROVINCE DE LISBONNE.
*Archevêché,*
Lisbonne, Ulissipo [d δ P], v s., érigé en archevêché xiv s.
*Evêchés :*
Conimbre, Conimbrica [e ε P], vi s.
Eminium..... [e ε P], v s., transféré à Conimbre, vi s.
Leiria, Leiria [P], xvi s.

### PROVINCE DE BRAGUE.
*Archevêché,*
Brague, Bracoara [e ε P], iii s.
*Evêchés :*
Dumium..... [e ε P], v s., uni à Brague, vii s.
Miranda, Miranda [P], xvi s.
Porto, Portucale [e ε P], v s.
Lamego, Lamecum [e ε P], v s.
Visco, Viseum [e ε P], vi s.
La Guarda, Gardia [P], xi s.
Igedita seu Agitama, seu Egitania [d δ ....], v s., transféré à la Guarda.

### PROVINCE D'EVORA.
*Archevêché,*
Evora, Ebora [d δ P], iii s., érigé en archevêché xvi s.
*Evêchés :*
Elvas, Elva, Alba [P], xvi s.
Portalègre, Portus Alacris [P], xvi s.
Algarve, Algarbia [Q], résida à Ossonaba [d δ Q], v s., à Silves [Q], xii s., à Faro [Q], xvi s.
Lacobriga, Lagos [d δ Q], vi s.

L'Espagne et le Portugal comptaient onze archevêchés, savoir : Tolède, Valence, Burgos, Tarragone, Saragosse, Séville, Grenade, Saint-Jacques de Compostelle, Lisbonne, Braga, Evora, et quatre-vingt-trois évêchés.

## L'ALLEMAGNE

| | Comprenait anciennement les | | Comprend aujourd'hui les | |
|---|---|---|---|---|
| | MÉTROPOLES DE | PROVINCES DE | ARCHEVÊCHÉS DE | ÉTATS DE |
| Dans les Gaules | a Cologne | α Germanique 2e | Utrecht | A Pays-Bas protest. |
| | | | Malines | B Pays-Bas catholiq. |
| | | | Cologne | C Westphalie. |
| | | | Brême | D Basse-Saxe. |
| | | | Magdebourg | E Haute-Saxe |
| | Trèves | 6 Belgique 1re | Trèves | F Bas Rhin. |
| | b Mayence | 6 Germanique 1re | | G Haut-Rhin. |
| Dans l'Italie | | γ Rhétie 1re | | H Suisse. |
| | | δ Rhétie 2e | Mayence | I Souabe. |
| | | | | K Franconie. |
| | | | | L Bavière. |
| Dans l'Illyrie | c Lorc | ε Norique | Salzbourg | M Autriche. |
| | | | Prague | N Bohême. |

### PROVINCE D'UTRECHT.
*Archevêché,*

Utrecht, Trajectum ad Rhenum [a α A], vii s., érigé en archevêché, xvi s. *

*Evêchés :*

Daventer, Daventria [A], xvi s. *
Groningue, Groninga [A], xvi s. *
Leuvarden, Leovardia [A], xvi s. *
Harlem, Harlemum [A], xvi s. *
Middelbourg, Middelburgum [A], xvi s. *

### PROVINCE DE MALINES.
*Archevêché,*

Malines, Mechlinia [B], xvi s.

*Evêchés :*

Ruremonde, Ruremonda [B], xvi s.
Bois-le-Duc, Sylva Ducis [A], xvi s. *
Anvers, Antuerpia [B], xvi s.
Bruges, Brugæ [B], xvi s.
Gand, Gandavum [B], xvi s.
Ipres, Ipræ [B], xvi s.

### PROVINCE DE COLOGNE.
*Archevêché,*

Cologne, Colonia [a α C], iv s., électeur et chancelier pour l'Italie. †

*Evêchés.*

Munster, Monasterium [C], viii s. †
Minden, Minda [C], viii s. ☿
Osnabrück, Osnabrucum [C], viii s. †
Liége, Leodium [B], viii s. †
   Trajectum ad Mosam, Mastricht [a α A], v s., transféré à Liége, viii s.
   Tongri, Tongres [a α B], iii s., transféré à Mastricht.

### PROVINCE DE BREME.
*Archevêché,*

Brême, Brema [D], viii s., érigé en archevêché ix s. ☿
Hamburcum, Hambourg [D], archevêché ix s., transféré à Brême ix s.

*Evêchés :*

Lubeck, Lubecum [D], xii s. ☿
   Oldemburgum, Oldembourg [D], ix s., transféré à Lubeck xii s.
Ratzebourg, Ratzeburgum [D], xi s. ☿
Suerin, Schwrin, Suerinum [D], xii s. ☿
   Mekelburgum, Mekelbourg [D], xi s., transféré à Suerin xii s.

### PROVINCE DE MAGDEBOURG.
*Archevêché,*

Magdebourg, Magdeburgum [D], x s. ☿

*Evêchés :*

Angaria, Angrie [b C], viii s., transféré à Vaterslève, x s.
Vaterslevia, Vaterslève [D], x s., transféré à Magdebourg.
Havelsberg, Havelsberga [b E], x s. ☿
Brandebourg, Brandeburgum [b E], x s. ☿
Mersbourg, Mersoburgum [b E], x s. ☿
Naumbourg, Naumburgum [E], xi s. ☿
Citisum, Ceits [E], x s., transféré à Naumbourg.
Meissen, Misna [E], x s.

### PROVINCE DE MAYENCE.
*Archevêché*

Mayence, Moguntia [b 6 E], iii s., électeur et chancelier pour l'Allemagne. †

*Evêchés :*

Vorms, Vormatia, Vangionum [b 6 D], iv s. †
Spire, Spira Nemetum [b 6 G], iv s. †
Constance, Constantia [b 6 I], vi s.
Vindonissa, Vindisch [b 6 I], iv s., transféré à Constance.
Coire, Curia [γ H], iv s. †
Ausbourg, Augusta Vindelicorum [δ I], iv s. †
Aichstat, Querceium [K], viii s. †
Vuirtsbourg, Herbipolis [K], viii s. †
Bamberg, Bamberga [K], xi s., exempt.
Paderborn, Paderborna [C], viii s. †
Buraburgum..... [b 6], vii s., transféré à Paderborn.

Hildesheim, Hildeshemium [D], ix s. †
Elsia, Elis [.....], viii s., transféré à Hildesheim.
Halberstat, Halberstadium [D], ix s. ☿
Salingstadium, Ostervic [D], viii s., transféré à Halberstat.
Ferden, Verda [D], viii s. ☿
Bardovicum, Barduic [D], viii s., transféré à Ferden.
Strasbourg, Argentoratum [b 6 G]', v s. †

### PROVINCE DE SALTSBOURG.

*Archevêchés,*

Saltsbourg, Javavia [c ε L], viii s. †
Lauveacum, Lore [c ε L], vi s., transféré à Saltsbourg.

*Evêchés :*

Vienne, Vienna [c ε M], iv s., rétabli xiv s.
Passau, Patavia [c ε L], v s., érigé en archevêché vii s., réduit en évêché ix s. ☿
Ratisbonne, Ratisbona [c ε L], vi s. †
Frisingue, Frisinga [L], viii s. †
Brixen, Brixino [M], viii s. †
Sibiona, Siben [γ M], iii s., transféré à Brixen.

Chiemsée, Chiemum [L], xiii s., uni à Saltsbourg.
Lavant, Lavantum [M], xiii s.
Gurcs, Gurcum [M], xi s.
Secou, Secovium [M], xiii s.
Neustat, Neostadium [M], xv s.

### PROVINCE DE PRAGUE.

*Archevêché,*

Prague, Praga [N], x s., érigé en archevêché, xiv s.

*Evêchés :*

Leutmerits, Litomerium [N], xvii s.
Coningisgrats, Reginogradecium [N], xvii s.
Litomiscium, Litomissels [N], xiv s., supprimé xvi s.
Olmuts, Olomucium [N], xi s.
  Palescovitsa..... [N], x s., transféré à Olmuts.
  Velogradum.... [N], ix s., transféré à Palescovitsa.
  Speculo Julium....., [N], ix s., transféré à Olmuts, x s.

*L'Allemagne, la Hollande et la Belgique comprises, possédaient huit archevêchés, savoir : Utrecht, Malines, Cologne, Brême, Magdebourg, Mayence, Saltsbourg, Prague et soixante-quatre évêchés.*

## L'ILLYRIE OCCIDENTALE

*Comprenait anciennement les*

| METROP. DE | PROVINCES. |
|---|---|
| Lore . . . . . | a Norique. . . . |
| Sirmium . . . | δ Pannonie. . . . |
| Salone. . . . . | γ Dalmatie. . . |

*Comprend aujourd'hui les*

| | ARCHEV. DE | ÉTATS DE. |
|---|---|---|
| Gran . . . . . | A Haute-Hongrie. | A l'Empereur |
| Colocza . . . | B. Basse-Hongrie. | ou |
| | C. Transylvanie. | au Turc. |
| Zara . . . . . | D. Sclavonie. . . | |
| Spalatro. . . | E. Dalmatie . . . | Aux Vénitiens |
| Raguse . . . . | | et |
| Antivari . . . | F. Albanie. . . . | au Turc. |
| Corfou . . . . | G. Corfou . . . . | |
| Nazia. . . . . . | H. Iles de l'Archipel . . . . | Aux Vénitiens. Au Turc. |

### PROVINCE DE GRAN.

*Archevêché,*

Gran, Strigonium [B], xi s., primat de Hongrie. ☿

*Evêchés :*

Vaccie, Vaccia [A], xi s. ☿
Eger, Agria [A], xi s. ☿
Nitria, Nitria [A], xi s. ☿
Raab, Javarinum [B], xi s. ☿
Vesprim, Vesprimium [B], xi s. ☿
Cinq Eglises, Quinque Ecclesiæ [B], xi s. ☿

### PROVINCE DE COLOCZA.

*Archevêché,*

Colocza, Colossæ [B], xi s. ☿

*Evêchés :*

Bathanatiæ, Bathmonster [B], xi s., uni à Colocza.
Zagrab, Zagrabia [D], xii s. ☿
Siscia, Sisseg [a α D], iv s., transféré à Zagrab.
Sxerent, Sirmium [b 6 B], archevêché iv s., réduit en évêché xii s. ☿
Bosnie, Bosnia [E], xi s., réside à Jaicza. *

Chonad, Canadium [A], xi s. ☿
Viradin, Veradinum [C], xi s. ☿
Alba Julia, Giula [C], xi s., supprimé xvi s.
Cibinium, Ciben [C], xii s., supprimé.
Bacou, Bacovia (en Valachie), xvii s.
Mursa, Essec [b 6 B], iv s.
Singidunum, Sigedin [b 6 E], iv s.

### PROVINCE DE ZARA.

*Archevêché,*

Jara, Jadera [c γ E], iv s., archevêché xii s. †

*Evêchés :*

Arbo, Arba, île [E], ix s. †
Veglia, Velia, île [E], ix s. †
Osero, Ausara, île [E], ix s. †

### PROVINCE DE SPALATRO.

*Archevêché,*

Spalatro, Spalatrum [c γ E], vii s. †
Salona, Salone [c γ E], archevêché iii s., transféré à Spalatro.

*Evêchés :*

Dalminium, Almissa [E],... s. uni à Spalatro.
Trau, Tragurium [E], ix s. †
Sebenico, Sebenicum [E], ix s. †
Scardona, Scardona [E], xii s. †
Belgradum, Zara-Vecchia [E], ix s., transféré à Scardona.
Nona, Ænona [E], ix s. †
Zegna, Sinia [E], xii s. ☥
Tine, Tinia Querca [E], xi s. *
Macarsca, Macarsca [E], xi s. *
Lesina, Pharos, île [E], xii s. *
Modrusc, Corbavia [E], xii s.
Stridva, Strigoa [c γ E], vi s.

### PROVINCE DE RAGUSE.
*Archevêché.*

Raguse, Ragusium [c γ E], vii s., érigé en archevêché xi s. *

*Evêchés :*

Epidaurum, Ragusi Vecchio (c γ E), vi s., transféré à Raguse, vii s.
Trebigno, Tribulium [E], xi s.
Mercana, Mercana [E], xi s., uni à Trebigno.
Stagno, Stagnum Zaculmia [E], xi s. *
Narenta, Stephanum [c E], ix s. *
Cursola, Corcyra Melana, île [E],... s. †
Risano, Rosonium [E], xi s., réside à Castel-Nevo. †

### PROVINCE D'ANTIVARI.
*Archevêchés :*

Antivari, Antibarium [c F], ix s., érigé en archevêché xi s. *
Doclia, Doclia [c F], viii s., érigé en archevêché, x s., transféré à Antivari.

*Evêchés :*

Scutari, Scodra [c γ F], vi s. *
Polati, Pulatæ [F], x s. *
Drivasto, Drivastum [F], x s. *
Dolcigno, Dulcinium [F]. *
Suacium... [F] xi s., résidait à Sappa ou Satta [E].
Sorbium seu Arba vel Sardania... [F], xi s., uni à Suacium.
Cataro, Catarum [E], xi s. †
Budoa, Butua [E], xii s. †

### PROVINCE DE CORFOU.
*Archevêché.*

Corfou, Corcyra, île [G], érigé en archevêché latin xiv s. †

*Evêchés :*

Zante, Zacyntus, île [G], xiii s. †
Cephalenie, Cephalenia, île [G], xiii s., uni à Zante.

### PROVINCE DE NAXIA.
*Archevêché,*

Naxia, Naxia, île [H], érigé en archevêché latin xiii s. *

*Evêchés :*

Andro, Andros, île [H], xiii s. *
Tine, Tinia, île [H], xiii s. *
Santerini, Therasia, île [H], xiii s. *
Milo, Melos, île [H], xiii s. *
Siro Scyros, île [H], xiii s. *
Schio, Chium, île [H], xiii s. *

*L'Illyrie occidentale, comprenant toute la Hongrie, la Transylvanie, l'Esclavonie, l'Albanie, la Dalmatie et les îles de l'Archipel, avait huit archevêchés, savoir: Gran, Colocza, Zara, Spalatro, Raguse, Antivari, Corfou, Naxia et cinquante-six évêchés.*

## LA GRANDE-BRETAGNE

| *Comprenait anciennement les* | | | *Comprend aujourd'hui les* | | |
|---|---|---|---|---|---|
| MÉTROP. DE | PROVINCES | ARCHEV. DE | PROVINCES DE | | |
| a Gaerleon | α Britannique seconde. | | A Westsex. | | |
| b Londres | β Britannique première. | Cantorbéry | B Sussex. C Essex. D Kent. | | |
| | γ Maxime-Césarienne. | | E Castanglie. F Mercie. G Walles. | } | En Angleterre. |
| c York | δ Flavie-Césarienne. | | | | |
| | ε Valentienne. | York. | H Northumberland. | | |
| | | Saint-André | I Ecosse delà le Tay. | } | En Ecosse. |
| | | Glascou | K Ecosse deça le Tay. | | |
| | | Armagh. | L Ultonie. | | |
| | | Dublin. | M Lagenie. | } | En Irlande. |
| | | Tuam. | N Connacie. | | |
| | | Cahel. | O Mommonie. | | |

### PROVINCE DE CANTORBÉRY.
*Archevêché.*

Cantorbéry, Cantuaria [D], archevêché vi s., primat d'Angleterre vii s.

*Evêchés :*

Londres, Londinium [b β C], archevêché iii s., réduit en évêché vii s., protothrône.
Vinchester, Vintonia [A]. vii s.

Dorcestria, Dorchester [A], vii s., transféré à Vinchester.
Rochester, Rofi [D], vii s.
Eli, Elis [E], xii s.
Norvic, Nordovicum [E], xi s.
Félixstova, Duumvic [E], vii s., transféré à Elmham vii s., à Letfort ix s., à Norvic xi s.
Pétersborough, Petroburgum [F], xvi s.

# TABLEAU GENERAL DES PATRIARC., METROP., ETC., DU VIe AU XVIIIe SIECLE.

Lincoln, Lindocolnia [F], xi s.
Dorcia, Dorcester [F], vii s., transféré à Lincoln xi s.
Legeustria, Lexcester [F], vii s., uni à Dorcester x s.
Lichfield, Lichfeldia [F], vii s., réside à Conventri xii s.
Vorchester, Vigornia [F], vii s.
Hereford, Herefordia [F], vii s.
Glocbester, Glocestria [F], xvi s.
Oxforn, Oxonium [F], xvi s.
Chichester, Cicestria [B], xi s.
Seolsia, Seolsei [B], vii s., transféré à Chichester.
Salisheri, Sarum [A], xi s.
Sresburia, Sresburi [A], viii s., transféré à Salisberi.
Vitonia, Viton [A], ix s., uni à Sresburi x s.
Excester, Exonium [A], xi s.
Cridia seu Domnonia, Devonshire [A], ix s., transféré à Excester.
Cornubia, Cornouailles, résidait à Badman [A], iv s., uni à Cridia xi s.
Wels, Velsiæ, fontes [A], x s., résidait à Bathe xi s.
Bristol, Bristolium [A], xvi s.
Landaf, Landavia [G], v s.
Saint-Davis, Menevia [G], archevêché ix s., réduit en évêché v s.
Civitas Legionum, Caerleon [a α G], archevêché iv s., transféré à Saint-Davis.
Paternum, Land-Patern [G], vi s., réuni à Saint-Davis vii s.
Bangor, Bangorium [G], vi s.
Vectis, Wihgt, île [....], vi s., transféré à Bangor.
Saint-Asaph, Asaphopolis, Elvia [G] vi s,

### PROVINCE D'YORK.
*Archevêché,*
York, Eboracum [c γ H], archevêché iii s., rétabli vii s.

*Evêchés :*
Durham, Dunelmia [H], vii s.
Lindisfarnia, Lindisfarn [H], vii s., transféré à Durham.
Haugulstadia, Hauston [H], vii s., uni à York.
Carlisle, Carleolum [H], xii s.
Chester, Cestria [H], xii s., uni à Lichfield, xii s.; rétabli xvi s.
Man, Mona, île, v s., supprimé vi s., rétabli xiii s., uni à Sodore xiii s., rétabli xv, réside à Russin, capitale de l'île.

### PROVINCE DE SAINT-ANDRÉ.
*Archevêché,*
Saint-André, Andreapolis, [K], ix s. archevêché et primat d'Ecosse xv s.

*Evêchés :*
Abernethum, Aberneti [K], v s. transféré à Saint-André ix s.
Edimbourg, Edimburgum [K], xvii s.
Dumblain, Dumblanium, [K], xii s.

Dunkeld, Dunkeldium [I], vii s., rétabli xii s.
Brechin, Brechinium [I], xii s.
Aberdon, ou Aberdeen, Aberdonia [I], xii s.
Murtlacum, Murtlac [I], vii s., transféré à Aberdon.
Mourai, Morovia [I], xi s., réside à Elgin.
Rosse, Rossia [I], xii s., réside à Chanonri.
Catnes, Catania [I], xi s., réside à Dornok.
Iles Orcades, Orcades, [I], v s., réside à Kirkeval.

### PROVINCE DE GLASCOW.
*Archevêché,*
Glascow, Glascovia [K], vi s., rétabli xi s., archevêché xv s.

*Evêchés :*
Witern, Candida Casa [K], vi s., rétabli xi s.
Lismore, Lismoria [K], xiii s.
Sodore, Sodora, île [K], vi s., uni à Man xii s., rétabli xv s., réside à Colmkil.

### PROVINCE D'ARMACH.
*Archevêché,*
Armach, Armacha [L], v s., archevêché et primat d'Irlande xii s.

*Evêchés :*
Doune, Dunum [L], v s.
Dromora, Dromora [L], vi s., uni à Doune xvi s.
Conneria, Conner [L], vi s., uni à Doune xv s.
Londonderi, Deria [L] xii s.
Ardrata, Ardragt [L] vi s., transféré à Maguerre ix s., à Derri xii s.
Rafoe, Rafoa [L], vii s.
Clogher, Clogora [L], v s.
Louthia, Lout [L], v s., uni à Clogher vii s., à Armach xii s.
Ardac, Ardacum [L], v s.
Kilmora, Kilmore [L], xv s., uni à Ardac xvi s.
Triburna, Brefinium [L], vi s, transféré à Kilmore.
Meath, Middia [L], xii s., réside à Ardbrach.
Trimum, Trim [L], v s.
Clomacnoisa, Kiloom ou Cluaim [L], vi s. uni à Meath xiii s.
Duleca, Domleag [L], vi s., uni à Meath xiii s.
Cenana, Kenlis [L], vii s., uni à Meath xiii s.
Ardbracum, Ardbracain [L], vii s., uni à Meath.
Donsaglinum, Donsaglin [L], v s., uni à Meath xii s.
Slania, Slan [L], v s., uni à Meath xiii s.
Clonarda, Clonard [L] v s., uni à Trim xiii s.
Rathluricum, Rathlurig [L], ... s., uni à Derri xii s.
Favoria, Fourre [L], viii s.

### PROVINCE DE DUBLIN.
*Archevêché,*
Dublin, Dublinium [M], ix s., archevêché xii s.

*Evêchés :*
Glandelacum seu Bristagna, Glandeloure [M], vi s., uni à Dublin xii s.
Fernes, Fernæ [M], vi s. réside à Vexford xi s.

Slebum, Slepte [M], vi s., transféré à Fernes.

Lauglinium, Laglin [M], vi s., uni à Fernes xv s.

Kilkenni, Cella, Canici seu de Tamico, vel de Osseri [M], xii s.

Cella Achadi, Killachade [M], vi s.

Seigera, Seirkeran [M], v s., uni à Agadboa xi s. transféré à Kilkenni.

Agadboa... [M], vi s., transféré à Kilkenni xiii s.

Kildare, Cella Dariæ [M], vi s.

Cella Auxilii, Cealussali [M], v s., transféré à Kildare vi s.

### PROVINCE DE TUAM.

*Archevêché,*

Tuam, Tuanum [N], v s., archevêché xii s.

*Évêchés :*

Enagdunum de Huambruim, Enagdoune [N],... s., uni à Tuam xii s.

Mageum, Mayo [N], vii s., uni à Tuam xvi s.

Clonfert, Clonferta [N], vi s.

Celmacduacum, Kilmacduac [N], vi s., uni à Clonfert xvii s.

Achonri, Achada, de Conari seu Lugnium [N], vi s.

Allada seu Killale, seu Laona, Alache [N], v s., uni à Achonri.

Elfin, Elfinium [N], v s.

Roscomen... [N], vi s., uni à Elfin xii s.

Adcarna... [N], v s., uni à Elfin.

Drumelium... [N], ... s.

Finibor ou Kilfenor, Cercumsah seu de Cellumabrach [N], vi s.

### PROVINCE DE CASHEL.

*Archevêché,*

Cashel, Cassilia [O], x s., archevêché xii s.

*Évêchés :*

Imelaca, Emelei [O], uni à Cashel xiii s.

Limeric, Luminiacum [O], vii s.

De insula Catai, Laudinium iniscate [O], v s., uni à Limeric xii s.

Vaterford, Vaterfordia [O], xi s.

Lismoria, Lismor [O], vii s., uni à Vaterford xiv s.

Ardmora, Ardmor [O], v s., uni à Lismor xi s.

Corc, Corcagia [O], vii s.

Rosailthir, Rosse [O], vi s., uni à Corc.

Clona seu Cluainvanium, vel Deduananum Clonei [O], vi s., uni à Corc xv s.

Killalo, Cella Moluani, Laona seu Cendaluan [O], vi s.

Roscrea, Rorscée [O], vii s., uni à Killalo xii s.

Ardart, Ardferta seu Kerria [O], vi s.

*La Grande Bretagne, l'Irlande et l'Écosse comprises, contenait huit archevêchés, savoir :* Cantorbéry, York, Saint-André, Glasgow, Armagh, Dublin, Tuam, Cashel, *et cent cinq évêchés.*

## LA POLOGNE

*Comprend aujourd'hui les*

| ARCHEV. DE | PROVINCES DE | |
|---|---|---|
| Gnesne...... | A Grande Pologne... <br> B Petite Pologne... <br> C Mazovie... <br> D Cujavie... <br> E Prusse royale... <br> F Prusse ducale... | en Pologne. |
| | G Lithuanie propre... <br> H Samogitie... | en Lithuanie. |
| Luvow ou Léopold | I Russie propre... <br> K Podolie... <br> L Volhinie... <br> M Ukraine... | en Russie. |

### PROVINCE DE GNESNE.

*Archevêché,*

Gnesne, Gnesna [A], x s., primat de Pologne xv s.

*Évêchés :*

Cracovie, Cracovia [B], x s., prototrône.

Posnanie, Posnania [A], x s.

Plocko, Plocum [C], x s.

Vladislau, Vladislaviæ [D], xii s.

Cruscvicium, Cruscvis [D], x s., transféré à Vladislau.

Culm, Culmia [E], xiii s., réside à Colmenzée.

Pomerauia, Poméranie [E], xiii s., résidait à Marienverder, uni à Culm xvi s.

Varmie, Varmia [E], xiii s., réside à Fraumberg, exempt.

Sambia, Sambie [F], xiii s., résidait à Coningsberg, uni à Varmie xvi s.

Lusuc, Lucceoria [L], xiii s.

Vilna, Vilna [G], xiv s.

Samogitie, Samogitia [H], xv s., réside à Midnic.

Smolensco, Smolenscum [G], xvii s.

Breslau, Vratislavia [en Silésie], xi s.

Lebusia, Lebus [en Brandebourg], x s., supprimé xvi s.

Smogra... [en Silésie], x s., transféré à Breslau.

Camin, Caminum [en Poméranie], xii s., supprimé xvi s.

Julinum, Julin [en Poméranie], xii s., transféré à Camin.

### PROVINCE DE LUVOW.

*Archevêchés,*

Luvow, ou Léopol, Leopolis [I], xiv s., érigé en archevêché xv s.

Halitia, Halits [I], archevêché xiv s., transféré à Luvow xv s.

*Évêchés :*

Premislau, Premislia [I], xiv s.

Chelm, Chelmia [I], xiv s.

Kiow, Kiovia [M], xv s.

Volodimiria, Volodimir [I], xiv s., transféré à Kiow.

Caminici, Camenecium [K], xv s.

*La Pologne n'avait que deux archevêchés :* Gnesne, Luvow ou Léopold, *et vingt-trois évêchés.*

TABLEAU GENERAL DES PATRIARC., METROP., ETC., DU VI° AU XVIII° SIECLE.

## LE DANEMARK

*Comprend aujourd'hui les*

ARCHEV. DE | PROVINCES DE
Lunden...... { A Nortjutland.....<br>B Suderjutland :....<br>C Zélande et autres îles } en Danemark.
Drontheim.. { D Norwége propre...<br>E Islande.........<br>F Groënland...... } en Norwége.

### PROVINCE DE LUNDEN.

*Archevêché,*

Lunden, Lundis [en Schonen], xi s., érigé en archevêché xii s.

*Evêchés :*

Roschild, Rochildia [C], x s.
Odenzée, Othonium [dans l'île de Funen], x s.
Arhuseti, Arhusia [A], x s.
Alborg, Alburgum [A], xii s.
Burglavium, Venzuzzel [A], xi s., transféré à Alborg.
Viborg, Viburgum [A], xi s.
Rippen, Ripa [B], x s.
Slesvie, Slesvicum [B], x s.

### PROVINCE DE DRONTHEIM.

*Archevêché,*

Drontheim, Nidrosia [D], x s., archevêché xii s.

*Evêchés :*

Bergen, Bergæ [D], xi s.
Anslo, Ansloa [D], xi s.
Hammaria, Hammar [D], xi s., uni à Anslo.
Stafanger, Straffangria [D], xi s.
Hola, Hola [E], x s.
Scalhott, Scalhota [E], x s.
Groenlandia, Groënland [F], résidait à Béatfort xiii s., supprimé xiii s.
*Il y avait en Danemark et en Norwége deux archevêchés, Lunden et Drontheim, et quatorze évêchés.*

## LA SUÈDE.

*Comprend aujourd'hui les*

ARCHEV. DE | PROVINCES DE
Upsal....... { A Gothie.........<br>B Suède propre....<br>C Finlande....... } en Suède.
Riga....... { D Litlande........<br>E Esthonie.......<br>F Courlande...... } en Livonie.

### PROVINCE D'UPSAL.

*Archevêché,*

Upsal, Upsalia [B], x s., érigé en archevêché xii s.

*Evêchés :*

Arosen ou Vesteras, Arhosia [B], x s.
Stregnes, Strengesia [B], xi s.
Lincopen, Lincopia [A], ix s.
Vexio, Vexia [A], x s.
Scara, Scara [A], x s.
Abo, Aboa [C], xii s.
Viborg, Viburgum [C], xii s.

### PROVINCE DE RIGA.

*Archevêché,*

Riga, Riga [D], xii s., érigé en archevêché xiii s.

*Evêchés :*

Derpt, Dorpatum [D], xiii s.
Revel, Revalia [E], xiii s.
Hapsel, Hapselia [D], xiii s.; réside à Arnsberg.
Venda, Venden [D], xvi s., supprimé xvi s.
Courlande, Curlandia [F], xiii s., réside à Pilten.
*La Suède, telle qu'elle existait au xvi° siècle, avec la Finlande et la Livonie, comptait deux archevêchés Upsal et Riga, et onze évêchés.*

### ÉVÊCHÉS D'AFRIQUE

SOUS L'ARCHEVÊCHÉ DE LISBONNE.

Ceuta, Septa [dans le royaume de Fez en Barbarie], iv s., rétabli xv s.
Tingis, Tanger [en Barbarie], xv s., uni à Ceuta xvi s.
Angra, Angra [dans l'île Tercère], xv s.
Funchal, Funcala [dans l'île Madère], xv s.
Ribera-Grande, Ripamagna [dans une des îles du Cap-Vert], xvi s.
San-Thome, Fanum Sancti Thomæ [île dans le golfe de Guinée], xv s.
Loanda, Loanda [sur la côte d'Angola], xvi s.
San-Salvador, Sotéropolis, capitale du Congo, royaume allié aux Portugais xv s.

SOUS L'ARCHEVÊCHÉ DE SÉVILLE.

Ciudad di Palmas, Civitas Palmarum [dans les îles Canaries], xv s.

### ARCHEVÊCHÉS ET ÉVÊCHÉS D'ASIE.

#### PROVINCE DE GOA.

*Archevêché,*

Goa, Goa [dans l'Hindoustan], xvi s., archevêché, primat des Indes.

*Evêchés :*

Cochin, Cochinum [au Malabar, Hindoustan], xvi s.
Meliapur, Meliapora [sur la côte de Coromandel, idem], xvi s.
Malaca, Malaca [dans la presqu'île de ce nom], xvi s.
Macao, Macaum [sur la côte de la Chine], xvi s.
Nanganzachi, Nangazachum [dans les îles du Japon] xvi s., supprimé xvii s.

*Archevêché d'Angamale,*

Angamale ou de la Serra, Angamala, réside à Cranganor, dans le Malabar, xvi s., sans suffragants.

#### PROVINCE DE MANILLE.

*Archevêché,*

Manille, Manila [dans les îles Philippines], archevêché xvi s.

*Evêchés :*

Nouvelle-Ségovie, Nova Segovia, xvi s.
Caures de Camerina, Casera, xvi s.
Nom de Jésus, Nominis Jesu [dans l'île de Zébu], xvi s.

*L'Asie méridionale catholique possédait trois archevêchés et huit évêchés.*

# DICTIONNAIRE DE GÉOGRAPHIE ECCLÉSIASTIQUE.
## L'AMÉRIQUE CATHOLIQUE
*comprend aujourd'hui les*

|  | ARCHEVÊCHÉS DE | PROVINCES DE |  |
|---|---|---|---|
| Aux Portugais. | San-Salvador. | A Brésil. |  |
| Aux Espagnols. | La Plata. | B La Plata.<br>C Tucuman.<br>D Castille d'Or. | Dans l'Amérique méridionale. |
|  | Santa-Fé. |  |  |
|  | Lima. | E Pérou.<br>F Chili. |  |
|  | Saint-Domingue. | G Saint-Domingue.<br>H Cuba.<br>I Porto-Rico. | Dans les Antilles. |
|  | Mexique. | K Mexique.<br>L Guatimala.<br>M Guadalajara. | Dans l'Amérique méridionale. |
| Aux Français. | L'évêché exempt de Québec. | ... Canada. |  |

### PROVINCE DE SAN-SALVADOR.
*Archevêché,*

San-Salvador, Soteropolis [A], XVI s., érigé en archevêché XVII s.

*Évêchés :*

Saint-Louis-Maranhan, Maranhania [A], XVII s.
Olinde de Pernambuco, Olinda [A], XVII s.
Saint-Sebastien de Rio Janeiro, Fanum Sancti Sebastiani [A], XVII s.

### PROVINCE DE LA PLATA.
*Archevêché,*

La Plata de los Charcas, Argentea [E], XVI s., érigé en archevêché XVI s.

*Évêchés :*

La Paz de Chuquiaga, Pax [E], XVI s.
Santa-Cruz de la Sierra, O de Barança, Fanum Sanctæ Crucis [F], XVI s.
L'Assomption de Paraguay, Paraguaïa [B], XVI s.
Saint-Michel del Estero, Fanum Sancti Michaelis de Matta [C], XVI s.
La Trinité de Buenos-Ayres, Fanum Sanctæ Trinitatis [B], XVI s.

### PROVINCE DE SANTA-FÉ.
*Archevêché,*

Santa-Fé di Bogota, Sanctæ Fidei [D], XVI s., érigé en archevêché XVI s.

*Évêchés :*

Popayen, Popayanum [D], XVI s.
Carthagène, Carthago Nova [I], XVI s.
Santa Marta, Fanum Sanctæ Marthæ [D], XVI s.

### PROVINCE DE LIMA.
*Archevêché,*

Lima ou los Reyes, Lima [E], XVI s., érigé en archevêché XVI s.

*Évêchés :*

Guamangua, Guamanga [E], XVI s., réside à Saint-Jean de la Vittoria.
Cusco, Cuscum [E], XVI s.
Arequipa, Arequipa [E], XVI s.
Truxillo, Trugillum [E], XVI s.
San Francisco de Quito, Quitum [E], XVI s.
San-Jago de Chile, ou Saint-Jacques du Chili, Chilum [F], XVI s.

La Conception de Chili, Conceptio [F], XVI s., réside à Imperiale.
Panama, Panama [L], XVI s.

### PROVINCE DE SAINT-DOMINGUE.
*Archevêché,*

Saint-Domingue, Dominicopolis [G], XVI s., érigé en archevêché XVI s.

*Évêchés :*

La Conception de la Vega, Vega [G], XVI s., uni à Saint-Domingue XVII s.
San-Iago de Cuba, Cuba [H], XVI s.
Saint-Jean de Porto-Rico, Portus Dives [I], XVI s.
Venesuela, Venetiola [D], réside à Coro XVI s., Venesuela XVII s.
Truxillo, Turris Julia [L], XVI s., transféré à Valladolid de Comiaga XVII s.

### PROVINCE DE MEXIQUE.
*Archevêché,*

Mexique, Mexicum [K], XVI s., érigé en archevêché et primat des Indes occidentales XVI s.

*Évêchés :*

Los Angelos de Tlascala, Angelopolis [K], XVI s.
Antequera de Guaxaca, Antiquera [K], XVI s.
Valladolid de Mechoacan, Mechoacanum [K], XVI s.
Merida de Jucatan, Jucatanum [K], XVI s.
Chiapa, Chiappa [L], XVI s.
San-Iago de Guatimala, Guatimala [L], XVI s.
Léon de Nicaragua, Legio [L], XVI s.
Vera Pax, Vera Pax [L], XVI s., uni à Guatimala XVII s.
Guadalajara de Xalisco, Xaliscum [M], XVI s.
Durango, Durangum [M], XVII s.
Santa-Fé de Novo Mexico, Mexicum Novum [M], XVII s.

### ÉVÊCHÉ DE CANADA.

Québec, Quebecum [en Canada], XVII s., exempt.

L'Amérique comprenait six archevêchés, savoir : San-Salvador au Brésil, la Plata de los Charcas, Santa-Fé-di-Bogota, Lima, dans l'Amérique méridionale espagnole, Santo-Domingo, aux Antilles, Mexico, dans l'Amérique septentrionale espagnole, et trente-six évêchés.

# TABLEAU GENERAL DES PATRIARC., METROP., ETC., DU VIᵉ AU XVIIIᵉ SIECLE.

## L'AFRIQUE OCCIDENTALE

*Comprenait anciennement les* — *Comprend aujourd'hui les*

| MÉTROPOLES DE | PROVINCES DE | ÉTATS DE |
|---|---|---|
| Julia Cæsaria | Mauritanie Césarienne | Fetz, Maroc, royaume. |
| Sitifi | Mauritanie de Sitifi | Alger, régence. |
| Cirtha | Numidie | Tunis, régence. |
| Carthage | Carthaginoise ou Proconsulaire. | |
| Adrumète | Bisacène | Tripoli, régence. |
| Tripoli | Tripolitane. | |

### PROVINCE DE CARTHAGE OU PROCONSULAIRE.

*Métropole,*

Carthago, Carthage, 1 s., primat d'Afrique in s.

*Évêchés :*

Abbir seu Abdera, conc. Cart. vii.
Abitina, collatio Cart.
Abora, ibid.
Abbasalla, ep. syn. prov. Procons.
Aga, ep. syn. prov. Proc.
Altabura seu Altaburis notitia Afr.
Ammedera, conc. S. Cypr.
Aptunga seu Autunga, Optat. lib. i.
Aradita, not. Afr.
Assurus, Cypr. ep. 64.
Ausana seu Ausapha, not. Afr.
Basita, coll. Cart.
Beneventum, not. Afr.
Boltia, ibid.
Bonusta, coll. Cart.
Bulla, conc. S. Cypr.
Bulla Regiorum, coll. Cart.
Cæciria, not. Afr.
Cæphala, coll. Cart.
Carpis, conc. S. Cypr.
Casula Carianensis, coll. Cart.
Cellæ, ibid.
Cicsita, ibid.
Cipea, ibid.
Cobilis, ibid.
Culcita, not. Afr.
Curibi seu Curbi, ep. syn. prov. Procons.
Eguga seu Igulga, coll. Cart.
Elibra, conc. Later. sub Martin.
Eudala, not. Afr.
Furni, coll. Cart.
Ges pa seu Gasapa, ibid.
Gurambacaria, ep. syn. sup.

Gunela, not. Afr.
Hilta, coll. Cart., Aug. ep. 172.
Hippo Zarito, coll. Cart.
Horta ep. syn. conc. Bonif.
Lapda seu Labdia, not. Afr.
Libertina, coll. Cart.
Malliana, ibid.
Maraggarita, ep. syn. sup.
Maxula, coll. Cart.
Meglapolis, ibid.
Melsita, ibid.
Membresa, ibid.
Migirpa, Aug. lib. vi contra Donat.
Misua seu Missua, conc. Bonif.
Mullita, coll. Cart.
Municipitagia, ep. syn. sup.
Municipium, Canapium, ibid.
Musua seu Musuca, conc. Cart. vii.
Neapolis, Aug. lib. vii contra Donat.
Nummula, coll. Cart.
Ofita, ep. syn. sup.
Papia seu Pupia, conc. Bonif.
Parisium, ep. syn. sup.
Pertura, Aug. lib. iii contra Cresc.
Pia, not. Afr.
Pisita, apud Evod. lib..., c. 3.
Pupput, coll. Cart.
Rucuma, Aug. lib. vii contra Donat.
Scilita, coll. Cart.
Selemsela, seu Duæsenepsalitæ, par corruption, Duasedempsai, ibid.
Semina, not. Afr.
Sicca seu Zicca, coll. Cart.
Sicilibra, conc. S. Cypr.
Simingita, coll. Cart.

Simitu, ibid.
Sinuara, ibid.
Succuba, ep. syn. prov. Proc.
Tabuca, ibid.
Tadua, ibid.
Tagara seu Tagarata, coll. Cart.
Talbora, ep. syn. provin. Procons.
Tatia Montanensis, conc. Cart. Bonif.
Tauracina, ep. syn. sup.
Telæ seu Tzellæ, not. Afr.
Theudalis, conc. Cart.
Thimissa, not. Afr.
Tigima, coll. Cart.
Timida seu Tumida Regia, conc. S. Cypr.
Tituli, coll. Cart.
Tizzica, ep. syn. sup.
Trisipellis seu Trisipa, ibid.
Tuburbum Majus, conc. Arelat. i.
Tuburbum Minus, coll. Cart.
Tuccabara seu Tucca Terebentina, ibid.
Tulana, not. Afr.
Tunes, coll. Cart.
Uceri seu Eucri, ibid.
Ucula, ibid.
Ucum Majus, ibid.
Usala seu Usalla, Aug. ep. 147.
Uthina, conc. Cart. anni 419.
Utica, conc. Cart. iii.
Utimmira, coll. Cart.
Uzipparita, conc. Cart. Bonif.
Vallis, Optat. lib. ii.
Vasua seu Vuasa, coll. Cart.
Villa Magna, ibid.
Viva seu Vina, ibid.
Volita seu Bolita, not. Afr.
Zarna, ep. syn. sup.

### PROVINCE DE NUMIDIE.

*Métropole,*

Cirtha Julia, Cirta, iv s., Aug. contra Petil.

*Évêchés :*

Altaba, coll. Cart.
Amphora seu Ambura, ibid.
Aquæ Novæ, not. Afr.
Aquæ Tibilitanæ, Optat., ibid.
Arsicaria, not. Afr.
Augurium, ibid.
Ausucurro, Victor Vit.
Babia, not. Afr.
Bele-aze, ibid.
Bercera, ibid.
Buconia, ibid.
Cegada, coll. Cart.
Cellada, ibid.
Chiren, not. Afr.
Cila, ibid.

Cæsarea, ibid.
Calama, Optat. ibid. i.
Casæ Calaneæ, not. Afr.
Casæ Madianæ, Victor Vit.
Casæ Nigræ, Aug. in brev. coll.
Castellum, not. Afr.
Castellum Titulianum, ibid.
Celaquensusca seu Cataquensa, Aug. ep. 126.
Centenaria, conc. Milevit.
Centuria, coll. Cart.
Centurio, Optat. lib. ii.
Cuiculum, Aug. lib. vii contra Donat.
Cullu, coll. Cart.
Damatcore, not. Afr.
Diana, coll. Cart.
Drusilliana, ibid.
Fata, not. Afr.

Fesserta, ibid.
Formæ, Optat. lib. ii.
Fussala seu Fisson, Aug. ep. 261.
Garbis, Optat. lib. i.
Gasauphala seu Gasabia, coll. Cart.
Gaudiabe, not. Afr.
Gauriana, ibid.
Gemellæ, conc. S. Cypr.
Germania, coll. Cart.
Gilba, not. Afr.
Gira seu Gurra, coll. Cart.
Girus Marcelli, not. Afr.
Girus Tarasi, ibid.
Hippo Regius, apud Aug.
Hisirsada, Victor Vit.
Idassa seu Idaca, coll. Cart.
Idicra, Optat. lib. ii.
Lamasua, coll. Cart.

DICTIONNAIRE DE GÉOGRAPHIE ECCL. I. — 25

DICTIONNAIRE DE GEOGRAPHIE ECCLESIASTIQUE.

Lambæsa, conc. S. Cypr.
Lambiri, not. Afr.
Lamfra, coll. Cart.
Lamiggiga, not. Afr.
Lamsorte, coll. Cart.
Lares, conc. S. Cypr.
Legæ seu legia, coll. Cart.
Limata, Aug. lib. III contra Cresc.
Lugura, not. Afr.
Macomades, Aug. lib. II contra Cresc.
Mada, not. Afr.
Madaurus, conc. Cart. sub Grat.
Marculita, Victor Vit.
Mascula, Optat. lib. I.
Matara, Victor Vit.
Maximiana, not. Afr.
Mazaca, ibid.
Metæ, coll. Cart.
Midita, conc. S. Cypr.
Milevi, not. Afr. conc. Milev.
Monte, coll. Cart.
Moxarita, not. Afr.
Mulia, Victor Vit.
Municipium Tulliense, coll. Cart.
Musti, Aug. lib. I contra Cresc.
Mutugenna, Aug. ep. 203.
Narangara, coll. Cart.
Narateata, not. Afr.
Niba seu Niciba, Victor Vit.
Noba seu Niciba, Victor Vit.
Noba Barbara, not. Afr.

Noba Germanica, coll. Cart.
Noba Sparsa, not. Afr.
Nobasina seu Nova Summa, coll. Cart.
Octabum, Optat. lib. III.
Ospitum seu hospitium, coll. Cart.
Pudentiana, ibid.
Putea, not. Afr.
Regium, Greg. ep. 31.
Respecta, Victor. Vit.
Ressana seu Ressiana, coll. Cart.
Rotaria, Optat. lib. I.
Rusicade, ibid.
Rusticiana, coll. Cart.
Seleucia seu Salentia, not. Afr.
Sile, not. Afr.
Sillilita, coll. Cart.
Sistroniana, ibid.
Suaba, coll. Cart.
Sugita seu Siguita, Cypr. ep. 8.
Sunitu seu Sinitense castellum, coll. Cart.
Suricasia, not. Afr.
Tabuda, coll. Cart.
Tacarata, ibid.
Tagaste, conc. Cart. sub Zozim.
Talabrica seu Taburia, coll. Cart.
Tamagasia seu Tamagada, Aug. ep. 6.
Tarasia, conc. S. Cypr.
Tebeste, Aug. lib. VI contra Donat.

Tegla seu Tegula, coll. Cart.
Thigura seu Tagura, Aug. ep. 117
Tididita, not. Afr.
Tigillaba, coll. Cart.
Tigisi, Optat. lib. I.
Tipasa, conc. Cart. Bonif.
Tubunia, conc. S. Cypr.
Tubursica, Aug. ep. 163.
Tucca, conc. S. Cypr.
Turres Ammeniarum, not. Afr.
Turris Concordiæ, ibid.
Ullita, not. Afr.
Vada seu Bada, conc. S. Cypr.
Vadesina, Victor Vit.
Vaga seu Bagai, Aug. lib. III contra Donat.
Vagarmelita, coll. Cart.
Vagrava, not. Afr.
Vasarita, ibid.
Vegesela, coll. Cart.
Vicus Nigras, Genn. lib. de Script. eccl.
Vicus Pacis, not. Afr.
Villa Regiensis, coll. Cart.
Zabi seu Zama, Aug. lib. VII contra Donat.
Zaradta, coll. Cart.
Zattara, conc. Constantinop.
Zerta, coll. Cart.
Zuma seu Summa, ibid.

## PROVINCE DE MAURITANIE DE SITIFI.

*Métropole,*
Sitifi, Stefe, V S., conc. Cart. III.
*Évêchés :*
Acufida, Victor Vit.
Aquæ, Albæ, coll. Cart.
Aræ, ibid.
Assapha, not. Afr.
Azuaremita, Victor Vit.
Cadamusa, not. Afr.
Cellæ, ibid.
Covium, ibid.
Eminentiana, coll. Cart.
Equisotum, ibid.
Ficus, ibid.
Flumen Piscis, Optat. lib. II.
Gegita, Vict. Vit. lib. I.

Hippa, coll. Cart.
Horrea, Vict. Vit.
Ierasita, not. Afr.
Igilgili, coll. Cart.
Lemelefi seu Le cellæ, Opt. lib. II.
Lemfacta, not. Afr.
Lesvita, coll. Cart.
Macri, not. Afr.
Macriana, coll. Cart.
Maravana, not. Afr.
Medianæ Zabuniorum, coll. Cart.
Melichura, not. Afr.
Mozota seu Mobta, ibid.
Nobalicia, ibid.
Oliva, coll. Cart.
Partenium, Vict. Vit.

Perdices, coll. Cart.
Privatum, Vict. Vit.
Salde, not. Afr.
Serteita, coll. Cart.
Surita, not. Afr.
Tamalluma, ibid.
Tamascania, ibid.
Thamagrista, coll. Cart.
Tubu Suptus, ibid.
Tucca, not. Afr.
Tumateorum, conc. S. Cypr.
Vamala, not. Afr.
Vescetra, coll. Cart.
Zabi seu Drabæ, Opt. l. II.
Zalaba, not. Afr.
Zarai, coll. Cart.

## PROVINCE DE MAURITANIE CÉSARIENNE.

*Métropole,*
Julia Cæsarea, Césarée, IV s., Augusti. lib. de Gestis.
*Évêchés :*
Adsinuada, not. Afr.
Agna seu Aqua, ibid.
Ala Miliarensis, not. Afr.
Albuda, ibid.
Altaba, ibid.
Amaura, ibid.
Ambia, ibid.
Aquæ, coll. Cart.
Aquisira, not. Afr.
Arsenaria, ibid.
Bacanaria, ibid.
Bapara, ibid.
Benepota, ibid.
Bide, ibid.
Bita, coll. Cart.
Bulturia, not. Afr.
Caltadria, ibid.
Capra, ibid.

Caput Cillanum, ibid.
Cartenna seu Cariana, Aug. ep. 48.
Castellum, not. Afr.
Castellum Jabaritanum, ibid.
Castellum Medianum, ibid.
Castellum Minus, ibid.
Castellum Ripense, Genn. lib. de Script. eccl.
Castellum tetraportiense, not. Afr.
Castra seu Catra, ibid.
Castra Nova, ibid.
Castra Siberiana, ibid.
Catabita, ibid.
Catula, ibid.
Cissa, coll. Cart.
Columnæ, not. Afr.
Corniculana, ibid.
Elephantaria, ibid.
Fallaba, ibid.
Fenucleta, ibid.
Fidoloma, ibid.
Foxianum, ibid.

Flumen Zerita, ibid.
Frontæ, ibid.
Garra, coll. Cart.
Gipsaria, ibid.
Girumons, not. Afr.
Gratianopolis, coll. Cart.
Gunagita, not. Afr.
Herpis, coll. Cart.
Icosium, conc. Cart. an. 419
Ida, not. Afr.
Ita, ibid.
Juncca, not. Afr.
Lapidia, ibid.
Leosita, ibid.
Majuca, ibid.
Malliana, coll. Cart.
Mamilla, not. Afr.
Manacsenseri, ibid.
Masucaba, ibid.
Maurbum, ibid.
Maura, ibid.
Minna, ibid.
Mopte, ibid.

TABLEAU GENERAL DES PATRIARC., METROP., ETC., DU VI° AU XVIII° SIECLE.

Murconium, ibid.
Murustaga, ibid.
Mutecita, ibid.
Nabala, ibid.
Nasbinca, ibid.
Nobica, ibid.
Novæ, conc. S. Cypr.
Numidia, coll. Cart.
Obba seu Bobba, conc. S. Cypr.
Oborita, ibid.
Oppidum, not. Afr.
Oppidum Novum, ibid.
Oppinum, ibid.
Pamaria, ibid.
Panatoria, ibid.
Quidium seu Quisa, ibid.
Reperitanum, ibid.
Rugonia, conc. Cart. an. 419.
Rusadir, ibid.
Rusubicaria, coll. Cart.
Rusucurrum, conc. Cart. an. 419.

Salicina, Leo Magn.
Serta seu Serra, ibid.
Seredeli, not. Afr.
Sestum, ibid.
Sfasteria, ibid.
Siccesæ, ibid.
Sitæ, ibid.
Succarda, ibid.
Suffara, ibid.
Sumula seu Subula, Optat. lib. iii.
Tabatcara, not. Afr.
Tabla, ibid.
Tabora, ibid.
Tadama, ibid.
Tamademsis, ibid.
Tamuda seu Tanuda, coll. Cart.
Tasacora, not. Afr.
Tenicca, coll. Cart.
Ternamussis seu Tanaramussis, not. Afr.

Thubunæ, conc. S. Cypr.
Tifilita, coll. Cart.
Tigamibena, not. Afr.
Tigava seu Tiguala, ibid.
Tigis seu Tingis, coll. Cart.
Timici, ibid.
Tingaria, not. Afr.
Tipasa, Optat. lib ii.
Tuscamia, not. Afr.
Tusurita, coll. Cart.
Ubaba, ibid.
Usinada seu Usidana, ibid.
Vagaba, ibid.
Vagæ, ibid.
Vardimissa, not. Afr.
Vaudinum, ibid.
Villa Noba, ibid.
Visala seu Vissalsa, ibid.
Voncaria seu Bucara, ibid.
Zucabari seu Subur, coll. Cart.

## PROVINCE BISACÈNE.

*Métropole.*
Dadramitum, Adrumete IV s., conc. S. Cypr.

*Évêchés :*
Abaradira seu Abadira, not. Afr.
Abiddus, ibid.
Accola, ibid.
Alusenia, ibid.
Aggarita, ibid.
Amudarsa, coll. Cart.
Aninsa, not. Afr.
Aquæ, ibid.
Aquæ Albenses, ibid.
Aqui Regiæ, conc. Cart. vii.
Aqui Alba, not. Afr.
Arsurita seu Sasurita, ep. prov. Bis.
Autentum, ibid.
Ausegera, coll. Cart.
Bana seu Boana, Aug. lib. iii contra Cresc.
Benefa, coll. Cart.
Bisacium, ibid.
Babelia, not. Afr.
Capræ, conc. S. Cypr.
Carcabia, Aug. lib. iii contra Cresc.
Castrum, not. Afr.
Casulæ-Carianæ, ibid.
Cebaradifa, ep. syn. Bisac.
Cebasursis seu Cabarsussis, ibid.
Cella seu Zellæ, ibid.
Cenculiana, coll. Cart.
Cillita, ibid.
Circina, seu Cercina, ibid.
Crepedula seu Secrepedula, ep. syn. Bisac.
Cufrutu, col. Cart.
Cululi seu Civili, not. Afr.
Decoriana, ep. syn. Bisac.
Dexra, ibid.
Dionysiana, Aug. in psal. xxxvi.
Dura, not. Afr.
Ebnatia, ibid.
Feblanum, ep. syn. Bisac.
Feradi, coll. Cart.
Filace, not. Afr.
Forotiana seu Frontoniana, ibid.

Gauvarita seu Gaguarita, ibid.
Gratiana seu Gatiana, conc. Cart. Bonif.
Gummi, ep. syn. Bisac.; Leo IX, ep. 3.
Gurgaita, conc. S. Cypr.
Helia seu Ælia, ep. syn. Bisac.
Hermiana, ibid.
Hirina, ibid.
Horrea Cœlia, conc. Cart. an. 419.
Irpiniana seu Hirpiniana, coll. Cart.
Jubaltiana, ibid.
Jubeclidia, ep. syn. Bisac.
Junca, ibid.
Leptis Minor, ibid.
Limmica, ibid.
Macrianum, coll. Cart.
Macturis, conc. S. Cypr.
Madassuma, coll. Cart.
Madira seu Magara, conc. sub Grato.
M ragura, not. Afr.
Marosana seu Miriciana, Aug. lib. vii contra Donat.
Maseliana, conc. Cart. iii.
Matarita seu Martyria, coll. Cart.
Materiana, ibid.
Medianum, ibid.
Menefessa, ibid.
Midita, ibid.
Minitana, not. Afr.
Morateorita, ibid.
Musuca seu Musula, conc. S. Cypr.
Nara, coll. Cart.
Natio, ibid.
Neptita, not. Afr.
Octabium, ibid.
Octabum, ibid.
Oppenua, ibid.
Pederodiana, ibid.
Peradi minus, coll. Cart.
Præcausa seu Præcisa, conc. Cart. Bonif.
Præsidium, coll. Cart.
Putea, ibid.
Questoriana, ep. syn. Bisac.
Rufiniana, not. Afr.

Ruspe, ibid. et apud Fug.
Seberiana, ibid.
Segermis, conc. S. Cypr.
Septiminicia, not. Afr.
Serbatiana, ibid.
Sublecte seu Sudlecte seu Sulullite, ibid.
Sufer, conc. S. Cypr.
Suffetula, ibid.
Suliana seu Silvania, not. Afr.
Tagarbala, ibid.
Tagasa, ep. syn. Bisac.
Talapta, ibid.
Tamalluma, not. Afr.
Tamasa seu Tamica, ep. syn. Bisac.
Tambara seu Tambala, Aug. lib. vii contra Donat.
Tapsus, not. Afr.
Tasbolte seu Vasfolte, Aug. lib. vii contra Donat.
Telepte, conc. S. Cypr.
Temoniana, ep. syn. Bisac.
Tetcitana, not. Afr.
Thagamuta, not. Afr.
Tuanæ, conc. S. Cypr.
Tharasa seu Tharaca, conc. Cart. iii.
Theusita, ibid.
Tices, ep. syn. Bisac.
Ticualta seu Teguala, not. Afr.
Tigoriata, not. Afr.
Trofiniana, coll. Cart.
Tubulbaca, conc. Arelat. i.
Tuburnica, ibid.
Tuphrura, coll. Cart.
Turre Blandis, ep. syn. Bisac.
Turres, coll. Cart.
Tusurus, ibid.
Unisibira, ep. syn. Bisac.
Unuricapote, not. Afr.
Usula seu Usala, Aug. lib. vii contra Donat.
Vadentiniana, ep. syn. Bisac.
Vararita, not. Afr.
Vassinaca seu Venzaca, coll. Cart.
Victoriana, Aug. ep. 166.
Vite, Victor Vit. et not. Afr.

## PROVINCE TRIPOLITANE.

*Métropole.*
Oea seu Tripolis, Tripol. v. s., conc. Cart. an. 419.

*Évêchés.*
Girba, conc. S. Cypr.
Leptis Magna, ibid.

Subrata, ibid.
Tacape, conc. Cart. an. 403.

ÉVÊCHÉS DE L'AFRIQUE OCCIDENTALE,
*Dont la province est incertaine.*

Abbesa seu Abbena, coll. Cart.
Abissa, ibid.
Accura seu Amacurra, ibid.
Acemeriniana, ibid.
Advocata, ibid.
Aggiva seu Augiva, conc. S. Cypr.
Amburca, coll. Cart.
Aniusa, ibid.
Apissana, ibid.
Aquitana, ibid.
Arena seu Arsenaria, ibid.
Assaba, ibid.
Auruguliana, ibid.
Ausuaga, conc. S. Cypr.
Ausugraba, coll. Cart.
Azuga seu Vaga, ibid.
Bada, Aug. lib. VII contra Donat.
Bartimia seu Bartinifia, coll. Cart.
Basarididica, ibid.
Ba-ita, ibid.
Bausara, ibid.
Bellulita, ibid.
Bencenna, ibid.
Bladia, conc. S. Cypr.
Boseta seu Bosata, coll. Cart.
Bosna, Vict. Vit. lib. I.
Burita, Aug. lib. VII contra Donat.
Buronita, coll. Cart.
Buruch, ibid.
Buslacena, Aug. lib. VII contra Donat.
Cæsariana, coll. Cart.
Cancopita, ibid.
Casæ Bastalenses, ibid.
Casæ Cavenses, ibid.
Casæ Silvanæ, ibid.
Castrum Galbæ, Aug. lib. VI contra Donat.
Cataugurita, coll. Cart.
Caucopitauria, ibid.
Cedias, ibid.
Celerina, ibid.
Cemeriniana, ibid.
Cena, ibid.
Cencita, ibid.
Ceramussis, ibid.
Cibaliana, Aug. lib. VII contra Donat.
Cillabi seu Challabi, coll. Cart.
Cincarita, ibid.
Drua, ibid.
Dusa, ibid.
Dusita, ibid.
Dydrita, ibid.
Ediniana, ibid.
Feliciana, ibid.
Ginesita, ibid.
Gitti, ib d.
Gor, conc. S. Cypr.
Gosabetha, ibid.
Haba, coll. Cart.
Horrea avicinentia, ibid.
Idura, coll. Cart.
Infita, conc. sub Grato.
Iziriana, ibid.
Jacabasa, conc. sub Grato.
Jucundiana, coll. Cart.
Lacus Dulcis, ibid.
Laria, ibid.
Lelalita, ibid.
Liberatia, ibid.
Limata, Optat. lib. I.
Luci Magna, coll. Cart.
Luperciana, conc. S. Cypr.
Merferabita, coll. Cart.
Munavilita, ibid.
Musertita, ibid.
Musurfelta, ibid.
Nasalta, ibid.
Nebita, ibid.
Nigisubita.
Oria, ibid.
Pausera, ibid.
Putzia, ibid.
Saturnica, ibid.
Sibida, ibid.
Sinn psa, ibid.
Tabasaga, ibid.
Taprura, ibid.
Tasbalte, conc. S. Cypr.
Tesaniana, coll. Cart.
Thebeste, conc. Cart. I.
Thule, coll. Cart.
Tibari, ibid.
Tibasapula, ibid.
Tibusaba, ibid.
Timotica, ibid.
Tisedita, ibid.
Tisilita, ibid.
Truvascanina, ibid.
Tubia, ibid.
Turris Alba, ibid.
Tunugaba, ibid.
Tunusuda, ibid.
Turuda, ibid.
Turumma, ibid.
Tybæ, conc. S. Cypr.
Undesia, ibid.
Urugita, ibid.
Utumma, ibid.
Uvasa, ibid.
Uzittara, ibid.
Vanariana, coll. Cart.
Vartana, ibid.
Vatarbe, ibid.
Verrona, ibid.
Vicus Cæsaris, ibid.
Vina, ibid.
Vinda, coll. Cart.
Visa, ibid.
Zabunia Mediana, ibid.
Zemta seu Zenita, ibid.
Zica, ibid.
Zura, seu Zurita, ibid.

## NOTICE RELATIVE A L'EGLISE GRECQUE
### EN EUROPE ET EN ASIE.

La Notice suivante, tirée de la Géographie ecclésiastique du P. Charles de Saint-Paul, donne quelques éclaircissements sur le gouvernement politique de l'empire grec, sur la géographie des métropoles de l'Église grecque en Europe et en Asie, ainsi que sur les vicissitudes nombreuses que les villes métropolitaines et épiscopales ont éprouvées.

*VETERES PROVINCIÆ ET URBES*, *quæ sub imperatore Romanorum apud Constantinopolim sedente, reguntur.* PROVINCIÆ LXXIV, CIVITATES DMXXXV, UT INFRA SCRIPTUM EST [a].

I. *Provincia Thraciæ Europæ sub consulari.* Urbes 14 [Urbes 13].

1 Heraclea.
2 Arcadiopolis.
3 Bizya.
4 Panonium [Panium].
5 Orni.
6 Ganos.
7 Callipolis.
8 Morizus.
9 Siltica.
10 Synadia.
11 Aphrodisia.
12 Apros.
13 Cœlia.

II. *Provincia Rhodopes sub præside* [Urbes 7].

1 Ænus.
2 Maximianopolis.
3 Trajanopolis.
4 Marona [Maronea].
5 Pyrus nunc Rusium [Topyris].
6 Nicopolis.
7 Cereopyrgus.

[a] Hæc dispositio civilis provinciarum et civitatum orientalis imperii, ex vetere codice Vaticano edita, Hierocli non leviter tribuitur.

## NOTICE RELATIVE A L'EGLISE GRECQUE EN EUROPE ET EN ASIE.

### III. Provincia Thraciæ sub consulari [Urbes 4].

1 Philippopolis.
2 Beron [Beroe].
3 Diocletianopolis.
4 Sebastopolis.

### IV. Provincia Æmimonti sub præside [Urbes 5].

1 Adrianopolis.
2 Achialus [Anchialus].
3 Dibertius [Develtus].
4 Plutinopolis.
5 Tzoides.

### V. Provincia Mysiæ [id est Mœsiæ 2] sub præside [Urbes 7].

1 Marcianopolis.
2 Odyssus.
3 Dorostolus.
4 Nicopolis.
5 Novæ.
6 Appiaria.
7 Ebrœtius [Abritus].

### VI. Provincia Scythiæ sub præside [Urbes 15].

1 Tomis.
2 Dionyssopolis [Dionysiopolis].
3 Acræ.
4 Calatis.
5 Istrus.
6 Constantiana.
7 Zeldepa.
8 Troæus.
9 Axiopolis.
10 Capidava.
11 Carsus.
12 Trosmis.
13 Novio Odunos [Noviodunum].
14 Ægissus.
15 Almyris.

### VII. Provincia Illyrica. Macedonia prima sub consulari. Urbes 32.

1 Thessalonica.
2 Pella.
3 Europus.
4 Dius.
5 Berya [Berrhæa].
6 Eordea.
7 Edesa.
8 Colla.
9 Almoepia.
10 Larissa.
11 Heraclea Laocl.
12 Antagnia Gemindi.
13 Nicedes.
14 Diohorus.
15 Idomene.
16 Dragylus.
17 Trimula.
18 Parthicopolis.
19 Heraclea Strymni.
20 Serræ.
21 Philippus.
22 Amphipus [Amphipolis].
23 Apollonia.
24 Neapolis.
25 Acanthus.
26 Berpe.
27 Araurus.
28 Clema.
29 Menticon.
30 Acontisma.
31 Insula Thasus.
32 Insula Amot races [Samothraciæ].

### VIII. Provincia Macedoniæ secundæ sub præside. Urbes 8.

1 Stoli.
2 Argos.
3 Eustraion.
4 Pelagonia.
5 Bargala.
6 Celenidem.
7 Armonia.
8 Zapara.

### IX. Provincia Thessalonicæ [legendum Thessaliæ] sub præside. Urbes 18.

1 Larissa.
2 Demetrias.
3 Thebæ [Phthioticæ].
4 Æchionio [Echinus].
5 Lamia.
6 Hypata.
7 Metropolis.
8 Trocæ [Tricæ].
9 Gomphi.
10 Cæparæa [Cypæra].
11 Peonia.
12 Diocletianopolis.
13 Pharsalus.
14 Sartoburamision.
15 Satosiobios.
16 Insula Scepola [Scopclus].
17 Insula Sciathus.
18 Insula Peparisthes [Peparethus]

### X. Provincia Elladis Achaiæ sub proconsule. Urbes 76 [75].

1 Scarphia.
2 Elatina [lege Elatia].
3 Boe, et
4 Drymna [Drymæa forte].
5 Daulia [Daulis].
6 Cheronia.
7 Naupactus [Naupactus].
8 Delphi.
9 Amphisa.
10 Tithora [alias Tithoræa].
11 Ambrosus [alias Ambryssus].
12 Anicyra.
13 Lebadia.
14 Coronia Boeotiæ.
15 Sterais [alias Stiris].
16 Opus.
17 Anastasius.
18 Ecepsus [Ædepsus].
19 Insula Euboœa [Ædepsus insulæ Euboæ].
20 Anthodo [Anthedon].
21 Bumelitia [opinor Bulia et Melita].
22 Thespia.
23 Hytiæs [forte Hyla].
24 Thyaste [Thisbe].
25 Thebæ metr. Bœotiæ.
26 Tanagra [Tanagra].
27 Chalce ins. Evoiæ [melius, ni fallor, Chalcia insulæ Euboeæ].
28 Porthmus.
29 Caristus.
30 Plateæ.
31 Ægosthenæ [alias Ægosthenia].
32 Athenæ metr. Atticæ.
33 Magara [lege Megara].
34 Pagæ.
35 Emporium Cromon [Cromnion reponendum].
36 Æginesus insula.
37 Potœusa.
38 Cea.
39 Delus Adelus [forte incerta].
40 Insula Lemnes [Lemnos].
41 Scyrus.
42 Talameneme [Salamis insula].
43 Termopylon.
44 Corinthus, quæ aliquando Ephyra, metr. nova totius Græciæ.
45 Sicyon.
46 Ægeæ.
47 Methana.
48 Arizæna.
49 Pinaura.
50 Hieramione [Hermion-].
51 Arges.
52 Tegea.
53 Tharpusa.
54 Mantina.
55 Lacedæmon, metr. Laconiæ quæ prius Sparta.
56 Gerenihræ.
57 Pharæ [Pheræ].
58 Asopolis.
59 Aereæ [Acra alias].
60 Phialæa.
61 Mesine [Messene].
62 Coronia.
63 Asine.
64 Methone [Methone].
65 Cyparisia.
66 Elis, metrop. Ætoliæ.
67 Insula Cephalinia.
68 Insula Panormus.
69 Zacinthus insula.
70 Insula Cytheria.
71 Insula Mycon.
72 Insula Strophodia [Strophadia]
73 Insula Molus e regione Corinthi
74 Insula Dorusa.
75 Insula Lemnes [Lemnos].
76 Insula Imbrus.

### XI. *Provincia Cretæ sub præside. Urbes 22 [23].*

1 Metropolis Gortyna.
2 Inatos.
3 Biena.
4 Hierapidna.
5 Camara.
6 Alingus.
7 Chersonesus.
8 Lyctus.
9 Arcadia.
10 Conosus [*Id est* Cnossus].
11 Subritus.
12 Axius.
13 Eleuthera.
14 Lampæ.
15 Aptera.
16 Cydonea.
17 Cisamus.
18 Cantania.
19 Elyrus.
20 Lassus [Lissus].
21 Phœnece [*leg.* Phœnice].
22 Aradena.
23 Insula Claudus.

### XII. *Provincia Veteris Epiri sub præside. Urbes 12.*

1 Metro Nicopolis.
2 Dodonæ.
3 Euræa.
4 Acnii.
5 Adrianopolis.
6 Appon.
7 Phœnece.
8 Anchiasmus.
9 Butritus [*leg.* Buthrotum].
10 Phoïce.
11 Cercyra insula [Ithaca insula].
12 Thraconesus.

### XIII. *Provincia Novæ Epiri sub consulari. Urbes 9.*

1 Dyrrachium, quæ alias Epidamus.
2 Scappa [Scampis].
3 Apollonia.
4 Bules.
5 Amantia.
6 Polycheriopolis.
7 Aulon, sive Aulinidos, metrop.
8 Listron [Æstroum].
9 Et Scepon [*Videndum an* Ca- scopon *legi debeat*].

### XIV. *Provincia Daciæ Mediterraneæ sub consulari. Urbes 5.*

1 Sardica metropolis.
2 Pantalia.
3 Germae.
4 Nainsus [*lege* Næssus].
5 Rhemesiana.

### XV. *Provincia Ripensis* [supple *Daciæ*] *sub consulari. Urbes 5.*

1 Razaria metropolis [Rhetiaria].
2 Benopia.
3 Acoenas.
4 Castra Martis.
5 Idaus.

### XVI. *Provincia Dardaniæ sub præside. Urbes 3.*

1 Scupon metropolis.
2 Merion.
5 Upiana [Ulpiana].

### XVII. *Provincia Prevalium sub præside. Urbes 3.*

1 Scodræ.
2 Lissus.
3 Doracion metropolis.

### XVIII. *Provinciæ Mysiæ* [intellige *Mœsiam primam*] *sub præside. Urbes 5.*

1 Vimenace metropolis [Viminatium *alias*].
2 Singidonus.
3 Gratiana.
4 Pricornia [tricornium].
5 Orthemarchus.

### XIX. *Provincia Pannoniæ sub præside. Urbes 2.*

1 Ermion Sirmium].
2 Basiana.

### XX. *Provincia Asiæ sub proconsule. Urbes 43 [42].*

1 Ephesus.
2 Enea [Anea].
3 Prine [*forte* Pryene].
4 Magnesia Meandri.
5 Trallis.
6 Nyssa.
7 Priulla [Briulla].
8 Mastaura.
9 Anineta.
10 Hypeta [Chypæpa].
11 Ardiopolis [Arcadiopolis].
12 Dios Hieron *seu* fanum Jovis.
13 Evaza.
14 Colose.
15 Algiza [Augaza].
16 Nicopolis.
17 Palæopolis.
18 Baretta.
19 Aulii Come.
20 Nova Aula.
21 Colophon.
22 Metropolis
23 Lebedus.
24 Tius.
25 Smyrna.
26 Clazomene.
27 Satrote.
28 Magnesiosopolis [Magnesia Sipyli].
29 Apae.
30 Temnus.
31 Phocea.
32 Myrrina.
33 Myce.
34 Pergamus.
35 Elæa.
36 Pittane.
37 Tianæ.
38 Theodosiopolis.
39 Adramyntium quæ alias Lyrnes
40 Atadrus [Antandrus].
41 Gadara.
42 Assus.

### XXI. *Provincia Hellesponti. Urbes 40 [52].*

1 Cyzicus Metropolis.
2 Proconesus.
3 Exoria.
4 Barispe [Bares].
5 Parium.
6 Lampsacus.
7 Abydus.
8 Dardanum.
9 Ilium.
0 Troas.
11 Scamandrus.
12 Polichna.
13 Pœmanentus [Pœmanium].
14 Artemea.
15 Receta.
16 Bladus.
17 Scelenta.
18 Molis [Melis *seu* Melitopolis].
19 Germa.
20 Cerge.
21 Sagara.
22 Adriani et Heras [Adrianotheræ].
23 Pionia.
24 Coniosine.
25 Argiza.
26 Xius.
27 Tradus.
28 Mandacada.
29 Ergasterion.
30 Mandræ.
31 Hippi.
32 Scepsis.

### XXII. *Provincia Phrygiæ Capatianæ sub consulari. Urbes 38.*

1 Laodicæa.
2 Hierapolis.
3 Mosyna.
4 Attyda.
5 Trapezopolis.
6 Colasæ.
7 Ceretapa.
8 Themosonius [Themisonium].
9 Valentia.
10 Sanis.
11 Coniopolis.
12 Sitopolis.
13 Crasus.
14 Lunda.
15 Moite.
16 Eumenia.
17 Siblia [Silbium].
18 Pepuza.

NOTICE RELATIVE A L'EGLISE GRECQUE EN EUROPE ET EN ASIE.

19 Briana.
20 Sebaste.
21 Iluza.
22 Acmona.
23 Adij.
24 Jucharathax.
25 Dioclia.

26 Aristium.
27 Cidisses.
28 Apia.
29 Eudocias.
30 Azani.
31 Tiberiopolis.
32 Cadi.

33 Theodosia.
34 Ancyra.
35 Synaos.
36 Temenothyræ [Tmimenothuri].
37 Tanopolis [vel Trajanopolis].
38 Polycherianopolis.

XXIII. *Provincia Lydiæ sub consulari. Urbes* 23.

1 Sardis.
2 Philadelphia.
3 Tripolis.
4 Thiatira.
5 Sitæ [Septæ].
6 Meonia.
7 Julianopolis.
8 Tralles.

9 Aureliopolis.
10 Attalia.
11 Hermocapelia.
12 Ocrasus [*lege* Acrassus].
13 Apollinis Fanum.
14 Talaza.
15 Bagis.
16 Cerasa.

17 Mesotomellos [Mesotymolus].
18 Apollones.
19 Hiero Castelli.
20 Mystene.
21 Sataleon.
22 Gordos.
23 Mostina.

XXIV. *Provincia Pisidiæ sub consulari. Urbes* 26.

1 Antiochia.
2 Neapolis.
3 Limenæ.
4 Sabinæ.
5 Atmenia.
6 Pappa.
7 Sinethandus [*alibi* Siniandus].
8 Laodicæa exusta.
9 Tyraium.

10 Adrianopolis.
11 Philomelium.
12 Sozopolis.
13 Timandrus [Tomandus *alibi*].
14 Metropolis.
15 Hopamia [*lege* Apamia].
16 Eudoxiopolis.
17 Agalassus [Sagalassus].
18 Bar.s.

19 Seleucia ferrea.
20 Timbiadum [Tymbra *vel* Tymbriadum].
21 Themisonium.
22 Justiniapolis.
23 Mallus.
24 Dada [Adada].
25 Zorzila [*alibi* Zarzela].
26 Tetyassos.

XXV. *Provincia Lycaoniæ sub consulari. Urbes* 18.

1 Iconium Metropolis.
2 Lystra.
3 Misthea.
4 Amblada.
5 Onasada.
6 Umanada [Honomada].

7 Listra.
8 Laranda.
9 Derbæ.
10 Barate.
11 Hyde.
12 Isauropolis.

13 Corna.
14 Sabatra.
15 Pteria [Pette].
16 Carna [Canna].
17 Glauama.
18 Rignum.

XXVI. *Provincia Phrygiæ Salutaris sub consulari. Urbes* 23.

1 Eucarpia.
2 Hierapolis.
3 Hostrus [Otrum].
4 Sectorium [Srectorium].
5 Bruxus [Brixus *alibi*].
6 Cleros Horines.
7 Cleros Poleme.
8 Debalacia.

9 Lysias.
10 Synada.
11 Prymnesus.
12 Hipsus.
13 Polygotus [Polybotus].
14 Docimium.
15 Metropolis.
16 Merus.

17 Nacolia.
18 Doryllium [Doryleum].
19 Medæon.
20 Demu Licaon *seu* Plebis Lycaonum.
21 Demu Auraclia.
22 Demu Alamassi.
23 Demu Prypniasa.

XXVII. *Provincia Pamphyliæ* [Intellige *secundæ*] *sub consulari. Urbes* 47 [44].

1 Perge Syllæum.
2 Magydus.
3 Attalia.
4 Demu Uliambros.
5 Tresena.
6 Demu Canaura [Diciozanabrus].
7 Zobia.
8 Thermesus.
9 Et Eudocia.
10 Demu Mendeneo.
11 Demu Socla.
12 Sinda.
13 Berbie.
14 Seadaunda.
15 Myodia Chori [*forte sunt diversorum locorum nomina*].

16 Homyliadica.
17 Olbasa.
18 Palæopolis.
19 Pysenara.
20 Comana [Conana].
21 Colbara [Corbasa].
22 Cremna.
23 Panemothicos.
24 Ariasus.
25 Maximianopolis.
26 Ctema Maximianopoleos.
27 Rege Salamara.
28 Limobramæ.
29 Codrula.
30 Demusiæ.

31 Demusabæon.
32 Pastolerisus [Pernelissus].
33 Selpe [Selge].
34 Trimopolis.
35 Sodi [Side].
36 Serna.
37 Lybre [Lirbe].
38 Cassa.
39 Cotana.
40 Horymena.
41 Coracesion.
42 Syedra.
43 Caralia.
44 Olybarsus [Colibrassus].

XXVIII. *Provincia Lyciæ sub consulari. Urbes* 34 [32].

1 Phasidis [Phaselis].
2 Ananus.
3 Gaga.
4 Acalissus.
5 Elebesus.
6 Lymyra.
7 Arycnada.
8 Podalia.
9 Choma.
10 Rencylias.
11 Myra Metropolis.

12 Arnea.
13 Cyaneæ.
14 Arpelæ.
15 Phellus.
16 Antiphellus.
17 Candiba [Condiba *alibi*].
18 Eudocias.
19 Patara.
20 Xanthus.
21 Combe.
22 Misæ [Nysa].

23 Pinara.
24 Didoma.
25 Tlos.
26 Telmissus.
27 Caunos.
28 Araxa.
29 Bubon.
30 Enoanda.
31 Balura [Balbura].
32 Comistaraos.

### XXIX. Provincia Insularum sub præside. Urbes 20 [19.]

1 Rhodus.
2 Cous.
3 Samos.
4 Chios.
5 Mitilene.
6 Methymna.
7 Petelus [Delus].
8 Tenedos.
9 Proselene.
10 Andros.
11 Tenus.
12 Naxus.
13 Paros.
14 Syphnos.
15 Melos.
16 Jos.
17 Thera.
18 Amolgus.
19 Astypalæa.

### XXX. Provincia Cariæ sub consulari. Urbes 36 [30].

1 Melitus [Miletus].
2 Heracleas [Heraclæa].
3 Ogmi [Latmi].
4 Alicarnasi.
5 Amyndus.
6 Cnidus.
7 Ceramus.
8 Mylasa.
9 Stratonicia.
10 Amizon.
11 Alinda.
12 Alapanda.
13 Orthosias.
14 Arpasa.
15 Neapolis.
16 Hylarcma [Loryma].
17 Antiochia.
18 Metropolis Aphrodisias.
19 Heraclea.
20 Tabæ.
21 Apollonias.
22 Sebastopolis.
23 Jasus [Jassus].
24 Erezus [alias Erisa].
25 Marcianopolis.
26 Anastasiopolis.
27 Chora.
28 Patrimon'a.
29 Cibyra.
30 Coctemalicæ.

### XXXI. Provincia Ponticæ [Bithyniæ scilicet] sub consulari. Urbes 16.

1 Chalcedon.
2 Prinetus [Prænctum].
3 Nicomedia.
4 Elenopolis.
5 Nicæa.
6 Basilinopolis.
7 Cius.
8 Apamea.
9 Prusa.
10 Cæsarea.
11 Apollonias.
12 Dascilium.
13 Neocæsarea.
14 Adriani.
15 Regetataios [Patavium].
16 Regodorie.

### XXXII. Provincia Honoriadis, sub præside. Urbes 6.

1 Claudiopolis.
2 Prasias [Prusias].
3 Heraclea.
4 Tius.
5 Cratia.
6 Adrianopolis.

### XXXIII. Provincia Paphlagoniæ sub correctore. Urbes 6.

1 Gagra [Gangra].
2 Pompeiopolis.
3 Sora.
4 Amastrium.
5 Junopolis.
6 Dadybra.

### XXXIV. Provincia Galatiæ [primæ] sub consulari. Urbes 7.

1 Ancyra Metropolis.
2 Tabia.
3 Aspona.
4 Cina.
5 Reganagalia.
6 Regemnezus.
7 Heliopolis.

### XXXV. Provincia Galatiæ Salutaris sub præside. Urbes 9.

1 Pisinus [Pessinus].
2 Rege Maurecion.
3 Petinesus.
4 Æorium.
5 Claneus.
6 Regetnocada.
7 Eudoxias.
8 Myracion.
9 Germia.

### XXXVI. Provincia Cappadociæ (primæ) sub consulari. Urbes 4.

1 Cæsarea.
2 Nyssa.
3 Therma.
4 Regepodandus.

### XXXVII. Provincia Cappadociæ secundæ sub præside. Urbes 8.

1 Tyana.
2 Faustinopolis.
3 Cybistra.
4 Nazianzus.
5 Sasima.
6 Parnasus.
7 Regedoara.
8 Regecucusus.

### XXXVIII. Provincia Helenoponti sub consulari. Urbes 7 [8].

1 Amasia.
2 Ibyra [Iborea].
3 Zela.
4 Saltum.
5 Zalichin.
6 Andrapa.
7 Amisus.
8 Sinope.

### XXXIX. Provincia Ponti Polemiaci [lege Polemoniaci] sub præside. Urbes 5.

1 Neocæsarea.
2 Comana.
3 Tolemonium [Polemonium].
4 Cerasus.
5 Trapezus.

### XL. Provincia Armeniæ primæ sub præside. Urbes 5.

1 Sebastea.
2 Nicopolis.
3 Colonia.
4 Satala.
5 Sebastopolis.

### XLI. Provincia Armeniæ secundæ sub præside. Urbes 6.

1 Melitene.
2 Arca.
3 Arabysus.
4 Cucusus.
5 Comana.
6 Ararathia [Ariarathia].

### XLII. Provincia Ciliciæ primæ sub consulari. Urbes 8.

1 Tarsus Metropolis.
2 Pompeiopolis.
3 Sebaste.
4 Corycus.
5 Adana.
6 Agusia.
7 Malchus [Malus].
8 Zephyrium.

### XLIII. Provincia Ciliciæ secundæ sub præside. Urbes 9.

1 Anazarbus Metrop.
2 Mopsuestia.
3 Æquæ.
4 Epiphania.
5 Alexandria.
6 Rhosus.
7 Irenopolis.
8 Flavias.
9 Castaballa.

XLIV. *Provincia Cypri insulæ sub consulari. Urbes 15.*

1 Constantia Metrop.
2 Tamassus.
3 Citen [Citium].
4 Amathusia.
5 Coren.
6 Paphos.
7 Arsenoe.
8 Soli.
9 Lapithus.
10 Cirboea.
11 Cythri [Chytrus].
12 Carpaseu [forte Carpathus].
13 Cyrenia.
14 Trimethunton.
15 Leucosia.

XLV. *Provincia Isauriæ sub præside. Urbes 23.*

1 Seleucia Metropolis.
2 Celesderen [Celenderis].
3 Anemurium.
4 Titiopolis.
5 Lamus.
6 Antiochia.
7 Julio Sebaste.
8 Cestri.
9 Selinus.
10 Jotate [Jotape].
11 Diocæsarea.
12 Olbe.
13 Claudiopolis.
14 Hierapolis.
15 Dalisandus.
16 Germanicopolis.
17 Irenopolis.
18 Philadelphia.
19 Moloë.
20 Darasus [Adrasus].
21 Zeede [Sbida].
22 Neapolis.
23 Lauzadæ [Nausadæe]

XLVI. *Provincia Syriæ primæ sub consulari. Urbes 7.*

1 Antiochia juxta Daphnem.
2 Seleucia.
3 Laodacia [Laodicæa].
4 Gabala.
5 Paltus.
6 Berroea.
7 Chalcis.

XLVII. *Provincia Syriæ secundæ sub præside. Urbes 8.*

1 Apamea.
2 Epiphania.
3 Arethusa.
4 Larissa.
5 Mariame.
6 Balanea.
7 Rephanæ [Raphaneæ].
8 Seleucobolus [Seleucobelus].

XLVIII. *Provincia Euphratensis sub præside. Urbes 12.*

1 Hierapolis.
2 Cyrus.
3 Samosata.
4 Doleche.
5 Zeugma.
6 Germanicia.
7 Perre.
8 Nicopolis.
9 Scenarchæa.
10 Salgenoratixenum.
11 Surima [Urima].
12 Europus.

XLIX. *Provincia Osrhoenes. Urbes 9 [8].*

1 Edessa.
2 Constantia.
3 Theodosiopolis.
4 Carrha.
5 Batnæ.
6 Nova Valentia.
7 Leontopolis quæ et Callinica.
8 Birtha.

L. *Provincia Mesopotamiæ sub præside. Urbs una.*

1 Amida.

LI a. *Provincia Phœniciæ sub consulari. Urbs una.*

1 Tyrus.

---

## SUITE DU TABLEAU GÉNÉRAL [1]

### DES PATRIARCATS, DES MÉTROPOLES, DES ARCHEVÊCHÉS ET DES ÉVÊCHÉS DU MONDE CHRÉTIEN DEPUIS LE VI<sup>e</sup> SIÈCLE JUSQU'A LA FIN DU XVIII<sup>e</sup>.

### L'ÉGLISE GRECQUE

*Comprenait anciennement les*

| PATRIARCATS DE | PROVINCES DE |
|---|---|
| Constantinople | Thrace, Grèce, Dace et Barbares, Asie Mineure |
| Antioche | Syrie, Cilicie, Assyrie, Arménie |
| Jérusalem | Palestine |
| Alexandrie | Egypte et Libye |

*Comprend aujourd'hui les*

| PATRIARCATS DE | PROVINCES DE | |
|---|---|---|
| Constantinople | Romélie, Grèce, Bulgarie, Albanie, Valachie, Russie, Anatolie | en Europe |
| Antioche | Sourie, Caramanie, Diarbek, Aladouli | en Asie |
| Jérusalem | Palestine | |
| Alexandrie | Afrique orientale | en Afrique |

[1] Voici, pour l'intelligence du présent tableau, l'explication des signes qui s'y rencontrent : E, signifie évêché. — A, signifie archevêché. — M, signifie métropole. — La croix simple † indique tout à la fois l'authenticité du titre de l'évêché et son existence au XVIII<sup>e</sup> siècle. — La double croix ou croix de Lorraine ‡ atteste l'exactitude des preuves sur lesquelles repose le titre de l'archevêché ou de la métropole, et le fait de leur existence au XVIII<sup>e</sup> siècle. — * L'étoile indique que l'archevêché ou l'évêché avait des titres certains, mais qu'il n'existait plus au XVIII<sup>e</sup> siècle. — Enfin les évêchés, archevêchés, métropoles, qui n'ont ni étoile, ni croix simple, ni croix double, doivent être regardés comme n'étant plus, et comme n'ayant eu dans l'histoire qu'une existence problématique.

\* Reliquæ 25 Provinciæ Constantinopolitanis imperatoribus ereptæ haud dubie erant quo tempore hæc dispositio scripta fuit, idque a Sarracenis, ut arbitror.

## LE PATRIARCAT DE CONSTANTINOPLE

| Comprenait anciennement les | | Comprend aujourd'hui les | | |
|---|---|---|---|---|
| EXARQUES DE | DIOCÈSES DE | EXARQUES DE | PROVINCES DE | |
| Césarée.......... | Pont............ | Césarée............ | Anatolie............ | en Asie. |
| Éphèse........... | Asie propre...... | Éphèse............. | | |
| Héraclée.......... | Thrace.,........ | Héraclée............ | Romélie............ | |
| Thessalonique..... | Macédoine........ | Thessalonique....... | Macédoine.......... | |
| | | | Grèce.............. | |
| | | Peseh.............. | Servie.............. | |
| Achrida.......... | Dace............ | Acrida.............. | Albanie............. | |
| | | Tornobe............ | Bulgarie............ | en Europe. |
| | | | Valachie............ | |
| | Provinces barbares. | Sotsau............. | Moldavie............ | |
| | | | Tartarie............ | |
| | | Kiow............... | Russie.............. | |

## L'EXARCHAT DE THRACE

| Comprenait anciennement les | | Comprend aujourd'hui les | |
|---|---|---|---|
| MÉTROPOLES DE | PROVINCES DE | MÉTROPOLES DE | PROVINCES DE |
| Héraclée........... | Europe.......... | Héraclée............ | |
| Trajanopoli........ | Rodope.......... | Trajanopoli.......... | Romélie. |
| Philippopoli....... | Thrace propre.... | Philiba............. | |
| Andrinople......... | Hémimont........ | Andrinople.......... | |

VILLE PATRIARCALE,
Constantinopolis, Constantinople, Stamboul, E II s., A IV s., patriarcat v s. †

### EUROPE
(Province d').
*Métropole.*
Heraclea, Héraclée, M II s., exarque de toute la Thrace, IV s. †
*Archevêchés et évêchés.*
Phanarium seu Panium, Fanari, E IV s., A XVII s. †
Bisia. Bilsier, E v s., A VI s. †
Ganus, Gano, A XV s. †
Gallipolis, Gallipoli, E IV s., A XVI s. †
Arcadiopolis seu Bergula, Bergas, E v s., A VIII s. †
Atyra et Metri le Grand et le Petit Pont, IX s. †
Turulus, Chiourlik, IX s. †
Redæstus, Rudisto, v s. †
Myriophitus, Miriosiri, XVI s. †
Peristasium, Peristasi, IX s. †
Chariopolis, Cherepoli, IX s. †
Apri seu Theodosiopolis, Apros, E IV s., A IX s. *
Drusipara seu Mesene, Misini, E IV s., A IX s. *
Media, Midia, A IX s. †
Delcos, Dercon, E IX s. *
Madyta, Maiton, E VI s., A IX s. *
Cœlas seu Cyla, IX s. *
Sabadia, v s. *
Aphrodisios, v s. *
Lysimachia, Hexamili, v s. *
Pamphili, IX s. *

Theodoropolis, IX s.
Chalcis, IX s.
Daonia, IX s.
Lizici, IX s.
Sergentza, IX s.
Adriana, IX s.

### †RODOPE
(Province de).
*Métropole.*
Trajanopolis, Trajanopoli, M v s. †
*Archevêchés et évêchés :*
Maronea, Maronia, E v s., A IX s., uni à Trajanopoli, XV s.
Ænus, Eno, E v s., A IX s. †
Didymoticus, Dimotuc E.... s. A IX s. †
Perithcorium, Periteorio, IX s. †
Cypsela, Ipsela, E v s., A IX s. *
Maximianopolis, E v s., A IX s. *
Russium seu Toporis, Rusio, E v s., A IX s. *
Abdera, v s. *
Xanthia, IX s.
Macra, IX s.
Anastasiopolis, IX s.
Misinopolis, IX s.
Theodorium, IX s.

### THRACE
(Province de).
*Métropole,*
Philippopolis, Philiba, M v s., exarque de Thrace, XV s. †
*Archevêchés et évêchés :*
Nicopolis seu Nice, E v s., A IX s. *
Beroe, A IX s. *

Lilitza, IX s. *
Diocletianopolis, v s. *
Sebastopolis, IX s.
Diospolis, IX s.
Agathonice, IX s.
Scutarium, IX s.
Dramitza, IX s.
Blepti, IX s.
Constantia, IX s.
Joannitza, IX s.
Luca, IX s.
Beirea, IX s.
Bucuba, IX s.

### HÉMIMONT
(Province d').
*Métropole,*
Hadrianopolis, Andrinople, Endren M. v s., exarque d'Hémimont XV s. †
*Archevêchés et évêchés :*
Sosopolis, Sisopoli, E IX s., A... †
Mesembria, Mesember, E v s., IX s. *
Anchialus, Anchialo, E v s., A II s. †
Agathopolis, Gathopoli, IX s. *
Brysis, E VIII s., A IX s. *
Develtus, Zagoria, IV s. *
Plotinopolis, Ploudin, v s. *
Tsoidæ, IX s.
Scopelus, IX s.
Anastasiopolis, IX s.
Trabysia, IX s.
Carabi, IX s.
Bucelli, IX s.
Probati, IX s.
Bulgarophigi, IX s.

## L'EXARCHAT DE MACÉDOINE

| Comprenait anciennement les | | Comprend aujourd'hui les | |
|---|---|---|---|
| MÉTROPOLES DE | PROVINCES DE | MÉTROPOLES DE | PROVINCES DE |
| Thessalonique..... | Macédoine...... | Thessalonique...... | Macédoine. |
| Philippes......... | | Philiba........... | |
| Larissa........... | Thessalie....... | Larissa............ | Thessalie. |
| Néopatras........ | | Nouvelle Patras.... | |

# TABLEAU GENERAL DES PATRIARC., METROP., ETC., DU VIᵉ AU XVIIIᵉ SIECLE.

| | | | | |
|---|---|---|---|---|
| Athènes........ | } Achée. | Athènes............ | } Achée. | |
| Corinthe........ | | Thèbes............ | | |
| Patras......... | | Corinthe........... | } Morée. | |
| | | Monembasia......... | | |
| | | Patras............ | | |
| | | Misitra............ | | |
| | | Lepante............ | } Epire. | |
| Nicopoli........ | Epire ancien..... | Joannina........... | | |
| Durazzo........ | Epire nouveau.... | Durazzo........... | Albanie. | |
| Gortina........ | Crète. | Candie............ | Candie. | |

## MACÉDOINE
(Première province de).

### Métropole,
Thessalonica, Saloniki?, M ɪ s., exarque d'Illyrie ɪv s., et de Thessalie xɪɪɪ s. ✝

### Archevêchés et évêchés :
Berrœa, Vehria, E ɪ s., A vɪ s. ✝
Hierisus seu Agios Oros, Monte Santo, E ɪx s. ✝
Servitia seu Serbitia, Servia, ɪx s. ✝
Cydria Chitro, ɪx s. *
Campania seu Castrium, Campania, ɪx s. *
Petra, Petra, ɪx s. ✝
Ardamerii seu Herculia, Ardamiri, ɪx s. ✝
Platamon, Plantamone, ɪx s. ✝
Polianina seu Bardioritarum, vel Turcorum, Poliamine sur le Vardaro, ɪx s. *
Cassandria, Cassandria, v s. ✝
Lita et Rendina, Rentina, v s. ✝
Dium Stadia, v s. *
Stobi, Sturaci, ɪv s. *
Parœcopolis, ɪv s. *
Deborus, Dibra, ɪv s. *
Torone, Castel Rampo, ɪv s. *
Heraclea, Xevosna, E ɪv s., A vɪ s. *
Tassus, Tasso, Pile, v s. *
Primula, v s. *
Zapara, vɪ s. *
Drugubitia, ɪx s.

## MACÉDOINE
(Seconde province de).

### Métropole,
Philippi, Philippes, E ɪ s., M ɪx s. ✝

### Archevêchés et évêchés :
Drama, Drama, A xɪɪɪ s., uni à Philippes, xv s. ✝
Neapolis seu Christopolis, Christopoli, E ɪv s., uni à Drama xɪɪɪ s. ✝
Serrœ, Seres, E v s., A ɪx s. ✝
Zichne, Zichne, E v s., A xɪɪɪ s. ✝
Lemnus, Stalimène, île, réside à Ephestias, E ɪv s., A ɪx s. ✝
Metenicus, Metenico, A xɪɪɪ s. ✝
Alectrypolis, Alecteroso, ɪx s. *
Theoria, ɪx s. *
Cæsaropolis, ɪx s.
Polystilius, ɪx s.
Belicea, ɪx s.
Smolœna, ɪx s.

## THESSALIE
(première province de).

### Métropole,
Larissa, Larissa, M ɪv s., exarque de la seconde Thessalie xɪɪɪ s. ✝

### Archevêchés et évêchés :
Pharsalus, Pharsale, E ɪx s., A ɪx s. ✝
Demetrias, Demetriade v s. ✝
Gardicium, Cardica, xɪɪ s. ✝
Stageion, Staghi, ɪx s. ✝
Satasiobios Ratosbisdi, xvɪɪ s. ✝
Sciathos sciati, xvɪɪ s. ✝
Loidoricium, Litari, ɪx s. ✝
Agrapha, Agraf, xvɪɪ s. ✝
Litza, Letza, ɪx s. ✝
ThebæPhtioticæ, Zetune, Zeiton, ɪv s.
Thaumaci Domoci, ɪx s.
Echinus, Scarfia, vɪ s. *
Ezerum seu Bœbe, Escro, ɪx s.
Colydri, ɪx s.
Lamia, ɪx s. *
Cœparea, Cipara, ɪv s. *
Triccæ, Trica, v s. *
Metropolis, ɪv s. *
Gomphi, vɪ s. *

## THESSALIE
(Seconde province de).

### Métropole,
Novæ Patræ, seu Patræ Thessalicæ, Nouvelle Patras, Neopatras, M ɪx s. ✝

### Evêchés :
Gasala seu Gasabium, ɪx s.
Cutziagrum, ɪx s.
Sibictum seu Sibicum, ɪx s.
Bariana, ɪx s.

## ACHÉE
(Première province de).

### Métropole,
Athenæ, Athènes, Stines, E ɪ s., M ɪx s., exarque de Grèce xɪɪɪ s. ✝

### Archevêchés et évêchés :
Chalcis seu Euripus, Négrepont, E v s., A xvɪɪ s. ✝
Andri, Andros, île, E. ɪx s.
Ægina, Engia, E v s., A ɪx s. ✝
Cea et Thermia, Zea et Thermia, îles, E ɪx s., A xvɪɪ s. ✝
Atalanta, Talanta, E xɪɪ s., A xvɪ s. ✝
Scyrus, Sciro, île, ɪx s. ✝
Aulon, seu Salona, seu Amphissa, Salona, ɪx s. ✝
Mendinitza seu Bondinitza, Bodinitza, xvɪɪ s. ✝
Lebadia, Livadia, xvɪɪ s. ✝
Granitza, Granitza, xvɪɪ s. ✝
Corone, Coronea, v s. *
Oreum, Loreo, v s. *
Caristus, Caristo, v s. *
Porthmus, Porthmo, v s. *
Sira et Seriphus, Sira et Serphino, îles, ɪx s. *
Opus, v s. *
Elatia, Elatea, v s. *
Strategis, ɪv s. *

Platea, Flatée, v s. *
Tanagria, v s. *
Marathon, Marathona, ɪv s. *
Thespiæ, Thespe, v s. *
Charsia, v s. *
Megara, Mégare, v s. *
Serorus, ɪx s. *
Diaulia, Daulia, ɪx s.

## ACHÉE
(seconde province d').

### Métropole,
Thebæ, Thèbes, Stives, E v s., M ɪx s. ✝

### Evêchés :
Zaradonia, xɪɪ s.
Castoria, xɪɪ s.
Pelope, xɪɪ s.

## ACHÉE
(troisième province d').

### Métropole,
Corinthus, Corinthe, E ɪ s., M ɪv s., exarque de Péloponnèse xɪɪ s. ✝

### Archevêchés et évêchés :
Argos, Argos, E v s., M xɪ s., uni à Corinthe.
Cephalonia, Cephalonia, île, E v s., A xvɪ s. ✝
Zacynthus, Zanthe, île, ɪx s., uni à Cephalonia xvɪ s.
Damalæ, Damala, ɪx s. ✝
Helice, ɪv s. *
Tegea, v s. *
Zemene, ɪx s.

## ACHÉE
(quatrième province d').

### Métropole,
Patræ Veteres, Patras, E ɪv s., M v s., exarque d'Achée xɪɪɪ s. ✝

### Archevêchés et évêchés :
Christianopolis seu Arcadia, Christianopoli, A ɪx s. ✝
Olena, Caminitza, ɪx s. ✝
Elis, Belvedere, v s. ✝
Corone, Coron, v s. ✝
Metkone, Modon, ɪx s. ✝

## ACHÉE
(cinquième province d').

### Métropole,
Monembasia, Napoli de Malvoisie, E vɪɪɪ s., A xɪɪɪ s., exarque de Péloponnèse. ✝

### Archevêchés et évêchés :
Nauplia, Napoli de Romanie, A xvɪɪ s. ✝
Maina, Maina, ɪx s. ✝
Elis, Elos, xɪɪ s. ✝
Rheontis, xvɪɪ s. ✝
Andrusa, xvɪɪ s. ✝

## ACHÉE

(sixième province d').

*Métropole,*

Lacedemon seu Sparta, Misitra, E v s., M xii s. ☦

*Évêchés :*

Chariopolis, Cherepoli, xii s. ☦
Messene, Messenigue, v s. ☦
Amyclæ seu Taygeta, Vordonia, xvii s. ☦
Thalame, Brestènes, xvii s. ☦

## ÉPIRE ANCIEN

(première province d'),.

*Métropole,*

Naupactus, Lépante, E v, s., M ix s., exarque d'Etolie xiii s., réside à Larta xv s. ☦

*Archevêchés et évêchés :*

Nicopolis, la Prevezza, M v s., transféré à Lépante ix s.
Leucas, Sainte-Maure, île, A ix s. ☦
Phœnica, Phenica, v s. ☦
Corcyra, Corfou, île, v s. ☦
Ragusium, Ragouz, ix s. ☦
Buncitza, Ventza, ix s. ☦
Calydon seu Aquila, Aiton, ix s. ☦
Achelous, Achelono, ix s. ☦
Dodone, v s. *

## ÉPIRE ANCIEN

( seconde province d').

*Métropole,*

Cassiopea, Joannina, E ix s., M xii s. ☦

*Évêchés :*

Butrotum, Butrinto, v s. ☦
Hadrianopolis, Drinopoli, v s. ☦
Chimera, la Chimera ix s. ☦
Photica seu Bella, Bella, v s. ☦
Euria seu Donatiana, Saint-Donat, v s. *
Anchiasinus, Quaranta, v s. *

## ÉPIRE NOUVEAU

(province d').

*Métropole,*

Dyrrachium, Durazzo, M v s. ☦

*Évêchés :*

Croia, Croia, ix s. ☦
Lychnidus, Ocrida, v s. ☦
Aulone, la Valone, v s. ☦
Scampis, v s. *
Prisna, v s. *
Apollonia seu Pyrgum, v s. *
Bullidum, v s. *
Amantia, iv s. *
Cœnobia, ix s. *
Elissus, Alessio, ix s.
Stephaniacum, Narenta, ix s.
Dioclia, ix s.
Scodra, Scutari, ix s.

Drivastum, Drivasto, ix s.
Polathæ, Pulati, ix s.
Acroceraunia, ix s.
Antibarum, Antivari, ix s.
Tzernicum, ix s.
Polycherepolis, ix s.
Gradicium, ix s.

## CRÈTE ou CANDIE

(province de).

*Métropole,*

Candia seu Cantania, Candie, E v s., M xii s. ☦

*Archevêchés et évêchés :*

Gortyna, M i s., transféré à Candie xii s. *
Milopotamus seu Aulopotamus, Milopotamo ix s., réside à Retimo ☦
Cydonia, la Canée, vi s. ☦
Cysama, Cysamo, v s. ☦
Citæum, Sittia, v s. ☦
Arcadia, ix s. *
Hierapetra, v s., uni à Sittia xii s.
Chersonesus, Spina Longa, v s. *
Gnossius, Ginosa, v s. *
Lampe seu Lappa, v s. *
Eleuthera, v s. *
Surrita, v s. *
Agrium seu Axium, ix s.

## L'EXARCHAT DE DACE.

| *Comprenait anciennement les* | | *Comprend aujourd'hui les* | |
|---|---|---|---|
| MÉTROP. DE | PROVINCES DE | MÉTROP. DE | PROVINCES DE |
| Acrida.......... | Préval's.......... | Justiniana prima..... | Albanie Orientale. |
| Scupi............ | Dardanie........... | | |
| Sardique......... | Dace Méditerranée... | | |
| Rasaria.......... | Dace Littorale...... | Pesch.............. | Servie. |
| Viminacium....... | Mœsie première...... | | |
| Martianopoli..... | Mœsie seconde....... | Tornobe............ | Bulgarie. |

### PRÉVALIS

(province de).

*Métropole,*

Justiniana prima seu Lychnidus, Ocrida (confondue mal à propos avec l'ancienne Achrida par un grand nombre d'auteurs), E v s., exarque de Dace, vi s., de Bulgarie ix s. ☦

*Archevêchés et évêchés :*

Castoria, Castorie A ix s. protothrône. *

Les autres suffragants, inconnus.

### DARDANIE

(province de).

*Métropole,*

Scupi, Uscup, M v s., transféré à Pesch.
Peschium, Pesch, M xiii s., exarque d'Albanie.

*Archevêchés et évêchés :*

Pristina, Pristina, xiii s. ☦
Justiniana secunda, (que les mêmes auteurs prétendent être Ulpianum), Przeren, iv s. *

Diocletianopolis, v s. *
Les autres suffragants, inconnus.

### DACE MÉDITERRANÉE

(province de).

*Métropole,*

Sardica, Sardique, Sophie, M iv s., réside à Chiprouas, xv s. ☦

*Évêchés,*

Nœssus seu Nice, Nissa, iv s.
Remesiana, v s. * s. ☦

### DACE LITTORALE

(province de).

Nulle métropole ecclésiastique.

*Archevêchés et évêchés :*

Bidina, Widin, A xiii s. ☦
Issus seu Idaus, iv s. *
Aquæ, iv s. *
Castrum Martis, iv s. *

### MOESIE

(première province de).

Nulle métropole ecclésiastique.

*Évêchés,*

Singidunum, Sigedin, iv s. *

### MOESIE

(seconde province de).

*Métropole,*

Nicopolis, Nigeboli, M v s., transféré à Martianopoli et réduit en archevêché. ☦
Martianopolis, Preslau, M v s., transféré à Tornobe et réduit en archevêché.
Tornobus, Tornobe, M x s., exarque de Bulgarie, xii s. ☦

*Archevêchés et évêchés :*

Tiberiopolis seu Odessus, Varna, A v s. ☦
Dristra seu Dorostolus, Silistrie, A v s. ☦
Sugdæa et Bulla seu Phulla, A ix s.
Lophiza, Lopcia, xiii s. ☦
Tzernobus, Tzernobe, xiii s. ☦
Hieracium Geracuos, xiii s. ☦
Apiaria, v s. *
Abritium, v s. *
Cumæa, iv s. *
Novæ seu Nobra, v s. *
Sarcara, ix s.
Tramar sci, ix s.
Zecedepa, ix s.

## ARCHEVÊCHÉS ET ÉVÊCHÉS DE LA GRANDE-GRÈCE,
*sous le patriarcat de Constantinople,*
DANS LE NEUVIÈME ET LE DIXIÈME SIÈCLE.

**CALABRE**
(première province de).
*Métropole,*
Severiana, Sanséverino. *
*Évêchés :*
Euriatis seu Cariatis, Cariati. *
Callipolis, Gallipoli. *
Palæocastrum, Paleocastro. *
Acerantia, Cerenza. *
Insularum seu Nession, Isola, *
**CALABRE**
(seconde province de).
*Métropole,*
Rheginum, Rhegio. *
*Évêchés :*
Hydruntum, Otrante. *

Vibo, Bivona. *
Taurianum, Tauriano. *
Locris, l'alepoli. *
Russanum, Rossano. *
Trophæa, Tropea. *
Scyllaium, Squillaci. *
Amantia, Amantia. *
Crotona, Crotone. *
Constantia. *
Bisinianum, Bisignano. *
Nicotera, Nicotera. *
Neocastrium, Neocastro. *
Casanum, Cassano. *
**SICILE**
(province de).
*Métropole,*
Siracusæ, Syracuse. *

*Archevêchés et évêchés :*
Catania, Catane, A. *
Agrigentum, Gergenti. *
Tauriminum, Taormina. *
Messana, Messine. *
Lilybæum, Capoboco. *
Panormus, Palerme. *
Drepanum, Trapano. *
Cephaledium, Cifalu. *
Thermæ, Termine. *
Tyndarium, Tindaro. *
Aiesa seu Halæsa. *
Cronia. *
Melita, Malte l'e. *
Liparis, Lipari. *

## LES PROVINCES BARBARES
DU PATRIARCAT DE CONSTANTINOPLE.

| Comprenaient anciennement les | | Comprennent aujourd'hui les | |
|---|---|---|---|
| MÉTROPOLES DE | PROVINCES DE | MÉTROPOLES DE | ÉTAT DE |
| Zarmizegetusa...... | Gothie........ | Ungroblachie...... | Valachie........ |
| Zechia............ | Patzinacie...... | Sotzau.......... | Moldavie......... |
|  | Scythie......... | Caffa........... | Tartarie, Crimée. |
|  | Russie.......... | Kiow............ | Petite Russie. |

Archevêchés honoraires de la Scythie et de la Chersonèse Taurique.
Caffa seu Theodosia, Caffa, A xii s. ✝
Zichia, M. *
Tomi, A vi s. *
Cherson, A ix s. *
Bosphorus, A ix s. *
Alania, A ix s.
Libbadia, A ix s.
Metracha, A ix s.
Nicopsis, A ix s.
Montis Caucasi, A ix s.
**MOLDAVIE**
(province de).

*Métropole,*
Sotzava, Sotzau, exarque de Moldavie, xiii s. ✝
*Évêchés :*
Romanum, Romanou, xiii s. ✝
Raiautzium, xiii s. ✝
Cusium, xiii s. ✝
Arche êché honoraire de Valachie,
Ungaroblachia, Ungroblachie, xiii
s., réside à Tergouisk. ✝
**RUSSIE POLONAISE**
(province de).
*Métropole,*
Kiovia, Kiovie, exarque de Russie, x s. ✝

*Évêchés :*
Leopolis, Leopol, Russembourg, xiii s. ✝
Przemislia, Przemislia, xiii s. ✝
Chelmia, Chelme, xiii s. ✝.
Misteslavia, Mistesłau, xiii s. ✝
Mogilavia, Mohilau ou Mohilew, xiii s. ✝
Halitia, Halits, xiii s. ✝
Luceoria, Luzuc, xiii s. ✝
Volodimiria Volodimirs, x s. ✝
Połoczia, Połocz, xiii s. ✝
Vitebskia, Vitebski, x s. ✝
Piatzkia, Piatzki, x s. ✝
Vilna, Vilenski, x s. ✝

## MÉTROPOLES, ARCHEVÊCHÉS ET ÉVÊCHÉS D'ASIE.
L'EXARCHAT D'ASIE

| Comprenait anciennement les | | Comprend aujourd'hui les | |
|---|---|---|---|
| MÉTROPOLES DE | PROVINCES DE | MÉTROPOLES DE | PROVINCES DE |
| Ephèse. Smyrne. Cysique. Rhodes. Métélin. Stauropoli. Laodicée. | } Asie proconsulaire.... | Ephèse........ Smyrne......... | } Sarcum. |
|  | Hellespont........ | Cysique........ |  |
|  | Iles Cyclades..... | Rhodes......... Métélin......... | } Iles Cyclades. |
|  | Carie............ |  |  |
| Hiérapolis. Synnade. Amorium. | } Phrygie capacienne.... |  | } Aidinelli. |
| Cutaiye. Sardes. | } Phrygie salutaire..... |  | } German. |
| Myre. Side. Perge. Antioche. Ivone. |  Lydie........... Licie........... | Philadelphie..... Myre........... | Carasia. Mentezeli. |
|  | Phamphylie...... |  | Caramanie occidentale. |
|  | Pisodie........ Lycaonie........ | Antioche........ Cogni........... | Versacgeli. Cogni. |

## ASIE
(première province d').
*Métropole,*

Ephesus, Ephèse, Ajasalouc, M 1 s., exarque d'Asie III s. ☦

*Archevêchés et évêchés :*

Pergamus, Pergame, E I s., A IX s.
Hypæpa, Ipepa, E v s., A XIII s.
Trallis, Chora, II s. *
Magnesia ad Meandrum, Mangresia, v s.
Elæa, Lalea, v s. *
Adramytum seu Dimitri, v s. *
Assum, Sanquaranta v s. *
Gargara, seu Gadara, Gargara VI s. *
Mastaura, Mestaurche, v s. *
Biriulla seu Brunella, IV s. *
Pittanine, v s. *
Myrina, v s. *
Aureliopolis, v s. *
Nyssa seu Nice, v s. *
Metropolis, v s. *
Baretta seu Bargasa, v s. *
Aninætum, v s. *
Auca, v s. *
Priene, v s. *
Arcadiopolis, v s. *
Fanum Jovis, v s. *
Nova Aula, v s. *
Sion, v s. *
Lebedus, v s. *
Colophon, v s. *
Teos, v s. *
Erythræa, Passagio, v s. *
Antandros, VI s. *
Theodosiopolis, v s. *
Cuma, Fochia Nova, v s. *
Thyrea seu Tymbria, v s. *
Thermnos, v s. *
Algiza, v s. *
Andera, v s. *
Valentinianopolis, v s. *
Ægea seu Egara, v s. *
Aulium, v s. *
Naulochus, v s. *
Pipere, v s. *
Colœ seu Coloze, IX s. *
Mascha Come, IX s. *
Augasa seu Evasa, IX s.
Palæopolis, IX s.
Chliare, IX s.

## ASIE
(seconde province d').
*Métropole,*

Smyrna, Smyrne, E I s., M IX s. ☦

*Archevêchés et évêchés :*

Phocæa, Foia Vecchia, v s. *
Magnesia Sipyli, Mentesche, v s. *
Clazomenæ, Vourla, v s. *
Aurelium, IX s.
Sosandria, IX s.
Archangeli, IX s.
Petra, IX s.

## HELLESPONT
(province d').
*Métropole,*

Cysicus, Cysique, M IV s., exarque d'Hellespont, XIII s. ☦

*Archevêchés et évêchés :*

Præconesus, Priconiso, Marmara, E v s., A IX s. ☦

Parium, Pario ou Paradiso, E v s.
Lampsacus, Lampsaque, E v s., A IX s. *
Abydus, Abydo, E v s., A IX s., *
Germæ seu Thermæ, E v s., A IX s. *
Melitopolis, E v s., A IX s. *
Occa, v s. *
Pæmanium, v s. *
Bara, v s. *
Dardanus, v s. *
Ilium seu Troja, v s. *
Troas, v s. *
Pionia, v s. *
Scepsis, v s. *
Venationum Adriani, seu Achiræ, IX s.
Daphnusium, IX s.

## ILES CYCLADES
(première province des).
*Métropole,*

Rhodus, Rhodes, île, E III s., M IV s. ☦

*Archevêchés et évêchés :*

Carpathus, Scarpanto, île, E v s., A IX s. *
Cos, Co Stanchio, île, E IV s., A XV s. *
Samos, Samos, île, E v s., A XV s. ☦
Chios, Chio, île, E v s., A IX s. ☦
Paros et Naxia, Paronaxia, îles, E v s., A IX s. ☦
Thermia, Santerini, île, v s. ☦
Melos, Melo, île, VI s. ☦
Siphanus seu Piscina, île, IX s. ☦
Delos, Delo, île, v s. *
Thrasæa, Terasia, île, v s. *
Tinos, Tine, île, VI s. *
Leria, Larosa, île, IX s. *
Astypalea, Stampalia, IX s.
Icaria, Nicouri, île, IX s.

## ILES CYCLADES
(seconde province des).
*Métropole,*

Mitylene, Métélin dans l'île de Lesbos, M VI s. ☦

*Archevêchés et évêchés :*

Metymna, Metina, E IV s., A IX s. ☦
Ægialus, Egialo, v s. *
Proselene, VI s. *
Tenedos, Tenedo, île, IV s. *
Erissus seu Hierissu, IX s. *
Berbine, IX s.
Perperine, IX s.
Marmarizta, IX s.

## CARIE
(province de).
*Métropole,*

Stauropolis, Sainte-Croix, M VI s., exarque de Carie XIII s.
Aphrodisia, M v s., transféré à Stauropole VI s.

*Archevêchés et évêchés :*

Miletus, Milet, E v s., A IX s. *
Cibyra, Burus, IV s. *
Heraclea Lathmi, Hagioporto, v s. *
Taba, v s. *
Larima seu Zarba, VI s.

Antiochia Meandri, Tachiali, v s. *
Harpasa, v s. *
Mendus seu Amindus, Mentesche, A IX s. *
Cnidus seu Stadia, v s. *
Ceramus, v s. *
Eresus, v s. *
Promisus, VIII s. *
Anastasiopolis, VI s. *
Neapolis, v s. *
Orthosias, v s. *
Anatetarta, v s. *
Alabanda, v s. *
Stratonicea, v s. *
Tralindus, v s. *
Mezon seu Amyson, v s. *
Iassus, Askem, v s. *
Halicarnassus, v s. *
Tapassa, IX s.
Milassa, Melasso, IX s.
Sizon, IX s.
Barbylion, IX s.
Fanum seu Ieron, IX s.
Cyndrama, v s.

## PHRYGIE CAPATIENNE
(première province de)
*Métropole,*

Laodicea, Laodicée, E I s., M IV s., exarque de Phrygie XIII s.

*Archevêchés et évêchés :*

Chonæ seu Colossæ, Cona, E I s., A IX s.
Trapezopolis, v s. *
Acmonia, v s. *
Eumenias, v s. *
Sebastea, v s. *
Chæretapa, v s. *
Apia seu Apira, v s. *
Pelte, Felli, v s. *
Sublæum seu Silbium, v s. *
Tranopolis seu Trajanopolis, v s. *
Athanassus, v s. *
Cidissus, v s. *
Helasa seu Ilusi, v s. *
Ancyra Sinæi, v s. *
Thamsiopolis seu Themisonium, VI s. *
Occonomi seu Justinianopolis, IX s. *
Agathe Come, IX s.
Tiberiopolis, v s. *
Cadi seu Acada, v s.
Tymenothyri, v s. *
Biteana, v s. *
Egara, v s. *
Aliona, v s. *
Nea, v s.
Philippopolis, v s. *
Bleandrus, v s.
Sanis, IV s. *
Azana, VI s. *
Fanum Pœmeni, IX s. *
Lienda, IX s.
Ancyra Ferrea, IX s.
Dioclia, IX s.
Aristea, IX s.
Tripolis, IX s.
Icrion, IX s.

## PHRYGIE CAPATIENNE
(seconde province de).
*Métropole,*

Hierapolis, Aphiom, Carasar, M v s. *

*Évêchés,*

Metellopolis, IX s. *

Autuda seu Attudi, v s. *
Mosyna, v s. *
Dionysiopolis, vi s. *
Anastasiopolis, ix s.
Chana, ix s.
Pholia, ix s.
Zana, ix s.

## PHRYGIE SALUTAIRE
(première province de).
*Métropole,*
Synnada, Synnade, M iv s., exarque de Phrygie xiii s. *

*Évêchés:*
Eucarpia, iv s. *
Doritæum Tzadurille, iv s. *
Medæum, v s. *
Hipsus, Upsu, v s. *
Promesus seu Primnessus, v s. *
Amadassa seu Demu, Amadissi, v s. *
Aurocla, v s. *
Prapenessus, v s. *
Cinaborium, v s. *
Stectorium, vi s. *
Acrocui, ix s.
Phyrca seu Phtia., ix s.
Sebindus, ix s.
Hierapolis, ix s.
Demulicaon, ix s.
Merum seu Myrum, vi s. *
Lysias, v s. *
Augustopolis, v s. *
Brisus seu Brixus, v s. *
Otrum seu Itrum, v s. *
Nacolia, v s. *
Gordorinia, ix s. *
Daphnoudium, ix s.
Caborcium, ix s.
Clera, ix s.
Conis seu Demetriopolis, ix s.
Scordapia, ix s.
Nicopolis, ix s.
Comitium, ix s.
Alopex, ix s.
Cademina, ix s.

## PHRYGIE SALUTAIRE
(seconde province de).
*Métropole,*
Amorium,... E... s... M vi s. *

*Évêchés:*
Doremæum, Doremi, v s. *
Polybotus, v s. *
Philomelium, ix s.
Clancum, ix s.
Piscia,... s.

## PHRYGIE SALUTAIRE
(troisième province de).
*Métropole,*
Cotyæum, Cutaige, E iv s., M ix s. ✝

*Évêchés:*
Spara, ix s.
Conis, ix s.
Gaiocome, ix s.

## LYDIE
(province de).
*Métropole,*
Sardes, Sardes, E i s., M v s., exarque de Lydie xiii s., transférée à Philadelphie

Philadelphia, Philadelphie, Allas-Chir, E i s., M xiii s. ✝

*Évêchés:*
Tripolis, v s.
Thyatira, Akkissar, i s. *
Setum seu Magidium, v s.
Aureliopolis seu Pericome, v s. *
Gordus, v s. *
Satala seu Sala, v s. *
Silandus, v s. *
Mæonia seu Opricium, v s. *
Fanum Apollinis seu Aquila, v s. *
Mostena seu Hirtacomia, v s. *
Acrassus seu Lipara, v s. *
Apollonias, v s. *
Attalia, v s. *
Bana seu Baga, v s. *
Bladia, v s. *
Hierocæsarea seu Hierocastellum, v s. *
Daldia seu Hialsa, v s. *
Stratonicæa seu Calamus, v s. *
Carasa seu Cerasia, v s. *
Satala, v s. *
Gabala, v s. *
Heraclea, v s. *
Hellene, v s. *
Standita, v s. *
Trallis seu Troallis, ix s. *
Hircanis seu Myrum, ix s. *
Mesotymotus, ix s.
Hermocapelia, ix s.

## LYCIE
(province de).
*Métropole,*
Myra, Mire, M iv s., exarque de Lycie, xiii s. ✝

*Évêchés:*
Telmissus, v s. *
Limyra, v s. *
Araxa, v s. *
Podalea seu Podalla, v s. *
Tatta seu Tapa, v s. *
Zenonopolis, vi s. *
Olympus, v s. *
Otia seu Tlos, v s. *
Coridalus, v s. *
Canna seu Canus, seu Cunnus, v s. *
Acrasus, v s. *
Xanthus, v s. *
Robus seu Sophianopolis, v s. *
Martiana, vi s. *
Coma, v s. *
Phellum, Fello, vi s. ?
Antiphellum, v s. *
Phaselis, v s. *
Rhodiapolis, v s. *
Acamisus seu Acalisandus, v s. *
Acanda, v s. *
Patara, Patera, iv s. *
Comba, v s. *
Barbura, v s. *
Næsa seu Nysa, seu Nissa, v s. *
Calinda, v s. *
Aprilla, ix s. *
Orincanda seu Aricnada, ix s.
Arnia, ix s.
Sidyma, ix s.
Onurda seu Onomida, ix s.
Candanus seu Cardamus, ix s.
Palliota seu Justinopolis, ix s.
Eudocias, ix s.
Melasa, ix s.

Lebissus, ix s.
Pacandus, ix s.

## PAMPHYLIE
(première province de).
*Métropole,*
Side, Side, Candalor, M v s., exarque de Pamphylie xiii s. *

*Archevêchés et évêchés:*
Selga, E v s., A ix s. *
Ethena seu Tena, v s.
Cassa, iv s. *
Aspendus, v s. *
Cotana, v s. *
Geone, v s. *
Semma seu Semnæa, vi s. *
Carallia, v s. *
Coracesium, iv s. *
Synedra, vi s. *
Umanda seu Olomanda, viii s. *
Lyrba, iv s. *
Colybrasus, iv s. *
Commacum, iv s. *
Silbium, iv s. *
Rhimna seu Orimena, ix s. *
Dalisandus seu Daldasus, ix s.
Isba seu Ilesma, ix s. *
Banausa seu Manæa, ix s.
Myla seu Justinianopolis, ix s.

## PAMPHYLIE
(seconde province de).
*Métropole,*
Perge et Syllæum, Pirgi, M iv s., exarque de Pamphylie xiii s. *

*Archevêchés et évêchés:*
Attatia, Satalie, E v s., A ix s. *
Mandus seu Magydus, v s. *
Eudocias, v s. *
Telmissus seu Thermessus, iv s. *
Isindus seu Pisinda, iv s. *
Maximianopolis, v s. *
Corydalus seu Codrillus, v s. *
Peltmesus seu Pentenessus, iv s. *
Adiocetanaura, vi s. *
Codri, v s. *
Tebena, v s. *
Cremne, ix s.
Pugla, v s. *
Adriana, v s. *
Perbæna, viii s. *
Trimopolis, v s. *
Olbium seu Olbasum, v s. *
Palæopolis, v s. *
Panemoticus, v s. *
Lagania, v s. *
Ariassus, v s. *
Talbanda, v s. *
Lysanias, v s. *
Corbasa, v s. *
Gisale seu Unzela, v s. *
Pella, v s. *
Sandida, ix s.
Barbe seu Berbie, ix s. *
Coum, ix s.

## PISIDIE
(province de).
*Métropole,*
Antiochia, Antokia, M v s., exarque de Pisidie xiii s. ✝

*Archevêchés et évêchés:*
Neapolis, E v s., A ix s. *
Sagalassus, v s. *
Sozopolis, v s. *

Apameà, IV s. *
Baris, IV s. *
Hadrianopolis, v s. *
Amenopolis, v s. *
Laodicea Exusta, v s. *
Seleucia Ferrea, v s. *
Dada seu Adada, v s. *
Timomarias seu Thimbrias, IX s. *
Timandus, v s. *
Mallus, v s. *
Sithriandus seu Siniandus, v s. *
Titianus, v s. *
Metropolis, v s. *
Pappa, v s. *
Paralaus, v s. *
Biudæum, vI s. *
Philomelium, v s. *
Prostama, IV s. *

Almenia seu Atenoa, v s. *
Anapolis, IX s.
Justinianopolis, IX s.
Zarzela, IX s.
Conona, IX s.
Tyræum, IX s.

### LYCAONIE
(province de).
*Métropole,*
Iconium, Cogui, M IV s., exarque de Lycaonie XIII s. ✝

*Archevêchés et évêchés.*
Misthia, E v s., A IX s. *
Lystra, IV s. *
Basada seu Onosada, vI s. *

Amblada, v s. *
Manada seu Onomada, v s. *
Tribilum seu Berinopolis, vI s. *
Snathera seu Sabatra, v s. *
Carna seu Canna, v s. *
Laranda, IV s. *
Histrum, IV s.
Passala seu Patala, v s. *
Barate, vI s. *
Isaura seu Isauropolis, v s. *
Hyde, IV s. *
Arana, v s. *
Derbe, v s. *
Gadamautus, v s. *
Perte seu Phria, IV s. *
Galbana seu Eudocias, IX s.
Birge, IX s.
Tibassada, IX s.

## L'EXARCHAT DE PONT

| *Comprenait anciennement les* | | *Comprend aujourd'hui les* | |
|---|---|---|---|
| MÉTROPOLES DE | PROVINCES DE | MÉTROPOLES DE | PROVINCES DE |
| Césarée......... | Cappadoce première... | } Césarée......... | Amasie. |
| Tyane........... | Cappadoce seconde.... | | |
| Mocisse.......... | Cappadoce troisième... | | |
| Sébaste.......... | Arménie première.... | | |
| Mélitène......... | Arménie seconde..... | } Sébaste......... | Aladuni. |
| Camaque......... | Arménie troisième.... | | |
| Celzène.......... | Arménie quatrième... | | |
| Néocésarée....... | Pont polémoniaque... | Néocésarée...... | |
| Trébisonde....... | Lazique........... | Trébisonde...... | } Genesch. |
| Amasie........... | Hélénopont........ | Amasie.......... | |
| Gangres.......... | Paphlagonie....... | | } Bolli. |
| Claudiopolis...... | Honoriade......... | | |
| Ancyre........... | Galatie première... | Angouri......... | Chiangare. |
| Pessinunte....... | Galatie seconde... | | |
| Nicomédie........ | Bithynie première... | Ismid........... | } Becsangil. |
| Nicée............ | Bithynie seconde... | Isnich.......... | |

### CAPPADOCE
(première province de).
*Métropole,*
Cesarœa, Caisari, M III s., exarque de Pont IV s. ✝

*Évêchés :*
Nissa, Nisa, IV s. *
Camuliana, vI s. *
Thermæ, Basileæ, vI s. *
Cissus, v s. *
Theodosiopolis, v s. *
Evaissus, IX s.
Serias, IX s.
Arathia, IX s.
Æpolia, IX s.
Methodiopolis, IX s.

### CAPPADOCE
(seconde province de).
*Métropole,*
Tyana seu Chrystopolis, Tyanes, M v s., exarque de Cappadoce seconde XII s. *

*Archevêchés et évêchés :*
Cibistra, E IV s. A XIII s. *
Faustionopolis, v s. *
Zazima, IV s. *

### CAPPADOCE
(troisième province de).
*Métropole,*
Mocissus seu Justinianopolis, M VI s.,

exarque de Cappadoce troisième XIII s. ✝

*Archevêchés et évêchés :*
Nazianzus, Naziance, E IV s., A XIII s. *
Colonia, IV s. *
Parnassus, IV s. *
Doara, IV s. *
Meliana, IX s. *

### ARMÉNIE
(première province d').
*Métropole,*
Sébaste, Saustia, M v s., exarque d'Arménie première XIII s. ✝

*Archevêchés et évêchés :*
Pedactoe seu Heracleopolis, A IX s. *
Rheama, A IX s.
Colonea, A IX s.
Sebastopolis, E v s., A XIII s. *
Nicopolis, IV s. *
Satala, v s. *
Berissa, v s. *

### ARMÉNIE
(seconde province d').
*Métropole,*
Mélitène, Malatia, M v s., exarque d'Arménie seconde XIII s.

*Évêchés :*
Arca, v s. *
Cucusus, IV s. *

Arabissus, IV s. *
Ariaratha, v s. *
Comana, v s. *
Zelona, v s. *

### ARMÉNIE
(troisième province d').
*Métropole,*
Chamacus, Kemac, E vII s., M II s.

*Évêchés :*
Amasa, v s.
Sophène, v s.
Zelona, v s.
Arabraca, v s.
Barsanissa, IX s.
Meli, IX s.
Meli aliud, IX s.
Romanopolis, IX s.
Tutilæum, IX s.

### ARMÉNIE
(quatrième province d').
*Métropole,*
Keltzène, M IX s.

*Évêchés :*
Tomi seu Tarum, IX s., uni à Keltzène.
Kar zetana seu Cortzena, IX s., uni à Keltzène IX s.
Tycopotama, IX s.
Masirabatzi, IX s.
Churzum, IX s.

TABLEAU GENERAL DES PATRIARC., METROP., ETC., DU VI<sup>e</sup> AU XVIII<sup>e</sup> SIECLE.

Toparchus, IX s.
Ambra, IX s.
Tuzara, IX s.
Marmentitzuri, IX s.
Malzierta, IX s.
Sancti Nicolai, IX s.
Evæ, Deiparæ, IX s.
Artzezium, IX s.
Artzica, IX s.
Amucium, IX s.
Persica, IX s.
Sancti Georgii, IX s.
Ostanis, IX s.
Sedraci seu Deiparæ, IX s.
Sancti Elisæi, IX s.

### PONT POLEMONIAQUE
(province de).
*Métropole,*
Neocæsarea, Néocésarée, M IV s., exarque de Pont Polémoniaque XIII s. †
*Archevêchés et évêchés :*
Cerasus, Chirisonda, E v s., A IX s.
Rhiseum, Rise, A IX s.
Polemonium, v s. *
Comana Pontica, v s. *
Halye, IV s. *
Pityusa, IV s. *
Sebastopolis, VI s., uni à Pityusa XIII s. *
Cocceus, IX s.
Eunici, IX s.

### LAZIQUE
(province de).
*Métropole,*
Trapezus, Trébisonde, (E. v s., M II s., exarque de Lazique XIII s. †
Phasis, M IX s., transféré à Trébisonde.
*Evêchés·*
Petra, VI s. *
Rhodopolis, IX s.
Chorianum, IX s.
Chamusuris, IX s.
Chachæum, IX s.
Petperis, IX s.
Ceramium, IX s.
Cerium, IX s.
Saccaba, IX s.
Zignea, IX s.
Abisena seu Bisana, IX s.
Tochatzizi, IX s.
Tochatziertzi, IX s.
Toulnuii, IX s.
Paasiana, IX s.

Tasermacum, IX s.
Audacia, IX s.
Larimacum, IX s.

### HELENOPONT
(province d').
*Métropole,*
Amasia, Amasie, M IV s., exarque d'Hélénopont XIII s.
*Archevêchés et évêchés :*
Euchaitæ, A IX s.
Zalichus seu Leontopolis, A IX s.
Aminsus, v s. *
Sinope, Sinabe, v s. *
Ibyra seu Pimolissa, v s. *
Andrapa, v s. *
Zela seu Tila, v s. *

### PAPHLAGONIE
(province de).
*Métropole,*
Gangra, Gangre, M v s., exarque de Paphlagonie XIII s. *
*Archevêchés et évêchés :*
Amastris, Samastre, A v s. *
Pompeiopolis, E IV s., A IX s. *
Junopolis, IV s. *
Sora, v s. *
Dadybra, v s. *

### HONORIADE
(province d').
*Métropole,*
Claudiopolis, Claudiopoli, M v s., exarque d'Honoriade XIII s., transféré à Héraclée.
Heraclea Ponti, Penderachi, E IV s., M XIII s. *
*Evêchés :*
Prusias, IV s. *
Teium, v s. *
Cratia seu Flavianopolis, IV s. *
Hadrianopolis, IX s.

### GALATIE
(première province de).
*Métropole,*
Ancyra, Angouri, M IV s., exarque de Galatie première XIII s. †
*Evêchés :*
Attabia seu Tabia, IV s. *
Heliopolis seu Iliupolis, VI s. *
Aspona, v s. *
Berinopolis seu SanctæCrucis, VI s. *
Cinna, IV s. *
Anastasiopolis, VI s. *
Misum seu Mnesum, IX s.
Calumene, IX s.

Placiana, v s. *

### GALATIE
(seconde province de).
*Métropole,*
Pessinus, Pessène, M v s., exarque de Galatie seconde XIII s. *
*Archevêchés et évêchés :*
Germia, Germastre, A IX s.
Pitanissus seu Petinesus, VI s. *
Synodia, IX s.
Sancti Agapeti, IX s.
Lotinus, IX s.
Orcissus, v s. *
Trocmi, VI s. *
Spalea seu Justinianopolis, IX s.
Clanx seu Clancum, IX s.
Amorium seu Æorium, IX s.
Myricium, IX s.

### BITHYNIE
(première province de).
*Métropole,*
Nicomedia, Ismid, M IV s., exarque de Bithynie XIII s. †
*Archevêchés et évêchés :*
Chalcedon, Chalcédoine, A v s. †
Prusa, Bourse, E IV s., A XIII s †
Apamia, Apamitz, E v s., A IX s. *
Cium, Chiaoux, E IV s., A IX s. *
Prænetus, VI s. *
Helenopolis, IV s. *
Barolinopolis seu Basilinopolis, IV s. *
Apollonias, IV s. *
Neocæsarea seu Arista, IV s. *
Hadriana, IV s. *
Cæsarea, IV s. *
Galli seu Lophi, IX s. *
Daphnusia, v s. *
Arista, IV s. *
Petavium, VI s. *
Dablis, VI s. *
Dascilium, IX s. *

### BITHYNIE
(seconde province de).
*Métropole,*
Nicea, Isnich, E III s., M v s., exarque de Bithynie XIII s. †
*Evêchés :*
Linoe, VI s. *
Gordoservus seu Gordiucome, VI s. *
Numerica, VIII s. *
Modrena seu Melina, IX s.
Taum, IX s.
Maximiana, IX s.

### LE PATRIARCAT D'ANTIOCHE.

| *Comprenait anciennement les* | | *Comprend aujourd'hui les* | |
|---|---|---|---|
| MÉTROPOLES DE | PROVINCES DE | MÉTROPOLES DE | PROVINCES DE |
| Antioche. . . . . | Syrie première. . . | | |
| Apamée. . . . . | Syrie seconde. . . | Apamée. . . . . | Sourie. |
| Laodicée. . . . . | Théodoriade. . . | | |
| Tarse. . . . . | Cilicie première. . . | Tarse. . . . . | |
| Anazarbe. . . . | Cilicie seconde. . . | | Caramanie. |
| Seleucie. . . . . | Isaurie. . . . . | | |
| Tyr. . . . . | Phénicie maritime. . | Tyr. . . . . | |
| Damas. . . . . | Phénicie du Liban. . | Damas. . . . . | Phénicie. |
| Hiérapolis. . . . | Euphratèse. . . . | | |
| Edesse. . . . . | Osroène. . . . . | Edesse. . . . . | Tsirie. |
| Amid. . . . . | Mésopotamie. . . | Amid. . . . . | Diarbek. |
| Dademon. . . . | Arménie majeure. . | | Arménie. |
| Salamine. . . . | Chypre, île. . . | Nicosie. . . . . | Chypre. |

DICTIONNAIRE DE GÉOGRAPHIE ECCL. I.        26

## SYRIE
(première province de).
*Métropole,*
Antiochia, Antioche, patriarcat, 1 s., réside à Damas xiv s. †
*Archevêchés et évêchés :*
Berœa, Alep, E v s., A xii s. †
Chalcis, Chinserin, E v s., A xii s. *
Seleucia Pierja, Seleuche, Ielber, E v s., A xii s. *
Onosartha, E v s., A xii s. *
Gabbus seu Gabala, Gebul, E v s., A xii s. *
Gendara, iv s. *
Barcussos, xii s.
Anabagatha, iv s.

## SYRIE
(seconde province de).
*Métropole,*
Apamea, Hama, M v s. †
*Evêchés :*
Arethusa, v s. *
Epiphania, v s. *
Larissa, v s. *
Seleucobelus, v s. *
Mariamne, v s. *
Raphanea, iv s.

## THEODORIADE
(province de).
*Métropole,*
Laodicea, Ladikia, E v s., M vi s.
*Archevêchés et évêchés :*
Paltus, Boldo, E v s., A xii s. *
Balanea, Balagnas, E v s., A xii s. *
Gabbala, Gibbe, v s. *

## CILICIE
(première province de).
*Métropole,*
Tarsus, Tarse, E ii s., M iv s. †
*Archevêchés et évêchés :*
Pompeiopolis Palesoli, E v s., A xii s. *
Adana, Edena, E v s., A xii s. *
Sebaste, Séveste, iv s. *
Corycus, Curio, iv s. *
Augustopolis, v s. *
Mallus, v s. *
Zephyrium, v s. *
Podandus, xii s.
Thebæ, xii s.

## CILICIE
(seconde province de).
*Métropole,*
Anazarbus, Acserai, E v s., M vi s. *
*Archevêchés et évêchés :*
Mopsuestia, Mamistra, E v s., A xii s. †
Ægia, v s. *
Epiphania, vi s. *
Irenopolis seu Neronias, v s. *
Flavias seu Flaviopolis, v s. *
Alexandria, v s. *
Castabala, v s. *
Rossus, Ros, v s.
Cabissus seu Cambysopolis, ix s.
Militava, xii s.
Ægea, xii s

## ISAURIE
(province d').
*Métropole,*
Seleucia Aspera, Seleschie, M v s. *
*Evêchés :*
Celenderis, v s.
Anemorium, Anemora, v s.
Titiopolis, iv s. *
Lamus, Lamo, v s. *
Antiochia, Antiochetta, v s. *
Heliosebaste, v s. *
Selenus, Istenos, v s. *
Iotapa seu Iacopena, v s. *
Diocæsarea, v s. *
Olbus seu Olbasa, v s. *
Claudiopolis, iv s. *
Hierapolis, v s. *
Dalisandus, v s. *
Irenopolis, v s. *
Germanicopolis, iv s. *
Sbida seu Zuda, v s. *
Philadelphia, v s. *
Domitiopolis, v s. *
Nausadea seu Nusbada, iv s. *
Libias seu Bolbosus, v s. *
Nephelis, v s. *
Hermopolis, v s. *
Neapolis, ix s. *
Zenopolis, ix s. *
Adrasus, ix s. *
Meloe, ix s.
Banaba, ix s.
Cistra, xii s.
Orope, xii s.
Sibela, xii s.

## PHENICIE MARITIME
(province de).
*Métropole,*
Tyrus, Tyr, M v s., prototrône vii s. †
*Archevêchés et évêchés :*
Berytus, Barut, E iv s., A v s. †
Sydon, Seide, E iv s., A xii s. †
Ptolemais, Acre, iv s. *
Byblus, Giblet, v s. *
Tripolis, Tripoli, v s. †
Botrus, Botron, v s. *
Orthosias, Sarchais, v s. *
Aradus, iv s. *
Antaradus, Tortose, v s. *
Cæsarea Paneæ, Belinas, v s. *
Porphyreon, v s. *
Sycauinon, vii s. *
Arcæ, Archis, ix s. *
Vicus Gegarta, ix s.
Gonasitis, ix s.
Villa Trieris, ix s.
Villa Politiana, ix s.
Sarepta, xii s.
Arachlea seu Maraclea, xii s.

## PHENICIE DU LIBAN
(province de).
*Métropole,*
Damascus, Damas, Scham, E ii s., M v s. †
*Archevêchés et évêchés :*
Emessa, Ems, E v s., A ix s. *
Heliopolis, Balbec, E v s., A xii s. *
Tabruda, v s. *
Evaria seu Justinianopolis, v s. *
Palmyra seu Hadriana, vi s. *
Chomoara seu Choara, v s. *
Sarracenorum Fœderatorum, v s *

Salamias, Selmie, E v s., A xii s. *
Laodicea, v s. *
Abyla seu Aule, v s. *
Charadea, v s. *
Alalis, iv s. *
Danaba, v s. *
Clima Magludorum, ix s.
Clima Orientale, ix s.
Gonaiticus Saltus, ix s.

## EUPHRATESE
(province).
*Métropole,*
Hierapolis, Membisc, E iv s., M v siècle. *
*Archevêchés et évêchés :*
Cyrus Quars, E v s., A xii s. *
Germanicia, Mériex, E iv s., A xii s. *
Samosata, Semsat, E iv s., A xii s. *
Sergiopolis seu Barsalium, A vi s. *
Doliche, Doliche, v s. *
Zeugma, iv s. *
Europus seu Tamsacum, v s. *
Neocæsarea, v s. *
Orima seu Urima, v s. *
Sura, v s. *
Perte, v s. *
Marianopolis, v s. *
Scenarchia, ix s.
Santon, ix s.
Nicopolis, ix s.
Barbalis, xii s.

## OSROENE
(province d').
*Métropole,*
Edessa, Edesse, Ourfa, M v s., exarque des Mèdes xii s. †
*Archevêchés et évêchés :*
Theodosiopolis, E v s., A xii s. *
Carræ, Harran, iv s. *
Constantia, vi s. *
Bathne, iv s. *
Callinice seu Leontopolis v s. *
Circesia, v s. *
Marcopolis, v s. *
Himeria, v s. *
Dausara, v s. *
Nicephorium, v s. *
Nova Valentia, ix s. *
Birba seu Birtha, ix s.
Therimacum, ix s.
Monithilla, ix s.
Moniauga, ix s.
Macarta, ix s.
Anastasia, ix s.
Serogena, ix s.

## MÉSOPOTAMIE
(province de).
*Métropole,*
Amida, Amid, Diarbeker, M v s. †
*Archevêchés et évêchés :*
Nisibis, Nesbin, E iv s., A vi s. *
Martyropolis, Mieferken, A vi s. *
Caschara, v s. *
Rhesina, iv s. *
Cepha, seu Neocepha, vi s. *
Daras, ix s. *
Castrum Rilidios.
— Mardes.
— Lornes.
— Riphton.
— Siphios.

# TABLEAU GENERAL DES PATRIARC., METROP., ETC., DU VI<sup>e</sup> AU XVIII<sup>e</sup> SIECLE.

Castrum Tsauræ.
— Culanis.
— Bibasitorum.
— Tzauræ.
— Attachæ Climatis Azanuos.
— Aphuborum
— Audazorum
— Amarmes.
— Zinabiæ.
— Intzietorum.
— Banabetorum.
— Cubdorum.
— Hesdaduos.
— Masphroniæ.
— Region.
— Spelon.
— Dijubaitæ.
— Maporarum.
— Birthe Chabraes.
— Siteon Schifas.
— Arimachorum.
— Florianorum.
— Daphnudin.
— Balues.
— Somochartorum

### ARMENIE MAJEURE
(province d').
*Métropole,*
Dademon metropolis Armusatorum, M vii s., autocephale ix s.
*Evêchés :*
Polichne.
Chosanorum.
Chosomachorum.
Citharisarum.
Castrum Marticertorum.
— Bajuluos.
— Polios.
— Ardon.
— Sophenes.
— Anzitenes.
— Digesines.
— Parenus.
— Orzianthus.
— Bilabitenes.
— Astranicæ.
— Mamuzurarum.

### CHYPRE
(province de).
*Métropole,*
Leucothea, Nicosia, E iv s., M xiii s. ✝

*Archevêchés et évêchés :*
Salamis seu Constantia, E ii s., M iv s., transféré à Famagouste xi s.
Paphus, Paphos, E iv s., A xvi s.
Arsinoe, Arzes E v s., uni à Paphos xiv s.
Neapolis Nemesi, Lémisse-la-Neuve, E xiii s., réside à Lefeare. ✝
Amathus, Lémisse-la-Vieille, E v s., uni à Lémisse-la-Neuve xiv s.
Ceraunia, Cerines, iv s. ✝
Carpathus seu Carpasia, xii. s., uni à Cerines.
Fama Augusti, Famagouste, M xi s., transféré à Nicosie xiii s. ✝
Citium, Chite, iv s. *
Curium, Piscopia, v s. *
Solia, Solie, v s. *
Lapithus, Lapathios, v s. *
Thamasus, Thamaso, iv s. *
Chitrum, Chitri, v s. *
Trimithus, Trimituge, iv s. *
Canteriopolis seu Centria, v s. *
Ledra..... s.
Theodosiopolis ..... s.

## PATRIARCAT D'ANTIOCHE
*du temps des Latins.*

VILLE PATRIARCALE,
Antioche, résidence du patriarche latin, xii s., supprimé xiii s.
*Suffragants :*
Gabala.
Laodicée.

Antaradus.
Tripoli.
Biblion.
*Métropoles :*
Apamée, avec un suffragant à Balanea.

Tarse sans suffragant.
Mamistra idem.
Heliopoli idem.
Edesse idem.
Nicosie avec trois suffragants, Paphe, Lémisse et Famagouste.

## LE PATRIARCAT DE JÉRUSALEM

| *Comprenait anciennement les* | | *Comprend aujourd'hui les* | |
|---|---|---|---|
| MÉTROPOLES DE | PROVINCES DE | MÉTROPOLES DE | PROVINCES DE |
| Césarée . . . . . | Palestine première. . . | Césarée . . . . . . | Elkods. Ekalil. Gaze. |
| Scytopoli. . . . . | Palestine seconde . . . | Nazareth . . . . . . | Nablus. Saphet. Nazareth. |
| Petra. . . . . . | Arabique première. . . | Crach. . . . . . . | Désert de Sinaï. |
| Bostra. . . . . . | Arabique seconde . . . | | Salth. |

VILLE PATRIARCALE,
Hierosolyma, Ælia, Jérusalem, Elkods, E i s., patriarcat v s. ✝
PALESTINE.
(première province de).
*Métropole,*
Cæsarea, Césarée, E i s., M iii s. ✝
*Archevêchés et évêchés.*
Gaza, Gaze, E iv s., A xii s. ✝
Diospolis, Lidda, E iv s., A xii s. *
Ascalon, Scalona, E iv s., A xii s. *
Bethleem, Bethléem, E xii s., A xii s. *
Joppe, Jaffa, E v s., A xii s. *
Majuma seu Anthedon, Daron, E v s., A xii s. *
Diocletianopolis, Baschat, E v s.,
Eleutheropolis, E v s., A xii s. *
Sycaminon seu Sucamason, v s. *
Archelais, v s. *
Zabulon, iv s. *

Sodoma, iv s. *
Petra, iv s. *
Toxus, ix s.
Tricomia, ix s.
Regeon Apathus, xii s.
Neapolis, Naplouze, E v s., A xii s.
Sebaste, Samarie, E iv s., A xii s. ✝
Ebron, Elcalil, xii s. *
Dora, Tattoura, vi s. *
Antipatrida, Alsur, v s. *
Jamnia, Zania, v s. *
Nicopolis seu Emmaus, v s. *
Onuz, ix s. *
Sozuza, v s. *
Rhaphia, vi s. *
Jericho, vi s. *
Livias, vi s.
Azotus Paralia, vi s. *
Daron, xii s.
Azotus Ilippina seu Hippus, xii s.
Ætilium, xii s.
Salton Constantianices, xii s.
Salton Geraiticus seu Gerasa, v s. *

PALESTINE.
(seconde province de).
*Métropole.*
Nazareth, Nazareth, M xii s. ✝
Scythopolis, M v s., transféré à Nazareth, xii s. *
*Archevêchés et évêchés.*
Tiberias, Tabarie, E vi s., A xii s. *
Capitolias, E vi s., A xii s. *
Diocæsarea, E ix s., A xii s. *
Myrum, A xii s.
Gadara, E vi s., A xii s. *
Mons Thabor, A xii s.
Pella, v s. *
Hippus, vi s. *
Carpathus seu Capharnaum, vi s. *
Maximianopolis, E vi s., A xii s.
Amathus, vi s. *
Elenopolis seu Populus, ix s.
Abyla seu Bella, ix s.
Tetracomia, ix s.
Climagaulane, ix s.
Vicus Nais, ix s.

**ARABIQUE** (première province), ou **PALESTINE** (troisième).
*Métropole,*
Petra seu Rabba, Cyriacopolis, Crach, M v s. ✝
*Archevêchés et évêchés :*
Mons Sinaï, A XII s. ✝
Pharan, E VII s., transféré à Mont-Sinaï. *
Ælas, el Tor, E VI s., A XII s. *
Aphra seu Gap, A XII s.
Hadra seu Hadroga, A XII s.
Augustopolis, IV s. *
Arindela, VI s. *
Areapolis seu Hierapolis, v s. *
Zoara seu Segor, VII s. *
Charachmucha seu Parachmuchi, IX s.
Mampsis, IX s.
Elusa, IX s.
Birosabon, IX s.
Pentacomia, IX s.
Mamapsora, IX s.

Metracomia, IX s.
Saltum Hieraticum, IX s.

**ARABIQUE**
(seconde province).
*Métropole,*
Bostra, Bucereth, E IV s., M v s. *
*Evêchés :*
Adrasus seu Castrum Bernardi, VI s. *
Gerasa, VI s. *
Neve seu Nibe, v s. *
Philadelphia, v s. *
Chanotes seu Anitha, v s. *
Eria seu Herri, v s. *
Parembola, v s. *
Zerabena seu Zarannia, v s.
Dia.
Medaba.
Constantine.
Pantacomia.
Tricomia.
Enneacomia
Salton Batanis.

Come Gonies.
— Cherus.
— Tanes.
— Macaberos.
Isbus seu Esbusa, v s.
Neapolis, v s. *
Philippopolis, v s. *
Phenon seu Phenuntus, v s.
Dionysias, v s. *
Come Careathis.
— Bilbanes.
— Caprarum seu Capanon.
— Pirgoaretarum.
— Setnes.
— Ariachorum.
— Neotes.
— Anatoles et Dusmon.
— Ariathæ Saxosæ.
— Bebdamus.
Hierapolis.
Chrysopolis.
Avara.
Elana.
Sarraceni.

## PATRIARCAT DE JERUSALEM

*du temps des Latins.*

VILLE PATRIARCALE,
Jérusalem avec trois suffragants immédiats : Bethléem, Ebron et Lidda.

*Métropoles :*
Césarée avec un suffragant à Sébaste.
Nazareth avec un suffragant à Tibériade.

Petra avec un suffragant au Mont Sinaï.
Rostra sans suffragants.
Tyr avec quatre suffragants : Ptolémaïde, Séide, Barut et Bellinus.

## LE PATRIARCAT D'ALEXANDRIE

*Comprenait anciennement les*

| MÉTROPOLES DE | PROVINCES DE | *Comprend aujourd'hui les* PROVINCES DE |
|---|---|---|
| Alexandrie | Egypte première | |
| Cabassa | Egypte seconde | |
| Péluse | Augustammique première | Basse Egypte. |
| Leontopoli | Augustammique seconde | |
| Oxyrinque | Arcadie | |
| Antinoé | Thébaïde première | Egypte moyenne |
| Ptolémaïs | Thébaïde seconde | Haute Egypte ou Said. |
| Darnis | Libye marmarique | Bouhera. |
| Cyrène | Libye pentapole | |
| | Libye tripolitane | Tripoli. |

**EGYPTE**
(première province d').
*Métropole,*
Alexandria, Alexandrie, patriarcat, I s., réside au Grand-Caire, XIII s. ✝
*Evêchés :*
Hermopolis Parva, Demenhor, v s. *
Metelis, Fuoa, v s. *
Coptiris vicus, v s. *
Sais, IV s. *
Naucratis, v s. *
Latopolis seu Leontopolis, v s. *
Andron seu Andropolis, IV s. *
Nicium, v s. *
Onuphis, v s. *
Tava seu Sava, v s. *
Cleopatris, IV s.
Mareotis, IV s. *
Menelaitæ, IV s. *
Schædia seu Sciathis, IV s. *
Nitria, IV s.
Costus, IX s.

Psanis vicus, IX s.
Zenopolis, IX s.
Paphna, IX s.
Thernuthis, Tarane, IX s.
Sondra, IX s.

**EGYPTE**
(seconde province d').
*Métropole,*
Cabassa, E v s., M . . . . s. *
*Evêchés :*
Phragonis, IV s. *
Pachnemunis, IV s. *
Diospolis, VI s. *
Sebennythus, Semennut, v s. *
Cynus seu Cynopolis, v s. *
Busiris, IV s. *
Elearchia, IV s.
Cyma, vieux Caire, v s. *
Xoes, v s. *
Butus, v s. *
Pariane vicus, IX s. *
Rhicomerium, IX s. *

**AUGUSTAMNIQUE**
(première province d').
*Métropole,*
Pelusium, Belbais ou Damiette, IV s., M . . . s.
*Evêchés :*
Sethrætes, E v s. *
Tanis, v s. *
Thmuis, v s. *
Rhinocorura Faramida, v s. *
Ostracène, Stragiani, v s. *
Casium, v s. *
Aphiæum seu Aphnæum, v s.
Hephestus, v s. *
Panephysus, IV s. *
Gerrum, v s. *
Hagerus, v s. *
Thenesus, v s. *
Phacusa, IV s. *
Pentaschænon, IX s.

TABLEAU GENERAL DES PATRIARC., METROP., ETC., DU VI° AU XVIII° SIECLE.

AUGUSTAMNIQUE.
(seconde province d').
*Métropole,*
Leontopolis, E v s., M... s. *
*Evêchés :*
Atreus seu Attribis, v s. *
Heliopolis, Matarea, v s *
Bubastus, Basia, v s. *
Carbethus seu Pharbetus, IV s. *
Babylon, v s.
Scenæ Mandrorum, v s. *
Thoum, v s. *
Antithoum, v s. *
Sela, v s. *
Arabias, IX s.

ARCADIE
(province d').
*Métropole,*
Oxyrincus, Behnèse, E v s., M... s.
*Evêchés :*
Cisma, v s. *
Nicopolis, IV s. *
Arsinoe, IV s. *
Aphroditon, IV s. *
Memphis, IV s. *
Thamiata, IV s. *
Theodosiopolis, IX s.
Heraclea Magna, IX s.

THEBAIDE
(première province de).
*Métropole,*
Antinoe, Insine, E IV s., M... s. *
*Evêchés :*
Hermopolis, Bénésuef, v s. *

Oasis seu Casus, v s.
Antheon, v s. *
Pancos seu Panopolis, v s. *
Lycopolis, Sijuth, IV s. *
Hypsele, IV s. *
Apollonos, Cossie, v s. *
Theodosiopolis, IX s.

THÉBAIDE
(seconde province de).
*Métropole,*
Ptolemais Hermii, E IV s., M.... s. *
*Evêchés :*
Diospolis seu Thebais Magna, Hu, IV s. *
Coptus seu Justiniapolis, v s. *
Diospolis Parva. v s. *
Tentyra seu Dendera, IV s. *
Maximianopolis, IV s. *
Latopolis seu Siene, Isne, IV s. *
Omboe, v s. *
Hermethes, Arment, IV s. *
Phylæ, IV s. *
Trimunthus seu Therenunthus, v s. *
Thoi, v s. *
Diocletianopolis, IX s.
Apollonos, IX s.
Villa Anasses, IX s.
Ibis Superior, IX s.
Mathon, IX s.
Hermon Superior, IX s.

LIBYE MARMARIQUE
(province de).
*Métropole,*
Darnis, E v s., M .... s. *

*Evêchés :*
Paraetonium, Alberton, IV s. *
Antiphra, IV s. *
Marmarica, v s. *
Zagelis seu Tzanzales, IV s.
Antipyrgus, VI s. *
Zigris, IV s. *
Ammoniace, IX s.

LIBYE PENTAPOLE
(province de).
*Métropole,*
Cyrene, Caruenna, E v s., M.... s. *
*Archevêchés et évêchés :*
Ptolemaïs, Tolometta, IV s., A v s.*
Sosusa, Sosuza, IV s. *
Teuchira, Taochara, v s. *
Adriane, Bouandria, IX s.
Berenice, Barnica, IV s. *
Barce, Barca, IX s. *
Hidra, v s. *
Palebisca, v s. *
Olbia, v s. *
Tiulia, v s. *
Erythron, v s. *
Dictis, v s. *
Lemandus, v s.

LIBYE TRIPOLITANE
(province de).
*Evêchés :*
Sebon, IX s.
Lebeda, IX s.
Hyon seu Oea, IX s.

## EGLISES.

Qui ne sont ni du rite latin ni du rite grec, et qui ont été démembrées des trois anciens patriarcats de l'Eglise grecque, savoir :

| les PATRIARCATS DE | les PATRIARCATS DES | ÉGLISES PATRIARCALES | |
|---|---|---|---|
| Constantinople. . . . | Moscovites. . . . . | Moscou. . . . . . | |
| | Géorgiens. . . . . | Tiflis. . . . . . | en Europe. |
| | Mingréliens. . . . | Pijuvitas. . . . . | |
| Antioche. | Syriens jacobites. . . | Antioche. . . . . | |
| | Syriens maronites. . | Canobin. . . . . | |
| | Arméniens de Perse. . | Ecsmiasin. . . . . | en Asie. |
| | Arméniens turcs. . . | Sis. . . . . . . | |
| | Nestoriens. . . . . | Séleucie. . . . . | |
| Alexandrie. | Coptes. . . . . . | Alexandrie. . . . | en Afrique. |
| | Abyssins. . . . . | Axum. . . . . . | |

VILLE PATRIARCALE.
Moscou, Moscua, M XIV s., érigé en patriarcat XVI s.
*Métropoles, archevêchés et évêchés :*
Novogorod Veliqui, Novogordia Magna, M XI s., pro-
totrône.
Rostou, Rostovium, M XII s.
Casan, Casanum, M XVI s.
Saratoj, résidant à Moscou, Cæsaris Castellum, M XIV s.
Vologda, Vologda, A XIV s.
Resan, Resania, A XII s.
Susdal, Susdala, A XII s.
Tuver, Tuveria, A XIII s.

Tobolsc, Tobolsca, en Sibérie, A XVI s.
A tracan, Astracanum, A XVI s.
Plescou, Plescovia, A XII s.
Archangel, Archangelopolis, A XVI s
Smolensco, Smolenscum, A XVI s.
Colom, Columna, E XIV s.
Viatka, Viatka, E XVI s.

EGLISE PATRIARCALE.

Saint-George de Pijuvitas, à une lieue de la mer Noire, et à dix lieues de Rusc, capitale du pays, M v s., érigée en catholique ou patriarcat XVI s.

*Evêchés :*

Dandars, proche de Pijuvitas, à l'extrémité occidentale de Mingrélie, E.
Moquis, entre Rusc et Dandars, E.
Bedias, entre Rusc et Moquis, E.
Ciaïs, au midi de Rusc, vers la côte de la mer Noire, E.

VILLE PATRIARCALE,

Tebile Cala, Tiflis, Tiflis, capitale de Géorgie, M IV s., érigée en catholique x s.

*Archevêchés et évêchés :*

Gori, Guria, ville du Cartuel, A, à treize lieues au nord de Tiflis.
Ali, ville du Cartuel, E, à neuf lieues au nord de Gori.
Surham, ville du Cartuel, E, à vingt lieues au nord-ouest de Tiflis.
Caket, capitale du Caket, partie de Géorgie, E.
Tiflis est aussi le siége d'un évêque géorgien qui y réside avec le catholique.
Jérusalem, résidence d'un évêque géorgien au monastère de la Croix.

*Les autres, inconnus.*

Scalingicas, à cinq lieues de Rusc, vers l'orient ; l'église est dédiée à la Transfiguration et est la sépulture des princes mingréliens, E.
Scandidi, entre Rusc et l'Imirette ; l'église est dédiée aux saints martyrs, E.
Cotatis, capitale de l'Imirette, à l'orient de Mingrélie, E.
Usuguel, capitale de Guriel, au midi de Mingrélie, B.
Avogasie, pays des Circasses et Abcas, le long de la mer Noire, au couchant de Mingrélie, E.

*Evêchés supprimés :*

Chiaggi, abbaye, à ..... milles de Rusc.
Sipurias : les Théatins, qui sont les missionnaires de ce pays pour l'Eglise latine, y ont une maison.
Copis, abbaye.
Obuggi, où était autrefois la sépulture des princes.
Sébastopoli, à l'embouchure du Phase, ruinée par les eaux.
Enarguie, qu'on croit être l'ancienne Héraclée, sur le bord de la mer Noire.

EGLISE PATRIARCALE,

Antioche, VI s., résidait à Edesse X s., réside à Safran ou à Amid XIII s.

*Archevêchés et évêchés :*

Amid ou Diarbékir, capitale de Mésopotamie, A.
Alep, bonne ville de Syrie, A.
Damas, capitale de Syrie, A.
Edesse, ville de Mésopotamie, A.
Mousul ou Musal, ville de Mésopotamie, A.
Jérusalem, capitale de Palestine, A.
Chypre, île de la Méditerranée, A.
Mardin, ville de Mésopotamie, E.
Harbert, ville de Mésopotamie, E.
Aatafra, E.
Salach, E.
Tarach, E.

EGLISE PATRIARCALE,

Canobin, Cœnobium, monastère du mont Liban et résidence du patriarche maronite d'Antioche, XII s.

*Archevêchés et évêchés :*

Hédem, Hedem, monastère à trois milles de Canobin, A.
Mar-Antoun, Sancti Antonii, monastère entre Hédem et Canobin, A.
Saint-Serge, Sancti Sergii, monastère à un mille de Canobin, A.
Chsaia ou Saint-Elisée, Sancti Elisæi, monastère du mont Liban, A.
Tripoli, Tripolis, ville de Syrie à quinze milles de Canobin, A.
Damas, Damascus, ville de Phénicie, A.
Barut, Berytus, ville de Phénicie, A, réside à Hesroan, monastère de l'Anti-Liban.
Chypre, île, Cyprus, E, résidait à Nicosie.
Jérusalem, Hierusalem, ville de Palestine ; il y a souvent un évêque maronite.

EGLISE PATRIARCALE,

Ecsmiasin, monastère à deux lieues d'Erivan, patriarcat VII s.

*Archevêchés et évêchés :*

Erivan, capitale de la grande Arménie, A, réside à Arménaperkik.
Virap, monastère à douze lieues d'Erivan, A.
Ouscovanch ou Usci, monastère proche d'Erivan, A.
Aring, monastère proche le Grand-Lac, E.
Elevard, monastère proche d'Erivan, E.
Mueni, Mognai, monastère à huit lieues d'Erivan, E.
Salmasavanch, ville sur le Grand-Lac, E.
Goscuvanch, monastère proche d'Erivan, E.
Joannavanch, monastère dans la province d'Ararat, E.
Kiekart, monastère proche Erivan, E.
Tiflis, capitale de Géorgie, E.
Bitlis ou Balech, ville d'Assyrie..... E, ou plutôt archevêché exempt.
Gésargel..... E.
Macaravanch, monastère, E.
Algus gvanch, méchant bourg, E.
Vartehair, monastère, E.
Hoi ou Coi, bourg proche le Grand-Lac, E.
Karenus, monastère à six lieues d'Erivan, E.

BETCHNU (province de).

*Archevêché.*

Betchnu, monastère et gros bourg à huit lieues d'Erivan.

*Evêchés :*

Kietcharvasvanch, monastère dans la province de Salcunus-Stuer.
Hair Johan, monastère dans la province de Gelechuni.
Schalvachuvanch, ville ruinée aussi bien que l'évêché.
Sevan, monastère dans la province de Salcunus-Stuer.

## TABLEAU GENERAL DES PATRIARC., METROP., ETC., DU VIe AU XVIIIe SIECLE.

### HACBAT (province de).
*Archevêché,*
Hacbat, ville sur les confins de Géorgie.
*Evêchés :*
Goruvanch ou Gori, ville de Géorgie.
Hacartinvanch, évêché ruiné.
Macaravanch, évêché ruiné.
*Archevêché honoraire,*
Machienusvanch, village à quinze lieues d'Erivan.

### KARMIUVANCH (province de).
*Archevêché,*
Karmiuvanch ou Couvent Rouge, dans la province d'Ecegazor, à deux journées d'Erivan.
*Evêchés :*
Capisvanch, ville ruinée dans la province d'Ecegazor.
Caputusvanch ou Monastère Bleu, dans la même province.
Derbavanch, monastère dans la même province.
Hermonivanch, monastère dans la même province.
Azpter, ville à vingt lieues d'Erivan.

### SURB-NARCAVEA (province de).
*Archevêché,*
Surb-Narcavea ou Saint-Etienne, monastère à douze lieues d'Erivan.
*Evêchés :*
Astapat, petite ville vers l'ancienne Giulfa.
Naxivan, ville ruinée à soixante lieues d'Erivan.
*Archevêchés honoraires :*
Agulis, ville à quinze lieues au sud-ouest de Naxivan.
Sanachim, ville de la province de Lorri, vers Tistis.
Scammachi, ville dans la province de Schirvan, vers la mer Caspienne.

### MACU (province de).
*Archevêché :*
Macu, ville dans la province d'Artaz, vers le lac de Van.
*Evêchés :*
Auhar, bourg à dix lieues de Macu.
Hoi, bourg proche le lac de Van, à cinq journées de Macu, exempt.
Jormi ou Roumi, ville à cinq journées de Macu.
Maratha, ville à dix lieues de Tauris, exempt.
Salmast, ville proche Maraga, exempt.

### TATHEVANCH (province de).
*Archevêché,*
Tatevanch, monastère dans la province de Kapan.
*Evêchés,*
Mecri, et trois autres inconnus.
*Archevêché honoraire,*
Fahrabat, ville capitale de l'Hircanie, à plus de cent lieues d'Erivan.

### HISPAHAN (province d').
*Archevêché,*
Hispahan, capitale de Perse; l'archevêque réside au faubourg de Julfa.
*Evêchés :*
Charia et trois autres inconnus.

*Archevêché honoraire,*
Cpar, ville dans la province de Schirvan.

### VAN (province de).
*Archevêché,*
Van, grande ville proche le Grand-Lac, dans la province de Vastan.
*Evêchés :*
Arcis, village sur le Grand-Lac.
Clath ou Chelath, ville ruinée vers le Grand-Lac.
Ctusuvanch, village proche le Grand-Lac, au couchant.
Lim, île dans le Grand-Lac.
Ustan, village vers le nord du Grand-Lac.
Husan…..
Bardulimeos ou Saint-Barthélemi, monastère.

### ACTHAMAR (province d').
*Archevêché,*
Acthamar, monastère dans le lac de Van, prétend à la dignité patriarcale.
*Evêchés :*
Sasan, Gasgi, Basti et autres, proche le Grand-Lac inconnus.

### AMID (province d').
*Archevêché,*
Amid ou Caraémid, capitale du Diarbékir.
*Evêchés :*
Aël ou Agel, à une lieue d'Amid.
Arcni, village à deux lieues d'Amid.
Balu, bourg à trois journées d'Amid.
Edesse, ville à quatre journées d'Amid.
Germuc, monastère à trois journées d'Amid.
Merdin, ville à ….. lieues d'Amid.
Senchuse, monastère à quatre journées d'Amid.
Thulguran, ville à deux journées d'Amid.

### HARBERD (province d').
*Archevêché,*
Harberdu, ville dans la province d'Harberd, à l'orient d'Amid.
*Evêchés :*
Quatre évêchés dont les noms sont inconnus.

### MANUSCATE (province de).
*Archevêché,*
Manuscate, bourg vers le lac de Van, réside au monastère de Surb-Carapet ou Saint-Jean-Baptiste.
*Evêchés :*
Matnavanchmscu, dans la province de Taron.
Bitlis, ville dans la même province, exempt.

### ARZERUM (province d').
*Archevêché,*
Arzerum, Erzerum, ville vers la source de l'Euphrate, réside au monastère Surb-Grigor ou de Saint-Grégoire.
*Evêchés :*
Surb-Astuasasin, ou la Mère de Dieu, monastère à quatre lieues d'Arzerum.
Ginisuvanch, monastère à huit lieues d'Arzerum.
Mamruanavanch, ville dans le Beglerbei d'Arzerum

*Archevêché honoraire,*

Derganavanch, monastère entre Arzerum et Arsingam.

### SÉBASTE (province de).

*Archevêché,*

Sébaste, ville de l'Arménie mineure, réside au monastère de Surb-Uscan ou Sainte-Croix.

*Evêchés :*

Azptiruvanch, monastère proche Sébaste.

Andreasic, proche Sébaste, réside au monastère de Surb-Astuasasin, ou la Sainte-Mère de Dieu.

Surb-Hresctacapet ou Saint-Archange, monastère proche Sébaste.

### CÉSARÉE (province de).

*Archevêché,*

Césarée, capitale de Cappadoce.

*Evêchés :*

Surb-Astuasasin ou Sainte-Mère de Dieu, monastère à trois lieues de Césarée.

Hisia, monastère à six lieues au nord de Césarée.

### THOCAT (province de).

*Archevêché,*

Thocat, Eudocia, ville de Cappadoce, réside au monastère de Thivatavanch ou Sainte-Anne.

*Evêchés :*

Nazianze, ville à..... lieues de Thocat.

Marsvanavanch, ville à..... lieues de Thocat.

Néocésarée, ville à..... lieues de Thocat.

### ARMÉNIENS LATINISÉS (provinces des).

*Archevêchés honoraires :*

Naxivan, ville ruinée aujourd'hui; l'archevêque réside au bourg d'Abrener.

Cafa, dans la Chersonèse Taurique, supprimé.

Maraga, en Perse, supprimé.

Tiflis, en Géorgie, supprimé.

Soltanie, en Perse, supprimé.

VILLE PATRIARCALE,

Sis, Sis, ville de Cilicie, patriarcale, XIII s.

*Archevêchés et évêchés qui subsistent à présent :*

Stamboul, Constantinopolis, A XIII s., prétend aux droits patriarcaux, XVII s.

Jérusalem, Hierosolyma, en Palestine, A XII s., réside au monastère de Saint-Jacques.

Alep, Halepum, en Syrie, A XIV s.

Saloniki, Thessalonica, en Macédoine, A XIII s.

Chypre, Cyprus, île, A, réside à Nicosie XII s.

Tarse, Tarsus, en Cilicie, A XIII s.

Anazarbe, Anazarbus, en Cilicie, E XIII s.

Adana, Adana, en Cilicie, E XIII s.

Mamsueste, Mopsuestia, en Cilicie, E XIII s.

Tyane, Tyana, en Cappadoce, E XIII s.

Néocésarée, Neocæsarea, en Cappadoce, E XIII s.

Anguri, Ancyra, en Galatie, E XIII s.

*Evêchés inconnus ou qui ne subsistent plus :*

Parzerperte.
Ghabnus.
Masclevorum.
Pasenum.
Berum.
Ghiegum.
Masciartum.
Ghubltarrum.
Urlelum.
Ozubum.
Meliovorum.
Jesenchus.
Marscia.
Harcanum.
Papertum.
Neperghertum.
Ghamki.
Giaberghurum.
Miezghiertum.
Gharuz.
Ghoghuonium.
Ajasus.
Zamentanum.
Roranum.
Khuortzenum.

VILLE PATRIARCALE,

Séleucie, Seleucia, en Chaldée, A IV s., catholique ou patriarche VI s., transféré à Bagdad IX s.; réside à Elcang, proche Mosul, XVI s.

*Archevêchés et évêchés :*

Bagdad, Irénopolis, en Chaldée, A IX s.

Amid, Amida, en Mésopotamie, A IX s.

Merdin, Merdinum, en Mésopotamie, E IX s., réside à Couzazar.

Nesbin, Nisibis, en Mésopotamie, E IX s.

Jérusalem, Hierosolyma, en Palestine, A.

Angamale, Angamala, dans l'Inde deçà le Gange, A XV s.

*Les autres inconnus.*

VILLE PATRIARCALE,

Alexandrie, patriarcale V s., réside au Grand-Caire XI s.

*Evêchés qui subsistent à présent :*

Damiette, ville qui n'a pas aujourd'hui huit familles coptes, VI s.

Mansoura, ville dont l'évêché est uni à Damiette, XVI s.

Bilbéis, pauvre village dont l'évêché est uni à Damiette comme le précédent, XVI s.

La Rade d'Alexandrie; c'est un faubourg de cette ville habité de Coptes, VI s.

Beheire, ville dont l'évêché est uni à la Rade d'Alexandrie, XVI s.

Menuph ou Memphis l'inférieure, pauvre ville dont l'évêché est uni à Beheire, XVI s.

Fium, ville de l'Egypte moyenne.

Ischmunein, bourg de l'Egypte moyenne.

Alfieh, ville de l'Egypte moyenne.

Behnèse, bourg de l'Egypte moyenne.

Melave, ville de l'Egypte moyenne.

Koscam, bourg ruiné de l'Egypte moyenne; la résidence de l'évêque est au monastère de Moarak.

Montfallot, méchant bourg de l'Egypte moyenne.

Sijut, bourg assez bon de l'Egypte supérieure.

Abutig, ville ruinée de l'Egypte supérieure, dont l'évêché est uni à Sijut.

Girge, ville capitale de l'Égypte supérieure, dont l'évêché est uni à Sijut.

Neggade, ville de l'Egypte supérieure.

Jérusalem; il y a ordinairement un évêque copte qui loge auprès du Saint-Sépulcre, XI s.

Chypre, île; il y avait encore, il n'y a pas longtemps, un évêque copte, XI s.

## NOTICE DES ANCIENS ÉVÉCHÉS COPTES,

*Selon un manuscrit de l'évêque de Sijut, rapporté d'Égypte par le P. Vanslèbe, pour son Histoire de l'Eglise d'Alexandrie, lesquels évêchés en partie ne subsistent plus à présent.*

### ÉVÉCHES D'ÉGYPTE :

Alexandrie, anciennement appelée Racote, siége patriarcal.
Abiar ou Eibar, dans la province de Menuf en deçà du Caire.
Abutig, dans le Saïd.
Achmin, en grec *Panos*, dans le Saïd.
Adfu, en copte *Ombon*, dans le Saïd.
Arment, en copte *Ermont*, dans le Saïd.
Asbath, Kah-Kau.
Aseph.
Atfieh, au delà du Caire, au levant du Nil.
Atrib, Atribis, dans le Delta, ruinée aujourd'hui.
Aussim, en copte *Bouchime*, en deçà du Caire.
Babylone, ville ruinée qui était autrefois partie du vieux Caire.
Bana, en copte *Nathoni*.
Basta, en grec *Bubaston*, dans le Delta.
Belak, en copte *Pilaks*.
Belka, en copte *Barbait*.
Benevan.
Benhese, en grec *Oxyrinchus*, dans l'Égypte du milieu, sur la rive occidentale du Nil.
Berma, en copte *Baramia*.
Beschreb, dans le Delta.
Beschrut.
Bilbeis, vers le désert par où l'on va à Gaze.
Bossat.
Brullos, en grec *Baralia* et *Nekedules*, sur un grand lac qui se décharge dans la mer entre Damiette et Rosette.
Busir ou Abusir, en latin *Busiris*, proche du Caire.
Caire, ville capitale de toute l'Égypte.
Chandak, faubourg du Caire au nord-est, aujourd'hui ruiné.
Charbeta, en copte *Arbad*.
Chossus, en copte *Callabi*.
Damiette, ville métropolitaine, il n'en reste plus que le titre.
Defré.
Dègue, en copte *Tekebi*, ruiné.
Delas.
Demenhor, en grec *Hermon* inférieure, tout proche du Caire, sur le bord oriental du Nil.
Demire, en copte *Damairi*.
Democrat.
Dendera, en latin *Tentiris*, au couchant du Nil.
Enas, dans la province de Behnèse.
Em-Isciens, anciennement Héliopolis, aujourd'hui Matarea proche du Caire, au nord.
Fau, en copte *Embo*.
Ferma, en grec *Faremon*, à l'entrée de l'Égypte, vers Jérusalem.
Ferrahin.
Fium, en grec *Arsinoe*, bonne ville de l'Égypte du milieu.
Fostat, proche du vieux Caire, ruiné.
Gizé, village proche de Boulac.
Hu, en grec *Diospolis* la Grande ou Thèbes la Grande, dans le Saïd.
Ibsai, aujourd'hui Minscie, dans le Saïd, proche de Girgé.
Insiné, en grec *Antinoe* ou Thèbes inférieure, ruiné.
Ischmunein, en grec *Ermon* supérieure, dans l'Égypte du milieu.
Ischmun-Irroman, en deçà du Caire.
Isné, en grec *Laton*, et en latin *Siene*, dans le Saïd.
Isvan, en copte *Sovan*, sur les frontières d'Égypte et de Nubie.
Kalheddis.
Kau, surnommé Il-Kubbara, c'est-à-dire des hommes illustres, dans le Saïd.
Keis, en grec *Cais*; c'est peut-être l'ancienne Cusa.
Keliub, en grec *Calliope*, proche du Caire.
Kenne, dans le Saïd, presque ruiné.
Kopt, en grec *Coptos*, dans le Saïd, ruiné.
Koskam, en grec *Appollonos*; il n'y reste que le monastère de Moharrak.
Kous-Varvir, dans le Saïd.
Luxor, en arabe *Il-Oxor*, en grec *Polycastrum*, dans le Saïd, au levant du Nil.
Massr, en copte *Chimi* ou *Camia*, c'est le vieux Caire.
Melig, en copte *Talikia*, en deçà du Caire.
Menuf-il-Elié, Memphis supérieure, ville ruinée, à l'opposite du vieux Caire.
Messil, en grec *Metelis*, aujourd'hui Fuva, proche Rosette, sur le bord oriental du Nil.
Miniet-Bufis, en copte *Temonia Bafis*, dans l'Égypte du milieu; c'est encore aujourd'hui une bonne ville.
Miniet-Sored, village proche du Caire, en deçà au nord.
Miniet-Tané, en copte *Themonia Teni*.
Misaré.
Mohelle la Grande, en copte *Techairi*, de la province de Garbié, dans le Delta.
Namun.
Nesetru ou Nesterané.
Nikius, en latin *Nicium*, dans le Saïd.
Oun ; c'était apparemment une partie du vieux Caire.
Raschit, aujourd'hui Rosette, en grec *Bolbution*.
Sa, en grec *Saios*.
Sacha, en deçà du Caire.
Sahragt.
San, en copte *Sciani*.
Sandefa.
Sciebas, en copte *Sciebasi*.
Sciotb, en grec *Hypselis*, ruiné, dans le Saïd, proche et au delà de Sijut.

Sengiar, en copte *Scinsciori*.
Senhur, village sur le lac Kern, dans la province de Fium.
Sersenne, en grec *Cleopatris*.
Sijut, en grec *Lycopolis*.
Tahha-il-Amudein, en grec *Theodosia*, dans l'Égypte du milieu.
Tarané, en copte *Taranut*, village à vingt-quatre lieues au nord-ouest du Caire, sur le bras occidental du Nil.
Temmi, en copte *Temoi*.
Tennis, en grec *Tennesi*, entre Damiette et Brullos.
Tida.
Tuva ou Tantu, en grec *Tanato*, *Tenuto*.
Vah, en copte *Ouak*; c'est peut-être l'ancienne Oasis ou Oasis Magna.
Vah-Ibsai, en copte *Ouak-Psoi*; c'est apparemment Oasis Parva.

ÉVÊCHÉS DE BARBARIE :

| | |
|---|---|
| Barca | Africa. |
| Tripoli | Keirvan en Cyrène. |
| Faran | |

ÉVÊCHÉS DE NUBIE :

*Province de Maracu.*

| | |
|---|---|
| Korta | Sai |
| Ihrim | Termus |
| Bucoras | Scienkur |
| Dungala | |

*Province d'Albadia.*

| | |
|---|---|
| Borra | Arodias |
| Gugara | Banasi |
| Martin | Menkesa |

*Province de Nicxamitis.*

| | |
|---|---|
| Soper, ville royale | Takchi |
| Coucharim | Amancul. |

ÉGLISE PATRIARCALE,

Axum, Auxumum, ville dans le royaume de Tigré, en Abyssinie, E IV s., patriarcale VII s., sans suffragants.

---

## OPINION DU P. CHARLES DE SAINT-PAUL

### SUR LE PATRIARCAT ROMAIN ET SUR LES AUTRES PATRIARCATS.

Dans l'introduction à sa Géographie ecclésiastique des six premiers siècles de l'Eglise, le P. Charles de Saint-Paul publie des remarques judicieuses sur l'Eglise romaine, sa prééminence et ses droits, sur les patriarcats primitifs d'Alexandrie et d'Antioche, sur les patriarcats plus nouveaux de Constantinople et de Jérusalem, sur les exarques ou primats, sur les métropolitains ainsi que sur les évêques. Ces remarques, conformes à l'histoire et à la géographie, sont appuyées sur des autorités incontestables.

Ecclesia Romana, cui Evangelium Petrus et Paulus sanguine suo signatum reliquerunt, semper primatum habuit : Ecclesia principalis est, unde unitas sacerdotalis exorta, eaque ad quam propter potentiorem principalitatem necesse est omnem Ecclesiam convenire. Hujus episcopus custos fidei dictus est in concilio Ephesino; beatissimus atque apostolicus vir papa urbis Romæ, quæ est caput omnium Ecclesiarum, in Chalcedonensi; sanctissimus et beatissimus universalis patriarcha magnæ Romæ, ab Athanasio presbytero; eique, ut Valentiniani imperatoris verbis utar, principatum sacerdotii super omnes antiquitas detulit.

Cur tantam a primis sæculis auctoritatem obtinuerit, si quæras, respondebunt Optatus Milevitanus et Petrus Chrysologus, hujus supremæ potestatis originem tribuentes apostolo Petro : Optatus quidem Milevitanus dum his verbis Donatistas ad obedientiam sanctæ sedi Romanæ debitam reducere conatur : *Negare non potes scire te in urbe Roma Petro primo cathedram episcopalem esse collatam, qua sederit omnium apostolorum caput Petrus, unde et Cephas appellatus est.* Chrysologus autem his pene similibus ad Eutychem : *In omnibus hortamur te, frater honorabilis, ut iis quæ a beatissimo papa Romanæ civitatis præscripta sunt, obedienter attendas : quoniam beatus Petrus, qui in propria sede et vivit et præsidet, præstat quærentibus fidei veritatem.*

Addam tamen cum Patribus concilii Chalcedonensis, primos Ecclesiæ Patres præter hanc supremam potestatem, Romano pontifici privilegia quædam ex hoc tribuisse quod urbs Roma imperaret. Unde Theodosius et Valentinianus imperatores hæc ad Aetium scripserunt in Novellis : *Cum sedis apostolicæ primatum sancti Petri meritum, qui princeps est episcopalis coronæ, et Romanæ dignitas civitatis, sacræ etiam synodi firmarit auctoritas, ne quid præter auctoritatem sedis istius illicitum præsumptio attentare nitatur. Tunc enim demum Ecclesiarum pax ubique servabitur, si rectorem suum agnoscet universitas.* Sed intellige de privilegiis supremæ et universali potestati ecclesiasticæ superadditis. Etenim Ecclesia Romana semper, id est ante omnes Patrum constitutiones, habuit primatum, ut dicitur actione 16 concilii Chalcedonensis : *Et Ab apostolorum*, inquit Leo Magnus, *principibus factum est, ut Roma gens esset sancta, populus electus civitasque sacerdotalis et regia, per sacram beati Petri sedem caput orbis effecta, latius præsideret religione divina quam dominatione terrena.*

Quamvis autem penes hunc unum Romanum pontificem suprema lex esset, tres tamen ab initio patriarchæ fuerunt, scilicet Romanus, Alexandrinus et Antiochenus, quorum sedes essent Romæ, Alexandriæ et Antiochiæ, apostolis ac imprimis D. Petro conveniens existimantibus, ut in tribus dignioribus majoribusque civitatibus, tres prothroni seu primariæ sedes Ecclesiæ instituerentur. Harum episcopis patriarchæ nomen ex hoc inditum est, quod singuli, sive familiarum et Ecclesiarum Christianarum patres seu principes essent, sicut patres familiarum Israelitici populi patriarchæ dicti sunt, vel quod patrum seu episcoporum principes et superiores essent : quomodo Joannes patriarcha Antiochenus princeps Orientis in actis concilii Chalcedonensis vocatur.

Hi tres de omnibus majoris momenti negotiis intra patriarchatus sui limites decernebant, ut patet in canone magnæ synodi Nicænæ, cujus verba sunt : *Mos est in Ægypto, Libya et Pentapoli, ut Alexandrinus episcopus horum omnium habeat potestatem, quoniam et episcopo Romano est consuetudo, similiter et apud Antiochiam.* Sed adverte quod licet hicce canon non tam pro enumerandis sedibus patriarchalibus, quam pro servandis antiquis consuetudinibus editus fuerit, tres tamen in eo tantum designari patriarchas : et ratio est quod revera plures concilii Nicæni tempore Ecclesia non agnovit, iique soli hucusque instituti fuere.

Nec tamen diffitebor quod cum Ecclesia Hierosolymita pro matre Ecclesiarum habita sit, ut apud Theodoretum legere est, hujus antistitem et nomine et honore patriarchæ ab Ecclesiæ incunabulis insignitum fuisse. Si dubites, certum probabo ex canone septimo concilii Nicæni, in quo hæc habentur : *Quia consuetudo obtinuit et antiqua traditio, ut Æliæ episcopus honoretur, habeat honoris consequentiam, salva metropolis propria dignitate.* Sed jura privilegiaque patriarchalia, non nisi in concilio Chalcedonensi obtinuit, a quo tres Palæstinæ huic pro diœcesi assignatæ sunt.

At postquam sedes imperii, quæ ad Constantini Magni tempora Romæ fuerat, translata est Byzantium, cui nomen Constantinopolis datum est in honorem istius imperatoris, qui hanc iisdem privilegiis ac Romam donavit Novamque Romam appellari voluit, Constantinopolitanus episcopus nomen et honorem patriarchæ primum, ut probabiliter inferius conjicietur, obtinuit. Sed et ad modum Hierosolymitani auctoritatem accepit, juraque nomini conventientia a Patribus concilii Constantinopolitani primi generalis, qui hunc, ut ex eorum canone patet, non patriarcham fecerunt, sed ei jam hoc donato secundum locum, nec non, ut vult Socrates, Thraciam pro diœcesi assignarunt. In Theodosio Magno imperante statutum est, et postea sub Marciano a concilio Chalcedonensi non tantum confirmatum, sed etiam maxime auctum Patribus huic præter Thraciam, Asiam, Pontum, barbarasque provincias subjicientibus hoc canone, qui tot procellas posterioribus sæculis in Ecclesia excitavit : *Definitiones sanctorum Patrum sequentes ubique, et regulam quæ nunc relecta est centum quinquaginta Dei amantissimorum episcoporum qui congregati sunt sub piæ memoriæ imperatore magno Theodosio in regia civitate Constantinopoli nova Roma, cognoscentes : et nos eadem definimus de privilegiis ejusdem sanctissimæ Constantinopolitanæ Ecclesiæ novæ Romæ. Etenim sedi senioris Romæ propter imperium civitatis illius Patres consequenter privilegia reddiderunt. Et eadem intentione permoti centum quinquaginta Deo amantissimi, æqua sanctissimæ sedi novæ Romæ privilegia tribuerunt; rationabiliter judicantes imperio et senatu urbem ornatam, æquis senioris Romæ privilegiis frui, et in ecclesiasticis, sicut illam, majestatem habere negotiis, et secundam post illam existere, et his qui de Ponto sunt, et de Asia, et Thracia diœcesibus metropolitanos solos, rursus autem et qui inter barbaros sunt episcopos præfatarum diœceseon ordinari a prædictæ sanctissimæ Constantinopolitanæ sedis sanctissima Ecclesia.* Sicque ab hoc tempore quinque patriarchæ in Ecclesia numerari et auctoritatem habere cœperunt, scilicet, ut ait Justinianus, *beatissimus archiepiscopus et patriarcha senioris Romæ, Constantinopolis, Alexandriæ, Antiochiæ et Hierosolymorum.*

Quod autem ad horum jura spectat, ea sunt. Primum de negotiis magni momenti infra fines sui patriarchatus occurrentibus decernere, ut dixi, ex concilio Nicæno. Præterea si, ut legitur in concilio Chalcedonensi, cum provinciæ metropolitano episcopus vel clericus litem haberet, petebat aut primatem, sive exarchum diœcesis, aut patriarcham ; hujusque sententiæ omnino parendum erat, inquit Justinianus, *perinde ac si judex ab initio fuisset. Nam contra horum antistitum sententias, non esse locum appellationi, a majoribus nostris constitutum est.* Quod tamen Justiniani decretum de sententiis in causis minoribus intellige, *cum majoribus*, ut ait Valentinianus, *beatissimus episcopus urbis Romæ, cui antiquitas sacerdotium in omnes detulit, de episcopis et de fide judicandi potestatem habuerit.* Unde hæc leguntur in concilio Sardicensi: *Si quis episcopus fuerit depositus judicio episcoporum qui sunt in vicinia, et dicat rursus sibi defensionis negotium competere, non prius in cathedram alius constituatur, quam Romanus episcopus, causa cognita, sententiam tulerit.*

Ad patriarcham etiam spectabat concilia episcoporum ex diversis patriarchatus sui provinciis convocare. Sic Julius papa, cum recens summi pontificis munus accepisset, centum decem et sex episcoporum concilium ex suburbicariis Ecclesiis convocavit, ut Arianam hæresim sua etiam sententia condemnaret. Sic Alexander Alexandrinus, teste Socrate, cum accepisset Arii dogmata et conatus resque ab eo gestas oculis cerneret, iracundia cœpit exardescere, ac concilio multorum episcoporum celebrato, Arium et ejus opinionis fautores presbyterii gradu abdicavit.

Sic in Christianissima et regia urbe Constantinopoli, nova Roma, congregata est magna synodus septuaginta trium episcoporum, præsidente religiosissimo et sanctissimo episcopo Gennadio ; et alia sub Menna adversus Acephalos, quæ tomo tertio et quarto Conciliorum leguntur.

Sic Joannes Antiochenus omnes episcopos Syriæ, quibus hucusque adversus Cyrillum atque orthodoxos Ephesi congregatos comministris usus erat, ad synodum venire jussit, ut Nestorium ejusque hæresim condemnarent, et communionem cum Romano pontifice, Cyrillo Alexandrino omnique catholica Ecclesia, a qua schismate rescisi fuerant, redintegrandam decernerent.

Sic denique Joannes Hierosolymorum patriarcha synodum trium Palæstinarum congregavit contra Severum, Petrum, ac Zoaram hæreticos, ut ex ejus epistola synodica constat.

Tandem jus his omnibus commune fuit, saltem a tempore quo ab imperatoribus libertas Ecclesiæ data est ordoque hierarchicus per diœceses perfecte institutus, patriarchatus sui viciniores metropolitas et episcopos ut plurimum ordinare aut confirmare : licet non omnes eodem modo hoc usi sint. *Etenim*, ut ait Justinianus, *quidam in provinciis in quibus morabantur, metropolitanorum, sed etiam aliorum episcoporum qui sub eis erant, ordinationes faciebant.* Constantinopolitanus metropolitas solos Ponti, Asiæ et Thraciæ ; et episcopos qui in barbaricis erant, ut loquuntur Patres concilii Chalcedonensis, ordinabat Antiochenus, sicut metropolitanos auctoritate ordinabat singulari, sic et poterat impedire ne episcopi sine permissu conscientiaque sua crearentur. Pro Romano Siricii epistolam facile profferrem, nisi apud peritos incertæ esset fidei, qua statuitur ut extra conscientiam apostolicæ sedis, hoc est primatis, quippe qui hujus vicarius erat, nullus auderet ordinare episcopum. Sed qui tantisper epistolas Gregorii Magni legerit, haud ignorare potest hunc summum pontificem non tantum ex propria provincia, sed etiam ex pluribus aliis innumeros episcopos ordinasse et confirmasse. Audiamus quid ad Joannem subdiaconum de consecratione Constantii Mediolanensis episcopi electi scribat : *Etsi nulla eos diversitas ab electionis unitate disterminat, si quidem in prædicto filio nostro Constantio omnium voluntates atque consensum perdurare cognoscis, tuum eum a propriis episcopis, sicut antiquitatis mos exigit, cum nostræ auctoritatis assensu, solatiante et auxiliante Domino, facias consecrari : quatenus hujusmodi servata consuetudine, et apostolica sedes proprium vigorem retineat, et a se concessa aliis jura non minuat.* Eumdem Gregorium non minorem auctoritatem in Ravennensem metropolitam exercuisse testatur Joannis Ravennensis episcopi epistola ad eum scripta, quæ se a prædecessore ejus ordinatum et privilegia accepisse fatetur. Eadem ratione in Ægypti patriarchatu, ita **necessaria erat confirmatio patriarchæ in** electionibus episcoporum, ut Synesius ad Theophilum Alexandrinum scribens, hoc unum requiri dicat electis episcopis Palebiscæ, Hydracis et Olbii. Et quod de Hierosolymitano idem sentiendum sit, haud dubium esse potest, cum ex philosophorum placitis, qui habet esse habeat etiam consequentia ad esse, hoc est entis sui generis proprietates. Unde, ut refert Evagrius, Theodosio facto episcopo Hierosolymitano in locum Juvenalis, multi ex Palæstina ad eum veniebant, ut episcopi consecrarentur.

Sub patriarchis et supra metropolitanos fuerunt exarchi, seu primates, qui, ut ait Balsamon, non unius tantum provinciæ metropolitani erant, sed totius diœcesis, quæ multas in se provincias continebat. Sic episcopus Cæsareæ Cappadociæ Ponti exarchus dicitur, et Ephesinus exarchus Asiæ. Sic apud sanctum Leonem Anastasius episcopus Thessalonicensis primas Illyrici orientalis instituitur, ut partem curæ quam summus ille pontifex universis hujusce tractus Ecclesiis potissimum ex divina institutione debebat, susciperet, et remotis ab apostolica sede provinciis visitationem suam impenderet. Sic Cæsarius Arelatensis Galliarum primas a Symmacho factus, ab eo munus accepit, ut, manentibus his quæ Patrum constituta singulis Ecclesiis concesserunt, circa hæc quæ in Galliæ provinciis de causa religionis emergerent, solertia sua invigilaret.

Quod ad horum officium spectat, si cui clerico, ut dicitur in concilio Chalcedonensi, lis erat cum provinciæ metropolitano, diœceseos exarchum adibat. Si, ut fuse declarat Leo Magnus, ex diversis provinciis cogenda erat synodus, ad exarchum sive primatem spectabat. Ac si aliquid grave pro tota diœcesi decernendum erat, in solius exarchi aut patriarchæ stabat potestate. Unde cum diœcesis Pontica fines amplissimos haberet, Cappadociam scilicet, Pontum, Bithyniam, Galatiam, Paphlagoniam et Armeniam provincias complectens, nulla ex harum numero fuit, ut inferius dicetur, in qua Basilius Cæsariensis episcopus et totius diœcesis exarchus, aliquod sui juris potestatisque exemplum non ediderit. Idem de Arelatensi primate facillimum est probare, quodque non solius provinciæ Arelatensis curam gereret, sed etiam ex Galliæ universæ provinciis synodos convocaret, inter quoscunque clericos lites componeret, et litteras formatas peregrinis, qui in alias diœceses iter faciebant, tribueret : cum id disertis verbis a primatur in epistolis variis summorum pontificum, quarum verba suo loco referentur. Nec est de aliis primatibus aliter sentiendum.

*Magna etiam dispositione provisum est*, inquit Leo, *ne omnes sibi omnia vindicarent, sed essent in singulis provinciis singuli episcopi, quorum inter fratres haberetur prima sententia.* Hi, ex Isidoro Hispalensi, metropolitani, a mensura civitatum, sive metropole quarum episcopi erant, vocati fuerunt, singulis provinciis præeminebant, horum auctoritati et doctrinæ cæteri sacerdotes subjecti erant, sine his nihil magni momenti cæteris episcopis agere licebat post principem quantum ad civilia, ut in Digestis legitur, sollicitudo etiam totius provinciæ quantum ad ecclesiastica, metropolitanis commissa erat. Clarissime patet hoc in canone trigesimo quinto apostolorum, qui sic habet : *Episcopos gentium singularum scire convenit quis inter eos primus habeatur, quem velut caput existiment, et nihil amplius præter ejus conscientiam gerant, quam illa sola singuli, quæ parochiæ propriæ et villis quæ sub ea sunt, competunt, sed nec ille præter omnium conscientiam faciat aliquid : sic enim unanimitas erit et glorificabitur Deus per Christum in Spiritu sancto.* Talis revera horum erat auctoritas in statuendis quæ ad communem provinciæ utilitatem spectabant, ut ex constitutione Nicænorum Patrum, firmitas eorum quæ gerebantur per unamquamque provinciam his tributa fuerit; huncque canonem ediderit Antiochena synodus sub Julio : *Episcopos qui sunt in unaquaque provincia scire oportet episcopum qui præest metropoli, etiam curam suscipere totius provinciæ, eo quod in metropolim undequaque concurrunt omnes qui habent negotia. Unde visum est eum quoque honore præcedere; reliquos autem episcopos nihil magni momenti aggredi sine ipso, ut vult qui ab initio obtinuit Patrum canon : vel sola, quæ ad uniuscujusque parochiam conferunt, et regiones quæ ei subsunt.* Nulla censebatur perfecta synodus, nisi cui aderat metropolitanus; et si quis præter ejus sententiam factus fuerat episcopus, hunc sacra synodus Nicæna definivit episcopum esse non oportere. Unde Innocentius primus varia præscribens Victricio Rothomagensi episcopo, quæ in ejus provincia observanda erant, ante omnia præcipit : Ut extra conscientiam metropolitani episcopi nullus audeat ordinare episcopum. Integrum enim est, inquit, judicium quod plurimorum sententiis confirmatur. Idem scribit Hilarus papa Ascanio Tarraconensi metropolitano, his verbis : *Hoc autem primum juxta eorumdem Patrum regulas columus custodiri, ut nullus præter notitiam atque consensum fratris Ascanii metropolitani aliquatenus consecretur antistes, quia hoc et vetus ordo tenuit, hoc trecentorum decem et octo sanctorum Patrum definivit auctoritas.* Quamvis autem solum eorum suffragium in eligendis episcopis non sufficeret, quippe qui communi suffraganeorum provinciæ consensu crearentur, ut inferius dicetur : attamen, si in aliam forte personam partium se vota diviserant, metropolitani judicio is alteri præferatur, qui majoribus et studiis juvabatur et meritis. Præterea, inquit Innocentius ad supradictum Victricium, si quæ causæ vel contentiones inter clericos tam superioris ordinis quam inferioris exortæ fuerant, secundum Nicænam synodum, congregatis ejusdem provinciæ episcopis, a metropolitano terminabantur. Prohibet etiam Hilarus papa in epistolis, ne ulli clerici præter metropolitani consensum in aliam provinciam proficisci audeant. Præcipitque concilium Epaonense ut in celebrandis divinis officiis ordinem quem metropolitani tenent, comprovinciales obser-

vent. Addam denique hunc morem in Ecclesia invaluisse, ut summus pontifex et patriarchæ metropolitanis scriberent quæ in eorum provincia observanda judicabant, ut eadem ipsi suffraganeis episcopis postea denuntiarent. Unde hæc scribit Innocentius primus ad Aurelium : *Frater charissime, hæc velim cuncta recitanda per omnes Africanas Ecclesias scripta dirigas.* Hæcque Leo Magnus ad Nicetam metropolitanum Aquileiensem : *Hanc autem epistolam nostram, quam de consultationem tuæ fraternitatis emisimus, ad omnes fratres et comprovinciales tuos episcopos facies pervenire, ut in omnium observantia data præsit auctoritas.* Et quis ex jurisconsultis nescit Justinianum imperatorem hæc in Novellis statuere? *Sanctissimi patriarchæ uniuscujusque diœcesis hæc proponant in Ecclesiis sub te constitutis, et manifesta faciant Deo amabilibus metropolitanis quæ a nobis constituta sunt : illi quoque rursus etiam ipsi proponant in metropolitana sanctissima Ecclesia, et constitutis sub se episcopis hæc manifesta faciant. Illorum vero singuli in propria Ecclesia hæc proponant.*

Restat episcoporum ordo, quorum singuli singulis Ecclesiis præficiebantur, populos sibi commissos prædicationis verbo pascentes, sacramenta per se vel per alios administrantes, pœnitentibus manus et pœnitentiam pro delictorum gravitate imponentes, clericos ordinantes, ac, ut paucis dicam, omnia parochiæ suæ munia sub metropolitanorum auctoritate obeuntes. Horum electio, examen, professio fidei, ordinatio, officium et auctoritas, sic paucis describuntur in concilio Carthaginensi IV : *Qui episcopus ordinandus est, antea examinetur si natura sit prudens, si docilis, si moribus temperatus, si vita castus, si sobrius, si semper suis negotiis cavens, si humilis, si affabilis, si misericors, si litteratus, si in lege Domini instructus, si in Scripturarum sensibus cautus, si in dogmatibus ecclesiasticis exercitatus; et ante omnia, si fidei documenta verbis simplicibus asserat, id est, Patrem, et Filium et Spiritum sanctum unum Deum esse confirmans, totamque Trinitatis Deitatem coessentialem et consubstantialem et coæternalem et coomnipotentem prædicans; si singularem quamque in Trinitate personam plenum Deum, et totas tres personas unum Deum; si incarnationem divinam non in Patre, neque in Spiritu sancto factam, sed in Filio tantum credat : ut qui erat in divinitate Dei Patris Filius, ipse fieret in homine hominis matris filius, Deus verus ex patre, homo verus ex matre; carnem ex matris visceribus habens, et animam humanam rationalem : simul in eo ambæ naturæ, id est Deus et homo, una persona, unus Filius, unus Christus, unus Dominus creator omnium quæ sunt et auctor, et Dominus, et rector cum Patre et Spiritu sancto, omnium creaturarum : qui passus sit vera carnis passione, mortuus vera corporis sui morte, resurrexit vera carnis suæ resurrectione, et vera animæ resumptione, in qua veniet judicare vivos et mortuos. Quærendum etiam ab eo, si Novi et Veteris Testamenti, id est Legis et Prophetarum, et Apostolorum, unum eumdem credat auctorem et Deum; si diabolus non per conditionem, sed per arbitrium factus sit malus. Quærendum etiam ab eo, si credat hujus quam gestamus, et non alterius carnis resurrectionem; si credat judicium futurum, et recepturos singulos pro his quæ in carne gesserunt, vel pœnas vel gloriam; si nuptias non improbet; si secunda matrimonia non damnet; si carnium perceptionem non culpet; si pœnitentibus reconciliatis communicet; si in baptismo omnia peccata, id est, tam illud originale contractum quam illa quæ voluntarie admissa sunt, dimittantur; si extra Ecclesiam catholicam nullus salvetur. Cum in his omnibus examinatus inventus fuerit plene instructus, tunc cum consensu clericorum et laicorum, et conventu totius provinciæ episcoporum, máximeque metropolitani vel auctoritate vel præsentia ordinetur episcopus. Suscepto in nomine Christi episcopatu, non suæ delectioni nec suis motibus, sed his Patrum definitionibus acquiescat. In cujus ordinatione etiam ætas requiratur, quam sancti Patres in præeligendis episcopis constituerunt.*

*Episcopus cum ordinatur, duo episcopi ponant et teneant Evangeliorum codicem super caput et cervicem ejus, et uno super eo fundente benedictionem, reliqui omnes episcopi qui adsunt, manibus suis caput ejus tangant.*

*Non longe ab ecclesia hospitiolum habeat.*

*Vilem supellectilem et mensam ac victum pauperem habeat, et dignitatis suæ auctoritatem fide et vitæ meritis quærat.*

*Gentilium libros non legat, hæreticorum autem pro necessitate et tempore.*

*Gubernationem viduarum et pupillorum ac peregrinorum non per seipsum, sed per archipresbyterum aut per archidiaconum agat.*

*Tuitionem testamentorum non suscipiat.*

*Pro rebus transitoriis non litiget provocatus.*

*Nullam rei familiaris curam ad se revocet, sed lectioni et orationi et verbi Dei prædicationi tantummodo vacet.*

*Ad synodum ire non sine satis gravi necessitate inhibeatur: sic tamen, ut in sua persona legatum mittat, suscepturus salva fidei veritate quidquid synodus statuerit.*

*Sine concilio clericorum suorum, clericos non ordinet, ita ut civium conniventiam et testimonium quærat.*

*Nullius causam audiat absque præsentia clericorum suorum: alioquin irrita erit sententia episcopi, nisi clericorum sententia confirmetur.*

*De loco ignobili ad nobilem per ambitionem non transeat, nec quisquam inferioris ordinis clericus. Sane si id utilitas Ecclesiæ fiendum poposcerit, decreto pro eo clericorum et laicorum episcopis porrecto, in præsentia synodi transferatur, nihilominus alio in locum ejus episcopo subrogato.*

*Rebus Ecclesiæ tanquam commendatis, non tanquam propriis utatur.*

*Denique in ecclesia et in consessu presbyterorum sublimior sedeat. Intra domum vero collegam se presbyterorum esse cognoscat.*

Hæc ex concilio Carthaginensi quarto, quæ, licet longiuscula, referre haud moratus sum ob singularem verborum et doctrinæ præstantiam, et quod in iis præcipua omnia quæ de antiqua episcoporum politia dici possunt paucis reperiantur. Sed satis de quinque episcoporum generibus deque eorum dignitate, auctoritate et muniis, quæ ne de ignoto agere videremur præmittenda duximus.

De his nobis sigillatim dicendum, et quæ in universa Ecclesia sedes patriarchales, exarchicæ, metropolitanæ, et episcopales fuerint, per ordinem cum Deo narrandum. Dicemus autem ex epistolis summorum pontificum, ex conciliis, ex Patribus, ex historia ecclesiastica et civili, et ex peritissimis primorum Ecclesiæ sæculorum geographis, et per ipsamet eorum quantum in nobis erit verba, ut potiori ratione antiqua censeatur hæc Notitia. Sic veterem Ecclesiæ ordinem, hoc est catalogum sedium episcopalium Ecclesiæ, prout aliæ aliis subjiciebantur, illustrabimus; id autem usque ad finem sexti sæculi mortemque D. Gregorii Magni, cum post hæc Ecclesia ab imperatoribus, quantum ad diœceses maxime, immutata fuerit.

Cum autem omnis doctrina methodo clarior atque intellectu facilior fiat, eumdem ordinem sequemur quem imperator Constantinus et postea Theodosius, Arcadius et Honorius in magistratuum imperii descriptione. Atque ad id potissimum adducti sumus, quod tunc Ecclesia, quasi commensurata fuerit imperio, eaque paucis admodum in provinciis extra imperii fines radices fixerit. Romanus patriarcha solos Caledonios et Hybernos adjecit, Alexandrinus, Indos et Æthiopes; Antiochenus, Persas et Babylonios; Constantinopolitanus vero, reliquas ex barbaris Asiæ provinciis, scilicet Russiam, Scythiam et Sarmatiam Asiaticas. Adde quod, sicut nullus ordo clarior, ita nec ullus convenientior, cum magna ex parte antiqua diœcese ecclesiasticarum divisio civili conformis fuerit. Ecclesia orbem suum distribuit in patriarchatus, quibus patriarchas præfecit, sicut imperatores imperium suum diviserant in præfecturas, quæ a præfectis prætorio administrabantur. Ecclesia patriarchatus in diœceses ex pluribus provinciis compositas exarchis seu primatibus suis divisit, sicut imperatores præfecturas item in diœceses subjectas vicariis præfectorum. Ecclesia diœcese provincias singulis metropolitanis distribuit, sicut imperatores easdem singulis præsidibus provinciarum commiserant. Denique Ecclesia unamquamque civitatem proprio episcopo et cleri sui concilio regendam dedit, sicut imperatores has omnes curialibus magistratibus administrandas subjecerant. Cum igitur eadem ratio in divisione utriusque imperii ecclesiastici et civilis servata fuerit, pene eumdem ordinem in illustranda Ecclesiæ notitia servabimus quem imperatores in describendis imperii sui magistratibus. Si quidquam dissimile reperiatur, una causa erit diversus numerus antistitum et magistratuum. Non enim idem fuit, cum quinque patriarchas Ecclesia agnoverit, licet imperium quatuor tantum præfectos prætorio, et illa multo plures exarchos seu primates, quam hoc vicarios, nec semper iidem limites essent metropolitanorum et præsidium provinciarum; imo sæpe factum sit in ordine ecclesiastico ut civitas unius provinciæ subjecta et suffraganea esset metropolis civilis alterius provinciæ vicinæ. Quæ autem diœceses, provinciæ et civitates in unoquoque patriarchatu fuerint, in singulorum descriptionibus et tabulis adnotabimus.

Porro si quæ forte sedes episcopales præter eas quas velut e tenebris innumeras eruimus, a nobis omittantur, et adhuc tenebris ipsis obvolutæ remaneant, ignoscet, ut spero, lector. Siquidem in aurifodinis fossoribus etiam perspicacioris visus venia datur, si quædam auri semina inter arenas reliquerint. Sicut et primis qui in regiones aliquas descendere, si earum loca quædam ignota in relationibus suis omittant. Si post aliquot annos iterum in orbem Ecclesiæ hunc lustraturus venero, nova forsitan dabo. Interim grato animo lector accipiat quæ lubenti et benevolo nunc largior.

# DESCRIPTION DU PATRIARCAT ROMAIN

D'APRÈS LE P. CHARLES DE SAINT-PAUL

DANS SA

## GÉOGRAPHIE ECCLÉSIASTIQUE

DES SIX PREMIERS SIÈCLES DE L'ÉGLISE.

En donnant cette description du patriarcat romain, le P. Charles de Saint-Paul prouve: 1° qu'il était supérieur aux autres patriarcats; 2° qu'ils lui étaient soumis. Il expose ensuite les différentes divisions de l'empire; il établit que tout l'Occident formait le diocèse de ce patriarcat, puis il énumère les diverses contrées de cet immense diocèse.

Patriarchatum Romanum ante alios, ut digniorem, aggredior: quippe cujus patriarcha Pater Patrum in conciliis Africanis, Episcopus patriarcharum ab Athalarico rege apud Cassiodorum; et is ad quem, secundum consuetudinem, judicium de fide et de cæteris pontificibus spectat, à Valentiniano imperatore nuncupatur. Non enim cæteris similis existimandus est, sed adeo eminens, ut a primis Ecclesiæ sæculis supremam dignitatem auctoritatemque super alios habuerit. Ea semper fuit hujus conditio, ut, licet omnes judicaret, ipsius tamen persona a nullo judicari potuerit. Unde tam illustris veritatis Ennodius testis fidelissimus adversus injustam Symmachi accusationem sexto sæculo scribens, ait: *Aliorum forte hominum causas Deus voluit homines terminare; sed sedis istius præsulis, suo sine quæstione reservavit arbitrio. Voluit beati Petri apostoli successores cœlo tantum debere innocentium, et subtilissimi discussoris indagini inviolatam exhibere conscientiam.* Hæc ille. Imo ipse ex synodi suæ consilio, decreta quæ in universum cæteris patriarchis, juxta apostolorum primorumque Patrum traditiones observanda erant, tunc statuebat; reprobataque fuerunt, saltem in hac parte, et quando liberum Ecclesæ fuit, concilia quæ absque illius auctoritate et consensu, quidpiam simile usurpare tentarunt. Id de Antiocheno clare legitur apud Socratem, cum de episcopis loquens qui hoc sine consensu Julii Romani pontificis celebraverant, scribit: *Itaque Julius litteris contrariis ad ipsum missis, episcopis qui Antiochiæ convenerant per litteras respondet. Ac primum docet quantum molestiæ et acerbitatis eorum epistola ipsi attulisset; deinde eos contra Ecclesiæ canones egisse, quod illum ad concilium non vocassent; quippe cum canon ecclesiasticus vetet ne decreta absque sententia episcopi Romani Ecclesiis sanciantur.* At quis illustrior testis hujus supremæ jurisdictionis imperatore Valentiniano, ut hæc in novella, Leonis Magni papæ tempore, circa ejus auctoritatem constituit: *Ne levis*, inquit, *saltem inter Ecclesias turba nascatur, vel in aliquo minui religionis disciplina videatur, hoc perenni sanctione decernimus, ne quid tam episcopis Gallicanis quam aliarum provinciarum contra consuetudinem veterem liceat sine viri venerabilis papæ Urbis æternæ auctoritate tentare; sed illis omnibusque pro lege sit, quidquid sanxit vel sanxerit apostolicæ sedis auctoritas. Ita ut si quisquis episcoporum ad judicium Romani antistitis evocatus venire neglexerit, per moderatorem ejusdem provinciæ adesse cogatur per omnia servatis quæ divi parentes nostri Romanæ Ecclesiæ detulerunt. Nec tamen aliud omittam argumentum, quod ejus est virtutis ut adversus illud nihil nisi injuste possit objici: scilicet accusationes et appellationes illorum patriarcharum apud Romanum, Romanique sententias in causis eorum etiam cum synodis latas.*

De Constantinopolitano patriarcha imprimis dicam. Flavianus, hujus sedis episcopus, a synodo depositus, statim Romanum pontificem per libellos appellavit, ut Valentinianus imperator testatur ad Theodosium Orientis imperatorem, verbis quæ hic referantur dignissimis. *Quam nos a nostris majoribus habemus traditam, debemus cum omni competenti devotione defendere, et dignitatem propriæ venerationis B. apostolo Petro intemeratam et in nostris temporibus conservare: quatenus beatissimus Romanæ civitatis episcopus, cui principatum sacerdotii super omnes antiquitas contulit, locum habeat ac facultatem de fide et sacerdotibus judicare, domine sanctissime pater et venerabilis imperator. Hujus enim rei gratia, secundum solemnitatem conciliorum, et Constantinopolitanus episcopus eum per libellos appellavit, propter contentionem quæ orta est de fide.* Si quis etiam Acacium Constantinopolitanum episcopum a Felice tertio condemnatum et depositum ignorat, ipsius Felicis non tantum concilii nomine scribentis, sed et propria auctoritate fungentis, epistolam ad eumdem Acacium legat, ibi hujus depositionis sententiam reperiet. *Habe,* inquit, *cum his quos libenter amplecteris, portionem, ex sententia præsenti, quam per tuæ tibi direximus Ecclesiæ defensorem: sacerdotali honore et communione catholica, nec non etiam a fidelium numero segregatus, sublatum tibi nomen et munus ministerii sacerdotalis agnosce, sancti Spiritus judicio et apostolica auctoritate damnatus.* Sed non minus authentica quam illustris est alia depositio Anthimi, ejusdem Constantinopolitanæ Ecclesiæ patriarchæ, per Agapetum Romanum pontificem, qui etiam, hoc deposito, Mennam in ejus locum substituit, ut legitur actione prima concilii Constantinopolitani sub Agapeto et Menna, verbisque adeo expressis, ut nullus supersit dubitandi locus quin supremam habuerit Romanus pontifex in Constantinopolitanum auctoritatem. Ea sunt: *Misit itaque Deus huic civitati Agapetum, qui vere* ἀγαπητὸς, *id est dilectus a Deo et hominibus, pontificem antiquæ Romæ, in depositione Anthimi et prædictorum hæreticorum, tanquam olim Petrum magnum apostolum Romanis, in depositione Simonis Cretiani. Iste ergo honorabilis vir, sciens per libellos plurimorum nostrorum ea quæ inique contra Ecclesias præsumpta fuere, ea ipso visu semel accipiendo, neque ad visum suscipere voluit Anthimum furentem adversus canones; sed nunc juste ejecit de sacerdotali sede civitatis suæ et coopitulante et coadunato catholicæ fidei et divinis canonibus vestro imperio, præfecit ipsi Ecclesiæ sanctissimum Mennam, rectæ fidei, et vitæ pudicæ, et honestæ conversationis, et infirmantium sibi in injungenda dispensatione approbatissimum.*

Hæcce aliaque hujusmodi a summis pontificibus synodice, ut moris tunc erat in rebus magni momenti, hoc est ex synodorum sive generalium, sive occidentalium sententia, ut plurimum facta esse non ignoro; sed non obstat quominus eos Constantinopolitani patriarchæ superiores agnoscamus, cum synodis semper per legatos præfuerint, aut eas confirmarint, ipsæque generales nomine Romanorum pontificum sæpius decreta similia ediderint. Id de Ephesina certum est, cum ab ejus Patribus circa ejus celebrationem et Nestorii condemnationem scribatur: *Antequam sanctissima hæc synodus conveniret, Cœlestinus sanctissimus magnæ Romæ episcopus per litteras suas indicaverat, Cyrilloque sanctissimo Deoque dilectissimo magnæ civitatis Alexandrinæ episcopo, ut suas vices subiret, commiserat.* Et alibi: *Coacti per sacros conones et epistolam sanctissimi Patris nostri et comministri Cœlestini Romanæ Ecclesiæ episcopi, lacrymis subinde perfusi ad lugubrem hanc contra eum sententiam necessario venimus.* Idem Patres Chalcedonenses ad Leonem fatentur his verbis: *Quibus quidem sicut membris caput præeras in his qui tuum tenebant ordinem, benevolentiam præstrens.* Quapropter non nisi his verbis sententiam adversus Dioscorum protulerunt: *Unde sanctissimus et beatissimus archiepiscopus magnæ et senioris urbis Romæ, Leo, per nos et per præsentem sanctam synodum, una cum ter beatissimo et omni laude digno beato Petro apostolo, qui est petra et crepido catholicæ Ecclesiæ et rectæ fidei fundamentum, nudavit eum tam episcopali dignitate quam ab omni sacerdotali ministerio.*

De patriarcha Alexandrinæ Ecclesiæ, quod Romano subjectus exstiterit, indicare videtur exemplum Dionysii hujus urbis antistitis, apud Dionysium Romanorum episcopum accusati, cum non nisi ante superiorem accusationes institui soleant; maxime que favet quod ejus judicium subire non recusarit, imo libellos et apologiam miserit, ut se ab hæreticorum sententia alienum esse probaret. Eadem ratione ductus Joannes Talaia ejusdem sedis patriarcha, inquit Liberatus, ejectus de sede Alexandrina propter Petrum Moggum, sumptis a Calendione Antiocheno synodicis intercessionis litteris, Romanum pontificem Simplicium appellavit. Sed quis non legit apud historiæ scriptores Athanasium Alexandrinum ante hunc, Julii Romani sententia absolutum, suæque sedi redditum, sicut et Paulum Constantinopolitanum, Asclepam Gazæ, Marcellum Ancyræ, et Lucium Adrianopoleos. Id narrat Socrates his verbis: *Julius vero, quoniam Ecclesiæ Romana privilegium præter cæteras obtinebat, litteris suis ad episcopos Orientis liberius perscriptis, illorum partes tueri studet: in Orientem litteras mittit, quo et suus cuique locus restitueretur, et eos qui illos temere abdicaverant graviter reprehenderet.* Hunc præsulem ex synodi etiam Sardicensis ordinatione ad Alexandrinos remissum scio, sed ejus et Julii decretum pro uno habendum esse tanto verisimilius duco, quod hujus synodi Patres ad sedem Romanam judicium de episcoporum depositionibus remiserint.

Antiochenum patriarcham non minus Romano subditum fuisse satis clare probabo, si Juvenalis Hierosolymitani verba ad Patres concilii Ephesini, cui etiam aderat, retulero.

Oportebat, inquit, Joannem reverendissimum Antiochiæ episcopum, hac sancta et magna et œcumenica synodo considerata, confestim accurrere; ut de iis quæ illi objiciuntur se purgaret, et ad apostolicam sedem magnæ Romæ nobiscum considentem, et obedientiam et honorem deferre apostolico sanctæ Dei Ecclesiæ Romanorum [non enim legendum est Hierosolymorum, ut doctissime multis rationibus probavit cardinalis Perronius, interpretatusque est Peltanus], apud quem maxime mos est, ex apostolico ordine et traditione, ut ipsa sedes Antiochena dirigatur, et apud eum judicetur. Hinc fit ut longe ante hanc synodum Paulo Samosateno Antiochiæ præsule deposito a concilio ejusdem urbis, Domnoque in ejus locum substituto, cum Paulus huic sententiæ obedire recusaret, Aurelianus imperator gentilis, inquit Eusebius, licet sedi Romanæ non parum offensus, convenienter ordinavit, ut huic sedes Antiochena tribueretur, cui Romanus pontifex assidentibus Italiæ episcopis æquum judicaret. Sed et addam Maximum Antiochenæ Ecclesiæ patriarcham a concilio Chalcedonensi ea potissimum ratione agnitum et acceptum fuisse, quod eum legitimum hujus sedis episcopum, et non Domnum, Leo Romanus judicaverat, ut diserte ait Anatolius Constantinopolitanus actione decima concilii Chalcedonensis.

De uno patriarcha Hierosolymitano dicendum superest : sed quis hunc Romano subjectum fuisse ambiget, si alios, ut satis fuse probavimus, post eorum electionem Romanus confirmabat, lapsos in fide de throno dejiciebat abdicabatque, variaque in eos auctoritatis jura exercebat? Ne tamen hujus a Romano dependentiam, licet certissimam, sine probatione relinquamus, Innocentium primum ad Hieronymum scribentem testem proferam, qui judices huic promittit, si adversus Joannem Hierosolymitanum accusationem ferat, asseritque se jam Joanni scripsisse, eumque hortatum esse ut circumspectius ageret. Quid plura ? cum his testimoniis, quasi clarioribus solis radiis, suprema in alios patriarchas Romani auctoritas illustrata sit; nec jam dubitari possit quin revera episcopus patriarcharum, ut in ipso limine hujus libri ex Cassiodoro diximus, primis Ecclesiæ sæculis ab omnibus orthodoxis agnitus fuerit.

Jam vero quod præter summum illum honoris titulum, etiam patriarchæ nomine donaretur, nullus quod existimem dubitare potest. Siquidem in libello magno Leoni a concilio Chalcedonensi a Sophronio oblato, archiepiscopus et patriarcha magnæ Romæ dicitur : sicut Agapetus archiepiscopus et patriarcha Romanorum, in epistola episcoporum orthodoxorum Orientis contra Anthimum. Unde nec dubitavit Justinianus imperator huic locum inter patriarchas assignare novella sua, cum ait : Jubemus ut beatissimi archiepiscopi et patriarchæ, hoc est, senioris Romæ, Constantinopolis, Alexandriæ, Antiochiæ et Hierosolymorum, in ordinatione sua ea solum præbeant quæ præberi mos

DICTIONNAIRE DE GÉOGRAPHIE ECCL. I.

Sed quinam limites fuerint Romani patriarchatus, quosque illi præscripserit nascens Ecclesia, non ita clarum est, ac eo difficilius perspici potest, quod partitio diœceseωn et provinciarum ecclesiasticarum, ut plurimum conformis fuerit civili principum dispositioni, quæ sæpius ad nutum eorum mutata est. Prima auctorem habuit Augustum, qui, deleta antiquæ administrationis forma, orbem imperii modo novæ monarchiæ accommodato divisit, ut accurate docet Dio Cassius. Secunda ab Adriano facta est, a prima non adeo discrepans. Tertia a Constantino, in præfecturas, diœceses et provincias ; et quarta a diversis imperatoribus, quorum plures ex una provincia aut diœcesi duas fecerunt, maxime post imperii divisionem inter Græcos et Latinos. Quamvis autem, ut ait Innocentius primus, haud conveniens sit ut ad mobilitatem mundanarum necessitatum Ecclesia commutetur, honoresque aut divisiones patiatur quas pro suis causis faciendas esse duxerunt imperatores, imo pristinus provinciarum mos sit conservandus : attamen experientia docuit ad civilium dignitatum mutationes, ecclesiasticas mutatas esse, imperatoribus sic statuentibus. Nec Ecclesia, quæ imperatorum patrocinio summe primis sæculis indigebat, id recusavit. Unde in concilio Chalcedonensi decretum est ut civiles et publicas formas ecclesiasticarum parœciarum ordo consequeretur, adeo ut, inquiunt Patres, si qua civitas potestate imperiali novata esset, aut in posterum innovaretur, civiles dispositiones et publicas, ecclesiasticarum quoque parœciarum ordines subsequerentur.

Fateor mihi certum videri patriarchatum Romanum ex cunctis occidentalibus Ecclesiis coaluisse. Idque imprimis probatur verbis prisci illius auctoris, qui aliquot opera, his nomen Clementis apponens, promulgavit, et quem peritiores critici circa annum ducentesimum scripsisse existimant. Is enim in priori parte epistolæ Clementis ad Jacobum scribit, Petro apostolo fuisse præceptum ut obscuriorem mundi plagam Occidentis illuminaret. Istud præterea semper Græci, licet schismatici, confessi sunt, ac inter eos disertissime Zonaras et Balsamon in expositione sexti canonis Nicæni. Zonaras quidem hæc habet : Alexandrinum igitur episcopum iis qui in Ægypto sunt, Libya et Pentapoli præsidere jubet ; Antiochenum subjectis sibi provinciis, Syriæ nimirum, Cœlesyriæ, Ciliciæ, utrique Mesopotamiæ ; aliosque episcopos suis quemque regionibus præesse, quemadmodum et Ecclesiæ Romanæ antistes, ut occidentales provincias regat, mos obtinuit. Balsamonis autem verba nullatenus discrepant : Sextus, inquit, et septimus canon statuunt quatuor patriarchas, videlicet Romanum, Alexandrinum, Antiochensem et Hierosolymitanum (de Constantinopolitano enim in aliis canonibus dicetur) ex antiquis moribus honorari : et Alexandrinum quidem episcopum præesse provinciis Libyæ, et Ægypti, et Pentapolis ; Antiochenum similiter Syriæ, Cœlesyriæ, Mesopotamiæ et utrique Ciliciæ ;

27

*Hierosolymitanum autem provinciis Palæstinæ, Arabiæ, et Phœnices.* Quoniam, inquit, *et Romanus episcopus præest occidentalibus provinciis.* At si schismaticorum testimonium cuiquam suspectum esset, licet fide tanto digniores sint, quanto veritas ab adversariis ipsis expressa atque extorta certior esse videatur, adhibebo testem divum Hieronymum, qui hæc ad Marcum scribens : *Hæreticum me cum Occidente, hæreticum me cum Ægypto, hoc est cum Damaso Petroque condemnent;* Damaso episcopo Romano Occidentis velut patriarchalem diœcesim tribuit, æque ac Ægyptum Petro Alexandrino episcopo. Adhibebo D. Augustinum Occidentis Ecclesias Romanæ tribuentem, etiam Africanas, ut earum partes, cum in libris contra Julianum, prolatis adversus Pelagianos sententiis Irenæi Lugdunensis, Cypriani Carthaginensis, Rhetici Augustodunensis, Olympii Hispaniarum, Hilarii Pictaviensis, et Ambrosii Mediolanensis, addit : *An ideo contemnendos putas, quia occidentalis Ecclesiæ sunt omnes, nec ullus in eis est commemoratus a nobis Orientis episcopus? Quid ergo faciemus, cum illi Græci sint, nos Latini? Puto tibi eam partem orbis sufficere debere, in qua primum apostolorum suorum voluit Dominus gloriosissimo martyrio coronare. Cui Ecclesiæ* (scilicet occidentali) *præsidentem beatum Innocentium si audire voluisses, jam tunc periculosam juventutem tuam Pelagianis laqueis exuisses.* Adhibebo Gregorium Nazianzenum asserentem, carmine de vita sua, antiquam Romam recta in fide ambulare, totumque Occidentem salutari verbo ligatum tenere, prout convenit civitatem illam, quæ mundo præest universo. Plura his addere quis non superfluum existimabit? Prodeat adhuc tamen Agatho in epistola synodi occidentalis ad orientalem, quæ actione quarta synodi sextæ generalis legitur, cuique hæc est inscriptio : *Agatho episcopus servus servorum Dei, cum universis synodis subjacentibus concilio apostolicæ sedis;* cumque dicentem audiamus harum synodorum episcopos ad Oceani usque plagas suas diœceses habuisse, ad occidentem septentrionemque habitasse, inter Longobardos et Sclavos, inter Francos, Gothos et Britannos versatos esse, hoc est, per Italiam et Illyricum, per Gallium, Hispaniam, Britanniam fusos ac sparsos fuisse. Hæc habet : *Sperabamus deinde de Britannia Theodorum consamulum atque coepiscopum nostrum magnæ insulæ Britanniæ archiepiscopum et philosophum, cum aliis qui ibidem usque hactenus demorantur, exinde ad nostram humilitatem conjungere, atque diversos hujus concilii episcopos in diversis regionibus constitutos : ut a generalitate totius concilii servilis nostra suggestio fieret; ne si tantum pars quod agebatur cognosceret, partem lateret : et maxime quia in medio gentium, tam Longobardorum quamque Sclavorum, nec non Francorum, Gallorum et Gothorum, atque Britannorum, plurimi consamulorum nostrorum esse noscuntur, qui et de hoc curiose satagere non desistunt, ut cognoscant quid in causa apostolicæ fidei peragatur : qui quantum prodesse possunt, dum in consonantia fidei nobiscum tenentur nobisque concorditer sentiunt : tantum, quod absit, siquid scandali in fidei capitulo patiantur, inveniantur infesti atque contrarii. Nos autem, licet humillimi, summis viribus enitimur, ut Christiani vestri imperii respublica, in qua B. Petri apostolorum principis sedes fundata est, cujus auctoritatem omnes Christianæ nobiscum nationes venerantur et colunt, per ipsius beati Petri apostoli reverentiam, omnium gentium sublimior est monstretur. Personas autem de nostræ humilitatis ordine prævidimus dirigere, ad vestra a Deo protegendæ fortitudinis vestigia, quæ omnium nostrum, id est universorum per septentrionales vel occiduas regiones episcoporum suggestionem, in qua et apostolicæ nostræ fidei confessionem prælibavimus, offerre debeant.*

Quod si ad hos tanti nominis testes ratio quæpiam addenda est, unam, sed clarissimam afferam. Quinque sunt tantum patriarchatus, ut ex testimoniis in prœmio adductis certum est; at ex communi omnium consensu, quatuor fuerunt in Oriente, scilicet Constantinopolitanus, Alexandrinus, Antiochenus et Hierosolymitanus; nec ullus eorum quidquam jurisdictionis habuit in Occidente : unde sequitur Romanum pro diœcesi Occidentem universum obtinuisse. Ratio non minus evidens quam certa est.

Sed quæ diœceses et provinciæ in Occidente Romano patriarchæ subdito continerentur, nunc videamus; ac primum, quid nomine Orientis et quid nomine Occidentis apud historiæ civilis scriptores intelligatur. Jam Taciti tempore orbis in Orientem et Occidentem dividebatur, imo et ante eum sub Machabæis. Sed ab hinc, uterque tribus potissimum modis sumptus est, variosque terminos pro varietate temporum habuit. Primo sumitur Occidens pro tota Europa, quæ ab oceano Atlantico ad mare Ægeum, pontum Euxinum, Mœotim Paludem et flavium Tanaim extenditur, solis additis Romanæ septem Africæ provinciis; eoque Antoninus et Geta Severi imperatoris filii imperii divisionem proposuerunt in Orientale et Occidentale, teste Herodiano, adeo tamen ut Asia et Ægyptus ad Orientale spectassent, cæteræ vero diœceses ad Occidentale. Secundo minus late pro majori quidem parte Europæ, quæ ab Atlantico oceano ad mare Ægeum extenditur, sed ad Tisucim montem (quem Succum nominat Marcellinus, quique Thraciam a Dacia dividit) a septentrione terminatur. *Ecclesia*, inquit Socrates, *de schismate inter Occidentales et Orientales episcopos scribens, versus Occidentem ab Ecclesia quæ erat in Oriente, dissensione distracta fuit. Terminus autem quo illorum distincta erat communio, mons inter Illyricum et Thraciam interjectus, qui Tisucis dicitur constitutus est : ad quem quidem usque, omnes inter ipsos licet fide dissentientes, discriminis penitus remoto communicarunt; ulterius cero nulla inter eos fuit communio. Hoc autem modo divisum est imperium in Orientale et*

Occidentale inter Constantium, Constantem et Constantinum filios Constantini, vel ab ipso Constantino, ut quidam scribunt, vel eo defuncto ex ipsorum consensu. Hanc divisionem describens Zonaras ait : Constanti tributam esse Italiam Romamque ipsam, Africam, Siciliam cum reliquis insulis, atque etiam Illyricum, Macedoniam, et cum Achaia Peloponnesum; Constantino Alpes Gottias cum Galliis, et Tractum Pyrenæi usque ad Mauritaniam Oceani angusto freto diremptam ab Hispaniis; Constantio vero ea obvenisse quæ in orientali parte Romanæ ditionis erant, et Thraciam cum urbe paterna. Tandem Græci imperatores, postquam diœceses Macedonicam et Dacicam sortiti sunt, totum Illyricum, quod antea Occidentale erat, Orientale censeri voluerunt; ideoque Occidens ab Oriente Ionio mari ab hoc tempore cœpit dividi; atque tertia strictior Occidentis acceptio. Sed his positis variis terminis Orientis et Occidentis, quos apud veteres historiæ scriptores circa propositum nostrum observare est, ad rem veniamus.

Plane fatendum est Italiam, Gallias, Hispanias, Africam insulasque interjacentes, intra fines patriarchatus occidentalis seu Romani fuisse. Cuinam id dubium esse poterit, si Innocentium primum ad Decentium Eugubinum scribentem audiat, nullum instituisse Ecclesias in iis regionibus, nisi eos quos princeps apostolorum Petrus aut ejus successores constituerunt sacerdotes. Hujus verba sunt : *Quis enim nesciat aut non advertat id quod a principe apostolorum Petro Romanæ Ecclesiæ traditum est, ac nunc usque custoditur, ab omnibus debere servari, nec superinduci vel introduci aliquid quod auctoritatem non habeat, aut accipere aliunde videatur exemplum: præsertim cum sit manifestum in omnem Italiam, Gallias, Hispanias, Africam atque Siciliam insulasque interjacentes nullum instituisse Ecclesias, nisi eos quos venerabilis apostolus Petrus aut ejus successores constituerunt sacerdotes. Aut legant, si in iis provinciis alius apostolorum invenitur aut legitur docuisse. Quod si non legunt, quia nusquam inveniunt, oportet eos hoc sequi quod Ecclesia Romana custodit, a qua eos principium accepisse non dubium est : ne dum peregrinis assertionibus student, caput institutionum videantur omittere.* Quid clarius ? At cum ad hos Ecclesiæ jure pertinere censentur a quibus primo institutæ fuerant, ideoque Cyprii, ab auctoritate patriarchæ Antiocheni se immunes esse probare volentes, hoc ratione usi sint, quod a sancto Barnaba apostolo, non autem a divo Petro aut ejus successore patriarcha Antiocheno, fidem accepissent : haud dubius infero hasce diœceses ad patriarchatum Romanum jure spectasse. Subjungam ex Sulpitii Severi Historia ecclesiastica, ubi de concilio Ariminensi scribit, occidentales episcopos Illyricum, Italiam, Africam, Hispaniam et Gallias obtinuisse : *Ita missis, inquit, et per Illyricum, Italiam, Africam, Hispanias Galliasque magistris officialibus, acciti ac coacti quadringenti et aliquanti, amplius occidentales epi-*

*scopi Ariminum convenere.* Nec non repetam ex D. Augustino libro contra Julianum nunc citato earumdem diœceseon episcopos occidentalibus annumerari.

Ac licet vix ullum reperiri posse mihi persuadeam qui, talis auctoritatis testibus auditis, de hac veritate licet certissima dubitare audeat, eam tamen innumeris actibus Romanorum pontificum, quasi tot demonstrativis jurisdictionis patriarchalis, quam in singulis hisce diœcesibus exercuerunt, argumentis, facillime probabo per inductionem. Etenim ad quid Liberius dicitur episcopus Italiæ apud Socratem, nisi quia penes Romanum pontificem erat rerum ecclesiasticarum, quibus aliquid inerat momenti, per illam administratio ? Et quis apud summorum pontificum epistolas non observavit nullam hos majorem sollicitudinem habuisse quam Ecclesiarum ac episcoporum Italiæ? Unde nec in hac veritate probanda immorabimur. Sed ut de aliis regionibus dicamus, ac primum de Gallia, clare patet apud Zosimum in epistolis hunc sibi istius diœcesis majora negotia reservasse, dum ait : *Ad Arelatensis antistitis notitiam si quod illic negotium emerserit, referri censuimus ; nisi magnitudo causæ etiam nostrum requirat examen.* Sed quibus ignotum est hujus sedis episcopos vicarios fuisse Romanorum pontificum per Gallias a tempore Zosimi papæ ad Gregorium Magnum usque? Hinc est quod Pelagius primus hæc ad Sapaudum Arelatensem scribebat: *Majorum nostrorum, operante Dei misericordia, cupientes inhærere vestigiis, et eorum actus divino examine in omnibus imitari : charitati tuæ per universam Galliam sanctæ sedis apostolicæ, cui divina gratia præsidemus, vices injungimus.*

Idem de Hispania non minus facile probabitur, cum et in ea Romani pontifices vicarios habuerint, ut ex eorum patet epistolis. Simplicius hæc ad Zenonem Hispalensem episcopum scribebat: *Talibus idcirco gloriantes indiciis, congruum duximus vicaria sedis nostræ te auctoritate fulciri : cujus vigore munitus, apostolicæ institutionis decreta, vel sanctorum terminos Patrum nullatenus transcendi permittas.* Pene similia scribit Hormisda pontifex ad Joannem Tarraconensem his verbis : *Et quia per insinuationem dilectionis tuæ, hujus est nobis viæ patefacta providentia, remuneramus sollicitudinem tuam, et servatis privilegiis metropolitanorum, vices vobis apostolicæ sedis eatenus delegamus, ut inspectis istis, sive ea quæ ad canones pertinent, sive ea quæ a nobis sunt nuper mandata, serventur.*

De Magna Britannia haud ulla dubitatio esse potest, cum ex venerabili Beda, Palladius ad Scotos in Christum credentes, a pontifice Romanæ Ecclesiæ Cœlestino primus missus sit episcopus. Ut ex eodem : *Gregorius vir, ut ipse inquit, doctrina et actione præcipuus, pontificatum Romanæ et apostolicæ sedis sortitus, divinoque admonitus instinctu, adventus vero Anglorum in Britanniam anno circiter centesimo quinquagesimo, miserit servum Dei Augustinum et alios plures cum eo* monachos timentes Dominum, prædicare verbum Dei genti Anglorum.

Quantum ad Africam spectat, quis parem Romanæ sedis auctoritatem in illius episcopos non agnoscet, si divum Augustinum in epistolis scribentem audierit, apud Africanos consuetudinem invaluisse ut singularum provinciarum, etiam Proconsularis, synodi in causis alicujus momenti ad Romanam sedem scriberent, ab ea, vel ordinem quem sequi deberent, vel decretorum quæ fecerant confirmationem petentes? Hujus verba sunt : *Hæc ad sanctitatem tuam de concilio Numidiæ scripta direximus, imitantes Carthaginensis provinciæ coepiscopos nostros, quos ad sedem apostolicam, quam beatus illustras, hac causa scripsisse comperimus.* Nec mirum sane, cum disertissimis verbis apud Romanam Ecclesiam semper viguisse principatum asserat toto orbe illustris fide et doctrina magnus ille doctor scribens contra Donatistarum pertinaciam. *Erat,* inquit, *Carthago transmarinis vicina regionibus, et fama celeberrima nobilis : unde non mediocris utique auctoritatis habebat episcopum, qui posset non curare conspirantem multitudinem inimicorum, cum se videret et Romanæ Ecclesiæ, in qua semper apostolicæ cathedræ viguit principatus, et cæteris terris, unde Evangelium ad ipsam Africam venit, per communicatorias litteras esse conjunctum.*

De Illyrico solo non diximus; sed quis apud illud similem potestatem Romanum pontificem habuisse non credet, si hæc narrantem Socratem audierit? *Perigenes Ecclesiæ Patrensis designatus fuit episcopus, quem, ubi populus illius urbis eum repudiaverat, episcopus Romanus mandavit ut episcopo Corinthi metropolis jam mortuo, in sede episcopali illius urbis collocaretur : cui Ecclesiæ reliquo vitæ spatio præfuit.* Is autem Perigenes adfuit subscripsitque concilio Ephesino. Nec de hac diœcesi major est difficultas circa quintum et sextum sæculum quam circa superiora, cum in epistola episcoporum Veteris Epiri ad Hormisdam, de electo Joanne metropolitano Nicopolis, hæc ad eum scripta legantur. *Rogamus ut juxta antiquam consuetudinem, hunc quoque complectamini paternis visceribus vestris, nobisque atque ipsi Dei gratia efficiamini arma inexpugnabilia commonitionibus vestris atque doctrinis. Et precantibus nobis, inclinetis aurem, et pietatem concordiæ reperiatis justam inspiratam vobis divinitus apostolicam providentiam.* Non enim hæc nisi ad proprium patriarcham, cujus erat electiones confirmare, scribere poterant. Unde his respondens Hormisda, Joannis electionem confirmatione sua sancivit. Sic alio Joanne electo primate Justinianæ primæ, Gregorius Magnus hujus electionem etiam confirmavit, eique vices suas committens per Illyricum, palliumque mittens, hæc scripsit : *Quia igitur suscepta fratrum et coepiscoporum nostrorum relatio, ad locum vos sacerdotii, totius concilii unito consensu, et serenissimi principis voluntate declarat accersiri : gratias omnipotenti Deo creatori nostro magna cum exsultatione retulimus : qui vitam actusque vestros ita de præteritis fecit esse probabiles, ut omnium vos, quod est valde laudabile, faceret placere judicio. Quibus nos quoque in persona fraternitatis tuæ per omnia consentimus, atque omnipotentem Dominum deprecamur ut charitatem vestram sicut sua gratia elegit, ita in omnibus sua protectione custodiat. Pallium vero ex more transmisimus, et vices vos apostolicæ sedis agere iterata innovatione decernimus.* Sic idem Gregorius, cum pallium Corinthiorum archiepiscopo mitteret, episcopis Helladis præcipit ut ipsi obediant. *Pallium Joanni fratri nostro Corinthiorum episcopo nos transmisisse cognoscite, cui vos magnopere convenit obedire, præsertim dum hoc sibi et antiquæ consuetudinis ordo defendat, et bona ejus, quibus ipsi testimonium perhibetis, invitent.* Sic tandem multa id genus argumenta, nisi longum esset, in hujus veritatis confirmationem afferri possent.

Sed difficultas major est circa diœceses Thraciæ, Scythiæ, Daciæ, Macedoniæ, Thessaliæ et Achaiæ : quæ ut solvi possit, tempora necessario distinguenda sunt, cum pro illorum varietate nunc ad Orientem, nunc ad Occidentem spectarint. Quod Thracia ante Constantinum Romano patriarchæ subdita fuerit, probat æternæ memoriæ cardinalis Baronius ex origine Byzantinæ Ecclesiæ, quam tribuit apostolorum principi; recteque sane, cum huic omnes subjectæ manerent Ecclesiæ, a quo institutæ fuerant. *Petrus,* inquit, *Romam proficiscens hanc in Thracia, sicut Nicænam in Bithynia erexit, ac in iis episcopos constravit.* Idque colligit ex epistola Agapetæ papæ de Menna a se ordinato episcopo Constantinopolitano, in quinta synodo recitata, cujus verba sunt : *Et hoc dignitati suæ cedere credimus, quod a temporibus Petri apostoli, nullum alium unquam orientalis Ecclesia suscepit episcopum manibus nostræ sedis ordinatum. Et forsitan ad demonstrationem fidei ipsius, vel ad destructionem inimicorum, instans res tanta provenit, ut illis ipse simili esse videatur, quos in his quandoque partibus apostolorum primi electio ordinavit.* At mihi tanto probabilior videtur hujus sententia, quod ad Constantinum usque, Thracia, quæ Europæ provincia est, occidentalis semper existimata sit, saltem quantum ad ordinem ecclesiasticum. Imperium a Diocletiano imperatore in Orientale et Occidentale prius ad visum fuisse, Orientalique, quod sibi et Maximino reservavit, Thraciam tributam non ignoro. At quid ad Ecclesiam hæc mutatio civilis ab ethnico imperatore facta et quæ ad paucos annos viguit, maxime cum Thracia adhuc tempore concilii Nicæni Romano patriarchæ subjiceretur, ut mox dicemus ex Gelasio Cyziceno? Sed aliis rationibus tam de Thracia quam de cæteris Illyrici orientalis diœcesibus probabo. Orbem universum in Europam, Asiam et Africam distinxit antiquitas; singulisque illius partibus singulos patriarchas Petrus apostolus præficiens, Europam Romano, Asiam Antiocheno, et Africam, quantum ad Ægyptum, Alexandrino subjecit. Cum autem Thracia Illyricique orientalis diœceses inter Europæ regiones censerentur, quis eas intra Romani patriarchatus limites primis sæculis constituere dubitet? Ad id satis invitant verba quæ Gelasius Cyzicenus scribit in actis synodi primæ Nicænæ de Alexandro Thessalonicensium episcopo, ipsiusque nomine : *Alexander Thessalonicæ per eos qui sub ipsius potestate sunt, Ecclesiis Macedoniæ primæ et secundæ cum omni Græcia, totius etiam Europæ, utriusque Scythiæ, omnibusque Illyrici, Thessaliæ et Achaiæ Ecclesiis.* Quis enim non agnoscit hisce in verbis Thessalonicensium episcopum tempore concilii Nicæni, utriusque Macedoniæ, Thessaliæ, Achaiæ, Scythiæ etiam utriusque, totius Illyrici, necnon et Europæ, hoc est Thraciæ, metropolitanam obtinuisse dignitatem; ac proinde, cum provinciæ ipsi subjectæ omnes ab uno eodemque patriarcha penderent, nec unus idemque metropolita provinciis diversorum patriarchatuum præficeretur, easdem provincias, etiam Thraciam, intra patriarchatus Romani limites fuisse? Argumentum illud sic clarius expono. Si Thracia, totiusque Illyrici diœceses usque ad Constantinum Thessalonicensi episcopo ut metropolitano subjiciebantur, etiam ad Romanum patriarcham spectabant, cum diversorum patriarchatuum episcopi eidem metropolitæ non parerent. At Thracia (quam per Europam significari etiam scioli non ignorant) totiusque Illyrici provinciæ Thessalonicensi episcopo tanquam metropolitæ subjectæ fuerunt usque ad Constantinum, imo etiam tempore concilii Nicæni, ut patet ex prædictis verbis Gelasii Cyziceni. Unde necessario dicendum est Thraciam Illyricique provincias, usque ad Constantinum conciliumque Nicænum, patriarchæ Romano fuisse subjectas. De Dacia tamen, Macedonia, Achaia cæterisque Illyrici provinciis, longe minor est dubitatio quam de Thracia, cum adhuc sub Constantini Magni liberis occidentales æstimatæ sint. Græci, inquit Sozomenus, *Macedones et Illyrici, qui versus Occidentem suarum rerum domicilia habebant, Constantini opera, qui illi imperii Romani parti præfuit, libere et animo securo Deum coluerunt.* Id certo certius ex hoc confirmatur, quod occidentalis Ecclesia, ut jam dixi ex Socrate, ab Ecclesia quæ erat in Oriente, divisa fuerit, monte inter Illyricum et Thraciam interjecto qui Tisucis dicebatur. Hincque factum est ut Sozomenus Protogenem tunc Sardicæ episcopum inter episcopos occidentales enumeret, Theodorum vero Heracleæ in Thracia eodem tempore episcopum inter orientales. Eademque ratio fuit propter quam legitimum concilium Sardicense, quod Sardicæ in Dacia celebratum est, occidentale semper habitum sit; et aliud eodem tempore apud Philippopolim in Thracia ab Arianis congregatum, orientale. Quod item sub patriarcha Romano diu et sequentibus sæculis permanserit, certissime probatur ex ejus vicariis Thessalonicensibus, qui totius Illyrici Ecclesias sub ejus auctoritate direxerunt. Unus ex his fuit Anastasius Thessalonicensis, ad quem hæc scribit Leo Magnus: *Sicut præcessores mei præcessoribus tuis, ita etiam ego dilectioni tuæ priorum secutus exemplum, vices mei moderaminis delegavi : ut curam quam universis Ecclesiis principaliter ex divina institutione debemus, imitator nostræ mansuetudinis effectus, adjuvares, et longinquis ab apostolica sede provinciis præsentiam quodammodo nostræ visitationis impenderes.* ] Unde Nicolaus primus rogans Michaelem imperatorem, ut has provincias Romano pontifici ab Iconomachis ademptas restitui curaret, hæc scribebat : *Oportet vestrum imperiale decus (quod in omnibus ecclesiasticis utilitatibus vigere audivimus) ut antiquum morem quem nostra Ecclesia habuit, vestris temporibus restaurare dignemini : quatenus vicem quam nostra sedes per episcopos vestris in partibus constitutos habuit, videlicet Thessalonicensem, qui Romanæ sedis vicem per Epirum Veterem Epirumque Novam atque Illyricum, Macedoniam, Thessaliam, Achaiam, Daciam Ripensem Daciamque Mediterraneam, Mysiam, Dardaniam et Prævalim, beato Petro apostolorum principi contradicere nullus præsumat.* Sed has nonne declarat a Romana diœcesi avulsas Diatyposis patriarchatus Constantinopolitani, vulgo Leoni imperatori tributa, cujus verba sunt : *Avulsi a diœcesi Romana, jamque throno Constantinopolitano subjecti metropolitani Thessalonicensis, Corinthius, Nicopolitanus, Atheniensis, Patrensis.* At ne hanc avulsionem ante Justiniani tempora factam esse quis existimet, audiamus eum in Novellis privilegia archiepiscopalia episcopo Achridæ sive Justinianæ primæ a Vigilio data confirmantem. *Primæ Justinianæ*, inquit, *patriæ nostræ, pro tempore sacrosanctus antistes, non solum metropolitanus, sed etiam archiepiscopus fiat: et certæ provinciæ sub ejus sint auctoritate, id est, tam ipsa Mediterranea Dacia quam Dacia Ripensis, nec non Mysia secunda, Dardania et Prævalitana provincia, et secunda Macedonia, et pars secundæ etiam Pannoniæ, quæ in Bacensi est civitate.* Ut autem se talem illi dignitatem obtinuisse a Romano patriarcha, cujus vicarius erat, non autem a Constantinopolitano, indicaret, hæc subdit in alia novella : *Ipsum vero archiepiscopum (scilicet Justinianæ primæ) a proprio ordinari concilio et in subjectis sibi provinciis locum obtinere sedis apostolicæ Romanæ, secundum ea quæ definita sunt a sancto Vigilio.* Verba ita clara sunt, ut plura his addere superfluum sit, planeque fatendum videatur has omnes Illyrici provincias cum aliis occidentalibus ad Romanum patriarcham spectasse usque ad imperatorem Justinianum, imo usque ad Iconomachorum tempora, qui eas Constantinopolitano subjecerunt. Sed, ut harum notitia uno intuitu perspici queat, accipe et illas, et singulas illarum sedes exarchicas, seu primatiales, et metropolitanas.

### IN ITALIA.

*Roma*, sedes patriarchæ Occidentis, et primatis Italiæ, et metropolitani Latii utriusque novi et veteris, Campaniæ, Tusciæ, Umbriæ, Valeriæ, utriusque Piceni Annonarii et Suburbicarii, Samnii, Apuliæ, Calabriæ, Lucaniæ, Brutiorum et Corsicæ.

*Mediolanum*, metropolis Liguriæ, Alpium Cottiarum et Rhætiæ utriusque.

*Ravenna*, metropolis Flaminiæ et Æmiliæ

*Aquileia*, metropolis Venetiæ et Istriæ.

*Syracusæ*, metropolis Siciliæ.

*Calaris*, metropolis Sardiniæ et insularum Balearidum.

### IN ILLYRICO OCCIDENTALI.

*Syrmium*, sedes primatis Pannoniarum et Norici utriusque.

*Laureacum*, Syrmio diruto, metropolis Pannoniarum et Norici.

*Salona*, metropolis Dalmatiæ.

### IN GALLIA.

*Arelatum*, sedes primatis Galliarum, et metropolis secundæ Viennensis.

*Vienna*, metropolis Viennensis primæ et Alpium Graiarum seu Penninarum.

*Narbo*, metropolis Narbonensis primæ.

*Aquæ Sextiæ*, metropolis Narbonensis secundæ, dubia.

*Ebrodunum*, metropolis Alpium Maritimarum.

*Treveris*, metropolis Belgicæ primæ et duarum Germanicarum.

*Rhemi*, metropolis secundæ Belgicæ.

*Lugdunum*, metropolis primæ Lugdunensis.

*Rothomagus*, metropolis secundæ Lugdunensis.

*Turonum*, metropolis tertiæ Lugdunensis.

*Civitas Senonum*, metropolis quartæ Lugdunensis.

*Vesuntio*, metropolis Maximæ Sequanorum, dubia.

*Bituricæ*, metropolis Aquitaniæ primæ, sedesque antiqua primatis Aquitaniæ.

*Burdigala*, metropolis Aquitaniæ secundæ.

*Elusa*, metropolis Novempopulaniæ.

### IN HISPANIA.

*Hispalis*, sedes primatis Hispaniæ per aliquod tempus, et metropolis Bæticæ.

*Carthago*, primis sæculis metropolis provinciæ Carthaginensis.

*Toletum*, metropolis primum provinciæ Carpetanæ, et postea Carthaginensis, denique sedes primatis Hispaniæ.

*Tarraco*, metropolis provinciæ Tarraconensis.

*Emerita Augusta*, metropolis Lusitaniæ.

*Bracara Augusta*, prima metropolis Gallæciæ.

*Lucus Augusta*, altera metropolis Gallæciæ.

### IN ILLYRICO ORIENTALI.

*Thessalonica*, sedes primatis Illyrici orientalis per multa sæcula, et metropolitani Macedoniæ.

*Corinthus*, sedes primatis Achaiæ, et una ex metropolibus ejusdem diœcesis.

*Athenæ*, metropolis Helladis, saltem quantum ad honorem.

*Patræ*, metropolis altera Achaiæ, saltem quantum ad honorem.

*Nicopolis*, metropolis Epiri Veteris.

*Dyrrachium*, metropolis Epiri Novæ.

*Larissa*, metropolis Thessaliæ.

*Scupi*, metropolis Dardaniæ.

*Achrida*, sedes primatis partis Illyrici et secundæ Pannoniæ.

*Sardica*, metropolis utriusque Daciæ et Mœsiæ superioris.

### IN DACIA ANTIQUA.

*Mœsia secunda et Scythia.*

*Marcianopolis*, metropolis Mœsiæ inferioris.

*Tomi*, metropolis Scythiæ.

*Zarmizegetusa*, Gothorum metropolis in Dacia antiqua.

### IN AFRICA.

*Carthago*, sedes primatis Africæ, et metropolitani provinciæ Proconsularis.

*Prima sedes* Numidiæ, in qua senior episcopus sedebat.

*Prima sedes* Mauritaniæ Cæsariensis et Tingitanæ, in qua senior episcopus sedebat.

*Prima sedes* Mauritaniæ Sitifensis, in qua senior episcopus sedebat.

*Prima sedes* Bizacenæ provinciæ, in qua senior episcopus sedebat.

*Prima sedes* Tripolitanæ provinciæ, in qua senior episcopus sedebat.

### IN MAGNA BRITANNIA.

*Londinum*, metropolis antiqua Britanniæ.

*Dorovernum*, aliis *Cantuaria*, postea metropolis Cantii et Britanniæ meridionalis.

*Carleona*, metropolis Britanniæ secundæ, seu occidentalis, dubia.

*Eboracum*, metropolis Scotiæ et partis septentrionalis Britanniæ.

Hæc est antiqua Notitia provinciarum et metropoleon ecclesiasticarum Romani patriarchatus, cui unicum addendum superest, scilicet patriarcharum qui huic præfuerunt series. Eam autem ex auctoribus antiquis historiæ ecclesiasticæ, Marcellino Comite et Anastasio Bibliothecario, per ipsamet eorum verba mox proferam.

---

# EXPLICATIONS HISTORIQUES ET GÉOGRAPHIQUES

*Concernant le Tableau général des patriarcats, des métropoles, des archevêchés et des évêchés du monde chrétien depuis le vi<sup>e</sup> siècle jusqu'au xviii<sup>e</sup>.*

Nous prenons ces explications dans la Géographie ecclésiastique de l'abbé de Commauville, publiée à la fin du xvii<sup>e</sup> siècle.

L'auteur a le style, simple, naïf, parfois négligé et incorrect, assez souvent pittoresque et incisif. Nous convenons cependant avoir fait des suppressions, et n'avoir cité que ce qui est particulier au Tableau géographique et propre à en faciliter l'intelligence. Nous y ajoutons quelques remarques sans altérer en rien le naturel et la franchise de l'auteur. L'abbé de Commanville n'a consulté pour son travail que des écrivains graves et que des monuments authentiques.

Il nous a paru en plusieurs cas qu'il y avait quelques différences géographiques entre son travail et celui du P. Charles de Saint-Paul sur la géographie des six premiers siècles de l'Église. C'est pour cette raison que nous citons le P. Charles de Saint-Paul à côté de l'abbé de Commanville, notamment pour la géographie primitive de l'Italie chrétienne et pour celle du patriarcat de Constantinople, postérieure à la première. Le P. Charles de Saint-Paul entre sur le patriarcat romain et la division géographique de l'Italie dans des détails précis,

curieux et qui sont aujourd'hui oubliés ou ignorés. Quant au patriarcat de Constantinople, qui n'est plus qu'une ruine devant laquelle on passe en quelque sorte sans l'apercevoir, il était fort vaste. Pour le former, on avait pris sur le patriarcat romain et sur celui d'Antioche, la reine de l'Orient, la cité par excellence, changée actuellement en un triste et pauvre village.

Ces explications font connaître les vicissitudes et les mutations éprouvées par la géographie ecclésiastique à l'occasion des révolutions politiques survenues depuis le v<sup>e</sup> siècle jusqu'au xviii<sup>e</sup>; et elles sont nombreuses, comme l'on sait.

En publiant dans le III<sup>e</sup> vol. l'état actuel des archevêchés et des évêchés du monde chrétien, nous le comparerons au Tableau qui va du vi<sup>e</sup> au xviii<sup>e</sup> siècle; et nous verrons le chiffre considérable d'archevêchés et d'évêchés qui n'existent plus.

### EXPLICATIONS RELATIVES A L'ITALIE.

L'Italie, en y comprenant ses îles, est un pays situé entre le 33 et 47<sup>e</sup> degré de latitude et le 30 et 42<sup>e</sup> de longitude.

Elle est bornée par la mer Méditerranée, tant au midi qu'au levant et au conchant; et séparée de l'Allemagne et de la France par les Alpes du côté du nord.

Les Romains, qui y avaient le siége de leur empire, la partagèrent pour le civil en deux vicariats, celui de Rome et celui de Milan.

Le vicariat de Rome fut subdivisé en dix provinces, que l'on nomma suburbicaires, à cause qu'elles relevaient du juge résidant dans la ville capitale. C'est la plus naturelle explication qu'on puisse donner à ce mot, qui a ému tant de contestations parmi les savants. Le vicariat de Milan n'avait que sept provinces, et fut surnommé Italique

L'empire romain y souffrit plusieurs révolutions depuis le v<sup>e</sup> siècle, lesquelles donnèrent lieu à diverses principautés, dont la durée n'a été que passagère, et qu'il serait inutile de rapporter ici.

Ce fut vers le xii<sup>e</sup> siècle que s'érigèrent la plupart de celles qui la partagent aujourd'hui (1701).

Quant à l'état ecclésiastique, comme il se régla d'abord sur le civil, il n'y eut dans les premiers siècles que deux métropoles, Rome et Milan. Rome conserva longtemps sa supériorité immédiate sur les dix provinces suburbicaires; et ce n'a guère été que dans le x<sup>e</sup> siècle qu'on a commencé à y voir des archevêchés ; mais Milan en eut dans les provinces italiques dès le iv<sup>e</sup> et le v<sup>e</sup> siècle

---

Voici la description des provinces de l'Italie par Paul Diacre, au chapitre 15 de son Histoire des Lombards.

*Venetia non solum in paucis insulis, quas nunc Venetias dicimus, constat, sed ejus terminus a Pannoniæ finibus, usque Adduam fluvium protelatur. Probatur hoc annalibus libris, in quibus Bergamus civitas esse legitur Venetiarum. Nam et de lacu Benaco in historia ita legimus : Benacus lacus Venetiarum, de quo, Mintius fluvius egreditur. Eneti enim, licet apud Latinos una littera addatur, Græce laudabiles dicuntur. Venetiæ etiam Histria connectitur, et utræque pro una provincia habentur. Histria autem ab Histro flumine cognominatur, quæ secundum Romanam historiam amplior quam nunc est, fuisse perhibetur. Hujus Venetiæ Aquileia civitas exstitit caput, pro qua nunc Forum Julii, ita dictum quod Julius Cæsar negotiationis forum ibi statuerat, habetur.*

*Liguria, a legendis, id est colligendis leguminibus, quorum satis ferax est, nominatur, in qua Mediolanum est, et Ticinus, quæ alio nomine Papia appellatur. Hæc usque ad Gallorum fines extenditur.*

*Inter hanc et Suaviam, hoc est Alemannorum patriam, quæ versus septentrionem est posita, duæ provinciæ, id est Rhætia prima et Rhætia secunda, inter Alpes consistunt, in quibus proprie Rhæti habitare noscuntur. Est autem Rhætia prima inter lacum Brigantinum, Rhenum, Danubium et Lycum sita, ut discere est ex Tacito, qui ait Germaniam omnem a Galliis Rhætiisque et Pannoniis, Rheno et Danubio separari. Secunda autem, quæ olim Vindelicia dicta est, inter Lycum, Danubium, et Ænum, juxta Ptolemæum, qui ait Lyciam flumen, quod in Danubium evolvitur, Rhætiam a Vindelicia disterminare.*

*Alpes Cottiæ dicuntur, quæ sic a Cottio rege, qui Neronis tempore fuit, appellatæ sunt. Provincia hæc a Liguria in eurum versus usque ad mare Tyrrhenum extenditur, ab occiduo vero Gallorum finibus copulatur. In hac Aquis, ubi aquæ calidæ sunt, Dertona et Monasterium Bobium, Genua quoque et Saona civitates habentur [quæ tamen secundum* alios ad *Liguriam spectarunt, ut legere est in Notitia antiqua vetusti codicis Thuani, quo hæc habentur : In provincia Liguriensi, civitates viginti : civitas Mediolanum, metropolis; civitas Vigintimiliensium, civitas Albingensium, civitas Vuadis, civitas Genua, Civitas Tortona, civitas Eboreia, civitas Taurinis, civitas Alba, civitas Astensis, civitas Aquis, civitas Vercellis, civitas Noveria, civitas Cremona, civitas Bergamo, civitas Lauda, civitas Regio, civitas Parma, civitas Brixia, civitas Curia*].

*Thuscia a thure, quod populus illius superstitiose in sacrificiis deorum suorum incendere solebat, sic appellata est. Hæc habet intra se circium versus, Aureliam, ab orientis vero parte Umbriam. In hac provincia Roma, quæ olim totius mundi caput exstitit, est constituta. In Umbria vero quæ istius in parte ponitur, Perusium et lacus Cliterius, Spoletumque consistunt. Umbria autem dicta est, quod imbribus superfuerit, cum aquosa clades olim populos devastaret.*

*Campania ab urbe Roma usque ad Siler Lucaniæ fluvium perducitur, in qua opulentissimæ urbes, Capua, Neapolis et Salernus constitutæ sunt. Quæ ideo Campania appellata est propter uberrimam Capuæ planitiem. Cæterum ex maxima parte montuosa est. Porro octava Lucania, quæ nomen a quodam luco accepit, a Silere fluvio inchoat cum Brutia, quæ ita a reginæ quondam suæ nomine appellata est, usque ad fretum Siculum, per ora maris Tyrrheni, sicut et duæ superiores, dextrum Italiæ cornu tenens, pertingit, in qua Pæstus et Lanius, Cassianum et Consentia, Rhegiumque sunt positæ civitates.*

*Æmilia a Liguria incipiens inter Apenninas Alpes et Padi fluenta versus Ravennam pergit. Hæc locupletibus urbibus decoratur, Placentia scilicet Parmaque, Regio et Bononia, Corneliique foro, cujus castrum Imolas appellatur. Exstiterunt quoque qui Æmiliam et Valeriam Nursiamque unam provinciam dicerent; sed horum sententia stare non potest, quia inter Æmiliam et Valeriam, Nursiamque, Thuscia et Umbria sunt constitutæ.*

*Flaminia inter Apenninas Alpes et mare est Adriaticum posita, in qua nobilissima urbium Ravenna, et quinque aliæ civitates consistunt Græco vocabulo Pentapolis dictæ. Constat autem Aureliam, Æmiliamque, et Flaminiam, a constratis viis quæ ab urbe Roma veniunt, et ab eorum vocabulis a quibus sunt constratæ, talibus nominibus appellari.*

*Post Flaminiam Picenus occurrit, habens ab austro Apenninos montes, ex altera vero parte Adriaticum mare. Hæc usque ad fluvium Piscarium pertendit, in qua sunt civitates, Firmus, Asculus, et Pinnis, et vetustate consumpta Adria, quæ Adriatico pelago nomen dedit. Hujus habitatores cum a Sabinis illuc properarent, in eorum vexillo picus consedit, atque hac de causa Picenus nomen accepit.*

*Valeria, cui est Nursia annexa, inter Umbriam et Campaniam Picenumque consistit, quæ ab oriente Samnitum regionem attingit. Hujus pars occidua quæ ab urbe Roma initium capit, olim ab Etruscorum populo Etruria dicta est. Hæc habet urbes Tyburim, Carsilis, Reate, Furconam et Amiternum, regionemque Marsorum, et eorum lacum qui Fucinus appellatur. Marsorum quoque regionem ideo intra Valeriam provinciam æstimo computari, quia in catalogo provinciarum Italiæ minime ab antiquis descripta est.*

*Samnium inter Campaniam et mare Adriaticum Apuliamque a Piscaria incipiens habetur. In hac sunt urbes, Theate, Aufidena, Hisernia, et antiquitate consumpta Samnium, a qua tota provincia nominatur, et ipsa harum provinciarum caput ditissima Beneventus. Porro Samnites nomen accepere olim ab hastis quas ferre solebant, quasque Græci samia appellant.*

*Apulia, cum sociata sibi Calabria eidem rectori subjecta, ab occidente vel Africo habet Samnium et Lucaniam, a solis vero ortu Adriatico pelago finitur. Habent urbes satis opulentas Luceriam, Sepontum, Canusium, Agerentiam, Brundisium et Tarentum, et in sinistro Italiæ cornu, quod quinquaginta millibus extenditur, aptam mercimoniis Hydruntum. Apulia autem a perditione nominatur, citius enim solis fervoribus terræ virentia perduntur.*

*Sicilia insula Tyrrheno mari seu Ionio alluitur, de Siculi ducis proprio nomine nuncupata. Sequitur Corsica insula, et non longe ab illa distans Sardinia, quæ utræque Tyrrhenis fluctibus ambiuntur. Porro Corsica, duce suo Corso, Sardinia a Sarde Herculi filio nominatur.*

*Certum est tamen Liguriam et partem Venetiæ, Æmiliam quoque Flaminiamque, veteres historiographos Galliam Cisalpinam appellasse. Inde est quod Donatus grammaticus in expositione Virgilii, Mantuam in Gallia esse dixit. Indeque est quod in Romana historia legitur, Ariminum in Gallia constitutum. Siquidem antiquissimo tempore, Brennus rex Gallorum, qui apud Senonas urbem regnabat, cum trecentis millibus Gallorum Senonum in Italiam venit, eamque usque ad Senogalliam, quæ a Gallis Senonibus vocitata est, occupavit.*

*Hactenus Paulus Diaconus; nunc de barum provinciarum magistratibus ex Notitia paucis dicendum. Omnes a præfecto prætorio Italiæ regebantur et a duobus hujus vicariis, scilicet vicario Urbis et vicario Italiæ. Septem vicario Italiæ, cujus sedes erat Mediolani, parebant: scilicet, Venetia cum Istria, Rhætiæ duæ, Alpes Cottiæ, Æmilia, Flaminia cum Piceno Annonario, et Liguria. Decem aliæ vicario urbis Romæ; suntque Tuscia cum Umbria, Campania, Picenum Suburbicarium, Sicilia, Apulia cum Calabria, Brutia cum Lucania, Samnium, Sardinia, Corsica, et Valeria. Singularum magistratus sic in Notitia numerantur; scilicet tuor sub vicario Romæ consulares; consularis Campaniæ, consularis Tusciæ et Umbriæ, consularis Piceni Suburbicarii, et consularis Siciliæ. Correctores duo, nempe corrector Apuliæ et Calabriæ, et corrector Brutiæ et Lucaniæ. Denique præsides quatuor, hoc est, Samnii, Sardiniæ, Corsicæ*

Valeriæ. Sub vicario autem Italiæ quatuor fuere consulares : nimirum consularis Venetiæ et Istriæ , consularis Æmiliæ, consularis Liguriæ, consularis Flaminiæ Picenique Annonarii. Tres etiam præsides : primus Alpium Cottiarum, alter Rhætiæ primæ, et tertius Rhætiæ secundæ.

### Des archevêchés et des évêchés de l'Italie centrale.

La partie de l'Italie centrale est bornée par la basse au midi, et par la haute au nord, et a été considérable de tout temps à cause de la ville de Rome, qui était autrefois la capitale de l'empire romain, et qui l'est encore aujourd'hui de l'Eglise latine.

Elle comprenait durant les premiers siècles, pour l'état civil, quatre des provinces immédiatement sujettes au vicaire de la ville; et, dans le temps que l'empire romain était florissant, elle avait des villes et des habitants sans nombre.

Les Huns, les Goths, les Vandales, les Lombards, la ravagèrent dans le v° et le vi° siècle, et y établirent des principautés qui durèrent peu. Nos rois de France en conquirent la meilleure partie sur ces derniers et la voulurent donner aux papes; mais les empereurs d'Orient et ensuite ceux d'Occident s'y opposèrent, ce qui donna moyen aux peuples d'y établir différentes républiques, et d'y vivre dans une espèce de liberté.

Tant de petits Etats qu'ils avaient formés se sont réduits à deux dans le xv° et le xvi° siècle : celui du pape et celui du grand-duc. L'Etat du pape comprend l'Ombrie, la Campagne de Rome, la Marche d'Ancône, le Patrimoine et le duché d'Urbin. Il a les trois premières provinces en vertu de la donation de Pépin et de Charlemagne, quoiqu'il n'en ait joui que longtemps après. Le Patrimoine lui fut donné par la comtesse Mathilde l'an 1102 ; et le duché d'Urbin lui revint comme fief de l'Eglise, faute d'héritiers mâles, en 1631. Outre cela, il possède la Romagne, le Ferrarois et le Bolonois, dans la haute Italie, et Benevent dans la basse, et le comté de Venaissin, où est Avignon, en France (1).

Tout ce pays a été jusqu'aux deux derniers siècles sans avoir d'autre métropole ecclésiastique que Rome même. Les villes n'y sont pas ce qu'elles étaient autrefois. Le clergé y est très-nombreux, et dans un fort grand éclat. Les évêchés y sont l'un sur l'autre, et de médiocre revenu ; possédés cependant assez souvent par des cardinaux et autres prélats de mérite, parce qu'ils sont proches du pape. C'est lui qui y nomme et qui confère de plein droit. Et quant à son revenu propre, on dit qu'il n'est pas moins de dix à douze millions.

L'Etat du grand-duc, à qui l'on donne le nom de Toscane, est composé de trois républiques, Sienne, Pise et Florence, qui après plusieurs guerres ont été réduites dans une même souveraineté, dominée par les Médicis depuis l'an 1564.

Le pays était de la province romaine pour l'ecclésiastique jusqu'au xii° siècle ; mais les papes, qui eurent quelque considération pour ces républiques, érigèrent leurs capitales en métropoles dans les siècles suivants.

### Des archevêchés et des évêchés de l'Italie méridionale, ou du royaume de Naples.

La basse Italie, qu'on appelle communément aujourd'hui le royaume de Naples, est une étendue de terre bornée du golfe de Venise au levant et au midi, de la mer de Toscane au couchant, et de l'Italie moyenne au nord, et n'a pas plus de quatre-vingts lieues de long sur quarante de large.

Elle faisait partie, sous les empereurs romains, des dix provinces nommées suburbicaires ; et qui, étant immédiatement soumises au préfet de Rome aussi bien qu'au pape, comme on a déjà vu, n'eurent aucune autre métropole, ni civile ni ecclésiastique, durant les six premiers siècles.

Les empereurs grecs, qui se la voulurent conserver contre les entreprises des princes d'Occident, la soumirent pour le spirituel au patriarche de Constantinople dans le viii° et le ix° siècle ; et comme ils se faisaient un honneur d'ériger des archevêchés et des évêchés, suivant le pouvoir qu'ils prétendaient en avoir eu du concile de Chalcédoine, ils y en établirent un grand nombre.

Leur autorité y fut renversée dans le x° siècle ; et les papes, qui voulurent remettre le clergé sous leur obéissance, y maintinrent les prélatures créées par les Grecs, et y en ajoutèrent encore de nouvelles dans les siècles suivants, ce qui les a multipliées comme on les voit à présent.

Les Normands s'en rendirent maîtres au xii° siècle, et Roger, qui était un de leurs chefs, en fut couronné roi par l'antipape Anaclet, l'an 1130, et par le pape Innocent II, l'an 1139.

Ce royaume passa ensuite dans la maison de Souabe, puis dans celle de France et d'Aragon ; enfin les Espagnols l'ayant disputé avec les Français s'en emparèrent par adresse dans le xv° siècle, et le possèdent encore à présent (xvii° siècle).

Il est distribué pour le civil en douze provinces, et gouverné par un vice-roi résidant à Naples. Le pays est un des plus beaux de toute l'Italie ; mais il fut ruiné dans le siècle passé par les guerres, et a été fort maltraité dans celui-ci par les extorsions de l'Espagne et par les tremblements de terre.

Les villes y sont en très-grand nombre, et, si vous en exceptez Naples et sept ou huit autres, sont petites et chétives. Il y a quelques archevêchés et évêchés considérables et qui ont un assez bon revenu ; tous les autres y sont de petite étendue et valent très-peu. Le pape en a la nomination, vingt-quatre exceptés, qui relèvent immédiatement du roi, et auxquels il a le droit de nommer.

---

(1) Nous rappelons au lecteur que cette Notice donne la géographie civile et ecclésiastique de l'Italie au xvii° siècle. Il importe de ne pas oublier cet avis relatif à toute la suite de ces explications. Ce que dit l'abbé de Commanville est l'expression des idées et la constatation des faits de son époque.

Le rite grec s'y est conservé longtemps en bien des endroits, et l'on dit qu'il y a encore quelques couvents de l'ordre de Saint-Basile où on l'observe.

### Des archevêchés et des évêchés des îles de Sicile, de Sardaigne, de Corse et de Malte.

Les îles de Sicile, Sardaigne et Corse, ont toujours été regardées comme faisant partie de l'Italie, et étaient entre les dix provinces suburbicaires dont on a parlé ci-devant. Ainsi elles n'eurent d'autre métropole que Rome, tant pour le civil que pour l'ecclésiastique, durant les premiers siècles.

La Sicile est la plus considérable des trois, et n'est séparée du royaume de Naples que par un trajet de six milles de large; aussi ont-ils eu presque toujours l'un avec l'autre les mêmes maîtres et le même sort.

Les empereurs grecs la soumirent au patriarche de Constantinople, dans le VIII$^e$ et le IX$^e$ siècle, et y établirent Syracuse pour métropole, avec plusieurs évêchés qu'ils joignirent à ceux qui y étaient déjà.

Les Normands l'ayant conquise avec le royaume de Naples, et délivrée des Sarrasins qui y avaient tout ruiné, y firent ériger par le pape, vers le XII$^e$ siècle, les métropoles qu'on y voit à présent.

Depuis ce temps-là, elle y est presque toujours demeurée unie, et est venue en même temps que cet État au pouvoir des Espagnols, qui la gouvernent par un vice-roi résidant à Palerme (fin du XVII$^e$ siècle).

Le pays est très-bon, et il y a quelques villes assez belles et de grand commerce; mais les tremblements de terre y font souvent de terribles désordres. Le roi y nomme aux prélatures, qui sont la plupart d'un très-gros revenu, et y prétend les mêmes pouvoirs pour le spirituel qu'un légat du saint-siège. Le clergé et le peuple y sont à peu près comme à Naples.

La Sardaigne est un mauvais pays qui a eu différents maîtres depuis la ruine de l'empire. Les papes, qui y avaient de grandes prétentions, la cédèrent au roi d'Aragon, d'où elle a passé à ceux d'Espagne. Les villes y sont en ruines, les prélatures pauvres et à la nomination du roi. Cagliari et Torre ont beaucoup disputé pour en avoir la primatie, ce qui n'a point encore été décidé.

L'île de Corse est beaucoup plus petite que les deux précédentes, et appartient aux Génois depuis l'an 1347. Il n'y a que des évêchés, dont une partie est sous la métropole de Pise, et l'autre sous celle de Gênes; ils sont à la nomination du pape, et ne valent pas mieux que le pays, où tout est grossier et chétif.

L'île de Malte est plutôt sur la côte d'Afrique que sur celle d'Italie; mais son évêque est depuis longtemps de la province de Palerme, capitale de Sicile, ce qui oblige d'en parler ici. L'évêque est grand-croix, a séance après le grand maître, et est nommé par le roi d'Espagne.

### Des archevêchés et des évêchés de la haute Italie ou de l'Italie septentrionale.

La haute Italie est bornée par la moyenne au midi, la France et l'Allemagne au nord, la mer de Gênes au couchant, et le golfe de Venise au levant.

Les empereurs romains la partagèrent en sept provinces, et la firent gouverner par un préfet résidant à Milan. Et, comme l'autorité spirituelle s'accommodait dans ces temps-là avec la temporelle, l'évêque de cette ville en fut reconnu d'abord pour le seul et unique métropolitain.

Aquilée, qui s'accrut beaucoup dans le IV$^e$ siècle, s'en fit tellement accroire, que ses évêques voulurent prendre le pas sur Milan, se donnèrent la qualité de patriarches, et s'en attribuèrent l'autorité sur les deux provinces que l'on nommait vénitienne et Istrie. Le schisme qu'ils firent avec l'Église romaine au VI$^e$ siècle, obligea les papes de transférer leur patriarcat à Grado, ce qui l'a partagé; et ce qui en était demeuré à Grado a été dans la suite du temps transféré à Venise.

Ravenne, qui fut le siége des empereurs dans le V$^e$ siècle, et ensuite des exarques dans le VI$^e$, se soumit la Flaminie et l'Émilie pour le spirituel, comme elles lui étaient soumises pour le civil à cause de l'exarchat; de sorte qu'il ne resta à Milan, dans le VII$^e$ siècle, que les quatre provinces de Ligurie, Alpes cottiennes et Rhétie première et seconde. Ces deux dernières même lui échappèrent quelque temps après, et dans les deux autres qui lui étaient restées, ont été érigées les métropoles de Gênes, Bologne et Turin, ce qui a mis une grande différence entre son état ancien et son état présent.

Le royaume des Lombards s'établit dans tout ce pays, vers le VII$^e$ siècle, sur les ruines de l'empire d'Occident; et c'est ce qui lui a procuré le nom de Lombardie, qu'il porte encore aujourd'hui. Charlemagne, qui renversa l'autorité de cette nation, y érigea une autre principauté en faveur d'un de ses fils, sous le nom de royaume d'Italie, qui a subsisté quelque temps. De là il passa aux empereurs d'Allemagne dans le XI$^e$ siècle, et les démêlés qu'ils eurent avec les papes donnèrent lieu à l'érection des États qu'on y voit dans ce siècle.

Le duc de Savoie y a formé depuis le XIV$^e$ siècle une souveraineté de diverses provinces, qu'il a acquises par succession ou autrement. Celles qui lui appartiennent sont le Piémont et une partie du Montferrat, sous la métropole de Turin ou de Milan. Il prétend au droit des têtes couronnées comme roi titulaire de Chypre, et nomme aux prélatures de son État, qui sont toutes assez bonnes, et tiennent beaucoup des manières françaises.

Le duché de Milan avait eu ses ducs depuis l'an 1378 jusqu'au commencement du siècle passé, qu'il vint au pouvoir des Espagnols. C'est le pape qui nomme à l'archevêché et aux évêchés, qui sont presque tous d'un gros revenu.

Gênes est une république qui se rendit très-célèbre durant les croisades, et fit tête longtemps aux Vénitiens, mais qui est bien déchue à présent. Le pape nomme à l'archevêché et aux évêchés, les ecclésiastiques y sont riches, et se poussaient autrefois à Rome par leurs talents.

La Romagne est l'ancien exarchat que nos rois donnèrent aux papes; et cependant il n'y a pas longtemps qu'ils en jouissent. Ils la font gouverner par un légat. La province ecclésiastique de Ravenne, qui en est la métropole, est presque toute de leur dépendance, et a d'assez bons évêchés, qui sont à leur nomination.

La basse Lombardie est composée de plusieurs petits Etats qui portent le nom de leur capitale. Le Bolonais est aux papes. Parme, Modène, Mantoue, ont leurs ducs. Les prélatures, aussi bien que celles de la Romagne, sont bonnes et à la nomination du pape.

Venise est une république qui se prétend libre dès sa fondation, que l'on met au vii° siècle. Elle avait fait de grands progrès en Orient durant les croisades, et en a regagné une partie dans ces dernières guerres. Son Etat est le plus puissant et même en quelque façon le meilleur de toute l'Italie; il est regardé comme le boulevard de la chrétienté; mais les ecclésiastiques y ont peu de crédit, étant exclus pour l'ordinaire du sénat et des charges. La république nomme au patriarcat de sa ville. Celui d'Aquilée se choisit son successeur, pour empêcher la contestation qu'elle pourrait en avoir avec l'empereur, qui y a ses prétentions. Le pape a la nomination des évêchés. Les prélats sont riches, le reste du clergé pauvre, et ne passe pas pour être si régulier.

Le Frioul et l'Istrie sont à parler proprement hors de l'Italie, et presque entièrement aux Vénitiens. Leurs évêchés sont sous Aquilée, et à la nomination du pape; mais ceux de Trente et de Laybach, quoique de cette même métropole, appartiennent à l'Allemagne. Le premier est électif, comme étant prince de l'Empire, le second est à la nomination de l'Empereur.

### Des archevêchés et des évêchés de la France.

La France, connue autrefois sous le nom de Gaule, s'étend depuis la quarante-deuxième jusqu'au cinquantième degré de latitude, et depuis le quinze jusqu'au trente de longitude, de sorte qu'elle n'a pas moins de deux cents lieues en tout sens. Ses bornes sont la Méditerranée et l'Espagne au midi, l'Allemagne et l'Italie au levant, l'Océan au couchant, et la Manche avec les Pays-Bas au nord.

Jules César la soumit à l'empire romain peu avant la naissance de Jésus-Christ, et les empereurs qui lui succédèrent la partagèrent dans le iii° siècle en plusieurs provinces. Cette division fut suivie dès lors pour le gouvernement ecclésiastique, et s'y est conservée plus constamment qu'en aucun autre endroit de la chrétienté.

La foi chrétienne y fut prêchée au moins dans le ii° siècle, puisque nous voyons saint Photin, évêque de Lyon, et plusieurs autres martyrs, dans Eusèbe, dès l'an 179. Sulpice Sévère met la mission de saint Denis, évêque de Paris, et des autres prélats que nos plus anciennes Eglises regardent comme leurs fondateurs, vers l'an 250. Et il est hors de doute que la plupart de nos évêchés sont du iii° siècle.

Ce fut au commencement du v° que les Français, originaires de la Frise orientale, s'en emparèrent; et que, lui ayant donné leur nom, ils y établirent une monarchie, que l'on peut dire la plus ancienne et la plus illustre de la chrétienté. Le premier roi qui embrassa l'Evangile fut Clovis, baptisé l'an 496, à la sollicitation de sainte Clotilde, sa femme. Ses successeurs ont été jusqu'à présent au nombre de soixante. Les plus habiles de nos généalogistes ont trouvé moyen de les faire venir d'une même tige, quoique par trois branches différentes. Ils ont tous été catholiques, ce qui leur a fait donner, par un privilége particulier, le nom de rois très-chrétiens et de fils aînés de l'Eglise.

L'Etat était composé, durant la première et seconde race, de plusieurs principautés, qui, quoique relevant du roi, étaient comme autant de petites souverainetés qu'il ne tenait que difficilement dans la sujétion. Les rois de la troisième race ont été assez heureux pour les réunir à la couronne; en sorte qu'ils y sont aujourd'hui les seuls dominants, et que par les conquêtes de Louis le Grand, la France se trouve presque dans les mêmes limites qu'avait l'ancienne Gaule. Il faut pourtant en excepter la Savoie et la Lorraine, qui sont à leurs ducs, et le comté Venaissin, qui appartient au pape (1701).

Il s'est fait quelques changements à la distribution ancienne des provinces ecclésiastiques, par l'érection des nouvelles métropoles.

Les prélatures, qui n'y sont pas moins à présent que de cent quarante, y étaient autrefois électives, quoique le roi y eût toujours beaucoup de part. Sa Majesté a la nomination de celles qui sont sous sa dépendance, par le Concordat de l'an 1515, en faisant payer l'annate au pape. Il nomme aussi aux abbayes, tant d'hommes que de filles, qui sont au nombre de plus de douze cents. Les prieurés, chanoinies, chapelles, couvents de tous ordres qui sont répandus dans tout l'Etat, seraient difficiles à supputer. Pour les curés, il peut y en avoir environ quarante mille. Les prélats y sont riches, de qualité, de mérite. Les religieux et les religieuses d'une très-grande régularité, et tout le clergé plus pieux et plus savant depuis un siècle qu'en aucun autre pays.

Les prélatures qui ne sont point à la nomination du roi sont celles du comté Venaissin, comme étant de la dépendance du pape; celles qui sont situées en Savoie, dont la nomination appartient au duc de ce nom; et Trèves, Bâle et Lausanne, qui sont de l'empire d'Allemagne et électives.

Les chapitres des cathédrales ont pour l'ordinaire l'administration spirituelle du diocèse durant la vacance du siège; mais les rois y ont le droit de régale pour le temporel, et en disposaient autrefois comme de leur propre. Ils en font un meilleur usage à présent, puisqu'ils en réservent une partie pour l'évêque futur, et appliquent l'autre, ou à en soutenir les charges, ou en œuvres pies. Ils disposent pendant ce temps-là de tous les bénéfices qui sont vacants ou en litige, et qui n'ont point charge d'âme; et ils ont droit encore de nommer aux deux premières chanoinies qui viennent à vaquer après que le siège est rempli, et ont outre cela quantité de cures, prieurés et chapelles à leur nomination.

Les impositions que le roi lève sur les ecclésiastiques pour les besoins de l'Etat sont ordinairement sous le nom de décimes ou de don gratuit. Ils avaient pour cela autrefois recours aux papes; mais à présent on les règle dans les assemblées du clergé, qui se tiennent tous les cinq ans, et sont composées de prélats députés de chaque province. Au commencement, cela n'allait guère qu'au dixième des bénéfices; aujourd'hui il y en a bien qui payent plus du quart de leur revenu.

Les hérésies n'avaient jamais fait de grands progrès en France. Celle de Calvin fut assez malheureuse dans le siècle passé pour en pervertir près du tiers, et mettre l'Etat à deux doigts de sa ruine.

# DESCRIPTION DE L'ITALIE PRIMITIVE,

### TIRÉE DE LA

## GÉOGRAPHIE ECCLÉSIASTIQUE DU P. CHARLES DE SAINT-PAUL

#### DIFFÉRENCE ENTRE CETTE DESCRIPTION ET CELLE DE L'ABBÉ DE COMMANVILLE.

Prius observandum est Romanum pontificem exarchum seu primatem fuisse primis sæculis totius Italiæ, eoque nomine hujus septemdecim provincias rexisse. Probabo ex Socrate, apud quem in epistola episcoporum occidentalium ad orientales, Liberius papa dicitur episcopus Italiæ. Quo enim alio, quam exarchi jure, hujusce regionis dici potuit episcopus, cum universum Occidentem pro diœcesi habuerit, quatenus patriarcha, et solam provinciam ecclesiasticam Romanam (quæ longe alios quam Italia terminos habebat) in quantum metropolitanus erat? Revera sicut Gallicanas synodos cogebant regebantque primates Galliæ, et sicut Asiaticis, Ponticis et Thracicis præerant, Asiæ, Ponti et Thraciæ exarchi, sic primatis Italiæ officio fungens Romanus pontifex conciliis ex ea coactis præfuit, singularemque in Italia, quam extra hujus limites non habebat, primatis nomine jurisdictionem exercuit. Ægyptus prima Alexandrini patriarchæ propria erat diœcesis, Oriens proprie dictus Antiocheni, et Romani proculdubio Italia; ac quemadmodum illi in Ægypto et Oriente synodos cogebant, totamque diœcesim non patriarchica tantum, sed etiam exarchica auctoritate regebant, sic Romanus synodos ex universa Italia congregabat, illiusque septemdecim provinciis simili auctoritate præerat. Quod si hæc ab eo, in quantum summus pontifex aut patriarcha erat, facta esse contendere quis velit, unum dicam, scilicet haud conveniens esse supremæ Romani pontificis aut patriarchicæ auctoritati tribuere quod ei per universam Italiam, absque suprema et patriarchica auctoritate, solo primatis jure licuisset. Etenim hæc diœcesis suo primate non caruit, sicut nec Gallia, nec Hispania, nec Britannia, nec Africa, nec Illyricus, quæ omnes primates habuere.

Quis autem præter Romanum episcopum hac dignitate in Italia functus est? Non est sane quod eam Mediolanensi aut cuipiam alteri Italiæ metropolitano tribuas, cum singuli uni tantum provinciæ ecclesiasticæ præfuerint : exarchus autem seu primas superior esse debet non unius tantum provinciæ ecclesiasticæ, sed alicujus diœcesis ex pluribus ecclesiasticis provinciis constitutæ, ut jam ex Balsamone diximus. Plane fatendum est, quod sicut solus Romanus pontifex plures sub se provincias ecclesiasticas et metropolitanos habuit in Italia, solus etiam in ea vere primas per sex prima sæcula fuit.

Si quis autem cur is tot honoris titulis, scilicet pontificis summi totius Ecclesiæ, patriarchæ et primatis, a nobis insignitus sit miretur, desinat, cum ex communi philosophorum sententia, entia superiora omnes inferiorum perfectiones in se unitas contineant; vivens perfectiones entis simplicis, animal perfectiones viventis et entis simplicis, et rationale perfectiones animalis viventis et entis simplicis. Unde cum episcopus Ecclesiæ Romanæ antistitum omnium caput et pontifex fuerit et sit, mirum esse non debet, si horum omnium nomina, sicut auctoritatem, possideat. Nec hoc magis repugnare videtur supremæ illius auctoritati, quam quod Galliarum rex, plurimarum regionum, in quas regiam et supremam potestatem exercet, dux præterea, marchio, comes et baro dicatur. Imo par est omnino ratio, et, sicut rex Christianissimus ultra regiam potestatem, quamdam propriam habet, quatenus dux est Aquitaniæ et comes Campaniæ, in Aquitania et Campania; sic Romanus pontifex, præter supremam et universalem potestatem, qua caput Ecclesiæ constituitur, propriam habet patriarchalem in Occidente, et propriam exarchicam in Italia. Addam mox et metropolitanam in provincia Romana, et episcopalem in sua parœcia. Tanto vero probabilior est sententia illa, quod dignitatum ecclesiasticarum jura et privilegia distincta sint, ut in prœmio adnotavimus, et alibi fusius probabitur; adeo ut plane alia munia sint summi pontificis, alia patriarchæ, alia primatis, alia metropolitani, alia tandem episcopi.

Jam ad singularum provinciarum ecclesiasticarum illustrationem veniamus. Inter eas Romana prima est et amplitudine et dignitate. Provinciam autem Romanam appello, quam Romanus pontifex, non supremo, patriarchico aut exarchico jure administrabat, sed metropolitico : in qua nempe solus poterat episcopos ordinare, Ecclesias instituere, lites inter episcopos et clericos dirimere, concilia provincialia celebrare, aliaque ejusmodi metropolitanorum munia obire. Hujus metropolis Roma, quæ etiam caput mundi, mater urbium, orbis Romani gloria, sedes fortunæ et imperii, theatrum dignitatis, thronus sacerdotii, religionis norma, sedesque Romani pontificis, qui hujus proprius episcopus semper fuit, in ea solus ordinans clericos, solus sacramenta per se vel per alios ministrans, fidelesque episcopali auctoritate solus gubernans; adeo ut nullus præter ejus consensum ne quidem missas celebrare posset in Ecclesia Romana, ut dicitur in fine synodi tertiæ Romanæ sub Symmacho his verbis : *Quisquis vero clericorum post hanc formam a nobis prolatam, quocunque sacrato Deo loco, in Ecclesia Romana missas celebrare præsumpserit, præter conscientiam papæ Symmachi, dum vivit, statutis canonicis velut schismaticus percellatur.*

Si antiquum petas codicem, apud quem de hac provincia sermo sit, Vaticanum perveniustum proferam, apud quem sextus canon Nicænus sic legitur : *De primatu Ecclesiæ Romanæ, et aliarum civitatum episcopis .* « Antiqui moris est, ut episcopus urbis Romæ habeat principatum, ut suburbicaria loca et omnem provinciam suam sollicitudine gubernet. » O verba singulari observatione digna ! Certum est ex communi historiæ ecclesiasticæ peritorum consensu, hoc canone patriarchis metropolitisque jus patriarchale habentibus præcipi, ut antiquas in sua diœcesi servent consuetudines; sed præter hoc, unum maxime notandum adverte, quod in eo quæ diœceses assignentur Romano, scilicet ejus provincia, quæ est metropolitica, et suburbicaria loca, quæ sunt patriarchica. Per hæc intellige universum Occidentem, qui ex hoc rite suburbicarius dici potest, ratione patriarchæ Romani, licet apud jurisconsultos in alio sensu usurpetur, quod sub urbe in qua thronus illius est sit, eique subjectus. Etenim suburbicarii notio, ut recte observavit doctissimus Sirmondus, pro rerum ad quas refertur varietate angustior laxiorque sine dubio esse potest. Et sicut Ecclesiæ subjectæ patriarchæ Constantinopolis Constantinopolitanæ dicebantur, sic suburbicariæ quæ ab episcopo Urbis regebantur. Per provinciam vero de qua nunc agimus intelligendus est tantum is Italiæ tractus cujus Ecclesiæ sive episcopales, sive alterius generis, Romano episcopo ut metropolitano parebant, et quarum prælati urbis Romanorum episcopi vocantur apud Eusebium, et apud Theodoretum, episcopi Romæ. Ea autem quam longe diffusa fuerit usque ad tempora Gregorii papæ jam probandum est, quodque sex primis sæculis complexa sit Tusciam cum Umbria, Campaniam, Picenum Annonarium et Suburbicarium, Valeriam, Samnium, Apuliam cum Calabria, Brutiam cum Lucania, et Corsicam. Hæc mea sententia est, quam haud communem esse non diffiteor, veram tamen multis rationibus adductus conjicio, et sic omnium oculis subjicio.

Primum desumam argumentum e Notitia Ecclesiæ Romanæ quam ex antiquo Vaticano codice dedit nunquam satis laudatus cardinalis Baronius ad annum 1057, et cui pene similem reperi in bibliotheca Thuana, cum ex ea certum sit episcopos utriusque Latii, Tusciæ, utriusque Piceni, Umbriæ, Valeriæ et Samnii inter ejus limites adhuc fuisse tempore illo quo facta est. In hac patet inter Romanos suffraganeos, Florentiæ et Fani fortunæ antistites numerari, quorum ille est Tusciæ Annonariæ, hic Piceni Annonarii ; item episcopos Lunensem et Ariminensem, quorum uterque ducentis fere millibus Roma distat; nec non et alios in Campania Latina, alios in Marsis et in Umbria, alios in Tuscia et Piceno. Id autem cum sola lectione dignoscatur, eam hic referre conveniens est.

« Sunt in Ecclesia Romana quinque ecclesiæ patriarchales. Prima est ecclesia Lateranensis, quæ et Constantiniana, et Basilica Salvatoris diverso nomine nuncupatur. Hæc habet septem cardinales episcopos, hosque dictos episcopos collaterales, itemque et hebdomadarios, eo quod singulis hebdomadibus per vices expleant munus pontificis. Episcopi cardinales erant hi : episcopus Ostiensis, episcopus Portuensis, episcopus Sanctæ Rufinæ sive Silvæ Candidæ, episcopus Albanensis, episcopus Sabinensis, episcopus Tusculanus, episcopus Prænestinus.

« Alia patriarchalis est Sanctæ Mariæ, Major dicta, quæ habet septem cardinales presbyteros, scilicet cardinalem SS. apostolorum Philippi et Jacobi, Sancti Cyriaci in Thermis, Sancti Eusebii, Sanctæ Pudentianæ, Sancti Vitalis, SS. Petri et Marcellini, et Sancti Clementis.

« Alia patriarchalis ecclesia Sancti Petri, in qua item septem sunt presbyteri cardinales, scilicet Sanctæ Mariæ trans Tiberim, Sancti Chrysogoni, Sanctæ Cæciliæ, Sanctæ Anastasiæ, Sancti Laurentii in Damaso, Sancti Marci, SS. Martini et Silvestri.

« Alia ecclesia patriarchalis est basilica Sancti Pauli, in qua sunt cardinales Sanctæ Sabinæ, Sanctæ Priscæ, Sanctæ Balbinæ, SS. Nerei et Achillei, Sancti Sixti, Sancti Marcelli, Sanctæ Susannæ.

« Quinta patriarchalis erat Sanctus Laurentius extra muros, in qua sunt hi cardinales : Sanctæ Praxedis, Sancti Petri ad Vincula, Sancti Laurentii in Lucina, SS. Joannis et Pauli, SS. Quatuor Coronatorum, Sancti Stephani in monte Cœlio, Sancti Quiriaci.

« His autem patriarchalibus ecclesiis præfecti erant hi : Lateranensi, primus episcopus collateralis ; Sanctæ Mariæ Majori, archipresbyter cardinalis ; Sancto Petro, archipresbyter cardinalis ; ecclesiæ Sancti Pauli, abbas cardinalis ; ecclesiæ Sancti Laurentii, abbas cardinalis.

« Sunt præter titulos, diaconiæ, iisque præfecti diaconi cardinales dicti regionarii, iidemque numero duodecim : diaconiis regionariis præfecti item diaconi palatini sex. Hi præsunt diaconiis, quæ sunt : Sancta Maria in Dominica, cui præest archidiaconus ; Sancta Lucia ad septem Solia, Sancta Maria Nova, SS. Cosma et Damianus, Sanctus Hadrianus, SS. Sergius et Bacchus, Sanctus Theodorus, Sanctus Georgius, Sancta Maria in Schola Græca, Sancta Maria in Porticu, Sanctus Nicolaus in Carcere, Sanctus Angelus in Foro piscario, Sanctus Eustachius, Sancta Maria in Aquiro, Sancta Maria in Via lata, Sancta Agatha in Equo marmoreo, Sancta Lucia in Capite Suburræ, Sanctus Vitus in Macello. Est munus diaconorum regionariorum cantare Evangelium in stationibus. Palatini cantant Evangelium in ecclesia Lateranensi.

« Subdiaconi sunt omnes numero viginti et unus : septem regionarii qui epistolas et lectiones cantant in stationibus ; septem palatini, qui idem munus præstant in ecclesia Lateranensi ; septem alii qui dicuntur Schola cantorum, qui cantant tantummodo, quando summus pontifex celebrare consuevit.

« Sunt in urbe abbatiæ viginti duæ, videlicet Sancti Cæsarii in Palatio, Sancti Gregorii in Clivo Scauri, Sanctæ Mariæ in Aventino, Sancti Sabini episcopi, SS. Alexii et Bonifacii, SS. Priscæ et Aquilæ, Sancti Sabbæ, Sancti Tiburtii, SS. Cosmæ et Damiani in Vico aureo, Sancti Silvestri inter duos hortos, Sanctæ Mariæ in Capitolio, Sancti Basilii juxta Palatium, Sanctæ Agathæ, Sancti Laurentii in Paneperna, Sancti Thomæ juxta forum Claudii, Sancti Blasii inter Tiberim et portam Sancti Petri, Sanctæ Trinitatis Scotorum, Sancti Valentini juxta Pontem, Sanctæ Mariæ in capite aureo, Sanctæ Mariæ in Pallaria. Sanctæ Mariæ juxta Sanctum Petrum ad Vincula.

« Insuper præter septem collaterales episcopos erant alii episcopi qui dicuntur suffraganei Romani pontificis, nulli alii primati vel archiepiscopo subjecti, qui frequenter ad synodos vocarentur. In Campania, Tiburtinus, Anagninus, Signinus, Ferentinus, Alatrinus, Verulanus, Soranus, Fundanus, Cajetanus, Tarracinus. In Marsis sunt hi : Furconensis, Marsicanus, Valvensis, Theatinus, Pennensis, Aprutinus. In Thuscia sunt hi : Nepesinus, Sutrinus, Civitensis, Hortanus, Balneoregiensis, Urbevetanus, Viterbiensis, Castrensis, Suanensis, Clusinus, Perusinus, Castellanus, Aricinus, Grosetanus, Volateranus, Senensis, Lucanus, Pistoriensis, Florentinus, Fesulanus, Lunensis. In Umbria et Marchia : Spoletanus, Assisinus, Fulginus, Nucerinus, Eugubinus, Reatinus, Tudertinus, Amerinus, Narniensis, Interamnensis, Esculanus, Firmanus, Camerinensis, Auximanus, Numanus, Anconitanus, Esinus, Senogalliensis, Fanensis, Pisauriensis, Forosemproniensis, Calliensis, Urbinas, Ariminensis, Ferentanus. »

Hæc ex Notitia antiqua provinciæ Romanæ. At cui, hac attente considerata, statim in mentem non veniet Romanum episcopum, ut jam diximus, per Tusciam et Umbriam, Picenum Annonarium et Suburbicarium, Valeriam, Samnium et utrumque Latium, eo tempore quo facta est, auctoritatem metropolitæ habuisse; cum sedes episcopales in ea recensitæ omnes apud illas provincias sitæ sint. Res adeo clara est, ut ne minimum quidem hæreat animus. In hoc Notitia illa deficit, quod adeo antiqua non sit, ut ex ea status Romanæ provinciæ per sex prima sæcula dignoscatur. Hanc ante quingentos annos factam esse arbitror et ante Urbanum II, qui ejus amplitudinem jam multum imminutam, arctioribus limitibus contraxit, nova provincia intra hujus fines constituta. Unde, ut observatum est a peritissimo rerum ecclesiasticarum scriptore, Innocentius III post eum de officio vicarii agens, specialem provinciam Romani pontificis inter Capuanam et Pisanam ponit. Urbani exemplum secuti successores, plures adhuc metropoles et provincias in ea erexere : Martinus V Florentinam, Pius II Senensem, Paulus III Urbinatem, Sixtus V Firmanam, et alii alias. Quod si ad prima Ecclesiæ sæcula redeamus, ejusque terminos per illa tempora, hoc est ad finem usque sexti, mortemque Gregorii I disquiramus, hanc procul dubio longius forsam reperiemus. Tunc enim alias omnes provincias usque ad fretum Siculum complexa est; idque his paucis, sed valde probabilibus argumentis conjicio.

Nemo negabit Romanum episcopum tunc harum omnium fuisse metropolitam, si nullus erat apud eas proprius, cum his vicinior fuerit cæteris Italiæ metropolitis, quibus nec eas subditas fuisse certissimum est. At hac ætate nec in Campania, nec in Lucania, nec in Apulia, nec in Calabria, nec in Brutia ullus metropolita proprius fuit; unde et has omnes Romano pontifici paruisse tanquam metropolitæ asserere prorsus necesse est. in iis quidam metropolitæ proprii auctoritatem habuissent sex primis sæculis, certe legerentur horum nomina in subscriptionibus antiquorum conciliorum Italiæ; et sicut episcopi metropoleon Mediolani, Aquileiæ, Ravennæ, Syracusarum et Calaris semper ante alios subscripti reperiuntur, vel saltem ante episcopos suæ cujusque provinciæ, ita harum provinciarum metropolitæ primi subscripsissent inter eos, vel saltem inter episcopos Campaniæ, Lucaniæ, Brutiæ, etc. fuissentque vel Capuanus episcopus, vel Rhegiensis vel Consantinus, vel Tarentinus, vel Neapolitanus, vel Beneventanus, qui in primariis urbibus sedebant; sed nec inter metropolitanos Mediolani, Ravennæ, Aquileiæ, Syracusarum et Calaris, nec proxime post eos, nec primi suæ cujusque provinciæ in conciliis Italiæ ulli ordinarie subscripserunt episcopi, nequidem Capuanus, Tarentinus, Rhegiensis, Consantinus, Neopolitanus et Beneventanus; proindeque nec eos per illa tempora metropolitas fuisse asseverandum est. Veritas hæc clara est in conciliis Italiæ sub Symmacho, quibus episcopi Mediolani, Ravennæ et Syracusarum semper primi et ante alios subscripserunt, nullique alii, quos metropolitas fuisse quam minimum conjicere sit. Hanc tamen confirmabo ex subscriptionibus epistolæ synodicæ concilii occidentalis sub Agathone, octoginta circiter annis post Gregorium Magnum, celebrati : cum in ea Agnellus Neapolis, Barbatus Beneventi, et Decorosus Capuæ ultimi subscribant inter episcopos Campaniæ. Fateor Julianum Consantiæ, quæ nunc est metropolis, primum ex provincia Brutiorum huic subscripsisse; sed nihil inde, cum esset adhuc Consantia suffraganea Rhegii sub Iconomachis, quando Rhegium a patriarchatu Romano avulsum est, ut in Notitia Constantinopolitana Leoni tributa legitur.

Sed huic valde probabili rationi, alio firmissimo argumento lucem addamus. Cum ex communi placito philosophorum causæ per effectus investigandæ sint, nulla procul dubio certior via est inquirendarum metropoleon Campaniæ, Apuliæ, Calabriæ, Lucaniæ et Brutiæ, quam per effectus, hoc est, per res gestas, et ea munia quæ metropolitani ex officio exercere solent et tenentur; adeo ut hi soli pro metropolitis habendi sint, qui ea obierunt, et nusquam alii, in quorum actibus similis auctoritatis ne minimum quidem vestigium apparet. At solus Romanus pontifex per illas provincias dictis temporibus veri metropolitani muneribus functus est, et nullus episcopus quidquam simile exercuit : unde certum esse videtur, hunc solum tunc et neminem alium vere apud illas fuisse metropolitanum. Quod autem nullus præter Romanum pontificem per ea tempora metropolitæ munus obierit, sic conjicere est. Metropolitanorum officium erat, ut in proœmio diximus, episcoporum electionibus præsidere, electosque consecrare per se vel per alios, eosdem episcopos delinquentes deponere vel aliis pœnis canonicis subjicere, concilia ex provincia convocare iisque præesse, patriarchæ mandata recipere, ac de iis postea suffraganeos certiores facere. Ea sunt vera certaque metropolitarum munia, ut apud omnes certum est. At quis per sex prima sæcula dictasque provincias, Campaniæ, Lucaniæ, Brutiæ, Calabriæ, Apuliæ et Corsicæ Italia obiit præter Romanum pontificem per se vel per vicarios? Ita esse, ut inductione probetur, longum esset sex illa sæcula percurrere; nec sane videtur necessarium : satis erit si de tempore beati Gregorii Magni probemus, cum certum sit metropoles quæ ante illum erant ab eo sublatas, suoque honore spoliatas non fuisse. Quis unquam epistolas hujus magni pontificis legit, nec observavit hunc præcipere Anthemio subdiacono, ut Amalfitanum episcopum in Campania, quem in Ecclesia sua non residere didicerat, si ita esse reperiret, in monasterio recluderet; et ut Amandum electum episcopum Surrentinæ Ecclesiæ in eadem provincia, Romam mitteret ; Felici episcopo Acropolitano in Lucania, ut Bruxentinam et Blandanam Ecclesias episcopales ejusdem provinciæ visitaret; Joanni episcopo Scyllatiensi, ut Crotonensi, Taurianensi et Thuriensi Ecclesiis in Brutia idem visitationis officium impenderet, ac in eis episcopos eligi curaret; Joanni Callipolitano, ut Andream episcopum Tarentinum deponeret, si hunc concubinam habuisse dignosceret; et Petro episcopo Hydruntino in Calabria, ut per Brundusinam et Callipolitanam Ecclesias in eadem provincia visitationis munus obiret, eisque episcopos faceret eligere; Felici Sipontino in Apulia, ut Canusinam Ecclesiam in eadem provincia visitaret, eique duos parochiales presbyteros præficeret ; denique Bonifacio defensori Corsicæ, ut quamprimum Aleriæ et Adiacio ejusdem insulæ urbibus episcopos curaret eligendos, electosque Romam ordinandos mitteret? At quis nescit hæc omnia vera ordinariaque metropolitanorum munia fuisse, eosque a quibus gesta vel mandata sunt semper pro metropolitis habitos, ac proinde non videt hinc quasi certo inferendum esse unum episcopum Romanum per id temporis metropolitanum fuisse harum omnium provinciarum, nullumque earum episcopum per hæc tempora archiepiscopali auctoritate donatum? Id sane tanto verisimilius est, quod semper pro Ecclesiarum privilegiis Gregorius Magnus acriter pugnarit, diligenterque caverit ne jura metropolitanorum læderentur, ut ipsemet testatur in epistolis, ac primum Virgilio Arelatensi, hunc vicarium apostolicæ sedis instituens, his verbis : *Itaque fraternitati vestræ vices nostras in Ecclesiis, quæ sub regno sunt præcellentissimi filii nostri Childeberti, juxta antiquum morem Deo auctore committimus : singulis siquidem metropolitanis, secundum priscam consuetudinem, proprio honore servato.* Item ; *Absit a me, ut statuta majorum consacerdotibus meis, in qualibet Ecclesia infringam; quia mihi injuriam facio, si fratrum meorum jura perturbo.* Ac iterum : *Si ea destruerem, quæ antecessores nostri statuerunt, non constructor, sed eversor esse juste probarer, testante Veritatis voce, quæ ait :* « *Omne regnum in seipso divisum non stabit.* »

Fateor Rhegium Brutiorum metropolim factum fuisse ante Iconomachorum tempora, cum id a patriarchatu Romano avulserint, metropolisque nomine subjecerint Constantinopolitano, ut videre est in Notitia Græca manuscripta regiæ bibliothecæ, Leonis Iconomachi tempore facta. Sed cum nulla præter eam ibi designetur metropolis hisce in provinciis, inter avulsas a Romano patriarchatu, nullam etiam apud eas tunc fuisse pro certo habendum videtur. Aliæ si fuissent, has item procul dubio sedi Constantinopolitanæ subjecissent Græci imperatores, sicut subjecerunt Hydruntum et Sanctam Severinam, postquam ad honorem metropoleon evectæ fuerunt ab hujus urbis patriarcha, cum parem in eas haberent auctoritatem, ac in Rhegium, hisque provinciis omnibus imperarent. Nec est tamen quod censeas istas, hoc est Sanctam Severinam et Hydruntum, quæ in Diatyposi Constantinopolitana apud Leunclavium leguntur, ante Iconomachos metropoles fuisse, cum inter avulsas a Romano patriarchatu haud recenseantur. Ideo enim illas, sicut et plures alias quæ in eadem Notitia vulgo Leoni Philosopho tributa reperiuntur, honore isto posterioribus tantum sæculis insignitas fuisse a Græcis imperatoribus, existimandum est. Dixi vulgo Leoni tributa, quia revera per Leonem eo modo edita non est, quo apud Leunclavium legitur; idque satis ex hoc patet, quod plures civitates nonnisi post illum imperatorem metropoles factæ fuerint, ut sola lectione dignoscitur, quæ tamen apud eam antiquis annumerantur, licet nullatenus hoc cum nomine legantur in alia manuscripta bibliothecæ regiæ longe antiquiori.

De Capua forsitan dubitatio erit, cum æmula quondam fuerit Romæ, teste Cicerone, metropolisque dicatur totius Campaniæ ab Athanasio. At licet non repugnem, quin inter celebriores Italiæ metropoles civiles recenseatur (idque tantum voluit Athanasius, qui etiam Coloniam Agrippinam metropolim superioris Galliæ vocat, licet archiepiscopalis non fuerit, nisi sub Bonifacio Germaniæ apostolo), tamen quod hujusce Notitiæ temporibus, hoc est, ante finem sexti sæculi, metropolis ecclesiastica non fuerit, clare videtur apud Leonem Ostiensem, qui eam honore isto a Joanne XIII donatam fuisse scribit circa annum 971, dum ait : *Hujus abbatis anno 19, Joannes papa de Roma exsiliatus, venit Capuam, et rogatus a præfato principe Pandulfo, tunc primum in eadem civitate archiepiscopatum constituit: consecrato ibi Joanne fratre ejusdem principis archiepiscopo. Post quem donnus Leo hujus cœnobii monachus in eadem civitate, quatuor annis et dimidio archiepiscopatu functus.* Subdit illustrissimæ memoriæ cardinalis Baronius civitatem illam ante omnes alias regni Neapolitani metropolim factam fuisse, idque se in monumentis Ecclesiarum hujusce regionis observasse asserit. Hanc autem conjecturam adeo probabilem confirmabo ex perantiqua Notitia metropoleon Italiæ in vetusto codice Thuano, quo hæ quinque metropoles tantum recensentur.

« In provincia Etruria, sive Tyrrea, numerantur civitates : civitas Romensium metropolis.

« In provincia Capuensi, civitas Capuensis metropolis invenitur.

« In provincia Flaminiensi, civitates numerantur : civitas Ravennensium metropolis.

In provincia Venetiensi et Histriensi numerantur : civitas Aquileiensium, ipsa est Forum Julii

« In provincia..... seu Liguriensi, civitates numerantur viginti. Civitas Mediolanensium metropolis. »

Hæc habet Notitia antiqua, ex quibus patet evidenter Capuam primam metropolim in continenti Italiæ factam fuisse post Romam, Mediolanum, Ravennam et Aquileiam. Obstare tamen videtur Notitia alia antiqua bibliothecæ regiæ temporibus Photii patriarchæ Constantinopolitani facta, dum ait Rhegitanam metropolim jam tunc avulsam fuisse a patriarchatu Romano. Is enim vixit seditque Constantinopoli, dum in ea celebrata est synodus octava generalis anno 869; Capua vero nonnisi anno 971 metropolis facta est : unde nihil circa hoc certi videtur esse quod asseveremus. Sed satis de provincia Romana, nunc de aliis dicendum.

Provincia Mediolanensis secunda post Romanam in Italia, sic dicta a Mediolano, quod hujus metropolis fuit. *Mediolanum autem,* inquit Procopius, *urbs a Liguribus habitata, medio fere inter Ravennam et Alpes, quæ in Galliarum confiniis sunt, sita est itinere. Princeps inter Occidentis urbes post Romam, tam magnitudine quam incolarum frequentia, et cæteris fortunæ bonis.* De hujus origine tradit is Livius : *Sigovesus Bituriges, Arvernos, Æduos, Ambarros, Carnutes, Aulercos excivit. Ipsi per Taurinos saltumque inviæ Alpis transcenderunt in Italiam; fusaque acie Tuscis, haud procul Ticino flumini in agro Insubrum urbem condidere, quam Mediolanum appellarunt.* Sed quid ad hanc metropolim paucis describendam convenientius isto epigrammate Ausonii poetæ?

*Et Mediolani mira omnia, copia rerum,*
*Innumeræ cultæque domus, facunda virorum*
*Ingenia, antiqui mores; tum duplice muro*
*Amplificata loci species, populique voluptas*
*Circus, et inclusi moles cuneata theatri,*
*Templa, Palatinæque arces, opulensque moneta*
*Et regio Herculei celebris sub honore lavacri,*
*Cunctaque marmoreis ornata peristyla signis,*
*Mœniaque in valli formam circumdata limbo.*
*Omnia quæ magnis operum velut æmula formis*
*Excellunt, nec juncta premit vicinia Romæ.*

Quæ autem Gallorum tempore metropolis Insubrum erat, eadem, his post Alpes rejectis, Italiæ metropolis dicta est, ut legitur apud Athanasium epist. ad solitarios, qui nominato Dionysio Mediolanensium episcopo, hæc addit : *Est autem Mediolanum metropolis Italiæ.* Recte sane Italiæ, cum provincia quam Mediolanensem vocamus Italia proprie post Constantini divisionem nominata sit. Ab hoc imperatore, vel saltem Theodosio, in septemdecim provincias Italiam divisam esse supra diximus, harumque decem Urbis vicario paruisse, et septem alias, scilicet Venetiam cum Istria, Æmiliam, Liguriam, Flaminiam cum Piceno Annonario, Alpes Cottias, Rhætiam primam et Rhætiam secundam alteri, cujus sedes erat Mediolani. Addam nunc has septem provincias Italiæ nomine speciatim donatas fuisse; et licet id satis probavero, si hanc vicarium, Italiæ vicarium dictum fuisse ex Notitia imperii proferam, cum nulla alia ratio istius denominationis afferri possit; quam quod hujus diœcesis Italia erat, tamen pluribus testimoniis hanc veritatem certiorem faciam. Testem vocabo D. Athanasium, quem distinguentem episcopos Italiæ ab episcopis Romæ, Campaniæ, Calabriæ, Apuliæ et Brutiæ, legere est in epistola jam laudata. Hincque factum ut episcopi provinciæ Mediolanensis, qui subscripserunt conciliis Arelatensi et Sardicensi, dicantur ex provincia Italiæ. Sic in subscriptionibus Sardicensis habetur : *Prothasius ab Italia de Mediolano, Ursatius ab Italia de Brixia, Fortunatianus ab Italia de Aquileia, Lucillus ab Italia de Verona.* Ac ne putes hos ab Italia dictos, quatenus Italia sumitur pro toto illo tractu qui ab Alpibus ad fretum Siculum extenditur, sic ibidem subscripserunt episcopi aliarum decem provinciarum : *Vincentius a Campania de Capua, Januarius a Campania de Benevento, Calepodius a Campania de Neapoli, et Stercorius ab Apulia de Canusio;* hac provinciarum suarum denominatione satis testantes solos provinciæ Mediolanensis episcopos ex Italia proprie dicta tunc censeri. At quis nescit idem prius observatum esse in subscriptionibus concilii Arelatensis primi, in quibus hæ leguntur : *Ex provincia Italiæ de civitate Mediolanensi Merocles episcopus; ex provincia Campaniæ de civitate Capuensi Proterius episcopus; ex provincia Apuliæ de civitate Arpiensium Pardus episcopus.* Unde nec dubitari potest quin provincia Mediolanensis primis sæculis dicta sit provincia Italiæ, sicut et Mediolanum ejusdem Italiæ metropolis. Albam urbem, cujus Dionysius erat episcopus, Italiæ metropolim dictam esse apud Socratem non ignoro ; sed Mediolanum per Albam intelligendum esse satis explicat D. Athanasius, dum loco jam citato eumdem Dionysium Mediolanensem primariæ urbis Italiæ episcopum vocat.

Quinam autem hujus provinciæ limites fuerint si quæras, non eosdem dicam qui nunc sunt, sed multo ampliores, maxime ante institutionem metropoleon Ravennensis et Aquileiensis : siquidem epistolæ synodicæ Eusebii Mediolanensis ad Leonem Magnum Romanum pontificem, inter ejus suffraganeos, non Liguriæ solum episcopi, Ticinensis, Laudensis, Comensis et reliqui, sed etiam aliı vicinarum provinciarum præsules cum his subscripserunt ; nimirum Rhegiensis, Placentinus et Brixillensis ab Æmilia ; Curiensis et Augustanus e Rhætia ; denique Taurinas et Dertonensis ex Alpibus Cottiis. D. Ambrosius Constantio episcopo Ecclesiam Forocorneliensem quasi sollicitudini suæ creditam commendat in epistolis, his verbis : *Commendo tibi, fili, Ecclesiam quæ est ad Forum Cornelii, quo eam de proximo intervisas frequentius, donec ei ordinetur episcopus. Occupatus diebus ingruentibus Quadragesimæ, tam longe non possum excurrere.* Hæc autem scribens satis indicat Ecclesiam illam quæ secundum quosdam in Flaminia erat, vel, si Paulo Diacono credimus, in ex-

DICTIONNAIRE DE GÉOGRAPHIE ECCL. I.

tremis finibus Æmiliæ, etiam tunc ad provinciam suam spectasse, quæ postea sub Gregorio Magno suffraganea fuit Ravennensis metropolitæ, qui hujus episcopum ordinavit : ut legere est in epistolis ejusdem Gregorii. Bononiam quoque in ea fuisse docet idem Ambrosius epistola ad episcopos Italiæ, de sanctis Vitale et Agricola, cum passos esse ait in civitate Bononia provinciæ Italiæ. Nec dubitandum credo quin etiam Aquileia Mediolanensi episcopo subjecta esset temporibus concilii Sardicensis, cum in ejus subscriptionibus Fortunatianus hujus episcopus ex provincia Italiæ dicatur. An autem adhuc ita fuerit sub Ambrosio Mediolanensi, non adeo probabile existimo (licet concilio Aquileiensi præfuisse videatur ), cum in actis ejusdem concilii, Valerianus Aquileiensis episcopus ante illum nominetur. Nec inde potest inferri civitates quibus concilia celebrata sunt, metropolitanis subjectas fuisse, qui ipsis præfuerint : cum Cyprianus Burdegalensis metropolitanus concilio primo Aurelianensi, et Lupus Lugdunensis tertio etiam Aurelianensi præfuerint, nec tamen Aurelia Burdegalæ vel Lugduno fuerit subjecta.

Quamvis autem primi hi fuerint limites Mediolanensis provinciæ, adeo ut nulla alia Romam inter et Mediolanum metropolis in tota Italia intercederet, attamen imperante, ut ferunt, Valentiniano III, huic Flaminia necnon Æmilia, saltem majori ex parte, ademptæ sunt, quando Ravennensis metropolis instituta est; sicut Venetia et Istria in erectione metropolis Aquileiensis. Posterioribus sæculis Innocentius II Genuensem, Eugenius IV Venetam, Sixtus IV et Leo X Taurinatem, Gregorius XIII Bononiensem, et alii alias civitates metropoles fecere. Sed jam de Ravenna dicamus.

*Urbium*, inquit Strabo, *in paludibus sitarum maxima est Ravenna; tota lignels constans ædificiis, aquis perflua, quare pontibus et lembis viæ expediuntur : non exiguam maris portionem affluxu æstus recipit, a quo et a fluminibus cœnosa omnia cum elevantur, aeris vitio fit medicina. Itaque locus adeo salubris est, ut ibi gladiatores ali atque exerceri jusserint principes Romani. Mirabile hoc locus iste habet, quod in palude aer est innoxius; sicut et Alexandriæ, quæ ad Ægyptum est, æstate lacus vitium tollitur ob ascensum fluvii, quo paludes abolentur. Sed et mira est Ravennæ vitis natura, quæ a palude celeriter producitur, ita ut multum fructus ferat, sed intra quadriennium, aut ad summum intra quinquennium perit.* Talis sane ab initio Ravenna fuit, sed posterioribus sæculis paludibus exsiccatis, huic circumquaque campi maxime fructiferi, hortisque culti adjacentes videntur. Hanc Augustus amplissimo portu altissimaque pharo nobilitavit, ut Suetonius testatur. Muris postea novis circumdedit Claudius imperator, ut videre est in hoc titulo portæ marmoreæ, quam Auream vel Speciosam, ob architecturæ et ornamentorum pulchritudinem vulgus appellat : TI. CLAUDIUS DRUSI. F. CÆSAR. AUG. GER-

MANICUS PONT. MAX. TR. POT. COS. II. DES. III. P. P. DEDIT. Ravennam tandem restaurarunt ampliaruntque Placidia Galla Arcadii et Honorii imperatorum soror, ejusque filius Valentinianus III, ut Blondus asserit.

Quæ autem Flaminiæ primaria urbs erat, metropolis ecclesiastica facta est, ut apud Zosimum legitur his verbis : *Ravenna metropolis, Flaminiæ urbs primaria.* Unde fit ut Ravennensis episcopus semper secundus aut tertius reperiatur in subscriptionibus quartæ, quintæ et sextæ synodi Romanæ sub Symmacho. Sed quo tempore honore illo insignita fuerit, etiam apud peritiores incertum est. Hunc a Valentiniano III accepisse, Hieronymus Rubeus, propensiore eo in patriam studio, quo vel æquissimi interdum feruntur, contendit, vultque imperatorem illum, Joannem, hujus urbis episcopum, ad honorem archiepiscopalem evexisse, subjectis ipsius Ecclesiæ sedibus episcopalibus Æmiliæ et Flaminiæ, eique dato privilegio pallium gerendi archiepiscopale. Privilegium quo vult ei gratiam illam concessam esse, ex vetustis membranis, aliquot locis corruptum sic refert : *In nomine Domini Dei Salvatoris nostri Jesu Christi, Fl. Valentinianus fidelis Jesu Christi major imperator Aug. Joanni viro sanctissimo, archiepiscopo Raven. civitatis. Si Redemptoris nostri plena pietate dignos suæ majestatis honorificat sacerdotes, et chrismatum dona clarificat, quanto magis nos, qui ab ejus pietate regalia supra gubernanda suscepimus, cultum religionis et reverentiæ honorificentius debemus impendere, eis maxime quos virtutum experimento Deo cognoscimus propinquantes; ut inde illis etiam præstet augmentum, unde eos probabiliter Dei clementia..... salute impetrare confidimus; ac proinde imperiali auctoritate sancimus, sanctitatem tuam et sanctam tuam Ravennatem Ecclesiam, atque universos postea Deo..... præsules, archieratica dignitate erectam metropolitæ decore sublimandam, seu archiepiscopali fastigio.... præponendam. Constituimus sub sacrosanctæ ejus Ecclesiæ ditione ordinationem totius Æmiliæ nostræ provinciæ, civitatum omnium Deo amabilium episcoporum creationes, id est Sarsenæ, Cæsenæ, Forum Populi, Forum Livii, Faventiæ, Forum Cornelii, Bononiæ, Mutinæ, Regii, Parmæ, Placentiæ, Brixilli, Vicohabentiæ, Hadriæ, omniumque monasteriorum sub ejus dispositione rejacentium, et in eis servientium monachorum. Conferentes eis ob decorem apostolicæ dignitatis honorem pallii, et omnem pontificalis decoris usum, sicut cœteri sub nostra Christianissima potestate sæpe degentes, fruuntur metropolitæ. Condecet enim nos ad honorem sacerdotis efficaciter propter..... et maxime ubi serenitatis nostræ præfulget præsentia : quatenus securitate suffulta sanctitas tua, sanctaque tua in perpetuum Ecclesia cum meritis virtutum, honoris etiam nostræ serenitatis dono, et in posterum fulgeat. Dat. vi id. Jan. Raven.*

At licet maximo in honore jam primis sæculis Ecclesiam Ravennensem habitam esse non ignorem, tamen pace Rubei dixerim, mihi hoc privilegium cum doctissimo cardinale Baronio fictitium videri, atque ad id non paucis rationibus ducor. Imprimis enim, Gelasius papa verbis expressis asserit Ravennam nihil ex imperatoris præsentia antiquæ dignitati suæ quippiam addidisse. *Risimus,* inquit, *quod prærogativam volunt Acacio comparari, quia episcopus fuit regiæ civitatis. Nunquid apud Ravennam, apud Mediolanum, Sirmium, apud Treviros multis temporibus non constitit imperator? Nunquidnam harum urbium sacerdotes ultra mensuram sibimet antiquitus deputatam, quippiam suis dignitatibus usurparunt?* Deinde plures ex ecclesiis suffraganeis, quas Ravennensi archiepiscopo subditas fert privilegium, ac inter alias Rhegiensem, Placentinam et Brixillensem adhuc sub Leone ex provincia Mediolanensi fuisse patet ex epistola Eusebii Mediolanensis ad illum pontificem scripta, cui harum episcopi subscripserunt. Unde saltem Æmiliam nondum Ravennæ subjectam fuisse certum est. Adde quod tunc ad imperatores non spectabat sedes episcopales in metropoles ecclesiasticas erigere. Statutum quidem dicitur a concilio Chalcedonensi, *Ut quæcunque civitates per litteras imperiales metropolis nomine honoratæ essent, solo honore fruerentur, et quæ ejus Ecclesiam administrabat episcopus, servato veræ metropoli suo jure.* Sed hoc decretum in Italia nunquam usu receptum est; et suffragancas sedes a vera metropoli archiere, novæque subjicere, nondum illis concessum erat ab Ecclesia, sicut postea fati ex ignavia et adulatione episcoporum, si Balsamoni credimus, qui hæc ad canonem 38 synodi sextæ ait : *Decretum fuit imperiale in præsentia synodi, quæ tunc erat, consentientibus unaque decernentis, licere imperatoribus pontificalem thronum Ecclesiis largiri et episcopatus vel archiepiscopatus in metropoles erigere; eaque, quæ ad electionem pertinent, vel reliquam dispositionem prout ipse voluerit, describere; nec a canone impediri, qui statuit metropoli jura servari, quæ illi adfuerunt ab initio in honorato episcopatu.*

Probabile quidem est Ravennensem Ecclesiam jam tempore Leonis Magni a Mediolanensis jurisdictione abstractam metropolim, que fuisse cum nec Ravennensis episcopus, ut nec plures e Flaminia episcopi epistolæ synodicæ Eusebii Mediolanensis ad Leonem Magnum, qui Valentiniani coætaneus erat, subscripti reperiantur. Sed quidquid sit, hanc istud honoris ab Ecclesia Romana obtinuisse credendum est, licet forte sacræ aliquæ imperatorum litteræ in ejus favorem datæ fuerint, quibus aut in metropolim civilem erigeretur, aut privilegia a sede apostolica concessa firmarentur. Id verbis expressis testatur Petrus Chrysologus Ravennensis archiepiscopus scribens de Marcellino episcopo Vicohabentino a se ordinato post decretum a Romana sede obtentam adversus Mediolanensem Ecclesiam antiqua jura sua tuentem. Hujus verba sunt : *Omnium quidem rerum primordia sunt dura, sed duriora sunt omnibus primordia generantis. Sancta*

Ecclesia Ravennas ut primum pareret viam fecit, angores pertulit, sensit dolores. Et infra : *Edicto Cæsaris et pagani Dominus obtemperaturus occurrit, et decreto beati Petri, decreto principis Christiani, servus adhuc aliquis irreverenter obsistit.* Vides quomodo et Petro et imperatori honorem acceptum metropolitani referat; non tamen eodem modo intellige, sed imperatori, quia, ut dixi, aut Ravennam metropolim civilem fecerat, aut quia Petri, id est Romanæ sedis decretum suo edicto confirmarat. Unde fit ut sæpius in Registro Gregorii Magni, Ravennates episcopi ab apostolica sede, tum pallium, tum alia privilegia se accepisse profiteantur; ac inter eos Joannes, cujus verba sunt : *Quia ergo universa privilegia quæ sanctæ Ravennati Ecclesiæ a prædecessoribus vestris indulta sunt, pro majori satisfactione subjeci ea in scriniis venerabilibus, secundum conservationis decessorum meorum tempora, fidem nihilominus reperientes, nunc vero in Dei et vestra est potestate, quidquid veritate cognita fieri jusseritis.*

Aquileia civitas Venetiæ caput exstitit, inquit Paulus Diaconus. Illam tamen Strabo describens extra Venetiæ fines ponit. Hæc, inquit, *maxime sinus Adriatici intimo in continentem recessui appropinquans, a Romanis condita est munitionis loco, contra habitantes supra barbaros. Extra fines Venetorum vita est : pro limite est fluvius ab Alpibus delapsus, qui adversus navigari potest et 1200 stadiis ad Noreiam urbem, apud quam Cneus Carbo inani conatu cum Cimbris conflixit.* Æquiparatur Mediolano, in Notitia Græca quam vult sub Constantio factam doctissimus Gotofredus, et quæ sic habet : *Italiæ porro civitates et aliæ claræ sunt, puta Aquileia et Mediolanum.* Ac Vopiscus ejusdem temporis scriptor Aquileienses et Mediolanenses tanquam præcipuos Italiæ populos jungit, pluresque metropoles designans, ac de epistolis a Romano senatu scriptis post Taciti imperatoris electionem loquens, Aquileiam inter urbes ad quas scripsit senatus recenset. *Senatus,* inquit, *amplissimus curiæ Carthaginiensi,* etc. *Senatus amplissimus Curiæ Trevirorum. Eodem modo scriptum est Antiochensibus, Aquileiensibus, Mediolanensibus, Alexandrinis, Thessalonicensibus, Corinthiis et Atheniensibus.* Sed quid Ausonium commemorem, qui claris urbibus locum assignans septimum Mediolano et nonum dat Aquileiæ his versibus :

*Non erat iste locus, merito tamen aucta recenti,*
*Nona inter claras Aquileia cieberis urbes?*

Jam vero si in ordine civili celebris ad hoc usque tempus fuit, quo primum a Gothis, et deinde a Longobardis Justiniano imperante magna ex parte diruta est, non minoris hominis in ecclesiastico fuit, cum metropolis exstiterit Venetiæ et Istriæ. Unde mirum esse non debet, si ante D. Ambrosium Valerianus, hujus episcopus in concilio Aquileiensi nominetur. Hanc saltem metropolim fuisse tempore Leonis papæ ex hoc conjici potest, quod Aquileiensis episcopus plures-que ex Venetia et Istria inter eos non reperiantur, qui epistolæ synodicæ Eusebii Mediolanensis ad hunc magnum papam subscripserunt. Nec futilis sane est conjectura, cum idem ex ipsiusmet Leonis epistola ad Nicetam Aquileiensem dignoscatur, in qua, postquam varia de feminis quæ captis viris nubebant, et de baptismo hæreticorum edocuit, huic præcipit ut comprovinciales suos episcopos hujus doctrinæ participes faciat, quodquidem metropolitani munus esse, in proœmio diximus. Ejus verba sunt : *Hanc autem epistolam nostram, quam ad consultationem tuæ fraternitatis emisimus, ad omnes fratres et comprovinciales tuos episcopos facies pervenire; ut in omnium observantia, data prosit auctoritas.* Porro Aquileienses episcopi non solum metropolitani, sed et patriarchæ dicti sunt, ut legitur apud Paulum Diaconum hæc narrantem lib. II : *His diebus quibus Longobardi Italiam invaserunt, Aquileiensi civitati ejusque populis B. Paulus patriarcha præerat : qui Longobardorum barbariem metuens, ex Aquileia ad Gradum insulam confugit, secumque omnem suæ thesaurum Ecclesiæ deportavit.* Et libro sequenti : *Defuncto Elia Aquileiensi patriarcha, postquam quindecim annos sacerdotium gesserat, Severus huic succedens regendam suscepit Ecclesiam.* At patriarchæ nomen non stricte et proprie sumit, ut quinque magnis patriarchis competit, sed late et quomodo ut plurimum metropolitanis concessum fuit apud antiquos, ac inter eos Nicetio Lugdunensi apud Gregorium Turonensem, et apud Socratem Amphilochio Iconii, et Optimo Antiochiæ Pisidiæ. Addam etiam, non ex ratione adeo laudabili nomen istud his datum fuisse, cum id primum in schismate, quo propter tria capitula concilii Chalcedonensis se ab Ecclesiæ summo capite subduxerunt et αὐτοκέφαλοι sibi ipsi facti sunt, temere usurparint; et post hæc, a pontificibus et synodis, cum in sedis apostolicæ gratiam rediissent, nonnisi studio pacis concessum relictumque sit. Idem et Gradensibus episcopis qui ab illis prodierant, datum est, de quibus hæc ait Paulus Diaconus : *Defuncto Severo patriarcha, ordinatur Joannes abbas patriarcha in Aquileia vetere, cum consensu regis et Gisulphi ducis. In Grados quoque ordinatus est Romanis Candidianus antistes. Candidiano quoque defuncto apud Grados, ordinatur patriarcha Epiphanius, qui fuerat primicerius notariorum ab episcopis qui erant sub Romanis.* Sic ab hoc tempore duo cœperunt esse patriarchæ, alter in Venetia, et alter in Istria ; Candidianus scilicet, ut rite observat immortalis memoriæ cardinalis Baronius, a catholicis electus, favente Italiæ exarcho, qui etiam Istriæ provinciæ episcopos huic subjectos esse cogebat, ut contra Joannem Aquileiensem schismaticum, et a schismaticis electum auctoritate Agilulphi Longobardorum regis, pro partibus Romanæ Ecclesiæ staret. Sed hæc, cum extra tempora sint hujusce Notitiæ, nihil ad nos, nec duas metropoles ex Aquileia et Grado constituemus, cum una eademque sedes legitima fuerit, et earum altera nonnisi a schismaticis constituta. De aliis igitur duabus metropolibus Siciliæ et Sardiniæ dicamus.

**Sicilia**, ut legitur in Notitia Græca, *beatissima et maxima insula quæ continentem dividit. Multa sane bona producit, et ubique emittit merces-utiles magna copia. Habet autem et viros divites, et doctos omni eruditione, tum Græca, tum Latina; civitates etiam claras Syracusam et Catanam. Et apud eam videtur mons qui vocatur Ætna, in quo, si qua fides, divinitas est, quandoquidem die noctuque in vertice montis ignis est unde fumus ascendit.* Cur autem continentem dividere dicatur, intellige ex Eustathio qui hæc ait : *Sicilia olim peninsula erat, Italiæ per isthmum cohærens, ingenti autem terræmotu facto, isthmoque discisso, irrupisse æquor aiunt quod isthmum alluebat, cinctuque suo insulam effecisse Siciliam, haud longe a continenti disjunctam. Unde fabula fertur Neptunum, qui motibus terræ præest, abscidisse isthmum Aonio multas cuspides habente ferro, et induxisse mare quod isthmum utrinque cingebat : atque ita ex peninsula fecisse insulam, gratificantem Jocasto Æoli filio; quo is secure ac tuto inhabitare eam posset.*

Principem urbium Syracusas habet, inquit Solinus, quam sic describit Cicero in Verrem. *Urbem Syracusas maximam esse Græcarum urbium pulcherrimamque omnium sæpe audistis. Est, judices, ita ut dicitur. Nam et situ est cum munito, tum ex omni aditu, terra vel mari, præclaro ad aspectum; et portus habet prope in ædificatione aspectuque urbis inclusos : qui cum diversos inter se aditus habeant, in exitu conjunguntur et confluunt. Eorum conjunctione pars oppidi, quæ appellatur insula, mari disjuncta angusto, ponte rursum adjungitur et continetur.*

Quod autem in ea fuerit sedes metropolitana, hisce rationibus conjicio. Primum ex Tractoria Constantini ad Chrestum Syracusanum episcopum, qua hunc ad synodum Arelatensem invitat : *Quoniam*, inquit, *plurimos ex diversis locis episcopos in Arelatensium oppido ad calendas Augusti convenire præcipimus, tibi etiam per litteras significandum duximus, ut accepto a clarissimo viro Latroniano correctore Siciliæ, publico vehiculo, cum duobus aliis secundæ sedis, quos ipse deligendos judicaveris, tribusque una famulis, qui vobis in via ministrent, adscitis, designatum in locum ad diem prædictam te conferas.* Quis enim non videt duo ex his verbis colligi ? Primum in Sicilia quosdam episcopos secundæ sedis fuisse, et alios vel saltem alium primæ. Id clare verba sonant : unde et perspicuum est in ea metropolitani fuisse, cum a primæ sedis episcopo non differat. Secundum autem, quod Chrestus Syracusanus ipse primæ sedis episcopus fuerit, cum ad eum directa sit Tractoria, ejusque arbitrio commissum ut quos secum adducendos judicaret, ipse eligeret : id enim nonnisi metropolitæ convenit. Quosdam huic metropolitani titulum dignitatemque ex hoc concedere scio, quod eum primum inter episcopos concilii Arelatensis subscriptum animadvertant. Non enim, aiunt, probabile est ut sola insignitus episcopali dignitate ante plures metropolitanos subscriberet; sed levi admodum hæc sententia nititur fundamento, cum primorum conciliorum subscriptiones plane inversæ sint, ac in iis plerumque alio ordine reperiantur nominati episcopi, quam quo subscripserunt. Id clare videre est in concilio Sardicensi, cui Vincentius de Capua et Calepodius Neapolitanus secundus et tertius subscripti leguntur, licet metropolitani haud fuerint istis temporibus. Certius eruetur argumentum ex subscriptionibus conciliorum Italiæ, quippe quæ pene integræ, et quasi sine mendis ad nos venerunt. Quis non advertit Eulalium hujus sedis episcopum, quartæ et quintæ synodo Romanæ sub Symmacho (quibus solis ex conciliis Italiæ reperitur pontifex Syracusanus) subscriptum proxime post Ravennensem metropolitanum, et ante omnes alios Italiæ episcopos. Unde et tunc metropolitanum fuisse non est quod dubitemus. Nec omittam quod Maximianus Syracusanus episcopus, vicarius sedis apostolicæ a Gregorio Magno per Siciliam institutus fuerit, epistola qua hæc leguntur : *Olim quidem fraternitati tuæ nostra fuerat auctoritas commissum, ut si quæ in Sicilia exciderent Ecclesiæ cæterisque venerabilibus locis, incongrue gererentur, nostra vice corrigeres; sed quia de quibusdam neglectis hactenus capitulis ad nos querela pervenit, rursus de eorum correptionem fraternitatem tuam specialiter prævidimus excitandam.* Sed et eam id muneris eumdem Gregorium Joanni Syracusano dedisse, eique in variis epistolis præcipere ut perquireret an Catanensis Ecclesiæ diaconi campagis calceati publice incederent : ut Lucillum Melitensem episcopum deponeret, ob commissa scelera, et ipse Joannes Gregorio indicaverat; et ut cum Romano Siciliæ defensore inquireret quænam ex Ecclesia sua bona Lucillus asportarat. Quæ singula metropolitanorum munia fuisse in proœmio diximus. Adde quod is mos primis sæculis invaluerit, ut nonnisi metropolitanis hæc dignitas vicarii ordinaria daretur, ut per alios singularum diœceseon vicariatus perquirenti satis ex se patebit, cum in Gallia Arelatensis, in Hispania Hispalensis, in Anglia Dorovernensis seu Cantuariensis, et in Illyrico Thessalonicensis soli vicarii ordinarii sanctæ sedis fuerint. Quibusdam tamen aliis per Siciliam, sive episcopis, sive etiam inferioribus clericis vices suas D. Gregorium commississe non diffiteor, cum has etiam Petrus subdiaconus habuerit, sed id per aliquod solummodo tempus, aut pro certis tantum negotiis factum esse ex hoc maxime opinor, quod D. Gregorius acerrimus jurium metropolitanorum defensor fuerit, ut superius ostendimus.

De Calari Sardiniæ metropoli dicendum restat. Est autem Sardinia Mediterranei maris insula ditissima frugum et jumentorum, et valde splendida, ut legitur in Notitia antiqua sub Constantio facta. De hujus priori

NOTICE ANCIENNE DES EVECHES D'ITALIE.

nomine hæc scribit Pausanias : *Nomen Sardiniæ priscis temporibus quodnam fuerit apud incolas compertum non habeo; qui illuc e Græcis commercii causa adnavigarunt, Ichnusam, quod formam habeat insula humani vestigii, appellarunt.* Unde Silius Italicus de illa loquens hæc habet :

*Insula fluctisono circumvallata profundo*
*Castigatur aquis, compressaque gurgite, terras*
*Enormeis cohibet nudæ sub imagine plantæ.*
*Inde Ichnusa prius Graiis memorata colonis*

Postea tamen Sardinia dicta est a Sarde, seu Sardo, qui, ut refert Isidorus, Hercule procreatus, cum magna multitudine a Libya profectus Sardiniam occupavit, et ex suo vocabulo insulæ nomen dedit. Urbes habet plures, ut legitur apud Strabonem, quarum præcipuæ sunt Caralis et Sulchi. Caralis autem, quæ Melæ Calaris dicitur, non tantum metropolis civilis ejus fuit, sed etiam ecclesiastica. Unde et illam primariam urbem Sardiniæ vocat Theodoretus in Historia ecclesiastica, qua loquens de Lucifero hujus sedis metropolitano, hunc in exsilium actum esse dicit cum Paulino Treverensi et Eusebio Vercellensi, temporibus Constantii imperatoris, quod hæresi Arianæ favere nollent. Unde et Januarius ejusdem sedis archiepiscopus dicitur a D. Gregorio, qui ad eum multas scripsit epistolas, eique præcepit ut bis in anno concilia provinciæ suæ de more celebraret, quod proprium fuisse metropolitanorum nemo nescit. Hujus verba sunt : *Episcoporum etiam conciliæ, sicut tam tuæ mos dicitur fuisse provinciæ, quam quod sanctorum canonum auctoritate præcipitur, bis in anno celebrare volumus : ut etsi quis inter eos a sui forma propositi, actionis atque morum qualitate discordat, sociali possit fratrum increpatione redargui; et pro securitate commissi gregis animorumque statu, paterna valeat circumspectione tractari.* Sed et Calaritanum episcopum etiam Balearium insularum metropolitam fuisse patet ex Notitia Sardiniensium episcoporum, qui jussu Hunnerici regis Carthaginem pro reddenda ratione fidei venerunt, quam ad calcem Africanæ dedit doctissimus Sirmundus. Ibi enim inter eos leguntur Helias de Majorica, et Macarius de Minorica. Nec mirum, cum etiam Syracusano metropolitæ subessent episcopi Melitæ et Liparæ, sicut Rhodiensi præsules Cycladum insularum. Scio quidem Baleares in Notitia civili Romani imperii Hispaniarum provinciis annumerari, sed harum episcopos Hispaniarum metropolitis nunquam subditos fuisse ex hoc censeo, quod nusquam Hispanis conciliis subscripti reperiantur. Adde quod non diu, Romanis imperantibus, inter Hispaniæ provincias Baleares recensitæ sunt, cum ejus vicario, Arcadio imperante, ademptæ sint, postquam a Wandalis ex Hispania in Africam transeuntibus occupatæ fuerunt.

Hactenus de provinciis et metropolibus ecclesiasticis Italiæ ; jam quæ sub singulis sedes essent episcopales, disces ex Notitia sequenti. Unum aut alterum antea monebo, nimirum eas omnes a primo Ecclesiæ sæculo haud institutas fuisse, simulque semper exstitisse : etenim plures successu temporis post alias institutæ, plures translatæ, plures exstinctæ, plures etiam unitæ leguntur, tam apud auctores historiæ ecclesiasticæ, quam in monumentis antiquis Ecclesiarum. Harum non paucas uniit sanctus Gregorius Magnus; ac inter eas Lysitanam Squillatiensi, Tres Tabernas Velitræ, Anthimiensem Sabinorum Nomentanæ, Carinensem Rhegiensi, et Fundanam Terracinensi. Sed cum mei sit instituti eas omnes enumerare quas sex primis sæculis reperi ac fuisse probabili ratione censui, de his sigillatim aliquid dicendum. Porro singulis civitatibus singulos episcopos apposui, ut has episcopales certius probarem. Quod si in his quosdam, qui conciliis post Gregorium Magnum celebratis septimo sæculo subscripserint adverteris, ratio est quod alii poribus in conciliis non reperiantur, licet civitates quibus tribuuntur prius episcopales fuisse conjicere sit

# NOTICE ANCIENNE DES ÉVÊCHÉS D'ITALIE,

D'APRÈS LA

## GÉOGRAPHIE DU P. CHARLES DE SAINT-PAUL.

### PROVINCIA ROMANA.

#### TUSCIA, *TOSCANE*.

*Roma* caput mundi, totiusque Romani imperii moderatrix Eusebio de Vita Constant. lib. I, cap. 20 ; apostolorum schola, et pietatis metropolis Sozomeno Hist. Eccles. lib. O, c. 7, vulgo etiam *Roma*. Hujus episcopos, Occidentis patriarchas, universique orbis ecclesiastici summos pontifices, a Petro apostolorum principe ad Gregorium Magnum supra retulimus.

*Portus Augusti*, Dioni lib. XL, vulgo *Porto*. Ex ejus episcopis Gregorius subscripsit concilio Arelatensi primo, Petrus concilio Romano sub Hilaro, Hærennius concilio Romano sub Felice, et Costus ejusdem urbis concilio VI sub Symmacho. D. Gregorius Magnus epistolam scripsit Felici Portuensi episcopo, quæ est 44 l. IV, indict. 13.

*Sylva Candida*, Marcellino comiti, vulgo *Sancta Rufina*. Ex ejus episcopis Adeodatus subscripsit concilio Romano tertio sub Symmacho; et Tiberius privilegio quod Gregorium Magnum sancto Medardo Suessionensi concessisse aiunt.

*Nepe*, Procop. l. III Rerum Gothic., vulgo *Nepi*. Ex ejus episcopis Projectitius subscripsit concilio Romano sub Hilaro, Felix ejusdem urbis concilio tertio sub Symmacho, et Gratiosus Lateranensi sub Martino.

*Aqua Viva*, urbs episcopalis, quam Cluverius ex monumentis antiquis apud Etruriam fuisse asserit in Descriptione Italiæ antiquæ, præter aliam ejusdem nominis quæ adhuc exstat in Campania, et nomen vulgo retinet, esique ad Vulturnum fluvium, inter Venafrum et cœnobium Sancti Vincentii, in Aprutii confinibus. Ex Aquæ Vivæ episcopis Paulinus subscripsit concilio Romano sub Hilaro, et Benignus primo Romano sub Symmacho.

*Phalaris*, alias *Falarina*, et *Falerium* Ptol. lib. III, c. 1, hodie *Phalaro*, sed vicus tantum aliquot ædibus constans, licet olim civitas episcopalis et adeo ampla fuerit in Faliscorum finibus. Joannes episcopus Falarinæ subscripsit concilio Romano sub Gregorio Magno.

*Ferentium*, seu, Ptolem. l. III, c. 1, *Ferentia*, aliis *Ferentinum*, vulgo *Ferento*. Maximinus hujus episc. subscripsit concil. Romano sub Felice. Huic sedi Viterbiensis successit, teste Ferrario, anno 1074 cum ob hæresim eversa est.

*Polymartium*, urbs episcopalis tom. II Concilior., vulgo *Bomarzo*. Hanc sedem unitam fuisse Ferentinati conjicere est ex concilio Lateranensi sub Martino, cui Bonitus Ferentispolimartianus subscripsit.

*Hortanum*, Anastasio in Vita Leonis IV, unde Hortenses populi Plinio lib. III, cap. 5, vulgo nunc dicitur *Horti*, et ad ejus episcopum Blandum scribit D. Greg. lib. I, indict. 9, epist. 32.

*Blera*, Ptol. lib. III, c. 1, hodie *Bieda*. Ex ejus episcopis Maximus subscripsit concilio Romano sub Felice, et primo sub Symmacho.

*Sutrium*, Ptol. ibid., hodie *Sutri*. Inter hujus episcopos, Eusebius subscripsit concilio Romano sub Hilaro, Constantinus Romano sub Felice, et Mercurius Romano primo sub Symmacho.

*Tarquinii*, Stephano, aliis Tarquinia, vulgo *Tarquene*. Inter ejus episcopos Apuleius subscripsit concilio Romano sub Hilaro, Projectitius Romano sub Felice, et Lucianus Romano primo sub Symmacho.

*Tuscania*, a qua Tuscanienses populi, quorum meminit Plinius lib. III, c. 5, hodie *Toscanello*. Maurus Tuscaniæ episcopus interfuit concilio Lateranensi sub Martino.

*Salpis*, a qua Salpinates populi, Livio lib. v, cujus Palladius episcopus concilio Romano sub Hilaro subscripsit.

*Balneum Regis*, Paulo Diacono, hodie *Bagnarea*. D. Gregorius Magnus scripsit ad Joannem Balnei Regis epist. 34, lib. VIII.

*Urbs Vetus*, Procop. Rerum Gothic. lib. II, hodie *Orvieto*. D. Gregorius scripsit epistolam 27, lib. v, ad Candidum episcopum de Urbe Veteri.

*Clusium*, Ptol. lib. III, c. 1, vulgo *Chiusa*, cujus episcopus Laurentius interfuit concilio Aquileiensi sub Damaso.

*Perusia*, Ptol. lib. III, c. 1, hodie *Perugia*. Maximianus hujus episcopus subscripsit concilio Romano primo sub Symmacho; et Venantii meminit D. Gregorius lib. x, epist. 52, indict. 5.

*Cortona*, Ptol. ibid., hodie nomen retinet. Theodosius episcopus Cortonæ subscripsit concilio Lateranensi sub Martino.

*Aretium*, Straboni lib. v, nunc *Arezzo*, cujus episcopus Gaudentius passus est 14 Junii sub Diocletiano, ex Martyrologio.

*Volsinium*, Straboni lib. v, hodie *Bolsena*. Gaudentius hujus episcopus subscripsit synodo primæ Romanæ sub Symmacho.

*Centum Cellæ*, Procop. Rerum Gothic. lib. II, vulgo *Civita-Vecchia* Kollenutio, et *Cincellæ* Ferrario. Ex ejus episcopis plures conciliis subscripserunt: Epictetus primo Arelatensi, Paschasius Romano sub Felice, et Molensius Romano primo sub Symmacho.

*Gravisca*, Antonino in Itinerario, vulgo *Mont'alto*. Adonius hujus episcopus subscripsit concilio Romano sexto sub Symmacho.

*Suana*, Ptol. lib. III, c. 1, hodie *Soana*, urbs episcopalis, sed an sex primis sæculis, dubium est. Mauritius hujus episcopus subscripsit epistolæ concilii Romani sub Agathone.

*Manturanum*, aliis *Manturianum*, locus Thusciæ, cujus mentio est in litteris Ludovici primi imperatoris: ut testatur Antoninus Massa, lib. de Faliscis. Reparatus hujus episcopus subscripsit concilio Lateranensi sub Martino.

*Rusella*, Ptol. lib. III, c. 1, vulgo *Rossella*. Vitalianus hujus episcopus subscripsit concilio Romano primo sub Symmacho; et Balbini episcopi Rusellani mentio est apud D. Gregorium lib. I, epist. 15, indict. 9.

*Populonia*, Melæ lib. II, c. 4, vulgo *Porto-Baratto*. Asellus hujus episcopus subscripsit synodo tertiæ Romanæ sub Symmacho.

*Volaterræ*, Ptol. lib. III, c. 1, hodie *Volaterra*. Elpidius hujus episcopus subscripsit concilio Romano tertio sub Symmacho.

*Pisæ*, Straboni lib. v, vulgo *Pisa*. Gaudentius hujus episcopus legitur apud Optatum lib. I.

*Luca*, Ptol. lib. III, c. 1, hodie nomen retinet. Felix hujus episcopus subscripsit concilio Romano sub Hilaro, et ante eum, Maximus Sardicensi.

*Forum Claudii*, Ptolem. ibid., vulgo *Tofa Nova*. Inter ejus episcopos Gaudentius subscripsit concilio Romano sub Felice, Colonus, aliis Colonius, Romanis primo et secundo sub Symmacho, et Donatiani mentio fit apud Optatum lib. I.

*Luna*, Ptol. ibid., vulgo *Luni*, Ferrario. Victor episcopus Lunæ adfuit concilio Romano tertio sub Symmacho.

*Fæsulæ*, Ptol. ibid., hodie *Fiezoli*, cujus primus episcopus Romulus discipulus sancti Petri dicitur in monumentis Ecclesiæ Fæsulanæ.

*Florentia*, Ptol. ibid., hodie *Fiorenza*. Hujus episcopi Felicis mentio fit apud Optatum lib. I.

*Sena*, Ptol. ibid., hodie *Siena*. Eusebius hujus episcopus subscripsit concilio Romano sub Hilaro.

*Cornetum*, aliis *Cornuetum*, urbs episcopalis in Notitiis ecclesiasticis Italiæ et Provinciali Romano, vulgo *Corneto*. Quibusdam *Castrum Novum*, de quo Ptol. lib. III, c. 1. Neoptolemius Cornensis episcopus subscripsit concilio Romano quinto sub Symmacho, et Boethius Lateranensi sub Martino. Hanc sedem Ferrarius ait unitam fuisse Graviscæ.

## UMBRIA, OMBRIE.

*Oericulum*, Ptol. lib. III, c. 1, aliis *Utriculum* et *Otriculum*, vulgo *Otriculi*. Ex hujus episcopis Herculius subscripsit concilio Romano sub Felice, et Constantius primo sub Symmacho.

*Narnia*, Ptol. ibid., vulgo *Narni*. Vitalinus hujus episcopus subscripsit concilio Romano primo sub Symmacho; et Gregorius Magnus scripsit epist. 88, lib. IV, indict. 13, Constantio episcopo Narniæ.

*Interamna*, Plin. lib. XVIII, c. 28, vulgo *Terni*; cujus episcopus Felix subscripsit concilio Romano tertio sub Symmacho.

*Ameria*, Ptol. ibid., vulgo *Amelia*. Hilarus Amerinus subscripsit concilio Romano sub Hilaro, et Lampadius Romano primo sub Symmacho, necnon Martianus alteri Romano sub Felice.

*Tuder*, Straboni lib. V, vulgo *Todi*. Ex ejus episcopis Crescovius subscripsit concilio Romano sub Felice, et primo Romano sub Symmacho.

*Vettonium*, urbs episcopalis in lib. Conciliorum, a qua Vettonienses populi Plinio lib. III, c. 14, vulgo *Bittona*. Gaudentius hujus episcopus subscripsit concilio Romano sub Hilaro.

*Mevania*, Ptol. lib. III, c. 1, vulgo *Bevagna*. Innocentius hujus episcopus subscripsit concilio Romano sub Felice, et primo sub Symmacho.

*Tifernum Tiberinum*, Ptolem. ibid., vulgo *Cita di Castello*. Luminosus hujus episcopus subscripsit concilio Lateranensi sub Martino.

*Trebia*, *Treba*, Ptolem. lib. III, c. 1, vulgo *Trevi*. Propinquus hujus episcopus subscripsit concilio Romano quarto sub Symmacho, et ante eum Constantinus Romano sub Felice.

*Spoletum*, Ptolem. lib. III, c. 1, vulgo *Spoleto*. Epiphanius hujus episcopus subscripsit concilio Romano sub Felice, et Joannes primo Romano sub Symmacho.

*Fulginum*, a quo Fulginates populi Italiæ Ciceroni in oratione pro Cornelio Balbo, hodie *Fuligno*. Urbanus hujus episcopus subscripsit concilio Romano sub Felice, et Fortunatus primo sub Symmacho.

*Forum Novum*, Æthico in Cosmographia, inter Forum Flaminii et Spoletum. Projectius Foronovanus subscripsit concilio Romano primo sub Symmacho, et ante eum Asterius concilio Romano sub Felice

*Forum Flaminii*, Ptolem. lib. III, c. 1, vulgo *For-Flammo*. Bonifacius hujus episcopus subscripsit concilio Romano quarto sub Symmacho.

*Camerinum*, Ptolem. ibid., vulgo *Camerino*. Probus hujus episcopus subscripsit concilio Romano tertio sub Symmacho, et quarto, quo legendum est Cameranensis pro Carmeianensis.

*Hispellum*, *Ispelum* Ptolem., lib. III, c. 1, hodie *Spello*; civitas olim episcopalis, cujus tamen episcopum non legi nisi in concilio Sinuessano parum certæ fidei.

*Assisium*, Plin. lib. III, c. 14; *Æsisium* Ptolem., l. III, c. 1, vulgo *Assisi*, cujus episcopus Aquilinus adfuit concilio Lateranensi sub Martino.

*Nuceria*, Ptolem., lib. III, c. 1, vulgo *Nocera*. Laurentius hujus episcopus subscripsit concilio Romano sub Symmacho, et D. Gregorius scripsit epistolam 47, lib. VII, indict. 2, Primerio Nuceriæ episcopo.

*Eugubium*, civitas episcopalis libro Conciliorum, vulgo *Gubbio*. Gregorius Magnus epistolam 89, lib. VII, indict. 2, ad hujus episcopum Gaudiosum direxit, sed longe ante illum Innocentius I ad Decentium scripsit.

## CAMPANIA, IN QUA LATIUM; CAMPANIE, dans laquelle est compris le Lotium.

*Ostia*, Ptolem., lib. III, c. 1, vulgo etiam *Ostia*. Ex ejus episcopis Bonus subscripsit concilio Romano sub Felice; Bellator primæ synodo Romanæ sub Symmacho, et Aristus vel Ariston tertiæ et quartæ sub eodem.

*Velitræ*, Livio lib. VI, vulgo *Veletri*. Ex ejus episcopis Adeodatus subscripsit concilio Romano sub Hilaro, Bonifacius Romano sub Felice, et Sylvinus quarto ejusdem urbis sub Symmacho.

*Tres Tabernæ*, Zosimo lib. II, vulgo *Cisterna*. Lucifer hujus civitatis episcopus subscripsit concilio Romano sub Hilaro, Decius item Romano sub Felice, et primo sub Symmacho.

*Antium*, Ptolem., lib. III, c. 1, vulgo *Anze*. Gaudentius hujus episcopus subscripsit concilio Romano sub Hilaro, Felix item Romano sub Felice, et Vindemius primo sub Symmacho.

*Tarracina*, Ptolem., ibid., vulgo etiam *Tarracina* dicitur. Savini episcopi a Tarracina meminit Optatus lib. I. Item Martyrius subscripsit primæ synodo Romanæ sub Symmacho.

*Terentinum*, Ptolem., lib. III, c. 1, vulgo *Fiorentino*. Bassus hujus episcopus subscripsit concilio Romano sub Felice, et primo sub Symmacho nec non Innocentius tertio sub eodem Symmacho.

*Anagnia*, Strab., lib. V, vulgo *Anagni*. Ex ejus episcopis Felix subscripsit concilio Romano sub Felice, et Fortunatus item Romano primo sub Symmacho.

*Gabii*, Strab., ibidem, hodie *Gallicano*, inquit Blondus. Inter ejus episcopos Asterius subscripsit concilio Romano sub Hilaro, Andreas item Romano sub Felice, et Mercurius primo sub Symmacho.

*Signia*, Strab., lib. V, vulgo *Segna* vel *Se-*

*gni*. Sanctulus hujus episcopus subscripsit concilio primo Romano sub Symmacho, nec non Justus tertio et quarto sub eodem.

*Albanum*, Procopio, lib. II Rerum Gothicarum, vulgo *Albano*. Civitas episcopalis Latii, et non Alba Longa ab Ascanio condita, cum illius episcopi dicantur in conciliis Albanenses, non Albenses. Inter eos Romanus subscripsit concilio Romano sub Hilaro, Athanasius item Romano sub Felice, Chrysogonus tertio sub Symmacho, et Andreas Albanensis episcopus legitur apud D. Gregorium Magnum, Epistolarum lib. II, indict. 2, in privilegio S. Medardi.

*Tusculum*, Ptolem., lib. III, c. 1, vulgo *Frescati*. Hujus episcopum a Totila occisum anno 545 narrat Baronius, et Vitalianus subscripsit epistolæ synodicæ concilii Romani sub Agathone.

*Subaugusta*, Urbs episcopalis circa Romam, quæ et Augusta Helena dicebatur. Ex ejus episcopis Crispianus subscripsit concilio Romano sub Hilaro, Petrus item Romano sub Felice, et Maximianus primo sub Symmacho.

*Fundi*, Sueton. in Tiberio cap. 5, hodie *Fondi*. Vitalis hujus episcopus subscripsit concilio Romano primo sub Symmacho.

*Formiæ*, Diodoro lib. IV, nunc *Mola*. Ex ejus episcopis Martinianus subscripsit concilio Romano sub Felice, et Adeodatus primæ synodo Romanæ sub Symmacho.

*Salernum*, Strab., lib. v, vulgo *Salerno*. Gaudentius hujus episcopus subscripsit concilio primo Romano sub Symmacho, nec non Asterius concilio generali quinto.

*Amalphia*, vulgo *Amalfi*. Divus Gregorius scripsit epistolam 23, lib. v, ind. 14, ad Authemium, de Pimenio episc. Amalphitano.

*Surrentum*, Melæ, lib. II, c. 4, nunc *Sorrento* seu *Sorriento*. Rosarius episcopus Surrentinus subscripsit synodo primæ Romanæ sub Symmacho.

*Stabiæ*, Ovidio lib. xv Metamorphos., vulgo *Castel a Mare di Stabia*. Ursus ejus episcopus subscripsit eidem concilio.

*Neapolis*, Ptolem., lib. III, c. 1, vulgo *Napoli*. Ex ejus episcopis Soter subscripsit concilio Romano sub Hilaro, et Stephanus primo sub Symmacho.

*Puteoli*, quæ et *Dicearchia* Plin. lib. III, c. 5, nunc *Puzzolo*. Ex ejus episcopis Claudius subscripsit concilio Romano sub Hilaro, et Aucupius Romano primo sub Symmacho.

*Misenum*, Virgilio I Æneid., vulgo *Miseno*. Concordius hujus episcopus subscripsit tertiæ synodo Romanæ sub Symmacho. Hormisda papa scripsit epistolam 9 ad Peregrinum episcopum Miseni.

*Cumæ*, Ptolem., lib. III, c. 1, vulgo *Cuma*. Ex cujus episcopis Adeodatus subscripsit concilio Romano sub Hilaro, et Misenus Romano primo sub Symmacho.

*Atella*, Ptolem. ibidem, vulgo *S. Arpino*. Ex ejus episcopis Primus subscripsit concilio Romano sub Hilaro, Felix tertiæ synodo Romanæ sub Symmacho, et Importunus legitur apud D. Gregorium Magnum epistola 53, lib. VII, indict. 2.

*Vulturnum*, Livio lib. xxv, vulgo *Castel di Botorno*. Paschasius hujus episcopus subscripsit primæ synodo Romanæ sub Symmacho.

*Sora*, Ptolem. lib. III, c. 1, etiam hodie *Sora* dicitur. Sebastianus hujus episcopus subscripsit concilio Romano tertio sub Symmacho.

*Aquinum*, Plin. l. III, c. 5, vulgo *Aquino*. Constantinus hujus episcopus subscripsit concilio Romano sub Felice, et Asterius ejusdem urbis episcopus quintæ synodo Romanæ sub Symmacho.

*Cassinum*, M. Varroni l. vi, de Lingua Latina, *Cassino* dicitur vulgo. Ex ejus episcopis Caprarius subscripsit concilio Romano sub Hilaro, et Severus Romano sub Felice.

*Minturnæ*, Strab. l. v, vulgo *La Scaffa del Garigliano*, teste Sanfelicio. Rusticus Minturnensis episcopus subscripsit concilio Romano primo sub Symmacho.

*Suessa*, Ptolem. l. III, c. 1, vulgo *Sessa*. Fortunatus Suessanus episcopus subscripsit eidem concilio.

*Teanum*, Ptolem. ibid., vulgo *Tiano*. Quintus hujus episcopus subscripsit eidem concilio.

*Calenum*, Strab. l. v, vulgo *Carinola*. Valerius hujus episcopus subscripsit eidem concilio.

*Calatia*, Livio l. VIII, vulgo *Caiazzo*. Antiquum Breviarium Capuæ meminit Stephani Calatiæ episcopi; sed an sex primis sæculis, mihi non constat.

*Capua*, Melæ lib. II, cap. 4, hodie *Capoa*. Ex ejus episcopis Vincentius subscripsit concilio Sardicensi, Tiburtius Romano sub Hilaro, Constantinus Romano sub Felice, et primo sub Symmacho; necnon Proterii episcopi a Capua meminit Optatus lib. I.

*Acerra*, Plin. l. III, c. 5, vulgo *L'Acerra*. Concordii hujus episcopi mentio est in concilio Romano primo sub Symmacho.

*Nola*, Ptolem. l. III, c. 1, nunc quoque *Nola* dicitur. Serenus hujus episcopus subscripsit concilio Romano primo sub Symmacho, et D. Gregorius Magnus scripsit epist. 13, 14 et 26, lib. iv, indict. 13, ad Gaudentium Nolanum episcopum.

*Abellinum*, Ptolem. ibid., vulgo *Avellino*. Timotheus hujus episcopus subscripsit synodo Romanæ primæ sub Symmacho.

*Venafrum*, Strab. lib. v, vulgo *Venafri*. Constantinus hujus episcopus subscripsit concilio Romano primo sub Symmacho.

*Atina*, Virgilio lib. vii Æneid., vulgo *Atino*. Plures hujus episcopi numerantur in Martyrologio Romano, ac inter eos Marcus a sancto Petro ordinatus, et Fulgentius successor Marci, martyrque sub Domitiano.

### PICENUM ANNONARIUM.

*Æsis*, Ptolem. l. III, c. 1, hodie *Giesi*. Martianus hujus episcopus subscripsit concilio Romano tertio sub Symmacho.

*Senogallia*, Melæ l. II, c. 4, vulgo *Senegalia*. Venantius hujus episcopus subscripsit concilio Romano quarto sub Symmacho.

*Fanum Fortunæ*, Ptolem. lib. III, c. 1, vulgo

*Fano*. Eusebius hujus episcopus subscripsit concilio Romano quarto sub Symmacho, scripsitque Gregorius Magnus epistolam 177, lib. vi, indict. 15, ad Fortunatum episcopum Fani Fortunæ.

*Pisaurum*, Melæ lib. ii, cap. 4, hodie *Pesaro*. Germanus hujus episcopus subscripsit concilio Romano primo sub Symmacho.

*Ariminum*, Plin. *Ariminium* lib. iii, c, 15, vulgo *Rimini*. Stemnius hujus episcopus legitur apud Optatum lib. i, et Joannes ejusdem civitatis episcopus adfuit concilio Romano primo sub Symmacho.

*Urbinum*, Procop. lib ii Rerum Gothic., hodie *Urbino*. Gregorius Magnus epistolam 24 lib. ii, indict. 2, ad Leontium episcopum Urbinatis scripsit.

*Tifernum Metaurense*, Plin. lib. iii, cap. 5. Civitas episcopalis antiqua creditur; attamen nullum legi ante Exhilaratum concilio Romano sub Agathone subscriptum, quem hujus episcopum fuisse conjicere sit.

*Forum Sempronii*, Ptolem. lib. iii, c. 1, vulgo *Fossunbrono*. Felicissimus episcopus Forosemproniensis subscripsit concilio Romano primo sub Symmacho, et Innocentius secundo.

*Callium*. Antonino in Itinerario *Calle Vicus*, vulgo *Cagli*. Viticanus hujus episcopus subscripsit concilio Romano tertio sub Symmacho.

PICENUM SUBURBICARIUM. *PICENUM SUBURBICAIRE.*

*Pinna*, Ptolem. lib. iii, c. 1, hodie *Penna*. Romanus hujus episcopus adfuit concilio Romano primo sub Symmacho.

*Interamnia*, Ptolem. lib. iii, c. 1, aliis Interamnium, vulgo *Teramo*, hujus episcopus subscripsit concilio Romano tertio sub Hilaro.

*Asculum*, Ptolem. ibid., hodie *Ascoli*. Lucentius hujus episcopus interfuit concilio Chalcedonensi.

*Firmum*, Ptolem. ibid., vulgo *Fermo*. Justus hujus episcopus subscripsit concilio Romano quinto sub Symmacho.

*Tolentinum*, a quo Tolentinates populi, Plin. l. iii, c. 16, vulgo *Tolentino*. Basilius hujus episcopus subscripsit concilio Romano primo sub Symmacho, et ante eum Basilicus Romano sub Felice.

*Septempeda*, Strab. lib. v, hodie *S. Severino*, cujus episcopus Severinus legitur in monumentis Ecclesiæ Septempedanæ, tempore Justiniani imperatoris.

*Matelica*, Piceni urbs, a qua Matilicates populi, Plin. l. iii, c. 14, vulgo *Matelica*. Equitius hujus episcopus subscripsit concilio Romano sub Felice.

*Cingulum*, Picenorum oppidum Cæsari, et Ciceroni ad Atticum, vulgo *Cingulo*. Julianus episcopus Cinguli interfuit concilio quinto generali Constantinopolitano.

*Auximum*, Procop. lib. ii, vulgo *Osimo* et Osmo. Fortunatus hujus episcopus subscripsit concilio Lateranensi sub Martino.

*Potentia*, Strab. lib. v, vulgo *Porto di S. Lepidio*, aliis *Potenza*. Faustinus hujus episcopus adfuit concilio Carthaginensi septimo,
ad quod legatus missus fuerat a sede apostolica.

*Numana*, Melæ lib. ii, cap. 4, vulgo *Humana*. Philippus hujus episcopus subscripsit conciliis Romanis sub Hilaro et Felice.

*Ancona*, Ptolem. lib. iii, c. 1, hodie nomen retinet. Gregorius Magnus epistolam 91 lib. 7, indict. 2, scripsit Severo episcopo Auconitano.

*Hadria*, Strab. lib. v, vulgo *Adri*, cujus episcopus interfuit concilio Lateranensi sub Martino. Differt autem ab ea quæ est in Flaminia.

*Aternum*, Strab. lib. v, vulgo *Pescara*. Peregrini episcopi Aterni mentio fit apud D. Gregorium in Dialogis.

VALERIA, *LA VALÉRIE.*

*Fidene*, Virgilio lib. vi Æneid., vulgo *Castel Jubileo*. Gerontius episcopus Fidenes subscripsit concilio Romano tertio sub Symmacho.

*Nomentum*, Ptolem. lib. iii, c. 1, vulgo *Lamentana*. Ex ejus episcopis Servusdei subscripsit concilio Romano sub Hilaro, Cyprianus Romano sub Felice, et Romanus Romano tertio sub Symmacho.

*Tibur*, Sueton. in Augusto cap. 72, hodie *Tivoli*. Candidus hujus episcopus subscripsit concilio Romano sub Felice, et primo Romano sub Symmacho.

*Nursia*, Ptolem. lib. iii, cap. 1, nunc *Notza*. Stephanus hujus episcopus subscripsit concilio Romano primo sub Symmacho.

*Marsi*, Ptolem. ibid., vulgo *Marci*. Luminosus episcopus Marsensis subscripsit concilio Lateranensi sub Martino.

*Præneste*, Ptolem. ibid., vulgo *Palestrina*. Januarius hujus episcopus subscripsit concilio Romano sub Hilaro, et Romulus item Romano sub Felice, et quartæ synodo sub Symmacho.

*Furconium*, Paulo Diacono Hist. Longobard. lib. ii, cap. 20, hodie *Forconio*. In ea civitate sedem episcopalem a primis sæculis fuisse ferunt, sed ejus episcopum non legi ante Florum, qui subscripsit concilio Romano sub Agathone.

*Amiternum*, Plin. lib. iii, cap. 12, vulgo *S. Vittorino*. Valentinus hujus episcopus subscripsit concilio Romano primo sub Symmacho.

*Reate*, Strab. lib. v, vulgo *Rieti*. Ursus hujus episcopus subscripsit concilio Romano tertio sub Symmacho.

*Lista*, Dionysio, urbs Sabinorum non longe distans a Reate. Joannem ejus episcopum fuisse conjicere est, qui a D. Gregorio presbyter cardinalis constitutus est in Ecclesia Scyllatina, epist. 25, lib. ii, indict. 10.

*Cures*, Curis Strab. lib. v, vulgo *Curese*. Tiberius episcopus Curicum Sabinorum subscripsit concilio Romano sub Hilaro. Hancque sedem probabile est eamdem fuisse cum ea quædicitur sancti Anthimii, cujus meminit D. Gregorius epist. 2, lib. ii, indict. 2, et quam uniit Nomentanæ.

SAMNIUM, *LE PAYS DES SAMNITES.*

*Beneventum*, Ptolem. lib. iii, c. 1, hodie

*Benevento.* Epiphanius hujus episcopus subscripsit concilio Romano primo sub Symmacho; et Theophili ejusdem civitatis episcopi meminit Optatus lib. I.

*Sæpinum*, Ptolem. lib. III, cap. 1, vulgo *Sepino*, Proculianus Sepinatis episcopus subscripsit concilio Romano tertio sub Symmacho.

*Sulmo*, Ptolem. ibid., nunc *Sermona* dicitur. Palladius Sulmontinus episcopus subscripsit concilio Romano primo sub Symmacho.

*Bovianum*, *Boianum* Ptolem. ibid., vulgo *Boiano*. Laurentius episcopus Boianensis subscripsit concilio Romano tertio sub Symmacho.

*Alipha*, vel *Allifa* Ptolem. ibid. Clarus episcopus Aliphanus subscripsit concilio Romano primo sub Symmacho.

*Theatea*, Ptolem. lib. III, cap. 1, vulgo *Civita di Chieti*. Quintus Theatinus episcopus subscripsit concilio primo Romano sub Symmacho.

*Ortona*, Strab. lib. v, hodie nomen retinet. Maximianus episcopus Ortonensis subscripsit concilio Romano quarto sub Symmacho.

*Frequentum*, vulgo *Fricenti*, urbs episcopalis, cujus episcopus Marcianus a sancto Leone papa ordinatus est, ex monumentis Ecclesiæ Beneventanæ.

*Samnium*, Paulo Diacono lib. II, cap. 20. Marcus Samninus episcopus subscripsit synodo quartæ Romanæ sub Symmacho.

*Valva*, oppidum Sulmoni proximum, apud quod fuit olim sedes episcopalis unita Sulmoni. Fortunatus hujus episcopus subscripsit concilio Romano quinto sub Symmacho ; et Pamphili Valvensis episcopi memoria fit in Martyrologio Romano die 28 Aprilis.

### APULIA, LA POUILLE.

*Egnatia*, Ptolem. lib. III, cap. 1, *Ignatia* Straboni, vulgo *Gnazzo*. Rufentius episcopus Ignatinus subscripsit concilio Romano sub Symmacho.

*Barium*, Ptolem. ibid., hodie *Barri*. Concordius episcopus Barinus subscripsit concilio Romano sub Hilaro.

*Tranum*, vulgo *Trani*. Eutychius Tranensis episcopus subscripsit concilio Romano tertio sub Symmacho.

*Cupersanum*, vulgo *Conversano*. Hilarius Cupersanensis episcopus subscripsit concilio Romano tertio sub Symmacho.

*Canusium*, Ptolem. lib III, cap. 1, vulgo *Canosa*. Rufinus Canusinus episcopus subscripsit concilio Romano primo sub Symmacho, et Memor ejusdem civitatis episcopus tertio sub eodem.

*Sipontum*, Plin. lib. III, cap. 2, adhuc *Siponto* dicitur. Felix hujus episcopus subscripsit concilio Romano sub Hilaro, et ad alium Felicem Sipontinum D. Gregorius Magnus plures epistolas misit, ut videre est in ipsius Operibus.

*Arpi*, Ptolem., lib. III, cap. 1, nunc *Sarpi* dicitur. Pardus episcopus Arpi subscripsit concilio Arelatensi primo.

*Melfia*, sive *Melphia*, vulgo *Melfi*, civitas episcopalis lib. Concil. Leucadius Melphitensis episcopus subscripsit synodo sextæ Romanæ sub Symmacho.

*Venusia*, Ptolem. lib. III, c. 1, hodie *Venosa*. Stephanus hujus episcopus subscripsit concilio Romano tertio sub Symmacho.

*Acherontia*, *Acherontius* Livio lib. VIII, vulgo *Acerenza*. Justus Acherontinus episcopus subscripsit primæ synodo Romanæ sub Symmacho.

*Vigiliæ*, urbs episcopalis, vulgo *Bisegli* dicta; legitur in Martyrologio Romano, ubi Maurus episcopus martyrium subiisse sub Trajano dicitur.

*Cannæ*, Livio decad. 3, lib. II, urbs clade Romanorum celebris, nunc diruta ; cujus episcopus Antipater subscripsit concilio Romano quinto sub Symmacho.

### CALABRIA, LA CALABRE.

BRUNDUSIUM, Ptolem. lib. III, cap. 1, vulgo *Brindisi*. Leontii episcopi Brundusini meminit D. Gregorius Magnus lib. IX, indict. 4, epist. 73.

*Aletium*, Ptolem. ibid., vulgo *Lecci*. Justus et Orontius primi hujus episcopi et sancti Pauli apostoli discipuli leguntur, ut ferunt in monumentis Ecclesiæ Aletinæ.

*Hydruntum*, *Hydrus* Straboni lib. VI, vulgo *Otranto*. Andreas hujus episcopus subscripsit concilio Lateranensi sub Martino; scripsitque Gregorius Magnus epistolam 21, lib. V, indict. 14, ad Petrum episcopum Hydruntinum.

*Callipolis*, Melæ lib. II, cap. 4, nunc *Gallipoli*. D. Gregorius Magnus scripsit epistolam 84, lib. II, indict. 2, ad Joannem episcopum Callipolitanum.

*Tarentum*, Ptolem. lib. III, cap. 1, hodie *Taranto*. Joannes hujus episcopus subscripsit concilio Lateranensi sub Martino; scripsitque D. Gregorius Magnus epist. 44, lib. II, indict. 2, ad Andream episcopum Tarentinum.

*Uria*, Straboni lib. VI, vulgo *Oira*. Barsanus hujus primus episcopus legitur in monumentis hujus urbis, fuitque sancti Cataldi synchronus.

*Lypia*, *Lupia* Melæ lib. II, cap. 4. Hanc autem episcopalem fuisse legitur apud Gregorium Magnum epistola 21, lib. V, indict. 14, cujus pontifice destitutæ visitationis munus injungit Brundusino et Callipolitano episcopis.

### BRUTIA, BRUTIE.

*Rhegium*, Ptolem. lib. III, cap. 1, hodie *Rezo*. Stephanus primus hujus episcopus ordinatus dicitur a sancto Paulo apostolo in Martyrologio Romano; scripsitque D. Gregorius Magnus epistolas 4 et 43, l. II, indict. 2, pluresque alias ad Bonifacium episcopum Rhegiensem.

*Taurianum*, Melæ lib. II, c. 4, hodie *Seminara*. D. Gregorius Magnus epistolam 39, lib. I, indict. 9, scripsit ad Paulinum episcopum Taurianensem : subscripsitque Laurentius Taurianensis episcopus concilio Lateranensi sub Martino.

*Tropia*, *Tropea* Stephano, vulgo etiam

*Tropia*, cujus episcopus Joannes subscripsit concilio Lateranensi sub Martino.

*Vibo*, quæ et *Vibo-Valentia* Plinio lib. III, c. 5, hodie *Bivona*, teste Barrio. Joannes Vibonensis episcopus subscripsit concilio Romano primo sub Symmacho, itemque Papinius Lateranensi sub Martino.

*Nicotera*, Antonino in Itinerario, nunc *Nicodro*. D. Gregorius Magnus scripsit epistolam 47, lib. VII, indict. 2, ad Proculum episcopum Nicoteræ.

*Tempsa*, Strab. lib. V, nunc *S. Marco*. Hilarius hujus episcopus subscripsit tertiæ synodo Romanæ sub Symmacho, et Sergius Lateranensi sub Martino.

*Thurium*, Ptolem. lib. III, cap. 1, nunc *Terra Nova* Barrio, aliis *Buffalora*. Joannes Thuritanus episcopus subscripsit tertiæ synodo Romanæ sub Symmacho.

*Cerillus*, Strab. lib. VI, aliis Cerellus, vulgo *Cerilla* Barrio. Romanus episcopus Cerellitanus subscripsit concilio Lateranensi sub Martino.

*Consentia*, vel *Cosentia*, Livio lib. VIII, hodie *Cosenza*. D. Gregorius Magnus scripsit epistolam 47, lib. VII, indict. 2, ad Palumbum episcopum Cosentiæ.

*Crotona*, Ptolem. lib. III, c. 1, adhuc *Crotone*. Theodosius hujus episcopus subscripsit concilio Lateranensi sub Martino.

*Scyllatium*, Ptolem. lib. III, cap. 1, vulgo *Squillaci*. Gaudentius Scyllatenus episcopus subscripsit concilio Romano sub Hilaro; scripsitque D. Gregorius Magnus epistolas 38, lib. II, indict. 10, et 37, lib. VII, indict. 1, ad Joannem episcopum Scyllatinum.

*Locri*, Ptolem. ibid., vulgo *Gieraci*. D. Gregorius Magnus dirigit epistolam 47, lib. VII, indict. 2, ad Marcianum Locrensium episcopum.

*Muranum*, vel *Submuranum* Antonino in Itinerario, vulgo *Morano*. Lucianus episcopus Murani subscripsit concilio Romano sub Julio.

*Orestis*, vel *Orestis Portus* Plinio lib. III, cap. 5, hodie *Porto Ravaglioso*. Longinus Orestensis episcopus subscripsit synodo sextæ Romanæ sub Symmacho.

*Carina*, urbs episcopalis in Brutia D. Gregorio Magno epist. 9, lib. V, indict. 14, qui, hujus defuncto antistite, cum alium ordinare non sineret deserti loci habitatio, ut ait, sedem univit Rhegiensi.

*Boua*, vulgo etiam *Boua* dicta, civitas Brutiorum in libro Conciliorum legitur; multis antiqua sedes episcopalis creditur, sed ejus episcopum non reperi ante Luminosum Bouensem, qui subscripsit concilio Lateranensi sub Martino, non enim legendum est *Bonensis*, cum nullibi *Bona* legatur in Italia.

LUCANIA, *LA LUCANIE*.

*Potentia*, Antonino in Itinerario, vulgo *Potenza*. Amantius vel Amandus subscripsit synodis tertiæ et quartæ Romanis sub Symmacho.

*Buxentum*, Melæ lib. II, c. 4, vulgo *Pisciota*. Rusticus episcopus Buxentinus subscripsit tertiæ synodo Romanæ sub Symmacho.

*Pæstum*, Ptolem. lib. III, c. 1, vulgo *Pesto*. Florentinus hujus episcopus subscripsit concilio primo Romano sub Symmacho, et Joannes Lateranensi sub Martino.

*Acropolis*, urbs episcopalis D. Gregorio epist. 29, lib. II, indict. 10, qua hujus episcopo Felici curam visitandarum Velinæ, Buxentinæ et Blandanæ Ecclesiarum injungit.

*Blanda*, Melæ lib. II, c. 4, hodie *Belvedere*, teste Barrio. Paschalis hujus episcopus subscripsit concilio Lateranensi sub Martino.

CORSICA INSULA, *L'ILE DE CORSE*.

*Aleria*, Ptolem. lib. III, c. 2, vulgo etiam *Aleria* dicitur incolis. Bonosus hujus episcopus subscripsit concilio Lateranensi sub Martino, et D. Gregorius Magnus scripsit epist. 22, lib. II, indict. 14, ad Petrum episcopum Aleriensem de Corsica.

*Urcinium*, Ptolem. lib. III, cap. 2, Adiacium postea dictum volunt, vulgo *Adiazzo*, Evandri episcopi ab Ursino meminit Optatus lib. I, et D. Gregorius Magnus episcopi Adiacii epist. 74, lib. IX, indict. 4.

*Nebium*, vulgo *Nebio*, urbs Corsicæ insulæ episcopalis, cujus episcopus Martianus subscripsit concilio Lateranensi sub Martino.

*Tamita*, urbs Corsicæ episcopalis, teste Gregorio Magno, qui scripsit epistolam 77, lib. I, indict. 9, ad Martinum Ecclesiæ Tamitanæ episcopum.

PROVINCIA MEDIOLANENSIS.

LIGURIA, *LA LIGURIE*.

*Mediolanum*, Ptolem. lib. III, cap. 1, vulgo *Milano*. Primaria urbs Italiæ Theodoreto lib. II, c. 15, Hist. Eccles., qui Dionysium hujus episcopum nominat. Præter eum alii variis conciliis subscripserunt, Ambrosius concilio Aquileiensi sub Damaso, et Laurentius concilio Romano tertio sub Symmacho.

*Eporedia*, Ptolem. ibid., vulgo *Jurea* seu *Hiurea*. Eulogius hujus episcopus subscripsit epistolæ Eusebii episcopi Mediolanensis ad Leonem papam, quæ exstat inter epistolas Leonis Magni.

*Vercellæ*, Ptolem. ibid., vulgo etiam *Vercelli*. Ex ejus episcopis Limenius subscripsit concilio Aquileiensi sub Damaso, Justianus epistolæ Eusebii Mediolanensis ad Leonem papam, et Æmilianus tertiæ synodo Romanæ sub Symmacho.

*Novaria*, Plin. lib. III, c. 17, vulgo *Novara*. Simplicius hujus episcopus subscripsit epistolæ Eusebii Mediolanensis ad Leonem papam.

*Ticinum*, Ptolem. lib. III, c. 1, vulgo *Pavia*. Crispinus hujus episcopus subscripsit eidem epistolæ, nec non Maximus tertiæ synodo Romanæ sub Symmacho.

*Laus Pompeia*, Plin. lib. III, c. 17, vulgo *Lodi*. Basilianus hujus episcopus subscripsit concilio Aquileiensi sub Damaso, et Cyriacus supradictæ epistolæ Eusebii Mediolanensis ad Leonem papam.

*Cremona*, Æthico in Cosmographia, nomen retinet. Joannes hujus episcopus subscripsit eidem epistolæ Eusebii, et Eustathius synodis tertiæ et sextæ Romanis sub Symmacho.

*Brixia*, Strab. lib. v, vulgo *Brescia*. Ex ejus episcopis Ursacius subscripsit concilio Sardicensi, Philaster concilio Aquileiensi sub Damaso, et Octavianus supradictæ Eusebii epistolæ.

*Bergomum*, Ptolem. lib. III, c. 1, vulgo *Bergamo*. Præstantius hujus civitatis episcopus subscripsit eidem epistolæ, necnon Laurentius tertiæ synodo Romanæ sub Symmacho.

*Comum*, Strab. lib. v, vulgo *Como*. Abundantius hujus episcopus subscripsit supradictæ epistolæ Eusebii

### ALPES COTTIÆ, *ALPES COTTIENNES*.

*Augusta Taurinorum*, Ptolem. lib. III, cap. 1, vulgo *Turino*. Ex ejus episcopis Maximus subscripsit concilio Aquileiensi sub Damaso, et Tigridius synodis tertiæ et sextæ Romanis sub Symmacho.

*Asta*, Ptolem. ibid., vulgo *Asti*. Pastor hujus episcopus subscripsit epistolæ Eusebii, et Majorianus concilio Romano sub Hilaro.

*Dertona*, Antonino in Itinerario, vulgo *Tortona*. Ex ejus episcopis Exsuperantius subscripsit concilio Aquileiensi sub Damaso, Quintus epistolæ supradictæ Eusebii, et Saturninus primæ synodo Romanæ sub Symmacho.

*Alba Pompeia*, Plin. lib. III, c. 5, hodie etiam *Alba* dicitur. Lampadius hujus episcopus subscripsit primæ synodo Romanæ sub Symmacho.

*Aquæ Statiellæ*, Strab. lib. v, vulgo *Acqui*. Hujus civitatis episcopus Valentinus subscripsit epistolæ Eusebii Mediolanensis ad Leonem papam.

*Albingaunum*, Melæ lib. II, c. 4, vulgo *Albenga*. Ex ejus episcopis Quintius subscripsit eidem epistolæ Eusebii, et Gaudentius concilio Romano sub Hilaro.

*Vigintimilium*, Antonino in Itinerario, vulgo *Vintimiglia*. Civitas episcopalis antiqua quibusdam creditur, sed ejus episcopum non reperi ante Joannem, qui legitur in epistola concilii Romani sub Agathone.

*Bobium*, Paulo Diacono, lib. IV, cap. 43, hodie *Bobi* et *Bobio*. Laurentius ejus episcopus subscripsit concilio Romano quinto sub Symmacho.

*Genua*, Antonino in Itinerario, vulgo *Genoua*. Diogenes hujus episcopus subscripsit concilio Aquileiensi sub Damaso, et Paschasius supradictæ epistolæ Eusebii.

*Savona*, Sabata Ptolem. lib. III, cap. 1, etiam vulgo *Savona*. Montani Savonæ episcopi meminit Gregorius Magnus epist. 22, lib. IX, indict. 4.

### RHÆTIA PRIMA, *RHÉTIE PREMIÈRE*.

*Curia*, Antonino in Itinerario, vulgo *Chur* et Italis *Corra*. Asimo hujus episcopus subscripsit epistolæ Eusebii Mediolanensis ad Leonem papam.

### RHÆTIA SECUNDA, *RHÉTIE SECONDE*.

*Augusta Vindelicorum*, Ptolem. lib. III, cap. 1, vulgo *Auspurg*. Hujus episcopus Euthasius subscripsit epistolæ Eusebii Mediolanensis ad Leonem papam, et Jocundus synodo Romanæ tertiæ sub Symmacho.

*Ratispona*, regium Antonino, et libro Notitiarum *Castra Regina*, vulgo *Regenspurg*. Paulinus hujus episcopus legitur temporibus Zenonis imperatoris et Clodovei regis Francorum apud rerum Germanicarum scriptores.

*Quintanæ*, Antonino in Itinerario. *Quintanum* Optato lib. I, qui ibidem meminit Zotici episcopi a Quintano.

### PROVINCIA RAVENNENSIS.
### FLAMINIA, *LA FLAMINIE*.

*Ravenna*, inquit Zosimus lib. v, metropolis est Flaminiæ, urbs sane antiqua, Thessalorum colonia, *Rene* dicta, quod eam aquæ ab omni parte circumfluant; non vero inde, ut Olympiodorus Thebanus ait, quod Remus Romuli frater hujus urbis conditor fuerit, vulgo etiam *Ravenna* dicitur. Petrus hujus episcopus subscripsit concilio Romano sub Symmacho; et D. Gregorius scripsit epistolam 37, lib. II, indict. 12, ad Joannem episcopum Ravennensem, et epist. 50, lib. VII, indict. 2, ad Marinianum ejusdem civitatis episcopum.

*Sarsina*, Strab. lib. v, vulgo etiam *Sarsina*. Donatus hujus episcopus subscripsit concilio Lateranensi sub Martino.

*Cæsena*, Ptolem. lib. III, c. 1, vulgo etiam *Cesena*. Florianus hujus episcopus legitur apud Optatum lib. I.

*Forum Populi*, seu *Forum Popilii* Plin. lib. III, cap. 15. Stephanus hujus episcopus adfuit et subscripsit concilio Lateranensi sub Martino.

*Ficoclæ*, Anastasio in Vita Theodori, vulgo *Cervia*. Bonus hujus episcopus subscripsit concilio Lateranensi sub Martino.

*Forum Livii*, Plin. lib. III, cap. 15, vulgo *Forli*. Quibusdam urbs antiqua episcopalis, tamen hujus episcopum non legi ante Vincentium, qui epistolæ concilii Romani sub Agathone subscripsit.

*Faventia*, Ptolem. lib. III, cap. 1, hodie *Faenza*. Constantii hujus episcopi meminit Optatus lib. I, et Justus Faventinus subscripsit concilio Romano sub Hilaro.

*Forum Cornelii*, Ptolem. lib. III, cap. 1, vulgo *Imola*. Constantius hujus episcopus legitur apud D. Ambrosium epist. 44. Paulo Diacono est in Æmilia.

*Vicohabentia*, vulgo *Vicovenza*; apud Petrum Chrysologum legitur sermone 175, quo etiam meminit Marcellini ejus episcopi. Ex hac autem urbe Deusdedit episcopus sedem episcopalem transtulit Ferrariam auctoritate Vitaliani papæ.

*Hadria*, vel *Adria*, Melæ lib. II, cap. 4, hodie *Adri*. Quibusdam civitas episcopalis antiqua, sed hujus episcopum non legi ante concilium Lateranense sub Martino, cui adfuit.

*Comacula*, aliis *Comaclum*, vulgo *Comac-*

*chio*, urbs episcopalis ad ostium Padi, legitur in libris Conciliorum; subscripsit autem Pacatianus ejus episcopus concilio Romano quarto sub Symmacho.

### ÆMILIA, *L'ÉMILIE*.

*Bononia*, Melæ, lib. II, cap. 4, vulgo *Bologna*. Eusebius hujus episcopus subscripsit concilio Aquileiensi sub Damaso.

*Brixellum*, Ptolem. lib. III, cap. 1, vulgo *Bressello*. Cyprianus hujus episcopus subscripsit epistolæ Eusebii Mediolanensis ad Leonem papam.

*Mutina*, Ptolem. ibid., vulgo *Modena*. Ex ejus episcopis Cassianus subscripsit synodo Romanæ tertiæ sub Symmacho, et Bassus quartæ sub eodem.

*Regium Lepidi*, Strab. lib. V, vulgo *Reggio*. Faventius hujus episcopus subscripsit epistolæ Eusebii et synodi Mediolanensis ad Leonem papam.

*Parma*, Ptolem. ubi supra, vulgo etiam *Parma* dicitur. Episcopi Parmæ meminit Baronius a primis sæculis, sed in conciliis non legi ante Gratiosum, qui subscripsit epistolæ concilii Romani sub Agathone.

*Placentia*, Tacito Hist. lib. II, vulgo *Piacenza*. Sabinus hujus episcopus subscripsit concilio Aquileiensi sub Damaso.

### PROVINCIA AQUILEIENSIS.

#### VENETIA, *LA VÉNÉTIE*.

*Aquileia*, ut legitur apud Eustathium in Scholiis ad Dionysium, urbs est maxima, quæ et Aquilia vocatur, ab volucre, quam Itali aquilam appellant, quæ, teste Juliano imperatore, urbi, cum conderetur, dextra ex parte cœlitus advolans, de suo nomine vocabulum imposuit. Fortunatianus ejus episcopus sub Constantio apud D. Hieronymum lib. de Script. Eccles. legitur. Leo Magnus epistolam scripsit ad Nicetam et ad Julianum Aquileienses episcopos.

*Patavium*, Antonino in Itinerario, vulgo *Padoua*. Prosdocimus primus hujus episcopus a sancto Petro apostolo ordinatus legitur apud Mombritium tom. II, et Maximus Prosdocimi successor apud eumdem.

*Torcellum*, urbs episcopalis in libro Conciliorum cujus episcopus Agnellus subscripsit concilio Romano sub Felice.

*Altinum*, Melæ lib. II, c. 4, vulgo *Altino*. Heliodorus hujus episcopus subscripsit concilio Aquileiensi sub Damaso, et D. Ambrosius epistolam 85 scripsit ad Septimium episcopum Altini.

*Acelum*, Plin. lib. III cap. 19, vulgo *Asolo*. Agnelli hujus episcopi meminit Paulus Diaconus lib. III, cap. 27.

*Tarvisium*, Venetiæ urbs, vulgo *Treviso*, legitur apud Paulum Diaconum lib. III, cap. 27, ubi etiam meminit Rustici episcopi de Tarvisio.

*Marianum*, oppidum in insula quæ est ad sinistram Zelinæ amnis, Paulo Diacono lib. III, cap. 27. Donatus episcopus Marianensis subscripsit concilio Lateranensi sub Martino.

*Verona*, Ptolem lib. III, cap. 1, hodie nomen retinet. Ex ejus episcopis Lucius subscripsit concilio Sardicensi, et Servusdei concilio Romano tertio sub Symmacho.

*Gradus*, vulgo *Grado*, Paulo Diacono lib. II, cap. 10, ubi Paulus hujus patriarcha dicitur, sed et D. Gregorius epist. 38, lib. II, indict. 6, meminit Severi episcopi Gradiensis.

*Nova*, urbs olim Venetorum in ora Marchiæ Tarvisinæ, nunc eversa, D. Gregorio epist. 10, lib. VII, indict. 2, ubi meminit Joannis episcopi Novæ.

*Caprula*, insula proxima Venetiis, vulgo *Cahorla*, episcopalis dicitur apud D. Gregorium epist. prox. citata.

*Ceneta*, vulgo *Ceneda*, Venantio Fortunato, qui de illa scribens, hæc ait : *Per Cenetam gradiens et amicos Duplavonenses*. Quibusdam creditur civitas episcopalis antiqua, sed ejus episcopum non legi ante Ursinum, qui subscripsit epistolæ synodicæ concilii occidentalis sub Agathone. Verumtamen ratio dubitandi est num Eventius, qui dicitur episcopus Citiniensis in concilio Aquileiensi sub Damaso, potius Cenetensis sit.

*Tridentum*, Ptolem. lib. III, cap. 1, vulgo *Trento*. Abundantius hujus episcopus subscripsit concilio Aquileiensi sub Damaso.

*Feltria*, vulgo *Feltri*, Paulo Diacono lib. III, cap. 27, ubi legitur Fronteius episcopus Feltriæ.

*Bellunum*, Belunum Ptolem. lib. III, cap. 1, vulgo *Belluno*. Paulus Diaconus, ubi supra, meminit Laurentii Bellunensis episcopi.

*Sabiona*, vulgo *Siben*, Paulo Diacono ubi supra, meminitque ibidem Ingenuini episcopi de Sabiona.

*Opitergium*, Ptolem. lib. III, cap. 1, vulgo *Oderzo*. Quibusdam creditur antiqua sedes episcopalis, sed ejus episcopum non reperi ante Benenatum, qui subscripsit epistolæ synodicæ sub Agathone.

*Celina*, Plin. lib. III, cap. 19, vulgo *Celine*. Viticanus episcopus Celinensis subscripsit synodo sextæ Romanæ sub Symmacho.

#### HISTRIA, *L'ISTRIE*.

*Forum Julii*, Ptolem. lib. III, cap. 1, vulgo *Friuli*, Asterius hujus episcopus subscripsit concilio Romano sub Hilaro.

*Tergestum*, Ptolem. lib. III, cap. 1, vulgo *Triesto*. D. Gregorius meminit Firmini episcopi Tergestini epist. 40, lib. II, indict. 6.

*Parentium*, Ptolem. ibid., hodie *Parenzo*. Severus hujus episcopus legitur apud Paulum Diaconum lib. III, cap. 27.

*Pola*. Ptolem., ibid., hodie etiam *Pola*. Venerus hujus episcopus subscripsit concilio Romano tertio sub Symmacho.

*Emona*, aliis Æmonia, legitur in lib. Concil., vulgo *Citta-Nova*. Maximus hujus episcopus subscripsit concilio Aquileiensi sub Damaso.

### PROVINCIA SICILIÆ,

#### IN QUA MELITA ET LIPARA, *MALTE ET LIPARI*.

*Syracusæ*, Plin. lib. III, cap. 8, vulgo *Syragusa*. Princeps Siciliæ urbium dicitur apud Solinum cap. 2. Ex ejus episcopis Chrestus subscripsit concilio Arelatensi primo, Eu-

Ialius concilio Romano quarto sub Symmacho; et D. Gregorius Magnus meminit Maximiani ejus episcopi lib. ii, indict. 10, epist. 4, nec non Joannis lib. v, epist. 118, indict. 14.

*Tindarium*, Ptolem., lib. iii, cap. 4, vulgo *Tyndaro*. Ex ejus episcopis Gaudentius subscripsit synodo primæ Romanæ sub Symmacho, Severus tertiæ Romanæ sub eodem. D. Gregorius Magnus meminit etiam Eutycii Tyndaritani episcopi lib. ii, indict. 2, epist. 60.

*Leontini*, *Leontium* Ptolem. ibid., vulgo *Lentini*. D. Gregorius Magnus scripsit epist. 53, lib x, indict. 5, ad Lucidum Leontinum episcopum.

*Lylibæum*, Melæ lib. ii, cap. 7, vulgo *Marsala*. Paschasius hujus episcopus interfuit concilio Chalcedonensi, scripsitque epistolam ad Leonem Magnum, quæ exstat inter hujus epistolas decretales.

*Tauromenium*, Ptolem., ibid., vulgo *Taormina*. Rogatus hujus episcopus subscripsit tertiæ synodo Romanæ sub Symmacho. Victorinus et Secundinus ejusdem civitatis episcopi leguntur apud D. Gregorium Magnum epist. 71, lib. i, indict. 9.

*Messana*, Plin. lib. iv, cap. 8, hodie *Messina*. Ex ejus episcopis Eucarpus subscripsit concilio Romano tertio sub Symmacho, et D. Gregorius Magnus scripsit epist. 38, lib. i, indict. 9, ad Felicem episcopum Messanensem, nec non ad Domnum ejusdem civitatis episcopum epist. 35, lib. vi, indict. 15.

*Agrigentum*, Stephano, sive *Agragantinum Emporium* Ptolemæo ubi supra, vulgo *Grigenti*. D. Gregorius Magnus meminit Gregorii Agrigentini epist. 70, lib. i, indict. 9, et Eusanii ejusdem civitatis episcopi epist. 36, lib. iv, indict. 2.

*Panormus*, Melæ lib. ii, cap. 7, hodie *Palermo*. Urbs Siciliæ episcopalis, ut legitur apud Leonem Magnum in epistola ad universos Siciliæ episcopos; et D. Gregorius Magnus meminit Victoris Panormitani episcopi epist. 70, lib. i, indict. 9, necnon Joannis epist. 44, lib. ii, indict. 6.

*Thermæ*, Ptolem., lib. iii, cap. 4, vulgo *Thermine*. Elpidius Thermensis monasterii episcopus subscripsit synodo Romanæ tertiæ sub Symmacho.

*Catana*, Strab. lib. vi, hodie *Catania*. Berillus primus hujus episcopus dicitur a sancto Petro ordinatus, in Martyrologio Romano 21 Martii. Meminitque Leonis Catanensis episcopi D. Gregorius epist. 70, lib. i, indict. 9.

*Triocala*, Stephano Tricala, vulgo *S. Giorgio di Triocala*. Petrus hujus episcopus dicitur apud D. Gregorium Magnum epist. 43, l. ix, indict. 4.

*Alæsa*, Ptolem. lib. iii, cap. 4, vulgo *Caronia*. Calumniosus hujus episcopus subscripsit concilio Lateranensi sub Martino.

*Camarina*, Ptolem., ibid., nunc *Cumarana*, teste Fazel. Probus hujus episcopus subscripsit synodo tertiæ Romanæ sub Symmacho.

*Melita*, insula, Plin., lib. iv, cap. 8, hodie *Malta*. Lucillus hujus episcopus dicitur apud D. Gregorium epist. 1, lib. viii, indict. 3.

*Lipara*, insula et civitas, Ptolem. lib. iii, cap. 4, vulgo *Lipari*. Augustus hujus episcopus subscripsit concilio Romano tertio sub Symmacho; meminitque Gregorius Magnus Ecclesiæ Liparitanæ, cujus curam commisit Paulino, epist. 13, lib. ii, indict. 10.

## SARDINIA CUM INSULIS BALEARIBUS, *LA SARDAIGNE avec les îles Baléares*.

*Carallis*, Ptolem., lib. iii, cap. 3, urbs primaria Sardiniæ Straboni lib. v, et antiquissima Melæ, cui *Calaris* nominatur, lib. ii, cap. 7, vulgo *Cagliari*. Lucifer hujus episcopus legitur apud Theodoretum Hist. Eccles. lib. ii, cap. 15, nec non apud Socratem lib. iii, cap. 4, et Januarius dicitur episcopus metropoleos Calaris apud D. Gregorium epist. 47, lib. i, indict. 9.

*Sulchi*, Melæ ibid., nunc *Solo*, teste Pineto. Antiochus hujus episcopus passus est sub Adriano imperatore, ut scribit Fara de Rebus Sardiniæ; et Vitalis Sulcitanus legitur in Notitia episcoporum, qui Carthaginem jussu Hunnerici regis venerunt pro reddenda ratione fidei.

*Tegula*, Antonino in Itinerario, urbs Sardiniæ inter Sulchi et Nurain. Donatum hujus episcopum fuisse dicunt, qui legitur in Collatione Carthaginensi.

*Turris Libissonis*, Plinio lib. iv, cap. 7, vulgo *Porto di Torre*. Felix de Turribus legitur in Notitia episcoporum, qui Carthaginem venerunt, ut supra; et Marianus apud D. Gregorium epist. 59, lib. i, indict. 9.

*Forum Trajani*, Antonino inter Tibulas et Caralim. Martiniani hujus episcopi mentio fit in supra citata Notitia.

*Phausania*, aliis *Fausiana*, vulgo *Terra Nova*, urbs Sardiniæ episcopalis in ora ad ortum. Victor hujus episcopus dicitur apud D. Gregorium epist. 1, lib. ix, indict. 4, et Simplex passus est sub Diocletiano, ut legitur in Martyrologio die 15 Martii. Sed hæc sedes jam unita est Emporiensi.

*Evusum*, modo dictæ Notitiæ, a Ptolemæo lib. ii, cap. 6, *Ebyssus* nominatur, estque insula et urbs, in mari Balearico, cujus episcopus Opilio dicitur in eadem Notitia.

*Sanafer*, urbs episcopalis sub Calari, an in Sardinia non ita certum; hujus episcopus Martinianus recensetur in eadem Notitia.

*Palma*, primaria urbs Majoricæ insulæ Balearis Ptolemæo lib. ii, cap. 6, vulgo *Mallorca*. Helias hujus episcopus in eadem Notitia reperitur.

*Minorica*, altera ex Balearibus insulis, cujus primaria urbs *Jamna* Ptolemæo ibid., vulgo *Citadella*. Macarius hujus episcopus dicitur in eadem Notitia.

SUITE DES

# EXPLICATIONS HISTORIQUES ET GÉOGRAPHIQUES

### DE L'ABBÉ DE COMMANVILLE

### SUR LES ARCHEVÊCHÉS ET ÉVÊCHÉS DU VIᵉ AU XVIIIᵉ SIÈCLE.

*Des archevêchés et des évêchés des royaumes d'Espagne et de Portugal.*

Ces deux royaumes partagent aujourd'hui ce que les anciens nommaient communément les Espagnes; mais d'une manière fort inégale, puisque le premier, au moins à l'égard du terrain, a presque tout, et le second presque rien.

Le pays où ils sont renfermés est une espèce de péninsule, qui s'étend depuis le 36ᵉ jusqu'au 43ᵉ degré de latitude, et depuis le 10ᵉ jusqu'au 23ᵉ de longitude ; ce qui fait environ 180 lieues en tout sens. Ses bornes sont la Méditerranée au midi et au levant, l'Océan au couchant, et les Pyrénées, qui le séparent de la France entre le levant et le nord.

Les Romains, qui le possédaient longtemps avant la naissance de Jésus-Christ, le divisèrent en trois provinces, et les augmentèrent dans la suite jusqu'à cinq, suivant qu'on le peut voir dans les notices de l'empire. Cette division fut suivie pour l'état ecclésiastique durant les premiers siècles.

Les Espagnols veulent que ce soit l'apôtre saint Jacques dit le Majeur qui y ait prêché la foi ; mais c'est une imagination qui leur est venue un peu tard. On y voit au moins des martyrs dans le IIᵉ siècle, et des évêques dans le IIIᵉ. Les métropoles y étaient dans le IVᵉ.

Les Goths, les Suèves, les Vandales s'y établirent vers le Vᵉ siècle. Ils n'y changèrent rien à la police des Églises. Les Suèves érigèrent seulement Lugo en métropole, et lui soumirent une partie de la province gallécienne ; ce qui ne dura qu'autant que leur règne. Les Goths transférèrent les droits de Carthage à Tolède, et même la firent primatiale sur toute l'Espagne, après qu'ils en eurent chassé les Suèves et les Vandales dans le VIᵉ siècle, et qu'ils l'eurent réunie sous leur puissance en un seul et même État.

Les Maures envahirent l'Espagne dans le VIIIᵉ siècle, y renversèrent la monarchie gothique, y établirent le mahométisme, et y éteignirent presque la religion. Le peu de chrétiens qui purent échapper à la rage de ces infidèles se sauvèrent dans les Asturies ; et, s'y étant fortifiés contre eux, regagnèrent de temps en temps ce qu'ils avaient perdu, et le partagèrent en plusieurs États, qui avaient tous leurs rois séparés. Ils ont été réunis les uns après les autres par droit de succession ou de conquête ; en sorte que depuis l'entière extinction des rois maures, qui fut l'an 1492, il n'y a plus eu que les deux dont il s'agit ici : celui d'Espagne, qui est le plus étendu, et celui de Portugal, qui est le plus resserré.

À mesure que les chrétiens regagnaient leurs villes, ils rétablissaient les archevêchés et les évêchés ; mais ils n'eurent en cela presqu'aucun égard à l'ancienne division ecclésiastique ; ce qui fait la différence qui existe entre l'état ancien et l'état présent.

Les rois d'Espagne se font descendre des anciens rois goths, qui gouvernaient cet État avant la révolution qui y arriva par les Maures, et toutes les diverses branches qui en étaient descendues se trouvèrent réduites, sur la fin du XVᵉ siècle, à une fille nommée Jeanne, qui était folle, et qui, outre les royaumes d'Espagne, avait encore celui de Naples, le Milanais en Italie, et quantité de nouvelles découvertes en Amérique. On la fit épouser à Philippe, archiduc des Pays-Bas. De ce mariage sortit le célèbre empereur Charles-Quint, qui joignit les États de son père à ceux de sa mère, et c'est ce qui composa la souveraineté de ses descendants, qui ont fini dans la personne de Charles II.

Leur domaine est le plus étendu de la chrétienté ; et c'est celui d'où vient l'or et l'argent ; cependant, chose surprenante, ils n'en sont pour cela ni plus puissants, ni plus riches.

L'Espagne est divisée, quant à l'organisation ecclésiastique, en huit provinces. L'archevêque de Tolède en prend la primatie ; ce qu'on lui a toujours contesté. Les prélatures y étaient autrefois électives, comme en France ; les rois cependant y avaient ordinairement beaucoup de part. Adrien VI en accorda la nomination à Charles V, et ses successeurs en jouissent suivant les concordats qu'ils ont faits avec les papes. Elles sont presque toutes d'un fort gros revenu, mais qui est chargé de pensions et de décimes, ce qui leur en enlève le meilleur.

Le nonce du pape y exerce une juridiction qui fait beaucoup de tort à celle des évêques ; il dispose des bénéfices qui sont au-dessous de trente écus, et prend au nom du pape les dépouilles des prélats après leur mort. Les abbayes sont presque toutes régulières et électives.

Les chapitres ont l'administration du diocèse et la nomination des prébendes durant la vacance ; mais le pape pour l'ordinaire en a quatre mois à lui, soit qu'il y ait un évêque, soit qu'il n'y en ait point. Il faut en excepter les diocèses qui ont été nouvellement conquis sur les Maures et ceux dont les prébendes sont de fondation royale, puisqu'elles y sont à la nomination du roi.

Le conseil d'inquisition et celui de la cruzada y sont deux tribunaux de grande autorité pour les matières ecclésiastiques : le premier connaît de toutes les causes qui regardent l'hérésie, le judaïsme et le maurisme ; l'autre est pour les subsides que le roi d'Espagne lève sur le clergé, parce qu'ils lui sont accordés sous prétexte de guerre contre les infidèles.

Le clergé se sent en ce pays-là du faste de la nation et donne beaucoup dans l'extérieur. Le peuple affecte aussi les dévotions qui paraissent et qui font de l'éclat ; ce qui fait dire que les uns et les autres vont quelquefois aux églises pour autre chose que pour y prier Dieu.

Le Portugal s'affranchit des Maures et s'établit en royaume vers l'an 1139. Il n'est composé, pour ce qu'il possède en Espagne, que de deux petites provinces, qui sont le Portugal et l'Algarve ; mais c'est en récompense ce qu'il y a de meilleur et de plus peuplé. Les rois ont, outre cela, plusieurs colonies en Afrique, en Asie, et la province de Brésil en Amérique.

Le prince Henri, qui en fut le premier roi, était originaire de la maison de Bourgogne ; ses descendants s'y maintinrent jusqu'au roi Sébastien, qui s'alla faire tuer en Afrique. Philippe II, roi d'Espagne, s'en empara après la mort de son oncle Henri, l'an 1580, comme le plus proche parent ; mais Jean de Bragance, qui prétendait y avoir plus de droit que lui, s'y établit en 1640 avec un secret et un succès aussi surprenants qu'on en ait vu dans toute l'histoire ; et ses descendants en sont encore aujourd'hui en possession paisible.

Il est divisé pour le spirituel en trois provinces, dont Bragues prétend la primatie. Les prélatures y sont d'un gros revenu ; et quoiqu'il n'y en ait que treize, tant archevêchés qu'évêchés, elles ne laissent pas de valoir toutes ensemble plus de quatre cent mille ducats de rente. Les papes refusèrent d'en accorder la nomination au roi Jean et à son successeur Alphonse, par complaisance pour les Espagnols, qui ne parlaient de leur établissement que comme d'une usurpation ; mais Clément IX en rendit le droit en 1668 à dom Pédro, qui règne à présent.

Il y avait autrefois une très-grande quantité de Juifs, aussi bien dans l'Espagne que dans le Portugal ; et ils s'y étaient multipliés de sorte qu'en bien des endroits on y en trouvait plus que de chrétiens. Ferdinand, roi de Castille et d'Aragon, les bannit de ses Etats par un édit célèbre, l'an 1492, ce qui en fit sortir en peu de temps plus d'un million ; la plupart se réfugièrent en Portugal, où le roi Manuel leur fit une assez bonne réception, à condition qu'ils se feraient instruire et baptiser. Mais, comme il y en eut beaucoup qui ne le firent que par force, tout y est plein de leurs descendants que l'on nomme *christianos nuovos*, et qui, professant le judaïsme en secret, y donnent souvent matière aux inquisiteurs de faire usage de leur autorité.

### Des archevêchés et des évêchés de l'Allemagne.

L'Allemagne, connue autrefois sous le nom de Germanie, s'étend depuis le 46e jusqu'au 55e degré de latitude, et depuis le 26e jusqu'au 40e de longitude, et peut avoir 250 lieues de long sur 200 de large. Ses bornes sont l'Italie au midi, la Hongrie et la Pologne au levant, la France au couchant et les mers d'Allemagne et Baltique au nord.

Elle n'a été connue aux Romains, durant les quatre premiers siècles, que le long du Danube et du Rhin, et c'est là qu'étaient situées les provinces qu'on en voit dans les notices anciennes, et qui étaient comprises ou entre celles des Gaules, comme les deux Germanique, ou entre celles d'Italie, comme les deux Rhétie, ou enfin entre celles d'Illyrie, savoir, le Norique.

Ce fut vers ces endroits que la foi chrétienne fut établie dans le IIIe et le IVe siècle, et que furent placées les métropoles ecclésiastiques ; mais les ravages d'Attila et des autres barbares y ruinèrent presque tout dans le Ve et le VIe siècle.

Saint Boniface et plusieurs autres missionnaires de France ou d'Angleterre s'y employèrent avec succès au rétablissement de la religion dans le VIIIe siècle. Charlemagne les soutint par la force de ses armes, et, ayant pénétré jusque dans la Saxe et dans la Bavière, rétablit les anciennes prélatures, en érigea de nouvelles, convertit presque tout ce pays à l'Evangile, et y mit les premiers fondements du nouvel empire d'Occident.

Ses descendants conservèrent beaucoup de déférence pour les souverains pontifes ; mais, lorsque l'empire sortit de leurs mains pour aller dans les maisons de Saxe et de Souabe, alors commencèrent les brouilleries. Les papes, qui croyaient que les empereurs leur étaient redevables de leur dignité, n'en voulaient point recevoir qu'à leur fantaisie. Les empereurs s'imaginaient que les papes devaient dépendre d'eux et prétendaient les élire et les déposer selon leurs caprices. La question des investitures se joignit à celle des élections, ce qui causa de si terribles guerres entre la puissance séculière et l'ecclésiastique, qu'elles mirent la religion et l'Empire à deux doigts de leur ruine.

Tout cela s'est calmé depuis que l'Empire a passé dans la maison d'Autriche. Les empereurs ont cessé de prétendre à la nomination du pape, et l'ont laissée au conclave des cardinaux, et les papes ne se sont plus mêlés de celle des empereurs, qui ne dépend à présent que des électeurs, et ainsi chacun est demeuré maître et paisible chez soi.

Mais ces querelles, qu'on pouvait nommer politiques, étant apaisées, il s'en est élevé d'autres sur la religion qui ont fait encore pis : ce sont les hérésies modernes dont Jean Hus, Zuingle, Luther et Calvin, ont été les principaux patriarches ; et qui, s'étant glissées l'une en un endroit, l'autre en un autre, se combattent presque dans tous les sentiments, et ne s'accordent qu'en celui de ne vouloir en quelque façon ni évêques ni pape. C'est ce qui fait que l'Allemagne, qui est extrêmement confuse et embrouillée pour le temporel, l'est encore plus, si je l'ose dire, pour l'ecclésiastique. On ne saurait presque dire de quel prince un pays dépend, ni de quelle créance il est.

L'Allemagne est composée de deux sortes d'États, les uns, qui sont dépendants de l'Empire, les autres, qui en sont indépendants. Ceux qui en dépendent ont été ramassés en neuf communautés, à qui on donne le nom de cercles ; ceux qui n'en relèvent point sont : la Bohême, la Suisse et les Pays-Bas protestants et catholiques.

Le plus considérable des princes qui sont dans les neuf cercles, c'est l'Empereur ; il devrait être couronné par le pape pour en avoir le nom ; mais depuis quelque temps il ne s'assujétit plus à cette cérémonie. Sa résidence ordinaire est à Vienne, capitale du cercle d'Autriche, qui est presque le seul pays qu'il ait en propre. Les évêchés qui n'y sont point princes de l'Empire sont presque tous à sa nomination. Il possède outre cela la Bohême et la Hongrie, et, comme on le verra ailleurs, outre l'autorité particulière qu'il a sur les États qui sont à lui, il en a une générale sur les neuf cercles, par le moyen des diètes, où il préside et dont il a le droit de faire observer les résolutions suivant les constitutions de l'Empire, et il en est le chef tant en guerre qu'en paix.

Après l'Empereur sont les princes électeurs. Il y en a trois ecclésiastiques, qui sont archevêques de Mayence, de Trèves et de Cologne. Trois séculiers catholiques, savoir : le roi de Bohême, le prince palatin et le duc de Bavière ; trois séculiers protestants : le duc de Saxe, le marquis de Brandebourg, et depuis peu le duc de Hanovre.

On y voit outre cela quantité d'archevêques, d'évêques, d'abbés, abbesses, princes, ducs, landgraves, comtes, marquis et autres, qui sont chacun maîtres chez eux et ont droit de disputer aux diètes. Tous leurs États sont mêlés et entrelacés les uns dans les autres. Les villes mêmes ont leurs immunités et leurs priviléges, et ne dépendent point, la plupart, des princes dans le territoire desquels elles sont situées. Ils sont presque tous de différentes religions, les uns catholiques, les autres protestants, et cependant vivent en paix par le moyen de la subordination qu'on y a établie, et des lois que l'Empereur a soin d'y faire observer.

Les neuf cercles étaient divisés jusqu'au siècle passé, pour le spirituel, en six provinces ecclésiastiques sous les métropoles de Mayence, Trèves, Cologne, Saltsbourg, Brême et Magdebourg, qui avaient sous eux environ trente-six évêchés. Ces prélats joignaient à l'autorité spirituelle qu'ils avaient sur toutes les principautés de leur diocèse, une autorité temporelle sur un certain domaine dont ils étaient princes, et dont il y en avait d'aussi étendus qu'en puisse avoir parmi eux aucun prince séculier.

DICTIONNAIRE DE GÉOGRAPHIE ECCL. I.

Mais les princes hérétiques ne se sont pas contentés de secouer le joug pour le spirituel, tant de leurs prélats que du pape, ils ont encore trouvé moyen de se saisir du temporel des diocèses qui leur étaient les plus voisins ; ils en ont supprimé le titre ecclésiastique, et, ayant mis des surveillants pour remplir les fonctions épiscopales, ils en ont annexé le domaine et les revenus à leur : ce qu'on a été obligé de confirmer par la paix de Munster, l'an 1648, nonobstant les oppositions de Sa Sainteté. Ainsi il n'y a pas de prélats dans les provinces de Brême et de Magdebourg. Cologne et Mayence n'ont conservé qu'une partie de leurs suffragants ; Saltsbourg a encore tous les siens ; ceux de Trèves, qui sont Metz, Toul et Verdun, sont à la France depuis le siècle passé.

Les prélatures qui sont restées en Allemagne et qui sont principautés de l'Empire sont électives par les chapitres, et, lorsqu'on ne s'accorde pas, la nomination en est dévolue au pape. On y nomme souvent des princes, qui ne cherchent qu'à en avoir les honneurs et le revenu, et ne parviennent jamais au caractère épiscopal, et on en a vu tel de nos jours qui en avait jusqu'à six, tant archevêché qu'évêchés, et les a possédés très-longtemps sans avoir été prêtre. Ils se déchargent de leurs fonctions épiscopales sur des évêques *in partibus*, qu'ils nomment des suffragants, ou sur des grands vicaires, ce qui n'est pas de très-bonne édification.

Quant aux États qui ne sont point de l'Empire, il y a premièrement la Bohême, qui avait eu ses ducs et ensuite ses rois jusqu'à l'empereur Ferdinand, qui en épousa l'héritière en 1526, et l'a transmise aux empereurs descendus de lui. Elle est enclavée dans l'Allemagne et fut convertie à la foi dans le Xe siècle. Les hussites en pervertirent une partie par leurs erreurs et par le plaisir qu'ils voulaient avoir, comme bons Allemands, de boire à l'église. Les luthériens s'y sont glissés ensuite aussi bien que les anabaptistes ; Prague en est la capitale et la métropole, et a beaucoup souffert aussi bien que ses évêques des troubles de la religion. Les prélatures y sont à la nomination de l'Empereur.

La Suisse était autrefois pour la plus grande partie sous la maison d'Autriche. Ils secouèrent le joug dans le XIVe et le XVe siècle, et firent une union entre eux pour conserver leur liberté, que toute la puissance de leurs voisins n'a pu rompre. Ils sont composés des treize cantons et de leurs alliés ; il y en a une partie qui sont très-bons catholiques ; mais la plupart sont pour la réformation de Zuingle et de Calvin. Les évêques y ont conservé leur domaine temporel malgré la différence de religion, et ils sont électifs.

Les Pays-Bas sont nommés autrement Basse-Allemagne, et avaient eu leurs princes jusqu'au commencement du siècle passé, qu'ils vinrent aux rois d'Espagne. Ils sont divisés aujourd'hui en protestants et catholiques.

Les Pays-Bas protestants sont ce qu'on

29

appelle communément la Hollande ou les Provinces-Unies. C'est une république puissante à présent et qui tient tête aux plus grands princes. Elle se révolta vers le milieu du siècle passé contre le roi d'Espagne, prit la réformation de Calvin, supprima la métropole d'Utrecht et les évêchés que le pape venait d'y ériger. Il ne laisse pas d'y avoir quantité de catholiques que l'on n'empêche point de faire leur religion en secret, et qui y ont même quelquefois un évêque titulaire pour leur ordonner des prêtres et les confirmer.

Les Pays-Bas catholiques sont ce qui est demeuré à l'Espagne après la révolte de la Hollande. Il y a plusieurs évêchés sous la métropole de Malines, qui sont à la nomination du roi. Le clergé y est savant par le moyen des universités qui y sont, le peuple dévot et attaché à son ancienne religion.

### Des archevêchés et des évêchés de Hongrie, de Dalmatie et des îles adjacentes.

Les Romains donnèrent le nom d'Illyrie occidentale à toute cette étendue de terre qui est le long du golfe de Venise au couchant, et du Danube au levant et au nord, et ils le divisèrent en six provinces, deux Noriques, deux Pannonies, une Savie et une Dalmatie.

On voit dans les Epîtres de saint Paul que son disciple Tite y alla prêcher la foi par son ordre, et l'on y trouve trois métropoles ecclésiastiques durant les premiers siècles, savoir : Sirmium en Pannonie, Salona en Dalmatie, et Lorc pour le Noric. Sirmium était même si considérable alors dans l'Eglise, qu'on y tint trois fameux conciles dans le IVᵉ siècle ; et que celui de 381, tenu à Aquilée, la dit expressément capitale de toute l'Illyrie, *Caput Illirici Sirmium.*

Les Huns, les Sclavons et autres peuples barbares y mirent tout à feu et à sang dans le Vᵉ et le VIᵉ siècle, et y établirent diverses principautés, où il n'y eut longtemps aucune ombre de religion. Les deux plus considérables furent celles de Hongrie et de Dalmatie.

La Hongrie est située le long du Danube de part et d'autre, vers le quarantième degré de latitude, et peut avoir cent vingt lieues de long sur autant de large. C'est une partie de l'ancienne Pannonie et de l'ancienne Dacie, que Trajan soumit aux Romains, et où Attila, après avoir ravagé l'Italie, établit ses Huns, qui lui ont donné le nom.

Leur premier prince chrétien fut Geisa, converti par saint Adalbert au Xᵉ siècle. Son fils saint Etienne joignit à la qualité de roi, dont il fut honoré par le pape, celle d'apôtre et de légat du saint-siége dans tout son royaume, où il fit fleurir la religion. Il y établit les deux métropoles de Gran et de Colocza, avec la plupart des évêchés qu'on y voit aujourd'hui ; mais sans avoir égard aux anciennes prélatures, puisque Sirmium avait été oublié, et ne fut fait que simple évêché par ses successeurs ; et que Lorc, qui de métropole de Bavière dans le VIᵉ siècle, l'était devenu d'Avarie ou de Hongrie, selon Aven-tin, dans le VIIIᵉ siècle, n'eut aucune part à cette nouvelle érection.

Ce royaume subsista dans les siècles suivants avec assez d'éclat, et ses princes faisaient une fort bonne figure, même contre le Turc, dont ils se défendaient bravement. Mais le roi Louis ayant été tué malheureusement à Mohats en 1526, tout y a été depuis ce temps-là dans un fort grand désordre ; car l'empereur Ferdinand, qui avait épousé sa sœur, prétendant à la succession, et Jean Zapoli, élu par les Etats, la lui voulant disputer, cela donna lieu au Turc d'en enlever la meilleure partie. Mahomet IV acheva de la conquérir lorsqu'il fit mettre le siége devant Vienne en 1684. Mais il la reperdit ensuite presque tout entière aussi ; de sorte que l'Empereur, qui l'avait héritée de ses ancêtres depuis Ferdinand, en est à présent en possession.

Lorsque les rois de Hongrie étaient maîtres chez eux, ils avaient la Transylvanie pour tributaire. C'est un pays qui est à l'orient de la Hongrie, et qui est habité par divers peuples, sous un prince qui leur est donné tantôt par l'Empereur et tantôt par le Turc. Il y a eu autrefois d'assez bons évêchés, mais les guerres et les hérésies modernes qui s'y sont glissées depuis le siècle passé, les ont fait presque tous supprimer.

Les archevêchés et évêchés sont encore aujourd'hui en Hongrie les mêmes qu'ils étaient avant l'invasion des Turcs, et sont à la nomination de l'Empereur ; mais il s'en faut bien qu'ils ne soient aussi bons qu'avant les guerres, parce que le pays est ruiné. Gran prétend à la primatie et au droit de couronner les rois. Son archevêque avait autrefois plus de cent mille écus de rente, et les évêques n'en avaient pas moins à proportion. Il y a quantité de luthériens, sociniens, de calvinistes et autres sectaires, qui aimeraient mieux être sous les mahométans que sous des princes catholiques, ce qui y entretient toujours quelque révolte domestique.

La Dalmatie est située le long de la mer Adriatique, et n'a pas moins de deux cents lieues du midi au nord. Le christianisme s'y maintint en vigueur jusqu'aux VIIᵉ et VIIIᵉ siècles. Alors les Slavons (les Sclaves), peuples originaires du nord comme les Huns, trouvèrent moyen de s'en emparer, et y établirent plusieurs principautés, à la conversion desquelles s'employèrent saint Méthode et saint Cirille, vers le temps du pape Jean VIII, de qui même ils obtinrent pouvoir de faire l'office divin en leur langue.

Ils eurent des rois catholiques dans les Xᵉ et XIᵉ siècles, qui partagèrent la province de Spalatro, où l'on avait transféré le siège de Salona, et y firent établir les métropoles de Zara, de Raguse et d'Antivari ; ce qui subsiste encore à présent.

Les Vénitiens leur enlevèrent ce qui était plus à leur bienséance vers le nord, dans le XIIᵉ siècle. Les rois de Hongrie s'assujettirent le reste ; et, tandis qu'ils tiraient au bâton l'un contre l'autre, arrivèrent les Turcs, qui en ont pris la meilleure partie : de sorte que tout ce pays est encore divisé entre ces trois souverains. La province de Zara est toute aux Vénitiens, et celle de Spalatro, en partie à eux, et en partie à l'Empereur et au Turc. Le pape nomme aux prélatures de Venise, qui ne sont pas d'un fort gros revenu, et où il y a quelques chrétiens du rite grec.

La petite république de Raguse, qui vit que ces infidèles étaient les plus forts, se mit de bonne heure sous leur protection, et a conservé ainsi sa religion et sa liberté. L'archevêché n'est pas mauvais, les évêchés en sont petits, et à la nomination du pape.

L'Albanie est la plus méridionale de tout ce pays; elle était autrefois sous la métropole de Durazzo, qu'on verra dans le rite grec ; ce qui fait que la plupart de ses peuples en sont encore à présent. Le commerce que les rois de Dalmatie et les autres petits princes qui s'y établirent, eurent avec Rome, donna occasion d'y ériger la province ecclésiastique d'Antivari et le rite latin, dont il s'y est toujours conservé quelque vestige : de sorte qu'il y a encore aujourd'hui des prélats nommés par le pape, et quelques peuples qui en sont ; mais c'est peu de chose, et on n'en peut rien dire de bien certain. Tout ce pays est au Turc.

Les provinces ecclésiastiques de Corfou et de Naxia (Naxos), sont à proprement parler du patriarcat de Constantinople, où on les verra dans leur ordre. Ce qui les fait mettre ici, ce sont les prélatures que les Vénitiens y ont établies du rite latin. Celle de Corfou est dans les îles de la mer Adriatique, vers la côte d'Albanie. Les rois de Hongrie la cédèrent aux Vénitiens sur la fin du xv° siècle, et ils en sont encore à présent les maîtres. Ils y ont établi des prélats latins, qui sont à la nomination du pape, et reconnaissent Venise pour leur primat; mais ils n'y sont que pour les gens de cette nation, qui s'y vont habiter, parce que tous les originaires du pays y sont du rite grec et y ont des prélats de cette communion.

La province de Naxia est située dans les îles de l'Archipel, et est encore un ouvrage des Vénitiens, en ce qui regarde le rite latin. Ils l'avaient établie durant les croisades, lorsqu'ils se rendirent maîtres de Constantinople, et il s'y est toujours conservé depuis ce temps-là des prélats à la nomination du pape et des chrétiens de sa communion, mais en très-petit nombre, les originaires étant de la communion grecque. Toutes les îles qui composent cette province sont aujourd'hui sous le Turc, si vous en exceptez Tine, qui est encore aux Vénitiens.

*Des archevêchés et des évêchés de la Grande-Bretagne.*

L'État de la Grande-Bretagne est composé des trois royaumes d'Angleterre , d'Écosse

(1) Pendant que l'abbé de Commanville composoit sa Géographie, à laquelle nous empruntons ces fragments, Jacques II, détrôné par son gendre, le prince d'Orange, connu sous le nom de Guillaume III,

et d'Irlande, réunis au commencement de ce siècle en la personne de Jacques 1ᵉʳ, aïeul du roi que nous voyons à présent réfugié en France (1). Sa situation est depuis le 51ᵉ degré de latitude jusqu'au 60°, et depuis le 9ᵉ de longitude jusqu'au 22°.

L'Angleterre et l'Écosse sont dans une même île, celle-ci au nord, celle-là au midi. L'Irlande est une île qui en est séparée, et est située plus au couchant.

Le plus considérable de ces États, c'est l'Angleterre. Les Romains la connaissaient sous le nom de Bretagne. — Ils la soumirent vers le temps de la naissance de Jésus-Christ, et la divisèrent dans la suite en cinq provinces, Britannique première, Britannique seconde, Flavie Césarienne, Maxime Césarienne et Valentienne.

Tertullien nous assure que la foi y avait été prêchée dès le III° siècle. On dit même que ce fut là que l'empereur Constance prit inclination pour la religion chrétienne, et que le grand Constantin, son fils, prit résolution de l'embrasser. Mais tout ce que le fameux Ussérius nous rapporte de ses premiers apôtres, qu'il fait venir dans cette île avant que saint Pierre allât à Rome, afin de rendre cette Église plus ancienne que la romaine, fait bien voir que les protestants se repaissent de fables lorsqu'il s'agit de leurs intérêts, et ne doit être regardé que comme une illusion.

On pourrait presque dire la même chose des trois métropoles ecclésiastiques qu'on y met durant les six premiers siècles, Londres, Caerleon et York, et dont on pense avoir une preuve par les souscriptions du concile d'Arles ; ce qui est fort incertain.

Les Anglo-Saxons, peuple païen d'Allemagne, s'en rendirent maîtres dans le VI° siècle, et y établirent plusieurs petits États qui furent réunis dans le VIII° ; ce qui lui a donné le nom qu'elle porte à présent.

Le moine Augustin y fut envoyé prêcher la foi par le pape saint Grégoire au commencement du VII° siècle, comme dans un pays où il n'y avait plus de religion. Il y trouva ce qu'il y avait encore de chrétiens, adonnés à des coutumes fort irrégulières, les traita comme schismatiques, et les excommunia. — Il baptisa le roi et grande partie de son peuple, et établit les deux métropoles de Cantorbéry et d'York, avec plusieurs évêchés, comme s'il n'y en avait jamais eu, et sans avoir égard à l'ancienne division.

Le christianisme s'y accrut depuis ce temps-là aussi bien que les évêchés, et s'y fortifia malgré toutes les révolutions arrivées à la couronne, de sorte qu'il n'y a guère d'État qui ait fourni à l'Église tant de saints.

Henry VIII, mécontent du pape pour le sujet que l'on sait (2), rompit de communion avec lui l'an 1537, supprima les couvents, érigea quelques nouveaux évêchés, et s'établit chef de l'Église anglicane, mais sans y

était retiré au château de Saint-Germain-en-Laye.
(*Note de l'auteur.*)

(2) Ce *sujet que l'on sait* était le divorce que ce prince demandait au pape. Il répudiait Catherine d'A

apporter d'autre changement. Comme il avait fait cette érection en conséquence d'un pouvoir qu'il en avait eu du pape avant son schisme, Sa Sainteté les confirma sous le règne de Marie, sa fille.

Elisabeth, sœur de Marie, étant montée sur le trône, y établit une réformation à sa mode. Elle supprima le dogme de la réalité et de la transsubstantiation dans l'eucharistie, l'invocation des saints, le purgatoire, le célibat des prêtres; mais elle laissa la liturgie, les cérémonies, les habits sacerdotaux, le chant, la hiérarchie ecclésiastique, tout cela bâti suivant son caprice et sa fantaisie : de sorte que ceux qui nous reprochent une papesse Jeanne, qui n'a jamais été, sont obligés d'avouer que c'est une femme qui a enfanté leur Eglise, et qui en a été effectivement la papesse et la mère.

Les deux provinces ecclésiastiques de Cantorbéry et d'York y sont demeurées avec leurs évêchés tels qu'ils étaient avant la réformation, si ce n'est qu'on leur a beaucoup diminué leur temporel (1). L'archevêque de Cantorbéry se prétend primat sur celui d'York; ce qui n'est pas sans contestation. Le roi nomme aux prélatures, et l'archevêque les confère. Les ecclésiastiques peuvent se marier, et s'adonnent plutôt au ménage qu'à l'étude; ce qui fait que ce qu'il y a de savants en ce pays n'est pas toujours du clergé. Les chanoinies des chapitres y sont encore assez bonnes, mais les cures y sont médiocres, et la plupart de très-petite valeur; et dès qu'on voit quelqu'un des ecclésiastiques ou du peuple qui a un peu de piété, on le traite de papiste.

Il y a quantité de presbytériens en Angleterre, qui ont fait tous leurs efforts pour supprimer les évêchés; mais ils ne sont pas aujourd'hui les plus forts. On y voit encore des quakres, des trembleurs, des indépendants et d'autres sectes fort bizarres. Il s'y trouve aussi grand nombre de catholiques, mais tellement maltraités depuis la dernière guerre, qu'il y est beaucoup diminué.

L'Ecosse est la partie septentrionale de l'Angleterre. C'est un pays qui n'a jamais subi le joug des Romains et qui a eu jusqu'à ce siècle ses rois, qui tenaient tête aux Anglais. Il est tout entrecoupé de bras de mer, et peut avoir 100 lieues de long sur 80 de large, et a outre cela quantité d'îles, particulièrement au couchant et au nord.

La foi y fut prêchée et établie dans le v° siècle; mais il semble que les évêques n'y avaient point de demeures fixes jusque vers le xii°. Les rois alors leur en assignèrent pour mettre plus de police à leur Etat, et les dotèrent même, afin de les attacher par le revenu; et, comme il n'y avait point de métropole, ils relevaient immédiatement du saint-siége, malgré les efforts de Cantorbéry, qui voulait se les assujettir. Enfin le pape Sixte IV y érigea les deux provinces de Saint-André et de Glascow l'an 1471, et elles subsistent encore à présent.

Le calvinisme y changea toute la face de l'Etat vers le milieu du siècle passé, et y supprima les évêchés; mais le roi Jacques y mit la réformation anglicane au commencement de ce siècle, et les rétablit. Les presbytériens y sont fort puissants, et voulaient encore dans ces dernières guerres renverser la hiérarchie, ce qui n'a pourtant pas d'effet; cependant les prélatures y sont peu de chose à présent : elles sont à la nomination du roi.

L'Irlande est une île, comme on a vu, séparée de l'Angleterre, et qui a été longtemps divisée en plusieurs petits royaumes. Elle vint au pouvoir des Anglais l'an 1112, et depuis ce temps-là elle a toujours été sous leur joug.

La foi fut prêchée en ce pays environ dans le même temps qu'en Ecosse; mais il y en eut toujours une bonne partie qui demeura sans police et sans religion. Les évêchés y étaient ambulants, tantôt en une ville et tantôt en une autre; ce qui les a beaucoup multipliés dans les anciens auteurs. On les fixa tout à fait dans le xii° siècle, et on y établit les quatre métropoles qui y sont à présent. Armach prétendit à la primatie comme étant le siége de l'apôtre saint Patrice; ce que les autres lui ont disputé.

La réformation anglicane y a été introduite avec le fer et le feu, et il a fallu y exercer des cruautés terribles pour l'y faire recevoir. Les prélats protestants que les rois y ont mis n'ont pu empêcher les catholiques d'y en avoir aussi. Il y a eu même longtemps des couvents de religieux qui s'y étaient conservés. Ils portaient l'habit séculier lorsqu'ils allaient en ville, et le régulier dans la maison.

*Des archevêchés et des évêchés de Dannemark.*

Le Dannemark comprend aujourd'hui deux royaumes, le Dannemark et la Norvége.

Le premier n'est pas de grande étendue, et ne va que depuis le 55° jusqu'au 60° degré de latitude, et consiste en une espèce de chersonèse ou presqu'île bornée de la mer de trois côtés, de la terre ferme d'Allemagne seulement au midi; et en quelques îles, entre lesquelles les plus considérables sont celles de Zélande et de Funen, où sont situées les meilleures villes du pays.

La foi chrétienne y fut prêchée d'abord par Ebbon, archevêque de Reims, et ensuite par saint Anschair, archevêque de Hambourg, dans le ix° siècle; mais tout cela eut peu

---

ragon pour épouser Anne Boleyn. L'expression si réservée du bon abbé de Commanville, le *sujet que l'on sait*, démontre la vénération presque idolâtrique que l'on avait au xviii° siècle pour la royauté.

(*Note de l'auteur.*)

(1) L'abbé de Commanville est ici dans l'erreur, erreur qui du reste a été partagée par ses contemporains. On a été longtemps, il est vrai, sans connaître précisément quel était le revenu de l'épiscopat anglican; on le croyait supérieur à celui de l'épiscopat catholique qui existait avant lui. Des renseignements authentiques et les ouvrages de quelques écrivains protestants ont prouvé que la réforme avait été financièrement profitable au clergé anglican.

(*Note de l'auteur.*)

succès. L'empereur Othon y alla l'an 949, et y tint sur les fonts baptismaux le fils du roi Haraldblatand, et depuis ce temps-là elle y a toujours subsisté.

On y érigea ensuite plusieurs évêchés, dont le roi Eric composa une province ecclésiastique en faisant ériger la ville de Lunden en archevêché, vers le commencement du XIᵉ siècle.

Le second royaume, que je nomme de Norvége, se divise en Norvége propre, Islande qui est une île, et Gronelande (Groënland).

La Norvége propre est un pays qui s'étend depuis le 60ᵉ jusqu'au 70ᵉ degré de latitude au nord de Dannemark, plus de 300 lieues de long, et a eu longtemps ses rois particuliers. Ce fut Marguerite, reine de Dannemark, qui, par son mariage avec Aquin, roi de Norvége, unit ces deux couronnes l'an 1359, et depuis ce temps-là elles n'ont été qu'à un même prince.

Saint Anschair y porta la lumière de l'Evangile au IXᵉ siècle ; et, comme il s'y établit en bien des endroits, on y créa quelques évêchés, qui furent érigés en province ecclésiastique, sous la métropole de Drontein, vers le milieu du XIIᵉ siècle.

L'Islande est ce que les anciens appelaient la dernière Tulé. C'est une île qui depuis longtemps est unie à la Norvége. Le roi Olaüs, dit le Saint, fit établir les deux évêchés qu'on y voit à présent par l'archevêque de Brême, qui était métropolitain alors de toutes les églises du Nord, et on les soumit ensuite à celui de Drontein.

La Gronelande est à l'extrémité de l'Europe au nord au delà du 70ᵉ degré de latitude, pays très-froid et presque inhabité.

Les rois de Norvége ne laissèrent pas d'y envoyer des missionnaires et d'y fonder un évêché qu'on voit expressément dans les notices du XIIᵉ siècle ; mais on n'y en trouve plus aucun vestige à présent.

Les prélatures de Dannemark et de Norvége avaient autrefois de très-bons revenus et de grands priviléges, et faisaient le premier Etat du royaume. L'archevêque de Lunden en était primat et avait droit de présider à l'élection des rois et de les sacrer. Le roi Frédéric, dit le Pacifique, y introduisit le luthéranisme, et son fils Christian III, ayant achevé de l'établir, suprima et archevêques et évêques pour s'emparer de leurs biens, et y mit des surveillants à la mode luthérienne, vers l'an 1550. C'est le roi qui les nomme et qui les choisit, gens plutôt de lettres que de qualité. On ne leur donne que le troisième rang dans l'Etat, et ils y font petite figure. Frédéric III, voyant Lunden entre les mains des Suédois, érigea sa capitale de Copenhague en archevêché à sa mode, l'an 1660, et lui soumit tous les surveillants de son royaume. Les ecclésiastiques y sont peu de chose, et le peuple y est plus curieux de bien boire que de prier Dieu. On n'y voit presque plus de catho'iques, si ce n'est quelques-uns vers le Holstein.

### Des archevêchés et évêchés de Suède.

La Suède est un grand et vaste pays depuis le 55ᵉ degré de latitude jusqu'au 70ᵉ, et depuis le 35ᵉ de longitude jusque vers le 55ᵉ. Elle est bornée de l'Allemagne au midi, des terres septentrionales au nord, de la Moscovie au levant, et du Dannemark au couchant ; mais il n'y a guère que ce qui est vers le midi qui soit bien habité.

Cet état prétend être l'ancienne demeure des Goths qui ravagèrent l'empire Romain dans le IVᵉ et le Vᵉ siècle ; mais on ne sait pas bien en quel temps a commencé la monarchie qu'on y voit à présent, et qu'on ne connaît guère que depuis le VIIIᵉ.

La foi chrétienne y fut prêchée par saint Anschair, archevêque de Hambourg, au IXᵉ siècle ; mais il n'y eut pas grand succès jusqu'à saint Suffride, qui baptisa le roi Olaüs vers l'an 950, et y fit établir plusieurs évêchés, que l'on soumit à la métropole de Bresme, et ensuite à celle de Lunden.

Le pape Alexandre III en composa une province ecclésiastique en faveur d'Upsal, où il mit un archevêque l'an 1100. Il lui donna la primatie du royaume, et le droit de sacrer le roi. Ce prélat avait des biens sans nombre, et des provinces entières de son domaine. Ses suffragants de même étaient très-puissants, et avaient tous de gros revenus et le premier rang dans les assemblées.

Marguerite, reine de Dannemark et de Norvége, joignit aux deux Etats qu'elle avait déjà celui de Suède, l'an 1364, ce qui continua sous ses descendants. Les Suédois, jaloux de se voir dominés par une nation étrangère, firent divers efforts de temps en temps pour secouer le joug, et toujours sans succès.

Enfin Gustave Eric, qui se prétendait issu des anciens rois, se tira adroitement de la prison où il était, et prit si bien ses mesures, qu'il délivra son pays des Danois, et s'y fit couronner roi l'an 1523.

Mais, en rétablissant la monarchie, il renversa la catholicité ; et, comme il se voyait pauvre, et qu'il avait besoin de bien pour se soutenir, il n'en vit point qui fût plus aisé à prendre que celui des ecclésiastiques. Il leur fit une querelle d'Allemand, et appela des luthériens, qui en peu de temps dégoûtèrent les peuples de l'ancienne religion, et établirent la Confession d'Ausbourg.

L'archevêque d'Upsal fut obligé de se sauver à Rome. Les évêques s'en allèrent de même, les uns d'un côté, les autres d'un autre. On confisqua tous leurs domaines au profit du roi ; et ceux qu'on mit en leur place, au lieu du premier rang qu'ils avaient dans les assemblées du royaume, n'ont plus eu que le troisième, et sont gens aujourd'hui sans considération et sans mérite, à qui on ne donne que le nom de surveillants. Les chanoinies et les cures y sont de même à proportion fort chétives, et le peuple sans piété, et en bien des endroits sans religion.

A l'égard de la Livonie, c'est une petite

province au midi de la Suède, qui a la Moscovie au levant et la Pologne au midi.

Elle reçut la foi sur la fin du xiiᵉ siècle par le moyen des chevaliers dits Porte-Croix, qui s'en étaient mis en possession, et qui y firent les missionnaires à la dragonne. Ils y établirent des évêchés sous le métropolitain de Riga, à qui ils accordèrent de grands droits, et avec qui même ils partagèrent le gouvernement.

Mais il arriva de la brouillerie au commencement du siècle passé entre les prélats et le grand-maître, qui se fit luthérien. Les rois de Pologne s'en mêlèrent ; et s'étant fait céder le droit des chevaliers, qui avaient supprimé les prélatures, ils s'emparèrent du pays et firent créer un évêché à Venden pour ce qui restait de catholiques : ce qui n'a pas subsisté.

Gustave-Adolphe l'enleva aux Polonais durant les guerres qu'il fit à ses voisins ; et par le traité de Munster on l'a cédée à la Suède, et l'on y a confirmé la suppression des prélats, de sorte qu'il n'y a aujourd'hui que des surveillants.

### Des archevêchés et des évêchés de la Pologne.

Quant à la Pologne, dont il s'agit ici, c'est un pays situé depuis le 48ᵉ jusqu'au 56ᵉ degré de latitude, et depuis le 59ᵉ de longitude jusqu'au 60ᵉ, et qui a environ 200 lieues de long sur 160 de large. Elle a la Moscovie au levant et au nord, l'Allemagne et la mer Baltique au couchant, et l'empire turc au midi ; et est composée de trois principales provinces, qui sont la Pologne propre, la Lituanie et la petite Russie.

La Pologne propre est l'ancien domaine des princes de cette nation. Son duc Miezislas épousa une princesse bohémienne, qui l'attira au christianisme. Ensuite de quoi l'évêque de Frascati y fut envoyé en qualité de légat, baptisa ce duc l'an 965 et y érigea la métropole de Gnesne et sept suffragants, dont le nombre s'est augmenté dans la suite. Son fils Boleslas eut le titre de roi (1), ou du pape ou de l'Empereur, mais de sorte cependant que la couronne a toujours été élective, et que les nobles composent un sénat sans lequel le roi ne saurait presque rien ordonner.

La petite Russie était l'ancien domaine des princes russes, qui portèrent leur souveraineté en Moscovie. Elle fut incorporée à la Pologne, l'an 1341, par le roi Casimir. C'est un pays tout rempli de Grecs schismatiques, qui y avaient des évêques de leur rite dans toutes les bonnes villes, comme ils y sont encore à présent. Louis, roi de Hongrie et de Pologne, y fit ériger une province du rite latin vers la fin du xivᵉ siècle, et en mit la métropole à Halits, et ensuite à Léopol, où elle est encore aujourd'hui.

La Lituanie avait ses ducs particuliers, qui étaient païens, quoique le pays fût tout plein de Grecs schismatiques. Jagellon, qui en était duc, ayant été élu roi de Pologne par le mariage qu'il contracta avec la fille du roi Louis l'an 1386, incorpora ce duché à sa couronne ; ce qui a toujours continué. Il travailla aussi beaucoup à réunir ses peuples à l'Eglise romaine, et y fit ériger quelques évêchés catholiques.

Le gouvernement ecclésiastique de toute la Pologne est partagé en deux provinces : celle de Gnesne, qui est la plus considérable, et celle de Luvou, qui est la moindre.

L'archevêque de Gnesne a de très-grands droits. Il est régent du royaume durant l'interrègne, et a pouvoir de tenir les diètes pour l'élection du roi, de le proclamer et de le sacrer ; et s'il se fait quelque entreprise contre les lois, il peut convoquer le sénat pour s'y opposer. Il a la qualité de primat et de légat-né du saint-siège, avec un revenu et des officiers, plutôt comme un prince que comme un évêque. Les autres prélats sont à proportion de même dans une fort grande élévation. Ils ont les premières places dans le sénat, et presque tous des revenus très-considérables ; mais souvent ils n'en font pas mieux leur devoir pour le spirituel, dont ils se déchargent sur des évêques *in partibus*, à qui ils donnent le nom de suffragants.

Les évêchés furent d'abord électifs en ce pays comme ailleurs, et à la nomination des chapitres ; mais les rois peu à peu s'ingérèrent d'y nommer, et en ont aujourd'hui l'entière disposition. La justice ecclésiastique y est indépendante de la séculière ; mais le nonce du pape évoque par-devant lui la plupart des procès, dont les officiaux des évêques devraient connaître, et les juge sans appel.

Les chanoinies des cathédrales sont très-bonnes, et il faut faire preuve de noblesse en bien des endroits pour les avoir. Les curés aussi y sont riches, et les religieux fort à leur aise : enfin toute l'Eglise y fleurit ; et s'il y a pour les mœurs un peu de relâchement comme ailleurs, au moins ce qu'on y voit de dévotion y paraît assez solide et assez régulier.

Le calvinisme s'y introduisit dans le siècle passé par le moyen des Radzivils. Le luthéranisme s'y est aussi beaucoup étendu. Il y avait quantité de sociniens ; mais depuis l'an 1658 qu'ils furent chassés du royaume, ils sont en très-petit nombre et cachés ; des Juifs, plus qu'en aucun autre Etat de la chrétienté, qu'on y souffre à cause du grand tribut qu'ils payent au roi ; des Grecs, comme on a déjà dit, qui y ont des évêques, et enfin des Arméniens, qui y ont un archevêque à Luvou, et qui y font un très-grand commerce.

### Des évêchés d'Afrique.

L'Afrique est la troisième partie de notre continent : elle est une espèce de péninsule en forme de cœur, qui s'étend sous la ligne à plus de 30° de latitude de part et d'autre, et

---

(1) L'abbé de Commanville a un respect si aveugle pour les empereurs et les rois, qu'il leur sacrifie les papes en tout et partout. Le fait historique qu'il rapporte ici n'est pas douteux ; c'est le saint-siège qui érigea la Pologne en royaume. (*Note de l'auteur.*)

à plus de 1500 lieues en long et en large; mais on ne sait point encore le dedans du pays, et il n'y a que ce qui est vers les bords qui nous soit connu.

Toute la côte qui règne le long de la Méditerranée, et qui est l'endroit le plus voisin de l'Europe, était remplie de chrétiens durant les six premiers siècles et avait même un très-grand nombre d'évêchés du rite latin; mais ils furent presque tous éteints dès le VIIIᵉ et le IXᵉ siècle.

Les Portugais s'étant avisés dans le XVᵉ siècle de chercher l'or et les autres marchandises précieuses que possèdent les Africains, envoyèrent plusieurs vaisseaux le long de l'Océan pour y faire des découvertes; et, ayant établi des colonies en plusieurs endroits de la côte et dans les îles voisines, ils y firent ériger des évêchés sous la métropole de Lisbonne, qu'on y voit encore aujourd'hui.

L'évêché de Ceuta est le seul de l'ancienne Afrique qu'ils aient rétabli; les autres, comme Angra, Fonchal, Riberac, Grande, San-Tomé, Loanda, sont, comme on a dit, d'érection toute nouvelle, et en des pays inconnus avant le XVᵉ siècle. Celui de Congo est dans la capitale de ce grand royaume d'Africains naturels, dont le roi est allié des Portugais, et catholique de père en fils aussi bien que ses sujets, depuis l'an 1492.

Les Espagnols, ayant fait la découverte des îles Canaries dans le XVᵉ siècle, y firent mettre un évêché sous Séville. C'est par la première de ces îles qu'on fait passer le méridien, où commencent les degrés de longitude dont on parle tant dans la géographie.

Tous ces évêchés tant de Portugal que d'Espagne ne sont pas mauvais, et sont à la nomination de leurs rois.

*Des archevêchés et des évêchés d'Asie.*

L'Asie est la seconde partie de notre continent, et même apparemment la plus étendue; ce qu'on ne peut pas cependant tout à fait déterminer, parce qu'on sait bien où elle commence mais non pas où elle finit (1).

Elle a été honorée de la naissance de Jésus-Christ, et du premier établissement de notre religion, et a eu un très-grand nombre de provinces chrétiennes, mais qui étaient d'un autre rite que le latin.

On y établit durant les croisades diverses provinces du rite latin, qui n'y ont pas subsisté longtemps.

Ce qu'on y trouve à présent de ce rite est dans les colonies que les Portugais et les Espagnols ont aux Indes pour la commodité de leur commerce.

Les Portugais y firent divers établissements dans le XVIᵉ siècle, et y obtinrent l'érection de plusieurs évêchés sous la métropole de Goa, qui est la capitale de leurs colonies. Les prélatures en étaient assez bonnes; mais

(1) L'Asie orientale et septentrionale était très-peu connue au XVIIᵉ siècle; c'est ce qui explique cette phrase de l'abbé de Commanville. (*Note de l'auteur.*)

les Hollandais ont presque tout ruiné dans ce siècle. Il n'y a presque plus que l'archevêché de Goa qui subsiste; et, quoique les rois de Portugal nomment encore aux évêchés, ce n'est plus à l'égard de plusieurs que pour l'honneur et pour le titre.

Les Espagnols s'établirent vers l'an 1565 dans les îles qu'ils nommèrent Philippines, en considération de leur roi Philippe II, et qui sont situées à l'extrémité orientale de l'Asie; et ils y firent ériger un archevêché et trois évêchés. Tout y allait assez bien tant pour la religion que pour le commerce; mais les insulaires se sont révoltés depuis quelque temps. C'est le roi qui en a la nomination.

*Des archevêchés et des évêchés de l'ancienne Afrique occidentale.*

L'Afrique occidentale est cette vaste étendue de terre qui est le long de la Méditerranée en Afrique, vers le 30ᵉ degré de latitude, depuis le 10ᵉ de longitude jusqu'au 40ᵉ, et qui n'a pas moins de 660 lieues de long, sur environ 100 de large.

Ce pays, qui était venu au pouvoir des Romains par la réduction de la fameuse Carthage, reçut la foi dès le Iᵉʳ siècle, par les soins et les missions des papes; et, comme il était de la juridiction du préfet d'Occident pour le civil, il fut aussi dès lors, pour l'ecclésiastique, du patriarcat romain.

Le christianisme y fut, au milieu des persécutions, d'un très-grand éclat, et fournit quantité de martyrs à l'Eglise, et plusieurs grands hommes dont on admire encore aujourd'hui les ouvrages. Il y avait aussi dès ce temps-là beaucoup d'évêchés, comme on le peut voir par les actes des conciles que saint Cyprien assembla vers l'an 250.

Tous ces évêchés n'avaient, durant les trois premiers siècles, d'autre métropole que Carthage, qui était la capitale du pays; mais il fut divisé par les empereurs, dans le IVᵉ, en six provinces; et les évêchés s'y étant beaucoup multipliés, on reçut aussi cette division dans l'Eglise et on donna à chacune de ces provinces un métropolitain, qui ne fut pas comme ailleurs l'évêque de la métropole civile, mais le plus ancien, ou, si vous voulez, le doyen des évêques: ils le nommaient primat, et Carthage était primatiale au-dessus d'eux tous.

Mais on vit bientôt les inconvénients de ces primaties ou métropoles ambulatoires, qui obligeaient d'aller tantôt d'un côté, tantôt d'un autre, lorsqu'on avait besoin du primat. C'est ce qui fit admettre dans la suite les évêques des métropoles civiles en participation de la dignité primatiale, sans préjudice des droits de l'évêque ancien; et ce sont ces métropoles qu'on a mises à la tête des provinces et sous lesquelles on a rangé les évêchés qu'on y voit en grand nombre, mais qui la plupart n'étaient que dans des villages.

Les donatistes, les ariens, les manichéens, les pélagiens, tourmentèrent furieusement ces Églises dans le IV° et le V° siècle. La religion cependant ne laissait pas de s'y soutenir, étant appuyée et défendue par un grand nombre de prélats qui n'avaient pas moins de piété que de savoir, entre lesquels on remarque le grand Augustin, qui a été le fléau des hérétiques et le prodige de la nation.

Les Vandales, qui étaient ariens, y établirent un royaume dans le V° siècle, qui y fit plus de tort à la catholicité en très-peu de temps que n'y avaient fait ensemble tous les autres hérétiques, et qui y mit les évêchés à deux doigts de leur ruine.

Mais ce qui les détruisit tout à fait, ce furent les Sarrasins ou Arabes orientaux, qui, étant infectés du mahométisme, y fondirent comme un déluge, dans le VII° et le VIII° siècle, et y changèrent toute la face de la religion et de l'État. Ils y établirent diverses principautés qui ont souvent changé de maîtres.

Les États de Fez et de Maroc sont plus au couchant, et n'ont qu'un même prince, qui est souverain chez lui et qui se fait beaucoup valoir, quoique ce ne soit à proprement parler qu'un chef de brigands.

Alger, Tunis et Tripoli sont plus à l'orient, et sont des républiques, sous la protection du Turc, qui s'enrichissent à pirater et à voler.

Il n'y a guère eu de christianisme partout là depuis le XII° siècle que dans les prisons où gémissent les pauvres esclaves qu'ils ont pris sur mer, et qui ont assez de fermeté pour conserver leur foi aux dépens de leur liberté et de leur vie.

Au reste, on peut dire qu'il n'y a point de pays plus inconnu pour la géographie tant ecclésiastique que civile. On sait bien à la vérité où étaient les provinces anciennes, et qu'elles étaient situées le long de la Méditerranée; mais, pour les villes, on en connaît si peu la situation, qu'on ne pourrait pas dire où étaient Carthage, Hippone, Césarée, et les autres qui ont eu le plus d'éclat, parce que les Arabes y ont tout bouleversé et ont changé tellement les noms de celles qui s'y sont conservées, qu'on n'y trouve aucun rapport avec les noms anciens.

Pour la géographie, tout ce qu'on peut savoir de ces évêchés, c'est leur province; et, pour la chronologie, on n'en saurait dire autre chose, sinon que les plus anciens n'ont leur preuve que dans le III° siècle, et qu'ils n'ont presque tous subsisté que jusqu'au VII°. On voit encore cependant un métropolitain de Carthage et quelques évêques de sa juridiction dans les lettres du pape Léon IX, vers le milieu du XI° siècle: c'étaient les restes du christianisme expirant.

*Des archevêchés et des évêchés d'Amérique.*

L'Amérique est la quatrième partie de l'univers. On n'a commencé à la découvrir que vers la fin du XV° siècle, et cependant elle est seule presque aussi étendue que les trois autres, où l'on allait de tout temps.

Elle est proprement cet endroit de la terre que l'on nomme communément les antipodes, et était si peu connue des anciens, que quelques saints Pères sont allés jusqu'à dire que c'était une espèce d'hérésie que de la croire.

On la divise en septentrionale, méridionale et îles, et ces trois parties se subdivisent en une infinité d'autres, habitées par des nations et des peuples sans nombre, qu'on peut voir dans les géographes ordinaires.

Ce fut Christophe Colomb, pilote génois, qui fit la découverte de toute cette nouvelle terre, sur la fin du XV° siècle. Il en amena six habitants à Barcelone, que le roi Ferdinand et la reine Isabelle tinrent sur les fonts l'an 1492, et qui furent ainsi les premiers chrétiens de cette nation.

On envoya ensuite le P. Beuil, bénédictin, avec douze religieux de son ordre, sous la conduite de Colomb, pour y porter les premières lumières de l'Évangile, et l'on obtint en même temps du pape Alexandre VI un décret qui donnait aux Espagnols, à l'exclusion de tous autres, les terres qu'ils y pourraient découvrir.

Colomb n'alla guère que dans les Antilles, et s'établit particulièrement à Saint-Domingue, qui en est la capitale; mais Amérique Vespuce pénétra jusqu'au continent l'an 1497, et lui laissa son nom. Ferdinand Cortès s'empara de Mexico, capitale de toute l'Amérique septentrionale, l'an 1525; et François Pisarre prit Cusco, capitale de la méridionale, sur les Incas, vers l'an 1533.

C'est ainsi que les Espagnols y poussèrent leurs victoires, et en moins d'un demi-siècle s'emparèrent de tout ce qu'il y avait de meilleur. Ils en apportèrent de l'or, de l'argent, des pierreries, des perles et autres marchandises précieuses, au delà de ce qu'on peut exprimer, et divisèrent leurs conquêtes en plusieurs audiences ou provinces. Le vice-roi du Mexico a autorité sur tout ce qu'ils ont dans la septentrionale, et celui du Pérou sur ce qui leur appartient dans la méridionale, et ce sont deux des plus beaux postes de tout l'État espagnol.

A l'égard de la police ecclésiastique, après que Léon X y eut créé le premier évêché à Saint-Domingue, capitale des Antilles, l'an 1513, les papes qui lui succédèrent en érigèrent de temps en temps plusieurs autres, dont on a composé les cinq provinces ecclésiastiques qu'ils y possèdent encore aujourd'hui.

Jean de Cumarragua, qui fut le premier évêque de Mexico, y tint le premier concile l'an 1534, et régla la discipline de ces Églises, telle à peu près qu'elle y est encore à présent: ce qui fut confirmé dans le concile tenu par Pierre de Contreras, premier archevêque de Mexico, l'an 1585.

On ordonna dans ces conciles que chaque cathédrale de ce nouveau monde aurait cinq dignités, savoir : un doyen, un archidiacre, un chantre, un écolâtre, un trésorier, dix chanoines, six prébendés, six demi-prébendés, et six enfants de chœur ou acolytes, avec de fort bonnes rétributions; ce qui est à peu près de même dans chaque évêché.

Les prélatures, soit archevêchés, soit évêchés, sont à la nomination du roi, et presque toutes d'un fort gros revenu. Plusieurs ont jusqu'à vingt-cinq, trente, quelques-unes jusqu'à cent mille ducats de rente. Les autres bénéfices y sont à proportion; et les moines, qu'on y voit en grand nombre, y goûtent l'aisance des richesses parmi leur vœu de pauvreté : ce qui a causé qu'on n'y est peut-être pas dans une si grande régularité.

Ce n'a pas été seulement à force de prédications qu'on y a converti les habitants de chaque pays pour en composer tous ces diocèses et toutes ces provinces chrétiennes : on y employa d'abord le fer et le feu. Paul III défendit ces violences, et Charles V fit aussi de sévères ordonnances pour les arrêter, mais ce fut après qu'on en eut tué assez pour venir à bout aisément du reste.

Le décret d'Alexandre VI n'empêcha pas les Portugais d'aller en Amérique. Ils trouvèrent moyen de l'expliquer, de sorte que le Brésil ne devait pas être compris dans la ligue que ce pape avait donnée pour borne au pays qu'il accordait aux Espagnols; et, s'y étant introduits vers l'an 1501, ils y firent créer l'évêché de Saint-Salvador en 1552. Innocent XI l'érigea en métropole en 1676 avec trois suffragants, le tout à la nomination de leur roi.

Les Français, s'étant rendus maîtres du Canada au commencement de ce siècle, ont été longtemps sans y avoir d'évêché. Innocent XI leur érigea, en 1674, celui de Québec, soumis immédiatement au saint-siége; et c'est le seul qu'ils y aient eu jusqu'à présent. Il est dans l'Amérique septentrionale, à peu près vers la même latitude que Paris. C'est le roi qui en a la nomination.

Il serait impossible d'exprimer dans un discours aussi abrégé que celui-ci les mœurs et les coutumes de ces nations différentes, qui sont dans des climats si opposés et qui ont tant de différents maîtres; car, outre que les Européens qui s'y sont établis y ont fait la religion à leur mode, il a fallu encore qu'ils se soient conformés en bien des choses au naturel des Américains qu'ils avaient à y gouverner. Cependant on peut dire en général que, quoique nos hérétiques aient tâché dans leurs livres de décrier la catholicité de ce pays, il ne laisse pas de s'y faire quantité de bonnes œuvres, et il y a en bien des endroits beaucoup de régularité et de dévotion.

---

## DES PATRIARCATS, DES MÉTROPOLES,
### DES ARCHEVÊCHÉS ET DES ÉVÊCHÉS
#### DE L'ÉGLISE GRECQUE.

La religion chrétienne a été formée proprement dans le sein de l'Église grecque, puisque Jésus-Christ prêcha son Évangile dans la Syrie, où l'on parlait cette langue, et que saint Pierre fonda les deux patriarcats d'Alexandrie et d'Antioche en Orient, avant d'ériger celui de Rome en Occident.

Constantin, premier empereur chrétien, ayant transféré à Byzance le siége de l'empire dans le IVᵉ siècle, et lui ayant donné le nom de Constantinople et de nouvelle Rome, lui fraya le chemin à la dignité patriarcale, qu'elle obtint dans le Vᵉ siècle; ce que l'on accorda aussi à peu près dans le même temps à Jérusalem.

Ces quatre patriarcats, qui ont composé de tout temps l'Église grecque, parce que leur liturgie a toujours été en grec, reconnurent la primauté de saint Pierre en la personne des papes, et leur demeurèrent unis et soumis durant les huit premiers siècles : c'est de quoi nous avons des preuves incontestables dans l'histoire ecclésiastique et dans les conciles.

La division de l'empire en oriental et occidental; la liturgie et les cérémonies, que les Grecs avaient autrement que les Latins; l'ambition des patriarches de Constantinople et leurs continuelles hérésies; et plus que tout cela encore, l'antipathie que les empereurs d'Orient conçurent contre les papes lorsqu'ils virent qu'ils s'attachaient aux empereurs d'Occident, furent les principales causes du schisme, qui, après s'être fomenté longtemps entre les uns et les autres, fit enfin un si terrible éclat dans le IXᵉ siècle.

Mille peuples barbares qui inondèrent l'Orient dans les siècles suivants et en ravagèrent les plus belles provinces, furent comme les fléaux dont Dieu se servait pour faire rentrer l'Église grecque dans son devoir envers la latine; mais elle s'endurcit comme Pharaon, et persista toujours de plus en plus dans son obstination.

Les croisades travaillèrent à la tirer de l'oppression de ces infidèles dans le XIIᵉ et le XIIIᵉ siècle; mais, comme ceux qui en avaient la conduite cherchaient à y introduire le rite latin, que les Grecs haïssaient alors presque autant que le mahométisme, ils rompirent eux-mêmes toutes les mesures que l'on prenait pour leur délivrance, et avancèrent leur propre ruine (1).

---

(1) Ce que dit ici l'abbé de Commanville est parfaitement exact, comme nous le constatons dans notre introduction. Si les Croisades ont eu des résultats aussi lamentables que ceux rapportés par l'histoire, c'est aux Grecs qu'il faut s'en prendre. Ils ont tout fait pour perdre les croisés et pour amener les Osmanlis à Constantinople. Aujourd'hui encore l'Église grecque, en haine des Latins, se tourne vers la Russie, favorise toutes ses menées en Orient, parce qu'elle sait le gouvernement russe ennemi im-

On avait tenté plusieurs fois d'en venir à quelque réunion, et elle semblait même avoir réussi dans le xv° siècle, au concile de Florence; mais non, il était écrit de toute éternité que ces malheureux, qui avaient secoué le joug de leur véritable père, porteraient celui d'un tyran. Constantinople fut prise par les Turcs l'an 1453, et les quatre patriarcats tombèrent ainsi totalement dans l'esclavage où ils gémissent encore à présent.

Quant à la créance de l'Eglise grecque, on peut bien juger qu'elle a été la même que celle de la latine jusqu'au temps du schisme : ce ne fut pas même pour aucun point de doctrine qu'on se sépara alors, mais uniquement pour les différends du patriarche Ignace, que le pape voulait soutenir contre Photius, qui s'était emparé de son siège.

Depuis ce temps-là on s'est fait querelle entre ces deux Eglises sur deux principaux sujets. Le premier est à l'occasion du Saint-Esprit, que les Latins soutiennent procéder du Père et du Fils, et que les Grecs disent procéder du Père par le Fils. Le second est pour le pain de l'eucharistie, que les uns veulent sans levain, et les autres levé. Mais on a bien vu, toutes les fois que l'on a parlé de réunion, que ce n'est pas tout à fait ces minuties qui y ont mis obstacle, et que la jalousie et l'entêtement des Grecs est la cause principale de toute cette division; ce qui fait que l'Eglise latine ne les a jamais traités que de schismatiques, et les a toujours admis à sa communion toutes les fois qu'ils ont bien voulu y rentrer.

Il n'y en a point qui puissent rendre un meilleur témoignage de la conformité qui est entre ces deux Eglises dans les points essentiels de la foi, que les luthériens; puisque ayant cherché avec empressement tous les moyens possibles de s'unir avec eux, ils les ont trouvés aussi attachés à nos dogmes que nous pourrions être. Ainsi, outre le symbole des apôtres, ils admettent sept sacrements comme l'Eglise latine, et croient la présence réelle et la transsubstantiation dans l'eucharistie, le sacrifice de la messe, l'invocation de la sainte Vierge et des saints, l'honneur dû aux reliques et aux images, la prière pour les morts, la coopération du libre arbitre avec la grâce, l'obligation des jeûnes et des abstinences ordonnées par l'Eglise, les vœux monastiques, le pouvoir qu'ont les prêtres de lier et de délier dans la confession, les indulgences; en un mot, tout ce qui nous divise des hérésies modernes et est soutenu par les plus zélés catholiques.

A l'égard de la discipline, il n'en est pas tout à fait de même; puisque cette Eglise, qui convient avec la latine dans le plus essentiel, a certaines différences dans ce qui est moins important, dont il est bon de parler ici.

Leur hiérarchie est distinguée, comme parmi nous, en premier et second ordre. Le premier comprend les prélats, et est composé de patriarches, exarques, métropolitains, archevêques et évêques. Le second consiste en archipapes, papes, simples prêtres, diacres, sous-diacres, chantres, lecteurs et portiers. Ceux du premier ordre ne se peuvent point marier, et doivent être pris d'entre les moines qui ont fait vœu de continence; mais, pour le second, ils le peuvent avant l'ordination, pourvu qu'ils n'aient point épousé de veuves ni n'aient point été mariés deux fois; et, s'ils veulent convoler en secondes noces, tout ce qui leur en arrive, c'est de retourner à l'état séculier.

Les patriarches ont le premier rang dans cette Eglise : le premier est celui de Constantinople, le second celui d'Alexandrie, le troisième d'Antioche, et le quatrième et dernier de Jérusalem. Ils ne doivent point avoir, selon leurs principes, de supériorité les uns sur les autres, ce qu'ils ne soutiennent que pour se disculper de la désobéissance où ils sont envers le patriarche romain, puisque celui de Constantinople en mille occasions commande aux trois autres, qui sont obligés de lui obéir.

Après les patriarches sont les exarques, qu'on peut dire originairement les mêmes que nos primats, puisqu'ils devraient avoir intendance sur plusieurs provinces. Cette qualité ne se donnait autrefois qu'aux prélats de Césarée, d'Ephèse, d'Héraclée et de Thessalonique, qui sont tous du patriarcat de Constantinople, et leur fut accordée avant qu'il fût encore érigé, comme ayant leur résidence en des lieux qui avaient juridiction sur diverses métropoles pour le civil, et par conséquent la devaient avoir aussi pour l'ecclésiastique; mais, depuis l'érection de ce patriarcat, on y a rendu ce nom fort commun. Quantité de métropolitains et même d'archevêques honoraires le prennent, et l'on voit jusqu'à de simples évêques se l'attribuer, particulièrement lorsqu'ils sont députés des patriarches pour visiter les églises et y recueillir leurs droits : de sorte qu'il ne signifie à présent en bien des occasions que ce qu'on appelle un vicaire apostolique ou nonce dans l'Eglise latine.

Au-dessous des exarques sont les métropolitains, qui ont la supériorité sur les évêques d'une province. Les empereurs grecs prétendirent avoir reçu pouvoir du concile de Chalcédoine d'en établir : ce qui les a beaucoup multipliés dans les notices.

Les archevêques, qui prennent quelquefois aussi le nom de métropolitains honoraires, sont comme nos évêques exempts, et prétendent relever immédiatement du patriarche.

Enfin les évêques aussi bien que ces archevêques honoraires sont ceux qui, étant honorés du caractère épiscopal, ont intendance sur les paroisses de leur diocèse.

implacable de l'Eglise latine.

Ainsi, au xix° siècle comme au xv°, comme au xiii° et au xii°, l'Eglise grecque n'a pas varié dans sa haine; elle en est toujours à ce cri honteux : « Plutôt l'esclavage que la réunion. »

(*Note de l'auteur.*)

Quant au second ordre, il ne diffère presque en rien de ce qui se voit parmi les Latins. Les archipapes sont comme nos doyens ruraux ; les papes sont les curés de ville ou de campagne ; les simples prêtres sont rares, si ce n'est dans les monastères, où l'on en a besoin pour le service divin ; les diacres et sous-diacres sont comme parmi nous ; mais, pour les ordres que l'on nomme mineurs, il y a un peu de différence, puisqu'on ne parle guère parmi eux que de chantres, qui sont pour entonner la psalmodie ; de lecteurs, qui lisent sur la tribune les homélies et les vies des saints, et de portiers, qui ont les clefs de l'église et ont soin de la garder et de la nettoyer.

Les ecclésiastiques n'ont point leurs bénéfices en fonds de terre ni en dîmes comme parmi les Latins ; ils ont seulement l'enclos de leurs monastères, s'ils sont évêques, ou de leurs presbytères, s'ils sont curés, où il y a quelque bois, prés, vignes, jardins ; mais cela ne va jamais loin : le principal de leur revenu consiste en rétributions et honoraires qu'on leur donne pour leurs diverses fonctions.

Les patriarches prennent de l'ordination des prélats qui sont de leur juridiction, tantôt plus tantôt moins, suivant ce que peut valoir l'archevêché ou évêché. Ils en tirent aussi un certaine redevance par an, et la font lever par les évêques, à qui ils donnent la qualité d'exarques, et qui, comme autant de sergents, vendent jusqu'aux ornements d'église et aux calices pour avoir leur payement. Ils ont outre cela un écu d'or de chaque mariage, et dix ou douze écus par an de chaque paroisse de leur ville patriarcale. Les offrandes qu'on fait aux grandes messes, les quêtes qu'ils font par le moyen de leurs eulogies, lorsqu'elle est dite, leur valent encore beaucoup ; car c'est à qui donnera le plus par ambition. Les testaments leur sont aussi d'un grand profit, parce qu'on aurait de la peine à mettre un homme en terre sainte s'il n'avait rien légué à l'Église ; et enfin les jugements des procès, dont ils se rendent tellement les maîtres, qu'aucun chrétien n'ose plaider devant des infidèles, de peur d'être excommunié.

Les métropolitains et les évêques ont à proportion les mêmes droits : ils tirent de l'ordination des prêtres, des mariages, des offrandes, des testaments, des jugements des procès, des redevances annuelles que doit leur faire chaque curé de leur diocèse. Il y en a à qui cela vaut plus de quatre mille écus de rente ; mais la plupart avec toutes leurs extorsions et toutes leurs simonies, n'en peuvent pas faire deux cents écus.

Les curés ont tant par feu de leur paroisse, quelques prémices, quelques rétributions pour les sacrements et pour les messes, quelque part aux testaments, et ne font rien qu'ils ne soient payés ; mais le pauvre peuple est si chétif en bien des endroits, qu'ils n'en retirent pas la plupart de quoi vivre.

Les prélatures étaient autrefois électives dans cette Église co___ dans la latine ; mais les empereurs de tout temps s'en sont voulus mêler, et ont presque toujours nommé à celles qui étaient de quelque valeur. Les Turcs en ont fait de même, particulièrement à l'égard du patriarcat ; ils permettent une espèce d'élection, mais à condition qu'on y nommera celui qui leur a payé pour être élu, ce qui va ordinairement à une année du revenu : souvent même au bout de l'an, un autre vient offrir de nouvel argent ; on fait une querelle au prélat qui est en charge, on le dépose, et on lui substitue celui qui vient de payer.

Les patriarches se récompensent de ce que leur coûte leur dignité en vendant les exarchats et les évêchés, et faisant mille extorsions sous le nom de décimes sur le pauvre peuple, et les prélats en font de même à l'égard des curés ; de sorte que tout est vénal dans cette église, et abandonné à une simonie d'autant plus funeste, qu'on la prétexte du nom de nécessité.

On donne aux patriarches le nom de *panagiotissas*, c'est-à-dire, Votre toute Sainteté ; aux autres prélats, celui de *pammacariotissas* ou *panierotissas*, c'est-à-dire, Votre toute Béatitude ou Votre toute Prêtrise ; et aux simples prêtres, celui d'*agiotissas*, Votre Sainteté.

Les habits pour l'office divin sont une aube qu'ils nomment sac, et qui est ordinairement d'un taffetas violet ou noir ; une étole et une chasuble de la couleur du jour.

Les évêques ont de grandes pièces d'étoffe carrées sur les manches et au bas de leur aube, et ont certains jours leurs chasubles taillées en forme de tunique ; et, au lieu de mitre, ils portent un bonnet de velours ou de drap orné de perles et de pierreries, s'ils en ont le moyen.

Le patriarche joint à cela le pallium, qui est à peu près comme celui de nos archevêques latins, mais beaucoup plus large et plus long, et ce qu'ils appellent l'épigonation, qui est un morceau d'étoffe pendu à leur ceinture. La crosse des prélats est un bâton orné de nacres de perles et de pierreries, et qui se termine en forme de T.

Les habits ordinaires sont une grande robe noire, ou d'un minime enfoncé, faite à peu près comme celle des Bénédictins, avec une calotte de laine et un capuce par-dessus. Les prêtres qui sont mariés portent la robe violette et le bonnet sans capuce, de la même couleur. Tous indifféremment ont les cheveux et la barbe longue ; de sorte qu'on ne peut jamais les prendre pour des laïques, qui sont tous obligés de se raser.

Les églises où l'on fait l'office divin sont la plupart fort délabrées, parce que les Turcs n'ont laissé aux Grecs que celles dont ils n'ont point voulu, et ne permettent point qu'on les répare ou qu'on en bâtisse de nouvelles, qu'en leur payant de grandes sommes d'argent. Elles sont ornées de croix et d'images de saints en peinture, mais jamais en sculpture, et sont partagées par le milieu d'une cloison qui prend du haut de la voûte en bas, et sépare le sanctuaire de la nef.

Il n'y a que les ecclésiastiques qui entrent dans le sanctuaire, et ils n'y sont même que dans le temps des saints mystères pour les y célébrer hors la vue du peuple, à qui ils apportent l'eucharistie par une porte qui doit être au milieu, et qui n'ouvre que dans le temps de la communion. On y garde le saint sacrement, ou suspendu dans une boîte, ou dans une armoire attachée à la muraille, avec une lampe au-devant qu'on tient allumée dans les endroits où l'on a de quoi fournir à son entretien.

Hors le canon de la messe, les ecclésiastiques ont leur chaire au haut de la nef où ils chantent avec les laïques, qui y ont chacun leur place selon leur condition. Les femmes sont dans des tribunes élevées et fermées de treillis, de sorte qu'elles voient dans l'église sans être vues.

L'office divin, pour ce qui s'en dit en public les dimanches et les fêtes, consiste, comme le nôtre, en vêpres, matines et messe. Les vêpres se disent les veilles au soir; mais il n'y a guère que les ecclésiastiques et les religieux qui y assistent. Les hommes viennent aux matines, que l'on commence ordinairement dans les grandes fêtes dès la nuit. Pour les femmes, elles se contentent d'assister à la messe, qui ne se célèbre qu'une fois par jour dans chaque église, mais qui dure souvent des trois ou quatre heures. Tout cela étant achevé dès le matin, le reste de la fête se passe en divertissements.

Les ecclésiastiques outre cela et les moines ont leur bréviaire à dire tous les jours: il y a même bien des laïques qui le récitent, et qui font la prière chez eux à diverses heures avec beaucoup d'exactitude et de dévotion. Pour des prédications, il y en a peu: on lit les homélies des Pères et les vies de saints à l'église, on fait quelque catéchisme, et c'est à quoi aboutit toute leur instruction.

Les fêtes des Grecs sont à peu près les mêmes que dans l'Église latine, à l'égard des mystères, et à peu près dans le même temps; mais, pour les saints, ils n'ont point de dévotion aux nôtres, et ne célèbrent guère que les leurs. Leur calendrier et leur année commencent au mois de septembre. Leur Pâque se règle selon le vieux style, et leur manière de compter les années est depuis la création du monde, à qui ils donnent les uns plus les autres moins avant la naissance de Jésus-Christ; de sorte qu'on a de la peine à les entendre dans leurs supputations: la plupart cependant mettent avant Jésus-Christ environ 5500 ans.

Ils ont quatre carêmes tous les ans, et les observent si étroitement, qu'ils ne les rompent pas même en temps de maladie. On ne mange dans le premier, qui précède la Pâque, ni chair, ni poisson, ni laitage, ni œufs, et on ne fait qu'un repas chaque jour. On n'est pas si rigide pour les trois autres, qui sont: un second avant Noël ou l'avent, qui est de quarante jours comme celui de Pâque; un troisième, qu'ils font d'une quinzaine, avant l'Assomption; et un quatrième à peu près de même temps avant la Saint-Pierre, et on n'y observe guère que l'abstinence de la chair.

Les moines sont en très-grand nombre aujourd'hui dans l'Église grecque, et ont tous à peu près les mêmes constitutions, qui sont ou de saint Basile ou de saint Antoine. Il y en a qu'on appelle du petit habit, et dont la vie n'est pas si rigoureuse; et d'autres qu'on nomme du grand habit, et qui doivent faire de grandes pénitences. Ceux d'entre eux qui aspirent aux ordres sacrés s'appliquent à l'étude, mais d'une manière qui ne va pas jusqu'à les tirer beaucoup de l'ignorance. C'est de ceux-là qu'on prend pour les prélatures. Les autres, qui n'aspirent point au sacerdoce, et qui sont en bien plus grande quantité, partagent leur temps entre la prière et le travail des mains. Il y a des couvents fort réguliers et assez à leur aise. La plupart sont pauvres et dans un grand relâchement; presque tous sont mal bâtis et n'ont rien que leur solitude qui les puisse faire estimer.

Quant aux religieuses, il n'y en avait guère moins autrefois dans cette Église que dans celle d'Occident; mais le libertinage des Turcs les a fait presque toutes supprimer: cependant on en trouve encore quelques endroits, comme à Thessalonique, à Schio et ailleurs. On voit aussi quelques filles dévotes et quantité de veuves qui portent le voile, vivent dans la piété, de leur petit travail, et ont soin des églises et des pauvres.

## Du patriarchat de Constantinople et des évêchés qui en dépendaient.

La ville de Constantinople n'était d'abord qu'un évêché suffragant d'Héraclée, sous le nom de Bysance. Elle prétend avoir reçu la foi par les prédications de saint André, et avoir eu pour ses premiers évêques Stachis et Onésime, dont saint Paul parle dans ses Lettres.

Constantin en fit le siége de l'empire au commencement du IV<sup>e</sup> siècle, et lui donna son nom et celui de Nouvelle-Rome: ce qui inspira aussitôt à ses prélats le dessein de s'égaler à ceux de l'ancienne; en quoi ils ont si bien réussi, qu'ils sont devenus comme les papes de l'Église grecque. Voici par quels degrés ils y ont su arriver.

Le second concile général accorda à l'évêque de Constantinople le pas immédiatement après Rome; ce qui ne se passa pas sans contestation. Il obtint ensuite des rescrits impériaux et différentes commissions de l'empereur pour prendre peu à peu autorité sur ses confrères.

Le concile de Chalcédoine lui donna le nom et l'autorité de patriarche dans le V<sup>e</sup> siècle sur les trois exarchats de Pont, d'Asie et de Thrace, avec le pas devant les patriarches d'Alexandrie et d'Antioche, qui, ayant été ruinés peu de temps après, acquiescèrent à ce qu'ils avaient eu d'abord assez de peine à souffrir, et se trouvèrent trop heureux de lui céder afin d'avoir sa protection.

A ces trois exarchats il joignit l'Illyrie orientale dans le VI<sup>e</sup> siècle, et même une partie de l'occidentale dans la suite, avec plusieurs provinces barbares au deçà et au delà du Danube. La Grande-Grèce lui fut aussi adjugée dans le ix⁰, c'est-à-dire la basse Italie et la Sicile; et, n'ayant plus personne qui pût lui rien contester dans toute l'étendue de l'empire d'Orient, il fit schisme avec le pape, qui osait seul résister à ses usurpations, et s'établit ainsi au ix⁰ siècle dans le premier poste à l'égard de l'Eglise grecque, et dans l'indépendance à l'égard de la romaine.

Les Sarrasins et autres peuples barbar s lui donnèrent de terribles atteintes dans le ix⁰ et le x⁰ siècle, et ravagèrent ses plus belles provinces : c'est ce qui l'obligea de tenter diverses réunions avec l'Eglise latine pour en obtenir quelque secours; mais, comme il n'y avait que de la politique et de l'intérêt humain dans ce retour apparent, tout cela ne put réussir.

Les Latins ne laissèrent pas de se croiser en divers temps pour le délivrer de ces infidèles; et, s'étant saisis de Constantinople l'an 1204, sous prétexte d'arrêter les divisions qui régnaient dans la famille impériale, ils y mirent un empereur et même un patriarche de leur communion, avec plusieurs évêques dans les meilleures villes d'Europe dont ils purent se saisir. Le patriarche, aussi bien que l'empereur grec, se retirèrent à Nicée, et y demeurèrent jusqu'à tant qu'ils eussent chassé nos croisés de leurs conquêtes; ce qui arriva vers l'an 1260.

Les Turcs vinrent ensuite, et, comme un torrent impétueux, inondèrent toutes ces provinces dans le xiii⁰ et le xiv⁰ siècle. Ils commencèrent par celles d'Asie, où ils désolèrent tellement le rite grec, qu'ils y en ont laissé très-peu de vestiges; et, ayant passé de là en Europe, ils réduisirent et l'Eglise et l'empire d'Orient sous un même esclavage par la prise de Constantinople l'an 1453.

Le patriarcat de Constantinople a été depuis ce temps-là dans une grande désolation; et, quoique il soit encore ce qu'il y a de meilleur et de plus entier dans le rite grec, il faut avouer cependant que tout y est bien délabré; que l'Eglise y souffre au delà de tout ce qu'on peut penser; et qu'outre les maux extérieurs que lui causent les infidèles, elle en a deux intérieurs, savoir : l'ignorance et la simonie, qui la mènent insensiblement à sa ruine. Il ne laisse pas d'avoir de sa juridiction à peu près la même étendue de pays, et même en quelque façon plus grande qu'il ne l'avait autrefois; mais il s'en faut bien qu'il n'y ait ni le nombre des diocèses, ni celui des paroisses et du peuple qu'on y a vu. Les prélatures d'Asie ne sont plus la plupart que titulaires, et n'ont presque plus de chrétiens du rite grec. Celles d'Europe sont un peu mieux; et l'on peut dire même qu'en bien des endroits, et particulièrement dans les îles, il n'y a guère que des Grecs; mais tout cela est pauvre et chétif. On en voit une idée plus particulière dans les chapitres de chaque exarchat.

Il y a eu autrefois plus de cent métropolitains dans cette Eglise, et une quantité prodigieuse d'évêchés. Tout cela est bien diminué à présent; et, quoique Christophe l'Ange, moine grec, qui en était bien informé, fasse monter les métropolitains et les archevêques à soixante-douze, il avoue lui-même que la plupart ne sont que titulaires ou sans suffragants, et qu'ils n'ont pas en tout sous eux plus de soixante-quinze évêchés.

Nous avons quantité de notices anciennes de ce patriarcat, mais qui ne peuvent guère nous en donner connaissance que jusqu'aux ix⁰ et x⁰ siècles. Il n'est pas si aisé d'en trouver pour l'état présent qui soient bien exactes. On en voit une dans les notes de Vigénère sur Chalcondile, qu'on peut dire la première qui ait été donnée au public; mais elle est inintelligible en bien des endroits. M. Smith en donne une autre dans sa Lettre sur l'Etat présent de l'Eglise grecque, qu'il dit avoir apportée de Constantinople, et M. de la Croix, interprète de l'ambassadeur du roi à la Porte, en a mis une troisième dans sa Turquie chrétienne. Toutes ces notices conviennent ensemble en bien des choses, ce qui fait voir qu'elles ne sont pas mauvaises : elles s'accordent même avec les souscriptions des conciles qu'on a tenus dans cette église depuis cent cinquante ans.

Les patriarches de Constantinople étaient élus dans les premiers siècles par le clergé de leur Eglise, et par les métropolitains et les évêques qui se trouvaient à la ville impériale dans le temps de leur élection; mais les empereurs ne furent pas longtemps sans en usurper la nomination; et même, dès qu'ils en avaient le moindre sujet de mécontentement, ils les faisaient déposer et en mettaient un autre à leur place.

Ils se servaient même à leur égard d'une espèce d'investiture, puisqu'ils les mettaient en possession de leur dignité, en leur donnant le bâton pastoral, et leur disant ces paroles : *Dieu, qui m'a fait empereur, vous fait patriarche, au nom du Père, et du Fils, et du Saint-Esprit.*

Mais, depuis que les Turcs se sont rendus maîtres de Constantinople, c'a été encore pis. C'est le Grand-Seigneur qui y nomme absolument. Mahomet II, qui prit cette malheureuse ville par un siège où périrent presque tous les habitants, ne l'eut pas plutôt en sa puissance, qu'il songea à la repeupler en faisant plusieurs avantages aux Grecs qui la viendraient habiter; et, voyant que le siège patriarcal était vacant, il donna toute liberté aux ecclésiastiques de le remplir par une élection canonique, avec une pension de deux mille cinq cents écus de son trésor pour celui qui serait élu.

Il y eut trois patriarches, Gennade, Isidore et Joseph, qui jouirent de ces priviléges; mais après la mort du dernier, un certain moine nommé Marc Chilocarabes fut assez méchant pour aller offrir de l'argent à la Porte; afin d'en avoir la nomination et l'agrément, ce qui a toujours continué depuis; de sorte qu'on n'élit plus que pour la forme, et qu'on est toujours obligé de nommer ceux qui ont acheté le suffrage du Grand-Seigneur à beaux deniers comptants ; ensuite de quoi les officiers turcs les conduisent en grande pompe, revêtus d'une veste à la turque, jusqu'à la porte de l'église, où les évêques les prennent pour les sacrer.

A l'égard du revenu que peut avoir ce patriarche, il était autrefois très-considérable ; ce qui faisait rechercher cette dignité par les premières personnes de l'Etat, et lui donnait moyen de tenir tête aux empereurs ; mais il se sent plus qu'aucun autre à présent de la misère de son Église ; et, quoiqu'on dise communément qu'il ne vaut pas moins aujourd'hui de quarante mille écus de rente, il faut ajouter que la meilleure partie s'en va en droits qu'il est obligé de payer au trésor impérial, en pensions qu'il fait aux principaux officiers du Divan, et en avanies dont il ne se rachète qu'à force d'argent ; de sorte que tout compté et tout rabattu, et après toutes les extorsions qu'il fait, il s'endette pour vivre avec une vingtaine de pauvres moines qui sont ses officiers, et qu'il a à sa suite. Le titre qu'il prend est celui de : N., *par la miséricorde de Dieu archevêque de Constantinople la nouvelle Rome, et patriarche œcuménique ou universel.*

Son église patriarcale était autrefois celle de Sainte-Sophie, bâtie par l'empereur Justinien, et qui était desservie du temps des empereurs d'Orient par plus de cinq cents ecclésiastiques, et avait un million de revenu. Les Grecs la disent un chef-d'œuvre, quoiqu'elle ne soit pas, à beaucoup près, si belle ni si grande que Saint-Pierre de Rome. Les Turcs en ont fait leur principale mosquée.

Sa cathédrale est aujourd'hui une église de la *Panagia*, c'est-à-dire de la sainte Vierge, qui est fort obscure et fort chétive, vers le quartier du port. Son palais patriarcal est tout proche et a encore moins d'apparence : c'est là qu'il vit avec ses religieux, et qu'il fait la plus petite figure qu'il peut pour ne point exciter la jalousie de ceux qui ne cherchent qu'à le piller.

Outre cette église, il en a environ vingt-six dans Constantinople, qui servent de paroisses aux chrétiens qui sont du rite grec. Elles sont toutes chétives et malpropres. Il y a aussi plusieurs couvents de cette communion dans les îles qui sont aux environs, et où l'on trouve quantité de moines, que les Turcs respectent à cause de leur vin abstinente et de leur pauvreté.

Les plus spacieux et les plus beaux de ces couvents sont ceux de Mauro-Molo, des Salines, de Teuslar, des îles du Prince. Il ne faut pas croire que ce soient des bâtiments ni des églises comparables aux monastères de notre Occident, la solitude et l'aspect de la mer en font toute la magnificence et tout l'agrément. Les chrétiens et même les mahométans se font un plaisir d'y aller faire les uns leurs dévotions, les autres leurs promenades les jours de fête, et ces bons religieux les y régalent de fruits, d'œufs, de laitages, qui leur attirent des aumônes considérables.

Il n'y a guère moins de chrétiens que de Turcs entre les habitants de cette grande ville ; mais entre ces chrétiens, il n'y en a pas plus de la moitié qui soient de l'Église grecque. On y trouve des restes de familles impériales et patriciennes réduites à des conditions fort médiocres ; et ils sont glorieux cependant comme s'ils avaient encore leurs anciennes richesses. Quelques-uns ne laissent pas de faire figure et d'avoir de bons emplois : ils se vêtent à la turque, à la réserve du turban blanc, et ont leurs femmes aussi proprement mises en leur manière que pourraient être nos plus grosses bourgeoises de Paris.

## OFFICES ET DIGNITÉS
### *du patriarcat de Constantinople.*

Le patriarche de Constantinople, avant l'invasion des Turcs, faisait grosse figure et avait un revenu si considérable, qu'on le pouvait regarder non-seulement, pour l'autorité, mais encore pour l'éclat extérieur, comme le pape de l'Église grecque : c'est ce qui lui donna moyen d'avoir plusieurs officiers pour l'assister dans les cérémonies, et l'aider dans ces diverses fonctions ; et, quoique ce fût ordinairement des moines qui en remplissaient les charges, on les choisissait gens de mérite et qui pouvaient se faire valoir ; et ils étaient à peu près dans l'Église grecque ce que sont aujourd'hui les cardinaux dans la latine.

Les auteurs ne s'accordent pas dans le dénombrement de ces officiers : les uns en mettant d'une façon, les autres d'une autre, parce qu'en effet il y est arrivé quelques changements ; et, comme leurs noms sont souvent fort différents de ceux qui sont en usage parmi nous, on s'accorde encore moins sur les fonctions qu'ils avaient à remplir.

Quoique les Grecs, dans l'oppression où ils sont, n'aient plus moyen de soutenir ces grands noms de leurs dignités anciennes, ils ne laissent pas d'en être fort curieux ; et même, afin de leur donner plus de relief, ils en ont sécularisé une grande partie, c'est-à-dire que le patriarche les vend aux laïques qu'il voit les plus riches et qui s'empressent fort de les acheter, parce que cela leur donne plusieurs exemptions, avec la préséance dans l'église, et le pas à la droite du patriarche dans toutes les cérémonies. On verra les noms de ces dignités sécularisées après celles du droit gréco-romain.

C'est cette sécularisation qui est cause que le patriarche n'a plus chez lui ce grand nombre d'officiers qu'il avait autrefois. En effet, Christophe l'Auge, moine grec, qui a écrit assez pertinemment sur cette matière, réduit ceux qui logent dans son monastère à six : deux prêtres, deux diacres et deux clercs. Les deux prêtres sont ses vicaires et font ses fonctions en son absence ; l'un porte le nom de protosyncelle, et est ordinairement celui qui prétend à sa succession ; et l'autre est son garde-sceau. Des deux diacres, le premier est l'économe de son monastère et a soin de sa dépense ; le second est son sacriste, et a l'intendance de ses habits et de ses ornements ecclésiastiques. Enfin les deux clercs sont ou pour garder la porte, ou pour lui tenir la bride lorsqu'il monte à cheval. Les autres moines qu'il a chez lui sont pour chanter l'office divin à son église et pour d'autres moindres fonctions.

Outre ces officiers, dont le patriarche se fait honneur et dont il dispose dans le besoin, il a encore incessamment autour de lui grand nombre de prélats qui lui font la cour pour avancer dans les meilleurs évêchés, ou pour aller cueillir ses droits, afin d'en avoir une partie du profit; et comme il juge avec cela en dernier ressort de tous les procès qui peuvent naître entre les chrétiens de sa ville, et qu'il fait l'imposition des droits qu'il faut lever sur son Eglise, il ne laisse pas, au milieu de sa misère et de son oppression, d'avoir une autorité parmi les siens, qui le met dans une très-haute considération.

*Offices et dignités du patriarcat de Constantinople selon le droit gréco-romain.*

PREMIER ORDRE.

1. Le grand économe a le soin des revenus et des dépenses du patriarche.
2. Le grand sacellaire a l'inspection sur ce qui concerne l'office divin.
3. Le grand garde des vaisseaux a la garde des vaisseaux et ornements sacrés.
4. Le grand cartulaire conserve les chartes et la bibliothèque du palais patriarcal, qui est à présent fort petite.
5. Le préfet de la chapelle rend service aux quatre dignités du premier ordre.

SECOND ORDRE.

1. Le protonotaire est le secrétaire du patriarche.
2. Le logotète a la garde de son sceau.
3. Le référendaire lui rapporte les affaires les plus importantes, et porte ses ordres aux princes et autres personnes du premier rang.
4. Le caustrice est ainsi nommé, parce qu'il a soin du panier avec lequel on sert le patriarche, tant à l'église que chez lui.
5. L'hypomnématographe est le petit secrétaire, et sert les quatre dignités du second ordre.

TROISIÈME ORDRE.

1. L'hiéromnemon a la garde des rituels et autres livres ecclésiastiques.
2. Le suggestor ou théologal est le maître de la tribune, et ordonne de ceux qui doivent prêcher.
3. Le maître de l'Évangile est celui qui le doit lire ou expliquer sur la tribune, et en faisait leçon autrefois dans les écoles publiques.

4. Le maître de l'apôtre est celui qui doit y lire l'Epître, et qui l'expliquait à l'église et dans les anciennes écoles.
5. Le maître du psautier est celui qui gouverne le chant.

QUATRIÈME ORDRE.

1. L'épigonate s'appelle ainsi, parce que c'est à lui d'attacher l'épigonation du patriarche, et il est son assistant dans les tribunaux de justice.
2. Le préfet des jugements préside aux actes de justice en son absence.
3. Le préfet des requêtes est celui qui les reçoit pour les lui présenter.
4. Le préfet du sacré consistoire tient le conseil pour la réception des prélats quand il n'y est point.
5. Le préfet des secrets a le soin des affaires particulières.

CINQUIÈME ORDRE.

1. Le préfet des monastères a l'intendance des couvents qui relèvent immédiatement du patriarche.
2. Le préfet des églises est pour veiller sur les paroisses à ce que tout s'y passe décemment et qu'on les tienne en réparation.
3. Le préfet de l'Évangile est pour en porter le livre à la messe et dans les cérémonies.
4. Le préfet de la prothèse est chargé de la crédence où se mettent le pain et le vin pour la messe.
5. Le préfet des lumières a le soin des cierges et des lampes qu'on allume à l'église.

SIXIÈME ORDRE.

1. L'orateur est celui qui fait les messages ordinaires.
2. Le premier portier est celui qui garde la porte du sanctuaire.
3. Le second portier est pour aider et accompagner le premier.
4. L'aumônier distribue l'argent des aumônes.
5. Le primicier des notaires est le premier et le chef de ceux qui ont cette charge dans toute la ville.

*Les offices sécularisés selon les Mémoires de la Croix, sont sept:*

1. Le grand économe.
2. Le grand sacellaire ou maître de la chapelle.
3. Le grand trésorier ou garde des vaisseaux.
4. Le grand official ou cartulaire.
5. Le logotète ou chancelier.
6. Le référendaire.
7. Le protonotaire.

# NOTICE ANCIENNE
## DES MÉTROPOLES, DES ARCHEVÊCHÉS ET DES ÉVÊCHÉS

*Compris dans le patriarcat de Constantinople,*

D'APRÈS LE P. CHARLES DE SAINT-PAUL.

### THRACIA.

#### PROVINCIA EUROPÆ.

*Heraclea*, Ptolem. lib. III, cap. 11, vulgo etiam *Heraclia* Leunclavio. Serapion hujus episcopus dicitur apud Socratem lib. IV Hist., cap. 15, et apud Sozomenum lib. VIII, cap. 19. Phædrius autem subscripsit concilio Nicæno primo, Cyriacus Chalcedonensi per Lucianum Byziæ, nec non Constantinus Heracleanus metrop. Europæ adfuit Constantinopolitano sub Agapeto et Menna.

*Panium*, Cedreno, hodie *Phanorion* dicitur, Gyllio teste. Andreas episcopus Panianus subscripsit concilio Constantinopolitano sub Agapeto et Menna, act. 2.

*Cœlos*, Pomponio lib. II, cap. 2. Civitas episcopalis in Chersoneso Thraciæ. Cyrillus episcopus Cœlensis legitur act. 7 conc. Ephes., et Viticanus Romano sub Symmacho subscripsit.

*Callipolis*, Ptolem. ibid., vulgo *Gallipoli*, et Turcis *Gebbole*, teste Leunclavio; episcopalis dicitur act. 7 concil. Ephes. in libello supplici Euprepii episcopi Byzes, ubi dictus Cyrillus nominatur episcopus Cœlæ et Callipolis.

*Cyla*, eidem notitiæ Græcæ. Theotechnus Cylensis episcopus non Cyclensis, subscripsit epistolæ synodicæ episcoporum Europæ ad Leonem imperatorem.

*Aphrodisia*, Ptolem. lib. III, cap. 11. Theophronius hujus episcopus subscripsit epistolæ synodali Europæ Thraciæ ad Leonem imp. Habuit autem Sabsadiam, alteram sedem episcopalem sibi subditam, ut dicitur act. 7 concilii Ephes., ubi supra.

*Theodosiopolis nova*, Cedreno; *ApriColonia*, Ptolem. lib. III, cap. 11. Babulas hujus civitatis episcopus subscripsit eidem epistolæ.

*Chersonnesus*, Livio in Europa D, c. d, 4, lib. VIII, et notitiæ Græcæ item in eadem provincia. Petrus episcopus Chersonensis legitur in conc. Chalcedonensi, cui subscripsit pro Cyriaco Heracleæ Thraciæ.

*Drusipara*, Ptolem. lib. III, cap. 11, vulgo *Misini*, teste Sophiano. Theodorus hujus episcopus subscripsit quintæ synodo generali, in cujus quinta collatione idem Theodorus dicitur Drysiparorum metropoleos (scilicet honorariæ) episcopus.

*Lysimachia*, Ptolem. ibid., vulgo *Hexamili*, teste Sophiano. Deodatus Lysimachorum episcopus subscripsit concilio Chalcedonensi act. 1.

*Byzia*, Ptolem. ibid., vulgo *Vize*, teste Leunclavio. Lucianus ejus episcopus subscripsit concilio Chalcedonensi, act. 16, in qua episcopus Byziæ et Arcadiopolis dicitur. Epistolam etiam scripsit ad Leonem imp. quæ exstat parte III ejusdem concilii, qua metropolitanus dicitur, sicut et Theodorus Byzanorum metropolis in fine collationis octavæ quintæ synodi generalis.

*Selymbria*, Ptolem. ibid., vulgo *Selombria*, Molano; Sophiano autem *Seliurea*. Auxentius Selymbriæ metropolis (nempe honorariæ) subscripsit concilio Constantinopolitano sub Agapeto et Menna.

*Arcadiopolis*, quæ, teste Cedreno, *Bergulis* vel *Bergulium* dicta fuit, vulgo *Bergas*, teste Mercatore. Hujus episcopus Sabbatius subscripsit concilio Constantinopolitano V generali; fuit tamen aliquando unita sedi Byziensi, ut superius dictum est.

#### PROVINCIA THRACIÆ.

*Philippopolis*, Ptolem. lib. III, cap. 11, adhuc *Filippoli* dicitur vulgo, et Turcis *Filibe*; Thraciæ urbs nobilis est, in quam Ariani res suas Patribus Sardicensis concilii credere non ausi, fugere, novaque fidei formula edita damnarunt Homousion. Silvani hujus episcopi meminit Socrates lib. VII Hist. eccles., cap. 36. Francion Philippopolis metropolis Thraciæ dicitur in subscriptionibus concilii chalcedonensis, et Valentinus ejusdem metropolis episcopus ad Leonem imper. epistolam scripsit.

*Diocletianopolis*, notitiæ Græcæ antiquæ. Epictetus episcopus Diocletianopoleos legitur in epistola synod. episc. Thraciæ ad Leonem imperatorem.

*Diospolis*, eidem notitiæ, et Cedreno in Thracia, qui Alexandrum hujus episcopum nominat.

*Nicopolis*, Ptolem. lib. III, cap. 11; vulgo etiam *Nicopoli*, Sophiano; aliis *Boulgrad*. Polycarpus Nicopolis Thraciæ episcopus dicitur apud Socratem lib. VII Hist. eccles., cap. 35.

#### PROVINCIA HÆMIMONTIS.

*Hadrianopolis*, Anton. in Itin., vulgo *Adernopoli*, et *Endren* Turcis. Eutropii et Lucii ejus episcoporum meminit Theodoretus lib. II Historiæ eccles., cap. 15, quorum Lucius ab Arianis accusatus sede sua expulsus est, Sozomeno teste lib. III, cap. 7; pro quo restituendo Julius Romanus pontifex ad orientales episcopos scripsit. Et Joannes metropolis Adrianopolitanorum subscripsit conc. Constantinopolitano generali quinto.

*Mesembria*, Ptolem. lib. III, cap. 10; vulgo *Mesember*, Sophiano. Mamalus episcopus Mesembriæ in Hæmimonte legitur in actibus concilii Constantinopolitani quinti generalis.

*Sozopolis*, antiquæ notitiæ Græcæ. Olimpius episcopus Sozopoleos Hæmimontis civitatis Pisidiæ concilio Chalcedonensi subscripsit. Sed an hujus sedis antistes, et mendose civitatis Pisidiæ scribatur, dubium est.

*Plotinopolis*, Ptol. lib. III, cap. 11, vulgo *Plondin*, teste Nigro. Hieropylus hujus episcopus fuisse dicitur apud Socratem lib. VII Hist. eccles., c. 35.

*Develtus colonia*, Ptol. ibid.; Græcis *Deuelto* dicitur vulgo, teste Sophiano, et Bulgaris *Zagoria*, inquit Curopalates. Ælii Publii Julii hujus civitatis episcopi meminit Eusebius lib. V Hist. eccles., cap. 18. Et Jovinus episcopus Develti in Hæmimonte conc. Chalcedonensi subscripsit.

*Anchialus*, Ptol. ibid. Sebastianus episcopus Anchialensis est in concilio Constantinop. primo, et Paulus in Constantinop. generali v.

### PROVINCIA RHODOPES.

*Trajanopolis*, Ptol. lib. III, cap. 11, adhuc *Trajanopoli*. Hujus autem episcopum metropolitanum fuisse clare videtur in subscriptionibus concilii Chalcedonensis, ubi Basilius dicitur Trajanopolis metropolis Rhodopes provinciæ, nec non in collatione 8 Constantinopolitanæ synodi generalis quintæ, cui hoc cum nomine subscripsit Eleusinus.

*Maximianopolis*, dictæ notitiæ Græcæ. Eunepius ejus episcopus subscripsit conc. Ephesino, et Serenus Chalced., ubi in Rhodope ponitur.

*Abdera*, Ptol. ibid., vulgo *Polystilo* dicitur, teste Curopalate. Eadem est Ortelio ac Maximianopolis; tamen Joannes episcopus Abderæ legitur in eodem concilio Chalcedonensi præter Maximianopolitanum.

*Maronia*, postea *Clazomene* dicta, Ptolem. Ibidem. *Docimatius* episcopus Maroniæ Rhodopes provinciæ Thraciæ legitur in concilio Chalcedonensi ex actis Ephesini, in cujus subscriptionibus etiam reperitur.

*Ænus*, Ptol. ibid. *Enio* et *Eno* vulgo dicitur, Sophiano teste. Macarius Æni Thraciæ episcopus concilio Chalcedonensi subscripsit.

*Cypsela*, Ptol. ibid.; *Ipsala* vulgo nuncupatur, teste Jo. Leunclavio, et *Capsilar*, Bollonio. Georgius episcopus Cypselæ est in concilio Constantinopolitano generali quinto.

### SCYTHIA TRANS DANUBIUM.

*Scythiam* quæ trans Danubium est, Thraciæ, ut ei vicinam, subjungimus. Est autem Scythia, inquit Justinus, in orientem porrecta, includitur ab uno latere Ponto, et ab altero montibus Riphæis; a tergo Asia et Phasi flumine. Multum in longitudinem et latitudinem patet. Hominibus inter se nulli fines; neque enim agrum exercent, nec domus illis ulla, aut tectum, aut sedes est, armenta et pecora semper pascentibus, et per incultas solitudines errare solitis. Tres in ea sedes episcopales recenset notitia antiqua Græca, in qua Zicchia nominatur, quas sic paucis illustrabimus.

*Chersonus*, notitiæ antiquæ Græcæ in Zicchia, quæ in Bosphoro est Gyllio: eadem forte ac Chersonesus Scyllacis in Taurica Chersoneso. Stephanus episcopus Chersoni legitur in conc. Constantinop. generali quinto.

*Bosphorus*, eidem notitiæ etiam in Zicchia. Joannes episcopus Bosphori subscripsit concilio Constantinopolitano sub Agapeto et Menna, et Eudoxius Chalcedonensi.

*Zicchia*, Gyllio in suo Bosphoro, a qua Zinchi populi, quos tamen Arrianus in Periplo apud Sarmatiam Asiaticam constituit; Gothia dicitur Ortelio. Domitianus Zicchiæ seu Zinchiorum episcopus subscripsit concilio Constantinop. sub Agapeto et Menna, et Basilius Zicinensium metropolitanus relationi synodi Constantinopolitanæ ad Hormisdam.

### ASIANA DIOECESIS.

### PROVINCIA ASIÆ.

*Ephesus*, Ptol. lib. V, cap. 2; vulgo *Epheso*, Sophiano, et Turcis *Figena*. Timotheus primus ejus episcopus dicitur apud Eusebium lib. III Hist. eccles., cap. 4, et Menophantus ejusdem sedis antistes apud Theodoretum lib. I, cap. 7, qui hunc Nicæno concilio adfuisse scribit, et Hypatius metropolita Ephesinus concilio Constantinop. sub Agapeto et Menna subscripsit.

*Hypæpa*, Ptolem. ibid., adhuc *Ipepa*. Ex ejus episcopis Euporus subscripsit concilio Ephesino, et Julianus Chalcedonensi.

*Trallis*, Ptolem. ibid.; vulgo *Chora*, Nigro teste. Polybius hujus episcopus dicitur apud Eusebium lib. III Histor. ecclesiast., cap. 30; et Heracleon in concilio Ephesino, nec non Maximus in Chalcedonensi.

*Magnesia Mæandri*, Ptol. ibidem, vulgo *Mangrosia*. Damas hujus episcopus legitur apud Euseb. ibidem, et Leontius concilio Chalcedonensi subscripsit.

*Elæa*, Scylaci in Periplo, vulgo, l'*Alea*, teste Molano. Esaias Elaitarum episcopus subscripsit concilio Chalcedonensi.

*Adramytium*, Scylaci in Periplo, l'*Andramiti* vulgo dicitur, et Turcis *Endromit*, teste Leuncl. Helladius Adramyti episcopus subscripsit conc. Ephesino, et Flavianus actibus Ephesinis in conc. Chalced. act. 1.

*Assum*, Ptol. lib. V, cap. 2; vulgo *S. Quaranta*, teste Molano. Maximus Assi episcopus subscripsit concilio Ephesino, et Facillus Chalcedonensi.

*Gargara*, Straboni lib. XIII. Theodorus Gargarorum episcopus subscriptus legitur in collatione prima synodi generalis v.

*Mastoura*, Notitiæ antiquæ in Asia, Stephano in Lydia vicina Asiæ. Maximus Mastaurorum antistes est in concilio Chalced. sub Ephesо.

*Brullena*, civitas Asiæ, conc. Chalced., a qua Briuli seu Brullitæ populi apud Plin. lib. V, cap. 29, juxta Ephesum. Timotheus

Briulorum episcopus subscripsit concilio Nicæno, et Rufinus Chalcedonensi.

*Pitane*, Ptol. lib. v, cap. 2. Hesperius hujus episcopus subscripsit conc. Chalced., et Martyrius episcopus in Pitana Constantinop. sub Agapeto et Menna.

*Myrrhina*, Scylaci in Periplo; vulgo *Mathan*, Leunclavio, et *Gircona*, Molano. Dorotheus episcopus Myrrhinæ reperitur in concilio Ephesino, Proterius in Chalcedonensi, et Joannes in quinta synodo generali.

*Aureliopolis*, notitiæ antiquæ Græcæ, quæ et Aurelianopolis dicitur. Quibusdam in Lydia est Asiæ finitima, sed certius in provincia Asiæ locandam esse censeo cum notitia Græca, quæ facit eam Ephesinæ metropolis suffraganeam. Joannes Aurelianopolis episcopus subscripsit concilio Ephesino.

*Nyssa*, Ptolem., lib. v, cap. 2, adhuc *Nisa* dicitur. Theodotus episcopus Nyssæ subscripsit concilio Ephesino act. prima inter episcopos Asiæ, et Mæonius Chalcedonensi.

*Metropolis*, Ptolem. ibid. Marcellinus hujus episcopus subscripsit conc. Chalced. act. prima inter episcopos Asiæ.

*Valentiniapolis*, Georgio Alexandr. in vita D. Chrysostomi, Asiæ civitas, cujus episcopus Thomas act. 1 conc. Chalced. subscriptus legitur.

*Aninetum*, civitas Ortelio in suo Thesauro geographico, a qua Aninates populi notitiæ antiquæ Græcæ. Aninatum habet Leunclavius. Theodorus episcopus Anineti subscripsit concilio Ephesino, nec non Mama Aninetensis concilio Chalcedonensi.

*Pergamus*, Ptol. lib. v., cap. 2, vulgo *Pergomo*. Dracontius hujus episcopi meminit Socrates Hist. eccles. lib. II, cap. 32, et Philippus concilio Ephesino subscripsit.

*Anæa*, Scylaci in Periplo et dictæ notitiæ. Modestus Anæorum antistes subscripsit eidem concilio Ephesino.

*Priene*, Ptol. ubi supra, vulgo *Palatia*. Theosebius ejus episcopus subscripsit concilio Ephesino.

*Arcadiopolis*, notitiæ antiquæ Græcæ. Alexander hujus episcopus subscripsit concilio Ephesino, nec non Christophorus Arcadiopoleos Asianorum provinciæ collationi octavæ synodi generalis v.

*Nova aula*, eidem notitiæ. Philippus Novæ Aulæ, quæ et *Theodosiopolis*, episcopus subscripsit concilio Chalced. act. prima.

*Ægea*, Stephano Ætoliæ in Asia civitas, alias *Egara* dicta. Cyriacus Ægeæ antistes inter episcopos Asiæ in concilio Chalcedonensi subscriptus legitur.

*Andera*, Asiæ oppidum concilio Nicæno, sed Stephano in Troade, et Plinio in Phrygia est. Paulus Anderensis dicto concilio subscripsit.

*Sion*, notitiæ antiquæ Græcæ. Nestorius Sionis episcopus subscripsit conc. Ephesino.

*Fanum Jovis*, Ptolem. lib. v, cap. 2; in notitia sub Epheso ponitur, licet ab ea maxime distet apud Ptolemæum. Eustorgius Templi Jovis episcopus legitur act. 6 concilii Chalcedonensis.

*Colophon*, Ptol. ibid., vulgo *Belvedere*, Nigro teste. Euthalius vel Eulalius hujus episcopus subscripsit concilio Ephesino.

*Lebedus*, Scylaci in Periplo, Italis *Lebeditzi*, teste Leunclavio. Juliani hujus sedis episcopi meminit Evagrius Hist. ecclesiasti æ lib. II, cap. 18; et Cyriacus Lebedi civitatis episcopus subscripsit actibus Ephesinis, qui act. prima concilii Chalcedonensis exstant.

*Teos*, Ptol. ubi supra, nunc dicitur *Susos*, testibus Theveto et Molano. Gennadius Theorum episcopus legitur act. 6 concilii Chalcedonensis.

*Erytræ*, eidem Ptolemæo ibid.; vulgo *Colire*, Nigro; et aliis, *Stolar*. Eutychius hujus episcopus subscripsit concilio Ephesino, nec non Theoctistus collationi octavæ synodi generalis quintæ.

*Antandrus*, Ptolem. lib. v, cap. 2, nunc *S. Dimitri* dicitur, teste Sophiano. Zozimus Antandritanus episcopus subscripsit concilio Constantinopolitano sub Agapeto et Menna, et quintæ synodo generali.

*Pepere*, quæ et *Theodosiopolis*, Ptolem. ibid.; vulgo *Qualpenea*, teste Castaldo. Pollion Peperensis episcopus subscripsit conc. Nicæno, ubi ex Lydia, quæ Asiæ conterminæ est, dicitur; et Pollinus Theodosiopolis Asiæ concilio Chalcedonensi.

*Cuma*, seu *Cyme*, Ptol. ibid.; vulgo *Castri*, Sophiano; sed *Foia Nova*, teste Nigro. Maximus ejus episcopus subscripsit concilio Ephes., et Anatolius collationi primæ synodi generalis quintæ.

*Aulium*, Asiæ civitas concilio Chalced., in quo Thomas civitatis Aulii episc. legitur sub Epheso act. 6.

*Naulochus*, Plinio; sub Epheso est in concilio Chalcedonensi, in quo Alexandri Naulochi episcopi mentio fit act. 6.

*Palæopolis*, vel *Palæa*, Straboni lib. XIII. Rhodon ejus episcopus subscripsit concilio Ephesino.

*Phocæa*, Ptol. lib. v, cap. 2; Italis *Foia Vecchia*, teste Sophiano. Theoctistus Phocæorum episcopus subscripsit concilio Ephesino, et Quintus Phociensis Chalcedonensi.

*Bargaza*, Ptol. ibid. Joannes civitatis Bargazorum, aliis Barettorum, quorum in notitia Græca mentio est, legitur act. 6 concilii Chalcedonensis sub Epheso.

*Thymbria*, Straboni lib. IV. Eustathius hujus episcopus subscripsit concilio Chalced.

*Clazomene*, Ptolem. ubi supra. Eusebius Clazomenorum episcopus concilio Ephesino subscripsit.

*Magnesia Sipyli*, Ptolem. ubi supra. Eusebius Magnesiæ Sipyli episcopus eidem concilio Ephesino subscripsit.

*Smyrna*, Ptolem. ibid., *Smyrne* etiam vulgo dicitur Sophiano. Eutychius ejus episcopus concilio Nicæno subscripsit, et Æthericus Chalcedonensi.

## HELLESPONTUS.

*Cyzicus*, Ptolem. lib. v, cap. 2, vulgo *Chizico*, Sophiano teste. Eleusius ejus episcopus dicitur apud Socratem Hist. eccles. lib. IV, cap. 6; cui successit Eunomius, eodem teste cap. 7; nec non Diogenes apud Evagrium lib. II, cap. 18. Diogenes Cyzici metropolis episcopus dicitur act. 10 conc. Chalcedon.

*Germa*, Stephano; vulgo *Girmasti*, Leunclavio. Antonii hujus civitatis episcopi meminit Socrat. lib. I Hist. eccles., cap. 31; et Timotheus Germæ Cyzici metropolis suffraganeus legitur act. 16 conc. Chalcedonensis.

*Pœmanium*, Stephano, qui Castrum esse territorii Cyziceni ait. Joannes Pœmaneus episcopus subscripsit epistolæ synodicæ hujus provinciæ ad Leonem, et *Allodius* concilio Constantinopolitano sub Agapeto et Menna.

*Occa, Occe*, notitiæ antiquæ Græcæ. Alexander episcopus Occæ subscripsit concilio Chalcedonensi act. 16, et epistolæ synodali provinciæ Cyzicenæ ad Leonem imperatorem.

*Bares*, eidem notitiæ; *Barea* lib. Conciliorum. Eutychianus episcopus Bareæ subscripsit inter suffraganeos Cyzici metropolitani act. 16 concilii Chalcedonensis.

*Adrianothere*, Cedreno et notitiæ Græcæ. Patricius hujus episcopus subscripsit concilio Chalcedonensi act. 1 et 16, nec non epistolæ synodali provinciæ Cyzicenæ ad Leonem imperatorem.

*Lampsacus*, Ptolem. lib. V, cap. 2; vulgo *Lampsico*, teste Sophiano. Marcianus Lampsaci episcopus dicitur apud Socratem lib. V, cap. 8, et Armonius epistolæ synodicæ provinciæ Cyzicenæ ad Leonem imperatorem subscripsit.

*Abydus*, Ptolem. ibid.; vulgo *Aveo*, et Turcis *Aidos*, teste Leuncl. Hermias Abydi episcopus subscripsit concilio Chalcedonensi et epist. synod. provinciæ Cyzicenæ ad Leonem imperatorem.

*Dardanum*, Ptolem. ibid.; vulgo *Dardanello*. Paulus Dardanorum episcopus subscripsit concilio Ephesino act. 6, et Petrus Dardani concilio Chalcedonensi nec non dictæ epistolæ synodali ad Leonem.

*Ilium*, quod et *Troja*, Ptolem. ibid. Ex ejus episcopis Orion subscripsit concilio Nicæno I; Theosebius Chalced. et epistolæ synodali supradictæ, nec non Joannes synodo generali V.

*Troas*, Anton. in Itiner.; vulgo *Carasia* Turcis, teste Leunclavio, et Italis *S. Maria* dicitur. Silvani hujus episcopi meminit Socrates lib. VII Hist. eccles., cap. 36, et Pionius Troadis antistes epistolæ synodicæ ad Leonem subscripsit.

*Melitopolis*, Plinio lib. V, cap. 32, nunc etiam *Melitopoli* dicitur. Gemellus episcopus Melitopolis subscripsit inter suffraganeos Cyzicenæ metropolis act. 16 conc. Chalced., et Solominus Mileti pro Meliti episcopus eidem epistolæ synodali.

*Adriana*, Socrati lib. VII Hist. eccles., cap. 25, qui Alexandri episcopi Adrianos meminit. David etiam Adrianæ Hellesponti episcopus subscripsit conc. Chalced., act. 1 et 16, nec non epistolæ synodali provinciæ Cyzicenæ ad Leonem imperatorem.

*Scepsis*, Scylaci in Periplo, *Scepsium* quibusdam conciliis. Athanasius hujus episcopus subscripsit concilio Ephesino, act. 6; Philostorgius conc. Chalced., act. 16, inter suffraganeos Cyzicenæ metropolis, et Poly-

tenus Scepsii epistolæ synodali jam dictæ.

*Pionia*, Straboni lib. XIII. Ætius episcopus Pœoniorum Hellesponti subscripsit concilio Ephesino, et Sabbas eidem epistolæ synodali.

*Præconnesus insula*, Ptolem. lib. III, cap. 11; vulgo *Marmora*. Joannis episcopi Præconnesi meminit Socrates Hist. eccles. lib. VII, cap. 35; et Acacius Præconnesi legitur inter suffraganeos episcopos metropoleos Cyzici in concilio Chalcedonensi, act. 16.

*Ceramus*, tom. II Conciliorum. Timotheus Ceramensis episcopus subscripsit eidem epistolæ synodali.

*Parium*, Ptolem. ubi supra, adhuc *Pario* dicitur. Thalassius episcopus Parii legitur in concilio Chalced. inter suffraganeos metropolis Cyzicenæ, nec non epistolæ synodali subscripsit.

*Thermæ Basilicæ*, Stephano, civitas Bithyniæ juxta Prusam, Hellesponti est in concilio Ephesino, cui Timotheus ejus episcopus subscripsit.

## PHRYGIA PACATIANA.

*Loodicea sub Lyco*, Ptolem. lib. V, cap. 2, maxima civitas in notitia Græca sub Constantio edita dicitur, vulgo *Loudichia*, et Turcis *Nove Lefche*, teste Leunclavio. Ex ejus episcopis Nunechius Laodiceæ metropolis Phrygiæ Pacat. subscripsit concilio Chalcedonensi, et Joannes Constantinopol. generali quinto.

*Tiberiopolis*, Ptolem. ibid. Silas hujus episcopus subscripsit quintæ synodo generali.

*Asana* vel *Azani*, Ptolem. ibidem. In notitia sub Laodicea est, sed ob magnam distantiam mihi dubium. Pistichus Azanensis Phrygiæ episcopus subscripsit concilio Nicæno primo, et Pelagius synodo generali quintæ.

*Itoana*, quæ et Ptolem. ibid. *Bitoana*. Eudoxius Itoanensis episcopus subscripsit conc. Romano V sub Symmacho.

*Ancyra*, notitiæ antiquæ, cujus episcopus Quiricus concilio generali sexto subscripsit.

*Cidissi*, Ptolem. lib. V, cap. 2. Heraclius Cidissorum episcopus in conc. Chalced. legitur sub Laodicea.

*Egara*, concilio Chalcedonensi sub Laodicea, in quo Caius Egarorum episcopus legitur act. 6.

*Pelte*, Ptolem. ibidem.; *Pelti* seu *Felti* dicitur nunc, teste Leunclavio. Philippus ejus civitatis episcopus legitur act. 6 concilii Chalcedonensis, et Andreas subscripsit concilio Constantinopolitano sub Agapeto et Menna.

*Apira*, tom. I Concil. Nectarius Apirensis Phrygiæ Pacatianæ episcopus subscripsit concilio Constantinopolitano primo.

*Cadi*, Ptolem. ibid. Daniel Cadorum episcopus subscripsit concilio Chalcedonensi. In Notitia sub Laodicea est, quamvis ab ea maxime distet.

*Tranopolis*, notitiæ antiquæ, quæ *Trajanopolis* est concilio generali V, cui Asignius ejus episcopus subscripsit.

*Sebasta*, notitiæ antiquæ, a qua Sebasteni populi in Asia propria Plinio lib. V, cap. 32.

Modestus Sebastæ episcopus concilio Chalcedonensi subscripsit, act. 16.

*Eumenia*, Ptolem. ibid.; vulgo *Einalhisar*, teste Leunclavio. Thraseas hujus episcopus dicitur apud Euseb. lib. v Hist. ecclesiast., cap. 23, et Theodorus Eumeniensis subscripsit concilio Constantinopolitano primo.

*Tremenithyri*, notitiæ Græcæ antiquæ. Matthias Tremenithyrorum episcopus in concilio Chalcedonensi legitur, act. 6.

*Aliona* eidem notitiæ Græcæ. Glocus Alionorum episcopus concilio Constantinopolitano generali v subscripsit.

*Trapezopolis*, Ptolem. lib. v, cap. 2. Socrates lib. vii, cap. 35, meminit Hierophili hujus episcopi, et Joannes subscripsit concilio Chalced.

*Silbium*, Ptolem. ibid. Eulalius episcopus Silbii alias Sibliæ eidem concilio subscripsit.

*Iluzi*, concilio Chalcedonensi, in quo Evagoras Iluzorum episcopus in Phrygia Pacatiana legitur.

*Nea*, Plin. lib. ii, cap. 96. Antiochus episcopus Neæ in Phrygia Pacatiana concilio Chalcedonensi subscripsit.

*Chæretapa*, tomo primo et secundo Concil. Chæretaporum episcopi Theodori meminit Theodoretus lib. ii Hist. eccles., cap. 32, et Silvanus subscripsit concilio Ephesino.

*Colossa* Straboni lib. xii, vulgo *Chone*. Epiphanius episcopus Colossæ in Phrygia Pacatiana legitur in concilio Chalced., act. 6.

*Sinnai*, libro Conciliorum. Aramius Sinai Phrygiæ episcopus sub Laodicea legitur act. 6 concilii Chalced.; sed ob magnam distantiam parum mihi certum videtur; et Phronymus in collatione octava synodi v generalis.

*Philippopolis*, concilio Chalcedonensi sub Laodicea. Tatianus Philippopolis in Phrygia Pacatiana episcopus in eodem concilio legitur.

*Themisonium*, Ptolem. ibid. Matthias Themisonii antistes concilio Romano v sub Symmacho interfuit.

*Sanis*, Ptolem. ibid. Flaccus Sanensis episcopus concilio Nicæno subscripsit.

*Acmonia*, Ptolem. ibidem. Gennadius Acmoneorum antistes in Phrygia Pacatiana concilio Chalcedonensi subscripsit.

*Theodosiopolis*, libro Conciliorum. Thomas hujus episcopus in Phrygia Pacatiana subscripsit concilio Chalcedonensi, et Dominicus concilio Constantinop. sub Agapeto et Menna ex eadem Phrygia dicitur.

*Bleandrus*, Ptolem. ibidem. Elias episcopus Bleandri subscripsit concilio Chalcedonensi.

*Athanassus* concilio Chalcedonensi Græco et notitiæ Græcæ. Philadelphius Athanassi episcopus in Phrygia Pacatiana in eodem concilio Chalcedonensi legitur.

## PHRYGIA PACATIANA ALTERA.

*Hierapolis*, altera Phrygiæ Pacatianæ metropolis, saltem quoad honorem sex primis sæculis, ut ex concilio generali quinto discere est, in quo Auxanon Hierapolitanorum metropoleos episcopus dicitur. Suffraganeas quasdam sedes ei assignat notitia antiqua Græca; sed quod per ea tempora ita fuerit, res mihi ex hoc non parum dubia, quod in concilio Chalcedonensi duæ sommodo sint Phrygiarum metropoles, nempe Synnada et Laodicea; et Attudi civitas in ea Hierapolis suffraganea subdatur Laodiceæ act. 6 ejusdem concilii. Imo in notitiis Græcis ipsa Hierapolis sub Laodicæa est. Scio in harum recentiori, sedes mox subjiciendas ei pro suffraganeis, ascribi, sed paragraphum hanc novam provinciam Pacatianam complectentem, posterioribus sæculis additum fuisse Notitiæ jam conditæ ex hoc conjicio, quod in eadem notitia Hierapolis sub Synnada reperiatur. Ex ejus episcopis Flaccus concilio Nicæno subscripsit, et Abercius Chalcedonensi. Quidquid sit, has ei sedes cum dicta notitia assignabimus.

*Dionysiopolis*, dictæ notitiæ antiquæ et concilio Chalcedonensi. Alexander Dionysii civitatis episcopus concilio generali quinto subscripsit inter episcopos Phrygiæ Pacatianæ.

*Anastasiopolis* eidem notitiæ. Hieron hujus civitatis episcopus ex Phrygia nuncupatur in concilio generali quinto.

*Mosynus* dictæ notitiæ. Gennadius Mosynorum episcopus concilio Chalcedonensi subscripsit.

*Attudi*, libro Concil. sub Laodicæa, et notitiæ antiquæ Græcæ sub Hierapoli. Symmachus Attudorum in act. 6 concilii Chalcedonensis legitur.

## PROVINCIA PHRYGIÆ SALUTARIS.

*Synnada*, Ptol. lib. v, cap. 2, vulgo etiam *Sinada*. Theodosii et Agapeti hujus civitatis episcoporum meminit Socrates lib. vii Hist. eccles., cap. 3. Procopius ejus etiam antistes subscripsit conc. Nicæno primo, et Severus Synnadensium metropolita dicitur in collat. 8 synodi Constantinopolit. generalis quintæ.

*Dorylæum*, Ptol. ibid.; vulgo *Tzadurile*, teste Leunclavio. Eusebium Dorylæi episcopum habet Evagrius libro primo Historiæ ecclesiasticæ cap. 9, et Athenodorus subscripsit concilio Nicæno primo, nec non Eusebius Chalcedonensi.

*Polybotus* Phrygiæ civitas, concilio Chalced., cui Strategius ejus episcopus subscripsit.

*Nacolia*, Ptol. ibid., vulgo *Einagiul* dicitur Turcis, teste Leuncl. Basilius Nacoliæ episcopus subscripsit concilio Chalcedonensi.

*Midaium*, Ptol. ibid., vulgo *Midelli*, teste Theveto. Ex ejus episcopis Epiphanius subscripsit conc. Chalced., nec non Joannes Constantinopol. sub Apapeto et Menna.

*Hipsus*, dictæ notitiæ antiquæ, Turcis *Upsu* vulgo dicitur. Lucianus Ipsensis Phrygiæ episcopus subscripsit concilio Chalcedonensi.

*Prymnesia*, Ptolem. ibid. Vitus hujus episcopus in Phrygia subscripsit concilio Constantinop. i, et Macharius quintæ synodo generali.

*Myrum*, eidem notitiæ. Megalus Myrenorum episcopus subscripsit concilio quinto generali.

*Eucharpia*, Ptolem. ibid. et eidem notitiæ. Eugenius episcopus Eucarpiæ in Phrygia subscripsit concilio Nicæno, et Auxamanus Constantinopolitano primo.

*Lysias*, Ptolem. ibid. et eidem notitiæ. Philippus Lysiadis episcopus conc. Chalced. subscripsit, et Theogenes conciliabulo Sardicæ.

*Augustopolis*, Suidæ et Notitiæ. Joannes Augustopolis episcopus concilio Ephesino subscripsit.

*Brysum*, Notitiæ : cujus incolæ Bryzeni dicti. Otræius episcopus Bryzenorum conc. Chalced. subscripsit.

*Otrum* vel *Otrya*, Plutarcho in Lucullo. Basilius Otri episcopus in concilio Chalcedonensi legitur.

*Stectorium*, dictæ notitiæ antiquæ, *Estorium* est Ptolemæo ubi supra, in quibusdam exemplaribus. Paulus Stectorii episcopus conc. Constantinopolitano generali quinto subscripsit.

*Cinaborium* dictæ notitiæ antiquæ. Otreius hujus civitatis episcopus legitur in concilio Chalcedonensi sub Mariniano metropolita Synadorum.

*Amadassa*, libro Conciliorum, cujus episcopus Paulus in act. 6 conc. Chalced. legitur, et Leontius Amadessenorum civitatis episcopus conc. Constant. generali quinto subscripsit.

*Cotyaium*, Ptol. lib. v, cap. 2; vulgo *Cutaie*, Leunclavio. Eusebius episcopus Cotyaii concilio Romano v sub Symmacho subscripsit.

*Præpenissus*, Phrygiæ majoris urbs est, Ptolemæo ubi supra ; aliis *Præpenessus* dicitur. Auxanon episcopus Præpenissi concilio Chalcedonensi subscripsit.

*Docimæum*, Ptol. ibid., vulgo *Docymi*. Eustochius Docimii Phrygiæ episcopus eidem concilio subscripsit.

*Amorium*, Ptolem. lib. v, cap. 2. Ablavius Amorii episcopus concilio Ephesino subscripsit, et Mysterius Chalcedonensi. Ex Pisidia dicitur in concilio Nicæno ; sed mendum in concilii subscriptiones irrepsisse ex ejus situ clare dignoscitur, cum Galatiæ vicinum sit, et novæ Galatiæ metropolis dicatur in notitia antiqua Græca. Ad hunc tamen honorem nonnisi post sex prima sæcula evectum fuisse certo arbitror, cum ejus episcopi metropolitani nomen et ordinem non sumant, nisi in conc. generali vi. Incertus Ptolemæum sequor, apud quem Phrygiæ est.

## LYDIA.

*Sardis*, Joanni apost. Apocalypsis cap. III, et Ptol. lib. v, cap. 2; vulgo *Sardia*. Melito hujus episcopus dicitur apud Euseb. lib. IV Hist. eccles., c. 12. Eortasius apud Sozom. lib. IV, cap. 23, et Florentius apud Evagrium lib. III, cap. 18, qui sic concilio Chalcedonensi subscripsit : «Florentius metropol. Sardium,» ut et Julianus Constantinopolitano generali v.

*Philadelphia*, Ptol. ibid., etiam hodie *Philadelphia* vocatur. Theodosius hujus episcopus est apud Socratem Hist. eccles. lib. II, cap. 32. Ethymasius Philadelphiæ Lydiæ episcopus subscripsit concilio Nicæno I, et Asianus epist. synodicæ Lydiæ ad Leonem imperatorem.

*Tripolis*, Ptol. ibid. Leontii Tripolitani episcopi meminit Socrates ibidem. Agogius Tripolis Lydiæ episcopus subscripsit concilio Nicæno primo ; Paulus concilio Chalcedonensi, act. I, et Joannes dictæ epistolæ synodali.

*Thyatyra*, notitiæ antiquæ, vulgo *Tyre*, teste Leuncl. Ex ejus episcopis Sorzon subscripsit concilio Nicæno I, et Diamonius Thpateranus synodali epistolæ.

*Septe*, Ptol. ubi supra, sed libro Conciliorum *Seste*. Jamachius Sestorum episcopus subscripsit concilio Chalcedonensi, et Joannes Sestorum in Lydia concil. gener. VI.

*Gordus*, quæ postea Juliopolis, Strab. lib. XII. Joannis hujus episcopi meminit Socrat. lib. VII Hist. ecclesiast., cap. 35, et Theodotus Gordi Lydiæ episcopus subscripsit epistolæ synodicæ hujus provinciæ ad Leonem imperatorem.

*Trallis*, notitiæ antiquæ ; *Chora*, Nigro. Uranius Trallenorum episcopus in Lydia Constantinop. generali quinto concilio subscripsit.

*Silandus* eidem notitiæ Græcæ. Alcimedes Silandi Lydiæ episcopus subscripsit concilio Chalced.

*Mæonia*, eidem notitiæ. Joannes Mæoniæ episcopus subscripsit epistolæ synodali hujus provinciæ.

*Apollinis Fanum*, Scylaci in Periplo. Leucio Fani Apollinis episcopus subscripsit concilio Chalcedon., qui et Lucius dicitur in epistola synodali hujus provinciæ, cui subscripsit.

*Mostena*, Mosteni Ptol. lib. v, cap. 2. Ex ejus episcopis Julianus epist. synodali hujus provinciæ ad Leonem subscripsit.

*Apollonia*, Ptol. ibid., vulgo *Lupadi*. Cyriacus Apolloniadis episcopus subscripsit eidem epistolæ synodali.

*Attalia*, Stephano ; Turcis *Attali*, teste Leunclavio. Ex ejus episcopis Dionysius concilio Chalcedonensi nec non epistolæ synodali hujus provinciæ subscripsit.

*Bana* dictæ notitiæ antiquæ, et *Beana* epistolæ synodicæ Lydiæ ad Leonem, cui Leonides hujus civitatis antistes subscripsit.

*Balandus*, eidem notitiæ, et *Blandus*, Straboni, versus Lydiam, lib. XII. Onesiphorus episcopus Blandi subscripsit eidem epistolæ synodali.

*Hierocæsarea*, Ptolem. ibidem. Cossinius hujus episcopus subscripsit concilio Chalcedonensi.

*Acrassus*, notitiæ antiquæ, *Nacrasa* forte, Ptol. ibid. Patricius Acrassi episcopus subscripsit eidem concilio Chalcedonensi.

*Daldus*, Daldis Suidæ in voce *Artemidorus*, qui hanc *Myssen* ab incolis dictam scripsit ; *Dadales* Ptolem. ibid. Paulus episcopus Daldi subscripsit epistolæ synodali hujus provinciæ.

*Stratonicia*, dictæ notitiæ. Ex ejus episcopis Eutherius subscripsit concilio Ephesino, et Gemellus concilio Chalced. nec non epistolæ synodali hujus provinciæ.

*Satala*, eidem Notitiæ antiquæ Græcæ. Julianus hujus episcopus subscripsit eidem epistolæ synodali.

*Gabala*, eidem notitiæ. Polycarpus Gabalorum episcopus subscripsit conc. Chalced. et eidem epistolæ synodali.

*Heraclea*, Ptolem. ubi supra. Joannes episcopus Heraclidis subscripsit epist. synod. hujus provinciæ.

*Areopolis*, eidem epistolæ synod., cui Rufinus hujus episcopus subscripsit; sed forte legendum *Aureliopolis*, ut in notitia Græca, cum Theodorus Aureliopolis Lydiæ subscripserit conc. Constantinop. generali sexto.

*Hellene*, epistolæ synodali hujus provinciæ, cui Anatolius Hellenorum episcopus subscripsit.

Præter dictos antistites, leguntur Heraclidianus Senus et Marcus Standitanus, episcopi, qui epistolæ synodali hujus provinciæ ad Leonem subscripserunt, sed a quibus civitatibus vix conjici potest, nisi dicas Heraclidianum Senorum legi pro Settorum urbe Lydiæ.

## PROVINCIA CARIÆ.

*Aphrodisias*, Ptolem. lib. v, cap. 2, antiqua metropolis Cariæ libro Conciliorum, vulgo *Apodisia*. Ex ejus episcopis Ammonius subscripsit conc. Nicæno primo; Cyrus Ephesino, et Critonianus, qui dicitur Aphrodisiadis metrop. Cariæ, Chalcedonensi.

*Stauropolis*, notitiæ antiquæ Græcæ, Cariæ metropolis; eadem multis ac *Tauropolis*, quæ Stephano urbs Cariæ est; vulgo *S. Croce* dicitur Italis. Sed ante Stronium Stauropolis metropolis episcopum, qui concilio Constantinopol. generali vi subscripsit, non legi.

*Cybira*, urbs Cariæ, eidem notitiæ. Leodius Cybiritanus Cariæ conc. Nicæno subscripsit.

*Heraclea Salbaci*, notitiæ eidem et Ptolem. ubi supra. Menander hujus episcopus subscripsit concilio Chalcedonensi.

*Apollonias*, eidem notitiæ et Ptolem. ibid. Tynchanius Apolloniadis Cariæ episcopus subscripsit eidem conc. Chalced.

*Heraclea Latmi*, eidem notitiæ et Ptolem. ibid., vulgo *Palatia*, teste Molano. Dionysius hujus episcopus subscripsit conc. Chalced.

*Tabæ*, urbs Cariæ eid. not.; Stephano in Lydia est. Rufinus Taborum episcopus subscripsit conc. Ephesino, nec non Severus synodo quintæ generali.

*Antiochia Mæandri*, eidem notitiæ et Ptolem. ibid. Eusebius conc. Nicæno primo subscripsit, et Dionysius Antiochiæ Cariæ Chalcedon.

*Harpasa*, eidem notitiæ et Ptolem. ibid. Phanias Harpasorum episcopus subscripsit conc. Ephesino.

*Neapolis*, eidem notitiæ et Ptolem. ibid. Bassonas Neapolis in Caria episcopus subscripsit concilio Chalcedonensi.

*Orthosias*, eidem notitiæ et Ptolem. ibid., Diogenes Orthosiæ Cariæ episcopus subscripsit eidem concilio.

*Alabanda*, eidem notitiæ et Ptolem. ibid., *Eblebanda* hodie dicitur Turcis, teste Leunclavio. Theodoriti hujus episcopi subscriptio legitur in eodem concilio.

*Stratonice*, eidem notitiæ et Ptolem. ibid. Eupithius Stratonicæ Cariæ episcopus subscripsit conc. Chalced.

*Alinda*, eidem notitiæ et Ptolem. ibid. Ex ejus episcopis Numachius subscripsit concilio Ephesino, et Joannes Chalcedonensi.

*Amyzon*, Ptolem. lib. v, cap. 2, quæ Mezo eidem notitiæ, vulgo *Amuzo*; at Mezo Curopalati dicitur. Philetus hujus episcopus subscripsit concilio Ephesino, et Joannes Amizonis Cariæ Chalcedonensi.

*Iassus*, eidem notitiæ et Ptolem. ibid. *S. Pietro* quibusdam vulgo dicitur. Themistius Iassi episcopus subscripsit concilio Ephesino.

*Bargyla*, Plinio lib. v, cap. 29; *Bargylia*, Ptolem. ibid., quæ *Barbyla* eidem notitiæ. Dardanius Bargylæ episcopus subscripsit conc. Chalc.

*Alicarnassus*, eidem notitiæ et Ptolem. ibid., ubi olim *Zephyra* dicta scribitur; vulgo *Messi*, Sophiano, et Nigro, *Castel di S. Pietro*. Julianus ejus episcopus dicitur apud Theodor. Lector. lib. ii Collectan., et Calandion subscripsit conc. Chalcedon.

*Loryma*, Ptolem. ibid., mendose *Larima* eidem notitiæ; vulgo dicitur *Maxi*, teste Nigro. Georgius episcopus Lorymorum in Caria concilio Constantinop. generali sexto subscripsit.

*Gnidus*, Ptolem. ibid., et *Cnidus* eidem notitiæ; vulgo *Capo Chio*, teste Sophiano; et aliis, *Stadia*. Joannes Gnidi Cariæ episcopus subscripsit concilio Chalced., nec non *Evander* synodo quintæ generali.

*Myndus*, eidem notitiæ et Ptolem. ibid., vulgo *Mentese*, Leunclavio. Ex ejus episcopis Archelaus subscripsit concilio Ephesino, et Alphius Chalcedonensi.

*Ceramus*, eidem notitiæ, et Ptolem. ibidem. Spudasius Ceramensis episcopus subscripsit concilio Ephesino.

*Anastasiopolis*, libro Conciliorum. Elpidephorus Anastasiopolis Cariæ episcopus subscripsit quintæ synodo generali.

*Erisi* vel *Eriza*, Livio lib. xxxvi, urbs est in Caria, ut putat Ortelius. Papias Erisorum episcopus concilio Chalcedon. subscripsit.

*Miletus*, Ptolem.; vulgo *Melaxo* dicitur, teste Molano et aliis. Ex ejus episcopis Eusebius subscripsit conc. Nicæno primo.

## PROVINCIA CYCLADUM INSULARUM.

*Rhodus*, notitiæ antiquæ Græcæ et Ptolem. lib. v, cap. 2. Euphrosynus Rhodiensis antistes subscripsit concilio Nicæno; Joannes Rhodi insulæ metropolitanus legitur in concilio Chalcedonensi, et Esaias in relatione synodi Constantinop. sub Hormisda.

*Samos*, Ptolem. ibid., vulgo *Samo*. Isidorus episcopus Sami in insulis Cycladibus est in concilio Chalcedonensi.

*Chios*, Ptolem. ibid. et lib. iii, cap. 15; vulgo *Scio*. Triphon episcopus Chii in insulis Cycladibus legitur in eodem Chalcedonensi concilio.

*Cos* vel *Coos*, Ptolem. ibid. et lib. III, cap. 15; vulgo *Lango*. Meliphron episcopus Coo in insulis Cycladibus, concilio Nicæno subscripsit, et Julianus epistolam scripsit ad Leonem imperatorem, quæ exstat parte III concilii Chalcedonensis.

*Naxus*, Ptol. lib. III, cap. 15, et *Naxia* dictæ notitiæ Græcæ. Paulus episcopus Naxiæ in insulis Cycladibus concilio Constantinopolitano sub Agapeto et Menna subscripsit.

*Paros*, Ptol. ibid., vulgo *Pario*. Athanasius episcopus Pari in insulis Cycladibus concilio Ephesino subscripsit, et Theodorus Constantinopolitano sub Agapeto et Menna.

*Thera*, dictæ notitiæ et Straboni ubi supra, quæ et *Theraria* dicitur aliis; vulgo *Santorius*, Sophiano. Dioscorus Therasiæ episcopus Sardicensi concilio subscripsit, et Gregorius episcopus Theræ in insulis Cycladibus concilio Constantinopolitano gener. sexto.

*Delos* insula et civitas, Ptolem. ibidem. Sabinus episcopus Deli subscripsit concilio Chalcedonensi.

*Tenus*, Ptol. ibid., vulgo *Tina*. Ecdicius episcopus Teni insulæ in conc. Constantinopolitano quinto legitur

*Melos*, eidem notitiæ et Ptol. lib. III, cap. 17; vulgo *Malo*. Butichius episcopus Meli in conc. Constantinopol. sexto reperitur.

*Carpathus*, Straboni libro X, *Scarpanto* vulgo. Zoticus episcopus Carpathi insulæ concilio Constantinopolitano sub Hormisda subscripsit.

### LESBUS INSULA.

*Mytilene*, Ptol. lib. V, cap. 2; vulgo *Metelin*. Evagrius Mytilenes insulæ episcopus dicitur apud Socratem lib. II Hist. eccles., cap. 22, et Zacharias Mytilenensis metropolita in concilio Constantinop. sub Agapeto et Menna.

*Metymna*, Ptol. ibid., urbs Lesbi. Christodorus Metymnensis subscripsit relationi concilii Constantinop. ad Hormisdam.

*Tenedos*, Ptolem. ubi supra. Dioscorus ab Asia de Tenedo insula episcopus dicitur in subscriptionibus concilii Sardicensis.

*Proselene*, Ptolem. ibid. Florentius dicitur episcopus Lesbi, Tenedi, Proselenes et Ægialorum in concilio Chalcedonensi, act. 16, cui per Evelpistum chorepiscopum suum subscripsit.

### PROVINCIA LYCIÆ.

*Myra*, Notitiæ; *Myrra*, Ptol. lib. V, cap. 3; vulgo *Strumica*. Romanus Myrensis Lyciæ metropolita legitur in concilio Chalcedonensi, et Petrus epistolæ synodali hujus provinciæ ad Leonem imperatorem subscripsit, in qua dicitur episcopus metropolis Myrenæ.

*Mastaura*, notitiis antiq. Lyciæ urbs, a Mastaura Asiæ diversa. Theodosius Mestaurorum episc., qui Ephesino conc. subscripsit, ex ea forsan erat.

*Telmissus*, quæ et *Anastasiopolis*, eid. not. et Strab. ubi supra. *Telmessus*, Ptol. lib. V, cap. 3. Zenodotus Telmissæ et Longæ Insulæ episcopus subscripsit concilio Chalcedonensi.

*Limyra*, eid. not. et Ptol. ibid., *Maxi* vulgo dicitur quibusdam. Stephanus ejus episcopus supradictæ epistolæ synodali subscripsit.

*Araxa*, eid. not. et Ptol. ibid. Leontius Araxenus concil. Chalced. et eidem epistolæ synodali subscripsit.

*Podalæa*, Ptol. ibid; *Podalia* notitiis antiquis. Aquilinus Padullenus, pro Podalenus, epistolæ synodali hujus provinciæ subscripsit.

*Sidyma*, Ptol. ibid. Hypatius Sidymensis episcopus subscripsit epistolæ synodali hujus provinciæ ad Leonem imperatorem.

*Olympus*, notitiæ dictæ et Ptol. ibid. Methodii hujus episcopi meminit Socrates lib. VI Hist. eccles., cap. 12, et Anatolius subscripsit eidem epistolæ synodali.

*Zenopolis*, notitiæ eidem et Constant. Porphyrogenetæ. Gennadius Zenopolis, qui Pamphyliæ dicitur episcopus, subscripsit quintæ synodo generali inter episcopos Lyciæ.

*Tlos*, Ptol. ibid. Andreas Tloæorum episcopus subscripsit concil. Chalced. et epistolæ synodali hujus provinciæ.

*Corydalla*, dictæ not. et Ptol. ibidem. Solon hujus episcopus subscriptus legitur actibus conc. Chalced., et Palladius epistolæ synod. hujus provinciæ subscripsit.

*Caunus*, Ptol. ibidem, quæ et *Acaleia* dicitur in notitia antiqua Græca. Antipater Cauni in Lycia episcopus subscripsit conc. Chalced., et Eudoxius episcopus Acalandenus, epist. synod. hujus provinciæ; nisi dicas in eadem epistola Nicolaum Gaunenum scribi pro Caunenum.

*Acrassus*, eid. notitiæ. Patricius ejus episcopus subscripsit concilio Chalced., et Nicolaus epist. synod. hujus provinciæ.

*Xanthus*, not. eidem et Strab. lib. XIV. Athanasius Xanti episcopus epist. synod. hujus provinciæ ad Leonem imperatorem.

*Marciana*, not. eid. et Leuncl. Marcianus Marcianæ civitatis provinciæ Lyciæ episcopus subscripsit relationi synodi Constantinopolitanæ de ordinatione Epiphanii ad Hormisdam papam, quæ inter ejus epistolas reperitur.

*Choma*, eidem not. et Ptolem. ubi supra; vulgo *Com*, ex recenti tabula geograph. Eudoxius Chomatenus episcopus subscripsit epistolæ synod. hujus provinciæ ad Leonem imperatorem.

*Phellus*, eidem notitiæ et Ptol. ibid. Philippus Phelli episcopus subscripsit Constantinop. concilio generali quinto.

*Antiphellus*, eid. not. et Ptol. ibid.: *Antiphello* etiam vulgo dicitur. Theodorus ejus episcopus subscripsit concilio Chalced. et epistolæ synod. hujus provinciæ.

*Phaselis*, eidem not. et Ptol. ibid.; vulgo *Fionda*, teste Molano. Fronto hujus episcopus subscripsit conc. Chalcedonensi, et Aristodemus Phaselitanus antistes eidem epistolæ synodali.

*Aucanda*, notitiæ antiquæ Græcæ, vel *Ascanda* tom. II Concil. Eadem ut puto cum *Ascandali* oppido in Lycia, cujus meminit

Plinius lib. v, cap. 27. Epist. synod. Lyciæ ad Leonem imperat. habet Pannitium episcopum Ascandenum.

*Eudocias*, notitiæ eid. et Leunclavio. Aquilius Eudoxiadis episc., qui conc. Romano sexto sub Symmacho subscripsit, hujus forsan antistes erat.

*Patara*, eidem notitiæ et Ptol. ibid.; vulgo *Patera*. Ex ejus episcopis Eudæmus subscripsit concilio Nicæno, et Cyrinus epistolæ synodali hujus provinciæ.

*Nesus*, eidem notitiæ; *Nysa*, Ptol. ibidem. Heliodorus Narensis pro Nesensis, ut reor, episcopus subscripsit dictæ epistolæ synodali.

*Balbura*, Ptol. ibid.; vulgo *Caraburun*, teste Leuncl. Nicolaus Balburensis episcopus subscripsit eidem epistolæ synodali.

*OEneanda*, Ptolem. ibid. et Plin. lib. v, c. 27, et *Onunda* notitiæ antiquæ. Cyrinus OEneandenus antistes eidem epistolæ synodali hujus provinciæ subscripsit.

*Bubon*, Ptol. ibid. quæ et *Sophianopolis* eidem notitiæ. Romanus Buboneorum in Lycia episcopus subscripsit concilio Chalcedonensi, qui, ut arbitror, dicitur Bunensis civitatis in epist. synodali ad Leonem.

*Calinda*, Ptol. ibid. Leontius Calindenus episcopus subscripsit eidem epistolæ synodali ad Leonem.

*Rhodia*, Ptolem. ibidem, quæ *Rhodopolis* dicitur in eadem notitia. Agapitus hujus episcopus subscripsit concilio Myrensi, ubi dicitur Rhodi.

## PAMPHYLIA.

*Sida*, Scyllaci in Periplo, et Ptolemæo lib. v, cap. 5; vulgo *Chirisonda*, teste Nigro; *Scandalor*, Molano. Joannis hujus episcopi meminit Socrat. Hist. Eccles. lib. vii, cap. 27, et Evagrius Amphilochii lib. ii, cap. 10. Amphilochius autem Sydæ metropolis Pamphyliæ episcopus dicitur in concilio Chalced., nec non Petrus Sydetanorum metropolita in collatione 8 synodi Constantinopol. generalis quintæ.

*Aspendus*, Ptolem. ubi supra. Ex ejus episcopis Domnus subscripsit conc. Nicæno, et Tribonianus Ephesino.

*Etene*, notitiæ antiquæ Græcæ. Eutropius hujus episcopus subscripsit concilio Ephesino, et Eudoxius Chalcedonensi.

*Erymne*, notitiæ antiquæ Græcæ. Theodorus Erumnensium episcopus subscripsit concilio Constantinopolitano generali sexto.

*Cassus* eidem notitiæ, *Cassæ* Ptol. ibid. Tuesianus Cassonensis Pamphyliæ episcopus subscripsit concilio Constantinopolitano primo.

*Semneum*, notitiæ eidem. Semneatanorum civitatis episcopus Conon dicitur in concilio quinto generali.

*Carallus*, notitiæ antiquæ Græcæ in Pamphylia, aliis Carallia. Solon Caralliæ episcopus subscripsit concil. Ephesino.

*Coracesium*, Ptolem. ibid.; vulgo *Scandalor* Nigro est. Ex ejus episcopis Theodulus subscripsit concilio Constantinop. primo, et Matidianus Ephesino.

*Syedra*, Ptol. ibid., non *Syethra* ut in notitia antiqua, aliis *Sysdra*. Stratonicus Sysdrorum civitatis episcopus concilio Constantinop. sub Agapeto et Menna interfuit.

*Lyrbæ*, notitiæ et Ptol. ibid. Caius hujus civitatis episcopus subscripsit concilio Constantinopolitano primo, et Taurianus Ephesino.

*Colibrassus*, notitiæ; *Colobrassus* Ptolem. ibid. Nesius episcopus Colibrassi subscripsit conc. Ephes., et Longinus Colobrassensis Constantinop. primo.

*Selga*, Strab. lib. xii; *Selgæ* Ptolem. ibid.; nunc *Philadelphia* dicitur, teste Nigro. Nunechius Selgæ episcopus concilio Ephesino interfuit. Quibusdam in Pisidia vicina Pamphyliæ est, sed notitiæ antiquæ est in Pamphylia.

## PAMPHYLIA ALTERA.

*Pergæ*, Ptolem. lib. v, cap. 5; vulgo *Pirgi* Sophiano. Joviani hujus civitatis episcopi meminit Theodoretus lib. iv Hist. eccles., cap. 14; et Epiphanius Pergæ metropolis Pamphyliæ episcopus est in concilio Chalced., nec non Hilarianus in Constantinop. sub Agapeto et Menna.

*Termessus*, Ptolem. ibid.; vulgo *Termes*. Ex ejus episcopis Euresius subscripsit conc. Nicæno primo, et Auxentius Termissæ epist. synod. hujus provinciæ ad Leonem imperatorem.

*Eudoxias*, notitiæ antiquæ. Termesi et Eudociadis episcopus Timotheus subscripsit concilio Ephesino act. 6, nec non Innocentius Pamphyliæ Eudoxianæ epist. synod. hujus provinciæ.

*Maximianopolis*, notitiæ et synodo Nicænæ primæ, in qua Patricius episcopus Maximinopolitanus Pamphyliæ habetur, et Theosebius Maximinianopolis eidem synodali epistolæ subscripsit.

*Palæopolis*, eidem notitiæ. Porphyrius Palæopoleos episcopus subscripsit eidem epist. synodali hujus provinciæ ad Leonem imperatorem.

*Pentenesus*, lib. Conc.; *Pednelissus*, Ptol. ibid. Midus Pentenesensis Pamphyliæ episcopus subscripsit concilio Constantinop. primo.

*Diciozanabrus*, eidem notitiæ, dicitur *Zenopolis* Constantino Porphyrogenetæ. Gennadius ejus episcopus synodo Constantinop. generali quintæ interfuit.

*Ariassus*, Ptolem. ibid. Ex ejus episcopis Pammenius subscripsit concilio Constantinop. primo, et Joannes epistolæ synodali hujus provinciæ ad Leonem imperatorem.

*Pugla*; *Pogla*, Ptolem. ibid. Paulus ejus episcopus subscripsit concilio Chalcedonensi et epistolæ synodali hujus provinciæ ad Leonem.

*Adriana*, eidem notitiæ. Miccus Adrianopolis Pamphyliæ episcopus subscripsit eidem epistolæ synodali ad Leonem.

*Attalia*, Ptolem. ibid.; vulgo *Satalia*, Sophiano. Theodorus Attaliæ episcopus conc. Ephes. subscripsit, et Joannes synodo Constantinopolitanæ sub Hormisda.

*Magidis*, Ptolem. ibid. Aphrodisius hujus episcopus subscripsit conc. Nicæno primo, et Conon collat. 8 quintæ synodi generalis.

*Olbia*, Ptolem. ibid. Hujus episcopus Diapherentius subscripsit concilio Chalcedonensi.

*Corbasa*, Ptolem. ibid. Triphon Corbaseus Pamphyliæ episcopus subscripsit concilio Constantinopolitano sub Agapeto et Menna.

*Lysinia*, Ptolem. ubi supra. Diodotus Lysinensis episcopus subscripsit dictæ epistolæ synod. ad Leonem.

*Cordylus*, Stephano Pamphyliæ urbs. Maras Cordylorum antistes est in concilio Chalcedonensi.

*Lagania*, eidem notitiæ. Euphrasius Laganiæ episcopus eidem concilio subscripsit.

*Panemoticus*, notitiæ antiquæ Hieroclis. Hierius Panemotici antistes legitur in conc. Chalcedonensi.

*Geone*, tomo primo Conciliorum, forte *Conane* Ptolem. ibid. Troilus Geonensis episc. conc. Constantinop. 1 subscripsit.

*Commacum*, Ptolem. ibid. Hesychius hujus episcopus subscripsit conc. Constantinop. 1, et Ephesius epistolæ synodali hujus provinciæ ad Leonem imperat., ubi mendose, ut reor, legitur *Comanenus* pro *Commacenus*: legitur tamen *Comana* in notitia antiqua, sed mendose puto pro *Conana*.

*Silvium; Silrum*, Ptolem. ibid. Theodulus Silviensis Pamphyliæ episcopus subscripsit eidem concilio.

*Pisinda*, Ptolem. ibid. Epidaurus Pisidensis Pamphyliæ episcopus subscripsit conc. Ancyrano primo. An eadem cum *Isindo* notitiæ antiquæ sit, tu videris.

*Talbonda*, Ptolem. ibid. Polæmon hujus episcopus subscripsit epist. synod. ad Leonem imperat., ubi, ut opinor, mendose legitur *Tebennorum* pro *Talbondanorum*.

*Unzela*, Ptolem. ibid. Theodorus Unzelæ episcopus legitur in subscriptionibus concilii Nicæni primi, ubi ex Pisidia dicitur, quæ contermina est Pamphyliæ; sed cum in Pamphylia sit apud Ptolemæum, nec adeo certa sit distributio subscriptionum per provincias in hoc concilio, eam haud dubitantes in hac constituimus.

Subscripserunt etiam epistolæ synodicæ hujus provinciæ ad Leonem Neon Gilsatenus et Martinus Peltensis, quorum urbes non reperi apud geographos in Pamphylia.

## PISIDIA.

*Antiochia*, notitiæ antiquæ Græcæ et Ptol. lib. v, cap. 4; vulgo *Versacgeli* dicitur Turcis. Optimi hujus episcopi meminit Socrates lib. v Hist. eccles., cap. 8. Pergamius metropolis Antiochiæ Pisidiæ legitur in subscriptionibus concilii Chalcedonensis, et Theodorus in collat. 8 synod. v generalis.

*Sagalassus*, notitiæ antiq. et Ptol. lib. v, cap. 3. Ionius Sagalassensis Constantinop. 1 conc. subscripsit, et Fonteianus Chalced. Ptol. in Lycia est, sed ex notitia in Pisidia.

*Sozopolis*, notitiæ eidem. Longiani Sozopolis episcopi subscriptio est in conc. Constant. primo, et Politianus Sozopolitanus in epistola synodica ad Leonem imperatorem.

*Apamea Cibotis*, Ptolem. lib. v, cap. 2, et dictæ notitiæ. Tarsitius Apamenus concilio Nicæno primo subscripsit, et Paulinus epist. synod. ad eumdem imperatorem.

*Tyliassus*, notitiæ antiquæ Pisidiæ civitas. Heraclides Tituensis in concilio Constantinopolitano generali secundo legitur pro Tytiassensis, ut reor, estque inter episcopos Pamphyliæ Pisidiæ vicinæ.

*Baris*, notitiæ et Ptol. ibid. Heraclius Barensis ex Pisidia conc. Nicæno primo interfuit.

*Adrianopolis*, notitiæ eidem. Themistius hujus antistes in Pisidia conc. Constantinop. primo subscripsit, et Florentius Adrianopolitanus epistolæ synodali ad Leonem imperatorem.

*Limenopolis*, libro Concil.; *Limenis* dictæ notitiæ. Castinus Limenopoleos eidem epistolæ synodali ad Leonem imperatorem subscriptus legitur.

*Laodicea Combusta*, Stephano in Galatia, sed notitiæ in Pisidia; *Liche* incolis dicitur, teste Molano. Messalini hujus Laodiceæ, ut reor, præsulis memoria est in concilio Chalcedonensi.

*Seleucia*, notitiæ et Ptolem. ibidem. Eutychius Seleuciensis episcopus Nicæno conc. subscripsit, et Alexander epist. synod. ad Leonem imperatorem.

*Adada*, notitiæ et Ptolem. ibid., in cod. Palatino. Ananii Adadensis meminit conc. Constantinop. primum, et Eutropii Adadenorum civitatis episcopi eadem epist. synod. ad Leonem.

*Mallus*, dictæ notitiæ; *Malinopolis*, libro Conc.; cujus episcopus Attalus eidem epistolæ synodali subscripsit.

*Siniandus*, dictæ notitiæ. Eugenius Synnadorum pro Siniandorum antistes legitur subscriptus synodicæ epistolæ ad Leonem imperatorem.

*Metropolis*, notitiæ et Ptolem, lib. v, cap. 2. Eusthatius ejus civitatis præsul subscripsit conc. Constantinopol. primo, et Minophilus metropolitanorum epist. synod. ad Leonem imperat.

*Paralaus*, notitiæ, et Ptol. lib. v, cap. 6, *Paralais*. Patricius Paraliensis conc. Constantinop. primo subscripsit, et Libanius Paratenus pro Paralaitenus, ut arbitror, dictus, synod. epistolæ ad eumdem imperatorem.

*Bindœum*, notitiæ, et, Leuncl., *Bendos*; ut reor, juxta Antiochiam hujus provinciæ metropolim apud Ptolemæum. Theodorus episcopus Bindei in conc. Constantinop. generali sexto legitur.

*Philomelium*, Ptol. lib. v, cap. 2, quibusdam in Phrygia est. Theosebius Philomeliensis ex Pisidia concilio Constantinopolitano primo subscripsit, et Marcianus episcopus Philomelii synod. epistolæ ad Leonem imperatorem.

*Prostama*, Ptol. lib. v, cap. 5. Attalus Prostamensis in Pisidia antistes legitur in subscriptionibus primi concilii Constantinopolitani.

Gortenus et Theodosiopolitanus episcopi præter modo dictos subscripserunt epist. synod. hujus provinciæ ad Leonem imperatorem, sed a quibus civitatibus vix conjicio.

## LYCAONIA.

*Iconium*, notitiæ antiquæ Græcæ et Ptolem. lib. v. cap. 6; vulgo *Cogni*, civitas Lycaoniæ, in qua concilium circa baptismum hæreticorum celebratum fuisse tradit Eusebius lib. vii Historiæ ecclesiasticæ, cap. 6. Amphilochius Iconii metropolis urbis Lycaoniæ antistes dicitur apud Theodoretum lib. iv Historiæ ecclesiasticæ, cap. 10, et Nicomas apud eumdem lib. vii, cap. 22.

*Lystra*, notitiæ eid. Paulus episcopus Lystræ concilio Constantinopolitano primo subscripsit.

*Onasade*, notitiæ eidem. Conon antistes Onasadæ habetur in concilio Constantinopolitano generali sexto.

*Amblada*, Strab. lib. xii et notitiæ eidem. Diomedes Ambladensis episcopus concilio Chalced. subscripsit, et Severus Constantinopolitano primo.

*Honomada*, notitiæ eidem. Cyrillus Honomadensis concilio Constantinopolitano primo interfuit, et Tyrannus Honomadorum Chalcedonensi.

*Laranda*, Ptolem. ubi supra: antiquum nomen hodie retinet, et Neon ejus antistes dicitur apud Eusebium lib. vi Historiæ ecclesiasticæ, cap. 13.

*Barattha*, Ptolem. ibid. Epiphanius Baratthæus Lycaoniæ præsul est in concilio Constantinopol. sub Agapeto et Menna.

*Derbe*, notitiæ et Ptol. ibid. Daphnus Derbensis episcopus in Lycaonia legitur in concilio Constantinopolitano i.

*Hyda*, notitiæ eidem. Theodosius Hydensis episcopus concilio Constantinopolitano primo interfuit, et Rufus Hydæ Chalcedonensi.

*Sabatra*, notitiæ eidem et Ptol. lib. v, cap. 4. Aristophanes Sobarensis forte pro Sabatrensis episcopus concilio Constantinopolitano primo subscripsit, et Eustathius Savatrorum, qui aliis Ebagenorum, antistes dicitur act. 6 concilii Chalcedonensis.

*Canna*, Ptolem. lib. v, cap. 6. Eustathius episcopus Cannensis adfuit concilio Constantinopolitano primo, et Eugenius Cannorum Chalcedonensi.

*Berinopolis*, dictæ notitiæ: a qua Bereni populi. Theodosius Berenorum episcopus dicitur in concilio Constantinopolitano generali sexto.

*Ilistrum*, lib. Conc.; *Elistra* notitiæ antiquæ Græcæ. Onesimus Ilistri episcopus in concilio Chalcedonensi legitur sub Iconio.

*Perte*, notitiæ antiquæ. Leontius episcopus Pergensis, pro Pertensis, concilio Constantinopol. primo subscripsit.

*Arana*, libro Conciliorum. Eugenii episcopi Aranæ meminit concil. Chalced. sub Onesiphoro metropolitano Iconii.

*Isaura*, Ptolem. lib. v, cap. 4; aliis *Isauropolis*. Æthius Isauropolis in Lycaonia antistes in concilio Chalcedonensi legitur, et Iluarius in Constantinopolitano primo.

*Misthium*, Ptol. lib. v, cap. 4. Armatio Misthii Lycaoniæ episcopus sub Iconio dicitur act. 6 concilii Chalced., et Darius Constantinopolitano primo subscripsit.

*Corna*, Ptol. ibid. Juzus episcopus Cotnensis, pro Corneusis, eidem concilio Constantinopolitano primo interfuit.

*Pappa*, Ptolem. ibid. Eugenius episcopus Paspanensis, pro Pappanensis, in eodem concilio Constantinopolitano habetur.

## PONTUS.
### CAPPADOCIA PRIMA.

*Cæsarea*, quæ prius *Mazaca* Ptol. lib. v, cap. 2; vulgo *Tisaria* et *Caisar*. Metropolis Cappadociæ dicitur apud Sozom. lib. iii, cap. 15. Firmiliani hujus antisitis meminit Euseb. Histor. eccles. lib. vi, cap. 20; nec non Eulalii Socrat. lib. ii, cap. 33. Et Alypius Cæsareæ metropolis Cappadociæ primæ episcopus legitur in concilio Chalcedonensi.

*Thermæ*, Antonino in Itiner. et notitiæ antiquæ in Cappadocia prima. Theodorus Thermarum Cappadociæ secundæ, pro primæ, episcopus habetur in concilio Constantinopolitano generali sexto.

*Nyssa*, Antonino in Itinerario et notitiæ antiquæ. Gregorius hujus episcopus legitur apud Theodoretum lib. iv Hist. eccles. cap. 28; et Uvius ejusdem sedis antistes subscripsit epistolæ synod. hujus provinciæ ad Leonem.

*Camuliana*, Cedreno; *Justinianopolis* dicitur etiam synodo quintæ generali, cui Basillus Justinianopolitanus Camulianorum præsul subscripsit, qui in collatione 8 ejusdem synodi dicitur Justinianæ novæ Camulianensium episcopus.

*Ciscissa*, libro Conciliorum, *Ciscisus* notitiæ antiquæ. Plato Ciscissæ primæ Cappadocum provinciæ episcopus concil. Constantinopolitano generali vi subscripsit, et ante eum nullum hujus urbis antistitem in conciliis reperi.

*Theodosiopolis Armeniæ*, notitiæ antiquæ sub Cæsarea in Cappadocia. Olimpius Theodosiopolis magnæ Armeniæ concilio Chalcedonensi interfuit.

### CAPPADOCIA SECUNDA.

*Thyana*, Ptol. lib. v, cap. 6; adhuc *Tyana* vulgo dicitur. Ex ejus episcopis Eupsychius subscripsit concilio Nicæno, et Patricius Tyanorum metropolis epist. synod. hujus provinciæ ad Leonem imperatorem, nec non Euphratas Tyanensium metropolita collationi 8 synodi Constantinopolitanæ generalis quintæ.

*Cybistra*, Strab. lib. xii; vulgo *Armenocha*. Timotheus hujus episcopus subscripsit concilio Nicæno primo, et Cyrus Cibistuliis, pro Cybistræ, epist. synodali hujus provinciæ ad Leonem.

*Faustinopolis*, Anton. in Itiner. Daniel Faustinopolitanus episcopus subscripsit concilio Ephesino.

*Sasimi*, Anton. in Itiner. in Ciliciæ confinibus; vulgo *Sasum*, teste Leunclavio. Gregorius Sasimorum et postea Nazianzi episcopus fuit, ex Socrate lib. vii Hist. eccles., cap. 35.

*Justinopolis*, libro Conciliorum, urbs Cappadociæ secundæ. Patrophilus Justinopolis episcopus synodali epistolæ hujus provinciæ ad Leonem imperatorem subscripsit, et Petrus Justinopolitanus concilio Constantinopolitano sub Agapeto et Menna.

*Asuna*, secundæ Cappadociæ urbs, eidem epistolæ synodali ad Leonem, cui Ambrosius ejus episcopus subscripsit.

## CAPPADOCIA TERTIA.

*Mocissus*, Constant. Porphyrog. them. 2 dicto Armeniarum, metropolis tertiæ Cappadociæ ab imperatore Justiniano facta, et ab ejus nomine Justinianopolis dicta. Theodosius metropolis Justinianopolitanorum episcopus concilio generali v subscripsit, et Theopemptus Mocissi seu Justinianopoleos episcopus in secunda Cappadocia, Constantinopolitano generali sexto.

*Nazianzum*, Porphyrog. ibidem. Gregorii hujus episcopi meminit Socrates lib. vii Hist. eccles., cap. 35; et Theodosius epistolæ synodicæ ad Leonem subscripsit.

*Colonia*; *Colonea*, Porphyrog. ibid. Aristomachus episcopus Colonorum epistolæ synodicæ Cappadociæ secundæ, a qua maxime tertia extracta est, ad Leonem subscripsit, et Euphrasius Colonensis concilio Nicæno primo.

*Parnassus*, Porphyrog. ibid. Eustathius Parnassi episcopus conciliabulo Ephesino subscripsit, Pancratius conciliabulo Sardicensi, et Eustathius Paterni, pro Parnassi (non enim legitur *Paternum* in hac provincia), dictæ epistolæ.

*Doara*, Gregorio Nazianzeno oratione 30. Anchrius Doaræ episcopus subscripsit dictæ epistolæ synodicæ, ubi mendose legitur *Doalæ*.

## ARMENIA PRIMA.

*Sebasta* vel *Sebastia*, Ptol. lib. v, cap. 6; vulgo *Saustia*. Eustathius ejus episcopus dicitur apud Theodoretum lib. ii Hist. eccles., cap. 24; et Sozomenus Meletii ejusdem civitatis episcopi meminit lib. iv, cap. 24. Joannes autem Sebastæ metropolis Armeniæ primæ antistes subscripsit epistolæ synod. hujus provinciæ ad Leonem imperatorem.

*Sebastopolis*, Ptolem. ibid.; vulgo *Suvas*. Gregorius hujus sedis episcopus subscripsit eidem epistolæ synodali.

*Nicopolis*, Ptol. lib. v, cap. 7; vulgo *Gianich*, teste Castaldo et aliis *Chiorme*. Joannis Nicopolitani præsulis subscriptio habetur in concilio Chalcedonensi et in eadem epistola synodali.

*Satala*, Ptol. ibid. Evethius Satalæ episcopus subscripsit concilio Nicæno primo, et Epiphanius Ataleni, pro Sataleni, eidem epistolæ.

*Berisse*, Notitiis antiquis Græcis. Maxentius Barissaræ, pro Berisses, episcopus subscripsit eidem epistolæ synodali ad Leonem.

## ARMENIA SECUNDA.

*Melitene*, Ptol. lib. v, cap. 7; vulgo *Malatia*, teste Nigro. Letoium hujus episcopum habet Theodoretus lib. iv, cap. 10, et Otreium Socrates lib. v, cap. 8. Constantinus vero Melitenæ metropolis Armeniæ dicitur in concilio Chalcedonensi.

*Arca*, Antonino in Itiner. Lucianus Arcorum episcopus subscripsit concilio Antiocheno apud Socratem lib. iii Hist. eccles., cap. 21; et Joannes epistolæ synodali hujus provinciæ ad Leonem imperatorem.

*Comana*, Anton. ibid.; vulgo *Arminacha*. Zotici Comanensis episcopi meminit Eusebius lib. v Hist. eccles., cap. 15, et Leontii Socrates lib. iii, cap. 21. Subscripsit etiam Theodorus Comanensium Armeniæ secundæ præsul collationi 8 synodi quintæ generalis.

*Arabyssus*, Anton. ibid. Oterius hujus sedis antistes subscripsit concilio Constantinopol. primo, et Adelphius epistolæ Leonis imp. ad Anatolium Constantinop. parte iii concilii Chalcedonensis.

*Cocusum*, Anton. ibid. Domnus hujus episcopus concilio Chalcedonensi, et Joannes quintæ synodo generali subscripserunt.

*Ariarathia*, Anton. ibidem. Adelphius, qui Arabiæ dicitur in epistola hujus provinciæ ad Leonem, Ariarathiæ potius fuit, cum Arabia ibi non exstet; et Acacii hujus sedis episcopi mentio fit apud Evagrium lib. ii Hist. eccles., cap. 18; sed hujus pluriumque aliarum situs cum Ptol. non convenit.

*Amasa*, concilio Nicæno primo, cui Eutichianus Amasæus antistes interfuit.

*Zelona*, libro Conciliorum. Heraclius Zelonensis in Armenia episcopus concilio Nicæno primo subscriptus legitur.

*Sophene*, item lib. Conciliorum. Arsaphius Sophenensis subscripsit eidem concilio Nicæno primo.

*Diospontum*, eidem libro Concil. Acrites, qui et aliis Aristeus, Diosponti episcopus in eodem concilio Nicæno primo habetur.

## GALATIA PRIMA.

*Ancyra*, Ptolem. lib. v, cap. 4; vulgo *Anguri*, et Turcis *Enguri*, teste Leunclavio: metropolis Galatiæ dicitur apud Theodoretum lib. i, cap. 7. Basilii hujus episcopi memoria est apud Sozom. lib. iii, cap. ultimo, et Anastasius subscribens Chalcedonensi concilio Ancyræ metropolis Galatiæ episcopus nominatur.

*Tabia*, notitiæ antiquæ Græcæ. Dicasius episcopus Tabiensis concilio Nicæno primo, et Anastasius Tabiæ vicem agens Dorothei Ancyræ episcopi concilio Constantinopolitano generali quinto subscripserunt.

*Juliopolis* seu *Iliupolis*, lib. Concil. Philadelphius Juliopolis præsul adfuit conc. Nicæno primo, et Joannes Iliupolis generali vi.

*Aspona*, Anton. in Itiner. Palladii hujus sedis episcopi mentio fit apud Socratem lib. vii Hist. eccles., cap. 35; nec non Eusebii in concilio Ephesino.

*Berinopolis* Galatiæ primæ civitas, libro Conciliorum et notitiæ antiquæ; sed hujus episcopum non inveni ante Stephanum, qui synodo Constantinopolitano generali vi subscripsit.

*Cinna* seu *Ciæna*, Ptolem. lib. v, cap. 4. Ex ejus episcopis Gorgonius subscripsit concilio Nicæno primo, et Acacius Chalcedonensi.

*Anastasiopolis*, notitiæ antiquæ. Theodorus hujus sedis præsul conc. Constantinop. generali sexto adfuit; nec prius alium inveni.

## GALATIA SECUNDA.

*Pessinus*, Ptolem. lib. v, cap. 4; vulgo *Possene*, teste Theveto. Demetrii hujus episcopi meminit Sozomenus lib. viii Hist. eccles., cap. 17. Theoctistus Pissinuntis Ponti Galatiæ secundæ metropolis Chalcedonensi subscripsit, et Acacius Pessinuntinus metropolita Constantinopolitano sub Agapeto et Menna.

*Orcistus*, notitiæ antiquæ Græcæ. Domnus Orcistensis episcopus subscripsit conc. Ephesino, et Longinus Orcisti Chalcedonensi.

*Petenisus*, Ptolem. ibidem, ubi *Petenessus* in cod. Palat. Pius Petenessensis conc. Romano vi sub Symmacho subscripsit.

*Trocmi*, Ptolem. ibidem; *Trocni* antiquæ notitiæ. Ciriaci Trocmadorum episcopi subscriptio habetur in concilio Chalcedonensi, et Theodori Trocnadorum concilio generali vi.

## PONTUS POLEMONIACUS.

*Neocæsarea*, Ptolem. lib. v, cap. 6; vulgo *Nixar* Leuncl. dicitur. Gregorii hujus episcopi meminit Euseb. lib. vii Hist. eccles., cap. 13; et Evippus Neocæsareæ metropolis antistes epist. synod. hujus provinciæ ad Leonem imperatorem subscripsit.

*Trapezus*, Strab. lib. xii; vulgo *Trebisonda*. Ex ejus episcopis Domnus interfuit concilio Nicæno primo, et Atarbius Chalcedonensi.

*Cerasus*, Strab. ibid.; vulgo *Chirisonda*. Gregorius Cerasuntis Ponti Polemoniaci episcopus subscripsit concilio Ephesino, et Gratianus epistolæ synodali hujus provinciæ.

*Polemonium*, Ptolem. ubi supra; vulgo *Vatiza* dicitur Nigro. Joannes hujus episcopus in concilio Chalcedonensi legitur, et in subscriptionibus epistolæ synodalis ad Leonem imperatorem.

*Comana Pontica*, Ptolem. ibid.; vulgo *Com*, et incolis *Zabachzan* dicitur, teste Nigro. Ex ejus episcopis Prothymius adfuit concilio Ephesino, et Petrus in epist. synodali hujus provinciæ legitur.

*Ptyusa*, Ptolem. ibid.; nunc *Pitiusa* dicitur vulgo. Stratophilus Ptyusii præsul subscripsit concilio Nicæno primo inter episc. Ponti Polemoniaci.

## HELENOPONTUS.

*Amasia*, Constant. Porphyrog. them. 2 dicto Armeniaco; vulgo etiam *Amasia*. Eulalius hujus sedis antistes dicitur apud Sozom. lib. vii Hist. eccles., cap. 2; et Seleucus Amasiæ metropolis Helenoponti episcopus subscripsit epistolæ synodali hujus provinciæ ad Leonem imperatorem.

*Amisus*, Constant. Porphyr. ibid.; vulgo *Simiso* incolis, et *Hemid* Turcis, teste Leunclavio. Erythrius episcopus Amisi subscripsit eidem epistolæ synodali.

*Sinope*, Constant. Porph. ibid.; *Sinabe* vulgo dicitur Turcis, Leunclavio teste, et aliis *Sinope*. Ex ejus episcopis Antiochus in actis concilii Chalcedonensis legitur, et Ælianus in eadem epistola synodali.

*Iborea*, Constant. Porph. ibid. Pantophilus hujus antistes subscripsit concilio Constantinop. i, et Uranius eidem epist. synoda i.

*Andrapa*, quæ et *Claudiopolis Nova*, Ptolem. lib. v, cap. 4. Paralius Andraporum episcopus adfuit concilio Chalcedonensi.

*Zela*, notitiæ antiquæ Græcæ. Epistola synodica episcoporum Helenoponti ad Leonem imperatorem meminit Hiperitii episcopi Tili, pro Zeli, ut puto; et Atticus episcopus Zelorum subscripsit eidem conc. Chalced.

## PAPHLAGONIA.

*Gangra*, Sozomeno Hist. ecclesiast. lib. iii, cap. 13, qui hanc Paphlagonum metropolim vocat; vulgo *Gangria*, teste Leuncl., et *Kiongara* Turcis. Petrus Gangrenæ metropolis episcopus epist. synod. hujus provinciæ ad Leonem subscripsit; et Alexander, subscribens collationi 8 concilii Constantinopolitani, Gangrenorum metropolis episcopus dicitur.

*Junopolis*, Constant. Porph. them. 7 Paphlagonica dicta. Petronius hujus antistes habetur in concilio Nicæno primo, et Rhenus Chalcedonensi.

*Sora*, Porphyrog. ibid.; vel *Sura*, epistolæ synodali hujus provinciæ: in qua Olympius episcopus Surenus, pro Sorenus, legitur.

*Pompeiopolis*, Strab. lib. xii. Sophronius hujus episcopus vocatur apud Socratem Hist. eccles. lib. ii, cap. 3!. Philadelphus Pompeiopolis concilio Nicæno subscripsit, et Ætherius epistolæ synodali hujus provinciæ.

*Amastris*, Strab. ibid., vulgo *Famastro*. Palmas Amastridis episcopus dicitur apud Eusebium lib. iii Hist. eccles., cap. 22; et Saturnellus epist. synodali Paphlagoniæ subscripsit.

## HONORIAS.

*Claudiopolis*, notitiæ antiquæ Græcæ; *Bithynium* dicitur Strab. lib. xii; vulgo *Castromena*. Callicratis hujus civitatis præsulis meminit Sozomenus lib. iii Hist. eccles., cap. 21; ut autem metropolim esse scias, Calogerus Claudiopolis Ponticæ Honoriadis metropolis episcopus subscripsit concilio Chalcedonensi, et Epictetus Constantinopolitano sub Agapeto et Menna.

*Heraclea Ponti*, Ptol. lib. v, cap. 1; vulgo *Penderach*. Eusebius hujus episcopus legitur in actis concilii Ephesini.

*Tium; Teium*, Strab. lib. xii; et *Tion*, Ptol. ubi supra. Apragmonius Tii episcopus subscripsit eidem concilio Ephesino.

*Cratia*, quæ et *Flaviopolis* Ptol. ibid. Epiphanius Cratiæ Honoriadis episcopus in eodem concilio Ephesino habetur, et Genethlius in Chalced.

*Prusa*, Ptol. lib. v, cap. 1; *Burech* hodie

vulgo dicitur. Hesichius Prusensis juxta Hippium fluvium concilio Nicæno primo subscripsit inter episcopos Bithyniæ Honoriadi vicinæ.

## BITHYNIA.

*Nicomedia*, Ptol. lib. v, cap. 1; vulgo *Comidia*. Anthimi hujus sedis episcopi meminit Euseb. Hist. eccles. lib. vIII, cap. 6; et Eumonius Nicomediensium metropolitanus vocatur in concilio Chalcedonensi.

*Chalcedon*, Strab. lib. xII; vulgo *Chalcedona*, et Turcis *Caltirin*. Eusebius ejus episcopus habetur apud Theodoretum lib. v, cap. 7; et Maris ibidem, qui subscripsit concil. Nicæno primo. Metropolis quantum ad honorem in conc. Chalced. facta est, ut in ejus act. 13 legitur, unde Marianus metropolis Chalcedonensis antistes dicitur in relatione conc. Constantinopolitani ad Hormisdam.

*Prusa* ad Olympum montem, Ptol. ibid.; *Prusias*, lib. Conciliorum; hodie *Bursa*, teste Bellonio, et *Cheris* Turcis. Georgius Prusiadis, juxta Olympum montem in Bithynia subscripsit concilio Nicæno primo.

*Prænetum*, notitiæ antiquæ Græcæ. Sisinnii Præneti episcopi subscriptio habetur in quinta synodo generali.

*Hellenopolis*, eidem notitiæ; *Helena*, Procop. lib. I de Bello Persico : Drepanum est Ptolemæo ubi supra. Palladii hujus civitatis præsulis mentio fit apud Socratem libro vII Hist. eccles., cap. 35; et Macrinus Hellenopolis Bithyniæ subscripsit concilio Nicæno primo.

*Basilinopolis*, eidem notitiæ. Gerontius Basilinopolitanus antistes interfuit concilio Chalcedonensi.

*Apollonias*, eidem notitiæ. Gorgonium Apolloniæ Bithyniæ episcopum habet concilium Nicænum primum.

*Hadriana*, eidem notitiæ; *Hadrianopolis*, lib. Concil. Evethius Hadrianopolis Bithyniæ episcopus eidem concilio Nicæno primo subscripsit.

*Cæsarea*, quæ et *Smyrdiana* Ptol. ubi supra. Ex ejus episcopis Rufus adfuit eidem concilio Nicæno primo.

*Arista*, dictæ notitiæ; quæ *Aristium*, libro Concil. Paulus Aristii civitatis præsul subscripsit concilio Chalcedonensi.

*Patavium*, Ptolem. lib. v, cap. 1; vulgo *Polmen*, teste Molano. Stephanus Patavii Asiæ antistes concilio Romano v sub Symmacho subscripsit.

*Dablis*, Ptolem. ibid. Polichronius hujus civitatis præsul in subscriptionibus ejusdem concilii legitur.

*Neocæsarea*, Stephano de Urbib. Olympius Neocæsareæ episcopus concilio Constantinopolitano primo subscripsit inter episcopos Bithyniæ.

*Cius*, Strab. lib. xII. Cyrillus episcopus Cii subscripsit concilio Nicæno primo.

## BITHYNIA ALTERA.

*Nicæa*, Strab. lib. xII; vulgo *Nichea*, Soliano teste. Theoguidis et Cristi ejus episcoporum meminit Theodoretus lib. I Hist. eccles., cap. 20. Metropolis autem facta est in concilio Chalcedonensi, ut in ejus act. 13 videre est. Unde Anastasius relationi synodi Constantinopolitanæ ad Hormisdam subscribens, se Nicæensium metropolitam nominat. Non tamen ab initio suffraganeos habuit, ut in eodem concilio legitur; sed tantum sæculis posterioribus et circa tempora concilii generalis sexti, in quo Bithyniæ secundæ, cui Nicæenus antistes præerat, memoria est.

*Apamea*, Ptolem. lib. v, cap. 1; vulgo *Apami*. Callinicus Apameæ Bithyniæ præsul in concilio Chalcedonensi legitur.

*Linoe*, notitiæ antiquæ Græcæ; sed ejus episcopum non legi ante Anastasium, qui concilio generali sexto subscripsit.

*Gordus Servorum*, eidem notitiæ antiquæ. Isidorus Gordi Servorum in Bithynia concilio generali sexto interfuit.

Alias hujus provinciæ sedes recensent notitiæ antiquæ, sed episcoporum ejusdem nominis qui conciliis antiquis subscripserint non memini.

## IBERIA.

*Iberes*, inquit Socrates (*Socrates, lib.* 1, c. 26), *ad Pontum Euxinum habitant; suntque colonia deducta ab Iberibus qui Hispaniam incolunt. Ætate Constantini Christi fidem hac occasione amplexi sunt, quod mulier Christiana divina providentia ab ipsis capta reginæ filium et postea reginam ipsam a gravibus morbis oratione liberavit. Cum enim hæc miracula Christo tribueret mulier illa, de ejus fide statim regina imo et rex ipse edoceri voluit. Moxque ecclesia instaurata ad Constantinum legatos miserunt ut episcopum et sacrum clerum acciperent, in Christum se sincere et ex animo credere affirmantes.* Hæc ex Socrate. At quis ex his non infert apud illos saltem eo tempore sedem episcopalem fuisse? Confirmaturque ex Balsamone (*Balsamon in can.* 2 *synod. Gang.* II), dum hæc ait: *Iberiæ episcopum honoravit Antiochenæ synodi dispositio. Dicitur enim quod tempore sanctissimi patriarchæ magnæ Antiochiæ, domini Petri, fuit synodica ordinatio, qua statutum est liberam esse ac principalem, et per se caput, Ecclesiam Iberiæ, sed tamen Antiocheno patriarchæ subjectam.* In quanam autem civitate sedem habuerit, haud clare in conciliis dicitur. Verum apud Artanissam fuisse ex hoc conjicio, quod præcipua hujusce regionis urbs fuerit; de hac Ptolem. lib. v, cap. 10, necnon Arianus in suo maris Euxini Periplo; sed hujus episcopum nullum in Conciliis, ut verum fatear, reperi.

## LAZICA.

*Colchis* apud Ptolemæum lib. v, cap. 10, regio est ad Pontum sita, quam Procopius libro I Persicorum postea Lazicam dictam fuisse scribit. In ea prædicatum fuisse Evangelium sicut in Iberia tempore Constantini ex ipsius Iberiæ vicinia facile conjicitur. Attamen episcopum Phazidis hujus regionis metropolis, neminem in Conciliis legi ante Theodorum, qui in generali VI Phazidis Lazicæ provinciæ dicitur. Ibidemque Joannis civitatis Petrarum provinciæ Lazorum antistitis etiam mentio fit.

*Hactenus de sedibus episcopalibus sub patriarcha Constantinopolitano eique subditis metropolitanis, constitutis. Eas autem tanto difficilius per ordinem digessimus, quod in harum provinciis assignandis notitiæantiquæ, nec inter se, nec cum Ptolemæo, nec cum subscriptionibus conciliorum, nec ipsæ subscriptiones synodicæ sæpenumero inter se conveniant. Imo his situs a Ptolemæo assignatus a notitiis et conciliis ita quandoque discrepat, ut quin multis in locis, aut tabulæ illius geographicæ aut cætera antiquitatis monumenta librariorum incuria depravata fuerint, dubitari non possit. Id autem licet de hoc patriarchatu præcipue dicatur, non tamen est quod alios a mendis similibus prorsus immunes asseveremus. Quid nos in tanta sententiarum varietate consilii et ordinis ceperimus, si quæras, nos plurium auctoritatem unius sententiæ ex hoc anteposuisse dicemus, quod in ore duorum aut trium testium stet omne verbum.*

*Sed et lectorem monere haud omittendum ducimus, quod licet admodum paucæ ex barbaricis provinciis sedes episcopales hic a nobis enumeratæ sint, plurimæ tamen in iis exstitere. Omissionis nostræ hancce rationem proferre possumus, quod regionum quæ extra Romani imperii limites fuere, nulla pervenerit ad nos ecclesiastica notitia; ideoque has in qua civitate primorum sæculorum Patres posuerint, ignoretur.*

SUITE DES

# EXPLICATIONS HISTORIQUES ET GÉOGRAPHIQUES

### DE L'ABBÉ DE COMMANVILLE

#### SUR LES ARCHEVÊCHÉS ET ÉVÊCHÉS DU VI<sup>e</sup> AU XVIII<sup>e</sup> SIÈCLE.

*De l'exarchat de Thrace.*

L'exarchat de Thrace est une étendue de pays qui est placée à l'entrée de l'Asie dans l'Europe, dont on peut dire qu'elle est la première province. Il ne peut pas avoir plus de 80 lieues de long sur autant de large, vers le 44<sup>e</sup> degré de latitude, et est borné de la mer de Marmara au levant, de la Macédoine au couchant, de l'Archipel au midi, et des provinces barbares au nord.

On prétend que c'est l'apôtre saint André qui y a prêché la foi, qu'on y voit incontestablement établie dès le I<sup>er</sup> et le II<sup>e</sup> siècle.

Le concile de Nicée ne lui donne que le troisième rang entre les exarchats, après ceux d'Asie et de Pont. Le concile de Chalcédoine le soumit avec eux au patriarche de Constantinople.

Les Turcs se rendirent maîtres de cet exarchat dans le XV<sup>e</sup> siècle par la prise d'Andrinople, où ils mirent d'abord le siége de leur empire, et ils en achevèrent la conquête par celle de Constantinople, comme on a vu ailleurs. Ils l'ont nommé Rumélie, c'est-à-dire pays des Romains, et l'ont soumis pour le civil au béglerbé de Sophie.

Quoique le pays ne soit pas bon de lui-même, cependant le voisinage de la ville impériale a fait qu'il a toujours été très-peuplé. Les archevêchés et évêchés y étaient autrefois en grand nombre, mais il y en a peu à présent. Il ne laisse pas d'y avoir quantité de Grecs, et qui même y sont à leur aise; mais les Turcs y étant en plus grand nombre qu'eux, cela fait qu'ils n'y ont pas tant de liberté que dans les autres provinces.

Le métropolitain d'Héraclée, qui en est l'exarque, avait autrefois Constantinople entre ses suffragants lorsqu'elle ne portait que le nom de Bysance: aussi a-t-il toujours conservé le droit de sacrer les patriarches, et en jouit encore aujourd'hui. Sa ville n'est plus qu'un bourg de quatre cents feux, qui est fort chétif; il prend le titre de Προέδρος τῶν ὑπερτιμῶν, que nous pouvons expliquer, président des illustrissimes. Sa province est celle de cet exarchat qui a le plus de prélats à présent; entre lesquels Gallipoli et Sélivrée sont des archevêchés dont les villes ne sont pas mauvaises.

La province de Tranopoli n'a pas une seule bonne ville; Eno et Dimotuc sont ce qu'il y a de meilleur, et ont des archevêques honoraires qui font quelque figure. Peritoerium est son seul suffragant.

Philiba est une ville grande comme Saint-Denis, dont le prélat est à son aise: il n'a jamais eu beaucoup de suffragants, et on ne lui en voit aucun à présent.

*Des archevêchés et des évêchés de l'exarchat de Macédoine.*

Les Romains avaient étendu le nom d'Illyrie à toutes les provinces de leur empire qui sont depuis le golfe de Venise jusque vers le Danube au nord et l'Archipel au midi, et le divisèrent en Occidental, et en Oriental, soumis aux patriarches de Constantinople dès le V<sup>e</sup> et le VI<sup>e</sup> siècle, et qu'on va voir ici.

Ils subdivisèrent l'Oriental en Macédoine, dont je vais parler ici; et Dace dont je parlerai ensuite.

La Macédoine, prise d'une manière générale et comme exarchat, est proprement le pays qu'on pourrait nommer l'ancienne Grèce, qui avait Thessalonique pour sa capitale, et qui s'étend depuis le 35<sup>e</sup> degré de latitude jusqu'au 43<sup>e</sup>: elle est environnée de la Méditerranée de trois côtés, et a la Thrace et la Dace au nord.

L'apôtre saint Paul porta la foi dans toutes ces contrées, et en honora les principales villes de sa présence et de ses lettres; de sorte qu'il y eut un très-grand nombre de chrétiens et d'évêques dès le 1er siècle.

Les notices romaines le divisèrent dans le IVe siècle en six provinces, Macédoine, Thessalie, Achée, Epire ancien, Epire nouveau et Candie, qui est une île de la Méditerranée située à l'extrémité de ce continent vers le midi.

Il n'y eut d'abord que ce même nombre de métropolitains pour l'ecclésiastique: mais quelques villes ensuite se prévalurent de leur grandeur, et se firent accorder cette dignité; ce qui les augmenta dès les six premiers siècles.

Les empereurs grecs y firent comme ailleurs dans les siècles suivants, c'est-à-dire qu'ils y érigèrent peu à peu de nouvelles métropoles.

Les Latins s'en étaient rendus maîtres durant les croisades du XIIe et du XIIIe siècle, et y avaient établi plusieurs seigneuries temporelles avec des prélats de leur communion dans toutes les bonnes villes; ce qui n'empêcha point les Grecs de s'y maintenir et d'y avoir toujours des évêques de la leur.

Les Turcs trouvèrent moyen d'y entrer dans le XIVe et le XVe siècle; et, après en avoir chassé les Latins, y mirent les Grecs sous l'oppression où ils gémissent à présent.

La Macédoine propre est un pays qui, malgré tous les maux que les Latins et les Turcs y ont faits, est encore aujourd'hui tout plein de Grecs, et où il y a quantité d'assez bonnes villes. Thessalonique, qui en est la capitale, peut être regardée comme une des meilleures places de l'empire ottoman, et qui n'a pas moins de cent mille habitants, entre lesquels on compte la moitié de Turcs, environ vingt mille juifs, et le reste est de chrétiens avec quelque peu d'Arméniens. Son archevêque était autrefois du patriarcat romain; et ce fut Léon Isaurique qui le soumit à celui de Constantinople. Il était retourné sous l'obéissance du pape dans le temps des croisades, mais cela n'a pas duré. On peut dire que c'est celui de tout l'exarchat, dont il est le chef, qui fait aujourd'hui plus de figure et qui a plus de suffragants. Le mont Athos, qui est célèbre par ses caloyers, qu'on y voit au nombre de plus de cinq mille, et qui fournit presque toute l'Eglise grecque de prélats, est de sa province. Philippes, à qui saint Paul écrivit, et qui est encore métropole de la Macédoine propre, est toute ruinée. Sérez et Stalimène sont archevêchés honoraires de sa dépendance, et ne sont pas de grande valeur.

La Thessalie et l'Achée ne sont pas moins peuplées de Grecs que la Macédoine. Larissa, qui est la principale métropole de la première, est une jolie ville pour le pays. L'archevêché en est bon, et a sous lui plusieurs évêques qui sont à leur aise; mais, pour Néopatras, qui y est aussi métropole, ce n'est rien. Athènes, capitale de la seconde, conserve de grands restes de son ancienne splendeur: la ville et les environs sont tout pleins de chrétiens. Son métropolitain a encore plus de dix mille livres de rente et plusieurs suffragants, tant dans le continent que dans les îles voisines, qui subsistent assez honorablement. Pour celui de Thèbes, qui est aussi de cette province, c'est peu de chose; sa ville n'est qu'une bourgade qui ne vaut pas qu'on en parle.

Quant à la Morée, c'était autrefois un pays rempli de très-bonnes villes. Il y a eu tant de guerres depuis qu'elle a été disputée entre les Latins et les infidèles, qu'on n'y voit partout que des ruines. Les Vénitiens, qui en avaient été chassés, l'ont reprise presque tout entière dans la dernière guerre qu'ils ont encore avec les Turcs aujourd'hui, et y ont maintenu les Grecs dans l'exercice de leur religion. Il y a plusieurs métropoles qui y subsistent. Corinthe, si célèbre autrefois, n'est plus qu'un village. Monembasia est une bonne ville: mais, comme elle est forte, on ne permet guère aux Grecs d'y loger. Patras et Misitra, qui est l'ancienne Lacédémone, ne sont que des bourgs, en chacun desquels il peut y avoir quatre à cinq mille Grecs. Il y a quelques autres bourgades où ces métropolitains ont leurs suffragants et qui ne sont pas mauvaises, et quelques places fortes sur les côtes de la mer. Les villages sont tout pleins de Grecs, qui y vivent avec assez de liberté, et sont presque tous sous la domination vénitienne. Les bords de la mer, vers Modon et Coron, sont habités de Mainotes, peuples farouches qui, par le moyen de leurs rochers, se conservent dans une espèce d'indépendance, et sont presque tous du rite grec.

Pour l'Epire et l'Albanie, ce sont des provinces peuplées de ces chrétiens que nous nommons Albanais ou Arnautes, qui ont donné autrefois tant de peine aux Turcs et sont aujourd'hui la force de leurs armées. Les princes qui étaient en ce pays avant qu'il fût aux infidèles, entretenaient communion avec le pape: c'est pourquoi on y trouve encore plusieurs Eglises du rite latin. Lépante, qui en est une des métropoles, est présentement réduite à un château où loge la garnison turque, et son archevêque demeure à Larta, qui est plus avancée dans les terres. Joannina est une assez bonne ville, et son métropolitain a plusieurs suffragants. Durazzo est peu de chose pour la ville; l'archevêché est bon et a sous lui plusieurs évêchés; mais il n'est pas aisé de déterminer s'ils sont tout à fait les mêmes que ceux dont il est parlé dans les notices. Il a été longtemps du rite latin, et il y en a même qui l'en croient encore à présent, parce qu'en effet on y trouve beaucoup de chrétiens, et même quelques évêques de cette communion.

Enfin Candie est cette fameuse île que les Vénitiens ont si longtemps défendue contre le Turc. Il y avait un archevêque latin lorsqu'ils y étaient, aussi bien qu'un archevêque grec; et ils y faisaient l'un et l'autre assez bonne figure, avec leurs évêques, qui étaient en grand nombre. Tout y est aujourd'hui tellement ruiné, qu'il n'y est demeuré que le métropolitain grec et trois suffragants, qui ont bien de la peine à y vivre.

De tous les pays qui sont sous le joug des infidèles, il n'y en a point qui doive plus faire de compassion que cet exarchat. C'était autrefois la patrie des Grâces et des Muses, l'académie des arts et des sciences, le séjour de la politesse et du bon sens; et au lieu de cela, on n'y voit rien aujourd'hui que de grossier et de barbare. Les palais et les temples dont il était plein, et qui étaient des chefs-d'œuvre d'architecture, où les Romains s'étaient formés aux plus justes règles du bâtiment, y sont ou demi-ruinés ou tout à fait renversés; et, comme si les habitants avaient juré de faire tout le contre-pied de leurs ancêtres, ils en ont employé les plus beaux morceaux pour leurs maisons; mais d'une façon si irrégulière, qu'ils y ont mis les bases à la place des chapiteaux, et les chapiteaux à la place des bases. Ceci doit faire juger du reste de leurs mœurs et de leurs coutumes, et particulièrement en ce qui concerne la religion. Ce devrait être ce qu'il y a de plus savant et de plus réglé dans l'Église grecque, parce que tant de couvents qu'on y rencontre sont les plus fameuses écoles de ce rite; et cependant ce ne sont en bien des endroits que des superstitieux et des ignorants, qui ne savent presque point leur créance et la pratiquent encore moins.

### Des archevêchés et des évêchés de l'exarchat de Dace.

La Dace, dont il s'agit ici, était la partie septentrionale de l'Illyrie occidentale, et le pays situé entre la Macédoine au midi et le Danube au nord. L'empereur Trajan s'en rendit le maître dans le II$^e$ siècle, et les notices de l'empire la divisèrent au IV$^e$ en six provinces.

On ne peut pas douter que la foi chrétienne n'y fût établie alors, puisqu'on tint un concile célèbre à Sardique, qui était une de ses métropoles, l'an 347; et elle était de l'exarchat de Thessalonique, qui dépendait en ce temps-là du patriarcat romain.

L'empereur Justinien en fit un exarchat particulier dans le VI$^e$ siècle, et en mit la résidence à la ville d'Ocrida, qui était sa patrie. Saint Grégoire envoya le pallium à son archevêque; ce qui fait voir qu'il le regardait comme de sa juridiction; mais il y a apparence qu'il y avait dès lors peu de christianisme, puisqu'on ne voit guère paraître en aucun endroit les noms des métropoles ecclésiastiques ni des évêchés qui pouvaient y être.

Les Bulgares, peuples barbares du Nord, établirent un royaume en ce pays dans le IX$^e$ siècle, et en mirent la capitale à Ocrida, comme à la meilleure ville; et ensuite s'étant convertis à la foi, ils députèrent aux papes et aux patriarches de Constantinople. Ceux-ci eurent assez d'adresse pour se les attirer, et les engagèrent dans le schisme qui commençait alors à éclater.

Ce royaume, ayant été ruiné dans le siècle suivant, se rétablit au XII$^e$ dans la ville de Tornobe, et leur archevêque y transporta aussitôt son siége et ses droits, et entretint communion avec le pape : Celui d'Ocrida ne voulut pourtant pas perdre ses anciennes prérogatives; ce qui divisa l'exarchat.

Les despotes de Servie, qui se faisaient valoir dans le même temps et avaient mis leur capitale à une nouvelle ville nommée Pesch, qui est peu connue dans la carte, souhaitèrent qu'elle eût les mêmes honneurs qu'Ocrida et Tornobe, ce que les patriarches de Constantinople ne manquèrent pas de leur accorder : et voilà comme quoi se sont établis les trois métropolitains qui partagent aujourd'hui le gouvernement ecclésiastique de tout ce pays, et à qui les Grecs donnent le nom de catholiques ou archevêques indépendants. Aubert le Mire dit qu'Ocrida a six métropolitains sous lui, et dix évêques suffragants. M. Smith en parle à peu près de même, puisqu'il lui en soumet dix-huit évêchés : mais ni l'un ni l'autre ne nous marquent point les villes où ils sont. Il en est de même de Pesch, à qui M. Smith assigne seize suffragants, sans nous dire où ils peuvent être. Pour Tornobe, il en a trois, dont les noms se trouvent dans toutes les notices.

Il y a eu de tout temps peu de police et de religion en ce pays; mais il y en a encore moins à présent que les Turcs en sont les maîtres.

### Des archevêchés et des évêchés des provinces barbares.

Les notices anciennes donnent le nom de provinces barbares à tout le pays qui a la mer Noire à l'orient, et s'étend au delà du Danube vers le nord, parce qu'il était continuellement exposé au ravage de ces peuples, qui venaient de temps en temps y faire des courses du fond du septentrion; ce qui empêchait d'y mettre aucune police ni civile ni ecclésiastique.

Les Goths, qu'on prétend originaires de la Suède, en occupèrent la plus grande partie dans le IV$^e$ siècle, et, s'y étant convertis à la foi, ou plutôt à l'arianisme, ils eurent des évêques dès lors, entre lesquels a été célèbre cet Ulfilas dont il est tant parlé dans l'histoire de cette hérésie.

Le concile de Chalcédoine, qui, en réglant le patriarcat de Constantinople, eut en vue de l'étendre autant qu'il était possible, lui soumit toutes les provinces à mesure qu'elles viendraient à embrasser la religion chrétienne; et ordonna même que les évêques qu'on y établirait relèveraient immédiatement de ce patriarche, et auraient le nom d'archevêques honoraires.

Il s'y établit dans la suite du temps diverses provinces ecclésiastiques qui subsistent encore à présent, et qu'on peut réduire à trois principales, qui sont la Scythie, la Valachie et la petite Russie.

La Scythie des notices est la Chersonèse de la mer Noire vers le 48$^e$ degré de latitude, où il y a quantité de ports de mer qui sont fort fréquentés par les vaisseaux de Constantinople: c'est ce qui y porta la foi chrétienne dès le v⁰ et le vi⁰ siècle; et il s'y établit dès lors plusieurs évêchés ou plutôt archevêchés honoraires relevant de Constantinople, dont on trouve les noms dans les notices et les auteurs du ix⁰ siècle.

Les petits Tartares, qui sont mahométans, en sont aujourd'hui les maîtres, et y ont ruiné les églises et les évêchés. Il n'y a plus que Caffa, ville de mer assez bon, où l'on voit encore à présent un archevêque grec, et peut-être deux cents familles chrétiennes.

La Valachie est le pays situé entre les bouches du Danube à l'orient, la Transylvanie au couchant, la Bulgarie au midi, et la Pologne au nord, et n'a pas plus de 120 lieues de long et autant de large.

Les peuples qui la ravagèrent dans le ix⁰ et le x⁰ siècle sont nommés Patzinaques dans quelques histoires grecques, et Blaques en d'autres: c'est ce que nous nommons Valaques aujourd'hui, nom qui est le même que celui de Polaques et de Sclaves, qu'on donnait indifféremment à tous ceux qui venaient du Nord, parce que c'étaient en effet gens de ces cantons qui y firent si rude guerre aux Grecs et trouvèrent moyen de s'y établir.

On les divisa dans la suite en Ungroblaques et Moldaublaques. Les Ungroblaques furent ainsi nommés parce qu'ils sont dans le pays plus voisin de la Hongrie, et furent même quelque temps de sa dépendance: c'est ce qu'on appelle aujourd'hui la Valachie, qui a Tergouisk pour sa capitale, et le long du Danube au midi, et de la Transylvanie au couchant. Les Moldaublaques prirent leur nom du fleuve Moldau, le long duquel ils s'établirent, et habitent le pays qu'on nomme Moldavie aujourd'hui, et qui a été longtemps tributaire de la Pologne.

Ces peuples se convertirent à la foi chrétienne dès le x⁰ siècle; mais il n'y eut pas beaucoup de religion jusqu'au xiii⁰, et ils se mirent du patriarcat de Constantinople, dont ils prirent la créance et le schisme.

Leurs princes tombèrent sous la puissance des Turcs vers le milieu du xv⁰ siècle, et depuis ce temps-là ont été obligés de recevoir leur dignité du Grand-Seigneur. Ils ne laissent pas de faire figure, et sont ce qu'il y a dans l'Église grecque de plus apparent et de plus indépendant. Leur pays serait bon s'il était cultivé; mais les Tartares le ruinent d'un côté et les Turcs de l'autre; de manière que les habitants n'ont pas le courage de bâtir des maisons ni de labourer la terre. Ils logent la plupart dans des trous, et vivent de leur miel et de leur laitage, qui font la plus grande richesse du pays.

La capitale de Moldavie est Sotzau, où loge le métropolitain, qui a sous lui les trois évêchés. Il a une cathédrale assez jolie pour le pays, et bâtie à l'italienne, où il fait bonne figure et est fort respecté de son prince et de ses diocésains.

La capitale de Valachie est Tergouisk, et elle est apparemment la résidence de l'archevêque honoraire, à qui les notices, et notamment celles de M. Smith, donnent le nom d'Ungroblachie, et à qui on ne voit nulle part aucun suffragant.

La petite Russie est toute cette étendue de pays qui a la Moldavie au midi, la Pologne au couchant, et la Moscovie au levant et au nord, et qui, ayant entre ses habitants quantité de Russes, c'est-à-dire de chrétiens du rite grec, est depuis longtemps sujette de la Pologne, et en dépend encore presque tout entière à présent.

Volodimir, qui est le premier prince chrétien de cette nation, en était souverain dans le x⁰ siècle. Il avait sa capitale à Kiovie lorsqu'il se fit baptiser, et y fit mettre un archevêque du rite grec avec des évêques de la même communion dans les meilleures villes de sa principauté.

Ses successeurs transportèrent le siége de leur empire à Moscou dans les siècles suivants, et laissèrent ce pays en proie aux Polonais, qui s'en emparèrent dans le xiii⁰ et le xiv⁰ siècle.

Cet Isidore qui assista au concile général de Florence, et à qui on donne la qualité de patriarche des Russes, n'était qu'un métropolitain de Kiovie. Il fit tout ce qu'il put pour réunir sa nation à l'Église romaine, mais il ne put y réussir. Les rois de Pologne n'y ont rien épargné non plus depuis qu'ils en sont les maîtres, et s'y sont employés tantôt par la douceur, tantôt par la force, sans avoir jamais eu beaucoup de succès.

Ils ont mis des évêques catholiques du rite latin dans toutes les bonnes villes de ce pays, comme on a pu le voir ci-dessus; mais les chrétiens du rite grec ont toujours continué d'y avoir les leurs, si bien qu'il y a deux prélats ensemble dans la plupart de ces évêchés.

Le métropolitain de Kiovie, qui prend la qualité d'exarque, est aujourd'hui sujet des Moscovites; ce qui l'a beaucoup endurci dans son schisme, aussi bien que les Cosaques, qui sont ses diocésains et aux environs de sa ville, et qui se sont toujours révoltés dès qu'on a voulu les troubler dans leur religion. Ses suffragants sont dispersés dans les villes de cette province, et sont presque tous sujets des Polonais: ce qui fait qu'ils n'osent pas tant se déclarer contre le pape, et que la plupart même, par politique, entretiennent avec les Latins une espèce d'union. Ils joignent souvent deux ou trois de leurs évêchés en un.

### Des archevêchés et des évêchés de l'exarchat d'Asie.

L'Asie, à qui on a donné le surnom de Mineure, est proprement le pays d'où est venu le nom à la seconde partie de notre continent. Elle s'étend depuis le 37⁰ degré jusqu'au 44⁰ de latitude, et peut avoir 160 lieues de large et une fois autant de long. Ses bornes sont la mer de Chypre au midi, la mer Noire au nord, l'Archipel et la mer de Marmara au couchant, et l'Euphrate, qui la sépare de l'Arménie, au levant.

DICTIONNAIRE DE GÉOGRAPHIE ECCL. I.

Les Romains, qui en étaient les maîtres longtemps avant Jésus-Christ, la divisèrent en deux exarchats : l'un vers le levant et le nord, qu'ils nommèrent de Pont ; l'autre vers le couchant et le midi, qui conserva le nom d'Asie.

Ce pays reçut la foi par les prédications des apôtres immédiatement après l'ascension de Jésus-Christ. Saint Paul en parcourut les meilleures villes, et y établit des Eglises et des évêchés. Saint Jean fit sa demeure à Ephèse, qui en était capitale, et parle dans son Apocalypse des évêques qui étaient déjà en plusieurs de ses villes, sous le nom d'Anges, à qui il écrit ; de sorte que ç'a été autant par la considération qu'on eut pour cet apôtre, que parce qu'Ephèse avait la juridiction civile sur toute l'Asie Mineure, qu'elle y eut aussi juridiction ecclésiastique dès les trois premiers siècles, et qu'elle était exarchat dès le temps du premier concile général.

Le concile de Chalcédoine soumit cet exarchat au patriarche de Constantinople. Il était divisé alors en onze provinces, qu'on subdivisa ensuite jusqu'à quatorze. Il y eut jusqu'au XIIe siècle une quantité de bonnes villes et des prélats sans nombre.

Les Sarrasins commencèrent à le ravager dans le IXe siècle, et y établirent dans le XIe et le XIIe plusieurs principautés, qui y mirent la religion chrétienne dans une grande désolation.

Les Turcs vinrent peu après ; et, ayant mis leur capitale à Brousse, ruinèrent de là toute l'Asie Mineure, renversèrent les meilleures villes, ou en changèrent tellement le nom et la situation, qu'il est presque impossible de les reconnaître.

Aussi faut-il avouer que le christianisme, particulièrement pour le rite grec, y est presque éteint, si vous en exceptez les îles ; où il se soutient encore passablement. Voici en peu de mots ce qu'on peut dire sur chaque province de plus particulier et de plus assuré.

L'Asie proconsulaire et l'Hellespont sont ce qu'il y a de meilleur pour la terre ferme, et cependant il n'y a comme rien. Ephèse, qui était capitale de la Proconsulaire, est aujourd'hui toute ruinée ; et son archevêque, qui prend la qualité d'Illustrissime et d'exarque de toute l'Asie, n'en est en quelque façon que titulaire, et n'a plus de suffragants. Smyrne est une bonne ville, fort hantée des marchands d'Europe, et où il y a bien quatre mille Grecs et un métropolitain qui fait la meilleure figure de tout le canton ; mais Pergame, Thyatire, et les autres de cette province, dont il est fait mention dans l'Apocalypse, ou qui ont été si bonnes autrefois, ne sont au plus que des villages. Cyzique, métropole de l'Hellespont, ne vaut pas aujourd'hui qu'on en parle, et on ne voit pas qu'il y ait aujourd'hui dans sa province aucun évêché.

Pour ce qui est des deux provinces des îles Cyclades, elles sont encore à présent en assez bon état, comme on vient de le dire. Les Grecs ne logent pas dans la ville de Rhodes, métropole de la première ; mais ils sont répandus dans toute l'île, et y sont en très grand nombre. Il faut dire la même chose de Métélin, métropole de la seconde, et des autres îles où sont leurs suffragants. Ce n'est que Grecs en tous ces endroits, et qui même y sont plus libres qu'en aucun lieu de la Turquie. Il y a aussi quantité de Latins qui y ont même leurs évêques.

Quant aux autres provinces de cet exarchat, elles sont si chétives pour le rite grec, qu'on ne saurait presque qu'en dire. Philadelphie n'est qu'un bourg où il peut y avoir quatre ou cinq cents chrétiens de cette communion. Antioche en a aussi quelques-uns, mais en petite quantité. Cogni, qui est une assez bonne ville, en a encore moins. Les campagnes n'en sont pas tout à fait si dégarnies ; mais ce sont gens si pauvres et tellement dispersés de côté et d'autre, qu'on ne voit pas qu'il y ait aucun évêché.

### Des archevêchés et des évêchés de l'exarchat de Pont.

Le Pont est la partie de l'Asie Mineure située vers l'orient et le nord en tirant du côté de l'Euphrate et de la mer Noire, et était le royaume du célèbre Mithridate, qui soutint contre les Romains un si grand nombre de batailles.

Les empereurs en firent dans le IIIe siècle un exarchat, dont ils mirent le gouverneur à Césarée, qui devint alors capitale du pays. Le concile de Chalcédoine le soumit pour le spirituel au patriarche de Constantinople.

La foi chrétienne ne paraît guère y avoir été prêchée que vers le commencement du IIIe siècle, puisque, lorsque saint Grégoire qui fut surnommé Thaumaturge y alla, on la connaissait encore assez peu dans le pays ; mais elle s'y répandit en peu de temps, de sorte qu'au commencement du IVe ce n'était qu'évêchés par toutes les villes, qui reconnaissaient celui de Césarée pour leur exarque.

On les multiplia encore beaucoup dans la suite, et on en partagea même quelques provinces en deux ou trois ; ce qui augmenta le nombre des métropoles jusqu'à seize.

Les Sarrasins y firent de terribles ravages dans le IXe et le Xe siècle, et y établirent plusieurs petites principautés, qui ruinèrent la religion en bien des endroits. Les Turcs firent encore pis dans le XIIe et le XIIIe, et y substituèrent presque partout le mahométisme à l'Evangile. Ils l'ont réduit en plusieurs provinces, dont il est difficile de déterminer bien précisément l'étendue et la situation.

Ce qu'on peut dire à présent pour l'état ecclésiastique, c'est qu'il y a très peu de chrétiens du rite grec, et que tout y est réduit à dix ou douze métropoles avec quelques archevêchés honoraires ; mais, autant qu'on l'a pu remarquer, sans aucun suffragant. Il en est tout autrement des chrétiens et des évêques du rite arménien, qui y sont en très grande quantité, particulièrement en tirant vers l'Euphrate. Cependant, afin qu'on en puisse avoir une idée un peu plus distincte, voici à peu près ce qu'on doit penser de chaque province.

Il n'y a presque plus de Grecs dans les trois Cappadoces. Césarée, qui en était capitale, et qui préside encore aujourd'hui à tout cet exarchat, n'est plus qu'un méchant bourg; et son archevêque, qui prend le titre d'illustrissime des illustrissimes, n'est que l'ombre de ce qu'il était autrefois, et ne paraît pas avoir de suffragants. Les quatre Arménies n'ont jamais eu beaucoup de chrétiens du rite grec, et en ont encore moins à présent. Sébaste, qui en était la principale métropole, est une bonne ville qui a son archevêque grec; mais on ne lui voit point d'évêchés. Il y a un peu plus de Grecs vers Trébisonde, parce que, durant les guerres que les infidèles firent aux empereurs d'Orient dans le XIIIe siècle, il s'y sauva une branche de la famille impériale, et il s'y forma un démembrement de l'empire grec, qui y a subsisté quelque temps. Il peut y en avoir aussi vers Néocésarée et Amasie, mais peu. Où l'on en trouve davantage, c'est dans la Galatie et dans la Bithynie, comme étant plus proches de Constantinople. Ainsi il y en a encore beaucoup sur le bordage de la mer, à Nicomédie, à Nicée, à Chalcédoine, à Brousse, qui sont ou des métropoles ou des archevêchés honoraires. C'est auprès de cette dernière qu'est le mont Olympe, habité de caloyers pour l'Asie, à peu près comme le mont Athos l'est pour l'Europe.

Toutes ces villes qui ont servi de sièges à tant de grands évêques, qui ont fourni tant de martyrs et de saints, où l'on a tenu tant de conciles, ne sont plus que des amas de ruines, et leurs édifices somptueux sont changés en de pauvres maisons, qui ne sont que de terre ou de brique mal cuite. Les esprits y sont encore, si j'ose ainsi dire, plus ruinés que les villes; et ces Asiatiques que l'on disait si délicats et si polis, sont ensevelis dans une misère et dans une ignorance qu'on peut dire excessives.

*Des archevêchés et des évêchés du patriarcat d'Antioche.*

Le patriarcat d'Antioche est le pays situé entre les 30e et 40e degrés de latitude, et les 67e et 80e de longitude. Il a la partie de la Méditerranée qu'on nomme mer de Phénicie, au couchant; l'Euphrate, qui le sépare de la Perse, au levant; la Palestine au midi; et l'Asie Mineure avec l'Arménie au nord.

Les apôtres y portèrent les lumières de la foi immédiatement après l'ascension de Jésus-Christ. Saint Pierre y baptisa le premier païen en la personne du centurion Corneille, à Césarée, et saint Paul y fit de si grands progrès pour la religion à Antioche, que ce fut là où les disciples du Fils de Dieu commencèrent à porter le nom de Chrétiens; de sorte que dès le IIe et le IIIe siècle, tout y était plein d'évêchés.

Les notices romaines partagèrent tout ce pays en quinze provinces, sous un officier de l'empire qui résidait à Antioche et prenait le titre de préfet au prétoire de l'Orient; et, parce que la juridiction ecclésiastique s'accommodait en ce temps-là avec la civile, toutes ces provinces reconnurent dès lors l'évêque de cette ville pour leur patriarche, ainsi que le concile de Nicée le rapporte l'an 325.

Les archevêques de Constantinople, qui cherchaient dans le Ve siècle à étendre leurs droits, eussent bien voulu se l'assujettir; mais cela ne put réussir, on lui conserva son indépendance. Tout le tort qu'on lui fit, c'est qu'on lui enleva quatre de ses provinces, savoir, les deux Palestines et les deux Arabiques, pour les donner à Jérusalem, qui fut érigée en patriarcat; si bien qu'il ne lui en restait plus que onze, auxquelles peu de temps après on ajouta la Théodoriade, en la séparant de la première et de la seconde Syrie; ce qui en fit douze. Quelques notices latines lui en donnent quinze; mais ce ne sont pas des pièces auxquelles on doive s'arrêter; et, pour fournir ce nombre, elles mettent des métropoles qui n'ont jamais été qu'archevêchés honoraires, et leur assignent des suffragants qu'on ne connaît point ou qui sont d'ailleurs.

Les originaires du pays, qu'on nomme Syriens, avaient toujours retenu une antipathie secrète contre les Grecs, qui en avaient été les dominants depuis Alexandre le Grand, et prirent occasion du concile de Chalcédoine pour la faire éclater.

Ils regardèrent les décisions de cette assemblée comme extorquées des évêques par l'autorité de l'empereur; et, donnant le nom de melchites, c'est-à-dire de royaux, à ceux qui y adhéraient, ils rompirent de communion avec eux et s'établirent un patriarche sous le nom de patriarche syrien. La plupart des villes firent de même : on y voyait deux évêques, l'un melchite, et l'autre syrien; ce qui fit un très-grand tort au rite grec.

Les Sarrasins, conduits par les califes successeurs de Mahomet, se jetèrent sur ce patriarcat vers le milieu du VIIe siècle, et en firent leur première proie; ce qui obligea la plupart des Grecs de s'en retirer. Les Syriens, qui étaient déjà accoutumés à l'oppression, et qui ne cherchaient qu'à se délivrer des melchites, subirent plus aisément le joug, et devinrent ainsi en peu de temps presque les seuls chrétiens du pays.

Le XIIe siècle y fit encore un autre changement par le moyen des croisades; car les Latins, étant venus pour en chasser les infidèles, y établirent plusieurs petites principautés à Antioche, à Tripoli, à Édesse et ailleurs; et en même temps ils y mirent plusieurs prélats de leur communion. Boémond, qui avait celle d'Antioche, avait promis aux Grecs en se saisissant de la ville, qu'ils n'auraient d'autre patriarche que celui qui leur serait envoyé par l'archevêque de Constantinople : cependant, à peine il y fut établi, qu'il en fit sacrer un latin, auquel il assigna six métropolitains et quelques suffragants du même rite dans les meilleures villes.

Mais tout cela ne fut pas de longue durée ; car les Sarrasins, ayant repris bientôt après ce que nos croisés leur avaient ôté, donnèrent moyen aux Grecs non-seulement de se rétablir, mais même de se venger de ce qui leur avait été fait. Ces schismatiques ne furent pas plutôt rentrés à Antioche, qu'ils prirent le nommé Chrétien, patriarche latin, et le scièrent par le milieu du corps sur l'autel même de sa cathédrale, et firent main basse ensuite sur tout ce qui restait de Latins dans ce patriarcat.

Les Turcs, qui s'étaient rendus maîtres de Constantinople dans le XV° siècle, voulurent avoir tout ce qui avait été de cet empire, et harcelèrent tellement les Sarrasins, qu'ils mirent enfin toute l'étendue de ce patriarcat sous leur joug l'an 1516, par la prise de Damas, qui depuis longtemps était la capitale du pays.

Quant à l'état où le rite grec y est à présent, ce qu'on en peut dire de certain, c'est qu'il est bien différent de ce qu'il y a été durant les huit premiers siècles. Tout y était plein alors de métropoles et d'évêchés, parce que le pays est très-bon ; mais, après tant de changements qu'on vient de remarquer, il y est réduit presque à rien.

La ville d'Antioche, qui en était autrefois le siège patriarcal, et qui en est encore le titre aujourd'hui, a été tellement renversée par les tremblements de terre et les guerres, que ses grandes églises et ses palais, qui la rendaient l'admiration de tout l'Orient, ne sont plus que des monceaux de pierres ; ce qui a obligé le patriarche de transférer son siège à Damas, qui est une ville de deux cent mille âmes, où il y peut avoir sept à huit mille Grecs et quelques églises. Il y en a une dont on a fait la cathédrale, et les autres servent de paroisses ; mais ce ne sont que les plus chétives, parce que celles qui avaient quelque apparence ont été changées en mosquées depuis longtemps.

Ce patriarche est élu, comme à Constantinople, par le clergé de sa juridiction, moyennant une certaine somme que l'on donne au bacha pour avoir son agrément, et qui ne va pas moins qu'à dix mille écus, ce qui est environ ce que sa dignité lui peut valoir par an. Cependant on en a vu jusqu'à sept ou huit, en moins de dix ans, se supplanter l'un après l'autre par l'argent qu'ils donnaient, et dont ils se récompensaient ensuite par les extorsions et les simonies qu'ils exercent impunément, n'y ayant personne au-dessus d'eux pour y remédier. Il prend pour titre celui de *Patriarche de la grande ville de Dieu Antioche et de tout l'Orient*.

Son clergé est composé de quelques ecclésiastiques et de quelques moines résidant à Damas, qu'il honore des mêmes offices qu'on a vus dans le patriarcat de Constantinople, et qu'il envoie en qualité d'exarques pour faire la levée de ses droits ; d'une trentaine ou environ de métropolitains et archevêques honoraires, et des papas ou curés, tant de sa capitale que des villes, bourgs et villages qui sont dans les provinces de sa juridiction.

Ces provinces sont encore les mêmes qu'autrefois, quoiqu'elles aient la plupart changé de nom. Il y en a plusieurs qui sont des plus peuplées et des plus fertiles que le Turc ait en toute l'Asie ; mais le rite grec y est tellement délabré, qu'on ne saurait presque plus où en trouver.

Dans tout le pays que l'on nomme Sourie, et qui comprend les deux Syries et la Théodoriade, il n'y a que les villes d'Alep et de Hama qui aient aujourd'hui des prélats de cette communion. Alep est l'ancienne Berrhée, et vaut encore mieux en quelque façon que Damas. Son archevêque fait bonne figure et a quantité de paroisses sous lui : Hama n'est pas à lui comparer, et n'est qu'un bourg.

Pour la Caramanie, où sont les deux Cilicies et l'Isaurie ancienne, et que Bélon dit un pays à peu près comme la Beauce pour être fertile et découvert, il n'y a guère que les villes de Tarse, d'Adena et de Mamistra qui aient des évêques ; encore ne sont-elles que des bourgades, où le moindre nombre des chrétiens est du rite grec.

La Phénicie a, outre Damas, quelques villes qui ne sont pas mauvaises pour le trafic, comme Barut, Séide, Tripoli et Emèse, où il y a quelques Grecs avec leurs évêques. À l'égard de Tyr, qui a été fameuse autrefois et qui en était la première métropole, tout y est renversé ; et l'archevêque, quand il y a, n'est que titulaire. Ptolémaïde, si célèbre dans les croisades, fait voir dans ses ruines jusqu'où Dieu a châtié les iniquités des dix sortes de nations chrétiennes qui s'y étaient établies. Il y a peu de Grecs par toute cette province ; mais il y a quantité de Syriens aussi bien que dans les précédentes et dans les deux qui vont suivre. Le mont Liban, qui est la principale demeure des Maronites, y est situé ; ce qui fait qu'on y trouve beaucoup de chrétiens de ce rite.

La Tsirie, qui comprend l'Osroëne et l'Euphratèse, est une province située en tirant vers l'Euphrate, et toute peuplée de Curdes et de Turcomans. Il n'y a qu'Édesse qui mérite qu'on en parle. C'est une grande ville demi-ruinée, où il peut y avoir vingt mille habitants, mais peu de Grecs. Son nom a été si fameux dans l'histoire ecclésiastique, qu'ils y ont conservé un archevêque. Ce qu'il y a de chrétiens dans le pays sont syriens, arméniens et nestoriens.

Il faut dire la même chose du Diarbek, qui est la Mésopotamie ancienne, et serait un très-bon pays s'il n'était point sur les limites du Persan et du Turc. On y trouve de ces trois sortes de chrétiens en assez grande quantité ; mais, pour des Grecs, il n'y en a jamais eu beaucoup, et il n'y en a presque point à présent, si ce n'est à Amid, qui en est capitale, et à Nisbin, qui sont deux assez bonnes villes.

L'Arménie majeure, qui est différente de celle qu'on a vue dans le patriarcat de Constantinople, est proprement la patrie de ces chrétiens que nous nommons Arméniens ; de sorte que les Grecs, à le bien prendre, n'y ont jamais eu d'évêques. Les notices du patriarcat d'Antioche le constatent ; parce qu'en effet, quoiqu'elle ait eu de tout temps une liturgie en sa langue, elle ne laissait pas d'être originairement de sa dépendance et de sa communion ; mais il y a bien de l'apparence qu'il n'y a jamais eu d'évêques dans les lieux qui y sont spécifiés, puisqu'on n'en voit rien dans aucun auteur.

Enfin l'île de Chypre, qui est dans la Méditerranée, à 35 lieues de la côte de Syrie, a environ 80 lieues de long sur 25 de large. Son métropolitain résidait à Salamine durant les neuf premiers siècles, avait un grand nombre de suffragants, et était si considéré, qu'il voulut se dire archevêque autocéphale et indépendant d'Antioche.

Les Latins s'en emparèrent dans le XII° siècle, et y établirent un royaume et une province ecclésiastique de leur communion, qui y a subsisté jusqu'à l'an 1570, qu'elle fut prise par les Turcs, auxquels elle est demeurée jusqu'à présent.

L'archevêque grec transféra son siège de Salamine à Famagouste dans le XI° siècle, et de là à Nicosie dans le XIII° ; il a trois suffragants, avec quantité de Grecs dans les bourgs et dans les campagnes ; de sorte que sa dignité ne lui coûte pas moins de quatre mille écus, et lui vaut par an environ autant. Les trois évêchés qui lui restent, et qui ont le titre d'archevêchés honoraires, sont assez bons aussi.

*Des archevêchés et des évêchés du patriarchat de Jérusalem.*

Le patriarcat de Jérusalem tire son nom de la ville que le Fils de Dieu a honorée de sa présence et de ses miracles, et où il a opéré les plus grands mystères de notre religion, et comprend le pays qu'on nomme communément la terre sainte.

Il est situé entre la mer de Jaffa, partie de la Méditerranée, au couchant, l'Arabie au levant et au midi, et la Syrie au nord, et a le patriarcat d'Antioche d'un côté, et celui d'Alexandrie de l'autre. Son étendue est environ de 80 lieues de long sur 60 de large, depuis le 40° degré de latitude jusque vers le 45°.

Les apôtres, après la descente du Saint-Esprit, y firent grand nombre de conversions, et y établirent la première Église de la chrétienté sur un modèle de perfection auquel nulle autre n'a jamais pu arriver, puisque tous les fidèles n'y avaient qu'un cœur et qu'une âme, et que la plupart y mirent leurs biens en commun.

L'apôtre saint Jacques en fut le premier évêque. Il eut pour successeur saint Siméon, qui, voyant cette ville en danger d'être assiégée par les Romains, se retira avec son troupeau au bourg de Pella ; et, durant qu'il y était, elle fut saccagée, et tout le pays mis à feu et à sang.

Les deux premiers siècles se passèrent sans que les villes pussent beaucoup se re-peupler ; mais dans le III° on commença à y revoir quantité d'habitants, et particulièrement de chrétiens ; et au commencement du IV°, tout y était plein d'évêchés, distribués en quatre provinces, deux Palestines et deux Arabiques, sous le patriarcat d'Antioche.

Le second concile général assemblé à Constantinople eut égard aux grands avantages que la ville de Jérusalem avait apportés à la religion, et accorda à son évêque la préséance sur tous ceux de sa province, et sur sa métropole même, qui était Césarée ; ce qui lui donna envie de pousser la chose dans la suite encore plus loin.

C'est à quoi travailla Juvénal, qui en était évêque durant le concile d'Éphèse : il obligea les prélats qui étaient à cette assemblée de lui accorder la dignité patriarcale, non-seulement sur les quatre provinces dont je viens de parler, mais encore sur les deux Phénicies. Et, parce que le pape s'y opposa pour conserver les droits d'Antioche, il obtint des rescrits impériaux de l'empereur Théodose pour s'y maintenir ; ce qui ne manqua pas de former de grosses contestations.

Elles furent terminées au concile de Chalcédoine, où l'on rendit les deux Phénicies à Antioche, et où l'on confirma la dignité patriarcale à Jérusalem sur les deux Palestines et les deux Arabiques. Il y en a qui les comptent autrement, et qui mettent trois Palestines et une Arabique ; mais cela revient au même, parce que la troisième Palestine n'est autre que l'Arabique première.

Les Sarrasins se saisirent de ce patriarcat dès l'an 638, et mirent le rite grec dans une grande oppression : ils prirent les plus belles églises de la ville et de tout le pays pour en faire leurs mosquées ; mais ils ne voulurent pourtant pas toucher à celles des lieux saints, comme de Bethléem, de Nazareth, du Calvaire, et ils en laissèrent l'entière disposition aux patriarches, moyennant certaines redevances, avec liberté aux chrétiens de toutes nations de les visiter et d'y faire l'exercice de leur religion.

La dévotion qu'on a eue de tous temps en Occident pour ces lieux, que le Fils de Dieu a sanctifiés par ses vestiges et ses mystères, donna lieu aux croisades, par lesquelles les Latins entreprirent plusieurs fois de délivrer la terre sainte du joug des infidèles. Godefroi de Bouillon fut le chef de celle qui y vint sur la fin du XI° siècle, et eut assez de bonheur pour prendre Jérusalem l'an 1099, et pour y former un royaume, en chassant les Sarrasins de tous les environs.

Avec ce royaume il y établit aussi un patriarche latin, qui avait sous lui plusieurs métropoles et plusieurs évêchés ; ce qui affaiblit encore considérablement le rite grec.

Mais les Sarrasins n'en furent pas longtemps dehors ; et l'ayant repris sur les descendants de Godefroi l'an 1188, obligèrent les prélats latins de s'en aller chacun de leur côté, et remirent les Grecs en possession de leurs évêchés.

Les Turcs enlevèrent ce pays aux Sarrasins lorsqu'ils se saisirent de Damas au commencement du XVIe siècle, et en sont les maîtres à présent. Ils l'ont distribuée en six ou sept territoires, où il n'y a pas une seule bonne ville, parce que tant de guerres et de révolutions y ont tout ruiné.

Quant aux habitants qui y sont aujourd'hui, on peut dire qu'il n'y a guère de Turcs que les officiers du Grand-Seigneur et les garnisons des châteaux et des places fortes; que la plupart sont Mores ou Arabes, avec quantité de Juifs en certains endroits; et qu'il y a environ le quart de chrétiens, dont il n'y en a pas le quart qui soit du rite grec; les autres sont Syriens ou Maronites.

Il ne faut donc pas chercher dans ce patriarcat aujourd'hui ce grand nombre d'évêchés qui y étaient durant les huit premiers siècles : il n'y a plus guère que dix ou douze prélats qui prennent les titres magnifiques de métropolitains et d'exarques, quoiqu'ils n'aient que des villages pour leur siège, et que quelques-uns même ne soient que titulaires.

Cependant le patriarche ne laisse pas de faire très-bonne figure, et est en quelque façon plus à son aise que celui de Constantinople, parce qu'il n'est pas si exposé aux avanies; et, quand on lui en fait, la dévotion que les Grecs ont pour les lieux saints lui fournit de quoi s'en tirer.

Il lui vient des charités de toutes parts, qui vont souvent à des sommes fort considérables. Les chandelles et les suaires qu'il bénit le samedi saint seuls valent plus de dix mille écus, sans compter ses autres droits; de sorte qu'année commune, il n'a pas moins de trente mille écus de rente. Il se titre : *N., par la grâce de Dieu patriarche de la sainte Jérusalem et de toute la Palestine.*

Cette ville, qui a toujours été son siège patriarcal, n'a pas à présent plus de quinze mille habitants, parmi lesquels il n'y a pas plus de quatre cents familles grecques, distribuées en vingt paroisses. Son église cathédrale n'est point désagréable, et est dédiée à saint Constantin et à sainte Hélène, et est jointe à un cloître assez bien bâti, où il loge avec ses officiers et ses moines. Il a outre cela une jolie maison à Bethléem : cependant il fait presque toujours sa résidence à Damas, à cause des affaires qu'il est obligé de ménager auprès du bacha de cette ville, de qui il dépend.

Il n'y a presque point de nation chrétienne qui n'ait un évêque dans sa ville en faveur de leurs pèlerins. Les Syriens, les Arméniens, les Géorgiens, les Maronites, les Nestoriens, les Coptes y ont tous les leurs, et y desservent chacun leur chapelle dans l'église du Saint-Sépulcre.

Pour les Latins, ils y ont toujours conservé depuis les croisades un couvent de Cordeliers qui est assez beau, et dont le gardien est vicaire-né du patriarche résidant à Rome, et en cette qualité officie avec la mitre et la crosse. Ils y desservent la première chapelle de cette fameuse église que l'on a bâtie sur le Calvaire, et de celle de Bethléem, qui sont l'une et l'autre fort belles pour le pays, et ils

en avaient même la garde préférablement aux Grecs, ce que le Grand-Seigneur leur avait accordé en considération du roi de France; mais depuis la dernière guerre, les schismatiques ont donné de si grosses sommes d'argent, qu'ils y ont fait apporter quelque changement.

Quant aux provinces de ce patriarcat, voici à peu près l'état où elles sont à présent.

La première Palestine, qui était le long de la mer, a quelques évêchés, savoir : Gaze, qui est la meilleure ville du pays; Lidda et Bethléem, qui ne sont que des villages; Naplouse, qui n'est au plus qu'un méchant bourg, et il y a dans tous ces lieux quelques Grecs; mais au reste tout y est renversé, et Césarée même, qui en était la métropole, n'a plus que des ruines, et n'est qu'un archevêché titulaire.

La seconde Palestine, qui tire vers la mer de Tibériade, est encore en pire état. Son ancienne métropole était Scytopolis, qui n'a pas aujourd'hui cinquante feux. Les Latins en avaient transféré la dignité à Nazareth, qui ne vaut guère mieux, et les Grecs l'y ont laissée. On n'y voit plus cette belle église qui était bâtie autrefois à l'endroit où était la maison de la sainte Vierge, et il n'y a plus qu'une petite chapelle taillée dans le roc, où les pèlerins vont faire leurs dévotions.

La première Arabique, qui est au midi de Jérusalem, est une espèce de désert. Pétra, que l'on nomme Crach, et qui en est encore aujourd'hui métropole, n'a plus guère que son château sur un rocher. Le célèbre monastère du mont Sinaï est de cette province, et son abbé a pour l'ordinaire les droits épiscopaux; mais les Arabes l'ont pillé tant de fois, qu'il n'y a pas à présent plus de vingt moines, et qu'il n'est plus que l'ombre de ce qu'il a été.

Enfin la seconde Arabique, qui est au delà du Jourdain, est un pays impraticable à cause des Arabes. Bostra, qui en est métropole, ne paraît pas avoir d'archevêque à présent. On ne laisse pas d'y trouver des villages de Grecs, mais qui sont ignorants et superstitieux au delà de tout ce qu'on en peut dire.

*Des archevêchés et des évêchés du patriarcat d'Alexandrie.*

Le patriarcat d'Alexandrie est situé dans la troisième partie de notre continent, à qui on donne le nom d'Afrique, et s'étend le long des côtes de la Méditerranée depuis le 30e jusqu'au 65e degré de longitude; et le long du Nil en remontant vers sa source au midi depuis le 31e de latitude jusqu'au 21e : ce qui fait un terrain qu'on peut dire formé en espèce de grand T, parce qu'il n'y a d'habité que ce qui est le long de la Méditerranée et du Nil, et que tout ce qui en est éloigné de plus de sept ou huit lieues n'est qu'un sable aride.

Tous les anciens conviennent que c'est l'évangéliste saint Marc qui y fut envoyé par saint Pierre pour y porter les lumières de la foi : ce qu'il fit avec tant de succès, qu'on peut dire qu'il y établit les premiers religieux de la chrétienté en la personne des Thérapeutes ; et l'on a d'autant moins sujet d'en douter, qu'on voit dans toute l'histoire ecclésiastique que c'est de ce pays qu'est venu l'état monastique.

Les évêques qui succédèrent à saint Marc étendirent leur juridiction, durant les trois premiers siècles, sur toutes les provinces qui étaient soumises au préfet augustal, résidant pour les empereurs dans Alexandrie, c'est-à-dire sur l'Egypte le long du Nil, et sur la Libye le long de la Méditerranée, comme on peut le voir dans le concile de Nicée ; ce qui a toujours continué de même, tant que ce patriarcat a subsisté.

Les auteurs coptes prétendent que jusqu'à Démétrius, qui fut le onzième patriarche, il n'y avait d'autre prélat que celui de la capitale dans tout ce pays, et que ses prédécesseurs, non plus que lui, n'avaient été ordonnés que par des prêtres ; que ce fut lui qui y créa trois évêques, afin que son ordination se pût faire comme dans les autres Eglises ; qu'Héraclas, qui occupait ce siège vers le milieu du IIIe siècle, les multiplia jusqu'à vingt, et que ce n'a été ainsi que dans les siècles suivants qu'ils ont augmenté jusqu'à ce grand nombre où on les voit dans le ve et le vie siècle. Mais ces auteurs sont accoutumés à débiter des fables auxquelles il ne faut pas ajouter foi.

Il y avait en effet peu d'évêques en ce pays dans le Ier et le IIe siècle, parce qu'il y avait peu de chrétiens ; mais il y en eut en si grande quantité dans le IIIe, que lorsqu'Arius y sema son hérésie, le patriarche d'Alexandrie tint un concile de plus de cent évêques de sa juridiction l'an 313, où ce fameux hérésiarque fut condamné.

On voit par la lettre que l'empereur Théodose écrivit au patriarche Dioscore, lorsque l'on convoqua le concile qui fut appelé le brigandage d'Ephèse, que ce patriarcat était alors divisé en dix provinces, puisqu'il lui mande de s'y trouver avec ses dix métropolitains ; et c'est à peu près ce même nombre que l'on en trouve dans la Notice grecque d'Hiéroclès, qui est la seule que nous en ayons : encore ne sait-on pas si ce n'est point plutôt une notice civile qu'une ecclésiastique ; cependant, faute de mieux, il a fallu s'en servir.

De ces provinces il y en a quatre dans la basse Egypte, que l'on nomme aujourd'hui le Delta, et qui est le pays situé autour des bouches du Nil ; trois dans la haute Egypte, en remontant vers la source de ce fleuve, et les trois dernières dans la Libye le long de la Méditerranée. La Tripolitaine, où elles finissent, semble avoir été débattue entre la primatie de Carthage et le patriarcat d'Alexandrie, puisqu'on la voit également employée dans le dénombrement de leurs évêchés.

Il y avait de tout temps dans ce patriarcat, comme dans celui d'Antioche, deux sortes de chrétiens, savoir : des Grecs qui s'y étaient venus habiter depuis qu'Alexandre le Grand s'en était rendu maître, et ceux qu'on appelait Coptes, nom qui est le même que celui d'Egyptiens, et qui étaient les originaires du pays. Dioscore était de ces derniers ; et ayant été condamné au concile de Chalcédoine pour l'hérésie d'Eutychès, dont il s'était rendu le protecteur, il ne manqua pas d'être soutenu par ceux de sa nation.

Non-seulement ils refusèrent de reconnaître ce concile, mais ils firent schisme avec les Grecs, qui y adhéraient ; et, se révoltant contre le patriarche qu'on avait élu en la place de Dioscore, ils continuèrent de lui donner des successeurs après sa mort, qui créèrent des évêques de la même faction dans toutes leurs villes, et les ont ainsi entretenus dans le schisme où ils sont encore à présent ; ce qui diminua dès lors considérablement le rite grec dans tout ce pays.

Mais il y arriva encore pis dans le vie siècle ; car ces schismatiques, se voyant maltraités par les empereurs de Constantinople, livrèrent leur pays aux califes sectateurs de Mahomet, qui leur promettaient merveilles ; ce qui obligea la plupart des Grecs de s'en retirer. Ainsi c'est de ce temps-là qu'il y faut compter la suppression de la plus grande partie des évêchés.

Les Latins entreprirent dans le XIIIe siècle d'en chasser les soudans, qui avaient succédé aux califes. Ils y prirent quelques places, et y établirent un patriarche de leur communion avec un métropolitain à Damiette et un évêque à Tènes ; mais cela ne dura point, parce que toutes les croisades qu'on y fit furent malheureuses, et que les soudans mirent nos croisés dehors presque aussitôt qu'ils y furent entrés. Enfin les Turcs en chassèrent les soudans l'an 1517, et le possèdent encore à présent.

Toutes ces révolutions différentes y ont tellement ruiné le rite grec, qu'on peut dire qu'il y est en pire état qu'en aucun des endroits dont j'ai parlé jusqu'à présent. La ville d'Alexandrie, si célèbre autrefois, n'a pas aujourd'hui plus de deux mille habitants. On y a laissé un peu de Grecs qui y sont la petite église de Sainte-Catherine, qui est proprement la patriarcale, et est desservie par un archipapas, parce que le patriarche fait depuis longtemps sa résidence au grand Caire, qui est la capitale du pays. C'est le tout si sa dignité lui peut valoir dix mille écus de rente, puisqu'il n'y a pas six mille Grecs dans toute la ville, et environ une vingtaine de paroisses, et qu'il n'en pourrait peut-être pas fournir autant dans tout le ressort de sa juridiction. Ses titres sont : *N. par la grâce de Dieu pape et patriarche de la grande Alexandrie, et arbitre de l'univers.* Ce qu'il ajoute, parce que c'était lui autrefois qui réglait la Pâque dans toute la chrétienté.

Cyrille Lucari, qui avait été patriarche d'Alexandrie avant qu'il le fût de Constantinople, nous assure dans une lettre écrite dès l'an 1612, qu'il y avait plus de deux cents ans qu'on n'y avait sacré ni métropolitain ni évêque, à cause du petit nombre de chrétiens qui y sont, le seul patriarche suffisant à toutes ses fonctions, et gouvernant son peuple par des chorévêques et des papas, qui sont comme nos doyens ruraux et nos curés. C'est ainsi qu'on en use encore aujourd'hui; et, lorsqu'il le faut sacrer lui-même, après qu'il a acheté sa dignité du bacha du Caire ou de la Porte, il va à Constantinople ou à quelqu'autre endroit pour y recevoir son ordination.

Il serait donc inutile de rien dire ici de chaque province en particulier, puisqu'il y a si peu de chose qui y concerne le rite grec. Il se peut trouver quelque ville où il y en a, comme à Damiette, où quelques voyageurs mettent un archevêque, qui est comme le coadjuteur du patriarche; et à Alexandrie, où l'archipapas fait assez bonne figure. On en voit aussi quelque couvent et quelque paroisse dans les villages; mais cela est si clairsemé, que ce serait perdre le temps que de s'y amuser.

Quant à l'état politique de ce patriarcat sous les Turcs, il est divisé particulièrement pour l'Egypte en trente-six cascielifs ou gouvernements, dans lesquels on peut dire qu'il n'y a de bonnes villes que le grand Caire. On voit partout des ruines le long de la Méditerranée et du Nil, qui, étant presque toutes de marbre, font bien connaître qu'il ne dure pas plus que le plâtre et l'argile, lorsqu'il plaît à Dieu de le renverser. C'est là que sont ensevelies tant de villes fameuses qui y étaient autrefois, et qu'aucun voyageur n'a déterrées comme il faut jusqu'à présent.

### Des archevêchés et des évêchés de Moscovie.

L'Eglise moscovite est un démembrement du patriarcat de Constantinople.

Le pays où elle est située s'étend vers le nord depuis le 55e jusqu'au 70e degré de latitude, et depuis le 55e de longitude jusqu'au 85e; de sorte qu'elle n'a pas moins de trois à quatre cents lieues en tout sens. Ses bornes sont la Tartarie asiatique au levant, la Pologne et la Suède au couchant, l'océan Sarmatique au septentrion, et la petite Tartarie avec les Circasses au midi.

Cette vaste étendue de terre a été connue aux anciens sous le nom de Sarmatie. Les originaires aiment à lui donner celui de Russie; mais les étrangers la connaissent davantage sous celui de Moscovie, soit à cause de sa ville de Moscou, qui en est aujourd'hui la capitale; soit en considération des Mosques, qui étaient dès le temps des Romains un peuple célèbre parmi les Sarmates, suivant ce vers de Lucain :

*Sævisque affinis Sarmata Moschis.*

Les géographes la divisent aujourd'hui en plusieurs provinces, qui prennent leurs noms de leurs villes capitales, et servent de sièges la plupart aux métropoles et aux archevêchés de ce pays.

Toutes ces provinces étaient autrefois autant d'Etats séparés et indépendants les uns des autres; et c'est, ou par les alliances, ou par la force des armes, qu'elles ont été réunies en un seul empire, comme on les voit aujourd'hui. Le monarque à qui elles appartiennent se donne le titre de knès ou csar, que nous exprimons par celui de grand-duc; et il serait un des plus puissants princes de la chrétienté, si la bravoure et la sagesse de ses sujets répondaient à leur nombre, mais il s'en faut bien.

On rapporte l'origine de ces csars à un Sclavon nommé Rurich, qui se rendit fameux en ces quartiers vers le IXe siècle. Son petit-fils Bladimir ou Volodimir, qui n'était qu'un bâtard, s'empara de tout ce que possédaient ses oncles légitimes, et mit son siège à Kiow, capitale de la petite Russie, dans le siècle suivant. André, duc de Susdal, qui était un de ses descendants, le transporta à sa ville de Volodimirs dans le XIIe siècle; et le csar Daniel, étant venu à lui succéder, le mit à Moscou, où il est demeuré jusqu'à présent.

La race de Rurich s'étant éteinte en la personne du csar Théodore l'an 1598, il y eut de grosses querelles pour la succession. Enfin, après bien des guerres sanglantes, les Etats convinrent d'un Moscovite nommé Michel, qui s'en disait issu par les femmes, et qui ne fut pas plutôt sur le trône, qu'il éleva son père au patriarcat. Son fils Alexis lui succéda l'an 1645, et a laissé deux enfants, Pierre et Jean. Jean est mort depuis quelques années, de sorte que Pierre règne seul aujourd'hui.

Quant à la foi chrétienne, les Moscovites prétendent qu'elle leur a été prêchée par l'apôtre saint André; que saint Antoine y vint ensuite par la Méditerranée et l'Océan sur une meule de moulin, et l'y rétablit; que saint Nicolas, évêque de Myre, en fit aussi le voyage quelque temps après, et y sacra plusieurs évêques; mais que les Tartares y firent de grands ravages presque aussitôt et y éteignirent la religion. Faut-il s'étonner que dans un pays si ignorant on débite de telles fables, puisqu'on en voit dans de plus éclairés de pareilles qui ont cours?

Les historiens grecs rapportent plus probablement le christianisme de cette nation à une princesse russe nommée Ollia, qui se fit baptiser à Constantinople l'an 914 par le patriarche Théophile. Son petit-fils, Volodimir, dont on a déjà parlé, s'étant rendu puissant parmi les Russes, prit de sa grand-mère les premières teintures de l'Evangile; et, s'étant allié des empereurs grecs Constantin et Basile, reçut le baptême avec plusieurs de ses sujets l'an 987. Nicolas Chrysoberge, qui était alors patriarche de Constantinople, lui avait envoyé pour cette cérémonie un archevêque de Kerso, qui lui sacra un métropolitain dans sa capitale de Kiovie, et plusieurs évêques dans les villes qui en étaient plus voisines; et c'est apparemment à la considération de ce patriarche, à qui ils sont redevables de la foi chrétienne, qu'ils réclament tant le saint de ce nom; car, après Dieu et la Vierge, c'est saint Nicolas qui a toute leur confiance et toute leur dévotion.

Les enfants de Volodimir ayant partagé ses Etats, qui s'étendaient de côté et d'autre dans toute la Russie, il y en eut quelques-uns qui furent assez heureux pour voir la foi chrétienne s'établir dans les terres de leur domaine ; mais la plupart les laissèrent dans les ténèbres du paganisme, d'où elles ne sont sorties que par la suite du temps, et où il y en a même encore d'ensevelies à présent ; et, à mesure que chaque prince voyait la religion se fortifier dans son pays, il y faisait ériger une prélature par le patriarche de Constantinople, qui, conformément aux décrets du concile de Chalcédoine pour les pays barbares, leur donnait le nom d'archevêchés honoraires ; de sorte qu'ils étaient indépendants les uns des autres et immédiatement soumis à sa juridiction.

C'est ainsi que les prélats russes demeurèrent sans aucune subordination chez eux jusqu'au XVIe siècle ; mais la plupart de ces archevêques étant alors sous un même maître pour le civil, on jugea à propos qu'il n'y en eût qu'un aussi pour l'ecclésiastique. Jérémie, patriarche de Constantinople, avait été chassé de son siége par l'usurpateur Métrophane ; et, s'étant réfugié en Moscovie, offrit au grand-duc de lui sacrer un chef pour toute son Eglise : ce qu'il accepta, ayant choisi pour cette dignité un nommé Job, qui fut nommé premier patriarche des Russes l'an 1588.

Ce Job fut relégué par le csar que l'on connaît dans l'histoire sous le nom du faux Démétrius, et qui voulait, comme on sait, réunir l'Eglise moscovite à la romaine ; mais son successeur Basile chassa Ignace, qu'on avait mis en sa place, et lui substitua un nommé Hermogène, que l'on déposa pour donner sa place à Filaret, père du csar Michel. A Filaret succéda Joseph, puis Josaph ; et enfin Nicon, qui a été le plus habile de tous ceux que l'on y a vus, mais qui s'étant brouillé avec le csar Alexis, fut exilé : de sorte qu'il n'y en a presque eu aucun qui soit mort paisible dans sa dignité.

Le patriarche de Moscovie est élu par les prélats de sa dépendance, qui, après s'être assemblés dans l'église, et être convenus de deux ou trois de ceux qu'ils jugent plus capables de cette dignité, portent leurs noms au grand-duc, et déterminent avec lui celui qui en doit être revêtu. Il a un revenu, selon MM. de Sainte-Marthe, qui ne va guère moins qu'à un million, et un pouvoir très-grand, puisqu'il juge en dernier ressort de toutes les causes ecclésiastiques. Son palais a presque autant d'apparence que celui du prince ; et son église patriarcale, qui porte le nom de Jérusalem, et est dédiée à la sainte Trinité, est un vaisseau bâti à l'italienne par le tyran Jean Basile, qui fut si content de l'architecte, qu'il le voulut nourrir le reste de ses jours, mais après lui avoir fait crever les yeux de peur qu'il n'en fît une semblable. On y voit une cloche qu'on peut bien assurer être la plus grosse de la chrétienté, puisqu'elle pèse trois cent mille et a dix-neuf pieds de haut et cinquante-quatre de tour. On ne met pas moins de deux mille églises dans toute sa ville, tant couvents et paroisses que chapelles, mais la plupart fort petites ; et tout cela est desservi par un nombre de moines et d'ecclésiastiques qu'on fait monter à plus de dix mille. Ses juridictions sont le pricas de Roscrod, où sont les registres et les archives de son église ; le pricas de Susni, où se jugent les affaires de conscience ; et celui de Casannoi, où l'on traite de ce qui regarde son domaine et son revenu. Pour des officiers, on ne lui donne qu'un archidiacre, qui est son vicaire, et un protodiacre.

A l'égard des prélats qui sont de sa dépendance, ils consistent en métropolitains, archevêques et évêques. Les métropolitains sont quatre, et prennent ce titre comme ayant leur siége dans des villes qui étaient autrefois capitales d'Etats fort considérables. Il y en a un qui réside à Moscou même, et qui est comme le coadjuteur du patriarche ; et un autre à la grande ville de Novogrod, qui prend la qualité de prototrône.

Les archevêques sont au nombre de huit, et ont cette qualité, non-seulement parce qu'ils relevaient immédiatement du patriarche de Constantinople, mais encore comme étant dans des villes capitales de province. Enfin pour de simples évêques, il n'y en a que deux ; et ce qui fait apparemment qu'ils n'ont que ce nom, c'est que leur ville n'est point capitale et n'a aucune dignité.

Sous ces prélats est le clergé séculier et régulier. Le séculier comprend les archipopes, qui sont comme nos doyens ruraux ; les popes, qui ressemblent à nos curés, et les diacres, sous le nom desquels on entend tous les moindres ordres. Il suffit pour y être admis de savoir lire, écrire et chanter à l'église. Leur habit est une soutane et une veste noire avec un capuce fort large, un bâton à la main qu'ils nomment posoch, et qui est crochu par le haut en forme de crosse, et une calotte sur la tête, qui est tellement leur caractère spécifique, que, dès qu'on peut la leur ôter, on a le droit de les traiter en laïques.

Les prélats ne peuvent point se marier, et doivent avoir fait vœu de religion, ce qui emporte avec soi l'interdiction de la viande et du vin. Leur revenu est très-grand, et consiste en terres et en dîmes, et leurs diocèses la plupart sont d'une fort vaste étendue. Pour le moindre clergé, il est ordinairement pauvre. Ceux qui en sont doivent être mariés ; mais non pas à une veuve, et ne le peuvent faire qu'une fois. Leur ordination se fait en leur coupant un peu de cheveux au haut de la tête, et les couvrant de la calotte. Elle n'imprime point caractère ; de sorte qu'avec la permission du supérieur ils peuvent retourner à l'état laïque.

Les réguliers, tant hommes que femmes, sont tous de l'ordre de Saint-Basile, et ont des règles fort austères, mais qui ne s'observent guère. Leurs couvents sont ordinairement très-riches et bien bâtis. Ceux des religieux ont leurs archimandrites, qui sont comme nos abbés; leurs kilari, qui répondent à nos prieurs, et leurs igumènes, qui sont les maîtres des novices. Les couvents des religieuses n'ont presque point de filles, mais beaucoup de veuves, et plus encore de femmes mariées qu'on y enferme par force.

La foi des Moscovites est à peu près la même que celle de l'Église grecque, avec qui ils entretiennent communion fort constamment; et c'est même pour en renouveler incessamment la protestation d'une manière solennelle et publique, que le grand-duc envoie tous les ans un présent de cinq cents écus d'or au patriarche de Constantinople. Ils croient la présence réelle et la transsubstantiation, adorent le saint sacrement, donnent aux malades l'extrême-onction et le viatique, se confessent avant la communion, et la reçoivent tous à Pâques, prient pour les morts, invoquent les saints, gardent les jeûnes et les abstinences, et ont tant de respect pour les images peintes et pour les reliques, qu'ils les font entrer dans toutes leurs cérémonies.

Leurs églises sont disposées à peu près comme celles des Grecs, et ont une cloison mitoyenne qui prend du haut en bas et sépare le sanctuaire de la nef. Dans le sanctuaire est une table couverte d'une nappe, qui sert d'autel. Au milieu est un séraphin sous lequel on laisse le calice dont on se sert à la messe. Au côté gauche est le livre des Évangiles sur un coussin, et à droite, sur un autre coussin, est un crucifix en plate peinture, non pas debout, mais couché. Dans la nef sont les images des saints peintes le long des murailles. Chaque paroissien a la sienne, devant laquelle il a sa place; et il a seul le droit de lui adresser ses prières; en sorte qu'un autre ne le peut pas faire sans s'attirer une grosse querelle. Pour les femmes, elles sont dans des tribunes fermées de treillis.

Ils administrent le baptême par immersion; ce qu'ils croient si nécessaire, qu'ils le réitèrent à tous ceux qui l'ont reçu autrement, lorsqu'ils veulent être de leur communion. Leur confirmation, à l'exemple des Grecs, est celle que le prêtre donne en baptisant; ils attachent alors au cou de l'enfant une croix qu'on lui doit trouver à la mort pour le porter en terre sainte, et qui, jointe à l'attestation que lui donne son curé en l'ensevelissant, comme il a vécu en bon chrétien, le doit faire aller droit en paradis.

L'office divin est en sclavon, qui est la langue du pays; et se peut diviser, comme parmi nous, en messe et bréviaire. La messe est, comme chez les Grecs, celle qu'on nomme de saint Basile ou de saint Chrysostome. On n'en dit qu'une à chaque église sur les neuf heures. Il y a peu de monde les jours ouvriers, mais beaucoup les dimanches et les fêtes. Ils consacrent en pain levé, et ont leurs ornements et leurs cérémonies tout à fait à la grecque. Le bréviaire consiste en une espèce de vêpres, de matines et d'office du midi, et se chante, comme parmi nous, à l'église, ou se dit dans le particulier. On n'y prêche que rarement, et l'on y regarde les sermons comme des sources d'hérésie; mais on y lit les homélies des Pères, traduites en leur langue, et les vies des saints, qui sont la plupart du pays même, et toutes remplies de visions et de miracles. Le divorce s'y accorde aisément, mais on ne peut passer à de troisièmes noces sans se faire excommunier.

Leur année commence en septembre, et leur chronologie est depuis le commencement du monde, à qui ils donnent 5519 ans avant Jésus-Christ. Leurs caractères sont grecs, mais si défigurés qu'ils en paraissent tout différents. Ils ne manqueraient pas d'esprit s'il était cultivé, mais ils n'ont presque point d'étude, et même en veulent si peu qu'un des grands crimes que l'on imposait au patriarche Nicon était d'avoir pensé à établir des écoles publiques; de sorte que la plupart ne savent ni leurs prières ni leur créance, et que, quand on leur fait quelque question, ils répondent qu'il n'y a que Dieu et leur czar à qui il appartient de la décider. Leur science consiste, tant pour les ecclésiastiques que pour les laïques, à boire et à fumer; et cependant ils sont si prévenus en leur propre faveur, qu'ils croient le christianisme corrompu partout ailleurs, et qu'il n'y a que chez eux où il soit dans toute sa pureté. Ils ont accordé des églises dans Moscou aux luthériens et aux calvinistes, mais ils n'y ont jamais voulu permettre l'exercice de la religion catholique.

### Des archevêchés et des évêchés de Géorgie.

Nous appelons Géorgie aujourd'hui ce qui est nommé le Cartuel par ceux du pays, et porte le nom d'Ibérie dans les anciennes géographies et dans les notices. Les Orientaux en font une province de l'Arménie majeure, et en marquent la situation vers le 45° degré de latitude et le 75° de longitude. Ses bornes sont la Mingrélie au couchant, les terres de Perse au levant, l'Arménie au midi, et le mont Caucase, qui la sépare des Circasses et des Souanes, au nord.

Il n'y a de bonnes villes que Tiflis, qui en est capitale; Gori, Surham, Ali et Caket. Tout le reste n'est que des villages, dont les campagnes étaient autrefois toutes pleines, et qui, malgré les désolations que le Turc et le Persan y font tous les jours, ne laissent pas d'y être encore à présent en très-grande quantité. La terre y est très-fertile et très-agréable. Les habitants, tant hommes que femmes, y ont les plus beaux visages et la plus belle taille qu'on puisse voir; mais ils tiennent beaucoup du Tartare, et sont la plupart, dans l'un et dans l'autre sexe, ivrognes et impudiques jusqu'à l'excès.

Il est parlé des rois d'Ibérie dans le IVe siècle et dans les suivants, comme de princes qui se défendaient bravement contre les Romains et les Perses et se maintinrent dans l'indépendance: cependant il arriva dans le XIIIe que les empereurs grecs de Trébisonde les mirent sous le joug; et lorsqu'ils furent eux-mêmes dépouillés de leur Etat par le Turc dans le xvᵉ siècle, ils s'y réfugièrent ; et ayant pris le nom de *Meppe Meppet*, c'est-à-dire de roi des rois, ils se conservèrent non-seulement la Géorgie, mais encore la Mingrélie, avec plusieurs autres provinces le long de la mer Noire. Un de ces meppes partagea sa succession entre ses enfants au commencement du xvıᵉ siècle, ce qui y causa de grandes divisions. L'empereur de Perse ne manqua pas d'en profiter ; et, ayant fait mourir leur dernier prince chrétien nommé Témuras, si fameux par ses infortunes et par l'union qu'il eut avec le pape Urbain VIII, il a rendu la Géorgie province de son empire, et la fait gouverner par un vice-roi. C'est toujours un des descendants de l'ancienne famille royale à qui on donne cette dignité, mais il faut qu'il se fasse mahométan pour l'avoir.

On peut voir dans Socrate et dans Sozomène comme quoi la foi chrétienne fut portée en ce pays par le moyen d'une fille esclave, vers le temps du grand Constantin ; et que l'archevêque de Constantinople y envoya ensuite des évêques et des prêtres par les ordres de cet empereur ; et depuis ce temps-là ils ont toujours continué dans l'union et la dépendance de l'Eglise grecque.

Le chef spirituel de leur rite n'était d'abord qu'un métropolitain, ou tout au plus un exarque qui avait sous lui quelques évêques ; mais il a depuis longtemps le titre de catholique ou archevêque autocéphale, que nos auteurs ont changé en celui de patriarche. Ce nom de catholique signifie un primat ou exarque, qui a droit d'exercer ses fonctions après son ordination, sans attendre la confirmation de son supérieur. On prétend que ce fut Pierre, patriarche d'Antioche, qui dans le xᵉ siècle l'éleva à ce rang, ayant égard à ce que les chemins étaient souvent ou fermés par les guerres dans le temps de son élection, ou trop difficiles ; mais il y a plus d'apparence qu'il l'a eu des prélats de Constantinople, à qui le concile de Chalcédoine avait soumis toutes les provinces barbares qui se convertiraient vers les limites de sa juridiction. Et en effet nous voyons ce catholique dans les notices de ce patriarcat, et non pas dans celles d'Antioche ; et même le style des notaires ne lui donne que le dernier lieu entre les autocéphales qui sont sous l'archevêque de Constantinople.

Ce catholique ou patriarche est ordinairement le frère ou le parent du vice-roi, qui, ayant tout pouvoir dans l'élection, ne laisse point sortir cette dignité de sa maison. Il a de très-grands biens pour le pays, et ne va jamais qu'il n'ait de gros équipages et beaucoup de suite. Son église cathédrale est à trois lieues de Tiflis, et est un grand vaisseau à demi-ruiné. Il n'y va guère qu'une fois par an pour y faire le myrone, qui est le chrême de la confirmation, d'où il tire le meilleur de son revenu ; parce que son peuple y a plus de foi en quelque façon qu'à l'eau du baptême. Son palais est à Tiflis, et est un bâtiment qui est assez beau et qui est situé proche d'une église que l'on nomme Sion, où il fait plus ordinairement ses fonctions. Il y a outre cela un évêque dans cette ville qui est comme son coadjuteur, et dix ou douze églises, dont la moitié est pour ceux de sa nation et l'autre pour les Arméniens.

On ne peut pas dire bien précisément le nombre ni la situation des prélatures qui sont de sa juridiction. Vincent de Beauvais les fait monter à dix-huit, sur le témoignage de quelques voyageurs qui l'avaient ainsi rapporté de son temps ; et c'est à quoi se sont arrêtés tous ceux qui en ont parlé après lui, sans s'en être informés plus amplement. Chardin, qui avait été sur les lieux, dit seulement qu'il a un archevêque sous lui et plusieurs évêques, sans nous en nommer que très-peu.

Tous ces prélats doivent être Berres, c'est-à-dire moines de Saint-Basile, et ont de gros revenus et des églises cathédrales, qu'ils entretiennent fort proprement, afin qu'il s'y fasse plus de miracles et que les aumônes puissent y venir avec la dévotion. Ils ne se distinguent guère des laïques, pour l'extérieur, que par le bonnet noir et la barbe longue ; car au reste ils portent le velours et l'écarlate, et sont sans cesse à cheval pour cueillir leurs droits ou aller à la chasse.

A l'égard des curés et des autres ecclésiastiques, ils sont presque tous pauvres et ignorants, et n'ont pour tous revenus que les rétributions modiques qu'on leur donne pour les sacrements. Leurs églises sont mal bâties, et encore plus malpropres. Il y en a même plusieurs où l'on n'entre pas une fois en dix ans, parce que la plus grande partie du peuple se contente d'adresser ses prières de loin à son image, que chacun y a contre les murailles, comme en Moscovie, ayant sujet de craindre que les saints ne se missent de mauvaise humeur s'ils voyaient des gens aussi déréglés comme ils sont, qui vinssent de trop près les importuner. C'est ce qui oblige les prêtres d'aller dire la messe et d'administrer les sacrements dans les maisons particulières. Ils ont pour cela une toile bénite qui leur tient lieu d'autel portatif, et prennent quelque tasse et quelque assiette malpropres pour leur servir de patène et de calice, avec la première chemise sale qu'ils peuvent trouver pour chasuble et pour aube ; et il faut qu'elle soit bien sale, puisque le plus riche Géorgien n'en change jamais plus d'une par an.

On voit quantité de monastères qui sont répandus dans tout le pays, et qui, comme ceux de l'Eglise grecque, sont de l'ordre de Saint-Basile ; mais ils sont la plupart dans un très-grand déréglement : surtout il y en a beaucoup de filles, que les parents y enferment de bonne heure afin qu'on ne puisse pas les vendre pour esclaves ; car, comme ce sont les plus belles gens du monde, tout y est plein de marchands et de corsaires qui viennent en enlever pour remplir les sérails de Turquie et de Perse. Tavernier prétend que ce sont ces religieuses dont on se sert pour prêcher et pour baptiser, parce qu'elles sont les seules du pays qui aient quelque étude ; mais ni le P. Avitabolis ni Chardin, qui avaient été sur les lieux, et qui ne les épargnent pas dans ce qu'ils en disent, ne parlent d'une coutume si irrégulière et si abusive.

Il serait inutile après cela de s'étendre plus au long sur leur créance, leur discipline et leurs cérémonies, puisqu'elles sont presque en tout semblables à ce qu'on a vu de l'Eglise grecque. Leur liturgie et leur bréviaire sont en vieux géorgien, qu'ils n'entendent presque plus, et conformes, au reste, à ce qu'on a dit du rite grec. Leur attachement à la religion est très-grand ; de sorte que, quoiqu'ils dépendent de l'empereur de Perse, qui a fait tout ce qu'il a pu pour y introduire le mahométisme, ils n'ont jamais voulu souffrir chez eux aucun exercice de cette damnable secte. Il n'y a que le vice-roi qui a obtenu d'avoir une mosquée dans le château de Tiflis, pour son usage et pour celui de la garnison que le Persan y entretient ; mais, dès qu'on a entrepris d'en bâtir ailleurs, le peuple n'a pas craint de se révolter et de risquer sa vie pour s'y opposer.

Ils n'ont guère moins d'antipathie pour les Arméniens que pour ces infidèles ; cependant c'est une nation qui y est en plus grand nombre que la géorgienne même : ainsi l'on y voit les villes, les bourgs, les villages partagés en deux cantons, l'un arménien et l'autre géorgien, qui ont leurs habits, leurs coutumes, leur langue, leurs paroisses, leurs couvents, tout en un mot différent les uns des autres, et ne font jamais ni alliance ni commerce ensemble, et vivent pourtant paisiblement entre eux dans le même pays.

Ce sont les Capucins qui y font la mission depuis quelque temps pour l'Eglise latine, et ils y ont même leur résidence à Tiflis ; mais ce n'a jamais été avec beaucoup de succès.

### Des archevêchés et des évêchés de *Mingrélie*.

Il faut comprendre ici sous le nom de Mingrélie non-seulement le pays qui porte ce nom dans les cartes, mais encore l'Imirette, le Guriel et les Abcas, qui sont autant d'Etats séparés pour le civil, mais qui dépendent aujourd'hui du même catholique ou patriarche pour l'ecclésiastique. Tous ces peuples différents sont situés le long de la côte orientale et septentrionale de la mer Noire, et ont la Géorgie au levant, les Circasses au nord, et l'empire du Turc au midi.

La Mingrélie propre, qui est la Colchide des anciens, et est nommée Odisché par ses habitants, n'a pas plus de 110 milles de long sur 70 milles de large. Elle avait presque toujours été aussi bien que ses voisins sous la domination du meppe ou roi d'Ibérie ; mais lorsqu'un d'eux vint à partager sa succession à ses enfants, comme je l'ai dit plus haut, celui qui en était gouverneur se trouva assez puissant pour secouer le joug et se mettre dans l'indépendance, où il est encore à présent. Il se nommait Dadian ; ce qui a fait que son nom a passé à ses descendants.

Sous ce prince, qui est obligé de payer tribut au Persan et au Turc, sont environ cent cinquante seigneurs et peut-être vingt mille habitants, entre lesquels il y en peut avoir quatre mille portant les armes. Ils étaient autrefois plus de quatre-vingt mille ; mais, outre les guerres civiles et étrangères, qui en ont beaucoup détruit, ils font eux-mêmes un trafic perpétuel de leurs enfants et de ceux de leurs voisins pour la Turquie et la Perse, où l'on est curieux de leurs beaux visages ; ce qui en a enlevé la meilleure partie.

Il n'y a que deux villages dans tout le pays ; l'un, que l'on appelle Ruse, où est le palais du Dadian, et celui du catholique avec environ une centaine de maisons ; et un autre à peu près semblable nommé Anarguie, que l'on dit bâti sur les ruines de l'ancienne Héraclée, et qui est le port le plus fameux de la contrée. Le reste de leurs maisons ou plutôt de leurs cabanes est de côté et d'autre, dix ou douze ensemble, dans les bois dont le pays est tout couvert ; ce qui le rend fort humide et empêche qu'on ne le puisse cultiver.

L'Imirette est un petit Etat à l'orient de la Mingrélie, dont le roi se prétend de la branche aînée des anciens meppes de Géorgie. Il est un peu meilleur que le précédent, et a plusieurs bourgs et quantité de forts. Celui qui sert de logement au prince se nomme Scander, ce qui le fait croire bâti par Alexandre le Grand. Il y en a encore un autre nommé Cotatis, qui est de meilleure défense ; mais les Turcs s'en sont rendus maîtres afin de tenir tout le pays dans la sujétion.

Le Guriel est au sud-ouest de la Mingrélie, et est un démembrement de l'ancienne Géorgie, qui avait aussi son prince issu des meppes il n'y a pas longtemps ; mais il est presque désert aujourd'hui par les cruautés que le Turc y a exercées.

Enfin les Abcas, qui sont au couchant de la Mingrélie, occupent le pays qui est appelé Avogasie dans les notices, et Circassie dans les géographes anciens. On peut dire que c'est le peuple le plus beau et en même temps le plus farouche de l'univers, où l'on ne voit que des visages d'anges, et où l'on ne trouve ni humanité ni religion.

La foi chrétienne est venue de la Géorgie dans toutes ces contrées différentes : ce qui les a tenues longtemps sous la même catholique pour le spirituel, comme elles étaient sujets du même prince pour le temporel. Mais lorsque Dadian fit de la Mingrélie un Etat séparé, il ne voulut plus voir son Eglise sous la domination d'un étranger, et y fit établir par ses évêques un catholique ou primat, à qui l'on donne improprement le nom de patriarche. Le clergé d'Imirette et de Guriel trouva plus de commodité à s'y soumettre qu'à demeurer sous celui de Géorgie, ce qui continue jusqu'à présent.

Ce prélat est élu par le prince, qui ordinairement, comme celui de Géorgie, y met son plus proche parent. Son église cathédrale est à 20 milles de Rusc, sur le bord de la mer Noire; et est dédiée à saint Georges : ce qui fait qu'à la fête de ce saint il y a une foire où se rencontrent des étrangers qui y viennent de tous côtés par terre et par mer. Son revenu est considérable pour le pays, et son sceau est une main qui descend du ciel et tient un livre.

Il avait autrefois douze évêchés de sa province, à compter seulement ceux de Mingrélie; mais, comme le peuple y a diminué, on y a aussi diminué les évêchés, de sorte qu'il n'y en a plus que six qui subsistent à présent, et on a réduit les six autres en simples abbayes. Outre cela, il a un évêque de sa dépendance dans l'Imirette, un autre dans le Guriel, et un troisième qu'il envoie chez les Abcas, mais qui n'a pas grand'chose à y faire. Ils sont d'un libertinage qu'on ne peut exprimer.

Tout ce que l'on a dit de l'état ecclésiastique des Géorgiens se doit entendre à proportion de ce patriarcat, où l'on a non-seulement les mêmes articles de foi et les mêmes coutumes, mais encore la même langue pour la liturgie et les affaires de religion. Il faut seulement ajouter que les églises y sont encore moins hantées, que l'office s'y dit plus indécemment, et que l'ignorance, la superstition, la simonie, la débauche y sont encore plus en règne, tant parmi les prêtres et les religieux que parmi les laïques; et cependant ils ont si bonne opinion d'eux-mêmes, qu'ils croient que si le christianisme était perdu, ce serait chez eux qu'il faudrait le retrouver.

Les Théatins y entretiennent une mission pour l'Eglise romaine, et ont un couvent avec une église au village de Sipurias, où il y a ordinairement trois ou quatre religieux; mais ils y font si peu de fruit et y souffrent tant d'avanies, qu'ils ont été tentés bien des fois de la quitter.

### Des archevêchés et des évêchés des Syriens jacobites.

L'aversion que saint Cyrille avait répandue dans tout l'Orient contre les nestoriens, qui voulaient deux personnes en Jésus-Christ, donna lieu à Eutychès, moine de Constantinople, et à Dioscore, patriarche d'Alexandrie, d'y infecter les peuples d'une hérésie qui leur était bien contraire, puisqu'elle n'y admettait qu'une nature. Tout ce que fit l'empereur Marcien pour rétablir l'orthodoxe dans le concile de Chalcédoine n'eut aucun effet sur un très-grand nombre d'esprits, qui s'étaient laissé prévenir en faveur des monophysites, et qui regardèrent ce qu'on y avait ordonné comme un détour par lequel on ouvrait la porte au nestorianisme. C'est ce qui arriva particulièrement aux originaires de Syrie, qui ne portaient qu'impatiemment le joug des Grecs, et ne cherchaient que les occasions de se séparer d'eux et de les contredire.

Mais ce qui leur donna occasion de s'endurcir encore davantage dans l'hérésie eutychienne, ce fut la révolution qui arriva chez eux du temps des califes successeurs de Mahomet, dans le VII<sup>e</sup> siècle; car leur pays ayant été la première proie de ces infidèles, ils ne se virent pas plutôt sous ce nouveau joug, qu'ils ne se soucièrent plus guère de rompre de communion avec leurs anciens maîtres. Ils donnèrent le nom de melchites à ceux qui adhéraient au concile de Chalcédoine, comme s'ils ne le faisaient que par complaisance pour l'autorité impériale; et, s'étant ligués avec les Arméniens et les Coptes, qu'ils voyaient à droite et à gauche dans les mêmes sentiments, ils se firent sacrer un patriarche qu'ils titrèrent d'Antioche, capitale de leur pays, et qui, ayant eu des successeurs de siècle en siècle, les a toujours entretenus dans l'erreur et le schisme où ils sont encore à présent.

La Syrie, qui leur donne le nom, est un pays situé entre la côte orientale de la Méditerranée au couchant, les terres de Perse au levant, la grande Arménie au nord, et l'Arabie au midi. C'est de là qu'ils se sont répandus, non-seulement dans toutes les provinces qui composaient autrefois le patriarcat d'Antioche, mais encore dans celles des patriarcats de Jérusalem et d'Alexandrie. Ils avaient des métropolitains et des évêques en tous ces endroits, et même en plus grand nombre que les melchites; mais les Arabes et ensuite les Turcs y ont exercé sur eux tant de cruautés, que c'est le tout si l'on en trouve aujourd'hui trente mille familles, dispersées sans police et sans ordre dans cette vaste étendue de pays. Les prélatures y ont diminué à proportion du peuple, et même en quelque façon encore plus.

Le patriarche de cette nation a toujours porté le titre d'Antioche, quoiqu'il y ait très-longtemps qu'il n'y réside plus, tant parce que cette ville est ruinée depuis plusieurs siècles, que pour se soustraire aux avanies par lesquelles les infidèles affectaient de l'y fatiguer. Il s'était réfugié d'abord à Edesse; et, ne s'y trouvant pas encore assez en repos, il a établi enfin sa demeure dans un monastère de Syriens nommé Safran, proche de la ville de Mardin; et, comme la ville d'Amid ou Diarbéker est la capitale du pays, et n'est qu'à deux journées de sa résidence, il est obligé d'y aller souvent pour régler les affaires de sa nation avec le bacha qui en est gouverneur : ce qui a fait dire à quelques auteurs qu'ils étaient deux patriarches, l'un en cette ville, l'autre à ce couvent; car on ne voit point avoir jamais été. Son revenu est très-médiocre, et la figure qu'il fait très-petite, parce que, de tous les schismatiques, il n'y en a point de plus pauvres ni même de plus haïs que ceux qui dépendent de lui. On ne sait pas bien d'où leur est venu le nom de Jacobites, qui a beaucoup contribué à les faire mépriser. Les uns disent qu'il leur est commun avec tous les eutychiens, parce que le fameux Dioscore, qui était leur grand appui, se nommait Jacob avant son ordination. Les autres le tirent d'un certain Jacques surnommé Zanzale ou le Chiffonnier, moine qui vivait du temps de l'empereur Anastase, au commencement du vie siècle, et remit cette hérésie parmi eux en réputation.

La créance de son Eglise est à peu près la même que celle de la grecque, si vous en exceptez l'unité des natures en Jésus-Christ, qui fait leur erreur capitale, et qui n'est presque pourtant qu'une mauvaise manière de parler, puisque, quand ils viennent à en donner l'explication, on les trouve en quelque façon d'accord avec les orthodoxes : cependant cela fait que, par une conséquence nécessaire, ils traitent de saints tous ces hérétiques qui dans le ve et le vie siècle donnèrent tant de diverses branches au monophysisme, et qu'ils refusent d'admettre tous les conciles qui ont été tenus depuis celui de Chalcédoine, et ont une aversion toute particulière pour le saint-siége.

Leur discipline a aussi beaucoup de rapport avec celle des Grecs ; mais leur liturgie est en syriaque, qu'ils disent être la langue de Notre-Seigneur, et qu'ils n'entendent presque plus, parce que celle qui est commune parmi eux est l'arabe. Il y en a beaucoup parmi eux qui baptisent avec un fer chaud, dont ils se marquent au front, et qui se font couper le prépuce. Nous avons des auteurs qui les excusent, et disent qu'ils le font par une coutume de police extérieure ou de besoin naturel, et non point par aucune maxime de religion.

On a tenté plusieurs fois de les retirer de leur schisme ; ainsi, outre la réunion que les députés de leur patriarche signèrent au concile de Florence, on voit une profession de foi qu'un Jacobite nommé Moïse de Mardin présenta au pape de la part de son Eglise, où il en abjurait les erreurs, l'an 1555 : ce qui fut encore renouvelé par le patriarche Nehmen sous le pape Grégoire XIII. Mais tout cela n'ayant point réussi, il s'est trouvé depuis quelque temps un archevêque syrien d'Alep qui a fait ses soumissions au saint-siége ; et ayant attiré dans son parti quelques évêques avec quelques gens de sa nation, a obtenu du pape le nom et la qualité de patriarche : mais il y en a peu qui se soient attachés à lui, même dans sa ville, où est le lieu de sa résidence ; ainsi il n'a pas fait beaucoup de tort ni de diminution à l'ancien patriarcat.

### Des archevêchés et des évêchés des Syriens maronites.

On donne communément le nom de Maronites aux chrétiens qui habitent le mont Liban, et qui de là s'étant répandus dans les meilleures villes de la Syrie, entretiennent communion depuis longtemps avec l'Eglise romaine. Les uns veulent qu'on les ait ainsi appelés à cause des Mardaïtes, peuples de Médie, de qui ils tirent leur origine ; et qui, s'étant emparés de cette montagne sous l'empire de Justin l'Ancien, y embrassèrent le christianisme ou plutôt l'hérésie eutychienne. Les autres soutiennent que leur nom leur est venu d'un abbé Maron, dont nos auteurs font un hérétique, qui les infecta du monophysisme, mais qu'eux disent au contraire avoir été un religieux très-orthodoxe et très-saint.

Le Liban, qui fait leur principale demeure, est une montagne située dans la Syrie entre Tripoli et Damas, le long des côtes de la mer de Chypre, vers le 35e degré de latitude, et n'a pas moins de trente lieues de long et environ autant de large. Il n'y a point de ville dans toute son étendue, mais seulement des villages, que l'on fait monter au nombre de quarante, et dans lesquels peuvent être environ quarante mille habitants. Ils sont les seuls qui aient droit d'y loger, et ils y sont exempts du tribut des enfants, moyennant d'autres droits forts grands que le Turc leur y fait payer.

Le terrain de cette vaste montagne est fort diversifié et fort agréable. On y voit des forêts de sapins et de cyprès qui font un ombrage et une solitude des plus charmants ; des coteaux plantés de vignes excellentes ; des campagnes toutes pleines de mûriers pour les vers à soie, d'oliviers et autres arbres utiles à la nourriture et au vêtement ; et enfin des vallées où le riz, le blé et les autres grains nécessaires viennent à pleine faucille : si bien que l'on n'y a besoin que d'un peu de liberté pour y user des biens que Dieu y a mis si abondamment ; mais hélas ! il faut qu'ils la cherchent souvent dans des rochers escarpés qu'il a plu à la Providence d'y pratiquer, pour leur servir d'asile contre l'oppression de ces infidèles, sous lesquels ils ont été enfin obligés de se réduire. Ce qui n'est arrivé que dans ce siècle, puisque leur dernier prince fut le célèbre émir Facardin, que le Grand-Seigneur fit étrangler l'an 1633 ; et, quoique depuis ce temps-là ils aient toujours eu un gouverneur de leur nation, à qui ils donnent le nom d'abounoufé, ce n'est qu'avec subordination aux bachas de Damas et de Tripoli, qui abusent souvent de leurs pouvoirs, et y envoient faire des courses au nom du Grand-Seigneur, d'où s'ensuivraient encore de bien plus grands malheurs, s'ils n'avaient pas la patience de les supporter.

Quant à ce qui regarde la religion chrétienne de ces peuples, on croit qu'ils suivirent les erreurs d'Eutychès comme les autres Syriens, jusqu'au xiie siècle ; ce qui est assez probable, et qu'ils nient pourtant constamment. Le commerce qu'ils eurent avec nos Latins durant les croisades leur donna envie de s'unir avec l'Eglise romaine, afin d'avoir sa protection contre les Sarrasins, qui désolaient le pays. La première chose qu'on souhaita d'eux, ce fut qu'ils abjurassent le monophysisme ; ce qu'ils firent entre les mains d'Aimeri, patriarche latin de Jérusalem, l'an 1182, et depuis ce temps-là ils ont toujours persévéré dans l'obéissance envers le saint-siége, malgré tous les efforts que les autres schismatiques ont pu faire pour les en détourner.

On ne peut pas tout à fait déterminer en quel siècle le prélat qui est le chef de leur rite a commencé de prendre la qualité de patriarche d'Antioche : il y a pourtant apparence que ce fut dans le temps que les Latins avaient été chassés de la Syrie, et que les Grecs y étaient en si petit nombre, que le patriarcat paraissait comme abandonné : de sorte que voyant ce titre en quelque façon vacant, ils crurent qu'ils pouvaient s'en mettre en possession. En effet, on voit qu'ils le prirent au quatrième concile de Latran, ce qui parut un peu étrange au pape, et ne laissa pas d'être admis. Cependant, comme depuis quelque temps ils ne se font plus sacrer qu'ils n'aient obtenu des bulles de Rome, on ne leur y donne pas ce nom tout à fait comme ils auraient bien voulu, mais seulement celui de patriarche maronite d'Antioche ; et toutes les plaintes qu'ils ont pu faire afin qu'on ôtât cette addition de maronite leur ont été jusqu'à présent inutiles.

La résidence de ce patriarche est à Canobin, monastère du mont Liban, qui est taillé dans le roc, comme sont presque tous les villages de cette montagne. Sa cathédrale n'était autrefois qu'une petite chapelle dédiée à saint Jean-Baptiste ; mais depuis quelque temps on en a fait une plus grande, qui est sous le titre de l'Annonciation. Son revenu est environ de sept à huit mille écus de rente, qui proviennent tant des honoraires qu'il reçoit des fidèles, que des vignes et des mûriers qu'il fait cultiver ; mais il a de si grands tributs à payer, tant pour lui que pour les pauvres de sa nation, qui sans ses charités continuelles succomberaient à la vexation, qu'à peine peut-il suffire à mener une vie frugale avec une vingtaine de moines qui lui servent d'officiers, et deux ou trois évêques qu'il est obligé d'avoir auprès de lui pour l'aider dans ses fonctions, et pour aller de côté et d'autre faire la cueillette de ses droits.

Son élection se fait par les douze plus anciens prêtres de son monastère, joints aux prélats que l'on peut assembler. Il ne s'y fait jamais de brigue, parce qu'il n'y a que de la peine à y avoir, et que chacun au contraire s'en défend du mieux qu'il lui est possible ; et, quand le clergé est convenu de quelqu'un, il faut qu'ensuite le peuple l'agrée ; sans quoi ni lui ni aucun évêque ne peut être mis en possession de sa dignité. Il envoie après cela au pape pour avoir ses bulles, où on lui donne toujours le surnom de Pierre, afin de montrer son union avec l'Église romaine.

Le Jésuite Dandini, qui avait travaillé à la réformation de cette Église sur la fin du siècle passé, par l'ordre de Clément VIII, fait monter les prélatures que ce patriarche a sous sa juridiction au nombre de trente. Il est vrai qu'il ajoute que plusieurs d'entre eux n'ont que le caractère, et sont plutôt des coadjuteurs pour aider ceux qui sont actuellement en fonction.

En effet, on ne trouve pas à présent plus de neuf ou dix prélats effectifs de ce rite, qui prennent presque tous le nom d'archevêques. Les uns sont dans les monastères du mont Liban, les autres dans les villes voisines. Leur revenu est fort modique ; et, quoique le peuple ait beaucoup de déférence pour eux, il est si pauvre, qu'ils ont bien de la peine à faire monter leur condition jusqu'à deux cents écus, mais en récompense ils sont ordinairement d'une vie très-irréprochable et très-régulière.

Sous ces prélats sont environ cent cinquante curés et deux cents prêtres dispersés dans les villages de cette montagne. Ils portent l'habit violet, et peuvent être mariés comme les autres Orientaux ; mais il n'en est pas de même des évêques ni du patriarche, qui doivent avoir fait vœu de religion.

Les moines sont en grand nombre parmi cette nation, comme étant logés dans des lieux qui portent d'eux-mêmes à la retraite et au silence. Leurs couvents sont la plupart taillés dans des rochers si escarpés, qu'on y grimpe plutôt que l'on y monte, par des échelles sur lesquelles on ne va qu'en tremblant. Ils sont de l'ordre de Saint-Antoine, et mènent une vie fort pénitente. Leur habit consiste en une tunique de serge brune, liée d'une courroie de cuir noir, avec une robe par-dessus de camelot brun, un capuce et un manteau noir. Ils vont pieds nus, et portent un bâton à la main dont le haut est en figure de T. Il y a aussi quelques couvents de religieuses, qui vivent dans une perpétuelle clôture et dans une grande pauvreté.

A l'égard de leur créance, on peut bien juger qu'elle est en tout la même que celle de l'Église latine. Leur discipline en était autrefois assez différente, et approchait beaucoup de la grecque ; mais les missionnaires qu'on y a envoyés de Rome ont eu assez de pouvoir sur leur esprit pour les conformer à la nôtre en tout ce qu'il y a de plus essentiel et de plus important.

La liturgie de ce peuple est en syriaque ; et, après qu'on a lu l'Évangile en cette langue, on le répète en arabe, qui est celle du pays, afin que tout le monde puisse l'entendre. Il n'y a jamais qu'un prêtre qui célèbre par jour dans chaque église ; les autres, s'étant rangés à droite et à gauche, profèrent les paroles de la messe avec le célébrant, et communient enfin avec lui aussi bien que le peuple sous les deux espèces. Ils n'avaient point autrefois d'autres habits pour l'église que les ordinaires ; mais, depuis quelque temps, on leur a donné l'usage de nos chasubles et de nos chapes, et, même pour les évêques, celui de la mitre et de la crosse.

Leurs églises sont ordinairement fort petites ; de sorte qu'on en verra jusqu'à trente et quarante dans un même village, parce que leur dévotion n'est pas à réparer les anciennes, mais plutôt à en bâtir de nouvelles. Ils ne s'y asseyent jamais, mais ils ont des potences rangées le long de la nef, sur lesquelles ils s'appuient. Les femmes sont dans des tribunes treillissées comme par tout l'Orient.

Une de leurs plus belles cérémonies est celle qu'ils font tous les ans le jour de la Transfiguration, à l'endroit où sont ces arbres que l'on appelle communément les cèdres du Liban. Il n'y en a pas plus de vingt-deux ou vingt-trois, que l'on y croit dès le temps de Salomon, et qui sont d'une grosseur prodigieuse; mais leurs racines en ont produit une infinité de petits, qui font une espèce de forêt. Leur hauteur est à peu près comme celle d'un grand noyer, et leurs feuilles aussi bien que leurs fruits, comme ceux du pin.

On peut regarder les Maronites comme les plus réguliers de tous les chrétiens orientaux. Ils sont doux, fidèles, laborieux, et si pleins de respect envers les ecclésiastiques, qu'ils ne les rencontrent jamais sans se mettre à genoux pour leur baiser la main. On ne leur reproche qu'un vice, qui est d'être la plupart si jaloux de leurs femmes, qu'à peine ils les laissent sortir pour entendre la messe, particulièrement celles qui sont à leur aise; de sorte que c'était autrefois parmi elles un titre de noblesse de n'aller à l'église qu'une fois par an; mais à présent on y a mis ordre, et ils sont obligés d'en user autrement.

### Des archevêchés et des évêchés des Arméniens de Perse.

Les Arméniens sont des peuples répandus aujourd'hui dans les Etats de Perse, de Turquie, de Moscovie, de Pologne. Ils tirent leur nom de l'Arménie, qui est proprement leur pays natal, et est située vers la source de l'Euphrate, ayant la mer Caspienne à l'orient et le Pont-Euxin au couchant. Les anciens géographes la divisaient en bien des manières, qu'on ne rapportera point ici, puisqu'elles seraient inutiles au sujet. Mais la plus célèbre de ces divisions, et que l'on doit bien remarquer, est en grande et petite, l'une au delà, l'autre en deçà de l'Euphrate. Nous allons expliquer la première ci, comme étant celle où réside le patriarche de cette nation, qui dépend de la Perse; et nous parlerons ensuite plus au long de la seconde, qui regarde la Turquie.

La grande Arménie est située depuis le 40° degré de latitude jusqu'au 46°, et a la mer Caspienne au levant, la petite Arménie au couchant, la Géorgie au nord, et l'Assyrie, nommée aujourd'hui Curdistan, au midi. C'est un pays si agréable et si fertile en bien des endroits, que beaucoup d'auteurs y ont placé le paradis terrestre et la demeure des premiers hommes. Il a eu ses rois longtemps avant la naissance de Jésus-Christ, dont il est beaucoup parlé dans l'histoire. Les Romains la partagèrent, ou plutôt la disputèrent avec les Parthes vers le II° et le III° siècle. Les Sarrasins l'enlevèrent aux uns et aux autres vers le VII° et le VIII°, et y mirent les peuples dans une fâcheuse oppression. Enfin les Turcs et les Perses, après en avoir fait souvent le théâtre de leurs guerres, l'ont divisée entre eux, et en jouissent encore à présent.

Quant à la religion chrétienne, leurs historiens prétendent qu'elle y a été plantée par les apôtres saint Barthélemy et saint Thadée; mais qu'y ayant été renversée presque aussitôt, elle y fut rétablie par le fameux saint Grégoire dit l'Illuminé, qui alla, à ce qu'ils disent, se faire sacrer à Rome avec le roi Thiridate par le pape saint Sylvestre, et qui y est regardé par cette raison, ou plutôt par cette fable, comme l'apôtre de leur nation. Mais il y a plus d'apparence à ce qu'écrit Nicon, auteur arménien, qui rapporte la conversion de ces peuples aux archevêques de Césarée, et particulièrement à saint Léonce, prédécesseur de saint Basile, qui leur sacra des évêques, puisqu'en effet ce pays était sur les limites de son exarchat, et que par conséquent il devait être de sa juridiction. On voit dans Théodoret et dans les autres historiens grecs du V° siècle, qu'il y avait de leur temps une grande quantité de prélats, et que l'Arménie majeure ayant été soumise pour le civil au préfet romain, qui résidait à Antioche, elle fut soumise aussi au patriarche de cette ville pour l'ecclésiastique.

Mais le concile de Chalcédoine ayant condamné l'hérésie d'Eutychès, il leur arriva, comme à beaucoup d'autres, de prendre ce qu'on y avait fait pour un coup de l'autorité impériale, qui voulait renverser ce qu'ils s'imaginaient être la vérité orthodoxe. Les querelles de politique se mêlèrent avec celles de religion, et, comme ils n'avaient pas moins d'antipathie que les Syriens pour la domination romaine, ils tinrent ensemble un concile à Thévin, où le patriarche schismatique d'Antioche les récompensa de l'approbation qu'ils donnèrent au monophysisme, en élevant à la dignité de catholique ou d'archevêque autocéphale ou indépendant celui de leurs prélats qui avait son siège dans la ville capitale du pays.

Les Arméniens disent que cette capitale se nommait Vagarsciabat en leur langue, et était connue sous le nom d'Artaxate aux Romains; que Niersès, qui en occupait le siège vers l'an 500, le transféra à Thévin, où ils avaient tenu le concile dont je viens de parler; mais qu'un autre Niersès, qui en était en possession vers l'an 650, l'y rétabli, y fit bâtir le fameux monastère d'Ecsmiasin, qui a été depuis ce temps-là le sanctuaire, si j'ose ainsi dire, de leur religion et la demeure des prélats, qui, comme successeurs de leur premier apôtre et en qualité d'archevêques catholiques et autocéphales, ont pris le nom et l'autorité de patriarches.

Les califes, sectateurs de Mahomet, s'étant emparés de l'Arménie dès le VII° siècle, contribuèrent beaucoup à endurcir les peuples dans le monophysisme, afin qu'ils en eussent moins de relation avec les Grecs; mais ils furent tellement vexés dans les siècles suivants, tant par ces infidèles, qui fondaient sur eux du côté du midi, que par les Tartares, qui y faisaient à toute heure des courses du côté du nord, que les patriarches furent obligés de se réfugier en deçà de l'Euphrate dans la petite Arménie. Ils s'établirent d'abord à Ani, qui dans une ancienne notice a le nom de catholique ou autocéphale du patriarcat d'Antioche, et dont Tavernier dit avoir vu les ruines dans ses voyages, qui marquent qu'elle a été quelque chose de grand; et cette ville quelque temps après ayant été renversée, ils se réfugièrent à Sébaste, non pas comme à une demeure fixe et permanente, mais seulement en attendant que Dieu donnât assez de paix à leur premier siége pour y retourner.

Cependant il arriva que quelques Arméniens s'étant ligués ensemble pour se défendre contre les mahométans, eurent tant de succès dans leurs entreprises, qu'ils trouvèrent moyen d'établir un royaume de leur nation dans la Cilicie. Les patriarches, qui étaient à Sébaste, crurent aussitôt qu'ils ne pouvaient mieux faire que de les y suivre; et, parce que la capitale de ce nouvel État fut mise à une nouvelle ville nommée Sis, proche de Tarse, ils y mirent aussi leur siége patriarcal. En suite de quoi leurs rois ayant pris alliance avec les Latins, ils firent comme eux, et se réunirent solennellement à l'Église romaine dans le XIIIᵉ siècle, ce qui a subsisté longtemps, et a donné lieu à un patriarcat.

Tandis que les choses se passaient ainsi dans la Cilicie, les schismatiques qui étaient demeurés dans la grande Arménie, et qui n'étaient guère contents de voir qu'ils n'avaient plus chez eux depuis plusieurs années le chef de leur religion, eurent encore un plus grand chagrin lorsqu'ils virent que celui qui prétendait en avoir la dignité avait abandonné le monophysisme, qui était leur opinion favorite : c'est ce qui leur fit prendre la résolution de secouer le joug des patriarches résidant à Sis, et d'en mettre un dans leur ancien trône patriarcal de saint Grégoire, qui perpétuât chez eux les mêmes sentiments qu'ils avaient reçus de leurs ancêtres. Et voilà comme quoi le patriarcat fut divisé ainsi qu'on le voit encore à présent. Ceux de Sis prétendent avoir la succession non interrompue; mais ceux d'Ecsmiasin disent qu'ils occupent le siége que leur premier apôtre a établi pour le centre de leur religion; et, comme depuis ce temps-là ils se sont trouvés soumis à divers princes, parce que la petite Arménie, où est le patriarche de Sis, est au Turc, et que la grande, où est celui d'Ecsmiasin, pour la meilleure partie est au Persan, ils ont trouvé moyen de se soutenir l'un contre l'autre, sans qu'il ait été possible de les réunir.

Il faut avouer cependant que le patriarche d'Ecsmiasin l'emporte par-dessus celui de Sis, non-seulement par la vénération que tous les Arméniens ont pour le lieu où il fait sa demeure; mais encore pour le nombre des églises et la multitude de ceux qui sont sous sa juridiction. Ce mot d'Ecsmiasin signifie la descente du Fils unique, parce qu'ils prétendent que c'est l'endroit où le Fils de Dieu se fit voir à saint Grégoire l'Illuminé. C'est un grand édifice que les Turcs appellent Utchelissie, c'est-à-dire trois Églises; parce qu'outre la patriarcale, qui est très-vaste et assez belle pour le pays, il y en a deux autres à quatre ou cinq cents pas, mais qui sont demi-ruinées à présent. Auprès de la grande église est le cloître, composé de quatre ailes, où demeure ce prélat avec une vingtaine de religieux; mais où il y aurait de quoi en loger plus de trois cents.

Tavernier fait monter son revenu à six cent mille écus par an; mais il devait plutôt dire qu'il n'est au plus que le receveur de cette somme, pour la tirer de son peuple, et la faire entrer dans les coffres du Persan, puisqu'au milieu de tant de droits qu'il lève de toutes parts, et de tant de simonies qu'il fait dans la vente des prélatures et dans l'administration des sacrements, il nous le dépeint comme un homme qui à peine a de quoi vivre fort pauvrement avec ses moines. Ce même voyageur dit qu'il a appris d'un archevêque arménien que sa juridiction s'étend sur quarante-sept archevêques, qui ont sous eux environ cinquante évêques, et qui sont répandus particulièrement dans la grande et la petite Arménie, la Géorgie, la Cappadoce, la Mésopotamie, la Perse. Cela revient assez à la Notice que M. Simon nous a donnée de cette Église, et qu'il dit avoir transcrite sur ce qui lui en fut dicté par Uscam, archevêque d'Usci ou de Saint-Serge, dans le voyage que ce prélat fit en Hollande et à Paris.

Ces archevêques, aussi bien que leurs suffragants, logent dans des couvents qui sont tous de l'ordre de Saint-Basile, et sont situés ordinairement dans les villages du pays, et non pas dans les villes, où on ne leur souffre guère l'exercice de leur religion. Il faut qu'ils soient moines aussi bien que le patriarche; mais, pour le moindre clergé, comme dans toute l'Église orientale, il peut se marier. Chacun achète sa dignité à beaux deniers comptants : le patriarche, de l'empereur; les métropolitains, du patriarche; les évêques, des métropolitains; et enfin les curés, des évêques : et tous, à l'envi les uns des autres, tirent le plus qu'ils peuvent de leur fonctions; car, comme cette nation est des plus habiles pour le commerce, elle sait aussi plus qu'aucune autre l'exercer jusque sur l'autel.

Il ne me reste plus à parler ici que de leur créance et de leur discipline. Pour leur créance, elle est la même que celle des Syriens, avec qui ils jurèrent le monophysisme dans le concile de Thévin au VIᵉ siècle. On peut dire même qu'ils en sont encore plus entêtés qu'eux; et c'est pour le signifier qu'ils se servent de pain azyme à la messe, et n'y mettent point d'eau dans le calice; mais, pour tout le reste, on n'aurait pas beaucoup de peine à les faire convenir avec l'Église grecque et même avec la latine. Leur discipline n'en est pas non plus fort différente; cependant il faut avouer qu'ils ne sont pas si zélés pour les images que les autres schismatiques d'Orient, et qu'ils n'ont guère de dévotion qu'à la croix, encore faut-il qu'elle soit bénite à leur mode. Ils accommodent leurs autels avec un tableau à la contre-table, et des chandeliers sur les gradins, d'une manière qui revient beaucoup à la nôtre; mais ils n'y mettent point de nappes. Ils croient la transsubstantiation et font l'élévation et l'adoration du saint sacrement

DICTIONNAIRE DE GÉOGRAPHIE ECCL. I.

32

dans la célébration des saints mystères à peu près comme parmi nous, et tirent le rideau qui sépare le sanctuaire de la nef, pour le faire voir au peuple. Ils ne célèbrent que le jeudi, le dimanche et les fêtes solennelles, et jamais au mercredi ni au vendredi, qui sont leurs jours d'abstinence, ni en carême. Leur liturgie et leur Bible sont en vieil arménien qu'ils n'entendent presque plus, et elles ont été composées par deux moines, David le Philosophe et Moïse le Grammairien, dès le temps de saint Chrysostome. Ceux qui nous ont fait des relations de ce pays disent que le degré de docteur est si honorable parmi eux, qu'il donne le pas à ceux qui en sont revêtus en quelque façon au-dessus des évêques; mais c'est ce qu'on ne voit pas dans leurs conciles, où les prélats signent toujours avant ceux qui n'y ont que la qualité de maîtres. Ils sont fort rigides observateurs de leurs jeûnes et de leurs abstinences, les ont à peu près semblables à celles des Grecs, et ne permettent point les troisièmes noces, ni à un veuf d'épouser une fille, ou à un garçon de s'allier à une veuve.

Comme cette Eglise est fort entêtée de ses dogmes et fort attachée à ses coutumes et à ses superstitions, il n'y a jamais rien eu que de feint et de passager dans les réunions qu'elle a faites avec le saint-siége. Telles ont été celles qui se firent sous Eugène III l'an 1145, et sous Eugène IV au concile de Florence, l'an 1439. Cependant il y eut un célèbre jacobin nommé Barthélemi le Petit, qui, profitant de l'inclination qu'il trouva en quelques-uns d'eux envers les Latins, fut assez heureux pour en tirer du schisme une bonne quantité vers l'an 1356; et, afin que la chose fût plus stable, il obtint du pape l'érection d'une province ecclésiastique sous le nom de Frères-Unis; et que tant les prêtres que les évêques qui la gouverneraient feraient profession de la règle de saint Augustin, suivant les constitutions de saint Dominique. Nous donnerons les noms des évêchés qui furent alors établis, après ceux des schismatiques, mais en avertissant ici qu'il n'y a plus que celui de Naxivan, où était l'archevêché, qui subsiste à présent : encore, cette ville ayant été renversée par Scha Abas, il a fallu que l'archevêque se retirât au bourg d'Abrener, qui en est à quatre ou cinq lieues. C'est là que tous les voyageurs conviennent qu'il y a encore sept à huit mille de ces Arméniens unis, qui sont distribués en sept villages, et qui, tout vexés qu'ils sont par les impôts que la jalousie des schismatiques leur attire, sont d'une constance héroïque pour la véritable religion.

Il faut joindre à ces Arméniens catholiques de Perse ceux qui sont aujourd'hui répandus dans toute la Pologne et même dans la Moscovie; car ils s'y sont multipliés de sorte qu'on a été obligé de leur créer un archevêque, qui résidait autrefois à Caminick, et qui fait aujourd'hui sa demeure à Léopold en Russie. Les rois de Pologne ont travaillé avec tant de succès pour les unir à l'Eglise romaine, qu'enfin leur prélat en signa l'acte entre les mains du P. Pidou, Théatin, archevêque latin de Babylone, l'an 1666, ce qui a continué jusqu'à présent.

### Des archevêchés et des évêchés des Arméniens de Turquie.

On vient de voir comme quoi le patriarcat des Arméniens, qui avait été unique jusqu'au XII° siècle, fut partagé en deux vers le commencement du XIII°, ainsi qu'il est encore aujourd'hui. On a vu aussi ce qui concerne celui qui fut continué à Ecsmiasin pour les Arméniens de Perse : si bien qu'il ne reste à dire ici que ce qui regarde l'autre, qui en fut démembré et que l'on mit à Sis, pour ceux qui sont enfin tombés sous le joug de l'empire ottoman.

Le patriarche qui occupa ce nouveau siège avait trop d'obligation aux princes de sa nation, qui lui avaient donné retraite, pour ne pas entrer dans l'alliance qu'ils avaient faite avec les Latins : ainsi, voulant avoir comme eux la protection du saint-siége et des croisades, il abjura ses erreurs, et tint même différents conciles, et entre autres celui de Sis l'an 1307, et celui d'Adena en 1316, où se trouvèrent plus de trente prélats de sa dépendance, et où la foi orthodoxe fut approuvée et le monophysisme condamné.

Mais, comme tout cela ne s'était fait que par politique et pour avoir la protection de ceux qui pouvaient le soutenir contre les Turcs, il ne fut pas plutôt sous le joug de ces infidèles, qui se rendirent maîtres du royaume latinisé d'Arménie, vers le milieu du XIV° siècle, que, n'ayant plus rien à espérer du pape, il retourna à son hérésie et à son schisme; et, s'il a fait depuis ce temps-là quelque tentative de réunion, ç'a été en continuant ses hypocrisies et sans l'avoir jamais eue dans le cœur : de sorte que pour savoir la créance et la discipline de son Eglise, il ne faut que lire ce qu'on en a dit plus haut pour celle d'Ecsmiasin, puisqu'elles ont en tout l'une et l'autre une même ressemblance et une égale conformité.

La ville de Sis, qui depuis le XIII° siècle sert de résidence à ce patriarche, est située sur le bord de la mer, à trois ou quatre lieues de Tarse, dans le pays que l'on nommait Cilicie autrefois, et que l'on appelle Caramanie aujourd'hui, et est à plus de 100 lieues au sud-est de Constantinople, et à 250 lieues au sud-ouest d'Ecsmiasin. Elle était au temps de ses rois assez bien bâtie, et avait quantité de palais et d'églises dont on ne voit plus que les ruines. La cathédrale, dédiée à sainte Sophie, était encore sur pied il n'y a pas longtemps, avec quelques maisons, et entre autres celle du patriarche, qui est assez logeable; mais le terrain y est si incommode et l'air si malsain, qu'on ne peut y demeurer que six mois par an, et que le reste du temps il faut se retirer ailleurs.

La juridiction de ce prélat, qui s'étendait sur toute sa nation lorsqu'il commença à s'établir dans cette nouvelle ville, comme on l'a vu ci-dessus, fut bientôt resserrée dans des bornes plus étroites par le rétablissement d'Ecsmiasin, auquel s'attachèrent tous ceux de la grande Arménie et de la Perse ; de sorte qu'il ne lui resta, outre le royaume où il était venu se loger, que quelques évêques répandus dans l'Asie Mineure et dans l'Europe, qui durant les croisades avaient pris inclination pour l'Église latine, et c'est justement ceux dont on voit les noms dans les souscriptions des conciles de Sis et d'Adéna, qui furent tenus sous son autorité dans le XIV° siècle.

Comme c'est l'empereur des Turcs qui revêt ce patriarche de sa dignité, et qui a intérêt qu'elle lui soit de quelque valeur, afin qu'il l'achète plus cher, il lui a longtemps conservé ses droits sur toutes les Églises arméniennes de son domaine dans l'Europe et l'Asie Mineure. Il vendait les prélatures de tous ces endroits, y levait des décimes et faisait particulièrement un gros profit sur le myrone, qui est le chrême de la confirmation, qu'ils payent grassement, parce qu'ils y ont en quelque façon plus de foi qu'au baptême ; ce qui lui apportait un revenu considérable et lui donnait moyen de faire très-bonne figure. Mais on a fait contre lui dans ces derniers siècles diverses entreprises qui lui ont enlevé ce qu'il avait de meilleur : car, premièrement, les archevêques arméniens de Constantinople ont trouvé moyen, à force d'argent, de se faire donner les droits patriarcaux par le Grand-Seigneur, non-seulement pour leur ville, ce qui est déjà un gros article, mais encore sur les provinces qui lui sont les plus voisines dans l'Asie, et sur presque toutes celles d'Europe ; de sorte que sans aller jusqu'à Sis chacun a recours à eux pour les choses dont on a besoin ; et parce qu'il refuse à cause de cela de les sacrer, ils engagent quelques prélats persans qui ne sont point de sa dépendance de venir chez eux, et de leur donner l'ordination. Outre cela, le patriarche d'Ecsmiasin fait très-souvent des présents à la Porte, afin que ceux de sa nation qui sont en Turquie puissent s'adresser à lui : ce qui n'est pas plutôt accordé, que c'est à lui ira, par le grand respect qu'ils ont conservé pour le siège de leur saint Grégoire ; et enfin les archevêques qu'ils ont en Jérusalem, achètent les mêmes pouvoirs pour les pèlerins qui viennent à la terre sainte : de sorte qu'il n'est presque rien demeuré au patriarche de Sis, et qu'il n'est que l'ombre de ce qu'il a été. Et c'est pourquoi aussi il ne prend plus d'autre titre depuis longtemps que celui de *serviteur de Dieu, N., patriarche et primat de la petite partie des Arméniens qui sont en Cilicie, Syrie et Palestine, et ministre de la droite et du trône de saint Grégoire*.

### Des archevêchés et des évêchés des Nestoriens.

Les nestoriens sont des schismatiques qui se sont répandus dans toute l'Asie, mais qui originairement sont de Chaldée, province de Perse située à la jonction de l'Euphrate et du Tigre. Nous voyons dans les histoires de Socrate et de Rufin que la tradition commune était, de leur temps, que saint Thomas avait prêché en ce pays, et que son corps même reposait à Edesse, qui n'en est pas loin ; ce qui a donné une dévotion particulière pour cet apôtre à ces schismatiques, et même leur a fait prendre le nom de chrétiens de Saint-Thomas, sous lequel ils sont connus aujourd'hui dans l'Orient. Quoiqu'on ne puisse pas tout à fait assurer que la foi se soit établie chez eux dès le I°r siècle, ce qu'il y a de certain au moins, c'est qu'il y eut dans le IV° un très-grand nombre de martyrs, et entre autres un saint Siméon et un saint Sadoth, que l'on fait archevêques de Séleucie, qui en était la capitale ; ce qui acquit aux prélats qui leur succédèrent dans ce siège une telle autorité sur toute cette nation, qu'elle les a toujours reconnus depuis ce temps-là pour les chefs de toutes ses Églises. La ville de Séleucie était située sur les limites du patriarcat d'Antioche, et par conséquent ses archevêques devaient être naturellement de sa juridiction ; mais soit en considération des saints martyrs dont je viens de parler, soit parce que, se trouvant pour l'ordinaire sous l'obéissance du Persan, elle était indépendante du préfet d'Orient, résidant pour les Romains à Antioche, ils eurent de très-bonne heure le droit d'archevêques autocéphales ou indépendants. C'est de quoi on a preuve dans un canon arabe du concile de Nicée, qui non-seulement leur en donne le titre, mais même leur accorde la préséance sur tous ceux qui le portent, et les met immédiatement après les cinq grands patriarches.

Séleucie avait été bâtie sur les ruines de Babylone, si célèbre dans l'Écriture, et n'était pas éloignée d'une autre ville que l'on nommait Ctésiphonte ; ce qui fit que ces prélats joignirent tous ces noms dans leurs qualités, comme on peut voir dans plusieurs anciens actes. Elle vint dans le VII° siècle au pouvoir des Sarrasins, qui par excellence la nommèrent Médine, c'est-à-dire la Ville : c'est ce que veut dire une notice fort ancienne qui lui donne le nom d'Almodayen ; mais ayant été ruinée dans le IX° siècle, on la rebâtit à Bagdad, dont le nom signifie Ville de Paix ; ce qui a fait dire à une notice postérieure que le catholique qui y avait transporté son siège résidait à Irénople.

Il n'est pas aisé de déterminer bien précisément en quel siècle ce catholique, à qui nous donnons à présent le nom de patriarche, éclaira des lumières de la foi ce grand nombre de provinces qui ont été autrefois de sa juridiction dans toute l'Asie : il y a pourtant apparence que ce fut dans le XII° et le XIII° siècle, lorsque les Tartares vinrent du Nord s'y répandre comme un déluge, et y établirent un empire qui depuis la Chaldée et l'Assyrie s'étendait jusqu'à la Chine ; car, ayant gagné quelques-uns de ces princes à la religion, il trouva moyen de la répandre dans tous les États qui étaient de leur dépendance, comme on peut s'en convaincre par les historiens de ce temps.

On ne peut donner une idée plus distincte de la vaste étendue qu'eut alors ce patriarcat, qu'en rapportant ici un canon de l'Église chaldéenne que le P. Matthieu Ricci nous a conservé dans son Histoire de la Chine, et qu'on peut regarder comme un des plus anciens et des plus curieux monuments de cette communion. Voici comme y parle le patriarche Théodore, qui en est l'auteur : *Que les six chefs des provinces et des métropoles d'Hilan, Nzivin, Prath, Assur, Bethgarmi et Halach, qui ont été dignes de se trouver présents à notre ordonnance, et ne sont pas éloignés de nous, viennent à notre ville patriarcale tous les quatre ans; mais, pour les évêques de la grande province, c'est-à-dire les métropolitains de Sin, Inde, Paze, Mauzées, Raziquée, Xam, Hérione, Smarcand, qui sont trop éloignés, et à qui les montagnes et les mers ferment le passage, qu'ils nous envoient tous les six ans des lettres de communication.*

L'on voit donc par ce canon que ce patriarcat était divisé alors en provinces éloignées et provinces voisines. Celles-ci ne sont pas si difficiles à reconnaître : car Hilan, c'est apparemment le pays des Hélamites, au midi de la Chaldée; Nzivin, c'est la contrée autour de Nisibe en Mésopotamie; Prath, c'est la Perse; Assur, c'est l'Assyrie; Bethgarmi, c'est le Diarbéker ou autrement la Mésopotamie; et enfin Halach, c'est la Chaldée même. Mais, pour les éloignées, elles y sont exprimées de manière qu'on ne peut pas aisément les deviner : Sin, ce doit être la Chine; Inde, c'est l'Inde deçà et delà le Gange; Paze, Mauzées, Raziquée, sont des pays que je ne connais point; Xam, c'est Siam; Hérione, selon le P. Ricci, c'est Cambodia; et Smarcand, l'empire du Mogol.

Quoique le christianisme n'ait été que passager dans la plupart de ces provinces, tant par la négligence et le petit nombre des pasteurs qui y furent envoyés, que parce que l'empire qui y avait donné lieu ne fut pas de longue durée, il ne laissa pas d'y introduire des coutumes qui ont fait avouer à la plupart de nos voyageurs qu'on ne peut pas révoquer en doute qu'il n'y ait autrefois été. Le respect que les Tartares ont pour la croix et plusieurs cérémonies de religion qu'ils observent, ont tant de rapport avec les nôtres, qu'ils ne peuvent guère les avoir prises d'ailleurs. Mais enfin tout cela s'est éteint comme un feu de paille, qui ne laisse que de légères traces sur les choses où il a passé, et il n'y a plus, depuis le XIVᵉ siècle, de chrétiens de cette communion qu'en deux endroits, savoir, ceux que l'on nomme Chaldéens, vers le Tigre et l'Euphrate; et ceux que l'on appelle plus ordinairement chrétiens de Saint-Thomas, dans l'Inde deçà le Gange.

Quant aux Chaldéens propres, ils habitent, comme on l'a déjà dit, non-seulement le pays qui leur a donné le nom, et que l'on appelle Jérak aujourd'hui, mais encore les provinces qui en sont plus voisines, comme le Diarbek, le Kurdistan, la Syrie; et l'on prétend qu'il y en a encore partout là plus de quatre vingt mille familles, les uns sous le Turc, les autres sous le Persan. On en voit peu dans les villes, et encore moins qui soient à leur aise, la plupart sont dans les villages; et, quoiqu'ils vivent pauvrement, ils ne laissent pas d'être estimés pour l'ordinaire assez bonnes gens, et ne sont pas si décriés que les autres schismatiques.

Leur catholique, à qui l'on donne aujourd'hui le nom de patriarche, et qui, comme on a dit, commença à faire sa résidence à Bagdad vers le IXᵉ siècle, ne s'y est pas toujours tellement arrêté, qu'il ne l'ait transférée quelquefois ailleurs, comme à Edesse, à Nisibe, à Mosul, où les guerres et les autres révolutions politiques l'ont obligé de se réfugier. Sa principale demeure depuis quelque temps est dans un monastère de sa communion nommé Elkong, à huit milles de Mosul et environ quarante milles de Bagdad; mais il ne laisse pas d'aller encore souvent en cette ville, pour y ménager avec le gouverneur du pays les affaires de sa nation.

Quant aux schismatiques de l'Inde deçà le Gange, ils sont environ une quarantaine de villages sur la côte de Malabar, et à peu près autant sur celle de Coromandel. Les Portugais qui s'y allèrent établir dans le commencement du XVIᵉ siècle, leur ayant demandé de qui ils avaient reçu la lumière de l'Evangile, ils leur répondirent qu'ils la tenaient de saint Thomas, c'est-à-dire du patriarche nestorien, qui prétend que son Eglise a été fondée par ce saint, et qui par cette raison en met le nom dans ses titres. Ils ajoutèrent encore que c'était un nommé Mar-Thomas qui avait été leur premier apôtre, et qui avait même été martyrisé par les idolâtres du pays dans la ville de Méliapour, où ils montrèrent son sépulcre. Aussitôt nos Européens ne manquèrent pas de prendre la chose comme si c'était saint Thomas lui-même qui avait pénétré dans ces quartiers; et, joignant ce qu'ils avaient appris de ces bonnes gens avec ce qu'on voit dans quelques histoires apocryphes, que saint Thomas a prêché dans les Indes, ce qui ne vient d'ailleurs que de ce que le patriarche de ce nom y a établi la foi, ils en ont fait l'histoire, dont ils ont rempli toutes leurs relations, et par laquelle on nous veut faire croire que ce saint apôtre a terminé sa course en ce pays; mais il ne faut qu'examiner ce qu'on rapporte de ce sépulcre, avec les caractères et les autres figures qui y sont gravés, pour se convaincre que c'est une pure fable et un ouvrage tout à fait moderne. Ces chrétiens sont gouvernés par un archevêque, à qui les Portugais ont donné le nom de la Serra, c'est-à-dire de la Côte, et qui se titre d'Angamale, parce que c'est le bourg où il a son église cathédrale. Il est élu par les prêtres du pays, et va se faire sacrer en Chaldée, ou bien il reçoit son ordination des évêques que le patriarche nestorien envoie de fois à autre en son diocèse pour le visiter. C'est son premier archidiacre qui en a l'administration durant la vacance du siége.

La créance de tous les nestoriens, tant de la Chaldée que de l'Inde, n'est point différente dans ce qu'il y a de plus essentiel de celle de tous les Orientaux, si vous en exceptez le nestorianisme, dont on les accuse, et qui leur a donné le nom. Cependant, quand ils viennent à s'expliquer, on voit que ce n'est presque en eux qu'une erreur d'expression ; que ce qu'ils appellent les deux personnes en Jésus-Christ n'est proprement que les deux natures, qu'ils y veulent conserver sans confusion et sans mélange ; et que, s'ils refusent de reconnaître la sainte Vierge pour mère de Dieu, ou de dire que Dieu est mort pour nous, ce n'est que dans la peur qu'ils ont de donner quelque atteinte à l'incorruptibilité de la nature divine.

À l'égard de la discipline, ils ne l'ont pas non plus beaucoup différente de toutes les communions orientales. Ils consacrent en pain levé, qu'ils pétrissent avec de l'huile et du sel, apparemment parce que c'est la manière de faire le pain en leur pays. Leur liturgie est en chaldéen, qu'ils n'entendent presque plus. Leurs prêtres se peuvent marier plusieurs fois ; et même on n'en fait guère, non plus que de prélats, qui ne soient de race sacerdotale : ce qui les oblige quelquefois de donner jusqu'aux premières dignités de leur Église à des enfants de sept à huit ans, afin qu'elles ne sortent point de la même famille.

On a tenté souvent de réunir ces schismatiques avec l'Église romaine ; et c'est ce qui arriva particulièrement à l'égard de ceux qui habitaient la Chaldée dans le siècle passé : car quelques-uns d'entre eux, ne pouvant souffrir que le patriarcat allât toujours de l'oncle au neveu, y élurent un moine de Saint-Pacôme, nommé Simon Julacha, qui, pour se maintenir contre le parti opposé, obtint sa confirmation du pape Jules III en accordant tout ce qu'on souhaita de lui. Son successeur fut Hébed-Jésu, qui assista au concile de Trente, et fut suivi d'Ahatalla et de Denha Simon. Les patriarches schismatiques, qui voyaient que cela prenait le train de continuer ainsi dans la suite, et leur enlevait une partie de leurs peuples et de leurs droits, n'y trouvèrent point d'autre remède que de se réconcilier avec Rome eux-mêmes. C'est ce que fit le patriarche Hélie durant que le siège de son émule était vacant ; mais, à peine eut-il fait cesser la division de son Église, qu'il reprit son ancienne hérésie. Il y eut encore, l'an 1681, un archevêque nestorien de Diarbéker qui voulut faire la même chose, et qui, s'étant réuni avec le saint-siège, en a obtenu la dignité patriarcale ; mais il n'y en a presque point, même dans sa ville, qui aient voulu s'attacher à lui.

Pour ce qui est des chrétiens de Malabar et de Coromandel, l'archevêque de Goa, qui se prétend primat des Indes, est celui qui s'est le plus empressé pour leur réunion ; et, comme la nation portugaise était puissante dans tout le pays, il obligea l'archevêque d'Angamale à souscrire la confession de foi du concile de Trente avec tout son clergé dans une assemblée qu'il tint l'an 1583. On alla encore plus loin dans la suite, puisque les papes nommèrent des Jésuites à l'archevêché ; mais quoi qu'on ait pu faire pour les réduire, on n'y a presque point eu de succès ; il a fallu que le prélat latin se soit retiré à Cranganor, et le schismatique a continué toujours sa même correspondance avec le patriarche nestorien.

### Des archevêchés et des évêchés des Coptes.

Les Coptes sont les peuples originaires d'Égypte ; de sorte que, quoique bien des auteurs tirent leur nom d'une de leurs villes nommée Copt, il y aurait plus d'apparence que ce n'est qu'une corruption de celui d'Égyptien. Le pays qu'ils occupent est le même que celui où s'étendait autrefois le patriarcat grec ou melchite d'Alexandrie, et ils sont placés le long du Nil en remontant du côté du midi vers la Nubie, et le long de la Méditerranée en allant au couchant vers les États de Tunis et de Tripoli.

La condamnation d'Eutychès, qui se fit au concile de Chalcédoine, a été la principale cause du schisme qu'ils entretiennent depuis ce temps-là avec l'Église grecque : car Dioscore, patriarche d'Alexandrie, s'étant rendu le protecteur de ce fameux hérésiaque, il les infatua tellement de ses erreurs, qu'ayant été déposé dans ce concile pour ce sujet, ils refusèrent d'obéir à celui que l'on mit à sa place ; et, après sa mort, ils lui donnèrent des successeurs qui les entretinrent dans les mêmes sentiments, malgré tout ce que purent faire ceux qui occupèrent le siège de leur ville en qualité de prélats orthodoxes.

Une conduite si irrégulière ne manqua pas de leur attirer quelques mauvais traitements de la part des empereurs de Constantinople qui demeurèrent attachés à la véritable foi ; ce qui, se joignant à l'aversion qu'ils avaient déjà pour les Grecs, dont ils portaient impatiemment le joug, leur fit chercher les moyens de s'en délivrer. Ils n'en trouvèrent que trop tôt ; mais malheureusement pour eux, puisqu'en voulant se défaire de maîtres qui ne les châtiaient qu'en pères et pour les remettre dans le devoir, ils s'en firent qui ont été de véritables tyrans, et qui les ont mis dans une continuelle oppression.

Ce fut leur patriarche Benjamin qui, pour se venger des gouverneurs que l'empereur Héraclius leur avait envoyés, livra son pays aux Sarrasins, sectateurs de Mahomet, vers le milieu du VIIe siècle. Amru-ibn-il-ass, qui s'en saisit au nom des califes de Damas, leur avait donné de grandes espérances ; mais il n'en fut pas plutôt en possession, qu'il fit aussi rude guerre aux Coptes qu'aux Grecs, et les chargea d'impôts et de corvées. Ses successeurs, qui portèrent le nom d'émirs, en usèrent de même, aussi bien que les califes de Cairoan, qui après eux en eurent le gouvernement. À ceux-ci succédèrent les soudans vers la fin du Xe siècle, qui ne firent encore qu'empirer leur condition. Enfin les Turcs s'en emparèrent sur les soudans l'an 1517, et les oppriment plus que jamais ; de sorte que les pauvres Coptes ont tellement été de mal en pis, qu'au lieu de plus de six cent mille qu'ils étaient du temps des Romains, on n'en trouverait pas vingt mille à présent, qui sont tous d'une misère à laquelle il serait difficile de rien ajouter.

La ville d'Alexandrie a été longtemps leur siége patriarcal, et ils y ont même encore un archiprêtre pour y desservir l'église de Saint-Marc, qui était autrefois leur cathédrale; mais les émirs ayant transporté leur demeure au grand Caire vers l'an 960, le patriarche Christodule les y suivit et y transféra aussi sa résidence; et depuis ce temps-là ses successeurs y ont toujours logé. Ils peuvent être environ cinq ou six mille dans cette grande ville, où ils ont dix ou douze paroisses et quelques couvents. Les plus considérables de leurs églises sont la Maallaca dans le vieux Caire, qui est comme la cathédrale, et est même assez belle; l'église de la Vierge dans le nouveau, auprès de laquelle est la maison du patriarche; et celle de Mari-Moncure, où on l'élit et on le consacre.

Cette élection se fait par les évêques de la nation, avec l'agrément du bacha; et, quand ils ont à peu près convenu de deux ou trois qu'ils en jugent les plus capables, ils leur mettent les fers aux pieds de peur qu'ils ne s'enfuient, parce que chacun évite un emploi où il faut sans cesse jeûner et essuyer mille persécutions et mille avanies; en suite de quoi on tire leur nom au sort, et celui sur qui il tombe est conduit dans une chaire de pierre, qu'ils croient être celle de saint Marc, et où on fait les cérémonies de son installation. Son office consiste à dire la messe aux fêtes solennelles, à conférer les ordres et à visiter les évêchés de sa dépendance. Le reste du temps, il est presque toujours assis dans sa chambre sur une peau de mouton, où on va le saluer à genoux et en lui baisant la main. Son abstinence est continuelle, puisqu'il n'use jamais ni de chair ni de vin. Son habit est une chemise de serge, sur laquelle il met une tunique de coton; sa robe est de laine noire à grandes manches, et sur le tout est un manteau noir qu'ils nomment borno; son turban est rayé de bleu, avec un ruban de taffetas rouge, qui est la marque de sa dignité. Le revenu ne peut avoir est des plus médiocres, car il n'a que deux maidins par tête de sa nation, avec quelques honoraires; ce qui ne lui produit pas plus de huit cents écus par an, et cependant les bachas lui en enlèvent le plus clair par toutes les vexations dont ils peuvent s'aviser. La qualité qu'il prend est d'*humble et pauvre N., patriarche d'Alexandrie et des dominations sujettes à l'Egypte, de Jérusalem, du pays des Abyssins, de Nubie, de l'entapole et de tous les autres lieux où saint Marc a prêché*.

Ce n'est point par vanité ni par exagération qu'il met tant de pays dans ses titres, puisqu'en effet il les a tous eus autrefois de sa dépendance, comme on peut s'en convaincre par une ancienne notice que le P. Vansleb nous a donnée de ce patriarcat, sur un manuscrit apporté du pays.

A l'égard de l'Egypte par où elle commence, il ne faut pas être surpris qu'elle y mette une si grande quantité d'évêchés, puisqu'il y avait effectivement dès le VIᵉ et le VIIᵉ siècle des prélats de ce rite dans toutes les villes où les Grecs en avaient eu : mais ce nombre dans la suite du temps a tellement diminué, qu'il n'y en a plus que dix ou douze aujourd'hui, encore font-ils une très-pauvre figure, et ils relèvent tous immédiatement du patriarche, sans que l'on y voie aucun archevêque.

La Barbarie a eu aussi quelques évêchés coptes dans le temps que les Sarrasins, qui commandaient en Egypte, étendaient leur empire jusqu'en ce pays, c'est-à-dire depuis le VIIᵉ jusque vers le XIIIᵉ siècle. Cette ancienne notice en nomme cinq, et ajoute en même temps qu'après la mort du patriarche Jean, qui arriva vers l'an 1200, le siége ayant vaqué près de dix-neuf ans, on cessa d'y envoyer des évêques; ce qui obligea les chrétiens d'embrasser le mahométisme : et en effet, il n'y a plus de prélatures coptes depuis plus de cinq cents ans, ni même aucun vestige qu'il y en ait jamais eu.

Enfin la Nubie est un pays au midi de l'Egypte le long du Nil, qui a Duncale ou Dunkala pour sa capitale, comme porte cette notice. Les peuples qui y sont ont été convertis à la foi par les soins des Coptes; et quoiqu'il y ait très-peu de christianisme à présent, et plutôt de la superstition que de la religion, ne laisse pas d'y avoir encore des espèces d'évêques qui viennent se faire sacrer au grand Caire; mais il serait difficile de trouver dans aucune carte géographique les lieux où cette notice les fait résider.

La créance des Coptes est la même que celle des Syriens, ce qui fait que beaucoup d'auteurs les confondent, en leur donnant aux uns et aux autres le nom commun de Jacobites. Leurs coutumes sont aussi à peu près semblables, ce qui leur a fait si entr'eux une telle liaison, qu'on voit encore aujourd'hui des villages et des couvents par toute l'Egypte qui sont composés de l'une et de l'autre nation.

Leur office divin, qui, tant pour le bréviaire que pour la messe, a beaucoup de rapport avec celui des Grecs, est partie en copte et partie en arabe. Le copte ne paraît, à proprement dire, qu'un grec corrompu, et en a même les caractères; mais il n'y en a presque plus parmi eux qui l'entendent, quoiqu'il s'en trouve encore dans leurs archives quelques dictionnaires et quelques livres; de sorte qu'il n'est plus que pour la religion, et que l'arabe est la langue dont ils se servent communément. Leurs liturgies sont sous les noms de saint Basile, de saint Chrysostome et de saint Cyrille; et, quoiqu'elles soient fort longues, ils les récitent ordinairement par mémoire. Ils croient la transsubstantiation, et adorent le saint sacrement prosternés à terre, avec plus de respect qu'on ne fait dans l'Eglise latine. Leurs habits sacerdotaux sont une aube et une longue bande de toile blanche qu'ils mettent autour de leur tête en forme de turban, une ceinture, une étole et une chape, qui pour les évêques doit avoir un chaperon. Ils accompagnent leur chant d'une espèce de musique qu'ils font avec des clochettes et des règles d'ébène, sur lesquelles ils frappent avec un petit marteau. Ils ornent leurs églises d'images plates et de quantité de lampes, et n'y entrent guère que déchaussés comme la plupart des Orientaux. Leurs sacrements sont les mêmes que les nôtres, et ils les administrent à peu près en la manière des Grecs; surtout ils ont grande dévotion au saint chrême de la confirmation, et le bénissent avec beaucoup de cérémonies, parce qu'ils ont chez eux le baume dont on se sert pour le composer. Leur chronologie commence à l'ère des Martyrs, qui correspond à l'année 284 de l'ère chrétienne; de sorte qu'il faut ajouter ce nombre au leur pour avoir l'année dont ils veulent parler.

Le monastère de Saint-Antoine est dans leur pays, et se voit encore aujourd'hui sur pied. Il est situé vers la mer Rouge dans le diocèse d'Atfieh. La vie que l'on y mène est si austère, qu'il n'y a plus d'ordinaire que vingt, ou trente religieux dont la plupart sont estropiés ou infirmes. C'est de cet ordre que sont tous les moines de cette nation, qui sont encore en assez grand nombre, mais qui ne sont pas tous si rigides, puisqu'il y a plutôt du libertinage en bien des endroits que de la régularité et de la dévotion. Ils ont aussi quelques couvents de religieuses qui se maintiennent mieux dans leur état que ceux des hommes, parce qu'elles observent une clôture plus étroite.

### De l'archevêché ou patriarcat des Abyssins.

L'Abyssinie, qu'on nomme communément la haute Ethiopie, est un Etat qu'on croyait autrefois d'une étendue très-vaste, et qu'on a reconnu depuis quelque temps n'avoir pas plus de cent cinquante lieues en tous sens. Sa situation est entre le 9 et le 15e degré de latitude; et les bornes sont, la mer Rouge et le royaume d'Adel au levant; les Agaüs et autres peuples barbares au couchant; les Galas, qui en sont les plus irréconciliables ennemis, au midi; et la Nubie au nord.

On la divise en plusieurs provinces, dont il y en a quelques-unes à qui nos géographes donnent le nom de royaume, et que le Nil, qui la traverse du midi au nord, sépare en orientales et occidentales. On a cru longtemps que ce fleuve (1) prenait sa source beaucoup au delà de cet État, et même de la ligne équinoxiale; mais le Jésuite Tellez atteste l'avoir vue dans la Goyame, qui en est la province la plus méridionale, et fait voir qu'il est accroissement qu'il a tous les ans en Égypte ne provient que des pluies qui tombent en abondance depuis juillet jusqu'en septembre, et qui descendent par gros torrents des hautes montagnes que l'on trouve partout dans ce pays.

Le gouvernement politique de cette nation est entre les mains d'un monarque qu'ils nomment Négus, et à qui les Portugais, dès qu'ils en eurent connaissance, donnèrent fort mal à propos celui de Prêtre-Jean. Ils le font descendre en ligne droite d'un fils que la reine de Saba avait eu de Salomon; mais son autorité ni ses richesses ne répondent point à ce qu'on en trouve dans quantité de relations. Il n'a point ordinairement de demeure fixe, si ce n'est dans le temps des pluies, qui est leur hiver; et il va de province en province toujours logé sous des tentes et accompagné d'une armée de cinq mille chevaux et de vingt ou trente mille piétons; ce qui désole souvent les endroits où il fait son campement.

Sous ce prince sont une quantité de grands seigneurs à qui il vend le gouvernement des provinces, les donnant à ceux qui lui en rendent davantage, et les obligeant ainsi d'être comme autant de petits tyrans et de faire mille violences pour se récompenser de ce que leur charge leur a coûté. Cependant le peuple ne laisse pas d'y multiplier fort, quoiqu'il n'y ait ni villes ni bourgs, mais seulement des villages. Ce sont des villages qui sont si proches les uns des autres, que toute une contrée paraît en bien des endroits comme un seul bourg et comme une même ville.

A l'égard de la religion chrétienne, la tradition du pays, confirmée par nos historiens, nous apprend qu'elle y fut plantée par saint Frumence, qu'ils nomment Frémonat, et qui y fut sacré pour premier évêque par saint Athanase, vers l'an 330; c'est ce qui les a attachés si fortement aux patriarches d'Alexandrie, que, lorsque les Coptes se séparèrent de l'Église catholique, ils les imitèrent dans leur schisme, et leur continuèrent l'obéissance, d'où l'on n'a pu les retirer jusqu'à présent.

Les successeurs de ce Frémonat ont été de tout temps les seuls évêques de la nation, et avaient établi leur demeure à la ville d'Auxum, qui en était la capitale, et qui n'est plus aujourd'hui qu'un village de cent feux. L'on y voit encore leur église cathédrale, dédiée à saint Michel, où ils prétendent avoir quantité de reliques, et entr'autres l'arche de l'Ancien Testament; mais à présent ils suivent le négus dans ses divers campements, et n'ont point non plus que lui aucune demeure fixe.

Les canons arabes de Nicée donnent à ce prélat le titre de catholique, et lui assignent le septième lieu dans l'Église, c'est-à-dire après les cinq grands patriarches et le catholique de Séleucie. C'étaient autrefois les prêtres abyssins qui desservaient leur chapelle du Saint-Sépulcre à Jérusalem, à qui il appartenait de l'élire lorsque le siège était

---

(1) L'abbé de Commanville se trompe, comme comme le P. Tellez s'était trompé; car il avait vu la source d'une des branches du Nil, et non de la branche principale, dont la source est encore inconnue. Le fameux voyageur Bruce, qui, en sa qualité de protestant, a cru devoir décrier les observations du P. Tellez et des autres missionnaires en Abyssinie, s'est trompé lui-même et n'a vu, comme le P. Tellez, que la source d'une branche du fleuve mystérieux. *(Note de l'auteur.)*

vacant, et ils le choisissaient ordinairement entre les religieux du monastère de Saint-Antoine, qui est en Egypte; mais aujourd'hui on prétend qu'ils s'en rapportent entièrement au patriarche des Coptes, et l'on en vit une preuve l'an 1670, lorsqu'un nommé Amba Senuode fut sacré au grand Caire métropolitain ou catholique des Abyssins par le patriarche Mathieu. C'était le cent seizième évêque qu'ils disent avoir reçu de cette nation.

Sous ce catholique, à qui ils donnent le nom d'abuna, c'est-à-dire de père, sont les prêtres et les diacres, en quoi consiste tout le clergé de la nation, et qu'il a seul le droit de sacrer. Les prêtres, qu'ils nomment depteras, peuvent se marier à la manière des Coptes, et desservent les paroisses, qui sont en grand nombre dans tout le pays. Pour les diacres, outre ceux qui en exercent les fonctions, il n'y a guère de grand seigneur qui ne le soit, afin d'avoir entrée dans le sanctuaire. Le négus même, c'est-à-dire le roi, s'en fait donner l'ordre; et c'est en cette qualité qu'il a presque toujours une petite croix à la main, dont nos peintres ont voulu faire son sceptre.

Au-dessous des prêtres et des diacres sont les religieux, que l'on voit en grand nombre dans cette nation parce que c'est un genre de vie auquel on a attaché de gros revenus, et dont les règles sont bien aisées à observer. Il n'y a guère que les abbés et ceux qui sont en charge qui ne se marient point, et qui soient obligés de mener une vie plus régulière. Pour les simples moines, ils ont des femmes, vont à la chasse et à la guerre, font bonne chère, et en sont quittes pour aller dans leurs églises à certaines heures dire leur office.

Il serait inutile de s'arrêter beaucoup sur la créance et sur les autres coutumes de cette Eglise, puisque tout y est presque semblable à ce qu'on a dit ci-dessus des Coptes; on doit seulement ajouter qu'il y a encore beaucoup plus d'ignorance, de corruption et de superstition. Surtout ils ont quantité de manières judaïques; parce que les juifs ont été autrefois très-puissants chez eux, et y sont même encore en très-grand nombre; ainsi ils ne baptisent les garçons que le quarantième jour, et les filles qu'au quatre-vingt. Ils fêtent le samedi, s'abstiennent du pourceau, et pratiquent la circoncision.

La langue dans laquelle ils font l'office divin se nomme de Gées, à cause du pays où elle était autrefois en usage; mais elle n'est entendue que par les plus savants de leurs ecclésiastiques, qu'on peut assurer n'être pas en grande quantité. M. Simon prétend qu'elle tient beaucoup de l'hébraïque, et que la traduction de la bible qu'ils en ont, a été prise sur le grec des Septante.

On a fait différentes tentatives pour réunir ces schismatiques à l'Eglise romaine. Zara Jacob, qui en était roi dans le XV° siècle, donna occasion lui-même à cette entreprise par les ambassadeurs qu'il envoya à Eugène IV durant le concile de Florence. Les Portugais firent ensuite tout ce qu'ils purent pour la faire réussir, se promettant bien d'en tirer de grands avantages pour le négoce qu'ils voulaient établir en Afrique. Ils secoururent si à propos le négus Ouag-Segued dans la guerre qu'il avait contre les Adéliens, que ce prince prit amitié pour eux et fit agréer au nommé Marc, qui était pour lors patriarche schismatique, de prendre pour son successeur le Portugais Jean Bermudes, que le pape Paul III revêtit de cette dignité vers l'an 1550. Nugnès Baretto et André Oviedo, tous deux jésuites, lui succédèrent l'un après l'autre; et ce dernier même y avança beaucoup les affaires de la catholicité.

Mais celui qui soutint le patriarcat avec plus d'éclat fut le Jésuite Alphonse Mendès, du temps du négus Socinios, dit Melec-Segued, au commencement de ce siècle; car il poussa les choses si loin, que l'on interdit la religion alexandrine dans toute l'étendue du royaume, et que l'on y établit la romaine.

Cependant le roi, attribuant à l'influence de la nouvelle religion quelques marques d'insubordination qu'il remarqua dans ses sujets, révoqua tout ce qu'il avait fait, et interdit l'exercice du culte romain dans ses Etats. Il y a encore eu depuis ce temps-là quelques Capucins qui avaient cru pouvoir mieux réussir et avaient obtenu permission d'y aller; mais on en fit mourir plusieurs lorsqu'à peine ils y étaient entrés, ce qui fait enfin abandonner cette mission.

# DU PATRIARCAT D'ANTIOCHE,

## OU DE L'ORIENT,

### D'APRÈS LE P. CHARLES DE SAINT-PAUL.

Le patriarcat d'Antioche était primitivement, comme nous l'avons dit, fort étendu. On le démembra pour former celui de Constantinople avec une partie de celui de Rome, qu'on lui soumit.

Le P. Charles de Saint-Paul, dans sa Géographie ecclésiastique, donne sur la circonscription de ce patriarcat, antérieure à la formation de celui de Constantinople, des détails que l'abbé de Commanville a omis dans sa

Géographie épiscopale. Il est intéressant de suivre dans l'ouvrage du premier la situation du patriarcat d'Antioche, qui, étendant d'abord sa juridiction sur d'immenses contrées, les perd successivement, se retire en quelque sorte en lui-même, et finit par ne plus exister que nominalement. Saint Jérôme appelait Antioche la métropole de tout l'Orient (*totius Orientis*), dans une lettre à Jean, évêque de Jérusalem.

Le primat de Séleucie, qui prit plus tard le titre de patriarche, était vicaire de celui d'Antioche, et ne pouvait assembler un synode ou un concile sans le consentement de ce dernier.

Dans les premiers temps de l'Eglise, le patriarcat d'Antioche se désignait assez habituellement par ces mots : « patriarcat d'Orient. »

Orientis nomine provincias illas veteres Romani designarunt quæ præ cæteris totius imperii maxime orientales erant, quæque in civilibus a comite Orientis regebantur, de quo notitia imperii.

*Sub dispositione comitis Orientis, provinciæ infra scriptæ.*

Palæstina, Phœnice, Syria, Cyprus, Cilicia prima, Palæstina secunda, Palæstina Salutaris, Phœnice Libani, Euphratensis, Syria Salutaris, Osrhoena, Mesopotamia, Cilicia secunda, Isauria, Arabia.

Antiocheno patriarchæ subjectas descripturi, tres Palæstinas omittimus, cum huic ablatæ fuerint, et pro diœcesi Hierosolymitana assignatæ. Sed quod ad cæterarum notitiam pertinet, eas tot numero primis temporibus hacce in regione non fuisse imprimis ex Ptolemæo videtur observandum, sed quinque tantum, nimirum Ciliciam, Syriam, Mesopotamiam, Arabiam et Cyprum, ex quibus postea duodecim factæ sunt. Una prius Cilicia fuit, quæ tandem in duas divisa est, nec non intra suos limites Isauriæ ortum dedit. Item unica Syria, quæ postea divisa est in Syriam primam, Syriam Salutarem, utramque Phœniciam, et Euphratensem seu Comagenam; sicut Osrhoena ex Mesopotamiæ parte constituta dicitur : quibus Arabia et Cyprus additæ duodenarium numerum conficiunt. Singularum autem termini sic describi possunt.

Isauria, quæ olim erat pars Ciliciæ, habet ab occasu Pamphyliam, a septentrione Lycaoniam et Taurum montem, ab ortu Ciliciam primam, et mare Cyprium a meridie.

Cilicia prima Campestris et Trachæa dicta terminatur ab occasu Isauria, a septentrione Tauro monte, ab ortu altera Cilicia, a Meridie mari Cyprio.

Ciliciæ secundæ limites sunt ab occasu Thrachæa, a septentrione Taurus, ab ortu Comagena, et a meridie sinus Issicus.

Euphratensis seu Syria Comagena ad Euphratem porrigitur, habetque ab ortu Euphratem et Syriam Salutarem, ab occasu Syriam primam, et a septentrione Taurum et Euphratem

Syria olim Tetrapolis dicta est a quatuor præclaris urbibus in ea sitis, Antiochia, Laodicea, Apamea, et Seleucia, sed nunc quæ dicitur prima angustior est : Amano monte clauditur a septentrione, mari Syriaco ab occasu, Comagena ab ortu, et Phœnicia a meridie.

Syria Salutaris, quæ et Palmyrena dicitur, habet a septentrione Euphratem, ab ortu Arabiam Desertam, a meridie Arabiam Petræam, ab occasu Euphratensem, Phœniciam, et Palæstinam.

Phœnicia Libani incipiens a monte Libano habet ab occasu Phœniciam, a septentrione Syriam primam, ab ortu Syriam Salutarem, a meridie Palæstinam.

Phœniciæ alterius fines sunt ab ortu Phœnicia Libani et fons Eleutherus, a septentrione Syria, ab occasu mare Syriacum, et a meridie Ptolemais et Palæstina prima.

Mesopotamia inter Tigrim et Euphratem sita est, habetque a meridie Euphratem, quo ab Arabia Deserta separatur ; ab ortu eumdem Euphratem, quo a Babylonia dividitur, et a septentrione Tigrim, qui eam ab Assyria dividit, et ab occasu Osrhoenam.

Osrhoena vero, quæ olim Adiabena dicebatur, inter Amanum et Masium montes sita finitur ab ortu Mesopotamia, cujus olim erat pars, a meridie vero Euphrate et Palmyrena.

Cyprus, inquit Ptolemæus, quaquaversus pelago terminatur, est enim insula ; ab occasu Pamphyliam respicit, a meridie habet mare Ægyptiacum, ab oriente Syriacum, et a septentrione angustum Ciliciæ fretum.

Restat Arabia, Petræa scilicet, quæ sola Romanis parebat, claudebaturque a septentrione Syria Salutari et Ægypto, a meridie mari Rubro et Arabia felice, et ab ortu Arabia Deserta.

Hæ omnes, inquam, provinciæ a comite Orientis regebantur, qui præfecti prætorio vicarius erat, ut in codice dicitur, et cujus auctoritas ea fuit, inquit Zosimus, ut omnibus provinciis Orientis administrantibus præesset, et quæcunque non agebantur, ut par erat, corrigeret. Ex his quatuor consulares erant, sex præsidiales, et duæ perfectissimis duobus subditæ. Quatuor consulares fuere, Phœnicia, Syria, Cilicia et Cyprus. Sex per præsides administratæ, Phœnicia Libani, Euphratensis, Syria Salutaris, Osrhoena, Mesopotamia et Cilicia secunda : Arabia vero et Isauria sub perfectissimis judicibus erant, hoc est senatoribus, qui venia ætatis impetrata, privilegia quædam honoris obtinebant, minimarumque provinciarum administratione donabantur, ut in Notitia imperii Romani videre est.

Is autem comes, cum præfectus prætorio in curia imperatorum Constantinopoli moraretur, sedebat Antiochiæ, quam D. Hieronymus in epistolis totius Orientis metropolim appellat ; quam Ammianus Marcellinus describens vocat Syriæ decus, Orientis apicem pulchrum, et mundo cognitam civitatem, cui non certaverit alia, advectitis affluentem copiis et internis ; quam et divus Chrysostomus civitatum sub Oriente positarum caput et matrem appellat, et de qua in notitia Græca, quam temporibus Constantii imperatoris factam volunt, hæc scribuntur : *Tota Syriæ regio in tres Syrias dividitur, Phœnicem, Palæstinam et Cœlem, et habent eæ varias et excellentes urbes et maximas, quibus ex parte memoratis cognoscendi cupidos delectabo. Prima est Antiochia, urbs regia, beata in omnibus, ubi et dominus orbis terrarum sedet; decora ea et operibus publicis eximia est, quæque cum multitudinem hominum undique excipiat, omnes tamen sustinet, ut pote omnibus bonis abundans ; est in omnibus voluptatum generibus abundans; maxime autem circensibus. Quare autem, quæso, omnia ibi sunt ? quia scilicet, cum ibi imperator sedeat, necesse est et omnia ibi esse propter eum.* Hancce urbem sedem imperii sui vel Alexandriam destinabat Geta imperium dividens, ut pote, inquit Herodianus, urbes magnitudine haud longe infra Romam. Sed et quod apud eam imperator aliquando sederit, id de Constantio et Valente tu potissimum intellige. De Constantio quidem, cum de eo Socrates hæc scribat : *Cogitur itaque concilium Antiochiæ, præsente imperatore Constantio, Marcello et Probino conss.;* et alibi : *Dum imperator Constantius Antiochiæ versabatur, Julianus Cæsar in Gallia cum multis barbaris hominibus confligit.* De Valente autem, quod apud eam per multos annos moratus sit, docent codex Theodosianus et Zosimus. Porro dicta est Theopolis id est Civitas Dei, inquit Evagrius; unde Domnus subscribens concilio Constantinopolitano generali quinto, se Theopolitanæ, id est Antiochiæ magnæ patriarcham nominat. In hac primum Christi discipuli Christiani dicti sunt, ut legitur in Actis apostolorum, nec non apud Leonem Magnum dum ait : *Antiochenæ Ecclesiæ, in qua primum, prædicante Petro, Christianum nomen exortum est, in paternæ constitutionis ordine perseveret.* Unde hujus rei memoriam singulari cum honore venerari cupiens Constantinus imperator, permagnificum templum apud eam instaurari curavit. Quapropter Eusebius hæc in ejus vita scribit : *Civitates quæ apud cæteras gentes videbantur, vel maxime propter splendorem excellere, templis egregiis magnificisque exornandas curavit ; sicut ex præcipua urbe totius Orientis, quæ nomen traxit ab Antiocho, constare poterit, in qua, tanquam in civitate illius gentis ac regionis primaria, ecclesiam tum propter pulchritudinem maxime eximiam Deo dicavit. Quippe universum templum longis porticibus extrinsecus adjectis circumdedit, sanctuarium autem interius ad infinitam erexit altitudinem ; quod quidem ad speciem solii octangularis fabricatum multis ædiculis exedrisque undique constructis, compluribus item tabulatis super terram eminentibus, denique fornicibus super eamdem additis, ex omni parte circumsepta fuit ; quam etiam permagna auri ærisque copia et reliquæ pretiosæ materiæ ornamentis decoravit.* Elegans sane descriptio, cui aliam ex Sozomeno Daphnæi hujus regiæ civitatis suburbii addere non displicebit : *Daphne,* inquit, *suburbium est Antiochiæ per-*celebre, nemore multis cupressis vestito cinctum, aliisque arboribus cupressis admixtis variatum ; subter arbores autem terra, pro temporum vicissitudine alios aliis succedentes flores bene olentes cujusque generis producit. Locus autem undique ramorum et foliorum densitate, quæ solis radios ad solum usque terræ haud penetrare sinit, velut tecto, vel umbra potius circumfusus est. Est etiam tum propter abundantiam et pulchritudinem aquarum, tum propter temporum æquabilitatem, tum denique propter placidorum ventorum flatum peramœnus et ad oblectationem valde accommodatus.* Sed ad ecclesiastica transeamus.

In hac tam illustri civitate primus antistes sedit apostolorum princeps Petrus, antequam supremum universalis Ecclesiæ thronum Romæ constitueret. Disces ex Eusebio hæc in Chronico scribente : *Cum primum Antiochenam fundasset Ecclesiam, Romam proficitur.* Disces ex Innocentio primo hæc de ejusdem civitatis Ecclesia proferente : *Advertimus non tam pro civitatis magnificentia hoc eidem attributum, quam quod prima primi apostoli sedes esse monstretur, ubi et nomen accepit religio Christiana, et quæ conventum apostolorum apud se fieri celeberrimum meruit, quæque urbis Romæ sedi non cederet, nisi quod illa in transitu meruit, ista susceptum apud se consummatumque gaudet.* Disces ex Leone Magno, qui non tantum Petrum hic sedisse docet, sed et Pontum, Galatiam, Cappadociam, Asiam Bithyniamque ad fidem Christi convertisse. *Jam populos,* inquit, *qui ex circumcisione crediderant erudieras ; jam Antiochenam Ecclesiam, ubi primum Christiani nominis dignitas est orta, fundaveras ; jam Pontum, Galatiam, Cappadociam, Asiam atque Bithyniam legibus evangelicæ prædicationis impleveras.* Disces tamen ex D. Hieronymo hæc narrante : *Simon Petrus princeps apostolorum, post episcopatum Antiochensis Ecclesiæ, et prædicationem dispersionis eorum qui de circumcisione crediderant, in Ponto, Galatia, Cappadocia, Asia et Bithynia, secundo Claudii anno, ad expugnandum Simonem Magnum, Romam pergit.* Unde factum esse duco ut Evagrius Antiochenam Ecclesiam apostolicam in Historia ecclesiastica nominet ; nec non ut idem apostolorum princeps epistolam suam primam ad populos Ponti, Galatiæ, Cappadociæ, Asiæ et Bithyniæ quasi a se in Christo genitos direxerit.

Jam vero qui fuerint antiquitus hujusce patriarchatus limites inquirendum est. Orientem huic patriarchæ subditum fuisse nemo nescit, et si cui dubium foret, facile probaretur, imprimis ex divo Hieronymo Joannis Hierosolymitani Palæstinæ Theophilo Alexandrino patriarchæ subjicientis errorem sic redarguente : *Tu,* inquit, *qui regulas quæris ecclesiasticas, et Nicæni concilii canonibus uteris, et alienos clericos cum suis episcopis commorantes tibi niteris usurpare, responde mihi, ad Alexandrinum episcopum Palæstinæ quid pertinet ? Ni fallor, hoc ibi decernitur, ut Palæstinæ metropolis Cæsarea sit, et totius Orientis Antiochia.* Idque si non esset satis, adderem in actis concilii Chalcedonensis Joannem episcopum Antiochenum principem orientalis diœcesis vocari; nec non apud Theodoretum, Flaviano Antiocheno principatum inter episcopos Orientis tribui.

Sed quasnam provincias Oriens olim complexus sit, non ita facile dignoscitur. Norunt enim antiquitatis quam minimum periti aliquando per Orientem Asiam universam ab Hellesponto ad Tigrim usque designari, ut apud sanctum Hieronymum, cum Vigilantium hæreticum sic interrogat : *Quid facient Orientis Ecclesiæ, quid Ægypti, et sedis apostolicæ?* Necnon apud sanctum Epiphanium, dum ait Polycarpi et Victoris temporibus, cum Oriens ab Occidente dissideret, litteras pacificas ab invicem episcopos non accepisse. Quemadmodum enim orbem Ecclesiæ universum in tres Ecclesias prædictis verbis partiri videtur D. Hieronymus, sic in duas sanctus Epiphanius : ex quibus orientalis, Asiam et Pontum procul dubio continebat, cum in eis plures episcopi Romanæ consuetudini circa diem Paschæ celebrandum adversarentur. At si hæc ita sunt, non tamen minus certum est apud alios Orientem pro ea tantum Asiæ parte sumi quæ a Lycaoniæ finibus ad Tigrim extenditur distinguiturque ab Asia et Ponto. Patet id evidenter ex sola lectione Notitiæ utriusque imperii in qua Oriens in quindecim tantum hujusce regionis provincias dividitur. Nec minus id clare advertere est in canonibus concilii Constantinopolitani primi generalis, in quorum secundo Patres hujusce concilii episcopos Orientis ab episcopis Asiæ, Ponti et Thraciæ verbis expressis distinguunt. Unde cum dicitur Orientem totum Antiocheno patriarchæ pro diœcesi tributum fuisse, non paucis ex peritioribus dubium est an Oriens late pro Asia ab Hellesponto ad Tigrim usque sumendus sit, an vero stricte pro ea tantum parte Asiæ quæ circa Antiochiam est, et quæ postea in quindecim provincias a Romanis imperatoribus divisa reperitur.

His ergo positis, quid de antiquis patriarchatus Antiocheni limitibus sentiendum sit exponamus. Imprimis haud diffitebor apostolorum temporibus nomine Orientis, qui Antiocheni episcopi diœcesis patriarchalis erat, Asiam Pontumque intelligi universumque illum tractum qui proprie et specialiter Oriens vocabatur. Etenim si patriarchæ ex hoc dicti sunt, quod primi patres familiarum Ecclesiæ Christi vel principes patrum sive episcoporum essent, quis patriarchæ Asiæ et Ponti nomen auctoritatemque Petro apostolorum principi, dum adhuc apud Antiochiam versaretur, negabit convenisse? cum antequam Romam proficisceretur, Pontum, Asiam, Cappadociam et Bithyniam fide Christi illustrarit, ac proinde in iis episcopos instituerit consecrariique; quorum princeps ex vi solius ordinationis, etsi ab ipsomet Christo principatum totius Ecclesiæ non accepisset, facile ab omnibus fuisset agnitus. Jam patriarchalium sedium originem ab initiis fidei educendam esse multoties ex hoc diximus, quod primi Evangelii prædicatores in iis regionibus, quas fide illustrarunt, primos earum episcopos consecrarint, ac proinde ratione ordinationis sibi subjecerint. Unde cum Petrus apostolus Asianos Ponticosque in fide edocuerit, quin etiam apud eos primos episcopos ordinarit, qui sibi ut eorum principi ratione ordinationis subjecti manserint, nemini dubium esse potest. Sane prima Ecclesia ætate magnus ille apostolus tribus orbis regionibus tres antistites, qui harum episcoporumque illas in spiritualibus administrantium patres et principes essent præfecit; et quemadmodum universæ Europæ Romanus pontifex præfuit, Alexandrinus Africæ saltem ex majori parte, sic Antiochenus toti Asiæ et Ponto. Nec mirum equidem, cum in Asia septem tantum hisce temporibus essent episcopi, ut in Apocalypsi legere est, nec majorem eorum numerum in Ponto tunc fuisse probabile sit.

Attamen posterioribus sæculis alii patres et principes per Ecclesias Orientis late sumpti constituti sunt, sive propter maximum earum numerum, sive quod ob persecutionis sævitiam itinerisque longitudinem, facile ab episcopis Antiochenus patriarcha consuli, consulentibusque responsa dare vix posset. Inter eos primi præcipuique Cæsariensis et Ephesinus fuere; quippe qui Ponto Asiæque præfuerint usque ad concilium Chalcedonense. Idcirco exarchorum nomine, ut superius diximus, donati sunt, hoc est primatum seu principum. Et quod revera in harum diœcescon ordinario regimine præcipuam auctoritatem habuerint, nullo negotio probatur ex conciliis Nicæno primo et Constantinopolitano primo. Nicænum quidem statuit non tantum Romano, Alexandrino et Antiocheno, servandas esse antiquas consuetudines, sed et aliis Ecclesiis scilicet metropolitanis ut in editione Dionysii Exigui et codice manuscripto apud eruditissimum Justellum asservato legere est. Quæ autem fuerint metropoles a patriarchalibus sedibus distinctæ, explicat concilium Constantinopolitanum generale primum dum hoc statuit : *Episcopi qui extra diœcesim sunt, ad Ecclesias quæ extra terminos eorum sunt non accedant, neque confundant et permisceant Ecclesias; sed secundum regulas constitutas, Alexandriæ quidem episcopus ea quæ sunt in Ægypto tantum gubernet; Orientis autem episcopi solius Orientis curam gerant, servatis honoribus primatus Ecclesiæ Antiochenæ qui in regulis Nicænæ synodi continentur. Sed et Asianæ diœcesis episcopi ea quæ sunt in Asia et quæ ad Asianam tantummodo diœcesim pertinent, gubernent. Ponti autem episcopi Ponticæ tantum diœcesis habeant curam; Thraciæ vero, ipsius tantummodo Thraciæ.*

Viden quomodo solius Orientis episcopi primatum Antiocheno patriarchæ in ordinaria hujusce regionis administratione tribuere ex hoc decreto tenerentur : nec non quomodo ad solos Asiæ et Ponti episcopos harum diœcescon regimen ordinarium spectaret. Verba ita perspicua sunt ut lucem addere quasi superfluum sit; addam tamen ideo Evagrium jus patriarchicum Ephesino episcopo usque ad concilium Chalcedonense tribuere, quod de rebus ordinariis per Asiam ad modum patriarchæ judicaret statueretque. Addam nec alia ratione Ephesinum Cæsariensemque antistites concilia vocasse, episcopos ordinasse, pluraque alia patriarcharum munia per suum exarchatum obiisse. Unde et patriarcharum nomen ipsi aliquando exarchi sortiti sunt : imo et alii metropolitæ cum iisdem juribus uti cœperunt, quemadmodum apud Socratem legitur, qui varios patriarchas dinumerans, Antiochenum soli Orienti, quatenus ab Asia et Ponto distinguitur, temporibus conc. Constant. 1 præfuisse scribit. *Ponticæ*, inquit, *diœcesis patriarchatus Helladio Cæsareæ Cappadociæ post Basilium episcopo, Gregorio Nyssæ (hæc est urbs etiam Cappadociæ) fratri Basilii et Otreio Melitinæ, quæ est in Armenia, contigit. Patriarchatum item Asianum Amphilochius episcopus Iconii, et Optimus Antiochiæ Pisidiæ sortito capiunt. Ægypti diœcesis Timotheo Alexandriæ episcopo tribuitur. Ecclesiarum denique versus Orientem diœcesim iidem episcopi qui antea, Pelagius scilicet episcopus Laodiceæ, et Diodorus Tarsi obtinent, honoris prærogativa Ecclesiæ Antiochenæ reservata*, *quam Meletio tum præsenti tribuerunt.*

Nec aliud hujus eximiæ auctoritatis exarchorum argumentum omittam repetere, nimirum quod adhuc post patriarchæ Constantinopolitani institutionem, ad ipsos non minus quam ad patriarcham liberum esset appellare, quando cum provinciæ metropolitano cuiquam clerico lis erat, ut in actis concilii Chalcedonensis dicitur. Si enim adhuc eo tempore quo cæterorum Orientis antistitum dignitas novi patriarchæ splendore quasi exstincta fuit, talem auctoritatem servarunt : quin ipsa eamdem, imo et majorem sortiti sint, vix potest existimari, quinve prioribus sæculis jus patriarchicum, ut ait Evagrius, obtinuerint.

Nec tamen est quod exarchas illos eo potentiæ venisse, priusquam Constantinopolitano patriarchæ subjicerentur, ausim asseverare, ut ab Antiocheni auctoritate immunes censerentur. Etenim patriarchales sedes omnes tanquam protothronos semper venerati sunt, primorumque patriarcharum sententiæ omnino parendum erat, inquit Justinianus, nec contra horum decreta locum esse appellationi (*nisi in causis majoribus*) a patribus nostris constitutum est. Primo quidem Ecclesiæ sæculo, integræ magnæque regionis una tantum, ut arbitror, metropolis erat. Sic Italia universa Romam unam, tota Ægyptus unam Alexandriam, totus Oriens pro Asia sumptus unam Antiochiam, harumque metropoleωn antistites unici metropolitæ agniti sunt. Cum autem postea sub iis diversas metropoles, pluresque metropolitas Patres instituere, is ordo ubique servatus est, ut posteriores sive metropoles, sive metropolitæ prioribus subjicerentur. Sic in Italia Mediolanensis, Syracusanus et Caralitanus metropolitæ Romano subjecti mansere. Sic in Ægypto, etiam ante concilium Nicænum, ita metropolitæ hujusce regionis ab Alexandrino pendebant, ut

eo inconsulto nihil quod alicujus esset momenti prorsus exsequi possent. Unde cum Antiochenus metropolita seu patriarcha ejusdem esset conditionis, quin parem in omnes Asiæ late sumptæ metropolitas post ipsum et ab ipso institutos auctoritatem haberet, non est quod in dubium revocemus. Idque non parum evidenter confirmat Innocentius, dum ait Antiochenam Ecclesiam juxta mentem Nicæni concilii super diœcesim esse constitutam, non super aliquam provinciam : his verbis satis indicans Antiochenum patriarcham non uni tantum provinciæ ut simplicem metropolitam præfectum fuisse, sed integræ diœcesi, nimirum Asiæ late sumptæ, ex multis provinciis compositæ, quarum singulæ a singulis metropolitis regerentur. Id autem ita non intellige apud Innocentium quasi Nicænum concilium huncce patriarcham instituerit, eique prædictas diœceses subjecerit, cum disertis verbis Nicæni Patres statuerint non quidem morem antiquum immutandum esse, sed servandum : hoc est, provincias illas ab eo administrari debere, quæ prius ipsi paruerunt.

Attamen non nisi ad concilium usque Chalcedonense ordo ille stetit, cum non multo post concilium Constantinopolitanum generale primum, in Chalcedonensi, Asia et Pontus cum Thracia et barbaricis provinciis Constantinopolitano patriarchæ pro diœcesi tributæ fuerint, ut alibi de illo agentes adnotavimus. Unde ex tribus diœcesibus præfecto prætorio Orientis parentibus, Oriens unus Antiocheno antistiti subjectus mansit. Imo et ei tres Palæstinæ ablatæ sunt ab eodem concilio, et Hierosolymitano, ut ab ipso regerentur, concessæ : sicut postea Seleuciensis metropolita in Isauria cum viginti quatuor episcopis suffraganeis Constantinopolitano præsuli subditus fuit, ut in notitia antiqua Græca dicitur. Ne tamen existimes intra limites tam angustos conclusum fuisse Antiochenum patriarcham, audi quos huic præscribat antiqua notitia Græca, quam ex vetusto codice Vaticano habui. *Sanctissimus et apostolicus thronus Antiochiæ et patriarchicus*, *ac coriphæi apostolorum Petri prima sedes, complectens versus ortum solis iter* LXXXVII *dierum*, *versus Iberim et Abasgiam*, *atque Armeniam, et usque ad interius desertum Corozaim, Persas*, *Medos, Chaldæos, indeque ad extrema Arabicæ præfecturæ, Parthos, Elamitas et Mesopotamios, Vulturni, Subsolani, et si quis est alius orientalis ventus*, *climata comprehendit. Habet autem metropoles duodecim*, etc.

Ac ut scias quomodo et per quem tam longe distantes provincias regeret, addam Seleuciensem primatem ejus per illas vicarium fuisse, eamque dignitatem obtinuisse, quæ in can. Arabicis conc. Nicæno tributis sic descripta est : *Si convenerint episcopi ad habendum concilium in Græcia, et fuerit præsens prælatus Seleuciæ, qui est in provincia Babyloniæ, in aditu Zabur*, *quæ hodie vocantur civitatulæ*, *oportet honorare eum multum*, *et magnificare*, *atque extollere supra omnes episcopos Græciæ. Siquidem ipse tenet locum patriarchæ in Oriente*, *et sedes ejus in concilio debet esse sexta post episcopatum Hierosolymitanum; et quicunque hanc constitutionem violaverit, synodus eum excommunicat.* Hujus primatis sedes erat Seleuciæ, non in Isauria sed Assyria : quæ cum non longe a Ctesiphonte pago distaret, Seleuciæ et Ctesiphontis simul episcopus Simeon , qui sub Sapore Persarum rege martyrium subiit, apud Sozomenum dictus legitur. De his ita Strabo in Geographia. *Babylon olim Assyriæ fuit metropolis, nunc Seleucia est, quæ ad Tigrim dicitur. Prope eam pagus maximus est nomine Ctesiphon, in quo Parthorum reges hiemabant, Seleuciæ parcentes, ne Scythicæ et militaris nationis hospitio assiduo opprimeretur. Hic pagus urbs potentia ac magnitudine est, cum Parthorum multitudinem et apparatum omnem recipiat, ac venalia et necessaria artificia illis suppeditet. Ibi Parthorum reges in hieme propter aeris temperiem degere solebant; æstatem vero in Hircania et Ecbatanis agunt, propter antiquam loci et adhuc durantem famam ; et quemadmodum Babyloniam regionem vocamus, sic indigenas Babylonios dicimus, non ab urbe, sed a regione : a Seleucia non item, etsi ibi nati sint, ut Diogenes philosophus stoicus, qui Babylonius usurpatur.* Hæc Strabo de ejus primatis sede. Quamvis autem vicarius patriarchæ Antiocheni esset per Orientem, nec non primas supra multos metropolitas hujusce regionis constitutus, huic tamen concilium ex universa Perside congregare sine consensu patriarchæ Antiocheni prohibitum erat, ut in dictis canonibus Arabicis his verbis legitur : *Quod non facile habenda sit magna synodus in provincia Persidis sine consensu et auctoritate patriarchæ Antiocheni, ne qua in re leges ecclesiasticæ detrimentum patiantur. Quod si episcopi illius provinciæ, aliquem propter benevolentiam erga eum a quo labore aliquo et persecutione liberati fuerint, et quietem ac tranquillitatem consecuti, loco patriarchæ Antiocheni substituerint, ne liceat istis in statutis et legibus Ecclesiæ quidquam solvere aut ligare : quin potius in omnibus obediant metropolitanis et cunctis patriarchis.*

Ex his disce haud eamdem ei concessam fuisse pro Orientis diœcesim auctoritatem, ac cæteris primatibus, quibus ex sua exarchia synodos convocare ordinarium fuit. Non tamen certum est hunc ordinem diu stetisse, cum ex adverso apud Orientalium rerum scriptores legatur, in hujus regionis episcopos, qui pro majori parte hæresi Nestoriana infecti sunt, Babylonium primatem qui Seleuciensi successit, pene omnem auctoritatem habuisse. Siquidem Seleucia deficiente et quasi ad pagum redacta, Babylonis episcopus primatum obtinuit, exarchique munia per illum tractum obiit.

Porro quot in Seleuciana diœcesi essent provinciæ, metropoles sedesque episcopales, prorsus ignoratur; nec mirum, cum regionum extra Romanum imperium sitarum vix ulla notitia ecclesiastica ad nos pervenerit. Unum discimus ex Sozomeno, non paucos in Persarum imperio, quo Seleuciam collocat, episcopos fuisse, dum martyria Christianorum in Persia sub Sapore describens ait : *Eodem die centum alios quoque, qui erant in carcere, rex itidem obtruncari jubet. Ad extremum Simeonem, cum cæterorum omnium mortem oculis aspexisset, trucidari. Horum pars episcopi, pars presbyteri, pars ex alio clericorum ordine fuerunt.* Nec tamen est quod asseverem hacce in regione ab Ecclesiæ incunabulis plures provincias ecclesiasticas fuisse, cum nonnisi sub Honorio et Theodosio a Marutha Mesopotamiæ episcopo, ut scribit Socrates, fides Christiana incrementa magna susceperit, et tunc solum in ea plures provincias ecclesiasticas sub Seleuciensis primatis regimine institutas fuisse probabile sit.

De Cypro insula una superest discutienda controversia. *Hanc*, inquit Marcellinus, *inter municipia crebra, urbes duæ faciunt claram, Salamis et Paphus, altera Jovis delubris, altera Veneris templo insignis. Tanta tamque multiplici fertilitate abundat rerum omnium eadem Cyprus, ut nullius externi indigens adminiculi indigenis viribus, a fundamento ipso carinæ ad supremos usque carbasos ædificet onerariam navem, omnibusque armamentis instructam mari committat.* Hæc licet ab initio Antiocheno patriarchæ in omnibus subjecta fuerit, sicut aliæ Orientis provinciæ, attamen Cyprii habita ratione tempestatum, propter quas in hieme nonnisi cum periculo mare trajici poterat, se ex hoc immunes ab auctoritate Antiocheni patriarchæ ostendere conati sunt, quod tres episcopi Constantiæ metropolis, qui sibi invicem successerant, a nullo fuerant ordinati, præterquam a suffraganeis hujus provinciæ episcopis. Addebant quod non a B. Petro, sed a B. Barnaba, cujus corpus una cum Evangelio S. Matthæi pectori imposito, et S. Barnabæ manu descripto, in insula reperium fuerat, Evangelium accepissent. Hisque rationibus suadere tentarunt Patribus concilii Ephesini αὐτοκεφάλιαν illam a tempore apostolorum viguisse, quamvis a dicta ratione primum originem duxisset. Ipsi tamen vix fidem adhibentes, in eorum favorem decretum istud conditionatum statuerunt. *Quoniam communes morbi majore egent remedio, eo quod majus damnum afferant, si non est vetus mos quod episcopus Antiochenus ordinet in Cypro, sicut libellis et propriis vocibus docuerunt religiosissimi viri qui ad sanctam synodum accesserunt, habebunt jus suum intactum et inviolatum qui sanctis in Cypro Ecclesiis præsunt, secundum canones sanctorum Patrum et veterum consuetudinem, per se ipsos ordinationes religiosissimorum episcoporum facientes.* Sic litem hanc absolute non definierunt Ephesini Patres; nec immerito equidem, cum ex Arabica Nicænorum canonum collectione evidenter pateat olim archiepiscopum Cypri non nisi a patriarcha Antiocheno, vel saltem ex ejus consensu ordinatum fuisse. Hæc habet : *Si episcopus Cypri diem suum in hieme obierit, et populi non potuerint propter tempestatem maris mittere Antiochiam, ut patriarcha Antiochenus eis ordinet archiepiscopum in locum mortui. de-*

bent scribere ad patriarcham, et petere ut unus aliquis fiat archiepiscopus, quem ipsi desiderant; neque debet hoc prohibere patriarcha, cum ad eum scriptum fuerit. Quis enim scit an defuncto archiepiscopo, propter tempestatem hiemis sine capite remaneant, an aliquis fortassis ex tredecim episcopis de vita decedat, atque ita fiat ut toto illo anno archiepiscopo careant? Ob hanc causam synodus hunc canonem constituit; cui qui contradixerit, hunc synodus excommunicat.

Id cum ita per concilium Nicænum statutum esset, haud postea cunciatus est Petrus Fullo. Antiochenus patriarcha Cyprias ordinationes sibi vindicare, sed re ad Zenonem imperatorem relata, Petrus causa cecidit, et Cypri metropolis αὐτοκέφαλα declarata: non tam quod honorem illum ab apostolis accepisset, inquit Cedrenus in Zenone, quam quod hæresis Eutychianæ fautor esset Petrus ille: licet eo sub prætextu, quod apud Cyprios S. Barnabæ reliquiæ inventæ, eum hujus insulæ apostolum fuisse testarentur. Unde hæc habet Theodorus lector: *Reliquiæ Barnabæ apostoli inventæ sunt in Cypro, sub arbore ceratea, habentes sub pectore Evangelium Matthæi, manu ipsius Barnabæ scriptum: qua occasione Cyprii victores evaserunt ut metropolis ipsorum liberum habeat episcopatum, nec Antiocheni episcopi jurisdictioni subsit. Evangelium autem illud Zenon in palatio sub alia corona condit.* Hæc de provinciis Antiochenæ diœcesis; jam de patriarchis dicamus.

*ÉTAT PAR PROVINCES*

## DES ÉVÊCHÉS DU PATRIARCAT D'ANTIOCHE

DANS LES PREMIERS SIÈCLES,

D'APRÈS LE P. CHARLES DE SAINT-PAUL.

### SYRIA PRIMA.

*Antiochia*, Ptolemæo, lib. v, cap. 15, quæ et *Theopolis* super Oronte flu. nomen antiquum retinet apud nostrates Europæos; apud Turcas vero *Antacchia* dicitur, teste Leunclavio. Eustathius hujus episcopus subscripsit concilio Nicæno I, et Maximus episcopus magnæ civitatis Antiochiæ in actis concilii Chalcedonensis dicitur.

*Seleucia*, *Pieria* dicta, Ptolem. ibid., ad ostia Orontis flu. sita; vulgo *Soldin*, Nigro, et *Seleuche Jelber*. Gerunthius hujus episcopus subscripsit epist. synod. primæ Syriæ ad Leonem imperatorem.

*Berrœa*, Ptol. ibid.; vulgo *Aleppo*, teste Zonara, Cedreno et aliis. Theosistus episcopus Berrœæ est in eadem epistola.

*Chalcis* Chalcidicæ regionis caput, Ptol. ibid.; vulgo *Chinserim*, teste Leon. episcopo Sidon. Domnus hujus episcopus in eadem legitur epist.

*Onosarta*, Syriæ primæ urbs, lib. Concil., cujus episcopus Cyrus subscripsit eidem epistolæ.

*Gabbus*, lib. Concil.; *Gabba* Plinio lib. xII, cap. 17. Petri hujus episcopi mentio fit in eadem epistola.

### SYRIA SECUNDA.

*Apamea* ad Orontem, Ptolem. lib. v, cap. 15, vulgo *Hamous*, Bellonio; *Hama*, Leunclavio, et aliis *Haman*. Domnus hujus episcopus subscripsit concilio Chalcedonensi, et Thomas Apamenorum metropolis civitatis præsul est in actis conc. generalis quinti.

*Arethusa*, notitiæ antiquæ Græcæ; *Fornacusam* hodie dici ferunt. Eusebius hujus episcopus subscripsit epistolæ synod. Syriæ secundæ ad Leonem imperatorem.

*Epiphania*, Ptolem. ubi supra; vulgo *Mapia*, teste Cuspiniano; Nigro vero, *Aman*. Epiphanius hujus episcopus ibidem nominatur.

*Larissa*, Ptolem. ibid.; adhuc *Laris* dicta, teste Leon. Sidon. Diogenes hujus episcopus in eadem epistola dicitur.

*Mariama*, Ptolem. ibid. Magnus hujus episcopus in eadem epistola legitur.

*Raphanea*, Ptolem. ibid. Lampadium Raphaneæ præsulem habet concilium Chalcedonense.

*Seleucia* penes Belum, Ptol. ibid.; *Seleucobelus*, Straboni; vulgo *Divertigi*. Elias Seleuciæ antistes dictæ epistolæ synod. subscripsit.

### THEODORIAS.

*Laodicea*, Ptol. lib. v, cap. 15. Metropolis dicitur in notitia antiqua Græca Theodoriadis provinciæ a Syria extractæ; *Rhamata* Hebræis, vulgo *Liche*. Stephanus Laodiceæ metropolis Theodorianorum antistes in actis concilii gener. v legitur.

*Gabala*, Ptol. ibid.; *Gibel*, Guill. Tyrio teste. Flavianus hujus episcopus habetur in epist. synodica primæ Syriæ ad Leonem imperatorem.

*Paltos*, Ptolem. ibid. Sabas hujus episcopus est in eadem epistola.

*Balanæa*, Ptol. ibid.; vulgo *Valania* Nigro, et *Baguias*, Postello. Timothei Balanææ episcopi memoria est in concilio Chalcedonensi.

### CILICIA PRIMA.

*Tarsus*, Ptolem. lib. v, cap. 8; vulgo *Tarso* Europæis, *Terassa* incolis, et *Tersia* Turcis. Lupus hujus episcopus subscripsit conciliis Ancyrano et Neocæsariensi, et Theodorus Tarsi metropolis antistes in concilio Chalcedonensi legitur.

*Pompeiopolis*, quæ et *Soloe*, Ptolem. ibid.; nunc *Palesoli* dicitur. Philomusum hujus episcopum habet concilium Constantinopolitanum primum, et Matronianum Chalcedonense.

*Sebaste*, quæ et *Augusta*, Ptolemæo ibid. et notit. antiq., nunc *Sevesta* dicitur. Theodori Augustæ episcopi memoria est in concilio Chalcedonensi inter episcopos Ciliciæ.

*Coricus*, Ptol. ibid.; vulgo *Curch*, et *Curco*, teste Nigro. Germanus Coryci episcopus est in concilio Constantinopolitano primo.

*Adana*, Ptol. ibid.; vulgo *Adena*, apud Curopalatem. Cyriacus episcopus Adanæ in concilio Constantinopolitano primo babetur.

*Mallus*, Ptol. ibid.; *Mallo* adhuc Mola. Et Thev. Chrisippi Malli episcopi memoria est in concilio Chalcedonensi.

*Zephyrium*, Scylaci in Periplo et notitiæ antiquæ Græcæ. Hipatius hujus episcopus eidem concilio interfuit.

### CILICIA SECUNDA.

*Anazarbus*, notitiis antiquis et lib. Conc.; vulgo *Acsar* sive *Acserai*, teste Leunclavio. Oresti Anasarbi Ciliciæ secundæ episcopi memoria est in concilio Chalcedonensi, et Ætherius Anazarbensium sive Justinianopolitanorum metropolita subscripsit generali quinto.

*Mopsuestia*, Ptol. l. v, c. 8; *Mopsi ostia* vel *Lares*, *Mopsus*, Plinio; vulgo *Malmista*; aliis *Mebsisse*. Bassianus hujus episcopus in conc. Chalced. legitur, et Theodorus Mopsuestiæ apud Theodoret. lib. v, c. 39.

*Ægæ*, Ptol. ibid.; *Ægœa*, Straboni lib. xiv. Alexander Ægeæ antistes eidem concilio Chalcedonensi adfuit.

*Epiphania*, Ptol. ibid. Amphion hujus episcopus subscripsit conciliis Ancyrano, Neocæsarcensi et Nicæno primo, idemque Epiphaniæ Cilicum præsul apud Sozom. lib. 1, cap. 10, dicitur.

*Irenopolis*, Ptolem. ibid.; prius *Neronias*, Theodoret. lib. 1, cap. 7, qui Narcissum ejus episcopum nominat.

*Flaviopolis*, Ptolem. ibid., quæ et *Flavias*; vulgo *Fliopoli* ex tabula recenti. Nicetas Flaviadis episcopus subscripsit conc. Nic. 1 et Antioch. 1.

*Castabala*, Ptolem. ibid. Moyses hujus episcopus subscripsit concilio Nicæno primo, et Theophilus Castabalorum præsul apud Socratem Hist. eccl. lib. III, cap. 21, dicitur.

*Alexandria*, penes Issum, Ptolem. lib. v, cap. 15, in Syria, Ciliciæ vicina, et notitiæ antiquæ Græcæ in Cilicia secunda; Italis *Alessandretta* dicitur, teste Nigro; Turcis vero *Scanderona*, teste Leunclavio. Juliani hujus episcopi mentio fit in concilio Chalcedonensi.

*Rossus*, Ptolem. lib. v, cap. 15, in Syria, et dictæ notitiæ antiquæ in Cilicia secunda. Eustathius Risorum pro Rossorum antistes dicitur in eodem conc., estque sub Anazarbi metropolita.

### ISAURIA.

*Seleucia*, cognomento *Aspera*, Ptolem. lib. v, cap. 8; vulgo *Seleuca* et *Salefica*, Nigro teste. Basilius Seleuciæ metropolis Isauriæ episcopus subscripsit epistolæ synod. Isauriæ ad Leonem imperatorem.

*Celenderis*, *Colenderis*, Ptolem. ibid.; vulgo *Palopoli*, teste Nigro, et *Candeloro*, Molano. Julius Celenderis antistes in eadem epist. nuncupatur.

*Anemurium*, Ptol. ibid.; vulgo *Scalmura* vel *Scalemuro*, teste Nigro. Euphronius ejus episcopus legitur in eadem epistola.

*Lamus*, Ptolem. ibid.; vulgo *Lamo*. Nunechius hujus episcopus subscripsit eidem epistolæ synodicæ.

*Antiochia*, ad Tragum, Ptolem. ibid.; vulgo *Antiochetta*, teste Nigro, *Minorque* dicitur apud Porphyrogenetam. Acacius ejus episcopus in eadem epistola dicitur.

*Selenus*, urbs ad ostium Selinuntis fluvii, Ptol. ibid.; *Trajanopolis* etiam dicta, teste Xyphilino, quod ibi Trajanus imperator decesserit. *Islenos* hodie Turcis est, teste Leunclavio. Neon ejus præsul est in concilio Constantinopolitano primo.

*Iotape*, Ptolem. ibid.; vulgo dicitur *Lombardo*, teste Nigro et aliis. Ammonius Iotapenus in eadem epistola reperitur.

*Diocæsarea*, Ptolem. ibid. Montanus Diocæsareæ præsul subscripsit eidem epistolæ synodicæ.

*Philadelphia*, Ptol. ibid.; vulgo etiam *Filadelphia*. Athanasius Philadelphiæ episcopus est in eadem epistola.

*Domitiopolis*, Ptolem. ibid.; vulgo *Domezopoli*. Orentio ejus antistes dicitur in eadem epistola.

*Titiopolis*, Constantino Porphyrogenetæ in Themate Seleuciæ. Artemius Titopolis episcopus est in conc. Constantinopolitano primo.

*Hierapolis*, notitiæ antiquæ Græcæ. Paulus hujus episcopus in eadem epistola reperitur.

*Nephelis*, Ptolem. ubi supra. Antonii Nephelidis episcopi memoria est act. 6 conc. Chalcedonensis.

*Dalisandus*, eidem notitiæ. Stephani Dalisandi præsulis mentio fit in eadem epistola synodica.

*Claudiopolis*, Constantino Porphyrogenetæ in Themate Seleuciæ. Montanus hujus episcopus adfuit concilio Constantinopolitano primo.

*Germanicopolis*, eidem Constantino ibid. Terannus ejus episcopus in eodem concilio legitur.

*Sbide*, dictæ notitiæ antiquæ; *Bida* libro Conc. Conon Bidæ antistes act. 6 conc. Chalced. dicitur, qui in aliis editionibus Isidis episc. nominatur.

*Cestrus*, notitiæ antiquæ Græcæ; *Caystrus*, Ptol. lib. v, cap. 8. Epiphanius ejus episcopus subscripsit dictæ epistolæ synodicæ Isauriæ.

*Olbus*, Straboni lib. xiv; *Olbasa*, Ptolem. lib. v, cap. 8; vulgo *Albistaverati*, Molano. Paulus Olbi episcopus in eadem epistola dicitur.

*Lybias*, urbs episcopalis Isauriæ est in

dicta epistola synodica, cui Conon hujus antistes subscripsit.

*Hermopolis*, urbs episcopalis ejusdem provinciæ in eadem epistola, in qua Julianus ejus episcopus nominatur.

*Irenopolis*, dictæ not. antiq., ab *Irenopoli*, quæ in Cilicia est, diversa. Menodaurus Irenopolis antistes ex Isauria, in actione 6 conc. Chalc. legitur.

*Sebaste*, urbs episcopalis Isauriæ est in dicta epistola, cui Sebastianus Sebastenus episcopus subscripsit. Sed mendose syngrapham illam superadditam esse ex hoc conjicimus, quod civitas illa ex Cilicia sub Tarso sit, ut jam notitiis antiquis et Ptolem. adnotavimus.

## EUPHRATENSIS.

*Hierapolis*, in Cyrrestica regione, Ptolem. lib. v, cap. 15; vulgo *Haleppo*, Bellonio. Sed contra mentem Zonaræ et Cedreni, qui hoc nomen Berrϫæ tribuunt. Stephanus metropolis Hierapolis episcopus subscripsit concilio Chalcedonensi.

*Cyrrhus*, Ptol. ibid.; hodie *Quars* vel *Carin* dicitur. Theodoretus ejus episcopus est in eodem concilio, et Isidori Cyrrhi antistitis memoria est apud Theodor. lib. v, cap. 4.

*Samosata*, Ptolem. ibid.; vulgo *Scemsat*. Antiochus hujus episcopus subscripsit concilio Constantino. 1, et Andreæ Samosateni præsulis mentio fit apud Theod. Hist. lib. II.

*Doliche*, Ptolem. ibid., nomen antiquum retinet. Maris ejus antistes in concilio Constantinopolitano primo legitur.

*Germanicia*, Ptol. ibid.; vulgo *Adata*, teste Manass. Salomonis hujus præsulis memoria est in concilio Nicæno.

*Zeugma*, Ptol. ibid. Bassus hujus episc. subscripsit conc. Antiocheno.

*Perre*, Anton. in Itiner. Sabinianus episc. Perrhæ adfuit conc. Chalc.

*Europus*, Ptol. ibid., quæ et *Amphipolis* et *Thapsacum*, teste Plinio. David hujus episcopus subscripsit concilio Chalcedonensi.

*Urima*, Ptolem. ibid.; *Orimi* dictæ notitiæ antiquæ. Mara Orimorum episcopus dicitur in concilio Chalcedonensi.

*Cæsarea*, dictæ notitiæ antiquæ; *Neocæsarea*, libro Concil., urbs episcopalis in Euphratensi. Paulus Næocæsariensis ex Syria Cœle Euphratensi vicina concilio Nicæno subscripsit.

*Sergiopolis*, Procopio lib. II de Bello Persic. Abrahamus ejus antistes subscripsit concilio Constantinopolitano generali quinto, ubi metropolita dicitur, sed quantum ad honorem intellige.

*Sura*, Ptol. ubi sup. Uranius Surorum episc. conc. Chalced. interfuit.

*Marianopolis*, urbs episcopalis sub Hierapoli in conc. Chalcedonensi, in quo Cosma hujus episc. dicitur; sed aliis est sub Apamea in Syria secunda.

## OSRHOENA.

*Edessa*, Ptolem. lib. v, cap. 18; *Callirhoe*, teste Procop., et postea *Justinopolis* dicta est; vulgo autem *Rhoas* et *Rhoasse*, Nigro; et *Orfa*, P. Gyll. Nonus hujus episcopus primus ordine subscripsit epistolæ synodicæ hujus prov. ad Leon. imp., et Amazonius Edessenorum metropolis antistes in concilio generali quinto nuncupatur.

*Carre*, Ptol. ibid.; vulgo *Orfa*. Joannes episc. Carræ in ead. est epistola.

*Circesia*, dictæ notitiæ Græcæ; *Circisium* in epistola synodica Osrhoenæ prov. ad Leonem, cui Abrahamius ejus antistes subscripsit.

*Nicephorium*, Ptol. ibid., urbs episcopalis Osrhoenæ, quæ et *Constantina* a Const. imp. postea dicta est; vulgo *Nasivancast*, Castaldo; *Nephrum* autem Pincto est. Thomas Const. episc. subscripsit synodo Constant. gen. v.

*Bathnæ*, dictæ notitiæ antiquæ et Antonino. Abrahamus ejus antistes interfuit concilio Constant. generali quinto, et Basilius antistes Baliæ pro Bathnæ; in epist. synod. Osrhoenæ ad Leonem reperitur.

*Callinicus*, alias *Leontopolis*, dictæ notitiæ Græcæ. Epistola synod. Osrhoenæ provinciæ habet Damianum hujus episcopum.

*Marcopolis*, eidem notitiæ. Cyrus Marcopolis antistes conciliabulo Ephesino interfuit, et Cajuma Chalcedonensi.

*Himerius*, eidem notitiæ; *Himeria* lib. Concil. Ausonius Himeriæ episcopus est in subscriptionibus conciliabuli Ephesini, et Uranius Himerorum civitatis Osrhoenæ adfuit Chalcedonensi.

*Dansara*, Stephano. Monus episcopus Dansaræ in actis concilii Constantinop. generalis v legitur.

## MESOPOTAMIA.

*Amida*, metropolis Mesopotamiæ, dictæ notitiæ Græcæ; vulgo *Caramit*. Maras hujus episcopus primus ordine subscripsit epistolæ synodicæ hujus provinciæ ad Leon imp., et Cyriacus Amydenorum metropolis episcopus in concilio generali quinto dicitur.

*Nisibis*, Ptol. lib. v, cap. 18; vulgo *Nisbin*, ex tabula geograph. recenti; dicitur etiam *Antiochia* Mygdoniæ apud Theodoretum lib. I Hist. eccl., cap. 7, ubi Jacobus hujus episcopus nuncupatur.

*Rhesina*, Ptol. ibid. Antiochus Rhesinatis episcopus subscripsit concilio Antiocheno primo.

*Martyropolis*, dictæ notitiæ. Zebenno Martyropolis præsul in concilio Chalcedonensi nominatur.

*Caschara*, Socrati Historiæ eccl. lib. I, cap. 17, qui Archelaum Cascharæ episcopum appellat.

## PHŒNICIA PRIMA.

*Tyrus*, Ptol. lib. v, cap. 13; vulgo *Sur*, Nigro et Postello testibus. Dorotheus hujus episcopus subscripsit epist. synodi Phœniciæ primæ ad Leon. imp., et Epiphanus Tyriorum metropolis antistes in conc. Constantinop. sub Agapeto et Menna reperitur.

*Sidon*, Ptolem. ibid.; vulgo *Said*, Nigro et Postello testibus. Magas hujus episcopus etiam dictæ epist. subscripsit.

*Ptolemais*, Ptol. ibid.; olim *Ace* et *Ancon* Hebræis; nunc autem *Aca* et *Acone*. Æneas hujus præsul est in concilio Nicæno.

*Berytus*, Ptol. ibid.; vulgo *Baruti*. Eustathius Beryti episcopus in dicta epistola synodica dicitur.

*Byblus*, Ptol. ibid.; vulgo *Giblet*, Brochardo; Nigro vero et Postello *Gibellet*. Basilides ejus episcopus adfuit concilio Constantinop. primo.

*Tripolis*, Ptol. ibid.; vulgo *Tripoli di Soria*, Europæis; Turcis vero *Tarapolo*, Leuncl. teste. Theodorus hujus episc. dictæ subscripsit epistolæ.

*Arca*, Ptol. ibid.; vulgo *Archis*, Tyrio teste. Heraclitus hujus antistes in eadem epistola reperitur.

*Orthosia*, Ptol. ibid. Nonnus ejus episc. ibid. subscripsit.

*Botrys*, Ptol. ibid.; *Botrum* vulgo dicitur apud Postell., incolis vero *Boterou*. Porphyrius Botrorum episcopus concilio Chalcedonensi interfuit.

*Aradus*, insula Syriæ adjacens, Ptol. ibid. Mocimus ejus episcopus in concilio Constantinopolitano primo nuncupatur.

*Antaradus*, Ptol. ibid.; vulgo *Tortosa*. Alexander hujus episcopus est in concilio Chalcedonensi.

*Porphyrium*, lib. Concil.; vulgo *Caypha*, Postello. Christophori Porphyriouis in Phœnicia antistitis memoria fit in conc. Constantinop. sub Agapeto et Menna, et Thomæ in Chalcedonensi.

*Paneas*, Ptolem., *Cæsarea Paniæ*; vulgo *Belinas*, Guil. Tyrio et Postello testibus. Olympius Paneadis in eodem concil. legitur.

*Sycaminon*, Ptol. ibid., nunc *Capo Carmelo* teste Nigro dicitur. *Alphyus* Sycaminus antistes est in concil. Constantinop. sub Agapeto et Menna.

## PHŒNICIA LIBANI.

*Damascus*, Ptol. lib. v, cap. 15; vulgo *Damasco*, et Turcis *Scham*, teste Leunclavio. Theodorus hujus episcopus subscripsit concilio Chalcedonensi, et Eustathius Damasci metropolis præsul adfuit concil. gener. v.

*Laodicea*, cognomine *Scabiosa*, Ptol. ibid.; vulgo *Lizza* et *Liche*, teste Minadoio et Oliv. Valerius ejus præsul in eod. concilio nominatur.

*Heliopolis*, Ptol. ibid.; vulgo *Balbec*, Postello; *Marbec*, Leuncl. Petrus hujus episc. in epist. synodica hujus prov. ad Leon. imp. reperitur.

*Abyla*, Ptol. ibid.; vulgo *Bellinas*. Joannes hujus episc. subscripsit eid. epist.

*Jabruda*, Ptol. ibid. Gennadius Jabrudorum præsul in subscriptionibus conc. Nicæni dicitur, ubi mendose in Arabia constituitur: nam in concilio Chalcedonensi act. 6, est sub Damasco.

*Palmyra*, quæ et *Hadrianopolis*, Ptol. ibid.; vulgo *Amegara*, Ortelio teste. Joannes Palmyrensis episcopus subscripsit eidem epistolæ synodicæ, in qua mendose legitur *Almirensis*; et ante eum Marinus Palmyrenus antistes dicitur in concilio Nicæno.

*Emesa*, Ptol. ibid. Uranius Emesæ episcopus subscripsit eidem epist.

*Danaba*, Ptol. ibid., quæ et *Castrum Danabenum* dicitur in dicta epistola, cui Cochena episcopus Castri Danabeni subscripsit.

*Alalis*, Ptol. ibid. Thalassius Alalius episcopus adfuit conc. Nicæno.

*Evarius*, quæ etiam *Justinianopolis* dicitur notitiæ Græcæ, et *Evaria* lib. Conc. Thomas Evariæ antistes epistolæ synodicæ Phœniciæ secundæ ad Leonem subscripsit.

*Comoara*, lib. Concil.; forte *Coara*, Ptol. ibidem. Dadæ hujus præsulis mentio fit in dicta epistola synodica.

*Abyda*, Ptol. ibid. Eusebius hujus episcopus eidem epistolæ subscripsit.

*Corada*, urbs episcopalis Phœniciæ secundæ in epist. synodica ejusdem prov. ad Leon. imp., cui Abrahamius hujus episc. etiam subscripsit.

*Sarracene*, sive *Sarracenorum civitas*, Ptol. lib. v, cap. 17, qui hanc in Arabia Petræa constituit, Phœniciæ secundæ contermina. Eustathii Sarracenorum antistitis in eadem epistola mentio fit. Verum ad Palæstinam tertiam, quæ partem Arabiæ Petrææ complectitur, quibusdam potius videtur pertinere.

## ARABIA PETRÆA.

*Bostra*, Ptol. lib. v, cap. 17; vulgo *Busscreth* vocari scribit Guill. Tyrius. Constantinus ejus episcopus subscripsit conc. Chalcedonensi, et in Constant. gener. v Joannis Bostrenorum metrop. episc. memoria est.

*Adra*, Ptol. ibid. Uranius Adranensis episcopus concilio Constantinopolitano primo interfuit.

*Medava*, Ptol. ibid.; vulgo *Medavon*, Guil. Tyrio; aliis vero *Medbad*. Cajanus hujus episcopus in concilio Chalcedonensi nuncupatur.

*Gerasa*, Ptol. ibid. Placo Gerasorum episcopus in concilio Chalcedonensi dicitur.

*Nibe*, notitiæ Græcæ; *Neba*, lib. Concil. Jovius episcopus Nebæ adfuit concilio Chalcedonensi.

*Philadelphia*, eidem notitiæ; vulgo *Rabath*. Eulogius hujus episc. subscripsit conc. Chalc., ubi dicitur metrop. quantum ad honorem scilicet.

*Esbus*, dictæ notitiæ Græcæ; *Esbuta*, Ptol. lib. v, cap. 17. Zosius hujus episcopus est in eodem concilio.

*Neapolis*, dictæ notit. Chilon ejus antistes in eod. conc. nominatur.

*Philippopolis*, notitiæ Græcæ. Hormisda hujus episcopus subscripsit eidem concilio.

*Constantine*, eidem notitiæ. Solemus episcopus Constantiæ civitatis in eodem concilio nominatur.

*Dionysias*, eidem notitiæ. Mara hujus episc. eidem conc. interfuit.

*Maximianopolis*, lib. Concil., urbs episcopalis Arabiæ, cujus Severus antistes in eodem concilio legitur.

*Avara*, Ptol. lib. v, cap. 17. Malchus hujus episc. subscripsit eid. conc.

*Elana*, Ptol. ibid.; vulgo *Aila*, teste Nigro. Garton ejus episc. eidem concilio interfuit.

*Zerabena*, urbs episcopalis sub Bostra, li-

concilio Chalcedonensi, ubi Nonus hujus episcopus legitur.

*Erra*, urbs episcopalis sub eadem metropoli, in eodem concilio in quo Joannes hujus episcopus nominatur.

*Anitha*, Ptol. ubi supra. Anastasius Anithæ episcopus ibid. dicitur.

*Parembola*, lib. Concil., Guill. Tyrio, sub s‹de Bostrensi est. Petrus Perembolæ antistes concil. Ephes. interfuit, et Valens Parembolanus est in Hierosolymit. sub Agapeto et Menna.

### CYPRUS INSULA.

*Constantina*, seu *Constantia*, Stephano; *Salamis*, Ptol. lib. v, cap. 14; vulgo *Constanza*. Olympius hujus episcopus subscripsit concilio Chalcedonensi, et Epiphanii ejus præsulis sæpius memoria fit apud D. Hieronymum in epistolis.

*Citium*, Ptolem. ibid., adhuc *Chite* dicta. Mnemius hujus antistes in conc. Constantinopolitano primo reperitur.

*Amathus*, Ptol. ibid.; vulgo *Limisso*. Heliodorum Amathuntis episcopum habet conc. Chalcedonense.

*Curium*, Ptolem. ibid., *Episcopia* Stephano, *Carmia* Nigro. Zenon Curii episcopus in concilio Ephesino legitur.

*Paphos vetus*, Ptol. ibid.; vulgo *Baffo*. Julius hujus episcopus est in concilio Constantinopolitano primo.

*Arsinoe*, Ptolem. ibid. Præchius ejus episcopus dicitur in concilio Chalcedonensi.

*Lapithus*, Ptol. ibid.; vulgo *Lapathios*. Didimus hujus episcopus subscripsit eidem concilio Chalcedonensi.

*Thamassus*, Ptolem. ibid.; vulgo *Borgo di Tamasso*. Tychon Thamassi antistes in concilio Constantinopolitano primo nuncupatur.

*Chytrus*, Ptolem. ibid.; *Chitri* etiamnum dicta. Photinus hujus episcopus subscripsit concilio Chalcedonensi.

*Tremithus*, Ptolem. ibid. Theopompus ejus episcopus concilio Constantinopolitano primo subscriptus legitur.

*Soli*, Ptolem. ibid.; vulgo *Solea*. Evagrius Solorum episcopus subscripsit concilio Ephesino.

*Ledra*, lib. Concil.; vulgo *Nicosia*, teste Sophiano. Triphilius Ledrærum Cypri episcopus a D. Hieronymo lib. de Script. eccl. nominatur.

*Tiberiopolis*, dictæ notitiæ Græcæ. Aristoclides episcopus Tiberiopolis subscripsit concilio Constantinopolitano sub Agapeto et Menna. Sed an ex Cypro sit non ita certum est, et *Theodosiopolis* forte legendum est non *Tiberiopolis*, cum Soter Theodosianæ civitatis præsul Heliodori episcopi Amathuntis in Cypro, in concilio Chalcedonensi vices egerit.

---

# DESCRIPTION DU PATRIARCAT D'ALEXANDRIE

## D'APRÈS LE P. CHARLES DE SAINT-PAUL

### DANS SA GÉOGRAPHIE ECCLÉSIASTIQUE.

Le patriarcat d'Alexandrie était le moins étendu des patriarcats primitifs; ceux de Rome et d'Antioche l'emportaient par l'immensité de leur circonscription. Alexandrie avait sous sa juridiction la haute et basse Egypte, toute la Libye et toute l'Ethiopie. On y ajoutait l'Inde : *India interior, India quæ est Æthiopiæ finitima*. Or, que doit-on entendre par l'*Inde intérieure*, par l'*Inde limitrophe de l'Ethiopie*? L'Ethiopie touchant à l'océan Indien, entendait-on par là l'Hindoustan de notre époque? Au premier abord, il semble que cette vaste contrée aurait dû plutôt dépendre du patriarche d'Antioche, puisque ce dernier étendait sa juridiction sur la Perse et les contrées adjacentes traversées par l'Indus. Il est aujourd'hui un fait acquis à la géographie religieuse et confirmé par les recherches asiatiques de Calcutta, c'est que la région de l'Indus et la région septentrionale du Gange ont reçu le christianisme du patriarcat d'Antioche par la Perse et l'Afghanistan. Le métropolitain de Séleucie, vicaire du patriarche d'Antioche (devenu ensuite patriarche), envoyait ses prêtres prêcher la foi dans les contrées situées entre la Perse et l'Indus, et dans celles situées au delà de ce fleuve. Mais il paraîtrait, d'après des témoignages historiques et les recherches de plusieurs écrivains, que l'Hindoustan méridional, en relations commerciales avec l'Egypte par la mer Rouge et l'océan Indien, aurait également reçu le christianisme d'Alexandrie. Quoi qu'il en soit, le commerce de cette ville était alors florissant et son port très-fréquenté, ce qui donnait une importance considérable à ses patriarches. Aussi ont-ils toujours joué un grand rôle, non seulement dans toutes les discussions religieuses des premiers siècles, mais encore dans les affaires politiques.

Le P. Charles de Saint-Paul entre dans des détails sur la division administrative de l'Egypte, puis sur la circonscription du patriarcat d'Alexandrie.

*Ægyptum, id solum,* inquit Strabo, *prisci voravere, quod habitatur et a Nilo irrigatur; a locis Syenæ proximis incipientis usque ad mare; recentiores vero ad hoc usque tempus, omnes fere orientales partes assumpserunt quæ inter Arabicum sinum sunt atque Nilum; ab*

## DESCRIPTION DU PATRIARCAT D'ALEXANDRIE.

occidente autem, loca usque ad Anases quæ vocantur, et in ora maritima ab ostio Canopico usque ad eum locum qui Catabathmus dicitur, et Cyrenæorum ditionem. Nam Ptolemaici reges eousque dominationem protulerunt suam ut et Cyrenaicam sub se haberent, et eam ab Ægypto Cyproque separarent. Romani, qui postea successerunt, provinciam Ægyptum prioribus finibus incluserunt.

Triangularis est, Eustathio teste, ac litteræ Δ similis : unde et pars illius Delta vocatur. Aiunt enim in austraii Ægypti parte duos esse montes, in quorum dextro sita est orientalis prædicta Syene; tam prope autem esse montes inter se, ut vix septem stadiis ab invicem distent; atque ab illis angustiis incipere terram dilatari, versus boreales partes, quæ sunt circa mare, veluti delta, id est forma triangulari. Est vero dicta arctior pars, delta, quæ ad 7 stadia patet, ex qua Nilus fluit, ut scribit Herodotus.

Sed et præter maximum illud delta quod facit Ægyptus quatenus Thebaidem et Arcadiam et Ægyptum complectitur, tria alia describit sic Ptolemæus. Magnum Delta vocatur id juxta quod divertitur fluvius dictus Agathosdæmon, hoc est bonus genius, qui per ostium Heracleoticum defluit in amnem appellatum Bubasticum, qui effluit per ostium Pelusiacum.

Vocatur et Parvum Delta id juxta quod scinditur Bubasticus fluvius in amnem Busiriticum, qui excurrit per Pathmeticum ostium. Vocatur et Tertium Delta inter prædicta ferme id juxta quod scinditur Bubasticus ad fluvium per Thribeum oppidum excurrentem, et per Pineptimi ostium egredientem.

Sed ad limites Ægypti late sumptæ redeamus Terminos habet a septentrione mare Ægyptiacum quod est inter Græciam, Asiam Minorem et Ægyptum ipsam; ab ortu mare Rubrum, usque ad Rhinocoruram urbem, quæ est ultima versus Palæstinam; a meridie Æthiopiam, quæ non longe a Syene supra Nilum incipit; et ab occasu Tripolitanam provinciam, quæ est pars Africæ propriæ dictæ, a qua dividitur per lineam ductam ab Aris Philænorum duorum fratrum usque ad Catabathmum, sive interiorem sinum Sirtis.

Porro tres provincias Ammiano fertur habuisse temporibus priscis, Ægyptum ipsam, Thebaidem et Libyam : quibus duas adjecit posterius, nimirum Augustamnicam ab Ægypto, et Pentapolim ab Libya sicciore dissociatam. Sed postea Arcadiam sextam provinciam addidere ab Arcadio imperatore nominatam.

Eumdem provinciarum numerum habet in Ægypto Notitia Romani imperii, cujus verba sunt :

*Sub dispositione viri spectabilis præfecti Augustalis, provinciæ infra scriptæ.*

Libya superior, Libya inferior, Thebais, Ægyptus, Arcadia, Augustamnica.

Quod continetur inter Agathosdæmonem et Bubasticum amnes, id proprie et specialiter Ægyptus dicitur, ut ex novella 8 Justiniani discere est.

Augustamnica extra Parvum Delta inter Nilum et Arabiam Petræam jacet : dicitur autem Augustamnica, quasi fluvialis provincia, quippe quæ juxta ripas fluminis sita erat.

Thebais a Thebis celebri ipsius antiqua metropoli nomen habet, et usque ad Syenem versus meridiem, juxta Nili ripas, extenditur.

Arcadia extra Delta est Libyam versus, Nilo tamen adhærens, a Ptolemæo in Libya Marmarica collocatur; a quo et Heptanomis dicitur quod septem haberet præfecturas, quæ nomi in Ægypto vocabantur, sicut et Heptapolis a septem civitatibus Nilo adjacentibus, quæ varie a variis numerantur.

Libya, scilicet exterior, duplex est, una dicta Marmarica, quæ ab ortu Ægypto terminatur; ab occasu Cyrenaica seu Pentapoli; a meridie desertis Libyæ, et a septentrionibus Ægyptiaco pelago.

Altera Libya Pentapolis dicitur, a quinque ejus præclaris urbibus, Berenice, Arsinoe, Ptolemaide, Apollonia et Cyrene, a qua etiam Cyrenaica vocatur; terminosque habet ab occasu lineam ab Aris Philænorum ad Catabathmum ductam; a septentrionibus Libycum mare; ab ortu lineam ductam a Darnis versus meridiem usque ad deserta Libyæ interioris, quæ hanc terminant a meridie.

Attamen Ægyptus in duas provincias postea divisa est, utrique servato Ægypti nomine, ut legitur apud Justinianum, qui etiam duas Augustamnicas ponit, licet unam tantum agnoscat Notitia, quam ab Ægypto Gratianus imperator diviserat, quamque plures quasi Augustamnicam, id est fluvialem provinciam interpretantur.

Cæterum Ægyptus supra omnem orbem viris sapientibus abundans legitur in notitia antiqua Græca : *Ex metropoli quippe ejus Alexandria, per omnes provincias videas omnis generis philosophos. Quare et cum aliquando certamen inter Ægyptios et Græcos obortum fuisset, utris principatus deberetur, argutiores et perfectiores Ægyptii inventi sunt, viceruntque, et principatus eis adjudicatus fuit. Denique impossibile est in quocumque tandem genere volueris sapientem talem invenire, cujusmodi Ægyptii sunt. Quare et omnes ii philosophi, scientiamque litterarum assecuti, qui ibi morati sunt, præstantiores evaserunt. Neque etiam ulli apud eos impostores sunt, verum singuli eorum quod pollicentur certo sciunt : eo quod non omnes omnia, verum singuli sua negotia per singularem disciplinam ornantes, perficiant.*

Alexandriam metropolim totius Ægypti diximus ex notitia antiqua; hæc autem apud Marcellinum : « Vertex omnium est civitatum, quam multa nobilitant, et magnificentia conditoris altissimi, et architecti solertia Dinocratis : qui cum ampla mœnia fundaret et pulchra, penuria calcis ad momentum parum repertæ, omnes ambitus lineales farina respersit : quod civitatem posthæc alimentorum uberi copia circumfluere fortuito monstravit indicio. Inibi auræ salubriter spirantes, aer tranquillus et clemens; atque, ut periculum docuit per varias collectum ætates, nullo pene die incolentes hanc civitatem solem serenum non vident. His accedunt altis sufflata fastigiis templa, inter quæ eminet Serapium, quod licet minuatur exilitate verborum, atriis tamen columnariis amplissimis, et spirantibus signorum figmentis, et reliqua operum multitudine ita est exornatum, ut post Capitolium, quo se venerabilis Roma in æternum attollit, nihil orbis terrarum ambitiosius cernat. In quo bibliothecæ fuerunt inæstimabiles : ut loquitur monimentorum veterum concinens fides, septingenta voluminum millia, Ptolemæis regibus vigiliis intentis composita bello Alexandrino, dum diripitur civitas sub dictatore Cæsare conflagrasse. Nequidem nunc in eadem urbe doctrinæ variæ silent : nam et disciplinarum magistri quodammodo spirant, et nudatur ibi geometrico radio quidquid reconditum latet, nondumque apud eos exaruit musica, nec harmonia conticuit, et recalet apud quosdam adhuc licet atros consideratio mundani motus et siderum, doctique sunt haud numero pauci. Super his scientiam callent quæ fatorum vias ostendit; medicinæ autem, cujus in hac vita nostra nec parca nec sobria desiderantur adminicula crebra, ita studia augentur in dies, ut licet opus ipsum redoleat, pro omni tamen experimento sufficiat medico ad commendandam artis auctoritatem, si Alexandriæ se dixerit eruditum. Hujus primum incolæ longe ante alios, ad varia religionum incunabula (ut dicitur) pervenerunt, et initia prima sacrorum caute tuentur condita scribis arcanis. Hac institutus prudentia Pythagoras colens secretius deos, quidquid dixit aut voluit, auctoritatem esse instituit ratam, et femur suum aureum apud Olympiam sæpe monstrabat, et cum aquila colloquens subinde visebatur. Hinc Anaxagoras lapides e cœlo lapsuros, et putealem limum contrectans, tremores futuros prædixerat terræ. Et Solon sententiis adjutus Ægypti sacerdotum, latis justo moderamine legibus, Romano quoque juri maximum addidit firmamentum. Ex his fontibus per sublima gradiens sermonum amplitudine Jovis æmulus non visa Ægypto militavit sapientia gloriosa. »

In hac illustri civitate sedebat præfectus Augustalis, quem Augustus Ægyptum sibi reservans, huic universæ præesse voluit. Ejus munus et auctoritas describuntur in codice, titulo de Officio præfecti Augustalis, eique singuli singularum provinciarum Ægypti præsides parebant, inter quos nullus erat consularis, imperatoribus haud conveniens judicantibus ut consulares Augustali præfecto, qui ex ordine equestri semper erat, parerent. Vicarii munere fungebatur, licet nomine diverso majorique splendore, adeo ut pene omnia honoris insignia quæ Orientis præfecto concessa erant, ipse etiam haberet, paucis exceptis.

Sedebat et in ea patriarcha totius Ægypti, ut a civilibus ad ecclesiastica transeamus, isque Alexandrinus ex hoc dicebatur, quod esset episcopus Alexandriæ; quam hoc nomine cum regione vicina in spiritualibus regebat, sicut Ægyptum primam ut metropolita, et universam Ægyptum lata significatione sumptam, ut patriarcha. Id autem muneris tanto cum splendore talique cum potentia obibat, ut per eum, inquit Socrates, nonnihil de auctoritate eorum qui ab imperatore ad magistratus gerendos designati erant, detractum esset. Imo et civilem dignitatem ecclesiasticæ addidit Cyrillus, cum hujus regionis patriarcha factus est, ut legitur apud eumdem Socratem his verbis : *Triduo post mortem Theophyli, Cyrillus in sede episcopali collocatus, episcopatu potius est; majoremque principatum quam unquam Theophilus habuisset, pariter sibi assumpsit. Etenim ex illo tempore, episcopus Alexandrinus, præter sacri cleri dominatum, rerum præterea sæcularium principatum acquisivit. Quapropter Cyrillus, statim cum Novatianorum ecclesias quæ erant Alexandriæ occlusisset, non modo omnem sacrum thesaurum qui in illis fuit penitus absculit, verum etiam Theopemptum illorum episcopum omnibus suis fortunis privavit.*

Hujus Ecclesiæ patriarchalis primus institutor fuit Marcus evangelista, qui a principe apostolorum Petro illuc missus, ut secundam sedem apostolicam in prima post Romanam civitate constitueret, Evangelium prædicavit, ecclesias exstruxit, populosque doctrinam et politiam Christianam edocuit, Eusebio teste, cujus verba sunt : *Aiunt Marcum primum in Ægyptum trajecisse, et Evangelium quod ipse conscripserat illic prædicasse, primumque ecclesiarum Alexandriæ institutarum auctorem exstitisse. Atque tanta hominum et mulierum fidem Christi amplexantium prima aggressione et conatu pergrave imprimis, sanctum et severum ejus vivendi exemplum, ibi cogebatur multitudo, ut Philo ipse eorum studia, exercitationes, mores, frequentes congressus, communem inter ipsos victus rationem, omnem denique vivendi institutionem suis scriptis persequi operæ pretium existimaret.* Qui autem huic successerint, inferius dicemus.

At hic non omittendum ex divo Hieronymo, quod *Alexandriæ, a Marco evangelista usque ad Heraclam et Dionysium episcopos, presbyteri semper unum ex se electum, in excelsiori gradu collocatum, episcopum nominabant : quomodo si exercitus imperatorem faciat, aut diaconi eligant de se, quem industrium noverint, et archidiaconum vocent : adeo ut vix quidquam aliud quod presbyteri non haberent, episcopus Alexandrinus primo Ecclesiæ sæculo obtinere videretur, quam jurisdictionem in omnes et ordinandi facultatem.*

Hunc tamen vere patriarcham ab initio fuisse, et patriarchæ nomine donatum, clare insinuant verba Eusebii modo allata, quibus et Marcum primum in Ægyptum trajecisse, et Evangelium quod ipse conscripserat illic prædicasse, primumque ecclesiarum Alexandriæ institutarum auctorem exstitisse scribit.

## DESCRIPTION DU PATRIARCAT D'ALEXANDRIE.

Quis enim proinde hunc πατέρων seu πατρίων ἄρχοντα, hoc est Patrum seu episcoporum, Christique familiarum, seu ecclesiarum facile principem non agnoscit? At de hoc satis sit.

Quænam esset Alexandrini antistitis patriarchalis diœcesis potius inquirendum videtur. Varie a variis descripta est, eique subjectæ provinciæ nunc plures, nunc pauciores a Patribus et conciliis assignantur. Concilium Nicænum huic Ægyptum, Libyam, et Pentapolim tantum subjicit. Thebaidem addere videtur Theodoretus, omissa Pentapoli, Alexandriæ dignitatem sic describens : *Alexandria civitas est amplissima et maxima hominum multitudine frequentata, quæ non Ægypti solum, verum etiam Thebaidis et Libyæ, quæ Ægypto adjacent, principatum obtinens.* Sanctus Athanasius synodum ex universa sua diœcesi congregatam describens, quatuor ejus provincias his verbis recenset : *Sancta synodus Alexandriæ congregata ex Ægypto, Thebaide, Libya et Pentapoli.* Sanctus tandem Epiphanius longe plures enumerat, dum ait : *Hic mos invaluit ut Alexandriæ episcopus totius Ægypti ac Thebaidis, Mareotæque, ac Libyæ, Ammoniacæque, et Mareotidis ac Pentapolis, ecclesiasticam habeat administrationem.* Ad idem tamen recidunt verba illa diversa, eorumque varietas non ex distincto eorum sensu, sed ex diversis acceptionibus nominis Ægypti solum petenda est. Ægyptus aliquando sumitur apud antiquos pro Delta Ægyptiaco, mari Mediterraneo et fluviis Bubastico et Aga hodæmone concluso, sicque Ægyptum primam et secundam, et pene utramque Augustamnicam continet. Aliquando vero pro Maximo Delta, cujus anguli tres sunt, Alexandria, Pelusium et Syene ; sicque præter supradictas provincias, utramque Thebaidem prius Ægyptum superiorem dictam, et Arcadiam complectitur. Tertio pro tota diœcesi præfecti Augustalis, quæ licet Ægypti nomine designaretur ut a nobiliori sui parte, tamen utramque Libyam, Mareotidem, Ammoniacam cæterasque provincias inclusit, quas ad senarium numerum reducens, ut diximus, Notitia civilis imperii, præfecto Augustali subjicit ; quasque patriarchalem episcopi Alexandrini diœcesim constituisse asseveramus, si tamen Indiam interiorem et Æthiopiam addamus, quas etiam huic patriarchæ non parum probabile est.

De Æthiopia in canonibus Arabicis concilii Nicæni legere est, dum his statuitur, non posse Æthiopes creare nec eligere patriarcham, quin potius eorum prælatum sub potestate ejus esse qui tenet sedem Alexandriæ ; ac licet apud eos loco esset patriarchæ, et appellaretur catholicus, non tamen jus habere constituendi archiepiscopos, ut habebat patriarcha, cum ei nec nomen nec jura patriarchæ concessa fuissent. Sed, ut verum non diffiteamur, cum hi canones incertissimæ fidei sint, peritorum indicio, non tam ex iis Æthiopiam Alexandrino episcopo subjectam fuisse suspicamur, quam quod eam ad alium patriarcham spectasse nequidem excogitari possit.

Quod autem ad Indiam, scilicet interiorem, pertinet, nam exteriorem Antiocheno paruisse certum est, Alexandrinum patriarcham in ejus episcopos plebesque licet multum distantes, et quodammodo intra limites Antiocheni existentes, auctoritatem olim obtinuisse ex hoc conjicimus, quod in illam missus fuerit a divo Athanasio Frumentius, qui Evangelium prædicavit, populos fidei luce illustravit, episcoposque apud illos ordinavit. Ratio in promptu est, quod apud priscos ille mos invaluisset, ut cujus patriarchæ sollicitudine et vigilantia provinciæ Christo nomen dedissent, huic subditæ remanerent. Sed ut veritas hæc omnium oculis clarius subjiciatur, res tota ab ovo ex Socrate referenda est. *Gentes*, inquit, *quæ interiorem Indiam et Iberiam incolebant, tunc primum (hoc est Constantini imperatoris tempore) Christi fidem receperunt. Quid vero causæ sit cur interiorem Indiam adjunxerim, paucis explicabo. Cum apostoli sortito iter ad gentes suscepissent, Thomas Parthiam, in qua munere apostolico perfungeretur, obtinuit; Matthæus Æthiopiam, Bartholomæus Indiam, quæ huic finitima est, sortitione cœpit. India interior, quam permultæ gentes barbaræ accolunt linguis inter ipsas discrepantes, non ante tempora Constantini verbo Christi et ejus religione illustrata est. Quæ vero causa eos ad Christi fidem amplectendam impulerit, jam dicturus venio. Meropius quidam philosophus genere Tyrius, studio Indorum regionem pervidendi incensus fuit : exemplo credo Metrodori philosophi ad eam rem provocatus, qui eamdem regionem ante lustraverat. Meropius igitur duobus pueris consanguineis secum deductis, qui linguæ Græcæ neutiquam ignari erant, conscensa nave in eam regionem trajicit. Et cum ea quæ videre desiderabat esset contemplatus, domumque redire cuperet, rerum ad victum necessariarum inopia adductus, ad locum in quo portus tutus et tranquillus erat appulit. Accidit autem ut eo fere momento fœdera inter Romanos et Indos rumperentur. Indi igitur philosophum et eos qui cum eo navigarant comprehendunt : omnes, duobus illis pueris ejus consanguineis exceptis, interficiunt. Pueros autem propter ætatem commiserati servant incolumes, regi Indorum adductos ei dono dant. Ille puerorum aspectu oblectatus, alterum nomine Ædesium pincernam, qui suæ ipsius mensæ pocula ministraret, constituit ; alteri, qui Frumentius appellatus est, regiorum scriniorum curam commisit. Non longo tempore post rex excedit e vita ; filio admodum tenero et uxori regni hæreditatem relinquit. Ædesium et Frumentium libertate donat regina ; cum filium valde parvulum relictum haberet, postulat ab his duobus ut usque eo curam ejus susciperent, quoad vir factus esset. Cui morem gerentes, adolescentuli regis fortunis sedulo prospiciunt : et quidem Frumentius vel maxime, qui summam rerum administravit. Iste magna cura ac studio a Romanis mercatoribus qui ad eam regionem commeabant quæsivit num quis Christianus inter eos esset. Cumque aliquot reperisset, ipsiusque et collegæ statum eos docuisset, orabat ut loca separatim sibi sumerent, in quibus Christianorum more preces Deo funderent. Tempore pedetentim progrediente, templum ad orandum exædificat Frumentius. Et Christiani illi quosdam ex Indis fidei principiis instituentes sibi adjungunt. Ubi vero filius regis ad perfectam ætatem pervenerat, Frumentius et Ædesius fortunas regni a se probe administratas ei tradunt; petunt potestatem in patriam revertendi. Cum autem rex et mater enixe obsecrarent eos ut manerent, et neutiquam persuaderi possent, illi patriæ revisendæ cupiditate incensi redierunt. Ædesius Tyrum contendit, ut parentes et cognatos viseret. Frumentius Alexandriam advenlans, Athanasio episcopo, qui nuper eum dignitatis gradum acquisiverat, omnem rem narrat : docet suæ profectionis eventum ; spem bonam esse, Indos religionem Christianam recepturos ostendit : orat ut episcopum et clerum una eo mittat, et minime eos qui ad viam salutis deduci possent negligat. Athanasius id quod ad hoc negotium maxime accommodatum videretur animo complexus, ipsum Frumentium episcopum designavit; dixitque se neminem habere ad illud munus eo aptiorem. Res ergo sic confecta est. Fr mentius episcopatus honorem adeptus, ad Indorum regionem revertitur, Christi fidem prædicat, multas ecclesias exstruit; atque divina gratia donatus multa miracula edit; multis hominum cum corporibus tum animis medetur. Ista Rufinus ab ipso Ædesio, qui etiam postea Tyrii sacerdotii dignitatem obtinuit, se audivisse narrat.*

Sed ex his et ex Rufino quænam regio per Indiam sit intelligenda nunc investigandum est. Quidam non aliam quam Æthiopiam, quæ sub Ægypto est, significari putant, eaque revera Indiæ nomine donatur in notitia antiqua Græca, ubi de Alexandria, cujus verba sunt : *Supra caput Thebaidos cum Indorum genus habeat, quæ inde accipit omnia, omnibus præstat.* Sed et sententiam suam ex hoc confirmant, quod apud Athanasium Frumentius episcopus dicatur Auxumis, quæ civitas Æthiopiæ est ex Ptolemæo, et regia Candacis reginæ, cujus eunuchus a Philippo baptizatus dicitur Actor. VIII. Verumtamen per Indiam interiorem Socratem eam intellexisse Indiam quæ intra Gangem est, mihi probabilius videtur. Etenim Socrates, distinctione posita inter Æthiopiam, Indiam, quæ Æthiopiæ finitima est, et Indiam interiorem, hoc est intra Gangem sitam, scribit Æthiopiam ab apostolo Matthæo in fide edoctam ; Indiam Æthiopiæ vicinam, hoc est exteriorem, ab apostolo Bartholomæo ; Indiam autem interiorem non ante tempora Constantini verbo Christi et ejus religione illustratam esse, cura Athanasii et ministerio Frumentii, quem Indiæ episcopum ordinavit. Quid hac veritate clarius ? ea sane ut intelligatur, una Socratis lectione indiget. Cum unam harum Indiarum ab ipsis apostolis fide illustratam fuisse, disertis verbis scribat ; aliam vero a Frumentio, hæcque omnino diversa uni ea-demque regioni haud convenire possint. Unde et alterius Auxumis quam Æthiopiæ Frumentium illum ab Athanasio in Indiam missum episcopum fuisse plane fatendum est; ejus nempe quam Ptolemæus Αὔξουμιν, interpretes vero Auxumim vocant, quamque in India interiori, sive intra Gangem, et ad latus orientale Indi fluvii constituit his verbis : *Ab orientali latere fluvii remotiores ab eo civitates hæ : Xodrace, Sarbana, Auxumis, Ausinda.*

Hæc de patriarchali diœcesi Alexandrini antistitis. Jam qua auctoritate quibusve juribus per eam polleret scribendum est. Eum in his cum patriarchis Romano et Antiocheno convenisse, juxta quorumdam sententiam, innuere videntur Patres concilii Nicæni. Quid enim, aiunt, aliud sonare videntur illorum verba, nisi ut Alexandrinus episcopus omnem habeat potestatem per Ægyptum, Libyam et Pentapolim, sicut Romanus per Romanam diœcesim, et Antiochenus per Antiochenam? Nec pauci sane eum canonis sensum esse arbitrati sunt. Verum pace horum dixerim mihi, cum eruditissimo viro Joanne de Launoy, aliam videri mentem Nicænorum Patrum. Ac ut ita esse probetur, testis erit Dionysius Exiguus, antiquus canonum collector et interpres, qui non de comparatione jurium patriarchalium inter Romanum, Alexandrinum et Antiochenum episcopos, hoc agi canone perspicue docet, sed de servandis antiquis consuetudinibus, non tantum per tres eorum patriarchatus, verum etiam per alias provincias a majoribus metropolitis administratas. Unde sic eum verbis Latinis exposuit : *Antiqua consuetudo servetur per Ægyptum, Libyam et Pentapolim, ita ut Alexandrinus episcopus horum omnium habeat potestatem, quia et urbis Romæ episcopo parilis mos est. Similiter autem et apud Antiochiam cæterasque provincias, suis privilegia serventur Ecclesiis.* Idem plane confirmat altera Isidori editio his verbis expressa. *Mos antiquus perduret in Ægypto, Libya et Pentapoli, ut Alexandrinus episcopus horum omnium habeat potestatem, quoniam quidem et episcopo Romano parilis mos est. Similiter autem et apud Antiochiam cæterasque provincias honor suus unicuique servetur Ecclesiæ.* Etenim quis in his non advertit a Patribus Nicænis non proprie comparari tres patriarchas inter se, cum aliarum etiam Ecclesiarum, quas patriarchalibus exæquare absurdum esset, mentio fiat ; sed præcise statui ut antiqui mores serventur in Alexandrina Ecclesia, sicut in Romana et Antiochena, nec non in aliis Ecclesiis ? Hinc fit ut in variis editionibus huic canoni præfixus sit titulus iste : *De Privilegiis Ecclesiarum* ; qui sane haud conveniret, si comparandorum trium patriarcharum sola mens concilii fuisset. Nec incassum ab iis editum est in canone, quod similiter aliis sua jura serventur Ecclesiis, cum tunc plures metropoles jura propria ex consuetudine haberent, ac inter eas Ephesina, ut inquit Evagrius, patriarchico frueretur.

Sed quomodo in jure ordinandorum episcoporum, super quo canon ille conditus est, Romanum, Alexandrinum et Antiochenum episcopos justa cum ratione concilium Nicænum comparasset, qui in his toto cœlo discrepabant? Siquidem Romanus episcopus in pluribus suæ diœcesis regionibus, nequidem metropolitas propria manu ordinabat; Alexandrinus per totum patriarchatum metropolitica jura, ut probabimus, habebat ; et Antiochenus quasi media inter illos jura obtinebat, hoc est majora Romano, quantum ad hoc, licet in aliis ipso multo inferior eique subditus esset, et minora Alexandrino. Etenim et Orientis metropolitas propria manu ordinabat, omniumque ejusdem tractus episcoporum electionem, priusquam ordinarentur, assensu suo firmabat : quemadmodum Innocentius primus ad Alexandrum Antiochenum ait, ei scribens, ut sicut metropolitanos auctoritate ordinabat singulari, ita impedire poterat ne absque permissu conscientiaque sua cæteri ordinarentur episcopi. Equidem hisce rationibus ductus haud leviter arbitror, non tam hoc canone comparationem fieri inter patriarchas quoad eorum jura, quam statui ut antiqui mores, licet diversi, apud eos omnes serventur, sicut et in aliis Ecclesiis. Nec parum in hoc confirmor a titulo in variis editionibus huic canoni præfixo : *De Privilegiis Ecclesiarum*, qui sane prorsus ab eo alienus esset, si de patriarcharum comparatione, et non de privilegiis ex consuetudine acquisitis in illo agerentur.

Ut autem circa episcoporum ordinationes, tribus his patriarchis simile jus non convenisse clarius dignoscatur, non pauca propria Alexandrinum consecutum esse hic observare ratio postulat. Inter illa istud imprimis maximum videtur quod per universum patriarchatum jus haberet metropoliticum. Id autem omnibus haud commune fuisse certo discitur ex novella Justiniani, dum ait quæsdam patriarchas jus metropoliticum per suam diœcesim habuisse, alios vero non, sed patriarchicum tantum. In quo consistat metropoliticum si quæras, in hoc dicam, quod sine illius qui hoc potiebatur consensu nulli fieri posset episcopus. Id enim generaliter clarum est, aiunt Patres concilii Nicæni, *Ut si quis præter metropolitani sententiam factus fuerit episcopus, hunc magna synodus definivit episcopum non esse oportere.* Quod autem primis sæculis statutum sit, ut non tantum per propriam provinciam, sed et per omnes alias patriarchatus sui, Alexandrinus antistes episcopos omnes propria manu vel propria specialique auctoritate per alios ordinaret, non paucis argumentis probabo. Quid clarius apud Synesium? et quis apud eum non observavit Palæbiscæ episcopum ex hoc legitimum non censeri, quod Alexandriæ constitutus non fuisset? Palæbisca autem vicus erat Pentapoleos metropolitæ Ptolemaidis subditus ; ipsaque Palæbisca sicut Hydrax in Erythri episcopi civitatem, Alexandrini patriarchæ decreto redactæ sunt, eodem Synesio teste. Quis eumdem non legit ad Theophilum Alexandrinum scribentem post Antonii in episcopum Olbiatis vici electionem,

unum adhuc ei superesse, sacram scilicet manum ejusdem patriarchæ Theophili, a quo uno consecrandus erat

Sed et ordinationem ipsius Synesii episcopi Ptolemaidis electi, ad eumdem Theophilum spectasse, ipsummet Synesium dicentem audiamus. *Omnino plerique epistolam hanc lecturi sunt; nam hujus potissimum eam gratia dictavi, quo manifeste omnibus constaret me onus istud reformi lare, ut quidquid acciderit, et apud Deum, et apud homines, culpa omni carcam, imprimisque apud Patrim Theophilum.* Et post alia : *Nolo autem sermonem de me cuiquam præbere, quasi ignotus creationem illam occupaverim, sed tanquam rei totius gnarus Deo charissimus Pater Theophilus, ac quemadmodum probe omnia norit, perspicue mihi significans ita de me deliberet. Nec enim meo me in vitæ statu persistere, aut mecum philosophari permittet, aut judicii de me postea ferendi, meque ex episcoporum numero expungi locum sibi nullum relinquet.* Quid plura? nec tamen unum hujus consuetudinis testem Synesium proferam. Adhibebo quoque Socratem, qui de Athanasio Alexandriam post exsilium redeunte scribens, hæc ait : *Athanasius per Pelusium recta Alexandriam iter capit, et in singulis civitatibus ad quas adventabat docuit ; in quibusdam vero ecclesiis etiam ordinationes fecit.* Adhibebo Sozomenum, qui narrans quomodo Meletius ex hoc in concilio Nicæno damnatus fuerat, quod, ut ait Epiphanius, tam in carcere quam itinere, ad quamcunque regionem locumque peragraret, clericos, episcopos, presbyteros et diaconos instituisset, ac privatas Ecclesias fundasset, docet huncce Meletium ministrorum ordinationes ad Petrum solum pertinentes sibi arripuisse. Et quis apud eumdem Sozomenum non legit Theophilum Alexandrinum patriarcham venisse Geras, quæ pusilla civitas Augustamnicæ provinciæ, a Pelusio plus minus quinquaginta stadiis distat, et hortatum esse Nilammonem monachum, quem Geritæ Ecclesiæ suæ antistitem elegerant, ut ordinationem a se oblatam acciperet? Adhibebo et Isidorum Pelusiotam, qui de Martiniano presbytero sub Eusebio Pelusii episcopo degente ad Cyrillum Alexandrinum in epistolis scribens hæc ait : *Nuper quidem aurum Alexandriam præmisit, episcopatum aucupans. Quod cum sanctitas tua comperisset, per litteras comminata est*, etc. Et paulo post : *Litteris tuis minisque contemptis ac pro nihilo habitis. Alexandriam perrexit, sibi quidem episcopatum captans, tuæ autem famæ (ut qui sacras ordinationes pecunia addicas) labem inferens.* Argumenta alia his superaddere quis non superfluum existimabit, cum ex prædictis pateat Alexandrinum patriarcham, non tantum in prima Ægypto, sed etiam in Augustamnica et Libya præsules ordinasse ?

Addam potius cum eruditissimo viro non tantum episcoporum, sed etiam omnium Ecclesiæ ministrorum ordinationem ad Alexandrinum episcopum ex antiqua consuetudine spectasse. Nec leviter sane, cum hæc sententia valde probabilibus nitatur argumentis. Inter illa duo potissimum apud auctores historiæ ecclesiasticæ observare est, unum quidem de jure, alterum de facto. Juris fide dignus testis est Sozomenus, dum temerarios Meletii conatus describens, ait ordinationes in universum ab eo factas ad Petrum Alexandrinum solum pertinuisse. Græca editio ἐνέργειαν habet, cum in ea non episcoporum χειροτονίαν sed χειροτονίαν absolute a Meletio intentatam damnet. Nec revera episcopos solum ordinaverat Meletius, sed etiam presbyteros, diaconos aliosque Ecclesiæ ministros, ut legitur apud Epiphanium. Quod autem de facto Alexandrinus antistes per omnes Ecclesias clericos quoscunque ordinaret, clare indicat Theodoretus, vel potius epistola concilii Nicæni apud Theodoretum, cum dicitur concilii Patres statuisse ut si quis ex ministris a Meletio ordinatis ad idem ministerium postea assumeretur, id non sine consensu episcopi Alexandrini fieret, et in quacunque Ecclesia Ægypti constitueretur, non nisi post alios ministros ab Alexandrino episcopo ordinatos sederet. Quis enim ex his non infert Alexandrinum episcopum pro singulis et in singulis Ecclesiis ministros ordinasse? Unde cum Theophilus Alexandrinus Dioscorum Hermopolis episcopum ordinasset, duos in eadem Ecclesia creavit clericos, Socrate teste. *Theophilus*, inquit, *Alexandriæ episcopus, eos amavit plurimum mireque coluit. Proinde unum horum, nempe Dioscorum, quasi vi a monasterio abstrahens, episcopum Hermopolis designavit; alios duos obsecravit ut ætatem simul cum ipso agerent; et cum verbis ægre illis persuadere posset, auctoritate tamen, ut pote episcopus, illud facere compulit; ac primum dignitate clericorum eos cohonestare, deinde administrationem Ecclesiæ illis concredere cœpit.*

Præterea apud Alexandrinos, inquit Sozomenus, solus civitatis episcopus docet. Aiunt tamen hanc consuetudinem non prius inclevisse, quam ex quo Arius presbyter de doctrina disserens insolitam introduceret. Novum et illud apud eosdem Alexandrinos est, quod episcopus dum recitatur Evangelium non assurgat, quod apud alios usquam fieri equidem neque comperi neque audivi. Additurque in actis concilii Chalcedonensis omnes Ægypti episcopos ita patriarchæ detulisse, ut hoc vita functo quidquam decernere non auderent. Unde cum his quidam suadere conarentur ut in concilio Chalcedonensi epistolæ Leonis subscriberent, nec non anathema Eutychi ejusque erroribus denuntiarent, *Ipsi*, inquit, *dixerunt multos esse in Ægypto episcopos, seque non posse absentium personam suscipere; rogaruntque concilium uti exspectarent suum archiepiscopum, quo, sicut mos postulat, illius sententiæ morem gererent. Quod si ante primatis e'ectionem aliquid transigerent, episcopos Ægyptiacæ diœceseos in illos impetum facturos. Cum autem multum precarentur, et concilium illis admodum resisteret, et sermo ut spatium Ægyptiis episcopis usque eo daretur.*

Habuit etiam Alexandrinus patriarcha ex statutis antiquorum Patrum et conciliorum curam investigandæ diei qua Pascha celebrandum erat; probaturque ex Magni Leonis epistola ad Marcianum Augustum, his verbis: *Studuerunt itaque sancti Patres occasionem hujus erroris auferre, omnem hanc curam Alexandrino episcopo delegantes, quoniam apud Ægyptios hujus supputationis antiquitus tradita esse videbatur peritia, per quam, quamvis singulis diebus prædictæ solemnitatis eveniret, sedi apostolicæ indicaretur, ut hujus scripti ad longinquiores Ecclesias judicium generaliter percurreret. Ad Romanum enim pontificem spectabat, post acceptum ab Alexandrino consilium, diem Paschæ per universum orbem intimare juxta canonem primum Arelatensis concilii primi, quo sic Patres alloquuntur Silvestrum: Primo loco de observatione Paschæ dominici, et uno die, et uno tempore per omnem orbem a nobis observetur, et juxta consuetudinem, litteras tu ad omnes dirigas.*

Nec prætermittenda est alia consuetudo patriarcharum Alexandriæ juxta quam, inquit Liberatus, *ille qui defuncto successurus erat excubias super defuncti corpus agebat, manumque dexteram ejus capiti suo imponens a sepulto manibus suis accipiebat beati Marci pallium colloque apponebat, et tunc legitime sedere censebatur.*

De juribus consuetudinibusque Alexandrini patriarchæ hæc satis sint : nunc quot sub eo fuerint Ecclesiæ et metropoles ecclesiasticæ observandum est. Quamvis penes eum summa rerum ecclesiasticarum esset per totius Ægypti provincias, singulis tamen singuli præficiebantur metropolitæ, qui de omnibus ad communem provinciæ utilitatem spectantibus, sola ministrorum ordinatione excepta, sub ejusdem patriarchæ auctoritate ordinarent. Testis erit Meletius Lycopolis in Thebaide archiepiscopus, de quo hæc ait Epiphanius : *Atque ille quidem Meletius cæteris Ægypti episcopis antecellens, secundum a Petro dignitatis locum obtinebat, ut pote illius adjutor; sed eidem tamen subjectus, et ipsum de causis ecclesiasticis referens.* Testis quoque erit Synesius Libyæ Cyrenaicæ metropolita, qui, ut ex ejus epistolis diximus, electioni episcopi Olbiatis hoc nomine præfuit, nec non Antonium ex majori suffragiorum numero electum esse Theophilo Alexandrino retulit. Quot autem fuerint non facile dictu est. Decem jam suo tempore exstitisse indicat Theodosius Junior in epistola ad D scorum Alexandrinum, quæ actione prima concilii Chalcedonensis reperitur, huic verba illa scribens : *Tua sanctitas, sumptis secum decem reverendissimis metropolitis episcopis, qui sub tua degunt diœcesi, et aliis similiter decem episcopis,* etc., *Ephesum metropolim Asiæ convenire absque ulla dilatione festinet.* Et quamvis in sola Ægypto tot non fuerint provinciæ civiles, totidem tamen admittendæ in antistitis Alexandrini patriarchatu videntur ecclesiasticæ, cum singulis singuli metropolitæ semper præfuerint. In civilibus duæ Justiniani ætate reperiuntur Ægypti, duæ idem Augustamnicæ. Prima quæ consularem habuit; secunda, quæ correctorem. Duæ item Thebaides, duæ Libyæ, et una Arcadia, ut apud ipsum Justinianum legitur, nec alias reperi. Totidemque fuisse in Ecclesia discere est ex antiqua ecclesiastica notitia Græca, quam ex bibliotheca regis Christianissimi dabimus, in qua numerus idem observatur; nimirum duæ Ægypti, duæ Augustamnicæ, duæ Thebaides, Arcadia una et Libyæ duæ, scilicet Pentapolis et Marmarica. In hac Alexandria metropolis nominatur primæ Ægypti, et Cabasa secundæ. Pelusium Augustamnicæ primæ, et Leontus secundæ, Oxyrinchus Arcadiæ, Antinoe Thebaidis primæ, Ptolemais Thebaidis secundæ, Darnis Libyæ Marmaricæ, et Sosuza Pentapoleos. Quamvis autem, ut verum fatear, menda plurima in notitiam illam irrepsisse non parum ex hoc probabile sit, quod Lycopolis procul dubio prima metropolis Thebaidis fuerit, cum Meletius hujus archiepiscopus bis dicatur ab Epiphanio, et secundus Ægypti antistes, nec non Ptolemais Pentapoleos, cum Synesius hujus episcopus metropolitani munus obediret, ut superius observatum est, non tamen plures veros metropolitas in Ægypto fuisse facile crediderim, quandoquidem provinciarum ecclesiasticarum numerus nunquam contractus, sed semper posterioribus sæculis ubique auctus videatur. Quod si alios præter hos metropolitas exstitisse ex novella Theodosii contendas, archiepiscopum Æthiopiæ decimum recensendum esse dicam, et non paucos honorarios; ideo metropolitas dictos, quod in metropolibus civilibus præfecturarum sederent, ut sæpius in patriarchatu Constantinopolitano et aliis accidisse diximus.

Cur vero tam paucæ metropoles provinciæque ecclesiasticæ in hoc patriarchatu fuerint, et cur Ecclesia ipsa tam angustis limitibus arctata manserit, si quæras, unam aut alteram rationem assignabimus. Prima est, quod mirum in modum Ægyptii superstitionibus gentilitiis addicti essent, et non nisi magno cum labore ad fidem Christianam converti potuerint. Patet ex notitia antiqua Græca Constantii temporibus, ut volunt, acta, in qua hæc de Alexandria leguntur : *Dii quoque coluntur eximie, et templum Serapis ibi est, quod quidem singulare est toto orbe visu spectabile opus : nullibi quippe terrarum talem aut structuram, aut templi dispositionem, aut cultus invenire est, quin huic principatus debetur.* Et infra : *Divina, inquam, quo a diis desumpto elogio nullum malus puto : sane enim cum ibi, ut antea diximus, bene deos colant, visui maxima quæque offerunt. Etenim omnia fana et templa undique exornata sunt : neocori etiam, ut sacerdotes et ministri, et aruspices, et adoratores, et optimi vates apud eos abundant ; sed et omnia rite fiunt : quare invenias ibi aras semper igne splendentes et sacrificiis thureque plenas ; serta etiam et thuribula aromatibus plena sacrum ritum spirant a.* Et quis apud Ciceronem hæc non observavit? *Ægyptiorum,* inquit, *morem quis ignorat? quorum imbutæ mentes pravitatis erroribus, quamvis carnificinam prius subierint, quam ibim aut aspidem, aut felem, aut crocodilum violent.* Tantus adhuc illis erat Constantii ætate zelus pro suis delubris, ut cum imperator ille locum Christianis pro ædificanda ecclesia addixisset in quo gentilium mysteria recondebantur, gentiles, ait Socrates, Alexandriæ degentes impetum facere cœperint, hos gladiis, illos fustibus, aliosque lapidibus usque ad necem cædentes, Georgiumque episcopum ab ecclesia raptum ad camelum alligarint discerpserintque, et ipsum una cum bestia combusserint. Nec minor fuit sub Valentiniano Juniore et Theodosio, cum jussu imperatorum patriarcha simulacra deorum diruit, ut narrat idem Socrates. Nam ex communi, inquit, consensu omnes uno impetu in Christianos ruere, cædem cujusque modi illis inferre cœperant. Christiani se defendere : malum malo additum ; pugna usque eo crevit, quoad cædis faciendæ satietate tumultus sedaretur. Interierunt in ea dimicatione pauci gentilium, Christianorum permulti, ex utraque parte sauciati pene innumerabiles. Hæc autem cum essent, vix per sexcentos annos Ecclesia Ægyptiaca crescere potuit, et novas sedes episcopales instituere. Post hæc, Heraclio imperante, anno scilicet Christi 634, Saraceni Ægyptum sub tributo reddidere, inquit Theophanes in Saracenicis, et ab hoc tempore Ecclesia graves passa est injurias : tantum abest ut novas sedes episcopales aut metropoles erigere potuerit. Altera ratio est ingens numerus Judæorum in Ægypto degentium, et quasi innatum Ægyptiis in ipsos odium. Cum enim Ecclesia Alexandrina a Marco ex Judæis potius (quorum decies centena millia hoc ipso tempore Ægyptum habitasse scribit Philo) quam ex Ægyptiis coacta esset, Ægyptiique Judæis, a quibus solis ut vicinis aut accolis edoceri poterant, semper infensi fuerint, eodem Philone teste, adeo ut Marcum ipsum Judæum variis affecerint contumeliis, tandemque crudeliter necarint, vix ad Christi fidem ferendaque Ecclesiæ incrementa adduci valuerunt

Porro quæ sub antedictis metropolibus sedes essent episcopales modo narrandum est.

# ÉTAT DES VILLES ÉPISCOPALES DU PATRIARCAT D'ALEXANDRIE,

## SUIVANT LE P. CHARLES DE SAINT-PAUL.

### ÆGYPTUS PRIMA.

*Alexandria*, Ptolemæo lib. IV, cap. 5, totius Ægypti metropolis, universique, ut diximus, orbis post Romam secunda civitas, nunc *Iscanderia* Turcis dicitur, et *Alessandria* Italis. Alexander Alexandriæ antistes subscripsit concilio Nicæno I, Timotheus Constantinopolitano primo, et Cyrillus Ephesino.

*Hermopolis parva*, notitiæ antiquæ Græcæ. Dracontius ejus episcopus dicitur apud Athanasium in epistola ad Antiochenses, et Esaias concilio Chalcedonensi subscripsit.

*Metelis*, Ptol. ibid.; *Rosetto* Italis, et *Raschit* Turcis. Macarius Metelitarum antistes subscripsit concilio Ephesino.

*Coprithis*, notitiæ antiquæ Græcæ; vulgo *Cana*. Silvanus episcopus Coprithidis in eodem concilio legitur.

*Sais*, Ptol. ubi supra; vulgo *Sahid*. Adelphius episcopus Saensis eidem conc. subscripsit, et Paphnutius Saeos apud D. Athanasium in epist. ad Antiochenses legitur.

*Letus*, Ptol. ibid., quæ *Latonæ* civitas interpretibus, et *Latopolis* lib. Conciliorum, *Derotz* hodie dicitur. Joannes episcopus Latopoleos in concilio Chalcedonensi nominatur.

*Naucratis*, Ptol. ibid.; *Naucratia* dictæ notitiæ. Arpocration episcopus Naucratiæ in concilio Nicæno legitur, et Esaias in Chalcedonensi.

*Andropolis*, Ptol. ibid., quæ *Andromena*, ut arbitror, divo Athanasio in epist. ad Antioch., in qua Zoilum ejus episcopum legere est.

*Nicium*, Ptol. ubi supra; vulgo *Fuoa*. Pulsaminon Niciotorum civitatis episcopus subscripsit concilio Chalcedonensi.

*Onuphis*, Ptol. ibid. Adelphius episcopus Onupheos in concilio Chalcedonensi legitur.

*Tava*, Ptol. ibid. Isaac episcopus Tavæ eidem concilio subscripsit.

*Cleopatris*, notitiæ antiquæ Græcæ. Alexander episcopus Cleopatridis concilio Ephesino interfuit, et Theophilus Chalcedonensi.

*Mareotis*, dictæ notitiæ antiquæ. Ischyras episcopus Mareotis legitur apud Socratem lib. II, cap. 16.

*Menelai*; civitas *Canobus*, Ptol. ibid. Agathodemon episcopus Schediæ et Menela in epist. D. Athanasii ad Antiochenos vocatur.

*Shedia*, notitiæ antiquæ Græcæ et Straboni lib. XVII; quibusdam *Raschit*. Atlas episcopus Shediæ subscripsit concilio Nicæno inter episc. Thebaides, sed mendose; et Agathodemon Schediæ et Menelaiti antistes dicitur apud D. Athanasium in epistola modo citata.

*Phthenoti* nomus, Ptol. ibid. Heraclius Phthenetensis in actis concil. Chalcedonens.

legitur, et Pininuthes Phthenegi apud D. Athanas. in breviario Meletii, hujus forsan antistes fuit.

*Nitria*, Nicephoro Calixto lib. XI, cap. 30. Isidorus Nitriæ episcopus legitur in epist. 27 D. Hieronymi.

### AUGUSTAMNICA PRIMA.

*Pelusium*, Ptol. lib. IV, cap. 5, metropolis Augustamnicæ 1 est in notitia antiqua. Dorotheus Pelusianus antistes adfuit concilio Nicæno I, et Pancratius Sirmiensi apud Socratem Hist. eccles. lib. II, cap. 24.

*Sethrætes*, notitiæ antiquæ; nomus est, Ptol., cujus metropolis Herculis parva civitas est. Theon Herculis Sethræti episc. conc. Eph. subscripsit.

*Tanis*, Ptol. ibid., *Tunes* adhuc dicta. Paulus episcopus Taneos in concilio Chalcedonensi dicitur, et Hermion in epistola D. Athanasii ad Antiochenses.

*Thmuis*, Ptol. ibid. Aristobulus episcopus Thmueos in conc. Ephesino legitur, et Serapion apud Sozomenum Histor. eccles. lib. III, cap. 13.

*Rhinocorura*, Ptol. ibid. Hermogenes episcopus Rhinocoruræ concilio Ephesino subscriptus est, et Melanis memoria est apud Sozomenum in Hist. eccles. lib. VI, cap. 31.

*Ostracina*, Ptol. ibid.; vulgo *Stragioni*. Abraham episcopus Ostracinæ concilio Ephesino nominatur.

*Phacusa*, Ptol. ibid. Moyses ejus episcopus dicitur apud D. Athanasium in breviario Meletii.

*Cassium*, Ptol. ibid. Lampetius episcopus Cassii in Augustamnica concilio Ephesino subscripsit.

*Aphnæum*, lib. Conciliorum, forte *Daphnis* Antonini in itiner., non longe a Pelusio, pro qua *Apthæum* mendose in dicta notitia. Hieraces Aphnæitarum episcopus dicitur in subscriptionibus concilii Ephesini.

*Hephæstus*, dictæ notitiæ antiquæ. Joannes episcopus Hephæsti in Augustamnica concilio Ephesino interfuit.

*Panæphysus*, Ptol. ibid. Philippus Panæphysi antistes subscripsit concilio Nicæno, et Ammonius Ephesino.

*Gerrum*, Ptol. ibid., seu *Gerus* dictæ notitiæ, unde Geritæ populi. Stephani episcopi Geritarum seu Geruntis meminit concilium Chalcedonense.

*Thennesus*, eidem notitiæ et lib. Conciliorum. Heron episcopus Thennesi concilio Chalcedonensi interfuit.

*Sela*, civitas Augustamnicæ, concilio Ephesino, cui Alipius ejus antistes subscripsit. *Sila* dicitur Antonino.

### AUGUSTAMNICA SECUNDA.

*Leontopolis* seu *Leonum civitas*, Ptol. ubi

supra, metropolis dicitur in dicta notitia antiqua. Metrodorus Leontorum episcopus subscripsit concilio Ephesino, et Januarius Chalcedonensi.

*Atribis*, Ptolem. ibidem; mendose *Atreces*, notitiæ antiquæ. Strategius episcopus Atribidis Augustamnicæ dicitur in actibus concilii Ephesini.

*Onii*, Ptolem. ibid.; D. Athanasio *Ilium*, civitas episcopalis, cujus in breviario Meletii meminit, Melam ejus episcopum nominans.

*Babylon*, Ptolem. ibid. Cyrus Babylonis episcopus in actibus Ephesinis act. 1 concilii Chalcedonensis legitur.

*Bubastus*, Ptol. ibid., hodie *Azioth*. Malchi Bubasti episcopi memoria est in concilio Chalcedonensi.

*Pharbæthus*, Ptolem. ibid. Alberion Pharbæthi episcopus subscripsit concilio Nicæno.

*Heliopolis*, Ptol. ibid., hodie *Bethsemes*. Marinus Heliopolis antistes in actis concilii Ephesini legitur.

*Scenæ Mandrorum*, Antonino. Petrus Scinorum Mandrorum præsul in actis Chalcedonensibus legitur parte III.

*Thou*, Antonino inter Pelusium et Memphim. Athanasius episcopus Theitorum in epist. episcoporum Ægypti ad Leonem imperatorem legitur.

*Antithou*, tom. II Concil. Apolo episcopus Antithorum in eadem est epistola.

## PROVINCIA SECUNDA ÆGYPTI.

*Gabasa*, Ptolom. lib. IV, cap. V, hodie *Thebasse*, prima inter Ægypti secundæ civitates recensetur in dicta notitia antiqua. Theopemptus Cabasorum antistes in concilio Ephesino reperitur, et Macarius in Chalcedonensi.

*Phragonea*, eidem notitiæ. Paulus episcopus Phragoneæ in concilio Ephesino legitur, et Agatho apud D. Athanasium in epistola ad Antiochenses.

*Pachnemunis*, Ptolem. ubi supra; D. Athanasio civitas Ægypti, cujus Ammonium episcopum nominat in epist. ad Antioch., quem non toti Elearchiæ præfuisse vult, cum ejus pars altera episcopo Schædiæ et Menelaiti subesset.

*Elearchia*, civitas Ægypti dicitur in concilio Chalcedonensi, act. 1, et in dicta notitia. Regionem tamen fuisse ex hoc conjicio, quod ad plures sedes episcopales pertinuerit. Agatho Phragoneos et Elearchiæ episcopus dicitur apud D. Athanasium in epist. ad Antioch., et Isaac Elearchiæ præsul concilio Ephesino subscripsit.

*Diospolis*, dictæ notitiæ. Apollonius episcopus hujus forte *Diospoleos* concil. Constantinop. generali V interfuit.

*Sebennythus*, Ptolem. ibid. et notitiæ. Ausonius episcopus Sebennythi dicitur in concilio Chalcedonensi.

*Cynus*, dictæ notitiæ et Straboni lib. XVII, in Busiritica præfectura. Sergius episcopus Cyni seu Cynopoleos concilio Constantinopolitano generali V interfuit, et Philumenus Chalcedonensi.

*Busyris*, Ptolem. ibid.; vulgo *Bosiré*. Hermeon in Cyno et Busiride episcopus apud D. Athanasium in breviario Meletii legitur, et Athanasius in concilio Chalcedonensi.

*Paralus*, dictæ notitiæ antiquæ; *Paralium*, lib. Conciliorum. Athanasius episcopus Paralii concilio Ephesino inter Ægypti episcopos numeratur.

*Xoes*, Ptolem. ibid. dictæque notitiæ. Macedonius episcopus Xoensis concilio Ephesino interfuit.

*Buttus*, Ptolem. ibidem. Ammon Buti episcopus subcripsit concilio Ephesino.

## PROVINCIA ARCADIÆ.

*Oxyryncus*, Ptolem. lib. IV, cap. 5, metropolis Arcadiæ in notitia antiqua Græca dicitur. Dorotheus episcopus Oxyrynchi subscripsit concilio Constantinopolitano primo, et Petrus Ephesino.

*Heraclea superior*, Ptolem. ibid. dictæque notitiæ. Heraclides, qui in actibus Ephesinis legitur, hujus forte antistes erat.

*Arsinoe*, Ptolem. ibid., quæ et *civitas Crocodilorum*. D. Athanasius Andream hujus episcopum habet in epistola ad Antiochenses, et Calosirius Arsinoes in concilio Chalcedonensi legitur.

*Theodosiopolis*, dictæ notitiæ, quæ et *Theodosiana*, tom. II Conciliorum. Soter Theodosianæ episcopus dicitur in actis conc. Chalcedonensis, et subscripsit pro episcopo Arsinoes.

*Aphroditopolis*, Ptolem. ibid. Chrisaorius Aphroditopoleos episcopus dicitur in concilio Chalcedonensi.

*Memphis*, Ptolem. ibid.; vulgo *Cairo*. Antiochi Mempheos episcopi meminit concilium Nicænum.

*Clisma*, Ptolem. ibid. Stephanus episcopus Clismatis concilio Constantinopolitano generali quinto subscripsit.

*Nilopolis*, Ptolem. ibid.; *Nilus*, D. Athanasio, qui Theonem episcopum Nili habet in breviario Meletii, et Eusebius ejusdem sedis antistes subscripsit concilio Ephesino.

*Parallus*, dictæ notitiæ. Pasmeius Paralli antistes inter Ægypti episcopos in concilio Chalcedonensi reperitur.

*Thamiate*, notitiæ antiquæ, in Arcadia, licet pluribus in Augustamnica ubi nunc *Damiata*. Heraclius episcopus Tamiathidis concilio Ephesino adfuit, quem ab episcopo Pelusiensi diversum fuisse sola concilii lectio docet, cum in eodem Eusebius Pelusii antistes nominetur.

*Cynopolis superior*, D. Athanasio in breviario Meletii, qui Calutum episcopum Cynopoleos superioris nominat.

## PROVINCIA THEBAIDIS PRIMÆ.

*Antinoe*, Ptolem. ubi supra, metropolis dicitur in dicta notitia, hodie *Antios*. Lucius Antinoes episcopus legitur apud D. Athanasium in breviario Meletii; et Tyrannus ejusdem sedis antistes subscripsit conc. Nicæno.

*Hermopolis major*, Ptolem. ibidem; vulgo *Benisuaif*. Gennadii Hermopolis majoris antistitis memoria est in concilio Chalcedonensi.

*Cusa*, Antonino et D. Athanasio in broviario Meletii, qui Achillem Cusæ antistitem appellat. Notitia habet mendose *Casum* pro *Cusam.*

*Lycopolis*, Ptolem. ibid. Meletius archiepiscopus Lycopolis a S. Epiphanio hæresi 69 dicitur; et Volusianus adfuit conc. Ephesino.

*Oasis Magna*, Ptolem. ibidem : vulgo *Agazar.* Patricii Oasis Magnæ episcopi meminit concilium Chalcedonense.

*Hipsele*, Ptolem. ibid. Arsenius Hipseles episcopus dicitur ex Arsenii epistola ad D. Athanasium, in hujus operibus.

*Apollinis* civitas parva, Ptolem. ibid. ; vulgo *Munfia.* Pabisco Apollinis antistes in conc. Ephesino reperitur; sed an magnæ, quæ Thebaidis secundæ est in notitia, vel parvæ sit, non dicam.

*Antæum*, Ptolem. ibid. Macarius Antæi episcopus, eid. conc. subscripsit.

*Panopolis*, Ptolem. ibid. Sabini Panis seu Panopolis memoria est in eodem concilio.

## PROVINCIA THEBAIDIS SECUNDÆ.

*Ptolemais Hermii*, Ptolem. lib. IV, cap. 5 ; metropolis est hujus provinciæ in dicta notitia. Ammonius Ptolemaidis et Diospolis episcopus dicitur apud D. Athanas. in breviario Meletii, et Evoptius ejusdem sedis forte est antistes qui legitur in concilio Ephesino.

*This*, Stephano, Thebaidis civit. in Thinite nomo, ut credibile est ; seu *Thinis*, tom. I Concil. Heraclius Thineos episc. in conc. Ephesino legitur.

*Coptus*, Ptolem. ibid. Phœbamnon. Copti antistes conc. Ephes. subscripsit.

*Tentyra*, Ptolem. ubi supra. Photinus Tentyræ episcopus concilio Chalcedonensi adfuit, et ante eum Tiberius Nicæno.

*Maximianopolis*, notitiæ dictæ. Pachymes ejus episcopus dicitur. et Tentyræ apud D. Athanas. in breviario Meletii.

*Latopolis*, Ptolem. ibid. Paulus Latopoleos episcopus dicitur a D. Athanasio in breviario Meletii ad Alexand. An alterius ejusdem nominis nescio.

*Hermonthes*, dictæ notitiæ. Cales episcopus Hermetis legitur apud D. Athanasium in breviario Meletii, forte pro Hermonthis.

*Thebais magna*, dictæ Notitiæ, quæ *Jovis magna civitas* dicitur Ptolem. ubi supra. Marochius episcopus Thebaidis magnæ seu Diospolis magnæ subscripsit concilio Constantinopolitano generali quinto.

*Therenunthis*, tom. I Conc. ; *Terenuntis*, Steph. ; dictæ notitiæ *Trimuntis*, sed mendose. Eulogius episc. Terenunthidis concilio Ephesino interfuit.

*Phylæ*, Ptolem. ibid. Marci Phylorum antistitis sermo est apud D. Athanasium in epistola ad Antiochense.

*Thoi*, Ptolem. ibid. Athanasius episcopus Thoicenæ civitatis subscripsit epistolæ antistitum Ægypti ad Leonem.

*Ombi*, Ptolem. ibid. Sylvanus ejus episcopus dicitur apud Theophilum epist. 1 paschali.

*Tathyris*, Ptolem. ibid. Ammonius Tathyridis episcopus dicitur apud D. Athanasium, ut superius adnotatum est.

*Diospolis parva*, Ptolem. ibidem. Ammonii episcopi Diospolis parvæ meminit D. Athanasius in breviario Meletii.

## PROVINCIA LIBYÆ PENTAPOLEOS.

*Ptolemais*, Ptolem. lib. IV, cap. 4, hodie *Tolometta*, metropolis est apud Synesium hujus præsulem, in epist. 76. Secundus ejusdem sedis antistes dicitur apud Sozomen. lib. I Hist., cap. 20.

*Sozusa*, notitiæ antiquæ et Epiphanio, urbs Pentapolis, qui hujus episcopum Heliodorum nominat.

*Lemandus*, Anton. Heron ejus antistes est in epist. 1 pasch. Theophili.

*Cyrene*, Ptolem. ibid. Ruffus Cyrenensis episcopus dicitur in act. Ephes. qui in Chalced. exstant.

*Teuchyra*, Ptolem. ibid. Zenon Teuchyræ seu Arsinoes præsul in concilio Ephesino reperitur.

*Berenice*, Ptolem. ibid. ; vulgo *Bernich.* Dathes episcopus Berenices in concilio Nicæno dicitur.

*Ticelia*, libro Conciliorum. Theodulus episcopus Ticeliæ Pentapoleos subscripsit concilio Chalcedonensi.

*Aptuchi Fanum*, Ptolem. ibid. *Lungifaris* incolis. Felix episcopus Aptuchi legitur in concilio Romano sub Melchiade.

*Erythra*, tom. II Concil. ; *Erythron*, Ptol. ibid. ; vulgo *Furcelli.* Theophilus episcopus Erythræ concilio Chalcedonensi adfuit.

*Barce*, Ptolem. ibid. Zephirii Barces episcopi meminit concilium Nicænum, et Zenobius ejusdem sedis antistes subscripsit concilio Ephesino.

*Hydrax*, Synesio epist. 67 ad Theophilum, qui civit. episcopalem fuisse asserit, et postea sub episcopo Erythræ redactam.

*Disthis*, tom. II Conciliorum, forte *Thintis* Ptolemæi ubi supra. Samuel episcopus Distheos concilio Ephesino subscripsit.

*Palebisca* vicus Pentapoleos, Synesio in dicta epistola, apud quem Paulus studio populi desideratus episcopus dicitur.

*Olbia*, Synesio epist. 76, qui Antonium hujus episcopum electum fuisse ad Theophilum Alexandrinum scribit.

## PROVINCIA ALTERIUS LIBYÆ.

*Darnis*, Ptolem. lib. IV, cap. 4, Libyæ secundæ metropolis in dicta notitia vocatur. Daniel episcopus Darnis subscripsit concilio Ephesino.

*Parætonium*, Ptolem. ibid., hodie *Portorasso*, aliis *Borton.* Caius ex Parætonio proximo Libyæ episcopus apud D. Athanasium in epist. ad Antiochenses legitur, et Titus Parætonii antistes conc. Nicæno subscripsit.

*Antipyrgus*, Ptolem. ibid. ; vulgo *Lucho.* Æmiliani Antipyrgi antistitis meminit concilium Constantinop. generale quintum.

*Antiphra*, Ptolem. ibid. Serapion ejus sedis præsul subscripsit concilio Nicæno.

*Marmarica*, dictæ notitiæ, nunc *Barcha.* Theonas Arianus Marmaricæ dicitur episcopus apud Socratem lib. I, cap. 6.

*Zagylis*, Ptolem. ibid. ; vulgo *Cazales.* Philocalus Zagyli episcopus dicitur in actibus

Ephesinis qui in Chalcedonensibus exstant.
*Zygris*, Ptolem. ibidem. Marcum ejus civitatis episcopum habet D. Athanasius in epistola ad Antiochenses.
*Episcopatus incertæ positionis in Ægypto.*
Theonas *Vantenæ*, in epist. episcoporum Ægypti ad Leonem.

Harpocras *Gavæorum*, ibidem.
Nestor *Flagonitorum*, ibidem.
Maurion *Cotenopolis*, ibidem.
Maximus *Gazulæ*, ibidem.
Poemen *Elesmatis*, ibidem, nisi legas *Clismatis*.
Joannes *Psynchi*, in concilio Chalcedonensi.

# DU PATRIARCAT DE JÉRUSALEM,

D'APRÈS LE P. CHARLES DE SAINT-PAUL

## DANS SA GÉOGRAPHIE ECCLÉSIASTIQUE.

Césarée, ville considérable, opulente, célèbre par la splendeur et la richesse de ses monuments, était depuis longtemps, comme dit saint Jérôme, la métropole de toute la Palestine ; mais elle perdit de son importance, et son influence déclina peu à peu, lorsque Jérusalem fut érigé en patriarcat.

Césarée resta seulement alors métropole de la première Palestine, Scythopolis de la seconde, et Pétra de la troisième. Le patriarcat de Jérusalem, le dernier en date, l'était également en étendue. Il ne tirait son illustration que de la ville même de Jérusalem, berceau du christianisme, souvenir mémorable et toujours vivant des prédications, des douleurs et de la mort du Sauveur du monde. Ce patriarcat, il faut bien l'avouer, a jeté peu d'éclat, et s'est éteint sans gloire sous la main de fer des musulmans.

Terram ingredior ubi, ait Optatus, secundum hominem natus est Christus, ubi ejus sancta sunt impressa vestigia, ubi ambulaverunt adorandi pedes, ubi ab ipso factæ sunt tot et tantæ virtutes, et ubi cum sunt tot apostoli comitati. Palæstina dicitur, quam sic describit Ammianus Marcellinus : « *Ultima Syriarum est Palæstina, per intervalla magna protensa, cultis abundans terris et nitidis, et civitates habens quasdam egregias, nullam nulli cedentem, sed sibi vicissim velut ad perpendiculum æmulas : Cæsaream, quam ad honorem Octaviani principis exædificavit Herodes, et Eleutheropolim, et Neapolim itidemque Ascalonem, Gazam, et Juliam ævo superiore exstructas. In his tractibus navigerum nusquam visitur flumen, et in locis plurimis aquæ suapte natura calentes emergunt, ad usus aptæ multiplicium medelarum. Verum has quoque regiones pari sorte Pompeius, Judæis domitis et Hierosolymis captis, in provinciæ speciem rectori delata jurisdictione formavit. »* Est circa Hierusalem, inquit Strabo, locus saxosus, aquis ipse quidem abundans, cum regio circum sterilis ac sicca sit, et intra sexaginta stadia etiam solum habeat lapidosum inferne. Nec ab eo discrepat D. Hieronymius, dum ait : *Non rigatur ut Ægyptus deorsum, sed desursum; nec facit olera lun-guentium cibos, sed temporaneum et serotinum de cælo exspectat imbrem. Hæc terra montuosa et in sublimi sita, quantum a deliciis sæculi vacat, tanto majores habet d licias spiritus.*

Clauditur magna ex parte montibus, habetque pro terminis ab oriente et septentrione Libanum et Antilibanum, ab occidente partem Phœniciæ et mare Syriacum, et a meridie Arabiam Petrærum ; appellataque est Palæstina a Philisthiim, quos Palæstinos corrupte vocant. Prius sub Juliano Apostata consularem habuit ; deinde sub Gratiano proconsulem, ac sub eodem in duas provincias divisa est, cum in utraque Palæstina Theodosius Judæorum synedria fuisse scribat. Tandem in tres divisa est, scilicet primam, secundam et salutarem. Primæ, quæ minor erat, metropolis fuit Cæsarea ; secundæ Scythopolis, et tertiæ salutaris Hierusalem.

Prima consularis fuit, sed duæ aliæ a præsidibus tantum regebantur, ut videre est in Notitia imperii Romani et apud jurisconsultos.

Hujus regionis olim primaria urbs Hierusalem fuit, Eusebio teste, quam etiam Judæorum metropolim Strabo nominat, et de qua hæc D. Hieronymum scribentem audire haud ingratum erit. *Recurre ad Genesin et Melchisedech regem Salem, hujus principem invenies civitatis : qui jam tunc in typo Christi panem et vinum obtulit, et mysterium Christianum in Salvatoris sanguine et corpore dedicavit. In hac urbe, imo in hac tunc loco et habitasse dicitur et mortuus esse Adam. Unde et locus in quo crucifixus est Dominus noster Calvariæ appellatur, scilicet quod ibi sit antiqui hominis calvaria condita : ut secundi Adam, id est Christi sanguis de cruce stillans, primi Adam et jacentis protoplasti peccata dilueret, et tunc sermo ille Apostoli compleretur : Excitare, qui dormis, et exsurge a mortuis, et illuminabit te Christus. Quantos hæc urbs prophetas, quantos emiserit sanctos viros, longum est recensere. Totum mysterium nostrum istius provinciæ urbisque vernaculum est. In tribus nominibus Trinitatis demonstrat fidem. Jebus, Salem et*

*Hierusalem appellatur, primum nomen calcata, secundum pax, tertium visio pacis. Paulatim quippe pervenimus ad finem, et post conculcationem ad pacis visionem erigimur; ex quo Salomon, id est pacificus, in ea natus est, et factus est in pace locus ejus. Et in figura Christi sub etymologia urbis, Dominus dominantium et Rex regum nomen accepit. Multo nunc augustior est quam ante fuit. Venerabantur quondam Judæi sancta sanctorum, quia ibi erant cherubim, et propitiatorium, et arca testamenti, manna, virga Aaron, et altare aureum. Nonne tibi venerabilius videtur sepulcrum Domini? quod quotiescunque ingredimur, toties jacere in sindone cernimus Salvatorem; et paululum ibidem commorantes, rursum videmus angelum sedere ad pedes ejus, et ad caput sudarium convolutum. Cujus sepulcri gloria multo ante quam cæcideretur a Joseph, scimus Esaiæ vaticinio prophetante dicentis : Et erit requies ejus honor : quod scilicet sepulturæ Domini locus esset ab omnibus honorandus. Civitas magna, in qua crucifixus est Dominus, nulla est alia nisi Hierusalem. Longum est nunc ab ascensu Domini usque ad præsentem diem per singulas ætates currere, qui episcoporum, qui martyrum, qui eloquentium in doctrina ecclesiastica virorum venerint Hierosolymam, putantes minus se religionis, minus habere scientiæ, nec summam, ut dicitur, manum accepisse virtutum, nisi in illis Christum adorassent locis, de quibus primum Evangelium de patibulo coruscaverat. Certe si præclarus orator reprehendendum nescio quem putat, quod litteras Græcas non Athenis sed Lilybæi, Latinas non Romæ sed in Sicilia didicerit, quod videlicet unaquæque provincia habeat aliquid proprium quod in alia æque haberi non possit : cur nos putamus absque Athenis nostris quemquam ad studiorum fastigia pervenisse ! Quid plura? unum tamen addam, nimirum quod si Hierusalem vigente Moysis lege ideo Civitas Dei vocata est, quod Deitas suprema peculiari et eminenti modo diu apud eam in templo Salomonis habitarit : eadem in lege gratiæ mater.omnium Ecclesiarum a Patribus concilii primi Constantinopolitani generalis, ut refert Theodoretus, appellata est. Rationem afferam, quod in ea, ut ait D. Hieronymus, primum fundata Ecclesia totius orbis Ecclesias seminavit. Hanc matrem Christiani nominis vocavit imperator Justinus, adeo ut nemo audeat ab ea sese discernere. Quia videlicet apostoli, inquit Justinus martyr, Hierosolymis egressi ubique prædicaverunt; et ante apostolicam dispersionem, Parthi, et Medi, et Ælamitæ et qui habitabant Mesopotamiam, Judæam et Cappadociam, Pontum et Asiam, Phrygiam et Pamphyliam, Ægyptum, et partes Libyæ quæ est circa Cyrenem, et advenæ Romani, Judæi quoque et proselyti, Cretes et Arabes, in ea civitate primum fide imbuti sunt, ut in Actis apostolorum legitur, ac postea singuli gentem suam Christi lumine illustrarunt. Id autem cum ita sit, quis Hierosolymitanam Ecclesiam patriarchali dignitate et auctoritate insigniri non solum conveniens, sed etiam justum existimet ? maxime cum patriarchales Ecclesiæ ex hoc institutæ fuerint, quod ab iis cæteræ originem duxissent, quasi τῶν πατρίων ἄρχαι, hoc est familiarum Christi principes.*

*Nec tamen id nisi quantum ad nomen et honorem, ab initio factum fuisse dixerim : etenim quamvis civitas hæc, priusquam a Tito destrueretur, metropolis esset totius Judææ, ut jam ex Eusebio diximus, ea tamen eversa, Cæsarea metropolis dignitatem obtinuit. Unde etiam factum est ut Ecclesia Hierosolymitana Cæsariensi tanquam metropolitanæ diu subjecta manserit. Si de hac Hierosolymitanæ Ecclesiæ dignitate dubites, hanc ita clare disces ex concilio Nicæno, ut nulla alia probatione indigeas. Canonis verba sunt: Quia consuetudo obtinuit et antiqua traditio ut Æliæ episcopus honoretur ; habeat honoris consequentiam salva metropoli propria dignitate. Ibi enim per Æliam Hierusalem intelligenda est : sic ab Ælio Adriano vocata, quod ab ipso instaurata fuisset. Nec minus evidenter Cæsariensis episcopi auctoritatem declarat D. Hieronymus ad Pammachium scribens adversus errores Joannis Hierosolymitani, huncque sic alloquens : Tu , qui regulas quæris ecclesiasticas, et Nicani concilii canonibus uteris, et alienos clericos, et cum suis episcopis commemorantes tibi niteris usurpare : responde mihi, ad Alexandrinum episcopum Palæstina quid pertinet ? Ni fallor, hoc ibi decernitur ut Palæstinæ metropolis Cæsarea sit, et totius Orientis Antiochia. Aut igitur ad Cæsariensem episcopum referre debueras, cui, spreta communione tua, communicare nos noveras ; aut si procul expetendum judicium erat, Antiochiam potius litteræ dirigendæ.*

*Hinc fit ut apud Eusebium Hierosolymitanus episcopus nunc ante, nunc post Cæsariensem nominetur ; ante quidem, in quantum honorem sedemque patriarchæ obtinebat ; post vero, quatenus suffraganeus Cæsariensis ipsique subjectus. Sic ubi agit de concilio Palæstinæ sub Commodo imperatore celebrato, Theophilus Cæsariensis ante Narcissum Hierosolymitanum nominatur, licet uterque ibi præses concilii dicatur. Sic apud eumdem Theoctistus Cæsareæ episcopus ante Alexandrum Hiero-olymitanum nominatur, hæcque ait : Quoniam Theoctistus Cæsareæ episcopus, et Alexander Hierosolymorum spectati imprimis , et præstantes præ cæteris Palestinæ episcopis, amplissima dignitate et summo honoris gradu, Origenem dignum arbitrati, manus illi ut presbytero fungeretur imposuerant. Sic tandem ipsemet Theoctistus apud eumdem Eusebium , eidem Alexandro Hierosolymorum episcopo postponitur, hisce in verbis : Alexander Hierosolymorum episcopus, et Theoctistus episcopus Cæsareæ, ad Demetrium in Origenis defensione sic fere respondebant.*

*Sed cui de majori auctoritate per aliquot tempora episcopi Cæsariensis dubium esse poterit, si Thedoretum de contentione orta inter Acacium Cæsariensem et Cyrillum Hierosolymitanum circa primatum hæc scriben-*

tem audiat? Per id tempus Acacius Cæsareæ urbis primariæ Palestinæ, Eusebio mortuo, episcopatum gessit, quem quidem concilium Sardicense abdicaverat ; sed ille, contempta tanta episcoporum multitudine, sententiæ contra se latæ restitit. Primatum autem Hierosolymorum, post Macarium illum cujus sæpe a me facta est mentio, obtinuit Maximus vir ob certamina pro pietate suscepta egregie nobilitatus. Cujus et oculus dexter erutus fuit, et dexteri pedis flexus prorsus labefactatus. Isto ad vitam immortalem translato, Cyrillus, alacris et promptus doctrinæ apostolicæ propugnator, in episcopatus gradu locatur. Isti duo, Cyrillum dico et Acacium, inter se de primatu digladiantes, populum suarum Ecclesiarum gravissimis affecerunt incommodis. Nam Acacius levi arrepta occasione, abdicavit Cyrillum, Hierosolymisque expulit. Hanc enim abdicationem expulsionemque Cyrilli Hierosolymitani certum auctoritatis episcopi Cæsariensis in Hierosolymitanum argumentum esse quis non videt ? Nec est quod dicas eam depositionis sententiam injustam fuisse, cum, licet sine causa ferri, non tamen sine jurisdictione effectum sortiri potuerit.

Postea tamen Hierosolymitanus episcopus non tantum honorem, sed etiam auctoritatem patriarchalem obtinuit, ut legitur actione septima concilii Chalcedonensis , in qua pro decisione contentionum quæ inter Maximum patriarcham Antiochenum et Juvenalem Hierosolymorum episcopum ortæ erant, decretum est ut Ecclesia Antiochiensium duas haberet Phœnicias et Arabiam ; Ecclesia vero Hierosolymorum tres Palæstinas. Decreti ex communi horum consensu facti verba sunt: Per placitum igitur Maximi sanctissimi Antiochiensium civitatis episcopi, et Juvenalis sanctissimi Hierosolymorum episcopi facta consensio, sicut utriusque attestatio declaravit, firma etiam per nostrum decretum et sententiam S. concilii in omni tempore permanebit, hoc est, ut Maximus quidem sanctissimus episcopus, seu Antiochiensium sanctissima Ecclesia, duas Phœnicias et Arabiam sub propria habeat potestate ; Juvenalis autem sanctissimus Hierosolymorum episcopus, sive sanctissima Ecclesia quæ sub to est, tres Palæstinas itidem sub propria habeat potestate; vacantibus scilicet secundum jussionem divinissimi et piissimi principis omnibus rebus, et quocunque modo sacris ab utraque parte litteris impetratis, insuper et mulctatione quæ in eis hujus causa noscitur contineri.

Ex his collige tres Palæstinas patriarcham episcopi Hierosolymitani diœcesim fuisse, sed has non eosdem in ecclesiasticis ac in politicis limites habuisse, te docebit notitia antiqua ex Vaticano codice manuscripto desumpta, nec non alia ex altero codice regio manuscripto, quæ partem Arabiæ Petrææ proprio præsidi in civilibus subjectæ, ad tertiam Palæstinam in ecclesiasticis spectasse testantur. Utriusque notitiæ verbis hic referendis haud immorabimur, ut ad alia transeamus. Cæterum qui uniuscujusque Palæ-

stinæ ecclesiasticæ limites fuerint, singularum civitates postea enumerando, satis evidenter indicabimus.

Episcopo Hierosolymitano patriarchali auctoritate donato huic etiam jura patriarchalia collata sunt. Imprimis, quod ad eum ordinatio episcoporum Palestinæ spectaret, satis probatur ex Evagrio, cum ait, Theodosio in locum Juvenalis ab hæreticis facto episcopo, ad eum multos ex urbibus Palæstinæ accedentes effecisse, ut ipsi ejus auctoritate accedentes designarentur episcopi , ac inter eos Petrum ex Iberia ortum episcopatu Maiumæ prope Gazam sitæ donatum fuisse. Quod etiam congregandarum synodorum auctoritatem habuerit, ex ipsis Palæstinæ synodis probatur. Siquidem Joannes Hierosolymitanus concilium trium Palæstinarum sub Hormisda contra Eutychianos coegit , cujus epistola synodica in act. 5 concilii Constantinopolitani sub Menna reperitur. Aliud simile congregavit Petrus Hierosolymitanus contra Severum, Petrum et Zoaram hæreticos post obitum Agapeti, anno Domini 536, nec non et contra Anthimum , ut ibidem videre est. Unum tantum monebo circa hæc concilia, plures episcopos ex vicinis provinciis Phœniciæ, Syriæ, Ciliciæ et aliarum , ut sæpius in aliis factum est, his interfuisse et subscripsisse ; ne quis forsan errore deceptus omnes episcopos quorum subscriptiones inibi reperiuntur Palæstinos fuisse censeat. Ex Cilicia 1 fuit Zephyriensis episcopus, ex Isauria Iotapenus et Philadelphiensis, ex Syria 1 Gabbensis, ex Euphratesia Neocæsariensis, ex Theodoriade Gabalensis, ex Phœnicia 1 Ptolemaidensis, Aradensis et Paneadensis ; ex Phœnicia Libani Abilensis et Heliopolensis.

Porro Hierosolymitanus patriarcha tres subjectas metropoles in tribus provinciis habuit , Cæsaream Stratonis, cujus episcopo prius parebat ; Scythopolim, et Petram.

Cæsarea, ut legitur in notitia Græca, civitas deliciosa est, omnibus abundans et structuræ elegantia supra multas eminens. Tetrapylum enim ejus ubique celebratur, quod utique singulare est et visu spectabile. Ad mare Syriacum sita et munitissima , maxima et opulentissima, et quasi arx universæ Judææ ab Herode ne rebellaret posita est. Non minus tamen accurate hujus ædificia marmoribus cæterisque architecturæ ornamentis adornavit, Cæsareamque in honorem Cæsaris, quæ prius Turris Stratonis vocabatur, nominari voluit. Metropolis ecclesiastica primæ Palæstinæ facta est, et Cornelius centurio a Petro apostolo in ea baptizatus , primus ejus episcopus fuisse creditur. Sed et multi ejus successores reperiuntur in historia ecclesiastica , ac inter eos Flavianus sub Diocletiano, Theophilus sub Commodo , Teoctistus tempore Origenis , Domnus et Theotecnus sub Gallieno, Anatolius antea episcopus Laodiceæ, quem sibi successorem Theotecnus designavit ; Eusebius et ejus successor Acacius, qui Sardicæ depositus fuit; et Gelasius sub Theodosio.

Scythopolis civitas præclara et metropolis

secundæ Palæstinæ, medio milliario a Jordane tantum distans in satis grata planitie sita est. Hanc prius conditam a Libero Patre vult Solinus; sed quidquid sit, prius Betsan et Nysa dicebatur, nomenque Scythopolis tantum obtinuit postquam a Scythis quasi de novo instaurata est, superbisque ædificiis exornata. Nunc pene diruta est parvumque oppidum a paucis incolis habitatum. Patrophili hujus episcopi sæpe fit mentio apud auctores historiæ ecclesiasticæ, numeraturque inter Arii defensores a Theodoreto, licet concilio Nicæno inter alios episcopos subscripserit. Valens etiam legitur in Sardicensi, Saturninus in Constantinopolitano primo, Olympius in Chalcedonensi, Theodosius in Constantinopolitano sub Agapeto et Menna, et Hierosolymitano sub iisdem.

Petra metropolis tertiæ Palæstinæ, civitas munitissima in monte sublimi sita ad fines Moab, apud Ptolemæum legitur in descriptione Arabiæ Petrææ. Arecen et Arcen Josepho dicitur, et aliquando Archim, teste Wissemburgio. Aliaque est a Petra Palæstinæ, quæ sedes episcopalis tantum fuit, ut clare probatur ex D. Athanasio, qui Asterium Petræ Palæstinæ episcopum vocat, et Arium Petræ Arabiæ. Dicitur autem in duabus notitiis Græcis antiquis metropolis tertiæ Palæstinæ; reveraque fuit, non paucas civitates episcopales sibi subditas habens, ut ex ipsis inferius patebit.

An autem Hierosolymorum patriarcha suffraganeos sibi nullo medio subjectos habuerit, si petas, id multas ob rationes nobis valde dubium esse ingenue fatebimur, saltem per hujus notitiæ tempora. Quis enim ejus conditionis provinciam ullo in antiquo codice reperiit? Antiqua certe est hujusce patriarchatus notitia Græca ex codice Vaticano, sed non nisi tres in ea provinciæ leguntur, Cæsareæ, Scythopolis et Petræ, in quibus Hierosolymitanus antistes non metropolitica jura, sed patriarchalia exercebat, nullis ei propriis assignatis sedibus episcopalibus, circa quas metropolitæ curam gereret. Scio equidem posterioribus sæculis tres huic istiusmodi sedes subjectas exstitisse, nimirum Bethleemitanam, Ebronensem, et Lyddensem : sed aliter sex prioribus sæculis rem se habuisse ex hoc satis colligitur, quod apud Bethleem nullus tunc sederet episcopus, nullaque ejus antiquis notitiis memoria sit. Commune sane fuit tribus primis verisque patriarchis propriam regere provinciam; et ratio est, quod ab initio totius regionis in qua sedebant ipsi essent metropolitæ. Sed longe diversa fuit duorum recentiorum conditio, Constantinopolitani nimirum et Hierosolymitani, qui, cum ex prima institutione metropolitæ non essent, id auctoritatis non nisi post multa sæcula sortiti sunt; sed tantum dignitatis seu auctoritatem eminentem, qua cæteris præcellerent, universamque diœcesim patriarchalem superiori jure administrarent. Istud de Constantinopolitano superius probavimus; de Hierosolymitano vero res tanto certior est, quod vicinæ omnes Hierosolymis episcopales sedes alicui ex tribus supradictis metropolitis in antiquis notis Græcis subjectæ reperiantur. Quæ autem sub unoquoque antiquitus fuerint, in notitia ex conciliis historiaque ecclesiastica extrahenda nunc subjungimus.

## ÉTAT DES VILLES ÉPISCOPALES DU PATRIARCAT DE JÉRUSALEM,

### SELON LE P. CHARLES DE SAINT-PAUL.

*Hierusalem* Palæstinæ civitas, Ptolemæo lib. v, cap. 16; metropolis Judææ, Eusebio lib. III, cap. 5; sedes apostolica, Sozomeno lib. IV, cap. 24, et patriarchica, can. Nicæn. 7. Jacobus primus ejus dicitur episcopus apud Eusebium lib. II, cap. 1, cujus successores inferius enarrabimus.

### PALÆSTINA PRIMA.

*Cæsarea*, Ptol. lib. v, cap. 16; vulgo *Caisar*. Metropolis dicitur Palæstinæ apud B. Hieronymum in epist. ad Pammachium adversus errores Joannis Hierosolymitani Theophili hujus antistitis memoria est apud Eusebium lib. v, cap. 22, et Agricolaus concilio Ancyrano subscripsit.

*Dora*, Ptol. ibid. et notit. antiq. Græcæ; **Hebræis**, *Dortaire*. Nonnus episcopus Dauron, forte pro Doron, subscripsit concilio Constantinop. generali v, et Stephanus Dorensis ex Palæstina Lateranensi sub Martino adfuit.

*Antipatris*, Ptol. ibid., *Antipatrida* nunc. Polychronius Antipatridis antistes in concilio Chalcedonensi legitur.

*Diospolis* Palæstinæ, quæ *Lydda*. Ptolem. ibid.; vulgo *Rama*, aliis *S. Giorgio*. Ætius episcopus Lyddensis interfuit concil. Nicæno primo.

*Jamnia*, Ptolem. ibid.; vulgo *Zania*. Menobius Jamnianus rescripto episcoporum Palæstinæ ad Joannem Constantinopolitanum subscripsit, et Stephanus concil. Hierosolym. sub Petro patriarcha.

*Nicopolis*, Ptol. ibid.; vulgo *Emmaus*. Zenobius episcopus Nicopolitanus eidem concilio interfuit.

*Sozusa*, dictæ notitiæ antiquæ Græcæ in prima Palæstina, et Stephano in Phœnicia Palæstinæ contermina. Leontius Sozusæ antistes legitur in dicto concil. Hierosolymitano.

*Maiuma*, Sozomeno lib. VII, cap. 27, qui Zenonem hujus episcopum nominat.

*Joppe*, Ptol. ibid.; vulgo *Zaffo* et *Jaffa*. Fidus episcopus Joppes invenitur in concil. Ephesino, et Elias in Constantinop. sub Agapeto et Menna.

*Ascalon*, Ptol. ibid.; vulgo *Scalona*. Dictum concilium Hierosolymitanum habet Dionysium antistitem Ascalonum, et ante illum Sabinus Ascalonitanus Nicæno concilio subscripsit.

*Gaza*, Ptol. ibid.; nunc *Azza*, aliis *Garara*. Nartianus episcopus Gazæ refertur in eodem concilio Hierosolymitano.

*Rhaphia*, Ptol. ibid., quibusdam *Rhâma*. Epiphanii Raphiæ antistitis meminit idem concilium.

*Anthedon*, Ptol. ibid., vulgo *Larissa*. Dorotheus Anthedonensis est in dicto concilio Hierosolymitano.

*Eleutheropolis*, Antonino inter Ascalonem et Neapolim; quibusdam *Hebron* creditur. Macrinus episcopus Eleutheropolis subscripsit concilio Nicæno, et Gregorius dicto rescripto.

*Neapolis*, Ptol. ibidem, *Sichem* Hebræis. Procopius hujus antistes in eodem rescripto nominatur.

*Elia*, Antonino Palæstinæ oppidum inter Neapolim et Ascalonem. Teoctisius diaconus pro episcopo Eliæ subscripsit dicto concilio Hierosolymitano.

*Sebaste*, Ptol. ibid.; vulgo *Samaria*. Pela gius Sebastes episcopus subscripsit dicto concil., et ante illum, Marius Sebastenus Nicæno.

*Petra*, D. Athanasio in epist. ad solitarios, ubi Asterium hujus episcopum nominat; et Theodori Petrorum antistitis memoria est in eodem concil. Hierosolymitano.

*Hiericho* sive *Hierichus*, Ptolemæo. Gregorius hujus episcopus subscripsit eidem concilio.

*Libias*, Ptol. ibid. Zacharius Libiadis antistes legitur in eodem concilio.

*Azotus*, Ptol. ibid.; vulgo *Asdot*, et Turcis *Alcet*. Lazari hujus antistitis memoria est in eodem concilio.

*Zabulon*, Josepho lib. II De Bello Judaico cap. 21. Heliodorus Zabulon antistes est in concilio Nicæno primo.

*Aractia* sive *Heraclea*, Palæstinæ urbs in limitibus Phœniciæ, Tyri archiepiscopo subdita apud Guill. Tyrium, olim forte sub Cæsarea, cum hujus nulla memoria sit in notitiis antiquis Phœniciæ. Procopius Heracleotanus qui dicto concilio Hierosol. subscripsit, forte hujus antistes erat.

*Baschat*, Palæstinæ primæ locus cujus memoria est in Josue c. xv. Gregorius Baschatanus subscriptus legitur in dicto rescripto Joannis Hierosolymitani, et episcoporum Palæstinæ qui sub eo erant ad Joannem patriarcham Constantinopolitanum.

*Archelais*, Ptol. ibid. Antiochum Archelaidis Palæstinæ antistitem habet concil. Chalcedonense.

## PALÆSTINA SECUNDA.

*Scythopolis*, Ptol. lib. v, cap. 15; *Nile* prius, et *Bethsan*. Theodosius hujus episcopus subscripsit conc. Hierosolymitano sub Petro, et ante eum Olympius in actis concilii Chalcedonensis reperitur.

*Pella*, Ptol. ibid. Paulus episcopus Pellius subscripsit rescripto dicto.

*Caparcotia*, Ptol., interpretibus *Caparnaum*. Demetrius episc. Carpatenus pro Caparcotenus (ut reor) in dicto concilio Hierosolymit. legitur.

*Gadora*, Ptol. ibid.; *Gadara* lib. Concil. et Stephano. Theodorus episcopus Gadarorum eidem concilio subscripsit.

*Capitolias*, Ptol. ibid.; vulgo *Sunete*. Theodosius episcopus Capitoliadis in dicto concilio Hierosolymitano reperitur.

*Maximianopolis*, notitiæ antiquæ Græcæ, et D. Hieron. in Locis Hebraicis, qui hanc Adremmon olim dictam scribit, de qua Zach. cap. XII. Domnus Maximianopolis antistes subscripsit dicto concilio Hierosolymitano.

*Tiberias*, Ptol. lib. v, cap. 16; vulgo *Tabarie*, teste Nigro. Joannes episcopus Tiberiadis subscripsit eidem concilio.

*Mennith*, locus Palæstinæ, Judic. XI. Stephani Meniatheni episcopi alias Nasameni in dicto rescripto episcoporum Palæstinæ mentio est.

*Hippus*, Ptol. ibidem. Conon Hipponus antistes in rescripto episcoporum Palæstinæ ad Joannem Constantinopolitanum legitur, et Theodorus in dicto concilio Hypsenorum pro Hipponorum episcopus nuncupatur.

*Amathus*, Hegesippo; vel *Amata*, Josepho Antiq. XVII, cap. 12, urbs Palæstinæ trans Jordanem. Dionysius Amathuntius episcopus subscripsit eidem concilio Hierosolymitano sub Petro.

## PALÆSTINA TERTIA.

*Petra*, Ptol. lib. v, cap. 17; metropolis est tertiæ Palæstinæ in not. antiqua Græca; vulgo *Krach* et *Arach*. D. Athanasius in epist. ad solitarios habet Arium episcopum Petræ in Arabia.

*Augustopolis*, dictæ notitiæ antiquæ. Joannem ejus episcopum inter Palæstinæ antistites recenset concil. Nicænum.

*Arindela*, dictæ notitiæ antiquæ. Macarius episcopus Arnidatorum vel Arindelen concil. Hierosolymitano subscripsit.

*Arad*, locus deserti in Palæstina, Judic. I; civitas Amorrhæorum est D. Hieronym. in Locis Hebraicis. Stephanus episcopus Aradorum est in eodem concilio.

*Ariopolis*, dictæ notitiæ antiquæ. Polychronius Aureliopolitanus pro Ariopolitanus in rescripto episcoporum Palæstinæ legitur.

*Eluza*, Ptol. ibidem. Aretam Elusæ antistitem habet concilium Chalcedonense.

*Zoara*, Stephano vicus Palæstinæ, etiam *Segor* dicitur tom. II Conc. Mussonius Zoaræ sive Segor episcopus in concilio Chalcedonensi legitur, et Joannes in Constantinopolitano sub Agapeto et Menna.

*Sodoma*, Genes. cap. XIII, adhuc *Sodoma*. Severus Sodomorum episcopus in subscriptionibus concil. Nicæni legitur.

*Phenon*, tom. I Concil.; *Fenon* D. Hieron. in Locis Hebraicis, urbs olim deserti inter

Zoaram et Petram, nunc vicus. Saida Phenonis episcopus inter episcopos Arabiæ concilio Ephesino subscripsit, et Joannes Fenensis, pro Fenensis vocatus, est in dicto concilio Hierosolymitano sub Petro patriarcha.

*Pharan*, Ptolem. ubi supra, nunc *Fara*.

Theodori episcopi Pharanitanæ Ecclesiæ memoria est in concilio Lateran. sub Martino.

*Aila*, divo Hieronymo in Vita S. Hilarionis, urbs juxta mare Rubrum. Paulus Ailanus dicto concilio Hierosolymitano subscripsit.

---

# NOTICE D'ÉVÊCHÉS
## DONT LA POSITION GÉOGRAPHIQUE EST INCERTAINE.

On ne connaît les villes épiscopales suivantes que par les actes des conciles ou par des écrivains ecclésiastiques ; mais il règne la plus grande incertitude sur leur position géographique, et l'on ne sait à quelles provinces les attribuer.

## A

*Acrabatensis* Pegasius episcopus in concil. Nicæno ex Syria dicitur ; forte ab Acraba urbe Mesopotamiæ Syriæ viciæ, de qua Ptol. lib. v, cap. 19.

*Adensis* vel *Abdianensis* Neufilata habetur in concil. Toletano III et in concil. Hispalensi I.

*Adrassi* episcopus Paulus in concil. Constantinop. generali v legitur, ab Adrasso Isauriæ urbe, cujus in not. antiqua memoria est.

*Ænorum* metropolis Rhodopiæ antistes Paulus legitur in collatione 8 synodi v Constantinop., pro Ænorum, ut reor, in Rhodope.

*Agdamiæ* Phrygiæ episcopum Optimum nominat Socrates Historiæ ecclesiasticæ lib. VII, cap. 35.

*Aggiva* (ab) Quintus in concil. Carthag. sub D. Cypriano legitur, forte ab Augina sive Auggiva, Antonino, Africæ propriæ urbe.

*Amphipolitanus* episcopus Alexander concil. Constantinop. generali v subscripsit; an ab Amphipoli Syriæ urbe ad Euphratem, Stephano; vel ab alia Macedoniæ, Ptolem. lib. III cap. 13, incertum est.

*Anapoli* (ab) Narcissus præsul in conciliab. Sardicensi legitur.

*Androsiorum* episcopus Aquila est in concilio Chalcedonensi ; ab Androsia, ut arbitror, Galatiæ urbe, apud Ptolem. lib. v, cap. 4.

*Anenysiorum* Theodorus episcopus concil. Ephesino subscripsit : forsan ab Anæa urbe Asiæ, de qua in illa provincia.

*Anthysæ* sive *Antiquæ civitatis* episcopus Eusebius est in conc. Constantinop. sub Agapeto et Menna : an ab Antissa Lesbi Insulæ urbe, Ptolem. lib. v, cap. 3; vel alia Indiæ, Stephano, vel a Palæopoli Asiæ aut Pamphyliæ, ignoratur.

*Antri* Arrianus præsul dicitur apud Socrat. lib. III, cap. 21 : an ab Antro Thessaliæ urbe, Stephano; vel Antro Samothraciæ Insulæ, Ovidio Trist. lib. 1, tu videris.

*Armaquetias* (ab) Macedonius habetur in conciliab. Sardicensi.

## B

*Bactrorum* antistes Alipius est in concilio Chalced. a Bactro, ut arbitror, prius Zariaspa dicta, Bactrianæ regionis capite et regia, Ptolem. lib. VI, cap. 11.

*Balceæ* civitatis episcopus Chrisantus concil. Chalced. subscripsit, forte a Balcia, Stephano, Propontidis urbe, quæ et Balcea Plinio est lib. v, c. 30.

*Baliensem* ex Osroena episcopum legere est in concil. Chalced., sed Balia urbs in notitiis non reperitur, et Galeno Macedoniæ est in Hippocratis vocum Expositione.

*Baptino* (a) Lucius est in conciliab. Sardicensi.

*Barcusorum* episcopus Joannes subscripsit concil. Constantinop. generali v : an a Bargasa, quæ Ptolem. lib. v, cap. 2, in Lydia, et Stephano in Caria est, certum non videtur.

*Barissaræ* urbis Armeniæ primæ antistes Maxentius dicitur in concilio Chalcedonensi.

*Bethanensis* episcopus Sosipater subscripsit concil. Nicæno inter episcopos Syriæ.

*Blacena* (de) a Dacia, alias de *Blatea* ab Achaia, Athenodorus est in concil. Sardicensi.

*Bossæ* antistitem Cresciturum legere est in concilio Constantinop. generali v, forte a Bossa civitate provinciæ Proconsularis.

*Botolii* Ajacis filius episcopus dicitur apud Sozom. lib. VII, cap. 27; circa Palæstinam videtur.

*Bunensis* episcopus Romanus subscripsit concil. Chalcedonensi, diciturque Lyciæ.

*Burensis* episcopus Ammon in concil. Chalced. reperitur : an a Bura Achaiæ oppido Peloponnesi, apud Ptolem. lib III, cap. 16, tu videris.

## C

*Cabula* (a) Severus episcopus dicitur in conciliab. Sardicensi.

*Cænorum* antistes Petrus subscripsit concilio Chalcedonensi ; sed mihi dubium est an a Cæna Ponti vel Armeniæ oppido, lib. notitiarum ; vel a Cæna magna civitate circa Tigrim fluvium, Xenophonti II Expeditionis Cyri; vel a Cæna Laconica urbe, Ptolem. lib. III, cap. 16.

*Candos* (de) a Procia episcopus Eutherius legitur in concilio Sardicensi, forte a Cantho vel Achantho urbe, quam Ptolem. lib. III, cap. 13, habet in Macedonia ad Syngiticum sinum.

*Canothæ* Theodosius, alias Theodotus episcopus est in dicto conciliabulo Sardicensi.

*Carissorum* episcopus Menecrates in concil. Chalced. legitur, et Theodorus in actis concilii Constantinop. sub Agapeto et Menna : a Carissa, ut reor, Paphlagoniæ oppido, Ptolem. lib. v, cap. 4.

*Caropti* episcopi Bassi memoria est in conciliab. Sardicensi, forte a Carotho Cyrenaicæ regionis urbe, Antonino.

*Casatanorum* Cyriacus episcopus legitur in collatione 8 synodi quintæ Constantinopolitanæ.

*Chatimæa* (a) Sabinianus in dicto conciliab. Sardicensi legitur.

*Cianus* Hediscus episcopus habetur in concilio Constant. sub Agapeto et Menna; a Cia seu Ceo, ut arbitror, insula, quam Strabo, lib. x in mari Ægeo constituit.

*Cilinensis*, alias *Pylarum* Cyrillus subscripsit concil. Ephes. actione 6.

*Crusæ* episcopus Petrus concilio Ephesino interfuit; est autem Crusa apud Plinium lib. v, cap. 31, insula Doridis in sinu Ceramico.

### D

*Dioclæ* Evander episcopus concilio Chalcedonensi subscripsit; a Dioclia, ut puto, Phrygiæ urbe, Ptolem. lib. v, cap. 2.

*Dorlani* (a) Eufenius antistes est in conciliab. Sardicensi.

### E

*Epalanus*, alias *Epulenus* Parthenius episcopus nominatur in concilio Hierosolymitano sub Agapeto et Menna.

*Eulandræ* episcopus Mirus est in concilio Chalcedonensi.

*Evasorum* episcopus Eutropius concil. Ephes. subscripsit; ab Evasa Asiæ urbe, in notit. Hieroclis, quam eamdem cum Augaza puto.

### F

*Flavonensis* antistes Paulus concilio Ephes. inter episcopos Ægypti subscripsit, forte pro Flagonensis.

### G

*Gaiopolis* episcopus Stephanus in concil. Ephes. act. 6 legitur, forsan a Gœapoli, quæ Ammiano Marcell. lib. xxiii urbs est Arabiæ.

*Geruntis* episcopus Stephanus in concil. Chalcedon. dicitur, a Geronta forte oppido Armeniæ, Curopalati; vel certe a Gerunte urbe quam Polybius habet in Macedonia, et quam Geranum locum vocat Strabo lib. viii.

*Gilsatenus* Neon episcopus ex Pamphylia dicitur in epistola synod. hujus provinciæ ad Leonem imperatorem.

*Gindarensis* Syriæ Petrus episcopus in concil. Nicæno dicitur, a Gindara, ut puto, seu Gindaro Syriæ urbe, quam Strabo lib. xvii arcem Cyrresticæ regionis vocat.

### H

*Hircanorum* civitatis episcopus Joannes in concil. Chalcedonensi legitur, **ab Hyrcania**, ut puto, totius Hyrcaniæ regionis metropoli, Ptol. lib. vi, cap. 9.

### I

*Ingilon* episcopus Theodorus **est in** concil. Constantinop. generali v.

### J

*Jurito* (a) episcopus Macedonius conciliabulo Sardicensi subscripsit.

### L

*Læri* Joannes episcopus habetur in concil. Constantinop. v, a Læro, ut arbitror, insula maris Ægæi, de qua Strabo lib. x.

*Lamphaniæ* antistes Gerontius conciliab. Sardicensi interfuit.

*Lisia* (a) episcopus Eugenius est in dicto conciliab. Sardicensi.

*Lucto* (a) episcopus Isaac legitur in eodem conciliab. Sardicensi.

### M

*Macedonopolis* Mesopotamiæ urbis episcopus Marinus est in concilio Nicæno.

*Malleotanorum* antistitis Cosmæ meminit collatio 8 synodi v Constantinop., a Malliattha forte urbe Arabiæ Petrææ, Ptol. lib. v, cap. 17.

*Mignenia* (a) episcopus Eufemius est in conciliab. Sardicensi; an a Magniana Illyrici occidentalis urbe, Ptolem. lib. ii, cap. 13, incertum est.

*Minoidis* episcopus Zozimus dicitur in concil. Chalced., a Minoa forte urbe, quæ Ptol. lib. iii, cap. 17, est in Creta; vel ab insula ejusdem nominis, quæ Thucididi ante Megaram jacet; vel denique ab insulis quæ apud Apollonium Minoides appellantur.

*Moctensis* præsul Leo habetur in Codice canon. Eccles. Afric.

*Molitianensis* antistes Ortius est in conc. Chalced. actione 6.

*Moreæ* civitatis, alias *Famagoreæ* episcopus Joannes legitur in concilio Hierosolymit. sub Agapeto et Menna.

*Myriangeli* episcopus Menas habetur in collatione 8 synod. v Constantinop., a Germanicia urbe, quam Petrus Diaconus habet in Galatia, et Mirangulos sive Myriangulos vocat.

### N

*Nisilecto* (a) episcopus Ambratius legitur in conciliab. Sardicensi.

*Nosalenensis* episcopus Secundinus in concil. Chalcedon. dicitur, forte a Nosalena sive Nolaseua Armeniæ minoris urbe, in Lavinianensi præfectura, Ptol. lib. v, cap. 3.

### O

*Opitanæ* civitatis antistes Aurelius est in concil. Chalcedonensi.

### P

*Palladiano* (a) episcopus Dominicus subscripsit conciliab. Sardic.

*Panemotici* præsul Hierius legitur in concil. Chalcedonensi.

*Paraxiorum*, alias *Pagrasorum* episcopus

Alexander interfuit concil. Constantinop. sub Agapeto et Menna : an a Paraxia, quæ Ptolem. lib. III, cap. 13, Macedoniæ regio est; vel a Pagrasa urbe Indiæ extra Gangem, Ptolem. lib. VII, cap. 2; vel etiam a Pagasa item Macedoniæ urbe, apud Ptolem. ibid.; tu conjicito.

*Paro* (a) Pisidiæ episcopus Academius est in concilio Nicæno.

*Parosithi* præsul Athanasius habetur in concilio Ephesino.

*Paterni* Cappadociæ 2 urbis episcopus Eusthatius subscripsit concil. Chalcedonensi.

*Pharmali* antistes Perecius, alias Perebius, legitur in concil. Ephes.

*Pharnaciensis* Ciliciæ episcopus Olimpius in concil. Constantinopolitano dicitur; sed quod Ciliciæ, ex hoc mihi dubium est, quod Pharnacea apud Ptol. lib. v, cap. 6, in Ponto legatur.

*Phuphenatensis* in Isauria præsul Faustus est in conc. Nicæno, a Phuphena urbe Armeniæ minoris, quæ Isauriæ vicina est, Ptol. lib. v, cap. 7.

*Placianensis* Galatiæ 1 episcopus Eretrius habetur in concilio Neocæsariensi, forte a Placia urbe, quam Plinius lib. VI, cap. 32, habet in Mysia Asiæ, et Pomponius in Bithynia.

*Platanensis* Erethius, alias Ethecoreus, subscripsit concil. Nicæno, an a Platano, quæ Phœniciæ urbs est, vel ab alia quæ in Syria est, Antonino, incertum est.

*Primopolis* Asiæ antistes Tribonianus legitur in actione 6 concil. Ephesini.

*Pylorum* Chersonesi episcopus Cyrillus est in concil. Ephesino.

### R

*Rachlænorum* civitatis provinciæ Tyriorum episcop. Anastasius subscripsit concilio Constantinopolitano generali quinto.

*Raptanus* præsul Fortunatianus legitur in concil. Carthaginensi I.

*Roco* (a) episcopus Cyrotus interfuit conciliabulo Sardicensi.

*Rusurrianensis* vel *Rhusurpensianus* in Mauritania Cæsariensi Nivellus episcopus nominatur in canonibus Ecclesiæ Afric.

### S

*Sartæ* episcopus Cæsarius concilio Ephesino subscripsit.

*Scarphiensis* episcopus Stephanus est in concil. Hierosolymit. sub Agapeto et Menna : an a Scarphia Helladis civitate, in notitia Hieroclis, tu videris; alias dicitur Zephyriensis.

*Sellarum* provinciæ Mediæ Limenius episcopus est in concil. Ephes.

*Sexantapristis* in Mysia episcopus Polycarpus dicitur a Socrate lib. VII, cap. 35.

*Sinnæ* municipii provinciæ Consularis episcopus Victor habetur in collatione 8 synodi v Constantinopolitanæ.

*Stephanorum* præsul Marcianus in concil. Chalced. subscriptus legitur; an a Stephane urbe Phocidis, Stephano; vel alia Galatiæ, Arriano in Periplo, et Ptolem. lib. v, cap. 4, quærat lector.

### T

*Thebestensis* antistes Rumulus habetur in concil. Carthag. I, a Thebesta Africæ propriæ urbe, Ptolem. lib. IV, cap. 3.

### V

*Vasadensis* episcopus Theodorus ex Isauria in concil. Antioch. sub Julio I dicitur, qui Vasagadensis in concil. Nicæno ex eadem Isauria.

### Z

*Zenorum* episcopus Pasinicus legitur apud Socratem lib. III, cap. 21, forte pro Zenopolis Lyciæ.

*Zinicensium* metropolis Basilius episcopus est in Relat. synodi Constantinop.; forte a Zichna, Curopalati, Macedoniæ urbe Serris proxima et vulgo *Zichne* dicta.

*Zoropassœnus* Anthenus episcopus ex Isauria dicitur in concil. Nicæno, forte a Zoropassa, quam Ptol. lib. v, cap. 7, habet in Armenia minori Isauriæ vicina.

# ÉTAT DES ARCHEVÊCHÉS ET DES ÉVÊCHÉS
# DE LA GAULE ET DE L'ILLYRIE ORIENTALE (GRÈCE)

## PENDANT LES SIX PREMIERS SIÈCLES DE L'ÈRE CHRÉTIENNE,

### D'APRÈS LE P. CHARLES DE SAINT-PAUL.

Le christianisme s'est implanté sur la géographie ancienne. Or, pour bien comprendre et saisir la géographie de l'Église, il importe de démontrer autant que possible la géographie ancienne. Nous disons *autant que possible*, car il n'est pas facile de l'établir malgré les travaux des plus habiles et des plus savants géographes. Le géographe le plus illustre des temps modernes, le plus consciencieux, le plus laborieux, et celui qui avait en quelque sorte une vue d'intuition, un talent de prescience, d'Anville, qui a si savamment éclairci la géographie ancienne, qui a rendu à des villes entièrement détruites leur position géographique, d'Anville est contredit en plusieurs points de la géographie ancienne par Gosselin et Malte-Brun (1).

Nous avons donc cru devoir, dans ce premier volume, accorder à la géographie ancienne toute l'importance qu'elle mérite ;

---

(1) L'Asie occidentale, qui fut le berceau de l'espèce humaine, et où habitèrent les premières nations civilisées, fut aussi l'objet du premier essai de géographie. La Bible indique par la généalogie des descendants des trois fils de Noé, Sem, Cham et Japhet, les nations qui eurent leur siège primitif dans cette partie de l'Asie, et elle décrit la Palestine et les contrées qui y touchent.

Des Hébreux au XVII° siècle avant Jésus-Christ, il faut passer aux Grecs, car les Phéniciens, qui fondèrent à cette époque la plupart de leurs colonies, cachaient avec un soin jaloux le secret de leurs découvertes. Les poèmes d'Homère, que l'on rapporte au X° siècle, contiennent les connaissances géographiques des Grecs contemporains; mais elles ne sont claires et précises que pour la Grèce et pour la côte occidentale de l'Asie Mineure ; et, si l'on excepte quelques notions sur la richesse des Phéniciens de Sidon et sur la magnificence de l'Egypte, et une idée vague de la Sicile, de l'Italie méridionale et de l'Océan, le reste de la géographie d'Homère n'est plus qu'un mélange de fables et de merveilles où l'on chercherait inutilement à saisir des faits positifs.

Bientôt l'établissement de nombreuses colonies grecques en Italie et en Sicile, les perfectionnements apportés à la navigation et le développement du commerce, étendirent et rectifièrent dans ses détails la géographie homérique. Mais sur la foi du poète, on continua à représenter la terre comme un disque entouré de tous côtés par le fleuve Océan; opinion que les philosophes ioniens, disciples de Thalès, cherchèrent à remplacer par d'autres suppositions bizarres ª. Anaximandre, de l'école d'Ionie, traça la première mappemonde connue; on divisait le disque de la terre en deux parties, séparées par la Méditerranée, la mer Égée et le Pont-Euxin, que l'on supposait communiquer avec l'Océan par le fleuve du Phase ; Anaximandre appliqua à la partie septentrionale le nom d'Europe et à la partie méridionale celui d'Asie. Hécatée de Milet (VI° siècle avant Jésus-Christ), pensant que le Nil communiquait au sud avec le fleuve Océan, considéra le continent qui s'étend à l'ouest comme une troisième partie du monde, qu'il appela Libye, dénomination à laquelle succéda plus tard celle d'Afrique ; de là vint que les anciens considérèrent la partie orientale de l'Egypte et de l'Ethiopie comme faisant partie de l'Asie. Ainsi la division du monde connu, en Europe, Asie et Afrique, reposait sur cette erreur que chacune de ces parties était séparée de l'autre par des fleuves qui servaient comme de canaux de communication entre la mer intérieure ou Méditerranée et le fleuve Océan ᵇ.

Cette erreur fut peu à peu corrigée; Hérodote, qui écrivit un siècle après Hécatée, savait que le Nil et le Phase n'ont pas de communication avec l'Océan et que la mer Caspienne est un lac ᶜ ; ses voyages et les renseignements qu'il recueillit reculèrent ses connaissances en Asie, jusqu'à l'Indus, au delà duquel il croyait la terre inhabitée, et jusqu'à l'extrémité de l'Arabie, qu'il considérait comme la plus méridionale des contrées habitables; en Afrique, jusqu'aux cours d'eau dont la réunion forme le Nil au midi de l'Egypte d'une part ᵈ, et d'une autre part jusqu'à la petite Syrte. A partir de ce point jusqu'aux colonnes d'Hercule, il n'a plus que des données extrêmement incomplètes. En Europe, il nomme quelques-uns des peuples d'Ibérie qui habitaient au delà des colonnes d'Hercule ᵉ, les villes de Tartessus et de Gadès à l'ouest du détroit ; en deçà des Colonnes, les îles de la Méditerranée ᶠ, Massilia (Marseille), les Ligyens ou Liguriens, les Tyrrhéniens, la Grande-Grèce sous le nom d'Italie ᵍ, enfin les Veneti sur la mer Adriatique. Au nord de la Grèce, il connaît l'Ister (Danube) ʰ et le cours inférieur du Borysthène (Dniéper) et du Tanaïs (Don).

Pendant le reste du V° siècle et le commencement du IV°, des voyages ou des expéditions militaires étendirent les connaissances des anciens.

Tandis qu'Hérodote écrivait, le Carthaginois Hannon allait, par ordre de sa république, établir sur la côte occidentale de l'Afrique trente mille colons et poussait ses explorations vers le midi ; un autre chef, nommé Himilcon, atteignait l'île d'Albion ou la Grande-Bretagne ⁱ.

Chez les Grecs, Scylax rédigeait à l'époque de la guerre du Péloponnèse son voyage ou Périple, qui répandit de vives lumières sur les possessions de Carthage et sur Massilia ; et, le premier d'entre les Grecs, il prononçait le nom de Rome. D'un autre côté, la retraite de Xénophon faisait mieux connaître le cours du Tigre et les régions situées à l'extrémité orientale de l'Asie Mineure.

Dans la partie opposée du monde connu, un autre citoyen d'une république grecque, Pithéas de Marseille, qui vivait un peu avant Alexandre le Grand, visitait les contrées de l'Europe placées sur les bords de l'Océan, l'île d'Albion et la fameuse Thulé ʲ.

Ainsi, au IV° siècle avant Jésus-Christ, les connaissances des anciens avaient fait des progrès importants. Aristote terminait le monde, à l'est, à l'Indus, et aux monts Paropamisus, qu'il place près de l'Océan ; au sud, à la Libye et à un fleuve Chrémètes, qui se jette dans l'Océan et que l'on croit être le Sénégal ; à l'ouest, au fleuve Tartessus (Guadalquivir) en Espagne ; au nord, à l'île d'Albion, et sur le continent aux monts Hercyniens, dans la Germanie ; il admettait que la terre est ronde, et il conjecturait que l'Espagne n'était pas très-éloignée de l'Inde ᵏ.

---

ᵃ Anaximandre comparait la terre à un cylindre, Leutippe à un tambour, Héraclide à un bateau, Xénophane et Anaximène à une haute montagne dont la base s'étendait à l'infini (Malte-Brun, t. I, liv. III, pag. 53).

ᵇ Ainsi, le détroit de Gadès, qui communique avec la mer intérieure et l'Océan, séparait l'Europe de l'Afrique; le Phase, qui joignait le Pont-Euxin avec l'Océan, servait de limite à l'Europe et à l'Asie; et le Nil, se jetant dans la mer intérieure au nord et dans l'Océan au sud, marquait le terme de l'Asie et de l'Afrique.

ᶜ Après lui, on crut qu'il s'était trompé, et on admit que la mer Caspienne était un golfe de l'Océan, erreur qui ne fut entièrement détruite que dans le II° siècle après Jésus-Christ.

ᵈ Aujourd'hui dans le Sennâr, partie méridionale de la Nubie.

ᵉ Les Cynésiens, les Celtes.

ᶠ Sicile, Cyrnos (Corse), Sardon (Sardaigne).

ᵍ Le nom d'Italie ne s'appliquait alors qu'à la partie méridionale de la Péninsule.

ʰ Hérodote place la source de l'Ister près de la ville de Pyrène chez les Celtes. Le mot Pyrénées, qui est le même que Pyrène, ne s'appliquait pas exclusivement à la chaîne de ce nom, mais aux pics les plus remarquables ; il correspond aux mots celtiques et germaniques, brenner et firner.

ⁱ L'époque de l'expédition d'Hannon est contestée ; il semble néanmoins démontré qu'elle eut lieu au temps d'Hérodote, qui d'ailleurs n'en eut pas connaissance (Mannert, Géographie ancienne).

ʲ Selon les uns, Thulé serait la côte du Jutland, en Danemark ; selon d'autres, celle de la Norwège ou bien les îles Shetland ; quelques-uns même ont voulu y voir l'Islande, opinion abandonnée.

ᵏ Pensée qui, au XV° siècle, conduisit Christophe Colomb en Amérique.

surtout dans sa connexité avec la géographie ecclésiastique et religieuse, connexité intime, tellement qu'il est impossible de comprendre l'une sans connaître l'autre. Mais,

Ce fut alors que l'expédition d'Alexandre le Grand, qui renouvela la face de l'Asie, ouvrit aux savants de la Grèce un monde nouveau. Les Grecs connurent à Tyr et à Babylone les observations des Phéniciens et des Chaldéens; ils parcoururent toute l'Asie centrale, et, lorsqu'ils furent arrivés à l'embouchure de l'Indus dans la mer Érythrée (océan Indien), Néarque côtoya, par l'ordre du roi, les rivages compris entre ce fleuve et l'embouchure de l'Euphrate et du Tigre dans le golfe Persique. Sous les successeurs d'Alexandre, les armes, la navigation et le commerce conduisirent les Grecs dans de nouvelles contrées. Séleucus Nicator, premier roi de Syrie, pénétra en vainqueur jusqu'au Gange et fit alliance avec le roi Sandrocottus, qui régnait à Palibothra (505) [a]. D'un autre côté, les Ptolémées firent partir, des ports de Bérénice et de Myos-Hormos, qu'ils creusèrent sur la côte de la mer Rouge, des vaisseaux pour aller commercer dans l'Inde. On connut alors l'île de Taprobane, aujourd'hui Ceylan.

Après Ptolémée Philadelphe (285-247), le principal fondateur de ce commerce, Ptolémée Évergète (247-222), préposa à la garde de la bibliothèque d'Alexandrie, Ératosthènes, qui fonda sur des bases mathématiques un système complet de géographie, exemple suivi, dans le IIe siècle avant Jésus-Christ, par l'astronome Hipparque [b].

Ce dernier prolongeait indéfiniment à l'ouest la côte occidentale de l'Afrique, et à l'est la côte orientale jusqu'à ce qu'elle rejoignît celle de l'Inde; d'autres pensaient au contraire que l'Afrique se terminait en pointe : ce fut dans cette conviction qu'Eudoxe de Cyzique, après avoir fait plusieurs voyages dans l'Inde, sous le règne de Ptolémée Évergète II ou Lathyre (146-117) et de Cléopâtre, veuve de ce prince, entreprit (vers 81 avant Jésus-Christ) de faire le tour de l'Afrique, en partant de Gadès; mais on ignore ce qu'il devint.

Les recherches des Grecs d'Alexandrie avaient donc pour objet et pour théâtre l'Asie méridionale et l'Afrique. Dans le même temps, les armes romaines ouvraient à la science l'Europe occidentale et septentrionale.

Il suffit, pour marquer le développement des connaissances géographiques, de rappeler la conquête de l'Espagne et les premières expéditions en Gaule, dans le IIe siècle avant Jésus-Christ, et, dans le premier siècle, la conquête de la Gaule, les premières tentatives d'invasion dans l'île de Bretagne, la soumission des vastes contrées situées sur la rive droite du Danube depuis la source jusqu'à l'embouchure de ce fleuve dans le Pont-Euxin, et enfin les guerres de Germanie, pendant lesquelles les légions pénétrèrent jusqu'à l'Elbe.

Les connaissances des Romains et des Grecs furent réunies par Strabon [c], contemporain d'Auguste.

Strabon, suivant les idées admises par ses devanciers, partage le globe de la terre en cinq zones : zone glaciale septentrionale, zone tempérée, zone torride sous l'équateur, zone tempérée et zone glaciale méridionale. Les zones glaciales et torride étaient réputées inhabitables, les premières à cause du froid rigoureux, et la troisième à cause de la chaleur excessive.

[a] La ville moderne d'Allah-Abad est bâtie sur l'emplacement de Palibothra, au confluent de la Djemnah et du Gange. — Mégasthènes, ambassadeur de Séleucus à Palibothra, rapporta de précieux renseignements sur le cours du Gange.

[b] Hipparque, né à Nicée en Bithynie, fleurit de 160 à 125 avant Jésus-Christ.

au milieu des contradictions des hommes les plus éminents de la science géographique, au milieu de la confusion qui existe parmi les écrivains qui ont écrit sur la géographie

Ainsi le monde connu alors des anciens était renfermé dans la zone tempérée de l'hémisphère septentrional. Comme dans cette opinion il avait beaucoup plus d'étendue de l'ouest à l'est que du nord au sud, on avait adopté dès longtemps les deux dénominations de longitude pour la longueur de cette zone, et de latitude pour la largeur.

Sans entrer dans le détail des connaissances géographiques de Strabon, nous indiquerons l'étendue et la forme qu'il attribuait à chacune des trois parties du monde.

En Europe, il connaissait l'île de Bretagne, les Cassitérides [d] (îles Sorlingues), et l'île d'Ierne ou d'Hibernie (Irlande), qu'il considérait comme la terre la plus septentrionale. Une ligne tirée de l'Hibernie aux sources du Borysthène et du Tanaïs, ce qui correspond sur nos cartes au 55e degré de latitude, terminait l'Europe au nord. Cette partie du continent était baignée par l'océan Sarmatique (la mer Baltique), où Strabon place l'île Basilia : c'était la côte méridionale de la péninsule scandinave que l'on prenait pour une île. Il nomme aussi Thulé, sans en déterminer la position. Sur les bords de l'océan Sarmatique, se trouvait l'île d'Abalus, où les Gutones (Goths), fixés sur le cours inférieur de la Vistule, allaient recueillir l'ambre jaune. Quant à la plaine immense qui s'étend à l'est à partir de la Vistule, Strabon n'avait que de vagues renseignements; il y plaçait les Daces entre le Danube et le Borysthène, et les Sarmates entre le Borysthène, la mer Caspienne et l'Océan, auquel ils donnaient leur nom.

Si Strabon restreignait l'étendue de l'Europe, il diminuait encore plus celle de l'Asie.

Supposant que la chaîne du Taurus traversait l'Asie tout entière de l'ouest à l'est, il divisait ce vaste continent en deux parties, l'une en deçà ou au nord, l'autre au delà ou au sud du Taurus. Au nord, habitaient les Scythes, divisés en un grand nombre de nations; leur territoire confinait à l'Océan Scythique, qui dans ce système occupait la place de la Sibérie et de la Mongolie, et avec lequel la mer Caspienne était censée communiquer par un canal.

Dans l'Asie au delà du Taurus, le pays le plus reculé était l'Inde, qui finissait à la ville de Thinæ chez les Sères (royaume de Siam); elle avait pour limites la mer Érythrée ou mer des Indes comprise entre l'embouchure de l'Indus et le cap Colis (Comorin); et l'océan Oriental, que l'on faisait commencer au cap Colis et que l'on étendait à l'est et au nord jusqu'à l'océan Scythique. L'océan Oriental tenait donc la place du Cambodge, de la Cochinchine et de l'empire chinois. La forme donnée à l'Inde était bizarre; on la couchait tellement vers l'est que la côte occidentale devenait méridionale, et que la péninsule disparaissait. L'île de Taprobane (Ceylan) était figurée de même de l'ouest à l'est parallèlement à la côte [e].

L'Afrique, dans le système de Strabon, perdait environ la moitié de son étendue. On la représentait comme un triangle dont la base était formée par la côte septentrionale, de Péluse aux Colonnes d'Hercule; le deuxième côté par le cours du Nil, prolongé jusqu'à l'Océan à travers l'Éthiopie, et le troisième par la côte comprise entre l'Éthiopie et les Colonnes; on pensait que ces deux côtés se joignaient dans la

[c] Né à Amasée dans le Pont.
[d] Les Cassitérides sont nommées par Hérodote; mais il ne sait pas dans quelle partie de l'Océan les placer. C'était là que les Phéniciens allaient, dit-on, chercher l'étain.
[e] Dans le sens de sa longueur, tandis qu'en réalité elle va du sud au nord.

de l'Eglise, nous n'avons pas prétendu mettre d'accord ces diverses oppositions. Ce travail de conciliation, nous l'avouons, nous paraît très-difficile.

zone torride, au delà des limites de la terre habitable, et que là aussi se réunissaient l'océan Atlantique et l'Océan Indien. Sur la côte orientale, le point extrême était, au sud du promontoire des Aromates (Guardafui), le cap nommé Corne-du-Midi (Noti-Cornu, aujourd'hui Pointe-Basse), non loin de la région qui produisait la cannelle (cinnamomifera regio); sur la côte occidentale, le pays des Éthiopiens Ætherii, dont il serait impossible de fixer la place. On le supposait peu éloigné de la région de la cannelle, et on croyait que, sans la chaleur excessive de la zone torride, on aurait communiqué aisément de l'une à l'autre contrée. Pour l'intérieur de l'Afrique on en faisait un vaste désert.

A ce tableau du monde connu des anciens à l'époque d'Auguste, il faut ajouter la mention de plusieurs contrées fabuleuses ou embellies par les traditions poétiques, et qui ont joué un rôle brillant dans la géographie ancienne.

En Europe, ce sont les monts Riphéens, dont le versant septentrional était habité par les peuples Hyperboréens. Les Grecs les placèrent d'abord dans la Thrace; mais, quand ils connurent ce pays, ils les reculèrent vers l'occident, dont ils n'avaient qu'une idée confuse, et, à mesure qu'ils furent mieux instruits sur cette partie de l'Europe, ils se repoussèrent de contrées en contrées vers le nord, de telle sorte qu'au premier siècle de notre ère, on les plaçait à l'extrémité septentrionale de la terre [a].

En Afrique, sur la côte orientale était la Panchæa [b], où le phénix déposait son nid sur l'autel du Soleil. Dans l'intérieur du continent, les Macrobiens, qui prolongeaient leur existence jusqu'à mille ans; les Pygmées, qui, depuis Homère, conservaient une place dans la géographie, et beaucoup d'autres peuples moins célèbres. A peu de distance de la côte occidentale, on connaissait les îles si fameuses sous le nom de Fortunées. Homère avait placé dans l'Océan la caverne des morts, et l'élysée, qu'il appela l'île des Bienheureux. Les poètes des âges suivants embellirent cette fiction; ils ajoutèrent celle des Hespérides, du jardin aux pommes d'or, de Méduse, et imaginèrent plusieurs îles Fortunées. Les Grecs et les Romains, dominés par ces traditions poétiques, lorsqu'ils connurent les îles Canaries, leur en appliquèrent le nom, quoique la nature de ces îles ne le justifiât point. Enfin une autre tradition, celle de l'Atlantide, fut conservée par Platon. C'était une contrée située dans l'Océan, extrêmement riche et fertile; ses habitants avaient fait la conquête de l'Europe jusqu'à la Grèce, que la valeur des Athéniens avait sauvée, mais tout à coup ils avaient disparu avec leur île engloutie en un jour par une inondation.

Après Strabon, dont nous venons d'analyser les connaissances, vinrent, dans le premier siècle avant Jésus-Christ, Pline l'Ancien, Pomponius Mela, et d'autres écrivains, et dans le IIe siècle, Marin de Tyr

Nous répéterons seulement ici ce que nous disons dans notre Introduction, c'est que la géographie ecclésiastique et religieuse est encore dans l'obscurité et dans la confusion (vers l'année 100), et Ptolémée, qui fleurit de 140 à 170.

Ptolémée résuma dans son ouvrage la science géographique de l'antiquité, dont il fut le dernier et peut-être le plus remarquable représentant; et c'est de son livre que l'on doit extraire ce que l'on appelle proprement le monde connu des anciens [c].

On peut dire d'une manière générale que les pays connus des anciens comprenaient un espace de 120° de longitude, du 20° à l'ouest du méridien de Paris au 100° à l'est; et de 70° de latitude, du 60° de latitude nord au 10° de latitude sud; avec cette restriction que, dans les trois continents d'Europe, d'Asie et d'Afrique, et surtout dans les deux derniers, les anciens ne poussèrent pas leurs découvertes uniformément jusqu'aux limites de cette zone, mais qu'ils y touchèrent seulement par quelques points extrêmes.

Europe. En Europe, comme dans les deux autres parties du monde, les provinces de l'empire romain avaient été décrites complétement, ainsi que le prouvent les itinéraires ou relevés des routes dont il était sillonné, tableaux auxquels on joignait aussi quelques détails sur les pays et sur les peuples.

Les pays étrangers qui confinaient à l'empire étaient connus assez exactement à cause des rapports de guerres, d'alliances ou de commerce, qui existaient entre les Romains et les barbares; mais, quant aux régions situées au delà, on n'en avait généralement que des notions confuses ou incomplètes [d].

Dans l'océan Atlantique, qui baignait en Europe les provinces romaines d'Espagne, de Gaule et de Bretagne, était à l'ouest l'île d'Ierne ou d'Hibernie, que les Romains n'avaient pas soumise, quoiqu'ils en eussent connaissance; au nord de la province de Bretagne, les Romains avaient fait par mer le tour de la partie restée indépendante sous le nom de Calédonie; mais, dans leurs idées, ce pays se dirigeait de l'ouest à l'est, et l'on peut observer qu'en général ils inclinèrent beaucoup trop à l'est toutes les péninsules qu'ils tracèrent sur leurs cartes. Il en était de même de la Chersonèse Cimbrique (Jutland, Danemark), située sur le bord oriental de la mer de Germanie (mer du Nord), qui la séparait de l'île de Bretagne. A l'extrémité septentrionale de la Chersonèse, on plaçait les îles Alocia, qui paraissent avoir été autrefois séparées de la terre ferme par un petit bras de mer que les sables ont comblé. Sur la côte occidentale étaient les îles des Saxons, dont l'une portait le nom de Glessaria, dérivé du mot glesum, par lequel les Germains désignaient l'ambre jaune, ce qui indiquerait la côte où était un des sièges du commerce que l'on faisait de cette substance. A l'est, dans le golfe Codanus (mer Baltique), on comptait les quatre îles Scandinaves (Scandiæ insulæ), dont trois correspondent à celles de Laland, de Fionie et de Seeland, et la quatrième, à laquelle s'appliquait

---

[a] Comme on s'imaginait que l'aquilon prenait naissance dans les monts Riphéens pour se répandre sur le reste de la terre, vers le midi, on croyait que les Hyperboréens n'en ressentaient pas le souffle glacé; ils vivaient dans un climat délicieux, exempts de maladies, de vices et de discordes; seulement, lorsqu'ils étaient rassasiés de tant de bonheur, ils célébraient un dernier festin et ils couraient se précipiter dans la mer du haut d'un rocher.

[b] Groupe de trois îles, dont la plus grande portait ce nom, découvert, dit-on, par Evhémère, que Cassandre, roi de Macédoine, avait envoyé dans la mer Rouge. La plupart des modernes en rejettent l'existence; quelques-

uns l'admettent et pensent que l'une des îles est Socotora.

[c] Non pas exclusivement; car il est nécessaire aussi de consulter les écrivains antérieurs, tels que Pline et Mela.

[d] Dans ce tableau du monde connu des anciens, nous ne parlerons guère que des contrées placées en dehors de la sphère d'action des Romains, et qui faisaient comme la ceinture du monde. Donner une description des trois continents, ce serait grossir mal à propos cette note. Par la même raison, nous ne parlerons pas non plus de ce que l'on appelait la haute Asie.

quant aux premiers siècles. Nous en avons exposé les causes dans diverses parties de ce vol., il est inutile d'y revenir. Pour rentrer tout à fait dans notre sujet, nous reviendrons sur ce que nous avons déjà avancé, savoir : que le christianisme n'avait fait de progrès réels, sérieux et durables que dans les contrées où l'élément grec et romain prédomi-

plus particulièrement le nom de Scandia, à la Scanie ou côte méridionale de la Suède, que l'on prenait pour une île. On y connaissait plusieurs peuples, parmi lesquels étaient les Gutæ (Goths). On avait eu aussi quelques notions vagues sur la Norwége ; on avait parlé des îles de Nérigon et de Bergi ; mais dans le IIe siècle après Jésus-Christ, on en rejetait l'existence. Enfin au N.-E. de la Bretagne, on mettait l'île de Thulé (îles Shetland ou bien Norwége).

Sur le continent, la Germanie était connue exactement jusqu'à l'Elbe, et confusément au delà de ce fleuve ; mais le bassin de la Vistule était fréquenté par les marchands que l'ambre jaune attirait sur les bords de la mer Baltique. En suivant cette mer au N.-E., on trouve que les connaissances des anciens s'étendaient jusqu'au fleuve Chesinus, qui est selon les uns la Duna, selon les autres la Perna en Livonie ; les principaux peuples étaient les Venèdes, les Borussi (Prussiens), les Carcotæ (Courlandais), les Agathyrsi et les Sali.

Dans l'intérieur des terres, s'ouvraient, aux monts Carpathes et à la Vistule, les vastes plaines de la Sarmatie européenne, bornées à l'est par le Tanaïs (Don), qui faisait la limite de l'Europe et de l'Asie.

ASIE. Le voile qui couvrait depuis des siècles la partie septentrionale de l'Asie avait été soulevé en quelques points.

Derrière le Tanaïs [a], où l'on faisait commencer le continent asiatique, on connaissait le Rha ou Wolga, qui avait été remonté jusqu'à sa source ; et même dans la partie la plus lointaine de la Russie actuelle, le Rha oriental, aujourd'hui la Kama, qui sort des monts Ourals. Au nord de ces deux grands cours d'eau, vers le 60e de latitude nord, finissaient les notions positives puisqu'on plaçait dans ces régions septentrionales les imaginaires monts Riphéens et les peuples Hyperboréens, non moins fabuleux.

Ce qu'on avait appris sur le Rha avait détruit l'erreur accréditée depuis longtemps, que la mer Caspienne communiquait avec l'océan Scythique, dont elle n'aurait été qu'un golfe. On savait de nouveau qu'elle était fermée de toutes parts, comme autrefois Hérodote l'avait rapporté. Les contrées traversées par les affluents de la mer Caspienne et par l'Iaxarte, qui se jetait dans le lac Oxien (lac d'Aral), étaient divisées en deux parties, la Sarmatie asiatique et la Scythie. La Sarmatie était resserrée entre le Tanaïs à l'ouest, le Caucase au sud et la mer Caspienne à l'est. La Scythie était bornée au S.-O. par la mer Caspienne et au S. par l'Iaxarte ; du côté du nord on n'en fixait point les limites, car on plaçait dans cette direction une vaste étendue de terres inconnues, de sorte que l'océan Scythique, jusque-là supposé voisin de la mer Caspienne, était reculé au loin, pour se confondre avec la mer Glaciale, que l'on appelait Paresseuse (mare Pigrum).

Au centre de la Scythie s'élevait la chaîne des monts Imaüs, dont un rameau allait rejoindre au nord-est les monts Annibi (Altaï), tandis que la chaîne principale se continuait au S.-E. sous les noms de monts Émodes (Bolor ou Bélour aujourd'hui) et de monts Sériques ou Ottorocorrhas (Himalaya).

L'Imaüs partageait la Scythie en deux régions :

1° en deçà de l'Imaüs (au nord-ouest) ; 2° au delà de l'Imaüs (au sud-est).

Dans la première, habitaient les Iaxartæ sur le cours de l'Iaxarte ; et au nord les Alani et les Aorsi, qui de concert avec les Romains avaient détruit les Siraces [b] sous le règne de Claude. Sur le cours supérieur de l'Iaxarte était le pays des Massagètes et des Saces (grande Boukharie), que les géographes ne classent pas dans les deux régions scythes, bien que ces peuples appartinssent à la grande nation scythique. On ne voyait chez eux qu'une seule ville, la Tour de Pierre (Tachkend) sur la route des caravanes qui allaient dans la Sérique à l'est.

La Scythie au delà de l'Imaüs était peu connue, cependant on retrouve la Casia Regio dans le Kachgar, l'Auzacitis Regio dans le canton d'Acsou au nord-est du Kachgar, et les Chatæ Scythæ dans le Khotan (petite Boukharie). Dans la partie septentrionale, les Issédons vivaient sur leurs chars près des montagnes aurifères de l'Altaï ; l'Altaï était au nord la borne des connaissances des anciens, qui savaient seulement que des terres très-vastes s'étendaient au delà. Ainsi la limite de la géographie ancienne en Asie ne touchait pas à beaucoup près le 60e de latitude nord ; à l'est, quelques tribus nomades erraient jusqu'aux confins du grand désert de Cobi ou de Chamo, limite extrême des connaissances des anciens de ce côté (100e de longitude est de Paris).

Entre la Scythie et l'Inde on plaçait la Sérique, qui avait reçu son nom du ver qui produit la soie (Σήρ) ; elle était bornée au nord par la Scythie au delà de l'Imaüs, à l'ouest et au sud par les monts Émodes et Sériques, qui la séparaient de l'Inde, et à l'est par des terres inconnues ; parmi les pays actuels, elle comprenait le grand et le petit Thibet, la lisière méridionale de la petite Boukharie, le Cachemire et quelques autres vallées des montagnes qui donnent naissance à l'Indus [c].

Les principaux peuples étaient les Caspiri (habitants de Cachemire), les Attacori (royaume de Ladagh), les Thaguri, les Issédones, dont on retrouve le nom dans Iscerdon (petit Thibet) ; les Batæ (grand Thibet) et les Ottorocorrhæ dans les montagnes de même nom. Parmi les villes, Issédon Serica (Iscerdon), Serinda (Ser-Hend) où plus tard les Grecs du Bas-Empire allèrent chercher les vers à soie, et Sera Metropolis, la capitale de la Sérique (Seri-Nagar au centre du Thibet, Nagar indique une ville de premier rang).

La Sérique fournissait de la soie, du duvet de chèvre, du fer d'une qualité excellente, et un parfum appelé malabathrum (peut-être le muse). Les Sères, malgré la richesse de leur pays, s'appliquaient peu au commerce ; ils attendaient les marchands étrangers, et sans prononcer une parole, ils échangeaient les produits de leur industrie contre ceux des autres nations [d].

Au sud de la Sérique, l'Inde était bornée au nord par les monts Imaüs, Émodes et Sériques, à l'ouest par les Paropamisades et les monts Arbiti, dans l'Arachosie monts Brahouiks) ; au midi par la mer

---

[a] Nous plaçons ici la limite de l'Europe et de l'Asie, au Tanaïs, parce que nous exposons les systèmes géographiques des anciens.

[b] Ptolémée énumère trente-trois peuples.

[c] Plusieurs systèmes ont été soutenus relativement à la position et à l'étendue de la Sérique ; nous avons suivi celui de Malte-Brun (t. I, liv. XIV), dont nous avons consulté très-souvent l'ouvrage.

[d] Les caravanes qui venaient dans la Sérique partaient de Bactres (Balkh), remontaient à la source de l'Iaxarte, passaient par la Tour de Pierre (Tachkend), et, traversant le défilé de Konghez, arrivaient dans la Casia Regio (Kachgar), et enfin, au bout de sept mois, à Sera Metropolis.

nait. Nous allons le prouver. Malgré les édits barbares des empereurs, la cruauté des agents impériaux, l'*épouvantabilité* des tortures et des supplices, la foi chrétienne a pénétré plus facilement l'élément romain que tout autre, et elle a pu le conserver malgré les innombrables révolutions politiques.

L'Afrique septentrionale devient toute Erythrée ou mer des Indes et par l'océan Oriental, à l'est par des pays inconnus.

Cette vaste contrée, habitée par tant de peuples riches et puissants, se partageait en trois partie : 1° Inde en deçà du Gange, 2° Inde au delà du Gange, 3° pays des Sines. Les deux grands fleuves de l'Indus et du Gange, dont on ne connaissait pas les sources, recevaient un grand nombre de rivières considérables.

Sans entrer dans une énumération inutile, on peut citer parmi les dix-neuf affluents que l'on connaissait à l'Indus, sur la rive droite du fleuve, le Cophès (aujourd'hui le Kaw); sur la rive gauche, les quatre rivières célèbres d'Hydaspes (aujourd'hui Behat), d'Acésines (Tschunah), d'Hydraotes (Rawy) et d'Hyphase (Baypaoha). L'Indus coulant du nord au sud, se jetait dans la mer Erythrée par sept bouches [a].

Le Gange, dont les anciens disaient rouler ses eaux avec fracas dès sa source même, prenant son cours du nord-ouest au sud-est, arrivait à l'océan Oriental par cinq bouches [b]. Il recevait sur sa rive droite le Somanes ou Diamuna (Djemnah), le Sonus (Sone), et sur la rive gauche le Commenases (Gagra), le Condochates (Gondok), le Sarabus, etc.

Les anciens connaissaient un très-grand nombre de peuples indiens ; sur le cours supérieur de l'Indus, les Assaceni (partie orientale du Caboul); entre l'Indus et l'Hyphase (Pendjab), plusieurs peuples qui habitaient les villes de Taxila (Attok) et de Sangela, et les Malliens (dans le Moultan); en descendant l'Indus, les Gymnosophistes et les Indo-Scythes, ceux-ci fixés à l'embouchure du fleuve.

Dans l'intérieur de l'Inde, deux grands peuples jouissaient d'une puissance étendue, les Prasii, remplacés ensuite par les Mandralæ et les Gangarides.

La capitale des Prasii était la ville fameuse de Palibothra (Allah-Abad), au confluent du Gange et du Iomanes (Djemnah), où avait résidé Mégasthènes, ambassadeur du roi de Syrie Séleucus-Nicator. Les Gangarides habitaient sur le cours inférieur du Gange (Bengale).

A l'ouest des Mandralæ, on plaçait les Ambatæ, qui avaient pour ville Agara (Agra), au sud-ouest les Brachmani-Magi; en entrant dans la péninsule, les Larices à Barygaza (Barotch) (presqu'île de Guzarate); cette ville était le grand entrepôt de commerce de cette partie de l'Inde : elle recevait, des sources de l'Indus, la soie écrue et des pelleteries, les étoffes de coton de la ville de Tagara située au sud dans l'Ariace, et les pierres précieuses de Plutana (Pultana). Au sud, le pays Dachanabades rappelle le Dekhan; au Limyrice correspondent les pays de Goa et le Malabar. La partie méridionale de la péninsule formait le royaume des princes appelés Pandions, qui résidaient à Modura (Madura), et dont l'un avait envoyé des présents à Auguste. La côte orientale, à partir du cap Colis ou Coliacum, appelé Comaria par Ptolémée (Comorin), en remontant vers le Gange, n'était connue qu'incomplètement; on y trouvait les Soræ ou Soringi, dont le nom s'est perpétué et a formé par corruption celui de Coromandel (Tchora Mandalam, royaume des Tchores ou Sores); Orthura était leur capitale. Dans les Mesoli on croit reconnaître Masulipatnam, capitale Pitynda; enfin les Calingæ ont donné leur nom à Calingapatnam.

Dans l'Inde au delà du Gange, on connaissait sur la rive gauche du fleuve, en commençant par le nord, les Tangani (dans le Gorkah), et les Marundæ (dans le Bootan et le Bengale) ; à l'est, dans l'intérieur des terres, plusieurs peuples sauvages, entre autres les Zamiræ qui étaient anthropophages ; en descendant au sud, la région des brigands (Lestarum regio, empire Birman), redoutés dans toute la partie orientale de l'Inde.

Quant aux pays situés sur la côte du golfe du Gange (golfe de Bengale), à l'est de l'embouchure de ce fleuve, on est dans l'incertitude. Les Arradæ (partie de l'empire Birman) avaient le siége de leur commerce à Baracura emporium (Barracoon); au sud était la Région d'Argent; la rivière de Besynga (rivière d'Aracan) traversait le pays des Besyngetæ, anthropophages; sur la côte était la ville de Berabæ (Baraton), et sur un cap qui répond au cap Negrais, celle de Tacola, où se faisait un grand commerce. Venait ensuite la Chersonèse d'Or, ainsi nommée de l'abondante quantité de métaux précieux qu'elle exportait; la nation principale était celle des Doanæ, établie près de la mer, dans la ville de Daona (Dana-Plou), sur un fleuve de même nom (aujourd'hui Douen, ou Ava, ou Iraouaddy), qui, avant de se jeter dans le Grand Golfe (Magnus Sinus, golfe de Martaban), se divisait en trois branches. L'embouchure orientale présentait le Magnum Promontorium (pointe de Bragu), où était la ville de Zabæ, et formait un petit golfe appelé Perimulicus, où se trouvaient l'île et la ville de Perimula, remarquable par ses pêcheries de perles [c].

Là finissait l'Inde au delà du Gange. Il nous reste à remarquer que les anciens avaient eu de très-bonne heure des notions exactes sur la division des Indiens en castes, sur l'usage où étaient les femmes de se brûler vives après la mort de leur mari; sur la répugnance de ces peuples pour les voyages de haute mer, et ils nous apprennent ce fait très-curieux dans l'histoire de l'Inde, que les premiers Grecs qui arrivèrent dans la péninsule y trouvèrent les Arabes Sabéens en possession de tout le commerce depuis un temps immémorial. Ces étrangers naviguaient sur des barques en cuir où il ne se trouvait pas un seul clou. Mais déjà aussi la côte qui s'étend de Bombay à Goa était infestée de ces pirates qu'on y a trouvés à toutes les époques : on l'appelait la côte des pirates.

Au sud de l'Inde, il faut chercher le pays renommé des Sines, sur la position duquel on s'est partagé. Ptolémée le borne au nord par la Sérique, à l'est et au sud par des terres inconnues, à l'ouest par l'Océan qui baigne l'Inde au delà du Gange. Il semble qu'on doive le placer sur la côte occidentale du royaume de Siam.

---

[a] C'étaient de l'ouest à l'est : Sagapa (Sitty), Sinthon (Darraway), Chrysum (Bitschel), Chariphum (Fetty), Saparages, Sabalassa, Lonibare. Aujourd'hui l'Indus n'a plus que quatre embouchures (les quatre premières).

[b] De l'ouest à l'est : Cambusum ostium, Magunum ost., Camberichum ost., Pseudostimum ost., Antibole ost. Dans les siècles précédents, il y avait eu sept bouches. Parmi les différents systèmes auxquels l'application de la géographie de Ptolémée a donné lieu, nous avons suivi celui du savant Gosselin et de Malte-Brun. D'An-ville en diffère beaucoup; selon lui, le Besynga est le fleuve d'Ava, la ville de Tacola est Junzalam, au point le plus étroit qui joint la presqu'île de Malacca au continent ; le Magnum Promontorium, le cap Romania ; et le Perimulicus sinus, le détroit de Singapore. Mais, si les anciens avaient connu ce détroit, pourquoi l'auraient-ils appelé un golfe ? Comment se fait-il qu'ils n'aient pas eu connaissance de l'île de Sumatra, qu'ils auraient dû suivre dans presque toute sa longueur ? Une autre raison se tire de la forme que Ptolémée donnait à l'Asie orientale.

chrétienne ; et cependant les persécutions ne lui manquent pas. Là, l'élément romain domine. Les évêchés s'y établissent en foule. Que n'a-t-il pas fallu pour y abolir le christianisme ? L'opiniâtre et désolante guerre des Donatistes ; la persécution des Vandales, dont le gouvernement effroyable faisait en masse des transplantations de populations

Dans le grand golfe (de Martaban), le fleuve Serus répond à celui du Pégu, la ville d'Aspithra à celle de Martaban, et celle de Rhabana à Tavay.

En continuant à descendre au midi, on rencontrait le fleuve Senus, qui, après avoir coulé du nord au sud, arrivé près de son embouchure, remontait vers le nord pour se jeter dans la mer : c'est le Téna-Sérim d'aujourd'hui. Dans son cours inférieur, il recevait le Cotiaris, sur lequel était bâtie la ville de Thinæ, métropole des Sines, à laquelle la ville de Catigara servait de port (Anj-Merghi). Un commerce très-actif se faisait par mer entre Catigara et Zabæ dans le Magnus Sinus [a].

C'était là, un peu en deçà du 180° de longitude est, et du 10° de latitude nord que se terminaient, dans l'Asie méridionale, les connaissances des anciens. On savait cependant que la côte se prolongeait au sud, mais ce vague renseignement devint la source d'une erreur énorme ; on admit que, prenant une direction sud-ouest, elle allait rejoindre la côte d'Afrique au promontoire Prasum, et qu'ainsi l'océan Indien n'était qu'un vaste lac.

Dans le golfe du Gauge, on plaçait plusieurs groupes d'îles : l'île de la Bonne-Fortune et les Maniolæ (archipel des Andaman) ; les îles Barussæ, Sindæ et Sabadibæ (îles Nicobar et archipel Mergui) ; Jabadii insula, ou île d'Orge, est peut-être la partie septentrionale de l'île de Sumatra, où la ville d'Achem serait Argentea, capitale de l'île, selon Ptolémée. Mais de toutes les îles connues la plus importante était au sud de la péninsule Indienne, celle de Taprobane (Ceylan), dont on exagérait beaucoup la grandeur : on vantait la douceur de ses habitants, la richesse du sol, ses éléphants et ses pierres précieuses ; mais il est singulier qu'on n'ait pas parlé de la cannelle qu'elle produit en abondance ; douze peuples y habitaient ; les villes principales étaient : Sindocanda chez les Sindocandæ, Dagana (Thana-War), consacrée à la lune, le Port du Soleil, et la ville royale d'Anurigrammum (Anarodugutro) chez les Anurogrammi. Une ambassade alla à Rome, où régnait l'empereur Claude.

Vis-à-vis l'Inde, un pays qu'aucun conquérant étranger ne soumit jamais jouait le premier rôle dans le commerce de la mer Erythrée. Nous voulons parler de l'Arabie.

Sur la côte occidentale du golfe Persique, les Gerrhéens, qui habitaient la ville de Gerrha (Elcatyf), allaient aux bouches de l'Indus chercher les marchandises de l'Inde pour les transporter à Babylone. Parmi les îles de cette mer, la plus remarquable était Tylos (Bahrein), où l'on pêchait les perles. Hors du golfe, Omna paraît être Oman, et le Port-Caché, Mascate. Sur la côte méridionale de l'Arabie, la prépondérance appartenait à la nation des Chatramotitæ ou Adramitæ (Hadramaut), et à celle des Sabéens, dans laquelle paraît s'être fondue celle des Homérites. La capitale des Sabéens était Sabbatha (Sana), et celle des Homérites, Mariaba (Mareb). Ils possédaient sur la mer Rouge Ocelis, Muza (Mosch), qui entretenait des agents de commerce sur toute la côte d'Afrique, et hors du détroit de Diræ (Bab-el-Mandeb), Cané et Adana appelé aussi Arabiæ Emporium, c'est-à-dire le marché de l'Arabie (Aden).

Les Adramites, qu'il faut peut-être identifier avec les Sabéens, occupaient à l'intérieur un pays la forteresse de Cautabanum (Chibam). Ils avaient soumis à l'est le pays des Saccalites, qui produisait la myrrhe et l'encens ; mais, plus guerriers que marchands, ils laissaient passer ces précieux parfums aux mains des Sabéens, qui les vendaient aux étrangers. Ils étaient maîtres aussi de l'île de Dioscorides (Socotora), dont on estimait l'aloès.

Après avoir marqué et décrit les contrées de l'Europe et de l'Asie les plus reculées dans le système des Grecs et des Romains, il nous reste à faire le même travail sur l'Afrique, où les connaissances des anciens s'arrêtaient à des hauteurs très-inégales.

AFRIQUE. Sans nous arrêter aux côtes de l'Égypte, qui trouvent leur place ailleurs [b], nous nommerons, sur les côtes d'Éthiopie, les Troglodytes, les ports de Saba (Assab) et d'Adulis, ce dernier non loin du détroit de Diræ (Bab-el-Mandeb.) Au delà du détroit s'étendaient, le long du golfe Avalites, la région de la myrrhe et de l'encens, et celle de la cannelle ou cinnamome, où il y avait deux centres de commerce : Emporium (Zeilah) chez les Avalites, et Mosylon, dont les habitants portaient leur récolte chez les Arabes de la côte voisine. Ce territoire se terminait au cap des Aromates (Guardafui), le pays situé au sud portait le nom de Barbariæ ou d'Azania (Ajan) ; deux caps y avaient été remarqués : Zingis (Orfui) et Not-Cornu (Pointe-Basse). A la côte d'Azania succédait la Grande Plage (Magnum Littus, Magadoxo) ; non loin de là s'élevait la ville marchande de Rapta (Patta), placée comme toutes celles de la côte sous l'autorité des Arabes Sabéens. Au midi était l'île Menuthias (Zanzibar), et enfin le promontoire Prasum (cap Delgado), où finissent les connaissances des anciens sur la côte orientale de l'Afrique, au 10° latitude sud environ [c]. La même illusion qui portait les géographes à supposer que l'Inde se prolongeait au sud-ouest, fit croire que l'Afrique se continuait dans la direction du nord-est, à partir du promontoire de Prasum, pour rejoindre la côte de l'Inde. Les notions que l'on avait sur l'intérieur du continent Africain étaient très-incomplètes, mais non dénuées d'exactitude. On savait que le Nil était formé par la réunion de plusieurs rivières, dont deux principales, l'Astapus et l'Astaboras.

Dans la partie septentrionale, les armes romaines avaient pénétré dans la Phazania (Fezzan), et même au sud, chez les Garamantes, qui tiraient leur nom de la ville de Garama (Germa) et dont la capitale était Alasis (Mourzouk). Cette nation jouissait d'une domination très-étendue, qui allait peut-être jusqu'au Bornou actuel. Tous les peuples situés au sud des Garamantes portaient le nom d'Éthiopiens ; on les divisait en orientaux à l'est du Nil, et occidentaux à l'ouest. Ces derniers habitaient la Nigritie, qui, longtemps ignorée, commençait à être connue. L'existence du fleuve Nigris (Niger) fut marquée pour la première fois avec certitude par Ptolémée. Auparavant on avait eu quelque idée d'un grand

---

[a] Ici encore Gosselin et Malte-Brun sont opposés au système de d'Anville. Selon cet illustre géographe, le pays des Sines, baigné par le Magnus Sinus, serait la partie méridionale du royaume de Siam, située sur le golfe de Siam ; le Cotiaris serait le Camboge, et la ville de Tchen-Tchen, ruinée aujourd'hui, serait celle de Thinæ. Mais, si les anciens ont connu le golfe de Siam et le Camboge, qui se jette dans la mer de Chine, comment ont-ils pu dire que la côte de l'Asie se prolongeait au sud-ouest, tandis qu'ils auraient dû savoir, dans l'hypothèse de d'Anville, qu'elle remonte au nord-est ? — *Voir d'ailleurs* Malte-Brun, t. I, liv. XIV. Mannert met Catigara dans l'île de Bornéo ; d'autres veulent voir dans la ville de Nankin l'ancienne Thinæ, ce qui ne peut pas se soutenir.

[b] A l'époque des Ptolémées.

[c] Dans un autre système on place le promontoire Prasum au cap Brava, un peu au nord de la ligne.

chrétiennes, ainsi que de leur clergé dans les îles de la Méditerranée ; enfin l'islam, qui ne laissait de choix qu'entre le culte de Mohammède, le sabre et l'incendie.

La Gaule, la Péninsule Ibérique (l'Espagne et le Portugal) et toute l'Illyrie (occidentale et orientale), reçoivent le christianisme, s'y attachent et le conservent envers et contre tous. Empressons-nous de dire que l'élément romain dominait dans toutes ces contrées. La Grande-Bretagne accueille également la *Bonne Nouvelle*; mais l'élément romain y étant étouffé ensuite par les invasions des peuples de la Germanie et du Nord, elle se montra moins fidèle à la conservation de la foi catholique. Toute l'Allemagne septentrionale reçut la dernière, en Europe, la religion révélée ; elle fut la première à l'abandonner. L'élément romain n'y avait pas été introduit. L'Allemagne septentrionale est-elle réellement chrétienne? Nous ne le croyons pas, elle ne le croit pas elle-même. Du reste, nous le démontrerons à l'article ALLEMAGNE DU NORD. Des cinq patriarcats il n'y a guère que celui de Rome qui existe, les autres sont dans la désolation et la ruine (1). Il ne faut

fleuve allant d'occident en orient, mais on l'avait confondu avec le Nil, parce qu'il nourrissait les mêmes animaux et que ses bords produisaient le papyrus. On disait qu'il séparait l'Afrique de l'Éthiopie (occidentale), c'est-à-dire la race maure de la race nègre. A l'est du Niger coulait le Gyr, qui, disait-on, communiquait par un canal avec le Nil dans le temps où ce fleuve débordait. On ne sait où le placer.

Il nous reste à nous occuper de la côte occidentale de l'Afrique. Les auteurs sont tellement pleins d'incertitudes et d'obscurité, qu'il est impossible de déterminer avec précision jusqu'à quel point les navigateurs étaient parvenus.

Sur la côte de la Mauritanie étaient Zilis (Azzilia) Lixus (Larache) et Sala (Salé). Au sud, sur un rivage où il n'y avait que des sables, habitaient les Daratites (Darah) et les Pharusii, qui avaient détruit les établissements fondés autrefois sur la côte par les Carthaginois et qui commerçaient avec les Romains. Une vaste étendue de pays était comprise entre l'Atlas minor (cap Cantin) et l'Atlas major (cap Bojador, selon d'autres cap Noun); dans l'intervalle on comptait plusieurs villes, Rusupis (Azafi?), Mysocoras (Mogador?) et Tamusiga (Tamara, appelé par les Portugais, Sainte-Croix). Au delà, la Rivière d'Or (Rio de Ouro) répond au fleuve Salathi de Ptolémée et au Lixus du Périple d'Hannon, et, après le cap Blanc, l'île d'Arguin à la fameuse île Cerné, où le chef carthaginois fonda sa dernière colonie; le fleuve Daradus au Sénégal et le promontoire Arsenarium au cap Vert. Rien n'est moins certain que la position des autres points, tels que l'Hespericus Sinus, la montagne du Char des dieux (Theôn-Ochema) et la Corne du midi (Noti Cornu), d'où Hannon reprit sa route vers le nord. Quoi qu'il en soit, on peut affirmer que la Corne du midi ne doit pas se chercher au sud de la presqu'île de Sierra-Leone. Là, au 12° lat. nord, serait le terme extrême des connaissances des anciens sur la côte occidentale d'Afrique ª. De même qu'on prolongeait ce continent à l'est, on supposait aussi qu'il s'étendait indéfiniment à l'ouest et au sud.

Ainsi, la forme de l'Afrique était complètement défigurée.

Quant aux îles Fortunées ou îles Canaries, elles avaient été explorées et nommées; mais sur un groupe de sept îles, on n'en reconnaît que quatre avec certitude: Planaria (Canarie), Nivaria ou Convallis (Ténériffe), Capraria (Fortaventura), et Pluvialia (Lancerote).

Tel était le monde connu des anciens dans le II° siècle après Jésus-Christ, à l'époque où Ptolémée écrivait. Les auteurs qui sont venus après lui chez les Romains ont donné en passant quelques détails nouveaux sur les peuples ou les pays mentionnés dans son ouvrage; mais aucun n'a étendu le cercle qu'il avait tracé. TH. BURETTE.

(1) Le patriarcat d'Antioche, qui comprenait d'abord, comme nous l'avons dit, toute l'Asie, n'existe plus que dans l'histoire. Il étendait sa juridiction sur la Babylonie. Pour bien faire connaître cette partie peu connue de ce patriarcat célèbre, nous croyons devoir citer le passage suivant des *Annales de Philosophie chrétienne*, au sujet d'un mémoire géographique de M. Quatremère sur la Babylonie ancienne et moderne.

La Babylonie, au temps de sa splendeur, sous les règnes de Bélus, de Ninus, de Sémiramis, était une région d'une étendue considérable, qui se prolongeait depuis le golfe Persique jusqu'aux frontières septentrionales de la Mésopotamie; dans sa largeur, elle embrassait de vastes provinces, situées soit à l'occident de l'Euphrate, soit à l'orient du Tigre. Mais, après la chute du puissant empire des Assyriens, l'Assyrie proprement dite, détachée de la Babylonie, fut soumise à la monarchie des Mèdes. Cependant on n'en persista pas moins à admettre, pour la Babylonie, des limites que le temps et les révolutions avaient considérablement restreintes. Les géographes orientaux, qui ont remplacé le nom de Babylonie par celui l'Irak ou Irak-al-Arab, ont conservé à cette partie l'étendue qu'elle avait dans l'origine. D'après Ibn Haucal, l'Irak s'étend, en longueur, depuis Abadan, ville située sur le bord du golfe Persique, jusqu'à Tékrit, et, en largeur, depuis Cadésiah jusqu'à Holvan; sa limite orientale décrit une courbe qui, partant de Tékrit, va longer le territoire de Chehrizour, Holvan, Sous, et aboutir au golfe Persique, tandis que la frontière occidentale, embrassant Basrah, Coufah, et bordant le désert de l'Arabie, se termine sur la rive de l'Euphrate près d'Anbar. C'est la Babylonie circonscrite dans de plus étroites limites et telle qu'elle existait sous le règne de Nabuchodonosor et des autres monarques chaldéens, que M. Quatremère a choisie pour le sujet de ses recherches. Et d'abord le savant auteur fait observer qu'il ne faut pas prendre à la rigueur le témoignage des géographes orientaux, qui placent près d'Anbar la limite N.-O. de la Babylonie, car nous savons d'une manière positive que la ville de Hit, située un peu plus au N., était comprise dans les frontières de cette contrée. C'est donc au-dessus de cette cité qu'on doit fixer la ligne qui séparait l'empire des Babyloniens de la monarchie des Mèdes. Mais M. Quatremère ne voit pas de difficulté qui empêche d'admettre que cette ligne, en se prolongeant dans une direction courbe jusqu'à la rive du Tigre, atteignait réellement la ville de Tékrit, indiquée par les géographes arabes comme étant de ce côté la borne septentrionale de l'Irak. La Babylonie est désignée, dans les livres de l'Ancien Testament, sous le nom de terre de Sennaar. On lit dans la Genèse que le royaume primitif de Nemrod se composait des villes de Babel (Babylone), Erek, Akkad et Kalneh, situées dans la terre de Sennaar. Les deux *Thargums* chaldaïques, Eusèbe, saint Jérôme, saint Ephrem, Abou l'Faradj ont cru que Kalneh répondait à Ctésiphon; et leur opinion a été adoptée par Bochart, Michaëlis, Rosenmuller, Ge-

ª Selon Gosselin, les connaissances des anciens ne dépassaient pas le cap Noun; Malte-Brun les étend jusqu'à la baie Saint-Cyprien, au nord du cap Blanc. L'un et l'autre retrouvent l'île Cerné dans l'île Fédal.

pas penser que la prise de Constantinople a consommé l'abaissement et la dégradation du patriarcat de cette ville. Cette idée serait une erreur, et impartialement nous ne devons pas laisser ce crime à l'histoire de Mohammède II, qui est déjà bien surchargée. La servitude des patriarches de Constantinople avait acquis sa perfection (car la servitude a sa per-

senius. On cite, à l'appui de ce sentiment, un passage de Pline qui atteste que Ctésiphon était située dans la province de Chalonite. Mais, comme le fait observer M. Quatremère, le témoignage du naturaliste romain n'est rien moins que décisif. « En effet, on conçoit très-bien qu'un lieu peut être situé dans une province sans en avoir adopté le nom. » Le savant académicien croit reconnaître la ville de Kalneh dans celle d'Holvan, nommée Albania sur la carte de Peutinger. Il est aisé de voir que la ville d'Holvan avait donné son nom à la province que les Grecs et les Latins ont appelée Chalonitis, et dont elle formait la capitale. On lit, dans le livre des Rois et dans celui des Paralipomènes, que Salmanasar, roi d'Assyrie, ayant emmené en captivité les Juifs du royaume d'Israël, les établit dans la contrée de *Halah*. Les écrivains syriaques ont rendu ce nom par celui de *Khlakh*, dans lequel on a reconnu le nom d'Holvan. Cette opinion, rejetée par Gesenius, a été défendue avec beaucoup de science et de sagacité par M. Rawlinson. M. Quatremère l'adopte pleinement, en s'appuyant sur un passage d'Isidore de Charax dans lequel on lit que la province de *Chalonitis* renferme une ville appelée *Chala*. En effet, cette dénomination, qui s'applique indubitablement à la ville d'Holvan, rend très-bien le nom syriaque *Khlakh*. Le savant professeur reconnaît encore Holvan dans une ville appelée par Isaïe *Kalno*, par Amos *Kalné*, et par Ézéchiel *Kanneh*; ainsi que dans le nom de Χάλωναι, Celonæ [b], rapporté par Diodore de Sicile.

Le major Rawlinson croit reconnaître la ville de Holvan dans celle de Kalah dont Moïse fait mention. Mais cette opinion n'obtient pas l'assentiment de M. Quatremère. En effet, suivant le récit de la Genèse [c], Assur, ayant quitté la terre de Sennaar, fonda Ninive, Kalah, Réhobob, et Résen, située entre Ninive et Kalah. D'après ces paroles, la ville de Kalah ne faisait pas partie de la terre de Sennaar ou de la Babylonie, mais elle était placée dans l'Assyrie. Or, ainsi qu'on l'a vu plus haut, cette situation ne saurait convenir à Holvan, qui nous est donnée comme formant la frontière de la Babylonie du côté de la Médie. D'ailleurs, la ville de Résen, mentionnée par l'écrivain sacré, correspond à celle de Ras-al-Aïn, située au centre de la Mésopotamie. En conséquence, Moïse n'aurait pu dire, sans manquer à l'exactitude géographique, que cette place se trouvait dans une position intermédiaire entre Ninive et Holvan. D'après saint Ephrem, la ville de Kalah nous représente celle de Hadar ou Hatra, célèbre par sa résistance à Trajan et à Sévère. Mais cette identité paraît peu admissible à M. Quatremère. Ce savant préfère supposer que la ville de Kalah était la capitale de cette province de Kalachène, mentionnée par Strabon, et que Ptolémée nomme Kalakinè. Suivant lui, Kalah était identique avec la ville appelée par les Syriens *Karkha* et par les Arabes *Karakh*, qui était située sur la rive orientale du Tigre. C'est cette ville que Maçoudi désigne par le nom de Karkh Samarra. M. Ross a rencontré sur la rive du Tigre des ruines antiques d'une assez grande étendue, qui,

dans l'opinion de M. Quatremère, occupent le site de Kalah. Le sentiment du savant académicien s'accorde mieux que celui de M. Rawlinson avec les paroles de Moïse. Mais il laisse encore subsister une difficulté assez grave, selon nous. Karkha étant situé sur la rive gauche du Tigre, ainsi que Ninive, on se demande comment l'écrivain sacré a pu dire que Résen, placé au centre de la Mésopotamie et sous le même parallèle que Ninive, était situé entre cette dernière ville et Kalah. De deux choses l'une : ou Moïse s'est gravement mépris en donnant à Résen cette position mitoyenne entre Ninive et Kalah, ou l'on doit rechercher le site de Kalah bien loin de Karkha et à l'O. de Résen.

Le § 2 du mémoire de M. Quatremère porte ce titre particulier : *Mémoire sur la ville de Babylone*. « Lorsque l'on s'occupe, dit le savant auteur, des détails relatifs à la topographie de Babylone, la première question qui se présente est celle-ci : La ville était-elle située sur les deux rives de l'Euphrate, ou s'étendait-elle seulement sur le bord oriental? Si l'on consulte Hérodote, Ctésias et d'autres écrivains de l'antiquité, il semble que cet objet soit décidé de manière à n'admettre aucune espèce de doute, puisque les historiens admettent unanimement que l'Euphrate traversait par le milieu cette ville célèbre. D'un autre côté, des voyageurs judicieux, ayant observé avec soin le terrain, ont décidé que la rive orientale seule présentait des débris propres à retracer la grandeur antique de Babylone, et que le bord opposé n'offrait aucun vestige remarquable, si ce n'est le monument célèbre connu sous le nom de *Birs* ou *Bours*-Nemrod. Au contraire, d'autres voyageurs non moins judicieux assurent avoir remarqué sur la rive occidentale de l'Euphrate des traces nombreuses d'anciennes constructions qui, bien que moins apparentes que celles du bord opposé, suffisent pour prouver d'une manière incontestable la vérité du récit des historiens grecs. »

M. Quatremère croit pouvoir résoudre la question en supposant que Babylone fut d'abord fondée uniquement sur la rive gauche de l'Euphrate; que les constructions de la rive droite furent l'ouvrage des derniers rois de Babylone; qu'après la décadence de cette ville, tous ces édifices, récemment élevés, furent délaissés de leurs habitants, tombèrent en ruine, et que Babylone se vit réduite à son étendue primitive [d]. Plusieurs raisons viennent à l'appui de ce sentiment. D'abord il faut remarquer que toutes les villes dont l'antiquité fait mention comme ayant été placées le long du Tigre et de l'Euphrate, n'occupaient qu'une rive de ces fleuves. « Le cours rapide de ces vastes rivières, les débordements périodiques auxquels l'une et l'autre sont annuellement sujettes, rendaient extrêmement difficiles les travaux nécessaires pour la construction des ponts, et auraient souvent empêché, par des obstacles insurmontables, les habitants répartis dans différents quartiers d'une même ville de communiquer les uns avec les autres. Aussi voyons nous que, pendant l'espace d'un grand nombre de siècles, deux ponts seulement existèrent

---

[a] L'illustre d'Anville a donc eu tort de dire (*L'Euphrate et le Tigre*, p. 120) « qu'on ne connaît point actuellement de dénomination par laquelle le nom de Chala soit rappelé. »

[b] Telle paraît avoir été aussi l'opinion du major Rennell; car ce savant géographe place Celonæ près des Pyles médiques. (*The geographical System of Herodotus*, p. 258 ; cité par Barbié du Bocage, *apud* Sainte-Cro x, *Examen critique des historiens d'Alexandre le Grand*, 2e édit., p. 812.)

[c] Cap. x, vers. 11 et 12.

[d] Pour bien comprendre jusqu'à quel point cette conjecture peut rendre compte de l'état de dégradation et d'infériorité que présentent les ruines de la partie occidentale de Babylone, comparées à celles qui se voient sur la rive gauche de l'Euphrate, il faut lire les réflexions consignées dans le § 3 (p. 34) du mémoire de M. Quatremère.

fection autant que peuvent l'avoir les choses humaines) avant la prise de cette ville. Il y avait longtemps déjà que les patriarches étaient le jouet des empereurs du Bas-Empire, et que par réciprocité les empereurs étaient leurs ennuis et leurs douleurs. Il n'est rien dans l'histoire de si profond dans la bassesse que les relations de

sur l'Euphrate, celui de Zeugma et celui de Thapsaque. Et, toutefois, ces deux localités, où se trouvaient les passages les plus fréquentés par tous ceux qui voulaient traverser l'Euphrate, n'offraient pas de ponts construits en pierres, mais de simples ponts de bateaux. »

Les villes les plus considérables de ces régions, Ninive, Séleucie, Ctésiphon, étaient situées exclusivement sur une des rives du Tigre. Dans le principe, il en fut de même de Bagdad, capitale des khalifes abbassides [a]. Il est donc permis de croire que Babylone ne s'écarta pas de la règle commune, et que cette immense cité, sous le règne de Sémiramis et de ses successeurs, s'étendait uniquement sur la rive gauche de l'Euphrate.

M. Quatremère place la date de l'agrandissement de Babylone à l'époque où, par la destruction de Ninive et l'extinction de la puissance des Assyriens, cette ville devint la capitale de l'empire des Chaldéens. Et cette opinion s'appuie sur un passage de Bérose [b], qui atteste expressément que Nabuchodonosor fit bâtir, hors de Babylone, une seconde ville, et qu'il la fortifia, comme l'ancienne, d'une triple enceinte de murs. Or, il est impossible d'admettre qu'il s'agisse ici de constructions élevées autour de Babylone; car, en ce cas, on ne s'expliquerait pas pourquoi Nabuchodonosor aurait environné sa capitale de six enceintes de murs [c]; au lieu qu'il est aisé de comprendre que ce monarque, en bâtissant sur la rive occidentale du fleuve un vaste faubourg qui devait faire partie de Babylone, ait désiré le fortifier à l'instar du reste de la ville, et lui donner pour défense un nombre égal d'enceintes, qui, correspondant aux premières, venaient comme celles-ci aboutir à la rive de l'Euphrate.

Une nouvelle preuve à l'appui de la date assignée par M. Quatremère à la construction de la partie occidentale de Babylone, est ce que nous apprend Bérose, savoir, que Labynète ou Nabouède, le dernier roi chaldéen de Babylone, acheva la construction du quai qui bordait l'Euphrate. Or, un pareil travail était indispensablement nécessaire pour mettre une ville comme Babylone à l'abri des inondations périodiques de l'Euphrate, il est permis de supposer que le quai de la rive orientale existait depuis longtemps, et que celui dont il est parlé dans ce passage avait pour objet de défendre contre les ravages du fleuve le quartier de la rive occidentale; et cette circonstance semble indiquer que ce vaste faubourg n'avait été ajouté à la ville que depuis le règne de Nabuchodonosor II.

Cyrus, maître de Babylone et reconnaissant la difficulté de maintenir dans l'obéissance cette vaste cité, forma, nous dit Bérose, le dessein de renverser les remparts. Et, si l'on en croit la version arménienne d'Eusèbe, il réalisa ce projet. Ce qui paraît plus certain, c'est que Cyrus s'efforça de diminuer l'importance de Babylone en lui enlevant une partie de sa population. Tel fut sans doute, dit M. Quatremère, un des motifs de cet édit célèbre qui accorda aux Juifs établis dans Babylone la permission de retourner dans leur patrie. Aussi, depuis lors, on ne rencontre plus dans l'histoire un fait indiquant l'existence de cette partie de la ville construite sur la rive occidentale de l'Euphrate, et tout nous représente Babylone comme occupant uniquement le bord oriental de ce fleuve. Ainsi que M. Quatremère le démontre victorieusement, selon nous, tous les détails que nous donne Hérodote sur le siège que Babylone révoltée soutint contre Darius, fils d'Hystaspe, s'appliquent exclusivement à la rive gauche [d]. Les circonstances de l'entrée d'Alexandre à Babylone, telles qu'elles sont retracées par Arrien, prouvent non moins clairement que cette ville était alors réduite à la partie orientale. Il faut lire, dans le mémoire de M. Quatremère, les deux pages consacrées à l'explication du passage d'Arrien; nous craindrions d'affaiblir la force du raisonnement du savant académicien en essayant de l'analyser.

M. Quatremère entre ensuite dans une discussion relative à l'étendue de Babylone. D'après Hérodote, dont le récit a été copié par Philostrate, cette ville avait 480 stades de circuit; Strabon réduit cette mesure à 385 stades, et Ctésias à 360 ou 565. D'Anville, Gosselin, le major Rennell [e], se sont efforcés de concilier entre elles ces trois évaluations. Ils ont supposé que leur différence tenait uniquement à l'inégalité du stade employé par les écrivains précités; que celui dont Hérodote s'était servi dans son calcul était d'un tiers plus court que celui qui avait été employé dans les évaluations des écrivains postérieurs; en sorte que les deux mesures, si diverses en apparence, doivent être regardées comme tout à fait identiques. M. Quatremère préfère admettre que Babylone, dans son état primitif, formait une enceinte de 360 ou 565 stades, et qu'après avoir été accru par Nabopolassar et Nabuchodonosor de toute la portion située sur la rive occidentale de l'Euphrate, son circuit total s'éleva à 480 stades [f].

Le § 3 a pour objet la position des principaux édifices de Babylone.

Le premier dont M. Quatremère s'occupe est le temple de Bélus, dont la situation a été pour les savants un sujet de controverse. D'Anville, le major Rennell et M. Raymond en ont voulu reconnaître l'emplacement dans un de ces immenses monceaux de ruines

---

[a] Bagdad fut d'abord construite sur la rive occidentale du Tigre. *Voy.* Sylvestre de Sacy, *Chrestomathie arabe*, 2ᵉ édition, t. I, p. 68, 69.

[b] Comme Sainte-Croix l'a fait observer (*Mémoires de l'Académie des Inscriptions*, t. L, p. 15, note y), le témoignage de Bérose est confirmé par ces paroles que Daniel place dans la bouche de Nabuchodonosor : « Nonne hæc est Babylon magna quam *ego œdificavi*, etc. ? »

[c] On pourrait objecter que, d'après Hérodote, la citadelle d'Ecbatane, construite par Déjocès, avait sept enceintes, dont la plus grande égalait presque le circuit d'Athènes. Mais on sent bien que de pareilles constructions n'auraient pu s'élever autour de l'immense ville de Babylone qu'au prix de longs efforts et de considérables dépenses.

[d] En citant le récit d'Hérodote, selon lequel Darius, étant rendu maître de Babylone, en fit abattre les murs et enlever les portes, M. Quatremère a négligé de rappeler une conjecture extrêmement plausible, émise par Viringa et adoptée par Sainte-Croix. Selon ces savants, Hérodote n'a dû parler que des deux murs extérieurs de la triple enceinte. Cette conjecture acquiert beaucoup de force d'un passage de Diodore (lib. xvii, 115), où nous apprend qu'Alexandre avait fait abattre dix stades des murs de Babylone pour élever le bûcher d'Ephestion, et d'un autre d'Abydène, cité par Eusèbe, et d'après lequel le mur intérieur de Babylone, construit par Nabuchodonosor, subsista jusqu'au commencement du règne des Macédoniens. Du reste, M. Quatremère paraît avoir partagé l'opinion précitée, car il dit dans un autre endroit (page 43) : « Darius, comme on l'a vu, abattit *une partie* des murailles. »

[e] Avant les trois célèbres érudits cités par M. Quatremère, Fréret avait supposé qu'Hérodote avait employé le stade itinéraire le plus petit de tous pour donner la mesure de Babylone. (*Voy.* les Œuvres complètes de Fréret, t. XV, p. 209.)

[f] Cette opinion avait été déjà émise par Sainte-Croix (*Mémoires de l'Académie des Inscriptions*, t. L, p. 16).

ces deux déplorables puissances, quand l'ennemi commun frappe à la porte. La prison, les chaînes, les yeux crevés, voilà le patriarcat au moindre incident, au moindre caprice d'un favori ou d'une favorite. Les patriarches à Constantinople apparaissaient comme des météores sombres et sinistres.

Avant le schisme, les papes intervenaient en faveur des archevêques de Constantinople contre le despotisme brutal et malfaisant des empereurs, comme le fit avec une haute raison et un grand courage Innocent Ier, dit le Grand, en faveur de saint Jean Chrysostome. Mais en se soustrayant à l'autorité tutélaire des pontifes romains, les patriarches ont volontairement accepté sans contre-poids l'esclavage le plus ignominieux. Pourquoi ne pas céder au pouvoir temporel, quand ils n'avaient pas voulu reconnaître l'autorité toute morale, toute spirituelle de leur chef? Le pouvoir temporel les avait faits, les avait créés, les nommait, les instituait, les salariait enfin. Il les dégradait, les insultait, les incarcérait et les tuait quand la fantaisie lui en prenait; il montrait aussitôt au peuple un autre patriarche, et tout était dit. Les actes humains comportent par eux-mêmes une logique providentielle. Ainsi, répétons-le bien, la prise de Constantinople ne fit que changer la servitude du patriarcat. Cette servitude existait depuis longtemps, honteuse et sanglante tout à la fois. La vente des dignités patriarcales, métropolitaines et épiscopales dans l'Église grecque, ne provient donc pas du gouvernement ottoman. Non-seulement il n'a point établi cette vente, comme on l'a cru, mais il n'y songeait pas, mais au contraire il avait réhabilité le patriarcat après la prise de Constantinople. La vente des dignités ecclésiastiques, vente publique, flagrante, avait pris place dans le droit usuel, nous dirions presque dans la législation de l'empire. Les favoris et les favorites occupaient leurs loisirs et remplissaient leurs bourses par ce commerce scandaleux, de compte à demi avec les empereurs. Or, quel clergé cet affligeant trafic fait-il supposer? S'il n'y avait pas eu d'acheteurs et surtout d'enchérisseurs, il n'y aurait pas eu de vendeurs. Disons donc hautement que la nation et le clergé grecs n'ont été ni démoralisés, ni avilis par les Osmanlis. La dégradation morale existait antérieurement à la conquête de Constantinople; elle triomphait dans le palais de Constantin et de Théodose, et dans Sainte-Sophie sur le trône patriarcal de saint Jean Chrysostome. Les empereurs n'aimaient point les hommes qui avaient le sentiment de leur dignité et le courage de leur position; il leur fallait des valets, et il s'en présenta jusqu'au moment où Dieu appela Mohammède II pour mettre fin à ce déplorable spectacle. Après la prise de Constantinople, ce prince, qui, malgré la cruauté de son caractère, avait les vues d'un homme d'État, pour rappeler la population, fit chercher le patriarche, le rassura, lui garantit le libre exercice de la religion, et lui accorda sur son trésor un traitement annuel convenable à son rang. Quelques années après, à la mort de ce patriarche, racontent des historiens, de son vivant même selon d'autres, (De Hammer, *Histoire de l'empire ottoman*) un moine se présenta au grand visir et offrit une somme d'argent considérable si on lui accordait le patriarcat. Le ministre stupéfait communiqua la proposition à Mohammède, qui ne voulait pas y croire. Le profond mépris que ce souverain avait toujours ressenti pour les Grecs ne fit qu'augmenter; et, à partir de cette époque, le traitement du patriarche fut supprimé. Le gouvernement ne l'instituait plus que moyennant une somme d'argent plus ou moins forte, suivant la proportion des enchères. En résumé, le despotisme et la tyrannie des Osmanlis n'ont point perverti le caractère moral des Grecs, parce qu'il n'existait plus.

Pour ne pas étendre outre mesure les bornes de cette analyse, je me vois forcé d'indiquer seulement les §§ 3, 4, 5 et 7 du mémoire de M. Quatremère, qui sont intitulés : *De la Destruction de Babylone; Explication d'un passage de Daniel; Accomplissement des prophéties sur Babylone; État des arts à Babylone*, et de passer au § 6, qui a pour titre : *Navigation de Babylone*.

Le récit de la prise de Babylone par Cyrus, tel qu'on le lit dans Hérodote, prouve évidemment que, du temps de ce prince, la navigation, même celle des fleuves, était, chez les peuples de l'Assyrie et des régions voisines, dans un état complet d'enfance. Hérodote nous apprend que, pour descendre le Tigre et l'Euphrate, on n'employait que des radeaux soutenus par des outres enflées; qu'en arrivant au lieu du débarquement, on vendait le bois, on chargeait les outres sur un cheval, et on regagnait par terre le point d'où l'on était parti. Cet usage n'a pas changé, et les *kelek*s sur lesquels on descend journellement le Tigre, de Diarbékir à Mouçoul, et de Mouçoul à Bagdad et à Bassora, rappellent de point en point la description d'Hérodote. (*Annales de Philosophie chrétienne*.)

qui s'étendent à l'orient de l'Euphrate [a]. Rich et Ker-Porter ont cru le retrouver dans le Birs-Nemrod, sur la rive droite de ce fleuve. La première opinion est celle qu'adopte M. Quatremère, en s'appuyant sur plusieurs raisons tout à fait plausibles. Hérodote atteste expressément que le palais dans lequel étaient renfermés les jardins suspendus était situé sur la rive opposée à celle sur laquelle s'élevait le temple de Bélus. D'après le témoignage, d'Anville et le major Rennell ont placé ce palais sur le bord occidental, et M. Quatremère adopte encore leur sentiment, qu'il fortifie par l'autorité de Diodore de Sicile ou plutôt de Ctésias. Cet historien dit que, des deux palais que comprenait Babylone, le plus grand et le plus magnifique était situé sur la rive occidentale; puis il ajoute que le jardin suspendu était situé auprès de la citadelle. Or, il affirme que cette citadelle était renfermée dans l'enceinte du palais occidental. Il est probable, dit M. Quatremère, que l'emplacement de ce palais et des jardins qui l'environnaient nous est représenté par ces deux monceaux de ruines qui, suivant la carte de M. Ker-Porter, se voient encore sur la rive droite de l'Euphrate.

[a] Telle est aussi l'opinion du judicieux Olivier (*Voyage dans l'empire ottoman, l'Égypte et la Perse*, t. IV, pag. 409).

# ÉTAT ÉPISCOPAL DE LA GAULE

## PENDANT LES SIX PREMIERS SIÈCLES DE L'ÈRE CHRÉTIENNE,

### D'APRÈS LA GÉOGRAPHIE DU P. CHARLES DE SAINT-PAUL.

Gallia tres diœceses complectitur, ut in Notitia imperii videre est, dum ait : *Sub dispositione viri illustris præfecti prætorio Galliarum diœceses, infra scriptæ, Hispaniæ, septem provinciæ, Britanniæ.* Gallia autem inter Rhenum et Pyrenæum mare, utramque et Alpes Cottias porrigitur. Felix, inquit Solinus, præpinguibus glebis, ac commoda proventibus fructuariis, pleraque consita vitibus et arbustis, omni ad usum animantium fetu beatissima ; rigua aquis fluminum et fontium, sed fontanis interdum sacris et vaporantibus. Propter maris opportunitatem omnibus copiose abundat, estque in omnibus provincia admirationis digna. Apud eam frequens et fortis miles in bello esse dicitur. Unde Italiam omnem asserit Salustius ab hac gente contremuisse, adeo ut cum Gallis, non de gloria, sed de salute certari fuerit solitum. Tantus sane terror Gallici nominis (teste Justino ubi de Orientis regibus) et invicta armorum felicitas erat, ut aliter neque majestatem suam tutam, neque amissam recuperare se posse sine Gallica virtute arbitrarentur. Quapropter licet Constantinus imperator constitutione prohibens ne unquam Romanus imperator affinitatem contraheret cum gente quæ peregrinis et a Romano statu diversis moribus uteretur, maximeque fidei alterius et baptizata non esset, solos Gallos excepit, teste Constantino Porphyrogeneta.

Porro *Gallia ex Cæsare et sub Cæsare primum divisa est in partes tres, quarum unam incolebant Belgæ, aliam Aquitani, tertiam qui ipsorum lingua Celtæ, nostra Galli appellantur.* At post Julium Cæsarem Augustus, inquit Strabo, in quatuor partes Galliam distribuit, addita Narbonensi provincia. Harum omnium terminos sic describit Paulus Orosius : Alpes a Gallico mari per Ligusticum sinum exsurgentes, primum Narbonensium fines, deinde Galliam Rhætiamque secludunt, donec in sinu Liburnico defigantur. Gallia Belgica habet ab oriente flumen Rhenum et Germaniam, ab euro Alpes Penninas, a meridie provinciam Narbonensem, ab occasu provinciam Lugdunensem, a circio Oceanum Britannicum, a septentrione Britanniam insulam. Gallia Lugdunensis ducta per longum, et per angustum inflexa, Aquitanicam provinciam semicingit. Hæc ab oriente habet Belgicam, a meridie partem provinciæ Narbonensis qua Arelatum civitas sita est, et mari Gallico Rhodani flumen accipitur. Narbonensis provincia pars Galliarum habet ab oriente Alpes Cottias, ab occidente Hispaniam, a circio Aquitaniam, a septentrione Galliam Lugdunensem, ab aquilone Belgicam Galliam, a meridie mare Gallicum, quod est intra Sardiniam et insulas Baleares: habens in fronte, qua Rhodanus fluvius in mare exit, insulas Sthœcades. Aquitanica provincia obliquo cursu Ligeris fluminis, qui ex plurima parte terminus ejus est, in orbem agitur. Hæc a circio habet Oceanum, qui Aquitanicus sinus dicitur ; ab occasu Hispanias, a septentrione et oriente Lugdunensem, ab euro et meridie Narbonensem provinciam contingit.

Post Augustum, sed ante Constantinum, ex his quatuor provinciis tres aliæ ortæ sunt, scilicet Alpina, Viennensis, et Germanica ; Alpina quidem et Viennensis ex Narbonensi, et Germanica ex Belgica : adeo ut ex hoc tempore septem in Gallia numerari cœperint, Narbonensis, Alpina, Viennensis, Aquitanica, Lugdunensis, Belgica et Germanica. Hinc fit ut in Notitia imperii Romani Gallia et septem provinciæ sæpius veluti synonymos usurpari soleant. Sic in enumeratione provinciarum quæ a Galliarum vicario regebantur, hæc habet : *Sub dispositione viri spectabilis vicarii septem provinciarum.* Sic vicarios referens præfectis prætorio Italiæ, et prætorio Galliarum subjectos, hæc ait : *Vicarii sex, urbis Romæ, Italiæ, Africæ, Hispaniarum, septem provinciarum, Britanniarum.* Sic tandem diœceses præfecto prætorio Galliarum assignatas numerans, hæc, ut jam diximus, effert : *Sub dispositione viri illustris præfecti prætorio Galliarum diœceses infra scriptæ : Hispaniæ, septem provinciæ, Britanniæ.* His nil clarius, ut probemus Gallias in septem provincias divisas fuisse antequam in plures. Denique septem illæ in septemdecim accreverunt, nullo quidem novo nomine cuiquam earum indito, sed singulis in plures divisis, harum unaquæque vetus nomen servavit, cum aliquo adjuncto numerali, per quod a cæteris ejusdem nominis distinguebatur. Verbi gratia, Lugdunensi in quatuor provincias divisa, singulæ matricis nomen servarunt, et vocatæ sunt Lugdunensis prima, secunda, tertia, quarta. Idemque de aliis videre est in Notitia civili Romani imperii, apud quam non tantum Lugdunenses quatuor leguntur, sed etiam Aquitaniæ tres, Narbonenses duæ, Alpes duæ, Belgicæ duæ, et Germanicæ duæ. Singularum autem præcipuas civitates, nec non et castra numeremus ex alia notitia civili quam doctissimus Sirmondus dedit tomo primo Conciliorum Galliæ, ex vetusto codice ms.

## NOTITIA PROVINCIARUM ET CIVITATUM GALLIÆ,

HONORII AUGUSTI, UT VIDETUR, TEMPORIBUS CONDITA, CUM GALLIAS ET SEPTEM PROVINCIAS DISTINGUI MOS ERAT.

*Provincia Lugdunensis prima.*

Metropolis civitas Lugdunensium.
Civitas Æduorum.
— Lingonum.
Castrum Cabilonense.
— Matisconense.

*Provincia Lugdunensis secunda.*

Metropolis civitas Rothomagensium.
Civitas Baiocassium.
— Abrincatum.
— Ebroicorum.
— Sagiorum.
— Lexoviorum.
— Constantia.

*Provincia Lugdunensis tertia.*

Metropolis civitas Turonorum.
Civitas Cenomannorum.
— Redonum.
— Andicavorum.
— Namnetum.
— Coriosopitum.
— Venetum.
— Ossismorum.
— Diablintum.

*Provincia Lugdunensis Senonia.*

Metropolis civitas Senonum.
Civitas Carnotum.
— Autisiodorum.
— Tricassium.
— Aurelianorum.
— Parisiorum.
— Melduorum.

*Provincia Belgica prima.*

Metropolis civitas Treverorum.
Civitas Mediomatricorum Mettis.
— Leucorum Tullo.
— Verodunensium.

*Provincia Belgica secunda.*

Metropolis civitas Remorum.
Civitas Suessionum.
— Catuellaunorum.
— Veromanduorum.
— Atrabatum.

Civitas Camaracensium.
— Turnacensium.
— Silvanectum.
— Bellovacorum.
— Ambianensium.
— Morinorum.
— Bononensium.

*Provincia Germania prima.*

Metropolis civitas Mogunciacensium.
Civitas Argentoratensium.
— Nemetum.
— Vangionum.

*Provincia Germania secunda.*

Metropolis civitas Agrippinensium.
Civitas Tungrorum.

*Provincia Maxima Sequanorum.*

Metropolis civitas Vesonciensium.
Civitas Equestrium Noiodunus.
— Eluitiorum Aventicus.
— Basiliensium.
Castrum Vindonissense.
— Ebredunense.
— Rauracense.
Portus Abucini.

*Provincia Alpium Graiarum et Penninarum.*

Civitas Centronum Darantasia.
— Valensium Octodoro.

ITEM IN PROVINCIIS SEPTEM.

*Provincia Viennensis.*

Metropolis civitas Viennensium.
Civitas Genavensium.
— Gratianopolitana.
— Albensium.
— Deensium.
— Valentinorum.
— Tricastinorum.
— Vasiensium.
— Arausicorum.
— Cabellicorum.
— Avennicorum.
— Arelatensium.
— Massiliensium.

*Provincia Aquitanica prima.*

Metropolis civitas Biturigum.
Civitas Arvernorum.
— Rutenorum.

Civitas Albiensium.
— Cadurcorum.
— Lemovicum.
— Gabalum.
— Vellavorum.

*Provincia Aquitanica secunda.*

Metropolis civitas Burdigalensium.
Civitas Agennensium.
— Ecolismensium.
— Santonum.
— Pictavorum.
— Petrocoriorum.

*Provincia Novempopulana.*

Metropolis civitas Elusatium.
Civitas Aquensium.
— Lactoratium.
— Convenarum.
— Consorannorum.
— Boatium.
— Benarnensium.
— Aturensium.
— Vasatica.
— Turba, ubi Castrum Bigorra.
— Elloronensium.
— Ausciorum.

*Provincia Narbonensis prima.*

Metropolis civitas Narbonensium.
Civitas Tolosatium.
— Beterrensium.
— Nemausensium.
— Lutevensium.
Castrum Uceciense.

*Provincia Narbonensis secunda.*

Metropolis civitas Aquensium.
Civitas Aptensium.
— Reiensium.
— Forojuliensium.
— Vappincensium.
— Segesteriorum.
— Antipolitana.

*Provincia Alpium Maritimarum.*

Metropolis civitas Ebrodunensium.
Civitas Diniensium.
— Rigomagensium.
— Solliniensium.
— Saniciensium.
— Glannatina.
— Cemelenensium.
— Vinciensium.

Hactenus notitia. Sed ad verba *Item in provinciis septem*, quæ ante Viennensis descriptionem leguntur, imprimis observandum est, quod licet Galliæ fines apud antiquos nec arctiores, nec ampliores fuerint, ipsa tamen primum in Galliam et quinque provincias, et postea in Galliam et septem provincias, divisa est. De quinque provinciis sermo est in epistola synodica concilii Valentini ad universos episcopos Galliarum, quæ sic incipit : *Dilectissimis fratribus per Gallias et quinque provincias constitutis episcopis.* Item in epistola Maximi imperatoris ad Siricium papam, in qua se permissurum synodum episcoporum Galliæ, qui de Agricio presbytero judicent, his verbis scribit : *Quorum conventum ex opportunitate omnium, vel qui intra Gallias, vel qui intra quinque provincias commorantur, in qua elegerint urbe constituam.* Nec non et idem legitur in alia synodica concilii Taurinensis ad episcopos Galliarum hæc habente : *Sancta synodus, quæ convenit in urbe Taurinatium die decima calendas Octobris, fratribus dilectissimis per Gallias et quinque provincias constitutis.* Aliquot post annos septem provinciarum mentio fit in epistola Zosimi papæ ad episcopos Africæ, Galliæ et Hispaniæ, cujus hoc initium est : *Zosimus Aurelio et universis episcopis per Africam constitutis, universis episcopis per Gallias et septem provincias constitutis, universis episcopis per Hispaniam constitutis.* Simile videre est in epistola Bonifacii papæ ad episcopos Galliæ, quæ sic habet : *Bonifacius episcopus Patroclo, Remigio, Maximo, Hilario, Severo, Valerio, Juliano, Castorio, Leontio, Constantino, Joanni, Montano, Marino, Mauritio et cæteris episcopis per Gallias et septem provincias constitutis.*

Quæ autem fuerint hæ septem provinciæ, patet ex notitia modo allata, quæ harum nomine Viennensem, Aquitaniam primam et secundam, Novempopulaniam, Narbonensem utramque, et Alpes maritimas complectitur. Nec audiendus est postea Hincmarus in epistolis, dum per has intelligendas esse scribit Viennensem, Lugdunensem, Narbonensem primam et secundam, Alpinam, Novempopulanam et secundam Aquitanicam : Lugdunensem enim pro Aquitanica prima ponit, mendisque plurimis refertam novellam Honorii et Theodosii profert, quam doctissimus Sirmondus integram ex codice Arelatensi restituit, quamque dabimus ubi de Arelato.

Alterum non minus observatione dignum referam, scilicet prædictam notitiam civilem tantum fuisse, et non ecclesiasticam. Notitia civilis vocatur, in qua metropoles civiles et provinciarum civitates castraque numerantur; ecclesiastica vero, qua metropoles ecclesiasticæ seu archiepiscopales et civitates episcopales ipsis subjectæ. Quod autem notitia hæc ecclesiastica non fuerit, satis probavero, si plures ex metropolibus in ea recensitis archiepiscopales non fuisse, sicut nec plures civitates episcopales, demonstraverim. Id primum de Moguntia dicam, apud quam non nisi sedem episcopalem fuisse usque ad Bonifacium archiepiscopum et Germaniæ apostolum sub Zacharia papa, qui hanc archiepiscopalem fecit in favorem ejusdem Bonifacii, clarissime videre est in epistola hujus summi pontificis ad Bonifacium. *Idcirco,* inquit, *beati Petri apostoli auctoritate sancimus, ut supradicta Ecclesia Moguntina perpetuis temporibus tibi et successoribus tuis in metropolim sit confirmata;* habens sub se has quinque civitates, id est Tungris, Coloniam, Vormatiam, Spiraciam, et Trectis, et omnes Germaniæ gentes quas tua fraternitas per suam prædicationem Christi lumen agnoscere fecit.

Sic etiam cum Agrippina Colonia inter suffraganeas sedes Moguntini archiepiscopatus hac in epistola recenseatur, eam tunc metropolim fuisse ecclesiasticam nemini nisi ignaro in mentem venire potest. Attamen ut luci lumen addamus hujus erectionem in metropolim proferam ex ejusdem Zachariæ papæ epistola alia ad supradictum Bonifacium, in cujus gratiam honore isto donata est. *De civitate namque illa,* inquit, *quæ nuper Agrippina vocabatur, nunc vero Colonia, juxta petitionem Francorum, per nostræ auctoritatis præceptum, nomini tuo metropolim confirmavimus, et tuæ sanctitati direximus pro futuris temporibus, ejusdem metropolitanæ Ecclesiæ stabilitatem.* Hanc a divo Athanasio Galliæ superioris metropolim dici haud nescio, sed civilem intellige, ut jam observavimus, non ecclesiasticam. At ex his conjice episcopos utriusque Germaniæ, scilicet Moguntinensem, Argentoratensem, Nemetensem seu Spirensem, Vangionensem seu Vormatiensem, Agrippinensem et Tungrensem sub archiepiscopo Treverensi, tanquam sub viciniori metropolitano, usque ad Bonifacii tempora degisse, ejusque suffraganeos fuisse : sub quo enim alio esse potuerint nullus videtur suspicandi locus.

Addam et Tarentasiam sex primis sæculis metropolim ecclesiasticam non fuisse, cum tunc inter suffraganeas sedes Viennensis archiepiscopi numerata sit a Leone primo in epistola ad episcopos provinciæ, his verbis : *Unde Viennensem civitatem, quantum ad ecclesiasticam justitiam pertinet, inhonoratam penitus esse non patimur: præsertim cum de receptione privilegii auctoritate jam nostræ dispositionis utatur. Quam potestatem Hilario episcopo ablatam, Viennensi episcopo credidimus deputandam. Qui ne repente semetipso factus videatur inferior, vicinis sibi quatuor oppidis præsidebit, id est Valentiæ, et Tarentasiæ, et Genavæ, et Gratianopoli, ut cum his ipsa Vienna sit quinta, ad cujus episcopum omnium prædictarum Ecclesiarum sollicitudo pertineat. Reliquæ vero civitates ejusdem provinciæ sub Arelatensis antistitis auctoritate et ordinatione consistant.* Idem confirmavit Symmachus papa circa annum quingentesimum decimum tertium, in epistola ad episcopos Galliæ, qua hæc ait : *Idcirco quemadmodum decessor noster Leo papa, dudum cognitis allegationibus partium, definivit parochiarum numerum vel quantitatem Arelatensi et Viennensi sacerdotibus deputandam, et nos præcipimus nullius usurpatione transcendi; sed, ut ante prædiximus, juxta indulgentiam supradicti pontificis, Valentiam, Tarentasiam, Genavam atque Gratianopolim oppida Viennensis antistes juri suo vindicet; nec quidquam amplius ab his quæ semel ab apostolica sede sibi concessa sunt æstimet præsumendum. Alias vero parochias vel diœceses cunctas privilegio et honore suo*

DICTIONNAIRE DE GÉOGRAPHIE ECCL. I.

35

*Arelatensis episcopus sub temporum continuatione defendat.* Attamen hanc fateor in metropolim erectam fuisse circa tempora Caroli Magni, cum de ejus suffraganeis, ut et de Ebredunensibus et Aquensibus iis fuerit sub eodem imperatore, in concilio Francofordiensi, celebrato anno Christi septingentesimo nonagesimo quarto. Hujus verba sunt. *De altercatione Ursionis Viennensis episcopi, et Elifanti Arelatensis episcopi, lectæ sunt epistolæ beati Gregorii, Zosimi, Leonis et Symmachi, quæ definierunt quod Viennensis Ecclesia quatuor suffraganeas habere sedes deberet, quibus illa quinta præmineret, et Arelatensis Ecclesia novem suffraganeas habere deberet, quibus ipsa præmineret. De Tarentasia vero et Ebreduno, sive Aquis, legatio facta est ad sedem apostolicam; et quidquid per pontificem Romanæ Ecclesiæ definitum fuerit, hoc teneatur.*

Quod si ex metropolibus prædictam notitiam ecclesiasticam non fuisse clare probatur, non minus etiam ex subjectis civitatibus ; cum in ea plures reperiantur in quibus nunquam fuit sedes episcopalis, ac ex adverso plures episcopales omittantur. Sic in quinta Lugdunensi seu Maxima Sequanorum, sub metropoli Bisuntina Castrum Ebredunense et Portus Abucinus leguntur, in quibus sedes episcopales priscis temporibus non exstitisse certum est. Idemque dicendum ex se constat de civitate Boatium in Novempopulania, sicut et de civitatibus Rigomagensium et Soliniensium in provincia Alpium maritimarum : cum apud eas primis sæculis episcopum sedisse nemo unquam dixerit. Plures e contrario antiquas civitates episcopales in ea omitti sola lectio docet, cum in ea, nec Laoduni in Belgica secunda, nec Elonæ in Novempopulania, nec Seduni in provincia Alpium Graiarum, nec Niciæ et Telonii in Alpibus maritimis, nec aliarum plurium fiat mentio. Unde hanc civilem tantum fuisse asserere prorsus necesse est.

Antequam de ecclesiastica dicamus, prius videndum arbitror quanto in honore antiquitus Ecclesia Gallicana ipsique Gallicani episcopi habiti sint. Dicat autem primus Eleutherius papa, dum ipsis curam Ecclesiæ universæ, non quidem ex officio et auctoritate, sed ex doctrina, pietate, et tanquam bene meritis de Ecclesia commissam esse sic ait : *Hujus rei gratia universalis vobis a Christo Jesu commissa est Ecclesia, ut pro omnibus laboretis, et cunctis opem ferre non negligatis.*

Dicat imperator Constantinus, Gallos episcopos Romam se misisse scribens ut Melchiadi papæ assiderent de Cæciliani causa judicanti, haud æquum existimans ut talis contentio, quæ pene universum orbem ecclesiasticum diris procellis exagitaverat, absque iis definiretur. *Nam etiam*, inquit, *ad supradictam urbem nostram Romam quosdam episcopos ex Galliis ire præceperam, ut tam hi pro integritate vitæ suæ atque laudabili instituto, sed et septem ejusdem communionis, quam etiam urbis Romæ episcopus, atque illi qui cum iisdem cognoscerent, possent rei quæ videbatur esse commota, finem debitum adhibere. Qui autem fuerint hi Galliarum episcopi, ipse tradit in epistola ad Melchiadem.Visum est mihi ut idem Cæcilianus cum decem episcopis qui illum reum facere videantur, et decem aliis quos ipse sua litis dijudicationi necessarios existimaverit, Romam navigio trajiciat, ut ibi coram vobis, et Rheticio etiam, et Materno et Marino collegis vestris (quos ea de causa Romam maturare jusserim), possit audiri, sicut sanctissima Dei lex, uti nostis, postulat.*

Dicat D. Hieronymus, dum ait, quod : *Sola Gallia monstra non habuit, sed viris semper fortissimis et eloquentissimis abundavit.* At paulo fusius Hilarius libro de Synodis, Galliarum episcopos sic alloquens : *Sed inter hæc, o beatos vos in Domino et gloriosos, qui perfectam atque apostolicam fidem conscientia et professione retinentes, conscriptas fides hucusque nescitis : non enim egui stis littera, qui spiritu abundatis; neque officium manus ad describendum desiderastis, qui, quod corde a vobis credebatur, ore ad salutem profitebamini. Nec necessarium habuistis episcopi legere, quod regenerati neophyti tenebatis.* Imo quis nisi antiquitatis ignarus ex eodem Hilario non didicit missam ipsis Galliarum episcopis ex Sirmiensi oppido infidelis fidei impietatem, ut ait, non modo hanc illos non suscepisse, sed nuntiatam etiam significatamque damnasse ? Quis nescit eosdem Ariminensem Arianorum formulam respuisse, fideique expositionem orthodoxam ad episcopos orientales e synodo Parisiensi misisse : ac in universum hæreses condemnantes, hæc in concilio Aurelianensi quinto decrevisse? *Primo itaque nefariam sectam, quam auctor male sibi conscius, et a viro sanctæ fidei catholicæ fonte discedens, sacrilegus quondam condidit Eutyches, vel si qua, quæ a venefico similiter impio sunt prolata Nestorio, quas etiam sectas sedes apostolica sancta condemnat, similiter et nos easdem cum suis auctoribus et sectatoribus exsecrantes, præsentis constitutionis vigore anathematizamus atque damnamus, rectum atque apostolicum in Christi nomine fidei ordinem prædicantes.*

Dicat D. Augustinus, dum scribens adversus Julianum, sententias Irenæi Lugdunensis, Rhetici Augustodunensis, et Hilarii Pictaviensis tanquam firmissima munimenta Pelagianis opponit.

Dicant Hispaniarum episcopi cum, de monachis agentes, tali honore decreta Ecclesiæ Gallicanæ venerati sunt, ut ea per Hispanias observari in conciliis Tarraconensi et Ilerdensi statuerint. *Nullus monachorum*, inquiunt Patres Tarraconenses, *forensis negotii susceptor vel exsecutor existat, nisi quod monasterii exposcit utilitas, abbate sibi nihilominus imperante, canonum ante omnia Gallicanorum de his constitutione servata.* Nec cam minori honore coluerunt Patres Ilerdenses dum hæc circa eosdem monachos statuerunt. *De monachis id observari placuit quod synodus Agathensis noscitur decrevisse.*

Dicat Venerabilis Beda auxilium a Gallicanis episcopis imploratum, et a Germano Antissiodorensi, et Lupo Trecasseno Britannis datum narrans, cum apud eos Pelagianorum hæresis tanta violentia grassaretur, ut ejus conatibus soli obsistere non possent. *Ante paucos,* ait, *sane adventus eorum annos, hæresis Pelagiana per Agricolam illata Severiani episcopi Pelagiani filium, fidem Britannorum fœda peste commaculaverat. Verum Britanni, cum neque suscipere dogma perversum, gratiam Christi blasphemando ullatenus vellent, neque versutiam nefariæ persuasionis refutare certo certando sufficerent, invenerunt salubre consilium, ut a Gallicanis antistitibus auxilium belli spiritualis inquirant; quam ob causam collecta magna synodo quærebatur in commune qui illuc ad succurrendum fidei mitti deberent: atque omnium judicio eligebantur apostolici sacerdotes Germanus Antissiodorensis et Lupus Trecassenæ civitatis episcopi, ut ad confirmandam fidem gratiæ cœlestis in Britanniam venirent.* Et infra : *Interea Britanniarum insulam apostolici sacerdotes raptim opinione, prædicatione, virtutibus impleverunt. Divinusque per eos sermo quotidie, non solum in ecclesiis, verum etiam per trivia et per rura prædicabatur, ita ut passim et fideles catholici firmarentur, et depravati viam correctionis agnoscerent. Erat illis apostolorum instar et gloria et auctoritas per conscientiam, doctrina per litteras, virtutes ex meritis. Itaque regionis universitas in eorum sententiam prompta transierat.*

Dicat iterum Venerabilis Beda quomodo Virgilius Arelatensis episcopus et sedis apostolicæ per Gallias vicarius, auctoritatem a Gregorio Magno etiam in Angliam acceperit, ut scilicet cum Augustino de sacerdotum Angliæ culpis perquireret judicaretque. Verba ipsius Gregorii sunt apud Bedam : *Et quoniam sæpius evenit ut hi qui longe sunt positi, prius ab aliis quæ sunt emendata cognoscant : si quas fortasse fraternitati vestræ sacerdotum vel aliorum culpas intulerint, una cum eo residentes subtili cuncta investigatione perquirite ; et ita vos in ea quæ Deum offendunt et ad iracundiam provocant, districtos atque sollicitos exhibete: ut ad aliorum emendationem, et vindicta culpabilem feriat, et innocentem falsa opinio non affligat.*

Dicat Martinus papa hujus nominis primus, cum in Galliam synodi Romanæ gesta mittens, ut a congregatis episcopis confirmarentur, necnon episcopos e Gallia petens a Sigeberto rege, qui apostolica legatione fungentes hujus synodi decreta ferrent ad imperatorem, scribit : *Idcirco studeat fraternitas tua omnibus eadem innotescere, ut tam abominandam hæresim nobiscum exsecrentur, quamque suæ salutis sacramenta addiscere valeant, atque synodali conventione omnium fratrum et coepiscoporum nostrorum partium illarum effecta, secundum tenorem encyclicæ a nobis directæ, scripta una cum subscriptionibus vestris nobismet destinanda concelebrent, confirmantes atque consentientes eis quæ pro orthodoxa fide et destructione hæreticorum hæresia nuper exortæ, a nobis statuta sunt. Et Sigebertum præcellentissimum filium nostrum regem Francorum, pro suæ christianitatis remedio consultissime admone atque precare dirigere nobis ex corpore fratrum nostrorum dilectissimos episcopos, qui sedis apostolicæ legatione, divina concedente propitiatione, fungi debeant ; et quæ in nostro concilio peracta sunt, cum his synodalibus apicibus vestris ad clementissimum principem nostrum sine dubio asportare : ut nostrorum laborum particeps effectus, mercedis cumulum adipisci valeat, et sui regni protectorem inveniat eum cujus causa flagitari dignoscitur.*

Dicant omnes Germanicarum rerum scriptores, si lubet tantisper ultra sex prima sæcula descendere, docentes hujusce regionis primas Ecclesias, imo majorem earum partem e Gallicana, tanquam e lucidissimo fonte, zelo Pippini, Caroli Magni et Ludovici Pii regum Franciæ duxisse originem. Sicque ex prædictis collige hanc duobus ex insignioribus Europæ populis, scilicet Britannis et Germanis, religionis et proinde salutis post Romanam auctricem fuisse. Unde mirum esse non debet si tanto in honore tantaque veneratione per universum Christi orbem primis sæculis fuerit.

Sed ad quid tot testes, qui lumine suo Ecclesiæ Gallicanæ dignitatem oculis nostris exponant, cum innumeri Galliarum pontifices, quasi gemmæ splendidissimæ, per omnem Ecclesiam suismet radiis prioribus sæculis super admirationem ipsam effulserint ? Quid Irenæum commemorem, Ecclesiarum per Gallias, ut ait Eusebius, rectorem ? Quid Hilarium Pictavensem eximium fidei doctorem, Arianorum potentissimum atque acerrimum expugnatorem, et constantissimum fidei Christianæ confessorem ? Quid Gundebaldum, quem Theodoricus laudans apud Cassiodorum, Burgundionum apostolum vocat, dum ait per eum Burgundiam gentile propositum deposuisse ? Quid Martinum, de quo Severus Sulpitius scribit ante eum tam paucos in agris vicisque Galliæ fuisse Christianos, ut non abs re antiquitas nostra paganorum nomen de iis usurpasse videatur ? Unde tanto in honore posterioribus sæculis habitus est, ut ab ejus transitu diu anni numerati sint. Quid denique Saturninum Tolosanum, Trophymum Arelatensem, Martialem Lemovicensem, Eucherium Lugdunensem, Cæsarium Arelatensem, Apollinarem Arvernensem, Lupum Tricassinum, Germanum Antissiodorensem, et Remigium Rhemensem, quorum adhuc memoria apud nos in benedictione est, qui Galliam vicinasque regiones Evangelii luce illustrarunt, quorum vita virtutum omnium exemplar fuit, qui quasi magistri ducesque militiæ Christi, clarissima Ecclesiarum lumina ; viri magni nominis et spectatæ auctoritatis non tantum in Galliis, sed etiam apud exteros summo in honore habiti sunt.

Sed exposita horum illustri dignitate, jam quot primis sæculis metropoles provinciæque ecclesiasticæ in Galliis fuerint, inquirendum est. Ut autem in earum notitiam via tuta veniamus, tempora necessario distinguenda sunt, cum non semper metropoleon sicut nec provinciarum idem numerus fuerit, earumque longe certiora habeamus argumenta post Constantinum quam antea. Augusti temporibus quatuor in eis tantum provincias fuisse diximus, totidemque ecclesiasticos Patres instituisse ab initio, scilicet Narbonensem, Belgicam, Lugdunensem, et Aquitanicam, quarum Arelatum, Augusta Trevirorum, Lugdunum et Bituricæ metropoles essent, non levibus ductus argumentis arbitror, sicque ab inductione probabo.

Ab Arelato initium dicendi faciam, ut ab antiquiori metropoli totius Narbonensis, quæ tunc utramque novam Narbonensem, utramque Viennensem Alpesque Graias et maritimas, ab hac postea divisas, complectebatur. Civitatem hanc inter cæteras Galliarum celeberrimam fuisse certo colligitur ex descriptione Galliæ apud notitiam Græcam temporibus Constantii imperatoris editam, qua hæc leguntur : *Pariter et aliam a Treveri civitatem habet Gallia in omnibus ei adminiculantem, quæ ad mare sita est* (seu non longe a mari), *quam vocant Arelatum, quæ cum ab omni orbe commerciis suscipiat, et prædictæ maximæ civitati Treveri ea submittit.* Sed longe fusius perfectiusque dignoscitur in novella imperatorum Honorii et Theodosii ad Agricolam præfectum prætorio Galliarum, quam integram referemus, ne mirum sit quod primis sæculis eam metropolim ecclesiasticam universæ Galliæ constituamus; et quæ sic habet : *Saluberrima magnificentiæ tuæ suggestione, inter aliquas reipublicæ utilitates evidenter instructi, observanda provincialibus nostris, id est per septem provincias, mansura in ævum auctoritate decernimus, quod sperari plane ab ipsis provincialibus debuisset. Nam cum propter privatas et publicas necessitates, de singulis civitatibus, non solum de provinciis singulis, ad examen magnificentiæ tuæ, vel honoratos confluere vel mitti legatos, aut possessorum utilitas, aut publicarum ratio exigat functionum : maxime opportunum et conducibile judicamus, ut, servata posthac annis singulis consuetudine, constituto tempore in metropolitana, id est in Arelatensi urbe, incipiant septem provinciæ habere concilium. In quo plane tum singulis quam omnibus in commune consulimus : primum ut optimorum conventu sub illustri præsentia præfecturæ, si id tamen ratio publicæ dispositionis obtulerit, saluberrima de singulis rebus possint esse consilia; tum quidquid tractatum fuerit et discussis ratiociniis constitutum, nec latere potiores provincias poterit, et parem necesse est inter absentes æquitatis formam justitiæque servari. Ac plane præter necessitates publicas, etiam humanæ ipsi conversationi non parum credimus commoditatis accedere, quod in Constantina urbe jubemus annis singulis esse concilium. Tanta enim loci opportunitas, tanta est copia commerciorum, tanta illic frequentia commeantium, ut quidquid usquam nascitur, illic commodius distrahatur. Neque enim ulla provincia ita peculiari fructus sui felicitate lætatur, ut non hæc propria Arelatensis soli credatur esse fecunditas. Quidquid enim dives Oriens, quidquid odora-*

*tus Arabs, quidquid delicatus Assyrius, quod Africa fertilis, quod speciosa Hispania, quod fortis Gallia potest habere præclarum, ita illic affatim exuberat, quasi ibi nascantur omnia quæ ubique constat esse magnifica. Jam vero decursus Rhodani, et Tyrrheni recursus necesse est ut vicinum faciant ac pene conterminum, vel quod iste præterfluit, vel ille quod circuit. Cum ergo huic serviat civitati quidquid habet terra præcipuum, ad hanc velo, remo, vehiculo, terra, mari, flumine deferatur quidquid singulis nascitur : quomodo non multum sibi Galliæ nostræ præstitum credant, cum in ea civitate præcipiamus esse conventum, in qua divino quodam munere commoditatum et commerciorum opportunitas tanta præstatur? Si quidem hoc rationabili plane probatoque consilio, jam et vir illustris præfectus Petronius observari debere præceperit, quod interpolatum, vel incuria temporum, vel desidia tyrannorum, reparari solita prudentiæ nostræ auctoritate decernimus, Agricola parens charissime atque amantissime. Unde illustris magnificentia tua et hanc præceptionem nostram, et priorem sedis suæ dispositionem secuta, id per septem provincias in perpetuum faciet custodiri, ut ab idibus Augusti, quibuscunque mediis diebus, in idus Septembris, in Arelatensi urbe noverint honorati vel possessores, judices singularum provinciarum, annis singulis concilium esse servandum. Ita ut de Novempopulana et secunda Aquitania, quæ provinciæ longius constitutæ sunt, si earum judices certa occupatio tenuerit, sciant legatos juxta consuetudinem esse mittendos. Qua provisione plurimum ex provincialibus nostris gratiæ nos intelligimus utilitatisque præstare, et Arelatensi urbi, cujus fidei secundum testimonia atque suffragia parentis patriciique nostri, multa debemus, non parum adjicere nos constat ornatui. Sciat autem magnificentia tua quinis auri libris judicem esse multandum, ternis honoratos vel curiales, qui ad constitutum locum intra definitum tempus venire distulerint. Data* XV cal. *Maias. Accepta Arel.* x cal. *Junias.* DD. NN. *Honorio* XII *et Theodosio* VIII *Augg. coss.* Ex his quis clare non colliget quanti nominis quantæque dignitatis Arelatum olim in civilibus fuerit ?

At quod etiam pro metropoli ecclesiastica totius antiquæ Narbonensis ab initio et ante Constantinum habita sit, his rationibus probare contendo. Huic id honoris concedere nemo renuet, si eam istud semper et a prima Ecclesiæ ætate habuisse testetur antiquitas. At quis ex historiæ peritis hancce veritatem non advertit apud Zosimum et in libello supplici suffraganeorum provinciæ Arelatensis ad Leonem papam ? Zosimus quidem, cum episcopos novarum quarumdam metropoleon civilium partem auctoritatis, quam antea habuerat, sedi suæ vindicare conspiceret, hæc ad episcopos Galliæ pro tuendo primatu Arelatensi scripsit : *Jussimus,* inquit, *præcipuam, sicuti semper habuit metropolitanus episcopus Arelatensium civitatis, in ordinandis sacerdotibus teneat auctoritatem ; Viennensem, Narbonensem primam, et*

Narbonensem secundam provincias ad pontificium suum revocet. Quisquis vero post hæc, contra apostolicæ sedis statuta et præcepta majorum, omisso metropolitano episcopo, in provinciis supradictis quemquam ordinare præsumpserit, vel qui ordinari se illicite sciverit, uterque sacerdotio se carere cognoscat. Hæc habet Zosimus. Sed non minus evidenter id probat libellus episcoporum provinciæ Arelatensis Leoni oblatus, quo hujus sedis antiquam dignitatem sic referunt : *Unde factum est, ut non solum provinciæ Viennensis ordinationem, sed etiam trium provinciarum, contemplatione S. Trophymi, sicut et sanctorum prædecessorum vestrorum patefactum sibi testatur auctoritas, Arelatensis Ecclesiæ sacerdos ad sollicitudinem semper suam curamque revocarit. Cui id etiam honoris dignitatisque collatum est, ut non tantum has provincias potestate propria gubernaret, verum etiam omnes Gallias, sibi apostolicæ sedis vice mandata, sub omni ecclesiastica regula contineret.* Quis enim hisce in verbis non agnoscat quasi solis radiis expositam dignitatem Ecclesiæ Arelatensis ante Constantinum, cum eam semper habuisse testentur jura metropolitica ? Id tamen ut certius evidentiusque cognoscatur, una aut altera ratione sic confirmabo. Eam civitatem ante Constantinum metropolim totius Narbonensis ecclesiasticam fuisse valde probabile est, quæ adeo antiqua exstitit, ut hujus ignoretur institutio, et nullum tempus assignari possit quo jam honore isto insignita non fuerit; item quæ paulo post novam ejusdem Constantini aut Arcadii divisionem, hoc nomine hacque auctoritate fruebatur; item cujus statim jura metropolitica inter ipsam et alias quas habuit vicinas novas metropoles divisa sunt; ac tandem quæ postea primatum inter cæteras adepta est. Quis enim antiquissimam non existimet, quæ semper et ante cæterarum erectionem, ipsoque divisionis tempore metropolitico jure potiebatur ; a qua cæteræ omnes originem duxerunt, et quæ post harum institutionem primatum super illas obtinuit ? At quis Arelatem hujus conditionis fuisse in monumentis antiquis non agnoscit? quibus videre est Viennam, Narbonam et Aquas Sextias nondum temporibus Zosimi papæ jura metropolitica habuisse, nec ea prius obtinuisse quam cum ex parte Arelati ablata fuerunt post novam Galliarum divisionem et post concilium Nicænum, et quædiu ea divisione facta sedes primatis novorum metropolitarum fuit. Eam adhuc post divisionem metropolim fuisse utriusque Viennensis et utriusque Narbonensis ex hoc certum existimo, quod, cum episcopi metropoleon civilium istarum provinciarum partem illius auctoritatis sedi suæ obtinere conarentur, hæc ad Hilarium Narbonensem, qui a sede apostolica ante paucos annos auctoritatem metropolitæ acceperat, ut tali innovationi obsisteret Zosimus pontifex scripsit in gratiam primatus Arelatensis. Ideoque vacuato eo quod obtinuisse a sede apostolica subreptitie comprobaris, quia satis constitit Arelatensis Ecclesiæ sacerdoti prisca id institutione concessum, ut non solum in provincia Viennensi, sed etiam per duas Narbonenses, episcopos faciat. Nam sanctæ memoriæ Trophimus, sacerdos quondam Arelatensi urbi ab apostolica sede transmissus, ad illas regiones tanti nominis reverentiam primus exhibuit, et in alios non immerito ea quam acceperat auctoritate transfudit. Atque hanc ordinandi consuetudinem, et pontificatum loci illius, quem obtinuerat primus et justus, custoditum usque in proximum tempus, gestis apud nos habitis, multorum consacerdotum testimoniis approbatur.

Sed et episcopum Aquarum Sextiarum nondum tunc metropolitam fuisse secundæ Narbonensis clarissime legitur in alia ejusdem Zosimi epistola ad Patroclum Arelatensem adversus Proculum Massiliæ episcopum, qui hujus provinciæ ordinationes temere usurparat, qua Patroclum illum verum hujus metropolitanum vocat his verbis : *Quid de Proculi damnatione censuerim, tenet conscientia tua, cum meo interesses examini, nec te gestorum nostrorum auctoritas latet, vel scriptorum quæ de ipsius damnatione per terrarum diversa loca direximus. Unde metropolitani in te dignitatem atque personam, etiam apostolicæ sedis auctoritate considera, in quem furtive locum pro indebita synodo Proculus usurpatum irrepserat.*

Quod item Ebredunum nondum metropolis esset ecclesiastica Alpium maritimarum, imperante Valentiniano III, evidenter patet ex concilio Regensi in Galliis, quo Armentarii Ebredunensis episcopi ordinatio nulla ex hoc declarata est, quod sine metropolitani voluntate facta fuisset. Ejus verba sunt : *Itaque ordinationem quam canones irritam definiunt, nos quoque evacuandam esse censuimus, in qua prætermissa trium præsentia, nec expetitis comprovincialium litteris, metropolitani quoque voluntate neglecta, prorsus nihil quod episcopum faceret ostensum est.* Hinc factum est ut Saturninus Arelatensis episcopus Biterrense concilium adhuc sub Constantio imperatore tanquam in propriæ provinciæ Ecclesia celebrarit, ipsique præfuerit, teste Sulpitio Severo ; nec non ut Symmachus papa Aquensi antistiti præceperit Arelatensi subesse Arelatensi tanquam proprio metropolitano, his verbis : *Et si tam Ecclesiæ Aquensis antistes, vel alius quilibet metropolitano pontifici juxta canonum definitionem vocatus obtemperare noluerit, noverit subdendum se, quod non optamus, ecclesiasticæ disciplinæ.*

Fateor hanc adeo amplam auctoritatem intra limites provinciæ Viennensis secundæ quantum ad jura metropolitica a summis pontificibus, sicut inferius docebitur, postea contractam fuisse. Hi æquum judicantes ut episcopi novarum metropoleon civilium etiam pro metropolitanis ecclesiasticis haberentur, ipsis auctoritatem consecrandorum episcoporum suæ cujusque provinciæ, aliorumque ejusmodi munorum obeundorum dederunt; sed non obstat quominus verum sit quod diximus, Arelatum olim metropolim fuisse totius Narbonensis late sumptæ ante Constantinum.

Nec minus certum est ex hac limitum contractione ortam esse Arelatensis episcopi contentionem cum Viennensi, quæ a Patribus concilii Taurinensis postea dirempta est. Cœpit Viennensis episcopus ab institutione Viennensis provinciæ metropolitani officia gerere, cum Nicænum canonem observari curarunt summi pontifices, quo præceptum est ut quisque metropolitanus sua contentus sit provincia. Cum autem unica esset provincia civilis Viennensis, quinam ejus et Arelatensis episcopi suffraganei essent, liquido non constabat. Quapropter horum uterque per totam provinciam metropolitani jura exercebat, ut discitur ex Leone papa, dum ait in decisione dictæ contentionis : *Considerantis allegationibus utriusque partis præsentium clericorum, ita semper infra provinciam vestram et Viennensem et Arelatensem civitates claras fuisse reperimus, ut quarumdam causarum alterna ratione, nunc illa in ecclesiasticis privilegiis, nunc ista præcelleret, cum tamen eisdem commune jus quondam fuisse a gentibus proderetur.* Unde quamvis Marinus Arelatensis subscribens concilio i civitatis suæ, se ex provincia Viennensi dicat, non tamen huic Viennensi metropolitano subjectum ejusque suffraganeum fuisse credendum est, sed conjunctim cum eo metropolitam hujusce provinciæ. Arela'um clarissima civitas erat, et Vienna illustris metropolis, ut infra dicemus : ambæ in eadem provincia civili, quæ hactenus divisa non fuerat. Cum ergo decretum est a synodo Nicæna ut per suam quamque provinciam jus metropolitani singuli haberent, Viennensis id per Viennensem provinciam exercere cœpit; nec tamen destitit Arelatensis, qui a primis sæculis illo potitus erat. Quamobrem plura Ecclesiæ tranquillitati parum consentanea cum sæpius orirentur, uterque a Patribus concilii Taurinensis petiit ut quis eorum verus metropolitanus esset dijudicarent. Patres, haud ignari antiquæ dignitatis civitatis Arelatensis, quam metropolim circa hæc ipsa tempora Theodosius et Valentinianus in novella sua nominant, nec non juris quod a concilio Nicæno Viennensis episcopus tanquam provinciæ Viennensis metropolita obtinuerat, hanc tulere sententiam, qua contentio illorum terminata est, Viennensi provincia in duas divisa : *Illud deinde inter episcopos urbium Arelatensis et Viennensis, qui de primatus apud nos honore certabant, a sancta synodo definitum est, ut qui ex eis approbaverit suam civitatem esse metropolim, is totius provinciæ honorem primatus obtineat, et ipse juxta canonum præceptum ordinationum habeat potesta'em. Certe ad pacis vinculum conservandum, hoc consilio utiliore decretum est, ut si placet memoratarum urbium episcopis, unaquæque de his vicinioris sibi intra provinciam vindicet civitates, atque eas ecclesias visitet quas oppidis suis vicinas magis esse constiterit : ita ut memores unanimitatis atque concordiæ, non alter alterum,* longius sibi usurpando quod est alii propius, inquietet.

Porro decretum istud exsequens D. Leo, hæc, ut inter eos pacem firmaret, constituit: *Unde Viennensem civitatem, quantum ad ecclesiasticam justitiam pertinet, inhonoratam penitus esse non patimur, præsertim cum de receptione privilegii auctoritate jam nostræ dispositionis utatur. Quam potestatem Hilario episcopo ablatam, Viennensi episcopo credidimus deputandam. Qui ne repente semetipso factus videatur inferior, vicinis sibi quatuor oppidis præsidebit, id est Valentiæ, et Tarantasiæ, et Genavæ, et Gratianopo'i, ut cum his ipsa Vienna sit quinta, ad cujus episcopum omnium prædictarum Ecclesiarum sollicitudo pertineat: reliquæ vero civitates ejusdem provinciæ sub Arelatensis antistitis auctoritate et ordinatione consistant.* Idem postea Symmachus papa confirmavit, ut in ejus epistolis legitur; sicque ex unica civili Viennensi duæ ecclesiasticæ factæ sunt. Mansit tamen semper indivisa Viennensis quantum ad ordinem civilem : imo et Vienna per eam omnem primatum civilem obtinuit, Arcadio et Honorio imperantibus. Ac licet talis mutationis causa alia vix assignari possit quam rerum humanarum mobilitas et inconstantia, non minus ideo certa est; patetque in notitia civili sub his condita, qua inter civitates Viennæ subditas Arelatum exstat, quamvis aliter factum sit in ordine ecclesiastico, quo, ut diximus, multa post adhuc sæcula Arelatum sedes primatis fuit.

Sed nec omittendum quod, etsi metropolitica auctoritas episcopi Arelatensis sic imminuta sit, non tamen idem de alia, quam ut primas sive vicarius apostolicæ sedis habuit, existimandum est. Eam nondum Gregorii Magni tempore amiserat, quam ab initio obtinuisse certissimus testis est Zosimus pontifex epistola ad episcopos Galliæ, cum ait : *Sane quoniam metropolitanæ Arelatensium urbi vetus privilegium minime derogandum est, ad quam primum ex hac sede Trophymus summus antistes, ex cujus fonte totæ Galliæ fidei rivulos acceperunt, directus est : idcirco quascunque parœchias in quibuslibet territoriis, etiam extra parœchias suas, ut antiquitus habuit, intemerata auctoritate possideat. Ad cujus notitiam, si quid illic negotiorum emerserit, referri censuimus : nisi magnitudo causæ etiam nostrum requirat examen.* Eamdem confirmavit Symmachus papa in epistola ad Cæsarium de privilegiis Ecclesiæ Arelatensis, qua hæc leguntur : *Manentibus siquidem his quæ Patrum constituta singulis Ecclesiis concesserunt, decernimus ut circa ea quæ tam in Galliæ quam in Hispania provinciis de causa religionis emerserint, solertia tuæ fraternitatis invigilet; et, si ratio poposcerit præsentiam sacerdotum, servata consuetudine, unusquisque tuæ dilectionis admonitus auctoritate conventat.* Huic datam in Hispanias potestatem adverte; sed de citeriori intellige, hoc est de Narbonensi provincia, quæ tunc a Gothis Hispaniæ regibus occupabatur, Hispaniæque citerioris nomine vocatur etiam in decreto

Gundemari. Et quis nescit eamdem Gregorium Magnum Virgilio dedisse, dum hæc ad eum scripsit : *Itaque fraternitati vestræ vices nostras in Ecclesiis quæ sub regno sunt præcellentissimi filii nostri Childeberti, juxta antiquum morem, Deo auctore, committimus : singulis siquidem metropolitis, secundum priscam consuetudinem, proprio honore servato.* Hancce auctoritatem Hilario Arelatensi a Leone Magno ademptam esse per aliquot tempora non ignoro, cum scilicet ea visus est abuti, episcopum in Ecclesia Lutevensi alio adhuc vivente ordinando, et Chelidonium ab Bisuntino episcopatu, absque satis ampla certaque probatione deponendo. At non multo post ab ipso vel saltem a successoribus ejus restituta est : statimque post ejus mortem Hilarus papa ordinavit, *ut per annos singulos, ex provinciis quibus posset congregari, haberetur episcopale concilium, ita ut,* inquit, *opportunis locis atque temporibus, secundum dispositionem fratris et coepiscopi nostri Leontii* (Arelatensis), *cui sollicitudinem in congregandis fratribus delegavimus, metropolitanis per litteras ejus admonitis, celebretur.* Sed quid clarius verbis modo ex Symmacho et Gregorio Magno citatis ? Sane hæc legenti nulla dubitatio esse potest quin Arelatensis episcopus primatis et vicarii sanctæ sedis per Gallias auctoritatem rursus obtinuerit. Et hæc de Arelato satis : quæ si longiora videantur, rationem habe, quod multis vix suaderi possit hujus civitatis ecclesiastica dignitas, quæ tamen ad antiquitatis cognitionem non parvi momenti est.

Sequitur Augusta Treverorum, quæ primaria urbs Galliarum dicitur apud Theodoretum, ubi de Paulino Treverensi, de quo tanquam præcipuo Galliarum episcopo sermonem facit : *Hujus civitatis,* inquit Æneas Sylvius postea Pius secundus Romanus pontifex, *conditorem asserunt Trebetam* (qui aliis *Treber*) *Nini et Semiramidis filium, proindeque illam Roma seniorem trecentis et mille annis affirmant.* Idem quoque testari videtur monumentum insigne epitaphiumque in lapide sculptum, quod circa annum Domini 1200 repertum, sic habet :

*Non contenta suis, nec totis finibus orbis,
Expulit a patrio privignum Trebeta regno,
Insignem profugus nostram qui condidit*
[*urbem.*

Verum quod adhuc Constantio imperante primaria civitas Galliarum fuerit discere est ex notitia Græca hujus ætate facta, cujus verba sunt : *Civitatem maximam habere dicitur Gallia, quæ vocatur Triveris, ubi etiam imperator morari dicitur, eaque mediterranea.* Nec minoris sunt fidei quæ gestorum Brunonis octogesimi Treverorum episcopi scriptor perhibet his verbis : « Sanctus Sylvester beato Agritio quarto episcoporum Treverensium, quorum nomina cognita sunt et habemus, scribit inter cætera, dicens :

*Sume prioratum post Alpes Trebir ubique,
Quem tibi Roma nova lege dat et veteri.* »

Quod apud eam aliquando morati sunt imperatores, præter notitiæ modo laudatæ testimonium, legere est apud Athanasium et Socratem, Constantinum Constantini Magni filium hic primo mansisse. Postea Constantem ejus fratrem ibi etiam degisse anno Domini 343 dicitur in codice Theodosiano. Narratque Sigebertus Maximum imperatorem apud Treverim sedem imperii sui statuisse. Unde et appellatur domicilium principum clarum ab Ammiano Marcellino. Hanc porro a Vandalis grassantibus, temporibus imperatoris Honorii, captam, direptam, ruinisque deformatam, rerum Germanicarum scriptores tradunt ; additurque in gestis Treverorum, civium partem in urbis amphitheatro, quod munitum insederant, hostilem vim evasisse. *Franci etiam,* inquit Sigebertus, *sæpe Gallias incessentes diripiunt primo, et secunda irruptione incendunt urbem Treverim, quam condidit Treber filius Nini.* Non longe post tamen restaurata est, ut docet idem Sigebertus dum ait : *Franci, post Vandalos et Alanos, post Gothos et Hunnos incessunt Gallias, non tantum ut eas habeant direptioni, sed ut sibi sint perpetuæ habitationi : qui capta Colonia Agrippina, fugato belli duce Ægidio, multos Romanorum occidunt.* Et infra : *Franci Treverim civitatem super Mosellam capiunt.*

Jam vero quod primis sæculis metropolis ecclesiastica fuerit, præter Theodoretum, qui hanc primariam Galliarum urbem nominat, ut jam diximus, clare dignoscitur in actis concilii Agrippinensis, quo Euphratas episcopus abdicatus est, plurimis metropolitanis astantibus, cum huic metropolitæ fungens munere præfuerit Maximinus Treverensis episcopus. Et quis non fateretur urbem illam, quæ ex Silvestri papa ad Agræcium Treverensem verbis, prima post Romam erat, saltem metropolim ecclesiasticam fuisse ? Imo dicam Treverensem episcopum non tantum metropolitam tunc fuisse, sed etiam primatem totius Belgicæ et Germaniæ Cis-Rhenanæ, quæ huic ut unico metropolitano parebat, nec certe quispiam alius apud ipsas his temporibus legitur. Hujus veritatis testis fidelissimus est Gregorius VII, dum ad Manassem Rhemensem episcopum scribens, ait : *Rhemensis cui præsides Ecclesia quodam tempore primati subjacuit, et ei ut magistro post Romanum pontificem obedivit.* Cui enim alteri primati quondam Treverensi Rhemensis Ecclesia subjacuerit, sane dici non potest. Id autem esse satis indicavit Mappinius Rhemensis, qui, cum a Theodobaldo rege indicta fuisset synodus apud Tullum circa excommunicatos a Nicetio Treverensi, ipsique adesse non potuisset, huic Nicetio absentiam suam per epistolam excusavit, ut superiori suo ; scripsitque absurdum esse ut a se in communionem reciperentur qui ab ipso Nicetio secundum seriem canonum abdicati erant. Nunquam enim hæc scripsisset Mappinius, nisi super eum Nicetius primas constitutus fuisset. Istud adeo certum est de sæculis Constantino posterioribus, ut ne quidem in dubium revocari possit. Sed quod ante illum Treverensis episcopus metropolita fuerit totius Belgicæ, dum etiam duas Germanicas complectebatur, ratione non parum evidenti probabo. Metropolitica dignitas ei sedi procul dubio tunc tributa est hacce in provincia, cui metropoles in ea postea institutæ parebant ut suffraganeæ. Sic enim Lugdunum metropolis antiqua censetur totius Lugdunensis, quia metropoles in ipsa post Constantinum erectæ huic antea subjiciebantur. Sic Bituricarum civitas antiqua metropolis secundæ et tertiæ Aquitanicæ creditur, quia Burdegala et Elusa ante eumdem imperatorem ejus suffraganeæ erant. Idemque de Arelato dicendum est circa Narbonensem antiquam; easque omnes idcirco postea primatiales fuisse. Nec alia equidem ratione episcopi primates habiti sunt, quam quod primæ provinciæ, quæ aliis ortum dedit, ejusque metropoli præfuerunt. At quis nescit Treveris metropolis primæ Belgicæ cæteras metropoles quæ in tota Belgica post eam institutæ et ab ipsa avulsæ sunt, prius suffraganeas, merasque sedes episcopales fuisse? Patet de Moguntia et Colonia, quæ non nisi Carolo Magno imperante metropoles ecclesiasticæ factæ sunt, et antea sedes tantum episcopales habuere. Nec aliter de Rhemorum civitate censendum arbitror, quæ metropolis facta, adhuc, ut diximus, huic subjecta mansit. Quare necessario fatendum est Treverensem episcopum ante Constantinum metropolitam fuisse totius Belgicæ late sumptæ, Treverimque ejusdem metropolim. Gelasium papam non ignoro scribere Treverensem episcopum ex hoc nihil supra mensuram sibi antiquitus deputatam quidquam suæ dignitati adjecisse, quod apud Treveros aliquando steterit imperator. Sed cum nullas civitates patriarchalem dignitatem ex hoc sibi vindicare posse quod aliquando sedes imperatorum fuerint, tantum intendat adversus Constantinopolitanum episcopum, nullatenus ejus verba Treverensi primatui obstare possunt.

Lugdunum metropolis dicitur apud Ptolemæum, fuitque sane Galliæ Lugdunensis. Paulo supra Viennam est, inquit Strabo, ubi Arar et Rhodanus confluunt: dicitur Stephano Lugduna, Sidonio Apollinari Rhodanusia, et aliis Araria, quod ad utriusque fluminis confluentem positum sit, et in subscriptionibus primi concilii Arelatensis civitas Lugdunensium. Hanc autem metropolim ecclesiasticam fuisse certo certius est, et clare probatur ex Eusebio, cum apud eum Irenæus parœciis Galliæ præfuisse dicitur. Ibi enim per Gallias Celticam seu Lugdunensem intelligendam esse, quæ proprie Gallia dicebatur, sicut et Celtæ proprie Galli, ex Julio Cæsare discitur, dum ait : *Gallia est omnis divisa in partes tres, quarum unam incolunt Belgæ, aliam Aquitani, tertiam qui ipsorum lingua Celtæ, nostra Galli appellantur.* Ejus autem quod proprius metropolita fuerit facile ex hoc intelligitur, quod parœcias Galliæ Irenæum rexisse dicat Eusebius. Si jam primas fuisset, dixisset eparchias, quibus præesse proprium est primatum; sed cum dixit parœcias, hunc solum metropolitam existimari voluit, sicut revera erat, nec non et alii Galliarum primates suæ tunc quique provinciæ ante hujus divisionem. Hac autem edita, aliisque metropolibus ecclesiasticis in Lugdunensi institutis, harum primas esse cœpit. Probabo ex Gregorio Turonensi, apud quem Nicetius hujus episcopus non tantum metropolita, sed et patriarcha dicitur; sicut et Priscus etiam Lugdunensis concilio secundo Matisconensi, qui idcirco duabus synodis Matisconensibus sub Chilperico et Clotario secundo præfuit. Hujus autem illustris denominationis rationem esse arbitror, quod Lugdunensis episcopus non modo metropolitanus esset primæ Lugdunensis, sed et trium aliarum a prima avulsarum. Quod ut intelligatur, ex superioribus repete provincias quatuor matrices Galliarum in plures imperatorum nutu divisas fuisse, Narbonensem in duas, Alpinam in duas, Lugdunensem in quatuor, et sic de aliis. Jam vero harum Lugdunensium primas cœpit esse, post divisionem provinciæ, Lugdunensis episcopus, qui primæ tunc præerat, et antea totius Lugdunensis metropolita fuit. Is enim mos invaluit post divisam quamque provinciam, ut episcopus ille primas haberetur qui primæ ex divisis postea præfuit, et ei civitati metropoli quæ prius caput erat totius regionis.

Magnas contentiones ortas esse inter Lugdunensem et Senonensem episcopos circa primatum temporibus Gregorii septimi papæ et Ivonis Carnotensis, non ignoro. Sed et discitur ex eodem Ivone Lugdunensem Ecclesiam olim in alias Lugdunenses primatum obtinuisse, dum hæc ad Richerium Senonensem scribit : *De veteri querela quam habet adversus Senonensem Ecclesiam Lugdunensis Ecclesia, laudo et consulo, ut si qua habetis privilegia apostolica manu roborata, vel scripta authentica, quæ primatum Lugdunensis Ecclesiæ, quem aliquando ex catalogis civitatum conjicimus exstitisse, ab Ecclesia vestra removeant, et libertatem quam desideramus eidem Ecclesiæ defendant, ea cum fratribus nostris ostendant.* Nec obliti sunt Gebuinus Lugdunensis episcopus, et post eum Joannes, hanc Ecclesiæ suæ primatum coram Gregorio septimo adversus Senonensem episcopum hacce ratione tueri, quod Lugdunensis provincia prima præcipuaque erat ex Lugdunensibus, eaque a qua cæteræ avulsæ fuerant, et cujus Lugdunum caput erat, cui proinde primatus debebatur. Idque legitur in epistola quam Lugdunensis ad episcopum Senonensem scripsit, quæ inter Ivonis epistolas 237 est. Unde nec cunctatus est Gregorius septimus Gebuino primatum restituere, hocce decreto : *Inclinati precibus tuis confirmamus primatum super quatuor provincias Lugdunensi Ecclesiæ tuæ, et per eam tibi tuisque successoribus.* Eaque ratio est propter quam verba illa in Sigeberti Supplemento diserte leguntur : *Hæc sedes habet primatum super tres archiepiscopatus : prima enim Lugdunensis, id est Lugdunum super Rhodanum; secunda Lugdunensis super Se-*

quanam, *id est Rothomagensis; tertia Lugdunensis super Ligerim, id est Turonis; quarta Lugdunensis, id est Senonis super Inaciam*. Tota illa contentio ex hoc orta est, quod Senonenses archiepiscopi vices apostolicæ sedis per Gallias fuissent consecuti, ut inferius dicemus : sic enim primati Lugdunensi parte auctoritatis adempta, super eum sese efferre conati sunt, ipsiusque exarchicam dignitatem potestatemque exauctorare cœperunt.

Biturica, aliis Bituricæ et Biturigæ, apud Celtas a Livio ponitur, sed apud Strabonem Bituriges inter Aquitanos. Eam et metropolim civilem Aquitaniæ factam fuisse notitia provinciarum et civitatum Galliæ superius allata tradit. At quod etiam ecclesiastica primis temporibus fuerit, clare docet Sidonius Apollinaris concione quam habuit pro eligendo Simplicio Bituricensi episcopo, dum hunc metropolitanum nominat : *Et quia sententiam*, inquit, *parvitatis meæ in hac electione valituram esse jurastis (siquidem non est validius dicere sacramenta quam scribere), In nomine Patris, et Filii, et Spiritus sancti, Simplicius est quem provinciæ nostræ metropolitanum, civitati vestræ summum sacerdotem fieri debere pronuntio*. Hinc etiam factum est, ut Tetradius sic Agathensi concilio subscripserit : *Tetradius episcopus de Biturica metropoli subscripsi*. Hujus autem Ecclesiæ originem sic describit Gregorius Turonensis, in Historia Francorum : *De horum vero discipulis, scilicet Gratiani Turonensis, Trophymi Arelatensis, Pauli Narbonensis, Saturnini Tolosatis, Dionysii Parisiensis, Stemonii Arverni, et Martialis Lemovicini, quidam Biturigas civitatem aggressus, salutare omnium Christum Dominum populis nuntiavit. Ex his ergo pauci admodum credentes, clerici ordinati ritum psallendi suscipiunt; et qualiter ecclesiam construant, vel omnipotenti Deo solemnia celebrare debeant, imbuuntur. Sed illis parvam adhuc ædificandi facultatem habentibus, civis cujusdam domum, de qua ecclesiam faciant, expetunt. Senatores vero vel reliqui meliores loci fanaticis erant tunc cultibus obligati : qui vero crediderant, ex pauperibus erant, juxta illud Domini, quod Judæis exprobrat dicens : Quia meretrices et publicani præcedent vos in regno Dei. Hi vero non obtenta a quo petierant domo, Leocadium quemdam primum Galliarum senatorem, qui de stirpe Vetii Epagati fuit, et Lugduno passus est pro Christi nomine, repererunt. Cui cum petitionem suam et fidem pariter intimassent, ille respondit : Si domus mea quam apud Bituricam urbem habeo huic operi digna esset, præstare non abnegarem. Illi autem audientes pedibus ejus prostrati, oblatis trecentis aureis cum disco argenteo, dicunt eam huic ministerio esse congruam. Qui acceptis de his tribus aureis, pro benedictione clementer indulgens reliqua, cum adhuc esset in errorem idololatriæ implicitus, Christianus factus, domum suam fecit ecclesiam. Hæc est nunc ecclesia apud Biturigas urbem prima, miro opere composita et primi martyris Stephani reliquiis illustrata, et cujus episcopum primum Birinum nominant*. Cæterum cum Aquitania in tres provincias divisa est, ut in notitia provinciarum Galliæ legitur, Biturica primatum conservante, hujus episcopus, qui antea totius provinciæ metropolita erat, primas illius factus est, et super Burdegalensem Elusanumque constitutus ad hoc usque tempus quo Burdegala ipsa postremis sæculis primatum obtinuit. Id enim commune fuit omnibus Galliarum primatibus, sicut de Arelatensi, Treverensi et Lugdunensi dictum est, ut iidem qui cujusque diœcesis ante divisionem metropolitæ fuerant, ejusdem postea primates censerentur. Unde Otto Frisingensis ait tres in Gallia ( dum adhuc in tres provincias dividebatur ) primates fuisse, Treverensem Belgicæ, Bituricensem Aquitaniæ et Lugdunensem Celticæ. Sed hæc satis de quatuor primis et antiquioribus Galliarum metropolibus : aliæ brevius a nobis perstringendæ.

Rhemi civitas, aliis Durocortum Rhemorum, in secunda Belgica ponitur ab Ammiano, dum ait : *Huic annexa secunda est Belgica, qua Ambiani sunt, urbs inter alias eminens, et Cathelauni et Rhemi*. Hujus provinciæ metropolis civilis est in notitia provinciarum et civitatum Galliæ. Sed et quod Rhemensis episcopus metropolitanus ecclesiasticus fuerit dubitationis locus non est, legiturque in epistola Remigii ad Falconem episcopum Tungrensem, quæ sic habet : *Fas ergo fuit ut illicitis ordinationibus tuis a te credideris occupandam loci Mosomagensis Ecclesiam, quam metropolitani urbis Rhemorum sub ope Christi sua semper ordinatione rexerunt*. At non pauci haud satis existimantes Rhemos insignem Belgicæ secundæ metropolim antiquam agnoscere, sanctum Remigium hujus metropolitam primatem regni Clodovei ab Hormisda papa creatum fuisse scribunt; imo et ad ejus successores hanc primatis dignitatem transiisse multis rationibus contendunt. Primum epistola pontificis illius tuentur quam refert Flodoardus, et qua vices suas ei committit per omne regnum dicti Clodovei, stante tamen primatu Arelatensi : unde et Rhemensi primatiæ eosdem limites assignant quos regno Clodovei. Quod autem primatus ille ad successores ejus transierit, eo certius asseverant, quod in testamento D. Remigii apud Flodoardum auctoritas convocandorum trium aut quatuor archiepiscoporum ipsis tribuitur, quod certe primatum proprium est.

Ut autem verum non diffitear, mihi hac in re illis assentiri vix licet, ob certiora antiquitatis monumenta; ac in eo Hincmari et Flodoardi auctoritas non parum mihi, sicut et historiæ peritis suspecta est. Hi nimium faciles creduntur fuisse in iis scribendis, quæ ad Ecclesiæ suæ gloriam conferre judicarunt. Nec majoris fidei est testamentum quod D. Remigio tribuit Flodoardus. Sed ut contrariam sententiam luci exponamus, imprimis non satis sibimet constare videtur Hincmarus, quantum ad illam primatis dignitatem, quam beato Remigio tributam esse vult. Hic enim in ejus

Vita apud Flodoardum synodum describens, qua hæreticus Arianus coram sancto Remigio episcopo divinitus obmutescens, cum ipsi assurgere nollet, ad fidem catholicam conversus est, scribit hunc sanctissimum præsulem ab episcopis Galliarum ad concilium invitatum fuisse : tantum abest ut ipsos munere primatis fungens convocarit. Hujus verba sunt : *Galliæ præsules ad synodum fidei gratia convenientes, beatum Remigium, ut pote virum divinis eloquiis eruditissimum, et doctrinis ecclesiasticis exercitatissimum, ad idem concilium venire petierunt.* Præterea, quomodo primatus ille Rhemensis stare possit cum vicarii dignitate et auctoritate Arelatensi episcopo a Romanis pontificibus per universam Galliam collatis, longe ante et post Hormisdam, sane non concipio, licet absque præjudicio Arelatensis Ecclesiæ, Rhemensi collatum fuisse scribat ipse Hincmarus. Etenim Arelatensi auctoritas ab his data est per universam Galliam et concilia congregandi, et jurgia inter clericos oborta compescendi, et cætera primatis munia obeundi, ut diximus, quæ prorsus eadem sunt cum illis juribus quæ et sancto Remigio concessa volunt.

At quamvis talem primatum sancto Remigio ab Hormisda papa datum fuisse concederem, multo minus quomodo ipsum successoribus ejus datum fuisse contendant, possum capere. Siquidem Flavius post cum primatis nullatenus locum tenuit, quinimo post plures episcopos concilio Arvernensi subscripsit ; et Mappinius post Flavium pene ultimus et post plusquam quinquaginta episcopos Aurelianensi quinto concilio per Protadium archidiaconum. Adde quod idem Mappinius excusatoriam miserit Nicetio Trevirensi, quod ad synodum Tullensem non veniret, scripseritque absurdum esse ut eos reciperet qui a Trevirensi excommunicati fuerant, quod primati nullatenus convenit erga sibi subjectos metropolitas. Id etiam maxime confirmare videtur D. Gregorius Magnus, qui non multo post Remigii mortem Romæ sedens, Virgilium Arelatensem vicarium constituit per omne regnum Childeberti Austrasiæ regem post Sigebertum patrem, et Burgundiæ post Gunthramnum. Etenim cum Childebertus ille utrique regno imperarit, Arelatensem episcopum utrique etiam in ecclesiasticis præfuisse asseverandum est. Unde civitatem Rhemorum in regno Austrasiæ sitam Arelatensi episcopo subjectam fuisse negari non potest ; sicut nec ejus episcopum primatum obtinuisse cuiquam in mentem veniet : quando quidem primates nulli subjicerentur, nisi patriarchæ summoque pontifici. Episcopus sane Rhemensis primas esse non potuit, si inter suffraganeos Arelatensis primatis exstitit ; at unum ex his fuisse certo certius est, cum civitas Rhemorum ex Childeberti regno esset, in quod universum Gregorius Magnus Virgilio Arelatensi auctoritatem primatis seu vicarii apostolicæ sedis dederat. Ne autem existimes nos gratis et sine teste fide digno Rhemos in Austrasiæ regno constituere, disce ex Gregorio Turonensi Childebertum hunc Sigeberto patri regi Austrasiæ successisse, Rhemosque ad Sigeberti regnum spectasse, dum ait : *Dedit sors Sigeberto regnum Theodorici, sedemque habere Metensem. Mortuo vero Sigeberto, regnavit Childebertus filius ejus pro eo. Dum autem cum Chunis turbatus esset Sigebertus, Chilpericus frater ejus Rhemos pervadit, et alias civitates quæ ad cum pertinebant abstulit. Sed Sigebertus, victo atque fugato Chilperico, civitates suas in suam dominationem restituit.* Verba ita perspicua sunt, ut quod Rhemorum urbs ex Austrasiæ et Childeberti regno, proindeque in ecclesiasticis ex Arelatensi primatia fuerit, dubitationi locus non sit.

Nec minus sententiæ nostræ favet historia Promoti, qui cum ab Ægidio episcopo Rhemensi anno 573, in Castro-Dunensi episcopus ordinatus esset, id temere et contra canones ab Ægidio factum scripserunt Patres concilii Parisiensis. Ideoque Ægidium secundum prisca Patrum decreta acerbius ob injuriam illatam coerceri potuisse. Decreti verba sunt : *Dum pro causis publicis privatorumque querelis Parisiis moraremur, vir apostolicus frater noster domnus Pappolus episcopus mediocritati nostræ detulit in querelam, in Castro-Dunensi, parœcia denique Carnotina, quod Castrum nec ad territorium civitatis vestræ, nec ad vestram provinciam manifestum est pertinere,* [a] *vobis contra omnem rationem et contra canonicam disciplinam episcopum consecratum. Et licet secundum prisca beatissimorum Patrum decreta, potuit hujusmodi excessus in vestra injuria acerbius coerceri : sed nos charitatis jura servantes, beatitudini vestræ indicamus, ut presbyterum ipsum nomine Promotum, qui omissa severitate canonica a vobis dicitur tam temere consecratus, ut juste debeat de gradus ipsius dignitate deponi, sicut canonum constituta sanxerunt, ad vos evocetis, vel vobiscum retineatis : ut injuriam nec Ecclesiæ, nec sacerdoti suo ulterius debeat irrogare. Et quia a fratre vestro domno Germano episcopo, ad petitionem domni Constituti metropolitani, ut ad synodum venire deberet est præsentanea invitatione commonitus, quod quoque domnum Constitutum et domnum Germanu n constat in synodum retulisse, et* ad *synodum venire distulit.* Hæc sunt verba concilii Parisiensis ad Ægidium Rhemensem. At quis talia primos hosce Galliarum episcopos ad proprium primatem, quem ut totius diœceseos caput summo cum honore venerati fuissent, scripsisse, etiam suspicari potest? Certe hunc tanta dignitate ornatum vix crediturus, lectorisque eruditi judicium sit.

Rothomagus, quam in secunda Lugdunensi ponit Ammianus Marcellinus, ejusdem provinciæ metropolis est, et in notitia legitur. Ab aliis civitas Rothomagensium seu Rothomagorum, Rodonium et Rodomus dicitur, estque antiquissima sedes episcopalis. Etenim Avitianus hujus episcopus subscripsit concilio primo Arelatensi, et post eum

Eusebius interfuit Agrippinensi, ut ex eorum actis clarum est. Quod autem etiam metropolis ecclesiastica fuerit, patet ex concilio Aurelianensi primo, cui sic subscripsit Rothomagensis pontifex : *Gildaredus episcopus Ecclesiæ Rothomagensis metropolis subscripsi.* Circa annum 742 hujus prælati pallium archiepiscopale a Romano pontifice acceperunt, ab eoque tempore primates dicti sunt quod a primatis Lugdunensis jurisdictione exempti essent. Siquidem duo primatum antiquitus fuerunt genera, aliique sic dicti, quod pluribus metropolitanis præessent; et alii quod a primatum jurisdictione eximerentur.

Civitas Turonorum et Cæsarodunum ad Ligerim sita est, non minus opibus ædificiorumque præstantia celebris quam regionis amœnitate aerisque placida temperie grata. Divisione facta Lugdunensium, metropolis tertiæ dignitatem obtinuit, ut in notitia provinciarum civitatumque Galliæ perspicitur. Gratianus, aliis Gatianus, hujus primus episcopus dicitur apud Gregorium Turonensem. Sed longe celebrior divus Martinus, cujus vitam scripsit Severus Sulpitius. Turonorum autem episcopum metropolitam fuisse, satis ex hoc probatur, quod Perpetuus illius episcopus primo concilio Turonico præfuerit, et Licinius sic Aurelianensi primo subscripserit : *Licinius episcopus Ecclesiæ Turonicæ metropolis subscripsi.* Si de hujus provincia quæras, dicam multos Notitiam civilem quam superius posuimus, ecclesiasticam existimantes, admodum insudasse in rationibus investigandis, quibus probarent eas omnes Britanniæ Armoricæ civitates, quæ apud eam leguntur, tempore quo facta est episcopales fuisse. At horum laborem vanum et futilem esse, satis ex hoc videtur colligi, quod notitia illa civilis tantum sit, ut probavimus. Addam tamen eam sub Arcadio et Honorio factam, pluresque e civitatibus in ea designatas vix tuncepiscopos habuisse. Coriosopitum quidem urbs, quæ horum populorum primaria est, vulgo *Quimpercorentin* dicta, videtur circa hæc tempora sanctum Corentinum habuisse episcopum. Sed de Ossismorum et Diablintum civitatibus aliter dixerim, cum episcoporum qui his præfuerint nulla hac ætate memoria sit. Sane tanto magis mihi suspecta est illorum antiquitas, quod ex his nullus legatur in subscriptionibus veterum conciliorum Galliæ, sicut nec apud primos Gallicarum rerum, quod sciam, scriptores melioris notæ, sed solum apud incertissimæ fidei libros et instrumenta.

Senonia quartæ Lugdunensis metropolis, ut apud notitiam provinciarum et civitatum Galliæ observatur, Agendicum Cæsari dicitur, et Sequanica in Notitia imperii, non tamen quod ad Sequanam sita sit, cum ad Icaunam. Caput erat Gallorum qui quondam sub Brenno Romam oppugnarunt. Sed et metropolis ecclesiastica fuit, ut apud Sidonium Apollinarem legitur, qui Agrœcium hujus episcopum caput Senoniæ vocat. Sed eo antiquior Severinus alter hujus episcopus adfuit concilio Agrippinensi, et ad eam primum missos fuisse sanctos Sabinum seu Savinianum et Potentianum, qui Evangelium prædicarent, scribit Venerabilis Beda. Tandem sub Carolo Calvo Senonensis Ecclesia primatum per Germaniam et Galliam obtinuit concilio Pontigonensi, ad instantiam Caroli Calvi, qui Ansegisi Senonensis episcopi industria a Joanne octavo Romano pontifice imperator confirmatus fuerat. De hoc ita Aimonius, narrans quæ Carolus egerit ut episcopis suaderet novo primati colla submittere : *Motus imperator dixit, quod dominus apostolicus ei suas vices commisit in synodo, et quod isdem præcepit, ille exsequi studeret; et accepit ipsam epistolam involutam, una cum Joanne Tuscanensi et Joanne Aretino, et dedit illam Ansegiso; et jussit sellam plectilem poni ante omnes episcopos Cisalpini regni sui, juxta Joannem Tuscanensem, qui ad dexteram illius sedebat; et præcepit Ansegiso ut supergrederetur omnes ante se ordinatos, et sederet in eadem sella.* Sed de his alii, cum finem sexti sæculi pro limite huic notitiæ constituerimus.

Vesuntio seu Bisuntio metropolis civilis Maximæ Sequanorum dicitur in notitia provinciarum et civitatum Galliæ, eamque inter præstantiores Sequanorum urbes numerat Ammianus Marcellinus, cum ait : *Apud Sequanos Bisuntios vidimus et Rauracos cæteris potiores oppidis multis.* Maxima autem Sequanorum pars Celticæ fuit, quam Sequani, Σικανοὶ Ptolemæo, incolebant; dictaque Maxima, ut volunt, a Maximo, qui anno Christi 383, Theodosii Magni quinto, in Britannia et Gallia tyrannidem arripuit. Sed Bisuntini præsules semper sex primis sæculis inter meros episcopos, seu qui sola episcopali dignitate insigniti erant, subscripti reperiuntur in actis conciliorum. Istud videre est de sancto Claudio in concilio Epaonensi, de Urbico in concilio Aurelianensi quinto, de Tetradio in concilio Lugdunensi secundo, et de Silvestro in concilio Parisiensi quarto, et Matisconensi primo et secundo. Attamen hos metropolitas fuisse ex vetustis manuscriptis probare nititur eruditus Chiffletius, de quibus judicet peritus lector. Unum dicam, scilicet Bisuntinum episcopum ex Lugdunensi provincia fuisse, si metropolitanus non erat, potius quam ex Viennensi, cum quatuor tantum suffraganei a Leone, Symmacho, et aliis pontificibus Viennensi subjiciantur, et Maxima Sequanorum quinta Lugdunensis dicta fuerit.

Vienna celebris provinciæ Viennensis metropolis civilis, ut in notitia provinciarum docetur, confirmaturque ex Eusebio, apud quem hæc leguntur : *Eximiæ metropoles in Gallia, Lugdunum et Vienna.* Sed intellige, quoad Viennam, a divisione Galliarum saltem in septem provincias. Nam cum antea Vienna in provincia Narbonensi esset, cujus Arelatum metropolis erat, huic subjiciebatur; tuncque metropolis dignitatem solum obtinuit cum Viennensis provincia constituta est. At quod etiam metropolis ecclesiastica fuerit non longe ab eo tempore, certissime probatur ex canone secundo concilii Taurinensis, quo contentio inter Arelatensem et Viennensem episcopos exorta circa dignitatem metropoliticam, judicata est, ut diximus, et decretum ut *Unaquæque de his viciniores sibi intra provinciam vindicet civitates, atque eas ecclesias visitet quas oppidis suis vicinas magis esse constiterit : ita ut memores unanimitatis atque concordiæ, non alter alterum, longius sibi usurpando quod est alii propius, inquietet*. Idem postea confirmavit Leo Magnus. Viennensi episcopo concedens ut vicinis sibi quatuor oppidis præsideret, id est Valentiæ, Tarantasiæ, Genavæ et Gratianopoli. Hinc factum est ut idem Leo Magnus, in epistola ad episcopos provinciæ Viennensis, Hilarium Arelatensem ordinationes provinciæ ejusdem Viennensis indebite sibi vindicasse scribat : cum jam scilicet Vienna eo tempore metropolis facta fuisset quo a Bonifacio papa metropolitica auctoritas in Viennenses episc.pos Arelatensi ablata est; ipseque per epistolam ad Hilarium Narbonensem decrevit ut unaquæque provincia in omnibus rebus ordinationem metropolitani sui exspectaret. Sic etiam post Bonifacium a Cœlestino in epistola ad episcopos provinciæ Viennensis et Narbonensis, prohibitum est ne alter in alterius provincia quidquam præsumeret. Dedisse tamen Leonem Magnum Viennensi episcopo vicarii dignitatem per Gallias, ex multis antiquis monumentis certum est, ac per ipsiusmet verba quæ supra retulimus, cum de illa loquens ait : *Quam potestatem Hilario Arelatensi ablatam Viennensi episcopo credidimus deputandam*. Unde ipsi Arelatensis provinciæ episcopi in libello Leoni oblato pro renovando Ecclesiæ Arelatensis privilegio scriptum reliquerunt, Viennensem civitatem tunc sibi primatus exoscere indebitos et metropolitanam auctoritatem. Sed vicarii sanctæ sedis dignitatem statim restituerunt pontifices Romani Arelatensi, ut diximus; metropolitanam vero Viennensi confirmavit Leo, ut scilicet auctoritatem haberet in tres episcopos provinciæ Viennensis, et unum Tarentasiensem provinciæ Alpium Graiarum, reliquis subjectis manentibus Arelatensi episcopo. Idem simili decreto constituit Symmachus papa epistola ad episcopos Galliæ, ut etiam superius observatum est. Scio apud æternæ memoriæ cardinalem Baronium epistolam legi, magni Leonis nomine, ad episcopos per Gallias et Viennensem provincialis, qua hæc vicarii per Gallias dignitas prius Viennensi quam Arelatensi episcopo concessa videtur. Sed parum certæ fidei est, cum data scribatur Valentiniano Augusto IV et Anieno coss., et consulatus Anieni cum Valentiniano post obitum Hilarii, cujus tanquam viventis mentio fit in dicta epistola, tantum contigerit. Adde quod pluribus supra citatis melioris notæ testimoniis in favorem Arelatensis plane contraria sit. Nec ignoro aliam nomine Silvestri epistolam a Joanne de Bosco referri in libello Antiquitatum Ecclesiæ Viennensis, qua vicarii per Gallias auctoritas Viennensi episcopo a Silvestro concessa legitur. Sed tanto evidentius falsi arguitur, quod in ea civitas Ausciorum metropolis dicatur Novempopulaniæ, omnesque aliquantulæ litteraturæ sciant Novempopulaniam nondum provinciam factam esse Silvestri temporibus; et ab eo tempore quo facta est, Elusam per multa sæcula ejus metropolim fuisse, ut ex notitia certum est, inferiusque probabimus.

Burdegala inter celebriores Aquitaniæ civitates ab Ammiano numeratur, cum ait : *In Aquitania, quæ Pyrenæos montes et eam partem spectat Oceani quæ pertinet ad Hispanos, prima provincia est Aquitanica, amplitudine civitatum admodum culta : omissis aliis multis, Burdegala et Arverni excellunt, et Santones et Pictavi*. Fuit certe metropolis civilis Aquitaniæ secundæ; sed et quod ecclesiastica fuerit nemo ambigit, cum Agathensi et Aurelianensi primo sic Cyprianus Burdigalensis episcopus subscripserit, Agathensi quidem : *Cyprianus episcopus de Burdigala metropoli subscripsi*. Et Aurelianensi primo : *Cyprianus in Christi nomine episcopus Ecclesiæ Burdigalensis metropolis canonum statuta nostrorum subscripsi.*

Elusa nobilis olim civitas, et Novempopulaniæ sive Aquitaniæ tertiæ metropolis civilis, ut in notitia provinciarum et civitatum Galliæ scribitur. Nec audiendi sunt qui apud Ammianum Marcellinum Elusam pro Clusa in Narbonensi legendum arbitrantur, cum Elusa in Novempopulania sit, non in Narbonensi. Fuit autem magna ex parte diruta ab Evarice Gothorum rege, quo in Gallias ex Hispania irrumpente, Novempopulanæ, inquit Gregorius Turonensis, geminæque Aquitaniæ urbes depopulatæ sunt. Attamen quod metropolis ecclesiastica fuerit usque ad finem sexti sæculi, certissime probatur ex antiquarum synodorum subscriptionibus. Etenim sic in Agathensi legitur : *Clarus episcopus de civitate Elusa metropoli subscripsi*. Et in fine Aurelianensis primi : *Leontius episcopus Ecclesiæ Elusanæ metropolis subscripsi*. Adhucque Laban episcopus Elusanus inter metropolitanos subscribit concilio Parisiensi quarto, anno 573. Tandem ex ordinaria rerum inconstantia, nequidem episcopus apud eam sedit, dignitasque metropolitica Ausciensi sedi tributa est.

Narbonam inter civitates provinciæ Narbonensis ab initio primas tenuisse testatur Ammianus Marcellinus, cum ait : *In Narbonensi Clusa et Narbona et Tolosa principatum obtinent*. Confirmabo tamen ex Strabone, cujus verba sunt : *Alterum Rhodani latus Volcæ majori ex parte accolunt, cognomento Arecomici. Horum navale dicitur esse Narbo, quem rectius totius Galliæ emporium diceres, tantum venustate reliquis anteit*. At secus est de archiepiscopali dignitate, hanc enim metropolim ecclesiasticam non fuisse, nisi post Arelatum, facile probatur ex epistola Zosimi papæ ad Hilarium Narbonensem, qua dicitur subreptitie a sede apostolica paulo antea obtinuisse, ut metropolitanus esset, ipsumque declarat gratia illa, quam sic acceperat, privatum. *Ideo*, inquit, *vacuato eo quod obti-*

*nuisse a sede apostolica subreptitie comprobaris, quia satis constitit Arelatensis Ecclesiæ sacerdoti prisca id institutione concessum, ut non solum in provincia Viennensi, sed etiam per duas Narbonenses, episcopos faciat. Nam sanctæ memoriæ Trophimus, sacerdos quondam Arelatensi urbi ab apostolica sede transmissus, ad illas regiones tanti nominis reverentiam primus exhibuit, et in alios non immerito ea quam acceperat auctoritate, transfudit.* Attamen jus illud et nomen metropolitani ecclesiastici post mortem Zosimi Bonifacius papa eidem Hilario confirmavit, huic auctoritatem ordinandorum episcoporum tribuens, Patroclumque Arelatensem temeritatis arguens, quod in Ecclesia Lutevensi episcopum ordinasset. Res tota hujus verbis patebit : *Unde, frater charissime,* ait, *si ita res sunt, et Ecclesiam supradictam provinciæ limes includit; nostra auctoritate commonitus, quod quidem facere sponte deberes, desideriis supplicantum et voluntate respecta, ad eumdem locum in quo ordinatio talis celebrata dicitur, metropolitani jure munitus, et præceptionibus nostris fretus accede, intelligens arbitrio tuo secundum regulas Patrum quæcunque facienda sunt a nobis esse concessa: ita ut peractis omnibus, apostolicæ sedi quidquid statueris te referente clarescat, cui totius provinciæ suæ ordinationem liquet esse mandatam.*

Quamvis autem hæc provincia a Gothis sæculo quinto occupata fuerit, eam tamen quantum ad ecclesiasticam administrationem inter Gallicanas ideo recensemus, quod sub Arelatensi episcopi auctoritate manserit, ut ex Symmachi papæ epistola ad Cæsarium Arelatensem discitur : *Et in hac,* inquit, *parte magnopere te volumus esse sollicitum, ut si quis, de Gallicana vel Hispana regionibus, ecclesiastici ordinis atque officii, ad nos venire compulsus fuerit, cum fraternitatis tuæ notitia iter peregrinationis arripiat, ut nec honor ejus per ignorantiam aliquam contumeliam patiatur, et ambiguitate depulsa, a nobis animo securo in communionis gratiam possit admitti.* Sed et observandum est, Ucetiam civitatem, quæ in notitia hujusce provinciæ recensetur, a Gothis haud occupatam, autocephalam factam fuisse, et a Narbona independentem. Primum facile probatur ex Gregorio Turonensi, dum ait Childebertum Francorum regem Nicetium Arvernæ, Rutenæ et Uceticæ urbium ducem instituisse. Hujus verba sunt: *Itaque Nicetius per emissionem Eulalii a comitatu Arverno submotus ducatum a rege expetit, datis pro eo immensis muneribus. Et sic in urbe Arverna, Ruthena, atque Ucetia dux ordinatus est : vir valde ætate juvenis, sed acutus in sensu.* Secundum autem clare docet divisio terminorum episcopatuum provinciæ Narbonensis, dum Gothis parebat, quæ exstat in libris manuscriptis Ecclesiæ Toletanæ et Ecclesiæ Ovetensis, et in collectione Conciliorum Hispaniæ, quibus hæc reperiuntur.

« *Narbonæ metropoli subjaceant hæ sedes:*
« Beterris hæc teneat : de Staleth usque Barcinona, de Macai usque Ribafara.

« Agatha hæc teneat : de Nusa usque Riberam, de Gallar usque Mirlam.
« Magalona hæc teneat : de Nusa usque Ribogar, de Castello Millia usque Angoram.
« Nemauso hæc teneat : de Busa usque Angoram, de Castello usque Sambiam.
« Luteba hæc teneat : de Samba usque Rabaual, de Anges usque montem Rufum.
« Carcasona hæc teneat : de monte Rufo usque Angeram, de Angosa usque Mouana.
« Elna hæc teneat : de Angera usque Roinolam, de Laterosa usque Lamusam. »

Hæc habet notitia antiqua Narbonensis, ex qua prorsus fatendum est, cum apud eam Ucetiæ nulla mentio fiat, hanc tunc autocephalam fuisse : eaque forte ratio est propter quam dicitur metropolis in alia notitia veteri, quam eruditissimus Andreas *du Chesne* dedit ex bibliotheca clarissimi Philberti *du Sault,* qua in provincia Narbonensi sic legitur : *Castrum Uzetense, id est Astituensium civitas metropolis.* Nisi dixeris hanc metropolim nominari, quod Constantius Uzeticensis episcopus ab Hilaro obtinuerit ut in locum Hermis Narbonensis auctoritatem ordinandorum episcoporum haberet : quod metropolitanorum munus esse nemo nescit.

Aquæ Sextiæ metropolis Narbonensis secundæ in notitia civili provinciarum et civitatum Galliæ. Harum mentio fit apud Plinium et apud Sidonium Apollinarem. Sextiæque dictæ sunt a Sextio Calvino Saliorum domitore, qui primus urbem illam muro cinxit, ut apud Velleium Paterculum dicitur : Sextiliæ Aquæ in Mario apud Plutarchum nominantur. An autem metropolis ecclesiastica fuerit civitas hæc, non ita clare apparet in monumentis antiquis Ecclesiæ Gallicanæ. Proculo Massiliensi concessa est a Patribus concilii Taurinensis auctoritas ordinandorum episcoporum Narbonensis secundæ; cumque ipsi a Zosimo pontifice Romano ablata est, qui ordinationes ab eo factas indebitas irritasque declaravit, eam auctoritatem ad Patroclum Arelatensem pertinere scribit his verbis : *Unde metropolitani in te dignitatem atque personam, etiam apostolicæ sedis auctoritate considera : in quem furtive locum pro indebita synodo Proculus usurpatum irrepserat.* Et quis nescit Symmachum decrevisse circa annum 414, in epistola ad Cæsarium Arelatensem, ut *Si tam Ecclesiæ Aquensis antistes, vel alius quilibet metropolitano pontifici juxta canonum definitionem vocatus obtemperare noluerit, noverit subdendum se, quod non optamus, ecclesiasticæ disciplinæ.* Adde quod earum præsules inter eos qui mera dignitate episcopali potiebantur, et non inter metropolitanos subscribant. Sic Avolus inter Glannatensem et Redonensem Aurelianensi quinto, et Arvernensi secundo inter Glannatensem et Diniensem, et Pientius inter Telonensem et Deensem Matisconensi secundo : unus Maximus post Ebredunensem Aurelianensi quarto subscribit, sed et post alios simplices episcopos. Unde civitatem hanc ecclesiasticam metropolim, per sex priora sæcula fuisse, vix potest existimari.

Ebrogunum, aliis Ebredunum, et Ambronum civitas in Alpibus maritimis sita est ad Druentiam fluvium, earumque metropolis civilis dicitur in notitia provinciarum et civitatum Galliæ. Attamen hujus episcopum ab initio metropolitam non fuisse discere est ex concilio Regensi sub Cœlestino papa, ubi Armentarii Ebredunensis electio, quod absque metropolitani voluntate facta fuisset, nulla declaratur his verbis : *Itaque ordinationem, quam canones irritam definiunt, nos quoque evacuandam esse censuimus, in qua prætermissa trium præsentia, nec expetitis comprovincialium litteris, metropolitani quoque voluntate neglecta, prorsus nihil quod episcopum faceret ostensum est.* Postea tamen metropolitæ dignitatem auctoritatemque obtinuit, ut ex epistola Hilari papæ ad Leontium, Veranum et Victurum discitur : *Frater, inquit, et coepiscopus noster Ingenuus Ebredunensis, Alpium maritimarum provinciæ metropolitani semper honore subnixus, in præjudicium suum, sicut adnexa declarant, quædam nos, petente fratre et coepiscopo nostro Auxanio, statuisse commemorat, quæ universis in hac eadem causa defensionibus contrairent. Nec omittendum arbitror quod in fine hujus epistolæ, Cemelenensis et Nicaensis episcopatus sub ejusdem Ingenni auctoritate, ab ipsomet Hilaro hæc scribente uniuntur. Habeat itaque pontificium frater et coepiscopus noster Ingenuus provinciæ suæ, de cujus dudum ab apostolica sede est illicita cessione culpatus : et custoditis omnibus quæ super Ecclesiis Cemelenensis civitatis, vel Castelli Nicaensis, sicut diximus, sanctæ memoriæ decessoris mei definivit auctoritas, nihil Ecclesiarum juri noceat, quod in altera memoratarum a prædicto fratre, ad excludendam cupiditatem, quemadmodum perhibuit, ambitionis alienæ, proxime est episcopus consecratus : sed statutæ correctionis forma permaneat, ut ad unius antistitis regimen prædicta loca revertantur, quæ in duos dividi non decuit sacerdotes. Deus vos incolumes custodiat, fratres charissimi.*

---

## NOTICE ANCIENNE

## DES ARCHEVÊCHÉS ET DES ÉVÊCHÉS DE LA GAULE

### PAR PROVINCE MÉTROPOLITAINE,

#### POUR ÊTRE COMPARÉE A LA NOTICE DE LA GÉOGRAPHIE DE L'ABBÉ DE COMMANVILLE.

### ARELATENSIS PROVINCIA,

#### Quæ et VIENNENSIS II.

*Arelatum colonia*, Ptolem. lib. II, cap. 10; vulgo *Arles*. Trophimus hujus primus episcopus dicitur apud Gregorium Turon. lib. I Histor. Franc., cap. 30, et Marinus subscripsit concilio Arelatensi primo.

*Massilia*, Ptolem. ibid., vulgo *Marseille*. Oresius hujus episcopus subscripsit concilio Arelatensi primo, et Proculi Massiliensis episcopi mentio fit canone primo concilii Taurinensis.

*Avenio, Avenniorum colonia*, Ptolem. ibid.; vulgo *Avignon*. Julianus hujus episcopus per Pompeium presbyterum subscripsit concilio Agathensi, et Salutaris Epaonensi.

*Cabellio, Cabelliorum colonia*, Ptol. ibid.; vulgo *Cavaillon*. Philagrius hujus episc. subscripsit concilio Epaonensi, et Prætextatus Aurel. V.

*Carpentoracte*, Plin. lib. III, cap. 4, civitas episcopalis, apud quam concilium celebratum est sub Felice papa quarto, vulgo *Carpentras*. Ex ejus episcopis Julianus subscripsit concilio Epaonensi, et Clematius Aurel. IV.

*Tolonium*, aliis *Telonium*, de quo Notitia imperii Romani, vulgo *Toulon*. Cyprianus hujus episcopus subscripsit concilio Aurelianensi quarto, et Palladius Aurelianensi quinto.

*Arausio, Arausiorum colonia*, Ptol. lib. II, cap. 10; vulgo *Orange*. Constantinus hujus episcopus nominatur inter episcopos Galliæ legatos ad concilium Aquileiense missos, et Florentius subscripsit Epaonensi.

*Vasio, Vasiorum colonia*, Ptol. ibid., vulgo *Vaison*. Dafnus Vasionensis subscripsit concilio Arelatensi primo, et Auspicius ejusdem urbis episcopus fuit tempore concilii in ea habiti.

*Dia, Dea Vocontiorum*, Antonino in Itinerario, vulgo *Die*. Sæculatius hujus episcopus subscripsit concilio Epaonensi, et Lucretius Aurel. IV.

*Civitas Tricastinorum*, Livio lib. I, decad. 1; vulgo *Saint-Paul-Trois-Châteaux*. Ex ejus episcopis Florentius subscripsit concilio Epaonensi, et Heraclius Aurelianensi quarto.

### PROVINCIA VIENNENSIS,

#### Quæ et VIENNENSIS PRIMA.

*Vienna*, Ptol. lib. II, cap. 10; vulgo *Vienne*. Dicitur Galliæ metropolis eximia cum Lugduno, apud Euseb. libro V Histor. eccles., cap. 1. Mamerti Viennensis episcopi meminit Greg. Turon. lib. II Hist., cap. 34, et Verus subscripsit concilio Arelatensi primo.

*Geneva*, Cæsari lib. I de Bello Gallico, vulgo *Genève*. Ex ejus episcopis Maximus subscripsit concilio Epaonensi, et Pappulus Aurelianensi quinto.

*Gratianopolis*, Sidon. Apoll. lib. III, epist.

14; vulgo *Grenoble*. Domninus hujus episcopus nominatur inter episcopos Galliæ legatos ad concilium Aquileiense missos, et Victurius subscripsit Epaonensi.

*Civitas Albensium*, Notitiæ provinciarum et civitatum Galliæ sub Honorio factæ. Quibusdam creditur diruta, et ex ea sedes episcopalis Vivariam urbem proximam translata; sed aliis eadem cum Vivaria, hisque favere videntur notitia perantiqua Tbuana pluresque aliæ vetustæ: quibus sic legitur in descriptione provinciæ Viennensis: *Civitas Albensium Vivaria*. Venantius Albensis episcopus subscripsit concilio Epaonensi, et postea idem vel alter Venantius Vivariensis episcopus dicitur in concilio Arvernensi.

*Valentia colonia*, Ptolem. lib. II, cap. 10; vulgo *Valence*. Æmilianus hujus episc. subscripsit concilio Valentino primo, et Apollinaris Epaonensi.

*Mauriana*, notitiis antiquis ecclesiasticis Galliæ, urbs in valle ad Alpes Cottias, in qua civitas S. Joannis Maurianensis dicta, vulgo *Saint-Jean-de-Maurienne*. Hiconius Maurianensis episcopus subscripsit conciliis Matisconensi primo et secundo.

### IN ALPIBUS GRAIIS SEU PENNINIS.

*Darantasia*, Anton. in Itiner., vulgo *la Tarantaise*. Ex ejus episcopis Sanctus subscripsit concilio Epaonensi, et Martianus Matisconensi.

*Octodurum*, Antonino ibid., vulgo *Martenach*. Theodorus hujus episcopus nominatur in concilio Aquileiensi sub Damaso.

*Sedunum*, Valesiorum civitas ad Rhodanum in Alpibus, vulgo *Sion*, vel *Sitten en Valais*, in quam sedes episcopalis ex Octoduro translata est, post annum quingentesimum quinquagesimum secundum. Rufus Octodurensis episcopus subscripsit concilio Aurelianensi quinto, et Eliodorus Sedunensis Matisconensi secundo.

## PROVINCIA TREVIRENSIS,

### IN BELGICA PRIMA.

*Augusta Triverorum*, Ptol. lib. II, cap. 9; vulgo *Trier*, et Gallis *Trèves*; Galliæ metropolis dicitur apud Theodoretum lib. II Hist. eccles., cap. 15, qui Paulinum ejus episcopum nominat, et Sozomenus Maximum seu Maximinum lib. III Hist. eccles., cap. 10.

(1) Les *Excellences et Grandeurs de saint Remi*, archevesque de Reims, par rapport aux grandeurs du Verbe incarné, divisées en quatre parties, par F. M. F., moyne bénédictin de la congrégation de Saint-Maur.

Voici comment l'auteur expose lui-même le plan de son ouvrage dans son avant-propos :

« Je sçay que plusieurs grands autheurs ont écrit et traicté amplement des grandeurs et excellences de l'incomparable prélat saint Remy, l'apostre des François ; mais le sujet est si riche et si abondant , que plus on dit, plus il en reste encore à dire. C'est pourquoi nous ne faisons point d'excuses de ce qu'après de si grands personnages qui ont parlé de cet

Agræcius hujus etiam episcopus subscripsit concilio Arelatensi primo.

*Mediomatricum*, Ammiano Marcellino lib. xv, vulgo *Metz*. Victor hujus episcopus interfuit concilio Agrippinensi, et Hesperius Arvernensi.

*Tullum*, Ptol. lib. II, cap. 9; vulgo *Toul*. Alodius hujus episcopus subscripsit concilio Aurelianensi quinto.

*Verodunum*, Anton. in Itiner., vulgo *Verdun*. Sanctinus hujus episcopus interfuit concilio Agrippinensi, et desideratus Arvernensi.

### IN GERMANICA PRIMA.

*Moguntiacum, Mocontiacum*, Ptol. lib. II, cap. 9; *Mayence* Gallis dicitur, incolis *Mentz*. Martinus hujus episcopus interfuit concilio Agrippinensi.

*Argentoratum*, Ptol. ibid., Gallis *Strasbourg*, incolis *Strasburg*. Amandus hujus episcopus interfuit eidem concilio.

*Spira Nemetum*, Ptol. ibid., vulgo *Speyr*, Gallis *Spire*. Jesses hujus episcopus adfuit eidem concilio.

*Wormacia Vangionum*, Ammiano Marcellino libro xv, vulgo *Worms*. Victor hujus episcopus interfuit eidem concilio.

### IN GERMANICA SECUNDA.

*Agrippina*, Ptolem. lib. II, cap. 9; vulgo *Coëln*, Gallis *Cologne*. Maternus hujus episcopus subscripsit concilio Arelatensi primo, et Euphrates ejusdem episcopus in concilio Agrippinensi exauctoratus est.

*Civitas Tungrorum*, dictæ notitiæ, vulgo incolis *Tungeren*, Gallis *Tongres*. Servatius hujus episcopus adfuit concilio Agrippinensi, transtulitque sedem episcopalem e Tungris ad Trajectum Mosæ, ubi sederunt post eum episcopi Tungrenses, qui primum nomen retinuerunt: unde Domitianus adhuc dicitur episcopus Ecclesiæ Tungrensis in subscriptionibus concilii Aurelianensis v, anno 549. Tandem sanctus Hubertus e Trajecto Leodium episcopatum transtulit anno 709.

## PROVINCIA RHEMENSIS

### Seu BELGICA SECUNDA.

*Rhemi*, Ammiano Marcellino lib. xv, vulgo *Reims*. Imbetausius Rhemensis episcopus subscripsit concilio Arelatensi primo, et Remigii mentio est apud Greg. Turon. lib. II Hist., cap. 31 (1).

apostre nous entreprenons d'en traicter encore ; nous nous plaignons plutost de ce qu'il y en a si peu qui en ont écrit et parlé. En une chose qui tient de l'infiny, on en laisse tousjours beaucoup plus qu'on n'en prend.

« Mon dessein est de porter les François à la connoissance des admirables grandeurs de leur apostre et à la reconnoissance qu'ils luy doivent pour les obligations desquelles ils luy sont recevables. Nous l'avons divisé en cinq parties, dont la première contient tous les états de la vie de ce prélat miraculeux par le rapport de tous les états de la vie du Verbe incarné, duquel il est l'image expresse. La seconde traicte de ses éminentes vertus, afin de rendre nostre

---

ᵃ A la marge : *Venance Fortunat, évêque de Poitiers, saint Grégoire de Tours, Hincmar Flodoard.*

*Augusta Suessonum*, Antonino in Itinerario, vulgo *Soissons*. Mercurius hujus episcopus subscripsit concilio Agrippinensi, et Lupus Aurelianensi primo.

*Civitas Catalaunorum*, dictæ notitiæ, vulgo *Châlons en Champagne*. Amandinus hujus episcopus subscripsit concilio Turonensi primo, et Lupus Arvernensi.

*Laudunum Clavatum*, notitiis antiquis ecclesiasticis Galliarum, vulgo *Laon*. Gennebaudus hujus episcopus subscripsit concilio Aurelianensi quinto, et Chainoaldus adfuit Rhemensi anno 630.

*Noviodunum*, *Neomagus*, Ptol. lib. II, cap 9; vulgo *Noyon*, in quam sedes episcopalis ex Augusta Veromanduorum translata a sancto Eligio, qui subscripsit concilio Cabilonensi anno 650, Sophronius autem Veromandensis Aurelianensi primo.

*Cameracum*, *Camaracum* Antonino in Itinerario, vulgo *Cambrai*. S. Vedastus episcopus constitutus dicitur a D. Remigio Ecclesiæ Cameracensi et Atrebatensis, apud Baldricum in Chronico lib. I, cap. 7; in quo ait his duobus Ecclesiis ante Hunnorum irruptionem duos præfuisse episcopos. Sedit autem in Atrebatensi, sed Gaugericus huic succedens ad Cameracensem urbem sedem transtulit, licet in Atrebatensi illius diœcesis episcopalia tractarentur; idque ita fuisse usque ad Urbani II tempora, qui Atrebatensi proprium pastorem præfecit, in cod. ms. bibliothecæ Thuanæ legere est. Nec id inusitatum erat prioribus sæculis, ut idem episcopus duas proprias sedes haberet in sua diœcesi. Bertoaldus hujus episcopus interfuit concilio Rhemensi anno 630, diciturque tantum Cameracensis.

*Tornacum*, Antonino *Nerviorum civitas*, vulgo *Tournai*. Superior Nerviorum episcopus adfuit concilio Agrippinensi.

*Silvanectum*, Gregorio Turon. lib. IX Hist., cap. 20; vulgo *Senlis*. Livanius hujus episcopus subscripsit concilio Aurelianensi primo, et Gonotigernus Aurelianensi quinto.

*Bellovacorum Civitas*, Notitiæ imperii Romani, vulgo *Beauvais*. S. Lucianum hujus civitatis apostolum, non pauci etiam primum episcopum fuisse scribunt; sed martyrologium Romanum eum presbyterum tantum nominat. Clementis Bellovacensis episcopi certiorem mentionem facit S. Audoenus Rothomagensis episcopus in vita S. Eligii Noviomensis.

*Civitas Ambianensium*, dictæ Notitiæ Galliæ, vulgo *Amiens*. Eulogius hujus episcopus interfuit concilio Agrippinensi, et Edibius Aurelianensi primo.

*Tarvanna*, *Morinorum civitas*, Ptol. lib. II, cap. 9; vulgo *Térouane*. Antimundus hujus episcopus dicitur, apud Meyerum, constitutus a S. Remigio, qui et Armundus vocatur in cod. Thuano. Attamen Tervannensem episcopum non legi in libris certioris fidei, ante Ætherium, cujus mentio fit in epistola Zachariæ papæ.

*Bononia*, dictæ notitiæ Galliæ, vulgo *Boulogne*, episcopalis fuit, si credimus Hincmaro, epistola VI ad episcopos Rhemensis diœcesis, cap. 18. Nusquam tamen apud priscos episcopi Bouoniensis memoriam vidi, sed tantum a Caroli quinti temporibus, quo imperante, Tarvannensis sedes translata est Bononiam, pro ea parte diœcesis quæ est in Francia, nec non Audomaropolim pro ea quæ est in Artesia, et Ipram pro tertia seu ultima parte quæ est in Flandria.

## PROVINCIA LUGDUNENSIS,

### Seu LUGDUNENSIS PRIMA.

*Lugdunum*, Ptol. lib. II, cap. 8; vulgo *Lyon*, Galliæ metropolis dicitur apud Eusebium lib. V Hist. eccl., cap. 1. Photinus hujus episcopus appellatur ibid., nec non Irenæus ejus successor eodem lib., cap. 6.

*Matisco*, Cæsari de Bello Gallico lib. VII, sub fin.; vulgo *Mâcon*. Placidius hujus episcopus subscripsit concilio Aurelianensi tertio.

*Cabilonum*, *Cabullinum*, Ptol. lib. II, cap. 8; vulgo *Châlons-sur-Saône*. Donatianus hujus episcopus interfuit concilio Agrippinensi.

*Civitas Lingonum*, dictæ notitiæ, vulgo *Langres*. Desiderius hujus episcopus interfuit concilio Agrippinensi, et Gregorius Epaonensi.

*Augustodunum*, Ptol. lib. II, cap. 8; vulgo

---

travail utile à tous, et qu'un chacun aye de quoy à admirer et à imiter. La troisième nous met en avant les nobles qualités et titres d'honneur de cet homme divin, par rapport aux qualités de Jésus-Christ nostre Seigneur. La quatrième partie nous fait voir et admirer la magnificence et la gloire du temple de saint Remy, toutes les parties duquel nous représentent les admirables vertus et perfections de nostre grand prélat dont les reliques reposent en cet auguste temple. La cinquième partie contient l'explication de la couronne de saint Remy qui est devant le grand autel, qui est composé de douze tours avec autant de pyramides, et de quatre-vingt-seize chandeliers qui marquent et figurent autant de perfections de nostre saint prélat. J'ajoute quelques discours à la fin, afin de porter les François à la reconnoissance des obligations qu'ils ont d'aimer et honorer leur saint apostre et protecteur. Je confesse que je n'ay pas eu le courage de rechercher grand ornement pour enjoliver la besongne, d'autant que je me suis persuadé que la simple représentation de tant de grandeurs seroit plus agréable au lecteur que toutes les curiosités dont on les pourroit embellir, joint que je me fie tant à l'affection que les bons François portent à saint Remy, que je croirois leur faire tort, si je leur présentois d'autres attraits que leur propre inclination pour leur faire prendre goust aux louanges de celui qui leur a procuré le salut de leurs ames, et, s'ils veulent, une éternité dans le ciel. Notre Remy est trop aimable de luy-même pour se vouloir faire aimer et honorer par artifice. Partant, puisqu'il n'y a rien désormais qui nous retarde, et que l'excellence du sujet a assez de force pour gagner les cœurs et pour captiver les esprits, entrons dans le discours des grandeurs de cet incomparable prélat. »

A la suite de cet ouvrage, on trouve un poème en trois parties, du père Ferry, intitulé : *De sancto Remigio, archiepiscopo Remensi, et Clodoveo primo Galliarum rege Christiano, opus poeticum*.

(Note de l'auteur.)

*Autun*. Rheticii hujus episcopi meminit D. Hieronymus lib. de Script. eccles., cap. 93.

## PROVINCIA ROTHOMAGENSIS,
### Seu LUGDUNENSIS SECUNDA.

*Rothomagum*, *Rothomagus*, Ptol. lib. II, cap. 8; vulgo *Rouen*. Avitianus hujus episcopus subscripsit concilio Arelatensi primo.

*Ebroica*, seu *civitas Ebroicorum*, dictæ notitiæ provinciarum et civitatum Galliæ; vulgo *Evreux*. Sanctus Taurinus hujus primus episcopus dicitur in martyrologio III idus Augusti, et Mauritius primo concilio Aurelianensi subscripsit.

*Lexovium* seu *civitas Lexoviorum*, eidem notitiæ, vulgo *Lisieux*. Hujus episcopus Theodobaudis concilio Aurelianensi tertio subscripsit.

*Bajoca*, Apoll. Sidon. lib. IV, epist. 18; vulgo *Bayeux*. Leucadius hujus episcopus subscripsit conciliis Aurelianensibus tertio et quarto.

*Constantia*, Notitiæ imperii, alias *Brioveris*, et *Constantia Castra*, Ammiano Marcellino lib. XV; vulgo *Coutances*. Leontianus hujus episcopus subscripsit concilio Aurelianensi primo, et Lauto Aurelianensi secundo.

*Abrinca*, *civitas Abrincatum*, eidem Notitiæ imperii Romani; vulgo *Avranches*. Nepos hujus episcopus subscripsit concilio Aurelianensi primo, et Perpetuus Aurelianensi secundo.

*Sagium*, seu *civitas Sagiorum*, eidem Notitiæ imperii Romani, vulgo *Séez*. Hujus episcopus Passivus subscripsit concilio Aurelianensi secundo.

*Oximum*, antiquo auctori vitæ sanctæ Opportunæ apud Surium; vulgo *Hiesmes*, quibusdam civitas episcopalis sub Rothomago ex hoc potissimum creditur, quod in singulis Sagiensi, Bajocensi et Lexoviensi episcopatibus singuli sint archidiaconi, qui Oximenses dicti sedem hujus nominis his tribus episcopatibus divisam fuisse, quasi videntur indicare. Hujus forsan episcopus fuit Litaredus Oxomensis dictus, qui subscripsit conc. Aurelianensi I; sed verisimilius ex ea sede fuit Liberalis Oximensis, cujus mentio fit in certo indiculo de quo mox dicemus.

## PROVINCIA TURONENSIS,
### Seu LUGDUNENSIS TERTIA.

*Civitas Turonorum*, dictæ notitiæ Galliæ, vulgo *Tours*. Martinus hujus episcopus interfuit concilio Trevirensi, et Gatianus ejusdem primus antistes dicitur apud Gregor. Turon. lib. I Hist. Franc., cap. 30.

*Civitas Andicavorum*, eidem notitiæ, vulgo *Angers*. Talasius hujus episcopus subscripsit concilio Turonensi primo.

*Cenomanorum civitas*, eidem notitiæ Galliæ, vulgo *le Mans*. Victorius hujus episcopus subscripsit concilio Turonensi primo.

*Civitas Redonum*, eidem notitiæ civitatum Galliæ, vulgo *Rennes*. Athenius hujus episcopus subscripsit concilio Turonensi primo.

*Civitas Namnetum*, eidem notitiæ provinciarum Galliæ; vulgo *Nantes*. Eusebius hujus episcopus subscripsit concilio Turonensi primo.

*Venetia*, Cæsari lib. III de Bello Gallico, vulgo *Vannes*. Paternus hujus episcopus ordinatus fuit in concilio Venetico.

*Aletum*, Notitiæ imperii Romani, vulgo *Alet*. S. Maclovius hujus episcopus ordinatus fuit anno Christi 541, ut in monumentis ecclesiæ Sancti Maclovii legitur. Translata autem fuit sedes episcopalis Maclovium civitatem, quæ a sancto Maclovio nomen habet, anno 1140, a Joanne Grilleo, qui ex abbate Begardensi ordinis Cisterciensis, episcopus Aletensis factus fuerat.

Tres aliæ sedes episcopales in Britannia Armorica, nimirum, Briocum, Dolam et Trecoram, a multis sæculis exstare certum est; sed harum institutio, ut verum fatear, ignoratur. Hujus regionis historiæ sanctum Briocum urbis cui nomen indidit primum episcopum fuisse aiunt; et quidem tempore Conani comitis sub finem quinti sæculi vel initio sexti. In his etiam legere est Trecorensem sedem prius in Lexobia antiqua civitate institutam, indeque, hac ab Hastano Danorum rege diruta anno 836, Trecoram translatam fuisse; nec non Drenvalum primum Lexobiensem episcopum nominant, quem obiisse volunt anno Christi 92. Itemque Robertum Lexobiensem episcopum subscripsisse sacræ Alani Longi regis Brittonum, anno 683, quæ apud Argentreum exstat. Quod autem ad Dolam spectat, Gregorius Turonensis lib. X Historiarum, cap. 31, scribit Eustochium quintum episcopum Turonensem apud Dolam ecclesiam instituisse. Nec pauci asserunt Sampsonem ejus præsulem fuisse, qui ex Eboraco in Anglia fugiens, inter episcopos subscriptus legitur in conciliis Galliæ, maximeque in Parisiensi anno 559. Ea tamen omnia mihi valde dubia sunt, tum quia nullus harum sedium nominatim dicitur episcopus, nequidem modo laudatus Sampson, in subscriptionibus dictis antiquorum conciliorum Galliæ, licet ex aliis omnibus episcopatibus subscripserint præsules; tum etiam quod in veteri de ea re indiculo, quem ex bibliotheca S. Michaelis in Mari, perspicacissimi ingenii Sirmondus dedit, disertis verbis scribatur, Nomenoium Brittonum ducem de subtrahendis metropolitano Turonensi Britanniæ episcopis cogitantem ex quatuor episcopatibus septem instituisse, unum apud Dolense monasterium, cujus præsulem archiepiscopum fieri decrevit; alterum in monasterio S. Brioci, et tertium in S. Rabatuali, qui sedes fuit episcopi Trecorensis. Id autem tanto verisimilius est, quod Nomenoius ille tempore Caroli Calvi exstiterit, legaturque inter acta concilii Tullensis tunc celebrati epistola synodica ad Fastrarium Dolensem, Wernarium Aletensem, Garurbrium Briocensem et Felicem Trecorensem episcopos, a quibus origo dissidii, scripta, ut ad reverentiam obedientiamque Turonensi metropolitæ debitam reducerentur.

*Ossismorum civitas*, in notitiis antiquis inter

cæteras tertiæ Lugdunensis recensetur; vulgo antequam destrueretur, ut credunt, *Ossismor* dicta. Hanc autem episcopalem primis sæculis fuisse, ex hoc nonnulli putant, ut superius adnotavimus, quod notitias illas ecclesiasticas existiment; sed cum istud falsum probaverimus, et id quoque quod inferunt pro dubio habendum esse credimus. Hujus situs nequidem apud auctores certus est, cum eam quidam juxta Trecoram, alii non longe a Leonia, collocent; hique volunt ex ea sedem episcopalem translatam fuisse Leoniam, sed parum certo. Etenim in conciliis antiquis Galliarum nequidem verbum fit de Ossismorum episcopis; et in dicto indiculo quatuor tantum adhuc numerantur episcopatus in Britannia Armorica tempore Caroli Calvi. Addunt ex veteribus monumentis Ecclesiæ Leonensis, sanctum Paulum hujus primum episcopum fuisse circa annum 529, sed cum in iis non paucæ fabulæ veritati admixtæ reperiantur, ipsi viderint, nobisque satis sit rem ut dubiam proposuisse.

*Corisopitum*, Antonino, vulgo *Quimpercorentin*. Sanctum Corentinum hujus episcopum ordinatum a S. Martino Turonensi tradunt Britannicarum rerum scriptores; sed in antiquis conciliis nullus Corisopitensis episcopus legitur, et in Britannia quatuor adhuc tantum episcopatus fuisse, regnante Carolo Calvo, in dicto indiculo legere est.

### PROVINCIA SENONENSIS,
#### Seu LUGDUNENSIS QUARTA.

*Civitas Senonum*, dictæ notitiæ civitatum Galliæ, vulgo *Sens*. Agræcius hujus episcopus fuit, ut testatur Apoll. Sidon., qui epistolam 5 lib. vii ad eum scripsit circa annum 472; et Severinus adfuit concilio Agrippinensi.

*Carnutum civitas*, eidem notitiæ, vulgo *Chartres*. Aventinus hujus episcopus subscripsit concilio Aurelianensi primo.

*Antisiodorum*, *Autisidorum*, Ammiano Marcellino lib. xvi, vulgo *Auxerre*. Simplicius hujus episcopus interfuit concilio Agrippinensi.

*Trecæ*, Greg. Turon. lib. viii, cap. 3; vulgo *Troyes*. Optalianus hujus episcopus interfuit conc. Agrippinensi, et Lupus apud Apoll. Sidon. legitur lib. iv, epist. 17.

*Aurelia*, Apollinari Sidonio libro viii, epist. 15; vulgo *Orléans*. Diopetus hujus episcopus interfuit concilio Agrippinensi.

*Parisii*, *Lucotecia*, Ptolem. lib. ii, cap. 8; vulgo *Paris*. Victorinus hujus civitatis antistes interfuit concilio Agrippinensi, et Dionysius primus episcopus Parisiensis dicitur apud Greg. Turon. lib. i Hist., cap. 30.

*Civitas Melduorum*, dictæ notitiæ civitatum Galliæ, vulgo *Meaux*. Medoveus hujus episcopus subscripsit concilio Aurelianensi quinto.

*Nivernum*, Greg. Turon. lib. viii, cap. 1; vulgo *Nevers*. Tauricianus hujus episcopus Epaonensi concilio subscripsit, et Rusticus Aurelianensi iii.

### LUGDUNENSIS QUINTA,
#### Seu MAXIMA SEQUANORUM.

*Visontium*, Ptolem. lib. ii, cap. 9; vulgo *Besançon*. Nondum metropolis ecclesiastica temporibus Gregorii Magni papæ, ut supra diximus, sed sub Lugdunensi præsule, sicut et aliæ hujus provinciæ sedes : civitas tamen episcopalis, cujus antistes Pancharius interfuit concilio Agrippinensi, et Claudius Epaonensi subscripsit.

*Arenticum*, Ptolem. ibidem, vulgo *Avenche*. Marius hujus episcopus subscripsit concilio Matisconensi secundo. Sedes postea Lausannam translata est, et inde Friburgum, postquam Lausanna a Bernensibus hæreticis occupata est.

*Augusta Rauracorum*, Ptol. ibid., vulgo *Augst*. Justinianus hujus episcopus interfuit concilio Agrippinensi; sed hæc sedes episcopalis Basileam non longe distantem civitatem translata est.

*Vindonissa*, Tacito libro quarto Historiarum, vulgo *Winich*. Bubalcus hujus præsul subscripsit concilio Epaonensi. Postea sedes episcopalis Constantiam ad Rhenum translata est, circa annum Christi, ut ferunt, 597.

*Belica*, aliis *Bellicium civitas*, cujus sæpe fit mentio in conciliis, vulgo *Belley* dicitur. Vincentius hujus episcopus subscripsit concilio Parisiensi secundo. Hanc autem sedem episcopalem prius fuisse apud Nevidunum seu civitatem Equestrium, non pauci aiunt, sed quomodo probent non video.

### PROVINCIA BITURICENSIS,
#### Seu AQUITANICA PRIMA.

*Biturigæ*, seu *civitas Biturigum*, notitiæ antiquæ Galliarum, vulgo *Bourges*. Leo hujus episcopus interfuit concilio Andegavensi, et Simplicii ejusdem episcopi meminit Apoll. Sidon. lib. vii, epist. 5.

*Arvernorum civitas*, Eutropio lib. iv Hist. Romanæ, vulgo *Clermont*. Stremonius hujus primus episcopus dicitur apud Gregorium Turonensem lib. i, cap. 30.

*Rutena*, Apollinari Sidonio lib. vii, epist. 6; vulgo *Rodez*. Quintianus hujus episcopus subscripsit concilio Agathensi et Dalmatius Arvernensi.

*Arisita*, seu *Arisitensis vicus*, vulgo *Arisat*, Greg. Tur. l. v, c. 5, episcopalis, non longe a Rutena, cujus Mondericum episcopum nominat sub Sigeberto et Gunthramo, et Emmon Aresitensis adfuit concilio Rhemensi sub Dagoberto.

*Civitas Cadurcorum*, dictæ notitiæ provinciarum Galliæ, vulgo *Cahors*. Boetius hujus episcopus subscripsit concilio Agatensi, et Sustratus Aurelianensi secundo.

*Lemovica*, Sidon. Apollin. lib. vii, epist. 6; vulgo *Limoges*. Ruricius Lemovicensis episcopus subscripsit concilio Aurelianensi quinto, et ante eum Martialis hujus primus episcopus dicitur apud Gregorium Turon. libro i Hist., cap. 30.

*Gabalum*, Sidonio Apoll. ibid., aliis *Mimate*, vulgo *Mende*. Genialis diaconus pro episcopo suo subscripsit concilio Arelatensi primo, et Privatus Gabalitanus episcopus legitur apud Gregorium Turonensem libro I, cap. 34.

*Vellava*, seu *civitas Vellavorum*, dictæ notitiæ Galliæ et Gregor. Turon. lib. x, cap. 25, apud quem eadem est ac *Anicium*, vulgo *le Puy en Velay*. Faustinus ejus sedis episcopus legitur apud Sidonium Apollinarem libro IV, epistola 6.

*Civitas Albiensium*, eidem notitiæ, vulgo *Alby*. Fægadius Albigensis episcopus dicitur in epistola synodica concilii Valentini primi, et Diogenianus apud Gregor. Turon. lib. II, cap. 13.

## PROVINCIA BURDIGALENSIS,

### Seu AQUITANICA SECUNDA.

*Burdigala*, Ptolem. lib. II, cap. 7; vulgo *Bordeaux*. Orientalis hujus episcopus subscripsit concilio Arelatensi primo, et Amandus Burdegalæ episcopus dicitur apud Gregor. Turon. lib. II Hist., cap. 13.

*Aginum*, Ptolem. ibid., vulgo *Agen*. Bebianus Aginensis episcopus subscripsit concilio Aurelianensi quinto, et Polemius Parisiensi quarto.

*Civitas Engolismensium*, dictæ notitiæ antiquæ provinciarum et civitatum Galliæ, vulgo *Angoulême*. Lupicinus ejus civitatis episcopus subscripsit concilio Aurelianensi primo, et Dynamius Encolismensis episcopus dicitur apud Gregor. Turon. lib. II Hist., cap. 13.

*Civitas Santonum*, eidem notitiæ, vulgo *Saintes*. Petrus Santonensis episcopus subscripsit concilio Aurelianensi primo, et Eusebius Aurelianensi quinto.

*Pictavi*, Ammian. Marcell. lib. xv, vulgo *Poitiers*. Hilarius Pictaviensis episcopus dicitur apud Hieronymum libro de Scriptoribus ecclesiasticis, et apud Socratem lib. III Hist. eccles., c. 8 ; nec non Adelfius ejusdem episcopus subscripsit concilio Aurelianensi primo.

*Petrocorium*, Sidon. Apoll. lib. VII, epist. 6; vulgo *Périgueux*. Chronopius hujus episcopus subscripsit concilio Agathensi, et Pegasium Petragoriorum episcopum nominat Gregor. Turon. lib. II Hist., cap. 13.

## PROVINCIA ELUSANA,

### Seu NOVEMPOPULANIA.

*Elusa*, seu *civitas Elusatium*, dictæ notitiæ antiquæ Galliarum, vulgo *Eause*. Mamertinus Elusanus episcopus subscripsit concilio primo Arelatensi, et Clarus ibi dictus metropolita interfuit Agathensi.

*Lactoratium*, dictæ notitiæ, vulgo *Lectoure*. Vigilius ejus civitatis episcopus subscripsit concilio Agathensi, et Aletius Aurelianensi quinto.

*Convenarum civitas*, Strab. lib. IV, vulgo *Cominges*. Suavis hujus episcopus eidem concilio Agathensi subscripsit, et Amelius Aurelianensi quinto.

*Civitas Consorannarum*, dictæ notitiæ Galliæ sub Honorio, vulgo *Consérans*. Glicerius ejus episcopus eidem concilio Agathensi subscripsit, et Theodorus Aurelianensi quinto.

*Vasatæ*, Ammian. Marcellin. libro xv, vulgo *Bazas*. Sextilius Vasatensis episcopus eidem concilio Agathensi subscripsit, et Orestes Matisconensi secundo.

*Tarba*, *Turba*, dictæ notitiæ, ubi *Castrum Bigora*, vulgo *Tarbes*. Aper hujus episcopus eidem concilio Agathensi subscripsit, in quo dicitur Bigorritana, et Julianus Bigorrensis Aurelianensi quarto.

*Aturum*, apud Sidon. Apollin libro II, epistola 1; vulgo *Aire*; dicitur et *Vico-Julia* apud Gregorium Turonensem lib. IX Hist. Francor., capite 7. Marcellus episcopus de Civitate Vico-Julii subscripsit eidem concilio Agathensi, et Rusticus Matisconensi secundo.

*Lascara*, quæ et Benarna dicitur in conciliis et in dicta notitia Galliæ, vulgo *Lescar*. Galactorius Lascarnensis episcopus subscripsit concilio Agathensi, et Savinus Matisconensi secundo.

*Olero*, seu *civitas Elloronensium* dicitur in eadem notitia, vulgo *Oléron*. Gratus hujus episcopus subscripsit eidem concilio Agathensi, et Licerius Parisiensi quarto.

*Civitas Ausciorum*, eidem notitiæ, vulgo *Auch*. Nicetius Auscensis episcopus subscripsit eidem concilio Agathensi, et Proculeianus Aurelianensi secundo.

*Aquæ* in Novempopulania, eidem notitiæ Galliæ sub Honorio ; vulgo *Dax*. Gratianus Aquensis episcopus subscripsit eidem concilio Agathensi, et Carterius Aurelianensi quarto.

## PROVINCIA NARBONENSIS,

### Seu NARBONENSIS PRIMA.

*Narbo*, Strab. lib. IV, vulgo *Narbonne*. Ad Hilarium Narbonensem episcopum dirigitur epistola 8 Zosimi papæ anno circiter 417, et Paulus primus hujus episcopus dicitur apud Greg. Turon. lib. I Hist.

*Tolosa*, Ptolem. lib. II, cap. 10; vulgo *Toulouse*. Heraclianus hujus episcopus subscripsit concilio Agathensi, et Saturninus primus episcopus Tolosanus dicitur apud eumdem Gregorium Turon. ibidem.

*Bætiræ*, Ptolem. ibid., vulgo *Béziers*. Hermes hujus episcopus nominatur in epistola 8 Hilari papæ ad episcopos diversarum provinciarum Galliæ, et Sedatius Narbonensi concilio subscripsit.

*Nemausum Colonia*, apud Ptolem. ibid., vulgo *Nîmes*. Sedatus Nemausensis episcopus subscripsit concilio Agathensi, et Pelagius Narbonensi.

*Civitas Lutevensium*, dictæ notitiæ civitatum Galliæ, vulgo *Lodève*. Maternus hujus episcopus subscripsit eidem concilio Agathensi, et Deuterius Arvernensi.

*Castrum Uceciense*, eidem notitiæ, vulgo *Uzès*. Constantius Uceciensis episcopus dicitur in epistola 8 Hilari P. ad Galliæ episcopos, et Probatius Agathensi concilio subscripsit.

*Carcaso*, Ptolem. lib. ii, cap. 10; vulgo *Carcassone*. Sergius ejus sedis episcopus subscripsit concilio Narbonensi.

*Agatha*, Strab. lib. iv, vulgo *Agde*. Sophronius hujus episcopus subscripsit concilio Agathensi, et Tigridius Narbonensi.

*Helena*, Sexto Aurel. Vict. in Epitome Historiarum, et *Castrum Helenæ*, Eutropio lib. x Hist. Rom.; vulgo *Elna*. Benenatus Helenensis episcopus subscripsit concilio Narbonensi et concilio Toletano tertio, nec non Joannes Hispalensi primo.

*Magalona*, insula et civitas maris Mediterranei, antiquæ Galliarum notitiæ Thuanæ, tribus millibus distans a Monte Pessulo, præclara Volcarum urbe, ad quam postea e Magalona sedes episcopalis translata est; vulgo *Magalone*, vel *Maguelone*. Boetius hujus episcopus subscripsit eisdem conciliis Narbonensi et Toletano tertio.

### PROVINCIA AQUENSIS,
#### Seu NARBONENSIS SECUNDA.

*Aquæ Sextiæ*, Ptolem. lib. ii, cap. 10; vulgo *Aix*. Maximus ejus urbis episcopus subscripsit concilio Aurelianensi iv, et Avolus Aurelianensi v.

*Apta Julia*, Plinio lib. iii, cap. 4; vulgo *Apt*. Prætextatus hujus episcopus subscripsit concilio Epaonensi, et Clementinus Aurelianensi v.

*Reii*, Sidon. Apoll. lib. ix, epist. 9; vulgo *Riez*. Maximus hujus civitatis episcopus subscripsit concilio Regensi, et Faustus Reiensis episcopus dicitur in synodo Arelatensi sub Simplicio papa.

*Forum Julii*, Ptolem. lib. ii, cap. 10; vulgo *Fréjus*. Acceptus hujus episcopus dicitur in epistola concilii Valentini primi ad clerum et plebem Ecclesiæ Forojuliensis, et Leo Magnus scripsit epist. 91 ad Theodorum Forojuliensem episcopum.

*Vapinqum*, Anton. in Itin., vulgo *Gap*. Constantius Vapincensis episcopus subscripsit concilio Epaonensi, et Vellesius Aurelianensi quinto.

*Segestero*, *Secustero*, Anton. ibid., vulgo *Cisteron*. Valerius ejus episcopus subscripsit eidem concilio Epaonensi, et Avolus Aurelianensi quarto.

*Antipolis*, Ptol. lib. ii, cap. 10; vulgo *Antibes*. Agrœcius Antipolitanus episcopus subscripsit concilio Agathensi, et Eutherius Aurelianensi quarto. Ea sedes postea Grassam Provinciæ urbem vicinam translata est.

### PROVINCIA EBREDUNENSIS,
#### Seu ALPIUM MARITIMARUM.

*Ebredunum*, Anton. in Itin., vulgo *Embrun*. Armentarius hujus episcopus dicitur in concilio Regensi, et Ingenuus Ebredunensis Alpium maritimarum provinciæ metropolitanus in epist. quarta Hilari papæ ad Leontium, Veranum et Victurum episcopos.

*Dinia*, Ptol. lib. ii, cap. 10; vulgo *Digne*. Pentadius Diniensis episcopus subscripsit concilio Agathensi, et Hilarius Aurelianensi quinto.

*Cemelenensis civitas*, Hilaro P. epist. 4, vulgo *Cimies*, non longe a Nicia. Valerianus hujus episcopus subscripsit concilio Regensi. Postea ejus sedes episcopalis unita est cum Nicaensi. Et Magnus utriusque episcopus dicitur in subscriptionibus concilii Aurelianensis quinti.

*Nicæa*, Ptolem. lib. iii, cap. 1; vulgo *Nice*. Amantius hujus episcopus numeratur inter episcopos Galliæ legatos missos ad Aquileiense concilium.

*Civitas Saniciensium*, dictæ notitiæ Galliæ, vulgo *Sénez*. Marcellus Saniciensis episcopus subscripsit concilio Agathensi, et Simplicius Aurelianensi quarto.

*Civitas Glannatina*, eidem notitiæ, vulgo *Glandèves*. Claudius hujus episcopus subscripsit eidem concilio Aurelianensi quarto, et Basilius Aurelianensi quinto.

*Civitas Venciensium*, id est *Ventio*, eidem notitiæ, vulgo *Vence*. Deuterius ejus sedis episcopus subscripsit conciliis Aurelianensibus quarto et quinto, nec non Matisconensi secundo.

---

# ÉTAT DES ARCHEVÊCHÉS ET DES ÉVÊCHÉS
## DE L'ILLYRIE ORIENTALE
### PENDANT LES SIX PREMIERS SIÈCLES DE L'ÈRE CHRÉTIENNE
#### D'APRÈS LA GÉOGRAPHIE DU P. CHARLES DE SAINT-PAUL.

Græciam (1) universumque Illyricum orientale illustraturus adorior : Græciam, inquam, de qua hæc canit Manilius :

*Maxima terra, viris et fecundissima doctis,*
*Urbibus; et Macedum tellus, quæ vicerat orbem.*

Nec immerito, cum hæc viribus et dignitate

(1) La Grèce ou Hellade est la péninsule qui s'avance vers le midi, entre la mer Égée (Archipel) à l'est, et la mer Ionienne à l'ouest et au sud. Elle était bornée au nord par les monts Acrocérauniens (aujourd'hui pointe de Linguetta ou Glossa), qui la sépa-

raient de l'Illyrie, et par les monts Cambuniens et Olympe, qui la séparaient de la Macédoine.

La mer pénètre de toutes parts dans cette contrée et y forme une multitude de golfes. Les principaux sur la mer Égée étaient les golfes Pagasétique, Ma-

orbis terrarum princeps fuerit, Justino teste, tanta claritate effulserit, ut nullius sit indiga præconii, et in hac humanitas primum, litteræ et fruges inventæ. Unde mihi de illa

scribenti nihil convenientius hujus in libri exordio dicere est, quam quod Sallustius de Carthagine, silere de Græcia, quam pauca dicere, longe præstat. Idcirco ad limites sin-

liaque, Saronique; ce dernier portait le nom de mer, et formait lui-même, dans sa partie septentrionale, le golfe d'Eleusis; au-dessous de la mer Saronique était le golfe d'Argos. La partie voisine de la mer Egée était appelée mer de Myrtos.

Au sud de la péninsule s'ouvraient, dans la mer Ionienne, les deux golfes de Laconie et de Messénie; et, en remontant du sud au nord, le golfe de Corinthe, le plus considérable de tous. Un isthme étroit le sépare de la mer Saronique et rattache à la grande péninsule grecque la péninsule du Péloponnèse. Le dernier golfe à mentionner est celui d'Ambracie.

La Grèce est couverte de chaînes de montagnes qui partent des monts Cambuniens et Olympe. L'Olympe projette au sud la chaîne de l'Ossa et du Pélion, qui côtoie la mer Egée; et les monts Cambuniens font comme un nœud avec le mont Pindus, qui se dirige vers le midi. Cette chaîne devient à son tour le nœud d'un nouveau système, duquel se détachent deux rameaux : 1° le mont Othrys, qui va de l'ouest à l'est et qui finit au golfe Pagasétique; 2° la chaîne principale, qui conserve le nom de Pindus et qui forme le groupe de l'OEta, près du golfe Maliaque; elle ne laisse pas d'autre passage entre elle et la mer que le défilé fameux des Thermopyles.

De cette deuxième chaîne partent une multitude de ramifications, dont les sommets principaux sont le Parnasse, l'Hélicon, célébrés par les poëtes; le Cithéron, le Pentélique, remarquable par ses carrières de marbres, et le Laurium par ses mines d'argent.

Les monts Géraniens et Oniens se détachent du Cithéron, et, prenant une direction sud-ouest, forment l'isthme qui joint le Péloponnèse au reste de la Grèce.

Mais les montagnes du Péloponnèse ne se lient pas à celles de l'isthme. Elles forment au centre de la presqu'île un cercle dont beaucoup de points sont célèbres, tels que le mont Cyllène, qui est le plus élevé et dont la fable faisait le berceau de Mercure ; l'Erymanthe, le Pholoé, le Ménale, chanté dans les poésies pastorales; et le Lycée consacré à Apollon. De ce groupe intérieur partent les chaînes qui se prolongent jusqu'à la mer, et parmi lesquelles nous cilerons, au nord-est, les monts Arachné, où il y avait des mines de cuivre; au sud-est Zarex et Taygète, qui se terminent, le premier par le promontoire Malée (cap Saint-Ange), et le second par le cap Ténare (cap Matapan). Le mont Ithôme, au sud-ouest, se rattachait au mont Lycée, et la roche Oléniènne, vers le nord-ouest, au mont Erymanthe.

Une contrée si montagneuse donne naissance à un grand nombre de cours d'eau ; mais, à cause du peu d'espace qu'il y a entre les montagnes et la mer, la plupart ne sont que des torrents qui restent à sec pendant la plus grande partie de l'année. Nous énumérerons seulement les principaux.

1° Le Pénée, qui prend sa source au mont Pindus, et qui, dans la partie inférieure de son cours, traverse la célèbre vallée de Tempé; il se jette dans la mer Egée par l'embouchure étroite qu'on appelle aujourd'hui la Bouche du Loup (Lycostomo); un de ses affluents est l'Enipée; 2° le Sperchius, qui sort du mont Othrys et se jette dans le golfe Maliaque : ces deux fleuves coulent de l'ouest à l'est; 3° l'Achéloüs (Aspro-Potamo), qui sort du versant occidental du Pindus, va du nord au sud, et arrive à la mer Ionienne. Le limon qu'il roule dans ses eaux a joint au continent les îles Echinades, situées vis-à-vis son embouchure; 4° le Céphise, qui se perd dans le lac Copaïs, dans l'intérieur des terres.

Dans le Péloponnèse : 1° l'Alphée (le Roufia), qui a sa source près du mont Lycée et son embouchure dans la mer Ionienne; 2° le Pamisus, qui se jette dans le golfe de Messénie; 3° l'Eurotas, qui coule entre les deux chaînes du Zarex et du Taygète et verse ses eaux dans le golfe de Laconie.

La nature elle-même a partagé la Grèce en trois parties : 1° la Grèce septentrionale, bornée au nord par les monts Acrocérauniens, Cambuniens et Olympe, à l'est par la mer Egée et le golfe Maliaque, au sud par le mont OEta et le golfe d'Ambracie, à l'ouest par la mer Ionienne; 2° la Grèce centrale, comprise entre le golfe d'Ambracie et le mont OEta au nord, et le golfe et l'isthme de Corinthe au sud; 3° la Grèce méridionale, ou Péloponnèse, qui tient à la Grèce centrale par l'isthme, et qui est environnée de tous les autres côtés par la mer.

Chacune de ces trois parties se subdivise à son tour en plusieurs autres.

I. La *Grèce septentrionale* comprenait la Thessalie et l'Epire.

1° La Thessalie s'étendait du nord au sud depuis les monts Cambuniens et Olympe jusqu'au mont OEta, et, de l'ouest à l'est, depuis le mont Pindus jusqu'à la mer Egée.

Cette contrée, une des plus étendues de la Grèce, renferme des plaines et des vallées fertiles, arrosées par le Pénée et le Sperchius. Elle nourrissait une multitude d'excellents chevaux, que les Thessaliens dressèrent si habilement dès les temps les plus anciens, qu'aucun peuple ne pouvait plus rivaliser avec leur cavalerie; ce fut là l'origine de la fable des Centaures.

2° L'Epire, à l'ouest de la Thessalie, avait pour limites les monts Acrocérauniens au nord, et le golfe d'Ambracie au sud; de l'ouest à l'est, la mer Ionienne et le mont Pindus. C'était un pays très-montueux, habité par un peuple sauvage, qui savait mal cultiver la terre, mais qui élevait de nombreux troupeaux.

II. La *Grèce centrale* se composait de dix contrées : l'Acarnanie, et, en allant à l'est, l'Etolie, la Locride Ozole, la Phocide, la Doride, la Locride des Epicnémidiens, celle des Opuntiens, la Béotie, l'Attique et la Mégaride.

1° L'Acarnanie, située entre l'Achéloüs, le golfe d'Ambracie et la mer Ionienne.

2° L'Etolie, à l'est, dont les habitants ne vivaient guère que de brigandages.

3° La Locride Ozole, sur les bords du golfe de Corinthe : les Locriens se couvraient de peaux de chèvre.

4° La Phocide, qui touche au golfe de Corinthe dans sa partie méridionale.

5° La Doride, au nord, près du mont OEta, entre la Phocide et la Thessalie.

6°, 7° Le pays des Locriens Epicnémidiens et celui des Locriens Opuntiens, au nord-est de la Phocide. Le premier commençait au sud du golfe Maliaque, et renfermait le passage des Thermopyles.

8° La Béotie, assez étendue, baignée au sud par le golfe de Corinthe, et au nord par l'Euripe ou détroit qui sépare l'île d'Eubée du continent. Le sol était marécageux, l'air épais, et l'on accusait les Béotiens de stupidité.

9° L'Attique, bornée du côté de la Béotie par la rivière de l'Asopus et par le mont Cithéron, touchait à la Mégaride, et s'avançait au sud-est entre la mer Egée et la mer Saronique. C'était une contrée stérile qui suffisait à peine à nourrir ses habitants.

10° La Mégaride, au sud-ouest de l'Attique, con-

gulis hujus totiusque Illyrici orientalis provinciis assignatos venio.

Illyrici in universum septemdecim provincias fuisse supra diximus ex Sexto Rufo, qui e duabus Macedoniis unam tantum facit. Harum sex a vicario Illyrici occidentalis, qui parebat præfecto prætorio Italiæ, de quibus antea, regebantur; aliæ vero unde-

duisait à l'isthme par un chemin creusé dans le roc.

Le *Péloponnèse* se divisait en huit parties : la Corinthie, la Sicyonie, l'Achaïe, l'Arcadie, l'Elide, la Messénie, la Laconie et l'Argolide.

1° La Corinthie occupait l'isthme et la plaine qui s'étend au sud, depuis l'extrémité occidentale de la mer Saronique jusqu'au golfe de Corinthe.

2° La Sicyonie, à l'ouest, sur le bord du golfe de Corinthe, dans une plaine fertile.

3° L'Achaïe occupait tout le reste de la côte septentrionale du Péloponnèse. Il y avait plusieurs montagnes, entre autres la roche Oléaienne.

4° L'Elide, baignée par la mer Ionienne, était séparée de l'Achaïe par le Peyrus, et de la Messénie par le torrent de Néda. Le sol, incliné doucement vers la mer, présente une plaine traversée par le Pénée et l'Alphée, et qui est la plus vaste plaine du Péloponnèse ; sur le rivage, il est coupé de lagunes.

5° La Messénie, au sud, s'étendait de la rivière Néda au mont Taygète ; entre la riche vallée du Pamisus et la plage sablonneuse de l'ouest, s'élève le mont Ithôme.

6° La Laconie, à l'est de la Messénie, se composait de la vallée de l'Eurotas et des deux chaînes de montagnes le Taygète et le Zarex, d'où sortent le fleuve et ses affluents. Des deux promontoires Malée et Ténare, qui terminaient le pays au sud, le second renfermait d'abondantes mines de fer.

7° L'Argolide, au nord de la Laconie, s'avance dans la mer de Myrtos, entre le golfe d'Argos et la mer Saronique. Cette contrée est toute couverte de montagnes, et la plupart des chemins y étaient percés dans le roc.

8° L'Arcadie, au centre du Péloponèse, touchait toutes les autres régions de la péninsule, si l'on excepte la Corinthie. C'était dans ce pays que se trouvaient les plus hautes montagnes ª, et que l'Alphée prenait sa source. Des chaînes secondaires arrêtaient le cours de la plupart des autres rivières, qu'elles forçaient à former des lacs, ou à s'échapper par des issues souterraines. Le climat était froid, l'air épais, et les habitants avaient la même réputation de grossièreté que les Béotiens dans la Grèce centrale.

A cette description générale de la Grèce, il faut joindre l'indication des îles qui appartiennent à ce pays : 1° dans la mer Ionienne, Corcyre (Corfou), qui appartient à la Grèce septentrionale ; Leucade, Ithaque et Céphallénie (Céphalonie), à la Grèce centrale ; Zacynthe (Zante), et Cythère (Cérigo), au Péloponnèse ; 2° dans la mer Egée : au sud, les îles de Crète, de Carpathos et de Rhodes ; au centre, le groupe des Cyclades, rangées comme en cercle autour de Délos ; à l'est, les Sporades, semées le long de la côte de l'Asie Mineure, telles que Lesbos (Mételin), Chios, Samos et Cos ; à l'ouest et au nord, la grande île d'Eubée, qui suit la côte de la Grèce centrale, depuis le golfe Maliaque jusqu'aux environs du mont Laurium, et les îles de Scyros (Skyros), d'Halonèse (îles du Diable), de Lemnos, d'Imbos, de Samothrace (Samotraki) et de Thasos.

Enfin, ajoutons quelques mots sur les contrées placées au nord de la mer Egée, qui furent longtemps barbares, mais qui, plus tard, jouèrent un rôle important dans les affaires de la Grèce, et devinrent véritablement grecques : ce sont la Macédoine et la Thrace. 1° La Macédoine s'étendait sur le bord de la mer Egée, depuis le mont Olympe jusqu'à l'embouchure du fleuve Strymon (aujourd'hui Struma). Dans l'intérieur des terres, on la recule jusqu'aux monts Pindus, Scardus et Orbelus (monts Argentaro), quoiqu'elle n'y ait presque jamais atteint. Ses principaux fleuves étaient, avec le Strymon, l'Haliacmon (Indgé-Karasou), l'Eordaïque (Vistritza) et l'Axius (Vardar). Enfin elle projette au sud la péninsule qui fut appelée Chalcidique, et qui elle-même se divise en trois presqu'îles [b]. La Chalcidique fait, avec la côte opposée de la Macédoine, le golfe Thermaïque.

2° La Thrace avait pour limites, à l'ouest, le Strymon, à l'est, le Pont-Euxin ; au nord, on lui donne ordinairement pour borne la chaîne de l'Hémus (monts Balkans), quelques-uns même lui assignent le grand fleuve de l'Ister (Danube). Au sud, elle était baignée par la mer Egée et la Propontide. De ce côté se détachent, la presqu'île ou Chersonèse de Thrace, séparée de l'Asie Mineure par le détroit de l'Hellespont (les Dardanelles) ; et à l'autre extrémité de la Propontide, une deuxième péninsule, séparée de l'Asie Mineure par le Bosphore de Thrace. Les fleuves les plus considérables de cette région étaient le Nestus (le Mesto) et l'Hèbre (le Maritza), qui se rendent dans la mer Egée.

Aussi loin que l'on peut remonter dans l'antiquité grecque, on trouve trois nations établies sur le sol hellénique [c] : 1° les Pélasges ; 2° les Curètes ; 3° les Hellènes ou Graïci.

I. Pélasges. Ce peuple occupe la plus grande partie de la Grèce.

1° *Dans le Péloponnèse*, la péninsule entière, excepté l'Ægialus, qui fut dans la suite l'Achaïe. Un grand nombre de villes furent élevées par cette race industrieuse, qui sut bâtir avec d'énormes blocs de pierre les murailles connues sous le nom de Cyclopéennes. Ces constructions sont faites de pierres brutes ou taillées irrégulièrement, selon que leur ancienneté est plus ou moins grande ; et la plupart d'entre elles ont résisté jusqu'à nos jours à l'action du temps et des hommes. Les premières villes s'élevèrent au centre et dans l'est de la presqu'île, que l'on appelait Pélasgie, comme tous les pays habités par les Pélasges.

Ce fut d'abord la ville Phoronique, fondée par Phoronée (vers 1920 avant Jésus-Christ), appelée ensuite Argos. Dans la même contrée, les Pélasges bâtirent Hermione, Mycène et Tirynthe, dont les pierres étaient d'une telle grosseur, que la plus petite ne pouvait être remuée que par deux bœufs. Au nord, Ephyre, nommée plus tard Corinthe, Pellène dans l'Ægialus, Ægialée (plus tard Sicyone), dont la fondation remonte au XXIIᵉ siècle (2161 avant Jésus-Christ), étaient aussi d'origine pélasgique.

Dans l'Arcadie, qui comprenait alors l'Elide, Phégée, contemporain de Phoronée, bâtit Phégie (1920), et Lycaon, fils de ce Pélasgus qui enseigna aux Arcadiens les premiers arts de la civilisation, fonda Lycosure ; ses fils construisirent vingt-sept villes, dont les principales étaient Orchomène, Mantinée, Ménale, Tégée, Hérée et Trapezus.

Dans la Laconie, Sparte rapportait son origine à Sparton, frère ou fils de Phoronée (1880 avant Jésus-Christ). Les habitants portaient le nom d'Ictéocatéens ; d'autres villes s'élevèrent successivement, telles qu'Amyclès près de Sparte, Géronthres, Hélos et Gythium.

Les villes de Messénie sont postérieures à celles

---

ª Voir plus haut, montagnes du Péloponnèse.
[b] Ce sont de l'ouest à l'est, Palléne, Sithonie et Acté.

[c] Nous employons ce mot par anticipation.

cim, quarum illustrationem intendimus, a præfecto prætorio Illyrici. Sed rem totam ex Notitia imperii Romani discamus. Hæc habet :

« *Sub dispositione virorum illustrium præfectorum prætorio per Illyricum diœceses infrascriptæ.*

« Macedonia, Dacia.

de Laconie; une des plus anciennes était Colonides, sur le golfe de Messénie. Les Pélasges d'Argos et de Lacédémonie passèrent (vers 1700) dans ce pays, qu'ils appelèrent Messénie, du nom de la fille d'un de leurs rois, et où ils fondèrent Andanie près du mont Ithôme.

2° Dans la Grèce centrale, le siège principal des Pélasges était la Béotie, où régna Ogygès (1869) dans le même temps que Phoronée à Argos. Ce prince bâtit la tour d'Ogygie dans le lieu où s'éleva Thèbes, Aulis sur le détroit de l'Euripe et sur les bords du lac Copaïs, Alalcomène, Eleusis et Athènes. Cette dernière ville devint très-riche sous le règne du roi Minyas, dont on voit encore le tombeau. Ce fut de lui que les habitants prirent le nom de Minyens, et de son fils qu'ils donnèrent celui d'Orchomène à leur cité. Dans l'Attique, Ogygès soumit la partie du nord-est, qu'il nomma Ogygie. Le reste de l'Attique ne tarda pas à recevoir la dénomination d'Acté.

Dans la Phocide, Abas, colonie d'Argos ; Elatée, Lilœa, étaient d'origine pélasgique.

A l'ouest, l'Acarnanie, les îles de Leucade et d'Ithaque étaient habitées par les Pélasges Téléboéens, et celles de Same (Céphallénie) et de Zacynthe par d'autres Pélasges.

3° *Presque toute la Grèce septentrionale* appartenait à ce peuple.

La Thessalie ou Hæmonie fut occupée vers le XIX° siècle (avant Jésus-Christ), et divisée dans les temps postérieurs en trois parties : Pélasgiotide, Achaïe et Phthiotide. Les plus anciennes villes étaient Argissa et Larissa dans la vallée du Pénée, et Argos Pelasgicum (Larisse Crémaste) sur le bord du golfe Pagasétique. Le nom de Larissa, qui se trouve très-fréquemment appliqué aux villes pélasgiques, désigne les citadelles que les Pélasges avaient coutume d'élever sur des hauteurs. Primitivement la plaine du Pénée n'était qu'un vaste marais, parce que le fleuve, arrêté dans son cours par les montagnes, se répandait dans le pays ; mais un tremblement de terre ayant séparé l'Ossa du Pélion, lui fraya une route vers la mer.

L'Epire porte plus qu'aucun autre pays les traces du séjour des Pélasges, on y a découvert les restes de quarante-cinq villes de construction cyclopéenne. Aux Pélasges établis primitivement dans cette contrée, se joignit une colonie arcadienne conduite par Ænotrus. Les tribus les plus importantes étaient celles des Chaones et des Thesprotes. Parmi les villes, nous citerons Argos Amphilochicum ; Ephyre, fondée par Thesprotus, frère d'Ænotrus ; Ambracie par Ambrax, fils de Thesprotus ; Pandosie, Dodone dans le canton de l'Ellopie, où fut érigée la première chapelle érigée à Jupiter. Elle était située dans une forêt de chênes, et une colombe y rendait les oracles du dieu [a].

4° *Hors du continent*, les Pélasges occupèrent par des colonies l'île de Crète, dont le premier nom fut Macaros, c'est-à-dire heureuse ; Rhodes, appelée alors Ophiuse ou Macarie ; une partie des Cyclades, comme Astypalée, Cythnos et Céos, les Sporades [b] ; dans le nord Scyros, Sciathos, Imbros et Lemnos, et enfin les côtes de l'Hellespont.

II. LES CURÈTES ET LES LÉLÈGES. Ces peuples étaient établis dans la Grèce centrale, où ils possédaient les pays nommés dans la suite Etolie, Locride Ozole et Phocide.

III. LES HELLÈNES OU GRAÏCI. Le berceau de cette nation fut au pied du mont Parnasse, à Lycorée, où l'on voit Deucalion régner vers 1655. Ce prince, s'étant mis à la tête d'une partie des Léléges et des Curètes, entra dans l'Hæmonie, dont il conquit la partie occidentale comprise entre l'Œta, l'Enipée et le Pénée.

Tel est le tableau de la géographie politique de la Grèce du XX° siècle au XVII° (1920 à 1700), pendant la période que l'on peut appeler pélasgique.

A partir du XVII° siècle, de nombreuses colonies venues du dehors, et des révolutions intérieures changèrent la face de la Grèce. Les Pélasges perdirent peu à peu leur supériorité, qui passa aux Hellènes et aux étrangers.

*Colonies égyptiennes* : 1° l'égyptien Cécrops s'établit en 1643 dans l'Acté ou Attique [c], il construisit une citadelle pour défendre Athènes, qui existait déjà, et il fonda une partie des douze bourgades de ce pays. Au XV° siècle, les Thraces envahirent l'Attique, et, quoique vaincus, demeurèrent maîtres d'Eleusis. Ils furent les auteurs de la première civilisation grecque (1460). Ils laissèrent aussi une partie de leur nation dans la Béotie et dans l'Hæmonie, qu'ils avaient traversées d'abord.

2° Une autre colonie égyptienne fonda Mégare.

3° Vers 1572, Danaüs, venu également d'Egypte, se rendit maître de l'Argolide ; ses descendants fixèrent leur résidence à Tirynthe et à Mycènes.

*Colonie phénicienne.* A l'époque de Danaüs, Cadmus, venu de Phénicie ou d'Egypte (vers 1380), débarqua dans la Béotie, et bâtit la Cadmée auprès de la tour d'Ogygès ; elle devint la citadelle de la ville de Thèbes que les successeurs de Cadmus élevèrent.

*Colonie phrygienne ou lydienne.* Deux siècles après la migration de Cadmus, Pélops, fils du roi lydien Tantale, arriva dans l'Hæmonie (1380), traversa la Grèce centrale, et, passant l'isthme, entra dans la péninsule. Il s'empara du royaume de Pise dans l'Elide, et il fonda sur les frontières de la Messénie et de la Laconie, Charadra, Leuctres et Thalamæ. Ses fils se répandirent dans toute la presqu'île, à laquelle Atrée, l'un d'eux, donna le nom de Péloponnèse. D'autres bâtirent Letrine dans l'Elide, Trézène, Epidaure et Cléone dans l'Argolide, et agrandirent Mégare.

*Établissements des Graïci ou Hellènes.* Pendant ce temps, les fils de Deucalion étendaient leur puissance dans une partie de la Grèce septentrionale, dans la Grèce centrale et jusque dans la péninsule.

Deucalion eut deux fils, Amphictyon et Hellen. Hellen, qui régnait entre l'Enipée et l'Œta, donna son nom au pays (Hellade) et au peuple (Hellènes). Lui-même eut pour fils Dorus, Æolus et Xuthus ; Xuthus donna naissance à deux fils, Ion et Achæus. Ces princes furent les auteurs des quatre tribus helléniques ; les Eoliens, les Ioniens, les Achéens et les Doriens, qui commencèrent à former des établissements considérables dans le XV° siècle.

*Eoliens.* Les Eoliens s'établirent à l'est de la Phthiotide, dans les villes d'Iolcos, de Phères, d'Arné, de Magnésie, fondées ou agrandies par les fils et les petits-fils d'Eolus, etc. (vers l'an 1400). Au sud, dans

---

[a] Selon la tradition, le culte de Jupiter fut apporté chez les Pélasges par une Egyptienne.
[b] Mérope (Cos), et au nord, Phyllas (Samos) Chios, Lesbos.
[c] Il y a lieu de croire qu'elle avait été fondée par Ogygès ou un de ses descendants, de même qu'Eleusis ; Ogygès bâtit en Béotie deux villes de ce nom, dans le temps que l'Attique n'était pas encore habitée.

« *Provinciæ Macedoniæ* vi :

« Achaia, Macedonia, Creta, Thessalia, Epirus Vetus, Epirus Nova et pars Macedoniæ Salutaris.

la Grèce centrale, ils occupèrent la Phocide, la Locride, l'Etolie et une partie de la Béotie.

Dans le Péloponnèse, ils détachèrent de l'Arcadie le canton qu'ils appelèrent successivement Epea, puis Elide, du nom de leurs chefs ; ils régnèrent aussi dans la Messanie. Enfin un fils d'Eolus s'établit à Ephyre, qui fut appelée Corinthe.

*Ioniens.* Les Ioniens passèrent dans l'Attique, à laquelle ils imposèrent leur nom et où ils bâtirent quatre bourgades, dont les plus célèbres furent Œnoë et Marathon [a]. Ils s'établirent encore dans l'Ægialus, qui reçut d'eux le nom d'Ionie. L'Eubée devint également une des contrées ioniennes.

*Achéens.* Les Achéens, qui avaient suivi les Ioniens dans l'Attique, les quittèrent pour conquérir une partie de la Phthiotide, qui s'appela Achaïe de Phthiotide.

Les fils d'Achéus obtinrent bientôt après la suprématie dans la partie orientale du Péloponnèse, et firent appeler Achaïe, l'Argolide et la Laconie.

*Doriens.* Les Doriens eurent leur siége primitif dans la Phthiotide, et ensuite dans l'Histicotide au pied du mont Homolus. Lorsqu'ils en furent chassés par les Cadméens (1507), ils se retirèrent à Pindus près du mont Olympe, d'où ils redescendirent plus tard vers le mont Œta pour se fixer dans la Dryopie.

*Amphictyoniens.* D'autres tribus de la famille de Deucalion étaient les peuples Amphictyoniens, issus d'Amphictyon. Ils occupaient la Béotie et le pays qui fut dans la suite celui des Locriens Epicnémidiens et Opuntiens.

*Association des tribus helléniques.* Les tribus helléniques ne tardèrent pas à former des confédérations, qui, à la vérité, demeurèrent toujours imparfaites.

Amphictyon réunit en une ligue appelée Amphictyonie douze peuplades qui habitaient près des Thermopyles ; le lieu où elles tinrent leurs assemblées fut Anthela [b].

Cet exemple fut imité ; il s'établit des Amphictyonies à Onchesté pour les Béotiens, à Delphes pour la Phocide, à Calaurie pour la partie orientale de l'Argolide et pour l'Attique, à l'Isthme pour Corinthe, Sycione, Argos, Mégare, et enfin dans l'île d'Eubée. Ce fut dans le même esprit que se liguèrent les douze villes ioniennes de l'Ægialus.

*Contrées restées sous la domination des Pélasges.* Au milieu de ces mouvements des populations de la Grèce, les Pélasges, obligés presque partout d'obéir aux Hellènes, ne conservèrent leur indépendance que dans un petit nombre de contrées.

Dans l'Hæmonie, ils se maintinrent au nord, à l'ouest et au sud ; ils gardèrent la Pélasgiotide, la Perrhébie au nord du Pénée, le pays des Lapithes au midi, la Dryopide près de l'Œta et Argos Pélasgicum.

L'Epire restait intacte.

Dans la Grèce centrale, les Pélasges ne dominaient plus que dans l'Acarnanie et à Salamine ; dans le Péloponnèse, l'Arcadie seule était demeurée et devait être toujours à l'abri des révolutions.

*Crétois.* Il nous reste à parler des Crétois, qui jouèrent un rôle brillant dans cette période. Les premiers habitants, nommés Etéocrètes, reçurent des colonies de Pélasges, d'Achéens et de Doriens.

---

[a] Les deux autres étaient Tricorythe et Probalinthe.

[b] Le but d'Amphictyon était d'opposer une résistance générale aux Thraces et d'empêcher les guerres entre les Hellènes.

[c] Nous rappellerons seulement qu'il transplanta des co-

« *Provinciæ Daciæ :*
« Dacia Mediterranea, Dacia Ripensis, Mœsia prima, Dardania, Prævalitana et pars Macedoniæ Salutaris. »

Duos sub se vicarios hic præfectus habe-

Vers l'an 1500, Minos vint d'Asie Mineure s'établir en Crète avec les Dactyles Idéens. Il constitua une société régulière. Son frère Rhadamante s'empara de Chio, de Lemnos et des Cyclades, où il détruisit la piraterie, et d'où il chassa les Cariens, qui se retirèrent dans l'Asie Mineure.

Les Dactyles civilisèrent les Thraces, chez lesquels vivait alors Orphée, tandis qu'ils enseignaient leur religion et leurs arts aux Hellènes. Ils fondèrent plusieurs colonies en Grèce, entre autres Olympie dans l'Elide.

Tels furent les changements survenus dans la Grèce du XVIIe siècle au XIVe, une révolution complète s'était opérée dans l'état des populations, et avait préparé le triomphe définitif de l'élément hellénique sur les éléments pélasgique et étranger.

*Voyage des Argonautes.* Au XIV[e] siècle, les Grecs commencèrent à se livrer à l'esprit d'aventures et à tenter des voyages lointains. Sans parler des courses d'Hercule [c], le fait qui a le plus d'importance dans la géographie historique de ce temps est le voyage des Argonautes (vers 1350).

Partis d'Iolcos, dans l'Hæmonie, sous la conduite de l'Eolien Jason, les Argonautes conduisent leur navire Argo dans la Colchide, à l'extrémité du Pont-Euxin, et enlèvent les trésors du roi Aëtès et sa fille Médée. Alors, pour échapper à la poursuite des Colchidiens, ils se dispersent ; des Achéens Phthiotes fondent la colonie d'Achæa ; d'autres deviennent les auteurs des tribus des Héniuques et des Tyndarides [d] ; et Jason s'enfuit sur un seul vaisseau ; mais, comme les Colchidiens gardent le Bosphore de Thrace, il cherche une autre issue.

Les poëtes ont tracé plusieurs routes par lesquelles ils ont fait revenir les Argonautes dans la Méditerranée.

1° Par le Phase et la mer Erythrée, tradition dans laquelle il faut voir peut-être une idée très-confuse des relations de commerce qui existaient entre la Colchide et les peuples de la mer Erythrée. De cette mer, les Argonautes arrivent à la Libye et traînent leur vaisseau jusqu'à la grande Syrte, où ils se rembarquent pour la Grèce.

2° Par le Nil, quand on crut que ce fleuve communiquait au midi avec la mer Erythrée.

3° Par le Tanaïs, que les Argonautes remontèrent, de là ils traînèrent leur vaisseau jusqu'à un fleuve qui se jette dans l'Océan, et, après avoir traversé l'Océan, rentrèrent dans la mer intérieure par le détroit de Gadès.

4° Par l'Ister, que l'on pensait communiquer par une branche occidentale avec la mer Adriatique.

Ces diverses traditions représentent le progrès des connaissances géographiques des Grecs ; mais cette expédition, où pour la première fois se montrent associés les chefs les plus illustres des tribus helléniques, de même que les guerres entreprises à cette époque par des ligues opposées, annonce la réunion de tous les Grecs dans leur lutte fameuse contre l'Asie, et nous conduit à la guerre de Troie. Quelle était alors la situation de la Grèce ?

*Guerre de Troie.* A l'époque où les Grecs se réunirent en corps de nation pour venger l'outrage fait à Ménélas (1280), ils n'avaient encore de nom général. On entendait par Hellènes quelques popu-

lonies de Dryopes à Carystes dans l'Eubée, à Hermione et à Asine dans l'Argolide ; ceux d'Asine établirent une colonie de même nom au sud de la Messénie.

[d] Autres colonies : Cius, Tium, Sesamen, peut-être Sinope, sur la côte septentrionale de l'Asie Mineure.

bat, quorum unus provinciis Macedoniæ præerat, alter aliis Daciæ, e quarum numero non mireris, si non recenseantur Mœsia secunda et Scythia, cum ex eadem Notitia vicario Thraciæ subjicerentur. Verba Notitiæ sunt : « *Sub dispositione viri spectabilis vicarii diœceseos Thraciarum provinciæ infrascriptæ :*

lations seulement de la Grèce septentrionale ; mais, à la guerre de Troie, ils se reconnurent pour membres de la même famille, et dès lors les dénominations d'Hellade et d'Hellènes s'étendirent, et ne tardèrent pas à comprendre les contrées habitées par des Pélasges, aussi bien que celles où s'était établie la postérité d'Hellen.

Au commencement du XIIIe siècle (avant Jésus-Christ), on comptait cinquante-un Etats sur le continent et six dans les îles. Sans nous attacher à les énumérer, nous indiquerons les principaux.

*Hæmonie, Epire.* — *Hæmonie.* Ce pays était habité par des Pélasges, des Eoliens et des Achéens.

Parmi les Pélasges, étaient les Æniancs, au pied du mont Olympe, que l'on regardait alors comme le centre de la terre : les Perrhèbes, sur le cours du Pénée. Villes : Dodone, distincte de celle de l'Epire ; Larisse, Argissa, qui envoyèrent plus de soixante vaisseaux devant Troie. Au sud habitaient les Dolopes. A l'est, les tribus éoliennes, mêlées de Pélasges et d'Achéens, formaient sept petits royaumes.

Les peuples principaux étaient les Myrmidons, les Hellènes ou Panhellènes, sur lesquels régnait Achille ; les Achéens Phthiotes et les Magnètes. Villes : Phthie, Hellas, sur l'Enipée ; Phères, Iolcos, d'où étaient partis les Argonautes ; Mélibée, où résidait Philoctète ; Arné, Ormenium et Magnésie, Argos Pélasgicum, passée aux mains des Eoliens ; dans l'intérieur des terres, près du Pindus, Ithôme et Tricca, patrie d'Esculape et possédées par Machaon, habile dans la médecine.

Ces différents Etats étaient assez florissants pour fournir cent quatre-vingts vaisseaux.

*Epire.* L'Epire ou Thesprotie ne prit point de part à la guerre de Troie. Nous nommerons seulement Argos Amphilochicum, fondée par un prince argien après la guerre de Troie. A l'Epire appartient Schéria ou l'île des Phéaciens (Corcyre).

GRÈCE CENTRALE. — Acarnanie et îles voisines, Etolie, Locride, Phocide, Béotie, Attique, Mégaride et île de Salamine.

*Acarnanie et îles voisines.* L'Acarnanie, pauvre, habitée par les Téléboéens, composait avec les îles d'Ithaque, de Same (Céphallénie) et de Zacynthe, le royaume du prudent Ulysse. Les villes portaient les mêmes noms que les îles. Peut-être l'île de Néritus (Leucade) appartenait-elle aussi à Ulysse.

*Etolie.* L'Etolie, plus puissante que l'Etat voisin, puisqu'elle arma quarante vaisseaux, tandis qu'Ulysse n'en avait que douze, avait pour villes : Calydon et Pleuron, fondées par des Eoliens venus de l'Elide ; Pylènes, Olénus et Thermus. Les îles Echinades, à l'embouchure de l'Achéloüs, étaient importantes ; la principale se nommait Dulichium.

*Locride Ozole.* Ce pays, occupé par les Eoliens, comme les deux précédents, ne possédait que peu de villes : Naupacte, Amphissa.

*Phocide.* Les Eoliens dominaient également dans la Phocide. Ils avaient fondé un grand nombre de villes : Hyampolis, Titorée, Cyparissa, Lilée. Au sud-ouest, la ville de Delphes, appelée Pytho dans Homère, était située au milieu des rochers du mont Parnasse ; les habitants prétendaient qu'elle occupait le centre de la terre. Il y avait eu primitivement un oracle de Neptune, auquel avait succédé celui d'Apollon. Crissa était le port de Delphes.

*Béotie et Locride opuntienne.* Ces deux contrées, habitées par les descendants d'Amphictyon mêlés d'Eoliens, étaient très-peuplées. Villes : Thèbes, bien affaiblie par les désastres de la guerre des Epigones, et dont les habitants furent chassés par les Pélasges et les Thraces de Daulis (en Phocide) pendant la guerre de Troie ; Orchomène des Minyens, près du lac Copaïs, soumise au tribut par Hercule, et qui s'était relevée ; elle avait fondé à peu de distance deux colonies, Asplédon et Gyrton ; Onchesie, siège d'une amphictyonie ; Arné, plus tard Chéronée ; Glissa, où les Epigones avaient battu les Thébains ; Orope, Aulis, où s'était réunie la flotte grecque qui allait porter la guerre devant Troie.

Dans la Locride, qui avait pour chef Ajax, fils d'Oïlée, étaient Opunte, Scarphée.

Au nord de la Phocide, la Doride, dont il n'est pas question dans Homère, était resserrée dans la vallée de la petite rivière du Pindus, qui se jette dans le Céphise. Villes : Acyphas, Bœum, Carphée, Erinée.

*Attique.* L'Attique, habitée par des Ioniens, formait un seul Etat depuis que Thésée en avait réuni les douze bourgades sous son autorité. Villes : Athènes, agrandie par Thésée ; Eleusis, beaucoup plus ancienne, siège de la civilisation apportée par les Thraces, et dans laquelle Triptolème avait découvert l'art de semer le blé.

*Mégaride et île de Salamine.* Les Pélasges s'étaient maintenus dans ce pays. Le chef de leurs guerriers devant Troie fut Ajax, fils de Télamon.

La Grèce centrale, y compris les îles que nous avons nommées, arma plus de trois cents vaisseaux.

Mais la région qui déploya le plus de forces fut le Péloponnèse, qui donna aux Atrides quatre cent trente vaisseaux.

PÉLOPONNÈSE. — Le Péloponnèse renfermait quatre races : les Eoliens, dans la Corinthie, dans l'Elide et en Messénie ; les Achéens, dans l'Argolide et en Laconie ; les Ioniens, dans l'Ionie ou Ægialus, et les Pélasges, dans l'Arcadie.

*Royaumes achéens.* Les Achéens étaient partagés entre deux frères, Agamemnon, le roi des rois, et Ménélas, dont les Grecs vengeaient la querelle.

Agamemnon régnait sur Mycènes et Tirynthe. Ces deux villes avaient été embellies pendant les générations précédentes, surtout Mycènes, où l'on voit encore le tombeau d'Atrée et une porte ornée de sculptures qui représentent des lions. Au nord était Némée, où les sept chefs avaient établi les jeux. Agamemnon était maître de Corinthe, et il avait rangé sous son autorité les rois de Sicyone et de l'Ægialus. Mais il n'avait pas soumis Argos, qui était puissante et qui avait pour roi le vaillant Diomède [a].

Ménélas possédait la Laconie. Sparte, sa capitale, avait été agrandie par un des anciens rois nommé Lacédémon, qui probablement bâtit une autre ville à laquelle il donna son nom. Du temps d'Homère, on appelait la Laconie le pays aux cent villes (Hécatompolis [b]).

Sept villes de Messénie obéissaient aussi à Ménélas ; on compte parmi elles Méthone, Æpi, Cardamyle et Tricca. Ménélas fournit soixante vaisseaux, et Agamemnon cent soixante, y compris ceux qu'il donna aux Arcadiens.

*Royaume de Messénie.* La ville la plus illustre était Pylos, de fondation éolienne, et dont le roi, le sage Nestor, avait vécu trois âges d'homme. Après elle venaient Andanie, Cyparissia. Au nord, la Tryphilie, entre la Messénie et l'Alphée, avait pour ville Amphigénia et une autre Pylos.

---

[a] Autres villes d'Argolide : Hermione, Trézène, Asine, Epidaure, Nauplie, Midée (distincte de celle d'Arcadie), Thyrée, dans la Cynurie.

[b] Homère nomme les dix villes principales : Lacédémone ; Sparte, Amycles, Augée, Brusie, Hélos, Laas, Messa, Œtile, Phare.

« Europa, Thracia, Hæmimontus, Rhodope, Mœsia secunda, Scythia. »
Macedoniæ diœcesis eosdem fines habuit quos Græcia antiqua, si Cretam insulam, quam addit Notitia, excipiamus ; nec non utriusque quatuor provinciæ numerantur apud antiquos : Epirus, quæ in duas postea divisa est ; Achaia, Peloponnesus et Mace-

*Epéa.* L'Epéa, au nord de l'Alphée, que l'on commençait à désigner sous le nom d'Elide, comptait parmi ses villes Olympie, dont les jeux étaient déjà renommés ; Pise, Elise, Cyllène.

*Ægialus ou Ionie.* L'Ægialus, partagé en petits royaumes, obéissait, comme nous l'avons vu, à Agamemnon.

Il y avait douze villes, parmi lesquelles : Pellènes, d'origine pélasgique ; Hélice, fondée par Ion ; Ægium, Aroë nommée dans la suite Patræ [a].

*Arcadie.* L'Arcadie n'avait pas changé depuis la période pélasgique. Elle avait servi de théâtre à quelques-uns des exploits d'Hercule ; et les habitants de Tégée s'étaient acquis une grande renommée de bravoure.

ILES DE LA MER EGÉE. — *Crète.* L'île de Crète, qui s'était rendue maîtresse des mers dans les temps précédents, envoya quatre-vingts vaisseaux devant Troie sous Idoménée. Quoique déjà déchue, elle était encore couverte de villes, puisque Homère lui en attribue cent. Les plus renommées étaient : Gortyne, Cnosse, Phestus, bâties ou agrandies par Minos Ier ; près de Gortyne était le Labyrinthe ; Lictos, Larisse, qui reçut le nom de Cydonie, fondées par les Pélasges.

Carpathos, Rhodes [b], Syme, Cos et les Cyclades grossirent de leurs vaisseaux la flotte grecque ; Mycône fut témoin du naufrage d'Ajax, fils d'Oïlée, au retour de la guerre ; Mélos, de la mort de Ménesthée, roi des Athéniens ; Scyros, de celle de Thésée, qui y fut enseveli : Achille fut élevé dans cette île. L'Eubée, habitée par les Abantes, avait reçu plusieurs colonies de l'Attique. Villes : Chalcis, Erétrie, Orobies, Histiée, Caryste à l'extrémité méridionale de l'île, près du promontoire Capharée, où périt une partie de la flotte grecque après la guerre de Troie.

COLONIES GRECQUES. — Les Grecs fondèrent leurs colonies dans une vaste circonférence : à l'est, dans les îles de la mer Egée et sur les côtes de l'Asie Mineure ; au nord, dans les régions séparées de la Grèce par les monts Acrocérauniens, et le mont Olympe (Illyrie, Macédoine, Thrace), et sur les bords du Pont-Euxin ; à l'ouest, dans la péninsule italienne et dans les îles voisines, dont la plus importante est la Sicile ; au midi, sur les côtes d'Afrique.

Nous partagerons ces établissements en trois groupes : 1° colonies fondées avant la guerre de Troie, du XIXe siècle au XIIIe ; 2° colonies fondées à la suite des révolutions qui arrivèrent au XIIe siècle après la guerre de Troie ; 3° colonies fondées à la suite des troubles intérieurs qui agitèrent la Grèce au VIIIe siècle.

1° *Colonies des Grecs avant la guerre de Troie.* — *Colonies des Pélasges.* Les Pélasges fondèrent des colonies dès le XIXe siècle avant Jésus-Christ ; Œnotrus et Peucétius, partis d'Arcadie, s'établirent dans l'Epire et dans l'Italie méridionale (vers 1857 avant Jésus-Christ).

Au commencement du XIVe siècle, des Pélasges mêlés d'Eoliens passèrent de l'Elide dans le pays arrosé par l'Axius et le Strymon, et l'appelèrent Péonie du nom de leurs chefs.

Soixante ans plus tard, une autre colonie partie d'Arcadie, sous la conduite d'Evandre, alla fonder en Italie Pallantium, sur les bords du Tibre (1330 avant Jésus-Christ), une nouvelle tribu pélasgique construisit Tibur, non loin de cette ville (1307). Au nord, les Eoliens bâtirent la ville de Pise, sur l'Arnus.

Dans la même période, les Argonautes laissaient des établissements dans la Colchide.

2° *Colonies fondées à la suite des révolutions qui arrivèrent après la guerre de Troie.* — Le mouvement d'émigration ne devint actif qu'après la guerre de Troie (1280). Des colonies furent établies tant par les chefs qui durent errer sur les mers avant de rentrer en Grèce, que par ceux qui à leur retour se virent exclus de leur patrie.

En Crète, Lampé, Mycènes, Tégée et Pergame, furent fondées par Agamemnon ; dans l'île de Chypre, Salamine par Teucer, fils de Télamon, et Paphos par l'Arcadien Agapénor.

Les autres établissements furent en Italie. Sur les bords du golfe appelé plus tard de Tarente, Métaponte dut son origine aux Pyliens de Nestor, et Péthie à Philoctète ; Scyllacium, sur la mer Ionienne, aux compagnons de Ménesthée ; Argos Hippium (dans la suite Arpi), près de la mer Adriatique et du mont Garganum, à Diomède [c] ; et Salente, au nord de Métaponte, à Idoménée, chassé de l'île de Crète [d].

Mais les grandes émigrations ne commencèrent qu'après la conquête de la Thessalie par les Phthiotes, et l'invasion des Doriens dans le Péloponnèse.

*Colonie éolienne.* Les Eoliens chassés de l'Hæmonie, se réunirent en Béotie et s'embarquèrent à Aulis pour s'établir en Asie Mineure (1189-1120). Ils occupèrent une portion des côtes de la Phrygie à partir de la presqu'île des Dolions, de la Mysie et de la Méonie ou Lydie.

Mais ils ne donnèrent le nom d'Eolide qu'au pays compris entre le mont Ida et le golfe de l'Hermus. Ils y bâtirent ou conquirent sur les habitants douze villes : Smyrne, qui donna naissance à Homère ; Cume ou Cyme, patrie d'Hésiode et la plus importante des douze villes ; Lemnos, Larisse, Néon-Tichos, près de l'Hermus ; Cilla, Notium, Myrine, Grynium, où se tenait l'assemblée des Eoliens ; Egirousa, Pitanes, Egées, toutes situées sur le bord de la mer.

Dans les îles, ils s'établirent à Ténédos, à Lesbos et dans les îles Hécatonnèses. Lesbos renfermait six villes, dont les principales étaient Mitylène et Méthymne [e]. Elle produisit des philosophes et des poëtes illustres, tels que Pittacus, un des sept sages ; Arion, Terpandre, Alcée et Sappho ; Hellanicus, un des plus anciens historiens. Cette île envoya sur le continent plusieurs colonies, entre autres à Adramyte et à Pergame.

Il y avait encore des villes éoliennes au mont Ida et dans l'ancienne Troade, telles que Sestos et Parium. Enfin, Cyme fonda une colonie à Side en Pamphylie.

---

[a] Les autres villes étaient : Ægire, Æges, Bure, Rhypes, Phare, Olénus, Dyme, la ville des Tritéens.

[b] Un fils d'Hercule venait d'y fonder les trois villes d'Ialyssos, Camiros et Lindos.

[c] Argos Hippium fonda Luceria, Salapiæ, Aphrodisias, ou Venusia, Maleventum (plus tard Beneventum). Diomède occupa aussi les îles appelées de son nom, et situées au nord du mont Garganum.

[d] Il n'est pas inutile d'ajouter ici les établissements fondés par les Troyens fugitifs. Une colonie bâtit Ilium en Epire, vis-à-vis l'île de Schéria ; la flotte principale partie d'Antandros, sous les ordres d'Enée, fonda Ænia, dans la partie méridionale de la Péonie ; Ætia dans la Laconie, près du promontoire Malée ; Egeste ou Ségeste, Eryx, Drépane, Aluntium en Sicile, et enfin en Italie, dans le Latium, Lavinium, terme des courses d'Enée.

[e] Les autres étaient : Antissa, Erassus, Pyrrha, Arisba ; les habitants de cette dernière furent réduits en esclavage par ceux des cinq autres villes.

donia. Terminatur autem Macedonia specialim sumpta, a septentrione, Scardo monte, quo etiam a Dalmatia dividitur; Orbelo, quo a Dardania, et Pangæo, quo a Thracia : ab occasu Epiro Nova, Candaviis montibus et Prævalitana : ab oriente mari Ægeo, qua Macedonicum est. Denique a meridie, Epiro et Thessalia, montibus Acrocerauniis, Pyr-

*Colonie ionienne.* Les Ioniens et les nombreuses tribus qui avaient cherché un refuge en Attique passèrent en Asie Mineure (1130), où déjà s'étaient retirés les Cariens, chassés des îles de la mer Egée par les Crétois.

Ils s'établirent sur les côtes depuis l'embouchure de l'Hermus jusqu'au golfe d'Iassus. Comme les Éoliens, ils occupèrent douze villes, dont dix sur le continent : en commençant par le sud, Milet; Myunte à l'embouchure du Méandre; Priène, où naquit Bias, un des sept sages; Éphèse, qui fit bientôt un riche commerce; Colophon, Lébédos, Téos, patrie du poète Anacréon; Erythrée, Clazomène; Phocée, au nord de l'Hermus; dans les îles, Samos, qui donna naissance à Pythagore, et Chios.

Sur le promontoire Mycale, vis-à-vis Samos, était un temple de Neptune où se tenait le Panionium, c'est-à-dire l'assemblée des députés des douze villes.

Les Ioniens enlevèrent aux Éoliens Smyrne et Magnésie du Sipyle.

Phocée et Milet parvinrent bientôt à une grande prospérité, et fondèrent à leur tour beaucoup de colonies. Phocée étendit son commerce à l'ouest dans tout le bassin de la Méditerranée; elle déposa des établissements à Hélée ou Vélia en Italie, Aleria dans l'île de Cyrnus ou de Corse, et Massilia (Marseille) sur la côte de la Gaule en 600. Soixante-quinze ans plus tard, lorsque les Phocéens émigrèrent pour ne pas obéir aux Perses, ils passèrent en partie à Massilia (535) [a].

Milet avait quatre ports, où elle armait ordinairement cent vaisseaux de guerre. Elle porta son commerce à l'est et au nord, surtout dans le Pont-Euxin, où elle eut, dit-on, trois cents colonies : 1° dans la Propontide, Lampsaque, colonisée déjà par les Phocéens; Parium, Cyzique dans la presqu'île des Doliens, Perinthe, Byzance, Proconèse dans l'île de même nom; 2° sur les côtes méridionales du Pont-Euxin, les villes fondées jadis par les Argonautes; Sinope (751), qui était une des meilleures pêcheries de cette mer, et qui fonda à son tour Amisus, Cotyora, Cérasunte et Trapezunte dans une contrée fertile; 3° sur les côtes orientales, Phase, Æa dans l'antique royaume d'Aëtès, Dioscurias chez les Hénioques; 4° sur les côtes septentrionales, Ophiusa ou Tyras, Odessus et Olbia en 655, un très-grand nombre de villes près du Bosphore Cimmérien, Théodosia et Panticapée dans la Chersonèse Taurique, Phanagorée sur le continent opposé en 545; Tanaïs à l'embouchure du fleuve de ce nom, dans le Palus Méotide; 5° sur les côtes occidentales, Tomi, Istropolis, Apollonie.

*Colonie dorienne.* A l'époque de l'émigration des Éoliens et des Ioniens, des Doriens de l'Argolide allaient s'établir aussi en Asie Mineure dans la Carie et dans les îles de Cos et de Rhodes. Ils fondèrent sur le continent Halycarnasse et Cnide, dans laquelle s'assemblait l'amphictyonie dorienne dans un temple d'Apollon; dans les îles Cos, Lindos, patrie de Cléobule, un des sept sages; Camiros et Ialysos. Ces six villes formaient l'Hexapole. Il y en avait encore d'autres, telles que Myndus et Caunus, colonie rhodienne.

Sur la côte méridionale d'Asie Mineure, les Rhodiens fondèrent Soli, les Doriens, Mallos et Tarse, dont l'origine remontait à Triptolème.

*Iles de la mer Égée.* Ce fut dans la même période que les Cyclades furent colonisées par les Ioniens, excepté Mélos et Théra, où s'établirent des Doriens. Ægine dans le golfe Saronique devint aussi dorienne. Les Pélasges chassés de l'Attique passèrent à Imbros et à Lemnos. Enfin Samothrace, Thasos et les côtes de Thrace furent occupés en grande partie par les Ioniens d'Asie.

3° *Colonies fondées à la suite des troubles qui agitèrent la Grèce du VIII° siècle au VI°.* — Après les grandes migrations qui avaient suivi la guerre de Troie à cent années de distance, la Grèce cessa pendant longtemps d'envoyer des colonies au dehors. Mais, lorsqu'après l'abolition de la royauté dans les différents États helléniques, une aristocratie tyrannique se fut emparée partout du pouvoir, alors ce mouvement suspendu reprit son cours pendant les VIII°, VII° et VI° siècles.

*Colonies en Thrace et en Asie Mineure.* Les Mégariens dirigèrent leur émigration vers le nord-est. Sélymbrie dans la Propontide; Chalcédoine sur la côte asiatique du Bosphore de Thrace (675); Byzance de l'autre côté du détroit (658), dans une position beaucoup plus avantageuse; Héraclée dans la Paphlagonie, qui elle-même fonda Chersonèse, près du tombeau d'Iphigénie dans la Chersonèse Taurique; tels furent leurs principaux établissements.

Les Ioniens répandirent leurs colonies sur la côte méridionale de la Thrace et de la Macédoine. Les habitants de Chalcis en Eubée bâtirent Chalcis, dans la Péninsule, qui prit le nom de Chalcidique.

*Colonies en Épire et en Illyrie.* Une autre ville dorienne, Corinthe, tourna son activité vers le nord et l'ouest. Elle fonda seulement Potidée dans la presqu'île de Pallène en Chalcidique. Sur la mer Ionienne, elle colonisa Anactorium en Acarnanie, Ambracie en Épire, qu'elle repeupla; Corcyre dans l'île de ce nom, en 758. Corcyre, réunie à sa métropole, colonisa Leucade, et en Illyrie Epidamne (627) et Apollonie.

*Colonies en Afrique.* Au VII° siècle, une colonie partie de l'île de Théra s'arrêta sur la côte de Libye et s'établit à Cyrène (631), dont l'origine remonte, selon quelques-uns, aux temps héroïques. Cyrène donna son nom au pays (Cyrénaïque) et fonda Apollonie, qui lui servit de port; Barcé et Teuchira.

En Égypte, des Cariens et des Ioniens furent établis à Naucratis par Psammitichus, qu'ils avaient replacé sur le trône.

*Colonies en Sicile.* La Sicile, appelée d'abord Trinacrie, eut pour premiers habitants les Lestrigons et les Cyclopes. La tribu espagnole des Sicanes, qui s'en empara, l'appela Sicanie; et les Sicules, qui refoulèrent les Sicanes vers l'ouest, lui donnèrent le nom de Sicile. Leurs villes étaient Halycus, Hyccara, Erbesse.

Les Phéniciens construisirent Motya, Soloës et Panorme; les Troyens, Egeste, Drépane, Éryx; les Carthaginois occupèrent les colonies phéniciennes et bâtirent Lilybée (509).

Les Doriens et les Ioniens s'établirent en Sicile.

Parmi les villes doriennes était Héraclée Minoa, fondée par les Crétois, près du fleuve Halycus. Syracuse, dans l'île appelée Ortygie, qui fut jointe plus tard au continent par une chaussée, devait son origine aux Corinthiens et son nom aux marais voisins (755). Elle fut à son tour la fondatrice d'Acræ, de Casmènes et de Camarine (663-600), situées aux environs du promontoire Pachynum, qui termine la Si-

---

[a] Colonies de Massilia : Tauroentum (Olioules) Olbia (Hyères), Antipolis (Antibes), Nicea (Nice), sur les côtes orientales; Nemausus (Nîmes), Avenio (Avignon) dans les terres; Agatha (Agde), en Gaule Rosas (Roses), Empo

riæ (Ampurias), Dianium ou Hemeroscopium, sur les côtes d'Espagne.

[b] Autres colonies de Rhodes : en Carie, Eleuse, Pyrnos, Physcus; en Lycie, Palæontichos, Corydallæ, Pithyuse.

rhiis et Candaviis ut plurimum interjectis. Quibusdam Mygdonia, Pyeria et Edonia a nobilioribus populis dicta fuit ; postea tamen Macedonia a Macedone Osiridis filio, quem ejus populis imperasse Diodorus Siculus scribit ; vel, ut volunt Constantinus Porphyrogeneta et Stephanus, a Macedone Jovis filio ex Thya Deucalionis filia. Ejus pars Ma-

cile au sud. Hybla, Mégare, Tapsus et Trotilus rapportaient leur origine aux Mégariens (735) ; Sélinonte était une colonie d'Hybla (635). Géla, d'origine rhodienne (690) fonda la ville d'Agrigente (582), qui tint le premier rang après Syracuse. Au nord de l'île, Zancle, d'origine ionienne, devint dorienne quand elle fut occupée par les Messéniens (668) ; elle fut la métropole d'Himère et de Myles (659). Enfin Lipara avait été peuplée par des Doriens de Cnide.

Parmi les villes ioniennes étaient Naxos (756), Tauroménium (730), Catane (730), qui donna naissance à Charondas, philosophe et législateur. Elles avaient pour fondateurs les Chalcidiens d'Eubée. Naxos fonda Léontium [a].

*Colonies dans l'Italie méridionale.* En Italie, les Grecs s'établirent de préférence sur les côtes du sud-est.

*Colonies ioniennes.* Cume, fondée dans le pays des Opiques (Campanie) par les Chalcidiens d'Eubée (vers 1105) [b].

*Colonies éoliennes.* Locres épizéphyrienne, près du cap Zéphyrium, patrie du législateur Zaleucus (730) ; elle fonda Hipponium, Témesa, Térine.

*Colonies doriennes.* Tarente, au fond du golfe de ce nom, bâtie ou agrandie par les Parthéniens de Lacédémone sous la conduite de Phalante. Elle devint la cité la plus commerçante de l'Italie méridionale. Héraclée, Brundusium ou Brindes, étaient des colonies de Tarente.

Rhegium, en face de la Sicile, reçut pour habitants des Messéniens (668), dans le même temps que Zancle en Sicile.

*Colonies achéennes.* Sybaris, fondée sur le fleuve Crathis en 720 ; Crotone, au nord du promontoire Lacinien, en 710, par les Achéens. La première, fameuse par sa mollesse, fut détruite par la seconde en 510. Pandosie, Caulonia, colonisées par Crotone ; Laus et Possidonie, par Sybaris.

Ces différentes villes parvinrent rapidement à une brillante prospérité ; elles joignirent à l'éclat de la richesse et même des armes la gloire des lettres et des arts, et méritèrent le nom de Grande-Grèce, que l'on donna à l'Italie méridionale.

*Colonie en Espagne.* Les habitants de l'île de Zacynthe fondèrent Saguntum en Ibérie ou en Espagne.

Tels furent les établissements qui propagèrent dans le monde connu à cette époque les éléments de la civilisation grecque.

Nous avons fait connaître plus haut les changements définitifs qui furent apportés dans l'état géographique de la Grèce, par les révolutions qui suivirent la guerre de Troie, et nous en avons conduit l'histoire jusqu'à la fin du VIe siècle avant Jésus-Christ, c'est à-dire jusqu'au temps de la guerre médique ; il nous reste maintenant à tracer la géographie de la Grèce pendant cette guerre (504-449).

Nous suivrons, comme précédemment, la division générale en trois parties : Grèce septentrionale, centrale et Péloponnèse.

I. GRÈCE SEPTENTRIONALE. — La Grèce septentrionale renfermait l'Épire et la Thessalie.

*Épire.* Cette contrée était habitée par les Chaones et les Thesprotes, sur le bord de la mer, et par les Dolopes, les Athamanes et les Molosses, dans l'intérieur des terres.

Villes : Chimere, chez les Chaones ; Buthrotum, vis-à-vis l'île de Corcyre, chez les Thesprotes ; Ambracie, colonie corinthienne ; Dodone et Passaro, chez les Molosses. Dans la première se conservait l'oracle de Jupiter depuis l'époque pélasgique ; dans la seconde se tenait l'assemblée où les rois juraient de gouverner selon les lois, et le peuple de maintenir selon les lois le royaume. Admète régnait sur les Molosses lorsque Thémistocle exilé vint lui demander asile.

*Thessalie.* Cette contrée se divisait en cinq cantons : la Pélasgiotide entre le Pénée et les monts Cambuniens et Olympe, l'Histiéotide vers le mont Pindus, la Thessaliotide au sud du Pénée, la Phthiotide entre les sources de l'Énipée et le golfe Pagasétique, et la Magnésie entre le golfe Pagasétique et la mer Égée.

Villes : Gonnos dans la vallée de Tempé, Larisse, sur le Pénée, où régnaient les Aleuades ; Scotusse ; Phères, près du lac Bœbeis ; Pharsale, près de l'Énipée : entre ces deux villes était la plaine des Cynocéphales, ainsi nommée de ce qu'elle était hérissée de petites collines ; à l'est : Alos, Pagase, sur le golfe auquel elle donna son nom ; Magnésie, non loin du cap Sépias, où la tempête brisa quatre cents vaisseaux perses.

Sur les bords du Sperchius habitaient les Maliens ; villes : Héraclée de Trachinie.

La Thessalie se soumit sans résistance aux Perses.

II. GRÈCE CENTRALE. — La Grèce centrale se composait de l'Acarnanie, de l'Étolie, de la Locride, de la Doride, de la Phocide, de la Béotie, de la Mégaride et de l'Attique.

*Acarnanie.* Les Acarnaniens étaient recherchés dans les armées comme frondeurs.

Villes : Anactorium, colonie corinthienne ; Argos Amphilochicum, Stratos sur l'Achéloüs.

*Étolie.* Contrée encore sauvage. Villes : Calydon sur l'Évenus, Thermus, Chalcis, fondée par les Chalcidiens d'Eubée.

*Doride* ou pays des Dryopes, sans importance. Elle n'avait pas changé depuis les temps héroïques et avait toujours ses quatre villes : Acyphas, Bœum, Erinée et Carphée, auxquelles on ajoute Pindus et Cytinium. La Doride s'étant soumise à l'avance aux Perses, fut épargnée dans l'invasion.

*Locride*, divisée en deux parties, occidentale et orientale, par la Phocide.

La Locride occidentale ou Ozole avait pour villes : Naupactes, où les Athéniens établirent les débris des Messéniens et des Hilotes, après la troisième guerre de Messénie (456) ; Amphissa, près du champ Crisséen, qui était consacré à Apollon.

La Locride orientale se divisait en Épicnémidienne et Opuntienne. Le défilé des Thermopyles conduisait de la Thessalie dans la Grèce centrale par la Locride Épicnémidienne. Aux deux extrémités se trouvaient les villes d'Anthéla et d'Alpénus, près desquelles le défilé n'avait que la largeur d'une voiture, resserré qu'il était entre une montagne escarpée et des marais. A Anthéla, les sources chaudes qui avaient donné leur nom au défilé jaillissaient de terre. Ce fut dans ce lieu que Léonidas osa braver l'armée de Xerxès. — Autres villes : Nicée, Thronium, Cnémides ; chez les Locriens Opuntiens, Opunte.

*Phocide.* Cette contrée, restée fidèle à la cause des Grecs, fut horriblement saccagée par les Perses.

---

[a] Parmi les villes doriennes, Géla soumit Naxos, Léontium, Messine et Callipoli. Héron, roi de Syracuse, hérita de ces cinq villes en 477, et lorsqu'à sa mort, Syracuse s'érigea en république, elle conserva sa supériorité sur les autres villes, Agrigente resta indépendante.

[b] Colonies ioniennes dans le même pays : Nola, Atella, Dicœarchia (plus tard Puteoli), Parthénope (plus tard Neapolis ou Naples).

cedoniæ Salutaris nomen habuit, factaque est provincia specialis a proprio præside administrata. Hæc utrique diœcesi Daciæ et Macedoniæ communis est in notitia civili, ut diximus. Et ratio est quod ejus pars una vicario Macedoniæ parebat, et altera vicario Daciæ, licet ab uno præside regeretur, qui vicario Macedoniæ, quoad eam partem quæ

Toutes ses villes furent incendiées, telles que Tithronium, Elatée, Hyampolis, Panopée. Delphes, située dans la chaîne du Parnasse, et dont les richesses accumulées dans le temple d'Apollon, excitaient la cupidité des barbares, fut sauvée par un orage où périt le corps d'armée envoyé par Xerxès pour la piller. Au sommet de Parnasse était la ville de Néon, qui servit de refuge aux Phocidiens. Entre Delphes et le golfe de Corinthe, dans le champ Crisséen, Crissa, dont le port se nommait Cirrha, et qui fut saccagée dans la première guerre sacrée ; Anticyre, où croissait l'ellébore, que l'on croyait propre à guérir la folie.

*Béotie.* La Béotie accepta presque tout entière la domination du grand roi. Villes : Thèbes, qui était la métropole de la Béotie ; sa citadelle, la Cadmée, située sur une hauteur, était une des plus fortes de la Grèce. Cette ville avait donné naissance à Pindare. Orchomène disputait à Thèbes le premier rang. Chéronée, Coronée Haliarte, Tégyre, Délium, Tanagre, Ænophyte sur l'Asopus, furent plus tard rendues fameuses par des combats entre les Grecs ; Thespies et Platée s'illustrèrent par leur fidélité à la cause commune. Les guerriers de Thespics avaient péri aux Thermopyles ; elle fut incendiée ainsi que Platée. Mais Platée fut bientôt témoin de la défaite et de la mort de Mardonius ; ses habitants obtinrent le prix de la valeur et furent déclarés inviolables.

*Mégaride :* ville, Mégare, dont le port était Nisée, sur le golfe Saronique.

*Attique,* capitale, Athènes, entre les deux torrents de l'Ilissus et du Céphise. Elle avait trois ports : le Pirée, Munychie et Phalère. Ruinée par les barbares, elle se releva plus florissante et assez forte pour s'emparer de la domination des mers, et imposer enfin aux Perses le traité de Cimon, en 449. Thémistocle joignit le Pirée à la ville par de longues murailles, et Périclès orna l'Acropole et la cité de magnifiques monuments. Aux environs étaient Marathon, qui fut le théâtre de la victoire de Miltiade sur les Perses ; Eleusis, célèbre par les mystères de Cérès ; Phylé, Décélie et Orope, dont la possession était un sujet de discussions continuelles entre les Thébains et les Athéniens.

Depuis un siècle, l'île de Salamine appartenait aux Athéniens ; ce fut dans le petit détroit qui la sépare de l'Attique que se décida la destinée de la Grèce (480).

III. PÉLOPONNÈSE. — Il y avait dans le Péloponnèse huit contrées : la Corinthie, la Sicyonie, l'Argolide, la Laconie, la Messénie, l'Elide, l'Achaïe et l'Arcadie.

*Corinthie.* Corinthe était devenue l'une des villes les plus riches et les plus commerçantes de la Grèce ; elle avait fondé beaucoup de colonies. Elle avait le port de Léchée sur le golfe de Corinthe, et celui de Cenchrées sur le golfe Saronique.

*Sicyonie.* Villes : Sicyone, qui cultivait avec succès les arts du dessin et de la peinture ; Phlionte, au sud.

*Argolide.* Cette contrée était divisée en plusieurs cantons : Argolide propre, Epidaurie, Trézénie et Hermionide.

Argos, au centre, dominait ; elle garda la neutralité dans la guerre médique. Déjà elle avait détruit Tyrinthe ; après la défaite de Xerxès, elle renversa Mycènes, qui avait encouru sa haine en envoyant ses guerriers aux Thermopyles. Au nord était Némée, où l'on célébrait des jeux tous les trois ans ; à l'est, Epidaure avec un oracle d'Esculape ; Trézène, où se réfugia une partie de la population d'Athènes ; Hermione et Halice.

*Laconie.* Ce pays n'avait à proprement parler que la seule ville de Sparte ou de Lacédémone, sur les bords de l'Eurotas. Dans les siècles précédents, les Spartiates avaient forcé les habitants d'Amycles et de Géronthres de passer en Italie, et ils avaient détruit de fond en comble la ville d'Hélos en 815 : Gythium était leur arsenal. Dans la partie septentrionale de la Laconie, Caryes, qui avait pris parti pour les Perses, fut saccagée et ses habitants réduits en servitude. Non loin de là était le défilé de la Sciritis, qui conduisait dans l'Arcadie.

Entre la Laconie et l'Argolide s'étendait la Cynurie, que les Lacédémoniens enlevèrent aux Argiens. Ville : Thyrée, où ils établirent les Eginètes, après que ceux-ci eurent été chassés de leur île par les Athéniens.

*Messénie.* La Messénie était soumise aux Spartiates. Les points principaux étaient Ira, Ithôme, où s'étaient longtemps défendus les Messéniens ; Pylos, au fond d'un golfe qui était fermé par l'île de Sphactérie.

*Elide.* On distinguait l'Elide proprement dite, au nord de l'Alphée, et la Triphylie, au sud du fleuve. Villes : Scillonte, dans la Triphylie ; Elis, près du petit fleuve Pénée ; Pise, sur l'Alphée, rivale d'Elis, par laquelle elle fut détruite en 456, après la troisième guerre de Messénie. Près de Pise étaient le temple d'Olympie et le champ où se donnaient, tous les quatre ans, ces jeux fameux pendant lesquels toute guerre était suspendue entre les Grecs.

*Achaïe.* L'Achaïe s'étendait sur la côte du golfe de Corinthe et de la mer Ionienne, depuis la Sicyonie jusqu'à l'Elide. Villes : Dyme, Patrée, avec un très-bon port ; Ægium, Pellène.

*Arcadie.* Cette contrée prit une part glorieuse à la délivrance de la Grèce ; les villes qui s'illustrèrent le plus furent Tégée, Mantinée et Orchomène. Il y avait encore beaucoup d'autres villes, telles que Stymphale, Midée, Cromne et Phigalie.

IV. ILES. — *Iles de la mer Ionienne.* Corcyre, alors puissance maritime considérable, garda la neutralité dans la guerre médique. Elle était jalouse de Corinthe, sa métropole. Leucade, colonie corinthienne ; les Corinthiens avaient coupé l'isthme étroit qui joignait l'île à la terre. Au sud, Ithaque, Céphallénie ou Samé et Zacynthe, avec des capitales de même nom. Cythère était aussi rangée parmi les îles de la mer Ionienne.

*Iles de la mer Egée.* Les îles les plus remarquables par leur étendue ou leur importance étaient la Crète, Egine et l'Eubée.

1° *Crète.* Cette île, riche et peuplée, resta neutre dans la guerre par ordre de l'oracle.

2° *Egine.* Située au milieu du golfe Saronique, avec une capitale de même nom. Elle avait une marine florissante qui disputa l'empire de la mer à celle d'Athènes, et ce furent ses vaisseaux qui se distinguèrent le plus à la bataille de Salamine. Mais elle fut conquise ensuite par les Athéniens.

*Eubée.* Cette île avait dès longtemps excité l'ambition des Athéniens ; conquise en 506, elle reçut une colonie de quatre mille hommes à Histiée ou Orée, située sur le détroit des Aphètes. Près d'Histiée s'élevait le temple d'Artémisie, qui donnait au rivage le nom d'Artemisium ; là se livrèrent trois batailles navales indécises entre les Grecs et les Perses. Au sud étaient Chalcis, la métropole d'un grand nombre de colonies ; Erétrie, détruite par les Perses en 490, pour avoir participé à l'incendie de Sardes ; Caryste, près du promontoire Capharée, où périrent deux cents vaisseaux perses dans une tempête.

*Cyclades.* Délos, la plus illustre des Cyclades, et

in ejus diœcesi erat, subjiciebatur, et vicario Daciæ quantum ad aliam. Unde certo inferendum est hanc in finibus utriusque sitam fuisse. Salutaris autem dicebatur, ab aquarum salubritate quæ per eam oriuntur et fluunt.

Thessalia Macedoniæ, cujus pars erat tempore Ptolemæi, ab austro adjacet, finesque habet ab oriente Ægeum mare, qua Græcum appellatur ab ostio Penei fluvii usque ad Maliacum sinum et Thermopylas : Macedoniam ipsam a septentrione, Achaiam a meridie, et Epirum ab occidente, Olympo, Pieriis, Candaviis, Pindo et OEtæis montibus interpositis. Olim Pelasgicum Argos vocabatur, a Pelasgis barbaris, qui hanc occupivere, vel a Pelasgo Inachi, aut Neptuni et Larissæ filio; tandemque, ut ait Velleius Paterculus, Thessalia a Thessalo, qui hanc armis comparavit. *Achæi*, inquit, *ex Laconica pulsi, eas occupavere sedes quas nunc obtinent. Pelasgi Athenas commigravere; acerque bello juvenis nomine Thessalus, natione Thesprotius, cum magna civium manu eam regionum armis occupavit, quæ nunc ab ejus nomine Thessalia appellatur, ante Myrmidonum vocitata civitas.*

Epirus ab occidente terminatur mari Ionio, ab oriente Acheloo fluvio, quo ab Achaia, quæ illi ad meridiem est, dividitur; Pindo monte, quo a Thessalia, et Candaviis, quibus a Macedonia : a septentrione autem Prævalitana. In duas divisa est, Veterem et Novam. Vetus meridionalior est, circa Ambracium sinum, sic dictum ab Ambracia civitate, quæ quondam regia fuit Pyrrhi, splendide ab eo exornata, urbiumque Epiroticarum olim maxima et nobilissima. Nova vero ad septentrionem vergit, estque circa Dyrrachium sita.

Achaiam distinxit Ptolemæus a Peloponneso; sed ex his una tantum provincia est in Notitia. Utraque sic terminatur : Achaia quidem sub Thessalia ad orientem et meridiem posita est, ab oriente Ægeum mare habet, ob occidente Ionium, et a meridie Corinthiacum sinum, isthmum et Saronicum sinum. Peloponnesus autem ab Achaia in meridiem pendens, ab oriente Myrtoo, ab occidente Siculo, et a meridie Cretico tangitur mari.

Addam his Cretam insulam, quæ, inquit Æthicus, finitur ob oriente Carpathio mari, ab occasu et septentrione mari Cretico, et a meridie Libyco, quod et Adriaticum vocant. Hanc Plinius dictam vult a Crete nympha Hesperi filia, Stephanus a Crete Jovis et Idææ nymphæ filio, Anaximander a rege Curetum Crete, tandemque Eusebius a Crete indigena quem primum in ea regnasse asserit, unumque ex Curetis fuisse, a quo Jupiter absconditus et nutritus fuit. Mirum sane quod ita populosa fuerit, ut Ἑκατόμπολις, id est centum habens urbes, ab Homero dicta sit, et postea a Virgilio tertio Æneidos :

*Creta Jovis magni medio jacet insula ponto :
Mons Idæus ibi, et gentis cunabula nostræ,
Centum urbes habitant magnas.*

Hæc de Macedonia. Quod ad diœcesim spectat Daciæ, cujus quinque provincias fuisse ex Notitia diximus, duæ inter eas idem nomen sortitæ sunt quod tota diœcesis, unaque ex iis Dacia Ripensis dicta est, altera vero Dacia Mediterranea. Utraque inter Danubium a septentrione et Dardaniam a meridie sita est, habetque ab ortu Mœsiam inferiorem, et ab occidente superiorem, quarum olim pars erat. Sed et utraque differt a veteri Dacia ultra Danubium sita, quam sic terminat Ptolemæus, qui Zarmizegetusam

où il y avait un temple d'Apollon tellement révéré, que les Perses eux-mêmes le respectèrent. Les Grecs y déposèrent ensuite le trésor des alliés. Naxos, dont les querelles intestines furent l'occasion de la guerre médique, et qui dans la suite fut la première ville réduite par les Athéniens au rang de sujette; Paros, avec une ville de même nom, au siége de laquelle Miltiade échoua; Andros, dont la capitale fut assiégée inutilement par Thémistocle. Après ces îles, les principales étaient Amorgos, Mycone, Tenos, Céos, qui donna naissance au poëte Simonide; Mélos et Théra, qui avait fondé Cyrène.

*Sporades.* Astypalée, Nisyre, Calymna, sans importance. On y range aussi Cos, Samos.

*Iles du nord.* Scyros, prise par Cimon en 472, où les Athéniens retrouvèrent les ossements de Thésée; Sciathos, Scopelos, près de la Magnésie; Lemnos avec ses deux villes, Héphestia et Myrine, conquise par Miltiade; Imbros soumise aussi par ce général; Samothrace, et Thasos, riche en mines d'or, qui opposa une résistance de trois ans à Cimon.

V. CONTRÉES DU NORD DE LA GRÈCE. — Ce tableau de la Grèce pendant les guerres médiques serait incomplet si nous n'ajoutions pas quelques notions sur les contrées situées au nord, c'est-à-dire la Macédoine et la Thrace, qui servirent les premières de théâtre à l'invasion des Perses.

*Macédoine.* La Macédoine avait pour roi Alexandre, qui grossit de ses forces celles des barbares, mais qui informait les Grecs des projets de Xerxès. Ce prince, qui, après la défaite des Perses, se fit reconnaître pour Grec, comme issu des Argiens, régnait sur le territoire compris entre le mont Olympe et le fleuve Strymon, si l'on excepte la Chalcidique. Sa capitale était Edesse ou Eges, occupée jadis par Caranus (799). Il faut nommer Crestone, où se réfugièrent les Pélasges, chassés de Lemnos par Miltiade en 510.

Au sud, s'étendait la péninsule de Chalcidique, qui tirait son nom de Chalcis, colonie de l'Eubée, et se divisait en trois presqu'îles : Callène, Sithonie et Acté. Elles étaient couvertes de colonies ioniennes, excepté Cotidée, qui passèrent dans l'alliance d'Athènes. La presqu'île d'Acté se terminait par le mont Athos, où se brisèrent 300 vaisseaux perses dans la première expédition de Mardonius (496). Xerxès, pour éviter un pareil désastre, fit couper la péninsule par un canal près de la ville de Sane.

*Thrace.* Les Odryses et les Bryges résistèrent vaillamment aux invasions des Perses. Les côtes de leur pays appartenaient aux colonies ioniennes. Nous citerons Eion, prise par Cimon, la ville des Neuf-Voies, à laquelle Cimon donna le nom d'Amphipolis et qui reçut une colonie de dix mille Athéniens; Abdère, Mésembrie, Dorisque, dans une vaste plaine où Xerxès passa son armée en revue; Cardie, Chritote, repeuplées par Miltiade dans la Chersonèse de Thrace; Sestos, où les Perses se défendirent quelque temps contre les Athéniens (479); dans la Propontide, Périnthe, Sélymbre, Byzance, qui fut prise par le roi Pausanias et passa aux Athéniens.

( F*x*. ANSART, *Atlas de Géographie historique.* )

ejus regiam facit : *Dacia definitur a septentrionibus parte Sarmatiæ, quæ est in Europa, a Carpato monte usque ad finem conversionis Tyræ fluvii, ab occasu Iazigibus Metanastis juxta Tibiscum amnem, a meridie autem ea parte Danubii fluminis quæ est a divertigio Tibisci amnis usque ad Axium civitatem, a qua jam Danubius usque ad Ponti ostia Ister appellatur.* Hanc Trajanus, Decebalo ejus rege victo, in provinciæ Romanæ formam redegit, ut testantur Dio, Sextus Rufus et Eutropius ; sed postea sub Galieno principe amissa est, ac denuo per Aurelianum recuperata ; de quo hæc Vopiscus ait : *Cum vastatam Illyricum et Mæsiam deperditam videret, provinciam trans Danubium Daciam a Trajano constitutam sublato exercitu ac provincialibus reliquit, desperans eam posse retineri : abductosque ex ea populos in Mœsia collocavit, appellavitque suam Daciam, quæ nunc duas Mœsias dividit.* Ab hinc relicta est a Romanis antiqua Dacia, adeo ut nunquam amplius recuperata fuerit, teste Orosio.

Mœsia superior seu prima Danubium habet a septentrione, montem Sardonium ab occidente, quo a Dalmatia separatur ; ab austro Daciam et Dardaniam, et ab ortu partim Danubium et partim Daciam Ripensem. Inferior sub vicario Daciæ non constituitur in notitia. Hanc tamen aliis Illyrici provinciis annumerabo, quippe quæ et patriarchæ occidentali et vicario ejus Thessalonicensi parebat. Supra Thraciam est ad septentrionem, inter Danubium et Hæmum montem, confinisque ab occidente Daciæ, et Thraciæ ab ortu.

Addam ea ratione Scythiam, quæ per oram Ponti Euxini a flumine Phanyso vel Zyra ad Istrum septentrionem versus extenditur, quæque sic dicta est a Scythis Aroteribus, qui hanc occupavere, teste Plinio, usque ad Marciani et Leonis tempora, qui eam recuperatam Hunnis et Zabergano eorum duci sub tributo concesserunt, positis in illa limitibus imperii Romani, quos duci Scythiæ multis cum legionibus ducibusque Mœsiarum conservandos dederunt.

Dardania Macedoniæ proxima est inter Sardonium et Orbelum montes, terminaturque ab ortu Thracia, a meridie Macedonia et Orbelo monte, ab occasu Prævalitana, a septentrione Dacia mediterranea. Prævalitana vero ab oriente Macedonia et Dardania clauditur, a septentrione Mœsia superiori, ab occasu partim mari Adriatico qua Adriaticum est, et partim Dalmatia, a meridie vero Nova Epiro.

Porro singulis dictis provinciis singuli præficiebantur magistratus sub vicariis Macedoniæ et Daciæ, excepta Achaia, quæ proconsulem habebat a vicario Macedoniæ exemptum, et soli præfecto prætorio Illyrici subjectum. Macedonia prima, Creta, et Dacia mediterranea consulares erant, cæteræ a præsidibus administrabantur, scilicet Thessalia ; Epirus Vetus, Epirus Nova, et Macedonia Salutaris sub vicario Macedoniæ ; Dacia vero Ripensis, Mœsia prima, Dardania et Prævalitana sub vicario Daciæ : tandem Mœsia secunda et Scythia sub vicario Thraciæ. Hæc adeo clara sunt, ut ad notitiam civilem hujusce diœcesis plusquam satis sint.

Nunc de ecclesiastica dicere tanto utilius jucundiusque erit, quod Illyricum illustrius theatrum fuerit gloriæ magni Pauli apostoli, et quasi stadium in quo ita strenue decertavit, ut justa ratione potuerit effari : *Bonum certamen certavi, cursum consummavi, fidem servavi, de reliquo reposita est mihi corona justitiæ.* Siquidem majorem partem Ecclesiarum vel saltem celebriores per Græciam ipsemet instituit, scilicet Atheniensem, Thessalonicensem, Corinthiensem et Philippensem, ut in Epistolis quas ad eas scripsit testatur : *Ego*, inquit ad Corinthios scribens, *plantavi, Apollo rigavit, Deus autem incrementum dedit.* Et ad Thessalonicenses : *Evangelium nostrum non fuit ad vos in sermone tantum, sed et in virtute et in Spiritu sancto.* Et infra : *Ita ut facti sitis forma omnibus credentibus in Macedonia et Achaia : a vobis enim diffamatus est (hoc est divulgatus) sermo Domini, non solum in Macedonia et Achaia, sed et in omni loco fides vestra, quæ est ad Deum, profecta est.* Item ad Philippenses : *Scitis autem et vos Philippenses, quod in principio Evangelii, quando profectus sum a Macedonia, nulla mihi Ecclesia communicavit in ratione dati et accepti, nisi vos soli, qui et Thessalonicam semel et bis in usum misistis.* Denique, et Atheniensibus Evangelium prædicavit, teste Luca evangelista, qui tunc inter eos nomen suum Christo dedisse Dionysium Areopagitam asserit, quem postea primum Atheniensium episcopum creatum fuisse scribit Eusebius. Ab his Ecclesiis magno lumine fidei et gratiarum abundantia imbutis, Christiana religio per universam Græciam vicinasque provincias diffusa est ; cumque aliarum matres fuerint, etiam pro metropolibus justa cum ratione primis sæculis habitæ sunt. Unde et de singulis aliquid dicere plane conveniens est.

A Thessalonica ducam initium, quam sic describit Strabo : *Post Axium flumen Thessalonica urbs est, prius Therme dicta, a Cassandro ædificata. Is de nomine uxoris, quæ Philippi Amynthæ erat filia, urbem hanc ita appellavit, atque circumjacentia oppidula in eam deduxit, ut Chalestram, Æneam, Cissum et quædam alia.* Stephanus tamen Thermem a Thessalonica diversam putat, aliique scribunt Philippum filiam quam ex Nicacipoli nobili femina suscepit, victis Thessalis, nomen Thessalonicæ indidisse ; Cassandrum vero illam duxisse in uxorem, et ejus nomine urbem de qua dicimus nuncupasse. Hanc Macedoniæ primariam vocat Socrates : sed Theodoretum de illa magna cum laude scribentem audiamus : *Thessalonica*, inquit, *urbs est amplissima et copiosa, Macedonibus attributa : Thessaliæ, Achaiæ et quamplurimis aliis populis, quos moderatur præfectus prætorio Illyrici, præposita.* Hic proinde apud eam morabatur, ut ex novella undecima

Justiniani discitur, quæ in hoc sine dubio vera est, licet in alio contra veritatem historiæ peccet, cum scilicet præfecti sedem in illam ex Sirmio translatam asserit Attilæ temporibus. Etenim quis non legit apud Sozomenum Theodosium Magnum jam suo tempore ex ea, velut ex arce totius imperii, reliquis urbibus rescriptum edixisse; et, apud Theodoretum, ideo ipsummet imperatorem Thessalonicensium cladem permisisse, quod magistratus aliquot imperii, ac inter eos Bothericus præfectus militum, obruti lapidibus fuissent et gravibus contumeliis vexati. Unde imperator (qui in ea ab Acholio episcopo sacrum baptisma susceperat) ira vehementi percitus, septem hominum millia per immissos milites sine discrimine interfecit. Divus autem Ambrosius Mediolanensis episcopus a tanto sanguine abhorrens, ipsi Theodosio ecclesiæ ingressum et sacrorum usum interdixit, donec, justa pœnitentia facta, ab ipso in sinum Ecclesiæ reciperetur, teste Sozomeno.

At omissis quæ de nomine, non tantum metropolis civilis fuit, et sedes præfecti prætorio Illyrici, sed etiam metropolis ecclesiastica, et sedes primatis vicarii sanctæ sedis per universum Illyricum. Id clare testatur Ætius episcopus, dum ait in concilio Sardicensi : *Non ignoratis qualis et quanta sit Thessalonicensium metropolis : sæpe igitur ad eam confluunt ex aliis provinciis presbyteri et diaconi*. Etenim si in eam ex aliis provinciis confluebant presbyteri et diaconi, sane non tantum metropolis fuit unius provinciæ, sed integræ diœcesis ex multis provinciis constitutæ. Nec minus evidenter idem confirmant subscriptiones episcoporum hujus sedis quæ in actis conciliorum leguntur. Sic Flavianus nomine Rufi Thessalonicensis episcopi concilio Ephesino, et Quintillus Heracliensis pro Anastasio item Thessalonicæ antistite Chalcedonensi proxime post patriarchas subscripserunt ; sic tandem Benignus vices gerens Eliæ ejusdem civitatis episcopi Constantinopolitano generali quinto ante exarchos Orientis Cæsariensem, Ephesinum et Heracleensem subscripsit. Omnibus clarius Leo Magnus Romanus pontifex, dum eidem Anastasio Thessalonicensi episcopo vicarii seu primatis dignitatem per Illyricum, exempla prædecessorum suorum secutus, tribuens hæc scribit : *Sicut præcessores mei præcessoribus tuis, ita etiam ego dilectioni tuæ, priorum secutus exemplum, vices mei moderaminis delegavi, ut curam quam universis Ecclesiis principaliter ex divina institutione debemus, imitator nostræ mansuetudinis effectus, adjuvares, et longinquis ab apostolica sede provinciis præsentiam quodammodo nostræ visitationis impenderes*. Quorum autem præcessorum exempla secutus sit, his verbis declarat Nicolaus primus ad Michaelem : *Oportet vestrum imperiale decus, quod in omnibus ecclesiasticis utilitatibus vigere audivimus, ut antiquum morem quem nostra Ecclesia habuit, vestris temporibus restaurare dignemini ; quatenus vicem quam nostra sedes per episcopos vestris in partibus constitutos habuit, videlicet Thessalonicensem, qui Romanæ sedis vicem per Epirum Veterem, Epirumque Novam, atque Illyricum, Macedoniam, Thessaliam, Achaiam, Daciam Ripensem Daciamque Mediterraneam, Mysiam, Dardaniam et Prævalim, beato Petro apostolorum principi contradicere nullus præsumat*. Hæc autem cum ita sint, non parum mihi probabile est eam civitatem metropolim fuisse totius Illyrici orientalis ante provinciarum divisionem. Majoribus enim, ut jam diximus, dignioribusque civitatibus honor ille tribuebatur, quibus primatus postea datus est, ejusque conditionis Thessalonicam esse omnes norunt. Adde quod Alexandro hujus episcopo cura mittendorum decretorum concilii Nicæni per Macedoniam, Græciam, Europam, Scythiam, Thessaliam, Achaiam universumque Illyricum commissa sit, nec credendi locus videatur id muneris antistiti qui per eas auctoritatem non haberet, datum fuisse.

Philippos civitatem metropolim in Macedonia post Thessalonicam in notitia sequenti ponimus, fuitque sane saltem honorario jure, ut satis discitur ex Liberato in Breviario. Etenim apud cum Flavianus Philippensis archiepiscopus dicitur, quem Baronius Philippensi Ecclesiæ præfuisse scribit. Nec certe ibi positam fuisse sedem metropolitanam, postquam Illyricum orientale Constantinopolitano patriarchæ subditum fuit, ut in notitia Constantinopolitanæ Ecclesiæ vulgo imperatori Leoni tributa dignoscitur. Attamen Philippensem episcopum primis sex sæculis veri metropolitæ jura et suffraganeos habuisse non asseram. Obstant enim ipsi Philippenses episcopi, qui nequidem metropolitæ nomen sumunt in subscriptionibus conciliorum generalium quinti et sexti, quibus tamen videre est episcopos civitatum quæ revera metropoles erant hocce honoris titulo aut in uno aut in altero designari. Imo reperio Sozontem Philipporum episcopum post omnes metropolitas nominatum actione prima concilii Chalcedonensis, etiam post Constantinum episcopum Demetriadis in Thessalia, et Alexandrum Sebastæ in Cilicia. Adde quod si Philippensis sedes metropolitana cum omnibus juribus fuisset ante Iconomachorum imperatorum tempora, hanc procul dubio legeremus inter avulsas a sede Romana, quas recenset Leo imperator in Diatyposi Constantinopolitana, cum longe proximior sit Constantinopoli quam Corinthus, Patræ, Athenæ et Thessalonica. Unde cum his apud eam non annumeretur, nec etiam metropolitanam, nisi nomine et honore, fuisse ante illorum tempora, quasi indubitatum mihi est. Iustabis actione prima concilii Chalcedonensis, eadem pagina qua reperitur Sozon episcopus, mentionem fieri Macedoniæ primæ, ideoque jam hoc tempore et secundam Macedoniam exstitisse, quarum metropolita esset Philippensis episcopus. Sed respondeo Macedoniam in primam et secundam bifariam divisam fuisse : primum ab imperatoribus, a quibus una prima dicta est, et altera Salutaris, ut in Notitia imperii legitur ; et postea ab Ecclesia, quæ Macedoniam primam eam vocavit, cujus Thessalonica metropolis erat, et secundam alteram, cujus Philippi. Jam vero de Macedonia prima juxta imperatorum divisionem sermonem esse dicto in loco concilii Chalcedonensis, satis ex hoc intelligitur, quod in ea ponantur Topiris, Derris seu Serres, Cassandria et Berrhœa, quarum plures Thessalonicæ subjectæ mansserunt, una vero Philippis, scilicet Topiris. Unde prorsus dicendum est nondum divisionem ecclesiasticam in primam et secundam factam fuisse, unicamque per illa tempora veram metropolim ecclesiasticam Macedoniæ, nempe Thessalonicam.

Larissa, Livio teste, nobilis urbs et Thessaliæ caput est, ad Peneum fluvium, ait Procopius, sita, et a Larissa Pelasgi filia, ut scribit Pausanias, condita, ejusque nomine appellata. Hanc non longe a Pharsalicis campis sitam esse ex hoc arbitror, quod Cneus Pompeius post acerbam ibi cladem acceptam sub lucem in eam venerit, cum sub vesperam castris excessisset. Unde Lucanus libro octavo ait :

*Vidit prima tuæ testis Larissa ruinæ*
*Nobile, nec victum satis, caput.*

Huic vero metropolitica jura ab Ecclesia concessa fuisse primo probatur ex catalogo metropolitanorum ad quos scripsit Leo imperator post concilium Chalcedonense, e quorum numero fuit Vigilantius episcopus Larissæ. Nec minus id clare testatur epistola divi Gregorii ad Joannem Larissenum, qua, propter iniquam ab eo sententiam adversus Adrianum Thebanum latam, hunc ita exauctorat, ut Adrianum ab omni ejus jurisdictione eximat, eique scribat quod si limites præscriptos transilierit, sacra communione ad extremum usque spiritum apostolica auctoritate privabitur; idque, licet a Joanne primæ Justinianæ primate confirmata fuisset Joannis Larisseni sententia. Quid enim clarius, cum ad metropolitas tantum spectet de episcoporum causis judicare, sicut et ad primates sententias a metropolitanis datas examinare? Fuit quidem alia Larissa sub Ossa monte, quam Pelasgiam a quibusdam vocari Stephanus ait, sed diversa ab ea quæ caput et metropolis Thessaliæ dicta est.

Nicopolis Epiri civitas Actiaca dicta apud Jornandem, in qua, inquit, editio quæ sexta dicitur divinarum Scripturarum in dolio reperta est. Eam Cæsar construxit, et circa eam Antonius a Cæsare Augusto prælio navali superatus est. Hodie, Cassiodoro teste in Chronico, *Prævesa* vocatur. Quod autem metropolis ecclesiastica fuerit ipsi testantur episcopi Veteris Epiri in epistola synodica qua confirmationem Joannis hujus civitatis antistitis ab Hormisda postulant his verbis: *Christus consolatus est nos per vestras orationes, demonstrans metropolitanæ civitati sanctissimum Joannem*, etc. Sed et Atticus episcopus Nicopolis metropolis Epiri Veteris vocatur actione prima concilii Chalcedonensis.

Dyrrachium Epiri urbs apud Florum situ inexpugnabilis, eadem est Livio ac Epidamnus; Appiano tamen diversæ civitates sunt, isque Dyrrachium ad littus maris constituit, Epidamnum vero ab eo aliquantulum distare scribit : hodie *Durasso* dicitur. Metropolim vero fuisse ecclesiasticam legitur in ipso limine concilii Chalcedonensis, quo Lucas Dyrrachii metropolis Novæ Epiri episcopus dicitur. Eucarius etiam ejusdem civitatis antistes concilio Ephesino subscripsit.

Corinthum inter nobilissimas Græciæ urbes numeratam nemo ambigit, ad isthmum sita est, Ephyra prius dicta ab Occani filia Ephyra, quæ, auctore Pausania, primam hanc regionem incoluit, vel, ut putat Stephanus, ab Ephyro Myrmesis filio ex Epimeta uxore; sed huic postea Corinthi nomen indidit Corinthus Marathonis, vel, ut Corinthiis persuasum est, Jovis filius. Strabo vero hanc primam a Sysipho latrone Æoli filio conditam scribens, prius Corcyram nominatam esse ait, et Cicero pro lege Manilia orans hanc totius Græciæ lumen appellat. Eo revera potentiæ propter situs opportunitatem venit, ut vix Romæ, quantum ad luxum, ingluviem, libidinem et magnificentiam cederet. Hanc metropolim ecclesiasticam fuisse ita clare patet in subscriptionibus epistolæ synodicæ episcoporum Achaiæ ad Leonem imperatorem, ut alia probatione non indigeat. Sic enim primo loco ejus episcopus subscribit : *Petrus episcopus metropolis Corinthi, sancta et consubstantialis Trinitas, quæ tuum genus ad munimen fidei orthodoxæ et salutem generis humani constituit, pium tranquillitatis tuæ longissimo tempore servet imperium, venerabilis imperator*. Imo multi non sine ratione hujus episcopum primatem fuisse credunt temporibus Gregorii Magni, huic Athenas et Patras metropoles in Hellade et Peloponneso subjicientes, sed id certo pro his temporibus asseverare non ausim. Fateor divum Gregorium, misso ad Joannem Corinthiorum episcopum pallio, more majorum, ut scribit, Helladis episcopis præcipere, ut huic subjecti maneant : *Pallium*, inquit, *Joanni fratri nostro Corinthiorum episcopo nos transmisisse cognoscite : cui vos magnopere convenit obedire, præsertim cum hoc sibi et antiquæ consuetudinis ordo defendat, et bona ejus, quibus ipsi testimonium perhibetis, invitent*. At Helladem provinciam ecclesiasticam a Peloponneso distinctam fuisse non satis constat, sicut nec Atheniensium episcopum ejus metropolitæ dignitatem consecutum.

Athenas, ut inter antiquiores, ita inter nobiliores civitates omnes posuere. Ante Deucalionis tempora regem habuit hæc civitas. Cecropem, inquit Justinus, *quem, ut antiquitas fabulosa est, biformem tradidere, quia primus marem feminæ matrimonio junxit*. Sed audiamus divum Augustinum de hujus nomine non parum notanda scribentem : *Jam Minerva tanquam dea celebratur regnante Atheniensibus Cecrope : sub quo rege etiam ipsam vel instauratam ferunt, vel conditam civitatem*. Quomodo autem Athenæ sic a Minerva dictæ sint sequenti capite docet ex Varrone, his verbis : *Ut Athenæ vocarentur, quod certe nomen a Minerva est, quæ Græce*

Ἀθῆνα *dicitur, hanc causam Varro indicat. Cum apparuisset illic repente olivæ arbor, et alio loco aqua erupisset, regem prodigia ista moverunt; et misit ad Apollinem Delphicum sciscitatum quid intelligendum esset, quidve faciendum. Ille respondit quod olea Minervam significaret, unda Neptunum; et quod esset in civium potestate ex cujus nomine potius duorum deorum, quorum signa illa essent, civitas vocaretur. Isto Cecrops oraculo accepto, cives omnes utriusque sexus (mos enim tunc in iisdem locis erat ut etiam feminæ publicis consultationibus interessent) ad ferendum suffragium convocavit. Consulta igitur multitudine, mares pro Neptuno, feminæ pro Minerva tulere sententias, et quia una plus inventa est feminarum, Minerva vicit. Ita illa civitas, de victoria per feminas feminea Athenas nomen accepit.*

Tam illustrem porro urbem metropolim ecclesiasticam primis sæculis fuisse, saltem quantum ad honorem, et paulo post obitum Gregorii Magni, eo probabilius est, quod veluti princeps civitatum Græciæ fuerit, et revera metropolis civilis apud Hieroclem in Synecdemo nominetur; decretumque legatur a concilio Chalcedonensi, ut quæcunque civitates per litteras imperiales metropolis nomine honoratæ fuerant, honore perfruerentur, et qui ejus Ecclesiam administrabat episcopus, servato veræ metropoli suo jure pro metropolita haberetur. Id sane tanto verisimilius existimo, quod primi Ecclesiæ Patres in majoribus urbibus primas sedes constituerint, decreveritque concilium Antiochenum, episcopum qui præest metropoli, etiam curam suscipere debere totius provinciæ, eo quod in metropolim undequaque concurrant omnes qui habent negotia.

Hujus equidem episcopum metropolitam dictum apud Balsamonem reperio in Nomocan. Photii. *Cum defunctus*, inquit, *sanctissimus Athenarum metropolitanus, et inclytus dominus Nicolaus Hagiotheodoretus ad synodum retulisset magnam hinc animabus perniciem afferri in nonnullis, qui in sua provincia in septimo gradu matrimonium clandestinum contrahebant propter metum pœnæ, facta est synodalis deciaratio.* Sed et idem Balsamo in synodi sextæ canones scribens hunc nominat ἀρχιερέα, hoc est archiepiscopum. Ejus verba sunt: *Hæc cum sacer canon jubeat, et eos excommunicet qui præter hæc faciunt, sæpe dictum est a diversis archiepiscopis, qui habent ex aurea bulla clericos, Athenarum scilicet et Mesembriæ et aliis, quod qui ex antiquis clericis descenderunt, cogunt ipsos eos qui non sunt clero digni ordinare.* Adde quod in Dialyposi patriarchatus Constantinopolitani Leoni imperatori tributa apud Leunclavium legitur, Athenarum metropolitano exarcho Helladis subjectos fuisse decem episcopatus, scilicet Euripi, Diauliæ, Coroneæ, Andri, Orei, Scyri, Carysti, Porthmi, Aulonis et Syræ; eumque avulsum a Romano patriarchatu, sicut et Thessalonicensem, Syracusanum, Corinthium, Rhegium, Nicopolitanum et Patrensem, ut Constantinopolitano patriarchæ subjiceretur. Favet quod Patrensis episcopus jam metropolita esset tempore concilii Chalcedonensis, ut mox subjungemus, cum haud probabile sit Patrensem sedem ante Atheniensem ad talem honoris gradum evectam fuisse, cui multo inferior erat. Attamen Atheniensem episcopum jura omnia metropolitæ, et suffraganeos ante finem sexti sæculi obtinuisse absolute non dixerim, maxime cum inter suffraganeos Corinthi subscribat in actis concilii Chalcedonensis.

Patræ civitas, Pausania et Stephano testibus, prius Aroe dicta est, recenseturque inter primas urbes Achaiæ; sed, ejectis Ionibus ab Achæis, Patræus Preugenis filius, Agenoris nepos, qui ab Amycla et Lacedæmone majores deducebat, aucto mœnium ambitu, hanc de suo nomine Patras appellavit. Si us ejus est in longissimo Peloponnesi promontorio, ex adverso Ætoliæ et Eveni fluminis : maximeque apud antiquos fuit celebris ex martyrio D. Andreæ apostoli, qui sub Ægea proconsule apud eam passus est; nec non ex sede metropolitana, quam in ea olim fuisse evidenter probat notitia Constantinopolitana prædicta apud Leunclavium. Siquidem in ejus fine inter metropoles a Romano patriarchatu ab ipsis avulsas Constantinopolitanoque subditas recensetur. Sed longe prius ad hunc metropolis gradum saltem quoad honorem evectam esse non leviter conjicio ex catalogo metropolitarum, ad quos scripsit Leo imperator, qui in fine concilii Chalcedonensis exstat, in quo Patrensem episcopum inter eos videre est. Hunc inter suffraganeos metropolitæ Corinthiorum, epistolæ synodicæ Achaiæ subscripsisse non diffiteor; sed quamvis ex hoc satis clare probetur cum suffraganeos non habuisse hujus concilii tempore, nil tamen obstat quominus inter metropolitas honorarios locum haberet, qui tunc Corinthiorum vero metropolitæ parebant, et inter ejus suffraganeos subscripti ut plurimum leguntur in conciliis.

Gortyna Stephano urbs Cretæ, quæ prius Larissa et postea Cremnia vocata est. De hac ita notitia Græca imperii Romani: *Creta habet maximam civitatem nomine Gortynam, ubi et circum insignem esse dicunt.* Sed plura Eustathius ad Dionysium his verbis: *Gortyn etiam Gortyna dicitur. Eam sacram vocat Dionysius, vel propter gloriam, vel imitatus Homerum, qui civitates appellat sacras, propter studium custodiendi eos qui ipsas inhabitant. Gortynam autem condidit Taurus ille qui Phœnissam Europam rapuit, et rex Cretæ fuit.* Cæterum Theodotus Gortynæ metropolis Cretæ episcopus dicitur in concilio Constantinopolitano generali quinto, collatione octava, unde eam metropolim fuisse negari non potest.

*Achrida*, inquit Procopius, *magna plane urbs est, atque hominum multitudine referta, totius nempe regionis metropolis, et græcorum præterea archiepiscopum sortita, et quæ propter magnitudinem reliquis aliis civitatibus antecellit.* Hanc quidam Agathiam secuti, eamdem cum Bederina Illyrici urbe putant, Achridam adjectivam existimantes, sicque dictam quasi summam, id est primam et metropolim totius regionis. Sed his silentium imponunt Nicephorus eam Achrido nominans, nec non Guillelmus Tyri archiepiscopus, qui eam adhuc suo tempore Acredam vocatam fuisse ait. Hujus verus et proprius situs, ut liberius fatear, ignoratur : nam Nicephorus eam juxta Lychnidium lacum in Epiro Nova collocat, Z naras apud Dardaniam in Bulgaris, et Justinianus in Pannonia secunda. Sed forte Justinianus Pannoniæ nomine Dalmatiam ex eo vocat, quod Pannonia late sumpta hanc procul dubio complecteretur, ac proinde Prævalim, quæ Dalmatiæ pars erat, et apud quam proprie fuisse Achridam, non levibus ductus argumentis conjicio. Ego enim alio nomine hanc Præbilim appellari legi in veteri manuscripto regiæ bibliothecæ. Præbilim autem eamdem puto fuisse cum Prævali cujus Andreas dicitur episcopus in ejus relatione ad Hormisdam, et quæ tanto verisimilius in Prævali collocanda videtur, quod ipsi nomen indiderit. Hanc saltem a Lichnido seu Lignedo diversam fuisse ideo certissimum est, quod in epistolis ejusdem Hormisdæ eodemque tempore Andreas Prævalis dicatur episcopus, et Theodoretus Lignedi. Quidquid sit, tamen nihil certi de hujus situ dici posse arbitror. Patria fuit Justiniani imperatoris, ut ipsemet testatus est novella undecima, hancque idcirco mœnibus cinxit validissimis, turribus munivit, miris ædificiis exornavit, metropolim totius regionis fecit, et ei Justinianæ primæ, ad cæterarum distinctionem quas etiam Justinianas appellavit, nomen indidit. Ab eo siquidem Ulpiana in Dardania Justiniana dicta est, teste Procopio, et Carthago metropolis Africæ Justiniana tertia, ut ex novellis colligitur, et Mocissus in Cappadocia et Cypsela, et Gordus, et Constantia Cypri metropolis, et Camuliana, aliæque plures, quarum in conciliis memoria est. At non tantum hanc metropolim totius regionis fecit; sed et in ea primatem de consensu Vigilii papæ se constituisse testatur ipsemet imperator. Istud quoque evidentissime ex Gregorio Magno probavimus, cum de Larisseni metropolitæ sententia judicantem hunc primatem vidimus. At quod his non obstantibus privilegiis subjectus manserit Romano patriarchæ, ex eodem eximio doctore discere est, cum in epistolis electionem Joannis hujus episcopi confirmet, eique pallium mittens vices etiam suas per Illyricum demandet his verbis : *Quia igitur suscepta fratrum et coepiscoporum nostrorum relatio, ad locum vos sacerdotii, totius concilii unito consensu, et serenissimi principis voluntate, declarat accersiri, gratias omnipotenti Deo creatori nostro magna cum exsultatione retulimus, quia vitam actusque vestros ita de præteritis fecit esse probabiles, ut omnium vos, quod est valde laudabile, faceret placere judicio. Quibus nos quoque in personam fraternitatis tuæ per omnia consentimus, atque omnipotentem Dominum deprecamur ut charitatem vestram, sicut sua gratia elegit, ita in omnibus sua protectione custodiat. Pallium vero ex more transmisimus, et vices vos apostolicæ sedis agere iterata innovatione decernimus, admonentes ut ita vos circa subjectos debeatis exhibere placabiles, ut rectitudinem vestram diligere provoceantur potius quam timere. Quorum si culpa forte poposcerit, ita excessus emendare curabitis, ut paternum affectum de animo nullo modo relinquatis.* Num advertis hisce in verbis omnia patriarchæ munia ? unde quin Romano subditus adhuc fuerit episcopus ille, dubitari nullatenus potest.

Sardica inter nobiliores et mediterraneas Thraciæ civitates a Ptolemæo recensetur, sed Theodoreto Daciæ est, et quidem illius metropolis. De Dacia tamen nova intellige, cum antiquæ alia fuerit, ut infra dicetur. In Tabulis geographicis in confinio duarum Mœsiarum, superioris scilicet et inferioris, collocatur : nec non inter Nessum et Philippopolim urbes ; et ab hac, monte qui apud Socratem Tisocis vocatus est, separatur. Serdica per e dicitur Antonino, nec non in aureo Caracallæ nummo quem apud se habuisse testatur Ortelius in Thesauro geographico, qui hanc vulgo a Turcis *Triaditza* nominari docet. Celeberrima est ex concilio œcumenico a trecentis septuaginta sex episcopis, in causa Athanasii, Marcelli aliorumque exsulum episcoporum in ea celebrato, sub Julio I pontifice, quod generalis synodus dicitur a Socrate, et ex pluribus quam ex triginta quinque provinciis coacta ab Athanasio.

Eam autem metropolim Daciæ fuisse, præter Theodoreti verba, qui hanc Dacorum metropolim esse ait, confirmatur ex catalogo metropolitarum ad quos Leo imperator scripsit post concilium Chalcedonense, cum inter eos legatur Zosimus episcopus Sardicæ. Nec obstat quod Gregorius Magnus Felici hujus civitatis episcopo scribens, ei præcipiat ut mentis tumore deposito Joanni Achridensi sive Justinianæ primæ episcopo ordinatori suo humilem se exhibere et parere non desinat. Etenim, licet Justinianæ primæ episcopus primatum Daciæ et aliarum plurium Illyrici provinciarum, favente Justiniano, obtinuisset, attamen Sardicensis episcopus non desiit, sicut nec alii metropolitæ, auctoritatem suam in provincia sibi prius subdita conservare. Addam civitatem hanc non tantum Daciæ utriusque, sed etiam Mœsiæ primæ metropolim ecclesiasticam fuisse. Id primum ex hoc conjicio, quod nulla nec in conciliis nec apud auctores antiquos historiæ ecclesiasticæ alia metropolis ecclesiastica recenseatur istius provinciæ, nec sub Sirmio esse potuerit, quod ex alia et maxime distincta diœcesi, etiam ab alio vicario civili administrata, erat. Præterea Mœsiam illam primam provinciam ecclesiasticam per se constituisse non arbitror ; patet que ex catalogo provinciarum quæ a Justiniano, ex consensu Vigilii papæ, Achridæ seu exarcho Justinianæ primæ subjectæ fuerunt, cum in omne Illyricum septentrionale auctoritatem adeptus est, et in ejusdem novella undecima describuntur his verbis : *Primæ Justinianæ patriæ nostræ pro tempore sacrosanctus antistes, non solum metropolitanus, sed etiam archiepiscopus fiat, et certæ provinciæ sub ejus sint auctoritate, id est, tam ipsa mediterranea Dacia quam Dacia Ri-*

pensis, nec non *Mysia secunda, Dardania et Prævalitana provincia, et secunda Macedonia, et pars secundæ etiam Pannoniæ quæ in Bacensi est civitate.* Sane si provinciam ecclesiasticam propriam constituisset Mœsia prima, eam cæteris Illyrici septentrionalis annumerasset Justinianus. Cæterum unum hujus præsulem hic ideo annumerabo, nimirum Protogenem, qui Nicæno concilio primum subscripsit, ut legitur in actis ejusdem concilii per Gelazium Cyzicenum editis, quod dicatur admirabilis Sardicæ civitatis episcopus. Idemque postea supradicto Sardicensi adfuit, ut videre est in ejus subscriptionibus.

Scupi Mœsiæ superioris urbs Ptolemæo, qui Dardaniam intra fines Mœsiæ includit, postea tamen nova facta imperii Romani divisione, civitas Dardaniæ, et quidem metropolis. Hujus mentio fit apud Trebellium Polionem. Ad Axium fluvium ex Orbelo monte profluentem, agroque fertilissimo sita est, non longe ab Ulpiano et Parœcopoli in Macedoniæ confinibus. Quod vero Dardaniæ metropolis ecclesiastica fuerit, certissime probatur ex epistola synodica episcoporum Dardaniæ ad Leonem imperatorem, cui Ursicinus (sic enim legendum est) Scuporum episcopus primo loco subscribens, se Dardaniæ episcopum nominat. Hic enim metropolitanorum omnium mos erat, ut se provinciarum quas in spiritualibus regebant episcopos dicerent; sicque Eugenius metropolita Epiri Veteris vocatur episcopus Epiri in subscriptionibus epistolæ synodicæ hujus provinciæ ad Leonem, et Maras Mesopotamiæ metropolita hujus episcopus nominatur in alia synodica ad eumdem. At quis illud confirmari non videt ex Catalogo metropolitarum, ad quos Leo imperator scripsit, quibus idem Ursicinus episcopus Scupensis annumeratur?

Marcianopolis Mœsiæ inferioris urbs et metropolis famosa dicitur apud Jornandem de rebus Gethicis, qui hæc ait : *Mox Danubium vadati, et secundo Mœsiam populati, Marcianopolim ejusdem patriæ urbem famosam metropolim aggrediuntur, diuque obsessam, accepta pecunia ab his qui inerant, reliquere.* Et quia Marcianopolim nominavimus, libet aliqua de ejus situ breviter intimare. Nam hanc urbem Trajanus imperator hac re ædificavit, ut fertur, eo quod Marciæ sororis suæ puella, dum lavat in flumine illo quod nimiæ limpiditatis saporisque in media urbe oritur, Potami cognomento, exindeque vellet aquam haurire, casu vas aureum quod ferebatur, in profundum cecidit metalli pondere gravatam, et longe post emersit; quod certe non erat usitatum, ac vacuum sorberi, aut certe semel voratum undis respuentibus renatare. His Trajanus sub admiratione compertis, fontique numinis quiddam inesse credens, conditam civitatem ex germanæ suæ nomine Marcianopolim nominavit. Dicitur etiam metropolis apud Hieroclem ms. Eam autem ex patriarchatu Romano adhuc Justiniani tempore fuisse, cum episcopo Justinianæ primæ Mœsia secunda paruerit, ut in novella 11 ejusdem imperatoris legere est, mihi certum videtur. At quod non tantum metropolis civilis, sed etiam ecclesiastica fuerit clare perspicitur in subscriptionibus conciliabuli Ephesini, quibus sic legitur : *Dorotheus Marcianopolis metropolitanus.* Si dicas hujus episcopum non subscripsisse epistolæ synodicæ Mœsiæ secundæ, quæ tertia parte concilii Chalcedonensis reperitur, annuam; sed hinc inferri negabo eam metropolim ecclesiasticam non fuisse. Hujus episcopus ex infirmitate aut alia de causa synodo non adfuit, ideo locum ejus Marcianus episcopus Abriticæ civitatis ut antiquior ordinatione supplevit, licet ejus civitas nusquam pro metropoli habeatur. Nec id in sola synodo Mœsiæ secundæ obtigit, cum neque in altera epistola episcoporum Syriæ secundæ subscriptus legatur metropolita, sed Epiphanius episcopus Epiphaniæ.

Tomis Illyrici metropolibus hic annumerabitur, non quod eam ex patriarchatu Romano post Constantinopolitani institutionem crediderim, sed quod prius illius ultimus limes fuerit. Est autem civitas Scythiæ apud Ptolemæum, quæ Tomi Sexto Rufo et Eutropio dicitur, nec non hujus regionis primaria seu metropolis, imo et unica sedes episcopalis fuit primis sæculis, ut ex Sozomeno discitur, dum Bretannionis hujus episcopi celeberrimam sic mentionem facit. *Multas quidem habet urbes, pagos et castella : sed principatum obtinet Tomis, quæ est urbs magna et opulenta, prope mare posita, ad lævam cum quis ad Pontum Euxinum navigat. Vetus consuetudo est, quæ ibi etiamnum servatur, ut unus episcopus totius illius Ecclesiis præsit. Itaque tempore de quo jam loquimur, illas administravit Bretannio, quando etiam imperator Tomim advenit. Postquam autem accessit ad ecclesiam, et pro more suo ei persuadere conatus est ut cum Arianis communicaret : Bretannio constanter admodum apud imperatorem, et libere pro doctrina concilii Nicæni locutus, recessit ab eo, et ad alteram Ecclesiam se contulit : quem populus quoque secutus est. Fere autem ab universa civitate eo concursum est, partim quo imperatorem viderent, partim quod aliquid novarum rerum eum moliturum exspectarent. Valens igitur cum suis derelictus, illud velut contumeliæ loco factum graviter tulit. Atque Bretannionem comprehensum in exsilium deduci mandavit, quem non multo post denuo reduci permisit. Nam cum videret, credo, Scythas episcopi exsilium iniquo animo pati, non parum veritus est ne novis rebus studerent, quos quidem noverat et fortes esse, et ipso locorum situ imperio Romano necessarios, quippe qui impetum barbarorum illam orbis partem incolentium propulsarent. Itaque imperatoris conatus sic a Bretannione compressus est, viro cum in aliis rebus spectato, tum ob divinam virtutem adeo insigni, ut etiam ipsi Scythæ laudis testimonium ei tribuerent. Quis in his Tomorum episcopum metropolitam fuisse non observat?* Idem etiam probat epistola Theotimi hujus sedis antistitis ad Leonem imperatorem, quod hanc, non cum aliis coepiscopis, sed solus scripserit subscripseritque.

Zarmizegetusa regia seu metropolis civilis Daciæ antiquæ dicitur apud Ptolemæum, nec non et lege prima de Censibus, sicut in veteri quadam inscriptione apud Zamosium. Nec minus eam metropolim ecclesiasticam seu Gothorum archiepiscopi sedem fuisse probabile videtur, maxime cum unus apud illos tantum esset episcopus, sicut in Scythia, ususque in Ecclesia invaluisset ut in primariis urbibus thronum haberent episcopi. Cur autem nos eamdem Zarmizegetusam Daciæ antiquæ et Gothiæ metropolim constituamus, ut intelligas hæc habe. Gothi e patriis sedibus, quæ juxta mare Suevicum et Vistulam fluvium erant, a Marci Aurelii principatu, per Sarmatiam longe vagati, tandem in Dacia antiqua habitare cœperunt juxta Pontum Euxinum, nec prius Istrum transierunt quam Valens imperaret. Statim Dacia illa Gothia ab iis incolis dicta est, ut in nostra Gallia provincia Narbonensis ab iisdem. Hæc apud Jornandem rerum Gothicarum scriptorem leguntur. Ego vero addam quod cum tunc Zarmizegetusa totius regionis primaria esset, etiam metropolis Gothorum dicta est, sicut et ejus præsul Gothorum episcopus. Plures sane ex hujus præsulibus apud priscos auctores legimus. Theophilus Nicæno concilio interfuit, et subscribens se Gothorum metropolitam nominat. Est etiam memoria Ulphilæ et Selinæ ejusdem sedis episcoporum apud Sozomenum. Sed quosdam hancce Gothorum metropolim cum Tomis ex hoc unum facere haud nescio, quod Gothi Istrum transeuntes etiam in Scythia sedes posuerint. Verum eas prorsus distinguendas esse certum videtur ex Theodoreto, qui his distinctos episcopos sub Valente assignat, scilicet Bretennionem Scythiæ, et Ulphilam Gothorum quorum ille omni, inquit, genere virtutis insigniter decoratus, totius Scythiæ episcopus, animo divino pietatis amore accenso, pestiferam dogmatum Arianorum corruptelam, et iniqua facinora Valentis contra sanctos edita coarguit: hic autem (scilicet Ulphilas), cum ab Eudoxio et verborum lenociniis delinitus esset, et pecuniæ inescatus illecebris, Gothis Patrem majorem Filio, Filiumque creaturam esse persuasit, ipsosque Arianorum dogmatibus imbuit. Adde quod ex eodem Theodoreto Gothi nonnisi sub Valente Istrum trajecerint, et jam tempore concilii Nicæni Theophilum episcopum, ut diximus, habuerint. Unum tamen fatebor his commune fuisse, quod neuter suffraganeos sibique subjectos episcopos haberet. Id de Tomorum archiepiscopo ex Sozomeno retulimus, sed idem de Gothiæ antistite Balsamonem in responsis de patriarchis asserentem audiamus: *Gothiæ*, inquit, *antistes non propterea vocatur archiepiscopus quod episcoporum princeps et ordinator sit, sed quod primus episcoporum. Quippe a sanctis Patribus est sancitum ut diœceses in quibus sunt urbes sub episcoporum gubernatione constitutæ, a metropolitanis regantur; quinetiam ipsi canones primos appellant; quæ vero civitates quasdam attributas non habent quibus præsint episcopi, ab archiepiscopis administrentur, ita ut hæ quidem cedant metropolibus, sed episcopatibus præstent.*

---

# NOTICE ANCIENNE

## DES ÉVÊCHÉS DE L'ILLYRIE ORIENTALE,

### DE LA MÉSIE INFÉRIEURE ET DE LA SCYTHIE,

#### D'APRÈS LE P. CHARLES DE SAINT-PAUL.

---

PROVINCIA THESSALONICENSIS

*Seu* MACEDONIÆ.

*Thessalonica*, Ptolemæo lib. III, cap. 13; vulgo *Salonichi*, teste Sophiano. Ætius Thessalonicensis episcopus subscripsit concilio Sardicensi, et Anastasius Chalcedonensi.

*Philippi*, Ptolem. ibidem, *Philippo* etiam hodie vulgo dicitur. Philippus ejus sedis antistes concilio Sardicensi subscripsit et Soson Chalcedonensi.

*Berrhœa*, Ptolem. ibid., *Veria* Sophiano, et *Boer* Turcis, teste Leunclavio. Timotheus hujus civitatis, quæ metropolis (scilicet honoraria) dicitur, antistes concilio Constantinopolitano sub Agapeto et Menna interfuit.

*Dium*, Dion Ptol. ibid., vulgo *Stadia*, teste Nardo. Palladius hujus episcopus concilio Sardicensi subscripsit.

*Stobi*, Ptol. ibid., vulgo *Starachino*, teste eodem Nardo. Bunius Stoborum episcopus Nicæno concilio subscripsit, et Nicolaus Chalcedonensi.

*Parœcopolis*, Ptol. ibid., quæ *Partecopolis* dicitur concilio Calced., cui Joannes hujus episcopus subscripsit.

*Deborus*, Ptolem. ibid., aliis *Doberus*, vulgo *Dibrii*, Sophiano teste. Gerontius hujus Ecclesiæ præsul subscripsit Sardicensi concilio, ubi male legitur *de Brebi*; et Eusebius Doberorum concilio Chalcedonensi.

*Cassandria*, Ptol. ibidem, *Cassandria* etiam hodie dicitur, Sophiano teste. Hermogenes Cassandriæ episcopus eidem concilio Chalcedonensi subscripsit.

*Neapolis*, Ptolem. ibid., Sophiano *Christopoli* dicitur. Martinus Neapolitanus antistes subscripsit concilio Sardicensi, ubi mendose *Achaiæ* scribitur.

*Torone*, Ptol. ibid., varie hodie indigitatur: Sophiano *Castel Rampo* dicitur, et aliis

*Agiomana.* Theodorus hujus civitatis episcopus subscripsit concilio Chalcedonensi.

*Lete,* Ptolem. ibid.; *Letta* et *Lita* etiam vulgo nuncupatur. Petrus Letes episcopus eidem concilio Chalced. subscripsit.

*Heraclea,* Ptolem. ibid.; vulgo *Xevosna*, Molano et Nardo. Evagrius Heracleæ episcopus Sardicensi concilio subscripsit, et Benignus Constantinopolitano generali quinto.

*Thassus,* maris Ægei insula et civitas ejusdem nominis, Plinio lib. IV, cap. 12, non longe a Lemnos insula; vulgo etiam *Taso* dicitur, teste Sophiano. Honoratus Thassi episcopus subscripsit concilio Chalcedonensi, ubi mendose dicitur Helladis provinciæ.

*Hephæstia,* urbs Lemnos insulæ, Ptolem. ibidem; vulgo *Cochino*, teste Hug. Favolio. Strategius ex hujus Ecclesiæ præsulibus concilio Nicæno subscripsit, ubi mendose ponitur in Mœsia.

*Topiris,* Ptolem. lib. III, cap. 11, in Thracia; sed concilium Chalcedonense Topirim in Macedonia ponit, cui quidem concilio Eusebius Topiris episcopus subscripsit.

*Serre,* Leunclavio, urbs Macedoniæ, vulgo etiam *Serre*; forte *Derris*, Ptolem. lib. III, cap. 13. Maximinus Serres vel Derris Macedoniæ primæ episcopus subscripsit eidem concilio Chalcedonensi.

### PROVINCIA LARISSENA,

#### Seu THESSALIÆ.

*Larissa,* Ptolem. lib. III, cap. 13; Italis *Larizzo*, teste Sophiano. Alexander Larissenus antistes Sardicensi concilio subscripsit, et Vigilantius Chalcedonensi.

*Demetrias,* Ptolem. ibidem, hodie *Dimitriada*. Constantinus Demetriadis Thessaliæ episcopus eidem concilio Chalcedonensi subscripsit.

*Echinus,* Ptolem. ibid.; vulgo *Scarphia,* Sophiano. Theodorus Echinei episcopus adfuit Ephesino concilio, et Petrus Chalcedonensi.

*Cypera,* Ptol. ibid., vulgo *Cypara*. Hymænœus Cyperæ episcopus Sardicensi concilio subscripsit.

*Lamia,* Ptol. ibid.; multis nunc *Lamina*. Secundianus Lamiæ episcopus subscripsit Ephesino concilio.

*Triccæ,* Ptol. ibid.; vulgo *Tricala,* Sophiano. Heliodori hujus episcopi memoria est apud Socratem lib. v, cap. 21.

*Metropolis,* Ptolem. ibidem. Marcus episcopus Metropolis, quæ mendose in Dacia ponitur, cum in Thessalia sit, concilio Nicæno subscripsit.

*Thebæ Phthioticæ,* Ptol. ibid.; vulgo *Zitoa*. Dion episcopus Thebarum Thessaliæ subscripsit concilio Ephesino.

### PROVINCIA NICOPOLITANA,

#### Seu EPIRI VETERIS.

*Nicopolis,* Ptol. lib. III, cap. 14; vulgo *la Prevesa,* teste Sophiano. Ex hujus sedis præsulibus Atticus Chalcedonensi concilio subscripsit, et Eugenius epistolæ synodicæ Veteris Epiri ad Leonem imperatorem.

*Anciasmus,* Hierocli ms.; *Onchesmus,* Ptol. ibidem, et *Anchiaxus,* lib. Conciliorum; vulgo *la Quaranta,* Sophiano. Claudius hujus episcopus iisdem concilio et epistolæ subscripsit.

*Phœnica,* Ptolem. ibid. Valerianus Phœnicæ episcopus subscripsit dictæ epistolæ synodali ad Leonem imperatorem.

*Dodonea, Dodone,* Pausaniæ lib. VII, hodie non exstat. Theodorus Dodoneæ episcopus concilio Ephesino subscripsit, et Uranius dictæ epistolæ ad Leonem.

*Corcyra,* insula et urbs, Ptol. ubi supra; vulgo *Corfou*. Apollodorus Corcyræus Nicæno concilio subscripsit.

*Adrianopolis,* urbs episcopalis Veteris Epiri, libro Conciliorum et epistolæ synodicæ hujus provinciæ ad Leonem imperatorem, cui Hypatius ejus sedis episcopus subscripsit; et Eutychius adfuit actioni primæ concilii Chalcedonensis.

*Buthrotum,* Straboni lib. VII, et Ptol. lib. III, c. 14, *Buthrotorum sinus*. Stephanus Buthroti episcopus eidem epistolæ subscripsit.

*Euria,* Hierocli et libro Conciliorum, cui etiam aliquando *Euroma,* urbs episcopalis Epiri Veteris; Italis *San-Donato*. Eugenius Euromæ episcopus subscripsit epistolæ synodicæ hujus provinciæ ad Leonem; Theodotus autem episcopus Euriæ antiquæ Epiri, est in conc. Constantinopolitano sub Agapeto et Menna.

*Photica,* Hierocli ms. Hujus antistes Didacus subscripsit dictæ epistolæ ad Leonem, ubi mendose legitur *Phocæ;* et Philippus alteri ad Hormisdam.

*Cephalenia* insula, Ptol. lib. III, cap. 14; vulgo *Cefalonia*. Noe Cepha-Castelli alias Cephaleniæ episcopus subscripsit concilio Chalcedonensi.

### PROVINCIA CORINTHI,

#### Seu ACHAIÆ.

*Corinthus,* Ptol. lib. III, cap. 16; vulgo Italis *Corinto* et *Coranto*, Turcis *Germe*, teste Leunclavio. Perigenes Corinthiorum episcopus subscripsit concilio Ephesino, et Petrus epistolæ synodicæ Achaiæ ad Leonem imperatorem.

*Athenæ,* Ptol. eodem lib., cap. 15; vulgo *Setines,* teste Sophiano. Dionysius primus Atheniensis episcopus dicitur apud Euseb. lib. III, cap. 4, et Athanasius subscripsit dictæ epistolæ.

*Patræ,* Ptol. eod. lib., cap. 16; vulgo *Patra,* Sophiano. Prostarcus ab Achaia de Patris subscripsit concilio Sardicensi, et Alexander dictæ epistolæ synodali.

*Argos,* Ptol. ibid., vulgo *Argo*. Onesimus Argorum Helladis episcopus subscripsit concilio Chalcedonensi, et Thales dictæ epistolæ.

*Megalopolis,* quæ et *Christianopolis* Ptol. ibid.; vulgo *Leondari,* teste Sophiano. Timotheus hujus civitatis episcopus subscripsit dictæ epistolæ.

*Lacedæmon,* quæ et *Sparta* Ptolem. ibid.; vulgo *Misitra,* Sophiano teste. Hosius Lacedæmoniorum antistes subscriptus legitur eidem epistolæ synodali.

*Corone*, Ptol. ibid., hodie *Coron* vulgo. Ejus episcopus Agatocles concilio Ephesino subscripsit, et Aphobius eidem epistolæ.

*Helice*, Ptol. ibid.; vulgo *Niora*, Molano teste. Dionysius hujus episcopus subscripsit concilio Sardicensi.

*Tegea*, Ptol. ibid.; vulgo *Muchli*, Nigro. Orphelinus hujus civitatis antistes subscripsit concilio Chalcedonensi.

*Messene*, *Mesena*, Ptol. ibid.; vulgo *Moseniga*, teste Nardo. Joannes hujus Ecclesiæ episcopus dictæ epistolæ subscripsit.

*Naupactus*, Ptol. ead. lib., cap. 15; hodie *Lepanto*. Calierates Naupacti episcopus subscripsit concilio Ephesino.

*Oreum*, *Soreus*, Ptol. ibid.; vulgo l'*Orio*, Sophiano. Theophilus Orei episcopus subscripsit concilio Chalcedonensi.

*Porthmus*, notitiæ antiquæ Hieroclis; *Propontus*, etiam dicitur in Conciliis; vulgo *Portmo*. Athanasius Proponti episcopus legitur in dicta epistola, et Theodorus Porthmi in concilio Constantinopolit. gener. v.

*Carystus*, Ptol. ibid.; *Caristo* etiam hodie, Sophiano. Ciriacus Carystenus episcopus subscripsit dictæ epistolæ.

*Marathon*, Ptol. ibid.; vulgo *Marathona*, Sophiano, et aliis *Marason*. Triphonis hujus episcopi subscriptio est in concilio Sardicensi.

*Megara*, Ptol. ibid., nunc *Megra* dicta. Nicias Megarensis episcopus subscripsit concilio Chalcedonensi, et Agatherus dictæ epistolæ.

*Thebæ*, Ptol. ibid.; vulgo *Tives* et *Stives*, teste Sophiano. Anisius Thebarum episcopus subscripsit concilio Ephesino, et Architimus eidem epistolæ.

*Platææ*, Ptol. ibid.; non exstat hodie hæc civitas. Domninus Plataeensis episcopus subscripsit concilio Chalcedonensi, et Plutarchus dictæ epistolæ.

*Opus*, Ptol. ibid. Domninus Opuntis episcopus subscripsit concilio Ephesino, et Athanasius Chalcedonensi.

*Thespiæ*, Ptol. ibid., *Tespe* adhuc. Rufinus Thespinensis episcopus subscripsit dictæ epistolæ.

*Tanagra*, Ptol. ibid.; vulgo *Anatoria*, teste Castal. Isicius hujus episcopus subscripsit eidem epistolæ.

*Elatia*, Ptolem. ibid.; *Elatea*, Straboni. Alexander Elatiæ episcopus subscripsit eidem epistolæ.

*Chalcis* ad Euripum, Ptol. ibid.; vulgo *Negroponte*. Constantinus episcopus Chalcidis subscripsit dictæ epistolæ.

*Carsia*, epist. synod. hujus provinciæ; forte pro *Caria*, de qua Pausanias lib. I Atticorum, vel pro *Corissa* Strab. lib. X. Zoilus Carsiæ episcopus subscripsit dictæ epistolæ synodali hujus provinciæ ad Leonem.

*Strategis*, Thebaidis colonia, est in Thesauro Goltzii. Festius Strategidis episcopus subscripsit concilio Nicæno, ubi ex Achaia dicitur.

*Secorus*. Achaiæ civitas episcopalis, in concilio Sardicensi, cui Irenæum de Secoro interfuisse ejus subscriptio testatur.

## PROVINCIA EPIRI NOVÆ.

*Dyrrachium*, Ptol. lib. III, cap. 13; vulgo *Durazzo* et *Drazzi* Turcis. Lucas Dyrrachii episcopus subscripsit epistolæ Epiri Novæ ad Leonem imperatorem.

*Scampes*, Ptol. ibid.; *Scampi* adhuc dicitur in tabula recenti. Artemius Escampenus episcopus subscripsit eidem epistolæ, et Troii Scampini mentio fit in epistola Andreæ Prævalitani ad Hormisdam.

*Apollonia*, Ptol. ibid., Italis *Palpollina*, et *Piergi* Turcis, Sophiano teste. Eusebius Apolloniadis episcopus subscripsit dictæ epistolæ synodali.

*Aulon*, civitas navalis, Ptol. ibid.; *la Valona* Italis. Nazarius hujus episcopus subscripsit eidem epistolæ.

*Amantia*, Ptol. ibid., Italis *Porto-Raguseo*, si Ferrario credimus. Eulalius Amantiæ antistes subscripsit concilio Sardicensi.

*Lychnidus*, Ptol. ibid.; Turcis *Guistandel*. Antonius Lychnidii episcopus in subscriptionibus dictæ epistolæ legitur.

*Bullidum* seu *Bullis*, Ptol. lib. III, cap. 12. *Vallidum* epistolæ synodicæ Epiri novæ ad Leonem, cui Philocaris hujus episcopus subscripsit.

Paulus Prinatenus episcopus etiam subscripsit epist. synod. Epiri Novæ ad Leonem: sed cujus civitatis fuerit, non constat. Ego mendum in subscriptionibus esse arbitror: cum nullam urbem a qua nomen istud acceperit, hac in regione repererim.

## PROVINCIA CRETÆ.

*Gortyna*, Ptol. lib. III, cap. 17; vulgo *Gortyn*, teste Sophiano. Iconius Gortynæ antistes Ephesino concilio subscripsit, et Martyrius Chalcedonensi.

*Gnossus*, Ptol. ibid.; vulgo *Ginosa*. Ex hujus civitatis præsulibus Zenobius eidem Ephesino concilio subscripsit, et Gennadius Chalcedonensi.

*Hierapetra*, Ptol. ibid., quæ in conciliis ut plurimum *Hierapina* dicitur; vulgo *Gierapetra*, Sophiano teste. Euphronius hujus sedis episcopus eidem Chalcedonensi concilio subscripsit.

*Lappa*, Ptol. ibid., quæ etiam hodie *Lappa* dicitur. Demetrius Lappensis episcopus eidem concilio Chalcedonensi subscripsit, et Prosdocius epistolæ synodali provinciæ Cretæ ad Leonem imperatorem.

*Subrita*, Ptol. ibid., vulgo *Sandioia*. Cyrilli hujus sedis episcopi subscriptio legitur in concilio Chalcedonensi.

*Eleuthera*, *Eleutheræ*, Ptol. ibid.; et *Eleuthernæ* Plinio lib. IV, cap. 12. Euphrates hujus episcopus eidem concilio Chalcedonensi subscripsit.

*Cherronesus*, Ptol. ibid.; vulgo *Chironniso*. Ex ejus episcopis Andorius, aliis Andreas concilio Ephesino subscripsit, et Euphrata dictæ epistolæ synodicæ.

*Cydonia*, *Cydonis*, Ptol. ibid.; vulgo *la Canea*, Sophiano. Sebon ejus sedis episcopus subscripsit dictæ synodali epistolæ: unde in ejus syngrapha legendum est Cydoniæ, non Doniæ.

*Cysamus*, Ptol. ibid.; vulgo *Chisamopoli*, Sophiano, et aliis *Chisamo*. Nicais hujus antistes eidem epistolæ subscripsit, qua legendum arbitror Cisamensis; non Catamensis.

*Siteum*, *Cytæum*, Ptol. ibid.; vulgo *Sitia*, Bellonio. Lucius Sitei episcopus subscripsit concilio Chalcedonensi.

*Cantanum*, libro Conciliorum. Paulus Cantanensis episcopus eidem concilio Chalced. subscripsit.

### PROVINCIA PRÆVALITANA.

*Achrida*, Justiniano imperatori novella 11, olim Πρέβιλης seu *Prævalis* dicta, ut in codice Græco perantiquo regiæ Bibliothecæ legitur. Primum episcopalis fuit, unde Andreas, qui ad Hormisdam relationem quæ inter ejus epistolas exstat scripsit, dicitur episcopus Prævalitanus; postea metropolis et sedes primatis sub nomine Justinianæ primæ facta est, ut in eadem novella observatur; et *Joannes* hujus episcopus fuit, ad quem Gregorius Magnus epistol. 8, lib. iv, indict. 13, direxit.

*Scodra*, Hierocli ms., in Prævalitana; sed de ea jam in Dalmatia, in qua ab aliis ponitur. Stephanus episcopus Scodræ fuit, ex D. Gregorii epist. 36, lib. i, indict. 9.

### PROVINCIA SARDICENSIS

IN DACIA UTRAQUE ET MŒSIA SUPERIORI.

*Sardica*, Ptol. lib. iii, cap. 11; vulgo *Triadizza*. Protogenes hujus episcopus subscripsit concilio Sardicensi.

*Remessiana*, Hierocli ms., in Dacia. Diogenianus Remessianæ episcopus adfuit concilio Chalcedonensi.

*Aquæ*, Antonino in Itinerario, Mœsiæ superioris urbs, cujus episcopus Vitalis subscripsit eidem concilio Chalcedonensi.

*Castrum Martis*, Sozomeno lib. ix, cap. 5, Mœsiæ civitas vulgo *Marota*. Calvus a Castro-Martis subscripsit concilio Sardicensi.

### PROVINCIA DARDANIÆ.

*Scupı*, Ptol. lib. iii, cap. 9; vulgo *Scopia* seu *Uscopia*. Paregorius hujus episcopus subscripsit concilio Sardicensi, et Ursicinus epistolæ synodali Dardaniæ ad Leonem imperatorem.

*Ulpianum*, Ptol. ibid., dicitur et *Justiniana secunda*, vulgo *Villa Procopiana*, teste Lazio. Macedonius hujus episcopus subscripsit eidem concilio Sardicensi.

*Diocletiana*, quæ *Diocletianopolis* Antonino in Itinerario. Maximus episcopus Diocletianæ subscripsit eidem epistolæ.

*Nessyna* civitas, seu *Nessus*, Ptolem. ibid.; vulgo *Nissana*. Dalmatius hujus episcopus subscripsit epistolæ synodicæ Dardaniæ provinciæ ad Leonem imp., qua legendum puto Nessynæ non Nentinæ civitatis, cum Nentinæ nullam scriptores antiqui mentionem faciant. Ego Gaudentium de Naiso a Dacia qui concilio Sardicensi subscripsit, ejus antistitem fuisse conjicio.

### PROVINCIA MOESIÆ INFERIORIS.

*Martianopolis*, Mysiæ inferioris urbs, Antonino in Itinerario, vulgo *Martiopoli*. Pistus Martianopolitanus episcopus concilio Nicæno subscripsit, et Dorotheus conciliabulo Ephesino, in quo metropolita dicitur.

*Abritum*, *Abruto*, Joruandi lib. de Rebus Gothicis, et *Abricium* Cassiodoro in Chronico, qui urbem hanc in Thracia, cujus Mœsia inferior pars est, constituit. Martianus hujus episcopus subscripsit epistolæ synodicæ Mœsiæ inferioris ad Leonem imperatorem.

*Novæ*, Ptol. lib. iii, cap. 10; vulgo *Novomont*, teste Lazio. Petrus ejus sedis episcopus subscripsit eidem epistolæ synodicæ.

*Durostorum*, Ptol. ibid.; vulgo *Dora*, eodem Lazio teste. Jacobus Dorostori episcopus subscripsit concilio Ephesino, et Monophylus Chalcedonensi.

*Dionysiopolis*, Ptol. ibid.; vulgo, ut putant, *Varna*. Chariton hujus civitatis antistes subscripsit concilio Chalcedonensi.

*Odessus*, Ptol. in Mœsia inferiori, epistolæ tamen synodicæ ejusdem Mœsiæ ad Leonem in Scythia; sed mendum videtur, cum huic ipsi epistolæ Dittas episcopus inter Mœsiæ secundæ antistites subscribat. Quibusdam *Lemano* vulgo dicitur.

*Apiaria*, Antonino. Martialis Apiaræ episcopus subscripsit dictæ epistolæ ad Leonem.

*Nicopolis* ad Danubium urbs episcopalis Mœsiæ inferioris in epistola synodica concilii hujusce provinciæ ad Leonem imperatorem, cui Marcellus Nicopolis episcopus subscripsit.

*Comæa*, Historiæ Miscellæ, Mœsiæ urbs, cujus episcopus Marius concilio Nicæno subscripsit.

### PROVINCIA SCYTHIÆ.

*Tomi*, Antonino in Itiner., vulgo *Tomiswar*, metropolis Scythiæ autocephala. Theotimus hujus episcopus scripsit epistolam ad Leonem imperatorem, quæ reperitur parte tertia actorum concilii Chalcedonensis.

### PROVINCIA GOTHIÆ,

Seu DACIÆ ANTIQUÆ.

*Zarmizegetusa*, Ptol. lib. iii, cap. 8, Gothorum metropolis, ut arbitramur, et eadem cum illa urbe quæ in notitia Leoni tributa apud Leunclavium Gothia dicitur, et inter archiepiscopatus seu sedes autocephalas recensetur. Non enim alia verisimilior sententia mihi in mentem venit : maxime cum Zarmizegethusa regia dicatur a Ptolemæo, reveraque major illustriorque civitas hujusce regionis fuerit, in qua Gothi a patriis sedibus exeuntes habitarunt. Gothiam metropolim statuit Ortelius non longe a Ponto Euxino, et recte equidem, cum eam regionem Gothi incoluerint, sed ei locum non assignat : ego vero his non parum probabilibus ductus rationibus Zarmizegetusam esse conjicio. Theotimus autem episcopus Gothiæ subscripsit concilio Nicæno.

# VOCABULAIRE FRANÇAIS-LATIN
## PARTICULIER A LA GÉOGRAPHIE DES LÉGENDES,
### AU MOYEN AGE.

*(Nous donnons la Géographie des Légendes au commencement du second volume.)*

## A

Aa, rivière, *Agnio.*
Abbeville, *Abavilla.*
Abbington, *Abendonia.*
Abbir, *Abbir.*
Aberdonne, *Derva ad Donam.*
Abie, *Avium.*
Abo, *Aboga.*
Abruzze, *Aprutium.*
Acaun, *Agaunum.*
Acclée, *Acclea.*
Acelle, *Arcella.*
Achaïe, *Achaia.*
Achenois (les), *Acheni.*
Achillan, *Achillanum.*
Acqs, *Aquæ Convenarum.*
Acqui, *Aquæ Statyellæ.*
Acride, *Acrita.*
Adalbert (Saint-), *Adalberti.*
Adane, *Adana.*
Adour, *Aturus fluvius.*
Adrien (Saint-), *Geraldi.*
Adrumette, *Adrumetum.*
Aergin, *Urbigenium.*
Africain, *Afer.*
Afrique, *Africa.*
Agathe (Sainte-), *Artemisium.*
Agaune, *Agaunum.*
Agde, *Agatha.*
Agen, *Aginnum.*
Aichstet, *Setuacatum.*
Aigle (l'), *Aquila.*
Aigue-Perse, *Aqua Sparsa.*
Aiguillon, *Aquino.*
Aindre, *Antrum.*
Aindrette, *Antricum.*
Aisne, rivière, *Axona.*
Aire, *Aria.* | *Aturia.*
Airvaux, *Aurea Vallis.*
Aisnay, *Athanacum.*
Aisse, *Axiacum.*
Aix, *Aquæ Sextiæ.*
— -la-Chapelle, *Aquis-granum.*
— d'Angilon, *Castrum Angilonis.*
Alaid, *Aladum.*
Alains, *Alani.*
Albaïde, *Albaïs.*
Albane, Albanie, *Albana, Albanum, Albanus.*
Albano, *Albanus.*
Albans (Saint-), *Verulamium.*
Albe, *Alba,* etc.
Albi, *Albia.*
Albigeois, *Albiensis.*
Albingua ou Albingue, *Albingaunum.*
Albino, *Albiacum.*
Albmynster, *Album monasterium.*
Alcana de Henarès, *Complutum.*
Alcantara, *Alcantara.*
Aldinet, *Curia.*
Alençon, *Alentio.*
Aleugon, *Ligeni.*

Alès, *Alestum.*
Aleth, *Alethum.*
Alexandrie, *Alexandria.*
Algaïr, *Memphis.*
Alger, royaume, *Algeria.*
— ville, *Algerium.*
Alicant, *Lucentum.*
Alicata, *Leocata.*
Alier-Mont, *Alacer mons.*
Alise, *Alesia.*
Allemagne, *Germania.*
Allier (le), *Elaver.*
Allinges (fort), *Allingiana arx.*
Alluyes, *Allocinum.*
Alman (Saint-), *Quintinianum.*
Almaneches, *Almaniscæ.*
Alne, *Alna.*
Alonne, *Alumna.*
Alpes (les), *Alpes.*
Alsace, *Alsatia.*
Altino, *Altinum.*
Alvier, *Albarium.*
Alzone, *Eluso.*
Amalphi, *Amalphis.*
Amand (Saint-), *Elno.*
Amasée, *Amasia.*
Amastride, *Amastris.*
Amatonte, *Amathus.*
Amatune, *Amatuna insula.*
Ambasac, *Arbasiacus vicus.*
Amblef, *Amblava.*
Ambly, *Ameliacum Biturigum.*
Amboise, *Ambacia.*
Ambournay, *Ambroniacum.*
Ambresbury, *Ambresburia.*
Ambrois (Saint-), *Ernodorum.*
Amed, *Constantia.*
Amélie, *Amelia.*
Amérique, *America.*
Amid, *Constantia.*
Amiens, *Ambiani.*
Amilly, *Ameliacum Brigensium.*
Amiterne, *Amiternum.*
Amore, *Amorum.*
Anagna ou Anagni, *Anagnia.*
Anagna (le val d'), *Anaunia.*
Anagny, *Anania.*
Ananie (Saint-), *Procelene.*
Anaple, *Anaplus.*
Anazarbe, *Anazarbum.*
Ancy-le-Duc, *Anziacum.*
Ancyre, *Ancyra.*
Andainville, *Andanivilla.*
Andalousie, *Vandalitia.*
Andelis ou Andely, *Andelagum.*
Anden ou Andenne, *Andana.*
Andeole (Saint-), *Bergoias.*
Ander (Saint-), *Flavianopolis.*
Anderle, *Anderlacum.*
Andlaw, *Andelaha.*
André lez-Brindes (Saint-), *Bara.*
— en Chypre, *Cides.*
— en Ecosse, *Reguli.*
— à Rome, *Clivus Scauri.*

Andrès (Saint-), *Flavium.*
Andrette, *Antricum.*
Andreus (Saint-), *Rigmunda.*
Andrinople, *Adrianopolis.*
Anegray, *Anagrates.*
Ange en Morée, *Boæ.*
— en Italie, *Tifernum Metaurum.*
— (Bourg-Saint-), *Sancti-Angeli Oppidum.*
— (Mont-Saint-), *Garganus.*
Angelberg, *Angelorum mons.*
Anglais (les), *Angli.*
Angleterre, *Anglia.*
Anglican, *Anglicanus.*
Angoulême, *Inculisma.*
Angoumois (l'), contrée, *Inculismensis ager.*
Angoumois, peuples de l'Angoumois, *Agesinates.*
Anille, *Aninsula.*
Anjou, *Andegavia.*
Anne (Sainte-), *Decastidum.*
Annecy, *Annecium.*
A nonciade, l'*Ompeinnum.*
Anschaint, *Aquiscanctium.*
Anse, *Ausa.*
Anselme (Saint-), *Maun.*
Ansonis, *Ansuiscum.*
Anspach, *Onolzi Bacchium.*
Anssene, *Andesagina.*
Antandre, *Antandros.*
Anterdow, *Interocrium.*
Antibes, *Antipolis.*
Antiguy, *Antimiacum.*
Antinoies, *Antinoïæ.*
Antioche, *Antiochia.*
Antoine-des-Champs (Saint-), *S. Antonius in campis.*
— en Viennois, *Mons S. Desiderii.*
Antonin (Saint-), *Castrum Fredelacum.*
Antre, *Antrum.*
Anvers, *Antuerpia.*
Aost ou Aoust, *Augusta Prætoria.*
Apollinaire (Saint-), *Classense monasterium.*
Appenzel, *Abbatis Cella.*
Appoigny, *Epponiacum.*
Apt, *Apta.*
Aques ou Acqs, *Aquæ Convenarum.*
Aquigny, *Aquiniacum.*
Aquila, *Aquila.*
Aquilée, *Aquileia.*
Aquin, *Aquinum.*
Aquin (d'), *Aquinas.*
Aquitaine, *Aquitania.*
Arabe, *Arabs.*
Arabie, *Arabia.*
Arabisse, *Arabissum.*
Arbois, *Arbosium.*
Arbon, *Arbona.*
Archange (Saint-), *Compita.*

Arce, *Arcea.*
Archambray, *Arcus in Braia.*
Archipel, *Ægeum mare.*
Arcis ou Arcy, *Arceiœ.*
Ardenne, *Arduenna.*
Arélaune (forêt d'), *Arelaunensis sylva.*
Arénas, *Arenæ.*
Arethuse, *Arethusa.*
Arezzo, *Aretium.*
Argensoles, *Argentiolæ.*
Argentac, *Argentacum.*
Argentan, *Argentomum.*
Argenteuil, *Argentogilum.*
Argenton, en Poitou, *Argento.*
— en Berry, *Argentomagum.*
Argonne, en Champagne, *Argoenna.*
— du Pont Hieu, *Argulium.*
Arian, *Arianum.*
Arianze, *Arianzum.*
Arisite, *Arisitum.*
Arles, *Arelas.*
Arluc, *Ara luci.*
Armagh, *Armacha.*
Armagnac, *Aremorici.*
Arménie, *Armenia.*
Arménien, *Armenicus.*
Arnoul (Saint-), *Arnulfi fanum.*
Arone, *Arona.*
Arouaise, *Arida gamantia.*
Arpin (Saint-), *Atella*
Arques, *Arcæ.*
Arras, *Atrebates.*
Arroux, *Adrus.*
Artois, *Artesia.*
Artone, *Artona.*
Asaph (Saint-), *Eluva.*
Asenay, *Asiniacum.*
Asie, *Asia.*
Assise, *Assisia.*
Assur, *Assur.*
Athanase (Saint-), *Aquæ Salviæ.*
Athènes, *Athenæ.*
Athénien, *Atheniensis.*
Athie, *Atheiæ.*
Attigny, *Attiniacum.*
Aubertin, *Amnis alba.*
Aubert-Villiers, *Alberti villare.*
Aubeterre, *Alba terra.*
Aubetin, *Amnis alba.*
Aubignac ou Aubigny, *Albiniacum.*
Aubin (Saint-), *Cincillanum.*
Auchi-les-Moines, *Alciacum.*
Auge, *Algia.*
Augsbourg, *Augusta Vindelicorum.*
Augst, *Augusta.*
— *Rauracorum.*
Aumale, *Albamarna.*
Aunis, *Anisium.*
Auriliac, *Aureliacum.*
Ausch, *Auscii.*
Ausonce *Alsontiæ.*
Ausonie, *Ausonia.*
Austrasie, *Austrasia.*
Auteuil, *Altogilum.*
Authie, *Altea.*
Autriche, *Austria.*
Autry, *Altricus.*
Autun, *Augustodunum.*
Autunois (l'), *Ædui.*
Auvergnat, *Arvernus.*
Auvergne, *Arvernia.*
Auxent (Mont-Saint-), *Mons Auxentii.*
Auxerre, *Autissiodorum.*
Auxois, *Alexiense territorium.*

Avalon, *Aballo.*
Avelin, *Abellinum.*
Avenay, *Avennacum.*
Avenches, *Aventicum.*
Avi ou Avit (Saint-), *Piciacum.*
Avignon, *Avenio.*
Avils, *Abula.*
Avol (Saint-), *Cella Nova.*
Avranches, *Abrincæ.*
Axume ou Axumo, *Auxuma.*

B

Baaz, *Batha.*
Babylone, *Babylon.*
Badajos, *Batalios.*
Bades, *Aquæ Duræ.*
— en Afrique, *Badæ.*
Bæce, *Beatia.*
Bagai, *Bagaia.*
Bagaudes, *Bacaudarum.*
Bagnara ou Baguarée, *Balneoregium.*
Bagneux, *Balneolum.*
Bagnolet, *Balneoletum.*
Baise, *Balisa.*
Balagny, *Balineacum.*
Balbastre, *Barbastrum.*
Bale (Saint-), *Versiacum.*
Bamberg, *Babæ mons.*
Bangor, *Banchorna.*
Bar, duché, *Barensis ducatus.*
Barbery, *Barberiacum.*
Barbesieux, *Berbesilus.*
Barcelone, *Barcino.*
Barck-Shire, *Bercheria.*
Barghemsfeld, *Barghamffeldum.*
Bari, *Barea.*
Barthélemy (Saint-), *S. Adalberti.*
— d'Espagne, *Contributa.*
Barvich ou Barvick *Bervicus.*
Bas, *Batha.*
Basile (Saint-), *Cleona.*
Basilicate, *Lucania.*
Basle, *Basilea.*
Basoche, *Basilica.*
Basque, *Cantaber.*
Baucel, *Baucetum.*
Baugency, *Balgentiacum.*
Bauminiac, *Vallis miniaci.*
Baune, *Belna.*
Bavière, *Baivaria.*
Bayeux, *Bajocæ.*
Bayonne, *Lapurdum.*
Bazas, *Vasates.*
Béanconfeld, *Belcancelda.*
Béancor, *Bencor.*
Béarn, *Benearnus.*
Beau-Lieu, *Belli Locus.* | *Vallovium.*
Beaume-les-Nonnes, *Balma.*
Beaumont, *Bellus mons.*
Beausse, *Belsia.*
Beauvais, *Bellovacum.*
Beauveau, *Bellavallis.*
Bec (le), *Beccense monasterium.*
Becancelde, *Becancelda.*
Belges, (les), *Belgæ.*
Bellegrade, *Belgrada.*
Bellevaux, *Bellavallis.*
Belley, *Bellica.*
Bellomer, *Bellus Launomarus.*
Bencor, *Bencor.*
Bénévent, *Beneventum.*
Bénigne (Saint-), *S. Benigni monasterium.*
Benningdon, *Benningdonia.*

Benoît de Quinçay (Saint-), *Gravio.*
— sur Loire, *Floriacense.*
Béotie, *Bœotia.*
Bercet, *Bercetum.*
Bérée, *Berhœa.*
Bergame, *Bergomum.*
Berghamsseld, *Berghamstedum.*
Bergoiate, *Bergoias.*
Bernard (Saint-), *Berginirum.*
Bernay, *Brennacum.*
Berry, *Bituriges.*
Bertaucourt, *Bertaldicurtis.*
Bertin (Saint-), *Sitivum.*
Bertrand (Saint-), *Convenæ.*
Bertun, *Santa.*
Berythe, *Berythus.*
Berzet et Berzeto, *Bercetum.*
Besançon, *Bisuntio.*
Bèse, *Besua.*
Bésiers, *Biterræ.*
Bésigneul, *Visignolium.*
Besses (les), *Bessi.*
Bessin, *Bajocense territorium.*
Beuvoux et Bevous, *Bodanum.*
Bewerlac et Bewerley, *Beverlacum*
Béziers, *Biterræ.*
Biage (Saint-), *Terres Calabrorum.*
Bicêtre, *Vintonii castrum.*
Bichieri, *Canopus.*
Bièvre, *Beveris.*
Bigore, *Beorritani.*
Bidaucourt, *Viliocurtis.*
Billom, *Biliomagus.*
Billubec, *Billubercum.*
Bilsen, *Belsia.*
Binche, *Bintium.*
Bingen, *Bingium.*
Bins, *Bintium.*
Biore, *Biora.*
Biscaye, *Cantabria.*
Bisento, *Visentum.*
Bithynie, *Bithynia.*
Blaise (Saint-), *Cellæ albæ.*
Blanc, *Olbincum.*
Blandin, *Blandinium.*
Blangy, *Blanziacum.*
Blaye, *Blavia.*
Blesle, *Blasilium.*
Blesmoth, *Seudunum.*
Blois, *Blesæ.*
Bobbio, *Bobium.*
Bochir, *Canopus.*
Bodec, *Budica.*
Bodon, *Bodanum.*
— en Mysie, *Bononia.*
— Munster, *Bodonville*, Bodonvilliers, *Bodonis monasterium*
Bohème, *Bohemia.*
Boigency de Provence, *Buscogentia*
Bois-Grolland, *Brogilum Grolandi*
Boisse, *Buxia.*
Boisselière, *Busciacum.*
Bologne ou Boulogne, d'Italie et de France, *Bononia.*
Bondis, *Vungiæ.*
Bonet (Saint-), *S. Boniti fanum.*
Bonn ou Bonne, *Bonna.*
Bonnevaux, *Bonna Vallis.*
Bood-Munster, *Bodminia.*
Borgo-san-Domino, *Burgus S. Domini.*
Bosiène, ville, *Vulsinii.*
Bostène, lac, *Vulsinius lacus.*
Bostra. *Bostra.*
Bougival, *Burgivallis.*
Bouis, *Buaq'acum.*
Boulogne, *Bononia.*

Bourbon-Lancy, *Burbo Ancelli.*
— -d'Archambaut, *Burbo Ercunvaldi.*
Bourbonnois, *Burbonenses.*
Bordeaux, *Burdegala.*
Bourg, *Burgus.*
— -Saint-Paulin, *Burgus S. Paulini.*
Bourg-Dieux, *Burgidolum.*
Bourges, *Bituricæ.*
Bourgogne, *Burgundia.*
Bourguignons, *Burgundiones.*
Bousonville, *Bodenis monasterium.*
Bousseret, *Bostra.*
Boutonne, *Vultumnia.*
Boves, *Bobr.*
Brabant, *Brabantia.*
Brachmanes, *Brachmanes.*
Bragance, *Brigantia.*
Brague, *Bracchara.*
Brahic, *Brahica.*
Braine, *Brennacum.*
Brandanford, *Brandanfordia.*
Brême, *Brema.*
Brenne, *Brionia.*
Bresce, *Brixia.*
Brésil, *Brasilia.*
Breslaw, *Uratislavia.*
Bretagne, *Britannia.*
Breteuil, *Britolium.*
Bretons, *Britones.*
Breuil, *Brogilum Brigensium.*
Briançon, *Brigantio.*
Brie, *Brigia.*
— Comte-Robert, *Braia Comitis.*
Brienne, *Briona.*
Brières, *Brogaria.*
Brieu (Saint-), *Brioci fanum.*
Brignoles, *Brincolæ.*
Brille (la), *Brila.*
Brinde, *Brundusium.*
Brinon, *Brienno.*
Brione, *Briona.*
Briou, *Brigiosum.*
Brioude, *Brivas.*
Brisac, *Brisacum.*
Brisgaw, *Brisigavia.*
Brissac, *Brisiacum.*
Brixen, *Brixino.*
Broburg, Brobourg ou Brodebourg, *Broburgus.*
Brogues ou Broines, *Bronium.*
Broly, *Brog lum.*
Bron ou Bron, *Bredo.*
Brou, *Braiacum.*
Broveburg, *Broburgus.*
Broye, *Brecæ castrum.*
Bruchbruch, *Broburgus.*
Bruel, *Broilus.*
Bruges ou Brugge, *Brugæ.*
Brusse (Sainte-), *Salanis.*
Bruttiens, *Brittii.*
Bruxelles, *Bruxellæ.*
Bry (Saint-). *Strata vestrensis.*
Budes, *Buda.*
Bunczel, *Boslavia.*
Burgos, *Bravium.*
Burien (Saint-), *Bolerium.*
Burye, *Burium.*
Bysance, *Constantinopolis.*
Byzacène, *Byzacena.*

## C

Cabersussa, *Cabersussa.*
Cachant, *Caticantus.*

Cadaillac, *Catelliacum.*
Cadefare, *Caput phari.*
Cadis, *Gades.*
Cadoin ou Cadouin, *Caduinum.*
Cadonat, *Captinacum.*
Caen, *Cadomus.*
Caffonge, *Confugia.*
Cagliari, *Calaris.*
Cahors, *Cadurci.*
Caillan, *Callidianum.*
Caillari, *Calaris.*
Caire (le), *Memphis.*
Calabre, *Calabria.*
Calame, *Calama.*
Calaruéga, *Calaroga.*
Calcédoine, *Calcedon.*
Calchut, *Calchutum.*
Calcide, *Calcis.*
Calès (Saint-), *Aninsula.*
Calisch, *Calesia.*
Calne, *Calna.*
Camaldoli ou Camaldule, *Casa malduli.*
Cambray, *Cameracum.*
Cambre, *Camera.*
Cambresis, *Cameracesium.*
Cambridge, *Camtabrigia.*
Campagnac, *Campiniacum.*
Campanie, *Campania.*
Canche, rivière, *Quantia flumen.*
Cande, *Condate.*
Candedin, *Candidinense.*
Candie, *Creta.*
Candiel, *Candelium.*
Canope, *Canopus.*
Cantiens, *Cantii.*
Cantimpré, *Cantipratum.*
Cantorbéry, *Cantuaria.*
Cappadoce, *Cappadocia.*
Cappung, *Confugia.*
Caravalle, *Caravallis.*
Carcassone, *Carcassum.*
Cardon, *Carodunum.*
Cardone, ou Cardont, *Campus rotundus.*
Careman, *Carentonicus vicus.*
Carie, *Caria.*
Carignan, *Eposium.*
Carmery, *Culmeniacum.*
Carmone, *Carmona.*
Caron, *Cyrrhus.*
Carpentras, *Carpentoracte.*
Carragosse, *Cæsar Augusta.*
Carrouge, *Quadriviæ.*
Cartagène, *Carthago Nova.*
Cartaud, *Balesium Lupiæ.*
Carthage, *Carthago.*
Carvenne, *Carvanna.*
Casaure, *Casa aurea.*
Casemare, *Casa ad Mare.*
Case-Neuve, *Casa Nova.*
Cassel, *Cassellum.*
Cassien (Saint-) de Toscane, *Cæsarianum.*
— d'Antioche, *Cassiani Ecclesia.*
— ou Cantien, *Aquæ Quadratæ.*
Cassin, *Cassinense monasterium.*
Cassuno, *Axuma.*
Castelnaudarry, *Castrum novum Arii.*
Castille, *Castilla.*
Castres, *Castra.*
Catalogne, *Catalania.*
Catane, *Catana.*
Cateau-Cambrésis, *Castellum Cameracense.*
Cateuil, *Catolacum.*

Catoye, *Carvarna.*
Caudebec, *Colidobecum.*
Caudry, *Calderiacum.*
Caus, *Caldcracum.*
Caux, *Catetes.*
Cavaillon, *Cabellica urbs.*
Cavargne, *Cavarnia.*
Cave, *Cava.*
Caverne, *Caverna fusis.*
Caylus, *Casilucium.*
Ceaucay, *Celciacum.*
Ceaulsilarges, *Celsinaniæ.*
Celesyrie, *Cœlosyria.*
Celichut, *Calchutum.*
Celle (la) en Berry, *ou* La Celle-Saint-Eusice, *Cella Eusicii.*
— ou Montier-la-Celle, *Cella S. Petri.*
— -sur-Nahon, *Cella Genulfi.*
Celles (le château de), *Cellæ.*
Cent-Salles, *Centum aulæ.*
Centule, *Sanctus Richarius.*
Cerdaigne, *Ceretonia.*
Cerfroi, *Cervus Frigidus.*
Cerine, *Ceranum.*
Cerisy, *Cerasum.*
Césarée de Cappadoce, *Cæsarea Cappadociæ.*
— de Philippe, *Cæsarea Philippi.*
— de Palestine, *Cæsarea Palæstinæ.*
— de Bithynie, *Cæsarea Bithyniæ.*
— de Mauritanie, *Mauritaniæ.*
Cester, *Cestria.*
Ceuta, *Septa.*
Cezenac, *Cedinacum.*
Cezeron, *Cessarion.*
Chablais, *Caballiaci.*
Chabry, *Cavea.*
Chage, *Cavea.*
Chaillot, *Calloqelum.*
Chaise-Dieu, *Casa Dei.*
Chalade, *Caladia.*
Chalarine, *Calarona.*
Châlons-sur-Marne, *Catalaunum.*
— -sur-Saône, *Cabillo.*
Chamalière, *Camelaria.*
Chambéry, *Cameriacum.*
Chambon, *Campus bonus, Cambo.*
Chambray, *Cameracum ad Carentonam.*
Chambre (la), *Camera.*
Champagne, *Campania.*
Champagné, *Campaniacum.*
Champdain, *Candidinense.*
Champeaux, *Campelli Brigiorum.*
Champ-soudain, *Campus solidanus.*
Chantoen, *Candidin nse.*
Chapelle-d'Angilon, *Capella Domni Gillonis.*
Charanton, *Carantomagus.*
Charenton, *Carento.*
Charité, *Massica.*
Charlieu, *Carus locus.*
Charnes, *Charnum.*
Charolois, *Quadrigellensis.*
Charroux, *Carrosium.*
Chartier (Saint-), *Lucaniacus.*
Chartres, *Carnotum.*
Chartreuse, *Carthusiæ.*
Chartreuve, *Cartodorum.*
Chasseneuil, *Cassinogilum.*
Château-l'Archer, *Castrum Acharii.*
— -Censoir, *Castrum Censurii.*

Château-Chinon, *Castrum Caninum*.
— -Dun, *Castrum Dunense*.
— -Gontier, *Castrum Guntarii*.
— -du-Loir, *Castrum Lidi*.
— -Lin, *Castrum Lini*.
— -Marçay, *Castrum Marcianum*.
— -Landon, *Castrum Nantonis*.
— -Neuf, *Castrum novum ad Isaram*.
— -Redon, *Castrum rotundum*.
— -Regnard, *Castrum Regnardi*.
— -Roux, *Castrum Radulphi*.
— -Thierry; *Castrum Theodorici*.
— -Villain, *Castrum Villanum*.
Chatel-Aillon, *Castrum Allionis*.
Chatelraud, *Castrum heraldi*.
Chatenay, *Castanetum*.
Chatillon, *Castellio*.
Chatou, *Captunacum*.
Châtres, *Castra*.
Chatrices, *Castritiæ*.
Chaucy, *Calcegium*.
Chaumes, *Calami*.
Chaumont (Saint-), *S. Anemundi Castrum*.
Chaumont, *Calvomontium*.
Chauny, *Calnacum*.
Chavienne, *Clavenna*.
Chaville, *Caput villæ*.
Chaxume, *Auxuma*.
Chaye, *Cavea*.
Chelles, *Cala*.
Chêne (le), *Quercus*.
Cherlieu, *Carus locus*.
Chersonèse, *Chersonesus*. | *Cherso*.
— Taurique, *Chersonesus Taurica*.
Chester, *Cestria*.
Chevreuse, *Caprosia*.
Chèze-Dieu, *Casa Dei*.
Chichester, *Cicestria*.
Chieti, *Theate*.
Chine, *Sina*.
Chinon, *Caino*.
Chipre, *Cyprus*.
Chisseau, *Cisomagus*.
Chissoing, *Cisonium*.
Chitry, *Altricus*.
Chiusi, *Clusium*.
Chiutaye, *Cotiæum*.
Chonad, *Canadium*.
Chones, *Chonæ*.
Cibales, *Cibales*.
Cilicie, *Cilicia*.
Cimiez, *Cemenelium*.
Cingoli, *Cingula*.
Ciperan, *Ciperanum*.
Cirthe, *Cirtha*.
Cissoing, *Cisonium*.
Cita-di-Castello, *Tifernum Tiberinum*.
Citeaux, *Cistercium*.
Civita-Vecquia, *Civitas Vetus*
Claye, *Cloia*.
Clairvaux, *Claravallis*.
Clamecy, *Clamitiacum*.
Clarendon, *Clarendona*.
Classe, *Classense monasterium*.
Claude (Saint-), *Condatisco*.
Claudiople, *Claudiopolis*.
Clermont, *Claromontium*. | *Clarus mons*.
Clery, *Villa ad Clericos dicta*.
Clèves, *Clivia*.

Clichy, *Clippiacum*.
Cliffe, *Cloveshovia*.
Clogher, *Cloghora*.
Cloud (Saint-), *Clodoaldi fanum*.
Cloveshaw, *Cloveshovia*.
Cluain-Mic-Nois, *Cluanum*.
Clugny ou Cluny, *Cluniacum*.
Coblends, *Confluentes*.
Cochin, *Colchi*.
Cognac, *Campiniacum*.
Cognat, *Condate*.
Coiaco, *Coyacum*.
Coigny, *Iconium*.
Coire, *Curia*.
Cole, *Cola*.
Colioure, *Cocoliberum*.
Colme (Saint-), *Emotria*.
Colmier, *Columbarium*.
Colmkil, *Cella Columbæ*.
Cologne, *Colonia*.
Colombe, *Columba*.
Colombières, *Columbaria*.
Comanes, *Comana*.
Combes, *Accumbitum*.
Comblé, *Cumulatum*.
Combolens, *Confluentes*.
Combrailles, *Convallia*.
Côme (Saint-), *Taliequitium*.
Come, *Comum*.
Comines, *Cominium*.
Comminges, *Convenæ*.
Compiègne, *Compendium*.
Complute, *Complutum*.
Compostelle, *Compostella*.
Concorde, *Concordia*.
Concressaut, *Concurcialdum*.
Condat et Condé, *Condate*. | *Condatisco*.
Conde (Saint-), *Belnisiacum*.
Conflent et Confluent, *Confluens*.
Conimbre, *Conimbria*.
Conlieville, *Coloniavilla*.
Connerth, *Connerthum*.
Conque, *Conchæ*.
Constance, *Constantia*.
Constantinople, *Constantinopolis*.
Convicin, *Convicinum*.
Coppenhague, *Haphnia*.
Coprignac, *Copriniacum*.
Corbeil, *Corboilum*.
Corbie, *Corbeia*.
Corbigny, *Corbiniacum*, | *Corbonacum*.
Corbion, *Corbio*.
Cordoue, *Corduba*.
Cordule, *Cordula*.
Corfou, *Corcyra*.
Corinthe, *Corinthus*.
Cornéli-Munster, et Saint-Cornéli, *Inda*.
Cornet, *Cornuetum*.
Cornouaille d'Angleterre, *Cornubia*.
— de Bretagne, *Corisopitum*.
Corse, *Corsica*.
Corwey, *Corbeia*.
Cosne, *Condate*.
Cotie, *Cotiæum*.
Coucy, *Cociacum*.
Couenne, *Concha*.
Cougnon, *Casa Congedunum*.
Couleuvre, *Coloberonense*.
Coulommiers, *Columeriæ*.
Coulonge, *Coloniæ*.
Courgeon, *Corbio*.
Cournon, *Crono*.
Courtenay, *Curtinetum*.

Courtray, *Cortoriacum*.
Courville, *Curtivilla*.
Couserans, *Consuaranni*.
Coutance, *Constantia*.
Couvié, *Cubræ*.
Cracovie, *Cracovia*.
Craon, *Credo*.
Creil, *Credelium*.
Creissan, *Creissana*.
Crémone, *Cremona*.
Crépin, *Crispinium*.
Crépy, *Crispeium*.
Crescy, *Crissiacum ad Suram*.
Cressy, *Crissiacum Brigensium*.
Crète, *Creta*.
Creteil, *Cristogilum*.
Cristoval (Saint-), *Havanæ*.
Croix (Sainte-) en Castille, *Cuminarium*.
Croix (Sainte-), à présent Saint-Faron, *S. Crucis Ecclesia*.
Crouy, *Crociacum*, | *Croviacum*.
Cruas, *Crudatium*.
Cucufat (Saint-), *Castrum octavianum*.
Cucuse, *Cucusum*.
Cure, *Cora*.
Curube, *Curobis*.
Cusan, *S. Michael*.
Cusance, *Cusantia*.
Cypre, *Cyprus*.
Cyr, *Cyrrus*.
Cyrrestique, *Cyrrestica*.
Cyzique, *Cyzicum*.

D

Dablen, *Diablentica*.
Dace, *Dacia*.
Dacqs, *Aquæ Tarbellicæ*.
Dacre, *Dacor*.
Dalmas (Saint-), *Pedo*.
Dalmatie, *Dalmatia*.
Damarin (Saint-), *Doroangense*.
Damas, *Damascus*.
Damiette, *Damiata*.
Dammard, *Domnus Medardus*.
Dammartin, *Domnus Martinus*.
Dampierre, *Domnus Petrus*.
Dannemarck, *Dania*.
Danube, *Danubius*.
Daphné, *Daphne*.
Darouge, *Doroangense*.
Davids (Saint-), *Moneria*.
Démètre (Saint-), *Antandros*.
Dendremonde, *Tenera munda*.
Denein, *Dononium*.
Denys (Saint-), *S. Dionysii oppidum*.
Déols, *Burgidolum*.
Derbe, *Derbe*.
Derçain, *Dearcanum*.
Désert, *Eremus*.
— du Pont, *Eremus Ponti*.
Desice, *Dececia*.
Deuil, *Diogilum*.
Deventer, *Deventria*.
Dezise, *Dececia*.
Diamper, *Diampera*.
Diarbeck, *Mesopotamia*.
Didier (Saint-), *Desiderii Ecclesia*.
Didier (Pré-Saint-), *Arebrigum*.
Die (Saint-), *Deodati oppidum*. | *Deotati vicus*.
Die, *Dea Vocontiorum*.
Dieppe, *Dieppa*.
Diey (Saint-) *Juncturæ*.
Difed, *Dimetia*.

VOCABULAIRE FRANÇAIS-LATIN.

Digne, *Dinia.*
Dijon, *Divio.*
Dilo, *Dei locus.*
Dimed, *Dimetia.*
Dinan, *Dinannum.*
Dinant, *Dinantum.* | *Dionantum.*
Dinguestingue, *Dingolvinga.*
Dioclée, *Dioclea.*
Dizier (Saint-), *Desiderii Ecclesia.*
Disibod (Saint-), *Disibodi mons.*
Disier (Saint-), *Desiderii oppidum.*
Docking, *Dockum.*
Dol, *Dolus.*
Dole, *Dola.*
Doley, *Tabularium.*
Dolique, *Dolica.*
Dombes, *Dumbæ.*
Domèvre, *Domnus aper.*
Domingue ou Dominique, *Pasula.*
Dommartin, *Domnus Martinus.*
Domnin (Saint-), *Julia.*
Donat (Saint-), *Euræa.*
Donchéry, *Duncaredum.*
Donoroge, *Donoraticum.*
Donting, *Dultingum.*
Donzy, *Domitiacum.*
Dorcester ou Dorcet, *Dorcestria.*
Dordogne, *Dordonia.*
Dordrect, *Dordracum.*
Dormans, *Dormanum.*
Dormois, *Duculmenses.*
Dormont, *Tremonia.*
Dorostore, *Dorostorium.*
Douay, *Duacum.*
Douplable, *Duplavennis.*
Dourdan, *Dordincum.*
Douvre, *Dubris.*
Douzy, *Duziacum.*
Downe, *Dunum.*
Dravenne, *Dravenna.*
Drepane, *Drepanum.*
Dreux, *Droca.*
Druye, *Drogia.*
Dublin, *Dublinum.*
Duisbourg, *Duisburgum.*
Dunbriton, *Castrum Britonum.*
Dune, *Dunum.*
Dunstaple, *Duni stabulum.*
Durance, *Druentia.*
Duras, *Dyrrachium.*
Duren, *Duria.*
Durgang, *Durgangia.*
Durham, *Dunelmum.*
Durieu, *Durivum.*
Durmagh, *Duromacha.*
Duviel, *Dei vallu.*

E

Eause, *Elusa.*
Ebreule, *Eborolacum.*
Ecau, *Scamnum.*
Echer et Echternac, *Epternacum.*
Ecos, *Scamnum.*
Ecosse, *Scotia.*
Ecyge, *Astygis.*
Edelstein, *Ætilstenium.*
Edembourg, *Edemburgum.*
Edusse, *Edessa.*
Egara, *Egara.*
Egée, *Ægea.*
Eges, *Egæ.*
Eglise, *Basilica.*
Egypte, *Egyptus.*
Eichstat, *Setuacatum.*
Elan, *Selancum.*
Elbe, rivière, *Alba.*
Elbe, île, *Ilva.*

Eleuthérople, *Eleutheropolis.*
Elie (Saint-), *Cyparissum.*
Elie, mont, *Suppentonia.*
Elne, *Elena.*
Elpide (Saint-), *Empulum.*
Elsone, *Elusa.*
Elvire, *Eliberis.*
Embazais, *Ambasiacus vicus.*
Embrun, *Ebredunum.*
Emelet, *Emilicum.*
Emèse, *Emessa.*
Emet, *Amilda.*
Emilie, *Æmilia.*
Emillon (Saint-), *Accumbitum.*
Emond (Saint-), *Burium.*
Enhau, *Ænhamum.*
Epagne, *Hispaniæ.*
Epaone et Epaune, *Epaonum.*
Epernay, *Sparnacum.*
Ephèse, *Ephesus.*
Epinay, *Spinetum.*
Epipe, *Epipus.*
Epiphane (Saint-), *Acamas.*
Epire, *Epirus.*
Eppach, *Eplaticum.*
Epte, *Itta.*
Eques, *Ecæ.*
Erford, *Erfordia.*
Ermoutier, *Antimonasterium.*
Ernay, *Rotnacum.*
Escaut (l'), *Scalda.*
Esche, *Eschæ.*
Eschil, *Eschillum.*
Esclavonie, *Sclavonia.*
Escouen, *Iscuina.*
Esme (Saint-), *Pontiniacum.*
Espagne, *Hispaniæ.*
Espain (Saint-), ou Espin, *Hispadii Ecclesia.*
Espinal, *Spinale.*
Espoie, *Spida.*
Esprit (Saint-), *Marianum.*
Espuelles (Saintes-), *Mansum.*
Esquilin, mont, *Exquiliæ.*
Esrique (Sainte-), *Africani oppidum.*
Essen, *Assindra.*
Essome, *Sosma.*
Estampes, *Stampæ.*
Estamy, *Stamedium.*
Estarac, *Astaracum.*
Esterp, *Stirps.*
Estevan (Saint-), *Gormacium.* | *Limia.*
Estival ou Estivay, *Stivagium.*
Estramadure, *Extramadura.*
Estrée, *Strata.*
Etang (l'), *Stagnum.*
Eter, *Stirps.*
Ethiopie, *Æthiopia.*
Etienne (Saint-), *Furanum.*
Etrée, *Strata.*
Etrélange, *Extrelana.*
Etrun, *Strun.*
Eu, *Auga.*
Eucate, *Theodoropolis.*
Eugende (Saint-), *Condatisco.*
Eugubbio, *Eugubium.*
Euphémie (Sainte-), *Lametia.*
Euphratèse, *Euphratesia.*
Eure, *Autura.*
Eusèbe (Saint-), *Castrum Savio.*
Eussy, *Wilciacum.*
Euvron, *Aurio.*
Evahon ou Evaux, *Evahonum.*
Everbeur, *Averbodium.*
Evora, *Ebora.*
Evreux, *Ebroicæ.*

Evroul (Saint-), *Utica.*
Ewijers, *Aquiria.*
Exester, *Excestria.*

F

Fabriano, *Fabrianum.*
Faenza, *Faventia.*
Faiet, *Fagetum.*
Faigne, *Fania.*
Falvaterre, *Fabriteria.*
Famagousse, *Fama Augusti.*
Famestro, *Amastris.*
Fammars ou Fammart, *Fanum Martis.*
Faremoutier, *Eboriacum.*
Farfa, *Fabaris.*
Farne, *Farne.*
Faron (Saint-), *Sanctæ Crucis Ecclesia.*
Faucon, *Falco.*
Fauquemont, *Falcoburgus.*
Fay, *Faiacus.*
Fayence, *Faventia.*
Fecau, *Fisciacum.*
Felien (Saint-), *Quixoti.*
Felix (Saint-), *Circæi.*
Femy, *Fidemiacum.*
Fenac, *Vissenacum.*
Ferjeu, *Giuncæ.*
Fermo, *Firmum.*
Ferrare. | Ferrières, *Ferrariæ.*
Ferté (La), *Firmitas.*
Fescau ou Fécan, *Fiscamnum.*
Fiacre (Saint-), *Brogilum Brigentium.*
Fiesenzac, *Fidentiacum.*
Fiesoli, *Fesula.*
Figeac, *Fidiacum.*
Fines, *Fimæ.*
Flandre, *Flandria.*
Flavigny, *Flaviniacum.*
Flay, *Flaviacum.*
Fleury, *Floriacum.*
Florence, *Florentia.*
Florent (Saint-), en Corse, *Canelata.*
— le Vieux, *Glomna.*
Flour (Saint-), *Indiacum.*
Foigny, *Fusciniacum.*
Foix, *Fuxcenses.*
Foligny, *Fulcinium.*
Folstein, *Fulcanstamum.*
Fondi, *Fundi.*
Fontaine, *Fontanæ.*
— -Bleau, *Fontana Blaudi.*
— -Jean, *Fons Joannis.*
Fontaines (les Trois-), *Aquæ Salviæ.*
Fontavelle, *Fons Avellanus.*
Font-Druie, *Fons-Rogi.*
Fontenay, *Fontanetum.*
Fontenelles, *Fontanellæ.*
Fontevraut, *Fons ebraldi.*
Forcalquier, *Furnus calcarius.*
Forêt aux Loges, *Juatorium.*
Forly, *Forum Livii.*
Formies, *Formiæ.*
Forvic, *Fori vicus.*
Fosse, *Fossa. Fossense.*
Fosse-Neuve, *Fossa Nova.*
Fossombrone, *Forum Sempronii.*
Foucarmont, *Fulcardi mons.*
Foures, *Favorium.*
Fourmenteuse, *Frumentosa.*
Frambault ou Fraimbaut et Frambourg (Saint-), *Frambaldi vicus.*
France, *Gallia. Francia.*
Francfort, *Francofurtum.*

DICTIONNAIRE DE GEOGRAPHIE ECCLESIASTIQUE.

Franche-Comté, *Sequani.*
Francs, *Galli.*
Fréjus, *Forum Julii.*
Frénay, *Fraxinetum Saracenorum.*
Frêne, *Fraxini.*
Frenot, *Fraxinetum Bellovacensium.*
Fresquinge, *Piscina.*
Fressinet de Casal, *Fraxinetum Cassilinum.*
— de Lonzère, *Fraxinium Luceriæ.*
Fressing ou Fressingue, *Frisinga.*
Frigem, *Frequentium.*
Frioul, *Forum Julium.*
Frique (Sainte-), *Africani oppidum.*
Frise, *Frisia.*
Frisingen, *Frisinga.*
Frisléer, *Bogadium.*
Frisons, *Frisii.*
Fritzlaar, *Bogadium.*
Frohens, *Fusæi hamus.*
Foessen, *Fauces.*
Fuinen, *Fionia.*
Fulde, *Filoha.*
Fuligno, *Fulcinium.*
Furnes, *Furnæ.*
Fu-senich, *Fusciniacum.*

G

Gabbio, *Eugubium.*
Gabriel (Saint-), *Ernagium.*
Gael (Saint-), *Gaelum.*
Gaguy, *Vadiniacum.*
Guiète, *Caieta.*
Gaintington, *Gaintingtonia.*
Gal (Saint-), *Abbatis Cella.*
Galatie, *Galatia.*
Galéate, *Caligula.*
Galice, *Galatia.*
Galles, *Wallia.*
Galliates, *Galligata.*
Gallinaire, *Gallinaria.*
Galmier (Saint-), *Baldomeris oppidum.*
Gand, *Gandavum.*
Gandelfingen, *Dingolvinga.*
Gandersheim, *Gandershemum.*
Gangres ou Gaugry, *Gangra.*
Gany, *Vadiniacum.*
Gap, *Vapincum.*
Gard, *Vardo.*
Gargan, *Gurganus mons.*
Garonne, *Garumna.*
Gascogne, *Vasconia.*
Gaspaliane, *Caspalium.*
Gâtinois, *Vastinum.*
Gaule, *Gallia.*
Gavin (Saint-), *Turres Libissonis.*
Geldube, *Gelduba.*
Gembic ou Gembicie, *Gembicia.*
Gemblou ou Gembloux, *Gemblacum.*
Gembly, *Gemel-acum.*
Géméliac, *Gemeliacum.*
Gémond (Saint-), *Hornobacum.*
Gênes, *Genua.*
Genest et Saint-Genest, *Genesius.*
Genève, *Geneva.*
Gengou'fet Saint-Gengoulf, *Genulfi Oppidum.*
Genou (Saint-), *Strata ad Agnerim.*
Genouillac, *Genuliacum.*
Gentilly, *Gentiliacum.*
Géome, (Saint-), près de Langres, *S. Gemini.*
George (Saint-) en Morée, *Phœræ.*

George (Saint-) de Montaigu, *Durivum.*
— de Palestine, *Lydda.*
— île de l'Archipel, *Sciros.*
— en Calabre, *Murgantia.*
— en Sicile, *Triacala.*
— en Circassie, *Gerida.*
— en Carie, *Magnesia.*
Georgie, *Georgia.*
Gérard (Saint-), *Apronianum.*
Gérarmont, *Geraldi.*
Gercy, *Gercianum.*
Gère, *Jara.*
Gergeau, *Gargogilum.*
Gergent, *Agragas.*
Germain des Prés (Saint-), *Sanctus Germanus a Pratis.*
Germanie, *Germania.*
Germier, *Geremari.*
— de Flay, *Flaviacum.*
Gernicourt, *Gern.acacors.*
Géronne, *Gerunda.*
Gersey, *Sargia.*
Gètes, *Geti.*
Gevaudan, *Gabalitanus pagus.*
Giez, *Jara.*
Gildas (Saint-), *Reumvisius.*
Gilles (Saint-), *Ægidii villa.*
Gisors, *Gisortium.*
Givry, *Gibriacum.*
Glan ou Glou, *Glomna.*
Glanfeuil, *Glandofolium.*
Glaris, *Calarona.*
Glassembury ou Glastou, *Glasconia.*
Glocester, *Glucestria.*
Gnesne, *Gnesna.*
Gnosse ou Gnossus, *Gnossus.*
Goa, *Goa.*
Goar (Saint-), *Goarii oppidum.*
Godard (Saint-), *Adula.*
Gonesse, *Gaunissa.*
Gortyne, *Gortina.*
Gorze, *Gorza.*
Goths, *Gothi.*
Goudon (Saint-), *Nobiliacum Biturigum.*
Goujat (Saint-), *Castrum Octavianum.*
Gourdon, *Gurto.*
Gournay, *Gornacum.*
Goute (La), toujours coulante, *Gatta jugiter manans.*
Gover (Saint-), *Goarii oppidum.*
Grado, *Gradus.*
Gramont, *Geraldi.*
Grançay ou Grancey, *Graniciacum.*
Grand ou Grands, *Grandis.*
Grand-Lac ou Grand-Lieu, *Grandis Lacus.*
— -Mont, *Grandis Mons.*
— -Selve, *Grandis Sylva.*
— -Ville, *Grandis Villa.*
Grandfel, *Grandis Vallis.*
Gratanéen, *Gratalea.*
Graville, *Gerardi villa.*
Grèce, *Græcia.*
Grégoire (Saint-), *Clivus Scauri.*
Grenade, *Granata.*
Grenoble, *Gratianopolis.*
Grèze, *Gredo.*
Grezivaudan, *Gratianopolitanus pagus.*
Groslay, *Grauidum.*
Grosseto, *Grossetum.*
Grotta ferrata, *Crypta ferrata.*
Guadix, *Guadicium.*
Guastalla, *Guadarstallum.*

Gueldre, *Geldria.*
Guéret, *Waractum.*
Guernes, *Guernium.*
Gui-Aleih, *Gummii Castrum.*
Guillem, Guislam ou Guislein (Saint-), *Celta.*
Guincamp, *Vini campus.*
Guistres, *Aquistria.*

H

Habence, *Habentia.*
Hagulstad, *Hagulstadium.*
Hainaut, *Haginoum.*
Halcala, *Complutum.*
Hales (de), *Alensis.*
Hamay, *Hamaticum.*
Hambourg, *Hamanaburgum.*
Harford, *Herfordia.*
Haspengou, *Hasbania.*
Haut-Villiers, *Altivillare.*
— Mont, *Altus Mons.*
Hébromage, *Hebromagus.*
Hedtfeld, *Bedfeldia.*
Heidenheim, *Heidenheimum.*
Hélène (Sainte-), *Boreum.*
Hellénople, *Drepanum.*
Hellespont, *Hellespontus.*
Helsingland, *Helsingia.*
Hemaige, *Hamaticum.*
Hems, *Emessa.*
Hension, *Hensio.*
Héraclée, *Heraclea.*
Herbadille ou Herbauge, *Herbatilia.*
Herblond (Saint-), *Antrum.*
Herford d'Angleterre, *Herifordia.*
— de Vestphalie, *Hervordia.*
Herisson, *Hercio.*
Hermont, *Herimons.*
Hermoutier, *Herimonasterium.*
Hernied, *Hasendrictum.*
Herstald, *Herisallum.*
Herudford, *Hertfordia.*
Hesse, *Hassia.*
Hiberne, *Hibernia.*
Hiéraple, *Hierapolis.*
Hière, *Hedera.*
Hiesmes, *Oximum.*
Hifauge, *Hisalgia.*
Hilaire (Saint-), *Hilaracum.*
Hilare (Saint-), *Galigata.*
Hildesheim, *Hildesia.*
Hippone, *Hippo.*
Hirscnfeldt, *Herofelda.*
Hitero, *Siterium.*
Hœnau, *Hœnovium.*
Hohembourg, *Mons Othiliæ.*
Hollande, *Batavia.*
Holsace ou Holstein, *Holsatia.*
Homblières, *Humolaræ.*
Hombourg, *Homburgum.*
Honcourt, Houdaucourt, Huonocourt ou Huonocurt, *Hunolficutis.*
Honfleu ou Honfleur, *Honeflotum.*
Hongrie, *Hungaria.*
Honorat (Saint-), *Lirinas.*
Horat, *Horat.*
Hornbac, *Hornobacum.*
Houat, *Horata.*
Hubert (Saint-), *Andaginum.*
Huesca, *Osca.*
Huisse u, *Ostonium.*
Hui-sen, *Uscia.*
Huissy, *Wilcacum.*
Huns (les), *Hunni.*
Hurepoix, *Maurapicum.*
Huy, *Hoyum.*

VOCABULAIRE FRANÇAIS-LATIN.

Huyse, *Uscia.*
Hy, *Cella Columbœ.*
Hyenne, *Algia.*

**I**

Ibérie, *Iberia.*
Icone, *Iconium.*
Illiers, *Illirii.*
Illyrie, *Illyrium.*
Immola, *Forum Claudii.*
Inde, *Inda.* | Province, *Indiq.*
Indiac, *Indiacum.*
Ingelhe m, *Engilenhemium.*
Inspruck, *Œnipons.*
Ips, *Ibissa.*
Irène (Saint-), *Terasia*
Irier (Saint-), *Atanum.*
Irlande, *Hibernia.*
Isaurie, *Isauria.*
Isère (l'), *Isara.*
Isle, ville, *Insula.*
— d'Aaron, *Insula Aaronis.*
— -Adam, *Insula Adœ.*
— -Barbe, *Insula Barbara.*
— -Baas, *Insula Bathœ.*
— -Bonne, *Insula Julio Bona.*
Isnich, *Nicœa.*
Issère ou Isseure, *Icciodorum Turonum.*
Issoire, *Icciodorum.*
Italie, *Italia.*
Ivry, *Iberiacum.*

**J**

Jacob (Saint-), *Tarvesede.*
Jacquême (Saint-), *Axima.*
Jacques (Saint-) de Compostelle, *Janasium.*
— de Cacem, *Merobriga.*
— de Papajau, *Arma.*
— de Léon, *Caraca.*
Jaen, *Gienna.*
Japon, *Japonia.*
Jarow, *Girwicum.*
Jaucels, *Juncelli.*
Javares, *Jai.*
Javarin, *Jaurinum.*
Javoux, *Gabalitanus pagus.*
Javron, *Gabro.*
Jean (Saint-) en Bourgogne, *Lydiana.*
— de Maurienne, *Maurienna.*
— de Valdenol, *Bidis.*
— d'Angeli, *Angeriacum.*
— de Fortlamme, *Forum Flaminii.*
— de Loue, *Latona.*
— du Luz, *Luisium Ulva.*
— de Décastrie, *Ulyssiportus.*
— d'Acre, *Ptolemais.*
— (Moutier-Saint-), *Reomagus.*
Jengoux (Saint-), *Genulphi oppidum.*
Jérusalem, *Jerosolyma.*
Jointures, *Juncturœ.*
Joinville, *Jani villa.*
Jol, *Cœsarea Mauritaniœ.*
Jonques, *Juncus.*
Jonquières, *Juncaria.*
Jons (Saint-), *Isannium.*
Jonsac, *Jonsacum.*
Jouston (Saint-), *Perthum.*
Josse (Saint-), *Judoci cella.* — *Domnus.*
Jouarre de Brie, *Joirum.*

— du pays Chartrain, *Jovisara.*
Jouin (Saint-), *Enixio.*
Jucon, *Jucundum.*
Jumiéges, *Gemeticœ.*
Junien (Saint-), *Juniani oppidum.*
Jut (Saint-), *Lupara.*
Juvigny, *Juveniacum.*

**K**

Kaffungen, *Confugia.*
Keiserswerd, *Cœsaris insula.*
Kellen, *Colonia Trajana.*
Kempen, *Kempi.*
Kemperlay ou Kemperlé, *Kemper ad Elegum.*
Kent, *Cantium.*
Kercy-sur-Oise, *Carisiacum.*
Kerfont, *Kerfonteum.*
Kermartin, *Castrum Martini.*
Kildare, *Cella darensis.*
Kingston, *Kingstonium.*
Kinisburie, *Kintsburium.*
Kiobenhaven, *Haphnia.*
Kirlington, *Kirlingtonium.*

**L**

Lacelle, *Lacella.*
Lagny, *Latiniacum.*
Lambec, *Lambeca.*
Lambè-e, *Lambesia.*
Lambeth, *Lambetha.*
Lampsac ou Lampsie, *Lampsacus.*
Lancicie, *Lancicia.*
Landal, *Landavia.*
Landen, *Landinum.*
Landevenec, *Landana.*
Langey, *Alingavia.*
Langres, *Lingones.*
Lauschet, *Lancicia.*
Lansy, *Laussa.*
Lant Carvan, *Carvanna.*
Lant Triguet, *Trecor.*
Laodicée, *Laodicœa.*
Laon (Saint-)de Thouars, *Thoarcis.*
Laon, *Laudunum.*
Larchant, *Liricantus.*
Latople, *Latopolis.*
Latran, *Lateranum.*
Lâtre (de), *Latrensis.*
Lauraguais, *Lauracenses.*
Laurent (Saint-) des Eols, *Areolœ.*
— des Aubas, *Longorete Albatorum.*
Lausanne, *Lausanna.*
Lautrec, *Lautregum.*
Laval, *Vallis.*
Lavaur, *Vaurum.*
Lazy, *Laussa.*
Lébrixa, *Nebrissa.*
Lechlin, *Lethglinum.*
Ledres, *Leucosia.*
Léger (Saint-), *Campelli Atuariorum.*
Léide, *Lugdunum Batavorum.*
Leipseik, *Lampsacus.*
Léitoure, *Lactora.*
Léon d'Espagne, *Legio.*
— -le-Saunier, *Ledo Salinarius.*
Léonard (Saint-), *Crociacum.* | *Corbiniacum.* | *Leonardi cella.* | *Nobiliac.nse.* | *Vallis lavanina.*
Léopardin (Saint-), *Vivarium.*
Leptis, *Leptis.*
Lerida, *Ilerda.*
Lerius, *Liria.*
Leroux, Leuroux ou Levroux, *Leprosus vicus.*

Lescar, *Lascurra.*
Lesfines, *Liptinœ.*
Leufroy (Saint-), *Materiacum.*
Leuse, *Leuza.*
Leutméritz, *Litosmilum.*
Licate, *Leocata.*
Licer (Saint-), *Consuaranni.*
Liche, *Laodicœa.*
Lié (Saint-), *Inatorium.* | *Leonis vicus.*
Liége, *Leodicum.*
Lière, *Ledo.*
Liessies, *Lœtia.*
Liéorg, *Illiturgis.*
Lieu-Saint, *Locus Sanctus.*
Liévin, *Lisvinus pagus.*
Lièvres, *Lebrahensis cella.*
Ligugey, *Lugugiacum.*
Ligurie, *Liguria.*
Lima, *Lima.*
Limagne, *Lemas.*
Limisso, *Amathus.*
Limoges, *Lemovicœ.*
Limousin, *Lemovicini.*
Lincoln, *Lindecolnum.*
Lincopn, *Lingopa.*
Lion, *Lugdunum.*
Lipari, *Lipara.*
Lipidiac, *Lipidiacum.*
Lippe, *Lippa.*
Liptine, *Liptinœ.*
Lire, *Ledo.*
Lirizain, *Lirizinus.*
Lisbonne, *Ulisippo.*
Lisieux, *Lexovium.*
Lithuanie, *Lithuania.*
Livatie, forêt, *Livallia sylva.*
Liverdun, *Liberdunum.*
Livier (Saint-), *Consuaranni.*
Livry, *Liberiacum.*
Lizaine, *Lirizinus.*
Lo (Saint-), *Lautonis.*
Lobbes, *Laubacum.*
Loches, *Luccœ.*
Lodève, *Luteva.* | *Laus Pompeia.*
Lodi, *Laus Pompeia.*
Lohanec, *Lohannecum.*
Loigny, *Lucaniacum.*
Loire, *Liger.*
Loiret, *Ligeritus.*
Lombardie, *Longobardia.*
Lombez ou Lombiers, *Lumbaria.*
Lomer (Saint-), *Curbio.*
Lonchamp, *Longi campus.*
Londres, *Londinum.*
Longils (Saint-), *Buxidus.*
Long-Pont, *Longipontanum.*
Lonrey, *Longorete.*
Lore, *Laureacum.*
Loroux, *Leprosus vicus.*
Lorraine, *Lotaringia.*
Lorris, *Lauriacum.*
Loudun, *Lausdunum.*
Louis (Saint-), *Marinianum.*
Louse, *Lutosa.*
Louvico, *Lovicium.*
Louvres, *Lupara.*
Loyescon (de), *De Loresco.*
Lucanie, *Lucania.*
Luce (Sainte-), *Cenestum.*
Lucide (Sainte-), *Temesa.*
Lucilbourg, *Luperciacum.*
Lucioli, *Luciolum.*
Luçon, *Lucio.*
Luculle, *Lucullanum.*
Ludder, *Lutera.*
Ludger (Saint-), *Verthinum.*

Ludre, *Lutera*.
Lugny, *Lucaniacum Biturigum*.
Lupicin (Saint-), *Laogium*.
Luques, *Luca*.
Lure, *Lutera*.
Lusarche, *Lusarcha*.
Lusitanie, *Lusitania*.
Luxembourg, *Luxemburgum*.
Luxeu, *Luxovium*.
Luynes, *Malliacum Turonum*.
Lycaonie, *Lycaonia*.
Lychnes, *Lychnis*.
Lycie, *Lycia*.
Lycus, *Lycopolis*.
Lydde, *Lydda*.
Lyon, *Lugdunum*.
Lys, *Letium territorium*.

## M

Macao, *Macaum*.
Macasar, *Macasaria*.
Macé, *Madisciacum*.
Macédoine, *Macedonia*.
Mâcon, *Matisco*.
Macre (Sainte-), *Sancta Macra*.
Macriane, *Macrianum*.
Madrie, *Madriensis pagus*.
Madrit, *Madritum*.
Magdebourg, *Magdeburgum*.
Maghfeld, *Maghfeldum*.
Maguelone, *Magalona*.
Mahé de Fine-Terre, *S. Matthæi*.
Mahometta, *Adrumettum*.
Maillé, *Malliacum*.
Mairé, *Mariacum*.
— -L'Evêquau, *Mariacum Episcopale*.
Maisières ou Maizières, *Maceriæ*.
Majume, *Constantia*.
Malabar, *Malabaria*.
Malabares, *Malabares*.
Malaca, *Malacæ*.
Malaga ou Malgue, *Malaca*.
Maleas, *Mulæi*.
Malenoue, *Malanoda*.
Malevale ou Malleval, *Stabulum*.
Malfi, *Amalphis*.
Malines, *Mechelen*.
Malmedy, *Malmundarium*.
Malmesbury, *Maldunense*.
Malo (Saint-), *Alethum*.
Malogne, *Malonia*.
Malphi, *Amalphis*.
Malthe, *Melita*.
Manarschet, *Manarschietum*
Mandé (Saint-), *Maudetus*.
Manfredonia, *Manfredonia*.
Manganée, *Manganea*.
Manissa, *Mopsuestia*.
Manlieu, *Magni Locus*.
Manreze, *Minorissa*.
Mans (le), *Cenomani*.
Mansuy (Saint-), *S. Mansueti Ecclesia*.
Mantaille ou Mante, *Mantala*.
Mantenay, *Leonis vicus*.
Mantoue, *Mantua*.
Maoch (Saint-), *Moachi*.
Mapurg, *Mapurgum*.
Marc (Saint-) en Sicile, *Calacta*.
— de Trinacrie, *Agathyrium*.
— en Calabre, *Argentanum*.
— d'Otrante, *Balesium*.
— au Maine, *Ustilliacum*.
Marcel (Saint-), *Humiliatum*.
Marchais, *Mercasii villa*.
Marche d'Ancène (la), *Picenum*.

Marchiennes, *Marcianæ*.
Marcomans, *Marcomanni*.
Mareotes, *Mareotis*.
Mareuil, *Maroilaum*. | *Mareolum*.
Marguerite (Sainte-), *Planasia*.
Marice (Saint-), *Agaunum*.
Marie (Sainte-) de Capasse, *Cassiope*.
— des Anges, *S. Maria Angelorum*.
— de Fine-Terre, *Artabrum*.
— de Pantano, *Martula*.
— en Tartenois, *Mons Stæ Mariæ Tartanensis*.
— de Bethléem, *Stesichori tumulus*.
— en Toscane, *Pandataria*.
— -Majeure, *Mons Esquilinus*.
Marin (Saint-), *Titanus*.
Marinelle (Sainte-), *Neopyrgum*.
Marly, *Marleium*.
Marmedi, *Malmundarium*.
Marmoutier, *Majus monasterium*.
Marne, *Matrona*.
Marnes, *Enixio*.
Maroc, *Bocanum*.
Maroiles ou Maroles, *Marciliæ*.
Marseilles, *Massilia*.
Marsiac, *Marciacum*.
Marsillac, *Marciliacum*.
Martin (Saint-), *Acer*. | *Mons Tipholinus*.
— de Sainte, *Saligena*.
Martole, *Martula*.
Marz (Saint-), *Evena Turonum*.
Marzalie, *Marzalia*.
Massy, *Masciacum*.
Mastricht, *Mosæ trajectum*.
Mathurin (Saint-), *Liricantus*.
Maubeuge, *Malbodium*.
Maubuisson, *Maloboscio*.
Maudane, *Maudana*.
Maur (Saint-) les Fossés, *Bacaudarum Fossata*.
— sur-Loir, *Glandofolium*.
Maure (Sainte-), *Neritum*. | *Scopetus*.
Maurilly, *Mauriliacum*.
Mauritanie, *Mauritania*.
Maur-munster, *Mauri monasterium*.
Mausac, *Mausiacum*.
Maximin (Saint-), *Maximi oppidum*.
Mayence, *Moguntium*.
Maymont, *Magnimontium*.
Mays, *Magiæ*.
Maziques, *Mazici*.
Méaco, *Meacum*.
Meaux, *Meldæ*.
Médie, *Media*.
Meersbourg, *Martinopolis*.
Mein (Saint-), *Gaelum*.
Melantois, *Medenantense*.
Meldrac, *Meldricæ*.
Melfi, *Amalphis*.
Melitine, *Melitina*.
Melun, *Melodunum*.
Memphis, *Memphis*.
Ménat, *Manatense*.
Mende, *Mimas*.
Ménéhou (Sainte-), *Menechildis*.
Ménestou ou Ménestriou, *Monasteriolum*.
Méobec, *Millebeccus*.
Mercie, *Mercia*.
Mère, *Merum*.
Mérida, *Emerita*.
Merle, *Merulis*.
Merton, *Mertonium*.

Mérule, *Merulis*.
Merville, *Menariacum*.
Mery, *Matriacum*. | *Meriacum*.
Mesmier (Saint-), *Brogilum Tricensium*.
Mesmin (Saint-), *Maximi*.
Mésopotamie, *Mesopotamia*.
Messine, *Messina*.
Mets, *Metæ*.
Mettloc ou Mettoc, *Mediolacum*.
Meulan, *Mellentum*.
Meun, *Magdunum*.
Meuse, *Mosa*.
Mexent (S.) ou Maixent, *S. Maxen*.
Mexique, *Mexicana*. *Mexicum*.
Michel (Saint-), *S. Michael*.
— en Brenne, *Brennacum*.
— de Cluse, *Clusa*.
— de Cusan, *S. Michael de Cusano*.
— dans la Mer, *S. Michael ad duas Tumbas*.
Micy, *Miciacum*.
Miel (Saint-) ou Mihiel, *Castellio*.
Milan, *Mediolanum*.
Milet, *Miletus*.
Milève ou Milévi, *Milevis*.
Milhan (Saint-), *Cuculla*.
Milly, *Mauriliacum*.
Mindanao, *Mindanai*.
Mithlac, *Mediolacum*.
Mlezraw, *Augia major*.
Modène, *Mutina*.
Moissac, *Mossiacum*.
Moisselles, *Muscellæ*.
Molesmes, *Molismus*.
Monchy, *Monachium*.
Monestriol ou Monestrol, *Monasteriolum*.
Mongozi, *Mons gaudii*.
Mons, *Montes*.
— en Puelles, *Montes in Pabula*.
Monsterlet, *Monasterioletum*.
Monstreau, *Monasteriolum*.
Mont-Argis, *Mons Argus*.
— -Aubant, *Mons Albanus*.
— -Artre, *Mons Autricus*.
— -Aventin, *Mons Aventinus*.
— -Saint-Auxent, *Mons Auxentii*.
— -Cassin, *Mons Cassinense*.
— -Ciabre, *Montis Jonii Ecclesia*.
— -Cornillon, Mont des Cornouilles, *Mons Cornelii*.
— -Saint-Eloi, *Mons Eligii*.
— -Esquilin, *Mons Esquilinus*.
— -Faucon, *Mons Falconis*.
— -Fort, *Mons Fortis*.
— -Gauzy, *Mons Gaudii*.
— -Jura, *Mons Condatisco*.
— -Louy ou Louis, *Mons Laudiacum*.
— -Luçon, *Mons Lucius*.
— -Majour, *Mons Mojor*.
— -Martre, *Mons Martis*.
— -Mélian, *Mons Melianus*.
— -Mirael, Mirel, *Mons Mirabilis*.
— -Maurency, *Mons Maurentiacus*.
— -Olympe, *Mons Olympi*.
— -Pellier, *Mons Pessulanus*.
— -Réal, *Mons Regalis*.
— -Saint-Robert, *Mons S. Ruperti*.
— -Serrat, *Mons Serrati*.
— -Viminal, *Mons Viminalis*.
Montefiascone, *Monsfalariscus*.
Monteleone, *Trebula mutusca*.
Montelon, *Mons Tolonus*.
Montepulciano, *Monspolitianus*.
Montier-Ramey, *Arremarense*.
— en Der, *Dereum*.

Moutier au-Perche, *Forum.*
— en Tarentaise, *Curbio.*
Montilly, *Montilium.*
Montils, *Monticuli.*
Montiramé, *Arremarense.*
Montirandé, *Dervum.*
Montreau, *Monasteriolum.*
Mopsueste, *Mopsuesta.*
Moret, *Murritum.*
Morgan, *Mons regalis.*
Morgey, *Morgecus vicus.*
Morimont, *Morimons.*
Morin, rivière, *Mucra amnis.*
Morins, *Morini.*
Mosac, *Mausineum.*
Mouchi ou Mouchi-le-Neuf, *Monachium.*
Mousson, *Mosomagus.*
Moutier en Tarentaise, *Mons in Tarentasia.*
Moyen et Moyen-Moutier, *Medianum monasterium.*
Mulcien, petit pays, *Meldicianus pagus.*
Munich, *Monachium.*
Munster, *Mediolanium.*
— Bilsen, *Belisia.*
Murel, *Murellum.*
Muret, *Muretum.*
Musaca, *Cæsarea Augusta.*
Mutulasque, *Mutalasca.*
My-cant, *Mediocantus.*
Myre, *Myrina.* | *Myrra.*
Myrre, *Myrra.*

### N

Namur, *Namurcum.*
Nancy, *Nanceium.*
Nanterre, *Nemetodurum.*
Nantes, *Namnetæ.*
Nanteuil ou Nantueu, *Nantogilum.* | *Nantum.*
Naples, *Neapolis.*
Narbonne, *Narbo.*
Narcie, *Nurcia.*
Narni, *Narnia.*
Naschivar, *Naxuarienses.*
Nassouin, *Nassonia.*
Naxe, *Naxus.*
Nazareth, *Nazareth.*
Nazelle, *Navicellæ.*
Nazianze, *Nazianzum.*
Néocésarée, *Neocæsarea.*
Népi, *Nepesum.*
Nepomuk, *Nepomuca.*
Nericie, *Nericia.*
Neris, *Neris.*
Nermoutier, *Heri monasterium.*
Nerviens, *Nervii.*
Neussons ou Neussfontaines, *Novem montes.*
Neuf-Marché, *Novus mercatus.*
Neupurg, *Noviodunum.*
Neustrie, *Neustria.*
Neuvy, *Noviodunum.*
Neuvzell, *Hilariacum.*
Nevers, *Nivernum.*
Nice ou Nicée, *Nicæa.* | *Nicia.*
Nicetas (Saint-), *Phenix.*
Nicolas (Saint-), *Amphimalia.*
Nicomédie, *Nicomedia.*
Nicopolis, *Nicopolis.*
Nicosie, *Nicosia.*
Niébla, *Illypulis.*
Nigeon, *Nimio.*
Nikar, *Neocæsarea.*
Nimègues, *Nimiomagum.*

Nîmes, *Nemausus.*
Ninive, *Ninus.*
Ninove, *Ninire.*
Nisibe, *Nisibe.*
Nivelles, *Nivalis.*
Noailles et Noaillé, *Nobiliacense.*
Noblat, *Nobiliacense.*
Nocera, *Nuceria.*
Nogarol, *Nocariolum.*
Nogent, *Novigentum.* | *Noviodunum* | *Noviomentum.*
Noguiers, *Nuceriæ.*
Nole, *Nola.* Noirmoutier, *Heri monasterium.*
Nonnant, *Nonnantum.*
Norcie, *Nurcia.*
Nordausen, *Northusia.*
Nordouvic, *Norvicum.*
Norique, *Noricum.*
Normandie, *Normannia.*
Notre-Dame aux Bois, *Rota.*
— des Anges, *Sancta Maria Angelorum.*
— du Pré, *Sancta Maria Prioratus.*
— de Sales, *Sancta Maria de Salis.*
— des Vertus, *Alberti Villare.*
— de Robille, *Intercalia.*
— de Veaune, *Yvelinum.*
— de la Nef, *Navensis Ecclesia.*
— des Ermites, *Einsidium.*
Nouastre, *Neucastrum.*
Noyon, *Noviomagus.*
Numberg, *Mons Nonnarum.*
Numidie, *Numidia.*
Nuremberg ou Nurembourg, *Nuremburga.*
Nuyds, *Novesium.*
Nydd, *Nydda.*
Nymphée (Saint), *Sancta Nympha.*
Nymphée, *Nymphæa.*
Nyon, *Nivedunum.*
Nysse, *Nyssa.*

### O

Occidental, *Occidentalis.*
Océan, *Oceanus.*
Octodure, *Octodurum.*
Odensée, *Othonium.*
Oderzo, *Opitergium.*
Odille (mont Sainte-), *Mons Othiliæ.*
Œren, *Horreum.*
Offen, *Buda.*
Ogne, *Onia.*
Olaile (Sainte-), *Pontianum.*
Olbor, *Osborium.*
Oldembourg, *Aldemburgum.*
Oleron, *Uliarus.*
Olympe (le mont), *Olympus.*
Ombrie, *Umbria.*
Omembourg, *Amanaburgum.*
Omer (Saint-), *Audomari.*
Orange, *Arausia.*
Orbetier, *Orbiterium.*
Ordache, *Urdatium.*
Oreste (Saint-), *Feronia.*
Oriental, *Orientalis.*
Origny, *Auriniacum.*
Orillac, *Aureliacum.*
Orléans, *Aurelia, Aurelianum.*
Ornay, *Orna Villa.*
Orne, *Olina.*
Oroair ou Oroir, *Oratorium.*
Orsan, *Ursanum.*
Orschot, *Orschotensis.*
Orval, *Aurea Vallis.*
Osbor, *Osborium.*
Osma ou Osme, *Uxamus.*

Osoir, *Oratorium.*
Osroène, *Osroena.*
Ossaveshlin, *Ossaveshlenum.*
Ostie, *Ostia.*
Ostrevant et Ostrebant, *Ostervantum.*
Otilberg, *Mons Otiliæ.*
Ou (Saint-), *Husdunum.*
Ouchard (Saint-), *Victoria.*
Ouche, *Utica.*
Oudembourg, *Aldemburgum.*
Ours cœffé, *Ursus Pileatus.*
Ousoir, *Oratorium.*
Outrille (Saint-), *Austregisili.*
Oviédo, *Ovetum.*
Ow, *Augia.*
Oxford, *Oxonia.*
Oye, *Oca.* | *Gella.*
Oye ou Oyen, *Oca.*
Oyend (Saint-), *Condatisco.*
Ozoir, *Oratorium.*

### P

Pade, *Patavium.*
Paderborn, *Paderbornia.*
Padoue, *Patavium.*
Pairly, *Patricliacum.*
Palaiseau, *Palatiolum.*
Palassole, *Palatiolum.*
Palence, *Palentia.*
Palerme, *Panormus.*
Palestine, *Palestina.*
Palestrine, *Præneste.*
Palith, *Palithi.*
Palmarola, *Palmaria.*
Pamiers ou Pamiez, *Apamiæ.*
Pampelune, *Pompeiopolis.*
Pandataire, *Pandataria.*
Pannonie, *Pannonia.*
Pantaléon (Saint-), *Motya.*
Paphos, *Paphus.*
Papoul (Saint), *Laureacum.*
Paraves, *Poravi.*
Paris, *Parisii.*
Parme, *Parma.*
Parthénone, *Partheno.*
Parthie, *Parthia.*
Passais, *Passagiensis tractus.*
Passignano, *Passiniacum.*
Pathmos, *Pathmos.*
Patras, *Patras.*
Patrice (Saint-), *Sabulum Patricii.*
Patricy, *Patriciacum.* | *Patricliacum.*
Paul (Saint-), rivière de Sicile, *Symathus.*
Paul (Saint-) Trois-Châteaux, *Tricastini.*
— de Léon, *Leona.*
— en Hongrie, *Floriana.*
— lez-Besançon, *Palatium.*
— Zu-Verd, en Alsace, *Verdunum*
Paule, *Paula.*
Paulien (Saint-), *Ruesium.*
Pavie, *Papia.*
Paye (Sainte-), *Ripa Viscellæ.*
Pec (le), *Alpecium.*
Pégnafort, *Rupes Fortis.*
Pélegrin, *Lætus.*
Pélin, *Corsinii.*
Péluse, *Pelusium.*
Péncte, *Penetale.*
Pennfield, *Penna Fidelis.*
Pental, *Pentallium.*
Pentapole, *Pentapolis.*
Peppewel, *Pipewella.*
Peppimise, *Pipimesium.*

# DICTIONNAIRE DE GÉOGRAPHIE ECCLÉSIASTIQUE.

Perche, *Perticum.*
Perci, *Patriciacum.* | *Patriciacum.*
Pergame, *Pergamum.*
Perge, *Perge.*
Pérignac ou Périguy, *Periniacum.*
Périgord, *Petracorii.*
Périgueux, *Petracorii.*
Perly, *Patriciacum.*
Perne (Sain.-), *Saxiacum.*
Pérone, *Perona.*
Pérou, *Perruvia.*
Pérouse, *Perusia.*
Perpignan, *Perpiniacum.*
Perrecy, *Patriciacum.*
Perse, *Persia.*
Perside, *Persis.*
Persieu, *Prisciniacum.*
Persy, *Patriciacum.* | *Patriciacum.*
Perth, *Perthum.*
Petricow, *Petricovia.*
Petronille (Ste-), *Carnus.*
Pettaw, *Pætovio.*
Petterlingen, *Paternacum.*
Peule-Montier, *Puellare monasterium.*
Peyerne, *Paternacum.*
Pfeffers ou Pfevers, *Fabaria.*
Phare, *Pharum.*
Phene, *Chrismatum.*
Phénicie, *Phœnicia.*
Philadelphe (Saint-), *Allontium.*
Philadelphie, *Philadelphia.*
Philbert (Saint-), *Deæ.*
Philippe, *Philippi.*
Philippe (S.-), *Agurium.*
Philippopoli, *Philippopolis.*
Phocas (Saint-), *Cordula.*
Phrygie, *Phrygia.*
Pierre (Saint-) de Gand, *Blandinium.*
— lez-Cadis, *Monumentum Geryonis.*
— lez-Padoue, *Oraculum Geryonis.*
— en Carie, *Jassus.*
— de Galatine, *Petrinum.*
— des Arcis, *Petrus de Arcisis.*
— de Retondes, *Rotondæ.*
— de Grado, *Trituria.*
— en Sardaigne, — le Vif, *S. Petrus.*
Pignamellar et Pillemellar, *Pilla mellaria.*
Pincerais, *Pinciacensis.*
Pinnat, *Pinnatum.*
Piombino, *Populonium.*
Pirmin (Saint-), *Hornobacum.*
Pise, *Pisæ.*
Pisidie, *Pisidia.*
Pistoye, *Pistoria.*
Pistres, *Pistæ.*
Pithies, *Pithius.*
Piviers, *Pithiver.*
Plaisance, *Placentia.*
Platz, *Palatium.*
Plélan, *Plebs-Lanci.*
Plessis, *Plessiacum.*
Plombariole, *Plumbariola.*

Pluviers, *Pithiver.*
Poincy, *Pipinesium.*
Poissy, *Pisciocum.*
Poitiers, *Pictavæ.*
Pol (S.-) de Léon, *Leona.*
Policastro, *Buxenium.*
Polignano, *Pulmanum.*
Pologne, *Polonia.*
Pomme, *Nepomuca.*
Pompeiae, *Pompeiacum.*
Ponce, *Pontia.*
Poncher, *De ponte caro.*
Poncy, *Pompeiacum.*
Pons (Saint-), *Sancti Pontii tomeriarum fanum.*
Pont (le), province, *Pontus.*
Ponteau-de-Mer, *Pons Audomarus.*
Pontgoin, *Pontigonum.*
Ponthieu, *Pontivum.*
Pontigny, *Pontiniacum.*
Pontoise, *Pons Isaræ.*
Ponts, *Pontes.*
Pontyon, *Pontisco.*
Ponza, *Pontia.*
Populone, *Populonium.*
Port, *Portus.*
— au Pec, *Alpecium.*
— Château, *Portus vilæ.*
Portioncule, *Sta Maria Angelorum.*
Porto, *Portus Romanus.*
— Conaro, *Concordia.*
Portugal, *Lusitania.*
Pouille (la), *Apulia.*
Pourçain (Saint-), *S. Porciani fanum.*
Pouzzol, *Puteoli.*
Prague, *Praga.*
Prée, *Pratea.*
Prémontré, *Præmonstratum.*
Presbourg, *Posonium.*
Prescigny, *Presciniacum.*
Pressigné, *Pressiniacum.*
Pressigny, *Prisciniacum.*
Preuilly, *Prulliacum.*
Prex (Saint-), *Sanctus Priscus.*
Primlau, *Primuliacum.*
Priscille (de), *Cimetière, Priscillæ Cœmeterium.*
Prom, *Prumia.*
Propontide, *Hellespontus.*
Prouille, *Prulianus locus.*
Provence, *Provincia.*
Province, *Provincia.*
Provins, *Pruvinum.*
Prusse, *Prussia.*
Pruym, *Prumia.*
Ptolémaïde, *Ptolemaïz.*
Puelles (Mas Saintes-), *Mansus sanctarum Puellarum.*
Puppingen, *Puppingum.*
Pusine (Sainte-), *Herifurtum.*
Puy (le), *Anicium.*
Puye, *Puza.*
Pyrénées, *Pyrenei montes.*

## Q

Quarante (Saint-), *Onchesinus.*
Quartrouville, *Quatuor villæ.*
Quedelinbourg, *Quintili-*
*niburgum.*
Quemper, *Corisopitum.*
Quentin (Saint-), *Quintini oppidum.*
Quercy, *Cadurcy.*
— sur-Oise, *Corisincum.*
Quincay ou Quincy, *Quintiacum* | *Gravio.*
Quiouse, *Clusium.*
Quirico (Saint-), *Umbro.*
Cherchez par un K les autres mots.

## R

Raguse, *Epidaurus.*
Raimbert ou Rambert (Saint-), *Bredo.*
Rameru, *Ramerucum.*
Ramula, *Ramula.*
Rasaphe, *Rasaphæ.*
Ratisbonne, *Ratisbona* | *Augusta.*
Ravennes, *Ravenna.*
Ray, *Brahica.*
Rebais, *Resbacis.*
Rédinge, *Redinga.*
Rédon, *Regidonum.*
Rées, *Reesium.*
Reggio, *Rhegium.*
Reickuaw, *Augia dives.*
Reims, *Remi.*
Remiremont, *Romarici.*
Remy (Saint-), *Clanum Livii.*
— de Provence, *Clanum.*
Rennes, *Redonæ.*
Renti, *Rentiacum.*
Réole, *Regula.*
Réome, *Rzomagus.*
Répol, *Rivi pollum.*
Rétel, *Reistete.*
Retine, *Retina.*
Retondes, *Rotondæ.*
Retz, *Ratiate.*
Reux, *Rodium.*
Rhétie, *Rhæti.*
Rhin, *Rhenum.*
Rhodez, *Rutheni.*
Rhône, *Rhodanus.*
Rien, *Rhenum.*
Riez, *Regium.*
Rige, *Riga.*
Rigenspurg, *Augusta Tiberii.*
Rilly, *Riguliacum.* | *Rilliacum.*
Rimini, *Ariminium.*
Rinocolure, *Rinocorura.*
Riom, *Ricomagus.*
Riquier (Saint-), *Sanctus Richarius.*
Robert (Mont Saint-), *Mons Sancti Ruperti.*
Rochechouart, *Rupes Cavardi.*
Rochefort, *Rupes Fortis.*
Roche - sur - Yon, *Rupes super Yone.*
Rochelle, *Rupella.*
Rochester, *Roffa.*
Rochingan, *Rochinghamia.*
Rocroy, *Rupes Radulphi.*
Rode, *Rota.*
Rudelle, *Rutenula.*
Roe ou Roé, *Rota.*
Rois (les), *Lima.*
Romain (Saint-), *Balma*
*Jurensium.*
R. mans, *Romanense.*
Romberg, *Romarici.*
Rome, *Roma.*
Ronce, *Rotnacum.*
Roquemadour, *Rupes Amatoris.*
Roschild, *Roschildin.*
Roscoman, *Roscomanum.*
Rosnay, *Rothnacum.*
Rouen, *Rothomagus.*
Rouergue, *Rutheni.*
Roye, *Rodium.*
Ruan ou Pont de Ruan, *Rotomagus.*
Ruf (Saint-), *Sanctus Rufus.*
Rufey, *Rufiacum.*
Rufine (Sainte- ), *Sylva Cand da.*
Ruspe, *Ruspina.*
Russie, *Russia.*
Ruys, *Reumvisius.*

## S

Sabarie, *Sabaria.*
Sabbrull-Pedrigh, *Sabulum Patricii.*
Sabine (terre), *Sabini.*
Sablé, *Sablonum.*
Sablonières, *Saponaria.*
Saens (Saint-), *S. Sidonii oppidum.*
Sahagun, *S. Facundi fanum.*
Saint et Sainte; *cherchez les mots qui y sont joints.* | *Cocinceuse.*
Saintes, *Santonæ.*
Saintonge, *Santonia.*
Saissefontaine, *Saxifontana.*
Salamanque, *Salamantica.*
Salamine, *Salamina.*
Salanigo, *Salanica.*
Salcède, *Siliciata.*
Salec, *Seleucia.*
Salèche, *Sellerium.*
Salency, *Salentiacum.*
Salerne, *Salernum.*
Sales, *Salesius.*
Saligny, *Salaniacum.*
Salingestat, *Salesgunstadium.*
Salins, *Salinæ.*
Salon (Saint-), *Saceriæ.*
Salone, *Salona.*
Salonique, *Thessalonica.*
Saltz, *Salsa.*
Salzbourg, *Salisburgam.*
Salvador (Saint-), *Banza.*
Salvanez, *Sylvanesium.*
Sambre, *Sabis.*
Samosate, *Samosata.*
Samothrace, *Samothracia.*
Sancerre, *Saxianum.*
Saucian, *Sancianum.*
Sancy, *Sanciacum.*
Sangar, *Sangar.*
Sanier, *Silviacum.*
Santen ou Santena, *Santæ.*
Saone, *Arar.*
Saphorin (Saint-), *Anzo.*
Saponare, *Saponaria.*
Saragousse, *Syracuæ.*

Sarcing, *Sarchinium.*
Sardaigne, *Sardinia.*
Sardennes, *Seregdinum.*
Sardes, *Sardes.*
Sardique, *Sardica.*
Sarisbery ou Sarisbury, *Sarisberia.*
Sarlat, *Sarlatum.*
Saragoce, *Cæsar Augusta.*
Sarrasins, *Sarraceni.*
Sarte, *Sarta.*
Sarum, *Sarisberia.*
Sarzanne, *Sergianum.*
Sasler, *Saxula.*
Sasso Vivo, *Saxum Vivum.*
Sassy, *Sacrum Cæsaris.* | *Saxiacum.*
Satur (Saint-), *Castrum Gordonis.*
Saturnia, *Colonia Saturnina.*
Saturniac, *Saturniacum.*
Satyre (Saint-), *Castrum Gordonis.*
Saubalade, *Sylva luta.*
Saucilanges, *Celsinianæ.*
Saucy, *Sanciacum.*
Sauge, *Salvia.* | *Sylviacum.*
Sauge (Saint-), *Salviifanum.*
Saulge, *Salvia.*
Saulieu, *Sedelocum.*
Saumur, *Salmurium.*
Sarcin, *Sarchinium.*
Saussilange, *Celsinianæ.*
Saussy, Saint-Sauve, *Salvii Fanum.*
Sauve-Cave, *Silva.... Cana.*
Sauveur (Saint), du Congo, *Banza.*
— de Naples, *Leyrium.*
— d'Antine, *Aniana.*
— en Puisaye, *Meteredum.*
Saverne, *Tabernæ.*
Savigny, *Sabiniacum.*
Savins, *Sabini.* | *Tres Cypressi.*
Savins (Saint-). *Levitania.* | *S. Serenici.*
Savonières, *Saponaria.*
Savoye, *Sobaudia.*
Saxe, *Saxonia.*
Sazelin, *Saxula.*
Sazime, *Sazimi.*
Scandinavie, *Scania.*
Scaphouse, *Scaphusia.*
Scarpe, *Scarpa.*
Scelhères, *Sigillariæ.*
Scété, *Scete.*
Scha, *Damascus.*
Schonawg ou Schonauge, *Schonauga.*
Scillite, *Scillitæ.*
Scirachavan, *Scirachavana.*
Scythe, *Scythia.*
Scytople, *Scytopolis.*
Seauve, *Silva.*
Seauvemaise, *Silva.*
Sebaste, *Sebaste.*
Sébastien (Saint-), en Portugal, *Colippo.* | *Pyrene.*
Seclin, *Sacilinium.*

Séelières, *Sigillariæ.*
Séez, *Sagii.*
Segestre, *Sequani.*
— près de Cordoue, *Pitlamellaria.*
— de Redon, *Reginodum.*
Ségne ou Segny, *Signia.*
Ségovie, *Segobia.*
Séhan, *Damascus.*
Side, *Sidon.*
Seine, *Sequana.*
Seissac, *Saxiacum.*
Seisse-Fontaine, *Saxi Fontana.*
Sékinge ou Sékingen, *Sanctio.*
Sélerin (Saint-), *S. Serenici castrum.*
Séleucie, *Seleucia.*
Selleties, *Saletia.*
Semout, *Sendunum.*
Senari, *Senarius Mons.*
Sen'is, *Silvanetes.*
Senones, *Senoniæ.*
Sens, *Senonæ.*
Senut, *Sindunum.*
Seoube, *Sylva.*
Séoule, *Silva major.*
Septimanie, *Septimania.*
Septimanique, *Septimunicia.*
Séquingue, *Secanica.*
Serbère, *Serbera.*
Sercanceau, *Sacracella.*
Sercin, *Sarchinium.*
Sérenic (Saint-), *S. Serenici castrum.*
Serge (Saint-), *Sergiopolis.*
Sergines, *Serginia.*
Séris, *Seriacum.*
Sers, *Sextiacum.*
Servans (Saint-), *Alethum.*
Servois, *Sylvenses.*
Séry, *Seriacum.*
Sessac, *Saxiacum.* | *Sessiacum.*
Sétine, *Athenæ.*
Seu (la) d'Urgel, *Sedes Orgelitana.*
Séver (Saint-), *Severi oppidum.*
Séverine (Sainte-), *Siberena.*
Séville, *Hispal.*
Sexte (le), *Sexti suburbium.*
Sezanes, *Sesania.*
Sherborn et Shepton, *Schireburnum.*
Sibide, *Sibida.*
Sicambre, *Sicamber.*
Sicile, *Scilia.*
Side, *Side.*
Sidoine (Saint-), *S. Sidonii.*
Sidon, *Sidon.*
Sienne, *Sena.*
Sigismond (Saint-), *Puteus.*
Silve-Majour, *Silva Major.*
Silvestre (Saint-), *Soractes mons.*
Silvia (Saint-), *Alciacum.*
Simond (Saint-) *Puteus.*
Sina, *Sina.*

Sinerpont, *Pons Sinardi.*
Singidone, *Singedunum.*
Sinope, *Sinope.*
Sinuesse, *Sinuessa.*
Sion, *Sion.*
Siope, *Siope.*
Siponte, *Sepontum.*
Siran (Saint-), *Longorets.*
Sirmich, *Sirmium.*
Siscy, *Saxiacum.*
Sise, *Sisa.*
Sisieg (de), *Scisianus.*
Sisteron, *Sistarica.*
Sitin, *Sitivum.*
Sitten, *Sedunum.*
Skeuninge, *Scheningia.*
Sketung, *Schorunda.*
Smyrne, *Smyrna.*
Soest, *Susatum.*
Sogne, *Sagona.*
Soignies, *Senogia.*
Soisi ou Soissy, *Sossiacum.*
Soissons, *Suessio.*
Sol (Saint-), *Cetula.*
Solari, *Soleria.*
Solenhowe ou Solhof, *Solœurtis.*
Soleure, *Salodurum.*
Solignac ou Solognac, *Solemniacum.*
Sollago, *Sublacum.*
Sologne, *Secalaunia.*
Somme, *Sumina.*
Sommerset, *Sumersetum.*
Sonnay, *Solonacum.*
Sonne, *Sagona.*
Sonnois, *Sagonensis.*
Sophie (Sainte-), *Sophia.*
Soracte, *Soractes.*
Sorbonne, *Sorbona.*
Sorcin ou Sorcing, *Sarchinium.*
Sorde, *Sordua.*
Sorrent, *Surrentum.*
Souabe, *Suevia.*
Souligné, *Subluniacum.*
Sourcy, *Sauriciacum.*
Sourie, *Syria.*
Souvigny, *Silviniacum.*
Spalastro, *Spalatrum.*
Spelle, *Colonia.*
Spello, *Hispellum.*
Spolastro, *Spolastrum.*
Spolette, *Spoletum.*
Squilace ou Squilaci, *Syllaceum.*
Stablo, *Stabulaus.*
Stagnon, *Stagnum.*
Stain, *Stagnum.*
Stavelo, *Stabulaus.*
Stein, *Stenium.*
Stenay, *Sathanacum.*
Stokerau, *Astures.*
Stramiac, *Stramiacum.*
Strasbourg, *Argentoratum.*
Strénéchal, *Streneæchals.*
Stridon, *Strido.*
Strome, *Troc.*
Sublac, *Sublacum.*
Suède, *Suecia.*
Suffétula, *Suffetula.*
Sum, *Sendunum.*
Suisse, *Helvetia.*
Suily, *Solliacum.*
Sulpice (Saint-), *Navensis Ecclesia.*

Sumer, *Wulmari.*
Sure (Sainte-), *Geridia.*
Surènes, *Soricinæ.*
Surrente, *Surrentum.*
Susten, Su-téren, *Suestra.*
Sutry, *Sutrium.*
Synnade, *Synnada.*
Syon, *Sedurum.*
Syracuse, *Syracusæ.*
Syre (Sainte-), *Rilliacum.*
Syrie, *Syria.*
Szombatheli, *Sabaria.*

**T**

Tabate ou Thebate, *Tabatha.*
Tabennes, *Tubennæ*
Tagaste, *Tagasta.*
Tamied, *Stamedium*
Tamise, *Tamesis.*
Tanes, *Taphne.*
Tanger, *Tingum.*
Taraçone, *Turias*
Tarascon, *Tarasco.*
Tardomine, *Tauromenium.*
Tarentaise, *Tarantasia*
Tarn, *Tarnus.*
Tarnade ou Turnut, *Ternata.*
Tarragone, *Tarraco.*
Tarse, *Tarsus.*
Tartenois (du), *Tordanensis.*
Taurin (S.-), *S. Taurini.*
Taurisiac, *Taurisiacum.*
Taxandrie, *Toxandria*
Telepte, *Telepts.*
Térain (le), *Tara.*
Teramo, *Interamna.*
Terne ou Terni, *Interamna.*
Terracine, *Terracina.*
Terrouenne, *Teruanna.*
Tervis, *Tergovisco*
Tésin, *Ticinus.*
Thagore, *Thagora.*
Théate, *Theate.*
Thébaïde, *Thebaïs.*
Thèbes, *Theba.* | *Thebæ.*
Thébeste, *Thebeste.*
Thénailles, *Thenoliæ.*
Théodat (Saint-), *Mons Albanus.*
Théodore (Saint-), *Aphrodisias.* | *Leuce.*
Théodorople, *Theodoropolis.*
Thessalonique, *Thessalonica.*
Thévin, *Thevinum.*
Thiais, *Theodoxium.*
Thianne (de), *Thianeus*
Thie, *Thium.*
Thiérache, *Theorascia.*
Thierry (Saint-), *Or.*
Thiers, *Tigernum.*
Thonville, *Theodonis villa.*
Thiore, *Tora.*
Thmuis, *Thmuitæ.*
Thomas (Saint-) de Captaduce, *Jasonium.*
Thomé (Saint-), *Melas.*
Thonon, *Thuno.*
Thorive (Saint-), *Lievanum.*

Thouars, *Toarcium*.
Thrace, *Thracia*.
Thuringe, *Thuringia*.
Thyathyre, *Thyathyra*.
Thyerry (Saint-), *Or*.
Tiber (Saint-), *Sanctus Tiberius*.
Tifauge ou Tiffauges, *Taifalia*.
Tiferne, *Tifernum*.
Tigre, *Tigris*.
Tintillant, *Cincillacum*.
Tirol, *Teriolum*.
Tiron, *Tironium*.
Tivoli, *Tibur*.
Toarmines, *Tauromínium*.
Tocate, *Neocæsarea*.
Todi, *Tuder*.
Toiseley, *Taurisiacum*.
Tolède, *Toletum*.
Tolentin, *Tolentinum*.
Toley, *Tabularium*.
Tolometta, *Ptolemaïs*.
Tomes, *Tomi*.
Tongres, *Tungri*.
Tonnerre, *Ternodorum*.
Tormes, *Turmis*.
Torres, *Turres Sardiniæ*.
Tortose, *Dertossa*.
Toscane, *Tuscia*.
Toul, *Tullum Leucorum*.
Toulon, *Tolonum*.
Toulouse, *Tolosa*.
Tournay, *Tornacum*.
Tournon, *Tornomagus*.
Tournus, *Trenorchiense*.
Tours, *Turo*.
Tourtoirac, *Turturiacum*.
Touzy, *Tusiacum*.
Trach.naire, *Trachynaria*.
Tralles (de), *Trallenses*.
Trancau, *Tranquillum*.
Trani, *Tran um*.
Transaux, *Transalii*.
Trébisonde, *Trapesus*.
Trébur, *Triburium*.
Trégnier, *Trecor*.
Tremble-Vif, *Tremuli Vicus*.
Trémithonte, *Tremithus*.
Trente, *Tridentum*.
Trépano, *Drepanum*.
Trésillac, *Transiliacum*.
Trèves, *Treviri*.
Trévis ou Trévise, *Tarvisium*.
Trévor, *Fura*.
Trichâteau, *Tritecastrum*.
Trichinaire, *Trachynaria*.
Trillebardou, *Trajectum Bardulfi*.
— Port, *Trajectum Portus*.
Trini, *Terasia*.
Trisai, *Trisagium*.
Troade, *Troas*.
Troclar, *Troclarium*.
Troen, *Troc*.
Tron (Saint-), *Sarchinium*.
Tropès (Saint-), *Torpetts oppidum*.
Troely, *Trosenum*.
Troyes, *Trecæ*. | *Troja*.
Tubery (Saint-), *Cessarion*.

Tuburbe, *Tuburbo*.
— La Lucerne, *Tuburbo Lucernaria*.
Tubzoque *Tubrocensis*.
Tulle, *Tutela*, vel *Tullium*.
Tulley, *Theodelocus*.
Tunis, *Tunetum*.
Turcs, *Turcæ*.
Turgaw, *Durgangia*.
Turin, *Taurinum*. | *Augusta*.
Tusdres. *Tusdrum*.
Tuy, *Tudæ*.
Twisford. *Twisfordia*.
Tyane. *Thyana*.
Tyr, *Tyrus*.

## U
Unisibir, *Unisibir*.
Unjejovie, *Unjejovia*.
Upsal, *Upsalia*.
Urbin et Urbino, *Urbinum*.
Urzith (Saint-), *Ehsange*.
Usez, *Uccia*.
Ussy, *Ulciacum*.
Utines, *Ulina*.
Utique, *Utica*.
Utrecht, *Trajectum*.

## V
Vabres, *Vaber*.
Vaison, *Vasio*.
Val (le) d'Agnane, *Vallis Anaunia*.
— Baunez, *Vallis Bodanensis*.
— Benoît.—Benoîte, *Vallis Benedicta*.
— de Grâce, *Vallis Gratiæ*.
— Maing, *Vallis Magna*.
— d'Or, *Vallis Aurea*.
Valence, *Valentia*.
— en Dauphiné, *Valentia ad Isaram*.
Valenciennes, *Valencianæ*.
Valenzole, *Valentiola*.
Valerie, *Valeria*.
Valladolid, *Vallisoletum*.
Vallery (Saint-) de Picardie, *Wallarici*.
— de Normandie, *Wallaricus*.
Vallière (la), *Vallaria*.
Vallois, *Vallotii*.
Vallois, *Vadensis pagus*.
Vallombreuse ou Vallonbreux et Vald'on.bre, *Vallis Umbrosa*.
Valmaing, *Vallis Magna*.
Valois (de), *Valesius*.
Valone, *Aulona*.
Vandales, *Wandali*.
Vandeuvre, *Vandopera*.
Vandrille (Saint-), *Fontanæ*.
Vannes, *Veneti*. | *Venetia*.
Varal, *Waralus mons*.
Varelles, *Valiliæ*.
Varennes, *Varennæ*.
Varsovie, *Varsovia*.
Vas, *Vadincum*.
Vatan, *Vastianum*
Vaterford, *Guaterfordia*.
Vatin, *Vatanum*.
Vaucels, *Vallicellæ*.

Vaucouleurs, *Vallis Coloris*.
Vau-Verd, *Vallis Viridis*.
Vaux-de-Cernay, *Vallis*.
Veaure, *Yvelinum*.
Vègne, *Evena*.
Vely, *Viduliacum*.
Venafri, *Venafrum*.
Venasque, *Vindauca*.
Vence, *Vin ium*.
Vendôme, *Vendocinum*.
Vénétique (Saint-), *Insula*.
Venise, *Venetia*.
Vennes, *Venetia*.
Venosa et Venouse, *Venusia*.
Verzay, *Vindicianum*.
Verberie, *Vermeria*.
Verdey, *Viridiacum*.
Verdun *Virdunum*.
Vergy, *Virgeium*.
Verja, *Vergium*.
Vermand, *Augusta*. | *Veromandui*.
Vermandois, *Veromanduensis*.
Vermouth, *Virimudum*.
Verneuil, *Vernogilum*. | *Vernum*.
Verno, *Vernotium*.
Vernon, *Verno*.
Vernou, *Vernadum*.
Verolani, *Verulamium*.
Veroli, *Verulæ*.
Verone, *Verona*. | *Bonna*.
Versailles, *Versaliæ*.
Verseil, *Vercellæ*.
Versy, *Viriziacum*.
Vertou, *Vertarum*.
Verze, *Vergium*.
Verzy, *Viriziacum*.
Vestinis, *Vestini*.
Vestref rd, *Vestrevortensis*.
Vexien, *Vexio*.
Vexin. *Veliocasses*.
Vezelai, *Vizelii*.
Viant, *Viancium*.
Viau-de-Retz (Saint-), *Scobritum*.
Vibraye, *Vicus brahiæ*.
Vicence, *Vicentia*.
Victorin (Saint-), *A..iternum*.
Vienne, *Vienna*.
— en Dauphiné, *Vienna Allobrogum*.
Vierzon, *Virsio*.
Vigeois, *Valdenses*.
Vigogne, *Viconia*.
Vigor (Saint-), *Chrysmatum*.
Vilière, *Viliera*.
Villebertrand, *Villa Bertrandi*.
Villechasson, *Villa Captonis*.
Villefranche, *Villa Franca*.
Villejuy, *Villa Julitta*.
Ville l'Archevêque, *Villa Archiepiscopi*.
Villeloin, *Villa Lupini*.
Villeneuve, *Villa Nova*.

Villeparisi, *Villa Parisiaca*.
Villepion, *Villa Peditonis*.
Villepreux, *Villa Pirosa*.
Villeroi, *Villa Regia*.
Villetaneuse, *Villa Tineosa*.
Villiers-le-Bel, *Villare B.ltum*.
Vilna, *Vilna*.
Vimeu, *Vinemacum*.
Vincennes, *Vicenæ*.
Vincent (Saint-), *Pompeiacum*.
Vinoc (Saint-), *Bergea*.
Vintershove, *Vintershovium*.
Vintimille, *Castrum*.
Visigots, *Visigothi*.
Vit (Saint-), *Candollica*. | *Sicinum*.
Vithy, *Strencascala*.
Vitré (Saint-), *Saturniacum*.
Vitri, *Victoriacum*.
Vivarais, *Vivariensis pagus*.
Viviers, *Alba*.
Vivonne, *Vicus vonnæ*.
Voghera, *Vicus iriæ*.
Voisins, *Vicini*.
Volvic, *Volovicum*.
Vorms, *Wormacia*.
Vosges(Déserts), *Vosagus*.
Wan-or ou Wasor, *Walciodorum*.
Wermouth, *Wirmuda*.
Westmunster, *Westmonasterium*.
Westphalie, *Sicambria*.
Wiere-au-Bois, *Viliera in Saltu*.
Winchester, *Vint nia. Gummii castrum*.
Windzor, *Windleshorum*.
Worcester, *Wigornia*.
Wormhoult, *Woromholtum*.
Wuuren, *Furnæ*.
Wurtzbourg, *Herbipolis*.

## X
Xavier, *Xaverium*.
Xeisa, *Colonia*.
Xumate, *Auxuma*.

## Y
Ycolmkil, *Jona*.
Yenne, *Eponum*.
Yon (Saint-), *Jonii*.
Yonne, *Icauna*.
Yorck, *Eboracum*.
Yriex (Saint-), *Atanum*.
Yveline, *Aquilina sylva*.
Yvoine (Sainte), *Petra*.
Yvois ou Yvoy, *Eposium*.

## Z
Zamora, *Sarabris*.
Zanten, *Santæ*.
Zéland, *Selandia*.
Zelle, *Zetla*.
Zoeste, *Susatum*.
Zoile (Saint-), *Armiliata*.
Zulgh ou Zulpuch, *Tolbiacum*.

# TABLE

### DES MATIÈRES RENFERMÉES DANS CE VOLUME.

Avertissement de l'auteur sur le but et le plan de cet ouvrage, ainsi que sur les divisions du premier volume en particulier. Pag. 1
Avis. 9
DICTIONNAIRE GÉOGRAPHIQUE DE LA BIBLE, par Barbié du Bocage. Ibid.
Introduction. 241
Considérations générales sur les divers phénomènes offerts par quelques parties des sciences géographiques. 269
VOCABULAIRE des principaux termes techniques de la géographie. 283
Tableau des principaux fleuves du globe. 287
Tableau des bassins des principaux fleuves du globe. 291
Tableau général des hauteurs des principales montagnes du globe au-dessus de l'Océan. 297
Hauteurs en mètres des passages qui conduisent d'Allemagne, de Suisse et de France en Italie, et des passages des Pyrénées. 299
Hauteurs de quelques lieux habités du globe. Ibid.
Hauteurs de quelques édifices. 301
Liste des principaux tremblements de terre arrivés depuis l'an 217 avant Jésus-Christ jusqu'à nos jours. 303
Tableau des volcans du globe. 307
Tableau des principales éruptions volcaniques qui ont eu lieu depuis 726 jusqu'à nos jours. 309
Observations sur quelques termes et noms géographiques, par ordre alphabétique. 313
Tableau comparatif des mesures agraires des principaux États de l'Europe, exprimées en anciens pieds-de-roi carrés, et comparées à l'ancien arpent d'ordonnance, dit des eaux et forêts, et à l'hectare des nouvelles mesures agraires de France. 319
Réduction des toises, pieds, pouces et lignes, en mètres et décimales du mètre. 321
Tableau des principales mesures itinéraires anciennes et modernes, comparées à celles de France. 323
Tableau des monnaies étrangères comparées à celles de France, toutes supposées exactes de poids et de titre, d'après les lois de fabrication. 325
Distances de Paris aux principales villes de la France, rangées par ordre alphabétique. 353
Distances de Paris aux principales villes étrangères. 355
DICTIONNAIRE LATIN de géographie. 389
Notice géographique, par ordre alphabétique, des villes anciennes ruinées, et de celles qui ont changé de nom depuis le christianisme. 441
Notice géographique, par ordre alphabétique, des peuples anciens qui ont vécu avant le christianisme, et de ceux qui vivaient au moment de sa prédication. 545
Liste par ordre alphabétique des villes épiscopales dans les cent vingt-deux provinces de l'empire romain, tant en Europe qu'en Afrique et en Asie, du premier au sixième siècle. 651
Tableau des provinces de l'empire romain, du premier au sixième siècle, d'après le nombre des diocèses qu'elles contenaient. 655
Notitia patriarchatus Constantinopolitani. 657
Notitia altera ecclesiastica, ex Regia Bibliotheca. 659
Tableau général des patriarcats, des métropoles, des archevêchés et des évêchés du monde chrétien, depuis le sixième siècle jusqu'à la fin du dix-huitième. 665
Patriarches et cardinaux de l'Église romaine. 669
Congrégations principales. 670
Tribunaux les plus considérables. 671
Principales charges de l'État du pape. Ibid.
Légats qui gouvernent les principales provinces de l'État du pape. Ibid.
Églises patriarcales de Rome. Ibid.
Titres des cardinaux-évêques de Saint-Jean de Latran. Ibid.
Titres des cardinaux-prêtres de Saint-Pierre au Vatican. Ibid.

Titres des cardinaux-prêtres de Saint-Paul-hors-les-Murs. 672
Titres des cardinaux-prêtres de Sainte-Marie-Majeure. Ibid.
Titres des cardinaux-prêtres de Saint-Laurent-hors-les-Murs. Ibid.
Titres nouveaux des cardinaux-prêtres. Ibid.
Titres anciens des cardinaux-prêtres. Ibid.
Titre nouveau d'un cardinal-diacre. Ibid.
Notitia quinque patriarchatuum, ex Regia Bibliotheca. 673
Tableau des abbayes en commende, des abbayes en règle d'hommes, des abbayes de femmes et des prieurés qui existaient en France, avec l'indication des ordres religieux auxquels ils appartenaient. 701
État comparé des abbayes d'hommes, de filles, et des prieurés de l'Église de France dans son ancienne organisation. 713
État comparé des mêmes abbayes des différents ordres sous le rapport du revenu. Ibid.
Géographie et cartographie diocésaines et monastiques particulières à l'Église de France, dans son ancienne organisation. 715
Cartes particulières des diocèses de France, rangées par ordre alphabétique. 716
Cartes de quelques communautés religieuses. 751
Traités de la géographie ecclésiastique de France, et pouillés de ses bénéfices. 754
Suite du tableau général des patriarcats, des métropoles, des archevêchés et des évêchés du monde chrétien. 759
Notice relative à l'Église grecque en Europe et en Asie, tirée de la Géographie ecclésiastique du P. Charles de Saint-Paul. 783
Suite du tableau général des patriarcats, des métropoles, des archevêchés et des évêchés du monde chrétien depuis le sixième siècle jusqu'à la fin du dix-huitième. 793
Notice des anciens évêchés coptes. 825
Opinion du P. Charles de Saint-Paul sur le patriarcat romain et sur les autres patriarcats. 827
Description du patriarcat romain, d'après le P. Charles de Saint-Paul, dans sa Géographie ecclésiastique des six premiers siècles de l'Église. 837
Explications historiques et géographiques concernant le tableau général des patriarcats, des métropoles, des archevêchés et des évêchés du monde chrétien depuis le sixième siècle jusqu'au dix-huitième. 851
Explications relatives à l'Italie. 853
Des archevêchés et des évêchés de l'Italie centrale. 857
Des archevêchés et des évêchés de l'Italie méridionale, ou du royaume de Naples. 858
Des archevêchés et des évêchés de l'île de Sicile, de Sardaigne, de Corse et de Malte. 859
Des archevêchés et des évêchés de la haute Italie ou de l'Italie septentrionale. 860
Des archevêchés et des évêchés de la France. 861
Description de l'Italie primitive, tirée de la Géographie ecclésiastique du P. Charles de Saint-Paul. — Différence entre cette description et celle de l'abbé de Commanville. 863
Notice ancienne des évêchés d'Italie, d'après la Géographie du P. Charles de Saint-Paul. 881
Suite des explications historiques et géographiques de l'abbé de Commanville sur les archevêchés et évêchés du sixième au dix-huitième siècle. 901
Des archevêchés et des évêchés des royaumes d'Espagne et de Portugal. Ibid.
Des archevêchés et des évêchés de l'Allemagne. 904
Des archevêchés et des évêchés de Hongrie, de Dalmatie et des îles adjacentes. 907
Des archevêchés et des évêchés de la Grande-Bretagne. 909
Des archevêchés et des évêchés de Suède. 912
Des archevêchés et des évêchés de la Pologne. 913

## TABLE DES MATIÈRES RENFERMÉES DANS CE VOLUME.

Des évêchés d'Afrique. 916
Des archevêchés et des évêchés d'Asie. 917
Des archevêchés et des évêchés de l'ancienne Afrique occidentale. 918
Des archevêchés et des évêchés d'Amérique. 920
Des patriarcats, des métropoles, des archevêchés et des évêchés de l'Église grecque. 922
Du patriarcat de Constantinople et des évêchés qui en dépendaient. 928
Offices et dignités du patriarche de Constantinople. 932
Les mêmes, selon le droit gréco-romain. 953
Offices sécularisés, selon les Mémoires de la Croix. 954
Notice ancienne des métropoles, des archevêchés et des évêchés compris dans le patriarcat de Constantinople, d'après le P. Charles de Saint-Paul. 955
Suite des explications historiques et géographiques de l'abbé de Commanville sur les archevêchés et évêchés du sixième au dix-huitième siècle. 963
De l'exarchat de Thrace. Ibid.
Des archevêchés et des évêchés de l'exarchat de Macédoine. Ibid.
Des archevêchés et des évêchés de l'exarchat de Dace. 967
Des archevêchés et des évêchés des provinces barbares. 968
Des archevêchés et des évêchés de l'exarchat d'Asie. 970
Des archevêchés et des évêchés de l'exarchat de Pont. 973
Des archevêchés et des évêchés du patriarcat d'Antioche. 973
Des archevêchés et des évêchés du patriarcat de Jérusalem. 977
Des archevêchés et des évêchés du patriarcat d'Alexandrie. 980
Des archevêchés et des évêchés de Moscovie. 983
Des archevêchés et des évêchés de Géorgie. 988
Des archevêchés et des évêchés de Mingrélie. 991
Des archevêchés et des évêchés des Syriens jacobites. 993
Des archevêchés et des évêchés des Syriens maronites. 993
Des archevêchés et des évêchés des Arméniens de Perse. 999
Des archevêchés et des évêchés des Arméniens de Turquie. 1004
Des archevêchés et des évêchés des Nestoriens. 1005
Des archevêchés et des évêchés des Coptes. 1010
De l'archevêché ou patriarcat des Abyssins. 1013
Du patriarcat d'Antioche, ou de l'Orient, d'après le P. Charles de Saint-Paul. 1015
État par provinces des évêchés du patriarcat d'Antioche dans les premiers siècles, d'après le P. Charles de Saint-Paul. 1027
Description du patriarcat d'Alexandrie, d'après le P. Charles de Saint-Paul, dans sa Géographie ecclésiastique. 1036
État des villes épiscopales du patriarcat d'Alexandrie, suivant le P. Charles de Saint-Paul. 1051
Du patriarcat de Jérusalem, d'après le P. Charles de Saint-Paul. 1057
État des villes épiscopales du patriarcat de Jérusalem, selon le P. Charles de Saint-Paul. 1065
Notice d'évêchés dont la situation géographique est incertaine. 1067
État des archevêchés et des évêchés de la Gaule et de l'Illyrie orientale (Grèce) pendant les six premiers siècles de l'ère chrétienne, d'après le P. Charles de Saint-Paul. 1071
État épiscopal de la Gaule pendant les six premiers siècles de l'ère chrétienne, d'après le P. Charles de Saint-Paul. 1093
*Notitia provinciarum et civitatum Galliæ Honorii Augusti temporibus, ut videtur, condita.* 1095
Notice ancienne des archevêchés et des évêchés de la Gaule par province métropolitaine, pour être comparée à la notice de la Géographie de l'abbé de Commanville. 1115
État des archevêchés et des évêchés de l'Illyrie orientale pendant les six premiers siècles de l'ère chrétienne, d'après la Géographie du P. Charles de Saint-Paul. 1133
Notice ancienne des évêchés de l'Illyrie orientale, de la Mésie inférieure et de la Scythie, d'après le P. Charles de Saint-Paul. 1169
VOCABULAIRE FRANÇAIS-LATIN particulier à la Géographie des légendes du moyen âge. 1177

FIN DU PREMIER VOLUME.